Diccionario LENGUA Española

Norma

REALIZACIÓN EDITORIAL
Educactiva S. A. S.
Revisión y actualización del Diccionario Lengua Española Ed. 2008

DIRECCIÓN Y COORDINACIÓN EDITORIAL
Mabel Pachón Rojas

AUTOR
Martín Moreno Ángel

DIRECCIÓN Y ASESORÍA LÉXICOGRÁFICA
Ma. Clara Henríquez

REDACCIÓN VOCES NUEVAS
Sandra Viviana Mahecha Mahecha

EQUIPO LECTURA Y REVISIÓN LEXICOGRÁFICA
Claudia Cadena Silva
María José Díaz Granados
María Barbarita Gómez
Carolina Salazar Mora

AUTOR INSERTO
Yury Ferrer Franco

DISEÑO INSERTO
Carolina Ávila
Viviana Melissa Rodríguez

FOTOGRAFÍA
Shutterstock Inc.

DIRECCIÓN DE ARTE
Gloria Esperanza Vásquez A.

DISEÑO Y CONCEPTO GRÁFICO
Carolina Ávila

Impreso por Asia Pacific offset Group Ltd
Impreso en China - Printed in China

Primera impresión, 2017

61080176
ISBN 978-958-00-0339-7

DICCIONARIO LENGUA ESPAÑOLA

LA PALABRA, NUESTRA MÁS PODEROSA HERRAMIENTA

Aprender y comprender son actividades esenciales para el desarrollo y crecimiento del ser humano; la palabra es punto de partida, y, a su vez, fundamento de la comunicación y del reconocimiento de la realidad y de quienes la habitan y construyen. La palabra es herramienta de exploración de ese mundo que los adolescentes quieren hacer propio para disfrutar, entender y transformar. Este diccionario está dirigido a ellos, quienes practican el mejor de los oficios: el de estudiantes, es decir el de exploradores que crecen al avanzar y afianzan sus pasos en su búsqueda.

Esa búsqueda se inserta en un mundo globalizado que nos exige cada vez más la implementación de las habilidades comunicativas para desenvolvernos en los ámbitos: académico, laboral, recreativo, afectivo. Nuestra vida, marcada por relaciones sociales, por una historia que ha enriquecido y ampliado el patrimonio de la lengua española y por el indudable protagonismo que tiene la tecnología, nos exige producir y entender mensajes y ello depende del conocimiento, la claridad y la coherencia que tengamos para el manejo de nuestro más poderoso recurso: la palabra.

El **DICCIONARIO DE LA LENGUA ESPAÑOLA** es el resultado del esfuerzo que por décadas ha realizado Editorial Norma, en su labor educativa, de la mano de los más idóneos autores. Esta larga y siempre renovada experiencia didáctica, reconocida ampliamente en el ámbito hispánico por su excelencia, es la base sólida y profunda sobre la que se ha llevado a cabo esta nueva edición en coherencia con estos retos comunicativos contemporáneos para la que se contó con un equipo de expertos con experiencia en lexicografía escolar así como de docentes, editores y profesionales conocedores del uso práctico del idioma.

Por ello la presente edición se llevó a cabo teniendo en cuenta estos criterios:

- Las novedades lexicográficas de la última edición del *Diccionario de la lengua española* -DLE- (2014) y las normas de la nueva *Ortografía de la Lengua española*, (2010) de la Academia de la Lengua, que en su calidad de autoridad en la materia aplicó en estas obras.

- La selección e inclusión de nuevas voces actuales, -tanto de uso diario, como especializado-, que corresponden a las diferentes áreas del conocimiento y de interés mundial en ciencias, humanidades, ecología, informática, medicina, sociales, entre otros campos del conocimiento.
- La vigencia de los términos y conceptos del ámbito escolar que van más allá de los nombres comunes y que revisten un valor pedagógico, considerando un marco definido por los planes de estudio de la enseñanza secundaria y media de los diversos países de nuestra región.
- El registro de las palabras provenientes de otros idiomas o extranjerismos, aun no españolizados.
- La revisión de las voces gramaticales de acuerdo con las nuevas pautas gramaticales.

Teniendo en cuenta que el correcto uso de nuestra lengua es indispensable en el proceso educativo, el **DICCIONARIO DE LA LENGUA ESPAÑOLA** brinda algunas secciones idóneas para lograrlo, representadas en:

- Información de temas gramaticales, lingüísticos y ortográficos presentados en tablas que ilustran las normas y usos adecuados acompañados de ejemplos.
- La inclusión de un **inserto**, presentado a todo color, que aborda un tema primordial como lo es *La producción textual*. En las sociedades contemporáneas la escritura se ubica en segundo orden de importancia luego de la expresión oral, por eso esta sección brinda recursos al estudiante para que pueda mejorar su competencia escritural y, a su vez, su adecuado uso de la lengua española.
- Se incluye un **anexo** dedicado al tema del *Verbo*, que compendia sus principales características mediante tablas así como una guía con los modelos de conjugación que agrupa cerca de **50** verbos.

Editorial Norma espera y así lo ha pretendido que este diccionario cumpla íntegramente su función de herramienta didáctica mediante las características descritas que hacen de esta una completa obra, renovada y actualizada, al alcance de la comunidad educativa para satisfacer las expectativas y necesidades de educadores y estudiantes.

PARTES DEL DICCIONARIO

DICCIONARIO LENGUA ESPAÑOLA

CABEZOTES DE INICIO DE LETRA

abaratar *tr.* y *prnl.* hacerla barata.
abarca *f.* Calzado la planta del pie y cuerdas.
abarcar 1 *tr.* Rode 2 Contener en sí. prender, ceñir. 5 O
abarquillar *tr.* y *pr* de barquillo conve

ENTRADAS

El diccionario contiene una selección de más de 26 000 palabras.

abastecer *tr.* y *prnl.* Proveer de lo necesario. • V irreg. conjug. c. **agradecer**. V. anexo El verbo.

DEFINICIONES

El diccionario incluye más de 53 000 significados.

CORNISAS

Indica el número de la página, la primera palabra de la página izquierda y la última palabra de la página derecha).

abbevilliense

2

UÑEROS

Resalta la letra correspondiente para mayor rapidez en la búsqueda.

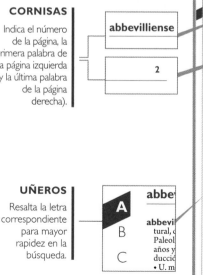

A
B
C

abbe

abbevi tural, Paleol años y ducció • U. m

MODO DE USO

DICCIONARIO LENGUA ESPAÑOLA

TABLAS

Presentan información de temas gramaticales, lingüísticos y ortográficos.

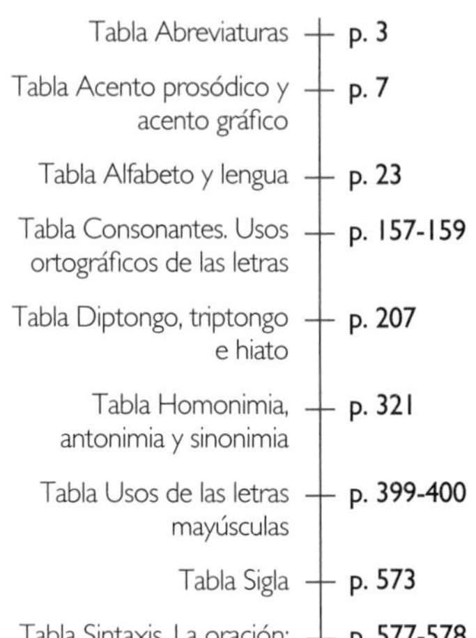

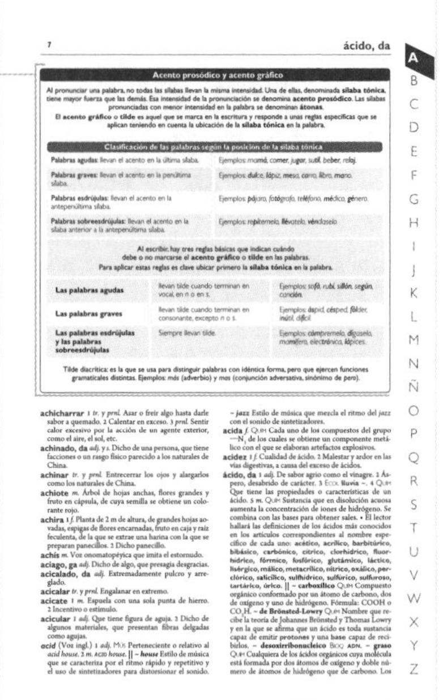

7 ácido, da

Acento prosódico y acento gráfico

Al pronunciar una palabra, no todas las sílabas llevan la misma intensidad. Una de ellas, denominada **sílaba tónica**, tiene mayor fuerza que las demás. Esa intensidad de la pronunciación se denomina **acento prosódico**. Las sílabas pronunciadas con menor intensidad en la palabra se denominan **átonas**.

El **acento gráfico** o **tilde** es aquel que se marca en la escritura y responde a unas reglas específicas que se aplican teniendo en cuenta la ubicación de la **sílaba tónica** en la palabra.

Clasificación de las palabras según la posición de la sílaba tónica	
Palabras agudas: llevan el acento en la última sílaba.	Ejemplos: *mamá, comer, jugar, sutil, beber, reloj.*
Palabras graves: llevan el acento en la penúltima sílaba.	Ejemplos: *dulce, lápiz, meso, carro, libro, mano.*
Palabras esdrújulas: llevan el acento en la antepenúltima sílaba.	Ejemplos: *pájaro, fotógrafo, teléfono, médico, género.*
Palabras sobreesdrújulas: llevan el acento en la sílaba anterior a la antepenúltima sílaba.	Ejemplos: *repítemelo, llévatelo, véndoselo.*

Al escribir, hay tres reglas básicas que indican cuándo debe o no marcarse el acento gráfico o tilde en las palabras. Para aplicar estas reglas es clave ubicar primero la sílaba tónica en la palabra.

Las palabras agudas	llevan tilde cuando terminan en vocal, en *n* o en *s*.	Ejemplos: *sofá, rubí, sillón, según, canción.*
Las palabras graves	llevan tilde cuando terminan en consonante, excepto *n* o *s*.	Ejemplos: *áspid, césped, fólder, inútil, difícil.*
Las palabras esdrújulas y las palabras sobreesdrújulas	Siempre llevan tilde.	Ejemplos: *cómpremelo, dígaselo, mamífero, electrónica, lápices.*

Tilde diacrítica: es la que se usa para distinguir palabras con idéntica forma, pero que ejercen funciones gramaticales distintas. Ejemplos: *más* (adverbio) y *mas* (conjunción adversativa, sinónimo de *pero*).

achicharrar 1 *tr. y prnl.* Asar o freír algo hasta darle sabor a quemado. 2 Calentar en exceso. 3 *prnl.* Sentir calor excesivo por la acción de un agente exterior, como el aire, el sol, etc.

achinado, da *adj. y s.* Dicho de una persona, que tiene facciones o un rasgo físico parecido a los naturales de China.

achinar *tr. y prnl.* Entrecerrar los ojos y alargarlos como los naturales de China.

achiote *m.* Árbol de hojas anchas, flores grandes y fruto en cápsula, de cuya semilla se obtiene un colorante rojo.

achira 1 *f.* Planta de 2 m de altura, de grandes hojas aovadas, espigas de flores encarnadas, fruto en caja y raíz feculenta, de la que se extrae una harina con la que se preparan panecillos. 2 Dicho panecillo.

achís *m.* Voz onomatopéyica que imita el estornudo.

aciago, ga *adj.* Dicho de algo, que presagia desgracias.

acicalado, da *adj.* Extremadamente pulcro y arreglado.

acicalar *tr. y prnl.* Engalanar en extremo.

acicate 1 *m.* Espuela con una sola punta de hierro. 2 Incentivo o estímulo.

acicular 1 *adj.* Que tiene figura de aguja. 2 Dicho de algunos materiales, que presentan fibras delgadas como agujas.

acid (Voz ingl.) 1 *adj.* MÚS Perteneciente o relativo al *acid house*. 2 *m.* ACID *house*. || ~ ***house*** Estilo de música que se caracteriza por el ritmo rápido y repetitivo y el uso de sintetizadores para distorsionar el sonido. ~ ***jazz*** Estilo de música que mezcla el ritmo del *jazz* con el sonido de sintetizadores.

acida *f.* QUÍM Cada uno de los compuestos del grupo $—N_3$ de los cuales se obtiene un componente metálico con el que se elaboran artefactos explosivos.

acidez 1 *f.* Cualidad de ácido. 2 Malestar y ardor en las vías digestivas, a causa del exceso de ácidos.

ácido, da 1 *adj.* De sabor agrio como el vinagre. 2 Áspero, desabrido de carácter. 3 ECOL **lluvia** ~. 4 QUÍM Que tiene las propiedades o características de un ácido. 5 *m.* QUÍM Sustancia que en disolución acuosa aumenta la concentración de iones de hidrógeno. Se combina con las bases para obtener sales. • El lector hallará las definiciones de los ácidos más conocidos en los artículos correspondientes al nombre específico de cada uno: **acético, acrílico, barbitúrico, bibásico, carbónico, cítrico, clorhídrico, fluorhídrico, fórmico, fosfórico, glutámico, láctico, lisérgico, málico, metacrílico, nítrico, oxálico, perclórico, salicílico, sulfhídrico, sulfúrico, sulfuroso, tartárico, úrico.** || ~ **carboxílico** QUÍM Compuesto orgánico conformado por un átomo de carbono, dos de oxígeno y uno de hidrógeno. Fórmula: COOH o CO_2H. ~ **de Brönsted-Lowry** QUÍM Nombre que recibe la teoría de Johannes Brönsted y Thomas Lowry y en la que se afirma que un ácido es toda sustancia capaz de emitir **protones** y una **base** capaz de recibirlos. ~ **desoxirribonucleico** BIOQ ADN. ~ **graso** QUÍM Cualquiera de los ácidos orgánicos cuya molécula está formada por dos átomos de oxígeno y doble número de átomos de hidrógeno que de carbono. Los

A B C D E F G H I J K L M N Ñ O P Q R S T U V W X Y Z

ANEXO

Dedicado a la categoría gramatical del verbo, compendia sus principales características y una guía con los modelos de conjugación.

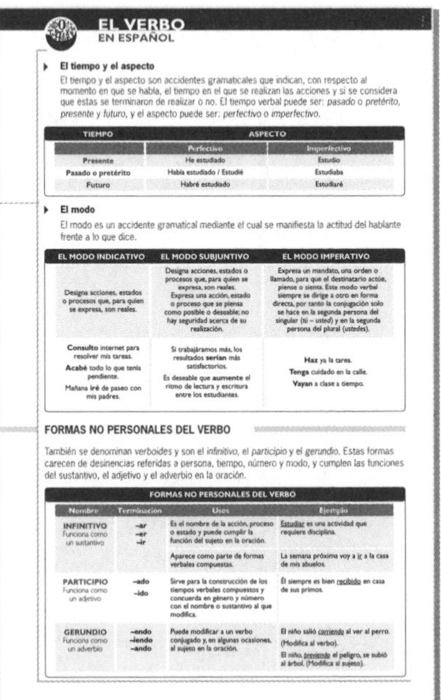

EL VERBO EN ESPAÑOL

El tiempo y el aspecto

El tiempo y el aspecto son accidentes gramaticales que indican, con respecto al momento en que se habla, el tiempo en el que se realizan las acciones y si se considera que estas se terminaron de realizar o no. El tiempo verbal puede ser: *pasado* o *pretérito*, *presente* y *futuro*, y el aspecto puede ser: *perfectivo* o *imperfectivo*.

TIEMPO	ASPECTO	
	Perfectivo	Imperfectivo
Presente	He estudiado	Estudio
Pasado o pretérito	Había estudiado / Estudié	Estudiaba
Futuro	Habré estudiado	Estudiaré

El modo

El modo es un accidente gramatical mediante el cual se manifiesta la actitud del hablante frente a lo que dice.

EL MODO INDICATIVO	EL MODO SUBJUNTIVO	EL MODO IMPERATIVO
Designa acciones, estados o procesos que, para quien se expresa, son reales.	Designa acciones, estados o procesos que, para quien se expresa, son reales. Expresa una acción, estado o proceso que se piensa como posible o deseable; no hay seguridad acerca de su realización.	Expresa un mandato, una orden o llamado, para que el destinatario actúe, piense o sienta. Este modo verbal siempre se dirige a otro en forma directa, por tanto la conjugación solo se hace en la segunda persona del singular (tú – usted) y en la segunda persona del plural (ustedes).
Consulto internet para resolver mis tareas. **Acabé** todo lo que tenía pendiente. Mañana **iré** de paseo con mis padres.	Si trabajáramos más, los resultados **serían** más satisfactorios. Es deseable que **aumente** el ritmo de lectura y escritura entre los estudiantes.	**Haz** ya la tarea. **Tenga** cuidado en la calle. **Vayan** a clase a tiempo.

FORMAS NO PERSONALES DEL VERBO

También se denominan *verboides* y son el *infinitivo*, el *participio* y el *gerundio*. Estas formas carecen de desinencias referidas a persona, tiempo, número y modo, y cumplen las funciones del sustantivo, el adjetivo y el adverbio en la oración.

FORMAS NO PERSONALES DEL VERBO			
Nombre	Terminación	Usos	Ejemplo
INFINITIVO Funciona como un sustantivo	–ar –er –ir	Es el nombre de la acción, proceso o estado y puede cumplir la función del sujeto en la oración.	Estudiar es una actividad que requiere disciplina.
		Aparece como parte de formas verbales compuestas.	La semana próxima voy a ir a la casa de mis abuelos.
PARTICIPIO Funciona como un adjetivo	–ado –ido	Sirve para la construcción de los tiempos verbales compuestos y concuerda en género y número con el nombre o sustantivo al que modifica.	Él siempre es bien recibido en casa de sus primos.
GERUNDIO Funciona como un adverbio	–endo –iendo –ando	Puede modificar a un verbo conjugado y, en algunas ocasiones, al sujeto en la oración.	El niño salió corriendo al ver al perro. (Modifica al verbo). El niño, previendo el peligro, se subió al árbol. (Modifica al sujeto).

MODO DE USO

DICCIONARIO LENGUA ESPAÑOLA

VOZ O LEMA

Palabra que se define. Incluye la flexión de género (masculino y femenino).

actor, triz 1 *m.* y *f.* Persona que representa un papel en una obra teatral, cinematográfica o televisiva. 2 *m.* y *f.* coloq. Persona que tiene gran capacidad para exagerar o fingir. 3 Participante en una acción o suceso.

MARCAS PRAGMÁTICAS Y DE USO

Van después de la marca gramatical cuando son de estricto uso.

NÚMERO SUPERÍNDICE

Diferencia las voces homógrafas según su etimología.

acuñar[1] 1 *tr.* Imprimir y sellar monedas y medallas mediante un troquel. 2 Fabricar monedas.

acuñar[2] *tr.* Meter cuñas.

ACEPCIÓN

Presenta los diferentes significados de la voz o lema. Se enumeran a partir de la primera definición.

DOBLE BARRA O DOBLE PLECA ||

Empleada para separar las acepciones simples de las formas compuestas.

además *adv. c.* Señala la nueva información que se presenta: *Le gustan el cine y la música, además del baile y la pintura.* || **~ de** Aparte de: *Además de talentosa, es muy disciplinada.*

FORMA COMPUESTA

Está conformada por la voz de la entrada que se reemplaza con la virgulilla (~) y otra(s) palabra(s) dando lugar a un significado diferente como resultado de la unión de estas.

absolutismo *m.* Hist y Polít Sistema de gobierno caracterizado por la ausencia de las limitaciones constitucionales del poder político y de quien ejerce la dirección del Estado. □ Hist y Polít Predominó entre los ss. XVII y XVIII en las monarquías europeas, en las que el monarca representaba la unidad y la instancia suprema de gobierno, con la concentración de poderes. En la actualidad, se aplica a todo modelo despótico o dictatorial.

CUADRATÍN BLANCO

Señala el desarrollo enciclopédico.

DEFINICIONES ENCICLOPÉDICAS

Textos con relevancia didáctica en las diferentes áreas del saber escolar.

ROMBO

Usado para complementar o precisar información fonética, semántica, gramatical, ortográfica, o morfológica. Adicional en algunas voces incluye el envío a las secciones complementarias ubicadas en otra parte del diccionario como las tablas, el anexo o el inserto.

aducir *tr.* Alegar pruebas o razones en favor de algo. • Vb. irreg. conjug. c. **conducir**. V. anexo El verbo.

acertijo *m.* ADIVINANZA.

REMISIÓN

Remite a otra palabra sinónima que tiene desarrollada la definición y que es más usual que la que está remitiendo.

adivinanza *f.* Tipo de enigma, generalmente con forma de rima, en que se describe un objeto o personaje para que alguien lo adivine como pasatiempo: *Redondo, redondo y no tiene tapa ni fondo* (el anillo).

Ejemplos de uso destacados en cursivas.

MODO DE USO
DICCIONARIO LENGUA ESPAÑOLA

REFERENCIA CRUZADA O ENVÍO

Remite a otras voces que se encuentran en el cuerpo del diccionario y que presentan el significado de las expresiones denominadas "formas complejas".

abisal 1 *adj.* Geo Dicho de una zona del mar, con una profundidad mayor a 2000 m, que se extiende más allá del talud continental. 2 Geo **fosa ~; llanura ~.**

CATEGORÍA GRAMATICAL

Indica la clasificación gramatical: sustantivo, adjetivo, verbo, adverbio, etc.

ABREVIATURA TEMÁTICA

Indica el tema o materia al que se adscribe la definición.

llanura *f.* Terreno de cierta extensión que no presenta marcadas diferencias de altura. || **~ abisal** Geo Llanura del fondo oceánico que se extiende entre los 4000 y 5500 m de profundidad, a partir del talud continental.

VIRGULILLA (~)

Empleada para reemplazar la grafía de la voz o lema. En este caso, debe leerse llanura abisal.

VOZ EXTRAJERA

Identifica palabras provenientes de otros idiomas en su forma cruda o sin adaptación. También se escriben en cursiva las locuciones latinas o de otros idiomas.

amateur (Voz fr.) *adj.* Aficionado, no profesional. • pl.: *amateurs.*

altamar (Tb. alta mar) *f.* Geo Parte del mar que se halla a bastante distancia de la costa.

PARÉNTESIS

Incluye información relacionada con la etimología; lengua de procedencia o sobre las variantes ortográficas o morfológicas.

ENVÍOS CONTIGUOS AGRUPADOS

Hace remisión desde variantes secundarias hacia variantes primarias cuando aquellas están alfabetizadas de manera contigua.

transcendencia..., transcontinental V. **TRASCENDENCIA..., TRASCONTINENTAL.**

trascendencia (Tb. transcendencia) 1 *f.* Cualidad de trascendente. 2 Existencia de realidades trascendentales.

trascendental (Tb. transcendental) 1 *adj.* Que es de mucha importancia o gravedad por sus probables consecuencias. [...]

trascendentalismo (Tb. transcendentalismo) 1 *m.* Cualidad de trascendental. 2 Fil **APRIORISMO**, doctrina.

trascendente (Tb. transcendente) 1 *adj.* Que trasciende. [...]

trascender (Tb. transcender) 1 *intr.* Exhalar un olor tan intenso y penetrante que se percibe a distancia. [...]

trascontinental (Tb. transcontinental) *adj.* Que atraviesa un continente.

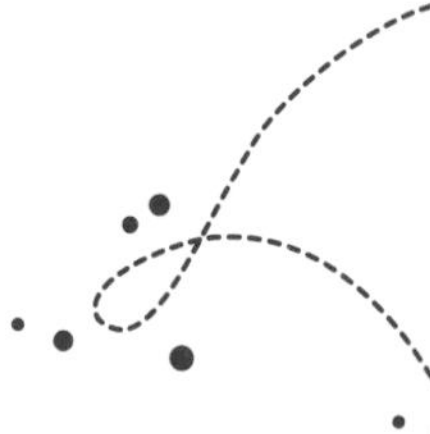

ABREVIATURAS

DICCIONARIO LENGUA ESPAÑOLA

GRAMATICALES

A

adj.	adjetivo
adj. poses.	adjetivo posesivo
adv.	adverbio / adverbial
adv. c.	adverbio de cantidad
adv. comp.	adverbio comparativo
adv. d.	adverbio de duda
adv. dem.	adverbio demostrativo
adv. af.	adverbio de afirmación
adv. l.	adverbio de lugar
adv. m.	adverbio de modo
adv. neg.	adverbio de negación
adv. ord.	adverbio de orden
adv. t.	adverbio de tiempo
amb.	nombre ambiguo
art.	artículo
art. det.	artículo determinado

C

com.	nombre de género común
comp.	comparativo
conc.	concesivo, va
conj.	conjunción
conj. advers.	conjunción adversativa
conj. caus.	conjunción causal
conj. cop.	conjunción copulativa
conj. distr.	conjunción distributiva
conj. disy.	conjunción disyuntiva
conj. lat.	conjunción latina
conj. temp.	conjunción de tiempo
conjug. c.	conjugar como

D

dem.	demostrativo
det.	determinado
distr.	distributivo, va

E

excl.	exclamativo
expr.	expresión

F

f.	nombre femenino
fr.	frase

I

ilat.	ilativa
impers.	impersonal
indef.	indefinido, da
indet.	indeterminado, da
inic.	inicial
interj.	interjección
interr.	interrogativo, va
intr.	verbo intransitivo

L

loc.	locución
loc. lat.	locución latina
loc. ingl.	locución inglesa
loc. fr.	locución francesa
loc. it.	locución italiana

M

m.	nombre masculino
may.	mayúscula

N

neg.	negación / negativo, va

P

pers.	personal
pl.	plural
prep.	preposición
prnl.	verbo pronominal
pron.	pronombre

R

relat.	relativo

S

s.	sustantivo

T

tr.	verbo transitivo

V

vb. irreg.	verbo irregular
vulg.	vulgarismo

NO GRAMATICALES

A

a. C.	antes de Cristo
af.	afrikáans
al.	alemán
ant.	anticuado, da /antiguo, gua antiguamente
aprox.	aproximadamente aproximado, da
ar.	árabe

C

c	ciudad
°C	grado centígrado
cap.	capital
cm	centímetro
coloq.	coloquial
cult.	culto

D

d. C.	después de Cristo
depart.	departamento
desp.	despectivo

E

E	Este
etc.	etcétera

F

fig.	figurado, da
fr.	francés

ABREVIATURAS
DICCIONARIO LENGUA ESPAÑOLA

G
g gramo

H
hebr. hebreo

I
ingl. inglés
it. italiano

J
jap. japonés

K
kg kilogramo
km kilómetro
km/s kilómetro por segundo

L
l litro
lat. latín

M
m metro
min minuto
mm milímetro
m/s metro por segundo

N
N Norte
NE Noreste
NO Noroeste
nor. noruego

O
O Oeste

P
p. ej. por ejemplo
port. portugués

R
rom. romaní
rus. ruso

S
sánscr. sánscrito
s segundo
s. siglo
S Sur
SE Sureste
SO Suroeste
ss. siglos

T
t tonelada métrica

TEMÁTICAS

A
ANAT anatomía
ARQ arquitectura
ART arte
ASTR astronomía

B
BIOL biología
BIOQ bioquímica
BOT botánica

C
CIN cinematografía

D
DEP deporte
DER derecho

E
ECOL ecología
ECON economía
ELECTR electricidad o electrotecnia
ELECTRÓN electrónica

F
FARM farmacia
FIL filosofía
FIS física
FISIOL fisiología
FOLCL folclor
FON fonética
FOT fotografía

G
GEO ciencias de la tierra
GEOM geometría
GRAM gramática

H
HIST historia

I
INF informática

L
LING lingüística
LIT literatura
LÓG lógica

M
MAT matemáticas
MED medicina
MIT mitología
MÚS música

O
ÓPT óptica
ORT ortografía

P
POLÍT política
PSIC psicología

Q
QUÍM química

R
REL religión

T
TEAT teatro
TELEC telecomunicaciones
TEOL teología
TV televisión

Z
ZOOL zoología

a[1] *f.* Primera letra del alfabeto español. Representa gráficamente un fonema vocálico, abierto y central pl.: *aes.*

a[2] 1 *prep.* Se emplea formalmente como introductora del complemento directo de persona o cosa personificada o animada: *Quiero a Luisa; Amo a mi perro.* 2 Precede al complemento indirecto: *Vendí la casa a Juan.* 3 Indica dirección: *Iré a Caracas.* 4 Indica lugar y tiempo en que sucede algo: *Te veré a la salida del teatro; Nos encontraremos a las once.* 5 Indica la situación en la que se encuentra algo o alguien: *Girando a la izquierda.* 6 Indica la manera en que se desarrolla la acción: *Hecho a mano.* 7 Indica distribución o cuenta proporcional: *Estudia cuatro horas de castellano a la semana; El partido quedó tres a dos.* 8 Se emplea para indicar el precio de las cosas: *Todo a mil.* 9 Indica que hay un intervalo espacial o temporal: *El entrenamiento es de lunes a sábado; De Bogotá a Quito hay más de mil kilómetros.* 10 Hacia: *Siempre al Sur.* 11 Hasta: *Con el agua a la rodilla.* 12 Junto a: *A la orilla del mar.* 13 Para: *A beneficio de los damnificados.* 14 Por: *A instancias mías.* 15 Da principio a muchas locuciones adverbiales: *A la francesa; A oscuras; A toda prisa.* • Solecismos: *motores a gas,* por *de gas; criterio a adoptar,* por *criterio que se ha de adoptar,* etc.

ábaco 1 *m.* MAT Pieza de madera, u otro material, con varillas paralelas, bolas ensartadas y movibles y un travesaño perpendicular que divide las bolas en dos grupos. Se usa para contar y realizar cálculos aritméticos. La columna más a la derecha representa las unidades, la que está a su izquierda las decenas y así sucesivamente. 2 ARQ Parte superior del capitel.

abad, desa *m.* y *f.* Superior de un monasterio o algunas comunidades religiosas.

abadesa *f.* ABAD.

abadía 1 *f.* Dignidad de abad o abadesa. 2 Monasterio o iglesia regido por un abad o una abadesa.

abajo 1 *adv. l.* En un lugar o parte inferior: *Vive en el piso de abajo.* 2 Hacia un lugar o parte inferior: *El carro rodó cuesta abajo.* 3 *interj.* Se usa para manifestar rechazo, desaprobación o protesta: *¡Abajo el mal gobierno!*

abalanzar 1 *tr.* Impulsar, lanzar hacia delante. 2 *prnl.* Arrojarse sobre algo temerariamente.

abalear *tr.* Disparar con bala sobre alguien o algo; herir o matar a balazos.

abaleo *m.* Acción y efecto de abalear.

abalorio 1 *m.* Conjunto de cuentas que, ensartadas, forman un adorno o labor. 2 Cada una de las cuentas.

abanderado, da 1 *m.* y *f.* Persona que lleva la bandera de su país en los actos públicos. 2 Persona que se distingue en la defensa de una causa.

abandonar 1 *tr.* Desamparar a alguien o algo. 2 *prnl.* Confiar o entregar algo a una persona o cosa. 3 Descuidar los propios intereses o el aseo. 4 Rendirse ante las adversidades.

abandonismo *m.* Tendencia a renunciar sin lucha a los propios intereses.

abandono *m.* Acción y efecto de abandonar.

abanicar *tr.* Hacer aire con el abanico.

abanico 1 *m.* Instrumento compuesto por un conjunto de varillas articuladas por un extremo y pegadas por el otro a una tela o un papel que se despliega en semicírculo. 2 Lo que se utiliza con ese fin o que tiene dicha forma. 3 Conjunto de asuntos, proposiciones, etc. || ~ **aluvial** GEO Acumulación de arenas y gravas finas, con forma de abanico, depositada por una corriente de agua en el punto donde abandona un valle angosto y se abre a un terreno llano.

abaratar *tr.* y *prnl.* Disminuir el precio de una cosa, hacerla barata.

abarca *f.* Calzado de cuero o caucho que protege la planta del pie y se sujeta al tobillo con correas o cuerdas.

abarcar 1 *tr.* Rodear algo con los brazos o la mano. 2 Contener en sí. 3 Alcanzar con la vista. 4 Comprender, ceñir. 5 Ocuparse a la vez de varias cosas.

abarquillar *tr.* y *prnl.* Dar a una cosa delgada la forma de barquillo convexo.

abarrancar 1 *tr.* Formar barrancos en un terreno. 2 *intr.* y *prnl.* Meter en un barranco.

abarrotar 1 *tr.* Llenar por completo un espacio de personas o cosas. 2 Hacer que un local se llene.

abarrote 1 *m.* Tienda donde se venden artículos de uso cotidiano. 2 *m. pl.* Artículos de primera necesidad.

abasí *adj.* y *s.* HIST Dicho de una dinastía de 37 califas árabes de Bagdad, cuyo su fundador, Abu-l-Abbas, era descendiente de un tío de Mahoma.

abastecer *tr.* y *prnl.* Proveer de lo necesario. • Vb. irreg. conjug. c. **agradecer**. V. anexo El verbo.

abasto 1 *m.* Provisión de las cosas necesarias. 2 Abundancia. 3 Tienda de comestibles. 4 Matadero público.

abate *m.* Clérigo perteneciente a las órdenes menores durante el s. XVIII.

abatido, da 1 *adj.* Desanimado. 2 Despreciable, ruin.

abatimiento *m.* Depresión, postración.

abatir 1 *tr.* y *prnl.* Derribar, demoler. 2 Humillar. 3 *tr.* Hacer perder el ánimo, deprimir. 4 Hacer bajar algo. 5 Tender lo que estaba vertical.

abazón *m.* ZOOL Cada una de las dos bolsas que tienen algunos animales en los carrillos, donde guardan los alimentos para su transporte.

abbevilliense *adj.* y *m.* HIST Dicho de un estadio cultural, correspondiente a un periodo muy antiguo del Paleolítico europeo, que se remonta a unos 800 000 años y cuya industria lítica se caracteriza por la producción de hachas bifaces con forma de almendra. • U. m. c. s. m. Se escribe con may. inic. c. s.

abc *m.* ABECÉ.

abecé *m.* Conjunto de principios básicos de una disciplina o ciencia.

abdicar *tr.* e *intr.* Renunciar a la dignidad de soberano o traspasarla a otro.

abdomen 1 *m.* ANAT Cavidad del cuerpo de los vertebrados y conjunto de los órganos contenidos en ella. En los mamíferos queda limitada por el diafragma y la pelvis y contiene órganos digestivos como el estómago, los intestinos delgado y grueso, además del hígado, el páncreas, el bazo y los riñones. 2 ZOOL Región posterior del cuerpo situada a continuación del tórax en los insectos, crustáceos, arácnidos y otros artrópodos.

abducción 1 *f.* Desplazamiento de un órgano o miembro respecto al plano medio del cuerpo. 2 LÓG Silogismo cuya premisa mayor es evidente y la menor menos evidente o solo probable. 3 Supuesto secuestro de seres humanos llevado a cabo por criaturas extraterrestres. 4 QUÍM Operación que consiste en conducir un gas desde un recipiente a otro que contiene un sólido o líquido para retenerlo.

abecedario 1 *m.* ALFABETO, serie ordenada de letras. 2 Impreso en el que aparecen las letras del alfabeto, que sirve para enseñar a leer. 3 Principios básicos de cualquier área del conocimiento.

abeja *f.* Insecto himenóptero cuya apariencia característica es un cuerpo peludo con piezas bucales succionadoras o masticadoras. La mayoría de abejas son solitarias: cada hembra hace su propio nido y aprovisiona alimento para sus larvas. Algunas pocas son sociales, como la abeja melífera o doméstica.

□ ZOOL La abeja melífera es reconocida como un insecto muy valioso desde el punto de vista económico. Produce miel y cera y desempeña un importante papel en la polinización de cultivos comerciales. Vive en colonias, cada una de las cuales consta de una sola hembra fecunda, muchos machos o zánganos y numerosísimas hembras estériles.

abejorro *m.* Insecto himenóptero que es grande, peludo y de color negro y dorado. Es social, está especialmente adaptado al frío y vive en enjambres poco numerosos.

abencerraje *s.* HIST Miembro de una familia del reino musulmán granadino del s. XV.

□ HIST Los abencerrajes fueron rivales de los zegríes y contaron con el apoyo de Juan II de Castilla. De sus luchas con sus enemigos resultaron beneficiados los Reyes Católicos. Participaron en las guerras del reino de Granada, sosteniendo a los diversos reyes y pretendientes, entre los que destaca Boabdil el Chico. Yusuf ibn Sarraf fue su primer representante de importancia.

aberración 1 *f.* Desviación extremada de lo que se considera normal. 2 Disparate; equivocación grave. 3 ASTR Desviación aparente de cuerpos celestes, como estrellas y planetas, producida por la velocidad de propagación de la luz combinada con la del movimiento de traslación de la Tierra. 4 BIOL Desviación esporádica del tipo normal que experimenta un carácter morfológico o fisiológico. || ~ **cromática** ÓPT En una lente o un espejo esférico, falta de convergencia en un foco de los rayos de luz que emanan de un solo punto. ~ **esférica** ÓPT Incapacidad de una lente de reunir en un mismo foco rayos de longitud de onda distinta, lo cual produce cromatismo.

abertura 1 *f.* Acción de abrir. 2 Boca, agujero. 3 Terreno abierto entre dos montañas. 4 FON Amplitud que los órganos articulatorios dejan al paso del aire, al producirse la emisión de un sonido. 5 ÓPT Diámetro útil de un anteojo, telescopio u objetivo.

abeto *m.* Árbol del tipo de las coníferas, propio de la alta montaña de las zonas templadas septentrionales. Puede alcanzar hasta 50 m de altura. Sus ramas crecen horizontalmente formando una copa con forma de cono.

abierto, ta 1 *adj.* Desembarazado, llano, dilatado. 2 Sincero, franco. 3 Comprensivo y tolerante. 4 FON **vocal** ~; **sílaba** ~. 5 Dicho de una prueba, torneo, etc., con participación de profesionales y no profesionales.

abigarrar *tr.* Colorear algo con muchos colores mal combinados. 2 *prnl.* Amontonarse.

abigeato *m.* Hurto de ganado o bestias.

abiótico, ca 1 *adj.* BIOL Dicho de un medio, en el que no es posible la vida. 2 **factor** ~.

abisal 1 *adj.* GEO Dicho de una zona del mar, con una profundidad mayor a 2000 m, que se extiende más allá del talud continental. 2 GEO **fosa** ~; **llanura** ~.

abismal 1 *adj.* Perteneciente o relativo al abismo. 2 Dicho de algo, que marca una oposición o diferencia profunda con respecto a otra cosa.

abismar 1 *tr.* y *prnl.* Hundir en el abismo. 2 Confundir, trastornar. 3 *prnl.* Sumergirse en una idea o un sentimiento.

abismo 1 *m.* Profundidad grande. 2 PRECIPICIO. 3 Diferencia u oposición tajante entre personas o cosas. 4 Cosa insondable o incomprensible.

abjurar *tr.* e *intr.* Renunciar solemnemente a una creencia.

ablación 1 *f.* Acción y efecto de cortar, separar, quitar, en especial un órgano. 2 GEO Desgaste de la superficie terrestre por efecto de la erosión. 3 GEO Fusión del hielo en el final de un glaciar.

ablandar 1 *tr.* y *prnl.* Poner blanda una cosa. 2 Suavizar la oposición, la severidad o el enfado. 3 Conmoverse por la emoción o ternura. 4 *prnl.* Acobardarse.

ablativo *m.* GRAM Caso de declinación que expresa relaciones de procedencia local o temporal. En español casi siempre se expresa anteponiendo al sustantivo alguna preposición, siendo las más frecuentes: *A, con, de, desde, en, por, sin, sobre, tras.*

ablución *f.* Rito de purificación de manos u objetos sagrados.

abnegación *f.* Actitud de quien afronta cualquier sacrificio en favor de una persona, una creencia o un ideal.

abocado, da *adj.* Expuesto a un peligro inminente o cercano a una determinada situación.

abocar 1 *tr.* Acercar la boca de una vasija a la de otro recipiente para trasvasar algo. 2 *tr.* y *prnl.* Acercar, aproximar a un lugar o a algo.

abochornar 1 *tr.* y *prnl.* Causar bochorno a algo o a alguien el calor excesivo. 2 SONROJAR.

abofetear *tr.* Dar o pegar bofetadas a alguien.

abogado, da 1 *m.* y *f.* Persona que ha cursado la carrera de derecho. || ~ **defensor** DER Persona que está encargada de la defensa en un juicio. ~ **del diablo** Encargado de presentar las objeciones en los procesos de canonización. 2 Persona que pone en duda o contradice un argumento o asunto para esclarecer su sentido.

abolengo *m.* Ascendencia o conjunto de antepasados, por lo general ilustres, de una persona.

abolicionismo *m.* HIST Doctrina nacida en Inglaterra en el s. XVIII, que defendía la supresión de la esclavitud y sentó las bases para su abolición en todo el mundo.

abolir *tr.* Derogar, dejar sin vigor una ley o costumbre.

abollar *tr.* Producir hundimiento en una superficie al apretarla o golpearla.

abombar[1] *tr.* y *prnl.* Aturdir, atolondrar.

abombar[2] *tr.* y *prnl.* Ahuecar una cosa dándole forma convexa.

abominar 1 *tr.* e *intr.* Condenar y rechazar enérgicamente. 2 ABORRECER.

abonado, da *m.* y *f.* Persona que, mediante el pago de un abono, disfruta de una cosa o de algún servicio.

abonar[1] 1 *tr.* Acreditar como buena a una persona o cosa. 2 Responder de la fiabilidad de alguien o de la veracidad de una declaración. 3 Echar abono a la tierra para aumentar su fertilidad.

abonar[2] 1 *tr.* Pagar los vencimientos de una venta o préstamo a plazos. 2 Asentar cierta cantidad en el haber de una cuenta corriente. 3 *tr.* y *prnl.* Inscribir, mediante pago, a una persona para que pueda asistir a algún espectáculo o recibir algún servicio.

abono[1] *m.* Sustancia que se añade a la tierra para aumentar su fertilidad. Entre los artificiales están los sulfatos, los fosfatos, los nitratos de amonio y el sodio y la cal. Los naturales se obtienen a partir de excrementos de animales, residuos orgánicos o desechos agrícolas.

abono[2] 1 *m.* Fianza, garantía. 2 Derecho que adquiere el abonado. 3 Cada uno de los pagos de una compra o préstamo a plazos.

abordaje 1 *m.* Acción de abordar un medio de transporte. 2 Acción de pasar a la nave que se ataca.

abordar 1 *tr.* Acercarse a alguien para proponerle o tratar un asunto. 2 Acometer algo que ofrezca dificultad. 3 Subir un pasajero a un medio de transporte. 4 Plantear un asunto en el curso de una exposición oral o escrita.

aborigen 1 *adj.* Originario del país en que vive. 2 *adj.* y *s.* Morador primitivo de este.

aborrecer *tr.* Sentir aversión hacia alguien o algo. • Vb. irreg. conjug. c. **agradecer**. V. anexo El verbo.

abortar 1 *tr.* e *intr.* Parir un feto no viable o muerto. 2 *intr.* Interrumpir el embarazo voluntariamente. 3 Fracasar alguna empresa.

abotagar 1 *prnl.* Hincharse el cuerpo o una parte de él. 2 *tr.* Atontar o entorpecer.

abotonar *tr.* y *prnl.* Meter el botón por el ojal para cerrar la prenda.

abra 1 *f.* Abertura ancha y despejada entre dos montañas. 2 Bahía de poca extensión.

abracadabra *m.* Palabra escrita en un triángulo de once renglones a la que se le atribuyen propiedades mágicas.

abrasar 1 *tr.* y *prnl.* Reducir a brasa, quemar. 2 Destruir los ácidos, el frío o el calor los tejidos de un ser vivo. 3 *tr.* Sentir dolor o picor, especialmente a causa de la sed. 4 Calentar demasiado.

abrasión 1 *f.* Acción y efecto de desgastar algo por roce o raspado. 2 GEO Proceso de desgaste de la corteza terrestre por los agentes externos. 3 GEO **plataforma** de ~.

abrasivo, va 1 *adj.* Perteneciente o relativo a la abrasión. 2 *m.* Producto que, mediante fricción, sirve para pulir o desgastar metal, piedra, etc.

abrazadera *f.* Pieza que sirve para asegurar una cosa, ciñéndola.

abrazar 1 *tr.* y *prnl.* Rodear con los brazos. 2 *tr.* Ceñir algo dentro de unos límites. 3 Contener, incluir. 4 Adherirse a una idea o un partido.

abrelatas *m.* Utensilio de formas muy variadas, que se emplea para latas de conserva.

abrevar *tr.* Dar de beber al ganado.

abreviación 1 *f.* Acción y efecto de abreviar. 2 Procedimiento de reducción de una palabra mediante la supresión de determinadas letras o sílabas. Los distintos tipos de abreviación son: **abreviatura, acortamiento, acrónimo, sigla** y **símbolo**. 3 Compendio o resumen.

abreviar 1 *tr.* Acortar, reducir a un tiempo o espacio menor. 2 *tr.* e *intr.* Acelerar, apresurar. 3 *intr.* Ir por el camino más corto. 4 *prnl.* Darse prisa. • V. tabla Abreviaturas en esta página.

abreviatura *f.* Representación escrita de una palabra o un grupo de palabras obtenida mediante la supresión de letras o sílabas de su escritura completa.

abrigar 1 *tr.* y *prnl.* Resguardar del frío con una prenda. 2 *tr.* Tener deseos o afectos: *Abrigar esperanzas.*

Abreviaturas

Una abreviatura es la representación gráfica y sintética de una palabra o de un conjunto de ellas.

Formación y uso adecuado

- Para abreviar una palabra se suprimen, como mínimo, dos de sus letras.
- Debe mantenerse el orden de las letras: *prnl.* (pronominal); *etc.* (etcétera).
- Pueden formarse suprimiendo letras o sílabas finales: *art.* (artículo); en este caso nunca deben terminar en vocal.
- Pueden formarse eliminando letras centrales: *depto.* (departamento). En este caso algunas presentan la letra o letras finales voladas (que siempre deben ir después del punto): *n.º* (número), *adm.or* (administrador).
- Si la abreviatura del masculino termina en **-o**, el femenino se forma sustituyendo esta letra por una *-a*: *sto.* (santo), *sta.* (santa).
- Si la abreviatura del masculino termina en consonante, su femenino se forma añadiendo una *-a*, volada o no: *prof.ª* o *profa.* (profesora).
- Hay abreviaturas que sirven tanto para el femenino como para el masculino: *izq.* (izquierdo, izquierda), *ing.* (ingeniero, ingeniera).
- En las abreviaturas que resultan de suprimir las letras finales, el plural se forma añadiendo *-s*: *págs.* (páginas), *bibls.* (bibliotecas). Se exceptúa *cent.* (centavo o centésimo), cuyo plural es *cts.*
- En las que resultan de eliminar letras centrales, el plural se forma añadiendo *-s* o *-es*, según sea la terminación: *fcas.* (fábricas); *admones.* (administraciones).
- Si la abreviatura corresponde a una forma verbal, el plural no se distingue del singular: *v.* es tanto la abreviatura de *véase* como de *véanse.*
- Conservan la tilde en caso de incluir la vocal que la lleva en la palabra completa: *pág.* (página).
- Cuando cierra una oración, su punto sirve de punto final. Los otros signos de puntuación sí deben escribirse tras el punto de la abreviatura.

abrigo 1 *m.* Defensa contra el frío. 2 Cosa que abriga. 3 Prenda larga y gruesa, con mangas, que se pone sobre las demás. 4 Paraje a resguardo de los vientos. 5 Amparo, auxilio. || ~ **rocoso** Cueva natural poco profunda.

abril *m.* Cuarto mes del año, que consta de treinta días.

abrillantar 1 *tr.* Dar brillo a una cosa. 2 Dar más valor o lucimiento.

abrir 1 *tr.* e *intr.* Hacer patente o dejar libre lo cerrado u oculto: separar del marco la hoja de la puerta, descorrer el cerrojo, etc. • U. t. c. prnl. 2 *tr.* Tirar de los cajones de un mueble sin sacarlos del todo. 3 Separar las cosas que ocultan algo: los ojos separando los párpados, un libro dejando expuestas dos páginas, etc. 4 Despegar o cortar un envoltorio. 5 Iniciar una actividad, un ejercicio: *Abrir la sesión.* 6 Establecer una cuenta corriente. 7 Ir a la cabeza de una fila: *La reina abrió el desfile.* 8 *tr.* Dejar un espacio entre dos partes en el cuerpo o los instrumentos que giran sobre goznes: los brazos, las piernas, las tijeras, etc. 9 Extender lo encogido o plegado: la mano, un paraguas. 10 Hender, rasgar: el suelo, la madera. 11 *prnl.* Hablando del vehículo o del conductor, tomar una curva por la parte exterior de esta. 12 Confiarse a alguien: *Le abrió su corazón y le confesó sus sufrimientos.* 13 Salir huyendo. 14 Desistir de algo, volverse atrás. • Participio irreg. *abierto.*

abrochar *tr.* y *prnl.* Cerrar dos partes de una prenda con broches, botones, etc.

abrogar *tr.* Abolir, revocar una ley o disposición.

abrojo *m.* Planta cigofilácea, que posee flores amarillas y fruto espinoso y es perjudicial para los sembrados.

abrótano *m.* Planta herbácea compuesta, que exhala un aroma semejante al del limón.

abrumar 1 *tr.* Molestar en exceso. 2 Apabullar con alabanzas o burlas desproporcionadas.

abrupto, ta 1 *adj.* Escarpado, que tiene gran pendiente. 2 Áspero, rudo.

absceso *m.* Acumulación de pus en los tejidos orgánicos.

abscisa 1 *f.* GEOM Coordenada horizontal en un plano cartesiano rectangular. Es la distancia entre un punto y el eje vertical medida sobre una paralela al eje horizontal. 2 GEOM **eje** de ~s.

abscisión *f.* Separación de una porción pequeña de un cuerpo hecha con un instrumento cortante.

absentismo 1 *m.* No asistencia deliberada al trabajo. 2 Costumbre de residir el propietario lejos de sus fincas.

ábside *m.* ARQ Parte del templo, abovedada y comúnmente semicircular, que sobresale en la fachada posterior.

absolución *f.* Acción de absolver, especialmente el tribunal al acusado en un juicio y el confesor al penitente.

absolutismo *m.* HIST y POLÍT Sistema de gobierno caracterizado por la ausencia de las limitaciones constitucionales del poder político y de quien ejerce la dirección del Estado.

☐HIST y POLÍT Predominó entre los ss. XVII y XVIII en las monarquías europeas, en las que el monarca representaba la unidad y la instancia suprema de gobierno, con la concentración de poderes. En la actualidad, se aplica a todo modelo despótico o dictatorial.

absoluto, ta 1 *adj.* Que excluye toda relación. 2 Que no admite restricción o atenuación: *Silencio absoluto.* 3 Dicho de un gobierno, absolutista. 4 Dicho de un juicio, terminante o categórico. 5 FÍS Dicho de una magnitud, cuando se mide a partir de un valor cero, que corresponde realmente a la ausencia de la magnitud en cuestión. 6 GRAM **tiempo** ~. 7 QUÍM Dicho de una sustancia química, líquida en estado puro.

absolver 1 *tr.* Declarar libre de algún cargo u obligación. 2 Perdonar a un penitente sus pecados. 3 Declarar no culpable a un procesado. • Participio irreg. *absuelto.* Vb. irreg. conjug. c. **mover**. V. anexo El verbo.

absorbancia *f.* FÍS Medida de la cantidad de luz absorbida por una sustancia, la cual se representa como el **logaritmo** de la relación entre la intensidad de la luz que sale y la que entra.

absorber 1 *tr.* FÍS y QUÍM Captar un cuerpo sólido moléculas de otro en estado líquido o gaseoso, como hacen la esponja con el agua y las plantas con el oxígeno. 2 FÍS Captar las moléculas de un cuerpo el calor u otro tipo de energía radiante. 3 Consumir por entero. 4 Incorporar una institución a otra.

absorción 1 *f.* Acción de absorber. 2 QUÍM **banda** de ~.

absorto, ta *adj.* Enfrascado en algo con descuido de todo lo demás.

abstencionismo *m.* Criterio o postura de abstención o no intervención, sobre todo en política.

abstenerse 1 *prnl.* Privarse de algo. 2 No participar en algo. • Vb. irreg. conjug. c. **tener**. V. anexo El verbo.

abstinencia 1 *f.* Renuncia a un goce por motivos de virtud o religión. 2 Privación de comer carne en cumplimiento de un precepto religioso. 3 MED **síndrome** de ~.

abstracción 1 *f.* Acción y efecto de abstraer o abstraerse. 2 Cualidad de abstracto. 3 Cosa irreal.

abstraccionismo *m.* ART Movimiento surgido a comienzos del s. XX cuya principal característica fue la de sustituir la representación realista por un lenguaje visual autónomo y dotado de significaciones particulares. La primera obra abstracta fue *Acuarela abstracta*, de W. Kandinsky (1910).

abstracto, ta 1 *adj.* Que indica una cualidad con independencia del sujeto en el que puede darse, como la belleza o bondad. 2 Impreciso, poco definido. 3 ART Dicho de un arte o artista, que no pretende representar cosas concretas. 4 GRAM **sustantivo** ~.

abstraer 1 *tr.* Separar mentalmente las cualidades de un objeto para considerarlas en sí. 2 *intr.* y *prnl.* Con la preposición *de*, prescindir de algo. • Vb. irreg. conjug. c. **traer**. V. anexo El verbo.

absurdo, da 1 *adj.* Contrario a la lógica o la razón. 2 TEAT **teatro** del ~.

abuchear *tr.* Reprobar con gritos y silbidos una actuación pública.

abuelo, la *m.* y *f.* Cada uno de los progenitores del padre o de la madre.

abulia *f.* Falta de voluntad o energía para emprender algo o para actuar.

abundancia *f.* Gran cantidad.

abundar *intr.* Tener o existir algo en abundancia.

aburrimiento *m.* Tedio, cansancio.

aburrir 1 *tr.* Cansar, fastidiar. 2 *prnl.* Hastiarse de algo.

abusar 1 *intr.* Hacer uso excesivo o indebido de algo. 2 Aprovecharse de otras personas. 3 Forzar a una persona a satisfacer el propio apetito sexual.

abyecto, ta *adj.* Despreciable en sumo grado.

acá *adv. l.* Indica un lugar cercano menos preciso que el que denota *aquí;* por ello admite grados de comparación: *Más acá; Muy acá; Tan acá.*

acabar 1 *tr.* y *prnl.* Terminar algo, esmerarse en concluirlo. 2 *tr.* Consumir por entero. 3 *intr.* Rematar, finalizar: *Acaba en punta.* 4 Destruir, matar: *Acabaron con Pedro.* 5 Seguido de la preposición *de* y un infinitivo, suceder poco antes: *Acabo de decir.* 6 *intr.* y *prnl.* Extinguirse, aniquilarse.

acacia *f.* Árbol o arbusto de las mimosáceas, que tiene madera dura, hojas compuestas, flores en racimo colgante y fruto en legumbre.
academia 1 *f.* Sociedad científica, literaria o artística establecida con autoridad pública. 2 Sede en la que se reúnen los académicos. 3 Establecimiento privado en el que se instruye a quienes seguirán una carrera o profesión determinada.
academicismo *m.* Cualidad de académico.
académico, ca 1 *adj.* Perteneciente o relativo a las academias. 2 Dicho de una obra de arte o artista, que observa con rigor las normas clásicas. 3 Perteneciente o relativo a la escuela filosófica de Platón. 4 *m.* y *f.* Persona perteneciente a una corporación académica.
acadio, dia 1 *adj.* y *s.* HIST Dicho de un imperio surgido en tiempos de Sargón I (ca. 2300 a. C.), que supuso el dominio de los semitas de Acad sobre Sumer y Elam. 2 LING Lengua semítica, hablada antiguamente en Acad.
acaecer *intr.* Ocurrir o producirse un hecho. • Vb. irreg. conjug. c. **agradecer**. V. anexo El verbo.
acalefo, fa *adj.* y *m.* ZOOL Dicho de un animal marino, **celentéreo**, que posee una cavidad corporal rodeada de tentáculos y que, en su estado adulto, tiene forma de medusa.
acallar 1 *tr.* Hacer callar. 2 Apaciguar.
acalorar 1 *tr.* Causar o dar calor. 2 *tr.* y *prnl.* Ponerse rojo por el excesivo calor o ejercicio. 3 Enardecerse por la pasión o el enojo.
acampar *tr.* e *intr.* Instalarse en el campo con o sin tiendas de campaña.
acanalar 1 *tr.* Hacer estrías o ranuras en una cosa. 2 Dar forma de canal o teja.
acantilado *m.* Costa rocosa cortada verticalmente.
acantocéfalo, la *adj.* y *m.* ZOOL Dicho de un gusano seudocelomado, parásito intestinal de los vertebrados, que tiene en el extremo anterior de su cuerpo una probóscide con ganchos gracias a los cuales se fija al huésped.
acantonar *tr.* y *prnl.* Distribuir y alojar tropas en diversos poblados.
acaparar 1 *tr.* Acumular mercancías en cantidad superior a las necesidades, encareciendo así el mercado. 2 Llevarse la mayor parte de algo: *Acaparó la atención.*
acaramelar *tr.* Dar un baño de azúcar a punto de caramelo.
acariciar 1 *tr.* Hacer caricias. 2 Tratar con cariño. 3 Rozar suavemente una cosa a otra.
ácaro *m.* ZOOL Arácnido de respiración traqueal o cutánea con cefalotórax unido al abdomen. En muchos casos es un parásito de ciertos animales o plantas.
acarrear 1 *tr.* Transportar en carro o de cualquier otra manera. 2 Ocasionar o traer consigo consecuencias desgraciadas.
acartonado, da 1 *adj.* Que tiene el aspecto o la consistencia del cartón. 2 Que carece de espontaneidad.
acartonamiento *m.* Acción y efecto de acartonarse.
acartonar *tr.* y *prnl.* Hacer que algo o alguien adquiera el aspecto o la rigidez del cartón.
acaso 1 *m.* Casualidad, suerte. 2 *adv. d.* Quizá. 3 *adv. m.* Accidentalmente.
acatamiento *m.* Acción y efecto de acatar.
acatar *tr.* Rendir sumisión o respeto a una persona y a sus órdenes o consejos.
acatarrar *tr.* y *prnl.* Constipar, agarrar un catarro.
acaudalar 1 *tr.* Hacer o reunir caudal. 2 Atesorar conocimientos o cualidades.
acaudillar 1 *tr.* Dirigir como caudillo. 2 Conducir un grupo.
acceder 1 *intr.* Mostrarse conforme con la petición o el parecer ajenos. 2 Ceder alguien en su opinión. 3 Tener acceso a un lugar o a un cargo.
accesible 1 *adj.* Dicho de algo, que puede ser alcanzado, o de un lugar al que se puede llegar. 2 De fácil trato, cordial.
acceso 1 *m.* Acción de acercarse. 2 Entrada o paso. 3 Acometida de una enfermedad o de un estado anímico. 4 Cópula sexual. 5 INF Forma en que una memoria de computador puede ser leída o escrita. || ~ **del Sol** ASTR Movimiento aparente con que se acerca el Sol al Ecuador.
accesorio, ria 1 *adj.* Que no es necesario o principal. 2 *m.* Utensilio para un determinado trabajo o para el funcionamiento de una máquina.
accidental 1 *adj.* No esencial o sustancial. 2 Contingente, casual. 3 Interino o provisional, si se trata de un cargo.
accidentar 1 *tr.* Producir un accidente. 2 *prnl.* Padecer algún accidente.
accidente 1 *m.* Cualidad o estado no esencial de algo. 2 Suceso eventual que altera el curso regular de las cosas. 3 Suceso imprevisto que, además, produce daños: *Accidente de circulación.* 4 Irregularidad del terreno. 5 GRAM Modificación que experimentan en su forma las palabras variables para expresar diversas categorías gramaticales. Los accidentes gramaticales son: género y número en la flexión nominal; modo, tiempo, número y persona, en la flexión verbal.
acción 1 *f.* Ejercicio de una facultad y efecto de hacer algo: acto, hecho. 2 ECON Parte alícuota del capital social de una empresa, que proporciona a su propietario una renta. 3 Documento en que se refleja dicha participación. 4 FÍS Magnitud que se define como producto de la energía absorbida durante un proceso, por la duración del mismo. || ~ **de tutela** DER Formalización de la solicitud de una **tutela**. ~ **poética** 1 LIT Acto de creación de un texto literario en el que se usa el lenguaje para expresar una emoción o un sentimiento y se hace énfasis en el mensaje y en las figuras retóricas que se emplean para transmitirlo. 2 LIT Movimiento literario en el que el sentir poético se expresa con frases cortas y se difunde en los muros del espacio público. • Se escribe con may. inic. en la acepción 2. ~ **popular** DER Posibilidad que tiene cualquier persona para promover un proceso, aunque no tenga una relación personal con el objeto del mismo.
accionar 1 *tr.* Poner en funcionamiento un mecanismo. 2 *intr.* Hacer movimientos y gestos para indicar algo o dar más fuerza a la palabra, canto, etc.
accionista *m.* y *f.* Dueño de acciones en alguna empresa.
acebo *m.* Árbol de los países septentrionales, de unos 6 m de altura, hojas perennes verdes, flores blancas y fruto rojo, que se usa como adorno navideño.
acechar *tr.* Espiar, observar cautelosamente a alguien.
acecho 1 *m.* Acción de acechar. 2 Lugar desde el que se acecha.
acecinar *tr.* y *prnl.* Salar las carnes y secarlas al humo y al aire.
acéfalo, la 1 *adj.* Que no tiene cabeza. 2 Dicho de una comunidad, secta, etc., que no tiene jefe.
aceite 1 *m.* Grasa líquida que se extrae de algunos vegetales como la aceituna, la canola, el girasol, el maíz, la soja, etc. 2 Grasa animal o mineral. 3 QUÍM Sustancia formada por ésteres de ácidos grasos o por hidrocarburos derivados del petróleo, líquida, insoluble en agua, combustible y, generalmente, menos densa que el agua.
aceituna *f.* Fruto del olivo.

aceleración 1 *f.* Acción y efecto de acelerar o acelerarse. 2 Fís Magnitud que representa la variación de la velocidad en una unidad de tiempo. Su unidad en el sistema internacional es el metro por segundo cada segundo (m/s^2). || ~ **instantánea** Fís Límite de la aceleración media de un cuerpo cuando el intervalo de tiempo tiende a cero. ~ **media** Fís Cambio de velocidad de un cuerpo en un intervalo de tiempo determinado. ~ **negativa** o **desaceleración** Fís Disminución de la velocidad de un objeto que se mueve.

acelerado, da 1 *adj.* Que experimenta aceleración. 2 Impaciente, nervioso. 3 *f.* Aceleración súbita e intensa a que se somete un motor.

acelerador, ra 1 *adj.* Que acelera. 2 *m.* Mecanismo del automóvil que regulariza la entrada de la mezcla explosiva en la cámara de combustión del motor y permite acelerar su régimen de revoluciones. 3 Dispositivo con que se acciona dicho mecanismo. || ~ **nuclear** o **de partículas** Fís Aparato electromagnético que imprime gran velocidad a partículas elementales con objeto de desintegrar el núcleo de los átomos que bombardea. Los aceleradores permiten el estudio de las propiedades de las partículas elementales y sus interacciones.

acelerar *tr.* y *prnl.* Aumentar la velocidad de una marcha o un proceso.

acelga *f.* Planta comestible de hojas anchas y jugosas y pecíolo o nervio central muy desarrollado.

acelomado, da *adj.* y *m.* Zool Dicho de un animal de simetría bilateral, que posee un intestino sin ninguna otra cavidad corporal, como los **platelmintos**.

acendrar 1 *tr.* Depurar en la cendra los metales por la acción del fuego. 2 Purificar de cualquier mancha.

acento 1 *m.* Fon Modalidad fónica del lenguaje, que afecta a la intensidad, la cantidad, el timbre y el tono de los sonidos. 2 Inflexión particular con que se distingue el modo de hablar de los grupos lingüísticos. 3 Especial importancia que se da a una idea, un hecho o una palabra. 4 Mús Aumento de intensidad de ciertos sonidos para marcar el compás. || ~ **agudo** Ort TILDE. ~ **circunflejo** El que se compone de uno agudo y otro grave unidos por arriba (^). En español no tiene uso. ~ **gráfico** Ort TILDE. ~ **grave** El que se emplea en algunas lenguas como signo diacrítico sobre las vocales, cuya forma es (`). ~ **ortográfico** Ort TILDE. ~ **prosódico** Fon y Gram Realce con que se pronuncia una sílaba respecto a las demás que la acompañan, distinguiéndola por una mayor intensidad o por un tono más alto. ~ **tónico** Fon y Gram El consistente en un aumento de la intensidad de la voz con que se pronuncia una sílaba respecto a las otras que la acompañan en la misma palabra. Según este criterio existen sílabas tónicas, las que se pronuncian con mayor intensidad, y sílabas átonas, las que carecen de este rasgo fónico. • V. tabla Acento prosódico y acento gráfico, p. 7.

acentuación *m.* Acción y efecto de acentuar.

acentuar 1 *tr.* Fon Dar acento prosódico a las palabras. 2 Ort Poner a las palabras que lo requieren el acento ortográfico. 3 Recalcar las palabras pronunciándolas lentamente. 4 Resaltar, poner de relieve algo. • Vb. irreg. conjug. c. **actuar**. V. anexo El verbo.

aceña *f.* Molino situado dentro del cauce de una corriente de agua.

acepción *f.* Cada significado de una palabra o locución según el contexto.

aceptación *f.* Aprobación o éxito de una persona o cosa.

aceptar 1 *tr.* Admitir a una persona o cosa tal como se presenta. 2 Aprobar, dar por bueno.

aceptor 1 *m.* Fís Impureza que se introduce en la red cristalina de ciertos semiconductores para que acepten electrones en exceso. 2 Quím Átomo que interviene en la formación de moléculas, sin suministrar electrones en los enlaces.

acequia *f.* Zanja para conducir las aguas.

acera *f.* Orilla pavimentada y algo elevada de la calle destinada al tránsito de peatones.

acerar 1 *tr.* Transformar el hierro en acero. 2 Dar un baño de acero.

acerbo, ba 1 *adj.* Áspero al paladar. 2 Cruel, riguroso.

acerca || ~ **de** Sobre el asunto que se trata.

acercar *tr.* y *prnl.* Aproximar, poner cerca o más cerca en el espacio o en el tiempo, y también en sentido figurado.

acería *f.* Fábrica de acero.

acerico *m.* Almohadilla en que se clavan alfileres o agujas.

acero *m.* Aleación de hierro y carbono, de notable dureza y elasticidad. Se utiliza para la fabricación de máquinas, carrocerías de automóvil, estructuras de construcción, accesorios de cocina, etc.

acérrimo, ma *adj.* Muy fuerte o tenaz.

acertar 1 *tr.* e *intr.* Atinar, dar en el blanco. 2 *intr.* Encontrar, hallar. 3 *tr.* Dar con la solución o el resultado de algo. 4 Hacer algo con acierto. • Vb. irreg. conjugación modelo. V. anexo El verbo.

acertijo *m.* ADIVINANZA.

acervo 1 *m.* Patrimonio cultural o moral. 2 Montón de cosas menudas.

acetábulo 1 *m.* Anat Cavidad de un hueso en la que encaja otro. 2 Zool Cavidad que en ciertos parásitos hace de ventosa.

acetaldehído *m.* Quím Líquido resultante de la oxidación del alcohol etílico de fórmula CH_3—CHO. Se emplea para fabricar plásticos y colorantes.

acetato 1 *m.* Quím Sal formada por la reacción del ácido acético con una base. 2 Quím Éster producido por la reacción del ácido acético con un alcohol. 3 Fibra artificial obtenida por la acción del anhídrido y el ácido acético sobre la celulosa.

acético, ca 1 *adj.* Perteneciente o relativo al vinagre o sus derivados. 2 Quím Dicho de un ácido producido por oxidación del alcohol vínico de fórmula CH_3COOH. Se usa para la síntesis de colorantes y acetona y la obtención de acetatos.

acetileno *m.* Quím Hidrocarburo gaseoso, de fórmula C_2H_2, obtenido por la acción del agua sobre el carburo de calcio. Se emplea para la soldadura y el corte de metales.

acetilo *m.* Quím Radical orgánico correspondiente al ácido acético.

acetona *f.* Quím Compuesto orgánico de fórmula CH_3COCH_3. Es un líquido incoloro, inflamable, volátil y de olor característico. Se emplea como disolvente de lacas, barnices, pinturas, etc.

achacar *tr.* Atribuir o imputar algo, en especial si es vituperable.

achacoso, sa *adj.* Que padece achaques o está habitualmente enfermo.

achantar 1 *tr.* y *prnl.* Apabullar, acoquinar. 2 *prnl.* Callarse por resignación o por cobardía.

achaque *m.* Indisposición habitual propia, sobre todo, de los ancianos.

achatar *tr.* y *prnl.* Poner chata una cosa, aplastarla.

achelense *adj.* Hist Dicho de un estadio cultural, correspondiente al Paleolítico inferior, caracterizado por la producción de piezas bifaces (hachas y puntas de flecha) talladas con cierta perfección. Sigue al abbevilliense y corresponde al último periodo interglaciar. • U. m. c. s. m. Se escribe con may. inic. c. s.

achicar *tr.* y *prnl.* Disminuir una cosa, hacerla más pequeña.

Acento prosódico y acento gráfico

Al pronunciar una palabra, no todas las sílabas llevan la misma intensidad. Una de ellas, denominada **sílaba tónica**, tiene mayor fuerza que las demás. Esa intensidad de la pronunciación se denomina **acento prosódico**. Las sílabas pronunciadas con menor intensidad en la palabra se denominan **átonas**.

El **acento gráfico** o **tilde** es aquel que se marca en la escritura y responde a unas reglas específicas que se aplican teniendo en cuenta la ubicación de la **sílaba tónica** en la palabra.

Clasificación de las palabras según la posición de la sílaba tónica

Palabras agudas: llevan el acento en la última sílaba.	Ejemplos: *mamá, comer, jugar, sutil, beber, reloj.*
Palabras graves: llevan el acento en la penúltima sílaba.	Ejemplos: *dulce, lápiz, mesa, carro, libro, mano.*
Palabras esdrújulas: llevan el acento en la antepenúltima sílaba.	Ejemplos: *pájaro, fotógrafo, teléfono, médico, género.*
Palabras sobreesdrújulas: llevan el acento en la sílaba anterior a la antepenúltima sílaba.	Ejemplos: *repítemelo, llévatelo, véndaselo.*

Al escribir, hay tres reglas básicas que indican cuándo debe o no marcarse el **acento gráfico** o **tilde** en las palabras. Para aplicar estas reglas es clave ubicar primero la **sílaba tónica** en la palabra.

Las palabras agudas	llevan tilde cuando terminan en vocal, en *n* o en *s*.	Ejemplos: *sofá, rubí, sillón, según, canción.*
Las palabras graves	llevan tilde cuando terminan en consonante, excepto *n* o *s*.	Ejemplos: *áspid, césped, fólder, inútil, difícil.*
Las palabras esdrújulas y las palabras sobreesdrújulas	Siempre llevan tilde.	Ejemplos: *cómpremelo, dígaselo, mamífero, electrónica, lápices.*

Tilde diacrítica: es la que se usa para distinguir palabras con idéntica forma, pero que ejercen funciones gramaticales distintas. Ejemplos: *más* (adverbio) y *mas* (conjunción adversativa, sinónimo de *pero*).

achicharrar 1 *tr.* y *prnl.* Asar o freír algo hasta darle sabor a quemado. 2 Calentar en exceso. 3 *prnl.* Sentir calor excesivo por la acción de un agente exterior, como el aire, el sol, etc.

achinado, da *adj.* y *s.* Dicho de una persona, que tiene facciones o un rasgo físico parecido a los naturales de China.

achinar *tr.* y *prnl.* Entrecerrar los ojos y alargarlos como los naturales de China.

achiote *m.* Árbol de hojas anchas, flores grandes y fruto en cápsula, de cuya semilla se obtiene un colorante rojo.

achira 1 *f.* Planta de 2 m de altura, de grandes hojas aovadas, espigas de flores encarnadas, fruto en caja y raíz feculenta, de la que se extrae una harina con la que se preparan panecillos. 2 Dicho panecillo.

achís *m.* Voz onomatopéyica que imita el estornudo.

aciago, ga *adj.* Dicho de algo, que presagia desgracias.

acicalado, da *adj.* Extremadamente pulcro y arreglado.

acicalar *tr.* y *prnl.* Engalanar en extremo.

acicate 1 *m.* Espuela con una sola punta de hierro. 2 Incentivo o estímulo.

acicular 1 *adj.* Que tiene figura de aguja. 2 Dicho de algunos materiales, que presentan fibras delgadas como agujas.

acid (Voz ingl.) 1 *adj.* Mús Perteneciente o relativo al *acid house*. 2 *m.* ACID *house*. || ~ ***house*** Estilo de música que se caracteriza por el ritmo rápido y repetitivo y el uso de sintetizadores para distorsionar el sonido. ~ ***jazz*** Estilo de música que mezcla el ritmo del *jazz* con el sonido de sintetizadores.

acida *f.* Quím Cada uno de los compuestos del grupo —N_3 de los cuales se obtiene un componente metálico con el que se elaboran artefactos explosivos.

acidez 1 *f.* Cualidad de ácido. 2 Malestar y ardor en las vías digestivas, a causa del exceso de ácidos.

ácido, da 1 *adj.* De sabor agrio como el vinagre. 2 Áspero, desabrido de carácter. 3 Ecol **lluvia** ~. 4 Quím Que tiene las propiedades o características de un ácido. 5 *m.* Quím Sustancia que en disolución acuosa aumenta la concentración de iones de hidrógeno. Se combina con las bases para obtener sales. • El lector hallará las definiciones de los ácidos más conocidos en los artículos correspondientes al nombre específico de cada uno: **acético, acrílico, barbitúrico, bibásico, carbónico, cítrico, clorhídrico, fluorhídrico, fórmico, fosfórico, glutámico, láctico, lisérgico, málico, metacrílico, nítrico, oxálico, perclórico, salicílico, sulfhídrico, sulfúrico, sulfuroso, tartárico, úrico.** || ~ **carboxílico** Quím Compuesto orgánico conformado por un átomo de carbono, dos de oxígeno y uno de hidrógeno. Fórmula: COOH o CO_2H. ~ **de Brönsted-Lowry** Quím Nombre que recibe la teoría de Johannes Brönsted y Thomas Lowry y en la que se afirma que un ácido es toda sustancia capaz de emitir **protones** y una **base** capaz de recibirlos. ~ **desoxirribonucleico** Bioq ADN. ~ **graso** Quím Cualquiera de los ácidos orgánicos cuya molécula está formada por dos átomos de oxígeno y doble número de átomos de hidrógeno que de carbono. Los de mayor número de átomos de carbono, combinados con la glicerina, forman las grasas. ~ **nucleico** BIOQ Nombre genérico de los ácidos ribonucleico y desoxirribonucleico. ~ **oxácido** QUÍM Compuesto orgánico conformado por una molécula de H_2O y un no metal. ~ **pirúvico** BIOQ Sustancia incolora de olor fuerte que se obtiene en el proceso bioquímico de la glucólisis y que aporta energía al organismo. ~ **ribonucleico** BIOQ **ARN**.

acierto 1 *m.* Acción y efecto de acertar. 2 Habilidad en lo que se hace. 3 Prudencia, cordura, buen juicio.

ácimo, ma (Tb. ázimo) 1 *adj.* Que se hace sin levadura. 2 **pan**.

acimut (Tb. azimut) *m.* ASTR y GEO Ángulo formado por el plano meridiano y el plano vertical que contiene un punto de la esfera celeste o del globo terráqueo.

aclamar 1 *tr.* Vitorear. 2 Designar a voces la multitud a alguien para un cargo. 3 Aplaudir estruendosamente.

aclarar 1 *tr.* y *prnl.* Hacer algo más claro. 2 Aumentar los espacios entre una cosa y otra. 3 Poner en claro, explicar. 4 *tr.* Volver a lavar la ropa con solo agua. 5 Hacer más perceptible y clara la voz. 6 Aguzar las facultades mentales. 7 *intr.* y *prnl.* Amanecer. 8 Disiparse las nubes.

aclimatar 1 *tr.* y *prnl.* Adaptar un ser orgánico a un clima inhabitual para él. 2 Hacer que algo prospere fuera de su lugar de origen.

acné *m.* Enfermedad de la piel localizada especialmente en la cara y en la espalda y caracterizada por la inflamación de las glándulas sebáceas.

acobardar *tr.* y *intr.* Amedrentar, quitar el ánimo o sentir temor. • U. t. c. prnl.

acodar 1 *tr.* y *prnl.* Apoyar los codos. 2 *tr.* Enterrar el vástago de una planta sin separarlo del tronco para que arraigue la parte enterrada. 3 Doblar en ángulo una varilla o tubería.

acodo 1 *m.* Acción de acodar. 2 Vástago acodado.

acoger 1 *tr.* Admitir a una persona en la propia casa o compañía. 2 Dar refugio, proteger. 3 Recibir de cierta manera. 4 *prnl.* Refugiarse. 5 Invocar ciertos derechos.

acolchado 1 *m.* Acción y efecto de acolchar, almohadillar. 2 **EDREDÓN**, cobertor relleno de plumón o fibras artificiales.

acolchar *tr.* Poner algodón u otra materia entre dos telas.

acólito *m.* Persona que ayuda al sacerdote en los actos litúrgicos.

acomedirse *prnl.* Prestarse a ayudar.

acometer 1 *tr.* Embestir, atacar con ímpetu. 2 Emprender o empezar un trabajo o una acción. 3 Aparecer repentinamente una enfermedad o un estado anímico.

acometida 1 *f.* Acción de acometer. 2 Lugar por donde la línea de conducción de un fluido enlaza con la principal.

acomodación 1 *f.* Acción y efecto de acomodar. 2 FISIOL Capacidad del ojo de abombar más o menos el cristalino, según la distancia o la luz del objeto que se mira.

acomodar 1 *tr.* Colocar una cosa ajustándola a otra. 2 Disponer personas o cosas de modo que quepan y estén cómodas.

acompañamiento 1 *m.* Conjunto de personas o cosas que acompañan a algo o alguien. 2 MÚS Sostén armónico de una melodía principal por medio de uno o más instrumentos o voces.

acompañar 1 *tr.* y *prnl.* Ir o estar con alguien. 2 MÚS Tocar el acompañamiento en una pieza musical. 3 *tr.* Juntar una cosa a otra. 4 Existir determinadas cualidades en una persona. 5 Participar en los sentimientos de otro.

acompasar 1 *tr.* Adaptar una cosa al ritmo o exigencia de otra. 2 MÚS Dividir en tiempos iguales las composiciones.

acomplejar 1 *tr.* Causar algún complejo o inhibición a una persona. 2 *prnl.* Padecer un complejo psíquico.

acondicionado, da *adj.* Que está en las condiciones debidas.

acondicionar 1 *tr.* Poner algo en las condiciones adecuadas para un fin. 2 **CLIMATIZAR**. 3 *prnl.* Adquirir algo cierta condición.

acongojar *tr.* y *prnl.* Afligir, causar angustia.

acónito *m.* Hierba perenne venenosa, de hojas digitales, flores azules y raíz tuberosa en huso.

aconsejar 1 *tr.* Dar o pedir consejo. 2 *tr.* Hacer que alguien comprenda que algo es necesario.

acontecer *intr.* Ocurrir, pasar algo. • Vb. irreg. conjug. c. **agradecer**. V. anexo El verbo.

acontecimiento *m.* Suceso importante.

acopiar *tr.* Reunir una cosa en cantidad (grano, provisiones, etc.).

acopio *m.* Acción y efecto de acopiar.

acoplamiento *m.* Acción y efecto de acoplar.

acoplar 1 *tr.* Unir dos piezas, máquinas, etc., de modo que ajusten perfectamente. 2 Parear dos animales para que formen tronco o yunta. 3 *prnl.* Hacer que dos animales se apareen sexualmente.

acorazado *m.* Buque de guerra de gran tamaño y con potente artillería.

acordar 1 *tr.* Resolver de común acuerdo o por mayoría. 2 Decidir algo después de pensarlo. 3 Conciliar distintas opiniones. 4 MÚS Templar las voces o los instrumentos musicales para que no desafinen entre sí. 5 Caer en la cuenta. 6 *prnl.* Traer a la memoria. • Vb. irreg. conjug. c. **contar**. V. anexo El verbo.

acorde 1 *adj.* Conforme, correspondiente. 2 En armonía, en consonancia. 3 *m.* MÚS Conjunto de tres o más sonidos diferentes que suenan de forma simultánea y combinados armónicamente.

acordeón *m.* MÚS Instrumento musical de viento formado por un fuelle y provisto en sus extremos de un teclado y unos botones que producen acordes fijos.

acordonar 1 *tr.* Ceñir o sujetar con un cordón. 2 Aislar un lugar rodeándolo. 3 Rodear su perímetro con cuerdas.

acorralar 1 *tr.* y *prnl.* Encerrar el ganado en el corral. 2 *tr.* Meter a personas o animales en un sitio del que no pueden escapar.

acortamiento 1 *m.* Acción y efecto de acortar o acortarse. 2 ASTR Diferencia entre la distancia real de un planeta al Sol o a la Tierra, y la misma distancia proyectada sobre el plano de la eclíptica. 3 GRAM Tipo de abreviación que consiste en reducir la parte final o inicial de una palabra para crear otra nueva: *Bici* por bicicleta; *Fago* por bacteriófago.

acortar *tr.* e *intr.* Disminuir la longitud, duración o cantidad de algo. • U. t. c. prnl.

acosar 1 *tr.* Perseguir a una persona o un animal sin darle descanso. 2 Asediar a una persona con trabajos, molestias o preguntas.

acoso *m.* Acción y efecto de acosar. || ~ **sexual** Comportamiento que consiste en solicitar favores de tipo sexual prevaliéndose de un contexto de superioridad laboral, académica, etc.

acostar 1 *tr.* y *prnl.* Echar o tender a alguien para que descanse. 2 *intr.* y *prnl.* Ladearse hacia un costado. 3 *prnl.* Tener relaciones sexuales. • Vb. irreg. conjug. c. **contar**. V. anexo El verbo.

acostumbrar 1 *tr.* y *prnl.* Hacer que una persona o animal adquiera una costumbre o se adapte a unas determinadas circunstancias. 2 *intr.* Hacer algo habitualmente.

acotación 1 *f.* Nota al margen de un escrito. 2 Anotación sobre la manera de representar una obra de teatro.

acotar 1 *tr.* Marcar el aprovechamiento reservado de un terreno. 2 Reservar o delimitar cualquier otra cosa. 3 Atestiguar algo con testimonios o documentos. 4 Poner notas marginales a un texto.

acracia 1 *f.* Doctrina que niega la necesidad de un poder y autoridad política. 2 Estado social caracterizado por la carencia de autoridad.

acrasiomicete *adj.* y *m.* BIOL Dicho de cierto microorganismo, que conforma un grupo intermedio entre protistas y hongos y constituye agregados celulares de cuerpos fructíferos.

acrecentar *tr.* y *prnl.* Hacer crecer algo en cantidad o calidad. • Vb. irreg. conjug. c. **sentir**. V. anexo El verbo.

acreción *f.* GEO Crecimiento por adición y acumulación de materia: *El aumento de la masa continental se explica por el proceso de acreción.*

acreditar 1 *tr.* y *prnl.* Dar fe de que una persona o cosa es lo que representa. 2 *tr.* Demostrar algún derecho o título. 3 Abonar en el haber de una cuenta. 4 *prnl.* Adquirir crédito o fama.

acreencia *f.* Crédito, deuda que alguien tiene a su favor.

acribillar 1 *tr.* Llenar de agujeros una cosa, ponerla como una criba. 2 Herir o picar repetidamente.

acrídido *adj.* y *m.* ZOOL Dicho de un insecto, ortóptero saltador, de antenas cortas y tres artejos en los tarsos, como el saltamontes.

acrilato *m.* QUÍM Sal o éster del ácido acrílico.

acrílico, ca 1 *adj.* QUÍM Dicho de un material, que se obtiene por polimerización de acrilatos u otros monómeros que contienen el grupo acrílico. Es termoplástico e impermeable al agua y tiene densidad baja. Se usa para fabricar materiales moldeados, adhesivos y pinturas. 2 QUÍM Dicho de un ácido soluble en agua y en alcohol, que polimeriza fácilmente. Se usa en pinturas y en la síntesis de la vitamina B. 3 *m.* QUÍM Grupo orgánico $H_2C{=}CHCO{-}$, que existe en el ácido acrílico y en los acrilatos. 4 Pigmento aglutinado por una resina acrílica que se usa en pintura o en el revestimiento de exteriores.

acrisolar *tr.* Purificar los metales en el crisol mediante el fuego.

acrítico, ca *adj.* Dicho de una persona, que no tiene una opinión o un juicio sobre algo.

acrobacia *f.* Cada uno de los ejercicios que realiza el acróbata con su cuerpo o con un avión.

acróbata *m.* y *f.* Persona que hace ejercicios de singular habilidad y equilibrio en el trapecio y la cuerda floja o con un avión.

acrofobia *f.* Horror a las alturas, vértigo.

acromático, ca 1 *adj.* Sin color. 2 ÓPT Dicho de un sistema óptico, que puede transmitir la luz blanca sin descomponerla.

acromion *m.* ANAT Apófisis del omoplato en la que se articula la clavícula por su extremidad externa.

acrónico, ca *adj.* ÁCRONO.

acronimia *f.* LING Procedimiento en el que se sustituye un grupo de palabras por una abreviatura compuesta por sus letras o sílabas iniciales: *Un ejemplo de acronimia es la sigla FM (frecuencia modulada).*

acrónimo 1 *m.* Vocablo derivado de la unión de elementos de dos o más palabras: *Ofimática* de *oficina* e *informática*. 2 Sigla que el uso ha incorporado como palabra independiente al lenguaje común: *Ovni* de *objeto volador no identificado*; *Sida* de *síndrome de inmunodeficiencia adquirida*.

ácrono, na *adj.* Intemporal o fuera del tiempo.

acrópolis *f.* El sitio más alto y fortificado de las ciudades griegas. La acrópolis típica se construía en una colina o promontorio que se levantaba sobre la región circundante.

acta 1 *f.* Relación escrita que certifica lo tratado en una reunión o junta. 2 Documento público que da fe de un hecho (nacimiento, defunción, etc.).

actante *m.* LING En algunas teorías, cada una de las partes de la oración que se relacionan con el verbo: *El sujeto y los complementos directo e indirecto son tipos de actantes.*

actina *f.* BIOL Proteína que se encuentra en el sistema estructural del interior de las células que intervienen en la contracción muscular.

actínido *adj.* y *m.* QUÍM Dicho de un elemento químico, que tiene un número atómico comprendido entre el 89 y el 103 de la **tabla periódica de los elementos** y que es radiactivo. Conforma, junto con los lantánidos, el grupo denominado **tierras raras**.

actinio *m.* QUÍM Elemento químico radiactivo de apariencia plateada y resplandeciente en la oscuridad. Símbolo: Ac. Número atómico: 89. Peso atómico: 227. Punto de fusión: aprox. 1050 °C. Punto de ebullición: aprox. 3200 °C. Densidad relativa: aprox. 10.

actinomiceto *adj.* y *m.* BIOL Dicho de un microorganismo, que conforma un grupo intermedio entre las bacterias y los hongos y se caracteriza por presentar delicadas hifas alargadas y ramificadas.

actinomorfo, fa *adj.* BOT **flor** ~.

actitud 1 *f.* Posición del cuerpo, especialmente la que es reflejo de una determinada disposición anímica. 2 Disposición de ánimo manifestada de modo perceptible.

activación 1 *f.* Acción y efecto de activar. 2 Acrecentamiento en un cuerpo de sus propiedades biológicas o fisicoquímicas.

activar 1 *tr.* y *prnl.* Hacer que algo se haga con mayor rapidez o energía. 2 Poner en funcionamiento un mecanismo. 3 *tr.* FÍS Hacer radiactiva una sustancia bombardeándola con partículas materiales o con fotones.

actividad 1 *f.* Capacidad para realizar una acción. 2 Diligencia, prontitud y eficacia en el obrar. 3 Ocupación a la que alguien se dedica. || ~ **óptica** QUÍM Propiedad que poseen algunas sustancias de desviar el plano de vibración de la luz polarizada que las atraviesa.

activista *s.* Integrante de un grupo o partido, que desarrolla una labor intensa de propaganda o acción directa.

activo, va 1 *adj.* Que obra o tiene la virtud de hacerlo. 2 Que obra con mucha energía y eficacia. 3 Que se ocupa de muchos asuntos. 4 Dicho de un funcionario, en ejercicio. 5 GRAM Dicho del sujeto gramatical, que realiza la acción expresada por el verbo, y de la forma de este que indica la actividad del sujeto (en contraposición a la forma pasiva). 6 GRAM **oración** ~; **participio** ~; **voz** ~. 7 QUÍM Que posee radiactividad o propiedades catalíticas. 8 QUÍM **principio** ~. 9 *m.* ECON Conjunto de los valores, efectos, créditos y derechos que posee una persona o sociedad comercial.

acto 1 *m.* ACCIÓN, ejercicio de una facultad y efecto de hacer algo. 2 Hecho público o solemne. 3 TEAT Cada una de las partes principales en que se dividen las obras escénicas. 4 FIL Estado de realidad o existencia real, en oposición a la posibilidad o existencia posible. || ~ **comunicativo** LING Acción que llevan a cabo dos hablantes y en el cual emplean un **código** común para producir e interpretar un mensaje en un contexto específico. ~ **de habla** LING Tipo de enunciado oral o escrito, que se expresa en una situación comunicativa

A B C D E F G H I J K L M N Ñ O P Q R S T U V W X Y Z

y en el que la intención coincide con lo que se dice para llevar a cabo acciones, por ejemplo, saludar, aconsejar, prometer, etc.: *En la expresión ¡vete! hay un acto de habla porque al pronunciarla se lleva a cabo la acción de ordenar.*

actor, triz 1 *m.* y *f.* Persona que representa un papel en una obra teatral, cinematográfica o televisiva. 2 *m.* y *f.* coloq. Persona que tiene gran capacidad para exagerar o fingir. 3 Participante en una acción o suceso.

actriz *f.* ACTOR.

actuación *f.* Acción y efecto de actuar.

actual 1 *adj.* De ahora, presente. 2 Que tiene actualidad.

actualidad 1 *f.* Tiempo presente. 2 Situación de lo que está de moda. 3 Cualidad de algo que ya ha pasado, pero no ha perdido vigencia.

actualizar 1 *tr.* Poner al día algo. 2 *tr.* y *prnl.* Hacer actual, dar actualidad a algo.

actuar 1 *tr.* y *prnl.* Poner o ponerse en acción. 2 *intr.* Conducirse de una determinada manera. 3 Ejercer actos propios de su naturaleza o las funciones de su cargo. 4 Proceder judicialmente. 5 Trabajar un actor o una compañía en un lugar y tiempo precisos.

acuacultura *f.* BIOL ACUICULTURA.

acuarela 1 *f.* Pintura realizada sobre papel o cartón con pigmentos diluidos en agua que usa para el blanco el fondo del papel. 2 Pigmento utilizado en esta pintura.

acuario 1 *m.* Depósito de agua con paredes transparentes, donde se conservan vivos animales y plantas acuáticos. 2 Edificio destinado a la exhibición de animales acuáticos vivos.

acuartelar *tr.* y *prnl.* Reunir la tropa en un cuartel o hacer que permanezca en él a causa de una amenaza.

acuático, ca 1 *adj.* Que vive en el agua. 2 Perteneciente o relativo al agua.

acuatizar *intr.* Posarse un hidroavión en el agua.

acuchillar 1 *tr.* Dar cuchilladas hiriendo o matando con el cuchillo o con otra arma blanca. 2 Hender o cortar el aire.

acuciar 1 *tr.* Dar prisa, apremiar. 2 Estar acosado por una necesidad.

acuclillarse *prnl.* Ponerse en cuclillas.

acudiente *m.* y *f.* Persona que sirve de tutor a uno o varios estudiantes.

acudir 1 *intr.* Ir a un sitio por haber sido llamado o tener la obligación de hacerlo. 2 Asistir con frecuencia a un lugar. 3 Socorrer, ayudar. 4 Recurrir a una persona o valerse de ella.

acueducto *m.* Conjunto de instalaciones para conducir el agua y abastecer a una población.

acuerdo 1 *m.* Arreglo o convenio entre varias personas. 2 Resolución que toma una persona. 3 Cosa que se decide en un tribunal o una junta. 4 Armonía entre varias cosas.

acuicultura *f.* Técnica de cultivo de especies vegetales y animales en el agua.

acuífero, ra 1 *adj.* Que contiene o lleva agua. 2 *m.* GEO Capa porosa de roca capaz de almacenar, filtrar y liberar agua.

acullá *adv. dem.* cult. A la parte opuesta del que habla: *No quiero oír que a este le falta un ejercicio y a aquel, una gráfica, y al de acullá, unas conclusiones. Deben entregar la tarea completa.*

aculturación *f.* Proceso por el que un pueblo abandona sus formas de cultura, adoptando otras foráneas.

acumulación *f.* Acción y efecto de acumular. || **~ de capital** ECON Resultado de la reproducción ampliada del capital al destinarse parte de la plusvalía a la ampliación de la capacidad de producción.

acumulador 1 *adj.* y *s.* Que acumula. 2 *m.* ELECTR Aparato que transforma la energía química en eléctrica. Está formado básicamente por un par de electrodos inmersos en un electrolito. El de uso más común es el de electrodos de plomo, cuyo electrolito está compuesto por una solución acuosa de ácido sulfúrico.

acumular *tr.* Juntar o amontonar cosas.

acunar *tr.* Mecer al niño en la cuna o balancearlo en los brazos para que se duerma.

acuñar[1] 1 *tr.* Imprimir y sellar monedas y medallas mediante un troquel. 2 Fabricar monedas.

acuñar[2] *tr.* Meter cuñas.

acupuntura *f.* MED Método terapéutico, originario de China, consistente en clavar agujas en puntos de la piel relacionados con órganos internos y vitales.

acurrucarse *prnl.* Encogerse, hacerse un ovillo.

acusación 1 *f.* Acción y efecto de acusar. 2 Discurso o escrito en que se acusa.

acusar 1 *tr.* Imputar un delito o algo vituperable. 2 *tr.* y *prnl.* Denunciar, delatar. 3 Exponer ante el tribunal los cargos y las pruebas contra el demandado. 4 *prnl.* Declarar las propias culpas y debilidades.

acusativo *m.* GRAM Caso de la declinación latina y de otras lenguas que en español equivale generalmente al complemento directo.

acusatorio, ria *adj.* Perteneciente o relativo a la acusación. || **sistema ~** DER Ordenamiento que impone a quien acusa la carga de probar las imputaciones delictivas para destruir la presunción de inocencia.

acústico, ca 1 *adj.* Perteneciente o relativo al órgano del oído. 2 Perteneciente o relativo al sonido. 3 Favorable a la producción o difusión del sonido. 4 ECOL **contaminación ~**. 5 *f.* Conjunto de condiciones sonoras de un local. 6 *f.* FÍS Rama de la física que estudia la **onda sonora** y los fenómenos físicos que inciden en su producción, detección y propagación, y algunas de sus características como la **intensidad**, el **tono** y el **timbre**.

adagio[1] *m.* Sentencia o frase breve que suele contener un consejo moral.

adagio[2] (Voz it.) 1 *adv. m.* MÚS Con movimiento lento. 2 *m.* MÚS Composición o parte de ella que se ha de ejecutar con este movimiento.

adalid *m.* Jefe o personalidad destacada de una escuela o un partido.

adamantino, na 1 *adj.* Perteneciente o relativo al diamante. 2 En sentido poético, persistente, inquebrantable.

adaptación 1 *f.* Acción y efecto de adaptar o adaptarse. 2 BIOL Proceso por el que un ser vivo o sus órganos se acomodan al medio ambiente.

☐ BIOL La adaptación es una característica desarrollada por los organismos mediante selección natural y de forma acumulativa gradualmente, a lo largo del tiempo y de muchas generaciones, en los ambientes que han cambiado para resolver los problemas de supervivencia y reproducción a los que se enfrentaron sus antecesores.

adaptador 1 *adj.* Que adapta o se adapta. 2 *m.* Instrumento o mecanismo que permite acoplar uno o más elementos para realizar funciones que no son específicamente las suyas. 3 TRANSFORMADOR.

adaptar 1 *tr.* y *prnl.* Acomodar o ajustar una cosa a otra. 2 *tr.* Hacer que un objeto o un mecanismo desempeñe funciones distintas de aquellas para las que fue construido. 3 Modificar una obra científica, literaria, musical, etc. para difundirla por otro procedimiento o para otro público. 4 *prnl.* Avenirse a determinada situación o circunstancias.

adaptativo, va *adj.* Perteneciente o relativo a la capacidad de adaptación.

adarga *f.* Escudo de cuero de forma ovalada.
adecentar *tr.* y *prnl.* Ordenar o limpiar un lugar o una cosa para que luzca bien.
adecuar *tr.* y *prnl.* Acomodar una cosa a otra.
adefesio 1 *m.* Despropósito, extravagancia. 2 Cosa extravagante y ridícula.
adelantado, da 1 *adj.* Aventajado, excelente. 2 Precoz, persona con un desarrollo físico o intelectual superior a su edad. 3 *m.* HIST Gobernador de una provincia fronteriza o justicia mayor del reino en tiempo de paz y capitán general en tiempo de guerra. || ~ **de mar** HIST Persona a quien se confiaba el mando de una expedición marítima, concediéndole el gobierno de las tierras que descubriera o conquistara.
adelantar 1 *tr.* y *prnl.* Mover o llevar hacia delante. 2 Aventajar a alguien. 3 *tr.* Hacer algo antes de lo que corresponde. 4 Anticipar dinero. 5 Aumentar, mejorar. 6 Hacer progresar algo. 7 *intr.* Avanzar, ir hacia delante.
adelante 1 *adv. l.* Más allá, más cercano a la meta. 2 *adv. t.* Con preposición antepuesta puede significar tiempo futuro: *En adelante; De ahora en adelante.*
adelgazar 1 *intr.* y *prnl.* Afinar, poner más delgado. 2 *tr.* Depurar una sustancia.
ademán 1 *m.* Movimiento o gesto corporal que revela un sentimiento o una intención. 2 *m. pl.* Maneras, modales.
además *adv. c.* Señala la nueva información que se presenta: *Le gustan el cine y la música, además del baile y la pintura.* || ~ **de** Aparte de: *Además de talentosa, es muy disciplinada.*
adenocarcinoma *m.* MED Tumor maligno que se origina en el tejido de las glándulas.
adenoide *f.* ANAT y FISIOL Porción de tejido glandular linfoide, productor de anticuerpos, que se encuentra en la parte superior de la garganta y normalmente desaparece durante la pubertad. • U. m. en pl.
adentrarse *prnl.* Penetrar en la parte más interna de algo.
adentro 1 *adv. l.* Hacia o en el interior. Por lo general se pospone: *Mar adentro; Tierra adentro.* 2 *interj.* Se usa para ordenar o invitar a una persona a que entre en alguna parte: *¡Adentro, que ya es tarde!*
adepto, ta *adj.* y *s.* Partidario de alguna persona o idea.
aderezar 1 *tr.* y *prnl.* Adornar, componer. 2 Preparar, arreglar algo. 3 *tr.* Guisar, condimentar los alimentos. 4 Componer el vino o algunos licores.
aderezo 1 *m.* Lo que sirve para aderezar. 2 Disposición de lo necesario para algo.
adeudar *tr.* Deber algo, no haber pagado una deuda contraída.
adherencia 1 *f.* Acción y efecto de adherir o adherirse. 2 Resistencia tangencial en la superficie de contacto de dos cuerpos al deslizarse uno sobre el otro.
adherir 1 *tr.* Pegar una cosa a o con otra, unirlas físicamente. 2 *intr.* y *prnl.* Mostrar conformidad o simpatía con una idea o un partido. • Vb. irreg. conjug. c. **sentir**. V. anexo El verbo.
adhesión 1 *m.* ADHERENCIA. 2 Fuerza de atracción entre partículas de diferente clase.
adhesivo, va 1 *adj.* Dicho de un aglutinante, que es capaz de adherirse o pegarse. 2 *m.* Sustancia que se usa para pegar. 3 Objeto que, provisto de una materia pegajosa, puede ser adherido en una superficie.
ad honorem (Loc. lat.) Que se hace sin retribución económica alguna o solo por la honra.
adiabático, ca *adj.* FÍS Dicho de un proceso termodinámico, que no hay intercambio de calor entre el exterior y el interior.
adicción *f.* Hábito de quien se deja dominar por el uso de alguna droga.
adición 1 *f.* Acción y efecto de añadir. 2 MAT Operación de sumar, es decir, proceso de encontrar la suma entre dos cantidades llamadas sumandos. 3 MAT En teoría de conjuntos, unión de dos o más conjuntos finitos sin elementos comunes. Cada uno de los conjuntos lleva asociado un número natural denominado cardinal. El del conjunto obtenido por la unión de los iniciales es la adición de los cardinales de estos. 4 QUÍM Reacción en la que dos o más moléculas se combinan para formar una sola.
adicionar *tr.* Hacer o poner adiciones.
adicto, ta 1 *adj.* Partidario de algo o de alguien. 2 *adj.* y *s.* Dicho de una persona, que sufre una adicción.
adiestrar 1 *tr.* y *prnl.* Hacer diestro, ejercitar en un arte. 2 *tr.* Guiar, encaminar.
adiós *interj.* Indica despedida.
adiposo, sa 1 *adj.* Grasiento, con excesiva grasa o gordura. 2 De la naturaleza de la grasa. 3 ANAT y FISIOL **tejido** ~.
aditivo, va 1 *adj.* Que puede o debe añadirse. 2 FÍS Dicho de una magnitud o propiedad, que, en una mezcla o combinación, aparece con la suma de las cuantías con que existe en los componentes. 3 MAT Dicho del término de un polinomio, que va precedido del signo más. 4 *m.* Sustancia que se agrega a otras para darles cualidades que no tienen o para mejorar las que poseen.
adivinanza *f.* Tipo de enigma, generalmente con forma de rima, en que se describe un objeto o personaje para que alguien lo adivine como pasatiempo: *Redondo, redondo y no tiene tapa ni fondo* (el anillo).
adivinar 1 *tr.* Conocer una cosa oculta o predecir el futuro por medio de artes mágicas. 2 Descubrir algo por conjeturas. 3 Vislumbrar de forma confusa. 4 Acertar un enigma.
adjetivación 1 *f.* Acción de adjetivar o adjetivarse. 2 Conjunto de adjetivos o modo de adjetivar peculiar de un escritor, un estilo, etc. 3 GRAM Conversión en adjetivo de una palabra o de un grupo de palabras que no lo son: *Color rosa; Es muy soñador; Es una persona de fiar.*
adjetivar 1 *tr.* Aplicar adjetivos. 2 *tr.* y *prnl.* GRAM Dar valor de adjetivo a una palabra que no lo es.
adjetivo, va 1 *adj.* Que expresa cualidad o accidente. 2 Secundario, accidental. 3 GRAM **locución** ~; **oración** ~. 4 *m.* GRAM Palabra que modifica al sustantivo directamente: *Árbol frondoso; Cielo azul,* o indirectamente, a través de un verbo: *El árbol es frondoso; El cielo es azul.* • V. separata Las categorías gramaticales.
adjudicar *tr.* Declarar una cosa como perteneciente a alguien y asignársela o conferírsela.
adjuntar *tr.* Juntar una cosa a otra, en especial a cartas, documentos, etc.
adjunto, ta 1 *adj.* y *s.* Que está unido a otra cosa. 2 Dicho de una persona, que acompaña a otra como auxiliar en un cargo o función.
adjurar *tr.* Rogar encarecidamente.
administración 1 *f.* Acción de administrar. 2 Cargo de administrador y conjunto de sus funciones. 3 Oficina o despacho en que el administrador trabaja. 4 Gobierno de una entidad pública. || ~ **pública** Acción del gobierno al dictar y aplicar las disposiciones para el cumplimiento de las leyes y para la conservación y el fomento de los intereses públicos.
administrador, ra 1 *adj.* Que administra. 2 *m.* y *f.* Persona que administra bienes ajenos.
administrar 1 *tr.* Dirigir la economía de una empresa o una persona. 2 Gobernar un territorio y a las personas que lo habitan, cuidando sus intereses.

administrativo, va 1 *adj.* Perteneciente o relativo a la administración. 2 Dicho de una persona, que tiene por oficio administrar.
admiración 1 *f.* Acción de admirar. 2 Cosa admirable. 3 ORT **EXCLAMACIÓN**, signo ortográfico (¡!).
admirar 1 *tr.* Causar sorpresa una cosa por su aspecto o especiales cualidades. 2 *tr.* y *prnl.* Estimar mucho a alguien o algo.
admisible *adj.* Que puede admitirse.
admisión 1 *f.* Acción y efecto de admitir. 2 En los motores de combustión interna, primera fase del proceso en la que la mezcla explosiva es aspirada por el pistón.
admitancia *f.* Medida de facilidad con que una corriente recorre un conductor o circuito. Es inversa a la impedancia.
admitir 1 *tr.* Recibir o dar entrada. 2 Aceptar algo que se ofrece. 3 Tener por legítimo o válido algo. 4 Permitir, consentir.
ADN *m.* BIOL Molécula portadora de la información genética en los seres vivos. • Sigla de *ácido desoxirribonucleico*.
☐ BIOL El ADN es un polímero formado por la unión de varios nucleótidos con desoxirribosa que se encuentra en las células de casi todos los seres vivos. Lleva la información necesaria para dirigir la producción de las proteínas necesarias para que la célula realice sus actividades y su **replicación**.
adobar 1 *tr.* Poner una vianda en adobo. 2 Guisar. 3 Curtir las pieles aplicándoles determinadas sustancias.
adobe *m.* Ladrillo de barro sin cocer.
adobo 1 *m.* Acción y efecto de adobar. 2 Caldo o salsa con que se sazona y conserva una vianda.
adoctrinar *tr.* Enseñar y, de manera especial, instruir en la forma de comportarse.
adolecer 1 *intr.* Caer enfermo o padecer una enfermedad crónica. 2 Estar sujeto a determinadas pasiones o vicios. 3 Tener algún defecto. • Vb. irreg. conjug. c. **agradecer**. V. anexo El verbo.
adolescencia *f.* Edad de la vida que se extiende desde la pubertad hasta el desarrollo pleno del adulto.
adonde 1 *adv. relat.* Indica el lugar hacia el que algo o alguien se dirige: *Adonde fueres, haz lo que vieres; Llevará sus servicios adonde le pidan.* 2 *prep.* **DONDE**, al lugar de.
adónde *adv. interr.* A qué lugar: *¿Adónde irán a jugar los niños?; ¿Adónde se dirigen esos barcos?*
adopción *f.* Acción de adoptar o prohijar.
adoptante *adj.* y *s.* Referido a la persona que adopta a alguien o algo.
adoptar 1 *tr.* Recibir legalmente como hijo al que no lo es por naturaleza. 2 Tomar como propias ideas, modas, etc., creadas por otros.
adoquín *m.* Piedra labrada con forma de prisma rectangular usada para empedrar calles y carreteras.
adoración 1 *f.* Acción de adorar. 2 Amor ilimitado.
adorar 1 *tr.* Rendir culto a Dios como ser supremo. 2 Reverenciar con postraciones u otros signos a personas o cosas sagradas.
adormecer 1 *tr.* y *prnl.* Causar somnolencia. 2 *tr.* Acallar, calmar. 3 *prnl.* Entumecerse o insensibilizarse un miembro. • Vb. irreg. conjug. c. **agradecer**. V. anexo El verbo.
adormidera *f.* **AMAPOLA**, planta originaria de oriente.
adornar *tr.* y *prnl.* Engalanar, poner adornos.
adorno *m.* Lo que confiere mayor hermosura o mejor apariencia a personas o cosas.
adosar *tr.* Colocar o poner una cosa junto a otra por su espalda o envés.
adquirir 1 *tr.* Obtener alguna cosa, que puede ser buena o mala. 2 Comprar. • Vb. irreg. conjugación modelo. V. anexo El verbo.
adquisición 1 *f.* Acción de adquirir. 2 La cosa adquirida.
adquisitivo, va 1 *adj.* Que sirve para adquirir. 2 ECON **poder ~**.
adrede *adv. m.* Deliberadamente.
adrenalina *f.* FISIOL Hormona secretada por las glándulas suprarrenales en estados que conllevan esfuerzo o tensión. Actúa sobre los aparatos respiratorio y circulatorio y el sistema nervioso central. Estimula el corazón y relaja o contrae algunos músculos involuntarios.
adscribir 1 *tr.* Atribuir algo a una persona o cosa asignándolo como suyo. 2 Destinar a alguien a un determinado servicio.
ADSL (Del ingl.) *m.* INF Sistema digital de transmisión de datos a gran velocidad por medio de una línea telefónica convencional. • Sigla de *asymmetric digital subscriber line*.
adsorber *tr.* FÍS Atraer un cuerpo y retener en su superficie moléculas o iones de otro.
adsorción *f.* FÍS Acción y efecto de adsorber.
aduana *f.* Oficina estatal situada en las fronteras y en los puertos, que fiscaliza las mercancías que se importan y exportan y cobra los impuestos que adeudan.
aduanero, ra 1 *adj.* Perteneciente o relativo a la aduana. 2 *m.* y *f.* Persona empleada en una aduana.
aducir *tr.* Alegar pruebas o razones en favor de algo. • Vb. irreg. conjug. c. **conducir**. V. anexo El verbo.
adueñarse *prnl.* Apoderarse de algo; apropiarse de una cosa.
adular *tr.* Alabar de manera inmoderada y por interés a alguien.
adulterar 1 *tr.* y *prnl.* Alterar fraudulentamente la naturaleza o composición de algo. 2 *intr.* Cometer adulterio.
adulterio *m.* Relación sexual de una persona casada con quien no es su cónyuge.
adulto, ta 1 *adj.* y *s.* Que ha llegado a su mayor crecimiento o desarrollo. 2 Que ha llegado al término de su adolescencia. || **~ mayor** Eufemismo para anciano.
advección 1 *f.* GEO Proceso de transporte de una propiedad atmosférica por el movimiento de masa de la atmósfera. 2 GEO Proceso de transporte de agua o de una de sus propiedades por el movimiento de las masas de los océanos.
advenedizo, za *adj.* y *s.* Dicho de una persona, que alcanza una condición social o profesional que no le corresponde.
advenimiento *m.* Llegada de personas o cosas, sobre todo si es esperada o solemne.
adventicio, cia 1 *adj.* Extraño o casual por oposición a natural y propio. 2 BIOL Dicho de un órgano o parte de un organismo, cuyo desarrollo no es constante sino ocasional y fuera de su lugar ordinario. 3 BOT **raíz ~**.
adventista 1 *adj.* REL Dicho de una secta protestante, surgida en EE.UU. en la década de 1840, que espera un segundo y próximo advenimiento de Cristo. 2 *m.* y *f.* Miembro de esta secta.
adverbial 1 *adj.* GRAM Perteneciente o relativo al adverbio. 2 GRAM Que participa de su índole o naturaleza. 3 GRAM **locución ~**; **oración ~**.
adverbio *m.* GRAM Parte invariable de la oración que expresa alguna cualidad o determinación de la acción verbal (*escribir bien, mal, claramente,* etc.). Es invariable porque, aunque cambie la persona, el género o el número de las palabras que acompaña, el adverbio no cambia. • V. separata Las categorías gramaticales.

adversario, ria 1 *m.* y *f.* Persona que lucha contra otra, de la que es contraria o enemiga. 2 Contrario a una determinada idea.
adversativo, va 1 *adj.* GRAM Que implica o denota oposición o contrariedad de concepto o sentido. 2 GRAM **conjunción ~**.
adversidad *f.* Situación desgraciada en que alguien se encuentra.
advertencia *f.* Nota aclaratoria, aviso.
advertir 1 *tr.* Fijarse en algo, observar. 2 Llamar la atención sobre algo, hacer ver. 3 Aconsejar, recomendar. • Vb. irreg. conjug. c. **sentir**. V. anexo El verbo.
adviento *m.* REL Tiempo litúrgico que celebran los cristianos desde el primer domingo de los cuatro que preceden a la Navidad hasta la vigilia de esta fiesta.
advocación *f.* REL Denominación complementaria de una persona divina o santa: *Virgen de la Esperanza.*
adyacente 1 *adj.* Que está tocando a otra cosa, como los ángulos que tienen un lado común. 2 Situado en las inmediaciones, que está próximo.
aedo *m.* Poeta épico de la Grecia antigua.
aéreo, a 1 *adj.* Perteneciente o relativo al aire o a la atmósfera. 2 Perteneciente o relativo a la aerodinámica o la aeronáutica. 3 En, a través o por medio del aire. 4 Ligero, sin peso. 5 **espacio ~**.
aerífero, ra *adj.* Que lleva aire.
aeróbic *m.* **AERÓBICOS**.
aeróbicos (Tb. aeróbic) *m. pl.* Tipo de gimnasia rítmica que se practica acompañada de música y coordinada con el ritmo respiratorio.
aerobio, bia *adj.* y *m.* BIOL Dicho de un ser vivo, y especialmente de un microorganismo, que necesita del oxígeno para subsistir. || ~ **facultativo** BIOL Dicho de un organismo, que puede utilizar el oxígeno para respirar si este está presente, pero si no lo está, realiza su metabolismo de forma anaeróbica.
aerobismo *m.* Práctica deportiva que consiste en correr al aire libre a un ritmo moderado.
aerodeslizador *m.* Vehículo terrestre o acuático que se desliza sobre un colchón de aire que él mismo produce.
aerodinámico, ca 1 *adj.* Perteneciente o relativo a la aerodinámica. 2 De forma adecuada para resistir o vencer la resistencia del aire. 3 *f.* FÍS Rama de la física que estudia los fenómenos físicos de los gases y su acción sobre los cuerpos sólidos en movimiento.
aeródromo *m.* Campo llano con las pistas e instalaciones necesarias para el despegue y aterrizaje de aviones comerciales, militares o deportivos.
aerófono *adj.* y *m.* MÚS Dicho de un instrumento musical, que es de viento, como la flauta y el clarinete.
aerofotografía *f.* Fotografía del suelo que se toma desde un vehículo aéreo.
aerogenerador *m.* Molino que, mediante una turbina, transforma la energía eólica en energía eléctrica.
aerógrafo *m.* Pistola de aire comprimido cargada con pintura. Se emplea, sobre todo, en el diseño gráfico y publicitario.
aerolínea *f.* Compañía de transporte aéreo.
aerolito *m.* ASTR Meteorito pétreo, compuesto esencialmente de silicatos, que cae sobre la Tierra.
aerología *f.* GEO Ciencia que estudia las capas superiores de la atmósfera.
aerometría *f.* GEO Parte de la meteorología que estudia y mide las propiedades físicas del aire y otros gases, como la densidad, la elasticidad, etc.
aeromodelismo *m.* Afición que consiste en la construcción y prueba de modelos de aviones a escala reducida.
aeromozo, za 1 *m.* y *f.* Azafato de las líneas aéreas.
aeronaval *adj.* Que se refiere conjuntamente a la aviación y a la marina.
aeronave *f.* Cualquier vehículo capaz de navegar por el aire o el espacio.
aeroplano *m.* Avión en su aspecto específico de instrumento o utensilio mecánico.
aeropuerto *m.* Aeródromo dotado de instalaciones, edificios y servicios para el tráfico aéreo regular.
aerosol 1 *m.* QUÍM Suspensión de partículas coloidales de sólidos o líquidos en el aire o en otro gas. 2 Líquido que almacenado bajo presión se expulsa como aerosol.
aerostático, ca 1 *adj.* Perteneciente o relativo a la aerostática. 2 *f.* FÍS Parte de la física mecánica que estudia el equilibrio y comportamiento de los gases y de los sólidos inmersos en ellos.
aerostato (Tb. aeróstato) *m.* Globo capaz de flotar en el aire por ir lleno de un gas más ligero que aquel.
aeroterrestre *adj.* Perteneciente o relativo a las operaciones militares, que se realizan combinando fuerzas aéreas y terrestres.
aerovía *f.* Ruta aérea para los aviones comerciales.
afamado, da *adj.* Famoso, renombrado.
afán 1 *m.* Deseo vehemente de algo. 2 Esfuerzo en un trabajo o actividad. 3 Apuro, aprieto o necesidad.
afanar 1 *tr.* Apurar a alguien. 2 *intr.* y *prnl.* Entregarse al trabajo con solicitud. 3 Perseguir algo con vehemencia.
afear *tr.* y *prnl.* Hacer que alguien o algo parezca feo o más feo.
afección 1 *f.* Alteración de un órgano, enfermedad. 2 Afición o inclinación.
afectación 1 *f.* Acción de afectar. 2 Falta de naturalidad.
afectar 1 *tr.* Actuar de manera artificiosa, sin naturalidad. 2 Fingir, simular. 3 Perjudicar, menoscabar. 4 Producir alteración o cambio en algo. 5 *tr.* y *prnl.* Causar sensación o impresión una cosa en una persona.
afectividad 1 *f.* Calidad de afectivo. 2 Conjunto de los fenómenos afectivos.
afectivo, va 1 *adj.* Perteneciente o relativo al afecto. 2 Sensible, que se afecta fácilmente. 3 Amable, cariñoso.
afecto, ta 1 *adj.* Inclinación hacia alguien o algo. 2 *m.* Sentimiento o pasión en sentido amplio.
afeitar *tr.* y *prnl.* Rasurar la barba o el pelo de cualquier parte del cuerpo.
afeite *m.* Cosmético.
afelio *m.* ASTR Punto más distante del Sol en la órbita de un planeta. Se opone a perihelio.
afeminado, da *adj.* y *m.* Dicho de una persona, que tiene aspecto, modales, etc., femeninos.
afeminar *tr.* y *prnl.* Perder la energía y aspecto varoniles, volver afeminado.
aferente *adj.* Que va de la periferia al centro: *Conducto aferente; Nervio aferente.*
aféresis *f.* GRAM Supresión de algún sonido al principio de un vocablo, como en *bus* por *autobús.*
aferrar 1 *tr.* e *intr.* Agarrar con fuerza. 2 *intr.* y *prnl.* Insistir con tenacidad en una opinión.
afianzar 1 *tr.* y *prnl.* Fijar, asegurar algo. 2 Asir, agarrar con fuerza. 3 Hacer más firme una opinión.
afiche *m.* Cartel, anuncio.
afición 1 *f.* Inclinación hacia una persona o cosa. 2 Ahínco, eficacia. 3 Conjunto de aficionados a las corridas de toros o a cualquier espectáculo.
aficionado, da 1 *adj.* y *s.* Que tiene afición por algo. 2 Que practica un arte, deporte, etc., no como profesión.

aficionar 1 *tr.* Hacer que alguien tenga afición por alguien o algo. 2 *prnl.* Adquirir una afición o costumbre.
afiebrarse 1 *prnl.* Empezar a tener fiebre. 2 Sentir gusto repentino y pasajero por algo.
afijo *m.* GRAM Nombre con el que se designan genéricamente los prefijos, infijos y sufijos.
afilado, da 1 *adj.* Delgado, fino. 2 Mordaz, hiriente. 3 *m.* Acción y efecto de afilar.
afilador, ra 1 *m.* y *f.* Persona que tiene por oficio afilar instrumentos cortantes. 2 Utensilio para afinar el filo.
afilar 1 *tr.* Sacar filo a una cosa o afinar lo que ya tiene filo. 2 Aguzar, sacar punta.
afiliar *tr.* y *prnl.* Asociar a alguien a un grupo, partido, etc.
afiligranar 1 *tr.* Hacer filigrana o adornar con ella. 2 Pulir o embellecer algo.
afín 1 *adj.* Contiguo, cercano. 2 Que tiene afinidad con otra cosa.
afinar 1 *tr.* y *prnl.* Poner fina o más fina una cosa. 2 Dar el último toque a una cosa, perfeccionar. 3 *tr.* MÚS Poner los instrumentos o la voz en su tono justo.
afincar *tr.* y *prnl.* Establecer la residencia en un lugar.
afinidad 1 *f.* Proximidad, analogía o semejanza de una cosa con otra. 2 Adecuación de caracteres, opiniones o gustos que se da entre dos o más personas. 3 Parentesco que el matrimonio establece con los consanguíneos del otro cónyuge. 4 QUÍM Tendencia de los átomos, moléculas o grupos moleculares a combinarse con otros. || ~ **electrónica** FÍS Cantidad de energía que se libera cuando un átomo neutro gaseoso en su estado fundamental (estado energético más bajo) capta un electrón y se transforma en un ión negativo también gaseoso.
afirmar 1 *tr.* Asegurar, dar por cierto algo. 2 *tr.* y *prnl.* Ratificar lo dicho. 3 Dar firmeza a una cosa, asegurarse en algo.
afirmativo, va *adj.* Que denota o implica la acción de afirmar; dar por cierto algo.
aflautar *tr.* y *prnl.* Adelgazar la voz o el sonido.
afligir 1 *tr.* Causar daño. 2 *tr.* y *prnl.* Apesadumbrar.
aflojar 1 *tr.* y *prnl.* Disminuir la presión o la tirantez de algo. 2 *intr.* y *prnl.* Disminuir la intensidad de algo.
aflorar 1 *intr.* Empezar a percibirse ciertos sentimientos o cualidades. 2 Brotar a la superficie un depósito mineral o el agua subterránea. 3 *tr.* Hacer salir algo a la superficie.
afluente 1 *adj.* Que afluye. 2 *m.* GEO Río o arroyo que desemboca en otro, con independencia de su caudal.
afluir 1 *intr.* Concurrir en abundancia personas o cosas a un sitio determinado. 2 GEO Desembocar un río o arroyo en otro, en un lago o en el mar. • Vb. irreg. conjug. c. **huir**. V. anexo El verbo.
afonía *f.* Falta o pérdida de la voz.
aforar[1] 1 *tr.* Valuar las mercaderías para el pago de derechos. 2 Medir el caudal de una corriente. 3 Calcular la capacidad de un local.
aforar[2] *tr.* Otorgar fuero.
aforismo *m.* Máxima o sentencia breve.
aforo 1 *m.* Acción y efecto de aforar. 2 Capacidad de un local, en especial del que se destina a espectáculos públicos.
afortunado, da 1 *adj.* Que tiene buena suerte o fortuna. 2 Feliz. 3 Acertado.
afrecho *m.* Salvado, cáscara del cereal.
afrenta *f.* Deshonor resultante de un hecho, un dicho o alguna pena.
afrentar *tr.* Causar afrenta.
africado, da *adj.* FON Dicho de un sonido consonántico, cuya articulación consiste en una oclusión y una fricación formadas rápida y sucesivamente entre los mismos órganos, como en *ocho*.
africanía *f.* Conjunto de características que se consideran propias de la cultura africana.
africano, na *adj.* y *s.* De África o relacionado con este continente.
afrikáner *adj.* y *s.* Dicho de un antiguo colono holandés, que se estableció, a partir de la segunda mitad del s. XVII, en El Cabo, África austral, y de sus descendientes.
afro 1 *adj.* De uso, costumbres o prácticas de origen africano. 2 *m.* Estilo de peinado rizado de origen africano.
afroamericano, na 1 *adj.* Dicho de un descendiente de los negros africanos, que fueron trasladados como esclavos al continente americano a partir del s. XVI. 2 Dicho de un rasgo, hábito, costumbre, etc., que, proveniente de las culturas africanas, pervive en las colectividades americanas.
afrodescendiente *adj.* Dicho de un descendiente de negros africanos, que habita en un lugar distinto a África.
afrodisíaco, ca (Tb. afrodisiaco) *adj.* y *m.* Dicho de una sustancia o medicamento, que estimula el apetito sexual.
afrontar *tr.* Encarar o encararse a una persona, cosa o situación comprometida.
afuera 1 *adv. l.* Fuera del sitio en que se está, indicando tanto la ubicación como la dirección de un movimiento. 2 *f. pl.* Alrededores de una población.
agachar 1 *tr.* e *intr.* Inclinar o bajar alguna parte del cuerpo, especialmente la cabeza. 2 *prnl.* Encoger el cuerpo doblándolo hacia la tierra.
agalla 1 *f.* ZOOL Cada una de las aberturas branquiales que, a ambos lados de la cabeza, tienen los peces. 2 ZOOL Cada una de las aberturas que, de similar forma y disposición, tienen las larvas de los anuros y muchos moluscos y crustáceos. 3 Excrescencia anormal que aparece en algunas plantas como consecuencia de la invasión de insectos, hongos, etc.
agamí *m.* Ave originaria de América del Sur, del tamaño de la gallina, que se domestica fácilmente.
ágape 1 *m.* Banquete comunitario de los primeros cristianos. 2 Banquete para celebrar algún acontecimiento especial.
agar-agar (Tb. agaragar) *m.* Gelatina vegetal que se extrae de las paredes celulares de varias especies de algas rojas y posee propiedades terapéuticas. Es empleada como medio de cultivo de bacterias y apresto de tejidos y en pastelería para la preparación de jaleas y chocolates.
agaricáceo, a *adj.* y *f.* BIOL Dicho de un hongo, basidiomiceto, que vive como saprofito en el suelo y en los troncos de los árboles y es conocido vulgarmente como seta.
agarradero *m.* Mango, asa, etc., cualquier tipo de asidero para agarrar alguna cosa.
agarrar 1 *tr.* Asir fuertemente con la mano y de cualquier modo. 2 Contraer o padecer una enfermedad. 3 Sorprender a alguien en un contratiempo o daño. 4 Conseguir lo que se quería. 5 Empezar a experimentar algo, como una enfermedad, la pereza, etc. 6 *intr.* Arraigar las plantas. 7 *prnl.* Pelear, reñir.
agarrotar 1 *tr.* Aplicar la pena del garrote. 2 *prnl.* Quedarse rígido o inmóvil un miembro del cuerpo por la acción del frío.
agasajar *tr.* Tratar a alguien con atención, halagarlo con regalos o muestras de afecto.
agasajo *m.* Regalo o muestra de consideración.
ágata *f.* Cuarzo duro y traslúcido, con franjas onduladas y concéntricas. Se emplea en joyería.
agave *m.* PITA.

agazaparse *prnl.* Encoger el cuerpo contra el suelo para ocultarse.

agelasta *adj.* Que no tiene sentido del humor.

agencia 1 *f.* Oficina en que se gestionan o prestan determinados servicios. 2 Despacho del agente. 3 Delegación de una empresa.

agenda 1 *f.* Cuaderno en que se anotan las cosas que han de hacerse. 2 Relación de los asuntos que han de tratarse en una junta.

agente 1 *adj.* Que obra o tiene la virtud de obrar. 2 GRAM **complemento ~**; **sujeto ~**. 3 *adj.* y *m.* GRAM Dicho de un elemento gramatical, que en una oración pasiva aparece encabezado por la preposición *por* e indica la persona, animal o cosa que realiza la acción: *El acueducto fue construido por los romanos.* 4 *m.* y *f.* Persona que actúa con los poderes de otro. 5 Persona que tiene a su cargo una agencia de gestión de servicios. 6 Empleado gubernamental encargado del cumplimiento de las normas: *Agente de policía o de tráfico.* || **~ viajero** Empleado de una empresa comercial.

agigantar *tr.* y *prnl.* Dar proporciones gigantescas a algo.

ágil 1 *adj.* Ligero, expedito, capaz de moverse con soltura y rapidez. 2 Dicho de una persona, que piensa con rapidez, así como de su inteligencia, respuestas, etc.

agilidad *f.* Cualidad de ágil.

agilizar *tr.* Dar agilidad o facilidades para la ejecución o el logro de algo.

agiotaje *m.* Especulación abusiva con fondos ajenos.

agiotista *m* y *f.* Persona que practica el agiotaje.

agitación *f.* Acción y efecto de agitar. || **~ térmica** FÍS En un semiconductor o dispositivo resistivo, movimiento aleatorio de los electrones debido a la energía térmica, que produce ruido.

agitador, ra 1 *m.* Instrumento o aparato que sirve para revolver líquidos. 2 *m.* y *f.* Persona que promueve el descontento y provoca disturbios, generalmente por motivos políticos o sociales.

agitar 1 *tr.* y *prnl.* Mover repetidamente y con fuerza. 2 Inquietar, turbar. 3 *tr.* Provocar inquietud social o política.

aglomeración *f.* Acción y efecto de aglomerar o aglomerarse. || **~ urbana** Conjunto formado por el casco urbano de una ciudad y su área suburbana.

aglomerado 1 *m.* Cualquier producto obtenido por aglomeración. 2 Plancha formada por fragmentos de madera prensados y endurecidos.

aglomerante 1 *adj.* Que aglomera. 2 *m.* Material capaz de dar cohesión a fragmentos de una o más sustancias, como el cemento, las gomas, las resinas, etc.

aglomerar 1 *tr.* y *prnl.* Amontonar, reunir cosas o personas. 2 *tr.* Unir fragmentos de distintas sustancias mediante algún aglomerante.

aglutinación 1 *f.* Acción y efecto de aglutinar o aglutinarse. 2 BIOL Reunión masiva de células sanguíneas suspendidas en un líquido, que impide la circulación normal de la sangre en el organismo. 3 LING Formación de palabras y expresión de sus relaciones por combinación de voces primitivas que no sufren en el compuesto alteración sensible de la respectiva forma.

aglutinante 1 *adj.* Que aglutina. 2 *m.* Material empleado en pintura para adherir los distintos elementos colorantes.

aglutinar 1 *tr.* y *prnl.* Unir, pegar o adherir trozos o fragmentos de igual o diversa naturaleza, por medio de una sustancia, de modo que resulte un cuerpo compacto. 2 Agrupar, juntar. 3 *tr.* LING Formar palabras por aglutinación.

agnosticismo *m.* FIL Doctrina filosófica que niega al entendimiento humano la capacidad de conocer lo absoluto.

agnusdéi (Tb. *agnus*, *agnus Dei*) 1 *m.* En la misa católica, oración que acompaña la fracción del pan, antes de la comunión. 2 Objeto de devoción del cristianismo en el que se representa a San Juan Bautista y a Jesucristo, el cual aparece en forma de cordero. • pl: *agnusdéis.*

agobiar 1 *tr.* Causar abatimiento o sensación de impotencia. 2 Pesar demasiado una cosa sobre otra o sobre una persona, haciendo que se incline o doble. 3 Deprimir. 4 *tr.* y *prnl.* Encorvar hacia la tierra la parte superior del cuerpo.

agolpar 1 *tr.* y *prnl.* Juntar de golpe y en un lugar muchas personas o animales. 2 *prnl.* Venir juntas y de golpe muchas cosas o gran cantidad de una.

agonal *adj.* Perteneciente o relativo a los certámenes, las luchas y los juegos públicos.

agonía 1 *f.* Angustia y congoja del moribundo; estado que precede a la muerte. 2 Congoja o aflicción extrema. 3 Término o final de algo, como una sociedad, cultura, movimiento, etc.

agonista 1 *adj.* y *s.* BIOQ Dicho de un compuesto, que es capaz de incrementar la actividad de otro, tal como un neurotransmisor, una enzima, etc. 2 *m.* y *f.* LIT Cada uno de los personajes que, en la épica, el teatro u otros géneros literarios, se opone a otro dentro del conflicto que los enfrenta.

agonizar 1 *intr.* Estar el enfermo en la agonía. 2 Extinguirse o terminarse algo.

ágora 1 *f.* Plaza de las ciudades griegas en que se celebraban las asambleas públicas. 2 Cada una de tales asambleas.

agorafobia *f.* Temor obsesivo que experimenta una persona a permanecer en los espacios abiertos.

agorar *tr.* Predecir el futuro. • Vb. irreg. conjug. c. **contar**. V. anexo El verbo.

agorero, ra 1 *adj.* y *s.* Que adivina por agüeros, o que cree en ellos. 2 Que predice desdichas.

agosto *m.* Octavo mes del año, que consta de 31 días.

agotamiento *m.* Acción y efecto de agotar o agotarse.

agotar 1 *tr.* y *prnl.* Extraer por completo el agua o líquido de un sitio. 2 Consumir una cosa, gastarla por entero. 3 Cansar extremadamente.

agraciar 1 *tr.* Dar o aumentar gracia y buen parecer a alguien o algo. 2 Conceder alguna gracia o merced.

agradable 1 *adj.* Que produce complacencia o agrado. 2 Que es afable en el trato.

agradar 1 *intr.* Gustar, complacer. 2 *prnl.* Sentir gusto o complacencia con una persona o cosa.

agradecer 1 *tr.* Sentir gratitud. 2 Mostrar ese sentimiento dando las gracias. 3 Mostrar algo el efecto beneficioso del trabajo empleado en hacerlo o mejorarlo. Vb. irreg. conjugación modelo. V. anexo El verbo.

agrado 1 *m.* Gusto que produce en el ánimo lo que agrada o complace. 2 Amabilidad en el trato con los demás.

ágrafo, fa *adj.* Que es incapaz de escribir o no lo sabe hacer: *Cultura ágrafa.*

agramatical *adj.* Que no se ajusta a las reglas de la gramática.

agrandar *tr.* y *prnl.* Hacer que algo sea o parezca más grande.

agrario, ria *adj.* Perteneciente o relativo al campo.

agrarismo *m.* POLÍT Doctrina política que defiende los intereses de la agricultura.

agravante 1 *adj.* Que agrava. 2 *m* o *f.* Circunstancia que hace más grave una situación o un crimen por las circunstancias especiales que concurren en él.

agravar *tr.* y *prnl.* Hacer más grave o pesado algo.

agraviar 1 *tr.* Ofender, hacer un agravio de obra o palabra. 2 *prnl.* Mostrarse ofendido por algún agravio.

agravio 1 *m.* Dicho o hecho con que se ofende a una persona. 2 Ofensa o perjuicio que se deriva de tal afrenta.

agraz[1] 1 *adj.* Desagradable, molesto. 2 *m.* Uva sin madurar. 3 Zumo de la uva no madura. 4 Amargura, sinsabor, disgusto.

agraz[2] *m.* Arbusto de hojas pequeñas y acorazonadas, flores amarillas y bayas rojas.

agredir 1 *tr.* Cometer agresión lanzándose contra alguien para hacerle daño. 2 Ofender de palabra.

agregación 1 *f.* Acción y efecto de unir o juntar personas o cosas a otras. 2 Quím Unión de moléculas que determina el estado de los cuerpos, el cual puede ser sólido, líquido o gaseoso.

agregado, da 1 *m.* y *f.* Funcionario que tiene a su cargo alguna especialidad. 2 Empleado no titular. 3 *m.* Conjunto de cosas que forman un todo en el que se distinguen cada una de aquellas. 4 Inquilino, especialmente rural, que paga, con dinero o con trabajo, su estadía en la finca del dueño.

agregar 1 *tr.* y *prnl.* Añadir y juntar unas personas o cosas a otras. 2 *tr.* Añadir algo a lo ya dicho o escrito.

agremiar *tr.* y *prnl.* Reunir en gremio.

agresión 1 *f.* Acto de agredir para hacer lo contrario al derecho de otro. 2 Ataque rápido y por sorpresa. 3 Ataque armado y contra derecho de una nación a otra.

agresividad 1 *f.* Tendencia a agredir a otros. 2 Psic Conducta violenta que puede interpretarse como manifestación de un instinto de supervivencia o reacción ante una frustración.

agreste 1 *adj.* Escabroso o lleno de maleza. 2 Silvestre o salvaje referido a la vegetación o los animales. 3 Dicho de una persona, que es tosca o grosera.

agriar *tr.* y *prnl.* Poner agria una cosa.

agricultor, ra *m.* y *f.* Persona que labra o cultiva la tierra.

agricultura 1 *f.* Acto de labrar la tierra. 2 Técnica e industria que se ocupa de la explotación de plantas y animales para el uso humano. Incluye el cuidado del suelo, el desarrollo de las cosechas, la cría de ganado y la silvicultura. || ~ **biológica** u **orgánica** Ecol Sistema de producción agrícola que excluye en gran medida el uso de fertilizantes sintéticos, pesticidas, reguladores del crecimiento, aditivos, etc.

agriera *f.* Acidez de estómago. • U. m. en pl.

agrietar *tr.* y *prnl.* Abrir grietas o hendiduras.

agrimensura *f.* Técnica de medir terrenos.

agrio, gria 1 *adj.* Que produce sensación de acidez en el gusto u olfato. 2 Que se ha agriado. 3 Acre, desabrido: *Respuesta agria.* 4 *f. pl.* Conjunto de frutas agrias o agridulces, cítricos.

agro *m.* Campo, tierra de labranza.

agroalimentario, ria *adj.* Perteneciente o relativo al cultivo, comercio y consumo de alimentos de origen agrícola.

agroecología *f.* Ecol Tipo de agricultura que se fundamenta en los principios de la ecología para diseñar y controlar los sistemas agrícolas.

agroindustria *f.* Explotación agraria organizada como una empresa industrial.

agrología *f.* Ciencia que estudia la interrelación entre las plantas y los suelos.

agronomía *f.* Estudio del cultivo y la explotación de la tierra.

agropecuario, ria *adj.* Que concierne a la agricultura y la ganadería.

agroquímico, ca *adj.* y *m.* Dicho de un producto de la industria química, que tiene aplicaciones en la agricultura, como fertilizante o plaguicida.

agroturismo *m.* Turismo que se realiza en zonas rurales y en el que se hacen actividades agrícolas y ganaderas.

agrupación *f.* Conjunto de personas o instituciones que se juntan o asocian.

agrupar 1 *tr.* y *prnl.* Formar un grupo. 2 Constituir una agrupación.

agua 1 *f.* Sustancia formada por la combinación de dos volúmenes de hidrógeno y uno de oxígeno (H_2O). A la presión atmosférica normal su punto de congelación es de 0 °C y su punto de ebullición de 100 °C; alcanza su densidad máxima a una temperatura de 4 °C. Es el componente más abundante de la superficie terrestre, ocupando aprox. las tres cuartas partes de esta, y forma la lluvia, las fuentes, los ríos y los mares. Es, además, la única sustancia que, a temperaturas ordinarias, existe en estado sólido, líquido y gaseoso. 2 Cualquier líquido obtenido por infusión o destilación de flores, plantas o frutos. 3 Disolución en agua de ciertos cuerpos químicos, como el agua mineral, agua amoniacal, etc. 4 Vertiente de un tejado. 5 Ecol **contaminación** del ~. || ~ **dulce** La potable, de poco o ningún sabor, por contraposición a la del mar o a las minerales. ~ **dura** Quím La que posee una alta concentración de minerales, principalmente sales de magnesio o calcio. ~ **oxigenada** Disolución en agua destilada de bióxido de hidrógeno, usada en medicina. ~ **pesada** Fís Óxido de deuterio, agua formada por un isótopo del hidrógeno, la cual se emplea como moderador en reactores nucleares. ~ **potable** La que se puede beber. ~ **regia** Quím Solución compuesta por **ácido clorhídrico** y **nítrico**, de color amarillo y altamente corrosiva, que se usa para disolver algunos metales como el oro y la plata. ~ **residual** La que procede de viviendas, poblaciones o zonas industriales y arrastra suciedad y detritos. ~ **termal** Geo La que brota del manantial con temperatura superior a la de su entorno.

□ **ciclo del agua** Ecol Movimiento continuo de agua entre la superficie de la Tierra y la atmósfera que se da al producirse vapor de agua por evaporación en la superficie terrestre y en las masas de agua, y por transpiración de los seres vivos. Este vapor circula por la atmósfera y se precipita en forma de lluvia o nieve. Al llegar a la superficie terrestre una parte del agua se vierte directamente en los riachuelos y arroyos, de donde pasa a los océanos y a las masas de agua continentales, mientras que el resto se infiltra en el suelo. Una parte de esta agua constituye la humedad del suelo y puede evaporarse directamente o ser absorbida por las plantas para ser transpirada por las hojas. El agua que supera las fuerzas de cohesión y adhesión del suelo, se filtra hacia abajo y se acumula para formar depósitos de agua subterránea, cuya superficie se conoce como **nivel** freático.

aguacate 1 *m.* Árbol que alcanza unos 10 m de altura, con hojas coriáceas siempre verdes, flores dioicas y fruto comestible. 2 Fruto de este árbol, que tiene la forma de una pera grande de color verdoso y cuya pulpa posee la consistencia de la mantequilla.

aguacero *m.* Lluvia intensa y repentina de corta duración.

aguachento, ta *adj.* Que pierde su sabor por exceso de agua, especialmente los frutos.

aguado, da 1 *adj.* Que tiene agua. 2 *f.* Acción y efecto de aprovisionarse de agua potable. 3 Pigmento diluido en agua sola o en agua con ciertos ingredientes. 4 Diseño o pintura que se ejecuta con pigmentos preparados de esta manera.

aguafuerte 1 *m.* Ácido nítrico diluido en una pequeña cantidad de agua, que se emplea en el grabado para atacar el metal. 2 *m.* o *f.* ART Lámina obtenida con este mordiente.

aguamanil 1 *m.* Jarro de pico para verter el agua en la palangana. 2 Palangana para lavarse las manos.

aguamarina *f.* Variedad verdeazulada y transparente de berilo muy apreciada en joyería.

aguamiel 1 *f.* Agua mezclada con miel. 2 Mezcla de agua y caña de azúcar. 3 Jugo de maguey que, al fermentar, produce el pulque.

aguanieve *f.* Agua de lluvia mezclada con nieve.

aguantar 1 *tr.* Sostener una cosa para que no se caiga o se doble. 2 Resistir pesos, trabajos o penalidades. 3 Tolerar a disgusto algo desagradable. 4 *intr.* Durar una cosa.

aguante 1 *m.* Paciencia, capacidad de sufrimiento. 2 Fuerza para resistir pesos, trabajos, etc.

aguar 1 *tr.* y *prnl.* Rebajar la fuerza o calidad de una bebida echándole agua. 2 Interrumpir, frustrar algo agradable.

aguaraparse *prnl.* Tomar sabor de guarapo la caña de azúcar o la fruta.

aguardar 1 *tr.* e *intr.* Esperar. 2 *tr.* Dar un plazo para algo.

aguardiente *m.* Bebida espiritosa de alta graduación, que se obtiene del vino, cereales, frutos, etc., por fermentación.

aguarrás *m.* Aceite volátil de trementina, que disuelve resinas y grasas.

aguatinta 1 *f.* Dibujo o pintura que se realiza con tinta de un solo color. 2 Aguada.

agudeza 1 *f.* Cualidad de agudo. 2 Perspicacia o viveza de los sentidos o del ingenio. 3 Fuerza penetrante del dolor.

agudizar 1 *tr.* Hacer agudo algo. 2 *prnl.* Adquirir carácter agudo una enfermedad o una situación.

agudo, da 1 *adj.* Afilado, delgado, referido al corte o la punta de armas u otros instrumentos. 2 Perspicaz, fino. 3 Dicho de un olor penetrante o un sabor intenso. 4 FON y GRAM Dicho de una palabra, que lleva el acento prosódico en la última sílaba: *Crecer; Compás.* • V. tabla Acento prosódico y acento gráfico, p. 7. 5 ORT **acento ~.** 6 GEOM **ángulo ~.** 7 MÚS Dicho de un sonido de tono alto.

agüero *m.* Pronóstico favorable o adverso.

aguerrir *tr.* Acostumbrar a la guerra.

aguijada *f.* Vara larga y puntiaguda para arrear a los bueyes.

aguijar 1 *tr.* Picar con la aguijada. 2 Apremiar, estimular.

aguijón *m.* ZOOL Púa que tienen el escorpión, las abejas, las avispas y otros himenópteros en el extremo del abdomen y con la que pican e inyectan veneno.

aguijonear *tr.* Picar con el aguijón.

águila *f.* Ave rapaz diurna, de pico ganchudo, cabeza y tarsos emplumados, gran envergadura, vista muy aguda y vuelo raudo. Existen varias especies.

aguileño, ña 1 *adj.* Perteneciente o relativo al águila. 2 Dicho de un rostro, largo y delgado.

aguilón *m.* Brazo de una grúa.

aguinaldo 1 *m.* Regalo que se hace en las fiestas de Navidad. 2 Villancico de Navidad.

aguja 1 *f.* Barrita de metal, hueso o madera, aguzada por un extremo y con un ojo o agujero en el otro, por el que se pasa el hilo para coser. 2 Instrumento similar que se emplea para otras labores de punto, como ganchillo, malla, etc. 3 Tubito metálico, con un extremo libre y el otro con un casquillo, que se enchufa en la jeringuilla para inyectar. 4 Indicador de diversos instrumentos y aparatos, como las manecillas del reloj. 5 Cada uno de los rieles móviles que facilitan el paso de un tren desde una vía a otra. 6 ARQ Remate fino y alto de una torre. 7 BOT Hoja estrecha de algunas coníferas.

agujerar *tr.* AGUJEREAR.

agujerear *tr.* y *prnl.* Hacer agujeros.

agujero *m.* Abertura más o menos redondeada que atraviesa una cosa. || **~ de la capa de ozono** ECOL Fenómeno que consiste en la pérdida periódica de ozono en las capas superiores de la atmósfera. Se ha demostrado que ciertos compuestos del flúor, usados en los aerosoles, son responsables en buena medida de la ampliación de estos agujeros. **~ negro** ASTR Hipotético cuerpo celeste con un campo gravitatorio tan fuerte que ni siquiera la radiación electromagnética puede escapar de su proximidad. Se cree que su formación deriva del colapso de estrellas de gran masa.

agujeta 1 *f.* Adorno con forma de alfiler para sujetar el sombrero. 2 Aguja grande de zapatero. 3 Cordón que se pasa por una serie de ojales y se usa para ceñir algo.

agusanarse *prnl.* Criar gusanos una cosa.

aguzar 1 *tr.* Sacar punta o filo a una cosa o afinar la que ya lo tiene. 2 Aplicar con intensidad el entendimiento o los sentidos para que se hagan más perspicaces.

ah *interj.* Expresa sobre todo los sentimientos de pena, admiración, sorpresa, satisfacción o alegría.

ahí 1 *adv. l.* En ese lugar o ese lugar: *Debemos estar ahí pronto.* 2 En un punto o cuestión: *No nos pusimos de acuerdo sobre el mejor candidato. Ahí comenzaron nuestras diferencias.* 3 Entonces: *Ensayaron durante ocho meses, de ahí en adelante salieron de gira.* || **~ mismo** Muy cerca: *Vive ahí mismo, junto a la escuela.* **de ~** Por eso: *Es muy responsable, de ahí que le vaya tan bien.* **por ~** 1 Más o menos: *Llegaron por ahí trescientas personas al concierto.* 2 Un lugar indeterminado: *Si se tarda es que se encontró por ahí con algún conocido.*

ahijado, da 1 *m.* y *f.* Cualquier persona respecto de sus padrinos. 2 Protegido.

ahijar *tr.* Adoptar por hijo al que no lo es por generación.

ahilar *tr.* e *intr.* Poner o marchar en hilera.

ahínco *m.* Empeño o diligencia grande en hacer o solicitar algo.

ahistórico, ca *adj.* Que se encuentra al margen de la historia o de la línea del tiempo.

ahíto 1 *adj.* Que ha comido hasta hartarse. 2 Hastiado, cansado de algo o de alguien.

ahogadero *m.* Correa de la cabezada o brida, que ciñe el pescuezo de la caballería.

ahogado, da 1 *m.* y *f.* Persona que muere por falta de respiración, especialmente en el agua. 2 *m.* Guiso estofado de diversas formas.

ahogar 1 *tr.* y *prnl.* Matar cortando la respiración. 2 Dañar a las plantas el exceso de agua, el apiñamiento o la acción de otras simientes. 3 En los motores de explosión, anegarse el carburador por exceso de combustible. 4 *tr.* Dominar el fuego, apagarlo. 5 Sumergir en el agua. 6 En el juego del ajedrez, acosar al rey contrario de modo que no pueda moverse sin quedar en jaque. 7 *tr.* e *intr.* Oprimir, acongojar, fatigar. • U. t. c. prnl. 8 *prnl.* Sentir sofocación o ahogo.

ahogo *m.* Dificultad para respirar.

ahondar 1 *tr.* y *prnl.* Hacer más hondo un agujero o una cavidad. 2 *tr.* Excavar. 3 *tr.* e *intr.* Introducir una cosa más dentro de otra. • U. t. c. prnl. 4 *tr.* e *intr.* Profundizar en un asunto.

ahora 1 *adv. t.* Indica el momento presente con mayor o menor precisión: el instante en que se habla, la época actual, la vida presente: *Ahora estoy ocupado, por favor llámame más tarde; Los cambios de temperatura son más bruscos ahora.* 2 Expresa el pasado reciente o el futuro inmediato: *Ahora me lo han dicho; Ahora te lo enviaré.* 3 *conj. advers.* Pero, sin embargo: *Estudió para el examen, ahora, como si no lo hubiera hecho, porque le fue mal.*

ahorcar *tr.* y *prnl.* Colgar a alguien del cuello para matarle.

ahorita *adv. t.* Se emplea con el significado de ahora mismo, hace poco tiempo.

ahorrar 1 *tr.* Economizar, reservar una parte del dinero que se gana. 2 Evitar un gasto o consumo mayor. 3 *tr.* y *prnl.* Evitar algún trabajo o disgusto.

ahorro *m.* Acción de ahorrar o no gastar en exceso.

ahuecar 1 *tr.* Poner hueca o cóncava una cosa. 2 Adquirir la voz un tono grave y resonante. 3 *tr.* y *prnl.* Mullir algo haciéndolo menos compacto o apretado.

ahuevar 1 *tr.* Dar forma de huevo. 2 Clarificar los vinos con claras de huevo. 3 *prnl.* Acobardarse, azorarse.

ahumado, da *adj.* Dicho de un alimento, que ha sido curado al humo, especialmente el pescado.

ahumar 1 *tr.* Exponer una cosa al humo, en particular los alimentos. 2 *tr.* y *prnl.* Llenar de humo. 3 *intr.* Echar o despedir humo. 4 *prnl.* Tomar los guisos sabor a humo.

ahuyama 1 *f.* Planta hortense de tallo endeble, hueco y áspero, que se extiende por el suelo, hojas grandes, acorazonadas y lobuladas, flores amarillas y fruto redondo de gran tamaño con multitud de semillas. 2 Fruto comestible de esta planta.

ahuyentar 1 *tr.* Hacer huir a personas o animales. 2 Desechar ideas, afectos o pasiones que molestan. 3 *prnl.* Salir huyendo.

aimara *adj.* y *s.* De un pueblo amerindio de las mesetas andinas de Perú y Bolivia, en la cuenca del lago Titicaca, del cual se supone descendía la dinastía de los incas. En la actualidad sus integrantes se dedican a la agricultura, la pesca y las labores artesanales.

airar *tr.* y *prnl.* Producir ira, enfurecer.

airbag *m.* Dispositivo de seguridad que se ubica en diversos lugares del automóvil y que se infla con aire instantáneamente en caso de una colisión violenta.

aire 1 *m.* GEO Mezcla de gases que constituye la atmósfera de la Tierra. Está formado principalmente de oxígeno (78 %) y nitrógeno (21 %), con cantidades variables de argón, vapor de agua y anhídrido carbónico. El aire ordinario contiene, en proporciones variables: vapor de agua, anhídrido carbónico y polvo en suspensión. 2 Viento. 3 Parecido o semejanza. 4 Engreimiento o afectación en el porte o en las palabras. 5 Gracia en el modo de moverse o de actuar. 6 MÚS Grado de presteza o lentitud con que se ejecuta una obra musical. 7 MÚS Canción, tonada de una composición. || ~ **acondicionado** Sistema de ventilación de los locales que regula la temperatura y la humedad. ~ **comprimido** Aire cuyo volumen ha sido reducido para aumentar su presión y aprovecharla como energía al expansionarse. ~ **líquido** Líquido que se obtiene sometiendo el aire a fuerte presión y dejándolo que se enfríe mediante su propia expansión hasta una temperatura inferior al punto de ebullición de sus principales componentes. Se utiliza como explosivo y como anestesia local.

aireación *f.* Acción y efecto de airear o airearse. || **zona de** ~ GEO La situada por encima del **nivel freático**.

airear 1 *tr.* Ventilar una cosa. 2 Dar publicidad o actualidad a una cosa. 3 *prnl.* Exponerse al aire. 4 Resfriarse.

aislacionismo *m.* Política por la que un país se repliega sobre sí mismo, desligándose de compromisos o alianzas internacionales.

aislador, ra 1 *adj.* Aislante. 2 *m.* Pieza de material aislante que sirve para soportar o sujetar un conductor eléctrico.

aislante 1 *adj.* y *m.* Que aísla. 2 Dicho de un cuerpo, que intercepta el paso del calor, la electricidad, etc.

aislar 1 *tr.* Colocar aislantes para evitar que se propague la electricidad, el sonido, el calor, etc. 2 Apartar por medio de aisladores un cuerpo electrizado de los que no lo están. 3 QUÍM Separar un elemento químico de un compuesto del cual forma parte. 4 *tr.* y *prnl.* Dejar a una persona o cosa sola y separada de otras. 5 Rodear el agua un lugar por todas partes.

ajá *interj.* Expresa complacencia o aprobación.

ajar 1 *tr.* y *prnl.* Quitar la lozanía y el lustre a una cosa maltratándola o manoseándola. 2 Deslucir una persona o cosa por la edad, la enfermedad o el uso. 3 *tr.* Humillar a alguien de palabra.

ajedrez 1 *m.* Juego entre dos, en el que cada jugador dispone de dieciséis piezas movibles sobre un tablero de 64 escaques o casillas de colores alternos. Las piezas, de acuerdo con el significado del nombre sánscrito, se dividen en "cuatro cuerpos" de ejército: ocho peones, dos alfiles, dos torres y dos caballos, una reina y un rey. Gana el que da jaque mate al rey del contrario. 2 Conjunto de las piezas del juego.

ajenjo 1 *m.* Planta compuesta, erecta y muy aromática, que posee cabezuelas florales colgantes de color amarillo. 2 Bebida alcohólica preparada con la esencia de esta planta y otras hierbas.

ajeno, na 1 *adj.* De otra clase o condición. 2 Extraño, distante. 3 Libre de una cosa.

ajetrear 1 *tr.* Molestar con órdenes o trabajos excesivos. 2 *prnl.* Moverse sin descanso de un lado para otro para realizar un trabajo.

ajetreo *m.* Acción de ajetrearse, trajín.

ají 1 *m.* Fruto de diversas especies de las solanáceas. 2 Chile, planta. 3 Salsa o condimento cuyo ingrediente principal es el fruto de dicha planta.

ajiaco 1 *m.* Salsa cuyo principal ingrediente es el ají. 2 Especie de olla podrida elaborada con ají, carne y legumbres. 3 Guiso de caldo con carne, frutos y tubérculos picados en trozos y especias que varían en cada país. 4 Sopa espesa hecha con diversas clases de papas, pollo, maíz tierno y aromatizada con hojas de guasca.

ajo 1 *m.* Planta liliácea, de 30 a 40 cm de altura, hojas ensiformes y flores pequeñas y blancas, cuyo bulbo blanco, redondo y de olor fuerte se usa como condimento. 2 Cada una de las partes o dientes en que está dividido el bulbo o la cabeza del ajo.

ajolote *m.* Anfibio de agua dulce, nativo de los lagos mexicanos, que respira por tres pares de branquias que presenta en la parte posterior de la cabeza.

ajonjolí 1 *m.* Planta de semillas oleaginosas y comestibles, que es nativa de Asia tropical y se cultiva en muchos países cálidos. 2 Semilla de esta planta.

ajorca *f.* Aro o pulsera con que se adornan las muñecas o los tobillos.

ajornalar *tr.* y *prnl.* Contratar a alguien para que trabaje por un jornal.

ajuar 1 *m.* Conjunto de alhajas, muebles y ropa que aporta la mujer al matrimonio. 2 Conjunto de muebles, ropas y menaje de una casa. 3 Canastilla con el equipo para un recién nacido.

ajuiciar *tr.* e *intr.* Hacer juicioso a alguien.

ajustador 1 *m.* Anillo que sujeta la sortija demasiado holgada. 2 Prenda de vestir que ciñe el busto.

ajustar 1 *tr.* y *prnl.* Adaptar una cosa a otra de modo que encajen perfectamente. 2 Acomodar y poner de acuerdo cosas u opiniones distintas. 3 *tr.* Llegar a un acuerdo determinando las condiciones: la paz, un casamiento, un empleo. 4 Optimizar la precisión de un instrumento o una máquina. 5 Saldar, pagar una cuenta. 6 Cumplir años. 7 *prnl.* Reconciliar personas o actitudes enfrentadas.

ajuste 1 *m.* Acción y efecto de ajustar o ajustarse. 2 Encaje que tienen las partes de que se compone alguna cosa.

ajusticiado, da *m.* y *f.* Persona que ha sido ejecutada en virtud de una sentencia.

ajusticiar *tr.* Ejecutar la pena de muerte impuesta a un reo por un tribunal.

al Contracción de la preposición *a* y el artículo *el*: *Va al gimnasio todas las tardes.* Esta contracción no se produce cuando el artículo forma parte de un nombre propio: *Vamos a El Encanto.*

ala 1 *f.* Zool Expansión plana y ancha del cuerpo de algunos animales (aves, murciélagos e insectos), de la que se sirven para volar. 2 Bot Expansión foliácea o membranosa de ciertos frutos u órganos de las plantas. 3 Cualquier elemento lateral que, en forma más o menos aguzada o laminar, está contrapuesto al cuerpo o bloque central, como el ala del sombrero, de un avión, de un edificio, etc. 4 Tendencia especial dentro de un partido u organización. 5 Cada una de las paletas de una hélice. 6 Tropa que ocupa los extremos en un despliegue durante una batalla. 7 Unidad aérea equivalente a un regimiento terrestre. 8 *f. pl.* Audacia o aspiraciones de alguien.

□ Zool El ala de las aves posee huesos muy ligeros, plumas especiales y una musculatura que se inserta en una prolongación del esternón llamada quilla. El ala de los murciélagos está compuesta de una membrana delgada que se extiende entre los largos dedos de las extremidades anteriores. El ala de los insectos consiste en un pliegue laminar de la superficie lateral del cuerpo, con nervaduras llenas de aire que sirven de soporte, y músculos que la accionan mediante contracciones y expansiones de la caja torácica.

alabanza *f.* Acción de alabar o alabarse.

alabar 1 *tr.* Elogiar, decir cosas que indican aprobación y aplauso. 2 *prnl.* Jactarse.

alabarda *f.* Arma ofensiva consistente en un asta larga de madera rematada por una cuchilla transversal, aguda por un lado y de figura de media luna por el otro.

alabastrina *f.* Lámina delgada y traslúcida de alabastro, que, a veces, se emplea en las vidrieras de las iglesias.

alabastro *m.* Variedad de mármol blanco y traslúcido, que, por su belleza y blandura, se emplea en obras escultóricas y de ornamentación.

álabe 1 *m.* Cada una de las paletas curvas de la turbina que reciben el impulso del fluido. 2 Cualquiera de los dientes de una rueda de engranaje.

alabeado, da *adj.* Con alabeo, combado.

alabear 1 *tr.* e *intr.* Dar forma combada a una cosa. 2 *prnl.* Combarse o torcerse la madera.

alabeo *m.* Curvatura que toma una tabla u otro material al alabearse.

alacena *f.* Especie de armario, generalmente empotrado, con puerta y anaqueles, para guardar alimentos y enseres.

alacrán *m.* Arácnido cuyo abdomen termina en una uña venenosa, que clava en sus presas. También es llamado escorpión.

alada *f.* Movimiento de subida y bajada de las alas.

alado, da 1 *adj.* Con forma de ala. 2 Que tiene alas.

alalia *f.* Pérdida del lenguaje por lesiones nerviosas o por afección de los órganos vocales.

alamán, na *adj.* y *s.* Hist De un grupo de pueblos germanos confederados, originario del territorio de Brandeburgo que fue desplazado hacia el s. III por los eslavos y los godos y derrotado varias veces por los emperadores romanos. Se asentó en ambas orillas del Rin a partir del s. V.

alamar *m.* Presilla y botón de pasamanería, que cierra o adorna una prenda.

alambicar 1 *tr.* Destilar con alambique. 2 Emplear un lenguaje demasiado exquisito.

alambique *m.* Aparato para destilar consistente en una caldera, que contiene el líquido, y un conducto y serpentín en la parte superior por el que sale y se refrigera el líquido tratado.

alambrada *f.* Valla o cerca hecha de alambres gruesos y espinosos, para impedir o dificultar el avance de personas o animales.

alambrar *tr.* Cercar un lugar con alambre.

alambre *m.* Hilo metálico. || ~ **de espino** o **de púas** El que tiene púas del mismo material y se utiliza para hacer cercas.

alambrera 1 *f.* Tela metálica que se coloca en las ventanas. 2 Cobertera de red de alambre que se pone sobre los braseros encendidos.

alameda 1 *f.* Sitio poblado de álamos. 2 Paseo o camino con árboles de cualquier clase.

alamín *m.* Oficial que contrastaba las pesas y medidas y tasaba los víveres.

álamo *m.* Árbol de hojas anchas con largos pecíolos, que alcanza gran altura. Su madera, blanca, ligera y resistente al agua tiene muchos usos industriales.

alano, na *adj.* y *s.* Hist De un pueblo de origen iranio establecido al N de la cordillera del Cáucaso. Al ser expulsado por los hunos (350), cruzó la frontera romana e invadió La Galia (406). Se estableció en Hispania, donde fue derrotado posteriormente por los visigodos (418). Los supervivientes pasaron con los vándalos al N de África.

alantoides *adj.* y *m.* Anat y Zool Dicho de una membrana, que rodea el embrión de los reptiles, las aves y los mamíferos.

alarde *m.* Ostentación que se hace de algo.

alardear *intr.* Hacer alarde, presumir de alguna cualidad.

alargadera *f.* Pieza o varilla que sirve para alargar alguna cosa.

alargar 1 *tr.* y *prnl.* Hacer más largo algo. 2 Prolongarlo en el tiempo, haciendo que dure más. 3 Referido al tiempo, retardar. 4 *tr.* Alcanzar algo y dárselo a quien está más distante. 5 Soltar poco a poco una cuerda, cable, etc.

alaria *f.* Chapa de hierro con las puntas triangulares y dobladas, usada por los alfareros para pulir las vasijas en el torno.

alarido *m.* Grito desgarrador de dolor, terror o rabia.

alarife *m.* Arquitecto o maestro de obras.

alarma 1 *f.* Señal que llama a las armas, al combate. 2 Señal o voz que avisa de un peligro. 3 Inquietud, sobresalto causado por algún riesgo repentino. 4 Dispositivo que advierte de algo mediante luces o sonido.

alarmar 1 *tr.* Dar la voz o señal de alarma. 2 *tr.* y *prnl.* Sobresaltar, preocupar.

alarmismo *m.* Tendencia a propagar peligros imaginarios o a exagerar los reales.

alazán, na *adj.* y *m.* Dicho de un color, que es muy parecido al de la canela.

alba 1 *f.* Amanecer. 2 Primera luz del día antes de salir el Sol. 3 Vestidura o túnica blanca que usan los sacerdotes en la celebración de los oficios religiosos.

albacara *f.* Torreón saliente de una fortaleza.

albacea *m.* y *f.* Persona que ejecuta un testamento por voluntad del testador o por designación del juez.

albahaca *f.* Planta anual aromática, de hojas oblongas muy verdes y flores blancas.

albalá *m.* o *f.* Carta o cédula real que concedía una merced.

albanega 1 *f.* Especie de red para recoger el pelo. 2 ARQ Enjuta de arco de forma triangular.
albañal *m.* Conducto de desagüe de las aguas sucias.
albañil *m.* Maestro u oficial de albañilería.
albañilería *f.* Arte de la construcción en que se emplean piedras, ladrillos, arena, cal, cemento, yeso u otros materiales semejantes.
albar *adj.* Blanco: *Perdiz albar.*
albarán 1 *m.* Nota de entrega de una mercancía que firma la persona que la recibe. 2 Papel que se pone en las puertas, balcones o ventanas de las casas por alquilar.
albarda *f.* Aparejo de la caballería de carga, consistente en dos almohadas rellenas de paja y unidas por la parte que cae sobre el lomo del animal.
albardilla 1 *f.* Silla para la doma de potros. 2 Copete de lana tupida que se forma en el lomo de algunas reses ovinas. 3 Almohadilla que se pone en el hombro para transportar pesos.
albardón *m.* Aparejo más hueco y alto que la albarda.
albarelo *m.* Bote de cerámica de boca ancha y estrecho en el centro.
albaricoque *m.* Fruto del albaricoquero, consistente en una drupa amarillenta, aterciopelada y casi redonda, de sabor muy grato y con hueso de almendra amarga.
albaricoquero *m.* Árbol originario de Asia central, de hojas acorazonadas y flores blancas, y cuyo fruto es el albaricoque. Su madera se emplea en ebanistería.
albarrada *f.* Pared de piedras sin cemento.
albatros *m.* Ave palmípeda, de color blanco, que es muy buena voladora y posee alas y cola muy largas. Es propia de los mares meridionales y muy parecida al ganso, aunque de mayor tamaño.
albayalde *m.* Carbonato básico de plomo, sólido, blanco y venenoso, que se emplea en pintura.
albear 1 *intr.* Tirar una cosa a blanco, mostrar su blancura. 2 Madrugar.
albedo 1 *m.* FÍS Porcentaje de flujo luminoso reflejado o difundido por un cuerpo en relación con el flujo luminoso incidente. Un cuerpo negro tiene un albedo nulo. 2 FÍS Razón de la corriente neutrónica que sale de un medio, o la que, a través de una superficie límite, entra en el mismo.
albedrío *m.* Facultad de la persona para obrar por propia decisión.
albéntola *f.* Red de hilo muy fino para pescar peces pequeños.
alberca 1 *f.* Estanque artificial hecho de mampostería. 2 Piscina recreativa o deportiva.
albergar 1 *tr.* Dar hospedaje. 2 Conservar, en lo más hondo de sí, proyectos, sentimientos, etc. 3 *intr.* y *prnl.* Tomar albergue.
albergue *m.* Edificio o lugar que proporciona hospedaje o resguardo.
albero, ra 1 *m.* Terreno blanquecino. 2 Paño para secar los platos.
albertosaurio *m.* PALEONT Dinosaurio bípedo carnívoro que vivió en América del Norte durante el Cretácico superior. Se mantenía erguido sobre sus patas traseras bien desarrolladas y se compensaba con su larga cola. Tenía unos 9 m de longitud, cerca de 3,5 m de altura y pesaba casi 3 toneladas.
albigense *adj.* y *m.* HIST Dicho de un hereje perteneciente a una secta, que, en los ss. XII y XIII, existió en el sur de Francia y cuya doctrina negaba la existencia del purgatorio y la eficacia de los sacramentos y condenaba a la jerarquía eclesiástica.
albinismo *m.* MED Anomalía congénita del pigmento, que da a ciertas partes del organismo humano y de los animales (piel, cabello, ojos, plumaje, etc.) un color más o menos blanco.
albogón *m.* MÚS Instrumento antiguo, a modo de flauta dulce, con siete agujeros, que hacía de bajo en los conciertos de flautas.
albóndiga *m.* Bola pequeña de carne o pescado picados, huevos batidos y especias mezclados con ralladuras de pan.
albor 1 *m.* Albura, blancura. 2 Luz del alba. 3 Comienzo de una cosa. 4 Infancia, juventud.
alborada 1 *f.* Tiempo en que raya el día. 2 Toque militar al romper el alba. 3 Música de amanecida para festejar a alguien. 4 Composición poética o musical destinada a cantar la mañana.
alborear *intr.* Amanecer o rayar el día.
albornía *f.* Taza grande de barro vidriado.
albornoz 1 *m.* Bata de tela de toalla, amplia y larga, que se utiliza después del baño. 2 Especie de capote con capucha.
alboronía *f.* Guiso de berenjenas, tomate, calabacín y pimiento, todo mezclado y picado.
alborotar 1 *tr.* y *prnl.* Armar alboroto, perturbar. 2 Causar excitación o provocar deseos e ilusiones.
alboroto 1 *m.* Vocerío o estrépito. 2 Desorden, tumulto. 3 Asonada, motín. 4 Inquietud, zozobra.
alborozar *tr.* y *prnl.* Causar gran alegría o placer.
alborozo *m.* Regocijo extraordinario.
albriciar *tr.* Dar una noticia agradable.
albricias 1 *f. pl.* Regalo que se hace al portador de una buena noticia. 2 Regalo con ocasión de un suceso feliz. 3 Agujeros que los fundidores dejan en la parte superior del molde para que salga el aire al momento de entrar el metal.
albufera *f.* GEO Laguna litoral de agua salada o salobre formada en las tierras bajas por un golfo o entrada de mar cuya boca ha sido cerrada por un banco de arena.
albugíneo, a 1 *adj.* Enteramente blanco. 2 *f.* ANAT Membrana blanca y fibrosa que rodea el testículo.
álbum 1 *m.* Libro en blanco para coleccionar fotografías, sellos o autógrafos. 2 Estuche o carpeta con uno o más discos sonoros. • pl.: *álbumes.*
albumen 1 *m.* BOT Tejido de reserva que en algunas semillas acompaña al embrión y está destinado a servirle de alimento cuando germina. 2 ZOOL Solución acuosa, compuesta principalmente de albúmina, que rodea la yema de los huevos en los animales superiores.
albúmina *f.* BIOQ Proteína compuesta de nitrógeno, carbono, oxígeno, hidrógeno y azufre y soluble en agua. Forma el constituyente más importante del suero de la sangre y la clara del huevo. Se encuentra también en los músculos y la leche y en otras partes de los organismos animales y vegetales.
albuminoide 1 *m.* BIOQ Aminoácido de alto peso molecular y constitución compleja que es coloidal y amorfo y forma una parte principal de las células animales y vegetales. 2 En sentido amplio, sustancia que presenta en disolución el aspecto y las propiedades de la clara de huevo, las gelatinas o la cola de pescado.
albur *m.* Contingencia o azar a la que se fía el resultado de alguna empresa.
albura 1 *f.* Blancura intensa. 2 BOT Capa blanquecina y blanda que se halla inmediatamente debajo de la corteza de los vegetales gimnospermos y angiospermos dicotiledóneos.
alca *f.* Ave alciforme, de plumaje negro en la cabeza y el dorso y blanco en el vientre. Aprovecha muy bien sus alas para bucear y realizar cortos vuelos. Se alimenta de peces que captura buceando en el mar.
alcabala *f.* Impuesto que gravaba las compraventas.
alcachofa 1 *f.* Hortaliza de raíz fusiforme, tallo ramoso y estriado y hojas algo espinosas, con cabezuelas

B C D E F G H I J K L M N Ñ O P Q R S T U V W X Y Z

comestibles con forma de piña. 2 Cabezuela de esta planta. 3 Receptáculo redondeado con muchos orificios que, sumergido en una cavidad que contiene agua, permite la entrada de esta en un aparato destinado a elevarla. 4 Pieza agujereada por donde sale el agua de las duchas, regaderas, etc.

alcahaz *m.* Jaula grande para aves.

alcahuete, ta 1 *m.* y *f.* Persona que concierta o encubre relaciones amorosas irregulares. 2 Correveidile, chismoso.

alcaide 1 *m.* Jefe de una cárcel. 2 Encargado de la guarda y defensa de una fortaleza.

alcaldada *f.* Atropello que el alcalde comete abusando de su autoridad.

alcalde, desa *m.* y *f.* Presidente del ayuntamiento y primera autoridad gubernativa de un municipio.

alcaldía 1 *f.* Oficio o cargo de alcalde. 2 Oficina del alcalde o ayuntamiento.

álcali *m.* QUÍM Hidróxido metálico soluble en el agua que puede actuar como base energética y se obtiene al hacer reaccionar el agua con algunos óxidos o metales.

alcalino, na 1 *adj.* QUÍM Que tiene álcali o las propiedades de un álcali. 2 QUÍM **metales** ~s.

alcalinotérreo *adj.* QUÍM **metales** ~s.

alcaloide *m.* QUÍM Compuesto orgánico nitrogenado de origen vegetal, aunque también se obtiene por la síntesis química de los aminoácidos. Es tóxico y con aplicaciones en medicina. Se considera como tal la nicotina, el tabaco, la morfina y la cocaína.

alcance 1 *m.* Distancia a que llega la acción o influencia de una cosa. 2 Seguimiento, persecución. 3 Importancia o trascendencia de algo. 4 Noticia o sección de noticias que llegan a un periódico a última hora. 5 Capacidad o talento.

alcancía 1 *f.* Vasija cerrada, con una hendidura estrecha, por donde se echan monedas para guardarlas. 2 Cepillo en que se depositan las limosnas.

alcanfor *m.* QUÍM Sustancia química sólida, blanca, cristalina, urente y de olor penetrante, soluble en alcohol y éter de fórmula $C_{10}H_{16}O$. Popularmente se emplea para preservar la ropa de la polilla.

alcanforero *m.* Árbol de 15 a 20 m de altura, de madera muy compacta, hojas persistentes y coriáceas, flores pequeñas y blancas y bayas negras del tamaño de un garbanzo. Es originario de China y de él se extrae el alcanfor por destilación.

alcano *m.* QUÍM Cada uno de los hidrocarburos saturados de cadena abierta cuya composición general responde a la fórmula $CnH_2n + 2$, donde *n* es el número de átomos de carbono de la molécula. Todos son inertes y comprenden gases (metano, etano, propano y butano), algunos líquidos y semisólidos o sólidos. Estos últimos reciben el nombre común de parafinas.

alcantarilla 1 *f.* Paso abierto debajo de un camino o carretera, para que fluyan las aguas de un lado al otro. 2 Sumidero para recoger las aguas llovedizas o sucias y darles paso.

alcantarillado *m.* Conjunto de alcantarillas.

alcanzado, da 1 *adj.* Falto o escaso de una cosa. 2 Empeñado, endeudado.

alcanzar 1 *tr.* Llegar a juntarse con alguien o algo que va delante. 2 Tocar o coger alguna cosa alargando la mano. 3 Llegar a percibir algo con la vista, el oído o el olfato. 4 Conseguir algo que se desea o solicita. 5 Igualar a alguien y aun superarlo. 6 Haber alguien vivido en el tiempo de que se habla. 7 *intr.* Llegar una cosa con su fuerza o efecto hasta un punto determinado. 8 Ser suficiente una cosa para cierto fin. 9 *prnl.* Llegar a juntarse, tocarse.

alcaparra 1 *f.* Planta de tallos espinosos, hojas gruesas, flores grandes y blancas, y cuyo fruto es una baya carnosa, parecida en la forma a un higo pequeño, que se come encurtido. 2 Botón de la flor de esta planta, que se usa como condimento y como entremés. 3 Botón de la flor del agave, que se come encurtido.

alcaparro *m.* Árbol de aprox. 5 m de altura, copa arqueada, flores amarillas agrupadas y frutos en legumbre con varias semillas. Es originario de Los Andes septentrionales.

alcarraza *f.* Vasija de arcilla muy porosa para refrescar el agua.

alcatraz *m.* Ave americana pelicaniforme, de plumaje blanco, excepto la punta de las alas, que es negra. Es buen pescador.

alcayata *f.* Escarpia o clavo en codo.

alcázar 1 *m.* Fortaleza, recinto fortificado. 2 Palacio o residencia del soberano.

alce *m.* Mamífero rumiante, de cuello corto y cabeza grande, pelo gris oscuro y astas con forma de pala dentada. Es parecido al ciervo y corpulento como el caballo.

alciforme *adj.* y *m.* ZOOL Dicho de un ave, marina, de plumaje negro y blanco, pico grande y lateralmente aplanado, cola corta y patas palmeadas, que aprovecha sus alas para el buceo y la realización de vuelos cortos, como el alca y los frailecillos.

alcista 1 *adj.* Perteneciente o relativo al alza de los valores en la bolsa. 2 *m.* y *f.* Persona que juega al alza en la bolsa.

alcoba 1 *f.* Aposento para dormir. 2 Mobiliario de este aposento.

alcohol 1 *m.* QUÍM Compuesto derivado de un hidrocarburo por sustitución de un átomo de hidrógeno por un grupo funcional —OH. 2 Bebida alcohólica. || ~ **absoluto** QUÍM El que está completamente desprovisto de agua. ~ **etílico** QUÍM Líquido incoloro, de sabor ardiente y olor fuerte. Se obtiene por destilación de los productos de fermentación de las sustancias azucaradas o feculentas, como uva, melaza, remolacha o papa. Forma parte de numerosas bebidas (vino, aguardiente, cerveza, etc.) y tiene muchas aplicaciones industriales. ~ **metílico** QUÍM El que se obtiene por destilación de la madera a baja temperatura. Se emplea para desnaturalizar el alcohol etílico e inutilizarlo para la bebida.

☐ QUÍM Los alcoholes suelen ser líquidos, con un punto de ebullición más alto que el de los ésteres y solubles en diversos grados en agua. Se clasifican en primarios, secundarios y terciarios, dependiendo de que tengan uno, dos o tres átomos de carbono enlazados con el átomo de carbono al que se encuentra unido el grupo hidróxido, y reaccionan con los ácidos formando ésteres. Los alcoholes son subproductos normales de la digestión y de los procesos químicos del interior de las células y se encuentran en los tejidos y fluidos de animales y plantas.

alcoholado, da 1 *adj.* Dicho de un animal, que tiene el contorno de los ojos más oscuro que el resto de su cuerpo. 2 *m.* Compuesto alcohólico cargado de principios medicamentosos.

alcoholar *tr.* QUÍM Obtener alcohol por destilación o fermentación de una sustancia.

alcoholato 1 *m.* Medicamento líquido que resulta de la destilación del alcohol con una o más sustancias aromáticas vegetales o animales. 2 QUÍM Compuesto que resulta al sustituir por un metal el hidrógeno del grupo hidroxilo de un alcohol.

alcoholemia *f.* Presencia de alcohol en la sangre.

alcohólico, ca 1 *adj.* Que contiene alcohol. 2 Referente al alcohol o producido por él. 3 *m.* y *f.* Persona que padece alcoholismo.
alcoholímetro *m.* Aparato para medir la cantidad de alcohol en un líquido.
alcohólisis *f.* QUÍM Desdoblamiento de la molécula de un compuesto orgánico por la acción de un alcohol.
alcoholismo 1 *m.* Abuso de bebidas alcohólicas. 2 Enfermedad, aguda o crónica, producida por tal abuso.
alcoholizarse *prnl.* Contraer la enfermedad del alcoholismo por ingesta frecuente de bebidas alcohólicas.
alcornoque *m.* Árbol perenne y copudo, de madera muy dura, corteza formada por una capa gruesa de corcho y fruto en bellota.
alcorque[1] *m.* Chanclo con suela de corcho.
alcorque[2] *m.* Hoyo que se hace alrededor de las plantas para retener el agua.
alcorza 1 *f.* Pasta muy blanca de azúcar y almidón, para recubrir y adornar algunos dulces. 2 Dulce cubierto con ella.
alcurnia *f.* Ascendencia, linaje.
alcuza *f.* Vasija de distintos materiales y forma generalmente cónica, que contiene el aceite de uso habitual.
aldaba 1 *f.* Pieza metálica que se pone en las puertas, como llamador. 2 Barra metálica o travesaño de madera para asegurar postigos y puertas una vez cerrados.
aldea *f.* Pueblo de escaso número de habitantes, que suele carecer de jurisdicción propia.
aldeanismo 1 *m.* Actitud, condición o lenguaje de los aldeanos. 2 Estrechez de miras propia de quien vive en ambientes muy localistas.
aldeano, na 1 *adj.* y *s.* Natural de una aldea. 2 Perteneciente o relativo a la aldea.
aldehído *m.* QUÍM Compuesto formado por un radical y el grupo funcional –CHO. Se forma como primer producto de la oxidación de ciertos alcoholes, de los que recibe el nombre. Se usa en la industria y en los laboratorios químicos por sus propiedades reductoras.
aleación 1 *f.* Acción y efecto de alear o fundir metales. 2 Producto homogéneo, de propiedades metálicas, compuesto de dos o más elementos, uno de los cuales, al menos, debe ser un metal.
alear *tr.* Producir una aleación, fundiendo dos o más metales.
aleatorio, ria *adj.* Que depende del azar o la suerte.
alebrestarse 1 *prnl.* Ponerse alerta permanentemente. 2 Alarmarse, alborotarse. 3 Encabritarse el caballo.
aleccionar 1 *tr.* y *prnl.* Instruir, enseñar, amaestrar. 2 *tr.* Castigar.
aledaño, ña 1 *adj.* y *m.* Que limita con otra cosa. 2 Alrededores de un lugar. • U. m. en pl.
alef *f.* Primera letra del alfabeto hebreo.
alegar 1 *tr.* Citar algún hecho, dicho o ejemplo en apoyo de lo que se defiende. 2 Aducir méritos con miras a lograr algo. 3 *intr.* Altercar, disputar.
alegato 1 *m.* Razonamiento en apoyo de una tesis o pretensión. 2 Discusión, altercado. 3 Escrito en que el abogado expone el derecho que asiste a su cliente.
alegoría 1 *f.* Representación de una cosa por otra en virtud de alguna relación que media entre ellas. 2 Obra artística o literaria en que las ideas abstractas se representan o describen por medio de figuras concretas.
alegórico, ca *adj.* Perteneciente o relativo a la alegoría.
alegrar 1 *tr.* Causar alegría a alguien. 2 Avivar una cosa dándole un esplendor nuevo o nueva fuerza. 3 *prnl.* Ponerse contento, sentir satisfacción por algo.
alegre 1 *adj.* Que tiene alegría. 2 Que causa alegría o que la demuestra. 3 Vivo, si se trata de un color. 4 Ligero, frívolo, dicho especialmente de una mujer de vida sexual licenciosa. 5 Animado por el alcohol.
alegría 1 *f.* Sentimiento de gozo y satisfacción por algún motivo halagüeño. 2 Estado de ánimo de quien se siente bien y a gusto. 3 Acto ligero e irresponsable.
alegrón, na 1 *adj.* Enamoradizo. 2 Achispado. 3 Dicho de una mujer, que se dedica a la vida alegre. 4 Mujer algo coqueta. 5 *m.* Alegría grande y repentina.
alejar 1 *tr.* y *prnl.* Poner a alguien o algo lejos o más lejos. 2 *tr.* Apartar, ahuyentar. 3 *prnl.* Rehuir algo.
alelar *tr.* y *prnl.* Poner lelo o bobo.
alelí *m.* ALHELÍ.
alelo *m.* BIOL Gen alelomorfo.
alelomorfo, fa *adj.* y *m.* BIOL Dicho de cada uno de los genes del par, que ocupa el mismo lugar en los cromosomas homólogos.
□ BIOL Su expresión determina el mismo carácter o rasgo de organización, por ejemplo, la capacidad de pigmentar la piel; esta depende de la presencia de un alelo dominante (*A*), mientras que la ausencia de dicha capacidad (albinismo), es consecuencia de un alelo recesivo (*a*) del mismo gen.
aleluya 1 *m.* o *f.* Voz que usa la Iglesia cristiana en demostración de júbilo, en especial para celebrar la resurrección de Jesús y otras festividades gozosas. 2 *m.* Tiempo de Pascua. 3 *interj.* Expresa júbilo.
alemán, na 1 *adj.* y *s.* De Alemania o relacionado con este país europeo. 2 Lengua germánica occidental que se habla en Alemania y también en Austria, Liechtenstein y en algunas zonas de Suiza, Luxemburgo, Bélgica y Dinamarca.
alemanda *f.* Antigua danza festiva de compás binario, en que varias parejas imitan los pasos de la pareja principal.
alentar 1 *intr.* Respirar, cobrar ánimo. 2 *tr.* y *prnl.* Infundir aliento, dar ánimo o valor. 3 *prnl.* Recuperarse de una enfermedad. • Vb. irreg. conjug. c. **acertar**. V. anexo El verbo.
alerce *m.* Árbol que alcanza gran altura, de madera aromática, tronco recto y delgado y fruto en piña. Su corteza es empleada para curtir las pieles.
alergeno, na (Tb. alérgeno) *adj.* y *m.* Dicho de una sustancia, que sensibiliza al organismo para la aparición de los fenómenos de la alergia.
alergia *f.* MED Reacción negativa o de rechazo que conlleva fenómenos de carácter respiratorio, nervioso o eruptivo ante la exposición del organismo a ciertas sustancias.
alergología *f.* MED Rama de la medicina que estudia la alergia y sus manifestaciones.
alero 1 *m.* ARQ Parte inferior del tejado, que sale fuera de la pared y sirve para desviar de ella las aguas llovedizas. 2 DEP En el juego del fútbol, extremo. 3 DEP Jugador de baloncesto que desarrolla su juego por las alas y cuya misión es encestar desde la media distancia.
alerón *m.* Aleta giratoria que se monta en la parte posterior de las alas de un avión y que tiene por objeto hacer variar la inclinación del aparato y facilitar otras maniobras.
alerta 1 *adj.* Atento, vigilante. 2 *adv. m.* Con vigilancia y atención. 3 *interj.* Voz para excitar a la vigilancia.
alertar *tr.* Poner alerta o en guardia, avisar de algún peligro.
aleta 1 *f.* Diminutivo de ala. 2 ZOOL Apéndice, de forma laminar, de peces, sirenios y cetáceos, con el cual se ayudan para nadar. 3 Parte lateral plana que sobresale en diferentes objetos. 4 Parte exterior de las ventanas de la nariz. 5 Calzado elástico con forma de

pala que se adapta a los pies para nadar con mayor facilidad. 6 Paleta del motor de una turbina.

aletargar 1 *tr.* Causar o padecer letargo. 2 *prnl.* Entrar en estado de letargo.

aletazo *m.* Golpe de ala o de aleta.

aletear 1 *intr.* Agitar las alas las aves sin levantar el vuelo. 2 Mover los peces repetidas veces las aletas fuera del agua. 3 Mover los brazos como alas.

aleve *adj.* Alevoso, traidor.

alevín *m.* ZOOL Cría de ciertos peces de agua dulce que se emplea para el repoblamiento de ríos y lagos.

alevosía *f.* Cautela que toma la persona que comete un delito para actuar impunemente, lo que, según el derecho, es circunstancia agravante.

alevoso, sa *adj.* y *s.* Que comete alevosía.

alexia *f.* MED Imposibilidad de leer, por lesión cerebral.

alfa *f.* Primera letra del alfabeto griego (A, α), que equivale a la *a* del latino.

alfabetismo *m.* Conocimiento básico para leer y escribir.

alfabetización 1 *f.* Acción y efecto de alfabetizar. 2 Capacidad técnica para descodificar signos escritos o impresos, símbolos o letras combinados en palabras.

alfabetizado, da *adj.* y *s.* Dicho de una persona, que sabe leer y escribir.

alfabetizar 1 *tr.* Ordenar alfabéticamente. 2 Enseñar a leer y escribir.

alfabeto 1 *m.* LING Serie ordenada de letras con que se representan los sonidos de un idioma. 2 Conjunto de símbolos y signos empleados en un sistema de comunicación. • V. tabla Alfabeto y lengua, en esta página. || ~ **manual** Conjunto de signos que en correspondencia con las letras del alfabeto se hacen con la mano y ciertos gestos.

□ LING El alfabeto español se compone de veintinueve letras, entre las cuales se cuentan los dígrafos ch y ll, porque en rigor representan cada uno de ellos un solo sonido. Como en el orden internacional no se consideran letras independientes, se alfabetizan en los lugares que les corresponden dentro de la c y la l.

alfaguara *f.* Manantial caudaloso.

alfajor 1 *m.* Golosina compuesta de dos o más piezas de masa relativamente fina, adheridas una a otra con dulce. 2 Pasta hecha con harina de yuca, papelón, piña y jengibre. 3 Daga grande, cuchillo.

alfalfa *f.* Planta con racimos florales de color púrpura o lila, que se utiliza como forraje.

alfandoque 1 *m.* Pasta hecha con miel, queso y anís o jengibre. 2 Golosina con forma de barrita de azúcar y almendras.

alfanje *m.* Sable corto y curvo, con un solo filo, excepto en la punta.

alfanumérico, ca 1 *adj.* Perteneciente o relativo a cifras y letras. 2 INF Dicho de una combinación de cifras y letras, y otros signos, que se utilizan en informática como claves para las instrucciones del cálculo con computadores.

alfanúmero *m.* INF Serie de números y letras combinados que se emplea como clave para operar con el computador.

alfaquí *m.* Maestro de la ley, entre los musulmanes.

alfardón *m.* Azulejo alargado y hexagonal, cuya parte central es un rectángulo.

alfareme *m.* Toca árabe que cubre la cabeza.

alfarería 1 *f.* Arte de fabricar vasijas de barro. 2 Taller en que se hacen. 3 Tienda en que se venden.

alfarero, ra *m.* y *f.* Persona que fabrica vasijas de barro cocido.

alféizar *m.* ARQ Vuelta o derrame que hace la pared en el corte de una puerta o ventana, dejando al descubierto el grueso del muro.

alfeñique 1 *m.* Barrita de caramelo alargada y retorcida. 2 Persona de complexión delicada. 3 Remilgo artificioso, afeite.

alferazgo *m.* Empleo o dignidad de alférez.

alférez 1 *m.* Oficial del ejército español que sigue al teniente en categoría. 2 En algunos países, agente de policía.

alfil *m.* Pieza del ajedrez que se mueve en diagonal; son dos por cada jugador, y uno por cada color, que puede recorrer de una vez todas las casillas que halle libres.

Alfabeto y lengua

La palabra **alfabeto** proviene del griego y se forma a partir de la unión de **alfa** y **beta**, nombre de las dos primeras letras del abecedario de este idioma en su versión antigua. Los alfabetos están conformados por series de signos escritos que representan uno o más sonidos. Estos pueden combinarse entre sí para escribir todas las palabras de una lengua.

El alfabeto de la lengua española

El alfabeto del español se compone de 27 letras: *a, b, c, d, e, f, g, h, i, j, k, l, m, n, ñ, o, p, q, r, s, t, u, v, w, x, y, z,* más los dígrafos *ch* y *ll*.

Estos dígrafos son secuencias de dos letras que representan solo un sonido. Los dígrafos *ch* y *ll* no se consideran letras independientes en el orden latino internacional (adoptado por las academias de la lengua española desde 1994); por esto las palabras que comienzan por ellos o que contienen estas letras, se alfabetizan en los lugares que les corresponden dentro de la c y la *l*, respectivamente. Otros dígrafos son *rr*, *gu* y *qu*.

A veces, un mismo sonido del español está representado por dos letras, como en el caso de la *B-b* y la *V-v*; en otras ocasiones una misma letra representa dos sonidos, por ejemplo, la *R-r*.

La *W-w*, letra que no es propia del español, representa el mismo sonido que la *b*, como en el caso de *Wenceslao*, o que la semiconsonante *w*, como en la palabra *Washington*.

Vocales	Consonantes
Sonidos en cuya pronunciación el aire espirado no encuentra ningún obstáculo en su salida. Su timbre se modifica según la posición de los órganos movibles de la boca. En español son cinco: *a, e, i, o, u*.	Sonidos en cuya pronunciación se interrumpe, en algún punto del canal vocal (dientes, labios, etc.), el paso del aire espirado. Según la acción de las cuerdas vocales, las consonantes en español se agrupan en **sonoras** o **vibrantes** (b, d, g, m, n, ñ, l, ll, r, rr, y, v, w) y en **sordas** o **no vibrantes** (c, ch, f, j, k, p, s, t, z).

alfiler 1 *m.* Barrita metálica muy fina, que sirve para sujetar alguna prenda o adorno. 2 Joya parecida al alfiler común y con finalidad similar.

alfiletero 1 *m.* Tubo con tapa que sirve para guardar alfileres y agujas. 2 Acerico, almohadilla.

alfiz *m.* ARQ Recuadro que bordea el arco árabe o de herradura desde las impostas o el suelo.

alfombra 1 *f.* Tejido grueso de lana o de otras materias, y de diversos dibujos y colores, que se tiende en el suelo para abrigo y adorno. 2 Todo lo que de alguna manera cubre el suelo: las flores, la nieve, etc.

alfombrar 1 *tr.* Cubrir el suelo con una alfombra. 2 Cubrir el suelo con cualquier otra cosa.

alforja *f.* Tira de tela fuerte con dos bolsas en sus extremos, que se lleva al hombro o se carga sobre las caballerías, y que sirve para transportar cosas y especialmente alimentos.

alforza *f.* Pliegue que se hace en algunas prendas como adorno o para acortarlas.

alga *f.* BIOL Organismo unicelular o pluricelular, comúnmente acuático, que posee clorofila y realiza fotosíntesis. Aunque la mayoría de las algas son microscópicas, algunas son visibles, como las algas marinas, las capas verdes sobre los árboles y la nieve roja. Muchas viven en simbiosis con los hongos y forman los **líquenes**. || **~ verdeazulada** BIOL cianobacteria. **~s pardas** BIOL Algas pluricelulares filamentosas, marinas, de color pardo. **~s pardo-doradas** BIOL Algas unicelulares caracterizadas por tener un pigmento que enmascara de color amarillento la clorofila, como las algas doradas y las diatomeas. **~s rojas** BIOL Algas pluricelulares, comúnmente marinas, de tamaño pequeño o mediano y de forma muy variada. Algunas acumulan carbonato de calcio y ayudan a fijar los arrecifes de coral. Crecen cerca de las costas tropicales y subtropicales. **~s verdes** BIOL Algas de color verde que pueden ser unicelulares, presentarse como filamentos pluricelulares o formar colonias. Casi todas tienen paredes celulares con una capa interna de celulosa y otra externa con pectina. Se desarrollan en ambientes acuáticos y húmedos.

algalia *f.* Sustancia viscosa como la miel, blanca y de olor fuerte, que se saca de una bolsa que tiene cerca del ano el gato de algalia y se emplea en perfumería.

algarrada *f.* Antigua máquina de guerra para lanzar piedras.

algarrobo *m.* Árbol de hoja perenne, muy corpulento, de hojas coriáceas y flores purpúreas, que abunda en las regiones marítimas templadas.

álgebra *f.* MAT Rama de la matemática que se ocupa de los procesos que conducen a la resolución de ecuaciones. Las operaciones aritméticas son generalizadas empleando números, letras y signos. Cada letra o signo representa simbólicamente un número u otra entidad matemática. Sus operaciones fundamentales son sustracción, multiplicación, división y cálculo de raíces. || **~ lineal** MAT Rama de las matemáticas que estudia los sistemas de ecuaciones lineales, transformaciones lineales, vectores y espacios vectoriales y temas afines.

□ MAT Etimológicamente, la palabra álgebra proviene del árabe y significa "reducción" o "cotejo". Su origen se remonta a Babilonia y Egipto donde era usada para resolver ecuaciones de primer y segundo grado. Posteriormente, los griegos la utilizaron para formular ecuaciones y teoremas, como el de Pitágoras. Los matemáticos que le dieron mayor relevancia fueron Arquímedes, Herón y Diofante.

algebraico, ca *adj.* MAT Perteneciente o relativo al álgebra. || **expresión ~** MAT Conjunto de letras y números ligados por los signos de las operaciones algebraicas.

álgido, da 1 *adj.* Muy frío. 2 Dicho de un momento o periodo crítico o culminante de algunos procesos orgánicos, físicos, políticos, sociales, etc.

algo 1 *pron. indef.* Designa genéricamente una cosa indeterminada: *Leeré algo; Hay algo que no entiendo.* 2 Cantidad indeterminada, generalmente pequeña: *Aún nos queda algo de dinero.* 3 *adv. indef.* Un poco, hasta cierto punto, no del todo: *Estuvo algo aburrido.*

algodón 1 *m.* Planta malvácea, de tallos verdes, que enrojecen al florecer, flores amarillas y fruto en cápsula que contiene varias semillas envueltas en una pelusa muy larga, que se desenrolla al abrirse la cápsula. Existen varias especies. 2 Hilado o tejido hecho de estas fibras.

algodonero, ra 1 *adj.* Perteneciente o relativo al algodón. 2 *m.* y *f.* Persona que cultiva el algodón o comercia con él. 3 *m.* Algodón.

algonquino, na *adj.* y *s.* De un pueblo amerindio de América del Norte, formado por numerosas tribus que se extendieron por la región centro-este del subcontinente.

algorítmico, ca *adj.* Perteneciente o relativo al algoritmo.

algoritmo 1 *m.* MAT Conjunto ordenado y finito de operaciones que permite solucionar un problema matemático. 2 MAT Método y notación particular de las distintas formas de cálculo.

alguacil, la 1 *m.* y *f.* Oficial inferior de justicia, que ejecuta las órdenes de un tribunal. 2 Oficial inferior del ayuntamiento, que ejecuta las órdenes del alcalde o del teniente de alcalde. 3 Antiguo gobernador de una ciudad o comarca, con jurisdicción civil y criminal.

alguien 1 *pron. indef.* Designa de forma imprecisa a una o varias personas: *Alguien con prisa sube por la escalera; Debes conocer a alguien que pueda ayudarte.* 2 Una persona importante: *Quería llegar a ser alguien en el mundo del deporte.*

algún *adj. indef.* Apócope de **ALGUNO**. • U. ante un s. m. sing. y opcionalmente antes de s. f. sing. que empieza por *a* o por *ha* tónicas: *Algún amigo; Algún ala; Algún hacha.*

alguno, na 1 *adj. indef.* Se aplica indeterminadamente a una persona o cosa con respecto a varias o muchas: *¿Alguno de ustedes conoce el camino a Tunja?* 2 Moderado, ni poco ni mucho: *De alguna importancia; Bailaron algunas canciones.* • Se usa el apócope *algún* ante un s. m. sing. y opcionalmente antes de s. f. sing. que empieza por *a* o por *ha* tónicas en las acepciones 1 y 2: *Algún aparato; Algún águila; Algún hada.* 3 En frases negativas y pospuesto, generalmente, al sustantivo, equivale a *ninguno*: *En modo alguno podemos admitirlo.* 4 *pron. indef.* Designa una entidad que no se conoce, no se revela o se pone en duda. Se usa referido a palabras o sintagmas nominales mencionados o sobreentendidos: *Llegaron los libros, pero no sé si quede alguno de los que quieres; Alguna de ellas debe tener las respuestas.* 5 Expresa un número no elevado, insignificante, escaso o no específico de personas, animales o cosas: *Algunos niños hicieron bien su tarea; Algunos lienzos estaban dañados.*

alhaja *f.* Joya u objeto de adorno de material precioso o de bisutería.

alhajar 1 *tr.* Adornar con alhajas. 2 Amueblar una casa con todo lo necesario.

alharaca *f.* Manifestación exagerada de un sentimiento mediante gestos o palabras.

alhelí (Tb. alelí) *m.* Planta vivaz de las crucíferas, que posee flores muy olorosas de varios colores con un uso ornamental.

alhóndiga *f.* Local público para la compraventa de granos y mercaderías.

B C D E F G H I J K L M N Ñ O P Q R S T U V W X Y Z

aliado, da 1 *adj.* y *s.* Unido o coligado con otro u otros. 2 Dicho de un país o persona, que ha contraído una alianza con otro u otra.
alianza 1 *f.* Acción de aliarse dos o más personas, gobiernos o naciones. 2 Pacto o convención. 3 Unión de cosas que concurren a un mismo fin. 4 Anillo matrimonial o de boda.
aliar 1 *tr.* Poner de acuerdo para un fin. 2 *prnl.* Unirse o coligarse unos con otros mediante un pacto o una alianza.
alias 1 *m.* Apodo. 2 *adv.* De otro modo, por otro nombre: *Manuel Peñaranda alias Vacaloca.*
alicaído, da 1 *adj.* Caído de alas. 2 Falto de fuerzas. 3 Desanimado, abatido.
alicatado, da *m.* Obra de azulejos.
alicatar 1 *tr.* Revestir de azulejos. 2 Cortar o raer los azulejos para darles la forma conveniente.
alicate Tenacilla de acero con brazos curvos y puntas cuadrangulares o cónicas, que sirve para sujetar objetos pequeños, torcer alambres, apretar tuercas, etc.
aliciente *m.* Estímulo o incentivo para hacer una cosa.
alícuota 1 *adj.* Proporcional, relativo a la proporción. 2 **parte ~.**
alidada *f.* Instrumento de topografía consistente en una regla con un anteojo en cada extremo, para dirigir visuales.
alienación 1 Acción y efecto de alienar. 2 Proceso por el que una persona o una comunidad pierde sus características propias o se siente ajena a su realidad específica.
alienado, da *adj.* y *s.* Que es loco, demente.
alienar 1 *tr.* y *prnl.* Enajenar, volver loco. 2 *tr.* Producir alienación personal o colectiva.
alienígena *adj.* y *s.* Extraterrestre, individuo de otro planeta.
alienista 1 *adj.* Perteneciente o relativo a la alienación. 2 *m.* y *f.* Psiquiatra.
aliento 1 *m.* Acción de alentar. 2 Respiración o aire que se respira. 3 Vigor del ánimo, capacidad emprendedora. 4 Soplo.
alifático, ca *adj.* Quím Dicho de un compuesto orgánico cuya estructura molecular es una extensa serie de moléculas formada esencialmente por cadenas abiertas, lineales o ramificadas de átomos de carbono, como los alcanos, alquenos y alquinos, y todos sus derivados.
alifato *m.* Serie de las consonantes árabes, conforme a un orden tradicional.
aligator *m.* Caimán, especie de cocodrilo.
aligerar 1 *tr.* y *prnl.* Hacer ligero o menos pesado. 2 *tr.* Aliviar, moderar. 3 *intr.* y *prnl.* Abreviar, reducir.
alijador, ra *m.* y *f.* Persona que separa la borra de la simiente del algodón.
alijar[1] *tr.* Aligerar la carga de una embarcación.
alijar[2] *tr.* Lijar.
alijo *m.* Conjunto de géneros de contrabando.
alimaña *f.* Animal dañino para la caza menor o el ganado.
alimentación 1 *f.* Acción y efecto de alimentar o alimentarse. 2 Conjunto de lo que se toma o se proporciona como alimento. 3 Biol Proceso mediante el cual un organismo toma sustancias del entorno para sintetizar la materia orgánica de su propia estructura y producir otras sustancias necesarias o combustibles. 4 Mecanismo para hacer avanzar el material en una máquina y realizar en él las operaciones necesarias de fabricación.
□ Biol Los organismos autótrofos toman productos minerales y los transforman en sustancias orgánicas y los heterótrofos se alimentan de las sustancias orgánicas producidas por otros organismos. El proceso por el cual esos productos entran a formar parte del organismo se llama digestión y, según el modo en que se realiza, puede distinguirse entre alimentación intracelular (el organismo ingiere el alimento y lo somete a la acción de enzimas, tras lo cual entra a las células), extracelular (mediante enzimas y secreciones, el organismo degrada los alimentos hasta sus componentes esenciales) y mixta.
alimentador, ra 1 *adj.* Que alimenta. 2 *m.* Parte o pieza de una máquina que le proporciona la materia o la energía necesaria para su funcionamiento.
alimentar 1 *tr.* Dar alimento. 2 Suministrar a una máquina, un sistema o un proceso la energía o los datos que necesita para su funcionamiento. 3 Fomentar, sostener sentimientos, afectos, etc.
alimentario, ria 1 *adj.* Perteneciente o relativo a la alimentación, especialmente en su aspecto industrial o público. 2 Biol **cadena ~.**
alimenticio, cia 1 *adj.* Que alimenta o tiene la propiedad de alimentar. 2 Referente a los alimentos o a la alimentación. 3 Fisiol **bolo ~.**
alimento 1 *m.* Comida y bebida necesarias para la subsistencia de los seres humanos y animales. Los alimentos se clasifican en cinco grupos principales, cuyo conjunto se denomina nutrientes esenciales; a saber: **proteínas**, **hidratos** de carbono, grasas o **lípidos**, **vitaminas** y **minerales.** 2 Biol Producto del que el ser vivo obtiene la materia y la energía necesarias para el desarrollo adecuado de sus procesos orgánicos (crecimiento, reproducción, excitabilidad, movimiento) y para mantener su propia temperatura. 3 Lo que mantiene las cosas materiales y aun las realidades incorpóreas, como los afectos, las pasiones, etc. || ~ **constructor** El rico en proteínas, que estimula el crecimiento, el desarrollo y el mantenimiento del organismo. ~ **energético** Fisiol Aquel rico en carbohidratos que, luego de ser degradado, le aporta energía al organismo. ~ **regulador** El rico en vitaminas y minerales, que activa las reacciones internas del organismo.
alinderar *tr.* Señalar o marcar los límites de un terreno.
alineación 1 *f.* Acción y efecto de alinear o alinearse. 2 Dep Disposición de los jugadores de un equipo deportivo según la función asignada a cada uno.
alinear 1 *tr.* y *prnl.* Poner en línea recta. 2 *tr.* Dep Incluir a un jugador en un equipo, hacer que juegue.
aliñar 1 *tr.* y *prnl.* Aderezar, componer, adornar. 2 *tr.* Condimentar un manjar.
aliño 1 *m.* Acción y efecto de aliñar o aliñarse. 2 Adorno. 3 Condimento con que se sazona la comida. 4 Aseo y buen orden en la limpieza de personas y cosas.
alisar 1 *tr.* y *prnl.* Poner lisa una cosa. 2 *tr.* Arreglar el cabello con un toque ligero del peine. 3 Planchar ligeramente la ropa.
alisios *m. pl.* Geo Vientos regulares, que soplan desde las altas presiones subtropicales hacia las bajas presiones ecuatoriales. En el hemisferio N soplan de NE a SO, y en el hemisferio S, de SE a NO.
aliso *m.* Árbol de aprox. 15 m de altura, de tronco limpio y grueso, copa ovalada, hojas alternas de envés piloso, flores en corimbo y frutos pardos. Su madera es utilizada en ebanistería.
alistamiento *m.* Acción y efecto de alistarse.
alistar[1] 1 *tr.* y *prnl.* Anotar o inscribir a alguien en una lista. 2 *prnl.* Inscribirse en la milicia.
alistar[2] 1 *tr.* y *prnl.* Dejar lista una cosa, tenerla preparada. 2 *tr.* e *intr.* Espabilarse, ejercitar el ingenio.
aliteración *f.* Figura retórica que mediante la repetición de determinados fonemas pretende determi-

A B C D E F G H I J K L M N Ñ O P Q R S T U V W X Y Z

nados efectos expresivos: *El ruido con que rueda la ronca tempestad.*

aliviadero *m.* Vertedero o desagüe de las aguas sobrantes de un embalse o canal.

aliviar 1 *tr.* Aligerar, hacer menos pesado. 2 Hacer que disminuya el dolor o que remita la enfermedad. 3 Dejar que salga el agua por el aliviadero de un recipiente para evitar que sobrepase determinado nivel. 4 Disminuir las fatigas del cuerpo o las aflicciones del ánimo.

alivio *m.* Acción y efecto de aliviar o aliviarse.

aljaba *f.* Caja portátil para las flechas, que se lleva colgada del hombro.

aljamía 1 *f.* Nombre que daban los moros a la lengua castellana. 2 Texto morisco en romance, pero transcrito con caracteres arábigos. 3 Texto judeoespañol transcrito con caracteres hebreos.

aljibe *m.* Depósito, generalmente subterráneo, en el que se recoge o almacena agua.

aljófar *m.* Perla pequeña de forma irregular.

allá 1 *adv. l.* Señala un lugar o posición: *Allá donde nací hace frío; La guitarra quedó allá.* 2 Señala un momento alejado en el tiempo: *Allá en los años ochenta todo estaba lleno de color; Formaron su grupo de música allá por los años setenta.*

allanamiento 1 *m.* Acción y efecto de allanar o de allanarse. 2 Acto de conformarse con una demanda o decisión.

allanar 1 *tr.* e *intr.* Poner llana o lisa una cosa. • U. t. c. prnl. 2 *tr.* Vencer o superar alguna dificultad o inconveniente. 3 Registrar un domicilio con mandamiento judicial. 4 Entrar a la fuerza en casa ajena y registrarla sin el consentimiento de su dueño.

allegado, da 1 *adj.* Cercano, próximo. 2 Agrupado, reunido. 3 *adj.* y *s.* Pariente.

allegar 1 *tr.* y *prnl.* Acercar unas cosas a otras. 2 *tr.* Agregar, añadir. 3 Recoger, juntar. 4 *prnl.* Adherirse a un parecer o una idea.

allegretto (Voz it.) 1 *adv.* y *m.* Mús Con movimiento menos vivo que el *allegro*. 2 *m.* Mús Composición o parte de ella que se debe ejecutar con este movimiento.

allegro (Voz it.) 1 *adv.* y *m.* Mús Con movimiento moderadamente vivo. 2 *m.* Mús Composición o parte de ella que se debe ejecutar con este movimiento.

allende 1 *adv. l.* cult. De la parte de allá: *Los que viajaron a Rusia durante la Guerra Fría, permanecieron allende.* 2 *prep.* cult. Más allá de: *Su nombre se escuchaba allende las fronteras del país.* 3 Además de, fuera de: *Leyeron el material que sugirió el profesor, allende de los libros que les interesaron.*

allí 1 *adv. l.* En aquel lugar, a aquel lugar: *Su familia es de allí; Fueron allí durante sus vacaciones.* 2 Entonces: *Todo iba bien hasta ese día, de allí en adelante no volvieron a hablarse; Hasta allí no había encontrado un tema que me apasionara.* • U. con más frecuencia precedido de prep.

alma 1 *f.* Fil y Rel Parte espiritual del ser humano, por la que toma conciencia de sí mismo y de cuanto le rodea, y en la que se sitúa; desde el platonismo, la sede de la inteligencia, la voluntad y la sensibilidad. Para el cristianismo y otras religiones, es elemento inmortal. 2 Principio vivificante y sensitivo de animales y plantas. 3 Persona, habitante. 4 Parte principal de cualquier cosa. 5 Aquello que da espíritu y alienta a alguna cosa, o la persona que la impulsa o inspira. 6 Hueco o parte vana de algunas cosas. 7 Mús En los instrumentos de cuerda que tienen puente, como violín, contrabajo, etc., palo que se pone entre sus dos tapas para que se mantengan a igual distancia.

alma mater (Loc. lat.) *f.* Expresión latina que se usa para designar la universidad.

almacén 1 *m.* Local en que se guardan géneros o mercancías para su ulterior distribución y venta. 2 Establecimiento de grandes dimensiones distribuido por secciones, según los artículos que en ellas se venden al público. 3 Tienda de comestibles.

almacenaje *m.* Derecho que se paga por guardar géneros en un almacén o depósito.

almacenar 1 *tr.* Guardar productos en un almacén. 2 Reunir o acumular muchas cosas.

almáciga *f.* SEMILLERO, lugar donde se siembran y crían los vegetales que se trasplantarán.

almádana *f.* Mazo de hierro con mango largo, para romper piedras.

almagre *m.* Óxido rojo de hierro, abundante en la naturaleza, y que se usa en pintura.

almanaque 1 *m.* Registro que incluye todos los días del año, distribuidos por meses, con datos astronómicos y noticias del santoral, fiestas civiles, etc. 2 Publicación anual que recoge datos, noticias o escritos de diverso carácter.

almanta *f.* Porción de tierra que se enmarca entre dos surcos grandes.

almarraja *f.* Vasija de vidrio con el vientre agujereado, empleada como regadera.

almeja *f.* Molusco bivalvo que se entierra, total o parcialmente, en la arena o en el fango por medio de un pie musculoso con forma de hacha. Muchas especies son comestibles.

almena *f.* Cada uno de los prismas que coronan los muros de las antiguas fortalezas y que servían para resguardarse en ellas los defensores.

almenar *m.* Pie de hierro con arandela, donde se clavan teas para alumbrar.

almendra 1 *f.* Fruto del almendro y su semilla. La dulce es comestible y tiene numerosas aplicaciones en pastelería y en la industria de bebidas refrescantes. El aceite de la amarga se utiliza en cosmética. 2 Semilla de cualquier fruto en drupa.

almendro 1 *m.* Árbol rosáceo, de madera dura, hojas oblongas y aserradas, flores blancas o rosadas, que brotan anualmente muy pronto, y cuyo fruto es la almendra. 2 Árbol americano, cuyo fruto es semejante al del anterior.

almete *m.* Pieza de la armadura que cubría la cabeza.

almez 1 *m.* Árbol de gran altura, tronco derecho y liso, copa ancha, hojas lanceoladas y fruto comestible. 2 Madera de este árbol.

almiar 1 *m.* Pajar al descubierto, con un palo largo en el centro, alrededor del cual se va apretando la mies, la paja o el heno. 2 Montón de paja o heno formado así para conservarlo todo el año.

almíbar *m.* Azúcar disuelto en agua y cocido al fuego hasta que toma consistencia de jarabe.

almibarar 1 *tr.* Bañar o cubrir con almíbar. 2 Suavizar hábilmente las palabras para ganarse a alguien.

almicantarat *m.* Astr Cada uno de los círculos paralelos al horizonte descritos en la esfera celeste, para determinar la altura o la depresión de los astros.

almidón *m.* Bioq Polisacárido de origen vegetal constituido por moléculas de glucosa, cuya fórmula general es $(C_6H_{10}O_5)_n$. Se encuentra en los cloroplastos de las hojas y en los órganos de reserva de las plantas (semillas, tallo, raíz y tubérculos). Tiene usos alimenticios e industriales.

almidonar *tr.* Mojar la ropa blanca con agua en la que se ha desleído almidón.

almilla 1 *f.* Especie de jubón, ajustado al cuerpo. 2 Espiga de los maderos para ensamblar.

alminar *m.* Torre alta y estrecha de las mezquitas, desde la que el almuédano convoca a los musulmanes a la oración.

almirantazgo 1 *m.* Alto tribunal o consejo de la armada. 2 Empleo o grado de almirante.

almirante 1 *m.* Jefe que en la Marina tiene un grado equivalente al de teniente general en el Ejército de Tierra. 2 Persona que manda la flota después del capitán general.

almirez *m.* Utensilio de cocina consistente en un mortero de metal o de otro material duro que sirve para machacar o moler.

almizcle *m.* Secreción abdominal grasa, de olor intenso y sabor amargo, que segregan algunos mamíferos en las glándulas situadas en el prepucio, el periné o cerca del ano. Constituye la materia base de ciertos preparados cosméticos y de perfumería.

almizclero, ra 1 *adj.* Que huele a almizcle. 2 *m.* Rumiante sin cuernos, que vive en las altas montañas de Asia central y oriental y posee una glándula en el vientre que segrega almizcle.

almocafre *m.* Instrumento para escardar y limpiar la tierra, y para trasplantar.

almogávar *adj.* y *s.* HIST Dicho de un guerrero mercenario, que estaba al servicio de los reyes cristianos durante la Reconquista de la península ibérica (722-1492). Combatía a pie y efectuaba correrías por las tierras enemigas desde las zonas fronterizas.

almohada *f.* Colchoncillo para reclinar sobre él la cabeza en la cama.

almohade *adj.* y *s.* HIST Dicho de un movimiento musulmán, religioso y político, fundado por Muhammad ibn Tumart, que, en 1121, organizó un pequeño imperio en el Gran Atlas y el sur de la península ibérica. Su sucesor Abu Yaqub Yusuf (1163-1184) instaló su corte en Sevilla. Con la toma de Marrakech por los benimerines llegó el fin del imperio (1269).

almohadilla 1 *f.* ACERICO. 2 Cojín para los asientos duros. 3 Tampón empapado en tinta, para impregnar los sellos. 4 Cojincillo para borrar lo escrito en la pizarra. 5 ZOOL Masa de tejido con fibras y grasa que se encuentra en las puntas de las falanges o en la planta de la pata de algunos animales, como el perro, el gato y el elefante.

almohadón *m.* Cojín grande que se pone en asientos, divanes, taburetes, etc.

almohaza *f.* Instrumento de metal con cuatro o cinco serrezuelas de dientes menudos, y con mango o asa de madera. Sirve para limpiar las caballerías.

almohazar 1 *tr.* Estregar las caballerías con la almohaza. 2 Estregar o fregar de otro modo.

almojábana 1 *f.* Torta de queso y harina. 2 Fruta de sartén o buñuelo, que se hace con huevo, azúcar y manteca. 3 Bizcochuelo de leche fresca cuajada y harina de maíz.

almojarifazgo *m.* HIST Impuesto aduanero de origen árabe. Fue mantenido en Castilla y aplicado al comercio entre España y América, así como entre las distintas colonias.

almoneda 1 *f.* Venta pública de bienes muebles mediante licitación y puja. 2 Venta de géneros que se anuncian a bajo precio.

almorávide *adj.* y *s.* HIST Dicho de un movimiento político y religioso de musulmanes beréberes, que surgió a mediados del s. XI para propagar el islam. Yusuf ibn Tasufin (1061-1106), fundador de la ciudad de Marrakech (1062), derrotó a Alfonso VI (1086) e incorporó al-Andalus a su imperio. La ocupación de Marrakech por los almohades (1148) supuso el fin del mismo.

almorrana *f.* MED HEMORROIDE.

almorzar 1 *intr.* Tomar el almuerzo. 2 *tr.* Comer alguna cosa en el almuerzo. • Vb. irreg. conjug. c. **contar**. V. anexo El verbo.

almuecín 1 *m.* Musulmán que, desde el alminar, convoca en voz alta al pueblo para que acuda a la oración. 2 Almuédano.

almuerzo 1 *m.* Comida del mediodía o primeras horas de la tarde. 2 En España, comida que se toma por la mañana. 3 Acción de almorzar.

alocado, da 1 *adj.* Que tiene cosas o aspecto de loco. 2 Aturdido o que va de un lado para otro sin rumbo fijo. 3 Dicho de una acción o conducta, carente de cordura y sensatez.

alocar 1 *tr.* y *prnl.* Causar locura. 2 Causar perturbación en los sentidos, aturdir.

alóctono, na *adj.* Que no es originario del lugar en que se encuentra: *Especies alóctonas; Características alóctonas.*

alocución *f.* Discurso por lo común breve y dirigido por un superior o jefe a sus subordinados o seguidores.

alodial *adj.* Perteneciente o relativo a un patrimonio o heredad libre de cargas y derechos señoriales.

áloe (Tb. aloe) *m.* Planta perenne de hojas largas y carnosas y flores rojas o blancas en espiga, cuya fibra tiene aplicaciones textiles y el amargo zumo en medicina.

alófono *m.* FON Cada una de las variantes que se dan en la pronunciación de un mismo fonema, según la posición de este en la palabra o sílaba, según el carácter de los fonemas vecinos, etc.: p. ej., la *b* oclusiva de *tumbo* y la fricativa de *tubo* son alófonos del fonema /b/.

alógeno, na *adj.* y *s.* Dicho de una persona o cosa, que procede de un lugar distinto a aquel en el que se encuentra.

alojamiento *m.* Lugar donde alguien se hospeda.

alojar 1 *tr.* e *intr.* Hospedar o aposentar. • U. t. c. prnl. 2 *tr.* y *prnl.* Colocar una cosa en determinada cavidad.

alomorfo, fa 1 *adj.* QUÍM Dicho de una sustancia, que tiene la misma composición química que otra, pero distinta estructura cristalina. 2 *m.* LING Cada una de las variantes de un morfema en función de un contexto y significado idénticos, por ejemplo, *-s* y *-es* son alomorfos del plural en español.

alón 1 *adj.* Dicho especialmente del sombrero de ala grande. 2 *m.* Ala entera del ave una vez desplumada.

alondra *f.* Ave de 15 a 20 cm de longitud, de color pardo y blanco, que anida en los sembrados, se alimenta de granos e insectos y abunda en la mayor parte de Asia y Europa.

alopatía *f.* MED Terapéutica con medicamentos que en los individuos sanos producen fenómenos diferentes de los que caracterizan las enfermedades en que se emplean.

alopecia *f.* Caída del pelo transitoria o permanente, parcial o total.

alosaurio *m.* PALEONT Dinosaurio carnívoro, bípedo, del periodo jurásico, que poseía garras análogas a las de las aves. Medía 12 m de longitud, más de 4,5 m de altura y pesaba hasta 3,6 toneladas.

alotropía *f.* QUÍM Propiedad de un elemento químico para formar moléculas diferentes por su número de átomos. El carbono, por ejemplo, la presenta en las formas de grafito, diamante y fullereno.

alotrópico, ca *adj.* QUÍM Perteneciente o relativo a la alotropía.

alpaca[1] *f.* Mamífero rumiante propio de América del Sur, que es muy apreciado por su pelaje empleado en la industria textil.

alpaca[2] *f.* Metal blanco formado por una aleación de níquel, cinc y cobre.

alpargata *f.* Calzado rústico con forma de sandalia.

alpinismo *m.* Deporte que consiste en escalar las cumbres de las altas montañas.

alpino, na 1 *adj.* Perteneciente o relativo a Los Alpes o a otras montañas elevadas. 2 Geo Dicho de una región, que por su fauna y flora se asemeja a la de Los Alpes. 3 Geo Perteneciente o relativo al movimiento orogénico producido durante la era terciaria, origen de las grandes cordilleras actuales.

alpiste 1 *m.* Planta gramínea, que sirve para forraje y cuyas pequeñas semillas se dan a los pájaros como alimento. 2 Semilla de esta planta.

alqueno *m.* Quím Grupo de los hidrocarburos formado por compuestos de cadena abierta con doble enlace entre dos átomos de carbono, cuya fórmula general es C_nH_{2n}, donde *n* es el número de átomos de carbono. Los compuestos más bajos son gases, los intermedios, líquidos y los más altos, sólidos.

alquería 1 *f.* Casa de labranza. 2 Conjunto de casas de campo.

alquilar 1 *tr.* Ceder por algún tiempo el uso u ocupación de una cosa, finca o vivienda mediante el pago convenido. 2 Tomar algo en alquiler por el mismo procedimiento.

alquiler 1 *m.* Acción de alquilar. 2 Precio en que se alquila una cosa.

alquilo *m.* Quím Radical monovalente de los hidrocarburos, alifáticos o aromáticos, cuya fórmula general es C_nH_{2n+1}.

alquimia *f.* Conjunto de prácticas y teorías, desarrolladas desde la Antigüedad hasta la Edad Moderna y encaminadas a hallar, mediante el estudio y la manipulación de los elementos de la naturaleza, la *piedra filosofal* que purificaría los metales hasta convertirlos en oro, metal del que todos los demás serían variantes imperfectas.

alquino *m.* Quím Hidrocarburo alifático formado por un compuesto de triple enlace entre dos átomos de carbono de la molécula. Su fórmula general es C_nH_n donde *n* es el número de átomos de carbono.

alquitara *f.* ALAMBIQUE.

alquitrán 1 *m.* Quím Producto obtenido de la destilación de materias orgánicas, principalmente maderas resinosas y hullas. Es líquido, viscoso, de color oscuro y olor fuerte, y tiene distintas aplicaciones industriales. 2 Composición inflamable compuesta de pez, sebo, grasa, resina y aceite que se usó como arma incendiaria. || **~ de petróleo** Quím El obtenido por destilación del petróleo. Se usa como impermeabilizante y asfalto artificial.

alquitranar *tr.* Untar de alquitrán alguna cosa.

alrededor 1 *m.* Contorno de un lugar o población: *En los alrededores de su barrio están construyendo una autopista.* • U. m. en pl. 2 *adv. l.* Indica la situación de personas o cosas que rodean a otras, o la dirección en que se mueven para rodearlas: *Bailó alrededor de la fogata.* || **~ de** 1 Aproximadamente, poco más o menos: *Alrededor de trescientos trabajadores llegaron al mitin.* 2 Rodeando, en círculo: *Viajaron alrededor del país.*

alta[1] 1 *f.* Autorización que da el médico para la reincorporación de un paciente a la vida normal. 2 Ingreso de una persona en un cuerpo, una asociación o una carrera.

alta[2] *adj.* ALTO.

altamar (Tb. alta mar) *f.* Geo Parte del mar que se halla a bastante distancia de la costa.

altanería 1 *f.* Altivez, soberbia. 2 Altura o elevación en el aire. 3 Vuelo alto de algunas aves. 4 Caza que se hace con halcones y otras aves de rapiña de alto vuelo.

altanero, ra *adj.* Arrogante, engreído.

altar 1 *m.* Rel Monumento que, en casi todas las religiones, constituye el centro del culto y en el que se ofrecen los sacrificios. 2 Rel En el culto católico, mesa, ara o piedra consagrada sobre la que se celebra el sacrificio de la misa. 3 Conjunto constituido por dicha mesa, la base, las gradas, el retablo, el sagrario, etc.

altavoz *m.* Aparato que transforma impulsos eléctricos en movimientos vibratorios de un elemento y los transmite a una membrana con lo que se generan ondas sonoras.

alter ego (Loc. lat.) 1 *m.* Persona en quien otra tiene absoluta confianza, o que puede hacer sus veces sin restricción alguna. 2 Psic Persona real o ficticia en quien se reconoce, identifica o ve un trasunto de otra.

alteración 1 *f.* Acción de alterar o alterarse. 2 Sobresalto, inquietud, movimiento de una pasión. 3 Tumulto, desorden. 4 Fil Estado de inquieta atención a lo exterior, sin sosiego ni intimidad. Se opone a *ensimismamiento*.

alterar 1 *tr.* y *prnl.* Cambiar la esencia o forma de una cosa. 2 Perturbar, trastornar, inquietar. 3 Estropear.

altercar *intr.* Disputar, porfiar.

alteridad *f.* Condición de ser otro.

alternador *m.* Electr Generador de corriente alterna a partir de corriente continua.

alternancia 1 *f.* Acción y efecto de alternar. 2 Sucesión alternativa de hechos, fenómenos, etc. 3 Electr Cambio de sentido de la corriente alterna. 4 Biol Tipo de reproducción de algunos organismos que alternan la generación sexual con la asexual.

alternar 1 *tr.* Realizar cosas diversas por turnos y sucesivamente. 2 Distribuir algo entre personas o cosas que se turnan sucesivamente. 3 Mat Cambiar los lugares que ocupan respectivamente los términos medios o los extremos de una proporción. 4 *intr.* Sucederse unas cosas a otras recíproca y repetidamente. 5 Tener trato con personas de mayor categoría social. 6 En ciertos bares o lugares similares, tratar las mujeres contratadas para ello con los clientes, para que consuman. 7 Entrar a competir con alguien.

alternativo, va 1 *adj.* Que se dice, hace o sucede con alternancia. 2 *f.* Opción entre dos cosas. 3 Cada una de las cosas entre las cuales se opta. 4 Efecto de alternar, hacer o decir algo por turno. 5 Efecto de alternar, sucederse unas cosas a otras repetidamente. 6 En tauromaquia, ceremonia por la cual un espada de cartel autoriza a un matador principiante para que pueda matar alternando con los demás espadas.

alterne *m.* Acción de alternar las mujeres con los clientes en establecimientos de bebidas o salas de fiesta.

alterno, na 1 *adj.* ALTERNATIVO. 2 Bot **hojas ~s.** 3 Electr **corriente ~.** 4 Mat **ángulos ~s.**

alteza 1 *f.* Sublimidad, excelencia de una persona, idea o conducta. 2 Tratamiento que se dio a los reyes en España, hoy reservado a príncipes e infantes.

altibajo 1 *m.* Desigualdad de un terreno. 2 Alternativa de sucesos prósperos y adversos.

altillo 1 *m.* Habitación, por lo general aislada, en la parte alta de la casa. 2 Piso intermedio que se construye en un almacén, aprovechando la altura excesiva de la planta original. 3 DESVÁN.

altimetría *f.* Geo Parte de la topografía que se ocupa de medir las alturas.

altímetro *m.* Geo Instrumento para medir la altitud de un punto de referencia con respecto a otro, generalmente el nivel del mar.

altiplanicie *f.* Geo Meseta extensa y elevada.

altiplano *m.* Geo ALTIPLANICIE.

altitud 1 *f.* ALTURA, distancia respecto a la Tierra. 2 ALTURA, dimensión de un cuerpo perpendicular a su base. 3 ALTURA, región del aire a cierta elevación sobre la Tierra. 4 Geo Altura de un punto de la Tierra con relación al nivel del mar.

altitudinal *adj.* Perteneciente o relativo a la altitud.

altivez *f.* Sentimiento de superioridad o arrogancia ante los demás.

alto[1]**, ta** 1 *adj.* Que está verticalmente alejado de la Tierra o de cualquier otro término de comparación. 2 Que posee mucha estatura o que se destaca por su dimensión vertical. 3 Dicho de un precio, elevado, caro. 4 Dicho de una clase social, opulenta, acomodada. 5 Fís Dicho de un sonido, que, comparado con otro, tiene mayor frecuencia de vibraciones. 6 Fís Dicho de una magnitud (temperatura, presión, frecuencia, etc.), que, en determinada ocasión, tiene un valor superior al ordinario. 7 Geo Como calificativo geográfico, designa la porción o zona de mayor altitud. 8 Geo Dicho de un río, el tramo más cercano a su nacimiento o que lleva mucho caudal. 9 Hist Referido a periodos históricos, remoto o antiguo: *La alta Edad Media.* 10 *m.* **altura**, dimensión de un cuerpo perpendicular a su base. 11 *adv. l.* En lugar o parte superior. 12 *adv. m.* En voz fuerte o que suene bastante. • Su comparativo de superioridad es *superior*. Superlativo irreg. *supremo*.

alto[2] 1 *m.* Detención o parada en la marcha o en cualquier otra actividad. 2 *interj.* Voz con la cual se ordena a alguien que se detenga.

altorrelieve *m.* Art Relieve en que el motivo escultórico sobresale más de la mitad de su grosor sobre la superficie del fondo.

altozano *m.* Cerro de escasa altura en terreno llano.

altruismo *m.* Disposición a preocuparse de los demás aun a costa del propio sacrificio.

altura 1 *f.* Elevación de un cuerpo respecto de la superficie de la Tierra. 2 Dimensión perpendicular de un cuerpo respecto de su base. 3 Monte o pico que se destaca sobre su entorno. 4 Región del aire o el cielo con relación a la Tierra. 5 Referido a los sonidos o la voz, su tono o elevación resultante de la frecuencia de vibraciones. 6 Geo Altitud sobre el nivel del mar. 7 Astr Arco vertical que mide la distancia entre un astro y el horizonte. 8 Geom En una figura plana o un cuerpo, segmento perpendicular trazado desde un vértice al lado o cara opuestos. 9 Geom Longitud de dicho segmento. 10 Fís Propiedad del sonido que se produce por la frecuencia en la vibración de un cuerpo sonoro durante un intervalo de tiempo.

alubia *f.* **habichuela**.

alucinación *f.* Sensación subjetiva que no va precedida de impresión en los sentidos.

alucinar 1 *intr.* Padecer alucinaciones 2 *tr.* Cautivar de forma irresistible.

alucinógeno, na *adj.* y *m.* Dicho en especial de ciertas drogas, que producen alucinaciones.

alud 1 *m.* Masa de nieve o hielo que se desprende repentinamente de los montes con estrépito y violencia. 2 Masa grande de una materia que se desprende por una vertiente, precipitándose por ella.

aludir 1 *tr.* Referirse a alguien o algo, sin nombrarlo. 2 Referirse a una persona determinada, nombrándola, o hablando de sus hechos, opiniones o doctrinas.

alumbrado, da 1 *adj.* Iluminado, que recibe luz. 2 *m.* Conjunto o sistema de luces que ilumina un lugar o una población.

alumbramiento 1 *m.* Acción y efecto de alumbrar o iluminar. 2 Parto de la mujer.

alumbrar 1 *tr.* e *intr.* Llenar de luz y claridad. 2 *tr.* Iluminar o proyectar luz sobre un sitio. 3 Acompañar a alguien con luz. 4 *intr.* Dar a luz la mujer, parir.

alumbre *m.* Sulfato doble de alúmina y potasa. Se emplea para aclarar las aguas turbias y como mordiente en tintorería.

alúmina *f.* Óxido de aluminio que se halla en la naturaleza, por lo común formando, en combinación con la sílice y otros cuerpos, los feldespatos y las arcillas.

aluminio 1 *m.* Quím Metal de color blanco argénteo, maleable y resistente a la oxidación. Es el elemento metálico más abundante en la corteza terrestre. Al contacto con el aire se cubre rápidamente con una capa de óxido de aluminio que resiste la posterior acción corrosiva. Símbolo: Al. Número atómico: 13. Peso atómico: 26,9815. Punto de fusión: 660 °C. Punto de ebullición: 2467 °C. Densidad relativa: 2,7. 2 Quím **sulfato** de ~.

alumnado *m.* Conjunto de alumnos de un centro docente.

alumno, na *m.* y *f.* Persona que aprende respecto de la persona que le enseña.

alunizar *intr.* Posarse un vehículo astronáutico en la superficie de la Luna.

alusión *f.* Acción de aludir.

aluvial 1 *adj.* Geo Dicho de un terreno, que está compuesto por aluviones. 2 Geo **abanico** ~; **llanura** ~.

aluvión 1 *m.* Avenida fuerte de agua. 2 Cantidad de personas o cosas que se agolpan. 3 Geo Partícula de granulometría diversa, compuesta mayoritariamente por elementos detríticos, transportada por un curso fluvial. 4 Geo **terreno** de ~.

alveolar 1 *adj.* Perteneciente o relativo a los alvéolos. 2 Fon Dicho de un sonido consonántico, que se pronuncia apoyando la lengua en los alvéolos superiores, y de la letra que represente ese sonido (*l*, *n*).

alveolo (Tb. alvéolo) 1 *m.* Anat Cada una de las cavidades en que se engastan los dientes de los vertebrados. 2 Anat Cada una de las bolsitas semiesféricas en que terminan las ramificaciones del aparato respiratorio. 3 Cada una de las celdillas de un panal de abejas.

alverja 1 *f.* Planta de hojas paripinnadas terminadas en zarcillos, flores blancas o azules y legumbres con muchas semillas globosas comestibles. 2 Cada una de dichas semillas.

alza *f.* Aumento del precio de alguna cosa.

alzacuello *m.* Tira de material rígido que ciñe como distintivo el cuello de los eclesiásticos.

alzado, da 1 *adj.* Rebelde, amotinado. 2 Orgulloso, insolente. 3 *f.* Altura de los cuadrúpedos medida desde el talón hasta la parte más elevada de la cruz. 4 Diseño geométrico que representa un edificio, una máquina, un aparato, etc.

alzamiento 1 *m.* Acción y efecto de alzar o alzarse. 2 Levantamiento o rebelión.

alzapaño *m.* Cada una de las piezas que, clavadas en la pared, sirven para tener recogida la cortina de puertas o balcones.

alzar 1 *tr.* y *prnl.* Levantar, mover hacia arriba. 2 Sublevar, hacer que alguien se rebele. 3 *tr.* Poner vertical lo que estaba caído. 4 Poner en un sitio alto lo que estaba en uno bajo. 5 Construir, edificar. 6 Aumentar el precio, valor o intensidad de algo. 7 Llevarse una cosa. 8 Recoger, guardar. 9 *tr.* e *intr.* En la misa católica, levantar el sacerdote la hostia y el cáliz después de consagrarlos. 10 *prnl.* Sobresalir algo por encima de lo que tiene alrededor.

alzhéimer *m.* Med **enfermedad** de Alzheimer.

ama 1 *f.* Señora de la casa o familia. 2 Dueña de algo. 3 La que tiene uno o más criados, respecto de ellos. 4 Criada principal de una casa.

amabilidad 1 *f.* Cualidad de amable. 2 Acción amable.

amable 1 *adj.* Digno de ser amado. 2 Afable, complaciente, afectuoso.

amadrinar *tr.* Actuar de madrina respecto de una persona o cosa.
amaestrar 1 *tr.* y *prnl.* Enseñar o adiestrar. 2 *tr.* Domar a los animales, a veces enseñándoles habilidades.
amagar 1 *tr.* Mostrar intención o disposición de hacer algo próxima o inmediatamente. 2 Amenazar a alguien con algún mal.
amago 1 *m.* Acción de amagar. 2 Indicio o síntoma de una cosa. 3 Ataque fingido.
amague *m.* AMAGO.
amainar *intr.* Perder fuerza el viento, la lluvia, etc.
amalgama 1 *f.* Aleación de mercurio con otro metal. 2 Unión o mezcla de cosas de naturaleza contraria o distinta.
amalgamar *tr.* y *prnl.* Mezclar cosas de distinta naturaleza.
amamantar *tr.* Dar de mamar.
amancebamiento *m.* Unión estable de una pareja fuera del matrimonio legal.
amancebarse *prnl.* Unirse sin que medie el vínculo matrimonial.
amanecer[1] 1 *m.* Tiempo en que clarea el alba. 2 Origen, principio.
amanecer[2] 1 *intr. impers.* Nacer el día, clarear. 2 *intr.* Aparecer algo de una determinada manera o un lugar al romper el alba. 3 Empezar a darse una nueva época, situación, etc. • Vb. irreg. conjug. c. **agradecer**. V. anexo El verbo.
amanerar 1 *tr.* y *prnl.* Dotar de artificiosidad al lenguaje, los ademanes, etc. 2 Adquirir una persona falta de naturalidad en su conducta, modo de hablar, etc.
amanita *f.* BOT Hongo basidiomiceto, de las agaricáceas, que posee sombrero globuloso o abierto y pie con anillo y vulva aparentes. Existen varias especies comestibles y algunas otras venenosas e incluso mortales.
amanitina *f.* BOT Sustancia que constituye el principio tóxico de la mayor parte de los hongos venenosos.
amansar 1 *tr.* y *prnl.* Hacer manso a un animal, domesticarlo. 2 Apaciguar, sosegar. 3 Domar el carácter violento de una persona.
amante 1 *adj.* y *s.* Que ama. 2 *m.* y *f.* Persona con la que se mantienen relaciones sexuales sin mediar matrimonio.
amanuense 1 *m.* y *f.* Persona que escribe al dictado. 2 Persona que copia a mano el original de un libro.
amañar 1 *tr.* Componer mañosamente alguna cosa, falsearla. 2 *prnl.* Darse maña, tener habilidad para hacer algo. 3 Adaptarse o acomodarse.
amaño 1 *m.* Disposición para hacer algo con maña. 2 Traza o artificio para conseguir algo.
amapola 1 *f.* Planta anual de grandes flores rojas de cuatro pétalos y semilla negruzca. 2 Planta originaria de Oriente, de hojas dentadas y grandes y fruto en cápsulas, de las que se obtiene el opio.
amar 1 *tr.* Sentir amor por las personas, animales o cosas. 2 Tener amor a seres sobrenaturales. 3 Desear, aspirar al goce del ser amado. 4 Tener gran afición por algo.
amarantáceo, a *adj.* y *f.* BOT Dicho de una planta, angiosperma, dicotiledónea, que posee hojas opuestas o alternas, flores diminutas aglomeradas, solitarias o en espiga y frutos, cápsulas o cariópsides con semillas de albumen amiláceo, como el amaranto.
amaranto *m.* Planta tropical de porte herbáceo y casi 1 m de altura, que posee hojas simples y flores dispuestas en espigas, aterciopeladas y comprimidas de varios centímetros de longitud. Existen diversas especies comestibles.
amarar *intr.* Posarse en el agua un hidroavión o una nave espacial.
amargar 1 *tr.* y *prnl.* Volver amargo. 2 Agriar el carácter. 3 Sentir resentimiento hacia las personas o la vida por los fracasos sufridos. 4 *intr.* Tener alguna cosa sabor o gusto amargo.
amargo, ga 1 *adj.* Del sabor característico de la hiel, la quinina, etc. 2 Que produce aflicción o disgusto. 3 Que está afligido o disgustado. 4 Áspero y de genio desabrido. 5 Que implica o demuestra amargura o aflicción.
amargura 1 *f.* Aflicción, disgusto. 2 Lo que lo causa.
amarilidáceo, a *adj.* y *f.* BOT Dicho de una planta, angiosperma monocotiledónea, que posee hojas lineales, flores en umbelas o racimos y fruto comúnmente en cápsula, como el nardo y la pita.
amarillear 1 *intr.* Tomar una cosa color amarillo o amarillento. 2 Palidecer.
amarillismo *m.* Sensacionalismo o tendencia a presentar los aspectos más llamativos de una noticia o un suceso para producir gran sensación o emoción.
amarillo, lla *adj.* y *s.* Dicho del color de la cáscara de la banana madura, del oro y de la flor de la retama, que ocupa el tercer lugar en el espectro luminoso.
amarra *f.* Cuerda o cable con la que se asegura una embarcación en el puerto o lugar donde da fondo, sea con el ancla o amarrada a tierra.
amarradero 1 *m.* Poste o argolla en el que se ata algo. 2 Lugar en el que se amarran los barcos.
amarradijo *m.* Nudo mal hecho.
amarrado, da *adj.* Avaro, tacaño.
amarrar 1 *tr.* Sujetar un buque con amarras, anclas, cadenas, etc. 2 Atar algo con cuerdas o sogas.
amartelar 1 *tr.* y *prnl.* Atormentar con celos. 2 *tr.* Enamorar. 3 *prnl.* Acaramelarse o ponerse muy cariñosa una pareja.
amartillar 1 *tr.* MARTILLAR. 2 Poner en el disparador un arma de fuego, montarla.
amartizar *intr.* Posarse una nave espacial sobre la superficie del planeta Marte.
amasar 1 *tr.* Formar una masa consistente y homogénea mezclando cosas sólidas con algún líquido. 2 Acumular bienes.
amasijo 1 *m.* Porción de masa de harina para hacer pan. 2 Acción de amasar.
amateur (Voz fr.) *adj.* Aficionado, no profesional. • pl.: *amateurs*.
amatista *f.* Piedra preciosa de color violeta consistente en un cuarzo transparente de manganeso.
amatorio 1 *adj.* Perteneciente o relativo al amor. 2 Perteneciente o relativo a las prácticas sexuales.
amauta *m.* Sabio consejero de los incas.
amazona 1 *f.* Mujer guerrera de la mitología griega. 2 Mujer que monta a caballo. 3 Vestido femenino para montar.
amazónico, ca *adj.* Perteneciente o relativo al río Amazonas o a la Amazonia.
ambages *m. pl.* Circunloquios o rodeos de palabras para no decir algo claramente.
ámbar 1 *m.* Resina fósil, amarilla, traslúcida, quebradiza y electrostática, que se emplea para collares, boquillas, etc. 2 Perfume delicado.
ambición *f.* Deseo ardiente y tenaz de poder, fama o riquezas.
ambicionar *tr.* Tener ambición, desear ardientemente algo.
ambidiestro, tra *adj.* y *s.* Que usa igualmente la mano izquierda y la derecha o el pie izquierdo y el derecho.
ambientación 1 *f.* Acción y efecto de ambientar. 2 Presentación de una obra, artística o literaria, de acuerdo con las circunstancias peculiares de la época en que se desarrolla la acción.

ambiental 1 *adj.* Perteneciente o relativo al ambiente, esto es, a las circunstancias que rodean a las personas, animales o cosas. 2 ECOL **impacto ~**.

ambientalismo *m.* ECOL Oposición a la utilización de la naturaleza como fuente inagotable de recursos.

ambientalista 1 *adj.* BIOL Dicho de un estudio o teoría, que se relaciona con el medio ambiente. 2 *adj.* y *s.* Dicho de un profesional, que se dedica al estudio del medio ambiente. 3 Dicho de una persona, que defiende activamente la calidad y el bienestar del medio ambiente.

ambientar 1 *tr.* Proporcionar el ambiente adecuado para algo. 2 *tr.* y *prnl.* Adaptar una persona a un ambiente o medio desconocido o guiarla u orientarla en él.

ambiente 1 *m.* Atmósfera que rodea los cuerpos. 2 Conjunto de condiciones físicas o circunstancias morales en el que se mueven o están personas, animales o cosas. 3 Por antonomasia, el medio propicio o agradable: *Había ambiente* o *mucho ambiente*. 4 Habitación o zona específica de una casa. 5 ECOL **medio ~**. ☐ ECOL Cada uno de los espacios acuáticos y terrestres que existen en la Tierra, donde se encuentran diversas comunidades y ecosistemas que se caracterizan por presentar determinados factores bióticos y abióticos que condicionan la existencia de todos los seres vivos.

ambigüedad *f.* Cualidad de ambiguo.

ambiguo, gua 1 *adj.* Dicho de un tipo de lenguaje, que admite varias interpretaciones por lo que resulta equívoco. 2 Dicho de quien no define claramente sus actitudes u opiniones con sus palabras o comportamiento. 3 Incierto, dudoso. 4 GRAM **nombre ~**.

ámbito 1 *m.* Contorno de un espacio o lugar. 2 Espacio comprendido dentro de unos límites precisos. 3 Sector de una ciencia o actividad. 4 Círculo de personas y lugares que alguien frecuenta.

ambivalencia 1 *f.* Condición de lo que se presta a dos interpretaciones distintas y aun contrarias. 2 Estado anímico en el que coexisten dos emociones o sentimientos opuestos.

amblar 1 *intr.* Andar un animal moviendo a un tiempo el pie y la mano de un mismo lado. 2 Mover lúbricamente el cuerpo.

ambliopía *f.* MED Debilidad o disminución de la vista, sin lesión orgánica del ojo.

ambos, bas 1 *adj. indef. pl.* Uno y otro: *Compró ambos juegos; Ambas hermanas son muy parecidas a su madre.* 2 *pron. indef. pl.* El uno y el otro, o los dos: *Probó dos postres y le gustaron ambos.*

ambrosía 1 *f.* MIT Según la mitología griega, manjar o alimento de los dioses. 2 Cosa deleitosa al espíritu. 3 Cualquier vianda, manjar o bebida de gusto suave o delicado.

ambrosiano, na *adj.* Perteneciente o relativo a san Ambrosio.

ambulacral *adj.* ZOOL Perteneciente o relativo a los ambulacros.

ambulacro *m.* ZOOL En los equinodermos, área o tubo en disposición radial por donde circula el agua y cuyas paredes se proyectan, a través de los orificios de una placa caliza, formando pequeñas vesículas locomotrices.

ambulancia *f.* Vehículo destinado al transporte de heridos o enfermos.

ambulante *adj.* Que va de un lugar a otro sin tener puesto fijo.

ambulatorio, ria 1 *adj.* Perteneciente o relativo al andar. 2 MED Dicho de una enfermedad o tratamiento, que no requiere hospitalización.

ameba *f.* BIOL Organismo unicelular sarcodino cuyo tamaño promedio es de 0,025 mm. Su célula se compone de una membrana delgada, una capa semirrígida de ectoplasma, un endoplasma granular de aspecto gelatinoso y un núcleo oval.

amebiasis *f.* MED Enfermedad intestinal causada por las amebas, que puede extenderse a veces al hígado, los pulmones y el cerebro.

amebocito *m.* BIOL Cada una de las células que forma la estructura de los poríferos.

amedrentador, ra *adj.* y *s.* Que amedrenta.

amedrentar *tr.* y *prnl.* Asustar, infundir miedo.

amelar *intr.* Fabricar las abejas su miel. • Vb. irreg. conjug. c. **acertar**. V. anexo El verbo.

amelcochar *tr.* y *prnl.* Dar a un dulce el punto de la melcocha.

amén[1] *interj.* Se usa al final de las oraciones religiosas cristianas y significa 'así sea'.

amén[2] *adv. c.* Además, a más: *Amén de lo que me encargaron, he traído más cosas.*

amenaza 1 *f.* Acción de amenazar. 2 Dicho o hecho con que se amenaza.

amenazar 1 *tr.* Dar a entender con palabras o gestos la intención de ocasionar algún daño a otro. 2 *intr.* Haber indicios de que va a ocurrir algo de inmediato, y especialmente algo desagradable.

amenizar *tr.* Hacer ameno algo: un sitio, un discurso, una reunión.

ameno *adj.* Grato, agradable, deleitoso.

amenorrea *f.* FISIOL y MED Desaparición o reducción del flujo menstrual por causas normales o patológicas.

amento *m.* BOT Espiga articulada por su base y compuesta de flores de un mismo sexo, como la encina y el sauce.

americanidad *f.* Conjunto de características propias del continente americano, en especial, de Hispanoamérica.

americanismo 1 *m.* Calidad o condición de americano. 2 LING Vocablo, giro, rasgo fonético, gramatical o semántico que pertenece a alguna lengua indígena de América o deriva de ella. 3 LING Vocablo, giro, rasgo fonético, gramatical o semántico peculiar o derivado del español hablado en algún país de América.

americanista 1 *adj.* Perteneciente o relativo a las cosas de América. 2 *m.* y *f.* Persona que estudia las lenguas y culturas de América.

americanizar *tr.* y *prnl.* Atribuir a alguien o algo características o costumbres propias de lo americano.

americano, na 1 *adj.* y *s.* De América o relacionado con este continente. 2 *f.* Chaqueta de tela que llega por debajo de la cadera.

americio *m.* QUÍM Elemento radiactivo que se obtiene artificialmente bombardeando el plutonio con neutrones. Es un metal de color blanco argentino. Símbolo: Am. Número atómico: 95. Peso atómico: 243. Punto de fusión: aprox. 994 °C. Densidad relativa: aprox. 14.

amerindio, dia *adj.* y *s.* Dicho de un indígena americano y de lo perteneciente o relativo a este.

ameritar *tr.* Merecer, atribuir méritos.

amero 1 *m.* Conjunto de hojas que conforman la envoltura de la mazorca de maíz. 2 Envoltura externa del coco.

ametrallador, ra 1 *adj.* Que ametralla. 2 *f.* Arma de fuego automática que dispara de forma continua y rápida.

ametrallar *tr.* Disparar metralla contra alguien o algo.

ametropía *f.* MED Defecto de refracción en el ojo que impide que las imágenes se formen debidamente en la retina.

amianto *m.* Silicato hidratado de magnesio con calcio o hierro, fibroso y flexible. Se emplea principalmente como aislante térmico y en la industria de los plásticos.

amiba *f.* BIOL **AMEBA.**

amida *f.* QUÍM Compuesto orgánico derivado del amoniaco o de las aminas, que resulta al sustituir por un acilo un átomo de hidrógeno unido al nitrógeno. Su nombre se forma cambiando la terminación del ácido correspondiente por amida: *Acético, acetamida.*

amígdala *f.* ANAT y FISIOL Órgano con forma de almendra constituido por la reunión de numerosos nódulos linfáticos cubiertos por una capa epitelial. Forma un anillo que rodea las paredes de la faringe y sus células fagocíticas ayudan a proteger a la faringe de las bacterias patógenas.

amigdalitis *f.* MED Inflamación de las amígdalas.

amigo, ga 1 *adj.* y *s.* Que tiene relación de amistad. 2 Amistoso. 3 Aficionado a algo. 4 Partidario de una idea o conducta. 5 *m.* y *f.* Novio. 6 Amante, querido. 7 Tratamiento afectuoso sin que medie una gran amistad.

amigovio, via *m.* y *f.* Persona que mantiene con otra una relación amorosa menos formal que un noviazgo.

amilanar 1 *tr.* Intimidar a alguien hasta el punto de aturdirle y dejarle sin capacidad de acción. 2 *prnl.* Desalentarse, hundirse en el abatimiento.

amilasa *f.* BIOQ Enzima que transforma el almidón en azúcares, presente en plantas (semillas en germinación) y animales (jugos digestivos).

amillarar *tr.* Registrar los bienes de un lugar para el reparto de la contribución.

amina *f.* QUÍM Sustancia derivada del amoníaco por sustitución de uno o dos átomos de hidrógeno por radicales alifáticos o aromáticos.

amino *m.* QUÍM Radical monovalente formado por un átomo de nitrógeno y dos de hidrógeno, que constituye el grupo funcional de las aminas y otros compuestos orgánicos.

aminoácido *m.* BIOQ Compuesto que contiene un grupo $-COOH$ y un grupo NH_2- unidos a un átomo de carbono. Suele ser un sólido cristalino con átomos de carbono asimétricos y forma sales con los ácidos y las bases fuertes. Se une entre sí dando lugar a cadenas que, cuando contienen aprox. 5000 aminoácidos, forman proteínas.

aminorar 1 *intr.* Disminuir o menguar. 2 *tr.* Reducir en cantidad, calidad o intensidad.

amistad 1 *f.* Afecto y relación entre amigos, que se caracteriza por su desinterés y reciprocidad. 2 Merced, favor. 3 *f. pl.* Personas con las que se tiene amistad.

amistar 1 *tr.* y *prnl.* Unir en amistad. 2 Reconciliar a los enemistados.

amito *m.* En la liturgia católica, lienzo, con una cruz en medio, que el sacerdote se pone sobre la espalda y los hombros durante la celebración de ciertos oficios religiosos.

amitosis *f.* BIOL Modalidad de división de la célula que consiste en dividirse el núcleo y el citoplasma en dos porciones iguales que entran a formar parte, respectivamente, de cada una de las dos células hijas.

amnesia *f.* MED Pérdida total o parcial de la memoria.

amnios *m.* ANAT Saco cerrado lleno de líquido amniótico que envuelve y protege el embrión de los reptiles, aves y mamíferos. Se forma como una membrana extraembrionaria.

amniota *m.* BIOL Vertebrado cuyo embrión desarrolla un amnios y, correlativamente, una bolsa alantoidea, como ocurre en los reptiles, las aves y los mamíferos.

amniótico, ca 1 *adj.* Perteneciente o relativo al amnios. 2 Perteneciente o relativo a los vertebrados amniotas. 3 ANAT **líquido** ~.

amnistía *f.* DER Extinción de la responsabilidad penal por la comisión de un delito y perdón del mismo por parte del Estado. Por regla general se concede por motivos políticos.

amnistiar *tr.* Conceder amnistía a alguien.

amo, ma 1 *m.* y *f.* Cabeza de una casa o familia. 2 Dueño de una cosa. 3 Persona que tiene criados, respecto de ellos. 4 Persona con fuerte ascendiente sobre otras. 5 Patrono, capataz.

amoblar *tr.* **AMUEBLAR.**

amodorrarse *prnl.* Caer en modorra y sopor.

amojonar *tr.* Señalar con mojones los límites de un terreno, una propiedad, un término jurisdiccional, etc.

amolar *tr.* Sacar filo o punta a un instrumento cortante. • Vb. irreg. conjug. c. **contar**. V. anexo El verbo.

amoldar 1 *tr.* y *prnl.* Ajustar una cosa al molde. 2 Ajustar la propia conducta o manera de pensar a determinados criterios.

amonedar *tr.* Acuñar, convertir algún metal en moneda.

amonestación 1 *f.* Acción y efecto de amonestar. 2 Advertencia del árbitro o juez a un jugador o atleta que ha cometido una falta.

amonestar 1 *tr.* Llamar la atención sobre alguna cosa o conducta. 2 Reprender exhortando a corregir el mal hecho. 3 Publicar en la iglesia los nombres de quienes van a contraer matrimonio, para que, si alguien conoce algún impedimento, lo denuncie a tiempo.

amoníaco (Tb. amoniaco) *m.* QUÍM Gas incoloro de olor penetrante cuya fórmula es NH_3. Se utiliza comercialmente en forma líquida. Es el principal compuesto del nitrógeno y el hidrógeno y se obtiene industrialmente haciendo reaccionar estos dos elementos. Se utiliza en los sistemas de obtención de frío (aire acondicionado, neveras), la fabricación de abonos y plásticos, y la elaboración de productos de limpieza.

amonio 1 *m.* QUÍM Radical monovalente formado por un átomo de nitrógeno y cuatro de hidrógeno y que en sus combinaciones tiene grandes semejanzas con los metales alcalinos. 2 QUÍM **nitrato** de ~. 3 QUÍM **sulfato** de ~.

amonita[1] *f.* QUÍM Mezcla explosiva cuyo principal componente es el nitrato amónico.

amonita[2] *adj.* y *s.* HIST De una antigua tribu semita de Mesopotamia, descendiente de Amón, hijo de Lot. Estuvo sometida durante toda su historia a las potencias de Oriente y fue combatida por Saúl y David y exterminada por Joab.

amonites *m.* PALEONT Cefalópodo fósil, que poseía la concha en espiral, y fue característico de los periodos jurásico y cretáceo de la era secundaria.

amontonar 1 *tr.* y *prnl.* Formar un montón. 2 Juntar y mezclar varias especies sin orden ni elección. 3 *prnl.* Ocurrir muchos sucesos en un breve espacio de tiempo.

amor 1 *m.* Sentimiento de afecto que una persona experimenta hacia otra (o cosa personificada, como la humanidad, la virtud, la patria, etc.), por el que desea su felicidad y anhela su presencia. 2 Atracción afectiva entre dos personas, que suele conllevar una carga pasional y erótica. 3 Persona amada. 4 Esmero con que se hace algo. 5 *m. pl.* Relaciones amorosas. 6 Caricias, mimos, requiebros, como expresiones del amor sentido. || ~ **cortés** Código de comportamiento que definía las relaciones entre enamorados pertenecientes a la nobleza en Europa occidental durante la Edad Media. ~ **platónico** El que idealiza a la persona amada sin establecer con ella una relación física. ~ **propio** El que una persona se profesa a sí misma, y especialmente a su prestigio.

amoral 1 *adj.* Dicho de una persona, que está desprovista de sentido moral. 2 Dicho también de la obra humana, especialmente de la artística, en la que, a propósito, se prescinde del fin moral.

amoralismo 1 *m.* FIL Sistema filosófico que cifra la norma de la conducta humana en algo independiente del bien y del mal moral. 2 Actitud o comportamiento amoral.
amoratarse *prnl.* Ponerse morado.
amorcillo *m.* Niño desnudo y alado que, en las artes plásticas, representa a Cupido, dios del amor.
amordazar 1 *tr.* Poner mordaza. 2 Impedir mediante coacción la libre expresión de ideas y opiniones.
amorfo, fa *adj.* Sin forma regular y precisa.
amorío *m.* Relación amorosa que se considera superficial y poco seria.
amoroso, sa 1 *adj.* Que denota o manifiesta amor. 2 Blando, suave, fácil de labrar o cultivar. 3 Templado, apacible.
amorreo, a *adj.* y *s.* HIST De un pueblo bíblico descendiente de Amorreo, hijo de Canaán. Predominó en Mesopotamia en el s. XX a. C. y fundó Babilonia hacia 1950 a. C.
amortajar 1 *tr.* Poner la mortaja al difunto. 2 Cubrir, envolver, esconder.
amortiguador, ra 1 *adj.* Que amortigua. 2 *m.* Dispositivo que sirve para compensar y disminuir el efecto de choques, sacudidas o movimientos bruscos en aparatos mecánicos.
amortiguamiento 1 *m.* Acción y efecto de amortiguar o amortiguarse. 2 FÍS Disminución progresiva, en el tiempo, de la intensidad de un fenómeno periódico.
amortiguar *tr.* y *prnl.* Rebajar la fuerza, intensidad o violencia de alguna cosa.
amortizar 1 *tr.* y *prnl.* ECON Redimir o extinguir el capital de un censo o préstamo. 2 ECON Recuperar o compensar los fondos invertidos en alguna empresa.
amotinamiento *m.* Acción y efecto de amotinar.
amotinar 1 *tr.* y *prnl.* Alzar en motín a un cierto número de personas. contra la autoridad constituida mediante protestas o acciones violentas. 2 Inquietar el alma o los sentidos.
amoxicilina *f.* FARM Antibiótico utilizado para tratar infecciones. Actúa impidiendo a las bacterias invasoras multiplicarse dentro del organismo.
amparar 1 *tr.* Favorecer, proteger a los débiles. 2 *prnl.* Acogerse al favor de alguien. 3 Defenderse, cobijarse.
amparo 1 *m.* Acción y efecto de amparar o ampararse. 2 Abrigo o defensa.
ampelita *f.* Pizarra blanda, aluminosa, que sirve para hacer lápices de carpintero.
amperaje *m.* ELECTR Cantidad de amperios que actúan en un aparato o sistema eléctrico.
amperímetro *m.* ELECTR Aparato para medir las intensidades de corriente eléctrica.
amperio *m.* FÍS Unidad de intensidad de corriente eléctrica en el sistema internacional. Es la intensidad de una corriente en la cual pasa por una sección de un conductor un culombio por segundo. Símbolo: A.
ampervuelta *f.* ELECTR Fuerza magnetomotriz de una bobina expresada como producto de la intensidad en amperios y el número de espiras.
ampicilina *f.* FARM Medicamento para tratar infecciones bacterianas de la piel y los aparatos digestivo, urinario y respiratorio. Es un antibiótico que interfiere con la capacidad de multiplicación de las bacterias invasoras.
ampliación 1 *f.* Acción y efecto de ampliar. 2 Fotografía ampliada.
ampliar 1 *tr.* Agrandar una cosa agregándole algo en extensión, eficacia o número; dilatar. 2 Reproducir fotos, planos o textos en tamaño mayor que el original.
amplificación 1 *f.* Acción y efecto de amplificar. 2 Desarrollo retórico de una idea, presentándola desde diversas perspectivas y enumerando sus distintas aplicaciones, a fin de conmover o persuadir.
amplificador, ra 1 *adj.* y *s.* Que amplifica. 2 *m.* Cualquier dispositivo que permite aumentar la amplitud o intensidad de un fenómeno físico, variando la energía externa que lo alimenta. 3 Aparato que amplifica el sonido de instrumentos musicales electrónicos.
amplificar 1 *tr.* Ampliar, extender. 2 Aumentar la amplitud o intensidad de un fenómeno físico. 3 Emplear la figura retórica de la amplificación. 4 MAT Multiplicar ambos términos de una fracción por un mismo número natural diferente de 0.
amplio, plia 1 *adj.* Grande, dilatado, espacioso. 2 Extenso, que abarca mucho. 3 Abierto, comprensivo: *Es una persona de criterio amplio.*
amplitud 1 *f.* Calidad de amplio, extensión. 2 Capacidad de comprensión intelectual o moral. 3 ASTR Ángulo comprendido entre el plano vertical que pasa por la visual dirigida al centro de un astro y el vertical primario. Es complemento del acimut. 4 FÍS En el movimiento oscilatorio, espacio recorrido por el cuerpo entre sus dos posiciones extremas. 5 MAT Diferencia entre los valores máximo y mínimo en la distribución de una variable. || ~ **de una función** MAT Diferencia que se obtiene entre los valores máximo y mínimo de una función que se representa con la letra *A*. ~ **de un intervalo** MAT Diferencia que se obtiene entre los valores superior e inferior de un intervalo.
ampo 1 *m.* Blancura resplandeciente. 2 Copo de nieve.
ampolla 1 *f.* Vejiga formada por el levantamiento de la piel a causa de quemaduras o roces, y que se llena de un líquido acuoso. 2 Vasija de vidrio o cristal, de cuello largo y estrecho y cuerpo ancho y redondo. 3 Pequeño recipiente de vidrio herméticamente cerrado, que contiene un medicamento inyectable o bebible. 4 Burbuja que se forma en el agua al hervir o en la superficie de un metal por la presión del gas que contiene.
ampollar 1 *tr.* y *prnl.* Hacer ampollas en la piel. 2 Hacer ampollas en la superficie de un objeto de metal u otra materia. 3 Producir abultamientos en una superficie.
ampolleta 1 *f.* Bombilla eléctrica. 2 **AMPOLLA**, recipiente de vidrio que contiene líquido inyectable.
ampuloso, sa *adj.* Exagerado y redundante, aplicado a un estilo o a un autor.
amputar 1 *tr.* MED Cortar quirúrgicamente parte o la totalidad de un miembro del cuerpo. 2 Suprimir o quitar una parte de un todo.
amueblar *tr.* Dotar a un local o edificio de los muebles adecuados.
amuleto *m.* Talismán u objeto portátil al que se le atribuyen poderes sobrenaturales para la protección de quien lo lleva.
amurallar *tr.* Rodear de murallas.
amusgar 1 *tr.* Entrecerrar los ojos para ver mejor. 2 *tr.* e *intr.* Echar hacia atrás las orejas del caballo, el toro, etc., en ademán de querer morder, tirar coces o embestir.
anabaptismo *m.* REL e HIST Doctrina protestante, nacida en Alemania en el s. XVI. Consideraba ineficaz el bautismo administrado antes de llegar al uso de razón y obligaba a rebautizar a los que habían recibido este anteriormente. En la actualidad existen seguidores de esta secta en Inglaterra y EE. UU.
anabaptista *adj.* y *s.* REL Dicho de un seguidor del anabaptismo.
anabiosis *f.* BIOL Recuperación de la vida activa plena de un organismo al cabo de un cierto tiempo de vida latente.
anabolismo *m.* BIOL Conjunto de las reacciones de síntesis necesarias para el crecimiento de nuevas

células y el mantenimiento de todos los tejidos. Se orienta hacia la producción de compuestos finales específicos, especialmente macromoléculas con forma de hidratos de carbono, proteínas y grasas.

anabolizante *m.* FARM Producto químico utilizado para aumentar la intensidad de los procesos anabólicos del organismo, como, por ejemplo, las vitaminas, entre los naturales, y algunos esteroides de síntesis, entre los artificiales.

anacardiáceo, a *adj.* y *f.* BOT Dicho de una planta, angiosperma dicotiledónea, que posee hojas alternas, flores en racimos, fruto en drupa o seco, con una sola semilla, y casi siempre sin albumen, como el zumaque.

anacardo *m.* **MARAÑÓN.**

anaclinal *m.* GEO Formación geológica de inclinación opuesta a los estratos rocosos superficiales.

anaco *m.* Tela a modo de falda.

anacoluto *m.* GRAM Inconsecuencia en la construcción de una oración o discurso.

anaconda *f.* Reptil pariente de la boa, que posee grandes mandíbulas, alcanza 10 m de longitud y abunda en las cuencas del Amazonas y del Orinoco.

anacoreta *m.* y *f.* Persona que vive en un lugar retirado, dedicada a la oración y a la penitencia.

anacrónico, ca *adj.* Que presenta anacronismo.

anacronismo 1 *m.* Error por el que se atribuyen hechos, costumbres, objetos, etc., a una época o fecha que no les corresponde. 2 Persona o cosas anacrónicas.

ánade *m.* o *f.* Pato y cualquiera de las aves de características similares, de patas cortas y palmeadas.

anaeróbico, ca 1 *adj.* BIOL Perteneciente o relativo a la **anaerobiosis** o a los organismos anaerobios. 2 BIOL Dicho de un organismo o actividad, que se desarrolla con escasa cantidad de oxígeno o sin él.

anaerobio, bia *adj.* y *m.* BIOL Dicho de un organismo, que puede vivir sin oxígeno y que obtiene su energía mediante la fermentación, como las levaduras y las bacterias.

anaerobiosis 1 *f.* BIOL Vida en un entorno que carece de oxígeno. 2 BIOL Tipo de respiración sin oxígeno libre.

anafase *f.* BIOL Tercera etapa de la mitosis durante la cual los cromosomas se separan formando dos grupos.

anafilaxia *f.* MED Sensibilidad extrema de algunas personas a la acción de ciertas sustancias alimenticias o medicamentosas.

anáfora 1 *f.* **REPETICIÓN**, figura retórica. 2 LING Deixis que desempeñan ciertas palabras (generalmente pronombres) para asumir el significado de una parte del discurso ya emitida; por ejemplo, hay anáfora entre el pronombre *sí* y *Arturo* en la oración *Arturo lo quiere todo para sí.*

anafrodisia *f.* Falta o disminución del apetito sexual.

anagénesis *f.* BIOL Conjunto de cambios genéticos que ocurren solamente en una línea de descendientes y permiten una mejor adaptación a lo largo del tiempo.

anagrama *m.* Transformación de una palabra en otra trasponiendo sus letras: *Amor, Roma; Gato, toga.*

anal[1] 1 *m.* Relación cronológicamente ordenada de sucesos acaecidos año por año. 2 Crónica, relato histórico. • U. m. en pl.

anal[2] *adj.* Perteneciente o relativo al ano.

analepsis *f.* LIT Fragmento de una obra literaria en el que se presenta una escena del pasado y se altera el tiempo lineal.

analéptico, ca *adj.* y *m.* MED Dicho de un régimen alimenticio, que restablece las fuerzas.

analfabetismo 1 *m.* Falta de instrucción elemental en un país, referida especialmente al número de sus ciudadanos que no saben leer. 2 Cualidad de analfabeto.

analfabeto, ta 1 *adj.* y *s.* Que no sabe leer ni escribir. 2 Ignorante, sin los conocimientos elementales.

analgesia *f.* MED Falta de sensaciones dolorosas.

analgésico, ca 1 *adj.* Perteneciente o relativo a la analgesia. 2 *m.* FARM Medicamento que produce analgesia.

análisis 1 *m.* Examen de una cosa mediante la separación de sus partes o componentes. 2 Estudio detallado de un asunto. 3 Examen que se hace de una obra, de un escrito o de cualquier realidad susceptible de estudio intelectual. 4 GRAM Examen de los componentes del discurso y de sus respectivas propiedades y funciones. 5 INF Estudio, mediante técnicas informáticas, de los límites, características y posibles soluciones de un problema al que se aplica un tratamiento por computador. 6 MAT Parte de las matemáticas basada en los conceptos de límite, convergencia y continuidad, que da origen a diversas ramas: cálculo diferencial e integral, teoría de funciones, etc. || ~ **clínico** MED Examen cualitativo y cuantitativo de ciertos componentes o sustancias del organismo, según métodos especializados, con un fin diagnóstico. ~ **cualitativo** QUÍM El que tiene por objeto descubrir y aislar los elementos o ingredientes de un cuerpo compuesto. ~ **cuantitativo** QUÍM El que se emplea para determinar la cantidad de cada elemento o ingrediente. ~ **del discurso** LING Disciplina que tiene como objeto de estudio el discurso oral y escrito que producen los hablantes en distintos contextos comunicativos: *El análisis del discurso estudia la intencionalidad, los temas de conversación y el estilo de los hablantes.* ~ **factorial** MAT Método estadístico usado para cuantificar la importancia de cada uno de los factores actuantes en un fenómeno. ~ **literario** LIT Estudio de una obra literaria a partir de sus características internas tales como argumento, estructura, género literario al que pertenece y contexto social e histórico en el que se produce. ~ **vectorial** MAT Parte de las matemáticas que estudia el cálculo con vectores y es fundamental en el estudio de la física.

analista 1 *m.* y *f.* Persona (médico, químico, matemático, etc.) que se dedica a hacer análisis. 2 **PSICOANALISTA.** || ~ **de sistemas** INF Especialista que, en la fase inicial de la programación, realiza el análisis del objetivo planteado para el correspondiente programa computacional.

analítico, ca 1 *adj.* Perteneciente o relativo al análisis. 2 Que procede descomponiendo, o que pasa del todo a las partes. 3 FIL **método** ~. 4 GEOM **geometría** ~. 5 LING **lengua** ~. 6 MAT **expresión** ~. 7 QUÍM **química** ~.

analizador, ra *adj.* y *s.* Que analiza.

analizar *tr.* Hacer análisis de algo.

analogía 1 *f.* Relación de semejanza entre seres o cosas diferentes. 2 BIOL Relación de correspondencia que ofrecen entre sí partes que, en diversos organismos, tienen función y posición relativamente parecidas, pero diferente origen, como las alas en las aves y los insectos. 3 GRAM Semejanza formal entre elementos lingüísticos de igual función o con alguna coincidencia de significado. 4 LING Formación de términos lingüísticos, o modificación de los existentes, a semejanza de otros; por ejemplo: las palabras *discoteca, fototeca* o *videoteca* se formaron por analogía con *biblioteca.* 5 LÓG Relación lógica que establece, a partir de una idea, otra semejante.

analógico, ca 1 *adj.* **ANÁLOGO.** 2 Perteneciente o relativo a la analogía. 3 ELECTRÓN Dicho de un dispositivo, que procesa o transmite la información en forma de magnitudes físicas de variación continua.

análogo, ga *adj.* Que tiene analogía con otra cosa: *Los dos amigos tienen comportamientos análogos.*

anamnesis (Tb. anamnesia) 1 *f.* Recuerdo, rememoración. 2 MED Historia clínica que reúne los antecedentes familiares, hereditarios y personales de un paciente.

anamniota *adj.* y *m.* ZOOL Dicho de un vertebrado, en el que no se forman durante su desarrollo embrionario el amnios ni, correlativamente, el alantoides, como ocurre en los peces y anfibios.

anamorfosis *f.* Pintura o dibujo que, según se mire, ofrece una imagen deformada o correcta.

ananás (Tb. ananá) 1 *m.* Planta bromeliácea, de hojas rígidas y puntiagudas, flores moradas y fruto fragante, amarillento y carnoso, con forma de piña y rematado en un penacho de hojas, que también es llamado piña. 2 Fruto de esta planta.

anaplasia *f.* MED Regresión de las células a un estado embrionario, como se presenta en los tejidos tumorales.

anaquel *m.* Cada una de las tablas puestas horizontalmente, en un muro o armario, para depositar cosas.

anaranjado, da *adj.* y *s.* Dicho de un color semejante al de la naranja, que ocupa el segundo lugar en el espectro solar.

anarcosindicalismo *m.* POLÍT Corriente anarquista que confía a los sindicatos el papel esencial en la lucha revolucionaria y, en las etapas de una organización social de masas, rechaza en bloque todo marco establecido.

anarquía 1 *f.* Falta de gobierno. 2 Desorden, confusión, por ausencia o flaqueza de la autoridad.

anarquismo *m.* POLÍT Doctrina y movimiento sociales que preconizan la supresión de toda forma y autoridad del Estado, la abolición de la propiedad privada de los medios de producción y la comunidad de los bienes productivos.

anarquista 1 *adj.* Propio del anarquismo o de la anarquía. 2 *m.* y *f.* Persona que propugna el anarquismo, o promueve y practica la anarquía.

anarquizar *intr.* Propagar el anarquismo o introducir la anarquía en cualquier organización.

anastigmático, ca *adj.* ÓPT Dicho de un objetivo aplanético, en el cual se ha corregido el astigmatismo.

anastomosis *f.* BIOL Unión de unos elementos anatómicos o estructurales con otros del mismo organismo.

anástrofe *f.* GRAM Inversión en el ordenamiento de las palabras de una oración.

anata *f.* Renta o emolumento que un empleo o beneficio produce al año.

anatema 1 *m.* EXCOMUNIÓN. 2 Maldición, imprecación.

anatematizar 1 *tr.* Lanzar o decretar contra alguien un anatema. 2 Maldecir a alguien. 3 Reprobar o condenar.

anatomía 1 *f.* ANAT Ciencia que trata del número, estructura, situación y relaciones de las diferentes partes de los cuerpos orgánicos. 2 BIOL Disección o separación artificiosa de las partes de un organismo. || ~ **comparada** ANAT Estudio de la anatomía de distintos animales con el fin de descubrir sus similitudes y sus diferencias. ~ **patológica** MED Ciencia que estudia las alteraciones macroscópicas y microscópicas producidas por los agentes morbosos en las estructuras de los seres vivos.

anatómico, ca 1 *adj.* Perteneciente o relativo a la anatomía. 2 Dicho de un objeto, que se adapta al cuerpo humano o a alguna de sus partes: *Asiento anatómico.*

anatosaurio *m.* PALEONT Dinosaurio herbívoro de gran tamaño caracterizado por poseer un pico similar al de un pato, que habitó en América del Norte durante el Cretácico superior. Los adultos medían entre 9 y 12 m de longitud, 4 m de altura y pesaban más de 3 toneladas.

anca 1 *f.* Cada una de las dos mitades laterales de la parte posterior de los caballos y otros animales. 2 Parte superior de la pierna de una persona, cadera.

ancestral *adj.* Perteneciente o relativo a los antepasados remotos.

ancestro *m.* ANTEPASADO.

ancheta 1 *f.* Pequeña porción de mercancía. 2 Ganancia que se obtiene en un trato. 3 Gratificación, dádiva. 4 Cesta o caja engalanada con comestibles y bebidas que suele darse como obsequio en la temporada navideña.

ancho, cha 1 *adj.* Que tiene más o menos anchura. 2 Holgado, amplio. 3 Desembarazado, libre. 4 *m.* ANCHURA, la menor de las dimensiones de las figuras planas. || ~ **de banda** ELECTRÓN En comunicaciones, indicador de la cantidad de datos que pueden transmitirse en determinado periodo de tiempo por un canal de transmisión. Se expresa en ciclos por segundo (hercios, Hz) o en bits por segundo (bps).

anchoa 1 *f.* Pez semejante a la sardina, pero más pequeño. Es propio del Atlántico. 2 Este mismo pez curado en salmuera.

anchura 1 *f.* En contraposición a la longitud, la dimensión menor de las cosas planas. 2 Dimensión horizontal de una superficie. 3 En objetos de tres dimensiones, la segunda en magnitud. 4 Amplitud, extensión o capacidad grande. 5 HOLGURA.

ancianidad *f.* Último periodo de la vida humana normal.

anciano, na *adj.* y *s.* De mucha edad.

ancla 1 *f.* Instrumento de hierro con forma de arpón doble, que, aferrándose al fondo del mar, sujeta la embarcación. 2 Cualquier elemento que una o refuerce las partes de una construcción.

anclaje 1 *m.* Acción de anclar la nave. 2 Tributo que se paga por fondear en un puerto. 3 Conjunto de elementos destinados a fijar algo firmemente al suelo.

anclar 1 *tr.* Quedar sujeta la nave mediante el ancla. 2 Sujetar algo firmemente al suelo.

áncora *f.* ANCLA, de una embarcación.

anda *interj.* Indica admiración o asombro.

andadera *f.* Aparato de distintas formas, que sirve para que el niño aprenda a andar sin peligro de caerse. • U. m. en pl.

andador, ra 1 *adj.* y *s.* Que anda mucho. 2 Que anda de una parte a otra sin parar en ninguna. 3 *m.* Avisador, persona que lleva mensajes. 4 Aparato que ayuda a sostener al niño mientras aprende a andar o a quien tiene problemas para caminar.

andaluz, za 1 *adj.* y *s.* De Andalucía. 2 LING Dicho de una variedad de la lengua española, que es hablada en Andalucía y se caracteriza por diversos rasgos fonológicos, así como por la entonación y el léxico peculiares.

andamio *m.* Armazón de tablones horizontales sobre pies verticales o colgado de cuerdas, desde el que se trabaja en la construcción, pintura, reparación, etc., de edificios.

andanada 1 *f.* Orden de cosas puestas en línea. 2 Descarga cerrada de toda una andana o batería de un buque de guerra. 3 Reprensión severa.

andante[1] 1 *adj.* Que anda. 2 HIST **caballería** ~.

andante[2] 1 *adv. m.* MÚS Con movimiento moderadamente lento. 2 *m.* MÚS Composición o parte de ella que se ejecuta con este movimiento.

andantino 1 *adv. m.* MÚS Con movimiento más vivo que el andante, pero menos que el alegro. 2 *m.* MÚS Composición o parte de ella que se ejecuta con este movimiento.

andanza 1 *f.* Suceso, caso. 2 Suerte, buena o mala. 3 *f. pl.* Vicisitudes que se experimentan en un lugar, en un viaje o en un tiempo dados. 4 Peripecias, trances.

andar 1 *intr.* y *prnl.* Ir de un lugar a otro dando pasos. 2 Funcionar un mecanismo para cumplir sus funciones. 3 Ocuparse en alguna actividad: *Andar de parranda.* 4 Proceder de determinada manera: *Quien mal anda, mal acaba; Ándese con cuidado.* 5 *intr.* Pasar o correr el tiempo. 6 Seguido de un gerundio indica que se está realizando la acción expresada por este: *Anda cazando.* 7 *tr.* Recorrer un espacio: *Anduvimos todo el pueblo.* Vb. irreg. conjugación modelo. V. anexo El verbo.

andariego, ga *adj.* Que anda mucho, o que va de una parte a otra sin demorarse en ninguna.

andarivel *m.* Mecanismo usado para pasar ríos y hondonadas que no tienen puente. Consiste en una especie de cajón que corre por una maroma fija por sus dos extremos.

andas *f. pl.* Tablero que, sostenido por dos varas paralelas y horizontales, sirve para el transporte de imágenes o pasos de procesión, personas o cosas.

andén 1 *m.* Acera situada a los lados de las vías en las estaciones del ferrocarril o del metro, a lo largo de un muelle, etc. 2 Acera de un puente. 3 Acera de la calle.

andinismo *m.* Alpinismo en Los Andes.

andino, na 1 *adj.* Perteneciente o relativo a la cordillera de Los Andes. 2 De Andes o de Los Andes.

andrajo 1 *m.* Prenda de vestir vieja, rota o sucia. 2 Pedazo o jirón de tela roto, viejo o sucio.

andrajoso, sa 1 *adj.* Cubierto de andrajos. 2 Dicho de una prenda de vestir, que está hecha andrajos.

androceo *m.* BOT Conjunto de los estambres de la flor que constituyen su órgano sexual masculino.

andrógeno *m.* FISIOL Hormona producida por el testículo y la corteza suprarrenal que provoca la aparición de los caracteres sexuales masculinos.

andrógino, na 1 *adj.* y *s.* HERMAFRODITA. 2 Dicho de una persona, cuyos rasgos externos no se corresponden con los propios de su sexo.

androide *m.* Autómata con la figura y los modos de un ser humano.

andropausia *f.* FISIOL Periodo de la vida caracterizado por la involución y el cese de la actividad testicular en el varón.

andurrial *m.* Lugar a trasmano y de difícil acceso.

anécdota *f.* Relato breve de algún rasgo o hecho curioso.

anecdotario *m.* Colección de anécdotas.

anegar *tr.* y *prnl.* Inundar de agua o de otros líquidos.

anejo, ja 1 *adj.* y *s.* Unido o agregado a alguien o algo, con dependencia, proximidad y estrecha relación respecto a ella. 2 *adj.* Propio, inherente, concerniente. 3 *m.* Grupo de población rural unido a otro u otros para formar un municipio. 4 *f.* Iglesia parroquial de un lugar sujeta a otra principal, que suele ser la parroquia de la misma población o de otra vecina.

anélido *adj.* y *m.* ZOOL Dicho de un invertebrado, que se caracteriza por tener un celoma bien desarrollado, la boca en un extremo y el ano en el otro, un cuerpo casi cilíndrico y flexible con anillos o pliegues transversales externos, que corresponden a segmentos internos que suelen tener unos apéndices pares que sirven como medio de locomoción. La mayoría vive en el mar, pero muchos habitan en el agua dulce, como la sanguijuela, o en la tierra húmeda, como la lombriz de tierra.

anemia *f.* MED Empobrecimiento de la sangre por pérdida de esta en las hemorragias, o por enfermedad que disminuye la cantidad de hemoglobina o el número de glóbulos rojos. || ~ **perniciosa** MED Enfermedad que se caracteriza por la disminución progresiva en la cantidad de glóbulos rojos con aumento de su tamaño. Aparece en la madurez.

anémico, ca 1 *adj.* Perteneciente o relativo a la anemia. 2 Que padece anemia.

anemómetro *m.* Instrumento que sirve para medir la velocidad o la fuerza del viento.

anémona *f.* Planta ranunculácea, herbácea, que tiene un rizoma tuberoso, pocas hojas en los tallos y flores grandes y vistosas. || ~ **de mar** Pólipo solitario de colores brillantes, que vive fijo sobre las rocas marinas y tiene, en su extremo superior, la boca rodeada de varias filas de tentáculos.

anestesia 1 *f.* MED Privación parcial o total de la sensibilidad, provocada por causas patológicas o de forma artificial. 2 FARM Sustancia que produce esta pérdida de la sensibilidad.

anestesiar *tr.* MED Privar total o parcialmente de la sensibilidad por medio de la anestesia.

anestesiología *f.* Ciencia y técnica de la anestesia.

aneurisma *m.* o *f.* MED Dilatación anormal de un sector del sistema vascular, especialmente en una arteria.

anexar *tr.* Unir una cosa a otra haciéndola depender de ella. Dicho sobre todo de territorios y de su respectiva jurisdicción.

anexionar *tr.* ANEXAR.

anexionismo *m.* POLÍT Doctrina que favorece y defiende la anexión de territorios.

anexo, xa 1 *adj.* Anejo, propio, inherente, concerniente. 2 *adj.* y *s.* Agregado a otra persona o cosa.

anfetamina *f.* FARM Fármaco estimulante del sistema nervioso central.

anfiartrosis *f.* ANAT Tipo de articulación con movilidad escasa, como la que se da entre las costillas y el esternón.

anfibio, bia 1 *adj.* Dicho de un vehículo, que es capaz de circular por tierra y por agua. 2 BIOL Dicho de un animal o planta, que puede vivir dentro y fuera del agua. 3 *adj.* y *m.* ZOOL Dicho de un animal vertebrado, que puede vivir indistintamente en la tierra o sumergido en el agua, y que, por lo general, está provisto de cuatro extremidades y su piel, que puede ser lisa o rugosa, dispone de numerosas glándulas, a veces venenosas. Durante la fase larvaria respira mediante branquias, las cuales, en el estado adulto, son sustituidas por pulmones rudimentarios, aunque la mayor parte del intercambio respiratorio en esta fase se realiza a través de la piel. Pone los huevos en el agua y de estos salen unas larvas llamadas **renacuajos**, cuyos cuerpos pasan por una metamorfosis hasta llegar al estado adulto.

anfíbol *m.* GEO Mineral compuesto de sílice, magnesia, cal y óxido ferroso, de color por lo común verde o negro y brillo nacarado.

anfibología *f.* LING Doble significado que tienen ciertas palabras y oraciones en determinados contextos, por lo que resultan equívocas, como en *el perro de Enrique,* que puede significar que el perro pertenece a Enrique o que Enrique es un perro ("persona despreciable").

anfígeno *m.* y *adj.* QUÍM Grupo 16 de la tabla periódica de los elementos conformado por: oxígeno, azufre, selenio, telurio y polonio.

anfípodo *adj.* y *m.* ZOOL Dicho de un crustáceo, acuático, casi siempre marino, de entre 8 y 9 mm de longitud, que presenta un desarrollo sin estadios larvarios y cuya característica esencial es la posición de las branquias y el corazón en la región torácica y no en la abdominal.

anfiteatro 1 *m.* Edificio oval o circular con gradas alrededor de la arena central, en que se celebraban luchas u otros espectáculos. 2 Conjunto de asientos, por lo general dispuestos en gradas, de las aulas, los teatros, los cines, etc.

anfitrión, na 1 *m.* y *f.* Persona que tiene convidados a su mesa. 2 Persona o entidad que recibe en su país o en su sede habitual a invitados o visitantes.

ánfora *f.* Vasija alta, de cuello estrecho y con dos asas.

anfractuosidad 1 *f.* Cualidad de anfractuoso. 2 Cavidad irregular en una superficie. 3 ANAT Surco que separa las circunvoluciones cerebrales.

anfractuoso, sa *adj.* Dicho de una cosa, especialmente de un terreno, quebrado, sinuoso, abrupto.

angarilla 1 Armazón de cuatro palos, de los cuales penden unas bolsas grandes en las que se transporta a mano o en caballería cualquier tipo de carga. 2 *f. pl.* Andas pequeñas para transportar materiales de construcción y cosas diversas.

ángel 1 *m.* REL En algunas religiones, espíritu celeste y bueno al servicio de Dios. En el arte se representa con rostro infantil o juvenil y con alas. 2 REL Cualquiera de los espíritus celestes que pertenecen al último de los nueve coros. 3 Persona buena e inocente. 4 Gracia, simpatía personal. || ~ **de la guarda** El que, según algunas creencias, Dios tiene destinado a cada persona para su protección y cuidado.

angélica *f.* REL Canto de la liturgia católica con que se bendice el cirio pascual en la noche del Sábado Santo.

angelical 1 *adj.* Perteneciente o relativo a los ángeles. 2 Parecido a los ángeles. 3 Que parece de ángel: *Rostro angelical.*

ángelus *m.* REL Oración en honor del misterio de la Encarnación, que se recita al amanecer, al mediodía y por la tarde.

angina *f.* MED Inflamación de las amígdalas o de estas y de la faringe. || ~ **de pecho** MED Afección del corazón, cuyos síntomas son fuertes dolores y sensación de angustia.

angioma *m.* MED Tumor de carácter benigno formado por acumulación de vasos sanguíneos, que aparece, generalmente, en la piel.

angiospermo, ma *adj.* y *f.* BOT Dicho de una planta, fanerógama, cuyos carpelos forman una cavidad cerrada u ovario dentro de la cual están los óvulos, y que constituye la forma dominante en el paisaje vegetal del planeta. Se divide en **dicotiledóneas** y **monocotiledóneas**.

anglicanismo *m.* REL e HIST Iglesia surgida en Inglaterra tras la Reforma protestante y el conjunto de sus doctrinas. Nació con el rey Enrique VIII (1491-1547), al romper este con la Santa Sede, tras la negativa que recibió del papa Clemente VII respecto a la anulación de su matrimonio con Catalina de Aragón. Difiere de la Iglesia católica en su rechazo al papado y a las doctrinas y los modos característicos de Roma y en la autorización de la ordenación femenina.

anglicano, na 1 *adj.* y *s.* Que profesa el anglicanismo. 2 Perteneciente o relativo a él.

anglicismo 1 *m.* LING Vocablo o giro propio de la lengua inglesa. 2 LING Palabra o expresión inglesa utilizada en otra lengua.

anglo, gla 1 *adj.* y *s.* HIST Dicho de una tribu germánica originaria de la región de Angeln, en la actual Alemania, que durante el s. V se asentó en el E de Inglaterra, territorio que fue conocido más tarde como tierra de los anglos y cuyos habitantes fueron denominados ingleses. 2 Inglés, de Inglaterra.

angloamericano, na 1 *adj.* Perteneciente o relativo a ingleses y americanos. 2 De origen inglés y nacido en América.

anglófilo, la *adj.* Que simpatiza con Inglaterra, los ingleses, el idioma inglés o lo inglés.

anglonormando, da 1 *adj.* y *s.* HIST De un pueblo normando que se estableció en Inglaterra después de la batalla de Hastings (1066). 2 *m.* Dialecto francés normando hablado en Inglaterra.

anglosajón, na 1 *adj.* y *s.* HIST De un pueblo germano que emigró a Britania en los ss. V y VI, procedente de las tierras costeras del mar del Norte, situadas entre los actuales Países Bajos y Noruega. El periodo anglosajón transcurrió desde la primera mitad del s. V hasta la conquista normanda de 1066. 2 Dicho de una persona y un pueblo de origen y lengua ingleses. 3 *m.* Lengua hablada por los antiguos anglosajones de la cual procede el inglés.

angora 1 *adj.* Dicho de un gato, cabra o conejo originario de Asia Menor, de pelo largo y sedoso. 2 *f.* Lana de pelo abundante y sedoso.

angostar *tr.* e *intr.* Hacer angosto, estrechar. • U. t. c. prnl.

angosto, ta *adj.* Estrecho o reducido.

angostura 1 *f.* Calidad de angosto. 2 Estrechura o paso estrecho.

ángstrom *m.* FÍS Unidad de longitud de onda equivalente a una diezmillonésima de milímetro. Símbolo: Å.

anguila *f.* Pez de cuerpo largo y cilíndrico y larga aleta dorsal, cubierto de glándulas mucosas; es comestible. Vive en aguas dulces hasta que desciende a reproducirse en el mar.

angular[1] 1 *adj.* Perteneciente o relativo al ángulo. 2 De figura de ángulo. 3 ARQ **piedra** ~. 4 ASTR **distancia** ~. 5 FÍS **frecuencia** ~, **momento** ~ o cinético; **velocidad** ~. 6 *m.* Pieza de construcción, generalmente de hierro, cuya sección transversal tiene forma de ángulo. || **gran** ~ FOT Dicho de un objetivo, que posee corta distancia focal y capacidad para cubrir un ángulo visual de 70° a 180°.

angular[2] *tr.* Dar forma de ángulo.

ángulo 1 *m.* GEOM Cada una de las dos porciones del plano limitadas por dos semirrectas que parten de un mismo punto, llamado vértice. 2 GEOM Figura geométrica formada en el espacio por dos superficies que parten de una misma línea. 3 GEOM Medida de la rotación de un segmento rectilíneo alrededor de un punto fijo; se expresa en grados o minutos y segundos de grado; una rotación completa son 360°. Un grado tiene 60 minutos, y un minuto, 60 segundos. 4 GEOM **coseno** de un ~; **secante** de un ~; **seno** de un ~; **tangente** de un ~. 5 Rincón. 6 Esquina o arista. 7 Punto de vista o aspecto desde el que se puede considerar alguna cosa. || ~ **agudo** GEOM El menor o más cerrado que el recto. ~ **central** GEOM Aquel cuyo vértice está en el centro de la circunferencia. ~ **complementario** GEOM Ángulo que sumado con otro completa uno recto. ~ **de depresión** ÓPT El que forma la visual con la horizontal, cuando el objeto se encuentra por debajo de la horizontal. ~ **de elevación** ÓPT El que forma la visual con la horizontal, cuando el objeto se encuentra por encima de la horizontal. ~ **de inclinación** GEOM El que se forma con el eje x de una recta y se mide en la dirección contraria a las manecillas del reloj. ~ **de reflexión** ÓPT El formado entre un haz reflejado por una superficie y la normal a esta en el punto de incidencia. ~ **de refracción** ÓPT El formado por una trayectoria que pasa de un medio a otro, y la normal a la superficie de separación entre ambos medios, al alejarse de ella. ~ **diedro** GEOM El que se forma por la intersección de dos superficies a lo largo de una línea.~ **inscrito** GEOM Aquel cuyo vértice está sobre la circunferencia y sus lados contienen cuerdas de la misma. ~ **oblicuo** GEOM El que no es recto. ~ **obtuso** GEOM El mayor o más abierto que el recto. ~ **óptico**

ÓPT El formado por las dos visuales que van desde el ojo del observador a los extremos del objeto que se mira. ~ **recto** GEOM El que forman dos líneas, o dos planos, que se cortan perpendicularmente y equivale a 90°. ~ **semirrecto** GEOM El de 45°, mitad del recto. ~ **suplementario** GEOM Ángulo que falta a otro para componer dos rectos. ~**s alternos** GEOM Los dos que a distinto lado forman una secante con dos rectas. Son alternos internos los que están entre las rectas; alternos externos, los que están fuera.

angustia 1 *f.* Aflicción por la amenaza de peligro o desgracia. 2 Desazón o agobio por el trabajo excesivo o por el desorden circundante. 3 Malestar físico intenso que se traduce en una respiración fatigosa, sin que se deba a causa física determinada.

angustiar *tr.* y *prnl.* Causar angustia, afligir, acongojar.

anhelar *tr.* e *intr.* Tener ansia, estar ávido de algo.

anhelo *m.* Deseo vehemente.

anhídrido (Tb. anhidrido) *m.* QUÍM Cuerpo formado por oxígeno y un elemento no metálico que, al combinarse con el agua, produce un ácido. || ~ **arsénico** QUÍM Cuerpo blanco de aspecto vítreo, compuesto de arsénico pentavalente y oxígeno, muy soluble en agua y alcohol. Es venenoso. ~ **arsenioso** QUÍM Cuerpo blanco, compuesto de arsénico trivalente y oxígeno. Es muy venenoso y se usa en la industria farmacéutica, las industrias del vidrio y el cuero y el control de plagas. ~ **bórico** QUÍM Cuerpo sólido incoloro, compuesto de boro y oxígeno y que, combinado con el agua, forma el ácido bórico. ~ **carbónico** QUÍM Gas más pesado que el aire, incombustible y asfixiante que se produce en las combustiones y algunas fermentaciones. Se usa en la preparación de bebidas espumosas, extintores de incendios y medicina. Se llama también dióxido de carbono. ~ **nítrico** QUÍM Cuerpo sólido, blanco y compuesto de nitrógeno y oxígeno. Desprende oxígeno al descomponerse y combinado con el agua forma el ácido nítrico. ~ **sulfúrico** QUÍM Cuerpo sólido compuesto de azufre y oxígeno que combinado con el agua forma el ácido sulfúrico. ~ **sulfuroso** QUÍM Gas que resulta de la combinación del azufre con el oxígeno al quemarse el primero de estos dos cuerpos.

anhidro, dra *adj.* QUÍM Dicho de un cuerpo, en cuya formación no participa el agua o que la ha perdido si la tenía.

anidar 1 *intr.* y *prnl.* Hacer nido las aves o vivir en él. 2 Habitar, morar. 3 *tr.* Albergar, acoger.

anilina *f.* QUÍM Amina aromática derivada del benceno. Es un líquido aceitoso, incoloro y muy tóxico. Se utiliza para fabricar colores y explosivos y en las industrias petroquímica y farmacéutica.

anilla 1 *f.* Anillo para correr o descorrer las cortinas. 2 Anillo al que se ata un cordón para fijar o sujetar algo. 3 *f. pl.* DEP Aros pendientes de cuerdas o cadenas en que se practican ciertos ejercicios gimnásticos.

anillar 1 *tr.* Dar forma de anillo a una cosa. 2 Sujetar algo con anillos. 3 Marcar a las aves poniéndoles un anillo en la pata.

anillo 1 *m.* Aro pequeño. 2 El que se lleva en los dedos de la mano como símbolo de estado civil o simplemente por adorno. 3 ASTR Formación celeste que circunda determinados planetas. 4 BOT Crecimiento anual del tejido leñoso de los troncos y las ramas de los árboles. 5 MAT Conjunto de elementos entre los que se definen dos reglas de composición, una asimilable a la adición y otra al producto. 6 QUÍM Estructura molecular formada por una cadena cerrada de átomos. 7 ZOOL Cada uno de los segmentos del cuerpo de los gusanos y artrópodos.

ánima 1 *f.* Alma del ser humano. 2 REL Alma de difunto, y especialmente la que pena en el purgatorio. 3 Lo que se mete en el hueco de algunas piezas para reforzarlas. 4 En las armas de fuego, el hueco del cañón.

animación 1 *f.* Acción y efecto de animar o animarse. 2 Vivacidad en los movimientos, acciones o palabras. 3 Gran afluencia de gente a un lugar. 4. *f.* CIN y TV Técnica empleada en el cine, la televisión o los videojuegos que consiste en generar una falsa impresión de movimiento al proyectar, en una secuencia rápida, figuras dibujadas o modeladas generalmente en computador. 5 INF Creación de la ilusión de movimiento al visualizar una sucesión de imágenes fijas generadas por computador.

animado, da 1 *adj.* Dotado de alma. 2 Alegre, divertido. 3 Dotado de movimiento. 4 CIN **dibujos** ~s.

animador, ra 1 *adj.* y *s.* Que anima. 2 *m.* y *f.* Persona que, de oficio, organiza fiestas y reuniones, manteniendo animados a los concurrentes.

animadversión *f.* Enemistad, ojeriza.

animal[1] 1 *m.* BIOL Cualquier miembro del reino animal, el cual comprende todos los organismos pluricelulares que obtienen energía mediante la digestión de nutrientes orgánicos complejos y contienen células que se organizan en tejidos. 2 Animal irracional, por contraposición a ser humano, persona, etc.

☐ BIOL Los animales consiguen su comida de forma activa y la digieren en su medio interno. Los tejidos especializados les permiten desplazarse en busca de alimento o, si permanecen fijos, atraerlo hacia sí. Casi todas las especies tienen un crecimiento limitado y, al llegar a la edad adulta, alcanzan una forma y tamaño bien definidos. La reproducción es predominantemente sexual. Este reino comprende más de dos millones de especies vivientes agrupadas en 35 filos principales que se suelen agrupar en tres ramas: **mesozoos, parazoos** y **metazoos**.

animal[2] 1 *adj.* Perteneciente o relativo al animal. 2 Perteneciente o relativo a la parte sensitiva de un ser viviente, a diferencia de la parte racional o espiritual. 3 Producido por los animales: *Tracción animal.* 4 Que tiene como base principal los animales: *Alimentación animal.*

animalidad *f.* Calidad o condición de animal.

animalista *adj.* y *s.* Dicho de una persona, que defiende activamente el cuidado y la protección de la especie animal.

animar 1 *tr.* Dar ánimo a alguien, incitar a la acción. 2 Dar a las cosas inanimadas una apariencia de vida. 3 *tr.* y *prnl.* Dar movimiento, calor y vida a lo demasiado frío, serio o rígido: un rostro, un paraje, una reunión social, etc.

anímico, ca *adj.* Perteneciente o relativo al ánimo y sus estados.

animismo 1 *m.* MED Doctrina médica que considera al alma como principio de acción de los fenómenos vitales con independencia de la materia orgánica. 2 REL Creencia religiosa que atribuye alma al mundo y a cada una de sus partes y fenómenos naturales.

ánimo 1 *m.* Alma o espíritu como principio de la actividad humana, como asiento de las impresiones y como sede de las decisiones y actitudes específicas del ser humano. 2 Estado psicológico. 3 Valor, brío, entusiasmo. 4 Intención o propósito de algo. 5 *interj.* Se usa para alentar a alguien.

animosidad 1 *f.* Ánimo esforzado. 2 Animadversión u ojeriza contra alguien.

aniñado, da *adj.* Que tiene aspecto, cosas o actitudes de niño, no siéndolo.

aniñar *tr.* Otogar características de niño a quien ya no está en edad de serlo.

anión *m.* FÍS Ion con carga negativa de una molécula, que en la electrólisis se dirige al ánodo.

aniquilación *f.* Acción y efecto de aniquilar o aniquilarse.

aniquilar 1 *tr.* y *prnl.* Reducir a la nada, destruir o arruinar por completo. 2 *tr.* Fís Reaccionar una partícula elemental con su antipartícula, de forma que desaparecen ambas para convertirse en radiación electromagnética. 3 *prnl.* Deteriorarse mucho algo, como la salud o la hacienda.

anís 1 *m.* Planta umbelífera, de tallo ramoso, florecillas blancas y semillas aromáticas de sabor agradable. 2 Semilla de esta planta. 3 Aguardiente anisado.

aniversario 1 *m.* Día en que se cumplen años de algún suceso. 2 Celebración en que se conmemora.

ano *m.* Anat Extremo inferior del tubo digestivo, consistente en un orificio formado por un esfínter y por el cual se expele el excremento.

anoche *adv. t.* En la noche de ayer: *Anoche fue el recital de piano de Gabriela.*

anochecer[1] 1 *intr. impers.* Hacerse de noche, oscurecer cuando empieza a faltar la luz del día. 2 *intr.* Estar en un lugar, situación o circunstancia determinados al caer la noche. • Vb. irreg. conjug. c. **agradecer**. V. anexo El verbo.

anochecer[2] *m.* Tiempo durante el cual anochece.

anodino, na *adj.* Insignificante, insustancial, sin nada de particular.

anodizar *tr.* Quím Cubrir con una capa metálica mediante **electrólisis**, la superficie de un material sólido para hacerlo más duro y resistente a la corrosión.

ánodo *m.* Electr Electrodo positivo de un generador de electricidad.

anofeles (Tb. anófeles) *adj.* y *m.* Dicho de un mosquito, díptero, cuya hembra transmite el parásito causante del paludismo. Sus larvas viven en las aguas estancadas o de escasa corriente.

anomalía 1 *f.* Irregularidad, discrepancia de una regla. 2 Astr Distancia angular del lugar verdadero o medio de un planeta a su afelio vista desde el centro del Sol.

anómalo, la *adj.* Irregular, extraño, que presenta anomalía.

anómero *m.* Quím **Isómero** de un **monosacárido** con más de cinco átomos de carbono que determina posiciones diferentes para el grupo **hidróxilo**, compuesto formado por un átomo de oxígeno y uno de hidrógeno.

anomia *f.* Carencia de normas sociales.

anomuro *adj.* y *m.* Zool Dicho de un crustáceo, del grupo de los decápodos, cuyo abdomen es muy blando, asimétrico, plegado y retorcido, como el cangrejo ermitaño.

anón *m.* Árbol tropical de tronco ramoso, hojas alternas y lanceoladas, flores axilares y fruto con escamas convexas, que cubren una pulpa blanca, dulce y comestible.

anonáceo, a *adj.* y *f.* Dicho de un árbol o arbusto, dicotiledóneo, cuyo tipo representativo es el anón.

anonadar 1 *tr.* Impresionar fuertemente, privando de iniciativas y energías. 2 *tr.* y *prnl.* Humillar, abatir.

anónimo, ma 1 *adj.* Dicho de una obra o un escrito, que no lleva el nombre de su autor. 2 Dicho de un autor desconocido. 3 Econ **sociedad** ~. 4 *m.* Carta o papel sin firma en que, por lo general, se dice algo ofensivo o desagradable.

anopluro *adj.* Zool Dicho de un diminuto insecto, que se caracteriza por poseer unas mandíbulas adaptadas para la succión y por parasitar en la piel de los mamíferos y las aves.

anorexia *f.* Med Enfermedad que se caracteriza por el miedo intenso a ganar peso y por una imagen distorsionada del propio cuerpo. Puede producir alteraciones metabólicas y hormonales.

anormal 1 *adj.* Que está fuera de la norma, de su estado normal y natural. 2 *m.* y *f.* Persona cuyo desarrollo intelectual o físico no corresponde a su edad.

anotar 1 *tr.* Poner notas en un escrito, cuenta o libro. 2 Apuntar, tomar nota. 3 Lograr un tanto en ciertos deportes.

anovulatorio, ria *adj.* y *s.* Que impide la ovulación femenina.

anquilosar 1 *tr.* Producir anquilosis por falta de movimiento. 2 Detener a algo en su desarrollo. 3 *prnl.* Envejecer, atrofiarse física o mentalmente.

anquilosis *f.* Disminución o pérdida del movimiento en una articulación normalmente móvil.

ánsar 1 *m.* **GANSO**. 2 Ave anseriforme de unos 80 cm de longitud y coloración parda oscura.

anseriforme *adj.* Zool Dicho de un ave acuática, que posee pico y patas gruesos, dedos fuertes unidos por una membrana basal y plumaje impermeable, y que obtiene su alimento por filtración, zambullimiento o pastoreo, como los patos, gansos y cisnes.

ansia 1 *f.* Congoja o fatiga que causa en el cuerpo inquietud o agitación violenta. 2 Angustia o aflicción del ánimo. 3 Deseo vehemente. 4 *f. pl.* Náuseas.

ansiar *tr.* Desear con ansia algo.

ansiedad 1 *f.* Estado de agitación o inquietud del ánimo. 2 Angustia que acompaña a ciertas neurosis.

ansioso, sa 1 *adj.* Acompañado de ansias o congojas. 2 Codicioso de algo, que nunca se da por satisfecho con lo que tiene. 3 Que tiene náuseas.

anta *f.* **ALCE**, mamífero rumiante.

antagonismo 1 *m.* Rivalidad, oposición, especialmente en doctrinas y opiniones. 2 Estado de rivalidad o lucha.

antagonista 1 *adj.* Que se comporta de forma contraria a algo. 2 Anat Dicho de un músculo, que en la misma región anatómica obra en sentido contrario. 3 *m.* y *f.* Persona o cosa opuesta o contraria a otra. 4 En obras literarias, cinematográficas, etc., personaje que se opone al protagonista.

antaño *adv. t.* En tiempos antiguos: *Antaño se vivía con más tranquilidad.*

antártico, ca 1 *adj.* Geo Perteneciente o relativo o cercano al Polo Antártico. 2 Perteneciente o relativo a la Antártica. • Se escribe con may. inic. cuando se refiere a la región.

ante[1] 1 *m.* **ALCE**, rumiante. 2 Piel curtida de este animal. 3 Piel de algunos otros animales curtida a semejanza de la del ante.

ante[2] 1 *prep.* Delante de, en presencia de: *Ante la duda, abstente.* 2 En comparación con, respecto de: *Ante la sencillez de su apariencia, sus palabras eran elegantes y cuidadas.*

anteanoche *adv. t.* En la noche de anteayer: *Trasnochó anteanoche haciendo el trabajo.*

anteayer *adv. t.* En el día que precedió inmediatamente al de ayer: *Aunque el equipo perdió anteayer, hoy tiene todas las posibilidades de ganar.*

antebrazo *m.* Parte del brazo desde el codo hasta la muñeca.

antecámara 1 *f.* Pieza que precede a la sala principal de una casa. 2 En ciertos motores de explosión, cámara de precombustión situada entre el inyector de combustible y el cilindro.

antecedente 1 *adj.* Que antecede. 2 *m.* Acción, dicho o circunstancia que sirve para juzgar situaciones posteriores. 3 Gram Término o elemento de la oración a que se refieren los pronombres y adverbios relativos. 4 Lóg Primera proposición de un argumento de dos proposiciones.

anteceder 1 *tr.* Preceder. 2 Adelantar, anticipar.

A B C D E F G H I J K L M N Ñ O P Q R S T U V W X Y Z

antecesor, ra 1 *adj.* Anterior en tiempo. 2 *m.* y *f.* Persona que ha ocupado un puesto o ha desempeñado un cargo respecto de la que le sigue. 3 Antepasado, ascendiente.
antediluviano, na 1 *adj.* Que es anterior al Diluvio Universal. 2 Muy antiguo.
antejardín *m.* Área libre entre la línea de demarcación de una calle y la línea de construcción de un edificio.
antelación *f.* Anticipación en el tiempo de una cosa respecto de otra.
antemano || **de ~** Con anticipación, anteriormente.
antememoria *f.* INF Memoria de capacidad y tiempo de acceso muy débiles, que contiene la mayoría de las informaciones que la unidad central puede necesitar, sin recurrir a la memoria central, cuyo tiempo de acceso es mucho mayor.
antemeridiano, na *adj.* Que es anterior al mediodía.
antena 1 *f.* Dispositivo de formas muy diversas que se utiliza para la emisión o recepción de ondas electromagnéticas. 2 ZOOL Cada uno de los apéndices articulados que, en número de dos o de cuatro, tienen en la cabeza los insectos, miriápodos y crustáceos.
anteojera 1 *f.* Caja o funda en que se guardan los anteojos. 2 Cada una de las piezas que se colocan junto a los ojos de algunos animales domésticos para que no vean por los lados.
anteojo 1 *m.* ÓPT Instrumento óptico para ver objetos lejanos, compuesto esencialmente de dos lentes, una colectora de la luz y la otra amplificadora de la imagen formada por la primera. 2 ÓPT *m. pl.* **PRISMÁTICOS**. 3 **GAFAS**, útil óptico.
antepasado, da 1 *adj.* Dicho de un tiempo anterior a otro tiempo ya pasado. 2 *m.* y *f.* Ascendiente (persona). 3 *m. pl.* Los que vivieron en épocas lejanas.
antepecho *m.* Barandilla que se coloca en balcones, puentes, etc., para poder asomarse sin peligro de caer.
antepenúltimo, ma *adj.* Inmediatamente anterior al penúltimo.
anteponer 1 *tr.* y *prnl.* Poner delante; poner inmediatamente antes. 2 Preferir, dar más importancia. • Vb. irreg. conjug. c. **poner**. V. anexo El verbo.
anteproyecto *m.* Conjunto de trabajos o estudios preliminares que constituyen el proyecto provisional antes del proyecto definitivo.
antera *f.* BOT Parte de las flores que contiene el polen; está situado en la parte superior del estambre y se abre al madurar para dejar escapar los granos de polen formados en su interior.
anteridio *m.* BOT Órgano sexual masculino de las criptógamas.
anterior *adj.* Que precede en lugar o tiempo.
anterioridad *f.* Precedencia temporal de una cosa con respecto a otra.
antes 1 *adv. t.* y *l.* Indica prioridad en el tiempo o en el espacio, respecto al momento o punto en que se habla: *Me descubrió antes de que yo pudiera escapar; El restaurante está justo antes de la biblioteca.* • Frecuentemente se completa su construcción con las partículas *que* y *de.* 2 Denota preferencia: *Antes muertos que esclavos.* 3 *conj. advers.* Da idea de contrariedad y preferencia: *No desdeñes la amistad, antes cultívala con ahínco.*
antesala 1 *f.* Pieza que precede a la sala principal de una casa. 2 fig. Situación inmediatamente anterior a otra.
antiácido, da 1 *adj.* y *m.* Dicho de un material, que resiste a la acción de los ácidos. 2 *m.* FARM Sustancia que neutraliza el exceso de acidez gástrica, como el bicarbonato sódico.
antiaéreo, a *adj.* Perteneciente o relativo a la defensa contra ataques aéreos.
antibelicista *adj.* Dicho de una persona o forma de pensamiento, que se opone a la guerra.
antibiótico, ca *adj.* y *m.* FARM Dicho de una sustancia, que posee propiedades específicas contra los microorganismos patógenos. Es un producto metabólico natural (aunque actualmente se sintetiza) que actúa destruyendo los agentes patógenos (por ejemplo, las bacterias) o inhibiendo su crecimiento y desarrollo.
antibloqueo *adj.* Dicho de un sistema de control de frenado, que evita que las ruedas de los automóviles queden bloqueadas.
anticátodo *m.* FÍS En un tubo electrónico, lámina de metal que recibe los rayos catódicos y emite los rayos X.
anticiclón *m.* GEO Área de alta presión atmosférica que aumenta hacia el centro.
anticipación *f.* Acción y efecto de anticipar o anticiparse.
anticipar 1 *tr.* Adelantar una cosa a su tiempo regular o señalado de antemano: los exámenes, la fecha de la boda, el día del viaje. 2 Predecir una cosa. 3 *prnl.* Adelantarse una persona a otra en la ejecución de algo. 4 Ocurrir algo antes del tiempo fijado: las lluvias, la llegada del tren.
anticipo 1 *m.* **ANTICIPACIÓN**. 2 Dinero adelantado.
anticlericalismo *m.* Animosidad contra el clero o su influencia en la sociedad.
anticlímax *m.* Momento en que desciende la tensión después del clímax.
anticlinal *m.* GEO Plegamiento de las capas del terreno en forma convexa, formado por efecto de las compresiones laterales de la corteza terrestre.
anticoagulante *adj.* y *m.* FARM Dicho de un medicamento, que suprime, retrasa o evita la formación de coágulos en el torrente sanguíneo.
anticodón *m.* BIOL Secuencia de tres bases nitrogenadas localizada en el extremo de las moléculas del ARN de transferencia.
anticolonialismo *m.* Doctrina política opuesta al colonialismo.
anticomunismo *m.* Doctrina o tendencia contraria al comunismo político.
anticoncepción *f.* Conjunto de prácticas encaminadas a impedir la concepción o el embarazo.
anticonceptivo, va 1 *adj.* y *m.* Dicho de un medio, método o agente, que impide la concepción. 2 FARM **píldora ~**.
anticongelante *adj.* y *m.* Dicho de un producto químico, que impide que el agua se congele en los motores de enfriamiento por esta.
anticonstitucional *adj.* Que es contrario a la Constitución o ley fundamental de un Estado.
anticorrosivo, va *adj.* y *m.* Que impide la oxidación.
anticristo *m.* Personificación apocalíptica de las fuerzas hostiles a Jesucristo, que dejará sentir su influencia maléfica de seducción y perversión antes del fin del mundo.
anticuario, ria 1 *m.* y *f.* Persona entendida en antigüedades. 2 Persona que las colecciona o vende.
anticuerpo *m.* BIOL y FISIOL Sustancia inmunitaria que aparece en el organismo como reacción y defensa contra un antígeno o cuerpo extraño potencialmente dañino.
antideportivo, va *adj.* Que carece de deportividad.
antidepresivo, va *adj.* y *m.* FARM Dicho de un medicamento, que sirve para anular los estados depresivos patológicos.
antiderivada *f.* MAT **función ~**.

antideslizante 1 *adj.* Que impide resbalar. 2 *adj.* y *m.* Dicho de un dispositivo, que impide o reduce el deslizamiento y, especialmente, el de los neumáticos.

antidetonante *adj.* y *m.* Dicho de un producto, que se añade a la gasolina para evitar, en los motores de combustión interna, la explosión prematura de la mezcla.

antídoto 1 *m.* FARM Fármaco que contrarresta los efectos de un veneno. 2 Remedio contra cualquier mal o vicio.

antidumping (Voz ingl.) *m.* ECON Protección contra el **dumping**, en especial contra la competencia desleal de los mercados extranjeros.

antiestético, ca 1 *adj.* Contrario a la estética. 2 Feo, mal compuesto, de mal gusto.

antiincendios (Tb. antincendios) *adj.* Que se usa para apagar incendios o evitar su propagación.

antifaz 1 *m.* Pieza que cubre la parte del rostro que rodea los ojos. 2 Pieza de tela negra con que se cubren los ojos contra la luz.

antifebril *adj.* y *m.* FARM **ANTIPIRÉTICO**, que combate la fiebre o la disminuye.

antifeminista *adj.* y *s.* Opuesto al feminismo.

antífona *f.* REL Breve pasaje que se canta o reza antes y después de los salmos y de los cánticos en las horas canónicas.

antígeno *m.* BIOL y FISIOL Sustancia que, al entrar en el organismo, induce a la producción de anticuerpos. Puede penetrar a través del tracto respiratorio, el tracto digestivo o la piel.

antiglobalización *f.* Oposición a la globalización, entendida esta como la tendencia de los mercados a alcanzar una dimensión mundial.

antigualla 1 *f.* Objeto antiguo, y especialmente el artístico. 2 Mueble, traje, adorno, etc., que ya no está de moda.

antigubernamental *adj.* POLÍT Que es contrario al gobierno constituido de una nación.

antigüedad 1 *f.* HIST Amplio periodo histórico que, en Occidente, abarca desde la consolidación de la sedentarización hasta el colapso del Imperio romano. 2 HIST Periodo inicial de la historia de una civilización. 3 Tiempo que una persona lleva en un empleo o desempeñando un cargo. 4 *f. pl.* Objetos artísticos antiguos.

antiguo, gua 1 *adj.* Que existe desde hace mucho tiempo. 2 Que existió o sucedió en un tiempo remoto. 3 Dicho de una persona, que lleva mucho tiempo en un empleo. 4 Que vivió en épocas remotas.

antihéroe *m.* LIT Personaje de una obra de ficción que, aunque desempeña las funciones narrativas propias del héroe tradicional, difiere en su apariencia y valores.

antihistamínico, ca *adj.* y *m.* FARM Dicho de una sustancia de acción calmante o hipnótica, que es contraria a la histamina.

antiimperialismo (Tb. antimperialismo) *m.* POLÍT Doctrina y movimiento político que luchan contra la dependencia de un país respecto de otro.

antílope *m.* Mamífero rumiante, bóvido, que posee cornamenta hueca persistente, como el ñu, la gacela y la gamuza.

antimateria *f.* FÍS Materia en que cada partícula ha sido reemplazada por la **antipartícula** correspondiente. Por ejemplo, la antipartícula correspondiente al electrón, llamada positrón, tiene carga positiva, pero en todos los demás aspectos es idéntica al electrón.

antimicrobiano, na *adj.* BIOL Que destruye los microorganismos o evita su aparición.

antimilitarismo *m.* POLÍT Doctrina o movimiento contrario al militarismo o a los militares.

antimonio *m.* QUÍM Metal de color blanco azulado y brillante. En pequeñas cantidades, se alea con diversos metales para darles dureza. Como el agua, tiene la propiedad excepcional de expandirse mientras pasa del estado líquido al sólido en el proceso de enfriamiento. Símbolo: Sb. Número atómico: 51. Peso atómico: 121,75. Punto de fusión: aprox. 630 °C. Punto de ebullición: aprox. 1750 °C. Densidad relativa: 6,7.

antimotines *adj.* y *s.* Dicho de un cuerpo policial o de uno de sus miembros, que se dedica a combatir motines o revueltas populares.

antinarcóticos *adj.* Que se dedica a prevenir o evitar el tráfico y consumo de narcóticos.

antineutrón *m.* FÍS Partícula con un momento magnético contrario al del neutrón; puede aniquilarse con este desprendiendo gran cantidad de energía.

antinodo *m.* FÍS Punto de **amplitud** máxima de una **onda estacionaria** que se caracteriza por tener sus **nodos** inmóviles.

antinomia *f.* Contradicción entre dos principios racionales.

antinovela *f.* LIT Género literario que no sigue los principios básicos de forma y contenido de la novela.

antioccidental *adj.* Dicho de alguien o algo, que se opone a las características políticas y culturales propias de los países occidentales.

antiofídico *adj.* FARM **suero ~**.

antioxidante *adj.* y *m.* Que evita la oxidación.

antipapa *m.* El que pretende ser reconocido como papa de la Iglesia católica contra el canónico y legítimo.

antipartícula *f.* FÍS Partícula elemental producida artificialmente, que tiene la misma masa, carga igual y contraria y momento magnético de sentido contrario que las de la partícula correspondiente.

antipasto *m.* Plato compuesto de verduras y carnes frías que generalmente se sirve antes del plato principal.

antipatía *f.* Sentimiento o aversión más o menos intenso hacia una persona, animal o cosa.

antipatriota *m.* y *f.* Persona que actúa en contra de su patria.

antiperistáltico *adj.* FISIOL Dicho del movimiento de contracción del estómago y de los intestinos, que, en virtud del cual las materias contenidas en ellos, van en sentido inverso de su curso natural o peristáltico.

antipersona *adj.* **MINA** antipersonal.

antipirético, ca *adj.* y *m.* FARM Dicho de un medicamento, que actúa contra la fiebre.

antípoda *f.* GEO Cualquier punto del globo terrestre con respecto a otro en lugar diametralmente opuesto.

antiprotón *m.* FÍS Partícula elemental de igual masa que el protón y con carga eléctrica negativa.

antirracismo *m.* Tendencia o ideología opuesta a la discriminación de personas y sociedades de culturas y etnias distintas a la propia.

antirreflectivo, va *adj.* Que evita los reflejos luminosos.

antisemita *adj.* y *s.* Que es enemigo de los judíos y de su cultura.

antisemitismo *m.* POLÍT e HIST Doctrina o tendencia hostil a los judíos. En las diferentes etapas históricas, sus causas han sido esencialmente de tres órdenes: religioso, socioeconómico y étnico. Llegó a sus últimas consecuencias en Alemania, con A. Hitler, y desencadenó un genocidio en el que perecieron más de seis millones de judíos en los campos de exterminio.

antisepsia *f.* MED Conjunto de medidas encaminadas a prevenir o combatir las enfermedades infecciosas.

antisísmico, ca *adj.* Que está construido para evitar o reducir los movimientos producidos por un terremoto.

antisocial *adj.* y *s.* Que es opuesto a la sociedad o al orden social.

antisolar *adj.* Dicho de algo, que previene los efectos nocivos de los rayos solares.

antítesis 1 *f.* LÓG Oposición o contrariedad entre dos juicios o afirmaciones. 2 Persona o cosa totalmente opuesta a otra manera de pensar u obrar. 3 Figura retórica que contrapone palabras o expresiones de significación contraria.

antitoxina *f.* FISIOL Anticuerpo que se forma en el organismo a consecuencia de la introducción de una toxina determinada y sirve para neutralizar ulteriormente nuevos ataques de la misma toxina.

antivirus 1 *adj.* y *s.* FARM Dicho de un fármaco, que produce la destrucción viral o detiene su desarrollo. 2 INF Dicho de un programa, que previene o detecta la presencia de virus informáticos.

antocianina *f.* BOT Cualquiera de los pigmentos que se encuentran disueltos en el protoplasma de las células de diversos órganos vegetales, y a los cuales deben su color las corolas de todas las flores azules y violadas y de la mayoría de las rojas, así como también el epicarpio de muchos frutos.

antojarse *prnl.* Convertirse algo en objeto de un deseo vehemente y caprichoso.

antojo *m.* Deseo vivo, pasajero y caprichoso.

antología *f.* Colección de piezas escogidas de literatura, música, etc.

antonimia *adj.* Cualidad de antónimo.

antónimo, ma *adj.* y *m.* Dicho de una palabra, que expresa ideas opuestas o contrarias: *Virtud y vicio; Útil e inútil.* • V. tabla Homonimia, antonimia y sinonimia, p. 321.

antonomasia *f.* Sinécdoque que consiste en poner el nombre apelativo por el propio, o el propio por el apelativo: *el Salvador* por *Jesucristo; Judas* por un *traidor.*

antorcha *f.* Utensilio para dar luz que consiste en una estaca alargada de madera u otro material, que en uno de sus extremos lleva materia combustible impregnada o en un recipiente, y que puede agarrarse con la mano por el otro extremo.

antozoo *adj.* y *m.* ZOOL Dicho de un celentéreo, que en estado adulto vive fijo sobre el fondo del mar y está constituido por un solo pólipo o una colonia de muchos pólipos unidos entre sí, que tienen la boca rodeada de tentáculos, como las anémonas de mar y los corales.

antracita *f.* GEO Clase de carbón mineral que posee el mayor contenido de carbono (92-95 %) entre todos los tipos de carbones. Arde con dificultad, pero produce un calor muy intenso.

ántrax *m.* MED Inflamación confluente de varios folículos pilosos, generalmente debida al estafilococo, con abundante formación de pus y complicaciones graves. || ~ **maligno** MED Enfermedad virulenta y contagiosa producida por una bacteria específica, que padecen los animales, y que puede transmitirse al ser humano.

antro 1 *m.* Caverna, cueva. 2 Establecimiento o vivienda de aspecto lóbrego o reputación dudosa.

antrópico, ca *adj.* Perteneciente o relativo a la acción del ser humano y, especialmente, a su interacción con el medio.

antropocentrismo *m.* FIL Doctrina que hace del ser humano el centro de todas las cosas y el fin absoluto de la naturaleza.

antropofagia *f.* Hábito o rito de comer carne humana.

antropófago, ga *adj.* y *s.* Dicho de una persona, que come carne humana.

antropogénesis *f.* HIST Estudio sobre el origen y la evolución del ser humano.

antropoide *adj.* y *m.* ZOOL Dicho de un animal, que posee caracteres morfológicos externos semejantes a los del ser humano, especialmente los monos antropomorfos, como el orangután, el gorila y el chimpancé.

antropoideo, a *adj.* ZOOL Dicho de un primate, de encéfalo muy desarrollado y bípedo, que presenta el hocico reducido y los ojos en posición frontal.

antropología *f.* Ciencia que trata del ser humano como ser animal y social según su evolución cultural.

antropometría *f.* Tratado de las proporciones y medidas del cuerpo humano.

antropomorfismo 1 *m.* Conjunto de doctrinas o creencias que atribuyen a la divinidad las cualidades o la figura del ser humano. 2 Tendencia a atribuir rasgos y cualidades humanos a las cosas.

antropomorfo, fa *adj.* y *m.* Dicho especialmente de un primate, que tiene forma o apariencia humana.

antroponimia *f.* Estudio del origen y significación de los nombres propios de persona.

antroposfera *f.* Esfera en la que, a semejanza de la biosfera o la atmósfera, ocurren las actividades humanas.

anual 1 *adj.* Que sucede o se repite cada año. 2 Que dura un año. 3 BOT Dicho de una planta, que germina, crece, florece, grana y muere en un año.

anuario 1 *m.* Libro que se publica cada año como guía o información sobre una determinada profesión o empresa. 2 Revista de prensa de periodicidad anual.

anudar 1 *tr.* y *prnl.* Hacer nudos. 2 Unir mediante nudos. 3 Juntar, unir. 4 *prnl.* Dejar de crecer una persona, animal o planta y no llegar a su perfecto desarrollo.

anuencia *f.* Conformidad o consentimiento.

anular[1] 1 *adj.* Perteneciente o relativo al anillo o que tiene forma de tal. 2 *adj.* y *m.* **dedo ~**.

anular[2] 1 *tr.* y *prnl.* Invalidar, dejar sin fuerza y efecto una ley, un testamento, un contrato, etc. 2 Incapacitar o desautorizar a alguien. 3 *prnl.* Perder la propia capacidad para desenvolverse, humillarse, retraerse.

anunciación *f.* Acción y efecto de anunciar.

anunciar 1 *tr.* Dar noticia o aviso de algo; publicar, hacer saber. 2 Pronosticar. 3 Hacer saber el nombre de un visitante a la persona por quien desea ser recibido. 4 Dar publicidad a un producto con fines de propaganda comercial.

anuncio 1 *m.* Acción y efecto de anunciar. 2 Conjunto de palabras o signos con que se anuncia algo. 3 Pronóstico o vaticinio.

anuria *f.* MED Inhibición o cese total de la secreción urinaria.

anuro, ra *adj.* y *m.* ZOOL Dicho de un anfibio, que se caracteriza por poseer un tronco corto, las extremidades posteriores más largas que las anteriores, la piel desnuda y los ojos saltones, y carecer de cola. Experimenta metamorfosis completa: pone sus huevos en el agua donde nacen los renacuajos (fase en la que presenta branquias y cola) y al irse desarrollando pierde la cola, desarrolla las patas y, finalmente, sale del agua en forma adulta, como las ranas y los sapos.

anverso *m.* En las monedas y medallas, cara principal, por ser la que lleva la efigie de alguna persona o el dibujo más representativo.

anzuelo *m.* Garfio pequeño de metal que, puesto en él algún cebo, sirve para pescar.

añadidura *f.* Lo que se añade a alguna cosa, y en particular lo que el vendedor agrega sobre el peso justo, como propina.

añadir 1 *tr.* Agregar una cosa a otra. 2 Aumentar, acrecentar, ampliar.

añafil *m.* Trompeta recta de unos 80 cm de longitud, usada preferentemente por los árabes.

añagaza 1 *f.* Ardid con que se gana la voluntad de alguien. 2 Señuelo, que suele ser un ejemplar de la misma especie, para cazar aves.

añejar 1 *tr.* y *prnl.* Hacer añeja una cosa. 2 *prnl.* Mejorarse o deteriorarse con el tiempo algunas cosas, especialmente el vino y algunos comestibles.

añejo, ja *adj.* Dicho de un vino o de ciertos alimentos, que tiene uno o varios años, con la connotación positiva de estar asentado y curado.

añil 1 *adj.* y *m.* Dicho de un color entre el azul y el violado, que ocupa el sexto lugar en el espectro solar. 2 *m.* Arbusto perenne, de tallo derecho, hojas compuestas, flores rojizas en espiga o racimo y fruto en vaina arqueada con granillos lustrosos muy duros. 3 Colorante azul oscuro obtenido por maceración de los tallos y hojas de dicha planta.

año 1 *m.* Periodo de doce meses. 2 Periodo de doce meses, a contar desde el día 1 de enero hasta el 31 de diciembre, ambos inclusive. 3 Etapa educativa que dura cerca de un año o se cursa solamente en un año. 4 *m. pl.* Edad, tiempo vivido. || ~ **astronómico** ASTR Tiempo que transcurre entre dos pasos consecutivos de la Tierra por el mismo punto de su órbita. Es el año propiamente dicho. ~ **bisiesto** El que excede el año común en un día, que se añade al mes de febrero. Se repite cada cuatro años, a excepción del último de cada siglo cuyo número de centenas no sea múltiplo de cuatro. ~ **escolar** Periodo que comienza con la apertura de los colegios y las escuelas después de las vacaciones del curso anterior. ~ **fiscal** Periodo de doce meses que comprende un ciclo económico o contable. ~ **lunar** ASTR Periodo de doce revoluciones de la Luna, o sea de 354 días. ~ **luz** ASTR Medida astronómica de longitud, equivalente a la distancia recorrida por la luz en el vacío durante un año. Tomando para la velocidad de la luz un valor de 300 000 km/s, un año luz equivale en números redondos a 9 461 000 000 000 km. ~ **sabático** Año de licencia con sueldo que algunas universidades conceden a su personal docente y administrativo. ~ **santo** REL El del jubileo universal que se celebra en Roma en ciertas épocas, y después por bula se suele conceder en las iglesias señaladas, para todos los pueblos de la cristiandad. ~ **solar** ASTR Tiempo que transcurre durante una revolución real del eje de la Tierra en su órbita alrededor del Sol; equivale a 365 días, 5 horas, 48 minutos y 45,5 segundos.

añoranza *f.* Nostalgia, sentimiento de la persona que añora.

añorar *tr.* e *intr.* Recordar con sentimiento de pena la ausencia de una persona o cosa querida.

añoso, sa *adj.* De muchos años.

aojar *tr.* Hacer mal de ojo.

aorta 1 *f.* ANAT Arteria principal del cuerpo, que en los vertebrados nace del ventrículo izquierdo del corazón y lleva la sangre a todo el organismo, menos a los pulmones. 2 ANAT **cayado** de la ~.

aovado, da *adj.* De figura de huevo.

apabullar *tr.* Dejar a una persona confusa y sin saber qué decir; aplastar.

apacentar 1 *tr.* Dar pasto al ganado mientras pace. 2 *tr.* y *prnl.* Cebar los sentidos o pasiones. • Vb. irreg. conjug. c. **acertar**. V. anexo El verbo.

apache 1 *adj.* y *s.* De un grupo amerindio del SO de EE.UU. 2 Dicho de una persona, de los bajos fondos de París y de su manera de vestir y bailar.

apacible 1 *adj.* Dicho de una persona, mansa y de condición y trato agradable. 2 Tranquilo, bonancible, aplicado a cosas (la vida, el viento, el tiempo).

apaciguar *tr.* y *prnl.* Poner en paz, sosegar, aquietar.

apadrinar 1 *tr.* Asistir como padrino a una persona. 2 Patrocinar, proteger.

apagador, ra 1 *adj.* y *s.* Que apaga. 2 *m.* Pieza metálica, cónica y hueca, que sirve para apagar las velas y que, a veces, va fija al extremo de un mango.

apagar 1 *tr.* y *prnl.* Extinguir el fuego o la luz. 2 Aplacar, calmar sensaciones, pasiones, etc. 3 Desconectar un circuito eléctrico. 4 Echar agua a la cal viva. 5 Rebajar en los cuadros el color o la luz demasiado intensos y vivos. 6 *prnl.* Dejar de estar activo un volcán.

apagón 1 *m.* Corte imprevisto y pasajero del alumbrado eléctrico. 2 Interrupción a gran escala del suministro de energía eléctrica.

apaisado, da *adj.* Dicho de una figura u objeto rectangular, que posee una base mayor que su altura.

apalabrar *tr.* Concertar de palabra alguna cosa dos o más personas.

apalancar 1 *tr.* Levantar o mover alguna cosa utilizando la palanca. 2 Conseguir algo con astucia o por medios ilícitos.

apalear *tr.* Golpear con un palo o cosa semejante.

apanar *tr.* Rebozar con pan rallado un manjar para freírlo.

apandillar *tr.* y *prnl.* Formar una pandilla.

apantanar *tr.* y *prnl.* Inundar de agua un terreno convirtiéndolo en un pantano.

apañar 1 *tr.* Tomar o apoderarse de algo con engaño para apropiárselo. 2 Recoger frutos del suelo con la mano. 3 Componer lo que está roto. 4 Resolver un asunto por conveniencia. 5 *prnl.* Darse maña para hacer algo.

aparador 1 *m.* Mueble con tablero horizontal, armarios y cajones, en el que se guardan las cosas necesarias para el servicio de la mesa. 2 Escaparate de una tienda.

aparar 1 *tr.* Poner las manos o la falda para recoger algo. 2 *tr.* y *prnl.* Disponer o preparar algo.

aparato 1 *m.* Conjunto de diferentes piezas combinadas, para obtener un fin determinado; así se llama aparato al avión, al receptor telefónico, radiofónico o televisivo. 2 Conjunto de cosas que acompañan a algo o a alguien y le dan importancia o vistosidad. 3 BIOL Conjunto de órganos que, en los animales o en las plantas, concurre al desempeño de una misma función. 4 ANAT y FISIOL ~ **circulatorio**; ~ **digestivo**; ~ de la **fonación**; ~ **reproductor**; ~ **reproductor** femenino; ~ **reproductor** masculino; ~ **respiratorio**; ~ **urinario**. || ~ **de Golgi** BIOL Parte diferenciada del sistema de membranas en el interior celular, que se encuentra tanto en las células animales como en las vegetales. ~ **del Estado** Conjunto de instituciones, leyes y servicios administrativos del Estado.

aparatoso, sa 1 *adj.* Que tiene mucho aparato u ostentación. 2 Desmedido, exagerado.

aparcamiento 1 *m.* Acción y efecto de aparcar un vehículo. 2 **PARQUEADERO**.

aparcar *tr.* Colocar un vehículo en un aparcamiento, o dejarlo debidamente estacionado en los puntos de las calles destinados a ese fin.

aparcería *f.* Relación entre aparceros y, en especial, el contrato entre el dueño de una finca y los que la trabajan, o entre el propietario de un rebaño y los pastores.

aparcero, ra *m.* y *f.* Persona que tiene aparcería con otra u otras.

aparear 1 *tr.* Ajustar una cosa con otra de forma que queden iguales. 2 *tr.* y *prnl.* Juntar una cosa con otra formando par. 3 Juntar las hembras con los machos para que críen.

aparecer 1 *intr.* y *prnl.* Manifestarse, dejarse ver, por lo común repentinamente. 2 *intr.* Hallarse lo que estaba perdido u oculto. 3 Darse a conocer por primera vez: *El libro no apareció hasta después de su muerte.* 4 Hacer acto de presencia en un lugar. • Vb. irreg. conjug. c. **agradecer**. V. anexo El verbo.

aparecido *m.* Espectro de un difunto.

aparejar *tr.* y *prnl.* Preparar, disponer, prevenir.

aparejo 1 *m.* Preparación, disposición de lo necesario para un fin. 2 Arreos de las caballerías. 3 Sistema de poleas, una fija y otra móvil. 4 Conjunto de palos, vergas, jarcias y velas de un buque. 5 *m. pl.* Instrumentos y materiales necesarios para cualquier oficio o maniobra.

aparentar 1 *tr.* e *intr.* Fingir o simular una cualidad, situación o sentimiento que no se tiene. 2 *tr.* Presentar un determinado aspecto, lo que se aplica especialmente a la edad que tiene y representa una persona.

aparente 1 *adj.* Que parece y no es. 2 Que se muestra a la vista. 3 Que tiene una apariencia determinada.

aparición 1 *f.* Acción y efecto de aparecer o aparecerse. 2 Visión de un espectro o fantasma.

apariencia *f.* Aspecto exterior de alguien o algo.

apartadero 1 *m.* Vía corta, derivada de la principal, en la que se apartan y aparcan máquinas, vagones, etc. 2 Acción y efecto de apartar o separar animales en el campo.

apartado, da 1 *m.* Lugar de la oficina de correos en que se deposita la correspondencia para que los destinatarios la retiren personalmente. 2 Párrafo de un escrito, de una ley o de un reglamento, que estudia un aspecto concreto.

apartamento *m.* Vivienda, por lo general reducida, dentro de un edificio donde existen otras viviendas análogas.

apartamiento 1 *m.* Acción y efecto de apartar o apartarse. 2 APARTAMENTO.

apartar 1 *tr.* y *prnl.* Separar, desunir, dividir. 2 Quitar a una persona o cosa del lugar donde estaba. 3 Alejar, distanciar. 4 *tr.* Disuadir a alguien, hacer que desista de algún propósito. 5 Desviar la vista o la atención de una cosa. 6 *prnl.* Desistir una persona de la acción o recurso judicial que entabló.

aparte 1 *m.* TEAT Fragmento que dice un personaje para sí mismo u otro aparentando no ser escuchado por nadie: *Gracias a los apartes se descubrieron las intenciones del antagonista.* 2 *adv. l.* En otro lugar, desde lejos: *Colocó los exámenes aparte.* 3 *adv. m.* Separadamente, con distinción: *Los jugadores del equipo contrincante llegaron aparte de sus entrenadores.*

apartheid (Voz af.) *m.* POLÍT Política de segregación racial practicada en la República de África del Sur. El término describe la rígida separación racial entre la minoría blanca gobernante y la mayoría no blanca, vigente hasta las primeras elecciones generales de 1994.

apartidismo *m.* Independencia de cualquier partido político.

apasionado, da 1 *adj.* Dicho de una persona, que se entusiasma por alguien o algo, o es fácilmente propensa al apasionamiento. 2 Falto de ecuanimidad e imparcialidad en el juicio o la actuación.

apasionar 1 *tr.* y *prnl.* Provocar alguna pasión o entusiasmo fuerte. 2 *prnl.* Enamorarse de una persona, entusiasmarse con una idea u objeto. 3 Dejar de ser imparcial.

apatía 1 *f.* Impasibilidad del ánimo, indiferencia. 2 Falta de decisión, dejadez, indolencia.

apatosaurio *m.* PALEONT Dinosaurio herbívoro que vivió durante el jurásico superior. Medía casi 24 m de longitud y pesaba hasta 30 toneladas. Tenía el cuello largo y delgado, una cola larga y fuerte y las extremidades macizas.

apátrida *adj.* y *s.* Dicho de una persona, que, por causas generalmente políticas, no tiene nacionalidad.

apear *tr.* Bajar alguien de una caballería, un carruaje o un vehículo.

apechugar 1 *intr.* Dar o empujar con el pecho. 2 Admitir o hacer algo por fuerza y con repugnancia, porque no hay otro remedio. 3 Apoderarse de algo ajeno.

apedrear 1 *tr.* Tirar piedras contra alguien o algo. 2 Matar a pedradas.

apegar *prnl.* Cobrar apego, tomar afecto a una persona o cosa.

apego *m.* Afición o afecto especial a una persona o hacia alguna cosa.

apelación *f.* Acción de apelar.

apelar 1 *intr.* y *prnl.* Recurrir a alguien o algo en cuya autoridad se confía para resolver algo. 2 *intr.* y *tr.* DER Recurrir al juez o tribunal superior para que revoque, enmiende o anule la sentencia que se supone injustamente dada por el inferior.

apelativo, va 1 *adj.* y *m.* Dicho de un sobrenombre, que se da a una persona. 2 Dicho de un tipo de lenguaje o de las expresiones comunicativas, que pretende influir en el comportamiento del receptor. 3 *m.* APELLIDO, nombre de familia.

apellidar 1 *tr.* Nombrar a alguien por su apellido. 2 *prnl.* Llevar un apellido.

apellido *m.* Nombre de familia con que se identifican y distinguen las personas.

apelmazado, da *adj.* Muy tupido y tieso.

apelmazar *tr.* y *prnl.* Hacer que algo se ponga más compacto.

apelotonar 1 *tr.* y *prnl* Hacer grumos los líquidos. 2 Formar pelotón o pelotones las personas.

apenar 1 *tr.* y *prnl.* Causar pena a alguien. 2 *prnl.* Sentir vergüenza, sonrojarse.

apenas 1 *adv. m.* Casi no, tan solo, difícilmente: *Apenas si comió un bocado; Apenas alcanzará el dinero para cubrir las deudas.* 2 Escasamente, solo: *Ana estudia piano apenas hace un mes.* 3 *conj.* Luego que, en seguida, al punto que: *Apenas la vio, se sintió tranquilo y sonrió.*

apéndice 1 *m.* Parte accesoria de otra cosa, de la que es prolongación o saliente. 2 Persona que imita y sigue a otra. 3 ANAT Parte del cuerpo unida o contigua a otra principal. || ~ **vermicular** ANAT Prolongación delgada y hueca que se halla en la parte interna y terminal del intestino ciego del ser humano, los monos y muchos roedores.

apendicitis *f.* MED Inflamación del apéndice vermicular.

apepsia *f.* MED Falta de digestión.

aperar 1 *tr.* Hacer o arreglar carros y aparejos. 2 Abastecer, proveer de lo necesario.

apercepción *f.* FIL Percepción atenta y clara.

apercibir 1 *tr.* y *prnl.* Prevenir, disponer lo necesario para algo. 2 Percatarse de algo. 3 *tr.* Amonestar a alguien.

apercollar *tr.* Agarrar por el cuello.

apergaminarse *prnl.* Adelgazarse una persona y ponérsele la piel seca y arrugada por la vejez.

aperiódico, ca *adj.* Dicho de algo, que no se repite durante intervalos regulares: *Onda aperiódica.*

aperitivo *m.* Bebida, generalmente alcohólica, que se toma antes de la comida principal.

apero 1 *m.* Conjunto de los instrumentos de labranza y de los animales necesarios para las faenas agrícolas. 2 *m. pl.* Conjunto de utensilios necesarios para cualquier oficio.

apersonarse *prnl.* Tomar con interés un asunto, dirigiéndolo en persona.

apertura 1 *f.* Acción de abrir, que se aplica tanto a las cosas físicas como a las actividades humanas. 2 Acto solemne de dar lectura a un testamento. 3 Combinación de jugadas con que se inicia una partida de ajedrez. 4 Actitud comprensiva frente a ideas, posturas, etc., distintas de las que uno sostiene. || ~ **económica** ECON Modelo económico, que se impuso en América Latina en los años noventa del s. XX, por el cual se permitió el ingreso a los mercados internos de productos del exterior para que compitieran con los nacionales.

aperturismo *m.* Posición política de apertura.

apesadumbrar *tr.* y *prnl.* Causar pesadumbre.

apestar 1 *tr.* y *prnl.* Transmitir la peste. 2 *intr.* Heder, oler muy mal. 3 *prnl.* Resfriarse.

apetecer 1 *tr.* y *prnl.* Desear algo. 2 *intr.* Gustar algo. • Vb. irreg. conjug. c. **agradecer**. V. anexo El verbo.

apetencia *f.* Apetito en general, y en concreto el de comer.

apetito 1 *m.* Impulso instintivo del ser humano que lo lleva a satisfacer sus necesidades y deseos en todos los órdenes de la existencia. 2 Gana de comer.

apetitoso, sa 1 *adj.* Que estimula el apetito o el deseo. 2 Gustoso, sabroso.

ápex *m.* ASTR Punto de la esfera celeste hacia el cual parece dirigirse el Sol.

apiadar 1 *tr.* Causar piedad. 2 *prnl.* Sentir piedad o compasión de alguien.

apianar *tr.* y *prnl.* Bajar la voz o el sonido.

apical 1 *adj.* Perteneciente o relativo al ápice o punta. 2 *adj.* y *f.* FON Dicho de una consonante, que, como la *l* o la *t*, requiere la punta de la lengua para su articulación.

ápice 1 *m.* Punta en que termina una cosa. 2 Extremo en la parte superior o cima. 3 Porción mínima de algo.

apicoalveolar *adj.* FON Dicho de un sonido consonántico, que se pronuncia apoyando la punta de la lengua en los alvéolos superiores, y de la letra que representa ese sonido (*l*, *r*).

apicultura *f.* Arte de criar abejas para aprovechar sus productos.

apilar *tr.* Amontonar unas cosas sobre otras, formando pila o montón.

apiñar *tr.* y *prnl.* Juntar apretadamente personas o cosas.

apio *m.* Planta comestible, umbelífera, de 50 a 60 cm de altura, con tallo jugoso, grueso y hueco, hojas largas y flores muy pequeñas y blancas.

apisonadora *f.* Máquina montada sobre rodillos muy pesados, que se emplea para apisonar las carreteras.

apisonar 1 *tr.* Pisar una y otra vez la tierra para alisarla. 2 Allanar un terreno con la apisonadora.

aplacar *tr.* y *prnl.* Amansar, apaciguar haciendo disminuir la violencia o el enfado.

aplanadera *f.* Instrumento de piedra, madera u otra materia, con que se aplana el suelo, el terreno, etc.

aplanador, ra 1 *adj.* y *s.* Que aplana. 2 *f.* APISONADORA.

aplanar *tr.* Allanar o poner algo llano.

aplanchar *tr.* PLANCHAR.

aplanético, ca *adj.* ÓPT Dicho de un espejo cóncavo, lente u objetivo, que está exento de aberración esférica.

aplastar 1 *tr.* y *prnl.* Deformar una cosa por presión o a golpes para reducir su grosor o espesor. 2 *tr.* Derrotar por completo. 3 Apabullar y abrumar a alguien dejándole confuso.

aplaudir 1 *tr.* Dar palmadas en señal de aprobación o de entusiasmo. 2 Celebrar con palabras o gestos a personas o cosas.

aplauso *m.* Acción y efecto de aplaudir.

aplazar 1 *tr.* Diferir algo, retrasarlo. 2 Suspender un examen.

aplicación 1 *f.* Acción y efecto de aplicar o aplicarse. 2 Afición y empeño con que se hace algo. 3 Destino que se da a un objeto. 4 Adorno que se añade a una tela o madera. 5 MAT Operación que establece una correspondencia entre dos conjuntos de elementos de forma que a todo elemento del conjunto de partida se le asocie un elemento único del conjunto de llegada. 6 Solicitud, petición. || ~ **afín** MAT La compuesta de otras dos, una en la que se multiplica y otra en la que se suma. Su forma es $y = ax + b$. ~ **lineal** MAT La que se lleva a cabo entre dos conjuntos de números enteros o de números racionales, cuyo criterio es la multiplicación, su forma es $y = ax$.

aplicado, da 1 *adj.* Que muestra aplicación o asiduidad. 2 Dicho de una parte de la ciencia, que está enfocada en razón de su utilidad, y también de las artes manuales o artesanales, como la cerámica, la ebanistería, etc.

aplicar 1 *tr.* Poner una cosa sobre otra de forma que queden en contacto. 2 Emplear un conocimiento o principio para conseguir un determinado efecto en alguien o algo. 3 Referir a un caso particular lo que se ha dicho. 4 Atribuir a una persona algún hecho o dicho. 5 Destinar, adjudicar. 6 Solicitar algo, especialmente una beca de estudios. 7 *prnl.* Poner esmero en la realización de algo.

aplique 1 *m.* Aparato de luz fijo a una pared. 2 Parte o material que se añade a algo.

aplomar 1 *tr.* e *intr.* Comprobar con la plomada la verticalidad de algo. 2 *tr.* Poner las cosas verticalmente. 3 *prnl.* Cobrar aplomo o seguridad.

aplomo 1 *m.* Gravedad, serenidad. 2 Verticalidad.

apnea *f.* MED Falta o suspensión de la respiración.

apocado, da *adj.* De poco ánimo, tímido.

apocalipsis (de *Apocalipsis*, libro de la *Biblia*) *m.* Fin del mundo; catástrofe, desastre.

apocalíptico, ca 1 *adj.* Perteneciente o relativo al *Apocalipsis*. 2 Misterioso, oscuro, enigmático. 3 Que amenaza o implica exterminio o devastación.

apocar 1 *tr.* Reducir algo a poco. 2 *tr.* y *prnl.* Abatir, humillar.

apocopado, da *adj.* Que presenta apócope.

apócope 1 *f.* GRAM Supresión de una o varias letras al final de una palabra. 2 GRAM Palabra que resulta de dicha supresión, como *veintiún* de *veintiuno* o *gran* de *grande*.

apócrifo, fa 1 *adj.* Dicho de un libro o escrito, que es atribuido a alguien que no es el autor. • U. t. como s. m. 2 Supuesto, fingido.

apodar 1 *tr.* Poner apodos. 2 *prnl.* Ser llamado por el apodo.

apoderar 1 *tr.* Dar poderes una persona a otra para que la represente. 2 *prnl.* Adueñarse de una cosa poniéndola bajo su poder.

apodíctico, ca *adj.* Decisivo y concluyente, que no admite dudas.

apodiforme *adj.* y *s.* ZOOL Dicho de un ave, con patas muy cortas y alas largas, que vuela a gran velocidad y construye sus nidos con diversos materiales unidos con una sustancia secretada por sus glándulas salivares, como los vencejos y colibríes.

apodo *m.* Sobrenombre que suele darse a una persona por algún rasgo peculiar.

ápodo, da 1 *adj.* y *m.* ZOOL Sin extremidades. 2 Dicho de un anfibio, que, en estado adulto, se caracteriza por la ausencia de extremidades, la presencia de pequeñas escamas en los pliegues exteriores del cuerpo y la adaptación a la vida subterránea.

apódosis *f.* Gram En los periodos condicionales, la oración principal, que enuncia el resultado o la consecuencia de que se cumpla la condición expresada en la subordinada.

apófisis *f.* Anat Parte saliente de un hueso para su articulación en otro o como apoyo para la inserción de un músculo. || ~ **coracoides** Anat La de la cintura escapular, situada en la parte más prominente del hombro.

apogeo 1 *m.* Cima o punto culminante en un estado o proceso. 2 Astr y Fís Punto de una órbita, en el cual es máxima la distancia entre el objeto que la describe y su centro de atracción.

apolillar 1 *tr.* y *prnl.* Agujerear y destruir la polilla las ropas o cosas. 2 *prnl.* Quedarse anticuado.

apolinarismo *m.* Hist y Rel Doctrina herética que Apolinar de Laodicea (s. IV) opuso al arrianismo. Negaba la completa naturaleza humana de Cristo.

apolíneo, a 1 *adj.* Relacionado con Apolo y sus atributos. 2 Dicho de una belleza, masculina.

apolítico, ca *adj.* Que es ajeno a la política.

apologético, ca 1 *adj.* Perteneciente o relativo a la apología. 2 *f.* Teol Parte de la teología que expone los fundamentos y las pruebas de la verdad y credibilidad de la religión cristiana.

apología 1 *f.* Defensa oral o escrita de una persona o de una institución. 2 Exaltación y alabanza de alguien o de algo.

apoltronarse 1 *prnl.* Ponerse cómodo en un asiento. 2 Llevar una vida sedentaria y holgazana. 3 Mantenerse a toda costa en un puesto o cargo.

aponeurosis 1 *f.* Anat Membrana de tejido conjuntivo fibroso que envuelve los músculos. 2 Anat Tendón en forma laminar o de cinta.

apoplejía *f.* Med Paralización súbita y más o menos extensa del funcionamiento del cerebro, causada por un derrame sanguíneo en el encéfalo o las meninges.

aporcar *tr.* Remover la tierra para amontonarla en torno a los troncos o tallos de cualquier planta.

aporía 1 *f.* Dificultad lógica en un planteamiento o problema especulativo. 2 Lóg Conclusión manifiestamente falsa de un razonamiento.

aporrear 1 *tr.* y *prnl.* Golpear con una porra o de otra forma. 2 Golpear accidentalmente.

aportar[1] *intr.* Ir a parar a alguna parte de manera voluntaria o por azar.

aportar[2] 1 *tr.* Contribuir alguien con su parte a una empresa común. 2 Aducir razones o testimonios en favor de alguna causa. 3 Llevar, conducir.

aporte 1 *m.* Contribución, participación, ayuda. 2 Geo Acción y efecto de depositar materiales un río, un glaciar, el viento, etc.

aposentar *tr.* Dar habitación u hospedaje.

aposento 1 *m.* Habitación de una casa, y especialmente la ocupada por una persona. 2 Posada, hospedaje.

aposición 1 *f.* Gram Complementación entre dos palabras, una palabra y una frase o dos frases, de modo que la segunda caracterice, identifique o comente a la primera; por ejemplo: *Barranquilla, ciudad colombiana, que está a orillas del mar Caribe.* 2 Gram Construcción de dos elementos nominales unidos, el segundo de los cuales especifica al primero, por ejemplo: *Mi hijo Manuel.*

apósito *m.* Med Remedio que se aplica exteriormente sujetándolo con vendas o esparadrapos.

aposta *adv. m.* Adrede, intencionalmente: *Se cayó aposta para llamar su atención.*

apostar 1 *tr.* Convenir entre sí dos o más personas en que la que no acierte pagará una determinada cantidad o realizará algún servicio. 2 Arriesgar cierta cantidad de dinero a un número o resultado. 3 *intr.* Competir, rivalizar. • Vb. irreg. conjug. c. **contar**. V. anexo El verbo.

apostatar *intr.* Rel Abandonar unas determinadas creencias religiosas, el estado clerical o una doctrina.

a posteriori (Loc. lat.) 1 Después de examinar el asunto de que se trata. 2 Lóg Se usa para indicar la demostración que consiste en ascender del efecto a la causa o de las propiedades de algo a su esencia.

apostilla *f.* Acotación o nota que aclara o completa un texto.

apostillar *tr.* Poner apostillas, anotar.

apóstol 1 *m.* Rel Título que se da a cada uno de los doce primeros discípulos de Jesús, y que se aplica también a san Pablo y san Bernabé. 2 Rel Predicador, evangelizador. 3 Propagador de cualquier género de doctrina importante.

apostolado 1 *m.* Oficio y actividad de apóstol. 2 Rel Conjunto de los apóstoles de Jesús. 3 Propaganda en favor de una doctrina o un ideal.

apostólico, ca 1 *adj.* Perteneciente o relativo a los apóstoles. 2 Rel Perteneciente al Papa, o que dimana de su autoridad. 3 Rel Dicho de una Iglesia católica romana, que, en cuanto a su origen y doctrina, procede de los apóstoles.

apóstrofe 1 *m.* Figura retórica consistente en interrumpir un discurso para dirigirse con vehemencia a un interlocutor real o imaginario. 2 Insulto vehemente.

apóstrofo *m.* Ort Signo ortográfico (') que indica la supresión de una letra o un sonido: *Pa'que* por *para que*.

apostura *f.* Cualidad de apuesto.

apotegma *m.* Máxima o dicho sentencioso reconocido por haber sido proferido por una persona célebre.

apotema 1 *f.* Geom Perpendicular trazada desde el centro de un polígono regular a uno cualquiera de sus lados. 2 Geom Altura de las caras triangulares de una pirámide regular.

apoteosis 1 *f.* Dignificación pública de una persona mediante honores y alabanzas. 2 Punto culminante de un espectáculo o final festivo de este.

apoyabrazos *m.* Pieza de un vehículo, a veces abatible que sirve para apoyar los brazos.

apoyar 1 *tr.* Hacer que una cosa descanse sobre otra. 2 Basar, fundar algo en determinadas razones. 3 Sostener o confirmar una opinión reforzándola de alguna manera. 4 Favorecer, patrocinar.

apoyatura 1 *f.* Mús Nota de adorno que precede a otra, de la que toma su valor sin alterar la duración del compás. 2 Apoyo, fundamento. 3 Apoyo, auxilio.

apoyo 1 *m.* Lo que está debajo de una cosa como base, sosteniéndola. 2 Protección, auxilio. || **punto de** ~ Fís Lugar fijo sobre el cual estriba una palanca u otra máquina, para que la potencia pueda vencer a la resistencia.

apreciación 1 *f.* Acción y efecto de apreciar, poner precio a las cosas. 2 Juicio con que se valoran. 3 *f.* Art Conjunto de conocimientos sobre los conceptos y las reglas de diversas manifestaciones artísticas, como la pintura, el cine, la escultura, etc., que permiten a un especialista emitir un juicio de valor sobre las mismas.

apreciar 1 *tr.* Poner precio o tasa a las cosas vendibles después de sopesar sus condiciones y calidades. 2 Reconocer el mérito de las personas o las cosas. 3 Sentir afecto por alguien.

aprecio 1 *m.* Apreciación. 2 Acción y efecto de apreciar. 3 Estimación afectuosa de alguien por sus cualidades.

aprehender 1 *tr.* Coger, asir. 2 Capturar a una persona o alguna cosa. 3 Percibir con los sentidos o la inteligencia sin formar un juicio.

aprehensión *f.* Acción y efecto de aprehender.

aprehensivo, va 1 *adj.* Perteneciente o relativo a la facultad mental de aprehender. 2 Que es capaz o perspicaz para aprehender las cosas.

apremiar 1 *tr.* Dar prisa a alguien para que actúe con rapidez. 2 Compeler con mandamiento de la autoridad a la ejecución de alguna cosa.

aprender 1 *tr.* e *intr.* Adquirir el conocimiento de algo mediante el estudio o la experiencia. 2 *tr.* Fijar algo en la memoria.

aprendiz, za 1 *m.* y *f.* Persona que aprende algún arte u oficio. 2 A efectos laborales, el operario antes de pasar a oficial.

aprendizaje 1 *m.* Acción de aprender algún arte u oficio. 2 Conjunto de conocimientos, prácticas, etc., para aprenderlo. 3 Tiempo que lleva adquirirlo. 4 ZOOL Tipo de comportamiento de los animales, que puede adquirirse a través de las relaciones temporales que estos establecen con el medio ambiente.

aprensión 1 *f.* **APREHENSIÓN.** 2 Recelo o temor infundado de relacionarse con alguien o algo. 3 Miramiento, reparo.

aprensivo, va *adj.* y *s.* Que tiene aprensión.

apresar 1 *tr.* Asir, prender una presa las fieras con garras y colmillos. 2 Aprisionar a una persona.

aprestar 1 *tr.* y *prnl.* Aparejar y disponer lo necesario para algo. 2 *tr.* Aderezar las telas, darles consistencia con goma y otros materiales.

apresto 1 *m.* Preparación, prevención. 2 Sustancia para aprestar las telas.

apresurar *tr.* y *prnl.* Dar prisa.

apretado, da 1 *adj.* Ajustado, apelmazado. 2 Difícil de soltar.

apretar 1 *tr.* Estrechar una cosa contra el pecho, o ceñir con la mano o los brazos. 2 Presionar con fuerza alrededor de algo, como los vestidos muy ajustados alrededor del cuerpo. 3 Oprimir, ejercer presión sobre algo. 4 Estrechar alguna cosa para aumentar su tirantez. 5 Activar algo; acelerar el paso. 6 Obligar a alguien con ruegos o amenazas. 7 Ser una persona muy exigente o una cosa muy fuerte (el frío, el calor). 8 *intr.* Esforzarse más de lo debido. • Vb. irreg. conjug. c. **acertar**. V. anexo El verbo.

apretón 1 *m.* Apretadura muy fuerte y rápida. 2 Intensificación del esfuerzo en algo.

apretujar 1 *tr.* Apretar mucho. 2 *prnl.* Apretarse muchas personas en un sitio muy reducido.

apretura 1 *f.* Opresión causada por la excesiva concurrencia de gente. 2 Sitio estrecho. 3 Aprieto, apuro. 4 Escasez, especialmente de víveres o de dinero.

aprieto 1 *m.* Apretura de la gente. 2 Apuro, conflicto.

a priori (Loc. lat.) 1 Antes de examinar el asunto de que se trata. 2 LÓG Se usa para indicar la demostración que consiste en descender de la causa al efecto o de la esencia de algo a sus propiedades.

apriorismo 1 *m.* FIL Doctrina epistemológica que afirma que el valor del conocimiento depende tanto de su elemento sensible como del inteligible, y que este elemento inteligible es *a priori*, es decir, independiente del valor de la experiencia. 2 LÓG Método sistemático del razonamiento *a priori*.

aprisa *adv. m.* Con celeridad, presteza o prontitud: *Hizo aprisa los ejercicios.*

aprisionar 1 *tr.* Poner en prisión. 2 Sujetar con grilletes, cadenas, etc. 3 Atar, sujetar con fuerza a alguien.

aprobar 1 *tr.* Dar por bueno. 2 Asentir a una doctrina o a una resolución. 3 Declarar hábil y competente. 4 Superar un examen con la calificación suficiente. • Vb. irreg. conjug. c. **contar**. V. anexo El verbo.

aprontar 1 *tr.* Disponer algo con prontitud. 2 Entregar sin dilación dinero u otra cosa.

apropiado, da *adj.* Acomodado o proporcionado para el fin a que se destina.

apropiar 1 *tr.* Convertir una cosa en propiedad de alguien. 2 Acomodar a un fin o situación determinados las circunstancias. 3 *prnl.* Adueñarse de algo.

aprovechar 1 *tr.* Emplear algo con provecho. 2 *intr.* Servir alguna cosa de provecho. 3 *intr.* y *prnl.* Avanzar en estudio, virtud, etc. 4 *prnl.* Sacar utilidad de alguna cosa o persona. 5 Propasarse con alguien.

aprovisionar *tr.* **ABASTECER.**

aproximación 1 *f.* Acción y efecto de aproximar o aproximarse. 2 MAT Máxima diferencia posible entre un valor obtenido en una medición o cálculo y el exacto desconocido.

aproximadamente *adv. c.* y *adv. m.* Con proximidad, con corta diferencia: *Juan corre aproximadamente cuatro kilómetros diarios.*

aproximado, da *adj.* Que se acerca más o menos a lo exacto.

aproximar 1 *tr.* y *prnl.* Poner cerca una cosa de otra. 2 Obtener un resultado cercano al exacto cuando sea necesario para un propósito.

apterigiforme *adj.* y *f.* ZOOL Dicho de un ave, corredora y nocturna, que se caracteriza por poseer alas rudimentarias, plumas filiformes y pico largo y delgado. Vive en Nueva Zelanda, como el kiwi.

áptero, ra 1 *adj.* y *m.* ZOOL Que no tiene alas o que las tiene muy reducidas, como los insectos. 2 Dicho de un edificio, que carece de columnas en sus fachadas laterales.

aptitud 1 *f.* Cualidad por la que personas o cosas se acomodan a un fin determinado. 2 Idoneidad para ocupar y desempeñar un cargo.

apto, ta *adj.* Idóneo, hábil, a propósito para hacer algo.

apuesta 1 *f.* Acción y efecto de apostar dinero u otra cosa. 2 Cosa que se apuesta.

apuesto, ta 1 *adj.* De buena presencia. 2 Elegante.

apuntación *f.* Acción de apuntar, nota.

apuntador, ra 1 *adj.* y *s.* Que apunta. 2 *m.* y *f.* TEAT Persona que va apuntando o diciendo a los actores lo que deben decir.

apuntalar 1 *tr.* Sostener algo. 2 Reforzar una cosa con puntales.

apuntar 1 *tr.* Tomar apuntes o notas de alguna cosa por escrito. 2 En un escrito, marcar con alguna señal palabras o frases. 3 Hacer un apunte o dibujo rápido. 4 Señalar con el dedo o de otro modo hacia un punto. 5 Dirigir hacia un punto un arma. 6 Sacar punta a un objeto. 7 Unir o fijar ligeramente por medio de puntadas. 8 Cerrar una prenda de vestir con botones, broches, etc. 9 Ejercer de apuntador. 10 *intr.* Empezar a manifestarse algo, como la luz del día. 11 *tr.* y *prnl.* Inscribirse alguien en una lista. 12 *prnl.* Lograr tantos o triunfos en un juego o deporte.

apunte 1 *m.* Acción y efecto de apuntar. 2 Nota escrita de alguna cosa. 3 Dibujo hecho rápidamente. 4 TEAT Voz de la persona que va apuntando. 5 TEAT Escrito que tiene a la vista el apuntador. 6 Opinión espontánea expresada con humor. 7 *m. pl.* Extracto de las explicaciones de un profesor que toman los alumnos para sí.

apuñalar *tr.* Dar puñaladas.

apurado, da 1 *adj.* Falto de lo necesario, especialmente de dinero. 2 Difícil, peligroso. 3 Apresurado, presuroso.

apurar 1 *tr.* Desentrañar una verdad o exponerla sin omisiones. 2 Acabar o agotar algo. 3 *tr.* y *prnl.* Apremiar, dar prisa. 4 Afligir, preocupar.

apuro 1 *m.* Aprieto, escasez grande. 2 Aflicción, conflicto. 3 Prisa, urgencia. 4 Vergüenza, embarazo.

aquejar 1 *tr.* Acongojar, afligir, fatigar. 2 Afectar a una persona un dolor, una enfermedad, un defecto, un vicio, etc.

aquel, lla 1 *adj. dem.* Espacial o temporalmente lejos de quien habla y de quien escucha: *Aquel año pasó volando; No sabía que aquella mujer sería su profesora.* 2 *adj. dem.* Que se nombró en primer lugar: *Aunque entendía bien las matemáticas y el inglés, este idioma y aquella materia no le agradaban.* 3 *pron. dem.* Señala algo o alguien que está espacial o temporalmente lejos de quien habla y de quien escucha: *No conozco este camino, pero sí aquel.* 4 Señala un término del discurso que se nombró en primer lugar: *Prefería visitar el museo y no la universidad, ya que esta quedaba muy lejos y aquel tenía actividades muy interesantes.* • pl.: *aquellos, aquellas.*

aquella V. AQUEL.

aquello *pron. dem.* Forma neutra que designa objetos o situaciones sin nombrarlos: *Aquello es lo que me apasiona.*

aquellos, llas V. AQUEL.

aquelarre *m.* Reunión nocturna de brujos y brujas.

aqueménida *adj.* y *s.* HIST De una dinastía persa, que fue fundada, supuestamente, por el legendario Aquémenes hacia el 670 a. C. A la misma perteneció Ciro y finalizó con Darío III en 330 a. C.

aquenio *m.* BOT Fruto seco formado por una sola semilla cuyo pericarpio no se abre de forma espontánea, como el de la lechuga o el girasol.

aqueo, a *adj.* y *s.* HIST De un pueblo indoeuropeo que, hacia el 2000 a. C., llegó a la península griega. Al unirse con los heládicos del Peloponeso dio origen a la civilización micénica (s. XVI a. C.), fundó Micenas y Tirinto y conquistó Creta (1400 a. C.).

aquí 1 *adv. l.* En este lugar, a este lugar o este lugar: *Aquí viven mis padres; Tráiganlo aquí; Aquí vengo en las tardes a jugar.* 2 *adv. dem.* Respecto a un punto o una cuestión: *No llegaron a ningún acuerdo y aquí comenzó la polémica.* 3 *adv. t.* Ahora: *Desde que comencé la exposición y hasta aquí, nadie ha hecho preguntas.*

aquiescencia *f.* Asenso, consentimiento.

aquietar *tr.* y *prnl.* Sosegar, apaciguar.

aquifoliáceo, a *adj.* y *f.* BOT Dicho de un árbol o arbusto, angiospermo dicotiledóneo, que siempre está verde y que posee flores unisexuales y fruto en drupa poco carnoso, como el mate y el acebo.

aquilatar 1 *tr.* Medir los quilates del oro, las perlas y las piedras preciosas. 2 Examinar detenidamente los méritos de alguien o la verdad de algo. 3 Acendrar, purificar.

aquilón 1 *m.* Región situada al norte de otra. 2 Viento procedente del Norte.

ara 1 *f.* REL ALTAR, centro del culto en el que se ofrecen los sacrificios. 2 REL ALTAR, piedra consagrada.

árabe 1 *adj.* y *s.* De Arabia o relacionado con esta región de Asia. 2 *m.* LING Lengua semítica occidental, originaria de Arabia, que se habla en el N de África y el SO de Asia y también en algunas comunidades árabes de diversos países del mundo. 3 *m. pl.* Conjunto de pueblos originarios de tal región, que hablan esa lengua.

□ HIST Hasta el s. VII, los pobladores de Arabia conocieron una organización tribal, sin otra cohesión que una vaga conciencia de pertenecer a una misma comunidad de lengua y cultura. A comienzos de esa centuria fueron unificados por el islam, la religión fundada por Mahoma. Los sucesores inmediatos de Mahoma incorporaron el Imperio sasánida, redujeron el bizantino a Asia Menor y a través del N de África llegaron hasta España. Durante el reinado de los abasíes (750-1258) se apoderaron de Asia central y del valle del Indo. En su avance por Francia fueron contenidos en la batalla de Poitiers (732) y la gran derrota en Talas (751) impidió su penetración en China. La fragmentación subsiguiente de este formidable imperio redujo a Arabia a un papel marginal, pero no así al islam y su brillante civilización, que sigue aglutinando una vastísima área desde el Pacífico hasta el estrecho de Gibraltar.

arabesca *f.* MÚS Composición breve, de melodía muy ornamentada.

arabesco *m.* Adorno formado por follajes, tracerías y figuras geométricas, que se emplea en frisos, zócalos y cenefas.

arábigo, ga 1 *adj.* ÁRABE, de Arabia. 2 *m.* Idioma árabe.

arabismo 1 *m.* LING Giro o vocablo de la lengua árabe. 2 LING Vocablo de esta lengua empleado en otra.

arabista *m.* y *f.* Especialista en lengua y literatura árabes.

arabizar *tr.* y *prnl.* Hacer que algo o alguien adquiera carácter árabe.

arácnido, da *adj.* y *m.* ZOOL Dicho de un animal invertebrado, del grupo de los artrópodos, de respiración aérea y sin antenas, que posee cuatro pares de patas y de ojos simples, y dos pares de apéndices bucales con glándulas venenosas, como las arañas, los ácaros y las garrapatas.

arada 1 *f.* Acción de arar. 2 Tierra labrada con el arado.

arado *m.* Instrumento de agricultura que, movido por fuerza animal o mecánica, sirve para labrar la tierra abriendo surcos en ella.

arador, ra *adj.* y *s.* Que ara. || ~ **de la sarna** Ácaro diminuto, parásito del ser humano, en el cual produce la enfermedad llamada sarna. Vive bajo la capa córnea de la epidermis.

arahuaco, ca *adj.* ARAWAC.

arameo, a 1 *adj.* y *s.* HIST De un pueblo semita y nómada que, a mediados del II milenio, apareció al N de Mesopotamia y se asentó en Siria, Fenicia y Canaán, formando pequeños Estados, que acabaron siendo sojuzgados por Asiria en el s. VIII a. C. 2 *m.* LING Lengua semítica hablada por los arameos, que llegó a ser la lengua propia del Medio Oriente y en la que están escritos algunos fragmentos del *Antiguo Testamento*. Es la lengua que hablaban Jesús y los apóstoles.

arancel *m.* Tarifa oficial que marca los derechos que han de cobrarse por determinados servicios o impuestos.

arandela 1 *f.* Adorno de tela plegada o fruncida, para prendas de vestir o tapicería. 2 Anillo metálico o de otro material de uso frecuente en las máquinas, para evitar el roce entre dos piezas.

araña 1 *f.* Artrópodo que posee cuatro pares de patas, glándulas venenosas y cuatro pares de ojos simples. En el abdomen tiene unos apéndices modificados, llamados hileras, que sirven para segregar la seda con la que cazan sus presas y se trasladan de un lugar a otro. Existen cerca de 34 000 especies, además de las tejedoras, algunas de las cuales persiguen a sus presas o las cazan al acecho. 2 Lámpara de brazos de los que penden piezas de cristal.

arañazo *m.* Rasguño o raspadura hecha en la piel con las uñas o algún objeto punzante.

arar *tr.* Remover la tierra con el arado haciendo surcos, para plantar o sembrar en ella.

aras || **en ~ de** En interés o en honor de.

araucanismo *m.* Voz de origen araucano propia del español de Chile.

araucano, na 1 *adj.* y *s.* HIST De un pueblo indígena americano, que habita en su gran mayoría en la región de La Araucanía en Chile y en menor número en Argentina y cuyos principales grupos son el mapuche, el picunche, el huiliche y el pehuenche. Los araucanos lucharon desde 1536 contra los españoles, que no lograron someterlos, y más tarde se enfrentaron a los gobiernos de Chile y Argentina hasta que fueron derrotados definitivamente en 1881. 2 *m.* LING Lengua hablada por los araucanos, llamada también MAPUCHE.

araucaria *f.* Árbol suramericano de las coníferas, que alcanza 50 m de altura, de ramas horizontales, hojas siempre verdes y fruto de almendra dulce.

arawak 1 *m.* LING Tronco lingüístico al que pertenecen las lenguas habladas por los arawak. Comprende alrededor de ochenta lenguas y dialectos, hablados actualmente en Las Guayanas, Venezuela, Colombia, Brasil y Perú. 2 *adj.* HIST De un grupo de pueblos indígenas americanos que, en la actualidad, se hallan diseminados desde las costas venezolanas hasta la cuenca del Paraguay y que, en su primitiva distribución, estaban extendidos por el N hasta la península de Florida y Las Antillas.

arbitraje 1 *m.* Acción o facultad de arbitrar. 2 Procedimiento para resolver conflictos internacionales recurriendo al dictamen de una personalidad prestigiosa e independiente o de una comisión internacional.

arbitrar 1 *intr.* Proceder libremente, usando el propio arbitrio. 2 *tr.* e *intr.* DER Juzgar un asunto como árbitro. 3 DEP Hacer que se cumplan las reglas de un deporte o juego.

arbitrariedad 1 *f.* Acto o proceder contrario a la justicia, la razón o las leyes, dictado solo por la voluntad o el capricho. 2 LING Característica del signo lingüístico en el que los nombres de las cosas se designan por convención y no porque se parezcan a estas: *La forma de denominación, en distintos idiomas, del objeto 'mesa' comprueba la arbitrariedad de la lengua.*

arbitrario, ria 1 *adj.* Que depende del arbitrio de alguien y no de la razón o justicia. 2 Que procede con arbitrariedad. 3 Que incluye arbitrariedad.

arbitrio 1 *m.* Facultad humana de decidir, prefiriendo una cosa a otra. 2 Decisión caprichosa y no fundada en razón. 3 Recurso extraordinario para resolver un asunto.

árbitro, tra 1 *m.* y *f.* DER Persona que decide quién lleva la razón en un pleito. 2 DEP Persona que aplica el reglamento en las diferentes competiciones deportivas.

árbol 1 *m.* BOT Planta perenne, de tronco leñoso, que en estado adulto alcanza una altura mínima de 5 m. 2 Palo de un buque. 3 Barra fija o giratoria que hace de eje en una máquina y transmite la fuerza motriz a otros elementos de esta. || ~ **de Navidad** Árbol que se decora con luces, adornos y regalos para celebrar la Navidad. ~ **del pan** Árbol moráceo tropical cuyo tronco, grueso y ramoso alcanza de 10 a 12 m de altura. Su característica principal es su voluminoso fruto, que contiene una sustancia farinácea y que cocido se usa como alimento. ~ **genealógico** Cuadro descriptivo, en figura de árbol, de los parentescos en una familia.
□ BOT Todos los árboles son plantas con semillas, pero entre ellos hay gimnospermas, en su mayor parte con piñas o conos, y angiospermas, que son plantas con flor. Crecen por la incorporación sucesiva de capas de tejido leñoso en el tallo que envuelven la plántula original y, en condiciones apropiadas, desarrollan extensas formaciones vegetales llamadas bosques.

arboladura *f.* Conjunto de mástiles y vergas de un barco.

arboleda *f.* Sitio poblado de árboles.

arborescente *adj.* Que tiene la forma o el aspecto que recuerda a un árbol.

arborícola *adj.* ECOL Dicho de un animal o vegetal, que vive en los árboles donde desarrolla la mayoría de sus funciones vitales.

arboricultura *f.* Cultivo de los árboles y ciencia que lo regula.

arborización 1 *f.* Acción y efecto de arborizar. 2 Figura que adoptan ciertos minerales en forma de ramas.

arborizar 1 *tr.* Poblar de árboles un terreno. 2 Plantar árboles en un determinado lugar.

arbotante *m.* ARQ Arco que se apoya por su extremo inferior en un botarel y por el superior contrarresta el empuje de algún arco o bóveda.

arbusto *m.* BOT Planta perenne, de tallos leñosos, que suele ramificarse desde el suelo y alcanza escasa altura.

arca 1 *f.* Caja grande, por lo general de madera y con tapa, que se fija con bisagras por un lado y con candados o cerraduras por el otro. 2 Caja donde se guarda el dinero. 3 Cada uno de los hornos secundarios en que se calientan o enfrían las piezas de vidrio. || ~ **de la alianza** REL Aquella en que se guardaban las *Tablas de la ley*, el maná y la vara de Aarón. ~ **de Noé** Especie de embarcación en la que, según la *Biblia*, se salvaron del diluvio Noé y su familia y los animales encerrados en ella.

arcabuco *m.* Monte muy espeso y cerrado.

arcabuz *m.* Especie de fusil antiguo en que se prendía la pólvora mediante una mecha móvil.

arcada[1] 1 *f.* ARQ Serie de arcos, en especial de un puente. 2 ARQ Ojo de un arco de puente.

arcada[2] *f.* Movimiento violento del estómago que excita al vómito.

arcaduz 1 *m.* Caño por el que se conduce el agua. 2 Cada uno de los tubos que forman una cañería.

arcaico, ca 1 *adj.* Muy antiguo o anticuado. 2 *adj.* y *m.* GEO Dicho de un eón, durante el cual se formaron los continentes, los océanos y la atmósfera y apareció también la vida. Comenzó hace aprox. 10 000 años (8000 a. C.). • Se escribe con may. inic. c. s. en la acepción 2.

arcaísmo 1 *m.* Frase o palabra cuya forma o significado resultan anticuados en relación con un momento determinado. En la actualidad son arcaísmos palabras como *endespués, vide* y *vusté.* 2 Empleo de estas voces o frases. 3 Imitación de lo antiguo.

arcángel *m.* REL Espíritu bienaventurado, de orden medio entre los ángeles y los principados. Se aplica a los espíritus Miguel, Gabriel y Rafael, mencionados en la *Biblia.*

arcano, na 1 *adj.* Secreto, reservado. 2 *m.* Secreto importante y muy reservado. 3 Misterio difícil de conocer.

arcediano *m.* Dignidad catedralicia que, en la Antigüedad, era el primero de los diáconos de una iglesia local.

arcén 1 *m.* Margen, orilla. 2 En una carretera, el margen a ambos lados de la calzada reservado para peatones y vehículos no automóviles.

archiconocido, da *adj.* Muy conocido o famoso.

archidiócesis *f.* Diócesis administrada por un arzobispo.

archiduque, quesa 1 *m.* y *f.* Duque con mayor autoridad que otros duques. 2 Título nobiliario superior al de duque ligado a los príncipes de la casa de Austria. 3 Consorte del archiduque o archiduquesa.

archimandrita *m.* Dignidad monástica que en la Iglesia oriental está por debajo de la del obispo.

archipiélago *m.* GEO Conjunto de islas agrupadas en una superficie más o menos extensa de mar.

archivador, ra 1 *adj.* y *s.* Que archiva. 2 *m.* Mueble, carpeta, etc., en que se guardan fichas y documentos debidamente ordenados.

archivar *tr.* Guardar documentos y papeles en un archivo o archivador.

archivo 1 *m.* Lugar o mueble en que se guardan documentos. 2 Conjunto de tales documentos. 3 INF Espacio que se reserva en el dispositivo de memoria de un computador para almacenar porciones de información que tienen la misma estructura y que pueden manejarse mediante una instrucción única. 4 INF Conjunto de la información almacenada de esa manera.

arcilla *f.* Sustancia mineral compuesta básicamente de silicato de aluminio, de gran plasticidad al mezclarse con agua y de gran dureza al cocerla a altas temperaturas, que históricamente ha servido para la fabricación de cerámica.

arcipreste *m.* Sacerdote que, por delegación del obispo, ejerce cierta autoridad sobre los curas e iglesias de un determinado territorio diocesano.

arco 1 *m.* GEOM Porción de una curva cualquiera, aunque suele entenderse la de circunferencia. 2 ARQ Estructura curva que cubre el espacio entre dos puntos de apoyo. 3 Arma consistente en una varilla elástica, sujeta por los extremos con un bordón, de modo que forme una curva, y que sirve para disparar flechas. 4 MÚS Vara delgada y doblada o corva en sus extremos, en los que se tensan algunas cerdas con cuyo roce se hacen sonar las cuerdas de algunos instrumentos. 5 DEP En algunos deportes, meta o portería. 6 MAT Valor de la función trigonométrica inversa correspondiente. 7 MAT **secante** de un ~; **seno** de un ~; **tangente** de un ~. || ~ **apuntado** u **ojival** ARQ El que consta de dos porciones de curva que forman ángulo en la clave. ~ **árabe** o **de herradura** ARQ El que tiene más de media circunferencia. ~ **complementario** GEOM El que sumado a otro forma un cuadrante. ~ **congruente** GEOM El que respecto a otro tiene la misma medida. ~ **crucero** ARQ El que une en dos ángulos de la bóveda de crucería u ojival. ~ **de círculo** GEOM Parte de la circunferencia. ~ **de descarga** ARQ El construido generalmente sobre un dintel, con el objeto de reducir el peso del muro que incide sobre él. ~ **de medio punto** ARQ El que tiene media circunferencia. ~ **de triunfo** Monumento compuesto de uno o varios arcos, adornado con obras de escultura. ~ **eléctrico** ELECTR Tipo de descarga eléctrica continua que genera luz y calor intensos, formada entre dos electrodos dentro de una atmósfera de gas a baja presión o al aire libre. ~ **íris** GEO ARCOÍRIS. ~ **mayor** GEOM Unión de los puntos de la circunferencia contenidos en el interior de un ángulo central con los puntos de intersección del ángulo y la circunferencia. ~ **menor** GEOM Unión de los puntos de la circunferencia contenidos en el exterior de un ángulo central con los puntos de intersección del ángulo y la circunferencia. ~ **superciliar** ANAT Reborde con forma de arco que tiene el hueso frontal en la parte correspondiente a la sobreceja. ~ **suplementario** GEOM El que, sumado a otro, forma dos cuadrantes.

arcoíris (Tb. arco iris) *m.* GEO Fenómeno atmosférico luminoso con forma de arco, debido a la refracción y reflexión de la luz solar en las gotas de la lluvia, que presenta los colores del espectro cromático en bandas concéntricas.

arcontado *m.* HIST Forma colegiada de gobierno, que en Atenas sustituyó a la monarquía, y que estaba integrada por nueve arcontes.

arconte *m.* HIST Magistrado a quien se confió el gobierno de Atenas después de la muerte del rey Codro.

arder 1 *intr.* Estar muy caliente o quemándose. 2 Experimentar ardor en el cuerpo. 3 Resplandecer, brillar. 4 Experimentar pasiones y sentimientos muy intensos: *Ardía en deseos de conocerla.* 5 *prnl.* Quemar, abrasar la mies, la paja.

ardid *m.* Maña para conseguir algo.

ardiente 1 *adj.* Que arde. 2 Que causa ardor, como la sed o la fiebre. 3 Apasionado, vehemente.

ardilla *f.* Mamífero roedor de unos 20 cm de longitud, de color negro rojizo por encima del lomo y blanco en el vientre, que posee una cola muy peluda y larga y se caracteriza por su inquietud y viveza.

ardor 1 *m.* Sensación de quemazón. 2 Encendimiento de las pasiones. 3 Entusiasmo. 4 Intensidad o vehemencia en las cosas: *En el ardor de la disputa.*

área 1 *f.* Extensión de una superficie que presenta una cierta unidad. 2 Medida de superficie equivalente a 100 m^2. 3 Campo o esfera de acción o de influencia de una persona, una cultura, una autoridad, etc. 4 Conjunto de materias que forman un sector de la enseñanza. 5 DEP En algunos juegos, zona especial situada delante de la meta o portería. 6 GEOM Superficie comprendida dentro de un perímetro. 7 GEOM Extensión de dicha superficie. Está dada en función del cuadrado de la unidad de longitud utilizada. Entre las fórmulas de áreas de figuras geométricas sencillas, se encuentran a^2 para el cuadrado, siendo a el lado; ab para el rectángulo, siendo a y b la longitud de los lados; y πr^2 para el círculo, siendo r el radio. || ~ **bajo una curva** GEOM Medida de la superficie que se halla entre las rectas verticales de ecuaciones $x = a$, $x = b$, la gráfica de la función y el eje x. ~ **lingüística** LING Territorio en el que los hablantes se expresan de un modo particular, respecto de otro u otros territorios en los que se habla la misma lengua. ~ **metropolitana** Unidad territorial dominada por una gran ciudad que conforma, con otros núcleos de población, una unidad funcional.

arena 1 *f.* Conjunto de partículas disgregadas en estado granular fino, que consta normalmente de cuarzo (sílice) con una pequeña proporción de mica, feldespato y otros minerales resistentes. Es el producto de la desintegración química y mecánica de las rocas. 2 GEO **banco** de ~. 3 Lugar del combate o la lucha. 4 Ruedo de la plaza de toros. || ~ **movediza** 1 La que desplaza el viento. 2 La que, por la humedad y la forma de sus granos, constituye una masa en la que pueden hundirse y sumirse los cuerpos de algún peso.

arenal 1 *m.* Extensión de terreno arenoso. 2 Suelo de arena movediza.

arenga *f.* Discurso solemne y vibrante para enardecer a los oyentes.

arenisco, ca 1 *adj.* Que tiene mezcla de arena. 2 *f.* Roca sedimentaria de granillos de cuarzo unidos por un cemento silíceo, arcilloso, calizo o ferruginoso que le comunica mayor o menor dureza.

areola (Tb. aréola) 1 *f.* ANAT Círculo rojizo, algo más oscuro que la piel circundante, que rodea el pezón de la mama. 2 MED Círculo rojizo que se forma alrededor de ciertas pústulas.

areómetro *m.* Instrumento que sirve para determinar las densidades relativas o los pesos específicos de los líquidos, o de los sólidos por medio de los líquidos.

areopagita *m.* HIST Cada uno de los jueces del Areópago, el tribunal superior de la antigua Atenas.

areópago *m.* Grupo de personas a quienes se atribuye autoridad para resolver ciertos asuntos.

arepa 1 *f.* Tortilla hecha con maíz ablandado a fuego lento y luego molido, o con harina de maíz precocida, que se cocina sobre un budare o una plancha. 2 Torta de maíz y manteca, que se sirve rellena de carne u otros ingredientes.

arequipe *m.* Dulce que se hace con leche azucarada sometida a cocción lenta y prolongada.

arete *m.* Arillo de metal con que se adornan las orejas.

argamasa *f.* Mortero hecho de cal, arena y agua, que se emplea en las obras de albañilería.

argentar *tr.* Guarnecer alguna cosa con plata o darle brillo plateado.

argentería *f.* Bordado hecho con hilos de plata u oro.

argentífero, ra *adj.* Que contiene plata.

argentino, na 1 *adj.* De plata. 2 Que suena como la plata o de manera semejante.

argolla 1 *f.* Aro grueso, por lo general fijo, que sirve para amarre y asidero. 2 Gargantilla de adorno femenino. 3 Anillo de novios o de matrimonio.

argón *m.* QUÍM Gas noble que se encuentra en el aire en un 1 % y es el tercer gas más abundante en la atmósfera. Se emplea para rellenar bombillas eléctricas y lámparas fluorescentes. Símbolo: Ar. Número atómico: 18. Peso atómico: 39,948. Punto de fusión: −189,3 °C. Punto de ebullición: −185,86 °C.

argonauta *m.* MIT Cada uno de los héroes griegos que en la nave Argos fueron a la conquista del Vellocino de Oro.

argot *m.* Lenguaje especial que usan las personas del mismo oficio.

argucia *f.* Falacia, sofisma; idea falsa expuesta con gran habilidad.

argüir 1 *tr.* Sacar una consecuencia lógica de algo establecido o aceptado. 2 Descubrir, hacer ver con claridad. 3 Argumentar probando la verdad de una doctrina o lo justo de una causa. 4 *intr.* Disputar una sentencia u opinión. • Vb. irreg. conjug. c. **huir**. V. anexo El verbo.

argumentación *f.* Acción de argumentar. || ~ **deductiva** LÓG Aquella en la que en primer lugar se presenta la tesis que se pretende demostrar, y a continuación los argumentos que sustentan la demostración. Va de lo general a lo particular. ~ **inductiva** LÓG La que en primer lugar presenta los argumentos para concluir, mediante un proceso lógico, en la tesis. Va de lo particular a lo general. ~ **por comparación** LÓG La que se sirve del contraste entre ideas para apoyar la tesis.

argumentar 1 *intr.* y *tr.* LÓG Presentar una tesis y demostrar, mediante razonamientos o argumentos, su certeza o falsedad. 2 *intr.* y *prnl.* Discutir o impugnar una opinión ajena.

argumentista *m.* y *f.* Autor o escritor del argumento o tema de una obra teatral o cinematográfica.

argumento 1 *m.* Razonamiento encaminado a probar la verdad o falsedad de una proposición, y la conveniencia o inconveniencia de una conducta. 2 Asunto o materia de una obra (novela, drama, película, etc.). 3 CIN y TV Relato preparado especialmente para televisión, radio o cine. 4 LIT Compendio de una obra literaria. 5 LÓG Conjunto de proposiciones o enunciados tal que uno de estos, llamado conclusión, sigue a otros, llamados premisas. Si la conclusión se sigue de las premisas necesariamente (argumentación deductiva), se trata de un argumento **analítico**. Si la conclusión se sigue de las premisas de manera contingente (argumentación inductiva), el argumento es **sintético**.

arhuaco *m.* IJCA.

aria *f.* MÚS Composición musical sobre cierto número de versos para que la cante una sola voz.

árido, da 1 *adj.* Estéril, sin vegetación. 2 Carente de amenidad, aplicado a un discurso o a un escrito. 3 Granos, legumbres y otros frutos secos para los que pueden emplearse las medidas de capacidad para líquidos.

aries *adj.* y *s.* Dicho de una persona nacida bajo el signo de Aries, entre el 21 de marzo y el 20 de abril. Según los astrólogos, aborda con entusiasmo todo tipo de proyectos.

ariete *m.* Antigua máquina militar que se empleaba para batir murallas. Consistía en una viga larga y pesada, uno de cuyos extremos estaba reforzado con una pieza de hierro o bronce. || ~ **hidráulico** Máquina para elevar agua utilizando el movimiento oscilatorio producido por una columna del mismo líquido.

arilo[1] *m.* BOT Envoltura carnosa y de colores vivos de algunas semillas.

arilo[2] *m.* QUÍM Radical orgánico que resulta al eliminar de un hidrocarburo aromático un átomo de hidrógeno.

ario, ria 1 *adj.* y *s.* De un pueblo originario del Asia central, que se escindió en dos grandes grupos y ocupó el N de India e Irán. 2 Se usa también con el valor de **indoeuropeo**, pueblo o lengua.

arisco, ca 1 *adj.* Miedoso, escurridizo. 2 Áspero, intratable. 3 Rebelde.

arista 1 *f.* Filamento áspero que prolonga el cascabillo de los cereales. 2 Borde de cualquier sólido convenientemente labrado. 3 GEOM Línea en que se cortan dos superficies por la parte exterior del ángulo formado por ellas.

aristocracia 1 *f.* Ejercicio del poder político por una clase privilegiada, generalmente hereditaria. 2 Clase noble de una nación, provincia, etc.

aristotelismo *m.* FIL Filosofía de Aristóteles o influida por este. Se manifestó sobre todo en la Edad Media, en la teología cristiana (escolástica) y la filosofía árabe. Resurgió en el s. XIX con el neoescolasticismo y continuó influyendo en los pensadores posteriores.

aritmético, ca 1 *adj.* MAT Perteneciente o relativo a la aritmética. 2 MAT **cálculo** ~; **media** ~; **progresión** ~; **razón** ~. 3 *m.* y *f.* Persona que profesa la aritmética o en ella tiene especiales conocimientos. 4 *f.* MAT Parte de las matemáticas que se ocupa de los sistemas de los números enteros y de aquellos construidos a partir de los números enteros. Estudia también las relaciones establecidas entre dichos números y el cálculo con ellos mediante las operaciones fundamentales (suma, resta, multiplicación y división), así como sus extensiones: potenciación, logaritmos y radicación.

arlequín *m.* Personaje de la antigua comedia italiana, que era objeto de burlas y vestía trajes ajustados con rombos de distinto color.

arma 1 *f.* Instrumento que sirve para atacar o defenderse. 2 Todo lo que de algún modo puede utilizarse como ataque o defensa. 3 Cada uno de los cuerpos o secciones combatientes de una fuerza militar. 4 Conjunto de actividades y pertrechos para la guerra. 5 Medios que sirven para conseguir algo. 6 Blasones del escudo. || ~ **blanca** La ofensiva de hoja metálica, como la espada. ~ **de fuego** Aquella en que el disparo se verifica con auxilio de un explosivo.

armadillo, lla *m.* y *f.* Mamífero desdentado americano, que tiene el cuerpo protegido por un caparazón de placas óseas movibles cubiertas de escamas y extremidades terminadas en garras.

armado, da 1 *adj.* Que lleva armas. 2 Provisto de instrumentos o utensilios. 3 Que se desarrolla con la utilización de las armas: *Conflicto armado.* 4 *f.* Conjunto de fuerzas navales de un Estado.

armador, ra 1 *m.* y *f.* Persona que arma piezas, muebles, etc. 2 Persona que por su cuenta arma o avía una embarcación.

armadura 1 *f.* Conjunto de piezas de hierro con que se cubrían los guerreros antiguos para su defensa.

2 Conjunto de piezas en que se sostiene un objeto. 3 ARQ Armazón de hierros o maderos que sustenta el tejado.

armamentismo *m.* POLÍT Doctrina que defiende el incremento progresivo del número y de la calidad de las armas que posee un país.

armamento 1 *m.* Conjunto de armas y municiones para una guerra o una batalla. 2 Equipo de combate de un soldado.

armar 1 *tr.* y *prnl.* Poner a alguien armas ofensivas o defensivas. 2 Proveer de armas a alguien. 3 Preparar y equipar para llevar a cabo algo. 4 *tr.* Juntar las piezas que componen un objeto o artefacto y ajustarlas entre sí. 5 Aprestar un arma para su funcionamiento. 6 Montar las piezas de un mueble o artefacto. 7 *prnl.* Ponerse en disposición de lograr algo: *Armarse de paciencia* o *de valor*.

armario *m.* Mueble vertical, generalmente con puertas y provisto en su interior de anaqueles o perchas para guardar ropa y otros enseres.

armatoste *m.* Cualquier objeto o mueble tosco o demasiado grande, que estorba más que sirve.

armazón 1 *m.* o *f.* Conjunto de piezas sobre el que se monta algo. 2 Estructura sólida de una cosa.

armella 1 *f.* Anillo de metal con una espiga para fijarlo, como la hembrilla por la que pasa el cerrojo. 2 Cáncamo o tornillo con una anilla en vez de cabeza.

armenio, nia 1 *adj.* De Armenia o relacionado con este país de Asia. 2 REL Dicho de cierto cristiano de Oriente originario de Armenia, que conserva su antiquísimo rito religioso. 3 *m.* LING Lengua del tronco indoeuropeo hablada en Armenia.

armería 1 *f.* Tienda en que se venden armas y municiones. 2 Museo en que se guardan y exponen. 3 Arte de fabricarlas.

armero, ra 1 *m.* y *f.* Fabricante de armas. 2 Vendedor o componedor de armas. 3 *m.* Dispositivo de madera para tener las armas en los puestos militares.

armiño *m.* Mamífero carnívoro, mustélido, de piel muy suave y delicada que es parda en verano y blanquísima en invierno, con excepción de la punta de la cola que se mantiene siempre negra.

armisticio *m.* Suspensión pactada de hostilidades entre naciones o ejércitos contendientes.

armonía 1 *f.* Conjunto de sonidos agradables al oído. 2 En el lenguaje hablado, combinación de sonidos, cadencias y acentos que resulta grata al oído. 3 Belleza resultante de la adecuada combinación de los elementos de un todo. 4 MÚS Manera en que los acordes se relacionan, se unen o se combinan entre sí. 5 MÚS Arte de formar y enlazar los acordes musicales. 6 Unión y concordia entre varias personas.

armónico, ca 1 *adj.* Perteneciente o relativo a la armonía. 2 FÍS **movimiento** ~ simple. 3 MAT **proporción** ~. 4 *m.* FÍS En una onda periódica cualquiera de sus componentes sinusoidales, cuya frecuencia sea un múltiplo entero de la frecuencia fundamental. 5 MÚS Sonido agudo, concomitante, producido naturalmente por la resonancia de otro fundamental. 6 *f.* MÚS Pequeño instrumento de viento, de forma prismática rectangular, provisto de una serie de orificios con lengüeta. Se toca soplando o aspirando por estos orificios. || ~ **fundamental** *m.* FÍS El de frecuencia más baja de todos los componentes sinusoidales de una onda periódica.

armonio *m.* MÚS Órgano pequeño, con la figura exterior del piano, y al cual se da el aire por medio de un fuelle que se mueve con los pies.

armonioso, sa 1 *adj.* Que tiene armonía o correspondencia entre sus partes. 2 Sonoro y agradable al oído.

armonizar 1 *tr.* Poner en armonía, combinar adecuadamente dos o más cosas. 2 MÚS Poner los acordes correspondientes a una melodía. 3 *intr.* Estar en armonía con una persona, avenirse con ella.

ARN *m.* BIOQ Ácido nucleico que se encuentra en el interior del núcleo de las células y cuya función es la de regular la síntesis de las proteínas. Está formado por una cadena de nucleótidos constituidos por ribosa, ácido fosfórico y compuestos nitrogenados. || ~ **mensajero** BIOQ El que lleva, del núcleo celular a los ribosomas, una copia del código genético que especifica la secuencia de aminoácidos de las proteínas. ~ **ribosómico** BIOQ El que se encuentra en los ribosomas celulares. ~ **transferente** BIOQ El que lleva aminoácidos a los ribosomas para incorporarlos a las proteínas. • Sigla de *ácido ribonucleico*.

□ BIOQ El ARN es una molécula que registra la información celular del ADN (ácido desoxirribonucleico) y la transporta por el sistema celular para elaborar las proteínas. Si bien el ARN y el ADN son similares, en realidad se diferencian entre sí por su diseño: el ARN posee una sola hebra y el ADN dos.

arnés 1 *m.* Armazón de correas y hebillas que se acomoda al cuerpo y sirve para sujetar o transportar algo o a alguien. 2 Aparejos de las caballerías.

árnica *f.* Planta herbácea, compuesta de tallo velloso, ramas de dos en dos y flor terminal amarilla que, junto con el rizoma, tiene sabor y olor muy fuertes y aplicaciones medicinales.

aro 1 *m.* Pieza de materia rígida en figura de circunferencia. 2 Armadura de madera que sostiene el tablero de la mesa y en la que se ensamblan los pies de esta. 3 Juguete que se hace rodar con un palo. 4 **ARETE**.

aroma *m.* Perfume, olor muy agradable.

aromaterapia *f.* FARM y MED Utilización médica de los aceites esenciales.

aromaticidad 1 *f.* Calidad de aromático. 2 QUÍM Propiedad de las estructuras cíclicas, no saturadas, cuya estabilidad es superior a la de las estructuras de cadena abierta con igual número de enlaces múltiples.

aromático, ca 1 *adj.* Que tiene aroma u olor agradable. 2 QUÍM Dicho de cada uno de los compuestos, que contiene anillos de átomos de carbono y puede incluir un átomo de oxígeno o nitrógeno. Constituyen casi la mitad de todos los compuestos orgánicos mientras que los restantes son los llamados compuestos **alifáticos**.

aromatización 1 *f.* Acción y efecto de aromatizar. 2 QUÍM Proceso por el que un compuesto alifático se transforma en otro aromático. Tiene interés especial para la química del petróleo.

aromatizar *tr.* Dar aroma a alguna cosa.

arpa *f.* MÚS Instrumento con forma de V, que se apoya en el suelo y cuyas cuerdas verticales se pulsan con ambas manos.

arpegio *m.* MÚS Sucesión más o menos rápida de los sonidos de un acorde o intervalo armónico.

arpía 1 *f.* MIT Monstruo cruel de la mitología, con rostro de mujer y cuerpo de ave rapaz. 2 coloq. Mujer de mal carácter y lenguaje.

arpillera *f.* Tejido muy basto de fique, estopa o cáñamo, que se emplea para hacer sacos y para embalar y cubrir mercancías voluminosas.

arpista *m.* y *f.* Persona que toca el arpa o profesa el arte de tocarla.

arpón *m.* Instrumento consistente en un astil rematado en uno de sus extremos por una punta ganchuda de metal, para herir y hacer presa.

arponar *tr.* Herir con arpón.

arponear 1 *tr.* Cazar o pescar con arpón. 2 *intr.* Manejar el arpón con destreza.

arqueada 1 *f.* Mús En los instrumentos musicales de arco, golpe o movimiento de este que hiere las cuerdas. 2 ARCADA[2].

arquear *tr.* y *prnl.* Dar forma de arco a algo.

arquegonio *m.* Bot Órgano pluricelular con forma de botella, donde se forman las oosferas de las plantas briofitas y pteridofitas.

arqueo *m.* Verificación de los caudales que hay en caja.

arqueobacteria *f.* Biol Microorganismo unicelular menos evolucionado y más antiguo que las bacterias propiamente dichas, de las que difiere en su constitución genética básica. Es anaerobio y, en ocasiones, produce metano.

arqueología *f.* Ciencia que estudia los testimonios materiales de las antiguas culturas y civilizaciones a través de los objetos que estas han producido.

arqueópteris *m.* Paleont Ave que vivió en el Jurásico hace 155 o 150 millones de años. Medía aprox. 60 cm y era carnívora. Tenía las alas muy desarrolladas y de cada una de sus vértebras salían cañones de plumas que le cubrían el cuerpo entero.

arquería *f.* Serie o juego de arcos.

arquero, ra 1 *m.* Soldado que peleaba con arco y flechas. 2 Persona que fabrica arcos o aros para toneles y cubas. 3 *m.* y *f.* Persona que tira con arco. 4 Dep Jugador que en algunos deportes defiende la meta o portería de su equipo, especialmente en el fútbol.

arquetipo 1 *m.* Tipo ideal o modelo, que contiene las características esenciales de algo. 2 Biol Prototipo de organismo primitivo del que descienden otros por evolución.

arquidiócesis *f.* ARCHIDIÓCESIS.

arquitecto, ta *m.* y *f.* Persona que profesa la arquitectura.

arquitectura 1 *f.* Arq Arte y ciencia de proyectar y construir edificios, o de organizar espacios interiores y exteriores. Se especifica y califica por la finalidad: civil, militar, naval, religiosa, etc. 2 Arq Conjunto de diseños, proyectos y edificaciones de un mismo arquitecto, área geográfica determinada, momento histórico concreto, o con una misma función. 3 Estructura o forma de algo.

arquitrabe *m.* Arq Parte inferior del entablamento, la cual descansa inmediatamente sobre el capitel de la columna.

arquivolta *f.* Arq Conjunto de molduras que decoran un arco en su paramento exterior vertical.

arrabal 1 *m.* Cualquiera de los sitios extremos de una ciudad. 2 Población anexa a otra. 3 Afueras de una población.

arrabalero, ra 1 *adj.* y *s.* Dicho de un habitante de un arrabal. 2 Dicho de una persona, que tiene lenguaje y modales groseros.

arracacha *f.* Planta umbelífera, de raíz tuberosa, feculenta y exquisita, que es comestible.

arracada *f.* Arete con adorno colgante.

arracimarse *prnl.* Juntarse varias cosas formando un racimo.

arraigar 1 *intr.* y *prnl.* Echar raíces. 2 Afianzarse una costumbre. 3 Establecerse las personas de forma fija en un lugar. 4 *tr.* Fijar algo con firmeza.

arraigo *m.* Acción y efecto de arraigar o arraigarse.

arramblar 1 *tr.* Dejar los ríos o torrentes cubierto de arena y barro el suelo por el que pasan en tiempos de crecientes. 2 Arrastrarlo todo con violencia.

arrancada 1 *f.* Salida violenta de una persona o un animal. 2 Comienzo del movimiento de una máquina o vehículo que se pone en marcha. 3 Aumento repentino de velocidad en la marcha de un automóvil o en la carrera de personas o animales.

arrancar 1 *tr.* Sacar de raíz una cosa, como una planta o un pelo. 2 Separar violentamente alguna cosa del lugar en que está fija o del que forma parte: *Una muela; Una rama; Un clavo.* 3 Obtener de alguien alguna cosa con habilidad o esfuerzo. 4 Hacer salir la flema. 5 *intr.* Partir de carrera, salir de alguna parte. 6 *intr.* Iniciarse el funcionamiento de una máquina o el movimiento de traslación de un vehículo. 7 Partir o salir de alguna parte.

arrancharse 1 *prnl.* Alojarse en algún sitio de forma provisional. 2 Negarse rotundamente a hacer algo.

arranque 1 *m.* Acción y efecto de arrancar. 2 Sentimiento impetuoso de afecto, cólera, etc. 3 Punto de partida. 4 Energía emprendedora para hacer algo; pujanza, brío. 5 Arq Principio de un arco o una bóveda. 6 Comienzo de un miembro o de una parte de un animal o vegetal. 7 Dispositivo que pone en marcha el motor de una máquina. 8 **motor** de ~.

arrapiezo *m.* Persona pequeña, de corta edad o de condición humilde.

arras 1 *f. pl.* Lo que se da como prenda o garantía en un contrato. 2 Las trece monedas que de las manos del novio pasan a las de la novia en el rito del matrimonio.

arrasar 1 *tr.* Allanar una superficie. 2 Destruir violentamente y por entero algo. 3 Igualar con el rasero. 4 Llenar una vasija de líquido o de grano hasta los bordes. 5 *tr.* y *prnl.* Llenarse los ojos de lágrimas. 6 *intr.* Triunfar de forma aplastante.

arrastrar 1 *tr.* Transportar una persona, animal o cosa tirando de ella de modo que vaya rozando el suelo. 2 Llevarse algo consigo al moverse rasando el suelo o una superficie cualquiera: el viento a las hojas; el agua a los troncos. 3 Acarrear, producir ciertas consecuencias inevitables. 4 Soportar algo penosamente y de mala gana: *Arrastra su cruz.* 5 *intr.* Ir una cosa rasando el suelo y como barriéndolo, como la cola del vestido de la novia. 6 *intr.* y *prnl.* Reptar como los gusanos y los reptiles. 7 *prnl.* Humillarse de forma vil y sin ninguna dignidad.

arrastre 1 *m.* Acción y efecto de arrastrar. 2 Fuerza impulsora de un líquido en movimiento.

arrayán *m.* Árbol de 3 a 4 m de altura, con copa de forma aparasolada, espeso follaje verde oscuro, hojas de borde entero, flores blancas y frutos ovoides rojizos de 1,5 cm.

arre 1 *interj.* Se emplea para estimular a las bestias y hacer que anden o trabajen más deprisa. 2 Se usa para denotar dolor.

arrear[1] 1 *tr.* Estimular a las bestias para que echen a andar o para que aviven el paso. 2 *tr.* e *intr.* Dar prisa, estimular. 3 *intr.* Acelerar el paso.

arrear[2] *tr.* Pegar o dar un golpe o un tiro.

arrebatado, da 1 *adj.* Precipitado, impetuoso, que actúa más llevado del sentimiento repentino que de la razón. 2 Dicho del color del rostro, que es muy encendido.

arrebatamiento 1 *m.* Acción de arrebatar o arrebatarse. 2 Enajenamiento causado por la fuerza de una pasión. 3 ÉXTASIS.

arrebatar 1 *tr.* Quitar alguna cosa con violencia y fuerza. 2 Atraer poderosamente la atención, el afecto, las miradas, provocando el entusiasmo. 3 *prnl.* Cocerse un manjar demasiado deprisa. 4 Irritarse las personas por la fuerza de las pasiones.

arrebatiña *f.* Acción de recoger presurosamente alguna cosa que se la disputan entre muchos.

arrebato 1 *m.* ARREBATAMIENTO. 2 ÉXTASIS.

arrebol 1 *m.* Color rojizo que toman las nubes a la salida y la puesta del sol. 2 El mismo color en otros objetos y especialmente en el rostro.

A B C D E F G H I J K L M N Ñ O P Q R S T U V W X Y Z

arrebolar *tr.* y *prnl.* Poner de color de arrebol: el sol en las nubes y el rubor en la cara de las personas.

arrebujar 1 *tr.* Arrugar la ropa u otra cosa flexible al cogerla sin orden. 2 *tr.* y *prnl.* Cubrir el cuerpo con cualquier manta o prenda holgada para que quede bien tapado. 3 Revolver, enredar.

arrecho, cha 1 *adj.* Tieso, erguido. 2 De mal carácter o de carácter fuerte. 3 Valiente, animoso. 4 Arduo, difícil. 5 Dicho de una persona, que está excitada por el apetito sexual.

arreciar *intr.* y *prnl.* Cobrar más fuerza o violencia algo: el viento, la fiebre, la ira.

arrecife *m.* GEO Banco o bajo formado en el mar, casi a flor de agua, por puntas de roca madrepórica. || ~ **de coral** ECOL Parte elevada de una zona relativamente poco profunda del suelo marino, formada por la acumulación de exoesqueletos calcáreos de corales, algas y moluscos.

arredrar *tr.* y *prnl.* Amedrentar, atemorizar.

arreglar 1 *tr.* y *prnl.* Sujetar a regla, regular. 2 Acicalar. 3 *tr.* Poner las cosas en el orden debido o conveniente. 4 Concertar voluntades u opiniones. 5 Volver a poner en servicio o devolver a su estado originario algo que se había estropeado o roto.

arreglo 1 *m.* Acción y efecto de arreglar o arreglarse, tanto las personas como las cosas. 2 Orden. 3 Avenencia, conciliación. 4 En sentido peyorativo, chanchullo, lío, amancebamiento. 5 MÚS Transformación de una obra musical para sus diferentes interpretaciones con instrumentos o voces distintos a los originales.

arreico, ca *adj.* GEO Dicho de un territorio, que no posee cursos superficiales de agua por la extrema escasez de lluvias o permeabilidad del suelo.

arrejuntarse *prnl.* Juntarse, amancebarse dos personas que no se han casado.

arrellanarse 1 *prnl.* Sentarse de forma cómoda y distendida. 2 Encontrarse a gusto en un lugar.

arremeter *intr.* Acometer con ímpetu; abalanzarse sobre algo.

arremetida *f.* Acción de arremeter.

arremolinar 1 *tr.* Formar remolinos. 2 *prnl.* Juntarse desordenadamente personas, animales o cosas.

arrendajo *m.* Ave de color negro brillante y amarillo en el extremo superior de las alas, el vientre y los muslos y en el inicio de la cola. Cuelga su nido en las ramas delgadas de los árboles.

arrendamiento 1 *m.* Acción de arrendar. 2 Contrato por el cual se arrienda. 3 Precio en que se arrienda.

arrendar *tr.* Ceder el uso temporal de una cosa mediante el pago de una cantidad. • Vb. irreg. conjug. c. **acertar**. V. anexo El verbo.

arrendatario, ria *adj.* Que toma en arrendamiento algo.

arreo 1 *m.* Acción y efecto de separar una tropa de ganado y conducirla a otro lugar. 2 *m. pl.* Guarniciones de las caballerías.

arrepentimiento *m.* Sentimiento de pesar por haber hecho algo.

arrepentirse 1 *prnl.* Pesarle a alguien el haber hecho o haber dejado de hacer alguna cosa por mala o inconveniente. 2 Volverse atrás en una acción emprendida o desdecirse de una promesa o un compromiso. • Vb. irreg. conjug. c. **sentir**. V. anexo El verbo.

arrequintar *tr.* Apretar fuertemente con una cuerda o vendaje.

arrestar 1 *tr.* Detener, apresar. 2 *prnl.* Determinarse, arrojarse a una acción o empresa ardua.

arresto 1 *m.* Acción de arrestar. 2 Detención provisional del presunto reo. 3 Reclusión breve como castigo. 4 Arrojo o determinación para emprender algo arduo.

arrianismo *m.* REL e HIST Doctrina herética del teólogo Alejandrino Arrio (256-336) y sus seguidores. Negaba la divinidad de Jesucristo, que aceptaba como una creación de Dios Padre. Perduró hasta fines del s. VI.

arriate 1 *m.* Era o macizo para cultivar flores. 2 Banda estrecha de tierra junto a las tapias de un jardín destinada al cultivo de flores. 3 Enrejado de cañas.

arriba 1 *adv. l.* Señala un lugar alto o más elevado de aquel en que se encuentra el que habla: *Mi comunidad queda río arriba; Mira arriba y verás los colores del cielo.* 2 En lo alto, en la parte alta: *Arriba en la montaña hay un frondoso árbol* 3 En un escrito señala lo que está antes, lo consignado anteriormente. 4 *adv. c.* Con cantidades o medidas indica un exceso: *Arriba de treinta años.* 5 *interj.* Se usa para señalar aprobación, ánimo o para incitar a una persona a ponerse de pie: *¡Arriba, que nada se ha perdido!*

arribar 1 *intr.* Llegar la nave a un puerto. 2 Llegar por tierra a cualquier lugar.

arribismo *m.* Comportamiento del arribista.

arribista *m.* y *f.* Persona ambiciosa y sin escrúpulos para medrar y mejorar de posición.

arriendo *m.* ARRENDAMIENTO.

arriero, ra *m.* y *f.* Persona que trajina con bestias de carga.

arriesgar 1 *tr.* y *prnl.* Poner a riesgo, aventurar. 2 Apostar una cantidad. 3 Proponer una hipótesis.

arrimado, da *m.* y *f.* Persona que vive en casa ajena y a costa del dueño de esta.

arrimar 1 *tr.* y *prnl.* Acercar una cosa a otra. 2 *tr.* Arrumbar una cosa poniéndola fuera de uso. 3 *prnl.* Acercarse a alguna cosa para apoyarse. 4 Sumarse a un grupo de personas. 5 Acogerse a la protección de alguien o de algo buscando refugio. 6 Vivir a expensas de otra persona.

arrimo 1 *m.* Acción de arrimar o arrimarse. 2 Persona o cosa que ofrece apoyo o protección. 3 Ayuda, auxilio.

arrinconar 1 *tr.* Poner alguna cosa en un rincón o lugar retirado. 2 Perseguir a una persona o a un animal hasta acorralarlo.

arriscado, da 1 *adj.* Lleno de riscos, abrupto, escabroso. 2 Atrevido, aficionado a subir a lugares difíciles.

arriscar 1 *tr.* y *prnl.* Arriesgar, poner a riesgo. 2 Despeñarse las reses por los riscos. 3 *intr.* Alcanzar a llegar.

arritmia 1 *f.* Falta de ritmo. 2 MED Ritmo o pulso irregular en las contracciones del corazón.

arroba 1 *f.* Medida de peso cuyo valor puede ser, dependiendo de la región o el país, de 10,4 kg, 11,5 kg y 12,5 kg. 2 Unidad de volumen o capacidad para líquidos, cuyo valor más extendido es 16,1 l. 3 INF Símbolo (@) usado en las direcciones de correo electrónico.

arrobamiento *m.* Acción de arrobar o arrobarse.

arrobar 1 *tr.* Cautivar a una persona provocando en ella tal sentimiento de placer o admiración que se olvida hasta de sí misma. 2 *prnl.* Enajenarse, quedar fuera de sí.

arrobo *m* ARROBAMIENTO.

arrocero, ra 1 *adj.* Perteneciente o relativo al arroz. 2 *m.* y *f.* Persona que lo cultiva.

arrodillar 1 *tr.* Hacer que una persona o animal hinque una rodilla o ambas, o ponerse uno mismo de rodillas. 2 *intr.* y *prnl.* Humillarse.

arrogancia 1 *f.* Calidad de arrogante; actitud de la persona que trata a los demás con altanería. 2 Valentía, fuerza de ánimo para enfrentarse a los poderosos y prepotentes.

arrogante 1 *adj.* Altanero, soberbio. 2 Valiente, brioso.

arrogar 1 *tr.* Atribuir. 2 *prnl.* apropiarse de cosas inmateriales, como facultades, derechos u honores.

arrojar 1 *tr.* Lanzar una cosa con fuerza imprimiéndole un movimiento. 2 Dejar caer algo intencionadamente. 3 Despedir, alejar de sí. 4 Hacer salir a alguien de un lugar o cargo. 5 Dar una cuenta, documento o inventario unos determinados resultados. 6 *prnl.* Precipitarse desde lo alto a lo bajo. 7 Dirigirse con violencia hacia alguien o algo.

arrojo *m.* Osadía, intrepidez.

arrollar 1 *tr.* Envolver o liar una cosa dándole forma de rollo. 2 Devanar hilo o alambre en torno a un carrete dándole forma de ovillo. 3 Atropellar un tren o un vehículo a una persona, animal o cosa. 4 Llevarse el viento o el agua con violencia cuanto encuentra a su paso. 5 Derrotar por completo al enemigo.

arropar *tr.* y *prnl.* Abrigar y cubrir con ropa.

arrope *m.* Mosto cocido hasta que se condensa y toma consistencia de jarabe.

arrostrar 1 *tr.* Afrontar calamidades o peligros sin dar muestras de cobardía. 2 *prnl.* Batallar cara a cara con el enemigo.

arroyada 1 *f.* Cauce por el que corre un arroyo. 2 Crecida de un arroyo con la inundación consiguiente.

arroyamiento 1 *m.* **ARROYADA.** 2 GEO Erosión difusa producida por las aguas, que no llega a formar una red de ríos o arroyos.

arroyar 1 *tr.* Formar arroyos. 2 *prnl.* Formar la lluvia cortes en la tierra.

arroyo 1 *m.* Caudal corto de agua, riachuelo que puede salvarse de un salto. 2 Cauce o barranco por el que corre un caudal pequeño. 3 Afluencia de cualquier líquido.

arroz *m.* Planta gramínea, de hojas largas, agudas y ásperas y fruto en grano oval, blanco y harinoso. El salvado del grano tiene proteínas y vitaminas E, K y del complejo B. El arroz blanco, el grano privado del salvado, es un alimento de menor calidad. Se cultiva en las llanuras aluviales tropicales y en las regiones de clima templado que poseen una estación cálida suficientemente larga.

arrozal *m.* Tierra sembrada de arroz.

arruga 1 *f.* Pliegue que se forma en la piel, ordinariamente por efecto de la edad. 2 Rugosidad irregular que se hace en los vestidos y en otras superficies flexibles.

arrugar 1 *tr.* y *prnl.* Hacer arrugas o pliegues irregulares a alguien o algo. 2 *tr.* Formar arrugas en una parte del rostro. 3 *prnl.* Encogerse, acobardarse ante alguna dificultad.

arruinar 1 *tr.* y *prnl.* Causar la ruina de alguien o algo. 2 Ser causa de que algo se malogre o deteriore.

arrullar 1 *tr.* Atraer la paloma o tórtola a su pareja emitiendo arrullos. 2 Adormecer al niño con una suave cantinela.

arrullo 1 *m.* Canto grave y monótono con que se atraen las palomas y tórtolas. 2 Canto suave para adormecer a los niños.

arrumaco 1 *m.* Zalamería, demostración de cariño superficial o falsa. 2 Adorno o atavío estrafalario.

arrumar 1 *tr.* Distribuir y colocar la carga en un buque. 2 Amontonar, poner unas cosas sobre otras.

arrumbar *tr.* Arrinconar una cosa por inútil, dejarla fuera de uso.

arrurruz *m.* Fécula rica en almidón que se obtiene de los rizomas de una planta originaria de India.

arsenal 1 *m.* Depósito de armas y municiones. 2 Conjunto de ideas, noticias, datos o cosas útiles, y lugar en que se guardan o del que se sacan.

arsénico 1 *m.* QUÍM Elemento muy tóxico que reúne propiedades tanto de los metales como de los no metales. Es un sólido cristalizado, de color gris o amarillo, poco abundante en estado natural. Se usa en aleaciones de cobre o plomo para preparar herbicidas y plaguicidas y en varias aplicaciones industriales. Símbolo: As. Número atómico: 33. Peso atómico: 74,92. 2 QUÍM **anhídrido ~**.

arsenioso *adj.* QUÍM **anhídrido ~**.

arseniuro *m.* QUÍM Combinación del arsénico con otro cuerpo simple.

art déco (Loc. fr.) *m.* ART Estilo de diseño que surgió en 1920 como una estética nueva que celebraba el auge de la máquina. Su expresión se dio principalmente en el mobiliario, la joyería, la moda, la cerámica y el diseño de interiores.

art nouveau (Loc. fr.) *m.* ART Estilo que se dio en el arte y diseño europeos durante las dos últimas décadas del s. XIX y la primera del s. XX. Postuló el culto a la artesanía, lo que favoreció el desarrollo de la decoración de interiores y de las artes aplicadas. Estableció una alianza entre arte e industria y se propuso dotar de una nueva dignidad a los objetos de uso cotidiano.

arte 1 *m.* o *f.* Disposición para hacer alguna cosa. 2 Manera en que se hace. 3 Conjunto de reglas y preceptos para la buena realización de algo. 4 ART La creación humana, por contraposición a la naturaleza, y en especial la creación de obras bellas que tienen su expresión en alguna de las llamadas bellas artes. 5 *f. pl.* Conjunto de las distintas disciplinas artísticas (música, pintura, escultura, arquitectura, etc.). || **~ abstracto** ART **abstracto.** **~ bella** ART Cada una de las que tienen por objeto expresar la belleza y esp. la pintura, la escultura, la arquitectura y la música. **~ cinético** ART **cinético.** **~ conceptual** ART **conceptualismo.** **~ contemporáneo** ART Término que designa el arte realizado durante el s. XX y que comprende distintos movimientos, estilos y escuelas unidos por su contestación a los cánones clásicos, que habían dominado las bellas artes desde el Renacimiento. Los movimientos más destacados fueron, entre otros, el fauvismo, el expresionismo, el cubismo, el futurismo, el constructivismo, el surrealismo, el arte abstracto y el *pop art*. **~ figurativo** 1 ART Dicho de un arte, que representa cosas reales en oposición al arte abstracto. **~ naíf** ART Corriente artística que busca una representación sencilla e idealizada del mundo. **~ objetual** ART Tendencia artística que surgió en la década de 1960, caracterizada por el uso de objetos reales en la composición de las obras. **~ plumario** El que imita pinturas mediante plumas adheridas a un plano. **~ precolombino** ART Conjunto de manifestaciones artísticas, como la escultura, la pintura, la cerámica, el arte rupestre, etc., que se desarrollaron en América antes de la Conquista española. **~s escénicas** ART Todas aquellas manifestaciones artísticas que implican la representación de una obra dramática u otro tipo de espectáculo. **~s gráficas** ART Artes del dibujo, la pintura, el grabado, el diseño gráfico y la fotografía. 2 De forma específica Dicho de una técnica de grabado. **~s liberales** Las que, a diferencia de las manuales, requieren sobre todo la aplicación de la mente. **~s marciales** DEP Métodos de combate sin armas usados en su origen en guerras en el Lejano Oriente y conformados con conceptos filosóficos de Asia oriental, especialmente del budismo zen. **~s plásticas** ART **PLÁSTICA**, cada una de las disciplinas artísticas. • Aunque es un sustantivo ambiguo en cuanto al género, suele usarse como *m.* en singular y como *f.* en plural: el arte, las artes.

artefacto 1 *m.* Dispositivo que combina una serie de piezas adaptándolas a un fin determinado. 2 Cualquier objeto de cierto tamaño.

artejo *m.* ZOOL Cada una de las piezas articuladas entre sí de las que se forman los apéndices de los artrópodos.

artemisa *f.* Planta aromática y medicinal de las compuestas, de hojas hendidas en gajos agudos y flores amarillentas en panojas, que crece hasta 1 m de altura.

arteria 1 *f.* ANAT Cada uno de los vasos que llevan la sangre desde el corazón hasta las demás partes del cuerpo. 2 Calle principal de una población en la que desembocan otras. || ~ **coronaria** ANAT Cada una de las dos que nacen de la aorta y se ramifican distribuyéndose por el corazón.

artería *f.* Astucia, en sentido peyorativo.

arterial 1 *adj.* Perteneciente o relativo a las arterias. 2 FISIOL **tensión** ~.

arterioesclerosis *f.* MED ARTERIOSCLEROSIS.

arteriola *f.* ANAT Arteria pequeña.

arteriosclerosis *f.* MED Enfermedad causada por la acumulación de depósitos de materia lipoide sobre la superficie interna de la pared arterial.

artesa *f.* Cajón cuadrilongo, más estrecho por el fondo, que se emplea para amasar o como comedero de los animales.

artesanal *adj.* Perteneciente o relativo a la artesanía.

artesanía *f.* Arte o trabajo hecho por artesanos, que comprende el conjunto de objetos funcionales o decorativos realizados total o parcialmente a mano y que requieren destreza manual y artística para su elaboración. Entre las técnicas artesanales más antiguas figuran la cestería, el tejido, la ebanistería y la cerámica.

artesano, na 1 *adj.* Perteneciente o relativo a la artesanía. 2 *m.* y *f.* Persona que ejerce un trabajo manual, aunque con una creatividad que no se da en el obrero fabril.

artesón 1 *m.* Recipiente que sirve en las cocinas para fregar. 2 ARQ Elemento constructivo poligonal con adornos.

artesonado *m.* ARQ Techo, armadura o bóveda formado con artesones de madera, piedra u otros materiales.

ártico, ca *adj.* Perteneciente o relativo o cercano al Polo Norte. • Se escribe con may. inic. cuando se refiere a la región.

articulación 1 *f.* Acción y efecto de articular o articularse. 2 ANAT y FISIOL Zonas de unión entre los huesos o cartílagos del esqueleto. Según su grado de movilidad se clasifican en articulaciones tipo **anfiartrosis, diartrosis** y **sinartrosis.** 3 FON Posición y movimiento de los órganos que intervienen en la pronunciación de los sonidos. 4 FON Pronunciación clara y distinta de las palabras. 5 Unión de dos piezas en una máquina, que permite su movimiento relativo.

articulado, da 1 *adj.* Que tiene articulaciones o está unido a través de estas. 2 *m.* Serie de artículos de una ley o reglamento. 3 *adj.* y *m.* ZOOL Dicho de un animal, que posee un exoesqueleto formado por piezas que se ensamblan unas con otras, como los insectos, arácnidos y crustáceos.

articular[1] *adj.* Perteneciente o relativo a la articulación o las articulaciones.

articular[2] 1 *tr.* y *prnl.* Unir, ensamblar dos cosas permitiéndoles algún movimiento. 2 *tr.* Pronunciar las palabras de modo claro.

articulista *m.* y *f.* Persona que escribe artículos en revistas o periódicos.

artículo 1 *m.* Cada una de las partes en la que suelen dividirse los escritos. 2 Cada una de las divisiones de un diccionario encabezada por una palabra distinta. 3 Cada una de las disposiciones numeradas de una ley, documento, etc. 4 Escrito de cierta extensión y tema específico impreso en ciertas publicaciones periódicas. 5 Mercancía, cosa con que se comercia. 6 GRAM Palabra átona y sin significación propia que acompaña a otras palabras señalando el género, el número y la extensión en que se emplean. || ~ **de primera necesidad** ECON Cualquiera de las cosas más indispensables para el sostenimiento de la vida, como el agua, el pan, etc. ~ **definido** o **determinado** GRAM El que sirve para indicar cosas o entidades que se suponen son conocidas o identificables por el receptor del mensaje. En singular tiene las formas *el, la, lo* y en plural, *los, las.* ~ **indefinido** o **indeterminado** GRAM El que sirve para indicar cosas o entidades vagamente conocidas o no identificables por el receptor del mensaje. Tiene las formas *un, una* y *unos, unas.* • V. separata Las categorías gramaticales.

artífice 1 *m.* y *f.* Autor o creador de algo. 2 Autor de una obra bella, artista. 3 Persona que ejecuta científicamente una obra mecánica o aplica a ella alguna de las bellas artes.

artificial 1 *adj.* Hecho por mano o arte del ser humano. 2 No natural, falso. 3 **inseminación** ~. 4 BIOL **selección** ~. 5 INF **inteligencia** ~.

artificio 1 *m.* Arte con que está hecha una cosa. 2 Dispositivo ingenioso. 3 Falta de naturalidad. 4 Engaño, simulación.

artillería 1 *f.* Arte de la construcción y el manejo de las armas de guerra. 2 Conjunto de armas pesadas con que cuenta un ejército, una plaza o un buque. 3 Cuerpo militar destinado a este servicio.

artilugio 1 *m.* Mecanismo rudimentario. 2 Ardid para conseguir alguna cosa.

artimaña 1 *f.* Trampa para cazar animales. 2 Astucia para conseguir algo.

artiodáctilo, la *adj.* y *m.* ZOOL Dicho de un mamífero, ungulado, que posee un número par de dedos, de los que apoyan al menos dos, como la vaca, la cabra, la cebra, el cerdo, el hipopótamo, etc.

artista 1 *m.* y *f.* Persona que cultiva alguna de las bellas artes. 2 Persona que actúa profesionalmente en algún espectáculo público. 3 Persona que trabaja con gran perfección.

artístico, ca 1 *adj.* Perteneciente o relativo al arte o a las bellas artes. 2 Hecho con arte. 3 **belleza** ~.

artritis *f.* MED Inflamación de las articulaciones que puede llegar a causar incapacidad funcional.

artrópodo *adj.* ZOOL Dicho de un animal, del grupo de los invertebrados, que se caracteriza por tener el cuerpo dividido en cabeza, tórax y abdomen, exosqueleto de quitina, patas articuladas y ojos compuestos y cuyos segmentos corporales llevan apéndices sensoriales, como los arácnidos, ácaros, crustáceos, etc.

artroscopia (Tb. artroscopía) *f.* MED Exploración o examen médico que se hace dentro de las articulaciones con un endoscopio especial.

artrosis *f.* MED Afección crónica, y por lo general degenerativa, de las articulaciones.

artúrico, ca *adj.* Perteneciente o relativo al legendario rey Artús o Arturo.

arúspice *m.* Sacerdote romano que predecía el futuro inspeccionando las entrañas de los animales.

arveja *f.* ALVERJA.

arzobispado 1 *m.* Dignidad de arzobispo. 2 Territorio en que ejerce su jurisdicción. 3 Edificio en que está la curia arzobispal.

arzobispo *m.* Obispo de una iglesia metropolitana.

arzón *m.* Fuste de la silla de montar.

as 1 *m.* El número uno de cada palo de la baraja. 2 Persona que se destaca notablemente en un oficio o una profesión.
asa *f.* Parte saliente de un objeto con figura curva o de anillo, que sirve para asirlo.
asadero, ra 1 *adj.* Que se puede asar. 2 *m.* Lugar en que hace mucho calor. 3 Lugar donde se preparan y se consumen asadas diversas carnes.
asado *m.* Preparado de diversas carnes asadas.
asador *m.* Varilla puntiaguda o parrilla en la que se clavan o ponen las viandas para asarlas.
asadura *f.* Conjunto de las entrañas comestibles de una res.
asalariado, da *adj.* y *s.* Que recibe un salario por su trabajo.
asalariar *tr.* Fijar o pagar un salario a una persona.
asaltar 1 *tr.* Atacar una fortaleza para tomarla. 2 Acometer por sorpresa a una o varias personas con el propósito de despojarlas de sus bienes. 3 Sobrevenir algo de forma inesperada: una idea, una enfermedad.
asalto 1 *m.* Acción y efecto de asaltar. 2 DEP Cada uno de los periodos de tres minutos en que se divide un combate de boxeo.
asamblea 1 *f.* Reunión de personas convocadas para un fin. 2 POLÍT Cuerpo político y legislativo de congresistas, diputados o senadores.
asar 1 *tr.* Preparar un alimento al fuego directo sobre las brasas o en un horno. 2 *prnl.* Sentir mucho calor.
asbesto *m.* Silicato de características parecidas a las del amianto e inalterable al fuego, que se emplea como aislante térmico.
asca *f.* BIOL Estructura semejante a una vesícula, donde se encuentran los esporidios de los hongos ascomicetos.
ascáride *f.* Lombriz parásita que se aloja en el intestino y, a veces, se abre camino hasta otras partes del cuerpo.
ascendencia *f.* Serie de antepasados de una persona.
ascendente *adj.* Que asciende.
ascender 1 *intr.* Subir a un sitio más alto. 2 Valer una cuenta. 3 Mejorar de categoría o posición social. 4 *tr.* Promover a un cargo superior. • Vb. irreg. conjug. c. **entender**. V. anexo El verbo.
ascendiente 1 *m.* y *f.* Padre, madre o cualquiera de los antepasados. 2 *m.* Autoridad moral de que goza una persona.
ascensión 1 *f.* Acción y efecto de subir a un lugar alto. 2 Exaltación de una persona a una gran dignidad.
ascenso *m.* Acción de ascender.
ascensor *m.* Aparato para llegar a los pisos altos sin utilizar la escalera.
ascensorista 1 *m.* y *f.* Persona que construye o repara ascensores. 2 Persona que maneja el ascensor.
ascesis *f.* Conjunto de reglas prácticas y morales para conseguir la virtud.
asceta 1 *m.* y *f.* Persona de vida ascética y retirada. 2 Persona de costumbres austeras.
ascético, ca 1 *adj.* Que se dedica a la práctica y el ejercicio de la perfección espiritual. 2 Perteneciente o relativo a este ejercicio y esta práctica.
ascetismo *m.* Doctrina y práctica de la vida ascética encaminada a la perfección espiritual mediante la mortificación.
ascidio *m.* BOT Hoja vegetativa modificada con forma de recipiente, a veces con opérculo, y capaz de capturar pequeños animales, que es frecuente en las plantas carnívoras.
asco 1 *m.* Cosa repugnante y la impresión desagradable que produce. 2 Sensación de repugnancia que incita al vómito.
ascomiceto, ta *adj.* y *m.* BOT Dicho de un hongo, que tiene hifas bien desarrolladas y produce sus esporidios dentro de unas bolsas semejantes a las vesículas, denominadas ascas.
ascórbico *adj.* QUÍM Dicho de un ácido, que constituye la **vitamina** C.
ascospora *f.* BIOL Espora de los hongos ascomicetos.
ascua *f.* Cualquier trozo de materia incandescente sin llama.
asear *tr.* y *prnl.* Limpiar, adornar con curiosidad.
asechanza *f.* Trampa, artificio para hacer daño.
asechar *tr.* Poner o armar asechanzas.
asediar 1 *tr.* Cercar un lugar para impedir a sus moradores salir de él o recibir socorro. 2 Importunar insistentemente a una persona con peticiones, requerimientos, preguntas, etc.
asegurador, ra 1 *adj.* Que asegura. 2 Dicho de una persona o empresa, que asegura riesgos ajenos.
asegurar 1 *tr.* Fijar una cosa de manera firme. 2 Afirmar algo con seguridad y sin duda. 3 Imposibilitar la huida de un preso. 4 *tr.* y *prnl.* Infundir confianza o certeza sobre algo. 5 Preservar o resguardar de daño. 6 Adquirir un seguro sobre personas o cosas.
aseidad *f.* FIL Cualidad por la que alguien existe por sí mismo, en virtud de su propia naturaleza.
asemejar 1 *tr.* Hacer semejante una cosa a otra. 2 *prnl.* Parecerse una cosa a otra.
asentamiento *m.* Instalación de colonos, cultivadores o emigrantes en el lugar de su nueva residencia. 2 Emplazamiento de cada pieza de artillería en una posición.
asentar 1 *tr.* Poner una cosa de modo que quede fija. 2 Establecer un campamento, un pueblo, etc. 3 Alisar una cosa ya sea con la apisonadora o plancha. 4 Anotar algo en un libro para dejar constancia. 5 *prnl.* Posarse las aves en un lugar. 6 Depositarse en el fondo de un recipiente las partículas sólidas de un líquido. • Vb. irreg. conjug. c. **acertar**. V. anexo El verbo.
asentir *intr.* Mostrarse conforme con lo dicho o propuesto.
aseo 1 *m.* Limpieza, pulcritud con que se hace algo. 2 Apostura y compostura con que se presenta una persona.
asepsia 1 *f.* MED Ausencia de materia séptica; estado libre de infección. 2 MED Conjunto de procedimientos científicos destinados a preservar de gérmenes infecciosos el organismo.
aséptico, ca *adj.* Perteneciente o relativo a la asepsia.
asequible *adj.* Que puede conseguirse o alcanzarse.
aserción 1 *f.* Acción y efecto de afirmar algo. 2 Proposición o frase que contiene la afirmación.
aserradero *m.* Taller en que se asierra la madera.
aserrador, ra 1 *m.* y *f.* Persona que tiene por oficio aserrar. 2 *f.* Máquina de aserrar. 3 Serrería.
aserradura 1 *f.* Corte de la sierra. 2 Punto en que se ha hecho el corte. 3 *f. pl.* Aserrín.
aserrar *tr.* SERRAR. • Vb. irreg. conjug. c. **acertar**. V. anexo El verbo.
aserrín *m.* Conjunto de partículas que se desprenden de la madera cuando se asierra.
aserrío *m.* ASERRADERO.
aserruchar *tr.* Cortar con serrucho.
asertivo, va *adj.* Afirmativo, que contiene una aserción.
aserto *m.* ASERCIÓN.
asertorio *adj.* LÓG Dicho de un juicio, que no excluye la posibilidad lógica de una contradicción.
asesinar 1 *tr.* Matar a una persona con premeditación y alevosía. 2 Hacer muy mal una cosa.

asesino, na 1 *adj.* y *s.* Que asesina, homicida. 2 Dicho de una cosa, que causa un grave daño físico o de orden moral.

asesorar 1 *tr.* Dar consejo o dictamen. 2 *prnl.* Tomar consejo de alguien.

asestar 1 *tr.* Dirigir un arma hacia el objeto que se quiere alcanzar. 2 Descargar el proyectil o golpe de un arma contra algo o alguien.

aseverar *tr.* Afirmar una cosa de modo cierto.

asexuado, da *adj.* Que carece de sexo.

asexual 1 *adj.* Sin sexo. 2 Biol **reproducción ~**.

asfaltador, ra 1 *adj.* Que asfalta o sirve para asfaltar. 2 *f.* Máquina para asfaltar integrada por un alimentador, transportador y calentador de betún y alquitrán, y calderas provistas de sistema de mezclado.

asfaltar *tr.* Pavimentar con asfalto una superficie.

asfalto *m.* Mineral negro que se obtiene por destilación natural o artificial de ciertos petróleos crudos. Se emplea para pavimentar carreteras, calles, terrazas, etc.

asfixia 1 *f.* Muerte por suspensión de la función respiratoria, que priva de oxígeno al organismo. 2 Asma o respiración dificultosa. 3 Sensación de agobio por el enrarecimiento del aire o el calor excesivo.

asfixiar *tr.* y *prnl.* Producir asfixia en sentido literal o figurado.

así 1 *adv. m.* De esta o de esa manera: *Así es como debes hacerlo.* 2 Antepuesto a la preposición *de* y un adjetivo o adverbio, delimita la cualidad mencionada: *Con todo lo que estudió, es increíble que le haya ido así de mal.* 3 Entonces, por consiguiente: *Nadie le ayudó, y así tuvo que desistir.* 4 *conj.* Aunque, por más que: *Lo compraré, así tenga que ahorrar durante todo el año.* 5 Tanto, de igual manera: *Hágase tu voluntad así en la tierra como en el cielo.* || ~ **mismo** ASIMISMO.

asiático, ca *adj.* y *s.* De Asia o relacionado con este continente.

asidero 1 *m.* Lo que sirve para asir o asirse. 2 Apoyo, influencia.

asiduidad *f.* Frecuencia, aplicación constante.

asiento 1 *m.* Acción y efecto de asentar o asentarse. 2 Emplazamiento, lugar en que se asienta un edificio o una población. 3 Mueble para sentarse. 4 Parte más o menos plana en que se apoyan botellas y otros objetos para que se mantengan derechos. 5 Sitio reservado a una persona. 6 Poso de un líquido. 7 Acción de asentarse el material de una obra. 8 Anotación que registra una operación contable.

asignación *f.* Cantidad que se fija a una persona como sueldo o pensión.

asignar 1 *tr.* Señalar lo que corresponde a una persona o cosa. 2 Destinar a una persona para un cargo. 3 Incluir en un grupo o clase.

asignatura *f.* Cada una de las materias que constituyen un plan de estudios o una carrera.

asilado, da 1 *m.* y *f.* Persona acogida en un asilo. 2 Persona que se halla amparada por asilo político.

asilar 1 *tr.* y *prnl.* Albergar en una institución benéfica. 2 *tr.* Dar asilo político.

asilo 1 *m.* Establecimiento benéfico al que se acogen personas menesterosas o desvalidas. 2 Amparo, protección. 3 Hospital para enfermos mentales || ~ **político** Polít Refugio o amparo con protección oficial que, por motivos políticos, otorga un país distinto al propio a la persona que lo solicita.

asimetría 1 *f.* Falta de simetría. 2 Biol Característica de un organismo que no presenta un plano que lo divida en dos partes iguales.

asimétrico, ca *adj.* Que no guarda simetría o carece de ella.

asimilación 1 *f.* Acción y efecto de asimilar o asimilarse. 2 Adaptación o aceptación de algo 3 Biol ANABOLISMO. 4 Proceso por el cual una persona o grupo minoritario se integra y adopta la cultura del grupo social dominante.

asimilar 1 *tr.* y *prnl.* Asemejar, equiparar personas o cosas. 2 *tr.* Otorgar a las personas de una nacionalidad o una determinada carrera los derechos de los que gozan las personas de otra. 3 Comprender lo que se aprende. 4 Biol Incorporar las células u organismos sustancias que les son ajenas. 5 Fisiol Incorporar los órganos las sustancias nutritivas. 6 *intr.* y *prnl.* Ser semejante, parecerse.

asimilismo *m.* Polít Política que pretende suprimir las peculiaridades de las minorías étnicas o lingüísticas o de una colonia, a fin de asentar la unidad nacional sobre una legislación única.

asimismo (Tb. así mismo) *adv. m.* También: *Asimismo se refirió a la situación de la población en medio del conflicto.*

asincronismo 1 *m.* Falta de coincidencia en los hechos. 2 Falta de simultaneidad en el tiempo.

asíncrono, na *adj.* Dicho de un proceso o efecto, que no ocurre en completa correspondencia temporal con otro proceso u otra causa.

asíndeton *m.* Figura retórica en la que se omiten las conjunciones para realzar el concepto.

asinergia *f.* Med Falta de coordinación entre los movimientos de los músculos que participan en un movimiento.

asíntota *f.* Geom Línea recta que, prolongada indefinidamente, se acerca de continuo a una curva haciéndose tangente de esta en el infinito.

asir 1 *tr.* Agarrar una cosa con las manos o un instrumento. 2 *prnl.* Agarrarse de algo para no caer o ser arrastrado. • Vb. irreg. conjugación modelo. V. anexo El verbo.

asirio, ria 1 *adj.* y *s.* De Asiria o relacionado con este país de Asia. 2 *m.* Ling Dialecto acadio hablado antiguamente en esta región.

asistencia 1 *f.* Acción de asistir, en la doble acepción de acudir a un sitio o de prestar ayuda. 2 Concurrencia a un lugar y las personas que concurren a él. 3 Ayuda prestada. 4 Conjunto de personas que atiende a un servicio en pro del bienestar social, como los miembros de la Cruz Roja. 5 *f. pl.* Medios que se otorgan para la subsistencia de alguien.

asistencial *adj.* Perteneciente o relativo a la asistencia, especialmente la médica o social.

asistente, ta 1 *adj.* Que asiste, concurre o ayuda. 2 *m.* y *f.* Persona que en cualquier oficio realiza labores de asistencia. 3 Cualquiera de los dos obispos que ayudan al principal en la consagración de otro.

asistido, da *adj.* Que se hace con ayuda de medios mecánicos.

asistir 1 *intr.* Acudir a un sitio o concurrir con frecuencia. 2 Hallarse presente en un lugar. 3 *tr.* Servir de forma interina o circunstancial. 4 Socorrer, ayudar. 5 Cuidar a alguien en una enfermedad. 6 Tener la razón o el derecho de su parte.

askenazi *adj.* y *s.* ASQUENAZI.

asma *f.* Med Enfermedad causada por la contracción espasmódica de los bronquios, caracterizada por accesos de respiración dificultosa, generalmente nocturnos, sin fiebre y sin expectoración, con estertores sibilantes y labios violáceos. Puede tener como causa una insuficiencia cardiaca o una alergia.

asmoneo, a *adj.* y *s.* Hist De una familia sacerdotal israelita fundada por los macabeos que, en 167 a. C., acaudilló la sublevación contra Antíoco IV de Siria.

Conservó el poder hasta que Roma entronizó a Herodes el Grande (40 a. C.).

asno, na 1 *m.* y *f.* Mamífero ungulado, del grupo de los équidos, de menor tamaño que el caballo. Es empleado como bestia de carga y para criar mulas, que son el resultado del cruce de una yegua y un asno. 2 coloq. Persona tosca y de poco entendimiento.

asociación 1 *f.* Acción y efecto de asociar o asociarse. 2 Conjunto de cosas asociadas y la relación que media entre ellas. 3 Conjunto de personas que se asocian de forma estable y con un fin específico, pudiendo adquirir una personalidad jurídica. || ~ **de ideas** PSIC Conexión mental entre ideas, imágenes o representaciones, por su semejanza, contigüidad o contraste. ~ **vegetal** BIOL Conjunto de plantas que comprende individuos de varias especies, pero que se caracteriza por una o más especies dominantes que le dan nombre e indican su significado biológico.

asociacionismo *m.* Movimiento social partidario de crear asociaciones cívicas, políticas, culturales, etc.

asocial *adj.* Que no se integra o vincula al cuerpo social.

asociar 1 *tr.* Juntar personas o cosas con miras a un fin común. 2 Dar o tomar un compañero que ayude en el desempeño de algún cargo o trabajo. 3 *tr.* e *intr.* Establecer una relación entre personas o cosas. • U. t. c. prnl. 4 *prnl.* Relacionar ideas y recuerdos, que es una forma de comprensión.

asociativo, va 1 *adj.* Que asocia. 2 Que resulta de una asociación o tiende a ella.

asocio *m.* Asociación, colaboración: *Sembrar en asocio.*

asolapar *tr.* Asentar una losa o teja sobre otra de modo que solo cubra parte de ella.

asolar 1 *tr.* Echar al suelo una cosa. 2 Destruir por completo arrasándolo todo. 3 *prnl.* Posarse los líquidos. • Vb. irreg. conjug. c. **contar**. V. anexo El verbo.

asolear 1 *tr.* Exponer una cosa al Sol. 2 *prnl.* Exponerse al Sol y ponerse moreno.

asomar 1 *intr.* Empezar a mostrarse una persona o cosa. 2 *tr.* y *prnl.* Sacar o dejar ver algo por una abertura o por detrás de una ventana, una rendija, etc. 3 *prnl.* Enterarse de algo por encima y sin profundizar.

asombrar 1 *tr.* Hacer sombra. 2 Asustar, pasmar. 3 Oscurecer un color. 4 *tr.* y *prnl.* Causar una admiración grande.

asombro 1 *m.* Admiración grande, pasmo. 2 Persona o cosa que provoca ese pasmo o admiración.

asombroso, sa *adj.* Que causa asombro.

asomo 1 *m.* Indicio de algo. 2 Sospecha.

asonada *f.* Concurrencia numerosa y tumultuaria que suele ir contra las autoridades.

asonancia 1 *f.* Correspondencia de un sonido con otro. 2 Correspondencia o relación de una cosa con otra. 3 Correspondencia entre las vocales de dos palabras después de la sílaba acentuada: *Ya van, / ya vienen / los pescadores, / lanzando sus redes.* 4 Recurso retórico, y a veces defecto, que se da con el empleo de palabras asonantes.

asonantar 1 *intr.* Ser una palabra asonante de otra. 2 Incurrir en el vicio de la asonancia. 3 *tr.* Recurrir a la asonancia como medio retórico.

asonante *adj.* Dicho de una palabra, que tiene asonancia con otra.

aspa 1 *f.* Figura de X formada por dos palos atravesados. 2 Armazón de madera, en esa forma, que en los molinos de viento sustenta las telas. 3 Cada una de las cuatro ramas de tal armazón. 4 Cada una de las paletas que se fijan sobre una rueda o eje de ciertas máquinas. 5 Instrumento que sirve para aspar o devanar el hilo.

aspar 1 *tr.* Clavar a una persona condenada a muerte en un aspa. 2 Devanar el hilo en el aspa para hacer una madeja. 3 *prnl.* Mostrar con gritos o contorsiones un dolor o enojo grande.

aspaviento *m.* Demostración exagerada o afectada de algún sentimiento de admiración, afecto o asombro.

aspecto 1 *m.* Apariencia o manera en que se presentan las personas, los animales, las cosas o los asuntos. 2 GRAM Categoría gramatical que considera la acción del verbo según si está incompleta o terminada. Expresa la medición interna del proceso verbal (sin especificar si es presente, pasado o futuro) con referencia al término o transcurso del mismo proceso. Por ejemplo, en *Lucía cantó* y *Lucía cantaba, cantó* indica que la acción ya acabó, y *cantaba,* que la acción está en proceso.

aspereza 1 *f.* Cualidad de áspero. 2 Desigualdad del terreno, que lo hace escabroso.

asperjar *tr.* Rociar, esparcir un líquido en gotas menudas.

áspero, ra 1 *adj.* Dicho un terreno con irregularidades que es, por consiguiente, escabroso y abrupto. 2 Dicho de un sonido, sabor u olor, que irrita el oído, gusto u olfato. 3 Dicho del tiempo, que es tempestuoso o desapacible. 4 Dicho de una persona, que tiene un carácter malhumorado y trato adusto. 5 Desabrido, violento.

aspersión *f.* Acción de asperjar o rociar con un líquido.

aspersor *m.* Mecanismo que sirve para esparcir un líquido a presión.

áspic *m.* Sustancia sin sabor moldeada y aromatizada, que es similar a la gelatina y es empleada en la elaboración de platos fríos de jamón, foie gras, mariscos, verduras e incluso frutas.

áspid ZOOL Especie de víbora y serpiente, del grupo de los vipéridos, que es muy venenosa.

aspillera *f.* Abertura larga y estrecha de los muros para disparar por ella.

aspiración 1 *f.* Acción y efecto de aspirar o inspirar aire en los pulmones. 2 Deseo de conseguir algo. 3 Aquello que es deseado. 4 FON Sonido del lenguaje que resulta del roce del aliento, cuando se emite con relativa fuerza, hallándose abierto el canal articulatorio, como el de la *h* en algunas palabras de origen extranjero: *hámster, hawaiano.* 5 MÚS Espacio menor de la pausa y que solo da lugar a respirar.

aspirado, da *adj.* FON Dicho de un sonido, que se pronuncia con aspiración y de la letra que lo representa.

aspirador, ra 1 *adj.* Que aspira el aire. 2 *f.* Electrodoméstico que absorbe el polvo y la suciedad de muebles, alfombras y suelos. 3 Máquina dispuesta para aspirar fluidos.

aspirante 1 *adj.* Que aspira. 2 *m.* y *f.* Persona que persigue un empleo, premio o título.

aspirar 1 *tr.* FISIOL Atraer el aire del exterior a los pulmones. 2 Atraer una máquina polvo, gas, etc., por el vacío producido en su interior. 3 Desear un cargo, trabajo u otra cosa. 4 FON Pronunciar con aspiración.

aspirina (De *Aspirina*®, marca reg.) *f.* FARM Ácido acetilsalicílico cuyos principios activos se obtenían originariamente de la hierba *Spiraea ulmaria* (reina de los prados). Tanto el nombre comercial como el producto son de origen alemán.

asquear *intr.* y *tr.* Causar asco algo.

asquelminto *adj.* y *m.* ZOOL Dicho de un gusano, que se caracteriza por carecer de sistema circulatorio, estar recubierto de una cutícula y poseer intestino y ano, como los nemátodos.

asquenazi (Tb. askenazi, askenazí, asquenazí) *adj.* y *s.* Dicho de un judío, originario de Europa central y oriental.

asqueroso, sa 1 *adj.* Que causa asco. 2 Que tiene asco. 3 Propenso a hacer ascos a todo.

asta 1 *f.* Palo de la lanza o pica. 2 Astil de la flecha o venablo. 3 Palo al que se iza la bandera. 4 Zool Tronco principal del cuerno de los cérvidos. 5 Mango de brocha o pincel.

astático, ca *adj.* Fís Dicho del equilibrio, aquel en que se mantiene un cuerpo sólido cualquiera que sea la posición en que se coloque.

astato (Tb. ástato) *m.* Quím Elemento químico radiactivo y sólido del grupo de los halógenos, que no existe en estado natural y se obtiene al bombardear bismuto con partículas alfa. Es intensamente carcinógeno. Símbolo: At. Número atómico: 85. Peso atómico: 211.

astenia 1 *f.* Med Debilitamiento general del organismo. 2 Med Falta específica de fuerza muscular.

astenosfera *f.* Geo Capa de apariencia viscosa situada en el interior de la Tierra y sobre la cual se encuentra la litosfera. Está conformada por rocas semifundidas en cuyos gránulos de silicio y aluminio se mezclan vapor de agua y dióxido de carbono. También alberga depósitos de magma.

aster *m.* Biol Conjunto de finísimas estrías radiantes que aparecen rodeando el centrosoma de la célula.

asterisco *m.* Ort Signo ortográfico auxiliar (*) que se coloca en la parte superior del renglón.

asteroide 1 *adj.* De figura de estrella. 2 *m.* Astr Cada uno de los cuerpos celestes de pequeñas dimensiones, cuyas órbitas alrededor del Sol se hallan comprendidas, en su mayoría, entre las de Marte y Júpiter. Su número se estima en unos 60 000.

asteroideo, a *adj.* y *f.* Zool Dicho de un equinodermo, marino, comúnmente conocido como estrella de mar, que tiene brazos triangulares soldados por la base y dispuestos radialmente, en número de cuatro, cinco (lo habitual) o más, y cuya longitud varía, según la especie, de 1 a 65 cm.

astigmatismo 1 *m.* Med Defecto de visión debido a curvatura irregular de superficies de refracción del ojo. 2 Ópt Defecto de los instrumentos dióptricos, por el que la visión resulta confusa al no converger los rayos en el mismo foco.

astil 1 *m.* Mango de las hachas, azadas, picos y otros aperos. 2 Palo de la flecha. 3 Barra horizontal de la que penden los platillos de la balanza. 4 Vara de hierro por la que corre el pilón de la romana. 5 Zool Eje córneo que continúa el cañón y del cual salen las barbas de la pluma de las aves.

astilla *f.* Fragmento irregular que se desprende de la madera, un pedernal u otros minerales al partirse o romperse.

astillar 1 *tr.* Hacer astillas algo. 2 *prnl.* Rajarse un material formando astillas.

astillero 1 *m.* Industria en que se construyen y reparan buques. 2 Depósito de maderos.

astracán 1 *m.* Piel fina de cordero nonato o recién nacido, muy apreciada en peletería. 2 Tejido de lana o pelo de cabra, que forma rizos en la superficie.

astrágalo *m.* Anat Hueso del tarso en el que se articulan la tibia y el peroné.

astral *adj.* Perteneciente o relativo a los astros.

astringente 1 *adj.* y *m.* Dicho de una sustancia, que contrae los tejidos orgánicos, por ejemplo, la que deja ásperos la lengua y el paladar. 2 Dicho de un alimento o fármaco, que produce estreñimiento.

astringir 1 *tr.* Apretar, estrechar, contraer una sustancia los tejidos orgánicos. 2 Sujetar, obligar.

astro 1 *m.* Astr Cualquiera de los cuerpos celestes. 2 Persona que sobresale en su oficio, sobre todo en el cine.

astrofísico, ca 1 *adj.* Perteneciente o relativo a la astrofísica. 2 *f.* Astr Parte de la astronomía que estudia la luminosidad, el tamaño, la masa, la temperatura y la composición de los cuerpos celestes, así como su origen y evolución.

astrolabio *m.* Astr Antiguo instrumento de navegación y posicionamiento que se utilizaba para medir la altura de los astros y señalar la latitud y la hora.

astrología *f.* Disciplina especulativa que pretende conocer y estudiar la influencia de los astros en el destino de las personas, y pronosticar, por la posición y aspecto de aquellos, los sucesos terrestres.

astrólogo, ga *m.* y *f.* Persona que profesa la astrología.

astronauta *m.* y *f.* Persona que tripula una astronave o que está entrenada para este trabajo.

astronáutico, ca 1 *adj.* Perteneciente o relativo a la astronáutica. 2 *f.* Ciencia o técnica de los viajes espaciales, tripulados o no. Se apoya en la física, astronomía, química, biología, medicina, electrónica, meteorología y las matemáticas.

astronave *f.* Vehículo capaz de navegar más allá de la atmósfera terrestre.

astronomía *f.* Astr Ciencia que estudia los cuerpos celestes del Universo, incluidos los planetas y sus satélites, los cometas y meteoros, las estrellas y la materia interestelar, los sistemas de estrellas llamados galaxias y los cúmulos de galaxias. Se encarga de la observación de las posiciones y los movimientos de estos cuerpos y su estudio matemático, así como del estudio de su composición química y su condición física y del origen y evolución del Universo.

astronómico, ca 1 *adj.* Perteneciente o relativo a la astronomía. 2 Astr **año** ~; **mapa** ~; **unidad** ~. 3 Que se considera desmesuradamente grande.

astucia *f.* Recurso engañoso para conseguir algo.

astuto, ta 1 *adj.* Agudo, hábil para engañar o evitar el engaño o para lograr artificiosamente cualquier fin. 2 Que implica astucia.

asueto *m.* Vacación corta.

asumir *tr.* Tomar para sí o sobre sí determinadas responsabilidades o trabajos.

asunción 1 *f.* Acción y efecto de asumir. 2 Elevación, generalmente del espíritu. 3 Acto de ser ascendido a una primera dignidad por elección o aclamación, como el pontificado, el trono, etc.

asunto 1 *m.* Cuestión o cosa de que se trata. 2 Argumento o tema de una obra literaria, un cuadro o una escultura. 3 Negocio, ocupación lucrativa. 4 Cosa en la que alguien ha de ocuparse.

asustar 1 *tr.* y *prnl.* Dar un susto, sobresaltar a alguien. 2 Producir desagrado en alguien.

atabal 1 *m.* Mús Tambor semiesférico. 2 Mús Tamboril estrecho y alto que se toca con un palillo.

atacama *adj.* y *s.* Hist De un pueblo amerindio que, en la época precolombina, estaba asentado en la zona del desierto y la Puna de Atacama y fue reconocido por sus cerámicas decoradas con dibujos geométricos. En la actualidad sobreviven algunos pequeños núcleos tribales en el valle del Loa (Chile).

atacante 1 *adj.* y *s.* Que ataca. 2 Dep Jugador, en oposición a su contrario.

atacar[1] 1 *tr.* e *intr.* Embestir, lanzarse contra alguien para hacerle algún daño. 2 Llevar la iniciativa en una acción bélica. 3 Dep En algunos juegos y deportes, tener el dominio del balón, la pelota, la bola. 4 *tr.* Acometer repentinamente, tratándose de enfermedades o del sueño. 5 Empezar a ejecutar una composición musical. 6 Quím Actuar una sustancia sobre otra combinándose con ella.

atacar[2] *tr.* Apretar el contenido de un recipiente, como la carga de los barrenos o el taco de un arma de fuego.

atadijo *m.* Lío pequeño y mal hecho.

atado *m.* Conjunto de cosas atadas, como las ropas o cartas.

atadura 1 *f.* Acción y efecto de atar. 2 Ligadura o cuerda con que se ata algo. 3 Lo que impide hacer algo. 4 Conexión, vínculo.

atafagar 1 *tr.* y *prnl.* Sofocar, aturdir. 2 *tr.* Molestar a alguien. 3 Abrumar con tareas u ocupaciones. 4 *prnl.* Estar sobrecargado de trabajo.

ataguía *f.* Dique provisional para atajar el paso del agua durante la construcción de una obra hidráulica.

atajar 1 *intr.* Ir o tomar por el atajo. 2 *tr.* Salir por un atajo al encuentro de personas o animales, cortándoles el paso. 3 Detener, interrumpir a alguien o el proceso de algo.

atajo 1 *m.* Senda por la que se acorta el camino. 2 Procedimiento rápido para lograr algo. 3 Separación o división de alguna cosa. 4 Grupo pequeño de cabezas de ganado. 5 Conjunto de personas o cosas.

atalaya 1 *f.* Torre de vigilancia, por lo general situada en un lugar alto. 2 Cualquier punto desde el que se domina un espacio amplio.

atalayar *tr.* Registrar el campo o el mar desde una atalaya.

atañer *intr.* Afectar, concernir, pertenecer. • Vb. irreg. conjug. c. **tañer**. V. anexo El verbo.

atapasco, ca *adj.* y *s.* De un grupo de pueblos amerindios de América del Norte, cuyos miembros más conocidos son los apaches y los navajos.

ataque 1 *m.* Acción de atacar. 2 Acceso, acometida. 3 Accidente, colapso.

atar 1 *tr.* Sujetar una cosa a otra con ligaduras. 2 Anudar una cuerda. 3 Impedir el movimiento, cohibir, sujetar, referido tanto a personas como a cosas. 4 *prnl.* Ceñirse a una cosa o materia determinada.

ataraxia 1 *f.* Tranquilidad, imperturbabilidad. 2 FIL Quietud absoluta del alma, que es, según el epicureísmo y el estoicismo, el principio de la felicidad.

atardecer[1] *intr.* Empezar a caer la tarde cuando empieza a oscurecer. • Vb. irreg. conjug. c. **agradecer**. V. anexo El verbo.

atardecer[2] *m.* Último periodo de la tarde.

atarear 1 *tr.* Señalar una tarea. 2 *prnl.* Entregarse de lleno al trabajo.

atarjea 1 *f.* Caja de ladrillo con que se protegen las cañerías. 2 Conducto por donde las aguas de la casa van al sumidero.

atarraya *f.* Red redonda para pescar.

atarugar 1 *tr.* Asegurar con tarugos o cuñas una ensambladura. 2 Tapar con tarugos los agujeros de las vasijas. 3 *tr.* y *prnl.* Llenar, colmar de comida.

atarván *adj.* y *s.* Dicho de una persona, que es mal educada y de modales groseros.

atasajar *tr.* Hacer tasajos o pedazos la carne.

atascadero 1 *m.* Lodazal en que se atascan personas, animales o vehículos. 2 Estorbo que impide la continuación de un proyecto o empresa.

atascar 1 *tr.* Cegar u obstruir un conducto impidiendo el paso de alguna cosa. 2 *prnl.* Quedar detenido en un barrizal. 3 No poder proseguir un razonamiento o discusión.

atasco 1 *m.* Impedimento que no permite el paso de una cosa. 2 Obstrucción de un conducto. 3 Embotellamiento de vehículos. 4 Dificultad que impide el avance en un razonamiento o discurso.

ataúd *m.* Féretro, caja en que se deposita el cadáver de una persona.

ataviar *tr.* y *prnl.* Adornar, vestir con elegancia.

atavío 1 *m.* Adorno, compostura. 2 Conjunto de piezas de vestir. 3 *m. pl.* Adornos.

atavismo 1 *m.* Tendencia a imitar o mantener formas de vida, costumbres, etc., arcaicas. 2 BIOL Fenómeno de herencia discontinua, por el cual un descendiente presenta caracteres de un antepasado que no poseen las generaciones intermedias.

atchís *m.* ACHÍS.

ateísmo *m.* Doctrina que niega la existencia de Dios o de los dioses.

atelier *m.* Taller en el que trabaja un pintor, escultor o modista.

atemorizar 1 *tr.* y *prnl.* Causar temor a alguien. 2 Intimidar, perder el ánimo o energía para algo.

atemperar *tr.* y *prnl.* Moderar, calmar.

atenazar 1 *tr.* Sujetar fuerte con tenazas o como con tenazas. 2 Torturar a alguien el arrepentimiento o la vergüenza.

atención 1 *f.* Facultad y acción de atender. 2 Cortesía o demostración de respeto. 3 *interj.* Se usa para pedir a alguien que atienda o que tenga especial cuidado en lo que hace.

atender 1 *tr.* e *intr.* Aplicar la mente o los sentidos al conocimiento de alguna cosa. 2 *tr.* Satisfacer una solicitud. 3 *intr.* Mirar por una persona o cuidar de ella, especialmente si está enferma. 4 Tener en cuenta algo. 5 *intr.* Leer una persona un original en voz alta para que otra coteje un impreso. • Vb. irreg. conjug. c. **entender**. V. anexo El verbo.

ateneo 1 *m.* Institución científica o literaria, cuyo fin es promover la cultura. 2 Lugar en que se reúnen los miembros de tales instituciones.

atenerse *prnl.* Ajustarse una persona en su forma de pensar u obrar a determinadas normas, opiniones o circunstancias. • Vb. irreg. conjug. c. **tener**. V. anexo El verbo.

atentado 1 *m.* Agresión contra la vida o integridad física de una persona, especialmente si está constituida en dignidad o representa de alguna manera el orden instituido. 2 Desacato grave contra lo que se considera el orden que se considera recto.

atentar 1 *tr.* Realizar un daño grave contra personas o cosas. 2 *intr.* Cometer atentado infiriendo ofensa o menoscabo a la dignidad, los intereses, etc., de alguien o algo: los derechos civiles, la salud, etc. • Vb. irreg. conjug. c. **acertar**. V. anexo El verbo.

atento, ta 1 *adj.* Que tiene fija la atención en algo. 2 Cortés, urbano, comedido.

atenuación 1 *m.* Acción y efecto de atenuar. 2 Acción y efecto de rebajar la fuerza o violencia de las expresiones, sin dejar de decir lo que se quiere dar a entender.

atenuar 1 *tr.* Hacer tenue o sutil algo. 2 *tr.* y *prnl.* Aminorar la gravedad o intensidad de algo.

ateo, a *adj.* y *s.* Que niega la existencia de Dios.

aterciopelado, da *adj.* De finura y suavidad comparables a las del terciopelo.

aterir 1 *tr.* y *prnl.* Paralizar a alguien el frío excesivo. 2 Quedar yerto por el frío.

aterrar[1] 1 *tr.* Tirar o bajar una cosa al suelo. 2 Derribar. 3 Cubrir con tierra o escombros. • Vb. irreg. conjug. c. **acertar**. V. anexo El verbo.

aterrar[2] 1 *tr.* Aterrorizar, espantar. 2 Desanimar.

aterrizaje *m.* Acción y efecto de aterrizar.

aterrizar *intr.* Tomar una aeronave contacto con el suelo y posarse.

aterronar *tr.* y *prnl.* Hacer terrones alguna materia suelta.

aterrorizar *tr.* y *prnl.* Causar terror.

atesorar 1 *tr.* Guardar cosas de valor. 2 Ocultar una cosa grandes valores. 3 Tener una persona grandes cualidades.

atestar 1 *tr.* Llenar una cosa hueca apretando lo que se mete en ella. 2 Llenar la gente por completo un local. • Vb. irreg. conjug. c. **acertar**. V. anexo El verbo.

atestiguar 1 *tr.* Deponer como testigo la verdad de alguna cosa. 2 Ser indicio o prueba de la certeza de algo.
atiborrar 1 *tr.* Llenar algo de borra, apretándola. 2 Llenar algo con exceso. 3 atestar de cosas inútiles un local. 4 *tr.* y *prnl.* Atracar de comida.
ático 1 *m.* Uno de los dialectos de la lengua griega. 2 Último piso de un edificio, generalmente con terraza. 3 ARQ Último piso de un edificio, más bajo de techo que los inferiores, que encubre el arranque de las techumbres.
atiesar *tr.* y *prnl.* Poner tieso algo.
atifle *m.* Utensilio de barro con que los alfareros separan las piezas en el horno para que no se peguen unas a otras.
atila *m.* Hombre bárbaro e insensible. • Por alusión a Atila, el último rey de los hunos.
atildar *tr.* y *prnl.* Componer, asear, a veces con un cierto exceso o afectación.
atinar 1 *intr.* Encontrar lo que se busca. 2 Dar en el blanco. 3 Hallar la solución de una adivinanza o problema.
atinente *adj.* Tocante o perteneciente.
atingencia 1 *f.* Relación, conexión. 2 SUGERENCIA.
atingir *intr.* Tener relación una cosa con otra.
atípico, ca *adj.* Que se aparta de los modelos representativos o tipos conocidos, insólito.
atiplar *tr.* MÚS Elevar la voz o el sonido de un instrumento musical hasta el tono de tiple.
atirantar *tr.* Poner tirante algo.
atisbar 1 *tr.* Mirar algo con cuidado y disimulo. 2 Vislumbrar o adivinar.
atiza *interj.* Indica sorpresa o sobresalto.
atizador *m.* Instrumento que sirve para avivar el fuego.
atizar 1 *tr.* Avivar el fuego removiéndolo o añadiéndole combustible. 2 Despabilar la mecha de velas o candiles. 3 Avivar pasiones o discordias. 4 *tr.* e *intr.* Dar, asestar un golpe: *Le atizó un par de bofetadas.* • U. t. c. prnl.
atlante *m.* ARQ Estatua masculina que sustituye a una columna y sustenta el arquitrabe.
atlántico, ca 1 *adj.* Perteneciente o relativo a los montes Atlas. 2 Perteneciente o relativo al océano Atlántico o a los territorios que baña.
atlantismo *m.* Actitud de adhesión a los principios de la Organización del Tratado del Atlántico Norte (Otan) y favorable a su extensión y afianzamiento en Europa.
atlas 1 *m.* GEO Colección de mapas geográficos, históricos, etc., en un volumen. 2 Colección de láminas, la mayor parte de las veces aneja a una obra. 3 ANAT Primera vértebra de las cervicales; está articulada con el cráneo mediante los cóndilos del occipital.
atleta 1 *m.* Participante en los juegos griegos y romanos de la Antigüedad. 2 *m.* y *f.* DEP Persona que practica algún deporte que requiere esfuerzo físico. 3 Persona de fuerza notable.
atlético, ca 1 *adj.* DEP Perteneciente o relativo al atleta o a los ejercicios propios de aquel. 2 Dicho de una constitución física, que se caracteriza por un mayor desarrollo del sistema muscular.
atletismo 1 *m.* DEP Conjunto de prácticas deportivas relacionadas con la fuerza o velocidad. Abarca distintas pruebas que pueden tener lugar en una pista cubierta o al aire libre. 2 DEP Conjunto de normas que las regulan.
□ DEP Las principales pruebas son: carreras, marcha, lanzamientos y saltos. Las carreras varían desde los 50 m hasta la carrera de maratón, que cubre 42,195 km. Las carreras más cortas se corren en pista cubierta sobre distancias de 50 y 60 m y al aire libre sobre 100, 200 y 400 m. Las pruebas de vallas son carreras de velocidad sobre distancias de 200 m y 400 m en las que los competidores deben superar una serie de diez obstáculos. Las carreras que cubren entre 600 y 3000 metros se conocen como carreras de medio fondo. Las de distancia superior a 3000 m se denominan pruebas de fondo. Las pruebas de marcha se corren normalmente sobre distancias que oscilan entre 1500 m y 50 km. Las pruebas de salto comprenden salto de altura, salto con pértiga, salto de longitud y triple salto. Las pruebas de lanzamiento incluyen el lanzamiento de peso o bala, disco, martillo y jabalina.
atmósfera (Tb. atmosfera) 1 *f.* GEO Capa gaseosa que rodea la Tierra o que rodea un cuerpo celeste u otro cuerpo cualquiera. 2 Espacio a que se extienden las influencias de alguien o algo, o ambiente que los rodea. 3 FÍS Unidad de presión equivalente al peso de una columna de mercurio de 760 mm de alto y 1 cm^2 de sección, al nivel del mar y a 0 °C. En el sistema internacional equivale a 101,325 pascales. Símbolo: atm.
□ GEO En la envoltura gaseosa de la Tierra se distinguen dos capas principales: la **exosfera** (que abarca desde los 400 hasta más allá de los 1000 km) y la atmósfera propiamente dicha. La atmósfera se divide en: **troposfera** (de unos 12 km de espesor), **tropopausa**, que separa la anterior de la **estratosfera** (entre los 12 y 50 km), **estratopausa**, que media entre esta y la **mesosfera** (entre 50 y 85 km), e **ionosfera** (formada por la **termosfera**, parcialmente ionizada, y la exosfera). La masa gaseosa que forma la atmósfera está en continuo movimiento a causa de los factores que inciden sobre ella (insolación, rotación y traslación de la Tierra, distribución de los continentes, etc.).
atmosférico, ca 1 *adj.* Perteneciente o relativo a la atmósfera. 2 ECOL **contaminación** ~. 3 GEO **perturbación** ~; **presión** ~.
atoar *tr.* Llevar a remolque una embarcación.
atolladero 1 *m.* Atascadero, lugar del que es difícil salir. 2 Situación incómoda o comprometida.
atollar 1 *intr.* y *prnl.* Dar en un atolladero. 2 *prnl.* Atascarse con un obstáculo.
atolón *m.* GEO Isla de coral con forma de anillo o varias islas pequeñas que forman parte de un arrecife de coral y que rodean a una laguna central de agua marina.
atolondrar *tr.* y *prnl.* Aturdir, dejar a alguien sin capacidad de coordinar por obra de un golpe, las prisas o la sorpresa.
atómico, ca 1 *adj.* Perteneciente o relativo al átomo. 2 FÍS Perteneciente o relativo a la desintegración del átomo. 3 **bomba** ~. 4 FÍS Dicho de una energía, que procede de la desintegración del átomo. 5 FÍS **masa** ~; **núcleo** ~; **unidad** de masa ~. 6 QUÍM Perteneciente o relativo a la teoría química que explica la formación de los cuerpos por los átomos que los componen. 7 QUÍM **número** ~; **peso** ~; **volumen** ~. 8 Relacionado con los usos de la energía atómica o sus efectos. 9 Dicho de una nación, que posee armas atómicas.
atomismo *m.* FIL Doctrina que explica la formación del mundo por la combinación fortuita de los átomos.
atomizador *m.* PULVERIZADOR.
atomizar 1 *tr.* Dividir algo en partes minúsculas, pulverizar. 2 Pulverizar un líquido.
átomo *m.* FÍS y QUÍM La partícula más pequeña de un elemento que conserva las propiedades químicas de este. || ~ **gramo** QUÍM Valor en gramos de la masa atómica de un elemento químico.
□ FÍS y QUÍM Los átomos se combinan de maneras muy variadas para conformar numerosos compuestos. Suelen formar grupos llamados moléculas y están unidos entre sí mediante diversas fuerzas, entre las que predomina la interacción entre los electrones. Un átomo es tan pequeño que una sola gota de agua

contiene más de mil trillones de átomos, y consiste principalmente en espacio vacío. En su centro está el *núcleo*, en el que se concentra el 99 % de la masa, midiendo, aprox., una diezmilésima parte del diámetro del átomo. Los *electrones* viajan en órbitas alrededor del núcleo y ocupan la región llamada *corteza*. El núcleo tiene una carga eléctrica positiva y los electrones tienen carga negativa. El núcleo, a su vez, está constituido por *neutrones* (partículas sin carga) y *protones* (partículas positivas), unidos mediante fuerzas nucleares muy poderosas. El número de electrones es igual al número atómico del átomo, que varía entre 1, en el hidrógeno, y 92 en el uranio, para los elementos existentes en la naturaleza. Cuánto más alejado se encuentra un electrón del núcleo, menor será la fuerza con que este lo atrae y más fácilmente intervendrá en las reacciones con otros átomos. En las reacciones químicas, los átomos prácticamente no cambian, excepto en sus electrones más exteriores. Estudios recientes han revelado la existencia de más de doscientas partículas elementales o subatómicas (minúsculos trozos de materia) entre las que se cuentan el *muón*, el *pión*, el *hadrón*, el *mesón* y el *bosón*. Por cada partícula existe una **antipartícula** con la misma masa, cuya carga tiene signo opuesto a la de la partícula correspondiente.

atonal *adj.* Mús Dicho de una composición, que no tiene una tonalidad bien definida o no está organizada con base en el sistema armónico tradicional.

atonalidad *f.* Mús Término con el que se designa un material sonoro ordenado sin el vínculo tonal.

atonía *f.* Med Falta de tono y vigor, especialmente en los tejidos contráctiles.

atónito, ta *adj.* Pasmado por el asombro o la sorpresa.

átono, na *adj.* Fon Dicho de una vocal, sílaba o palabra, que se pronuncia sin **acento** prosódico.

atontar *tr.* y *prnl.* Dejar tonto o como tonto a alguien por aturdimiento o sorpresa.

atorar 1 *tr.* e *intr.* Obstruir, atascar. • U. t. c. prnl. 2 *prnl.* Atragantarse.

atormentar 1 *tr.* y *prnl.* Dar tormento o dolor, físico o moral. 2 Ocasionar disgustos o molestias.

atornillar 1 *tr.* Fijar un tornillo haciéndolo girar sobre su eje. 2 Sujetar con tornillos alguna cosa. 3 Presionar a una persona. 4 *tr.* y *prnl.* Mantener obstinadamente a alguien en un cargo u oficio.

atortolar 1 *tr.* y *prnl.* Aturdir, acobardar. 2 *prnl.* Enamorarse ostensiblemente.

ATP *m.* Biol Enzima que actúa en procesos metabólicos celulares en que se transfieren grupos fosfato liberando energía. • Sigla del *adenosin trifosfato* o *trifosfato de adenosina*.

atracador, ra *m.* y *f.* Persona que roba a mano armada.

atracar 1 *tr.* y *prnl.* Hacer comer o beber con exceso. 2 *tr.* Arrimar, acercar. 3 Acometer a una persona con propósito de robo. 4 *tr.* e *intr.* Arrimar unas embarcaciones a otras, o a tierra.

atracción 1 *f.* Acción de atraer. 2 Fís Fenómeno por el que los cuerpos se atraen unos a otros, produciendo la gravitación. 3 *f. pl.* Espectáculos o diversiones variadas: *Parque de atracciones.* || ~ **molecular** Fís La que ejercen recíprocamente todas las moléculas de los cuerpos mientras están unidas o en contacto.

atracón 1 *m.* Acción y efecto de atracar de comida. 2 Hartazgo de cualquier trabajo o acción.

atractivo, va 1 *adj.* Con fuerza para atraer y ganarse la voluntad ajena. 2 *m.* Encanto personal para atraerse el afecto o la simpatía de otros.

atraer 1 *tr.* Traer hacia sí, en sentido físico o moral, a personas o cosas: la propaganda a los compradores, la miel a las moscas, el imán al hierro. 2 *tr.* y *prnl.* Ganar la simpatía de una persona o conseguir su adhesión a ciertas ideas. 3 *prnl.* Fís Mantener las partículas de los cuerpos su cohesión recíproca en virtud de sus propiedades físicas. • Vb. irreg. conjug. c. **traer**. V. anexo El verbo.

atragantar 1 *tr.* y *prnl.* Sentir ahogos por haberse detenido algo en la garganta. 2 Causar fastidio o enfado. 3 *prnl.* Cortarse en la conversación sin saber qué decir.

atrancar 1 *tr.* Asegurar la puerta con una tranca. 2 *tr.* y *prnl.* ATASCAR, obstruir un conducto. 3 *prnl.* Encerrarse asegurando por dentro la puerta con una tranca.

atrapamoscas *m.* Planta cuyas hojas, provistas de glándulas y pelos sensitivos, aprisionan y devoran al insecto que se posa en ellas.

atrapar 1 *tr.* Coger a quien huye o va deprisa. 2 Coger algo. 3 Conseguir alguna cosa con cierta habilidad.

atrás 1 *adv. l.* Hacia la parte que está detrás o a las espaldas: *Dar un paso atrás.* 2 En la zona posterior a lo que se toma como referencia: *Se escondió atrás de la columna.* 3 En las últimas filas de un grupo: *Los estudiantes que estaban atrás recibieron frecuentes llamados de atención.* 4 En el fondo de un local: *La bodega de la tienda queda atrás.* 5 *adv. t.* En el plano temporal, lo que ya ha pasado o lo que se ha dicho con anterioridad: *Nuestros temores quedaron atrás.* 6 *interj.* Se usa para hacer retroceder a una persona: *¡Atrás!*

atrasar 1 *tr.* y *prnl.* Retrasar o retardar. 2 *intr.* y *prnl.* No marchar el reloj con la velocidad debida. 3 *prnl.* Quedarse atrás. 4 No llegar a su completo desarrollo las personas, los animales o las plantas.

atraso 1 *m.* Efecto de atrasar o atrasarse. 2 Falta de desarrollo en el progreso alcanzado por otros. 3 Trabajo no realizado que se va amontonando. 4 *m. pl.* Cuentas vencidas y no cobradas.

atravesado, da 1 *adj.* De mala intención o mal carácter. 2 Que no mira derecho. 3 Dicho de un animal, cruzado o mestizo.

atravesar 1 *tr.* Hacer pasar un objeto de un lado al opuesto. 2 Pasar de un lado a otro. 3 Colocar una cosa sobre otra oblicuamente. 4 Pasar un cuerpo penetrándolo de parte a parte. 5 Poner delante algo que impida el paso. 6 Pasar circunstancialmente por una determinada situación. 7 *prnl.* Intervenir en la conversación o los asuntos de otros. 8 Intervenir, ocurrir algo que altera el curso de otra cosa. 9 Ponerse algo en medio de otras cosas o en mitad de un conducto o camino para obstaculizar el paso. • Vb. irreg. conjug. c. **acertar**. V. anexo El verbo.

atrayente *adj.* Que atrae.

atreverse 1 *prnl.* Osar hacer algo, por arriesgado que sea. 2 Insolentarse, faltar al respeto.

atrevido, da 1 *adj.* Osado, arriesgado. 2 Insolente, desvergonzado.

atrevimiento *m.* Acción y efecto de atreverse.

atribución 1 *f.* Acción de atribuir. 2 Cada una de las facultades inherentes a un cargo.

atribuir 1 *tr.* y *prnl.* Asignar hechos o cualidades a una persona o cosa, aun sin la base suficiente. 2 *tr.* Señalar una cosa como competencia de alguien. 3 Achacar, imputar. • Vb. irreg. conjug. c. **huir**. V. anexo El verbo.

atributivo, va 1 *adj.* Gram Dicho de una función desempeñada por el atributo. 2 Gram Dicho de un verbo copulativo como *ser* o *estar* y de otros verbos, con que se construye el atributo como *parecer, juzgar, considerar, nombrar,* etc.

atributo 1 *m.* Facultad o cualidad que, por naturaleza o asignación, corresponde a alguien o algo. 2 Símbolo que representa convencionalmente algo; como la palma, atributo de la victoria; el caduceo, de

Mercurio, etc. 3 GRAM Función que desempeña una palabra o un grupo de palabras que, mediante un verbo copulativo (como *ser, estar* o *parecer*), atribuye una cualidad al sustantivo: *Juan es de Caracas; La noche está fría; Las vacas parecen asustadas.* 4 REL Cada una de las perfecciones de la esencia divina: amor, sabiduría, omnipotencia, etc.

atrición *f.* REL Pesar de haber ofendido a Dios, no tanto por el amor que se le tiene como por temor a las consecuencias de la ofensa cometida.

atril *m.* Mueble con forma de plano inclinado para sostener papeles, partituras o libros abiertos.

atrincherar 1 *tr.* Fortificar con trincheras. 2 *prnl.* Ubicarse en trincheras a cubierto del enemigo. 3 Valerse de algo para defenderse de un ataque o mantenerse en una actitud con tenacidad.

atrio 1 *m.* ARQ Espacio descubierto que precede a ciertos templos y palacios. 2 ZOOL Cavidad existente en el cuerpo de los tunicados, las esponjas y otros animales, en comunicación con el exterior, que recibe el agua procedente de las branquias o los poros inhalantes.

atrocidad 1 *f.* Crueldad grande. 2 Exceso, demasía. 3 Disparate grave.

atrofia 1 *f.* Falta de desarrollo de cualquier parte del cuerpo. 2 FISIOL y MED Disminución en el tamaño o número de uno o varios tejidos de los que forman un órgano, con la consiguiente minoración del volumen, peso y actividad funcional, a causa de escasez o retardo en el proceso nutritivo. || ~ **degenerativa** FISIOL y MED La que va acompañada de un proceso destructor de las células de un tejido.

atrofiar 1 *tr.* Producir atrofia. 2 *prnl.* Padecer atrofia.

atronar 1 *tr.* Ensordecer, aturdir. 2 *intr.* Producir un ruido ensordecedor. 3 *prnl.* Perderse o morirse los pollos antes de salir del cascarón a causa del ruido de los truenos. • Vb. irreg. conjug. c. **contar**. V. anexo El verbo.

atropellar 1 *tr.* Arrollar o derribar a alguien pasándole por encima. 2 Alcanzar los vehículos violentamente a personas o animales. 3 Abrirse paso a empujones. 4 Agraviar a alguien con violencia o abuso de fuerza. 5 *tr.* e *intr.* Proceder sin miramiento a leyes, usos o conveniencias sociales. 6 *prnl.* Obrar o hablar con apresuramiento y agobio.

atropina *f.* FARM Alcaloide venenoso, que se extrae de la belladona y otras solanáceas, y que se emplea como antiespasmódico.

atroz 1 *adj.* Fiero, cruel, inhumano. 2 Enorme, grave. 3 Muy grande o desmesurado.

atuendo 1 *m.* Atavío, vestido. 2 Adorno, ostentación.

atún *m.* Pez marino de cuerpo redondeado e hidrodinámico, que se estrecha hasta formar una delgada unión con la cola y que puede alcanzar 3 m de longitud y 500 kg de peso. Vive en los bancos próximos a la superficie y su carne es muy apreciada. Hay distintas especies.

aturdimiento 1 *m.* Perturbación de los sentidos por efecto de un golpe, mareo o ruido muy fuerte. 2 Desconcierto moral que provoca una desgracia o mala noticia. 3 Torpeza para hacer alguna cosa.

aturdir 1 *tr.* y *prnl.* Causar aturdimiento o padecerlo. 2 Confundir, desconcertar a alguien.

atusar 1 *tr.* Recortar el pelo con tijeras. 2 Alisar el pelo pasando el peine mojado.

audacia 1 *f.* Atrevimiento, osadía. 2 Insolencia.

audición 1 *f.* Acción de oír. 2 Concierto o lectura en público. 3 Prueba que se hace a un actor, cantante, músico, etc., ante el empresario o director de un espectáculo.

audiencia 1 *f.* Acto de una persona importante por el que recibe a quienes desean exponer o solicitar algo. 2 DER Sesión en la que los litigantes exponen ante un tribunal sus causas y alegatos. 3 Lugar en que se celebra ese acto. 4 Conjunto de personas que asisten a un discurso o debate. 5 Conjunto de personas que, desde sus domicilios, sigue un programa de radio o televisión. || ~ **americana** HIST Organismo integrado por jueces, denominados oidores, que, durante el gobierno colonial en la América hispana, se ocupó de administrar justicia y actuar como tribunales de apelación en las diferentes provincias.

audífono 1 *m.* Aparato que, aplicado al oído, permite a las personas con alguna dificultad auditiva percibir mejor los sonidos. 2 Pieza de un receptor de sonidos que se aplica al oído.

audio *m.* Conjunto de las técnicas y elementos de grabación, tratamiento, transmisión y reproducción de sonidos.

audiofrecuencia *f.* FÍS Banda de frecuencias de onda que se emplea en la transmisión de los sonidos y que se mide por herzios (de 20 a 20 000).

audioguía *f.* Aparato electrónico de uso individual que reproduce grabaciones con información útil para la visita a exposiciones o lugares turísticos.

audiometría *f.* MED Prueba de audición del sonido.

audiovisual 1 *adj.* Que se refiere conjuntamente al oído y a la vista, o los emplea a la vez. 2 *m.* Película combinada con sonidos, que se utiliza generalmente con fines didácticos.

auditar *tr.* Examinar la gestión económica de una entidad a fin de comprobar si se ajusta a lo establecido.

auditivo, va 1 *adj.* Que tiene virtud para oír. 2 Perteneciente al órgano del oído. 3 ANAT **conducto** ~.

auditor, ra 1 *adj.* Que realiza auditorías. 2 *m.* y *f.* Persona encargada de la revisión de las cuentas de una empresa, institución, etc.

auditoría 1 *f.* Cargo de auditor. 2 Despacho del auditor. 3 Supervisión de las cuentas de una empresa.

auditorio 1 *m.* Conjunto de oyentes. 2 Sala destinada a conciertos, recitales, conferencias, coloquios, lecturas públicas, etc.

auge *m.* Punto culminante en el desarrollo de una cualidad o de un proceso, tanto de personas como de instituciones.

augurar 1 *tr.* Adivinar por el vuelo y canto de las aves. 2 Presagiar, predecir.

augurio *m.* Presagio o anuncio de algo futuro.

augusto, ta *adj.* Que por su majestad merece gran respeto y consideración.

aula *f.* Local que en los centros docentes se destina a dar clases.

aulaga 1 *f.* Planta papilionácea, como de 1 m de altura, con hojas lisas terminadas en púas y flores amarillas. 2 *f. pl.* Apuros, dificultades.

áulico, ca 1 *adj.* Perteneciente a la corte o al palacio. 2 Cortesano o palaciego.

aullido *m.* Grito quejumbroso que emiten el lobo, el perro y otros animales.

aumentar *tr.* e *intr.* Hacerse o hacer mayor algo en extensión, número o cantidad. • U. t. c. prnl.

aumentativo, va 1 *adj.* Que aumenta. 2 *adj.* y *s.* GRAM Dicho de un sufijo, que aumenta la magnitud del significado de la palabra a la que se une. Por ejemplo: *-on* en *camisón* y *-azo* en *buenazo*. Los sufijos aumentativos más usuales son: *-on, -ona; -azo, -aza; -acho, -acha* y *-ote, -ota*. 3 *m.* GRAM Palabra formada con uno o más sufijos aumentativos. • Los aumentativos pueden sugerir distintos matices (indignación, desprecio, ironía, admiración, etc.), que en gran parte dependen del tono con que se pronuncien y de las circunstancias de la conversación.

aumento 1 *m.* Acrecentamiento o incremento de algo. 2 Cosa añadida. 3 Avance, progreso.

aun *adv. m.* Hasta, incluso o también: *Te daré mil pesos, y aun dos mil, si los necesitas; Aun con el tiempo que has perdido tienes oportunidad de pasar la materia; Aun los mejores ajedrecistas se equivocan.*

aún 1 *adv. t.* Todavía: *Aún están ensayando.* 2 No obstante, sin embargo: *Antonia sacó la nota más alta y aún estuvo descontenta.* 3 *adv. c.* Señala ponderación: *Obtuvo más ganancias aún que las proyectadas.*

aunar 1 *tr.* y *prnl.* Coordinar criterios y voluntades con miras a lograr un fin común. 2 Unificar.

aunque 1 *conj. conc.* Indica una objeción real o posible pese a la cual puede ocurrir o hacerse algo: *Aunque sea lo último que haga, llegaré hasta el fin.* 2 *conj. advers.* Pero: *Llegó a tener un gran éxito, aunque este no fue constante.*

aupar 1 *tr.* y *prnl.* Levantar en el aire. 2 Ayudar a una persona a subir a un cargo o en la escala social.

aura 1 *f.* Viento suave, brisa. 2 Soplo, aliento. 3 Aplauso popular. 4 Irradiación luminosa que algunos individuos perciben en personas, animales o plantas.

áureo, a 1 *adj.* De oro o dorado. 2 GEOM **sección ~**. 3 MAT **número ~**.

aureola 1 *f.* Círculo luminoso que rodea la cabeza de las imágenes sagradas. 2 Círculo luminoso que suele aparecer alrededor del Sol y de la Luna, a causa de la refracción de la luz en los cristales de hielo de las nubes. 3 Fama que rodea a una persona.

aurícula 1 *f.* ANAT Cada una de las dos cavidades del corazón de batracios, reptiles, aves y mamíferos, que reciben la sangre de las venas. 2 ANAT Pabellón de la oreja. 3 BOT Prolongación interior del limbo de las hojas. 4 ZOOL Cavidad, que puede ser única, doble o cuádruple del corazón de los moluscos, y que recibe la sangre arterial. 5 ZOOL Cavidad de la parte anterior del corazón de los peces, que recibe la sangre venosa.

auricular 1 *adj.* Perteneciente o relativo al oído o a las aurículas del corazón. 2 *m.* En los aparatos telefónicos, la parte o pieza que se aplica al oído.

aurífero, ra *adj.* Que lleva o contiene oro.

auriga *m.* Persona que conducía los caballos de un carruaje en las antiguas Grecia y Roma.

auriñaciense *adj.* y *m.* HIST Dicho de un estadio cultural, correspondiente al Paleolítico superior, que se extendió por Europa entre el 40 000 y el 20 000 a. C. aprox., y durante el cual tuvieron lugar las primeras manifestaciones artísticas • U. m. c. s. m. Se escribe con may. inic. c. s.

aurora *f.* Luz que precede a la salida del Sol. || ~ **polar** GEO Fenómeno meteorológico que consiste en manchas y columnas luminosas de varias tonalidades rápidamente cambiantes. Se produce por encima de los 60° de latitud y, según se produzca en el hemisferio Norte o Sur, se denomina aurora **boreal** o aurora **austral**.

auscultar *tr.* MED Explorar clínicamente los fenómenos acústicos del organismo aplicando el oído directamente o a través del estetoscopio al tórax, la espalda o el abdomen.

ausencia 1 *f.* Estado de ausente o tiempo en que alguno lo está. 2 Falta de algo. 3 Vacío que produce la no presencia de una persona. 4 Estado de distracción de la mente respecto de la situación o acción en que se halla el sujeto pensante. 5 MED Pérdida pasajera de la conciencia.

ausentar 1 *prnl.* Alejarse de un lugar en que se reside habitualmente o de la compañía de una persona. 2 *tr.* Hacer que alguien se marche o se aleje de un lugar.

ausente *adj.* y *s.* Dicho de una persona, que no está en el lugar de que se trata.

ausentismo 1 *m.* Costumbre de abandonar el desempeño de funciones y deberes anejos a un cargo. 2 Abstención frecuente o prolongada de acudir al trabajo. 3 Estadística de dicha abstención.

auspiciar 1 *tr.* Adivinar, predecir. 2 Patrocinar, favorecer.

auspicio 1 *m.* Augurio, presagio. 2 Protección, favor. 3 Iniciativa o impulso. 4 *m. pl.* Señales que presagian unos resultados prósperos o adversos.

austeridad *f.* Cualidad de austero.

austero, ra 1 *adj.* Sobrio, sencillo, sin ninguna clase de alardes. 2 Severo, muy ajustado a las normas de la moral.

austral *adj.* GEO Perteneciente o relativo al hemisferio y al polo meridionales.

australopiteco *m.* Homínido fósil que vivió durante el Paleolítico inferior, y representa uno de los últimos estadios de los primates erectos anteriores al *Homo sapiens.*

austriaco, ca (Tb. austríaco) *adj.* y *s.* De Austria o relacionado con este país europeo.

austrohúngaro, ra *adj.* HIST Perteneciente o relativo al antiguo Imperio de Austria y de Hungría, surgido en 1867 a partir del pacto realizado entre los dos Estados de poner bajo administración húngara la parte oriental del Imperio austriaco. Quedó desmembrado en 1919, después de su derrota en la Primera Guerra Mundial.

autarquía 1 *f.* Dominio de sí mismo. 2 Autosuficiencia. 3 ECON Autoabastecimiento de un país con sus propios recursos.

autenticar 1 *tr.* Legitimar o legalizar alguna cosa, como un documento, una firma. 2 Acreditar, dar fe de la verdad de un hecho.

auténtico, ca 1 *adj.* Acreditado de cierto y positivo por los caracteres o circunstancias que en ello concurren. 2 Fiel a sus principios y convicciones. 3 Legalizado; que hace fe pública.

autismo *m.* PSIC Repliegue patológico de la personalidad sobre sí misma, con el consiguiente desinterés por el mundo exterior.

auto[1] 1 *m.* DER Resolución judicial sobre cuestiones incidentales para las que no se requiere sentencia. 2 LIT Composición dramática por lo general de carácter alegórico. 3 *m. pl.* DER Conjunto de actuaciones de un procedimiento judicial. || ~ **de fe** HIST Ceremonia pública de ejecución de personas condenadas a morir en la hoguera por la Inquisición. ~ **sacramental** REL Representación dramática de carácter alegórico que trata sobre un dogma de la Iglesia católica.

auto[2] *m.* AUTOMÓVIL, carro destinado al transporte de personas.

autoabastecerse *prnl.* Proveerse una persona por su propia cuenta de lo necesario.

autoayuda *f.* Método que una persona pone en práctica consigo misma para mejorar algún aspecto de su forma de ser o conducta.

autobiografía *f.* Vida de una persona escrita por ella misma.

autobús *m.* Automóvil de servicio público para muchos pasajeros.

autocar *m.* Automóvil para muchos pasajeros.

autocensura *f.* Censura del propio texto.

autoclave *f.* Aparato que, por medio del vapor a presión y temperaturas elevadas, sirve para destruir gérmenes patógenos, esterilizando objetos y sustancias.

autocomplacencia *f.* Satisfacción de sí mismo.

autoconfianza *f.* Seguridad que se tiene en uno mismo.

autoconservación *f.* BIOL Tendencia del organismo a mantenerse con vida, a pesar de otras exigencias que, de ser satisfechas incondicionalmente, lo conducirían a su destrucción.

autoconsumo *m.* ECON Consumo final de bienes y servicios por el mismo productor.

autocontrol *m.* Capacidad de control sobre sí mismo.

autocracia *f.* POLÍT Forma de dictadura en que una persona ejerce un gobierno despótico.

autocrítica *f.* Juicio crítico que alguien emite sobre sus obras o su conducta.

autóctono, na *adj.* Que ha nacido o se ha originado en el mismo lugar donde se encuentra.

autodefensa *f.* Acción de defenderse alguien por sí mismo y con sus propios recursos.

autodeterminación 1 *f.* Acto por el que una persona toma sus propias decisiones. 2 POLÍT Acto por el que los pobladores de una unidad territorial deciden acerca de su futuro estatuto político.

autodidacto, ta *adj.* y *s.* Que se instruye por sí mismo, sin auxilio de maestro.

autódromo *m.* DEP Pista para pruebas y carreras de automóviles.

autoestop *m.* Modo de viajar consistente en parar un automóvil en la carretera y solicitar del conductor el transporte gratuito.

autoevaluación *f.* Valoración que una persona hace de sus conocimientos, aptitudes o rendimiento.

autofecundación *f.* BOT Fecundación que se efectúa por unión de dos elementos de distinto sexo pertenecientes a una misma planta.

autofinanciación *f.* ECON Financiación de una empresa que se hace aplicando parte de los beneficios al acrecentamiento de la misma empresa.

autógeno, na *adj.* Dicho de una soldadura de metales, que se hace, sin intermedio de materia extraña, fundiendo con el soplete de oxígeno y acetileno las partes de la unión.

autogestión *f.* ECON Gestión de una empresa por los propios trabajadores.

autogiro *m.* Avión provisto de alas con forma de hélice, que giran por efecto de la resistencia del aire al avanzar el aparato.

autogol *m.* DEP Gol marcado en la propia portería.

autogolpe *m.* POLÍT Violación de la legalidad vigente en un país por parte de quien está en el poder, para afianzarse en él.

autoinducción *f.* ELECTR Fenómeno electromagnético por el que en un circuito se produce una segunda corriente eléctrica al variar la intensidad de la que ya circulaba.

autómata 1 *m.* o *f.* Instrumento provisto de un mecanismo para realizar determinados movimientos. 2 Máquina que imita los movimientos de un ser animado. 3 *m.* y *f.* Persona que actúa sin reflexión.

automático, ca 1 *adj.* Perteneciente o relativo al autómata. 2 Dicho de un mecanismo, que funciona en todo o en parte por sí solo. 3 Que sigue a determinadas circunstancias de un modo inmediato y la mayoría de las veces indefectible. 4 Dicho de un arma de fuego, que, una vez puesta en funcionamiento, dispara por sí sola. 5 Dicho de un acto, mecánico e indeliberado.

automatismo 1 *m.* Cualidad de automático. 2 Ejecución de ciertos actos sin intervención de la voluntad.

automatización 1 *f.* Acción y efecto de automatizar. 2 Funcionamiento automático de una máquina, o conjunto de máquinas, encaminado a un fin único, lo cual permite realizar, con poca intervención del ser humano, una serie de trabajos industriales, administrativos o investigativos.

automatizar *tr.* Aplicar a la industria ciertos procedimientos automáticos que proporciona la electrónica y que facilitan y agilizan las operaciones de cálculo, selección y ordenación de datos, etc.

automedicarse *prnl.* Tomar medicamentos por iniciativa propia.

automotor, ra 1 *adj.* y *m.* Dicho de una máquina, un instrumento o un aparato, que ejecuta determinados movimientos sin la intervención directa de una acción exterior. 2 Dicho de un vehículo de tracción mecánica.

automóvil 1 *adj.* Que se mueve por sí mismo. 2 *adj.* y *m.* Dicho de un vehículo, que es movido por un motor, generalmente de explosión, que no marcha sobre carriles. Sus elementos fundamentales son: bastidor o chasis, ruedas, suspensión, frenos, carrocería, motor, transmisión, embrague y caja de cambios.

automovilismo 1 *m.* Conjunto de conocimientos teóricos y prácticos sobre construcción, funcionamiento y manejo de los automóviles. 2 DEP Deporte que se practica en automóvil.

autonomía 1 *f.* Condición de la persona que no depende de nadie en ciertos conceptos. 2 POLÍT Estado y condición del pueblo que goza de entera independencia política. 3 POLÍT Poder que, dentro del Estado, pueden gozar las regiones u otras entidades territoriales para regir sus intereses mediante normas y órganos de gobierno propios. 4 Capacidad máxima de un vehículo marítimo, aéreo o terrestre para efectuar un recorrido ininterrumpido sin repostarse.

autónomo, ma 1 *adj.* Que goza de autonomía. 2 **comunidad** ~.

autopista *f.* Carretera especial con doble pista y varios carriles y sin cruces, que permite una mayor velocidad de los automóviles.

autopropulsión *f.* Movimiento de una máquina por su propia fuerza motriz.

autoprotección *f.* Protección de uno mismo.

autopsia 1 *f.* ANAT Examen anatómico de un cadáver. 2 MED Estudio médico de un cadáver con el objeto de determinar la causa de muerte o estudiar cambios patológicos.

autor, ra 1 *m.* y *f.* Persona que es causa de algo, lo inventa o hace. 2 Persona que ha creado alguna obra artística, científica o literaria. 3 **derecho** de ~. 4 DER Persona que comete un delito (autor material), o induce (autor intelectual) a otras a ejecutarlo.

autoridad 1 *f.* Potestad para legislar y gobernar que tiene un poder público y quienes lo representan. 2 Poder que tiene una persona sobre otras que le están subordinadas, como el padre, tutor, superior, etc. 3 Persona con algún mando o magistratura. 4 Prestigio de que goza una persona por sus cualidades personales o por su conocimiento en alguna materia. 5 Autor o texto que se citan en favor de la propia opinión o tesis. 6 En lenguaje popular, persona que posee cualquier clase de autoridad; por ejemplo, un agente de policía.

autoritario, ria 1 *adj.* Que se apoya en el principio de autoridad. 2 Que tiende a imponer su voluntad.

autoritarismo 1 *m.* Sistema fundado en la sumisión incondicional a la autoridad. 2 Abuso que alguien hace de su autoridad. 3 Carácter autoritario de una persona.

autorización 1 *f.* Permiso para hacer algo. 2 El documento que lo consigna.

autorizar 1 *tr.* Dar quien tiene autoridad la facultad de hacer algo a otro u otros. 2 Dar alguna cualidad o cargo el derecho a actuar de cierto modo. 3 Legalizar la validez de un documento la autoridad competente. 4 Aducir el texto de un autor en confirmación de la propia opinión.

autorregulación *f.* Acción y efecto de autorregularse.
autorregularse *prnl.* Regularse por sí mismo.
autorretrato *m.* Retrato de una persona pintado o dibujado por ella misma.
autoservicio 1 *m.* Sistema de venta de algunos almacenes, en los que el comprador elige por sí mismo lo que le interesa y paga al salir. 2 Sistema análogo que se emplea en algunos restaurantes y cafeterías.
autosoma *m.* BIOL Cromosoma que no condiciona la determinación del sexo: *El ser humano tiene 22 pares de autosomas.*
autosuficiencia 1 *f.* Estado del que se basta a sí mismo. 2 Presunción orgullosa.
autosugestión *f.* Influencia psíquica del propio sujeto sobre sus estados de ánimo.
autótrofo, fa *adj.* BIOL Dicho de un organismo, que es capaz de elaborar su propia materia orgánica a partir de sustancias inorgánicas, como las plantas.
autovía *f.* Carretera de circulación rápida parecida a la autopista, aunque con cruces en su recorrido.
auxiliar[1] 1 *adj.* y *s.* Que auxilia. 2 Que colabora con otro en calidad de subordinado. 3 *adj.* GRAM **verbo ~**.
auxiliar[2] 1 *tr.* Prestar auxilio, ayudar, socorrer. 2 GRAM Intervenir un verbo en la formación de los tiempos compuestos de la conjugación, las perífrasis verbales y ciertas construcciones pasivas.
auxilio *m.* Ayuda, socorro prestado a quien está en peligro o necesidad. || **primeros ~s** Medidas terapéuticas urgentes que se aplican a las víctimas de accidentes o enfermedades repentinas hasta disponer de tratamiento especializado.
aval 1 *m.* Obligación que alguien adquiere de hacer algo a lo que otra persona se ha comprometido, en caso de que esta incumpla. 2 Garantía que alguien ofrece sobre la conducta o cualidades de otra persona, especialmente en materia política.
avalancha *f.* **ALUD**.
avalar 1 *tr.* Garantizar por medio de un aval. 2 Responder por alguien, respaldarlo.
avaluar *tr.* **VALORAR**, poner precio.
avance 1 *m.* Acción de avanzar o mover hacia adelante. 2 Progreso. 3 Anticipo de dinero. 4 Fragmento de una película que se proyecta antes de su estreno.
avanzado, da 1 *adj.* Dicho de algo, que aparece o está más cerca de su objetivo o final: *Era una mujer de edad avanzada.* 2 Que se distingue por su audacia o novedad en las artes, el pensamiento, etc. 3 *f.* Partida militar destacada del cuerpo principal destinada a observar para prevenir ataques sorpresas.
avanzar 1 *intr.* Ir las tropas hacia adelante. 2 Acercarse a su fin un periodo de tiempo. 3 Darse prisa. 4 Progresar o mejorar de estado o condición. 5 *tr.* Mover hacia delante.
avaricia *f.* Afán desordenado de adquirir riquezas para guardarlas.
avaro, ra 1 *adj.* Que tiene avaricia. 2 Que reserva, oculta o escatima algo.
ávaro, ra *adj.* y *s.* HIST De un antiguo pueblo de Asia central que, a mediados del s. VI, avanzó hasta el Cáucaso y el mar Negro y posteriormente extendió sus dominios hasta el Elba. Fue vencido por Carlomagno (791).
avasallar 1 *tr.* Someter a obediencia. 2 *prnl.* Someterse a alguien por impotencia propia o prepotencia del poderoso. 3 Hacerse súbdito o vasallo de un rey o señor.
avatar 1 *m.* REL Reencarnación de los dioses del hinduismo. 2 Cambio, vicisitud.
ave *f.* ZOOL Animal vertebrado y ovíparo, que se caracteriza por poseer un pico córneo (que varía en su forma según los hábitos de alimentación) y un cuerpo cubierto de plumas, con dos patas y dos alas aptas por lo común para el vuelo. || **~ del paraíso** ZOOL Ave originaria de Nueva Guinea y de las islas vecinas que se caracteriza por el magnífico plumaje que presentan los machos adultos. Se conocen cuarenta especies.
☐ ZOOL Las aves son animales **homeotermos**, de respiración pulmonar. Se desarrollan a partir de embriones localizados en huevos que están fuera del cuerpo materno. Su cuerpo se ha adaptado al vuelo gracias a su esqueleto ligero, compacto y rígido. En las aves que han perdido la capacidad de volar –como el avestruz y el kiwi–, el esternón es proporcionalmente de menor tamaño y la quilla se ha perdido, ya que no requieren de las inserciones musculares que sí tienen las voladoras.
avecinar 1 *tr.* y *prnl.* Acercar. 2 **AVECINDAR**.
avecindar 1 *tr.* Admitir a alguien como vecino de una población. 2 *prnl.* Establecerse como vecino en una población.
avejentar 1 *tr.* e *intr.* Dar a alguien aspecto de viejo sin serlo. 2 *intr.* y *prnl.* Adquirir aspecto de viejo sin serlo.
avellana *f.* Fruto del avellano, pequeño y casi esférico, con corteza dura de color canela, que contiene una carne blanca y aceitosa.
avellano *m.* Arbusto betuláceo con muchos tallos, hojas anchas y de madera dura y correosa, y cuyo fruto es la avellana.
avemaría *f.* REL Oración cristiana a la Madre de Jesús que empieza con las palabras con que la saludó el arcángel Gabriel.
avena *f.* Planta gramínea, de cañas delgadas, hojas estrechas y flores en panoja radiada, que se cultiva en las regiones templadas frías de todo el mundo y se usa como forraje para los animales y como cereal para el consumo humano.
avenar *tr.* Dar salida a las aguas muertas o a los terrenos demasiado húmedos mediante zanjas.
avenencia 1 *f.* Convenio, transacción. 2 Conformidad y unión.
avenida 1 *f.* Crecida impetuosa de un río o arroyo. 2 Calle ancha, generalmente con árboles.
avenir 1 *tr.* y *prnl.* Convenir las partes discordes. 2 *prnl.* Amoldarse, resignarse con algo. 3 Entenderse con alguien. 4 Armonizar dos o más cosas. • Vb. irreg. conjug. c. **venir**. V. anexo El verbo.
aventajar 1 *tr.* y *prnl.* Adelantar, pasar delante de otro, dejarlo atrás. 2 *tr.* e *intr.* Llevar o sacar ventaja, superar o exceder a otro en algo.
aventar 1 *tr.* Dispersar el aire alguna cosa. 2 Echar al aire el grano para separarlo de la paja. 3 Echar a alguien de un sitio. 4 *prnl.* Arrojarse, lanzarse con violencia sobre alguna persona o cosa. • Vb. irreg. conjug. c. **acertar**. V. anexo El verbo.
aventón 1 *m.* Empujón. 2 Acción de llevar un conductor a un pasajero gratuitamente.
aventura 1 *f.* Suceso o lance extraño. 2 Riesgo o empresa de resultado incierto. 3 Casualidad, contingencia. 4 Relación amorosa pasajera.
aventurar 1 *tr.* y *prnl.* Arriesgar o poner en peligro. 2 *tr.* Exponer alguna opinión audaz.
aventurero, ra 1 *adj.* y *s.* Que busca aventuras. 2 Dicho de una persona, de vida irregular, sin oficio ni profesión, que trata de medrar con medios ilegales o raros.
avergonzar 1 *tr.* Causar vergüenza. 2 *prnl.* Tener vergüenza o sentirla. • Vb. irreg. conjug. c. **contar**. V. anexo El verbo.
avería 1 *f.* Daño que impide o dificulta el funcionamiento de un mecanismo. 2 Menoscabo de una mercancía o un género.

averiar 1 *tr.* Causar averías en alguna cosa. 2 *prnl.* Estropearse algo.
averiguar *tr.* Indagar y encontrar la verdad de una cosa.
averno *m.* Designación poética del infierno.
averroísmo *m.* FIL Sistema filosófico de Averroes y de sus seguidores.
aversión *f.* Antipatía o rechazo hacia alguna persona o cosa.
avéstico, ca 1 *adj.* REL Perteneciente o relativo a la colección de libros sagrados del mazdeísmo llamada Avesta. 2 *m.* LING Lengua indoeuropea en la que están escritos estos libros.
avestruz *m.* Ave que alcanza hasta 2 m de altura y es la más grande de las aves actuales. Posee alas cortas no aptas para el vuelo, cabeza y cuello casi desnudos, plumaje suelto y flexible, negro en el macho y gris en la hembra, y patas largas y robustas, que le permiten correr a gran velocidad.
avezado, da *adj.* Experimentado en algo, muy capaz.
aviación 1 *f.* Locomoción aérea con aparatos más pesados que el aire (aviones, planeadores, helicópteros, autogiros, ultraligeros). 2 Conjunto de técnicas y prácticas del vuelo de las aeronaves. Constituye uno de los medios de transporte más seguros y eficientes. 3 Cuerpo militar que utiliza este medio para la guerra.
aviador, ra *m.* y *f.* Persona que gobierna una aeronave.
aviar[1] *tr.* Disponer alguna cosa para el camino.
aviar[2] *adj.* Perteneciente o relativo a las aves y, especialmente, a sus enfermedades.
avícola *adj.* Perteneciente o relativo a la avicultura.
avicultura *f.* Conjunto de técnicas de la cría de las aves y del aprovechamiento de sus recursos.
avidez *f.* Ansia, codicia.
avifauna *f.* ECOL Conjunto de aves de un país o una región geográfica.
avinagrar 1 *tr.* y *prnl.* Poner agria una cosa, en especial el vino. 2 Volverse una persona de mal carácter.
avío *m.* Provisiones para un viaje.
avión *m.* Vehículo volador con alas que se sustenta en el aire gracias a la fuerza ascensional generada dinámicamente, y que se propulsa mediante hélices, rotores, turbohélices, reactores o cohetes.
avioneta *f.* Avión pequeño y de poca potencia.
aviónica *f.* Electrónica aplicada a las técnicas aeronáuticas y espaciales.
avisar 1 *tr.* Dar una noticia, comunicarla. 2 Advertir, llamar la atención. 3 Llamar a alguien para que preste algún servicio.
aviso 1 *m.* Acción de avisar. 2 Lo que se avisa o comunica. 3 Consejo. 4 Amenaza. 5 Anuncio publicitario.
avispa *f.* Insecto himenóptero caracterizado por tener una delgada cintura entre los dos primeros segmentos abdominales y por estar provisto en su extremidad posterior de un aguijón. Suele ser social.
avispado, da *adj.* Despierto, listo, que aprende pronto.
avispar *tr.* y *prnl.* Hacer más despierto y vivo a alguien.
avispero 1 *m.* Conjunto o enjambre de avispas. 2 Panal que fabrican y sitio en que lo ponen. 3 coloq. Negocio difícil y que provoca muchos disgustos.
avistar *tr.* Alcanzar con la vista alguna cosa distante.
avitaminosis *f.* MED Carencia o falta de vitaminas y la enfermedad que produce.
avivar 1 *tr.* y *prnl.* Dar viveza, excitar. 2 Encender, acalorar. 3 *tr.* Activar o intensificar el fuego, la luz, los colores. 4 *intr.* Actuar con inteligencia y diligencia. 5 *intr.* y *prnl.* Cobrar vida y vigor los gusanos de seda.
avizorar *tr.* Acechar, escudriñar mirando atentamente en todas las direcciones.
axial *adj.* Perteneciente o relativo al eje.
axila 1 *f.* ANAT Hendidura en la unión del brazo con el tórax. 2 BOT Ángulo que forman las ramas al articularse en el tronco.
axiología *f.* FIL Teoría filosófica de los valores que analiza los principios que permiten considerar que algo es o no valioso.
axioma *m.* Principio evidente que es admitido como verdadero sin recurrir a demostración alguna.
axiomatizar *tr.* Construir la axiomática de una teoría científica.
axiomático, ca 1 *adj.* Incuestionable, evidente. 2 *f.* Conjunto de definiciones, axiomas y postulados en que se basa una teoría científica.
axis *f.* ANAT Segunda vértebra del cuello, sobre la cual se verifica el movimiento de rotación de la cabeza.
axón *m.* ANAT y FISIOL Prolongación filiforme de las neuronas que transmite los impulsos nerviosos a las células musculares, glandulares, etc., o que se pone en contacto con otras células nerviosas.
axonometría *f.* GEOM Sistema de representación de un cuerpo en un plano mediante las proyecciones obtenidas según tres ejes.
ay 1 *interj.* Indica dolor, pena, etc. 2 *m.* Suspiro, quejido.
ayate *m.* Tela de fibra de maguey.
ayatola (Tb. ayatolá) *m.* Entre los chiitas islámicos, teólogo destacado con autoridad religiosa y civil. Es un título propio de los iraníes.
ayer 1 *m.* Tiempo pasado o inmediatamente pasado. 2 *adv. t.* El día anterior a hoy: *Ayer estuvimos bailando.* 3 En el pasado: *Ayer solo era un niño, hoy ya es un hombre.*
ayllu *m.* HIST Unidad básica de la organización social de los incas constituida por un grupo de familias descendientes de un antepasado común.
ayo, ya *m.* y *f.* Persona de confianza que custodia y cría a los niños en las casas acomodadas.
ayuda 1 *f.* Acción y efecto de ayudar. 2 Persona o cosa que presta la ayuda. 3 *m.* Subalterno en algunos oficios.
ayudante 1 *adj.* Que ayuda. 2 *adj.* y *s.* Dicho de un militar o funcionario, que está a las órdenes de un superior.
ayudar 1 *tr.* Prestar colaboración compartiendo el trabajo en función subalterna o socorriendo en caso de necesidad. 2 Apoyar, asistir. 3 *prnl.* Esforzarse por lograr algo. 4 Valerse de la cooperación de otros.
ayunar 1 *intr.* Abstenerse total o parcialmente de comer. 2 REL Practicar el ayuno prescrito por una religión.
ayuno, na 1 *adj.* Que se priva de algún gusto. 2 Que ignora alguna cosa. 3 *m.* Acción y efecto de ayunar. 4 Práctica de mortificación por obedecer el precepto eclesiástico o por devoción particular.
ayuntamiento 1 *m.* Corporación municipal formada por el alcalde y los concejales, que administra los intereses de una población. 2 Edificio donde tiene su sede. 3 Cópula sexual.
azabache *m.* Variedad de lignito, dura, negra y susceptible de pulimento.
azada *f.* Instrumento de labranza formado por una plancha cuadrangular de hierro, afilada por un lado y fija por el otro a un astil o mango de madera.
azadón *m.* Instrumento de pala más larga, estrecha y curva que la azada común.
azadonar *tr.* Cavar con el azadón.
azafato, ta 1 *m.* y *f.* Persona que atiende a los viajeros durante un vuelo o un viaje en tren. 2 Persona encargada de atender al público en congresos y reuniones. 3 *f.* Camarera de la reina.
azafate *m.* Canastillo o bandeja de cualquier material con borde bajo.

azafrán 1 *m.* Planta iridácea que posee un rizoma en forma de tubérculo y una flor cuyo estigma es usado como condimento y en medicina. 2 Color amarillo anaranjado.

azahar *m.* Flor del naranjo y de otros árboles, blanca y de olor muy intenso, que posee aplicaciones cosméticas y medicinales.

azalea (Tb. azálea) *f.* Árbol pequeño, de las ericáceas, de unos 2 metros de altura, que posee hojas oblongas y hermosas flores reunidas en corimbo, que contienen una sustancia venenosa.

azar 1 *m.* Acaso, casualidad a la que se atribuye lo que no se debe a una causa adecuada o a la intención humana; de ahí pasa a significar todo lo fortuito o imprevisto. 2 Percance, desgracia inopinada.

azarar *tr.* y *prnl.* Sobresaltar, avergonzar, ruborizar.

azaroso, sa 1 *adj.* Que tiene en sí azar o desgracia. 2 Turbado, temeroso.

aziliense *adj.* y *s.* HIST Dicho de un estadio cultural, correspondiente al Mesolítico, caracterizado por el uso de pequeños útiles de sílex, arpones de asta o hueso y guijarros decorados con motivos geométricos. Se sitúa hacia el 8000 a. C., en el sur de Francia • U. m. c. s. m. Se escribe con may. inic. c. s.

ázimo *adj.* ÁCIMO.

azimut *m.* ACIMUT.

azogar *tr.* Cubrir con azogue algo, como se hace con los cristales para que sirvan de espejos.

azogue *m.* QUÍM MERCURIO.

azoico *adj.* GEO Dicho de un terreno anterior al periodo precámbrico, en el que no se encuentra resto alguno de vida.

azor *m.* Ave rapaz diurna de lomo negro, vientre blanco moteado, cola cenicienta y patas amarillas.

azorada *f.* AZORAMIENTO.

azoramiento *m.* Acción y efecto de azorar.

azorar *tr.* y *prnl.* Turbar, aturdir.

azotaina *f.* Zurra de azotes.

azotar 1 *tr.* y *prnl.* Dar azotes, golpear, apalear. 2 *tr.* Golpear algo de manera insistente y violenta, como el mar o el viento. 3 Dañar gravemente.

azote 1 *m.* Instrumento de suplicio hecho con cuerdas, que a veces terminaban en puntas o bolitas de plomo. 2 Vara, vergajo. 3 Golpe dado con el azote o con la mano en el cuerpo. 4 Embate del agua o del viento. 5 Calamidad, aflicción.

azotea *f.* Cubierta llana de un edificio en la que se puede estar y pasear.

azteca 1 *adj.* y *s.* HIST De un antiguo pueblo que en tiempos de la Conquista española dominaba el territorio de México. 2 *m.* LING Lengua hablada por este pueblo, llamada también **náhuatl**.

□ HIST Los aztecas fundaron uno de los imperios precolombinos más poderosos. Se asentaron en el valle de México desde fines del s. XII. y se supone que participaron en la destrucción de Tula (el centro rector tolteca). A partir de su foco de expansión, Tenochtitlán (fundada en 1325), dominaron las ciudades circunvecinas y recogieron parte de la herencia cultural tolteca. Suele considerarse como fundador del Imperio azteca a Moctezuma I (1440-1469) quien estableció una alianza federativa con las ciudades de Texcoco y Tlacopan, ejes de las rápidas conquistas ulteriores que se extendieron hasta el Pacífico y el golfo de México. Bajo Moctezuma II (1503-1520), el Imperio alcanzó su máximo esplendor, pero la llegada de los españoles trajo consigo su caída y desmembración. La sociedad azteca se desarrolló de manera acelerada a partir de sencillas estructuras tribales hasta llegar a constituir un Estado absolutista, imperialista y fuertemente estratificado.

azúcar 1 *m.* o *f.* QUÍM Sustancia sólida y cristalizada, perteneciente al grupo químico de los hidratos de carbono, de sabor muy dulce. Se extrae principalmente de la caña de azúcar y la remolacha. 2 QUÍM Nombre genérico de los **hidratos** de carbono. 3 **caña** de ~.

□ QUÍM El proceso de producción del azúcar se inicia con la trituración de los tallos, en el caso de la caña de azúcar, o las raíces, en el caso de la remolacha. Al jugo obtenido se le añade cal y la mezcla se lleva a ebullición, etapa en la que los ácidos orgánicos indeseados forman con la cal compuestos que se pueden filtrar. El jugo se trata con dióxido de azufre gaseoso para blanquearlo y luego se pasa por prensas filtrantes. Posteriormente se evapora en un vacío parcial y se calienta hasta formar un jarabe espeso. Este producto se centrifuga y el azúcar en bruto, extraído durante este proceso, se disuelve de nuevo, se decolora y se vuelve a cristalizar con el tamaño deseado.

azucarado, da 1 *adj.* De gusto parecido al del azúcar. 2 Que contiene azúcar o mucho azúcar.

azucarar 1 *tr.* Endulzar o bañar con azúcar o almíbar. 2 *prnl.* Cristalizarse el almíbar de las conservas.

azucarero, ra 1 *adj.* Perteneciente o relativo al azúcar. 2 *m.* y *f.* Persona que lo produce. 3 *f.* Recipiente para servir el azúcar en la mesa. 4 Fábrica en que se elabora el azúcar.

azucena *f.* Planta perenne liliácea, que posee bulbo, tallo alto y flores terminales grandes, blancas y muy olorosas.

azud 1 *m.* o *f.* Rueda que, movida por el impulso de la corriente, saca agua de los ríos para regar los campos. 2 Presa pequeña en ríos o acequias.

azuela *f.* Herramienta de carpintería formada por una plancha de hierro acerada y cortante, que se fija a un mango corto de madera en recodo.

azufrar *tr.* Impregnar o sahumar algo con azufre.

azufre 1 *m.* QUÍM Elemento no metálico, sólido, quebradizo y de color amarillo. Es muy abundante en la naturaleza, libre y combinado (sulfuros, sulfatos). El azufre rómbico ordinario es la forma alotrópica más estable. Símbolo: S. Número atómico: 16. Peso atómico: 32,06. Punto de fusión: 115,21 °C. Punto de ebullición: 444,6 °C. 2 QUÍM **dióxido** de ~.

azul *adj.* y *m.* Dicho de un color, semejante al del cielo sin nubes y que ocupa el quinto lugar en el espectro luminoso. || ~ **celeste** El más claro. ~ **de cobalto** Materia colorante que resulta de calcinar una mezcla de alúmina y fosfato de cobalto. ~ **de Prusia** Sustancia de color azul subido, compuesta de cianógeno y hierro.

azulado, da *adj.* De color azul o que tira a él.

azular *tr.* Dar o teñir de azul.

azulejo[1], ja 1 *adj.* AZULADO. 2 *m.* Ave de unos 17 cm de longitud, de coloración azul celeste uniforme y algo blanquecina en la región central.

azulejo[2] *m.* Baldosín vidriado de varios colores y formatos, que se emplea en interiores, frisos y fachadas.

azumbre *m.* o *f.* Medida de capacidad para líquidos equivalente a 2 litros y 16 mililitros.

azurita *f.* Mineral de color azul, de textura cristalina o fibrosa, algo más duro y más raro que la malaquita. Es un bicarbonato de cobre.

azuzar 1 *tr.* Incitar a los perros para que ataquen. 2 Incitar a las personas para que se enemisten entre sí.

b *f.* Segunda letra del alfabeto español. • Su nombre es *be* o *be larga* y representa el sonido consonántico bilabial sonoro. En la práctica este mismo sonido también lo representa la *v*. pl.: *bes*. V. tabla Consonantes. Usos ortográficos, p. 157.

baba 1 *f.* Saliva espesa y abundante del ser humano y de algunos mamíferos. 2 Líquido viscoso de ciertas glándulas en los invertebrados. 3 Jugo viscoso de algunas plantas.

babaza *f.* Baba de algunos animales y plantas.

babear 1 *intr.* Expeler baba por la boca. 2 *intr.* coloq. Demostrar excesivo interés por alguien o algo.

babel *m.* o *f.* Lugar de gran desorden (por referencia a la torre de Babel).

babero 1 *m.* Prenda que se pone a los niños sobre el pecho para evitar que se manchen. 2 Bata o guardapolvos.

babilla[1] 1 *f.* ZOOL En los cuadrúpedos, conjunto de músculos y tendones de las extremidades posteriores que articulan el fémur con la tibia y la rótula. 2 ZOOL Rótula de los cuadrúpedos.

babilla[2] *f.* Reptil **cocodriliano** de las zonas del N de Suramérica que puede alcanzar 1,82 m de longitud.

babismo *m.* REL Doctrina religiosa fundada en Persia en el s. XIX por Mirza Alí Mohámed (1821-1850), reformador del islamismo chiita. Postula la liberación de la mujer y una sociedad tolerante.

babor *m.* Costado izquierdo de la embarcación mirando de popa a proa.

babosear *tr.* Rociar de babas.

baboso, sa 1 *adj.* y *s.* Que echa muchas babas. 2 *adj.* Tonto, simple. 3 Adulador. 4 *f.* Molusco pulmonado terrestre, sin concha externa, que cuando se arrastra deja una huella de baba. Es dañino en las huertas y vive en zonas muy húmedas.

babucha *f.* Calzado ligero y sin tacón.

babuino *m.* Mamífero primate de tamaño grande, hocico alargado, pelaje amarillento, gris o pardo, cola relativamente corta y callosidades isquiáticas. Habita en África central y occidental.

baca *f.* Armazón en forma de parrilla que se coloca en el techo de los automóviles para transportar el equipaje.

bacalao *m.* Pez comestible que vive en mares fríos o templados del hemisferio N. Posee tres aletas dorsales, dos anales, una cola no bifurcada y puede llegar a pesar 90 kg y medir 1,80 m de largo.

bacán 1 *m.* Hombre mantenido por su esposa o amante. 2 *m.* y *f.* Persona de posición económica holgada.

bacanal 1 *adj.* Perteneciente o relativo al dios Baco, y en especial a las fiestas en su honor. 2 *f.* Orgía tumultuosa. 3 *f. pl.* Estas fiestas.

bacano, na *adj.* coloq. Muy bueno, estupendo, excelente.

bacante 1 *f.* Sacerdotisa de Baco. 2 Mujer que asistía a las fiestas bacanales. 3 Mujer desvergonzada y ebria.

bacía 1 *f.* Vasija baja. 2 La de los barberos para remojar la barba con escotadura semicircular en el borde.

bacilo *m.* BIOL Bacteria en forma de bastón o filamento, de naturaleza patógena y causante de graves enfermedades, como es el caso del bacilo de *Koch* (tuberculosis), el de *Eberth* (tifus), el de *Hansen* (lepra), el de *Nicolaier* (tétanos), etc.

bacín *m.* Orinal alto y delgado.

bacinica (Tb. bacinilla) *f.* Orinal bajo y pequeño.

backgammon (Voz ingl.) *m.* Juego de mesa que se practica entre dos jugadores y que consiste en hacer un recorrido de quince fichas, según los números obtenidos al lanzar los dados, sobre un tablero compuesto por veinticuatro casillas.

background (Voz ingl.) 1 *m.* Conocimientos y experiencia de alguien. 2 INF Trabajo que un computador, operando en régimen de multiprogramación, realiza como tarea de fondo en los intervalos libres entre otros trabajos. 3 INF Área de memoria destinada para almacenar estos programas.

back-up (Voz ingl.) 1 *m.* INF Procedimiento de copia de seguridad de los ficheros. 2 INF Recursos adicionales o copias de seguridad de los ficheros almacenados en un computador.

bacteria *f.* BIOL Microorganismo unicelular procariótico, perteneciente al reino mónera, cuyo tamaño oscila entre 0,1 y 400 micras de longitud.

☐ BIOL Las bacterias están presentes en casi todos los medios del planeta y son las responsables de la descomposición de la materia orgánica; se hallan también en simbiosis con muchos otros organismos. Muchas ocasionan enfermedades al ser humano, a los animales, a las plantas, e incluso a otros microorganismos. Constan de un citoplasma englobado dentro de una membrana, provista además de una cápsula en cuyo exterior hay cilios y flagelos. Presentan tres formas principales: esférica (cocos), de bastoncillo (bacilos) y espiral (espirilos). Se reproducen por división binaria y pueden ser autótrofas o heterótrofas, así como aerobias o anaerobias.

bacteriano, na *adj.* Perteneciente o relativo a las bacterias.

bactericida *adj.* y *m.* Que destruye las bacterias o impide su desarrollo.

bacteriófago *adj.* y *m.* BIOL Dicho de un virus, que infecta a las bacterias y se reproduce en su interior provocando su muerte.

bacteriología *f.* BIOL Parte de la microbiología que estudia lo concerniente a las bacterias, incluyendo su clasificación, y la prevención de enfermedades de etiología bacteriana.
báculo *m.* Bastón o cayado para apoyarse.
bache 1 *m.* Hoyo que se hace en el pavimento. 2 Vacío, diferencia de densidad atmosférica que ocasiona un descenso momentáneo del avión. 3 Interrupción accidental de una actividad.
bachiller, ra *m.* y *f.* Persona que cursa o ha terminado los estudios de enseñanza media.
bachillerato 1 *m.* Grado de bachiller. 2 Estudios necesarios para obtener dicho grado.
badajo *m.* Pieza que pende del interior de las campanas, las esquilas y los cencerros, para hacerlas sonar.
badana 1 *f.* Piel curtida de oveja o carnero. 2 Tira de este cuero, o de otro material, que se cose en el interior del sombrero para evitar que se manche con el sudor.
badea *f.* Planta pasiflorácea de flores rosadas, blancas o moradas y fruto comestible. Crece en las regiones tropicales americanas.
badén 1 *m.* Zanja que forma el paso del agua de lluvia. 2 Cauce que se hace en una carretera para dar salida al agua.
badil *m.* Paleta de metal para remover el fuego y recoger la ceniza en chimeneas y braseros.
bádminton *m.* DEP Deporte que practican dos o cuatro jugadores en un campo, con raquetas ligeras de mango largo y un volante.
badulaque *adj.* y *s.* Persona de poca razón.
bafle 1 *m.* Placa rígida y absorbente del sonido, que se coloca en el interior de la caja de resonancia de los altavoces con el fin de mejorar su respuesta. 2 Caja que contiene un altavoz o juego de altavoces.
bagaje *m.* Conocimientos de que dispone una persona.
bagatela 1 *f.* Cosa de poca sustancia y valor. 2 MÚS Composición musical escrita en un género ligero.
bagazo 1 *m.* Residuo de un fruto tras ser exprimido. 2 Residuos de malta y de caña de azúcar.
bagre *m.* Pez teleósteo parecido al barbo y sin escamas, que abunda en los ríos tropicales de América. Su carne es sabrosa y con pocas espinas. Puede llegar a medir 1 m o más de longitud.
baguette (Voz fr.) *f.* Pan, generalmente blanco, en forma de barra estrecha y alargada.
bah *interj.* Denota incredulidad o desdén.
bahaísmo *m.* REL Movimiento religioso derivado del babismo. Preconiza la unificación religiosa y política del género humano, y está extendido por el mundo entero.
bahareque *m.* Pared de palos entretejidos con cañas y barro.
bahía 1 *f.* GEO Entrada de mar en la costa, menor que el golfo y mayor que la cala. 2 INF Espacio en la carcasa del computador destinado a la conexión de elementos periféricos.
baída *adj.* y *f.* ARQ **bóveda ~**.
bailador, ra *adj.* y *s.* Que baila.
bailar 1 *intr.* y *tr.* Mover los pies, el cuerpo y los brazos al compás. 2 Girar rápidamente en torno a un eje manteniéndose en equilibrio. 3 *intr.* Moverse una cosa sin salir de un espacio determinado.
bailarín, na 1 *adj.* y *s.* Que baila. 2 *m.* y *f.* Persona que baila profesionalmente. 3 *f.* Pez teleósteo de agua dulce, muy similar a la carpa, de la que se diferencia por su menor tamaño y la ausencia de barbillones.
baile 1 *m.* Acción de bailar. 2 Cada una de las series de mudanzas que hacen los danzantes. 3 Festejo en que se juntan varias personas para bailar.
bailotear *intr.* coloq. Bailar mucho y sin gracia.
baipás 1 *m.* Circuito de derivación que aísla un aparato, un dispositivo o una instalación. 2 MED Unión de dos canales o vasos mediante un injerto o un tubo de plástico.
baja 1 *f.* Disminución del precio de una cosa. 2 Acto en que se declara el cese de una industria o de una persona en un cuerpo o carrera. 3 Desaparición, muerte o herida de un combatiente, o pérdida de un vehículo de combate durante un enfrentamiento bélico.
bajá *m.* Alto dignatario turco.
bajada 1 *f.* Acción de bajar. 2 Camino por donde se baja.
bajalenguas *m.* Instrumento plano y estrecho que se usa para bajar la lengua y examinar la cavidad bucal.
bajamar 1 *f.* Fin o término del reflujo del agua del mar. 2 Tiempo que dura.
bajante 1 *m.* o *f.* Tubería de desagüe. 2 *f.* Descenso del nivel de las aguas.
bajar 1 *tr.* Poner algo en un lugar inferior a aquel en que estaba. 2 Rebajar el nivel de algo: *Bajar el estante.* 3 Inclinar hacia abajo: *Bajar la cabeza.* 4 *tr.* e *intr.* Reducir la intensidad de algo: *Bajar la fiebre, el sonido.* 5 *intr.* Disminuir la estimación, el precio o el valor de algo. 6 *intr.* y *prnl.* Ir de un lugar a otro más bajo. 7 Apearse de un vehículo. 8 *prnl.* Inclinarse alguien hacia el suelo.
bajareque *m.* BAHAREQUE.
bajativo 1 *m.* Copa de licor que se toma después de las comidas. 2 TISANA.
bajete *m.* MÚS Tema musical en clave de fa, usado en las prácticas de armonía.
bajeza 1 *f.* Acción indigna o hecho vil. 2 Abatimiento, humillación.
bajío *m.* GEO Elevación del fondo, generalmente de arena, en mares, ríos y lagos.
bajista *m.* y *f.* Persona que toca el bajo.
bajo, ja 1 *adj.* De poca altura: *Es bajo para su edad.* 2 Que está en un lugar inferior respecto a otra cosa: *La planta baja es más confortable.* 3 Inclinado hacia abajo: *Mantuvo la mirada baja mientras le hablaba su padre.* 4 Indica una posición inferior en una escala: *Obtuvo calificaciones muy bajas este año.* 5 Escaso: *Este producto es bajo en calorías.* 6 Dicho de una etapa, la última de un periodo histórico: *La Baja Edad Media.* 7 Dicho de un sonido, grave: *Tiene un tono de voz bajo y potente.* 8 Vulgar, ordinario: *Sus expresiones son bajas.* 9 Vil, despreciable: *Se comporta conforme a sus bajos instintos.* 10 Poco importante o de mala calidad: *Tiene un cargo bajo en la empresa.* 11 *adv. l.* A poca altura: *El poblado está bajo el nivel del mar.* 12 *adv. m.* En voz baja o que apenas se oye: *Habla en voz baja para que no nos escuchen.* 13 *prep.* Debajo de: *Bajo techo.* 14 Durante el gobierno de alguien: *Bajo el mandato de Washington.* 15 Indica sometimiento a personas o cosas: *Bajo tutela; Bajo pena de muerte.* 16 FÍS Dicho de ciertas magnitudes físicas (temperatura, presión, frecuencia, etc.), que indican que en determinada ocasión tienen un valor inferior al ordinario. 17 GEO Dicho de una parte del curso de un río, que está próxima a su desembocadura. 18 *m.* Sitio o lugar hondo. 19 GEO Banco de roca o de arena, formado por depósitos costeros, que se alza desde el fondo hasta casi la superficie de un mar, río o lago. 20 MÚS La más grave de las voces humanas. 21 MÚS Instrumento que produce los sonidos más graves de la escala general. 22 MÚS Persona que tiene aquella voz, o que toca ese instrumento. • Se usa el comparativo de superioridad *inferior* y el superlativo irreg. *ínfimo* cuando tiene el sentido de 'situado abajo' o 'escaso, de poco valor'. || **~ continuo** MÚS Parte de la música que no tiene pausas y que sirve para la armonía del acompañamiento instrumental. **~ profundo** MÚS Cantante cuya voz excede en volumen y gravedad a la ordinaria de bajo. **~ resolución** INF Dicho de una

pantalla o imagen, cuyos textos y gráficos aparecen con un nivel bajo de detalle en las representaciones informáticas basadas en gráficos de mapa de bits. ~**s fondos** Ambientes marginales urbanos, propios de la gente de mal vivir o de delincuentes.

bajón[1] *m.* MÚS Instrumento musical de viento conformado por una pieza de madera de 80 cm de longitud, con ocho agujeros para los dedos y otro u otros dos que se tapan con llaves. Tiene la extensión de bajo.

bajón[2] *m.* Disminución súbita en los valores de lo que puede someterse a escala, como el caudal de los ríos, la temperatura, la salud, la actividad bursátil, etc.

bajonazo *m.* BAJÓN[2].

bajorrelieve *m.* ART Labor escultórica con figuras no exentas, que apenas se destacan sobre el fondo.

bakuninismo *m.* POLÍT Doctrina surgida de las obras de Bakunin, en las que se expone la idea de una organización social basada en una federación de pequeños grupos naturales colectivizados.

bala 1 *f.* Proyectil de las armas de fuego, de diferentes tamaños y formas. 2 Fardo prensado de mercancías.

balaca *f.* Cinta elástica para sujetar el cabello.

balacera *f.* Acción y efecto de disparar balas con armas de fuego.

balada 1 *f.* LIT Composición poética en estrofas sobre temas populares y de tono sentimental. 2 Canción de ritmo lento y de carácter popular, cuyo asunto es generalmente amoroso.

baladí *adj.* De escaso valor e importancia.

baladronada *f.* Bravuconería, hecho o dicho propio de fanfarrones.

balalaica *f.* MÚS Instrumento de origen ruso, parecido a la guitarra, de forma triangular, con un mástil largo y estrecho y tres cuerdas.

balance 1 *m.* Estudio comparativo de los hechos favorables y desfavorables de una situación. 2 Resumen final de un asunto. 3 Confrontación del activo y del pasivo en un negocio. 4 Documento contable que la refleja. 5 BALANCEO. || ~ **ácido-básico** FISIOL Equilibrio entre ácidos y bases en el organismo. ~ **energético** 1 FÍS Equilibrio entre la energía que entra en un reactor u otro sistema y la que sale. Es positivo si la energía se libera, y negativo si se absorbe. 2 FISIOL Relación entre la energía utilizable que entra en el organismo y la que se gasta en trabajo. ~ **térmico** GEO Diferencia entre el calor recibido por radiación solar y el perdido por irradiación terrestre. || ~ **comercial** ECON Estado comparativo de la exportación e importación de un país. ~ **de pagos** ECON Estado comparativo de los cobros y pagos exteriores de una economía nacional.

balancear 1 *tr.* y *prnl.* Inclinar alternativamente un cuerpo de un lado a otro. 2 *tr.* Igualar, contrapesar o poner en equilibrio. 3 *intr.* Dudar en la resolución de alguna cosa.

balanceo *m.* Acción y efecto de balancear o balancearse. || ~ **por ion electrón** QUÍM Método que consiste en analizar por separado dos **reacciones, oxidación** y **reducción**, para obtener una ecuación final balanceada.

balancín 1 *m.* Columpio cubierto de toldo. 2 Larguero sostenido en su centro sobre un soporte que se usa como juego de contrapesos entre dos personas. 3 Palo largo de los acróbatas para mantener el equilibrio. 4 MECEDORA. 5 Barra que puede moverse alrededor de un eje y se emplea para transformar un movimiento alternativo rectilíneo en otro circular continuo. 6 ZOOL Cada uno de los dos órganos del equilibrio que tienen los dípteros a los lados del tórax, detrás de las alas.

balandra *f.* Embarcación pequeña y de vela, con cubierta y un solo palo.

bálano (Tb. balano) *m.* ANAT Cabeza del miembro viril, glande.

balanza 1 *f.* Instrumento de formas muy variadas para medir masas y pesos. 2 BALANCÍN, larguero. 3 BÁSCULA.

balar *intr.* Dar balidos.

balasto *m.* Capa de grava o piedra machacada en que se asientan y fijan las traviesas de los ferrocarriles.

balaustrada *f.* Serie de balaustres dispuestos entre los barandales.

balaustre (Tb. balaústre) *m.* Cada una de las columnitas que forman las barandillas o los antepechos.

balay *m.* Cesta de mimbre.

balazo 1 *m.* Impacto de la bala disparada con arma de fuego. 2 Herida causada por una bala.

balbucir *intr.* Pronunciar en forma dificultosa y vacilante. • En la primera persona del singular de los presentes se sustituye por las formas correspondientes del verbo balbucear.

balcánico, ca *adj.* Perteneciente o relativo a los Balcanes.

balcón *m.* Hueco abierto desde el suelo de la habitación, cerrado a media altura por una balaustrada y con barandilla saliente.

balda *f.* Anaquel de armario o alacena.

baldado[1] *m.* Contenido de un cubo o balde.

baldado[2]**, da** *adj.* Tullido, impedido.

baldaquín (Tb. baldaquino) 1 *m.* Dosel o palio hecho de tela de seda. 2 Pabellón que cubre el altar.

baldar 1 *tr.* y *prnl.* Impedir o dificultar una enfermedad o accidente el uso de algún miembro. 2 *tr.* Causar gran contrariedad.

balde *m.* CUBO[1].

baldear *tr.* Echar agua con baldes.

baldío, a 1 *adj.* y *s.* Dicho de un terreno, sin cultivar, o de un terreno urbano, sin edificar. 2 *adj.* Dicho de un terreno, que es de dominio del Estado, pero susceptible de apropiación privada. 3 Vano, sin fundamento.

baldonar (Tb. baldonear) *tr.* Insultar a alguien en su cara.

baldosa *f.* Ladrillo, por lo común vidriado, que sirve para pavimentar.

balear *tr.* Tirotear, disparar balas.

balénido *adj.* y *m.* ZOOL Dicho de un mamífero, cetáceo de gran tamaño, como la ballena azul.

balero *m.* Juguete formado por una bola taladrada y sujeta a un asta por un cordón; la bola se lanza al aire y se ensarta en la punta del asta.

balido *m.* Voz del carnero, el cordero, la oveja, la cabra, el gamo y el ciervo.

balín *m.* Bala de calibre menor a la del fusil.

balística *f.* FÍS Parte de la física que estudia la trayectoria de los proyectiles y misiles.

baliza 1 *f.* Señal fija o flotante para señalar un punto en el agua. 2 Señal que delimita caminos o pistas de aterrizaje.

balneario *m.* Establecimiento de aguas minerales, que se administran en forma de baño con fines terapéuticos.

balompié *m.* FÚTBOL.

balón 1 *m.* Pelota grande, hinchada de aire, que se emplea en distintos juegos. 2 Recipiente flexible para cuerpos gaseosos. 3 Recipiente esférico de vidrio.

baloncesto *m.* DEP Deporte que se practica entre dos equipos de cinco jugadores que, valiéndose de las manos, tratan de hacer pasar un balón por una red suspendida de un aro, que constituye la meta contraria.

balonmano *m.* DEP Deporte que se practica entre dos equipos de siete jugadores, los cuales tratan de introducir un balón en la portería contraria, utilizando exclusivamente las manos.

balota *f.* Bolilla numerada o de colores que se usa para votar o en los sorteos.

balsa 1 *f.* Hoyo que se llena de agua. 2 Conjunto de maderas que forman una plataforma flotante. 3 Árbol malváceo tropical americano que alcanza 21 m de altura. 4 Madera de este árbol, muy ligera.

bálsamo 1 *m.* Resina aromática que se obtiene de algunos árboles por incisión. 2 Medicamento preparado con sustancias aromáticas que se aplica en heridas y llagas. 3 Consuelo, alivio.

balsear 1 *tr.* Pasar en balsa un río. 2 *intr.* Flotar en el agua.

balso *f.* BALSA, árbol y madera.

báltico, ca *adj.* Perteneciente o relativo al mar Báltico y a los países que limitan con él.

baluarte 1 *m.* Fortificación pentagonal formada por una doble muralla. 2 Amparo y defensa.

ballena 1 *f.* ZOOL Mamífero cetáceo, cuyas extremidades anteriores están transformadas en aletas y las posteriores han desaparecido; la parte posterior del cuerpo acaba en una aleta horizontal sin estructura ósea. De sus mandíbulas cuelgan unas láminas córneas con las que retienen el plancton y los pequeños animales de que se alimentan. Algunas especies pueden alcanzar más de 25 m de longitud y 150 t de peso, como es el caso de la ballena azul. 2 Cada una de las láminas córneas y elásticas que tiene la ballena en la mandíbula superior (barbas).

ballenato *m.* Cría de la ballena.

ballenero, ra 1 *adj.* Perteneciente o relativo a la pesca de la ballena. 2 *m.* Barco diseñado para la captura de ballenas. 3 Pescador de ballenas.

ballesta 1 *f.* Arma portátil con la que se disparan flechas. 2 Cada uno de los muelles en los que descansa la caja en los vehículos automóviles.

ballet 1 *m.* ART Combinación de danza y pantomima, que ejecutan varias personas. Se originó en el s. XV, a partir de los números de danza que se representaban en los festines de las cortes principescas italianas, en los que actuaban, con canto y diálogo, damas y caballeros de la sociedad en el marco de una acción teatral. 2 Conjunto de bailarines y bailarinas. 3 MÚS Música que acompaña esa danza y que suele desarrollar un tema.

bamba[1] 1 *f.* Ritmo bailable latinoamericano. 2 Baile que se ejecuta con este ritmo. 3 Fajita de tela elástica para sujetar el cabello.

bamba[2] (De *Wamba*®, marca registrada) *f.* Zapatilla de lona.

bambador *m.* Faja de cuero o tela que, sujeta en la frente, sirve para llevar pesos a la espalda.

bambalina *f.* TEAT Cada una de las tiras pintadas que forman la decoración superior del teatro.

bambolear *tr.* y *prnl.* Balancearse sin cambiar de sitio.

bambú *m.* Planta tropical de cañas ligeras y flexibles que alcanzan gran altura; se emplea en la construcción y para muebles.

bambuco 1 *m.* Baile popular de Colombia y Ecuador, acompañado de canto y marimba. 2 Aire típico de la zona andina colombiana que se canta y se baila.

banal *adj.* Trivial, insustancial.

banalidad 1 *f.* Cualidad de banal. 2 Dicho banal.

banana 1 *f.* Una variedad de confites. 2 BANANO.

bananero, ra 1 *adj.* Relativo al banano. 2 *m.* y *f.* Persona que cultiva el banano o negocia con él. 3 *m.* BANANO, planta.

banano 1 *m.* Planta musácea de 2 a 3 m con hojas de gran anchura, redondeadas en su ápice, cuyo conjunto forma la copa. Existen muchas variedades que se cultivan en las regiones tropicales de todo el mundo. 2 Fruto de esta planta que, dependiendo de la variedad, oscila entre 10 y 30 cm; es largo, de color amarillo cuando madura, cubierto de una piel correosa, blando y de gusto delicado.

banca 1 *f.* Asiento de madera sin respaldo. 2 ECON Conjunto de actividades financieras y crediticias sobre giros, cambios, descuentos, cuentas corrientes y compraventa de efectos públicos. 3 ECON Conjunto de bancos y banqueros.

bancada 1 *f.* Conjunto de los legisladores de un mismo partido. 2 Basamento en que se fijan las máquinas para evitar vibraciones. 3 Sección de una obra de construcción que sustenta a otras.

bancal 1 *m.* Rellano para cultivo en los terrenos pendientes. 2 Pedazo rectangular de tierra para siembras y cultivos. 3 Parte de huerta que forma escalón.

bancario, ria *adj.* Perteneciente o relativo a la banca.

bancarrota *f.* ECON Quiebra comercial, y más comúnmente la completa o casi total y fraudulenta.

banco 1 *m.* Asiento estrecho para varias personas. 2 Madero grueso escuadrado que sirve como mesa para labores artesanales. 3 ECON Establecimiento público de crédito cuyo objetivo primordial es obtener un beneficio pagando un tipo de interés por los depósitos que recibe, inferior al tipo de interés que cobra por las cantidades de dinero que presta. 4 GEO Macizo de mineral que presenta dos caras descubiertas. 5 GEO Estrato o depósito de materia sólida homogénea de gran espesor. 6 MED Establecimiento médico donde se conservan y almacenan órganos, tejidos o líquidos fisiológicos humanos. 7 ZOOL Grupo de peces que se desplazan juntos. || ~ **de arena** GEO Bajío arenoso en el mar o en los ríos. ~ **de datos** INF BASE de datos. ~ **de hielo** GEO Extensa planicie formada de agua del mar congelada, que, en las regiones polares o procedente de ellas, flota en el mar. ~ **de pruebas** Instalación en la que se experimenta y se comprueba el rendimiento de máquinas, motores, etc.

banda[1] 1 *f.* Cinta ancha que se lleva atravesada desde un hombro al costado opuesto, como signo de algún cargo u honor. 2 DEP Zona limitada por las líneas longitudinales de un campo deportivo y por otra línea exterior. 3 Faja o lista. 4 ELECTRÓN **ancho** de ~. 5 FÍS Cualquier intervalo finito en el campo de variación de una magnitud física. || ~ **cromosómica** BIOL Estructura de bandas transversales de los cromosomas que permite la identificación de pares cromosómicos individuales. ~ **de absorción** FÍS Intervalo de longitudes de onda o frecuencias del espectro electromagnético en el que una sustancia absorbe energía radiante. ~ **de frecuencia** FÍS En radio y televisión, intervalo del espectro que ocupa una señal determinada. ~ **sonora** CIN Franja longitudinal de la película cinematográfica, donde está registrado el sonido.

banda[2] 1 *f.* Grupo de gente armada. 2 Grupo de personas o animales. 3 Grupo pequeño y de organización flexible, formado por familias de cazadores y recolectores. 4 Lado de algunas cosas. 5 MÚS Conjunto de instrumentos de viento y percusión. 6 MÚS Conjunto de instrumentistas, con o sin cantantes, que interpreta música popular.

bandada *f.* Conjunto numeroso de aves que vuelan juntas.

bandear 1 *tr.* Atravesar de parte a parte. 2 *prnl.* Ingeniárselas para subsistir.

bandeirante *m.* HIST Explorador y aventurero que actuó en Brasil durante los ss. XVI, XVII y XVIII. Su surgimiento coincide con el descubrimiento y la conquista del interior de Brasil.

A B C D E F G H I J K L M N Ñ O P Q R S T U V W X Y Z

bandeja 1 *f.* Fuente plana o algo cóncava en que se depositan o sirven cosas. 2 Pieza movible que divide el interior de algunos recipientes o muebles.

bandera 1 *f.* Pieza de tela, cuadrada o rectangular, que se asegura por uno de sus lados a un palo largo o asta y que se emplea como insignia o señal. 2 Nacionalidad a la que pertenecen los buques mercantes que la ostentan.

bandería *f.* Bando o parcialidad.

banderilla *f.* Palo delgado que lleva un arponcillo en uno de sus extremos y que se le clava al toro en la cerviz.

banderín *m.* Bandera pequeña.

banderola *f.* Bandera pequeña que se usa en la milicia, la topografía y la marina.

bandido, da 1 *adj.* y *s.* Dicho de una persona, que es fugitiva de la justicia, reclamada por bando[1]. 2 *m.* y *f.* Salteador de caminos. 3 Persona que engaña o estafa.

bando[1] *m.* Edicto o mandato de la autoridad, anunciado de forma solemne.

bando[2] *m.* Facción o partido.

bandola *f.* Mús Instrumento pequeño de cuatro cuerdas y de cuerpo curvado como el del laúd.

bandolerismo 1 *m.* Situación de una comarca en que abundan los bandoleros. 2 Desafueros propios de los bandoleros.

bandolero, ra 1 *m.* y *f.* Persona que practica el bandolerismo. 2 Ladrón, salteador de caminos. 3 Bandido, persona perversa.

bandolina *f.* Mús **BANDOLA**.

bandolón *m.* Mús Instrumento de dieciocho cuerdas que se toca con plectro; se asemeja a la bandurria en la forma y a la guitarra en el tamaño.

bandoneón *m.* Mús Variedad de acordeón, de forma hexagonal. En lugar de teclado utiliza botones, 38 para el registro agudo y medio y 33 para el grave.

bandurria *f.* Mús Instrumento de cuerda parecido a la guitarra, aunque menor y de doce cuerdas pareadas que se tocan con púa de cuerno.

banjo *m.* Mús Instrumento de cuerda con caja de resonancia circular que consiste en una piel tensada sobre un arco metálico.

banquear *tr.* Nivelar un terreno en bancales o bancos escalonados.

banquero, ra *m.* y *f.* Propietario o director de un negocio de banca.

banqueta 1 *f.* Asiento bajo y sin respaldo. 2 Banco corrido y sin respaldo. 3 Acera o andén de una alcantarilla subterránea. 4 Acera de la calle.

banquete 1 *m.* Comida en la que participan muchas personas. 2 Comida espléndida.

banquisa *f.* Geo Capa y superficie continua de hielo de 1 a 3 m de espesor, formada en las áreas marinas de las regiones polares por la congelación directa del agua del mar.

bantú 1 *m.* Grupo de etnias negroafricanas del África surecuatorial. Comprende distintos pueblos cuyo parentesco principal es el nexo lingüístico. 2 Ling Familia de lenguas habladas por los bantúes. Existen más de doscientas, aparte de sus dialectos.

bantustán *m.* Hist Nombre de los territorios asignados, en la República Surafricana, dentro de la política de *apartheid*, a las etnias africanas. Desaparecieron en 1994 con el advenimiento de la democracia multirracial.

bañador *m.* Prenda o conjunto de prendas para bañarse.

bañar 1 *tr.* y *prnl.* Sumergir el cuerpo, parte de él o una cosa en agua o en otro líquido. 2 Mojar algo con un líquido. 3 *tr.* Tocar algún lugar el mar o un río. 4 Cubrir una cosa con una capa de otra sustancia. 5 Refiriéndose a la luz o al aire, dar de lleno en una cosa. 6 *prnl.* Darse una ducha.

bañista 1 *m.* y *f.* Persona que se baña en sitios públicos. 2 Persona que acude a los balnearios.

baño 1 *m.* Acción y efecto de bañar o bañarse. 2 Exposición intensa o prolongada a un agente físico. 3 Líquido para bañarse. 4 Pila para bañar todo el cuerpo o parte de él. 5 Cuarto de aseo. 6 Sitio en que hay aguas para bañarse. 7 Capa con que queda cubierta la cosa bañada. 8 Conocimiento superficial de una ciencia. 9 *m. pl.* Balneario, edificio con aguas medicinales.

baobab *m.* Árbol tropical africano de grandes dimensiones, de las bombáceas; sus frutos son alargados y comestibles.

baptismo *m.* Rel Confesión protestante que solo acepta el bautismo de los adultos por inmersión y que admite las *Sagradas Escrituras* como única regla de fe. Su origen data del s. XVII en Inglaterra.

baptista *adj.* Rel Perteneciente o relativo al baptismo.

baptisterio 1 *m.* Lugar en que está la pila bautismal. 2 Pila bautismal. 3 Arq Edificio en que se administra el bautismo y que solía ser de planta circular o poligonal.

baquelita *f.* Nombre del primer plástico industrial. Se obtiene calentando formaldehído y fenol en presencia de un catalizador.

baqueta 1 *f.* Varilla para atacar o limpiar el cañón de las armas de fuego. 2 Varilla que usan los picadores para manejar los caballos. 3 *f. pl.* Mús Palillos para tocar instrumentos de percusión.

baquiano, na 1 *adj.* Experto, perito. 2 *adj.* y *s.* Práctico de los caminos. 3 *m.* Guía para transitar por ellos.

báquico, ca 1 *adj.* Del dios Baco. 2 Perteneciente o relativo a la embriaguez, orgiástico.

bar[1] 1 *m.* Local con mostrador en que se sirven bebidas. 2 Mueble en que se guardan las bebidas.

bar[2] *m.* Fís Unidad de presión equivalente a un millón de dinas por centímetro cuadrado.

barahúnda (Tb. baraúnda) *f.* Alboroto y confusión grandes.

baraja *f.* Conjunto de naipes o cartas, que se dividen en cuatro palos. La baraja española consta de 48, y la francesa de 52.

barajar 1 *tr.* Mezclar los naipes antes de repartirlos. 2 Calibrar las diferentes soluciones. 3 Detener, impedir. 4 *tr.* y *prnl.* Revolver personas o cosas.

barandal 1 *m.* Cada uno de los listones en que se fijan los balaustres por arriba y por abajo. 2 **BARANDILLA**.

barandilla *f.* Antepecho de un vano o de una escalera formado por barandales y balaustres.

barato, ta 1 *adj.* Que se vende a bajo precio. 2 Que cuesta poco esfuerzo. 3 *m.* y *f.* Venta de efectos a bajo precio. 4 *adv. m.* Por poco precio.

báratro *m.* Designación poética del infierno.

baraúnda *f.* **BARAHÚNDA**.

barba 1 *f.* Parte de la cara debajo de la boca. 2 Pelo que nace en esa parte y en las mejillas. 3 En el ganado cabrío, mechón que cuelga de la quijada inferior. 4 Carnosidad que pende del cuello de algunas aves. 5 Primer enjambre que sale de la colmena. 6 *f. pl.* Zool Láminas córneas que los cetáceos balénidos tienen en la boca.

barbacoa 1 *f.* Parrilla para asar carne o pescado al aire libre. 2 Lo asado de ese modo.

barbado, da 1 *adj.* y *s.* Que tiene barbas. 2 *f.* Quijada inferior de las caballerías. 3 Cadenilla que sujeta por debajo de la barba el freno de las caballerías. 4 Pieza en la parte inferior del violín para apoyar la barba.

barbar 1 *intr.* Echar barba. 2 Criar las abejas.

barbaridad 1 *f.* Cualidad de bárbaro. 2 Necedad o temeridad. 3 Cantidad excesiva. 4 Acto exagerado o excesivo.

barbarie 1 *f.* Falta de cultura. 2 Fiereza.

barbarismo 1 *m.* Incorrección en el empleo, pronunciación o escritura de algún vocablo. 2 Extranjerismo que aún no se ha incorporado totalmente al idioma.

bárbaro, ra 1 *adj.* y *s.* Hist Dicho de una persona, que perteneció a cualquiera de los pueblos que en el s. V abatieron el Imperio romano y se difundieron por la mayor parte de Europa. 2 Inculto, grosero. 3 Fiero. 4 Grande, extraordinario, magnífico.

□ Hist A partir del s. V, en grandes migraciones, que tuvieron su origen en los movimientos de pueblos de Asia central, los germanos se repartieron el antiguo territorio romano en Occidente: suevos, vándalos, alanos y visigodos en España; francos y burgundios en las Galias; anglosajones en Inglaterra; alamanes, sajones, etc., en Germania; ostrogodos y lombardos en Italia. A ellos se sumaron invasiones asiáticas: hunos y ávaros. Sobre el Imperio bizantino, que había desviado la presión germana hacia Occidente, se abatieron desde el s. VI los diferentes pueblos eslavos, extendidos también por Europa central y oriental.

barbecho *m.* Tierra labrantía que no se siembra en uno o más años.

barbería *f.* Local donde trabaja el barbero.

barbero, ra 1 *m.* y *f.* Persona que afeita de oficio. 2 *f.* Navaja de afeitar.

barbilla 1 *f.* Punta de la barba o parte de la cara debajo de la boca. 2 Zool Apéndice carnoso de algunos peces en la parte inferior de la cabeza.

barbitúrico 1 *adj.* Quím Dicho de un ácido orgánico cristalino, que es formado por condensación de la urea y el ácido malónico. 2 *m.* Nombre de ciertos derivados del ácido barbitúrico que se emplean como hipnóticos o sedantes.

barboquejo *m.* Cinta con que se sujeta el sombrero o casco.

barbotear *intr.* Mascullar, farfullar.

barbotina *f.* Arcilla líquida usada para decoraciones en relieve y para sacar copias de las pieza cerámicas.

barca 1 *f.* Embarcación pequeña para pescar en las costas o atravesar los ríos. 2 Columpio de feria.

barcarola *f.* Mús Composición musical, suave y cadenciosa, que tuvo su origen en los cantos de los gondoleros venecianos.

barcaza *f.* Lanchón de transporte que se emplea en la carga y descarga de buques, así como en el desembarco de tropas y material bélico.

barcino, na *adj.* Dicho de un animal, que es de pelo blanco y pardo o rojizo.

barco *m.* Nave de madera, hierro u otra materia, que flota y que, impulsada por diversos procedimientos, sirve de medio de transporte. || ~ **cisterna** El dedicado a transportar líquidos, generalmente petróleo o sus derivados.

barda *f.* Seto, vallado o tapia que circunda una propiedad.

bardal *m.* Barda, cubierta o vallado de espinos.

bardo *m.* Poeta celta, y en general cualquier poeta épico.

baremo 1 *m.* Libro o tabla de cuentas ajustadas. 2 Lista de tarifas.

bareque *m.* BAHAREQUE.

bargueño *m.* Mueble de madera con muchos cajoncitos, gavetas y adornos con labores de talla o taracea.

baria *f.* Fís Unidad de presión en el sistema cegesimal, equivalente a 1 dina por cm^2.

bariátrico, ca *adj.* Med Perteneciente o relativo al peso corporal.

baricentro 1 *m.* Fís Centro de gravedad. 2 Geom Punto de intersección de las medianas de un triángulo.

bario *m.* Quím Elemento metálico alcalinotérreo, plateado, dúctil y altamente reactivo. Existe en la naturaleza solo como compuesto (sulfato de bario o carbonato de bario). Símbolo: Ba. Número atómico: 56. Peso atómico: 137,34. Punto de fusión: 725 °C. Punto de ebullición: 1640 °C.

barisfera (Tb. barísfera) *f.* Geo Núcleo central del globo terrestre.

barítono 1 *m.* Mús Voz media entre la de tenor y la de bajo. 2 Mús Cantante que tiene esta voz.

barlovento *m.* Parte de donde viene el viento con respecto a un punto o lugar determinado.

barman *m.* Camarero encargado de la barra de los bares.

barniz 1 *m.* Disolución de una resina en un líquido volátil, con la que se protegen las superficies delicadas. 2 Baño que se da en crudo a la loza y porcelana y que cristaliza con la cocción.

barógrafo *m.* Barómetro registrador.

barométrico 1 *adj.* Perteneciente o relativo al barómetro. 2 Geo **dorsal** ~.

barómetro *m.* Instrumento para medir la presión atmosférica; puede ser de mercurio, que indica la presión atmosférica por la diferencia de nivel entre dos recipientes llenos de mercurio, comunicados entre sí, o metálico, que modifica su forma cuando la presión de la atmósfera varía.

barón, nesa 1 *m.* y *f.* Título nobiliario, de más o menos preeminencia según los países. 2 *f.* Mujer del barón o que disfruta de una baronía.

baronía *f.* Dignidad de barón y lugar en que recae el título.

barquero, ra *m.* y *f.* Persona que dirige una barca.

barquilla *f.* Cesto o habitáculo en que viajan los tripulantes de un globo aerostático.

barquillo *m.* Pasta de harina, azúcar y canela a la que con moldes calientes se le da forma de canuto.

barra 1 *f.* Pieza prismática o cilíndrica, mucho más larga que gruesa. 2 Palanca de hierro. 3 Barandilla que en la sala separa al tribunal del público. 4 Mostrador de un bar. 5 Público que asiste a un juicio o a una asamblea. 6 Grupo de amigos. 7 Dep Nombre de diversos aparatos gimnásticos conformados por una o varias piezas como la descrita en la primera acepción, sostenidas horizontalmente. 8 Fís En un reactor nuclear, elemento combustible de forma alargada, destinado a ser irradiado. 9 Mat Línea horizontal (–) o diagonal (/) que en las fracciones separa el numerador del denominador. 10 Mat Línea diagonal (/) que significa *dividido por*: 15/3. 11 Mús Línea vertical (|) que corta las otras cinco líneas del pentagrama y que sirve para dar fin a un compás. 12 Ort Signo ortográfico auxiliar (/) con diversos usos. || ~ **brava** Grupo de personas fanáticas de un equipo de fútbol que suelen actuar apasionadamente. **doble** ~ Signo gráfico (||) que en obras lexicográficas se utiliza para separar segmentos de diferente connotación gramatical, como las acepciones simples de las dobles, y estas de las expresiones y las locuciones. || **~s paralelas** Dep Aparato formado por dos travesaños cilíndricos, paralelos, sostenidos a igual altura del suelo por dos montantes.

barrabasada *f.* Travesura grave, acción atropellada.

barraca 1 *f.* Caseta provisional construida con materiales ligeros. 2 Dormitorio múltiple donde se alojan los soldados de una unidad militar.

barracuda *f.* Pez de cuerpo alargado y hocico puntiagudo, que habita en los mares templados.

barragana *f.* Concubina que vive en la misma casa del que está amancebado con ella.

barranco 1 *m.* Despeñadero, precipicio. 2 Geo Erosión profunda producida en la tierra sobre materiales poco consolidados, por meteorización o erosión mecánica.

A B C D E F G H I J K L M N Ñ O P Q R S T U V W X Y Z

barrena 1 *f.* Instrumento de acero con una rosca en espiral, que sirve para taladrar. 2 Barra de hierro con extremos cortantes, para agujerear peñascos o sondear terrenos.

barrenar *tr.* Hacer agujeros con barrena.

barreno 1 *m.* Instrumento de acero para taladrar, generalmente mayor que la barrena. 2 Agujero hecho con este instrumento. 3 Agujero que se llena de pólvora para volar una roca o una obra de fábrica.

barreño, ña *m.* y *f.* Recipiente de bastante capacidad y más ancho por la boca que por el asiento.

barrer 1 *tr.* Limpiar el suelo con la escoba. 2 Enfocar de pasada con un haz de luz. 3 *tr.* e *intr.* Llevárselo todo por delante. 4 Aplastar al adversario.

barrera 1 *f.* Valla, compuerta u obstáculo con que se cierra un paso. 2 Antepecho de madera que cierra el redondel de las plazas de toros. 3 Obstáculo entre una cosa y otra. 4 DEP Fila que forman los jugadores delante de su meta, para protegerla de un lanzamiento contrario. 5 ECOL Obstáculo fijo, como una cadena montañosa, o biológico, falta de alimento, que impide la dispersión de los organismos o sus migraciones. || ~ **del sonido** FÍS Término que se refiere a los efectos de compresibilidad experimentados por los aviones supersónicos cuando su velocidad con respecto al aire se aproxima a la velocidad local del sonido (1223 km/h a nivel del mar en condiciones normales).

barriada 1 *f.* BARRIO. 2 Parte de este. 3 Barrio marginal y miserable.

barrial 1 *m.* BARRIZAL. 2 Tierra arcillosa.

barrica *f.* Tonel de capacidad media.

barricada *f.* Parapeto que se hace con barricas y otros materiales volcados, para impedir el paso del enemigo, especialmente en las revueltas populares.

barrido 1 *m.* Acción y efecto de barrer. 2 FÍS Proceso por el que un dispositivo explora sistemáticamente un espacio o un área para transformar la imagen de cada uno de ellos en señales eléctricas transmisibles a distancia, que, a su vez, se convierten en imágenes. Es el fundamento de la televisión, del radar, etc. 3 FÍS Aumento del grado del vacío que se obtiene en un tubo o una lámpara eléctrica de descarga.

barriga 1 *f.* Cavidad abdominal de los vertebrados. 2 Parte central abultada de una vasija o columna. 3 Comba que forma la pared.

barril 1 *m.* Tonel para licores y géneros. 2 Unidad de medida del petróleo equivalente a 158,98 litros.

barrilete 1 *m.* Instrumento de hierro en forma de siete, con que los carpinteros aseguran sobre el banco los materiales que labran. 2 Tambor del revólver. 3 MÚS Pieza cilíndrica inmediata a la boquilla del clarinete. 4 Cometa de forma hexagonal y más alta que ancha.

barrilla 1 *f.* Cobre en estado natural. 2 Polvo de mineral, concentrado por densidad.

barrio *m.* Cada una de las zonas en que se dividen las ciudades y los pueblos grandes.

barrizal *m.* Sitio o terreno lleno de lodo o barro.

barro[1] 1 *m.* Mezcla de tierra y agua. 2 Lodo. 3 ARCILLA.

barro[2] *m.* Granillo rojizo en el rostro.

barroco, ca 1 *adj.* y *m.* ART e HIST Dicho de un estilo artístico, que se desarrolló en Europa y América desde fines del s. XVI hasta mediados del XVIII, y se caracterizó por la profusión de adornos. 2 *adj.* Dicho de algo, que es ornamentado en exceso, desmesurado y extravagante.

□ ART Sus características según las distintas expresiones artísticas son: la **arquitectura**, marcada por la abundancia de ornamentación y el predominio de la línea curva; la **escultura**, la cual muestra un exagerado patetismo; la **pintura**, que se destaca por el dramatismo y los efectos de claroscuro; la **literatura**, que manifiesta una especial preocupación por el uso de la metáfora, el asíndeton y la paronomasia, y que desembocan en la complejidad y complicación; la **música**, la cual experimentó un gran desarrollo con la aparición del concierto, la suite, la fuga, etc., llegando a su culminación con la ópera, que constituyó el punto de encuentro de todas las expresiones artísticas de la época.

barruntar *tr.* Prever, conjeturar por alguna señal o indicio.

bártulos *m. pl.* Enseres de uso.

basa 1 *f.* Base o fundamento en que estriba una cosa. 2 ARQ Asiento de la columna o estatua.

basal 1 *adj.* Situado en la base de una construcción o de una formación orgánica. 2 FISIOL **cuantía** ~. 3 BIOL **membrana** ~; **metabolismo** ~. 4 BIOL y FISIOL **nivel** ~. 5 ZOOL Dicho de un segmento de la base de la aleta de los peces.

basalto *m.* GEO Roca volcánica básica, constituida principalmente por feldespato y piroxeno. Densa y dura, de color oscuro o verdoso.

basamento 1 *m.* ARQ Conjunto de basa y pedestal que sustenta la caña de la columna. 2 ARQ Parte inferior de una edificación.

basar 1 *tr.* Asentar algo sobre una base. 2 *tr.* y *prnl.* Fundar, apoyar.

basca *f.* Desazón del estómago antes de vomitar.

báscula *f.* Aparato para medir pesos, por lo general grandes; puede ser mecánico, eléctrico o electrónico.

bascular 1 *intr.* Moverse un cuerpo de un lado a otro girando sobre un eje vertical. 2 Inclinarse la caja de un vehículo para que su carga se deslice.

base 1 *f.* Fundamento en que estriba una cosa. 2 Parte inferior de algo. 3 ARQ BASA. 4 DEP En el béisbol, cada una de las tres esquinas del campo que defienden los jugadores. 5 GEOM Lado o cara horizontal a partir de la cual se mide la altura de una figura plana o de un sólido. 6 GEOM En algunas figuras, como el trapecio, el cilindro, etc., línea o superficie paralela a aquella en que se supone que descansa. 7 MAT En una potencia, cantidad que ha de multiplicarse por sí misma tantas veces como indica el exponente. 8 MAT En un sistema de numeración, número de unidades de un número cualquiera que constituye la unidad colectiva de orden inmediato superior. Puede ser cualquier número superior a 1. En el sistema de numeración decimal la base es 10, en tanto que en el sistema binario que se usa en informática la base es 2. 9 QUÍM Sustancia que en disolución aumenta la concentración de iones hidroxilo (OH−). Tiene un sabor amargo, colorea el tornasol de azul y tiene tacto jabonoso. Cuando reacciona con los ácidos se obtienen sales. 10 GEO Recta que se mide sobre el terreno y sobre la que se parte en las operaciones geodésicas y topográficas. || ~ **de datos** INF Conjunto de datos almacenados en una computadora, diseñado para facilitar su mantenimiento y acceso de una forma estándar. ~ **de un logaritmo** MAT Cantidad fija y distinta de la unidad, que tiene que elevarse a un exponente dado para que resulte una potencia determinada.

baseláceo, a *adj.* y *f.* BOT Dicho de una planta, tropical, herbácea o arbustiva, cuyos tubérculos son en general comestibles.

basicidad 1 *f.* QUÍM Cualidad de una sustancia que la hace básica. 2 QUÍM Sustancia que puede aceptar iones de hidrógeno y neutralizar los ácidos.

básico, ca 1 *adj.* Perteneciente o relativo a la base o bases. 2 Fundamental. 3 QUÍM Dicho de una sal, en que predomina la base.

basidio *m.* BIOL En los basidiomicetos, expansión situada en las puntas de las hifas, que aloja las células que producen las esporas.
basidiomiceto *adj.* y *m.* BIOL Dicho de un hongo, caracterizado por poseer un basidio que produce cuatro esporas exteriores por gemación. Su micelio está muy desarrollado y formado por hifas tabicadas. La reproducción sexual se realiza por esporas contenidas en los basidios. Tras el ciclo de reproducción sexual, aparecen los cuerpos esporíferos.
basidiospora *f.* BIOL Espora producida en la parte externa de un basidio, en grupos de una a cuatro.
basilar *adj.* Perteneciente o relativo a la base.
basílica *f.* Iglesia notable por su amplitud, antigüedad, magnificencia o privilegios.
basilisco *m.* Reptil arborícola, parecido a la iguana, de cuerpo verde con bandas rojizas, una cresta eréctil en el dorso y otra triangular en la cabeza.
basófilo, la 1 *adj.* y *m.* BIOL Dicho de un glóbulo blanco, granular que produce enzimas que se liberan durante las reacciones alérgicas. 2 *adj.* BOT Dicho de un organismo vegetal, que se desarrolla en un suelo básico con alto contenido de calcio, magnesio, potasio y sodio.
básquet *m.* **BALONCESTO.** • Es el acortamiento de la palabra inglesa *basketball.*
basta 1 *f.* **HILVÁN.** 2 **PUNTADA.** 3 *interj.* Se usa para poner término a un discurso o a una acción.
bastante 1 *adj. indef.* Suficiente: *Tiene bastante experiencia.* 2 Abundante: *Cosecharon bastante maíz.* 3 *adv. c.* Ni mucho ni poco: *Ha trabajado bastante, pero no ha logrado ponerse al día.* 4 Con mucha intensidad: *Lloró bastante esa tarde.* 5 Durante largo tiempo o tiempo suficiente: *Observó bastante el cuadro antes de comprarlo.*
bastar 1 *intr.* y *prnl.* Ser suficiente. 2 *intr.* Tener en abundancia.
bastardear 1 *intr.* Degenerar de su naturaleza o pureza originaria. 2 *tr.* y *prnl.* Adulterar, falsificar.
bastardía *f.* Cualidad de bastardo.
bastardilla *adj.* Dicho de una letra de imprenta, que se inclina ligeramente hacia la derecha.
bastardo, da 1 *adj.* y *s.* Dicho de un hijo, que es ilegítimo. 2 *adj.* Que degenera de su origen o naturaleza.
bastidor 1 *m.* Armazón de listones o barras para fijar lienzos, vidrieras, etc. 2 Armazón en que se sustenta la decoración del teatro. 3 Armazón que soporta una máquina o un vehículo.
bastimento *m.* Provisión para una ciudad, un ejército, etc.
bastión *m.* **BALUARTE**, fortificación.
basto[1] 1 *m.* Especie de albarda. 2 *m. pl.* Uno de los cuatro palos de la baraja española, representado por leños en forma de clavas.
basto[2]**, ta** 1 *adj.* Grosero, tosco. 2 De mala calidad, mal terminado.
bastón 1 *m.* Vara, por lo común con puño y contera, que sirve para apoyarse. 2 Insignia de mando o autoridad.
bastoncillo *m.* BIOL Célula nerviosa fotosensible de la retina.
bastonero, ra *m.* y *f.* Persona que, ayudada de un bastón, impone el compás en los desfiles de banda.
basura 1 *f.* Inmundicia, suciedad. 2 Desecho, residuos de comida, papeles viejos y otros desperdicios. 3 Cosa repugnante o despreciable.
basural *m.* **BASURERO**, sitio donde se echa la basura.
basurero, ra 1 *m.* y *f.* Persona que, por oficio, recoge o saca la basura. 2 *m.* Sitio en que se amontona la basura.
bata 1 *f.* Ropa holgada para estar en casa. 2 Guardapolvo de quienes trabajan en hospitales, laboratorios, peluquerías, etc.
batalla 1 *f.* Combate entre dos ejércitos. 2 **campo** de ~. 3 Agitación interior del ánimo. 4 Distancia entre los ejes de los carruajes o vehículos.
batallar 1 *intr.* Pelear con armas. 2 Luchar por superar los riesgos y las dificultades.
batallón 1 *m.* Unidad militar formada por varias compañías, y al mando de un jefe inferior a coronel. 2 Grupo numeroso de personas.
batán 1 *m.* Máquina de gruesos mazos de madera, para golpear y desengrasar paños. 2 Edificio que alberga esta máquina.
batata 1 *f.* Planta vivaz americana similar a la papa. 2 Cada uno de los tubérculos comestibles y fusiformes de esta planta.
bate *m.* DEP Palo más grueso por el extremo libre que por la empuñadura, con el que se golpea la pelota en el béisbol.
batea 1 *f.* Bandeja de madera. 2 Artesa para lavar. 3 Barco pequeño en forma de cajón. 4 Vagón descubierto con los bordes muy bajos.
batear *tr.* e *intr.* Dar a la pelota con el bate.
batería 1 *f.* Conjunto de piezas de artillería dispuestas para hacer fuego. 2 Conjunto de cañones en cada puente o cubierta de los buques mayores de guerra. 3 MÚS Conjunto de instrumentos de percusión en una orquesta o banda. 4 ELECTR **ACUMULADOR.**
batey *m.* Lugar ocupado por las casas, almacenes, herramientas, etc., en una finca.
batial *adj.* GEO **zona** ~.
batida 1 *f.* Exploración de una zona por parte de varias personas. 2 Allanamiento de locales o viviendas que la policía realiza por sorpresa.
batido *m.* Bebida resultante de batir varios ingredientes.
batidor, ra 1 *m.* y *f.* Instrumento para batir. 2 *m.* Explorador de campos o caminos.
batiente 1 *adj.* Que bate. 2 *m.* Parte del marco de puertas y ventanas en que se baten y se detienen al cerrarse. 3 Lugar en que el mar bate el pie de una costa o un dique. 4 MÚS En los claves y pianos, listón forrado de paño en que baten los macillos.
batik 1 *m.* Método de estampación que consiste en someter la tela a baños colorantes tras haber recubierto con cera los dibujos que se desea preservar del color. 2 Tejido estampado por este procedimiento.
batimetría 1 *f.* Técnica para medir las profundidades del mar. 2 ECOL Estudio de la distribución de plantas y animales en sus diversas capas.
batimiento 1 *m.* Acción de batir. 2 FÍS Variación periódica de la amplitud de una oscilación.
batín *m.* Bata corta que usan los hombres para estar en casa.
batintín *m.* Campana china de gran sonoridad, que se toca con un martillo forrado de lana.
batir 1 *tr.* Golpear, y concretamente para echar algo por tierra. 2 Hablando del sol, el agua y el viento, dar de lleno en un lugar. 3 Mover con ímpetu alguna cosa. 4 Remover alguna cosa para que se condense y trabe, o para que se liquide o disuelva. 5 Derrotar al enemigo. 6 Atacar con la artillería y otras armas de fuego. 7 Acuñar moneda. 8 *prnl.* Pelear, combatir, especialmente en duelo.
batiscafo *m.* Aparato submarino autónomo utilizado para la exploración de los fondos oceánicos.
batisfera *f.* Cámara esférica utilizada para investigaciones submarinas. Es habitable y desciende sujeta a un cable.
batolito *m.* GEO Masa de rocas eruptivas plutónicas, de grandes dimensiones, consolidadas a gran profundidad.
batracio *adj.* y *m.* ZOOL Dicho de un vertebrado, que pertenece a los **anfibios**, como el sapo.

A B C D E F G H I J K L M N Ñ O P Q R S T U V W X Y Z

batucada *f.* Danza popular y música afrobrasileña que se interpreta con tambores y otros instrumentos de percusión.

batuta *f.* Mús Varita de madera con que el director de una orquesta, banda o coro marca el compás.

baudio *m.* Inf Unidad de medida de la velocidad del procesamiento de datos.

baúl 1 *m.* Mueble en forma de caja con tapa convexa, que sirve para guardar diversas cosas. 2 Lugar destinado en los vehículos para el equipaje u otras cosas.

bauprés *m.* Palo grueso que en la proa de los barcos sirve para asegurar los cabos del trinquete.

bautismo *m.* Rel Rito universal cristiano de iniciación, administrado con agua, normalmente en el nombre de la Trinidad o en el de Cristo. Se considera un sacramento, o un signo de gracia.

bautista 1 *adj.* y *m.* Que bautiza. 2 **BAPTISTA**.

bautizar 1 *tr.* Administrar el sacramento del bautismo. 2 Poner nombre a algo. 3 **APODAR**.

bautizo *m.* Acción de bautizar y fiesta con que se celebra.

bauxita *f.* Geo Roca sedimentaria, blanca y amarillenta, compuesta de óxidos de aluminio hidratados. Se emplea en la obtención del aluminio.

baya *f.* Bot Fruto carnoso y jugoso de ciertas plantas que contiene las semillas rodeadas de pulpa, como la uva y el tomate.

bayanismo *m.* Rel Doctrina herética propugnada en el s. XVII por Miguel Bay o Bayo. Atribuía al ser humano la capacidad natural para la vida sobrenatural.

bayeta 1 *f.* Tela de lana poco tupida. 2 Paño para fregar el suelo.

bayo, ya *adj.* y *s.* Dicho de un caballo y de su pelo, de color blanco amarillento.

bayoneta *f.* Arma blanca que se adapta exteriormente a la boca del fusil.

baza *f.* Grupo de cartas en algunos juegos de naipes.

bazar 1 *m.* Mercado público. 2 Almacén donde se venden mercancías diversas. 3 Reunión festiva de compraventa.

bazo *m.* Anat y Fisiol Órgano glandular situado a la izquierda del estómago, que contiene nódulos de tejido linfático (corpúsculos de Malpighi) y macrófagos que eliminan las sustancias de desecho de la sangre.

bazofia 1 *f.* Desechos de comida. 2 Comida mala. 3 Cosa repugnante.

bazuca *f.* Arma portátil, consistente en un tubo metálico, para disparar proyectiles, principalmente contra los carros armados.

be *f.* Nombre de la letra *b*.

beat (Voz ingl.) 1 *adj.* y s. Perteneciente o relativo a los *beatniks* o partidarios de un movimiento literario que surgió en los Estados Unidos. 2 *m.* Movimiento literario que surgió en la década de los años cincuenta en los Estados Unidos como oposición a los valores establecidos por la sociedad. 3 Estilo de música pop surgido en Gran Bretaña a principios de la década de los sesenta del siglo XX.

beatería *f.* Virtud o devoción afectada.

beatificar *tr.* Rel Declarar el papa beato a un cristiano difunto, reconociendo que practicó las virtudes en grado heroico, que está en el cielo y que puede recibir culto.

beatitud 1 *f.* Bienaventuranza eterna. 2 Felicidad, bienestar.

beatnik (Voz ingl.) *adj.* y *s.* Dicho de una persona, que es partidaria de un movimiento juvenil extendido en EE.UU. entre 1956 y 1968 y que se caracterizó por el radical rechazo de la moral y los valores sociales establecidos.

beato, ta 1 *m.* y *f.* Persona beatificada por el papa. 2 Persona que frecuenta mucho los templos y practica toda clase de devociones.

bebé *m.* Niño o niña recién nacidos o de pocos meses.

bebe, ba *m.* y *f.* **BEBÉ**.

bebedero, ra 1 *adj.* Que se puede beber. 2 *m.* Vaso en que se echa la bebida a los pájaros de jaula y a otras aves domésticas. 3 Lugar al que acuden a beber las aves. 4 *f.* Acción de beber repetida o prolongadamente.

bebedizo 1 *m.* Bebida que se da por medicina. 2 Brebaje que, según algunos, tiene la virtud de enamorar. 3 **VENENO**.

beber 1 *tr.* e *intr.* Ingerir un líquido. 2 *intr.* Brindar por la felicidad de alguien. 3 Abusar de las bebidas alcohólicas.

bebida 1 *f.* Acción y efecto de beber. 2 Cualquier líquido que se bebe.

beca 1 *f.* Pensión temporal que se concede para estudios. 2 Plaza gratuita en un colegio.

becar *tr.* Conceder una beca.

becario, ria *m.* y *f.* Persona que goza de una beca.

becerrada *f.* Corrida de becerros.

becerro, rra 1 *m.* y *f.* Cría de la vaca hasta los dos años. 2 *m.* Piel curtida de ternero o ternera.

becquerel *m.* Fís Unidad de medida del sistema internacional, equivalente a una desintegración nuclear por segundo. Símbolo: Bq.

bechamel *f.* Salsa de mantequilla, leche y harina.

bedel, la *m.* y *f.* Persona que en los centros de enseñanza cuida del orden fuera de las aulas.

beduino, na *adj.* y *s.* Dicho de un árabe, que es nómada, vive de la ganadería y se traslada a lomo de camello. Habita en la península arábiga, Siria y el N de África. Su organización social es patriarcal y está dirigida por un jeque.

befa *f.* Expresión de desprecio insultante.

begonia *f.* Planta perenne americana, de hojas grandes acorazonadas y flores sin corola, de color rosa, rojo o blanco.

begoniáceo, a *adj.* y *f.* Bot Dicho de una planta, dicotiledónea del tipo de la begonia, caracterizada por sus hojas provistas de estípulas y ovario ínfero. Puede reproducirse vegetativamente a partir de las hojas.

beicon *m.* Carne entreverada de cerdo, ahumada y embutida.

beis *adj.* y *m.* Dicho de un color, castaño claro.

béisbol *m.* Dep Deporte que se practica entre dos equipos de nueve jugadores, que juegan alternativamente, y han de anotarse 'carreras' avanzando por las tres bases, durante el tiempo en que la pelota es lanzada con un bate.

bejuco *m.* Planta tropical sarmentosa y trepadora.

bel canto *m.* Mús Estilo vocal en el que predomina la belleza melódica y las cualidades técnicas y expresivas del intérprete.

beldad 1 *f.* Belleza. 2 Mujer de singular hermosura.

belén *m.* Representación del nacimiento de Jesús.

beleño *m.* Planta herbácea narcótica o venenosa, perteneciente a las solanáceas.

belfo, fa 1 *adj.* y *s.* Dicho de una persona, que tiene el labio inferior más grueso. 2 Que tiene la mandíbula inferior sobresaliendo a la superior. 3 *m.* Labio del caballo y de otros animales.

belicismo *m.* Polít Tendencia a tomar parte en conflictos armados.

bélico, ca *adj.* Perteneciente o relativo a la guerra.

belicoso, sa *adj.* Violento, pendenciero.

beligerancia 1 *f.* Calidad de beligerante. 2 POLÍT Derecho de hacer la guerra con iguales garantías internacionales que el enemigo.
beligerante 1 *adj.* Dicho de un país, que está en guerra. 2 COMBATIVO.
belio *m.* FÍS Unidad empleada para intensidades sonoras, y más a menudo su submúltiplo, el decibel o decibelio. Símbolo: B.
beluga *f.* Mamífero cetáceo de los mares árticos caracterizado por tener su cabeza delimitada por una constricción pequeña en la parte posterior. En estado adulto es de color blanco.
bellaco, ca 1 *adj.* y *s.* Malo, pícaro. 2 Astuto.
belladona *f.* Planta solanácea muy venenosa, de uso terapéutico, sobre todo por el alcaloide llamado atropina.
bellaquear *intr.* Hacer bellaquerías.
bellaquería 1 *f.* Cualidad de bellaco. 2 Acción propia de los bellacos.
belle époque (Loc. fr.) *f.* Periodo de la historia europea (1870-1914), anterior a la Primera Guerra Mundial, que se destacó por el progreso social y económico, así como por el desarrollo artístico y cultural.
belleza 1 *f.* Propiedad que deriva de la armonía de las personas o cosas y que nos hace amarlas. Puede ser física o espiritual. 2 Persona o cosa notable por su hermosura. || **~ artística** La que se produce de modo cabal y conforme a los principios estéticos. **~ ideal** ART y FIL Entre los estéticos platónicos, prototipo, modelo o ejemplar de belleza, que sirve al artista en sus creaciones.
bello, lla 1 *adj.* Poseedor de belleza. 2 Bueno, excelente.
bellota 1 *f.* Fruto de la encina y del roble. 2 Adorno de pasamanería consistente en una pieza de madera abellotada cubierta de hilo de seda o lana.
bemba *f.* Boca de labios gruesos.
bemol 1 *adj.* y *m.* MÚS Dicho de una nota, que está un semitono por debajo de su sonido natural. 2 *m.* MÚS Signo, semejante a una *b*, que representa esta alteración.
benceno *m.* QUÍM Hidrocarburo cíclico no saturado de fórmula C_6H_6. Es un líquido incoloro, estable y oloroso, muy inflamable. Funde a 5,4 °C y hierve a 80,4 °C. Su densidad es de 0,884 a 15 °C. Se extrae del alquitrán de hulla, y se emplea para la obtención de plásticos, colorantes, explosivos, etc.
bencina 1 *f.* QUÍM GASOLINA. 2 QUÍM Fracción líquida del petróleo que se emplea como disolvente.
bendecir 1 *tr.* Ensalzar. 2 Colmar de bienes a alguien la Providencia. 3 REL Consagrar alguna cosa al culto divino. 4 REL Invocar el obispo o el sacerdote la protección divina pronunciando ciertas oraciones y haciendo cruces en el aire. • Vb. irreg. conjug. c. **decir**. V. anexo El verbo.
bendición 1 *f.* Acción y efecto de bendecir. 2 *f. pl.* Ceremonias del matrimonio religioso.
bendito, ta 1 *adj.* y *s.* Santo, bienaventurado. 2 Que trae dicha.
benedictino, na 1 *adj.* y *s.* Perteneciente o relativo a la orden de san Benito. 2 *m.* Licor que fabrican los monjes de esta orden.
benefactor, ra *adj.* y *s.* BIENHECHOR.
beneficencia 1 *f.* Virtud de hacer el bien a otros. 2 Conjunto de instituciones privadas u oficiales de asistencia social.
beneficiadero *m.* Conjunto de instalaciones en el que se procesa el fruto del café luego de su recolección hasta su transformación en café verde o trillado.
beneficiar 1 *tr.* y *prnl.* Hacer bien. 2 *tr.* Mejorar una cosa haciendo que produzca. 3 Extraer de una mina las sustancias útiles y someterlas al tratamiento metalúrgico. 4 Descuartizar una res y venderla al por menor. 5 Procesar productos agrícolas. 6 *prnl.* Sacar provecho de algo o de alguien, aprovecharse.
beneficiario, ria *adj.* y *s.* Dicho de una persona, que resulta favorecida por algo, como un contrato de seguro, la donación de un terreno, etc.
beneficio 1 *m.* Bien que se hace o se recibe. 2 Provecho. 3 Derecho que compete a alguien por ley o privilegio. 4 Acción de beneficiar minas o minerales. 5 Acción de descuartizar una res. 6 Labor y cultivo que se da a los campos. 7 Acción de procesar los productos agrícolas. 8 Ingenio o hacienda donde se benefician productos agrícolas.
benéfico, ca 1 *adj.* Que hace bien. 2 Perteneciente o relativo a la ayuda gratuita que se presta a los necesitados.
benemérito, ta *adj.* Digno de galardón.
beneplácito 1 *m.* Aprobación, permiso. 2 Complacencia.
benevolencia *f.* Buena voluntad hacia las personas.
benévolo, la 1 *adj.* Que tiene buena voluntad o afecto. 2 Que se hace gratuitamente sin que exista obligación alguna.
bengala *f.* Fuego artificial de muchos colores.
bengalí 1 *m.* LING Lengua hablada en Bengala Occidental y Bangladés por más de cien millones de personas, y derivada del sánscrito. 2 Ave pequeña de colores vivos, propia de las regiones intertropicales asiáticas.
benigno, na 1 *adj.* Apacible. 2 Dicho de una enfermedad, que no es grave, y de un tumor, que no es maligno.
benimerín *adj.* y *s.* HIST Dicho de una persona, que hizo parte de una tribu belicosa de Marruecos que durante los ss. XIII y XIV fundó una dinastía en el N de África y sustituyó a los almohades en el Imperio de la España musulmana.
benjamín, na 1 *adj.* y *s.* Dicho de una persona, que es el hijo o la hija menor de una familia. 2 *m.* y *f.* Miembro más joven de un grupo. 3 *m.* Enchufe auxiliar con dos o más tomas.
benjamita *adj.* y *s.* Descendiente de la tribu bíblica de Benjamín.
benjuí *m.* Árbol de cuya corteza se obtiene una resina que se emplea como expectorante y aséptico.
bentónico, ca *adj.* BIOL Dicho de un animal o de una planta, que habitualmente vive en contacto con el fondo del mar, aun cuando pueda separarse del mismo y flotar o nadar en el agua durante algún tiempo.
bentonita *f.* Arcilla de gran poder de absorción con múltiples usos industriales.
bentos *m.* BIOL Conjunto de la fauna y flora bentónicas.
benzoato *m.* QUÍM Sal resultante de la combinación del ácido benzoico con una base.
benzoico, ca *adj.* QUÍM Perteneciente o relativo al benjuí y al ácido que de él se obtiene.
benzol *m.* QUÍM Líquido incoloro y volátil, mezcla de benceno y tolueno, que se extrae de la brea de hulla.
beodo, da *adj.* y *s.* Embriagado o borracho.
berberecho *m.* Molusco bivalvo de conchas estriadas y casi circulares.
berberisco *adj.* y *s.* BERÉBER.
berbiquí *m.* Instrumento para taladrar, consistente en un manubrio circular o de doble codo, que gira alrededor de un puño ajustado a uno de sus extremos.
beréber (Tb. bereber) 1 *adj.* y *s.* HIST Dicho de una persona, perteneciente a uno de los grupos de población autóctonos del N de África que durante el s. VII constituyeron la avanzada de la invasión árabe al S de

Europa y posteriormente conformaron los grandes imperios almorávide y almohade, y los modernos estados magrebíes. 2 *m.* LING Lengua hablada por los bereberes, que comprende numerosos dialectos y cuyo alfabeto ha sido conservado por los nómadas tuareg del Sahara.

berenjena 1 *f.* Planta anual solanácea, comestible, de hojas y flores grandes y fruto violáceo de 10 a 12 cm. 2 Fruto de esta planta.

berenjenal 1 *m.* Sitio plantado de berenjenas. 2 coloq. Asunto de difícil solución.

bergamota 1 *f.* Variedad de pera muy jugosa. 2 Variedad de lima muy aromática.

bergamoto *m.* Árbol cuyo fruto es la bergamota.

bergante *m.* Pícaro, sinvergüenza.

bergantín *m.* Velero de dos palos y vela redonda o cuadrada.

beriberi *m.* MED Forma de avitaminosis que se caracteriza por un debilitamiento general y polineuritis.

berilio *m.* QUÍM Metal alcalinotérreo duro y brillante, que por su ligereza y poca dilatación es utilizado en muchas piezas de aviones supersónicos. Símbolo: Be. Número atómico: 4. Peso atómico: 9,01. Punto de fusión: 1215 °C. Densidad: 1,85 g/cm^3.

berilo *m.* Silicato de aluminio y berilio, una de cuyas variedades cristalizadas es la esmeralda.

berkelio *m.* QUÍM Elemento transuránico del subgrupo del actinio que se obtiene por bombardeo de americio-241 con partículas alfa. Su periodo es de 4,5 horas. Símbolo: Bk. Número atómico: 97. Peso atómico 247.

berlina 1 *f.* Carruaje cerrado de dos asientos. 2 Coche de cuatro puertas.

berma 1 *f.* ARCÉN, margen de una vía. 2 Caminillo al pie de una muralla.

bermejo, ja *adj.* y *m.* Dicho de un color, rubio, rojizo.

bermellón 1 *adj.* y *m.* Dicho de un color, rojo vivo. 2 *m.* Cinabrio en polvo de color rojo vivo.

bermudas *f. pl.* Pantalones cortos que llegan a las rodillas.

berquelio *m.* QUÍM BERKELIO.

berrear 1 *intr.* Dar berridos los becerros y otros animales. 2 Llorar desaforadamente un niño. 3 Gritar o cantar desafinadamente las personas.

berrendo, da 1 *adj.* Manchado de dos colores. 2 *m.* Mamífero rumiante de México, semejante al ciervo.

berrido 1 *m.* Voz del becerro y de otros animales. 2 Grito desaforado o nota desafinada.

berrinche *m.* Enojo grande, especialmente de los niños.

berro *m.* Planta crucífera que crece en lugares muy húmedos, que se emplea en ensaladas y tiene sabor picante.

berrueco 1 *m.* Peñasco granítico. 2 MED Tumorcillo que se forma en el iris.

berza *f.* COL.

besamanos 1 *m.* Acto público de saludo a las autoridades. 2 Saludo que se hace acercando la mano derecha a la boca.

besar 1 *tr.* Tocar con los labios en señal de afecto, amistad y reverencia. 2 Iniciar el ademán sin llegar a tocar. 3 Tocar unas cosas con otras.

best seller (Loc. ingl.) *m.* Obra literaria de gran éxito y de mucha venta.

bestia 1 *f.* Animal cuadrúpedo, en especial los domésticos de carga. 2 Persona ruda e ignorante.

bestial 1 *adj.* Brutal o irracional. 2 Desmesurado, extraordinario.

bestialidad 1 *f.* Brutalidad o irracionalidad. 2 BESTIALISMO. 3 Cantidad grande o excesiva. 4 Acción o acto exagerados.

bestialismo *m.* PSIC Alteración sexual consistente en el deseo erótico por los animales.

bestiario *m.* LIT Colección medieval de fábulas sobre animales reales o quiméricos.

besugo *m.* Pez teleósteo muy apreciado por su carne.

beta 1 *f.* Nombre de la segunda letra del alfabeto griego, que corresponde a nuestra *be.* 2 FÍS **partícula** ~. 3 FÍS **rayos** ~.

betabel *m.* REMOLACHA.

betel *m.* Planta trepadora con hojas de sabor a menta. Su semilla contiene un alcaloide que actúa como tónico y estimulante.

betlemita 1 *adj.* y *s.* De Belén o relacionado con la ciudad de Tierra Santa. 2 Religioso de la orden fundada en 1653 en Guatemala por Pedro de Bethencourt.

betuláceo, a *adj.* y *f.* BOT Dicho de una planta, angiosperma y dicotiledónea, propia de zonas templadas y frías, como el abedul, el aliso y el avellano.

betún 1 *m.* Nombre de varios compuestos de carbono e hidrógeno, que se dan en la naturaleza como hidrocarburos saturados que arden con llama y humo espeso. 2 Mezcla para lustrar el calzado.

bey *m.* Título honorífico turco que se pospone al nombre personal.

bezo *m.* Labio grueso.

bezote *m.* Adorno o pendiente que algunos indígenas de América llevan en el labio inferior.

bianual *adj.* Que ocurre dos veces al año.

biaxial *adj.* Que tiene dos ejes.

bibásico *adj.* QUÍM Dicho de un ácido, que contiene en su molécula dos átomos de hidrógeno reemplazables.

biberón 1 *m.* Botella con pezón de goma que se emplea para la lactancia artificial. 2 Contenido de ella.

biblia *f.* Obra que reúne los conocimientos o ideas sobre una materia y que es considerada por sus seguidores modelo ideal.

bíblico, ca *adj.* Perteneciente o relativo a la *Biblia*, conjunto de libros considerados sagrados por las iglesias cristianas, que suele dividirse en *Antiguo Testamento* y *Nuevo Testamento*.

bibliofilia *f.* Pasión por los libros, especialmente por los raros y curiosos.

bibliografía 1 *f.* Descripción de libros. 2 Catálogo de fuentes escritas sobre una materia.

bibliología *f.* Estudio histórico y técnico de los libros.

biblioteca 1 *f.* Local en que se guarda un número considerable de libros debidamente ordenados. 2 Institución cuyo objetivo es la adquisición, clasificación, conservación, estudio, exposición y préstamo de libros y documentos. 3 Estantería en que se colocan los libros. 4 Conjunto de libros o tratados análogos. 5 Obra que da cuenta de los escritores de una nación o de una especialidad. 6 INF Conjunto de rutinas almacenadas en un archivo.

bibliotecario, ria *m.* y *f.* Persona que tiene a su cargo el cuidado, la ordenación y el servicio de una biblioteca.

bibliotecología *f.* Ciencia que estudia las bibliotecas en todos sus aspectos.

bicameral *adj.* POLÍT Dicho de un sistema parlamentario, en el que el poder recae sobre dos cámaras legislativas que deben aprobar de manera conjunta un proyecto de ley para que este pueda ser promulgado.

bicarbonato *m.* QUÍM y FARM Sal ácida del ácido carbónico. El más conocido es el bicarbonato sódico, que se emplea por sus propiedades antiácidas y como blanqueador textil.

bicéfalo, la *adj.* Que tiene dos cabezas.

bíceps *adj.* y *m.* ANAT Dicho de un músculo par, que tiene por arriba dos cabezas. || ~ **braquial** ANAT El que va desde el omoplato a la parte superior del radio y, al contraerse, dobla el antebrazo sobre el brazo. ~ **femoral** ANAT El que está situado en la parte posterior del muslo y, contrayéndose, dobla la pierna sobre este.

biche *adj.* Que no ha logrado su plenitud o culminación.

bichero *m.* Palo largo con un gancho en uno de sus extremos, que se usa en las embarcaciones menores para atracar y desatracar.

bicho 1 *m.* Cualquier sabandija o animal pequeño. 2 Toro de lidia.

bichozno *m.* Quinto nieto, o sea hijo del cuadrinieto.

bicicleta *f.* Vehículo de dos ruedas alineadas y fijas a un marco, movido por pedales, cuyo movimiento se transmite a la rueda trasera por medio de dos piñones y una cadena.

biciclo *m.* Velocípedo de dos ruedas.

bicoca 1 *f.* Cosa de escaso valor. 2 Cosa valiosa que se obtiene por poco coste o con escaso esfuerzo.

bicolor *adj.* De dos colores.

bicóncavo, va *adj.* Dicho de un cuerpo, que tiene dos superficies cóncavas opuestas.

biconvexo, xa *adj.* Dicho de un cuerpo, que tiene dos superficies convexas opuestas.

bicornio *m.* Sombrero de dos picos.

bicromato *m.* QUÍM Sal doble de ácido crómico ($Cr_2O_7H_2$). Tiene color rojo y es oxidante. Los bicromatos más importantes son los de sodio y potasio.

bicromía *f.* Impresión en dos colores.

bicúspide 1 *adj.* y *m.* Que tiene dos cúspides. 2 *f.* ANAT y FISIOL **válvula** ~.

bidé *m.* Lavabo bajo y ovalado para el aseo de los genitales.

bidimensional *adj.* Plano, que tiene solo dos dimensiones, largo y ancho.

bidón *m.* Recipiente de metal o plástico y cierre hermético, para el transporte de sustancias que requieren aislamiento.

biela *f.* Mecanismo que transforma el movimiento de rotación en otro de vaivén, o viceversa.

bien 1 *m.* FIL Lo perfecto en su género y que la voluntad apetece; su consecución es el objetivo último de la moral. 2 Utilidad, beneficio. 3 Lo que es agradable. 4 *m. pl.* Hacienda, riqueza. 5 Cosas inmateriales o materiales en cuanto objetos de derecho. 6 *adv. m.* Según es debido, con razón, perfectamente. 7 Con buena salud. 8 Con gusto. 9 Sin dificultad. 10 Mucho, bastante, antepuesto a otros adverbios, adjetivos o participios. 11 Aproximadamente. 12 Repetido, tiene valor de conjunción distributiva. || **~es de consumo** ECON Bienes finales producidos por el ser humano destinados al consumo de las personas. **~es inmuebles** o **raíces** Los que no pueden trasladarse sin su destrucción. **~es mostrencos** Los que por no tener dueño conocido, se aplican al Estado. **~es muebles** Los que pueden trasladarse de una parte a otra sin menoscabo de la cosa inmueble que los contiene.

bienal 1 *adj.* Que se da cada bienio. 2 *f.* Exposición o manifestación artística que se celebra cada dos años.

bienaventurado, da 1 *adj.* y *s.* Dichoso, feliz. 2 Que está en el cielo.

bienaventuranza 1 *f.* Prosperidad o felicidad. 2 REL La posesión de Dios en el cielo. 3 *f. pl.* REL Las ocho bendiciones y felicitaciones de Jesús a sus discípulos en el *Sermón de la Montaña*.

bienestar 1 *m.* Conjunto de cosas necesarias para vivir bien. 2 Vida abastecida de cuanto conduce a pasarlo bien y con tranquilidad.

bienhechor, ra *adj.* y *s.* Que hace bien a otro.

bienintencionado, da *adj.* Que tiene buena intención.

bienio *m.* Tiempo de dos años.

bienquistar *tr.* y *prnl.* Conciliar a unas personas con otras.

bienvenido, da 1 *adj.* Dicho de alguien o algo, que su venida se acoge con agrado o júbilo. 2 *f.* Parabién que se da a alguien por haber llegado felizmente a un lugar.

bienvivir 1 *intr.* Vivir con holgura. 2 Vivir honestamente.

bies *m.* Oblicuidad, sesgo.

bifásico, ca *adj.* ELECTR Dicho de un sistema, que es de dos corrientes eléctricas alternas, procedentes del mismo generador.

bífido, da *adj.* Dicho de algo, que está hendido en dos partes o se bifurca.

bifocal *adj.* ÓPT Perteneciente o relativo a la lente de dos focos, para miopía y vista cansada.

bifurcación 1 *f.* Acción y efecto de bifurcarse. 2 Lugar en que un camino o río se divide en dos.

bifurcarse *prnl.* Dividirse una cosa en dos brazos, ramales o puntas.

big bang (Loc. ingl.) *m.* ASTR Modelo cosmológico según el cual el universo estaba inicialmente comprimido con una densidad infinita y se está expandiendo desde el instante de la gran explosión inicial.

bigamia *f.* Estado del bígamo.

bígamo, ma 1 *adj.* y *s.* Dicho de una persona, que está casada con dos personas a la vez. 2 Casado por segunda vez.

bignoniáceo, a *adj.* y *f.* BOT Dicho de una planta, dicotiledónea, sarmentosa, trepadora y ornamental, como la bignonia.

bigornia *f.* Yunque con dos puntas opuestas.

bigote *m.* Pelo que nace sobre el labio superior.

bigotera *f.* Compás para trazar círculos pequeños.

bija *f.* ACHIOTE.

bijao *m.* Planta musácea americana de grandes hojas parecidas a las del plátano, que se emplean como envoltorio de alimentos.

bikini *m.* BIQUINI.

bilabial 1 *adj.* y *s.* FON Dicho de un sonido, que en su pronunciación intervienen los dos labios, como la *b*, la *m* y la *p*. 2 FON Dicho de una letra, que representa este sonido.

bilateral 1 *adj.* Perteneciente o relativo a los dos lados o aspectos que se consideran. 2 *m. pl.* ZOOL Metazoos con simetría bilateral, cuyos tejidos tienen tres capas principales: endodermo, mesodermo y ectodermo.

biliar 1 *adj.* Perteneciente o relativo a la bilis. 2 ANAT y FISIOL **vesícula** ~.

bilingüe 1 *adj.* Que habla dos lenguas. 2 Escrito en dos idiomas.

bilingüismo *m.* Uso habitual de dos lenguas en una misma región o por una misma persona.

bilioso, sa 1 *adj.* Abundante en bilis. 2 Atrabiliario, que tiene mal genio.

bilirrubina *f.* BIOQ Pigmento biliar formado por la degradación de la hemoglobina de los hematíes.

bilis *f.* FISIOL Humor viscoso que segrega el hígado en el duodeno y que estimula los movimientos peristálticos y la absorción, y ayuda a eliminar el exceso de colesterol.

billar 1 *m.* Juego que consiste en impulsar con tacos unas bolas de marfil sobre una mesa rectangular forrada de paño, con barandas y eventuales troneras. 2 Lugar en que están la mesa o mesas de este juego.

billete 1 *m.* Tarjeta que da derecho a una localidad en un espectáculo o en un medio de transporte. 2 Papel

A B C D E F G H I J K L M N Ñ O P Q R S T U V W X Y Z

moneda. 3 Cédula que acredita la participación en una lotería o rifa. 4 Carta breve.

billetera *f.* Funda rectangular del tamaño adecuado para llevarla en el bolsillo, que tiene varias divisiones para billetes, tarjetas, documentos, etc.

billón 1 *m.* Un millón de millones. 2 En EE.UU., un millar de millones.

bimensual *adj.* Que ocurre dos veces al mes.

bimestral 1 *adj.* Que sucede o se repite cada bimestre. 2 Que dura un bimestre.

bimestre *m.* Tiempo de dos meses.

bimetalismo *m.* ECON Sistema monetario basado en la utilización de dos patrones, generalmente oro y plata.

bimotor *adj.* y *m.* Dicho de un avión, que está provisto de dos motores.

binar 1 *tr.* Dar una segunda arada a las tierras de labor. 2 *intr.* Celebrar un sacerdote dos misas el mismo día.

binario, ria 1 *adj.* Compuesto de dos elementos o guarismos. 2 INF y MAT Perteneciente o relativo al sistema de numeración de base 2, que solo utiliza las cifras 0 y 1. 3 MAT **numeración ~**.

binarismo *m.* LING Teoría según la cual los sistemas fonológicos de todas las lenguas se basan en ciertas oposiciones binarias.

bingo *m.* Juego de azar, variedad de lotería.

binocular 1 *adj.* Perteneciente o relativo a la visión con ambos ojos. 2 ÓPT Dicho de un instrumento óptico, que se emplea simultáneamente con los dos ojos.

binóculo *m.* ÓPT Instrumento óptico para ver objetos lejanos, compuesto de dos lentes, una colectora de la luz y la otra amplificadora de la imagen formada por la primera.

binomio 1 *m.* MAT Expresión de dos términos unidos por los signos más o menos. 2 Unión de dos personajes importantes.

binza *f.* Telilla fina y flexible que recubre algo, como la que envuelve la cebolla o el huevo.

biobibliografía *f.* Estudio sobre la vida de un autor y su relación detallada con cada una de sus obras.

biocatalizador *m.* Compuesto químico que los seres vivos sintetizan para regular su metabolismo.

biocenosis *f.* BIOL Conjunto de organismos que viven y se reproducen en determinadas condiciones (temperatura, humedad, etc.) de un medio o biótopo.

bioclima *m.* ECOL El clima considerado en relación con la interacción entre los factores físicos y los organismos vivientes.

bioclimático, ca *adj.* Relacionado con la interacción entre los seres vivos y el clima.

bioclimatología *f.* ECOL Estudio de la relación entre el clima y los seres vivos.

biocombustible 1 *adj.* y *s.* Dicho de un combustible, que ha sido obtenido a partir de materia orgánica recientemente viva, como madera, plantas, excrementos animales, desechos domésticos, comerciales, industriales o agrícolas. 2 Dicho de los ésteres y alcoholes obtenidos a partir de la fermentación industrial de azúcares de caña y otros cereales, que, en teoría, pueden sustituir a los combustibles fósiles, pero que, en la práctica, suelen mezclarse con estos para reducir su impacto ambiental.

biochip *m.* INF Circuito integrado que funciona mediante biopolímeros, como proteínas y ácidos nucleicos.

biodegradable 1 *adj.* ECOL Dicho de una sustancia, que puede ser atacada por los seres vivos, principalmente microorganismos, transformándose en compuestos más sencillos y menos o nada contaminantes. 2 BIOQ Dicho de un compuesto químico, que puede ser degradado por acción biológica.

biodiésel *m.* Combustible que se obtiene de los lípidos naturales (grasas vegetales o animales) y se usa para el movimiento de motores **diésel**.

biodiversidad *f.* ECOL Variedad o diversidad de especies animales y vegetales en su medio ambiente.

bioelemento *m.* BIOQ Elemento químico indispensable para el desarrollo de un ser orgánico, como el oxígeno o el carbono.

bioenergética *f.* BIOL Estudio de los procesos mediante los cuales las células vivas utilizan, almacenan y liberan energía.

bioética *f.* Disciplina científica que estudia los aspectos éticos de la medicina y la biología en general, así como de las relaciones del ser humano con los restantes seres vivos.

biofísica *f.* BIOL Estudio de los fenómenos vitales con ayuda de la física.

biogás *m.* ECOL Gas consistente en una mezcla de metano y dióxido de carbono, producido por la acción bacteriana sobre los residuos orgánicos de los vertidos en las estaciones depuradoras y fabricado para su empleo como combustible.

biogénesis *f.* BIOL Teoría según la cual un ser vivo solo puede provenir de otro ser vivo. Se opone a la teoría de la generación espontánea.

biogeografía *f.* GEO Área de la **biología** y la **geografía** que estudia los ecosistemas y la interacción entre plantas, animales y seres humanos.

biografía *f.* Relación de los hechos y sucesos notables de una persona desde su nacimiento hasta su muerte.

biografiar *tr.* Escribir la biografía de alguien.

biógrafo, fa *m.* y *f.* Autor de una biografía.

biología *f.* BIOL Ciencia que estudia los seres vivos.

☐ BIOL La biología es uno de los campos más dinámicos de la ciencia; algunas de sus áreas de estudio son: animales (zoología), plantas (botánica), microorganismos (microbiología), organismos ya extintos (paleontología), evolución, distribución de los organismos, aspecto de los organismos (morfología), estructura de los organismos (anatomía), estructura de las células (citología), funcionamiento de los organismos (fisiología), comportamiento de los animales (etología), relaciones de los organismos entre sí y con el entorno (ecología), reproducción y desarrollo (sexualidad, embriología) y herencia (genética).

biológico, ca 1 *adj.* Perteneciente o relativo a la biología. 2 ECOL **agricultura ~**; **control ~**. 3 QUÍM **oxidación ~**.

bioluminiscencia *f.* BIOL Producción de luz fría por algunos organismos (bacterias, hongos, luciérnagas, peces abisales, etc.).

bioma *f.* ECOL Conjunto de las comunidades animales, vegetales y de microorganismos características de una región climática. Se define en función de la vegetación predominante: tundra, bosque de coníferas, bosques de la zona templada, selva tropical, desierto, etc.

biomasa *f.* BIOL Masa total de los seres vivos en una comunidad o un ecosistema determinados.

biombo *m.* Mampara formada por varios bastidores unidos por goznes, que permiten su cierre o despliegue.

biometría *f.* Aplicación de la estadística, de los cálculos y las probabilidades al estudio de los procesos biológicos.

biomimetismo *m.* BIOL Imitación de procesos de la naturaleza para crear nuevas tecnologías: *La creación de turbinas de aviones inspiradas en aletas de ballena, es un caso de biomimetismo.*

biónica *f.* Ciencia que estudia las funciones y los movimientos de los órganos naturales para su reproducción y aplicación industrial.

biopolímero *m.* Bioq Sustancia de naturaleza química polimérica, que participa de los procesos biológicos, como las proteínas y los ácidos nucleicos.
biopsia 1 *f.* Med Examen histológico de un trozo de tejido tomado de un ser vivo. 2 Med Muestra de dicho tejido para el respectivo examen.
bioquímica *f.* Bioq Ciencia que estudia la estructura química molecular de los seres vivos y sus reacciones y transformaciones.
biorremediación *f.* Ecol Uso de microorganismos para eliminar contaminantes ambientales.
biorritmo *m.* Biol Variación cíclica en un determinado proceso biológico o fisiológico.
biosensor *m.* Med Dispositivo de origen biológico que se usa para detectar y medir una sustancia: *Un cultivo de microorganismos puede usarse como un biosensor.*
biosfera (Tb. biósfera) *f.* Ecol Parte de la corteza terrestre y de la atmósfera donde se desarrollan los seres vivos. Abarca desde unos 10 km de altitud en la atmósfera hasta el más profundo de los fondos oceánicos.
biosíntesis *f.* Biol Síntesis de sustancias compuestas que realizan los seres vivos a partir de otras más simples.
biota *f.* Ecol Conjunto de la fauna y flora de una región.
biotecnología *f.* Conjunto de técnicas industriales que aprovechan la actividad metabólica de determinados microorganismos. Se aplica a la agricultura, las industrias químicas y alimentarias, la sanidad ambiental y la farmacología.
biótico, ca 1 *adj.* Biol Característico de los seres vivos o que se refiere a ellos. 2 Ecol Perteneciente o relativo a la biota. 3 Ecol **medio** ~.
biotipo 1 *m.* Biol Forma característica de un animal o una planta que puede considerarse representativa de su especie, variedad o raza. 2 *m.* Psic Clase de personalidad que se asocia a las características de la constitución física de un ser humano.
biotopo *m.* Ecol Territorio cuyas condiciones ambientales son las adecuadas para que se desarrollen seres vivos. Puede ser general, como el mar, formado por las comunidades vegetales, animales y de microorganismos que le corresponden, o local, como un arrecife coralino, con su fauna y vegetación característica asociada.
bióxido *m.* Quím Combinación de un radical con dos átomos de oxígeno.
bipartidismo *m.* Sistema político con predominio de dos partidos que compiten por el poder o se turnan en él.
bipartito, ta *adj.* Que consta de dos partes.
bipedación *f.* Modo de andar las personas y los animales de dos patas, o con las dos extremidades posteriores los cuadrúpedos.
bipedestación *f.* Posición en pie.
bípedo, da 1 *adj.* y *m.* De dos pies. 2 *m.* Zool En los animales de cuatro remos, conjunto de dos miembros, especialmente de un mismo costado u opuestos en diagonal.
biplano *adj.* y *m.* Dicho de un avión, que tiene cuatro alas dispuestas en dos planos paralelos.
bipolar 1 *adj.* Que tiene dos polos o extremos. 2 *adj.* y *s.* En psiquiatría, que padece de un trastorno que se caracteriza por cambios repentinos de actitud y personalidad.
biquini (Tb. bikini) *m.* Bañador femenino de dos prendas.
birimbao *m.* Mús Instrumento en forma de herradura, con una lengüeta en el centro que se hace vibrar con el índice de la mano derecha; el instrumento se sujeta con los dientes.
birlar *tr.* En el juego de bolos, tirar por segunda vez la bola desde el lugar en que se detuvo la primera vez.
birlibirloque || **por arte de** ~. Denota que algo se hizo por medios ocultos y extraordinarios.
birome *f.* **bolígrafo.**
birrámeo *adj.* Biol Dicho de una rama de una planta o de un apéndice de un animal, especialmente un crustáceo, cuando aparecen bifurcados.
birrectángulo *adj.* Geom **triángulo** esférico ~.
birrete 1 *m.* Solideo rojo del papa y los cardenales. 2 Gorro con una borla que usan en actos solemnes los académicos o ciertos funcionarios judiciales en sesiones públicas. 3 **bonete,** gorra.
birria 1 *f.* Persona o cosa de escaso valor. 2 Mamarracho, adefesio.
bis 1 *m.* Repetición de un número musical a petición del público. 2 *adv. c.* Indica que una cosa está repetida o ha de repetirse. 3 *interj.* Se usa para pedir la repetición de una pieza en una presentación musical o teatral.
bisabuelo, la *m.* y *f.* El padre o la madre del abuelo o de la abuela.
bisagra *f.* Herraje de dos piezas articuladas, con un eje común, que se fijan una a un sostén fijo y otra a una pieza movible, y que permiten el juego de apertura y cierre de objetos que abren y cierran.
bisar *tr.* Repetir una actuación a petición del público.
bisecar *tr.* Geom Dividir en dos partes iguales.
bisección *f.* Geom Acción y efecto de bisecar.
bisector, triz *adj.* Geom Que divide en dos partes iguales un plano, una recta, un ángulo, etc.
bisel *m.* Corte oblicuo en el borde o la extremidad de una lámina o plancha.
biselar *tr.* Hacer biseles.
bisemanal *adj.* Que pasa o se hace dos veces por semana.
bisexual 1 *adj.* y *s.* Dicho de una persona, que alterna las prácticas homosexuales con las heterosexuales. 2 *adj.* **hermafrodita.**
bisiesto *m.* **año** ~.
bisilábico, ca *adj.* **bisílabo.**
bisílabo, ba *adj.* y *m.* De dos sílabas.
bismuto *m.* Quím Metal brillante, frágil, mal conductor del calor y la electricidad. Posee la propiedad de expandirse al solidificarse, lo que lo convierte en un metal idóneo para fundiciones. Símbolo: Bi. Número atómico: 83. Peso atómico: 208,98. Punto de fusión: 271,3 °C. Punto de ebullición: 1560 °C. Densidad: 9,8.
bisnieto, ta *m.* y *f.* El hijo o la hija del nieto o de la nieta.
bisonte *m.* Bóvido salvaje de gran tamaño, parte delantera alzada, cabeza voluminosa y cuernos poco desarrollados.
bisoñé *m.* Peluquín que cubre la parte anterior de la cabeza.
bisoño, ña *adj.* y *s.* Inexperto en cualquier arte o negocio.
bistec *m.* Lonja de carne de vaca soasada en la parrilla o frita.
bisturí *m.* Instrumento quirúrgico en forma de cuchillo pequeño, para seccionar los tejidos blandos.
bisulfito *m.* Quím Ácido sulfuroso más una base.
bisulfuro *m.* Quím Combinación de un radical con dos átomos de azufre.
bisutería 1 *f.* Joyería de materiales no preciosos. 2 Tienda en que se venden dichos objetos.
bit 1 *m.* Inf Unidad de medida de información equivalente a la elección entre dos posibilidades igualmente probables. Puede tomar dos valores: 0 o 1. 2 Inf

Unidad de medida de la capacidad de memoria de una computadora.

bitácora 1 *f.* En un barco, caja, fija a la cubierta e inmediata al timón, en que se pone la brújula. 2 **cuaderno** de ~.

biunívoca *adj.* MAT **correspondencia** ~.

bivalente *adj.* QUÍM De doble valencia.

bivalvo, va *adj.* y *m.* ZOOL Dicho de un molusco, que se caracteriza por poseer una concha dividida en dos mitades articuladas, branquias especializadas en la alimentación y cabeza reducida. En un extremo está la boca, y detrás de esta se encuentra un pie empleado para la locomoción.

biyectiva *adj.* MAT Dicho de una relación, que se da entre los elementos de dos conjuntos, y en la que todo elemento de uno de los dos conjuntos tiene un representante y solo uno en el otro.

bizantino, na 1 *adj.* HIST Perteneciente o relativo a Bizancio o al Imperio romano de Oriente desde que se separó del de Occidente en el año 395, a la muerte de Teodosio. 2 Dicho de una discusión, baldía, intempestiva o demasiado sutil.

☐ HIST El Imperio bizantino logró su conformación como potencia hegemónica bajo la figura de Justiniano I (527-565), que reconstituyó la unidad mediterránea al conquistar Italia y el N de África. El Imperio vivió un nuevo auge bajo la dinastía Macedónica (867-1057), que neutralizó la amenaza búlgara e integró diversos reinos eslavos. La IV cruzada sumió a Bizancio en la ruina y su recuperación llegó con la dinastía de los Paleólogos. El Imperio se vio cada vez más mermado por el avance de los turcos otomanos, que en 1453 tomaron Constantinopla. Esta fecha se acepta convencionalmente como el fin de la Edad Media.

bizarría 1 *f.* Gallardía, valor. 2 Generosidad, lucimiento, esplendor. 3 Extravagancia, exageración.

bizarro, rra 1 *adj.* Esforzado, valiente. 2 Lucido, espléndido. 3 Extravagante, exagerado.

bizco, ca *adj.* y *s.* Dicho de una persona o de una mirada, que sufre estrabismo.

bizcocho 1 *m.* Pan sin levadura y recocido. 2 Pastel de crema. 3 Objeto de loza después de la primera cochura y antes de recibir ningún esmalte.

bizquear 1 *intr.* Padecer estrabismo. 2 Torcer la vista al mirar.

blablablá (Tb. bla-bla-bla) *m.* Discurso que no tiene contenido.

blanco, ca 1 *adj.* y *m.* Dicho de un color, semejante al de la nieve o la leche, y que corresponde a la luz no descompuesta en los varios colores del espectro luminoso. 2 *adj.* y *s.* Dicho de los caucásicos, que tienen tono de piel clara. 3 *m.* Objeto situado lejos para ejercitarse en el tiro y la puntería. 4 Objeto sobre el cual se dispara un arma de fuego. 5 Hueco o intermedio entre dos cosas. 6 Fin u objeto a que se dirigen deseos o acciones. 7 *f.* MÚS Nota que vale la mitad de una redonda.

blandengue 1 *adj.* Blando, suave. 2 *adj.* y *s.* Dicho de una persona, de escasa energía.

blandir *tr.* Mover un arma u otra cosa haciéndola vibrar.

blando, da 1 *adj.* Que cede fácilmente al tacto. 2 Suave, benigno. 3 Pusilánime, cobarde. 4 *adv. m.* Con suavidad.

blandura 1 *f.* Cualidad de blando. 2 Delicadeza, afabilidad en el trato. 3 Palabra cariñosa o requiebro.

blanqueador, ra *adj.* y *s.* Que blanquea.

blanquear 1 *tr.* Poner blanca alguna cosa. 2 Encalar los edificios. 3 Dar las abejas cierta capa a los panales. 4 Limpiar y sacar su color a los metales. 5 ECON Convertir en dinero legal el obtenido de manera sucia. 6 *intr.* Mostrar una cosa la blancura que posee. 7 Tirar a blanco o ir tomando ese color.

blanquecino, na *adj.* Que tira a blanco.

blasfemar *intr.* Proferir blasfemias.

blasfemia 1 *f.* Palabra injuriosa contra Dios o los santos. 2 Palabra gravemente injuriosa contra una persona.

blasón 1 *m.* Arte que explica los escudos de armas. 2 Cada figura o pieza de un escudo.

blasonar *tr.* Disponer debidamente un escudo de armas.

blastema 1 *m.* BIOL Conjunto de células embrionarias que dan origen a un órgano. 2 BIOL Parte protoplasmática de un huevo.

blastocisto *m.* BIOL Blástula modificada, característica de los mamíferos placentarios. Consiste en una esfera hueca exterior y una masa sólida de células en el interior.

blastocito *m.* BIOL Célula embrionaria que todavía no se ha diferenciado.

blastodermo *m.* BIOL Conjunto de células procedentes de la segmentación del óvulo. Consiste en una membrana que se hace doble al formarse la gástrula, y triple al aparecer entre las dos hojas resultantes una formación de células conjuntivas.

blastogénesis *f.* BIOL Primeras fases del desarrollo embrionario, que dan origen al blastodermo.

blastómero *m.* BIOL Cada una de las células embrionarias en el proceso de fragmentación.

blástula *f.* BIOL Periodo del desarrollo embrionario que sigue a la mórula o segmentación del huevo. Consiste en una esfera hueca rodeada de una sola capa de células.

bledo 1 *m.* Planta anual quenopodiácea, comestible, de hojas verdes y flores rojas. 2 Cosa de poco o ningún valor: *Me importa un bledo.*

blefaritis *f.* MED Inflamación de los párpados.

blenda *f.* GEO Sulfuro de cinc que se encuentra en cristales de color amarillo pardo y brillo metálico. Es una mena del cinc.

blenorragia *f.* MED Flujo mucoso ocasionado por la inflamación de una membrana urogenital.

blenorrea *f.* MED Blenorragia crónica.

blindado, da 1 *adj.* Recubierto con blindaje. 2 Protegido del acceso externo o de cualquier acción no deseada.

blindaje *m.* Acción y efecto de blindar mediante planchas.

blindar *tr.* Proteger, especialmente con planchas metálicas, buques, carros armados, etc.

blíster *m.* Envase con varios compartimientos, para la presentación o protección de artículos de pequeño tamaño.

bloc *m.* Conjunto de hojas de papel superpuestas y con frecuencia sujetas convenientemente de modo que se puedan desprender con facilidad.

blog *m.* INF Sitio web personal con acceso abierto donde alguien publica documentos, fotografías o videos sobre sus propias vivencias o sobre temas que despiertan su interés.

bloguero, ra 1 *adj.* Perteneciente o relativo a los blogs o a los blogueros. 2 *m.* y *f.* Persona que crea, gestiona u organiza un blog.

blondo, da *adj.* **RUBIO**, de color rojo claro.

bloque 1 *m.* Piedra grande sin labrar. 2 Sillar artificial de hormigón. 3 Conjunto compacto de cosas. 4 **BLOC**. 5 Manzana de casas. 6 Lo principal de una cosa que forma conjunto compacto. 7 En los motores de explosión, pieza de fundición en cuyo interior se ha labrado el cuerpo de uno o varios cilindros. 8 POLÍT Agrupación ocasional de varios partidos.

bloquear 1 *tr.* Realizar una operación militar consistente en cortar las comunicaciones de un territorio, de un ejército, etc. 2 Inmovilizar un capital impidiendo que su dueño disponga de él. 3 *tr.* y *prnl.* Frenar un movimiento o proceso. 4 *prnl.* Quedarse sin poder reaccionar.

bloqueo *m.* Acción y efecto de bloquear. || ~ **comercial** o **económico** POLÍT y ECON El que una potencia impone a un país para impedirle las relaciones comerciales internacionales.

blues (Voz ingl.) *m.* MÚS Canto popular afroamericano surgido en el s. XIX, por lo general amoroso y muy sensual. De gran influencia en el jazz.

blusa 1 *f.* Prenda de tela fina que cubre la parte superior del cuerpo. 2 Bata de trabajo.

boa 1 *f.* Serpiente no venenosa, que llega a alcanzar 6 m de largo y vive en la América tropical. Mata a sus presas comprimiéndolas y después se las traga enteras. 2 Prenda femenina de piel o pluma en forma de serpiente, para abrigo o adorno del cuello.

boato *m.* Ostentación en el porte exterior.

bobear 1 *intr.* Hacer o decir boberías. 2 Gastar el tiempo en futilidades.

bobería *f.* Dicho o hecho necio o fútil.

bobina 1 *f.* Devanado de hilo, cable o papel sobre un canuto. 2 Rollo de papel continuo que emplean las rotativas. 3 ELECTR Hilo de cobre arrollado, con revestimiento aislante, que forma parte del circuito de algunos aparatos eléctricos. || ~ **de encendido** ELECTR La que en los automóviles o máquinas similares transforma los impulsos de baja tensión, procedentes de la batería o el acumulador, en impulsos de alta tensión, capaces de producir la chispa en los electrodos de las bujías. ~ **deflectora** ELECTRÓN La situada alrededor del cuello de un tubo de rayos catódicos para desviar el haz de electrones.

bobinar *tr.* Arrollar o devanar hilo, cable, etc., en forma de bobina.

bobo, ba 1 *adj.* y *s.* De muy escasa capacidad intelectual. 2 Dicho de una persona, extremadamente candorosa.

boca 1 *f.* ANAT y FISIOL Orificio situado en la parte anterior del tubo digestivo, en el extremo anterior del cuerpo, a través del cual se ingiere y deglute el alimento y se emiten sonidos. En el ser humano está formada por la cavidad bucal, los dientes, la lengua y las glándulas salivares. 2 Abertura de entrada o salida: *Boca de cañón*. • U. t. en pl.: *Las bocas del Orinoco*. 3 En ciertas herramientas, la parte afilada o la cara para golpear. 4 Persona o animal al que se mantiene. || ~ **a** ~ Forma de respiración artificial en la que una persona aplica su boca a la de la otra para insuflarle aire. ~ **abajo** BOCABAJO. ~ **arriba** Tendido de espaldas. ~ **del estómago** ANAT Parte central de la región epigástrica.

bocabajo (Tb. boca abajo) *adv. m.* Con el vientre y el rostro hacia el suelo: *Descansa mejor bocabajo*.

bocacalle 1 *f.* Entrada de una calle. 2 Calle secundaria que afluye a otra.

bocadillo 1 *m.* Pan partido en dos mitades entre las cuales se colocan alimentos variados. 2 Conserva de guayaba. 3 Pasta hecha de pulpa de frutas y almíbar y cortada en trocitos rectangulares.

bocado 1 *m.* Porción de comida que cabe de una vez en la boca. 2 Un poco de alimento. 3 Herida que se hace con los dientes. 4 Trozo que falta de alguna cosa. 5 Parte del freno que entra en la boca de la caballería.

bocajarro || **a** ~ 1 Dicho de un disparo, a quemarropa, desde muy cerca. 2 De improviso, bruscamente.

bocal 1 *m.* Jarro de boca ancha y cuello corto, para escanciar el vino de las tinajas. 2 Recipiente usado en laboratorios, hospitales, etc.

bocamanga *f.* Parte de la manga que está más cerca de la muñeca, especialmente por lo interior.

bocana 1 *f.* GEO Paso estrecho del mar que sirve de entrada a una bahía o un fondeadero. 2 GEO Desembocadura de un río.

bocanada 1 *f.* Cantidad de aire, humo o líquido que de una vez se toma o se expulsa de la boca. 2 Ráfaga de viento.

bocatoma *f.* Abertura que hay en una presa para que por ella salga cierta porción de agua destinada al riego o a otro fin.

bocel 1 *m.* Moldura lisa y convexa de sección semicircular. 2 Herramienta con que se hace.

boceto 1 *m.* ART Borroncillo en colores previo a la ejecución de un cuadro. 2 ART Modelado de trazos generales y a tamaño reducido de una escultura. 3 Esquema provisional de un asunto o proyecto.

bocín 1 *m.* Pieza redonda que se pone por defensa alrededor de los cubos de las ruedas. 2 Anillo de aprox. 5 cm de diámetro, usado en el juego del tejo o turmequé.

bocina 1 *f.* Pieza cónica con que se refuerza el sonido. 2 En los vehículos, aparato que produce un sonido más o menos potente, con el que un conductor advierte a otro, a los peatones, etc. 3 En los aparatos telefónicos, parte de los mismos a la que se aplica la boca al hablar, para recoger la voz.

bocio *m.* MED Tumoración de la tiroides que produce un abultamiento en la parte anterior del cuello.

bochinche *m.* Tumulto, alboroto.

bochorno 1 *m.* Viento muy caliente. 2 Calor sofocante, sobre todo cuando se acompaña de depresión atmosférica. 3 Encendimiento pasajero del rostro. 4 Desazón producida por algo que ofende, molesta o avergüenza.

boda *f.* Ceremonia del casamiento y fiesta con que se solemniza.

bodega 1 *f.* Lugar en que se cría y guarda el vino. 2 Tienda de vinos. 3 Cosecha de vino en un determinado lugar o tiempo. 4 Tienda de comestibles. 5 Sótano para almacenar mercancías. 6 DESPENSA. 7 GRANERO. 8 BAÚL de los automóviles. 9 Espacio interior de los buques por debajo de la cubierta inferior.

bodegaje *m.* ALMACENAJE.

bodegón 1 *m.* Sitio o tienda donde se guisan y dan de comer viandas ordinarias. 2 ART Composición pictórica que representa por lo general cosas comestibles.

bodoque 1 *m.* Relieve redondo con que se adornan algunos bordados. 2 Bulto duro que se forma en algo blando. 3 Especie de embudo muy cerrado hecho con papel. 4 Persona de pocas luces.

bodrio 1 *m.* Cosa mal hecha o de mal gusto. 2 Guiso mal aderezado.

body art (Loc. ingl.) *m.* ART Arte en el que el cuerpo humano es el soporte de la obra en sí misma o el medio de expresión.

bóer *adj.* y *s.* AFRIKÁNER.

bofe *m.* Pulmón, sobre todo de las reses muertas.

bofetada *f.* Golpe que se da en el carrillo con la mano abierta.

boga 1 *f.* Acción de remar. 2 Gusto pasajero y generalizado por algo. 3 *m.* y *f.* Remero.

bogar *intr.* Llevar una embarcación a fuerza de remos.

bogavante *m.* Crustáceo decápodo parecido a la langosta, aunque de pinzas delanteras más robustas.

bohemio, mia 1 *adj.* y *s.* Dicho de una persona, que lleva una vida desordenada y errante. 2 Natural de Bohemia, región de la República Checa. 3 *m.* LING Lengua hablada en Bohemia.

bohío *m.* Cabaña de madera, ramas y cañas.

bohordo *m.* BOT Tallo herbáceo y sin hojas que sostiene las flores y el fruto de algunas plantas, como la pita, el lirio, etc.

A B C D E F G H I J K L M N Ñ O P Q R S T U V W X Y Z

bohrio *m.* QUÍM Elemento metálico radiactivo creado artificialmente. Símbolo: Bh. Número atómico: 107.
boicot *m.* Acción de rechazo por parte de un grupo a comerciar o asociarse con otro grupo, persona, organización o país.
boicotear *tr.* Presionar, sometiendo a boicot, a una persona o sociedad.
boina *f.* Gorra redonda, chata y sin visera.
boj *m.* Arbusto buxáceo, de madera amarilla muy dura y muy apreciada en ebanistería.
bojote *m.* Bulto, paquete.
bol *m.* Taza ancha, semiesférica y sin asas.
bola 1 *f.* Cuerpo esférico. 2 **CANICA.** 3 Esfera de acero utilizada para la construcción de rodamientos y en otros usos. 4 **BETÚN,** mezcla para lustrar. 5 Rumor falso. 6 Interés que se presta a algo o a alguien. 7 En los buques, armazón de dos discos negros entrelazados para hacer señales. 8 *f. pl.* Juego de las canicas. 9 coloq. Los testículos.
bolardo 1 *m.* Poste de hierro u otra materia hincado en el suelo y destinado a impedir el paso o aparcamiento de vehículos. 2 Noray con la extremidad superior encorvada.
bolchevique 1 *adj.* y *s.* Partidario del bolchevismo. 2 Dicho de una persona, que es miembro de la facción mayoritaria y más radical del Partido Socialdemócrata ruso, a partir de 1903.
bolchevismo *m.* HIST Sistema político leninista basado en la interpretación y puesta en práctica del socialismo científico de Karl Marx. Propugnaba el colectivismo y la dictadura del proletariado.
boldo *m.* Arbusto de flores blancas en racimos cortos y fruto comestible. La infusión de sus hojas es muy aromática y de uso medicinal.
boleadora *f. pl.* Instrumento arrojadizo de bolas pesadas y forradas de cuero, para atrapar animales.
bolear 1 *intr.* Arrojar la bola o las bolas en varios juegos. 2 Derribar muchos bolos. 3 *tr.* Lanzar las boleadoras a un animal. 4 Embetunar el calzado. 5 *prnl.* DEP En el béisbol, tirarse la pelota los jugadores.
boleo 1 *m.* Acción de bolear. 2 Sitio en que se tira la bola.
bolera 1 *f.* Local donde se juega a los bolos. 2 Dificultad, imprevisto.
bolero 1 *m.* MÚS Ritmo melódico cubano con influencias de la música española, indígena y africana. Se le considera una de las expresiones más características de la cultura popular latina. 2 Aire musical popular español, cantable y bailable. 3 Volante ancho o arandela del vestido femenino. 4 **LIMPIABOTAS.**
boleta 1 *f.* Pase o billete que permite el acceso a un lugar. 2 Papeleta con un número o nombre que se usa en las votaciones o sorteos.
boletear *tr.* Obligar a alguien, mediante amenazas, a abandonar el lugar que habita.
boletería 1 *f.* Taquilla donde se despachan boletas. 2 Total de boletas o entradas que se ponen a la venta.
boletín *m.* Publicación periódica que informa sobre determinados asuntos por parte de alguna corporación.
boleto *m.* **BOLETA.**
boliche 1 *m.* Bola pequeña para jugar. 2 **BALERO,** juguete. 3 Lugar destinado al juego de bolos.
bólido 1 *m.* Vehículo que va a gran velocidad. 2 Meteorito en ignición que suele estallar, provocando la caída de aerolitos.
bolígrafo *m.* Instrumento para escribir, que en su interior lleva tinta grasa y en la punta una bolita metálica móvil.
bolillo 1 *m.* Palito torneado al que se arrolla el hilo en las labores de encaje y pasamanería. 2 Horma para aderezar vuelos de encaje o gasa. 3 Baqueta de madera o caucho que usa la policía.
bolívar *m.* Unidad monetaria de Venezuela.
bolivariano, na *adj.* Perteneciente o relativo a Simón Bolívar o a su historia, su política, etc.
boliviano, na 1 *adj.* De Bolivia o relacionado con este país americano. 2 *m.* Unidad monetaria de Bolivia. Sustituyó al peso en 1987.
bolo 1 *m.* Palo labrado para que se sostenga derecho. 2 *m. pl.* Juego en que, mediante bolas, cada jugador derriba los bolos que puede. || ~ **alimenticio** FISIOL Alimento masticado e insalivado que se traga de una vez.
bolsa[1] 1 *f.* Talego o saco de material flexible para guardar o llevar cosas. 2 Saquillo de cuero para guardar el dinero o las joyas. 3 Arruga que hace un vestido. 4 Pliegue de la piel bajo los ojos. 5 Caudal o dinero de una persona. 6 **BECA,** ayuda económica. 7 ANAT Cada una de las cavidades del escroto en que se alojan los testículos. || ~ **de trabajo** Organismo encargado de recibir ofertas y peticiones de trabajo y de ponerlas en conocimiento de los interesados.
bolsa[2] 1 *f.* ECON Conjunto de operaciones comerciales y financieras en el que los poseedores de títulos valores, a través de agentes, se ponen en contacto para intercambiar dichos títulos. 2 Lugar en que se realizan tales operaciones.
bolsillo *m.* Saquito de tela que se fija, por dentro o por fuera, a los vestidos.
bolsista *m.* y *f.* Persona que se dedica a las operaciones bursátiles.
bolso *m.* Bolsa de mano en que las mujeres llevan el monedero y otros pequeños enseres.
bollo 1 *m.* Panecillo esponjoso de harina, azúcar, etc., cocido al horno. 2 Plegado de forma esférica que adorna una tela, un vestido o una tapicería.
bomba 1 *f.* Máquina para elevar agua u otro líquido. 2 **GASOLINERÍA.** 3 Receptáculo de materia flexible lleno de aire o de un gas, que sirve como decoración y juguete en fiestas, espectáculos públicos, etc. 4 **POMPA,** burbuja. 5 Artefacto explosivo provisto de mecanismos para hacerlo estallar en el momento adecuado. 6 Noticia inesperada y sensacional. 7 MÚS En los instrumentos de metal, tubo movible que permite su alargamiento o reducción modificando su sonido. || ~ **atómica** Artefacto bélico de gran poder explosivo basado en la fisión nuclear. ~ **centrífuga** Aquella en que se hace la aspiración y elevación del agua por medio de una rueda de paletas que gira rápidamente dentro de una caja cilíndrica. ~ **de cobalto** MED Aparato empleado en radioterapia que utiliza la radiación gamma emitida por el cobalto-60, lo que permite un tratamiento delimitado y en zonas profundas. ~ **de gasolina** La que envía la gasolina procedente del depósito al carburador del automóvil. ~ **de inyección** La que, en un motor de combustión interna, sustituye al carburador e introduce directamente combustible en los cilindros. ~ **de tiempo** La explosiva provista de un dispositivo que la hace estallar en un momento determinado. ~ **de vacío** Máquina que disminuye el volumen de una determinada cantidad de aire y aumenta su presión por procedimientos mecánicos. ~ **impelente** La que no saca el agua de profundidad, sino que la eleva desde el plano mismo que ocupa la máquina.
bombáceo, a *adj.* y *f.* BOT Dicho de un árbol o de un arbusto, intertropical dicotiledóneo, con hojas alternas, por lo común palmeadas, flores en racimo o en panoja y semilla cubierta de pulpa, como el baobab.
bombacho *adj.* Dicho de un pantalón, que es corto, ancho y abierto por un lado. • U. m. en pl.
bombarda 1 *f.* Antiguo cañón de gran calibre. 2 MÚS Instrumento de viento construido de una pieza de madera con lengüeta de caña. 3 MÚS Registro del órgano,

compuesto de grandes tubos con sonidos muy fuertes y graves.

bombardear 1 *tr.* Arrojar bombas explosivas desde un avión. 2 Hacer fuego violento y sostenido de artillería. 3 FÍS Someter un cuerpo a ciertas radiaciones o al impacto de neutrones y otros elementos del átomo.

bombardeo *m.* Acción de bombardear.

bombardero *m.* Avión especialmente diseñado para el transporte y lanzamiento de bombas explosivas.

bombear 1 *tr.* Bombardear. 2 Elevar agua u otro líquido. 3 Lanzar por alto una pelota o balón, dándole una trayectoria parabólica.

bombeo *m.* Acción y efecto de bombear líquidos.

bombero, ra 1 *m.* y *f.* Miembro del cuerpo encargado de extinguir los incendios y de prestar otras ayudas en casos de siniestro. 2 Persona que en las gasolineras surte de combustible a los vehículos.

bombilla 1 *f.* Globo de cristal con una resistencia, que, al paso de la corriente eléctrica, se pone incandescente y sirve para alumbrar. 2 Caña delgada para tomar el mate.

bombillo *m.* BOMBILLA eléctrica.

bombín *m.* Sombrero hongo.

bombo 1 *m.* MÚS Tambor grande que se toca con maza. 2 Elogio exagerado y resonante.

bombón 1 *m.* Dulce de chocolate, relleno de licor o crema. 2 coloq. Persona muy guapa.

bombona *f.* Recipiente cilíndrico de metal con cierre hermético, para contener gases y líquidos a gran presión.

bómper *m.* Pieza ubicada en las partes delantera y trasera de los automóviles, cuya función es amortiguar los golpes.

bonachón, na *adj.* y *s.* De buen carácter.

bonancible *adj.* Dicho del mar, o del tiempo, tranquilo, sereno.

bonanza 1 *f.* Tiempo tranquilo en el mar. 2 PROSPERIDAD.

bonapartismo *m.* POLÍT Corriente política partidaria de Napoleón Bonaparte. Se identifica con aquel sistema de gobierno de carácter autoritario, con ínfulas parlamentarias, respaldado por el uso plebiscitario.

bondad 1 *f.* Calidad de bueno. 2 Disposición natural a hacer el bien. 3 Amabilidad de carácter.

bonete 1 *m.* Gorra de cuatro picos. 2 ZOOL Segunda de las cuatro cavidades del estómago de los rumiantes.

bongo[1] 1 *m.* Especie de canoa. 2 BOT BALSO, árbol.

bongo[2] *m.* MÚS Instrumento de percusión, consistente en un tubo de madera cubierto en uno de sus extremos por una piel de chivo bien tensa. Se toca con la palma de la mano o con los dedos.

boniato *m.* BATATA, planta y tubérculo.

bonificación 1 *f.* Acción y efecto de bonificar. 2 Descuento, particularmente en algunas pruebas deportivas, descuento en el tiempo empleado, etc.

bonificar 1 *tr.* Deducir una cantidad por algún concepto. 2 Tomar en cuenta y asentar una partida en el haber.

bonito[1] *m.* Pez teleósteo parecido al atún, aunque más pequeño.

bonito[2], **ta** 1 *adj.* Diminutivo de bueno. 2 Lindo, agraciado.

bono *m.* Tarjeta canjeable por artículos o dinero.

bonsái *m.* Planta ornamental sometida a una técnica de cultivo que impide su crecimiento mediante corte de raíces y poda de ramas.

bonzo *m.* Sacerdote budista.

boñiga *f.* Excremento del ganado vacuno y el semejante de otros animales.

boom (Voz ingl.) *m.* Avance extraordinariamente rápido de algo, eclosión: *El boom de la literatura hispanoamericana; El boom turístico.*

boquear 1 *intr.* Abrir la boca. 2 Estar muriéndose.

boquera 1 *f.* Excoriación en la comisura de los labios de las personas. 2 Llaga en la boca de los animales.

boquerón *m.* ANCHOA.

boquete 1 *m.* Entrada angosta. 2 Brecha irregular en una pared, un cristal, etc.

boqueto, ta *adj.* Que tiene el labio hendido.

boquilla 1 *f.* Pieza pequeña y hueca que se aplica a los instrumentos de viento para soplar por ella. 2 Tubito en cuya parte más ancha se inserta el cigarro o cigarrillo. 3 Filtro cilíndrico que tienen algunos cigarrillos en un extremo. 4 Parte de la pipa que se introduce en la boca. 5 Cualquier pieza que se pone en la boca de ciertos objetos. 6 Abertura en las acequias para derivar agua.

borato *m.* QUÍM Combinación del ácido bórico con una base, que da sal neutra.

bórax *m.* QUÍM Sal hidratada de ácido bórico y sosa. Tiene aplicaciones en la medicina y en la industria.

borbónico, ca *adj.* Perteneciente o relativo a los Borbones, familia nobiliaria francesa y española.

borbotar (Tb. borbotear) *intr.* Hervir el agua con ímpetu y ruido.

borbotón *m.* Erupción que hace el agua de abajo para arriba, elevándose sobre su superficie.

borceguí *m.* Calzado alto abierto por delante.

borda 1 *f.* Borde superior del costado de un buque. 2 Vela mayor en las galeras.

bordado 1 *m.* Acción de bordar. 2 Labor de aguja en relieve.

bordar *tr.* Adornar una tela o piel con bordados.

borde 1 *m.* Extremo de una cosa. 2 En las vasijas, orilla o labio que tienen alrededor de la boca.

bordear 1 *tr.* Ir por el borde, rodear. 2 Frisar, acercarse a un estado de cosas, a un peligro o a una determinada edad.

bordo 1 *m.* Lado o costado exterior de un barco. 2 BORDE. || **a ~** En el vehículo, especialmente el barco y el avión.

bordón 1 *m.* Bastón de altura superior a la de una persona y con una punta de hierro. 2 Estribillo en forma de verso quebrado que se repite al fin de cada copla. 3 MÚS En los instrumentos de cuerda, cualquiera de las cuerdas más gruesas y graves, especialmente la sexta de la guitarra.

bordonear 1 *intr.* Ir tocando el suelo con el bordón. 2 Pulsar el bordón de la guitarra.

bordoneo 1 *m.* Sonido del bordón de la guitarra. 2 Zumbido de los insectos.

boreal 1 *adj.* Perteneciente o relativo al bóreas. 2 SEPTENTRIONAL.

bóreas *m.* Viento del Norte.

bórico 1 *adj.* QUÍM Perteneciente o relativo al **anhídrido ~**. 2 QUÍM Dicho de un ácido, que resulta de la combinación de anhídrido bórico y agua, y tiene usos industriales y antisépticos.

borla *f.* Adorno que se forma con un conjunto de hebras sujetas por la mitad o uno de sus cabos.

borne 1 *m.* ELECTR Cada uno de los botones de metal de ciertas máquinas, a los que se fijan los hilos conductores. 2 ELECTR Tornillo con las mismas funciones.

boro *m.* QUÍM Elemento químico que se encuentra en la naturaleza formando compuestos de gran estabilidad (bórax, ácido bórico). Se usa como agente catalítico para aceros, en la fabricación de vidrios, esmaltes, etc. Símbolo: B. Número atómico: 5. Peso atómico: 10,81. Punto de fusión: 2180 °C. Punto de ebullición: 3650 °C.

borona *f.* Migaja de pan.

borra 1 *f.* Parte más basta de la lana. 2 Desperdicio de la manufactura de la lana y el algodón que se usa para rellenar, colchones, almohadas, etc.

borrachera *f.* Efecto de emborracharse.

borrachero *m.* Arbusto solanáceo de hojas vellosas, flores blancas, amarillas, rosadas o rojas, según la especie, y fruto en drupa. Tiene propiedades narcóticas.

borracho, cha 1 *adj.* y *s.* Dicho de una persona, que se embriaga a menudo. 2 **EBRIO**.

borrador 1 *m.* Primer esquema de un estudio o libro, sujeto a correcciones. 2 **GOMA** de borrar. 3 Utensilio para borrar las pizarras.

borragináceo, a *adj.* y *f.* Bot Dicho de una planta, herbácea, dicotiledónea, cubierta de pelos ásperos, flores en espiga, racimo o panoja y fruto con una única semilla, como la borraja o el heliotropo.

borraja *f.* Planta borraginácea de tallo grueso, hojas grandes, flores azules arracimadas y semillas menudas. Es comestible.

borrar 1 *tr.* Tachar lo escrito. 2 *tr.* y *prnl.* Hacerlo desaparecer por cualquier medio. 3 Hacer que algo desaparezca.

borrasca 1 *f.* Tempestad en el mar. 2 Temporal fuerte en tierra.

borrascoso, sa 1 *adj.* Que causa borrascas o es propenso a ellas. 2 Agitado, violento, refiriéndose a periodos históricos, reuniones, formas de vida, etc.

borrego, ga *m.* y *f.* Cría de la oveja hasta los dos años.

borrico *m.* **ASNO**.

borrón *m.* Gota o mancha de tinta en un papel.

borroso, sa *adj.* Que no se distingue con claridad.

boscoso, sa *adj.* Abundante en bosques.

bosón *m.* Fís Cada una de las partículas de espín entero, que cumplen la estadística de Bose-Einstein, como el fotón y el mesón.

bosque *m.* Ecol Formación vegetal constituida por especies arbóreas como elemento dominante, acompañadas de un sotobosque de matas, arbustos, especies herbáceas y criptógamas. || ~ **bajo tropical** Ecol Se localiza en regiones de escasa precipitación y rodea bosques más húmedos. ~ **caducifolio** Ecol Característico de regiones templadas del hemisferio N, sus árboles pierden las hojas y disminuyen su actividad en invierno. Especies dominantes: abedules, arces, hayas y nogales. ~ **de coníferas** Ecol Característico de las regiones subárticas y alpinas del hemisferio N. Hay poca diversidad de especies. Especies dominantes: abetos y píceas. ~ **de sabana tropical** Ecol Cubre regiones comprendidas entre el desierto y el bosque tropical. Conviven herbazales con algunos árboles y arbustos dispersos en espacios abiertos. ~ **mediterráneo** Ecol De las regiones de clima templado, se mantiene siempre verde, con árboles que no pierden sus hojas. Especies dominantes: pinos, robles y algunas coníferas. ~ **monzónico** Ecol Constituido por árboles de hoja caduca, se desarrolla en el SE de Asia, el subcontinente indio y a lo largo de las costas del Pacífico tropical americano. ~ **plantado** Ecol Plantación forestal con fines industriales. ~ **primario** Ecol Aquel que no ha sido intervenido por la actividad de las personas. ~ **secundario** Ecol Aquel cuya vegetación se ha regenerado después de su degradación total. ~ **templado y subtropical** Ecol El que depende de un clima marítimo templado y de humedad constante (costas de Norteamérica, Asia oriental e islas del Caribe). Especies dominantes: robles, magnolios, palmeras y bromeliáceas. ~ **tropical lluvioso** Ecol Se localiza en las regiones ecuatoriales y, con 1500 mm anuales de lluvia como mínimo, siempre está verde, con árboles de gran tamaño y diversos pisos de vegetación. Es característico de África central, cuenca del Amazonas y algunas regiones de Indonesia.

bosquejar 1 *tr.* Pintar, dibujar o modelar sin precisar los contornos. 2 Indicar esquemáticamente un plan.

bosquejo *m.* Primer diseño de cualquier obra plástica.

bosquimano, na *adj.* y *s.* De un pueblo de África cuyos miembros viven en grupos nómadas de cazadores y recolectores y cuyo territorio está circunscrito al desierto de Kalahari.

bossa nova (Voz port.) *f.* Composición musical y danza popular brasileña derivada de la samba e influida por la música *jazz*.

bostezar *intr.* Abrir lenta y prolongadamente la boca, en forma involuntaria. Es indicio de sueño, cansancio o tedio.

bostezo *m.* Acción de bostezar.

bota[1] 1 *f.* Odre pequeño rematado en un cuello de cuerno o madera en que se enrosca el pitorro. Se emplea como recipiente de vino. 2 Cuba para guardar vino y otros líquidos.

bota[2] *f.* Calzado que resguarda el pie y parte de la pierna.

botadero 1 *m.* Vado de un río. 2 Basurero, muladar.

botado, da *adj.* y *s.* Muy barato.

botadura *f.* Acto de echar al agua un buque.

botalón 1 *m.* Palo largo que sobresale de la embarcación. 2 Bauprés de una embarcación pequeña. 3 Poste para asegurar una caballería o una res vacuna.

botánico, ca 1 *adj.* Perteneciente o relativo a la botánica. 2 *m.* y *f.* Profesional en botánica. 3 *f.* Bot Rama de la biología que estudia las plantas. Otros organismos tradicionalmente llamados plantas, como las algas (que pertenecen a los reinos de los protistas y las móneras) y los hongos (que constituyen un reino en sí), siguen formando parte de la botánica.

botar 1 *tr.* Arrojar a una persona o cosa. 2 Echar un buque al agua deslizándolo por la grada. 3 Despedir de un cargo o empleo. 4 **MALGASTAR**. 5 *intr.* y *tr.* Hacer saltar la pelota contra el suelo.

bote[1] 1 *m.* Salto desde el suelo que dan las personas, los animales o las cosas. 2 **VOLTERETA**.

bote[2] 1 *m.* Vasija pequeña y cilíndrica. 2 **CÁRCEL**.

bote[3] *m.* Barco pequeño y sin cubierta, con tablones cruzados que sirven de asiento a los que reman.

botella 1 *f.* Vasija de cuello angosto. 2 Todo el líquido que cabe en una botella.

botica *f.* Farmacia, laboratorio y despacho de medicamentos.

boticario, ria *m.* y *f.* Persona que profesa la farmacia y que prepara y expende las medicinas.

botijo *m.* Vasija de barro poroso con asa en la parte superior y pitorro para beber en la parte opuesta a la boca por la que se llena.

botín[1] *m.* Calzado que cubre parte de la pierna, a la que se ajusta con botones o correas.

botín[2] 1 *m.* Despojo como premio de conquista. 2 Conjunto de armas y provisiones de un ejército vencido que pasa al vencedor.

botiquín 1 *m.* Mueble, caja o maletín en que se guardan y transportan las medicinas y el instrumental para urgencias. 2 Conjunto de estas medicinas.

botocudo, da *adj.* y *s.* De un pueblo cazador y recolector, amenazado de extinción, del E de Brasil, en la cuenca del río Doce (Minas Gerais y Espíritu Santo).

botón 1 *m.* Pieza pequeña de distintas materias y formas que se cose a los vestidos y que, entrando en el ojal, los abrocha y asegura. 2 Pieza que, al oprimirla, sirve para accionar los mandos de diversos aparatos. 3 Bot Yema de un vegetal. 4 Bot Flor cerrada y cubierta de hojas hasta que se abre. 5 Mús En los instrumentos musicales de pistones, pieza circular y metálica que recibe la presión del dedo.

botones *m.* y *f.* Persona que se dedica profesionalmente a servir y hacer encargos en los hoteles.
bótox *m.* QUÍM Toxina bacteriana que se utiliza como medicamento en cirugía plástica, para tratamientos faciales.
botulismo *m.* MED Intoxicación grave causada principalmente por la ingestión de alimentos en mal estado.
boutique (Voz fr.) *f.* Almacén de ropa de moda y de temporada.
bóveda 1 *f.* ARQ Obra de fábrica curvada que cubre el espacio entre dos muros o varios pilares. 2 Recinto abovedado. 3 **CRIPTA** en que se entierra a los difuntos. 4 Panteón familiar. || ~ **baída** ARQ Dicho de una bóveda, que es formada por un hemisferio cortado por cuatro planos verticales, cada dos de ellos paralelos entre sí. ~ **celeste** ASTR Firmamento, esfera aparente que rodea la Tierra. ~ **craneal** ANAT Parte superior e interna del cráneo. ~ **de cañón** ARQ La de superficie semicilíndrica que cubre el espacio comprendido entre dos muros paralelos.
bóvido, da *adj.* y *m.* ZOOL Dicho de un mamífero, artiodáctilo, rumiante, de cuernos estables, como la oveja, la cabra, la gacela, el ñu y otros.
bovino, na 1 *adj.* y *m.* ZOOL Dicho de un mamífero, rumiante, con cuernos, hocico ancho y cola larga con un mechón en el extremo. 2 *adj.* Perteneciente o relativo al ganado vacuno.
boxeador, ra *m.* y *f.* DEP Persona que se dedica al boxeo.
boxeo *m.* DEP Lucha de dos púgiles con las manos enfundadas en guantes especiales y conforme a unas normas que regulan los golpes.
bóxer[1] 1 *s.* y *adj.* Perro empleado originalmente en peleas de perros y para azuzar toros, y cuya raza fue desarrollada a partir del buldog y del terrier. 2 *m.* Calzones interiores similares a los pantalones deportivos de los boxeadores.
bóxer[2] *m.* HIST Miembro de una sociedad secreta de China que, a fines del s. XIX, impulsó un sentimiento xenófobo cuya culminación fue el asedio a las legaciones extranjeras en Pekín (1900), resuelto con la intervención de una fuerza internacional.
boy scout (Loc. ingl.) *m.* Persona vinculada al **escultismo**, conocido también como movimiento *scout*; niño o joven explorador.
boya 1 *f.* Cuerpo flotante sobre el agua y fijado al fondo, que sirve de señal. 2 Corcho que se pone en las redes para que no se hundan hasta el fondo.
boyante 1 *adj.* Que prospera cada vez más. 2 Dicho de un buque, que por la escasa carga no cala lo suficiente.
boyardo *m.* HIST Antiguo feudatario de los países eslavos.
boyero *m.* Pastor que conduce los bueyes.
bozal *m.* Aparato que se pone alrededor de la boca de ciertos animales para que no muerdan, no se paren a comer, no mamen, etc.
bozo 1 *m.* Vello que sobre el labio superior apunta a los muchachos antes de nacerles la barba. 2 Parte exterior de la boca.
bracear 1 *intr.* Mover los brazos repetidamente. 2 Nadar sacando los brazos del agua y volteándolos hacia adelante. 3 Andar el caballo con soltura, doblando mucho los brazos.
bracero *m.* Peón, jornalero no especializado.
bráctea *f.* BOT En ciertas plantas, hoja que nace del pedúnculo de la flor, distinta de la hoja propiamente dicha.
brachiosaurio *m.* PALEONT Dinosaurio herbívoro del Jurásico; medía 24 m de longitud, pesaba unas 80 toneladas y tenía unos 12 m de altura.
bradicardia *f.* MED Ritmo excesivamente lento de las pulsaciones del corazón.
braga 1 *f. pl.* Prenda interior femenina que cubre desde la cadera al arranque de las piernas, con aberturas para estas. 2 Calzón masculino ancho.
bragueta *f.* Abertura delantera de calzones y pantalones.
brahmán *m.* Miembro de la casta superior de India, con funciones sacerdotales.
brahmanismo *m.* REL Religión de la antigua India, derivada del vedismo. Toma su nombre de la divinidad suprema, Brahma, que, junto con Visnú y Siva, forma la trinidad sagrada (Trimurti).
braille *m.* Sistema de escritura para ciegos que consiste en signos dibujados en relieve para poder leer con los dedos.
brama *f.* Celo de los ciervos y otros animales y tiempo en que lo tienen.
bramadero 1 *m.* Poste del corral al que se amarran los animales para su doma, herrado o sacrificio. 2 Sitio al que acuden los ciervos y otros animales en celo.
bramar 1 *intr.* Dar bramidos. 2 Manifestar a voces el dolor o la ira. 3 Resonar con ruido estrepitoso el mar o el viento cuando están muy agitados.
bramido 1 *m.* Voz del toro y de otros animales salvajes. 2 Grito estentóreo de la persona furiosa. 3 Ruido grande del viento o del mar.
brandi *m.* Licor destilado del vino que se madura en barriles de madera para que absorba la coloración de esta.
brandy (Voz. ingl.) *m.* **BRANDI.**
branquia *f.* ZOOL Órgano respiratorio de muchos animales acuáticos, formado por filamentos de origen tegumentario a través de cuyas paredes la sangre absorbe el oxígeno disuelto en el agua.
braquial 1 *adj.* ANAT Perteneciente o relativo al brazo. 2 ANAT **bíceps ~**; **tríceps ~**.
braquicéfalo, la *adj.* y *s.* Dicho de una persona, de cabeza casi redonda.
braquícero *adj.* y *m.* ZOOL Dicho de un insecto, díptero de cuerpo grueso, alas anchas y antenas cortas. Se conoce comúnmente con el nombre de mosca.
braquiópodo *adj.* y *m.* ZOOL Dicho de un invertebrado marino, que vive en los fondos, fijo por un pedúnculo, y posee una concha bivalva desigual que lo asemeja exteriormente a los moluscos.
braquiuro *adj.* y *m.* ZOOL Dicho de un crustáceo, decápodo de cuerpo aplanado y abdomen calcificado, replegado en la cara inferior, como el cangrejo.
brasa *f.* Ascua de carbón, leña u otra materia combustible.
brasero *m.* Pieza metálica cóncava y circular, en que se hace o pone lumbre para calentarse.
brasier *m.* **SUJETADOR**, prenda interior femenina.
brasil *m.* Árbol tropical de las papilionáceas, del que se obtiene la madera palo brasil.
bravata *f.* Amenaza arrogante para intimidar.
bravear *intr.* Echar bravatas, amenazar.
bravío, a *adj.* Dicho de un animal sin domesticar, salvaje, y de una planta, silvestre.
bravo, va 1 *adj.* Valiente. 2 De buena calidad. 3 Fiero y alborotado, según se aplique a un animal o al mar. 4 De genio áspero y violento. 5 *interj.* Denota aprobación, entusiasmo, aplauso.
braza 1 *f.* Medida de longitud equivalente a 1,6718 m. 2 DEP Estilo de natación en el que el cuerpo avanza boca abajo sobre el agua dando brazadas y moviendo a la vez las piernas.
brazada *f.* Movimiento de extensión y recogida de los brazos al nadar, remar, etc.

brazalete 1 *m.* Aro metálico de adorno alrededor de la muñeca. 2 Tira de tela que ciñe el brazo por encima del codo y que sirve de distintivo.

brazo 1 *m.* ANAT Miembro del cuerpo humano desde el hombro hasta la extremidad de la mano. 2 ANAT Este miembro desde el hombro hasta el codo. 3 ZOOL En los cuadrúpedos, cada una de las patas delanteras. 4 Cada una de las ramificaciones de un cuerpo central en árboles, balanzas, candelabros, cruces, etc. 5 Cada palo que sale del respaldo del sillón para apoyo de los brazos del que se sienta. 6 Pértiga articulada de una grúa. 7 GEO Subdivisión lateral de un curso de agua separada de las otras por islas. 8 GEO Canal ancho y largo del mar, que entra tierra adentro. 9 FÍS En la palanca, cada distancia del punto de apoyo a la dirección de la potencia o resistencia.

brazuelo *m.* ZOOL En los mamíferos, parte de las patas delanteras entre el codo y la rodilla.

brea 1 *f.* Líquido viscoso que se obtiene por la destilación al fuego de la madera de ciertos árboles, del alquitrán o del petróleo. 2 Mezcla de este líquido con pez y sebo, que sirve para calafatear. 3 ALQUITRÁN.

break dance (Loc. ingl.) Baile urbano originario de Estados Unidos en la década de 1970 que se caracteriza por la rapidez en la ejecución de los movimientos y el uso de puntos de apoyo inusuales, como la cabeza y la espalda.

brebaje *m.* Bebida de sabor o aspecto desagradable.

brécol *m.* Planta hortícola ramificada, de aprox. 60 cm de altura con capítulos verdes comestibles y tallos gruesos. Presenta flores carnosas de color amarillo o blanco, también comestibles.

brecha *f.* Rotura abierta en una pared. || ~ **generacional** Distancia conceptual entre las nociones e ideas de dos generaciones.

brega *f.* Acción y efecto de bregar.

bregar 1 *intr.* Trabajar afanosamente. 2 Afrontar riesgos y dificultades.

breña *f.* Tierra quebrada y llena de maleza.

brete 1 *m.* Pasadizo de estacadas para el ganado. 2 Situación difícil.

bretón *m.* LING Lengua hablada en la antigua provincia francesa de Bretaña, derivada del celta.

breva *f.* Fruto del brevo o higuera.

breve 1 *adj.* De corta extensión o duración. 2 *adj.* y *m.* Documento papal menos solemne que la bula. 3 MÚS Nota que dura dos compases mayores.

brevedad *f.* Corta extensión o duración de algo.

breviario 1 *m.* Libro con los rezos eclesiásticos de todo el año. 2 Epítome o compendio. 3 Libro de memoria o de apuntamiento.

brevo *m.* HIGUERA.

brezo *m.* Arbusto ericáceo de hasta 2 m de altura, de hojas lampiñas, flores pequeñas de color blanco o rojizo y madera dura.

bribón, na 1 *adj.* y *s.* Haragán. 2 Pícaro, bellaco.

bricolaje *m.* Conjunto de reparaciones y trabajos caseros.

brida 1 *f.* Freno del caballo con las riendas y el correaje. 2 Reborde en la boca de los tubos para empalmarlos.

bridge (Voz ingl.) *m.* Juego de cartas con la baraja francesa en el que compiten dos parejas y que consiste en apostar el número de bazas que lograrán.

brie (Voz fr.) *m.* Queso hecho con leche de vaca fermentada que tiene una corteza enmohecida y en su parte interior una textura blanda.

brigada 1 *f.* Grupo de personas que hacen un cierto trabajo. 2 Unidad militar formada por dos o más regimientos de un arma.

brigadier 1 *m.* Grado antiguo equivalente al actual de general de brigada o de contralmirante. 2 Oficial de categoría superior a coronel.

brillante 1 *adj.* Que brilla. 2 Admirable o sobresaliente en su línea. 3 *adj.* y *m.* Dicho de un diamante, que es tallado por las dos caras en varias facetas.

brillantina *f.* Preparado que se aplica al pelo para darle brillo.

brillar 1 *intr.* Resplandecer, despedir luz. 2 Sobresalir por alguna cualidad destacada.

brillo 1 *m.* Luz que refleja o emite un cuerpo. 2 Lucimiento, gloria. || **absoluto** FÍS El intrínseco de una fuente luminosa, con diferencia del que aparenta.

brincar 1 *intr.* Dar brincos. 2 Omitir a propósito alguna cosa. 3 *tr.* Alzar y bajar sucesivamente a un niño como si brincase.

brinco *m.* Movimiento que se hace levantando con ligereza los pies del suelo.

brindar 1 *intr.* Formular un deseo o voto antes de beber al tiempo que se levanta la copa. 2 Ofrecer alguna cosa confortable. 3 Invitar al aprovechamiento de algo. 4 *prnl.* Ofrecerse a realizar alguna cosa.

brindis 1 *m.* Acción de brindar. 2 Contenido del brindis.

brío 1 *m.* Empuje, energía en el andar, el trabajo, etc. 2 Espíritu decidido. 3 Garbo, gallardía.

briofito, ta (Tb. briófito) *adj.* y *f.* BOT Dicho de una planta, pequeña, no vascular (sin vasos ni raíces propias), y propia de ambientes húmedos, como el musgo y las hepáticas. Presenta alternancia de generaciones.

briozoo *adj.* y *m.* ZOOL Dicho de un animal, microscópico acuático lofoforado, cubierto por un exoesqueleto que secreta la epidermis. Carece de sistema circulatorio y el nervioso está poco desarrollado.

briqueta *f.* Conglomerado de polvo de carbón en forma de prisma.

brisa *f.* Viento suave.

bristol 1 *m.* Cartulina satinada. 2 Papel para dibujar.

brizna 1 *f.* Parte delgada y pequeña de una cosa. 2 Hebra de plantas o frutos.

broca *f.* Barrena de boca cónica que se aplica a las máquinas de taladrar.

brocado 1 *m.* Tela de seda con flores y dibujos en oro y plata. 2 Tejido sólido de seda con dibujos en color distinto del tono del fondo.

brocal *m.* Antepecho que rodea la boca de un pozo.

brócoli *m.* BRÉCOL.

brocha 1 *f.* Escobilla de cerda sujeta a un palito, que sirve para pintar. 2 Escobilla de cerdas con que se extiende el jabón sobre la barba, para el afeitado.

brochada *f.* Cada una de las idas y venidas de la brocha sobre la superficie que se pinta.

brochazo *m.* BROCHADA.

broche 1 *m.* Conjunto de dos piezas de material duro que encajan entre sí. 2 Joya en forma de alfiler o imperdible de adorno.

brocheta *f.* BROQUETA.

brochón *m.* Escobilla de cerdas atada a un palo, usada para blanquear paredes.

bróker *m.* y *f.* ECON Persona que trabaja en el campo de las finanzas como agente intermediario, y recibe pago por comisiones.

broma 1 *f.* Algarada, diversión. 2 Chanza, burla. 3 Persona o cosa molesta. 4 Molusco marino de aspecto vermiforme, que, con sus valvas, perfora las maderas sumergidas, causando graves daños en las construcciones navales.

bromatología *f.* Ciencia de los alimentos.

bromear *intr.* y *prnl.* Gastar bromas o chanzas.

bromelia *f.* Planta de las bromeliáceas, que se distribuyen por América Central y del Sur.

bromeliáceo, a *adj.* y *f.* BOT Dicho de una planta, angiosperma, monocotiledónea, de raíz fibrosa, casi siempre parásita, con hojas envainadoras, flores en espiga, racimo o panoja, como el ananá o la piña.

bromista *adj.* y *s.* Aficionado a las bromas.

bromo *m.* QUÍM Elemento del grupo de los halógenos. Líquido y denso, desprende vapores sofocantes. Se encuentra en la naturaleza en forma de bromuros en el agua del mar y en ciertas algas. Se emplea en la fabricación de carburantes y en diversas aplicaciones médicas. Símbolo: Br. Número atómico: 35. Peso atómico: 79,9. Punto de fusión: −7,25 °C. Punto de ebullición: 58,78 °C. Densidad: 3,18.

bromuro *m.* QUÍM Compuesto de bromo con un elemento menos electronegativo.

bronca 1 *f.* Riña ruidosa. 2 Reprensión áspera. 3 Manifestación colectiva y ruidosa de desagrado en un espectáculo público. 4 Enojo, odio.

bronce 1 *m.* Aleación metálica de cobre con estaño y otros materiales; es de color amarillento rojizo, muy resistente y sonoro. 2 Estatua o escultura de bronce. 3 HIST **Edad** del ~.

bronceado, da 1 *adj.* Del color del bronce. 2 Tostado por el sol. 3 *m.* Acción y efecto de broncear.

bronceador, ra 1 *adj.* Que broncea. 2 *m.* Sustancia cosmética que produce o favorece el bronceado de la piel.

broncear 1 *tr.* Dar color de bronce. 2 *prnl.* Tomar color moreno por acción del sol.

bronco, ca 1 *adj.* De sonido áspero. 2 Dicho de un metal, quebradizo y poco dúctil. 3 Tosco, sin desbastar. 4 De trato rudo.

broncodilatador, ra *adj.* y *m.* Dicho de un medicamento, que sirve para dilatar los bronquios.

bronconeumonía *f.* MED Inflamación de la mucosa bronquial y del parénquima pulmonar.

bronquial *adj.* Perteneciente o relativo a los bronquios.

bronquio *m.* ANAT Cada uno de los dos conductos fibrocartilaginosos en que se bifurca la tráquea y que penetran en los pulmones. • U. m. en pl.

bronquiolo (Tb. bronquíolo) *m.* ANAT Cada uno de los minúsculos conductos en que se subdividen los bronquios dentro de los pulmones.

bronquitis *f.* MED Inflamación crónica o aguda de la membrana mucosa de los bronquios.

brontosaurio *m.* PALEONT **APATOSAURIO.**

broquel 1 *m.* Escudo pequeño de madera recubierto de cuero, con una cazoleta para asirlo. 2 **ESCUDO**, arma defensiva.

broqueta *f.* Estaquilla en que se sujetan las piernas de las aves o se ensartan para asarlas, o en que se ensartan o espetan pajarillos, pedazos de carne u otro alimento.

brotar 1 *intr.* Empezar a manifestarse algo. 2 Nacer la planta de la tierra. 3 Nacer renuevos, hojas y flores en la planta. 4 Manar agua de los manantiales. 5 MED Salir alguna erupción en la piel. 6 *tr.* Echar la tierra plantas, flores, etc.

brote 1 *m.* Acción de brotar. 2 BOT Yema o renuevo de una planta que empieza a desarrollarse. 3 Principio de algo. 4 Acción de brotar o aparecer por primera vez algo considerado nocivo: *Brote de viruela, de racismo.*

browniano *adj.* FÍS **movimiento** ~.

broza 1 *f.* Maleza que se forma con los despojos de las plantas en montes y campos. 2 Desperdicios.

brucelosis *f.* MED Enfermedad infecciosa bacteriana, transmitida a los seres humanos por vacas, cerdos y cabras.

brujería *f.* Conjunto de prácticas mágicas realizadas por personas que se autodenominan brujos y brujas, en general para causar un perjuicio.

brujo, ja 1 *adj.* Perteneciente o relativo a la brujería. 2 *m.* y *f.* Persona a la que se le atribuyen poderes mágicos obtenidos del diablo. 3 *m.* **CURANDERO.**

brújula *f.* Caja de materia no magnética, con una aguja imantada en su centro, cuyas extremidades se orientan hacia los polos magnéticos de la Tierra. Sirve para orientarse y para determinar la dirección y el rumbo de un objeto.

bruma *f.* Niebla, y en especial la marina.

bruñir *tr.* Sacar lustre a una cosa. • Vb. irreg. conjug. c. **mullir**. V. anexo El verbo.

brusco, ca 1 *adj.* Áspero, desapacible. 2 Repentino.

brutalidad 1 *f.* Calidad de bruto. 2 Crueldad. 3 Acción desmesurada por falta de prudencia o por apasionamiento excesivo. 4 Cantidad grande o excesiva.

bruto, ta 1 *adj.* Necio o que obra como tal. 2 Tosco y sin pulimento. 3 Dicho de un peso total de algo, que es calculado sin rebaja ni descuento. 4 Dicho de una cantidad de dinero, sin descuentos. 5 *m.* Animal irracional, especialmente cuadrúpedo.

bruxismo *m.* MED Rechinamiento involuntario de los dientes, resultado de un estado de tensión emotiva.

bruza *f.* Cepillo de cerdas espesas y fuertes para limpiar.

buba 1 *f.* MED Postilla o tumorcillo de pus. 2 MED Tumor blando, de origen sifilítico, que aparece en las ingles, las axilas y el cuello. 3 MED También se denominan así otros tumores análogos de distinto origen.

búbalo, la *m.* y *f.* Búfalo de Asia, del cual proceden distintos búfalos domésticos.

bubón *m.* MED Buba grande.

bubónico, ca 1 *adj.* MED Perteneciente o relativo al bubón. 2 Que padece bubas. 3 **peste** ~.

bucal *adj.* Perteneciente o relativo a la boca.

bucanero *m.* Pirata, y en especial los que saquearon las posesiones españolas de ultramar en los ss. XVII y XVIII.

bucare (Tb. búcare) *m.* Árbol gigantesco americano de las papilionáceas, que protege de los rigores del sol las plantaciones de café y cacao.

búcaro 1 *m.* Florero de arcilla. 2 Jarra para servir agua.

buccino *m.* Caracol marino de concha pequeña y abocinada, del que se obtenía un colorante.

buceador, ra *adj.* y *s.* Que bucea.

bucear 1 *intr.* Nadar manteniéndose debajo del agua. 2 Trabajar como buzo.

buceo *m.* Acción de bucear.

bucle 1 *m.* Rizo helicoidal del cabello. 2 Cualquier cosa que presente una forma similar.

bucólico, ca 1 *adj.* LIT Dicho de un género de poesía o de cualquier composición poética, que trata de asuntos concernientes a los pastores o a la vida campestre. 2 LIT Perteneciente o relativo a este género de poesía. 3 Que evoca de modo idealizado el campo o la vida en el campo. 4 *f.* LIT Composición poética del género bucólico.

buchaca *f.* Bolsa de la tronera de la mesa de billar.

buche 1 *m.* ZOOL En el aparato digestivo de las aves, bolsa en que se reblandece el alimento y que comunica con el esófago. 2 ZOOL Estómago de algunos cuadrúpedos. 3 Líquido que cabe en la boca. 4 coloq. Estómago de las personas.

buda *m.* Título genérico que se da en el pensamiento budista a la persona que ha alcanzado la sabiduría y el conocimiento perfecto.

budare *m.* Plato en que se cuece el pan de maíz.

budín 1 *m.* Plato preparado con bizcocho o pan deshecho en leche, azúcar y frutas secas, que se cuece al baño de María. 2 Cualquier plato de preparación análoga, aunque no sea dulce.

budismo *m.* FIL y REL Conjunto de creencias religiosas y actitudes filosóficas derivadas de las enseñanzas de Buda. Sus tesis fundamentales son: el origen del dolor está en el deseo, que eterniza la sujeción a las necesidades de la materia; para romper esta sujeción el ser humano debe lograr el nirvana (extinción del dolor y liberación de la ley de causalidad).

budista 1 *adj.* Perteneciente o relativo al budismo. 2 *m.* y *f.* Persona que profesa el budismo.

buen *adj.* Apócope de **BUENO**. • U. ante un s. m. sing.: *Buen año; Buen tiempo*.

buenaventura 1 *f.* Buena suerte. 2 Adivinación del futuro de una persona que las gitanas hacen leyendo la palma de la mano.

bueno, na 1 *adj.* Que es como debe ser según su naturaleza y función. 2 Dicho de una persona, que piensa y obra bien según la moral. 3 Dicho de algo, que conforme a la moral es como debe ser. 4 Útil y conveniente. 5 Gustoso, agradable. 6 Hábil, de valor. 7 Sano. 8 Dicho de un clima, apacible, moderado. 9 Bastante, suficiente. 10 Grande, que excede a lo común. 11 Dicho de una persona, muy atractiva físicamente. 12 No deteriorado, que puede servir. 13 Irónicamente equivale a simple (de personas) y a extraño o chocante (de cosas). 14 *m.* En exámenes, nota superior a la de aprobado, inferior a la de notable o excelente. 15 *f.* Denota algo negativo y de importancia: *Se metió en la buena*. 16 *adv.* Usado a manera de exclamación, denota aprobación, satisfacción o sorpresa. 17 *interj.* Denota sorpresa. 18 Se usa para interrumpir un discurso o acción; equivale a *¡basta!* • Se usa el apócope *buen* ante un s. m. sing.: *Buen amigo*. Su comparativo de superioridad es *mejor*. Superlativo irreg. *óptimo* y reg. *buenísimo*.

buey 1 *m.* Toro castrado que suele emplearse como animal de tiro. 2 ~ **almizclero**.

búfalo, la 1 *m.* y *f.* Bóvido salvaje y corpulento, de aprox. 1,8 m de altura, de cuernos curvados hacia atrás y hacia afuera, y parte del cuerpo desprovisto de pelo. Existen dos especies principales en Asia y África. 2 Bisonte de América.

bufanda *f.* Prenda consistente en una tira de lana o seda, para abrigo del cuello.

bufar *intr.* Resoplar con furor el toro y otros animales.

bufé 1 *m.* Mesa en que se disponen los manjares y las bebidas para una fiesta. 2 Restaurante en que el cliente elige y recoge directamente su comida.

bufeo *m.* **DELFÍN**, cetáceo.

bufete 1 *m.* Mesa de escribir con cajones. 2 Despacho de un abogado.

bufido *m.* Acción de bufar, resoplido.

bufo, fa 1 *adj.* Dicho de algo cómico, que raya en lo grotesco y lo burdo. 2 Perteneciente o relativo a un género de ópera en el que se resaltan los aspectos humorísticos. 3 *m.* y *f.* Persona que hace papel de gracioso en este género de ópera.

bufón, na 1 *m.* y *f.* Persona que con sus bromas y agudezas hace reír a los demás. 2 Quien por servilismo trata de divertir a otras personas.

bufonada 1 *f.* Dicho o hecho propio de bufón. 2 Chanza satírica.

bufonesco, ca *adj.* Bufo, grotesco.

buganvilla *f.* Planta trepadora y ornamental, de flores pequeñas y verdosas con brácteas de brillantes colores.

bugle *m.* MÚS Instrumento musical de viento, consistente en un tubo metálico enrollado y provisto de llaves y pistones.

buhardilla 1 *f.* Ventana en el tejado para salir a este o dar luz a los desvanes. 2 Habitación con esta clase de ventanas, situada inmediatamente debajo del tejado. 3 **DESVÁN**.

búho *m.* Ave rapaz nocturna, de pico corvo, ojos grandes, colocados en la parte anterior de la cabeza, la que puede girar hasta 270 grados. Su vuelo pausado y silencioso le permite atacar por sorpresa.

buitre *m.* Ave carroñera caracterizada por su gran tamaño y por tener la cabeza desnuda y el pico ganchudo; puede alcanzar 2 m de envergadura o más.

buitrón 1 *m.* Especie de red para pescar y cazar. 2 **CHIMENEA**, conducto de salida de humos.

bujarda *f.* Martillo de dos bocas, usado en cantería.

buje 1 *m.* Pieza que guarnece el cubo de las ruedas de los carruajes, para disminuir el rozamiento con los ejes. 2 Cojinete de una sola pieza.

bujía 1 *f.* Vela blanca de estearina o esperma de ballena. 2 Candelero en que se sustenta. 3 Unidad de medida de un foco de luz. 4 En los motores de explosión, pieza que produce la chispa eléctrica que ha de inflamar la mezcla gaseosa.

bula 1 *f.* Documento pontificio de interés general para la Iglesia católica. 2 Sello que autentica ciertos documentos papales.

bulbo 1 *m.* BOT Yema, por lo común subterránea, compuesta por hojas dispuestas sobre un tallo corto que encierran, protegen y sirven como fuente de alimento al menos a una yema, que a su vez puede desarrollarse y formar una nueva planta. 2 En ocasiones el nombre se aplica a rizomas, masas de raíces y ciertos tallos subterráneos. || ~ **piloso** ANAT Abultamiento ovoideo en que termina la raíz del pelo de los mamíferos por su extremo profundo. ~ **raquídeo** ANAT Porción de la médula que se prolonga desde la protuberancia anular hasta el agujero occipital del cráneo.

buldócer *m.* Vehículo excavador con pala mecánica, empleada para desmontar y nivelar terrenos.

buldog *s.* y *adj.* Perro de pelea, corpulento, de talla baja, cara aplastada y patas cortas.

bule *m.* Calabazo, vasija.

bulevar *m.* Avenida con árboles.

búlgaro, ra 1 *adj.* y *s.* De Bulgaria o relacionado con este país europeo. 2 *m.* Lengua hablada en Bulgaria.

bulimia *f.* MED Desarreglo alimenticio causado por la ansiedad y por la excesiva preocupación por la apariencia física. Se caracteriza por episodios repetidos de ingesta excesiva seguidos de provocación del vómito, uso de laxantes, dietas exageradas y abuso del ejercicio.

bulímico, ca *adj.* y *s.* Que padece bulimia.

bulto 1 *m.* Volumen o tamaño de cualquier cosa. 2 Cuerpo que no se distingue perfectamente. 3 Convexidad producida por un tumor, por el calor o por un golpe. 4 Fardo o paquete. 5 Busto o estatua. || **a** ~ Aproximadamente, sin cálculo previo. **de** ~ Dicho de un error, considerable, de importancia.

bulla 1 *f.* Ruido confuso de voces y risas. 2 Concurrencia de mucha gente.

bullanguero, ra *adj.* y *s.* Alborotador, amigo de pendencias.

bulldozer (Voz ingl.) *m.* **BULDÓCER**.

bullicio 1 *m.* Ruido que produce la presencia de mucha gente en un lugar. 2 Alboroto o tumulto.

bullicioso, sa *adj.* Dicho de lo que causa bullicio y del sitio en que lo hay.

bullir 1 *intr.* Hervir un líquido. 2 Agitarse con movimiento parecido al de la ebullición. 3 Agitarse excesivamente, no parar. • Vb. irreg. conjug. c. **mullir**. V. anexo El verbo.

bullying (Voz ingl.) *m.* **MATONEO**.

bumerán (Tb. búmeran) *m.* Arma arrojadiza formada por una lámina de madera encorvada, que con su movimiento giratorio puede volver al punto de partida.

bungaló *m.* Casa de descanso de una sola planta, ubicada en zonas costeras o en el campo.
búnker *m.* Refugio especialmente diseñado para protegerse de bombardeos.
buñuelo *m.* Masa de harina y agua que se fríe en aceite, esponjándose.
buque 1 *m.* Barco con cubierta, adecuado para navegaciones o empresas marítimas de importancia. 2 Casco de la nave.
buqué *m.* Aroma del vino.
burbuja *f.* Globo de aire o de otro gas que se forma en un líquido y sale a la superficie.
burbujear *intr.* Hacer burbujas.
burdégano *m.* Cría de caballo y asna.
burdel *m.* Casa de prostitución.
burdo, da *adj.* Tosco, basto, grosero.
bureta *f.* Tubo graduado de vidrio para análisis químicos.
burgo 1 *m.* Población pequeña que dependía de otra principal. 2 HIST En la Edad Media, fortaleza construida por señores feudales en ubicaciones estratégicas, como lugares altos y cruce de caminos, para vigilar desde allí sus territorios, donde se asentaban comerciantes y artesanos.
burgomaestre *m.* **ALCALDE.**
burgrave *m.* HIST En el Sacro Imperio, señor de una fortaleza o gobernador de una ciudad.
burgués, sa 1 *adj.* Perteneciente o relativo al burgo. 2 Perteneciente o relativo al burgués, ciudadano de la clase media. 3 *m.* y *f.* Ciudadano de la clase media, acomodada u opulenta.
burguesía *f.* Conjunto de ciudadanos de las clases acomodadas o ricas. Surgió en el s. XII, coincidiendo con el desarrollo de las ciudades y la revolución comercial. En las sociedades modernas la burguesía agrupa a quienes ejercen profesiones liberales, ejecutivos, grandes terratenientes y empresarios propietarios. || **pequeña** ~ Clase social intermedia entre la burguesía y el proletariado.
burgundio, dia *adj.* y *s.* HIST De un pueblo germánico originario de Escandinavia, que se estableció en la zona del Vístula (ss. I-II), y que en el s. V ocupó Borgoña, el Franco Condado y el valle del Ródano, y en el s. VI fue asimilado por los francos.
buril *m.* Punzón de acero para grabar metales.
burka *m.* o *f.* Traje femenino afgano que cubre desde la cabeza hasta los pies.
burla 1 *f.* Acción, ademán o palabras con que se procura poner en ridículo a personas o cosas. 2 Chanza. 3 Engaño.
burladero *m.* Valla que en plazas y corrales sirve de refugio al lidiador, que burla así al toro.
burlador, ra 1 *adj.* y *s.* Que burla. 2 *m.* Libertino habitual que hace gala de seductor.
burlar 1 *tr.* Engañar, hacer creer lo que no es verdad. 2 Esquivar al que intenta impedir el paso. 3 Desvanecer la esperanza de algo. 4 Esquivar la acometida del toro. 5 *tr.* y *prnl.* Chasquear, zumbar.
burlesco, ca *adj.* Jocoso, que implica burla o chanza.
burlón, na 1 *adj.* Que implica o denota burla. 2 *m.* y *f.* Persona inclinada a decir burlas o a hacerlas.
buró 1 *m.* Escritorio a modo de cómoda con una parte más alta que el tablero con cajoncitos. Se cierra con una especie de persiana. 2 Mesa de noche. 3 Órgano dirigente de algunos partidos políticos.
burocracia 1 *f.* Conjunto de los funcionarios públicos. 2 Influencia excesiva de esta clase en los negocios del Estado. 3 El término se utiliza peyorativamente para denotar pérdida de tiempo, ineficacia y papeleo.
burócrata *m.* y *f.* Persona que pertenece a la burocracia.
burrada 1 *f.* Manada de burros. 2 Dicho o hecho estúpido o brutal.
burro, rra 1 *m.* y *f.* **ASNO.** 2 *m.* Armazón sobre dos patas cruzadas en aspa que sirve de mesa o de banco de trabajo. 3 Escalera de tijera. 4 Juego de naipes en que se reparten tres cartas y gana el que hace más bazas.
bursátil *adj.* Perteneciente o relativo a la bolsa, a sus operaciones y a los valores cotizables.
burseráceo, a *adj.* y *f.* BOT Dicho de una planta, angiosperma dicotiledónea, resinera y balsámica.
bursitis *f.* MED Inflamación de las bolsas sinoviales, es un trastorno doloroso y frecuente en las articulaciones móviles.
burujo *m.* Bulto que se forma de cosas que deberían ir sueltas, originando pelotillas en la lana, el engrudo, etc.
bus 1 *m.* Forma abreviada de **AUTOBÚS.** 2 INF Conductor común a varios dispositivos que permite distribuir datos.
busca 1 *f.* **BÚSQUEDA**, acción de buscar. 2 Tropa de monteros y perros que levanta la caza. 3 Recogida de objetos aprovechables entre escombros y desperdicios.
buscador, ra *adj.* y *s.* Que busca.
buscar 1 *tr.* Hacer algo por encontrar a alguna persona o cosa. 2 Ir por alguien o recogerlo. 3 *tr.* y *prnl.* Hacer lo necesario para conseguir algo. 4 Hacer que una cosa produzca otra.
buscón, na 1 *adj.* y *s.* Que busca. 2 Que hurta rateramente o estafa. 3 *f.* **RAMERA.**
buseta *f.* Autobús pequeño.
búsqueda *f.* Acción de buscar.
busto 1 *m.* Parte superior del cuerpo humano. 2 ART Escultura o pintura de medio cuerpo para arriba.
butaca 1 *f.* Silla de brazos y respaldo inclinado hacia atrás. 2 La del teatro o cine. 3 Entrada para ocuparla.
butadieno *m.* QUÍM Compuesto sintético, utilizado en la fabricación de caucho sintético, nailon y pinturas de látex. Es un hidrocarburo gaseoso incoloro.
butano *m.* QUÍM Hidrocarburo gaseoso natural o derivado del petróleo que, envasado a presión, tiene los mismos usos que el gas del alumbrado.
butifarra *f.* Embutido de carne de cerdo.
buxáceo, a *adj.* y *f.* BOT Dicho de una planta, angiosperma dicotiledónea, muy semejante a las euforbiáceas, de las que difiere por el fruto, que es capsular, como el boj.
buyo *m.* Preparado hecho con el fruto de la areca, hojas de betel y cal de conchas, que mascan los naturales del Extremo Oriente.
buzamiento *m.* GEO Acción y efecto de buzar.
buzar *intr.* GEO Inclinarse hacia abajo las capas del terreno.
buzo 1 *m.* Persona que trabaja bajo el agua con auxilio de aparatos adecuados o conteniendo la respiración. 2 Prenda de vestir cerrada, que cubre desde el cuello hasta la cintura.
buzón *m.* Ranura por la que se introducen las cartas y los papeles para el correo y el recipiente en que quedan depositadas. || ~ **de voz** En telefonía, archivo electrónico en el que se dejan grabados los mensajes orales. ~ **electrónico** INF Archivo en el que se almacenan los mensajes transmitidos por correo electrónico.
by-pass (Voz ingl.) *m.* MED **BAIPÁS.**
byte (Voz ingl.) *m.* INF **BIT.**

c 1 *f.* Tercera letra del alfabeto español. • Su nombre es *ce.* Delante de las vocales *e, i* representa el sonido predorsal fricativo sordo, correspondiente a la *s*: *Cecilia.* Para los hablantes del centro, norte y este de España, representa, delante de las mismas vocales, el sonido interdental fricativo sordo /z/: *Cecilia.* Delante de *a, o, u,* ante consonante o cuando está al final de la palabra, representa el sonido velar oclusivo sordo /k/: *Cacao.* V. tabla Consonantes, usos ortográficos, p.157. 2 En la numeración romana, y en may. (C), equivale a 100. pl.: *ces.*

cabal 1 *adj.* Exacto en su peso, medida o precio. 2 Dicho de una parte, que corresponde a cada uno. 3 Honrado y justo.

cábala 1 *f.* Sistema de interpretación mística y alegórica del Antiguo Testamento; surgió en el s. IV, a través de la tradición judía. 2 Conjunto de doctrinas teosóficas que pretenden revelar doctrinas ocultas acerca de Dios y del mundo. 3 Cálculo supersticioso para adivinar algo. 4 Conjetura, suposición.

cabalgadura 1 *f.* Animal en que se cabalga o se puede cabalgar. 2 Animal de carga.

cabalgar 1 *tr.* e *intr.* Subir o montar a caballo. 2 *intr.* Caminar o correr montado en él. 3 Mover el caballo los remos cruzando el uno sobre el otro. 4 *tr.* Poner una cosa sobre otra.

cabalgata 1 *f.* Conjunto de jinetes. 2 Desfile de jinetes y carrozas. 3 Larga marcha realizada a caballo.

caballa *f.* Pez teleósteo parecido a la sardina, aunque mayor, que se pesca para el consumo humano.

caballeresco, ca 1 *adj.* Propio de un caballero, galante, generoso. 2 Perteneciente o relativo a la caballería medieval.

caballería 1 *f.* Animal solípedo de los équidos que se puede cabalgar o usar como bestia de carga. 2 Conjunto de caballeros. 3 Arte y destreza de manejar el caballo, jugar las armas y hacer otros ejercicios de caballero. || ~ **andante** HIST Profesión, regla u orden de los caballeros aventureros, cuyas hazañas dieron pie a finales de la Edad Media y en el Renacimiento a un género literario. **orden de** ~ HIST Conjunto de caballeros que prometían vivir justa y honestamente, y defender con las armas la religión, el rey, la patria y a los agraviados y menesterosos. Se forjó en el s. XII y floreció en el XIII y XIV.

caballerizo, za 1 *m.* y *f.* Persona que tiene a su cargo una caballeriza. 2 *f.* Sitio bajo techo destinado para estancia de los caballos y animales de carga.

caballero, ra 1 *adj.* y *m.* Que cabalga. 2 Hombre que se comporta de forma cortés y generosa. 3 *m.* Miembro de una orden de caballería. 4 Hidalgo de reconocida nobleza. 5 Tratamiento de cortesía que suele darse a hombres de cierta distinción.

caballete 1 *m.* Línea horizontal y saliente del tejado que divide las dos vertientes. 2 Armazón de madera con un tablero en que se colocan las telas para pintar, o los cuadros para exponerlos. 3 Elemento de soporte sostenido sobre dos pies.

caballo 1 *m.* Équido perisodáctilo de cabeza alargada, cuello arqueado, orejas pequeñas y pelo corto, excepto en el cuello y la cola que están poblados de largas crines. Está provisto de extremidades largas, acabadas en un casco. En estado salvaje vive en manadas en praderas y estepas. Fue domesticado durante la Edad del Bronce y en la actualidad existen unos sesenta millones en todo el mundo. 2 Pieza del ajedrez que salta sobre las demás y se desplaza oblicuamente. 3 En la baraja española, cada una de las cuatro cartas que llevan un caballo con su jinete. 4 DEP Aparato gimnástico, consistente en un madero sobre cuatro patas que se salta longitudinalmente. || ~ **de fuerza** FÍS Unidad práctica de potencia; la potencia necesaria para hacer un trabajo de 75 kilográmetros en un segundo. Es frecuente emplear la abreviatura hp (del ingl. *horse power,* “fuerza de caballo”). ~ **de Troya** MIT Caballo de madera grande y hueco empleado por los griegos como subterfugio para entrar guerreros armados a la ciudad de Troya, a la que asediaban desde hacía diez años, y así terminar con la guerra.

caballón 1 *m.* Lomo entre surco y surco de la tierra arada. 2 Lomo que se dispone para contener las aguas o darles dirección en los riegos.

cabalmente *adv. m.* De forma o manera precisa, justa o perfectamente.

cabaña 1 *f.* Casa campestre pequeña y rústica. 2 Conjunto de las cabezas de ganado de una hacienda, región, país, etc.

cabañuelas *f. pl.* Pronóstico popular del clima para los meses del año a partir del que se presenta en los primeros días de enero o de agosto.

cabaré *m.* Lugar público en que se canta, se baila y se expenden bebidas.

cabe *prep.* Cerca de, junto a: *Lo encontraron cabe al pozo.*

cabecear 1 *intr.* Mover o inclinar la cabeza de un lado a otro, o reiteradamente hacia adelante. 2 Inclinarse lo que debía estar en equilibrio. 3 Hacer una embarcación un movimiento de proa a popa, bajando y subiendo alternativamente una y otra. 4 *tr.* e *intr.* DEP En fútbol, golpear la pelota con la cabeza.

cabecero, ra 1 *f.* Principio de una cosa. 2 Parte principal de un sitio en que se reúnen y sientan varias personas, como una mesa, un tribunal, etc. 3 Parte de la cama en que se ponen las almohadas. 4 Origen de un río. 5 Población principal de un territorio.

cabecilla *m.* y *f.* Persona que está a la cabeza de una banda formada especialmente por gente rebelde o contraria a la ley.

cabellera 1 *f.* El pelo de la cabeza, especialmente el largo y tendido sobre la espalda. 2 Ráfaga luminosa de un cometa que parece desprenderse de su núcleo.

cabello 1 *m.* Pelo de la cabeza. 2 Conjunto de ellos.

caber 1 *intr.* Poder contenerse una cosa o una persona dentro de algo. 2 Tener lugar o entrada. 3 Tocarle una cosa a alguien o pertenecerle. 4 Ser posible algo. 5 *tr.* Tener capacidad un recipiente para una medida. • Vb. irreg. conjugación modelo. V. anexo El verbo.

cabestro *m.* Ronzal que se ata a la cabeza o al cuello de la caballería para manejarla.

cabeza 1 *f.* ANAT Parte superior del cuerpo humano o parte superior o anterior de muchos animales, en la que están localizados los órganos de los sentidos. 2 Parte superior y posterior de ella, que comprende desde la frente hasta el cuello, excluida la cara. 3 Principio o extremo de una cosa. 4 Extremidad roma de un clavo, alfiler, etc., por contraposición a la punta aguda. 5 Principio, origen de algo: *La cabeza de la marcha.* || ~ **magnética** ELECTRÓN Dispositivo electromagnético que sirve para registrar, borrar o leer señales en un disco o cinta magnéticos. ~ **rapada** Joven que lleva el pelo muy corto y atuendos con insignias militares, partidario de la violencia y seguidor de corrientes de extrema derecha.

cabezal 1 *m.* Almohada larga que ocupa toda la cabecera de la cama. 2 Parte de una máquina que sirve de punto fijo a un mecanismo de rotación.

cabezuela *f.* BOT Inflorescencia de flores sentadas o con pedúnculo muy corto, insertas en un receptáculo, comúnmente rodeado de brácteas.

cabida 1 *f.* Capacidad que tiene una cosa para contener otra. 2 Extensión superficial de una finca o terreno.

cabildear *intr.* Gestionar activamente y con maña para ganar voluntades en una corporación o un cuerpo colegiado.

cabildeo *m.* Acción y efecto de cabildear.

cabildo 1 *m.* Corporación que rige un municipio. 2 Sala en que se reúne. 3 Cuerpo o comunidad de eclesiásticos capitulares de una iglesia catedral o colegial. 4 Junta de hermanos de algunas cofradías. || ~ **abierto** Reunión en la que los miembros de un concejo o junta municipal discuten directamente con los miembros de la comunidad asuntos que a esta le atañen. ~ **americano** HIST de gobierno americano durante el dominio español. Estaba organizado a partir de la idea del gobierno comunal, ejercido por un conjunto de vecinos elegidos por sus conciudadanos cabezas de familia.

cabina 1 *f.* Recinto pequeño en que una o varias personas manejan algún aparato o un conjunto de aparatos: *Cabina de sonido; Cabina telefónica.* 2 En los aviones, el destinado al piloto y la tripulación. 3 En los camiones, autobuses, etc., el del conductor.

cabinero, ra *m.* y *f.* AZAFATO, persona que atiende durante un vuelo.

cabio 1 *m.* Listón que se atraviesa a las vigas para formar suelos y techos. 2 Travesaño superior e inferior que con los largueros forman el marco de las puertas o ventanas.

cabizbajo, ja *adj.* Con la cabeza baja, en actitud reflexiva, preocupada o avergonzada.

cable 1 *m.* Entramado de alambres retorcidos que forman una cuerda. 2 Cordón más o menos grueso formado por uno o varios hilos de cobre, cubiertos o no con un aislante, que sirve para la conducción de electricidad, para establecer líneas informáticas, telefónicas, etc. 3 Soga gruesa. 4 Medida de longitud marina equivalente a 185 m. || ~ **coaxial** Aquel cuyo conductor central está cubierto por otro tubular; sirve especialmente para la transmisión de corrientes de videofrecuencia. ~ **óptico** Conjunto de fibras ópticas dispuestas en una funda, que las protege mecánicamente. ~ **portante** 1 En los transportes funiculares o teleféricos de dos cables, aquel del que van suspendidas las vagonetas, los pesos, etc. 2 En el sistema de suspensión catenaria, el que sustenta al cable conductor asegurando el paralelismo de este con la superficie de la vía en toda su longitud. ~ **submarino** El que va sobre el lecho marino y se emplea como conductor de comunicaciones de diversa índole.

cableado 1 *m.* Acción de cablear. 2 Conjunto de los cables que forman parte de un sistema o de un aparato eléctrico.

cablear *tr.* Unir mediante cables las diferentes partes de un dispositivo eléctrico.

cablegrama *m.* Telegrama transmitido por cable submarino.

cabo 1 *m.* Cada uno de los extremos de las cosas. 2 Extremo o parte pequeña que queda de algo: *Cabo de hilo; Cabo de vela.* 3 MANGO[1]. 4 Término de algo. 5 Cuerda de atar o suspender pesos. 6 GEO Lengua de tierra que penetra en el mar. 7 *m.* y *f.* Militar inmediatamente superior al soldado o marinero e inferior al sargento.

cabotaje 1 *m.* Acción de navegar sin perder de vista la costa. 2 Navegación entre puertos de la misma nación.

cabra *f.* Mamífero artiodáctilo doméstico, de hasta 1 m de altura, pelo áspero y cuernos retorcidos, de los que a veces carece la hembra. Se cría como animal productor de carne y de leche. Existen muchas variedades.

cabrahígo *m.* Higuera silvestre.

cabrear *tr.* y *prnl.* Enfadar, molestar a alguien.

cabrestante *m.* Torno de eje vertical que se emplea para mover grandes pesos mediante un cable.

cabria *f.* Máquina para levantar pesos, formada por dos vigas sujetas en ángulo agudo, entre las que se colocan un torno y una polea que reciben la cuerda con que se maniobra el peso.

cabrilla *f.* Volante o timón del automóvil.

cabrio *m.* Madero colocado paralelamente a los pares de una armadura de tejado para recibir la tablazón.

cabriola 1 *f.* Brinco que dan los bailarines cruzando varias veces los pies en el aire. 2 Voltereta en el aire. 3 Salto que da el caballo, soltando un par de coces mientras se mantiene en el aire.

cabriolé *m.* Carruaje ligero de dos o cuatro ruedas, descubierto.

cabritilla *f.* Piel curtida de cualquier animal pequeño.

cabrón, na 1 *adj.* y *s.* coloq. Que hace malas pasadas. 2 *m.* Macho de la cabra. 3 *adj.* y *m.* coloq. Dicho de un hombre, que padece la infidelidad de su mujer, y en especial si la consiente.

cabuya *f.* Cuerda, y especialmente la de pita.

caca 1 *f.* Excremento humano. 2 Excremento de animales domésticos. 3 coloq. Cualquier suciedad.

cacahuete *m.* MANÍ.

cacao 1 *m.* Árbol tropical, originario de América, de hasta 12 m de altura, de hojas lustrosas, florecillas amarillas y fruto en baya, de unos 25 cm de longitud, con muchas semillas, que constituyen la materia prima para la elaboración del chocolate y de otros productos como cosméticos y jabones. 2 CHOCOLATE, bebida hecha de pasta de cacao.

cacaotal *m.* Terreno poblado de cacaos.

cacarear *intr.* Emitir el gallo o la gallina su grito característico.
cacatúa *f.* Ave trepadora, originaria de Oceanía, de pico corto y grueso, moño eréctil y plumaje blanco. Es domesticable y aprende palabras con facilidad.
cacería 1 *f.* Partida de caza. 2 Conjunto de piezas cobradas.
cacerola *f.* Vasija cilíndrica de metal, con asas o mango y de escasa altura.
cacerolada *f.* Protesta pública de tipo político o social en la que se hace ruido golpeando cacerolas u otros recipientes de cocina.
cacha *f.* Cada una de las tapas que guarnecen el mango de algunos utensilios y de armas blancas y de fuego.
cachaco, ca *adj.* y *s.* Dicho de una persona, que viste bien, elegante.
cachalote *m.* Mamífero cetáceo, de 15 a 20 m de largo y con numerosos dientes en la mandíbula inferior. Vive en todos los océanos, excepto en la zona Ártica.
cachama *f.* Pez tropical americano utilizado en explotaciones piscícolas de agua dulce. Mide aprox. 35 cm y llega a pesar 1500 g.
cachar 1 *tr.* Agarrar un objeto por el aire. 2 Burlarse de alguien.
cacharrería *f.* Tienda donde se venden cacharros o loza ordinaria.
cacharro 1 *m.* Vasija tosca de arcilla. 2 Vasija de cualquier material o forma. 3 Cachivache, trasto más o menos inútil. 4 Aparato viejo o que funciona mal.
cachaza 1 *f.* Actitud de quien actúa sin inmutarse por nada. 2 Aguardiente de melaza de caña. 3 Espuma que se forma en un líquido al cocerlo, y especialmente en el jugo de la caña de azúcar. 4 Desvergüenza, descaro.
caché[1] *m.* Refinamiento o elegancia, que tiene alguien o algo.
caché[2] *f.* INF Parte de la memoria de acceso de una computadora que temporalmente contiene la información reciente.
cachear *tr.* Registrar a alguien para saber si oculta objetos prohibidos, como armas, drogas, etc.
cachemir *m.* Tejido de pelo de cabra mezclado, a veces, con lana.
cachetada *f.* BOFETADA.
cachete 1 *m.* Carrillo de la cara. 2 Golpe dado con la palma de la mano en cualquier parte del cuerpo.
cachetear *tr.* Golpear a alguien en la cara con la mano abierta.
cachetón, na *adj.* Que tiene abultados los carrillos o cachetes.
cachiporra *f.* Palo abultado en uno de sus extremos.
cachivache *m.* Trasto inútil o arrinconado.
cacho 1 *m.* Cuerno de animal. 2 Cubilete de dados.
cachondo, da 1 *adj.* y *s.* vulg. Que denota apetito sexual. 2 coloq. Divertido, burlón.
cachorro, rra 1 *m.* y *f.* Perro pequeño. 2 Cría de cualquier mamífero.
cachumbo *m.* Rizo de cabello, largo y pendiente en espiral.
cacicazgo 1 *m.* Condición de cacique. 2 Territorio en que la ejerce. 3 Autoridad o poder del cacique de un pueblo o de una comarca.
cacique, ca 1 *m.* y *f.* Persona que ostenta u ostentaba el poder en algunas comunidades indígenas americanas. 2 Persona que, en un pueblo o una comarca, ejerce excesiva influencia en asuntos políticos o administrativos. 3 *f.* Mujer del cacique.
caciquismo *m.* Política de los caciques y las consecuencias que de ella se derivan.
caco *m.* coloq. Ladrón, ratero.
cacofonía *f.* Disonancia que resulta de la inarmónica combinación de los elementos acústicos de la palabra.
cactáceo, a *adj.* y *f.* BOT Dicho de una planta, que se adapta a climas secos o áridos y tiene hojas muy reducidas o transformadas en espinas, tallos carnosos que acumulan agua y flores grandes, como la chumbera y el cactus.
cactus (Tb. cacto) *m.* BOT Planta de tallo globoso con espinas, propia de climas desérticos.
cacumen *m.* coloq. Agudeza, perspicacia.
cada 1 *adj. indef.* Se usa con valor distributivo: *El pan nuestro de cada día.* 2 En construcciones consecutivas, aporta valor enfático o ponderativo: *Tiene cada ocurrencia que las personas no lo pueden creer.*
cadalso *m.* Tablado construido para la ejecución de la pena de muerte.
cadáver *m.* Cuerpo muerto.
cadena 1 *f.* Serie de eslabones, generalmente metálicos, enlazados entre sí. 2 Conjunto de personas que se toman de las manos. 3 Atadura inmaterial. 4 Sucesión de hechos ligados entre sí. 5 ECON Conjunto de establecimientos de la misma especie o función, pertenecientes a una sola empresa o sometidos a una sola dirección. 6 ECON **producción** en ~. 7 GEO ~ **montañosa.** 8 QUÍM Serie de átomos enlazados entre sí en una molécula. 9 TELEC Grupo de transmisores y receptores de televisión o radio conjugados entre sí con el mismo programa. || ~ **alimentaria** BIOL Conjunto de relaciones alimentarias que, en forma lineal, se establecen entre organismos que pertenecen a distintos niveles tróficos. Constituye la unidad básica de la **red** trófica. ~ **perpetua** DER Pena que condena al reo de por vida a la privación de la libertad.
cadencia 1 *f.* Serie de sonidos o movimientos que se suceden de manera regular y armónica. 2 Distribución armónica de los acentos y las pausas al hablar. 3 MÚS Ritmo que caracteriza a una composición.
cadeneta *f.* Labor de ganchillo en forma de cadena.
cadera 1 *f.* Cada una de las dos partes salientes formadas a los lados del cuerpo por la pelvis. 2 ANAT Articulación entre la cintura pelviana y la extremidad inferior.
cadete *m.* y *f.* Alumno de una academia militar.
cadi *m.* En golf, persona que lleva los palos del jugador.
cadí *m.* Juez musulmán.
cadmio *m.* QUÍM Metal blanco dúctil y maleable, que se obtiene de las menas de cinc, donde se encuentra como impureza. Se emplea en aleaciones antifricción, en baños antioxidantes, para fabricar colorantes, etc. Símbolo: Cd. Número atómico: 48. Peso atómico: 112,41. Punto de fusión: 321 °C. Punto de ebullición: 765 °C. Densidad: 8,64 g/cm^3.
caducar 1 *intr.* Perder fuerza las leyes, el testamento o los contratos. 2 Prescribir un derecho o una obligación.
caducifolio, lia 1 *adj.* BOT Dicho de un árbol y una planta, que tiene la hoja caduca. 2 ECOL **bosque** ~.
caduco, ca 1 *adj.* Perecedero y poco durable. 2 Que ya no tiene uso. 3 BOT Dicho de la parte de una planta, que está destinada a caerse, especialmente la hoja.
caedizo, za 1 *adj.* Que cae fácilmente. 2 Frágil o débil.
caer 1 *intr.* y *prnl.* Moverse una cosa de arriba abajo por su propio peso. 2 Perder un cuerpo el equilibrio hasta dar en algo que lo detenga. 3 Desprenderse una cosa del sitio en que estaba adherida, con una serie de matices que determinan el empleo de "caer" o "caerse": *Cae la lluvia; Cae el pelo sobre la frente; Las hojas caen o se caen.* 4 Colgar de una determinada forma. 5 *intr.* Descender de un nivel o valor a otro inferior o menor: *Cayó tres puestos; Cayó la cotización del dólar.* 6 Corresponderle impensadamente, o por suerte, algo a

alguien. 7 Disminuir la intensidad de un fenómeno natural. • Las diferentes preposiciones matizan el significado básico del verbo: con *a*, estar situado en cierto lugar o cerca: *Cae a la derecha*; con *de*, la forma de la caída o el lugar en que se recibe el golpe: *Caer de cabeza*; con *en* señala el término del movimiento: *Caer en la trampa; Cayó en la sopa*; así como el hecho de coincidir un suceso con una época o con un día determinados: *La Navidad cayó en jueves*. Vb. irreg. conjugación modelo. V. anexo El verbo.

café 1 *adj.* y *m.* MARRÓN, color. 2 *m.* CAFETO. 3 Semilla del cafeto, ovalada, lisa por una cara y con un surco longitudinal por la otra; de color amarillento verdoso, una vez madura, se tuesta y muele. 4 Infusión resultante de cocer la semilla tostada y molida. 5 Establecimiento público en que se bebe y toma esta bebida y otras consumiciones.

□ HIST Originario de Abisinia, el café se extendió por Arabia en el s. XVI, y de allí al resto del mundo islámico. Durante el s. XVII fue introducido en Europa, donde obtuvo una gran aceptación. Los holandeses lograron su aclimatación en Java (1690), de donde pasó a Ceilán; desde comienzos del s. XVIII se empezó a cultivar en Guayana, Colombia y las Antillas; posteriormente llegó a América Central y Brasil. El primer productor mundial actual de café es Brasil, seguido por Colombia, Indonesia, Costa de Marfil y México.

cafeína *f.* QUÍM Alcaloide del café, del té, del cacao y de otras plantas. Se emplea en medicina como tónico y estimulante, pero su abuso puede resultar letal.

cafetal *m.* Sitio poblado de cafetos.

cafetería 1 *f.* Establecimiento en que se sirve café y otras bebidas. 2 Tienda en que se vende al menudeo.

cafetero, ra 1 *adj.* Perteneciente o relativo al café. 2 *m.* y *f.* Persona que negocia en café. 3 *f.* Recipiente en que se hace o se sirve el café.

cafeto *m.* Árbol de las rubiáceas, de hojas perennes y lustrosas, flores blancas y olorosas y fruto en baya roja cuya semilla es el café.

caficultor, ra *m.* y *f.* Persona que cultiva el café.

cafre 1 *adj.* y *s.* coloq. Bárbaro, grosero, tosco y vulgar. 2 *m.* XHOSA, pueblo africano.

cagado, da 1 *adj.* y *s.* coloq. Cobarde, pusilánime. 2 *f.* Excremento de cada defecación. 3 coloq. Acción o frase desafortunada.

cagar 1 *tr.* e *intr.* Evacuar el vientre. • U. t. c. prnl. 2 *tr.* coloq. Deslucir o echar a perder algo.

caída 1 *f.* Acción y efecto de caer. 2 Declinación de un terreno hacia abajo. 3 Forma de colgar y plegarse las colgaduras y los vestidos. 4 Salto de agua. 5 Derrota o fracaso de algo. 6 *f.* Decadencia o fin de una cosa: *La caída de una dictadura.* || ~ **libre** FÍS La que experimenta un cuerpo sometido exclusivamente a la acción de la gravedad.

caído, da 1 *adj.* Abatido, desfallecido. 2 *adj.* y *s.* Muerto en una guerra o en defensa de una causa.

caimán *m.* Reptil cocodriliano americano caracterizado por la forma obtusa de su hocico. Existen varias especies, siendo la de mayor tamaño el caimán negro, de los ríos Orinoco y Amazonas, que puede superar los 4,5 m.

caimito 1 *m.* Árbol sapotáceo americano, de corteza rojiza, madera blanda y fruto redondo, del tamaño de una naranja, de pulpa azucarada. 2 Este fruto.

caipiriña *f.* Bebida alcohólica hecha con aguardiente de caña, azúcar, hielo y jugo de limón.

caja 1 *f.* Recipiente, generalmente provisto de tapa, que sirve para guardar cosas. 2 Cubierta que resguarda ciertos mecanismos. 3 Espacio destinado a la carga en un vehículo. 4 Receptáculo de seguridad para guardar dinero y cosas valiosas. 5 En la ensambladura de dos piezas, el hueco destinado a recibir un entrante. 6 ATAÚD. 7 Sitio destinado en las tesorerías, los bancos y las casas de comercio a recibir o guardar dinero o valores equivalentes y para hacer pagos. 8 BOT CÁPSULA, fruto seco. 9 MÚS TAMBOR. || ~ **de cambios** Mecanismo que permite modificar la potencia en un automóvil, variando la relación de velocidades de giro entre el motor y las ruedas. ~ **de música** Caja que contiene un mecanismo, generalmente formado por un cilindro de púas y un muelle de reloj, que, al abrir la tapa, hace sonar una melodía. ~ **de resonancia** MÚS La de madera que forma parte de algunos instrumentos para amplificar y modular su sonido. ~ **negra** Caja de acero que contiene aparatos registradores de las principales magnitudes y vicisitudes del vuelo de una aeronave. ~ **registradora** La que se emplea en el comercio para guardar el importe de las ventas, que queda registrado automáticamente.

cajero, ra *m.* y *f.* Persona que en los bancos y en los establecimientos comerciales está encargada de la caja y de la entrada y salida de caudales. || ~ **automático** Máquina que, accionada por el cliente, mediante una tarjeta magnética y una clave, realiza transacciones bancarias.

cajón 1 *m.* Caja grande de madera y sin tapa. 2 Cada uno de los receptáculos de armarios, mesas, cómodas, etc., que se puede meter y sacar. 3 ATAÚD.

cajuela *f.* Baúl del automóvil.

cal *f.* QUÍM Óxido de calcio, sólido, blanco, cáustico y alcalino, que, al contacto del agua, se hidrata o se apaga desprendiendo calor. Mezclada con arena forma la argamasa o el mortero para la construcción. Se utiliza también para neutralizar los suelos ácidos, para fabricar papel y vidrio, para curtir y en el refinado del azúcar.

cala[1] 1 *f.* Rompimiento hecho para reconocer el grueso de una pared o para empotrar alguna instalación. 2 Parte más baja en lo interior de un buque. 3 Parte del barco que se sumerge en el agua.

cala[2] *f.* GEO Ensenada pequeña.

cala[3] *f.* Planta propia de terrenos húmedos, con hojas radicales, pecíolos largos, espádice amarillo y flor blanca en forma de copa.

calabacera *f.* Planta cucurbitácea con tallos rastreros muy largos y cubiertos de pelo áspero, hojas anchas y lobuladas, flores amarillas y fruto por lo general redondo y grande, con multitud de semillas.

calabacín *m.* Calabaza pequeña de corteza verde y carne blanca y tierna.

calabaza 1 *f.* CALABACERA. 2 Fruto de la calabacera.

calabazo 1 *m.* TOTUMO, árbol bignoniáceo. 2 TOTUMA, vasija.

calabozo 1 *m.* Lugar seguro, a veces subterráneo, donde se encierra a determinados presos. 2 Celda en que se encierra a los presos incomunicados.

calado 1 *m.* Bordado o labor de encaje que se hace con aguja. 2 Corte que se hace en papel, madera, etc., siguiendo un dibujo. 3 Altura de la parte de un barco que queda sumergida. 4 Profundidad de las aguas navegables.

calafatear *tr.* Tapar con estopa y brea las junturas de las maderas de las embarcaciones para que no penetre el agua.

calamar *m.* Molusco marino cefalópodo, con una especie de aleta triangular a cada lado y diez tentáculos provistos de ventosas, dos de ellos más largos que el resto.

calambre *m.* Contracción espasmódica, dolorosa y transitoria de algunos músculos.

calambur *m.* Falsa separación de las unidades léxicas, que produce una ambigüedad: *Plata no es/Plátano es.*
calamidad *f.* Desgracia, desastre, que afecta a una o a muchas personas.
calamitoso, sa *adj.* Que causa calamidades o es propio de ellas.
cálamo 1 *m.* Pluma de ave o de metal para escribir. 2 Zool Parte inferior hueca del eje de las plumas de las aves, que no lleva barbas y se inserta en la piel.
calamocha *f.* Ocre amarillo de tono apagado.
calandria *f.* Ave de unos 19 cm de longitud, de dorso ocre y vientre blanquecino, que anida en el suelo. Vive en Europa meridional.
calaña 1 *f.* Índole de una persona o calidad de una cosa. 2 Muestra, patrón.
cálao *m.* Ave trepadora que se caracteriza por tener un voluminoso apéndice córneo sobre el grueso pico.
calar 1 *tr.* Penetrar un líquido en un cuerpo permeable. 2 Agujerear papel, tela, cuero o cualquier otra materia en hojas, de forma que resulte un dibujo parecido al del encaje. 3 *tr.* y *prnl.* Ponerse una gorra, un sombrero, etc., haciéndolos entrar mucho en la cabeza. 4 *intr.* Alcanzar un buque en el agua determinada profundidad por la parte más baja de su casco. 5 *prnl.* Mojarse hasta que el agua u otro líquido, penetrando la ropa, llegue al cuerpo.
calavera 1 *f.* Cráneo o esqueleto de la cabeza. 2 *m.* coloq. Hombre de poco juicio o libertino.
calcáneo *m.* Anat El mayor de los huesos del tarso; en las personas forma el talón y es el único que se apoya en el suelo.
calcañar *m.* Parte posterior de la planta del pie, que corresponde a la parte inferior del talón.
calcar 1 *tr.* Sacar copia exacta de un dibujo o escrito mediante papel transparente o de calco. 2 Imitar o plagiar.
calcáreo, a 1 *adj.* Que tiene cal. 2 *f.* Esponja (**porífero**) cuya espícula esquelética está compuesta de carbonato de calcio y, en menor proporción, de carbonato de magnesio.
calceta *f.* Tejido de punto.
calcetín *m.* Media de punto que cubre el pie y parte de la pierna.
calcificación *f.* Acción o efecto de calcificarse.
calcificar 1 *tr.* y *prnl.* Biol Depositar en un tejido orgánico sales de calcio. 2 Degenerarse o modificarse un tejido orgánico por tal proceso.
calcinar 1 *tr.* Convertir en cal viva, mediante el fuego, los minerales calcáreos, privándolos del ácido carbónico. 2 Someter a calentamiento los minerales para que desprendan los componentes volátiles. 3 *tr.* y *prnl.* Abrasar por completo algo, especialmente con fuego.
calcio *m.* Quím Metal alcalinotérreo bivalente, de color blanco o gris, blando y muy ligero. Constituye aprox. el 3,4 % de la corteza terrestre, pero no se encuentra en estado libre. Está presente en los huesos, en los dientes y en fluidos corporales esenciales para la transmisión de los impulsos nerviosos y la coagulación sanguínea. Símbolo: Ca. Número atómico: 20. Peso atómico: 40,08. Punto de fusión: 851 °C. Punto de ebullición: 1482 °C.
calcita *f.* Geo Carbonato de calcio, muy blanco y a veces translúcido.
calcitonina *f.* Fisiol Hormona relacionada con la tiroides que regula la cantidad de calcio en la sangre.
calco 1 *m.* Copia que se obtiene calcando. 2 Ling Adaptación de una palabra extranjera, traduciendo su significado completo o el de cada uno de los elementos que la conforman, como en *baloncesto,* del inglés *basket-ball.* || ~ **semántico** Ling Incorporación de un significado extranjero a una palabra ya existente en otra lengua; por ejemplo, *endosar,* en la acepción "respaldar", es calco semántico del inglés *to endorse.*
calcógeno *adj.* y *m.* Quím **ANFÍGENO.**
calcomanía *f.* Papel con una imagen impregnada de pegante que puede desprenderse de aquel y estamparse en otra superficie.
calculador, ra 1 *adj.* y *s.* Que calcula. 2 Interesado, que valora las cosas en provecho propio. 3 *f.* Máquina electrónica que realiza cálculos y almacena datos mediante instrucciones exteriores.
calcular 1 *tr.* Hacer cálculos. 2 Considerar, reflexionar algo con atención.
cálculo 1 *m.* Mat Cómputo o investigación de algo mediante operaciones matemáticas. 2 Med Concreción patológica que se forma en el organismo por la precipitación de diversas sales, y que suele producirse en los riñones, el hígado y la vesícula biliar. 3 **CONJETURA.** 4 Inf **hoja** de ~. || ~ **algebraico** Mat El que se hace con letras que representan las cantidades, aunque también se empleen algunos números. ~ **aritmético** Mat El que se hace con números y algunos signos convencionales. ~ **de probabilidades** Mat El que se ocupa de las regularidades que se observan en la serie de frecuencias correspondientes a los fenómenos aleatorios. ~ **diferencial** Mat Parte del cálculo infinitesimal que estudia las diferencias infinitamente pequeñas de las cantidades variables. ~ **infinitesimal** Mat El que se ocupa de las cantidades infinitamente pequeñas. ~ **integral** Mat Parte del cálculo infinitesimal que busca determinar las cantidades variables, conocidas sus diferencias infinitamente pequeñas.
caldear 1 *tr.* y *prnl.* Elevar la temperatura de un local. 2 Excitar el ánimo de quien estaba tranquilo e indiferente.
caldeo[1] *m.* Acción de caldear.
caldeo[2]**, a** 1 *adj.* y *s.* Hist De un pueblo semita establecido en Sumer, en la baja Mesopotamia, desde el s. IX a. C. Tras la destrucción de Nínive y la muerte de Assurbanipal, fundó la dinastía neobabilónica (626 a. C.). 2 *m.* Ling Lengua de los caldeos, una de las semíticas.
caldera 1 *f.* Vasija semiesférica de metal con dos asas, que sirve para poner a calentar o cocer algo dentro de ella. 2 Recipiente metálico dotado de una fuente de calor, donde se calienta agua para el sistema de calefacción o para otros usos. 3 Depósito metálico que en ciertas máquinas se usa para generar energía en forma de vapor de agua. 4 Geo Depresión de grandes dimensiones y con paredes escarpadas, originada por explosiones o erupciones volcánicas muy intensas.
caldero *m.* Caldera pequeña con una sola asa sujeta a dos argollas.
calderón 1 *m.* Ort Signo ortográfico (¶) que se emplea en un texto para señalar alguna observación especial. 2 Mús Signo que representa la suspensión del compás. 3 Cetáceo de hasta 5 m de longitud, de cabeza voluminosa y aletas pectorales estrechas y largas. Es de color blanquecino por debajo y negro por encima.
caldo *m.* Líquido resultante de la cocción en agua de algunos alimentos.
calé *adj.* y *s.* **GITANO.**
calefacción 1 *f.* Acción y efecto de calentar o calentarse. 2 Instalación destinada a calentar un edificio o parte de él.
calefactor, ra 1 *m.* y *f.* Persona que construye, instala o repara aparatos de calefacción. 2 *m.* **CALENTADOR.**
caleidoscopio *m.* Tubo con tres espejos interiores y en un extremo dos vidrios que encierran fragmentos de varios colores. Observando por el extremo

opuesto se ven aparecer imágenes simétricas que varían cuando se hace girar el tubo.

calendario 1 *m.* Registro de los días del año distribuidos en meses y con indicaciones de las horas de salida y puesta del Sol, las fases de la Luna, etc. 2 Distribución de determinadas actividades humanas a lo largo de un determinado periodo de tiempo. || ~ **eclesiástico** Calendario que distribuye las celebraciones rituales de la Iglesia católica. Las principales son: Adviento, Navidad, Epifanía, Cuaresma, Pascua, Ascensión, Pentecostés y Trinidad. ~ **gregoriano** El que rige mayoritariamente en Occidente; lo fijó en 1582 el papa Gregorio XIII. ~ **islámico** El utilizado en casi todos los países musulmanes. Se calcula a partir del año 622, el día posterior a la hégira, y consta de doce meses lunares (354 días y 355 en los años bisiestos). ~ **judío** El que procede del antiguo calendario hebreo; está basado en meses lunares de 29 y 30 días alternativamente. De acuerdo con un ciclo lunar de diecinueve años se intercala un mes extra cada tres años.

caléndula *f.* Planta herbácea de las compuestas que tiene de 30 a 40 cm de altura, hojas abrazadoras y flores circulares de color anaranjado, cuyo extracto es un eficaz cicatrizante y desinfectante.

calentador, ra 1 *adj.* Que calienta. 2 *m.* Aparato que, dotado de una fuente de calor, sirve para calentar el agua. 3 Utensilio que sirve para calentar la cama, una habitación, un ambiente, etc., mediante lumbre, agua, vapor o electricidad.

calentamiento 1 *m.* Acción de calentar. 2 DEP Serie de ejercicios que hacen los deportistas antes de una competición o de un entrenamiento para desentumecer los músculos y entrar en calor. || ~ **global** ECOL Aumento de la temperatura de la Tierra debido al uso de combustibles fósiles y a otros procesos industriales que llevan a una acumulación de gases de efecto invernadero (dióxido de carbono, metano, óxido nitroso y clorofluorocarbonos) en la atmósfera.

calentano, na *adj.* y *s.* Dicho de una persona, que nace en una zona de clima cálido.

calentar 1 *tr.* y *prnl.* Comunicar calor a un cuerpo o espacio aumentando su temperatura. 2 Excitar los ánimos o el apetito sexual. 3 *tr.* e *intr.* Desentumecer los músculos antes de un ejercicio o deporte. 4 *prnl.* Acalorarse, enfadarse. • Vb. irreg. conjug. c. **acertar**. V. anexo El verbo.

calentura 1 *f.* FIEBRE. 2 Erupción que se forma en los labios, muchas veces como secuela de una fiebre pasada.

calera 1 *f.* Cantera de piedra caliza. 2 Horno en que se calcina la cal.

calesa *f.* Carruaje de dos o cuatro ruedas y dos o cuatro asientos, abierto por delante y con capota.

caleta[1] *f.* Entrada de mar, más pequeña que la bahía.

caleta[2] *m.* Construcción, generalmente disimulada dentro de otra, que sirve como escondite o refugio.

caletre *m.* Tino o juicio.

calibrador, ra 1 *adj.* Que sirve para calibrar 2 *m.* Instrumento para calibrar longitudes, espesores y diámetros pequeños.

calibrar 1 *tr.* Medir el calibre de algo. 2 Darle a un objeto el calibre deseado. 3 Apreciar las cualidades y la importancia de algo.

calibre 1 *m.* Diámetro interior de un objeto cilíndrico hueco. 2 Diámetro de proyectiles, alambres, chapas, etc. 3 Importancia de algo: *Con una demanda de tal calibre, no hay oportunidad.*

calicanto *m.* Obra de mampostería.

calículo *m.* BOT Conjunto de brácteas que simulan un cáliz alrededor del verdadero cáliz o del involucro, como en el clavel y la fresa.

calidad 1 *f.* Cualidad, propiedad o naturaleza de una cosa que permite compararla con otras de la misma especie. 2 Bondad superior. 3 Dicho también de la naturaleza o índole de las personas. 4 Importancia o gravedad de un asunto. 5 ECON **control** de ~. || ~ **de vida** Conjunto de condiciones que contribuyen a hacer agradable la vida de una persona o de un grupo social; incluye las materiales básicas (vivienda, vestido, salud) y las culturales.

cálido, da 1 *adj.* Que tiene calor o que lo provoca. 2 CALUROSO. 3 Acogedor, cómodo. 4 Una gama de colores, que va desde el amarillo al rojo pasando por el naranja.

calidoscopio *m.* CALEIDOSCOPIO.

caliente 1 *adj.* Que tiene o produce calor. 2 Dicho de una persona, puede indicar un estado de irritación y enfado, o de sexualidad excitada.

califa *m.* Título de los soberanos islámicos que, como sucesores de Mahoma, ejercieron la suprema autoridad civil y religiosa.

califato 1 *m.* Dignidad de califa. 2 Territorio gobernado por él. 3 Periodo histórico correspondiente al gobierno de califas.

calificación 1 *f.* Acción y efecto de calificar. 2 Nota obtenida en un examen o en cualquier tipo de prueba.

calificado, da 1 *adj.* En las personas señala su aptitud, dignidad o respeto. 2 En las cosas, la presencia de los requisitos necesarios para su finalidad.

calificar 1 *tr.* Determinar las calidades o circunstancias de personas o cosas. 2 Juzgar el grado de suficiencia o insuficiencia de una persona, en un examen o ejercicio, de acuerdo con cierta escala. 3 GRAM Afectar el adjetivo a un sustantivo en calidad o cantidad.

calificativo, va 1 *adj.* Que califica. 2 *m.* GRAM **adjetivo** ~.

californio *m.* QUÍM Elemento químico radioactivo artificial que se usa como generador de neutrones de alta intensidad en sistemas electrónicos y en investigación médica. Símbolo: Cf. Número atómico: 98. Peso atómico: 251.

caligrafía 1 *f.* Arte de escribir a mano con letra bella y correctamente formada, según diferentes estilos. 2 Conjunto de rasgos que caracterizan la escritura de una persona, de un documento, etc.

caligrama *m.* LIT Composición poética cuyos versos se disponen formando un dibujo o una imagen.

calima (Tb. calina) *f.* Niebla muy tenue.

calipso *m.* Canción y danza propias de las Antillas Menores.

calistenia *f.* Parte de la gimnasia que se ocupa del desarrollo de los músculos.

cáliz 1 *m.* Vaso sagrado que en la misa cristiana contiene el vino para la consagración. 2 Copa o vaso. 3 BOT Verticilo que constituye la cubierta más externa de las flores; está formado por varios sépalos, generalmente verdes y en forma de escama, que recubren el capullo antes de su desarrollo y después rodean la base de la flor.

calizo, za 1 *adj.* Que contiene cal. 2 *f.* GEO Roca sedimentaria formada, en todo o en parte, por carbonato cálcico.

callado, da 1 *adj.* Silencioso, reservado. 2 Hecho con silencio o reserva.

callar 1 *intr.* y *prnl.* No hablar, guardar silencio. 2 Dejar de hablar o de hacer cualquier otra acción ruidosa. 3 Resignarse y no protestar. 4 *tr.* y *prnl.* Omitir o no decir algo.

calle 1 *f.* Vía pública limitada por dos filas de casas o edificios. 2 Tramo de dicha vía comprendido entre dos esquinas. 3 Camino entre dos hileras de árboles o plantas. 4 Zona urbana al descubierto por donde se puede transitar: *A Alberto le gusta mucho estar en la calle.* 5 La gente, el público en general: *La opinión de la calle.* || ~ **peatonal** La que es de uso exclusivo de los peatones.

callejear *intr.* Vagar por las calles sin hacer nada de provecho.

callejero, ra 1 *adj.* Perteneciente o relativo a la calle: *Perro callejero; Teatro callejero.* 2 Que gusta de callejear.

callejón *m.* Paso estrecho y largo entre paredes o elevaciones del terreno. || ~ **sin salida** Conflicto de muy difícil solución.

callicida *m.* FARM Remedio para extirpar los callos y las durezas de la piel.

callo 1 *m.* Dureza que se forma sobre todo en pies y manos por el roce del calzado o de alguna herramienta. 2 Dureza que se produce en algunas úlceras externas crónicas. 3 *m. pl.* Trozos del estómago y otros despojos de vacuno, que se comen guisados.

calloso, sa *adj.* BIOL Dicho de una estructura endurecida, usualmente de mayor espesor y a menudo de aspecto córneo.

calma 1 *f.* Tranquilidad o ausencia de agitación en personas o cosas. 2 Cesación o reducción momentánea de un proceso o de una actividad. 3 Impasibilidad con que se aceptan ciertas situaciones. 4 Lentitud con que se resuelven ciertas tareas. 5 Estado de la atmósfera o del mar cuando no hay viento.

calmante 1 *adj.* Que calma. 2 *adj.* y *m.* FARM Dicho de un medicamento, que disminuye o hace desaparecer un dolor u otro síntoma molesto.

calmar 1 *tr.* y *prnl.* Poner en calma o tranquilidad. 2 Aliviar, adormecer el dolor, la violencia, etc. 3 *intr.* Estar en calma o tender a ella.

calmuco *adj.* y *s.* HIST De un pueblo mongol que en el s. XV llegó a dominar un vasto imperio en Asia central. A principios del s. XVII se dividió en varios grupos, que llegaron hasta las regiones del Don y del Caspio.

caló *m.* Lengua o jerga de los gitanos.

calor 1 *m.* Sensación que se experimenta al recibir la acción de un cuerpo caliente, como la radiación solar o la del fuego. 2 Sensación similar que puede sentirse por causas fisiológicas. 3 Entusiasmo con que se ejecuta algo. 4 Afecto que se otorga a alguien. 5 Lo más intenso de una acción: *En el calor de la batalla.* 6 Periodo de celo de los animales domésticos. 7 FÍS Energía que pasa de un cuerpo a otro cuando están en contacto y es causa de que se equilibren sus temperaturas. Se manifiesta elevando la temperatura y dilatando los cuerpos y llega a fundir los sólidos y a evaporar los líquidos. || ~ **específico** FÍS Cantidad de calor que por unidad de masa necesita una sustancia para que su temperatura se eleve un grado centígrado.

caloría 1 *f.* FÍS Unidad de energía térmica equivalente al calor necesario para elevar de 14,5 °C a 15,5 °C la temperatura de un gramo de agua a la presión normal. Equivale a 4,185 julios. Símbolo: cal. 2 FISIOL **KILOCALORÍA**.

calórico *m.* Sensación de calor.

calorífico, ca *adj.* Que produce o distribuye calor.

calorífugo, ga *adj.* Que dificulta la transmisión del calor.

calorimetría 1 *f.* FÍS Rama de la física que trata de la medición del calor. 2 FÍS Medición del calor que se desprende o absorbe en los procesos biológicos, físicos o químicos.

calostro *m.* Primera leche de la hembra después de parida.

calpulli *m.* HIST Clan o división que constituyó la unidad básica de la sociedad azteca.

calumnia *f.* Imputación falsa y maliciosa de un hecho.

calumniar *tr.* Imputar a alguien de forma falsa y maliciosa hechos o dichos deshonrosos.

caluroso, sa 1 *adj.* Que causa calor o que lo siente. 2 Que demuestra aprobación fervorosa.

calva *f.* Zona de la cabeza que ha perdido el pelo.

calvario 1 *m.* Lugar, generalmente en las afueras de los pueblos, en que hay o ha habido una o varias cruces. 2 Serie de padecimientos; sufrimiento prolongado: *Está pasando un verdadero calvario.*

calvero *m.* Zona sin árboles de un bosque.

calvicie *f.* Falta de pelo en la cabeza.

calvinismo *m.* REL Doctrina cristiana del reformador J. Calvino (1509-1564). Sus presupuestos giran en torno a la predestinación, la justificación por la fe, el racionalismo y la institución de las Sagradas Escrituras como única fuente de la vida pública y privada.

calza 1 *f.* Cuña con que se calza. 2 Empaste de un diente o una muela. 3 Prenda que cubría el muslo y la pierna. • U. m. en pl. en la acepción 3.

calzado, da 1 *adj.* Dicho de un cuadrúpedo, que tiene la parte inferior de las patas de diferente color al del resto de la extremidad. 2 Dicho de un ave, que tiene los tarsos cubiertos de plumas hasta el nacimiento de los dedos. 3 *m.* Conjunto de prendas para cubrir y adornar el pie y la pierna. 4 *f.* Parte de una calle o una carretera dispuesta para la circulación de vehículos.

calzador *m.* Utensilio de forma acanalada para poner el zapato.

calzar 1 *tr.* y *prnl.* Cubrir el pie o la pierna con el calzado. 2 Ponerse los guantes, espuelas, etc. 3 *tr.* Colocar una cuña entre el suelo y una rueda o un mueble, de forma que los inmovilice. 4 Empastar un diente o una muela.

calzón 1 *m.* Prenda de vestir, interior o exterior, con dos perneras que cubre el cuerpo desde la cintura o la cadera hasta una altura variable de los muslos. 2 **PANTALÓN**.

calzoncillo *m.* Prenda interior masculina que cubre desde la cintura hasta parte de los muslos, variando la longitud de las perneras. • U. m. en pl.

cama[1] 1 *f.* Mueble para descansar y dormir, formado por un armazón, colchón, almohadas y ropas. 2 El armazón por sí solo. 3 En los hospitales, sitio destinado para un enfermo. 4 Sitio en que suelen echarse los animales. 5 Cada una de las capas en que se dispone una cosa.

cama[2] *f.* En el arado, pieza encorvada de madera o de hierro.

camada *f.* Conjunto de las crías de un mamífero nacidas de un solo parto.

camafeo 1 *m.* Figura de relieve en una piedra preciosa. 2 La misma piedra labrada.

camaleón *m.* Reptil saurio con cola prensil y lengua contráctil con la que caza insectos. Cambia de color según el entorno.

camándula *f.* Rosario de uno o de tres dieces.

cámara 1 *f.* Sala o estancia de una casa. 2 Junta o reunión de personas con un interés específico: *Cámara de comercio.* 3 Espacio que ocupa la carga en las armas de fuego. 4 Espacio hueco, de reducido tamaño, en un organismo animal o vegetal. 5 FOT y CIN Aparato para la captación y fijación de imágenes, una de cuyas partes es un receptáculo cerrado. 6 MÚS **música** de ~. 7 POLÍT Cada uno de los cuerpos colegisladores en los gobiernos representativos. En unos países se conocen como Cámara Alta y Baja, y en otros como Senado y Cámara, respectivamente. || ~ **ardiente** Oratorio provisional donde se celebran las primeras exequias por una persona. ~ **de aire** NEUMÁTICO, anillo tubular de caucho. ~ **de combustión** En los motores de explosión, espacio entre la cabeza del pistón y la culata, donde se produce la ignición de los gases. ~ **de gas** Recinto para ejecutar, mediante gases tóxicos, a los condenados a muerte. ~ **de video** Aparato que registra imágenes y sonidos y los transforma en señales electromagnéticas, que a su vez son registradas en una cinta magnética o en un soporte electrónico, para poder ser reproducidas en una pantalla. ~ **digital** FOT Aquella que utiliza la tecnología digital para el registro y la proyección o transmisión de las imágenes. ~ **fotográfica** FOT Aparato que consta de un objetivo aplicado a una cámara oscura, en cuyo fondo hay una película sensible en la que queda impresionada la imagen que se toma. ~ **lenta** CIN Rodaje acelerado de una película para producir un efecto de lentitud al proyectarla. ~ **oscura** ÓPT Caja cerrada y opaca con un orificio en su parte anterior por donde entra la luz, la cual reproduce dentro de la caja una imagen invertida de la escena situada ante ella.

camarada 1 *m.* y *f.* Persona que mantiene con otra una relación de amistad y confianza. 2 Copartidiario político o sindical.

camarero, ra 1 *m.* y *f.* Persona que sirve en cafés, restaurantes, bares y otros establecimientos similares. 2 Persona encargada del arreglo de las habitaciones o de atender a los clientes en un hotel.

camarilla *f.* Grupo de personas que ejercen una influencia subrepticia en los asuntos del Estado o en las decisiones de alguna autoridad superior.

camarín 1 *m.* Capilla pequeña situada detrás de un altar. 2 Pieza en que se guardan las alhajas y los vestidos de una imagen.

camarlengo *m.* Título de dignidad entre los cardenales de la Iglesia católica, presidente de la Cámara Apostólica y gobernador temporal en sede vacante.

camarógrafo, fa *m.* y *f.* En cine y televisión, persona que maneja la cámara.

camarón *m.* Crustáceo decápodo, de 4 a 10 cm de largo, de cefalotórax estrecho y comprimido lateralmente y antenas muy largas. Es comestible y existen numerosas especies ampliamente distribuidas.

camarote 1 *m.* Compartimiento que hay en los barcos para poner las camas o las literas. 2 Litera, mueble integrado por dos camas, una inferior y otra superior.

camastro *m.* Lecho incómodo y miserable.

cambalache 1 *m.* Trueque, por lo general tramposo, de objetos de escaso valor. 2 Trueque de cualquier tipo de objetos.

cambiar 1 *tr.* e *intr.* Dejar una situación o una cosa para tomar otra. • U. t. c. prnl. 2 *tr.* y *prnl.* Convertir una cosa en otra. 3 *tr.* Convertir una moneda en otras menores de valor equivalente o en una moneda extranjera. 4 Devolver un objeto comprado o sustituirlo por otro de valor equivalente. 5 Poner algo de manera distinta a como era o estaba. 6 *intr.* En los vehículos de motor, pasar de una marcha o velocidad a otra de distinto grado. 7 *intr.* y *prnl.* Mudar o alterar alguien o algo su condición o apariencia física o moral. 8 *prnl.* Quitarse unas prendas de vestir y ponerse otras.

cambio 1 *m.* Acción y efecto de cambiar o cambiarse. 2 Dinero menudo. 3 ECON Valor relativo de las monedas de otros países. 4 ECON Precio de cotización de los valores mercantiles. 5 Mecanismo que permite que los trenes circulen por una vía determinada. 6 **caja** de ~s. || ~ **climático** ECOL Variación de las condiciones del clima mundial debida a causas naturales (glaciaciones, por ejemplo) o a la actividad humana (contaminación atmosférica, por ejemplo). ~ **físico** QUÍM Modificación de una sustancia sin alterar sus propiedades físicas como la forma y el volumen: *La evaporación del alcohol es un cambio físico.* ~ **químico** QUÍM El que modifica la estructura interna de una sustancia hasta originar otra sustancia con nuevas propiedades químicas.

cambista *m.* y *f.* Que cambia moneda.

cámbium *m.* BOT Capa de células que en el tallo de las gimnospermas aparece entre el xilema y el floema y cuya división origina el crecimiento en espesor del tallo.

cámbrico, ca *adj.* y *m.* GEO Dicho de un periodo geológico, el primero de la era paleozoica, que se remonta unos 570 millones de años y que duró aprox. 60 millones. • Se escribe con may. inic. c. s.

□ GEO Durante el Cámbrico aparecieron las esponjas, los moluscos y los artrópodos primitivos. La vida vegetal se restringió a las algas marinas. Las placas tectónicas colisionaron dando lugar a un supercontinente austral y a varias masas terrestres que se encontraban en los trópicos o en el hemisferio S.

camelia 1 *f.* Arbusto de hojas perennes y lustrosas de un verde muy vivo y flores blancas, rojas o rosadas inodoras. 2 Flor de este arbusto.

camélido *adj.* y *m.* ZOOL Mamífero rumiante artiodáctilo, que carece de cuernos y tiene en la cara inferior del pie una excrecencia callosa que comprende los dos dedos. El camello, la llama y el dromedario son camélidos.

camello, lla 1 *m.* y *f.* Rumiante camélido, oriundo de Asia central, que puede alcanzar 2 m de altura. Tiene cuello largo, cabeza pequeña y dos gibas formadas por acumulación de tejido adiposo. 2 DROMEDARIO. 3 *m.* coloq. Actividad laboral, empleo, trabajo.

camellón 1 *m.* CABALLÓN. 2 Especie de andén, a veces ajardinado, que divide las calzadas de una avenida.

camembert *m.* Queso blando fermentado con corteza recubierta de moho.

cameo *m.* Aparición breve de un personaje, interpretado por alguien famoso, en una película o serie de televisión.

camerino *m.* Pieza en los teatros en que se visten y maquillan los actores.

camilla 1 *f.* Cama estrecha y portátil para trasladar enfermos y heridos. 2 Cama alta y estrecha utilizada por los médicos para evaluar al paciente.

camillero, ra *m.* y *f.* Persona que tiene por oficio transportar enfermos o heridos en una camilla.

caminador 1 *m.* Que camina mucho. 2 Bastidor con ruedas que sirve a los niños para aprender a andar. 3 Armazón de tres o cuatro patas que a modo de bastón usan las personas con algún impedimento físico.

caminar 1 *tr.* Recorrer una cierta distancia. 2 *intr.* Ir de un sitio a otro. 3 Seguir su curso natural las cosas. 4 Avanzar hacia un determinado destino.

caminata *f.* Recorrido largo efectuado a pie.

camino 1 *m.* Franja de terreno por la que se transita y que suele resultar más cómoda que el terreno adyacente. 2 Cualquier vía que se construye para transitar por ella. 3 Itinerario de un lugar a otro. 4 Dirección que ha de seguirse para llegar a algún lugar. 5 Procedimiento o medio que se emplea para hacer o conseguir algo. || ~ **de herradura** El que es tan estrecho que solo pueden transitar por él caballerías, pero no carros. ~ **de sirga** El que a orillas de los ríos y canales sirve para llevar las embarcaciones tirando de ellas desde tierra. ~ **vecinal** El construido y conservado por el municipio, cuyas necesidades sirve, y que suele ser más estrecho que las carreteras.

camión 1 *m.* Vehículo automóvil grande y resistente para el transporte de mercancías, cargas o fardos muy pesados. 2 AUTOBÚS. || ~ **cisterna** El provisto de un tanque para el transporte de agua, petróleo, etc.

camioneta *f.* Vehículo menor que el camión.

camisa 1 *f.* Prenda de vestir de tela, con cuello, mangas y abotonada por delante, que cubre el torso. 2 Revestimiento interior de un artefacto o de una pieza mecánica. 3 CAPERUZA, funda en forma de red. || ~ **de fuerza** MED Especie de camisa fuerte abierta por detrás, con mangas cerradas en su extremidad, propia para sujetar los brazos de quien padece demencia o delirio violento. ~**s negras** HIST Nombre dado a los miembros del escuadrón de acción paramilitar fundado en Italia en 1919; fue llamado así porque la camisa negra formaba parte de su uniforme. Se caracterizaron por un exacerbado nacionalismo, los camisas negras empleaban la violencia para eliminar a los oponentes del fascismo, sobre todo a los socialistas y comunistas.

camiseta *f.* Camisa corta, ajustada y sin cuello, que se lleva pegada al cuerpo.

camisón *m.* Camisa amplia y larga para dormir.

camita *adj.* y *s.* De ciertos pueblos de África septentrional (beréberes, etíopes y otros) o relacionado con ellos.

camitosemítico, ca (Tb. camito-semítico) *adj.* Que pertenece al grupo de lenguas del sudoeste de Asia y del norte y extremo oriental de África, como el egipcio y el hausa.

camorra *f.* Riña o pendencia violenta.

camote 1 *m.* BATATA. 2 Tubérculo de esta planta.

campal *adj.* Perteneciente o relativo al campo: *Batalla campal.*

campamento 1 *m.* Acción de acampar. 2 Lugar al aire libre dispuesto para instalar tiendas de campaña. 3 Lugar al aire libre dispuesto para albergar viajeros, turistas, personas en vacaciones, etc.

campana 1 *f.* Instrumento, generalmente de bronce, de forma troncocónica o de copa invertida, que se golpea con un badajo o con un martillo. 2 Cualquier objeto en forma de campana con la parte inferior abierta y más ancha, como el cáliz de ciertas flores o la chimenea del hogar.

campanario *m.* Espadaña o torre pequeña en que se colocan las campanas.

campanela 1 *f.* Paso de danza que consiste en dar un salto, describiendo al par un círculo con uno de los pies cerca de la punta del otro. 2 MÚS Sonido de la cuerda de guitarra que se toca en vacío, en medio de un acorde hecho a bastante distancia del puente del instrumento.

campanero 1 *m.* y *f.* Persona que hace campanas. 2 Persona que tiene por oficio tocarlas.

campanilla 1 *f.* Campana pequeña y manual de múltiples usos en la liturgia católica, en las puertas de las casas con funciones de timbre, en las asambleas para imponer orden, etc. 2 ANAT ÚVULA. 3 BOT Flor cuya corola es de una pieza y acampanada.

campante 1 *adj.* Tranquilo, cuando la situación no invita a esa actitud. 2 Ufano y satisfecho.

campánula *f.* Planta campanulácea trepadora, con flores axilares de color blanco amarillento y frutos globosos.

campanuláceo, a *adj.* y *f.* BOT Dicho de una planta, dicotiledónea, que tiene hojas sin estípulas, flores de corola gamopétala y fruto capsular con muchas semillas y de albumen carnoso, como la campánula.

campaña 1 *f.* Campo llano y sin asperezas. 2 Conjunto de esfuerzos en favor o en contra de alguna cosa: *Campaña electoral; Campaña contra el tabaco.* 3 Periodo ininterrumpido y especialmente intenso en que combate un ejército.

campeador *adj.* y *m.* Dicho de un guerrero, que sobresale en el campo por sus hazañas. Este calificativo se dio por excelencia al Cid Ruy Díaz de Vivar.

campear *intr.* Sobresalir o destacar algo por encima de otras cosas.

campechano, na *adj.* Franco y de buen humor.

campeón, na 1 *m.* y *f.* Persona que vence en un campeonato. 2 Persona que sobrepasa a los demás en cualquier dominio. 3 Persona que defiende con entusiasmo una causa.

campeonato 1 *m.* En ciertos juegos y deportes, certamen o contienda en que se disputa el premio. 2 Primacía obtenida en las luchas deportivas.

campero, ra 1 *adj.* Perteneciente o relativo al campo como terreno fuera de poblado. 2 Dicho de una bota de caña alta, sin tacón y de material resistente. 3 *m.* Automóvil de todo terreno. 4 *f.* Chaqueta que se ajusta a la cadera mediante un elástico y a veces se cierra con cremallera.

campesinado *m.* Conjunto o clase social de los campesinos.

campesino, na 1 *adj.* Perteneciente o relativo al campo. 2 *adj.* y *s.* Dicho de una persona, que vive en una población rural y trabaja en las faenas del campo.

campestre *adj.* Propio del campo.

camping (Voz ingl.) 1 *m.* CAMPISMO. 2 CAMPAMENTO, lugar al aire libre.

campiña 1 *f.* Espacio grande de tierra llana y de labranza, no dividido por cercados. 2 Sinónimo poético de campo.

campismo *m.* Actividad que consiste en vivir temporalmente al aire libre, alojándose en tiendas de campaña.

campista *m.* y *f.* Persona que acampa o hace campismo.

campo 1 *m.* Término o terreno contiguo a una población, escasamente ocupado o no ocupado por casas. 2 Conjunto de terrenos dedicados a las labores y la explotación agrícolas. 3 Superficie agrícola, contrapuesta a la urbana: *La gente emigra del campo a la ciudad.* 4 Terreno reservado para ciertos ejercicios: *Campo de instrucción; Campo de juego.* 5 Conjunto de determinadas actividades: *El campo de la medicina.* 6 Superficie sobre la que se destaca un motivo esculpido, dibujado, etc. 7 DEP Terreno de juego, en el fútbol y otros deportes. 8 FÍS Espacio en que se ejerce una acción magnética, eléctrica o gravitatoria. || ~ **de batalla** Sitio donde combaten dos ejércitos. ~ **de concentración** Recinto cercado en el que, por razones políticas o sanitarias, se obliga a vivir a determinadas personas. ~ **de fuerza** FÍS El definido por la magnitud y la dirección de una fuerza en cada punto del espacio. ~ **de refugiados** POLÍT Lugar en el que viven ciudadanos desplazados de su sitio de origen por razones políticas. ~ **eléctrico** FÍS Zona del espacio en la que se manifiestan los fenómenos eléctricos. La medida de su intensidad se obtiene sumando vectorialmente las intensidades de los campos creados por cada carga eléctrica de forma individual. ~ **magnético** FÍS El de fuerzas producido por corrientes eléctricas o por variaciones eléctricas en el tiempo. ~ **semántico** LING Conjunto de palabras o expresiones ligadas entre sí por referirse a un mismo orden de realidades o ideas, por ejemplo, los nombres de las partes del cuerpo, los de parentesco, los de vicios y virtudes, la terminología de la vida intelectual o afectiva, etc. ~ **sintáctico** LING Conjunto de relaciones que se dan entre los signos de un sintagma o de unidades superiores, como la oración. ~ **vectorial** FÍS Región del espacio en cada uno de cuyos puntos existe un vector. ~ **visual** 1 El espacio que abarca la vista estando el ojo inmóvil.

2 Espacio abarcado por el objetivo de un instrumento óptico, como una cámara o un microscopio.

camposanto *m.* CEMENTERIO.

campus *m.* Extensión de terreno con zonas verdes, instalaciones y edificios de una universidad.

camuflaje 1 *m.* Acción y efecto de camuflar. 2 BIOL MIMETISMO.

camuflar 1 *tr.* Disimular la presencia de tropas, armas, etc., para engañar al enemigo. 2 Encubrir una cosa dándole apariencia engañosa.

can *m.* Perro, animal.

cana *f.* Pelo que se ha vuelto blanco.

canal 1 *m.* o *f.* Cauce artificial por donde se conduce el agua para darle salida o para diversos usos. 2 Parte más profunda y limpia de la entrada de un puerto. 3 Parte de una superficie que presenta una figura larga y abarquillada. 4 Res muerta y abierta, sin las tripas y demás despojos. 5 Conducto del cuerpo: *Canal torácico.* 6 Teja larga y delgada que sirve para formar en los tejados los conductos por donde corre el agua. 7 Cada uno de estos conductos. 8 GEO Cada una de las vías por donde las aguas o los gases circulan en el seno de la tierra. 9 *m.* GEO Estrecho marítimo relativamente largo, que separa dos islas o continentes poniendo en comunicación dos mares. 10 TELEC Cada una de las bandas de frecuencia en que puede emitir una estación de televisión y radio. 11 TELEC Estación de televisión y radio. 12 LING En la comunicación, medio por el cual se transmite el mensaje entre el emisor y el receptor. || ~ **torácico** ANAT Conducto colector de linfa que, en el ser humano, se extiende desde la tercera vértebra lumbar hasta la vena subclavia izquierda.

canalete *m.* Remo de pala muy ancha y ovalada, con el cual se boga o se gobiernan las canoas.

canalizar 1 *tr.* Abrir canales. 2 Regularizar el cauce o el caudal de una corriente para la navegación, o el riego mediante canales o acequias. 3 Recoger corrientes de opinión, iniciativas, etc., encauzándolas hacia un objetivo.

canalla *m.* y *f.* Persona vil y despreciable.

canana *f.* Cinto ancho dispuesto para llevar cartuchos.

cananeo, a 1 *adj.* y *s.* De Canaán o relacionado con este antiguo país asiático. 2 *m.* LING Grupo de lenguas semíticas que comprende el antiguo cananeo, hebreo, fenicio y moabita.

cananga *f.* Planta trepadora anonácea, de flores blancas y aromáticas.

canapé 1 *m.* Diván acolchado, con o sin respaldo, para sentarse o acostarse. 2 Aperitivo consistente en un trocito de pan sobre el que se extiende otra vianda.

canario, ria *m.* y *f.* Ave de unos 15 cm de longitud, de color verdoso o amarillo, notable por su canto melodioso.

canasta 1 *f.* Cesta grande que suele tener dos asas. 2 Juego de naipes entre dos bandos de jugadores; gana la persona que consigue más series de siete cartas del mismo valor. 3 DEP En el juego de baloncesto, cada uno de los anillos que sirven de meta y cada uno de los puntos que se consigue con la introducción de la pelota en ellos. 4 DEP Cada una de las introducciones del balón en la canasta. || ~ **familiar** ECON Precio de los alimentos y de otros artículos de primera necesidad.

canasto *m.* Canasta de boca estrecha.

cáncamo *m.* Armella, tornillo con una anilla o un garfio en vez de cabeza.

cancán *m.* Danza movida que se importó de París en la segunda mitad del s. XIX y que luego se extendió por todo el mundo como parte de los espectáculos de variedades.

cancel 1 *m.* Contrapuerta o estructura cerrada que amortigua en las puertas las corrientes de aire y los ruidos exteriores. 2 Mampara que divide espacios en una habitación. 3 Verja en el umbral de algunas casas.

cancelar 1 *tr.* Anular una cita, una cuenta bancaria, etc. 2 Pagar o saldar una deuda. 3 Suspender algo que se tenía previsto.

cáncer 1 *m.* MED Crecimiento patológico de un tejido debido a la proliferación continua de células anormales invasoras y destructivas de otros tejidos. 2 *adj.* y *s.* Dicho de una persona, nacida bajo el signo de Cáncer, entre el 22 de junio y el 22 de julio.

cancerígeno, na *adj.* y *m.* Capaz de provocar la enfermedad cancerosa.

cancha 1 *f.* Explanada o local destinados a ciertos juegos y deportes. 2 Terreno llano y desembarazado. 3 Cercado que sirve para depositar ciertos objetos. 4 Habilidad que se adquiere con la experiencia.

canciller *m.* y *f.* En algunos Estados, jefe de gobierno; en otros, ministro de Asuntos Exteriores.

cancillería 1 *f.* Oficio de canciller. 2 Oficina o edificio donde ejerce sus funciones.

canción 1 *f.* Composición, a veces en verso, para ser cantada. 2 Música que la acompaña. || ~ **de cuna** Cantar con que se procura hacer dormir a los niños.

cancionero *m.* Colección de canciones, por lo general de distintos autores.

candado *m.* Cerradura suelta, formada por una caja de metal, que mediante dos armellas junta las dos partes que se pretenden cerrar.

candela 1 *f.* Vela de alumbrar. 2 Cualquier tipo de lumbre o fuego. 3 FÍS Unidad de intensidad luminosa. Símbolo: cd. Corresponde a la que irradia una superficie de $1/60\ cm^2$ de un cuerpo negro, a la temperatura de fusión del platino.

candelabro *m.* Candelero para velas, de varios brazos, que se sustenta sobre un pie o se fija en la pared.

candelero *m.* Utensilio formado por un tubo y un pie, que sirve para sostener una vela o candela.

candente 1 *adj.* Dicho de un metal, que, por la acción del calor, se enrojece o se blanquea. 2 Dicho de una noticia, que suscita un vivo interés.

candidato, ta 1 *m.* y *f.* Persona que pretende algún cargo o dignidad. 2 Persona propuesta o que tiene las cualidades para cierta dignidad o puesto, aunque no lo solicite. 3 Persona que se presenta a unas elecciones.

candidatura 1 *f.* Aspiración a un cargo, pretensión de alguien como candidato. 2 Propuesta de persona para un cargo.

cándido, da 1 *adj.* Sencillo y poco advertido. 2 Sin malicia.

candil *m.* Utensilio para alumbrar formado por una cazoleta en que se ponen el aceite y la mecha, con un pico saliente para la mecha.

candilejas *f. pl.* TEAT Fila de luces en el proscenio del teatro.

candombe 1 *m.* Baile de ritmo muy vivo de procedencia africana, muy popular todavía en ciertos carnavales de América del Sur. 2 Tambor prolongado, de un solo parche, que se usa para acompañar este baile.

candomblé *f.* Ritual o culto fetichista negro brasileño derivado del animismo africano.

candongo, a 1 *adj.* coloq. Zalamero y astuto. 2 *f. pl.* Pendientes, arracadas.

candor *m.* Sencillez que puede llegar hasta la ingenuidad.

caneca 1 *f.* Envase metálico para transportar líquidos. 2 Recipiente para la basura.

canéfora *f.* Doncella que, en las fiestas griegas, llevaba sobre la cabeza un canastillo con flores y ofrendas para los sacrificios.

canela *f.* Corteza de las ramas del canelo, con olor aromático y sabor agradable.

canelazo 1 *m.* Bebida caliente de aguardiente, canela y azúcar. 2 Café aderezado con licor.

canelo, la 1 *adj.* Dicho de un color, castaño. 2 *m.* Árbol lauráceo, de hasta 8 m de altura, con tronco liso, flores terminales blancas y de olor agradable, y por fruto drupas ovales. 3 Árbol parecido al anterior, pero del que solo se utiliza la madera en ebanistería.

canelón *m.* Pasta de harina de trigo, cortada de forma rectangular, con la que se envuelve un relleno de carne, pescado, verduras, etc.

canesú 1 *m.* Cuerpo de vestido de mujer corto y sin mangas. 2 Pieza superior de la camisa o blusa.

caney 1 *m.* Bohío cónico con garita encima. 2 Cobertizo con techo de paja o palma.

cangrejo 1 *m.* Crustáceo caracterizado por tener un abdomen reducido y replegado bajo el cuerpo, un caparazón quitinoso y varios pares de apéndices, de los cuales cinco sirven para la locomoción y dos hacen las veces de antenas sensoriales. Las patas delanteras están equipadas con pinzas que le sirven para alimentarse y defenderse. Vive en los fondos marinos y en agua dulce. 2 Verga movible, con una boca semicircular por donde se ajusta con el palo del buque. || ~ **ermitaño** Cangrejo caracterizado por tener un abdomen muy blando que introduce en una concha vacía, con la que carga.

canguro 1 *m.* Mamífero marsupial herbívoro exclusivo de Australia, Nueva Guinea, Tasmania y algunas islas adyacentes. Tiene las extremidades torácicas cortas y las abdominales muy largas y robustas, mediante las cuales se traslada a saltos, y una fuerte y gruesa cola. 2 *m.* y *f.* coloq. Persona que cuida niños ajenos por horas en ausencia corta de los padres.

caníbal 1 *adj.* Dicho de un animal, que come carne de su misma especie. 2 *adj.* y *s.* **ANTROPÓFAGO.**

canibalismo 1 *m.* Costumbre alimentaria de los animales caníbales. 2 **ANTROPOFAGIA.**

canica 1 *f.* Bolita de barro, vidrio u otra materia dura. 2 *f. pl.* Juego que se hace con estas bolitas.

caniche *s.* y *adj.* Perro pequeño de compañía con cráneo apuntado, hocico largo y recto, orejas caídas y cola de porte alto. Existen tres variedades de diferentes tallas.

canícula *f.* Periodo más caluroso del año.

cánido *adj.* y *m.* ZOOL Dicho de un mamífero, carnívoro de cabeza generalmente pequeña, mandíbulas largas, orejas grandes, patas con uñas robustas y cola más o menos larga. Incluye lobos, zorros, chacales y perros.

canijo, ja *adj.* y *s.* Enfermizo y débil.

canilla 1 *f.* Cada uno de los huesos largos y delgados de la pierna o del brazo, y especialmente la tibia. 2 Pierna, especialmente si es muy delgada. 3 Parte anterior de la pierna. 4 Tubito de madera para dar salida al líquido de las cubas o tinajas.

canino, na 1 *adj.* Perteneciente o relativo al can o perro. 2 Dicho de las propiedades, que tienen semejanza con las del perro. 3 *m.* **COLMILLO.**

canje 1 *m.* Intercambio, trueque o sustitución. 2 Acción de intercambiar prisioneros de guerra. 3 Hecho de entregar un documento recibiendo a cambio otro o un determinado valor.

canjear *tr.* Hacer un cambio o canje.

cannabáceo, a *adj.* y *f.* BOT Dicho de una planta, herbácea, que tiene tallo fibroso, hojas opuestas, flores dispuestas en cimas, fruto en cariópside o aquenio y semillas sin albumen, como el cáñamo.

cannáceo, a *adj.* y *f.* BOT Dicho de una planta, perenne, que tiene raíz fibrosa, hojas anchas, envainadoras en la base del tallo, flores en racimo o panoja y fruto en cápsula, como el platanillo y la achira.

cano, na *adj.* De pelo o barba blancos en su mayor parte.

canoa 1 *f.* Embarcación estrecha de remo, por lo general de una sola pieza, sin quilla y sin diferencias entre proa y popa. 2 Canal de madera u otra materia para conducir el agua. 3 Recipiente alargado de forma y usos similares a los de la artesa.

canódromo *m.* Lugar preparado para las carreras de galgos.

canon 1 *m.* Regla o norma. 2 Modelo de características perfectas. 3. Cantidad periódica que debe pagarse por el usufructo o arrendamiento de una cosa. 4 ART Tipo ideal en su especie aceptado por los escultores antiguos. 5 MÚS Composición en que las voces van entrando sucesivamente con la misma melodía.

canónico, ca 1 *adj.* Que se ajusta a las características de un canon. 2 Dicho de un libro o de una epístola, que están contenidos en el canon de los libros auténticos de la Sagrada Escritura. 3 Conforme a las normas de la Iglesia católica. 4 DER **derecho ~.**

canónigo *m.* Eclesiástico que desempeña una función pastoral o administrativa en la diócesis.

canonizar *tr.* Declarar el papa santo a un siervo de Dios muerto ya beatificado.

canoro, ra *adj.* Dicho de un ave, de canto melodioso.

canoso, sa *adj.* Que tiene muchas canas.

canotaje 1 *m.* DEP Deporte que consiste en descender con una embarcación ríos o corrientes de aguas turbulentas. 2 DEP Competición olímpica de velocidad en kayak.

canotier *m.* Sombrero de paja de ala corta y plana que tiene la copa baja, cilíndrica y rodeada de una cinta. • pl: *canotiers*.

cansado, da 1 *adj.* Dicho de una cosa, que declina o decae: *Tierra cansada.* 2 Que manifiesta cansancio: *Rostro cansado.*

cansancio 1 *m.* Falta de fuerzas que resulta de haberse fatigado. 2 Sensación que hace pesados el movimiento o el trabajo. 3 Hastío, tedio, fastidio.

cansar 1 *tr.* y *prnl.* Causar o experimentar cansancio. 2 Quitar fertilidad a la tierra, bien por la continuidad o la índole de la cosecha o bien por la clase de los abonos. 3 Enfadar, molestar.

cansino, na 1 *adj.* Dicho de una persona o de un animal, que tiene su capacidad de trabajo disminuida por el cansancio. 2 Que por la lentitud y pesadez de los movimientos revela cansancio.

cantable 1 *adj.* Que se puede cantar. 2 Que se canta despacio. 3 *m.* Escena de la zarzuela en que se canta.

cantábrico, ca *adj.* Del mar Cantábrico o de las tierras próximas a él.

cantador, ra *m.* y *f.* Persona que canta coplas populares.

cantaleta *f.* Estribillo, repetición enfadosa.

cantante 1 *adj.* Que canta. 2 *m.* y *f.* Persona que canta por profesión.

cantaor, ra *m.* y *f.* Cantante de flamenco.

cantar[1] *m.* MÚS Copla o composición poética musicalizada. || ~ **de gesta** LIT Poesía popular medieval de carácter épico.

cantar[2] 1 *intr.* Emitir personas y animales sonidos melodiosos con la voz, o simplemente emitir sonidos característicos, como el gallo o la cigarra. 2 Ejecutar el canto de una pieza musical con el instrumento correspondiente.

cantárida *f.* Insecto coleóptero de entre 15 y 20 mm, de color verde oscuro brillante, que vive en las ramas de algunos árboles.

cantarín, na *adj.* Dicho de un sonido, que es suave y agradable al oído: *Risa cantarina; Arroyo cantarín.*

cántaro *m.* Vasija grande más ancha por el centro y con una o dos asas.

cantata 1 *f.* LIT Composición poética de cierta extensión, escrita para ser cantada. 2 MÚS Composición vocal con acompañamiento instrumental.

cantautor, ra *m.* y *f.* Persona que compone las canciones que canta.

cante *m.* Cualquier género de canto popular, particularmente el andaluz.

cantera 1 *f.* Sitio del que se saca piedra o greda. 2 Lugar, institución, etc., de procedencia de muchas personas especialmente dotadas para una determinada actividad.

cantería 1 *f.* Arte de labrar las piedras para las construcciones. 2 Obra hecha de piedra labrada.

cántico 1 *m.* Cada una de las composiciones poéticas con que en la Biblia o en la liturgia católica se exalta a Dios y sus obras. 2 LIT Poesía profana.

cantidad 1 *f.* Propiedad de lo que se puede contar y medir. 2 Porción de una magnitud. 3 Cierto número de unidades. 4 Porción grande o número elevado de una cosa. 5 Cantidad indeterminada de algo. 6 Número que resulta de una medida o de una operación matemática. || ~ **discreta** MAT La que consta de unidades o partes separadas unas de otras, como los árboles de un monte, los soldados de un ejército, los granos de una espiga, etc. ~ **escalar** FÍS La que representa una magnitud física a través de un número: *75 kg es una cantidad escalar correspondiente a la masa de un cuerpo.* ~ **exponencial** MAT La que está elevada a una potencia cuyo exponente es desconocido. ~ **imaginaria** MAT La que se produce al extraer la raíz cuadrada de una cantidad negativa. ~ **negativa** MAT La que, por su naturaleza, disminuye el valor de las cantidades positivas a que se contrapone. En los cálculos la expresión de esta cantidad se antepone al signo menos (−). ~ **positiva** MAT La que, agregada a otra, la aumenta. En las expresiones algebraicas y numéricas va precedida del signo más (+) y siendo única, o encabezando un polinomio, no lleva signo alguno. ~ **vectorial** FÍS La que representa una magnitud física a través de un número, una unidad de medida y una dirección: *La velocidad es una cantidad vectorial.*

cántiga *f.* LIT y MÚS Composición poética medieval destinada al canto.

cantimplora *f.* Frasco aplanado y revestido de un material protector, para llevar la bebida en viajes y excursiones.

cantina 1 *f.* Local público en que se expenden bebidas y algunas cosas de comer. 2 Sótano en que se guarda el vino para el consumo de la casa. 3 Recipiente cilíndrico provisto de tapa, que se utiliza para guardar y transportar leche.

cantinela 1 *f.* MÚS Línea melódica, vocal o instrumental, de carácter lírico, que resalta sobre el resto de las partes de una composición. 2 Repetición molesta de algo.

cantinero, ra *m.* y *f.* Persona que, en los bares, tabernas y cantinas, está encargada de preparar y servir las bebidas.

cantinflear *intr.* Hablar de manera disparatada.

canto[1] 1 *m.* Acción y efecto de cantar. 2 Actividad que consiste en cantar o emitir sonidos melodiosos o rítmicos, que realizan las personas y algunos animales con la boca, generalmente, o con otros órganos, como hacen los insectos con los élitros. 3 MÚS Arte de cantar. 4 MÚS Lo que se canta. 5 MÚS Parte melódica que da carácter a una pieza de música concertante. 6 LIT Poema corto de diversos géneros: *Canto fúnebre, guerrero, nupcial.* 7 LIT Parte de un poema heroico. || ~ **gregoriano** MÚS Canto oficial de la liturgia católica. Sus puntos o notas son de igual y uniforme figura y proceden con la misma medida de tiempo.

canto[2] 1 *m.* Borde o extremidad de una cosa. 2 En el cuchillo o sable, el lado opuesto al filo. 3 Corte del libro, opuesto al lomo. 4 Regazo, falda. 5 Piedra pequeña, redondeada y lisa.

cantón 1 *m.* División territorial y administrativa de ciertos Estados. 2 Lugar donde se acantonan las tropas.

cantonera *f.* Pieza que se pone en la esquina de libros, muebles u otros objetos para proteger, adornar o fijar a una base.

cantor, ra 1 *adj.* y *s.* Que canta por afición o por oficio. 2 Dicho de un ave, que como el canario o el jilguero es capaz de emitir sonidos melodiosos.

cantoral *m.* Libro de coro que contiene salmos e himnos religiosos.

canutillo *m.* Cuenta de vidrio alargada, que se usa como adorno en labores de pasamanería.

canuto 1 *m.* En las cañas y los sarmientos, la parte entre dos nudos. 2 Tubo corto y cerrado por uno de sus extremos, que tiene distintos usos.

caña 1 *f.* Tallo de las gramíneas de porte alto. 2 Planta gramínea de tallo leñoso, flexible y hueco, que puede alcanzar hasta 10 m, con hojas largas y ásperas y flores en panojas, propia de las zonas templadas y tropicales. 3 Parte de la bota, media o calcetín que cubre la pierna. 4 Trago de licor. || ~ **de azúcar** Planta gramínea con el tallo tapizado interiormente de un tejido esponjoso y dulce, del que se extrae el azúcar. Alcanza entre 3 y 6 m de altura. ~ **de pescar** Instrumento de pesca compuesto de una vara de caña o fibra de vidrio, larga y flexible, de la que pende un sedal con un anzuelo en uno de sus extremos.

cañabrava *f.* Gramínea silvestre andina, muy dura, con cuyos tallos se hacen tabiques y entramados para sostener las tejas.

cañacoro *m.* ACHIRA.

cañada 1 *f.* Terreno entre dos alturas poco distantes entre sí. 2 Terreno bajo entre lomas bajas, húmedo o con algún pequeño arroyo.

cañaduzal *m.* CAÑAVERAL.

cañal 1 *m.* CAÑAVERAL. 2 Cerco de cañas.

cañamazo 1 *m.* Tela tosca de cáñamo. 2 Tela de tejido ralo, dispuesta para bordar en ella. 3 La misma tela después de bordada.

cáñamo 1 *m.* Planta de las cannabáceas, de 2 m de altura, tallo hueco y velloso, hojas lanceoladas y flores de color verdoso, que se cultiva y prepara como el lino. 2 Filamento textil que se obtiene de esta planta y del que se hacen cuerdas y telas de arpillera. || ~ **índico** Variedad de peor calidad textil, pero con una alta concentración del alcaloide que segregan los pelos de sus hojas, llamado también hachís o marihuana.

cañaveral *m.* Terreno poblado o plantado de cañas.

cañería *f.* Tubería, serie de tubos metálicos que sirven para la conducción del agua o del gas.

cañero, ra 1 *adj.* Perteneciente o relativo a la caña de azúcar. 2 *m.* y *f.* Cultivador y cosechador de caña de azúcar.

cañicultura *f.* Cultivo de la caña de azúcar.

cañizo *m.* Tejido de cañas que se usa para cubrir techos, cercar, etc.

caño 1 *m.* Tubo corto, de metal o barro. 2 Tubo por el que mana el agua de una fuente: *La fuente de los cuatro caños.* 3 ALBAÑAL. 4 Río angosto y navegable. 5 Canal estrecho. 6 Mús En el órgano, conducto del aire que produce el sonido.

cañón 1 *m.* Tubo largo, a modo de caña, que forma parte de los objetos más diversos (un anteojo, una escopeta, un órgano, un fuelle, etc.). 2 Pieza de artillería, de gran longitud para lanzar balas, metralla o ciertos proyectiles. 3 Parte más recia, inmediata a la raíz, del pelo de la barba. 4 Pluma del ave cuando empieza a nacer. 5 Garganta profunda entre dos montañas, por cuyo fondo suele fluir algún río. 6 Arq **bóveda** de ~. 7 Electrón Parte del tubo de rayos catódicos que produce el rayo de electrones y puede concentrarlo y centrarlo. 8 Zool **cálamo**.

cañonazo 1 *m.* Disparo hecho con un cañón. 2 Estruendo consiguiente. 3 En el fútbol, disparo potente a la portería contraria.

caoba 1 *f.* Árbol de tronco grueso y recto, que puede alcanzar 20 m de altura, con hojas compuestas, florecillas blancas y madera rojiza. 2 Madera de este árbol, muy estimada en ebanistería.

caobo *m.* **caoba**.

caolín *m.* Arcilla blanca muy pura que se emplea en la fabricación de porcelanas, aprestos y medicamentos.

caos 1 *m.* Estado de confusión originaria del cosmos, según los diversos mitos. 2 Situación o asunto en que reina el desorden. 3 Astr En la antigua teoría griega de la creación, el oscuro abismo de donde procede la existencia de todas las cosas. 4 Fís Teoría que trata de definir una estructura matemática que describa la evolución de los sistemas caóticos, es decir, de aquellos variables en el transcurso del tiempo que pueden ser descritos en cada instante, pero cuya evolución es imposible de predecir; ejemplo de estos sistemas son el tiempo atmosférico, la producción de terremotos o el flujo de un torrente.

caótico, ca *adj.* Perteneciente o relativo al caos.

capa 1 *f.* Prenda de abrigo larga, suelta y sin mangas, que se ensancha hacia abajo y se abre por delante. 2 Porción de una materia que se extiende sobre otra para cubrirla o bañarla de manera uniforme. 3 Cada una de las partes superpuestas de una cosa: *Capas de la atmósfera.* 4 Clase o sector dentro de la sociedad humana. 5 Pretexto que encubre otra cosa. 6 Color de los caballos y otros cuadrúpedos. 7 Tela ancha y sin palo con que el torero da los primeros pases de la lidia. 8 Geo Estrato de los terrenos. || ~ **de ozono** Geo **ozonosfera**. ~ **inversora** Astr Zona media de la envoltura gaseosa del Sol, formada por gases incandescentes que tienen la propiedad de invertir el espectro, haciendo brillantes sus rayas. ~ **pigmentaria** Anat La más profunda de la epidermis, formada por las células que contienen el pigmento.

capacete 1 *m.* Pieza de la armadura, que cubría y defendía la cabeza. 2 Capota de los automóviles.

capacho 1 *m.* Espuerta de juncos o mimbres que suele servir para llevar fruta. 2 **achira**. 3 Mús **maraca**. 4 Caparazón de las tortugas.

capacidad 1 *f.* Cabida o espacio hueco de alguna cosa o de algún local. 2 Aptitud para hacer algo. 3 Talento o disposición para comprender las cosas. 4 Inf Cantidad de información que una computadora o un dispositivo conectado a ella es capaz de procesar o de almacenar. || ~ **eléctrica** Electr Relación constante entre la carga eléctrica que recibe un conductor y el potencial que adquiere. Se mide en faradios y viene expresada por la fórmula $C = q/V$, donde q es la carga (en culombios) de uno de los dos conductores, y V es la diferencia de potencial (en voltios) entre ambos. ~ **térmica** Fís Cantidad de calor necesario para aumentar la temperatura de una sustancia un grado Celsius.

capacitar *tr.* y *prnl.* Hacer a alguien apto para desempeñar una función o un oficio.

capacitancia *f.* Electr Medida que representa la cantidad de carga eléctrica que puede almacenar un **condensador**.

capador, ra 1 *m.* y *f.* Persona que tiene el oficio de capar. 2 *m.* Mús **rondador**.

capar 1 *tr.* Extirpar o inutilizar los órganos genitales de una persona o un animal. 2 coloq. Dejar de asistir a alguna parte contra lo debido.

caparazón 1 *f.* Coraza externa, dura, formada por varias piezas, que protege el cuerpo de las tortugas, de muchos crustáceos y de algunos mamíferos. 2 Cubierta con que se protege cualquier otra cosa.

caparidáceo, a *adj.* y *f.* Bot Dicho de una planta, angiosperma dicotiledónea, que posee hojas simples o compuestas, flores actinomorfas o zigomorfas y fruto en baya o silicua, como la alcaparra.

caparrosa *f.* Sulfato nativo de cobre (azul), hierro (verde) o cinc (blanco).

capataz, za 1 *m.* y *f.* Persona encargada de dirigir a una cuadrilla de obreros. 2 Persona que administra una finca agrícola.

capaz[1] 1 *adj.* Dicho de una persona, que tiene aptitud para comprender o realizar algo. 2 Que se atreve a algo: *Es capaz de lanzarse en paracaídas.* 3 Dicho de una cosa, que puede realizar la acción designada: *Este auto es capaz de subir la cumbre.* 4 Dicho de un local, el que tiene espacio suficiente para contener algo, el grande y espacioso.

capaz[2] *m.* Pez teleósteo, similar al bagre, que se cría en los ríos tropicales americanos.

capcioso, sa *adj.* Dicho de una pregunta o argumentación, que busca comprometer al interlocutor o favorecer a quien la formula.

capear 1 *tr.* Eludir hábilmente las dificultades. 2 Sortear una embarcación el mal tiempo y disponerla para que ande poco.

capela || **a** ~ Dicho de una composición musical cantada sin acompañamiento de instrumentos.

capellán 1 *m.* Sacerdote que es titular de una capellanía. 2 El adscrito al servicio religioso de una institución religiosa o seglar.

capellanía *f.* Fundación religiosa que conlleva los servicios y la retribución de un sacerdote.

capelo 1 *m.* Sombrero rojo, insignia de los cardenales. 2 Dignidad de cardenal.

caperuza 1 *f.* Gorro con remate en punta hacia atrás. 2 Cualquier pieza que cubre el extremo de algo. 3 Pieza que, en las lámparas de mesa, cubre la bombilla. 4 Funda en forma de red, hecha con fibras metálicas, con la cual se cubre la llama de ciertos aparatos de alumbrado para que, poniéndose candente, iluminen.

capibara *m.* Roedor de hábitos semiacuáticos, nativo de América del Sur, que puede alcanzar una longitud de 1 m y un peso de unos 45 kg, lo que lo hace el roedor de mayor tamaño en el mundo.

capicúa *adj.* y *m.* Número que, como 3773, es igual leído de izquierda a derecha que de derecha a izquierda.

capilar 1 *adj.* Perteneciente o relativo al cabello o a su forma. 2 Fís Dicho de un fenómeno, que es producido por la capilaridad. 3 *m.* Conducto tubular muy delgado, como un cabello. 4 Intersticio muy pequeño en el interior de un sólido. 5 Anat Vaso orgánico muy fino o estrecho, como los que enlazan las arterias con las venas.

capilaridad 1 *f.* Fís Fenómeno por el que la superficie de un líquido en contacto con un sólido no es horizontal, sino convexa o cóncava, según que el líquido moje o no el sólido. 2 Fís Propiedad de atraer un cuerpo sólido y hacer subir por sus paredes, hasta cierto límite, el líquido que las moja.

capilla 1 *f.* Iglesia pequeña. 2 Cada uno de los departamentos de un templo con su altar propio. 3 Cuerpo de músicos asalariados de una iglesia. 4 Oratorio privado. || ~ **ardiente** Oratorio fúnebre provisional donde se celebran las primeras exequias por una persona. ~ **mayor** ARQ Parte principal de la iglesia, en que están el presbiterio y el altar mayor.

capirote 1 *m.* Capucha en forma de cucurucho que llevan los penitentes en las procesiones de Semana Santa. 2 Caperuza de cuero con que se cubre la cabeza de las aves de cetrería cuando no cazan.

capital 1 *adj.* Perteneciente o relativo a la cabeza. 2 Principal, muy importante o grave. 3 DER **pena** ~. 4 *adj.* y *f.* Población en que reside la autoridad del Estado, de una provincia, de un Estado, de un departamento, etc. 5 *m.* Bienes o dinero de una persona o empresa. 6 ECON Elemento o factor de la producción constituido por inmuebles, maquinaria o instalaciones de cualquier género. 7 ECON Conjunto de bienes materiales aportados por los socios fundadores al constituir una empresa y eventualmente los accionistas. 8 ECON **acumulación** de ~. 9 ECON **mercado** de ~. || ~ **humano** ECON Conjunto de conocimientos que poseen las personas y que puede ser utilizado para mejorar la producción. ~ **social** ECON Conjunto de las sumas o de los bienes valorados que los socios de una sociedad aportan a esta, para desarrollar su actividad comercial.

capitalismo *m.* ECON Sistema económico fundado en las relaciones de producción que conceden primacía a la creación de riqueza, a la propiedad privada, a una economía de mercado, más o menos libre, y a la diferenciación entre capital y fuerza de trabajo o mano de obra.

☐ ECON Modelo económico surgido en Europa después del **feudalismo** gracias al desarrollo de la Revolución Industrial. Se basa en la propiedad de la tierra por particulares, la producción a gran escala, la inversión de **capital** y un sistema de trabajo en el que se recibe un **salario** por el tiempo y el conocimiento.

capitalista 1 *adj.* Propio del capital o del capitalismo. 2 *m.* y *f.* Persona que goza de rentas, especialmente en dinero o valores. 3 ECON **socio** ~.

capitalización *f.* Acción y efecto de capitalizar.

capitalizar 1 *tr.* ECON Fijar el capital que corresponde a determinado rendimiento o interés, según un tipo dado. 2 ECON Agregar al capital el importe de los intereses devengados. 3 Utilizar en beneficio propio una acción o situación, aunque sean ajenas.

capitán, na 1 *m.* y *f.* Persona que lidera un grupo humano o un equipo deportivo. 2 Oficial de rango inmediatamente inferior al de comandante y superior al de teniente. 3 Oficial de marina al mando de un buque mercante. || ~ **general** HIST En tiempos de la dominación española, persona que gobernaba en América la entidad conocida como capitanía general, cargo que generalmente recaía en los virreyes. El título la facultaba para organizar expediciones de conquista y defensa de las fronteras.

capitana *f.* Nave en que va embarcado y enarbola su insignia el jefe de una escuadra.

capitanear 1 *tr.* Mandar una tropa armada. 2 Guiar o conducir un grupo de personas, aunque no sea militar ni armada.

capitanía *f.* Empleo de capitán. || ~ **general** HIST En América, durante la dominación española, extensa demarcación territorial gobernada con relativa independencia del virreinato a que pertenecía.

capitel *m.* ARQ Parte superior de la columna o pilastra, cuya figura y ornamentación difieren según los estilos, sobre la que descansa el arquitrabe y que suele dividirse en astrágalo, tambor y ábaco.

capitolio 1 *m.* ACRÓPOLIS. 2 Edificio majestuoso y elevado que, en algunos países, alberga los órganos legislativos del Estado.

capitulación 1 *f.* Pacto suscrito entre dos o más personas o partes sobre determinado asunto. 2 Tratado en que se establecen las condiciones de una rendición. 3 *f. pl.* Pactos que se hacen entre los esposos, antes o durante el matrimonio, que ordenan el régimen económico matrimonial.

capitular[1] 1 *adj.* Perteneciente o relativo a un cabildo secular o eclesiástico o al capítulo de una orden. 2 *adj.* y *f.* Dicho de una letra, que empieza el capítulo de un libro, o un párrafo, cuando es resaltada en tamaño o por algún adorno.

capitular[2] 1 *intr.* Pactar, llegar a un acuerdo o convenio. 2 Rendirse un ejército, una nación, una ciudad, etc. 3 Declararse alguien vencido en cualquier asunto o discusión.

capítulo 1 *m.* Cada una de las divisiones numeradas de un libro, una obra literaria, un tratado, una ley, etc. 2 Asamblea de una orden religiosa, en que superiores y delegados tratan asuntos como las reformas o las elecciones de cargos. 3 BOT Inflorescencia densa de flores sin pedúnculo que se insertan en un receptáculo aplanado.

capo *m.* Jefe de una mafia.

capó *m.* Cubierta del motor del automóvil, o del portaequipajes, si va en la parte anterior.

capón 1 *adj.* y *m.* Dicho de un hombre o de un animal, que ha sido castrado. 2 *m.* Pollo que se castra cuando es pequeño, y se ceba para comerlo.

caporal 1 *m.* Hombre que hace de jefe de un grupo de gente. 2 Hombre que se encarga de los animales de labranza. 3 *m.* y *f.* Persona encargada de una estancia o hacienda rústica.

capota 1 *f.* Cubierta plegable de coches y carruajes. 2 Techo de un vehículo. 3 Gorro sin alas que se ata con cintas por debajo de la barbilla. 4 Tela del paracaídas.

capote 1 *m.* Prenda de abrigo a modo de manta con un agujero para pasar la cabeza. 2 Abrigo muy holgado. 3 Capa corta de los toreros.

capotear 1 *tr.* Torear el toro con el capote. 2 Evadir mañosamente las dificultades y los compromisos.

capricho 1 *m.* Determinación que se toma arbitrariamente, causada por un antojo, por humor o por deleite. 2 Lo que es objeto de tal determinación. 3 ART Obra en que el ingenio o la fantasía rompen la observancia de las reglas o normas estilísticas. 4 MÚS Pieza instrumental de corta duración y de carácter ligero e improvisado.

caprichoso, sa 1 *adj.* Dicho de la persona, que obra por capricho o que es inconstante en sus gustos. 2 Dicho de una cosa, que es arbitraria y fantasiosa.

capricornio *adj.* Dicho de una persona, nacida bajo el signo de Capricornio, entre el 22 de diciembre y el 19 de enero.

caprifoliáceo, a *adj.* y *f.* BOT Dicho de una planta, angiosperma, que tiene hojas opuestas, cáliz adherente al ovario y semillas con albumen carnoso, de cubierta crustácea, como el saúco.

caprino, na *adj.* Perteneciente o relativo a la cabra.

cápsula 1 *f.* Casquillo que en la base de los cartuchos contiene el fulminante. 2 Cajita cilíndrica de metal con que se cierran herméticamente las botellas. 3 ANAT Membrana en forma de saco que contiene ciertos líquidos u órganos. 4 BOT Fruto seco, con una o más cavidades que contienen varias semillas, como el de la amapola. 5 FARM Envoltura soluble de ciertos medicamentos de gusto desagradable. || ~ **espacial**

Elemento recuperable con que van equipados algunos tipos de naves espaciales. Puede ser tripulada o no tripulada. ~ **sinovial** ANAT Membrana que reviste las articulaciones movibles y segrega la sinovia.

captación *m.* Acción y efecto de captar.

captar 1 *tr.* Percatarse de algo, comprender. 2 Percibir con los sentidos. 3 Percibir o recibir por medio de receptores sensaciones, ondas, sonidos, imágenes, etc. 4 Recoger las aguas de uno o más manantiales. 5 *tr.* y *prnl.* Ganarse la atención, la voluntad o el afecto de una persona.

captor, ra 1 *adj.* y *s.* Que captura. 2 *adj.* Que capta.

capturar 1 *tr.* Apresar a una persona a la que se considera delincuente. 2 Cazar o pescar. 3 Aprehender, apoderarse de cualquier persona, animal o cosa que ofrezca resistencia.

capucha 1 *f.* Gorro de tela, en forma de pico, generalmente cosido al hábito, la capa, el abrigo o el impermeable, que cuando no se pone sobre la cabeza cae sobre la espalda. 2 Objeto que cubre o protege el extremo de alguna cosa.

capuchino, na 1 *adj.* y *s.* Dicho de una persona, que hace parte de la orden franciscana de los Hermanos Menores de la Vida Eremítica, rama fundada a partir de la de los observantes en 1525. 2 *m.* Café con leche espumosa. 3 Mono americano de cola semiprensil, caracterizado además por la capa de pelo oscuro que corona su cabeza y que recuerda a la capucha de un monje. Mide entre 30 y 55 cm. 4 *f.* Planta ornamental y trepadora de tallos sarmentosos, hojas alternas y flores en forma de capucha de color rojo anaranjado, aromáticas y algo picantes.

capulí *m.* Árbol rosáceo americano que alcanza unos 15 m de altura, con hojas alternas y flores pequeñas y blancas agrupadas en racimo colgante, cuyo fruto es una drupa esférica, de color negro rojizo y de sabor y olor agradables.

capulina *f.* Fruto del capulí.

capullo 1 *m.* Envoltura en que se encierra el gusano de seda para transformarse en crisálida; es ovalado, del tamaño de un huevo de paloma y de color pajizo, blanco o azulado. 2 Envoltura similar de las larvas de otros insectos y de algunos arácnidos. 3 Flor sin acabar de abrirse.

caquexia 1 *f.* MED Estado de extrema desnutrición producido por enfermedades consuntivas, como la tuberculosis, las supuraciones, el cáncer, etc. 2 BOT Decoloración de las partes verdes de las plantas por falta de luz.

caqui 1 *adj.* y *m.* Dicho de un color, que varía desde el amarillo u ocre hasta el verde grisáceo. 2 *m.* Tela resistente de color caqui empleada principalmente para uniformes militares.

cara[1] 1 *f.* Parte anterior de la cabeza humana desde el nacimiento del pelo hasta la punta de la barbilla. 2 Dicho también de algunos animales. 3 Semblante, conjunto de las facciones de una persona. 4 Gesto o expresión de un estado de ánimo. 5 Aspecto o cariz de una cosa. 6 Cada una de las dos superficies de un objeto laminar. 7 Anverso de una moneda o medalla. 8 Lado o superficie de una cosa. 9 GEOM Cada una de las superficies que forman o limitan un poliedro.

cara[2] *adj.* y *s.* HIST De un pueblo prehispánico absorbido por los incas antes de la llegada de los españoles a América. Pertenecían al grupo quiteño de la familia quechua y constituyeron un reino que abarcaba gran parte de Ecuador.

carabela *f.* Embarcación antigua, larga y estrecha, con una cubierta, castillo a popa y tres palos. La emplearon sobre todo los portugueses en el s. XV, y al menos dos de las embarcaciones de Colón en su primer viaje al Nuevo Mundo fueron carabelas.

carábido *adj.* y *m.* ZOOL Dicho de un insecto, coleóptero, que es muy voraz y beneficioso para la agricultura porque destruye muchas orugas y otros animales perjudiciales. De coloración castaña o negra, varias especies tienen los élitros rayados o de color azul metálico, verde o bronce.

carabina *f.* Arma de fuego portátil parecida al fusil, aunque más corta.

carabinero 1 *m.* Soldado que usaba carabina. 2 En algunos países, soldado o policía destinado a la persecución del contrabando. 3 En algunos países, policía que monta un caballo o se acompaña de un perro. 4 *m. pl.* En algunos países, cuerpo de policía uniformada del Estado.

cárabo 1 *m.* Insecto coleóptero que puede alcanzar 4 cm de largo. 2 Ave estrigiforme de unos 38 cm de longitud y plumaje gris con manchas pardas y blancas.

caracha 1 *f.* Erupción cutánea. 2 Costra de las heridas.

carácido *adj.* y *m.* ZOOL Dicho de un pez, dulciacuícola, que es propio de las zonas tropicales de América del Sur. Muchos exhiben un colorido brillante, como los tetras neón. Entre las especies de mayor tamaño están las pirañas.

caracol 1 *m.* Cada uno de los moluscos **gasterópodos**, que se caracterizan por estar provistos de una concha, un pie-músculo con el que se trasladan y uno o dos pares de tentáculos en la cabeza. Algunos son comestibles. 2 Concha de ese molusco. 3 ANAT y FISIOL Cavidad constituyente del laberinto del oído en forma de conducto arrollado en espiral; participa en la transmisión de las vibraciones sonoras al nervio acústico.

caracola 1 *f.* Concha grande de caracol marino, que puede utilizarse emitiendo un sonido como de trompa. 2 Caracol terrestre de concha blanca.

caracolear *intr.* Hacer giros en redondo el caballo.

caracolí *m.* Árbol anacardiáceo de 35 m de altura aprox. Tiene follaje verde oscuro y hojas de 25 cm, alternas. Su madera se utiliza para la confección de tablas, cajones, canoas, etc.

carácter 1 *m.* Conjunto de cualidades que constituyen la personalidad de una persona y condicionan su conducta y su manera de ser. 2 Firmeza de ánimo. 3 Condición social de una persona: *En su carácter de juez.* 4 Estilo personal de la obra literaria o artística. 5 REL Huella indeleble que, según la doctrina católica, dejan algunos sacramentos. 6 Signo de escritura o de imprenta. || ~ **adquirido** BIOL Cada uno de los rasgos morfológicos o funcionales no heredados, sino adquiridos por el organismo durante su vida. ~ **heredado** BIOL Cada uno de los rasgos funcionales o morfológicos que se transmiten los organismos de una generación a otra.

característico, ca 1 *adj.* Perteneciente o relativo al carácter. 2 *f.* Rasgo propio de una persona o cosa. 3 MAT Cifra que expresa la parte entera de un logaritmo.

caracterizar 1 *tr.* y *prnl.* Dar carácter o distinguir a una persona o cosa sus atributos y rasgos propios. 2 Representar un actor o una actriz su papel de acuerdo con el personaje representado.

caradriforme *adj.* y *f.* ZOOL Dicho de un ave, que es de tamaño pequeño o mediano y tiene el pico generalmente largo, por lo general es buena voladora y vive en las regiones costeras. Comprende limícolas, gaviotas, golondrinas de mar y rayadores.

caradura *adj.* y *s.* Descarado, sinvergüenza.

caraísmo *m.* REL Doctrina de una secta judaica que profesa escrupulosa adhesión al texto literal de la *Escritura*, rechazando las tradiciones.

carajo, ja *interj.* Denota enfado, disgusto, fastidio; admiración, sorpresa, extrañeza, etc.

caramañola *f.* Vasija con tubo para beber.

caramba 1 *interj.* Denota extrañeza o enfado. 2 *f.* Adorno en forma de lazo que llevaban las mujeres sobre la cofia, a finales del s. XVIII.

carámbano *m.* Pedazo de hielo colgante que se forma al helarse el agua que gotea de tejados o cañerías.

carambola 1 *f.* Lance del juego del billar con tres bolas, en que una toca a las otras dos (carambola limpia), o toca a una y esta a la tercera (carambola sucia o rusa). 2 Lo que se obtiene por suerte y no por habilidad.

caramelo 1 *m.* Azúcar fundido y endurecido. 2 Golosina hecha con caramelo aromatizado con alguna esencia, de diferentes formas y tamaños y, a veces, relleno de chocolate, licor, etc.

caramillo 1 *m.* Flautilla de caña, madera o hueso, con sonido muy agudo. 2 **ZAMPOÑA**, instrumento musical a modo de flauta o compuesto de varias.

caranday *m.* **CARNAUBA**.

carángano 1 *m.* **PIOJO**, insecto hemíptero. 2 Instrumento musical de cuerda y percusión a la vez.

carantoña *f.* Zalamería, y especialmente la que se hace para conseguir algo.

caraota *f.* Especie de fríjol de semilla marrón o negro y más pequeño que la común.

carapacho *m.* Caparazón de tortugas, cangrejos y otros animales.

carate *m.* MED Enfermedad tropical caracterizada por lesiones pigmentarias en la piel, de color blancuzco, rojizo o azul oscuro.

carátula 1 *f.* Careta o máscara. 2 Cubierta o portada de un libro o de una revista.

caravana 1 *f.* Grupo de personas organizadas con el fin de ayudarse y protegerse mutuamente durante un viaje en el que se cubren grandes distancias. 2 Recua de animales. 3 Conjunto de vehículos que marchan a escasa velocidad o se dirigen juntos al mismo sitio.

caray *interj.* **CARAMBA**.

carbanión *m.* QUÍM Clase de **anión** de un compuesto orgánico en el que su carga negativa recae sobre un átomo de carbono.

carbocatión *m.* QUÍM Átomo de carbono cargado con energía positiva.

carbohidrato *m.* QUÍM Glúcido o **HIDRATO** de carbono.

carbólico *m.* QUÍM **FENOL**.

carbón 1 *m.* Brasa o ascua apagada. 2 Carboncillo de dibujar. 3 Materia sólida combustible negra o negruzca que, según su origen, se denomina vegetal o mineral. || ~ **mineral** GEO Material rocoso bituminoso formado durante el periodo carbonífero a partir de la transformación de depósitos vegetales con acumulación de sedimentos en atmósferas pobres en aire y bajo la acción de la humedad, y en muchos casos de altas presiones y temperaturas, a consecuencia de lo cual la proporción de carbono es muy alta. Además de carbono, contiene hidrocarburos volátiles, azufre y nitrógeno. Recibe, según sus clases, los nombres de **antracita**, **hulla**, **lignito** y **turba**. ~ **vegetal** Combustible sólido, por lo general negro y con densidad, contenido de carbono y poder calórico variables, que procede de la destilación o combustión incompleta de restos vegetales.

carbonara || **a la** ~ Dicho de la pasta italiana, que se prepara con crema de leche líquida, trozos de jamón, huevo, queso y especias.

carbonario, ria 1 *adj.* HIST Dicho de las sociedades secretas fundadas en Italia, Francia y España en el s. XIX, que luchaban por la libertad política y la instauración de un sistema constitucional. 2 *adj.* y *s.* Dicho de una persona, que perteneció a estas sociedades.

carbonato *m.* QUÍM Sal o éster formado por la combinación del ácido carbónico con un radical. || ~ **de sodio** QUÍM Polvo blanco con propiedades alcalinas, que se encuentra en los estratos de sal y disuelto en las aguas de lagos interiores. Se emplea en la fabricación de vidrio, papel y jabón, en el refinado del petróleo, como agente limpiador, etc.

carboncillo 1 *m.* Palito vegetal carbonizado que sirve para dibujar. 2 Dibujo hecho de ese modo.

carbonero, ra 1 *adj.* Perteneciente o relativo al carbón. 2 *m.* y *f.* Persona que lo hace o vende. 3 *m.* Ave melífera de plumaje negro con un parche gris en los hombros y pico terminado en gancho. Habita matorrales densos del bosque andino. 4 *f.* Lugar en que se guarda el carbón.

carbónico, ca 1 *adj.* QUÍM Dicho de muchas combinaciones o mezclas, que contienen carbono. 2 QUÍM Dicho de cierto ácido, que existe solo en disolución y que con las bases forma carbonatos. Fórmula: CO_3H_2. 3 QUÍM **anhídrido** ~.

carbonífero, ra 1 *adj.* Dicho de un terreno, que tiene carbón mineral. 2 *adj.* y *m.* GEO Dicho de un periodo geológico, quinto de la era paleozoica, que abarca aprox. desde hace 360 millones de años hasta hace 286 millones. • Se escribe con may. inic. en la acepción 2.

□ GEO Durante el Carbonífero el clima cálido y húmedo favoreció el desarrollo de la vegetación y los organismos marinos. Hacia el final se formó un único supercontinente, el clima se tornó más fresco y seco y, a continuación, sobrevino un largo intervalo de glaciaciones.

carbonilo *m.* QUÍM Radical formado por un átomo de carbono y otro de oxígeno.

carbonizar 1 *tr.* y *prnl.* Reducir a carbón un cuerpo orgánico.

carbono 1 *m.* QUÍM Elemento químico, tetravalente, ampliamente distribuido en la naturaleza (presente en todos los organismos, en el suelo y en la atmósfera), aunque solo constituye un 0,02 % de la corteza terrestre. Posee una extraordinaria capacidad para formar compuestos consigo mismo y con otros elementos, lo que lo convierte en componente fundamental de la materia viva. Símbolo: C. Número atómico: 6. Peso atómico: 12,001. 2 QUÍM **dióxido** de ~; **monóxido** de ~; **tetracloruro** de ~. 3 BIOQ **hidrato** de ~.

□ **ciclo del carbono** ECOL Utilización del carbono a través del ecosistema terrestre. El ciclo comienza cuando las plantas absorben el dióxido de carbono del aire y sintetizan materia orgánica (durante la fotosíntesis), que más tarde pasa al suelo, al morir la planta, o a los animales herbívoros, que degradan los compuestos de carbono. Parte de este es liberado en forma de dióxido de carbono por la respiración y parte se almacena en los tejidos animales y pasa a los carnívoros, que se alimentan de los herbívoros. Al morir el animal, el carbono vuelve al suelo y una parte se incorpora de nuevo a la atmósfera. En última instancia, todos los compuestos se descomponen, y el carbono es liberado en forma de dióxido de carbono, que es utilizado de nuevo por las plantas.

carbonoide *adj.* y *m.* QUÍM Dicho de un elemento químico, que pertenece al grupo 14 de la tabla periódica de los elementos conformado por: carbono, silicio, germanio, estaño y plomo.

carborundo *m.* QUÍM Carburo de silicio, de dureza parecida a la del diamante, que se emplea como abrasivo y material refractario.

carboxilo *m.* QUÍM Radical de los ácidos orgánicos, formado por un átomo de carbono, dos de oxígeno y uno de hidrógeno.

carbunco *m.* Med Enfermedad muy grave del ganado lanar, vacuno, cabrío y a veces en el caballar. Es producida por una bacteria y se manifiesta en forma de tumor; es transmisible a las personas, en quienes causa el ántrax.

carburación 1 *f.* Acto por el que se combinan el carbono y el hierro para producir el acero. 2 Acción y efecto de carburar.

carburador *m.* Dispositivo que en los motores de explosión mezcla el aire y el combustible volátil de una manera adecuada.

carburante 1 *m.* Mezcla de hidrocarburos que se emplea en los motores de explosión y de combustión interna. 2 Cualquier combustible industrial.

carburar *tr.* e *intr.* Mezclar los gases o el aire con los carburantes gaseosos o los vapores de los carburantes líquidos, para hacerlos combustibles (en los motores) o detonantes (en los explosivos).

carburo *m.* Quím Compuesto de carbono y un radical simple. Sin especificar, se entiende el carburo de calcio.

carcaj *m.* **aljaba.**

carcajada *f.* Risotada, risa espasmódica y sonora.

carcajear 1 *intr.* y *prnl.* Reír a carcajadas. 2 *prnl.* Burlarse de alguien o de algo.

carcamal *m.* coloq. Persona vieja y achacosa.

cárcamo *m.* Hoyo, zanja.

carcasa *f.* Armazón, estructura de un objeto.

cárcel 1 *f.* Prisión en que se encierra a los detenidos. 2 Ranura por la que corren los tablones de una compuerta.

carcelero, ra *m.* y *f.* Persona que vigila a los presos en la cárcel.

carcinógeno, na *adj.* Med Dicho de una sustancia o de algo, que produce cáncer.

carcinoma *m.* Med Cáncer del tejido epitelial de los órganos, con tendencia a difundirse y producir metástasis.

carcomer 1 *tr.* y *prnl.* Consumir poco a poco la salud, la virtud, etc. 2 *tr.* Roer la madera.

carda 1 *f.* Acción y efecto de cardar. 2 Máquina para limpiar el algodón y otras fibras textiles.

cardamomo *m.* Planta cingiberácea de semillas aromáticas y de sabor algo picante.

cardán 1 *m.* Mecanismo para transmitir un movimiento de rotación en distintas direcciones. 2 Suspensión consistente en dos círculos concéntricos, cuyos ejes forman ángulo recto; permite mantener la orientación de un eje de rotación en el espacio aunque su soporte se mueva.

cardar 1 *tr.* Preparar una fibra para su hilado. 2 Peinar paños sacándoles el pelo.

cardenal[1] 1 *m.* Cada uno de los miembros del Sacro Colegio de la Iglesia Católica, que eligen al papa y son sus consejeros. 2 Ave cantora, de plumaje variopinto y penacho rojo en forma de mitra.

cardenal[2] *m.* Equimosis o mancha lívida de la piel producida por algún golpe.

cárdeno, na *adj.* Amoratado.

cardíaco, ca (Tb. cardiaco) 1 *adj.* Perteneciente o relativo al corazón. 2 Anat **vena** ~. 3 Anat y Fisiol **músculo** ~. 4 *adj.* y *s.* Med Dicho de una persona, que padece una dolencia del corazón.

cardias *m.* Anat Orificio que comunica el estómago y el esófago.

cardinal 1 *adj.* Principal, fundamental. 2 Gram Dicho del adjetivo numeral, que solo expresa cantidad en relación con los números naturales: *He visto cuatro películas en estas vacaciones.* • En algunos casos puede funcionar como pronombre: *¿Quieres caramelos? Sí, dame tres;* o como sustantivo: *El número ganador es el siete.* 3 **punto** ~. 4 Mat **número** ~. 5 Rel **virtud** ~.

cardiocirugía *f.* Med Intervención quirúrgica del corazón.

cardioide *f.* Geom Curva en coordenadas polares en la que las dos circunferencias utilizadas para su construcción tienen el mismo radio. Recibe este nombre porque su figura tiene forma acorazonada.

cardiología *f.* Med Rama de la medicina que trata del corazón y de sus funciones y enfermedades.

cardiopatía *f.* Med Enfermedad del corazón.

cardiovascular *adj.* Anat Perteneciente o relativo al corazón y a los vasos sanguíneos.

cardo *m.* Planta anual, que puede medir 1 m, tiene hojas grandes y espinosas, flores en cabezuela y pencas.

cardumen *m.* **banco** de peces.

carear *tr.* Interrogar a la vez a dos o más personas para averiguar la verdad de algo, comparando sus versiones.

carecer *intr.* No tener algo. • Vb. irreg. conjug. c. **agradecer**. V. anexo El verbo.

carel *m.* Borde superior de una embarcación pequeña donde se fijan los remos.

carena 1 *f.* Parte normalmente sumergida de una embarcación. 2 Reparación que, en seco, se hace del casco de una embarcación.

carenar *tr.* Reparar el casco de la nave.

carencia 1 *f.* Falta o privación de algo. 2 Med Falta de determinadas sustancias en la ración alimenticia, especialmente vitaminas.

carente *adj.* Que carece.

carestía 1 *f.* Precio alto de las cosas de uso corriente. 2 Escasez de alguna cosa, y especialmente la de los víveres.

careta 1 *f.* Máscara que se hace con diversos materiales y que sirve para proteger o tapar la cara, como la que usan los buzos, los esgrimistas o los colmeneros. 2 **antifaz.**

carey 1 *m.* Tortuga marina, de hasta 1 m de longitud, con el caparazón de color pardo y dividido en segmentos imbricados. 2 Materia córnea que se saca de su caparazón.

carga 1 *f.* Acción y efecto de cargar un vehículo, un arma de fuego o de llenar alguna cosa. 2 Peso que lleva algo o alguien, o que es capaz de llevar: *El remolque carga 500 kilos; La capacidad de carga de la viga es de 2000 kilos.* 3 Cantidad de explosivo para la voladura de una mina. 4 Todo lo que grava fiscalmente a una persona o cosa, como deudas, tributos, hipotecas, servidumbres, etc. 5 Trabajos y aflicciones, por lo que conllevan de pesado y penoso. 6 Obligación derivada de un estado o cargo. 7 Fís Cantidad de electricidad acumulada en un cuerpo. 8 Electr **resistencia** de ~. 9 En la milicia, embestida o ataque resuelto al enemigo. 10 Acometida de las fuerzas de seguridad contra manifestantes, amotinados, etc. || ~ **elemental** Fís La del Electrón o la del protón, que son opuestas y valen 1,602 × 10^{-19} culombios. ~ **puntual** Fís Carga eléctrica hipotética de un área o de una estructura muy pequeña que no tiene dimensiones espaciales.

cargado, da 1 *adj.* Dicho de una hembra, que está próxima al parto. 2 Dicho de un tiempo atmosférico, bochornoso. 3 Dicho de un tipo de café, saturado y fuerte.

cargador, ra 1 *adj.* y *s.* Que carga. 2 *m.* y *f.* Persona que embarca o conduce cargas. 3 *m.* Pieza que se introduce en la culata de algunas pistolas y que contiene municiones.

cargamento *m.* Conjunto de mercaderías que carga una embarcación, un vehículo o un animal de carga.

cargar 1 *tr.* Echar algún peso sobre personas, animales o cosas, para que lo aguanten o transporten. 2 Proveer a un artefacto de lo que necesita para funcionar: de pólvora o cartuchos a un arma, de carbón a una caldera, de tinta a una estilográfica, etc. 3 Echarle a alguien la culpa de algo. 4 Imponer algún gravamen u obligación a personas o cosas. 5 DEP En ciertos juegos, desplazar un jugador a otro mediante un choque violento con el cuerpo. 6 ELECTR Acumular energía eléctrica en un cuerpo o en un acumulador. 7 ELECTR Hacer pasar a un acumulador una corriente opuesta a la que este suministra, a fin de que recupere la energía que había perdido. 8 INF Almacenar en la memoria principal de una computadora el programa o programas que se vayan a utilizar. 9 *intr.* Mantener sobre sí algo. 10 Llevar asido algo. 11 Estribar o descansar una cosa sobre otra. 12 Robar algo. 13 Llevar los árboles fruto en abundancia. 14 Tener sobre sí alguna obligación. 15 Efectuar una carga contra el enemigo o la multitud. 16 DEP Desplazar de su sitio un jugador a otro mediante un choque violento con el cuerpo. 17 FON Dicho de la acentuación o pronunciación, que tiene un sonido o una sílaba con más valor prosódico que otros de la misma palabra. 18 *intr.* y *prnl.* Inclinarse algo hacia alguna parte. 19 *prnl.* Dicho del tiempo, del cielo, etc., irse aglomerando y condensando las nubes.

cargo 1 *m.* Destino, empleo, oficio, y la persona que lo desempeña. 2 Obligación de hacer algo. 3 Imputación que se le hace a alguien. || ~ **público** Trabajo o labor que se desempeña en el sector oficial, el Estado o las instituciones de carácter público.

carguero, ra 1 *adj.* Perteneciente o relativo al transporte de cargas. 2 *adj.* y *m.* Dicho de un vehículo, especialmente de un barco o de un avión, que lleva cargas. 3 *m.* y *f.* Persona que se dedica a llevar cargas.

cariado, da *adj.* MED Dicho de un hueso y, en especial, de un diente, que está dañado o podrido.

cariar *tr.* y *prnl.* MED Producir caries.

cariátide *f.* ART Estatua femenina en traje talar que hace oficio de columna o pilastra.

caribe 1 *adj.* y *s.* De un pueblo amerindio que, antes de la llegada de los españoles, estaba asentado en las Antillas, Venezuela y Las Guayanas. Eran belicosos y buenos navegantes, se opusieron a ser colonizados. 2 *m.* PIRAÑA.

caribeño, ña *adj.* y *s.* De la región del Caribe o de los territorios que baña el mar Caribe.

caribú *m.* Mamífero artiodáctilo, propio de los países septentrionales, de astas ramosas y pelaje espeso. Se domestica y sirve como animal de tiro. Su carne es comestible.

caricáceo, a *adj.* y *f.* BOT Dicho de un árbol, que tiene tallo poco ramificado y jugoso, flores generalmente unisexuales, de cáliz muy pequeño y corola gamopétala y pentámera, como el papayo o lechoso.

caricato, ta *m.* y *f.* ART Actor cómico que se dedica a imitar personajes conocidos.

caricatura 1 *f.* Retrato de una persona que deforma intencionadamente sus rasgos. 2 Imitación mala o ridícula de algo.

caricaturista *m.* y *f.* Persona que tiene como profesión dibujar caricaturas.

caricia 1 *f.* Roce suave con la mano, como demostración de cariño a una persona o de complacencia con un animal o una cosa. 2 Demostración amorosa, como besos, abrazos o algún tipo de aproximación corporal.

caridad 1 *f.* Sentimiento que induce a la ayuda del necesitado, y la ayuda concreta, como la dádiva o la limosna. 2 REL En la doctrina cristiana, máxima virtud teologal con la que se ama a Dios sobre todas las cosas y al prójimo como a sí mismo.

caries 1 *f.* MED Destrucción localizada de tejidos duros; suele deberse a una carencia de sales cálcicas y vitamina D. 2 MED El daño del diente cariado.

carillón 1 *m.* Grupo de campanas en una torre, que, por estar acordadas, producen un sonido armónico. 2 MÚS Juego de tubos o planchas de acero que producen un sonido armónico. 3 Reloj con carillón.

cariño 1 *m.* Sentimiento amoroso o amistoso hacia alguien. 2 Afición a un animal o a una cosa. 3 Cuidado con que se trata algo. 4 Regalo, obsequio. 5 *m. pl.* Mimos o caricias; saludos.

carioca *adj.* y *s.* De Río de Janeiro.

cariocinesis *f.* BIOL MITOSIS.

cariofiláceo, a *adj.* y *f.* BOT Dicho de una hierba o de una planta, dicotiledónea, que tiene tallo nudoso articulado, hojas opuestas, estrechas y sencillas, flores hermafroditas y fruto capsular, como el clavel.

cariópside *f.* BOT Fruto seco de pequeño tamaño, en el que la única semilla está fuertemente unida a un pericarpio, como el de los cereales.

cariotipo *m.* BIOL Conjunto de los cromosomas de una célula, que en la humana son cuarenta y seis.

carisma 1 *m.* Cualidad innata de algunas personas para ganarse la simpatía de los demás. 2 REL En la teología cristiana, don gratuito que Dios concede con miras a una función determinada.

carismático, ca *adj.* Perteneciente o relativo al carisma.

caritativo, va 1 *adj.* Que ejercita la caridad. 2 Perteneciente o relativo a la caridad.

cariz *m.* Aspecto que presenta una cosa o un asunto, que puede ser bueno o malo.

carlismo *m.* HIST Movimiento político español antiliberal, que tomó su nombre de Carlos María Isidro, hermano del rey Fernando VII y que surgió tras la muerte de este (1833). Reivindicaba los derechos sucesorios del primero en contra de los de su sobrina Isabel II, sostenida por el liberalismo moderado.

carmelita 1 *adj.* y *s.* Integrante de la Orden de los Hermanos de Santa María del Monte Carmelo. 2 *adj.* Dicho de un color, castaño claro o pardo.

carmen *m.* Quinta con huerto o jardín.

carmesí *adj.* y *m.* Dicho de un color, rojo grana.

carmín 1 *adj.* y *m.* Dicho de un color, rojo encendido. 2 *m.* Colorante de color rojo intenso.

carnada 1 *f.* Cebo para pescar o cazar. 2 AÑAGAZA.

carnal 1 *adj.* Perteneciente o relativo a la carne. 2 Terrenal, por contraposición a lo que es espiritual. 3 Que es pariente por línea colateral. 4 Lascivo, lujurioso.

carnauba *f.* Palmera suramericana que produce una cera excelente. Su tallo se emplea en construcción y con sus hojas, en forma de abanico, se hacen muchos utensilios tejidos.

carnaval 1 *m.* Fiesta popular, alegre y ruidosa que se celebra durante los días que preceden a la Cuaresma. 2 Los tres días que preceden al Miércoles de Ceniza o comienzo de la Cuaresma católica.

carnavalito *m.* Baile de origen incaico; se ejecuta por parejas, al son de las quenas, los charangos y otros instrumentos.

carnaza *f.* Cara de las pieles que ha estado en contacto con la carne.

carne 1 *f.* Parte muscular de las personas y los animales. 2 Partes comestibles de los cuadrúpedos y de las aves, en contraposición al pescado, las verduras, etc. 3 Parte del ser humano contrapuesta al espíritu. 4 En sentido moral, el sexo como uno de los enemigos del alma. 5 Pulpa o parte blanda de la fruta que está bajo la cáscara. || ~ **de cañón** Persona o grupo de personas expuesta a un riego muy grave.

A B C D E F G H I J K L M N Ñ O P Q R S T U V W X Y Z

carné *m.* Tarjeta que acredita la personalidad de alguien o su pertenencia a un partido o una asociación.

carnear *tr.* Sacrificar y descuartizar un animal para aprovechar su carne.

carnero *m.* Macho de la oveja, de cuernos huecos y arrollados en espiral.

carnestolendas *f. pl.* Días de carnaval.

carnet *m.* CARNÉ.

carnetizar *tr.* Dar un carné de identificación a alguien.

carnicería 1 *f.* Tienda en que se vende al por menor la carne. 2 Mortandad de gente causada por la guerra o por alguna otra catástrofe. 3 MATADERO.

carnicero, ra 1 *adj.* y *s.* Dicho de un animal, que mata para alimentarse. 2 Cruel, sanguinario 3 *m.* y *f.* Persona que vende carne.

cárnico, ca *adj.* Perteneciente o relativo a la carne comestible y sus preparados: *Industrias cárnicas.*

carnívoro, ra 1 *adj.* Dicho de un animal, que se alimenta de carne, por oposición al herbívoro o frugívoro. 2 BOT Dicho de una planta, que apresa insectos para nutrirse. 3 *adj.* y *m.* ZOOL Dicho de un mamífero, terrestre, que se alimenta de carne y se caracteriza fundamentalmente por tener una dentadura adecuada para capturar presas y desgarrar su carne.

carnosidad *f.* Carne irregular que crece en una llaga o que sobresale en una parte del cuerpo.

carnoso, sa 1 *adj.* De muchas carnes. 2 BOT Dicho de un órgano vegetal, que está formado por parénquima blando. 3 BOT **fruto** ~.

caro, ra 1 *adj.* Dicho de un precio, que es alto o más alto de lo normal. 2 De precio elevado, que cuesta mucho dinero. 3 Amado, querido. 4 *adv. m.* A un precio alto o subido.

carolingio, gia *adj.* y *s.* HIST Perteneciente o relativo a Carlomagno y a su familia y dinastía o a su tiempo. □ HIST Los carolingios constituyeron la segunda dinastía de reyes francos; sucedieron a los merovingios, siendo Pipino el Breve el primero en ceñir la corona (751-768). Reinaron en Francia hasta el año 987 y en Germania hasta el 991. Las conquistas de Carlomagno conformaron un vasto imperio, que quedó confirmado como continuación del Imperio de Occidente cuando el papa lo coronó emperador en Roma (800).

caroteno *m.* QUÍM Cada uno de los pigmentos de color rojo, naranja, amarillo o púrpura que aparecen en los organismos vivos. Son sintetizados por las plantas, las algas y muchos hongos y bacterias, mientras que los animales deben adquirirlos con la comida. Algunos están implicados en la síntesis de la vitamina A.

carotenoide *adj.* y *m.* QUÍM Dicho de un compuesto, que es semejante al caroteno en estructura y propiedades.

carótida *f.* ANAT Cada una de las dos arterias principales de los vertebrados que, por ambos lados del cuello, llevan la sangre a la cabeza. || ~ **externa** ANAT La que irriga la mayor parte de la cara, las meninges y el cuello. ~ **interna** ANAT La que asciende hasta el cráneo.

carotina *m.* QUÍM CAROTENO.

carpa[1] *f.* Pez teleósteo dulciacuícola originario de China, del que se crían muchas variedades; en estado salvaje presenta una coloración parda verdusca, las variedades ornamentales pueden ser negras, rojas, blancas o doradas.

carpa[2] 1 *f.* Toldo que cubre un recinto amplio. 2 Tinglado en el que se representan espectáculos populares. 3 Tienda de campaña. 4 Tenderete de playa.

carpacho *m.* Plato hecho con lonchas de carne o pescado, cortadas muy finas y condimentadas, que se come crudo.

carpe diem (Loc. lat.) Tópico literario que sugiere disfrutar el momento presente ante la brevedad de la vida.

carpelo *m.* BOT Órgano sexual femenino de las plantas, que sostiene y protege los óvulos. En las gimnospermas es abierto e indiferenciado y en las angiospermas forma el ovario y su porción apical da lugar al estilo y al estigma.

carpeta 1 *f.* Utensilio rectangular doble de cartón o plástico, con cierre o sin él, que se abre por uno de sus lados más largos y sirve para guardar papeles. 2 Paño que recubre la mesa de juego. 3 Mantel pequeño.

carpintería 1 *f.* Taller en que trabaja el carpintero. 2 Oficio de carpintero. 3 Conjunto de elementos de madera en un edificio. || ~ **metálica** La que en vez de madera emplea metales para la construcción de muebles, armaduras de puertas y ventanas, etc.

carpintero, ra *m.* y *f.* Persona que por oficio trabaja y labra madera, fabricando objetos o muebles comunes.

carpo 1 *m.* ANAT Esqueleto de la muñeca, compuesto de ocho huesos íntimamente unidos y dispuestos en dos filas transversales. 2 ZOOL Conjunto de huesos que forman parte del esqueleto de las extremidades anteriores de los batracios, reptiles y mamíferos.

carraca 1 *f.* MATRACA. 2 Mandíbula seca de algunos animales.

carramplón *m.* Cada uno de los clavos salientes de la suela de las botas.

carraspear *intr.* Emitir una tos repetidas veces a fin de aclarar la garganta.

carraspera *f.* Irritación leve de la garganta.

carrasposo, sa *adj.* Dicho de una cosa, que raspa la mano y es áspera al tacto.

carrera 1 *f.* Acción de ir corriendo de un sitio a otro. 2 Recorrido que hace un taxi o coche de alquiler en cada uno de sus servicios. 3 Conjunto de cosas puestas en hilera. 4 Raya del pelo. 5 Puntos que se sueltan en una media o en un tejido similar. 6 Tramo de vía urbana perpendicular a la calle. 7 Conjunto de estudios que habilitan para ejercer una profesión. 8 La misma profesión. 9 DEP Competición de velocidad entre personas, animales o vehículos.

carreta 1 *f.* Carruaje de dos o más ruedas, con lanza o varas para enganchar los animales de tiro, plataforma con caja cerrada o con varales en los lados y a veces en los frentes, para contener la carga. 2 CARRETILLA.

carrete *m.* Cilindro de madera, metal o plástico taladrado por el eje, con dos láminas circulares en sus extremos, para devanar y mantener arrollados en él hilos, alambres, cintas, etc.

carretera *f.* Camino pavimentado, de anchura variable, para el paso de vehículos.

carretero, ra *m.* y *f.* Persona que hace, repara o conduce carros y carretas.

carretilla 1 *f.* Utensilio de transporte, formado por un cajón o una artesa que se apoya por delante en una rueda y por detrás en dos patas, con dos varas traseras entre las que se coloca la persona que la empuja. 2 Utensilio para cortar masa, formado con un mango que termina en una rodaja dentada.

carretillada *f.* Lo que cabe en una carretilla.

carretón *m.* TRÉBOL.

carricoche 1 *m.* Carro cubierto, de dos, tres o cuatro ruedas. 2 Coche viejo y destartalado.

carriel 1 *m.* Maletín de cuero con varios compartimientos para papeles y dinero. 2 GARNIEL.

carril 1 *m.* Cada una de las bandas longitudinales de una calzada para el paso de un vehículo. 2 Cada una de las barras sobre las que rueda un tren o un tranvía. 3 Ranura guía sobre la que se desliza un objeto en una dirección determinada, como en una puerta de corredera.

carrilera *f.* Vías del ferrocarril.

carrillo *m.* Parte de la cara, desde los pómulos hasta lo bajo de la quijada.

carrizo *m.* Planta gramínea alta, propia de terrenos húmedos, que sirve para fabricar cercados, construir cielos rasos y hacer escobas.

carro 1 *m.* AUTOMÓVIL destinado al transporte de personas. 2 Cualquier vehículo o armazón con ruedas que se emplea para transportar diversos objetos. 3 CARRETA.

carrocería *f.* Parte de los automóviles que, asentada sobre el bastidor, reviste el motor y otros elementos, y en cuyo interior se acomodan las personas o la carga.

carromato 1 *m.* Carro o carreta grande de dos ruedas, con dos varas para enganchar una caballería o más en reata, y que suele tener un toldo de lienzo y cañas. 2 Cualquier carruaje demasiado grande, incómodo y desvencijado.

carroña *f.* Carne corrompida.

carroñero, ra 1 *adj.* Perteneciente o relativo a la carroña. 2 *adj.* y *s.* Dicho de un animal, que se alimenta principalmente de carroña.

carroza 1 *f.* Coche adornado ricamente y con representaciones alegóricas o fantásticas, que desfila en las fiestas populares. 2 Coche lujoso que se usa en ciertas ceremonias. 3 Coche fúnebre.

carruaje *m.* Cualquier vehículo formado por una armazón que descansa sobre ruedas.

carrusel 1 *m.* Espectáculo en el que evolucionan varios jinetes con sus caballos. 2 Plataforma giratoria sobre la que se instalan asientos o figuras (caballitos, coches, etc.) y sirve de diversión.

carst *m.* KARST.

carta 1 *f.* Escrito privado que una persona dirige a otra. 2 Cada uno de los naipes de la baraja. 3 Lista de platos y bebidas que puede ofrecer un restaurante. 4 Ley fundamental o Constitución de un Estado. 5 Mapa general o parcial. || ~ **abierta** La dirigida a una persona y destinada a la publicidad. ~ **blanca** Facultad que se da a alguien para que obre con entera libertad. ~ **magna** DER Constitución escrita de un Estado en la que se registran los deberes y derechos de los ciudadanos. • Se escribe con may. inic.

cartabón 1 *m.* Plantilla en forma de triángulo rectángulo escaleno que se utiliza en delineación. 2 Instrumento para marcar ángulos rectos, formado por dos reglas ortogonales.

cartapacio 1 *m.* Carpeta para contener libros y papeles. 2 Conjunto de papeles contenidos en una carpeta.

cartearse *prnl.* Escribirse recíprocamente dos personas; mantener correspondencia.

cartel[1] *m.* Papel o cartón con texto y dibujos que se exhibe en lugares públicos con fines publicitarios o de propaganda.

cartel[2] (Tb. cártel) 1 *m.* Agrupación de personas que persigue fines ilícitos. 2 ECON Asociación entre entidades financieras o industriales similares, para evitar la mutua competencia, controlar la producción, regular los precios, etc., de un determinado campo industrial.

cartelera 1 *f.* Superficie adecuada para fijar los carteles o anuncios públicos. 2 Cartulina grande destinada para poner o escribir en ella algo. 3 CARTEL[1]. 4 Sección de los periódicos donde se anuncian estas funciones y espectáculos.

cárter 1 *m.* Pieza que protege la cadena de transmisión en las bicicletas. 2 Caja que en los automóviles protege ciertas partes del motor y a veces sirve de depósito del lubricante.

cartera 1 *f.* BILLETERA. 2 Funda de tamaño mayor que la billetera y forma rectangular o cuadrada, que se lleva a mano y en la que se guardan documentos, libros, etc. 3 Cargo de ministro de un gobierno. 4 Conjunto de valores comerciales que forman el activo de una empresa, un comerciante, un banco, etc. 5 Factura o relación detallada de los valores o efectos públicos o comerciales que se presentan al cobro, al canje o a la amortización.

carterista *m.* y *f.* Persona que roba carteras de bolsillo.

cartero, ra *m.* y *f.* Persona que reparte las cartas y demás efectos postales.

cartesiano, na 1 *adj.* y *s.* Partidario del cartesianismo o perteneciente a él. 2 GEOM **coordenada** ~.

cartilaginoso, sa 1 *adj.* Perteneciente o relativo a los cartílagos. 2 Semejante al cartílago o de tal naturaleza. 3 ANAT y FISIOL **tejido** ~.

cartílago *m.* ANAT Cualquier pieza del esqueleto formada por tejido cartilaginoso. Forma el esqueleto de los mamíferos en el estado embrionario, quedando después reducido a ciertos órganos, como la laringe, la nariz o la oreja.

cartilla 1 *f.* Cuaderno con las letras del alfabeto y los primeros rudimentos para aprender a leer. 2 Tratado breve y elemental de cualquier arte u oficio.

cartismo *m.* HIST Movimiento reivindicativo reformista de los obreros británicos (1837-48). Reclamaba el sufragio universal masculino y un sistema electoral que garantizara, entre otras cosas, el voto secreto y la abolición de los requisitos de propiedad para ser miembro del Parlamento.

cartografía *f.* GEO Conjunto de técnicas y operaciones necesarias para la elaboración de mapas, que incluye desde hacer los levantamientos topográficos hasta imprimir el mapa.

cartomancia (Tb. cartomancía) *f.* Tipo de adivinación que predice el futuro por medio de la interpretación de los naipes.

cartón 1 *m.* Lámina gruesa y dura hecha con varias hojas de pasta de papel de baja calidad, que se adhieren unas a otras por compresión. 2 Recipiente de este material para guardar diversos objetos. 3 ART Dibujo para frescos, tapices o cuadros de grandes dimensiones, que por lo general se hace sobre cartón.

cartoné *m.* Encuadernación que se hace con tapas de cartón y forro de papel.

cartonero, ra 1 *adj.* Perteneciente o relativo al cartón. 2 *m.* y *f.* Persona que hace, recoge o vende cartones y otros papeles.

cartoon (Voz ingl.) *m.* CIN DIBUJOS animados.

cartoteca *f.* MAPOTECA.

cartuchera 1 *f.* Estuche para llevar la dotación individual de cartuchos de guerra o caza. 2 Bolsa pequeña con abertura de cremallera, para llevar lápices, sacapuntas, etc.

cartucho 1 *m.* Cilindro de cartón o metal con la pólvora y las municiones correspondientes a cada tiro de un arma de fuego. 2 Envoltorio cilíndrico con monedas del mismo valor. 3 Dispositivo intercambiable provisto de lo necesario para que funcionen ciertas máquinas, aparatos e instrumentos: *Un cartucho de una impresora.* 4 Bolsa hecha de cartulina, para contener dulces, frutas y cosas semejantes. 5 CALA[3].

cartujo, ja *adj.* y *s.* Dicho de un miembro, que pertenece a la Orden de la Cartuja fundada por san Bruno en 1084.

cartulina *f.* Cartón delgado y terso, de mayor calidad y menor grosor que el cartón común, y más grueso que el papel normal; se emplea para tarjetas, diplomas, etc.

carúncula 1 *f.* ZOOL Especie de carnosidad de color rojo vivo y naturaleza eréctil, que poseen en la cabeza algunos animales, como el pavo y el gallo. 2 BOT Excrescencia contigua al micrópilo que acompaña a ciertas semillas.

casa 1 *f.* Local destinado a vivienda, que puede ser todo un edificio o una parte de este. 2 Domicilio de una unidad familiar. 3 Familia, conjunto de personas emparentadas entre sí que viven juntas. 4 Conjunto de personas que llevan el mismo apellido y los mismos antepasados, en especial si se trata de dinastías o linajes nobles: *La Casa de Aragón.* 5 Institución cultural que agrupa a personas vinculadas por su origen territorial: *La publicación del libro estuvo a cargo de la Casa de México.* 6 Establecimiento o empresa comercial, y cada una de sus delegaciones. || ~ **cural** La que ocupa el cura en algunos lugares y que generalmente es propiedad de la iglesia. ~ **de campo** La que está fuera de poblado y sirve para cuidar el cultivo o para recrearse o para ambos objetos a la vez. ~ **de citas** Aquella en que se facilita por precio, habitación para las relaciones sexuales. ~ **de moneda** La destinada para fundir, fabricar y acuñar moneda.

casabe *m.* Torta que se hace con una harina sacada de la raíz de la mandioca.

casaca *f.* Vestidura masculina ceñida al cuerpo, con mangas que llegan hasta la muñeca, y con faldones hasta las corvas; se emplea como uniforme.

casación *f.* DER Acción de casar[1] o anular.

casadero, ra *adj.* Que está en edad de casarse.

casado, da *adj.* Dicho de una persona, que ha contraído matrimonio.

casamentero, ra *adj.* y *s.* Que por interés o afición concierta bodas.

casamiento 1 *m.* Acción y efecto de casar[2] o casarse, contraer matrimonio. 2 Ceremonia nupcial.

casanova *m.* Hombre que trata obsesivamente de seducir al mayor número posible de mujeres.

casaquinta *f.* Casa grande, rodeada de un terreno amplio de jardines y ubicada en las afueras de la ciudad, que generalmente se usa para descansar.

casar[1] *tr.* DER Anular, derogar, especialmente la sentencia dictada por un tribunal.

casar[2] 1 *intr.* y *prnl.* Contraer matrimonio. 2 *intr.* Corresponder, cuadrar una cosa con otra. 3 *tr.* Autorizar el matrimonio de dos personas. 4 Unir una cosa con otra. 5 Dicho de un jugador y el banquero, poner sobre una carta cantidades iguales. 6 *tr.* e *intr.* Disponer y ordenar algo de modo que haga juego con otra cosa o tengan correspondencia entre sí.

casba *f.* Barrio antiguo característico de las ciudades del norte de África.

cascabel 1 *m.* Bolita metálica y hueca, con uno o varios orificios, que lleva dentro un trocito de metal con el que, al moverlo, produce un tintineo agradable. 2 Serpiente venenosa de América que tiene en la punta de la cola unos anillos o discos córneos, con los cuales produce al moverse un ruido particular. 3 Esos anillos.

cascada 1 *f.* GEO Descenso súbito de una corriente de agua o río sobre un declive empinado de su lecho, a veces en caída libre. 2 Dispositivo con una serie de elementos eléctricos, electrónicos, informáticos, mecánicos, etc., en que cada uno actúa sobre el siguiente. 3 Serie de cosas que se suceden o amontonan.

cascajo *m.* Fragmentos menudos de piedra o de cualquier otra materia dura, como vasijas o ladrillos.

cascanueces *m.* Instrumento de metal o de madera, a modo de tenaza, para partir nueces.

cascar 1 *tr.* y *prnl.* Quebrantar o hender una cosa quebradiza, en especial la cáscara de los frutos secos. 2 *tr.* Golpear a alguien.

cáscara *f.* Cubierta exterior dura de algo, especialmente de los huevos, las semillas y las frutas.

cascarilla *f.* Revestimiento quitinoso de los granos o semillas de ciertas plantas.

cascarón *m.* Cáscara de huevo de cualquier ave.

cascarrabias *m.* y *f.* Persona que se enfada fácilmente y que es muy gruñona.

casco 1 *m.* Pieza cóncava de metal, cuero, plástico u otra materia, con que se protege la cabeza. 2 Cuerpo de un barco o de un avión. 3 Gajo o división interior de algunas frutas. 4 Uña grande y dura en que terminan las extremidades de los caballos y otros animales similares. || **~s azules** Designación que reciben las tropas de las Naciones Unidas, integradas por militares de los ejércitos de sus países miembros. ~ **urbano** Conjunto de edificaciones de una ciudad hasta donde termina su agrupación.

caseína *f.* QUÍM Albuminoide que constituye la mayor parte de las sustancias nitrogenadas de la leche y del queso, y que existe también en el gluten de algunos vegetales. Constituye alrededor del 80 % del total de las proteínas presentes en la leche.

caseoso, sa 1 *adj.* Perteneciente o relativo al queso. 2 Parecido al queso.

caserío *m.* Conjunto de casas que no llegan a formar un pueblo.

casero, ra 1 *adj.* Que se cría o se hace en casa. 2 Dicho de una persona, que sale poco y que es especialmente cuidadosa con las cosas de su casa. 3 *m.* y *f.* Propietario o administrador de una casa respecto del inquilino. 4 Persona que cuida de una casa en ausencia de su dueño.

caseta 1 *f.* Casa pequeña de construcción ligera. 2 Garita que sirve de vestuario. 3 Construcción de solo un área, que se utiliza principalmente como aula.

casete *m.* o *f.* Cajita plástica con cinta magnética para el registro del sonido o también para imágenes y su reproducción.

casetón *m.* En construcción, elemento en forma de paralelepípedo de diversos materiales, utilizado para aligerar las placas del entrepiso.

casi *adv. c.* Cerca de, aproximadamente, por poco. En todos sus usos subyace la idea de algo no exacto y completo, con la que a veces se filtra también la de cierta indecisión.

casilla 1 *f.* Cada una de las divisiones de casilleros, ficheros, estantes y otros muebles. 2 ESCAQUE. 3 Casa pequeña y aislada para albergar un vigilante, un guardabosques, etc. || ~ **de verificación** INF Tipo de control interactivo para activar o desactivar una o más características u opciones de un conjunto.

casillero *m.* Armario individual para guardar la ropa, los útiles y otros efectos personales, en los colegios, cuarteles, gimnasios, etc.

casino 1 *m.* Local destinado a la práctica de juegos de azar. 2 Local anexo a las instituciones laborales, destinado a atender las comidas de los trabajadores. 3 Local en que se reúnen los miembros de alguna sociedad cultural o recreativa.

caso 1 *m.* Suceso, acontecimiento. 2 Lance u ocasión. 3 Casualidad, acaso. 4 Asunto para estudio o consulta. 5 GRAM Cada una de las relaciones sintácticas que el sustantivo mantiene en una oración según la función que desempeña en ella. || ~ **clínico** MED Manifestación individual de algo frecuente o epidémico. ~ **fortuito** Suceso que acontece inesperadamente.

caspa 1 *f.* Conjunto de escamillas blancuzcas que se forman en el cuero cabelludo. 2 Las que se forman en las afecciones de la piel.

casquete *m.* Cubierta de tela, plástico, etc., que se ajusta a la cabeza. || ~ **esférico** GEOM Parte de la superficie de la esfera, cortada por un plano que no pasa por su centro. ~ **glaciar** o **polar** GEO Capa gruesa de hielo que cubre tierras y océanos próximos a los polos de la Tierra.

casquillo 1 *m.* Tapón metálico que refuerza la extremidad de una pieza de madera. 2 Cartucho metálico vacío, o parte metálica del de cartón. 3 Parte metálica fijada en la bombilla eléctrica, que permite conectar esta con el circuito.

casquivano, na *adj.* y *s.* Muy informal en el trato con las personas del sexo opuesto.

casta 1 *f.* Ascendencia o linaje. 2 Característica particular de los de una clase o raza: *Toro de casta.* 3 Grupo social que se mantiene apartado en defensa de unos derechos reales o supuestos: *Las cuatro castas tradicionales de la población hindú.*

castaña *f.* Fruto del castaño, de cáscara correosa de color pardo oscuro.

castañetear *intr.* y *tr.* Sonarle a alguien los dientes, dando los de una mandíbula contra los de la otra.

castaño, ña 1 *adj.* y *m.* Dicho de un color, el de la castaña en la gama del pardo oscuro. 2 *m.* Árbol de las fagáceas, copudo y de gran porte, con hojas lanceoladas y correosas, flores blancas y frutos a manera de erizos que contienen la castaña; su madera es de gran calidad.

castañuela *f.* MÚS Instrumento de percusión hecho de dos mitades cóncavas de madera unidas mediante un cordón que, haciéndolas entrechocar con los dedos de la mano, producen su sonido característico.

castellanizar *tr.* Dar forma castellana a un vocablo de otro idioma.

castellano, na 1 *adj.* y *s.* Natural de Castilla o perteneciente a esta región. 2 *m.* LING Denominación que recibe también el **español**. 3 LING Dialecto románico nacido en Castilla la Vieja, del que tuvo su origen la lengua española.

casticismo *m.* Actitud de quienes, al hablar o escribir, evitan los extranjerismos y prefieren el empleo de voces y giros de su propia lengua, aunque estén desusados.

castidad 1 *f.* Cualidad de casto. 2 Virtud que controla el instinto sexual, reprimiendo sus excesos. 3 Abstinencia sexual.

castigar 1 *tr.* Imponer algún castigo en un culpado. 2 Dañar algo de manera continuada un fenómeno natural: *Casi la totalidad del país ha sido castigada por la sequía.*

castigo 1 *m.* Pena que se impone por una falta o un delito. 2 Padecimiento continuado que ocasiona alguna persona o cosa.

castillo 1 *m.* HIST Vivienda fortificada del rey, o de un señor feudal y de los miembros de su corte, habitual durante toda la Edad Media europea. 2 Construcción similar, por sus funciones o por su estilo, de cualquier época y lugar. 3 Parte de la cubierta de un buque comprendida entre el palo trinquete y la proa.

castizo, za *adj.* Dicho de un lenguaje, depurado de extranjerismos y del escritor que lo cultiva.

casto, ta 1 *adj.* Dicho de una persona, que practica la castidad de acuerdo con su estado. 2 Aplicado a cosas, puro, recatado, no provocativo.

castor, ra *m.* y *f.* Roedor de 65 cm de largo, de patas cortas, pies con cinco dedos palmeados y cola ancha y oval; construye su madriguera a orillas de ríos y lagos de las regiones septentrionales frías.

castrar 1 *tr.* Extirpar o inutilizar los órganos genitales. 2 Retirar de las colmenas algunos panales con miel.

castrati (Voz it.) *m.* MÚS Cantante varón que ha sido castrado antes de la pubertad para preservar el registro vocal de soprano o contralto.

castrense *adj.* Perteneciente o relativo al ejército o a la profesión militar.

castrismo *m.* POLÍT Doctrina inspirada en las ideas de Fidel Castro y del régimen cubano.

casual *adj.* Que sucede por casualidad.

casualidad 1 *f.* Acontecimiento imprevisto que resulta de una combinación de circunstancias que no se pueden prever ni evitar. 2 Coincidencia fortuita.

casualismo *m.* FIL Teoría que explica los fenómenos y las realidades por el azar.

casuario *m.* Ave australiana, corpulenta, de plumaje oscuro con manchas rojas y azules, capaz de correr a gran velocidad. Posee una protuberancia córnea en la cabeza.

casuismo *m.* Doctrina casuística.

casuista 1 *adj.* y *s.* Dicho de un autor, que, más que principios generales, expone casos prácticos de teología moral. 2 Dicho de una persona, que expone casos prácticos de las ciencias morales o jurídicas.

casuística *f.* Consideración de los diversos casos particulares que pueden explicar un asunto, una materia, una doctrina, etc.

casulla *f.* Vestidura que se pone el sacerdote sobre las demás para celebrar la misa.

catabolismo *m.* BIOL Fase del metabolismo en la que se eliminan del cuerpo los desechos. Consiste, básicamente, en la degradación de las moléculas químicas complejas en sustancias más sencillas, que constituyen los productos de desecho que son excretados a través de los riñones, el intestino, los pulmones y la piel.

cataclasis *f.* GEO Fragmentación de los distintos componentes de una roca como consecuencia de un proceso tectónico.

cataclismo 1 *m.* Desastre natural de proporciones gigantescas. 2 Suceso que provoca un trastorno grande en el orden social o político.

catacresis *f.* Tropo por el que se designa con un nombre traslaticio algo que carece de nombre especial; por ejemplo: *La hoja de la espada; Una hoja de papel.*

catacumba *f.* HIST Galería subterránea en que los primeros cristianos, especialmente los de Roma, sepultaban a sus difuntos y que, a veces, les servía de refugio provisional.

catadióptrico, ca 1 *adj.* ÓPT Dicho de un sistema óptico, que produce la refracción total del rayo incidente, con independencia de su orientación. 2 *m.* Aparato que incorpora este sistema.

catador, ra *m.* y *f.* Persona que cata alimentos y bebidas.

catadura *f.* Gesto o semblante: *Fea catadura.*

catafalco *m.* Túmulo de madera, revestido de paño negro, que se monta en los templos para la celebración de los funerales y sobre el que se coloca el féretro.

catafase *f.* BIOL Fase de la **mitosis** desde la formación de los cromosomas hasta la división de la célula.

catáfora *f.* LING Deixis que desempeñan ciertas palabras (generalmente pronombres) para anticipar el significado de una parte del discurso que va a ser emitida; por ejemplo: *Eso, aplaudan su travesura.*

cataforesis *f.* QUÍM Proceso mediante el cual las partículas con carga positiva, por influencia de un campo eléctrico, se mueven hacia el **cátodo**.

catalán *m.* LING Lengua románica hablada en el NE de España (Cataluña, Valencia, islas Baleares), S de Francia (Rosellón), Andorra y Alguer (Cerdeña).

catalanismo *m.* HIST Movimiento surgido en Cataluña en el último tercio del s. XIX. Buscaba la defensa de la idiosincrasia, la lengua y la cultura catalanas y la autonomía política.

catalejo *m.* ÓPT Anteojo para larga distancia, consistente en un tubo extensible y provisto de varios elementos ópticos.

catalepsia *f.* MED Estado patológico transitorio y repentino, de índole nerviosa, que suspende las sensaciones e inmoviliza el cuerpo en cualquier postura en que se le coloque.

catálisis *f.* QUÍM Alteración de la velocidad de una reacción química, producida por la presencia de una sustancia adicional, llamada catalizador, químicamente inalterable en el transcurso de la reacción.

catalizador 1 *m.* QUÍM Sustancia que altera la velocidad de una reacción química sin sufrir alteración química. 2 Dispositivo incorporado a los sistemas de escape del automóvil para reducir los contaminantes en cualquier gas de escape.

catalogar 1 *tr.* Clasificar libros, documentos, fichas, etc., siguiendo un orden determinado. 2 Incluir en un catálogo. 3 Encasillar a una persona en un determinado grupo o ideología.

catálogo 1 *m.* Inventario o lista de personas o cosas con un cierto orden. 2 Folleto o libro que contiene tales listas.

catamarán *m.* Embarcación de vela formada por dos cascos unidos, que funcionan a modo de patín.

cataplasma *f.* MED Masa blanda, y por lo general caliente, de distintas materias, que se aplica sobre zonas doloridas y que tiene efectos emolientes o supurativos.

cataplum (Tb. cataplún) onomat. Se emplea para expresar un ruido, un golpe o una explosión.

catapulta 1 *f.* Máquina de guerra con que se lanzaban piedras o flechas. 2 Mecanismo que en los portaaviones permite el despegue de un avión.

catapultar 1 *tr.* Disparar o lanzar con la catapulta. 2 Promover, promocionar a alguien de modo fulgurante y repentino.

catar 1 *tr.* Probar un alimento o una bebida para conocer su sabor y otras características. 2 *intr.* Mirar, tener un objetivo al ejecutar algo.

catarata 1 *f.* Cascada de gran tamaño. 2 MED Opacidad degenerativa del cristalino del ojo, o de su cápsula, o del humor que existe entre uno y otra, causada por una especie de telilla que impide el paso de los rayos luminosos y produce ceguera.

cátaro, ra *adj.* y *s.* HIST Seguidor de una de las varias sectas heréticas que se extendieron por Europa durante los ss. XI-XIII. Propugnaban la vida ascética y la renuncia al mundo para alcanzar la perfección; rechazaban los sacramentos y el culto a las imágenes y justificaban el suicidio.

catarrino *adj.* y *m.* ZOOL Dicho de un simio, que tiene las fosas nasales separadas por un tabique cartilaginoso, tan estrecho que las ventanas de la nariz quedan dirigidas hacia abajo, como los mandriles, los chimpancés, los gorilas y los gibones.

catarro *m.* MED Inflamación de la membrana mucosa nasal, acompañada de un aumento de secreción de moco.

catarsis 1 *f.* Sentimiento de purificación, liberación o cambio interior, suscitado por una vivencia profunda e intensa. 2 PSIC Liberación de la tensión emocional, provocada por un hecho traumático o perturbador, que se encuentra bloqueado en el subconsciente.

catástasis *f.* LIT Punto culminante del asunto de una obra teatral o un poema épico.

catastro *m.* Censo y padrón estadístico de los bienes raíces urbanos y rurales de una población.

catástrofe 1 *f.* Suceso desgraciado de graves consecuencias. 2 Desgracia muy dolorosa para alguien, aunque no sea de efectos gigantescos. 3 Hiperbólicamente dicho de cosas, que son de mala calidad, resultan mal, producen mala impresión, etc.

catastrofismo 1 *m.* Teoría según la cual los mayores cambios biológicos se han debido a catástrofes naturales. 2 Tendencia pesimista a predecir catástrofes.

catatonía *f.* MED Ausencia total de reacción frente a estímulos exteriores y rechazo a hablar, alimentarse, moverse, etc.; es una manifestación de la esquizofrenia.

catear 1 *tr.* Buscar, observar, acechar. 2 Explorar un terreno. 3 Allanar la casa de alguien.

catecismo *m.* REL Libro con una explicación elemental de la doctrina cristiana, en forma de preguntas y respuestas.

catecumenado 1 *m.* REL Instrucción en la fe católica con el fin de recibir el bautismo. 2 Tiempo que dura esta instrucción.

catecúmeno, na *m.* y *f.* REL Persona que se está instruyendo en la doctrina católica con el fin de recibir el bautismo.

cátedra 1 *f.* Cargo y ejercicio del catedrático. 2 Materia que enseña. 3 Asiento elevado desde el que, antiguamente, explicaba el profesor su materia. 4 Dignidad del pontífice y del obispo y la sede en que la ejerce.

catedral *f.* Templo cristiano de grandes dimensiones, que es la cabeza de la diócesis y la sede del obispo titular de ella.

catedrático, ca *m.* y *f.* Profesor que tiene la más alta categoría en la enseñanza media y superior o universitaria.

categoría 1 *f.* Cada uno de los diferentes grados de una profesión u oficio. 2 Elemento unitario de una clasificación. 3 Situación social de una persona respecto a las demás. 4 BIOL Cada uno de los niveles jerárquicos en la clasificación de los organismos. 5 FIL En la lógica aristotélica, cada uno de los diez modos con que una cosa se inserta en la realidad y con los que puede ser conocida; son: sustancia, cantidad, cualidad, relación, acción, pasión, lugar, tiempo, situación y hábito. 6 FIL En la lógica kantiana, los doce modos según los cuales la razón forma sus juicios y constituyen las formas primeras de toda objetividad. Se agrupan en categorías de la cantidad: unidad, pluralidad y totalidad; categorías de la cualidad: realidad, negación y limitación; categorías de la relación: sustancia, causalidad y comunidad o acción recíproca; y categorías de la modalidad: existencia, posibilidad y necesidad. || ~ **gramatical** GRAM Cada una de las clases de palabras establecidas en función de sus cualidades gramaticales; las principales son: adjetivo, adverbio, artículo, conjunción, interjección, preposición, pronombre, sustantivo y verbo.

categórico, ca *adj.* Dicho de un juicio o de un raciocinio, afirmado o negado sin restricción ni condición.

categorizar *tr.* Ordenar o clasificar algo en una categoría.

catenaria 1 *adj.* Perteneciente o relativo a la cadena. 2 *adj.* y *f.* Curva que forma una cadena, cuerda o cosa semejante suspendida entre dos puntos que no están situados en la misma vertical. 3 GEOM Representación de dicha curva en el plano.

cateo *m.* Acción y efecto de catear.

catequizar *tr.* REL Instruir a alguien en la doctrina de la fe católica.

caterva *f.* Multitud desordenada de personas o cosas de escasa calidad.

catéter *m.* MED Sonda de exploración quirúrgica.

cateterismo *m.* MED Exploración quirúrgica de algún conducto o cavidad del organismo, mediante la sonda adecuada, que sirve para su evacuación o para facilitar la penetración de otros instrumentos.

cateto *m.* GEOM Cada uno de los dos lados que forman el ángulo recto en el triángulo rectángulo. || ~ **adyacente** GEOM El que, con la hipotenusa, forma el ángulo agudo que se tiene en cuenta. ~ **opuesto** GEOM El que no determina el ángulo agudo que se tiene en cuenta.

catión *m.* FÍS Átomo o grupo de átomos que, por haber perdido una parte de sus electrones, tiene carga positiva.

catirrino *adj.* ZOOL **CATARRINO**.

catleya *f.* Planta ornamental orquidácea, de hojas coriáceas cintiformes y flores grandes y vistosas, originaria de América del Sur.

catódico 1 *adj.* ELECTR Perteneciente o relativo al cátodo. 2 FÍS **rayos** ~s.

cátodo *m.* ELECTR **ELECTRODO** negativo.

catolicismo *m.* Conjunto de personas y doctrinas de la Iglesia católica.

☐ REL El catolicismo tiene el pilar de sus enseñanzas en la Biblia; sus fieles veneran a los santos y a la Virgen María y su culto está centrado en la misa. Sus ritos simbólicos son los sacramentos: la eucaristía, el bautismo, la confirmación, la penitencia, las órdenes sagradas, el matrimonio y la extremaunción. La diferencia fundamental de la Iglesia católica con el resto de las iglesias cristianas estriba en la primacía de honor y de jurisdicción que aquella reconoce al papa de Roma como sucesor de san Pedro, y que estas no admiten. Se estima que profesan el catolicismo unos 730 millones de personas; casi el 15 % de la humanidad.

católico, ca 1 *adj.* Perteneciente o relativo al catolicismo. 2 Título que antiguamente tenían los reyes de España. 3 *adj.* y *s.* Que profesa la religión católica.

catóptrico, ca 1 *adj.* ÓPT Perteneciente o relativo a la catóptrica. 2 ÓPT Perteneciente o relativo a la luz refleja. 3 *f.* ÓPT Parte de la óptica que estudia las propiedades de la reflexión de la luz.

catorce 1 *adj.* Diez más cuatro. 2 *adj.* y *m.* **DECIMOCUARTO**. 3 *m.* Signo o representación gráfica de dicho número.

catorceavo, va *adj.* y *m.* Dicho de cada una de las catorce partes iguales en que se divide un todo.

catre *m.* Cama individual y ligera. || ~ **de tijera** El del armazón de tela o cuerdas entrelazadas y dos patas en aspa.

caucásico, ca 1 *adj.* y *s.* Del Cáucaso o relacionado con esta cordillera o región ubicada entre Europa y Asia. 2 *m.* LING Grupo de lenguas de la región del Cáucaso, como el georgiano.

cauce 1 *m.* Lecho de un río o arroyo. 2 Acequia abierta para riego, etc. 3 Procedimiento o norma.

cauchero, ra 1 *adj.* Perteneciente o relativo al caucho. 2 *m.* y *f.* Persona que trabaja o vende el caucho.

caucho 1 *m.* Sustancia natural o sintética que se caracteriza por su elasticidad, repelencia al agua y resistencia a la abrasión y a la corriente eléctrica. El caucho natural es el componente sólido del látex de diversos árboles de las euforbiáceas. El sintético es una mezcla de terpenos polimerizados; tiene cadenas ramificadas, lo que le confiere su característica elasticidad. 2 **HEVEA**, árbol euforbiáceo. 3 Neumático de los automóviles, bicicletas, motocicletas, etc. 4 Cubierta exterior del neumático. 5 Cinta o cordón elástico.

caución *f.* Previsión o cautela.

caudal[1] 1 *m.* GEO Volumen de agua corriente que discurre por un cauce en un punto determinado. 2 Hacienda, y más comúnmente dinero. 3 Gran cantidad de una cosa.

caudal[2] *adj.* ZOOL Perteneciente o relativo a la cola.

caudillaje *m.* **CAUDILLISMO**.

caudillismo 1 *m.* Gobierno de un caudillo. 2 **CACIQUISMO**. 3 HIST Época en que se enfrentan y suceden los caudillos en Suramérica (1820-62).

caudillo 1 *m.* Capitán o jefe de gente de armas. 2 POLÍT Militar que se hace con el gobierno de un país mediante un golpe de Estado. 3 Persona que dirige algún gremio, una comunidad o un cuerpo.

caudimano (Tb. caudímano) *adj.* ZOOL Dicho de un animal, que tiene la cola que le sirve para agarrar o sujetar algo.

causa 1 *f.* Lo que contribuye a la producción de algo, ya sea en el aspecto eficiente o productivo, ya en el final o de motivación; también es causa de alguna cosa lo que induce a obrar de una determinada manera. 2 Empresa o doctrina que suscita partidarios (y enemigos). 3 DER Proceso judicial. 4 FIL Lo que se considera fundamento o principio de algo. Según Aristóteles, existen cuatro tipos de causas fundamentales: la material, la formal, la eficiente y la final. || ~ **eficiente** FIL El poder inmediato activo para producir algo. ~ **final** FIL El objeto o el motivo por el cual algo se hace. ~ **formal** FIL El modelo según el cual algo está hecho. ~ **material** FIL La materia de lo que está hecho algo. ~ **mayor** Motivo que se impone en la acción u omisión de algo. ~ **primera** FIL La que, con independencia absoluta, produce el efecto, y, así, solo Dios es propiamente causa primera. ~ **segunda** FIL La que produce su efecto con dependencia de la primera.

causahabiente *m.* y *f.* DER Persona que adquiere el derecho de otra u otras sobre algo.

causal 1 *adj.* Que se refiere a la causa o se relaciona con ella. 2 GRAM **conjunción** ~; **oración** ~. 3 *f.* Razón y motivo de algo.

causalidad 1 *f.* Causa, origen, principio. 2 Relación de causa a efecto. 3 FIL Principio según el cual las mismas causas y en las mismas circunstancias se producen los mismos efectos. 4 FÍS Principio relativo a la elevada temperatura de un sistema físico, con el único requisito de que la energía no puede propagarse más de prisa que la luz en el vacío.

causante *adj.* y *s.* Que causa.

causar 1 *tr.* y *prnl.* Ser causa, razón y motivo de que suceda algo. 2 Ser ocasión o darla para que algo suceda.

cáustico, ca 1 *adj.* Dicho de una sustancia, que destroza los tejidos animales por corrosión o quemadura. 2 Dicho del humor, lenguaje o estilo de alguien, que se caracteriza por ser mordaz, agresivo. 3 *f.* ÓPT Superficie tangente a los rayos reflejados o refractados por un sistema óptico.

cautela *f.* Precaución y reserva en el obrar.

cautelar *adj.* DER Dicho de una medida o norma, que está destinada a prevenir la consecución de determinado fin o precaver lo que pueda dificultarlo.

cauteloso, sa 1 *adj.* Que obra con cautela. 2 Dicho de una acción u otra cosa, que está hecha con cautela.

cauterizar *tr.* MED Quemar una herida o destruir un tejido con una sustancia cáustica, un objeto candente, o aplicando corriente eléctrica.

cautín *m.* Aparato para soldar con estaño.

A B C D E F G H I J K L M N Ñ O P Q R S T U V W X Y Z

cautivar 1 *tr.* Hacer cautivo, apresar. 2 Influir poderosamente en alguien ganándose su atención, simpatía o afecto.

cautiverio *m.* CAUTIVIDAD.

cautividad 1 *f.* Privación de la libertad en manos de un enemigo. 2 Encarcelamiento, vida en la cárcel. 3 Privación de la libertad a los animales no domésticos. 4 Estado de vida de estos animales.

cautivo, va 1 *adj.* y *s.* Dicho de una persona o un animal, que está privado de libertad y retenido a la fuerza. 2 Dicho de una persona dominada por el atractivo de algo o de alguien.

cauto, ta *adj.* Que obra con cautela y prudencia.

cava 1 *f.* Acción de cavar. 2 Bóveda subterránea en que se fermenta y se cría el vino. 3 *adj.* y *f.* ANAT **vena ~**.

cavar 1 *tr.* Mover la tierra con la azada o con un instrumento parecido. 2 Abrir un hoyo.

caverna *f.* Cueva profunda, abierta en el suelo o entre rocas.

cavernícola 1 *adj.* y *s.* Que vive en cavernas. 2 Dicho, especialmente, de un individuo prehistórico, que vivía en cavernas.

cavernoso, sa 1 *adj.* Perteneciente o relativo a la caverna. 2 Dicho de un sonido sordo y bronco. 3 Que tiene muchas cavernas.

caviar *m.* Alimento consistente en huevas de distintos peces, y especialmente del esturión, frescas y en salmuera.

cavidad 1 *f.* Hueco en el interior de cualquier cuerpo. 2 Cualquier forma cóncava capaz de acoger alguna cosa. || **~ bucal** ANAT Espacio anterior a los dientes y las encías. **~ paleal** ZOOL Espacio prácticamente cerrado, formado por un repliegue libre del manto de los moluscos, donde se sitúan las branquias.

cavilar *tr.* e *intr.* Reflexionar de manera profunda o continuada sobre algún asunto. En ocasiones connota, además, cierta preocupación o inquietud.

cayado 1 *m.* Bastón corvo por la parte superior, que usan sobre todo los pastores. 2 Báculo de los obispos. || **~ de la aorta** ANAT Arco que esta arteria forma desde el corazón hasta la tercera vértebra dorsal, desde la que desciende.

cayena *f.* Planta malvácea originaria de China, de flores muy grandes y vistosas, de color rojo, amarillo o blanco, cultivada como planta ornamental.

cayo *m.* Cualquiera de las islas, frecuentes en el mar de Las Antillas, bajas y arenosas, cubiertas de manglares.

cayuco *m.* Canoa pequeña, de fondo plano y sin quilla, que se gobierna y mueve con el canalete.

caza 1 *f.* Acción de cazar. 2 Conjunto de animales salvajes, antes y después de cazados. 3 Alcance, seguimiento, persecución. 4 *m.* Avión muy veloz y de pequeño tamaño, dedicado principalmente a reconocimientos y combates aéreos.

cazabe *m.* CASABE.

cazabombardero *m.* Avión de combate para interceptar aparatos enemigos o atacar objetivos terrestres o marítimos.

cazador, ra 1 *adj.* Dicho de un animal, que por instinto persigue y caza otros animales. 2 *adj.* y *s.* Que caza por oficio o diversión. 3 *m.* Soldado de infantería, y en especial de montaña. 4 *f.* CAMPERA, chaqueta. || **~ furtivo** Dicho de una persona, que caza en terreno vedado, sin autorización.

cazar 1 *tr.* Buscar, acosar y apresar aves, fieras y otras clases de animales para comerlos o para ponerlos cautivos. 2 Conseguir con astucia algo.

cazo 1 *m.* Recipiente cilíndrico o más ancho por la boca, con mango y pico para verter. 2 Cucharón con mango vertical para sacar un líquido de algún recipiente.

cazoleta 1 *f.* Receptáculo pequeño que llevan algunos objetos, como el depósito del tabaco en la pipa. 2 Pieza de metal que se pone debajo del puño de la espada y sirve para resguardar la mano.

cazuela 1 *f.* Utensilio de cocina redondo y por lo general de barro, más ancho que hondo. 2 Guiso que se hace en ella.

CD- ROM (Del ingl.) *m.* Disco compacto con una gran capacidad de memoria, que puede almacenar texto, imágenes o sonido. Se lee por medio de un láser. • Sigla de *compact disc read-only memory.*

ce *f.* Nombre de la letra *c.*

ceba 1 *f.* Alimentación abundante y esmerada para engorde del ganado. 2 Acción de alimentar un aparato con el combustible necesario. 3 Hierba seca acopiada para el invierno.

cebada *f.* Planta de las gramíneas, con cañas de algo más de 60 cm, espigas prolongadas y semillas puntiagudas. Su grano se usa en la elaboración de bebidas a base de malta (como la cerveza), para cocinarlo como alimento y para producir harinas.

cebar 1 *tr.* Alimentar animales para su engorde. 2 Poner un cebo o una trampa. 3 Poner en ciertas armas, máquinas o motores el combustible o el agua necesarios para su funcionamiento. 4 *tr.* e *intr.* Preparar y servir la infusión del mate. 5 *tr.* y *prnl.* Comer las personas hasta hincharse. 6 *prnl.* Ensañarse con alguien, mostrarse muy severo.

cebiche (Tb. ceviche) *m.* Plato de pescado o marisco crudo cortado en trozos pequeños y preparado en un adobo de jugo de limón o naranja agria, cebolla y tomate picados, sal y ají.

cebo 1 *m.* Comida con que se engorda a los animales. 2 Comida con que se provee el anzuelo, el cepo o la trampa para capturarlos. 3 Combustible con que se activa una máquina. 4 Explosivo con que se activa un arma de fuego.

cebolla 1 *f.* Hortaliza liliácea, de distribución templada y subtropical. Todas las especies contienen esencias volátiles sulfurosas que le confieren el sabor picante característico. 2 Bulbo de estas plantas, con propiedades digestivas y diuréticas, se consume crudo en ensalada, cocinado, preparado en diversas salmueras, y también como condimento culinario. 3 Pieza esférica y agujereada que, en ciertos conductos de agua, sirve como filtro.

cebra *f.* Mamífero perisodáctilo équido de África austral, de forma y tamaño intermedios entre el asno y el caballo, de pelo blanco amarillento con listas transversales pardas o negras.

cebú *m.* Bovino originario del S de Asia que se caracteriza por la presencia de una joroba a la altura de los hombros. Se utiliza como bestia de carga y por su alto rendimiento cárnico.

cecear *intr.* Pronunciar la *s* con articulación igual o semejante a la correspondiente a la letra *z.*

ceceo *m.* Acción y efecto de cecear.

cecina *f.* Carne salada y seca que se come cruda.

cedazo *m.* Aro de madera al que se sujeta una malla tensa y muy clara, que sirve para cribar o tamizar.

ceder 1 *tr.* Transferir a otro alguna cosa o algún derecho. 2 *intr.* Disminuir, debilitarse un fenómeno de la naturaleza, una enfermedad, etc. 3 Cesar en la resistencia u oposición. 4 Aflojarse algo que estaba tenso. 5 Romperse una cosa por estar sometida a una fuerza excesiva.

cedilla 1 *f.* Letra representada por una *c* y una virgulilla colgante (ç), que tiene un sonido similar al de la *z* y que ha desaparecido en español, pero que se conserva en otros idiomas, como el catalán y el francés. 2 Esta misma virgulilla.

cedro 1 *m.* Árbol que llega a alcanzar unos 50 m de altura, de aspecto piramidal, ramas horizontales, hojas perennes casi punzantes y flores amarillas, cuya madera es muy apreciada en ebanistería, por su dureza y belleza. Son varias sus especies en Asia, Europa y América. 2 Árbol de 25 m de altura, copa redondeada, follaje verde claro, fruto en cápsula ovoide que, al secarse, toma la forma de flor de palo. Es originario de las cordilleras andinas del N de América del Sur. Su madera es muy apreciada en ebanistería.

cédula 1 *f.* Documento en que se reconoce una deuda o cualquier otra obligación. 2 Documento nacional de identidad. || ~ **real** HIST Despacho firmado por el rey en que se dictaba alguna disposición o se concedía alguna merced.

cedulación *f.* Expedición de cédulas de ciudadanía.

cefalea *f.* MED Dolor violento y tenaz, alguna vez intermitente y grave, que afecta ordinariamente a uno de los lados de la cabeza, como la jaqueca.

cefálico, ca *adj.* Perteneciente o relativo a la cabeza.

cefalocordado *adj.* y *m.* ZOOL Dicho de un animal, marino, de simetría bilateral, que se caracteriza por poseer un notocordio que se extiende de un extremo a otro del cuerpo. Mide menos de 8 cm y obtiene su alimento filtrando la arena con una serie de tentáculos que tiene alrededor de la boca.

cefalópodo *adj.* y *m.* ZOOL Dicho de un molusco marino, que tiene el manto en forma de saco con una abertura por la cual sale la cabeza que está rodeada de ocho o diez tentáculos largos para la natación y provistos de ventosas. En la mayoría la concha ha involucionado y es interna, e incluso puede faltar. Segrega un líquido negruzco como autodefensa. Como el calamar y el pulpo, algunas especies son comestibles.

cefalorraquídeo, a 1 *adj.* ANAT Dicho del sistema nervioso cerebroespinal, que está alojado en la cabeza y en la columna vertebral. 2 ANAT **líquido** ~.

cefalotórax *m.* ZOOL Parte del cuerpo de los crustáceos y arácnidos que está formada por la unión de la cabeza y el tórax.

céfiro *m.* Viento suave y apacible.

cegador, ra *adj.* Que ciega o deslumbra.

cegar 1 *intr.* Perder la visión por completo. 2 *tr.* Quitar la vista a alguien. 3 Obstaculizar el tránsito por veredas u otros pasos estrechos. 4 Borrarse un camino por la vegetación. 5 Disminuir el calado de un canal o una rada por los acarreos de aluvión. 6 *tr.* e *intr.* Ofuscar la razón por la violencia de afectos o pasiones. 7 *tr.* y *prnl.* Dejar una luz repentina e intensa momentáneamente ciego a alguien. 8 Cerrar o taponar lo que estaba abierto o hueco (una ventana, una cañería). • Vb. irreg. conjug. c. **acertar**. V. anexo El verbo.

cegesimal *adj.* **sistema** ~.

ceguera 1 *f.* MED Privación total del sentido de la vista, que puede ser congénita, degenerativa o traumática. Asimismo puede ser permanente o transitoria, completa o parcial, o aparecer solo en situaciones ambientales de poca luz. 2 Ofuscación mental producida por algún tipo de apasionamiento.

ceiba *f.* Árbol tropical americano, corpulento, de copa amplia y horizontal, hojas palmadas y frutos con semillas envueltas en una sustancia algodonosa. Su madera tiene diversos usos.

ceja 1 *f.* Borde superior y prominente de la cuenca del ojo, cubierto de pelo. 2 El pelo que lo cubre, y cada uno de los pelillos. 3 Parte que sobresale un poco en algunas cosas, como en las encuadernaciones de los libros, en algunas obras de carpintería, etc.

cejar 1 *intr.* Aflojar o ceder en un empeño o discusión. 2 Andar hacia atrás las caballerías que tiran de un carruaje.

cejijunto, ta 1 *adj.* De cejas muy pobladas en el entrecejo. 2 Ceñudo.

cejilla *f.* MÚS En los instrumentos de cuerda, pieza de madera entre el clavijero y el mástil, para mantener separadas las cuerdas; también llamada aceja o cejuela.

celacanto *m.* Pez de cabeza acorazada, grandes escamas, cola y aletas pares lobuladas carnosas, con escamas en la base de las aletas, a diferencia de lo que ocurre en la mayoría de los peces. Se creía que era un pez fósil hasta que fue capturado un ejemplar en 1938 en aguas de Madagascar.

celada[1] *f.* Pieza de la armadura que protegía la cabeza.

celada[2] 1 *f.* Emboscada de gente armada en un lugar oculto, acechando a la víctima para asaltarla sorpresivamente. 2 Artimaña o fraude dispuesto con artificio o disimulo.

celador, ra 1 *adj.* Que cela o vigila. 2 *m.* y *f.* Persona encargada de la vigilancia.

celaduría *f.* Oficina o despacho del celador.

celaje 1 *m.* Claraboya o ventana y su parte superior. 2 Aspecto del cielo cuando hay nubes tenues y de varios matices. • U. m. en pl. en la acepción 2.

celar 1 *tr.* Velar por el cumplimiento de las leyes y obligaciones. 2 Observar a una persona o sus movimientos y acciones por recelos que se tienen de ella. 3 Vigilar a la persona amada por tener celos.

celda 1 *f.* Habitación pequeña e individual de los religiosos y las religiosas. 2 Aposento individual en colegios y otros establecimientos análogos. 3 Cada uno de los aposentos donde se encierra a los presos en las cárceles celulares. 4 Celdilla de los panales. || ~ **electroquímica** QUÍM Dispositivo que genera energía eléctrica a partir de una reacción química o que emplea energía eléctrica para producir esta misma energía.

celdilla 1 *f.* ZOOL Cada una de las casillas de que se componen los panales de las abejas, avispas y otros insectos. 2 BOT Cada uno de los huecos que ocupan las simientes en la caja.

celebérrimo, ma *adj.* Superlativo de célebre.

celebración 1 *f.* Acción de celebrar. 2 Aplauso, aclamación.

celebrante 1 *adj.* Que celebra. 2 *m.* Sacerdote que está diciendo misa o preparado para decirla.

celebrar 1 *tr.* Conmemorar algún acontecimiento. 2 Alabar, aplaudir a personas o cosas. 3 Llevar a cabo reuniones o entrevistas, un acto académico, un concierto, etc. 4 Regocijarse de las habilidades, gracias o dichos de alguien. 5 REL Festejar o conmemorar con cultos públicos y solemnes los misterios de la religión cristiana o la memoria de los santos. 6 *tr.* e *intr.* REL Decir misa el sacerdote.

célebre *adj.* Famoso, renombrado.

celebridad 1 *f.* Fama que adquiere alguien por sus actos gloriosos, talento, etc. 2 Persona famosa.

celentéreo *adj.* y *m.* ZOOL Dicho de un animal, que tiene simetría radiada y el cuerpo formado por un epitelio dispuesto en dos capas (ectodermo y endodermo), una capa intermedia (mesoglea) y una sola abertura rodeada de tentáculos. Se reproduce por vía asexual o sexual, con sexos separados en la mayoría de las especies. Incluye tres clases: **antozoos** (fase pólipo: corales, anémonas de mar), **escifozoos** (predomina la fase medusa) e **hidrozoos** (fases medusa y pólipo alternas).

celeridad 1 *f.* Prontitud, rapidez, velocidad. 2 FÍS Magnitud de la velocidad; puede medirse en unidades como kilómetros por hora, metros por segundo, etc.

A B C D E F G H I J K L M N Ñ O P Q R S T U V W X Y Z

celesta *f.* Mús Instrumento de teclado en el que el sonido se produce al ser golpeadas unas láminas de acero mediante unos macillos.

celeste 1 *adj.* y *m.* Dicho de un color, azul claro. 2 *adj.* Perteneciente o relativo al cielo. 3 Astr **bóveda** ~; **esfera** ~.

celestina *f.* Alcahueta, encubridora.

celíaco, ca 1 *adj.* Anat Perteneciente o relativo al vientre o a los intestinos. 2 *adj.* y *s.* Persona que padece la enfermedad celíaca.

celibato *m.* Rel Forma de ascetismo, practicada en muchas religiones, consistente en la abstinencia de cualquier actividad sexual.

célibe *adj.* y *s.* Dicho de una persona, que opta por el celibato o que no está casada.

celo 1 *m.* Diligencia y cuidado especiales que se ponen en hacer bien algo. 2 Exacerbación del apetito sexual en los animales. 3 *m. pl.* Sentimiento doloroso, mezcla de temor, frustración y envidia, que se puede experimentar por miedo a perder el cariño de la persona amada.

celofán (Del fr. *Cellophane*®, marca reg.) *m.* Papel transparente, obtenido de soluciones de viscosa, que se emplea para envolver.

celoma *m.* Zool Cavidad corporal limitada por el mesodermo de la mayoría de los animales, revestida por una capa de tejido denominada epitelio y con dos aberturas al exterior. Aloja los órganos internos y, en algunos animales, adquiere las funciones de aparato circulatorio y de esqueleto.

celomado, da *adj.* y *m.* Zool Dicho de un animal, que posee celoma.

celosía 1 *f.* Enrejado de listones que se pone en las ventanas para impedir la vista desde fuera, mientras que permite ver desde dentro. 2 Cualquier enrejado de listones entrecruzados en diagonal.

celoso, sa *adj.* Que tiene celo, o celos.

celota *m.* y *f.* Rel e Hist Miembro de un grupo judío que se caracterizó por la rigidez de su integrismo religioso y por la exaltación del nacionalismo, combatiendo todo lo extranjero, especialmente al Imperio romano de los ss. I y II.

celta *adj.* y *s.* Hist De un grupo de pueblos que, a partir del II milenio y hasta el s. III a. C., se asentaron en grandes áreas del centro y O de Europa.

□ Hist La evolución cultural de los celtas registró los máximos logros durante la fase llamada de La Tène, que combinó su tradición pastoril y guerrera con los aportes de la colonización griega. Su unidad social era la tribu, que estaba estratificada en nobleza o familias dirigentes, agricultores libres, que también eran guerreros, artesanos, trabajadores manuales y esclavos. También existía una clase instruida que incluía a los druidas, que ejercían como sacerdotes. Una de sus migraciones alcanzó el archipiélago británico y otras llegaron incluso a Asia Menor, cuando ya estaban formados los reinos helenísticos. Subsisten sustratos célticos en Galicia (España), Bretaña (Francia) y partes de Gran Bretaña e Irlanda.

celtíbero, ra (Tb. celtibero) *adj.* y *s.* Hist De un pueblo hispánico prerromano, de lengua céltica, que se estableció en las actuales provincias españolas de Zaragoza, Teruel, Cuenca, Guadalajara y Soria.

céltico, ca *adj.* y *s.* Dicho de una persona, que hacía parte de los pueblos que en la Antigüedad se establecieron en el sur de Lusitania y norte de Bética (sur de Portugal y parte de las provincias de Badajoz, Sevilla y Córdoba).

célula 1 *f.* Celdilla o pequeña cavidad. 2 Biol Unidad fundamental de los organismos vivos, generalmente de tamaño microscópico y formada por un citoplasma y un núcleo rodeados por una membrana. 3 Grupo reducido de personas que funciona de modo independiente dentro de una organización. || ~ **eucariótica** Biol Aquella con núcleo con más de un cromosoma y citoplasma con diferentes orgánulos. ~ **fotoeléctrica** Electr Dispositivo que permite transformar la intensidad luminosa en intensidad eléctrica. Se compone de un ánodo y un cátodo recubierto de un material fotosensible. ~ **madre** Biol La indiferenciada, presente en el embrión al inicio de su formación, que puede transformarse en una diferenciada de cualquier tipo de tejido. ~ **procariótica** Biol Aquella cuyo núcleo no está envuelto por una membrana y que carece de orgánulos y algunas estructuras especiales. Las bacterias y las cianobacterias son células procarióticas, y constituyen el reino **Mónera**.

□ Biol La célula está formada por un citoplasma y una cubierta protectora. El citoplasma contiene proteínas, glúcidos, lípidos y ácidos nucleicos y lleva numerosas inclusiones: **vacuolas**, **retículo** endoplasmático, **aparato** de Golgi, **ribosomas**, **mitocondrias**, **plastidios**, **centríolo** y **núcleo**. El núcleo está formado por proteínas y lípidos, contiene el material genético agrupado en los cromosomas y está rodeado de una doble membrana. La superficie celular está formada por una membrana semipermeable, flexible en los animales y recubierta por una pared de celulosa en los vegetales. La célula es capaz de dividirse y producir células hijas. El proceso (**mitosis**) va precedido por la división del núcleo, durante la cual se distribuye, intercambia y reproduce el material genético.

celular 1 *adj.* Perteneciente o relativo a las células. 2 Biol Formado por células. 3 Biol **división** ~; **gemación** ~; **membrana** ~; **muerte** ~; **núcleo** ~; **respiración** ~. 4 Dicho de un coche policial, que está acondicionado para trasladar personas arrestadas. 5 Dicho de un régimen penitenciario en que los presos están incomunicados. 6 Telec **telefonía** móvil o ~; **teléfono** ~.

celulasa *f.* Biol Enzima que descompone la celulosa.

celulitis *f.* Fisiol Forma característica de acumulación de grasa en torno a las caderas y los muslos que es más frecuente en las mujeres. Tiene una apariencia esponjosa y con hoyuelos que se describe como piel de naranja.

celuloide 1 *m.* Quím Nitrocelulosa flexible plastificada con pólvora de algodón y alcanfor. Es un material transparente y muy elástico, que se empleaba en la fabricación de película fotográfica, peines y juguetes. 2 Cine o, más propiamente, mundo del cine.

celulosa *f.* Bioq Polisacárido que se encuentra en las porciones leñosas de las plantas, determinando su estructura. Sus principales derivados industriales son las nitrocelulosas, el papel y la seda artificial.

cementar *tr.* Calentar una pieza de metal en contacto con otra materia en polvo o en pasta.

cementerio 1 *m.* Terreno, generalmente cercado, destinado a enterrar cadáveres. 2 Lugar destinado al depósito de residuos de ciertas industrias o de maquinaria fuera de uso.

cemento 1 *m.* Cualquier material que, al fraguar, sirve para aglutinar cosas. 2 Mezcla de silicatos calcinados y molidos que, mezclados con agua, sirve como argamasa y que, al secarse, adquiere gran consistencia. 3 Anat Capa de tejido óseo que cubre el marfil de la raíz de los dientes en los vertebrados. 4 Geo Masa mineral que une los fragmentos o las arenas de que se componen algunas rocas. || ~ **armado** **hormigón** armado.

cena 1 *f.* Última de las comidas formales, que suele tomarse por la noche o al atardecer. 2 Lo que en ella se toma.

cenáculo 1 *m.* Reunión poco numerosa de personas que profesan las mismas ideas. 2 Sala en que Jesucristo celebró la última cena.
cenador *m.* Espacio, comúnmente redondo, que suele haber en los jardines, cercado y vestido de plantas trepadoras.
cenagal *m.* Sitio o lugar lleno de cieno.
cenagoso, sa *adj.* Cubierto de cieno.
cenar 1 *intr.* Tomar la cena. 2 *tr.* Comer en la cena tal o cual cosa.
cencerro 1 *m.* Campana cilíndrica y tosca, de hierro o cobre, que suele colgarse del pescuezo del ganado. 2 Mús Instrumento musical de percusión, inspirado en la campana del ganado.
cendal *m.* Tela fina y transparente de seda o lino.
cenefa 1 *f.* Franja sobrepuesta o tejida en los bordes de algunas ropas o prendas. 2 Dibujo de ornamentación que se pone a lo largo de los muros, pavimentos y techos y suele consistir en elementos repetidos de un mismo adorno.
cenicero 1 *m.* Recipiente para depositar la ceniza y las colillas de los cigarros. 2 Espacio en que se recoge la ceniza del hogar.
cenicienta *f.* Por alusión a la protagonista del cuento así llamado, persona o cosa injustamente marginada o despreciada.
ceniciento, ta *adj.* Dicho de un color, el de la ceniza.
cenit (Tb. cénit, zenit, zénit) 1 *m.* Astr Punto del hemisferio celeste superior al horizonte, que corresponde verticalmente a un lugar de la Tierra. 2 Momento culminante de algo.
cenital *adj.* Perteneciente o relativo al cenit.
ceniza 1 *adj.* y *m.* Dicho de un color, que es semejante al de la ceniza. 2 *f.* Polvo grisáceo que queda de una combustión, formado por sales alcalinas y térreas. 3 *f. pl.* Restos de un cadáver.
cenobita *m.* y *f.* Persona que profesa la vida monástica y vive en un monasterio.
cenotafio *m.* Monumento funerario que no alberga el cadáver del homenajeado.
cenote *m.* Depósito de agua manantial, generalmente a alguna profundidad.
cenozoico, ca *adj.* y *m.* Geo Dicho de una era geológica, la última y la más corta. • Se escribe con may. inic. c. s.
□ Geo El Cenozoico comenzó hace unos 65 millones de años y aún perdura. Es posterior al periodo cretácico del Mesozoico, y se subdivide en terciario y cuaternario. En esta era se definió el mundo geológico moderno, con sus rasgos geográficos característicos y sus animales y plantas.
censar 1 *tr.* Incluir o registrar en el censo. 2 *intr.* Hacer el censo o empadronamiento de los habitantes de algún lugar.
censo 1 *m.* Padrón o registro de los ciudadanos o de la riqueza de un pueblo o una nación. 2 Lista de personas o cosas de cualquier extensión y con cualquier finalidad. || ~ **electoral** Registro general de ciudadanos con derecho de sufragio activo.
censor, ra 1 *m.* y *f.* Funcionario de ciertos gobiernos encargado de revisar todo tipo de publicaciones, y de proponer, en su caso, que se modifiquen o prohíban. 2 En ciertas corporaciones, el encargado de velar por la observancia de los estatutos. 3 *m.* Hist Magistrado de la República romana, a cuyo cargo estaba formar el censo de la ciudad, velar sobre las costumbres de los ciudadanos y castigar con la pena debida a los viciosos.
censura 1 *f.* Objeción o reparo a personas o cosas. 2 Polít Acción oficial que controla o impide la difusión de determinadas noticias o imágenes, que suele ser tanto más rígida cuanto menor es el grado de libertad democrática. 3 **voto** de ~.
censurar 1 *tr.* Corregir o reprobar a alguien que ha obrado mal o algo que está mal hecho. 2 Prohibir, parcial o íntegramente, la representación o publicación de algo. 3 Ejercer su función el censor oficial o de otra clase.
centauro *m.* Mit En la mitología griega, raza de monstruos que se representaban con forma humana de la cabeza a la cintura, y con el bajo vientre y las piernas de caballo.
centavo *m.* Céntimo del dólar, del peso y de algunas otras monedas.
centella 1 *f.* Rayo de poca intensidad. 2 Chispa que se desprende o salta al chocar entre sí ciertos cuerpos duros. 3 Persona o cosa muy veloz.
centellear *intr.* Despedir intermitentemente rayos de luz de intensidad y coloración variables.
centelleo *m.* Astr Brillo intermitente de las estrellas que se debe a las modificaciones que la atmósfera terrestre produce en la refracción de la luz.
centena *f.* Conjunto de cien unidades.
centenar *m.* CENTENA. || **a ~es** Se usa para expresar abundancia indeterminada de alguna cosa.
centenario, ria 1 *adj.* Perteneciente o relativo a la centena. 2 *adj.* y *s.* Dicho de una persona, que ha cumplido cien años o los ronda. 3 *m.* Periodo de cien años. 4 Día en que se cumplen una o más centenas del nacimiento o la muerte de alguien.
centeno 1 *m.* Planta gramínea parecida al trigo, pero de espiga más larga, estrecha y dura y de 1 a 2 m de altura. Se emplea para elaborar pan (mezclado con otros cereales), en la destilación de bebidas alcohólicas, como forraje y para confeccionar objetos trenzados. 2 Conjunto de granos de esta planta.
centesimal 1 *adj.* Perteneciente o relativo a la centésima parte. 2 Dicho de la fracción cuyo denominador es cien.
centésimo, ma 1 *adj.* y *s.* Que ocupa por orden el número cien. 2 Dicho de cada una de las cien partes en que se divide un todo.
centígrado, da 1 *adj.* **grado** ~. 2 *m.* Unidad de la escala termométrica centígrada o Celsius (°C).
centilitro *m.* Centésima parte de un litro.
centímetro 1 *m.* Medida de longitud equivalente a la centésima parte de un metro. 2 CINTA métrica. || ~ **cuadrado** Unidad de superficie, equivalente a un cuadrado que tiene un centímetro de lado. ~ **cúbico** Unidad de volumen, equivalente a un cubo que tiene un centímetro de arista.
céntimo, ma 1 *adj.* Centésimo, cada una de las cien partes de un todo. 2 *m.* Centésima parte de la unidad monetaria.
centinela 1 *m.* o *f.* Soldado que monta la guardia. 2 Persona que observa alguna cosa.
centolla *f.* Crustáceo decápodo marino de caparazón casi redondo y cinco pares de patas largas, ganchudas y vellosas, cuya carne es muy apreciada.
centrado, da 1 *adj.* Dicho de un instrumento o de una pieza de máquina, que tiene el centro en la posición que corresponde. 2 Dicho de una cosa, que está colocada de manera que su centro coincide con el de otra. 3 Basado en un determinado principio u objeto de interés, o dedicado especialmente dedicado a él: *Un estudio centrado en el modernismo.* 4 Dicho de una persona, que piensa y actúa equilibradamente y sin dispersarse.
central 1 *adj.* Perteneciente o relativo al centro o que lo ocupa; que media entre dos extremos. 2 Que ejerce su acción sobre todo un sistema o territorio. 3 Esencial, principal. 4 *m.* Dep En el fútbol, defensa

A B C D E F G H I J K L M N Ñ O P Q R S T U V W X Y Z

que ocupa el centro de la línea inmediata a la propia portería. 5 *f.* Casa matriz o primera de una empresa o industria. 6 Instalación donde están unidos o centralizados varios servicios públicos de una misma clase: *Central de correos; Central de teléfonos.* || ~ **eléctrica** Instalación en que se produce energía eléctrica. Está constituida esencialmente por la fuente de energía, una unidad motriz, un alternador acoplado a ella y la estación transformadora, que envía la electricidad a la red. Según la energía que transforma, puede ser hidroeléctrica, térmica, nuclear, solar, etc.

centralismo *m.* Sistema que propugna un centro fuerte de poder político, jurídico y administrativo.

centralita 1 *f.* TELEC **CONMUTADOR.** 2 Lugar donde está instalado este aparato.

centralización *f.* Acción y efecto de centralizar o centralizarse.

centralizar 1 *tr.* y *prnl.* Reunir varias cosas en un centro común. 2 Hacer que varias cosas dependan de un poder central. 3 *tr.* Asumir el poder público facultades atribuidas a organismos locales.

centrar 1 *tr.* Determinar el centro de una superficie o de un volumen. 2 Hacer que coincida el centro de una cosa con el de otra. 3 Reunir en el sitio adecuado los rayos de un foco, los proyectiles de un arma de fuego, etc. 4 *tr.* y *prnl.* Atraer hacia un punto o asunto la atención de otras personas. 5 Dirigir las energías o ambiciones personales hacia un objetivo. 6 *tr.* e *intr.* DEP En fútbol, lanzar la pelota desde las bandas hacia el centro del área contraria.

centrifugar *tr.* Usar la fuerza centrífuga para separar los componentes de una masa o mezcla según sus distintas densidades.

centrífugo, ga 1 *adj.* Dicho de lo que en un movimiento circular, y en virtud de la inercia, se aleja del centro. 2 FÍS **fuerza** ~. 3 *f.* Máquina que separa los diferentes componentes de una mezcla por la acción de la fuerza centrífuga.

centríolo (Tb. centriolo) *m.* BIOL Estructura par de forma cilíndrica que, en la célula, se encuentra en el centro del centrosoma.

centrípeto, ta 1 *adj.* Dicho de lo que en un movimiento circular tiende e impele hacia el centro. 2 FÍS **fuerza** ~.

centro 1 *m.* Punto interior que aproximadamente equidista de los bordes o límites de un objeto, una superficie, una figura, etc. 2 Fin u objetivo principal de aspiraciones y esfuerzos personales o colectivos. 3 Núcleo o zona de una población en que es mayor la densidad demográfica o más intensa la actividad. 4 Lugar en que se desarrolla más intensamente una actividad determinada: *Centro comercial; Centro industrial.* 5 Local en que se reúnen los miembros de una asociación cultural o benéfica. 6 Establecimiento, institución, para fomentar determinados estudios. 7 DEP En fútbol, acción de centrar el balón. 8 GEOM Punto equidistante de todos los de una circunferencia. 9 GEOM En la esfera, punto interior del cual equidistan todos los de la superficie. 10 GEOM En los polígonos y poliedros, punto en que todas las diagonales que pasan por él quedan divididas en dos partes iguales. 11 GEOM En las líneas y superficies curvas, punto de intersección de todos los diámetros. 12 POLÍT Posición de los partidos cuya ideología es intermedia entre la derecha y la izquierda. || ~ **de gravedad** FÍS Punto de aplicación de la fuerza peso en un cuerpo, que es siempre el mismo, sea cual sea la posición del cuerpo.

centroamericano, na *adj.* y *s.* De América Central o relacionado con esta región.

centrómero *m.* BIOL Zona más estrecha de los cromosomas y en la que estos se unen durante la división celular.

centrosoma *m.* BIOL Corpúsculo próximo al núcleo de la célula, que desempeña un papel importante en la mitosis.

céntuplo, pla *adj.* y *m.* MAT Dicho del producto de multiplicar una cosa por cien.

centuria 1 *f.* Periodo de cien años, siglo. 2 HIST Unidad militar romana de cien soldados.

centurión *m.* HIST En la milicia romana, jefe de una centuria.

cenzontle *m.* Ave americana, de color gris parduzco con algo de blanco sobre las alas. Imita las voces de las demás aves y el silbido de las personas.

ceñir 1 *tr.* Rodear o apretar la cintura, el cuerpo, el vestido u otra una cosa. 2 Cerrar o rodear una cosa a otra. 3 *prnl.* Concentrarse en un tema u objetivo. 4 Moderar gastos o ahorrar palabras. • Vb. irreg. conjugación modelo. V. anexo El verbo.

ceño *m.* Gesto de enfado que se adopta al arrugar la frente y fruncir el entrecejo.

cepa 1 *f.* Base de una planta o de un tronco que está bajo tierra y en contacto con las raíces. 2 Tronco de la vid. 3 Tronco u origen de una familia o de un conjunto de individuos con características comunes.

cepillar 1 *tr.* Limpiar, quitar el polvo con un cepillo. 2 Alisar con cepillo la madera o los metales. 3 **ADULAR,** alabar.

cepillo 1 *m.* Plancha de madera, hueso, pasta, etc., provista de cerdas por una de sus caras, para arreglar el cabello, quitar el polvo de la ropa, lustrar el calzado, etc. 2 Prisma cuadrangular de madera con una cuchilla transversal de acero, para desbastar y alisar la madera. 3 Máquina que consta de un cilindro rotatorio con cuchillas, que actúa rebajando el grueso de una pieza de madera en la totalidad de su anchura. 4 Adulación, alabanza.

cepo 1 *m.* Madero grueso en que fijan y asientan ciertos instrumentos los herreros, cerrajeros y operarios de otros oficios. 2 Trampa para cazar animales que consiste en un dispositivo que se dispara y cierra al tocarlo el animal. 3 Instrumento antiguo de tormento que aprisionaba entre dos maderos el cuello o algún otro miembro del reo, apretándolo. 4 Instrumento que sirve para inmovilizar o sujetar algo.

cera 1 *f.* Sustancia sólida de color amarillo que producen las abejas para hacer los panales, y que se emplea sobre todo para la fabricación de cirios y velas. 2 QUÍM Cada uno de los esteres de ácidos grasos y alcoholes de pesos moleculares elevados. 3 QUÍM Cualquiera de los hidrocarburos sólidos que se obtienen por la destilación del petróleo, el lignito y ciertas pizarras. 4 **CERUMEN.** || ~ **de palma** Sustancia dura y porosa, semejante a la cera elaborada por los insectos, que se extrae del tronco de algunas palmas de América del Sur. ~ **perdida** ART Proceso utilizado en el vaciado de esculturas de metal huecas y de piezas de joyería.

cerámico, ca 1 *adj.* Perteneciente o relativo a la cerámica. 2 *f.* Arte de fabricar objetos de barro, loza y porcelana. Los objetos pueden cumplir funciones utilitarias, industriales, ser usados en la construcción o tener aplicaciones eléctricas y electrónicas. En muchas ocasiones la cerámica recibe un tratamiento artístico. 3 Conjunto de objetos de barro seco o cocido.

ceramista *m.* y *f.* Persona que fabrica objetos de cerámica.

cerbatana *f.* Caña en que se introducen dardos para despedirlos soplando con fuerza por una de sus extremidades; se usa como arma de caza.

cerca[1] *f.* Muro, seto o alambrada, con que se rodea y aísla un terreno.

cerca[2] *adv. l.* y *t.* Indica proximidad tanto en el espacio como en el tiempo. Antecede al nombre de referencia y se construye con la preposición *de: Cerca de mí; Cerca de las diez.*

cercado *m.* CERCA[1].

cercanías *m.* TREN de cercanías.

cercano, na 1 *adj.* Próximo, inmediato. 2 Dicho de una persona o una cosa, que está ligada a otra por un fuerte vínculo y, también, de este mismo vínculo.

cercar 1 *tr.* Rodear un terreno con muro, vallado o alambrada para aislarlo y protegerlo. 2 Rodear a una persona o a un animal, impidiendo que escape.

cercenar *tr.* Cortar las extremidades de algo.

cercha *f.* CIMBRA, armazón que sostiene un arco.

cerciorar 1 *tr.* y *prnl.* Comprobar la verdad de una cosa. 2 Dar certeza de algo.

cerco 1 *m.* Lo que ciñe o rodea. 2 CERCA[1].

cercopiteco *m.* ZOOL Mono **catarrino** provisto de abazones, callosidades en las nalgas y pelaje vistoso, como el mandril.

cerda[1] 1 *f.* Pelo grueso y duro de algunos animales, como el cerdo o el caballo. 2 Pelo de cepillo, de brocha, etc., de materia animal o artificial.

cerda[2] *f.* CERDO.

cerdada *f.* Acción desleal o mala pasada que perjudica a alguien.

cerdo, da 1 *m.* y *f.* Mamífero doméstico artiodáctilo de cabeza gruesa, orejas gachas, hocico casi cilíndrico, cuerpo grueso, patas cortas y cola delgada, del que se aprovecha su carne y su grasa. 2 Persona sucia o grosera. || ~ **hormiguero** Mamífero africano de hasta 2,3 m de longitud; con sus garras excava termiteros y hormigueros y con su lengua pegajosa agarra los insectos.

cereal *m.* Planta gramínea, que, como el trigo, el centeno, la cebada, la avena, el arroz y el maíz, se cultiva para alimento del ser humano, forraje para los animales y como base para la destilación de licores.

cerebelo *m.* ANAT Órgano del sistema nervioso central y parte del encéfalo, situado en la parte posterior de la cavidad craneana. Refuerza las corrientes nerviosas motoras para hacer más enérgica la contracción muscular.

cerebral 1 *adj.* Perteneciente o relativo al cerebro. 2 ANAT **circunvolución** ~; **corteza** ~. 3 Dicho de una persona en que la reflexión prevalece sobre las emociones.

cerebro 1 *m.* ANAT Parte superior del encéfalo. 2 ZOOL Centro de control del sistema nervioso de los invertebrados. 3 Talento, inteligencia. 4 Persona que concibe o dirige un plan. || ~ **electrónico** ELECTRON Dispositivo electrónico que regula automáticamente las secuencias de un proceso mecánico, químico, de cálculo, etc.

□ ANAT El cerebro humano está formado por agua, lípidos, proteínas y glúcidos. Desde el punto de vista de los tejidos que lo forman cabe distinguir entre la sustancia gris (que forma la corteza) y la sustancia blanca (que constituye el resto del órgano). El cerebro se divide en dos grandes hemisferios (separados longitudinalmente por una gran cisura y unidos en la base por el cuerpo calloso), en los que se localizan las distintas áreas de control de las funciones orgánicas (visión, audición, movimiento, etc.).

ceremonia 1 *f.* Acto exterior, de cierta solemnidad y según ciertas reglas, con que se celebra un culto religioso o un acontecimiento profano. 2 Reverencia afectada o excesiva.

cereza 1 *f.* Drupa redonda de unos 2 cm de diámetro, de pulpa jugosa y dulce que contiene una semilla de color rojo; es el fruto del cerezo, del capulí, del cafeto y de otros árboles similares. 2 *adj.* y *m.* Dicho de un color, rojo oscuro.

cerezo 1 *m.* Árbol de unos 5 m de altura, tronco liso y ramoso, hojas lanceoladas, flores blancas y por fruto, la cereza, drupa de unos 2 cm de diámetro, con surco lateral, de color encarnado y pulpa jugosa, dulce y comestible. 2 CAPULÍ.

cerilla *f.* Velilla de cera, madera o papel con cabeza de fósforo, que se enciende por frotación.

cerio *m.* QUÍM Elemento metálico del grupo de los lantánidos, muy dúctil y maleable. Se emplea para la fabricación de vidrios, cerámicas, electrodos, células fotoeléctricas, en siderurgia, electrónica, medicina y en reactores nucleares. Símbolo: Ce. Número atómico: 58. Peso atómico: 140,12. Punto de fusión: 798 °C. Punto de ebullición: 3443 °C.

cerner 1 *tr.* Separar con cedazo la harina del salvado, o los fragmentos más gruesos de una masa del polvo más fino. 2 *intr.* BOT Dejar caer el polen de la flor. 3 *prnl.* Mantenerse las aves en el aire moviendo las alas y sin avanzar. 4 Amenazar un peligro inminente. • Vb. irreg. conjug. c. **entender**. V. anexo El verbo.

cernícalo *m.* Ave rapaz, de cabeza abultada y plumaje rojizo manchado de negro.

cernir *tr.* CERNER. • Vb. irreg. conjug. c. **discernir**. V. anexo El verbo.

cero 1 *adj.* Nulo, nada, ninguno: *Cero puntos; Cero habitantes.* 2 *m.* MAT Número que designa el cardinal de la cifra no significativa, del conjunto vacío; colocado a la izquierda de un número tampoco representa ningún valor, pero a la derecha, en el sistema de base 10, lo decuplica. Su símbolo es 0. En el sistema de los números reales, es el único número que no es ni positivo ni negativo, y representa el límite entre los números positivos y los negativos. 3 Punto desde el que se cuentan los grados de una escala, un termómetro, etc. 4 Signo gráfico con que se representa. || ~ **absoluto** FÍS Temperatura en que se anularía el movimiento de los átomos por enfriamiento y que teóricamente se alcanzaría a los −273,16 °C.

cerrado, da 1 *adj.* Dicho de un lugar, cerrado, rodeado por completo. 2 Dicho del cielo, cubierto de nubes o de la noche oscura. 3 Dicho de un terreno, irregular o cubierto de árboles, casas, etc., que impiden una visión dilatada. 4 Dicho de una persona, que es torpe, muy intransigente, o muy callada. 5 FON **vocal** ~. 6 MAT **conjunto** ~.

cerradura *f.* Mecanismo metálico con que se cierran y abren dos partes de una cosa mediante algún pestillo, que se acciona con una llave.

cerrajería *f.* Taller y tienda donde se fabrican o venden cerraduras y otros instrumentos de hierro.

cerramiento 1 *m.* Acción y efecto de cerrar. 2 Cosa que cierra o tapa cualquier abertura, conducto o paso. 3 División que se hace con tabique, y no con pared gruesa, en una pieza. 4 ARQ Lo que cierra y termina el edificio por la parte superior.

cerrar 1 *tr.* Tapar, incomunicar o aislar un recinto o el interior de algo. 2 Juntar las partes de postigos, puertas, etc., echando la llave, el pestillo, etc. 3 Ajustar los miembros dobles, como labios, párpados, etc., de modo que desaparezca la abertura que dejan al estar separados. 4 Aproximar los extremos de dos miembros o articulaciones, como las piernas. 5 Hacer que se aproximen los órganos articuladores de un sonido. 6 Dicho de un cajón de un mueble, volver a hacerlo entrar en su hueco. 7 Impedir el tránsito por una vía. 8 Cercar, vallar, rodear, acordonar. 9 Completar un perfil o una figura uniendo el final del trazado con el principio. 10 Doblar o plegar lo que estaba extendido. 11 Pegar los paquetes, sobres o cosa semejante de modo que no sea posible abrirlos sin romperlos.

12 Poner término a ciertas cosas: *Cerrar la sesión.* 13 Ir en último lugar: *Cerrar la marcha.* 14 *tr.* y *prnl.* Impedir el paso a un fluido por un conducto moviendo un mecanismo: *Cerrar el grifo.* 15 Obstruir aberturas, huecos, conductos, etc. 16 Cicatrizar las heridas. 17 Declarar finalizado el plazo de certámenes, concursos, etc. 18 Poner fin a las tareas de una institución: *La universidad cerró.* 19 *intr.* Interrumpir temporalmente la atención a los usuarios un establecimiento público. 20 *prnl.* Dicho de las flores, juntarse unos con otros sus pétalos. 21 Dicho del cielo, la atmósfera, el horizonte, etc., cargarse de nubes o vapores que producen oscuridad. 22 Hablando del vehículo o del conductor que toma una curva, ceñirse al lado de mayor curvatura. 23 Mantenerse firme en un propósito. • Vb. irreg. conjug. c. **acertar**. V. anexo El verbo.

cerril 1 *adj.* Dicho de un terreno, abrupto. 2 Dicho del ganado mular, vacuno o caballar, no domado.

cerro *m.* Elevación de tierra aislada y de menor altura que el monte o la montaña.

cerrojo *m.* Barrita de hierro que, desplazándola hacia el correspondiente agujero en el marco o la pared, cierra la puerta o ventana a la que va fija.

certamen *m.* Concurso abierto para estimular con premios determinadas actividades o competiciones.

certero, ra 1 *adj.* Que actúa con acierto. 2 Dicho de un disparo, que da en el blanco o del tirador diestro.

certeza 1 *f.* Cualidad de cierto. 2 Convicción subjetiva que excluye cualquier duda.

certidumbre *f.* CERTEZA.

certificación 1 *f.* Acción y efecto de certificar. 2 Instrumento en que se asegura la verdad de un hecho.

certificado, da 1 *adj.* y *s.* Dicho de una carta o de un paquete, que se envía por correo con especiales garantías. 2 *m.* Documento en que se atestigua alguna cosa por persona autorizada para hacerlo.

certificar 1 *tr.* y *prnl.* Dar por cierta una cosa o reafirmarla, especialmente la persona autorizada y con alguna solemnidad o carácter oficial. 2 *tr.* Enviar alguna carta o paquete por correo, obteniendo el resguardo de tal envío y firmando el destinatario el recibo pertinente.

cerumen *m.* Sustancia grasa segregada por glándulas del conducto auditivo externo.

cerval *adj.* Dicho del miedo, muy grande o excesivo.

cervatillo, lla *m.* y *f.* Ciervo menor de seis meses.

cervecería 1 *f.* Fábrica de cerveza. 2 Local en que se bebe preferentemente cerveza.

cerveza *f.* Bebida alcohólica obtenida de la fermentación de los granos de cebada y de otros cereales y adobada con lúpulo y levadura. Es una de las bebidas más antiguas de la humanidad.

cervical *adj.* ANAT Perteneciente o relativo a la cerviz o el cuello.

cérvido *adj.* y *m.* ZOOL Dicho de un mamífero, rumiante artiodáctilo, cuyo rasgo característico es la presencia de astas ramificadas en los machos (a excepción del reno, cuya hembra también las desarrolla) que caen y se renuevan cada año, como el reno y el alce.

cérvix *m.* ANAT CUELLO uterino.

cerviz *f.* ANAT Parte dorsal del cuello de las personas y de muchos mamíferos en que se unen el cráneo y la espina dorsal.

cesante 1 *adj.* Que cesa. 2 *adj.* y *s.* Dicho de una persona, que ha quedado sin empleo.

cesantía 1 *f.* Situación de cesante. 2 Subsidio que algunos cesantes perciben. 3 Subsidio anual que reciben ciertos empleados.

cesar 1 *intr.* Interrumpirse o dejar de producirse algún hecho o proceso. 2 Darse de baja en algún cargo o empleo.

césar *m.* Título que, con el de augusto, se dio a los emperadores romanos, tomado de Cayo Julio César.

cesáreo, a 1 *adj.* Perteneciente o relativo al imperio o a la majestad imperial. 2 *f.* MED Operación quirúrgica con que se extrae el feto por vía abdominal.

cese *m.* Acción y efecto de cesar.

cesio *m.* QUÍM Elemento metálico alcalino, el más electropositivo de todos los cuerpos simples. Se obtiene principalmente por electrólisis o reducción de su cloruro. Se utiliza en células fotoeléctricas. Símbolo: Cs. Número atómico: 55. Peso atómico: 132,9. Punto de fusión: 28 °C. Punto de ebullición: 669 °C.

cesión *f.* Renuncia de alguna cosa o derecho en favor de otra persona.

césped *m.* Hierba menuda y tupida, formada por varias especies de gramíneas, que cubre el suelo.

cesta 1 *f.* Recipiente hecho de mimbres, juncos, cañas o varillas, por lo común redondo y con un asa, para llevar ropas, verduras, etc. 2 DEP En el baloncesto, canasta y cada entrada del balón en ella.

cestería 1 *f.* Arte de tratar y tejer las fibras vegetales para la confección de cestas, canastos, sombreros, esteras, etc. 2 Sitio donde se hacen o se venden estos productos.

cesto 1 *m.* Cesta grande y más alta que ancha. 2 Papelera, recipiente para echar los papeles inútiles.

cestodo *adj.* y *m.* ZOOL Dicho de un gusano, platelminto, que tiene el cuerpo largo y aplanado. Vive en cavidades del cuerpo de otros animales, a cuyas paredes se fija mediante ventosas o ganchos, y se alimenta absorbiendo líquidos nutritivos de su huésped, como la tenia.

cesura *f.* Pausa o corte que se hace en un verso para regular el ritmo.

cetáceo, a *adj.* y *m.* ZOOL Dicho de un mamífero, pisciforme, marino, de gran tamaño, que tiene las aberturas nasales en lo alto de la cabeza, por donde sale el aire espirado, miembros anteriores transformados en aletas y cuerpo terminado en una sola aleta horizontal, sin estructura ósea. Vive, generalmente, en grupos y a veces forma sociedades.

cetilo *m.* QUÍM Hidrocarburo que contiene el radical alcohol propio de este cuerpo y demás compuestos de la serie del mismo.

cetona *f.* QUÍM Compuesto orgánico que se obtiene a partir de los alcoholes secundarios. Relativamente reactivo, es útil para sintetizar otros compuestos; también es un importante producto intermedio en el metabolismo de las células.

cetrería 1 *f.* Arte de la cría y el adiestramiento de aves rapaces para la caza. 2 Caza realizada con esas aves.

cetrino, na 1 *adj.* y *m.* Dicho de un color, amarillo verdoso. 2 *adj.* Melancólico y adusto.

cetro *m.* Vara, generalmente de material precioso y finamente labrada, que sirve como insignia de la autoridad de reyes y emperadores.

ceviche *m.* CEBICHE.

ch *f.* Dígrafo que representa un solo sonido consonántico de articulación africada, palatal y sorda, que siempre se encuentra al principio de sílaba y seguido de vocal, como en *mucho* o *chorote.* En algunas regiones de Hispanoamérica se pronuncia de forma semejante a la *sh* inglesa. Su escritura es indivisible, de manera que no se puede separar con guion de final de línea, y en su forma mayúscula solo debe escribirse en mayúscula la primera letra: *Ch.*

chabacanería 1 *f.* Falta de gusto, vulgaridad. 2 Cosa o dicho groseros.

A B C D E F G H I J K L M N Ñ O P Q R S T U V W X Y Z

chabacano, na 1 *adj.* Grosero o de mal gusto. 2 *m.* LING Lengua criolla de base española y con la estructura gramatical de lenguas nativas, que se habla en Mindanao y en otras islas filipinas.
chabola 1 *f.* Choza o casa pequeña. 2 Casucha de materiales miserables construida en los suburbios de las grandes ciudades.
chacal *m.* Mamífero carnívoro de los cánidos, de tamaño intermedio entre el lobo y el zorro, cola larga y pelaje amarillento. Vive en las regiones templadas de Asia y África. Hay varias especies.
chacarera 1 *f.* Baile popular argentino cuyo ritmo, variable según la región de procedencia, es de tres por cuatro, alternando con seis por ocho. 2 Música y letra de este baile.
chachachá 1 *m.* Baile de origen cubano, derivado de la rumba y el mambo. 2 Música y ritmo de este baile.
cháchara 1 *f.* Abundancia de palabras inútiles. 2 Conversación animada y frívola. 3 *f. pl.* Baratijas, cachivaches.
chacona 1 *f.* Baile español de los ss. XVI y XVII, muy extendido por Europa. 2 Música de este baile. 3 Composición poética escrita para dicho baile. 4 MÚS Pieza instrumental inspirada en él.
chacota 1 *f.* Bulla y alegría mezclada de chanzas y carcajadas, con que se celebra algo. 2 Broma, burla.
chacra *f.* Parcela de tierra destinada a la labranza.
chador *m.* Velo negro con el que algunas mujeres musulmanas se cubren la cabeza y parte del cuerpo.
chaflán *m.* Cara, por lo común larga y estrecha, que resulta en un sólido, de cortar por un plano una esquina o un ángulo diedro.
chagra *f.* CHACRA.
chal *m.* Paño de seda o lana, mucho más largo que ancho, y que, puesto en los hombros, sirve como abrigo o adorno.
chalán, na 1 *adj.* y *s.* Que trata en compras y ventas, especialmente de caballos u otras bestias. 2 *m.* y *f.* Persona que doma caballos.
chaleco *m.* Prenda de vestir sin mangas que se lleva encima de la camisa. || ~ **antibalas** El de material resistente que protege de los impactos de bala. ~ **salvavidas** El destinado a mantener a flote en el agua a quien lo lleva, en caso de necesidad.
chalé 1 *m.* Casa de madera característica de Suiza. 2 Casa, generalmente no muy grande, con jardín.
chalupa *f.* Embarcación pequeña, que suele tener cubierta y dos palos para velas.
chamán 1 *m.* Entre los pueblos siberianos y de Asia central, brujo o hechicero. 2 Hechicero, intermediario entre el ser humano y la divinidad.
chamanismo *m.* REL Forma de actividad religiosa propia de culturas tribales, en las que los dioses o espíritus se hayan dispuestos a la influencia de los hechizos y poderes mágicos de los chamanes.
chamba[1] 1 *f.* coloq. Herida, generalmente en la cabeza o el rostro, causada por un corte con un arma filosa. 2 coloq. Empleo o trabajo.
chamba[2] *f.* Zanja o vallado que sirve para limitar los predios.
chambelán *m.* Gentilhombre de cámara.
chambón, na 1 *adj.* y *s.* Poco habilidoso en el juego o en la caza. 2 Torpe.
chambrana 1 *f.* Labor de piedra o madera, que se pone alrededor de las puertas, ventanas, chimeneas, etc. 2 Cada uno de los travesaños que unen entre sí las partes de una silla, de una mesa o de otro mueble, para darles mayor seguridad.
chamiza *f.* Leña menuda.
chamizo 1 *m.* Árbol medio quemado o chamuscado, o con ese aspecto. 2 Leño medio quemado.
champán *m.* Embarcación grande, de fondo plano, que se emplea en China, Japón y algunas partes de América del Sur para navegar por los ríos.
champaña *m.* Vino blanco y espumoso que se produce en la región francesa de Champaña.
champiñón *m.* Especie de hongo agaricáceo, algunos son comestibles.
champú *m.* Loción para lavar el cabello.
chamuscar *tr.* y *prnl.* Quemar superficialmente una cosa.
chance *m.* Oportunidad o posibilidad de conseguir algo. • En algunos países u. c. f.
chancear *intr.* y *prnl.* Hacer chanzas o bromas amables.
chancho, cha 1 *m.* y *f.* CERDO, animal. 2 *adj.* Sucio, desaseado.
chanchullo *m.* coloq. Negocio sucio con apariencias de honorabilidad.
chancla 1 *f.* Zapato viejo y sin tacón. 2 Chancleta.
chancleta *f.* Zapatilla sin talón.
chancletear 1 *intr.* Andar en chancletas. 2 Caminar arrastrando los talones.
chanclo *m.* Zapato grande de goma u otra materia elástica, en que entra el pie calzado.
chancro *m.* MED Úlcera contagiosa de origen venéreo o sifilítico.
chancuco *m.* Soborno o reparto ilegal de un contrato.
chantaje 1 *m.* Amenaza de pública difamación o de cualquier otro mal para obtener dinero o cualquier otro provecho. 2 Presión que, mediante amenazas, se ejerce sobre alguien para obligarlo a obrar en determinado sentido.
chantajear *tr.* Ejercer chantaje.
chantillí *m.* Crema usada en pastelería hecha de nata batida.
chanza 1 *f.* Dicho festivo y gracioso. 2 Burla o broma ingeniosa.
chao *interj.* Se usa para despedirse.
chapa 1 *f.* Lámina delgada y uniforme de metal, madera o plástico, que se emplea sobre todo para el revestimiento de estructuras. 2 Lámina pequeña de cualquier material y formato que sirve como contraseña. 3 CERRADURA, mecanismo para cerrar.
chaparro, rra 1 *adj.* y *s.* Dicho de una persona, que es baja y regordeta. 2 *m.* Mata de encina o roble, de muchas ramas y poca altura.
chaparrón *m.* Lluvia torrencial de escasa duración, chubasco.
chapeau (Voz fr.) *interj.* CHAPÓ.
chapetón, na *adj.* y *s.* Dicho de un español y de cualquier europeo, recién llegado al Nuevo Mundo.
chapó *interj.* Denota admiración por alguien o por algo.
chapotear 1 *intr.* Sonar el agua batida por los pies o las manos. 2 *intr.* y *tr.* Producir ruido al mover las manos o los pies en el agua o el lodo, o al pisar estos.
chapucero, ra 1 *adj.* Hecho tosca y groseramente. 2 *adj.* y *s.* Dicho de una persona, que trabaja sin ninguna finura. 3 Mentiroso.
chapulín *m.* SALTAMONTES.
chapuza 1 *f.* Trabajo mal hecho. 2 Trabajo de escasa importancia y de exiguo beneficio. 3 Mentira.
chapuzón 1 *m.* Acción de sumergir algo de golpe. 2 Breve inmersión de alguien en una piscina o alberca.
chaqueta *f.* Prenda de vestir, con mangas, que se abotona por delante y cubre el tronco hasta los muslos, con bolsillos en la pechera y los faldones.
chaquetilla *f.* Chaqueta corta y, por lo general, con adornos.

chaquira 1 *f.* Cuenta, abalorio. 2 Sarta, collar, brazalete hecho con cuentas y abalorios de diversos colores.
charada *f.* Adivinanza de palabras en que se sugiere el significado, así como el de las palabras que resultan tomando una o varias sílabas de aquellas.
charanga *f.* MÚS Conjunto musical que consta solo de instrumentos de viento, comúnmente de metal.
charango *m.* MÚS Instrumento de cuerda, parecido a una pequeña guitarra, de cinco cuerdas dobles y cuya caja de resonancia se construye, generalmente, con un caparazón de armadillo.
charca *f.* Depósito algo considerable de agua, detenida en el terreno, natural o artificialmente.
charco 1 *m.* Pequeño hoyo o cavidad llena de agua o de algún otro líquido. 2 Remanso de un río.
charcutería *f.* Tienda de embutidos y fiambres.
charla 1 *f.* Acción de charlar. 2 Disertación oral ante un público, sin excesivas preocupaciones formales.
charlar 1 *intr.* Conversar sin más finalidad que pasar el tiempo. 2 Hablar mucho y con poca sustancia y escaso fondo.
charlatán, na 1 *adj.* y *s.* Dicho de una persona, que es habladora e indiscreta. 2 Embaucador.
charlestón *m.* Baile creado por la comunidad de origen africano de EE.UU. hacia 1920.
charnela 1 *f.* BISAGRA. 2 GOZNE, herraje articulado. 3 ZOOL Articulación de las dos piezas componentes de una concha bivalva.
charol 1 *m.* Barniz muy lustroso y permanente, que se adhiere perfectamente a la superficie del cuerpo a que se aplica. 2 Cuero con este barniz. 3 BANDEJA, pieza para servir, presentar o depositar cosas.
charqui *m.* Tasajo, carne salada.
charretera *f.* Insignia militar que se fija en el hombro de la guerrera.
charro, rra 1 *adj.* Dicho de una cosa, que es recargada y de mal gusto. 2 Diestro en el manejo del caballo. 3 *m.* Caballista mexicano con traje típico. 4 Sombrero de ala ancha usado por dicho jinete.
charrúa *adj.* y *s.* HIST De un pueblo amerindio nómada y belicoso que ocupaba el actual Uruguay y zonas del S de Brasil y del N de Argentina. Desapareció a finales del s. XIX.
chárter *adj.* y *m.* Dicho de un vuelo de aviación, que se organiza con horario, tarifa y recorrido independientes de los vuelos regulares.
chartismo *m.* ECON Técnica financiera en la que se predicen los valores de las acciones en el mercado, por medio del análisis estadístico de las cotizaciones y contrataciones.
chascarrillo 1 *m.* Anécdota ligera y aguda. 2 Frase de sentido equívoco y gracioso.
chasco 1 *m.* Burla o engaño que se hace a alguien. 2 Decepción que causa, a veces, un suceso contrario a lo que se esperaba.
chasís (Tb. chasis) *m.* Armazón que sostiene alguna estructura, como la carrocería de un automóvil, un vagón, etc.
chasquear 1 *tr.* Dar chasco o zumba a alguien. 2 *intr.* Dar chasquidos. 3 Hacer ruido al masticar.
chasqui *m.* En el Imperio incaico, mensajero que transmitía órdenes y noticias.
chasquido *m.* Ruido que produce la lengua al separarla bruscamente del paladar, la madera que se abre o el látigo y la honda, al agitarlos en el aire.
chat *m.* INF Comunicación interactiva en tiempo real realizada mediante sistemas informáticos conectados a una red.
chatarra 1 *f.* Conjunto de hierros viejos para su recuperación. 2 Escoria del mineral de hierro. 3 De baja calidad: *Comida chatarra.*
chatear *intr.* Comunicarse dos o más personas mediante chats.
chato, ta 1 *adj.* y *s.* Que tiene la nariz pequeña y aplanada. 2 *adj.* Dicho de una nariz, que tiene dicha forma. 3 De escasa altura o, figuradamente, de ningún relieve o calidad: *Un estilo chato.* 4 *m.* Vaso bajo y ancho de vino.
chauvinismo *m.* CHOVINISMO.
chaval, la *m.* y *f.* Niño o joven.
chavín *adj.* y *s.* HIST De un pueblo preincaico que se asentó en el N costero y andino de Perú, desde el s. IX a. C. Conoció la agricultura, el tejido, la metalurgia, la orfebrería y la cerámica.
chavo *adj.* y *s.* Muchacho, niño que no ha llegado a la adolescencia.
chazo 1 *m.* Pedazo corto y grueso de madera. 2 Pieza de madera o de plástico que se empotra en la pared para el soporte de clavos o tornillos.
che[1] *f.* Nombre del dígrafo *ch.*
che[2] *interj.* Se usa para pedir la atención a alguien.
chéchere 1 *m.* Baratija, cachivache. 2 Objeto en general. • U. m. en pl. en todas las acepciones.
chef *m.* y *f.* Jefe de cocina.
chelín 1 *m.* Moneda británica que equivale a la vigésima parte de una libra esterlina. 2 Unidad monetaria de varios países africanos.
chelo *m.* MÚS VIOLONCHELO.
cheque 1 *m.* Mandato de pago para cobrar una determinada cantidad de los fondos que quien lo expide tiene disponibles en un banco. 2 Válvula que impide el retroceso de un fluido que circula en un conducto.
chequear 1 *tr.* Hacer un chequeo. 2 Verificar, comparar.
chequeo 1 *m.* MED Reconocimiento médico general a que se somete alguien. 2 Examen que el alumno hace de una parte de la asignatura.
chequera 1 *f.* Talonario de cheques. 2 Cartera para guardar el talonario.
cheroqui 1 *adj.* y s. De un pueblo amerindio que ocupaba el sudeste de los Estados Unidos y hoy en día habita en Oklahoma y Carolina del Norte. 2 *m.* Lengua hablada por los cheroquis.
chévere 1 *adj.* Primoroso, gracioso, bonito, elegante, agradable. 2 Benévolo, indulgente: *Un profesor chévere.* 3 *adv. m.* Magníficamente, muy bien.
cheyene *adj.* y *s.* De un pueblo amerindio de América del Norte, desplazado progresivamente (ss. XVII-XVIII) de Minnesota a Wyoming y Colorado. Sus descendientes viven en Montana y Oklahoma.
chibcha 1 *adj.* y *s.* MUISCA. 2 *m.* LING Familia lingüística amerindia de América Central y del Sur, extendida desde el S de Honduras hasta la latitud de Guayaquil aprox., y desde la costa del Pacífico hasta la vertiente oriental de los Andes septentrionales.
chic *adj.* Elegante, distinguido, a la moda.
chicanear *intr.* coloq. Llevar a cabo una acción malintencionada o de mala fe, generalmente para dilatar algo en el tiempo.
chicano, na *adj.* y *s.* Dicho de un ciudadano estadounidense, que pertenece a la minoría de origen mexicano allí existente.
chicha *f.* Bebida alcohólica que se obtiene de la fermentación del maíz en agua azucarada. También se prepara con muchos otros productos vegetales.
chicharra *f.* ZOOL CIGARRA.
chicharrón *m.* Resto que queda al freír las pellas del cerdo con manteca.
chichimeca *adj.* y *s.* HIST De un pueblo nómada precolombino del N de México. En el s. XIV estableció su capital en Texcoco.

chichón *m.* Bulto en el cuero cabelludo a causa de un golpe.

chicle 1 *m.* Goma de mascar. 2 Gomorresina del chicozapote o zapote, dio origen al producto homópnimo.

chiclé *m.* En algunos motores de explosión, dispositivo que regula el paso del combustible al carburador.

chico, ca 1 *adj.* Pequeño, de poco tamaño. 2 *adj.* y *s.* Niño, muchacho. 3 *m.* y *f.* Tratamiento de confianza aun entre personas de edad. 4 *m.* En juegos de mesa, tanda o vez.

chiflado, da *adj.* Dicho de una persona, que tiene un tanto perturbado el juicio.

chiflar 1 *intr.* SILBAR. 2 *tr.* y *prnl.* Hacer burla en público. 3 *prnl.* Sentir gran atracción por alguien o por algo.

chigüiro *m.* ZOOL CAPIBARA.

chihuahua *s.* y *adj.* Perro menudo y vivaracho originario de México.

chiismo *m.* REL Rama del islamismo que defiende la herencia espiritual de Alí ibn Abi Talib, primo y yerno de Mahoma, frente a la sucesión del primer califa ortodoxo Abu Bakr y considera a los descendientes de los primeros únicos imanes legítimos. Sus seguidores constituyen aprox. el 10 % del mundo islámico, siendo el resto, sobre todo, sunnita.

chiita *adj.* y *s.* Musulmán seguidor del chiismo.

chile 1 *m.* Planta solanácea originaria de América tropical, que ha dado lugar a numerosas variedades de interés culinario. 2 Fruto de esta planta, es una baya que encierra numerosas semillas; según las variedades, se llama pimiento, guindilla, chile o ají, y se consume cocinado, incorporado a diversas salsas y encurtido.

chilena *f.* DEP Jugada de fútbol en la que el jugador, saltando hacia atrás, golpea el balón imprimiéndole una trayectoria por encima de su cabeza.

chili *m.* Salsa picante que se hace con pimientos.

chillar 1 *tr.* e *intr.* Gritar. 2 *intr.* Emitir chillidos. 3 Protestar, quejarse. 4 Combinar mal los colores en una pintura.

chillido *m.* Sonido inarticulado de la voz, agudo y desapacible.

chillón, na 1 *adj.* Dicho de un sonido, estridente y desagradable. 2 Dicho de un color, demasiado vivo o mal combinado con otro.

chill out (Voz ingl.) 1 *m.* Tipo de música electrónica que tiene un ritmo lento y relajado. 2 *adj.* Perteneciente o relativo a este tipo de música.

chimbo, ba *adj.* y *s.* De un pueblo amerindio que habitaba en la región central de los Andes ecuatorianos.

chimenea 1 *f.* Conducto de salida de humos. 2 Hogar para guisar o calentarse con conducto para el humo. 3 GEO Conducto de un volcán por el que sube la lava. 4 GEO Pared vertical de un glaciar.

chiminango *m.* Corpulento árbol leguminoso cuya corteza se usa para curtir.

chimpancé *m.* Primate antropoide, de cabeza grande, cejas prominentes, brazos largos, cuerpo robusto y pelaje oscuro. Habita en el centro de África. Está considerado el animal más estrechamente emparentado con el ser humano.

chimú *adj.* y *s.* HIST De la civilización precolombina de la costa septentrional del Perú (ss. XI-XV), continuadora de la cultura moche. Constituyó un reino que fue sometido por los incas hacia 1470.

china 1 *f.* Piedra pequeña y a veces redondeada. 2 Aventador para avivar el fuego.

chinche 1 *f.* Insecto que se caracteriza por sus piezas bucales chupadoras en forma de pico bien desarrollado. Aunque algunos son parásitos de los vertebrados, la mayoría se alimenta chupando el jugo de las plantas. También reciben este nombre insectos como cigarras, pulgones, moscas blancas e insectos escama. 2 Clavito metálico de cabeza circular y chata.

chincheta *f.* CHINCHE, clavito metálico.

chinchilla *f.* Roedor de los Andes meridionales, de orejas largas, ojos grandes, patas cortas y cola peluda. Su piel está recubierta por un pelaje suave y denso.

chinchorro 1 *m.* Red a modo de barredera. 2 Hamaca ligera tejida de cordeles. 3 Embarcación de remos, muy chica y la menor de a bordo.

chinela *f.* Calzado a modo de zapato, sin talón y de suela ligera.

chinesco, ca 1 *adj.* Propio o característico de China. 2 *m.* MÚS Instrumento consistente en una armadura metálica con campanillas y cascabeles.

chino, na 1 *adj.* y *s.* Natural de China o relacionado con este país. 2 *m.* LING Lengua hablada por los chinos. □ LING Existen numerosas variantes de la lengua china, cuyas diferencias esenciales residen en el léxico y la pronunciación, mientras que la gramática es prácticamente uniforme. Los principales dialectos son: mandarín en el N, centro y O de China; wu en el N; min, kan, hakka y hsiang en el S; y cantonés en el SE. La lengua literaria es única, escrita en caracteres ideográficos y sin normas definidas de pronunciación, de manera que cada hablante lee el mismo texto según las normas de su propio dialecto.

chip *m.* ELECTRON Microcircuito integrado montado en un diminuto cubo de cristal semiconductor, en el que se han formado e interconectado diodos, transistores u otros componentes electrónicos.

chiquero 1 *m.* Pocilga o establo. 2 Cada uno de los compartimientos del toril en que están los toros encerrados antes de empezar la corrida. 3 Desorden, desaseo.

chiquillo, lla *m.* y *f.* Niño o niña pequeños.

chircal *m.* Fábrica de tejas, ladrillos y adobes.

chirimía *f.* MÚS Instrumento de viento, hecho de madera, a modo de clarinete, de unos siete decímetros de largo, con diez agujeros y boquilla con lengüeta de caña.

chirimoya *f.* Fruto comestible del chirimoyo, de tamaño variable, consistente en una baya verdosa de pulpa blanca y semillas negras.

chirimoyo *m.* Árbol de las anonáceas, de unos 8 m de altura, con tronco ramoso, copa poblada, hojas elípticas y flores solitarias. Su fruto es la chirimoya.

chiripa *f.* Suerte favorable, carambola.

chirrear *intr.* CHIRRIAR.

chirriar 1 *intr.* Hacer un sonido agudo una sustancia al penetrarla un calor intenso; como cuando se fríe tocino en el aceite hirviendo. 2 Producir una cosa un sonido desagradable al rozar con otra.

chirrido *m.* Sonido agudo, continuado y desagradable.

chisme[1] *m.* Rumor de poca importancia que se difunde en descrédito de alguien.

chisme[2] *m.* Baratija o trasto pequeño.

chismografía *f.* coloq. Divulgación excesiva de chismes.

chispa 1 *f.* Partícula que salta del fuego o de un cuerpo incandescente. 2 Partícula pequeña de cualquier cosa: *No corre una chispa de aire.* 3 Viveza de ingenio. 4 ELECTR Descarga eléctrica entre dos cuerpos con diferente potencial.

chisporrotear *intr.* Despedir el fuego o un cuerpo encendido chispas reiteradamente.

chistar *intr.* Emitir algún sonido con intención de hablar.

chiste 1 *m.* Dicho agudo que mueve a risa. 2 Cualquier hecho o suceso festivo. 3 Burla o chanza.

chistera *f.* Sombrero de copa alta que se lleva en las ceremonias.

chistoso, sa 1 *adj.* y *s.* Dicho de una persona, que cuenta chistes con gracia. 2 *adj.* Que resulta gracioso y divertido.

chito *interj.* Se usa para imponer silencio.

chivo, va 1 *m.* y *f.* Cría de la cabra desde el destete hasta la edad de procrear. 2 *f.* Barba que se deja crecer solo en el mentón. 3 Noticia importante o exclusiva. || ~ **expiatorio** Persona que paga las faltas de otros o de todos.

choc *m.* Med **CHOQUE**, estado de depresión.

chocante 1 *adj.* Que causa extrañeza. 2 Antipático, fastidioso, presuntuoso.

chocar 1 *intr.* Topar dos cosas violentamente. 2 Luchar, combatir dos ejércitos, indisponerse dos personas. 3 Causar extrañeza una cosa. 4 *tr.* Hacer que algo choque: *El niño chocó el triciclo con la pared.* 5 *tr.* e *intr.* Darse la mano en señal de saludo, o juntar las copas los que brindan.

chochear 1 *intr.* Tener debilitadas las facultades mentales por achaque de la edad. 2 Mimar en demasía.

chocolate 1 *m.* Pasta hecha con cacao, azúcar y otros ingredientes, muy nutritiva. 2 Bebida que se hace con esta pasta desleída y cocida en agua o en leche.

chocolatera *f.* Vasija en que se sirve el chocolate.

chocolatería 1 *f.* Casa donde se fabrica y se vende chocolate. 2 Casa donde se sirve al público chocolate.

chocolatín *m.* **CHOCOLATINA.**

chocolatina *f.* Tableta delgada de chocolate para tomar en crudo.

chócolo *m.* Mazorca tierna de maíz.

chofer (Tb. chófer) *m.* y *f.* Persona que, por oficio, conduce un automóvil.

cholo, la 1 *adj.* Dicho de un indígena americano, que adopta los usos occidentales. 2 *adj.* y *s.* Mestizo de sangre europea e indígena americana.

chompa 1 *f.* Yérsey de punto, ligero, poco ceñido, con mangas y abotonadura al cuello. 2 Prenda de similar hechura, pero impermeable.

chopo *m.* Especie de álamo.

choque 1 *m.* Encuentro violento entre dos cosas, encontronazo. 2 Riña, disputa. 3 Med Estado de profunda depresión nerviosa y circulatoria, producido por traumatismos o por alguna intervención quirúrgica. 4 Combate menor que la batalla por el corto número de combatientes o por su corta duración. || ~ **elástico** Fís Encuentro violento entre dos o más cuerpos en el que ninguno sufre algún tipo de deformación por el impacto. ~ **inelástico** Fís El que se produce entre dos o más cuerpos que sufren algún tipo de deformación o aumento de temperatura por el impacto.

chorizo *m.* Embutido de carne picada y adobada, el cual se cura al humo.

chorlito *m.* Ave limícola de unos 25 cm de largo, patas largas, cuello grueso y pico corto. Vive en las costas y fabrica su nido en el suelo.

chorrear 1 *intr.* Salir un líquido a chorro. 2 Caer gota a gota. 3 Estar una cosa empapada e ir segregando algún líquido.

chorrera 1 *f.* Lugar por donde cae una corta porción de un líquido. 2 Trecho corto de río en que el agua, por causa de un gran declive, corre con mucha velocidad. 3 Encaje que se pone en la parte del pecho de la camisola.

chorro 1 *m.* Masa de líquido o de gas que sale con cierta presión por algún orificio estrecho. 2 Dicho también de la salida continua de algunos sólidos menudos, como el trigo. 3 Caudal pequeño de agua que fluye por un cauce. 4 Aluvión de cosas o caudal grande de algo: *Un chorro de palabras, un chorro de voz.*

chotacabras *m.* o *f.* Ave insectívora crepuscular, de unos 25 cm de largo, pico pequeño, fino y un poco corvo en la punta, plumaje grisáceo, alas largas y cola cuadrada. Hay varias especies.

chovinismo *m.* Exaltación desmesurada de lo nacional frente a lo extranjero.

chow chow *s.* y *adj.* Perro caracterizado por su espeso pelaje, que puede ser negro o rojo. Mide hasta 50 cm a la cruz y pesa 25 kg.

choza 1 *f.* Cabaña de estacas y ramas. 2 Casucha.

chozno, na *m.* y *f.* Cuarto nieto, o sea hijo del tataranieto o tercer nieto.

chubasco *m.* Chaparrón o aguacero con mucho viento.

chuchería *f.* Cosa de poco valor e importancia, baratija.

chucho *m.* **ZARIGÜEYA.**

chueco, ca 1 *adj.* Que tiene las piernas separadas, de tal modo que, con los pies juntos, quedan separadas las rodillas. 2 Dicho de lo que está torcido.

chuleta *f.* Costilla con carne de ternera, carnero o puerco.

chulo, la 1 *adj.* Lindo, bonito, gracioso. 2 *adj.* y *s.* Que hace y dice las cosas con soltura y desenfado. 3 *m.* Rufián que trafica con mujeres públicas. 4 **GALLINAZO**, buitre.

chumacera *f.* Pieza con una muesca en que descansa y gira cualquier eje de maquinaria.

chumbera *f.* Planta cactácea de tallos aplastados y carnosos, con espinas, flores grandes y fruto elipsoidal, que es el higo chumbo.

chupador, ra 1 *adj.* y *s.* Que chupa. 2 Biol Dicho de cualquier estructura, que ha sido modificada para chupar.

chupar 1 *tr.* e *intr.* Extraer con los labios el jugo de algo. 2 Embeber los vegetales el agua. 3 *prnl.* Irse consumiendo.

chupeta *f.* Dulce o caramelo que, ensartado en un palillo de madera u otro material, se consume chupándolo.

chupete 1 *m.* Objeto con una parte de goma o materia similar en forma de pezón que se da a los niños para que chupen. 2 Especie de pezón de goma que se pone al biberón para que el niño haga la succión.

chupo *m.* **CHUPETE.**

chupón, na 1 *adj.* Que chupa. 2 *m.* Vástago que brota en las ramas principales, en el tronco y en las raíces de los árboles y les chupa la savia y amengua el fruto. 3 **CHUPETA.**

churrasco *m.* Carne asada a la plancha o a la parrilla.

churriguerismo *m.* Arq Estilo arquitectónico del barroco tardío español e hispanoamericano. Combina elementos barrocos, platerescos y góticos con la influencia del barroco italiano.

chusma 1 *f.* Conjunto de gente soez. 2 Muchedumbre de gente.

chuspa *f.* Bolsa, morral.

chutar *intr.* Dep En fútbol, lanzar fuertemente el balón con el pie.

chuzo *m.* Palo con un extremo terminado en punta aguda.

cian *adj.* y *m.* Dicho de un color, azul verdoso complementario del rojo.

cianamida *f.* Quím Cal nitrogenada, obtenida a partir del carburo de calcio. Se emplea como fertilizante.

cianobacteria *f.* Biol Organismo unicelular fotosintético que carece de estructuras celulares especializadas y que, junto a las bacterias, conforma el reino **Mó-**

nera. La clorofila, enmascarada en algunas especies por otros pigmentos, se distribuye por toda la célula, a diferencia de las plantas, que la contienen en los cloroplastos. Abundan en la corteza de los árboles, las rocas y los suelos húmedos. Algunas coexisten en simbiosis con hongos para formar líquenes.

cianosis *f.* MED Coloración azulosa de la piel, causada por la escasa oxigenación de la sangre arterial o de su estancamiento en los vasos capilares.

cianuro *m.* QUÍM Sal resultante de la combinación del cianógeno con un radical simple o compuesto. || ~ **de hidrógeno** QUÍM Compuesto líquido e incoloro, del que unos pocos miligramos puede ser mortal, pues bloquea la capacidad de las células para utilizar el oxígeno.

ciático, ca 1 *adj.* Perteneciente o relativo a la cadera. 2 *f.* MED Neuralgia del nervio ciático, que se manifiesta en la región glútea y se irradia por la extremidad.

ciberbullying *m.* TELEC **CIBERMATONEO.**

cibercultura *f.* TELEC Tipo de cultura que surge del uso de internet y de las nuevas tecnologías para la comunicación, el entretenimiento y el comercio.

ciberespacio *m.* INF Entorno creado por la formación de redes informáticas.

ciberlenguaje *m.* INF Tipo de lenguaje o jerga escrita que usan generalmente los jóvenes para comunicarse por internet, sobre todo en las redes sociales.

cibermatoneo *m.* TELEC Agresión o acoso permanente y anónimo que se hace a una persona a través de medios informáticos como las redes sociales, los blogs o las páginas web.

cibernético, ca 1 *adj.* Perteneciente o relativo a la cibernética. 2 *f.* Ciencia moderna (1948) que estudia el funcionamiento de las conexiones nerviosas en los seres vivos, así como la regulación automática de los seres vivos con sistemas electrónicos y mecánicos.

cíborg *m.* INF Criatura que tiene apariencia humana pero funciona por medio de dispositivos electrónicos y mecánicos.

cicadáceo, a *adj.* y *f.* BOT Dicho de una planta, del grupo de las gimnospermas primitivas, de crecimiento lento, parecidas a las palmeras. Casi todas poseen un tronco no ramificado con un penacho de hojas semejantes a frondes en el extremo superior. Son propias de regiones tropicales, subtropicales y templadas.

cicádido *adj.* y *m.* ZOOL Dicho de un insecto, que pertenece al grupo de los hemípteros, cuyo macho tiene en la base del abdomen una especie de timbal, que produce un sonido estridente y monótono, como la cigarra.

cicatero, ra 1 *adj.* y *s.* Mezquino, ruin, miserable, que escatima lo que debe dar. 2 Puntilloso, que se ofende por cualquier cosa.

cicatriz *f.* Señal que queda en la superficie de los tejidos orgánicos después de curada una herida.

cicatrizar *tr.* e *intr.* Completar la curación de las heridas, hasta que queden bien cerradas. • U. t. c. prnl.

cicerone *m.* y *f.* Persona que enseña y explica las curiosidades de una localidad, un edificio, etc.

cíclico, ca 1 *adj.* Perteneciente o relativo al ciclo. 2 Dicho de una enseñanza o instrucción gradual, que se compone de una o varias materias. 3 QUÍM Perteneciente o relativo a las estructuras moleculares en anillo, como la del benceno.

cíclido *adj.* y *m.* ZOOL Dicho de un pez, tropical, que tiene una considerable variedad de formas, pero, por lo general, su cuerpo está comprimido lateralmente con púas en las aletas dorsal y anal.

ciclismo *m.* DEP Deporte de la bicicleta en sus diversas especialidades.

ciclista 1 *m.* y *f.* Persona que anda o sabe andar en bicicleta. 2 Persona que practica el ciclismo.

ciclo 1 *m.* Cada uno de los periodos de tiempo en que se agrupan unos fenómenos físicos o históricos de parecidas características. 2 Serie de fases por las que pasa un fenómeno físico periódico hasta que vuelve a repetirse una fase anterior. 3 Serie de actos culturales sobre un tema monográfico. 4 ECOL ~ del **agua**; ~ del **carbono**; ~ del **nitrógeno**. 5 ELECTR Evolución completa del valor de una corriente oscilatoria. Cada uno está formado por dos alternancias o semiperiodos iguales y de signo contrario. 6 LIT Serie de obras literarias que versan sobre un mismo periodo de tiempo o sobre los mismos personajes. 7 Cada uno de los periodos en que se divide un plan de estudios con una especialización creciente. || ~ **de Krebs** BIOL Sucesión de reacciones químicas que ocurren dentro de la célula, mediante las cuales se realiza la descomposición final de las moléculas de los alimentos y en las que se producen dióxido de carbono, agua y energía. ~ **hidrológico** ECOL ~ del **agua**. ~ **lunar** ASTR Periodo de 19 años, en que los novilunios y demás fases de la Luna vuelven a suceder en los mismos días del año, con diferencia de hora y media aproximadamente. ~ **menstrual** FISIOL El que está marcado por la ovulación; en la mujer tiene una duración de más o menos 28 días y se inicia cuando las hormonas estimulan la maduración del óvulo para que sea susceptible de ser fecundado. Si no se produce la fecundación, el revestimiento uterino se rompe y es eliminado durante la menstruación. ~ **pascual** REL Periodo de 532 años, después del cual la Pascua y demás fiestas móviles del culto cristiano vuelven a caer en los mismos días.

cicloalcano *m.* QUÍM Tipo de **alcano** formado solamente por átomos de carbono que se unen entre ellos por enlaces simples en forma de anillo. Fórmula: C_nH_{2n}.

ciclocrós *m.* DEP Carrera de bicicletas en terreno accidentado.

ciclogenésis *f.* GEO Proceso de formación de un ciclón.

ciclohexano *m.* QUÍM Hidrocarburo alifático cíclico de seis átomos de carbono.

cicloide *f.* GEOM Curva plana descrita por un punto de la circunferencia cuando esta rueda por una línea recta.

ciclón *m.* GEO Perturbación atmosférica constituida por un área de presión más baja que las circundantes, que se traslada generalmente a gran velocidad, y alrededor de la cual giran fuertes vientos.

cíclope *m.* MIT Gigante de la mitología griega con un solo ojo, situado en medio de la frente.

ciclópeo, a 1 *adj.* Perteneciente o relativo a los cíclopes mitológicos. 2 Dicho de una construcción prehistórica, que está hecha con piedras enormes sin tallar y sin argamasa. 3 Gigantesco o de gran solidez.

ciclóstomo *adj.* y *m.* ZOOL Dicho de un pez sin mandíbulas, que tiene un cuerpo largo y cilíndrico, que mide 1 m de longitud, y una o dos aletas rudimentarias, esqueleto cartilaginoso, piel sin escamas, con seis o siete pares de branquias y boca circular, que le sirve para la succión de sus alimentos, como la lamprea.

ciclotimia *f.* PSIC Estado mental en el que se presentan agudas oscilaciones de ánimo, pasando de periodos de exaltación a otros de depresión.

ciclotrón *m.* FÍS Aparato que actúa mediante fuerzas electromagnéticas sobre partículas desprendidas de un átomo, haciéndoles recorrer determinada órbita, con movimiento acelerado, hasta imprimirles una enorme velocidad con el fin de que sirvan de proyectiles para bombardear otros átomos.

ciclovía *f.* En una vía pública, carril exclusivo para que transiten las bicicletas.

ciconiforme *adj.* y *m.* ZOOL Dicho de un ave, generalmente grande y buena voladora, que tiene patas largas, cuello largo y flexible y pico recto y puntiagudo, como la cigüeña, la garza y los flamencos.

cicuta *f.* Arbusto de las umbelíferas, de tallo ramoso manchado de rojo oscuro, hojas muy divididas y flores blancas en umbela. Despide un olor desagradable y contiene principios tóxicos muy activos.

cidra *f.* Fruto del cidro, semejante al limón pero de corteza muy gruesa.

cidro *m.* Árbol de las rutáceas, de tronco liso y ramoso de unos 5 m de altura, hojas duras y lustrosas por encima, rojizas por el envés, flores encarnadas olorosas y fruto en hesperidio o baya, que es la cidra.

ciego, ga 1 *adj.* y *s.* Privado de la vista. 2 *adj.* Ofuscado por alguna pasión, que no ve lo evidente. 3 Dominado por alguna afición, que no atiende a ninguna otra cosa. 4 Dicho de cualquier conducto, que está taponado. 5 ANAT **intestino ~**.

cielo 1 *m.* Atmósfera que rodea la Tierra y que aparenta una bóveda azul en la que parece se movieran los astros. 2 Parte superior que cubre algunas cosas. 3 REL En la religión cristiana, estado y lugar de bienaventuranza con Dios, los ángeles y los santos. 4 Apelativo cariñoso en boca de madres o de enamorados. 5 *interj.* Se usa para denotar extrañeza, admiración, enfado, etc. || **a ~ abierto** Al aire libre, sin techo. **~ raso** ARQ En el interior de los edificios, techo de superficie plana y lisa.

ciempiés *m.* Artrópodo caracterizado por tener un cuerpo largo y dividido en segmentos, cuya cantidad varía de doce a más de 150, según las especies. La cabeza lleva un par de antenas, un par de mandíbulas córneas y ganchudas y un par de mandíbulas inferiores, con palpos.

cien 1 *adj.* Apócope de CIENTO. • U. ante s.: *Cien pájaros.* 2 Expresa con sentido ponderativo una cantidad indeterminada equivalente a muchos, muchas: *He pasado cien veces y nunca lo encuentro.*

ciénaga 1 *f.* Terreno cubierto de barro, lodazal. 2 Laguna interior costera.

ciencia 1 *f.* Conocimiento cierto de las cosas por sus principios y causas y con una cierta base experimental, que se diferencia de la elucubración meramente especulativa y de la opinión subjetiva. 2 Rama particular del saber humano. 3 Saber, erudición de una persona. 4 Destreza en un arte u oficio. 5 *f. pl.* Conjunto de las ciencias exactas, fisicoquímicas y naturales. || **~ ficción** CIN y LIT Género narrativo que describe acontecimientos situados en un futuro imaginado, con un grado de desarrollo técnico y científico muy superior al presente. **gaya ~** La poesía. **~ política** Estudio sistemático del gobierno, abarcando el origen de los regímenes políticos, sus estructuras, funciones e instituciones y el mantenimiento y cambio de los gobiernos. **~ pura** Estudio de los fenómenos naturales y otros aspectos del saber por sí mismos, sin tener en cuenta sus aplicaciones. **~s exactas** Las que solo admiten principios, consecuencias y hechos demostrables a través de las matemáticas. **~s humanas** Las que, como la psicología, antropología, filosofía, historia, etc., se ocupan de los aspectos del ser humano. **~s naturales** Las que tienen por objeto el estudio de la naturaleza (geología, botánica, zoología, etc., a veces se incluyen la física, la química, etc.). **~s ocultas** Las que, desde la Antigüedad, se han inspirado en la alquimia, la magia, la astrología, etc., más que en datos experimentales o en criterios lógicos. **~s sociales** Las que estudian el origen y el desarrollo de la sociedad, de las instituciones y de las relaciones e ideas que configuran la vida social.

☐ HIST Los orígenes de la ciencia pueden fijarse en la escuela jónica, fundada por Tales de Mileto (h. 600 a. C.). Mientras que la corriente filosófica pasó directamente de Grecia a Roma, fueron los árabes quienes recogieron la corriente científica. La ciencia de los árabes comenzó a declinar en el s. XII, cuando ya la habían transmitido a una Europa enriquecida por las aportaciones orientales. La invención de la imprenta, los descubrimientos de nuevas tierras y las ideas de Copérnico (1473-1543) propiciaron una época de renovación, cuya figura más destacada fue Francis Bacon (1561-1626), creador de la lógica experimental e inductiva. Galileo (1564-1642) introdujo el razonamiento experimental, y Newton (1642-1727) sentó las bases de la dinámica. Lavoisier (1743-1794) fundó la química moderna y Linneo (1707-1778) dio un impulso decisivo a la historia natural. En el s. XVIII, la generalización del uso del microscopio abrió nuevos horizontes y, a partir del s. XIX, los descubrimientos se han multiplicado incesantemente en todas las ramas científicas.

cienciología *f.* Religión fundada en EE.UU. (1954) por el autor de ciencia ficción L. Ron Hubbard. Incorpora dogmas de distintas religiones del mundo e incluye la creencia en la vida anterior y en un alma de naturaleza inmortal.

cienmilésimo, ma 1 *adj.* y *m.* Dicho de una parte, que es una de las cien mil iguales en que se divide un todo. 2 *adj.* En una serie, que ocupa el lugar cien mil.

cieno 1 *m.* Lodo que se deposita en el cauce de ríos y lagos. 2 Cualquier barro que se forma con la mezcla de tierra y agua.

cientificismo 1 *m.* Actitud rígida con que se subordinan las ciencias humanas a los métodos exactos y cuantitativos de las llamadas ciencias naturales o experimentales. 2 Confianza plena en los principios y resultados de la investigación científica, y práctica rigurosa de sus métodos. 3 Tendencia a dar excesivo valor a las nociones científicas o pretendidamente científicas.

científico, ca 1 *adj.* Perteneciente o relativo a la ciencia o con sus métodos y criterios. 2 **lenguaje** técnico **~**. 3 **método ~**. 4 **divulgación ~**. 5 *adj.* y *s.* Que se dedica al estudio de alguna ciencia, especialmente si es exacta o experimental.

ciento 1 *adj.* Diez veces diez. 2 *m.* Signo o conjunto de signos con que se representa dicha cifra. Se usa el apócope *cien* ante un s.: *Cien personas.* 3 CENTENA. || **~ por ~** En su totalidad, del principio al fin. **por ~** De cada ciento; se representa con el signo %. **tanto por ~** Cantidad de rendimiento útil que dan cien unidades de algo en su estado normal.

cierne *m.* BOT Acción de cerner, estar liberando el polen la flor. || **en ~s** En el principio de algo a lo que le falta mucho para su perfección.

cierre 1 *m.* Acción y efecto de cerrar o cerrarse. 2 Lo que sirve para cerrar alguna cosa. 3 Hora en que se cierran tiendas, despachos o establecimientos públicos. 4 Suspensión temporal de la actividad de despachos, tiendas, etc. 5 Momento en que los diarios y otras publicaciones periódicas no admiten más originales o noticias para la edición en prensa.

cierto, ta 1 *adj.* Que se conoce como seguro y verdadero. 2 Se usa precediendo al sustantivo en sentido indeterminado, equivaliendo a *uno* o *alguno*: *Cierto lugar; Cierta noche.*

ciervo, va *m.* y *f.* Mamífero rumiante cuyo rasgo característico es la presencia de astas ramificadas en los machos.

cierzo *m.* Viento septentrional.

cifra 1 *f.* Número dígito. 2 Signo con que se representa gráficamente. 3 Escritura con signos convencionales que es preciso interpretar por medio de una clave. || ~ **significativa** En el cálculo de una medida, conjunto de dígitos que se reportan como conocidos más el último de ellos que es estimado: *Toda medición experimental es inexacta y se debe expresar con sus cifras significativas.* • U. m. en pl.

cifrar *tr.* Escribir un mensaje en clave mediante un sistema de símbolos para proteger su contenido.

cigarra *f.* Insecto hemíptero de los cicádidos, de color verdoso amarillento, cabeza gruesa, antenas pequeñas, cuatro alas membranosas y abdomen cónico en cuya base tienen los machos unos órganos con los que producen un sonido estridente y monótono.

cigarrillo *m.* Cigarro pequeño de picadura envuelto en papel de fumar.

cigarro *m.* Hojas de tabaco curadas y enrolladas para fumarlas.

cigofiláceo, a (Tb. zigofiláceo) *adj.* y *f.* Bot Dicho de una planta, dicotiledónea, que tiene hojas compuestas, flores actinomorfas, fruto en cápsula, en drupa o en baya, y semillas con albumen córneo o sin albumen, como el guayacán.

cigoto *m.* Biol Célula resultante de la unión del gameto masculino con el femenino en la reproducción sexual de las plantas y de los animales, y a partir de la cual se puede desarrollar un nuevo individuo.

cigüeña *f.* Ave zancuda, de aprox. 1 m de altura, con cuello largo, cuerpo blanco y pico y patas rojas.

cigüeñal *m.* Eje doblado en uno o varios codos, que, en los motores de explosión, convierte el movimiento rectilíneo en circular adaptándose al pistón por medio de una biela.

cilantro *m.* Planta de las umbelíferas, de hojas dentadas y filiformes, flores rojizas y simiente elipsoidal, aromática.

ciliado, da 1 *adj.* Biol Dicho de una célula o de un órgano, que tiene cilios. 2 *adj.* y *m.* Biol Dicho de un protozoo, que vive en aguas dulces o marinas, a veces como parásito, y está provisto de cilios, como los **paramecios**.

cilicio *m.* Faja de cerdas o de cadenillas metálicas con puntas, ceñida al cuerpo, que para mortificación usan algunas personas.

cilindrada 1 *f.* Capacidad del cilindro o los cilindros de un motor, expresada en cm^3. 2 Recorrido que hace el émbolo de un cilindro.

cilíndrico, ca 1 *adj.* Perteneciente o relativo al cilindro. 2 De forma de cilindro. 3 Geom **superficie** ~.

cilindro 1 *m.* Geom Cuerpo con una sección circular idéntica en toda su longitud. 2 Tubo en el que se mueve el émbolo de un motor de explosión y en el que se comprime el carburante. 3 Bombona de gas licuado a presión. 4 Cualquier rodillo para prensar. || ~ **central** Bot Parte interior del tallo y de la raíz de las plantas fanerógamas, que está rodeada por la corteza. ~ **circular** Geom El de bases circulares. ~ **oblicuo** Geom El de bases oblicuas a las generatrices de la superficie cilíndrica. ~ **recto** Geom El de bases perpendiculares a las generatrices de la superficie cilíndrica. ~ **truncado** Geom El terminado por dos planos no paralelos.

cilio *m.* Biol Cada uno de los filamentos que, en gran número, emergen del cuerpo de los organismos ciliados y de algunas otras células; mediante sus movimientos se efectúa la locomoción de las células en un medio líquido.

cima 1 *f.* La parte más alta de una montaña o de un árbol. 2 Remate superior de cualquier cosa. 3 Punto más alto o ápice en un proceso, cualidad o perfección. 4 Bot Inflorescencia con una flor en el extremo de su eje.

cimacio 1 *m.* Moldura en forma de *s.* 2 Arq Elemento que remata el capitel.

cimarrón, na 1 *adj.* Dicho de un animal doméstico, que huye al campo y se hace montaraz. 2 *adj.* y *s.* Dicho de un esclavo, que se refugiaba en los montes buscando la libertad.

cimarronaje 1 *m.* Forma de resistencia frente a la esclavitud y la discriminación liderada por los **cimarrones**. 2 Cabildo.

címbalo *m.* Instrumento musical, muy parecido a los platillos, que usaban los griegos y romanos en algunas de sus ceremonias religiosas.

cimborrio *m.* Arq Cuerpo cilíndrico que sirve de base a la cúpula y descansa inmediatamente sobre los arcos torales.

cimbra *f.* Arq Armazón que sostiene el peso de una construcción.

cimbrar 1 *tr.* y *prnl.* Hacer vibrar en el aire una vara flexible sacudiéndola por un extremo. 2 Contonear el cuerpo al andar. 3 *tr.* Colocar las cimbras en una construcción.

cimentar 1 *tr.* Echar los cimientos de una construcción. 2 Fundar, edificar. 3 Sentar las bases de una doctrina o de una posición.

cimero, ra *adj.* Situado en la cima o en la parte más alta de alguna cosa, rematándola.

cimiento 1 *m.* Parte soterrada de un edificio que sustenta toda la fábrica. 2 Principio en que se apoya una actitud o conducta.

cimitarra *f.* Sable curvo usado por turcos y persas.

cimosa *adj.* Bot Dicho de la inflorescencia en la que todas las ramas, principal y secundarias, llevan flores.

cinabrio *m.* Mineral compuesto de azufre y mercurio, muy pesado y de color rojo oscuro. De él se extrae, por calcinación y sublimación, el mercurio.

cinc (Tb. zinc) *m.* Quím Metal quebradizo que se oxida cubriéndose de una película que protege la masa interior. Maleable entre los 120 °C y los 150 °C, se lamina fácilmente. Se usa para galvanizar el hierro y el acero, en aleaciones, especialmente del latón, y en las placas de las pilas eléctricas secas. Su óxido se usa como pigmento blanco en pintura. Símbolo: Zn. Número atómico: 30. Peso atómico: 65,38. Punto de fusión: 420 °C. Punto de ebullición: 907 °C.

cincel *m.* Instrumento de acero de 20 a 30 cm de largo, con boca recta y en doble bisel, que se emplea para labrar piedras y metales.

cincelar *tr.* Labrar, grabar con cincel en piedras o metales.

cincha *f.* Faja con que se asegura la silla o albarda a la caballería, ciñéndola por debajo de la barriga y apretándola con hebillas.

cinchar 1 *tr.* Asegurar la silla o albarda apretando las cinchas. 2 Asegurar con cinchos o aros de hierro.

cincho 1 *m.* Cinturón para llevar la espada. 2 Aro de metal con que se aseguran o refuerzan barriles, ruedas, maderos ensamblados, etc.

cinco 1 *adj.* Cuatro más uno. 2 *adj.* y *m.* Quinto, ordinal. 3 *m.* Signo o cifra con que se representa el número cinco. 4 Naipe con cinco figuras del palo respectivo. 5 Mús Guitarrillo de cinco cuerdas.

cincuenta 1 *adj.* Cinco veces diez. 2 Quincuagésimo, ordinal. 3 *m.* Signo o signos con que se representa el número cincuenta.

cincuentavo, va *adj.* y *m.* Dicho de cada una de las cincuenta partes iguales en que se divide un todo.

cincuentenario *m.* Día en que se cumplen y recuerdan los cincuenta años de algún hecho.

A B C D E F G H I J K L M N Ñ O P Q R S T U V W X Y Z

cine 1 *m.* Local en que se exhiben las películas cinematográficas. 2 CIN Técnica, arte e industria de la **cinematografía.** || ~ **negro** CIN Dicho de una película de tema criminal y terrorífico, que se desarrolla en ambientes sórdidos y violentos.

cineasta *m.* CIN Persona vinculada al mundo de la cinematografía como actor, productor, director, etc., en una película.

cineclub *m.* CIN Asociación dedicada a la difusión de la cultura cinematográfica a través de proyecciones, sesiones de estudio, etc.

cinegética *f.* Arte de la caza.

cinemascope *m.* CIN Sistema que comprime las imágenes en la toma y las descomprime en la proyección sobre pantallas panorámicas.

cinemateca *f.* CIN Local donde se guardan películas para su estudio o exhibición.

cinemática *f.* FÍS Parte de la física que estudia los movimientos sin tener en cuenta sus causas.

cinematografía *f.* CIN Arte de captar y representar imágenes que dan la sensación de movimiento, por medio del cinematógrafo.

☐ HIST El nacimiento de la cinematografía se sitúa en París en el año 1895, cuando los hermanos Lumière proyectaron una serie de breves cintas mediante un aparato, el cinematógrafo, ideado por ellos mismos. Su compatriota G. Méliès introdujo el rodaje en estudio y se convirtió en el primer empresario de esta nueva rama de las artes. En los primeros años del s. XX los aparatos adoptaron su forma definitiva: a partir de entonces la cámara pasó a ser independiente del proyector. Pronto se multiplicaron las sociedades comerciales en Europa, pero, tras la primera guerra mundial, el cine estadounidense se constituyó en eje de la producción mundial. Fue en esta época cuando surgieron las grandes compañías (Warner, Fox, Metro, Universal, Paramount) que hasta hoy día mantienen su hegemonía. La conjunción de recursos humanos, técnicos y financieros permitió a Hollywood asentar su supremacía y costear los experimentos que condujeron a la invención del cine sonoro (1926), el tecnicolor (1932) y el cinemascope (1953).

cinematográfico, ca *adj.* Perteneciente o relativo al cinematógrafo o a la cinematografía.

cinematógrafo 1 *m.* CIN y ÓPT Sistema óptico y mecánico que consiste en la descomposición del movimiento en imágenes fijas, usualmente obtenidas por medios fotográficos, que, al ser proyectadas a una velocidad suficiente, crean en el espectador la ilusión de un movimiento fluido, a causa del fenómeno de la perduración de la sensación luminosa en la retina. 2 **CINE,** local en que se exhiben las películas.

cinemómetro *m.* Aparato que sirve para medir en tiempo real la velocidad de los vehículos en circulación.

cinerama *m.* CIN Sistema de proyección cinematográfico que utiliza sobre una pantalla muy ancha la imagen yuxtapuesta de tres proyectores, o la de uno de película de 70 mm.

cinerario, ria *adj.* Perteneciente o relativo a la ceniza.

cinético, ca 1 *adj.* Perteneciente o relativo al movimiento. 2 ART Dicho de una tendencia de la pintura y escultura, surgida en la segunda mitad del s. XX, que busca la impresión o ilusión de movimiento. Incluye construcciones tridimensionales con movimiento mecánico y móviles sin motor. 3 FÍS **energía ~; momento** angular o ~. 4 *f.* FÍS Parte de la mecánica que estudia y describe los posibles movimientos de los cuerpos. 5 QUÍM Parte de la química que define y estudia la velocidad de las reacciones.

cíngaro, ra *adj.* y *s.* Gitano, especialmente el de Europa central.

cingiberáceo, a *adj.* y *f.* BOT Dicho de una planta, angiosperma monocotiledónea, herbácea, con rizoma rastrero o tuberoso, hojas alternas, flores en espiga, racimo o panoja y frutos capsulares con semillas con un alto contenido de almidón, como el jengibre.

cínico, ca 1 *adj.* FIL Perteneciente o relativo a una escuela ateniense, fundada por Antístenes, discípulo de Sócrates, que propugnaba un franco desprecio por los convencionalismos sociales y una forma de vida natural y austera. 2 *adj.* y *s.* FIL Dicho de los miembros de dicha escuela y de sus seguidores. 3 Que muestra desvergüenza en el mentir.

cinismo 1 *m.* FIL Doctrina de los cínicos. 2 Insolencia, desvergüenza frente a los convencionalismos o las conveniencias sociales.

cinta 1 *f.* Tejido largo y angosto que sirve para atar, ceñir o adornar. 2 Tira de materia flexible. || ~ **aislante** La impregnada en una solución adhesiva de caucho, que se emplea para recubrir los empalmes de los conductores eléctricos. ~ **magnética** La que, por procedimientos electromagnéticos, recoge sonidos e imágenes, que luego pueden ser reproducidos. ~ **métrica** La que tiene marcada la longitud del metro y sus divisores, y que se emplea para medir. ~ **pegante** La autoadhesiva, que se pega por contacto. ~ **transportadora** Dispositivo formado por una banda de material metálico o plástico que, movida automáticamente, traslada mercancías, equipajes, etc.

cinto 1 *m.* Faja para ceñir y ajustar la cintura. 2 Cinturón del que pende la espada o el sable.

cintura 1 *f.* Parte estrecha del cuerpo encima de las caderas. 2 Parte de los vestidos correspondiente a esa zona del cuerpo humano. || ~ **escapular** ANAT Parte del cuerpo, formada por la clavícula y el omoplato, en donde se articulan las extremidades superiores con el tronco. ~ **pelviana** ANAT Parte del cuerpo formada por la articulación fibrosa entre el hueso sacro y los huesos ilíacos y la cadera.

cinturón 1 *m.* Cinto que sujeta el pantalón a la cintura o ciñe cualquier vestido ajustándolo al cuerpo por el talle. 2 Serie de cosas que rodean a otra. 3 DEP Franja del traje de los yudocas cuyo color indica su categoría. || ~ **de seguridad** El que sujeta a los viajeros a su asiento del coche, avión, etc.

cipayo *m.* HIST Soldado indio que en los ss. XVIII y XIX estuvo al servicio de Francia, Portugal y Gran Bretaña.

ciperáceo, a *adj.* y *f.* BOT Dicho de una planta, monocotiledónea, herbácea, que tiene rizoma corto, tallos sin nudos, flores en espigas y cariópsides por frutos, como el papiro.

ciprés *m.* Árbol conífero de las cupresáceas, de tronco recto, ramas erguidas, copa apretada y cónica de color verde oscuro, hojas persistentes pequeñas y frutos en gálbulas; su madera es rojiza y olorosa.

ciprinido *adj.* y *m.* ZOOL Dicho de un pez de agua dulce, que se caracteriza por tener una única aleta dorsal y de una a tres hileras de dientes en la garganta, pero nunca en las mandíbulas, como los barbos y las carpas.

circadiano, na *adj.* BIOL Dicho de un fenómeno biológico, que ocurre rítmica y aproximadamente a la misma hora, como la sucesión de vigilia y sueño.

circense *adj.* Perteneciente o relativo al espectáculo del circo, o que es propio de él.

circo 1 *m.* Local estable o desarmable, cubierto por una gran carpa, en que equilibristas, domadores y payasos exhiben sus habilidades ante un público que se sienta en gradas. 2 HIST Entre los romanos, local en el que se celebraban carreras de carros y caballos. Era, por lo común, de figura de paralelogramo prolongado, redondeado en uno de sus extremos, con gradas alrededor para los espectadores. || ~ **glaciar** GEO Cuenca o depresión de origen glaciar, de carácter rocoso y paredes escarpadas, que presenta una profundidad variable y un trazado circular más o menos cerrado.

circón *m.* Silicato de circonio, más o menos transparente, que posee en alto grado la doble refracción; se usa como piedra fina.

circonio (Tb. zirconio) *m.* QUÍM Elemento metálico blando, blanco y dúctil, muy resistente a la corrosión y a los ácidos. Se usa en la fabricación de acero, porcelana, material refractario, en ciertas aleaciones no ferrosas y en instalaciones nucleares. Símbolo: Zr. Número atómico: 40. Peso atómico: 91,22. Punto de fusión: 1852 °C. Punto de ebullición: 4377 °C.

circonita (Tb. zirconita) *f.* Forma cristalina del óxido de circonio que se usa en joyería como imitación del diamante.

circuir *tr.* Rodear, cercar. • Vb. irreg. conjug. c. **huir**. V. anexo El verbo.

circuito 1 *m.* Terreno comprendido dentro de un perímetro. 2 DEP Trayecto cerrado para pruebas y competiciones de automóviles, motos, bicicletas, etc. 3 ELECTR Conjunto de conductores eléctricos que forman un anillo cerrado por el que pasa la corriente, y en el cual hay generalmente intercalados aparatos productores o consumidores de esta corriente. || ~ **abierto** ELECTR Circuito interrumpido por el que no pasa corriente. ~ **cerrado** Instalación para la transmisión de imágenes de televisión en la que la señal llega al receptor mediante conductores eléctricos y no a través del aire. ~ **integrado** ELECTRÓN El de dimensiones muy reducidas, que incorpora componentes electrónicos obtenidos mediante la difusión de impurezas en cristales muy puros de elementos semiconductores, como el silicio.

circulación 1 *f.* Acción y efecto de circular². 2 Tránsito de vehículos por carreteras y vías urbanas. 3 BIOL Movimiento de la sangre en el organismo vivo y de la savia en las plantas. 4 ECON Movimiento de moneda y productos comerciales necesarios para el mantenimiento de una economía. || ~ **de la sangre** o **sanguínea** FISIOL Movimiento fisiológico de la sangre a través del aparato circulatorio. La sangre sale del corazón por las arterias, se distribuye por todo el cuerpo para proporcionar a las células las sustancias que necesitan para el ejercicio de sus actividades vitales, y vuelve al corazón por las venas.

circular¹ 1 *adj.* Perteneciente o relativo al círculo o con su figura. 2 *f.* Cada una de las cartas idénticas dirigidas a algunas personas para darles conocimiento de alguna cosa.

circular² 1 *intr.* Moverse en derredor. 2 Ir y venir. 3 Pasar alguna cosa o noticia de unas personas a otras. 4 Salir una cosa y volver al mismo punto de partida. 5 *tr.* e *intr.* Enviar un aviso o una orden, verbal o escrito, desde un centro a varias personas en los mismos términos.

circulatorio, ria *adj.* Perteneciente o relativo a la circulación. || **aparato** ~ ANAT y FISIOL Conjunto de órganos que intervienen en la **circulación** sanguínea, la cual tiene su punto de partida y su final en el corazón. Dichos órganos son el **corazón**, las **arterias**, los **capilares** y las **venas**, que, al actuar en conjunto, abastecen al cuerpo con oxígeno, nutrientes y sustancias químicas que regulan los procesos corporales. También eliminan las sustancias de desecho y el dióxido de carbono.

círculo 1 *m.* GEOM Superficie plana contenida dentro de la circunferencia. 2 GEOM CIRCUNFERENCIA. 3 Conjunto de personas con las que trata alguien. 4 Sociedad cultural o recreativa y local en que los socios se reúnen. || ~ **cromático** Circunferencia dividida en doce sectores en la que se disponen, en orden lógico, los colores primarios, secundarios y terciarios. ~ **de iluminación** ASTR El que separa el hemisferio iluminado del hemisferio oscuro en la Luna o en otro astro. ~ **máximo** GEOM El que divide la esfera en dos partes iguales o hemisferios. ~ **menor** GEOM El formado por cualquier plano que corta la esfera sin pasar por el centro. ~ **polar** 1 ASTR Cada uno de los dos círculos menores que se consideran en la esfera celeste paralelos al Ecuador y que pasan por los polos de la Eclíptica. El del hemisferio boreal se llama Ártico, y el del austral, Antártico. 2 GEO Cada uno de los dos círculos menores que se consideran en el globo terrestre en correspondencia con los correlativos de la esfera celeste, y reciben los mismos nombres. ~ **vicioso** Situación repetitiva que no conduce a buen efecto.

circumpolar *adj.* Que está alrededor del polo.

circuncidar *tr.* Cortar circularmente una sección del prepucio.

circuncisión 1 *f.* Acción y efecto de circuncidar. 2 Acción de circuncidar que conlleva un carácter ritual, religioso y social, de pertenencia, especialmente entre judíos y musulmanes.

circundar *tr.* Cercar, rodear.

circunferencia 1 *f.* GEOM Curva plana y cerrada, cuyos puntos equidistan del situado en el centro. 2 Contorno de una superficie o territorio.

circunflejo, ja *adj.* GRAM **acento** ~.

circunlocución *f.* Figura retórica que consiste en expresar indirectamente y con rodeos o perífrasis lo que se quiere decir.

circunnavegación 1 *f.* Navegación alrededor de algún punto determinado. 2 Navegación alrededor del mundo, como la que realizaron por vez primera Magallanes y Elcano (1519-22).

circunscribir 1 *tr.* Reducir a ciertos límites algo. 2 GEOM Trazar una figura que contenga a otra, tocando el mayor número posible de puntos de esta. 3 *prnl.* Ceñirse a un punto o tema. • Participio irreg.: *circunscrito* o *circunscripto*.

circunscripción 1 *f.* Acción y efecto de circunscribir. 2 División administrativa, militar o eclesiástica de un territorio.

circunspección 1 *f.* Conducta prudente y adecuada a las circunstancias. 2 Decoro y gravedad en palabras y acciones.

circunstancia 1 *f.* Aspecto no esencial de tiempo, lugar o modo, que acompaña a una persona, proceso o cosa. 2 Conjunto de cuanto rodea a alguien o algo.

circunstancial 1 *adj.* Que implica o denota alguna circunstancia o depende de ella. 2 GRAM **complemento** ~.

circunvalación 1 *f.* Acción de circunvalar. 2 CIRCUNVALAR². 3 Línea de atrincheramientos con que se defiende una plaza del asedio enemigo.

circunvalar¹ *tr.* Cercar, ceñir, rodear una ciudad, fortaleza, etc.

circunvalar² *f.* Vía de comunicación que rodea y evita un núcleo urbano.

circunvolución *f.* Vuelta o rodeo de alguna cosa. || ~ **cerebral** ANAT Cada uno de los relieves que se observan en la superficie exterior del cerebro, separados, unos de otros, por unos surcos llamados anfractuosidades.

cirílico, ca *adj.* Dicho del alfabeto ruso, y de otras lenguas eslavas, cuya invención se atribuye a los hermanos Cirilo y Metodio en el s. IX.

cirio *m.* Vela de cera, larga y gruesa. || ~ **pascual** REL El muy grueso, usado en la liturgia de algunas iglesias cristianas, el cual se bendice el Sábado Santo, y arde en la iglesia en ciertas solemnidades hasta el día de la Ascensión.

cirrípedo *adj.* y *m.* ZOOL Dicho de un crustáceo, marino, que tiene larvas libres y nadadoras y en estado adulto vive fijo. Tiene el cuerpo rodeado de varias placas calcáreas, entre las cuales puede sacar los cirros, como el percebe.

cirro 1 *m.* Nube blanca y ligera, en forma de barbas de pluma o filamentos de lana cardada, que se presenta en las regiones superiores de la atmósfera. 2 ZOOL Cada una de las patas de los crustáceos cirrópodos, que son flexibles y articuladas y están bifurcadas en dos largas ramas.

cirrosis *f.* MED Esclerosis de un órgano interno, especialmente del hígado, que consiste en el endurecimiento de los tejidos conjuntivos y en la atrofia de los demás.

ciruela *f.* Fruto del ciruelo, consistente en una drupa de forma, tamaño y color variables, de pulpa más o menos jugosa y dulce.

ciruelo *m.* Árbol frutal de las rosáceas, con hojas dentadas, flores blancas y frutos en drupa, que son las ciruelas.

cirugía *f.* MED Parte de la medicina que busca la curación interviniendo directamente en la parte afectada con la cura de heridas o la extirpación de tumores, etc. || ~ **estética** MED Rama de la cirugía plástica que busca principalmente el embellecimiento de una parte del cuerpo. ~ **plástica** MED Especialidad quirúrgica cuyo objetivo es restablecer, mejorar o embellecer la forma de una parte del cuerpo.

cirujano, na *m.* y *f.* MED Persona que profesa la cirugía.

cisma 1 *m.* Acto por el que una parte o un grupo de personas se separan de una comunidad. 2 HIST y REL Cada uno de este tipo de actos que ha experimentado la Iglesia cristiana desde la Antigüedad.

□ HIST y REL Entre los distintos cismas y amenazas de rupturas cismáticas que han amenazado a la cristiandad, dos tuvieron una importancia crucial: el Cisma de Oriente, que llevó a la separación efectiva (1054) de la Iglesia ortodoxa griega, y el de Occidente, que dividió a los países católicos de Europa entre la autoridad de los papas de Aviñón (donde se habían instalado en 1309) y los nuevamente elegidos en Roma desde 1378. El Concilio de Constanza (1415-18) restableció la unidad de la Iglesia en la persona de Martín V, hecho ante el cual renunciaron los demás pontífices.

cismático, ca 1 *adj.* y *s.* Que se aparta de la autoridad reconocida, especialmente en materia de religión. 2 Dicho de una persona, que introduce discordia en una comunidad.

cisne *m.* Ave palmípeda anseriforme, de cabeza pequeña, pico anaranjado, cuello muy largo y flexible, patas cortas y alas grandes.

cisterciense *adj.* Perteneciente o relativo a la Orden del Cister, fundada por san Roberto en 1098, y que surgió como reforma de la Orden cluniacense, con el propósito de recuperar el espíritu de austeridad y pobreza.

cisterna 1 *f.* Depósito subterráneo que recoge el agua de lluvia o de algún manantial. 2 Depósito del agua del retrete. 3 Pospuesto al nombre de un vehículo (camión, barco, etc.), indica que este se halla acondicionado para el transporte de líquidos o gases.

cístico *adj.* ANAT **conducto ~**.

cistitis *f.* MED Inflamación de la vejiga urinaria.

cisura 1 *f.* Rotura o abertura sutil que se hace en cualquier cosa. 2 ANAT **ANFRACTUOSIDAD**.

cita 1 *f.* Acuerdo entre dos o más personas para encontrarse en un tiempo y lugar determinados. 2 Este encuentro. 3 Mención o alusión que se hace de algo o alguien. 4 Texto o frase que apoya una teoría u opinión. || ~ **a ciegas** Encuentro entre dos personas que no se conocen. ~ **contextual** LING En un texto, la que menciona información obtenida de otro texto sin utilizar las mismas palabras de este último. ~ **textual** LING En un texto, la que copia literalmente un fragmento que se quiere mencionar de otro texto.

citación *f.* Acción de citar.

citadino, na 1 *adj.* y *s.* Que vive en la ciudad. 2 Propio de la ciudad, relativo a ella.

citar 1 *tr.* y *prnl.* Convocar a una entrevista para tratar algún asunto. 2 *tr.* Alegar algún texto o frase de otra persona en apoyo de la propia teoría u opinión. 3 Mencionar a alguien o algo. 4 Notificar el emplazamiento del juez.

cítara 1 *f.* MÚS Instrumento antiguo parecido a la lira, pero con caja de resonancia de madera. 2 MÚS Instrumento de cuerda, de forma trapezoidal y con veinte o treinta cuerdas, divididas en tres órdenes y agrupadas de tres en tres, que se puntean con un plectro.

citatorio *m.* DER Documento con que se cita a alguien para que comparezca ante el juez.

citocina *f.* BIOL Base nitrogenada fundamental, componente del ADN y del ARN. Símbolo: C.

citocinesis *f.* BIOL División del citoplasma.

citodiagnóstico *m.* MED Procedimiento diagnóstico basado en el examen de las células contenidas en un exudado o trasudado.

citoesqueleto *m.* BIOL Estructura al interior de las células compuesta por filamentos de proteínas que intervienen en la locomoción celular.

citófono *m.* Sistema de comunicación dentro de un circuito telefónico cerrado.

citología 1 *f.* BIOL Parte de la biología que estudia la estructura y actividad de las células. 2 MED **CITODIAGNÓSTICO**.

citoplasma *m.* BIOL Parte del protoplasma de la célula entre la membrana y el núcleo.

citoquina *f.* FISIOL Compuesto soluble del plasma sanguíneo, que puede derivar de un linfocito o de un monocito, y que regula el sistema inmunológico amplificando o suprimiendo la respuesta inmunológica que está en curso o induciendo la proliferación celular, de modo que el sistema esté activo solo cuando es necesario.

citostoma *f.* BIOL Abertura a modo de boca, que tienen las células provistas de membrana resistente, por donde entran las partículas alimenticias.

cítrico, ca 1 *adj.* Perteneciente o relativo a los cítricos. 2 *m.* QUÍM Ácido orgánico de sabor agrio, muy soluble en agua, de la cual se separa, al evaporarse esta, en gruesos cristales incoloros. Se encuentra en varios frutos. 3 *adj.* y *m.* Dicho de un fruto, que pertenece al grupo de los agrios, como el limón, el pomelo y la naranja.

ciudad 1 *f.* El mayor de los conglomerados urbanos, asentado en un amplio territorio, con una infraestructura conformada básicamente por numerosos edificios y vías, y densamente poblado por un amplio número de habitantes que, en su mayoría, se dedican a actividades no agrícolas. 2 Población más o menos grande, por contraposición a pueblo o villa. 3 Ámbito de lo urbano, por oposición al mundo rural o agrario. || **ciudad-Estado** Dicho de un país, que está formado por una sola ciudad y un pequeño territorio que forma un Estado independiente o autónomo que la rodea. *Singapur es una ciudad-Estado.* ~ **satélite** Núcleo urbano dotado de cierta autonomía funcional, pero dependiente de otro mayor y más completo, del cual se halla en relativa cercanía.

□ HIST Las grandes ciudades antiguas eran muy pequeñas si se las compara con las actuales; se calcula que Babilonia tenía una población de 30 000 habitantes y Tebas, unos 250 000; la Atenas clásica nunca superó los 200 000, mientras que Roma y Alejandría superaron el millón. Tras la caída del Imperio romano, la recuperación de las ciudades occidentales abarcó del s. VIII al s. XIV, periodo en el que los centros urbanos se desarrollaron dentro de recintos amurallados. En el Renacimiento desaparecieron las murallas y se dio importancia a la planificación y al espacio público. En el periodo industrial se estableció una diferenciación social de los espacios basada en la capacidad económica, esquema que se mantiene en nuestros días y al que hay que sumarle el crecimiento vertical en edificios de las viviendas y centros de actividad económica, la presencia masiva de vehículos automotores y una altísima densidad demográfica. Actualmente alrededor del 50 % de la población mundial vive en ciudades.

ciudadanía 1 *f.* Cualidad y derecho de ciudadano. 2 Conjunto de los ciudadanos de un pueblo o nación.

□ HIST El concepto moderno de ciudadanía está asociado a la Revolución francesa del s. XVIII, que logró derrocar a la monarquía, en la que los ciudadanos carecían de derechos y debían acatar leyes que les eran impuestas. La ciudadanía se relaciona con el Estado para demandar derechos para sus miembros y, a cambio, el Estado le impone el deber de cumplir el derecho vigente. El creciente poder de la ciudadanía se inicia con la inauguración de los derechos fundamentales en el s. XVIII y sigue con la lenta difusión del sufragio político en el s. XIX y la posterior extensión de los derechos sociales a las pensiones, la sanidad, la educación, etc.

ciudadano, na 1 *adj.* y *s.* Natural de una ciudad. 2 Perteneciente o relativo a la ciudad o los ciudadanos. 3 *m.* y *f.* Miembro de una comunidad cívica con derechos y obligaciones civiles inherentes a tal condición.

ciudadela *f.* Recinto fortificado dentro de una ciudad.

civil 1 *adj.* Ciudadano, perteneciente o relativo a la ciudad o a quienes la habitan. 2 Sociable, correcto. 3 Dicho de una persona, que no es eclesiástica ni militar. 4 Perteneciente o relativo a las relaciones de los ciudadanos entre sí y a sus derechos básicos como tales. 5 **defensa** ~. 6 **estado** ~. 7 **libertad** ~. 8 **registro** ~. 9 **sociedad** ~. 10 DER **derecho** ~. 11 POLÍT **desobediencia** ~. 12 POLÍT **guerra** ~.

civilización 1 *f.* Acción y efecto de civilizar o civilizarse. 2 Grado de progreso logrado por la humanidad y que incluye, entre otras cosas, las formas urbanas de vida y gobierno. 3 Conjunto de ideas, creencias, costumbres, artes y técnicas que caracterizan a una sociedad humana o a una cierta época histórica. Algunas civilizaciones son la China, que surgió hacia 2200 a. C.; la grecorromana, hacia 1100 a. C.; la islámica, s. VIII; la incaica, hacia el s. XIV, y la occidental, que surgió en Europa occidental a principios de la Edad Media.

□ POLÍT Conjunto formado por las costumbres, las creencias, las políticas y los conocimientos técnicos y científicos que caracterizan a una sociedad y determinan su nivel de desarrollo. Se utiliza para explicar las sociedades o los pueblos que han alcanzado un mayor nivel de desarrollo económico, político y militar que otros; sin embargo, es una clasificación excluyente porque cualquier sociedad estructurada y organizada puede ser considerada una civilización o cultura.

civilizar 1 *tr.* y *prnl.* Dar a pueblos o personas una civilización más avanzada que la propia en los aspectos técnicos y sociales. 2 Educar, ilustrar.

civismo 1 *m.* Celo por las instituciones y los intereses de la patria. 2 Comportamiento digno de un ciudadano. 3 Urbanidad, cortesía.

cizalla 1 *f.* Herramienta a modo de tijeras grandes, con la que se cortan en frío planchas de metal. 2 Herramienta a modo de guillotina que se emplea para los mismos fines. 3 La de menor tamaño, que se emplea para cortar papel y cartón en pequeñas cantidades y a tamaño reducido.

cizalladura *f.* Deformación producida en un sólido por la acción de dos fuerzas opuestas, iguales y paralelas.

cizallar *tr.* Cortar algo con la cizalla.

cizaña 1 *f.* Planta gramínea de hojas largas y estrechas y flores en espigas con semillas venenosas, que crece espontánea en los sembrados. 2 fig. Disensión, enemistad.

cizañero, ra *adj.* y *s.* Que mete cizaña, disensión o enemistad.

cladócero *adj.* y *m.* ZOOL Dicho de un crustáceo, bivalvo de tamaño pequeño, de agua dulce, que tiene los apéndices muy reducidos y antenas ramificadas que utiliza para nadar, como la pulga de agua.

cladogénesis *f.* BIOL Diversificación o ramificación de especies a partir de un tronco genético común.

clamar 1 *intr.* Emitir voces lastimeras expresando quejas o pidiendo auxilio. 2 Requerir una cosa algo con urgencia: *La tierra clama por agua.* 3 Hablar con vehemencia o de manera solemne. 4 *tr.* Exigir una o más personas algo con fuerza: *Los desplazados claman por sus derechos.*

clamor 1 *m.* Grito o voz que se articula con esfuerzo. 2 Voz lastimera.

clamorear *tr.* Lanzar quejas o voces lastimeras para conseguir algo.

clamoroso, sa 1 *adj.* Que va acompañado de clamor: *Llanto clamoroso.* 2 Muy grande o extraordinario: *Triunfo clamoroso.*

clan 1 *m.* Familia con un tronco común. 2 **TRIBU**, unidad social. 3 Grupo de personas unidas por un interés común.

clandestino, na 1 *adj.* Secreto, oculto, y especialmente dicho o hecho secretamente por temor a la ley o para eludirla. 2 Dicho de la situación en la que viven las personas que se ocultan para evitar la acción de la justicia.

claqueta *f.* CIN Utensilio compuesto de dos planchas de madera unidas por una bisagra, en las que se escriben indicaciones técnicas acerca de la toma que se va a grabar. Se hacen chocar las dos planchas para sincronizar la banda de sonido y la imagen.

clara *f.* Materia blanquecina, líquida y transparente, de naturaleza albuminoidea, que rodea la yema del huevo de las aves.

claraboya *f.* Ventana abierta en el techo de una estancia o en la parte alta de las paredes.

clarear 1 *tr.* e *intr.* Dar claridad. 2 *intr.* Empezar a amanecer. 3 Irse abriendo y disipando el nublado.

clarete *m.* Vino tinto, algo claro.

claretiano, na 1 *adj.* Perteneciente o relativo a san Antonio Mª Claret, a sus doctrinas e instituciones. 2 *m.* Religioso de la Congregación de Hijos del Corazón de María, fundada en 1849 por san Antonio Mª Claret. 3 *f.* Religiosa de la Congregación de Misioneras de Mª Inmaculada, que se dedica a las misiones y a la enseñanza de las niñas.

claridad 1 *f.* Calidad de claro. 2 Efecto de la luz que ilumina un espacio. 3 Lucidez con que la inteligencia percibe las ideas y los sentidos corporales las sensaciones. 4 Lenguaje franco con que se dicen las cosas como son y sin tapujos.

clarificar 1 *tr.* Iluminar, alumbrar. 2 Aclarar algo, quitarle los impedimentos que lo ofuscan. 3 Poner claro, limpio, un líquido que estaba denso, turbio o espeso.

clarín *m.* MÚS Instrumento de viento, forjado en metal y parecido a la trompeta, aunque menor, sin pistones y de un sonido más agudo.

clarinero, ra 1 *m.* y *f.* Persona que toca el clarín. 2 *m.* Ave andina, con el plumaje de la parte anterior rojo y el posterior y lateral negro, con azul claro en las coberteras.

clarinete *m.* MÚS Instrumento de viento, de madera o ebonita, formado por una boquilla de lengüeta de caña, varias piezas con agujeros y pabellón en forma de campana.

clarisa *adj.* y *s.* Dicho de una religiosa, que pertenece a la segunda orden de San Francisco, fundada por santa Clara en el s. XIII.

clarividencia 1 *f.* Facultad de discernir y comprender claramente las cosas. 2 Facultad paranormal de percibir cosas lejanas o no perceptibles por el ojo; también la de adivinar hechos futuros u ocurridos en otros lugares. 3 Perspicacia.

clarividente *adj.* y *s.* Dicho de una persona, que posee clarividencia.

claro, ra 1 *adj.* Que tiene luz o mucha luz. 2 Limpio, transparente. 3 Poco espeso, dicho de las mezclas con líquidos. 4 Con más espacios intermedios de lo normal; dicho del bosque o de un tejido. 5 Despejado de nubes, si es el cielo. 6 Dicho de un color, que tiende al blanco. 7 Dicho del sonido, neto y puro. 8 Manifiesto, evidente. 9 Fácil de comprender. 10 *m.* Abertura por donde entra luz a un espacio cerrado. 11 Espacio sin árboles en el interior de un bosque. 12 Espacio o intermedio que hay entre algunas cosas, como en las procesiones, las líneas de tropas, los sembrados, etc. 13 *adv. m.* Con claridad: *Hablaba claro.*

claroscuro 1 *m.* ART Conveniente distribución de la luz y de las sombras en un cuadro. 2 ART Diseño o dibujo que no tiene más que un color.

clase 1 *f.* Agrupación de individuos con características similares o de cosas con valor parecido. 2 Distinción, categoría personal. 3 Grupo de alumnos de un mismo nivel o grado. 4 Disciplina o materia que les imparte el profesor. 5 BIOL Grupo taxonómico que se encuentra por debajo del filo y por encima de orden. Sus miembros comparten características, no presentes en otras especies, que indican un origen evolutivo común. Por ejemplo: los seres humanos pertenecen a la clase de los mamíferos, que agrupa a todos los vertebrados que presentan mamas. 6 MAT Familia de subconjuntos con una propiedad característica. || ~ **social** Cada uno de los estratos en que se divide la sociedad, según cultura, profesión, ingresos económicos, etc. Suelen distinguirse tres grandes grupos: alta, baja y media.

clasicismo *m.* Fenómeno cultural que se inspira en la tradición grecorromana y que conlleva conformidad con aquellos principios que en lo equilibrado, elegante y sereno de la forma se parecían a los antiguos. Del campo literario, el concepto se extendió al de las demás artes. Suele contraponerse al romanticismo.

clásico, ca 1 *adj.* y *s.* Dicho de un autor, de una obra, de un género, etc., que pertenece a la literatura o al arte de la Antigüedad griega y romana. 2 Dicho de un autor o de una obra creativa, que se tiene por modelo digno de imitación, por su coherencia y belleza serena. 3 *adj.* MÚS **música** ~. 4 Que no pasa de moda.

clasificación 1 *f.* Acción y efecto de clasificar. 2 BIOL Identificación, denominación y agrupamiento de organismos según un sistema. En la clasificación biológica, el **reino** constituye el más alto y amplio de los niveles; incluye el **filo**, que, a su vez, incluye la **clase**, que comprende el **orden**, que incluye la **familia**, que está constituida por **géneros** y **especies**, que es el nivel básico.

☐ BIOL Un organismo se nombra científicamente mediante la asignación de dos términos, el nombre del género seguido del de la especie; por ejemplo, en el nombre científico del girasol, Helianthus annuus, Helianthus es el nombre del género y annuus el de la especie. En la nomenclatura zoológica, el nombre del género y el de la especie pueden ser idénticos; por ejemplo, el gorila es Gorilla gorilla.

clasificado, da 1 *adj.* Secreto, reservado, dicho de un documento o una información. 2 *m.* Anuncio por líneas o palabras en la prensa periódica.

clasificar 1 *tr.* Ordenar por clases. 2 *prnl.* DEP Obtener un puesto en alguna competición o torneo.

clasismo *m.* Conciencia de la superioridad de la propia clase social sobre las demás.

clasista *adj.* y *s.* Que es partidario de las diferencias de clase o se comporta con fuerte conciencia de ellas.

claudicación *f.* Acción y efecto de claudicar.

claudicar 1 *intr.* Ceder por flaqueza moral en la observancia de los propios principios. 2 Rendirse ante una presión externa.

claustro 1 *m.* Galería que rodea el patio principal de una iglesia o un monasterio. 2 Junta de profesores de un centro docente, y la reunión de ellos.

claustrofobia *f.* PSIC Sensación patológica de angustia producida por la permanencia en lugares cerrados.

cláusula 1 *f.* Cada una de las disposiciones de un contrato, testamento o documento análogo. 2 GRAM Conjunto de palabras con sentido completo; puede contener una sola oración o varias íntimamente relacionadas entre sí.

clausura 1 *f.* Acción y efecto de clausurar. 2 Acto solemne con que se cierra un congreso o certamen. 3 Zona de monasterios y conventos a la que no pueden pasar las mujeres, y parte de los monasterios femeninos vetada a los no profesantes.

clausurar 1 *tr.* Poner fin a la actividad de organismos políticos, establecimientos docentes, industriales, etc. 2 Inhabilitar temporal o permanentemente un edificio, local, etc.

clavadista *m.* y *f.* Deportista que efectúa clavados o saltos generalmente desde un trampolín.

clavado, da 1 *adj.* Dicho de algo, que está armado con clavos. 2 *m.* En natación, salto que se da a un río, al mar o a una piscina desde un trampolín o un sitio elevado.

clavar 1 *tr.* Introducir a golpes un clavo o un objeto puntiagudo en un cuerpo o una superficie. 2 Asegurar con clavos una cosa en otra. 3 Fijar intensamente la vista o la atención en algo.

clave 1 *f.* Cifra o significado de signos o expresiones que solo algunas personas conocen. 2 Explicación de signos convencionales o de cualquier obra con un sentido oculto. 3 Signo o combinación de signos para hacer funcionar ciertos aparatos. 4 Se usa en aposición con el significado de básico, fundamental, decisivo: *Jornada clave; Tema clave.* 5 ARQ Piedra con que se cierra un arco o una bóveda. 6 MÚS Signo al principio del pentagrama para determinar el nombre de las notas musicales que figuran en él. 7 *f. pl.* MÚS Instrumento de percusión que se compone de dos bastoncillos de madera, de unos 10 cm de longitud. El sonido es muy agudo y se produce al golpear un bastón contra otro. 8 *m.* MÚS **CLAVICÉMBALO.**

clavel 1 *m.* Planta ornamental de 30 a 40 cm de altura, con tallos nudosos, hojas alargadas y puntiagudas y flores terminales muy vistosas. 2 Flor de esta planta.

clavero *m.* Árbol mirtáceo tropical, de hojas persistentes, flores blancas y fruto en baya; los capullos de sus flores son los clavos de especia.

clavicémbalo *m.* Mús Instrumento de cuerdas y teclado, generalmente doble, en que, desde abajo, unos picos de pluma hieren las cuerdas a modo de plectros.

clavicordio *m.* Mús Instrumento de cuerdas y teclado, cuyo mecanismo se reduce a una palanca, una de cuyas extremidades, que forma la tecla, desciende por la presión del dedo, mientras la otra se eleva hiriendo la cuerda por debajo con un trozo de latón que lleva en la punta.

clavícula *f.* Anat Cada uno de los dos huesos transversales y con alguna oblicuidad que, en la parte superior del pecho, se articulan por dentro con el esternón y por fuera con el acromion del omóplato.

clavija 1 *f.* Pieza cilíndrica o cónica de madera, metal u otra materia apropiada, que se emplea para ensamblar dos piezas o para sujetar algo. 2 Pieza de material aislante con dos o más varillas metálicas, las cuales se introducen en las hembrillas del enchufe. 3 Pieza de cabeza ensanchada que se usa en ciertos instrumentos musicales para asegurar y tensar las cuerdas.

clavijero *m.* Pieza sólida, larga y estrecha en que están hincadas las clavijas de los instrumentos musicales.

clavo 1 *m.* Pieza metálica alargada, con cabeza en un extremo y punta en el otro, que se usa para sujetar o colgar cosas. 2 Callo duro y de figura piramidal, que se forma en la planta de los pies. 3 Capullo seco, en forma de un clavo pequeño, de la flor del clavero; de olor muy aromático y agradable, se usa como especia en diferentes condimentos.

claxon (Del ingl. *Klaxon*®, marca reg.) *m.* Bocina eléctrica de sonido potente que llevan los automóviles.

clemencia *f.* Virtud que modera el rigor de la justicia, inclinando al perdón.

clepsidra *f.* Reloj de agua.

cleptomanía *f.* Psic Propensión patológica y obsesiva al hurto.

clerecía 1 *f.* Conjunto de personas eclesiásticas que componen el clero. 2 Lit **mester** de ~.

clericalismo 1 *m.* Influencia excesiva del clero en los asuntos políticos. 2 Intervención excesiva del clero en la vida de la Iglesia, que impide el ejercicio de los derechos a sus demás miembros. 3 Marcada sumisión al clero y a sus directrices.

clérigo 1 *m.* En el cristianismo, persona que ha recibido las **órdenes** sagradas. 2 Hist En la Edad Media, hombre letrado, aunque no tuviera las órdenes sagradas.

clero 1 *m.* Conjunto de los clérigos que han recibido las órdenes sagradas en la Iglesia católica. 2 Cuerpo de ministros de otras religiones, como el judaísmo. || ~ **regular** Rel Persona que se liga con los tres votos religiosos de pobreza, obediencia y castidad. ~ **secular** Rel Persona que no hace dichos votos.

clic *m.* Voz onomatopéyica para reproducir ciertos sonidos, como el que se produce al apretar el botón del ratón de la computadora, al pulsar un interruptor, etc.

cliché 1 *m.* Lugar común, idea o expresión demasiado repetida o formularia. 2 Película fotográfica revelada con imágenes negativas.

cliente, ta 1 *m.* y *f.* Persona que requiere habitualmente los servicios de un profesional o de una empresa. 2 Parroquiano que compra con asiduidad en una tienda o un establecimiento.

clientelismo *m.* Polít Fenómeno que consiste en la captación de voluntades por parte del gobierno o de cualquier autoridad pública mediante la concesión de beneficios económicos o de otro tipo.

clima 1 *m.* Geo Conjunto de los valores medios relativos a los principales elementos de la atmósfera: temperatura, presión barométrica, humedad, vientos, precipitación, insolación, etc., que, a su vez, dependen de factores geográficos, como la longitud, latitud, altitud, distribución de tierras y masas de agua, etc. 2 Ambiente en que alguien se desenvuelve o que caracteriza una situación.

☐ Geo En razón de la temperatura, los climas se dividen en cálidos, templados y fríos, y, según la cantidad de lluvia, en lluviosos y secos. Considerando ambos factores se establecen cuatro tipos: continental, intertropical, marítimo y tropical lluvioso. Según la latitud se distinguen cinco grandes zonas climáticas: ecuatorial, calurosa y con lluvias durante todo el año; tropical, calurosa y con una estación lluviosa y otra seca; desértica, con grandes oscilaciones de temperatura y nula o insignificante pluviosidad; templada, que incluye el templado cálido, con inviernos suaves y veranos calurosos, y el templado frío, con inviernos largos y fríos; glaciar, con temperaturas extremas y largas noches.

climaterio *m.* Fisiol Periodo de la vida humana en que cesa la función genital.

climático, ca 1 *adj.* Perteneciente o relativo al clima. 2 Ecol **cambio** ~.

climatizar *tr.* Dar a un espacio cerrado las condiciones climáticas de humedad y temperatura deseadas.

climatología 1 *f.* Geo Estudio del clima en relación con las causas que lo determinan y su distribución territorial y temporal. 2 Geo Conjunto de las condiciones propias de un determinado clima.

clímax 1 *m.* Culminación de un proceso, de un poema o de una acción dramática. 2 Orgasmo, en el acto sexual.

clínex (Del ingl. *Kleenex*®, marca reg.) *m.* Pañuelo de papel.

clínico, ca 1 *adj.* Perteneciente o relativo a la parte práctica de la medicina. 2 Med **análisis** ~. 3 Med **historia** ~. 4 *m.* y *f.* Persona que se dedica a la práctica médica. 5 *f.* Med Parte de la medicina que se basa en la observación directa de los pacientes. 6 Establecimiento en que se diagnostica y trata a los enfermos, especialmente a los que han de guardar cama.

clinómetro *m.* Instrumento para medir ángulos de inclinación.

clip 1 *m.* Utensilio hecho con una barrita de metal o de plástico doblada sobre sí misma, que, por presión, sirve para sujetar papeles. 2 Sistema de pinza para fijar mediante presión broches, horquillas, etc.

clíper *m.* Buque de vela, fino, ligero y muy resistente.

clitómetro *m.* Geo Aparato para medir la pendiente del terreno y el buzamiento de un estrato o una fractura.

clítoris *m.* Anat Órgano genital carnoso y eréctil de la mujer, localizado debajo de los labios menores y anterior al orificio vaginal.

clivaje *m.* Geo Forma en que se rompe una roca al golpearla.

cloaca 1 *f.* Conducto, generalmente subterráneo, que recoge las aguas residuales de una población. 2 Lugar inmundo. 3 Zool Porción final, a modo de saco, en que desembocan los conductos genitales y urinarios de aves, anfibios, reptiles, etc.

cloche *m.* EMBRAGUE, de un vehículo.

clon 1 *m.* Biol Conjunto de células, organismos o individuos idénticos, procedentes de la reproducción asexual o por división artificial de estados embrionarios iniciales. 2 BIOL Conjunto de segmentos idénticos de ADN obtenido a partir de una misma secuencia original. 3 INF Computador personal de características y rendimiento similares a uno de fabricante conocido, pero que carece de marca reconocida.

clonación 1 *f.* Acción y efecto de clonar. 2 BIOL Sistema de reproducción asexual que permite obtener familias de individuos con características hereditarias idénticas, llamados clones.

□ BIOL En la naturaleza existen organismos que se reproducen por clonación: las bacterias, las cianobacterias, la mayoría de los protozoos, algunas levaduras y plantas, los gusanos planos, etc. Actualmente estos procesos se pueden llevar a cabo en laboratorios, incluso en animales de organización compleja. Los científicos pueden aislar un gen de un organismo e implantarlo en otro, haciendo posible la producción de muchas copias de ese gen, o extraer del útero un embrión en una fase de desarrollo precoz, dividirlo e implantar cada parte en un útero sustituto, obteniendo así gemelos idénticos.

clonar *tr.* Producir clones.

cloral *m.* QUÍM Líquido producido por la acción del cloro sobre el alcohol anhidro, y que con el agua forma un hidrato sólido. Se usa como anestésico.

clorhídrico, ca 1 *adj.* QUÍM Perteneciente o relativo a las combinaciones del cloro y del hidrógeno. 2 QUÍM Dicho del ácido de cloruro de hidrógeno, que ataca a la mayor parte de los metales. Es gaseoso, incoloro, muy corrosivo, se usa disuelto en agua y se extrae de la sal común. Fórmula: ClH.

cloro *m.* QUÍM Elemento químico de la familia de los halógenos. Es un gas amarillo verdoso, irritante y tóxico, de olor fuerte. Sus compuestos son minerales comunes, como la sal marina y la sal gema. Se usa, en disoluciones acuosas, para blanquear, como desinfectante y en la fabricación de colorantes y plásticos. Símbolo: Cl. Número atómico: 17. Peso atómico: 35,4. Punto de fusión: −101 °C. Punto de ebullición: −34,05 °C a una atmósfera de presión.

clorofila *f.* BIOL Pigmento presente en ciertas bacterias y en los cloroplastos de las algas y las hojas de las plantas, que, durante la fotosíntesis, transforman la energía luminosa en la energía química necesaria para elaborar productos orgánicos indispensables.

clorofluorocarbono *m.* QUÍM y ECOL Gas que contiene cloro, flúor y carbono, utilizado como agente frigorífico y como propulsor en los aerosoles. Se acumula en la alta atmósfera, causando la degradación de la capa de ozono.

cloroformo *m.* QUÍM y FARM Cuerpo constituido en la proporción de un átomo de carbono por uno de hidrógeno y tres de cloro. Es líquido, incoloro, de olor agradable, y se emplea como anestésico.

cloroplasto *m.* BIOL Corpúsculo de las células vegetales y de las algas, donde se lleva a cabo la fotosíntesis.

cloruro *m.* QUÍM Sal del ácido clorhídrico, que es la combinación del cloro con un metal o con ciertos metaloides; el más frecuente es el cloruro de sodio o la **sal** común.

clóset *m.* Armario empotrado.

club 1 *m.* Asociación con fines culturales, deportivos o políticos. 2 Sede de tales asociaciones.

cluniacense *adj.* y *m.* Perteneciente o relativo a la congregación o al monasterio benedictinos de Cluny, en Borgoña, que seguía la regla de san Benito.

clupeido *adj.* y *m.* ZOOL Dicho de un pez, teleósteo, que se caracteriza por tener aletas con radios blandos, cuatro hendiduras branquiales y el cuerpo recubierto de escamas plateadas, como las sardinas y los arenques.

cnidario *adj.* y *m.* ZOOL **CELENTÉREO.**

coacción *f.* Violencia física o moral que se hace a una persona, para obligarla a actuar de una manera determinada.

coaccionar *tr.* Ejercer coacción.

coacervación 1 *m.* Acción y efecto de coacervar. 2 BIOQ Separación de una disolución coloidal en dos fases, una de elevada concentración en coloide (llamada coacervado) y otra muy diluida, en equilibrio con la primera.

coacervar *tr.* Juntar, amontonar.

coach (Voz ingl.) 1 *m.* y *f.* Persona que asesora a otra para mejorar su desarrollo profesional y personal. 2 DEP **ENTRENADOR.**

coadjutor, ra *m.* y *f.* Persona que ayuda a otra en cualquier tarea.

coadyuvar *tr.* Contribuir o ayudar a la consecución de algo.

coagular *tr.* y *prnl.* Cuajar, solidificar un líquido, como la sangre o la leche, formando grumos que se separan de la parte líquida.

coágulo 1 *m.* Coagulación de la sangre. 2 Grumo de un líquido coagulado.

coalescencia *f.* Propiedad de las cosas de unirse o fundirse.

coalición *f.* Confederación o liga de personas o instituciones políticas, económicas, etc.

coanocito *m.* BIOL Células flageladas de los poríferos.

coartada 1 *f.* DER Circunstancia que se alega en favor del presunto reo, para demostrar su inocencia, al hallarse en un lugar alejado del sitio en que se cometió el crimen. 2 Pretexto, disculpa.

coartar *tr.* Limitar o restringir la libertad de una persona para hacer algo.

coatí *m.* Pequeño mamífero suramericano de cuerpo delgado, cola larga y anillada, hocico largo, orejas cortas y color del pelaje variable de rojo a negro.

coautor, ra *m.* y *f.* Autor de alguna cosa junto con otra u otras personas.

coaxial 1 *adj.* Dicho de un cuerpo, que tiene el mismo eje que otro. 2 ELECTR **cable** ~.

cobalto 1 *m.* QUÍM Elemento metálico duro, difícil de fundir y de color blanco azulado; usado principalmente para obtener aleaciones muy resistentes y, combinado con el oxígeno, la base de muchos esmaltes y pinturas. Símbolo: Co. Número atómico: 27. Peso atómico: 58,933. Punto de fusión: 1495 °C. Punto de ebullición: 2,870 °C. 2 MED **bomba** de ~.

cobarde 1 *adj.* y *s.* Miedoso, pusilánime. 2 Dicho de una persona, que hace daño a otros sin dar la cara.

cobardía *f.* Falta de ánimo y valor.

cobaya *m.* o *f.* Mamífero roedor de orejas cortas, cola casi nula, tres dedos en las patas posteriores y cuatro en las anteriores. Es utilizado en experimentos científicos.

cobertera *f.* ZOOL Cada una de las plumas que cubren la base de las alas o de la cola de las aves.

cobertizo *m.* Construcción sencilla, con techo ligero sostenido por pilares, que sirve para resguardar de la intemperie.

cobertura 1 *f.* Acción y efecto de cubrir. 2 **CUBIERTA**, lo que tapa o resguarda algo. 3 Cantidad o porcentaje abarcado por algo. 4 Extensión territorial que abarca diversos servicios, especialmente los de telecomunicaciones. || ~ **vegetal** ECOL Porcentaje de la superficie del suelo cubierto por la proyección vertical de la sección aérea de la vegetación.

cobija 1 *f.* Manta para abrigarse. 2 Ropa de cama y especialmente la de abrigo.

cobijar 1 *tr.* Amparar a alguien dándole afecto y protección. 2 Cubrir, tapar con una o varias cobijas. 3 *tr.* y *prnl.* Dar refugio, guarecer a alguien de la intemperie.

cobijo 1 *m.* Albergue o refugio contra la intemperie. 2 Amparo o consuelo que una persona presta a otra.

cobra *f.* Serpiente venenosa que se caracteriza por poseer una especie de caperuza que despliega cuando se sienten amenazada, que se forma por extensión de las costillas de la parte trasera de su cabeza.

cobrar 1 *tr.* e *intr.* Recibir dinero como pago de una mercancía o de un servicio. 2 *tr.* Recuperar alguna cosa. 3 Obtener una pieza de caza. 4 Adquirir o conseguir algo no material: *Cobró valor.* 5 *tr.* y *prnl.* Compensarse de un favor hecho o de un daño recibido. 6 *prnl.* Llevarse víctimas: *El terremoto se cobró numerosas vidas.*

cobre 1 *m.* QUÍM Metal de color rojo, brillante, maleable, dúctil, buen conductor del calor y de la electricidad y resistente a la corrosión. Se utiliza fundamentalmente para fabricar cables eléctricos. Son muy importantes sus aleaciones con estaño (bronce) y cinc (latón). Símbolo: Cu. Número atómico: 29. Peso atómico: 63,5. Punto de fusión: 1083 °C. Punto de ebullición: 2567 °C. 2. HIST **edad** del ~. 3 MÚS *m. pl.* Conjunto de los instrumentos metálicos de viento de una orquesta.

cobrizo, za *adj.* y *m.* Dicho de un color, que es semejante al del cobre.

cobro *m.* Acción y efecto de cobrar.

coca[1] *f.* Arbusto de hojas alternas, flores blanquecinas y fruto en drupa; sus hojas contienen varios alcaloides, como la cocaína. Muchos indígenas de las regiones andina y amazónica tienen por ancestral costumbre masticar las hojas para obtener un estado de alerta; también son usadas ritualmente y en medicina natural.

coca[2] 1 *f.* BALERO, juguete. 2 Golpe que, cerrado el puño, se da con los nudillos en la cabeza de alguien.

cocaína *f.* Alcaloide de las hojas de la coca, que se usó mucho en medicina como anestésico local. En forma de polvo e inhalándose, se usa como droga y estupefaciente. Su uso produce lesiones en el sistema nervioso.

cocainómano, na *adj.* y *s.* Que es adicto al consumo de la cocaína.

cocalero, ra *adj.* y *s.* Que cultiva o explota la coca.

coccidio *adj.* y *m.* ZOOL Dicho de un protozoo, que casi siempre vive parásito dentro de células epiteliales de muchos animales, donde permanece hasta el momento de la reproducción. Muchos son patógenos.

cóccido *adj.* y *m.* ZOOL Dicho de un insecto, hemíptero, cuya hembra parasita los vegetales clavando su pico en la planta y absorbiendo sus jugos. Algunos producen sustancias útiles, como la cochinilla del nopal y la goma laca.

cocción *f.* Acción y efecto de cocer o cocerse.

cocer 1 *tr.* Hervir en líquido alguna cosa, especialmente los alimentos crudos, para hacerlos más comestibles. 2 Exponer a la acción del calor en el horno alimentos y otras materias. • Vb. irreg. conjug. c. **mover**. V. anexo El verbo.

coche 1 *m.* Vehículo de cuatro ruedas y con asientos, tirado por animales para el transporte de viajeros. 2 AUTOMÓVIL destinado al transporte de personas. 3 Vagón del ferrocarril para viajeros.

cochero *m.* y *f.* Persona que conduce un coche.

cochinada 1 *f.* Porquería, suciedad. 2 Acción indecorosa, baja, grosera.

cochinilla 1 *f.* Crustáceo terrestre de cuerpo aplanado y patas cortas que vive debajo de las piedras y que, al tocarlo, se hace una bola. 2 Insecto hemíptero de los cóccidos, con cabeza cónica, antenas cortas y trompa filiforme. Parasita el nopal y, reducido a polvo, se emplea para obtener color de grana. 3 Materia colorante obtenida de este insecto.

cochino, na 1 *m.* y *f.* CERDO. 2 *adj.* y *s.* coloq. Dicho de una persona, que es muy sucia y desaseada. 3 coloq. Dicho de una persona, que no tiene modales y se comporta en forma grosera.

cocido, da 1 *m.* Acción y efecto de cocer. 2 Clase de guiso.

cociente 1 *m.* MAT Resultado que se obtiene dividiendo una cantidad por otra, el cual expresa cuántas veces está contenido el divisor en el dividendo. 2 MAT **progresión** geométrica o por ~; **razón** geométrica o por ~. || ~ **intelectual** PSIC El que mide la inteligencia de una persona señalando la relación entre su edad mental y su edad cronológica. ~ **notable** MAT Aquel que se resuelve por simple inspección, sin realizar la división. *El cociente de la diferencia de los cuadrados de dos cantidades entre la diferencia de las cantidades es igual a la adición de las cantidades:* $(a^2 - b^2)/(a - b) = a + b$.

cocina 1 *f.* Pieza de la casa en que se preparan las comidas. 2 Aparato con fogones y horno que sirve para guisar, y que puede funcionar con carbón, gas o electricidad. 3 Arte o manera especial de guisar de cada país y de cada cocinero.

cocinar *tr.* e *intr.* Guisar y preparar los alimentos.

cocinero, ra 1 *adj.* Que cocina. 2 *m.* y *f.* Persona que tiene por oficio guisar y aderezar los alimentos.

cocineta *f.* Pequeña cocina integrada al área social de la vivienda.

cocker (Voz ingl.) *s.* y *adj.* Perro de caza menor que tiene entre 35 y 40 cm de alto, orejas largas y anchas y la cola, cortada, en línea con el lomo.

coco[1] 1 *m.* Fruto del cocotero, de aspecto semejante al de una gran nuez, cubierto de una primera capa fibrosa y de una segunda muy dura; su pulpa es blanca y gustosa, y contiene en su interior un líquido refrescante. 2 Personaje imaginario con que se asusta a los niños. 3 Gesto mimoso.

coco[2] *m.* BIOL **Bacterias** esféricas.

cocoa *f.* Cacao en polvo.

cocodriliano, na *adj.* y *m.* ZOOL Dicho de un reptil, anfibio, de gran tamaño, que tiene los dientes implantados en los alvéolos de los huesos maxilares y la boca con bóveda palatina. Posee membranas interdigitales y placas óseas que forman una coraza que protege su gruesa piel. Vive en áreas tropicales y subtropicales. Incluye a los cocodrilos, caimanes, babillas y gaviales.

cocodrilo *m.* Reptil cocodriliano, propio de las regiones intertropicales, con cabeza plana, cuerpo cubierto de escamas durísimas, los dos pies de atrás palmeados, cola comprimida y con dos crestas laterales en la parte superior. Algunas especies pueden alcanzar 7,5 m de largo.

cocoliche *m.* LING Jerga híbrida hablada en América por ciertos inmigrantes italianos mezclando su habla con el español.

cocombro *m.* COHOMBRO.

cocotero *m.* Palma tropical de tallo alto y esbelto, que puede alcanzar 25 m de altura, con hojas grandes plegadas hacia atrás y flores en racimo, su fruto es el coco.

coctel (Tb. cóctel) 1 *m.* Bebida compuesta de varios licores o de varios ingredientes no alcohólicos. 2 Reunión o fiesta donde se toman estas bebidas. 3 Mezcla de cosas diversas.

cocuyo 1 *m.* Insecto coleóptero de unos 3 cm de largo, con dos manchas amarillentas a los lados del tórax, por las cuales despide una luz azulada. 2 Cada una de las luces menores exteriores del automóvil.

coda[1] *f.* Mús Adición brillante al periodo final de una pieza de música.

coda[2] *f.* Cuña de madera que se encaja en el ángulo entrante formado por la unión de dos tablas, para que esta sea más segura.

codaste *m.* Madero, que, puesto verticalmente sobre el extremo de la quilla inmediato a la popa, estructura la armazón de esta parte del buque.

codear 1 *intr.* Mover los codos o golpear con ellos. 2 *prnl.* Tener trato habitual, de igual a igual, una persona con otra o con cierto grupo social.

codeína *f.* Farm Alcaloide, contenido en el opio y la morfina, que se emplea en medicina como analgésico y como calmante.

codera 1 *f.* Pieza de adorno o remiendo que se pone en los codos de las chaquetas. 2 Protección de los codos usada en algunos deportes.

codeudor, ra *m.* y *f.* Persona que con otra u otras participa en una deuda.

códice *m.* Manuscrito en forma de libro, anterior a la invención de la imprenta.

codiciar 1 *tr.* Desear con ansia las riquezas. 2 Desear ardientemente algo.

codicilo 1 *m.* Disposición de última voluntad que sirve como testamento o como complemento del mismo. 2 Documento que la contiene.

codificación *f.* Acción y efecto de codificar.

codificar 1 *tr.* Hacer o formar un cuerpo de leyes metódico y sistemático. 2 Transformar, mediante las reglas de un código, la formulación de un mensaje.

código 1 *m.* Conjunto de normas sobre cualquier materia. 2 Der Cuerpo de leyes dispuestas de un modo sistemático, que regulan una materia determinada: *Código civil; Código penal.* 3 Sistema de signos y de reglas que permite formular y comprender un mensaje. || ~ **de barras** Conjunto de signos formado por una serie de líneas y números asociados a ellas, que se pone sobre los productos de consumo y que se utiliza para la gestión informática de las existencias. ~ **genético** Biol Mecanismo mediante el cual la información genética contenida en el ADN de los cromosomas se transcribe al ARN y, a continuación, a las proteínas.

codo 1 *m.* Parte posterior y prominente de la articulación del brazo con el antebrazo. 2 Coyuntura del brazo de los cuadrúpedos. 3 Trozo de tubo, doblado en ángulo o en arco, que sirve para variar la dirección de una tubería. 4 Medida lineal que corresponde aprox. a 45 cm.

codominio *m.* Mat Conjunto de llegada del que hacen parte los elementos que pueden llegar a relacionarse con los del conjunto de partida a través de una **función**.

codorniz *f.* Gallinácea, de unos 20 cm de largo, alas puntiagudas, cola muy corta, pies sin espolón y plumaje pardo con rayas más oscuras; es de vuelo corto y vive en praderas y sembrados; su carne es comestible.

coedición *f.* Producción impresa de ejemplares de un texto que ha sido financiada por dos personas o entidades.

coeficiente 1 *m.* Mat Factor que, escrito a la izquierda de un monomio, hace oficio de multiplicador; cuando dicho factor se refiere a un polinomio. 2 Mat Factor constante de un producto. 3 Fís y Quím Expresión numérica de una propiedad o característica de un cuerpo, que, generalmente, se presenta como una relación entre dos magnitudes: *Coeficiente de dilatación.* || ~ **de proporcionalidad** Mat Razón entre los valores de dos magnitudes directamente proporcionales. ~ **intelectual** Psic **cociente** intelectual.

coenzima *f.* Bioq Sustancia que acompaña a una enzima y que es esencial para su actividad.

coerción 1 *m.* Acción de reprimir o refrenar algo, especialmente el ejercicio de un derecho. 2 Presión ejercida sobre alguien para dominar su voluntad.

coetáneo, a *adj.* y *s.* De la misma edad.

coexistir *intr.* Existir a la vez dos o más personas o cosas.

cofa *f.* Meseta colocada en el cuello de un palo para facilitar distintas maniobras en las embarcaciones de vela.

cofactor 1 *m.* Factor que, en unión de otros, contribuye a producir algo. 2 Mat Determinante de la matriz obtenida al eliminar la fila y la columna correspondientes a un elemento.

cofia 1 *f.* Prenda de cabeza que llevan enfermeras, camareras, criadas, etc., como complemento de su uniforme. 2 Bot Cubierta membranosa que envuelve algunas semillas. 3 Bot Especie de casquete que protege el extremo inferior de la raíz.

cofinanciar *tr.* Financiar algo entre dos o más personas o entidades.

cofradía 1 *f.* Gremio o asociación profesional. 2 Hermandad piadosa en honor de alguna advocación de Cristo o de la Virgen María, o de algún santo.

cofre *m.* Arcón o baúl de madera o metal con tapa convexa y cerradura.

coger 1 *tr.* y *prnl.* Asir, agarrar algo con las manos o con otra parte del cuerpo. 2 *tr.* Sujetar algo con un instrumento adecuado: *Cogió el pan con las pinzas.* 3 Ocupar determinado espacio: *La finca coge toda la hondonada.* 4 Cosechar los frutos. 5 Hallar, encontrar: *Me cogió descuidado.* 6 Descubrir un engaño, sorprender a alguien en un descuido. 7 Captar una emisión de radio o televisión. 8 Tomar u ocupar un sitio, etc. 9 Sobrevenir, sorprender: *Me cogió la noche.* 10 Alcanzar al que o a lo que va delante. 11 Apresar a alguien. 12 Tomar, recibir o adquirir algo: *Coger velocidad, fuerzas, una costumbre.* 13 Entender, comprender: *No he cogido el chiste.* 14 Empezar a tener o sentir determinados estados físicos a anímicos: *Cogió una fiebre; Cogió una tristeza.* 15 Dicho de un animal, que hiere o engancha a una persona o a otro animal con los cuernos. 16 Dicho de un vehículo, que atropella a alguien. 17 Montarse en un vehículo: *Ya cogieron el autobús.* 18 *intr.* Encaminarse, tomar una dirección.

cognación *f.* Parentesco de consanguinidad por la línea femenina entre los descendientes de un tronco común.

cognición *f.* Acto o proceso de conocimiento.

cognitivo, va 1 *adj.* Perteneciente o relativo al conocimiento. 2 Psic **psicología ~.**

cognoscitivo, va *adj.* Que es capaz de conocer.

cogollo 1 *m.* Lo interior y más apretado de la lechuga, berza y otras hortalizas. 2 Brote que arrojan los árboles y otras plantas. 3 Parte alta de algunos árboles.

cogote *m.* Parte superior y posterior del cuello.

cohabitación 1 *f.* Acción de cohabitar. 2 Polít Simultaneidad en el ejercicio del poder de un presidente de la república y un gobierno de tendencia opuesta.

cohabitar 1 *intr.* Compartir la vivienda con otra u otras personas. 2 Hacer vida marital.

cohecho *m.* Hecho de sobornar a un juez o a un funcionario público, o de aceptar estos el soborno.

coherencia 1 *f.* Conexión, relación o unión de unas cosas con otras. 2 Actuación consecuente con los propios principios: adecuación entre pensamiento y conducta. 3 Ling Estado de un discurso o un texto cuando los distintos componentes de su contenido aparecen organizados en función de un tema general, mediante relaciones jerárquicas entre conceptos, oraciones y secuencias. Propiedad de los textos que consiste en la adecuada selección y organización de las ideas que se quieren comunicar de forma clara y precisa.

coherente 1 *adj.* Que tiene coherencia. 2 Fís **unidades ~s.**

cohesión 1 *f.* Acción y efecto de adherirse unas cosas a otras. 2 Fís Unión firme de las moléculas de un cuerpo. 3 Fís Fuerza que las mantiene unidas por una atracción recíproca. 4 Ling Cualidad expresiva de un texto en cuanto a las relaciones que se dan entre las palabras y las oraciones, las proposiciones y los párrafos.

cohete 1 *m.* Elemento de propulsión en los aviones de reacción, en los satélites artificiales y en los proyectiles dirigidos y balísticos. 2 Vehículo que se emplea en la navegación espacial y que basa su funcionamiento en un elemento propulsor que puede funcionar en ausencia de atmósfera. Sus componentes fundamentales son los depósitos de combustible (propergol), una cámara de combustión y las toberas de salida, a través de las cuales escapan a gran velocidad los gases de la combustión, lo que genera el empuje del artefacto. 3 Fuego de artificio consistente en un canuto de cartón lleno de pólvora y fijo a una varilla, que se eleva rápidamente por la acción de los gases de la ignición y que estalla con estruendo y con un abanico de colores.

cohibido, da *adj.* Tímido, que carece de espontaneidad.

cohibir *tr.* y *prnl.* Refrenar, reprimir, contener.

cohombro *m.* Planta hortense, variedad de pepino alargado y torcido. || **~ de mar** Equinodermo con forma de gusano. Existen varias especies cuyo conjunto conforma la clase de los **holotúridos**.

cohonestar *tr.* Dar apariencia de justa a una acción que no lo es.

cohorte 1 *f.* Hist Unidad táctica del antiguo ejército romano que tuvo diversas composiciones. 2 Serie numerosa de personas o cosas: *Cohorte de males; Cohorte de asesores.*

coima *f.* SOBORNO, lo que se ofrece.

coincidencia *f.* Acción y efecto de coincidir.

coincidir 1 *intr.* Confluir dos o más personas o cosas en un mismo sitio, o suceder al mismo tiempo. 2 Estar de acuerdo dos o más personas en determinados gustos u opiniones. 3 Ajustarse perfectamente una cosa a otra.

coito *m.* Cópula sexual.

coitus interruptus (Loc. lat.) Método anticonceptivo en el que se interrumpe el coito antes de que culmine.

cojear 1 *intr.* Andar inclinando el cuerpo más de un lado que de otro, por no asentar bien una pierna o una pata. 2 Moverse una mesa, o cualquier mueble, por la desigualdad de las patas o por la irregularidad del suelo. 3 Flojear en un empeño.

cojín *m.* Almohadón que sirve para apoyar en él cómodamente alguna parte del cuerpo. || **~ de aire** Capa de aire inyectado debajo de un vehículo de transporte terrestre o marítimo para mantenerlo separado de la superficie.

cojinete 1 *m.* Pieza de hierro con que se fijan los raíles a las traviesas del ferrocarril. 2 Pieza o conjunto de piezas sobre las que se mueve un mecanismo, y que puede ser por fricción o por rodamiento (cojinete de bolas).

cojo, ja 1 *adj.* y *s.* Dicho de una persona o de un animal, que cojea, por faltarle una extremidad o por enfermedad de esta. 2 *adj.* Dicho de un mueble, que no asienta bien. 3 Dicho de un razonamiento, que carece de solidez.

col *f.* Bot Hortaliza de las crucíferas, de hojas anchas y firmes, que forman, entre todas, antes de echar el tallo, como una cabeza, florecillas en panoja y semilla menuda. Son varias las especies, todas comestibles. || **~ de Bruselas** Variedad que, en vez de desarrollarse en un solo cogollo, tiene tallos alrededor de los cuales crecen apretados muchos cogollos pequeños.

cola[1] 1 *f.* NALGAS, zona posterior a la articulación de la cadera. 2 Extremidad posterior del cuerpo de los animales, que en los mamíferos es un apéndice más o menos largo y muchas veces prensil, en las aves es una protuberancia cubierta de plumas, y en los peces es la aleta caudal. 3 Apéndice prolongado de algunas cosas, como la parte posterior de algunos trajes talares y capas. 4 COLETA. 5 Estela luminosa de los cometas. 6 Hilera de personas que esperan vez o turno.

cola[2] *f.* Pasta consistente y gelatinosa que sirve para pegar.

colaboracionismo *m.* Polít Colaboración prestada a un régimen opresivo o ilegítimo.

colaborar 1 *intr.* Trabajar con otra u otras personas en alguna empresa. 2 Escribir ocasionalmente en alguna publicación. 3 Contribuir con algún donativo.

colación 1 *f.* Golosina hecha de masa moldeada en diferentes formas y recubierta de azúcar. 2 Cotejo que se hace de una cosa con otra.

colada 1 *f.* Acción y efecto de colar. 2 Especie de mazamorra, dulce o de sal, hecha con harina y agua o leche. 3 Lavado periódico de ropa sucia. 4 Ropa lavada. 5 Sangría que se hace en los altos hornos para que salga el hierro fundido.

coladero *m.* Manga, cedazo, paño, cesto o vasija en que se cuela un líquido. • En algunos países, u. c. f.

colador *m.* COLADERO.

colágeno *m.* Bioq Proteína fibrosa del tejido conjuntivo, de los cartílagos y de los huesos, que se transforma en gelatina por efecto de la cocción.

colapsar 1 *tr.* Producir colapso. 2 Decrecer o disminuir intensamente una actividad. 3 *intr.* y *prnl.* Sufrir colapso o caer en él.

colapso 1 *m.* Med Hundimiento de las paredes de un órgano hueco que compromete su normal funcionamiento. 2 Deformación violenta de un cuerpo hueco por la presión de fuerzas exteriores. 3 Paralización por sobrecarga del tráfico, del teléfono, etc.

colar 1 *tr.* Pasar un líquido por un cedazo. 2 *intr.* Pasar por un lugar estrecho o difícil. 3 *prnl.* Introducirse a escondidas o sin permiso en alguna parte. • Vb. irreg. conjug. c. **contar**. V. anexo El verbo.

colateral 1 *adj.* Dicho de una cosa, que acompaña a la principal a uno y otro lado. 2 Med **efecto ~.** 3 *adj.* y *s.* Dicho de un pariente, que no lo es por línea recta.

colcha *f.* Sobrecama que sirve de adorno y de abrigo.

colchón *m.* Saco aplanado y relleno de alguna materia blanda y esponjosa, que sirve para dormir sobre él.

colchoneta 1 *f.* Colchón delgado. 2 Cojín largo que se pone sobre un banco, un sofá, etc. 3 Colchón inflable para playa.

colear 1 *tr.* Sujetar al toro por la cola en las corridas de toros. 2 Tirar de la cola de una res para derribarla.

colección *f.* Conjunto de cosas que forman una cierta unidad o que presentan alguna semejanza.

coleccionar *tr.* Formar colección de alguna cosa.

colecta *f.* Recaudación de donativos, generalmente con fines benéficos.

colectividad 1 *f.* Comunidad o grupo social de personas unidas por un mismo ideal o fin. 2 Sociedad en su sentido más amplio.

colectivismo *m.* Polít y Econ Sistema socioeconómico que propugna la supresión de la propiedad privada para transferírsela a la colectividad, encomendando al Estado la distribución de los bienes.

colectivizar *tr.* Transformar lo particular en colectivo.

colectivo, va 1 *adj.* Perteneciente o relativo a cualquier agrupación de individuos. 2 Que tiene virtud de recoger o reunir. 3 GRAM **sustantivo** ~. 4 PSIC **inconsciente** ~. 5 *m.* Cualquier grupo unido por lazos profesionales, laborales, etc. 6 **MICROBÚS**.

colectomía *f.* MED Extirpación quirúrgica de una parte o de todo el colon.

colector, ra 1 *adj.* Que recoge. 2 *m.* Canal que recoge las aguas sobrantes del riego o de un avenamiento. 3 Conducto subterráneo en el que desembocan las alcantarillas de una población.

colega *m.* y *f.* Persona que desempeña la misma función que otra.

colegiado, da 1 *adj.* Dicho de una persona, que pertenece a una corporación que forma colegio. 2 Dicho de un cuerpo constituido en colegio: *El profesorado colegiado de Caracas.*

colegial, la 1 *adj.* Perteneciente o relativo al colegio. 2 *m.* y *f.* Persona que estudia en un colegio.

colegiar 1 *tr.* y *prnl.* Inscribir a alguien en un colegio profesional. 2 *prnl.* Reunirse en el colegio las personas de una misma profesión o clase.

colegiata *f.* Iglesia con cabildo presidido por un abad.

colegio 1 *m.* Establecimiento, privado o público, de enseñanza primaria o secundaria. 2 Asociación jurídica de personas que pertenecen a la misma profesión. 3 Sede de tales asociaciones.

colegir 1 *tr.* Inferir una cosa de otra mediante razonamientos. 2 Suponer partiendo de determinados indicios. • Vb. irreg. conjug. c. **pedir**. V. anexo El verbo.

colénquima *f.* BOT Tejido, característico de pecíolos y tallos jóvenes, formado por células alargadas con paredes reforzadas de celulosa.

coleóptero *adj.* y *m.* ZOOL Dicho de un insecto, que tiene boca masticadora, caparazón consistente y dos élitros que cubren las alas. Sus seis patas están situadas, por pares, en tres segmentos del tórax. Tiene metamorfosis completa de fases bien diferenciadas. Los coleópteros forman el grupo más numeroso de los insectos (más de 350 000 especies).

cólera[1] *f.* Acceso repentino de ira, muchas veces violento.

cólera[2] *m.* MED Enfermedad infecciosa y epidémica que se caracteriza por vómitos y diarreas intensas, calambres, supresión de la orina y postración general.

colesterol *m.* BIOQ Esterol que producen todas las células de los vertebrados, especialmente las del hígado, la piel y el intestino, y que se localiza principalmente en su sistema nervioso. De él derivan todos los esteroides del organismo.

coleta *f.* Mechón de cabello entretejido o suelto, sujeto con un lazo o una goma, que cae sobre la espalda.

coletazo 1 *m.* Golpe dado con la cola. 2 Sacudida que dan con la cola los peces moribundos. 3 Última manifestación de una actividad próxima a extinguirse.

colgadura *f.* Tapiz o tela con que se cubre y adorna una pared, un balcón, etc.

colgante 1 *adj.* y *s.* Que cuelga. 2 *m.* Joya que pende o cuelga.

colgar 1 *tr.* y *prnl.* Suspender a alguien o a algo en el aire sin que llegue al suelo. 2 **AHORCAR**. 3 *tr.* Cortar una comunicación telefónica. 4 Con sustantivos, como guantes, hábitos, etc., abandonar la profesión o actividad por ellos representada. 5 Montar una exposición de pinturas, fotografías o dibujos. 6 INF Introducir información en una página web para su difusión en la red. 7 *intr.* Estar una cosa en el aire pendiente o asida de otra: *Las campanas.* • Vb. irreg. conjug. c. **contar**. V. anexo El verbo.

colibrí *m.* Ave de vistoso plumaje y pico arqueado o anguloso, que liba el néctar de las flores y cuelga el nido de las ramas más flexibles de los árboles. Existen numerosas especies, algunas de las cuales cuentan con los ejemplares más pequeños de todos los existentes.

cólico, ca 1 *adj.* Perteneciente o relativo al colon. 2 *m.* MED Dolor intenso localizado en la región abdominal a causa del trastorno de órganos distintos al intestino: *Cólico menstrual; Cólico hepático.*

coliflor *f.* Variedad de col que se caracteriza por una pella central formada por diversas cabezuelas.

coligarse *prnl.* Unirse, confederarse unos con otros para algún fin.

colilla *f.* Parte que queda sin consumir de un cigarro o un cigarrillo.

colimador 1 *m.* ÓPT Anteojo que va montado sobre los grandes telescopios astronómicos para facilitar su puntería. 2 ÓPT Aparato que permite obtener un haz de rayos paralelos a partir de un foco luminoso.

colina *f.* Elevación natural del terreno, suave y ondulada, menor que la montaña.

colindante 1 *adj.* Que colinda. 2 Dicho de un terreno o de una casa, que colinda.

colindar *intr.* Tener lindes o límites comunes dos o más terrenos, casas o municipios.

colineal *adj.* GEOM Dicho de los puntos, que se encuentran en la misma recta.

colirio *m.* FARM Medicamento líquido para las enfermedades de los ojos.

coliseo 1 *m.* Teatro de grandes dimensiones construido para espectáculos públicos. 2 Recinto cerrado para algunos juegos deportivos.

colisión *f.* Choque violento de dos o más cosas.

colitis *f.* MED Inflamación del intestino colon.

collado 1 *m.* **COLINA**. 2 Depresión suave por donde se puede pasar fácilmente de un lado a otro de una sierra.

collage (Voz fr.) 1 *m.* ART Técnica pictórica consistente en pegar sobre un lienzo u otro soporte materiales diversos. 2 ART Obra pictórica ejecutada con este procedimiento.

collar 1 *m.* Objeto que se pone alrededor del cuello como adorno. 2 Correa o aro que se pone alrededor del cuello de algunos animales. 3 Franja de plumas de color distinto del resto del cuerpo que presentan algunas aves en el cuello.

collarín *m.* MED **CUELLO** ortopédico.

collie (Voz ingl.) *s.* y *adj.* Perro pastor, de tamaño grande, con una capa abundante de pelo. Mide entre 55 y 65 cm de altura a la cruz.

colmar 1 *tr.* Llenar un recipiente hasta rebasar sus bordes. 2 Dar con abundancia. 3 Llenar de atenciones y muestras de afecto. 4 *tr.* y *prnl.* Satisfacer plenamente los deseos de alguien.

colmatar *tr.* GEO Rellenar una hondonada o depresión del terreno mediante sedimentación de materiales transportados por el agua.

colmena 1 *f.* Enjambre de abejas. 2 Pequeña construcción, natural o artificial, que les sirve de habitáculo y en la que producen la miel y la cera.

colmillo 1 *m.* ANAT Cada uno de los cuatro dientes, de forma cónica, terminados en punta y de raíz simple, situados entre los incisivos laterales y el primer premolar, cuya principal función es desgarrar. 2 ZOOL Cada uno de los dos grandes incisivos de la mandíbula superior del elefante que adoptan la forma de cuerno.

colmo *m.* Punto culminante de un razonamiento o de un proceso.

colobo *m.* Mono catirrino africano, de cuerpo delgado y cola muy larga.

colocar 1 *tr.* y *prnl.* Poner a una persona o cosa en un determinado sitio o con una cierta disposición u orden. 2 Proporcionar empleo. 3 *tr.* Invertir, si se trata de dinero.

colofón 1 *m.* Anotación al final de los libros, en que se indica el nombre del impresor y el lugar y la fecha de impresión. 2 Remate final de algún acto, fiesta, etc.

colofonia *f.* Resina que queda al destilar la trementina de pino; se emplea en cosmética, en farmacia y para frotar las cerdas de los arcos de los instrumentos de cuerda.

cologaritmo *m.* MAT Opuesto del logaritmo de un número, escrito siempre de tal modo que su mantisa sea positiva: $\operatorname{colog}(x) = \log(1/x)$.

coloidal 1 *adj.* QUÍM Perteneciente o relativo a los coloides. 2 QUÍM **suspensión ~**.

coloide *adj.* y *m.* QUÍM Referido a una sustancia, que se disgrega en un líquido pero sin llegar a disolverse o a deshacerse en él.

colombicultura *f.* Arte o técnica de criar y fomentar la reproducción de palomas.

colombofilia *f.* Técnica de la cría de palomas, en especial mensajeras.

colon *m.* ANAT Porción del intestino grueso de los mamíferos, entre el ciego y el recto.

colonia 1 *f.* Grupo de personas que se establecen en un país extranjero para explotar sus recursos. 2 Lugar en que dicho grupo se establece. 3 Territorio sometido a otro país, del que depende. 4 Conjunto de personas nacionales que viven en otra región o ciudad del mismo país. 5 Residencia de verano para niños en vacaciones. 6 Gente que se establece en un territorio inculto de su mismo país para poblarlo y cultivarlo. 7 Este territorio. 8 **BARRIO**. 9 HIST Periodo histórico en el que una nación estuvo bajo el dominio de una potencia extranjera. 10 ZOOL Grupo de animales de una misma especie que conviven en un territorio limitado. 11 ZOOL Animal que, por proliferación vegetativa, en general por gemación, forma un cuerpo único.

colonial *adj.* Perteneciente o relativo a la Colonia: *Periodo colonial.*

colonialismo 1 *m.* Forma del imperialismo basada en la expansión colonial de un país. 2 Conjunto de teorías que tienden a justificar el régimen colonial.
☐ HIST Se entiende por colonialismo tanto la expansión imperialista de unos pueblos colonizadores como los efectos históricos de la colonización. Cabe distinguir varias fases: la iniciada en el s. XV por portugueses y españoles, que afectó sobre todo a América; el reparto de Asia, África y Oceanía por las principales potencias europeas en el s. XIX; entre 1900 y 1939, la aparición de Italia, Japón y EE.UU. como nuevas potencias coloniales competidoras. Los procesos de descolonización, iniciados en 1955, no llevaron consigo el fin de la dependencia económica, sino que la reafirmaron en la nueva dimensión del **neocolonialismo**.

colonización *f.* Acción y efecto de colonizar.

colonizar 1 *tr.* Establecer colonias. 2 Ocupar un territorio extranjero para convertirlo en colonia. 3 Trasmitir la potencia colonizadora su cultura a la colonia.

colono, na 1 *m.* y *f.* Persona que habita en una colonia. 2 Labrador que cultiva y labra una heredad por arrendamiento y suele vivir en ella.

colonoscopia *f.* MED Exploración interior del colon por medio de un endoscopio especial.

coloquial *adj.* LING Perteneciente o relativo a la forma de comunicación verbal o escrita que es informal o espontánea.

coloquio 1 *m.* Conversación entre dos o más personas. 2 Reunión en que se debate un problema determinado.

color 1 *m.* Impresión que los rayos de luz producen en la retina de los vertebrados. El ojo humano percibe una gradación que va desde el rojo hasta el violeta, pasando por naranja, amarillo, verde y azul. La ausencia total de luz corresponde al color negro y la suma de todas las luces al color blanco. 2 Materia colorante para pintar o teñir. 3 Carácter peculiar de alguna cosa o forma específica de verla. || **~es primarios** Aquellos que no se descomponen en otros; son el rojo, el amarillo y el azul. **~es secundarios** Los que están formados por la combinación de dos primarios; son el naranja, el verde y el violeta. **~es terciarios** Los que están formados por la combinación de un primario con un secundario.

coloración 1 *f.* Acción y efecto de colorear. 2 Color o combinación de colores. 3 Tonalidad de color de una cosa.

colorado, da *adj.* Que tiene color más o menos rojo.

colorante 1 *adj.* Que colorea. 2 *m.* Cualquier producto sintético o natural empleado para colorear tejidos, tintas, productos alimenticios y otras sustancias.

coloratura *f.* MÚS Ornamentación de una melodía cantada.

colorear 1 *tr.* Dar color o tinte a alguna cosa. 2 Empezar a adquirir las frutas el color de la madurez, que suele ser sobre todo el rojo. 3 *intr.* Mostrar una cosa el color colorado que le es propio.

colorete 1 *m.* Cosmético para adorno del rostro. 2 **PINTALABIOS**.

colorimetría 1 *f.* QUÍM Técnica de análisis en la que se examina la intensidad del color de una disolución. 2 Ciencia que estudia la cuantificación del color, es decir, la longitud de onda en la que este puede ser percibido por el ojo humano.

colorista 1 *adj.* ART Dicho de un pintor, que le da preferencia al color sobre el dibujo. 2 Dicho de una persona, y en especial de un autor, que emplea calificativos vigorosos para dar relieve a su lenguaje.

colosal 1 *adj.* Enorme, de dimensiones extraordinarias. 2 Muy bueno, extraordinario.

colosalismo *adj.* ART Cualidad de colosal, enorme.

coloso 1 *m.* Estatua que excede en mucho las dimensiones naturales. 2 Persona o cosa muy destacada.

coltán *m.* Mineral compuesto por **colombita** y **tantalita**, de color negro o marrón oscuro, que se utiliza en la industria aeroespacial, la microelectrónica y las telecomunicaciones.

columbiforme *adj.* y *f.* ZOOL Dicho de un ave, cuyo tipo representativo es la **paloma**.

columbrar 1 *tr.* Divisar, ver desde lejos algo sin distinguirlo bien. 2 Conjeturar a partir de ciertos indicios.

columna 1 *f.* ARQ Elemento arquitectónico de soporte, de forma alargada y cilíndrica, que consta de basa, fuste y capitel. 2 Pila de cosas puestas ordenadamente unas sobre otras. 3 División vertical de una página impresa. 4 Sección fija de opinión de un periódico. 5 Forma más o menos cilíndrica que toman algunos fluidos en su movimiento ascensional: *Columna de humo.* 6 Porción de fluido contenido en un cilindro vertical. 7 Conjunto de soldados o unidades que se sitúan unos detrás de otros, cubriendo iguales frentes. || **~ compuesta** ARQ Aquella cuyas proporciones son las de la corintia y su capitel tiene hojas de acanto con las volutas del jónico. **~ corintia** ARQ

Aquella cuya altura es aprox. diez veces su diámetro inferior y su capitel está adornado con hojas de acanto y caulículos. ~ **dórica** ARQ Aquella cuya altura es seis veces el diámetro inferior y su capitel se compone de un ábaco con un equino o un cuarto bocel. ~ **jónica** ARQ Aquella cuya altura es ocho veces su diámetro inferior y su capitel está adornado con volutas. ~ **ojival** ARQ La cilíndrica, delgada y de mucha altura; lleva capitel pequeño, y, a veces, falta. ~ **románica** ARQ Aquella de poca altura, con capitel de ábaco grueso y tambor historiado y fuste liso. ~ **salomónica** ARQ La que tiene el fuste contorneado en espiral. ~ **vertebral** ANAT Estructura de hueso o cartílago que rodea y protege la médula espinal en los animales vertebrados. Es la parte principal del esqueleto y a ella se unen el cráneo, las costillas y la pelvis. En el ser humano está formada por veinticuatro vértebras independientes y dos grupos de vértebras fusionadas: siete cervicales; doce torácicas, a las que se unen doce pares de costillas; cinco lumbares; cinco sacras fusionadas, que forman el hueso sacro, que encaja entre los huesos de la pelvis; y varias fusionadas por debajo del sacro, formando el coxis.

columnata *f.* ARQ Serie de columnas que adornan algún edificio.

columnista *m.* y *f.* Redactor o colaborador de un periódico, al que contribuye regularmente con comentarios firmados e insertos en una columna especial.

columpiar 1 *tr.* y *prnl.* Impulsar en el columpio. 2 Mecer, balancear. 3 *prnl.* Mover el cuerpo de un lado a otro cuando se anda.

columpio *m.* Asiento sostenido por dos cadenas o cuerdas, que sirve para mecerse por impulso propio o ajeno.

colutorio *m.* Enjuague y lavado bucal con la solución de algún medicamento.

colza *f.* Especie de col de flores amarillas, fruto en silicua y semillas de color oscuro, de las que se extrae aceite utilizado para condimento y para barnices.

coma[1] 1 *f.* ORT Signo ortográfico (,) que, de manera general, indica una breve pausa en un enunciado. 2 ORT **punto** y ~ • V. separata Uso de los signos de puntuación. 3 MAT Signo (,) que en aritmética separa los enteros de los decimales. 4 MÚS Parte en que se considera dividido el tono, y que corresponde a la diferencia entre uno mayor y otro menor. 5 ÓPT Aberración o defecto de un instrumento que reproduce, con forma semejante a la coma ortográfica, lo que en realidad es un punto.

coma[2] *m.* MED Estado patológico de inconsciencia debido a enfermedades o traumatismo grave.

comadre 1 *f.* Madrina de una persona respecto del padre, o la madre, o el padrino de esta. 2 Madre de una persona respecto del padrino o la madrina de esta. 3 Vecina o amiga de la máxima confianza.

comadrear *intr.* Chismear, murmurar.

comadreja *f.* Mamífero carnívoro mustélido, de unos 30 cm de largo, cabeza pequeña, patas cortas y pelaje rojizo, menos el vientre, que es blanco.

comadrona *f.* Mujer experta que atiende a otra en el parto.

comal *m.* Recipiente de barro o piedra, ligeramente cóncavo, en que se cuecen las tortillas de maíz o se tuestan los granos de café o de cacao.

comanche *adj.* y *s.* HIST De una tribu amerindia que vivía en el área cultural de las grandes llanuras, en el actual EE.UU. Sus integrantes eran nómadas y cazadores de búfalos, y opusieron resistencia a la penetración de los europeos en su territorio.

comandancia *f.* Empleo, cuartel u oficinas del comandante.

comandante 1 *m.* Jefe militar de categoría comprendida entre las de capitán y teniente coronel. 2 Jefe u oficial que manda un buque. 3 Piloto que tiene el mando de una aeronave.

comandar *tr.* Mandar un ejército, una flota, un destacamento, etc.

comandita *f.* ECON **sociedad** en comandita.

comando 1 *m.* Pequeña unidad de tropas especialmente entrenadas para acciones por sorpresa, golpes de mano, etc. 2 INF Cualquier instrucción que genera varias acciones preestablecidas.

comarca *f.* División territorial que forma una unidad física y humana, y de dimensiones variables.

comatoso, sa 1 *adj.* Perteneciente o relativo al estado de coma. 2 Dicho de un enfermo, que se encuentra en tal estado.

comba *f.* Curvatura que toman algunos cuerpos sólidos, como la madera.

combar *tr.* y *prnl.* Torcer, encorvar algo, como madera, hierro, etc.

combate 1 *m.* Lucha o riña entre personas o animales. 2 Acción armada en una guerra. 3 Lucha interior del ánimo.

combatiente 1 *adj.* y *s.* Que combate o pelea. 2 *m.* y *f.* Cada uno de los soldados que componen un ejército. 3 Persona que toma parte directa e inmediata en las acciones de un conflicto armado.

combatir 1 *tr.* e *intr.* **pelear**, batallar. • U. t. c. prnl. 2 *tr.* Atacar, reprimir lo que se considera un mal o daño.

combativo, va *adj.* Dispuesto o inclinado al combate, a la contienda o a la polémica.

combinación 1 *f.* Acción y efecto de combinar o combinarse. 2 Conjunto de signos ordenados de forma determinada que se emplea para abrir o hacer funcionar ciertos mecanismos o aparatos, como cajas fuertes, cajeros automáticos, etc. 3 Prenda interior femenina que va desde los hombros o desde la cintura hasta el borde de la falda. 4 MAT Cada uno de los subconjuntos de un número determinado de elementos, que difieren al menos en un elemento; por ejemplo: *abc, agc, bcd, acd.* 5 QUÍM Unión de dos o más cuerpos para formar un compuesto homogéneo, cuyas propiedades sean distintas de las de los componentes.

combinado, da 1 *m.* Bebida hecha mezclando algunas bebidas alcohólicas con otras refrescantes. 2 DEP Equipo integrado por jugadores de diferentes equipos. 3 *f.* **trilladora**, máquina agrícola.

combinar 1 *tr.* Unir cosas de manera que formen un conjunto o una unidad. 2 Concertar proyectos, ideas, etc., de modo que no se estorben ni anulen unos a otros. 3 *prnl.* Ponerse de acuerdo. 4 *tr.* y *prnl.* QUÍM Juntar elementos químicos para formar una combinación. 5 *intr.* Armonizar.

combinatorio, ria 1 *adj.* Perteneciente o relativo a la combinación. 2 *f.* MAT Parte de la matemática cuyos conceptos básicos son los de variación, permutación y combinación, y que estudia las posibles agrupaciones de objetos tomados de un conjunto dado.

comburente *adj.* y *m.* Dicho de una sustancia, que activa la combustión de otra.

combustible 1 *adj.* Que puede arder o que arde con facilidad. 2 *adj.* y *m.* Dicho de una materia cuya combustión produce calor o energía.

combustión 1 *f.* Acción o efecto de arder o quemar. 2 QUÍM Reacciones orgánicas de los hidratos de carbono que, al combinarse con el oxígeno del aire, dan lugar a dióxido de carbono y vapor de agua. 3 **cámara** de ~; **motor** de ~. 4 QUÍM Reacción entre el oxígeno y un material oxidable, acompañada de desprendimiento de energía y que, habitualmente, se manifiesta por incandescencia o llama. || ~ **espontánea**

La que se produce por el aumento de la temperatura, sin necesidad de agregar un comburente. ~ **incompleta** Aquella en que el combustible no arde por completo, debido al poco oxígeno presente, dando lugar al desprendimiento de gases, como el monóxido de carbono. ~ **interna** La que tiene lugar en el interior del cilindro de un motor. ~ **nuclear** FÍS Conjunto de reacciones nucleares con producción continuada de enormes cantidades de calor, que tiene lugar en las estrellas y en los reactores nucleares.

comedia 1 *f.* Cualquier obra teatral. 2 TEAT y LIT Obra de enredo y desenlace feliz, por contraposición a la tragedia o al drama. 3 Suceso real que mueve a risa. 4 Farsa o fingimiento. || ~ **musical** Obra musical con partes cantadas y bailadas.

comediante, ta 1 *m.* y *f.* Actor o actriz de teatro. 2 Persona que finge lo que no es o lo que no siente.

comedimiento *m.* Cortesía, moderación, urbanidad.

comediógrafo, fa *m.* y *f.* Persona que escribe comedias.

comedir 1 *tr.* Pensar, premeditar o tomar las medidas para algo. 2 Ofrecerse o disponerse para algo. 3 *prnl.* Comportarse con moderación y prudencia. • Vb. irreg. conjug. c. **pedir**. V. anexo El verbo.

comedor, ra 1 *adj.* Que come mucho. 2 *m.* Local en que se sirven comidas. 3 Habitación de la casa en que se come. 4 Conjunto de muebles destinados a dicha habitación.

comején *m.* Especie de **termes** de Suramérica.

comensal 1 *adj.* Perteneciente o relativo al comensalismo. 2 *m.* y *f.* Cada una de las personas que comen en una misma mesa.

comensalismo *m.* BIOL Tipo de simbiosis que ocurre cuando los organismos implicados en ella comparten el alimento o en la cual uno de ellos vive a expensas del otro sin causarle daño alguno; en muchos casos obtienen ventajas mutuas.

comentar 1 *tr.* Hacer comentarios a propósito de algo. 2 Explicar el contenido de un escrito.

comentario 1 *m.* Explicación oral o escrita de alguna obra. 2 Opinión oral o escrita que se hace sobre personas o cosas.

comenzar 1 *tr.* Dar principio a una cosa, emprender algo. 2 *intr.* Tener una cosa principio. • Vb. irreg. conjug. c. **acertar**. V. anexo El verbo.

comer 1 *tr.* e *intr.* Masticar y deglutir un alimento sólido. 2 Tomar alguna cosa por alimento. 3 *intr.* Tomar cualquiera de las comidas principales del día. 4 *tr.* Corroer, gastar, destruir un agente físico alguna materia: *El óxido se come el hierro.* 5 Producir comezón física o desazón moral algo: *Le comen los piojos; Le comen los celos.* 6 Ganar una pieza al contrario en el ajedrez, las damas, etc. 7 *prnl.* Omitir alguna frase, sílaba, letra, etc., en algún escrito o discurso.

comercial 1 *adj.* Perteneciente o relativo al comercio o a los comerciantes. 2 Dicho una cosa, que es fácilmente aceptada en el mercado que le es propio. 3 Anuncio, soporte visual o auditivo en que se transmite un mensaje publicitario. 4 ECON **balanza** ~. 5 POLÍT **bloqueo** ~ o económico.

comercialización *f.* Acción y efecto de comercializar.

comercializar *tr.* Poner a la venta un producto en el lugar y momento adecuados y al precio y la cantidad requeridos.

comerciante 1 *adj.* y *s.* Que comercia. 2 *m.* y *f.* Propietario de un comercio. 3 Persona a quien son aplicables las leyes mercantiles.

comerciar 1 *intr.* Realizar operaciones comerciales de compraventa con fines lucrativos. 2 Tener trato y comunicación una persona con otra.

comercio 1 *m.* Acción y efecto de comerciar. 2 Actividad y negocio que consiste en comprar, vender y cambiar buscando el lucro. 3 Conjunto de los agentes, los mecanismos y las transacciones que intervienen en esa actividad. 4 Tienda o establecimiento comercial.

comestible 1 *adj.* Que se puede comer. 2 *m.* Todo género de alimento. • U. m. en pl. en la acepción 2.

cometa 1 *m.* ASTR Astro formado por un núcleo poco denso, de hielo y roca, y una atmósfera luminosa que le precede, le envuelve o le sigue, según su posición respecto del Sol, y que describe una órbita muy excéntrica. 2 *f.* Armazón plana y muy ligera, generalmente de cañas y papel o tela, que se arroja al aire para elevarla, controlándola mediante una cuerda.

cometer *tr.* Incurrir en culpas, errores, faltas, etc.

cometido 1 *m.* Comisión, encargo. 2 Deber, obligación moral.

comezón 1 *f.* Picazón que se padece en el cuerpo. 2 Desazón moral, como la que ocasiona el deseo de algo mientras no se logra.

cómic *m.* ART y LIT Narración realizada por medio de dibujos dispuestos en una sucesión ordenada. Cuando se incluyen palabras, estas aparecen en cuadros explicativos o dentro de globos que salen del que habla, o en nubes, para representar el pensamiento.

comicidad *f.* Cualidad de cómico, que divierte o excita la risa.

comicios *m. pl.* Reuniones y actos electorales.

cómico, ca 1 *adj.* Perteneciente o relativo a la comedia. 2 Que divierte y hace reír. 3 *adj.* y *s.* TEAT Dicho de un actor, que representa papeles jocosos.

comido, da 1 *adj.* Que ha comido. 2 *f.* Alimento, conjunto de cosas que las personas y los animales comen o beben para subsistir. 3 Acto de tomar habitualmente alimentos a horas determinadas. 4 Acción de comer: *La comida duró cinco horas.* 5 **CENA**, alimento que se toma por la noche o al atardecer. 6 Lo que en ella se toma. 7 En España, **ALMUERZO**, alimento principal del día.

comienzo *m.* Principio, origen y raíz de algo.

comillas *f. pl.* ORT Signo ortográfico doble (' ', " ", «») que enmarca una cita literal de palabras orales o escritas de otra persona. • V. separata Uso de los signos de puntuación.

comino 1 *m.* Hierba de las umbelíferas, de hojas filiformes, florecillas blancas o rojizas y semillas minúsculas de sabor acre, que se emplean como condimento. 2 Cosa insignificante, de poco o ningún valor.

comisaría 1 *f.* Cargo y oficina del comisario. 2 Antigua división territorial de Colombia que no gozaba de autonomía administrativa.

comisario, ria 1 *m.* y *f.* Persona que tiene el poder y la facultad de otra para entender en algún asunto o misión especial. 2 Agente de policía que tiene a su cargo un distrito.

comisión 1 *f.* Acción de cometer. 2 Misión o encargo que se hace a alguien. 3 Conjunto de personas en que una autoridad delega determinadas competencias. 4 Retribución que alguien percibe por mediar en un negocio, una venta, etc.

comisionado, da 1 *m.* y *f.* Persona encargada de una comisión. 2 **COMISARIO**, que tiene el poder y la facultad de otra.

comisionar *tr.* Dar comisión a una o más personas para entender en algún asunto o encargo.

comisura *f.* Punto de unión de ciertas partes similares del cuerpo, como los labios y los párpados.

comité *m.* Comisión de personas encargada de ciertas funciones por delegación de una asociación o de una autoridad.

como 1 *adv. m.* Del modo o de la manera que: *Hice la tarea como me explicaste.* 2 Señala cantidad aproximada: *Hizo como cuarenta ejercicios.* 3 Indica comparación o semejanza: *Es tan alegre como tú.* 4 Indica conformidad con lo enunciado: *Como usted dice, no hay nada mejor que la soledad.* 5 *conj.* Indica condición: *Como siga con ese mal comportamiento, tomarán la decisión de expulsarlo.* 6 Indica causalidad: *Como tardé poco en el camino, pude llegar a tiempo al examen.*

cómo 1 *adv. interr.* De qué modo o de qué manera: *¿Cómo lo hiciste tan rápido?; Finalmente no supo cómo resolver el ejercicio.* 2 Por qué motivo, causa o razón: *No entiendo cómo sigue en el equipo con su indisciplina.* 3. *adv. excl.* Indica sorpresa: *¡Cómo llueve!*

cómoda *f.* Mueble con tablero de mesa y cajones que ocupan todo el frente y sirven normalmente para guardar ropa.

comodato *m.* DER Contrato por el cual se da o recibe prestada una cosa de la que puede usarse sin destruirse, para servirse de ella, con la obligación de restituirla.

comodidad 1 *f.* Cualidad de cómodo. 2 Cosa o circunstancia que contribuye al bienestar de alguien: *La casa tiene muchas comodidades.*

comodín 1 *m.* En algunos juegos de naipes, carta con el valor que el jugador quiera darle. 2 Lo que se hace servir para fines diversos, según conviene al que lo usa.

cómodo, da 1 *adj.* Dicho de lo que brinda descanso o bienestar. 2 Dicho de lo que no implica esfuerzo o molestia. 3 Dicho de una persona, que se encuentra o está a gusto o complacida en un lugar específico o una situación determinada.

comodoro *m.* Capitán de navío cuando manda más de tres buques.

comoquiera *adv. m.* De cualquier manera: *Hicimos nuestro mayor esfuerzo, pero comoquiera sacamos una nota baja.*

compactar *tr.* Hacer compacta una cosa.

compacto, ta 1 *adj.* Dicho de los cuerpos, que son de textura apretada y poco porosa. 2 Apretado, apiñado. 3 *m.* Conjunto de componentes de un sistema que están unidos, aunque pudieran ser independientes.

compadecer *tr.* y *prnl.* Compartir de sentimiento y de obra la desgracia ajena. • Vb. irreg. conjug. c. **agradecer**. V. anexo El verbo.

compadrazgo 1 *m.* Conexión o afinidad que contrae con los padres de una criatura el padrino que la saca de pila o asiste a la confirmación. 2 Unión o concierto de varias personas para alabarse o ayudarse mutuamente.

compadre 1 *m.* Padrino de una persona respecto del padre o la madre o la madrina de esta. 2 Padre de una persona respecto del padrino o la madrina de esta. 3 Forma de llamar a los amigos y conocidos.

compaginar *tr.* y *prnl.* Corresponder una cosa con otra, armonizar.

compañero, ra 1 *m.* y *f.* Persona que se acompaña de otra en su vida, trabajo, juego, etc. 2 Colega del mismo colegio. 3 Miembro del mismo partido o sindicato. 4 Persona o cosa que forma pareja con otra.

compañía 1 *f.* Acción y efecto de acompañar. 2 Persona o conjunto de personas que acompañan a otra u otras. 3 Asociación de personas para un fin común. 4 Sociedad mercantil, industrial, etc. 5 Grupo de actores de teatro que actúan juntos. 6 Unidad de soldados que hacen parte de un batallón y está mandada por un capitán.

comparación 1 *f.* Acción y efecto de comparar. 2 Figura retórica que consiste en comparar una cosa con otra para precisar la idea de una de ellas. Expresa relaciones de igualdad, semejanza o diferencia y se manifiesta mediante adjetivos y adverbios que significan estas relaciones: *Tiene la misma forma de un barril; Es negro como el carbón; Martha no pudo resistir la provocación, Elisa tampoco pudo hacerlo.*

comparado, da *adj.* Dicho de la disciplina académica, que procede por comparación: *Anatomía comparada.*

comparar *tr.* Cotejar y establecer las semejanzas y las diferencias entre dos o más personas o cosas.

comparativo, va 1 *adj.* Dicho de una cosa, que compara o sirve para hacer comparación. 2 GRAM Dicho de los **adjetivos**, los **adverbios** y las **conjunciones**, que expresan comparación.

comparecencia *f.* Acción y efecto de comparecer.

comparecer 1 *intr.* Presentarse ante el juez o alguna autoridad, previa citación. 2 Presentarse en algún lugar de manera imprevista o inoportuna. • Vb. irreg. conjug. c. **agradecer**. V. anexo El verbo.

comparendo 1 *m.* DER Mandato u orden de comparecencia. 2 DER Despacho en que se manda a alguien comparecer.

comparsa 1 *f.* TEAT Conjunto de personas que, en las representaciones teatrales, figuran, pero no hablan. 2 Acompañamiento de personas que desfilan uniformadas en alguna fiesta popular.

compartimentar *tr.* Proyectar o efectuar la subdivisión interna de una superficie o de un espacio.

compartimiento (Tb. compartimento) 1 *m.* Acción y efecto de compartir. 2 Cada una de las partes resultantes de dividir algún espacio.

compartir 1 *tr.* Dividir o distribuir una cosa en partes. 2 Tener entre varios la propiedad o el uso de alguna cosa. 3 Participar en lo que es de otro.

compás 1 *m.* Instrumento de dibujo, formado por dos brazos unidos en uno de sus extremos y que pueden abrirse, más o menos, para trazar circunferencias y arcos, o para medirlos. 2 Regla o medida de algunas cosas. 3 Brújula en que la aguja imantada mueve dos círculos superpuestos en los que figuran respectivamente la rosa de los vientos y la dirección de la quilla del buque. 4 MÚS Cada uno de los periodos en que se divide una pieza, que gráficamente se separan por una línea divisoria. 5 MÚS Ritmo o cadencia de una pieza y movimiento de la mano o batuta con que se marca. || **~ de espera** Detención de un asunto por corto tiempo.

compasillo *m.* MÚS Compás que tiene la duración de cuatro negras distribuidas en cuatro partes. Se señala con una C al comienzo después de la clave.

compasión *f.* Sentimiento de pena por las desgracias ajenas y deseo de aliviarlas.

compatibilidad 1 *f.* Cualidad de compatible. 2 Propiedad que poseen dos sistemas de comunicación para ser interconectados sin pérdida de información. 3 BIOL Capacidad de dos genotipos para producir un híbrido. 4 MED Relación que se establece entre un agente patógeno y su huésped y que permite el desarrollo de la enfermedad. 5 INF Grado o medida en que dos o más computadoras pueden utilizar los mismos programas.

compatible *adj.* Que puede darse o concurrir con otra persona o cosa, que puede acomodarse a ella.

compatriota *m.* y *f.* Persona de la misma patria que otra.

compendio 1 *m.* Resumen de alguna materia, algún estudio, etc. 2 Síntesis de determinadas cualidades de alguien o de algo.

compenetrarse 1 *prnl.* Estar dos personas en perfecta armonía. 2 Penetrar las partículas de una sustancia entre las de otra, o recíprocamente.

compensación 1 *f.* Acción y efecto de compensar. 2 Indemnización por algún perjuicio ocasionado. 3 ECON Operaciones habituales entre instituciones bancarias para compensar los créditos recíprocos. 4 FISIOL Modificación que experimenta un órgano enfermo para hacer frente a las necesidades del organismo al que pertenece. 5 Ajuste, corrección de una desviación en un parámetro u órgano de una máquina.

compensar 1 *tr.* e *intr.* Contrarrestar una cosa los efectos de otra. • U. t. c. prnl. 2 *tr.* y *prnl.* Resarcir de algún daño causado.

competencia[1] 1 *f.* Acción de competir. 2 Persona o grupo rival. 3 Oposición o rivalidad entre quienes se disputan una misma cosa o la pretenden. 4 Competición deportiva.

competencia[2] 1 *f.* INCUMBENCIA. 2 Aptitud para hacer algo o intervenir en un asunto en el que se requiere una habilidad específica. 3 Atribución que legitima a una autoridad para conocer y resolver una causa. 4 LING Conjunto de conocimientos y habilidades que tiene un hablante para comprender y producir enunciados en una lengua. || ~ **argumentativa** La que permite exponer las razones que se tienen a favor o en contra de una idea. ~ **ciudadana** POLÍT Conjunto de conocimientos y habilidades que le permiten a un sujeto convivir y participar activamente dentro de una sociedad. ~ **interpretativa** La que permite describir y comprender las ideas fundamentales de un texto. ~ **propositiva** La que permite generar ideas o hipótesis sobre un tema.

competente 1 *adj.* Que tiene la aptitud e idoneidad para llevar a buen término algo, o intervenir acertadamente en un asunto. 2 Dicho de una persona a quien compete o incumbe algo.

competer *intr.* Pertenecer, tocar o incumbir a alguien algo.

competición 1 *f.* Competencia o rivalidad de quienes se disputan una misma cosa o la pretenden. 2 Acción y efecto de competir, especialmente en materia de deportes.

competir 1 *intr.* y *prnl.* Contender entre sí dos o más personas, aspirando con empeño a una misma cosa. 2 *intr.* Igualar una cosa a otra análoga, en la perfección o en las propiedades. • Vb. irreg. conjug. c. **pedir**. V. anexo El verbo.

competitividad 1 *f.* Capacidad de competir. 2 Rivalidad para la consecución de un fin.

competitivo, va 1 *adj.* Perteneciente o relativo a la competición. 2 Capaz de competir, como los productos y sus precios.

compilar *tr.* Reunir en una sola obra materiales de otros libros o documentos, por tratarse de la misma materia o pertenecer al mismo autor.

compinche *m.* y *f.* Compañero habitual de diversiones o de tratos irregulares.

complacencia 1 *f.* Placer y contento que resulta de algo. 2 Actitud de permitir que alguien haga lo que quiera sin medir las consecuencias.

complacer 1 *tr.* Causar a otro satisfacción o placer. 2 Acceder a lo que otro desea prestándole algún servicio. 3 *prnl.* Alegrarse de algo. • Vb. irreg. conjug. c. **agradecer**. V. anexo El verbo.

complejidad *f.* Cualidad de complejo.

complejo, ja 1 *adj.* Que se compone de varias partes o elementos. 2 Intrincado, complicado. 3 *adj.* y *m.* MAT **número** ~. 4 *m.* Conjunto de dos o más cosas. 5 Conjunto de instalaciones industriales o deportivas que constituyen una cierta unidad. 6 PSIC Conjunto de sentimientos o tendencias inconscientes de una persona que condicionan su conducta consciente.

complementar 1 *tr.* y *prnl.* Dar complemento a algo, añadirle algo. 2 Servir algo de complemento a otra cosa.

complementario, ria 1 *adj.* Que sirve para completar o perfeccionar algo. 2 GEOM **ángulo** ~; **arco** ~. || ~ **de un conjunto** MAT Dado un conjunto *A*, el complementario de *A* es el conjunto de todos los elementos del conjunto universal que no pertenecen a *A*.

complemento 1 *m.* Cualidad o cosa que se agrega a otra dándole su totalidad o perfección. 2 GRAM Palabra, sintagma o frase que, en una oración, completa el significado de uno o de varios de sus componentes, y hasta de la oración entera. Puede referirse al sustantivo, al adjetivo y al verbo, pudiendo en este último caso ser directo, indirecto y circunstancial. • V. tabla Sintaxis, p. 577.

completar 1 *tr.* Añadir a una magnitud o cantidad las partes que le faltan. 2 Dar término o conclusión a un proceso o a una cosa.

completivo, va 1 *adj.* Que completa. 2 GRAM **conjunción** ~.

completo, ta 1 *adj.* Dicho de lo que tiene todas las partes que le corresponden. 2 Dicho de un lugar, que está lleno, ocupado en su totalidad. 3 Total, que lo comprende todo: *La presentación fue un completo desastre.*

complexión *f.* Constitución física de una persona o de un animal.

complicar 1 *tr.* Hacer difícil algo o acrecentar la dificultad de la que ya lo es. 2 Comprometer o enredar a alguien en un asunto. 3 *tr.* y *prnl.* Enredar o confundir algo.

cómplice 1 *m.* y *f.* Participante en un crimen o delito cometido por varias personas. 2 Persona que, sin ser autora material de un delito, participa de alguna manera en él.

complot 1 *m.* Conspiración secreta de varias personas contra personas o instituciones. 2 Intriga, trama.

componenda *f.* Arreglo o transacción censurable o de carácter inmoral.

componente 1 *adj.* y *s.* Que entra en la composición de un todo. 2 MAT Proyección de un vector sobre uno de los ejes o planos de un sistema de coordenadas.

componer 1 *tr.* Juntar varias cosas para formar una. 2 Constituir, integrar. 3 Adornar una cosa. 4 Arreglar o reparar algo que estaba descompuesto. 5 Aderezar las comidas o las bebidas. 6 Producir, tratándose de obras literarias o musicales. 7 MAT Sustituir en una proporción matemática cada antecedente por la suma de este y su consecuente. 8 *tr.* y *prnl.* Engalanar a una persona. • Vb. irreg. conjug. c. **poner**. V. anexo El verbo.

comportamiento 1 *m.* Conducta, modo de actuar. 2 BIOL Conjunto de actividades observables en un organismo, resultado de sus relaciones con el medio.

comportar 1 *tr.* Implicar, conllevar. 2 *prnl.* Proceder alguien de una determinada manera.

composición 1 *f.* Acción y efecto de componer. 2 Texto organizado en función de una intención específica y mediante el cual se describen, se narran, se argumentan o se exponen temas, situaciones, ideas, etc. 3 GRAM Procedimiento por el cual se forman vocablos agregando a uno simple una o más preposiciones o partículas u otro vocablo íntegro o modificado: *Anteponer; Reconvenir; Hincapié; Cejijunto.* 4 MÚS Disciplina que enseña las reglas para la formación del canto y del acompañamiento. 5 ART Arte de agrupar las figuras y los accesorios para conseguir el mejor efecto, según lo que se haya de representar. 6 ART Distribución de los distintos elementos de una obra artística.

compositivo, va 1 *adj.* Perteneciente o relativo a la composición. 2 GRAM **elemento** ~.

compositor, ra *adj.* y *s.* Dicho de una persona, que escribe piezas musicales.

compost *m.* Fertilizante natural obtenido de la descomposición de residuos orgánicos.

compostaje *m.* Elaboración de compost.

compostura 1 *f.* Arreglo de algo descompuesto, maltratado o roto. 2 Aseo, adorno de alguien o algo. 3 Ajuste, convenio.

compota *f.* Dulce de fruta cocida con agua y azúcar.

compra 1 *f.* Acción y efecto de comprar. 2 Cosa que se compra. 3 Conjunto de los alimentos y demás cosas necesarias, adquiridos para el día o para un periodo determinado.

comprar *tr.* Adquirir algo con dinero.

compraventa 1 *f.* Operación en que un vendedor se compromete a transferir alguna cosa y un comprador a pagar por ella. 2 Negocio de antigüedades o de cosas usadas.

comprender 1 *tr.* Abrazar, rodear por todas partes. 2 Captar, entender alguna cosa. 3 *tr.* y *prnl.* Contener, incluir.

comprensión 1 *f.* Acción de comprender. 2 Capacidad para entender algo. 3 Actitud comprensiva. 4 LÓG Conjunto de cualidades que integran una idea.

comprensivo, va 1 *adj.* Que tiene capacidad de comprender o entender algo. 2 Que comprende, contiene o incluye. 3 De tendencia o actitud tolerante.

compresa *f.* Lienzo fino o gasa, que, doblada varias veces y esterilizada, se emplea para cohibir hemorragias, cubrir heridas, aplicar calor, frío o ciertos medicamentos. || ~ **higiénica** Tira desechable de celulosa u otra materia similar que sirve para absorber el flujo menstrual.

compresor, ra 1 *adj.* y *s.* Que comprime. 2 *m.* Aparato que se emplea para comprimir gases. 3 Máquina que reduce el volumen de una cantidad de aire y aumenta su presión, generando una fuerza expansiva capaz de proporcionar la fuerza motriz de otras máquinas y herramientas.

comprimido, da 1 *adj.* Reducido a menor volumen. 2 Aplanado lateralmente. 3 *m.* FARM Pastilla que se obtiene por compresión de sus ingredientes previamente reducidos a polvo.

comprimir *tr.* y *prnl.* Apretar o reducir a un volumen menor.

comprobación *m.* Acción y efecto de comprobar.

comprobante *m.* Recibo o documento que confirma un trato o una gestión.

comprobar 1 *tr.* Verificar la verdad o exactitud de algo mediante pruebas. 2 Buscar la confirmación de algo. • Vb. irreg. conjug. c. **contar**. V. anexo El verbo.

comprometer 1 *tr.* y *prnl.* Exponer o poner a riesgo a alguien o algo en una acción o un caso aventurado. 2 Hacer aparecer a alguien como responsable de algo censurable o punible. 3 Hacer a alguien responsable de una obligación. 4 *prnl.* Contraer un compromiso.

comprometido, da 1 *adj.* Que implica riesgo, peligro o dificultad. 2 **PROMETIDO**.

compromisario, ria *m.* y *f.* Persona que recibe la delegación de otras para que solucione, concierte o efectúe algo.

compromiso 1 *m.* Obligación contraída. 2 Situación comprometida. 3 Acuerdo entre contendientes, por el cual se obligan a aceptar el arbitraje y veredicto de un mediador. 4 Promesa de matrimonio.

compuerta 1 *f.* Parte inferior de una puerta partida horizontalmente en dos. 2 Plancha de madera o de hierro que se desliza por correderas y que se coloca en canales o diques, para regular el paso del agua.

compuesto, ta 1 *adj.* Formado por dos o más elementos o partes. 2 Discreto, circunspecto. 3 Arreglado, bien vestido. 4 Reparado. 5 GRAM Dicho de un vocablo, que está formado por composición de dos o más voces simples: *cortaplumas, vaivén*. 6 *m.* Agregado de varias cosas que componen un todo. 7 QUÍM **COMPUESTO** químico. 8 *adj.* y *f.* BOT Dicho de una planta, angiosperma, dicotiledónea, que se distingue por sus hojas simples o sencillas y por sus flores reunidas en cabezuelas sobre un receptáculo común, como la dalia y la alcachofa. || ~ **iónico** QUÍM Sustancia química formada por **iones** negativos y positivos: *La sal de mesa es un compuesto iónico*. ~ **químico** QUÍM Sustancia formada por dos o más elementos distintos en proporción fija y definida, como el agua, que está formada por hidrógeno y oxígeno. **~s alifáticos** QUÍM **ALIFÁTICO**. **~s aromáticos** QUÍM **AROMÁTICO**.

compulsar *tr.* Examinar dos o más documentos, cotejándolos o comparándolos entre sí.

compulsión *f.* PSIC Tendencia a realizar actos contrarios a la voluntad del sujeto, que puede derivar de la tensión interna que experimenta por sus ideas obsesivas, sus complejos, etc.

compunción 1 *f.* Sentimiento que causa el dolor ajeno. 2 REL Sentimiento o dolor de haber cometido un pecado.

compungido, da *adj.* Atribulado, dolorido.

computación 1 *f.* **CÓMPUTO**. 2 INF **INFORMÁTICA**.

computador *m.* INF y ELECTRÓN Máquina automática que obedece a programas formados por sucesiones de operaciones aritméticas y lógicas y que es usada para ordenar, clasificar, calcular, seleccionar, buscar, editar y representar informaciones que previamente han sido codificadas según una representación binaria. • U. c. f. en algunos países. || ~ **personal** INF y ELECTRÓN El de dimensiones reducidas que, por sus características y configuración, se utiliza para trabajos personales y como ayuda en actividades profesionales.

□ INF y ELECTRÓN El computador personal está conformado por una parte física (*hardware*), constituida por circuitos electrónicos, y una parte no física (*software*). El *hardware* agrupa uno o varios procesadores, una memoria, unidades de entrada-salida y unidades de comunicación. El procesador ejecuta los programas contenidos en la memoria. Entre las unidades de entrada-salida figuran: teclado, ratón, pantalla, unidades de almacenamiento en discos, memorias externas, impresora, escáner, etc. Las unidades de comunicación permiten la conexión con servidores u otros computadores en red. El *software* se escribe en un lenguaje particular que el computador traduce en una serie de instrucciones realizables por los circuitos electrónicos.

computar 1 *tr.* Calcular algo en números. 2 *tr.* y *prnl.* Contar o considerar algo en un cómputo: *Las calificaciones de los idiomas computan para el promedio final*.

cómputo *m.* Cuenta o cálculo.

comulgar 1 *tr.* Dar la sagrada comunión. 2 Coincidir, estar de acuerdo con otra persona en ideas o sentimientos. 3 *intr.* Recibir la sagrada comunión.

común 1 *adj.* Que pertenece a varias personas, por no ser exclusivo de ninguna. 2 Corriente, admitido por todos. 3 Vulgar, ordinario, muy sabido. 4 La comunidad en general y, específicamente, la municipal, o municipio: *Los bienes del común*. 5 GRAM **nombre** ~.

comuna 1 *f.* Organización social básica de libre elección y sin carácter jurídico, que niega los valores tradicionales de la familia. 2 Ayuntamiento, municipio, conjunto de los habitantes de un mismo término.

comunal 1 *adj.* Del común o municipio. 2 Perteneciente o relativo a la comuna o al municipio.

comunero, ra 1 *adj.* y *s.* HIST Dicho de un partidario de los levantamientos populares contra el poder virreinal que tuvieron lugar en distintas regiones de Hispanoamérica hacia finales del s. XVIII. 2 *m.* y *f.* Persona que tiene parte indivisa con otro u otros en un inmueble, un derecho u otra cosa.

comunicación 1 *f.* Acción y efecto de comunicar o comunicarse. 2 Relación, trato entre dos o más personas. 3 Abertura o paso entre mares, inmuebles, etc. 4 Transmisión de un mensaje con un código común. 5 Aviso. 6 Estudio sobre un tema especial que se remite o lee en un congreso. 7 *f. pl.* Sistemas o **medios** de enlace o transporte entre puntos geográficos más o menos distantes; entre ellos: correos, telégrafos, teléfonos, redes informáticas, transmisiones por satélite, ferrocarriles, etc.

comunicado, da 1 *adj.* Dicho de una región, un lugar, un pueblo, etc., que tiene acceso a los medios de transporte o está conectado con los medios de comunicación. 2 *m.* Nota, declaración o parte que se comunica para conocimiento público.

comunicante *adj.* y *s.* Que comunica.

comunicar 1 *tr.* Hacer saber alguna cosa a alguien. 2 Transmitir mensajes mediante un código común de señales. 3 Consultar con alguien. 4 Contagiar sentimientos, costumbres, enfermedades, etc. 5 Transmitir un mecanismo algún movimiento a otros elementos o piezas. 6 Establecer medios de acceso entre poblaciones o lugares. 7 *tr.* y *prnl.* Mantener relación oral o escrita dos personas, estar en relación dos o más cosas, como dos salas contiguas, dos mares, etc. 8 *prnl.* Dicho de una cosa inanimada, tener correspondencia o paso con otras.

comunicativo, va 1 *adj.* Dado a comunicarse con otras personas. 2 De trato accesible, de carácter abierto.

comunidad 1 *f.* Tipo de organización social cuyos miembros participan en objetivos comunes y en la que el interés del individuo se identifica con los intereses del conjunto. 2 Conjunto de países unidos por acuerdos económicos y políticos. || ~ **autónoma** División administrativa territorial de un Estado dotada de autogobierno. ~ **internacional** Aquella que está conformada por todos los Estados, diferentes organismos internacionales y, en general, todas las personas que habitan la tierra, especialmente cuando se unen para participar en la toma de decisiones de carácter global.

comunión 1 *f.* Participación en lo común. 2 Comunicación de unas personas con otras. 3 REL Acto y rito de recibir la eucaristía los fieles cristianos. 4 Agrupación de personas que profesan las mismas ideas religiosas.

comunismo *m.* POLÍT e HIST Sistema económico, social y político basado en la abolición de la propiedad privada de los medios de producción y en la comunidad de bienes. Se identifica con los regímenes que han intentado concretar las doctrinas marxistas, como el de China o el de la antigua Unión Soviética. Estos regímenes entraron en crisis a finales de la década de 1980; el primero optó por una flexibilización económica y el segundo colapsó, precedido de sus satélites de Europa oriental, e ingresó plenamente a la economía capitalista de mercado.

☐ POLÍT e HIST Doctrina económica surgida en el s. XIX, en contraposición al capitalismo, que plantea la existencia de una sociedad igualitaria, sin diferencia de clases sociales y sin la existencia de la propiedad privada. Los recursos y medios de producción los controla el Estado y los distribuye de forma equitativa. Se consolidó a escala mundial con el triunfo de la Revolución rusa y la implementación como modelo económico de la Unión Soviética (1920-90).

con 1 *prep.* Señala el modo, medio o instrumento con que se realiza una acción: *Con mucho gusto; Escribe con pluma.* 2 Indica adición: *Le gusta el chocolate con queso.* 3 Indica compañía o colaboración: *Trabaja con su padre.* 4 A pesar de: *Con todo el trabajo que hace, nunca le han dado un aumento.* 5 Tiene un valor concesivo o adversativo: *Con ser su profesora, no lo aguanta.* 6 Delante de un infinitivo equivale a un gerundio: *Con pelear no se arregla nada.* 7 En locuciones completivas con *que* equivale a una conjunción condicional: *Con que le digas media palabra bastará.*

conato 1 *m.* Intento frustrado de una acción delictiva. 2 Cualquier acto que no llega a consumarse. 3 Empeño en la realización o consecución de algo.

concatenar *tr.* y *prnl.* Encadenar, relacionar unas cosas con otras.

concavidad 1 *f.* Cualidad de cóncavo. 2 Cavidad, hueco.

cóncavo, va *adj.* Dicho de una línea o superficie, que, desde la perspectiva de quien la mira, tiene su parte más deprimida en el centro.

concebir 1 *intr.* y *tr.* Quedar preñada la hembra. 2 *tr.* Formar una idea o un proyecto de algo: *Concebir un plan.* 3 Creer posible algo, comprender: *No concibo tu comportamiento.* 4 Empezar a experimentar una pasión o un sentimiento. • Vb. irreg. conjug. c. **pedir**. V. anexo El verbo.

conceder 1 *tr.* Otorgar algo quien tiene poder para hacerlo. 2 Asentir a los argumentos que esgrime el contrincante. 3 Reconocer el mérito o valor de alguien o de algo.

concejal, la *m.* y *f.* Miembro de un concejo o ayuntamiento.

concejo 1 *m.* Ayuntamiento, corporación municipal. 2 Sesión celebrada por las personas de un concejo.

concelebrar *tr.* Celebrar conjuntamente la misa varios sacerdotes.

concentración 1 *f.* Acción y efecto de concentrar o concentrarse. 2 QUÍM Cantidad de soluto, en masa, volumen o número de moles, presente en una determinada cantidad de disolución.

concentrado, da 1 *adj.* Situado en el centro de algo. 2 Muy atento o pendiente de un asunto, un problema, una actividad, etc. 3 *m.* Sustancia a la que se ha retirado parte del líquido para disminuir su volumen. 4 Alimento deshidratado y compactado que se da a los animales domésticos.

concentrar 1 *tr.* y *prnl.* Reunir en un punto lo separado y disperso. 2 Congregar un número grande de personas en determinado lugar para que se manifiesten sobre algún asunto. 3 Internar a los miembros de un grupo deportivo antes de una competición, para realizar las últimas prácticas. 4 *tr.* Reducir o eliminar el líquido o la humedad de una sustancia. 5 QUÍM Aumentar la proporción entre la materia disuelta y el líquido de una disolución. 6 *prnl.* Abstraerse, reconcentrarse.

concéntrico, ca *adj.* GEOM Dicho de una figura y de un sólido, que tienen un mismo centro.

concepción 1 *f.* Acción y efecto de concebir. 2 Idea, concepto. 3 BIOL Momento en que ocurre la fecundación de un óvulo.

conceptismo *m.* LIT Estilo caracterizado por el predominio de la agudeza mental y de los juegos de palabras; floreció en España en el s. XVII como expresión característica del barroco.

concepto 1 *m.* Representación que hace el entendimiento de las propiedades o de las impresiones comunes de las cosas. 2 Idea, juicio, conocimiento de algo. 3 Opinión o crédito que alguien o algo merece.

conceptual *adj.* Perteneciente o relativo al concepto o al conceptualismo.

conceptualismo 1 *m.* ART Tendencia artística, surgida en la segunda mitad del s. XX, que da supremacía a la idea del artista sobre la obra acabada. En ocasiones recurre a elementos del teatro, la música y las artes visuales. 2 FIL Sistema que defiende la realidad de las nociones universales y abstractas, aunque no se les conceda existencia separada fuera de ellas.

conceptualización *f.* Formación de ideas o representaciones mentales a partir de datos concretos.

conceptualizar *tr.* Formar un concepto o una idea de algo.

conceptuar *tr.* Formar un concepto de algo o de alguien.

concernir *tr.* e *intr.* Atañer, hacer referencia. Solo se emplea en el infinitivo, el gerundio, en participio y en 3ª persona. • Vb. irreg. conjug. c. **discernir**. V. anexo El verbo.

concertar 1 *tr.* y *prnl.* Pactar algo, un negocio, una cita, etc. 2 Poner de acuerdo a personas o cosas con miras a un determinado fin. 3 *tr.* Componer, ordenar, arreglar las partes de algo. 4 MÚS Armonizar voces o instrumentos musicales. 5 *intr.* Corresponder entre sí una cosa con otra. 6 *tr.* e *intr.* GRAM **CONCORDAR**. • Vb. irreg. conjug. c. **acertar**. V. anexo El verbo.

concertina *f.* MÚS Acordeón hexagonal u octogonal, de fuelle largo y con teclados en ambas caras.

concertino *m.* y *f.* MÚS Violinista primero de una orquesta, encargado de la ejecución de los solos.

concertista *m.* y *f.* MÚS Músico que toma parte en la ejecución de un concierto en calidad de solista.

concesión 1 *f.* Acción y efecto de conceder. 2 Cesión de ciertos servicios públicos otorgada por el gobierno a una persona o empresa privada. 3 Hecho de ceder en una opinión o en una actitud adoptadas.

concesionario, ria *adj.* y *s.* Dicho de una persona o entidad a la que se hace o transfiere una concesión.

concesivo, va 1 *adj.* Que se concede o puede concederse. 2 GRAM **conjunción** ~; **oración** ~.

concha 1 *f.* Formación, generalmente cálcica, que protege el cuerpo de los moluscos, y que puede constar de una o varias piezas. 2 Lo que tiene la figura de la concha de los animales.

conchudo, da *adj.* Sinvergüenza, que actúa con desfachatez.

conciencia 1 *f.* Conocimiento inmediato de la realidad mediante la percepción. 2 Noción que el ser humano tiene de sí y del mundo exterior y que conlleva la identificación consigo mismo y la diferenciación con todo lo demás. 3 DER **objeción** de ~.

concienciar *tr.* y *prnl.* **CONCIENTIZAR**.

concientizar 1 *tr.* Hacer que alguien sea consciente de algo. 2 *prnl.* Adquirir conciencia de algo.

concierto 1 *m.* Buena disposición de las cosas. 2 Ajuste, acuerdo entre personas o entidades para algún fin común. 3 MÚS Ejecución en público de obras musicales por una orquesta o banda, un coro o un solista. 4 MÚS Composición musical, generalmente en tres movimientos, ordenados según su velocidad: rápido-lento-rápido, para uno o más instrumentos solistas acompañados por una orquesta.

conciliábulo *m.* Junta o reunión para tratar de algo que se quiere mantener oculto.

conciliación 1 *f.* Acción y efecto de conciliar[2]. 2 Conveniencia o semejanza de una cosa con otra.

conciliar[1] 1 *adj.* Perteneciente o relativo a los concilios. 2 *m.* Persona que asiste a un concilio.

conciliar[2] 1 *tr.* Poner en paz o de acuerdo a los desavenidos. 2 *tr.* y *prnl.* Armonizar o hacer compatibles ideas o actitudes.

concilio 1 *m.* Reunión más o menos solemne de personas para tratar algún asunto. 2 Asamblea convocada por la autoridad competente para tratar asuntos de fe o de organización de la Iglesia católica. || ~ **ecuménico** REL El convocado y presidido por el papa y en el que debe estar presente la mayoría de los obispos de las provincias eclesiásticas.

concisión *f.* Brevedad y tino en el estilo.

concitar *tr.* Instigar a alguien contra otra persona.

conciudadano, na 1 *m.* y *f.* Cada uno de los ciudadanos de una misma ciudad, respecto de los demás. 2 Cada uno de los naturales de una misma nación, respecto de los demás.

cónclave 1 *m.* Reunión de los cardenales para elegir papa. 2 Lugar en que se juntan. 3 Reunión de personas para tratar algún asunto.

concluir 1 *tr.* e *intr.* Acabar o finalizar algo. 2 *tr.* Deducir razonando desde ciertas premisas. 3 Llegar a un acuerdo sobre lo tratado. • Vb. irreg. conjug. c. **huir**. V. anexo El verbo.

conclusión 1 *f.* Acción y efecto de concluir o concluirse. 2 Resolución tomada sobre algún asunto después de haberlo discutido.

concoide 1 *adj.* Dicho de la fractura de un cuerpo sólido, que resulta en formas curvas, semejantes a las de la concha. 2 *f.* GEOM Curva que, en su prolongación, se aproxima constantemente a una recta sin tocarla nunca.

concomitar *tr.* Acompañar una cosa a otra, u obrar juntamente con ella.

concordancia 1 *f.* Correspondencia o conformidad de una cosa con otra. 2 GRAM Correspondencia de accidentes gramaticales (género, número y persona) que debe existir en una oración entre dos o más palabras variables. 3 MÚS Armonía entre las voces que suenan juntas. • V. tabla Sintaxis, p. 577.

concordar 1 *tr.* Poner de acuerdo lo que no lo está. 2 *intr.* Convenir una cosa con otra. 3 GRAM Formar concordancia. • Vb. irreg. conjug. c. **contar**. V. anexo El verbo.

concordato *m.* Convenio entre la Santa Sede y un gobierno, que regula las relaciones entre ambos. Su carácter jurídico es análogo al de los tratados internacionales.

concordia *f.* Conformidad, acuerdo o ajuste entre personas que discrepaban o estaban enfrentadas.

concreción 1 *f.* Acción y efecto de concretar. 2 Acumulación de partículas unidas para formar una masa. 3 Masa formada por concreción.

concretar 1 *tr.* Hacer concreto algo. 2 Reducir a uno o pocos elementos. 3 *prnl.* Ceñirse a lo esencial en un escrito o discurso.

concreto, ta 1 *adj.* Dicho de lo que existe en una forma determinada, singular y real, en contraposición a lo abstracto y con una existencia general. 2 Considerado en sí mismo y no en sus cualidades accesorias o circunstancias. 3 Preciso, determinado. 4 GRAM **sustantivo** ~. 5 **HORMIGÓN**.

concubinato *m.* Relación marital de dos personas sin estar casadas.

concubino, na *m.* y *f.* Persona que vive en concubinato.

conculcar *tr.* Quebrantar una ley, una obligación o un principio.

concuñado, da 1 *m.* y *f.* Cónyuge de una persona respecto del cónyuge de otra persona hermana de la primera. 2 Hermano o hermana de una de dos personas unidas en matrimonio respecto de las hermanas o los hermanos de la otra.

concupiscencia *f.* Apetito de bienes terrenos y de placeres sensibles, especialmente los sexuales.

concurrencia 1 *f.* Acción y efecto de concurrir. 2 Conjunto de personas que asisten a un acto o una reunión.

concurrir 1 *intr.* Coincidir en el mismo lugar o tiempo personas o sucesos diferentes. 2 Darse en alguien o en algo ciertas cualidades o circunstancias. 3 Tomar parte en un concurso.

concursar *intr.* Participar en un concurso, convocado para otorgar premios, seleccionar personas, conceder la ejecución de obras o la prestación de servicios.

concurso 1 *m.* Afluencia grande de gente a un lugar. 2 Coincidencia de cosas, hechos o circunstancias que contribuyen a la realización de algo. 3 Ayuda que se presta a un proyecto o una empresa. 4 Certamen para la consecución de un premio o la asignación de un servicio. 5 Convocatoria para proveer un cargo, cubrir una plaza, etc.

concusión *f.* Exacción arbitraria hecha por un funcionario público en provecho propio.

condado 1 *m.* Territorio jurisdiccional de un conde. 2 Título nobiliario de conde. 3 Cierta circunscripción administrativa en los países anglosajones.

conde, desa 1 *m.* y *f.* Persona con título nobiliario superior al de vizconde e inferior al de marqués. 2 *m.* Consorte de una condesa. 3 *f.* Consorte de un conde. 4 Hist Gobernador de una comarca o un territorio en los primeros siglos de la Edad Media.

condecoración 1 *f.* Acción de condecorar. 2 Insignia de alguna orden honorífica.

condecorar *tr.* Dar un honor o imponer una condecoración a alguien.

condenar 1 *tr.* Der Pronunciar el juez una sentencia imponiendo algún tipo de pena. 2 Reprobar como mala a una persona o una acción. 3 Forzar a alguien a realizar algo penoso o desagradable. 4 Incomunicar alguna habitación o paso tabicándolos o teniéndolos siempre cerrados. 5 Llevar inevitablemente a alguien a una situación indeseable. 6 *tr.* y *prnl.* Rel Incurrir en la pena eterna del infierno cristiano.

condensación 1 *f.* Acción y efecto de condensar o condensarse. 2 Fís Proceso en el que la materia pasa a una forma más densa, como ocurre en la licuefacción del vapor. 3 Quím Reacción que implica la unión de átomos dentro de una misma molécula o en moléculas diferentes.

condensador, ra 1 *adj.* Que condensa. 2 *m.* Aparato para reducir el volumen de los gases. 3 Dispositivo que en los frigoríficos condensa el vapor por la acción del aire o del agua fríos. || ~ **eléctrico** Electr Sistema de dos conductores, separados por una lámina dieléctrica, que sirve para almacenar cargas eléctricas.

condensar 1 *tr.* y *prnl.* Convertir un gas en líquido o en sólido. 2 Reducir el volumen de alguna cosa y, si es líquida, darle mayor consistencia. 3 Aumentar la oscuridad, hablando de sombras, tinieblas, etc. 4 *tr.* Resumir, compendiar una exposición.

condescender *intr.* Acomodarse por buena voluntad a los deseos o gustos de otro. • Vb. irreg. conjug. c. **entender**. V. anexo El verbo.

condestable *m.* Hist Persona que antiguamente obtenía y ejercía la primera dignidad de la milicia.

condición 1 *f.* Naturaleza o índole de los seres y las cosas. 2 Manera de ser o de estar en el mundo, en la sociedad, etc. 3 Requisito para que algo pueda realizarse: *Para curar enfermos es condición ser médico.* 4 Cada una de las cláusulas de un contrato. 5 *f. pl.* Aptitud o disposición. 6 Circunstancias que afectan a un proceso o al estado de alguien o algo: *En estas condiciones mejor no salgo.* || ~**es normales** Fís y Quím Circunstancias bajo las que se define la situación estándar de un cuerpo o un compuesto, que son: cero grados centígrados de temperatura y una atmósfera de presión.

condicionado, da 1 *adj.* **acondicionado**, que está en las condiciones debidas. 2 **condicional**, que implica una condición. 3 Psic **reflejo** ~.

condicional 1 *adj.* Que incluye y lleva en sí una condición o requisito. 2 Der **libertad** ~. 3 Gram **conjunción** ~; **oración** ~. 4 *m.* Gram Tiempo verbal que expresa una acción futura relacionada con el pasado: *Dijo que vendría; Deberías descansar más; Si hubiera venido ayer, nos habríamos enterado antes; Pedro no llegó ayer, estaría esperando a Juan.* En algunos casos puede cambiarse por el pretérito imperfecto y el pretérito pluscuamperfecto del subjuntivo: *Debieras descansar más; Si hubiera venido ayer, nos hubiéramos enterado antes.* || ~ **compuesto** Gram El que se forma con el verbo auxiliar *haber*: *Habría amado; Habría temido.* ~ **simple** Gram El que se forma sin verbo auxiliar.

condicionamiento 1 *m.* Acción y efecto de condicionar. 2 Psic Forma básica de aprendizaje que se basa en la asociación de respuestas emocionales a situaciones nuevas. 3 *m. pl.* Limitación, restricción.

condicionar *tr.* Hacer depender una cosa de alguna condición.

cóndilo *m.* Anat Prominencia redondeada, en la extremidad de un hueso, que forma articulación encajando en el hueco correspondiente de otro hueso.

condimentar *tr.* Sazonar la comida.

condimento *m.* Lo que sirve para sazonar los alimentos y darles buen sabor.

condiscípulo, la *m.* y *f.* Persona que ha estudiado con otra u otras en el mismo centro docente o con el mismo profesor.

condolencia 1 *f.* Pésame por la muerte de un pariente. 2 Participación en el dolor ajeno.

condolerse *prnl.* Compadecerse de lo que otro siente o padece. • Vb. irreg. conjug. c. **mover**. V. anexo El verbo.

condominio 1 *m.* Dominio de una cosa que pertenece en común a dos o más personas. 2 Propiedad inmueble poseída en régimen de propiedad horizontal.

condón *m.* Preservativo para cubrir el pene en el acto sexual.

condonar *tr.* Perdonar una pena o una deuda.

cóndor *m.* Buitre americano que se alimenta casi exclusivamente de carroña. || ~ **de California** Su plumaje es negro con una zona blanca en la parte inferior de las alas. Carece de cresta y los adultos tienen la cabeza desnuda. La gola de su cuello la forman unas plumas largas de color negro. Alcanza los 2,9 m de envergadura. ~ **de los Andes** De plumaje negro con una zona blanca en la parte superior de las alas, tiene la cabeza desnuda y los machos tienen una cresta prominente; la parte inferior del cuello está ceñida por una gola de plumas blancas. Su hábitat se restringe a la cordillera de los Andes y zonas aledañas. Con sus 3,5 m de envergadura, es el ave más grande de las que vuelan.

condotiero *m.* Hist Jefe de soldados mercenarios en la Italia de los ss. XII-XV.

conducción 1 *f.* Acción y efecto de conducir, llevar o guiar algo. 2 Conjunto de tubos, cables, etc., dispuestos para el paso de algún fluido. 3 Fís Forma de transmisión del calor sin que se produzca ningún desplazamiento de materia. || ~ **eléctrica** Electr Paso de corriente por un elemento conductor como consecuencia del desplazamiento de los electrones.

conducir 1 *tr.* Llevar, transportar de una parte a otra. 2 Llevar a una persona o a un grupo a un lugar determinado. 3 Dirigir una actividad. 4 *tr.* e *intr.* Guiar o dirigir a un objetivo o a una situación. 5 Guiar un au-

A B C D E F G H I J K L M N Ñ O P Q R S T U V W X Y Z

tomóvil 6 *prnl.* Portarse de una determinada manera. • Vb. irreg. conjugación modelo. V. anexo El verbo.

conducta *f.* Modo de proceder o comportarse una persona o un animal.

conductancia *f.* FÍS Propiedad de algunos cuerpos que permiten el paso de fluidos energéticos, como la electricidad, cuando las tensiones son diferentes. Es contraria a la resistencia.

conductismo *m.* PSIC Escuela psicológica que se apoya en el estudio de los hechos observables y de los estímulos ambientales, más que en la introspección personal.

conductividad 1 *f.* Cualidad de conductivo. 2 FÍS Propiedad natural de los cuerpos, que consiste en transmitir el calor o la electricidad.

conducto 1 *m.* Canal o tubo que permite el paso de líquidos o de gases. 2 Trámites que sigue una orden, una instancia, etc. 3 Intervención de una persona en la marcha o solución de un negocio. 4 BIOL Cada uno de los tubos o canales que se hallan en los cuerpos vivos y sirven a las funciones fisiológicas. || ~ **auditivo externo** ANAT Canal óseo que va desde el pabellón de la oreja hasta la membrana del tímpano. ~ **auditivo interno** ANAT Canal por el que circulan los nervios facial, intermediario y auditivo. ~ **cístico** ANAT El que da salida a los productos de la vesícula biliar. ~ **deferente** ANAT El que transporta los espermatozoides desde el epidídimo del testículo al conducto eyaculador.

conductor, ra 1 *adj.* y *s.* Que conduce. 2 FÍS Dicho de un cuerpo, que conduce el calor o la electricidad. 3 *m.* y *f.* Persona que guía un vehículo. || ~ **eléctrico** ELECTR Cualquier material que ofrezca poca resistencia al flujo de electricidad, como los metales.

conectar 1 *tr.* e *intr.* Enlazar entre sí aparatos o sistemas, de forma que entre ellos pueda fluir algo material o inmaterial, como agua, energía, señales, etc. 2 Unir, enlazar, establecer relación, poner en comunicación dos cosas o dos personas, o una con otra. • U. t. c. prnl. en las dos acepciones.

conectividad *f.* En algunas actividades o ámbitos, capacidad para conectarse o hacer conexiones.

conectivo, va *adj.* Que une partes de un mismo aparato o sistema.

conector, ra 1 *adj.* y *s.* Que conecta. 2 *m.* LING Palabra o grupo de palabras cuya función es establecer un enlace lógico entre los enunciados de una oración o entre dos o más oraciones. Tienen distintas formas: adverbios, conjunciones, frases, preposiciones, etc. Por ejemplo: *porque, ya que, por consiguiente, en efecto, por supuesto, naturalmente, el objetivo es, por el contrario, sin embargo, en primer lugar, anteriormente, en síntesis, en pocas palabras,* etc.

conejillo || ~ **de Indias** 1 COBAYA. 2 Cualquier otro animal o persona que sea sometido a observación o experimentación.

conejo, ja *m.* y *f.* Mamífero lagomorfo, de unos 40 cm de largo, orejas y patas posteriores largas, cola corta y, en estado silvestre, pelaje pardo o gris oscuro. Es muy prolífico, se domestica fácilmente y su carne es comestible.

conexión 1 *f.* Acción y efecto de conectar. 2 Enlace entre personas, ideas o cosas. 3 Punto donde se realiza el enlace entre aparatos o sistemas. 4 *f. pl.* Amistades, relaciones sociales.

conexo, xa *adj.* Dicho una cosa, que está enlazada o relacionada con otra.

confabular 1 *intr.* Decir, referir fábulas. 2 *prnl.* Ponerse de acuerdo para iniciar algún asunto, generalmente ilícito.

confeccionar *tr.* Fabricar, en especial cosas de cierta complejidad, como vestidos, licores, medicamentos, etc.

confederación 1 *f.* Acción y efecto de confederar o confederarse. 2 Alianza de grupos o Estados que, conservando su autonomía, actúan de común acuerdo, especialmente en política internacional.

confederar *tr.* y *prnl.* Agrupar dos o más Estados u organismos con los mismos intereses bajo una dirección común.

conferencia 1 *f.* Conversación o reunión entre varias personas para tratar algún asunto. 2 Disertación pública sobre algún tema doctrinal. 3 Reunión de jefes de Estado o de ministros para deliberar sobre asuntos internacionales. 4 Comunicación telefónica.

conferir 1 *tr.* Otorgar a alguien una dignidad, un empleo o un cargo. 2 Infundir a personas o cosas ciertas cualidades: *Los sacramentos confieren la gracia; El uniforme confiere dignidad.* 3 Tratar entre varias personas algún asunto. • Vb. irreg. conjug. c. **sentir**. V. anexo El verbo.

confesar 1 *tr.* y *prnl.* Manifestar ideas, sentimientos o hechos ocultos. 2 Declarar el penitente sus pecados al confesor en el sacramento católico de la penitencia. 3 *tr.* Escuchar el confesor al penitente. 4 Reconocer públicamente una verdad. 5 DER Declarar delante del juez. • Vb. irreg. conjug. c. **acertar**. V. anexo El verbo.

confesión 1 *f.* Acción y efecto de confesar. 2 Credo religioso y conjunto de personas que lo profesan.

confesional *adj.* y *s.* Perteneciente o relativo a una confesión religiosa.

confesionalismo *m.* POLÍT Vinculación de un Estado, partido político o grupo social a una doctrina religiosa.

confesionario *m.* Especie de garita en las iglesias católicas, en las que el sacerdote escucha las confesiones de los penitentes.

confeso, sa *adj.* Dicho de una persona, que ha confesado su delito o culpa.

confesor, ra *m.* y *f.* Cristiano que profesa públicamente la fe de Jesucristo, y por ella está dispuesto a dar la vida, como ciertos santos.

confeti *m.* Pedacitos de papel de colores para arrojar en las fiestas.

confianza 1 *f.* Esperanza firme que se tiene de alguien o algo. 2 Seguridad que alguien tiene en sí mismo. 3 Ánimo para obrar. 4 Familiaridad en el trato.

confiar 1 *intr.* Esperar que algo ocurra como se desea: *Confiemos en que todo vaya bien.* 2 *tr.* Encargar a una persona el cuidado de un negocio u otra cosa. 3 *tr.* y *prnl.* Franquearse con alguien, comunicarle algún secreto o una intimidad.

confidencia 1 *f.* Comunicación reservada que se hace a alguien. 2 El hecho así transmitido.

confidencial *adj.* Que se hace o se dice en confianza.

confidente, ta *m.* y *f.* Persona a quien otro fía sus secretos.

configuración 1 *f.* Forma especial que resulta de la disposición de las partes de un todo. 2 Modo de presentarse las cosas. 3 INF Conjunto de componentes internos y externos de un sistema informático. 4 INF Totalidad del conjunto de *hardware* interconectado en una red, o bien el modo en que se ha diseñado esta. || ~ **electrónica** FÍS y QUÍM Organización de los electrones en un átomo, que determina las propiedades químicas del mismo.

configurar *tr.* y *prnl.* Dar o presentar una determinada forma en sentido objetivo o figurado.

confín 1 *m.* Término que divide y señala los límites de un territorio. 2 El punto más alejado de un lugar o el último a que alcanza la vista.

confinamiento *m.* Acción y efecto de confinar.

confinar 1 *tr.* Desterrar a alguien imponiéndole una residencia obligatoria. 2 *tr.* y *prnl.* Recluir a alguien o algo dentro de ciertos límites. 3 *intr.* Lindar, tener límites comunes con otro territorio. 4 *prnl.* Aislarse, recluirse.

confirmación 1 *f.* Acción y efecto de confirmar. 2 Nueva prueba de la certeza de un suceso, dictamen u otra cosa. 3 REL Uno de los siete sacramentos de la Iglesia, por el cual el que ha recibido la fe del bautismo se confirma en ella.

confirmar 1 *tr.* Corroborar la verdad de algo. 2 Dar validez a lo ya aprobado. 3 REL Administrar el sacramento de la confirmación. 4 *tr.* y *prnl.* Dar mayor seguridad a una persona o cosa.

confiscar 1 *tr.* Embargar el fisco los bienes de alguien. 2 Incautar la policía ciertos bienes privados.

confitar 1 *tr.* Cubrir con un baño de azúcar las frutas o semillas. 2 Cocer las frutas en almíbar.

conflagración 1 *f.* **INCENDIO**. 2 Perturbación repentina y violenta de pueblos o naciones, especialmente la guerra.

conflicto 1 *m.* Oposición o desacuerdo entre personas o cosas. 2 Situación de difícil salida. || ~ **armado** Enfrentamiento continuo y sostenido entre dos o más partes, bajo la dirección de un mando responsable, que recurren a las armas para solucionar un problema, ocasionado por la diferencia de voluntades, intereses o puntos de vista, y establecer el control sobre un territorio. ~ **étnico** POLÍT Enfrentamiento violento, armado o bélico entre dos o más grupos étnicos.

confluencia 1 *f.* Acción de confluir. 2 Paraje donde confluyen los caminos. 3 Zona donde confluyen los ríos y otras corrientes de agua.

confluir *intr.* Juntarse en un punto dos o más ríos, caminos, grupos de gente, etc. • Vb. irreg. conjug. c. **huir**. V. anexo El verbo.

conformación *f.* Distribución de las partes que forman un conjunto.

conformar 1 *tr.* y *prnl.* Dar forma a algo o a alguien. 2 *tr.* e *intr.* Acomodar una cosa con otra. • U. t. c. prnl. 3 *prnl.* Darse por satisfecho con algo.

conformidad 1 *f.* Relación de semejanza entre dos o más personas. 2 Adaptación o correspondencia de una cosa con otra. 3 Proporción entre las partes de un todo. 4 Adhesión al criterio de otra persona. 5 Resignación en las adversidades.

conformismo *m.* Práctica del que fácilmente se adapta a cualquier circunstancia.

confort *m.* Comodidad, bienestar.

confortable 1 *adj.* Que conforta. 2 Que produce comodidad.

confortar 1 *tr.* y *prnl.* Fortalecer, vigorizar. 2 Animar, especialmente en el dolor y las adversidades.

confraternidad *f.* Hermandad de parentesco o de amistad.

confraternizar 1 *intr.* Hermanarse una persona con otra, tratarse con amistad y camaradería. 2 Establecer amistad personas antes separadas por alguna diferencia.

confrontación *f.* Acción y efecto de confrontar.

confrontar 1 *tr.* Carear una persona con otra. 2 Cotejar una cosa con otra. 3 *intr.* y *prnl.* Estar o ponerse una persona o una cosa frente a otra.

confucianismo *m.* FIL Sistema filosófico y moral basado en las enseñanzas del filósofo chino Confucio (h. 551-479 a. C.) y sus discípulos. Da gran importancia a los valores éticos tradicionales y postula la práctica de las virtudes y el sometimiento a las leyes del universo.

confundir 1 *tr.* y *prnl.* Mezclar varias cosas de modo que no se distingan entre sí. 2 Borrar los límites o perfiles. 3 Equivocar. 4 Desconcertar a alguien con razones, con una conducta indigna o, por el contrario, con un exceso de amabilidades.

confusión 1 *f.* Acción y efecto de confundir. 2 Perplejidad, zozobra. 3 Equivocación, error.

confuso, sa 1 *adj.* Mezclado, revuelto, desconcertado. 2 Dudoso. 3 Difícil de distinguir. 4 Turbado, perplejo.

congelación 1 *f.* Acción y efecto de congelar o congelarse. 2 Paralización de una actividad. || **punto de** ~ FÍS Temperatura a la cual se congela un líquido.

congelador *m.* Parte de los frigoríficos reservada a la congelación de los alimentos.

congelar 1 *tr.* y *prnl.* Pasar un cuerpo del estado líquido al sólido por la acción del frío. 2 MED Dañar el frío los tejidos orgánicos, produciendo en ocasiones la necrosis de las extremidades. 3 *tr.* Someter los alimentos a temperaturas muy frías para su conservación. 4 ECON Inmovilizar un gobierno fondos o créditos privados. 5 ECON Declarar inmodificables los salarios o los precios.

congénere *adj.* y *s.* Que tiene el mismo origen o que es del mismo género.

congeniar *intr.* Avenirse dos o más personas por tener carácter o inclinaciones coincidentes.

congénito, ta 1 *adj.* Que se engendra juntamente con otra cosa. 2 Innato, connatural, como nacido con uno mismo. 3 MED Dicho de una enfermedad, que nace con quien la tiene, que no es adquirida.

congestión 1 *f.* Aglomeración excesiva de personas o de vehículos, que impide la circulación normal. 2 MED Acumulación anómala de sangre en alguna parte del cuerpo.

congestionar *tr.* y *prnl.* Producir alguna congestión.

conglomerado 1 *m.* Acumulación de cosas materiales o inmateriales. 2 Reunión de cosas o fragmentos. 3 ECON Corporación formada por varias empresas independientes, interrelacionadas por vínculos de propiedad. 4 GEO Masa geológica formada por fragmentos redondeados de rocas.

conglomerar 1 *tr.* **AGLOMERAR**. 2 *tr.* y *prnl.* Unir fragmentos de una o varias sustancias con tal coherencia que resulte una masa compacta.

congoja *f.* Angustia, zozobra, aflicción de ánimo.

congraciarse *prnl.* Atraer la benevolencia o simpatía de alguien, ganársela.

congratular *tr.* Expresar satisfacción a quien ha acaecido un suceso feliz.

congregación 1 *f.* Acción de congregar o congregarse. 2 Comunidad de religiosos o seglares. 3 Conjunto de monasterios de una misma orden. 4 Cualquiera de las juntas compuestas de cardenales, prelados y otras personas, para el despacho de varios asuntos.

congregar *tr.* y *prnl.* Juntar o reunir personas.

congresista 1 *m.* y *f.* Miembro de un congreso científico, económico, etc. 2 Miembro de una cámara legislativa.

congreso 1 *m.* Reunión de personas para deliberar o discutir algún asunto o negocio. 2 POLÍT Conjunto de las dos cámaras legislativas. 3 Edificio en que estas celebran sus sesiones.

congruencia 1 *f.* Coherencia, relación lógica. 2 REL Eficacia de la gracia de Dios, que obra sin destruir la libertad de las personas.

congruente *adj.* Adecuado, coherente o conforme con otra cosa.

cónico, ca 1 *adj.* Perteneciente o relativo al cono o en forma de tal. 2 *adj.* y *f.* GEOM **superficie** ~; GEOM **curva** ~; GEOM **sección** ~.

conífero, ra 1 *adj.* y *f.* BOT Dicho de un árbol o de un arbusto, gimnospermo, que tiene hojas persistentes, aciculares o en forma de escamas, fruto en cono y ramas que presentan un contorno cónico, como el pino y la araucaria. Tiene gran importancia económica por la producción maderera, la obtención de resinas y barnices y la fabricación de papel. 2 *adj.* ECOL **bosque** de ~.

conjetura *f.* Juicio basado en indicios y suposiciones.

conjeturar *tr.* Formar o expresar juicios de algo por suposiciones o indicios.

conjugación 1 *f.* Acción y efecto de conjugar. 2 BIOL Fusión en uno de los núcleos de las células reproductoras de los seres vivos. 3 GRAM Conjunto de las distintas formas de un mismo verbo que denotan sus diferentes modos, tiempos, números y personas. 4 GRAM Cada uno de los tres grupos en que se dividen los verbos según la terminación del infinitivo: primera conjugación, los terminados en *-ar;* segunda, los terminados en *-er;* tercera, los terminados en *-ir.*

conjugado, da *adj.* MAT y GEOM Dicho de una línea o de una cantidad, que está enlazada por alguna ley o relación determinada.

conjugador *m.* INF Programa informático que genera el modelo de conjugación de un verbo desde su infinitivo.

conjugar 1 *tr.* Combinar cosas entre sí. 2 GRAM Enunciar la conjugación de un verbo en sus diferentes modos, tiempos, números y personas.

conjunción 1 *f.* Unión de dos o más cosas. 2 ASTR Alineación de dos o más astros respecto al punto de observación. 3 GRAM Palabra invariable o locución que encabeza diversos tipos de oraciones subordinadas o que une dos o más proposiciones, o partes de una proposición, sintácticamente equivalentes: *Quisiera correr pero no puedo; Carmen y Martín viajan mucho; Vencer o morir.* • V. separata Las categorías gramaticales.

conjuntivitis *f.* MED Inflamación de la conjuntiva.

conjuntivo, va 1 *adj.* Que junta y une una cosa con otra. 2 ANAT y FISIOL **tejido** ~. 3 GRAM Perteneciente o relativo a la conjunción o que la realiza. 4 GRAM **locución** ~. 5 *f.* ANAT Membrana mucosa muy fina que tapiza interiormente los párpados y se extiende a la parte anterior del globo.

conjunto, ta 1 *adj.* Ligado a algo, simultáneo. 2 *m.* Agregado de varias personas o cosas, que constituyen una cierta unidad. 3 Grupo de músicos o bailarines que actúan juntos. 4 Juego de vestir femenino formado básicamente por chaqueta y falda o pantalón. 5 MAT Agrupación de objetos o elementos poseedores de una característica común que los diferencia de otros similares: *El conjunto de los perros de caza, el conjunto de los números primos.* Cada objeto del conjunto se representa por una letra minúscula y el conjunto se representa por una letra mayúscula; por ejemplo: $A = \{a, b, c\}$. || ~ **abierto** MAT El que no incluye o contiene su frontera. ~ **acotado** MAT El que tiene **cota**[2] superior e inferior. ~ **cerrado** MAT El que contiene todos sus puntos de acumulación. ~ **vacío** MAT El que no tiene ningún elemento.

□ MAT La teoría de conjuntos es una rama de las matemáticas que permite construir proposiciones más claras y precisas y explicar conceptos abstractos. Sus conceptos fundamentales son el conjunto, el elemento y la clase, de los que se derivan la pertenencia (única relación definida), el subconjunto, la unión, la intersección, el complementario y el conjunto de las partes de un conjunto. Se dice que dos conjuntos son iguales cuando están compuestos por los mismos elementos, y equivalentes cuando entre sus elementos existe una **correspondencia** biunívoca. La extensión del conjunto viene dada por un número cardinal, que, en el caso de los conjuntos finitos, es natural.

conjura 1 *f.* Concierto o acuerdo hecho contra el Estado o una autoridad de este. 2 **CONJURO.**

conjurar 1 *intr.* y *prnl.* Asociarse con otro u otros mediante juramento. 2 Urdir una conjura contra alguien o algo. 3 *tr.* Exorcizar al demonio. 4 *intr.* Ahuyentar un mal, alejar pensamientos tristes.

conjuro 1 *m.* Acción y efecto de conjurar. 2 Fórmula mágica para conseguir algo que se desea.

conllevar 1 *tr.* Contener, incluir alguna cosa: *El estudio conlleva esfuerzo.* 2 Soportar con paciencia, resignación y valor las adversidades.

conmemorar *tr.* Celebrar una fecha importante con un acto o un monumento.

conmigo *pron. pers.* Forma especial de la primera persona del singular cuando se combina con la preposición *con: Quédate conmigo.*

conminar *tr.* Obligar, bajo amenaza de sanción, a alguien hacer algo.

conmiseración *f.* Compasión que se tiene del mal de otro.

conmoción 1 *f.* Perturbación violenta del ánimo. 2 Levantamiento, alteración de un Estado, provincia o pueblo. || ~ **cerebral** MED Pérdida del conocimiento producida por un golpe en la cabeza o por otro traumatismo violento. ~ **interior** POLÍT Estado de excepción que un gobierno puede decretar cuando hay perturbación del orden público.

conmocionar *tr.* y *prnl.* Producir conmoción.

conmover 1 *tr.* y *prnl.* Sacudir, perturbar. 2 *tr.* Mover a compasión, enternecer. • Vb. irreg. conjug. c. **mover.** V. anexo El verbo.

conmutación *f.* Acción y efecto de conmutar.

conmutador, ra 1 *adj.* Que conmuta. 2 *m.* ELECTR Elemento de un circuito eléctrico para cambiar el sentido del movimiento o para desplazar la señal de un canal a otro. 3 TELEC Aparato que conecta una o varias líneas telefónicas con diversos teléfonos instalados en una misma entidad.

conmutar 1 *tr.* Cambiar algo por otra cosa. 2 Dicho de una pena o un castigo, que es sustituido por otro más leve.

conmutativo, va 1 *adj.* Que conmuta o puede conmutar. 2 MAT Dicho de una propiedad, que tienen ciertas operaciones cuyo resultado no varía cambiando el orden de sus términos o elementos. 3 MAT Dicho de una operación, que tiene esta propiedad.

connatural *adj.* Propio de la naturaleza del ser viviente.

connivencia 1 *f.* Acuerdo entre dos o más personas para algún negocio poco limpio. 2 Tolerancia de un superior ante las transgresiones de sus subordinados.

connotación 1 *f.* Acción y efecto de connotar. 2 LING Significado que por asociación adquiere una palabra al margen de su significación propia, es decir, que se toma en sus rasgos conceptuales subjetivos.

connotado, da *adj.* Distinguido, notable.

connotar 1 *tr.* Suponer, implicar. 2 Conllevar connotación una palabra o una expresión.

cono 1 *m.* GEOM Cuerpo formado por una superficie generada por una línea que tiene fijo uno de sus puntos, mientras que con los otros describe curvas cerradas. 2 ANAT Cada una de las células de la retina de los vertebrados que reciben las impresiones del color. 3 BOT Fruto de las coníferas. 4 GEO Montaña o montón de lavas, cenizas, etc., que adoptan esa forma geométrica. || ~ **circular** GEOM El que tiene por base una circunferencia. ~ **de deyección** GEO El que forman los materiales transportados por una corriente al desembocar en un valle. ~ **de fertilización** BIOL Lugar de contacto del espermatozoide con el óvulo. ~ **de luz** FÍS Haz de rayos luminosos limitado por una superficie cónica. ~ **de sombra** FÍS Espacio ocupado por la sombra que proyecta un cuerpo, generalmente esférico. ~ **truncado** GEOM Parte de cono comprendida entre la base y otro plano, generalmente paralelo a la base, que corta todas sus generatrices.

conocedor, ra 1 *adj.* Que conoce. 2 *adj.* y *s.* Experto, entendido en alguna materia.

conocer 1 *tr.* Captar la mente la realidad de las cosas y sus relaciones. 2 Entender, saber: *Conoce la manera de lograr sus objetivos.* 3 Percibir algo como distinto de todo lo que no es él: *Conoce todas las variaciones de Lizt.* 4 Tener relaciones sexuales. 5 Experimentar, sentir: *Alejandro Magno no conoció la derrota.* 6 *tr.* y *prnl.* Tener trato y comunicación con alguien. 7 *prnl.* Juzgarse a sí mismo de una manera certera. • Vb. irreg. conjug. c. **agradecer**. V. anexo El verbo.

conocido, da *m.* y *f.* Persona con quien se tiene trato o comunicación, pero no amistad.

conocimiento 1 *m.* Acción y efecto de conocer. 2 Noción, noticia elemental de algo: *No se tiene conocimiento de que haya cambiado la situación.* 3 Facultad de conocer: *El ser humano está dotado de conocimiento.* 4 Facultad de reconocer la realidad y relacionarse con ella; equivale a conciencia: *Perdió el conocimiento.* 5 *m. pl.* Conjunto de saberes sobre un tema o sobre una ciencia: *Mis conocimientos sobre agricultura son escasos.* || **teoría del** ~ FIL Parte de la filosofía que analiza las facultades cognitivas del ser humano y su capacidad de captar la realidad en sus diversas manifestaciones.

conque *conj. ilat.* Enuncia una consecuencia natural de lo que acaba de decirse: *Es tarde ya, conque ya habrán cerrado el instituto.*

conquista 1 *f.* Acción y efecto de conquistar. 2 Lo conquistado. 3 HIST Periodo histórico comprendido entre 1492, año del descubrimiento de América, y mediados del s. XVI. En él tuvo lugar el sometimiento de los pobladores indígenas al poder de la Corona española. • Se escribe con may. inic. en la acepción 3.

conquistador, ra 1 *adj.* y *s.* Que conquista. 2 Dicho de los españoles y portugueses, que llevaron a cabo las labores de descubrimiento, conquista y colonización de América.

conquistar 1 *tr.* Adueñarse de un territorio por medio de las armas. 2 Conseguir algo, generalmente con esfuerzo o habilidad. 3 Ganarse la voluntad de alguien. 4 Lograr el amor de una persona, enamorar.

consagración 1 *f.* Acción y efecto de consagrar o consagrarse. 2 Parte de la misa en la que se produce la transformación eucarística.

consagrar 1 *tr.* Conferir carácter sagrado a una persona o cosa. 2 Dedicar un monumento en memoria de una persona o un suceso. 3 *tr.* e *intr.* REL En la misa católica, pronunciar el sacerdote las palabras de la consagración sobre el pan y el vino. 4 *tr.* y *prnl.* Conferir a alguien fama o reconocimiento en un determinado campo. 5 Entregarse con empeño a una determinada actividad: *Consagrarse al estudio.* 6 Lograr la estima y el respeto por alguna obra, creación, etc.: *Se ha consagrado como un gran novelista.*

consanguinidad *f.* Unión, por parentesco natural, de varias personas que descienden de una misma raíz o tronco.

consciencia *f.* CONCIENCIA.

consciente 1 *adj.* Dicho de una persona, que tiene conocimiento de algo o se da cuenta de ello, especialmente de sus actos y sus consecuencias. 2 Que tiene consciencia o facultad de reconocer la realidad.

conscripto *m.* Soldado que recibe la instrucción militar obligatoria.

consecuencia 1 *f.* Hecho o acontecimiento que se sigue o resulta de otro. 2 LÓG Proposición que se deduce de otra o de otras, con enlace tan riguroso, que, admitidas o negadas las premisas, es ineludible el admitirla o negarla.

consecuente 1 *adj.* Que sigue en orden a otra cosa o que es resultado de ella. 2 Dicho de una persona, que es coherente con sus principios. 3 *m.* LÓG Proposición que se desprende o deduce de otra que se llama antecedente. 4 GRAM Sustantivo o elemento oracional que ha sido anticipado por un pronombre: *Aunque ella baila mal, María se cree una danzarina.* Se opone a antecedente. 5 MAT Segundo término de una razón algebraica, por contraposición al término primero que es el antecedente.

consecutivo, va 1 *adj.* Dicho de una cosa, que se sucede sin interrupción. 2 Que sigue inmediatamente a otra cosa o es consecuencia de ella. 3 GRAM **conjunción** ~; **oración** ~.

conseguir *tr.* Obtener, lograr lo que se pretende o desea. • Vb. irreg. conjug. c. **pedir**. V. anexo El verbo.

consejería 1 *f.* Oficina donde funciona una corporación consultiva. 2 Cargo de consejero.

consejero, ra 1 *m.* y *f.* Persona que aconseja. 2 Miembro de algún consejo.

consejo 1 *m.* Parecer o dictamen que se da o se pide sobre la manera de actuar. 2 Organismo consultivo o administrativo del Estado o de una empresa privada. 3 Cuerpo consultivo en las sociedades particulares. 4 Reunión de los ministros para tratar los negocios del Estado, presidida por el jefe del poder ejecutivo. || ~ **de Estado** Alto cuerpo consultivo del Estado que atiende los asuntos más importantes en materia política y administrativa. ~ **de guerra** DER Tribunal compuesto de oficiales, que, con asistencia de un asesor del cuerpo jurídico, entiende en las causas de la jurisdicción militar. ~ **de ministros** Cuerpo de ministros del Estado.

consenso *m.* Acuerdo o conformidad entre varias personas, y especialmente entre las que componen una corporación.

consentido, da *adj.* y *s.* Dicho de una persona, que es muy mimada.

consentimiento *m.* Acción y efecto de consentir.

consentir 1 *tr.* e *intr.* Permitir que se haga u omita algo. 2 Asentir a una idea o un proyecto. 3 *tr.* Admitir o ser compatible con algo. 4 Mimar en exceso. • Vb. irreg. conjug. c. **sentir**. V. anexo El verbo.

conserje *m.* y *f.* Persona encargada de la vigilancia y limpieza de un edificio.

conserva *f.* Todo alimento adecuadamente preparado y envasado para su consumo posterior.

conservación 1 *f.* Acción y efecto de conservar o conservarse. 2 Proceso que consiste en detener el deterioro de objetos de valor histórico o artístico y en restaurarlos para devolverles su estado original. 3 ECOL Uso sostenible de los recursos naturales, como el suelo, el agua, las plantas, los animales y los minerales. 4 ECOL Mantenimiento de las reservas naturales y la fauna y flora autóctonas. 5 FÍS Dicho de ciertas magnitudes físicas (**energía**, **masa**, **movimiento**), ley según la cual estas permanecen constantes en la evolución de un sistema dado.

conservador, ra 1 *adj.* y *s.* Que conserva. 2 Dicho de una corriente de opinión, persona o partido, que aboga por el mantenimiento de la tradición, aceptando la evolución y las reformas sociales con moderación y cautela. 3 *m.* y *f.* Persona que tiene a su cargo el mantenimiento de un museo, archivo, etc.

conservante *m.* Sustancia que, añadida a ciertos alimentos, sirve para conservarlos sin alterar sus cualidades.

conservar 1 *tr.* y *prnl.* Guardar, mantener una cosa en buen estado. 2 *tr.* Tener guardado algo. 3 Continuar una práctica, costumbre, etc. 4 Elaborar conservas.

conservatorio, ria 1 *adj.* Que conserva y mantiene en buen estado. 2 *m.* Establecimiento para la enseñanza de la música y de las artes relacionadas con el teatro.

considerable *adj.* Suficientemente grande, cuantioso o importante.

considerando *m.* Cada uno de los motivos fundamentales que preceden y sirven de apoyo a un fallo o dictamen y empiezan con dicha palabra.

considerar 1 *tr.* Examinar con atención y cuidado algo. 2 Tener en cuenta algo. 3 Tratar con respeto a alguien. 4 Juzgar, estimar, suponer.

consigna 1 *f.* Orden dada al que manda un puesto, a un centinela, guarda, etc. 2 En agrupaciones políticas, sindicales, etc., dicho de la orden que una persona u organismo dirigente da a los subordinados o afiliados.

consignación 1 *f.* Acción y efecto de consignar. 2 Cantidad consignada para atender a determinados gastos o servicios.

consignar 1 *tr.* Señalar en un presupuesto cierta cantidad para un fin determinado. 2 Confiar algo en depósito. 3 Hacer constar por escrito una declaración, una opinión, un voto, etc.

consignatario, ria *m.* y *f.* Persona que recibe algo en consignación.

consigo *pron. pers.* Forma especial de la tercera persona *sí*, precedida de la preposición *con*: *Llevaba consigo todo lo necesario.*

consiguiente *adj.* Que depende y se deduce de otra cosa.

consistencia 1 *f.* Estabilidad y solidez de algo. 2 Coherencia de una teoría, una propuesta, etc.

consistente 1 *adj.* Que consiste en aquello que se expresa. 2 Compacto, que tiene consistencia.

consistir 1 *intr.* Estar fundado algo en otra cosa: *Su trabajo consiste en corregir pruebas.* 2 Ser lo mismo, equivaler. 3 Ser efecto de una causa. 4 Constar, componerse de algo.

consistorio 1 *m.* Junta o consejo que celebra el papa con asistencia de los cardenales de la Iglesia romana. 2 HIST Consejo que tenían los emperadores romanos para tratar los negocios más importantes.

consola 1 *f.* Mesa de adorno, adosada a la pared, para colocar sobre ella objetos. 2 Tablero de mandos eléctricos o electrónicos de un aparato o una máquina.

consolación 1 *f.* Acción y efecto de consolar o consolarse. 2 Trofeo que se disputa entre los semifinalistas de un torneo o una competición.

consolador, ra *adj.* y *s.* Que consuela.

consolar *tr.* y *prnl.* Mitigar la pena ajena o propia mediante pruebas de afecto, razonamientos adecuados, etc. • Vb. irreg. conjug. c. **contar**. V. anexo El verbo.

consolidación *m.* Acción y efecto de consolidar o consolidarse.

consolidar 1 *tr.* Dar firmeza a una cosa o reforzarla. 2 Convertir una deuda flotante en fija. 3 Afianzar cosas que no son físicas, como la amistad, una situación política, una alianza, etc.

consomé *m.* Caldo de carne.

consonancia 1 *f.* Identidad de sonido en la terminación de dos palabras, desde la vocal que lleva el acento: *Anoche, cuando dormía, / soñé, ¡bendita ilusión!, / que una colmena tenía / dentro de mi corazón.* 2 Relación de igualdad o conformidad que tienen algunas cosas entre sí.

consonante 1 *adj.* Que tiene consonancia. 2 *adj.* y *m.* Dicho de una palabra con respecto a otra de la misma consonancia. 3 FON Dicho de un sonido en cuya pronunciación se interrumpe, en algún punto del canal vocal (dientes, labios, etc.), el paso del aire espirado. Según la acción de las cuerdas vocales, las consonantes se agrupan en sonoras o vibrantes (*b, d, g, m, n, ñ, l, ll, r, rr, y*) y en sordas o no vibrantes (*ca, ch, f, j, p, s, t*). • En casi toda Hispanoamérica no se distingue la *s* de la *z* y la *b* de la *v* en el español hablado. 4 *f.* GRAM Letra que representa un sonido y una articulación consonánticos. • V. tabla Alfabeto y lengua, p. 23. V. tabla Consonantes, usos ortográficos, pp. 157-159.

consonántico, ca 1 *adj.* Perteneciente o relativo a las consonantes. 2 Perteneciente o relativo a la consonancia.

consonar *intr.* Formar o estar en consonancia.

consorcio 1 *m.* Asociación de personas por unos intereses comunes. 2 ECON Agrupación de empresas que, sin renunciar a su autonomía, persiguen un fin común.

consorte *m.* y *f.* Persona que está casada con otra.

conspicuo, cua *adj.* Sobresaliente, ilustre, visible.

conspirar *intr.* Unirse algunas personas en secreto contra alguien o algo.

constancia[1] *f.* Firmeza del ánimo en las resoluciones y en los propósitos.

constancia[2] 1 *f.* Acción y efecto de hacer constar algo de manera fehaciente. 2 Certeza de algún hecho o dicho. 3 Escrito en que se ha hecho constar algún acto o hecho.

constante 1 *adj.* Dicho de una persona, que mantiene su actitud o la misma actividad de manera duradera: *María es constante, puedes contar con ella para este trabajo.* 2 Dicho de ciertas actitudes cuando son duraderas: *Su buen genio es constante.* 3 Dicho de una cosa, que es persistente, durable: *La temperatura permanece constante.* 4 Dicho de algo cuando se repite frecuentemente: *Sus aciertos son constantes.* 5 *adj.* y *f.* Continuamente reiterado: *La burla es una constante en sus escritos.* 6 *f.* MAT. Variable con un valor fijo en un determinado proceso o cálculo. || ~ **de equilibrio** QUÍM Variable de valor fijo que equivale al producto de las concentraciones de las sustancias formadas en una reacción química reversible en la que se ha alcanzado el equilibrio, dividido entre el producto de las concentraciones de las sustancias que reaccionan, elevada cada una a un exponente igual al coeficiente que precede a su respectiva fórmula en la ecuación química ajustada. ~ **de Faraday** FÍS Unidad de carga eléctrica (96,490 culombios), definida por la carga necesaria para depositar en la electrólisis un equivalente-gramo de electrolito. ~ **de proporcionalidad directa** MAT Valor del cociente entre pares de valores de las magnitudes dependientes. ~ **elástica** FÍS Valor que permite medir la elasticidad de un cuerpo sólido que tiende a deformarse. ~ **solar** ASTR Cantidad de energía irradiada por el Sol que equivale a 1,99 calorías por centímetro cuadrado y por minuto.

constar 1 *intr.* Ser una cosa cierta y manifiesta. 2 Estar registrada en algún escrito o documento. 3 Componerse un todo de determinadas partes.

constatar *tr.* Comprobar un hecho, establecer su veracidad.

constelación *f.* ASTR Cada uno de los conjuntos de estrellas que, mediante trazos imaginarios sobre la aparente superficie celeste, forman un dibujo que evoca determinada figura (un animal, un personaje mitológico, etc.). Algunas constelaciones son muy extensas (Osa Mayor, Centauro); otras son extremadamente pequeñas (Flecha).

constelado, da *adj.* Estrellado, lleno de estrellas.

Consonantes. Usos ortográficos de las letras

La **ortografía** indica el uso adecuado de las letras, los signos y, en general, de las palabras en la escritura. Su función es conservar las normas acordadas por la comunidad de usuarios de una lengua. Las reglas ortográficas y el uso de los signos de puntuación influyen profundamente en el sentido de un texto.

Letra	Se escriben con...
B - b	• El sonido final *-bir* de los infinitivos y todas las formas de estos verbos. Excepciones: *her**vir**, ser**vir*** y *vi**vir***. • Las terminaciones *-ba, -bas, -bamos, -bais, -ban, -bundo, -bunda* y *-bilidad*: *nausea**bundo**, furi**bunda**, ama**bilidad***. Excepciones: *mo**vilidad**, ci**vilidad***. • Los infinitivos y formas verbales de *be**ber**, de**ber**, ca**ber**, ha**ber*** y *sa**ber***. • El pretérito imperfecto del indicativo del verbo ir: ***iba***. • Las palabras que empiezan con el sonido **bibl-**: (***bibl**ioteca, **bibl**ia, **bibl**iografía*, **etc.**), y con las sílabas **bu-**, **bur-** y **bus-**: ***bur**ro, **bur**la, **bus**car*. • Las palabras en que dicho sonido precede a otra consonante: *ama**ble**, **bra**zo, **abdic**ación, **abneg**ación, **obs**truir, **obte**ner, **obvio***. Esta regla incluye las sílabas *bla, ble, bli, blo, blu* y *bra, bre, bri, bro, bru*. • Los prefijos *bi-, bis-, biz-* (que significan dos o dos veces): ***bi**lingüe, **bis**iesto, **biz**nieto* y **-bien** y **-bene** (que significan bien): ***bien**intencionado, **bene**plácito, **bené**volo, **bene**ficio*. • Los compuestos y derivados de voces que llevan esta letra.
C - c	• Las terminaciones *-cito, -cita, -cillo, -cilla, -cecillo, -cecilla*: *peda**cito**, madre**cita**, po**cillo**, mane**cilla**, pece**cillo**, luce**cilla***. • Las palabras en singular que terminan en *z*, al formar el plural: *luz, lu**ces**; cruz, cru**ces**; lápiz, lápi**ces**; capaz, capa**ces***. • La terminación *-ción* siempre que el sustantivo concreto con el que se relacione la palabra termine en *-tor* y no en *-sor*: *destructor, destruc**ción**; director, direc**ción***. • Los verbos cuyos infinitivos terminen en alguna de las voces *-cer, -ceder, -cir, -cendir, -cibir, -cidir*: *co**cer**, con**ceder**, de**cir**, re**cibir***. Excepciones: *a**sir**, co**ser***. • Todos los compuestos y derivados de las palabras que se escriban con esta letra: ***ce**bolla, en**ce**bollado; **ce**ja, **ce**jijunto*.
G - g	• El prefijo *geo-* de las palabras compuestas: ***geo**grafía, **geo**metría, **geo**logía*. • La terminación *-gen* de los nombres: *ori**gen**, mar**gen**, abori**gen***. • Las terminaciones *-gélico, -genario, -géneo, -génico, -genio, -génito, -gesimal, -gésimo, -gético*; también sus femeninos y plurales: *an**gélico**, sexa**genario**, homo**géneo**, foto**génico**, in**genio**, primo**génito**, vi**gésimo**, apolo**gético***. • Las terminaciones *-gia, -gio, -gión, -gional, -gionario, -gioso* y *-gírico*: *ma**gia**, re**gio**, reli**gión**, re**gional**, le**gionario**, prodi**gioso**, pane**gírico***. • Las terminaciones *-ger* y *-gir* de los infinitivos: *prote**ger**, esco**ger**, reco**ger**, fin**gir**, corre**gir**, diri**gir***. Excepciones: *te**jer**, cru**jir*** y sus compuestos. • Es necesario tener en cuenta que la *g* combinada con las vocales *e, i* genera sonido gutural fuerte: ***ge**nte, **gi**gante*. Para representar ese mismo sonido suave, se coloca una *u* átona entre la *g* y la *e* o la *i*: ***gue**rra, **gui**so*. Cuando la *u* intermedia suena, se escribe con diéresis, como en *pin**güino*** y *lin**güística***.
H - h	• Los prefijos *hidra-, hidro-, hiper-* e *hipo-*: ***hidrá**ulico, **hidró**geno, **hipér**bole, **hipó**crita*. • Todas las palabras que empiezan por el diptongo *ue*: ***hue**co, **hue**lga, **hue**lla, **hué**rfano, **hue**rto*. • Los prefijos *hecto-, hepta-, hexa-* y *hemi-* de las palabras compuestas: ***hectó**metro, **hepta**sílabo, **hemi**ciclo, **hexá**gono*. • Los compuestos y derivados de palabras que tienen *h*: ***huel**ga, **huel**guista*. Excepciones: los derivados de ***hueso**, **huevo**, **hueco*** y ***huér**fano*: *óseo, óvulo, oquedad* y *orfandad*. • Todas las formas de los verbos cuyo infinitivo lleva *h*: ***hubo**, **ha**bla, **hon**ra, **hur**taron*.
J - j	• La terminación *-jería*: *conser**jería**, cerra**jería**, conse**jería***. • Los tiempos de los verbos que llevan esa letra en su infinitivo: *cru**jir**, cru**je**; traba**jar**, traba**ja***. • Las palabras derivadas de otras que llevan *j*: *ca**ja**, ca**jita**; here**je**, here**jía***. • Las formas verbales con sonido **/je/**, **/ji/** si los infinitivos correspondientes no llevan ni *g* ni *j*: *distraer, distra**jimos**; deducir, dedu**jimos**; decir, di**jimos***.

Letra	Se escriben con...
Ll - ll	• Las palabras que terminan en *-illo, -illa*, sea o no esta terminación correspondiente a un sufijo diminutivo: *pi**llo**, si**lla**, poli**lla**, cancionci**lla***. • Las palabras que comienzan por las sílabas *fa-, fo-, fu-*: *fallo*, **follonero** (peleonero), **fullero** (tramposo). • Todas las formas del verbo *hallar* (encontrar): *ha**llé**, ha**llaba**, he ha**llado***. • Las palabras que terminan en *-ello, -ella*: *atrope**llo**, bote**lla**, cente**lla**, came**llo**, deste**llo***. Excepciones: *plebe**yo-a**, legul**eyo-a**, desm**ayo*** y todas las palabras que contienen la terminación de origen grecolatino *-peya*: *epo**peya***. • Los verbos terminados en *-ellar, -illar, -ullar* y *-ullir*: *atrope**llar**, humi**llar**, arru**llar**, engu**llir***.
M - m	• Antes de *b* y *p*: ***cam**bio, **cam**po, **tam**bién, **cam**peón*. • Después de *n*: ***inm**obiliario, **inm**ersión, **inm**enso*. • Se escribe doble **eme** en los siguientes casos: ***Emma**, **Emmanuel**, **gamma*** (tercera letra del alfabeto griego). • Se escribe *m* final en algunos latinismos: *íde**m**, currículu**m**, vade mecu**m*** (*vademécum*).
R - r **Rr - rr**	• En general, el sonido fuerte se escribe con *rr* y el suave con r: *pe**r**o, pe**rr**o*. • Al final de la palabra se escribe *r*: *amo**r***. • Aunque el sonido sea fuerte, se escribe una sola *r* al principio de la palabra y cuando va antecedida de *l, n*, o *s*: ***alr**ededor, **enr**iquecer, **isr**aelita*. • Se escribe *rr* siempre que vaya entre dos vocales, aunque sea una palabra compuesta cuya forma simple lleve una sola *r*: *vice**rrector**, contra**rréplica***.
S - s	• Las palabras que terminan en *-ense*, referidas a los gentilicios: *nicaragü**ense**, costarric**ense**, canadi**ense**, boyac**ense***. • Las terminaciones *-sivo, -siva*: *corro**sivo**, ma**siva**, explo**sivo**, expre**siva**, inten**sivo***. • Las palabras terminadas en *-sión*, cuando provienen de palabras terminadas en *-so, -sor, -sivo*: *compren**sión**, compren**sivo**; persua**sión**, persua**sivo**; repre**sión**, repre**sivo**; previ**sión**, previ**sor**; preci**sión**, preci**so***. • Las palabras terminadas en los superlativos *-ísimo, -ísima*: *bell**ísima**, lind**ísimo**, fe**ísima**, inteligent**ísima**, delicad**ísima***. • Las palabras terminadas en *-oso, -osa*: *bondad**oso**, sabr**osa**, dadiv**oso**, perez**osa**, maravill**oso**, grandi**oso***. • Las palabras terminadas en *-ismo*: *espirit**ismo**, oscurant**ismo**, atlet**ismo**, altru**ismo**, vanguard**ismo***. • Las palabras terminadas en *-esca, -esco*: *grot**esca**, dant**esca**, gigant**esco**, pintor**esco***. • La terminación *-ese* del verbo auxiliar haber, pretérito pluscuamperfecto, modo subjuntivo: *hubi**ese** ido, hubi**ese** llegado, hubi**ese** sufrido*. • Las terminaciones *-esta, -esto, -ista*: *fi**esta**, ti**esto**, ar**ista***. • La terminación *-se* de todos los verbos del pretérito imperfecto, modo subjuntivo: *hubie**se**, partie**se**, ama**se**, cumplie**se**, subie**se**, temie**se***. • Las terminaciones *-ersa, -erse, -erso*: *rev**ersa**, compromet**erse**, anv**erso***. • Los verbos que en su infinitivo no tienen *s, c*, o *z*: *querer, qui**so**; haber, **has**; ver, **ves***.
V - v	• El presente del indicativo, imperativo y subjuntivo del verbo *ir*: ***v**oy, **v**as; **v**e, **v**aya, **v**ayamos*. • El pretérito indefinido, el pretérito imperfecto y el futuro del subjuntivo de los verbos *estar, andar* y *tener* y sus compuestos: *estu**ve**, estu**viera**, estu**viere**; andu**ve**, andu**viera**, andu**viese**; tu**ve**, tu**viera**, tu**viese***. • Las terminaciones de adjetivos *-ava, -ave, -avo; -eva, -eve, -evo; -iva, -ivo*: *oct**ava**, gr**ave**, doce**avo**, renu**eva**, br**eve**, long**evo**, mas**iva**, incis**ivo***. Excepciones: *ár**abe**, síl**aba*** y sus compuestos. • Después de *d*: *ad**v**ertencia, ad**v**enedizo, ad**v**ersario*. • Los prefijos *vice-, villa-, villar-*: ***vice**almirante, **Villa**lobos, **Villa**rrica*. • Las terminaciones de *-viro, -vira, -ívoro* e *-ívora*: *El**vira**, herb**ívora**, omn**ívoro**, carn**ívoro***. Excepción: *víbora*. • Las terminaciones *-servar* y *-versar* de los verbos *con**servar**, ob**servar**, con**versar*** y *re**servar***. • Las formas de los verbos que no tienen ni *v* ni *b* en su infinitivo: *tu**ve**, estu**ve**, andu**ve**, andu**vieron**, **vayamos***. Excepciones: las terminaciones *-ba, -bas, -bamos, -bais, -ban* del pretérito imperfecto del indicativo: *esta**ba**, esta**bas**, está**bamos**, esta**bais**, esta**ban***. • Después de las letras *b, d* y *n*: *ob**v**io, ad**v**enedizo, in**v**iable*. • Los compuestos y derivados de palabras que llevan esa letra: ***v**enir, pre**v**enir; **v**uelta, re**v**uelta; **v**uelca, re**v**uelca*.

Letra	Se escriben con...
X - x	• Las palabras que empiezan por la sílaba *ex-* seguida del grupo *-pr*: ***ex****primir*, ***ex****presa*, ***ex****prés*. • Casi todas las palabras que empiezan por la sílaba *ex-* seguida del *-pl*: ***expl****icación*, ***explosión***, ***expl****oración*. Excepciones: ***es****pliego*, ***es****plendor* y sus derivados. • Las palabras que empiezan por *xeno-* (extranjero), *xero-* (seco, árido) y *xilo-* (madera): ***xeno****fobia*, ***xero****copia* o ***xiló****fono*. • Las palabras que empiezan por el prefijo *ex-* (fuera, más allá): ***ex****carcelación*, ***ex****tremo*, ***ex****presidente*. • Las palabras que empiezan por el prefijo *extra-* (fuera de): ***extra****oficial*, ***extra****terrestre*.
Y - y	• El gerundio del verbo *ir* y sus formas del presente de subjuntivo: ***ye****ndo*, *va****ya***, *va****yas***, *va****yamos***, *va****yáis***, *va****yan***. • Los verbos *ayunar* y *desayunar* en todos sus tiempos: ***ayu****nas*, *des****ayu****nábamos*, ***ayu****naron*, *des****ayu****no*. • La terminación *-yendo* (gerundio) de los verbos cuyo infinitivo termina en *-aer*, *-eer*, *-uir*: *ca****yendo***, *le****yendo***, *hu****yendo***, *contra****yendo***, *prove****yendo***. • Las terminaciones verbales *-uyo*, *-uya*, *-uyes*, *-uyamos*, *-uyesen*, *-uyeron* de los verbos cuyo infinitivo termina en *-buir*, *-uir*, *-cluir*: *hu****yan***, *contrib****uye***, *int****uyen***, *concl****uyeron***, *incl****uyo***. • Las palabras que empiezan por *yu-*, *yer-*: ***yu****ca*, ***yer****no*, ***yer****ro*, ***yer****ba*. Excepciones: ***llu****via*, ***llu****vioso*, ***llu****eve*. • Los plurales de las palabras que terminan en *y* en singular: *rey*, *re****yes***; *buey*, *bue****yes***; *ley*, *le****yes***. • Las palabras que contienen la sílaba *yec*: *pro****yec****to*, *tra****yec****to*, *in****yec****ción*. • Las formas verbales de los verbos que no tienen *y* en su infinitivo: *caer*, *ca****yeron***; *leer*, *le****yendo***, *le****yeron***; *poseer*, *pose****yeron***. • Después de consonante: *sub****yu****gar*, *cón****yu****ge*, *dis****yun****tiva*. Excepción: *con****ll****evar* y sus derivados. • La conjunción copulativa *y*. Esa conjunción es *e* si la segunda palabra empieza por *i* (no se toma en cuenta la *h* inicial): *Tú* ***y*** *yo*; *Juana* ***e*** *Isabel*; *padres* ***e*** *hijos*. Excepciones: *cobre* ***y*** *hierro*.
Z - z	• Las palabras terminadas en *-anza* y *-azgo*: *adivin****anza***, *mud****anza***, *hall****azgo***, *d****anza***. Excepciones: *gan****sa****-o*, *man****sa****-o*. • Las terminaciones *-ez*, *-eza*, *-az*, *-oz*, de los nombres abstractos: *palid****ez***, *bell****eza***, *vor****az***, *atr****oz***. • Las terminaciones *-azo*, *-aza* que indican aumento, golpe: *jef****azo***, *man****aza***. • Las terminaciones *-iz*, *-ez*, *-oz*, *-az*, de los nombres patronímicos: *Ramír****ez***, *Rodrígu****ez***, *Ru****iz***, *Sánch****ez***, *Muñ****oz***, *Ort****iz***, *Bohórqu****ez***. • Las terminaciones *-zuela*, *-zuelo* que indican disminución o desprecio: *mujer****zuela***, *bribon****zuelo***. • Algunos verbos en infinitivo terminados en *-zar* y sus conjugaciones delante de las vocales *a*, *o*: *anali****zar***, *anali****zo-a***; *parali****zar***, *parali****zo-a***; *aterrori****zar***, *aterrori****zo-a***; *canali****zar***, *canali****zo-a***. • Las palabras terminadas en *-izo*, *-iza*: *mest****iza***, *cobr****izo***, *plom****izo***, *moved****iza***, *enferm****iza***.

constelar *tr.* Cubrir, llenar.

consternar *tr.* y *prnl.* Causar o sentir una gran pena o un abatimiento.

constipar 1 *tr.* Cerrar y apretar los poros impidiendo la transpiración. 2 *prnl.* Acatarrarse, resfriarse.

constitución 1 *f.* Acción y efecto de constituir. 2 Estructura y disposición de una cosa. 3 Complexión de un individuo. 4 DER Ley fundamental de un Estado que establece los derechos y las obligaciones de los ciudadanos y de sus gobernantes. • Se escribe con may. inic. en la acepción 4.

constitucional 1 *adj.* Perteneciente o relativo a la Constitución de un Estado. 2 Propio de la constitución de un individuo o perteneciente a ella. 3 DER **Corte** ~. 4 DER **derecho** ~.

constitucionalismo *m.* POLÍT Doctrina que preconiza la supremacía jurídica de la Constitución.

constitucionalizar *tr.* Hacer constitucional una norma o un derecho.

constituir 1 *tr.* Formar, componer las partes un todo. 2 Poner a alguien en determinada condición o circunstancia. 3 Con nombres como *apuro, obligación,* etc., obligar a alguien a hacer algo (a veces con la preposición *en*). 4 *tr.* y *prnl.* Establecer, ordenar. 5 Seguido de *en* o *por,* atribuirse la cualidad o cargo que se expresa: *Se constituyó en defensor del pueblo.* • Vb. irreg. conjug. c. **huir**. V. anexo El verbo.

constitutivo, va *adj.* y *m.* Dicho de lo que forma parte esencial o fundamental de algo y lo distingue de los demás.

constituyente 1 *adj.* Que constituye o establece. 2 *adj.* y *s.* POLÍT Dicho de una asamblea, una convención, un congreso, etc., convocado para elaborar o reformar la Constitución del Estado. 3 *m.* y *f.* Persona elegida como miembro de una asamblea constituyente.

constreñir 1 *tr.* Obligar a hacer algo. 2 Coartar la libertad. 3 Oprimir, apretar. 4 *prnl.* Limitarse, moderarse. • Vb. irreg. conjug. c. **ceñir**. V. anexo El verbo.

constrictor, ra *adj.* Que constriñe.

construcción 1 *f.* Acción y efecto de construir. 2 Técnica o conjunto de técnicas necesarias para construir obras civiles y edificios. 3 Edificio, obra construida. 4 GRAM Ordenamiento gramatical de las palabras, que ya están relacionadas por la concordancia y el régimen. 5 **figura** de ~.

constructivismo 1 *m.* ART Movimiento artístico, vinculado al cubismo, que concibe la obra como una estructura o *construcción* en la que el espacio y el tiempo deben existir realmente. 2 PSIC Teoría que explica el desarrollo de la inteligencia a partir de la adecuación del individuo al entorno durante las distintas etapas del aprendizaje.

constructivo, va *adj.* Que construye o sirve para construir, por oposición a lo que destruye.

constructo *m.* PSIC Categoría mental en la que una persona organiza información y experiencias que tienen un sentido opuesto.

construir 1 *tr.* Edificar, hacer una obra de arquitectura o ingeniería, un monumento. 2 Hacer algo importante: *Construyó una universidad.* 3 GRAM Ordenar las palabras de acuerdo con las leyes de la construcción gramatical. • Vb. irreg. conjug. c. **huir.** V. anexo El verbo.

consubstanciación *f.* REL Presencia de Jesucristo en la Eucaristía, en sentido luterano; es decir, conservando el pan y el vino su propia sustancia y no una mera apariencia.

consuegro, gra *m.* y *f.* Padre o madre de una de dos personas unidas en matrimonio, respecto del padre o la madre de la otra.

consuelo 1 *m.* Descanso y alivio de una pena. 2 Gozo, alegría.

consueta *m.* TEAT Apuntador del teatro.

consuetudinario, ria *adj.* Que es de costumbre, habitual.

cónsul, lesa 1 *m.* y *f.* Funcionario que vela por los intereses de los connacionales en un país extranjero. 2 *m.* HIST Cargo anual de cada uno de los dos magistrados que tenían la autoridad suprema en la Roma republicana.

consulado 1 *m.* Cargo de cónsul. 2 Oficina en que despacha el cónsul.

consulta 1 *f.* Acción y efecto de consultar. 2 Conferencia entre expertos para resolver algo. 3 MED Acción de atender el médico a sus pacientes.

consultar 1 *tr.* Tratar algún asunto con una o varias personas. 2 Pedir parecer o consejo. 3 Averiguar algún dato mirando un fichero, diccionario, etc.

consultorio 1 *m.* Despacho donde se informa sobre asuntos específicos: *Consultorio jurídico.* 2 Local en que el médico recibe y atiende a sus pacientes. 3 En las emisoras de radio y la prensa escrita, sección destinada a contestar las preguntas del público.

consumar 1 *tr.* Realizar por completo una cosa. 2 Dar cumplimiento a un contrato. 3 Realizar la unión sexual por vez primera en el matrimonio.

consumidor, ra 1 *adj.* y *s.* Que consume. 2 *m.* y *f.* Persona o conjunto de personas que satisface sus necesidades mediante el uso de los bienes y servicios generados en el proceso productivo. 3 ECON **índice** de precios al ~.

consumir 1 *tr.* y *prnl.* Extinguir, destruir una cosa por completo. 2 Desazonar, afligir cualquier pasión o irritación a las personas. 3 *tr.* Gastar personas o cosas lo necesario para su mantenimiento. 4 Tomar algo en el bar. 5 Hacer uso de lo que ofrece el mercado. 6 Sumergir una cosa.

consumismo *m.* Tendencia a adquirir bienes de consumo repetida e indiscriminadamente, y en general no absolutamente necesarios, y a sustituirlos rápidamente por otros.

consumo 1 *m.* Acción y efecto de consumir. 2 Combustible o energía que necesita una máquina para su funcionamiento. 3 ECON **bienes** de ~. 4 **sociedad** de ~.

consunción 1 *f.* Acción y efecto de consumir o consumirse. 2 Acabamiento, extenuación.

contabilidad *f.* Técnica que permite identificar, medir y registrar la información económica de una organización o empresa, con el fin de evaluar su situación.

contabilizar 1 *tr.* Apuntar la contabilidad en los libros de cuentas de una empresa. 2 Llevar la cuenta de algo, irla calculando.

contactar *tr.* e *intr.* Establecer contacto o comunicación.

contacto 1 *m.* Acción y efecto de tocarse dos o más personas o cosas. 2 Punto en que se tocan. 3 Relación o trato entre dos o más personas o entidades. 4 Persona que las pone en relación. 5 ELECTR Conexión entre dos partes de un circuito eléctrico. 6 ELECTR Artefacto para establecer esta conexión. 7 FOT Impresión positiva, obtenida por contacto, de un negativo fotográfico.

contado, da 1 *adj.* Raro, escaso. 2 Fijado, determinado. 3 *m.* Cada uno de los plazos de una deuda.

contador, ra 1 *adj.* y *s.* Que cuenta o sirve para contar. 2 *m.* y *f.* Persona que lleva la cuenta y razón de la entrada y salida de dineros. 3 *m.* Aparato que sirve para llevar la cuenta del número de revoluciones de una rueda o de los movimientos de otra pieza de una máquina. 4 Aparato que mide el consumo de electricidad, agua o gas de una instalación.

contagiar 1 *tr.* Transmitir una enfermedad por contacto. 2 *prnl.* Adquirir por contagio una enfermedad.

contagio 1 *m.* Acción de contagiar, transmitir o adquirir una enfermedad. 2 La misma enfermedad.

contaminación 1 *f.* Acción y efecto de contaminar. 2 CONTAGIO, transmisión de una enfermedad. 3 ECOL Acumulación de desechos en el aire, el suelo o el agua, que alteran gravemente el equilibrio de la biosfera. || ~ **acústica** ECOL La que produce el ruido cuando se considera que puede dañar la salud. Su causa principal es la actividad humana: el transporte, la construcción, la industria, etc. ~ **atmosférica** ECOL Impregnación de la atmósfera de residuos que pueden degradar o dañar la biomasa, atacar distintos materiales, reducir la visibilidad, o producir olores desagradables. ~ **del agua** ECOL Incorporación al agua de materias ajenas a ella, como microorganismos, productos químicos, residuos industriales y de otros tipos, o aguas residuales. ~ **radiactiva** ECOL Acumulación en los seres vivos y en el medio de sustancias de tipo radiactivo.

contaminante *adj.* y *s.* Que contamina.

contaminar 1 *tr.* y *prnl.* Alterar, dañar alguna sustancia o sus efectos la pureza o el estado de algo. 2 Contagiar, infectar.

contar 1 *tr.* Numerar o computar cosas como unidades homogéneas. 2 Incluir en una cuenta. 3 Referir un suceso, narrar. 4 Considerar, tener presente. 5 Tener un número de años. 6 *tr.* y *prnl.* Poner a alguien en la clase u opinión que le corresponde: *Siempre lo hemos contado entre los mejores.* 7 *intr.* Calcular, hacer cuentas. 8 Con la preposición *con*: tener en cuenta, disponer de una persona: *Cuenta con ella.* 9 Importar, ser de consideración: *Es una pequeña equivocación, no cuenta.* • Vb. irreg. conjugación modelo. V. anexo El verbo.

contemplación 1 *f.* Acción de contemplar. 2 Consideración, atención que se guarda a alguien. 3 FIL En la filosofía griega, visión racional de las cosas. 4 *f. pl.* Miramientos que cohíben de hacer algo.

contemplar 1 *tr.* Mirar una cosa o escena con atención. 2 Considerar un asunto con reflexión. 3 Ser muy condescendiente con alguien. 4 REL Ocuparse el alma tranquilamente en Dios y sus atributos.

contemplativo, va 1 *adj.* Perteneciente o relativo a la contemplación. 2 Que contempla. 3 Que acostumbra meditar intensamente.

contemporáneo, a 1 *adj.* y *s.* Coetáneo, que es de la misma época. 2 *adj.* Perteneciente o relativo al tiempo o a la época actual. 3 ART **arte ~**. 4 HIST **edad ~**.

contemporizar *intr.* Acomodarse al gusto o dictamen de otro u otros.

contención *f.* Acción y efecto de contener, frenar el movimiento de un cuerpo.

contencioso, sa 1 *adj.* Dicho de una persona, que por costumbre disputa o contradice todo lo que otras afirman. 2 *adj.* y *m.* DER Dicho de un asunto, proceso o recurso sometido al fallo de los tribunales en forma de litigio.

contender 1 *intr.* Pelear, luchar. 2 Discutir, contraponer opiniones. 3 Rivalizar, competir. • Vb. irreg. conjug. c. **entender**. V. anexo El verbo.

contendor, ra *adj.* y *s.* Que batalla o pelea ante alguien para conseguir un objetivo.

contenedor, ra 1 *adj.* Que contiene. 2 *m.* Recipiente metálico y recuperable para transporte de mercancías o para depósito de desechos.

contener 1 *tr.* y *prnl.* Encerrar dentro de sí una cosa a otra. 2 Frenar el movimiento, caída o salida de un cuerpo. 3 Dominar un impulso, refrenarlo. • Vb. irreg. conjug. c. **tener**. V. anexo El verbo.

contenido 1 *m.* Lo que se contiene dentro de algo. 2 Tabla de materias, a modo de índice.

contentar 1 *tr.* Satisfacer a alguien, darle alegría. 2 *prnl.* Reconciliarse. 3 Darse por contento.

contento, ta 1 *adj.* Alegre, satisfecho. 2 *m.* Alegría, satisfacción.

conteo 1 *m.* Acción y efecto de contar. 2 Cálculo, valoración.

contestador *m.* Dispositivo del teléfono que emite automáticamente mensajes grabados y registra las llamadas recibidas.

contestar 1 *tr.* e *intr.* Responder a lo que se pregunta, se habla o se escribe. 2 Adoptar una actitud polémica o de oposición contra lo impuesto o establecido.

contestatario, ria *adj.* y *s.* Que polemiza, se opone o protesta contra algo establecido.

contexto 1 *m.* Entorno físico o de situación (político, histórico, cultural, etc.) en el cual se considera un hecho. 2 LING Entorno lingüístico del cual depende, muchas veces, el sentido de una palabra, una frase o un fragmento.

contextualizar *tr.* Situar algo en un determinado contexto.

contextura 1 *f.* Disposición de las partes que juntas componen un todo. 2 Configuración corporal de las personas, que indica su complexión y algunas cualidades interiores.

contienda 1 *f.* Pelea, batalla. 2 Disputa, discusión, debate.

contigo *pron. pers.* Forma especial de la segunda persona cuando se combina con la preposición *con*: *Quiero bailar contigo.*

contiguo, gua *adj.* Inmediato, que está tocando a otra cosa.

continencia 1 *f.* Virtud que modera la satisfacción y el goce de los placeres, y especialmente de los sexuales. 2 Acción de contener.

continental 1 *adj.* Perteneciente o relativo a los continentes. 2 Perteneciente o relativo a los países de un continente. 3 GEO **corteza ~**; **deriva ~**; **escudo ~**; **plataforma ~**; **talud ~**.

continente 1 *adj.* Que contiene. 2 Que practica la continencia. 3 *m.* Aspecto y porte de una persona. 4 GEO Gran extensión de masa terrestre separada de otra por los océanos o por determinados accidentes geográficos. Convencionalmente se consideran seis: Asia, América, África, Antártida, Oceanía y Europa.

contingente 1 *adj.* Que puede suceder o no suceder y cuya existencia depende de otro. 2 *m.* Cuota que cada uno aporta a un fin común. 3 Cuota de mercado correspondiente a un país. 4 Tropas de que dispone un mando.

continuación *f.* Acción y efecto de continuar.

continuamente *adv. m.* Sin intermisión.

continuar 1 *tr.* Proseguir lo ya empezado. 2 *intr.* Subsistir, seguir siendo, durar. 3 *prnl.* Seguir, tanto en el sentido de extenderse como de reanudarse.

continuidad 1 *f.* Unión que tienen entre sí las partes del continuo. 2 MAT Cualidad o condición de las funciones o transformaciones continuas.

continuismo *m.* POLÍT Situación en la que el poder de un político, un régimen, un sistema, etc., se prolonga indefinidamente, sin indicios de cambio o renovación.

continuo, nua 1 *adj.* Que dura, obra, se hace o se extiende sin interrupción. 2 Dicho de una cosa, que tiene unión con otra. 3 ELECTR **corriente ~**. 4 FÍS **movimiento ~**. 5 MAT Dicho de una función o de una transformación, que conserva la relación matemática de proximidad. 6 *m.* Todo compuesto de partes unidas entre sí.

contonear *tr.* y *prnl.* Hacer al andar movimientos afectados con los hombros y las caderas.

contornear 1 *tr.* Dar la vuelta alrededor de una cosa: *Las naves contornearon el continente.* 2 Seguir los contornos o los perfiles de una figura.

contorno 1 *m.* Territorio o conjunto de parajes de que está rodeado un lugar o una población. 2 Conjunto de las líneas que limitan una figura o composición.

contorsión 1 *f.* Movimiento forzado del cuerpo. 2 Gesto o ademán forzado y, a veces, grotesco.

contorsionista *m.* y *f.* Acróbata que realiza contorsiones difíciles.

contra 1 *m.* Dificultad o inconveniente: *Conocía los pros y los contras de su decisión.* 2 *prep.* Indica oposición o contrariedad en cualquier orden de cosas: *La lucha contra el racismo.* 3 Indica ubicación, destino o término: *Se apoyó contra la pared; Nadaba contra la corriente.* 4 Enfrente de: *Se puso contra el Sol.* 5 A cambio de: *Se enviará la encomienda contra entrega.*

contraatacar *tr.* e *intr.* Reaccionar ofensivamente contra el avance del enemigo, del rival, o del equipo contrario.

contraataque *m.* Acción de contraatacar.

contrabajo 1 *m.* MÚS Instrumento de cuatro cuerdas, mayor que el violonchelo y de tonalidad una octava más baja. 2 Persona que lo toca. 3 MÚS Voz humana más grave que la del bajo ordinario. 4 Persona que la tiene.

contrabando 1 *m.* Actividad ilegal consistente en introducir clandestinamente mercancías sin pagar derechos de aduana. 2 Estas mercancías. 3 Ejercicio fraudulento de una industria o comercio prohibidos. 4 Mercancía así producida. 5 Cualquier cosa que se oculta por no ser de curso legal.

contracara *f.* Aspecto negativo u opuesto de algo.

contracción 1 *f.* Acción y efecto de contraer o contraerse. 2 GRAM Fusión de dos palabras en una sola, suprimiendo alguna vocal: *al* por *a el*; *del* por *de el*. 3 GRAM **SINÉRESIS**.

contraceptivo, va *adj.* y *m.* **ANTICONCEPTIVO**.

contrachapado, da *adj.* y *s.* Dicho de un tablero, que está formado por varias láminas finas de madera encoladas.

contracorriente *f.* Corriente de aire, agua, etc., de dirección opuesta a la de la principal de que procede. || **a ~** En contra de la opinión o tendencia general.

contráctil *adj.* Capaz de contraerse con facilidad.

contractual *adj.* Procedente del contrato o derivado de él.
contracultura *f.* Movimiento social de oposición al sistema de vida vigente, a sus valores y modos de vida. Propugna una sociedad reducida frente a la global, el retorno a la naturaleza, la exaltación de los valores del cuerpo, etc.
contradanza *f.* Baile de figuras, que ejecutan muchas parejas a un tiempo.
contradecir 1 *tr.* y *prnl.* Decir alguien lo contrario de lo que otro afirma, o negar lo que da por cierto. 2 *tr.* Probar una cosa que algo no es cierto o no es correcto. • Vb. irreg. conjug. c. **decir**. V. anexo El verbo.
contradicción 1 *f.* Acción y efecto de contradecir o contradecirse. 2 Relación entre cosas que se oponen. 3 Oposición que puede darse objetivamente o solo en lo que alguien piensa y dice. 4 Lóg **principio** de ~.
contradictorio, ria *adj.* Que tiene contradicción con otra cosa, otra persona o consigo mismo.
contraejemplo *m.* Ejemplo que contradice lo que se ha pretendido demostrar con otro.
contraer 1 *tr.* Estrechar, juntar una cosa con otra. 2 Hablando de enfermedades, compromisos o deudas, adquirirlos, asumirlos. 3 *tr.* y *prnl.* Reducirse a menor tamaño. • Vb. irreg. conjug. c. **traer**. V. anexo El verbo.
contraespionaje *m.* Servicio de defensa de un país contra el espionaje extranjero.
contrafagot *m.* Instrumento musical, que se parece al fagot, cuya tesitura es una octava más grave que la de este.
contrafuego 1 *m.* Cualquier procedimiento para apagar un incendio. 2 Franja que se desbroza y quema para que cuando llegue allí el incendio no se propague, por falta de combustible.
contrafuerte *m.* Arq Machón saliente en el paramento de un muro, para fortalecerlo.
contrafuga *m.* Mús Fuga en la cual la imitación del tema se ejecuta en sentido inverso.
contragolpe 1 *m.* Golpe dado en respuesta a otro. 2 Dep **contraataque**.
contrahecho, cha *adj.* y *s.* Que tiene torcido el cuerpo o uno de sus miembros.
contrahuella *f.* Plano vertical del escalón o peldaño.
contraindicado, da *adj.* Dicho de una medicina o de un agente terapéutico, que es perjudicial en determinados casos.
contraindicar *tr.* Señalar como perjudicial, en ciertos casos, determinado remedio, alimento o acción.
contrainsurgente 1 *adj.* y *s.* Que lucha contra fuerzas insurgentes. 2 *adj.* Polít Dicho de una política estatal, que utiliza prácticas legales o ilegales para combatir a grupos insurgentes o al margen de la ley.
contralisio *adj.* y *s.* Viento contrario a los alisios que corre de la zona del ecuador a las latitudes medias. Se forma por las masas de calor que ascienden y lleva nubes a las zonas de estaciones, puede llegar a los 30° latitud norte o sur.
contralor, ra *m.* y *f.* Funcionario público que tiene como obligación examinar la legalidad de las cuentas y los gastos oficiales.
contraloría *f.* Cuerpo de intervención del Estado para el examen de los gastos públicos.
contralto 1 *m.* Mús Voz media entre la de tiple y la de tenor. 2 *m.* y *f.* Mús Persona que tiene esta voz.
contraluz 1 *m.* o *f.* Vista de una cosa por el lado opuesto al que recibe la luz. 2 Art Pintura o fotografía hecha con esta técnica o con figuras intensamente sombreadas sobre un fondo claro y luminoso.
contramaestre *m.* Oficial encargado de la marinería.
contramarca *f.* Señal que en las mercaderías indica la firma o marca comercial.
contraofensiva *f.* Ofensiva militar para contrarrestar la del enemigo, haciéndole pasar a la defensiva.
contraoferta *f.* Oferta con que se mejora o modifica otra ya presentada.
contraorden *f.* Orden con que se revoca otra que antes se ha dado.
contraparte *f.* Persona o grupo de personas que se opone a otra en relación con una situación determinada o un punto de vista.
contrapartida 1 *f.* Compensación que se deriva de una cosa que produce efectos contrarios a otra. 2 En la contabilidad por partida doble, asiento que corrige un error.
contrapelo || **a ~** 1 En contra de lo que es corriente. 2 De manera inoportuna.
contrapeso 1 *m.* Peso que se pone a la parte contraria de otro para que queden en equilibrio. 2 Balancín, palo largo de los volatineros. 3 Lo que se considera y estima suficiente para equilibrar o moderar algo que prepondera y excede.
contraponer 1 *tr.* Cotejar una cosa con otra para poner de relieve sus diferencias. 2 *tr.* y *prnl.* Oponer una cosa a otra para anular sus efectos. • Vb. irreg. conjug. c. **poner**. V. anexo El verbo.
contraportada *f.* Página posterior a la portadilla con el nombre de la serie a que pertenece el libro y otros detalles sobre este.
contraprestación *f.* Prestación que debe una parte contratante por razón de la que ha recibido o debe recibir.
contraproducente *adj.* Que produce un efecto opuesto al deseado.
contrapuerta 1 *f.* Puerta que divide el zaguán de lo demás de la casa. 2 Puerta situada inmediatamente detrás de otra.
contrapuntear 1 *tr.* Cantar o tocar de contrapunto. 2 *tr.* y *prnl.* Disputar o rivalizar dos o más personas.
contrapunto 1 *m.* Contraste entre dos cosas simultáneas. 2 Folcl Desafío o reto entre cantantes populares que improvisan sus cantos con la guitarra. 3 Mús Técnica de composición en que se combinan dos o más melodías. 4 Mús Concordancia armoniosa entre tonos, voces o instrumentos producidos de forma simultánea que se perciben como melodías independientes o contrapuestas, aunque relacionadas.
contrariar 1 *tr.* Procurar que no se cumplan las intenciones y los propósitos de otros. 2 Disgustar a una persona por no cumplirse lo que con ella se había acordado.
contrariedad 1 *f.* Oposición que tiene una cosa con otra. 2 Accidente que impide o retarda el logro de un deseo. 3 Disgusto, desazón.
contrario, ria 1 *adj.* y *s.* Dicho de una cosa cuya oposición con otra es tal que se excluyen mutuamente. 2 Que daña o perjudica. 3 *adj.* y *f.* Lóg Dicho de cada una de las dos proposiciones, de las cuales una afirma lo que la otra niega, y no pueden ser simultáneamente verdaderas ni falsas. 4 *m.* y *f.* Persona que tiene enemistad con otra.
contrarreforma 1 *f.* Reforma contraria a otra reforma. 2 Hist Movimiento religioso, intelectual y político del s. XVI destinado a combatir, desde el ámbito católico, los efectos de la Reforma protestante. Su iniciativa más relevante fue la convocatoria (1545) del Concilio de Trento, para tratar las cuestiones doctrinales y disciplinarias suscitadas por los protestantes. En muchos aspectos tuvo un carácter represivo e intransigente. • Se escribe con may. inic. en la acepción 2.

contrarreloj *adj.* y *f.* DEP Dicho de una carrera, generalmente ciclista, en que los participantes corren distanciados desde la salida y se clasifican según el tiempo invertido por cada uno para llegar a la meta.
contrarrestar *tr.* Neutralizar el efecto o la influencia de una cosa.
contrarrevolución *f.* POLÍT Movimiento que intenta restablecer las condiciones sociopolíticas anteriores a una revolución precedente.
contrasentido 1 *m.* Interpretación contraria al sentido recto de las palabras o expresiones. 2 Deducción opuesta a lo que arrojan de sí los antecedentes. 3 Despropósito, disparate.
contraseña 1 *f.* Seña, gesto o palabra con que se reconocen las personas de un determinado grupo. 2 Palabra o expresión con que el centinela reconoce a alguien y le permite el paso. 3 Tarjeta que permite salir durante la función y volver a entrar.
contrastar 1 *intr.* Destacar las cualidades propias de una cosa que se compara con otra. 2 *tr.* Comprobar y fijar la ley del oro y de la plata. 3 Comprobar la exactitud de pesas y medidas.
contraste 1 *m.* Acción y efecto de contrastar. 2 Oposición o diferencia notable entre personas o cosas. 3 Intensificación de las diferencias tonales entre dos o más colores, cuando están en contacto directo. 4 MED Sustancia que, introducida en el organismo, hace observables, por rayos X u otro medio exploratorio, órganos que sin ella no lo serían. 5 FOT En una fotografía, inexistencia o escasez de tonos intermedios, para resaltar lo claro y lo oscuro.
contrata 1 *f.* Documento que garantiza un contrato. 2 Contrato que se hace para ejecutar una obra material o prestar un servicio por precio determinado.
contratar 1 *tr.* Pactar, convenir, comerciar, hacer contratos o contratas. 2 Convenir con una persona la prestación de algún servicio.
contratiempo *m.* Suceso imprevisto o inoportuno que obstaculiza o impide el curso normal de algo.
contratista *m.* y *f.* Persona que por contrata ejecuta una obra material o está encargada de un servicio.
contrato 1 *m.* Acuerdo o pacto, oral o escrito, entre dos o más personas, por el que contraen ciertos derechos y obligaciones. 2 Documento que avala ese acuerdo.
contravenir *tr.* Obrar en contra de lo que está mandado o acordado. • Vb. irreg. conjug. c. **venir**. V. anexo El verbo.
contraventana *f.* Ventana secundaria que refuerza la hoja principal.
contraventor, ra *adj.* y *s.* Que contraviene.
contrayente *adj.* y *s.* Que contrae. Dicho de una persona, que contrae matrimonio.
contribución *f.* Acción y efecto de contribuir.
contribuir 1 *tr.* e *intr.* Pagar la contribución. 2 Aportar una persona una cuota o una parte a un fin. 3 Concurrir al logro de algo junto con otras personas. • Vb. irreg. conjug. c. **huir**. V. anexo El verbo.
contrición *f.* Arrepentimiento de una culpa cometida.
contrincante *m.* y *f.* Persona que pretende algo en competencia con otra u otras.
control 1 *m.* Dominio que se ejerce sobre alguien o algo. 2 Autodominio que una persona tiene de sus sentimientos y actos. 3 Inspección, vigilancia que se ejerce sobre personas o cosas. 4 Comprobación del funcionamiento, productividad, etc., de algún mecanismo. || ~ **biológico** ECOL Método de control de plagas y enfermedades en los cultivos, mediante la utilización de organismos depredadores de los agentes productores de dichas plagas y enfermedades. ~ **de calidad** Comprobación de que los productos manufacturados o los servicios de una empresa cumplan con los requisitos mínimos de calidad. ~ **de cambio** ECON Sistema mediante el cual el Estado ejerce control sobre las transacciones en moneda extranjera, influyendo directamente en la balanza de pago. ~ **de natalidad** Regulación del número de nacimientos en una comunidad. ~ **remoto** Dispositivo que regula a distancia el funcionamiento de un aparato, mecanismo o sistema. ~ **social** Sistema de procedimientos que utiliza el grupo, conscientemente o no, para que sus miembros se conformen a las pautas de comportamiento del mismo.
controlador, ra 1 *m.* y *f.* Persona que controla. 2 INF Dispositivo de *hardware* o programa que controla o regula otro dispositivo. || ~ **aéreo** Técnico que tiene a su cargo la orientación, regulación, vigilancia, etc., del despegue y el aterrizaje de aviones.
controlar *tr.* Ejercer el control.
controversia *f.* Discusión de opiniones contrapuestas entre dos o más personas.
controvertir *tr.* e *intr.* Discutir extensa y detenidamente sobre una materia. • Vb. irreg. conjug. c. **sentir**. V. anexo El verbo.
contubernio *m.* Alianza o liga vituperable.
contumacia *f.* Pertinacia en mantener un error o una posición equivocada.
contumelia *f.* Injuria que se hace a una persona en su cara.
contundente 1 *adj.* Que produce contusión. 2 Convincente, terminante.
contusión *f.* Daño que recibe alguna parte del cuerpo por golpe que no causa herida exterior.
conurbación *f.* Conjunto de núcleos urbanos inicialmente independientes y contiguos, que, al crecer, acaban uniéndose en unidad funcional.
convalecencia 1 *f.* Estado de una persona después de pasar una enfermedad y mientras se está recuperando. 2 Tiempo que dura.
convalecer 1 *intr.* Recuperar las fuerzas perdidas por enfermedad. 2 Salir de un estado de postración o peligro una persona o una colectividad. • Vb. irreg. conjug. c. **agradecer**. V. anexo El verbo.
convalidar 1 *tr.* Confirmar o revalidar. 2 Dar validez académica, en un país, institución, facultad, sección, etc., a estudios aprobados en otro país, institución, etc.
convección 1 *f.* FÍS Propagación del calor en un fluido por las diferencias de densidad que se producen al calentarlo. 2 GEO Ascenso vertical de una masa de aire o de agua.
convencer *tr.* y *prnl.* Lograr, con razones, que alguien haga algo o que cambie de idea o de comportamiento.
convencimiento *m.* Acción y efecto de convencer.
convención 1 *f.* Pacto o compromiso entre dos o más personas o entidades. 2 Norma admitida tácitamente por costumbre. 3 Reunión general de los representantes de una empresa, un partido político, etc., para rendir informes, fijar programas, elegir candidatos, etc. 4 *f. pl.* GEO Conjunto de símbolos o claves que explican un mapa.
convencional 1 *adj.* Perteneciente o relativo a la convención. 2 Sin espontaneidad, que actúa de acuerdo con lo bien visto. 3 Que resulta o se establece en virtud de precedentes o de costumbre.
convencionalismo 1 *m.* Opinión que se funda en lo convenido o socialmente cómodo. 2 Modo de proceder basado en la conveniencia social.
conveniencia 1 *f.* Conformidad entre dos cosas. 2 Ajuste, acuerdo. 3 Provecho, utilidad. 4 Comodidad. 5 *f. pl.* Normas sociales.
convenio *m.* Ajuste, acuerdo.

convenir 1 *intr.* Ser del mismo parecer dos o más personas. 2 Ser útil o conveniente. • Vb. irreg. conjug. c. **venir**. V. anexo El verbo.

convento 1 *m.* Casa en que viven los miembros de una orden religiosa. 2 Comunidad de religiosos o religiosas que habitan en una misma casa.

convergencia *f.* Acción y efecto de converger.

convergente *adj.* Que converge.

converger 1 *intr.* Dirigirse dos o más líneas al mismo punto. 2 Confluir ideas o dictámenes en un mismo objetivo. 3 MAT Aproximarse a un límite una sucesión.

conversación *f.* Acción y efecto de hablar una o varias personas con otra u otras.

conversar *intr.* Hablar entre sí dos o más personas.

conversatorio *m.* Dinámica de exposición en grupo en la cual sus participantes, generalmente especialistas en un ámbito del conocimiento, intercambian sus opiniones sobre un tema determinado.

conversión 1 *f.* Acción y efecto de convertir o convertirse. 2 Cambio de una cosa en otra.

converso, sa *adj.* y *s.* Dicho de una persona, que se convierte a una religión distinta de la que tenía.

convertible 1 *adj.* Que puede convertirse. 2 *m.* Automóvil cuya capota puede ser plegada.

convertidor, ra *adj.* y *m.* Que transforma las características de una cosa.

convertir 1 *tr.* y *prnl.* Transformar una cosa en otra. 2 REL Ganar a alguien para que profese una religión o la practique. • Vb. irreg. conjug. c. **sentir**. V. anexo El verbo.

convexo, xa *adj.* Dicho de una línea curva o una superficie también curva, que, respecto de la persona que la mira, tiene su parte más prominente en el centro.

convicción 1 *f.* CONVENCIMIENTO. 2 Idea a la que alguien se adhiere fuertemente.

convicto, ta *adj.* DER Dicho de un reo, que ha cometido un delito que ha sido probado, aunque no lo haya confesado.

convidado, da *adj.* Persona que ha recibido una invitación.

convidar 1 *tr.* Invitar a alguien a que asista o intervenga en lo que se considera agradable: un banquete, una reunión. 2 Animar a alguien a hacer algo.

convincente *adj.* Que convence.

convite 1 *m.* Acción y efecto de convidar. 2 Función y especialmente comida o banquete a que es alguien convidado.

convivencia 1 *f.* Acción de convivir. 2 Buena armonía entre los que conviven.

convivir 1 *intr.* Habitar en compañía de otra u otras personas. 2 Vivir en buena armonía.

convocar 1 *tr.* Citar a varias personas para que concurran a un lugar determinado a cierta hora. 2 Anunciar un acto, como un concurso, una competición, etc.

convocatoria *f.* Anuncio o escrito con que se convoca.

convolvuláceo, a *adj.* y *f.* Dicho de un árbol, de una planta, o de una hierba del grupo de las angiospermas dicotiledóneas, que tiene hojas alternas, corola en forma de campana y semillas con albumen mucilaginoso, como la batata.

convoy 1 *m.* Conjunto de vehículos o buques que son objeto de protección en su marcha. 2 Acompañamiento que, a modo de escolta, protege a personas o cosas por tierra o por mar.

convulsión 1 *f.* Contracción brusca, violenta y, por lo general, repetida de uno o varios músculos. 2 Conmoción social o política que trastorna la vida colectiva de una ciudad o de un país.

conyugal 1 *adj.* Perteneciente o relativo a los cónyuges. 2 DER **sociedad** ~.

cónyuge *m.* y *f.* Marido y mujer respectivamente.

coñac *m.* Bebida de alta graduación alcohólica, obtenida por la destilación de distintas clases de vinos y añejada en toneles de roble.

cooperación *f.* Acción y efecto de cooperar.

cooperante 1 *adj.* Que coopera. 2 Dicho de una persona, que ayuda al desarrollo social y económico de un país o a un territorio necesitado de ello.

cooperar *intr.* Trabajar con otro u otros por un objetivo común.

cooperativismo *m.* Tendencia o doctrina favorable a la cooperación económica y social, con el fin de mejorar las condiciones materiales mediante el desarrollo de cooperativas de todo tipo.

cooperativo, va 1 *adj.* Que coopera o puede cooperar a algo. 2 *f.* ECON Organización en la cual la administración y gestión se llevan a cabo de la forma que acuerden los socios y cuyos beneficios se distribuyen equitativamente.

cooptar *tr.* Llenar las vacantes de una corporación mediante el voto de los integrantes de la misma.

coordenado, da 1 *adj.* y *f.* GEOM Dicho de una línea, que sirve para determinar la posición de un punto, y a los ejes o planos a que se refieren aquellas líneas. 2 GEOM **eje** de ~s. 3 GEOM **plano** ~. || **~s cartesianas** GEOM Las que utilizan como sistema de referencia tres rectas perpendiculares que se cortan en un punto (origen de coordenadas). En el plano se reducen a dos (**eje** de abscisas y **eje** de ordenadas). **~s geográficas** GEO Las que se emplean para fijar la posición de un lugar de la superficie de la Tierra: longitud y latitud. **~s polares** GEOM Aquellas en las que la posición de un punto en el plano se determina por su distancia a un punto fijo (origen) y por el ángulo que forman la recta que une el punto con el origen y otra recta fija, que pasa asimismo por el origen. **sistema de ~s** GEOM Conjunto de dos rectas perpendiculares que sirven para representar valores y localizarlos en un plano.

coordinación 1 *f.* Acción y efecto de coordinar. 2 GRAM Relación que existe entre palabras u oraciones independientes entre sí y con el mismo nivel sintáctico; puede darse por mera yuxtaposición o mediante conjunciones copulativas, ilativas, disyuntivas y adversativas. || ~ **visomotriz** o **motora** PSIC Función del sistema nervioso central que hace corresponder los estímulos visuales con el movimiento corporal.

coordinado, da 1 *adj.* Dispuesto con método. 2 GRAM Dicho de una oración, que está unida por coordinación.

coordinar 1 *tr.* y *prnl.* Disponer cosas diversas de modo que formen un todo ordenado sin estorbarse o anularse. 2 *tr.* Conjugar medios o recursos con miras a un objetivo común.

copa 1 *f.* Vaso para beber, formado por un cuenco acampanado o redondo y un pie. 2 Líquido que cabe en dicho vaso. 3 Pieza de forma similar, que hace parte de diversas herramientas o partes mecánicas. 4 Trofeo con que se premia al ganador de un concurso o una competición deportiva. 5 La misma competición. 6 Parte hueca del sombrero, en que entra la cabeza. 7 Cada una de las partes huecas del sujetador de las mujeres. 8 Conjunto de las ramas y hojas de un árbol que forma la parte superior de un árbol.

copal 1 *m.* Árbol burseráceo, del que se obtiene la resina del mismo nombre. 2 Resina muy dura que se emplea en barnices duros de buena calidad.

copar 1 *tr.* Completar, llenar. 2 Conseguir en una elección todos los puestos.

copartícipe *m.* y *f.* Persona que participa con otra en algo.
copartidario, ria *adj.* y *s.* Que pertenece al mismo partido político.
copatrocinio *m.* Apoyo financiero a alguien o algo entre dos o más personas o entidades.
copec *m.* **KOPEK.**
copete 1 *m.* Pelo que se lleva levantado sobre la frente. 2 Moño o penacho de plumas que tienen algunas aves en lo alto de la cabeza. 3 Adorno que suele ponerse en la parte superior de algunos muebles.
copia 1 *f.* Abundancia de algo. 2 Reproducción textual de un escrito, un impreso, una composición musical, etc. 3 Reproducción exacta de una obra artística. 4 Reproducción exacta de una película, una fotografía, un disco, un archivo informático, etc. || ~ **de seguridad** INF Copia de un programa o de un archivo de datos, realizada para archivar su contenido o protegerlo contra su pérdida en caso de que la copia activa se dañe.
copiador, ra 1 *adj.* Que copia. 2 *f.* Aparato para sacar copias.
copiar 1 *tr.* Hacer copia de un escrito, una obra de arte, un impreso, una composición, una película, una fotografía, un disco, un archivo informático, etc. 2 Escribir un dictado. 3 ART Reproducir una obra plástica algún aspecto de la naturaleza. 4 Remedar o imitar a alguien.
copla 1 *f.* Combinación métrica o estrofa. 2 FOLCL Composición poética que consta de una cuarteta de romance, de una seguidilla, de una redondilla o de otras combinaciones breves, y que, por lo común, sirve de letra en las canciones populares.
coplanario, ria *adj.* GEOM Dicho de una línea o figura, que está en un mismo plano.
coplero, ra *m.* y *f.* Persona que compone, canta o vende coplas.
copo 1 *m.* Porción de lana, algodón u otra materia que va a hilarse. 2 Cada una de las porciones de nieve trabada que caen cuando nieva. 3 Grumo o coágulo.
copón *m.* Copa grande en la que se guardan las hostias consagradas.
coproducción *f.* Producción en común, especialmente de una película en la que intervienen productoras de varios países.
coprología *f.* MED Estudio de los excrementos sólidos para examinarlos y dar un diagnóstico.
copropietario, ria *adj.* Que tiene dominio en algo juntamente con otro u otros.
copto, ta 1 *adj.* y *s.* Dicho de los cristianos egipcios seguidores del credo monofisita y de los cristianos ortodoxos de Etiopía. 2 *m.* LING Lengua antigua de los egipcios, que se conserva en la liturgia propia del rito copto. 3 *adj.* REL **iglesia ~.**
cópula 1 *f.* Acción de copular. 2 Ligamiento o unión de una cosa con otra. 3 GRAM Término que une el predicado con el sujeto.
copular *intr.* y *prnl.* Unirse o juntarse sexualmente.
copulativo, va 1 *adj.* Que ata, liga y junta una cosa con otra. 2 GRAM **conjunción ~; oración ~; verbo ~.**
copyright (Voz. ingl.) 1 *m.* Vocablo inglés que se ha internacionalizado para designar el derecho de un autor o de un editor a explotar una obra. 2 Mención de tal derecho que se hace en la misma obra con el signo ©.
coque *m.* Combustible sólido, ligero y poroso que resulta de calcinar ciertas clases de carbón mineral. Se emplea también como agente reductor para la fundición de hierro.
coquetear 1 *intr.* Tratar de atraer por vanidad con medios estudiados. 2 Cortejar.
coracoides *f.* ANAT **apófisis ~.**
coraje 1 *m.* Ánimo decidido y esforzado con que se acomete una empresa, y especialmente una lucha. 2 Irritación, rabia.
coral[1] 1 *m.* ZOOL Celentéreo antozoo, en forma de pólipo, con un esqueleto protector que, en general, vive en colonias arborescentes. En el disco oral de la parte superior posee un orificio, bordeado de tentáculos, que hace las veces de boca y ano. 2 Polípero del coral que, después de pulimentado, se emplea en joyería. 3 Serpiente venenosa que exhibe un patrón de anillos o bandas de color negro, amarillo y rojo brillante.
coral[2] 1 *adj.* Perteneciente o relativo al coro. 2 *m.* MÚS Composición vocal armonizada a cuatro voces, de ritmo lento y solemne, ajustada a un texto de carácter religioso.
coránico, ca *adj.* Perteneciente o relativo al Corán, principal texto sagrado del islam, que contiene la palabra de Dios revelada a Mahoma.
coraza 1 *f.* Armadura de hierro o acero que cubría el tronco. 2 Blindaje de carros de combate, barcos, etc. 3 **LLANTA**, pieza anular de caucho.
corazón 1 *m.* ANAT y FISIOL Órgano muscular propio de los vertebrados, de forma cónica y hueco, situado en el tórax entre los dos pulmones. Su tamaño es, en el ser humano, aproximadamente el de un puño, y actúa como motor de la circulación de la sangre. 2 ZOOL Órgano análogo de los invertebrados que realizan una función similar, que consiste, por lo general, en un engrosamiento del vaso principal capaz de contraerse de manera rítmica. 3 Interior de una cosa. 4 Figura de corazón representada en cualquier superficie o material. 5 Expresión que denota cariño. 6 Palo de la baraja francesa. • U. m. en pl en la acepción 5.
□ ANAT y FISIOL El corazón está formado por una capa muscular (miocardio) recubierta de una membrana cerosa (pericardio) y revestido en su interior por una membrana (endocardio). Una pared intermedia lo divide en dos mitades, divididas a su vez en una aurícula y un ventrículo. La sangre procedente del cuerpo llega a la aurícula derecha a través de la vena cava, pasa después al ventrículo derecho y de allí, a través de la arteria pulmonar, a los pulmones, donde se oxigena. La sangre, así oxigenada, pasa a la aurícula izquierda y luego, desde el ventrículo izquierdo y a través de la aorta, al cuerpo.
corazonada 1 *f.* Impulso espontáneo con que alguien se mueve a ejecutar algo arriesgado y difícil. 2 **PRESENTIMIENTO.**
corbata 1 *f.* Accesorio de vestir, consistente en una banda de tela o cuero, que se pone alrededor del cuello con las puntas colgando sobre el pecho. 2 **SINECURA**, empleo de poco esfuerzo y buena remuneración.
corbatín *m.* Corbata corta que solo da una vuelta al cuello y que se ajusta con un broche o con un lazo sin caídas.
corbeta *f.* Embarcación de guerra con tres palos y vela cuadrada.
corcel *m.* Caballo de mucha alzada y buen paso.
corchea *f.* MÚS Nota musical cuyo valor es la mitad de una negra.
corchete 1 *m.* Broche metálico compuesto de macho y hembra. 2 ORT Signo gráfico doble ([ ]) que encierra información aclaratoria o suplementaria.
corcho 1 *m.* Tejido vegetal de revestimiento que, a modo de láminas delgadas, recubre el tronco, las ramas y las raíces de algunos árboles, y especialmente del alcornoque. Se utiliza para fabricar tapones, suelas, aislantes, etc. 2 Tapón de corcho. 3 **ALCORQUE**[1].
corcova *f.* Curvatura anómala de la columna vertebral o del pecho, o de ambos a la vez.

corcovear *intr.* Dar saltos algunos animales encorvando el lomo.

cordado, da *adj.* y *m.* ZOOL Dicho de un animal, metazoo celomado, que se caracteriza por la presencia de notocordio o eje esquelético, sistema nervioso central en el dorso, corazón en posición ventral y faringe para respirar. Comprende a los **tunicados**, los **cefalocordados** y los **vertebrados**.

cordal[1] *m.* MÚS Pieza colocada en la parte inferior de la tapa de los instrumentos de cuerda, y que sirve para atar estas por el cabo opuesto al que se sujeta en las clavijas.

cordal[2] *f.* ANAT **MUELA** cordal.

cordel *m.* Cuerda delgada.

cordelería 1 *f.* Industria de fabricación de hilos, cuerdas y sogas o cables no metálicos. 2 Local en que se realiza dicha actividad.

cordero, ra 1 *m.* y *f.* Cría de la oveja que no pasa del año. 2 Carne de este animal. || ~ **pascual** REL El que, con determinado ritual, comen judíos y cristianos para celebrar su Pascua.

cordial 1 *adj.* Afectuoso, amable. 2 Bebida fortificante.

cordialidad *f.* Cualidad de cordial, afectuoso.

cordillera *f.* GEO Extensa cadena montañosa que incluye no solo las cadenas, sierras o macizos paralelos, sino también los valles, mesetas y otros elementos del relieve, pertenecientes a una sola unidad orogénica.

cordón 1 *m.* Cuerda fina hecha con cualquier material filiforme (seda, lana, lino), que sirve como atadura y como adorno. 2 Cable de los utensilios eléctricos. 3 Cuerda con que se ciñen el hábito los religiosos de algunas órdenes. 4 Serie de puestos de tropa colocados de trecho en trecho para la vigilancia y protección de un territorio. || ~ **espermático** ANAT Conjunto de órganos reunidos por tejido celular laxo, que van desde el conducto inguinal hasta el testículo. ~ **umbilical** ANAT Conjunto de vasos que unen la placenta de la madre con el vientre del feto, para que este se nutra hasta el momento del nacimiento.

cordura 1 *f.* Cualidad de cuerdo. 2 Sensatez, prudencia, obrar reflexivo.

corear *tr.* Repetir a coro lo que alguien dice o canta.

coreografía 1 *f.* Arte de la danza. 2 Arte de su composición y representación, con una trama argumental, una música y determinados movimientos de los bailarines.

coriáceo, a *adj.* Parecido al cuero.

corifeo 1 *m.* Persona que dirigía el coro en las tragedias antiguas griegas y romanas. 2 Persona que es seguida por otras en una opinión, una secta o un partido.

corimbo *m.* BOT Inflorescencia en racimo lateral en el cual los pedúnculos tienen diferente desarrollo y alcanzan un mismo nivel, como en el peral.

corindón *m.* Piedra preciosa, la más dura después del diamante. Es alúmina cristalizada, y hay variedades de diversos colores y formas.

corintio, tia 1 *adj.* y *s.* De Corinto o relacionado con esta ciudad de Grecia. 2 *adj.* ARQ **columna** ~; **orden** ~.

corista 1 *m.* y *f.* Persona que, en las funciones musicales, canta formando parte del coro. 2 *f.* Mujer que forma parte del coro de revistas musicales o espectáculos frívolos.

cormorán *m.* Ave de pico largo, cuello largo, cola rígida, y plumaje negro lustroso. Se sumerge a gran profundidad en busca de los peces de que se alimenta.

cornaca *m.* Hombre que, en algunas regiones de Asia, doma, guía y cuida un elefante.

cornáceo, a *adj.* y *f.* BOT Dicho de un árbol, de un arbusto, o, rara vez, de una hierba perenne, que pertenece al grupo de las angiospermas dicotiledóneas con hojas sencillas y opuestas, flores pequeñas en cabezuela o corimbo y drupas carnosas, como el cornejo.

cornada 1 *f.* Golpe dado por un animal con la punta del cuerno. 2 Herida penetrante así causada.

cornalina *f.* Ágata de color de sangre o rojiza.

cornamenta *f.* Conjunto de los cuernos de los cuadrúpedos como el toro, la vaca, el venado, etc., especialmente cuando son de gran tamaño.

cornamusa 1 *f.* MÚS Trompeta larga y enroscada de metal, con pabellón muy ancho. 2 MÚS **GAITA**, instrumento de viento formado por una especie de fuelle.

córnea *f.* ANAT Membrana dura y transparente situada en la parte anterior del globo ocular, sobre el iris y la pupila. Es continuación de la esclerótica.

cornear *tr.* Golpear con los cuernos un animal.

corneja *f.* Ave similar al cuervo, pero de menor tamaño. Vive en Europa y Asia.

cornejo *m.* Arbusto cornáceo, muy ramoso, de hojas opuestas, flores blancas en cima, fruto en drupa y madera muy dura.

corneta 1 *f.* MÚS Instrumento de viento, mayor que el clarín y de sonido más grave. 2 *m.* Persona que lo toca, y especialmente la que en la milicia da los toques de mando.

cornete *m.* ANAT Cada una de las pequeñas láminas óseas y de figura abarquillada situadas en el interior de las fosas nasales.

cornezuelo *m.* Hongo ascomiceto, parásito del centeno, cuyo aparato esporífero tiene forma de cuernecito.

cornisa 1 *f.* Faja horizontal y estrecha que corre al borde de un acantilado. 2 ARQ Moldura o voladizo con que remata un edificio debajo del tejado. 3 ARQ Remate similar en cualquier muro.

corno *m.* MÚS Instrumento de viento formado por un tubo de metal, cónico y curvado. || ~ **inglés** MÚS Contralto del oboe, de madera y doble lengüeta encorvada.

cornucopia *f.* Vaso en forma de cuerno que, rebosante de flores y frutas, representa la abundancia.

cornudo, da 1 *adj.* Que tiene cuernos. 2 Cónyuge al que el otro le ha faltado a la fidelidad.

coro 1 *m.* MÚS Conjunto de personas, agrupadas por voces, que cantan a la vez. 2 MÚS Composición musical para varias voces. 3 Recinto del templo, donde se junta el clero para cantar los oficios divinos. 4 REL En la liturgia católica, rezo y canto de las horas canónicas. 5 REL Cada uno de los nueve grupos en que se dividen los espíritus angélicos.

corografía *f.* Descripción geográfica de un territorio.

coroides *f.* ANAT Membrana delgada, de color pardo, situada entre la esclerótica y la retina de los ojos de los vertebrados.

corola *f.* BOT Segundo verticilo de las flores completas, situado entre el cáliz y los órganos sexuales. Está formada por pétalos de colores, por lo general vivos, cuya principal función es atraer a los animales polinizadores.

corolario 1 *m.* LÓG Proposición que no necesita prueba particular, sino que se deduce fácilmente de lo demostrado antes. 2 Consecuencia, resultado.

corona 1 *f.* Aro de ramas, de flores o de metal precioso, con que se ciñe la cabeza, en señal de dignidad u honor. 2 Cosa de forma circular, especialmente en una parte alta. 3 Atributo real que simboliza la monarquía. 4 Reino o monarquía. 5 Adorno en forma de corona: *Corona fúnebre.* 6 ANAT Parte de los dientes de los vertebrados que sobresale de la encía. || ~ **solar** ASTR Contorno de radiación alrededor del Sol; comprende el fenómeno luminoso y la materia difundida en su atmósfera, compuesta principalmente por electrones y átomos altamente ionizados.

coronación 1 *f.* Acto de coronar o coronarse un soberano. 2 Ceremonia solemne que acompaña ese acto. 3 Aparición de la cabeza del bebé durante el parto. 4 Coronamiento de un edificio. 5 Fin y remate de una obra.

coronamiento 1 *m.* Final de una obra. 2 Adorno en la parte superior de un edificio.

coronar 1 *tr.* y *prnl.* Ceñir la cabeza de reyes, héroes o galardonados con una corona. 2 *tr.* Rematar una obra. 3 Alcanzar la parte más alta de una cima. 4 *prnl.* Asomar el feto la cabeza en el parto.

coronario, ria 1 *adj.* Perteneciente o relativo a la corona. 2 ANAT Dicho de un vaso sanguíneo, que irriga el corazón. 3 ANAT **arteria ~**; **vena ~**.

coronel *m.* y *f.* Jefe militar que manda un regimiento o una base aérea y cuya graduación se encuentra entre la de teniente coronel y general.

coronilla *f.* Parte más alta y posterior de la cabeza.

coroto *m.* coloq. Trasto, trebejo.

corozo *m.* Palmera de mediana altura que produce en grandes racimos una fruta de pulpa amarillenta y cuesco duro y negro.

corpiño 1 *m.* Prenda interior femenina muy ajustada y sin mangas, que cubre el pecho y la espalda. 2 **SOSTÉN**.

corporación 1 *f.* Reunión de personas con intereses comunes, de tipo científico, económico o político, y con personalidad jurídica. 2 ECON Empresa que se hace con la mayoría de las acciones de otras empresas, y estas reciben, a su vez, acciones de la primera, siendo controladas por ella.

corporal 1 *adj.* Perteneciente o relativo al cuerpo. 2 *m. pl.* Lienzo blanco y cuadrado sobre el que, en la misa católica, se colocan la hostia y el cáliz.

corporativismo 1 *m.* Doctrina política y social que propugna la intervención del Estado en la solución de los conflictos de orden laboral, mediante la creación de corporaciones profesionales que agrupen a trabajadores y empresarios. 2 En un grupo o sector profesional, tendencia abusiva a la solidaridad interna y a la defensa de los intereses del cuerpo.

corporativo, va *adj.* Perteneciente o relativo a una corporación.

corporeizar *tr.* y *prnl.* Dar cuerpo o hacer real una idea u otra cosa no material.

corpóreo, a 1 *adj.* Que tiene cuerpo o consistencia. 2 Perteneciente o relativo al cuerpo o a su condición de tal.

corpulencia *f.* Magnitud de un cuerpo natural o artificial.

corpulento, ta *adj.* De gran corpulencia.

corpus *m.* Conjunto, lo más extenso y ordenado posible, de datos que pueden servir de base a una investigación.

corpuscular *adj.* Que tiene corpúsculos.

corpúsculo 1 *m.* Cuerpo muy pequeño, célula, molécula, partícula, elemento. 2 ANAT Denominación que reciben, por su tamaño microscópico, diversas estructuras del cuerpo humano.

corral 1 *m.* Sitio, cercado y descubierto, destinado por lo general a los animales domésticos. 2 Patio descubierto en que se representaban comedias. 3 Pequeño recinto para niños que aún no andan. 4 Recinto de las plazas de toros y encerraderos para el apartado de las reses.

correa 1 *f.* Tira de cuero, o de otro material, larga y angosta. 2 La que sirve para sujetar los pantalones. || ~ **de transmisión** La que, unida en sus extremos, sirve para transmitir el movimiento rotativo de una rueda o polea a otra.

correcaminos *m.* Ave de 60 cm de longitud, con el dorso oscuro, la parte ventral clara y las alas negras con listas blancas. Es muy hábil para la carrera.

corrección 1 *f.* Acción y efecto de corregir. 2 Cualidad de correcto, que no tiene errores y se ajusta a las normas.

correccional *m.* Establecimiento penitenciario en que se cumplen las penas menores y en que se recluye a los menores que han cometido algún delito o que son juzgados peligrosos.

correctivo, va 1 *adj.* y *s.* Que corrige, atenúa o subsana. 2 *m.* Castigo o sanción generalmente leve.

correcto, ta 1 *adj.* Libre de errores o defectos, conforme a las reglas. 2 Dicho de una persona, que tiene una conducta irreprochable.

corrector, ra 1 *adj.* y *s.* Que corrige. 2 *m.* y *f.* Persona que corrige textos impresos. 3 *m.* Líquido blanco y de secado rápido para cubrir errores de escritura.

corredero, ra 1 *adj.* y *s.* Que corre o se desliza. 2 *f.* Guía o carril por el que se desliza una pieza en ciertos mecanismos.

corredizo, za *adj.* Dicho de un nudo, que se desata o se corre con facilidad.

corredor, ra 1 *adj.* y *f.* Que corre mucho. 2 ZOOL Dicho de un ave de gran tamaño, como el avestruz, el casuario o el ñandú, que tiene alas muy cortas que no le sirven para volar, y patas largas y vigorosas. 3 *m.* Pasillo de un edificio. 4 Cada una de las galerías cerradas o descubiertas alrededor de un patio. 5 *m.* y *f.* DEP Persona que corre en competiciones deportivas. 6 Persona que interviene en las apuestas o en las operaciones mercantiles de una firma. || ~ **aéreo** Espacio por el que han de volar los aviones.

correferente *adj.* y *m.* LING Dicho de un término lingüístico, que tiene el mismo referente de otro término. En la oración 'Vieron el taxi y lo tomaron', el término 'lo' es correferente de taxi.

corregidor 1 *m.* Administrador de un corregimiento. 2 HIST Alcalde que nombraba el rey en algunas poblaciones importantes para presidir el ayuntamiento y ejercer varias funciones gubernativas.

corregimiento *m.* Unidad mínima municipal sin funciones político-administrativas y sin límites jurídicos.

corregir 1 *tr.* Enmendar un error, una equivocación, etc. 2 Advertir, amonestar. 3 Revisar el profesor los ejercicios de sus alumnos. 4 Revisar un escrito para eliminar los errores cometidos en su redacción o composición gráfica. 5 Moderar o acompasar una actividad. • Vb. irreg. conjug. c. **pedir**. V. anexo El verbo.

correhuela *f.* Planta de las convolvuláceas, de tallos largos y rastreros, hojas acorazonadas y flores en campana.

correlación 1 *f.* Correspondencia o relación recíproca entre dos o más cosas. 2 MAT Existencia de mayor o menor dependencia mutua entre dos variables aleatorias.

correlativo, va 1 *adj.* Que tiene o expresa relación. 2 Dicho de una persona o una cosa, que tiene entre sí correlación o sucesión inmediata.

correligionario, ria *adj.* y *s.* Que profesa la misma religión que otro.

correo 1 *m.* Medio de comunicación mediante el cual las personas intercambian información, objetos, etc. 2 Servicio público encargado de distribuir la correspondencia. 3 Oficina en que se recibe y se despacha. 4 Persona que la distribuye. 5 Conjunto de efectos que se despachan o reciben. 6 **CORRESPONDENCIA**, conjunto de cartas y documentos. 7 Tren, avión, etc., que lleva correspondencia. || ~ **electrónico** INF Sistema de mensajería informática que permite el intercambio instantáneo de mensajes textuales y gráficos.

correr 1 *intr.* Andar rápidamente, una persona o un animal, de manera que, entre paso y paso, los pies o las patas quedan simultáneamente, por un instante, levantados del suelo. 2 Ir con premura hacia un lugar o una situación. 3 Hacer algo con rapidez. 4 Avanzar algunas cosas, como el agua, el viento, en una dirección. 5 Extenderse de una parte a otra: *La cordillera corre de norte a sur.* 6 Transcurrir, pasar, dicho del tiempo. 7 Estar al cuidado de algo: *Eso corre de mi cuenta.* 8 *tr.* y *prnl.* Mover o cambiar algo de sitio: *Corramos la silla hacia la pared.* 9 *tr.* Hacer que algo se cierre o se abra mediante un mecanismo o una instalación: *Correr las cortinas; Correr el cerrojo,* etc. 10 Experimentar algo como una aventura o un riesgo: *Aquí corremos peligro.* 11 Echar a alguien de un lugar o de un empleo. 12 *prnl.* Extenderse un color, una mancha, etc., fuera del sitio en el que debía estar.

correría 1 *f.* Viaje a distintos sitios sin detenerse mucho y sin alejarse demasiado del lugar de residencia. 2 Incursión hostil en campo enemigo.

correspondencia 1 *f.* Acción y efecto de corresponder o corresponderse. 2 Relación epistolar entre dos personas. 3 Conjunto de cartas y documentos que se reciben o expiden. 4 Relación entre términos de distintas series o sistemas que tienen en cada uno igual significado, caracteres o función. 5 MAT Relación que realmente existe o convencionalmente se establece entre los elementos de distintos conjuntos. || ~ **biunívoca** MAT La que se da entre los elementos de dos conjuntos cuando, además de ser unívoca, es recíproca; es decir, cuando a cada elemento del segundo conjunto corresponde uno del primero. ~ **unívoca** MAT Aquella en que a cada elemento del primer conjunto corresponde inequívocamente un elemento del segundo.

corresponder 1 *intr.* y *prnl.* Guardar dos cosas alguna relación o proporción. 2 Mediar simetría entre dos cosas. 3 *intr.* Adecuarse una cosa a otra. 4 Atañer, incumbir, ser oportuno. 5 Caber, tocar. 6 *intr.* y *tr.* Pagar o agradecer una cosa, buena o mala, con la misma medida. 7 *prnl.* Atenderse, estimarse recíprocamente dos personas.

correspondiente 1 *adj.* Que corresponde o se corresponde con algo: *Cada niño con su correspondiente regalo.* 2 *adj.* y *s.* Que tiene correspondencia con una persona, corporación, etc. 3 Dicho de un miembro no numerario de una corporación, que colabora con ella por correspondencia, según reglamentos.

corresponsabilidad *f.* Responsabilidad compartida con una o varias personas.

corresponsal 1 *adj.* y *s.* Dicho de un periodista, que informa desde el extranjero. 2 Dicho de una persona, que está encargada de las relaciones comerciales con el exterior.

corretear *intr.* Correr de un lado para otro por diversión.

corrido, da 1 *adj.* Dicho de una parte de un edificio, que es continua, seguida. 2 *m.* FOLCL Balada o romance narrativo de origen mexicano cuya temática fundamental son los sucesos galantes o heroicos de la Revolución mexicana. 3 *f.* Acción de correr cierto espacio. 4 Espectáculo en el que se lidian toros en una plaza cerrada.

corriente 1 *adj.* Que corre. 2 Dicho de lo que fluye de modo físico o figurado: los líquidos, el tiempo, la moneda, etc. 3 Común, habitual, que ocurre con frecuencia. 4 Dicho de una persona o cosa, que es normal. 5 *f.* Movimiento de un fluido, como el aire o el agua, en una dirección determinada. 6 ELECTR **corriente** eléctrica. 7 ELECTR **intensidad** de la ~. 8 GEO Movimiento de traslación, tanto vertical como horizontal, que se produce en la superficie y en el interior de las aguas marinas. Las superficiales se deben al rozamiento del aire, impulsado por el viento, sobre la superficie. Las verticales, a diferencias de densidad provocadas por diferencias de temperatura. 9 Tiro que se establece entre puertas y ventanas de un edificio o una habitación. 10 Curso que adoptan las ideas o los sentimientos: *Corrientes de opinión.* || ~ **alterna** ELECTR La eléctrica cuya intensidad es variable y cambia de sentido al pasar la intensidad por cero. ~ **continua** ELECTR La eléctrica que fluye siempre en la misma dirección con intensidad generalmente variable. ~ **del Niño** GEO La que, con un periodo de recurrencia de entre siete a catorce años, se presenta en el océano Pacífico, generando perturbaciones climáticas en casi todo el hemisferio Sur y en extensas regiones costeras de América del Norte: inversión de la temperatura y de los vientos, aumento de la presión atmosférica y, consecuentemente, fuertes lluvias y prolongadas sequías. Es causada, fundamentalmente, por el progresivo debilitamiento de los vientos alisios procedentes del Pacífico SE. ~ **eléctrica** ELECTR Movimiento de la electricidad a lo largo de un conductor; puede ser alterna o continua. ~ **inducida** ELECTR La que recorre un circuito eléctrico como consecuencia de una fuerza electromotriz inducida por el mismo. ~ **marina** GEO **CORRIENTE**, movimiento de traslación.

corrillo *m.* Corro donde se juntan algunas personas a discutir y hablar, separadas del resto de la gente.

corrimiento *m.* Acción y efecto de correr o correrse. || ~ **de tierra** GEO Descenso de una masa de tierra y roca por la ladera de una montaña.

corro 1 *m.* Grupo de personas formadas en círculo. 2 Espacio circular o casi circular.

corroborar *tr.* y *prnl.* Confirmar la verdad de algo, adquirir una mayor seguridad y certeza sobre ello con nuevos razonamientos o datos.

corroer 1 *tr.* y *prnl.* Destruir o desgastar lentamente una cosa como royéndola cualquier agente físico o enfermedad. 2 *tr.* Sentir los efectos de una pena muy honda o de un remordimiento profundo. • Vb. irreg. conjug. c. **roer**. V. anexo El verbo.

corromper 1 *tr.* y *prnl.* Alterar la forma de alguna cosa, echarla a perder. 2 Sobornar al juez o a un funcionario con dádivas. 3 Pervertir a alguien. 4 *intr.* Oler mal una cosa.

corrosca *f.* Sombrero de paja gruesa y alas anchas.

corrosión 1 *f.* Acción y efecto de corroer. 2 QUÍM Proceso paulatino en el que va cambiando la composición química de un cuerpo metálico por acción de un agente externo, hasta su destrucción.

corrosivo, va 1 *adj.* Dicho de lo que corroe o puede corroer. 2 Mordaz, incisivo, hiriente.

corrugar *tr.* Hacer en una superficie lisa estrías o resaltos de forma regular: *Cartón corrugado.*

corrupción 1 *f.* Acción y efecto de corromper o corromperse. 2 Alteración o falsificación de un escrito. 3 Degeneración de las costumbres.

corsario, ria 1 *adj.* y *m.* Dicho de una embarcación, que está dedicada al saqueo de naves como acción de guerra, y del capitán y la tripulación. 2 *m.* y *f.* **PIRATA**.

corsé *m.* Prenda interior con que las mujeres se ciñen el cuerpo.

corso *m.* HIST Campaña que hacían por el mar los buques mercantes con patente de su gobierno para perseguir a las embarcaciones enemigas.

cortado, da 1 *adj.* Dicho del estilo de un escritor, que, por regla general, expresa los conceptos con cláusulas breves. 2 Aturdido, avergonzado. 3 *f.* Herida hecha con un instrumento cortante.

cortador, ra 1 *adj.* y *s.* Que corta. 2 *m.* Herramienta que aloja en su interior una cuchilla de filo muy aguzado que puede extenderse hacia afuera.

cortafrío *m.* Cincel fuerte para cortar hierro frío a golpes de martillo.

cortafuego 1 *m.* Franja ancha que se deja en montes y sembrados para que no se propague el fuego. 2 Pared gruesa que divide un edificio, para evitar la propagación del fuego en caso de incendio.

cortapisa *f.* Restricción que se pone al disfrute de algo.

cortaplumas (Tb. cortapluma) *m.* Navaja pequeña.

cortar 1 *tr.* Dividir una cosa o separar sus partes mediante un instrumento afilado. 2 Dar la forma conveniente a las piezas de una prenda de vestir. 3 Hender un fluido o un líquido. 4 Separar en dos partes una baraja de naipes. 5 Suspender, interrumpir una conversación o un discurso. 6 Suprimir parte de un texto, una película, etc. 7 Impedir el curso o paso a las cosas. 8 *tr.* y *prnl.* GEOM Dicho de dos líneas, superficies o cuerpos, que tienen algún elemento común, pasar cada uno de ellos al otro lado del otro. 9 *intr.* Tener buen o mal filo un instrumento cortante. 10 Tomar el camino más corto. 11 *prnl.* Herirse o hacerse un corte. 12 Faltarle a alguien palabras por causa de la turbación. 13 Dicho de un alimento homogéneo, separarse sus ingredientes.

cortaúñas *m.* Tenacillas o pinzas afiladas y curvas hacia dentro para cortarse las uñas.

corte[1] 1 *m.* Acción y efecto de cortar. 2 Filo de un instrumento cortante. 3 Arte de cortar las diferentes piezas para el vestido o el calzado. 4 Cantidad de tela o cuero necesaria para su confección. 5 ARQ Sección de un edificio.

corte[2] 1 *f.* Lugar de residencia del soberano. 2 Conjunto de personas que lo atienden y rodean. 3 DER Tribunal de justicia. || ~ **celestial** REL El cielo cristiano, entendiendo a Dios como rey y a los espíritus y santos que le asisten como su corte. ~ **Constitucional** DER Órgano que en algunos Estados vela por el respeto a la Constitución, y procura que las leyes se ajusten a su espíritu. ~ **Penal Internacional** DER Tribunal supranacional cuya misión fundamental es enjuiciar y condenar delitos de relevancia internacional, como los de lesa humanidad y los genocidios. ~ **Suprema** DER Órgano superior de la jurisdicción en todos los órdenes. Su misión fundamental consiste en revisar la corrección técnico-jurídica de las sentencias de los tribunales inferiores.

cortejar 1 *tr.* Galantear a una mujer tratando de enamorarla. 2 Acompañar a alguien agasajándole con miras interesadas.

cortejo 1 *m.* Acción de cortejar. 2 Conjunto de personas que forma el acompañamiento en una ceremonia.

cortero, ra *adj.* y s. Dicho de una persona, que corta la caña de azúcar en una plantación.

cortés *adj.* Afable, urbano, comedido.

cortesano, na 1 *adj.* Perteneciente o relativo a la corte. 2 *m.* y *f.* Persona que sirve al rey en la corte.

cortesía 1 *f.* Cualidad de cortés. 2 Conjunto de normas que regulan el trato social. 3 Espacio de tiempo que se concede para entrar en un local aun después de pasada la hora de cierre. 4 Hoja, página o parte de página que se deja en blanco entre capítulo y capítulo.

córtex 1 *m.* ANAT Capa más externa y superficial de un órgano. 2 ANAT CORTEZA cerebral. 3 BIOL Capas exteriores del talo de líquenes y algunos hongos.

corteza 1 *f.* Parte exterior y dura de algunas frutas, y de otros alimentos, como el pan. 2 ANAT Porción externa de los órganos. 3 BOT Parte exterior del tallo, raíces y tronco de plantas y árboles. 4 Parte exterior de una cosa, lo aparente y accesorio. || ~ **cerebral** ANAT Capa más superficial del cerebro, constituida por sustancia gris. ~ **continental** GEO La que se encuentra en las zonas emergidas del planeta y, también bajo los océanos, cerca de las costas. ~ **oceánica** GEO La que, bajo los océanos, continúa a la continental, es más delgada y está formada por rocas volcánicas básicas. ~ **terrestre** GEO Capa superficial de la litosfera, que está en contacto con la atmósfera, y que limita con el manto. Se divide en dos grandes unidades: la continental y la oceánica.

corticoide *m.* BIOQ Hormona esteroide producida por las glándulas suprarrenales, puede prepararse sintéticamente y tiene aplicaciones terapéuticas.

cortina *f.* Tela colgante que cubre y adorna puertas, doseles y ventanas. || ~ **de humo** Acción con la que se procura ocultar otra.

cortisona *f.* BIOQ Hormona corticoide reguladora del metabolismo de los hidratos de carbono. Se emplea en el tratamiento de alergias e inflamaciones crónicas.

corto, ta 1 *adj.* Dicho de una cosa de escasa longitud o dimensión en el espacio o en el tiempo. 2 Que no completa su finalidad, como la manga que queda chica, el proyectil que no alcanza su objetivo o la respuesta incompleta. 3 Dicho de una persona, que tiene poco talento. 4 *m.* CIN CORTOMETRAJE. 5 ELECTR CORTOCIRCUITO.

cortocircuito *m.* ELECTR Circuito que se produce accidentalmente por contacto entre los conductores y suele determinar una descarga.

cortometraje *m.* CIN Película de duración inferior a 35 minutos.

corva *f.* Parte de la pierna, opuesta a la rodilla, por donde se dobla y encorva.

corzo, za *m.* y *f.* Mamífero cérvido, algo mayor que la cabra, de color gris rojizo y cuernos pequeños. Habita en los bosques de Europa y Asia.

cosa 1 *f.* En general, cualquier ente o ser, real o abstracto. 2 Lo que existe fuera de la mente, y en especial el objeto inanimado frente a los seres vivos. 3 Objeto material: *Un lugar para cada cosa y cada cosa en su lugar.* 4 Asunto o tema.

cosaco, ca 1 *adj.* y *s.* HIST De un pueblo pastor y guerrero que se estableció en las estepas del sur de Rusia en el s. XV. Fue incorporado definitivamente al Imperio ruso en el s. XVIII. 2 *m.* Soldado ruso de tropa ligera.

coscorrón *m.* Golpe en la cabeza que no abre herida.

cosecante *f.* MAT Razón trigonométrica inversa del seno de un ángulo o de un arco.

cosecha 1 *f.* Conjunto de frutos de un cultivo que se recogen al llegar a la madurez. 2 Producto que se obtiene de dichos frutos mediante el tratamiento adecuado: *Cosecha de aceite.* 3 Temporada en que se recogen los frutos. 4 Ocupación de recoger los frutos de la tierra. 5 Conjunto de lo que alguien obtiene como resultado de sus cualidades o de actos, o por coincidencia de acaecimientos.

cosechar 1 *intr.* y *tr.* Hacer la cosecha o recolección. 2 *tr.* Ganarse o concitarse simpatías, odios, fracasos, éxitos, etc.

cosedora *f.* GRAPADORA.

coselete *m.* ZOOL Tórax de los insectos cuando sus tres segmentos están fuertemente unidos entre sí, como en las mariposas.

coseno *m.* MAT Seno del complemento de un ángulo o de un arco. || ~ **de un ángulo** MAT Cociente entre la longitud del cateto adyacente al ángulo y la longitud de la hipotenusa. ~ **verso** MAT Seno verso del complemento de un ángulo o de un arco.

coser 1 *tr.* Unir con puntadas dos o más piezas de tela o de cualquier otra materia similar. 2 Engrapar papeles. 3 Unir dos cosas de forma que queden juntas. *tr.* e *intr.* Hacer labores de aguja. 4 *f.* **máquina** de ~.

cosificar *tr.* Reducir algo a pura cosa objetiva y cuantificable, privándolo de otras cualidades superiores.

cosmético, ca 1 *adj.* y *s.* Dicho de un elemento de uso externo, que limpia, colorea, suaviza o protege la piel, el pelo, las uñas, los labios o los ojos. 2 *f.* **COSMETOLOGÍA.**

cosmetología *f.* Arte de aplicar los productos cosméticos.

cósmico, ca 1 *adj.* Perteneciente o relativo al cosmos. 2 ASTR **rayos** ~s.

cosmogonía *f.* ASTR Ciencia que estudia el origen del universo y el de sus sistemas astronómicos.

cosmología *f.* ASTR Rama de la astronomía que estudia el universo en su conjunto; incluye teorías sobre su origen, su evolución, su estructura y su futuro.

cosmonauta *m.* y *f.* **ASTRONAUTA.**

cosmonave *f.* **NAVE** espacial.

cosmopolita 1 *adj.* y *s.* Dicho de una persona, que ha viajado por muchos países o que se siente ciudadana del mundo. 2 *adj.* Dicho de una ciudad, un lugar, etc., en el que viven personas de varias lenguas y culturas. 3 Dicho de la distribución geográfica de una especie animal o vegetal cuando se extiende a muchos países o a varios continentes. 4 Dicho de las especies animales o vegetales así distribuidas.

cosmos 1 *m.* Universo concebido como un todo ordenado, por oposición al caos. 2 Espacio exterior a la Tierra. 3 Mundo, cosas creadas.

cosmovisión *f.* Manera de ver e interpretar el mundo.

cosquillas *f. pl.* Hormigueo nervioso, acompañado a veces de risa involuntaria, que produce un toque repetido en algunas partes del cuerpo.

costa[1] *f.* Orilla del mar y tierra o litoral que está cerca de ella.

costa[2] *f.* **COSTO**, precio de algo.

costado 1 *m.* Cada una de las dos partes del cuerpo humano situadas debajo de los brazos, entre el pecho y la espalda. 2 Ala o flanco de un ejército. 3 **LADO.** 4 Cada uno de los lados del casco de un buque.

costal 1 *adj.* Perteneciente o relativo a las costillas. 2 *m.* Saco o talego grande, generalmente de arpillera.

costanero, ra *adj.* Perteneciente o relativo a la costa: *Pueblo costanero.*

costar 1 *intr.* Valer una cosa un determinado precio. 2 Ocasionar una cosa ciertos trabajos o perjuicios. • Vb. irreg. conjug. c. **contar**. V. anexo El verbo.

coste *m.* **COSTO.**

costear[1] 1 *tr.* Pagar o satisfacer los gastos de algo. 2 *prnl.* Producir algo lo suficiente para cubrir los gastos que ocasiona.

costear[2] 1 *tr.* Ir navegando sin perder de vista la costa. 2 Ir por el costado o lado de algo.

costeño, ña 1 *adj.* **COSTERO.** 2 *adj.* y *s.* De la costa de un país o relacionado con ella.

costero, ra 1 *adj.* Perteneciente o relativo a la costa, próximo a ella. 2 Lateral, situado a un costado. 3 GEO **llanura** ~; **modelado** ~.

costilla 1 *f.* ANAT Cada uno de los doce pares de huesos largos y arqueados que arrancan de la columna vertebral hacia el pecho; siete pares se insertan en el esternón y el conjunto de todos forma la caja torácica. 2 Cosa de forma de costilla. || **~s falsas** ANAT Las correspondientes a los tres pares siguientes a las verdaderas y que se sueldan las de cada lado a la última verdadera mediante un cartílago común. **~s verdaderas** ANAT Las correspondientes a los siete primeros pares, que se sueldan con el esternón.

costo 1 *m.* Precio de una cosa, valor que se paga por ella. 2 ECON Medida y valoración del gasto realizado para la obtención de un producto, trabajo o servicio. || **~ de producción** ECON Conjunto de gastos realizados en el proceso productivo de algo.

costoso, sa 1 *adj.* Que cuesta mucho o es de gran precio. 2 Que supone gran esfuerzo o trabajo. 3 Que acarrea daño.

costra 1 *f.* Corteza exterior, dura y seca, de una cosa húmeda o blanda. 2 Escara de las heridas secas.

costumbre 1 *f.* Manera habitual de proceder. 2 Uso repetido de una práctica que termina por convertirse en ley. 3 *f. pl.* Conjunto de cualidades y usos que definen el carácter de una persona o de una sociedad.

costumbrismo *m.* En las obras literarias y pictóricas, atención especial que se presta al retrato de las costumbres típicas de un país o una región.

costura 1 *f.* Acción y efecto de coser. 2 Labor que está cosiéndose. 3 Oficio de coser. 4 Serie de puntadas que une dos piezas.

cota[1] *f.* Arma defensiva del cuerpo, que se usaba antiguamente. Primero se hacía de cuero y después de mallas de hierro entrelazadas.

cota[2] 1 *f.* Acotación, anotación o cita. 2 Número que, en los planos topográficos, indica la altura de un punto sobre un plano de nivel. 3 Esta misma altura. 4 MAT Elemento superior o inferior a todos los de un determinado conjunto ordenado.

cotangente *f.* MAT Razón trigonométrica recíproca de la tangente.

cotejar *tr.* Confrontar una cosa con otra u otras, apreciando sus semejanzas o diferencias.

coterráneo, a *adj.* y *s.* Natural de la misma región que otro.

cotidianidad *f.* Cualidad de cotidiano.

cotidiano, na *adj.* Diario, de cada día, corriente.

cotiledón *m.* BOT Forma con que aparece la primera hoja en el embrión de las plantas fanerógamas y que, en algunos casos, acumula sustancias de reserva.

cotiledóneo, a *adj.* y *f.* BOT Dicho de una planta, que tiene un embrión con uno o más cotiledones.

cotilo *m.* ANAT Cavidad de un hueso en que entra la cabeza de otro.

cotizar 1 *tr.* Fijar el precio de un producto o un servicio. 2 Pagar una cuota, contribuir a una suscripción. 3 Poner precio, valorar, estimar. 4 Imponer una cuota.

coto[1] 1 *m.* Terreno acotado, especialmente el de caza o pesca. 2 Límite y mojón con que se marca.

coto[2] *m.* **BOCIO.**

cotorra 1 *f.* Ave psitaciforme de cola larga y puntiaguda y plumaje muy vistoso, en que predominan los tonos verdes. 2 coloq. Persona muy habladora.

country (Voz ingl.) *m.* Género musical popular surgido en el sur y el oeste de los Estados Unidos que se interpreta con instrumentos como la guitarra y el violín.

covacha *f.* Habitación incómoda, oscura y pequeña.

covalente *adj.* QUÍM **enlace** ~.

coxal *adj.* ANAT Perteneciente o relativo a la cadera.

coxis *m.* ANAT Hueso en que termina la columna vertebral por su extremo inferior, que se articula en el hueso sacro.

coyote, ta 1 *m.* y *f.* Mamífero depredador de los cánidos, de color gris amarillento. 2 Persona que se encarga oficiosamente de hacer trámites de otros mediante una remuneración.

coyuntura 1 *f.* ANAT Articulación movible de un hueso con otro. 2 Oportunidad para algo. 3 Combinación de circunstancias que afectan a un asunto.

coz *f.* Sacudida violenta que pega una caballería con las patas traseras.

CPU (Del ingl.) *f.* INF **UNIDAD** central de proceso. • Sigla de *central processing unit.*
crac[1] *m.* ECON Quiebra de un grupo financiero o industrial.
crac[2] 1 *m.* Deportista sumamente brillante y efectivo. 2 Droga derivada de la cocaína.
craneal 1 *adj.* Perteneciente o relativo al cráneo. 2 ANAT **bóveda** ~.
cráneo *m.* ANAT Esqueleto de la cabeza que encierra y protege el encéfalo. Está formado por dos huesos parietales (en la parte superior), un hueso occipital (en la parte posterior), y dos temporales (que forman las sienes). En el interior están el etmoides, que forma parte del tabique de la nariz; el esfenoides, que forma la mayor parte de la base de la cavidad craneal y parte del hueso occipital.
crápula *m.* Hombre de vida licenciosa.
craquear *tr.* Romper, aumentando la temperatura, las moléculas de ciertos hidrocarburos para elevar la proporción de los más útiles.
craquelado *m.* Conjunto de grietas superficiales de una porcelana, pintura, etc., que le dan aspecto cuarteado.
craso, sa 1 *adj.* Que no tiene disculpa. 2 Gordo, grasoso.
cráter 1 *m.* GEO Boca de los volcanes en forma de embudo, que se origina por explosión o derrumbamiento y por la cual sale humo, ceniza, lava, fango u otras materias, cuando el volcán está en actividad. 2 Ahondamiento circular de bordes elevados de una superficie. || ~ **meteorítico** Ahondamiento producido en la superficie del planeta por la caída de un meteorito.
crayola (Del fr. *craie* e *iole* ®, marca reg.) *f.* Barra pequeña hecha de cera y de un material colorante de diferentes colores que sirve para escribir, dibujar y colorear.
creación 1 *f.* Acción y efecto de crear. 2 Conjunto de todas las cosas existentes. 3 Producción de cualquier cosa, especialmente si supone novedad o ingenio.
creacionismo 1 *m.* LIT Movimiento poético que defiende la independencia del poema frente a cualquier exigencia lógica. 2 REL Doctrina cristiana que proclama la acción creadora de Dios como causa de cuanto existe.
creador, ra 1 *adj.* y *s.* Que crea, establece o funda algo. 2 Dicho propiamente de Dios. • Se escribe con may. inic. en la acepción 2.
crear 1 *tr.* Producir algo de la nada. 2 Idear alguna cosa y darle forma. 3 Establecer, fundar, introducir por vez primera una cosa: *Crear una empresa, un estilo artístico.* 4 Producir una obra artística o intelectual.
creatinina *f.* BIOL Compuesto orgánico que depende de la masa muscular y se elimina por la orina.
creatividad 1 *f.* Facultad de crear. 2 Capacidad de creación.
creativo, va 1 *adj.* Que posee o estimula la capacidad de creación, invención, etc. 2 *m.* y *f.* Profesional encargado de la concepción de una campaña publicitaria.
crecer 1 *intr.* Aumentar en tamaño o estatura los seres orgánicos. 2 Aumentar cualquier cosa en volumen o en importancia, intensidad, etc. 3 Dicho de la Luna, aumentar la parte iluminada del astro visible desde la Tierra. • Vb. irreg. conjug. c. **agradecer**. V. anexo El verbo.
creces *f. pl.* Aumento, ventaja, exceso en algunas cosas.
crecido, da 1 *adj.* Grande o numeroso. 2 *f.* Aumento del cauce de los ríos y arroyos.
creciente 1 *adj.* Que crece. 2 ASTR **luna** ~. 3 *f.* **CRECIDA**.
crecimiento *m.* Acción y efecto de crecer.
credencial 1 *adj.* Que acredita. 2 *f.* Documento en que consta la idoneidad de alguien para asumir un cargo.
credibilidad *f.* Cualidad de creíble.
crediticio, cia *adj.* Perteneciente o relativo al crédito público o privado.
crédito 1 *m.* Prestigio que en la opinión general se asigna a una persona. 2 Aprobación o confirmación de algo: *La noticia no me merece crédito.* 3 Plazo concedido para el pago de una deuda. 4 Solvencia económica de una persona o de una empresa. 5 ECON Préstamo que se hace en virtud de tal solvencia a cambio de garantizar su devolución y de pagar un precio por disfrutarlo.
credo 1 *m.* Ideario de una colectividad o un partido. 2 REL Oración cristiana que recoge los artículos principales de la fe.
crédulo, la *adj.* Dicho de una persona, que cree fácilmente cuanto se le dice.
creencia 1 *f.* Acción de creer. 2 Completo crédito que se presta a un hecho o una noticia como seguros o ciertos. 3 *f. pl.* Convicciones de una persona o de una colectividad, que pueden referirse a la religión, la política, la economía, etc.
creer 1 *tr.* y *prnl.* Tener por cierto algo que no está comprobado o demostrado. 2 *intr.* REL Aceptar las verdades de una fe religiosa. 3 *tr.* Estimar, opinar. 4 Tener una cosa por verosímil o probable. • Vb. irreg. conjug. c. **leer**. V. anexo El verbo.
creíble *adj.* Que puede o merece creerse.
crema[1] 1 *adj.* y *m.* Dicho de un color, blanco amarillento. 2 *f.* Sustancia grasa contenida en la leche. 3 Nata de la leche. 4 Sopa espesa. 5 Licor muy dulce y espeso. 6 Lo más selecto de un grupo social.
crema[2] 1 *f.* Cosmético para suavizar el cutis. 2 Betún para el calzado. 3 Pasta dentífrica.
crema[3] *f.* **DIÉRESIS**, signo de puntación.
cremación 1 *f.* Acción de quemar. 2 Incineración de un cadáver.
cremallera 1 *f.* Cierre que consiste en dos tiras de tela dentadas que se traban o destraban al movimiento de apertura o cierre por medio de un cursor. 2 Barra metálica dentada en uno de sus cantos, para engranar con un piñón y convertir un movimiento circular en rectilíneo o viceversa.
creole (Voz ingl.) *m.* **CRIOLLO**.
creolina *f.* FARM Preparación líquida de creosota y jabones resinosos; es desodorizante y desinfectante.
creosota *f.* QUÍM Sustancia oleaginosa que se extrae del alquitrán.
crepé 1 *m.* Tejido de lana, seda o algodón, de superficie rugosa. 2 Papel que imita a este tejido.
crepitar *intr.* Dar chasquidos repetidos, como hacen algunos cuerpos al arder.
crepúsculo 1 *m.* Claridad que precede inmediatamente a la salida o puesta del Sol. 2 Tiempo que dura esta claridad.
crespo, pa 1 *adj.* Dicho de un cabello, que naturalmente forma rizos o sortijillas. 2 *m.* Bucle, rizo.
cresta 1 *f.* Carnosidad eréctil que algunas aves y reptiles tienen en la cabeza. 2 Cualquier mechón o moño de pelo o plumas que algunos animales tienen en el mismo sitio. 3 Cima de una montaña. 4 Remate espumoso de las olas.
creta *f.* Caliza blanquecina compuesta por restos de pequeños organismos marinos, como foraminíferos y cocolitos.
cretácico, ca *adj.* y *m.* GEO Dicho del tercer y último periodo del Mesozoico. • Se escribe con may. inic. c. s. ☐ GEO El periodo Cretácico siguió al Jurásico, comenzando hace unos 136 millones de años y finalizando hace unos 65. De gran actividad tectónica y

A B C D E F G H I J K L M N Ñ O P Q R S T U V W X Y Z

volcánica, condujo al ensanchamiento del océano Atlántico y a la formación de las grandes cadenas montañosas: Alpes europeos, Himalaya, montañas Rocosas y cordillera de los Andes. El clima húmedo y cálido permitió la proliferación de reptiles y un gran desarrollo de la flora, que incluía ya muchos de los géneros actuales de árboles.

cretinismo 1 *m.* MED Retraso de la inteligencia acompañado de defectos del desarrollo orgánico. 2 Estupidez, idiotez, falta de talento.

cretino, na *adj.* y *s.* Que padece cretinismo.

creyente *adj.* y *s.* Que cree, que tiene determinada fe religiosa.

cría 1 *f.* Acción y efecto de criar. 2 Animal que aún se está criando. 3 Conjunto de hijos que tienen de un parto, o en un nido, los animales.

criadero *m.* Lugar en que se crían plantas o animales.

criado, da 1 *adj.* Dicho de una persona, que ha recibido una determinada educación: *Bien criado; Mal criado.* 2 *m.* y *f.* Persona que se emplea en el servicio doméstico.

criador, ra 1 *adj.* Que nutre y alimenta. 2 *m.* y *f.* Persona que tiene por oficio criar animales, como caballos, perros, gallinas, etc.

crianza 1 *f.* Acción y efecto de criar. 2 Época de la lactancia.

criar 1 *tr.* Nutrir y alimentar la madre al hijo durante el periodo de lactancia. 2 Instruir, educar: *Lo criaron sus abuelos.* 3 Dar ocasión y motivo para algo. 4 Tener crías un animal. 5 Alimentar, cuidar y hacer que se reproduzcan plantas y animales. 6 *tr.* e *intr.* Cuidar y alimentar un animal a sus hijos.

criatura 1 *f.* Cualquier cosa creada o criada. 2 Niño recién nacido o pequeño.

criba *f.* Instrumento para cribar compuesto de un cerco de madera al cual está asegurada una tela metálica.

cribar *tr.* Pasar una materia por la criba, para limpiarla o separar sus partes menudas de las gruesas.

criboso *adj.* BOT **vaso** ~.

crimen 1 *m.* Delito grave. 2 Acción indebida. || **~ contra la humanidad** GENOCIDIO. **~ de guerra** El de lesa humanidad que, en el marco de un conflicto armado, hace parte de un plan o una política. **~ de lesa humanidad** El generalizado o sistemático cometido contra la población civil y con conocimiento previo. Contempla acciones como tortura, violación, esclavitud y deportación, entre otras. **~ de lesa majestad** El que atenta contra la vida de un soberano.

criminal 1 *adj.* Perteneciente o relativo al crimen o que lo contiene. 2 *adj.* y *s.* Que ha cometido o procurado cometer un crimen.

criminalidad *f.* Número proporcional de crímenes.

criminalista *adj.* y *s.* Dicho de una persona, que es especialista en el estudio del crimen y también de este mismo estudio.

criminología *f.* Ciencia que estudia la naturaleza y las causas del crimen, sus características y sus repercusiones.

crin *f.* Conjunto de cerdas que algunos animales tienen en el pescuezo y en la cola.

crío, a *m.* y *f.* Niño o niña que se está criando.

criogenia *f.* FÍS Estudio de los procesos que se producen a temperaturas extremadamente bajas.

criollismo 1 *m.* Carácter, rasgo o peculiaridad criollos. 2 LIT Tendencia literaria que surgió en Hispanoamérica a finales del s. XIX, caracterizada por exaltar lo criollo.

criollo, lla 1 *adj.* y *s.* Dicho de un descendiente de padres europeos nacido en Iberoamérica. 2 *adj.* Dicho de lo autóctono de los países iberoamericanos. 3 *m.* Dicho de una lengua, que está conformada por elementos provenientes de diferentes lenguas, que surge a partir de la convivencia prolongada entre distintas comunidades y que se constituye en la lengua de una comunidad gracias a que se transmite de padres a hijos.

cripta 1 *f.* Lugar subterráneo en que se entierra a los difuntos. 2 Capilla subterránea dentro de una iglesia.

críptico, ca 1 *adj.* Perteneciente o relativo a la criptografía. 2 Oscuro, enigmático.

criptógamo, ma *adj.* y *f.* BOT Dicho de una planta, que carece de flores.

criptografía *f.* Escritura cifrada en clave, que es necesario conocer para interpretarla.

criptograma *m.* LING Texto cuyo mensaje se encuentra en clave y hay que descifrarlo.

criptología *f.* Estudio de las claves o los lenguajes ocultos.

criptomona *f.* BIOL Organismo unicelular protista, acuático, que presenta dos flagelos desiguales. Algunos géneros se alimentan de materia orgánica, mientras que otros son fotosintéticos.

criptón (Tb. kriptón) *m.* QUÍM Gas noble existente en muy pequeña cantidad en la atmósfera terrestre; se encuentra en las emanaciones volcánicas y en algunas termales. Se emplea en la fabricación de lámparas fluorescentes. Símbolo: Kr. Número atómico: 36. Peso atómico: 83, 30. Punto de fusión: 157, 21 °C. Punto de ebullición: 153, 35 °C.

críquet *m.* DEP Juego entre dos equipos, formados por once jugadores, que consiste en tratar de derribar el rastrillo contrario, defendido por un jugador con una pala.

crisálida *f.* ZOOL Ninfa de los insectos lepidópteros, que constituye un estado intermedio entre la larva y la mariposa. En esta fase los sistemas internos de estos insectos se reorganizan y se desarrollan las estructuras externas del individuo adulto.

crisantemo 1 *m.* Planta de las compuestas, de 60 a 80 cm de alto, hojas con hendeduras y flores abundantes, pedunculadas, solitarias y terminales, de colores variados. 2 Flor de esta planta.

crisis 1 *f.* Situación difícil y momentánea de una persona, una empresa o un negocio. 2 Cambio importante que se da en cualquier orden de cosas. 3 MED Cambio notable que se produce en un proceso patológico. 4 POLÍT Situación política que se produce al cambiar o dimitir un gobierno total o parcialmente.

crisma *m.* o *f.* Bálsamo aceitoso que, consagrado, se usa en el rito cristiano para ungir a los que se bautizan y se confirman, y a los obispos y sacerdotes cuando se consagran o se ordenan.

crisol 1 *m.* Recipiente hecho de material refractario, que se emplea para fundir alguna materia a temperatura muy elevada. 2 Cavidad que en la parte inferior de los hornos sirve para recibir el metal fundido.

crispar 1 *tr.* y *prnl.* Tensar los músculos y nervios con contracciones violentas y repentinas. 2 Irritar, exasperar.

cristal 1 *m.* Cuerpo sólido cuyos átomos o moléculas están dispuestos regularmente en planos repetidos y orientados unos respecto a otros. 2 Vidrio incoloro y muy transparente, para labores delicadas, como lentes y vasos artísticos. 3 Pieza de vidrio con que se cubren huecos de vitrinas, ventanas, etc. || **~ líquido** Sustancia líquida que tiene estructura cristalina y se emplea para fabricar pantallas de aparatos electrónicos digitales, indicadores numéricos, etc. **~ de roca** Cuarzo cristalizado, incoloro y transparente.

cristalería 1 *f.* Establecimiento donde se fabrican o venden objetos de cristal. 2 Conjunto de estos mismos objetos. 3 Parte de la vajilla que consiste en vasos, copas y jarras de cristal.

cristalino, na 1 *adj.* De cristal. 2 Parecido al cristal. 3 *m.* ANAT Cuerpo transparente lenticular, situado detrás de la pupila del ojo, que hace converger los rayos luminosos de manera que formen imágenes sobre la retina.

cristalizar 1 *tr.* Hacer tomar la forma y la estructura del cristal, mediante operaciones adecuadas, a ciertas sustancias. 2 Tomar forma clara y precisa las ideas, los sentimientos o los deseos de una persona o colectividad. 3 *intr.* y *prnl.* Adquirir una sustancia la forma y la estructura del cristal.

cristalografía *f.* GEO Rama de la geología que estudia las propiedades de los cristales, su conformación y su composición.

cristiandad 1 *f.* Conjunto de fieles que profesan la religión cristiana. 2 Conjunto de países de religión cristiana.

cristianismo 1 *m.* REL Religión de los seguidores de Cristo. 2 Conjunto de los cristianos.

☐ REL Instituido por Jesucristo, el cristianismo se basa en la existencia de un único Dios, creador de todo lo existente, el cual, tras haber redimido al ser humano del pecado a través del propio Jesús, Su Hijo, acogerá a los justos en un reino celestial. Su libro sagrado es la Biblia que, en el Antiguo Testamento, recoge textos de la tradición judía y, en el Nuevo Testamento, los escritos de los apóstoles y evangelistas, que narran los acontecimientos y las enseñanzas, basados en la vida pública de Jesús, que dieron origen al cristianismo.

cristianizar *tr.* y *prnl.* REL Convertir al cristianismo.

cristiano, na 1 *adj.* REL Perteneciente o relativo a la religión cristiana. 2 REL *adj.* y *s.* Que profesa la fe de Cristo, que recibió en el bautismo.

criterio 1 *m.* Norma para juzgar y conocer algo, en especial su verdad o falsedad. 2 Manera personal de ver las cosas. 3 Capacidad de discernimiento en cualquier materia.

criticar 1 *tr.* Juzgar una cosa o a una persona de conformidad con ciertas normas. 2 *tr.* e *intr.* Censurar, vituperar.

crítico, ca 1 *adj.* Perteneciente o relativo a la crítica. 2 Perteneciente o relativo a la crisis. 3 Dicho del tiempo, el punto, la ocasión, etc., el más oportuno, o que debe aprovecharse o atenderse. 4 *m.* y *f.* Persona que ejerce la crítica. 5 *f.* Juicio sobre personas o cosas. 6 Censura de las ideas o conducta de alguien. 7 Juicio sobre una obra artística o literaria. 8 Conjunto de críticos o de sus opiniones.

croar *intr.* Cantar la rana.

crol *m.* DEP Estilo de natación que consiste en batir constantemente las piernas y en mover alternativamente los brazos hacia delante sacándolos del agua.

cromañón, na *adj.* y *s.* HIST Dicho de un individuo, que pertenece al primer grupo de humanos modernos, que apareció en Europa en el Paleolítico superior.

cromar *tr.* Dar un baño de cromo a los metales para hacerlos inoxidables.

cromático, ca 1 *adj.* Perteneciente o relativo al color. 2 **círculo** ~. 3 MÚS Dicho de un género musical, que procede por semitonos. 4 ÓPT Dicho de un cristal o de un instrumento, que presenta los objetos contorneados con los visos y colores del arco iris. 5 ÓPT **aberración** ~.

cromátida *f.* BIOL Cada uno de los dos filamentos formados por la división longitudinal de un cromosoma, unidos por el centrómero. Después de la metafase originan dos nuevos cromosomas.

cromatina *f.* BIOL Sustancia albuminoidea fosforada que se encuentra en el interior del núcleo celular y de la que están formados los cromosomas.

cromatismo *m.* Cualidad de cromático.

cromatóforo *m.* BIOL Célula que lleva pigmento, como las de la capa profunda de la epidermis.

cromatografía *f.* QUÍM Método de análisis que permite la separación de gases o líquidos de una mezcla por adsorción selectiva, produciendo manchas diferentemente coloreadas en el medio adsorbente.

crómlech (Tb. crónlech) *m.* HIST Monumento prehistórico compuesto por un conjunto de piedras que rodean en forma circular un terreno llano.

cromo *m.* QUÍM Elemento químico que es un metal blanco brillante y duro, resistente a la acción de los agentes químicos habituales. Se emplea en aleaciones inoxidables, en la fabricación de pigmentos, etc. Símbolo: Cr. Número atómico: 24. Peso atómico: 51,9. Punto de fusión: 1875 °C. Punto de ebullición: 2672 °C.

cromosfera *f.* ASTR Zona superior de la envoltura gaseosa del Sol, constituida principalmente por hidrógeno inflamado.

cromosoma *m.* BIOL Estructura que se encuentra en el núcleo de las células formando parejas (salvo en las células sexuales). Contiene el ADN que se divide en pequeñas unidades llamadas genes, que son los que determinan las características hereditarias de la célula o el organismo. || ~ **x** BIOL Cromosoma sexual, doble en la hembra y sencillo en el macho. ~ **y** BIOL Cromosoma sexual, solo presente en el macho en dotación sencilla. ~**s homólogos** BIOL Los dos que forman un par durante la división celular.

crónico, ca 1 *adj.* Dicho de una enfermedad larga o habitual y de los vicios inveterados. 2 Que viene de tiempo atrás. 3 *f.* LIT Género que narra los acontecimientos por su orden cronológico. 4 Sección de los periódicos y las revistas que informa sobre los sucesos de actualidad. || ~ **periodística** LIT Narración, generalmente escrita, que se publica en un medio de comunicación para informar sobre un hecho real. La opinión del autor es explícita: *En la crónica periodística el autor puede haber presenciado los hechos.*

cronista *m.* y *f.* Autor de una crónica, historia cronológica, o periodista que redacta la sección de sucesos. || ~**s de indias** HIST y LIT Autores encargados oficialmente de escribir la historia del descubrimiento y la conquista de América y el desarrollo histórico de los virreinatos.

crónlech *m.* CRÓMLECH.

cronograma *f.* Calendario detallado de un plan de trabajo.

cronología 1 *f.* Ciencia que trata de la división del tiempo en periodos regulares y la clasificación de los acontecimientos según el orden en que ocurrieron. 2 Serie o lista de personas o sucesos históricos por orden de fechas.

cronometrar *tr.* Medir con un cronómetro la duración en el tiempo de un suceso más o menos corto.

cronómetro *m.* Reloj de alta precisión que se emplea en la medición de fracciones de tiempo muy pequeñas.

croquet *m.* Juego que consiste en hacer pasar bajo unos aros unas bolas de madera impulsándolas con un mazo.

croqueta *f.* Masa hecha con un picadillo de diversas carnes, huevo, etc., que, rebozada en huevo y pan rallado, se fríe.

croquis *m.* Bosquejo rápido que se hace de alguna cosa, sin medidas ni compás.

cross (Voz fr.) *m.* DEP Carrera de larga distancia a campo traviesa. • Procede originalmente del inglés.

crótalo *m.* Serpiente de cascabel.

cruce 1 *m.* Acción y efecto de cruzar o de cruzarse. 2 Punto de intersección de dos líneas o caminos. 3 Paso de peatones en una calle.

crucero 1 *m.* ARQ Espacio en que se cruzan la nave mayor de una iglesia y la que la atraviesa. 2 ARQ **arco** ~. 3 Viaje de recreo en barco con distintas escalas.

cruceta 1 *f.* Cada una de las cruces o de las aspas que resultan de la intersección de dos series de líneas paralelas. 2 Pieza que sirve de articulación entre el vástago del émbolo y la biela del motor. 3 Herramienta que sirve para enroscar y desenroscar los pernos de las ruedas del automóvil.

crucial *adj.* Dicho de un momento o un trance crítico en que se decide algo que podría tener resultados opuestos.

crucífero, ra *adj.* y *f.* BOT Dicho de una planta, dicotiledónea, que tiene hojas alternas, corola cruciforme y semillas sin albumen, como la col.

crucificar 1 *tr.* Clavar a una persona en una cruz. 2 Atormentar, molestar pesadamente.

crucifijo *m.* Efigie o imagen de Cristo crucificado.

crucifixión 1 *f.* Acción y efecto de crucificar. 2 Imagen que representa la crucifixión de Jesucristo.

cruciforme *adj.* De forma de cruz.

crucigrama *m.* Pasatiempo que consiste en llenar los espacios vacíos de una cuadrícula con letras, de manera que, leídas estas en sentido horizontal y vertical, formen determinadas palabras cuyo significado se sugiere.

crudeza 1 *f.* Cualidad o estado de las cosas que no han llegado a la sazón necesaria. 2 Rigor o aspereza.

crudo, da 1 *adj.* y *m.* Dicho de un color, blanco algo amarillento, semejante al de la seda cruda o al de la lana sin blanquear. 2 Dicho del petróleo sin refinar. 3 *adj.* Dicho de un alimento, que no ha sido preparado por medio de la acción del fuego, o que no lo está hasta el punto conveniente. 4 Dicho de un producto, que no está curado, como la seda y el cuero. 5 Dicho de tiempo, muy frío y destemplado. 6 Descrito o presentado sin atenuantes.

cruel 1 *adj.* Que gusta hacer sufrir o se complace en los padecimientos ajenos. 2 Duro, atroz, insufrible. 3 Muy intenso, riguroso, dicho del frío.

crueldad 1 *f.* Cualidad de cruel. 2 Acción cruel e inhumana.

crujía 1 *f.* Corredor que da acceso a las piezas que hay a los lados. 2 En algunas catedrales, paso cerrado con verjas o barandillas, desde el coro al presbiterio. 3 ARQ Espacio comprendido entre dos muros de carga. 4 Espacio de popa a proa en medio de la cubierta.

crujir *intr.* Ruido producido por algunos cuerpos cuando rozan unos con otros o se rompen, como las telas, las maderas, los dientes, etc.

crustáceo, a *adj.* y *m.* ZOOL Dicho de un artrópodo, que se caracteriza por tener el cuerpo, salvo el abdomen, recubierto de un caparazón rígido, dos mandíbulas, dos maxilas, dos pares de antenas y ojos compuestos. Comprende unas 30 000 especies que viven en casi todo tipo de ambientes acuáticos, como los percebes, las langostas y los cangrejos.

cruz 1 *f.* Figura formada por dos líneas perpendiculares. 2 Patíbulo formado por un madero vertical y otro transversal, en los cuales se clavaban o sujetaban las manos y los pies de los condenados a este suplicio. 3 REL Símbolo del cristianismo, por haber padecido en ella Jesucristo. 4 Insignia de muchas órdenes religiosas, militares y civiles. 5 Reverso de una moneda. 6 Dicho de un animal, la parte más alta del lomo, donde se cruzan los huesos de las extremidades anteriores con el espinazo. 7 Signo gráfico en forma de cruz, que, puesto en libros u otros escritos antes de un nombre de persona, indica que ha muerto. || ~ **gamada** La que tiene cuatro brazos acodados como la letra gamma mayúscula del alfabeto griego. ~ **griega** La que se compone de un palo y un travesaño iguales, que se cortan en los puntos medios. ~ **latina** La de figura ordinaria, cuyo travesaño divide al palo en partes desiguales.

cruzada 1 *f.* HIST Cada una de las expediciones que en la Edad Media (s. XI al XIII) dirigieron los cristianos europeos contra los musulmanes para reconquistar los lugares que habían sido escenario de la vida de Cristo, es decir, Palestina. • Se escribe con may. inic. en la acepción 1. 2 Campaña militar sostenida por motivos religiosos. 3 Campaña que se hace por algún fin noble.

□ HIST La única cruzada que tuvo pleno éxito fue la I Cruzada (1096-99); su resultado fue la creación del reino de Jerusalén, que subsistió precariamente hasta su conquista por el sultán de Egipto, Saladino, en 1187, y que no se pudo recuperar en la III Cruzada (1189-92). La IV Cruzada (1201-04) fue desviada por los intereses venecianos contra el Imperio bizantino y concluyó con el saqueo de Constantinopla. En la VI Cruzada (1228-29), el emperador alemán Federico II logró por vía diplomática una restitución de Jerusalén, sin ninguna consecuencia duradera. El protagonista de la VII Cruzada (1248-54) y de la VIII Cruzada fue el rey francés Luis IX, en aquella cayó prisionero en Egipto y en esta perdió la vida en Túnez (1270).

cruzado, da 1 *adj.* Dicho de una prenda de vestir, que tiene el ancho suficiente para sobreponer un delantero sobre el otro. 2 Dicho de un animal, que nace de un cruzamiento. 3 *adj.* y *m.* Que participaba en una cruzada. 4 Dicho de un caballero, que lleva la cruz de una orden militar.

cruzamiento *m.* Acción de cruzar animales o plantas.

cruzar 1 *tr.* Poner una cosa sobre otra en forma de cruz o en sentido transversal. 2 Pasar de un lado a otro, en una calle, plaza, etc. 3 Recorrer un lugar de uno de sus extremos al otro. 4 Hablando de los miembros del cuerpo, montar una pierna sobre la otra estando sentado o apoyar un brazo sobre el otro delante del pecho. 5 Trazar dos rayas paralelas en un cheque para que este solo pueda cobrarse por medio de una cuenta corriente. 6 Juntar para que procreen una hembra y un macho de distinta raza. 7 Mezclar variedades de plantas para obtener nuevas. 8 *tr.* y *prnl.* Hablando de palabras o miradas, intercambiarlas dos personas. 9 Producir una interferencia en una comunicación telefónica o en una emisión de radio. 10 *prnl.* GRAM Dicho de dos palabras afines, originar otra que ofrece caracteres de cada una de aquellas; por ejemplo, *papa* y *batata* se han cruzado en *patata*. 11 Pasar o ponerse una persona o una cosa delante de otra, atravesarse.

cu *f.* Nombre de la letra *q*.

cuaderna 1 *f.* Cada una de las piezas curvas cuya base o parte inferior encaja en la quilla del buque y desde allí arranca para formar las costillas del casco. 2 Conjunto de estas piezas.

cuaderno 1 *m.* Conjunto de varios pliegos de papel unidos en forma de libro. 2 Libreta en que se toman notas o se apuntan cuentas, etc. || ~ **de bitácora** Libro en el que se apuntan el rumbo, la velocidad y demás incidencias de la navegación.

cuadra 1 *f.* Medida de longitud, variable según los países, y comprendida más o menos entre los 80 y 150 m. 2 Calle comprendida entre dos esquinas de una manzana. 3 Sala o pieza espaciosa. 4 CABALLERIZA, lugar para estancia de caballos y bestias de carga.

cuadrado, da 1 *adj.* De forma semejante a la del cuadrado. 2 Dicho de una medida de superficie para indicar que equivale a la superficie de un cuadrado cuyo lado tiene la longitud correspondiente: *Metro cuadrado.* 3 MAT **raíz** ~. 4 *m.* GEOM Figura plana, cerrada por cuatro líneas rectas iguales que forman otros tantos ángulos rectos. 5 GEOM CUADRILÁTERO, rectángulo de lados iguales. 6 MAT Potencia de exponente dos o resultado de multiplicar una cantidad por sí misma. || ~ **mágico** Figura formada por números dispuestos en cuadro de tal modo, que sea constante la suma de cada línea horizontal y vertical y de cada diagonal.

cuadragésimo, ma 1 *adj.* Que ocupa por orden el número cuarenta. 2 *adj.* y *m.* Dicho de cada una de las cuarenta partes iguales en que se divide un todo.

cuadrangular *adj.* Que tiene o forma cuatro ángulos.

cuadrante 1 *m.* Reloj solar trazado en un plano. 2 Parte de un instrumento en la que van una escala y un indicador. 3 GEOM Cuarta parte de la circunferencia o del círculo, comprendida entre dos radios perpendiculares. 4 ASTR Cada una de las cuatro porciones en que se divide la media esfera del cielo superior al horizonte por el meridiano y el primer vertical. 5 ASTR Instrumento antiguo compuesto de un cuarto de círculo graduado, con pínulas o anteojos, para medir ángulos.

cuadrar 1 *tr.* Dar a una cosa figura de cuadro o cuadrado. 2 GEOM Determinar o encontrar un cuadrado equivalente en superficie a una figura dada. 3 MAT Elevar un número, monomio o polinomio a la segunda potencia, o sea, multiplicarlo por sí mismo. 4 *intr.* Conformarse o ajustarse una cosa con otra.

cuadrático, ca 1 *adj.* Perteneciente o relativo al cuadrado. 2 MAT Dicho de una ecuación, un polinomio, etc., de segundo grado.

cuadratura *f.* Acción y efecto de cuadrar una figura.

cuádriceps *m.* ANAT Músculo situado en la parte anterior del muslo que se divide en cuatro partes y participa en la extensión de la pierna.

cuadrícula *f.* Conjunto de los cuadrados que resultan de cortarse perpendicularmente dos series de rectas paralelas.

cuadriga *f.* Tiro de cuatro caballos de frente.

cuadrilátero 1 *m.* GEOM Polígono de cuatro lados. 2 DEP Espacio limitado por cuerdas con suelo de lona donde tienen lugar combates de boxeo.

cuadrilla *f.* Grupo de personas reunidas para realizar una actividad.

cuadrivio *m.* En los estudios de la Edad Media, conjunto de las cuatro artes matemáticas: aritmética, música, geometría y astrología o astronomía.

cuadro 1 *m.* GEOM CUADRADO. 2 ART Lienzo o tabla pintada. 3 Era de tierra para flores. 4 Armazón de una bicicleta. 5 Conjunto de nombres, cifras u otros datos presentados gráficamente, de manera que se advierta la relación existente entre ellos. 6 TEAT Cada parte de un acto teatral en que cambia la decoración. || ~ **de costumbres** LIT Texto en que se describen, viva y detalladamente, las costumbres y tradiciones de un grupo social. ~ **sinóptico** Exposición de una materia en una plana, en forma de epígrafes comprendidos dentro de llaves u otros signos gráficos, de modo que el conjunto se puede abarcar de una vez con la vista.

cuadrúmano, na (Tb. cuadrumano) *adj.* y *m.* ZOOL Dicho de un mamífero en cuyas extremidades, tanto torácicas como abdominales, el dedo pulgar es oponible a los otros dedos, como los primates.

cuadrúpedo, da *adj.* y *m.* ZOOL Dicho de un animal, que tiene cuatro patas.

cuádruple 1 *adj.* Dicho de lo que es cuatro veces superior a otra cosa. 2 Dicho de una serie, que tiene cuatro cosas iguales o similares.

cuajada *f.* Masa blanca y mantecosa que se hace cuajando la leche en moldes y escurriendo el suero sobrante.

cuajar[1] *m.* Cuarta cavidad del estómago de los rumiantes, con numerosas glándulas gástricas.

cuajar[2] 1 *tr.* Transformar un líquido para que se solidifique. 2 Llenar un espacio con muchas cosas. 3 Adquirir un líquido una consistencia pastosa. 4 *intr.* Formar la nieve una capa sólida. 5 *tr.* y *prnl.* Lograr lo que se pretendía: *Finalmente el plan cuajó.*

cual 1 *pron. relat.* Señala algo que ya ha sido mencionado: *Hizo una lista de invitados, en la cual solo estaban sus familiares; Estaba en un estado de delirio del cual no se volvería a recuperar.* 2 *adv. m.* Así como, denotando comparación o equivalencia: *Se comportaba cual niño malcriado.*

cuál 1 *adj. interr.* Se usa para solicitar información que especifique algo a lo que se hace referencia: *¿Cuál es tu bicicleta?; Hay muchos libros en la biblioteca, pero no sé cuál escoger.* 2 *adv. excl.* Se usa para ponderar algo: *Cuál no sería su disgusto al conocer los malos resultados.*

cualidad *f.* Modo de ser característico de una persona, animal o cosa, y cualquier nota distintiva por la que se diferencian de los demás.

cualificado, da 1 *adj.* De buena calidad o de buenas cualidades. 2 Dicho de un trabajador, que está especialmente preparado para una tarea determinada.

cualificar *tr.* y *prnl.* Atribuir determinadas cualidades a una persona o cosa, y apreciar las existentes.

cualitativo, va 1 *adj.* Que denota cualidad. 2 QUÍM **análisis** ~.

cualquier *adj. indef.* Apócope de CUALQUIERA. • U. ante un s. m. sing.: *Cualquier día; Cualquier opción. pl.: cualesquiera y cualesquier.*

cualquiera 1 *adj. indef.* Una persona o cosa indeterminada o indiferente en su género. Se antepone o pospone al sustantivo y al verbo: *En su situación, cualquiera de las estudiantes estaría preocupada.* • Se usa el apócope *cualquier* ante un s. sing.: *Cualquier alternativa; Cualquier método.* 2 *pron. indef.* Señala palabras o sintagmas nominales mencionados o sobreentendidos: *Tengo muchas hojas, toma cualquiera; Pudo ser cualquiera.* • pl.: *cualesquiera y cualesquier.*

cuan *adv. relat.* Apócope de CUANTO: *Sonrió cuan amablemente pudo.*

cuán *adj. interr.* Apócope de CUÁNTO: *¿Cuán pequeño es?; ¡Cuán rápido llegan las malas noticias!*

cuando 1 *adv. relat.* En el tiempo o en el momento en que: *Comenzó cuando ya había anochecido.* 2 *conj.* En caso de que o si: *Cuando no tuviera que hacerlo por obligación, lo haría por gusto.* 3 A pesar de que o aunque: *Se ponen a elucubrar, cuando lo importante es ser prácticos y dar soluciones.*

cuándo 1 *adv. interr.* En qué tiempo o en qué momento: *¿Cuándo comenzaste a trabajar en tu proyecto?* 2 *adv. excl.* En qué tiempo o en qué momento: *¡Cuándo llegará ese día en que por fin el mundo esté en paz!*

cuantía 1 *f.* CANTIDAD, medida de una magnitud. 2 Medida o cantidad indeterminada o vagamente determinada de algo. || ~ **basal** FISIOL Cuantía de una función orgánica durante el reposo y el ayuno.

cuántico, ca 1 *adj.* FÍS Perteneciente o relativo a los cuantos de energía. 2 FÍS Dicho de una teoría formulada por el físico alemán Max Planck (1858-1947), según la cual la emisión y absorción de energía se efectúan de manera discontinua, y de todo lo que a ella concierne. 3 FÍS **física** ~.

cuantificador 1 *m.* Elemento o palabra que cuantifica. 2 Mat Símbolo antepuesto que relaciona una o más variables con una cantidad. 3 Mat Símbolo que indica que una propiedad se aplica a todos los elementos de un conjunto (símbolo universal: ∀), o solamente a algunos de ellos (símbolo existencial: ∃).

cuantificar 1 *tr.* Expresar numéricamente una magnitud. 2 Indicar cantidad o grado, sea de forma precisa (*uno, dos, tres,* etc.) o de forma imprecisa (*algunos, demasiado, mucho, poco, varios,* etc.). 3 Aplicar los principios de la mecánica cuántica a los fenómenos físicos.

cuantioso, sa *adj.* Grande en cantidad o en número.

cuantitativo, va 1 *adj.* Perteneciente o relativo a la cantidad. 2 Que la expresa. 3 Quím **análisis** ~.

cuanto[1] *m.* Fís Cada una de las cantidades elementales con que varían determinadas magnitudes físicas (como la energía, el momento angular, etc.).

cuanto[2]**, ta** 1 *adj. relat.* Todo el que, todos los que: *Bebe cuanta agua quieras.* 2 *pron. relat.* Señala la totalidad de lo mencionado o sobreentendido: *Toma cuanto quieras.* 3. *adv. c.* Indica comparación proporcional entre dos elementos en correlación con *tanto, tan, más* o *menos, mayor* o *menor*: *Cuanto más leo, mejor comprendo; El ejercicio será tanto más exigente cuanto mayor sea el resultado esperado.* 4. *adv. relat.* Todo lo que: *Corrió cuanto pudo antes de ser atrapado.* • Se usa el apócope *cuan* en la acepción 4: *Cayó al suelo cuan largo era.*

cuánto, ta 1 *adj. interr.* Pregunta qué número o qué cantidad: *¿Cuánto dinero invertiste en el negocio?; Los economistas no saben cuántos años tardará en recuperarse el país.* 2 *adv. excl.* Indica cantidad, grado o medida: *¡Cuánto deseaba conocerla en ese momento!* • Se usa el apócope *cuán* en todas las acepciones: *¿Cuán grande será?; ¡Cuán rápido corren los chismes!*

cuaquerismo *m.* Rel Doctrina protestante fundada en Inglaterra en el s. XVII, que se caracteriza por el rigor. Su fundamento espiritual es la "iluminación interior" emanada del Espíritu Santo.

cuáquero, ra *m.* y *f.* Persona afiliada al cuaquerismo.

cuarcita *f.* Roca formada por cuarzo, de estructura granulosa o compacta. Contiene accidentalmente muchos minerales.

cuarenta 1 *adj.* Cuatro veces diez. 2 **cuadragésimo**. 3 *m.* Conjunto de signos con que se representa este número.

cuarentena 1 *f.* Conjunto de cuarenta unidades. 2 Aislamiento preventivo de personas o animales sospechosos de algún contagio, y tiempo que dura esa observación.

cuaresma *f.* Rel Tiempo de 46 días que, desde el Miércoles de Ceniza, precede al Domingo de Resurrección, y en el cual algunas iglesias cristianas preceptúan penitencia.

cuark *m.* Fís Cada una de las partículas elementales que componen otras partículas, como el protón y el neutrón, y que no existen de manera aislada.

cuarta 1 *f.* Cada una de las cuatro partes iguales en que se divide un todo. 2 Distancia desde el extremo del pulgar hasta el del meñique extendidos. 3 Mús En los instrumentos de cuerda, la que está en cuarto lugar empezando por la prima.

cuartear 1 *tr.* Partir o dividir algo en cuartas partes. 2 *prnl.* Rajarse o agrietarse una pared, un techo, etc.

cuartel 1 *m.* Edificio en que se aloja la tropa. 2 Sitios en que se acuartela el ejército cuando está en campaña. 3 Cada una de las divisiones de un escudo heráldico.

cuarteto 1 *m.* Estrofa de cuatro versos. 2 Conjunto de cuatro voces o de cuatro instrumentos musicales. 3 Mús Composición musical para ser interpretada a cuatro voces o ser interpretada por cuatro instrumentos.

cuartil *m.* Mat Cada uno de los valores que divide la distribución de una variable en cuatro grupos que tienen la misma frecuencia.

cuartilla *f.* Hoja de papel, que es la cuarta parte de un pliego.

cuarto, ta 1 *adj.* y *s.* Que ocupa el último lugar en una serie de cuatro. 2 *adj.* y *m.* Dicho de cada una de las cuatro partes iguales en que se divide un todo. 3 *m.* Habitación, espacio entre tabiques de una vivienda. 4 Cada una de las cuatro partes en que se divide la hora. 5 Astr ~ de **luna.** || **~s de final** Dep Cada una de las cuatro antepenúltimas competiciones de un campeonato.

cuarzo *m.* Anhídrido silícico incoloro, de brillo vítreo y tan duro que puede rayar el acero.

cuásar *m.* Astr Objeto de apariencia estelar que emite enormes cantidades de radiación en todas las frecuencias.

cuaternario, ria 1 *adj.* y *m.* Que consta de cuatro unidades o elementos. 2 Geo Dicho del periodo geológico más reciente del **Cenozoico.** Se divide en **Pleistoceno** y **Holoceno.** • Se escribe con may. inic. c. s.

cuatrero, ra *adj.* y *s.* Dicho de un ladrón de ganado.

cuatrienio *m.* Periodo de cuatro años.

cuatro 1 *adj.* Tres más uno. 2 *adj.* y *m.* Cuarto. 3 *m.* Signo con que se representa este número. 4 Mús Instrumento de cuatro cuerdas de la familia de la guitarra.

cuatrocientos, tas 1 *adj.* Cuatro veces cien. 2 *m.* Que sigue por orden al 399. 3 Guarismo con que se representa esa cantidad.

cuba 1 *f.* Tonel pequeño de madera o chapa metálica. 2 Líquido que cabe en él.

cubeta 1 *f.* Cuba manual. 2 Recipiente rectangular, ancho y poco hondo. 3 Geo Depresión del terreno ocupada por aguas permanentes o temporales, y que constituye una cuenca cerrada.

cubicar 1 *tr.* Mat Elevar un monomio, un polinomio o un número a la tercera potencia, o sea multiplicarlo dos veces por sí mismo. 2 Geom Medir el volumen de un cuerpo o la capacidad de un hueco, para apreciarlos en unidades cúbicas.

cúbico, ca 1 *adj.* Geom Perteneciente o relativo al cubo. 2 De figura de cubo, o parecido a él. 3 Mat Dicho de una ecuación de tercer grado. 4 Mat **raíz** ~. 5 **centímetro** ~; **metro** ~.

cubierto, ta 1 *adj.* Tapado o cuajado de alguna cosa: *El prado cubierto de flores; La mano cubierta de joyas.* 2 Dicho de un cielo, que está nublado. 3 *m.* Servicio completo de mesa. 4 *f.* Lo que tapa o resguarda una cosa. 5 **coraza** de las ruedas. 6 Arq Parte exterior de la techumbre de un edificio. 7 Cada uno de los pisos de un navío, y especialmente el superior. 8 Tapa de un libro o de una revista.

cubil *m.* Sitio donde los animales se recogen para dormir.

cubilete 1 *m.* Sombrero de copa alta. 2 Vaso para mover y arrojar los dados.

cubismo *m.* Art Movimiento pictórico aparecido en París hacia 1907, cuya finalidad era representar sobre una superficie plana la variedad dimensional de los objetos, evitando la perspectiva y la imitación realista. Fue iniciado por Braque y Picasso (Las señoritas de Aviñón, 1907) y significó un cambio radical en la evolución del arte, convirtiéndose en el precursor de la abstracción y de la subjetividad artística.

cúbito *m.* Anat El hueso más grueso y largo de los dos que forman el antebrazo.

cubo[1] 1 *m.* Recipiente con asa en forma de cono truncado, más ancho por arriba. 2 Pieza central en que encajan los radios de las ruedas de los carruajes.

cubo[2] 1 *m.* MAT Tercera potencia de un número, monomio o polinomio. 2 GEOM Sólido regular limitado por seis cuadrados iguales y que, por tanto, tiene también iguales sus tres dimensiones.

cubreobjetos *m.* Lámina delgada de cristal con que se cubren las preparaciones microscópicas para su conservación y examen.

cubrir 1 *tr.* y *prnl.* Tapar u ocultar una cosa con otra. 2 Depositar o extender algo sobre la superficie de una cosa. 3 Echarse algo encima. 4 Ser suficiente, bastar. 5 *tr.* Ocultar o disimular algo. 6 Tapar algo completa o incompletamente. 7 Juntarse sexualmente el macho con la hembra. 8 Ocupar, llenar, completar. 9 Disponer de personal para desempeñar un servicio. 10 Pagar o satisfacer una deuda o una necesidad, gastos o servicios. 11 Dicho de una distancia, recorrerla. 12 Seguir de cerca un informador las incidencias de un acontecimiento para dar noticia de ellas. 13 DEP Marcar a un jugador del equipo contrario o vigilar una zona del campo. 14 Vestir, cubrir o adornar con ropa. 15 *prnl.* Ponerse el sombrero, la gorra, etc. 16 Prevenirse, protegerse de cualquier responsabilidad, riesgo o perjuicio. 17 Nublarse el cielo.

cucaracha *f.* Insecto de cuerpo aplanado, alas y élitros rudimentarios, nocturno y corredor; sus antenas y cerdas sensoriales le permiten detectar cantidades diminutas de alimento.

cuchara 1 *f.* Utensilio para comer o escanciar consistente en una pieza ovalada y cóncava con mango. 2 Lo que cabe en él. 3 Pala con esa forma. 4 Artificio para pescar con caña que tiene varios anzuelos.

cucharón *m.* Cuchara grande.

cuchichear *intr.* Hablar en voz baja al oído de alguien sin que se enteren los demás.

cuchilla 1 *f.* Hoja de arma blanca. 2 Hoja de afeitar. 3 Loma, cumbre o meseta muy prolongadas.

cuchillo 1 *m.* Instrumento cortante formado por una hoja de un solo filo sujeta a un mango. 2 Pieza de tela que aumenta el vuelo de los vestidos.

cuchitril *m.* Habitación estrecha y sucia.

cuclillo *m.* Ave trepadora, poco menor que una tórtola, con plumaje cenizo, cola negra con pintas blancas y alas pardas. La hembra pone sus huevos en los nidos de otras aves y no atiende sus crías.

cuco, ca 1 *adj.* Bonito, mono. 2 *m.* CUCLILLO.

cucurbitáceo, a *adj.* y *f.* BOT Dicho de una planta, del grupo de las angiospermas dicotiledóneas, que tiene tallo sarmentoso, hojas sencillas y alternas, flores regularmente unisexuales y fruto carnoso, como la calabaza y el melón.

cucurucho 1 *m.* Papel enrollado en forma cónica. 2 Parte superior y cónica de cualquier cosa.

cudú *m.* Mamífero bóvido de gran tamaño, con largos cuernos, exclusivos de los machos, que forman tres o cuatro espirales.

cueca *f.* FOLCL Baile popular chileno, de música lenta, que termina con un zapateado vivo.

cuello 1 *m.* Parte del cuerpo que une la cabeza con el tronco. 2 Parte superior y estrecha de un vaso o una vasija. 3 BOT Zona que separa la raíz del tallo en las plantas. 4 Parte de los vestidos que se ajusta al cuello. || ~ **ortopédico** MED Aparato ortopédico que se ajusta en torno al cuello y que sirve para inmovilizar las vértebras cervicales. ~ **uterino** ANAT Extremo estrecho exterior del útero.

cuenca 1 *f.* Territorio rodeado de alturas. 2 ANAT ÓRBITA ocular. 3 GEO Territorio cuyas aguas afluyen todas a un mismo río, lago o mar.

cuenco *m.* Vaso de barro, hondo y ancho, y sin pie.

cuenta 1 *f.* Acción y efecto de contar. 2 Cálculo aritmético. 3 Relación de gastos e ingresos en una actividad comercial. 4 Razón de alguna cosa. 5 Incumbencia, obligación de hacer algo. 6 Recibo que justifica un cobro. 7 Depósito bancario. 8 Cada una de las bolitas con que se ensartan rosarios o abalorios. || ~ **corriente** La que, para ir asentando las partidas de debe y haber, se lleva a las personas o entidades a cuyo nombre está abierta en un banco. ~ **regresiva** Lectura en sentido inverso de las unidades de tiempo que preceden a un acontecimiento previsto.

cuentagotas *m.* Utensilio dispuesto para verter un líquido gota a gota.

cuento 1 *m.* LIT Relación, escrita u oral, de un suceso real o fantástico; como género literario es más breve que la novela y más ceñido a un tema o personaje. 2 Chisme, embuste.

cuerda 1 *f.* Conjunto de hilos o fibras retorcidos, que se emplea para atar o suspender algo. 2 Muelle que pone en funcionamiento cualquier mecanismo. 3 GEOM Segmento entre dos puntos de una curva. 4 MÚS En muchos instrumentos, hilo de acero, tripa o plástico, cuya vibración produce sonidos acordados. 5 *f. pl.* MÚS **instrumentos** de ~. || ~ **floja** Alambre con poca tensión sobre el cual hacen sus ejercicios los volatineros. ~**s vocales** ANAT Ligamentos que van de delante a atrás en la laringe, capaces de adquirir más o menos tensión y de producir vibraciones.

cuerdo, da 1 *adj.* y *s.* Que está en su juicio. 2 Sensato, reflexivo.

cuerno 1 *m.* ZOOL Prolongación ósea cubierta por una capa epidérmica o por una vaina dura, que tienen algunos animales en la región frontal. 2 ZOOL Protuberancia dura y puntiaguda que el rinoceronte tiene sobre la mandíbula superior. 3 MÚS Instrumento de viento, de forma corva, generalmente de cuerno, que tiene el sonido como de trompa. || ~ **de la abundancia** CORNUCOPIA, vaso en forma de cuerno que, rebosante de flores y frutas, representa la abundancia.

cuero 1 *m.* Piel de los animales. 2 Piel curtida de los animales. || ~ **cabelludo** ANAT Piel de la cabeza en que nace el pelo.

cuerpo 1 *m.* Lo que tiene extensión limitada y es percibido por los sentidos. 2 BIOL Conjunto de materia orgánica que conforma un ser vivo. 3 Constitución física de una persona. 4 Parte de un vestido que cubre desde el cuello hasta la cintura. 5 Tamaño de una cosa. 6 Espesor o grueso de láminas, tejidos, papel, etc. 7 Consistencia de un líquido. 8 Asociación de personas que pertenecen a la misma profesión. 9 Cada una de las partes, que pueden ser independientes, cuando se las considera unidas a otra principal: *Armario de dos cuerpos.* 10 Conjunto de lo que se dice en la obra escrita o el libro, con excepción de los índices y preliminares. 11 ARQ Agregado de partes que compone una obra de arquitectura. 12 GEOM Objeto material en que pueden apreciarse las tres dimensiones principales: longitud, latitud y profundidad. 13 Cierto número de soldados con sus respectivos oficiales. || ~ **calloso** ANAT Conglomerado de fibras nerviosas blancas que conecta los dos hemisferios cerebrales. ~ **ciliar** ANAT Ensanchamiento musculoso ocular situado en la úvea, que permite el cambio de curvatura del cristalino. ~ **del delito** DER Cosa en que, o con que, se ha cometido un delito, o en la cual existen las señales de él. ~ **estriado** ANAT Masa de sustancia gris situada en la base del cerebro, interviene en las funciones motrices. ~ **glorioso** REL El de los bienaventurados, después de la resurrección. ~ **lúteo** o **amarillo** BIOL Remanente del folículo cuando el óvulo es liberado. Produce la hormona progesterona.

~ **negro** Fís Objeto ideal que absorbe completamente las radiaciones que inciden sobre él. ~ **polar** Biol Célula haploide no funcional, producto de la meiosis de los ovocitos primarios.

cuervo *m.* Ave paseriforme de pico cónico y grueso, tarsos fuertes, alas de 1 m de envergadura y plumaje negro.

cuesta *f.* Terreno en pendiente.

cuestión 1 *f.* Asunto pendiente de solución. 2 Asunto difícil y controvertido, problema. 3 Asunto en general. 4 Lío o complicación.

cuestionar 1 *tr.* Controvertir un punto dudoso. 2 Poner en duda lo afirmado por alguien: *Cuestionar la veracidad de una noticia.*

cuestionario *m.* Lista de preguntas.

cueva 1 *f.* Cavidad subterránea de desarrollo horizontal, natural o artificial. 2 **MADRIGUERA.**

cui *m.* **COBAYA.**

cuidado 1 *m.* Preocupación o inquietud que produce algo. 2 Esmero que se pone en la realización de algo. 3 Incumbencia u obligación: *Está a su cuidado.* 4 Med **unidad** de ~s intensivos. 5 *interj.* Llamada de atención que señala la amenaza de algo o la cautela con que hay que actuar.

cuidar 1 *tr.* Poner diligencia en la ejecución de algo. 2 *tr.* e *intr.* Atender a alguien o algo para que esté bien. 3 Estar pendiente de alguien o algo, vigilarlo para que se mantenga bien o no se estropee o pierda. 4 *prnl.* Mirar por la propia salud. 5 Darse buena vida. 6 Preocuparse de algo.

cuita *f.* Aflicción, desventura.

culantrillo *m.* Helecho de hojuelas redondeadas y pecíolos largos y negros, que crece en pozos y lugares húmedos.

culantro *m.* **CILANTRO.**

culata 1 *f.* Parte posterior de la caja de ciertas armas de fuego. 2 En los motores de explosión, pieza metálica que cierra el cuerpo de los cilindros.

culebra *f.* Serpiente de cuerpo aproximadamente cilíndrico y muy largo respecto de su grueso.

culebrilla *f.* Med Enfermedad viral que se manifiesta por un exantema en el que las vesículas se disponen a lo largo de los nervios.

culebrina 1 *f.* **RELÁMPAGO.** 2 Pieza de artillería larga y de poco calibre.

culi *m.* En ciertos países de Oriente, trabajador o criado indígena.

culinario, ria 1 *adj.* Perteneciente o relativo a la cocina. 2 *f.* Arte de cocinar.

culminación *f.* Acción y efecto de culminar.

culminar 1 *tr.* Dar fin a una tarea. 2 *intr.* Llegar una cosa al grado más elevado o significativo.

culo 1 *m.* **NALGAS**, zona posterior a la articulación de la cadera. 2 **ANO.** 3 Zona carnosa que, en los animales, rodea el ano. 4 Extremidad inferior o posterior de algo.

culombio *m.* Fís Unidad de carga eléctrica, equivalente a la cantidad de electricidad que pasa por la sección de un conductor en un segundo con una corriente de un amperio de intensidad. Símbolo: C.

culpa 1 *f.* Falta voluntaria más o menos grave. 2 Responsabilidad de algo en sentido amplio, de modo que equivale a causa y puede aplicarse incluso a las cosas inanimadas.

culteranismo *m.* Lit Estilo del barroco literario español (s. XVII). Se caracteriza por la latinización del lenguaje y su extremada artificiosidad.

cultismo *m.* Palabra culta o erudita.

cultivar 1 *tr.* Dar a la tierra y a las plantas las labores necesarias para que produzcan. 2 Hacer que se desarrollen, en las condiciones propicias, determinados organismos, con fines científicos o económicos. 3 Desarrollar el talento. 4 Mantener o aumentar ciertas ideas o cualidades.

cultivo 1 *m.* Acción y efecto de cultivar. 2 Conjunto de plantas que se cultivan en un terreno. 3 Biol Técnica mediante la cual se mantienen vivos fragmentos de tejidos, o sus células correspondientes, una vez separados del organismo. 4 Biol Estos tejidos o células así tratados.

culto, ta 1 *adj.* Dicho de una tierra y una planta, que está cultivada. 2 Ilustrado o instruido, dicho de una persona. 3 Refinado, dicho de un razonamiento, un estilo, una palabra, etc. 4 *m.* Rel Conjunto de ritos o ceremonias religiosas. 5 Estimación grande de una cosa y cultivo de ella.

cultura 1 *f.* Conjunto de conocimientos que posee una persona. 2 Conjunto de creencias, tradiciones y valores de una sociedad. 3 Conjunto de conocimientos logrados por la humanidad, que, en un sentido amplio, incluye tanto los espirituales como los tecnológicos.

□ Hist Es considerada una especie de tejido social en el que se reflejan las tradiciones, cosmogonías, formas de ver el mundo y actividades económicas, políticas y sociales que identifican a un pueblo. También se reconoce como el cultivo de la parte intelectual y espiritual del ser humano y ha sido un factor para medir el desarrollo o el progreso de una sociedad. Se interpreta desde los procesos de conservación de la memoria y las tradiciones que deben preservarse con el paso del tiempo.

cultural *adj.* Perteneciente o relativo a la cultura.

culturismo *m.* Dep Práctica sistemática de ejercicios gimnásticos encaminada al desarrollo muscular.

cumbia *f.* Folcl Danza popular de Colombia cuyo ritmo lo lleva un conjunto de gaitas y tambores.

cumbre 1 *f.* Cima o parte superior de un monte. 2 Culminación, máxima elevación. 3 Reunión de alto nivel.

cum laude (Loc. lat.) Calificación máxima que se obtiene en la evaluación de un documento para optar a un título académico, generalmente, de una tesis doctoral.

cumpleaños *m.* Aniversario del nacimiento de una persona.

cumplido, da 1 *adj.* Lleno, completo. 2 Acabado, perfecto: *Victoria cumplida.* 3 Educado, obsequioso. 4 Puntual, que llega a un lugar o parte de él a la hora convenida. 5 *m.* Acción obsequiosa o muestra de urbanidad.

cumplimiento 1 *m.* Acción y efecto de cumplir o cumplirse. 2 Perfección en el modo de obrar o de hacer algo.

cumplir 1 *tr.* Ejecutar, llevar a efecto. 2 Llegar a una determinada edad. 3 *intr.* Hacer lo que se debe. 4 *tr.* y *prnl.* Finalizar un plazo. 5 *prnl.* Verificarse, realizarse.

cúmulo 1 *m.* Montón de cosas superpuestas. 2 Reunión de cosas de cualquier naturaleza: *Un cúmulo de circunstancias, de dificultades.* 3 Geo Conjunto de nubes que tiene apariencia de montañas nevadas con bordes brillantes.

cumulonimbo *m.* Geo Nube baja con prolongaciones verticales extensas, de contornos indefinidos, que forman masas aisladas esferoidales.

cuna[1] 1 *f.* Cama con bordes altos o barrotes para niños pequeños. 2 Lugar de origen de una persona. 3 Familia o linaje: *De humilde cuna.*

cuna[2] *adj.* y *s.* De un pueblo indígena que habita en algunas regiones de Panamá y Colombia. Practica una agricultura muy elemental, prefiriendo dedicarse a la caza y a la recolección.

cuncho *m.* Residuos, sedimentos, poso de un líquido, sobras de una comida, restos de fundición.
cundir *intr.* Extenderse o multiplicarse algo.
cuneiforme 1 *adj.* En forma de cuña. 2 **escritura** ~.
cunicultura *f.* Arte de criar conejos para aprovechar su carne y sus productos.
cuña 1 *f.* Pieza en ángulo diedro agudo, que sirve para hender, ajustar o calzar cuerpos sólidos, o para llenar un hueco. 2 Cualquier objeto que desempeña esas funciones.
cuñado, da *m.* y *f.* Hermano o hermana de uno de los cónyuges respecto del otro.
cuño 1 *m.* Troquel con que se sellan las monedas y cosas análogas. 2 Impresión o señal que deja este sello.
cuórum *m.* QUORUM.
cuota *f.* Cantidad que aporta cada contribuyente o socio de una entidad.
cupé *m.* Automóvil de dos puertas.
cupo 1 *m.* CABIDA, espacio o capacidad. 2 Parte proporcional que corresponde a alguien en una obligación, un servicio, etc. 3 Sitio determinado para persona o cosa: *Se agotaron los cupos del colegio.* 4 PUESTO, sitio o espacio.
cupón *m.* Parte que se corta de un anuncio, una invitación, un bono, etc., y que da derecho a tomar parte en concursos, sorteos, o a obtener una rebaja en las compras.
cupresáceo, a *adj.* y *f.* BOT Dicho de una planta, fanerógama, que es arbustiva o arbórea y muy ramificada, con hojas persistentes, flores unisexuales y fruto en gálbula, como el ciprés.
cúprico *adj.* QUÍM Dicho del óxido de cobre, que tiene doble proporción de oxígeno respecto del cuproso, y de las sales que con él se forman.
cuproso *adj.* QUÍM Dicho del óxido de cobre, que tiene menos oxígeno, y de las sales que con él se forman.
cúpula 1 *f.* ARQ Bóveda semiesférica que cubre un edificio o parte de él. 2 BOT Involucro, a modo de copa dura y leñosa, del fruto de las fagáceas. 3 Dirección de un organismo o partido político.
cura 1 *m.* Sacerdote católico 2 *f.* CURACIÓN. 3 Tira de esparadrapo con un preparado especial para desinfectar y proteger pequeñas heridas.
curaca *m.* HIST Jefe del ayllu inca, encargado de regular las relaciones sociales y laborales su territorio.
curación *f.* Acción y efecto de curar o curarse.
curador, ra 1 *adj.* y *s.* Que cura. 2 *m.* y *f.* ART Persona encargada de organizar el guion de una exposición en un museo.
curandero, ra *m.* y *f.* Persona que, sin título oficial de médico, ejerce una medicina empírica.
curar 1 *intr.* y *prnl.* Sanar, recobrar la salud una persona o un animal enfermos o heridos. 2 *tr.* Aplicar los remedios necesarios a enfermos o heridos para que sanen. 3 Limpiar, desinfectar una herida, cambiar sus vendajes. 4 Conseguir que un enfermo sane. 5 Secar y conservar productos como carnes, pescados, maderas, tabaco, etc. 6 Curtir las pieles.
curare *m.* Veneno que se extrae de un árbol del mismo nombre, y que tiene la propiedad de paralizar.
curato 1 *m.* Cargo de cura párroco. 2 Territorio que comprende una parroquia.
cureña *f.* Armazón en la cual se monta el cañón de artillería.
curí *m.* COBAYA.
curia *f.* Conjunto de oficinas para el despacho de asuntos eclesiásticos. || ~ **papal** Conjunto de tribunales y congregaciones que ayudan al papa en el gobierno de la Iglesia católica.
curie *m.* FÍS Unidad de actividad radiactiva, correspondiente a $3,7 \times 10^{10}$ desintegraciones por segundo. Símbolo: Ci.
curio *m.* QUÍM Elemento radiactivo artificial cuyos isótopos son utilizados como fuentes de energía termoeléctrica en satélites. Símbolo: Cm. Número atómico: 96. Peso atómico: 247. Punto de fusión: 1340 °C.
curiosear 1 *intr.* Ocuparse en indagar cosas ajenas. 2 *intr.* y *tr.* Husmear, fisgonear.
curiosidad 1 *f.* Deseo de saber o averiguar alguien lo que no le concierne. 2 Cosa hecha con esmero.
curri (Tb. curry) *m.* Condimento en polvo originario de la India preparado con distintas especies como el clavo y el azafrán.
currículo 1 *m.* Plan de estudios. 2 CURRÍCULUM.
currículum *m.* Relación de los datos personales, títulos y trabajos realizados que presenta el aspirante a un puesto o cargo.
curry (Voz ingl.) *m.* CURRI. • Procede originalmente del tamil.
cursi 1 *adj.* y *s.* Dicho de una persona que, sin serlo, se cree fina y elegante. 2 Dicho de una cosa que, con apariencia de elegancia, resulta ridícula.
curso 1 *m.* Año escolar. 2 Conjunto de alumnos de un mismo nivel escolar. 3 Materias que se enseñan en un año escolar. 4 Dirección o rumbo del movimiento de una cosa. 5 Difusión de algo entre la gente. 6 Serie o continuación. 7 Evolución de un fenómeno, como la del movimiento de un astro o la de una enfermedad.
cursor 1 *m.* En algunos mecanismos, pieza pequeña que se desliza a lo largo de una varilla o ranura, estableciendo contactos de intensidad variable. 2 Marca movible y luminosa que sirve como indicador en la pantalla de diversos aparatos, por ejemplo, de un computador.
curtir 1 *tr.* Preparar las pieles para su conservación y aprovechamiento. 2 *tr.* y *prnl.* Tostar el Sol la piel de las personas que permanecen mucho tiempo a la intemperie. 3 Habituar a una persona a los trabajos y las penalidades. 4 *prnl.* ENSUCIARSE.
curubo *m.* Planta enredadera de las pasifloráceas, con hojas trilobuladas, flores solitarias color rosa y fruto oval, comestible, con semillas envueltas, cada una, por una cutícula semitransparente.
curul *f.* Cargo de los miembros del Parlamento y lugar que ocupan en el recinto.
curvar *tr.* y *prnl.* Doblar y torcer algo poniéndolo curvo.
curvatura 1 *f.* Cualidad de curvo. 2 GEOM **línea** de doble ~.
curvo, va 1 *adj.* Que constantemente se va apartando de la dirección recta sin formar ángulos. 2 *f.* Línea no recta del plano o del espacio. 3 Tramo curvo de un camino, una carretera, una vía férrea, etc. 4 Representación gráfica de algunos fenómenos o procesos. 5 GEOM Línea formada por las sucesivas posiciones de un punto que, respecto a un eje de coordenadas, se mueve siguiendo una determinada ecuación. || ~ **cónica** GEOM La derivada de la intersección de un plano y una superficie cónica de revolución. ~ **de nivel** Línea que, en un mapa, une puntos de la misma altitud; tiene el fin de mostrar el relieve de un terreno.
cúspide 1 *f.* Cumbre de una montaña. 2 Remate superior de cualquier cosa. 3 GEOM Punto en que confluyen los vértices de los triángulos que forman una pirámide.
custodia 1 *f.* Acción y efecto de custodiar. 2 Pieza de metal precioso en que se expone la hostia consagrada.
custodiar *tr.* Vigilar y guardar una cosa con cuidado.

cutáneo, a 1 *adj.* Perteneciente o relativo a la piel. 2 BIOL **respiración ~.**

cutícula 1 *f.* Película, piel delgada y delicada. 2 BIOL Membrana protectora en muchos protozoos, moluscos y plantas.

cutis *m.* Piel de las personas, especialmente la del rostro.

cuyo, ya *adj. relat.* Con carácter posesivo concuerda no con su antecedente, sino con el nombre de la persona o cosa poseída: *Una obra cuyas fuentes son muy conocidas.*

d 1 *f.* Cuarta letra del alfabeto español. • Su nombre es *de.* Su articulación es dental, sonora y oclusiva en posición inicial o después de *n* o *l;* en los demás casos es fricativa. En posición final se debilita o ensordece. Las palabras cuyo singular termina en *-d* tienen el plural con la terminación *-des,* como *edad, edades.* 2 En la numeración romana, y en may., D equivale a quinientos (500). pl.: *ces.*

dacha *f.* Casa de recreo en el campo.

dación *f.* Acción y efecto de dar. || ~ **en pago** DER Transmisión, al acreedor, del dominio de los bienes, para compensar una deuda.

dacrón *m.* Fibra sintética de poliéster que se usa para fabricar tejidos resistentes.

dactilar 1 *adj.* DIGITAL. 2 **impresión** ~ o digital.

dactilografía *f.* MECANOGRAFÍA.

dactilología *f.* Sistema alfabético de comunicación no oral mediante signos hechos con las manos.

dactiloscopia *f.* Estudio de las huellas digitales para la identificación de las personas.

dadaísmo *m.* ART Movimiento plástico y literario que se desarrolló en Europa y EE.UU. entre 1916 y 1922. Rechazaba la racionalidad, y sus expresiones fueron deliberadamente antiestéticas e iconoclastas. Innovó en el uso de materiales, como los de desecho, y en métodos, como la inclusión del azar en el proceso creativo.

dádiva *f.* Cosa que se da con generosidad.

dado[1] 1 *m.* Pieza cúbica, usada en juegos de azar, en cuyas caras hay señalados puntos o figuras. 2 Pieza cúbica metálica, usada en las máquinas como apoyo a los tornillos, ejes, etc.

dado[2]**, da** 1 *adj.* Inclinado, que tiene tendencia a algo: *Es muy dado al juego.* 2 Determinado, establecido: *Llegar a una hora dada.*

dador, ra *adj.* y *s.* Que da.

daga *f.* Espada de hoja corta, generalmente de dos filos.

daguerrotipo 1 *m.* FOT Procedimiento consistente en fijar en una placa metálica las imágenes recogidas con la cámara oscura. 2 FOT Retrato obtenido mediante dicho procedimiento.

dakota *adj.* y *s.* De un pueblo amerindio, de América del Norte, de la familia lingüística siux. Habitaba en las grandes praderas del O. Actualmente vive en reservas.

dalai || ~ **lama** Título del jefe teocrático del Tíbet, considerado como la reencarnación de Buda.

dalia *f.* Planta de las compuestas, de tallo herbáceo, hojas opuestas, raíz tuberculosa y flores terminales de coloración variada.

dálmata 1 *adj.* y *s.* De Dalmacia o relacionado con esta región histórica del SO de Europa. 2 Perro de unos 60 cm de alto, cuerpo esbelto y pelo corto blanco, con manchas negras o pardas.

dalton *m.* FÍS Unidad de masa atómica que equivale a 1/12 de la masa de carbono 12, empleada en bioquímica y en biología molecular. Símbolo: Da.

daltonismo *m.* MED Defecto de la vista consistente en no percibir o confundir los colores, principalmente el rojo y el verde.

dama 1 *f.* Mujer noble o distinguida. 2 En el ajedrez, la reina. 3 En el juego de damas, pieza que ha avanzado hasta la última línea. 4 *f. pl.* Juego entre dos personas que se ejecuta en un tablero, con piezas, blancas y negras, que se desplazan en diagonal.

damasco *m.* Tela de seda, con dibujos formados con el mismo tejido.

damasquinar *tr.* Incrustar metales finos sobre hierro o acero.

damisela *f.* Joven bonita, alegre y presumida.

damnificado, da *adj.* y *s.* Que ha sufrido graves daños, producto de una tragedia natural o un siniestro.

dandi *m.* Hombre que viste con elegancia.

danés, sa *adj.* y *s.* De Dinamarca o relacionado con este país europeo. || **gran** ~ Perro de unos 75 cm de alto, orejas pequeñas, cola larga y piel oscura, a veces atigrada o con manchas negras.

danta *f.* Mamífero ungulado perisodáctilo, caracterizado por su hocico prolongado en forma de pequeña trompa; mide unos 2 m de longitud y 1,40 m de altura, tiene una crin muy desarrollada. Vive en las selvas tropicales de América.

dantesco, ca 1 *adj.* Característico o parecido a las cualidades que distinguen a Dante. 2 Dicho de una escena o situación, que causa espanto.

danza 1 *f.* ART Baile, sucesión de movimientos rítmicos corporales que siguen determinadas pautas, generalmente musicales. 2 Espectáculo representado por bailarines.

dañar 1 *tr.* y *prnl.* Causar perjuicio, dolor o molestia. 2 Echar a perder algo.

daño 1 *m.* Efecto de dañar o dañarse. 2 Dolor causado por un golpe, una herida, etc. 3 *m. pl.* Estragos causados por una inundación, un accidente, etc.

dar 1 *tr.* Entregar algo a alguien. 2 Donar, hacer que algo pase gratuitamente a otro. 3 Conceder algo inmaterial: *Dar autorización.* 4 Causar, ocasionar: *Da tristeza esta situación.* 5 Exhibir una función de cine, teatro, etc. 6 Pronunciar una conferencia, impartir una lección. 7 Untar algo: *Dar una mano de pintura.* 8 Comunicar una enhorabuena, un pésame, etc.

A B C D E F G H I J K L M N Ñ O P Q R S T U V W X Y Z

9 Junto con algunos sustantivos, ejecutar o recibir la acción que estos significan: *Dar un abrazo; Dar un golpe; Le dio instrucciones.* 10 Accionar un mecanismo para hacer fluir la electricidad, el gas, etc. 11 *tr.* y *prnl.* Producir: *Este huerto da altos beneficios; Aquí se dan bien las manzanas.* 12 Con la preposición *por,* suponer: *Lo dieron por perdido.* 13 *intr.* Empezar a sentir algo: *Dar dolor, frío, miedo,* etc. 14 Con la preposición *con,* encontrar a alguien o algo: *Dio con Margarita; Dio con lo que buscaba.* 15 Atinar, acertar: *Dio en el punto.* 16 Dicho de una cosa, estar situada, mirar hacia una parte determinada: *La ventana da a la calle.* 17 Ser suficiente, bastar: *Ya no da más.* 18 Incidir la luz, el aire, etc., sobre alguna cosa: *El aire da contra las montañas.* 19 *intr.* y *prnl.* Chocar, golpear contra algo: *Dio con la cabeza en el dintel; Se dio contra el árbol.* 20 *prnl.* Suceder algo: *Darse las circunstancias.* 21 Dedicarse con empeño a alguna actividad: *Darse al estudio; Darse a la bebida.* 22 Resultarle a alguien fácil o no, hacer o aprender algo: *Se le da mal la música.* • Vb. irreg. conjug. modelo. V. anexo El verbo.

dardo 1 *m.* Arma arrojadiza parecida a una lanza pequeña. 2 Dicho satírico y molesto.

darmstadio (Tb. darmstadtio) *m.* QUÍM Elemento químico radiactivo, de los más pesados de la tabla periódica. Símbolo: Ds. Número atómico 110. Peso atómico: 281.

dársena *f.* Parte de un puerto, resguardada artificialmente, para reparar buques, o para realizar la carga y descarga.

darwinismo *m.* BIOL Concepto derivado de la teoría de Darwin según la cual, la evolución de las especies se produce en virtud de una selección natural de individuos, debida a la lucha por la existencia y perpetuada por la herencia.

data 1 *f.* Indicación del tiempo y lugar en que se realiza un documento. 2 Tiempo en que ocurre o se hace algo.

datación 1 *f.* Acción y efecto de datar. 2 Fórmula en un documento donde consta el tiempo y lugar en que este se realiza. 3 FÍS Método para determinar la edad de un resto arqueológico, un estrato geológico, etc. Para ello se usa el isótopo radiactivo del carbono (C^{14}), que tiene una vida media de 5670 años y cuya absorción por parte de los seres vivos se detiene cuando estos mueren, pudiendo así medirse el tiempo transcurrido desde el momento en que un ser vivo dejó de existir.

datáfono *m.* En establecimientos comerciales y entidades bancarias, aparato que transmite datos a través de una línea telefónica o inalámbrica para efectuar un pago o retiro, con una tarjeta bancaria.

datar 1 *tr.* Poner la data. 2 Determinar el tiempo en que ocurre o se hace algo. 3 *intr.* Haber tenido principio algo en el tiempo que se determina.

dátil *m.* Fruto comestible de la palma datilera, de forma elipsoidal prolongada, carne blanquecina y hueso duro y cilíndrico.

dativo *m.* GRAM Pronombre no necesario para el sentido de la frase porque no está exigido por el verbo. Designa lo que está afectado por la acción: *Se le casa la niña.*

dato 1 *m.* Antecedente que permite llegar a conocer algo o deducir las consecuencias de un hecho. 2 Documento, testimonio, fundamento. 3 INF Valor numérico de una información de manera adecuada para su tratamiento por una computadora. 4 MAT Magnitud que se cita en el enunciado de un problema y que permite hallar el valor de las incógnitas.

de[1] *f.* Nombre de la letra *d.*

de[2] 1 *prep.* Denota posesión o pertenencia: *La bicicleta de Jaime.* 2 Indica la materia de que está hecho algo: *La mesa de madera.* 3 Indica el contenido de algo: *Compró una caja de chocolates.* 4 Indica el asunto o materia de que se trata: *Le interesan los libros de ciencia ficción.* 5 Expresa la naturaleza, condición o cualidad de alguien o algo: *Es una persona de mucho valor.* 6 Manifiesta el origen o la procedencia: *Llegó de París.* 7 Indica el todo del que se señala una parte: *La rama del árbol.* 8 Explica el modo en que se hace o sucede algo: *Lo hizo de mala gana.* 9 Determina el tiempo en que sucede algo: *Cuando llegó aún era de noche; De niño siempre acompañaba a su padre.* 10 Indica la causa u origen de algo: *Murió de malaria; Grita de alegría.* 11 Determina o fija con más viveza la aplicación de un apelativo: *El mes de agosto.* 12 Se usa para enfatizar un calificativo: *La graciosa de María nos hizo reír toda la noche.* 13 Indica la rapidez o eficacia en la realización de algo: *Se comió el almuerzo de un bocado; Hizo el trabajo de una vez.* 14 Forma oraciones condicionales seguidas del infinitivo: *De haberlo sabido, no habría aceptado.* 15 Seguida de un verbo forma perífrasis verbales: *Acabó de salir; Sería mejor que dejaras de molestar en clase.* 16 Señala el agente en las oraciones pasivas: *Vino acompañado de sus familiares.* 17 Indica distancia en el espacio o en el tiempo: *De la Tierra a la Luna; El restaurante abre de lunes a viernes.*

deambular *intr.* Andar, caminar sin dirección determinada.

debacle *f.* DESASTRE.

debajo *adv. l.* En lugar o puesto inferior, respecto de otro superior: *La maleta está debajo del escritorio.*

debate *m.* Controversia sobre una cosa entre varias personas.

debatir 1 *tr.* e *intr.* Altercar, contender, discutir sobre algo. 2 *intr.* y *prnl.* Luchar resistiéndose, esforzarse, agitarse.

debe *m.* Parte de una cuenta corriente en que se registran las cantidades que se cargan en ella.

deber 1 *tr.* y *prnl.* Estar obligado a algo por una ley o norma. 2 Ser causa o consecuencia de algo. 3 *tr.* Estar obligado a mostrar agradecimiento, respeto. 4 Tener una deuda material. 5 Con la preposición *de,* denota que quizá ha sucedido, sucede o sucederá una cosa.

débil 1 *adj.* y *s.* De poca fuerza o resistencia. 2 Que cede fácilmente ante la insistencia o el afecto. 3 *adj.* Escaso o deficiente, en lo físico o en lo moral. 4 Poco poderoso: *País débil.* 5 ECON **moneda ~.**

débito 1 *m.* DEUDA. 2 Registro en el debe de una cuenta.

debut 1 *m.* Presentación o primera actuación en público de un actor, una cantante, etc. 2 Primera actuación de alguien en cualquier actividad.

década *f.* Serie de diez, principalmente de días o de años.

decadencia 1 *f.* Acción de decaer. 2 Periodo de declive político, económico y cultural de una sociedad. 3 Debilidad, menoscabo.

decadentismo *m.* LIT Movimiento literario surgido en Europa a finales del s. XIX, que se caracterizó por el inconformismo de sus autores con la sociedad, por el uso de temas artificiales y por el exagerado refinamiento en el empleo de las palabras.

decaedro *m.* GEOM Sólido de diez caras.

decaer *intr.* Ir a menos, perder alguien o algo una parte de sus condiciones o propiedades. • Vb. irreg. conjug. c. **caer.** V. anexo El verbo.

decágono *m.* GEOM Polígono de diez lados.

decaimiento 1 *m.* DECADENCIA. 2 Abatimiento, desaliento.

decalitro *m.* Medida de capacidad que tiene diez litros. Símbolo: dal o daL.

decálogo 1 *m.* Los diez mandamientos de la ley de Moisés. 2 Cualquier conjunto de preceptos.
decámetro *m.* Unidad de longitud equivalente a 10 metros. Símbolo: dam.
decano, na 1 *adj.* y *s.* Miembro más antiguo de una comunidad o corporación. 2 *m.* y *f.* Persona que preside una corporación o una facultad universitaria, aunque no sea el miembro más antiguo.
decantar 1 *tr.* Inclinar una vasija sobre otra para que caiga el líquido que contiene, sin que salga el sedimento. 2 Dejar que los asuntos graves o de importancia tomen, con el paso del tiempo, otro cariz. 3 *tr.* y *prnl.* QUÍM Separar fracciones de partículas finamente divididas de acuerdo con su velocidad de gravitación, en relación con un flujo ascendente de fluido. 4 *prnl.* Tomar partido.
decapar *tr.* Quitar la capa de óxido, pintura, etc., que cubre un objeto.
decapitar *tr.* Cortar la cabeza.
decápodo *adj.* y *m.* ZOOL Dicho de un crustáceo, que como la langosta, el cangrejo y el camarón posee cinco pares de patas y el caparazón fusionado a los segmentos torácicos, formando una cámara protectora para las branquias.
decatlón *m.* DEP Conjunto de diez pruebas de atletismo.
deceleración *f.* FÍS **ACELERACIÓN** negativa.
decelerar *tr.* e *intr.* **DESACELERAR**, disminuir la velocidad.
decena *f.* Conjunto de diez unidades.
decenio *m.* Periodo de diez años.
decente 1 *adj.* Que obra de acuerdo con las buenas costumbres. 2 Arreglado, limpio. 3 De buena calidad o en cantidad suficiente.
decenviro *m.* HIST Cada uno de los diez magistrados a quienes los romanos dieron el encargo de componer las leyes de las Doce Tablas, y que gobernaron durante algún tiempo la república.
decepción *f.* Pesar causado por un desengaño.
decepcionar *tr.* y *prnl.* Desengañar, desilusionar.
deceso *m.* Muerte de una persona.
dechado 1 *m.* Ejemplar, muestra que se tiene presente para imitar. 2 Labor de costura para aprender, imitando las diferentes muestras. 3 Ejemplo y modelo de aciertos y virtudes, y de vicios y errores.
decibelio *m.* FÍS Unidad que expresa la relación entre dos potencias eléctricas o acústicas; equivale a diez veces el logaritmo decimal de su relación numérica. Símbolo: dB.
decidido, da *adj.* Resuelto, audaz, que actúa con decisión.
decidir 1 *tr.* e *intr.* Formarse un juicio definitivo sobre algo. 2 *tr.* Instar a alguien para que tome cierta determinación. 3 *tr.* y *prnl.* Animarse finalmente a hacer algo.
decigramo *m.* Unidad de masa equivalente a la décima parte de 1 gramo. Símbolo: dg.
decilitro *m.* Décima parte de un litro.
decimal 1 *adj.* MAT Dicho de un sistema de numeración, que tiene como base diez. 2 Sistema **métrico** ~. 3 MAT **logaritmo** ~; **numeración** ~; **fracción** ~. 4 Dicho de un dígito, que aparece a la derecha de la coma en este tipo de notación. || ~ **exacto** MAT Número decimal que tiene un número finito de cifras decimales. ~ **periódico** MAT El que tiene un número infinito de cifras que se repiten periódicamente: *8,513333...; 0,646464...* El número o grupo de números que se repite sucesivamente se llama periodo. ~ **periódico mixto** MAT El que tiene otras cifras entre la coma y el periodo: *8,5133333...* ~ **periódico puro** MAT En el que el periodo comienza inmediatamente después de la coma decimal: *0,646464...*
decímetro *m.* Unidad de longitud equivalente a la décima parte de 1 metro. Símbolo: dm.
décimo, ma 1 *adj.* y *s.* Que sigue inmediatamente en orden al o a lo noveno. 2 Dicho de cada una de las diez partes iguales en que se divide un todo. 3 *f.* Décima parte de un grado de temperatura corporal. 4 Primera cifra decimal de un número.
decimonónico, ca *adj.* Perteneciente o relativo al s. XIX.
decimoprimero, ra *adj.* Que sigue inmediatamente en orden al décimo.
decimosegundo, da *adj.* Que sigue inmediatamente en orden al undécimo.
decir[1] *m.* Dicho notable por la sentencia, la oportunidad.
decir[2] 1 *tr.* y *prnl.* Manifestar lo que se piensa con palabras. 2 *tr.* Asegurar, sostener, opinar. 3 Nombrar o llamar. 4 Dar muestras de algo, manifestarlo: *Su expresión lo dice todo.* 5 Contener los textos determinados temas, conceptos, etc. 6 Dar principio a una acción: *Y dijo a llover.* 7 *prnl.* Reflexionar, hablar para sí. • Participio irreg. *dicho.* Vb. irreg. conjug. modelo. V. anexo El verbo.
decisión 1 *f.* Acción de decidir o decidirse. 2 Firmeza de carácter.
decisivo, va 1 *adj.* Que decide o resuelve. 2 Que tiene lugar en un momento determinante.
declamación 1 *f.* Acción de declamar. 2 Arte de declamar. 3 Discurso duro y vehemente.
declamar 1 *intr.* Hablar en público. 2 Hablar con calor y vehemencia. 3 *tr.* e *intr.* Recitar la prosa o el verso con la entonación, los ademanes y el gesto convenientes.
declaración 1 *f.* Acción y efecto de declarar o declararse. 2 Documento en el que alguien declara algo.
declarar 1 *tr.* Explicar algo que está oculto o que no se entiende bien. 2 Manifestar a la autoridad los bienes, las ganancias, etc., sometidos al pago de impuestos. 3 Dar la opinión. 4 *tr.* e *intr.* Manifestar unos hechos ante un juez. • U. t. c. prnl. 5 *prnl.* Manifestar el ánimo, la intención o el afecto. 6 Manifestarse o empezarse a advertir algo.
declinación 1 *f.* Caída, descenso o declive. 2 Decadencia o menoscabo. 3 ASTR Distancia de un astro al Ecuador, equivalente en la esfera celeste a lo que en la Tierra se llama latitud. 4 GEO Ángulo que forma un plano vertical, o una alineación, con el meridiano del lugar que se considere. 5 GRAM Acción y efecto de declinar. || ~ **magnética** GEO Ángulo variable que forma la dirección de la brújula con la línea meridiana de cada lugar. ~ **solar** ASTR Latitud del paralelo terrestre en el que el Sol se encuentra en su cenit. Es de 23,55°, en los solsticios.
declinar 1 *tr.* Rehusar, renunciar. 2 *intr.* Inclinarse hacia abajo o hacia un lado u otro. 3 Acercarse algo a su fin. 4 Decaer, menguar, debilitar. 5 Cambiar de naturaleza o costumbres. 6 GRAM En las lenguas con flexión casual, enunciar las formas que presenta una palabra para desempeñar las funciones correspondientes a cada caso.
declive 1 *m.* Pendiente o inclinación del terreno o de la superficie de otra cosa. 2 **DECADENCIA**.
decodificar *tr.* **DESCODIFICAR**.
decolar *intr.* Despegar una aeronave.
decolorar *tr.* y *prnl.* Quitar o amortiguar el color.
decomisar *tr.* Adueñarse la autoridad de mercancías, drogas, objetos de contrabando.
decomiso 1 *m.* Acción y efecto de decomisar. 2 Objeto decomisado.

A B C D E F G H I J K L M N Ñ O P Q R S T U V W X Y Z

deconstructivismo 1 *m.* FIL Forma de análisis textual que busca revelar la incompatibilidad subyacente entre lo que el escritor cree argumentar y lo que el texto dice realmente. 2 ARQ Estilo surgido a finales de la década de 1980 que propugna la desarticulación de los planos y las líneas directrices de la obra mediante la contraposición de volúmenes y materiales abstractos.

deconstruir *tr.* Deshacer mediante análisis un concepto o una construcción intelectual, para demostrar sus contradicciones.

decoración 1 *f.* Acción y efecto de decorar. 2 Cosa que decora. 3 Conjunto de elementos que adornan o complementan un edificio, un objeto, etc. 4 Arte que estudia la combinación de los elementos ornamentales.

decorado *m.* TEAT Conjunto de telones, bambalinas y trastos con que se ambienta un lugar o sitio cualquiera en la representación de un espectáculo teatral.

decorar 1 *tr.* Adornar, hermosear algo. 2 Dotar una habitación, una casa, etc., de muebles y accesorios para crear determinado ambiente.

decorativo, va *adj.* Perteneciente o relativo a la decoración.

decoro 1 *m.* Respeto hacia una persona. 2 Circunspección, gravedad. 3 Honestidad, recato.

decrecer *intr.* Menguar, disminuir. • Vb. irreg. conjug. c. **agradecer**. V. anexo El verbo.

decreciente *adj.* Que decrece.

decrementar *tr.* y *prnl.* INF Valor utilizado para hacer disminuir la magnitud de una variable.

decrépito, ta 1 *adj.* Dicho de una persona, que tiene sus facultades muy disminuidas. 2 Que ha llegado a su máxima decadencia.

decrescendo (Voz it.) 1 *adv. m.* MÚS Disminución gradual de la intensidad del sonido. 2 *m.* MÚS Pasaje de una composición musical que así se ejecuta.

decretar 1 *intr.* Dicho de una persona, que tiene autoridad o facultades para ello. 2 Determinar el juez acerca de las peticiones de las partes.

decreto *m.* Resolución de una autoridad política o gubernativa, hecha pública de acuerdo con las formas prescritas. || ~ **ley** DER El promulgado con carácter de urgencia por el poder ejecutivo.

decúbito *m.* Posición del cuerpo tendido sobre un plano horizontal.

decuplicar *tr.* Multiplicar por diez.

decurrente *adj.* BOT Dicho de una hoja, aquella cuyo limbo se extiende a lo largo del tallo como si estuviera adherida a él.

decurso *m.* Transcurso del tiempo.

dedal *m.* Utensilio cónico y hueco de metal, plástico, etc., que, puesto en la punta de un dedo, sirve para empujar la aguja al coser.

dedicación 1 *f.* Acción y efecto de dedicar o dedicarse. 2 Acción y efecto de dedicarse intensamente a una profesión o un trabajo.

dedicar 1 *tr.* y *prnl.* Destinar una cosa a un determinado uso o fin. 2 *tr.* Obsequiar a una persona con un libro, una fotografía, haciéndolo constar. 3 Consagrar algo al culto religioso.

dedicatario, ria *m.* y *f.* Persona a quien se ofrece, como muestra de agradecimiento o afecto, una obra.

dedicatorio, ria 1 *adj.* Que tiene o hace referencia a un homenaje. 2 *f.* Nota que se pone en un libro, foto u otro objeto y se dirige a una persona como muestra de afecto o agradecimiento.

dedo 1 *m.* Cada una de las cinco partes prolongadas en que terminan la mano y el pie de los humanos y, en el mismo o menor número, en muchos animales. El pulgar tiene dos falanges, y los demás dedos, tres. 2 Porción de algo del ancho de un dedo. 3 Medida de longitud que equivale a unos 18 mm. || ~ **anular** ANAT El cuarto de la mano, menor que el de en medio y mayor que los otros tres. ~ **del corazón** ANAT El tercero de la mano y el más largo de los cinco. ~ **índice** ANAT El segundo de la mano, que regularmente sirve para señalar; de ahí su nombre. ~ **meñique** ANAT El quinto y más pequeño de la mano. ~ **pulgar** ANAT El primero y más gordo de la mano y también el primero del pie.

deducción 1 *f.* Acción y efecto de deducir. 2 LÓG Método del cual se extrae una conclusión de una o varias proposiciones.

deducir 1 *tr.* y *prnl.* Sacar consecuencias de un principio, proposición o supuesto. 2 *tr.* INFERIR, sacar consecuencias de algo. 3 Restar un importe de una cantidad. • Vb. irreg. conjug. c. **conducir**. V. anexo El verbo.

deductivo, va *adj.* Que obra o procede por deducción.

de facto (Loc. lat.) De hecho, en realidad.

defecación *f.* Expulsión de las heces por el ano.

defecar 1 *tr.* Quitar las heces o impurezas. 2 *tr.* e *intr.* Expeler los excrementos.

defección *f.* Acción de separarse de la causa o agrupación a que se pertenecía.

defectivo, va 1 *adj.* DEFECTUOSO. 2 GRAM **verbo** ~.

defecto 1 *m.* Carencia o falta de alguna o algunas propiedades de algo. 2 Imperfección natural o moral. 3 Imperfección en una pieza, a causa de un fallo de fabricación. || ~ **másico** FÍS Diferencia entre la suma de las masas de los protones y neutrones de un núcleo atómico, medidas por separado, y la masa real del núcleo, que es menor.

defectuoso, sa *adj.* Imperfecto o falto de algo.

defender 1 *tr.* y *prnl.* Proteger a alguien o algo contra la inminencia de un daño o un perjuicio. 2 Hacer frente a alguien o algo que ataca. 3 Sostener una teoría, idea, etc., contra un dictamen ajeno. 4 Alegar en favor de alguien. • Vb. irreg. conjug. c. **entender**. V. anexo El verbo.

defenestrar 1 *tr.* Arrojar a alguien por la ventana. 2 Destituir o expulsar a alguien, por lo general en forma violenta o imprevista.

defensa 1 *f.* Acción y efecto de defender. 2 Arma, instrumento, etc., para defender o defenderse. 3 Amparo, protección, socorro. 4 DER Razones que se alegan en un juicio para desvirtuar las alegaciones del demandante o del fiscal. 5 Conjunto de mecanismos de un organismo que le sirven para defenderse. 6 PARACHOQUES. 7 *m.* DEP Jugador cuya misión es proteger la propia meta. || ~ **civil** Adiestramiento organizado de voluntarios para la protección de civiles durante las emergencias.

defensor, ra 1 *adj.* y *s.* Que defiende o protege. 2 DER **abogado** ~. || ~ **del pueblo** Persona cuya función institucional consiste en la defensa de los derechos de los ciudadanos frente a los poderes públicos.

defensoría *f.* POLÍT En algunos países, función o ejercicio del defensor. || ~ **del pueblo** POLÍT En algunos países, institución política que protege y defiende los derechos de un ciudadano o grupos de personas ante organismos gubernamentales.

deferencia 1 *f.* Muestra de respeto o de cortesía. 2 Conducta condescendiente.

deferente 1 *adj.* Que muestra deferencia. 2 ANAT **conducto** ~.

deficiencia *f.* Defecto o imperfección.

déficit 1 *m.* Falta o escasez de algo necesario. 2 ECON El descubierto en una empresa, que resulta comparando el haber con el capital puesto en la empresa. || ~ **fiscal**

ECON El que resulta cuando el gasto público que hace el Estado es superior a los ingresos generados con la recaudación de impuestos.

definición 1 *f.* Acción y efecto de definir. 2 Serie de palabras con que se define y que consiste en una proposición clara y exacta de las características genéricas y diferenciales de algo. 3 Explicación de cada una de las palabras de un diccionario. 4 Resolución de una duda, un pleito, etc., dada por la autoridad. 5 Nitidez con que se perciben los detalles de una imagen observada mediante instrumentos ópticos, o bien, de la formada sobre una película fotográfica o pantalla de televisión.

definido, da 1 *adj.* Que tiene unos límites concretos. 2 GRAM **artículo** ~ o determinado. 3 *m.* Cosa sobre la que versa toda definición.

definir 1 *tr.* y *prnl.* Fijar el significado de una palabra. 2 Fijar la naturaleza de una persona o cosa. 3 Resolver una duda, un pleito, etc., la autoridad. 4 *tr.* Dar los últimos retoques a algo.

definitivo, va *adj.* Que decide, resuelve o concluye.

deflación *f.* ECON Reducción de la circulación de dinero cuando ha adquirido excesivo valor por efecto de una inflación.

deflagrar *intr.* Arder una sustancia rápidamente sin hacer llama ni producir una explosión.

deflector, ra 1 *adj.* Que sirve para cambiar la dirección de un fluido. 2 ELECTR **bobina** ~. 3 *m.* Dispositivo en forma de ala usado para reducir la resistencia del aire, generalmente colocado en la parte trasera de un automóvil.

deflexión 1 *f.* Deformación producida en un elemento estructural al aplicar una carga perpendicular a su eje. 2 FÍS Desviación de partículas por la acción de un campo eléctrico o magnético.

defoliación *f.* Caída prematura de las hojas de los árboles y las plantas.

deforestación *f.* Acción y efecto de deforestar.

deforestar *tr.* ECOL Desaparecer la vegetación de un territorio a causa de la actividad humana, de un incendio, etc.

deformación *f.* Acción y efecto de deformar o deformarse.

deformar 1 *tr.* y *prnl.* Alterar la forma de una cosa o de una persona. 2 *tr.* TERGIVERSAR.

deforme 1 *adj.* De forma desproporcionada o irregular. 2 Que ha sufrido deformación.

deformidad 1 *f.* Cualidad de deforme. 2 Cosa deforme.

defraudar 1 *tr.* No corresponder algo o alguien a lo esperado. 2 Privar a alguien, abusando de su confianza o engañándole, de lo que es suyo de derecho. 3 Eludir el pago de los impuestos.

defunción *f.* Muerte de alguien, fallecimiento.

degeneración 1 *f.* Acción y efecto de degenerar. 2 BIOL y MED Pérdida o alteración de los caracteres funcionales o morfológicos de un tejido, un órgano, una célula, etc. 3 MED Pérdida progresiva de la normalidad psíquica y de las reacciones nerviosas de un individuo.

degenerar 1 *intr.* Decaer, perder una persona o cosa sus buenas cualidades. 2 Empeorar una especie o raza.

degenerativo, va *adj.* Que causa o produce degeneración.

deglutir *tr.* e *intr.* Tragar los alimentos.

degollar *tr.* Cortar el cuello a una persona o a un animal. • Vb. irreg. conjug. c. **contar**. V. anexo El verbo.

degradable *adj.* QUÍM Dicho de una sustancia o materia, que se puede transformar en otra más sencilla o en la que se reduzcan sus propiedades contaminantes.

degradación 1 *f.* Acción y efecto de degradar o degradarse. 2 Humillación, bajeza. || ~ **del suelo** ECOL Pérdida de calidad y cantidad de suelo a causa de la erosión, la contaminación, el drenaje, la acidificación, la pérdida de la estructura, etc.

degradar 1 *tr.* Privar a una persona de sus dignidades, honores y privilegios. 2 En pintura y artes gráficas, reducir el tamaño y la viveza del color para crear un efecto de perspectiva. 3 *tr.* y *prnl.* QUÍM Transformar una sustancia compleja en otra de constitución más sencilla. 4 Humillar, rebajar, envilecer.

degustar *tr.* Probar o catar alimentos y bebidas.

dehesa *f.* Tierra destinada a pastos.

dehiscencia *f.* BOT Acción de abrirse naturalmente las anteras de una flor o el pericarpio de un fruto, para dar salida al polen o a la semilla.

dehiscente *adj.* BOT **fruto** ~.

deidad 1 *f.* Ser divino o esencia divina. 2 Dios o diosa.

deificar 1 *tr.* Divinizar, hacer o suponer divina una persona o cosa. 2 Ensalzar excesivamente a alguien. 3 *prnl.* REL Unirse el alma con Dios en el éxtasis, y transformarse en él por la gracia.

deísmo *m.* FIL Doctrina racionalista que reconoce un dios como autor de la naturaleza, pero sin admitir revelación ni culto externo.

deixis *f.* LING Indicación que se realiza mediante ciertos elementos lingüísticos (los deícticos), cuya función es mostrar, como *este, esa*; señalar una persona, como *yo, ustedes,* un lugar, como *ahí, atrás,* o un tiempo, como *hoy, después.*

dejación 1 *f.* Acción y efecto de dejar. 2 Cesión, desistimiento, abandono de bienes, acciones, etc.

dejadez 1 *f.* Pereza, negligencia, abandono de sí mismo o de sus cosas propias. 2 Falta de fuerza física, decaimiento.

dejar 1 *tr.* Soltar algo. 2 Poner algo en un lugar al soltarlo: *Dejó los libros en la mesa.* 3 Abandonar algo o a alguien: *Dejó el cigarrillo; Dejó a su esposo.* 4 Consentir, permitir: *Dejó que se salieran con la suya.* 5 Producir ganancia: *Esta venta nos dejó mucho dinero.* 6 Encargar, encomendar: *Los vecinos me dejaron el perro.* 7 Dicho de una persona que se ausenta o hace testamento, dar en propiedad una cosa a otro. 8 Ceder algo para que sea utilizado durante cierto tiempo, prestar. 9 Hacer que algo o alguien siga en una situación determinada: *Deje a fuego lento durante quince minutos.* 10 Hacer que algo o alguien pase de una a otra situación: *Con su respuesta lo dejó asombrado.* 11 Faltar, ausentarse: *Dejó el pueblo hace dos meses.* 12 Retirarse o apartarse: *Nos dejó al final de la tarde.* 13 Como verbo auxiliar, unido a un participio pasivo, explica una prevención acerca de lo que el participio significa: *Dejó dicho.* 14 *intr.* No seguir ejecutándose una acción: *El perro dejó de ladrar.* 15 *prnl.* Abandonarse por flojedad, abatimiento o pereza. 16 Abandonarse, entregarse, tener una actitud pasiva: *Dejarse golpear.*

dejo 1 *m.* Modo particular del habla de una región o de ciertas personas. 2 Inflexión descendente con que termina cada periodo de emisión de la voz. 3 Sabor que queda de la comida o la bebida. 4 Placer o disgusto que queda después de una acción.

del Contracción de la preposición *de* y el artículo *el: Viene del centro.*

delación *f.* Acusación, denuncia.

delantal 1 *m.* Prenda que, atada a la cintura, sirve para proteger el traje o el vestido. 2 MANDIL. 3 Bata que usan los niños.

delante 1 *adv. l.* Con prioridad de lugar, en la parte anterior o en sitio preferente: *Estuvo delante de mí todo el tiempo.* 2 Enfrente: *Trabaja enfrente de su casa.*

delantero, ra 1 *adj.* Que está o va delante. 2 *m.* DEP En algunos deportes, jugador de la línea delantera de un equipo. 3 *f.* Parte anterior de algo. 4 Espacio o distancia con que alguien se adelanta o anticipa a otro en el camino. 5 DEP En algunos deportes, primera línea.

delatar 1 *tr.* Revelar a la autoridad el autor de un delito. 2 *prnl.* Descubrirse uno mismo.

deleción *f.* BIOL Pérdida de un segmento cromosómico; puede conducir a una mutación genética.

delegación 1 *f.* Acción y efecto de delegar. 2 Cargo y oficina del delegado. 3 Conjunto o reunión de delegados.

delegado, da *m.* y *f.* Persona en quien se delega una autoridad o un derecho.

delegar *tr.* e *intr.* Dar una persona a otra la autoridad para que lo represente o sustituya.

deleitar *tr.* y *prnl.* Producir deleite, placer.

deleite 1 *m.* Placer del ánimo. 2 Placer sensual.

deletéreo, a *adj.* Mortífero, venenoso.

deletrear 1 *intr.* Pronunciar separadamente las letras de una palabra. 2 *tr.* Descifrar una por una las letras de un texto difícil de leer.

deleznable 1 *adj.* Que se rompe, disgrega o deshace fácilmente. 2 Que se desliza y resbala con facilidad. 3 Inconsistente, poco durable.

delfín[1] *m.* Nombre de varias especies de cetáceos de 2 a 3 m de longitud, con el hocico prolongado en forma de pico y dientes cónicos, caracterizados también por su gran inteligencia. Están distribuidos por casi todos los mares del mundo y en algunos cursos fluviales.

delfín[2] 1 *m.* Título que se daba al primogénito del rey de Francia. 2 Hijo del mandatario de un Estado.

delgado, da 1 *adj.* Flaco, de pocas carnes. 2 Tenue, de poco espesor.

deliberado, da *adj.* Voluntario, intencionado, hecho a propósito.

deliberante 1 *adj.* Que delibera. 2 Dicho de una corporación, que toma por mayoría de votos acuerdos que repercuten en la vida de la colectividad con eficacia ejecutiva.

deliberar *intr.* Considerar el pro y el contra de una cuestión antes de tomar una decisión.

delicado, da 1 *adj.* Fino, atento, suave, tierno. 2 Débil, flaco, enfermizo. 3 Quebradizo. 4 Fácil de resentirse o enojarse. 5 Difícil de contentar. 6 Primoroso, fino, exquisito. 7 Escrupuloso.

delicia 1 *f.* Placer intenso. 2 Aquello que lo causa.

delictivo, va 1 *adj.* Perteneciente o relativo al delito. 2 Que implica delito.

delicuescente *adj.* QUÍM Que tiene la propiedad de atraer la humedad del aire y licuarse lentamente.

delimitar *tr.* Determinar con precisión los límites de algo.

delincuencia 1 *f.* Cualidad de delincuente. 2 Conjunto de delitos.

delincuente *adj.* y *s.* Que delinque.

delineante *m.* y *f.* Persona que traza planos.

delinear 1 *tr.* Trazar las líneas de una figura. 2 *prnl.* Distinguirse el perfil de una cosa.

delinquir *intr.* Cometer un delito.

deliquio *m.* Desmayo, desfallecimiento.

delirar 1 *intr.* Desvariar, tener perturbada la razón. 2 Decir o hacer disparates.

delirio 1 *m.* MED Perturbación transitoria de la razón, caracterizada por alucinaciones, excitación nerviosa y confusión mental. 2 Despropósito, disparate.

delirium tremens (Loc. lat.) *m.* Perturbación mental y física que padece un alcohólico crónico, que se caracteriza por alucinaciones, temblores y agitación.

delito 1 *m.* Culpa, crimen, quebrantamiento de la ley. 2 DER **cuerpo** del ~. || ~ **político** DER El que va contra la seguridad o el orden del Estado, o los poderes y las autoridades del mismo.

delta 1 *f.* Cuarta letra del alfabeto griego (Δ), que corresponde a la *d.* 2 Tipo de ala de forma triangular para la práctica del vuelo libre. 3 *m.* GEO Depósito de sedimentos, de figura triangular, formado en la desembocadura de un río en el mar o en un lago, cuando la deposición de la carga que lleva el río en suspensión rebasa la tasa de evacuación.

deltoides *m.* ANAT Músculo triangular que va de la clavícula al omóplato; es elevador del brazo.

demacrar *tr.* y *prnl.* Enflaquecer por causa física o moral.

demagogia *f.* Política basada en el halago y la manipulación del pueblo para hacerlo instrumento de la propia ambición política. Es frecuente en los sistemas dictatoriales o personalistas.

demanda 1 *f.* Petición, solicitud. 2 Empeño o defensa. 3 Búsqueda. 4 Pedido o encargo de mercancías. 5 DER Petición de un litigante en un juicio. 6 DER Acción que se interpone en justicia para hacer reconocer un derecho. 7 ECON **oferta** y ~.

demandar 1 *tr.* DER Entablar una demanda judicial. 2 Pedir, rogar.

demarcar *tr.* Señalar los límites de un país, terreno, etc.

demás *adj.* Precedido generalmente de artículo, lo otro, la otra, los otros o los restantes, las otras: *Está concentrado en el trabajo y las demás tareas que tiene.*

demasiado, da 1 *adj.* Dicho de un número, cantidad o intensidad, que sobrepasa los límites de lo normal o esperado: *Demasiados amigos.* 2 *adv. m.* Indica que una acción se produce en una intensidad, frecuencia y tiempo mayor de lo esperado o conveniente: *Grita demasiado; Llueve demasiado.*

demencia *f.* MED Estado de debilidad de las facultades mentales. Se debe a lesiones cerebrales, y generalmente es progresiva e incurable. || ~ **senil** MED Deterioro intelectual del anciano.

demiurgo *m.* Dios, creador del mundo o su principio activo.

democracia 1 *f.* POLÍT Doctrina política favorable a la intervención del pueblo en el gobierno y en la elección de los gobernantes. 2 Sistema de gobierno fundado en dicha doctrina. || ~ **cristiana** POLÍT Tendencia política en la que confluyen los principios democráticos y algunos postulados de la doctrina social cristiana. ~ **parlamentaria** POLÍT En la que el poder ejecutivo lo ejercen el presidente, que hace las veces de jefe de Estado, y un primer ministro, que encabeza el gobierno y responde ante el parlamento. ~ **participativa** POLÍT La que garantiza a todos los ciudadanos el derecho a intervenir directamente en la toma de decisiones relacionadas con los asuntos públicos. ~ **presidencial** POLÍT La representativa, en la que el presidente es elegido por la ciudadanía y ejerce la función de jefe de Estado y de gobierno. En este sistema existe una estricta separación de los poderes legislativo, ejecutivo y judicial. ~ **representativa** POLÍT La que los ciudadanos ejercen al elegir, mediante voto, representantes en quienes delegan su soberanía para el ejercicio de funciones legislativas.

□ POLÍT El origen de la democracia se remonta a los sistemas de gobierno de algunas ciudades de la antigua Grecia, cuyo ejemplo más famoso fue Atenas, donde casi todos los ciudadanos tenían derecho de participación en la Asamblea y acceso a cargos y magistraturas. La democracia moderna tiene su origen directo en la independencia y la Constitución de EE.UU. y en la Revolución francesa, a fines del

s. XVIII. El equilibrio entre los tres poderes (legislativo, ejecutivo y judicial), el sufragio universal, la igualdad ante la ley, el derecho a la libre asociación y expresión, y demás derechos humanos, se consideran sus rasgos esenciales.

demodular *tr.* ELECTR Extraer la información que contiene una señal producida por ondas eléctricas.

demografía *f.* Ciencia que estudia el tamaño, la composición y la distribución de la población.

demoler *tr.* Deshacer, derribar, arruinar. • Vb. irreg. conjug. c. **mover**. V. anexo El verbo.

demoníaco, ca (Tb. demoniaco) *adj.* Perteneciente o relativo al demonio.

demonio *m.* Ser intermedio entre los dioses y el ser humano, que aparece en diversas religiones. En el cristianismo, es el ángel caído, que goza de poder maligno.

demonizar *tr.* Dar carácter demoníaco, convertir en malvado.

demonología *f.* Estudio sobre la naturaleza y las cualidades de los demonios.

demora 1 *f.* Tardanza, dilación. 2 Temporada de ocho meses que en América debían trabajar los indígenas en las minas.

demorar 1 *tr.* y *prnl.* Retardar. 2 *intr.* y *prnl.* Detenerse en un lugar.

demoscopia (Tb. demoscopía) *f.* Parte de la sociología que estudia los puntos de vista de un grupo social sobre comportamientos humanos, gustos, aficiones, etc., mediante un sondeo de opinión.

demostración 1 *f.* Acción y efecto de demostrar. 2 Manifestación externa de sentimientos o intenciones. 3 Ostentación y manifestación pública de fuerza, poder, etc. 4 Comprobación de un principio, una teoría, etc. 5 LÓG Prueba de algo, partiendo de verdades universales y evidentes. 6 LÓG Fin y término del procedimiento deductivo. 7 MAT Argumento utilizado para mostrar la veracidad de una proposición matemática.

demostrar 1 *tr.* Manifestar, declarar. 2 Probar, sirviéndose de cualquier género de demostración. 3 LÓG Hacer ver que una verdad particular está comprendida en otra universal, de la que se tiene entera certeza. • Vb. irreg. conjug. c. **contar**. V. anexo El verbo.

demostrativo, va 1 *adj.* Que demuestra. 2 GRAM **adjetivo ~; pronombre ~; adverbio ~.**

demudar 1 *tr.* y *prnl.* Variar, alterar, cambiar. 2 *prnl.* Cambiarse repentinamente el color, el gesto o la expresión del semblante.

denario *m.* Moneda romana de plata que se mantuvo hasta el s. III d. C.

dendrita *f.* ANAT y FISIOL Serie de pequeñas ramificaciones derivadas del axón, que se conectan con otras similares para transmitir información al cuerpo de la neurona.

denegar *tr.* No conceder lo que se pide o solicita. • Vb. irreg. conjug. c. **acertar**. V. anexo El verbo.

dengue *m.* MED Enfermedad viral causada por la picadura de un mosquito tropical. Se caracteriza por la presencia de fiebre, dolores musculares y erupción cutánea.

denigrar 1 *tr.* Destruir la buena opinión o fama de alguien o algo. 2 Injuriar, ultrajar.

denodado, da *adj.* Intrépido, esforzado, atrevido.

denominación *f.* Nombre o título de alguien o algo.

denominador, ra 1 *adj.* y *s.* Que denomina. 2 *m.* MAT Parte de una fracción que expresa las partes iguales en que está dividida la unidad. Se escribe debajo del numerador y separado de este por una raya horizontal; o al mismo nivel y separado por una raya.

denominar *tr.* Distinguir con un nombre o título a alguien o algo.

denominativo, va *adj.* GRAM Dicho de una palabra, derivada de un nombre o sustantivo: *Torear,* de *toro; Martillar,* de *martillo.*

denostar *tr.* Injuriar gravemente. • Vb. irreg. conjug. c. **contar**. V. anexo El verbo.

denotación 1 *f.* Acción y efecto de denotar. 2 LING Significado más general y estricto de una palabra, es decir, que se toma en sus rasgos conceptuales objetivos, fuera de cualquier contexto. Se opone a connotación.

denotar *tr.* Indicar, anunciar, significar.

densidad 1 *f.* Cualidad de denso. 2 FÍS y QUÍM Relación entre la masa y el volumen de una sustancia; o entre la masa de una sustancia y la masa de un volumen igual de otra sustancia tomada como patrón. || **~ de población** Número de habitantes por unidad de superficie, que generalmente es km^2. **~ relativa** FÍS Relación de la densidad de una sustancia comparada con la del agua.

densificar *tr.* y *prnl.* Hacer denso algo.

denso, sa 1 *adj.* Compacto, apretado. 2 Espeso. 3 Apiñado, apretado. 4 Oscuro, confuso.

dentadura *f.* ANAT Conjunto de dientes, incluyendo muelas y colmillos.

dental 1 *adj.* Perteneciente o relativo a los dientes. 2 *adj.* y *s.* FON Dicho de un sonido, consonántico, que se articula acercando la lengua a la cara interior de los dientes superiores, como en la *t* y la *d.* 3 *f.* FON Letra que representa este sonido.

dentario, ria *adj.* Perteneciente o relativo a los dientes.

dentellada 1 *f.* Mordedura. 2 Herida que dejan los dientes.

dentellear *tr.* Mordisquear, clavar los dientes.

dentera *f.* Sensación desagradable en los dientes y las encías al comer algo agrio o áspero, oír ciertos ruidos y tocar determinados cuerpos.

dentición 1 *f.* Formación y crecimiento de los dientes y tiempo durante el que aparecen. En el ser humano se inicia entre los 6 y 34 meses, con la dentición primaria o de leche, que se desprende entre los 6 y los 12 años; la dentición permanente empieza hacia los 6 años por los primeros molares. 2 Número y disposición de las diferentes clases de dientes en las mandíbulas.

dentífrico, ca *adj.* y *m.* Dicho de una sustancia, que se usa para limpiar los dientes.

dentina *f.* ANAT Materia dura que conforma los dientes de los vertebrados, que en la corona está cubierta por el esmalte y en la raíz por el cemento.

dentista *m.* MED Odontólogo, médico especializado en el cuidado de los dientes.

dentistería 1 *f.* Consultorio del dentista, clínica dental. 2 **ODONTOLOGÍA.**

dentón, na *adj.* y *s.* Que tiene los dientes muy grandes.

dentro *adv. l.* y *t.* En la parte interior de un espacio o término real o imaginario: *Dentro de una ciudad; Dentro de un año; Dentro del alma.*

denuedo *m.* Brío, esfuerzo, valor, intrepidez.

denuesto *m.* Injuria grave de palabra o por escrito.

denuncia *f.* Acción y efecto de denunciar.

denunciar 1 *tr.* Declarar ante la autoridad el estado ilegal o inconveniente de algo. 2 Delatar. 3 Promulgar, publicar solemnemente. 4 Pedir a la autoridad competente el derecho de explotación de una mina o un yacimiento que ha descubierto.

denuncio *m.* **DENUNCIA.**

deontología *f.* Ciencia o tratado de los deberes.

deparar *tr.* Suministrar, proporcionar.

departamento 1 *m.* Cada una de las divisiones administrativas de un territorio. 2 Cada una de las subdivisiones de una universidad, institución, etc. 3 Cada una de las partes en que se divide un edificio, un vehículo, una caja, etc. 4 APARTAMENTO.

departir *intr.* Hablar, conversar.

dependencia 1 *f.* Subordinación a un poder. 2 Sección de una institución, empresa, etc. 3 Relación de origen o conexión. 4 Cada habitación o espacio de una casa. 5 Med Necesidad compulsiva de una sustancia psicoactiva.

depender 1 *intr.* Estar subordinado alguien o algo a una autoridad o jurisdicción. 2 Estar una cosa subordinada a otra. 3 Producirse o ser condicionado por alguien o algo. 4 Vivir de la protección de alguien, o estar atenido a un solo recurso. 5 Gram Estar subordinado un elemento gramatical a otro, servirle de complemento o estar regido por él.

dependiente, ta 1 *adj.* Que depende. 2 *m.* El que es subalterno de una autoridad. 3 *m.* y *f.* Persona encargada de atender a los clientes en las tiendas.

depilador, ra 1 *adj.* Que sirve para quitar el vello de alguna parte del cuerpo. 2 *m.* Aparato que se usa para depilar. 3 *f.* Máquina eléctrica que se usa para depilar.

depilar *tr.* y *prnl.* Arrancar el pelo o producir su caída por medio de sustancias depilatorias o por otros medios.

deplorar *tr.* Sentir vivamente un suceso.

deponer 1 *tr.* Privar a una persona de un empleo o una dignidad. 2 *intr.* Evacuar el vientre. • Participio irreg. *depuesto*. Vb. irreg. conjug. c. **poner**. V. anexo El verbo.

deportar *tr.* Desterrar a alguien a un lugar determinado, por razones políticas o legales.

deporte *m.* Dep Ejercicio físico practicado individualmente o por equipos con el fin de superar una marca, vencer a un adversario, o por el simple esparcimiento, siempre con sujeción a ciertas reglas.

deportividad *f.* Corrección y generosidad en la práctica del deporte.

deposición[1] 1 *f.* Acción de deponer. 2 Degradación de un empleo o cargo.

deposición[2] *f.* Evacuación del vientre.

depositar 1 *tr.* Confiar a alguien o a una institución bienes o cosas de valor bajo su custodia. 2 Colocar algo en un sitio determinado. 3 *prnl.* Caer al fondo de un líquido una materia que está en suspensión.

depósito 1 *m.* Acción y efecto de depositar. 2 Cosa depositada. 3 Lugar donde se deposita. 4 Geo Acumulación natural de mineral o de material rocoso. Se forma después del transporte y la posterior sedimentación por agua, glaciares o viento de dichos materiales.

depravado, da *adj.* y *s.* Que tiene costumbres viciosas o inmorales.

depravar *tr.* y *prnl.* Viciar, adulterar, corromper.

deprecación *f.* Acción y efecto de deprecar.

deprecar *tr.* Rogar, pedir, suplicar con insistencia o con eficacia.

depreciar *tr.* y *prnl.* Disminuir el valor o precio de algo.

depredación 1 *f.* Robo con violencia, devastación. 2 Acción y efecto de depredar. 3 Malversación o exacción injusta. 4 Ecol Acción y efecto de depredar.

depredador, ra 1 *adj.* y *s.* Que depreda. 2 Zool Dicho de un animal, que caza a otro animal.

depredar 1 *tr.* Robar, saquear con violencia y destrozo. 2 Ecol Cazar para su subsistencia algunos animales a otros de distinta especie.

depresión 1 *f.* Acción y efecto de deprimir o deprimirse. 2 Concavidad de una superficie. 3 Econ Periodo de baja actividad económica, caracterizado por desempleo masivo, deflación y bajo nivel de inversiones. 4 Concavidad de alguna extensión en un terreno. 5 Med Tristeza profunda e inmotivada, acompañada de inhibición de las funciones psíquicas. 6 Geo Zona de baja presión que provoca un tiempo inestable y húmedo y vientos de fuerza variable.

deprimido, da 1 *adj.* Que sufre decaimiento del ánimo. 2 Zool Dicho del cuerpo de un animal, aplastado en sentido dorsoventral, o sea del plano frontal, como ocurre con el cuerpo de la raya.

deprimir 1 *tr.* Disminuir el volumen de un cuerpo. 2 Producir una depresión. 3 *tr.* y *prnl.* Padecer depresión. 4 Humillar, rebajar. 5 *prnl.* Disminuir el volumen de un cuerpo. 6 Aparecer baja una superficie o una línea respecto a las inmediatas.

deprisa *adv. m.* Con celeridad o presteza: *Caminó deprisa para no perder el vuelo.*

depuración *f.* Acción y efecto de depurar.

depurar 1 *tr.* y *prnl.* PURIFICAR. 2 Eliminar o transformar los elementos perjudiciales o las sustancias nocivas. 3 *tr.* Sancionar o eliminar de una organización a los miembros considerados disidentes.

dequeísmo *m.* Gram Empleo indebido de *de que* cuando el régimen verbal no lo admite.

derbi *m.* Competición hípica importante.

derecha 1 *f.* Polít Conjunto de personas que profesan ideas políticas conservadoras. 2 MANO derecha. || **extrema** ~ Polít Conjunto de personas que defienden ideas ultraconservadoras y totalitarias, y que se oponen con vehemencia a las ideas socialistas o comunistas.

derechista *adj.* y *s.* Polít Que pertenece a un partido de derecha, o que es de derecha.

derecho, cha 1 *adj.* Recto, sin torcerse. 2 Erguido. 3 Justo, razonable, legítimo. 4 Que cae o mira hacia la mano derecha. 5 Directo, que va sin detenerse en puntos intermedios. 6 Que cae hacia la parte derecha de un objeto. 7 *m.* Facultad del ser humano para hacer lo que conduce a los fines de su vida. 8 Facultad de hacer o exigir lo que la ley o la autoridad establece. 9 Acción que se tiene sobre una persona o una cosa. 10 Justicia, razón. 11 Exención, privilegio. 12 Conjunto de reglas a que están sometidas las relaciones humanas en una sociedad, y a cuya observancia pueden ser compelidas las personas por la fuerza. 13 Der Ciencia que estudia estos principios y preceptos. 14 Lado de una tela, un papel, una tabla, etc., en el cual, por ser el que ha de verse, aparecen la labor y el color con la perfección convenientes. 15 *m. pl.* Cantidades que se cobran en ciertas profesiones. 16 Suma que se paga, con arreglo a arancel, por la introducción de una mercancía o por otro hecho consignado por la ley. || ~ **canónico** Der Conjunto de normas y disposiciones que atañen al orden jerárquico de la Iglesia y a sus relaciones con los fieles. ~ **civil** Der El que regula las relaciones privadas de los ciudadanos entre sí. ~ **constitucional** Der El derivado de la Constitución. ~ **de autor** El que la ley reconoce al autor de una obra para participar en los beneficios que produzca la publicación, ejecución o reproducción de la misma. ~ **de petición** Der Derecho de dirigir una petición a las asambleas, al gobierno, o al jefe de Estado. ~ **internacional** Der El que siguen los pueblos civilizados en sus relaciones recíprocas de nación a nación o entre los seres humanos. ~ **internacional humanitario** Der Conjunto de normas convencionales que, con el fin de solucionar problemas humanitarios generados por las hostilidades, se aplican a los conflictos armados. ~ **natural** Principios de lo justo y de lo injusto, inspirados por la naturaleza. ~**s civiles** Der Los inherentes a la dignidad humana (como la libertad de pensamiento) y que, por resultar fundamentales para el libre desarrollo de la personalidad, poseen un valor jurídico superior. **~s colectivos** DER Conjunto de normas consagradas en una Constitución que regulan y garantizan la participación activa de la ciudadanía en el ejercicio democrático. **~s del hombre** DER Los consignados en la *Declaración de los derechos del hombre y del ciudadano*, texto votado por la Asamblea Nacional Constituyente francesa en 1789. **~s del niño** DER Los que constitucionalmente garantizan la provisión y protección de los menores y consagran sus derechos civiles y políticos, a excepción del sufragio. **~s fundamentales** DER **DERECHOS** civiles. **~s humanos** DER Los consignados en la *Declaración universal de los derechos humanos*, documento aprobado por la Asamblea de la ONU en 1948, se consideran inherentes a la persona y se proclaman sagrados, inalienables, imprescriptibles, fuera del alcance de cualquier poder político.

deriva *f.* Desviación de una embarcación de su rumbo, a causa del viento o la corriente. || **~ de los continentes** GEO Movimiento de traslación de las masas continentales por el cual los continentes se formaron a partir de la escisión de un único supercontinente (Pangea) y mantienen un desplazamiento lento y continuo. **~ genética** BIOL Tipo de evolución en la que el azar desempeña el papel principal. Es observable (en sucesivas generaciones) en poblaciones con pequeño número de individuos, que carecen de selección y migraciones externas; puede conducir a la extinción del grupo.

derivación 1 *f.* Acción de derivar. 2 LING Formación de palabras alterando o ampliando la estructura o el significado de otras, llamadas primitivas, mediante la adición o supresión de sufijos, vocablos o raíces: *Cuchillada*, de *cuchillo; Marina*, de *mar; Razonable* de *razón*. 3 ELECTR Conexión de dos o más circuitos eléctricos mediante la unión de los extremos iniciales por un lado y los finales por otro. 4 ELECTR Pérdida de fluido que se produce en una línea eléctrica, principalmente por la acción de la humedad. 5 MAT Procedimiento analítico mediante el cual se puede obtener la función derivada de una función dada. || **~ implícita** MAT Procedimiento para calcular la derivada de una variable en función de otra, cuando están ligadas por una ecuación en la que no siempre puede despejarse dicha variable.

derivado, da 1 *adj.* y *m.* LING Dicho de un vocablo, formado por derivación. 2 QUÍM Dicho de un producto, que se obtiene de otro. 3 *f.* MAT Valor límite entre el incremento de una **función** y el de la **variable independiente**, cuando este tiende a cero.

derivar 1 *intr.* y *prnl.* Tener origen una cosa en otra. 2 Desviarse un buque de su rumbo. 3 *tr.* Encaminar, conducir de una parte a otra. 4 LING Construir palabras por derivación.

dermatoesqueleto *m.* ZOOL Tegumento endurecido y rígido que recubre exteriormente el cuerpo de los artrópodos y otros invertebrados.

dermatología *f.* MED Rama de la medicina que trata de las enfermedades de la piel.

dérmico, ca 1 *adj.* Perteneciente o relativo a la dermis y a la piel o cubierta exterior del animal. 2 BOT **tejido ~**.

dermis *f.* ANAT y FISIOL Capa de la piel situada bajo la epidermis.

derogar *tr.* Anular una norma establecida como ley o costumbre.

derramar 1 *tr.* y *prnl.* Verter, esparcir cosas líquidas o menudas. 2 *prnl.* Salirse un líquido o una porción de cosas menudas del recipiente que los contiene. 3 Esparcirse desordenadamente. 4 Desaguar una corriente de agua.

derrame 1 *m.* Acción y efecto de derramar o derramarse. 2 Declive de la tierra por donde corre el agua. 3 Subdivisión de una cañada o valle en salidas más estrechas. 4 ARQ Corte oblicuo en un muro para que las puertas y ventanas abran más sus hojas. 5 MED Acumulación anormal de un líquido en una cavidad o salida de este fuera del cuerpo.

derrapar *intr.* Deslizarse un vehículo sobre el suelo hasta desviarse lateralmente de su dirección inicial.

derrengar 1 *tr.* y *prnl.* Lastimar gravemente la espalda o los lomos de una persona o de un animal. 2 Torcer, inclinar a un lado más que a otro. • Vb. irreg. conjug. c. **acertar**. V. anexo El verbo.

derretir *tr.* y *prnl.* Disolver por medio del calor una cosa sólida, congelada o pastosa.

derribar 1 *tr.* Demoler casas, muros, etc. 2 Tirar al suelo o hacer caer a una persona, animal o cosa. 3 Destruir un avión en vuelo. 4 Echar a rodar lo que está puesto en alto. 5 Hacer perder a alguien el cargo o poder adquirido.

derribo 1 *m.* Acción y efecto de derribar. 2 Serie de materiales procedentes de una demolición.

derrocar *tr.* Destituir a alguien de un cargo, derribar un gobierno.

derrochar 1 *tr.* Malgastar el dinero o los bienes. 2 Emplear alguien generosamente el valor, las energías, el humor, etc.

derrotar 1 *tr.* Vencer a un enemigo. 2 Destruir, arruinar a alguien. 3 *prnl.* Desviarse un barco de su rumbo.

derrotero 1 *m.* Rumbo que se da por escrito para un viaje marino. 2 Camino, medio utilizado para alcanzar un fin.

derrotismo *m.* Tendencia a propagar el desaliento o el pesimismo sobre el resultado de una guerra o sobre cualquier otra empresa.

derrubio *m.* GEO Depósito rocoso formado por la erosión de una ladera.

derruir *tr.* Derribar, destruir un edificio. • Vb. irreg. conjug. c. **huir**. V. anexo El verbo.

derrumbar *tr.* y *prnl.* Derribar una construcción.

derviche *m.* REL Miembro de una hermandad de monjes musulmanes. Unos son mendicantes o penitentes, otros se establecen en monasterios, algunos son comerciantes o trabajadores y, otros, artistas o animadores religiosos.

desabastecer *tr.* y *prnl.* Privar de abastecimiento. • Vb. irreg. conjug. c. **agradecer**. V. anexo El verbo.

desabotonar *tr.* y *prnl.* Sacar los botones de los ojales.

desabrido, da 1 *adj.* Que carece de sabor, o apenas lo tiene. 2 Dicho del tiempo, destemplado. 3 De trato áspero y desapacible.

desabrigar *tr.* y *prnl.* Desarropar, quitar lo que abriga.

desabrochar *tr.* y *prnl.* Desasir los broches, botones, etc.

desacato 1 *m.* Falta de respeto. 2 Delito que se comete calumniando, insultando o amenazando a una autoridad.

desacelerar *tr.* e *intr.* Retrasar, quitar celeridad, dejar de acelerar.

desacerbar *tr.* Quitar lo áspero y agrio a una cosa.

desacertar *intr.* No tener acierto, errar.

desacierto *m.* Acción de desacertar.

desacomodar *tr.* y *prnl.* Privar de la comodidad.

desaconsejar *tr.* Persuadir a alguien de que no lleve a cabo lo que tiene resuelto.

desacoplar *tr.* Separar lo que estaba acoplado.

desacostumbrado, da *adj.* Que no es corriente o común.

desacostumbrar *tr.* y *prnl.* Hacer perder o dejar una costumbre.

desacralizar 1 *tr.* Quitar el carácter sagrado a algo que lo tenía. 2 *prnl.* Perder el carácter sagrado.

desacreditar *tr.* Quitar la reputación de alguien, o el valor de algo.

desactivar 1 *tr.* Hacer que una sustancia, bomba, etc., se vuelva inactiva. 2 Eliminar la radiactividad de un cuerpo.

desacuerdo *m.* Disconformidad en un dictamen o en una acción.

desafecto, ta 1 *adj.* Que no siente estima por algo o por alguien. 2 Opuesto, contrario. 3 *m.* Falta de afecto. 4 Mala voluntad.

desafiar 1 *tr.* Retar, instar a alguien a combatir o a pelearse. 2 Competir con alguien en fuerza o agilidad. 3 Competir, oponerse una cosa a otra. 4 Enfrentarse a las ideas o los mandatos de alguien. 5 Afrontar con valor una finalidad.

desafinar 1 *intr.* y *prnl.* MÚS Desviarse ligeramente la voz o el sonido de un instrumento de una nota musical. 2 *intr.* Cometer una indiscreción.

desaforar 1 *tr.* Privar a alguien del fuero o la exención que goza. 2 *prnl.* Descomponerse, atreverse, descomedirse. • Vb. irreg. conjug. c. **contar**. V. anexo El verbo.

desafortunado, da 1 *adj.* Sin fortuna. 2 Desacertado, inoportuno.

desafuero 1 *m.* Acto violento contra la ley o las costumbres. 2 Hecho que priva a alguien de un fuero.

desagradar *intr.* y *prnl.* Disgustar, fastidiar, causar desagrado.

desagradecer *tr.* No agradecer un favor o beneficio recibido; desconocerlo. • Vb. irreg. conjug. c. **agradecer**. V. anexo El verbo.

desagradecido, da 1 *adj.* y *s.* Que desagradece. 2 Dicho de una cosa, que no compensa el esfuerzo que se le dedica.

desagrado 1 *m.* Disgusto, descontento. 2 Expresión de disgusto.

desagraviar 1 *tr.* y *prnl.* Dar alguien satisfacción completa a quien ha agraviado. 2 Reparar un perjuicio causado.

desaguar 1 *tr.* Extraer el agua de un lugar. 2 *intr.* Desembocar un río. 3 Dar salida un recipiente a las aguas que contiene.

desagüe 1 *m.* Acción y efecto de desaguar. 2 Conducto por donde sale el agua.

desahogar 1 *tr.* Aliviar a alguien en una tarea, aflicción o necesidad. 2 *tr.* y *prnl.* Exteriorizar una pasión, un sentimiento, etc. 3 *prnl.* Sincerarse con una persona. 4 Recobrarse del calor y la fatiga.

desahogo 1 *m.* Acción de desahogar o desahogarse. 2 Bienestar, comodidad, desenvoltura.

desahuciar 1 *tr.* y *prnl.* Quitar a alguien toda esperanza de conseguir algo. 2 *tr.* Admitir los médicos que un enfermo no tiene posibilidad de curación. 3 Despedir a un inquilino o arrendatario mediante acciones legales.

desairar 1 *tr.* Despreciar, desatender a alguien. 2 Desestimar algo.

desaire *m.* Acción y efecto de desairar.

desajustar 1 *tr.* y *prnl.* Desencajar una cosa de otra. 2 Alterar el buen funcionamiento de algo.

desalentar *tr.* y *prnl.* Quitar el ánimo. • Vb. irreg. conjug. c. **acertar**. V. anexo El verbo.

desaliento *m.* Falta de vigor o de aliento.

desalinizador, ra 1 *adj.* Dicho de un método, que se usa para eliminar la sal del agua de mar. 2 *f.* Instalación industrial donde se lleva a cabo dicho proceso.

desaliño 1 *m.* Desaseo, falta de arreglo. 2 Negligencia, descuido.

desalmado, da 1 *adj.* Sin conciencia. 2 Cruel, inhumano.

desalojar 1 *tr.* Sacar de un lugar a una persona o cosa. 2 Abandonar un lugar. 3 Desplazar. 4 *intr.* Dejar un sitio voluntariamente.

desamarrar *tr.* y *prnl.* Quitar las amarras.

desamor *m.* Falta de amor o amistad.

desamortizar *tr.* ECON Liberar los bienes amortizados.

desamparar 1 *tr.* Abandonar, dejar sin amparo. 2 Abandonar algo con renuncia a todo derecho.

desandar *tr.* Retroceder, volver atrás en el camino ya andado. • Vb. irreg. conjug. c. **andar**. V. anexo El verbo.

desangrar 1 *tr.* y *prnl.* Sacar o perder mucha sangre. 2 *tr.* Arruinar a alguien.

desanimar *tr.* y *prnl.* Quitar o perder el ánimo, la ilusión, etc.

desánimo *m.* Desaliento, falta de ánimo.

desanudar 1 *tr.* Desatar un nudo. 2 Aclarar, desenmarañar.

desapacible *adj.* Que causa disgusto o que es desagradable.

desaparecer 1 *tr.* y *prnl.* Ocultar, quitar de delante una cosa. 2 *intr.* Ocultarse, quitarse de la vista alguien o algo. • Vb. irreg. conjug. c. **agradecer**. V. anexo El verbo.

desaparecido, da *adj.* y *s.* Dicho de una persona, que se halla en paradero desconocido, sin que se sepa si vive.

desaparejar *tr.* Separar una de dos cosas que formaban par.

desaparición *f.* Acción y efecto de desaparecer o desaparecerse. || ~ **forzada** DER Crimen de lesa humanidad consistente en la aprehensión, la detención o el secuestro de personas, sin informar su situación o paradero.

desapasionado, da *adj.* Falto de pasión, imparcial.

desapegar 1 *tr.* y *prnl.* Despegar, desunir. 2 *prnl.* Apartarse, desprenderse del afecto o la afición a una persona o cosa.

desapego *m.* Falta de afición o interés.

desaplicar *tr.* y *prnl.* Quitar o hacer perder la aplicación.

desaprobar *tr.* Reprobar, no asentir a una cosa. • Vb. irreg. conjug. c. **contar**. V. anexo El verbo.

desaprovechar 1 *tr.* Desperdiciar o usar mal algo. 2 *intr.* Perder lo que se había adelantado.

desapuntar 1 *tr.* Cortar las puntadas de un cosido. 2 Quitar de una lista o borrar una anotación. 3 Quitar o hacer perder la puntería. 4 DESABOTONAR.

desarmar 1 *tr.* y *prnl.* Quitar o hacer entregar las armas a alguien. 2 *tr.* e *intr.* Reducir las naciones su armamento y fuerzas militares en virtud de un pacto internacional. 3 *tr.* Desunir, separar las piezas de que se compone algo.

desarme 1 *m.* Acción y efecto de desarmar. 2 POLÍT Arbitrio diplomático para mantener la paz, mediante la voluntaria reducción, equitativamente proporcional, de sus respectivas fuerzas militares, pactada por un número suficiente de naciones.

desarraigado, da 1 *adj.* y *s.* Que vive fuera de su país de origen. 2 Que no respeta las costumbres.

desarraigar 1 *tr.* y *prnl.* Arrancar de raíz un árbol o una planta. 2 Extinguir, extirpar una pasión, una costumbre, etc. 3 Echar, desterrar a alguien de su país o de su ambiente.

desarreglado, da 1 *adj.* Desordenado, descuidado. 2 Que se excede en el uso de la comida, bebida u otras cosas; de vida desordenada.

desarreglar *tr.* y *prnl.* Trastornar, desordenar, sacar de regla.

desarrollado, da 1 *adj.* Que ha alcanzado un nivel notable de desarrollo. 2 ECON **país ~**.

desarrollar 1 *tr.* Incrementar, aumentar, hacer que algo crezca en tamaño o importancia. 2 Explicar o llevar a cabo una teoría, idea, etc. 3 MAT Efectuar las operaciones matemáticas necesarias para cambiar la forma de una expresión. 4 *intr.* y *prnl.* Crecer un organismo hasta convertirse en adulto. 5 Suceder, ocurrir, de un cierto modo. 6 Progresar, crecer económica, social, cultural o políticamente las comunidades humanas.

desarrollismo *m.* ECON Doctrina que propugna el desarrollo meramente económico como objetivo prioritario.

desarrollo 1 *m.* Acción y efecto de desarrollar o desarrollarse. 2 Evolución de un organismo hasta su madurez. 3 ECON Crecimiento económico de un área geográfica o de un Estado, que provoca una mayor calidad de vida en sus habitantes. 4 ECON **país** en ~; **indicador** de ~ humano. || ~ **social** Estado de una sociedad respecto al bienestar de sus ciudadanos; lo determina el acceso al trabajo, a la educación, a la salud, al agua potable, a la recreación, etc. ~ **sostenible** ECON Desarrollo económico y social que permite hacer frente a las necesidades del presente sin poner en peligro la capacidad de futuras generaciones para satisfacer sus propias necesidades.

desarropar *tr.* y *prnl.* Quitar o apartar la ropa.

desarticular 1 *tr.* y *prnl.* Separar dos o más huesos articulados entre sí. 2 Separar las piezas de un artefacto. 3 Disolver la autoridad una conspiración, una organización, etc. 4 Desorganizar, descomponer, desconcertar.

desasear *tr.* Quitar el aseo, ensuciar.

desasegurar 1 *tr.* Hacer perder la seguridad. 2 Extinguir un contrato de seguro.

desasir *tr.* y *prnl.* Soltar lo asido. • Vb. irreg. conjug. c. **asir**. V. anexo El verbo.

desasociar *tr.* Disolver lo que está asociado.

desasosegar *tr.* y *prnl.* Privar de sosiego.

desasosiego *m.* Falta de sosiego.

desastre 1 *m.* Desgracia, catástrofe, suceso infeliz. 2 Dicho de las cosas, de mala calidad, mal resultado, etc., o de personas muy torpes. || ~ **natural** El debido a fenómenos climáticos o geológicos que ponen en peligro el bienestar del ser humano y el medio ambiente.

desatar 1 *tr.* y *prnl.* Quitar ataduras. 2 Desleír, liquidar, derretir. 3 Deshacer, aclarar. 4 *prnl.* Excederse en hablar. 5 Proceder desordenadamente. 6 Perder la timidez, el temor, etc. 7 Desencadenarse una fuerza.

desatascar 1 *tr.* y *prnl.* Quitar ataduras. 2 *tr.* Limpiar un conducto obstruido.

desatender 1 *tr.* No prestar atención a alguien o algo. 2 No asistir a alguien como es debido. • Vb. irreg. conjug. c. **entender**. V. anexo El verbo.

desatinar 1 *tr.* Perder el tino. 2 *intr.* Decir o hacer desatinos. 3 Errar la puntería.

desatino 1 *m.* Falta de tino. 2 Despropósito, error.

desatorar 1 *tr.* Quitar lo que atora u obstruye un conducto. 2 Cesar el atragantamiento.

desatornillar *tr.* DESTORNILLAR.

desatrancar 1 *tr.* DESTRANCAR. 2 Quitar a una puerta o ventana la tranca u otra cosa que impide abrirla.

desautorizar *tr.* y *prnl.* Quitar a personas o cosas autoridad, poder, crédito, etc.

desavenir *tr.* y *prnl.* Indisponer, enemistar.

desayunar 1 *tr.* y *prnl.* Tomar el desayuno. 2 *prnl.* Tener la primera noticia de algo.

desayuno 1 *m.* Alimento ligero que se toma por la mañana. 2 Acción de desayunar.

desazón 1 *m.* Inquietud, congoja. 2 Insipidez, falta de sabor.

desazonar 1 *tr.* Quitar el sabor. 2 Disgustar, enfadar. 3 *prnl.* Sentirse indispuesto.

desbalancear *tr.* Hacer perder el equilibrio sobre cosas o fuerzas.

desbancar *tr.* Usurpar, sustituir a alguien en una posición y ocuparla.

desbandada *f.* Acción y efecto de desbandarse.

desbandarse *prnl.* Huir en desorden.

desbarajustar *tr.* DESORDENAR, alterar el orden de algo.

desbarajuste *m.* Desorden, confusión.

desbaratar 1 *tr.* Deshacer o arruinar algo. 2 Malgastar los bienes. 3 Desordenar, poner en confusión a los contrarios.

desbarrancar 1 *tr.* y *prnl.* Arrojar a un barranco. 2 *prnl.* Desprenderse parte de un cerro.

desbastar 1 *tr.* Quitar las partes más bastas de una cosa. 2 Gastar, disminuir. 3 *tr.* y *prnl.* Instruir, pulir a una persona.

desbloquear 1 *tr.* Levantar un bloqueo. 2 *tr.* y *prnl.* Dejar libre o empezar a moverse lo que estaba inmóvil, interrumpido y colapsado.

desbocar 1 *tr.* Quitar o romper la boca a una cosa. 2 *prnl.* Dispararse una caballería a pesar del freno. 3 Prorrumpir en denuestos, desvergonzarse.

desbordar 1 *tr.* Superar, exceder. 2 *intr.* y *prnl.* Salir de los bordes, derramarse.

desbrozar *tr.* Quitar la broza, desembarazar, limpiar.

descabalgar *intr.* Desmontar, bajar de una caballería el que va montado en ella.

descabellado, da *adj.* Que está fuera de orden, concierto o razón.

descabezado, da 1 *adj.* y *s.* Que no tiene cabeza. 2 Dicho de una persona, que ha sido destituida de su cargo.

descabezar 1 *tr.* Quitar o cortar la cabeza. 2 Cortar la parte superior o las puntas a algunas cosas. 3 Empezar a vencer una dificultad. 4 DEFENESTRAR.

descafeinado, da *adj.* Dicho de un café, que ha sido sometido a un proceso de extracción de la cafeína.

descafeinar *tr.* Extraer o reducir, mediante disolventes orgánicos, el contenido de cafeína en el café o en otra sustancia que la contenga.

descalabrar 1 *tr.* y *prnl.* Herir en la cabeza. 2 *tr.* Herir o maltratar en cualquier parte del cuerpo. 3 Causar perjuicio.

descalabro *m.* Contratiempo, infortunio, daño o pérdida.

descalcificación *f.* Acción y efecto de descalcificar.

descalcificar 1 *tr.* y *prnl.* MED Perder el calcio contenido en los huesos o en otros tejidos orgánicos. 2 Eliminar el agua la caliza de las rocas, los suelos o los minerales.

descalibrar *tr.* y *prnl.* Desajustar el diámetro interior de un objeto cilíndrico: *Descalibrar un arma de fuego.*

descalificar 1 *tr.* Desacreditar, desautorizar. 2 Eliminar a un jugador de una prueba o a un equipo de una competición, por infracción del reglamento.

descalzar *tr.* y *prnl.* Quitar el calzado.

A B C D E F G H I J K L M N Ñ O P Q R S T U V W X Y Z

descalzo, za 1 *adj.* Que tiene los pies desnudos. 2 *adj.* y *s.* Dicho de un miembro de ciertas órdenes religiosas, que lleva los pies descalzos.

descamar 1 *tr.* Quitar las escamas a los peces. 2 *prnl.* Caerse la piel en forma de escamas.

descaminar *tr.* y *prnl.* Apartar a alguien del camino que debe seguir, o hacer que yerre.

descamisado, da 1 *adj.* Sin camisa. 2 *adj.* y *s.* Muy pobre, desharrapado.

descampado, da *adj.* y *s.* Dicho de un terreno o paraje, descubierto y limpio de vegetación.

descansar 1 *intr.* Cesar en el trabajo, reposar, reparar fuerzas. 2 Estar una cosa asentada o apoyada sobre otra. 3 Aliviar un mal o una preocupación. 4 Desahogarse comunicando a alguien sus preocupaciones o sus males.

descansillo *m.* Meseta en que terminan los tramos de una escalera.

descanso 1 *m.* Reposo, pausa en el trabajo. 2 Causa de alivio en la fatiga o en una preocupación. 3 Intermedio. 4 DESCANSILLO.

descapitalización *f.* Acción y efecto de descapitalizar o descapitalizarse.

descapitalizar 1 *tr.* y *prnl.* ECON Dejar a una entidad, una empresa, un banco, etc., total o parcialmente, sin los recursos que poseía. 2 Hacer perder las riquezas culturales acumuladas por un país o grupo social.

descapotar 1 *tr.* Bajar o plegar la capota de un coche. 2 DESMONTAR[2].

descarado, da *adj.* Desvergonzado, irrespetuoso.

descararse *prnl.* Hablar u obrar con desvergüenza, sin cortesía y atrevidamente.

descarga 1 *f.* Acción y efecto de descargar. 2 ELECTR Pérdida de carga eléctrica. 3 INF Proceso de transferir una copia de un archivo desde una computadora remota a la computadora solicitante mediante un módem o una red. 4 Serie de explosiones y disparos de varias armas de fuego. || ~ **disruptiva** ELECTR Descarga brusca que se produce cuando la diferencia de potencial entre dos conductores excede de cierto límite, y que se manifiesta en un chispazo. **zona de ~** GEO Zona en la que se produce el afloramiento de las aguas subterráneas.

descargar 1 *tr.* Quitar a alguien o algo la carga que lleva. 2 Reducir o aliviar la carga de alguien o algo. 3 Disparar un arma de fuego. 4 Eximir a alguien de un cargo u obligación. 5 *tr.* e *intr.* Golpear violentamente. 6 *tr.* y *prnl.* Anular la tensión eléctrica de un cuerpo. 7 *intr.* Desembocar un río. 8 Deshacerse una nube en forma de lluvia, granizo, etc. 9 *prnl.* Traspasar a otro una obligación, un trabajo, etc. 10 Dar satisfacción de los cargos que se hacen a alguien.

descargo 1 *m.* Acción de descargar. 2 Salida que en las cuentas se contrapone a la entrada. 3 Satisfacción, respuesta o excusa del cargo que se hace a alguien.

descargue *m.* Descarga de un peso o una carga.

descarnado, da 1 *adj.* Sin carne. 2 Dicho de un asunto, desagradable, expuesto sin paliativos. 3 Dicho de una expresión, de condición semejante.

descarnar 1 *tr.* y *prnl.* Quitar la carne del hueso. 2 Quitar la parte blanda de algo. 3 Debilitar.

descaro *m.* Desvergüenza, falta de respeto.

descarriar 1 *tr.* y *prnl.* Apartar a alguien del buen camino o de la conducta correcta. 2 Apartar de un rebaño cierto número de reses.

descarrilar *tr.* y *prnl.* Salir del carril.

descartar 1 *tr.* Desechar, no considerar una posibilidad, una idea, etc. 2 *prnl.* En los juegos de naipes, deshacerse de las cartas inútiles.

descasar *tr.* Descomponer la disposición de cosas que casaban bien.

descascarar 1 *tr.* Quitar la cáscara. 2 *prnl.* Levantarse o caerse la superficie o cáscara de algunas cosas.

descendencia 1 *f.* Conjunto de hijos, nietos y demás generaciones sucesivas que provienen del mismo tronco. 2 Casta, linaje, estirpe.

descendente *adj.* Que desciende.

descender 1 *intr.* Bajar, pasar de un lugar alto a otro más bajo. 2 Caer, fluir, correr un líquido. 3 Disminuir el nivel de algo. 4 Proceder de un mismo tronco, país, linaje, etc. 5 Derivarse una cosa de otra. 6 Debilitarse o decaer. • Vb. irreg. conjug. c. **entender**. V. anexo El verbo.

descendiente 1 *adj.* Que desciende. 2 *m.* y *f.* Persona que desciende de otra.

descendimiento *m.* Acción de descender alguien, o de bajarlo.

descenso 1 *m.* Acción y efecto de descender. 2 Bajada. 3 Caída de una dignidad o un estado a otro inferior.

descentrado, da 1 *adj.* Dicho de un instrumento, de una herramienta, etc., que tiene su centro fuera de la posición que debe ocupar. 2 Desorientado, disperso.

descentralización *f.* Acción y efecto de descentralizar.

descentralizar *tr.* Hacer que algo sea más independiente de un Estado, una administración, etc.

descentrar *tr.* y *prnl.* Sacar una cosa de su centro.

descerebrar *tr.* MED Producir la inactividad funcional del cerebro.

descerrajar 1 *tr.* Arrancar o violentar una cerradura. 2 Disparar con un arma de fuego.

descifrar 1 *tr.* Leer un escrito cifrado. 2 Poner en claro un misterio, un enigma, etc.

desclasificar *tr.* Hacer público lo que está clasificado como secreto o reservado.

desclavar 1 *tr.* Quitar un clavo. 2 *tr.* y *prnl.* Desprender una cosa de los clavos con que está asegurada. 3 *tr.* Desengastar una piedra preciosa.

descodificador, ra 1 *adj.* Que descodifica. 2 *m.* Dispositivo para interpretar señales codificadas.

descodificar 1 *tr.* Aplicar inversamente las reglas de su código a un mensaje codificado para obtener la forma primitiva de este. 2 Interpretar un mensaje codificado.

descolgar 1 *tr.* Bajar o quitar lo que está colgado. 2 Levantar el auricular del teléfono. 3 *tr.* y *prnl.* Bajar o dejar caer poco a poco una cosa pendiente de una cuerda, una cadena, etc. 4 *prnl.* Descender por una pendiente o de un lugar alto. 5 Aparecer de improviso. 6 DEP En el ciclismo y otros deportes, dejar atrás un corredor al pelotón. • Vb. irreg. conjug. c. **contar**. V. anexo El verbo.

descollar *intr.* SOBRESALIR. • Vb. irreg. conjug. c. **contar**. V. anexo El verbo.

descolonización *f.* Proceso por el que un país colonizado deja de depender del Estado colonizador y obtiene la independencia.

descolorido, da *adj.* De color pálido o bajo en su línea.

descomedido, da 1 *adj.* Excesivo, desproporcionado, fuera de lo regular. 2 *adj.* y *s.* DESCORTÉS.

descompasar 1 *intr.* Hacer que algo pierda el compás. 2 *prnl.* Perder alguien la medida en lo que hace o dice. 3 MÚS Perder el compás.

descompensación *f.* MED Estado de incapacidad de un órgano para compensar un defecto funcional o anatómico.

descompensar 1 *tr.* y *prnl.* Hacer perder o perder la compensación. 2 *prnl.* MED Llegar un órgano enfermo a un estado de descompensación.

descomponedor, ra 1 *adj.* y *s.* ECOL Dicho de un ser vivo, principalmente bacterias y hongos, que se nutre de los restos orgánicos y los transforma en materia inorgánica útil para otros seres vivos. 2 Ser vivo que libera enzimas digestivas para descomponer organismos muertos que se encuentran en el medio.

descomponer 1 *tr.* y *prnl.* Desordenar y desbaratar. 2 Separar las diversas partes de un todo. 3 Estropear un dispositivo o mecanismo. 4 QUÍM Dividir un compuesto en sus componentes más simples por medio de una reacción química. 5 *prnl.* Perder la serenidad. 6 Enfermar, sentir malestar. 7 Entrar algo en estado de putrefacción, desintegrarse biológicamente por la acción de los microorganismos. 8 Demudarse el rostro. • Participio irreg. *descompuesto.* Vb. irreg. conjug. c. **poner**. V. anexo El verbo.

descomposición *f.* Acción y efecto de descomponer o descomponerse.

descompostura 1 *f.* Desaseo. 2 Descaro, falta de respeto, de cortesía.

descompresión *f.* Reducción de la presión a que ha estado sometido un gas o un líquido.

descompuesto, ta *adj.* Que ha sufrido descomposición.

descomunal *adj.* Extraordinario, enorme.

desconcentrar *tr.* y *prnl.* Perder la atención o concentración puesta en algo.

desconcertar 1 *tr.* Sorprender, suspender el ánimo. 2 *tr.* y *prnl.* Deshacer el orden, el concierto y la composición de algo. 3 Dicho de huesos, dislocar. 4 *prnl.* Desavenirse las personas o cosas que estaban acordes. • Vb. irreg. conjug. c. **acertar**. V. anexo El verbo.

desconchar *tr.* y *prnl.* Quitar parte de la superficie o del revestimiento de algo.

desconcierto 1 *m.* Estado de desorientación y perplejidad. 2 Descomposición de las partes de un todo. 3 Desorden, desavenencia. 4 Falta de gobierno y economía.

desconectar 1 *tr.* Interrumpir o suprimir la conexión entre dos cosas. 2 Interrumpir la comunicación o el enlace entre aparatos o sistemas para que cese el flujo existente entre ellos. 3 *intr.* Dejar de tener relación, comunicación, enlace, etc.

desconfiar *intr.* No confiar, tener poca seguridad o esperanza.

descongelar *tr.* Hacer que cese la congelación de algo.

descongestionar *tr.* y *prnl.* Disminuir o quitar la congestión.

desconocer 1 *tr.* Ignorar algo. 2 No conocer. 3 Darse por desentendido de algo. 4 *tr.* y *prnl.* No reconocer algo o a alguien por haber cambiado mucho. • Vb. irreg. conjug. c. **agradecer**. V. anexo El verbo.

desconocido, da 1 *adj.* y *s.* Ignorado, no conocido de antes. 2 *adj.* Irreconocible.

desconsiderar *tr.* No guardar la debida consideración.

desconsolado, da 1 *adj.* Que carece de consuelo. 2 Melancólico, triste y afligido.

desconsolar *tr.* y *prnl.* Privar de consuelo, afligir. • Vb. irreg. conjug. c. **contar**. V. anexo El verbo.

desconsuelo 1 *m.* Angustia y aflicción profunda. 2 Desfallecimiento o debilidad de estómago.

descontaminar *tr.* Someter a tratamiento lo que está contaminado, a fin de que pierda sus propiedades nocivas.

descontar 1 *tr.* Rebajar algo de una medida, una cantidad, un peso, etc. 2 Dar por cierto o acaecido. • Vb. irreg. conjug. c. **contar**. V. anexo El verbo.

descontextualizar *tr.* Sacar algo de su entorno comunicativo, físico o situacional, sin el cual no se puede comprender correctamente.

descontrolar 1 *tr.* y *prnl.* Perder alguien el control. 2 *prnl.* Perder su ritmo normal un aparato.

descorchador *m.* SACACORCHOS.

descorchar 1 *tr.* Quitar el corcho al alcornoque. 2 Sacar el tapón de una botella.

descornar *tr.* y *prnl.* Quitar los cuernos a un animal. • Vb. irreg. conjug. c. **contar**. V. anexo El verbo.

descorrer *tr.* Plegar o reunir lo que estaba antes estirado, como las cortinas.

descortés *adj.* y *s.* Falto de cortesía.

descortezar *tr.* y *prnl.* Quitar la corteza de un árbol, del pan, etc.

descoser *tr.* y *prnl.* Soltar, cortar, desprender las puntadas de lo que estaba cosido.

descosido, da 1 *adj.* Desordenado, falto de coherencia. 2 Que actúa con ahínco o exceso. 3 *m.* Parte descosida de una prenda.

descrédito *m.* Pérdida de la reputación de alguien, o del valor de algo.

descreer 1 *tr.* Faltar a la fe, dejar de creer. 2 Negar el crédito debido a alguien.

descreído, da 1 *adj.* Incrédulo, falto de fe. 2 Sin creencia, porque ha dejado de tenerla.

descremar *tr.* Quitar la crema a la leche.

describir 1 *tr.* Explicar el aspecto, las cualidades, las características, etc., de alguien o algo. 2 Moverse a lo largo de una línea, trazar una línea.

descripción *f.* Acción y efecto de describir.

descriptivo, va 1 *adj.* Que describe. 2 GEOM **geometría** ~.

descristianizar *tr.* y *prnl.* Apartar de la fe cristiana.

descuadernar 1 *tr.* y *prnl.* DESENCUADERNAR. 2 Desbaratar, descomponer.

descuajar *tr.* Arrancar de cuajo una planta.

descuartizar *tr.* Dividir un cuerpo en varios trozos.

descubierto, ta 1 *adj.* Que lleva la cabeza destapada. 2 Destapado. 3 Dicho de un lugar, despejado o espacioso. 4 *m.* DÉFICIT.

descubridor, ra 1 *adj.* y *s.* Que halla algo oculto o no conocido. 2 Que ha descubierto territorios antes ignorados o desconocidos.

descubrimiento 1 *m.* Manifestación de lo que estaba oculto o secreto, o era desconocido. 2 Encuentro, hallazgo de algo no descubierto o ignorado. 3 Cosa descubierta.

descubrir 1 *tr.* Hacer patente. 2 Destapar lo que está tapado. 3 Hallar lo que estaba ignorado. 4 Conocer algo que se ignoraba. 5 Registrar o alcanzar a ver. 6 *prnl.* Quitarse de la cabeza el sombrero, la gorra, etc. 7 Manifestar admiración ante algo o alguien. • Participio irreg. *descubierto.*

descuento *m.* Rebaja del importe de una deuda o de una obligación.

descuidar 1 *tr.* y *prnl.* No cuidar de alguien o algo, o no atenderlos debidamente. 2 Distraer a alguien para que desatienda lo que le incumbe. 3 *intr.* En imperativo, significa: 'Esté tranquilo, no se preocupe'.

descuido *m.* Omisión, negligencia, falta de cuidado.

desde 1 *prep.* Indica el tiempo o el lugar en que se inicia una acción: *Los toros se ven mejor desde la barrera.* 2 Después de: *Salió disgustado y desde ese momento no hablo con él.*

desdecir 1 *intr.* No ser propio de la clase, el origen, etc., de una persona o cosa. 2 No convenir una cosa con otra. 3 Venir a menos. 4 *prnl.* Retractarse de lo dicho. • Vb. irreg. conjug. c. **decir**. V. anexo El verbo.

desdén *m.* Indiferencia y despego que denotan menosprecio.

desdentado, da 1 *adj.* Que ha perdido los dientes. 2 *adj.* y *s.* XENARTHRO.

desdeñar *tr.* Tratar con desdén a alguien o algo.

desdibujar 1 *tr.* Olvidar paulatinamente los detalles de un suceso. 2 *prnl.* Perder algo la precisión de sus contornos, tanto en el plano real como en el del pensamiento.

desdicha 1 *f.* Desgracia, adversidad. 2 Pobreza, miseria, necesidad.

desdoblar 1 *tr.* y *prnl.* Extender una cosa que estaba doblada. 2 Formar dos o más cosas por separación de los elementos de un todo.

desdoro *m.* Deslustre, mancilla en la virtud, reputación o fama.

desear 1 *tr.* Anhelar vehementemente el conocimiento, la posesión o el disfrute de algo. 2 Ansiar que acontezca o no un suceso.

desecar *tr.* y *prnl.* Eliminar o extraer la humedad.

desechable 1 *adj.* Que puede o debe ser desechado. 2 Que ya no es aprovechable y puede tirarse. 3 Dicho de un objeto, destinado a ser usado solo una vez, como jeringuillas, pañales, etc.

desechar 1 *tr.* Excluir, reprobar. 2 Menospreciar, desestimar. 3 No admitir algo. 4 Expeler, arrojar. 5 Apartar de sí un temor, una sospecha, etc. 6 Dejar un objeto para no volverlo a usar.

desecho 1 *m.* Lo que queda después de haber escogido lo mejor y más útil de algo. 2 Cosa que ya no sirve. 3 Residuo, basura. 4 **ATAJO.**

desembarazar *tr.* y *prnl.* Quitar un impedimento.

desembarazo *m.* Desenfado, desenvoltura.

desembarcadero *m.* Lugar donde se desembarca.

desembarcar 1 *tr.* Poner en tierra lo embarcado. 2 *intr.* y *prnl.* Salir de una embarcación. 3 Salir de un carruaje.

desembarco 1 *m.* Acción y efecto de desembarcar. 2 Operación militar consistente en bajar a tierra la dotación de un buque o de una escuadra, o las tropas que lleva.

desembargar *tr.* Quitar un embargo o impedimento.

desembocadura *f.* GEO Lugar donde un río, un canal, etc., desemboca en otro, en el mar o en un lago.

desembocar *intr.* Tener salida un río, un canal, una calle, etc., a un lugar.

desembolsar 1 *tr.* Sacar lo que está en una bolsa. 2 Pagar una cantidad de dinero.

desembragar *tr.* Desconectar del eje del motor un mecanismo.

desempacar 1 *tr.* Sacar de los empaques o envoltorios lo que está en ellos. 2 Deshacer el equipaje; sacar las cosas de las maletas.

desempantanar *tr.* Lograr que un asunto deje de estar bloqueado o sin resolverse.

desempañar *tr.* Limpiar algo que está empañado.

desempapelar *tr.* Quitar el papel que envuelve o reviste una cosa.

desempaquetar *tr.* Desenvolver un paquete.

desempatar 1 *tr.* Deshacer un empate. 2 **DESAMARRAR.**

desempeñar 1 *tr.* Sacar lo que estaba empeñado. 2 Cumplir las obligaciones inherentes a una profesión, un cargo u oficio; ejercerlos. 3 *tr.* y *prnl.* Ejecutar una representación artística, un cargo, un oficio, una misión, etc.

desempleo *m.* ECON Paro forzoso o desocupación de los asalariados que pueden y quieren trabajar, pero no encuentran un puesto de trabajo.

desempolvar 1 *tr.* y *prnl.* Quitar el polvo. 2 *tr.* Recordar, usar o reemprender algo olvidado.

desencadenar 1 *tr.* y *prnl.* Quitar las cadenas. 2 Originarse movimientos impetuosos de fuerzas naturales. 3 Originar, dar salida a movimientos del ánimo, generalmente apasionados o violentos.

desencantar 1 *tr.* y *prnl.* Deshacer un encantamiento. 2 Desilusionar.

desencaprichar *tr.* y *prnl.* Disuadir de algún capricho.

desenchufar *tr.* y *prnl.* Separar o desacoplar lo que está conectado.

desencuadernar *tr.* y *prnl.* Deshacer lo encuadernado.

desencuentro 1 *m.* Encuentro fallido o decepcionante. 2 Desacuerdo.

desendiosar *tr.* Bajar los humos o la vanidad a alguien, abatirle, humillarle.

desenfado 1 *m.* Desenvoltura, desembarazo. 2 Descaro.

desenfocar *tr.* y *prnl.* Hacer perder el enfoque.

desenfrenar 1 *tr.* Quitar el freno. 2 *prnl.* Entregarse a una vida desordenada. 3 Desencadenarse una fuerza.

desenfundar 1 *tr.* Quitar la funda a algo. 2 Sacar algo, especialmente un arma, de su funda.

desenganchar 1 *tr.* y *prnl.* Soltar una cosa que está enganchada. 2 Quitar de un carruaje las caballerías de tiro.

desengañar 1 *tr.* y *prnl.* Hacer reconocer el engaño. 2 Desesperanzar, desilusionar.

desengaño 1 *m.* Acción y efecto de desengañar o desengañarse. 2 *m. pl.* Lecciones recibidas por una amarga experiencia.

desenglobar *tr.* Dividir un terreno en varios.

desengranar *tr.* Quitar o soltar el engranaje de alguna cosa con otra.

desengrasar *tr.* Quitar la grasa.

desenhebrar *tr.* Sacar la hebra de la aguja.

desenlace 1 *m.* Acción y efecto de desenlazar o desenlazarse. 2 Final de un asunto o un suceso. 3 LIT Parte de una obra narrativa, teatral o cinematográfica en la que se resuelve la trama hasta llegar a su final.

desenlazar 1 *tr.* Dar solución a un asunto o a una dificultad. 2 *tr.* y *prnl.* Desatar los lazos; desasir y soltar lo que está atado con ellos. 3 Resolver la trama de una obra dramática, narrativa o cinematográfica, hasta llegar a su final.

desenmarañar 1 *tr.* Deshacer el enredo o la maraña. 2 Poner en claro algo oscuro y enredado.

desenmascarar 1 *tr.* y *prnl.* Quitar la máscara. 2 Descubrir los propósitos, sentimientos, etc., ocultos de una persona.

desenredar 1 *tr.* y *prnl.* Deshacer un enredo. 2 *prnl.* Salir de una dificultad.

desenrollar *tr.* y *prnl.* Extender lo que está arrollado.

desenroscar 1 *tr.* Extender lo que está enroscado. 2 Sacar de su asiento lo que está introducido a vuelta de rosca.

desensillar *tr.* Quitar la silla a una cabalgadura.

desentenderse 1 *prnl.* Fingir que no se entiende una cosa; afectar ignorancia. 2 Prescindir de un asunto o negocio; no tomar parte en él. • Vb. irreg. conjug. c. **entender**. V. anexo El verbo.

desenterrar *tr.* y *prnl.* Exhumar, sacar lo que está bajo tierra. 2 Recordar algo olvidado. • Vb. irreg. conjug. c. **acertar**. V. anexo El verbo.

desentonar 1 *tr.* Herir a alguien en su orgullo. 2 *intr.* Variar inoportunamente el tono de la voz o de un instrumento.

desentrañar *tr.* Averiguar algo difícil y oculto.

desentrenar *tr.* y *prnl.* Perder destreza, rapidez, etc., por falta de entrenamiento.

desentumecer *tr.* y *prnl.* Hacer que un miembro del cuerpo, o el cuerpo mismo, recobre su agilidad y soltura. • Vb. irreg. conjug. c. **agradecer**. V. anexo El verbo.

desentumir *tr.* y *prnl.* DESENTUMECER.
desenvainar *tr.* Sacar de la vaina la espada u otra arma blanca.
desenvoltura 1 *f.* Desembarazo, desenfado. 2 Facilidad de palabra.
desenvolver 1 *tr.* y *prnl.* Desenrollar lo envuelto o arrollado. 2 Descifrar, descubrir o aclarar algo oscuro o enredado. 3 Desarrollar, acrecentar una cosa. 4 *prnl.* Obrar con maña y habilidad. 5 Salir de una dificultad. • Vb. irreg. conjug. c. **mover**. V. anexo El verbo.
deseo 1 *m.* Acción y efecto de desear. 2 Tendencia hacia el conocimiento, la posesión o el disfrute de algo. 3 Cosa deseada.
desequilibrado, da *adj.* y *s.* Falto de sensatez y cordura, llegando a veces a parecer loco.
desequilibrar *tr.* y *prnl.* Hacer perder el equilibrio.
desequilibrio 1 *m.* Falta de equilibrio. 2 Alteración en la conducta de una persona.
deserción *f.* Acción de desertar.
desertar 1 *intr.* Abandonar el soldado su puesto o unidad. 2 Abandonar alguien un lugar, unas ideas, a un amigo, etc.
desértico, ca 1 *adj.* Despoblado, solo, inhabitado. 2 Que es propio, perteneciente o relativo al desierto. 3 GEO **modelado** ~.
desertización *f.* ECOL Proceso por el cual una región se convierte en una zona árida. En él se destacan el descenso de las precipitaciones, la desaparición de la vegetación, la degradación de los recursos hídricos y el aumento de la erosión.
desertor, ra *adj.* y *s.* Que deserta.
desesperación 1 *f.* Pérdida de toda esperanza. 2 Alteración extrema del ánimo causada por cólera, despecho o enojo. 3 Cosa que produce este estado.
desesperanza 1 *f.* Falta de esperanza. 2 Estado del ánimo en que se ha desvanecido la esperanza.
desesperanzar *tr.* Quitar la esperanza.
desesperar *tr.* y *prnl.* Impacientar, exasperar.
desestabilizar 1 *tr.* y *prnl.* Comprometer o perturbar la estabilidad. 2 *tr.* e *intr.* Debilitar la estabilidad de un régimen político.
desestimar 1 *tr.* Tener en poco. 2 Denegar, desechar.
desfachatez *f.* Descaro, desvergüenza.
desfalcar 1 *tr.* Quitar parte de una cosa, descabalarla. 2 Sustraer una cantidad que se tenía bajo custodia.
desfalco *m.* Acción y efecto de desfalcar.
desfallecer 1 *tr.* Disminuir el ánimo y la energía. 2 *intr.* Perder el aliento, el vigor y las fuerzas. • Vb. irreg. conjug. c. **agradecer**. V. anexo El verbo.
desfallecimiento *m.* Acción y efecto de desfallecer.
desfase 1 *m.* FÍS DIFERENCIA de fase. 2 Falta de correspondencia o ajuste respecto a las corrientes, circunstancias, etc., del momento.
desfavorecer 1 *tr.* Dejar de favorecer a alguien. 2 Oponerse a algo, favoreciendo lo contrario. 3 Perjudicar la belleza de alguien.
desfibrar *tr.* Eliminar las fibras de las materias que las contienen.
desfibrilador *m.* MED Aparato con el que se aplican descargas eléctricas para restablecer el ritmo cardiaco normal.
desfigurar 1 *tr.* y *prnl.* Encubrir con apariencia diferente el semblante, la intención, etc. 2 Impedir que se perciban las formas de las cosas. 3 Afear el semblante. 4 Referir algo alterando sus verdaderas circunstancias. 5 *prnl.* Alterarse el rostro.
desfiladero *m.* Paso estrecho entre montañas, de paredes abruptas.
desfilar 1 *intr.* Marchar gente en fila. 2 Salir varios, uno tras otro, de alguna parte. 3 Pasar las tropas ante el jefe del Estado, ante un general, etc.
desfile *m.* Acción de desfilar.
desflorar *tr.* DESVIRGAR.
desfogar 1 *tr.* Dar salida al fuego. 2 *tr.* y *prnl.* Manifestar con vehemencia una pasión.
desfondar *tr.* y *prnl.* Quitar o romper el fondo a un vaso o una caja.
desforestar *tr.* DEFORESTAR.
desgaire *m.* Desaliño, despreocupación.
desgajar 1 *tr.* y *prnl.* Separar con violencia una rama del tronco. 2 Despedazar, romper, deshacer una cosa unida y trabada.
desgana 1 *f.* Inapetencia, falta de apetito. 2 Tedio, indolencia.
desganar 1 *tr.* Quitar la gana de algo. 2 *prnl.* Perder el apetito. 3 Cansarse de algo.
desgarbado, da *adj.* Falto de garbo o gracia.
desgarrador, ra 1 *adj.* Que desgarra o tiene fuerza para desgarrar. 2 Que produce horror y sufrimiento.
desgarradura *f.* DESGARRÓN.
desgarrar 1 *tr.* y *prnl.* Rasgar, romper. 2 Inspirar mucha pena o dolor. 3 *prnl.* Sufrir alguien un accidente muscular, a causa de un intenso y prolongado esfuerzo.
desgarre 1 *m.* Acción de desgarrar. 2 Tirantez muscular.
desgarrón 1 *m.* Rasgón o rotura grande del vestido o de otra cosa semejante. 2 Jirón o tira del vestido al desgarrarse la tela.
desgastar 1 *tr.* y *prnl.* Quitar o consumir poco a poco, por el uso o el roce, parte de una cosa. 2 *prnl.* Perder fuerza, vigor o poder.
desglosar 1 *tr.* Quitar la glosa o nota a un escrito. 2 Separar algo de un todo, para estudiarlo o considerarlo por separado.
desgobernar 1 *tr.* Gobernar mal. 2 Perturbar el buen orden del gobierno. • Vb. irreg. conjug. c. **acertar**. V. anexo El verbo.
desgobierno *m.* Desorden, desconcierto, falta de gobierno.
desgracia 1 *f.* Suerte adversa. 2 Suceso adverso o funesto.
desgraciado, da 1 *adj.* y *s.* Que padece desgracia. 2 Desafortunado. 3 Desagradable. 4 *m.* y *f.* Persona que inspira compasión o menosprecio.
desgraciar 1 *tr.* y *prnl.* Echar a perder a alguien o algo. 2 *prnl.* Perder la gracia o el favor de alguien.
desgranar 1 *tr.* Sacar el grano de algo. 2 Pasar las cuentas del rosario. 3 *prnl.* Soltarse las cuentas de un collar, rosario, etc.
desgrasante *adj.* y *m.* Dicho de un aditivo, que se emplea para hacer más maleable la arcilla.
desgrasar *tr.* Quitar la grasa a la lana o a los tejidos de lana.
desgravar *tr.* ECON Rebajar un impuesto o un derecho arancelario sobre un objeto determinado.
desgreñar 1 *tr.* Despeinar, desordenar el cabello. 2 *prnl.* Disputar, pelearse.
desguace 1 *m.* Acción y efecto de desguazar. 2 Lugar donde se efectúa el despiece de un buque, un automóvil, etc.
desguarnecer *tr.* Quitar o retirar lo que servía de protección a algo. • Vb. irreg. conjug. c. **agradecer**. V. anexo El verbo.
desguazar *tr.* Desarmar un buque, un automóvil, etc.
deshabitar 1 *tr.* Dejar o abandonar un lugar. 2 Dejar sin habitantes una población, un territorio, etc.

deshabituar *tr.* y *prnl.* Hacer perder un hábito o una costumbre.

deshacer 1 *tr.* Dividir, partir, despedazar. 2 Alterar, descomponer un tratado o negocio. 3 *tr.* y *prnl.* Destruir algo ya hecho. 4 Desarmar o descomponer algo. 5 Desgastar, atenuar. 6 Derretir, licuar. 7 *prnl.* Desbaratarse o destruirse algo. 8 Afligirse mucho, impacientarse. 9 Desaparecer de la vista. 10 Trabajar con mucho ahínco. 11 Evitar el trato con una persona o prescindir de sus servicios. 12 Con la preposición *en* y sustantivos que indiquen aprecio, afecto, cortesía, etc., extremarlos, prodigarlos. • Participio irreg. *deshecho*. Vb. irreg. conjug. c. **hacer**. V. anexo El verbo.

desharrapado, da 1 *adj.* y *s.* Andrajoso. 2 Muy pobre.

deshelar *tr.* y *prnl.* Licuar lo que está helado. • Vb. irreg. conjug. c. **acertar**. V. anexo El verbo.

desherbar *tr.* Arrancar las malas hierbas.

desheredado, da *adj.* y *s.* Pobre, sin medios de vida.

desheredar *tr.* Excluir a alguien de una herencia.

deshidratación 1 *f.* Acción y efecto de deshidratar o deshidratarse. 2 MED Pérdida de agua de un organismo, que suele producirse por diarreas y vómitos abundantes, falta de aportación de líquidos, exposición a altas temperaturas, etc. 3 Eliminación del agua de un producto alimenticio, industrial, etc.

deshidratar *tr.* y *prnl.* Privar a un cuerpo o a un organismo del agua que contiene.

deshielo 1 *m.* Fusión de las nieves y los heleros, a consecuencia de la elevación de la temperatura. 2 Época o temporada en que se produce dicha acción. 3 Distensión en las relaciones entre personas, países, etc.

deshierbar (Tb. desyerbar) *tr.* **DESHERBAR.**

deshilachar 1 *tr.* Sacar hilachas de una tela. 2 **DESHILAR.**

deshilar 1 *tr.* Sacar hilos de un tejido. 2 Reducir a hilos una cosa.

deshinchar *tr.* y *prnl.* Quitar la hinchazón.

deshipotecar *tr.* Librar de hipoteca.

deshojar *tr.* y *prnl.* Quitar o caerse las hojas de una planta o los pétalos de una flor.

deshollinar *tr.* Limpiar las chimeneas, quitándoles el hollín.

deshonestidad 1 *f.* Cualidad de deshonesto. 2 Dicho o hecho deshonesto.

deshonesto, ta 1 *adj.* Falto de honestidad. 2 No conforme a razón ni a las ideas recibidas por buenas.

deshonor 1 *m.* Pérdida del honor. 2 Afrenta, deshonra.

deshonrar 1 *tr.* y *prnl.* Quitar la honra. 2 *tr.* Injuriar.

deshora *f.* Tiempo inoportuno, no conveniente.

deshuesar *tr.* Quitar los huesos a un animal o a la fruta.

deshumanizar *tr.* y *prnl.* Privar a alguien o algo de caracteres humanos.

desiderativo, va *adj.* Que expresa o indica deseo.

desiderátum *m.* Aspiración que aún no se ha cumplido. • pl. *desiderátums*.

desidia *f.* Negligencia, inercia.

desierto, ta 1 *adj.* Despoblado, solo, deshabitado. 2 Dicho de una subasta, de un concurso, que no tiene adjudicatario o ganador. 3 *m.* ECOL Región extensa, generalmente deshabitada, con muy escasas vegetación y fauna, cuya precipitación media anual es inferior a 250 mm y donde la evaporación excede a la precipitación.

designación *f.* Acción y efecto de designar a alguien o algo para cierto fin.

designar 1 *tr.* Señalar o destinar una persona o cosa para un fin determinado. 2 Formar un designio o un propósito. 3 Denominar, indicar.

designio *m.* Pensamiento, o propósito del entendimiento, aceptado por la voluntad.

desigual 1 *adj.* Que no es igual. 2 Dicho de un terreno o de una superficie, que tiene distintos niveles.

desigualar *tr.* Hacer a una persona o cosa desigual a otra.

desigualdad 1 *f.* Cualidad de desigual. 2 Cada una de las prominencias o depresiones de un terreno o de la superficie de un cuerpo. 3 MAT Negación de la igualdad, se indica con el signo $\neq$ y puede presentarse entre todo tipo de objetos matemáticos. 4 MAT Expresión que indica relaciones de *mayor que* o *menor que* entre elementos de un conjunto ordenado. Se enuncia así: $a > b$ (a es mayor que b) o $b < a$ (b es menor que a). || ~ **triangular** MAT Principio que indica que cualquier lado de un triángulo siempre es menor en longitud que la suma de los dos restantes.

desilusión *f.* Acción y efecto de desilusionar o desilusionarse.

desilusionar 1 *tr.* Hacer perder las ilusiones. 2 *prnl.* Perder las ilusiones. 3 **DESENGAÑAR.**

desinencia 1 *f.* GRAM Morfema o terminación que, añadido a la raíz de adjetivos, sustantivos, pronombres y verbos, indica su valor sintáctico y morfológico, como género, número, persona o tiempo. 2 En retórica, manera de terminar las cláusulas.

desinfección *f.* Acción y efecto de desinfectar.

desinfectante *adj.* y *s.* Que desinfecta o sirve para desinfectar.

desinfectar *tr.* y *prnl.* Destruir, mediante métodos físicos o químicos, los microorganismos nocivos o patógenos de un ser vivo o de un objeto.

desinfestar *tr.* Eliminar animales o vegetales dañinos.

desinflamar *tr.* y *prnl.* Bajar la inflamación.

desinflar 1 *tr.* y *prnl.* Sacar el aire contenido en un cuerpo flexible. 2 Desanimarse, desilusionarse rápidamente.

desinformar 1 *intr.* Dar noticias manipuladas. 2 Dar información insuficiente u omitirla.

desinhibir 1 *tr.* y *prnl.* Prescindir de inhibiciones, comportarse con espontaneidad. 2 Liberar el ejercicio de facultades o hábitos. 3 *prnl.* Expresar lo que normalmente no se daría a conocer por temor o timidez.

desinstalar *tr.* INF Eliminar del computador u otro dispositivo electrónico un programa informático.

desintegración *f.* Acción y efecto de desintegrar o desintegrarse. || ~ **nuclear** FÍS Partición espontánea o provocada de un núcleo atómico con absorción o producción de energía.

desintegrar *tr.* y *prnl.* Separar los diversos elementos que forman un todo.

desinterés *m.* Carencia de interés.

desinteresarse *prnl.* Perder el interés por algo.

desintoxicación *f.* Acción y efecto de desintoxicar o desintoxicarse.

desintoxicar 1 *tr.* y *prnl.* Combatir la intoxicación o sus efectos. 2 MED Realizar un tratamiento a alguien para eliminar las sustancias tóxicas de su organismo o para la curación de una toxicomanía.

desistir 1 *intr.* Abandonar la ejecución de algo. 2 Abandonar un derecho.

desjuntar *tr.* y *prnl.* Dividir, separar, apartar.

deslavar 1 *tr.* Quitar fuerza, color y vigor. 2 GEO Dicho de una corriente de agua, quitar lentamente la tierra de las riberas.

deslave *m.* GEO Tierra que pierden las riberas al ser deslavadas.

deslealtad *f.* Falta de lealtad.

desleír *tr.* y *prnl.* Disolver, diluir. • Vb. irreg. conjug. c. **reír**. V. anexo El verbo.

desligar 1 *tr.* y *prnl.* Desatar, soltar las ligaduras. 2 *tr.* Dispensar de una obligación contraída. 3 Mús Hacer sonar las notas musicales con una breve pausa entre ellas.
deslindar 1 *tr.* Señalar los términos o límites de un lugar. 2 Aclarar algo, de modo que no haya confusión en ello.
desliz 1 *m.* Desacierto, indiscreción involuntaria. 2 Flaqueza en sentido moral, con especial referencia a las relaciones sexuales.
deslizamiento 1 *m.* Acción y efecto de deslizar o deslizarse. 2 Geo Proceso gravitacional caracterizado por la existencia de un plano sobre el que se produce el movimiento.
deslizante *adj.* Que desliza o que se desliza.
deslizar 1 *tr.* Pasar o mover suavemente una cosa sobre otra o entre otra. 2 Incluir en un escrito o discurso, como al descuido, frases o palabras intencionadas. 3 *intr.* y *prnl.* Resbalar una cosa sobre otra que está lisa o mojada. 4 *prnl.* Escaparse, evadirse.
deslomar 1 *tr.* y *prnl.* Maltratar los lomos. 2 Trabajar o esforzarse mucho.
deslucir 1 *tr.* y *prnl.* Quitar la gracia, el atractivo o el lustre a una cosa. 2 Desacreditar. • Vb. irreg. conjug. c. **lucir**. V. anexo El verbo.
deslumbrar 1 *tr.* Impresionar, fascinar. 2 *tr.* y *prnl.* Ofuscar la vista. 3 Dejar a alguien confuso o admirado.
deslustrar 1 *tr.* Quitar el lustre. 2 **DESACREDITAR.** 3 Quitarle la transparencia al cristal o al vidrio.
desmadejar 1 *tr.* Deshacer una madeja. 2 *tr.* y *prnl.* Causar flojedad en el cuerpo.
desmadrar 1 *tr.* Separar las crías del ganado de la madre para destetarlas. 2 *prnl.* Conducirse sin respeto, medida, etc.
desmalezar *tr.* Desbrozar, quitar la maleza.
desmán[1] 1 *m.* Exceso, desorden, atropello. 2 Desgracia o suceso infausto.
desmán[2] *m.* Mamífero insectívoro, de pelaje espeso, cola larga, hocico prolongado y ojos pequeños.
desmanchar *tr.* Quitar manchas.
desmantelamiento *m.* Acción y efecto de desmantelar.
desmantelar 1 *tr.* Echar por tierra una fortificación. 2 Retirar los muebles de una casa, una habitación, etc. 3 Desarmar y desaparejar una embarcación.
desmañado, da *adj.* y *s.* Falto de destreza, maña y habilidad.
desmaquillar *tr.* y *prnl.* Quitar el maquillaje.
desmarcar 1 *tr.* Quitar una marca. 2 *prnl.* Dep Dicho de un jugador, evitar la vigilancia de los contrarios.
desmayado, da *adj.* Que ha perdido el sentido.
desmayar 1 *tr.* Causar desmayo. 2 *intr.* Perder el valor, acobardarse. 3 *prnl.* Perder el sentido y el conocimiento.
desmayo 1 *m.* Desaliento, desánimo. 2 Desfallecimiento de las fuerzas, privación de sentido.
desmechar 1 *tr.* Arrancar el cabello con las manos. 2 **DESMENUZAR.**
desmedido, da *adj.* Desproporcionado, falto de medida, que no tiene término.
desmedirse 1 *prnl.* Descomedirse, propasarse. 2 Apartarse de la compañía con que se va.
desmedrar 1 *tr.* y *prnl.* **DETERIORAR.** 2 *intr.* Decaer, ir a menos.
desmejorar 1 *tr.* Hacer perder el lustre y la perfección. 2 *intr.* y *prnl.* Perder la salud.
desmembrar 1 *tr.* Dividir y apartar los miembros del cuerpo. 2 Separar, dividir.
desmemoria *f.* Falta de memoria.
desmemoriado, da *adj.* y *s.* Torpe de memoria.
desmentido 1 *m.* Acción y efecto de desmentir o negar la veracidad de algo que se ha dicho. 2 Comunicado en que se desmiente algo públicamente.
desmentir 1 *tr.* Decir que no es cierto algo que otro ha dicho. 2 Demostrar la falsedad de algo. 3 Disimular algo para que no se conozca. 4 No proceder alguien como se esperaba. • Vb. irreg. conjug. c. **sentir**. V. anexo El verbo.
desmenuzar 1 *tr.* Dividir una cosa en partes menudas. 2 Examinar algo con mucha atención.
desmerecer 1 *intr.* Perder una cosa parte de su mérito o valor. 2 Ser una cosa inferior a otra con la cual se compara. 3 *tr.* Hacerse indigno de premio, favor o alabanza. • Vb. irreg. conjug. c. **agradecer**. V. anexo El verbo.
desmesurado, da *adj.* Excesivo, mayor de lo común.
desmesurar 1 *tr.* Desarreglar, desordenar o descomponer. 2 *prnl.* Descomedirse, excederse.
desmigajar *tr.* y *prnl.* Hacer migajas una cosa, dividirla y desmenuzarla.
desmilitarizar 1 *tr.* Suprimir el carácter militar de algo. 2 Suprimir el sometimiento a la disciplina militar. 3 Desguarnecer un territorio de tropas e instalaciones militares.
desminar *tr.* Retirar minas explosivas de un lugar.
desmineralización *f.* Med Disminución o pérdida de una cantidad anormal de principios minerales, como fósforo, potasio, calcio, etc.
desmitificar *tr.* Privar de atributos míticos a algo o a alguien.
desmochar *tr.* Quitar la parte superior de algo, dejándolo mocho.
desmoldar *tr.* Sacar, generalmente un alimento, del molde en el que se ha preparado.
desmontar[1] 1 *tr.* Desarmar, desunir, separar las piezas de una cosa. 2 Cortar los árboles o las matas de un monte. 3 *tr.* e *intr.* Bajar a alguien de una caballería. • U. t. c. prnl.
desmontar[2] *tr.* Rebajar un terreno.
desmoralizar 1 *tr.* y *prnl.* Corromper las costumbres con malos ejemplos o doctrinas insanas. 2 Desanimar.
desmoronar 1 *tr.* y *prnl.* Deshacer las aglomeraciones de sustancias más o menos en cohesión. 2 *prnl.* Sufrir alguien, física o moralmente, una grave depresión, los efectos de un disgusto, etc. 3 Venir a menos, irse destruyendo los imperios, los caudales, el crédito, etc.
desmovilización *m.* Acción y efecto de desmovilizar.
desmovilizar *tr.* Licenciar a las personas o a las tropas movilizadas.
desmultiplicar *tr.* Disminuir el número de vueltas de una pieza giratoria mediante un engranaje en el que esta tiene una rueda dentada mayor que otra que actúa sobre ella.
desnacionalizar 1 *tr.* Quitar el carácter nacional. 2 Entregar o devolver a empresarios privados una empresa, un sector, etc., que estaba nacionalizado.
desnatar 1 *tr.* Quitar la nata a la leche o a otros líquidos. 2 Quitar la escoria del metal fundido.
desnaturalización *f.* Quím Cambio irreversible que se presenta en las **proteínas**, que altera su estructura y, algunas veces, sus propiedades físicas y químicas: *El cambio de estado de un huevo al freírse, es un caso de desnaturalización por temperatura.*
desnaturalizar 1 *tr.* y *prnl.* Privar a alguien del derecho de naturaleza y patria; expulsarle de ella. 2 *tr.* Variar las características de algo; desfigurarlo, pervertirlo.
desnivel 1 *m.* Falta de nivel. 2 Diferencia de alturas entre dos o más puntos.

A B C D E F G H I J K L M N Ñ O P Q R S T U V W X Y Z

desnivelar 1 *tr.* Desequilibrar. 2 *tr.* y *prnl.* Alterar el nivel existente entre dos o más cosas.
desnucar *tr.* y *prnl.* Matar dando un golpe en la nuca.
desnudar 1 *tr.* y *prnl.* Quitar todo el vestido o parte de él. 2 *tr.* Despojar algo de lo que lo cubre o adorna.
desnudo, da 1 *adj.* Sin vestido. 2 Falto de lo que cubre o adorna. 3 Patente, claro. 4 *m.* En el arte, figura humana desnuda.
desnutrición *f.* MED Depauperación del organismo por trastorno de la nutrición, causada por una insuficiente aportación de vitaminas, sales minerales, calorías, etc.
desobedecer *tr.* No obedecer una orden, una ley, etc. • Vb. irreg. conjug. c. **agradecer**. V. anexo El verbo.
desobediencia *f.* Acción y efecto de desobedecer. || ~ **civil** POLÍT Uno de los fundamentos de la no violencia, que consiste en incumplir los ciudadanos, deliberada y voluntariamente, una ley o un mandato emanado del poder establecido, considerado injusto, por razones políticas, morales o sociales.
desocupación 1 *f.* Falta de ocupación; ociosidad. 2 DESEMPLEO.
desocupar 1 *tr.* Vaciar un lugar, dejarlo libre. 2 *prnl.* Desembarazarse de una ocupación.
desodorante 1 *adj.* y *s.* Que destruye los olores molestos. 2 *m.* Sustancia usada para eliminar o disimular los olores molestos.
desodorizante *m.* Sustancia para desodorizar, usada en las industrias químicas, cosméticas y alimentarias.
desodorizar *tr.* Eliminar ciertos olores.
desoír 1 *tr.* Desatender, dejar de oír. 2 No atender consejos. • Vb. irreg. conjug. c. **oír**. V. anexo El verbo.
desolar 1 *tr.* Asolar, destruir, arrasar. 2 *prnl.* Afligirse, angustiarse en extremo. • Vb. irreg. conjug. c. **contar**. V. anexo El verbo.
desoldar *tr.* y *prnl.* Quitar o romper la soldadura. • Vb. irreg. conjug. c. **contar**. V. anexo El verbo.
desollar *tr.* y *prnl.* Quitar la piel del cuerpo o de alguno de sus miembros. • Vb. irreg. conjug. c. **contar**. V. anexo El verbo.
desorbitar 1 *tr.* y *prnl.* Sacar o salir alguna cosa de su órbita. 2 Exagerar, conceder demasiada importancia a una cosa.
desorden 1 *m.* Ausencia de orden, confusión. 2 Perturbación moral, social o funcional. 3 Demasía, exceso.
desordenar 1 *tr.* y *prnl.* Confundir y alterar el buen orden de las cosas. 2 *prnl.* Excederse, no guardar las reglas.
desorejar *tr.* Cortar las orejas.
desorganizar *tr.* y *prnl.* Destruir la organización de una cosa.
desorientar 1 *tr.* y *prnl.* Hacer que alguien pierda la orientación. 2 Confundir, ofuscar.
desovar *intr.* Soltar las hembras de los peces y de los anfibios sus huevos o huevas.
desoxidar 1 *tr.* Limpiar un metal de óxido. 2 QUÍM Reducir desde el estado de óxido. 3 *tr.* y *prnl.* QUÍM Eliminar o reducir el oxígeno de un producto que lo contiene.
desoxigenar *tr.* y *prnl.* QUÍM DESOXIDAR.
desoxirribonucleico *adj.* BIOQ **ácido** ~.
desoxirribonucleótido *m.* BIOQ Nucleótido cuyo azúcar constituyente es la desoxirribosa.
desoxirribosa *f.* QUÍM Azúcar de fórmula $C_5H_{10}O_4$, derivado de la ribosa por pérdida de un átomo de oxígeno. Es un sólido cristalino e incoloro, soluble en agua. Forma parte de los nucleótidos que constituyen las cadenas del ADN.
despabilar 1 *tr.* Quitar la pavesa o la parte ya quemada del pabilo o la mecha a velas y candiles. 2 *tr.* y *prnl.* Avivar el entendimiento y el ingenio. 3 *prnl.* Sacudir el sueño.
despachar 1 *tr.* Concluir o resolver un asunto. 2 Enviar un mensaje, encargo, etc. 3 Despedir, apartar de sí a alguien. 4 Vender al público en una tienda. 5 *prnl.* Decir alguien cuanto le viene en gana.
despacho 1 *m.* Acción y efecto de despachar. 2 Habitación para despachar negocios o para estudiar. 3 Comunicación transmitida por telégrafo, teléfono, etc. 4 Expediente, resolución.
despachurrar *tr.* y *prnl.* Aplastar una cosa despedazándola, estrujándola o apretándola con fuerza.
despacio 1 *adv. m.* Poco a poco, lentamente. 2 En voz baja. 3 *adv. t.* Por tiempo dilatado. 4 *interj.* Se usa para pedir moderación y calma.
despampanante *adj.* Que impresiona o deja atónito.
despampanar 1 *tr.* Impresionar, dejar atónito a alguien. 2 Quitar los pámpanos a la vid.
desparasitar *tr.* y *prnl.* Eliminar los parásitos que habitan en una persona o en un animal.
desparejar *tr.* y *prnl.* Deshacer una pareja.
desparpajo *m.* Facilidad y desembarazo en el hablar o en el obrar.
desparramar *tr.* y *prnl.* Esparcir, extender.
despavesar 1 *tr.* Quitar la pavesa del pabilo. 2 Quitar, soplando, la ceniza de la superficie de las brasas.
despavorido, da *adj.* Lleno de pavor.
despechar *tr.* Dar pesar, causar indignación o desesperación.
despecho *m.* Malquerencia, irritación causada por un desengaño.
despechugar 1 *tr.* Quitar la pechuga a un ave. 2 *prnl.* Mostrar el pecho, traerlo descubierto.
despectivo, va 1 *adj.* DESPRECIATIVO. 2 *adj.* y *s.* GRAM Dicho de una palabra, derivada, que añade un matiz despreciativo o peyorativo a su significado: *Libraco; Villorrio.*
despedazar 1 *tr.* y *prnl.* Dividir un cuerpo en pedazos irregulares. 2 Causar dolor o pena.
despedida *f.* Acción y efecto de despedir.
despedir 1 *tr.* Soltar, desprender, arrojar una cosa. 2 Difundir o esparcir. 3 Alejar de sí un pensamiento o una idea. 4 Apartar de sí a una persona molesta. 5 Prescindir de los servicios de alguien. 6 Acompañar por cortesía al que sale de una casa u otro lugar. 7 *prnl.* Separarse de alguien con una expresión de afecto o cortesía. • Vb. irreg. conjug. c. **pedir**. V. anexo El verbo.
despegar 1 *tr.* y *prnl.* Desasir, desprender una cosa de otra a la que estaba pegada o junta. 2 *intr.* Separarse del suelo o del agua un avión al iniciar el vuelo. 3 Comenzar un proceso de desarrollo, arrancar: *La economía del país finalmente despegó.* 4 *prnl.* Despegarse.
despegue 1 *m.* Acción y efecto de despegar un avión, helicóptero, cohete, etc. 2 Acción y efecto de despegar, comenzar un proceso de desarrollo.
despeinar 1 *tr.* y *prnl.* Deshacer el peinado. 2 Descomponer, enmarañar el pelo.
despejar 1 *tr.* Desembarazar o desocupar un lugar. 2 Aclarar, poner en claro. 3 DEP En algunos deportes, alejar la pelota de la meta propia. 4 MAT Separar por medio de un cálculo una incógnita de una ecuación. 5 *prnl.* Adquirir soltura en el trato. 6 Divertirse, esparcirse. 7 Aclararse, serenarse el tiempo, el cielo, etc.
despellejar *tr.* y *prnl.* Quitar el pellejo, desollar.
despelotar 1 *prnl.* Desnudarse. 2 Alborotarse, disparatar, perder el tino o la formalidad.
despelucar *tr.* y *prnl.* Desgreñar, enmarañar el pelo.

despenalizar *tr.* DER Dejar de tipificar como delito o falta una conducta anteriormente castigada por la legislación penal.
despensa 1 *f.* Lugar donde se guardan los alimentos. 2 Provisión de comestibles.
despeñadero, ra 1 *adj.* A propósito para despeñar o despeñarse. 2 *m.* Precipicio. 3 Riesgo o peligro a que alguien se expone.
despeñar *tr.* y *prnl.* Arrojar algo o a alguien desde un lugar alto.
despercudir 1 *tr.* Limpiar o lavar lo que está percudido. 2 *tr.* y *prnl.* Despabilar a alguien. 3 *prnl.* Blanquearse, clarearse la piel.
desperdiciar 1 *tr.* y *prnl.* Malgastar o no aprovechar algo. 2 Desaprovechar: *Desperdiciar la ocasión; Desperdiciar el tiempo.*
desperezarse *prnl.* Extender y estirar los miembros para librarse de la pereza o el entumecimiento.
desperfecto 1 *m.* Leve deterioro. 2 Defecto que desvirtúa el valor, la utilidad o la apariencia de una cosa.
despersonalizar 1 *tr.* y *prnl.* Quitar o perder la personalidad. 2 *tr.* Quitar el carácter personal a algo.
despertador, ra 1 *adj.* y *s.* Que despierta. 2 *m.* Reloj provisto de un timbre o una alarma.
despertar[1] 1 *m.* Momento en que se interrumpe el sueño. 2 Inicio de una actividad o empresa.
despertar[2] 1 *tr.* y *prnl.* Cortar, interrumpir el sueño al que está durmiendo. 2 *tr.* Hacer que alguien vuelva sobre sí o recapacite. 3 Mover, excitar: *Despertar el apetito.* 4 *intr.* Dejar de dormir. 5 Hacerse más advertido y entendido. • Participio irreg. *despierto.* y reg. *despertado.* Vb. irreg. conjug. c. **acertar**. V. anexo El verbo.
despiadado, da *adj.* Inhumano, cruel, sin piedad.
despicar 1 *tr.* y *prnl.* Quitar a los gallos y las gallinas la extremidad del pico. 2 Romper el pico o cogote de una botella.
despido *m.* Finalización de un contrato laboral por la voluntad unilateral de un empresario, con causa justificada o sin ella.
despiezar *tr.* Desarmar las distintas partes que componen una obra, desarmar las piezas de una máquina.
despilfarrar *tr.* Malgastar, malbaratar el caudal en gastos innecesarios.
despintar 1 *tr.* y *prnl.* Borrar o raspar lo pintado. 2 Desfigurar, cambiar un asunto o relato. 3 *prnl.* Borrarse los colores, desteñirse.
despiojar *tr.* y *prnl.* Quitar los piojos.
despistar 1 *tr.* y *prnl.* Hacer perder la pista. 2 *prnl.* Extraviarse, perder el rumbo. 3 Andar desorientado en algún asunto o materia.
desplante *m.* Dicho o acto lleno de arrogancia, descaro o desabrimiento.
desplatar 1 *tr.* Separar la plata de otro metal. 2 Dejar sin dinero.
desplazado, da 1 *adj.* y *s.* Dicho de una persona, la que debido a guerras, revoluciones, etc., abandona el lugar donde vive habitualmente, sin traspasar las fronteras de su país. 2 Inadaptado, que no se ajusta al ambiente o a las circunstancias.
desplazamiento 1 *m.* Acción y efecto de desplazar o desplazarse. 2 Volumen y peso del agua que desaloja un buque. 3 GEOM Toda aplicación en el plano en la que la distancia entre dos puntos cualesquiera sea la misma entre sus correspondientes, como ocurre en las traslaciones, en las simetrías respecto de un eje y en las rotaciones. 4 QUÍM Sustitución de un elemento de un compuesto por otro elemento. || ~ **forzado** HIST Situación en la que una persona o grupo de personas debe abandonar el lugar en el que habita debido a la intimidación y los abusos de grupos al margen de la ley. ~ **hacia el rojo** ASTR Desplazamiento hacia longitudes de onda más largas observado en las líneas de espectros de objetos celestes.
desplazar 1 *tr.* Mover una persona o cosa del lugar en que está. 2 Sacar a alguien de su entorno. 3 Desalojar un cuerpo sumergido en un volumen de agua. 4 *prnl.* Irse hacia otro lugar, moverse.
desplegar 1 *tr.* y *prnl.* Extender lo que está plegado. 2 Hacer pasar las tropas del orden cerrado al abierto y extendido. 3 *tr.* Ejercitar una actividad o manifestar una cualidad: *Desplegó tino e imparcialidad.* • Vb. irreg. conjug. c. **acertar**. V. anexo El verbo.
despliegue 1 *m.* Acción y efecto de desplegar. 2 Exhibición, demostración: *Despliegue de fuerzas, de riquezas, de conocimientos.*
desplomar 1 *tr.* y *prnl.* Hacer que algo pierda la posición vertical. 2 *prnl.* Caer a plomo una cosa de mucho peso. 3 Dicho de una persona, caerse sin vida o conocimiento. 4 Arruinarse, perderse.
desplumar 1 *tr.* y *prnl.* Quitar las plumas a un ave. 2 *tr.* Quitar a alguien los bienes, el dinero.
despoblado, da *adj.* y *m.* Dicho de un sitio, no habitado.
despoblar 1 *tr.* y *prnl.* Reducir considerablemente la población de un lugar. 2 Despojar un sitio de lo que hay en él. 3 *prnl.* Marchar una gran parte de la gente de un lugar por algún motivo. • Vb. irreg. conjug. c. **contar**. V. anexo El verbo.
despojar 1 *tr.* Desposeer a alguien de lo que goza y tiene. 2 *prnl.* Desnudarse. 3 Desposeerse de una cosa voluntariamente.
despojo 1 *m.* Acción y efecto de despojar o despojarse. 2 Presa, botín del vencedor. 3 *m. pl.* Parte que sobra o queda de algo destruido o gastado. 4 **CADÁVER**.
despolitizar *tr.* y *prnl.* Quitar el carácter político a algo o a alguien.
desportillar *tr.* y *prnl.* Deteriorar una cosa, especialmente una vasija, quitándole parte del canto o la boca o haciéndole una abertura.
desposar 1 *tr.* Celebrar un matrimonio. 2 *prnl.* Casarse.
desposeer 1 *tr.* Privar a alguien de lo que posee. 2 *prnl.* Renunciar alguien a lo que posee. • Vb. irreg. conjug. c. **leer**. V. anexo El verbo.
desposeído, da *adj.* y *s.* Sin lo más indispensable para vivir dignamente.
déspota 1 *m.* Soberano que gobierna sin sujeción a ley alguna. 2 *m.* y *f.* Persona que trata con dureza a sus subordinados y abusa de su poder o autoridad.
despotismo 1 *m.* Autoridad absoluta no limitada por las leyes. 2 Abuso de superioridad o de poder en el trato con los demás. || ~ **ilustrado** HIST Forma de gobierno autoritario, inspirada en la ideología de la Ilustración y el deseo de fomentar la cultura y prosperidad de los súbditos, que se desarrolló en muchos Estados de Europa durante el s. XVIII.
despreciar 1 *tr.* Desestimar, desdeñar. 2 *prnl.* Desdeñarse.
despreciativo, va *adj.* Que indica desprecio: *Tono despreciativo.*
desprecio 1 *m.* Desestimación, falta de aprecio. 2 Desaire, desdén.
desprender 1 *tr.* y *prnl.* Desunir, desatar lo que estaba fijo o unido. 2 Echar de sí algo. 3 Desabrochar, desabotonar. 4 *prnl.* Apartarse o desapropiarse de una cosa. 5 Deducirse, inferirse.
desprendimiento 1 *m.* Acción de desprender o desprenderse. 2 Largueza, desinterés. 3 Desapego, desasimiento de las cosas. 4 **ALUD**.
despreocupación 1 *f.* Acción y efecto de despreocuparse. 2 Falta de atención, descuido. 3 Desinterés.

A B C D E F G H I J K L M N Ñ O P Q R S T U V W X Y Z

despreocuparse 1 *prnl.* Salir o librarse de una preocupación. 2 Desentenderse de alguien o algo.
despresar *tr.* Descuartizar, hacer presas un animal.
desprestigiar *tr.* y *prnl.* Quitar el prestigio.
despresurizar *tr.* y *prnl.* En aeronaves, anular los efectos de la presurización.
desprogramarse 1 *prnl.* Frustrarse un plan. 2 INF Perder accidentalmente uno o varios programas que contienen las instrucciones para la realización de operaciones en una computadora.
desproporción *f.* Falta de la proporción debida.
desproporcionar *tr.* Quitar la proporción a algo; sacarlo de regla y medida.
despropósito *m.* Dicho o hecho fuera de razón, de sentido o de conveniencia.
desproveer *tr.* Privar, despojar a alguien o algo de sus provisiones o de las cosas que le son necesarias. • Vb. irreg. conjug. c. **leer**. V. anexo El verbo.
desprovisto, ta *adj.* Falto de lo necesario.
después 1 *adv.* Con posterioridad: *Regresó a casa después del concierto.* 2 Indica jerarquía, orden: *Estuvo entre los mejores de la clase después de Ángela.* 3 Detrás de: *El banco está después del estadio.*
despulpar *tr.* Extraer la pulpa de algunos frutos.
despuntar 1 *tr.* y *prnl.* Quitar o gastar la punta. 2 *intr.* Empezar a brotar y entallecer las plantas. 3 Manifestar agudeza e ingenio. 4 Adelantarse, descollar. 5 Hablando de la aurora, del alba o del día, empezar a amanecer.
desquiciar 1 *tr.* y *prnl.* Desencajar o sacar de quicio una cosa. 2 Descomponer una cosa quitándole firmeza. 3 Hacer enojar en extremo a una persona. 4 Hacer perder a alguien la amistad o el aprecio.
desquitar *tr.* y *prnl.* Vengar una ofensa, un daño o una derrota.
desraizar *tr.* Arrancar las raíces de un terreno.
destacado, da *adj.* Notorio, relevante, notable.
destacamento *m.* Grupo de tropa destacada.
destacar 1 *tr.* y *prnl.* Separar del cuerpo principal una porción de tropa, para una acción, expedición, guardia, etc. 2 Hacer resaltar los objetos de un cuadro. 3 *tr.* e *intr.* Poner de relieve los méritos o las cualidades de una persona o cosa. • U. t. c. prnl.
destajo *m.* Trabajo que se ajusta por una suma determinada, a diferencia del que se hace a jornal.
destalonar 1 *tr.* y *prnl.* Quitar, destruir o descomponer el talón del calzado. 2 Cortar un recibo, una cédula, un billete, etc., de un cuaderno o de un talonario. 3 Quitar el talón de un documento.
destapar 1 *tr.* y *prnl.* Descubrir lo tapado, quitando la tapa o cubierta. 2 *prnl.* Manifestar algo sin tapujos.
destape 1 *m.* Acción y efecto de destapar o destaparse. 2 Acción de desnudarse, generalmente con fines eróticos. 3 Liberalización de cualquier prohibición.
destartalado, da *adj.* y *s.* Descompuesto, sin orden.
destazar 1 *tr.* Hacer piezas o pedazos. 2 Trocear los animales para sacarles la piel, los huesos, la carne.
destejar *tr.* Quitar las tejas a los tejados de los edificios o a las tapias.
destejer *tr.* y *prnl.* Deshacer lo tejido.
destellar *tr.* Despedir destellos o emitir rayos, chispazos o ráfagas de luz, generalmente intensos y de breve duración.
destello 1 *m.* Acción de destellar. 2 Resplandor vivo y efímero. 3 Aparición breve y súbita de una cualidad.
destemplanza 1 *f.* Desigualdad del tiempo. 2 Sensación general de malestar físico. 3 Falta de moderación.
destemplar 1 *tr.* Alterar la armonía o el orden de algo. 2 Perder el temple un metal. 3 *tr.* y *prnl.* MÚS Destruir la concordancia o armonía con que está templado un instrumento musical. 4 *prnl.* Sentir malestar físico. 5 Enojarse, alterarse. 6 Sentir dentera al comer sustancias agrias, oír ciertos ruidos o tocar determinados cuerpos. • Vb. irreg. conjug. c. **acertar**. V. anexo El verbo.
desteñir *tr.* y *prnl.* Quitar el tinte; borrar o apagar los colores. • Vb. irreg. conjug. c. **ceñir**. V. anexo El verbo.
desternillarse 1 *prnl.* Romperse las ternillas. 2 Reírse mucho.
desterrar 1 *tr.* Echar a alguien de un territorio o un país por mandato judicial o decisión gubernamental para que, temporal o perpetuamente, resida fuera de él. 2 Quitar la tierra. 3 Deponer o apartar de sí. 4 Desechar o hacer desechar un uso o una costumbre. 5 *prnl.* Expatriarse. • Vb. irreg. conjug. c. **acertar**. V. anexo El verbo.
destetar 1 *tr.* y *prnl.* Hacer que deje de mamar el niño o la cría de un animal. 2 Hacer que los hijos se vayan emancipando.
destiempo || **a ~** Fuera de tiempo, inoportuno.
destilación *f.* QUÍM Acción y efecto de destilar.
destilar 1 *tr.* e *intr.* QUÍM Evaporar la parte volátil de una sustancia y reducirla después a líquido por medio del frío. Este proceso se emplea sobre todo para separar un líquido (disolvente) de las sustancias en él disueltas (soluto). 2 *tr.* y *prnl.* Filtrar. 3 *intr.* Correr un líquido gota a gota.
destilería *f.* Lugar donde se fabrican productos destilados.
destinar 1 *tr.* Designar algo o a alguien para algún fin. 2 Designar a alguien para un empleo, cargo, etc., en algún lugar.
destinatario, ria *m.* y *f.* Persona a quien va dirigido o destinado algo.
destino 1 *m.* Encadenamiento de los hechos considerado como necesario y fatal. 2 Hado, fuerza desconocida que, se cree, obra sobre los seres humanos y los sucesos. 3 Señalamiento o aplicación de una cosa para un determinado fin. 4 Lugar donde alguien tiene su empleo. 5 Meta, punto de llegada.
destituir *tr.* Separar a alguien de un cargo. • Vb. irreg. conjug. c. **huir**. V. anexo El verbo.
destocar 1 *tr.* y *prnl.* Quitar o deshacer el tocado. 2 *prnl.* Descubrirse la cabeza, quitarse el sombrero, la gorra, etc.
destorcer 1 *tr.* y *prnl.* Deshacer lo retorcido. 2 Enderezar lo que estaba torcido.
destornillador *m.* Instrumento para destornillar y atornillar.
destornillar 1 *tr.* Sacar un tornillo dándole vueltas. 2 *prnl.* DESTERNILLARSE.
destrabar 1 *tr.* y *prnl.* Quitar las trabas. 2 Desprender o apartar una cosa de otra.
destrancar *tr.* Quitar el seguro o la tranca a una puerta.
destreza *f.* Habilidad, arte, propiedad con que se hace algo.
destripar 1 *tr.* Quitar las tripas. 2 Sacar lo interior de una cosa. 3 DESPACHURRAR.
destronar 1 *tr.* Deponer a un rey. 2 Quitar a alguien su preponderancia.
destroncar *tr.* DESCUAJAR.
destrozar 1 *tr.* y *prnl.* Despedazar, hacer trozos. 2 *tr.* Causar un gran daño moral. 3 Estropear, maltratar, deteriorar. 4 Aniquilar, vencer.
destrucción 1 *f.* Acción y efecto de destruir. 2 Ruina, devastación, catástrofe.

destructor, ra 1 *adj.* Que destruye. 2 *m.* Buque de guerra provisto de armamento y radares para la guerra submarina.

destruir 1 *tr.* y *prnl.* Deshacer, inutilizar, malograr. 2 Deshacer una cosa no material, como un argumento, un proyecto. 3 *prnl.* MAT Anularse mutuamente dos cantidades iguales y de signo contrario. • Vb. irreg. conjug. c. **huir**. V. anexo El verbo.

desubicar 1 *tr.* y *prnl.* Situar a alguien o algo fuera de lugar. 2 *prnl.* Dicho de una persona, perder la orientación y no saber dónde se encuentra o qué dirección tomar.

desunir 1 *tr.* y *prnl.* Apartar una cosa de otra. 2 Introducir discordia entre dos personas.

desusar *tr.* y *prnl.* Desacostumbrar, perder o dejar el uso.

desuso *m.* Falta de uso o de ejercicio de algo.

desvaído, da 1 *adj.* Dicho de un color, que ha perdido intensidad. 2 Indefinido, vago, impreciso.

desvalido, da *adj.* y *s.* Desamparado, sin ayuda ni socorro.

desvalijar 1 *tr.* Quitar o robar el contenido de una maleta, casa, habitación, etc. 2 Despojar a alguien de su dinero o de sus bienes mediante robo, engaño, juego, etc.

desvalorización *f.* DEVALUACIÓN.

desván *m.* Parte más alta de una casa, inmediatamente debajo del tejado.

desvanecer 1 *tr.* y *prnl.* Disgregar o confundir las partículas de un cuerpo en otro. 2 Quitar de la mente una idea, un recuerdo, etc. 3 *prnl.* Evaporarse la parte volátil de una cosa. 4 Perder el sentido. • Vb. irreg. conjug. c. **agradecer**. V. anexo El verbo.

desvariar *intr.* Delirar, decir locuras.

desvarío 1 *m.* Dicho o hecho sin sentido. 2 Pérdida de la razón.

desvelar[1] 1 *tr.* y *prnl.* Quitar, impedir el sueño, no dejar dormir. 2 *prnl.* Poner gran cuidado y atención en algo o en alguien.

desvelar[2] *tr.* Descubrir, revelar lo oculto o secreto.

desvencijar *tr.* y *prnl.* Aflojar, desunir las partes de una cosa.

desventaja *f.* Mengua o perjuicio que se nota al comparar dos cosas, personas o situaciones.

desventurado, da 1 *adj.* Desafortunado. 2 *adj.* y *s.* Pobre de espíritu. 3 Avariento, miserable.

desvergonzado, da *adj.* y *s.* Que habla u obra con desvergüenza.

desvergonzarse *prnl.* Descomedirse faltando al respeto y hablando con descaro y descortesía. • Vb. irreg. conjug. c. **contar**. V. anexo El verbo.

desvergüenza 1 *f.* Falta de vergüenza, insolencia. 2 Dicho o hecho impúdico o insolente.

desvestir *tr.* y *prnl.* Desnudar o quitar las prendas de vestir. • Vb. irreg. conjug. c. **pedir**. V. anexo El verbo.

desviación 1 *f.* Acción y efecto de desviar o desviarse. 2 Separación lateral de un cuerpo de su posición media. 3 Ángulo formado por el plano del meridiano magnético y el de la aguja imantada cuando esta es atraída por un imán. 4 Tramo de una carretera que se aparta de la principal para rodear una población, o por donde han de circular provisionalmente los vehículos. 5 Cambio de la posición natural de un órgano, hueso, etc. 6 MAT Diferencia numérica entre una medida individual o número y la media aritmética de una serie completa de tales medidas o números. || ~ **estándar** MAT Medida de dispersión de un grupo de valores, que equivale a la raíz cuadrada positiva del promedio de los cuadrados de las desviaciones respecto a la media aritmética. Símbolo: ∂.

desviar 1 *tr.* y *prnl.* Apartar algo de su lugar o camino. 2 Disuadir a alguien de una idea.

desvinculación *f.* Acción y efecto de desvincular.

desvincular *tr.* y *prnl.* Anular un vínculo o una relación.

desvío 1 *m.* DESVIACIÓN. 2 Cambio de trazado provisional de una carretera. 3 Apartadero de una línea férrea.

desvirgar *tr.* Quitar la virginidad a alguien.

desvirtuar *tr.* y *prnl.* Quitar la virtud, el valor o las características de alguien o algo.

desvivirse *prnl.* Mostrar incesante y vivo interés por algo o alguien.

desyerbar *tr.* DESHIERBAR.

detallar *tr.* Referir o tratar algo con detalle.

detalle 1 *m.* Pormenor o relación, cuenta o lista circunstanciada. 2 Delicadeza, finura. 3 Comercio al por menor.

detallista 1 *m.* y *f.* Persona que cuida mucho los detalles. 2 Comerciante que vende al por menor.

detectar 1 *tr.* Averiguar algo que no puede ser observado directamente, por medio de un aparato o mediante procesos físicos o químicos. 2 Darse cuenta de un hecho.

detective *m.* y *f.* Persona que tiene por oficio llevar a cabo investigaciones privadas.

detector, ra 1 *adj.* Que detecta. 2 *m.* Aparato que sirve para detectar. || ~ **de mentiras** Aparato empleado para registrar los cambios involuntarios que sufre la persona que está sometida a un interrogatorio. ~ **de metales** El empleado para indicar la presencia de metales a poca profundidad, mediante la emisión de un campo electromagnético.

detención 1 *f.* Acción y efecto de detener. 2 Dilación, tardanza. 3 Privación de la libertad, arresto provisional.

detener 1 *tr.* y *prnl.* Suspender una cosa, impedir que siga adelante. 2 *tr.* Arrestar, poner en prisión. 3 Retener, conservar o guardar. 4 *prnl.* Ir despacio. 5 Pararse a considerar algo. • Vb. irreg. conjug. c. **tener**. V. anexo El verbo.

detentar 1 *tr.* Ejercer de forma ilegítima algún poder o cargo público. 2 DER Retener una persona algo que legalmente no le pertenece.

detergente 1 *adj.* y *s.* Que deterge. 2 *m.* Producto humectante y emulsionante, con alto poder de limpieza.

deterger *tr.* Limpiar un objeto sin corroerlo.

deteriorar *tr.* y *prnl.* Estropear, poner en inferior condición algo.

determinación 1 *f.* Acción y efecto de determinar. 2 Osadía, valor.

determinado, da 1 *adj.* Osado, valeroso. 2 Concreto, preciso. 3 GRAM **artículo** ~.

determinante 1 *adj.* Que determina. 2 *m.* GRAM Palabra que acompaña al sustantivo para especificarlo en cuanto número, género, pertenencia, etc., como los adjetivos determinativos. 3 *f.* MAT Polinomio que tiene como términos todos los productos posibles (con sus signos correspondientes: + o −) de *n* términos de una matriz cuadrada de orden *n*, de tal manera que cada producto contenga un elemento de cada fila y otro de cada columna. 4 MAT ~ de una **matriz** cuadrada.

determinar 1 *tr.* y *prnl.* Tomar una resolución. 2 Fijar los términos de algo.

determinativo, va 1 *adj.* Que determina o resuelve. 2 GRAM **adjetivo** ~.

determinismo 1 *m.* FIL Sistema que subordina las determinaciones de la voluntad humana a la divina. 2 FIL Doctrina que afirma que todo fenómeno está determinado por las circunstancias y que ninguno de los actos de la voluntad es libre.

detersorio, ria *adj.* Que tiene la propiedad de limpiar o purificar.

detestar *tr.* Aborrecer, tener aversión a alguien o a algo.

detonación 1 *f.* Acción y efecto de detonar. 2 Explosión rápida capaz de iniciar la de un explosivo relativamente estable. 3 Ruido de un motor de explosión a causa de una mala combustión.

detonador, ra 1 *adj.* y *s.* Que provoca o causa detonación. 2 *m.* Artificio que sirve para hacer estallar una carga explosiva.

detonante 1 *adj.* y *m.* Dicho de un agente, que es capaz de producir detonación. 2 Que llama la atención por el violento contraste que suscita. 3 Dicho de un hecho o situación, que es la causa u origen de otro: *La caída del dólar fue el detonante de la crisis económica.*

detonar 1 *tr.* Iniciar una explosión o un estallido. 2 Llamar la atención, causar asombro, admiración, etc. 3 *intr.* Estallar o hacer explosión algo.

detractor, ra 1 *adj.* y *s.* Maldiciente o infamador. 2 Disconforme, adversario.

detrás 1 *adv. l.* En la parte posterior: *El colegio está detrás de la iglesia.* 2 Cuando la posterioridad se indica en relación con una persona o cosa, se emplea con *de: Detrás de ti; Detrás del sillón.*

detrimento 1 *m.* Destrucción leve o parcial. 2 Pérdida, quebranto de la salud o de los intereses. 3 Daño moral.

detritus (Tb. detrito) *m.* Resultado de la descomposición de una masa sólida en partículas.

deuda 1 *f.* Obligación que alguien tiene de dar algo o pagar una cantidad a otra persona. 2 Lo que se debe. 3 PECADO. 4 Obligación moral contraída con otro. || ~ **externa** ECON La pública que se paga en el extranjero y con moneda extranjera. ~ **interna** ECON La pública que se paga en el propio país con moneda nacional. ~ **pública** ECON La que el Estado tiene reconocida por medio de títulos que devengan interés y a veces se amortizan.

deudo *m.* y *f.* PARIENTE.

deudor, ra *adj.* y *s.* Que debe.

deuterio *m.* QUÍM Isótopo del hidrógeno dos veces más pesado que este. Símbolo: ^{2}H.

devaluación 1 *f.* Acción y efecto de devaluar. 2 ECON Modificación del tipo de cambio oficial, que reduce el valor de la moneda nacional en relación con las monedas extranjeras y con su patrón metálico.

devaluar *tr.* Rebajar el valor de una moneda o de otra cosa.

devanar *tr.* Ir dando vueltas a un hilo, un alambre, una cuerda, etc., alrededor de un eje, un carrete, etc.

devaneo 1 *m.* Distracción vana. 2 Amorío pasajero.

devastar 1 *tr.* Destruir, arrasar un territorio. 2 Destruir algo.

develar 1 *tr.* Quitar o descorrer el velo que cubre algo. 2 DESVELAR[2].

devengar *tr.* Adquirir derecho a alguna percepción o retribución por razón de trabajo, servicio u otro título.

devenir[1] *tr.* Sobrevenir, suceder, acaecer.

devenir[2] 1 *m.* FIL La realidad entendida como proceso o cambio. 2 FIL Proceso mediante el cual algo se hace o llega a ser. • Vb. irreg. conjug. c. **venir**. V. anexo El verbo.

deverbal *adj.* y *s.* GRAM Dicho de una palabra, que deriva de un verbo: *Empuje,* de *empujar*; *Salvamento,* de *salvar.*

devoción 1 *f.* Amor, veneración y fervor religiosos. 2 Costumbre devota. 3 Inclinación, afición especial.

devolver 1 *tr.* Restituir una cosa a alguien que la poseía. 2 Volver una cosa al estado que tenía. 3 Corresponder a un favor o a un agravio. 4 Vomitar lo contenido en el estómago. 5 *prnl.* Volverse, dar la vuelta. • Participio irreg. *devuelto.* Vb. irreg. Conjug. c. **mover**. V. anexo El verbo.

devónico *adj.* y *m.* GEO Dicho de un periodo, cuarto del Paleozoico, que comenzó hace unos 395 millones de años y finalizó hace 345 millones de años. En este periodo colisionaron las masas continentales antecesoras de Norteamérica y Eurasia, con el hipotético supercontinente que dio origen a todos los continentes del S. • Se escribe con may. inic. c. s.

devorar 1 *tr.* Comer un animal su presa. 2 Tragar con ansia y apresuradamente. 3 Consumir, destruir.

devoto, ta 1 *adj.* y *s.* Que tiene devoción. 2 Dicho de una imagen, un templo o un lugar, que mueve a devoción.

dextrógiro, ra *adj.* y *s.* QUÍM Dicho de un cuerpo o sustancia, que desvía a la derecha la luz polarizada.

deyección 1 *f.* Defecación de los excrementos. 2 Los excrementos mismos. 3 GEO Conjunto de materias arrojadas por un volcán o desprendidas de una montaña.

día 1 *m.* Tiempo que la Tierra emplea en dar la vuelta alrededor de su eje; equivale a 24 horas. 2 Tiempo que dura la claridad del Sol sobre el horizonte. 3 Tiempo que hace durante el día o gran parte de él: *Día lluvioso, despejado.* 4 Momento, ocasión: *El día que regrese, se lo diré todo.* 5 Fecha en que se conmemora algún acontecimiento: *Día del árbol.* 6 *m. pl.* Vida o existencia de alguien: *Al final de sus días.* 7 *m. pl.* Periodo de tiempo, época: *Fueron días difíciles.* || ~ **civil** Tiempo comprendido entre dos medias noches consecutivas. ~ **hábil** En el que funcionan los organismos de la administración pública. ~ **lectivo** Aquel en que se da clase en los establecimientos de enseñanza. ~ **solar** Tiempo que el Sol emplea en dar aparentemente una vuelta alrededor de la Tierra, equivale al DÍA propiamente dicho.

diabetes || ~ ***mellitus*** MED Enfermedad que consiste en un exceso de glucosa en la sangre debido a una secreción deficiente de insulina.

diabla *f.* Diablo hembra.

diablo 1 *m.* REL Príncipe de los ángeles arrojados al abismo, y nombre de cada uno de ellos. 2 Persona bromista y traviesa. 3 Persona perversa y maligna. || ~ **de Tasmania** Marsupial de la isla de Tasmania cuyo aspecto es parecido al de un perro o un osezno, con el pelaje negro y un collar blanco en la garganta.

diablura 1 *f.* Travesura grande; acción temeraria. 2 Travesura de poca importancia, especialmente de niños.

diaconado *m.* En el catolicismo, segunda de las órdenes mayores, inmediatamente inferior al sacerdocio.

diaconisa *f.* Mujer dedicada al servicio de la Iglesia en los primeros siglos del cristianismo.

diácono *m.* Ministro eclesiástico con atribuciones para servir al sacerdote, predicar, dar la eucaristía y bautizar en caso de necesidad.

diacrítico, ca 1 *adj.* ORT Dicho de un signo, que sirve para dar a una letra algún valor especial. Son diacríticas, por ejemplo, la diéresis que lleva la *u* de la palabra *vergüenza* y la tilde que permite distinguir entre *él* (pronombre) y *el* (artículo). 2 MED Dicho de un síntoma o de una señal, que permite distinguir una enfermedad de otra.

diacronía *f.* Sucesión o desarrollo de los hechos y procesos a lo largo del tiempo.

diacrónico, ca *adj.* Dicho de un fenómeno, que ocurre a lo largo del tiempo. Se opone a sincrónico.
diadema *f.* Adorno de la cabeza en forma de media corona.
diáfano, na 1 *adj.* Dicho de un cuerpo, que permite el paso de la luz a través él. 2 Claro, limpio.
diáfisis *f.* ANAT Parte media de los huesos largos.
diafragma 1 *m.* ANAT Membrana formada por fibras musculares, que separa la cavidad torácica de la abdominal. Su contracción provoca el aumento del volumen de la caja torácica y, como consecuencia, la inspiración. 2 Separación, generalmente movible, entre dos partes de un aparato o entre dos fluidos. 3 FOT Abertura por donde entra la luz en una cámara fotográfica. 4 Dispositivo anticonceptivo que consiste en un disco de caucho o de otro material similar que se coloca en la vagina, delante del cuello del útero.
diagnosticar 1 *tr.* Recoger y analizar datos para evaluar un problema. 2 Emitir un diagnóstico médico.
diagnóstico 1 *m.* MED Conocimiento de la naturaleza de una enfermedad por la observación de sus síntomas y signos. 2 MED Calificación que da el médico a una enfermedad.
diagonal 1 *adj.* y *f.* Dicho de una línea recta, la que en un polígono va de un vértice a otro no inmediato y en un poliedro une dos vértices no situados en la misma cara. 2 Dicho de una calle o avenida, que corta oblicuamente a otras paralelas entre sí.
diagrama 1 *m.* Dibujo en que se muestran las relaciones entre las diferentes partes de un conjunto o sistema. 2 Dibujo geométrico que sirve para demostrar una proposición, resolver un problema o figurar, de una manera gráfica, la ley de variación de un fenómeno. || **~ de fases** QUÍM Representación gráfica de la relación entre la temperatura y la presión que se aplica a los cambios de estado de una sustancia. **~ de Venn** MAT Representación gráfica de operaciones entre conjuntos, como la unión, la intersección, la diferencia.
diagramar *tr.* Realizar una maqueta de una revista, un libro, etc.
dial *m.* Superficie graduada, de forma variable, sobre la cual se mueve un indicador que mide o señala una magnitud, como peso, longitud de onda, etc.
dialéctico, ca 1 *adj.* Perteneciente o relativo a la dialéctica. 2 FIL **materialismo** ~. 3 Que se complace en discutir. 4 *f.* FIL Rama de la filosofía que trata del raciocinio y de sus leyes. 5 FIL Sistema que trata de comprender la realidad resolviendo las contradicciones. 6 LÓG Serie ordenada de verdades o teoremas que se desarrolla en la ciencia o en la sucesión y el encadenamiento de los hechos.
dialecto *m.* LING Sistema lingüístico que deriva de otro, y que, en ocasiones, se transforma en lengua.
dialectología *f.* LING Estudio de los dialectos.
dialefa *f.* FON Hiato, encuentro de dos vocales que se pronuncian en sílabas distintas.
diálisis 1 *f.* FÍS y QUÍM Proceso de difusión selectiva a través de una membrana. Se utiliza para separar macromoléculas de sustancias de bajo peso molecular. 2 MED Método que elimina sustancias nocivas de la sangre, sobre todo la urea, cuando el riñón se halla incapacitado para ello.
dialogar 1 *intr.* Mantener un diálogo. 2 *tr.* Escribir algo en forma de diálogo.
diálogo 1 *m.* Conversación entre dos o más personas que hablan alternativamente para llegar a un entendimiento. 2 LIT Género literario en que se finge una conversación o controversia entre varios personajes.
diamante 1 *m.* Mineral de carbono puro; es el más duro de los minerales, muy brillante, diáfano y generalmente incoloro. Muy apreciado en joyería, es usado también en la industria. 2 *m. pl.* Uno de los palos de la baraja francesa.
diámetro *m.* GEOM Línea recta que pasa por el centro del círculo y termina por ambos extremos en la circunferencia.
diana 1 *f.* Toque militar para que la tropa se levante. 2 Punto central de un blanco de tiro.
diantre *interj.* Denota extrañeza, admiración o disgusto.
diapasón 1 *m.* MÚS Serie de notas que comprenden la extensión total de una voz o un instrumento. 2 MÚS Trozo de madera que cubre el mástil y sobre el cual se pisan con los dedos las cuerdas del violín y de otros instrumentos análogos. 3 Barra metálica en forma de U, que al vibrar produce un tono determinado. Sirve para estudios de acústica, pruebas de audición, como regulador de voces e instrumentos, etc.
diapositiva *f.* FOT Fotografía positiva sacada en cristal u otra materia transparente, destinada a ser proyectada.
diario, ria 1 *adj.* Correspondiente a todos los días. 2 *m.* Relación escrita, día por día, de lo que ha ido sucediendo. 3 Periódico que se publica todos los días. 4 Gasto y consumo correspondientes a lo que es necesario para mantener la casa en un día.
diarrea *f.* MED Síntoma o fenómeno morboso que consiste en evacuaciones de vientre líquidas y frecuentes.
diartrosis *f.* ANAT Tipo de articulación móvil, como las que unen los huesos de las extremidades con el tronco o los huesos entre sí (codo, dedos).
diáspora 1 *f.* HIST Dispersión de los judíos por el mundo. Comenzó con la denominada cautividad de Babilonia, cuando fueron deportados desde Palestina a esta ciudad, en el 586 a. C. 2 Dispersión de un grupo humano fuera de su lugar de origen.
diástole *f.* FISIOL Movimiento de dilatación del corazón y de las arterias, cuando la sangre penetra en su cavidad.
diastrofismo *m.* GEO Proceso por el que las rocas han modificado su disposición primitiva en la corteza.
diatomea *f.* BIOL Alga unicelular, con un caparazón silíceo de dos valvas que presenta un pigmento dorado además de clorofila. Puede unirse en colonias.
diatónico, ca *adj.* MÚS Dicho de un sistema musical, que procede por dos tonos y un semitono.
diatópico, ca 1 *adj.* LING Dicho de una diferencia lingüística, que se produce en los vocablos en virtud del área geográfica. 2 Perteneciente o relativo a estas transformaciones.
diatriba *f.* Discurso o escrito violento e injurioso.
dibujar 1 *tr.* y *prnl.* Representar figuras en una superficie. 2 **DESCRIBIR**. 3 *prnl.* Indicarse o revelarse algo callado u oculto.
dibujo 1 *m.* ART Arte que enseña a dibujar. 2 ART Delineación, figura ejecutada en claro y oscuro, que toma el nombre del material con que se hace: *Dibujo de carbón, de lápiz,* etc. 3 En los encajes, bordados, tejidos, etc., figura y disposición de las labores. || **~ técnico** Procedimiento para representar en un dibujo la forma y las dimensiones exactas de una pieza de maquinaria, de arquitectura, etc. **~s animados** CIN Los que se fotografían en una película sucesivamente, o se editan de manera similar mediante computadora, y que, al ir recogiendo los sucesivos cambios de posición, dan la sensación de movimiento.
dicción 1 *f.* Manera de pronunciar. 2 Manera de hablar o escribir. 3 **figura** de ~.
diccionario 1 *m.* Libro que contiene y explica, generalmente por orden alfabético, las palabras y locu-

ciones de uno o más idiomas, o las de una ciencia, facultad o materia determinada. 2 Catálogo alfabético de alguna materia: *Diccionario biográfico, diccionario geográfico,* etc.

dicha 1 *f.* Felicidad. 2 Suerte feliz.

dicho, cha 1 *adj.* y *s.* Que está dicho o expresado. 2 *m.* Palabra o conjunto de palabras con que se expresa un concepto. 3 Máxima de carácter popular. 4 Ocurrencia chistosa y oportuna.

dichoso, sa 1 *adj.* Feliz. 2 Enfadoso, molesto.

diciembre *m.* Duodécimo mes del año, que consta de 31 días.

diciente *adj.* Que dice.

dicotiledóneo, a *adj.* y *f.* BOT Dicho de una planta, angiosperma, que tiene dos cotiledones en su embrión que, por lo general, no se transforman en hojas adultas. Sus piezas florales se presentan en múltiplos de cuatro o cinco y el tejido vascular de los tallos se dispone en anillos.

dicotomía 1 *f.* División en dos partes de una cosa o asunto. 2 Método de clasificación en que las divisiones y subdivisiones tienen dos partes.

dicotómico, ca *adj.* Perteneciente o relativo a la dicotomía.

dictado 1 *m.* Acción y efecto de dictar. 2 Calificativo aplicado a una persona. 3 *m. pl.* Inspiraciones o preceptos de la razón o la conciencia.

dictador, ra 1 *adj.* Que dicta, ordena o manda. 2 *m.* y *f.* POLÍT Persona que ejerce el poder absoluto de un Estado, por lo general tras un golpe de fuerza. 3 Persona autoritaria, mandona.

dictadura 1 *f.* Gobierno que, invocando el interés público, se ejerce fuera de las leyes constitucionales de un Estado. Se caracteriza por la concentración de todos los poderes políticos en una persona o en un grupo. 2 Tiempo que dura. || ~ **del proletariado** POLÍT Fase subsiguiente a la revolución socialista, durante la cual los poderes del Estado son asumidos por el proletariado.

dictáfono *m.* Aparato que registra dictados, conversaciones, etc., y los reproduce después.

dictamen *m.* Opinión y juicio que se forma o emite sobre algo.

dictar 1 *tr.* Decir alguien algo pausadamente para que otro lo escriba. 2 Promulgar leyes, fallos, preceptos, etc. 3 Inspirar, sugerir. 4 Imponer una condición, una norma, etc.

dictatorial 1 *adj.* Perteneciente o relativo al dictador o a la dictadura. 2 Absoluto, arbitrario, no sujeto a las leyes.

dicterio *m.* Dicho denigrativo que insulta y provoca.

didáctico, ca 1 *adj.* Propio, adecuado para enseñar o instruir. 2 *f.* Ciencia de la educación que se ocupa del proceso de aprendizaje.

diecinueve 1 *adj.* Diez y nueve. 2 *adj.* y *s.* DECIMONOVENO. 3 *m.* Signos con que se representa este número.

diecinueveavo, va *adj.* y *m.* Dicho de cada una de las diecinueve partes iguales en que se divide un todo.

dieciocho 1 *adj.* Diez y ocho. 2 *adj.* y *s.* DECIMOCTAVO. 3 *m.* Signos con que se representa este número.

dieciochoavo, va *adj.* y *m.* Dicho de cada una de las dieciocho partes iguales en que se divide un todo.

dieciséis 1 *adj.* Diez y seis. 2 *adj.* y *s.* DECIMOSEXTO. 3 *m.* Signos con que se representa este número.

dieciseisavo, va *adj.* y *m.* Dicho de cada una de las dieciséis partes iguales en que se divide un todo.

diecisiete 1 *adj.* Diez y siete. 2 *adj.* y *s.* DECIMOSÉPTIMO. 3 *m.* Signos con que se representa este número.

diecisieteavo, va *adj.* y *m.* Dicho de cada una de las diecisiete partes iguales en que se divide un todo.

diégesis *f.* LIT En una obra literaria o cinematográfica, narración de los hechos.

dieléctrico, ca *adj.* FÍS Dicho de un cuerpo, mal conductor de la electricidad.

diente 1 *m.* ANAT Cada uno de los cuerpos duros engastados en las mandíbulas de ser humano y de muchos animales, que sirven para masticar el alimento o para defenderse. 2 Cada una de las puntas que tienen en el pico ciertas aves. 3 Cada una de las puntas de ciertos instrumentos o herramientas.

☐ ANAT En el ser humano, los dientes se disponen de manera simétrica en las mandíbulas, en el interior de alvéolos. Están formados por la *pulpa* (tejido con numerosos vasos y nervios) y la *dentina* (sustancia mineral), recubierta de *esmalte* en su parte superior y de *cemento* en la inferior. En un diente se distinguen: la *corona,* porción visible en la boca, el *cuello,* porción de transición, y la *raíz,* situada dentro de la encía.

diéresis *f.* ORT Signo diacrítico (¨) que se pone sobre la *u* de las sílabas *gue, gui,* para indicar que esta letra debe pronunciarse: *Pingüino, vergüenza.*

diésel 1 *m.* Automóvil provisto de **motor** diésel. 2 QUÍM GASOIL.

diestro, tra 1 *adj.* Derecho, lo que cae a mano derecha. 2 Dicho de una persona, que usa preferentemente la mano derecha. 3 Hábil, experto en un oficio. 4 *m.* y *f.* Matador de toros. 5 *f.* Mano derecha.

dieta[1] *f.* Régimen alimenticio consistente en el control de la comida y la bebida ingerida, con finalidades terapéuticas o higiénicas.

dieta[2] 1 *f.* HIST Asamblea política de ciertos Estados europeos. De origen carolingio, subsistió hasta el s. XIX. 2 Honorarios cobrados por trabajar fuera de la población donde se reside, o por gastos diversos. 3 Retribución fijada para los representantes en Cámaras legislativas.

dietético, ca 1 *adj.* Perteneciente o relativo a la dieta[1]. 2 *f.* Ciencia que trata de la alimentación necesaria para una correcta nutrición.

diez 1 *adj.* Nueve y uno. 2 *adj.* y *s.* DÉCIMO. 3 *m.* Signos con que se representa este número.

diezmar *tr.* Causar gran mortandad una calamidad.

diezmilésimo, ma *adj.* y *s.* Dicho de cada una de las diez mil partes iguales en que se divide un todo.

diezmo 1 *m.* HIST Derecho de diez por ciento, que se pagaba al rey, del valor de ciertas mercaderías. 2 HIST Impuesto del diez por ciento de la cosecha que se pagaba a la Iglesia durante la Edad Media. Se mantuvo hasta el s. XIX.

difamar *tr.* Desacreditar algo o a alguien, publicando cosas contra su buena fama.

diferencia 1 *f.* Cualidad o accidente por el cual una cosa se distingue de otra. 2 Controversia, disensión u oposición de dos o más personas entre sí. 3 MAT Residuo, resultado de efectuar una sustracción. 4 MAT Dados dos conjuntos unidos, el formado por los elementos del primer conjunto que no pertenecen al segundo. || ~ **de fase** FÍS En dos procesos periódicos la diferencia entre los valores que, en un momento dado, tiene la respectiva fracción de periodo. ~ **de potencial** ELECTR La existente entre los estados eléctricos de dos puntos, que da lugar a la creación de un flujo magnético entre los mismos.

diferenciación 1 *f.* Acción y efecto de diferenciar o diferenciarse. 2 BIOL Proceso mediante el cual las células y los tejidos de un organismo cambian de estructura y de forma para adaptarse a una función específica. 3 MAT Operación por la cual se determina la diferencial de una función.

diferenciador, ra 1 *adj.* Que diferencia, que da a cada cosa su correspondiente valor. 2 Que distingue una cosa de otra.

diferencial 1 *adj.* Perteneciente o relativo a la diferencia. 2 MAT Dicho de una cantidad, infinitamente pequeña. 3 MAT **cálculo** ~; **media** ~. 4 *m.* Mecanismo que enlaza tres móviles, imponiendo entre sus velocidades simultáneas la condición de que cada una de ellas sea proporcional a la suma o a la diferencia de las otras dos. 5 Engranaje basado en este mecanismo, que se emplea en los automóviles. 6 *f.* MAT Diferencia infinitamente pequeña de una variable.

diferenciar 1 *tr.* Distinguir la diversidad de las cosas; dar a cada una su correspondiente valor. 2 Variar el uso que se hace de las cosas. 3 MAT Hallar la diferencial de una cantidad variable. 4 *intr.* Discrepar, no convenir en una misma opinión. 5 *prnl.* Distinguirse una cosa de otra. 6 Hacerse notable una persona por acciones o cualidades. 7 BIOL Dicho de un órgano o de una célula, especializarse en una función.

diferendo *m.* Diferencia, desacuerdo, discrepancia entre instituciones o Estados.

diferente *adj.* Diverso, distinto.

diferido, da 1 *adj.* Aplazado, retardado. 2 Dicho de un programa o de una emisión de radio o televisión, que se transmite después de su realización.

diferir 1 *tr.* Dilatar, retardar o suspender la ejecución de algo. 2 *intr.* Ser diferente una cosa de otra o de distintas o contrarias cualidades. • Vb. irreg. conjug. c. **sentir**. V. anexo El verbo.

difícil 1 *adj.* Que requiere mucho trabajo. 2 Dicho de una persona, descontentadiza o poco tratable.

dificultad 1 *f.* Cualidad de difícil. 2 Inconveniente, oposición o contrariedad. 3 Duda, argumento y réplica contra una opinión.

dificultar 1 *tr.* Poner dificultades a algo. 2 Hacer difícil algo. 3 *tr.* e *intr.* Tener o estimar una cosa por difícil.

difracción *f.* FÍS Desviación que se produce en la propagación rectilínea de las ondas cuando pasan por el borde de un objeto opaco.

difractar *tr.* y *prnl.* Producir difracción.

difteria *f.* MED Enfermedad infecciosa caracterizada por la formación de falsas membranas en las vías respiratorias y digestivas altas. La vacunación ha conseguido su casi absoluta erradicación.

difuminar 1 *tr.* Desvanecer o esfumar las líneas o los colores con el difumino. 2 *tr.* y *prnl.* Desvanecer los contornos de alguna cosa.

difumino *m.* Cilindro de papel, terminado en punta, que sirve para difuminar.

difundir 1 *tr.* y *prnl.* Extender, esparcir, propagar físicamente. 2 *tr.* Propagar, divulgar. • Participio irreg. *difuso* y reg. *difundido*.

difunto, ta *adj.* y *s.* Dicho de una persona, muerta.

difusión 1 *f.* Acción y efecto de difundir o difundirse. 2 FÍS Flujo de energía o materia desde una zona de mayor concentración a otra de menor concentración, tendente a producir una distribución homogénea.

difuso, sa 1 *adj.* Ancho, dilatado. 2 Vago, impreciso.

difusor, ra *adj.* Que difunde.

digerir 1 *tr.* Llevar a cabo la digestión. 2 Llevar con paciencia una desgracia o una ofensa. 3 Meditar cuidadosamente. • Vb. irreg. conjug. c. **sentir**. V. anexo El verbo.

digestión 1 *f.* FISIOL Proceso de transformación y absorción de los alimentos para que puedan ser asimilados por el organismo. 2 QUÍM Extracción de alguna sustancia de ciertos cuerpos mediante la exposición prolongada de estos al calor y a la humedad.

digestivo, va 1 *adj.* Perteneciente o relativo a la digestión. 2 *adj.* y *m.* Dicho de algo, que ayuda a hacer la digestión.

☐ **aparato digestivo** ANAT y FISIOL Conjunto de órganos que participan en el proceso de digestión de los alimentos. En el ser humano está formado por el *tubo digestivo* y diversas glándulas. El tubo comienza en la **boca**, donde los dientes trituran y mezclan el alimento; a través del **esófago**, el alimento pasa al **estómago**, órgano donde se inicia su digestión (por la acción de los ácidos gástricos). Después del estómago comienza el **intestino**, en el que se distinguen el intestino delgado y el grueso. En el primero los alimentos son transformados en sustancias más sencillas, que a través de la sangre nutrirán las células. En el intestino grueso, que se divide en *ciego*, *colon* y *recto*, los residuos de la digestión se convierten en heces.

digitación *f.* Acción y efecto de digitar.

digitado, da 1 *adj.* Recortado en forma de dedos. 2 BOT Dicho de una hoja, con foliolos que se extienden como los dedos de una mano. 3 ZOOL Dicho de un animal, mamífero, que tiene sueltos los dedos de los cuatro pies.

digital 1 *adj.* Perteneciente o relativo a los dedos. 2 **impresión** ~ o dactilar. 3 Perteneciente o relativo a los dígitos. 4 ELECTRÓN Dicho de un computador y de máquinas análogas, en que todas las magnitudes se traducen en números, con los cuales opera para realizar los cálculos. 5 Dicho de un aparato o instrumento de medida, que la representa con números dígitos: *Reloj digital*. 6 *f.* BOT Planta de las escrofulariáceas, de flores con corona púrpura en forma de campana.

digitalina *f.* QUÍM Glucósido que se extrae de la digital. Es muy venenoso a grandes dosis y se usa en medicina como medicamento cardiaco.

digitalizar *tr.* ELECTRÓN Convertir cualquier señal de entrada continua (como una imagen o una señal de sonido), en una serie de valores numéricos binarios.

digitar 1 *tr.* Introducir datos en un computador usando el teclado. 2 MÚS Adiestrar los dedos en la ejecución de ciertos instrumentos, especialmente en los que tienen teclado.

digitígrado, da *adj.* ZOOL Dicho de un animal, que al andar apoya solo los dedos, como el gato.

dígito *m.* Número que puede expresarse con un solo guarismo.

digitopuntura *f.* Terapia de origen oriental que consiste en presionar algunas partes del cuerpo con los dedos, para curar algunas enfermedades.

dignarse *prnl.* Servirse, condescender o tener a bien hacer algo.

dignatario, ria *m.* y *f.* Persona investida de una dignidad o autoridad.

dignidad 1 *f.* Cualidad de digno. 2 Excelencia, realce. 3 Comportamiento grave y decoroso. 4 Cargo o empleo honorífico y de autoridad.

dignificar *tr.* y *prnl.* Hacer digno o presentar como tal a alguien o algo.

digno, na 1 *adj.* Que merece algo. 2 Correspondiente, proporcionado al mérito y condición de alguien o algo.

dígrafo *m.* LING Signo compuesto de dos letras que representa un solo fonema, como *ch* o *ll*. • V. tabla Alfabeto y lengua, p. 23.

digresión *f.* Acción y efecto de romper el hilo del discurso y de introducir en él cosas que no tengan conexión con aquello de que se está tratando.

dihíbrido *m.* BIOL Individuo heterocigótico para dos pares de alelos.

dije *m.* Alhaja que se lleva pendiente de un collar, una pulsera, etc.

A B C D E F G H I J K L M N Ñ O P Q R S T U V W X Y Z

dilación *f.* Tardanza o detención de algo por algún tiempo.
dilapidar *tr.* Malgastar los bienes propios, o los que alguien tiene a su cargo.
dilatación 1 *f.* Acción y efecto de dilatar o dilatarse. 2 FÍS Aumento del volumen y las dimensiones de un cuerpo por efecto del calor. Se debe a la separación mutua de sus moléculas y da lugar a una disminución de su densidad.
dilatar 1 *tr.* y *prnl.* Extender, alargar y hacer mayor una cosa, o que ocupe más lugar o tiempo. 2 Diferir, retardar.
dilema 1 *m.* Argumento formado de dos proposiciones contrarias, de modo que, negada o concedida cualquiera de las dos, queda demostrado lo que se intenta probar. 2 Situación en la que hay que elegir entre dos cosas.
diletante *adj.* y *s.* Que cultiva algún campo del saber, o se interesa por él, como aficionado. Se usa a veces en sentido peyorativo.
diligencia 1 *f.* Calidad de diligente. 2 Trámite, recado, solicitud. 3 Coche arrastrado por caballerías. 4 Cumplimiento de una resolución judicial.
diligenciar 1 *tr.* Poner los medios necesarios para el logro de una solicitud. 2 Realizar un trámite.
diligente 1 *adj.* Cuidadoso, exacto y activo. 2 Ligero en el obrar.
dilucidar *tr.* Declarar y explicar un asunto.
diluir 1 *tr.* DESLEÍR. 2 QUÍM Añadir líquido en una disolución. 3 DIFUMINAR. • Vb. irreg. conjug. c. **huir**. V. anexo El verbo.
diluviar *intr. impers.* Llover copiosamente.
diluvio 1 *m.* Acción de diluviar. 2 Inundación precedida de copiosas lluvias.
diluyente *adj.* y *s.* Que diluye.
dimensión 1 *f.* Aspecto o faceta de algo. 2 Importancia o trascendencia de algo. 3 Longitud, extensión o volumen de una línea, una superficie o un cuerpo respectivamente. 4 FÍS Producto de las potencias de las unidades físicas fundamentales (*masa, longitud* y *tiempo*) que sirve para definir otra unidad física derivada. 5 MAT ~ de una **matriz**.
dimensional *adj.* Perteneciente o relativo a la dimensión o a las dimensiones.
dimensionar 1 *tr.* Establecer el tamaño o la extensión de alguien o algo. 2 Estimar la magnitud o importancia de una situación o acontecimiento.
dimetrodon *m.* PALEONT Reptil primitivo cuyo rasgo característico era una gran aleta dorsal.
diminutivo, va 1 *adj.* Que disminuye o reduce algo. 2 *adj.* y *m.* GRAM Dicho de un sufijo, que disminuye la magnitud del significado de la palabra a la que se une: *Illa*, en *tenacilla*, de *tenaza;* o que, sin aminorarlo, presenta el objeto con intenciones emotivas diversas: *Tiene ya dos añitos; Una limosnita.* 3 *m.* GRAM Palabra formada con este tipo de sufijo.
diminuto, ta *adj.* Excesivamente pequeño.
dimitir *tr.* Renunciar, hacer dejación de un empleo, un cargo, etc.
dimorfismo 1 *m.* Cualidad de dimorfo. 2 BIOL Dicho de una especie vegetal o animal, que presenta dos aspectos anatómicos distintos. Puede ser **sexual**, cuando corresponde a los dos sexos, o **de temporada**, cuando corresponde a una época del año, como pasa con ciertas plantas.
dimorfo, fa *adj.* BIOL Dicho de una especie animal o vegetal, que está formada por individuos que presentan de modo normal dos formas o aspectos marcadamente diferentes.
dina *f.* FÍS Unidad de fuerza del sistema cegesimal. Equivale a la fuerza necesaria para mover la masa de un gramo a razón de un centímetro por segundo cada segundo. Símbolo: dyn.
dinámico, ca 1 *adj.* FÍS Perteneciente o relativo a la dinámica. 2 FÍS Perteneciente o relativo a la fuerza cuando produce movimiento. 3 FÍS **electricidad** ~. 4 Activo, diligente, rápido. 5 *f.* FÍS Parte de la mecánica que se ocupa del estudio de las leyes que determinan, entre todos los movimientos posibles, el que en realidad se lleva a cabo. La base de la dinámica son las tres leyes del **movimiento** de Newton, la segunda de las cuales constituye la ecuación fundamental de la dinámica y establece la proporcionalidad entre fuerza y aceleración, se expresa así: $F = m \cdot a$.
dinamismo 1 *m.* Energía activa y propulsora. 2 Actividad, presteza, diligencia. 3 FIL Teoría que considera el mundo corpóreo formado por agrupaciones de elementos simples cuya esencia es la fuerza. Se opone al mecanicismo.
dinamita *f.* QUÍM Mezcla explosiva de nitroglicerina con un cuerpo poroso que la absorbe, para que, sin perder la fuerza dinámica de aquella, se eviten los riesgos de su manejo.
dinamo (Tb. dínamo) *f.* ELECTR Máquina para generar corriente continua por inducción electromagnética.
dinamómetro *m.* Instrumento para medir las fuerzas motrices.
dinastía 1 *f.* Serie de príncipes soberanos de un país, miembros de una familia determinada. 2 Familia en la cual se perpetúa el poder político, económico, cultural, etc.
dineral *m.* Cantidad grande de dinero.
dinero 1 *m.* ECON Cualquier medio de cambio generalmente aceptado para el pago de bienes y servicios, y la amortización de deudas. 2 Moneda corriente. 3 Caudal, fortuna.
dingo *m.* Mamífero carnívoro australiano parecido al lobo, de color amarillo rojizo.
dinoflagelado *m.* BIOL Organismo unicelular protista acuático, principalmente marino, que presenta dos flagelos que utiliza para desplazarse, la mayoría tiene clorofila y es fotosintético.
dinosaurio *m.* PALEONT Reptil de la era secundaria, de gran tamaño, que apareció durante el Triásico y se extinguió a finales del Cretáceo.
dintel *m.* ARQ Parte superior de las puertas, ventanas y otros huecos que carga sobre las jambas.
diócesis *f.* Distrito o territorio en que tiene y ejerce jurisdicción un arzobispo, un obispo, etc.
diodo *m.* ELECTR Válvula electrónica que consta de dos electrodos (ánodo y cátodo) cuya diferencia de potencial produce un flujo de electrones desde el cátodo al ánodo. Se emplea como rectificador.
dioico, ca *adj.* BOT Dicho de una planta, que tiene flores masculinas y femeninas en pies diferentes, como en los sauces.
dionisiaco, ca (Tb. dionisíaco) 1 *adj.* Perteneciente o relativo a Dioniso, dios griego que simbolizó la fecundidad de la naturaleza; llamado Baco por los romanos, era el dios del vino, del delirio místico. 2 Dicho de lo impulsivo, instintivo, etc.
dioptría *f.* ÓPT Unidad de potencia de una lente, equivalente a la inversa de la distancia focal expresada en metros.
dióptrica *f.* ÓPT Parte de la óptica que trata de los fenómenos de la refracción de la luz.
dios, sa 1 *m.* REL Ser supremo, creador del universo, en las religiones monoteístas. • Se escribe con may. inic. en la acepción 1. 2 REL Cualquiera de los seres sobrehumanos que tienen un ámbito concreto de poder, según las religiones politeístas.

dioscoreáceo, a *adj.* y *f.* BOT Dicho de una planta, monocotiledónea, con tallos volubles, raíces tuberosas o rizomas, hojas opuestas o alternas, flores en racimo o espiga, y frutos en cápsulas o baya, como el ñame.

diostedé *m.* **TUCÁN.**

dióxido *m.* QUÍM Compuesto químico que contiene dos átomos de oxígeno. || ~ **de azufre** QUÍM Gas incoloro, irritante y reductor que, por reacción con el agua, da ácido **sulfuroso**. Fórmula: SO_2. ~ **de carbono** QUÍM **ANHÍDRIDO** carbónico.

dipétalo, la *adj.* BOT Dicho de una flor, que tiene dos pétalos en su corola.

diplodocus *m.* PALEONT Dinosaurio que alcanzaba hasta 26,5 m de largo; tenía un cuello y una cola largos, un cuerpo bajo y caminaba sobre las cuatro patas.

diploide *adj.* BIOL Dicho de una célula y fase del ciclo de un organismo, que presenta una dotación doble de cromosomas.

diploma *m.* Título o credencial que expide una universidad, facultad, escuela, etc., para acreditar un grado, título, premio, etc.

diplomacia 1 *f.* Ciencia o conocimiento de los intereses y relaciones de unos Estados con otros. 2 Servicio de los Estados en sus relaciones internacionales. 3 Habilidad, tacto.

diplomar 1 *tr.* Conceder a alguien un diploma facultativo o de aptitud. 2 *prnl.* Obtenerlo, graduarse.

diplomático, ca 1 *adj.* Perteneciente o relativo al diploma y a la diplomacia. 2 Circunspecto, sagaz, disimulado. 3 **inmunidad** ~. 4 *adj.* y *s.* Dicho de un funcionario, que interviene en las relaciones entre Estados.

diplopía *f.* MED Defecto de la vista que consiste en ver dobles los objetos.

dipnoo *adj.* y *s.* ZOOL Dicho de un pez, de agua dulce, que está dotado de respiración branquial y pulmonar, se le conoce también como pez pulmonado; mide entre 60 cm y 2 m de largo. Vive en África, América del Sur y Australia.

dipolo *m.* FÍS Antena para transmitir o recibir ondas de **radiofrecuencia.** || ~ **eléctrico** *m.* FÍS Conjunto de dos **polos** de cargas opuestas, de igual magnitud y cercanos entre sí.

dipsomanía *f.* Tendencia al abuso de la bebida.

díptero, ra *adj.* ZOOL Dicho de un insecto, con dos alas membranosas y unas estructuras llamadas balancines que le permiten mantener el equilibrio mientras vuela; posee un aparato bucal dispuesto para chupar, como el mosquito y la mosca doméstica.

díptico *m.* ART Cuadro o bajorrelieve formado por dos tableros que se cierran por un costado, como las tapas de un libro.

diptongar 1 *tr.* FON Unir dos vocales, formando en la pronunciación una sola sílaba. 2 *intr.* Dicho de una vocal, convertirse en diptongo, como la *o* de "poder" en "puedo".

diptongo *m.* FON Conjunto de dos vocales que se pronuncian en una sola sílaba, y en especial la combinación monosilábica formada dentro de la misma palabra por alguna de las vocales abiertas *a, e, o,* con una de las cerradas *i, u* (*aire, aula, puerta*), o la formada por la secuencia de las dos cerradas (*ciudad, descuido, triunfo*). • V. tabla Diptongo, triptongo, hiato, en esta página.

diputación 1 *f.* Conjunto de los diputados. 2 Ejercicio del cargo de diputado, y su duración.

diputado, da 1 *m.* y *f.* Persona elegida por un organismo o grupo para representarlo. 2 Miembro de una Cámara o un Parlamento.

dique 1 *m.* Muro artificial para contener el agua. 2 Cosa con que otra es contenida o reprimida. 3 GEO Intrusión con forma de muro de roca ígnea que atraviesa otros estratos preexistentes.

dirección 1 *f.* Acción y efecto de dirigir o dirigirse. 2 Camino o rumbo. 3 Rumbo que un cuerpo sigue en su movimiento. 4 Domicilio de alguien. 5 Señas escritas sobre una carta, caja, etc., para indicar dónde y a quién se envía. 6 Enseñanza y preceptos con que se encamina a alguien. 7 Conjunto de personas encargadas de dirigir una sociedad, una empresa, etc. 8 Cargo de director y oficina de este. 9 Mecanismo que sirve para guiar los vehículos. 10 CIN y TEAT Técnica de realizar un filme o de coordinar una representación teatral. 11 GEO Arrumbamiento de la intersección de las caras de una capa o un filón con un plano horizontal. 12 MÚS Arte de dirigir a instrumentistas y cantantes en la interpretación de una obra musical.

directivo, va 1 *adj.* y *s.* Que tiene facultad o virtud de dirigir. 2 *m.* y *f.* Persona que dirige, junto con otras,

Diptongo, triptongo, hiato

La concurrencia de vocales consecutivas en una palabra, ya sea en la misma sílaba o en sílabas diferentes origina fenómenos en la pronunciación y en la escritura. Ellos son: el diptongo, el triptongo y el hiato.

Es el conjunto de dos vocales que se pronuncian en una misma sílaba y, en especial, la combinación monosilábica formada por alguna de las vocales abiertas (***a, e, o***), con una de las cerradas (***i, u***). Ejemplos: ***ai***-*re;* ***au***-*la;* ***puer***-*ta.* O la formada por la secuencia de las dos vocales cerradas. Ejemplos: ***ciu***-*dad; des-***cui***-do;* ***triun***-*fo.*

Es el conjunto de tres vocales que se pronuncian en una sola sílaba.

Se produce cuando una vocal abierta (***a, e, o***) se ubica en la misma sílaba entre dos vocales cerradas átonas (***i, u***).

Ejemplos: *ave-ri-***guáis***; an-***siéis***; a-***guáis***,* ***miau***; ***guau***.

Es el encuentro de dos vocales, dentro de una palabra, que se pronuncian en sílabas distintas.

Se produce hiato cuando:

- Las dos vocales son abiertas. Ejemplos: ***a-or***-*ta;* ***cre-ar***, ***le-er***, *re-***cre-o**.
- Una vocal es cerrada y la otra una abierta, o viceversa, y el acento recae sobre la vocal cerrada. Ejemplos: *a-cen-***tú-e**; ***ba-úl***; *me-lo-***dí-a**; ***re-ú***-*nes.*

La **h** intercalada o intermedia no influye en absoluto en la consideración como hiato de una secuencia vocálica. Ejemplos: ***a-hí***; *a-***za-har**; *pro-***hí-be**.

una institución, empresa, etc. 3 *f.* Junta directiva. 4 Directriz, conjunto de instrucciones.

directo, ta 1 *adj.* Derecho o en línea recta. 2 Que va de una parte a otra sin detenerse en los puntos intermedios. 3 Que se encamina directamente a un objetivo. 4 Sin intermediarios. 5 Dicho de una serie de grados de parentesco entre personas, que descienden del mismo tronco.

director, ra 1 *adj.* y *s.* Que dirige. 2 *m.* y *f.* Persona a cuyo cargo está la dirección de una empresa, una institución, un filme, una obra de teatro, etc.

directorio 1 *m.* Lo que sirve para dirigir en alguna ciencia o negocio. 2 Junta directiva. 3 Guía, lista ordenada de datos o indicaciones. 4 INF Organización jerárquica de nombres de archivos almacenados en un computador.

directriz 1 *f.* GEOM Línea, figura o superficie que determina las condiciones de generación de otra línea, figura o superficie. 2 Instrucción o norma general, o conjunto de ellas, para la ejecución de algo. 3 ~ de una **párabola**.

dirigente 1 *adj.* y *s.* Que dirige. 2 *m.* y *f.* Persona que dirige una asociación o un partido.

dirigible 1 *adj.* Que puede ser dirigido. 2 *m.* Aeróstato autopropulsado y dotado de un sistema de dirección, sustentado principalmente por un gas más ligero que el aire.

dirigir 1 *tr.* y *prnl.* Llevar rectamente algo hacia un lugar. 2 Interpelar de palabra o por escrito. 3 *tr.* Guiar, mostrando las señas de un camino. 4 Poner a una carta, un bulto, etc., las señas que indiquen a dónde y a quién se ha de enviar. 5 Encaminar a un fin determinado. 6 Gobernar, regir. 7 Disponer, mandar. 8 Dedicar una obra.

dirimir 1 *tr.* Deshacer, disolver, desunir. 2 Resolver una controversia.

disacárido *m.* QUÍM Hidrato de carbono resultante de la unión de dos monosacáridos, como la lactosa y la pentosa.

discal *adj.* ANAT Perteneciente o relativo al disco intervertebral.

discapacidad *f.* Cualidad de discapacitado.

discapacitado, da 1 *adj.* PSIC y MED Dicho de una persona, que tiene impedida o entorpecida alguna de las actividades cotidianas consideradas normales, por alteración de sus funciones intelectuales o físicas. 2 MED **MINUSVÁLIDO.**

discar *intr.* Marcar un número en el disco del teléfono.

discernir *tr.* Distinguir una cosa de otra, señalando la diferencia que hay entre ellas. • Vb. irreg. conjugación modelo. V. anexo El verbo.

disciplina 1 *f.* Conjunto de normas para mantener el orden entre los miembros de un grupo. 2 Observación de estas normas. 3 Arte, facultad o ciencia. 4 En los estudios, cada asignatura. 5 DEP Cada una de las modalidades de un deporte.

disciplinar 1 *tr.* Instruir, enseñar. 2 *tr.* y *prnl.* Imponer la disciplina.

discípulo, la 1 *m.* y *f.* Persona que aprende bajo la dirección de un maestro. 2 Seguidor de una escuela.

disc-jockey (Voz ingl.) *m.* y *f.* Persona que selecciona discos en una discoteca, en un programa radiofónico o televisivo, etc.

disco 1 *m.* Cuerpo cilíndrico de base mucho más grande que su altura. 2 Figura con que aparecen el Sol, la Luna, etc. 3 Cualquier figura circular. 4 Lámina circular de materia plástica en la cual se registran sonidos que se reproducen con un fonógrafo. 5 Pieza giratoria del aparato telefónico para marcar el número. 6 BOT Parte de la hoja comprendida dentro de sus bordes. 7 DEP Lámina circular de 22 cm de diámetro y de 1 o 2 kg de peso, usada en el lanzamiento de disco. 8 INF **unidad** de ~. || ~ **compacto** Disco óptico que se graba en forma digital, lo que permite acumular una gran cantidad de información. ~ **de video digital DVD**. ~ **duro** INF Conjunto de láminas rígidas circulares, recubiertas de un material que posibilita la grabación magnética de programas y datos. ~ **intervertebral** ANAT Formación fibrosa con figura de disco, entre dos vértebras, en cuyo interior hay una masa pulposa. ~ **óptico** Elemento en el que la información se graba y se lee mediante un rayo láser y un fotodiodo.

discóbolo *m.* y *f.* Atleta que lanza el disco.

discografía *f.* Conjunto de discos de una materia, un autor, etc.

díscolo, la *adj.* y *s.* Desobediente, indócil, perturbador.

disconforme 1 *adj.* y *s.* No conforme. 2 Que manifiesta disconformidad.

disconformidad 1 *f.* Diferencia de unas cosas con otras en cuanto a su esencia, forma o fin. 2 Desacuerdo en las ideas o en las voluntades.

discontinuidad 1 *f.* Cualidad de discontinuo. 2 GEO Cada una de las capas del interior de la Tierra que separan el manto y el núcleo, capaces de alterar la velocidad de las ondas sísmicas. 3 MAT Punto del dominio de una función en el que esta no es continua.

discontinuo, nua *adj.* Interrumpido, intermitente o no continuo.

discordancia 1 *f.* Contrariedad, disconformidad, discrepancia. 2 GRAM Falta gramatical que consiste en quebrantar la **concordancia** en el género, el número o la persona entre las partes de un enunciado: *Su excelencia, el presidente, está decidido a negociar* (un sustantivo femenino calificado con un adjetivo masculino); *La mayoría de alumnos han aceptado jugar* (un sustantivo singular con una conjugación plural). 3 MÚS Falta de armonía. 4 GEO Contraste de estructura entre estratos superpuestos como consecuencia de una interrupción o alteración de la sedimentación.

discordar 1 *intr.* Ser opuestas o diferentes entre sí dos o más cosas. 2 No convenir alguien en una opinión con otra persona. 3 MÚS No estar acordes voces o instrumentos. • Vb. irreg. conjug. c. **contar**. V. anexo El verbo.

discordia 1 *f.* Oposición, desavenencia. 2 Diversidad y contrariedad de opiniones.

discoteca 1 *f.* Local público para escuchar y bailar música de discos. 2 Colección de discos. 3 Local o mueble donde se guardan.

discreción 1 *f.* Tacto para hacer o decir algo. 2 Expresión o dicho discretos.

discrecional 1 *adj.* Que se hace libre y prudencialmente. 2 Dicho de una potestad gubernativa, que afecta las funciones de su competencia que no están reglamentadas.

discrepar 1 *intr.* Disentir una persona del parecer o de la conducta de otra. 2 Diferenciarse una cosa de otra.

discreto, ta 1 *adj.* y *s.* Dotado de discreción. 2 *adj.* Que incluye o denota discreción. 3 Moderado, sin exceso. 4 MAT **cantidad** ~. 5 MED Dicho de cierta erupción cutánea, de carácter leve.

discriminación *f.* Acción y efecto de discriminar.

discriminante 1 *adj.* Que discrimina. 2 *f.* MAT Dada una ecuación algebraica de segundo grado $ax^2 + bx + c = 0$, se llama discriminante a la expresión $\Delta = b^2 - 4ac$. Símbolo: Δ.

discriminar 1 *tr.* Separar, distinguir, diferenciar. 2 Dar trato de inferioridad a una persona o colectividad por motivos raciales, religiosos, políticos, etc.

disculpa 1 *f.* Acción de disculpar o disculparse. 2 Lo que se alega para excusarse.
disculpar 1 *tr.* y *prnl.* Dar razones o pruebas que descarguen de una culpa o un delito. 2 *tr.* Excusar, perdonar las faltas de otro.
discurrir 1 *tr.* Inventar o idear algo. 2 *intr.* Andar, caminar, correr, fluir. 3 Reflexionar acerca de algo. 4 Inferir, conjeturar.
discurso 1 *m.* Palabra o palabras que expresan un concepto. 2 Escrito en que se discurre sobre algo. 3 Alocución más o menos extensa pronunciada en público a fin de persuadir a los oyentes o mover su ánimo. 4 GRAM **ORACIÓN.** || ~ **directo** LING **ESTILO** directo. ~ **indirecto** LING **ESTILO** indirecto. ~ **indirecto libre** LIT **ESTILO** indirecto libre.
discutir 1 *tr.* Examinar atentamente una cuestión, razonar sobre ella. 2 *tr.* e *intr.* Alegar razones contra el parecer de otro.
disecar *tr.* Preparar un animal muerto o una planta para que conserven la apariencia de vivos.
disección 1 *f.* Acción y efecto de disecar. 2 Examen, análisis pormenorizado de algo.
diseminar *tr.* y *prnl.* **ESPARCIR**, extender, difundir.
disentería *f.* MED Inflamación del intestino, sobre todo del colon, que se caracteriza por diarreas dolorosas con pujos y sangre, acompañadas de fiebres altas.
disentir *intr.* No ajustarse al sentir o parecer de otro; opinar de modo distinto. • Vb. irreg. conjug. c. **sentir**. V. anexo El verbo.
diseño 1 *m.* Proyecto, plan: *Diseño urbanístico.* 2 Delineación de un edificio, una figura, etc. 3 Proyección y concepción de objetos de uso cotidiano, teniendo en cuenta los materiales empleados y su función. 4 Descripción o bosquejo descriptivo de los objetos que se proyectan. 5 Forma de cada uno de estos objetos. 6 BIOL Disposición de manchas, colores o dibujos que caracterizan exteriormente a diversos animales y plantas. || ~ **gráfico** ART Arte y técnica de traducir ideas en imágenes y formas visuales. ~ **industrial** ART Arte y técnica de crear objetos que luego serán fabricados en serie por la industria.
disertación 1 *f.* Acción y efecto de disertar. 2 Escrito, lección o conferencia en que se diserta.
disertar *intr.* Razonar, discurrir detenida y metódicamente sobre una materia.
disfemismo *m.* LING Forma de expresión, contraria al **eufemismo**, en la que se usan palabras malsonantes o negativas para nombrar algo con la intención de denigrarlo: *Retrasado mental* es un disfemismo de 'persona con discapacidad cognitiva'.
disfraz 1 *m.* Artificio para encubrir algo. 2 Vestido alegórico, generalmente con máscara, que sirve para las fiestas y los carnavales. 3 Simulación.
disfrazar 1 *tr.* Cambiar la apariencia externa de alguien con una prenda alegórica: *Se disfrazó de bruja.* 2 Disimular lo que realmente se siente. 3 *prnl.* Vestirse con el disfraz.
disfrutar 1 *tr.* e *intr.* Sentir gusto o placer por algo. 2 Tener algo bueno: *Disfruta de muchas comodidades; Disfruta de buena salud.*
disfunción 1 *f.* Desarreglo en el funcionamiento de algo, o en la función que le corresponde. 2 BIOL y MED Alteración cuantitativa o cualitativa de una función orgánica.
disgregar *tr.* y *prnl.* Separar, desunir.
disgustar 1 *tr.* y *prnl.* Causar enfado, pesadumbre o desazón. 2 *prnl.* Enemistarse con alguien.
disgusto 1 *m.* Pesadumbre, inquietud. 2 Fastidio, tedio, enfado. 3 Contienda, enfrentamiento.
disidencia *f.* Acción y efecto de disidir.
disidente *adj.* y *s.* Que diside.
disidir 1 *intr.* Separarse de la común creencia, doctrina, opinión, etc. 2 Estar en desacuerdo.
disímil *adj.* Desemejante, diferente.
disimulado, da *adj.* Que suele disimular lo que siente.
disimular 1 *tr.* Encubrir la intención. 2 Encubrir lo que se siente o padece. 3 Tolerar un desorden, afectando ignorarlo. 4 Desfigurar las cosas. 5 Ocultar algo.
disimulo 1 *m.* Habilidad con que se oculta algo. 2 Indulgencia, tolerancia.
disipación 1 *f.* Acción y efecto de disipar o disiparse. 2 Conducta de una persona entregada enteramente a las diversiones.
disipar 1 *tr.* y *prnl.* Esparcir y desvanecer las partes que forman por aglomeración un cuerpo. 2 Desvanecer un sueño, una sospecha, etc. 3 Malgastar los bienes.
disjunto, ta *adj.* y *s.* MAT Dicho de dos o más conjuntos, que no poseen elemento común alguno.
dislalia *f.* MED Dificultad de articular las palabras.
dislexia *f.* MED Dificultad en el aprendizaje de la lectura, la escritura o el cálculo, asociada a trastornos de la coordinación motora y la atención, pero no de la inteligencia.
dislocación 1 *f.* Acción y efecto de dislocar o dislocarse. 2 GEO Discontinuidad en la estructura de un cristal. 3 GEO Cambio de dirección, en sentido horizontal, de un estrato o una capa. || **zona de** ~ GEO Parte de una formación geológica en que se han producido corrimientos o roturas de los estratos.
dislocar *tr.* y *prnl.* Sacar una cosa de su lugar, especialmente un hueso.
dismenorrea *f.* MED Menstruación dolorosa o difícil.
disminución *f.* Acción y efecto de disminuir.
disminuido, da *adj.* y *s.* **MINUSVÁLIDO**.
disminuir *tr.* e *intr.* Hacer menor la extensión, la intensidad o el número de algo. • U. t. c. prnl. Vb. irreg. conjug. c. **huir**. V. anexo El verbo.
disociación 1 *f.* Acción y efecto de disociar o disociarse. 2 QUÍM Descomposición de una molécula en partes más sencillas.
disociar 1 *tr.* y *prnl.* Separar una cosa de otra. 2 Separar los componentes de algo.
disolución 1 *f.* Acción y efecto de disolver o disolverse. 2 Mezcla que resulta de disolver cualquier sustancia en un líquido. 3 Relajación de vida y costumbres. 4 GEO Tipo de meteorización química debido a la presencia de materiales solubles en una roca. 5 QUÍM Mezcla homogénea de dos o más sustancias. La sustancia presente en mayor cantidad recibe el nombre de disolvente, y, la de menor cantidad, soluto, que es la sustancia disuelta. || ~ **amortiguadora** QUÍM La que contiene unas sustancias que inhiben los cambios de pH. ~ **sólida** FÍS y QUÍM La consistente en una mezcla sólida y homogénea de dos o más sustancias.
disoluto, ta *adj.* y *s.* Licencioso, entregado a los vicios.
disolvente *adj.* y *m.* Dicho de una sustancia, líquida, que disuelve a otra.
disolver 1 *tr.* y *prnl.* Separar algo que estaba unido. 2 Deshacer, destruir, aniquilar. 3 QUÍM Desunir las partículas de un cuerpo por medio de un disolvente con el cual se incorporan. • Vb. irreg. conjug. c. **mover**. V. anexo El verbo.
disonancia 1 *f.* Sonido desagradable. 2 Falta de conformidad o de proporción. 3 MÚS Acorde musical no consonante.
disonar 1 *intr.* Sonar desapaciblemente; faltar a la consonancia y armonía. 2 Discrepar, carecer de conformidad. 3 Parecer malo o extraño algo. • Vb. irreg. conjug. c. **contar**. V. anexo El verbo.
disosmia *f.* MED Dificultad en percibir los olores.

dispar *adj.* Desigual, diferente.

disparador *m.* Pieza de una máquina que sirve para activar una de sus funciones: *El disparador de la cámara.*

disparar 1 *tr.* Hacer que un arma despida un proyectil. 2 Hacer funcionar un disparador. 3 *tr.* y *prnl.* Lanzar algo violentamente. 4 *prnl.* Partir o correr sin dirección y precipitadamente. 5 Dirigirse precipitadamente hacia algo. 6 Hablar u obrar con violencia y sin razón.

disparatado, da 1 *adj.* Contrario a la razón. 2 Atroz, desmesurado.

disparatar *intr.* Decir o hacer algo fuera de razón y regla.

disparate 1 *m.* Hecho o dicho disparatado. 2 Atrocidad, demasía.

dispendio 1 *m.* Gasto, por lo general, excesivo. 2 Recursos utilizados en dicho gasto.

dispendioso, sa 1 *adj.* Costoso, de gasto considerable. 2 Dicho de una tarea u oficio, que requiere labor detenida y especial cuidado.

dispensa 1 *f.* Privilegio, excepción graciosa de lo ordenado por las leyes generales. 2 Escrito que contiene la dispensa.

dispensador *m.* Aparato que por medio de un mecanismo entrega automáticamente al usuario un objeto.

dispensar 1 *tr.* Dar, conceder, otorgar, distribuir. 2 Absolver de una falta. 3 *tr.* y *prnl.* Eximir de una obligación.

dispensario *m.* Establecimiento destinado a prestar asistencia sanitaria.

dispersante 1 *adj.* Que dispersa. 2 BIOL **medio** ~.

dispersar 1 *tr.* y *prnl.* Separar y diseminar lo que estaba unido. 2 Romper y desbaratar al enemigo haciéndole huir en desorden. 3 *tr.* Dividir el esfuerzo, la atención, la actividad, etc.

dispersión 1 *f.* Acción y efecto de dispersar o dispersarse. 2 ÓPT Separación de los colores espectrales de un rayo de luz. 3 MAT Medida de la separación de un grupo de valores alrededor de su valor medio. 4 QUÍM Fluido que contiene uniformemente repartido en su masa un cuerpo en suspensión o en estado coloidal.

displicencia 1 *f.* Indiferencia en el trato. 2 Desaliento en la ejecución de algo.

displicente 1 *adj.* Que desagrada y disgusta. 2 *adj.* y *s.* Desdeñoso, desabrido.

disponer 1 *tr.* y *prnl.* Colocar, poner las cosas en orden y situación conveniente. 2 Determinar lo que ha de hacerse. 3 Preparar, prevenir. 4 *intr.* Ejercitar en las cosas facultades de dominio. 5 Valerse de alguien o algo. 6 *prnl.* Prepararse para hacer algo. • Participio irreg. *dispuesto.* Vb. irreg. conjug. c. **poner**. V. anexo El verbo.

disponibilidad 1 *f.* Cualidad de disponible. 2 Conjunto de fondos o bienes disponibles en un momento dado.

disponible 1 *adj.* Dicho de una cosa, que se puede disponer libremente de ella o que está lista para usarse. 2 Dicho de una persona, que no tiene impedimento para prestar sus servicios.

disposición 1 *f.* Acción y efecto de disponer. 2 Aptitud para hacer algo. 3 Estado de la salud. 4 Orden y mandato de un superior. 5 Distribución de las partes de un todo.

dispositivo *m.* Mecanismo dispuesto para producir una acción prevista. || ~ **intrauterino** MED Pequeño aparato que se inserta en el útero de la mujer para evitar el embarazo.

disprosio *m.* QUÍM Elemento de los lantánidos que es un sólido negro y pesado con propiedades magnéticas. Se utiliza en ciertas aleaciones y en tecnología nuclear. Símbolo: Dy. Número atómico: 66. Peso atómico: 162,50. Punto de fusión: 1412 °C. Punto de ebullición: 2567 °C.

dispuesto, ta 1 *adj.* Preparado, situado. 2 Hábil, despejado.

disputa *f.* Acción y efecto de disputar.

disputar 1 *tr.* Debatir. 2 *tr.* e *intr.* Contender para alcanzar o defender algo.

disquete *m.* INF Disco magnético portátil, encapsulado en una carcasa de plástico, de capacidad reducida, que se introduce en un computador para su grabación o lectura.

disquisición 1 *f.* Divagación, digresión. 2 Examen riguroso de algo.

disruptivo, va 1 *adj.* Que produce ruptura brusca. 2 ELECTR **tensión** ~.

distancia 1 *f.* Espacio de lugar o de tiempo que media entre dos cosas. 2 Diferencia, desemejanza entre las cosas. 3 Alejamiento, desafecto entre personas. 4 GEOM Longitud del segmento de recta comprendido entre dos puntos del espacio. 5 GEOM Longitud del segmento de recta comprendido entre un punto y el pie de la perpendicular trazada desde él a una recta o a un plano. || ~ **angular** ASTR Ángulo formado por las visuales a dos astros próximos en la esfera celeste.

distanciamiento 1 *m.* Acción y efecto de distanciar o distanciarse. 2 Enfriamiento de la amistad; alejamiento en el trato entre dos personas, o de una persona con respecto a una ideología, institución, etc.

distanciar 1 *tr.* y *prnl.* Separar, apartar, poner a distancia. 2 Desunir o separar moralmente a las personas.

distar *intr.* Dicho de una persona o cosa, estar ubicada a cierta distancia espacial o temporal de otra.

distender *tr.* Aflojar, relajar, disminuir la tensión. • Vb. irreg. conjug. c. **entender**. V. anexo El verbo.

distendido, da *adj.* Relajado, tranquilo, que no produce tensión.

distensión 1 *f.* Acción y efecto de distender. 2 Relajación, tranquilidad.

dístico *m.* LIT Composición poética o estrofa de dos versos que expresan un concepto con sentido completo.

distinción 1 *f.* Acción y efecto de distinguir o distinguirse. 2 Prerrogativa, honor concedido a uno. 3 Buen orden, precisión en las cosas. 4 Consideración hacia una persona.

distinguir 1 *tr.* Conocer la diferencia que hay entre las cosas o las personas. 2 Manifestar, declarar esta diferencia. 3 Ver un objeto, diferenciándolo de los demás, a pesar de la lejanía, la oscuridad, etc. 4 Otorgar a alguien una dignidad, prerrogativa, etc. 5 *tr.* y *prnl.* Hacer que una cosa se diferencie de otra por alguna particularidad. 6 *prnl.* Descollar.

distintivo, va 1 *adj.* Que distingue. 2 *adj.* y *s.* Dicho de una cualidad, que distingue o caracteriza una cosa. 3 *m.* Insignia, señal.

distinto, ta 1 *adj.* Que no es lo mismo. 2 Que no es parecido.

distorsión 1 *f.* Torsión de una parte del cuerpo. 2 Deformación de un suceso o de una imagen. 3 FÍS Deformación de una onda durante su propagación. 4 ÓPT Curvatura de la imagen de un objeto lineal debida a que el aumento lateral es diferente para las zonas más o menos alejadas del eje del sistema.

distracción 1 *f.* Acción y efecto de distraer o distraerse. 2 Espectáculo, juego, diversión.

distraer 1 *tr.* y *prnl.* Apartar la atención de una persona del objeto a que la aplicaba. 2 Divertir, entretener. • Vb. irreg. conjug. c. **traer**. V. anexo El verbo.

distribución 1 *f.* Acción y efecto de distribuir o distribuirse. 2 Disposición de las diferentes partes de un piso, edificio, etc. 3 *f.* MAT Función que representa las probabilidades que caracterizan una **variable aleatoria.**

distribuidor, ra 1 *adj.* y *s.* Que distribuye. 2 *m.* y *f.* Persona o empresa que distribuye un producto. 3 *m.* En un motor de explosión, mecanismo que deja pasar la corriente a las bujías. 4 ELECTR Caja de derivación que permite conectar los circuitos derivados con cada uno de los circuitos principales.

distribuir 1 *tr.* Dividir algo entre varios. 2 *prnl.* Dar a cada cosa un destino. • Vb. irreg. conjug. c. **huir.** V. anexo El verbo.

distributivo, va 1 *adj.* Perteneciente o relativo a la distribución. 2 GRAM **conjunción** ~. 3 MAT Dicho de una propiedad de una operación respecto de otra, como en la multiplicación y la adición, según la cual, al multiplicar un elemento por la suma de otros, se obtiene el mismo resultado que al multiplicarlo por cada sumando por separado.

distrito *m.* Cada una de las demarcaciones administrativas en que se subdivide un territorio, una población o un Estado.

disturbio *m.* Alteración de la paz y la concordia, especialmente del orden público.

disuadir *tr.* Inducir a alguien con razones a cambiar de opinión o a desistir de un propósito.

disuasión 1 *f.* Acción y efecto de disuadir. 2 Política armamentista de un Estado, dirigida a disuadir al enemigo de llevar a cabo una agresión armada.

disyunción 1 *f.* Acción y efecto de separar y desunir. 2 LÓG Separación de dos realidades, cada una de las cuales está referida intrínsecamente a la otra, por ejemplo: *Masculino* y *femenino*; *Izquierdo* y *derecho*.

disyuntivo, va 1 *adj.* Que desune o separa. 2 GRAM **conjunción** ~. 3 LÓG **proposición** ~. 4 *f.* Alternativa entre dos cosas por una de las cuales hay que optar.

disyuntor *m.* ELECTR Aparato que abre automáticamente el paso de la corriente eléctrica desde la dinamo a la batería, e interrumpe la conexión si la corriente va en sentido contrario.

ditirambo 1 *m.* LIT Composición poética de arrebatado entusiasmo. 2 Alabanza exagerada, encomio excesivo.

diurético, ca *adj.* y *m.* Dicho de un medicamento, una sustancia, un alimento, etc., que estimula la excreción de la orina.

diurno, na 1 *adj.* Perteneciente o relativo al día. 2 ZOOL Dicho de un animal, que busca el alimento en el día. 3 BOT Dicho de una planta, que solo tiene abiertas sus flores en el día.

divagar *intr.* Hablar o escribir sin concierto ni propósito fijo.

diván *m.* Especie de sofá sin respaldo y con almohadones.

divergencia 1 *f.* Acción y efecto de divergir. 2 Diversidad de opiniones o pareceres.

divergente *adj.* Que diverge.

divergir 1 *intr.* Apartarse progresivamente dos o más líneas o superficies. 2 Discrepar.

diversidad 1 *f.* Variedad, diferencia. 2 Abundancia de cosas distintas. || ~ **biológica** ECOL Medida de la riqueza de las especies de un territorio, dada por el número de especies por kilómetro cuadrado que en ella habitan. ~ **cultural** Variedad de manifestaciones culturales de una región o un país, exteriorizada en el folclor, la lengua, la gastronomía, la identidad étnica, etc.

diversificación 1 *f.* Acción y efecto de diversificar. 2 ECON Proceso por el que una empresa o compañía amplía su gama de productos.

diversificar *tr.* y *prnl.* Hacer diversa una cosa de otra.

diversión 1 *f.* Acción y efecto de divertir o divertirse. 2 Recreo, pasatiempo, solaz.

diverso, sa *adj.* De distinta naturaleza, número, figura, etc.

divertículo *m.* ANAT Apéndice hueco y cerrado que aparece en el trayecto del esófago o del intestino.

divertimento 1 *m.* MÚS Composición de forma más o menos libre, generalmente entre la *suite* y la sonata, y para pocos instrumentos. 2 Obra artística o literaria de carácter ligero.

divertir *tr.* y *prnl.* Entretener, recrear. • Vb. irreg. conjug. c. **sentir.** V. anexo El verbo.

dividendo 1 *m.* ECON Parte de los beneficios que una sociedad distribuye entre sus accionistas. 2 MAT Cantidad que ha de dividirse por otra.

dividir 1 *tr.* y *prnl.* Partir, separar en partes. 2 Repartir entre varios. 3 Clasificar. 4 Enemistar introduciendo discordia. 5 *tr.* Fraccionar, delimitar. 6 MAT Efectuar una división.

dividivi *m.* Árbol papilionáceo cuyo fruto, que contiene mucho tanino, se usa para curtir pieles.

divinidad 1 *f.* REL Naturaleza divina y esencia del ser divino. 2 REL Cada uno de los seres considerados divinos por las diversas religiones. 3 Persona o cosa dotada de gran hermosura.

divino, na 1 *adj.* REL Perteneciente o relativo a Dios. 2 REL Perteneciente o relativo a los dioses a que dan culto las diversas religiones. 3 Excelente, extraordinario.

divisa 1 *f.* Señal externa para distinguir a alguien o algo. 2 ECON Moneda extranjera.

divisar *tr.* Ver, percibir algo.

divisible 1 *adj.* Que puede dividirse. 2 MAT Dicho de un número, que contiene a otro número una determinada cantidad de veces.

división 1 *f.* Acción y efecto de dividir. 2 Discordia, desunión. 3 MAT Operación consistente en averiguar cuántas veces una cantidad (divisor) está contenida en otra (dividendo). El resultado es el cociente. 4 Unidad militar formada por varias brigadas o regimientos y provista de servicios auxiliares. || ~ **celular** BIOL Proceso de reproducción de las células mediante el que se originan dos o más células hijas, permitiendo con ello el crecimiento de los organismos y su multiplicación. Es de dos tipos: **meiosis** y **mitosis.** ~ **del trabajo** ECON Especialización y separación del trabajo aplicada a la producción y al intercambio de bienes dentro del proceso de transformación que realizan diferentes trabajadores o grupos de trabajadores.

divisor, ra 1 *adj.* Que divide. 2 *m.* Cantidad por la cual ha de dividirse otra. || **común** ~ MAT Cantidad por la cual dos o más números son exactamente divisibles; por ejemplo: el número tres es común divisor de nueve, de quince y de dieciocho. **máximo común** ~ MAT El mayor de los comunes divisores de dos o más cantidades.

divisorio, ria 1 *adj.* Que divide o separa. 2 *adj.* y *f.* GEO Dicho de una línea, que señala los límites de dos partes de la superficie terrestre. 3 GEO Dicho de una línea de un terreno, desde la cual las aguas fluyen en direcciones opuestas.

divo, va 1 *adj.* En lenguaje poético, divino. 2 *adj.* y *s.* Cantante de mucha fama.

divorciar 1 *tr.* y *prnl.* Efectuar un divorcio. 2 Separar, apartar.

divorcio 1 *m.* Disolución de un matrimonio, por voluntad de uno o de ambos cónyuges, llevada a cabo

A B C D E F G H I J K L M N Ñ O P Q R S T U V W X Y Z

por la autoridad competente. 2 Separación, divergencia.

divulgación *m.* Acción y efecto de divulgar. || ~ **científica** Hecho de divulgar los avances de la ciencia mediante un lenguaje sencillo y ameno.

divulgar *tr.* Publicar, poner al alcance del público algo.

do *m.* MÚS Primera nota de la escala musical; antiguamente se llamaba *ut.* || ~ **de pecho** MÚS Una de las notas más agudas a que alcanza la voz de tenor.

dóberman *s.* y *adj.* Perro guardián caracterizado por poseer un cuerpo ligero y musculoso, pelo corto y cabeza larga y estrecha.

dobladillo *m.* Pliegue que remata el borde de la ropa.

doblaje *m.* Sustitución de los diálogos originales de una película por otros en distinto idioma.

doblar 1 *tr.* Duplicar algo. 2 Plegar algo que está extendido. 3 Pasar al otro lado de una esquina, un cerro, etc. 4 Efectuar un doblaje. 5 *tr.* e *intr.* CIN Hacer un actor de doble en una película. 6 *tr.* y *prnl.* Torcer una cosa encorvándola. 7 *tr.* e *intr.* Volver una cosa sobre otra. • U. t. c. prnl.

doble 1 *adj.* Que contiene exactamente dos veces una cantidad. 2 Que está compuesto por dos cosas iguales o de la misma especie. 3 Simulado, taimado. 4 BOT Dicho de una planta, que tiene más hojas, pétalos, etc., que lo normal. 5 *m.* Persona muy parecida a otra. 6 *m.* y *f.* Actor que sustituye a otro en algunas escenas cinematográficas o en una obra teatral. 7 *f.* En los automóviles, sistema que transmite el movimiento del motor a las ruedas que de ordinario están libres de tracción. 8 *adv. m.* DOBLEMENTE. || ~ **clic** INF Pulsar y soltar dos veces el botón de un ratón en rápida sucesión, para seleccionar y activar un programa o un elemento de una lista, entre otros.

doblegar 1 *tr.* Hacer que alguien desista de un propósito. 2 *prnl.* Ceder a la persuasión, a la fuerza o al interés de otro.

doblemente 1 *adv. m.* Con duplicación. 2 Con doblez y malicia. 3 Dos veces; por dos conceptos: *Doblemente satisfecho.*

doblez 1 *m.* Parte que se dobla o pliega en una cosa y señal que queda. 2 *m.* o *f.* Simulación de lo que alguien siente.

doblón *m.* Antigua moneda de oro.

doce 1 *adj.* Diez y dos. 2 *adj.* y *m.* DECIMOSEGUNDO. 3 *m.* Signos con que se representa el número doce.

doceavo, va *adj.* y *s.* Cada una de las doce partes de un todo.

docena *f.* Conjunto de doce cosas.

docencia *f.* Práctica y ejercicio del docente.

docente 1 *adj.* Perteneciente o relativo a la enseñanza. 2 *m.* y *f.* Persona que se dedica a la enseñanza.

dócil 1 *adj.* Suave, apacible, que recibe fácilmente la enseñanza. 2 Obediente.

docto, ta *adj.* y *s.* Que tiene grandes conocimientos sobre una materia.

doctor, ra 1 *m.* y *f.* Persona que ha recibido el máximo grado académico. 2 MÉDICO.

doctorado 1 *m.* Grado de doctor. 2 Estudios necesarios para obtener este grado.

doctorar *tr.* y *prnl.* Graduar de doctor.

doctrina 1 *f.* Enseñanza que se da para instruir a alguien. 2 Conjunto de principios, teorías, opiniones, etc., especialmente los religiosos o políticos, sostenidos por una persona o una colectividad. 3 HIST En América, durante la Colonia, aldeas de amerindios recién convertidos al cristianismo.

doctrinario, ria *adj.* Consagrado o relativo a una doctrina determinada.

documentación 1 *f.* Acción y efecto de documentar. 2 Conjunto de documentos recopilados.

documentado, da 1 *adj.* Provisto de los documentos necesarios. 2 Dicho de una persona, que conoce muy bien un asunto.

documental 1 *adj.* Que se funda en documentos, o se refiere a ellos. 2 *adj.* y *m.* CIN y TV Dicho de una película o programa, que presenta la realidad con un propósito informativo.

documento *m.* Escrito que proporciona datos sobre un hecho y que lo avala o acredita.

dodecaedro *m.* GEOM Poliedro de doce caras. Se llama regular cuando sus caras son pentágonos regulares.

dodecafonía *f.* MÚS Sistema atonal en el que se emplean los doce intervalos cromáticos de la escala, sin repetición, y dispuestos de forma tal que determinen su desarrollo posterior.

dodecágono *adj.* y *m.* GEOM Se aplica al polígono de doce ángulos.

dogma 1 *m.* Proposición que se asienta por firme y cierta y como principio de una ciencia. 2 REL Verdad declarada por la Iglesia católica como revelada por Dios, y que tienen que aceptar obligatoriamente todos los creyentes.

dogmático, ca 1 *adj.* Perteneciente o relativo al dogma. 2 Inflexible, que mantiene sus opiniones como verdades incuestionables. 3 *f.* Conjunto de dogmas o principios de una doctrina.

dogmatismo 1 *m.* Cualidad de dogmático. 2 Presunción de los que quieren que su doctrina o sus afirmaciones sean tenidas por verdades indiscutibles. 3 FIL Escuela filosófica opuesta al escepticismo, que afirma principios que estima evidentes y ciertos.

dogmatizar 1 *tr.* e *intr.* Enseñar dogmas. 2 Afirmar algo como innegable.

dólar *m.* ECON Unidad monetaria de varios países, como Australia, Canadá, EE.UU., etc. El estadounidense es la primera moneda de reserva internacional y, en más de dos tercios del comercio mundial, se negocia con esta divisa.

doler 1 *intr.* Padecer dolor una parte del cuerpo. 2 Causar sentimiento el hacer una cosa o pasar por ella. 3 *prnl.* Quejarse de un dolor. 4 Compadecerse del mal de otro. 5 Arrepentirse de algo. 6 Pesarle a alguien no poder hacer lo que quisiera. • Vb. irreg. conjug. c. **mover**. V. anexo El verbo.

dolicocéfalo, la *adj.* Que tiene el cráneo de figura muy oval, porque su diámetro mayor excede en más de un cuarto al menor.

doliente *m.* y *f.* En un duelo, pariente del difunto.

dolina *f.* GEO Depresión típica de los terrenos calizos, generalmente en forma circular, que se origina por el hundimiento de una caverna.

dolmen *m.* Monumento megalítico compuesto de una gran laja horizontal colocada sobre dos o más piedras verticales.

dolo *m.* Engaño, fraude, simulación.

dolomita *f.* GEO Roca caliza, carbonato doble natural de cal y magnesia.

dolor 1 *m.* Sensación molesta en una parte del cuerpo. 2 Sentimiento, congoja. 3 Pesar y arrepentimiento de algo.

domar *tr.* Hacer dócil a un animal.

domeñar *tr.* Someter, sujetar y rendir.

domesticar *tr.* Hacer doméstico un animal.

doméstico, ca 1 *adj.* Perteneciente o relativo a la casa u hogar. 2 Dicho de un animal, que ha sido criado entre las personas, a las que les sirve de compañía, ayuda en el trabajo o alimento. 3 **servicio** ~.

domiciliar 1 *tr.* Dar domicilio. 2 Establecer un lugar para el pago de un efecto. 3 *prnl.* Fijar el domicilio en un lugar.

domicilio 1 *m.* Morada fija y permanente. 2 Lugar oficial de residencia de una persona o entidad. 3 Casa en que alguien se hospeda.
dominación 1 *f.* Acción y efecto de dominar. 2 Señorío, soberanía. 3 *m. pl.* REL Espíritus angélicos que forman el cuarto coro.
dominancia 1 *f.* Condición de dominante. 2 BIOL Estado presentado por un carácter o un gen dominante.
dominante 1 *adj.* Que quiere avasallar a los demás, que no admite contradicciones. 2 Que sobresale, prevalece o es superior. 3 BIOL Dicho de un carácter hereditario o de su alelo correspondiente, que se manifiesta en el fenotipo. 4 *f.* MÚS Quinta nota de la escala de cualquier tono, que domina en el acorde perfecto de este.
dominar 1 *tr.* Tener dominio sobre algo o alguien. 2 Sujetar, contener. 3 Conocer a fondo una ciencia o un arte. 4 *intr.* Sobresalir un monte, edificio, etc., entre otros. 5 *prnl.* Reprimirse.
domingo *m.* Primer día de la semana, comprendido entre el sábado y el lunes.
dominguero, ra *adj.* Que se suele hacer o usar en domingo.
dominical 1 *adj.* Perteneciente o relativo al domingo. 2 *adj.* y *m.* Dicho de un periódico y de su suplemento, que sale el domingo.
dominico, ca 1 *adj.* y *s.* Dicho de un religioso o religiosa, que pertenece a la Orden de Predicadores, fundada por santo Domingo en Italia, en 1216. 2 Perteneciente o relativo a esta orden.
dominio 1 *m.* Poder que alguien tiene de usar y disponer de lo suyo. 2 Poder que se ejerce sobre alguien. 3 Conocimiento amplio sobre una materia. 4 Ámbito de una actividad. 5 Territorio que un soberano o Estado tiene bajo su autoridad. 6 DER **extinción** de ~. 7 MAT Rango de la variable independiente de una función. 8 BIOL Nivel superior de clasificación de los seres vivos que incluye los reinos de la naturaleza.
dominó 1 *m.* Juego que se lleva a cabo con 28 fichas rectangulares que se colocan por turnos siguiendo ciertas reglas; gana quien primero coloca todas sus fichas o quien menos puntos tiene al cerrar el juego. 2 Conjunto de fichas con las que se realiza este juego. 3 Disfraz con capucha.
domo 1 *m.* ARQ Cúpula, bóveda en forma de media esfera. 2 GEO Relieve de forma semiesférica.
don[1] 1 *m.* Dádiva, regalo. 2 Cualidad natural. 3 Gracia, habilidad.
don[2] *m.* Tratamiento que se antepone a los nombres propios masculinos.
donación *f.* Acción y efecto de donar.
donaire 1 *m.* Discreción y gracia en lo que se dice. 2 Soltura y agilidad airosa del cuerpo para andar, danzar, etc.
donante 1 *adj.* y *s.* Que dona. 2 *m.* y *f.* Persona que cede sangre para una transfusión, o alguno de sus órganos para un trasplante.
donar 1 *tr.* Traspasar una persona gratuitamente a otra alguna cosa o el derecho que sobre ella tiene. 2 Dar bienes a una fundación, institución, etc.
donatismo *m.* REL e HIST Doctrina cismática de los seguidores de Donato, obispo de Cartago (s. IV), quien afirmaba que solo tenían validez los sacramentos administrados por un ministro justo. Se propagó por el N de África.
doncel, lla 1 *m.* y *f.* Muchacho o muchacha virgen. 2 *f.* Criada que no trabaja en la cocina. 3 *adj.* Suave, dulce: *Vino doncel; Pimienta doncel.*
donde 1 *adv. relat.* Indica un lugar mencionado o sobreentendido: *Ese es el conservatorio donde estudia Juan; Lo encontrarás donde siempre ha estado.* 2 *prep.* Al lugar de: *Se llevaron los instrumentos donde María.*
dónde 1 *adv. interr.* En qué lugar: *¿Dónde juegas fútbol?; Me pregunto dónde poner la tilde.* 2 *adv. excl.* En qué lugar: *¡Dónde baila!*
dondequiera (Tb. donde quiera) *adv. l.* En cualquier parte: *Antes podías ver estas aves dondequiera, pero ahora están extintas.*
donoso, sa *adj.* Que tiene donaire y gracia.
doña *f.* Tratamiento que precede al nombre propio de mujer.
dopaje *m.* Acción y efecto de dopar.
dopar *tr.* y *prnl.* Administrar fármacos o sustancias estimulantes para potenciar artificialmente el rendimiento físico.
dorado, da 1 *adj.* y *m.* Dicho de un color, semejante al del oro. 2 Venturoso, feliz. 3 *m.* Acción y efecto de dorar.
dorar 1 *tr.* Cubrir con oro una superficie. 2 Dar el color del oro a una cosa. 3 Encubrir con apariencia agradable un suceso o una noticia desagradable. 4 *tr.* y *prnl.* Tostar ligeramente algo. 5 *prnl.* Tomar color dorado.
dórico, ca 1 *adj.* De los dorios o relacionado con este pueblo indoeuropeo. 2 ARQ **orden** ~; **columna** ~.
dorio, a *adj.* y *s.* HIST De un pueblo indoeuropeo que penetró en Grecia a partir del s. XII a. C. Destruyó la cultura micénica al arrasar Micenas y Tirinto. Tuvo colonias en el S de Italia y Sicilia.
dormir 1 *intr.* y *prnl.* Estar en un estado de reposo en el que cesan los movimientos voluntarios y el estado de conciencia. • Algunas veces se usa también como *tr.*: *Dormir la siesta.* 2 Sosegarse lo que estaba inquieto. 3 *intr.* Pernoctar, pasar la noche en determinado lugar. 4 *tr.* Hacer que alguien concilie el sueño. 5 Hacer que alguien pierda el sentido usando medios artificiales. 6 *prnl.* Descuidar un negocio, un asunto, etc. 7 Perder momentáneamente su sensibilidad un miembro del cuerpo. • Vb. irreg. conjugación modelo. V. anexo El verbo.
dormitorio 1 *m.* Pieza destinada para dormir en ella. 2 Mobiliario de dicha pieza.
dorsal 1 *adj.* Perteneciente o relativo al dorso o a la espalda. 2 FON Dicho de un fonema, que en su articulación interviene principalmente el dorso de la lengua, y de la letra que representa este sonido, como la *ch*, la *ñ* o la *k*. 3 *f.* GEO Parte más elevada de una cordillera. || ~ **barométrica** GEO Cuña de altas presiones que se introduce entre dos zonas de baja presión. ~ **oceánica** GEO Cadena montañosa continua en el fondo oceánico.
dorso *m.* Revés o espalda de una cosa.
dos 1 *adj.* Uno y uno. 2 *adj.* y *s.* SEGUNDO, que sigue en orden al primero. 3 *m.* Signo con que se representa el número dos.
DOS (Del ingl.) *m.* INF Programa que en una computadora controla las operaciones principales que se ejecutan con una unidad de disco. • Sigla de *Disk Operating System.*
doscientos, tas 1 *adj.* Dos veces ciento. 2 *adj.* y *s.* Que sigue en orden al 199. 3 *m.* Signos con que se representa este número.
dosel 1 *m.* Colgadura de tela a manera de cortinaje que rodea y adorna una cama. 2 Cubierta ornamental.
dosier *m.* Informe o expediente sobre un asunto.
dosificar 1 *tr.* Graduar las dosis de un medicamento. 2 Graduar la porción de algo.
dosis 1 *f.* Toma de medicina que se da a un enfermo cada vez. 2 Cantidad o porción de algo.

A B C D E F G H I J K L M N Ñ O P Q R S T U V W X Y Z

dotación 1 *f.* Acción y efecto de dotar. 2 Aquello con que se dota. 3 Conjunto de personas asignadas al servicio de una oficina, un barco, etc.

dotar 1 *tr.* Asignar a una oficina, barco, etc., los empleados y enseres necesarios. 2 DONAR. 3 Dar a una cosa alguna propiedad ventajosa. 4 Adornar la naturaleza a alguien con algún don o gracia.

dote 1 *f.* Cualidad o capacidad apreciable de alguien: *Dotes de mando.* 2 Patrimonio que aporta la novia al matrimonio. 3 Patrimonio que entrega al convento o a la orden la que va a tomar estado religioso. 4 REL Cada una de las cuatro cualidades que poseen los cuerpos gloriosos de los bienaventurados: claridad, agilidad, sutileza e impasibilidad.

dovela 1 *f.* Pieza labrada en forma de cuña para formar arcos o bóvedas. 2 Elemento estructural curvo, de hormigón o de fundición, que forma el revestimiento de un túnel, el soporte de un puente, etc.

draconiano, na *adj.* Dicho de una ley o medida, excesivamente severa.

draga *f.* Máquina para extraer fango, piedras, arena, etc., de los puertos de mar, los ríos, etc.

dragar *tr.* Ahondar y limpiar con draga los puertos, los ríos, etc.

dragón, na *m.* y *f.* MIT Animal fabuloso al que se atribuye figura de serpiente con patas y alas.

drama 1 *m.* LIT y TEAT Composición teatral en que la acción se representa mediante el diálogo de los personajes y sin que haya un narrador. 2 Suceso real, que interesa y conmueve vivamente. || ~ **litúrgico** TEAT Celebración medieval que dramatizaba pasajes de los Evangelios. ~ **satírico** TEAT En el teatro helénico, obra de diversión, caracterizada por ser siempre sátiros los personajes componentes de su coro.

dramático, ca 1 *adj.* Perteneciente o relativo al drama o al teatro. 2 Que interesa y conmueve vivamente. 3 Teatral, afectado. 4 *f.* LIT Arte de componer obras dramáticas, y género al que pertenecen.

dramatizar 1 *tr.* Dar forma y condiciones dramáticas. 2 Exagerar con apariencias dramáticas o afectadas.

dramaturgia *f.* LIT DRAMÁTICA.

dramaturgo, ga *m.* y *f.* Persona que escribe, adapta o monta obras de teatro.

drapear *tr.* Formar pliegues en las telas.

drástico, ca *adj.* Riguroso, enérgico.

drávida *adj.* y *s.* De un grupo de pueblos no arios, uno de los primeros en asentarse en India y lograr una cultura urbana.

dravídico *m.* LING Grupo de lenguas habladas en el SE de India, el N de Sri Lanka y en parte de Pakistán. Las más importantes son el telugu, el tamil, el canara y el malayalam.

drenaje 1 *m.* Eliminación del exceso de agua de un terreno. 2 Conjunto de obras y trabajos de ingeniería, cuya finalidad es mejorar las condiciones de desagüe de terrenos susceptibles de inundación. 3 MED Extracción de líquidos de una herida, absceso o cavidad.

dril *m.* Tela fuerte de hilo o algodón.

droga 1 *f.* FARM Sustancia natural o sintética, empleada externa o internamente como medicina para el tratamiento, la cura o la prevención de alguna enfermedad. 2 Sustancia alucinógena, estimulante, tranquilizante, etc., que frecuentemente crea dependencia.

drogar *tr.* y *prnl.* Administrar una droga.

droguería *f.* Farmacia, tienda en que se venden medicamentos.

dromedario *m.* Artiodáctilo rumiante de los camélidos, con una giba adiposa en el dorso. Vive en Arabia y en el N de África.

droseráceo, a *adj.* y *f.* BOT Dicho de una planta, herbácea, con hojas que secretan un líquido viscoso que le sirve para capturar y digerir pequeños animales.

druida *m.* Sacerdote celta de la antigua Galia, administrador de justicia y transmisor de las tradiciones religiosas y culturales.

drupa *f.* BOT Fruto carnoso de una sola semilla, encerrada por un endocarpio leñoso duro (hueso) y cuya porción carnosa corresponde al mesocarpio, como el del ciruelo y el olivo.

druso, sa *adj.* y *s.* Dicho de una persona, que pertenece a una secta musulmana asentada en las regiones montañosas del Líbano y en el S de Siria y de Israel.

dualidad 1 *f.* Reunión de dos caracteres distintos en una misma persona o cosa. 2 Existencia simultánea de dos cosas de la misma clase.

dualismo 1 *m.* REL Concepción religiosa que considera el Universo formado y mantenido por dos principios igualmente necesarios y eternos, independientes entre sí. 2 FIL Concepción filosófica que explica el origen y la naturaleza del Universo por la acción de dos esencias o principios diversos y contrarios.

dubitativo, va *adj.* Que implica o denota duda.

dubnio *m.* QUÍM Elemento metálico radiactivo creado artificialmente. Se obtiene mediante bombardeo iónico de elementos pesados. Símbolo: Db. Número atómico: 105.

ducado 1 *m.* Título o dignidad de duque. 2 Territorio sobre el que ejerce jurisdicción un duque.

duce (Voz it.) *m.* HIST Título adoptado por Mussolini, jefe de la Italia fascista de 1922 a 1945.

ducha 1 *f.* Agua que, en forma de lluvia o chorro, se hace caer sobre el cuerpo para limpiarlo, refrescarlo, relajarlo, etc. 2 Aparato o dispositivo por donde cae ese chorro.

ducharse *prnl.* Darse una ducha.

ducho, cha *adj.* Experimentado, diestro.

dúctil 1 *adj.* Dicho de un metal, que admite deformaciones mecánicas en frío sin romperse. 2 Dicho de un metal, que mecánicamente se puede extender en alambres o hilos.

ducto *m.* Conducto, canal, tubería.

duda 1 *f.* Suspensión o indeterminación del ánimo entre dos juicios o dos decisiones, o acerca de un hecho o una noticia. 2 Falta de convicción respecto a las creencias religiosas. 3 Cuestión que se propone para ventilarla o resolverla.

dudar 1 *tr.* Dar poco crédito a algo. 2 *intr.* No decidirse por algo.

duela 1 *f.* Cada una de las tablas que forman las paredes curvas de las cubas, los barriles, etc. 2 Gusano platelminto dotado de ventosas que vive como parásito interno en varios mamíferos.

duelo[1] *m.* Combate o pelea entre dos personas, a consecuencia de un reto o desafío.

duelo[2] 1 *m.* Dolor, aflicción o sentimiento de tristeza por la muerte de alguien. 2 Personas que asisten a un funeral.

duende *m.* Espíritu que, según la mitología popular, vive en las casas y en otros lugares, causando gran trastorno y estruendo.

dueño, ña 1 *m.* y *f.* Persona que es propietaria de algo. 2 Persona que tiene dominio sobre algo.

dulce 1 *adj.* Que causa cierta sensación suave y agradable al paladar, como la miel, el azúcar, etc. 2 Insulso, falto de sal. 3 Grato, gustoso y apacible. 4 Afable, complaciente, dócil. 5 *m.* Tipo de comida en la que dominan el azúcar, la miel, etc.

dulciacuícola *adj.* BIOL Perteneciente o relativo a las aguas dulces y, en particular, a los organismos que viven en ellas.

dulcificar 1 *tr.* y *prnl.* Volver dulce una cosa. 2 Mitigar la acerbidad, la aspereza de algo o alguien.

dulzaina *f.* MÚS **ARMÓNICA.**

dumping (Voz ingl.) *m.* ECON Práctica comercial que consiste en vender un producto por debajo de su precio normal, con el fin de eliminar las empresas competidoras y adueñarse de todo el mercado.

duna *f.* GEO Colina de arena que en los desiertos y las playas forma y empuja el viento.

dúo 1 *m.* MÚS Composición musical para dos voces o instrumentos. 2 MÚS Conjunto que la ejecuta.

duodécimo, ma 1 *adj.* **DECIMOSEGUNDO.** 2 *adj.* y *s.* **DOCEAVO.**

duodeno *m.* ANAT Primera porción del intestino delgado. Comunica directamente con el estómago y remata en el yeyuno.

dúplex 1 *adj.* **DOBLE.** 2 *m.* ARQ Vivienda de dos pisos con una escalera interior, en un edificio.

duplicado 1 *m.* Segundo documento que se expide del mismo tenor que el primero. 2 Ejemplar doble o repetido de una obra.

duplicar 1 *tr.* y *prnl.* Hacer doble, multiplicar por dos una cantidad. 2 Hacer un duplicado.

duque, quesa *m.* y *f.* Persona que posee el título nobiliario de duque, que es superior al de marqués e inferior al de príncipe, excepto en Alemania y en Italia.

duración *f.* Tiempo que transcurre entre el comienzo y el fin de un proceso físico, biológico, histórico, etc. || **larga** ~ HIST Dicho de una transformación histórica o social, que se desarrolla lentamente y durante un periodo de tiempo muy extenso.

duramadre *f.* ANAT Meninge externa de las tres que tienen los batracios, los reptiles, las aves y los mamíferos.

duramen *m.* BOT Parte más seca, compacta, y de color más oscuro por lo general, del tronco y las ramas gruesas de un árbol.

durante *prep.* Denota simultaneidad de un acontecimiento con otro: *Todos trabajaron durante los meses de verano.*

durar 1 *intr.* Continuar siendo, obrando, sirviendo, etc. 2 Subsistir, permanecer.

durazno 1 *m.* Árbol rosáceo, cuyo fruto es el durazno, el melocotón, el pérsico u otros afines. 2 Fruto de estos árboles, que es una drupa.

dureza 1 *f.* Calidad de duro. 2 GEO Grado de resistencia que opone un mineral o una roca a ser rayado; determina una escala de clasificación.

durmiente 1 *adj.* y *s.* Que duerme. 2 *m.* Madero colocado horizontalmente y sobre el cual se apoyan otros. 3 Traviesa de la vía férrea.

duro, ra 1 *adj.* Dicho de un cuerpo, que se resiste a ser labrado, rayado, comprimido o desfigurado, que no se presta a recibir nueva forma. 2 Áspero, excesivamente severo. 3 Fuerte, que resiste bien la fatiga. 4 Terco y obstinado. 5 Que le cuesta comprender las cosas. 6 *adv. m.* Con fuerza, con violencia.

DVD *m.* **DISCO** óptico capaz de contener en forma codificada gran cantidad de imágenes, sonidos o datos. • Sigla de *disco de video digital.*

dux *m.* HIST Título que poseía el príncipe o magistrado supremo en las repúblicas de Venecia y Génova.

e[1] 1 *f.* Quinta letra del alfabeto español. • Representa un sonido vocálico palatal abierto. 2 En may., abreviatura de Este, punto cardinal (E). 3 Fís En may., símbolo de fuerza electromotriz (E). 4 Fís Símbolo de la carga eléctrica del electrón (e). 5 Mat Símbolo del número trascendente 2,7182, que es la base de los logaritmos neperianos. *pl.: es* o *ees.*

e[2] *conj. cop.* Sustituye a la *y* antes de palabras que empiezan por *i* o *hi*: *Juan e Ignacio; Padre e hijo.* • No reemplaza a la *y* en principio de interrogación o admiración, ni cuando la palabra siguiente empieza por *y* o por la sílaba *hie*: *¿Y Ignacio?; ¡Y Isidoro también comprometido!; Honda y Yarumal; Mugre y hierba.*

ebanista 1 *m.* y *f.* Persona que trabaja maderas finas. 2 Fabricante de muebles.

ébano 1 *m.* Árbol corpulento de las ebenáceas, de madera dura y más o menos oscura, que se emplea en ebanistería y en la construcción de instrumentos musicales. 2 Madera de este árbol.

ebenáceo, a *adj.* y *f.* Bot Dicho de una planta, intertropical, angiosperma, de hojas alternas, flores de cáliz persistente, fruto carnoso en baya con pocas semillas y madera generalmente negra en el centro, dura y pesada, como el ébano.

ebionita *adj.* y *s.* Hist y Rel Miembro de una secta herética de judíos cristianos que se originó cuando el emperador Adriano suprimió la Iglesia de Jerusalén (135). Rechazaban la divinidad de Cristo y daban primacía a la ley mosaica sobre las enseñanzas cristianas.

ebonita *f.* Caucho vulcanizado, negro y de gran resistencia, usado sobre todo como aislador eléctrico.

eborario, ria 1 *adj.* Perteneciente o relativo al marfil. 2 *f.* Art Arte de cortar, pulir y grabar el marfil para hacer objetos.

ebrio, bria 1 *adj.* y *s.* Bebido, embriagado. 2 Trastornado por una pasión.

ebullición 1 *f.* Fís Vaporización que afecta a toda la masa de un líquido cuando la presión de vapor de este iguala a la presión externa que soporta. 2 Agitación, conmoción. || **punto de** ~ Fís Temperatura a la cual se produce la transición de la fase líquida a la gaseosa en una sustancia.

eccehomo *m.* Imagen de Cristo azotado, vestido de púrpura y coronado de espinas.

eccema *m.* Med Inflamación rojiza de la piel acompañada de picor intenso.

ecdótica *f.* Ciencia y técnica que versa sobre la edición crítica de textos antiguos.

écfrasis *f.* Lit Figura retórica que consiste en describir minuciosamente algo.

echado, da 1 *adj.* Acostado. 2 *f.* Acción y efecto de echar o echarse.

echar 1 *tr.* Lanzar o arrojar una cosa hacia algún lugar o en un sitio determinado. 2 Hacer salir a alguien de su empleo. 3 Producir el organismo un complemento natural: *Echar los dientes.* 4 Poner, aplicar: *Echar perfume en la solapa.* 5 Dicho de llaves, cerrojos, etc., darles el movimiento necesario para cerrar. 6 Con las voces *cálculos, cuentas* y otras análogas, hacer o formar. 7 Gastar en cierta cosa el tiempo que se expresa: *Echó dos horas en ir a Villeta.* 8 Decir, proferir: *Echar un discurso, un piropo.* 9 Aumentar las cualidades o partes del cuerpo expresadas: *Echar carnes, barriga.* 10 Derribar: *Echar por tierra.* 11 *tr.* e *intr.* Brotar y arrojar las plantas sus raíces, hojas, flores y frutos. 12 *tr.* y *prnl.* Comer o beber algo: *Echar un bocado, un trago.* 13 Ser causa o motivo de una acción: *Echar a rodar; Echar a perder.* 14 *intr.* Dar principio a una acción: *Echar a correr.* 15 *prnl.* Arrojarse, tirarse: *Echarse a un pozo.* 16 Tenderse a lo largo del cuerpo en un lecho o en otra parte. 17 Ponerse las aves sobre los huevos.

eclampsia *f.* Med Enfermedad convulsiva que afecta a niños y a mujeres parturientas.

eclecticismo 1 *m.* Fil Postura filosófica que busca la síntesis de las diferentes soluciones dadas a los problemas sin lograr una coherencia interna; fue característica de los pensadores romanos. 2 Tendencia a evitar las posiciones extremas.

ecléctico, ca 1 *adj.* Perteneciente o relativo al eclecticismo. 2 *adj.* y *s.* Que adopta una postura ecléctica.

eclesial *adj.* Perteneciente o relativo a la comunidad cristiana o Iglesia de todos los fieles.

eclesiástico, ca 1 *adj.* Perteneciente o relativo a la Iglesia, y en particular a los clérigos. 2 **calendario** ~. 3 *m.* CLÉRIGO, el que ha recibido las órdenes sagradas.

eclipsar 1 *tr.* y *prnl.* Astr Causar un astro el eclipse de otro. 2 Oscurecer, deslucir. 3 *prnl.* Evadirse, ausentarse, desaparecer alguien o algo.

eclipse 1 *m.* Astr Ocultación transitoria, total o parcial, de un astro debida a la interposición de un objeto celeste entre el astro observado y el observador. 2 Ausencia, evasión, desaparición de alguien o algo. || ~ **lunar** o **de Luna** Astr El que tiene lugar cuando la Luna pasa por el centro de la sombra terrestre, haciendo que aquella aparezca totalmente oscura (eclipse total), o cuando pasa por la parte exterior de la sombra terrestre, y solo una parte de la Luna aparece oscurecida (eclipse parcial). ~ **solar** o **de Sol** Astr El que ocurre a causa de la interposición de la Luna entre el Sol y la Tierra. Se distinguen tres tipos de eclipse solar: *total,* cuando el observador se encuentra situado en el interior del cono de sombra; *parcial,* cuando el observador se encuentra en las zonas de penumbra, y *anular*, cuando el disco lunar no cubre totalmente el solar.

eclíptica *f.* ASTR Círculo máximo de la esfera celeste, que en la actualidad corta al Ecuador en ángulo de 23° 27', y señala el curso aparente del Sol durante el año. Se divide en doce segmentos, de 30° de longitud cada uno, correspondientes a los doce signos del Zodiaco.

eclosión 1 *f.* BIOL Acción de abrirse un capullo de flor, una crisálida o un huevo. 2 BIOL Acción de abrirse el ovario para dar salida al óvulo.

eco 1 *m.* Repetición de un sonido por reflexión de las ondas sonoras en una superficie. 2 Sonido débil y confuso. 3 Persona que repite o imita lo que otra dice. 4 Repercusión de una noticia o un acontecimiento. 5 FÍS Onda electromagnética reflejada o devuelta de modo tal que se percibe como distinta de la originalmente emitida.

ecografía *f.* MED Técnica de exploración diagnóstica de los órganos internos, basada en el empleo de ultrasonidos.

ecolocación *f.* Medida de la distancia de un objeto por el tiempo que pasa entre la emisión de una onda acústica y la recepción de la onda reflejada en dicho objeto. Este proceso lo llevan a cabo algunos animales, como el murciélago, y también se emplea en diversos aparatos.

ecolocalización *f.* BIOL y TELEC Localización de un objeto mediante la reflexión de ondas acústicas, utilizada por animales como los murciélagos y los cetáceos, y por algunos aparatos especializados, para la identificación de objetos.

ecología *f.* ECOL Ciencia interdisciplinaria que estudia las relaciones de los seres vivos entre sí y con su entorno físico y biológico.

☐ ECOL Sus distintas ramas se dedican al estudio del medio en que viven los organismos (suelo, agua, aire), las áreas en que viven, su diversidad, agrupamiento y desarrollo poblacional, su situación en las cadenas, redes y pirámides alimentarias y tróficas, etc. Para tales estudios utiliza varios conceptos fundamentales: **ecosistema, biotopo, hábitat** y **nicho.** La ecología también estudia la relación de los grupos humanos con su ambiente, con el fin de buscar un equilibrio racional entre su actividad y la naturaleza.

ecologismo *m.* Movimiento sociopolítico que, con matices muy diversos, se opone a la utilización de la naturaleza como fuente inagotable de recursos.

economato *m.* Establecimiento comercial que crea una sociedad para sus empleados vendiéndoles una serie de productos y artículos a precios más baratos.

econometría *f.* ECON Parte de la economía que utiliza modelos matemáticos para analizar variables económicas, como el precio, el costo de producción, la tendencia de los negocios, etc.

economía 1 *f.* Correcta administración de los bienes. 2 Riqueza pública. 3 ECON Ciencia que estudia la producción y la distribución de bienes para satisfacer las necesidades humanas. 4 ECON Conjunto de actividades de una colectividad relativas a la producción y el consumo. 5 Ahorro de trabajo, tiempo, dinero, etc. 6 Reducción de gastos en un presupuesto. || ~ **de enclave** ECON Explotación económica de carácter mundial localizada en un país en desarrollo, sin integración con la economía del país receptor. ~ **de escala** ECON La que, en el proceso productivo en serie, permite reducir el costo de la producción a medida que esta aumenta. ~ **de libre mercado** ECON Modelo según el cual las actividades económicas dependen de la iniciativa de las personas, quienes son libres de intentar alcanzar sus objetivos de la forma que consideren más adecuada. ~ **del conocimiento** ECON Conjunto de elementos de la ciencia y la tecnología orientados a la producción de riqueza. ~ **doméstica** ECON Estudio sobre la administración de los ingresos y egresos del núcleo familiar o de una comunidad y sus hábitos de consumo. ~ **global** ECON Conjunto de actividades económicas que, bajo una misma directriz, funcionan de manera más o menos sincrónica a nivel mundial. ~ **informal** ECON Sector de la economía conformado por trabajadores independientes cuyas actividades no se ajustan totalmente a las normas que regulan el mercado laboral. ~ **mixta** ECON Sistema económico que concierta los elementos básicos del capitalismo (propiedad privada, ley de la oferta y la demanda, salario) y de la economía planificada (organización y ejecución de grandes proyectos, propiedad estatal de las empresas estratégicas, asistencia social). ~ **planificada** ECON Sistema en que el Estado controla los medios de producción y los precios de los bienes y servicios. ~ **política** ECON Ciencia que estudia las relaciones sociales de producción y distribución, así como las leyes que las regulan. ~ **regional** ECON La que se desarrolla en una región cuando en ella tienen lugar la producción y distribución de los bienes y servicios que allí mismo se consumen. ~ **social** ECON Parte de la economía dedicada a las organizaciones con participación activa de los trabajadores en el capital y la gestión de las mismas, como las cooperativas. ~ **sumergida** ECON Proceso económico que se desarrolla al margen de la legalidad, sin figurar en los registros fiscales.

económico, ca 1 *adj.* Perteneciente o relativo a la economía. 2 Moderado en el gasto. 3 Poco costoso, que exige poco gasto. 4 ECON y POLÍT **bloqueo** comercial o ~.

economismo *m.* ECON Doctrina que da primacía a los factores económicos en la explicación de los acontecimientos históricos, sociales o políticos.

economizar 1 *tr.* Ahorrar, reservar parte de lo que se produce o tiene. 2 Evitar o reducir algún trabajo, esfuerzo o riesgo.

ecorregión *f.* GEO Región geográfica que posee ciertas características en cuanto a su clima, geología, flora y fauna.

ecosistema *m.* ECOL Conjunto integrado por los seres vivos de distintas especies que viven en un área determinada de la biosfera y el medio ambiente con el cual interaccionan. Un ecosistema tiene un componente biótico (seres vivos) y un componente abiótico (sustancias inorgánicas, suelo, agua, clima). || ~ **estratégico** ECOL Aquel cuya existencia es esencial para el mantenimiento de la vida en el planeta, como los bosques tropicales. ~ **productivo** ECOL Aquel en que se mantiene constante o en aumento la cantidad y la diversidad de especies animales y vegetales.

ecoturismo *m.* Turismo que busca la compatibilidad entre el disfrute de la naturaleza y el respeto al medio ambiente.

ectodermo *m.* ZOOL Capa externa de las tres en que se disponen las células del blastodermo luego de la segmentación.

ectoparásito *m.* BIOL Parásito que vive en la superficie de otro organismo.

ectoplasma *m.* BIOL Parte exterior del citoplasma de una célula.

ecuación 1 *f.* MAT Igualdad con una o más incógnitas o cantidades desconocidas. Su notación se hace mediante letras y símbolos; por ejemplo: $x^2 + x - 4 = 8$; $y = sen\, x + x$; $3y = log\, x$. 2 QUÍM Expresión simbólica de una reacción química, que indica las cantidades relativas de reactantes y productos. || ~ **algebraica** MAT Cualquier afirmación matemática que establece la igualdad entre dos expresiones algebraicas. Cada expresión se llama miembro de la ecuación. ~ **de estado**

FÍS y QUÍM Expresión simbólica que describe la relación entre la presión, el volumen y la cantidad de un **gas ideal**. ~ **general** o **estándar** MAT La que se considera modelo o referencia de acuerdo con las variables y funciones que representa para obtener un cálculo matemático: La ecuación estándar de una parábola es $y = ax^2 + bx + c$. ~ **lineal** MAT La que tiene la forma $ax + by = c$; su modelo gráfico es una línea recta. ~ **lineal de una variable** MAT La que tiene la forma $ax + b = 0$, donde a y b son números reales, x representa la incógnita y a 0. **sistema de ~es** MAT El formado por dos o más ecuaciones con dos o más incógnitas, cuyas soluciones o raíces satisfacen a ambas ecuaciones simultáneamente. ~ **trigonométrica** MAT Igualdad de dos expresiones que incluyen funciones trigonométricas.

ecuador 1 *m.* ASTR Círculo máximo imaginario de la esfera celeste, perpendicular al eje de la Tierra. 2 GEOM Paralelo de radio máximo en una superficie de revolución. || ~ **magnético** GEO Círculo terrestre formado por los puntos donde la declinación magnética es nula, y que coincide, con ligeras variaciones, con el Ecuador terrestre. ~ **terrestre** GEO Círculo máximo ideal de la Tierra, perpendicular a su eje y equidistante de los polos. Marca la división de la Tierra en un hemisferio N y un hemisferio S.

ecualizador *m.* ELECTRÓN Aparato que sirve para ajustar dentro de determinados valores las frecuencias de reproducción de una señal, por ejemplo, el sonido.

ecuanimidad 1 *f.* Igualdad y constancia de ánimo. 2 Imparcialidad en los juicios.

ecuatorial 1 *adj.* Perteneciente o relativo al Ecuador. 2 GEO **clima** ~.

ecuestre *adj.* Perteneciente o relativo al caballero, al caballo o a la equitación.

ecuménico, ca 1 *adj.* Universal, que se extiende a todo el orbe. 2 REL **concilio** ~.

ecumenismo *m.* REL Movimiento que propugna por la unidad de todas las iglesias cristianas. Iniciado en 1910 por las comunidades protestantes, cobró fuerza en la Iglesia católica a partir del papa Juan XXIII y del Concilio vaticano II (1964).

edad 1 *f.* Tiempo que ha vivido una persona o un animal desde su nacimiento. 2 Cada uno de los periodos en que se divide la vida. 3 DER **mayor** de ~. 4 Duración de las cosas materiales. 5 HIST Cada uno de los periodos en que suele dividirse la historia. 6 Época, tiempo. 7 GEO Cada división cronológica de la estratificación terrestre. || ~ **Antigua** HIST **ANTIGÜEDAD**. ~ **Contemporánea** HIST Periodo histórico más reciente; sus inicios se sitúan en el ciclo revolucionario iniciado en 1789 con la Revolución francesa. ~ **de los Metales** HIST Periodo que siguió a la Edad de Piedra y durante la cual el ser humano empezó a usar útiles y armas de metal. ~ **de Piedra** HIST Periodo prehistórico anterior al uso de los metales; se divide en **Paleolítico, Mesolítico** y **Neolítico**. ~ **del Bronce** HIST Periodo prehistórico (3000-800 a. C.) en el que aparecen armas y útiles de este metal. ~ **del Cobre** HIST Primer periodo de la Edad de los Metales (4000-2500 a. C.), caracterizado por el uso de este metal con una aleación intencional para utensilios y objetos. ~ **del Hierro** HIST Último periodo de la Edad de los Metales. En Europa abarcó desde el final de la Edad del Bronce (700 a. C.) hasta la expansión del Imperio romano (27 a. C.-68). Se manifestó en distintos momentos en China (600 a. C.), en África subsahariana (500-400 a. C.) y sur de África (200). ~ **Media** HIST **MEDIOEVO**. ~ **Moderna** HIST Periodo marcado en sus inicios por la caída de Constantinopla (1453), el descubrimiento de América (1492), la invención de la imprenta y la aparición del Renacimiento. Surgieron la economía precapitalista y los primeros Estados modernos, y tuvo lugar la Reforma. Su final lo marca el derrumbamiento de la vieja monarquía y el proceso revolucionario iniciado en 1789 con la Revolución francesa.

edáfico, ca *adj.* Perteneciente o relativo al suelo. || **permeabilidad** ~ GEO Capacidad de un suelo para dejar fluir un líquido o transmitir aire a través de su espesor.

edafogénesis *f.* GEO Proceso de formación del suelo tras la descomposición de la roca madre y mediante la transformación y el desplazamiento de sustancias.

edafología *f.* GEO Rama de la geología que estudia la naturaleza y las condiciones del suelo.

edecán *m.* Auxiliar, acompañante.

edema *m.* MED Hinchazón blanda de una parte del cuerpo por retención patológica de líquido.

edén 1 *m.* Paraíso terrenal, según el *Antiguo Testamento*. Supuestamente situado junto a las fuentes de los ríos Tigris y Éufrates. 2 Lugar ameno y deleitoso.

edición 1 *f.* Impresión de una obra artística, un escrito o un documento visual para su publicación. 2 Conjunto o tirada de ejemplares impresos de una obra. 3 Impresión o grabación de un disco o de una obra audiovisual. 4 Cada una de las emisiones de un programa informativo de radio o televisión. 5 Celebración periódica de un congreso, festival, etc. 6 En cine, televisión y radio, selección y unión en una banda definitiva de las grabaciones originales.

edicto 1 *m.* Decreto publicado por la autoridad competente. 2 Escrito que se exhibe en los estrados de un tribunal o juzgado, o en los periódicos oficiales, para conocimiento de las personas interesadas.

edificación 1 *f.* Acción y efecto de edificar, de hacer un edificio. 2 El mismo edificio o cualquier otra obra de construcción para vivienda o usos análogos.

edificar 1 *tr.* Construir o mandar construir un edificio. 2 Servir de buen ejemplo una persona a otras, estimulándolas a la virtud.

edificio *m.* Construcción de albañilería, de forma y materiales heterogéneos, destinada a los más diversos fines.

edil, la *m.* y *f.* Concejal de una alcaldía.

editar 1 *tr.* Imprimir, por cualquier medio de reproducción, libros, folletos, periódicos, discos, etc. 2 Administrar una publicación. 3 Adaptar un texto a las normas de estilo de una publicación. 4 Organizar las grabaciones originales para la emisión de un programa de radio o televisión, o de un filme.

editor, ra 1 *adj.* Que edita. 2 *m.* INF Programa que permite redactar, corregir, archivar, etc., textos registrados en ficheros de símbolos. 3 *m.* y *f.* Persona que publica una obra ajena, multiplicando los ejemplares. 4 Persona que edita o adapta un texto.

editorial 1 *adj.* Perteneciente o relativo a editores o ediciones. 2 *m.* Artículo de fondo no firmado. 3 *f.* Casa editora.

edredón 1 *m.* Plumón de ciertas aves del norte. 2 Cobertor acolchado y relleno de este plumón o de fibras artificiales.

educación 1 *f.* Acción y efecto de educar. 2 Cortesía, buenas maneras. || ~ **especial** La dirigida a las personas que por causas mentales, físicas o emocionales no se adaptan a una enseñanza normal. ~ **física** Conjunto de disciplinas y ejercicios que buscan el desarrollo corporal. ~ **sexual** Instrucción sobre el proceso y las consecuencias de la actividad sexual, generalmente dada a niños y adolescentes.

educar 1 *tr.* Dirigir y coordinar el proceso de aprendizaje de las personas, especialmente de niños y jóvenes, en las diversas áreas del conocimiento. 2 Dirigir el desarrollo o perfeccionamiento de las facultades y aptitudes mentales, morales o físicas de otras personas, especialmente de niños y jóvenes. 3 Perfeccionar, afinar la sensibilidad.

edulcorar *tr.* Endulzar con sustancias naturales o sintéticas.

efabilidad *f.* Arte o facultad de expresar debidamente lo que se quiere.

efe *f.* Nombre de la letra *f.*

efectismo *m.* Recurso empleado para impresionar vivamente o para llamar la atención.

efectividad 1 *f.* Capacidad de lograr el efecto que se desea. 2 Realidad, validez.

efectivo, va 1 *adj.* Real y verdadero, en oposición a dudoso o nominal. 2 EFICAZ. 3 Dicho del dinero, en monedas o billetes.

efecto 1 *m.* Lo que se sigue de una causa. 2 Impresión producida en el ánimo. 3 Artículo de comercio. 4 Fin para que se hace algo. 5 Movimiento giratorio que se le da a una bola o pelota haciendo que se desvíe de su trayectoria normal. 6 *m. pl.* Bienes, muebles, enseres. || ~ **colateral** MED ~ EFECTO secundario. ~ **Doppler** FÍS Dada una fuente emisora de una onda, diferencia entre la longitud de onda emitida y la percibida por un observador, causada por el movimiento relativo entre el observador y la fuente emisora. ~ **invernadero** ECOL Elevación de la temperatura de la atmósfera próxima a la corteza terrestre, por la dificultad de disipación de la radiación calorífica, como consecuencia de erupciones volcánicas, incendios forestales y otros fenómenos naturales, y del uso de combustibles fósiles. ~ **secundario** MED Consecuencia indirecta y generalmente adversa del uso de un medicamento o terapia. ~**s especiales** CIN Cualquier elemento de una película que se aparte de la grabación directa de una acción en vivo y que busque la ilusión de realidad.

efectuar 1 *tr.* Poner por obra, llevar a cabo. 2 *prnl.* Suceder algo, realizarse.

efeméride (Tb. efemérides) 1 *f.* Conmemoración de un acontecimiento notable. 2 *f. pl.* Hechos conmemorados. 3 Libro o comentario en que se refieren los hechos de cada día.

eferente 1 *adj.* Que lleva. 2 ANAT y FISIOL Dicho de una formación anatómica, que transporta sangre, secreciones o impulsos desde una parte del organismo a otras que respecto de ella son periféricas.

efervescencia 1 *f.* Desprendimiento de burbujas de un líquido sin llegar a la ebullición. 2 Acaloramiento del ánimo, agitación.

eficaz 1 *adj.* Eficiente, operativo. 2 Dicho de una persona, que lleva a cabo un proyecto, y de la cosa que contribuye a su realización.

eficiencia *f.* Virtud y facultad para lograr un efecto determinado.

eficiente *adj.* Que tiene eficiencia.

efigie 1 *f.* Imagen, representación de alguien real y verdadero. 2 Representación viva de algo ideal: *La efigie de la tristeza.*

efímero, ra 1 *adj.* Pasajero, de corta duración. 2 Que dura un solo día.

efluvio 1 *m.* Emisión de partículas sutiles de una sustancia volátil. 2 Irradiación de algo inmaterial.

efusión 1 *f.* Derramamiento de un líquido: *Efusión de sangre.* 2 Expresión viva de sentimientos generosos o alegres. 3 FÍS Paso de un gas a través de una pequeña abertura, debido a la presión del mismo.

efusivo, va 1 *adj.* Que se manifiesta con efusión y franqueza. 2 GEO Dicho de una emisión, de lava volcánica, fluida y continuada. 3 GEO Dicho de una roca, magmática, que cristaliza en condiciones atmosféricas normales.

egipcio, cia 1 *adj.* y *s.* De Egipto o relacionado con este país africano. 2 HIST Perteneciente o relativo al antiguo Egipto. 3 *m.* LING Lengua hablada en el antiguo Egipto hasta la época helenística.

☐ HIST El origen de la civilización egipcia está en el poblamiento procedente del foco mesopotámico que introdujo en el valle del río Nilo las formas económicas del Neolítico. A finales del IV milenio a. C. tuvo lugar la unificación, bajo un solo Estado, de las dos grandes áreas históricas, el valle y el delta (el alto y el bajo Egipto). La historia del antiguo Egipto se divide en tres grandes periodos, el Imperio antiguo, el Imperio medio y el Imperio nuevo. Durante el Imperio antiguo (2850-2190 a. C.; dinastías I a VI) se constituye el modelo teocrático y se consolidan las grandes líneas que definirán la cultura egipcia por casi tres milenios. Bajo la IV dinastía alcanzó su máximo esplendor, expresado en la construcción de las grades pirámides de Gizeh. Tras una crisis secesionista (2190-2052 a. C.; dinastías VII a X), el Imperio medio (2052-1778 a. C.; dinastías XI a XIII) inicia la reunificación, culminada en 2010 a. C., y se extiende hacia el sur. Desde la nueva capital, Tebas, se inició un renacimiento cultural. La arquitectura, el arte y la joyería del periodo revelan una extraordinaria delicadeza de diseño, y la época se considera la edad de oro de la literatura egipcia. El Imperio nuevo (1570-715 a. C.; dinastías XVIII a XXIV) se inicia con la expulsión de los hicsos, que habían invadido en 1778 a. C. el bajo Egipto, y la reunificación del país por Amosis I. Bajo la dinastía XIX el Estado toma una orientación imperialista y se enfrenta al Imperio hitita, de Asia Menor. Después de la XIX dinastía, Egipto entra en declive y, entre el 715 a. C. y el 332 a. C., el país sufre las invasiones sucesivas de los etíopes, los asirios, los persas y, finalmente, los griegos acaudillados por Alejandro Magno. Tras el dominio griego se instala en el trono egipcio una nueva dinastía, los Lágidas, cuya última representante, Cleopatra VII, no podrá evitar la caída del país bajo el poder romano hacia el año 30 a. C.

égloga *f.* LIT Composición poética de tema campestre y de tono sereno y delicado.

ego 1 *m.* Yo, ente individual. 2 PSIC En psicoanálisis, parte consciente del ser humano.

egocentrismo *m.* Exaltación de la propia personalidad, hasta pensarla como el centro de la atención y de las actividades generales.

egoísmo *m.* Amor e interés desmesurado por uno mismo y por las propias cosas, con postergación o desprecio de las de los demás.

egregio, gia *adj.* Insigne, ilustre.

egresar 1 *intr.* Salir de alguna parte. 2 Dejar un centro docente.

egresión *f.* HIST Acto o título por el cual se traspasaba a una comunidad o a un particular alguna finca o derecho pertenecientes a la Corona española.

eider *m.* Ave palmípeda parecida al pato, que habita en las costas de las regiones frías del hemisferio N. El finísimo plumón pectoral de las hembras se usa para rellenar almohadones.

eidético, ca 1 *adj.* FIL Que se refiere a la esencia. 2 FIL **reducción ~**.

einstenio *m.* QUÍM Elemento químico artificial, que se obtiene bombardeando uranio con iones de nitrógeno. Es químicamente similar al holmio. Símbolo: Es. Número atómico: 99. Peso atómico: 254.

eje 1 *m.* Barra cilíndrica que atraviesa y sostiene un cuerpo giratorio y le sirve de sostén en el movimiento. 2 Idea fundamental; tema predominante; base de una empresa. 3 Persona o circunstancia a cuyo alrededor gira lo demás. 4 Pieza que transmite el movimiento de rotación en una máquina. 5 GEOM Recta fija alrededor de la cual se considera que gira una línea para engendrar una superficie, o una superficie para engendrar un sólido. 6 Geom Diámetro principal de una curva. || ~ **de abscisas** Geom Eje de coordenadas horizontal. ~ **de coordenadas** Geom Cada una de las rectas que se cortan en un mismo punto, y que se utilizan para determinar la posición de los demás puntos del plano o del espacio por medio de las líneas coordenadas paralelas a ellos. ~ **de la Tierra** Astr y Geo El imaginario alrededor del cual gira la Tierra y que, prolongado hasta la esfera celeste, determina en ella dos puntos que se llaman polos. ~ **de ordenadas** Geom Eje de coordenadas vertical. ~ **de simetría** Geom Recta que, al ser tomada como eje de giro de una figura o un cuerpo, hace que se superpongan todos los puntos análogos. ~ **óptico** Fís y Geom Línea imaginaria que pasa por el centro de un sistema óptico y es perpendicular al plano de la imagen.

ejecución 1 *f.* Acción y efecto de ejecutar. 2 Manera de interpretar una pieza de música. 3 Cumplimiento efectivo de una sentencia judicial o de un acuerdo administrativo.

ejecutar 1 *tr.* Poner por obra una cosa. 2 Dar muerte a alguien, especialmente al reo condenado a ella. 3 Tocar una pieza musical. 4 Der Reclamar una deuda por vía o procedimiento ejecutivo.

ejecutivo, va 1 *adj.* Que no permite que se difiera la ejecución: *Orden ejecutiva.* 2 Que ejecuta o hace algo. 3 *m.* y *f.* Persona que forma parte de una comisión ejecutiva o que desempeña un cargo directivo en una empresa. 4 Polít **poder** ~.

ejecutor, ra 1 *adj.* Que ejecuta. 2 *m.* y *f.* Verdugo que de manera legal o ilegal mata a una persona.

ejemplar 1 *adj.* Que da buen ejemplo, que es digno de ser propuesto como modelo. 2 *m.* Original, prototipo, norma representativa. 3 Cada uno de los impresos sacados de un mismo original. 4 Cada uno de los objetos que forman una colección o una serie. 5 Biol Cada uno de los individuos de una especie o de un género.

ejemplificar *tr.* Ilustrar o demostrar con ejemplos algo que se afirma.

ejemplo 1 *m.* Modelo que se propone para que se imite, si es bueno, o para que se evite, si es malo. 2 Caso concreto que ilustra una doctrina u opinión. || **por** ~ Se usa cuando se va a poner un ejemplo para comprobar, ilustrar o autorizar lo que antes se ha dicho.

ejercer 1 *tr.* e *intr.* Practicar un oficio o una profesión. 2 *tr.* Ejercitar un derecho.

ejercicio 1 *m.* Acción y efecto de ejercer un oficio o de ocuparse en una cosa. 2 Movimiento corporal repetido y destinado a conservar la salud o recobrarla. 3 Cada una de las pruebas que realizan los estudiantes en los diversos exámenes. 4 Trabajo práctico que, en el aprendizaje de ciertas disciplinas, sirve de complemento a la enseñanza teórica. 5 Cada una de las pruebas que practica un deportista en el adiestramiento de su disciplina. 6 Tiempo en que rige una ley de presupuestos. 7 *m. pl.* Movimientos y prácticas con que se adiestran los soldados en el manejo de las armas. || ~**s espirituales** Los que se practican por algunos días, dedicándose a la oración y la penitencia.

ejercitar 1 *tr.* Usar cierta facultad o poder que se tiene. 2 Practicar un arte u oficio. 3 Usar cierto derecho. 4 Hacer que alguien aprenda una enseñanza mediante determinadas prácticas. 5 *prnl.* Adiestrarse en un oficio o una profesión mediante la repetición de ciertas prácticas.

ejército 1 *m.* Conjunto de fuerzas armadas de un Estado. 2 Gran unidad militar integrada por varios cuerpos. 3 Gente de armas al mando de un general o caudillo militar.

ejido *m.* Porción de tierra sin cultivar de uso público.

el, la *art. det.* Antepuesto a un nombre señala que el objeto al que se refiere ya es conocido: *Encontrémonos en el gimnasio; Finalmente compró la guitarra.* • pl.: *los, las.*

él, ella *pron. pers.* Forma de la tercera persona del singular que en la oración puede desempeñar la función de sujeto y de complemento: *Él arregló el daño en el edificio; No han sido justos con ella.* • pl.: *ellos, ellas.* Forma neutra: *ello.*

elaboración *f.* Acción y efecto de elaborar.

elaborar *tr.* y *prnl.* Preparar algo por medio de un trabajo adecuado; transformar algo mediante operaciones sucesivas: *Elaborar una sustancia; Elaborar una tesis.*

elasmobranquio *adj.* y *m.* Zool Dicho de un pez, con hendiduras branquiales al descubierto, aleta caudal heterocerca, esqueleto cartilaginoso, escamas pequeñas y afiladas. Comprende rayas y tiburones, y su tamaño varía entre los 0,5 y los 15 m de longitud. Son carnívoros agresivos, aunque algunos, como el tiburón ballena, se alimentan de plancton.

elasticidad *f.* Cualidad de elástico.

elástico, ca 1 *adj.* Dicho de un cuerpo, que puede recobrar más o menos su figura y extensión al cesar la acción que lo alteraba. 2 Que puede ajustarse a muy distintas circunstancias. 3 *m.* Tejido, cordón o cinta que tiene elasticidad por su estructura o por las materias que entran en su formación.

ele *f.* Nombre de la letra *l.*

eleagnáceo, a *adj.* y *f.* Bot Dicho de una planta, leñosa dicotiledónea, propia de regiones cálidas. Tiene hojas dentadas, flores solitarias en espiga o racimo y frutos en drupa con semilla de albumen carnoso.

eleatismo *m.* Fil Doctrina de los filósofos de la escuela de Elea que sostenían que la multiplicidad y el cambio propios del mundo sensible no afectan al Ser único, cuya realidad se hace patente exclusivamente al entendimiento.

elección 1 *f.* Acción y efecto de elegir. 2 Votación en que se elige a alguien para un cargo. 3 Deliberación, libertad para obrar. || ~ **indirecta** La que realizan los representantes elegidos por voto popular en la elección de candidatos para los altos cargos. ~**es primarias** Las que llevan a cabo los miembros de una colectividad para designar a un candidato en unas futuras elecciones.

electo, ta *adj.* y *s.* Dicho de una persona, elegida para un cargo del que aún no ha tomado posesión.

elector, ra *adj.* y *s.* Que elige o tiene derecho de elegir.

electorado *m.* Conjunto de electores o votantes de un país.

electoral 1 *adj.* Perteneciente o relativo a la cualidad de elector. 2 Perteneciente o relativo a electores o elecciones.

electricidad 1 *f.* Electr Conjunto de fenómenos energéticos derivados del efecto producido por las cargas eléctricas. Se manifiesta por fuerzas de atracción y repulsión entre cargas eléctricas, y por fenómenos muy diversos (mecánicos, caloríficos, químicos, luminosos) causados por la corriente eléctrica. 2 Electr **corriente** eléctrica. 3 Fís Parte de la física que estudia las cargas eléctricas, tanto en reposo como en movimiento, así como los fenómenos asociados a ellas. || ~ **dinámica** Electr **corriente** eléctrica. ~ **estática** Electr La que aparece en un cuerpo cuando existen en él cargas eléctricas en reposo. ~ **negativa** Electr La que se produce cuando los átomos ganan electrones y se cargan negativamente. ~ **positiva** Electr La que se produce cuando los átomos pierden electrones y se cargan positivamente.

electricista *adj.* y *s.* Dicho de una persona, que hace instalaciones eléctricas o las repara.

eléctrico, ca 1 *adj.* Perteneciente o relativo a la electricidad. 2 ELECTR Que tiene o comunica electricidad, o que funciona mediante ella. 3 ELECTR **arco** ~; **campo** ~; **carga** ~; **condensador** ~; **conducción** ~; **conductor** ~; **corriente** ~; **inducción** ~; ley de la **potencia** ~; **línea** ~; **luz** ~; **motor** ~. 4 MÚS **guitarra** ~. 5 **silla** ~.

electrificar *tr.* Proveer de corriente eléctrica un país, una región, una instalación o un mecanismo.

electrizar *tr.* y *prnl.* Producir la electricidad en un cuerpo, o comunicársela.

electro *m.* Aleación de cuatro partes de oro y una de plata.

electrocardiograma *m.* MED Representación gráfica de la actividad eléctrica del corazón, obtenida mediante el electrocardiógrafo, que es un juego de electrodos que se sitúan en la superficie corporal.

electrochoque *m.* MED Tratamiento de una perturbación mental mediante la aplicación de una descarga eléctrica.

electrocutar *tr.* y *prnl.* Producir la muerte mediante electrocución o paso de la corriente eléctrica.

electrodinámica 1 *f.* FÍS Estudio de las relaciones entre los fenómenos eléctricos, magnéticos y mecánicos. 2 *adj.* Perteneciente o relativo a ellas. 3 ELECTR **inducción** ~.

electrodo *m.* ELECTR Cada uno de los dos polos (ánodo y cátodo) de una corriente eléctrica que se hace pasar por un cuerpo sólido, líquido o gaseoso, y que puede actuar de emisor o de receptor. || ~ **negativo** ELECTR El que está en contacto con la tierra. ~ **positivo** ELECTR El que conecta con el generador.

electrodoméstico *adj.* y *m.* Dicho de un aparato eléctrico, que se emplea en el hogar: nevera, lavadora, etc.

electroencefalograma *m.* MED Gráfico que registra la actividad eléctrica de la corteza cerebral mediante electrodos puestos sobre el cráneo.

electrófilo *m.* QUÍM Molécula con deficiencia de electrones que en una reacción química acepta un par de estos para formar un nuevo **enlace**.

electroforesis *f.* QUÍM Migración de partículas cargadas eléctricamente en solución o en suspensión en presencia de un campo eléctrico.

electroimán *m.* ELECTR Barra de hierro dulce que se imanta temporalmente al pasar una corriente eléctrica por una bobina, desimantándose al cesar la corriente.

electrólisis (Tb. electrolisis) *f.* QUÍM Descomposición química de un electrolito por el paso de una corriente eléctrica continua a través de él. Es un proceso que se emplea para la obtención de metales con un alto grado de pureza y para obtener hidrógeno.

electrolítico, ca 1 *adj.* QUÍM Perteneciente o relativo a la electrólisis. 2 QUÍM **solución** ~.

electrolito *m.* QUÍM Cuerpo que, disuelto en una sustancia, se somete a la descomposición por electricidad.

electromagnético, ca 1 *adj.* FÍS Dicho de un fenómeno, producido por electromagnetismo. 2 FÍS **inducción** ~; **radiación** ~. 3 FÍS Ley de la **energía** ~. 4 FÍS **onda** ~ o herciana.

electromagnetismo *m.* FÍS Fenómeno producido por las acciones y reacciones de las corrientes eléctricas y los campos magnéticos. Se basa en que una carga eléctrica móvil produce un campo magnético y una carga moviéndose en un campo magnético experimenta una fuerza.

electromecánico, ca 1 *adj.* ELECTR Dicho de un dispositivo o aparato mecánico, accionado y controlado por medio de corrientes eléctricas. 2 *f.* ELECTR Técnica de las máquinas y los dispositivos mecánicos que funcionan eléctricamente.

electrómetro *m.* ELECTR Aparato para medir un voltaje sin extraer una corriente considerable, al medir la fuerza electrostática ejercida entre dos cuerpos cargados con dicho voltaje.

electromotriz *adj.* ELECTR **fuerza** ~.

electrón *m.* FÍS y QUÍM Partícula elemental estable con carga negativa. Junto con los protones y los neutrones forma los átomos y las moléculas. Los electrones giran alrededor del núcleo en diversas capas electrónicas; los que ocupan las capas externas reciben el nombre de *electrones de valencia*, e intervienen en las reacciones químicas y en los procesos de conducción eléctrica. Símbolo: e^-.

electronegatividad *f.* QUÍM Capacidad de un átomo de un elemento de atraer hacia sí los electrones compartidos de su enlace covalente con un átomo de otro elemento.

electronegativo, va *adj.* QUÍM Dicho de una sustancia, un radical o un ion, que en la electrolisis se dirige al polo positivo.

electrónico, ca 1 *adj.* FÍS Perteneciente o relativo al electrón. 2 ELECTRÓN Perteneciente o relativo a la electrónica, tecnología. 3 ELECTRÓN **cerebro** ~. 4 FÍS **afinidad** ~; **configuración** ~; **masa** ~; **número** ~. 5 INF **buzón** ~; **correo** ~. 6 MÚS **música** ~. 7 ÓPT **telescopio** ~. 8 QUÍM **configuración** ~. 9 *f.* FÍS Parte de la física que estudia los fenómenos basados en el movimiento de partículas cargadas en el vacío, en el seno de gases o en semiconductores, bajo el influjo de fuerzas eléctricas o magnéticas, así como el control de dicho movimiento. 10 ELECTRÓN Tecnología que aplica esos conocimientos a la industria.

electropositivo, va *adj.* QUÍM Dicho de una sustancia, un radical o un ion, que en la electrolisis se dirige al polo negativo.

electroscopio *m.* ELECTR Dispositivo que sirve para detectar y medir la carga eléctrica de un objeto.

electrostática 1 *f.* FÍS Parte de la física que estudia los efectos mutuos que se producen entre los cuerpos a causa de su carga eléctrica, que se manifiestan como atracciones y repulsiones. 2 ELECTR **inducción** ~.

electrotecnia *f.* ELECTR Estudio de las aplicaciones técnicas de la electricidad.

elefante, ta *m.* y *f.* Mamífero herbívoro de gran volumen, con extremidades robustas, largos colmillos, trompa prensil formada por la soldadura de la nariz con el labio superior, cabeza pequeña, orejas grandes y colgantes, y cinco dedos en las extremidades, terminado cada uno de ellos en una pequeña pezuña y englobados en una masa carnosa. Es el mayor de los animales terrestres actuales, pudiendo alcanzar 3 m de alto y 5 de largo. Existen dos especies, una nativa de África y la otra de Asia. || ~ **marino** ZOOL Mamífero pinnípedo con probóscide pequeña en los machos y pelo hirsuto.

elefantiasis *f.* MED Desarrollo patológico enorme de algún órgano, a causa de la obstrucción de las vías linfáticas y del endurecimiento del tejido conjuntivo.

elegancia 1 *f.* Calidad de elegante. 2 Forma bella de presentarse o de presentar alguna cosa.

elegante 1 *adj.* Dotado de gracia, nobleza y sencillez. 2 Que tiene gusto y discreción para elegir y llevar el atuendo.

elegía *f.* LIT Composición lírica que lamenta la muerte de alguna persona o cualquier acontecimiento desgraciado.

A B C D E F G H I J K L M N Ñ O P Q R S T U V W X Y Z

elegir 1 *tr.* Escoger, preferir a una persona o cosa a otras. 2 Designar por votación para un cargo. • Participio irreg. *electo* y reg. *elegido*. Vb. irreg. conjug. c. **pedir**. V. anexo El verbo.

elemental 1 *adj.* Referente a los primeros elementos o principios de algo. 2 Fundamental, básico. 3 Obvio, evidente. 4 FÍS **partícula** ~.

elemento 1 *m.* Parte integrante de algo. 2 Pieza de una estructura. 3 Miembro de una agrupación humana. 4 ECOL Medio en que se desarrolla y habita un ser vivo. 5 FIL En la filosofía presocrática, cada uno de los cuatro principios fundamentales de los cuerpos: tierra, agua, aire y fuego. 6 MAT Cada uno de los componentes de un conjunto. 7 QUÍM Sustancia constituida por átomos cuyos núcleos tienen el mismo número de protones, cualquiera sea el número de neutrones, y no puede descomponerse por medios químicos en otra. El número de neutrones del núcleo puede variar ligeramente, por lo que el número de masa también varía; en este caso, los átomos que componen dicho elemento reciben el nombre de **isótopos.** 8 *m. pl.* Fuerzas naturales capaces de alterar las condiciones atmosféricas o climáticas. 9 Medios, recursos. || ~ **compositivo** GRAM Componente, no independiente, por lo general de origen griego o latino, que interviene en la formación de palabras compuestas, anteponiéndose o posponiéndose a otro. ~ **de transición** QUÍM Cada uno de los que pertenecen al grupo B de la tabla periódica. ~ **inverso** MAT El que, operado con su elemento correspondiente, da como resultado el elemento neutro. ~ **neutro** MAT El que, operado con otro elemento del mismo conjunto, da como resultado este último. Como ocurre en la multiplicación con el *1*, y en la adición con el *0*. ~ **radiactivo** QUÍM Cada uno de los que se desintegran por la emisión de radiación alfa o beta (con o sin emisión de rayos gamma). ~ **representativo** QUÍM Cada uno de los que se encuentran en el grupo A de la tabla periódica. ~ **visual** ART El punto, la línea y el plano, en cuanto a la imagen.

□ QUÍM **tabla periódica de los elementos** Cuadro esquemático en el que los elementos se encuentran dispuestos por orden de número atómico creciente y en una forma que refleja su estructura organizada de tal modo que resulten agrupados los que poseen propiedades físicas y químicas análogas. También se indica la masa atómica y el símbolo químico de cada uno de los elementos. Consiste en siete hileras horizontales (periodos), y dieciocho columnas verticales (grupos). Los grupos han sido clasificados tradicionalmente de izquierda a derecha utilizando números romanos seguidos de las letras "A" o "B", en donde la "B" se refiere a los elementos de transición. En la actualidad también se utiliza un sistema que enumera los grupos consecutivamente del 1 al 18.

elenco *m.* CIN, TEAT y TV Conjunto de actores que aparecen en el reparto de una obra.

elevación 1 *f.* Acción y efecto de elevar o elevarse. 2 Altura, eminencia. 3 REL Momento de la misa en que el sacerdote eleva la hostia y el cáliz después de la consagración.

elevador, ra 1 *adj.* Que eleva o levanta. 2 *m.* Máquina para levantar cargas. 3 ELECTR Aparato para aumentar o disminuir la tensión de una corriente.

elevar 1 *tr.* y *prnl.* Alzar o levantar algo. 2 *tr.* Conferir a alguien mayor dignidad o categoría. 3 Dirigir un escrito, una petición, etc., a una autoridad. 4 MAT Multiplicar una cantidad o expresión por sí misma un determinado números de veces, indicado por el exponente. 5 *prnl.* Enajenarse, extasiarse momentáneamente.

elfo *m.* MIT En la mitología escandinava, geniecillo benéfico del aire o de los bosques.

elidir 1 *tr.* Frustrar, debilitar algo. 2 *tr.* y *prnl.* FON Suprimir en una palabra una vocal al juntarse con otra: *Del* por *de el*; *Al* por *a el*; *Vistalegre* por *vista alegre*. 3 GRAM Suprimir en un enunciado algún elemento lingüístico cuyo significado se sobrentiende: *Martín cría ovejas y Manuel, gansos.*

eliminar 1 *tr.* Excluir, prescindir de alguien o algo. 2 Matar. 3 Expeler el organismo alguna sustancia.

elipse *f.* GEOM Curva cerrada, simétrica respecto de dos ejes perpendiculares entre sí, con dos focos, y que resulta de cortar un cono circular por un plano que encuentra a todas las generatrices del mismo lado del vértice; su forma de circunferencia aplastada es la que trazan los planetas alrededor del Sol.

elipsis 1 *f.* GRAM Omisión de una o más palabras sin que la frase pierda su sentido: *¿Qué tal?* por *¿Qué tal te va?* 2 GRAM Supresión de algún elemento del discurso sin contradecir las normas gramaticales: *María ha viajado a la misma ciudad que Paula (ha viajado).* • pl.: *elipsis*.

elipsoide *m.* GEOM Cuerpo de superficie cerrada y simétrica respecto de tres ejes perpendiculares entre sí, y cuyas secciones planas son todas elipses o círculos. || ~ **de revolución** GEOM Aquel en que todas las secciones perpendiculares a uno de sus ejes son círculos, y puede considerarse como engendrado por la rotación de una elipse alrededor de un diámetro principal.

elíptico, ca 1 *adj.* Perteneciente o relativo a la elipse. 2 De forma de elipse o parecido a ella. 3 GEOM **paraboloide** ~. 4 GRAM Perteneciente o relativo a la elipsis.

elisión *f.* GRAM Acción y efecto de elidir.

elite (Tb. élite) *f.* Minoría selecta o dirigente en cualquier campo social o económico.

elitista 1 *adj.* y *s.* Perteneciente o relativo a la elite. 2 Que se comporta como miembro de una elite, que manifiesta gustos y preferencias frente a los del común.

élitro *m.* ZOOL Cada una de las alas rígidas (no aptas para el vuelo) del par primero de los coleópteros, que en reposo protegen su cuerpo.

elixir (Tb. elíxir) 1 *m.* Medicamento de sustancias aromáticas disueltas en alcohol. 2 Remedio maravilloso.

ella *pron. pers.* **ÉL**.

elle *f.* Nombre del dígrafo *ll*.

ello *pron. pers.* Forma neutra de la tercera persona del singular, que en la oración puede cumplir la función de sujeto o de predicado nominal: *Si a Antonia le ocurriera algo, ello sería nefasto para mí; Meditaré en ello.*

ellos, llas *pron. pers. pl.* **ÉL**.

elocución 1 *f.* Uso adecuado de las palabras para expresar correctamente los conceptos. 2 Modo de distribuir los distintos elementos de un discurso.

elocuencia 1 *f.* Facultad de hablar o escribir de modo eficaz. 2 Eficacia para persuadir que tienen las palabras, los gestos y cualquier otra cosa capaz de dar a entender algo.

elogiar *tr.* Hacer elogios de alguien o algo.

elogio *m.* Alabanza de las buenas prendas de una persona o de las calidades de una cosa.

elongación 1 *f.* Acción y efecto de elongar. 2 ASTR Diferencia de longitud entre un planeta y el Sol. 3 FÍS Distancia máxima de un cuerpo oscilante respecto de su eje en equilibrio. 4 MED Estiramiento momentáneo de un miembro o de un nervio con fines terapéuticos.

elongar *tr.* Hacer más larga una cosa mediante tracción mecánica, estirarla.

elucidar *tr.* Dilucidar, poner algo en claro.

elucubración *f.* Acción y efecto de elucubrar.

elucubrar 1 *tr.* Divagar con apariencia de profundidad. 2 *tr.* e *intr.* Imaginar sin mucho fundamento, divagar.
eludir *tr.* Esquivar una dificultad o rehuir un trabajo con maneras hábiles.
eluir *tr.* QUÍM Extraer, mediante un líquido, una sustancia del medio sólido que la ha absorbido. • Vb. irreg. conjug. c. **huir**. V. anexo El verbo.
eluviación *f.* GEO Lixiviación de la capa superficial del suelo por el agua infiltrada que lleva en su arrastre vertical minerales en disolución.
e-mail (Voz ingl.) *m.* INF **CORREO** electrónico.
emanar 1 *intr.* Traer origen de algo, de cuya sustancia se participa. 2 *intr.* y *tr.* Desprenderse de los cuerpos sustancias volátiles o efluvios.
emancipar 1 *tr.* y *prnl.* Liberar a alguien de la patria potestad declarándole mayor de edad. 2 *prnl.* Liberarse de cualquier servidumbre o sujeción.
emascular *tr.* Castrar al macho con ablación total de los órganos sexuales externos.
embadurnar *tr.* y *prnl.* Untar una cosa con algo pegajoso.
embajada 1 *f.* Cargo de embajador. 2 Residencia del embajador en un país extranjero, y personas que están a su servicio. 3 Mensaje para tratar algún asunto de importancia. 4 Persona o personas que lo llevan.
embajador, ra *m.* y *f.* Representante diplomático, con rango máximo, de un Estado en otro.
embalaje 1 *m.* Acción y efecto de embalar. 2 Caja o envoltorio con que se resguardan las cosas para su transporte.
embalar *tr.* Hacer balas o paquetes, envolver o meter en cajas cualquier cosa para su transporte.
embalsamar 1 *tr.* Preservar los cadáveres de la descomposición inyectándoles diversas sustancias balsámicas. 2 *tr.* y *prnl.* Perfumar con alguna sustancia de grato olor.
embalsar *tr.* y *prnl.* Recoger en balsa o embalse.
embalse 1 *m.* Acción y efecto de embalsar o embalsarse. 2 Gran depósito artificial construido cerrando la boca de un valle mediante un dique o una presa, y en el que se almacenan las aguas de un río o arroyo para usarlas en el riego, en el abastecimiento de poblaciones, en la producción de energía eléctrica, etc.
embarazada *adj.* Dicho de una mujer, que ha sido fecundada y va a tener un hijo.
embarazar 1 *tr.* Fecundar a una mujer. 2 Impedir, estorbar, retardar algo.
embarazo 1 *m.* Estado de la mujer embarazada. 2 Tiempo que dura este estado. 3 Impedimento, dificultad, obstáculo. 4 Falta de soltura en la acción.
☐ FISIOL El embarazo es el periodo que transcurre entre la penetración del espermatozoide en el óvulo para fecundarlo y el parto. Su duración es de 280 días aprox. Cuando el óvulo fecundado se implanta en la pared de la matriz se producen diversos cambios en el metabolismo y el funcionamiento orgánico de la madre: cambio de ritmo cardiaco, dilatación de la base de la pelvis, agrandamiento de los pechos, etc. A partir del tercer mes se forman la **placenta** y la cavidad amniótica en la que se alojará el feto.
embarazoso, sa *adj.* Que incomoda.
embarcación *f.* Barco o barca.
embarcadero *m.* Muelle o sitio acomodado para embarcar y desembarcar.
embarcar 1 *tr.* y *prnl.* Dar entrada a personas o mercancías en un barco, avión o tren. 2 Participar en una empresa, especialmente si es arriesgada.
embargar 1 *tr.* Llenar a una persona la emoción, la tristeza, etc. 2 DER Retener la autoridad los bienes de alguien para pago de deudas o de las costas de un juicio.
embargo 1 *m.* DER Acción de embargar. 2 Prohibición del comercio y transporte de armas u otros efectos útiles para la guerra, decretada por un gobierno. || ~ **comercial** POLÍT y ECON **BLOQUEO** comercial. **sin** ~ No obstante, sin que sirva de impedimento.
embarrada 1 *f.* Disparate, sandez, grosería. 2 Error manifiesto.
embarrancar 1 *prnl.* Atascarse en un barranco. 2 *intr.* y *prnl.* Encallarse el buque en un bajo.
embarrar *tr.* y *prnl.* Untar o cubrir de barro.
embarullar 1 *tr.* Confundir, mezclar cosas desordenadamente. 2 *tr.* y *prnl.* Confundir a alguien. 3 Hacer las cosas sin orden ni cuidado.
embastecerse *prnl.* Ponerse basto.
embate 1 *m.* Golpe de mar o de viento. 2 Acometida impetuosa, embestida.
embaucar *tr.* Engañar aprovechando la ingenuidad o inexperiencia del engañado.
embeber 1 *tr.* Absorber un sólido cualquier líquido. 2 Empapar, llenar de un líquido una cosa porosa o esponjosa. 3 *prnl.* Quedarse absorto con algo o haciendo algo.
embelecar *tr.* Engañar con artificios hábiles.
embelesar *tr.* y *prnl.* Arrebatar, cautivar los sentidos de gusto y complacencia.
embellecer 1 *tr.* y *prnl.* Dar belleza a alguien o algo. 2 Idealizar algo prestándole cualidades que no posee de hecho. • Vb. irreg. conjug. c. **agradecer**. V. anexo El verbo.
embera *adj.* y *s.* De un pueblo amerindio, asentado en el departamento de Chocó (Colombia) y en el istmo del Darién (Panamá). Se dedica a la agricultura itinerante.
embestir *tr.* Lanzarse con violencia sobre una persona o cosa. • Vb. irreg. conjug. c. **pedir**. V. anexo El verbo.
embetunar *tr.* Cubrir con betún alguna cosa.
emblandecer 1 *tr.* y *prnl.* Ablandar. 2 Moverse a condescendencia o enternecerse. • Vb. irreg. conjug. c. **agradecer**. V. anexo El verbo.
emblanquecer 1 *tr.* **BLANQUEAR**. 2 *prnl.* Ponerse o volverse blancos una cosa u otro color. • Vb. irreg. conjug. c. **agradecer**. V. anexo El verbo.
emblema 1 *m.* Figura con lema o divisa. 2 Símbolo de algo.
embobar 1 *tr.* Embaucar, tener pasmado a alguien con algo que vale la pena o solo en apariencia. 2 *prnl.* Quedarse suspenso y absorto.
embocadura 1 *f.* Acción y efecto de embocar. 2 Gusto de los vinos. 3 MÚS Boquilla de un instrumento de viento.
embocar 1 *tr.* Dirigir algo hacia una entrada que conduce a un lugar estrecho en el que se ha de meter. 2 Acertar en el objetivo al lanzar un objeto que ha de quedar dentro de aquel. 3 Aplicar los labios a la boquilla de un instrumento de viento.
embodegar *tr.* Almacenar alguna cosa, como vino o aceite, en la bodega.
embolar *tr.* Dar bola o betún al calzado.
embolatar 1 *tr.* Dar largas con mentiras o falsas promesas. 2 Enredar o embrollar. 3 *prnl.* Perderse, extraviarse.
embolia *f.* MED Obstrucción vascular producida por un trombo o coágulo de sangre.
émbolo 1 *m.* Pieza que dentro de una bomba o cilindro produce la compresión de un fluido o es accionada por él. 2 MED Coágulo o burbuja de aire que, arrastrado por la circulación, puede ser causa de una embolia.

embolsar 1 *tr.* Guardar algo en una bolsa. 2 *tr.* y *prnl.* Obtener dinero por algún trabajo o negocio.
emboquillar *tr.* Rellenar con mezcla los huecos entre tejas en el extremo de un tejado, las juntas de unión en baldosas, los ladrillos de una fábrica, etc.
emborrachar 1 *tr.* Producir embriaguez. 2 Empapar en vino o licor algún bizcocho o pastel. 3 *tr.* y *prnl.* Tomar con exceso bebidas alcohólicas hasta perder el dominio de sí mismo. 4 Atontar, adormecer.
emborrascar *prnl.* Ponerse borrascoso el tiempo.
emboscada *f.* Acción y efecto de emboscar.
emboscar *tr.* y *prnl.* Ocultar a una o varias personas en parte retirada para atacar por sorpresa a otra u otras.
embotar *tr.* y *prnl.* Atontarse o perder capacidad de razonamiento.
embotellamiento 1 *m.* Acción y efecto de embotellar. 2 Atasco producido por la aglomeración de vehículos.
embotellar 1 *tr.* Poner alguna cosa en botellas. 2 Acorralar a una persona.
embozar 1 *tr.* y *prnl.* Cubrir la parte inferior del rostro hasta los ojos. 2 *tr.* Disimular hábilmente algo. 3 Poner el bozal a los animales.
embrague 1 *m.* Acción de embragar. 2 Mecanismo de transmisión de movimiento entre dos ejes o árboles giratorios, por el cual estos se acoplan o desacoplan; puede ser manual o automático. 3 Pedal con que se acciona.
embravecer *tr.* y *prnl.* Irritar, enfurecer. • Vb. irreg. conjug. c. **agradecer**. V. anexo El verbo.
embriagar 1 *tr.* y *prnl.* EMBORRACHAR, tomar con exceso bebidas alcohólicas. 2 Enajenar de placer.
embriaguez *f.* BORRACHERA.
embrión 1 *m.* BIOL Estado de los seres orgánicos de reproducción sexual desde la fecundación hasta que adquieren las características morfológicas de la especie. En las plantas, una vez formado, queda latente dentro de la semilla hasta el momento de la germinación. En los animales su desarrollo continúa sin interrupción hasta el momento del nacimiento. 2 Principio impreciso de algo.
embrollo 1 *m.* Enredo, lío. 2 Situación confusa, asunto turbio.
embromar 1 *tr.* Gastar bromas. 2 Engañar a alguien por diversión y sin ánimo de hacer daño. 3 Fastidiar, molestar. 4 Hacer perder el tiempo.
embrujar 1 *tr.* Trastornar a alguien el juicio o la salud con prácticas de hechicería o magia. 2 Hechizar a alguien ejerciendo sobre él un fuerte atractivo.
embrutecer *tr.* y *prnl.* Entorpecer a alguien. • Vb. irreg. conjug. c. **agradecer**. V. anexo El verbo.
embuchado *m.* Enojo que no se expresa con palabras.
embuchar 1 *tr.* Embutir carne picada en una tripa. 2 Meter comida en el buche de las aves para cebarlas. 3 Comer mucho y sin apenas masticar.
embudo 1 *m.* Canuto con boca ancha para trasvasar líquidos a vasijas de boca estrecha. 2 GEO Depresión geológica de paredes troncocónicas.
embuste *m.* Mentira disfrazada.
embutido, da 1 *adj.* Metido a presión en algo. 2 Acción y efecto de embutir. 3 Tripa rellena con carne picada, principalmente de cerdo. 4 Obra de taracea.
embutir 1 *tr.* Hacer embutidos. 2 Meter una cosa dentro de otra dejándola ajustada. 3 Dar a una chapa metálica la forma de una matriz. 4 Engastar piedras preciosas o materias nobles. 5 Reducir, condensar. 6 *tr.* y *prnl.* Embocar, engullir.
eme *f.* Nombre de la letra *m.*
emergencia 1 *f.* Acción y efecto de emerger. 2 Caso imprevisto o que requiere especial cuidado. 3 Situación de peligro o desastre que requiere una acción inmediata.
emergente 1 *adj.* Que emerge. 2 Que nace, sale y tiene principio de otra cosa. 3 ÓPT Dicho de un rayo, luminoso, que después de atravesar un medio sale de él.
emerger 1 *intr.* Salir de un líquido. 2 Salir de en medio de algo, como la noche o la niebla. 3 Destacarse de un conjunto.
emérito, ta *adj.* Dicho de una persona, que se ha retirado de un cargo o empleo y sigue disfrutando de algún beneficio o recompensa.
emersión 1 *f.* Acción de emerger de un líquido. 2 GEO Aumento relativo de la altura de un continente respecto al nivel del mar.
emético, ca *adj.* Dicho de una sustancia o acción, que provoca el vómito.
emetropía *f.* Estado del ojo cuya refracción y visión son normales.
emigración *f.* Acción y efecto de emigrar.
emigrante *adj.* y *s.* Dicho de una persona, que emigra.
emigrar 1 *intr.* Marcharse del propio país para trabajar en otro. 2 Abandonar la residencia habitual, trasladándose a otra, dentro del propio país, en busca de mejores medios de vida. 3 ECOL Trasladarse periódicamente algunas especies animales de un sitio a otro por exigencias del clima, la alimentación o la reproducción.
eminencia 1 *f.* Altura o elevación del terreno. 2 Persona que se destaca en alguna especialidad. 3 Tratamiento que se da a los cardenales de la Iglesia católica.
eminente 1 *adj.* Sobresaliente, que descuella entre los demás. 2 Distinguido, ilustre.
emir *m.* Príncipe o caudillo árabe.
emirato *m.* Dignidad de emir, territorio que gobierna y tiempo que dura su mandato.
emisario, ria 1 *m.* y *f.* Persona a la que se envía con un mensaje o para concertar algún acuerdo con una persona, un grupo o un país. 2 *m.* GEO Río que procede de un lago y que vierte sus aguas en otro lago, río o el mar.
emisión 1 *f.* Acción y efecto de emitir. 2 ECON Conjunto de efectos o valores que de una vez se ponen en circulación. 3 FÍS Paso de electrones desde una superficie conductora por efecto del calor, incidencia de luz o bombardeo iónico o electrónico. 4 Tiempo durante el cual emite sin interrupción una estación de radio o de televisión. || ~ **secundaria** FÍS Emisión de electrones de la superficie de un sólido en el vacío, provocada al bombardear con partículas cargadas, sobre todo con electrones.
emisor, ra 1 *adj.* y *s.* Que emite. 2 *m.* Aparato productor de las ondas hercianas en la estación de origen. 3 *f.* TELEC Empresa dedicada a la radiodifusión o televisión.
emitir 1 *tr.* Arrojar, expulsar una cosa, como hace el Sol con el calor o el volcán con la lava. 2 Poner en circulación billetes, valores o efectos públicos. 3 Expresar ideas o juicios. 4 *tr.* e *intr.* Transmitir por radio o televisión algún programa.
emoción 1 *f.* Alteración intensa del ánimo. 2 Interés expectante con que se participa en algo que está ocurriendo.
emoliente *adj.* y *m.* FARM Dicho de un medicamento, que se usa para ablandar alguna dureza.
emolumentos *m. pl.* Remuneración adicional que corresponde a un empleo.
emoticono *m.* INF Símbolo gráfico que emplea el remitente durante una comunicación virtual para representar su estado de ánimo u otro tipo de información.
emotividad *f.* Cualidad de emotivo.

emotivo, va 1 *adj.* Perteneciente o relativo a la emoción, o que la produce. 2 Sensible a las emociones.
empacar 1 *tr.* Juntar cosas en pacas o fardos apretados. 2 *tr.* e *intr.* Hacer el equipaje.
empadronar *tr.* y *prnl.* Inscribir a alguien en un censo o padrón con fines demográficos o tributarios.
empajar 1 *tr.* Tapar o rellenar con paja. 2 Techar con paja.
empalagar 1 *tr.* e *intr.* Cansar un alimento por demasiado dulce. 2 Molestar una persona con su amabilidad excesiva o su cursilería. • U. t. c. prnl.
empalar *tr.* Espetar a una persona como se hace con las aves en el asador.
empalidecer 1 *tr.* Hacer palidecer o deslucir a una persona o cosa la brillantez o excelencia de otra. 2 *intr.* PALIDECER.
empalizada *f.* Cerca hecha con palos o estacas.
empalmar 1 *tr.* Juntar los extremos de dos cosas para alargarlas, formando una sola pieza. 2 Combinar ideas o proyectos. 3 Techar con hojas de palma. 4 *intr.* Unirse o combinarse una cosa con otra, como un tren con otro, un camino con otro, etc. 5 Sucederse las cosas sin interrupción, como una conversación tras otra.
empalme 1 *m.* Acción y efecto de empalmar. 2 Punto en que se empalma. 3 Conexión eléctrica, especialmente de dos cables conductores.
empanada *f.* Pastel que se hace doblando la masa sobre sí misma para cubrir con ella el relleno de dulce, carne picada u otro alimento.
empantanar 1 *tr.* y *prnl.* Llenar de agua un terreno, dejándolo hecho un pantano. 2 Detener el curso de un negocio.
empañado, da 1 *adj.* Dicho de una voz, que no suena clara. 2 *adj.* y *s.* Dicho de un cristal y de cualquier superficie pulimentada, que se impregna de vapor.
empañar 1 *tr.* y *prnl.* Quitar el brillo o la diafanidad a una superficie tersa. 2 Oscurecer la fama o los méritos de alguien.
empañetar *tr.* Estucar una pared, enlucirla.
empapar 1 *tr.* y *prnl.* Mojar totalmente una cosa. 2 Absorber los poros de un cuerpo algún líquido en gran cantidad.
empapelar 1 *tr.* Envolver en papel. 2 Cubrir de papel las paredes de una habitación, de un baúl, etc.
empaque 1 *m.* Acción y efecto de empacar. 2 Envoltura y armazón de los paquetes, como papeles, telas, cuerdas, cintas, etc. 3 EMPAQUETADURA.
empaquetadura 1 *f.* Acción y efecto de empaquetar. 2 Trozo de hule u otro material para impedir el escape de un fluido de una máquina o para mantener herméticamente cerradas dos piezas distintas.
empaquetar 1 *tr.* Hacer paquetes. 2 Guardar los paquetes en cajas mayores para su transporte.
emparamar 1 *tr.* y *prnl.* Aterir, helar. 2 Mojar la lluvia, la humedad o el relente.
emparedado *m.* Porción pequeña de jamón u otra vianda, entre dos rebanadas de pan.
emparedar 1 *tr.* y *prnl.* Encerrar a alguien entre paredes. 2 *tr.* Ocultar algo tapiándolo.
emparejar 1 *tr.* y *prnl.* Formar parejas con personas, animales o cosas. 2 Formar parejas con personas o animales de distinto sexo. 3 *tr.* Ajustar puertas, ventanas, etc., sin cerrarlas. 4 Poner una cosa a nivel con otra. 5 *intr.* y *prnl.* Colocarse dos personas o cosas a la misma altura.
emparentar 1 *intr.* Entrar en una familia por casamiento. 2 Tener relación de semejanza o afinidad. 3 *tr.* Señalar o descubrir relaciones de parentesco, origen común o afinidad. • Vb. irreg. conjug. c. **acertar**. V. anexo El verbo.
emparrado 1 *m.* Armazón para sostener los vástagos de plantas trepadoras. 2 Cubierta vegetal que forma el entramado de esas plantas.
emparrillado *m.* Entramado de barras que se colocan bajo los cimientos de una construcción, para darles mayor solidez.
empastar 1 *tr.* Cubrir una superficie con pasta. 2 Encuadernar en pasta los libros. 3 MED Hacer un empaste dental llenando de pasta el hueco dejado por la caries.
empatar 1 *tr.* y *prnl.* Igualar a tantos o votos dos contrincantes o dos opciones. 2 *tr.* Juntar, empalmar una cosa con otra.
empatía *f.* Compenetración afectiva de dos personas.
empatizar *intr.* Experimentar un sentimiento de identificación y afecto hacia alguien.
empecer *intr.* Impedir, obstar. • Vb. irreg. conjug. c. **agradecer**. V. anexo El verbo.
empecinarse *prnl.* Obstinarse, aferrarse, encapricharse.
empedernido, da *adj.* Incorregible, obstinado: *Un jugador empedernido.*
empedrar *tr.* Pavimentar un suelo con piedras. • Vb. irreg. conjug. c. **acertar**. V. anexo El verbo.
empeine 1 *m.* Dorso del pie, entre la caña y los dedos. 2 Parte correspondiente del calzado.
empellar *tr.* Empujar, dar empellones.
empellón *m.* Empujón recio que se da con el cuerpo para sacar de su lugar a alguien o algo.
empelotarse *prnl.* DESNUDARSE, quitarse el vestido.
empenaje *m.* Conjunto de estabilizadores vertical y horizontal, así como una pequeña sección de la parte posterior del fuselaje de una aeronave.
empeñar 1 *tr.* Dejar una cosa en prenda de un préstamo. 2 *tr.* y *prnl.* Comprometer, implicar en un asunto o empresa. 3 *prnl.* Insistir con tesón en algo, obstinarse.
empeño 1 *m.* Acción y efecto de empeñar o empeñarse. 2 Obligación de pagar del que empeña una cosa. 3 Esfuerzo intenso por conseguir algo. 4 Objeto a que se dirige. 5 Tenacidad, firmeza.
empeorar *tr.* e *intr.* Hacer que algo que ya era o estaba malo, sea o se ponga peor. • U. t. c. prnl.
empequeñecer *tr.* e *intr.* Hacer más pequeño algo, o amenguar su importancia. • U. t. c. prnl. Vb. irreg. conjug. c. **agradecer**. V. anexo El verbo.
emperador, triz *m.* y *f.* Soberano de un imperio o que tiene por vasallos a reyes o grandes príncipes.
emperezar *intr.* y *prnl.* Dejarse dominar por la pereza.
emperifollar *tr.* y *prnl.* Acicalar mucho a una persona, adornarla con exceso.
empero 1 *conj. advers.* Sin embargo. 2 PERO[2].
emperrarse *prnl.* Obstinarse en algo, no ceder.
empezar 1 *tr.* Dar principio a algo, iniciarlo. 2 *intr.* Tener principio algo. • Vb. irreg. conjug. c. **acertar**. V. anexo El verbo.
empinado, da 1 *adj.* Muy alto. 2 De gran pendiente. 3 Estirado, orgulloso.
empinar 1 *tr.* Enderezar y levantar en alto. 2 Inclinar mucho el vaso, el jarro, la bota, etc., para beber (levantando el codo). 3 *prnl.* Ponerse alguien sobre las puntas de los pies y erguirse. 4 Ponerse un cuadrúpedo sobre las patas traseras levantando las manos.
empíreo, a 1 *adj.* Celestial, divino. 2 *adj.* y *s.* REL Dicho del cielo, morada esplendorosa y feliz del Dios cristiano y de sus ángeles y santos.
empírico, ca 1 *adj.* Basado en la experiencia. 2 Perteneciente o relativo al empirismo. 3 *adj.* y *s.* Partidario de tal concepción filosófica.
empirismo 1 *m.* Sistema o procedimiento fundado solo en la experiencia. 2 FIL Doctrina que afirma que

todos los contenidos del conocimiento proceden únicamente de la experiencia y que esta es su única base de valor.

empitonar *tr.* En tauromaquia, alcanzar la res el bulto con los pitones.

emplastar *tr.* Poner emplastos.

emplasto 1 *m.* FARM Preparado de uso externo a base de materias grasas y resinas. 2 Cosa pegajosa y de mal aspecto.

emplatar *tr.* e *intr.* En gastronomía, poner la comida en el plato de cada uno de los comensales antes de pasarlo a la mesa.

emplazamiento 1 *m.* Acción de emplazar[1]. 2 Lugar donde está emplazada una cosa.

emplazar[1] 1 *tr.* Citar a una persona en determinado tiempo y lugar. 2 Dar a alguien un tiempo determinado para la ejecución de algo.

emplazar[2] *tr.* Colocar una cosa en un sitio determinado.

empleado, da *m.* y *f.* Persona que trabaja para otra, una institución o una empresa a cambio de un salario.

emplear 1 *tr.* Usar, hacer servir para algo a personas o cosas. 2 Ocupar, gastar, invertir. 3 ECON Ocupar las personas o instituciones a un individuo para obtener su trabajo a cambio de un salario u otro tipo de pago. 4 *tr.* y *prnl.* Ocupar a alguien en un trabajo o negocio, dedicarse a algo.

empleo 1 *m.* Acción y efecto de emplear. 2 Ocupación habitual de una persona, un oficio. 3 ECON Conjunto de las actividades económicas de una nación o un sector productivo en relación con las personas en condiciones de trabajar.

emplumar 1 *tr.* Poner plumas con un fin práctico (en los dardos o las saetas), ornamental (en los sombreros). 2 *intr.* Echar plumas las aves.

empobrecer 1 *tr.* Hacer pobre o más pobre a una persona o hacer que una cosa pierda calidad. 2 *intr.* y *prnl.* Venir una persona al estado de pobreza y privaciones; decaer, venir a menos una cosa. • Vb. irreg. conjug. c. **agradecer**. V. anexo El verbo.

empoderar *tr.* y *prnl.* Hacer fuerte o dar poder a una persona o grupo social para que mejore sus condiciones de vida.

empollar 1 *tr.* e *intr.* Incubar las aves sus huevos para que nazcan los pollos. 2 *intr.* Producir cría las abejas.

empolvar 1 *tr.* Echar polvo. 2 *tr.* y *prnl.* Echar polvos de tocador en los cabellos, el rostro, la piel, etc. 3 *prnl.* Cubrirse de polvo.

emponzoñar 1 *tr.* y *prnl.* Poner ponzoña, envenenar. 2 Echar a perder, corromper.

emporcar *tr.* y *prnl.* Ensuciar, llenar de porquería. • Vb. irreg. conjug. c. **contar**. V. anexo El verbo.

emporio *m.* Empresa o conjunto de empresas florecientes.

empotrar *tr.* Asegurar una cosa a la pared o al suelo dejándola fija.

empozar 1 *tr.* y *prnl.* Meter o echar en un pozo. 2 *intr.* Estancarse el agua formando pozas.

emprender *tr.* Acometer una obra o empresa.

emprendimiento *m.* Inicio de una actividad que exige trabajo y esfuerzo para llevarla a cabo.

empresa 1 *f.* Acción de emprender y cosa que se emprende. 2 Obra o proyecto en el que participan varias personas. 3 ECON Sociedad industrial o mercantil, integrada por el capital y el trabajo como factores de producción. 4 ECON Conjunto de dichas sociedades. 5 Lugar en que están. || ~ **financiera** ECON Esta categoría corresponde, de manera general, a los **bancos** y a la **banca**. ~ **pública** o **estatal** ECON La creada y sostenida por un poder público.

empresario, ria *m.* y *f.* Persona dueña de una empresa o un negocio.

empréstito 1 *m.* ECON Préstamo que el Estado, una institución o una empresa obtiene de otras empresas o particulares saliendo al mercado de valores. 2 ECON Cantidad así prestada.

empuercar *tr.* y *prnl.* **EMPORCAR.**

empujar 1 *tr.* Hacer fuerza para mover algún cuerpo. 2 Incitar a alguien a una determinada acción.

empuje 1 *m.* Resolución con que se acomete una empresa. 2 Presión que ejerce el peso de una obra sobre las paredes en que se sustenta. 3 FÍS Fuerza de sentido opuesto al peso a que están sometidos todos los cuerpos sumergidos o flotantes en un fluido.

empujón 1 *m.* Impulso fuerte con que se mueve o aparta a una persona o cosa. 2 Avance rápido que se hace en una obra trabajando con ahínco en ella.

empuñadura 1 *f.* Puño de la espada. 2 Mango de cualquier arma, herramienta o utensilio.

empuñar 1 *tr.* Asir por el puño una cosa. 2 Asir una cosa abarcándola estrechamente con la mano. 3 Cerrar la mano para formar o presentar el puño.

emú *m.* Ave corredora y de plumaje oscuro, que alcanza casi los 2 m de altura y que vive en Australia.

emular *tr.* Imitar a una persona, generalmente en lo bueno, intentando superarla.

emulsión 1 *f.* FARM Líquido en el que se mantienen en suspensión partículas no solubles en agua, como grasas, resinas, bálsamos, etc. 2 FOT Suspensión coloidal de bromuro de plata en gelatina que forma la capa sensible a la luz del material fotográfico.

en 1 *prep.* Señala las determinaciones de lugar, tiempo y modo de una acción o un estado: *Manuel está en Guayaquil; En Navidad la gente es más amable; Estaban en ayunas; El libro está en portugués.* 2 Indica el término de un movimiento o el resultado de un proceso: *Luego de la victoria, entraron en la ciudad; La fiesta acabó en desastre.* 3 Señala el oficio de una persona o aquello en lo que sobresale: *Trabaja en lingüística; Es excelente en baloncesto.* 4 Sobre o encima de: *La carta siempre estuvo en la mesa.*

enagua *f.* Prenda interior femenina que se lleva debajo del vestido exterior. • U. m. en pl.

enajenar 1 *tr.* Ceder a otro la propiedad o uso de algo. 2 *tr.* y *prnl.* Sacar a alguien de sí mismo, privarle de la razón. 3 Cautivar, embelesar por la admiración o el placer.

enaltecer *tr.* y *prnl.* Alabar, ensalzar. • Vb. irreg. conjug. c. **agradecer**. V. anexo El verbo.

enamorar 1 *tr.* y *prnl.* Despertar la pasión amorosa en una persona. 2 Cortejar, decir requiebros. 3 *prnl.* Prendarse de una persona. 4 Aficionarse con entusiasmo a algo.

enanismo *m.* MED Trastorno del crecimiento por el que un individuo no alcanza la talla media de los individuos de la misma edad.

enano, na 1 *adj.* Diminuto en su especie. 2 *m.* y *f.* Persona que padece enanismo. 3 *m.* Personaje fantástico, de figura humana y muy baja estatura, que aparece en cuentos infantiles o en leyendas de tradición popular.

enarbolar 1 *tr.* Levantar en alto una bandera o un estandarte. 2 Mantener en alto algún palo o arma en gesto de amenaza.

enarcar *tr.* y *prnl.* Arquear, dar forma de arco.

enardecer *tr.* y *prnl.* Avivar una pasión o una disputa. • Vb. irreg. conjug. c. **agradecer**. V. anexo El verbo.

enarmónico, ca *adj.* MÚS Dicho de uno de los tres géneros del sistema musical, que procede por dos semitonos menores y una tercera mayor.

enartrosis *f.* ANAT Articulación de la parte redonda de un hueso que se mueve en la cavidad de otro.

encabestrar *tr.* Poner el cabestro o ronzal a las caballerías.
encabezamiento *m.* Conjunto de palabras o fórmula con que se empieza una carta o un documento.
encabezar 1 *tr.* Poner el encabezamiento de un escrito o libro. 2 Figurar el primero en una lista. 3 Dirigir a otros, acaudillar.
encabritar *prnl.* Levantar el caballo las manos sosteniéndose en las patas traseras.
encachar *tr.* Poner cachas a un cuchillo o una navaja.
encadenado, da 1 *adj.* Dicho de un verso, que empieza con la última palabra del anterior, o de una estrofa, que repite el último verso de la precedente. 2 *m.* CIN Montaje cinematográfico en que una imagen se sobrepone a la anterior, que va difuminándose.
encadenamiento 1 *m.* Acción y efecto de encadenar. 2 Conexión y trabazón de unas cosas con otras. 3 Serie de palabras derivadas consecutivamente, como: *Nación, nacional, nacionalizar, nacionalización.*
encadenar 1 *tr.* Atar con cadenas. 2 Dejar a alguien sin movimiento y sin acción. 3 *tr.* y *prnl.* Unir cosas o trenzar razonamientos.
encajar 1 *tr.* Meter una cosa en otra ajustándola, acoplar. 2 Introducir oportuna o inoportunamente alguna cosa, dato, noticia, etc., en una conversación o en un escrito.
encaje 1 *m.* Acción de encajar una cosa en otra. 2 Acoplamiento de dos piezas y punto o hueco en que se juntan. 3 Tejido calado que se rellena con labores de adorno. 4 Labor de taracea. 5 ECON Dinero que los bancos tienen en caja. 6 ECON Porcentaje fijo de reservas sobre los depósitos del público que los bancos comerciales deben consignar en un banco central.
encajonar 1 *tr.* Guardar en cajón o cajones. 2 *tr.* y *prnl.* Meterse en un lugar estrecho. 3 *prnl.* Correr el río, o el arroyo, por una angostura.
encalambrarse *prnl.* Entumirse, aterirse.
encalar 1 *tr.* Blanquear con cal las paredes. 2 Meter en cal o espolvorear con ella algo.
encallar *intr.* y *prnl.* Embarrancar una embarcación quedando inmóvil.
encallecer *tr.* y *prnl.* Endurecer una parte del cuerpo formando en ella callos. • Vb. irreg. conjug. c. **agradecer**. V. anexo El verbo.
encamar *tr.* y *prnl.* Meterse en la cama, generalmente por enfermedad.
encaminar 1 *tr.* y *prnl.* Enseñar a alguien el camino o poner en él. 2 *tr.* Guiar o dirigir la educación de alguien. 3 Orientar intenciones o energías hacia un fin u objetivo determinado.
encandilar *tr.* y *prnl.* Deslumbrar por exceso de luz.
encanecer 1 *intr.* Ponerse cano. 2 *tr.* Hacer encanecer. • Vb. irreg. conjug. c. **agradecer**. V. anexo El verbo.
encantar 1 *tr.* Ejercer poderes mágicos y obrar maravillas con ellos. 2 Cautivar, seducir. 3 *prnl.* Estar ausente o embobado.
encanto 1 *m.* Acción y efecto de encantar o encantarse. 2 Persona o cosa que gusta y embelesa. 3 *m. pl.* Atractivos físicos o morales de una persona.
encañado[1] *m.* Celosía de cañas.
encañado[2] *m.* Conducto hecho de caños, o de otro modo, para conducir el agua.
encañar[1] *intr.* y *prnl.* Echar caña las mieses y otras plantas reforzando sus tallos.
encañar[2] 1 *tr.* Hacer pasar el agua por encañados o conductos. 2 Sanear de la humedad las tierras por medio de encañados.
encañizada 1 *f.* Atajadizo o trampa con cañas para pescar. 2 Enrejado de cañas.
encañonar 1 *tr.* Apuntar con un arma de fuego. 2 Hacer pasar una corriente de agua o de aire por un conducto estrecho, como una tubería, un desfiladero o el tiro de una chimenea. 3 *intr.* Echar cañones las aves.
encapotado *adj.* Dicho del cielo, cubierto de nubes.
encapotar 1 *tr.* y *prnl.* Vestir el capote. 2 *prnl.* Cubrirse el cielo de nubarrones de tempestad. 3 Bajar el caballo excesivamente la cabeza.
encapricharse 1 *prnl.* Empeñarse alguien en sostener o conseguir su capricho. 2 Tener capricho por alguien o algo.
encapuchado, da *adj.* y *s.* Dicho de una persona, cubierta con capucha.
encaramar *tr.* y *prnl.* Levantar o subir a un lugar dificultoso.
encarar 1 *intr.* y *prnl.* Colocar frente a frente dos personas o cosas. 2 Enfrentarse en una entrevista dos personas con ideas discrepantes u opuestas. 3 Hacer frente a un problema, acometer un negocio, mantenerse firme.
encarcelar *tr.* Apresar, meter en la cárcel.
encarecer 1 *tr.* e *intr.* Aumentar el precio de una cosa. • U. t. c. prnl. 2 *tr.* Ponderar mucho. 3 Recomendar con empeño, insistir en algo. • Vb. irreg. conjug. c. **agradecer**. V. anexo El verbo.
encargar 1 *tr.* y *prnl.* Poner algo al cuidado de alguien. 2 *tr.* Mandar o recomendar alguna gestión. 3 Solicitar alguna cosa de otro lugar. 4 Dicho de una mujer, quedar embarazada.
encargo 1 *m.* **RECADO**, mensaje, provisión. 2 Acción y efecto de encargar o encargarse. 3 Pedido. 4 Cargo, empleo.
encariñar *tr.* y *prnl.* Aficionar, despertar afecto por alguna persona o cosa.
encarnación 1 *f.* Acción de encarnar. 2 REL Por antonomasia, el misterio cristiano de la segunda persona de la Trinidad, que "tomó carne" o se hizo hombre. 3 Personificación, representación o símbolo de una idea, doctrina, etc.
encarnar 1 *intr.* y *prnl.* Tomar forma corporal un espíritu, una idea, etc. 2 REL En el dogma cristiano, hacerse hombre verdadero la segunda persona de la Trinidad divina.
encarnizar 1 *tr.* y *prnl.* Cebarse los animales en la carne de su víctima. 2 Batirse con furor dos cuerpos de tropas enemigas.
encarpetar 1 *tr.* Guardar papeles en carpetas. 2 Detener un expediente.
encartado, da *adj.* Metido en dificultades.
encartar 1 *tr.* Incomodar a alguien haciéndole recibir algo que no desea. 2 *prnl.* En los juegos de naipes, no poder descartarse de las cartas que perjudican. 3 Quedarse con alguien o con algo no favorable o estar en una situación no deseada.
encarte *m.* Acción y efecto de encartar.
encarrilar 1 *tr.* Poner un vehículo sobre los carriles. 2 Dirigir a alguien o algo por el camino adecuado para lograr algo; dar el rumbo atinado a cualquier empresa.
encasillar 1 *m.* Poner en casillas. 2 Clasificar personas o cosas por categorías o ideologías.
encasquillarse *prnl.* Atascarse un arma de fuego por no expeler bien el casquillo.
encauchado, da 1 *adj.* Dicho de una prenda, impermeabilizada con caucho. 2 *m.* Poncho impermeabilizado con caucho.
encausar *tr.* DER Formar causa a alguien, procesarlo.
encausto *m.* ART Pintura realizada al fuego con punzones o buriles calientes que aplican los colores o los esmaltes.
encauzar 1 *tr.* Hacer cauce a una corriente o dirigirla por él. 2 Dirigir por buen camino un asunto o una discusión.

encefalitis *f.* Med Enfermedad infecciosa del sistema nervioso central caracterizada por inflamación del cerebro.

encéfalo *m.* Anat Conjunto de órganos del sistema nervioso central que se encuentran en la bóveda craneana.

encefalomielitis *f.* Med Inflamación generalizada del sistema nervioso central, encéfalo y médula espinal.

encefalopatía *f.* Med Afección orgánica del encéfalo que no responde a lesiones anatómicas precisas y que se observa en ciertas infecciones o intoxicaciones.

enceguecer 1 *tr.* Cegar, dejar ciego. 2 *tr.* y *prnl.* Quedar ciego. 3 Cegar, ofuscar el entendimiento.

encelar 1 *tr.* Dar celos. 2 *prnl.* Sentir celos de alguien. 3 Estar en celo un animal.

encenagarse 1 *prnl.* Meterse en el cieno. 2 Mancharse con cieno.

encendedor, ra 1 *adj.* y *s.* Que enciende. 2 *m.* Aparato que mediante chispa o llama inicia una combustión.

encender 1 *tr.* Iniciar la combustión de algo. 2 Conectar un circuito eléctrico. 3 Causar ardor o acaloramiento: *El chile enciende la lengua.* 4 *tr.* y *prnl.* Producir una disputa o guerra. 5 Avivar una pasión. 6 *prnl.* Arrebolarse, ruborizarse. • Vb. irreg. conjug. c. **entender**. V. anexo El verbo.

encendido, da 1 *adj.* De color rojo vivo. 2 *m.* Acto de encender. 3 Electr **bobina** de ~. 4 En los motores de explosión, conjunto de la instalación eléctrica y los aparatos destinados a producir la chispa. 5 Inflamación del carburante mediante la chispa.

encepar 1 *tr.* Poner a alguien en el cepo. 2 *intr.* y *prnl.* Echar raíces las plantas.

encerado 1 *m.* Acción y efecto de encerar. 2 Tablero o lienzo en el que se puede escribir o dibujar. 3 Capa ligera de cera que protege muebles y entarimados.

encerar *tr.* Aplicar cera a una cosa.

encerrar 1 *tr.* Meter a personas o cosas en un lugar cerrado. 2 Incluir, contener. 3 En los juegos de tablero, impedir los movimientos al contrario. • Vb. irreg. conjug. c. **acertar**. V. anexo El verbo.

encestar 1 *tr.* Poner algo en un cesto o una cesta. 2 Dep En el baloncesto, meter el balón en la canasta.

enceste *m.* Dep En el baloncesto, canasta que puede valer uno, dos o tres tantos.

enchapado 1 *m.* Trabajo hecho con chapas. 2 Chapa fina de madera obtenida con máquinas especiales. 3 Superficie cubierta con baldosas, azulejos, etc.

enchapar 1 *tr.* Cubrir con chapas. 2 Colocar o pegar baldosas, azulejos, etc.

encharcar *tr.* y *prnl.* Cubrir de charcos un terreno.

enchilada *f.* Tortilla de maíz enrollada o doblada, frita, y aderezada con salsa de chile y otros ingredientes.

enchilar *tr.* Aderezar con chile cualquier alimento.

enchufar 1 *tr.* e *intr.* Introducir el enchufe o la clavija macho de un aparato eléctrico en la clavija hembra. 2 Empalmar dos tubos o piezas similares formando uno solo. 3 *tr.* y *prnl.* Obtener algún cargo o empleo por influencias.

enchufe 1 *m.* Acción y efecto de enchufar. 2 Dispositivo por el que se conecta un aparato a la red eléctrica. 3 Parte del tubo que penetra en otro. 4 Cargo logrado por recomendación.

encía *f.* Anat Parte de la mucosa bucal que rodea el cuello de los dientes y las muelas.

encíclica 1 *f.* Misiva del Papa a los obispos católicos de todo el mundo. 2 Carta pastoral escrita por un obispo o grupo de obispos como exposición de la creencia y práctica de la doctrina cristiana.

enciclopedia 1 *f.* Conjunto de todas las ciencias. 2 Obra en que se compendian los saberes humanos de todo tipo. 3 Diccionario en que se dan noticias de todas las materias, o bien de las relativas a una determinada ciencia, por artículos separados y dispuestos en orden alfabético.

enciclopedismo *m.* Hist Conjunto de doctrinas políticas, sociales, filosóficas y religiosas profesadas por los autores de *La Enciclopedia,* publicada en Francia a mediados del s. XVIII bajo la dirección de D. Diderot (1713-84) y J. D'Alembert (1717-83). Proclamaba la independencia y superioridad de la razón frente a la autoridad, la tradición y la fe.

encierro 1 *m.* Acción y efecto de encerrar o encerrarse. 2 Lugar donde se encierra. 3 Grupo de toros que se reservan para una corrida.

encima 1 *adv. l.* En un lugar o puesto superior respecto de otro inferior: *El libro está encima del baúl; Ocupó el tercer puesto por encima de su amiga.* 2 Sobre la propia persona: *Echarse encima una responsabilidad.* 3 Además: *El profesor le dejó una larga tarea y encima le escribió una nota a sus padres.* 4 Muy cerca o próximo en el tiempo: *Ya tenemos la semana de exámenes encima y aún no hemos estudiado.* 5 A pesar de todo: *¡Sus padres le dan todo y encima se queja!*

encimar 1 *tr.* e *intr.* Poner a una persona o cosa en lo alto o en posición superior a otras. 2 Dar encima de lo estipulado, añadir. 3 *prnl.* Elevarse o levantarse una cosa a mayor altura que otra.

encina *f.* Árbol alto y copudo de madera dura, ramas abundantes, hojas elípticas y persistentes y fruto en aquenio, que es la bellota, cubierta en parte por una cúpula y que en algunas variedades es comestible.

encinta *adj.* Dicho de una mujer, embarazada.

encintado *m.* Acción y efecto de encintar.

encintar *tr.* Adornar, engalanar con cintas.

enclaustrar 1 *tr.* y *prnl.* Encerrar en un claustro o convento. 2 Meter, esconder en un lugar oculto.

enclavado, da 1 *adj.* Encajado, fijado. 2 *adj.* y *s.* Dicho de un sitio, encerrado dentro del área de otro.

enclavar 1 *tr.* Asegurar con clavos. 2 Colocar, situar. 3 Ensartar.

enclave 1 *m.* Territorio incluido en otro con diferentes características políticas, administrativas, geográficas, etc. 2 Grupo étnico, político o ideológico que convive o se encuentra inserto dentro de otro. 3 Econ **economía** de ~. || ~ **lingüístico** Ling Área geográfica en que se habla una lengua o un dialecto distinto del de la zona que la rodea.

enclenque *adj.* y *s.* Débil, enfermizo.

enclisis *f.* Gram Unión de una o más palabras, generalmente átonas, a otra tónica que la precede.

enclítico, ca *adj.* Gram Dicho de una partícula, que se pronuncia sin acento propio y se escribe unida a la precedente formando una sola palabra; en español el fenómeno ha quedado reducido a los pronombres pospuestos al verbo: *Díselo, tráemela, dícese, sosiégate.*

encofrado *m.* Armazón de tableros o chapas en que se vacía el hormigón hasta que fragua.

encoger 1 *tr.* y *prnl.* Contraer una cosa o un miembro haciendo que ocupe menos espacio. 2 Amedrentar. 3 *intr.* Disminuir el tamaño algunas cosas al secarse, como el cuero, la madera, etc. 4 Reducirse de tamaño una tela después de mojarla.

encolado *m.* Acción y efecto de encolar.

encolar 1 *tr.* Pegar una cosa con cola. 2 Preparar con una capa de cola la superficie que se va a pintar al temple.

encolerizar *tr.* y *prnl.* Poner colérico.

encomendar 1 *tr.* Encargar una persona o cosa a alguien para que la cuide o la vigile. 2 *prnl.* Ponerse en manos de alguien. • Vb. irreg. conjug. c. **acertar**. V. anexo El verbo.

encomendero, ra 1 *m.* y *f.* El que lleva encargos o recados. 2 HIST El que por concesión real tenía indígenas encomendados.
encomiar *tr.* Alabar con encarecimiento a alguien o algo.
encomienda 1 *f.* Acción y efecto de encomendar. 2 Cosa encomendada. 3 Paquete postal. 4 HIST Institución jurídica implantada por España en América para reglamentar las relaciones entre españoles e indígenas. ☐ HIST Los indígenas encomendados debían entregar al encomendero parte de sus cosechas y productos de elaboración doméstica, en especie o en forma de tributos, a cambio, teóricamente, de un salario, alimento y el adoctrinamiento en la fe cristiana. Dio lugar a múltiples abusos y expoliaciones y se mantuvo a lo largo de dos siglos, siendo abolida en 1720 (en Yucatán en 1787).
enconamiento *m.* Inflamación de una parte del cuerpo que está lastimada por una herida, espina, etc.
enconar 1 *tr.* y *prnl.* Inflamarse o infectarse una herida. 2 Irritar, exasperar.
enconcharse *prnl.* Meterse en su concha; retraerse.
encono *m.* Animadversión, rencor arraigado en el ánimo.
encontrar 1 *tr.* y *prnl.* Dar con una persona o cosa. 2 *intr.* Topar o chocar dos o más personas o cosas. 3 *prnl.* Acudir varias personas al mismo sitio. 4 Hallarse. 5 Discordar, opinar diferentemente. • Vb. irreg. conjug. c. **contar**. V. anexo El verbo.
encopetado, da 1 *adj.* De alto copete, linajudo. 2 Engreído.
encopetar 1 *tr.* y *prnl.* Formar copete con algo. 2 Envanecerse, engreírse.
encorajar 1 *tr.* Dar valor, ánimo y coraje. 2 *prnl.* Enfadarse, encolerizarse.
encorchar *tr.* Poner tapones de corcho a las botellas.
encordar 1 *tr.* Ceñir con una cuerda. 2 MÚS Poner cuerdas a un instrumento. 3 *prnl.* Atarse un escalador a la cuerda de seguridad.
encordelar 1 *tr.* Poner cordeles a una cosa. 2 Forrar de cordeles alguna pieza.
encordonar *tr.* Poner cordones como sujeción o a modo de adorno.
encornadura 1 *f.* Disposición de los cuernos de un animal. 2 **CORNAMENTA**.
encortinar *tr.* Poner cortinas.
encorvar 1 *tr.* y *prnl.* Doblar una cosa dándole forma curva. 2 *prnl.* Doblarse alguien por la edad o por enfermedad. 3 Bajar la cabeza una caballería al tiempo que arquea el cuello y el espinazo, con objeto de lanzar al jinete.
encrespar 1 *tr.* y *prnl.* Ensortijar el cabello. 2 Erizar el pelo, plumaje, etc., por alguna impresión fuerte. 3 Alborotar las ondas del mar. 4 *tr.* y *prnl.* Enfurecer o irritar a alguien.
encrestarse *prnl.* Poner las aves la cresta tiesa.
encriptación *m.* INF Conjunto de técnicas que intentan hacer inaccesible la información a personas no autorizadas. Por lo general, se basa en una clave, sin la cual la información no puede ser descifrada.
encriptar *tr.* **CIFRAR**.
encrucijada 1 *f.* Punto en que se cruzan dos o más calles o caminos. 2 Situación difícil e incierta.
encuadernación 1 *f.* Acción y efecto de encuadernar. 2 Manera en que un libro está encuadernado. 3 Tapas de un libro.
encuadernador, ra 1 *m.* y *f.* Persona que encuaderna libros. 2 *m.* Pinza o grapa para sujetar varias hojas de papel.
encuadernar *tr.* Unir varios pliegos o cuadernillos poniéndoles tapas o cubiertas.
encuadrar 1 *tr.* Poner en un marco o cuadro. 2 Ajustar una cosa dentro de otra. 3 Contener, incluir. 4 Definir los límites de una imagen que se quiere dibujar, fotografiar, etc. 5 Pasar a formar parte de un equipo, una actividad, etc.
encuadre *m.* CIN y FOT Marco o espacio en que se sitúa una fotografía o toma cinematográfica.
encubar *tr.* Echar el vino u otro licor en cubas.
encubridor, ra 1 *adj.* y *s.* Que encubre. 2 *m.* y *f.* Alcahuete o alcahueta.
encubrir 1 *tr.* y *prnl.* Ocultar una cosa o no manifestarla. 2 Impedir que llegue a saberse algo. 3 Hacerse responsable de encubrimiento de un delito.
encuentro 1 *m.* Choque entre dos o más cosas. 2 Acto de reunirse dos o más personas. 3 Oposición, contradicción. 4 Discusión, riña. 5 DEP Competición. 6 Choque inesperado entre tropas enemigas.
encuerar *tr.* y *prnl.* Desnudar, dejar en cueros.
encuesta 1 *f.* Averiguación o sondeo. 2 Acopio de datos obtenidos mediante consulta a un cierto número de personas.
encuestar 1 *tr.* Someter a encuesta. 2 Interrogar para una encuesta. 3 *intr.* Hacer una encuesta.
enculturación *f.* Proceso por el que una persona adopta la cultura, los usos, las creencias, etc., de la sociedad en que vive.
encumbrado, da *adj.* Elevado, alto.
encumbrar 1 *tr.* Subir la cumbre, pasarla. 2 *tr.* y *prnl.* Levantar en alto. 3 Ensalzar a alguien. 4 *prnl.* Dicho de una cosa inanimada, ser muy elevada: *Las montañas se encumbran hasta desaparecer.* 5 Envanecerse, ensoberbecerse.
encurtir *tr.* Conservar alimentos en vinagre.
ende || **por ~** Por tanto, por lo que, en atención a lo cual.
endeble 1 *adj.* Débil, de escasas fuerzas; de poca resistencia, aplicado a cosas. 2 De escaso valor: *Prosa endeble.*
endecasílabo, ba *adj.* y *m.* Dicho de un verso, de once sílabas.
endecha 1 *f.* Canción triste o de lamento. 2 Combinación de cuatro versos de seis o siete sílabas, se emplea repetida.
endemia *f.* MED Enfermedad habitual en una zona geográfica.
endémico, ca 1 *adj.* Perteneciente o relativo a la endemia. 2 Dicho de un acto o suceso, que se repite frecuentemente en una región o un país. 3 BIOL Dicho de una especie animal o vegetal, que es propia y exclusiva de determinadas regiones.
endemoniado, da 1 *adj.* y *s.* Poseso, poseído por el demonio. 2 *adj.* Dicho de una persona, perversa y de malos sentimientos, o del niño muy travieso.
endemoniar 1 *tr.* Introducir los demonios en el cuerpo de alguien. 2 *tr.* y *prnl.* Exasperar, encolerizar, sacar de sus casillas.
enderezar 1 *tr.* y *prnl.* Poner derecho lo torcido; o vertical, lo inclinado. 2 *intr.* y *prnl.* Dirigirse a una persona o encaminarse hacia un objetivo.
endeudamiento 1 *m.* Acción y efecto de endeudarse. 2 ECON Conjunto de obligaciones de pago contraídas por una nación, empresa o persona.
endeudarse 1 *prnl.* Contraer deudas, entramparse. 2 Reconocerse obligado.
endiablado, da 1 *adj.* **ENDEMONIADO**. 2 Dicho de una persona, perversa, del niño travieso y de lo que resulta molesto.
endiosar 1 *tr.* Divinizar a alguien, como se hacía con los faraones o los emperadores romanos. 2 *prnl.* Engreírse, envanecerse.

endocardio *m.* ANAT Membrana serosa o endotelio que recubre las cavidades del corazón.
endocarpio *m.* BOT Capa interna, que puede ser leñosa o blanda, de las tres que forman el pericarpio de un fruto.
endocrino, na *adj.* FISIOL Perteneciente o relativo a las hormonas o a las secreciones internas.
☐ **sistema endocrino** ANAT y FISIOL Conjunto de **glándulas** endocrinas (o sin conducto) que liberan hormonas directamente en el torrente sanguíneo. Estas hormonas regulan el crecimiento, el desarrollo y las funciones de muchos tejidos, y coordinan los procesos metabólicos del organismo. Las glándulas endocrinas son la **hipófisis** o pituitaria, la **tiroides**, la **paratiroides**, las suprarrenales, el **páncreas**, los **ovarios**, los **testículos** y el **timo**.
endocrinología *f.* MED Ciencia que estudia el sistema endocrino y las enfermedades y los trastornos debidos a alteraciones de su función.
endodermis *f.* BOT Capa de tejido entre la corteza primaria y el núcleo central de los tallos.
endodermo *m.* ZOOL Capa interna del blastodermo embrionario que da origen al aparato digestivo y al epitelio de las vías respiratorias y urinarias.
endodoncia 1 *f.* MED Parte de la odontología que estudia la patología y terapéutica de las afecciones de la pulpa dentaria. 2 MED Tratamiento de los conductos radicales de una pieza dentaria.
endogamia 1 *f.* Costumbre que se practica en algunas sociedades, por las cuales un miembro de una comunidad, tribu, clan o unidad social contrae matrimonio con otra persona del mismo grupo social. 2 BIOL Apareamiento entre individuos de la misma comunidad, que habitan un área que restringe los procesos de migración y renovación genotípica.
endógeno, na *adj.* Que se origina o tiene lugar en el interior o en virtud de causas internas.
endolinfa *f.* ANAT Líquido acuoso que llena el laberinto del oído interno.
endometrio *m.* ANAT y FISIOL Mucosa que recubre el útero y que se elimina cíclicamente durante la madurez sexual.
endomorfismo *m.* GEO Variación en la composición química de una roca plutónica por influencia de las rocas metamórficas a las cuales atraviesa.
endoparásito, ta *m.* y *f.* BIOL Parásito que vive en el interior de animales o plantas.
endoplasma *m.* BIOL Parte interior del citoplasma, en contraposición al ectoplasma.
endoplasmático, ca 1 *adj.* BIOL Perteneciente o relativo al endoplasma. 2 BIOL **retículo** ~.
endorfina *f.* BIOQ Sustancia peptídica, elaborada por la hipófisis, que actúa sobre el sistema nervioso reduciendo el dolor y generando respuestas emocionales placenteras.
endorreísmo *m.* GEO Afluencia de las aguas de un territorio hacia su interior, sin desagüe al mar.
endosar 1 *tr.* Transferir a otro un cheque, una letra, etc. 2 Trasladar a otro alguna obligación.
endoscopia *f.* MED Exploración médica de las cavidades internas del organismo mediante un endoscopio.
endoscopio *m.* MED Aparato para la exploración visual de las cavidades internas del cuerpo humano.
endosfera *f.* GEO **NÚCLEO** de la Tierra.
endósmosis *f.* FÍS Difusión de fuera adentro, que se establece cuando dos líquidos de distinta densidad están separados por una membrana.
endoso 1 *m.* Acción y efecto de endosar. 2 Fórmula que se escribe al dorso del documento que se endosa.
endospermo *m.* BOT Tejido del embrión de las plantas monocotiledóneas, que les sirve de alimento.
endospora *f.* BIOL Espora que se forma en el interior del esporangio.
endotelio *m.* ANAT Tejido formado por una capa de células que reviste las paredes de algunas cavidades orgánicas, como en la pleura y en los vasos sanguíneos.
endotérmico, ca *adj.* FÍS Dicho de un proceso, en el que hay absorción de calor. || **reacción** ~ QUÍM La que absorbe energía. Normalmente, la ruptura de enlaces requiere un aporte de energía.
endulzar 1 *tr.* y *prnl.* Hacer dulce algo: *Endulza el café con miel.* 2 Suavizar un dolor o trabajo, hacer más llevadera la vida.
endurecer 1 *tr.* y *prnl.* Poner dura una cosa. 2 Curtir, hacer resistente al trabajo y a la fatiga. 3 Hacer a alguien insensible y exigente. • Vb. irreg. conjug. c. **agradecer**. V. anexo El verbo.
enduro *m.* Modalidad del motociclismo que se disputa a campo abierto, en la que se realizan recorridos sobre trayectos fijados en los que se sobrepasan obstáculos naturales.
ene 1 *f.* Nombre de la letra *n*. 2 MAT Nombre del signo potencial indeterminado en álgebra. 3 *adj.* Denota cantidad indeterminada: *Eso costará ene pesos.*
enebro *m.* Arbusto de las cupresáceas, de tronco ramoso, hojas dispuestas de tres en tres, flores rojizas en amento y frutos en bayas elipsoidales o esféricas.
eneldo *m.* Planta herbácea de las umbelíferas, con hojas filiformes, flores amarillas y semillas planas, que tienen propiedades medicinales.
enema *m.* Líquido que se inyecta en el recto con fines terapéuticos o para ayudar a evacuar.
enemigo, ga 1 *adj.* Contrario, opuesto. 2 *m.* y *f.* Persona que quiere mal a otra, le es contraria o procura su mal. 3 El contendiente en una guerra o lucha.
enemistad *f.* Aversión entre dos o más personas.
enemistar *tr.* y *prnl.* Indisponer a una persona con otra, o romper la amistad con alguien.
eneolítico, ca *adj.* y *m.* HIST Dicho de un periodo prehistórico, entre el de la piedra pulimentada del Neolítico y la Edad del Bronce.
energético, ca 1 *adj.* Perteneciente o relativo a la energía. 2 Que produce o tiene energía. 3 FÍS **balance** ~. 4 FISIOL **balance** ~.
energía 1 *f.* Fuerza, eficacia de una cosa. 2 Carácter o vigor espiritual de una persona, ánimo para emprender algo o para llevarlo a término. 3 FÍS Magnitud que indica la capacidad de un sistema para realizar un trabajo sobre otro sistema; su símbolo es E y se mide en julios. 4 FÍS Ley de la conservación de la **masa**-~. || ~ **cinética** FÍS La que un cuerpo posee debido a su movimiento. Es igual a la mitad de la masa del cuerpo por el cuadrado de su velocidad. ~ **de activación** QUÍM La que debe poseer una colisión molecular para que ocurra una reacción química, se alcance el estado de transición y se formen los productos. ~ **de enlace** FÍS La necesaria para separar completamente los neutrones y protones que constituyen el núcleo de un átomo. Es igual a la diferencia de masa multiplicada por el cuadrado de la velocidad de la luz. ~ **de ionización** FÍS La mínima necesaria para ionizar una molécula o un átomo en estado normal. ~ **eléctrica** ELECTR **ELECTRICIDAD**. ~ **eólica** ELECTR La obtenida con el viento; puede convertirse en trabajo mecánico o utilizarse en generación de electricidad. ~ **geotérmica** ELECTR Aprovechamiento de las fuentes terrestres de calor interno para la generación de electricidad. ~ **hidráulica** ELECTR La que se obtiene de la caída del agua desde cierta altura a

un nivel inferior, lo que provoca el movimiento de ruedas hidráulicas o turbinas, cuyo movimiento genera energía eléctrica en un alternador. ~ **limpia** ECOL La que, desde el proceso de conversión hasta el de consumo, no produce residuos contaminantes, como la solar, la geotérmica, la eólica, etc. ~ **lumínica** FÍS La que se manifiesta en forma de luz. ~ **mecánica** FÍS La resultante de la suma de las energías cinética y potencial. ~ **nuclear** 1 FÍS La obtenida por la fusión o fisión de núcleos atómicos. 2 ELECTR La eléctrica que se obtiene en las centrales nucleares. ~ **potencial** FÍS La que posee un cuerpo por el hecho de hallarse en un campo de fuerzas, por ejemplo, el de la gravedad. ~ **radiante** FÍS La causada por ondas electromagnéticas o fotones y que se propaga sin desplazamiento de la materia. 1 FÍS La causada por una corriente de partículas, como electrones, protones, etc. ~ **renovable** ECOL La obtenida de fuentes naturales inagotables como el sol, el viento, etc. ~ **solar** 1 FÍS La transmitida por el Sol en forma de radiación electromagnética. 2 ELECTR Esta misma, convertida en un flujo constante de electricidad. ~ **térmica** FÍS CALOR. **ley de la conservación de la** ~ FÍS En un sistema cerrado, la energía se conserva en todo tipo de reacciones nucleares y otro tipo de condiciones extremas. **ley de la** ~ **electromagnética** FÍS Aquella según la cual la energía (E) es igual al producto de la constante de Planck (h) por la frecuencia (f): $E = h \cdot f$. La constante de Planck, medida en julios por hercios (energía por frecuencia), es $6.626196 \cdot 10^{-34}$.

enérgico, ca *adj.* Que tiene energía: *Sus instrucciones fueron enérgicas.*

energizar 1 *tr.* Estimular, dar energía. 2 *intr.* ELECTR Activar un mecanismo mediante la energía eléctrica.

energúmeno, na *m.* y *f.* Persona encolerizada, que se expresa con violencia.

enero *m.* Primer mes del año que consta de 31 días.

enervar 1 *tr.* Poner nervioso a alguien, hacerlo irritar. 2 Quitarle la energía a alguien, hacerlo débil.

enésimo, ma *adj.* Dicho de un lugar, indeterminado, de una serie y de lo que se repite un número indeterminado, pero alto, de veces: *Te lo digo por enésima vez.*

enfadar *tr.* y *prnl.* Causar enfado, molestar.

enfado 1 *m.* Impresión desagradable y molesta. 2 Enojo contra una persona.

enfangar 1 *tr.* y *prnl.* Manchar o llenar de fango. 2 *prnl.* Meterse en negocios sucios.

énfasis 1 *m.* Fuerza de expresión con que se quiere realzar la importancia de lo que se dice. 2 Intensidad con que se lleva a cabo algo o importancia que se le da.

enfatizar 1 *tr.* Poner énfasis en la expresión. 2 *intr.* Expresarse con énfasis.

enfermar 1 *tr.* Causar enfermedad. 2 *intr.* y *prnl.* Caer enfermo, contraer una enfermedad.

enfermedad 1 *f.* MED Alteración más o menos grave de la salud o estado anormal permanente del funcionamiento del organismo o de una parte de él. 2 Anormalidad en el funcionamiento de una institución, colectividad, etc. || ~ **de Alzheimer** MED Enfermedad degenerativa progresiva del cerebro caracterizada por la desorientación y la pérdida de memoria. ~ **de las vacas locas** MED Enfermedad degenerativa del sistema nervioso que afecta al ganado vacuno y que puede transmitirse a los seres humanos. ~ **de Parkinson** MED Enfermedad del sistema nervioso caracterizada por temblores y rigidez muscular. ~ **del sueño** MED La producida en el ser humano por ciertos protozoos y cuya sintomatología es: fiebre, erupción en la piel, edema y, en la última fase, somnolencia extrema. ~ **venérea** MED La transmitida por contagio sexual.

enfermería 1 *f.* MED Profesión y titulación de la persona que se dedica al cuidado de enfermos y heridos, así como a otras tareas sanitarias, siguiendo pautas clínicas. 2 Local destinado a enfermos o heridos.

enfermizo, za 1 *adj.* De poca salud o que se enferma con frecuencia. 2 Que puede ocasionar enfermedades. 3 Que no es normal: *Una pasión enfermiza.*

enfermo, ma *adj.* y *s.* Que padece una enfermedad.

enfilar 1 *tr.* Poner en fila varias cosas. 2 Apuntar, enfocar hacia un sitio determinado (un telescopio, un arma, etc.). 3 Tomar o seguir la dirección de alguna cosa: *El viento enfilaba la calle.* 4 *intr.* Dirigirse a un lugar o en una dirección determinados: *Enfilaron hacia la plaza.*

enfisema *m.* MED Tumefacción gaseosa de algún tejido, como el subcutáneo o el pulmonar.

enflaquecer 1 *tr.* Poner flaco o más flaco a alguien; debilitar sus fuerzas. 2 *intr.* y *prnl.* Adelgazar, ponerse flaco. • Vb. irreg. conjug. c. **agradecer**. V. anexo El verbo.

enflautar *tr.* Endilgar algo molesto.

enfocar 1 *tr.* Dirigir un foco de luz hacia un objeto. 2 Dirigir la atención hacia un asunto o problema para su estudio y solución. 3 ÓPT Centrar un sistema óptico en el objetivo que se desea.

enfrascar 1 *tr.* Meter en frascos. 2 *prnl.* Dedicarse con todo interés a algo.

enfrentar 1 *tr.* e *intr.* Poner frente a frente dos personas o cosas. • U. t. c. prnl. 2 *tr.* y *prnl.* Afrontar, acometer alguna empresa. 3 Oponerse y resistir.

enfrente (Tb. en frente) 1 *adv. l.* En la parte opuesta, delante: *Juega enfrente de su casa.* 2 *adv. m.* En contra, en pugna: *Siempre tuvo enfrente las dificultades económicas.*

enfriamiento *m.* Acción y efecto de enfriar o enfriarse.

enfriar 1 *tr.* e *intr.* Poner algo frío o más frío. • U. t. c. prnl. 2 Entibiar afectos, disminuir el entusiasmo. 3 *prnl.* Coger frío.

enfundar *tr.* Poner algo dentro de su funda.

enfurecer *tr.* y *prnl.* Irritar, poner furioso. • Vb. irreg. conjug. c. **agradecer**. V. anexo El verbo.

enfurruñarse *prnl.* Enfadarse ligeramente, como hacen los niños.

engalanar *tr.* y *prnl.* Poner galana una cosa, adornar.

engallarse *prnl.* Comportarse con arrogancia.

enganchar 1 *tr.* e *intr.* Sujetar alguna cosa con un gancho o colgarla de él. • U. t. c. prnl. 2 *tr.* Uncir las caballerías a un carruaje. 3 Ganar la voluntad de alguien. 4 Dar empleo a alguien. 5 *tr.* y *prnl.* Conseguir un empleo o cargo.

enganche 1 *m.* Acción y efecto de enganchar. 2 Pieza o aparato para enganchar algo.

engañar 1 *tr.* Hacer creer lo que no es verdad. 2 Inducir a error una falsa apariencia. 3 Embaucar, seducir. 4 Distraer, entretener: *Engañar el hambre.* 5 Ser infiel a la pareja. 6 *prnl.* Negarse a aceptar la verdad. 7 Equivocarse.

engaño 1 *m.* Acción y efecto de engañar o engañarse. 2 Falsedad.

engarce 1 *m.* Acción y efecto de engarzar. 2 ENGASTE.

engarrotar *tr.* y *prnl.* Entumecer los miembros el frío.

engarzar 1 *tr.* Trabar una cosa con otra u otras formando cadena, por medio de hilo, alambre, etc. 2 ENGASTAR.

engastar *tr.* Encajar y embutir una cosa en otra, como una piedra preciosa en un metal.

engaste 1 *m.* Acción y efecto de engastar. 2 Cerco o guarnición de metal que abraza y asegura lo que se engasta.

A B C D E F G H I J K L M N Ñ O P Q R S T U V W X Y Z

engatillar 1 *tr.* Doblar, enlazar y machacar los bordes de dos chapas de metal para unirlos. 2 *prnl.* Fallar el mecanismo de disparar en las armas de fuego.

engatusar *tr.* Ganarse con halagos la voluntad de alguien para conseguir algo.

engendrar 1 *tr.* Procrear, dicho tanto de la hembra como del macho. 2 *tr.* y *prnl.* Originar, ser causa de algo.

engendro 1 *m.* Criatura que nace sin la proporción debida. 2 Obra artística o literaria carente de cualquier mérito.

englobar *tr.* Incluir o considerar varias cosas en una sola.

engobe *m.* Capa de arcilla fina, de color uniforme, hecha a base de óxidos metálicos, con la que se bañan los objetos de barro antes de la cocción.

engolfar 1 *tr.* Entrar una embarcación en un golfo. 2 *prnl.* Meterse una persona en el estudio, el juego, etc., con tal pasión que se olvida de todo lo demás.

engolosinar 1 *tr.* Excitar el deseo de alguien ponderando las buenas cualidades de algo. 2 *prnl.* Aficionarse, enviciarse en algo.

engomar *tr.* Untar una cosa con goma para pegarla a otra o para suavizar una superficie.

engordar 1 *tr.* Poner gordo. 2 *intr.* y *prnl.* Ponerse gordo, aumentar de peso.

engorrar *tr.* Dar engorro, fastidiar.

engorro *m.* Estorbo, molestia.

engranaje *m.* Rueda o cilindro dentado, o conjunto de ellos, empleado para transmitir un movimiento giratorio o alternativo desde una parte de una máquina a otra.

engranar *intr.* Encajar los dientes de una rueda de engranaje con los de otra.

engrandecer 1 *tr.* y *prnl.* Hacer grande o mayor algo, agrandarlo. 2 Alabar, exaltar. • Vb. irreg. conjug. c. **agradecer**. V. anexo El verbo.

engrasar 1 *tr.* Untar con grasa alguna cosa. 2 Manchar con pringue. 3 Suavizar el rozamiento de un mecanismo con algún lubricante.

engreír *tr.* y *prnl.* ENVANECER. • Vb. irreg. conjug. c. **reír**. V. anexo El verbo.

engrosar 1 *tr.* y *prnl.* Aumentar el grosor de algo. 2 *intr.* Engordar, echar carnes.

engrudar 1 *tr.* Untar con engrudo, encolar. 2 *prnl.* Adquirir una sustancia desleída la consistencia del engrudo.

engrudo *m.* Masa de harina o almidón desleída en agua, que sirve para pegar papeles y cosas ligeras.

enguantar *tr.* y *prnl.* Cubrir la mano con el guante.

engullir *tr.* e *intr.* Comer atropelladamente y sin masticar. • Vb. irreg. conjug. c. **mullir**. V. anexo El verbo.

enhebrar *tr.* Pasar la hebra por el ojo de la aguja o por el agujero de las cuentas, perlas, etc.

enhestar *tr.* y *prnl.* Levantar algo, poner derecha una cosa.

enhiesto, ta *adj.* Levantado, derecho.

enhorabuena (Tb. en hora buena) 1 *f.* Felicitación, parabién: *Le dio la enhorabuena por su triunfo.* 2 *adv. m.* Con bien, con felicidad: *Llegó enhorabuena.* 3 *interj.* Usado para felicitar a alguien.

enhoramala (Tb. en hora mala) *adv. m.* Denota enfado, disgusto o desaprobación.

enigma 1 *m.* Palabra o dicho encubierto que es preciso adivinar. 2 Lo que no se alcanza a comprender, o que difícilmente puede entenderse o interpretarse.

enjabonar *tr.* Jabonar, dar jabón a la ropa para lavarla.

enjaezar *tr.* Poner los jaeces a las caballerías.

enjalbegar *tr.* Blanquear las paredes con cal o yeso.

enjalma *f.* Albarda para las caballerías de carga.

enjambrar 1 *tr.* Encerrar un enjambre de abejas en una colmena. 2 Sacarlo de ella cuando está muy poblada. 3 *intr.* Multiplicarse de tal forma las abejas, que pueden fundar una colonia aparte, constituir un nuevo enjambre.

enjambre 1 *m.* Conjunto de abejas que, con su reina, abandonan una colmena superpoblada para constituir una nueva colonia. 2 Muchedumbre de personas o animales que se amontonan en un lugar.

enjardinar *tr.* Dar forma de jardín a un terreno.

enjaular *tr.* Meter en una jaula.

enjoyar 1 *tr.* y *prnl.* Adornar con joyas. 2 Engastar piedras preciosas.

enjuagar 1 *tr.* y *prnl.* Limpiar la boca con agua o algún otro líquido. 2 *tr.* Aclarar con agua la ropa o la vajilla previamente enjabonada.

enjuague 1 *m.* Acción de enjuagar. 2 Agua que sirve para ello.

enjugar 1 *tr.* Secar una cosa húmeda. 2 *tr.* y *prnl.* Limpiarse las lágrimas, el sudor, la sangre. • Participio irreg. *enjuto* y reg. *enjugado*.

enjuiciar 1 *tr.* Juzgar, formarse una opinión o un criterio sobre alguna persona o hecho. 2 DER Someter a juicio.

enjundia *f.* Fuerza, vigor, arrestos.

enjuta 1 *f.* ARQ Cada uno de los triángulos o espacios que deja en un cuadrado el círculo inscrito en él. 2 ARQ PECHINA.

enjuto, ta *adj.* Delgado, de pocas carnes.

enlace 1 *m.* Acción y efecto de enlazar o enlazarse. 2 Unión o conexión entre personas o cosas. 3 Persona que mantiene la comunicación entre otras. 4 Boda, matrimonio. 5 Empalme de los medios de locomoción. 6 FÍS **energía** de ~. 7 QUÍM Propiedad que tienen los átomos para combinarse y formar moléculas; tiene como causa las atracciones y repulsiones mutuas entre sus cargas eléctricas. 8 INF HIPERVÍNCULO. || ~ **covalente** QUÍM En el que cada átomo de una pareja enlazada contribuye con un electrón para formar una pareja de electrones. ~ **covalente apolar** QUÍM El que se produce al compartir electrones entre dos o más átomos de la misma **electronegatividad** y, por tanto, la distribución de la carga electrónica de los núcleos es simétrica. ~ **covalente polar** QUÍM En el que el par de electrones compartidos se encuentra desplazado hacia el átomo más electronegativo. ~ **de hidrógeno** QUÍM El causado por la atracción electrostática entre el protón y un átomo de pequeño volumen y alta electronegatividad, como en el H_2O. ~ **iónico** QUÍM En el que uno o más electrones se transfieren casi por completo de un átomo a otro. ~ **metálico** QUÍM El que da lugar a elementos metálicos. Los electrones son compartidos por los átomos, pero pueden moverse a través del sólido proporcionando conductividad térmica y eléctrica, brillo, maleabilidad y ductilidad. ~ **pi** QUÍM El que se produce por solapamiento entre dos zonas, es decir, a cada lado de la línea que representa la unión de los núcleos atómicos: *El enlace pi se presenta en hidrocarburos saturados.*

enlatado, da *adj.* Dicho de un alimento, que se prepara con anticipación, se empaca herméticamente en recipientes metálicos, para conservarlo durante mucho tiempo.

enlazar 1 *tr.* Atar algo con lazos. 2 Atrapar un animal con lazo. 3 Unir o relacionar una cosa con otra: *Enlazaba sus ideas con lógica; Esta vía enlazará el pueblo con la capital.* 4 *prnl.* Unirse en matrimonio. 5 Unirse las familias por medio de casamientos.

enlodar 1 *tr.* y *prnl.* Manchar con lodo. 2 Mancillar, difamar.

enloquecer 1 *tr.* Trastornar el juicio a alguien. 2 *intr.* Volverse loco, perder el juicio. 3 Gustar algo mucho. • Vb. irreg. conjug. c. **agradecer**. V. anexo El verbo.

enlucir *tr.* Dar una capa de yeso o cal a las paredes. • Vb. irreg. conjug. c. **lucir**. V. anexo El verbo.

enlutar 1 *tr.* y *prnl.* Vestir ropas de luto. 2 Ser causa de dolor o tristeza, afligir.

enmantequillar *tr.* Cubrir la superficie de algo con aceite u otra materia grasa.

enmarañar 1 *tr.* y *prnl.* Enredar una cosa, como el pelo o una madeja, formando una maraña. 2 Complicar un asunto haciendo más difícil su desarrollo y solución.

enmarcar *tr.* Encuadrar, encerrar en un marco o cuadro.

enmascarado, da *m.* y *f.* Persona que lleva una máscara.

enmascarar 1 *tr.* y *prnl.* Cubrir el rostro con máscara. 2 *tr.* Encubrir las emociones, las intenciones, etc. 3 *tr.* e *intr.* Dicho de una superficie que se quiere pintar, cubrir, con cinta adhesiva, cartulina, etc., la parte que debe quedar libre de pintura.

enmasillar 1 *tr.* Cubrir con masilla. 2 Sujetar con masilla, especialmente los cristales de las ventanas.

enmelar 1 *tr.* Hacer miel las abejas. 2 Untar con miel algún dulce. • Vb. irreg. conjug. c. **acertar**. V. anexo El verbo.

enmendar 1 *tr.* y *prnl.* Corregir defectos o errores en personas y cosas. 2 Reparar daños. • Vb. irreg. conjug. c. **acertar**. V. anexo El verbo.

enmienda 1 *f.* Acción y efecto de enmendar o enmendarse. 2 En los escritos, rectificación de errores.

enmohecer 1 *tr.* y *prnl.* Cubrir de moho alguna cosa. 2 *prnl.* Estropearse, si se trata de comidas, o perder eficacia, si se trata de una máquina. • Vb. irreg. conjug. c. **agradecer**. V. anexo El verbo.

enmontarse *prnl.* Llenarse un campo de maleza.

enmudecer 1 *tr.* Hacer callar. 2 *intr.* Perder el habla. 3 Quedar alguien callado, sobre todo cuando podría o debería hablar. • Vb. irreg. conjug. c. **agradecer**. V. anexo El verbo.

enmugrar *tr.* y *prnl.* Cubrir de mugre.

ennegrecer 1 *tr.* y *prnl.* Teñir de negro, poner negro. 2 *intr.* y *prnl.* Ponerse negro o negruzco. 3 *prnl.* Ponerse muy oscuro, nublarse. • Vb. irreg. conjug. c. **agradecer**. V. anexo El verbo.

ennoblecer 1 *tr.* y *prnl.* Otorgar a alguien un título de nobleza. 2 *tr.* Realzar, dar lustre y esplendor. • Vb. irreg. conjug. c. **agradecer**. V. anexo El verbo.

enojar *tr.* y *prnl.* Enfadar, causar enojo, molestar.

enojo 1 *m.* Enfado, irritación contra alguien. 2 Molestia, pesar.

enología *f.* Conjunto de conocimientos relativos a la elaboración de los vinos.

enorgullecer *tr.* y *prnl.* Llenar de orgullo o sentirlo. • Vb. irreg. conjug. c. **agradecer**. V. anexo El verbo.

enorme *adj.* Desmedido, muy grande.

enormidad 1 *f.* Exceso, desmesura, abundancia. 2 Barbaridad, desatino.

enoteca *f.* Establecimiento en el que se guardan, se degustan y se comercializan colecciones de vinos.

enquiciar *tr.* y *prnl.* Encajar en el quicio la hoja de la puerta o de la ventana.

enquistarse 1 *prnl.* Formarse un quiste. 2 Meterse en una organización manteniéndose como un cuerpo extraño y aun contrario a ella.

enramada 1 *f.* Conjunto de ramas de árboles entrelazadas naturalmente. 2 Cobertizo, especialmente el de ramas de árboles.

enramar 1 *tr.* Entretejer ramas. 2 *intr.* Echar ramas un árbol.

enranciar *tr.* y *prnl.* Poner rancia una cosa.

enrarecer 1 *tr.* y *prnl.* Fís Dilatar un cuerpo gaseoso haciéndolo menos denso. 2 *prnl.* Enfriarse las relaciones de amistad, cordialidad, entendimiento, etc. • Vb. irreg. conjug. c. **agradecer**. V. anexo El verbo.

enrasar *tr.* e *intr.* Igualar varias superficies de modo que tengan el mismo nivel.

enrazar *tr.* Cruzar animales para mejora de la raza.

enredadera *adj.* y *f.* Bot Dicho de una planta, de tallo voluble o trepador, que se enreda en las varas u otros objetos salientes.

enredado, da *adj.* ENREVESADO.

enredar 1 *tr.* Meter a alguien en asuntos comprometidos o peligrosos. 2 *tr.* y *prnl.* Enmarañar una cosa con otra. 3 *prnl.* Complicarse alguien o algo.

enredo 1 *m.* Maraña que resulta de trabarse entre sí desordenadamente los hilos u otras cosas flexibles. 2 Asunto o negocio difícil o turbio. 3 Lío amoroso, amancebamiento. 4 Lit En los poemas épicos y dramáticos, y en la novela, nudo o conjunto de sucesos que preceden al desenlace.

enrejar 1 *tr.* Cercar con rejas, cañas o varas los huertos, jardines, etc. 2 Poner rejas en los huecos de un edificio.

enrevesado, da 1 *adj.* Intrincado, con muchas vueltas y revueltas. 2 Difícil, complicado.

enriquecer 1 *tr.* y *prnl.* Hacer rico a alguien o algo. 2 *tr.* Adornar, engrandecer. 3 Mejorar una sustancia. 4 *intr.* y *prnl.* Prosperar un país, una persona, una empresa, etc. • Vb. irreg. conjug. c. **agradecer**. V. anexo El verbo.

enriquecido *adj.* Fís y Quím Dicho de un cuerpo, en el que uno de sus componentes está en una proporción más elevada que la normal.

enriquecimiento 1 *m.* Acción y efecto de enriquecer o enriquecerse. 2 Fís Elevación de la proporción del isótopo deseado sobre la existente inicialmente en la separación de isótopos. || ~ **ilícito** Der El obtenido con injusticia y en daño de otro; se considera ineficaz.

enriscar 1 *tr.* Elevar. 2 *prnl.* Protegerse o esconderse entre riscos.

enristrar[1] *tr.* Hacer ristras o sartas de ajos, cebollas o cosas parecidas.

enristrar[2] 1 *tr.* Poner la lanza en ristre. 2 Afianzar la lanza bajo el brazo para acometer.

enrocar *tr.* e *intr.* Mover a la vez el rey y la torre o roque del ajedrez, corriendo aquel dos casillas en dirección a la torre y pasando esta al otro lado.

enrojecer 1 *tr.* Dar color rojo. 2 *tr.* y *prnl.* Poner rojo o rojizo. 3 *intr.* RUBORIZARSE. • Vb. irreg. conjug. c. **agradecer**. V. anexo El verbo.

enrolar 1 *tr.* y *prnl.* Inscribir una persona en la lista de tripulantes de un barco. 2 *prnl.* Alistarse en el ejército, en un partido político, etc.

enrollar *tr.* Envolver una cosa dándole forma de rollo.

enronquecer *tr.* e *intr.* Poner ronco a alguien. • U. t. c. prnl. • Vb. irreg. conjug. c. **agradecer**. V. anexo El verbo.

enroscar *tr.* y *prnl.* Encajar una pieza en otra a vuelta de rosca, atornillándola.

enrular *tr.* y *prnl.* Rizar el cabello con rulos u otros medios destinados para ello.

enrumbar *intr.* Tomar un rumbo.

ensalada 1 *f.* Hortaliza, o mezcla de hortalizas, crudas, troceadas y aderezadas con aceite, sal y vinagre, que sirve como entrante o como acompañamiento. 2 Abundancia confusa de cosas.

ensaladera *f.* Fuente de forma y tamaño variados en que se sirve la ensalada.

ensalmar *tr.* Curar con ensalmos.

ensalmo *m.* Modo supersticioso de curar con oraciones y prácticas mágicas.

ensalzar 1 *tr.* Exaltar, engrandecer. 2 *tr.* y *prnl.* Alabar, elogiar.

ensamblador, ra 1 *adj.* Que ensambla. 2 *f.* Planta industrial en que se ensamblan vehículos.

ensambladura *f.* ENSAMBLAJE.

ensamblaje *m.* Acción y efecto de ensamblar.

ensamblar *tr.* Unir o ajustar dos o más piezas entre sí.

ensanchar *tr.* y *prnl.* Aumentar la anchura de una cosa, dilatarla.

ensanche 1 *m.* Dilatación, extensión. 2 Parte de tela que se remete en una prenda para poder ensancharla.

ensangrentar 1 *tr.* y *prnl.* Manchar o teñir de sangre. 2 Producir derramamiento de sangre. • Vb. irreg. conjug. c. **acertar**. V. anexo El verbo.

ensañarse *prnl.* Regodearse en causar el mayor daño posible en la víctima indefensa.

ensartar 1 *tr.* Pasar por un hilo o alambre piezas menudas y agujereadas, como perlas y cuentas. 2 ENHEBRAR, una aguja. 3 Espetar un cuerpo con un instrumento puntiagudo, como se hace con las aves para asarlas. 4 Decir cosas sin orden ni conexión.

ensayar 1 *tr.* Probar las cualidades de alguna cosa sometiéndola a determinadas condiciones. 2 Hacer algo a modo de prueba antes de realizarlo definitivamente o de presentarlo en público. 3 *prnl.* Entrenarse.

ensayo 1 *m.* Acción y efecto de ensayar. 2 Análisis para descubrir la ley de una moneda. 3 LIT Género literario que, de forma breve y sin pretensiones técnicas, trata temas filosóficos, históricos, artísticos, etc. || ~ **académico** LING Tipo de texto argumentativo en el que se busca responder una pregunta de investigación sobre un fenómeno natural o social relacionado con los temas o las asignaturas del contexto escolar. ~ **literario** LING En el que se desarrolla el punto de vista de un autor en torno a una obra literaria o a un escritor. ~ **técnico** LING En el que se informa sobre la metodología y los resultados de una investigación de forma ordenada y estructurada.

ensebar *tr.* Untar con sebo.

enseguida *adv. l.* y *t.* Inmediatamente después en el tiempo o en el espacio: *Regreso enseguida; El parque queda enseguida de la iglesia.*

ensenada *f.* GEO Parte del mar que penetra en tierra sin la profundidad ni las dimensiones de un golfo, y que sirve de abrigo natural para las embarcaciones.

enseña *f.* Insignia, estandarte.

enseñanza 1 *f.* Acción y efecto de enseñar. 2 Conjunto de medios que sirven para la transmisión de conocimientos. 3 Conjunto de conocimientos que son objeto de la transmisión del saber y que abarcan las diferentes especialidades técnicas y las variadas experiencias de la vida. 4 Ejemplo o suceso que sirve de experiencia o escarmiento.

enseñar 1 *tr.* Transmitir algún conocimiento, regla o experiencia; su objetivo puede ser la mera instrucción en una materia o la formación integral de la persona. 2 Mostrar alguna cosa para que se vea. 3 Dejar ver algo involuntariamente. 4 Señalar, indicar. 5 Advertir, escarmentar.

enseñorearse *prnl.* Adueñarse de una cosa; dominarla.

enseres *m. pl.* Utensilios de una profesión o muebles e instrumentos de una casa.

ensiforme *adj.* En forma de espada.

ensilado *m.* Producto alimenticio para el ganado que se obtiene de los forrajes húmedos, conservados en silos y transformados por fermentación láctica.

ensilar *tr.* Meter los granos, las semillas y el forraje en el silo.

ensimismarse 1 *prnl.* Centrarse en sí mismo, recogerse en la propia intimidad con abstracción de todo lo demás. 2 Engreírse, envanecerse.

ensoberbecer *tr.* y *prnl.* Excitar soberbia en alguien o sentirla. • Vb. irreg. conjug. c. **agradecer**. V. anexo El verbo.

ensombrecer 1 *tr.* y *prnl.* Oscurecer, cubrir de sombras. 2 *prnl.* Ponerse melancólico. • Vb. irreg. conjug. c. **agradecer**. V. anexo El verbo.

ensoñar *tr.* Soñar despierto; forjar ensoñaciones.

ensordecer 1 *tr.* Ocasionar sordera, dejar sordo. 2 Aturdir con un ruido demasiado intenso. 3 Aminorar la intensidad o el volumen de un ruido o sonido. 4 *tr.* y *prnl.* FON Hacer sorda una consonante sonora (pasando la *b* a *p*, la *d* a *t*, por ejemplo). 5 *intr.* Quedarse sordo, contraer sordera. • Vb. irreg. conjug. c. **agradecer**. V. anexo El verbo.

ensortijar *tr.* y *prnl.* Rizar el cabello, un hilo, etc., formando sortijas o anillos.

ensuciar 1 *tr.* y *prnl.* Manchar alguna cosa; puede afectar también a valores espirituales, como el honor, la buena fama, etc. 2 *intr.* y *prnl.* Hacerse encima las necesidades corporales. 3 *prnl.* Mezclarse en algún negocio sucio.

ensueño 1 *m.* Sueño o fantasía del que duerme. 2 Ilusión que acaricia el que vela.

entablamento *m.* ARQ Conjunto de molduras que coronan un edificio o un orden de arquitectura, compuesto generalmente de arquitrabe, friso y cornisa.

entablar 1 *tr.* Cubrir o asegurar algo con tablas. 2 Iniciar una conversación, una batalla, etc.

entablillar *tr.* Inmovilizar con tablillas y vendaje un hueso roto.

entalegar *tr.* Meter en talegos.

entallar 1 *tr.* e *intr.* Hacer o formar el talle. • U. t. c. prnl. 2 *intr.* Venir bien o mal el vestido al talle.

entallecer *intr.* y *prnl.* Echar tallos las plantas. • Vb. irreg. conjug. c. **agradecer**. V. anexo El verbo.

entalpía 1 *f.* FÍS Magnitud termodinámica de un cuerpo material. Es igual a la suma de su energía interna más el producto de su volumen por la presión exterior. 2 FÍS Función termodinámica que expresa el contenido calorífico de una sustancia o un sistema, tanto en forma de energía interna como de trabajo.

entapetar *tr.* ALFOMBRAR.

entarimado *m.* Pavimento cubierto con tablas bien ensambladas.

entarimar *tr.* Cubrir el suelo con tablas o con una tarima.

ente 1 *m.* FIL En la ontología clásica, ser en toda su amplitud, lo que es, existe o puede existir. 2 Designación peyorativa de una persona.

enteco, ca *adj.* Débil, enfermizo.

entejar *tr.* Cubrir un techo con tejas.

entelar *tr.* Cubrir o reforzar con tela una superficie, especialmente una pared.

entelequia 1 *f.* Utopía, perfección que solo se da en la mente o en el deseo, pero no en la realidad. 2 FIL En la filosofía aristotélica, actualización última de una potencia o estado de perfección hacia el cual tiende cada especie de ser.

entelerido, da 1 *adj.* Sobrecogido de frío o de pavor. 2 Enclenque, flaco.

entender[1] 1 *tr.* Tener una idea clara de algo, captar el sentido de un concepto. 2 Saber algo con perfección. 3 Percibir las causas o los motivos de un hecho o una actitud. 4 Discurrir, inferir, deducir. 5 Creer, opinar: *Entiendo que no nos conviene.* 6 Tener razones para obrar de cierto modo. 7 *intr.* Tener autoridad o competencia sobre algún asunto: *Entiende de mecánica.* 8 *prnl.* Conocerse, comprenderse a sí mismo. 9 Existir, entre dos o más personas, confianza, amistad, etc. • Vb. irreg. conjugación modelo. V. anexo El verbo.

entender[2] *m.* Opinión, parecer.

entendimiento 1 *m.* Inteligencia, razón; facultad que capta las cosas y las ideas, las penetra y compara conociendo su contenido. 2 Buen acuerdo, relación amistosa.

enteógeno, na *adj.* y *m.* Dicho de una sustancia, que puede producir alucinaciones, según algunas creencias indígenas y religiosas.

enterar 1 *tr.* y *prnl.* Informar a alguien de algo que ignora o instruirle en un negocio. 2 *prnl.* Darse cuenta.

entereza 1 *f.* Integridad, perfección. 2 Fortaleza de ánimo, serenidad.

enternecer *tr.* y *prnl.* Mover a la ternura a una persona. • Vb. irreg. conjug. c. **agradecer**. V. anexo El verbo.

entero, ra 1 *adj.* Completo, que no le falta nada. 2 Robusto, sano. 3 Constante, firme. 4 Dicho de un animal, no castrado. 5 CIN **plano** ~. 6 *adj.* y *m.* MAT Dicho de un número, perteneciente al conjunto formado por los números naturales y sus opuestos o correspondientes negativos. Su conjunto se representa por Z. Es cerrado con respecto de las operaciones de adición, sustracción y multiplicación, ya que la suma, la diferencia y el producto de estos números es otro número entero. No es cerrado respecto de la división. || ~ **negativo** MAT El opuesto de un número natural. ~ **positivo** MAT Cada uno de los números naturales a excepción del *0*. ~**s opuestos** MAT Par de números que están a la misma distancia de *0* cuando los enteros se representan en la recta numérica: *−6* respecto a *6*, *−47* respecto de *47*, etc., es decir, son opuestos si la adición de dicho par da como resultado *0*.

enterramiento 1 *m.* Acción y efecto de enterrar los cadáveres. 2 Lugar donde se lleva a cabo. 3 Sepulcro o sepultura en que alguien está enterrado.

enterrar 1 *tr.* Poner debajo de tierra o cubrir con ella. 2 Dar sepultura a un cadáver. 3 Abandonar un asunto, olvidarlo. 4 Clavar un instrumento punzante. • Vb. irreg. conjug. c. **acertar**. V. anexo El verbo.

entibar *tr.* Apuntalar las excavaciones que ofrecen riesgo de hundimiento.

entibiar 1 *tr.* y *prnl.* Poner tibio un líquido. 2 Templar, calmar afectos y pasiones.

entidad 1 *f.* Colectividad, corporación. 2 Lo que constituye la esencia o la forma de algo. 3 Importancia o alcance de algo.

entierro 1 *m.* Acción y efecto de enterrar los cadáveres. 2 Sepultura. 3 Comitiva que acompaña el cadáver hasta el lugar de enterramiento. 4 Tesoro enterrado.

entiesar *tr.* Atiesar, poner tieso.

entimema *m.* LÓG Silogismo abreviado que, por sobrentenderse una de las premisas, solo consta de dos proposiciones: *El sol alumbra, luego es de día.*

entintar *tr.* Manchar, empapar o teñir con tinta.

entoldado 1 *m.* Acción de entoldar. 2 Toldo o conjunto de toldos que cubren un espacio.

entoldar 1 *tr.* Cubrir con toldos patios o calles. 2 Cubrir con tapices y colgaduras las paredes de algún local. 3 *prnl.* Encapotarse el cielo.

entomófago, ga *adj.* ZOOL Dicho de un animal, que se alimenta de insectos.

entomología *f.* ZOOL Parte de la zoología que estudia los insectos.

entonación 1 *f.* Acción y efecto de entonar. 2 LING Inflexión de la voz que puede delatar el origen del que habla, sus sentimientos y el sentido que quiere dar a la palabra o frase. 3 Arrogancia, presunción. 4 MÚS Cualidad del canto afinado.

entonar 1 *tr.* e *intr.* Cantar ajustado al tono. 2 Afinar la voz para cantar de esa manera. 3 Iniciar un canto para que sigan otros. 4 Dar determinado tono a la voz. 5 Armonizar los tonos en una pintura. 6 *tr.* y *prnl.* **TONIFICAR.** 7 *prnl.* Engreírse, vanagloriarse.

entonces 1 *adv. dem.* En aquel tiempo u ocasión: *Llegará de vacaciones, solo entonces iniciará el proyecto; Los juegos de entonces eran más divertidos.* 2 *adv. m.* En tal caso, siendo así: *Si se fue ayer, entonces ya debería haber llegado.*

entontecer *tr.* e *intr.* Atontar, volverse tonto. • U. t. c. prnl. • Vb. irreg. conjug. c. **agradecer**. V. anexo El verbo.

entorchar 1 *tr.* Retorcer velas para formar una antorcha. 2 Cubrir un hilo o una cuerda con otro de metal enroscado. 3 *tr.* y *prnl.* Dar vueltas una cosa sobre sí misma de modo que tome forma helicoidal.

entornar 1 *tr.* Volver la puerta o la ventana sin cerrarla del todo. 2 Entrecerrar los ojos.

entorno 1 *m.* Ambiente, lo que rodea. 2 Ambiente social que rodea a una persona. 3 INF Programa o conjunto de programas que administra una computadora u otros programas.

entorpecer 1 *tr.* y *prnl.* Volver torpe, atontar. 2 Turbar el entendimiento. 3 Obstruir, dificultar un proceso. • Vb. irreg. conjug. c. **agradecer**. V. anexo El verbo.

entrado, da 1 *adj.* Dicho de una estación o un periodo de tiempo, que no está en su comienzo pero que no ha llegado aún a su mitad. 2 *f.* Acción de entrar en alguna parte. 3 Lugar por donde se entra. 4 Admisión, acogida. 5 Conjunto de personas que asisten a un espectáculo. 6 En los espectáculos públicos, museos, etc., billete que facilita el acceso a ellos. 7 Familiaridad en una casa. 8 Plato que se sirve antes del principal. 9 Cada una de las palabras o los términos que se definen en un diccionario o una enciclopedia. 10 MÚS Acción de comenzar cada voz o instrumento a tomar parte en la ejecución de una pieza musical. 11 *f. pl.* Cada uno de los ángulos entrantes desprovistos de pelo en la parte superior de la frente. 12 Ingreso económico.

entrador, ra *adj.* Altivo, emprendedor.

entramado 1 *m.* Conjunto de láminas o tiras de material flexible que se cruzan entre sí. 2 **ENTRECRUZAMIENTO.** 3 Armazón de hierro o madera que sirve de soporte a techos, paredes y suelos.

entrampar 1 *tr.* y *prnl.* Hacer caer en una trampa. 2 Engañar. 3 Enredar. 4 *prnl.* Meterse en un atolladero.

entrante 1 *adj.* y *s.* Que entra. 2 *adj.* Dicho de una semana, de un mes, de un año, etc., inmediatamente próximo en el futuro.

entraña 1 *f.* Cada una de las vísceras de un organismo. 2 Lo más íntimo de una cosa, en el doble sentido de esencial y de escondido. 3 Índole, manera de ser de una persona: *Hombre de buenas entrañas.*

entrañable *adj.* Íntimo, muy afectuoso.

entrañar 1 *tr.* Contener, llevar dentro de sí. 2 *prnl.* Unirse íntimamente con alguien.

entraparse *prnl.* Llenarse de polvo y mugre una tela.

entrar 1 *intr.* y *prnl.* Ir de fuera adentro, pasar al interior. 2 *intr.* Encajar una cosa en otra. 3 Penetrar o introducirse: *El clavo entra en la pared.* 4 Tener una prenda de vestir la amplitud suficiente. 5 Ser admitido, tener acceso. 6 Empezar o tener principio algo, como una parte del año, un escrito, una enfermedad, etc. 7 Ser contado con otros en alguna línea o clase: *Entrar en la lista de los nominados al Oscar.* 8 Caber cierta cantidad de cosas en algo: *Entraron todos los* *ladrillos.* 9 Formar parte de la composición de ciertas cosas: *Los cuerpos que entran en una mezcla.* 10 Ejercer influencia en alguien: *Hay que entrarle a Fulano.* 11 Empezar a tener conocimiento o práctica en algo: *Por fin pude entrarle a la gramática.* 12 Empezar a sentir lo que el sustantivo significa: *Entrar en calor.* 13 Mús Empezar a cantar o tocar en el momento preciso. 14 *tr.* Introducir, meter. 15 *prnl.* Meterse o introducirse en alguna parte.

entre 1 *prep.* Señala la posición de una persona, un animal o una cosa: *Le gusta sentarse entre sus padres; Debe llegar entre las seis y las ocho de la noche.* 2 Dentro de: *Esta entre mi armario.* 3 En cooperación con alguien: *Entre cuatro lo sujetaron.* 4 Designa una colectividad, un grupo de gente: *Entre los orientales, entre sastres.* 5 Indica un estado intermedio: *Entre dulce y amargo.* 6 Indica reciprocidad: *Entre ellos se entienden.*

entreabrir *tr.* y *prnl.* Abrir un poco o a medias una puerta, una ventana, un postigo, etc.

entreacto *m.* Intermedio o descanso entre dos partes de un espectáculo.

entrecanal *m.* Arq Cada uno de los espacios entre las estrías o los canales del fuste de una columna.

entrecejo 1 *m.* Espacio entre las cejas. 2 Su fruncimiento o ceño.

entrecerrar *tr.* y *prnl.* Entornar una puerta, ventana, etc., sin cerrarla del todo. • Vb. irreg. conjug. c. **acertar**. V. anexo El verbo.

entrechocar *tr.* y *prnl.* Chocar una cosa con otra, especialmente de forma repetida y rápida.

entrecomillar *tr.* Poner entre comillas una o varias palabras.

entrecortado, da *adj.* Dicho de una voz o de un sonido, que se emite con intermitencias.

entrecortar 1 *tr.* Cortar una cosa sin acabar de dividirla. 2 *prnl.* Cortarse al hablar.

entrecruzamiento *m.* Acción y efecto de entrecruzar.

entrecruzar *tr.* y *prnl.* Cruzar dos o más cosas entre sí.

entredicho 1 *m.* Prohibición de hacer algo. 2 Duda sobre el honor o la fiabilidad de alguien.

entrefino, na *adj.* De calidad media entre lo fino y lo basto.

entrega 1 *f.* Acción y efecto de entregar. 2 Cantidad de cosas que se dan. 3 Cada una de las partes en que se publica una obra extensa y que los lectores van adquiriendo a medida que sale al mercado por cuadernillos. 4 Esfuerzo generoso, atención, apoyo a personas o cosas.

entregar 1 *tr.* Poner en manos o en poder de otro. 2 *prnl.* Ponerse a disposición de otra persona o de una autoridad. 3 Dedicarse por entero a algo. 4 Abandonarse a un vicio. 5 Rendirse ante un empeño o trabajo.

entreguerras || **~ de** Señala el periodo de paz entre dos guerras consecutivas, en especial, el que transcurrió entre la Primera y la Segunda Guerra Mundial.

entrelazar *tr.* y *prnl.* Enlazar, entretejer una cosa con otra.

entrelinear *tr.* Intercalar un texto entre dos líneas.

entremés 1 *m.* Plato ligero que se sirve antes de los platos fuertes. 2 Pieza dramática breve y jocosa, que se intercalaba entre dos actos de una comedia.

entremeter 1 *tr.* Meter alguna cosa entre otras. 2 *prnl.* ENTROMETERSE. 3 Ponerse alguien en medio de otros.

entremezclar *tr.* y *prnl.* Juntar y revolver varias cosas.

entrenador, ra *m.* y *f.* Persona que entrena, particularmente a los deportistas.

entrenar *tr.* y *prnl.* Preparar y dirigir a personas o animales para la práctica de una actividad determinada.

entrenudo *m.* Parte del tallo de una planta comprendida entre dos nudos.

entreoír *tr.* Escuchar a medias alguna cosa sin entenderla por completo.

entrepaño 1 *m.* Anaquel de un estante. 2 Parte de la pared comprendida entre dos pilastras, dos columnas o dos huecos.

entrepierna 1 *f.* Parte interior de los muslos. 2 Parte de una prenda de vestir correspondiente a la horcajadura.

entrepiso *m.* Piso que se construye aprovechando la gran altura de uno y que queda entre este y el superior.

entresacar 1 *tr.* Sacar unas cosas de entre otras. 2 Espaciar las plantas que han nacido muy juntas en un sembrado. 3 Cortar parte del cabello cuando este es demasiado espeso.

entresemana *adv. t.* De lunes a viernes.

entresijo *m.* Cosa oculta, interior, escondida.

entresueño *m.* Duermevela, estado intermedio entre el sueño profundo y la vigilia.

entretanto 1 *adv. t.* Mientras, durante algún tiempo intermedio. 2 *m.* Intervalo, distancia que hay de un tiempo a otro.

entretecho *m.* DESVÁN.

entretejer 1 *tr.* Mezclar en una labor o un tejido hilos de diferente color, formando dibujos. 2 Trabar una cosa con otra. 3 Incluir párrafos o versos en un libro o escrito.

entretela *f.* Tela fuerte que se introduce entre la tela y el forro de algunas prendas.

entretelones *m. pl.* Conjunto de hechos sobre un asunto que no salen a la luz pública.

entretener 1 *tr.* Hacer más soportable la espera o más llevadero el tiempo. 2 Divertir, recrear a una o varias personas. 3 *tr.* y *prnl.* Distraer a alguien impidiéndole hacer algo. 4 *prnl.* Relajarse, ocuparse en algo para pasar el tiempo. • Vb. irreg. conjug. c. **tener**. V. anexo El verbo.

entretenido, da *adj.* Divertido, de genio y humor festivo.

entretenimiento 1 *m.* Acción y efecto de entretener o entretenerse. 2 Lo que sirve para entretener o divertir.

entrever 1 *tr.* Vislumbrar algo sin demasiada claridad. 2 Sospechar, conjeturar. • Vb. irreg. conjug. c. **ver**. V. anexo El verbo.

entreverar 1 *tr.* Mezclar, introducir una cosa entre otras. 2 *prnl.* Mezclarse desordenadamente personas, animales o cosas.

entrevista 1 *f.* Acción y efecto de entrevistar. 2 Encuentro de dos o más personas para tratar algún asunto.

entrevistar 1 *tr.* Mantener una conversación con una o varias personas para dar a conocer al público sus opiniones. 2 *prnl.* Reunirse dos o más personas para tratar algún asunto o cuestión.

entristecer 1 *tr.* Causar tristeza. 2 Dar a algo un aspecto triste. 3 *prnl.* Ponerse triste y melancólico. • Vb. irreg. conjug. c. **agradecer**. V. anexo El verbo.

entrometerse *prnl.* Inmiscuirse alguien en lo que no le toca.

entroncar 1 *intr.* Empalmar dos cosas entre sí, en especial las líneas de comunicaciones. 2 Contraer parentesco con alguien.

entronizar 1 *tr.* y *prnl.* Colocar en el trono. 2 Ensalzar a alguien.

entropía *f.* Fís Tendencia de un sistema a pasar de un estado ordenado a un estado en desorden o caótico. Se expresa como una unidad que mide la energía no utilizable en un sistema termodinámico; permite determinar los estados inicial y final de un proceso termodinámico.

entubar 1 *tr.* Poner tubos en una cosa o en alguna parte. 2 MED Introducir un tubo a través de la boca o los orificios nasales hasta llegar a la tráquea, para asegurar la respiración.

entuerto *m.* Agravio, injusticia.

entumecer *tr.* y *prnl.* Quedar rígido un miembro o nervio. • Vb. irreg. conjug. c. **agradecer**. V. anexo El verbo.

entumirse *prnl.* ENTUMECER.

enturbiar 1 *tr.* y *prnl.* Poner turbio algo. 2 Quitar la alegría, el entusiasmo.

entusiasmar 1 *tr.* y *prnl.* Infundir entusiasmo. 2 Causar admiración. 3 Gustar mucho algo o alguien.

entusiasmo 1 *m.* Sentimiento muy intenso hacia alguien o algo que incita a su admiración. 2 Vivo interés que se pone en favorecer una causa o un empeño.

enumeración 1 *f.* Relación sucesiva de las partes de un todo, de las especies de un género, de las ideas de un sistema, de los aspectos de un problema. 2 Cómputo o cuenta numeral de las cosas. 3 Recapitulación breve de las razones expuestas en un discurso.

enumerar *tr.* Hacer una enumeración.

enunciado 1 *m.* Acción y efecto de enunciar. 2 GRAM Palabra o secuencia de palabras que constituye una unidad comunicativa de sentido completo. Puede estar formado por una o varias palabras, una oración o un conjunto de oraciones.

enunciar 1 *tr.* Expresar una idea de forma breve y sencilla. 2 Exponer los datos de un problema o de una teoría científica.

enunciativo, va 1 *adj.* Que enuncia. 2 LING Dicho de una oración, que afirma o niega algo sin ningún matiz interrogativo, ponderativo, etc.

envainar 1 *tr.* Meter una cosa en su vaina, especialmente la espada y demás armas blancas. 2 *prnl.* Meterse en problemas, contrariarse.

envalentonar 1 *tr.* Infundir valentía o arrogancia. 2 *prnl.* Alardear de valor cuando no se tiene.

envanecer *tr.* y *prnl.* Infundir soberbia o vanidad. • Vb. irreg. conjug. c. **agradecer**. V. anexo El verbo.

envarar 1 *tr.* y *prnl.* Entumecer el frío, el dolor, etc., un miembro. 2 *prnl.* Adoptar actitudes poco naturales, por exceso de orgullo o rigidez.

envasar 1 *tr.* Verter líquidos en vasos o vasijas. 2 Meter los granos en costales.

envase 1 *m.* Acción y efecto de envasar. 2 Recipiente en que se conservan y transportan ciertos productos.

envejecer 1 *tr.* Hacer viejo a alguien o algo. 2 *intr.* y *prnl.* Hacerse viejo alguien o algo, o tomar aspecto de tal. 3 *intr.* Durar, permanecer por mucho tiempo. • Vb. irreg. conjug. c. **agradecer**. V. anexo El verbo.

envejecimiento 1 *m.* Acción y efecto de envejecer. 2 ELECTRÓN Cambio de las características de un elemento electrónico por el efecto paulatino del tiempo. 3 FISIOL Conjunto de modificaciones irreversibles que se producen en un organismo con el paso del tiempo, y que finalmente conducen a la muerte.

envenenar 1 *tr.* y *prnl.* Inficionar con veneno. 2 *tr.* Corromper con ciertas ideas.

envergadura 1 *f.* Distancia entre los extremos de los brazos humanos. 2 Distancia entre los extremos de las alas de un avión. 3 Distancia entre las puntas de las alas de las aves cuando están completamente extendidas. 4 Importancia de un asunto o volumen de un negocio.

envés 1 *m.* Revés, lo opuesto al haz; se aplica a las telas. 2 BOT Cara inferior de la hoja, opuesta al haz.

enviado, da *m.* y *f.* Persona que va por mandato de otra con un mensaje, un encargo, una misión, etc.

enviar *tr.* Hacer que alguien o algo vaya a un sitio determinado.

enviciar 1 *tr.* Hacer que alguien contraiga algún vicio. 2 *intr.* Echar las plantas muchas hojas y poco fruto. 3 *prnl.* Entregarse desmedidamente a algo.

envidia 1 *f.* Sentimiento de tristeza o pesar por el bien ajeno. 2 Emulación o deseo de superar a otro.

envidiar 1 *tr.* Tener envidia de alguien. 2 Desear para sí lo que tienen otros.

envigar *tr.* e *intr.* Asentar las vigas de un edificio.

envilecer *tr.* y *prnl.* Degradar, degenerar. • Vb. irreg. conjug. c. **agradecer**. V. anexo El verbo.

envío 1 *m.* Acción y efecto de enviar. 2 REMESA.

enviudar *intr.* Quedar viudo o viuda.

envoltorio 1 *m.* Material con que se envuelve algo. 2 Lío, bulto.

envoltura 1 *f.* Capa exterior que envuelve algo. 2 Acción de envolver.

envolver 1 *tr.* Cubrir en todo o en parte una cosa. 2 Fajar con pañales a una criatura. 3 Ocultar algo, como la niebla que oculta el monte. 4 Acorralar con argumentos al contrincante. 5 Cercar al enemigo atacándole por todas partes. 6 *tr.* y *prnl.* Arrollar o devanar un hilo, una cinta, etc. 7 Implicar a alguien en un asunto, comprometerle. 8 *prnl.* Abrigarse. • Participio irreg. *envuelto*. Vb. irreg. conjug. c. **mover**. V. anexo El verbo.

envuelto 1 *m.* Tortilla de maíz rellena. 2 Bollo de maíz, de plátano, etc., que se sirve envuelto en hojas.

enyesar 1 *tr.* Revestir de yeso una superficie. 2 MED Inmovilizar un hueso roto o dislocado endureciendo el vendaje con yeso.

enzarzarse 1 *prnl.* Meterse en negocios complicados. 2 Reñir, pelearse.

enzima *m.* o *f.* BIOQ Sustancia proteínica que producen las células y que actúa como catalizador de los procesos metabólicos. Su estructura le permite fijarse a un sustrato para activar la reacción. Las enzimas poseen especificidad, es decir, solo pueden actuar sobre un sustrato determinado.

enzunchar *tr.* Asegurar algo con zunchos o flejes.

eñe *f.* Nombre de la letra *ñ*.

eoceno, na *adj.* y *m.* GEO Dicho de una época, que corresponde a la segunda división del terciario del Cenozoico. Se inició aprox. hace 54 millones de años y duró, aprox., otros 20 millones de años. Las perturbaciones diastróficas modificaron las superficies previas de relieve bajo. Aparecieron las familias modernas de aves y las plantas tropicales, se diversificaron los mamíferos y surgieron los peces con huesos. • Se escribe con may. inic. c. s.

eólico, ca 1 *adj.* Perteneciente o relativo a los vientos. 2 Producido o accionado por el viento. 3 ELECTR **energía ~**.

eolito *m.* Piedra de cuarzo que el ser humano primitivo utilizó como instrumento.

eón 1 *m.* Duración indefinida del tiempo. 2 GEO Unidad mayor de medida del tiempo geológico. Se divide en eras, estas en periodos y los periodos en épocas. Los eones son: **arcaico**, **proterozoico** y **fanerozoico**.

epéndimo *m.* ANAT Membrana que recubre los ventrículos del cerebro y el conducto central de la médula espinal.

épica *f.* LIT Género de la poesía heroica que se caracteriza por la majestuosidad de su estilo. Relata sucesos legendarios o históricos centrados en un personaje heroico.

epicardio *m.* ANAT Capa visceral del pericardio que recubre el corazón.

epicarpio *m.* BOT Capa externa de las tres que forman el pericarpio de los frutos.

epicentro *m.* GEO Punto de la superficie terrestre que corresponde al foco de un movimiento sísmico llamado hipocentro.

epicicloide *f.* GEOM Línea curva descrita por un punto de una circunferencia que rueda sobre otra tangente y fija. || ~ **esférica** GEOM La descrita cuando los planos de las dos circunferencias forman un ángulo constante.

épico, ca 1 *adj.* Grandioso, solemne. 2 LIT Perteneciente o relativo a la epopeya o a la épica.

epicontinental *adj.* GEO Dicho de un mar, con gran extensión y poca profundidad que se sitúa sobre una **plataforma continental**: *El mar Argentino es un tipo de mar epicontinental.*

epicrisis *f.* MED Diagnóstico sobre la enfermedad de un paciente.

epicureísmo *m.* FIL Sistema basado en las enseñanzas de Epicuro y cuya doctrina más conocida es que el placer constituye el bien supremo, prefiriendo los placeres intelectuales a los sensuales, que tienden a ofuscar el espíritu.

epicúreo, a 1 *adj.* Perteneciente o relativo al epicureísmo. 2 Entregado a los placeres.

epidemia *f.* MED Enfermedad infecciosa que afecta a la vez a un gran número de personas de una ciudad o región.

epidemiología *f.* MED Estudio y tratado de las enfermedades epidémicas.

epidermis 1 *f.* ANAT Membrana epitelial que cubre el cuerpo de los animales por encima de la dermis. 2 BOT Tejido de una sola capa de células que recubre las plantas.

epidídimo *m.* ANAT Estructura cilíndrica adosada al testículo, que desemboca en la porción inicial del conducto deferente.

epifanía *f.* Manifestación, aparición.

epífisis 1 *f.* ANAT **GLÁNDULA** pineal. 2 ANAT Cada una de las partes terminales de los huesos largos.

epifito, ta (Tb. epífito) *adj.* BIOL Dicho de un vegetal, el que, como los musgos y líquenes, vive sobre otra planta, aunque sin ser parasitario de ella.

epigastrio *m.* ANAT Región abdominal situada entre el esternón y el ombligo.

epiglosis *f.* ZOOL Parte de la boca de los artrópodos que es la sede sensorial.

epiglotis *f.* ANAT En los mamíferos, lámina cartilaginosa que cierra la laringe durante la deglución.

epígono *m.* Persona que sigue las huellas de otro, especialmente en ideas o estilo.

epígrafe 1 *m.* En algunas obras escritas, resumen que figura al comienzo de cada capítulo. 2 Cita que se pone a la cabeza de una obra escrita o de cada una de sus divisiones. 3 Inscripción en piedra, metal, etc.

epigrama 1 *m.* Inscripción en piedra, metal, etc. 2 Pensamiento expresado con brevedad y agudeza.

epilepsia *f.* MED Enfermedad nerviosa de tipo crónico, que se caracteriza por pérdida del conocimiento y convulsiones.

epilogar *tr.* Resumir, compendiar una obra o un escrito.

epílogo 1 *m.* Resumen o compendio. 2 Parte final de una obra literaria o dramática que narra hechos posteriores al desenlace de la trama.

episcopado 1 *m.* Dignidad de obispo católico. 2 Conjunto de los obispos.

episodio 1 *m.* Cada uno de los sucesos que constituyen una acción general. 2 **DIGRESIÓN**.

epispermo *m.* BOT Capa dura que cubre la semilla.

epistemología *f.* FIL Teoría del conocimiento general o de los fundamentos de una ciencia particular.

epístola 1 *f.* Carta enviada a un ausente. 2 Tratado doctrinal en forma de misiva. 3 REL Parte de la misa en que se lee alguna de las epístolas canónicas.

epistolario 1 *m.* Libro que recoge las epístolas que se leen en la misa. 2 Conjunto de cartas de un autor.

epitafio *m.* Inscripción sepulcral o redactada como si lo fuera.

epitaxia *f.* FÍS En la fabricación de circuitos integrados, proceso en el que la parte exterior de un cristal crece en capas finas de su misma estructura y materia por medio de la acción del calor.

epitelial 1 *adj.* Perteneciente o relativo al epitelio. 2 ANAT **tejido** ~.

epitelio *m.* ANAT Capa de células que constituye la epidermis del organismo y la capa externa de las cavidades internas.

epíteto 1 *m.* Calificación injuriosa o elogiosa. 2 GRAM Adjetivo o participio cuyo fin principal no es determinar o especificar el nombre, sino caracterizarlo.

epítome *m.* Resumen que compendia lo esencial de lo tratado en una obra extensa.

época 1 *f.* Periodo, de cierta extensión, que se caracteriza y determina por algún personaje o suceso extraordinario. 2 Parte del año con características particulares. 3 GEO Cada uno de los espacios de tiempo en que se subdividen los periodos geológicos.

epónimo, ma *adj.* Dicho de una persona, que da nombre a un pueblo, a una tribu, a una ciudad o a un periodo o época.

epopeya 1 *f.* LIT Poema que narra las aventuras de un héroe o de un pueblo, mezclando historia y leyenda. 2 Acción o empresa que entraña muchas dificultades.

epoxi 1 *m.* QUÍM Grupo funcional formado por un átomo de oxígeno a modo de puente entre dos átomos de carbono. 2 Resina sintética muy resistente, empleada en la fabricación de plásticos, pegamentos, etc.

épsilon 1 *f.* Quinta letra del alfabeto griego (Ε, ε), que corresponde a la *e* breve del latino. 2 MAT Símbolo $\in$ usado en teoría de conjuntos para indicar pertenencia.

equiángulo, la *adj.* GEOM Dicho de un cuerpo y de una figura, cuyos ángulos son todos iguales.

equidad 1 *f.* Sentimiento de justicia y ponderación en juicios y actuaciones. 2 Moderación en el precio de las cosas o en las condiciones de un contrato sobre una base objetiva de mesura.

equidistar *intr.* Hallarse un punto o cuerpo a la misma distancia respecto de otros dos, o estar varios objetos a la misma distancia unos de otros.

equidna *m.* Mamífero insectívoro de los monotremas, de hocico afilado, cabeza pequeña, patas con dedos excavadores y pelo con púas. Es propio de Australia y Tasmania.

équido, da *adj.* y *m.* ZOOL Dicho de un mamífero, perisodáctilo, caracterizado por tener cada extremidad terminada en un dedo, como el caballo, la cebra y el asno.

equilátero, ra 1 *adj.* GEOM Dicho de una figura, cuyos lados son iguales entre sí. 2 GEOM **triángulo** ~.

equilibrar 1 *tr.* y *prnl.* Poner o mantener una cosa en equilibrio. 2 Mantener proporcionalmente iguales dos o más cosas.

equilibrio 1 *m.* Relación armoniosa de cosas diversas que se contrapesan. 2 Ecuanimidad y ponderación en actos y juicios. 3 Situación de un cuerpo que, a pesar de tener poca base de sustentación, se mantiene sin caerse. 4 ANAT y FISIOL Sentido que permite percibir la posición del cuerpo en el espacio. A él están asociados los conductos semicirculares y el vestíbulo del oído, que detectan los cambios de posición de la cabeza (arriba-abajo, adelante-atrás, izquierda-derecha). 5 FÍS Estado de un cuerpo en que las fuerzas opuestas se compensan por ser de la misma intensidad. 6 QUÍM **constante** de ~. || ~ **ácido-base** QUÍM Estado de una disolución en que los iones ácidos básicos se neutralizan; es decir, su pH es 7. ~ **biológico** ECOL El que supone que las poblaciones no se multiplican nunca por encima de un límite superior que conduciría a la superpoblación, ni por debajo de otro inferior que conllevaría peligro de extinción. ~ **estable** FÍS El que se da si las fuerzas son tales que un cuerpo vuelve a su posición original al ser desplazado. ~ **indiferente** FÍS El que se da si las fuerzas que actúan sobre el cuerpo hacen que este permanezca en su nueva posición. ~ **inestable** FÍS El que se da si las fuerzas hacen que el cuerpo continúe moviéndose hasta una posición distinta. ~ **jurídico** ECON Fundamento en un proceso de contratación laboral o acuerdo legal que busca mantener una relación de igualdad entre las partes que lo conforman, es decir, que ninguna de ellas tenga preponderancia sobre la otra. ~ **químico** QUÍM Condición dinámica en la cual una reacción química procede a velocidades iguales en sus dos direcciones opuestas, de tal modo que las concentraciones de las sustancias que reaccionan no cambian con el tiempo.

equilibrista *m.* y *f.* Artista de circo que ejecuta ejercicios de equilibrio en la cuerda o la barra.

equimosis *f.* MED Mancha o cardenal que se forma bajo la piel a consecuencia de algún golpe.

equino, na 1 *adj.* Perteneciente o relativo al caballo. 2 *m.* CABALLO.

equinoccial *adj.* Perteneciente o relativo a los equinoccios.

equinoccio *m.* ASTR Intersección de la trayectoria aparente del sol con el Ecuador, momento en que los días y las noches son iguales; ocurre el 20/21 de marzo y el 22/23 de septiembre.

equinodermo *adj.* y *m.* ZOOL Dicho de un invertebrado, marino, que presenta simetría bilateral en la fase larvaria; después, la mayoría la presenta radial (erizo) y algunos adoptan una configuración cilíndrica (cohombro de mar) o estrellada (estrella de mar). Posee un sistema vascular acuífero y muchos tienen un esqueleto externo, a veces con espinas. Habita todos los mares y océanos.

equipaje *m.* Conjunto de cosas que se llevan en los viajes.

equipamiento 1 *m.* Acción y efecto de equipar. 2 Conjunto de instalaciones fijas que hacen posible el desarrollo de una actividad industrial o social.

equipar *tr.* y *prnl.* Proveer de las cosas necesarias para un uso determinado.

equiparar *tr.* Comparar dos o más cosas, considerándolas equivalentes o similares.

equipo 1 *m.* Acción y efecto de equipar. 2 Conjunto de ropas y enseres personales, en especial los necesarios para realizar un trabajo o practicar un deporte. 3 Grupo de personas que lleva a cabo un trabajo. 4 Conjunto de aparatos y dispositivos que constituyen la totalidad de una máquina, una herramienta u otro aparato. 5 DEP Grupo de deportistas que compite con otro formado por el mismo número de jugadores.

equipolente *adj.* GEOM Dicho de un vector, paralelo a otro y de igual magnitud.

equis 1 *f.* Nombre de la letra *x*. 2 MAT Signo de la incógnita en los cálculos. 3 *adj.* Denota un número desconocido o indiferente.

equiseto *m.* BOT Planta pteridofita en forma de caña, con entrenudos pronunciados de los que radian hojas en forma de aguja. Los tallos terminan en un ramo productor de esporas. Propia de suelos húmedos o inundados.

equitación 1 *f.* Arte de montar y de manejar bien un caballo. 2 Acción de montar a caballo.

equitativo, va *adj.* Que tiene equidad.

equivalencia *f.* Cualidad de equivalente.

equivalente 1 *adj.* y *s.* Que equivale a otra cosa. 2 GEOM Dicho de una figura o un sólido, que tiene igual área o volumen y distinta forma. 3 *m.* QUÍM Mínimo peso necesario para que dos cuerpos, al unirse, formen verdadera combinación. || ~ **gramo** QUÍM Masa de un cuerpo puro cuyo valor en gramos está expresado en el mismo número de su equivalente químico. ~ **químico** QUÍM Cociente de la masa atómica por la valencia.

equivaler 1 *intr.* Ser una cosa igual a otra en valor, potencia o eficacia. 2 Significar, venir a ser lo mismo una cosa que otra. • Vb. irreg. conjug. c. **valer**. V. anexo El verbo.

equivocación 1 *f.* Acción y efecto de equivocar o equivocarse. 2 Cosa hecha con desacierto.

equivocar *tr.* y *prnl.* Errar, tomar una cosa por otra (por ser equivalentes o parecidas).

equívoco, ca 1 *adj.* Que puede entenderse en varios sentidos. 2 *m.* EQUIVOCACIÓN.

era[1] 1 *f.* Punto de arranque para el cómputo de los años. 2 Periodo histórico caracterizado por un personaje o por determinados sucesos: *La era atómica.* 3 GEO Cada uno de los grandes periodos en que se divide la historia geológica de la Tierra: **precámbrico**, **paleozoico**, **mesozoico** y **cenozoico**. || ~ **cristiana** La que se inicia con el nacimiento de Jesucristo.

era[2] *f.* Parcela para el cultivo de flores u hortalizas.

erario *m.* Tesoro público de una nación.

erbio *m.* QUÍM Elemento de los lantánidos o tierras raras. Se emplea para amplificar las señales de luz enviadas por fibra óptica. Símbolo: Er. Número atómico: 68. Peso atómico: 167,26. Punto de fusión: 1529 °C. Punto de ebullición: 2868 °C.

ere *f.* Nombre de la letra *r* en su sonido suave.

erección 1 *f.* Acción de erigir. 2 FISIOL Fenómeno vascular por el que se llenan de sangre los cuerpos cavernosos de ciertos órganos, como el pene o el clítoris, dilatando su tamaño y aumentando su rigidez.

eréctil *adj.* Que tiene la facultad o propiedad de levantarse, enderezarse o ponerse rígido.

eremita *m.* y *f.* ERMITAÑO.

ergio *m.* FÍS Unidad de trabajo en el sistema cegesimal. Representa el trabajo necesario para desplazar 1 cm el punto de aplicación de una fuerza de 1 dina en la dirección de esta equivalente a 10^{-7} julios. Símbolo: erg.

ergo *conj. lat.* Por tanto, pues. Se emplea en la formulación de silogismos.

ergonomía *f.* Conjunto de técnicas que estudian la mejor adaptación de las máquinas y enseres a las personas que los utilizan para lograr mayor comodidad y eficacia.

ergotista *adj.* y *s.* Dicho de una persona, aficionada a los razonamientos silogísticos, llegando al abuso de ellos.

erguir 1 *tr.* Poner derecho algo o mantenerlo alzado, como la cabeza o el cuello. 2 *prnl.* Levantarse, ponerse derecho. • Vb. irreg. conjugación modelo. V. anexo El verbo.

erial *adj.* y *m.* Dicho de un terreno, sin cultivar ni labrar.

ericáceo, a *adj.* y *f.* BOT Dicho de una planta, angiosperma dicotiledónea, con pequeñas hojas coriáceas, flores tetrámeras o pentámeras y fruto con semillas de albumen carnoso, como el arándano.

erigir 1 *tr.* Construir, fundar. 2 Conferir a personas o cosas cierta cualidad o dignidad. 3 *prnl.* Alzarse a determinada función: *Se erigió en juez.*

erisipela *f.* MED Inflamación contagiosa de la piel acompañada de fiebre y trastornos generales.

eritema *m.* MED Inflamación superficial de la piel caracterizada por manchas rojas de origen vascular.

eritroblastosis *f.* MED Tipo de anemia que se produce en el recién nacido por incompatibilidad entre su grupo sanguíneo y el de la madre.

eritrocito *m.* BIOL Célula esferoidal que da el color rojo a la sangre y que contiene la hemoglobina. Se conoce también como glóbulo rojo.

eritroxiláceo, a *adj.* y *f.* BOT Dicho de una planta, angiosperma dicotiledónea, de hojas sencillas, flores blanquecinas y fruto en drupa con una sola semilla, como la coca.

erizar 1 *tr.* y *prnl.* Poner rígido algo, especialmente el pelo, como las púas del erizo. 2 *prnl.* Inquietarse, azorarse.

erizo, za 1 *m.* y *f.* Mamífero insectívoro, de unos 25 cm de largo, patas cortas, hocico largo, y provisto de púas. 2 Pez cubierto de espinas eréctiles, que vive en los mares tropicales. || ~ **de mar** Equinodermo de cuerpo globoso protegido por un caparazón formado por placas óseas, cuya superficie está cubierta de púas. La boca se encuentra en un polo y el ano en el opuesto. Posee un aparato masticador formado por cinco mandíbulas convergentes.

ermita *f.* Capilla pequeña, en despoblado y sin culto permanente.

ermitaño, ña 1 *m.* y *f.* Persona que vive en una ermita y cuida de ella. 2 Persona que vive en soledad o que apenas trata con la gente.

erogar *tr.* Distribuir bienes o caudales.

erógeno, na 1 *adj.* Que produce excitación sexual. 2 Dicho de ciertas zonas del cuerpo, muy sensibles a la excitación sexual.

eros *m.* Conjunto de tendencias e impulsos sexuales de la persona.

erosión *f.* GEO Desgaste de la corteza terrestre y modificación del relieve, ocasionados por agentes externos, siendo los principales el viento, la lluvia, el hielo, el oleaje y las variaciones térmicas.

erótico, ca 1 *adj.* Perteneciente o relativo al amor sensual. 2 Que excita el apetito sexual. 3 LIT **literatura** ~.

erotismo 1 *m.* Culto de la pasión amorosa en lo que conlleva de sensual más que en los aspectos afectivos. 2 Carácter de lo que excita el amor sensual. 3 Exaltación de lo sensual en el arte.

erotomanía *f.* PSIC Obsesión morbosa por lo sexual.

errabundo, da *adj.* Que va de una parte a otra sin tener asiento fijo.

erradicar *tr.* Arrancar de raíz una cosa, eliminarla completamente.

errante *adj.* y *s.* Que anda de una parte a otra sin tener asiento fijo.

errar 1 *tr.* e *intr.* No acertar, fallar: *Errar el tiro.* 2 *tr.* No cumplir, faltar. 3 *intr.* Andar vagando de un lado para otro. 4 Irse por las ramas, divagar. • Vb. irreg. conjugación modelo. V. anexo El verbo. Es también válida su **conjugación** regular.

errata *f.* Equivocación material en la escritura de un manuscrito o en la impresión de un texto.

errático, ca 1 *adj.* ERRANTE. 2 Dicho de una masa, arrastrada por un glaciar; del hielo, arrastrado por el agua; del astro, con rumbo incierto; del dolor crónico, que se siente en una u otra parte, etc.

erre *f.* Nombre de la letra *r* con sonido fuerte y vibrante, que lo es siempre que va entre vocales.

error 1 *m.* Juicio falso. 2 Creencia u opinión equivocada. 3 Acción o conducta desacertada, inconveniente. 4 Jurídicamente, vicio del consentimiento por equivocación de buena fe. 5 MAT Desviación respecto a un valor teórico o real, originada en los cálculos o medidas realizados para su estimación. || ~ **absoluto** MAT Diferencia entre el resultado de una medición y el valor exacto. ~ **relativo** MAT Cociente entre el error absoluto y el valor exacto.

eructar *intr.* Expeler por la boca y con ruido los gases del estómago.

erudición *f.* Cultura vasta y múltiple en varias disciplinas.

erudito, ta *adj.* y *s.* Que posee erudición.

erupción 1 *f.* GEO Emisión más o menos violenta de sólidos, líquidos o gases por aberturas o grietas de la corteza terrestre. 2 MED Aparición en la piel, o las mucosas, de granos o manchas. 3 MED Conjunto de esos granos o manchas.

esbelto, ta *adj.* Alto respecto a las cosas de su especie, delgado y airoso.

esbirro 1 *m.* Oficial inferior encargado de apresar a las personas. 2 coloq. y desp. Persona que, por encargo, comete actos violentos o prepotentes.

esbozar 1 *tr.* BOSQUEJAR. 2 Insinuar algún gesto: *Esbozó una sonrisa.*

esbozo 1 *m.* Acción y efecto de esbozar. 2 Lo que no está terminado, y por ello admite un mayor y mejor desarrollo. 3 ART Bosquejo o boceto sin perfilar que contiene el núcleo esencial de una obra artística.

escabechar *tr.* Echar una cosa en escabeche.

escabeche 1 *m.* Salsa hecha con aceite frito, vinagre, hojas de laurel y otras especias, para dar sazón y conservar los alimentos. 2 El alimento así conservado.

escabel 1 *m.* Tarima pequeña para que descansen los pies del que está sentado. 2 Asiento pequeño sin respaldo.

escabiosis *f.* MED SARNA.

escabroso, sa 1 *adj.* Dicho de un terreno, desigual y lleno de tropiezos. 2 Que está al borde de lo inconveniente o de lo inmoral.

escabullirse 1 *prnl.* Escaparse una cosa de entre las manos. 2 Evadirse de la compañía de alguien sin que se advierta. 3 Ahorrarse un trabajo o cometido marchándose o pretextando excusas. • Vb. irreg. conjug. c. **mullir**. V. anexo El verbo.

escafandra *f.* Traje protector que usan los buzos debajo del agua y los astronautas en el espacio.

escafoides 1 *m.* ANAT Hueso del carpo de los mamíferos, que en el ser humano es más externo y el mayor de la primera fila. 2 ANAT Hueso del tarso, situado delante del astrágalo.

escala 1 *f.* Escalera de mano, especialmente la de cuerda. 2 Sucesión ordenada, por grado o intensidad, de cosas distintas, pero de la misma especie, como los colores. 3 Instrumento de medida dividido por una serie de rayas paralelas que representan metros, kilómetros, etc., y sirve para dibujar, proporcionadamente, distancias y dimensiones o para averiguar sus medidas reales. 4 Proporción entre las dimensiones de un dibujo, mapa, plano, etc., y las del objeto o terreno que representa. 5 Tamaño o proporción en que se desarrolla un plan o una idea. 6 Punto de un viaje en que habitualmente para un barco o un avión. 7 MÚS Sucesión o serie de sonidos ordenados en función de un principio acústico o de una fórmula determinada, y que pueden ser utilizados en una composición o improvisación musical. || ~ **Celsius** o **centígrada** FÍS Escala termométrica dividida en cien grados iguales, desde la temperatura de fusión del hielo (0°), hasta la de ebullición del agua (100°). ~ **cromática** MÚS La de doce sonidos, separados por semitonos. ~ **de Fahrenheit** FÍS Escala termométrica cuya unidad es el grado Fahrenheit (°F). Su equivalencia con la centígrada es: 0 °C = 32 °F; 100 °C = 212 °F. Fórmula de conversión: T °C = (T °F − 32) · 5/9. ~ **de Mercalli** GEO La utilizada para evaluar y comparar la intensidad de los sismos. Va desde I a XII; puntúa los terremotos en términos de reacciones y observaciones humanas. ~ **de Richter** GEO La que mide la energía del terremoto en el epicentro y sigue una escala de intensidades que aumenta exponencialmente de un valor al siguiente, con valores entre uno y nueve; un temblor de magnitud siete es diez veces más fuerte que uno de magnitud seis y cien veces más que otro de magnitud cinco. ~ **geológica** GEO La que indica los supuestos intervalos de tiempo absoluto correspondientes a los diversos periodos geológicos.

escalador, ra 1 *adj.* Que escala. 2 *m.* y *f.* Persona que escala por deporte.

escalafón *m.* Lista de personas pertenecientes a un cuerpo, clasificadas por antigüedad, grado, méritos, etc.

escalar[1] 1 *tr.* Entrar en algún sitio alto y cerrado sirviéndose de escalas. 2 Trepar por una montaña hasta coronarla.

escalar[2] *adj.* y *m.* FÍS Dicho de una magnitud, sin dirección, que solo posee valor numérico, como la temperatura.

escaldar 1 *tr.* Bañar con agua hirviendo. 2 Abrasar con fuego una cosa poniéndola muy roja.

escaleno 1 *m.* ANAT Cada uno de los tres músculos situados en el cuello. 2 GEOM Dicho de un cono, cuyo eje no es perpendicular a la base. 3 GEOM **triángulo** ~.

escalera 1 *f.* Serie de escalones paralelos, hechos de mampostería, metal o madera, que permite subir y bajar entre los pisos de un edificio o los distintos niveles de un terreno. 2 En ciertos juegos de baraja, sucesión de naipes de valor correlativo. || ~ **mecánica** La que funciona como una cadena sin fin y cuyos peldaños se deslizan en marcha ascendente o descendente.

escalfar *tr.* Hervir en agua o caldo los huevos sin cáscara.

escalímetro *m.* Instrumento de dibujo que consiste en una regla triangular que tiene diversas escalas en cada una de sus caras.

escalinata *f.* Escalera exterior, que suele ser de un solo tramo.

escalofrío 1 *m.* MED Sensación brusca de frío que suele preceder a los accesos de fiebre. 2 Sensación similar producida por un sentimiento intenso de terror o de asombro.

escalón 1 *m.* Peldaño de una escalera. 2 Desnivel del terreno hecho a corte.

escalonar 1 *tr.* Distribuir en tiempos sucesivos las partes de una serie. 2 *tr.* y *prnl.* Ordenar de trecho en trecho.

escalope *m.* Filete de carne delgado y rebozado.

escalpar *intr.* Arrancar el cuero cabelludo junto con la cabellera.

escalpelo *m.* Bisturí pequeño de hoja fina y puntiaguda con uno o dos filos.

escama 1 *f.* Cada una de las laminillas córneas que cubren la piel de peces y reptiles. 2 Lo que tiene forma parecida a esas laminillas. 3 Cada una de las laminillas microscópicas que cubren las alas de las mariposas. 4 Laminilla formada por células epidérmicas unidas y muertas que se desprenden espontáneamente de la piel.

escamar *tr.* Quitar las escamas al pescado.

escampar 1 *intr. impers.* Dejar de llover. 2 Resguardarse de la lluvia.

escanciar 1 *tr.* Echar el vino, servirlo en las mesas y convites. 2 *intr.* Beber vino.

escandalizar 1 *tr.* Causar escándalo. 2 *intr.* Armar alboroto. 3 *prnl.* Mostrarse indignado por una inconveniencia.

escándalo 1 *m.* Alboroto, tumulto. 2 Hecho, palabra, etc., que induce a alguien a obrar mal o a pensar mal de otro. 3 Desenfreno, desvergüenza, mal ejemplo. 4 Asombro, pasmo, admiración.

escandio *m.* QUÍM Elemento metálico que no se encuentra libre en la naturaleza, por lo general acompaña al estaño y al volframio. Símbolo: Sc. Número atómico: 21. Peso atómico: 44,956. Punto de fusión: 1541 °C. Punto de ebullición: 2836 °C.

escanear *tr.* Pasar un cuerpo o un objeto por un **escáner**.

escáner 1 *m.* Aparato de exploración radiológica que proporciona sucesivas secciones transversales de la zona explorada. 2 INF Periférico de entrada de datos que almacena en un archivo textos impresos o imágenes para su posterior manipulación, según convenga.

escaño 1 *m.* Banco con respaldo para varias personas. 2 Asiento y puesto de cada uno de los parlamentarios de cualquier cámara legislativa.

escapada 1 *f.* Acción de escapar. 2 Abandono temporal de las actividades o viaje rápido que se hace como descanso. 3 DEP Despegue del pelotón de uno o varios corredores en una carrera.

escapar 1 *intr.* y *prnl.* Eludir un peligro, librarse de un daño. 2 Salir de un encierro. 3 Quedar fuera del dominio o la influencia de alguien o algo. 4 *tr.* Librar de un trabajo, mal o peligro. 5 *prnl.* Salirse un líquido o un gas de su recipiente. 6 No lograr entender algo. 7 Soltarse algo.

escaparate 1 *m.* Hueco en una fachada, protegido con cristal, en que se exponen al público productos o mercancías. 2 Especie de alacena o armario con vidrieras.

escape 1 *m.* Acción de escapar. 2 En los motores de explosión, salida de los gases quemados y tubo que los conduce al exterior. 3 FÍS **velocidad** de ~.

escapismo 1 *m.* Actitud de quien se evade mentalmente de la realidad. 2 Arte de liberarse de cualquier tipo de ataduras.

escapo *m.* BOT Tallo que sale del tronco de la planta y remata en la flor.

escápula *f.* ANAT **OMÓPLATO**.

escapular 1 *adj.* ANAT Referente a la escápula. 2 ANAT **cintura** ~.

escapulario 1 *m.* Tira de tela que cuelga por delante y por detrás del hábito de algunas órdenes religiosas. 2 Objeto devoto consistente en dos trocitos de tela unidos por dos cintas, que cuelgan sobre el pecho y la espalda, y que llevan pintada o bordada alguna imagen religiosa.

escaque *m.* Cada uno de los recuadros en que se divide un tablero de ajedrez, de damas o de otros juegos de mesa.

escara *f.* MED Costra de color oscuro que se forma en zonas afectadas por gangrena o por una quemadura profunda.

escarabajo *m.* Nombre de varios insectos coleópteros.

escaramuza 1 *f.* Riña de poca importancia. 2 Refriega de tanteo entre las avanzadillas de dos ejércitos enemigos.

escarapela 1 *f.* Divisa formada por cintas de varios colores, dispuestas a modo de roseta. 2 Tarjeta de identificación que se lleva, de forma visible, prendida en la ropa.

escarapelar 1 *tr.* Descascarar, desconchar. 2 *prnl.* **DESCASCARAR**.

escarbar 1 *tr.* Remover repetidamente la tierra, como hacen los animales con las patas o el hocico. 2 Indagar lo encubierto y oculto. 3 Limpiar los dientes o los oídos con el dedo, con un palillo o con algo semejante.

escarceo 1 *m.* Aventura amorosa superficial. 2 *m. pl.* Tanteos, incursiones en un quehacer no habitual, o sin demasiada profundidad.

escarcha *f.* Rocío congelado de la noche.

escarchar 1 *intr. impers.* Congelarse el rocío. 2 *tr.* Preparar licores, confituras, etc., con algo que imite la escarcha.

escardar *tr.* Arrancar cardos y hierbas con azada.

escariar *tr.* Ensanchar y redondear los agujeros hechos en el metal o los tubos.

escarlata 1 *adj.* y *m.* Dicho de un color, carmesí menos subido que el de la grana. 2 *f.* Tela de este color. 3 Grana fina. 4 Escarlatina, enfermedad.

escarlatina *f.* MED Enfermedad infecciosa, causada por un estreptococo, que se caracteriza por un exantema rojo y difuso y por altas temperaturas.

escarmenar *tr.* Desenredar y limpiar el cabello, la lana o la seda.

escarmentar 1 *tr.* Corregir con rigor al que se ha equivocado, para que se enmiende. 2 *intr.* Tomar enseñanza de lo experimentado para evitar caer en los mismos errores. • Vb. irreg. conjug. c. **acertar**. V. anexo El verbo.

escarmiento 1 *m.* Experiencia que enseña a evitar errores y daños. 2 Castigo ejemplar.

escarola *f.* Variedad de lechuga, de hojas rizadas.

escarpa 1 *f.* Declive áspero de un terreno. 2 Plano inclinado del muro que sostiene las tierras del camino cubierto.

escarpado, da 1 *adj.* Que tiene escarpa o gran pendiente. 2 Dicho de una altura, que no tiene subida ni bajada transitable o las tiene muy ásperas y peligrosas.

escarpar *tr.* Cortar una montaña o terreno poniéndolo en plano inclinado.

escarpia *f.* Clavo con cabeza acodillada, alcayata.

escarpín *m.* Calzado ligero y flexible.

escasear *intr.* Faltar, ir a menos algo.

escasez *f.* Carencia casi absoluta de lo necesario.

escatimar *tr.* Dar lo menos posible.

escatología[1] *f.* REL Conjunto de creencias y doctrinas referentes a las postrimerías del mundo y de cada ser humano.

escatología[2] 1 *f.* Estudio de los excrementos y de sus propiedades. 2 Superstición o comentarios jocosos sobre los excrementos.

escayola 1 *f.* YESO, espejuelo calcinado. 2 ESTUCO, masa de yeso blanco. 3 Vendaje enyesado.

escayolar *tr.* ENYESAR.

escena 1 *f.* Cada parte que constituye, en una obra dramática o cinematográfica, una unidad en sí misma, caracterizada por la presencia de los mismos personajes. 2 Hecho real visto como un espectáculo o con matices aparatosos: *Nos hizo una escena.*

escenario 1 *m.* Lugar debidamente montado y decorado para la representación de cualquier espectáculo. 2 Conjunto de circunstancias que rodean a una persona o enmarcan un suceso cualquiera.

escénico, ca 1 *adj.* Perteneciente o relativo a la escena o al escenario. 2 ART **artes** ~s.

escenificar 1 *tr.* TEAT Dar forma dramática a una obra literaria para ponerla en escena. 2 TEAT Poner en escena una obra o un espectáculo teatrales.

escenografía 1 *f.* TEAT Arte de montar una representación dramática. 2 CIN, TV y TEAT Conjunto de elementos, como decoración, iluminación, música, etc., necesarios para un montaje escénico. 3 ESCENARIO, conjunto de circunstancias.

escepticismo 1 *m.* Desconfianza o duda de la verdad o eficacia de algo. 2 FIL Posición filosófica que pone en tela de juicio la capacidad del entendimiento humano para conocer la verdad o la realidad de las cosas.

escéptico, ca 1 *adj.* y *s.* Que profesa el escepticismo. 2 Que no cree o afecta no creer.

escifozoo *adj.* y *m.* ZOOL Dicho de un celentéreo, con cavidad gastrovascular comunicada con el exterior mediante una faringe; puede presentar forma de pólipo o de medusa, como la medusa propiamente dicha.

escindir 1 *tr.* y *prnl.* Dividir, separar. 2 FÍS Romper un núcleo atómico en dos porciones aproximadamente iguales, con la consiguiente liberación de energía. Suele realizarse mediante el bombardeo con neutrones. 3 MED Extirpar un tejido o un órgano.

escisión 1 *f.* Acción de escindir. 2 BIOL Tipo de reproducción asexual llevada a cabo por algunos animales y que consiste en la propia división en varias partes, en la que cada una de estas es capaz de constituir un nuevo ser (como en los platelmintos). || ~ **nuclear** FÍS FISIÓN nuclear.

escita *adj.* y *s.* HIST De un pueblo procedente de Asia central, que se asentó progresivamente en el Cáucaso y Asia Menor (ss. VIII-VI a. C.). Cuidaba rebaños de caballos, ganado vacuno y ovejas; vivía en carros cubiertos con lonas y fueron conocidos como hábiles jinetes y arqueros.

esclarecer 1 *tr.* Iluminar, dar brillo. 2 Ennoblecer, dar fama. 3 Dilucidar un asunto. • Vb. irreg. conjug. c. **agradecer**. V. anexo El verbo.

esclarecido, da *adj.* Ilustre, famoso, acreditado.

esclavismo *m.* Sistema económico-político basado en la esclavitud.

esclavitud 1 *f.* Forma involuntaria de servidumbre humana caracterizada porque el trabajo que realizan las personas sometidas se obtiene por la fuerza y estas son consideradas bienes de mercado. Su práctica data de épocas prehistóricas y persistió como sistema social hasta el s. XIX, aunque en la actualidad subsiste de manera encubierta. 2 Sujeción excesiva de una persona a otra. 3 Entrega a una pasión que reduce la libertad personal.

esclavo, va 1 *adj.* y *s.* Dicho de una persona, que carece de libertad por estar sometida a otra. 2 Sometido a una pasión, un vicio o un trabajo duro.

esclerénquima *m.* BOT Tejido vegetal formado por células muertas de membranas engrosadas y lignificadas.

esclerito *m.* BIOL Placa dura que forma el exoesqueleto de los insectos.

esclerómetro *m.* Aparato para medir la dureza de los minerales.

esclerosis *f.* MED Endurecimiento de los tejidos, con aumento de su fibrosidad y disminución de su flexibilidad.

esclerótica *f.* ANAT Membrana dura, blanquecina y opaca que cubre casi por completo el ojo; en su parte anterior está engastada la córnea.

esclusa *f.* Tramo de un canal acotado con puertas de entrada y salida, que, con el adecuado aumento o disminución del nivel del agua, permite el paso de los barcos.

escoba 1 *f.* Utensilio hecho con ramas de plantas o con filamentos plásticos, que sirve para barrer. 2 Planta de las papilionáceas, muy ramosa y de unos 2 m de altura.

escobar *tr.* Barrer con escoba.

escobilla 1 *f.* Cepillo para el polvo. 2 Escoba pequeña. 3 ELECTR Haz de hilos de cobre que mantiene el contacto eléctrico entre las piezas fija y móvil de una máquina.

escocer 1 *intr.* Sentir una sensación desagradable parecida a la de una quemadura. 2 *prnl.* Irritarse la piel poniéndose roja por el sudor, el roce, etc. • Vb. irreg. conjug. c. **mover**. V. anexo El verbo.

escoda *f.* Martillo con corte en ambos extremos para labrar piedras.

escofina *f.* Lima gruesa de dientes triangulares que se usa para desbastar.

escoger *tr.* Elegir a una persona o cosa entre otras.

escolapio, pia 1 *adj.* y *s.* Perteneciente o relativo a la congregación religiosa de las Escuelas Pías, orden católica fundada en Roma en 1597 por el religioso español san José de Calasanz. 2 Dicho de sus miembros.

escolar 1 *adj.* Perteneciente o relativo a la escuela, al colegio o al estudiante. 2 Perteneciente o relativo a la enseñanza que se imparte en escuelas y colegios: *Texto escolar*. 3 *m.* y *f.* Alumno de escuela o colegio: *Población escolar*.

escolaridad 1 *f.* Conjunto de cursos que un estudiante sigue en un establecimiento docente. 2 Tiempo que duran estos cursos. 3 Número de escolares en una región o un país: *En el último lustro aumentó la escolaridad*.

escolasticismo *m.* FIL e HIST Filosofía medieval, cristiana, arábiga y judaica, en la que dominó la enseñanza de las doctrinas de Aristóteles, concertada con las respectivas doctrinas religiosas. Alcanzó el carácter de oficial en la Iglesia católica de Occidente desde la época carolingia (s. IX) hasta la Contrarreforma (s. XVII). Su gran instrumento metodológico fue el silogismo, y siempre tuvo un carácter eminentemente especulativo.

escolástico, ca 1 *adj.* Perteneciente o relativo al escolasticismo. 2 *f.* FIL **ESCOLASTICISMO**.

escólex *m.* ZOOL Primero de los segmentos del cuerpo de los **cestodos**, provisto de ventosas o ganchos, con los que se fija al cuerpo de su huésped.

escolio *m.* Nota explicativa de un texto.

escoliosis *f.* MED Desviación lateral de la columna vertebral.

escollar *intr.* Tropezar una nave en un escollo.

escollera *f.* En un puerto, conjunto de bloques de piedra y de mampostería para defensa contra el oleaje o como cimentación de un dique.

escollo 1 *m.* Peñasco a flor de agua o apenas visible, que representa un peligro para la navegación. 2 Dificultad.

escolopendra *f.* Nombre de diversos miriápodos, con dos patas en cada uno de los veinticinco segmentos de que constan.

escolta 1 *f.* Acompañamiento de una personalidad para su protección u honor. 2 Conjunto de efectivos militares que acompañan a una unidad para su protección.

escoltar 1 *tr.* Acompañar la marcha de una persona o cosa para su defensa. 2 Acompañar a un personaje importante en señal de homenaje y con fines protectores.

escombrar *tr.* Limpiar de escombros un lugar, dejarlo despejado.

escombro *m.* Conjunto de materiales de desecho de una obra de albañilería, un edificio derribado, etc.

esconder 1 *tr.* y *prnl.* Colocar a una persona o cosa en un lugar o sitio secreto para que no sea vista o encontrada. 2 Encerrar, incluir o contener una cosa que no es manifiesta a todos. 3 Ocultar una cosa a otra. 4 **DISIMULAR**, encubrir.

escondite 1 *m.* Sitio que sirve para tener algo escondido. 2 Juego de niños en que todos se ocultan y uno los busca.

escopeta *f.* Arma de fuego de 70 a 80 cm de largo, con uno o dos cañones montados sobre una caja de madera, que se emplea para caza y usos deportivos.

escoplo *m.* Herramienta de carpintero consistente en una lámina de acero terminada en bisel y fija a un mango de madera, que se usa a golpe de mano.

escopolamina *f.* QUÍM Alcaloide extraído de diversas plantas solanáceas que se usa en medicina para bloquear la transmisión de los impulsos nerviosos. Por su acción sedante se ha empleado para obtener ciertas confesiones.

escora 1 *f.* Cada uno de los puntales que sostienen los costados del barco al construirlo o repararlo. 2 Inclinación lateral de una embarcación.

escorar 1 *tr.* Apuntalar un barco sobre escoras. 2 *intr.* y *prnl.* Inclinarse lateralmente una embarcación.

escorbuto *m.* MED Enfermedad producida por la falta de vitamina C, que se caracteriza por hemorragias, deformación de las encías y debilitamiento general.

escoria 1 *f.* Sustancia vítrea que sobrenada en el crisol al fundir los metales y que contiene impurezas. 2 GEO Lava esponjosa de los volcanes. 3 Persona o cosa vil.

escorpión 1 *m.* Arácnido caracterizado por tener el cuerpo plano y estrecho, dotado de dos pinzas y una cola abdominal que termina en un aguijón con glándulas venenosas. Mide entre 2,5 y 20 cm de long. 2 *adj.* y *s.* Dicho de una persona, nacida bajo el signo Escorpión. Según los astrólogos, es enérgica, intuitiva y reservada.

escorrentía 1 *f.* Agua de lluvia que discurre por la superficie de un terreno. 2 Corriente de agua que rebasa su depósito o cauce.

escorzar *tr.* ART Dibujar o pintar algo en perspectiva, haciendo oblicuas al plano o lienzo las líneas que deberían ser perpendiculares a él.

escorzo *m.* Figura escorzada.

escotadura 1 *f.* **ESCOTE**. 2 Entrante en el borde de una cosa. 3 En los teatros, abertura grande hecha en el tablado para el paso de las tramoyas.

escotar 1 *tr.* Hacer un escote en una prenda de vestir. 2 *prnl.* Abrirse o pronunciarse mucho el escote o cuello de un vestido.

escote 1 *m.* Entrante que se hace en una prenda de vestir, en especial el del cuello. 2 Parte del pecho y de la espalda que el entrante de un vestido deja al descubierto.

escotilla *f.* Cada una de las aberturas que comunican la cubierta del barco con el interior, o un piso con otro.

escotillón *m.* Trampa cerradiza en el suelo.

escoto, ta *adj.* y *s.* HIST De un pueblo celta originario de Irlanda, que se estableció en el NO de Escocia en la Alta Edad Media y dio su nombre al país.

escozor 1 *m.* Sensación dolorosa parecida a la quemadura. 2 Desazón anímica.

escriba 1 *m.* Entre los judíos antiguos, maestro versado en la sagrada escritura. 2 En la Antigüedad, especialmente entre los egipcios, copista, amanuense.

escribanía 1 *f.* Escritorio, mueble. 2 Juego de escritorio compuesto de tintero, pluma, secante y otras piezas. 3 Oficio y oficina del escribano. 4 **NOTARÍA**.

escribano, na 1 *m.* y *f.* Persona que copia o escribe a mano. 2 El que, por oficio público, estaba autorizado para dar fe de las escrituras y demás actos que pasaban ante él. 3 **NOTARIO**.

escribir 1 *tr.* Representar los sonidos o las palabras mediante signos gráficos o letras. 2 Representar los sonidos con las notas musicales. 3 Marcar, reflejar:

Tiene la crueldad escrita en los ojos. 4 *tr.* e *intr.* Componer libros, discursos, poemas, obras musicales, etc. 5 Comunicar algo por escrito a alguien. • Participio irreg. *escrito*.

escrito, ta 1 *adj.* Que se hace mediante la escritura: *Prensa escrita.* 2 *m.* Cosa escrita en cualquier material. 3 Papel manuscrito, mecanografiado o impreso. 4 Obra o composición científica o literaria.

escritor, ra 1 *m.* y *f.* Persona que escribe. 2 Autor de alguna obra escrita o impresa.

escritorio 1 *m.* Mueble con tablero para escribir y varios cajones o divisiones para contener papeles. 2 Despacho, oficina. 3 INF Área de trabajo en pantalla que utiliza iconos que representan programas, archivos y documentos, y desde los cuales se puede acceder a sus contenidos.

escritura 1 *f.* Acción y efecto de escribir. 2 LING Sistema de signos gráficos para representar el lenguaje oral. 3 Cosa escrita. 4 Estilo literario. 5 DER Documento en el que consta una obligación o un acuerdo entre dos o más personas, firmado por estas, de todo lo cual da fe el notario. || ~ **alfabética** LING Escritura fonética en la que cada uno de los sonidos o fonemas de una lengua es representado por un grafema. ~ **cuneiforme** HIST La compuesta de caracteres con forma de cuña o clavo. Antigua escritura asiria y babilónica cuya forma se debía a la presión de la punta de caña sobre la tablilla de arcilla blanda. ~ **fonética** LING La que representa los sonidos de una lengua, ya sean los consonánticos, los vocálicos o las sílabas, mediante grafemas. Su foco originario fue Fenicia, de donde se expandió en distintas ramas: griega, latina, cartaginesa, hebrea, aramea, árabe, etíope e hindú. ~ **ideográfica** La que representa ideas, seres, objetos, palabras, morfemas o frases mediante imágenes convencionales o símbolos denominados ideogramas. El chino y el japonés usan este tipo de escritura. ~ **jeroglífica** HIST La que representa las palabras con figuras o símbolos de los objetos significados. Suele asociarse con la escritura en la que se representó la lengua del antiguo Egipto, aunque también corresponde a los antiguos sistemas de escritura de los hititas, cretenses y mayas.

escriturar *tr.* DER Formalizar un contrato, otorgamiento o hecho mediante escritura pública.

escrófula *f.* MED Tumefacción de los ganglios linfáticos, especialmente de los del cuello, acompañada de un debilitamiento general.

escrofulariáceo, a *adj.* y *f.* BOT Dicho de una planta, angiosperma dicotiledónea, con flores en racimo y fruto en cápsulas dehiscentes con semillas albuminosas.

escroto *m.* ANAT Saco formado por la piel, que cubre los testículos, y por las membranas que los envuelven.

escrúpulo 1 *m.* Duda de conciencia sobre la calidad moral o la obligatoriedad de alguna acción. 2 Aprensión, asco hacia algo. 3 Exactitud en la averiguación o en el cumplimiento de un cargo o encargo.

escrupuloso, sa 1 *adj.* Honrado, recto. 2 Exacto, esmerado en el cumplimiento de sus compromisos.

escrutar 1 *tr.* Mirar con atención o examinar con cuidado. 2 Hacer el recuento de votos en una elección.

escrutinio *m.* Acción y efecto de escrutar.

escuadra 1 *f.* Utensilio en forma de triángulo rectángulo que sirve para dibujar. 2 Pieza en ángulo recto que asegura dos maderas ensambladas. 3 Cuadrilla de obreros. 4 **ESCUADRÍA**. 5 Conjunto de buques de guerra a las órdenes de un almirante. 6 Unidad menor de tropa a las órdenes de un cabo.

escuadrar *tr.* Disponer la superficie de un objeto de modo que sus caras formen ángulos rectos.

escuadría *f.* Las dos dimensiones de la sección transversal de madero labrado a escuadra.

escuadrilla 1 *f.* Escuadra compuesta de buques de pequeño porte. 2 Formación de aviones a las órdenes de un jefe.

escuadrón 1 *m.* Unidad de caballería mandada por un capitán. 2 Unidad importante del arma aérea.

escuálido, da 1 *adj.* Flaco, macilento. 2 Sin lozanía ni lustre, aplicado a las plantas.

escualo *m.* Nombre que reciben los peces **selacios**.

escuchar 1 *intr.* Aplicar el oído para oír. 2 *tr.* Prestar atención a lo que se oye. 3 Atender y seguir un consejo. 4 *prnl.* Complacerse en lo que uno mismo dice o en la manera de decirlo.

escudar 1 *tr.* y *prnl.* Proteger con el escudo. 2 Defender, amparar. 3 *prnl.* Servirse de alguien o algo como protección o pretexto.

escudería 1 *f.* Oficio del escudero. 2 DEP Equipo de competición que forman los autos o las motos de una misma marca.

escudero, ra 1 *m.* Persona que, por parentesco, pertenecía a un estamento de la nobleza. 2 *m.* Servidor o paje que llevaba el escudo del caballero cuando este no lo usaba.

escudilla *f.* Vasija ancha y de forma de una media esfera.

escudo 1 *m.* Arma defensiva para cubrirse y resguardarse de las ofensivas. 2 Unidad monetaria en distintos países y épocas. 3 ZOOL Parte de los insectos que corresponde a la división central de la superficie dorsal de un segmento torácico. || ~ **continental** GEO Parte de los continentes constituida por plataformas de rocas cristalinas y metamórficas, muy antiguas y rígidas, que presentan un relieve plano. ~ **de armas** En heráldica, superficie o espacio de distintas figuras en que se representan los blasones de un Estado, una familia, etc. ~ **volcánico** GEO Cono rebajado de un volcán, de pendiente suave y por el que corre lava muy fluida.

escudriñar *tr.* Averiguar y examinar cuidadosamente algún asunto.

escuela 1 *f.* Establecimiento público o privado en que se da cualquier género de instrucción. 2 Enseñanza que se da o que se adquiere. 3 Conjunto de profesores y alumnos de una misma enseñanza. 4 Sistema de enseñanza. 5 Conjunto de doctrinas filosóficas, literarias o técnicas. 6 Conjunto de seguidores de alguna de tales doctrinas. 7 Rasgos característicos de una determinada literatura o corriente artística. 8 Todo lo que aporta algún tipo de conocimiento o experiencia: *La escuela de la vida.* || ~ **normal** Aquella en que se forman los maestros de la enseñanza básica.

escueto, ta 1 *adj.* Desembarazado, libre. 2 Preciso, neto, sin adornos.

esculcar 1 *tr.* Registrar para buscar algo oculto. 2 Averiguar con diligencia y cuidado.

esculpir 1 *tr.* ART Labrar una obra de escultura. 2 ART Grabar algo en hueco o en relieve sobre una superficie de piedra, metal o madera.

escultismo *m.* Movimiento juvenil, fundado por R. S. S. Baden-Powell, que pretende la formación de sus miembros (*boy-scouts*) con actividades al aire libre y fomentando la solidaridad.

escultor, ra *m.* y *f.* Persona que practica la escultura.

escultura 1 *f.* ART Arte de modelar, ensamblar, tallar y esculpir figuras de tres dimensiones en materiales duros (madera, mármol, piedra, etc.) o maleables (barro, cera, metales, etc.). También se consideran esculturas los relieves (**altorrelieve**, **bajorrelieve**), los móviles y ciertas instalaciones monumentales. 2 **ESTATUA**.

escultural 1 *adj.* Perteneciente o relativo a la escultura. 2 Que posee alguno de los caracteres bellos de la estatua: *Formas esculturales.*
escupidera *f.* Recipiente de loza y boca ancha para escupir en él.
escupir 1 *intr.* Arrojar saliva por la boca. 2 *tr.* Arrojar por la boca cualquier otra cosa. 3 Expulsar algo desde el interior con violencia: los volcanes la lava, los cañones la metralla. 4 Despedir un cuerpo alguna sustancia a la superficie sin violencia.
escupitajo *m.* Saliva, flema o sangre que se escupe de una vez.
escurrido, da 1 *adj.* Dicho de una persona, delgada. 2 *f.* Dicho de una mujer, sin curvas. 3 *m.* Acción de escurrir la ropa.
escurrimiento 1 *m.* Acción y efecto de escurrir o escurrirse. 2 Desplazamiento a muy poca velocidad. 3 Fracción de las precipitaciones que llega al suelo del bosque escurriendo por ramas y troncos.
escurrir 1 *tr.* Apurar los últimos restos de un líquido. 2 *tr.* y *prnl.* Hacer que una cosa empapada o mojada desprenda todo el líquido. 3 *intr.* Destilar gota a gota el licor de un recipiente. 4 *intr.* y *prnl.* Deslizarse una cosa por encima de otra. 5 *prnl.* Salir huyendo. 6 Hacer o decir más de lo que se debe o quiere.
escusado, da 1 *adj.* Reservado del uso común. 2 *m.* **RETRETE.**
esdrújulo, la *adj.* y *s.* FON Dicho de una palabra, cuyo acento prosódico recae en la antepenúltima sílaba: *Discípulo, máxima, pájaro.* • V. tabla Acento prosódico y acento gráfico, p. 7.
ese[1] 1 *f.* Nombre de la letra *s.* 2 Figura en forma de *s.*
ese[2]**, sa** 1 *adj. dem.* Designa lo que está más cerca del que escucha: *Pásame ese libro, por favor.* 2 Designa lo que se acaba de mencionar o va a ser mencionado: *Esos son los libros que me gustan, los de ficción.* 3 coloq. o desp. Indica menosprecio: *Las llaves esas no sirven para nada.* • Se u. m. pospuesto en la acepción 3. 4 *pron. dem.* Designa lo que está más cerca del que escucha: *Llévale ese, por favor* 5 Designa lo que se acaba de mencionar o está sobrentendido: *Canciones como esa nunca había escuchado; Eso es lo que quieres, que no asista.* 6 coloq. o desp. Señala a una persona que acaba de marcharse: *Esos se lo han llevado todo* • pl.: *esos, esas.* Forma neutra: *eso.* || **ni por ~s** De ningún modo.
esencia 1 *f.* Naturaleza permanente e invariable de un ser, por contraposición a las características secundarias y accesorias. 2 Lo más importante y característico de algo. 3 QUÍM y FARM Cada una de las sustancias líquidas, formadas por mezclas de hidrocarburos, muy volátiles y que suelen tener un olor penetrante y son extraídas de plantas. || **quinta ~** 1 Principio fundamental de la composición de los cuerpos según los alquimistas. 2 Lo más puro de algo.
esencial 1 *adj.* Perteneciente o relativo a la esencia. 2 Sustancial, principal.
esencialismo *m.* FIL Doctrina que sostiene la primacía de la esencia sobre la existencia.
esenio, nia *adj.* y *s.* HIST y REL Miembro de una secta judía, coetánea de Cristo, que vivía en el desierto del mar Muerto dedicada a la meditación, en celibato y pobreza.
esfenoides *m.* ANAT Hueso de la base del cráneo de los mamíferos, situado detrás del etmoides y el frontal, delante del occipital y por dentro de los temporales. Forma las cavidades nasales y las órbitas.
esfera 1 *f.* GEOM Sólido limitado por una superficie curva cuyos puntos equidistan de otro interior llamado centro. 2 GEOM Superficie de este sólido. 3 Cualquier cuerpo de dichas características. 4 **BOLA,** utilizada para la construcción de rodamientos. 5 Ámbito en que se realiza una determinada actividad. || **~ celeste** ASTR Esfera ideal, concéntrica con la terráquea, en la cual se mueven aparentemente los astros.
esférico, ca 1 *adj.* GEOM Perteneciente o relativo a la esfera o que tiene su figura. 2 GEOM **epicicloide ~**; **segmento ~**; **triángulo ~**. 3 MAT **trigonometría ~**. 4 ÓPT **aberración ~**.
esferográfico, ca *m.* y *f.* **BOLÍGRAFO.**
esferoide *m.* Cuerpo de forma parecida a la esfera.
esfinge 1 *f.* Monstruo fabuloso, híbrido de figura humana y animal. 2 Mariposa de cuerpo grueso y con alas largas con dibujos de color oscuro.
esfíngido, da *adj.* y *s.* ZOOL Dicho de un insecto, lepidóptero, crepuscular, de antenas prismáticas y alas horizontales en el reposo, como la esfinge.
esfínter *m.* ANAT Músculo en forma de anillo que abre o cierra alguna cavidad del cuerpo, como el que controla el ano o la vejiga de la orina.
esforzar 1 *intr.* Tomar ánimo. 2 *prnl.* Hacer esfuerzos físicos o morales por conseguir algo.
esfuerzo 1 *m.* Empleo enérgico de la fuerza física contra algún impulso o resistencia. 2 Vigor o ánimo para conseguir algo. 3 Utilización de cuantos medios económicos puede uno disponer para conseguir alguna cosa. 4 FÍS Medida de la reacción interna entre partículas elementales de un material, que resisten la tendencia a la separación, la compactación o el deslizamiento, inducida por fuerzas externas.
esfumado *m.* ART En una pintura, transición suave de una zona a otra, obtenida por medio de tonos vagos y juegos de sombra.
esfumar 1 *tr.* ART Difuminar los contornos o tonos de una composición pictórica o parte de ella. 2 ART Sombrear un dibujo a lápiz o carboncillo con el difumino. 3 *prnl.* Desaparecer, desvanecerse. 4 Marcharse de un lugar con disimulo y rapidez.
esgrafiar *tr.* Trabajar una superficie con dos colores levantando en parte el de encima para dejar ver el de debajo.
esgrima *f.* DEP Arte de manejar la espada, el sable o el florete.
esgrimir 1 *tr.* Manejar la espada acometiendo o parando los golpes del contrario. 2 Servirse de razones, influencias o amenazas para conseguir algo.
esguince 1 *m.* Torcedura o distensión de una articulación. 2 Quiebre del cuerpo para evitar un golpe o choque.
eslabón 1 *m.* Anillo que enlazado con otros forma una cadena. 2 Cada una de las partes interconectadas de un trabajo, un plan, etc.
eslabonar 1 *tr.* Unir los eslabones o las piezas para formar una cadena. 2 *tr.* y *prnl.* Enlazar ideas o partes de un discurso dándoles unidad.
eslalon *m.* DEP En esquí, carrera de habilidad a lo largo de un trazado en el que están señalados unos pasos obligados.
eslavo, va 1 *adj.* y *s.* HIST De un pueblo indoeuropeo que, unos siglos después de las migraciones germanas, emigró también hacia el E y S de Europa. Bajo la influencia bizantina se cristianizó entre los ss. VIII y IX. Se consideran eslavos a los polacos, checos, eslovacos, serbios, croatas, eslovenos, etc. 2 *m.* Grupo de lenguas relacionadas con el báltico, como el ruso, el polaco, el checo o el búlgaro.
eslogan *m.* Frase expresiva, breve y concisa, que se utiliza en publicidad para anunciar productos de consumo y en las campañas de propaganda política.
eslora *f.* Longitud total de un barco desde el codaste hasta la roda.
esmaltado, da 1 *adj.* Cubierto de esmalte. 2 *m.* Acción y efecto de esmaltar.

esmaltar *tr.* Aplicar esmalte a algún objeto.

esmalte 1 *m.* Sustancia rica en sílice, combinada con fundentes, que, en forma de barniz, se aplica a la cerámica con fines decorativos o impermeabilizantes y que, fundida al horno, toma la transparencia y el lustre del vidrio. 2 Sustancia de características similares que se aplica a objetos de metal con fines decorativos. 3 Objeto cubierto o adornado de esmalte. 4 Labor que se hace con el esmalte. 5 Técnica de esmaltar. 6 ANAT Materia dura y blanca que protege el marfil de la corona de los dientes de los vertebrados. || ~ **de uñas** Laca de secado rápido para colorear las uñas y darles brillo.

esmerado, da 1 *adj.* Que se esmera. 2 Que se hace con esmero o implica esmero.

esmeralda *f.* Piedra preciosa de color verde por el óxido de cromo; es un silicato de berilio y aluminio, más duro que el cuarzo.

esmeraldas *adj.* y *s.* De un pueblo amerindio, que en la época precolombina habitaba en la costa del actual Ecuador, entre el río Esmeraldas y la bahía de Manta.

esmerarse *prnl.* Poner gran cuidado en la propia conducta o en la ejecución de algo.

esmeril 1 *m.* Piedra de color oscuro y tan dura que se emplea como abrasivo, puede rayar todos los cuerpos, excepto el diamante. 2 Piedra de asperón montada en un eje, que se usa para afilar herramientas.

esmerilar *tr.* Alisar y pulir con esmeril.

esmero *m.* Cuidado y diligencia por hacer las cosas bien.

esmog *m.* ECOL Niebla baja con hollines, humos y polvos en suspensión que cubre grandes extensiones por encima de las grandes ciudades.

esmoquin *m.* Traje masculino de etiqueta, con chaqueta de cuello largo forrado de seda y sin faldones.

esnob *adj.* y *s.* Dicho de una persona, que afecta distinción estando a la última moda o exhibiendo usos no asimilados.

esnobismo *m.* Cualidad de esnob.

eso *pron. dem.* Forma neutra del demostrativo ese[2] que designa objetos o situaciones señalándolos sin nombrarlos: *¿Qué es eso que está ahí?; Eso que dices es verdad.*

esófago *m.* ANAT Tubo del aparato digestivo, de tejido muscular, que va de la faringe al estómago y está situado entre la tráquea y la columna vertebral.

esos, sas V. **ESE**[2].

esotérico, ca *adj.* Reservado, oculto.

espabilar *tr.* y *prnl.* **DESPABILAR.**

espaciado *m.* Acción y efecto de espaciar.

espaciador *m.* Tecla que, en los teclados de las computadoras y las máquinas de escribir, marca los espacios en blanco.

espacial 1 *adj.* Perteneciente o relativo al espacio. 2 **nave ~; sonda ~.**

espaciar 1 *tr.* Separar las cosas o distanciarlas más en el espacio o en el tiempo. 2 Dilatar, extender. 3 *tr.* y *prnl.* Ampliarse, separarse.

espacio 1 *m.* Extensión indefinida que contiene todos los seres físicos. 2 Parte de esa extensión que ocupa cada cuerpo. 3 Extensión de un terreno o capacidad de un local. 4 Distancia entre dos o más cosas. 5 Transcurso del tiempo entre dos sucesos. 6 Separación entre las líneas o entre las letras o las palabras de una misma línea de un texto impreso. 7 Programa de radio o televisión. 8 FÍS Magnitud que se define con relación a un sistema arbitrario de referencia, es decir, como la distancia a un punto arbitrario descompuesta en las tres direcciones del espacio. Corresponde al concepto matemático o geométrico de **distancia.** 9 FÍS Distancia recorrida por un móvil en cierto tiempo. 10 GEOM **geometría** del ~. 11 MAT Conjunto de entes entre los que se establecen ciertos principios: *Espacio vectorial.* || ~ **aéreo** Zona de la atmósfera de la jurisdicción de un país. ~ **exterior** El que se encuentra más allá de la atmósfera terrestre. ~ **interestelar** ASTR El situado más allá del sistema solar. ~ **muestral** Conjunto estadístico de todos los posibles resultados de un experimento aleatorio. ~ **planetario** ASTR El que abarcan los planetas en su movimiento alrededor del Sol. ~ **público** Conjunto de sitios, terrenos o lugares destinados al uso público, como plazas, caminos, los ríos y sus márgenes, etc., o a un servicio público, como los edificios de los ministerios, los puertos, etc. ~ **vectorial** MAT Conjunto de números reales en el que se definen diversas propiedades: la operación suma le confiere estructura de grupo abeliano, las operaciones suma y producto son distributivas entre sí, y la operación producto es asociativa y tiene elemento unidad. ~ **vital** Ámbito territorial necesario para el desarrollo de un individuo o una comunidad.

espacio-tiempo *m.* FÍS Espacio de cuatro dimensiones, basado en la teoría de la relatividad restringida de Einstein, en el que a las tres dimensiones de la física tradicional (altura, anchura y longitud) se añade el tiempo.

espada 1 *f.* Arma blanca, larga, recta, aguda y cortante, con guarnición y empuñadura. 2 *f. pl.* Uno de los cuatro palos de la baraja española.

espadachín, na *m.* y *f.* Persona hábil en el manejo de la espada.

espadaña 1 *f.* Campanario consistente en un muro con huecos para situar las campanas. 2 Planta de 1,5 a 2 m de altura, con hojas y tallos alargados y con una mazorca cilíndrica en el extremo de los tallos.

espádice *m.* BOT Inflorescencia en forma de espiga, con eje carnoso, y casi siempre envuelta en una espata, como la cala.

espagueti *m.* Pasta alimenticia de harina de trigo en forma de cilindros macizos, largos y delgados.

espalda 1 *f.* Parte posterior del cuerpo humano desde los hombros hasta la cintura. 2 Parte correspondiente del cuerpo de los animales. 3 Parte posterior de un vestido, de un edificio, etc. 4 DEP Estilo de natación en que se nada boca arriba.

espaldar *m.* Respaldo de una silla o un banco.

espaldarazo 1 *m.* Reconocimiento de la competencia suficiente a que ha llegado alguien en una actividad. 2 Ayuda que alguien recibe para lograr una posición social o profesional.

espaldera *f.* Armazón de listones para que crezcan las plantas trepadoras.

espanglish *m.* Variedad de habla de algunos grupos hispanos que habitan en Estados Unidos en la cual se mezclan elementos lingüísticos del español y del inglés. • Fusión del término *español* y la voz inglesa *english.*

espantapájaros *m.* Trapo o monigote que se pone en los cultivos para protección de los frutos contra los pájaros.

espantar 1 *tr.* y *prnl.* Infundir miedo, causar espanto. 2 Echar de un lugar a una persona o a un animal. 3 *prnl.* Sentir espanto. 4 Admirarse.

espanto 1 *m.* Miedo intenso, horror. 2 Admiración, consternación. 3 **APARECIDO.**

español, la 1 *adj.* y *s.* De España o relacionado con este país europeo. 2 *m.* Lengua común de Hispanoamérica y España, hablada también como propia en otras partes del mundo. • V. tabla Alfabeto y lengua, p. 23.
☐ HIST El español procede de un dialecto románico (derivado del latín) que se formó en el s. X con el

habla de Burgos, en el reino de Castilla. El *Cantar de Mío Cid* se considera el primer texto escrito íntegramente en español, cuya versión original data de 1140, aprox. Los primeros textos escritos en español no se ajustaban con rigor a normas ortográficas, ya que estas no existían aún. Con la expansión hacia el sur de Castilla y León, el español llegó a ocupar, hacia el s. XV, una amplia zona de norte a sur del centro de la península Ibérica, flanqueada por el gallegoportugués al oeste y el catalán al este. No hay que olvidar que el fin del dominio musulmán en esos territorios se dio después de ocho siglos de presencia árabe activa y que su aporte léxico al español fue fundamental. En 1492 apareció la *Gramática de la lengua castellana,* de Antonio de Nebrija, y en 1517, *Reglas de ortografía castellana,* del mismo autor, obras que consolidaron el carácter unificador del español. El predominio político de Castilla en la península significó la extensión del español, que, en el s. XVIII, se convirtió en el idioma oficial de España. En 1713 se fundó la *Real Academia Española,* que, desde esa época, es la encargada de recoger el léxico, incluir las nuevas palabras y fijar las normas ortográficas. Cuando los españoles iniciaron la conquista de América, el español, que ya se había consolidado en la Península, se enriqueció con el aporte de las lenguas indígenas, de estas, las que más aportaron fueron el náhuatl, el taíno, el maya, el quechua, el aimara, el guaraní y el mapuche. Se puede concluir, entonces, que a lo largo de su historia, el español ha ido tomando numerosas palabras de otros idiomas con los que ha estado en contacto, por ejemplo: *barro,* del celta; los prefijos *hipo-, poli-,* etc., del griego (a través del latín); *álgebra, alberca, alfombra,* del árabe; *canoa, chocolate, hamaca, poncho,* de las lenguas precolombinas; *partitura, piloto,* del italiano; *burocracia, pantalón, parlamento,* del francés; *izquierda,* del vasco; *barraca,* del catalán; *vigía,* del portugués; *turista, fútbol, cómic, champú,* del inglés, lengua de la que, en la actualidad, se toma la mayor parte de los préstamos.

españolizar 1 *tr.* y *prnl.* Dar carácter español a personas o cosas. 2 Introducir palabras o giros de la lengua española o castellana en otra lengua.

esparadrapo *m.* Tira de tela o de plástico con sustancia adhesiva por una cara, que se emplea para fijar vendajes y proteger pequeñas rozaduras.

esparavel 1 *m.* Red redonda para pescar en parajes de poco fondo. 2 Tabla de madera, con un mango, para sostener la mezcla que se ha de usar.

esparcimiento 1 *m.* Acción y efecto de esparcir o esparcirse. 2 Distracción, recreo.

esparcir 1 *tr.* y *prnl.* Extender lo que está junto o amontonado. 2 Difundir una noticia. 3 Distraer.

espárrago 1 *m.* Vástago tierno y comestible de la esparraguera. 2 Vástago metálico roscado al que se puede acoplar una tuerca, para fijar piezas.

esparraguera *f.* Planta vivaz de las liliáceas, de tallo herbáceo y ramoso y hojas aciculares; su raíz produce cabezuelas comestibles.

espartano, na 1 *adj.* y *s.* De Esparta o relacionado con esta ciudad de Grecia antigua. 2 *adj.* Rígido, austero.

esparto 1 *m.* Planta gramínea con cañitas de unos 70 cm de altura, hojas radicales, flores en panoja espigada y semillas muy menudas. 2 Hojas de esta planta, empleadas para hacer sogas, esteras, pasta para papel, etc.

espasmo 1 *m.* Contracción involuntaria de los músculos. 2 Rigidez y convulsión de los músculos.

espata *f.* BOT Bráctea o conjunto de brácteas que envuelve ciertas inflorescencias, como en la cebolla y en el ajo.

espato *m.* GEO Cualquier mineral de estructura laminosa.

espátula 1 *f.* Paleta de bordes afilados y mango largo que emplean, sobre todo, los pintores para hacer ciertas mezclas. 2 Barrita de madera dura, de formas variadas, para modelar el barro. 3 Cuchara grande y plana, de metal o plástico, para remover distintas materias. 4 Ave de plumaje blanco y pico en forma de espátula. Anida en los árboles, formando colonias muy numerosas.

especia *f.* Cualquiera de las sustancias aromáticas para sazonar o hacer picantes los alimentos.

especiación *f.* BIOL Proceso evolutivo de la formación de especies inducido por la presencia de barreras (biológicas o geográficas) que impiden el intercambio génico entre poblaciones genéticamente divergentes.

especial 1 *adj.* Individual, singular, no común. 2 Adecuado, muy específico.

especialidad 1 *f.* Rama de una ciencia, arte u oficio en que cabe una especialización precisa. 2 Cosa que alguien sabe, hace o posee de manera singular. 3 Confección o producto en cuya hechura sobresalen una persona, un establecimiento, una región, etc.

especialista *adj.* Que se dedica a una determinada especialidad.

especialización 1 *f.* Acción y efecto de especializar o especializarse. 2 Estudios y prácticas que se siguen para especializarse en una determinada rama de una ciencia o de un arte.

especializar 1 *tr.* y *prnl.* Cultivar una determinada rama de la ciencia o del arte. 2 Limitar una cosa a un uso o fin determinado.

especie 1 *f.* Grupo de personas, animales o cosas que presentan unas características comunes. 2 Imagen, figuración. 3 Noticia, rumor. 4 BIOL Grupo de individuos de morfología y fisiología similares capaces de aparearse entre sí, producir una descendencia viable y evolucionar de forma autónoma. Es la categoría taxonómica intermedia entre el individuo y el género. 5 MÚS Cada una de las voces en la composición. Se dividen en consonantes y disonantes, y estas en perfectas e imperfectas. || **en ~** En frutos o géneros y no en dinero. **~s en vía de extinción** ECOL Especies de plantas y animales en peligro de desaparición en un futuro inmediato.

especificar *tr.* Precisar algo mediante pormenores y notas características.

específico, ca 1 *adj.* Que es propio de algo y lo caracteriza y distingue. 2 Concreto, preciso, determinado. 3 *m.* FARM Medicamento para tratar una enfermedad determinada. 4 FARM Medicamento industrial puesto en envase especial, que lleva el nombre científico de sus compuestos.

espécimen *m.* Ejemplar con las características de su especie muy bien definidas.

espectacular 1 *adj.* Que tiene caracteres de espectáculo público. 2 Aparatoso, ostentoso.

espectáculo 1 *m.* Función o exhibición pública con fines de diversión o entretenimiento. 2 Hecho capaz de llamar la atención o suscitar el asombro para deleite u horror de quien lo contempla.

espectador, ra 1 *adj.* Que observa alguna cosa. 2 *adj.* y *s.* Que asiste a un espectáculo público.

espectral *adj.* Perteneciente o relativo al espectro.

espectro 1 *m.* Fantasma que se representa a los ojos o en la fantasía. 2 FÍS Resultado de la dispersión de un conjunto de radiaciones de sonidos y de fenómenos ondulatorios, de tal manera que resulten separados de los de distinta frecuencia. 3 FARM Grupo de especies bacterianas frente a las que actúa un antibiótico. || ~

electromagnético FÍS Clasificación de las ondas electromagnéticas por su longitud de onda. ~ **luminoso** ÓPT Banda matizada de los colores del iris, que resulta de la descomposición de la luz blanca a través de un prisma o de otro cuerpo refractor. ~ **visible** FÍS Parte de la radiación electromagnética comprendida entre 400 y 700 nm de longitud de onda.

espectrómetro *m.* FÍS Aparato que produce la separación de partículas o radiaciones de una determinada característica, como la masa, la carga, la longitud de onda, etc., y mide su proporción.

espectroscopia (Tb. espectroscopía) 1 *f.* FÍS Análisis y estudio de espectros, en particular de la luz, mediante el espectroscopio. 2 FÍS Imagen obtenida por un espectroscopio.

espectroscopio *m.* FÍS Instrumento que sirve para obtener y observar un espectro. Está constituido por tres tubos que giran libremente alrededor de una base. Un tubo alberga el **colimador** de la luz de entrada, los dos restantes son sendos anteojos.

especulación *f.* Acción y efecto de especular.

especular[1] 1 *intr.* Perderse en sutilezas o hipótesis sin base real. 2 Sacar provecho de algo. 3 Efectuar operaciones comerciales o financieras con el fin de obtener beneficios basados en las variaciones de los precios o de los cambios. 4 *tr.* y *prnl.* Formar conjeturas.

especular[2] 1 *adj.* Perteneciente o relativo a los espejos. 2 Dicho de dos cosas, simétricas, que guardan la misma relación que la que tiene un objeto con su imagen en un espejo. 3 Dicho de una imagen, reflejada en un espejo.

espejear *intr.* Brillar como un espejo; reflejar la luz de manera intermitente.

espejismo 1 *m.* Ilusión óptica debida a la reflexión total de la luz por la diferente densidad de las masas horizontales de aire. 2 Ilusión, apariencia falaz.

espejo 1 *m.* Lámina de cristal azogado o de metal bruñido que refleja los objetos. 2 Imagen de algo: *El teatro es espejo de la sociedad.* 3 Dechado, modelo. || ~ **cóncavo** FÍS Dispositivo óptico con una curvatura hacia adentro que proyecta imágenes sobre una pantalla por la **reflexión** de la luz que procede de la superficie de un cuerpo. ~ **convexo** FÍS Dispositivo óptico con una curvatura hacia afuera que produce una **imagen virtual**. ~ **plano** FÍS El que tiene una superficie llana y pulida, y refleja la luz de manera nítida.

espejuelo 1 *m.* Yeso cristalizado en placas brillantes. 2 *m. pl.* Cristales de los anteojos; anteojos.

espeleología 1 *f.* GEO Ciencia que estudia la naturaleza, el origen y la formación de las cavernas, y su fauna y flora. 2 Práctica científica y deportiva de explorar las grutas y cavidades terrestres.

espelucar *tr.* DESPELUCAR.

espelunca *f.* Cueva, gruta.

espeluznante 1 *adj.* Que espeluzna. 2 Pavoroso, terrorífico.

espeluznar 1 *tr.* Descomponer, enredar el pelo. 2 *tr.* y *prnl.* Erizar el pelo o las plumas. 3 Espantar, aterrorizar.

espera 1 *f.* Acción y efecto de esperar. 2 Plazo o prórroga para hacer algo. 3 Capacidad para esperar, paciencia, calma.

esperanto *m.* LING Lengua artificial, creada en 1887, por el polaco L. L. Zamenhof, con el propósito de que todo el mundo pudiera entenderse sin dificultades.

esperanza 1 *f.* Confianza de que ocurra lo que se desea o seguridad en conseguirlo. 2 REL Virtud teologal cristiana que confía en la bondad de Dios y aguarda el cumplimiento de sus promesas. 3 MAT Valor medio de una variable aleatoria o de una distribución de probabilidad. || ~ **de vida** ECON Media o promedio de años de vida que una persona puede vivir según su año de nacimiento. Constituye un indicador del nivel de vida y se tiene en cuenta para determinar el índice de desarrollo de cada país.

esperar 1 *tr.* Confiar en conseguir lo que se desea o en que sucederá algo bueno. 2 Aguardar en un sitio a que llegue alguien o a que ocurra algo. 3 Detener alguna actividad hasta que suceda cierta cosa: *Espera a conocerla y verás.* 4 Estar algo en el futuro, ser inminente su aparición segura: *Mala noche nos espera.* 5 *tr.* e *intr.* Estar una mujer embarazada.

esperma 1 *m.* o *f.* FISIOL Secreción de los testículos, semen. 2 *m.* Aceite que se extrae del seno craneal de algunos cetáceos, especialmente del cachalote. Se utilizaba en cosmética, en medicina y en la fabricación de velas. 3 *f.* Vela, cilindro o prisma de cera para dar luz.

espermático, ca 1 *adj.* Perteneciente o relativo al esperma. 2 ANAT **cordón** ~.

espermátida *f.* BIOL Célula haploide que se diferencia y se convierte en un espermatozoide.

espermatocito *m.* BIOL Cada una de las células germinales masculinas que proceden de la esparmatogonia y dan lugar a las espermátidas. || ~ **primario** BIOL Célula diploide que se forma por mitosis de una espermatogonia. ~ **secundario** BIOL Célula haploide que se forma por meiosis de un espermatocito primario.

espermatofito, ta *adj.* y *f.* BOT FANERÓGAMO.

espermatogénesis *f.* BIOL Proceso de formación de los espermatozoides a partir de las espermatogonias.

espermatogonia *f.* BIOL Célula sexual masculina indiferenciada, diploide, que se produce en los testículos y da origen a los espermatozoides.

espermatorrea *f.* MED Derrame involuntario y frecuente del semen fuera del acto sexual.

espermatozoide *m.* BIOL y FISIOL Gameto masculino de los animales destinado a la fecundación del óvulo femenino. Está formado por una cabeza en forma de cápsula, que contiene la dotación cromosómica del macho, y un flagelo que forma la cola que ayuda al espermatozoide a avanzar hacia el óvulo para tratar de fecundarlo. Aporta al embrión el centrosoma activo y el estímulo inicial para la mitosis.

espermicida *adj.* y *m.* Dicho de un anticonceptivo, que destruye los espermatozoides.

espernancarse *prnl.* Abrirse de piernas.

esperpento 1 *m.* Persona o cosa grotesca. 2 Desatino, despropósito.

espesar 1 *tr.* y *prnl.* Dar consistencia a un líquido. 2 Juntarse y apretarse las cosas haciéndose más densas.

espeso, sa 1 *adj.* Dicho de una sustancia, que tiene mucha densidad. 2 Dicho de una cosa, que está muy junta y apretada.

espesor 1 *m.* Grosor de un cuerpo sólido. 2 Densidad de un cuerpo líquido o gaseoso.

espesura 1 *f.* Cualidad de espeso. 2 Lugar muy poblado de árboles y matorrales.

espetar 1 *tr.* Ensartar con el asador. 2 Atravesar con cualquier pincho. 3 Soltar algo desagradable o molesto.

espía *m.* y *f.* Persona que acecha con disimulo al servicio de otra o de una institución.

espiar 1 *tr.* Observar con disimulo hechos y dichos. 2 Intentar conseguir información secreta.

espichar 1 *intr.* Comprimir, apretar, reducir por presión el volumen de algo. 2 *tr.* Punzar con una cosa aguda.

espícula 1 *f.* Cuerpo u órgano pequeño en forma de aguja. 2 ZOOL Corpúsculo calcáreo o silíceo que sostienen los tejidos de algunos animales, como los de las esponjas.

espiga 1 *f.* BOT Inflorescencia de flores hermafroditas asentadas a lo largo de un eje. 2 **ESPIGO.**

espigar 1 *tr.* Recoger las espigas que han quedado tras la siega. 2 Hacer el espigo para encajar las maderas. 3 *prnl.* Crecer demasiado las hortalizas. 4 Crecer mucho una persona.

espigo 1 *m.* Parte afinada de una herramienta que se introduce en el mango. 2 Clavo de madera con que se aseguran las tablas o los maderos. 3 Clavo metálico sin cabeza.

espigón 1 *m.* Punta de un instrumento puntiagudo. 2 Macizo saliente que se construye a la orilla de un río o en la costa del mar, para defender las márgenes o modificar la corriente. 3 Columna que forma el eje de una escalera de caracol.

espín *m.* FÍS En física nuclear, magnitud que se emplea para expresar la rotación de una partícula elemental o un núcleo en torno a sí mismo, o sea, el momento angular de la rotación propia. Símbolo: s.

espina 1 *f.* Astilla puntiaguda. 2 ANAT Apófisis ósea larga y delgada. 3 BOT Púa leñosa de algunas plantas, como el rosal o la chumbera. 4 ZOOL Cada una de las piezas óseas, largas y puntiagudas, que forman el esqueleto de muchos peces. || ~ **dorsal** ANAT **COLUMNA** vertebral.

espinaca *f.* Hortaliza de las quenopodiáceas, de hojas radicales grandes (que son las que se consumen) y flores dioicas y verdosas. Contiene hierro y vitaminas A y B2.

espinal 1 *adj.* Perteneciente o relativo a la columna vertebral. 2 ANAT y FISIOL **médula** ~. 3 ANAT y FISIOL **tríceps** ~.

espinar *tr.* e *intr.* Punzar, herir con espina. • U. t. c. prnl.

espinazo *m.* coloq. Columna vertebral.

espineta *f.* MÚS Clavicordio o clavicémbalo pequeño de una sola cuerda en cada orden.

espinilla 1 *f.* Parte delantera de la canilla de la pierna. 2 MED Grano sebáceo que se forma en la piel debido a la obstrucción del conducto excretor de una glándula sebácea.

espinillera *f.* Almohadilla que preserva la espinilla de golpes; la usan ciertos deportistas.

espino *m.* Nombre de muchos arbustos caracterizados por tener ramas espinosas.

espinoso, sa 1 *adj.* Que tiene espinas. 2 Dificultoso.

espionaje 1 *m.* Acción de espiar. 2 Conjunto de personas y medios con que un Estado observa secretamente y recoge información de otros. 3 DER Actividad delictiva tipificada como delito de especial gravedad, principalmente cuando afecta a la seguridad del Estado. || ~ **industrial** Actividad para obtener ilegalmente información de los procesos o productos industriales de empresas rivales.

espira 1 *f.* Vuelta de una espiral o de una hélice. 2 ZOOL Espiral que forman, arrollándose alrededor de un eje, la concha de muchos moluscos gasterópodos y de algunos cefalópodos.

espiración *m.* Acción y efecto de espirar.

espiráculo 1 *m.* ZOOL Orificio por donde respiran los peces selacios. 2 ZOOL Orificio respiratorio de algunos artrópodos.

espiral 1 *adj.* Con espiras o de forma helicoidal. 2 *f.* Encadenamiento progresivo de acontecimientos de un mismo carácter. 3 GEOM Curva plana que se desarrolla alrededor de un eje del que se aleja gradualmente sin cerrarse nunca. 4 GEOM **HÉLICE.**

espirar 1 *tr.* e *intr.* FISIOL Expulsar el aire aspirado. 2 *tr.* Despedir olor. 3 REL Animar, excitar, especialmente la inspiración del Espíritu Santo.

espiritismo *m.* Creencia en los espíritus de los difuntos y en la posibilidad de comunicarse con ellos mediante invocaciones y ritos.

espiritista 1 *adj.* Perteneciente o relativo al espiritismo. 2 *adj.* y *s.* Que sigue esta creencia.

espiritrompa *f.* ZOOL Aparato bucal de los lepidópteros, con las maxilas en forma de tubo, el cual, durante el reposo, queda arrollado en espiral.

espíritu 1 *m.* Ser inmaterial dotado de razón. 2 Alma racional, contrapuesta a la sensitiva y a la materia. 3 Ánimo, valor. 4 Vivacidad, ingenio. 5 Esencia o sustancia de algo. 6 Vapor sutilísimo que exhalan algunos licores. || **~s elementales** Los que, según algunas creencias, habitan en determinados medios naturales, como los gnomos en la tierra, las ondinas en las aguas, los elfos y las sílfides en el aire, etc.

espiritual 1 *adj.* Perteneciente o relativo al espíritu. 2 Dicho de una persona, muy poco interesada por lo material. 3 MÚS Canto religioso propio de la comunidad negra del sur de Estados Unidos.

espiritualismo 1 *m.* Inclinación a la vida espiritual. 2 FIL Doctrina filosófica que supone la existencia de seres espirituales y la inmortalidad del alma humana. 3 FIL Doctrina metafísica, opuesta al materialismo, según la cual el espíritu es la única realidad.

espirituoso, sa 1 *adj.* Animoso, eficaz. 2 Dicho de un licor, que exhala mucho espíritu.

espirometría *f.* MED Estudio de la capacidad respiratoria de los pulmones midiendo el volumen de aire que inspiran y expelen.

espiroquetas *f.* BIOL Grupo de bacterias que se caracterizan por tener el cuerpo arrollado en hélice. Algunas son patógenas y entre estas está la causante de la sífilis.

espléndido, da 1 *adj.* Resplandeciente. 2 Magnífico. 3 Muy generoso y desprendido.

esplendor 1 *m.* Brillo, resplandor. 2 Lustre, magnificencia. 3 Periodo de apogeo y gloria.

esplenio *m.* ANAT Músculo largo y plano que une las vértebras cervicales a la cabeza y facilita los movimientos de esta.

esplenitis *f.* MED Inflamación del bazo.

espliego *m.* Planta de las labiadas, de hojas elípticas y vellosas y florecillas azules en espiga; es hierba aromática de amplia utilización en perfumería.

espolear 1 *tr.* Picar con la espuela. 2 Estimular a la acción, incitar.

espoleta *f.* Dispositivo por el que se prende fuego a la carga en los explosivos.

espoliar *tr.* **EXPOLIAR.**

espolón 1 *m.* Tajamar de un puente. 2 Malecón de contención. 3 Punta en que remata la proa de un barco. 4 BOT Prolongación tubulosa situada en la base de algunas flores, como en la capuchina. 5 GEO Saliente abrupto de una sierra y perpendicular a ella. 6 ZOOL Apófisis ósea que tienen en el tarso algunas galliformes.

espolvorear *tr.* Esparcir polvo o cosa similar sobre una cosa.

espondeo *m.* Pie de la poesía clásica, compuesto de dos sílabas largas.

espongina *f.* ZOOL Sustancia orgánica muy elástica, que, en algunos poríferos, sirve para unir entre sí las espículas y, en otros, constituye la totalidad del esqueleto.

esponja 1 *f.* Masa porosa y elástica que forma el esqueleto de muchas esponjas, y que absorbe fácilmente los líquidos. 2 Cualquier objeto que, por su flexibilidad o porosidad, sirve como utensilio de limpieza. 3 *m. pl.* BIOL **PORÍFEROS.**

esponjado *m.* Pasta esponjosa de almíbar, clara de huevo y zumo de diversas frutas.

esponjar 1 *tr.* Ahuecar una cosa, hacerla más porosa. 2 Fermentar el pan. 3 *prnl.* Engreírse, envanecerse.

esponjoso, sa *adj.* Dicho de un cuerpo, muy poroso, hueco y ligero, como la esponja.

esponsales *m. pl.* Compromiso matrimonial público.

espontaneidad 1 *f.* Calidad de espontáneo. 2 Naturalidad, falta de artificio.

espontáneo, a 1 *adj.* Automático, instintivo. 2 Natural, silvestre, sin cultivo. 3 Libre, franco, sincero. 4 *m.* y *f.* Persona que por propia iniciativa interviene en un espectáculo público.

espora 1 *f.* BIOL Cada una de las células de las plantas criptógamas y de los hongos que se reproducen sin necesidad de fecundación; se separan de la planta o del hongo y se dividen reiteradamente hasta constituir un nuevo individuo. 2 BIOL Forma de resistencia que adoptan las bacterias ante condiciones ambientales desfavorables. 3 ZOOL Cada una de las células de algunos protozoos que se forman por división de estos, dan origen a individuos plenamente desarrollados.

esporádico, ca *adj.* Que ocurre de forma aislada o aleatoria, que es ocasional.

esporangio *m.* BOT Cavidad donde se originan y están contenidas las esporas en muchas plantas criptógamas.

esporofito 1 *m.* BOT Individuo de la generación productora de esporas en las plantas que presentan reproducción alternante. 2 BOT Fase de esta generación.

esporozoo *adj.* y *m.* BIOL Dicho de un protozoo, parásito intracelular que, en un determinado momento de su vida, se reproduce por esporas. A este grupo pertenece el plasmodio, productor del paludismo.

esporulación *f.* BIOL Formación de esporas.

esposar *tr.* Sujetar con esposas.

esposas *f. pl.* Manillas de hierro unidas por una cadena con que se sujeta a los presos por las muñecas.

esposo, sa 1 *m.* y *f.* Persona que ha contraído esponsales. 2 Persona casada respecto de su pareja.

espray *m.* **AEROSOL**, líquido almacenado a presión.

esprint *m.* DEP Aceleración rápida del corredor o deportista en la carrera.

espuela 1 *f.* Espiga metálica que se ajusta al talón y termina en una estrella o ruedecilla dentada con que se pica a la caballería. 2 **ESPOLÓN**, de las aves.

espuerta *f.* Recipiente de fibra entretejida y con asas que sirve para transportar tierra y escombros.

espulgar 1 *tr.* y *prnl.* Limpiar de pulgas o piojos. 2 *tr.* Examinar cuidadosamente algo.

espuma 1 *f.* Burbujas que flotan en una superficie líquida que hierve, fermenta o es batida y mezclada. 2 **GOMAESPUMA.**

espumar 1 *tr.* Quitar la espuma de un líquido. 2 *intr.* Hacer un líquido espuma.

espumarajo *m.* Saliva abundante y espumosa que se arroja por la boca.

espurio, ria 1 *adj.* Bastardo. 2 Adulterado o falso.

espurrear *tr.* Rociar algo con agua o algún líquido contenido en la boca.

esputo *m.* Flema que se arroja por la boca en cada expectoración.

esqueje *m.* Tallo o rama que se planta en la tierra para que eche raíces.

esquela 1 *f.* Notificación de la muerte de una persona, que se manda en sobre o se inserta en un diario enmarcada en un recuadro negro. 2 Papel impreso en el que se participa un acontecimiento, se hacen invitaciones, citas, etc.

esqueleto 1 *m.* ANAT y ZOOL Conjunto de piezas duras articuladas entre sí, que sirve de soporte y protección a los tejidos blandos del cuerpo. En los vertebrados está formado por cartílagos o huesos, y los más desarrollados poseen cráneo, columna vertebral, costillas, cinturas pelviana y escapular y extremidades. 2 ZOOL **DERMATOESQUELETO.** 3 Armazón que sostiene algo.

esquema 1 *m.* Representación de una cosa atendiendo a sus rasgos esenciales. 2 Resumen de los puntos esenciales de un escrito, discurso o proyecto. || **~ corporal** ART Dibujo que representa la idea que se tiene de un cuerpo en cuanto a sus partes y a sus posibilidades de movimiento.

esquematismo 1 *m.* Procedimiento esquemático para la exposición de doctrinas. 2 Conjunto de esquemas para hacer más perceptibles las ideas.

esquematizar *tr.* Representar algo mediante un esquema.

esquí 1 *m.* Patín largo de madera o de otro material ligero y elástico, que se ajusta a cada pie para patinar sobre la nieve. 2 DEP Deporte practicado al deslizarse con dichos patines. || **~ acuático** DEP Deporte que consiste en deslizarse rápidamente sobre el agua mediante esquís, aprovechando la tracción de una lancha.

esquiar *intr.* Practicar el esquí.

esquife *m.* Barco pequeño que se lleva en el navío para saltar a tierra y para otros usos.

esquila *f.* Acción y efecto de esquilar.

esquilar *tr.* Cortar el pelo, el vellón o la lana de un animal.

esquilmar *tr.* Agotar una fuente de riqueza sacando de ella mayor provecho que el debido.

esquimal *adj.* y *s.* **INUIT.**

esquina 1 *f.* Parte externa de la arista resultante del encuentro de dos paredes de un edificio. 2 Convergencia de dos de los lados o caras de una cosa. 3 Convergencia de cualesquiera dos segmentos perpendiculares o casi perpendiculares, como la de dos calles o la de dos de las líneas trazadas en un campo deportivo.

esquinar 1 *tr.* Colocar algo en esquina. 2 *tr.* e *intr.* Hacer esquina una cosa.

esquinear *tr.* **ESQUINAR.**

esquirla *f.* Astilla desprendida de una piedra, un cristal o cualquier otro material quebradizo.

esquisto *m.* GEO Roca metamórfica exfoliable y de color negro azulado.

esquivar 1 *tr.* Evitar, rehuir. 2 *prnl.* Retraerse, excusarse.

esquizado, da *adj.* Dicho del mármol, con pintas.

esquizofrenia *f.* MED y PSIC Conjunto de enfermedades psíquicas que se caracterizan por una disociación de la personalidad, y que, en algunos casos, pueden llegar a la demencia incurable.

estabilidad *f.* Cualidad de estable.

estabilizador, ra 1 *adj.* y *s.* Que estabiliza. 2 *m.* Superficie aerodinámica que se coloca en la nariz o en la cola de una aeronave, para proporcionarle estabilidad y balance durante el vuelo. 3 ELECTR Aparato para paliar las fluctuaciones de tensión de la red. 4 QUÍM Sustancia que tiende a mantener las propiedades físicas y químicas de un material.

estabilizar *tr.* y *prnl.* Dar estabilidad y equilibrio a alguien o algo.

estable 1 *adj.* Permanente, constante, firme. 2 FÍS **equilibrio ~.**

establecer 1 *tr.* Fundar, instituir. 2 Ordenar, mandar. 3 Sentar las bases de una doctrina, un sistema, etc. 4 *prnl.* Afincarse en un lugar. 5 Abrir un negocio por cuenta propia. • Vb. irreg. conjug. c. **agradecer**. V. anexo El verbo.

establecimiento 1 *m.* Acción y efecto de establecer o establecerse. 2 Cosa fundada o establecida. 3 Lugar donde se ejerce una industria o profesión.

establishment (Voz ingl.) *m.* Grupo de personas que tiene autoridad y poder en un país, una organización u otro ámbito.

establo *m.* Lugar cubierto en que se encierra el ganado para su alimentación y descanso.

estabular *tr.* Encerrar el ganado en establos.

estaca 1 *f.* Palo con uno de sus extremos aguzado, para fijarlo en tierra, en una pared, etc. 2 ESQUEJE. 3 Clavo grueso para fijar vigas.

estacada 1 *f.* Obra de deslindamiento o protección hecha con una serie de estacas clavadas en el suelo. 2 Sitio erizado de estacas.

estacar 1 *tr.* Clavar una estaca para atar a un animal. 2 Delimitar un terreno con estacas. 3 Sujetar algo con estacas.

estación 1 *f.* Temporada, tiempo. 2 Lugar en que habitualmente se hace una parada durante un viaje o un recorrido. 3 Centro en que se recogen estudios y observaciones sobre cualquier fenómeno natural. 4 Emisora de radio o televisión. 5 GEO Cada una de las cuatro divisiones del año: primavera, verano, otoño e invierno, que existen debido a que el eje que une los polos terrestres está ligeramente inclinado respecto a la órbita de la Tierra en torno al Sol. 6 REL Cada una de las catorce paradas que se hacen en la devoción católica del viacrucis.

estacionar 1 *tr.* y *prnl.* Colocar un vehículo en algún sitio durante algún tiempo. 2 *prnl.* Pararse, estancarse sin ir adelante.

estacionario, ria 1 *adj.* Que permanece en la misma situación, sin adelanto ni retroceso. 2 ASTR Dicho de un planeta, que está aparentemente detenido en su órbita.

estadía 1 *f.* Estancia, detención en un lugar. 2 Regla graduada para la medición indirecta de distancias.

estadidad *f.* Condición de Estado federal.

estadio 1 *m.* Recinto deportivo con graderías para los espectadores. 2 Medida de longitud equivalente a 201,2 m. 3 Etapa o fase de un proceso.

estadista *m.* y *f.* Persona versada en la dirección de asuntos de carácter estatal, o instruida en materias de política.

estadística *f.* MAT Rama de la matemática que se centra en las técnicas de recogida, estudio, análisis y clasificación de los datos correspondientes a un fenómeno de carácter colectivo (económico, demográfico, técnico, etc.). Su objeto es la asignación de una cierta confianza mensurable a las conclusiones, decisiones o leyes a las que se llega.

estadístico, ca 1 *adj.* Perteneciente o relativo a la estadística. 2 *m.* y *f.* Persona que profesa la estadística.

estado 1 *m.* Situación o manera de estar de una persona, animal o cosa. 2 POLÍT Territorio independiente y soberano, así reconocido en el ámbito internacional, con fronteras claramente delimitadas y dotado de órganos de gobierno propios y de una legislación particular, que lo diferencian de los otros Estados. 3 POLÍT Conjunto de sus órganos de gobierno. • Se escribe con may. inic. en las acepciones 2 y 3. 4 POLÍT **golpe** de ~; **razón** de ~. 5 POLÍT **terrorismo** de ~. 6 POLÍT **consejo** de ~. 7 POLÍT En los Estados federales, cada uno de los territorios autónomos. 8 Resumen de alguna cosa por partidas: *Estado de cuentas.* 9 FÍS **variable** de ~. 10 HIST ESTAMENTO. || ~ **civil** 1 Condición de cada persona en relación con los derechos y las obligaciones civiles. 2 Condición de soltería, matrimonio, viudez, etc. ~ **de bienestar** POLÍT ESTADO social de derecho. ~ **de excepción** POLÍT Situación oficialmente declarada de grave inquietud para el orden público, que implica la suspensión de garantías constitucionales. ~ **de gracia** REL Situación del que está limpio de pecado. ~ **de la materia** FÍS Cada uno de los grados o modos de agregación de las moléculas de un cuerpo: sólido, líquido y gaseoso. El plasma, un conjunto de partículas gaseosas eléctricamente cargadas, con cantidades aprox. iguales de iones positivos y negativos, se considera a veces un cuarto estado de la materia. ~ **de sitio** 1 POLÍT Cuando, a causa de una situación de guerra, la autoridad civil resigna sus funciones a la militar. 2 El que, según la ley, se equipara al anterior por motivos de orden público. ~ **del tiempo** METEOR El de la atmósfera determinado por la presencia simultánea de varios fenómenos meteorológicos, de un sitio geográfico dado o sobre grandes superficies de la Tierra. ~ **excitado** FÍS y QUÍM En un átomo o cualquier sistema cuántico, situación en la cual su energía es superior a la que posee en el **estado fundamental**. ~ **federal** POLÍT El compuesto por estados particulares, cuyos poderes regionales gozan de autonomía e incluso de soberanía para su vida interior. ~ **físico** Situación en que se encuentra alguien respecto a su organismo físico. ~ **fundamental** FÍS y QUÍM En un átomo o cualquier sistema cuántico, situación en la cual su nivel de energía es el más bajo. ~ **social de derecho** POLÍT Organización del Estado en que este procura la redistribución equitativa de la renta y mayores prestaciones sociales para quienes menos tienen.

estado-nación *m.* Organización política y administrativa que, al interior de un país, comprende un territorio con fronteras claramente delimitadas (identificado como espacio cultural propio por sus habitantes), amparado por una Constitución y, eventualmente, defendido por un ejército propio.

estafar *tr.* Pedir o sacar dinero o cosas de valor con engaño y ánimo de no devolverlos.

estafeta 1 *f.* Oficina de correos. 2 Correo para el servicio diplomático.

estafilococo *m.* BIOL Cualquiera de las agrupaciones irregulares de bacterias redondeadas o cocos, productoras de toxinas y que forman una especie de racimo.

estalactita *f.* GEO Concreción calcárea que, en forma de cono irregular, suele pender del techo de algunas cavernas.

estalagmita *f.* GEO Estalactita invertida que se forma en el suelo con la punta hacia arriba.

estalagnato *m.* GEO Columna calcárea resultante de la unión de una estalactita y una estalagmita.

estalinismo *m.* POLÍT Sistema político basado en las doctrinas de Stalin y sus seguidores.

estallar 1 *intr.* Reventar una cosa de golpe y con estruendo. 2 Sobrevenir alguna cosa con violencia: *Un incendio, una revolución.* 3 Manifestarse algún sentimiento de forma repentina.

estambre 1 *m.* Cada una de las hebras largas del vellón de lana. 2 Hilo que se forma con dichas hebras. 3 BOT Órgano sexual masculino de las plantas fanerógamas, formado por un filamento y una o dos anteras, estas contienen en su interior los granos de polen.

estamento 1 *m.* Sector de una sociedad con un estilo de vida común o una función social análoga. 2 *m.* HIST Antes de la Revolución francesa, en la Europa feudal y en el Antiguo Régimen, clasificación social constituida por el clero, la nobleza y el Tercer Estado, en el que este último estaba conformado por pueblos carentes de privilegios jurídicos y económicos.

estampa 1 *f.* Reproducción impresa de un dibujo, una pintura, una fotografía, etc. 2 Papel con la figura representada. 3 Presencia y porte de una persona o de un animal: *Caballero de fina estampa.* 4 Modelo de alguna cosa: *La estampa misma de un caballero.*

estampar 1 *tr.* e *intr.* Imprimir en estampas letras, imágenes, etc., contenidas en un molde. 2 *tr.* Dejar huella una cosa en otra. 3 *tr.* y *prnl.* Arrojar algo con violencia: *Le estampó un huevo en la frente.*

estampida 1 *f.* Estampido. 2 Carrera brusca y precipitada de personas o animales.

estampido *m.* Ruido fuerte y seco.

estampilla 1 *f.* Sello de metal o caucho con alguna firma o rúbrica impresa para su reproducción en serie. 2 Trozo pequeño de papel, con timbre oficial, que se pega a ciertos documentos y a las cartas para franquearlas o certificarlas.

estampillar *tr.* Marcar con estampillas algún sobre o documento.

estancar 1 *tr.* y *prnl.* Detener la corriente de un líquido. 2 Suspender la marcha de un asunto. 3 *tr.* Reservar al Estado o a una entidad la venta de una mercancía convirtiéndola en monopolio: *Estancar el aguardiente.*

estancia 1 *f.* Permanencia y alojamiento en un lugar. 2 Tiempo que dura. 3 Habitación o sala de cierta amplitud. 4 Hacienda ganadera, rancho. 5 LIT Estrofa simétrica de un poema que consta de versos de siete y once sílabas.

estanco 1 *m.* Prohibición del curso libre de una mercancía para su venta en régimen de monopolio estatal. 2 Tienda en que se venden tales mercancías.

estand *m.* Puesto desarmable y provisional en el que se vende o expone un producto en un mercado o establecimiento comercial.

estándar 1 *adj.* Que sirve como tipo, modelo, norma o referencia. 2 *m.* Modelo, patrón, nivel: *Estándar de vida.* • pl.: *estándares.*

estandarizar 1 *tr.* Ajustar a un tipo o modelo. 2 Ajustar un producto industrial a determinadas normas y formas, abaratando sus costos.

estandarte *m.* Insignia, pendón o bandera de corporaciones civiles, militares o religiosas, consistente en una tela cuadrada con alguna representación o emblema.

estanque 1 *m.* Balsa artificial de agua. 2 Depósito para cualquier líquido.

estante 1 *m.* ANAQUEL. 2 Cada uno de los maderos que, hincados en el suelo, sirven de sostén al armazón de algunas casas.

estantería *f.* Mueble con anaqueles o entrepaños, generalmente sin puertas, que suele fijarse o adosarse a la pared.

estantillo *m.* Estaca o poste para sostener algo.

estaño *m.* QUÍM Elemento metálico dúctil, del color de la plata. Se usa para la fabricación de hojalata, en aleaciones de bronce (estaño y cobre), en soldadura (estaño y plomo), etc. Símbolo: Sn. Número atómico: 50. Peso atómico: 118,69. Punto de fusión: 232 °C. Punto de ebullición: 2260 °C.

estar 1 *intr.* y *prnl.* Existir, hallarse en un lugar, situación, condición o modo de ser actual. 2 *intr.* Con ciertos verbos reflexivos denota aproximación a lo que estos significan: *Estarse muriendo; Estar muriéndose.* 3 Con algunos adjetivos, sentir o tener lo que estos significan: *Estar alegre; Estar sordo.* 4 Toma diferentes valores según la preposición que lo acompañe: con *a* y el número de un día del mes, indica que corre ese día: *Estamos a 5 de enero*; con *a* y una indicación de precio, tener ese precio la cosa de que se trata; seguido de *con* y un nombre de persona, hallarse en compañía de esta persona; con *de* y algunos sustantivos que significan acción o proceso, ejecutar lo que ellos significan: *Estar de paseo*; con la misma preposición y algunos sustantivos que significan oficio, desempeñarlo temporalmente: *Estar de jardinero*; con *en* y algunos sustantivos, ser causa o motivo de algo (se usa solo en terceras personas del singular: *La felicidad está en el trabajo*); con la misma preposición y hablando del costo de algo, haber alcanzado el precio señalado: *Este libro está en veinte mil pesos*; con *para* y el infinitivo de algunos verbos, o seguido de algunos sustantivos, denota la disposición próxima o determinada de hacer lo que significa el verbo o el sustantivo: *Está para morir; No está para bromas*; con *por* y el infinitivo de algunos verbos, no haberse ejecutado aún, o haberse dejado de ejecutar, lo que los verbos significan: *La leche está por hervir*; con la misma preposición y el infinitivo de algunos verbos, hallarse alguien casi determinado a hacer algo: *Estoy por bailar*; con la misma preposición, estar a favor de alguien: *Estoy por Ignacio*; con *tras*, seguir algo o a alguien: *Estoy tras la compra de la casa.* 5 Seguido de *que* y un verbo indica hallarse algo o alguien en determinada situación o actitud: *Está que llueve; Está que llora.* 6 Se usa con el gerundio para expresar una acción continuada: *Estamos estudiando.* 7 *prnl.* Detenerse en alguna cosa o en alguna parte. • Vb. irreg. conjugación modelo. V. anexo El verbo.

estarcido *m.* Dibujo que resulta de estarcir.

estarcir *tr.* Estampar haciendo pasar el color a través de recortes efectuados en una lámina.

estárter *m.* Dispositivo de arranque del carburador del automóvil.

estatal 1 *adj.* Perteneciente o relativo al Estado. 2 Perteneciente o relativo a los territorios autónomos que reciben el nombre de estado.

estático, ca 1 *adj.* Relativo a la estática. 2 Lo que está en equilibrio y sin cambios ni mudanzas. 3 Que se queda parado de asombro o de emoción. 4 FÍS y ELECTR **electricidad** ~. 5 *f.* FÍS Parte de la mecánica que estudia las fuerzas y los sistemas de fuerzas, centrándose especialmente en los que actúan sobre cuerpos en reposo. 6 Ruido de crepitación que tiende a interferir con la recepción de señales en aparatos de comunicación.

estatificar *tr.* ECON Poner alguna empresa privada bajo propiedad y administración del Estado.

estatismo *m.* POLÍT Excesiva intervención del Estado en la sociedad y en los asuntos privados de los ciudadanos.

estatua *f.* ART Escultura exenta y de bulto, que representa la figura completa de una persona o de un animal.

estatuir 1 *tr.* Establecer, ordenar. 2 Asentar la verdad de una idea o de un hecho. • Vb. irreg. conjug. c. **huir**. V. anexo El verbo.

estatura *f.* Altura total de una persona.

estatus 1 *m.* Posición que una persona ocupa dentro de un grupo social. 2 Situación relativa de algo dentro de un determinado marco de referencia.

estatuto 1 *m.* Conjunto de normas que regulan una sociedad o corporación; su reglamento interior. 2 Normativa de las comunidades autonómicas dentro del Estado.

este[1] 1 *m.* Punto cardinal del horizonte por donde sale el sol en los equinoccios. Símbolo: E. 2 Lugar situado en dirección a este punto cardinal. 3 Lugar situado al este de otro lugar con cuya posición se compara: *Venezuela está al este de Colombia.* • Es sinónimo de *oriente.*

este[2]**, ta** 1 *adj. dem.* Que está cerca de quien habla: *Toma este plato.* 2 Que se acaba de mencionar o se va a mencionar a continuación: *Mira, este es el juego que compré.* • Se u. t. pospuesto en las acepciones 1 y 2. 3 Dicho de un periodo de tiempo, un momento o un lugar, en el que se encuentra o está próximo quien habla: *Este mes viajo; Esta ciudad me gusta.* 4 coloq. o desp. Indica valoración positiva o negativa respecto a algo que está cerca de quien habla: *El aparato este no sirve para nada.* • Se u. pospuesto en la acepción 4. 5 *pron. dem.* El que o lo que está cerca de la persona que habla: *Guarda este.* 6 El que o lo que ya se mencionó o se va a mencionar a continuación: *Tenía muchos amigos, estos lo acompañaban; "Se manda a aquel que no sabe obedecer a sí mismo", esta es la máxima que leí en Nietzsche.* 7 coloq. o desp. La persona presente o conocida: *Este me dejó sorprendida; ¡Oigan al embustero este!* 8 *pron. dem. f.* La presente circunstancia o situación: *Esta no me la esperaba.* • pl.: *estos, estas.* Forma neutra: *esto.*

estearina *f.* QUÍM Componente esencial de las grasas, blanco, insípido, sin apenas olor y soluble en alcohol. Se emplea en la fabricación de velas.

esteatita *f.* Variedad de talco de color blanco y verdoso que se emplea para hacer señales en las telas (jabón de sastre) y para la fabricación de objetos refractarios.

estela[1] 1 *f.* Rastro que deja en el agua un cuerpo en movimiento, y el que deja en el aire un cuerpo luminoso. 2 Huella que deja cualquier cosa a su paso: *La guerra dejó una estela de horrores.*

estela[2] *f.* Monumento conmemorativo fijo en el suelo a modo de prisma o columna.

estelar 1 *adj.* Perteneciente o relativo a las estrellas. 2 Extraordinario, de gran categoría.

estenosis *f.* MED Estrechamiento patológico de algún conducto.

estentóreo, a *adj.* Dicho de un sonido, fuerte y retumbante.

estepa *f.* ECOL Llano extenso sin vegetación arbórea, con una gran diversidad florística, donde dominan las gramíneas, y unos suelos profundos, de gran fertilidad.

estequiometría 1 *f.* QUÍM Cálculo de las masas de los elementos que conforman una sustancia o reacción química. 2 QUÍM Proporción en la que se mezclan los elementos en una reacción química.

éster *m.* QUÍM Compuesto químico que resulta de sustituir un átomo de hidrógeno de un ácido por un radical alcohólico.

estera *f.* Tejido de esparto o de otros materiales toscos para cubrir el suelo.

estercolar 1 *tr.* Abonar un terreno con estiércol. 2 *intr.* Defecar los animales que producen el estiércol.

estéreo *m.* Aparato estereofónico.

estereofonía *f.* Técnica de grabación del sonido por medio de dos canales que se reparten los tonos agudos y graves para dar una sensación de relieve acústico.

estereofónico, ca *adj.* Perteneciente o relativo a la estereofonía.

estereoquímica *f.* QUÍM Parte de la química que se ocupa de la estructura tridimensional de las moléculas y sus efectos sobre sus propiedades físico-químicas.

estereorradián *m.* GEOM Unidad de medida de ángulos sólidos, equivalente al que, con su vértice en el centro de una esfera, determina sobre la superficie de esta un área igual a la de un cuadrado cuyo lado es igual al radio de la esfera.

estereoscopia (Tb. estereoscopía) *f.* ÓPT Sensación visual de relieve al mirar con ambos ojos dos imágenes de un mismo objeto mediante un **estereoscopio.**

estereoscópico, ca *adj.* Perteneciente o relativo al estereoscopio.

estereoscopio *m.* ÓPT MICROSCOPIO estereoscópico.

estereotipado, da *adj.* Dicho de un gesto, una fórmula, una expresión, etc., que se repite de forma invariable.

estereotipo *m.* Imagen mental, simplificada y repetitiva, que se tiene de una persona o de un acontecimiento.

esterificación *f.* QUÍM Proceso mediante el cual se forma un éster por la unión de un ácido y un alcohol o un fenol.

estéril 1 *adj.* Que no da fruto, o no produce nada. 2 Libre de gérmenes patógenos. 3 BIOL Dicho de un organismo, animal o vegetal, el que estando en su etapa reproductiva, no es capaz de reproducirse.

esterilidad *f.* Cualidad de estéril.

esterilizar 1 *tr.* Quitar la capacidad de reproducción. 2 Destruir los gérmenes patógenos. 3 *prnl.* Volverse estéril.

esternocleidomastoideo *m.* ANAT Músculo del cuello que permite la rotación y la flexión lateral de la cabeza.

esternón *m.* ANAT Hueso plano en la parte anterior del pecho, en el que se articulan las costillas.

estero 1 *m.* Terreno pantanoso abundante en plantas acuáticas. 2 Arroyo, charca.

esteroide *m.* BIOQ Sustancia de naturaleza lípida que comprende las hormonas sexuales y adrenales, los ácidos biliares, la vitamina D, el colesterol, etc.

esterol *m.* QUÍM Alcohol no saturado, liposoluble, muy complejo, presente en todas las células animales y vegetales y en algunas bacterias. En los vertebrados, el colesterol es el principal esterol.

esteta 1 *m.* y *f.* Persona versada en estética. 2 Persona de exquisito gusto artístico.

estética *f.* ART y FIL Disciplina que estudia lo bello en el arte y en la naturaleza. Se ocupa principalmente de: la determinación y los caracteres de la idea de belleza, la naturaleza y los fines del arte en general y de cada arte en particular.

esteticismo 1 *m.* Actitud de quien en las obras literarias o artísticas valora sobre todo la belleza formal, postergando los aspectos éticos, sociales y religiosos. 2 ART y LIT Movimiento iniciado en Gran Bretaña en la segunda década del s. XIX, que buscaba la más alta expresión de la pureza formal y una imitación servil de la naturaleza.

esteticista 1 *adj.* Perteneciente o relativo al esteticismo. 2 *m.* y *f.* Persona que profesionalmente presta cuidados de embellecimiento.

estético, ca 1 *adj.* Perteneciente o relativo a la estética. 2 Artístico, de aspecto bello y elegante. 3 *f.* Conjunto de elementos estilísticos característico de un autor o movimiento artístico. 4 Apariencia agradable que tiene alguien desde el punto de vista de la belleza. 5 Conjunto de técnicas y tratamientos utilizados para el embellecimiento del cuerpo.

estetoscopio *m.* Instrumento médico acústico para auscultar los sonidos del pecho y otras partes del cuerpo, ampliándolos con la menor deformación posible.

estiaje 1 *m.* GEO Nivel mínimo de las aguas en ríos, esteros o lagunas. 2 Periodo que dura este nivel bajo.

estiba 1 *f.* Acción y efecto de estibar un barco. 2 Armazón de madera para cargar y descargar varios objetos de una sola vez.

estibar *tr.* Efectuar la carga y descarga en los puertos.

estiércol 1 *m.* Excremento animal. 2 Abono orgánico.

estigma 1 *m.* Marca o señal en el cuerpo. 2 Huella física de las llagas de Cristo en el cuerpo de algunas personas. 3 Afrenta, deshonor. 4 BOT En las flores, parte superior del pistilo que recibe el polen en la fecundación. 5 ZOOL Cada uno de los orificios del tegumento de los insectos que permite su respiración traqueal.

estigmatizar 1 *tr.* REL Imprimir milagrosamente a una persona las llagas de Cristo. 2 Afrentar, infamar.

estilar *tr.* e *intr.* Usar, acostumbrar. • U. t. c. prnl.

estilete 1 *m.* Puñal de hoja estrecha y aguda. 2 Punzón que se utilizaba para escribir.
estilismo *m.* LIT Tendencia literaria a cuidar exageradamente el estilo.
estilista 1 *m.* y *f.* Escritor que se distingue por lo esmerado y elegante de su estilo. 2 Persona que cuida el estilo de las colecciones de moda o de sus accesorios. 3 Peluquero que diseña peinados y cortes.
estilístico, ca 1 *adj.* Perteneciente o relativo al estilo de quien habla o escribe. 2 *f.* LING Estudio del estilo o de la expresión lingüística.
estilizar 1 *tr.* ART Reducir la representación artística de una cosa a sus rasgos esenciales. 2 *prnl.* Adelgazarse.
estilo 1 *m.* Punzón que se utilizaba para escribir sobre tablas enceradas. 2 Forma de hacer o presentarse algo: *Estilo mariposa; Estilo chabacano.* 3 Uso, costumbre, moda. 4 Elegancia o distinción de alguien o de algo. 5 Conjunto de características de un artista, una época, una escuela o una zona geográfica, que permiten individualizar e identificar las obras como hechas por o en ellos: *Estilo cervantino; Estilo clásico.* 6 LING Conjunto de normas para el correcto uso del lenguaje, atendiendo a los distintos modos de formar, combinar y enlazar los giros, las frases y los periodos. 7 BOT Columnita hueca o esponjosa que, en la mayoría de las flores, arranca del ovario y sostiene el estigma. || ~ **directo** LING Forma en la que un hablante reproduce literalmente en un discurso oral o escrito las palabras de otro: *Cuando se emplea el estilo directo en un escrito, el contenido debe ponerse entre comillas.* ~ **indirecto** LING El que usa un hablante para reproducir oralmente o por escrito el discurso de alguien, mediante otras palabras y algunas modificaciones gramaticales con respecto al discurso original. ~ **indirecto libre** LIT El que usa un narrador para registrar en su propio discurso oraciones que reflejan la conciencia o las sensaciones de un personaje: *En el estilo indirecto libre es difícil distinguir la voz del narrador de la que representa el pensamiento del personaje.*
estilógrafo *m.* Pluma de escribir que lleva incorporada un depósito recargable o un depósito para la tinta.
estima *f.* Consideración y aprecio en que se tiene a una persona o cosa.
estimar 1 *tr.* Apreciar, poner precio a una cosa. 2 Juzgar, creer. 3 Calcular algo por aproximación. 4 *tr.* y *prnl.* Considerar valiosa a una persona o cosa.
estimular *tr.* Incitar, animar con viveza a la ejecución de algo.
estímulo 1 *m.* Lo que excita y mueve a un órgano a la acción. 2 Lo que incita a una persona a determinada actividad o a un mayor ritmo en ella.
estipe 1 *m.* BOT **ESTÍPITE**. 2 BIOL Pie o sustentáculo de un órgano.
estipendio *m.* Paga, retribución.
estípite 1 *m.* BOT Tallo no ramificado de algunos árboles, como la palmera. 2 BOT Pecíolo de una fronda de helecho. 3 BOT Tallo que sostiene el sombrero del hongo.
estípula *f.* BOT Apéndice foliáceo colocado en los lados del pecíolo o en el ángulo que este forma con el tallo.
estipulación 1 *f.* Convenio verbal entre dos o más personas. 2 Cada una de las cláusulas de un documento.
estipular 1 *tr.* Acordar verbalmente un pacto. 2 Convenir, concertar algo.
estiracáceo, a *adj.* y *f.* BOT Dicho de una planta, arbórea y arbustiva de hojas alternas y sin estípulas, flores axilares en panícula y frutos con semillas de albumen carnoso, como el estoraque.
estirado, da 1 *adj.* De mucha afectación en el vestir. 2 Orgulloso, vanidoso. 3 *m.* Acción y efecto de estirar. 4 *f.* DEP Acción y efecto de lanzarse el portero de fútbol para parar el balón.
estiramiento *m.* Acción y efecto de estirar o estirarse.
estirar 1 *tr.* y *prnl.* Alargar una cosa tirando de sus extremos. 2 Extender un miembro del cuerpo. 3 Ejercitar los músculos del cuerpo extendiendo sus miembros y manteniéndolos en extensión un momento. 4 *tr.* Hacer que el dinero dé de sí lo más posible gastándolo con parsimonia. 5 *intr.* y *prnl.* Crecer una persona o cosa.
estireno *m.* QUÍM Hidrocarburo cíclico no saturado y aromático. Es un líquido inflamable e insoluble en agua. Polimeriza espontáneamente dando el poliestireno, de gran importancia industrial. Se utiliza para fabricar resinas y caucho sintético.
estirón 1 *m.* Acción violenta con que se tira de una cosa. 2 Crecimiento en altura rápido: *Dar un estirón.*
estirpe 1 *f.* Abolengo, linaje noble de alguien. 2 En una sucesión hereditaria, conjunto formado por la descendencia de un sujeto a quien ella representa.
esto *pron. dem.* Forma neutra del demostrativo este[2] que designa objetos o situaciones cercanas al hablante y que no se desean nombrar o cuyo nombre se desconoce: *Solo esto me faltaba; Por favor, esto no debe estar encima del televisor.*
estocada 1 *f.* Golpe de punta con la espada o el estoque. 2 Herida que produce.
estocástico, ca 1 *adj.* Perteneciente o relativo al azar. 2 Que depende del azar. 3 MAT **VARIABLE** aleatoria o ~. 4 *f.* MAT Teoría estadística de los procesos, cuya evolución en el tiempo es aleatoria, como la secuencia de las tiradas de un dado.
estofa 1 *f.* Tela o tejido de labores. 2 Clase, en sentido peyorativo de calaña.
estofado[1] 1 *m.* Acción de estofar. 2 Adorno que resulta al estofar un dorado.
estofado[2] *m.* Guiso de carne o pescado con aceite, vino, cebolla y diversas especias, que se cuece a fuego lento, con poco caldo y bien tapado.
estofar 1 *tr.* Raer el color dado sobre el dorado de la madera para que aparezca el oro formando visos. 2 Pintar sobre el oro bruñido relieves al temple. 3 Acolchar prendas. 4 Dar de blanco a las esculturas en madera para dorarlas y bruñirlas.
estoicismo 1 *m.* FIL Doctrina filosófica de Zenón de Citio (s. III a. C.). Su objetivo primordial era la ética, asentada en el dominio sobre las pasiones hasta alcanzar la imperturbabilidad del ánimo. 2 Actitud de entereza frente al destino y el dolor.
estoico, ca 1 *adj.* Perteneciente o relativo al estoicismo. 2 Fuerte, ecuánime ante la desgracia.
estola 1 *f.* Chal de piel que se lleva al cuello. 2 Ornamento de los sacerdotes católicos consistente en una banda larga que cae sobre los hombros. 3 Túnica de los griegos y romanos antiguos que se ceñía a la cintura.
estolón 1 *m.* BOT Vástago que brota del tallo principal a ras del suelo, echando nuevas raíces. 2 ZOOL Órgano de algunos invertebrados coloniales que une entre sí a los individuos de la colonia.
estoma *m.* BOT Cada una de las aberturas microscópicas que en la epidermis de las plantas permite el intercambio de gases de las células con el exterior.
estómago 1 *m.* ANAT y FISIOL Dilatación del aparato digestivo del ser humano y de la mayoría de los vertebrados, donde se produce la transformación de los alimentos mediante su trituración mecánica y degradación química. 2 ANAT **boca** del ~. 3 ZOOL Porción dilatada del intestino de los invertebrados que realiza funciones similares a las del verdadero estómago.
estomatitis *f.* MED Inflamación de la mucosa bucal.

estopa *f.* Parte basta de cáñamo, algodón, etc., que queda después de limpiarlos y con la que se tejen cuerdas y telas toscas.

estoque 1 *m.* Espada estrecha que solo hiere con la punta. 2 Espada angosta insertada en un bastón. 3 Espada del torero.

estoraque 1 *m.* Árbol estiracáceo, de hasta 6 m de altura, del que se extrae una gomorresina con aplicaciones cosméticas. 2 GEO Relieve en forma de torre, labrada a lo largo del tiempo por la lluvia, el viento y el sol.

estorbar 1 *tr.* Dificultar o impedir alguna acción. 2 Molestar, incomodar.

estornino *m.* Ave de cabeza pequeña, pico cónico, plumaje negro con pintas blancas, y alas y cola largas. Mide unos 22 cm desde el pico a la extremidad de la cola.

estornudar *intr.* Inspirar y, seguidamente, expulsar violentamente y con ruido el aire de los pulmones.

estos, tas V. ESTE[2].

estrabismo *m.* MED Bizquera causada por la desviación del paralelismo de los ejes oculares.

estrada *f.* Camino que resulta de hollar la tierra.

estrado 1 *m.* Sitio de honor y algo elevado en un salón de actos. 2 *m. pl.* Lugar en que se administra justicia y se fijan en ocasiones los edictos de notificación, citación o emplazamiento. 3 Salas de los tribunales de justicia.

estragar 1 *tr.* y *prnl.* Viciar, corromper. 2 *tr.* Causar estrago.

estrago *m.* Ruina, daño, matanza.

estragón *m.* Planta herbácea de las compuestas, de hojas estrechas, lanceoladas y lampiñas, y flores en cabezuelas pequeñas, que se emplea como condimento.

estrambótico, ca *adj.* Extravagante, excéntrico.

estramonio *m.* Planta solanácea de hojas anchas y dentadas, flores grandes y blancas en embudo y fruto a modo de nuez espinosa; es olorosa y tóxica.

estrangulación 1 *f.* Acción y efecto de estrangular o estrangularse. 2 MED Falta de irrigación de un órgano, por compresión mecánica.

estrangular 1 *tr.* y *prnl.* Ahogar a una persona o a un animal impidiéndole la respiración. 2 Estrechar un conducto. 3 MED Interceptar mediante presión o ligadura la comunicación de los vasos del organismo.

estraperlo *m.* Comercio ilegal de artículos de consumo, realizado, por lo general, en épocas de racionamiento o escasez.

estratagema 1 *f.* Ardid o astucia en una guerra. 2 Treta, fingimiento.

estrategia *f.* Plan para llevar a cabo con éxito un proyecto o negocio.

estratégico, ca 1 *adj.* Perteneciente o relativo a la estrategia. 2 Dicho de un lugar, una actitud, etc., muy importante para el desarrollo de algo.

estratificación 1 *f.* Acción y efecto de estratificar o estratificarse. 2 ANAT En el tejido epitelial, sucesión de capas que forman la piel. 3 BOT Ordenación de las especies vegetales según su necesidad de luz. 4 GEO Superposición de los estratos o las capas geológicas de un terreno.

estratificar 1 *tr.* Superponer cosas. 2 *tr.* y *prnl.* Disponer en estratos.

estratigrafía 1 *f.* Estudio de los estratos de un yacimiento arqueológico. 2 GEO Parte de la geología que estudia la disposición tectónica de las rocas sedimentarias, sus características, etc.

estrato 1 *m.* Conjunto de elementos que, con determinados caracteres comunes, se ha integrado con otros conjuntos previos o posteriores para la formación de una entidad o un producto históricos, de una lengua, etc. 2 Capa o nivel de una sociedad. 3 Cada una de las capas superpuestas de un yacimiento arqueológico. 4 BOT Cada una de las capas de un tejido orgánico que se sobreponen a otras o se extienden por debajo de ellas. 5 GEO Cada una de las capas de masa mineral que constituyen los terrenos sedimentarios. 6 GEO Nube que se presenta en forma de faja en el horizonte.

estratocúmulo *m.* GEO Nube de agua con formas delimitadas y, a veces, con sombras en su parte inferior. Se trata de nubes bajas que son formas intermedias entre estratos y cúmulos.

estratopausa *f.* GEO Zona de separación entre la estratosfera y la mesosfera.

estratosfera (Tb. estratósfera) *f.* GEO Parte de la atmósfera entre los 12 000 y los 40 000 m, carece casi por completo de nubes. En su parte inferior la temperatura permanece casi invariable con la altitud, pero, a medida que se asciende, aumenta muy deprisa porque el ozono absorbe la luz solar.

estrechar 1 *tr.* y *prnl.* Reducir a menos ancho una cosa. 2 Intensificar el afecto o la amistad. 3 *tr.* Apretar con las manos o los brazos. 4 Acorralar, acosar de forma física o figurada. 5 *prnl.* Ceñirse, apretarse. 6 Reducir los gastos.

estrechez 1 *f.* Escasa anchura de alguna cosa. 2 Limitación apremiante de tiempo. 3 Efecto de estrechar o estrecharse. 4 Unión estrecha de una cosa con otra. 5 Situación apurada, aprieto, dificultad. 6 Austeridad de vida. 7 Amistad íntima. 8 Limitación, falta de amplitud, con referencia expresa o alguna condición intelectual o moral. 9 Disminución anormal del calibre de un conducto orgánico.

estrecho, cha 1 *adj.* Que tiene poca anchura. 2 Ajustado, apretado. 3 Dicho de un parentesco, cercano; de una amistad, íntima. 4 *m.* GEO Paso angosto comprendido entre dos tierras y por el cual se comunica un mar con otro: *Estrecho de Gibraltar.*

estregar *tr.* y *prnl.* Frotar, restregar. • Vb. irreg. conjug. c. **acertar**. V. anexo El verbo.

estrella 1 *f.* En lenguaje corriente, cada uno de los cuerpos celestes que brillan en la noche, excepto la Luna. 2 Figura en forma estrellada, por lo común un centro rodeado de puntas. 3 Signo con esta forma, que indica graduación, categoría, calidad, etc. 4 Persona que sobresale extraordinariamente en su profesión. 5 ASTR Cuerpo celeste compuesto por una gran masa de gas caliente que radia energía luminosa, calorífica, etc., producida por reacciones termonucleares. Una estrella típica es el Sol. || ~ **de David** Signo distintivo en forma de estrella de seis puntas y de color amarillo, símbolo del judaísmo. ~ **de mar** Equinodermo marino con el cuerpo deprimido en forma de estrella. Posee un dermatoesqueleto formado por placas calcáreas y posee un gran poder de regeneración. ~ **de neutrones** ASTR Estado final del desarrollo de una estrella que ha consumido su reserva de hidrógeno y que en su estado original tenía de tres a nueve veces la masa solar. ~ **fugaz** Fenómeno luminoso e incandescente provocado por el desplazamiento rápido de un corpúsculo sólido en las capas atmosféricas superiores. ~ **nova** ASTR La que aumenta enorme y súbitamente su brillo y después entra en un periodo de transición, durante el cual palidece, y cobra brillo de nuevo. Se debe a que sus capas exteriores han formado un exceso de helio. ~ **supernova** ASTR Etapa final explosiva de la vida de una estrella, en la que se libera gran cantidad de energía.

estrellar 1 *tr.* y *prnl.* Sembrar de estrellas el cielo o una superficie. 2 Arrojar con violencia una cosa contra otra. 3 *tr.* Freír huevos. 4 *prnl.* Chocar violentamente

A B C D E F G H I J K L M N Ñ O P Q R S T U V W X Y Z

contra algo duro. 5 Fracasar en un empeño a causa de dificultades insuperables.

estremecer 1 *tr.* Hacer temblar, sacudir. 2 Sobresaltar el ánimo un hecho inesperado. 3 *prnl.* Temblar en sentido recto o figurado. • Vb. irreg. conjug. c. **agradecer**. V. anexo El verbo.

estrenar 1 *tr.* Usar por primera vez una cosa. 2 Dar la primera representación pública de una obra artística. 3 *prnl.* Empezar a ejercer un trabajo o profesión.

estreno *m.* Acción y efecto de estrenar.

estreñimiento *m.* MED Retención de las materias fecales.

estreñir *tr.* y *prnl.* Provocar o padecer estreñimiento. • Vb. irreg. conjug. c. **ceñir**. V. anexo El verbo.

estrépito *m.* Estruendo, ruido grande.

estreptococo *m.* BIOL Bacteria de forma esférica que se agrupa con otras similares en cadena. Algunas especies son patógenas y provocan infecciones. Las no patógenas lácticas se emplean en la fermentación de productos lácteos.

estrés *m.* Estado de sobrecarga y tensión física o psíquica con la sensación consiguiente de cansancio.

estría 1 *f.* Acanaladura estrecha. 2 Cada una de las salientes y ranuras, que se utilizan en lugar de cuñas, para evitar la rotación relativa de piezas cilíndricas acopladas a una máquina. 3 *f. pl.* Marcas alargadas y violáceas que deja en la piel la distensión de los tejidos por obesidad o embarazo.

estriado, da *adj.* Que tiene estrías.

estribación *f.* GEO Ramal de montañas que se desprende y destaca de una cordillera.

estribar 1 *intr.* Descansar el peso de una cosa sobre otra. 2 Apoyarse, fundarse.

estribillo 1 *m.* Frase, verso o versos con que empiezan o terminan las estrofas de algunas composiciones líricas. 2 Expresión o palabra que se repite con frecuencia al hablar.

estribo 1 *m.* Pieza en que el jinete apoya el pie al montar y cabalgar. 2 Especie de escalón para subir o bajar de un coche. 3 Pieza de la motocicleta sobre la que descansan los pies. 4 Apoyo o fundamento. 5 Sostén de una bóveda o contrafuerte de un muro. 6 ANAT Uno de los tres huesecillos del oído medio que se articula en la apófisis del yunque.

estribor *m.* Banda derecha de una embarcación mirando de popa a proa.

estricnina *f.* QUÍM Alcaloide que se extrae de determinados órganos de algunos vegetales, como la nuez vómica. Es un veneno muy activo.

estricto, ta 1 *adj.* Exacto, ajustado a la necesidad o a la ley. 2 Riguroso, sin concesiones.

estridencia 1 *f.* Sonido agudo y desagradable. 2 Violencia, brusquedad en acciones o palabras.

estrigiforme *adj.* y *f.* ZOOL Dicho de un ave, rapaz, de hábitos nocturnos, de cabeza grande, ojos en posición frontal, pico corto y ganchudo y garras fuertes, como la lechuza y el búho.

estriptis (Tb. estriptís) *m.* Espectáculo durante el cual una persona se va desnudando total o parcialmente.

estro 1 *m.* Inspiración y estímulo de poetas y artistas. 2 FISIOL Modificación de la mucosa del útero, que permite la nidificación del huevo fecundado. 3 ZOOL Periodo de celo de los mamíferos.

estróbilo *m.* BOT Piña, infrutescencia típica de las coníferas con escamas insertas helicoidalmente.

estroboscopio *m.* ÓPT Instrumento para la observación de objetos en movimiento, mediante su iluminación con cortos destellos de frecuencia regulable. Se usa para el estudio y la medición de movimientos periódicos rápidos.

estrofa *f.* LIT Conjunto de un determinado número de versos que se repite en una composición, por lo general con una cierta unidad de sentido.

estrógeno *m.* BIOQ Hormona que provoca el estro y el desarrollo de los caracteres sexuales secundarios de las hembras de los mamíferos.

estroma 1 *m.* ANAT Trama del tejido conjuntivo que sirve de sostén de los elementos celulares. 2 BOT Sustancia interna del cloroplasto que está atravesada por una red compleja de discos conectados entre sí.

estroncio *m.* QUÍM Elemento metálico, poco brillante, que descompone el agua a temperatura normal, oxidándose rápidamente. Sus derivados se emplean en pirotecnia para dar color rojo, y en las industrias cerámica y del vidrio. Símbolo: Sr. Número atómico: 38. Peso atómico: 87,63. Punto de fusión: 769 °C. Punto de ebullición: 1384 °C.

estropajo 1 *m.* Planta cucurbitácea de hojas alternas, flores pentámeras y frutos de entre 30 y 40 cm de largo, que al desecarse da una trama de fibras, a la que se la da diversos usos. 2 Porción de cualquier materia como esparto, plástico, alambre, nailon, etc., que sirve para fregar.

estropear 1 *tr.* y *prnl.* Maltratar, dañar. 2 Malograr cualquier asunto o negocio.

estropicio 1 *m.* Destrozo, rotura estrepitosa, por lo común impremeditada, de cosas. 2 Trastorno ruidoso de escasas consecuencias.

estructura 1 *f.* Distribución, orden y enlace de las partes de un todo. 2 Armadura que sustenta alguna cosa. 3 Disposición ordenada y unión de los elementos de sustentación y anclaje que soportan un conjunto determinado de cargas de un puente, un edificio, una presa, etc. 4 GEO Disposición que muestran los materiales geológicos que han estado sometidos a esfuerzos tectónicos. 5 LING Modo en que se organizan las funciones de los elementos lingüísticos dentro del sistema del que forman parte. || **~ de Lewis** QUÍM Diagrama que muestra los enlaces entre los átomos de una molécula y los pares de electrones solitarios que existan.

estructural 1 *adj.* Perteneciente o relativo a la estructura. 2 QUÍM **fórmula ~**.

estructuralismo 1 *m.* Método de investigación común a diversas ciencias humanas, surgido a comienzos del s. XX, que persigue la aprehensión de la realidad a través de su estructura. 2 LING Teoría que considera la lengua como un conjunto autónomo y estructurado, en el que las relaciones definen los términos a los diversos niveles (fonemas, morfemas, frases).

estruendo 1 *m.* Ruido grande, estrépito. 2 Confusión, bullicio.

estrujar 1 *tr.* Exprimir alguna cosa para sacarle el jugo o zumo. 2 Comprimir hasta lastimar o desfigurar.

estrujón 1 *m.* Acción y efecto de estrujar. 2 Presión sobre algo ya comprimido.

estuario *m.* GEO Desembocadura de un río caudaloso que suele presentar forma de embudo, con la parte más ancha hacia un mar o un lago.

estucar 1 *tr.* Dar una capa de estuco. 2 Colocar sobre el muro o columna las piezas previamente moldeadas en estuco.

estuche 1 *m.* Caja o envoltorio para guardar uno o varios objetos. 2 Cualquier envoltura protectora.

estuco 1 *m.* Masa preparada con yeso blanco y agua de cola que se emplea como material de objetos ornamentales que después se doran o pintan. 2 Lechada de cal muerta y polvo de mármol que se emplea para igualar y enlucir superficies.

estudiantado *m.* Conjunto de los estudiantes como grupo social o como alumnado de una institución docente.

estudiante *adj.* y *s.* Que estudia, especialmente el que cursa estudios de grado medio o superior.

estudiantina *f.* Conjunto de estudiantes que tocan varios instrumentos, cantan y bailan.

estudiar 1 *tr.* Aplicar el entendimiento a la comprensión o memorización de algún tema o asunto. 2 Observar, examinar atentamente. 3 *tr.* e *intr.* Cursar estudios medios o superiores.

estudio 1 *m.* Acción de estudiar. 2 Esfuerzo del entendimiento que se aplica a comprender o aprender algo. 3 Obra escrita en que un autor analiza o desarrolla algún tema. 4 Lugar de trabajo de artistas, escritores y profesionales. 5 Habitación de la casa que se usa para estudiar. 6 Apartamento compuesto de sala, cocina y baño. 7 Local para filmar películas o para emitir programas de radio y televisión. 8 Aplicación y habilidad con que se hace algo. 9 ART Dibujo, esquema o modelado preparatorio de una pintura, una talla, un grabado, etc. 10 MÚS Composición musical de finalidad didáctica. 11 *m. pl.* Conjunto de conocimientos de una materia.

estufa 1 *f.* Cocina, aparato con hornillos, y a veces horno, para cocer la comida. 2 Aparato para caldear locales por medio de materiales combustibles o con electricidad.

estulticia *f.* Necedad, tontería.

estupefacción *f.* Asombro, pasmo.

estupefaciente *adj.* y *m.* FARM Dicho de un medicamento, narcótico, que embota la sensibilidad y crea hábito, como la morfina o la cocaína.

estupefacto, ta *adj.* Pasmado, atónito.

estupendo, da 1 *adj.* Asombroso, admirable. 2 Magnífico, perfecto.

estupidez 1 *f.* Necedad, torpeza para comprender. 2 Dicho o hecho propio de un estúpido.

estupor *m.* Asombro, pasmo.

estupro *m.* DER Coito con persona menor de edad, logrado con engaño, con abuso de confianza o de autoridad.

esturión *m.* Pez marino de cuerpo escamoso, que puede alcanzar 5 m de largo. Desova en los ríos, y con sus huevas se prepara el caviar.

esvástica *f.* **CRUZ** gamada.

eta *f.* Séptima letra del alfabeto griego (Η, η), que corresponde a la *e* larga del latino.

etano *m.* QUÍM Hidrocarburo alifático saturado formado por dos átomos de carbono y seis de hidrógeno. Se encuentra en el gas natural y en el crudo de petróleo. Se usa en la preparación de etileno, como combustible, etc.

etanol *m.* QUÍM **ALCOHOL** etílico.

etapa 1 *f.* Fase en el proceso de una obra. 2 Cada trayecto en una marcha. 3 Lugar en que se pernocta durante una marcha. 4 DEP En una carrera ciclista o automovilística, cada uno de los tramos en que se divide.

etario, ria 1 *adj.* Dicho de varias personas, que tienen la misma edad. 2 Perteneciente o relativo a la edad de alguien.

etcétera *m.* Voz utilizada al final de cualquier enumeración incompleta para indicar que se silencian otros elementos; se representa con la abreviatura *etc.*

éter 1 *m.* Fluido que, según cierta hipótesis obsoleta, llenaba todo el espacio y que servía para explicar la propagación de las ondas electromagnéticas. 2 QUÍM Compuesto orgánico cuya molécula consta de un átomo de oxígeno unido a dos radicales hidrocarburos. 3 En lenguaje poético, esfera aparente que rodea la Tierra. || ~ **etílico** QUÍM Líquido inflamable, de olor fuerte, que resulta de la reacción entre el alcohol etílico y el sulfato de etilo.

etéreo, a 1 *adj.* Perteneciente o relativo al éter o al cielo. 2 Vago, sutil, vaporoso.

eternidad 1 *f.* Perpetuidad sin principio, sucesión ni fin. 2 Duración prolongada de siglos y edades. 3 Tiempo muy largo. 4 REL Duración simultánea, sin sucesión, sin principio ni fin, que la teología cristiana atribuye solo a Dios. 5 REL Vida después de la muerte que se le atribuye al alma humana.

eternizar 1 *tr.* y *prnl.* Hacer durar demasiado una cosa. 2 Perpetuar su duración.

ethos (Voz gr.) *m.* Conjunto de hábitos y conductas que conforman la identidad de una persona o comunidad.

ético, ca 1 *adj.* Perteneciente o relativo a la ética o moral, o que está de acuerdo con sus principios y exigencias. 2 *f.* FIL Parte de la filosofía que estudia los fundamentos y las normas de la conducta humana. Dos son las corrientes principales: la que relaciona la ética con la naturaleza misma del ser humano, confiriéndole una base metafísica, y la que ve las normas de conducta como convenios sociales reguladores de lo que se considera bueno o malo.

etilenglicol *m.* QUÍM Líquido incoloro espeso e higroscópico mezclable con agua y alcohol. Se emplea en la industria textil, en tintas, alimentos y mezclas anticongelantes.

etileno *m.* QUÍM Primera sustancia de la serie de hidrocarburos no saturados o alquenos. Es un gas incoloro, que arde con llama luminosa, bastante soluble en éter y en alcohol, y poco soluble en agua.

etílico, ca 1 *adj.* QUÍM Perteneciente o relativo al etanol y a los efectos de este hidrocarburo, presente en las bebidas alcohólicas. 2 QUÍM **alcohol** ~, **éter** ~.

etilo *m.* QUÍM Radical monovalente del etano que hace parte de numerosos compuestos químicos, como el acetato y el acrilato, empleado el primero como disolvente y el segundo en la fabricación de plásticos.

étimo *m.* LING Palabra de la que otra procede históricamente.

etimología 1 *f.* LING Origen de las palabras. 2 LING Ciencia que estudia el origen de las palabras, su significación y su evolución.

etiología 1 *f.* FIL Estudio de las causas de las cosas. 2 MED Estudio de la génesis de las enfermedades.

etiqueta 1 *f.* Rótulo que se pone sobre un objeto o una mercancía indicando lo que es. 2 Calificación indicadora de personas o cosas, profesionales, ideologías, etc. 3 Ceremonial que se observa en determinados actos solemnes de tipo civil, religioso o militar. 4 Distinción. 5 INF Conjunto de caracteres que sirven para identificar instrucciones o datos.

etiquetar *tr.* e *intr.* Poner etiquetas o rótulos.

etmoides *m.* ANAT Hueso que está en la base del cráneo y que se articula con el frontal y el esfenoides.

etnia *f.* Conjunto de seres humanos con características homogéneas, que van desde ciertos rasgos físicos comunes hasta la lengua, las costumbres y las tradiciones culturales.

étnico, ca *adj.* Perteneciente o relativo a un grupo poblacional que se caracteriza por su identidad racial, cultural o nacional.

etnocentrismo *m.* Tendencia de una persona a creer que su colectividad, su cultura, etc., son superiores a las otras.

etnocidio *m.* Destrucción de la cultura de una etnia o raza.

A B C D E F G H I J K L M N Ñ O P Q R S T U V W X Y Z

etnografía *f.* Ciencia que estudia las etnias o los pueblos, sus orígenes, características y evolución histórica.

etnolingüística *f.* Disciplina que estudia las relaciones entre la lengua y la cultura de uno o varios pueblos.

etnología *f.* Ciencia que busca establecer las leyes que rigen la conducta, las realizaciones y la evolución de un pueblo y de su cultura.

etología *m.* Biol Parte de la biología que estudia el comportamiento de los animales en su hábitat natural, y los mecanismos que determinan este comportamiento.

etopeya *f.* Lit Descripción literaria del carácter, los hábitos, etc., de una persona.

etrusco *adj.* y *s.* Hist De un pueblo de la antigua Italia, que habitó los territorios entre los ríos Arno y Tíber. Se constituyó como potencia dominante entre los ss. VII y VI a. C. Modeló las primeras instituciones de Roma. Su rica cultura asimiló numerosas influencias helénicas, incluso en la religión y en la adopción del alfabeto.

eucalipto *m.* Árbol mirtáceo, originario de Australia, que puede alcanzar unos 100 m de altura, de hojas coriáceas y olorosas, y fruto capsular con semillas abundantes; su madera se emplea sobre todo para la fabricación de celulosa.

eucariota *adj.* y *f.* Biol Organismo formado por **células** eucarióticas; puede ser unicelular, que comprende los protozoos, y pluricelular, que incluye hongos, plantas y metazoos.

eucariótico, ca *adj.* Biol Perteneciente o relativo a las células eucarióticas.

eucaristía 1 *f.* Rel Sacramento instituido por Jesucristo en la Última Cena al transformar el pan y el vino en su carne y su sangre. 2 Rel **misa.**

eudemonía *f.* Fil Estado de plenitud o satisfacción del ser.

eudemonismo *m.* Fil Doctrina filosófica que considera la felicidad como el fin último del ser humano.

eufausiáceo, a *adj.* y *m.* Zool Dicho de un crustáceo, marino, de pequeño tamaño, que forma grandes bancos planctónicos y sirve de alimento a peces, aves y, especialmente, ballenas.

eufemismo *m.* Ling Palabra o expresión que dice de forma suavizada algo que, en su manifestación franca, resultaría malsonante o desagradable; por ejemplo: *Trasero* por *culo*.

eufonía *f.* Sonoridad grata que resulta de la combinación atinada de ciertos elementos acústicos en una palabra.

euforbiáceo, a *adj.* y *f.* Bot Dicho de una planta, angiosperma dicotiledónea, abundante en látex, con frecuencia venenoso, de flores unisexuales y fruto en cápsula con semillas oleaginosas, como el ricino.

euforia *f.* Sensación de bienestar, derivada de la buena salud física, la satisfacción espiritual o como efecto de algún estupefaciente.

eugenesia *f.* Biol Aplicación de la genética al mejoramiento de las especies animales y vegetales.

euglenofito, ta *adj.* y *m.* Biol Dicho de un organismo, protista, acuático, con un par de flagelos y numerosos cloroplastos, que le proporcionan un color verdoso.

eunuco 1 *m.* Varón castrado que, en la Antigüedad, cuidaba las mujeres del soberano. 2 Hist En la historia antigua y oriental, ministro o empleado favorito de un rey. En el Imperio bizantino, los eunucos alcanzaron grandes cargos en el ejército y la administración.

eupepsia *f.* Digestión normal.

eureka *interj.* Exclamación que denota sorpresa o alegría por haber encontrado algo buscado con afán.

euritmia 1 *f.* Armonía entre los diversos elementos de una obra artística. 2 Regularidad del pulso.

euro *m.* Econ Unidad monetaria de la Unión Europea; fue introducido el 1º de enero de 2002 y reemplazó a las monedas locales de varios de los Estados miembros.

eurocentrismo *m.* Tendencia a considerar los valores culturales, sociales y políticos de tradición europea como modelos universales.

europarlamentario, ria *m.* y *f.* Persona que ha sido elegida para representar a su país en el Parlamento europeo.

europeísmo 1 *m.* Predilección por las cosas de Europa. 2 Carácter europeo. 3 Conjunto de ideologías o movimientos que promueven la unificación y la concordia entre los Estados de Europa.

europeización 1 *m.* Acción y efecto de europeizar. 2 Hist Transformación de carácter internacional, en prácticamente todos los ámbitos, que, a partir del s. XVI, se dio con la expansión política, mercantil y cultural de Europa en otros continentes.

europeizar 1 *tr.* Dar carácter europeo. 2 *prnl.* Tomar carácter europeo.

europeo, a *adj.* y *s.* De Europa o relacionado con este continente.

europio *m.* Quím Elemento metálico de los lantánidos, plateado y blando. Se utiliza en la electrónica y la industria nuclear. Símbolo: Eu. Número atómico: 63. Peso atómico: 151,96. Punto de fusión: 822 °C. Punto de ebullición: aprox. 1527 °C.

euskera *m.* Ling Lengua hablada en una parte del País Vasco (centro y E de Vizcaya, Guipúzcoa, NO de Navarra y País Vasco francés).

eutanasia *f.* Muerte sin sufrimiento físico, en especial la provocada con ese fin.

eutrofia *f.* Fisiol Buen estado de nutrición.

eutrofización *f.* Ecol Incremento de sustancias nutritivas en las aguas dulces de lagos y estanques. A largo plazo genera nuevo suelo y la reducción de la superficie libre del agua.

evacuar 1 *tr.* Vaciar o desocupar alguna cosa. 2 Expeler los excrementos. 3 Desempeñar un encargo, llevar a cabo un asunto. 4 Abandonar o desalojar un lugar.

evadir 1 *tr.* y *prnl.* Evitar un daño, una situación difícil o un peligro inminente. 2 *prnl.* **fugarse.**

evaluación *f.* Acción y efecto de evaluar.

evaluar 1 *tr.* Señalar el valor de algo. 2 Calcular el valor que puede tener. 3 Valorar o examinar las aptitudes y los méritos de una persona o de los conocimientos de un alumno.

evanescer *tr.* y *prnl.* Desvanecer, esfumar.

evangeliario *m.* Rel Libro que contiene los fragmentos de los *Evangelios* que se recitan o cantan en las misas del año litúrgico.

evangélico, ca 1 *adj.* Rel Perteneciente o relativo al Evangelio. 2 Rel Perteneciente o relativo al protestantismo. 3 Rel Dicho de una Iglesia, luterana, en contraposición a la reformada (calvinista). 4 Rel Dicho de una Iglesia, protestante alemana.

evangelio 1 *m.* Rel Historia de la vida de Jesucristo que aparece relatada en los cuatro textos que se conocen por los nombres de los cuatro evangelistas (Mateo, Marcos, Lucas y Juan). 2 Rel Libro que contiene dichos textos y que conforma el primer libro canónico del *Nuevo Testamento.* • Se escribe con may. inic. en la acepción 2. 3 Rel Parte de la misa en que se lee un pasaje de ellos.

evangelismo *m.* Rel Movimiento protestante moderno que hace hincapié en la relación personal con

Cristo y la autoridad de la *Biblia*. Está representado por la mayoría de las confesiones protestantes.

evangelista *m.* REL Cada uno de los cuatro autores de los evangelios canónicos o admitidos por la Iglesia como auténticos: Mateo, Marcos, Lucas y Juan.

evangelizar *tr.* REL Propagar el Evangelio.

evaporación 1 *f.* Acción y efecto de evaporar o evaporarse. 2 FÍS Paso de un líquido al estado gaseoso, a una temperatura inferior a la de ebullición. Es gradual y se efectúa en la superficie del líquido.

evaporar 1 *tr.* y *prnl.* Convertir un líquido en vapor. 2 Disipar, desvanecer.

evaporizar *tr.* e *intr.* VAPORIZAR. • U. t. c. prnl.

evapotranspiración *m.* ECOL En el ciclo del agua, transferencia de agua desde la tierra a la atmósfera por evaporación, desde el agua de la superficie y el suelo, y por transpiración de la vegetación.

evasión 1 *f.* Acción y efecto de evadirse o fugarse. 2 Pretexto para eludir una dificultad o un trabajo. 3 LIT En la creación literaria, proceso mediante el cual el autor relata mundos exóticos o ficticios. || **de ~** Dicho de un texto literario, cinematográfico, programa de televisión o radial, que tiene como objetivo el entretenimiento.

evasivo, va 1 *adj.* Que incluye una evasiva o la favorece. 2 *f.* Pretexto, escapatoria.

evento 1 *m.* Acontecimiento imprevisto. 2 Suceso importante y programado, de índole académica, social, artística o deportiva. 3 MAT SUCESO. || **~ elemental** MAT SUCESO elemental. **~ probable.** MAT SUCESO probable.

eventual 1 *adj.* Sujeto a cualquier contingencia, que es posible que ocurra: *Un eventual accidente.* 2 *adj.* y *s.* Dicho de un trabajador, no fijo en una empresa.

evidencia *f.* Verdad o hecho que se impone como algo manifiesto e irrefutable.

evidenciar *tr.* Hacer patente y manifiesta la certeza de algo.

evidente *adj.* Patente y manifiesto sin necesidad de más razonamientos.

evitar 1 *tr.* Impedir que suceda algún peligro o molestia. 2 Rehuir el trato con una persona.

evo 1 *m.* Duración indefinida o muy larga. 2 TEOL Duración de las cosas eternas.

evocar 1 *tr.* Traer algo a la memoria o a la imaginación. 2 Recordar una cosa a otra por similitud o por algún punto de contacto. 3 Conjurar a los espíritus de los difuntos para comunicarse con ellos.

evolución 1 *f.* Acción y efecto de evolucionar. 2 Modificación que una persona experimenta en su manera de pensar y sentir. 3 Desarrollo gradual de los organismos y de las cosas por el que pasan de un estado a otro. 4 Desarrollo o transformación de las ideas o de las teorías. 5 Movimiento de algo al dar vueltas. 6 Movimiento de tropas o de buques en acciones de defensa o ataque al enemigo. 7 BIOL Proceso natural cuyo resultado es la modificación de los individuos de una generación a otra, y la aparición de nuevas especies.

□ BIOL La evolución se produce gracias a la diversidad de individuos de una misma especie, la capacidad de transmitir sus caracteres a la descendencia y la acción del medio externo. Cuando cambian las condiciones del entorno, el medio se convierte en un factor selectivo, que hace que sobrevivan solo aquellos individuos mejor adaptados a las nuevas condiciones. Los individuos supervivientes se reproducen, transmitiendo así sus caracteres a la descendencia.

evolucionar 1 *intr.* Experimentar personas, organismos y cosas un cambio gradual. 2 Mudar de conducta, de propósito o de actitud. 3 Hacer evoluciones.

evolucionismo 1 *m.* BIOL Teoría que defiende la evolución biológica. 2 FIL Doctrina que explica todos los fenómenos por transformaciones sucesivas de una sola realidad primera, sometida a perpetuo movimiento intrínseco, en cuya virtud pasa de lo simple y homogéneo a lo compuesto y heterogéneo.

evolutivo, va *adj.* Perteneciente o relativo a la evolución.

ex *m.* y *f.* coloq. Persona que ha dejado de ser cónyuge o pareja de otra.

ex *libris* (Loc. lat.) *m.* Sello o marca artística que se pone en los libros para indicar de quién son propiedad, a qué biblioteca pertenecen, etc.

ex profeso (Tb. exprofeso) *adv.* A propósito, con intención.

exabrupto *m.* Salida de tono, inconveniencia.

exacción 1 *f.* Acción y efecto de reclamar impuestos, multas o tributos. 2 Cobro injusto y violento.

exacerbar 1 *tr.* y *prnl.* Irritar. 2 Agravar una enfermedad o la violencia de una pasión.

exactitud *f.* Cualidad de exacto.

exacto, ta *adj.* Puntual, preciso, riguroso.

exageración 1 *f.* Acción y efecto de exagerar. 2 Concepto, hecho o cosa que excede de lo normal o justo.

exagerar *tr.* Aumentar una cosa dándole importancia excesiva o haciendo que sobrepase los límites de lo normal.

exaltación 1 *f.* Acción y efecto de exaltar o exaltarse. 2 Alabanza entusiasta.

exaltar 1 *tr.* Elevar a una dignidad. 2 Ensalzar los méritos de alguien o las cualidades de algo. 3 *prnl.* Entusiasmarse hasta perder la serenidad.

examen 1 *m.* Estudio y análisis que se hace de personas, hechos o cosas. 2 Prueba de idoneidad en alguna ciencia o arte.

examinar 1 *tr.* Investigar con diligencia algún hecho o situación. 2 Comprobar la calidad de algo. 3 *tr.* y *prnl.* Poner a prueba la aptitud y los conocimientos de alguien para avanzar en los cursos de estudios o para obtener algún puesto de trabajo.

exánime 1 *adj.* Sin vida o sin señales de ella. 2 Muy debilitado o sin aliento.

exantema *m.* Erupción cutánea.

exarca 1 *m.* En la Iglesia griega, dignidad inferior a la de patriarca. 2 HIST Funcionario bizantino encargado de la administración civil y militar.

exasperar 1 *tr.* y *prnl.* Dar motivo de gran enojo a alguien. 2 Irritar una herida o un dolor.

excarcelar *tr.* Soltar a un preso de la cárcel.

excavación 1 *f.* Acción y efecto de excavar. 2 Exploración sistemática del subsuelo en busca de restos de civilizaciones antiguas.

excavador, ra 1 *adj.* y *s.* Que realiza excavaciones. 2 *f.* Máquina consistente en una pala mecánica montada sobre un vehículo, para realizar obras de desmonte y perforación del suelo.

excavar 1 *tr.* Hacer una cavidad o galería en el suelo. 2 Remover la tierra alrededor de las plantas.

excedente 1 *adj.* Que excede. 2 Que sale de la regla. 3 *m.* Diferencia positiva entre ganancias y pérdidas o costos.

exceder 1 *tr.* Aventajar o superar una persona o cosa a otra. 2 *intr.* y *prnl.* Propasarse, extralimitarse.

excelencia 1 *f.* Superior calidad de una cosa en su género. 2 Tratamiento honorífico de algunos cargos civiles y militares.

excelente *adj.* Que destaca en bondad y cualidades sobre los de su especie o categoría.

excentricidad 1 *f.* Cualidad de excéntrico. 2 Dicho o hecho raro o extravagante. 3 Estado de lo que se halla fuera de su centro. 4 GEOM Distancia que media entre el centro de la elipse y uno de sus focos. 5 MAT Número real positivo que representa la razón entre la distancia de un punto de la curva al foco y la distancia de ese mismo punto a la directriz.

excéntrico, ca 1 *adj.* y *s.* Raro, extravagante. 2 *adj.* GEOM Que está fuera de su centro. 3 *f.* Pieza que gira alrededor de un punto que no es su centro; tiene por objeto transformar el movimiento circular continuo en rectilíneo alternativo.

excepción 1 *f.* Acción y efecto de exceptuar. 2 Cosa que se aparta de la regla o condición general de las demás de su especie.

excepcional 1 *adj.* Que constituye excepción de la regla común. 2 Que se aparta de lo ordinario, o que ocurre rara vez.

excepto *conj.* A excepción de, fuera de: *Juan ensaya todos los días, excepto los domingos, que juega fútbol con sus amigos.*

exceptuar *tr.* y *prnl.* Hacer excepción, excluir de la regla común.

exceso 1 *m.* Lo que sobrepasa la medida o regla, o los límites de lo ordinario o de lo lícito. 2 Aquello en que una cosa excede a otra. 3 Abuso, demasía en el comportamiento.

excipiente *m.* FARM Sustancia inerte que se mezcla con los medicamentos y con ciertos cosméticos para darles consistencia, forma, sabor u otras cualidades que faciliten su uso.

excitación 1 *f.* Acción y efecto de excitar o excitarse. 2 Estado de tensión psíquica. 3 FISIOL Efecto de un excitante sobre una célula o un órgano. 4 FÍS Fuerza magnetomotriz que desarrolla el flujo de un electroimán o de una máquina eléctrica.

excitante 1 *adj.* y *s.* Que excita. 2 FISIOL Dicho de un agente, que estimula la actividad de un sistema orgánico.

excitar 1 *tr.* y *prnl.* Estimular a la acción o avivar una actividad. 2 Potenciar un sentimiento o pasión. 3 Despertar el deseo sexual. 4 *prnl.* Dejarse llevar de un sentimiento perdiendo la calma o tranquilidad; exaltarse.

exclamación 1 *f.* Voz o frase que refleja una emoción del ánimo. 2 ORT Signo ortográfico doble (¡!) que encierra y demarca los enunciados o las oraciones de tipo exclamativo: *¡Feliz Navidad! ¡Qué gusto verte! ¡Ay! ¡Eh!* • V. separata: Uso de los signos de puntuación.

exclamar *intr.* y *tr.* Emitir con fuerza o vehemencia las palabras para dar fuerza y eficacia a lo que se dice.

exclamativo, va 1 *adj.* Perteneciente o relativo a la exclamación o que sirve para exclamar. 2 GRAM Dicho de una oración, que expresa la emoción o el sentimiento de quien habla o escribe, así como del adjetivo, pronombre o adverbio usado en este tipo de oraciones.

excluir 1 *tr.* Dejar por fuera a una persona o cosa fuera del lugar que ocupaba o de la actividad que realizaba. 2 Eliminar la posibilidad de que algo ocurra. 3 *prnl.* Ser dos personas o cosas incompatibles. • Participio irreg. *excluso* y reg. *excluido*. Vb. irreg. conjug. c. **huir**. V. anexo El verbo.

exclusión *m.* Acción y efecto de excluir. || **principio de ~** FÍS El que afirma que dos partículas elementales de espín semientero, por ejemplo, los electrones, no pueden ocupar simultáneamente el mismo estado cuántico en un átomo.

exclusiva 1 *f.* Noticia conseguida y publicada por un solo medio informativo. 2 EXCLUSIVIDAD.

exclusive 1 *adv. m.* Con exclusión. 2 Significa que el último número o la última cosa de que se hizo mención no se toma en cuenta: *Hasta el primero de abril exclusive.*

exclusividad *f.* Privilegio o derecho por el cual una persona o corporación puede hacer algo prohibido a las demás.

exclusivismo 1 *m.* Adhesión obstinada a algo, sin prestar atención a las demás. 2 Actitud egoísta.

exclusivo, va 1 *adj.* Que excluye. 2 Único, excluyendo a cualquier otro.

excombatiente *adj.* y *s.* El que ha luchado en una guerra.

excomulgar *tr.* Castigar con la excomunión.

excomunión *f.* REL Pena con que la Iglesia aparta a los fieles católicos de la comunión o trato con los demás fieles y de la recepción de los sacramentos.

excoriar *tr.* y *prnl.* Arrancar o corroer la piel, quedando la carne al descubierto.

excrecencia *f.* Carnosidad o superfluidad que se produce en animales y plantas, alterando su textura y superficie natural.

excreción *f.* Acción y efecto de excretar.

excremento *m.* FISIOL Restos de alimentos que el organismo expele por el ano después de hecha la digestión.

excretar 1 *intr.* Deponer los excrementos. 2 BIOL Eliminar los productos metabólicos de desecho.

excretor, ra 1 *adj.* Que excreta. 2 Dicho de un órgano, que efectúa la excreción.

exculpar *tr.* y *prnl.* Descargar a alguien de culpa.

excursión 1 *f.* Paseo por el campo. 2 Viaje por motivos de recreo o estudio.

excursionismo *m.* Práctica sistemática de las excursiones como deporte o con fin científico o artístico.

excusa 1 *f.* Acción y efecto de excusar o excusarse. 2 Pretexto para eludir una obligación.

excusado, da 1 *adj.* Lo que no hay necesidad de hacer o decir. 2 *m.* RETRETE.

excusar 1 *tr.* y *prnl.* Disculpar o justificar a alguien de lo que se le achaca. 2 Rehusar hacer una cosa. 3 *tr.* Evitar algo perjudicial. 4 Eximir del pago de tributos o de un servicio personal. 5 *prnl.* Alegar razones para justificarse.

execrable *adj.* Digno de execración.

execración *f.* Acción y efecto de execrar.

execrar 1 *tr.* Reprobar severamente. 2 Aborrecer. 3 Condenar con autoridad eclesiástica.

execuátur *m.* POLÍT EXEQUATUR.

exégesis *f.* Interpretación o explicación en general, y de la Biblia en particular.

exención 1 *f.* Efecto de eximir o eximirse. 2 Privilegio o prerrogativa que libra de alguna obligación o tributo.

exento, ta 1 *adj.* Libre, desembarazado de algo. 2 Dicho de un sitio o edificio, que está descubierto por todas partes.

exequatur (Voz lat.) 1 *m.* POLÍT Autorización que da un jefe de Estado a diplomáticos extranjeros para que en su territorio puedan ejercer las funciones propias de sus cargos. 2 DER Reconocimiento en un Estado de las sentencias dictadas por tribunales de otro país.

exequias *f. pl.* Honras fúnebres.

exequible 1 *adj.* Que se puede llevar a cabo. 2 Dicho de una ley expedida, que es aplicable y concuerda con la Constitución de un país.

exfoliación 1 *f.* Acción y efecto de exfoliar. 2 BOT Pérdida de la corteza de un árbol. 3 MED Caída de la epidermis en forma de escamas. 4 GEO Propiedad de algunos minerales de romperse en superficies planas de posición constante.

exfoliador *m.* Cuaderno cuyas hojas solo están ligeramente pegadas para poder desprenderlas fácilmente.

exfoliar *tr.* y *prnl.* Dividir en láminas o escamas.

exhalación 1 *f.* Acción y efecto de exhalar o exhalarse. 2 Rayo, centella. 3 Vaho, vapor.
exhalar 1 *tr.* y *prnl.* Despedir olores o gases. 2 Lanzar suspiros o quejas.
exhaustivo, va *adj.* Que agota o termina por completo.
exhausto, ta *adj.* Enteramente agotado.
exhibición *f.* Acción y efecto de exhibir o exhibirse.
exhibicionismo 1 *m.* Prurito de exhibirse. 2 Psic Tendencia psicopática a exhibir en público los propios genitales.
exhibir 1 *tr.* y *prnl.* Mostrar o exponer en público. 2 Proyectar una película cinematográfica.
exhortación 1 *f.* Acción de exhortar. 2 Advertencia con que se intenta persuadir. 3 Sermón breve.
exhortar *tr.* Inducir e incitar a alguien a obrar de una manera determinada.
exhortativo 1 *adj.* Perteneciente o relativo a la exhortación. 2 Gram Dicho de una oración o un enunciado, que sirve para exhortar.
exhumar *tr.* Desenterrar restos humanos.
exigencia 1 *f.* Acción y efecto de exigir. 2 *f. pl.* Pretensiones arbitrarias o desmedidas.
exigir 1 *tr.* Demandar imperiosamente. 2 Ser condición o requisito para conseguir, hacer o acabar algo.
exiguo, gua *adj.* Pequeño, reducido, escaso.
exiliar 1 *tr.* Expulsar a alguien de un territorio. 2 *prnl.* Abandonar el propio país, generalmente por razones políticas.
exilio 1 *m.* Pena de expulsión del propio país. 2 Expatriación por motivos políticos. 3 Lugar en que se vive el destierro y la situación psíquica y social que produce.
eximio, mia *adj.* Excelso, ilustre.
eximir *tr.* y *prnl.* Librar de obligaciones, culpas, responsabilidades, preocupaciones, etc. • Participio irreg. *exento* y reg. *eximido.*
existencia 1 *f.* Hecho de existir. 2 Vida, periodo de tiempo que se vive. 3 Fil Realidad concreta de un ente, por contraposición a la esencia. 4 *f. pl.* Mercancías a disposición en una fábrica o en una tienda.
existencialismo *m.* Fil Corriente filosófica que se interesa por el ser humano en la totalidad concreta de su subjetividad, de su estar-en-el-mundo. Considera importante solo lo que afecta al ser humano concreto, siendo todo lo demás, lógica, metafísica, etc., disquisiciones hueras, cuando no inmorales.
existir 1 *intr.* Tener existencia real. 2 Tener vida. 3 Estar de determinada manera.
éxito 1 *m.* Resultado feliz de una empresa, actuación, etc. 2 Aceptación o triunfo entre la gente.
exocitosis *f.* Biol Proceso mediante el cual una célula expulsa partículas al exterior a través de su membrana.
exocrino, na 1 *adj.* Fisiol Dicho de una secreción, que se vierte al tubo digestivo o al exterior del organismo. 2 Fisiol **glándula ~.**
éxodo *m.* Emigración de un pueblo o de una muchedumbre.
exoesqueleto *m.* Zool **dermatoesqueleto.**
exogamia 1 *f.* Práctica social de contraer matrimonio con persona de distinta tribu, grupo o comarca. 2 Biol Cruzamiento entre individuos de distinta raza, comunidad o población, que conduce a una descendencia cada vez más heterogénea.
exógeno, na 1 *adj.* Biol Que procede de fuera del organismo o de la propia comunidad (por contraposición a endógeno). 2 Geo Dicho de una fuerza o un fenómeno, que se produce en la superficie terrestre.
exonerar *tr.* y *prnl.* Aliviar, descargar de una responsabilidad u obligación.
exorbitante *adj.* Excesivo, enorme, exagerado.
exorcismo *m.* Rel Conjuro contra el demonio hecho con la autoridad de la Iglesia y según sus fórmulas.
exorcista *m.* y *f.* Persona que exorciza.
exorcizar *tr.* Rel Hacer exorcismos.
exordio 1 *m.* Preámbulo de un discurso o una obra literaria. 2 Preliminar de una conversación o un razonamiento familiar.
exorreico, ca *adj.* Geo Dicho de una zona de la corteza terrestre, con abundante agua superficial y con desagüe a un mar o a un océano.
exosfera (Tb. exósfera) *f.* Geo Capa más externa de la atmósfera. Se sitúa aprox. entre los 400 y los 2000 km, y se caracteriza por la baja densidad de las partículas que la componen.
exosmosis *f.* Fís Corriente de dentro a fuera, que se establece al mismo tiempo que su contraria la endósmosis, cuando dos líquidos de distinta densidad están separados por una membrana semipermeable.
exotérico, ca *adj.* Por contraposición a esotérico, común, accesible a los no iniciados.
exotérmico, ca *adj.* Fís Dicho de un proceso, que va acompañado de elevación de temperatura. || **reacción ~** Quím La que desprende energía a medida que se forman los productos.
exótico, ca 1 *adj.* Que es originario de un país extranjero, especialmente lejano. 2 Extraño, extravagante.
expandir *tr.* y *prnl.* Extender, ensanchar, dilatar, difundir.
expansión 1 *f.* Acción y efecto de expandir o expandirse. 2 Manifestación libre y efusiva de algún sentimiento personal. 3 Diversión, recreo. 4 Fís Aumento del volumen que experimentan los gases, líquidos o sólidos, por disminución de la presión, o por aumento de la temperatura.
expansionismo 1 *m.* Tendencia que propugna la expansión consciente y voluntaria de una actividad. 2 Tendencia de un país a extender sobre otros su dominio económico y político.
expatriar *tr.* y *prnl.* Abandonar la propia patria de forma voluntaria o forzosa.
expectativa *f.* Posibilidad, más o menos cercana, de conseguir algo al hacerse efectiva determinada eventualidad.
expectorar *tr.* Arrancar, mediante la tos o el carraspeo, las flemas de las vías respiratorias y arrojarlas por la boca.
expedición 1 *f.* Acción y efecto de expedir. 2 Prontitud en el decir y en el obrar. 3 Excursión hacia un punto distante para llevar a cabo alguna empresa. 4 Conjunto de personas que la realiza.
expediente 1 *m.* Conjunto de actuaciones administrativas o judiciales para aclarar la conducta de alguien. 2 Documento en que se anota la actuación de una persona, un estudiante, un funcionario o el curso de un asunto.
expedir 1 *tr.* Dar curso, despachar asuntos y causas. 2 Extender un certificado o documento. • Vb. irreg. conjug. c. **pedir**. V. anexo El verbo.
expeditar *tr.* Dejar concluido un asunto.
expeditivo, va *adj.* Que facilita la resolución de un asunto por la vía rápida.
expedito, ta 1 *adj.* Desembarazado, libre de estorbo. 2 Pronto a obrar.
expeler *tr.* Dicho de una persona o cosa, expulsar algo de dentro a fuera.
expendedor, ra *adj.* y *s.* Que expende.
expender 1 *tr.* Vender al por menor. 2 Despachar billetes o boletos de viajes o de espectáculos.
expendio 1 *m.* Venta al menudeo. 2 Tienda en que se venden géneros estancados.

experiencia 1 *f.* Conocimiento directo que se adquiere por las situaciones vividas. 2 Acción y efecto de experimentar.

experimentación 1 *f.* Acción y efecto de experimentar. 2 Método científico basado en el estudio de unos fenómenos seleccionados y aun provocados por el propio estudio.

experimental 1 *adj.* Fundado en la experiencia, o que se sabe y alcanza por ella. 2 Que sirve de experimento, con vistas a posibles perfeccionamientos, aplicaciones y difusión. 3 ART Dicho de una corriente artística, que va más allá de los planteamientos vigentes e incorpora innovaciones temáticas, formales, etc.

experimentar 1 *tr.* Vivir sentimientos e impresiones. 2 Someter a estudio determinados fenómenos según un método científico. 3 Recibir las cosas algún cambio.

experimento 1 *m.* Acción y efecto de experimentar. 2 En las ciencias, método de validación de una hipótesis, que consiste en provocar un fenómeno, observar su desarrollo y comprobar su resultado. Debe estar planteado y descrito de forma que pueda repetirse. || ~ **de Young** FÍS Prueba científica en la que Thomas Young demostró en 1801 la naturaleza ondulatoria de la luz: *El experimento Young también es denominado experimento de la doble rendija.*

expiar 1 *tr.* Purificar las culpas. 2 Cumplir la pena impuesta.

expirar 1 *intr.* Acabar la vida. 2 Terminar un plazo.

explanada *f.* Terreno allanado o llano.

explanar *tr.* Allanar, nivelar un terreno.

explayar 1 *tr.* y *prnl.* Ensanchar, extender. 2 Extenderse en un discurso o en un escrito. 3 *prnl.* Divertirse con alguna forma de esparcimiento. 4 Confiarse a una persona descubriéndole algún secreto o intimidad.

expletivo, va *adj.* GRAM Dicho de una palabra o expresión, aquella que, sin ser necesaria, completa y redondea la frase: *Por así decir; Valga la expresión,* etc.

explicación 1 *f.* Acción y efecto de explicar. 2 Declaración de algún texto, tema o hecho. 3 Satisfacción que se da por algún gesto o palabra ofensivos para alguien.

explicar 1 *tr.* Exponer una materia, tema, etc., de modo comprensible. 2 Dar a conocer la causa o el motivo de algo. 3 *tr.* y *prnl.* Dar a conocer lo que alguien piensa. 4 Justificar, exculpar por dichos o hechos. 5 *prnl.* Comprender alguna cosa; darse cuenta de ella.

explicitar *tr.* Hacer explícito.

explícito, ta 1 *adj.* Que expresa clara y determinadamente algo. 2 MAT **función** ~.

exploración 1 *f.* Acción y efecto de explorar. 2 Prospección de un yacimiento minero. 3 INF Análisis del material acumulado en un soporte informático.

explorador, ra 1 *adj.* y *s.* Que explora. 2 *m.* y *f.* Muchacho o muchacha que practica el escultismo.

explorar 1 *tr.* Reconocer un lugar o averiguar un asunto. 2 Tantear o tratar de enterarse de algo.

explosión 1 *f.* Estallido de alguna cosa liberando luz, calor y gases, con estruendo y rotura violenta del recipiente en que está contenida. 2 Dilatación repentina del gas contenido o producido por un mecanismo, como en las armas de fuego o en el motor de un automóvil. 3 Manifestación súbita y violenta de ciertos sentimientos: *Explosión de cólera.* 4 FON Parte final del sonido de consonantes oclusivas *(p, t,)* cuando no van seguidas de otra consonante. || ~ **demográfica** Crecimiento acelerado de la población en una ciudad, región o país durante un corto periodo de tiempo.

explosivo, va 1 *adj.* y *m.* Que hace o puede hacer explosión. 2 *adj.* y *s.* Que se incendia con explosión. 3 *adj.* y *f.* FON Dicho de una consonante, que se pronuncia cerrando por completo la boca y abriéndola de repente.

explotación 1 *f.* Acción y efecto de explotar. 2 Conjunto de elementos de una empresa industrial o agraria. || ~ **infantil** Utilización abusiva de los niños en empleos y oficios propios de los adultos, negándoles sus derechos (salud, educación, etc.) y una compensación justa. ~ **sexual** Utilización coactiva de personas en la prostitución para beneficio económico de otra persona o de una red de prostitución.

explotar[1] 1 *tr.* Extraer el mineral de una mina. 2 Sacar provecho de un negocio o una industria. 3 Sacar provecho inmoderado de circunstancias que se presentan favorables al propio beneficio. 4 Utilizar abusivamente en propio provecho el trabajo o las cualidades de otras personas.

explotar[2] *intr.* Estallar, hacer explosión.

expoliar (Tb. espoliar) *tr.* Despojar con violencia o de forma injusta.

exponencial 1 *adj.* Dicho de un crecimiento, aquel cuyo ritmo aumenta cada vez más rápidamente. 2 MAT Que incluye exponentes variables o que está afectado por ellos. 3 MAT **función** ~.

exponente 1 *adj.* y *s.* Que expone. 2 *m.* PROTOTIPO, persona o cosa representativa de lo más característico en un género. 3 MAT Número o expresión algebraica que denota la potencia a que se ha de elevar otro número u otra expresión, y se coloca en su parte superior a la derecha. 4 MAT Diferencia de una progresión aritmética, o razón de una geométrica.

exponer 1 *tr.* Presentar una cosa para que pueda ser vista. 2 Explicarla para que pueda ser entendida. 3 Colocar algo para que pueda recibir la influencia de un agente: *Exponer a la luz.* 4 *tr.* y *prnl.* Arriesgar, aventurar. • Participio irreg. *expuesto.* Vb. irreg. conjug. c. **poner**. V. anexo El verbo.

exportación 1 *f.* Acción y efecto de exportar. 2 ECON Conjunto de mercancías exportadas. 3 ECON Conjunto de los bienes de un país que se venden en el extranjero.

exportar *tr.* ECON Enviar o vender a un país extranjero los productos de la tierra o de la industria nacionales.

exposición 1 *f.* Acción y efecto de exponer o exponerse. 2 Explicación de un tema. 3 Petición escrita. 4 Exhibición pública de productos. 5 Acción de exponer algo a la luz, al sol, a los rayos x, etc. 6 Situación de un objeto respecto de los puntos cardinales. 7 FOT Tiempo durante el cual la luz incide en la emulsión de una placa fotográfica. 8 LIT Conjunto de noticias y antecedentes de la acción de una obra literaria. 9 MÚS Comienzo de una pieza musical en que aparece el tema.

exposímetro *m.* FOT Aparato para calcular la exposición de una película fotográfica.

expósito, ta *adj.* y *s.* Dicho de un recién nacido, que ha sido abandonado en un lugar público o confiado a una institución benéfica.

expositor, ra 1 *adj.* y *s.* Que expone, declara o interpreta. 2 *m.* y *f.* Que concurre a una exposición pública. 3 *m.* Mueble para exponer algo.

expresar 1 *tr.* Manifestar de alguna manera lo que uno piensa, siente o quiere. 2 *prnl.* Darse a entender por medio de la palabra. • Participio irreg. *expreso* y reg. *expresado.*

expresión 1 *f.* Modo de expresarse. 2 Palabra, locución o frase. 3 Declaración de algo para darlo a entender. 4 Efecto de expresar algo sin palabras. 5 Viveza con que la literatura o las artes plásticas presentan los afectos. 6 **libertad** de ~. 7 MAT Conjunto de términos algebraicos que representa una cantidad. || ~ **algebraica** MAT Expresión analítica que no contiene más funciones que aquellas que pueden calcularse con las operaciones del álgebra: suma, multiplicación y sus inversas. ~ **analítica** MAT Conjunto de números y de símbolos ligados entre sí por los signos de las operaciones del álgebra: suma, multiplicación y sus inversas. En ella, los símbolos pueden representar números o funciones variables.

expresionismo *m.* ART Movimiento estético que se desarrolló a comienzos del s. XX y que se centró en la expresión de la realidad captada por la subjetividad y la sensibilidad del artista, más que en la representación de la realidad objetiva. Abarcó la pintura, la música, la literatura y el cine.

expresivo, va 1 *adj.* Que se manifiesta con viveza y fuerza. 2 Dicho de una obra artística, vigorosa. 3 Cariñoso, afectuoso.

expreso, sa 1 *adj.* Claro, patente. 2 Deliberado. 3 *adj.* y *m.* Dicho de un medio de transporte, que solo lleva pasajeros o del contratado para exclusividad de un grupo de ellos. 4 Dicho de un correo, extraordinario, que lleva una noticia especial. 5 Dicho de un café, preparado a presión. 6 *adv. m.* Ex profeso, intencionadamente.

exprimidor, ra *m.* y *f.* Utensilio para exprimir zumos.

exprimir 1 *tr.* Extraer el zumo o líquido de alguna cosa. 2 Estrujar, agotar una cosa. 3 Explotar a una persona.

expropiar *tr.* Desposeer de algo a su propietario, por motivos de utilidad pública, compensándolo con una indemnización.

expuesto, ta *adj.* Arriesgado, peligroso.

expulsar 1 *tr.* Echar de un sitio a alguien. 2 Hacer salir algo de algún lugar. 3 EXPELER.

expulsión 1 *f.* Acción y efecto de expulsar. 2 Acción y efecto de expeler.

expurgar *tr.* Limpiar una cosa quitándole lo malo o inútil.

exquisito, ta *adj.* De singular calidad, primor o gusto.

extasiar *tr.* y *prnl.* Embelesar, arrobar el ánimo.

éxtasis 1 *m.* Estado de ánimo en que se está embargado enteramente por un sentimiento de admiración, alegría, etc. 2 REL Estado de unión mística con Dios, que suele acompañarse de una cierta disminución de la actividad sensible.

extemporáneo, a *adj.* Fuera de tiempo; inoportuno.

extender 1 *tr.* Esparcir lo que estaba apretado o amontonado. 2 Redactar un documento, recibo, etc., en la forma acostumbrada. 3 Hacer llegar una noticia, un hecho, etc., a muchos sitios. 4 *tr.* y *prnl.* Dilatar una cosa. 5 Desplegar lo doblado o enrollado. 6 En referencia a derechos, autoridad, conocimientos, etc., darles mayor amplitud y comprensión. 7 *prnl.* Tenderse alguien en un sitio. 8 Durar cierta cantidad de tiempo. 9 Dicho de un pueblo, campo, etc., ocupar cierta porción de terreno. 10 Narrar algo copiosa y dilatadamente. 11 Propagarse una raza, una costumbre, etc., donde antes no la había. • Participio irreg. *extendo* y reg. *extendido*. Vb. irreg. conjug. c. **entender**. V. anexo El verbo.

extendido, da *adj.* Amplio, dilatado.

extensión 1 *f.* Acción y efecto de extender o extenderse. 2 Cada una de las líneas de un conmutador telefónico. 3 GEOM Capacidad para ocupar el espacio. 4 GEOM Medida del espacio ocupado por un cuerpo.

extenso, sa 1 *adj.* Que tiene extensión. 2 Que tiene mucha extensión, vasto.

extenuar *tr.* y *prnl.* Debilitar, cansar en sumo grado.

exterior 1 *adj.* y *s.* Que está por la parte de fuera. 2 *adj.* Perteneciente o relativo a otros países, por contraposición a nacional e interior. 3 *m.* Superficie externa de los cuerpos. 4 *m. pl.* CIN y TV Espacios al aire libre, o decorados que los representan, donde se rueda una película.

exteriorizar *tr.* y *prnl.* Manifestar lo que se siente o se piensa.

exterminar *tr.* Destruir, aniquilar.

externado *m.* Colegio cuyos alumnos son externos.

externalidad *f.* ECON Efecto no intencional, positivo o negativo, que se genera en la producción de un bien.

externalizar 1 *tr.* ECON En una empresa o institución pública, asignar la realización de los servicios o compromisos de negocios propios a otra empresa. 2 PSIC Atribuir a factores externos la generación de sentimientos, pensamientos o percepciones de una persona.

externo, na 1 *adj.* Que obra o se manifiesta al exterior, y en comparación o contraposición con lo interno. 2 *adj.* y *s.* Dicho de un alumno, que solo permanece en el colegio o la escuela durante las horas de clase.

extinción 1 *f.* Acción y efecto de extinguir o extinguirse. 2 BIOL y ECOL Desaparición de determinadas especies o poblaciones de organismos, como consecuencia de la pérdida de hábitat, depredación e incapacidad para adaptarse a entornos cambiantes. 3 FÍS Absorción o debilitamiento de una radiación al atravesar un medio. || ~ **de dominio** DER Pena a los propietarios de bienes adquiridos mediante enriquecimiento ilícito en perjuicio del tesoro público o con grave deterioro de la moral social.

extinguidor *m.* EXTINTOR, aparato para extinguir incendios.

extinguir 1 *tr.* y *prnl.* Apagar el fuego o la luz. 2 Hacer que cesen o se acaben del todo ciertas cosas que desaparecen gradualmente, como un sonido, un afecto, una vida. 3 *prnl.* Prescribir un derecho. • Participio irreg. *extinto* y reg. *extinguido*.

extinto, ta 1 *adj.* Apagado. 2 *m.* y *f.* Difunto.

extintor, ra 1 *adj.* Que extingue. 2 *m.* Aparato para apagar el fuego.

extirpar 1 *tr.* Arrancar de raíz. 2 Acabar algo por entero, como los vicios, abusos, etc. 3 MED Quitar, en operación quirúrgica, un órgano o una formación patológica.

extorsión *f.* Acción y efecto de extorsionar.

extorsionar 1 *tr.* Amenazar de pública difamación o daño semejante a alguien para obtener de él dinero u otro provecho. 2 Presionar, mediante amenazas, a alguien para que obre, en contra de su voluntad, de determinada manera.

extra 1 *adj.* Extraordinario, óptimo. 2 *m.* y *f.* Comparsa en una película. 3 Persona que presta un servicio accidental. 4 *m.* Sobresueldo. 5 *m. pl.* Gastos extraordinarios.

extracción 1 *f.* Acción y efecto de extraer. 2 MAT Operación con que se obtiene la raíz de un número. 3 Origen, linaje.

extractar *tr.* Hacer un extracto.

extractivo, va *adj.* ECON Dicho de un modelo de producción, que se basa en la extracción intensiva de recursos naturales y de la sociedad que basa en él su economía.

extracto 1 *m.* Resumen de un escrito, libro, etc., expresando en términos precisos únicamente lo más sustancial. 2 Esencia o concentrado de una disolución acuosa.

extractor *m.* Aparato o pieza de un mecanismo que sirve para extraer.

extradición *f.* DER Procedimiento judicial en que los tribunales de un país deciden la entrega o no de un delincuente que es reclamado por los tribunales de otro Estado. Para que se conceda, el hecho imputado ha de ser delito en ambos países.

extraditar *tr.* Der Conceder el gobierno la extradición de un reclamado por la justicia de otro país.
extradós *m.* Arq Superficie convexa o exterior de un arco o de una bóveda.
extraer 1 *tr.* Sacar algo de donde estaba. 2 Averiguar la raíz de un número. 3 Hacer un extracto. • Vb. irreg. conjug. c. **traer**. V. anexo El verbo.
extrajudicial *adj.* Fuera de la vía judicial.
extralimitarse *prnl.* Excederse en el uso de las facultades concedidas; abusar de la benevolencia ajena.
extramatrimonial *adj.* Que tiene lugar fuera del matrimonio.
extramuros *adv. l.* Fuera del recinto de una ciudad, en las afueras: *La batalla se libró extramuros, más allá del antiguo puente de la ciudad.*
extranjería *f.* Condición de extranjero en un país, y las normas que la regulan.
extranjerismo 1 *m.* Afición a las costumbres extranjeras. 2 Voz, frase o giro tomado de una lengua que no es la propia y que conserva su grafía y pronunciación originales. • Aunque el uso de extranjerismos es a veces necesario en ámbitos como los de la ciencia y la técnica, en el lenguaje común debe evitarse su uso cuando en el propio idioma existe el modo adecuado para expresar lo mismo. Ejemplos: *Happy birthday* por *feliz cumpleaños; Mouse* por *ratón; Weekend* por *fin de semana,* etc.
extranjerizar *tr.* y *prnl.* Introducir hábitos o usos ajenos al país en que se vive.
extranjero, ra 1 *adj.* y *s.* Dicho de una persona o cosa, que es natural de otro país. 2 Ciudadano de un Estado que reside temporalmente en otro. 3 *m.* Cualquier país que no sea el propio.
extrañar 1 *tr.* y *prnl.* Asombrarse de algo que no es lo habitual. 2 Echar de menos o añorar a alguna persona o cosa.
extrañeza 1 *f.* Sorpresa que produce lo extraño o raro. 2 Rareza, cosa extraordinaria.
extraño, ña 1 *adj.* y *s.* De nación, familia, grupo, etc., distintos del propio. 2 Raro, singular. 3 Extravagante. 4 Ajeno a la naturaleza o condición de una cosa de la cual forma parte. 5 Seguido de *a*, que no tiene parte en la cosa nombrada tras la preposición. 6 *m.* Movimiento repentino de asombro o espanto.
extraoficial *adj.* No oficial.
extraordinario, ria 1 *adj.* Fuera de lo común; insólito. 2 Añadido a lo ordinario: *Gastos extraordinarios.* 3 MARAVILLOSO, magnífico. 4 *m.* Correo especial urgente. 5 Número especial de una publicación.
extraplano, na *adj.* Que es extraordinariamente plano o delgado en relación con otras cosas de su especie.
extrapolar 1 *tr.* Deducir una conclusión a partir de datos parciales. 2 Mat Aplicar una ley matemática a una función que no es la propia.
extrasensorial *adj.* Que se percibe o acontece sin la intervención de los órganos sensoriales, o que queda fuera de la esfera de estos.
extrasolar *adj.* Geo Dicho de un cuerpo celeste, que no pertenece al sistema solar.
extraterrestre 1 *adj.* Que está fuera de la Tierra. 2 *m.* y *f.* Habitante de otro planeta.
extraterritorial *adj.* Que está o se considera fuera del territorio de la propia jurisdicción.
extraterritorialidad *f.* Der Derecho o privilegio de los diplomáticos, de los buques de guerra, etc., por el que estando en un país extranjero siguen sometidos a las leyes de su país de origen.
extravagancia 1 *f.* Cualidad de extravagante. 2 Dicho o hecho extravagante.
extravagante 1 *adj.* y *s.* Que se sale de lo normal o dice cosas raras. 2 Excesivamente peculiar u original.
extraverbal *adj.* Dicho de una forma de comunicación, que no emplea palabras sino gestos y movimientos.
extravertido, da *adj.* y *s.* EXTROVERTIDO.
extraviar 1 *tr.* Poner algo en un lugar distinto al que debía ocupar. 2 No fijar la vista o la mirada en un objeto determinado. 3 *tr.* y *prnl.* Hacer perder el camino. 4 Desorientarse. 5 No encontrarse algo en su sitio e ignorarse su paradero. 6 Apartarse de la buena conducta.
extremado, da 1 *adj.* Muy bueno o muy malo. 2 Exagerado.
extremar 1 *tr.* Llevar una cosa al extremo. 2 *prnl.* Esmerarse en hacer algo.
extremaunción *f.* Rel Sacramento católico consistente en ungir con óleo a los enfermos graves.
extremidad 1 *f.* Punta o límite de una cosa. 2 Último grado de algo. 3 *f. pl.* Los brazos y las piernas, por oposición al tronco. 4 Cabeza, pies, manos y cola de los animales. || **~es inferiores** Piernas, con sus porciones terminales o pies. **~es superiores** Los brazos, con sus porciones terminales o manos.
extremismo 1 *m.* Tendencia a posiciones extremas. 2 Tendencia a adoptar ideas políticas extremas, radicales o exageradas.
extremo, ma 1 *adj.* Dicho de lo más intenso, elevado o activo de cualquier cosa. 2 Distante, alejado, en último o casi en último lugar. 3 Excesivo, exagerado. 4 *m.* Principio o remate de algo. 5 Punto último a que puede llegar algo. 6 Dep En fútbol, cada uno de los delanteros que juegan por las bandas. 7 Mat Cada uno de los términos primero y último de una proporción.
extrínseco, ca *adj.* Externo, accesorio.
extroversión *f.* Comportamiento de la persona cuyo interés se vuelca hacia el mundo externo, al que se adapta con facilidad.
extrovertido, da *adj.* Dicho de una persona, sociable, abierta al exterior y propensa a manifestar sus sentimientos.
extrudir *tr.* Dar forma a una masa metálica, plástica, etc., haciéndola salir a presión por una matriz.
extrusión 1 *f.* Acción y efecto de extrudir. 2 Geo Acción y efecto de aflorar el magma a la superficie terrestre.
extrusor, ra 1 *adj.* Que extrude. 2 *m.* y *f.* Máquina para extrudir.
exuberancia *f.* Gran abundancia.
exudar 1 *tr.* e *intr.* Salir un líquido por los poros del recipiente que lo contiene. 2 Med Salir un líquido fuera de sus vasos.
exultar *tr.* Mostrar alegría, gozo o satisfacción.
exvoto *m.* Objeto depositado en una iglesia como agradecimiento por un beneficio.
eyaculación *f.* Acción y efecto de eyacular. || ~ **precoz** Med La que se produce antes del coito o apenas iniciado este.
eyacular *tr.* Fisiol Lanzar con fuerza el contenido de un órgano, especialmente el semen.
eyección *f.* Acción y efecto de eyectar.
eyectar 1 *tr.* Hacer salir algo del organismo. 2 *tr.* y *prnl.* Expulsar, mediante un mecanismo automático, los asientos de los ocupantes de aviones militares o de los prototipos de aviones muy rápidos.
eyector 1 *m.* Bomba para evacuar un fluido mediante la corriente de otro fluido a gran velocidad. 2 Sistema propulsor de un cohete, conformado por la cámara de combustión, su cabezal inyector de propergol y su tobera.

f *f.* Sexta letra del alfabeto español. • Representa el sonido consonántico labiodental, fricativo y sordo. Su nombre es *efe*. pl.: *efes*.

fa *m.* MÚS Cuarta nota de la escala musical.

fábrica 1 *f.* Establecimiento dotado de la maquinaria y de las instalaciones necesarias para fabricar ciertos objetos o productos. 2 **EDIFICIO**. 3 Construcción o parte de ella hecha con piedras, ladrillos y argamasa.

fabricación *f.* Acción y efecto de fabricar. || ~ **en serie** Elaboración sistemática de piezas o productos idénticos.

fabricante 1 *adj.* y *s.* Dicho de una persona o de una industria, que fabrica un producto. 2 *m.* y *f.* Persona dueña de una fábrica.

fabricar 1 *tr.* Construir un edificio, dique, muro, etc. 2 Producir objetos en serie por procedimientos mecánicos. 3 Hacer o disponer algo no material.

fabril *adj.* Perteneciente o relativo a las fábricas o a sus operarios.

fábula 1 *f.* Relato falso, sin ningún fundamento. 2 LIT Composición literaria, generalmente en verso, en que se da una enseñanza moral, por medio de una ficción alegórica en que intervienen animales.

fabular *tr.* Inventar una historia fabulosa con visos de verosimilitud.

fabulario *m.* LIT Repertorio de fábulas.

fabulista *m.* y *f.* Persona que compone o escribe fábulas literarias.

fabuloso, sa 1 *adj.* Fantástico, irreal o imaginario. 2 Extraordinario, excesivo, increíble.

facción 1 *f.* Grupo de gente amotinada o rebelada. 2 Bando, pandilla o partido violentos. 3 Grupo político que mantiene una línea propia dentro de un partido. 4 *f. pl.* Rasgos del rostro humano.

faceta 1 *f.* Cada cara de una piedra preciosa tallada. 2 Cada uno de los aspectos que presenta una cuestión, un carácter, etc.

facha *f.* Traza, figura, aspecto.

fachada 1 *f.* Cara exterior de un edificio, generalmente la principal. 2 Aspecto engañoso de una persona o de una cosa.

facial *adj.* Perteneciente o relativo al rostro.

fácil 1 *adj.* Que se puede hacer sin mucho esfuerzo o habilidad. 2 Probable, que puede suceder. 3 Dócil, obediente. 4 Dicho de una persona, que se presta sin problemas a mantener relaciones sexuales.

facilidad 1 *f.* Cualidad de fácil. 2 Disposición para hacer algo sin gran trabajo. 3 Ligereza, demasiada condescendencia. 4 Ocasión propicia para hacer algo. 5 *f. pl.* Circunstancias que permiten lograr algo.

facilista *adj.* y *s.* Dicho de una persona, que se esfuerza poco para alcanzar un fin.

facilitar 1 *tr.* Hacer fácil o posible una cosa. 2 Proporcionar o entregar.

facineroso, sa *adj.* y *s.* Dicho de una persona, delincuente habitual.

facistol *m.* Atril grande donde se ponen el libro o los libros para cantar en la iglesia.

facsímil 1 *m.* Perfecta reproducción de un escrito, impreso, etc. 2 **FAX**.

factible *adj.* Que se puede hacer.

fáctico, ca 1 *adj.* Perteneciente o relativo a hechos. 2 Basado en hechos o limitado a ellos, en oposición a teórico o imaginario.

factor 1 *m.* Agente capaz de inducir o modificar un efecto. 2 Cada uno de los elementos, las circunstancias, etc., que determinan algo. 3 MAT Cada una de las cantidades que se multiplican para formar un producto. || ~ **abiótico** Elemento de un ecosistema que carece de vida. ~ **común** MAT Número de una suma o resta que es múltiplo de todos los demás. ~ **estructural** ECON Elemento central que origina un cambio en el sistema o en las prácticas económicas que se seguían en un momento determinado: *El comercio fue un factor estructural que transformó la economía medieval.* ~ **Rh** MED Antígeno de los glóbulos rojos que permite la clasificación de los tipos de sangre. Está presente en la sangre del 85 % de la población humana (Rh positivo). **~es de producción** ECON Agentes y medios que permiten la producción: recursos naturales, capital y trabajo.

factoría *f.* Fábrica o complejo industrial.

factorial 1 *adj.* Perteneciente o relativo a un factor. 2 *m.* MAT Producto que resulta de multiplicar un número entero positivo dado por todos los enteros inferiores a él hasta el uno. 3 MAT **análisis ~**.

factorización *f.* MAT Descomposición de un número o de una expresión algebraica en un producto de factores.

factura 1 *f.* Manera de estar hecho algo. 2 Nota de las mercancías entregadas por un fabricante, con los precios detallados. 3 Recibo que da cuenta de la compra realizada y del pago efectuado.

facturar *tr.* Extender una factura.

fácula *f.* ASTR Cada una de las partes más brillantes que se observan en el disco del Sol.

facultad 1 *f.* Aptitud, potencia, poder o derecho para hacer algo. 2 Conjunto de secciones y departamentos de una universidad o escuela superior, que engloban estudios de una misma rama. 3 Edificio donde se alojan estas secciones.

facultar *tr.* Conceder facultades a alguien para hacer lo que, sin tal requisito, no podría.

facultativo, va 1 *adj.* Perteneciente o relativo a la facultad. 2 Potestativo, que se puede hacer u omitir libremente. 3 Med Dicho de la prescripción de un médico. 4 *m.* y *f.* Persona titulada en medicina.

fado *m.* Canción popular portuguesa de carácter melancólico.

faena 1 *f.* Trabajo o quehacer corporal o mental. 2 Cada una de las operaciones que efectúa un torero durante la lidia.

faenar 1 *tr.* Matar y preparar reses para el consumo. 2 *intr.* Realizar las tareas de la pesca marina.

fagáceo, a *adj.* y *f.* Bot Dicho de un árbol o de un arbusto, que tiene hojas sencillas, flores monoicas y fruto indehiscente con semilla sin albumen, como la encina.

fagocitar *tr.* Biol Digerir o destruir un fagocito un elemento nocivo para el organismo.

fagocito *m.* Biol Cualquiera de las células de la sangre y de los tejidos animales, capaces de digerir o destruir toda clase de partículas nocivas para el organismo.

fagocitosis *f.* Biol Función que desempeñan los fagocitos en el organismo.

fagot *m.* Mús Instrumento de viento formado por un tubo de madera con agujeros y llaves, y que se toca con una boquilla de caña.

faisán, na *m.* y *f.* Ave galliforme de plumaje de colores brillantes y larga cola en los machos. Su carne es muy apreciada.

faja 1 *f.* Tira de tela con que se ciñe el cuerpo por la cintura, dándole varias vueltas. 2 Pieza de tejido elástico que sirve para ceñir el cuerpo y sostener el abdomen. 3 Cualquier cosa que se extiende sobre un espacio largo y estrecho. 4 Insignia de algunos cargos militares, civiles o eclesiásticos.

fajar 1 *tr.* y *prnl.* Rodear, ceñir con una faja. 2 Pegar, golpear.

fajín *m.* Ceñidor de seda, de distintos colores, usado como distintivo por diversos funcionarios.

fajo 1 *m.* Haz o atado. 2 *m. pl.* Ropa y paños con que se viste a los recién nacidos.

falacia 1 *f.* Engaño, fraude o mentira con que se intenta dañar a una persona. 2 Hábito de emplear falsedades.

falange 1 *f.* Conjunto de personas unidas en un cierto orden y para un mismo fin. 2 Anat Cada uno de los huesos de los dedos. 3 Anat Falange primera de los dedos contando desde el metacarpo. 4 Hist Cuerpo de infantería pesada, formado en filas compactas, que constituyó la principal fuerza de los ejércitos de Grecia. 5 Conjunto numeroso de personas unidas en un determinado orden y para un mismo fin.

falangeta *f.* Anat Falange tercera de los dedos.

falangina *f.* Anat Falange segunda de los dedos.

falangismo *m.* Hist Movimiento político y social español fundado en 1933 cuyas líneas ideológicas fundamentales eran: España como unidad de destino, desaparición de los partidos políticos y protección oficial de la tradición religiosa española.

falansterio 1 *m.* Sociedad cooperativa campesina de producción y consumo auspiciada por Ch. Fourier en el s. XIX. 2 Edificio en que habitaban sus miembros.

falaz 1 *adj.* Dicho de una persona, que tiene el vicio de la falacia. 2 Que halaga y atrae con falsas apariencias.

falconiforme *adj.* y *f.* Zool Dicho de un ave de rapiña, que es diurna y está distribuida por todo el mundo. Tiene pico corto y encorvado, plumaje apagado y dedos armados de uñas fuertes, como las águilas y los halcones.

falda 1 *f.* Prenda de vestir o parte del vestido femenino que, con más o menos vuelo, cae desde la cintura hacia abajo. 2 **REGAZO**. 3 Parte baja y de suave pendiente de un monte.

faldero, ra 1 *adj.* Perteneciente o relativo a la falda. 2 *m.* y *f.* Perro muy pequeño.

faldón *m.* Parte inferior de alguna ropa, colgadura, etc.

falencia 1 *f.* Carencia, defecto. 2 Engaño o error. 3 Bancarrota de un comerciante.

falible 1 *adj.* Que puede engañarse o engañar. 2 Que puede faltar o fallar.

fálico, ca *adj.* Perteneciente o relativo al falo.

falla[1] 1 *f.* Defecto material de una cosa que merma su resistencia. 2 Defecto, falta. 3 Incumplimiento de una obligación.

falla[2] *f.* Geo Línea de fractura a lo largo de la cual una sección de la corteza terrestre se ha desplazado con respecto a otra.

fallar[1] *tr.* e *intr.* Der Decidir, determinar un litigio o proceso.

fallar[2] 1 *tr.* e *intr.* No acertar algo, equivocarse. 2 En los juegos de cartas, no tener el palo que se juega 3 *intr.* Romperse algo o dejar de funcionar.

falleba *f.* Varilla de hierro acodillada en sus extremos, que, pudiendo girar sujeta en varios anillos, sirve para cerrar las puertas o ventanas.

fallecer *intr.* **MORIR**, acabar la vida. • Vb. irreg. conjug. c. **agradecer**. V. anexo El verbo.

fallido, da 1 *adj.* Frustrado, sin efecto. 2 *adj.* y *s.* En bancarrota. 3 *adj.* y *m.* Dicho de una cantidad de dinero, crédito, etc., que se considera incobrable.

fallo[1] *m.* Der Sentencia definitiva del juez.

fallo[2]**, lla** 1 *adj.* En algunos juegos de naipes, falto de un palo. 2 *m.* Acción y efecto de fallar. 3 Falta, deficiencia o error.

falo 1 *m.* Anat **PENE**. 2 Anat Estructura embrionaria indiferenciada de los mamíferos, que dará lugar al pene del macho y el clítoris de la hembra.

falocracia *f.* Dominio del hombre, machismo.

falsabilidad *f.* Lóg Posibilidad que tiene una teoría de ser desmentida por un hecho o un enunciado que pueda deducirse de esa teoría y no pueda ser verificable empleando dicha teoría.

falsario, ria 1 *adj.* y *s.* Que falsea o falsifica una cosa. 2 Que acostumbra mentir.

falsear 1 *tr.* Adulterar, corromper. 2 Arq Desviar un corte ligeramente de la dirección perpendicular. 3 *intr.* Perder alguien o algo su resistencia. 4 Mús Disonar de las demás una cuerda de un instrumento.

falsedad 1 *f.* Falta de verdad o autenticidad. 2 Falta de conformidad entre las palabras, las ideas y las cosas.

falsete *m.* Mús Voz aguda que se produce haciendo vibrar las cuerdas superiores de la laringe.

falsificación *f.* Acción y efecto de falsificar.

falsificar 1 *tr.* Falsear o adulterar algo. 2 Reproducir o imitar un documento, una obra de arte, etc., con la intención de hacerlo pasar por el original o legal.

falso, sa 1 *adj.* Engañoso, fingido, simulado, falto de ley, de realidad o de veracidad. 2 Incierto y contrario a la verdad. 3 Dicho de una persona, que falsea o miente. 4 Dicho de una moneda, que se hace imitando la legítima.

falta 1 *f.* Ausencia o privación de algo útil o necesario. 2 Incumplimiento de un deber, una obligación o una regla. 3 Ausencia de una persona. 4 Error en una manifestación oral o escrita. 5 Defecto, imperfección.

faltar 1 *intr.* No estar alguien o algo donde debería estar. 2 Carecer de algo. 3 No acudir alguien a una cita o no estar en el lugar en que suele estar. 4 No cumplir con un deber. 5 No corresponder algo al efecto esperado. 6 Tratar a alguien desconsideradamente. 7 Estar algo por realizar.

falto, ta *adj.* Que carece de algo que necesita para completarse.

faltriquera *f.* Bolsa de tela que se ata a la cintura y se lleva colgando.

falúa *f.* Pequeña embarcación con toldo.

falucho *m.* Barca costera con una vela latina.

fama 1 *f.* Reputación. 2 Opinión que la gente tiene de alguien. 3 Notoriedad de alguien o de algo.

famélico, ca 1 *adj.* Que tiene o pasa mucha hambre. 2 Muy flaco, con aspecto de pasar hambre.

familia 1 *f.* Grupo de personas vinculadas entre sí por relaciones de matrimonio, parentesco o afinidad. Es el grupo social básico de todas las sociedades. 2 Conjunto de ascendientes, descendientes, colaterales y afines de un linaje. 3 Hijos o descendencia. 4 Conjunto de individuos o elementos que tienen alguna condición o característica común o similar. 5 BIOL Categoría taxonómica que reúne a varios géneros con caracteres comunes. || ~ **lingüística** LING Grupo de lenguas que derivan de una común: *La familia lingüística chibcha.* ~ **monoparental** En la que los hijos viven solo con el padre o con la madre en situación de soltería, viudez o divorcio. ~ **nuclear** La conformada por dos adultos con sus hijos.

familiar 1 *adj.* Perteneciente o relativo a la familia. 2 Dicho de aquello que alguien conoce mucho o en que es experto. 3 Dicho del trato, sencillo. 4 Dicho de una voz, una frase, un lenguaje, etc., corriente y natural. 5 Dicho de un carácter, que es hereditario. 6 *m.* y *f.* Miembro de una familia.

familiaridad 1 *f.* Confianza en el trato. 2 *f. pl.* Excesiva confianza en el trato.

familiarizar 1 *tr.* Hacer algo familiar o común. 2 *prnl.* Adquirir trato familiar con alguien. 3 Dicho de una persona, que se adapta a ciertas circunstancias.

famoso, sa 1 *adj.* y *s.* Ampliamente conocido. 2 *adj.* Conocido y admirado por su excelencia.

fan *m.* y *f.* Admirador de un cantante, artista, etc.

fanal 1 *m.* Campana de cristal para resguardar del aire la luz puesta dentro de ella o para atenuar el resplandor. 2 Campana de cristal para resguardar del polvo lo que se cubre con ella.

fanático, ca 1 *adj.* y *s.* Que defiende con apasionamiento desmedido sus creencias. 2 Entusiasmado ciegamente por algo.

fanatismo *m.* Tenacidad y apasionamiento desmedidos a favor de una creencia u opinión.

fanatizar *tr.* Provocar el fanatismo.

fandango *m.* Baile cantado español con acompañamiento de guitarra, pandero, castañuelas, etc.

fanegada *f.* Medida agraria que equivale a 64 áreas, es decir a 6400 m^2.

fanerógamo, ma *adj.* y *f.* BIOL Dicho de una planta, que tiene el conjunto de los órganos reproductivos en forma de flor.

fanerozoico *adj.* y *m.* GEO Dicho del último de los tres eones de la historia geológica de la Tierra. Incluye el **Paleozoico**, el **Mesozoico** y el **Cenozoico**. • Se escribe con may. inic. c. s.

fanfarria 1 *f.* MÚS Banda musical formada por instrumentos de metal. 2 MÚS Música interpretada por esos instrumentos.

fanfarrón, na 1 *adj.* y *s.* Que alardea de valentía, de hechos o de virtudes que no posee. 2 *adj.* Dicho de una cosa, que solo tiene apariencia.

fangal *m.* Sitio lleno de fango.

fango 1 *m.* Lodo que se forma con la mezcla de limo, arcilla y agua. 2 Situación muy baja, deshonrosa.

fantasear 1 *tr.* Imaginar algo con la fantasía 2 *intr.* Dejar correr la fantasía o la imaginación.

fantasía 1 *f.* Facultad de reproducir cosas mentalmente. 2 Imagen ilusoria, creación ficticia. 3 Adorno que imita una joya. 4 ART y LIT Obra carente de normas e inspirada en la imaginación. 5 MÚS Pieza instrumental de estructura libre.

fantasioso, sa *adj.* Que tiene mucha imaginación.

fantasma 1 *m.* Aparición de un muerto. 2 Persona imaginaria que aparece en forma de ser real.

fantasmagoría 1 *f.* Creación de imágenes por medio de efectos ópticos. 2 Imagen mental que parece real. 3 Uso de imágenes irreales, fantásticas, etc., en una novela, película, etc.

fantástico, ca 1 *adj.* Producto de la fantasía. 2 Extraordinario, magnífico. 3 Dicho de una novela, película, etc., en la que intervienen elementos y personajes imaginarios o se utilizan técnicas que crean un ambiente irreal. 4 LIT **literatura** ~.

fante 1 *adj.* y *s.* De un pueblo africano que habita en Ghana y Costa de Marfil o relacionado con él. 2 *m.* Lengua africana hablada por los fantes.

fantoche 1 *m.* Persona neciamente presumida. 2 Persona vestida de manera estrafalaria.

fanzine *m.* Revista de edición y distribución limitadas, hecha con bajo presupuesto y sobre temas como el cine, la música, la ciencia ficción y el cómic.

faquir 1 *m.* Asceta hindú que, a través de prácticas místicas, alcanza una gran capacidad de control del cuerpo y de la mente. 2 Santón musulmán que vive de la mendicidad y practica actos de gran austeridad. 3 *m.* y *f.* Persona que ejecuta como espectáculo actos parecidos a los realizados por los faquires.

farad *m.* FÍS **FARADIO**.

faradio *m.* FÍS Unidad de capacidad eléctrica del sistema internacional. Es la capacidad de un condensador eléctrico que con una carga de 1 culombio produce 1 voltio. En la práctica se emplea el microfaradio, que equivale a una millonésima de faradio. Símbolo: F.

farallón *m.* Roca alta y cortada que sobresale en el mar y, a veces, en tierra firme.

farándula *f.* Profesión y ambiente de los personajes del espectáculo, especialmente del cine, la televisión y la música popular.

faraón *m.* HIST Cada uno de los reyes del antiguo Egipto. Era considerado un dios y actuaba como intermediario entre los dioses y los seres humanos. Era dueño de bienes y personas, líder religioso, civil y militar y ejercía el poder ayudado por sacerdotes y numerosos funcionarios.

faraónico, ca 1 *adj.* Perteneciente o relativo a los faraones. 2 Grandioso, fastuoso, desmesurado.

fardo *m.* Lío grande de ropa, papel, etc., muy apretado y protegido con una cubierta, para poder ser transportado.

farfullar *tr.* coloq. Hablar u obrar atropelladamente.

faringe *f.* ANAT y FISIOL Porción del tubo digestivo que comunica la boca y las fosas nasales con el esófago y la laringe. En los vertebrados, es común a las vías respiratorias y digestivas. Posee unos órganos de tejido linfático, llamados amígdalas, que pertenecen al sistema inmunológico.

faringitis *f.* MED Inflamación de la faringe.

fariña *f.* Harina gruesa de mandioca.

fariseo, a 1 *adj.* y *s.* HIST Miembro de una secta judaica caracterizada por el estricto cumplimiento de la ley, que alcanzó de hecho el poder civil en el s. I a. C. 2 Persona hipócrita.

farmaceuta *m.* y *f.* FARM Persona que, provista del correspondiente título académico, profesa o ejerce la farmacia.

farmacéutico, ca 1 *adj.* Perteneciente o relativo a la farmacia. 2 *m.* y *f.* FARM **FARMACEUTA.**
farmacia 1 *f.* FARM Ciencia que enseña a preparar y combinar productos naturales o artificiales como remedios de las enfermedades, y a conservar la salud. 2 FARM Profesión de esta ciencia. 3 Tienda o laboratorio farmacéutico.
fármaco *m.* FARM Sustancia orgánica o inorgánica, natural o sintética, que produce en un organismo modificaciones funcionales.
farmacodependencia *f.* Adicción a los medicamentos o a las drogas.
farmacología *f.* MED Rama de la medicina que trata de los medicamentos, su acción y sus propiedades.
faro 1 *m.* Torre con una luz, situada en las costas, que sirve de señal a los navegantes. 2 Dispositivo en la parte delantera de un automóvil para alumbrar el camino. 3 Lo que guía o aclara.
farol *m.* Caja transparente que contiene una luz para alumbrar, indicar una posición, etc.
farola 1 *f.* Farol grande para iluminar una vía pública. 2 Faro de un automóvil.
farolillo *m.* Farol de celofán, papel de seda, etc., usado en fiestas populares.
farra *f.* Juerga, jarana, parranda.
fárrago *m.* Conjunto de cosas mal ordenadas.
farsa 1 *f.* TEAT Composición teatral breve, de contenido cómico. 2 TEAT Compañía de comediantes. 3 Cosa fingida que se quiere hacer pasar por cierta.
farsante, ta *adj.* y *s.* Que finge cosas que pretende hacer pasar por ciertas.
farsi *m.* Lengua del occidente de Irán, de origen persa, que se habla en Afganistán e Irán.
fascia *f.* ANAT Tejido resistente de apariencia membranosa que recubre los músculos del cuerpo humano.
fasciculado 1 *adj.* Dicho de lo que aparece agrupado o dispuesto en hacecillos o fascículos. 2 BOT **raíz** ~a.
fascículo 1 *m.* Parte o capítulo de un libro que se pone a la venta a medida que se imprime. 2 ANAT Haz de fibras nerviosas o musculares.
fascinación *f.* Acción de fascinar.
fascinante *adj.* Que fascina.
fascinar *tr.* Cautivar, seducir, atraer irresistiblemente.
fascismo 1 *m.* POLÍT e HIST Movimiento político fundado por B. Mussolini, quien, de 1922 a 1943, gobernó dictatorialmente en Italia. Se caracterizó por un nacionalismo, militarismo y anticomunismo exacerbados y por el culto al dirigente. 2 POLÍT Cualquier movimiento o sistema parecido al fascismo.
fascista 1 *adj.* Perteneciente o relativo al fascismo. 2 *adj.* y *s.* Seguidor del fascismo.
fase 1 *f.* Cada uno de los estados sucesivos de un fenómeno, una política, un negocio, etc. 2 ASTR ~s de la **Luna.** 3 ELECTR Valor de la fuerza electromotriz o intensidad de una corriente alterna en un momento determinado. 4 ELECTR Corriente alterna (monofásica) de la misma frecuencia e intensidad que otra, pero retrasada en su fase una respecto de otra, que, producidas en un mismo generador y acopladas, originan las corrientes polifásicas (bifásicas y trifásicas). 5 FÍS Tipo de estado de un sistema sólido, líquido o gaseoso. 6 FÍS **diferencia** de ~. 7 MAT Desplazamiento horizontal de la gráfica de una función sobre el eje *x*.
fastidiar 1 *tr.* y *prnl.* Causar hastío. 2 *tr.* Disgustar, molestar. 3 Causar daño. 4 *prnl.* Sufrir un perjuicio.
fastidio *m.* Disgusto, enfado, cansancio, hastío.
fastuoso, sa *adj.* Ostentoso, pomposo.
fatal 1 *adj.* Fijado por el destino, que ocurrirá inevitablemente. 2 Desgraciado, infeliz: *Un accidente fatal.* 3 *adv. m.* Muy mal.
fatalidad 1 *f.* Cualidad de fatal. 2 Desgracia, desdicha, infelicidad. 3 Destino, hado.
fatalismo *m.* FIL Doctrina según la cual todo está predeterminado por el hado o el destino, sin que exista en ningún ser libertad ni albedrío.
fatídico, ca *adj.* Que anuncia o pronostica el porvenir, especialmente una desgracia.
fatiga 1 *f.* Estado de gran cansancio producido por una actividad muy intensa o prolongada. 2 Disminución o pérdida de la resistencia de un material, al ser sometido a esfuerzos repetitivos durante mucho tiempo. 3 *f. pl.* Molestia, penalidad, sufrimiento.
fatigar 1 *tr.* y *prnl.* Causar fatiga. 2 *tr.* Fastidiar, molestar.
fatimí 1 *adj.* y *s.* Descendiente de Fátima, hija deMahoma. 2 *m.* HIST Dinastía califal chiita que hacia 970 gobernaba desde el Mediterráneo occidental hasta más allá de Palestina y Siria, y se mantuvo en Egipto, de Trípoli a La Meca, hasta 1171. Dio al mundo islámico un periodo de esplendor económico y cultural.
fatuo, tua 1 *adj.* y *s.* Falto de razón o de entendimiento. 2 Presuntuoso, vanidoso.
fauces 1 *m. pl.* ZOOL Parte posterior de la boca de los mamíferos, que se extiende desde el velo del paladar hasta el principio del esófago. 2 ANAT **istmo** de las ~.
faul *m.* En una competencia, infracción deportiva consistente en un contacto no reglamentario entre dos jugadores de equipos oponentes.
fauna 1 *f.* Conjunto de animales que viven en estado salvaje en un territorio o que han vivido en una época geológica. 2 Obra que los describe.
fauno *m.* MIT Divinidad menor de los romanos, personificación de la fecundidad de la naturaleza, equivalente al sátiro griego. Se le suele representar como una figura humana con cuernos y patas de cabra.
fausto *m.* Gran pompa y lujo exterior.
fauvismo *m.* ART Movimiento pictórico que se desarrolló en París entre 1904 y 1908. Caracterizado por el empleo directo de colores puros y la acentuación del trazo del dibujo; surgió como reacción frente a los cánones del academicismo y del impresionismo.
favela *f.* Vivienda mísera en los suburbios de las ciudades.
favor 1 *m.* Ayuda, socorro que se concede a alguien. 2 Honra, beneficio. 3 Preferencia, predilección. || **hacer el ~ de** algo Se usa para hacer una solicitud cortés: *Hazme el favor de acercarme la silla.*
favorable 1 *adj.* Que favorece. 2 Propicio, apacible, benévolo.
favorecer 1 *tr.* Ayudar, amparar. 2 Hacer un favor. 3 Mejorar el aspecto de alguien o de algo. • Vb. irreg. conjug. c. **agradecer.** V. anexo El verbo.
favoritismo *m.* Preferencia o predilección habitual por alguien o algo sin importar sus méritos o cualidades.
favorito, ta 1 *adj.* y *s.* Que es objeto de la predilección de alguien. 2 *m.* y *f.* Persona que es objeto de la predilección de un rey, príncipe, etc., sobre quien ejerce influencia.
fax 1 *m.* TELEC Procedimiento para la transmisión a distancia de copias de un documento, por medio de señales telefónicas, desde un aparato que realiza la lectura óptica del original. 2 Documento recibido por este procedimiento. 3 Aparato que lo realiza.
faxear *tr.* Enviar por fax.
faz 1 *f.* Rostro. 2 Vista o lado de una cosa.
fe 1 *m.* Conjunto de creencias, en un dios, una religión, un ideal, etc., de alguien o de un grupo de personas. 2 REL Para el cristianismo, virtud teologal basada en la confianza en la veracidad de Dios. 3 Confianza, buen concepto que se tiene de alguien o de algo. 4 Creencia

que se da a algo por la autoridad de la persona que lo dice.

fealdad 1 *f.* Cualidad de feo. 2 Torpeza, deshonestidad.

febrero *m.* Segundo mes del año, que consta de 28 días los años comunes y 29 los bisiestos.

febrífugo, ga *adj.* y *m.* MED Que cura la fiebre.

febril *adj.* Perteneciente o relativo a la fiebre.

fecal *adj.* Perteneciente o relativo a los excrementos.

fecha 1 *f.* Datación del tiempo o lugar en que se hace o sucede algo. 2 Día en que ocurre o se hace algo. 3 Cada día que transcurre desde uno determinado. 4 Tiempo o momento actual.

fechar 1 *tr.* Poner fecha a un escrito. 2 Determinar la fecha de un documento, suceso, etc.

fechoría 1 *f.* Mala acción. 2 Travesura.

fécula *f.* Almidón que se halla en las semillas, los tubérculos y las raíces de muchas plantas. Es la base de muchos alimentos.

fecundación *f.* BIOL Unión de los materiales de los núcleos de dos gametos distintos, uno masculino y otro femenino, que da lugar a la formación de un cigoto, o embrión. || ~ **artificial** BIOL **INSEMINACIÓN** artificial.

fecundar 1 *tr.* Producir una fecundación. 2 Fertilizar, hacer productivo algo.

fecundidad 1 *f.* Virtud y facultad de producir. 2 Cualidad de fecundo. 3 Abundancia, fertilidad. 4 Reproducción numerosa y dilatada.

fecundizar *tr.* **FECUNDAR.**

fecundo, da 1 *adj.* Que produce o se reproduce por medios naturales. 2 Fértil, abundante.

fedatario *m.* Denominación dada al notario y a otros funcionarios que gozan de fe pública.

fedayín *m.* Miliciano integrante de las guerrillas árabes que luchan contra Israel.

federación 1 *f.* Agrupación de colectivos o entidades culturales, sindicales, deportivas, etc., con un fin común. 2 Unión de regiones, países, Estados, etc., bajo una misma constitución política, en un Estado federal. 3 Agrupación de equipos de una misma modalidad deportiva.

federal 1 *adj.* y *s.* Perteneciente o relativo a una federación. 2 **FEDERALISTA.** 3 *adj.* **Estado** ~. 4 *m.* HIST Soldado de la Unión Federal en la guerra de Secesión de EE.UU.

federalismo *m.* Sistema de organización del Estado caracterizado por la coexistencia de una autoridad central y de otras entidades (nacionalidades, regiones, Estados, etc.) que tienen también rango estatal.

federalista *adj.* y *s.* Perteneciente o relativo al federalismo o partidario de él.

feérico, ca *adj.* Perteneciente o relativo a las hadas.

fehaciente *adj.* Que da fe de que algo es cierto.

feijoa 1 *f.* Árbol frondoso de hasta 5 m de altura, de copa redondeada, hojas **coriáceas** y flores **hermafroditas.** 2 Fruto de este árbol de color verde oscuro y pulpa blanca.

feísmo *m.* ART Tendencia artística que valora estéticamente lo feo.

felación *f.* Práctica sexual que consiste en la estimulación oral del pene.

feldespato *m.* GEO Mineral de brillo nacarado y gran dureza, que forma parte de rocas ígneas, como el granito. Es un silicato complejo de aluminio con sodio, potasio o calcio y cantidades pequeñas de óxidos de magnesio y hierro.

felicidad 1 *f.* Estado de completa satisfacción del ánimo. 2 Lo que ocasiona dicho estado. 3 Satisfacción, gusto, contento.

felicitación 1 *f.* Acción de felicitar. 2 Palabras o tarjeta con que se felicita.

felicitar 1 *tr.* y *prnl.* Manifestar a alguien satisfacción por algún hecho feliz para él. 2 *tr.* Expresar a alguien el deseo de que sea feliz.

félido, da *adj.* y *m.* ZOOL Dicho de un mamífero, carnívoro, de cabeza redondeada, hocico corto, patas anteriores con cinco dedos y posteriores con cuatro, y uñas agudas y, generalmente, retráctiles, como el león y el gato.

feligrés, sa *m.* y *f.* Persona que pertenece a una parroquia.

feligresía 1 *f.* Conjunto de feligreses de una parroquia. 2 Territorio encomendado a un párroco.

felino, na 1 *adj.* Perteneciente o relativo al gato o que parece de gato. 2 Dicho de un animal, que pertenece a los félidos.

feliz 1 *adj.* Que tiene felicidad. 2 Que produce felicidad. 3 Dicho de un pensamiento, una frase o expresión, oportuno, acertado: *Ocurrencia feliz.* 4 Que ocurre con felicidad.

felonía *f.* Deslealtad, traición, infamia.

felpa *f.* Tejido que tiene pelo en una de sus caras.

felpudo, da 1 *adj.* Tejido parecido a la felpa. 2 *m.* Estera gruesa y afelpada que se pone en la entrada de las casas.

FEM *f.* FÍS **FUERZA** electromotriz. • Sigla de *fuerza electromotriz.*

femenil *adj.* Perteneciente o relativo a la mujer.

femenino, na 1 *adj.* Perteneciente o relativo a la mujer: *Campeonato femenino.* 2 Propio de las mujeres: *Gesto femenino.* 3 BIOL Dicho de un ser, que tiene órganos fecundables. 4 BOT **flor** unisexual ~. 5 ANAT aparato **reproductor** ~. 6 *adj.* y *m.* GRAM **género** ~.

fémina *f.* **MUJER.**

feminicidio *m.* Asesinato de una mujer por su condición de género.

feminidad 1 *f.* Cualidad de femenino. 2 MED Estado anormal del varón en que aparecen uno o varios caracteres sexuales femeninos.

feminismo *m.* Movimiento social que propugna la igualdad de derechos entre hombres y mujeres, y doctrina en que se basa este movimiento.

feminización *f.* MED Aparición de caracteres sexuales femeninos en algunos hombres, como el desarrollo de las mamas o la anchura excesiva de la pelvis.

feminizar *tr.* Proporcionar apariencia o características femeninas a alguien o a algo.

femoral 1 *adj.* Perteneciente o relativo al fémur. 2 ANAT **bíceps** ~; **tríceps** ~.

fémur 1 *adj.* ANAT Hueso del muslo, delgado y largo, articulado con el ilíaco y la tibia. 2 ZOOL Pieza de las patas de los insectos, que está articulada con el trocánter y la tibia.

fenecer 1 *tr.* Poner fin a algo. 2 *intr.* Morir, fallecer. • Vb. irreg. conjug. c. **agradecer.** V. anexo El verbo.

fenicio, cia 1 *adj.* y *s.* HIST De Fenicia o relacionado con este país de Asia antigua. 2 *m.* LING Lengua hablada por los fenicios.

☐ HIST Los fenicios se establecieron en Fenicia hacia el s. XXVIII a. C. Fundaron grandes ciudades (Tiro, Sidón, Biblos), cuya prosperidad se basaba en la actividad manufacturera y en la distribución de sus productos, lo que los condujo a establecer colonias y factorías por toda la cuenca del Mediterráneo, como Cartago (África) y Gadir (España), que se convertirían en grandes urbes. La máxima aportación cultural de los fenicios fue el alfabeto, que heredarían todos los pueblos de Europa (constaba de veintidós signos).

fénix 1 *m.* Mit Ave egipcia fabulosa, símbolo de la vida eterna para griegos y romanos, quienes creían que renacía de sus cenizas. 2 *m.* y *f.* Persona inigualable, única en su especie.

fenobarbital *m.* Farm Derivado del ácido barbitúrico, con efectos hipnóticos y anticonvulsivos.

fenol 1 *m.* Quím Cada uno de los compuestos derivados de un hidrocarburo aromático por sustitución de uno o más hidrógenos del núcleo bencénico por radicales hidroxilo. 2 Quím Alcohol derivado del benceno, obtenido por destilación de los aceites de alquitrán. Se emplea como desinfectante, para fabricar resinas y fibras sintéticas, colorantes y plaguicidas, y en la industria farmacéutica. Fórmula: C_6H_5OH.

fenolftaleína *f.* Quím Compuesto orgánico que sirve para indicar el pH. Fórmula: $C_{20}H_{14}O_4$.

fenológico, ca *adj.* Biol Dicho de una variación y de un fenómeno, que, con cierta periodicidad, se producen en los seres vivos en relación con el clima, como la floración vegetal y la migración de las aves.

fenomenal 1 *adj.* Perteneciente o relativo al fenómeno. 2 Extraordinario, sorprendente.

fenomenalismo *m.* Fil Teoría filosófica de Kant, que afirma la existencia de cosas reales independientes de la conciencia, pero incognoscibles en su esencia por limitarse el conocimiento al mundo del fenómeno, simple indicio de la cosa en sí.

fenomenismo *m.* Fil Teoría filosófica según la cual lo que es, es lo que aparece y solo es posible conocer esa apariencia, que es la única fuente de conocimiento.

fenómeno 1 *m.* Cosa extraordinaria y sorprendente. 2 Fil Lo que se manifiesta a los sentidos o a la conciencia. 3 Persona sobresaliente. 4 **monstruo**, ser de conformación anormal. 5 Fís Cambio que sufre un cuerpo sin alterar sus propiedades fundamentales. || ~ **determinista** Mat Experimento sobre el cual se tiene certeza de su resultado porque siempre es igual cuando se realiza en las mismas condiciones iniciales.

fenomenología 1 *f.* Fil Teoría de los fenómenos o de lo que aparece. 2 Fil Método filosófico de E. Husserl, que aspira al conocimiento de las esencias puras de las cosas partiendo del examen de los contenidos de la conciencia en los que se prescinde de todas las condiciones de tiempo y espacio. 3 Fil En Hegel, la realidad, desde la forma más oscura de la conciencia hasta la conciencia completa del sí o saber absoluto.

fenomenológico, ca 1 *adj.* Fil Perteneciente o relativo a la fenomenología. 2 Fil **reducción** ~.

fenotipo *m.* Biol Apariencia o conjunto de caracteres externos de un individuo, a diferencia del **genotipo**. Algunas veces los fenotipos reflejan el genotipo.

feo, a 1 *adj.* Sin belleza. 2 Desagradable. 3 De mal aspecto. 4 *m.* Desaire.

feofícea (Tb. feofita) *f.* Biol **alga** parda.

feracidad *f.* Fertilidad, fecundidad de los campos.

féretro *m.* **ataúd.**

feria 1 *f.* Mercado anual, con carácter comercial, nacional, etc., donde se exhibe y vende maquinaria, ganado, etc. 2 Lugar donde se realiza este mercado. 3 Concurrencia de feriantes. 4 Para los católicos, cualquier día de la semana, excepto el sábado y el domingo. 5 Descanso y suspensión del trabajo. 6 Trato, convenio.

feriar 1 *tr.* Comprar algo en una feria. 2 Vender, comprar o cambiar algo. 3 Vender a menor precio. 4 *intr.* Parar el trabajo unos días.

fermata 1 *f.* Mús Sucesión de notas de adorno que se ejecuta suspendiendo momentáneamente el compás. 2 Mús **calderón.**

fermentación *f.* Quím Proceso de transformación de una sustancia orgánica en otra, por la acción de una enzima, con liberación de gas y energía. Se usa en transformaciones industriales alimentarias, como en la fermentación láctica para obtener yogur.

fermentar 1 *intr.* Experimentar una sustancia la fermentación. 2 *tr.* Producir o hacer la fermentación.

fermento *m.* Quím Enzima, sustancia coloidal que interviene en la fermentación como catalizador.

fermi *m.* Fís Unidad de longitud empleada en mecánica cuántica equivalente a 10^{-15} m. Símbolo: fm.

fermio *m.* Quím Elemento radiactivo artificial descubierto en 1952 entre los residuos de la explosión de una bomba de hidrógeno. Luego fue obtenido bombardeando el californio con neutrones. Símbolo: Fm. Número atómico: 100.

fermión *m.* Fís Partícula elemental de espín semientero, como el protón, el neutrón y el electrón.

ferocidad *f.* Fiereza, crueldad.

feromona *f.* Biol Sustancia química olorosa segregada por algunos animales que afecta la conducta de otros animales de la misma especie.

feroz 1 *adj.* Que obra con ferocidad. 2 Que causa pavor.

ferrar *tr.* Cubrir algo con hierro.

férreo, a 1 *adj.* De hierro o que tiene sus propiedades. 2 Duro, tenaz. 3 Perteneciente o relativo al ferrocarril.

ferrería *f.* Taller en donde se reduce el mineral de hierro a metal.

ferretería *f.* Tienda donde se venden diversos objetos de metal o de otros materiales, como cerraduras, clavos, herramientas, vasijas, insumos para la construcción, etc.

ferri *m.* Embarcación grande y plana que transporta viajeros, mercancías o automóviles entre las dos orillas de un río o de un canal.

férrico, ca *adj.* Quím Dicho de un compuesto de hierro en que este actúa con valencia tres.

ferrita 1 *f.* Aleación ferromagnética semiconductora. 2 Forma de hierro cristalizado, casi puro, que aparece en ciertas aleaciones.

ferrocarril 1 *m.* Camino con dos carriles de hierro paralelos, sobre los cuales ruedan los trenes. 2 **tren**, serie de vagones remolcados por una locomotora. 3 Sistema de transporte basado en el tren y sus diversas modalidades.

ferrocianuro *m.* Quím Sal que deriva del anión $[Fe(CN)_6]^4$. Se usa en la fabricación de tintes y colorantes.

ferromagnetismo *m.* Fís Propiedad de determinadas sustancias (hierro, níquel, cobalto, ciertas aleaciones) que, por su gran permeabilidad magnética, conservan la imantación al ser sometidas a un campo magnético.

ferroso, sa 1 *adj.* De hierro. 2 Quím Dicho de un compuesto de hierro en que este actúa con valencia dos.

ferroviario, ria *adj.* Perteneciente o relativo al ferrocarril, o, más propiamente, a las vías férreas.

ferruginoso, sa 1 *adj.* Dicho de un mineral, que contiene hierro visible. 2 Dicho de un agua mineral, que en su composición tiene alguna sal de hierro.

ferry (Voz ingl.) *m.* **ferri.**

fértil 1 *adj.* Dicho de lo que es muy productivo o prolífico. 2 Dicho de una persona, que es capaz de reproducirse.

fertilidad 1 *f.* Estado de abundante productividad. 2 Cualidad de un suelo en que los nutrientes se encuentran en cantidad y proporción adecuadas para el crecimiento de las plantas. 3 Biol Capacidad para producir gametos funcionales o cigotos viables.

fertilizante 1 *adj.* Que fertiliza. 2 *m.* **abono.**

fertilizar *tr.* Abonar la tierra.

férula 1 *f.* Tablilla de castigo que se usaba en la escuela. 2 Med Vendaje flexible y resistente que se emplea en el tratamiento de las fracturas.

fervor 1 *m.* Celo ardiente hacia algo o alguien. 2 Intensidad con que se hace una cosa.

festejar 1 *tr.* Celebrar algo con una fiesta. 2 Hacer fiestas u otros actos en atención u honor a alguien o a algo.

festejo 1 *m.* Acción y efecto de festejar. 2 *m. pl.* Fiestas populares.

festín *m.* Banquete espléndido.

festival *m.* Conjunto de manifestaciones cinematográficas, musicales, deportivas, etc., que se celebran periódicamente y en las que se suelen otorgar premios.

festividad 1 *f.* Fiesta o solemnidad con que se celebra algo. 2 Día festivo en que la Iglesia celebra algún misterio o a un santo.

festivo, va 1 *adj.* Perteneciente o relativo a la fiesta. 2 Chistoso, agudo.

festón *m.* Bordado o recorte que adorna el borde de algo.

fetal *adj.* Perteneciente o relativo al feto.

fetiche 1 *m.* Ídolo u objeto venerado al que se atribuye poderes sobrenaturales, especialmente en las religiones animistas. 2 Cualquier cosa a la que se le atribuye un poder mágico o especial.

fetichismo 1 *m.* Creencia por la cual se le dan atributos sobrenaturales a ciertos objetos, mediante los que se busca protección frente a las fuerzas naturales o un supuesto control sobre ellas. 2 Psic Fijación sexual en un objeto como único medio de obtener placer.

fétido, da *adj.* Que despide mal olor.

feto *m.* Biol Embrión de los vivíparos desde el momento en que se forman los rasgos propios de su especie hasta el parto.

feudal *adj.* Perteneciente o relativo al feudo o al feudalismo.

feudalismo *m.* Hist Sistema de organización social y económico de la Edad Media europea, basado en el poder de las clases señoriales, de las que dependían los campesinos que vivían en tierras que eran propiedad de dichas clases.

□ Hist El feudalismo nació con el derrumbamiento de las estructuras políticas centralizadas del Imperio romano, la fragmentación e inseguridad consiguientes a las invasiones bárbaras y la ruralización de la vida humana. Se ajustó esencialmente a las relaciones personales de dependencia entre unos señores que aportaban amparo, protección y concesiones de tierras para el sustento, y unos vasallos que, a cambio, les aseguraban rentas, un gran número de servicios y juramento de fidelidad.

feudatario, ria *adj.* y *s.* Hist Sujeto y obligado a pagar vasallaje.

feudo 1 *m.* Hist Contrato por el que un soberano o señor de la Edad Media concedía tierras en usufructo a cambio de fidelidad y vasallaje. 2 Hist Territorio así otorgado.

fez *m.* Gorro de fieltro rojo usado en el N de África y en Turquía.

fi *f.* Vigésima primera letra del alfabeto griego (Φ, ϕ), que corresponde al *ph* latino, y a ese mismo dígrafo o a *f* en las lenguas neolatinas.

fiable *adj.* Seguro, digno de confianza.

fiado || **al ~** Se usa para expresar que alguien compra, vende o contrata sin dar o tomar de presente lo que debe pagar o recibir.

fiador, ra 1 *m.* y *f.* Persona que fía una mercancía al venderla. 2 Persona que responde por otra de una obligación de pago. 3 *m.* Cordón que llevan algunos objetos para que no se caigan o se pierdan al usarlos. 4 Pasador en el interior de las puertas. 5 Cada uno de los garfios que sostienen por debajo los canalones de los tejados. 6 Pieza con que se afirma o asegura algo para que no se mueva.

fiambre 1 *adj.* y *m.* Dicho de una carne o de un pescado, curado y cocinado de modo que se conserva largo tiempo. 2 *m.* Plato frío de este tipo de carnes. 3 Comida que se lleva a una merienda campestre o durante un viaje.

fiambrera 1 *f.* Cesta o caja con tapa hermética para llevar comida fuera de casa. 2 Caja para guardar fiambres.

fianza 1 *f.* Obligación que contrae alguien de responder por otro en el caso de que este incumpla lo estipulado. 2 Objeto de valor o dinero que se da como garantía.

fiar 1 *tr.* Asegurar alguien que otro cumplirá lo que promete, obligándose él mismo en caso de incumplimiento. 2 Vender sin tomar el precio de contado, para recibirlo más adelante. 3 *tr.* y *prnl.* Dar o comunicar a alguien una cosa en confianza. 4 *intr.* Esperar con firmeza o seguridad algo grato. 5 Confiar en alguien.

fiasco *m.* Mal resultado, fracaso.

fibra 1 *f.* Elemento natural o artificial que se presta a hilatura, con la cual se preparan los materiales textiles. 2 En la madera, aquella parte que tiene consistencia y flexibilidad para ser labrada o torcida sin que salte ni se quiebre. 3 Biol Cada una de las hebras o filamentos que componen un tejido orgánico vegetal o animal. 4 Geo Cada uno de los filamentos que presentan en su textura algunos minerales. || **~ de vidrio** La formada por dióxido de silicio y otros materiales fundidos, estirados en forma de filamentos, que presentan gran resistencia mecánica, química y térmica. **~ muscular** Anat Cada una de las células filiformes contráctiles que constituyen la parte principal de los músculos. **~ nerviosa** Anat Cuerpo filiforme, cilíndrico, formado por una neurita y la envoltura que la rodea. **~ óptica** Filamento de cristal o plástico transparente que se utiliza para transmitir información a enorme velocidad mediante señales luminosas. **~ reticular** Anat Célula alargada y ramificada del tejido conjuntivo del sistema linfático, de la médula ósea y de la mayoría de las membranas basales. **~ sintética** Quím Aquella cuya fuente es exclusivamente química.

fibrilación *f.* Med Contracción espontánea de las fibras del músculo cardiaco.

fibrina *f.* Bioq Proteína insoluble que forma el coágulo sanguíneo.

fibrocemento *m.* Mezcla de cemento y fibra de amianto, que se emplea para la fabricación de planchas, tuberías, depósitos, etc.

fibroína *f.* Biol Materia elástica y resistente de la que se compone la fibra de seda y la tela de araña.

fibroma *m.* Med Tumor formado por tejido fibroso.

fibromialgia *f.* Med Enfermedad que se caracteriza por dolores crónicos en los músculos y las articulaciones y la sensación de fatiga constante.

fibroso, sa 1 *adj.* Que tiene muchas fibras. 2 Anat **tejido ~**.

ficción 1 *f.* Acción y efecto de fingir. 2 Lit **ciencia ~**.

ficha 1 *f.* Pieza pequeña de metal, plástico o madera que se utiliza con diversos fines. 2 Cada una de las piezas que se usan en diversos juegos de mesa. 3 Papel fuerte o cartulina en el que se anotan datos de diversa índole, para clasificarlos con los de su mismo género. 4 Cartulina donde se registra la entrada y salida del trabajo.

fichaje 1 *m.* Acción y efecto de fichar. 2 DEP Obtención de un nuevo jugador, atleta o técnico por un equipo deportivo, y dinero pagado por ello.

fichar 1 *tr.* Rellenar una ficha con los datos de una persona y guardarla en un fichero. 2 Registrar en la ficha el horario laboral. 3 DEP Contratar un jugador. 4 *intr.* DEP Comprometerse a jugar o pertenecer a un club.

fichero 1 *m.* Caja o mueble con apartados o cajones donde se guardan ordenadamente las fichas. 2 Conjunto de fichas. 3 INF Conjunto organizado de informaciones almacenadas en un soporte común.

ficticio, cia 1 *adj.* Fingido, inventado. 2 Falso.

fidedigno, na *adj.* Digno de crédito.

fideicomiso 1 *m.* DER Disposición testamentaria en la que alguien deja sus bienes encomendados a otro, para que disponga de ellos en la forma que se le indica. 2 POLÍT Territorio que no tiene gobierno propio y que está bajo la tutela de las Naciones Unidas.

fidelidad 1 *f.* Calidad de fiel. 2 Exactitud en la ejecución o reproducción de algo.

fidelizar 1 *tr.* Lograr por medio de diferentes estrategias que los empleados de una empresa permanezcan fieles a ella. 2 Lograr una empresa que un cliente sea un consumidor fiel de sus productos.

fideo *m.* Pasta de harina de trigo en forma de cuerda delgada.

fiduciario, ria 1 *adj.* Que depende del crédito y la confianza que merece. 2 *m.* y *f.* Persona que recibe un fideicomiso.

fiebre 1 *f.* MED Aumento de la temperatura del cuerpo, con respiración y pulso acelerados. 2 Gran excitación, actividad extraordinaria. || ~ **aftosa** MED Enfermedad de los animales, y rara vez del ser humano, febril y contagiosa. Se caracteriza por una subida repentina de la temperatura, una erupción de ampollas en la boca o el hocico, en áreas de piel delicada, y en las pezuñas. ~ **amarilla** MED Enfermedad provocada por un virus que se transmite por la picadura de ciertos mosquitos. Produce ictericia, albuminuria y hemorragias. ~ **del heno** MED Estado alérgico producido por la inhalación del polen o de otros alérgenos. ~ **tifoidea** MED Infección intestinal específica, producida por un microbio, (*Salmonella typi*), que determina lesiones en las placas linfáticas del intestino delgado.

fiel[1] 1 *adj.* Dicho de una persona, que es leal y constante en una relación de amistad, amor o servicio. 2 Exacto, conforme a la verdad: *Memoria fiel.* 3 *adj.* y *s.* Dicho de una persona, que practica una determinada religión.

fiel[2] *m.* Aguja que juega en la caja de las balanzas, y se pone vertical cuando hay perfecta igualdad en los pesos comparados.

fieltro *m.* Paño no tejido, hecho de borra, lana o pelo prensados.

fiero, ra 1 *adj.* Perteneciente o relativo a las fieras. 2 Dicho de un animal, que no ha sido domesticado y vive en libertad. 3 Cruel, de trato inhumano. 4 *f.* Mamífero carnívoro. 5 Persona de carácter colérico y violento. 6 Persona de gran habilidad en su oficio o profesión.

fierro *m.* HIERRO.

fiesta 1 *f.* Alegría, regocijo, diversión. 2 Día en que no se trabaja, por celebrarse alguna solemnidad religiosa o civil. 3 Acto solemne que reúne gente en una iglesia, colegio, entidad cultural, etc. 4 Reunión de gente para divertirse o festejar algo. 5 Agasajo, demostración de cariño. 6 *f. pl.* Vacaciones. || ~ **de guardar** o **de precepto** REL Día de misa obligatoria para los católicos.

fígaro *m.* Barbero de oficio.

figura 1 *f.* Forma exterior de un cuerpo por la que se diferencia de otro. 2 Cosa que se dibuja en representación de otra. 3 Estampa, ilustración de un libro. 4 Naipe en que aparece una persona o un animal. 5 Persona que se destaca en una actividad determinada. 6 Posición de los bailarines en la danza. 7 Recurso retórico empleado para dar mayor expresividad u originalidad al lenguaje. 8 GEOM Espacio cerrado por líneas o superficies. 9 MÚS Signo de una nota o de un silencio. || ~ **de construcción** En retórica, construcción gramatical que se aparta de las normas, buscando un efecto estético. ~ **de dicción** En retórica, alteración de los vocablos en su estructura sintáctica o fonética, como en la aliteración o la repetición.

figurado, da *adj.* LING Dicho del sentido en que se toman las palabras para que denoten ideas distintas de las que literalmente significan.

figurar 1 *tr.* Representar la figura de alguien o de algo. 2 Aparentar, fingir. 3 *intr.* Pertenecer, estar incluido en un grupo. 4 Destacar. 5 *prnl.* Imaginarse, suponer algo.

figurativo, va 1 *adj.* Que representa o figura algo. 2 ART **arte ~.**

figurín 1 *m.* Dibujo o modelo pequeño para hacer trajes. 2 Revista de modas. 3 Petimetre.

fijación 1 *f.* Acción y efecto de fijar. 2 PSIC Apego anormal que impide el desarrollo afectivo.

fijador, ra 1 *adj.* Que fija. 2 *m.* Preparado cosmético para asentar el cabello. 3 Sustancia que se usa para fijar.

fijar 1 *tr.* Clavar, pegar, asegurar un cuerpo en otro. 2 Determinar, precisar. 3 Dirigir la atención. 4 Aplicar un fijador a un dibujo o a una pintura. 5 *tr.* y *prnl.* Hacer estable algo. • Participio irreg. *fijado*.

fijeza 1 *f.* Seguridad de opinión. 2 Persistencia, continuidad.

fijo, ja 1 *adj.* Firme, asegurado. 2 Permanente, no expuesto a cambios.

fila 1 *f.* Orden que guardan varias personas o cosas colocadas en línea. 2 Bando, facción.

filamento 1 *m.* Cuerpo en forma de hilo, flexible o rígido. 2 ELECTR Hilo incandescente, conductor de electricidad, que se utiliza en las bombillas.

filantropía *f.* Amor al género humano.

filántropo, pa *m.* y *f.* Persona generosa que se distingue por sus obras en bien de los demás.

filaria *f.* BIOL Género de nematodos, parásitos del organismo humano y de los animales. Una de sus especies da origen a la elefantiasis.

filarmónico, ca 1 *adj.* Perteneciente o relativo a la música. 2 *adj.* y *s.* Aficionado a la música. 3 *adj.* y *f.* Dicho de una orquesta, sinfónica.

filatelia *f.* Conocimiento de los sellos o las estampillas de correos y afición a coleccionarlos.

filete 1 *m.* Remate de hilo enlazado en el borde de la ropa. 2 Pedazo de carne magra, o de pescado limpio de espinas.

filetear *tr.* Adornar con filetes.

filiación 1 *f.* Acción de filiar. 2 Datos personales de alguien. 3 Procedencia familiar. 4 Pertenencia a un partido o grupo.

filial 1 *adj.* Perteneciente o relativo al hijo. 2 *adj.* y *f.* Dicho de una entidad o empresa, que depende de otra.

filiar *tr.* Tomar los datos personales de alguien.

filibustero 1 *m.* HIST Pirata del s. XVII, que en el mar de las Antillas saqueaba colonias y navíos españoles. 2 HIST Patriota cubano del s. XIX que, desde EE.UU., ayudaba a los independentistas.

filicidio *m.* Muerte dada por un padre o una madre a su hijo.

filiforme *adj.* Que tiene forma o apariencia de hilo.

filigrana 1 *f.* Obra delicada hecha con hilos de oro o de plata. 2 Marca transparente hecha en el papel al fabricarlo. 3 Cosa delicada y pulida.
filípica *f.* Censura o reconvención severas.
filipichín *m.* **LECHUGUINO.**
filisteo, a *adj.* y *s.* HIST De un antiguo pueblo que ocupaba Palestina y estaba en lucha contra los israelitas.
filmador, ra 1 *adj.* y *s.* Que filma. 2 *f.* Máquina de filmar.
filmar 1 *tr.* Registrar en una película cinematográfica imágenes de escenas, paisajes, personas o cosas, por lo común en movimiento. 2 CIN Rodar una película.
filme *m.* Película, obra cinematográfica.
filmina *f.* FOT Diapositiva, transparencia fotográfica, apta para ser proyectada.
filmografía 1 *f.* CIN Descripción o conocimiento de las obras cinematográficas. 2 CIN Serie de filmes realizados por un director, actor, país, etc.
filmoteca *f.* CIN **CINEMATECA.**
filo[1] 1 *m.* Arista o borde cortante de un instrumento. 2 Punto o línea que divide algo en dos partes iguales.
filo[2] *m.* BIOL Categoría de la clasificación biológica, que agrupa a los organismos de ascendencia común y que responden a un mismo modelo de organización, como los moluscos, los cordados o los anélidos, en zoología, y las angiospermas, las gimnospermas, los briofitos y los helechos, en botánica. La reunión de filos conforma un **reino**.
filogenia *f.* BIOL Estudio de la formación y el desarrollo de una especie.
filología 1 *f.* LING Estudio de una cultura a través de la evolución de su lengua y de los textos escritos en ella. 2 LING Conocimientos que sirven para fijar, interpretar, o reconstruir un texto.
filón 1 *m.* GEO Masa mineral o pétrea que rellena una grieta de las rocas de un terreno. 2 Materia o negocio del que se espera sacar gran provecho.
filoso, sa *adj.* Afilado, que tiene filo.
filosofal 1 *adj.* Perteneciente o relativo a la filosofía. 2 **piedra ~.**
filosofar 1 *intr.* Discurrir acerca de algo con razones filosóficas. 2 Meditar sobre algo, así sea de modo intrascendente.
filosofía 1 *f.* FIL Ciencia que trata de la esencia, propiedades, causas y efectos de las cosas. 2 Estudios que se realizan para aprender esta ciencia y facultad de las universidades en la que se imparte. 3 Cuerpo sistemático de los principios y conceptos generales de una ciencia: *Filosofía del derecho*; *Filosofía de la historia*.
□ FIL El concepto de filosofía (etimológicamente, "amor por la sabiduría") ha ido evolucionando a través de la historia. En Occidente, sus orígenes se remontan a Grecia, a la época en que, ante las cuestiones fundamentales que se plantea el ser humano, los sabios dejan de acudir a los mitos y recurren a explicaciones basadas en la razón y la experiencia (s. VI a. C.). El cristianismo subordinó la filosofía a la teología, como se hace evidente en la filosofía medieval, y en particular en el tomismo. Hasta el s. XVIII, filosofía era el conjunto de las ciencias, pero el progreso del conocimiento hizo que del tronco principal se fueran desgajando las diversas ramas del saber, de manera que la filosofía dejó de ser conocimiento para ocuparse de aspectos fundamentales del saber y de la conducta. A partir de E. Kant, la filosofía pasó a ser una teoría del conocimiento, una reflexión sobre los fundamentos y los límites de la razón humana.
filósofo, fa *m.* y *f.* Persona que se dedica a la filosofía.
filoxera *f.* Insecto hemíptero, parecido al pulgón, de color amarillento, de aprox. 0,5 mm de largo. Ataca las hojas y las raíces de ciertas plantas, como las vides, y se multiplica con gran rapidez.
filtración 1 *f.* Acción y efecto de filtrar o filtrarse. 2 Noticia o información reservada que se divulga.
filtrar 1 *tr.* Hacer pasar algo por un filtro. 2 Seleccionar datos o aspectos para configurar una información. 3 *intr.* Penetrar un líquido a través de un cuerpo sólido. 4 *tr.* y *prnl.* Divulgar una idea, opinión o noticia disimuladamente.
filtro[1] 1 *m.* Materia porosa a través de la que se pasa un líquido para clarificarlo. Dicho de un aparato similar dispuesto para depurar lo que lo atraviesa. 2 Elemento que se interpone al paso de la luz para excluir determinadas radiaciones: *Filtro óptico*. 3 Aparato para eliminar determinadas frecuencias de la corriente eléctrica.
filtro[2] *m.* Bebida de efecto mágico, especialmente con fines amorosos.
filudo, da *adj.* De filo muy agudo.
fimosis *f.* MED Estrechez del prepucio que impide la salida del glande.
fin 1 *m.* Término, final de algo. 2 Motivo o finalidad.
finado, da *m.* y *f.* Persona muerta.
final 1 *adj.* Que acaba, cierra, o perfecciona algo. 2 GRAM **conjunción ~.** 3 ORT **punto ~.** 4 *m.* Fin y remate de algo. 5 *f.* Parte última y decisiva, en un concurso o una competición. 6 DEP **cuartos** de ~; **octavos** de ~.
finalidad *f.* Motivo; razón de ser.
finalista *adj.* y *s.* Dicho de un participante, que llega a la prueba final en un concurso, certamen, etc.
finalizar 1 *tr.* Concluir algo, darle fin. 2 *intr.* Extinguirse, acabarse algo.
financiar *tr.* Aportar el dinero necesario para una empresa o actividad.
financiero, ra 1 *adj.* Perteneciente o relativo a las finanzas. 2 ECON **empresa ~.** 3 *m.* y *f.* Persona experta en finanzas o que se ocupa de estas materias. 4 *f.* ECON Entidad que se dedica a financiar empresas. || **sistema ~** ECON Conjunto de instituciones (privadas o públicas) de un país encargadas de las transacciones comerciales que implican el intercambio de dinero.
finanza 1 *f.* Obligación que asume una persona. 2 *f. pl.* Dinero, bienes. 3 Hacienda pública. 4 ECON Actividades relacionadas con asuntos de dinero, bancos, bolsa, etc.
finar *intr.* Fallecer, morir.
finca 1 *f.* Propiedad inmueble, rústica o urbana. 2 Propiedad rural.
fincar *intr.* y *prnl.* Adquirir fincas.
fineza 1 *f.* Cualidad de fino. 2 Muestra de amabilidad y cariño.
fingir *tr.* y *prnl.* Simular, aparentar, decir o hacer algo que no es cierto o que no está de acuerdo con la realidad.
finiquitar 1 *tr.* Saldar una cuenta. 2 Concluir, terminar.
finisecular *adj.* Del fin de un siglo determinado.
finito, ta *adj.* Que tiene fin o límite.
fino, na 1 *adj.* Delicado, de buena calidad: *Porcelana fina*. 2 Delgado, de poco grosor o espesor. 3 De tipo esbelto y facciones delicadas. 4 De exquisita educación. 5 Astuto, sagaz. 6 Suave, sin asperezas.
finta *f.* DEP En algunos deportes, movimiento inesperado que se hace para engañar al contrario y superar su posición.
finura 1 *f.* Delicadeza, buena calidad. 2 Urbanidad, cortesía.
fiordo *m.* GEO Golfo estrecho y profundo, entre montañas de laderas abruptas, formado por los glaciares durante el periodo cuaternario.

A B C D E F G H I J K L M N Ñ O P Q R S T U V W X Y Z

fique 1 *m.* PITA. 2 Fibra de esta planta, de la que se hacen cuerdas.

firma 1 *f.* Nombre y apellido, generalmente con rúbrica, que pone una persona al pie de un escrito o documento para garantizar su autenticidad o aprobar su contenido. 2 Conjunto de documentos que se presentan a alguien para firmar. 3 Acto de firmarlos. 4 Razón social. 5 Propio de alguien, característico.

firmamento *m.* Bóveda celeste en la que se ven los astros.

firmar 1 *tr.* Poner la firma. 2 *prnl.* Usar un título o nombre en una firma.

firme 1 *adj.* Estable, que no se mueve. 2 Entero, que no se deja dominar, ni abatir: *Firme en sus convicciones.* 3 Dicho de una resolución o sentencia, que decide definitivamente un litigio, una polémica, etc. 4 *m.* Terreno sólido sobre el que se puede cimentar. || **en ~** En las operaciones comerciales, modo de concertarlas con carácter definitivo.

firmeza 1 *f.* Cualidad de firme. 2 Entereza, constancia.

fiscal 1 *adj.* Perteneciente o relativo al fisco, o al fiscal. 2 ECON **zona ~**. 3 *m.* y *f.* DER Persona que representa y ejerce el ministerio público en los tribunales. 4 Persona encargada de defender los intereses del fisco. || **~ general** Funcionario que tiene a su cargo la dirección administrativa de la fiscalía de una nación.

fiscalía 1 *f.* DER Órgano judicial que tiene como misión promover la acción de la justicia en defensa del derecho, el orden jurídico y la legalidad vigentes. 2 Oficio y empleo de fiscal. 3 Oficina o despacho del fiscal.

fiscalizar 1 *tr.* Ejercer el oficio de fiscal. 2 Vigilar y criticar las acciones ajenas.

fisco *m.* Erario, tesoro público.

fisgar *tr.* Indagar, tratar con indiscreción de enterarse de los asuntos ajenos.

fisgón, na *adj.* y *s.* Curioso, que suele fisgonear.

fisgonear *tr.* e *intr.* FISGAR.

física *f.* FÍS Ciencia que estudia las propiedades de la materia, los agentes naturales que influyen en ella sin alterar su composición, los fenómenos derivados de esta influencia y las leyes por las que se rigen. || **~ cuántica** FÍS Estudio del comportamiento de las partículas teniendo en cuenta su dualidad onda-corpúsculo. **~ de partículas** FÍS Estudio de la estructura interna de las partículas elementales y su interacción para formar núcleos. **~ nuclear** FÍS Rama de la física que centra su atención en el estudio de los núcleos atómicos radiactivos.

□ FÍS Suele distinguirse entre física clásica y física moderna. La primera, que abarca las disciplinas conocidas hasta principios del s. XX, está dividida en diversas ramas, como la **mecánica** (que estudia el movimiento de los cuerpos), la **acústica**, la **termodinámica**, la **electrodinámica** y la **óptica**. La física moderna incluye como teorías fundamentales la **mecánica cuántica** y la teoría de la **relatividad**, y comprende ramas como la **física nuclear**, la **electrónica**, la **física de partículas** y la **astrofísica**.

físico, ca 1 *adj.* Perteneciente o relativo a la física. 2 Perteneciente o relativo al cuerpo humano. 3 GEO **geografía ~**. 4 **educación ~**. 5 *m.* y *f.* Persona que se dedica a la física. 6 *m.* Constitución y naturaleza de alguien.

fisicoculturista *m.* y *f.* Persona que desarrolla y cuida su cuerpo mediante la práctica continua del ejercicio.

fisicoquímica *f.* FÍS y QUÍM Ciencia que estudia los fenómenos comunes a la física y a la química.

fisiocracia *f.* ECON Sistema económico que atribuía el origen de la riqueza a la explotación de los recursos naturales.

fisiografía *f.* GEO GEOGRAFÍA física.

fisiográfico, ca *adj.* GEO Perteneciente o relativo a los rasgos físicos (relieve, cursos de agua, etc.) de la Tierra.

fisiología *f.* FISIOL Ciencia que tiene por objeto el estudio de los procesos físicos y químicos que tienen lugar en los organismos, sus tejidos, sus órganos y sus células, durante la realización de sus funciones vitales (reproducción, crecimiento, metabolismo, respiración, excitación).

fisiológico, ca *adj.* Perteneciente o relativo a la fisiología.

fisión 1 *f.* Escisión, rotura. 2 BIOL División celular por estrangulamiento y separación de porciones de protoplasma. 3 BIOL Reproducción asexual que se caracteriza por la división de un cuerpo en dos o más partes, cada una de las cuales forma un individuo completo. || **~ nuclear** FÍS Escisión del núcleo de un átomo en dos o tres núcleos de menor peso, emitiendo neutrones y liberando gran cantidad de energía. Es el fundamento de la bomba atómica.

fisioterapia *f.* MED Forma de tratamiento curativo basado en agentes naturales: aire, agua, luz, calor, frío, etc., o mecánicos: masaje, gimnasia, etc. Busca alcanzar y mantener la rehabilitación funcional de pacientes con una incapacidad, enfermedad o lesión.

fisonomía 1 *f.* Aspecto peculiar de un rostro según sus facciones o rasgos. 2 Aspecto exterior de algo: *Fisonomía de un país.*

fisonomista 1 *adj.* y *s.* Que estudia la fisonomía del rostro. 2 Que recuerda y distingue con facilidad la cara de las personas.

fisóstomo, ma *adj.* y *m.* ZOOL Dicho de un pez, que tiene aletas de radios blandos y flexibles, con las abdominales situadas detrás de las pectorales, o inexistentes; características de muchos peces marinos y de la mayoría de los dulceacuícolas.

fístula *f.* MED Conducto ulcerado que se abre en la piel o en las membranas mucosas.

fisura 1 *f.* Corte, grieta o hendidura que se forma en un objeto. 2 MED Hendidura longitudinal de un hueso.

fitófago, ga *adj.* y *s.* Que se alimenta de materias vegetales.

fitohormona *f.* BOT HORMONA vegetal.

fitónimo *m.* Nombre propio de una planta.

fitoplancton *m.* ECOL Plancton constituido principalmente por vegetales microscópicos, como ciertas algas (diatomeas, etc.), que se constituyen en los productores primarios en el conjunto de organismos acuáticos planctónicos y nectónicos.

fitosanitario, ria *adj.* Perteneciente o relativo a la prevención y curación de las enfermedades de las plantas.

flácido, da *adj.* Flojo, sin consistencia.

flaco, ca 1 *adj.* Delgado, que tiene pocas carnes. 2 Endeble, sin fuerza.

flagelación *f.* Acción de flagelar o flagelarse.

flagelado, da *adj.* y *m.* ZOOL Dicho de un organismo, **protista** protozoo cuya característica es la posesión de flagelos que le sirven para desplazarse y cuyo número varía de uno a varias decenas, según los grupos. Puede vivir aislado, en colonias o como parásito. Los flagelados abundan en casi todos los ambientes acuáticos.

flagelar *tr.* y *prnl.* Azotar, golpear el cuerpo con un flagelo.

flagelo 1 *m.* Látigo para azotar. 2 Calamidad. 3 BIOL Filamento largo y delgado que emerge del protoplasma de los protozoos flagelados, de algunas bacterias y algas unicelulares y de ciertos espermatozoides y esporas, mediante sus movimientos se efectúa la locomoción de estas células en un medio líquido.

flagrancia *f.* Cualidad de flagrante.

flagrante 1 *adj.* Que se está ejecutando actualmente. 2 De tal evidencia que no necesita pruebas.

flama *f.* La llama y su reverberación.

flamante *adj.* Resplandeciente, vistoso.

flamear 1 *intr.* Despedir llamas. 2 Ondear una bandera sin que llegue a desplegarse enteramente. 3 *tr.* y *prnl.* Rociar un alimento con un licor para darle un punto determinado y prenderle fuego. 4 *tr.* Someter a la acción del fuego determinadas vasijas o superficies para esterilizarlas.

flamenco, ca 1 *adj.* y *s.* De Flandes o relacionado con esta región histórica de Europa. 2 *m.* Lengua hablada en Bélgica. 3 Ave de cerca de 1 m de altura, con pico, cuello y patas muy largas y plumaje blanco, rosa o rojo. 4 FOLCL Cante y baile popular andaluz, interpretado en su origen por los gitanos.

flamígero, ra 1 *adj.* Que despide llamas. 2 Dicho del último periodo del gótico.

flan *m.* Postre hecho de yemas de huevos, leche y azúcar, cuajado al baño María, en un molde caramelizado.

flanco 1 *m.* Cada parte lateral de un cuerpo considerado de frente. 2 En un baluarte, muro entrante en ángulo. 3 Lado o costado de un buque. 4 Lado de una fuerza militar.

flanqueado, da *adj.* Acompañado o defendido por los flancos.

flanquear 1 *tr.* Estar colocado al lado o flanco de algo. 2 Proteger los propios flancos o amenazar los contrarios una fuerza militar.

flaquear 1 *intr.* Debilitarse, ir perdiendo fuerza. 2 Amenazar ruina o caída. 3 Decaer de ánimo, o disminuir las facultades: *Flaquear la memoria.*

flaqueza 1 *f.* Falta de carnes. 2 Poco vigor o fuerza moral para resistir las tentaciones, las pasiones.

flash (Voz ingl.) 1 *m.* FOT Breve destello de luz brillante, y aparato que lo produce. 2 Primeras y breves noticias que se dan en avance informativo. 3 CIN Toma cinematográfica de escasa duración.

flashback (Voz ingl.) 1 *m.* CIN Escena retrospectiva cinematográfica. 2 LIT Técnica narrativa procedente del cine que consiste en intercalar en el desarrollo lineal de la acción secuencias referidas a un tiempo pasado.

flato *m.* Acumulación molesta de gases en el tubo digestivo, que provoca dolor abdominal.

flatulencia *f.* Indisposición o molestia provocada por flatos.

flauta *f.* MÚS Instrumento de viento, de madera o metal, en forma de tubo con agujeros circulares que se tapan con los dedos o con las llaves. || ~ **dulce** MÚS La que tiene la embocadura en el extremo del primer tubo y en forma de boquilla. ~ **travesera** MÚS La que se coloca de través para tocarla. Hacia la mitad del primer tubo está la embocadura.

flautín *m.* MÚS Flauta pequeña de sonido agudo y penetrante.

flautista *m.* y *f.* MÚS Persona que toca la flauta.

flebitis *f.* MED Inflamación de las venas, que afecta a la circulación, pudiendo formar un coágulo.

flecha 1 *f.* Arma arrojadiza que consiste en una varilla ligera, con una punta triangular afilada y plumas en la opuesta, que se dispara con arco. 2 Signo visual u objeto de forma similar a la de su punta. 3 GEO Línea de sedimentos, paralelos a la costa, depositados por el mar o por la acción conjunta del mar y un río.

flechar 1 *tr.* Herir o matar con flechas. 2 Cautivar, enamorar.

fleco 1 *m.* Adorno compuesto de una serie de hilos o cordoncillos, que cuelgan de una tira de tela o pasamanería. 2 Cabello que cae sobre la frente. 3 Borde deshilachado en una tela vieja.

fleje 1 *m.* Pieza alargada y curva de acero que, aislada o con otras, sirve para muelles o resortes. 2 Refuerzo perpendicular de las barras longitudinales de los elementos de hormigón armado sometidos a compresión.

flema 1 *f.* Mucosidad procedente de las vías respiratorias, que se arroja por la boca. 2 Calma, imperturbabilidad.

fletar 1 *tr.* Alquilar un barco, coche, o avión para viajar o transportar mercancías. 2 Alquilar una bestia de carga o un vehículo para transportar personas o cargas. 3 *tr.* y *prnl.* Embarcar personas o mercancías en una nave para su transporte.

flete 1 *m.* Precio pagado por el alquiler de una nave, un avión, etc. 2 Carga de un buque. 3 Carga que se transporta por mar o por tierra.

flexibilidad 1 *f.* Cualidad de flexible. 2 Disposición de algunas cosas para doblarse sin romperse.

flexible 1 *adj.* Que se deja doblar fácilmente y no se rompe. 2 Dicho de una persona, que cede o se acomoda con facilidad a una decisión, una opinión o un dictamen de otro.

flexión 1 *f.* Acción y efecto de doblar el cuerpo o algún miembro. 2 Deformación elástica que experimenta un objeto, en especial una viga, al curvarse como consecuencia de la aplicación de una fuerza perpendicular a su eje. 3 GRAM Alteración morfológica de las palabras mediante **desinencias**, para indicar los accidentes gramaticales, como el género y el número en los sustantivos, o la persona, el número, el modo y el aspecto en los verbos. 4 GEO Doblamiento suave de los estratos terrestres.

flexivo, va *adj.* GRAM Perteneciente o relativo a la flexión gramatical.

flexómetro *m.* Cinta métrica formada por una lámina metálica que se enrolla a presión dentro de una caja metálica o de plástico.

flexor, ra *adj.* Que dobla o ejerce la función de doblar algo: *Músculo flexor.*

flirteo *m.* Juego amoroso intrascendente y superficial.

floculación 1 *f.* QUÍM Agrupación de partículas sólidas en una dispersión coloidal por la adición de un agente. 2 FÍS Separación de los productos radiactivos de desecho del agua por coagulación.

floema *m.* BOT Tejido vascular del tallo organizado en filamentos longitudinales, encargado de transportar, en sentido descendente, los azúcares y otros nutrientes sintetizados desde las hojas hasta los órganos que los consumen y almacenan.

flojear 1 *intr.* Aflojar en el trabajo, rendir menos. 2 FLAQUEAR.

flojera 1 *f.* Debilidad, decaimiento físico. 2 Pereza, negligencia.

flojo, ja 1 *adj.* Mal atado, poco apretado, o poco tirante. 2 Sin fuerza o vigor, poco activo. 3 *adj.* y *s.* Perezoso, negligente. 4 Apocado, cobarde.

flor 1 *f.* BOT Órgano reproductor de las plantas fanerógamas, compuesto de **androceo, gineceo, cáliz** y **corola**. 2 Lo más escogido de algo. 3 Piropo, requiebro. 4 Capa que se forma en la superficie de algunos líquidos, como la del vino. 5 Parte más ligera de un mineral, que se pega en lo alto de un alambique. || ~ **actinomorfa** BOT En la que los sépalos, pétalos o tépalos, se disponen en dos o más planos distintos de simetría. ~ **completa** BOT La que consta de cáliz, corola, estambres y pistilos. ~ **compuesta** BOT **Inflorescencia** formada de muchas florecillas en un receptáculo común. ~ **hermafrodita** BOT La que tiene androceo y gineceo. ~ **incompleta** BOT La que carece de alguno de los **verticilos** que aparecen en la completa. ~ **radiada** BOT Aquella en la que sus partes se disponen en torno al eje del pedúnculo floral, como en la rosa. ~ **unisexual femenina** BOT A la que le faltan los estambres. ~ **unisexual masculina** BOT Flor en que faltan los pistilos. ~ **zigomorfa** o **irregular** BOT Flor cuyas partes se disponen en simetría bilateral, como en la de la boca de dragón.

flora 1 *f.* BOT Conjunto de las plantas de un país o de una región. 2 BOT Obra que las enumera y describe. 3 BIOL Conjunto de microorganismos saprofitos adaptados a un medio orgánico específico. Muchas veces son indispensables en determinadas funciones vitales: *Flora intestinal.*

floración 1 *f.* Acción de florecer. 2 BOT Tiempo que duran abiertas las flores de las plantas de una misma especie.

floral *adj.* Perteneciente o relativo a la flor.

florear 1 *tr.* Adornar con flores. 2 Sacar la harina más fina. 3 *intr.* FLORECER.

florecer 1 *tr.* e *intr.* Echar flores las plantas. 2 *intr.* Prosperar, crecer en riqueza o reputación. 3 Prosperar la justicia, las ciencias, etc. 4 Existir alguien o algo insigne en un tiempo determinado. • Vb. irreg. conjug. c. **agradecer**. V. anexo El verbo.

florería *f.* Tienda donde se venden flores y plantas de adorno.

florero 1 *m.* Jarrón para flores. 2 Maceta o tiesto con flores.

florescencia 1 *f.* BOT FLORACIÓN. 2 Acción de florecer. 3 Época en que florecen las plantas.

floresta *f.* Terreno frondoso poblado de árboles.

florete *m.* Arma blanca de estoque, sin filo cortante y con el puño protegido por una cazoleta.

floricultura 1 *f.* Cultivo de plantas con flores ornamentales en maceta, invernadero o jardín. 2 Técnica que lo enseña.

florido, da 1 *adj.* Que tiene flores. 2 Dicho de lo más escogido de algo. 3 Dicho del lenguaje o estilo retórico.

florilegio *m.* Colección de trozos selectos de materias literarias.

florín *m.* HIST Moneda de oro medieval, característica de Florencia.

florista *m.* y *f.* Persona que prepara adornos florales o que vende flores.

floristería 1 *f.* FLORERÍA. 2 Explotación agraria destinada al cultivo de plantas con flores ornamentales.

floritura 1 *f.* MÚS Adorno en el canto. 2 Adorno en otras cosas diversas.

flota 1 *f.* Conjunto de barcos de guerra o mercantes de un país o de una compañía marítima. 2 Conjunto de barcos que tienen un destino común: *Flota pesquera.* 3 Conjunto de aviones de un país, una compañía, etc. 4 Conjunto de vehículos de una empresa. 5 En algunos lugares, autobús.

flotación 1 *f.* Acción y efecto de flotar. 2 ECON FLUCTUACIÓN. || **línea de** ~ La que separa la parte sumergida del casco de un buque de la que no lo está.

flotador, ra 1 *adj.* y *s.* Que flota. 2 *m.* Cuerpo destinado a flotar en un líquido. 3 Pieza de material flotante u objeto inflable usado para no hundirse en el agua. 4 Aparato para determinar el nivel de un líquido en un depósito o regular su flujo.

flotante *adj.* Que flota o puede flotar.

flotar 1 *intr.* Sostenerse un cuerpo en la superficie de un líquido, o en suspensión en un líquido o un gas. 2 Ondear en el aire. 3 Percibir algo extraño en el ambiente.

flote *m.* FLOTACIÓN. || **a** ~ A salvo, fuera de un peligro o de una dificultad.

flotilla *f.* Flota de barcos pequeños.

fluctuación 1 *f.* Acción y efecto de fluctuar. 2 Irresolución o duda. 3 ECON Situación de la moneda cuya cotización oscila según los movimientos del mercado, por carecer de un tipo de cambio oficial.

fluctuar 1 *intr.* Vacilar un cuerpo sobre las aguas por el movimiento de ellas. 2 Vacilar, dudar. 3 ECON Oscilar los cambios y precios.

fluidez 1 *f.* Cualidad de fluido. 2 ECON Facilidad de movimiento y operación de los factores económicos, el mercado, los transportes, la mano de obra, etc.

fluido, da 1 *adj.* y *s.* FÍS Dicho de un cuerpo, cuyas moléculas tienen poca coherencia entre sí, y toman la forma del recipiente que las contiene, como los gases o los líquidos. 2 *adj.* Dicho de un lenguaje o estilo, que es natural. 3 ECON Dicho de un factor económico, que es fácil de usar o mover. 4 Que corre fácilmente. 5 *m.* Corriente eléctrica.

fluir 1 *intr.* Correr un líquido o un gas. 2 Surgir una palabra, una idea, etc. con facilidad. • Vb. irreg. conjug. c. **huir**. V. anexo El verbo.

flujo 1 *m.* Acción y efecto de fluir. 2 Abundancia excesiva: *Flujo de palabras; Flujo de risa.* 3 ECON Movimiento de recursos de un sector a otro. 4 FÍS Cantidad de una sustancia que en la unidad de tiempo pasa por una sección dada. 5 FISIOL Líquido que segrega el organismo. 6 GEO Movimiento ascendente de la marea.

flujograma *m.* Representación esquemática y gráfica de una entidad o de un proceso.

flúor *m.* QUÍM Elemento halógeno que no se encuentra libre en la naturaleza. Es un gas muy tóxico y corrosivo que se combina con casi todos los elementos, a excepción del oxígeno y del nitrógeno. Se usa para obtener plásticos específicos, como el teflón, fluoruros metálicos aditivos del agua potable, dentífricos para la prevención de caries, etc. Símbolo: F. Número atómico: 9. Peso atómico: 18,998. Punto de fusión: −219,61 °C. Punto de ebullición: −188,13 °C.

fluorescencia *f.* FÍS Propiedad de algunas sustancias de emitir luz visible, al recibir una radiación de frecuencia distinta.

fluorescente 1 *adj.* Perteneciente o relativo a la fluorescencia. 2 Dotado de fluorescencia. 3 **tubo** ~.

fluorhídrico *adj.* QUÍM Dicho del ácido de fluoruro de hidrógeno; es un líquido incoloro que en contacto con el aire humea, desprendiendo vapores irritantes. Se emplea para grabar el vidrio, en la industria siderúrgica y como antiséptico.

fluorita *f.* GEO Mineral compuesto de flúor y calcio, cristalino, compacto, brillante. Se usa en óptica.

fluoruro *m.* QUÍM Compuesto binario de flúor y otro elemento.

fluvial 1 *adj.* Perteneciente o relativo a los ríos. 2 GEO **llanura** ~; **modelado** ~.

fobia *f.* Aversión intensa o temor irracional a una persona, cosa o situación determinada.

foca *f.* Mamífero pinnípedo marino de cuerpo cubierto por un pelaje corto y espeso y extremidades en forma de aleta.

focalizar 1 *tr.* y *prnl.* Centrar, concentrar, dirigir. 2 *tr.* Hacer converger un haz de luz o de partículas.

foco 1 *m.* Punto real o imaginario desde donde se propaga o difunde algo: *Foco del incendio; Foco revolucionario.* 2 Aparato o reflector del que sale luz o calor. 3 FÍS Punto donde convergen rayos de luz o de calor reflejados por un espejo convexo o refractados por una lente cóncava. 4 GEOM Punto fijo desde el que se genera una curva cónica. La elipse y la hipérbola tienen dos focos, y la parábola uno solo. || ~ **acústico**

Fís Punto donde se concentran las ondas sonoras emitidas dentro de una superficie cóncava al ser reflejadas por esta.
fofo, fa *adj.* Blando, de poca consistencia.
fogata 1 *f.* Fuego que levanta llama. 2 Fuego de leña que se hace en el suelo y a la intemperie.
fogón 1 *m.* Sitio adecuado en las cocinas para hacer fuego y guisar. 2 Lugar destinado al combustible en ciertas calderas, hornos, etc. 3 Fuego, fogata. 4 Charla alrededor del fuego.
fogonazo *m.* Llamarada instantánea que acompaña a una explosión o un disparo.
fogosidad *f.* Entusiasmo muy vivo.
foguear 1 *tr.* Limpiar un arma cargándola con poca pólvora y disparándola. 2 Acostumbrar a los soldados o a los caballos al fuego del combate. 3 *tr.* y *prnl.* Habituar a una persona a un trabajo o esfuerzo.
fogueo *m.* Acción y efecto de foguear.
folclor (Tb. folclore) 1 *m.* Folcl Conjunto de costumbres, canciones, tradiciones, etc., de un pueblo, transmitido oralmente, por observación o imitación, de generación en generación. 2 Folcl Ciencia que estudia estas materias.
☐ Folcl El término folclor fue creado por el escritor británico William John Thoms el 22 de agosto de 1846. Su etimología deriva del inglés *folk* ('pueblo, gente, raza') y *lore* ('saber o ciencia') y hace referencia al saber popular de un pueblo. Existen diferentes tipos de folclor tales como el literario y el musical.
folclórico, ca 1 *adj.* Perteneciente o relativo al folclor. 2 Pintoresco, típico.
fólder *m.* CARPETA, utensilio rectangular para guardar papeles.
foliación 1 *f.* Acción de foliar. 2 Serie de folios numerados.
foliar[1] *tr.* Numerar folios.
foliar[2] *adj.* Bot Perteneciente o relativo a la hoja.
fólico *adj.* Dicho de un ácido, clasificado en el grupo de las vitaminas del complejo B, cuya deficiencia está asociada con afectaciones del sistema nervioso y de la columna vertebral.
folículo 1 *m.* Bot Fruto seco de una sola cavidad con varias semillas. 2 Anat Glándula en forma de saquito, situada en la piel o en las mucosas. || ~ **piloso** Anat Estructura dérmica de la que se forma el pelo y rodea a su raíz.
folio 1 *m.* Hoja de un libro o cuaderno. 2 Encabezamiento y numeración de las páginas de un libro. 3 Tamaño de papel o libro que resulta al doblar una vez el pliego.
folíolo *m.* Bot Cada una de las hojuelas de una hoja compuesta.
folk *adj.* Mús Dicho de la música moderna, que se inspira en temas de la música folclórica.
follaje 1 *m.* Conjunto de hojas de árboles y plantas. 2 Adorno de hojas.
follar *tr.* e *intr.* vulg. Practicar el coito.
folletín *m.* Lit Tipo de relato caracterizado por una intriga emocionante y, a veces, poco verosímil que se publicaba por entregas. Se desarrolló en Europa durante el s. XIX.
folleto 1 *m.* Obra impresa no periódica, de pocas hojas. 2 Impreso, prospecto.
fomentar *tr.* Promover o impulsar el desarrollo de algo.
fomento *m.* Acción y efecto de fomentar.
fonación *f.* Fisiol Emisión de los sonidos, la voz o la palabra por la acción de ciertos órganos sobre la columna de aire espirado por los pulmones.
☐ Anat y Fisiol **aparato de la fonación** Conjunto funcional de órganos que contribuyen a la fonación. El primer órgano que interviene en este proceso es la glotis, situada a la altura de la laringe y conformada por las cuerdas vocales. Durante la respiración estas están separadas y el aire pasa libremente a través de la glotis en ambos sentidos; al hablar las cuerdas entran en contacto y vibran al recibir la presión del aire espirado produciendo el sonido de la voz. La voz se articula gracias a la acción de la laringe, las fosas nasales y los distintos órganos de la boca.
fonador, ra *adj.* Fisiol Dicho de un órgano, que interviene en la fonación.
fonda 1 *f.* Establecimiento público donde se duerme y se sirven comidas, de categoría inferior a la del hotel. 2 Puesto o cantina en que se despachan comidas y bebidas.
fondear *tr.* e *intr.* Asegurar una embarcación por medio de anclas o de otros pesos.
fondillo 1 *m.* Trasero. 2 *m. pl.* Parte trasera de los pantalones.
fondismo *m.* En atletismo e hípica, carrera de media y larga distancia.
fondo 1 *m.* Parte inferior de una cosa hueca. 2 Parte opuesta a la entrada. 3 Hondura, profundidad. 4 Superficie sólida sobre la que está el agua del mar, del río o de los estanques. 5 Extensión interior de un edificio. 6 Superficie de una pintura, un tejido, etc., sobre la cual resaltan dibujos, colores, etc. 7 Sonoridad apagada de la que sobresalen ruidos o sonidos. 8 Condición o índole de alguien. 9 Lo principal y esencial de algo. Se contrapone a la forma. 10 Dinero, caudal (se usa más en plural). 11 Conjunto de libros o manuscritos que posee una biblioteca, un archivo, etc. 12 Conjunto de libros publicados por una editorial. 13 Falda de debajo sobre la cual se arma el vestido. 14 Dep Resistencia física en pruebas deportivas de larga distancia. 15 Espacio que ocupan los soldados puestos en hileras.
fondue (Voz fr.) *f.* Comida a base de queso que se funde dentro de una cazuela, en el momento de comerla.
fonema *m.* Fon Cada una de las unidades fonológicas mínimas que, en el sistema de una lengua, pueden oponerse a otras en contraste significativo; por ejemplo, las consonantes iniciales de *pozo* y *gozo, mata* y *lata;* las vocales de *sal* y *sol*, etc.
fonendoscopio *m.* Med Instrumento médico para auscultar, consistente en un estetoscopio perfeccionado con dos auriculares.
fonético, ca 1 *adj.* Perteneciente o relativo a los fonemas o al sonido en general. 2 Fon Dicho de un alfabeto o una ortografía cuyos elementos representan los sonidos de manera más fidedigna que la escritura usual. 3 *f.* Conjunto de los sonidos de un idioma. 4 Ling Rama de la lingüística que estudia los elementos fónicos que constituyen el lenguaje articulado.
foniatría *f.* Med Ciencia que estudia los defectos o problemas de la fonación y de sus órganos.
fónico, ca *adj.* Perteneciente o relativo a la voz o al sonido.
fonógrafo *m.* Instrumento que graba ondas sonoras sobre un cilindro, y las reproduce.
fonología *f.* Ling Parte de la lingüística que estudia las combinaciones de los sonidos del lenguaje articulado, en la conformación de las palabras y los discursos.
fonómetro *m.* Aparato para medir la intensidad de un sonido.
fonón *m.* Fís Unidad cuántica de energía vibratoria.
fonoteca *f.* Archivo o lugar donde se guardan documentos sonoros.
fontana *f.* En la poesía, fuente, manantial.

fontanela *f.* ANAT Conjunto de espacios membranosos en el cráneo, que se notan en el recién nacido antes de que se osifiquen.

fontanería 1 *f.* Oficio del fontanero. 2 Conjunto de tuberías que canalizan y distribuyen el agua.

fontanero, ra 1 *adj.* Perteneciente o relativo a las fuentes. 2 *m.* y *f.* Persona que instala y repara conducciones de agua.

foque *m.* Vela triangular de una embarcación.

forajido, da *adj.* y *s.* Que está huyendo de la justicia.

foraminífero, ra *adj.* y *m.* ZOOL Dicho de un protozoo, rizópodo acuático de caparazón calcáreo, comúnmente marino, con seudópodos delgados que se ramifican y juntan unos con otros para formar extensas redes. Los foraminíferos constituyen un orden del reino Protista.

foráneo, a *adj.* y *s.* Forastero, extranjero.

forastero, ra 1 *adj.* De fuera. 2 *adj.* y *s.* Dicho de una persona, que vive o está en un lugar del que no es vecino o donde no ha nacido.

forcejear 1 *intr.* Hacer fuerza para vencer una resistencia. 2 Contradecir tenazmente.

fórceps *m.* MED Instrumento en forma de tenaza que se usa para extraer la criatura en los partos difíciles.

forense 1 *adj.* Perteneciente o relativo al foro. 2 *adj.* y *s.* Dicho de un médico, que actúa como perito ante los tribunales de justicia.

forestal *adj.* Perteneciente o relativo a los bosques y a su aprovechamiento.

forestar *tr.* Poblar un terreno con árboles y plantas forestales.

forja 1 *f.* Lugar donde se trabaja el hierro. 2 Acción y efecto de forjar.

forjado 1 *m.* Acción y efecto de forjar el hierro. 2 Entramado o armazón de metal o madera de un edificio.

forjar 1 *tr.* Dar forma a un metal caliente por medio de golpes. 2 Fabricar y formar. 3 Fabricar un techo rellenando los espacios entre las vigas. 4 *tr.* y *prnl.* Inventar, fingir, fabricar.

forma 1 *f.* Disposición peculiar de la materia de un cuerpo. 2 Apariencia externa de las cosas. 3 Conjunto de líneas y superficies que determinan el contorno de un objeto. 4 Modo de expresarse o de proceder. 5 Disposición física o anímica para hacer algo: *Estar en forma.* 6 Modo de existencia de una misma cosa o sustancia: *El diamante, el grafito y el carbón son formas alotrópicas del carbono.* 7 LING Configuración morfológica o sintáctica de una palabra o unidad lingüística. 8 FIL Principio activo que da a la cosa su entidad, ya sustancial, ya accidental. 9 REL Palabras rituales que constituyen la esencia de un sacramento. 10 REL HOSTIA. 11 *f. pl.* Modo exterior de proceder según ciertas reglas: *Guardar las formas.* || ~ **no personal** GRAM Forma verbal que no expresa persona gramatical. Las formas no personales son el infinitivo, el gerundio y el participio: *Comer; Escribiendo; Venido.* ~ **personal** GRAM Forma verbal que expresa modo, tiempo, número y persona gramaticales a través de la flexión: *Comemos; Escribió; Vendrá.*

formación 1 *f.* Acción y efecto de formar o formarse. 2 Educación, conjunto de conocimientos adquiridos. 3 Disposición ordenada de las tropas. 4 GEO Conjunto de rocas o minerales que tienen caracteres geológicos comunes. || ~ **vegetal** ECOL Conjunto de vegetales en los que domina una determinada especie.

formal 1 *adj.* Perteneciente o relativo a la forma. 2 Que es consecuente, responsable de sus compromisos. 3 Preciso, determinado.

formaldehído *m.* QUÍM Primero y más simple de los aldehídos (CH_2O). Gas a temperatura ambiente, y en solución, líquido incoloro, inflamable y tóxico. Se usa en la industria textil, de colorantes y plásticos.

formalidad 1 *f.* Modo de ejecutar con exactitud y seriedad un acto. 2 *f. pl.* Cada uno de los requisitos para ejecutar algo.

formalismo 1 *m.* Observancia o preocupación excesiva de las formas. 2 FIL Sistema metafísico que reconoce solo el valor de la pura forma.

formalizar 1 *tr.* Dar forma definitiva a algo. 2 Legalizar, dar carácter serio. 3 *prnl.* Hacerse una persona seria y responsable.

formar 1 *tr.* Dar forma a algo. 2 Juntar, congregar. 3 Crear, constituir. 4 Poner en orden una unidad militar. 5 *tr.* e *intr.* Criar, educar. 6 *intr.* Colocarse en una formación, un desfile, etc. 7 *prnl.* Adquirir una formación intelectual, profesional o moral.

formatear *tr.* INF Dar un formato a un texto, un archivo, un disco, etc., para que admita los mandatos del sistema operativo.

formato 1 *m.* Tamaño de un impreso, una fotografía, etc. 2 En cinematografía, ancho de la película. 3 INF Estructura, en archivos o pistas, que establece la disposición o distribución de los datos en un texto, un archivo, un disco, un puerto, etc.

fórmica *f.* Revestimiento más o menos rígido de resina artificial, que se adhiere a ciertas maderas para protegerlas o darles un acabado plástico.

fórmico *adj.* QUÍM Dicho de un ácido, que procede de la oxidación de ciertas sustancias orgánicas. Es un líquido tóxico, de olor picante. Se encuentra en las hormigas, en las ortigas, en el sudor y en otros líquidos biológicos. Fórmula: CHOOH.

formidable 1 *adj.* Que infunde asombro y miedo. 2 Enorme, excesivamente grande. 3 Estupendo.

formol *m.* QUÍM Líquido incoloro, de olor fuerte y desagradable, que consiste en una solución acuosa de formaldehído al 40 %. Es un poderoso antiséptico.

formón 1 *m.* Instrumento de carpintero, parecido al escoplo, pero más ancho y menos grueso. 2 Sacabocados para cortar formas circulares.

fórmula 1 *f.* Forma establecida para resolver un asunto difícil, o para ejecutar algo. 2 Receta del médico. 3 MAT Resultado de un cálculo, cuya expresión, reducida a sus más simples términos, sirve de regla para casos análogos. 4 QUÍM Representación simbólica, por medio de letras o números, de la composición de una sustancia química. 5 DEP Características de peso, motor, cilindrada, etc., que han de reunir los automóviles de carreras para poder participar en ellas. || ~ **desarrollada** QUÍM En la que cada átomo se representa con sus correspondientes enlaces. ~ **electrónica** QUÍM En la que se representan los electrones de la capa más exterior de los átomos. Se hace en forma de puntos dispuestos alrededor de los símbolos de los elementos. ~ **empírica** QUÍM En la que se representan los elementos que forman un compuesto químico o el número de átomos de una molécula. ~ **estructural** QUÍM La que muestra la distribución de los átomos en el espacio. ~ **molecular** QUÍM En la que se representa el tipo de átomos que forman un compuesto molecular y el número de átomos de cada clase.

formular 1 *tr.* Reducir a términos claros y precisos una proposición, solución, etc. 2 Expresar, manifestar. 3 RECETAR.

formulario 1 *m.* Impreso con espacios en blanco. 2 Libro o impreso en el que constan las fórmulas que se han de observar para la ejecución de algo.

formulismo 1 *m.* Excesivo apego a las fórmulas. 2 Requisito de trámite, formalidad.

fornicar *tr.* e *intr.* Tener relaciones carnales fuera del matrimonio.

fornido, da *adj.* Robusto, recio.

foro 1 *m.* Reunión para discutir asuntos de interés ante un auditorio. 2 Sitio en que los tribunales oyen y determinan las causas. 3 HIST En la antigua Roma, plaza que constituía el centro político, económico, religioso y judicial de las ciudades.

forraje *m.* Hierba que se da al ganado como alimento.

forrajero, ra *adj.* Dicho de una planta, que sirve para el forraje.

forrar *tr.* Poner forro a alguna cosa.

forro 1 *m.* Material, tela, papel, etc., con que se reviste una cosa interior o exteriormente. 2 Cubierta de un libro.

fortalecer *tr.* y *prnl.* Aumentar la fuerza o el vigor. • Vb. irreg. conjug. c. **agradecer**. V. anexo El verbo.

fortaleza 1 *f.* Fuerza y vigor. 2 Resignación, estoicismo. 3 Defensa natural de que goza un lugar. 4 Recinto militar fortificado. 5 REL En la doctrina cristiana, virtud cardinal que consiste en vencer el temor y huir de la temeridad.

fortificación 1 *f.* Acción y efecto de fortificar. 2 ARQ Arquitectura militar.

fortificar 1 *tr.* Dar vigor y fuerza. 2 *tr.* y *prnl.* Hacer fuerte un sitio con obras de defensa para que pueda resistir los ataques del enemigo.

fortín 1 *m.* Obra militar que se levanta en los atrincheramientos como defensa. 2 Fuerte pequeño.

fortísimo[1], ma *adj.* Superlativo irreg. de FUERTE.

fortísimo[2], ma 1 *m.* MÚS Gradación muy fuerte e intensa del sonido en la ejecución de una pieza musical. 2 *adv.* Con un sonido de mucha intensidad.

fortuito, ta *adj.* Que sucede de forma casual.

fortuna 1 *f.* Suerte favorable. 2 Destino, acontecimientos o circunstancias inevitables o incontrolables. 3 Riqueza. 4 Éxito, aceptación.

forúnculo *m.* MED Inflamación local del folículo piloso y de sus glándulas sebáceas.

forzado, da 1 *adj.* Ocupado o retenido por fuerza. 2 No espontáneo.

forzar 1 *tr.* Hacer fuerza o violencia física para conseguir algo. 2 Violar a alguien. 3 Tomar, ocupar por la fuerza. 4 Exagerar un hecho, una explicación, etc. 5 *tr.* y *prnl.* Obligar a alguien a realizar algo en contra de su voluntad. • Vb. irreg. conjug. c. **contar**. V. anexo El verbo.

forzoso, sa *adj.* Inevitable, que no se puede eludir.

fosa 1 *f.* Sepultura, hoyo en la tierra para enterrar cadáveres. 2 Excavación profunda alrededor de una fortaleza. 3 ANAT Cada una de las cavidades o los huecos del cuerpo, en las estructuras óseas. || ~ **abisal** u **oceánica** GEO Depresión estrecha de más de 5000 m de profundidad que se extiende por los diversos océanos. ~ **común** Aquella en la que se entierran varios cuerpos juntos. ~ **iliaca** ANAT Cada una de las dos regiones laterales e inferiores de la cavidad abdominal. ~ **nasal** ANAT Cada una de las dos cavidades separadas por el tabique nasal. ~ **séptica** La destinada a la desintegración de excrementos de las aguas residuales. ~ **tectónica** GEO Depresión de la corteza terrestre rodeada de fallas.

fosfatar 1 *tr.* Combinar fosfatos con otras sustancias. 2 Aplicar dichas sustancias.

fosfato 1 *m.* QUÍM Sal formada por la sustitución de parte o todo el hidrógeno del ácido fosfórico por metales. Constituye compuestos importantes para el metabolismo de animales y plantas. 2 Sustancia que contiene fósforo.

fosfolípido *m.* BIOQ Lípido en que uno de los grupos hidroxilo se encuentra esterificado por una molécula de ácido fosfórico. Es el componente mayoritario de la membrana celular, a la que le permite limitar el paso de agua y de compuestos hidrosolubles.

fosforecer *intr.* Despedir luz fosforescente. • Vb. irreg. conjug. c. **agradecer**. V. anexo El verbo.

fosforescencia 1 *f.* FÍS Propiedad de algunas sustancias de absorber energía luminosa y emitir la acumulada después de haber cesado la exposición a la fuente de luz. 2 QUÍM Luminiscencia verdosa que se observa durante la oxidación lenta del fósforo. 3 ZOOL Luminiscencia natural de origen químico; por ejemplo, la de las luciérnagas.

fosfórico, ca 1 *adj.* Perteneciente o relativo al fósforo. 2 QUÍM Dicho de un ácido, compuesto de fósforo, oxígeno e hidrógeno, líquido o sólido cristalino, soluble en agua y en alcohol. Sus fosfatos abundan en la naturaleza.

fósforo 1 *m.* QUÍM Elemento no metálico, reactivo, fundamental en los organismos vivos y con múltiples aplicaciones industriales. Aparece en la naturaleza en forma de fosfatos. Símbolo: P. Número atómico: 15. Peso atómico: 31,02. Se usa en la fabricación de cerillas, para obtener ácido fosfórico, en los fertilizantes fosfatados, y como producto incendiario. 2 CERILLA.

fósil *adj.* y *m.* PALEONT Dicho de un resto petrificado de un ser orgánico, que se encuentra en los antiguos depósitos sedimentarios de la corteza terrestre. Su estudio aporta información sobre la edad geológica de los terrenos en que se encuentra, así como de la historia evolutiva de las especies. || ~ **viviente** BIOL Especie que es descendiente directa de otras ya extinguidas.

fosilización *f.* PALEONT Lenta sustitución de la materia orgánica de un animal o de un vegetal por elementos minerales, en el seno de rocas sedimentarias, preservando su forma.

fosilizar 1 *intr.* y *prnl.* Convertirse en fósil. 2 *prnl.* coloq. Dicho de una persona, detenerse o encasillarse sin evolucionar.

foso 1 *m.* Hoyo. 2 En un garaje, zona honda desde la que se arreglan los coches. 3 Excavación profunda que rodea un castillo o una fortaleza. 4 TEAT Piso inferior del escenario y lugar donde se coloca la orquesta.

foto *f.* FOTOGRAFÍA.

fotocatálisis *f.* QUÍM Aumento de la velocidad de una reacción química debido a la absorción de la luz o de otro tipo de energía.

fotocomposición *f.* Composición de textos para impresión mediante un proceso fotográfico.

fotoconductividad *f.* FÍS Propiedad por la que varía la conductividad eléctrica de un material por la acción de la luz o por una radiación electromagnética.

fotocopia *f.* Reproducción instantánea de un documento mediante una fotocopiadora.

fotocopiadora *f.* Máquina para fotocopiar que consta, principalmente, de un dispositivo electrostático que crea imágenes por medio de cargas eléctricas y partículas de tinta en polvo o tóner.

fotocopiar *tr.* Reproducir imágenes mediante la fotocopiadora.

fotodegradable *adj.* Dicho de una sustancia, que se degrada por la acción de la luz.

fotodiodo *m.* ELECTR Diodo semiconductor en el que los rayos luminosos incidentes provocan variaciones de la corriente eléctrica.

fotoeléctrico, ca 1 *adj.* FÍS De la acción de la luz en ciertos fenómenos eléctricos, como la variación de la resistencia de algunos cuerpos cuando reciben ciertas radiaciones luminosas, o relacionado con ella. 2 ELECTR Dicho de un aparato, que utiliza esta propiedad.

fotofobia *f.* Aversión a la luz.

fotogénesis *f.* BIOL Generación de luz en los organismos vivos.

fotograbado 1 *m.* Técnica de grabado de un cliché fotográfico sobre una placa de cinc, cobre u otro material, para que sirva de plancha impresora. 2 Lámina así grabada.

fotografía 1 *f.* FOT Reproducción por medio de reacciones químicas, en superficies convenientemente preparadas, de las imágenes recogidas en el fondo de una cámara oscura. 2 FOT Imagen así obtenida. 3 FOT Estudio, sitio o laboratorio donde se hacen fotografías. || ~ **digital** FOT Aquella que utiliza la tecnología digital, que consiste básicamente en la codificación de la información analógica de una imagen, para llegar a una sucesión de valores binarios que se almacenan en soportes de memorización y son interpretados por equipos de procesamiento digital.

fotografiar *tr.* e *intr.* Hacer una fotografía.

fotográfico, ca 1 *adj.* Perteneciente o relativo a la fotografía. 2 FOT **cámara** ~.

fotógrafo, fa *m.* y *f.* Persona que hace fotografías.

fotograma 1 *m.* Cada una de las imágenes de un filme considerada aisladamente. 2 Positivo fotográfico de un negativo.

fotólisis *f.* QUÍM Descomposición química por efecto de la energía luminosa.

fotolito *m.* En imprenta, cliché fotográfico positivo que se emplea como matriz en huecograbado y *offset*.

fotometría 1 *f.* ÓPT Parte de la óptica que trata de las leyes relativas a la intensidad de la luz y su medición. 2 FÍS Medida de la intensidad luminosa de una fuente de luz, o de la cantidad de flujo luminoso que incide sobre una superficie.

fotómetro 1 *m.* ÓPT Instrumento para medir la intensidad de la luz. Puede ser visual o fotoeléctrico. 2 FOT Dispositivo que indica el tiempo de exposición.

fotomontaje *m.* FOT Fotografía que se obtiene combinando otras distintas para formar una nueva imagen.

fotón *m.* FÍS Partícula elemental de masa nula, que representa la unidad cuántica de radiación electromagnética. No tiene masa en reposo, carga ni antipartícula, aunque posee un espín de magnitud 1.

fotonovela *f.* Relato de carácter amoroso basado en fotografías de los protagonistas, con textos dialogados en cada una de ellas.

fotoperiodicidad *m.* BIOL Respuesta de las plantas y los animales a las variaciones periódicas de la luz ambiental (alternancia día-noche y fluctuación ambiental).

fotoquímica *f.* QUÍM Parte de la química que estudia las reacciones provocadas por la luz.

fotorreceptor, ra *adj.* y *m.* ZOOL Dicho de un órgano o una célula, que absorbe la luz y la convierte en impulso nervioso.

fotosfera (Tb. fotósfera) *f.* ASTR Zona visible y luminosa del Sol, formada por una envoltura gaseosa de 6000 °C.

fotosíntesis *f.* BIOL Proceso metabólico por el cual, mediante la acción de la luz sobre la **clorofila**, los organismos autótrofos sintetizan sustancias orgánicas a partir de otras inorgánicas.

□ BIOL La fotosíntesis la pueden realizar algunas bacterias, las cianobacterias, las algas y las plantas, que poseen las moléculas de clorofila, necesarias para la absorción de la luz solar, y las enzimas indispensables para realizar las reacciones fotosintéticas. A partir del agua y el dióxido de carbono, se sintetiza la glucosa, que a su vez puede ser empleada para la producción de almidón, sacarosa y polisacáridos.

fototeca *f.* Archivo fotográfico y la colección de fotografías que guarda.

fototropismo *m.* BIOL Tropismo que obedece a la influencia de la luz.

fotovoltaico, ca *adj.* ELECTR Dicho de un cuerpo o de una sustancia, que, bajo la acción de la luz, genera una fuerza electromotriz.

foxterrier (Voz ingl.) *s.* y *adj.* Perro de caza y compañía, de talla pequeña (30-40 cm) y pelo duro o liso.

frac *m.* Chaqueta masculina de ceremonia con dos faldones en la parte posterior.

fracasar 1 *intr.* Frustrarse una pretensión o un proyecto. 2 Resultar mal un negocio o un proyecto.

fracción 1 *f.* División de una cosa en partes. 2 Cada una de las partes de un todo con relación a él. 3 MAT Expresión que indica una división de dos números enteros, de los que el segundo debe ser distinto de cero. Dada la fracción *a/b*, *a* recibe el nombre de numerador e indica las partes que se están considerando, y *b* recibe el nombre de denominador e indica las partes iguales en que se divide el todo o la unidad. La propiedad fundamental de las fracciones es que, si los dos términos de ella se multiplican o dividen por un mismo número, la fracción resultante será siempre equivalente a la inicial. 4 FÍS y QUÍM Cada una de las partes en que se separa una mezcla sometida a ciertos procesos, como la destilación, la depuración, etc. || ~ **compleja** MAT Aquella en la que, tanto en su numerador como en su denominador, pueden aparecer expresiones racionales. ~ **continua** MAT Suma de un número y una fracción cuyo denominador es la suma de un número y una fracción, y así sucesivamente; puede tener un número finito o infinito de términos. ~ **decimal** MAT En la que el denominador es una potencia de diez: *9/10, 17/100, 351/1000*. ~ **equivalente** MAT Aquella que, respecto a otra, representa la misma parte del todo, como *1/2* respecto a *16/32*, donde ambas fracciones representan la mitad del todo. ~ **impropia** MAT Aquella cuyo numerador es mayor que el denominador y, consiguientemente, mayor que la unidad. Equivale a la adición de un número natural y una fracción propia, es decir, a un número mixto. ~ **irreducible** MAT Aquella que está simplificada al máximo, es decir, aquella cuyo único divisor común del numerador y el denominador es *1*, por ejemplo *3/4*. ~ **molar** QUÍM Número de moles de un componente de una solución en relación con el número total de moles. ~ **propia** MAT La que tiene el numerador menor que el denominador y, por consiguiente, vale menos que la unidad. ~**s heterogéneas** MAT Aquellas que, dada una operación, tienen diferente denominador: $2/6 + 4/9$. ~**s homogéneas** MAT Aquellas que, dada una operación, tienen el mismo denominador: $5/8 + 1/8$.

fraccionar 1 *tr.* y *prnl.* Dividir algo en partes o fracciones. 2 Separar, aislar los compuestos de una mezcla.

fraccionario, ria 1 *adj.* Perteneciente o relativo a la fracción de un todo. 2 *adj.* y *m.* MAT **número** ~.

fractal *m.* GEOM Figura plana o espacial, compuesta de infinitos elementos, que tienen la propiedad de que su aspecto y distribución estadística no cambian cualquiera que sea la escala con que se observen.

fractura 1 *f.* Acción y efecto de fracturar o fracturarse. 2 Sitio por donde algo se rompe y señal que deja. 3 MED Rotura de un hueso o cartílago, por traumatismo o por deformación ósea. 4 GEO Rotura de un mineral o una roca y aspecto que presenta la superficie de rompimiento.

fracturar *tr.* y *prnl.* Romper o quebrantar algo con esfuerzo, especialmente un hueso.

fragancia *f.* Olor suave y delicioso.

fragante *adj.* Que tiene o despide fragancia.

fragata 1 *f.* Buque de guerra para escoltar otros barcos. 2 Barco de vela antiguo, más ligero que el navío y más pesado que la corbeta. 3 Ave pelecaniforme tropical de cola ahorquillada, alas grandes y pico largo. Durante el celo el macho desarrolla en la garganta un característico globo rojo.

frágil 1 *adj.* Que se rompe en pedazos con facilidad. 2 Delicado, fácil de estropear. 3 Sin voluntad para resistir las tentaciones.

fragmentación 1 *f.* Acción y efecto de fragmentar o fragmentarse. 2 BIOL Tipo de reproducción asexual que consiste en la división del núcleo por estrangulación, sin formación de huso mitótico.

fragmentar *tr.* y *prnl.* Reducir a fragmentos.

fragmento 1 *m.* Parte o trozo de algo roto o partido. 2 Resto conservado de una obra de arte, literaria o musical. 3 Trozo de una obra literaria o musical que se publica o cita.

fragor *m.* Ruido estruendoso.

fragoso, sa 1 *adj.* Áspero, lleno de malezas. 2 Ruidoso, estrepitoso.

fragua 1 *f.* Fogón con fuelle u otro aparato análogo en que se calientan los materiales para forjarlos. 2 Taller donde está instalado este fogón.

fraguar 1 *tr.* Forjar metales. 2 Idear o discurrir un plan, un proyecto, etc., generalmente con malas intenciones. 3 *intr.* Trabar y endurecer la cal, el hormigón, el yeso y otras masas.

fraile *m.* Religioso, en especial de órdenes mendicantes. • Se usa el apócope *fray* ante nombre propio: *Fray Bartolomé de las Casas.*

frailejón *m.* Planta compuesta que crece en los altos páramos andinos, con tallo simple y recto cubierto de gruesas hojas persistentes, revestidas por una pelusa densa.

frambuesa *f.* Fruto del frambueso, semejante a la zarzamora, algo velloso, de color carmín, olor fragante y sabor agridulce.

frambueso *m.* Arbusto rosáceo, con tallos delgados, espinosos en la punta, hojas verdes por el haz y blancas por el envés, flores blancas y fruto comestible.

francachela *f.* Reunión de varias personas para divertirse y comer de forma abundante y desordenada.

francés, sa 1 *adj.* y *s.* De Francia o relacionado con este país de Europa. 2 *m.* LING Lengua romance procedente del dialecto hablado en Île-de-France (París). Los primeros textos literarios se remontan al s. IX. Forma parte de la subfamilia itálica, la cual, a su vez, pertenece a la familia indoeuropea. Es el idioma del pueblo francés; también es el idioma oficial de Bélgica, Suiza y de los países y regiones que fueron colonias francesas.

francio *m.* QUÍM Elemento descubierto en 1939 en los residuos de la desintegración natural del actinio. Es un metal alcalino y radiactivo, del que solo se conocen isótopos de muy corto periodo de desintegración. Símbolo: Fr. Número atómico: 87. Peso atómico: 223.

franciscano, na 1 *adj.* Perteneciente o relativo a la orden fundada (1208) por san Francisco de Asís (h.1182-1226). 2 Que tiene las virtudes propias de la orden. 3 *adj.* y *s.* Dicho de un religioso o de una religiosa, que pertenece a esta orden.

francmasonería *f.* Sociedad secreta extendida por diversas partes del mundo, cuyos miembros, agrupados en logias, profesan la fraternidad y la ayuda mutua, se reconocen mediante signos y emblemas y practican un ritual esotérico.

franco, ca 1 *adj.* Sincero, accesible. 2 ECON Libre, exento de contribución, impuesto o pago. 3 ECON **zona ~**. 4 LING **lengua ~**. 5 *adj.* y *s.* HIST De un antiguo pueblo germánico establecido en el Rin inferior que ocupó el N de la Galia dándole su nombre. Federados de los romanos desde el s. III, guardaban las fronteras de la Galia, provincias que fueron ocupando al debilitarse el Imperio, fusionándose rápidamente con sus pobladores.

francotirador, ra *m.* y *f.* Persona aislada que, desde un lugar oculto, ataca con armas de fuego.

franela 1 *f.* Tejido de lana o algodón, con pelusa en una de sus caras. 2 Camiseta de hombre.

franja 1 *f.* Faja, lista o tira. 2 Banda de adorno.

franklin *m.* ELECTR Unidad de carga eléctrica en el sistema electrostático cegesimal. Es la carga que ejerce sobre otra igual, colocada en el vacío a la distancia de 1 cm, la fuerza de una dina. Símbolo: Fr.

franquear 1 *tr.* Desembarazar, apartar los impedimentos; abrir camino. 2 Atravesar, pasar por encima o de un lado a otro. 3 Exceptuar a alguien de una contribución, un tributo, etc. 4 Pagar previamente en sellos el porte de algo que se remite por correo. 5 *prnl.* Descubrir su interior una persona a otra.

franqueza 1 *f.* Exención, libertad. 2 Sinceridad. 3 Llaneza, familiaridad. 4 Liberalidad, generosidad.

franquicia 1 *f.* Exención que se concede a alguien para que no tenga que pagar determinados derechos, tasas, aranceles. 2 ECON Concesión de derechos de explotación de un producto, actividad o nombre comercial, que otorga un gobierno o una empresa a otro en una zona determinada.

franquismo *m.* HIST y POLÍT Régimen político (1939-75) instaurado en España por el general F. Franco después de la guerra civil de 1936-39. Dictatorial y militarista, con elementos asimilados del fascismo, estuvo al servicio de los intereses de las altas jerarquías de la Iglesia católica y de la oligarquía financiera y terrateniente.

frasco 1 *m.* Recipiente pequeño y estrecho de cuello recogido, generalmente de vidrio, para contener líquidos, comprimidos, etc. 2 Su contenido.

frase 1 *f.* Conjunto de palabras que tienen sentido, constituyan o no oración. 2 GRAM **GRUPO**. 3 LING Expresión acuñada formada por dos o más palabras cuyo significado conjunto no se deduce de los elementos que la componen. || **~ musical** MÚS Periodo de una composición delimitado por una cadencia y que tiene sentido propio.

fraseología 1 *f.* Modo de expresión peculiar de una lengua, un grupo, etc. 2 Conjunto de locuciones figuradas, metáforas y comparaciones, modismos y refranes. 3 LING Parte de la lingüística que estudia las frases, los refranes, los modismos, los proverbios y otras unidades de sintaxis total o parcialmente fijas.

fraternal *adj.* Propio de hermanos.

fraternidad *f.* Amistad o afecto entre hermanos o entre los que se tratan como tales.

fraternizar 1 *intr.* Unirse y tratarse como hermanos. 2 Relacionarse.

fratricida *adj.* y *s.* Dicho de una persona, que mata a su hermano.

fraude 1 *m.* Engaño, abuso de confianza. 2 Acción ilegal en perjuicio del Estado o de terceros, con el fin de procurarse un beneficio.

fraudulento, ta *adj.* Que supone o conlleva fraude.

fray *m.* Apócope de **FRAILE**. • U. ante nombre propio: *Fray Lorenzo.*

frazada *f.* Manta, prenda de lana, algodón, etc., usada para abrigarse.

freático, ca 1 *adj.* GEO Dicho del agua, que está próxima a la superficie, acumulada en el subsuelo sobre una capa impermeable. 2 GEO **nivel ~**.

A B C D E F G H I J K L M N Ñ O P Q R S T U V W X Y Z

frecuencia 1 *f.* Cualidad de frecuente. 2 FÍS En los movimientos oscilatorios y vibratorios, número de oscilaciones o de vibraciones que se producen durante una unidad de tiempo. 3 FÍS En el movimiento ondulatorio, número de crestas de onda que pasan por un punto cada segundo. Se expresa en hercios (Hz); una frecuencia de 1Hz significa que existe un ciclo o una oscilación por segundo. 4 MAT Número de elementos comprendidos dentro de un intervalo en una distribución determinada. || ~ **absoluta** En estadística, número total de individuos o elementos que presentan la misma característica o tendencia dentro del total de individuos o elementos tomado como muestra. **alta** ~ FÍS Cualquier frecuencia superior a la audible. ~ **angular** FÍS Cambio en el ángulo descrito por un cuerpo que gira en torno a un eje durante un tiempo transcurrido. Símbolo: ω. ~ **modulada** FÍS Sistema de transmisión de radio en el que la onda portadora se modula de forma que su frecuencia varíe según la señal de audio transmitida y que apenas es afectada por las interferencias y descargas estáticas.

frecuentar 1 *tr.* Concurrir con asiduidad a un lugar. 2 Tratarse con alguien con frecuencia. 3 Repetir un acto a menudo.

frecuente 1 *adj.* Repetido a menudo, con cortos intervalos de tiempo. 2 Usual, común.

free lance (Loc. ingl.) *adj.* y *s.* Profesional independiente que trabaja para una o varias empresas, especialmente editoriales o de publicidad.

fregadero 1 *m.* Sitio en las cocinas donde se lavan vasijas e implementos usados en la cocina. 2 Pila de fregar.

fregado, da 1 *adj.* Importuno, pesado. 2 *m.* Acción y efecto de fregar.

fregar 1 *tr.* Restregar con fuerza una cosa con otra. 2 Limpiar algo con un útil apropiado. 3 *tr.* y *prnl.* Fastidiar, jorobar. • Vb. irreg. conjug. c. **acertar**. V. anexo El verbo.

fregón, na 1 *adj.* y *s.* Dicho de una persona, que friega. 2 Dicho de una persona, que es pesada, impertinente. 3 *f.* Utensilio de limpieza para fregar suelos sin arrodillarse.

freír *tr.* e *intr.* Poner en aceite o grasa hirviendo un alimento hasta que deje de estar crudo. • U. t. c. prnl. Participio irreg. *frito* y reg. *freído*. Vb. irreg. conjug. c. **reír**. V. anexo El verbo.

frenar 1 *tr.* Moderar o detener con el freno el movimiento de un vehículo o de una máquina. 2 Moderar el ímpetu, la actividad.

frenesí 1 *m.* Delirio, locura. 2 Exaltación violenta del ánimo.

frenillo 1 *m.* ANAT Membrana replegada que limita el movimiento de algún órgano, como el de la lengua, el del labio y el del prepucio. 2 MED Aparato que se coloca en la dentadura para corregir imperfecciones. 3 **BOZAL**.

freno 1 *m.* Dispositivo que tienen las máquinas, los motores y los carruajes para reducir o detener un movimiento. 2 Palanca o pedal que acciona dicho mecanismo. 3 Instrumento de hierro que se introduce en la boca de las caballerías para gobernarlas. 4 Sujeción que contiene o limita las acciones o los sentimientos.

frenología *f.* PSIC Teoría enunciada en el s. XIX según la cual las facultades psíquicas están localizadas en ciertas zonas del cerebro.

frente 1 *f.* Parte superior de la cara comprendida entre una y otra sien, desde las cejas hasta la raíz de los cabellos. 2 *m.* Parte primera de una cosa que se presenta a la vista. 3 Fachada de un edificio. 4 Coalición de fuerzas políticas, organizaciones, etc. 5 Zona de combate. 6 Primera fila de la tropa formada en batalla. 7 GEO Zona de contacto de dos masas de aire de distinta temperatura y humedad, que se desplaza dando lugar a cambios meteorológicos: *Frente frío; Frente cálido*. 8 *adv. l.* Enfrente. || **en** ~ **ENFRENTE**. ~ **intertropical** GEO El que separa los vientos alisios procedentes de ambos hemisferios. ~ **polar** GEO El situado en latitudes medias abarcando grandes extensiones y que separa el aire polar de otro tropical.

freón *m.* Gas o líquido no inflamable que contiene flúor y se emplea como refrigerante.

fresa[1] 1 *f.* Planta herbácea rosácea, con hojas divididas, flores blancas y fruto complejo, redondo, con numerosos aquenios, rojo, fragante y muy suculento. 2 Fruto de esta planta.

fresa[2] 1 *f.* Herramienta de movimiento circular continuo, con aristas cortantes bien espaciadas y dispuestas alrededor de un eje, utilizada para el mecanizado de piezas metálicas. 2 Instrumento empleado en odontología para agrandar orificios en dientes, prótesis, etc.

fresar *tr.* Abrir agujeros y labrar metales mediante la fresa.

fresco, ca 1 *adj.* Moderadamente frío. 2 Reciente, acabado de hacer, de coger, suceder, etc. 3 Dicho de un alimento, que conserva inalterable su calidad. 4 De aspecto sano, con buen color. 5 Sereno, que no se inmuta. 6 Descansado, sin muestras de fatiga. 7 *m.* Bebida fresca o atemperante. 8 ART **pintura** al ~.

frescura 1 *f.* Cualidad de fresco. 2 Desenfado, descaro.

fresno *m.* Árbol oleáceo de tronco grueso, de 25 a 30 m de altura, hojas compuestas y dentadas, flores pequeñas, blanquecinas, en panojas cortas y fruto seco con semilla elipsoidal.

freza 1 *f.* Desove de los peces. 2 Tiempo en que tiene lugar.

frialdad 1 *f.* Indiferencia, poco interés o afecto. 2 **FRIGIDEZ**.

fríamente 1 *adv. m.* Con frialdad. 2 Sin gracia, chiste, ni donaire.

fricación 1 *f.* Acción y efecto de fricar. 2 Fricción, roce de dos cuerpos en contacto.

fricar *tr.* Frotar, restregar.

fricativo, va *adj.* FON Dicho de una consonante, que se articula permitiendo una salida continua del aire emitido, y hace que este produzca cierta fricción o roce en los órganos bucales, como la *f, s, z, j*, etc.

fricción 1 *f.* Acción y efecto de friccionar. 2 Roce de dos cuerpos en contacto. 3 FÍS **ROZAMIENTO**. 4 *f. pl.* Desavenencia entre personas o colectividades.

friccionar *tr.* Dar friegas, restregar.

friega 1 *f.* Fricción que se hace en alguna parte del cuerpo. 2 Fastidio, molestia.

frigidez 1 *f.* Frialdad en el trato. 2 MED Ausencia de apetito sexual que imposibilita experimentar orgasmo en el coito.

frigoría *f.* Unidad de medida de absorción del calor, empleada en la técnica de la refrigeración; corresponde a la absorción de una kilocaloría.

frigorífico, ca 1 *adj.* Que produce frío artificial. 2 Dicho de una industria alimentaria cuyos productos se procesan a bajas temperaturas. 3 *m.* Cámara, armario o espacio en que se conservan alimentos u otras sustancias por medio de bajas temperaturas.

fríjol (Tb. frijol) 1 *m.* Planta papilionácea hortense de tallos volubles, hojas trifoliadas, flores blancas y legumbres largas y aplastadas con varias semillas comestibles. 2 Fruto y semilla de esta planta.

frío, a 1 *adj.* Que tiene una temperatura inferior a la conveniente o deseada. 2 Que produce frío o no conserva el calor. 3 Dicho de un color, como el azul, el verde, etc., que apacigua el ánimo. 4 Poco afectuoso, distante. 5 Poco acogedor. 6 Sereno, que no pierde la calma. 7 Sin gracia, ni ingenio. 8 *m.* Ausencia de calor, descenso de la temperatura. 9 Sensación que experimenta un cuerpo con la pérdida de temperatura.

friolero, ra 1 *adj.* y *s.* Muy sensible al frío. 2 *f.* Cosa de poca importancia. 3 Gran cantidad de algo, especialmente de dinero.

frisar *intr.* y *tr.* Rondar cierta edad.

friso 1 *m.* ARQ Parte ornamental de la columna, entre el arquitrabe y la cornisa. 2 ARQ Franja decorativa en la parte inferior de las paredes.

frísol *m.* **FRÍJOL.**

frita *f.* QUÍM Composición de arena y sosa para fabricar vidrio o esmaltes vidriados.

fritada *f.* **FRITURA.**

fritanga *f.* Fritura, especialmente la de cerdo.

fritar *tr.* **FREÍR.**

frito, ta 1 *adj.* Exasperado, nervioso, harto. 2 *m.* **FRITADA.** 3 Cualquier comida frita.

fritura *f.* Conjunto de comidas fritas.

frívolo, la 1 *adj.* Ligero, veleidoso. 2 Insustancial.

fronda 1 *f.* Hoja de los helechos y las palmeras. 2 *f. pl.* Conjunto de hojas que forman espesura.

frondio, dia *adj.* Sucio, desaseado, tosco.

frondoso, sa *adj.* Dicho de una vegetación, que es abundante en hojas, ramas o árboles.

frontal 1 *adj.* Perteneciente o relativo a la frente. 2 Dicho de una cosa, que está al frente, o en la parte delantera de algo. 3 *m.* ANAT Hueso plano del cráneo que forma la frente; alberga en su cara anterior e interior el etmoides y la espina nasal.

frontera 1 *f.* Límite de un Estado. 2 Lo que separa o limita. 3 Límite o término de algo.

fronterizo, za 1 *adj.* Que está en la frontera. 2 Hablando de un Estado, que tiene frontera con otro.

frontispicio 1 *m.* En un libro, página anterior a la portada. 2 Fachada o delantera de un edificio, mueble, etc. 3 ARQ **FRONTÓN.**

frontón 1 *m.* ARQ Remate triangular de una fachada, un pórtico o una ventana. 2 Pared contra la que se lanza la pelota en algunos juegos o deportes. 3 DEP Juego de pelota que se juega entre dos personas o equipos contrarios, que golpean alternativamente una pelota contra una, dos o tres paredes, y la recogen en su rebote. La bola o pelota es recogida e impulsada con distintos tipos de raquetas.

frotar *tr.* y *prnl.* Pasar una cosa sobre otra con fuerza y repetidamente.

frotis *m.* MED Preparación microscópica de un líquido biológico, que se dispone entre dos cristales.

fructificar 1 *intr.* Dar fruto. 2 Ser algo útil o provechoso.

fructosa *f.* QUÍM Azúcar monosacárido, isómero de la glucosa, presente en las frutas y la miel. Es metabolizado en el hígado para formar glucógeno.

frufrú *m.* Voz onomatopéyica con que se representa el ruido que produce el roce de la seda o de otra tela semejante.

frugal *adj.* Parco en comer y beber.

frugívoro, ra *adj.* ZOOL Dicho de un animal, que se alimenta de frutos.

fruición 1 *f.* Goce muy vivo en el bien que alguien posee. 2 Complacencia, goce.

fruir *tr.* e *intr.* Gozar, disfrutar un bien deseado.

fruncir 1 *tr.* Arrugar con un gesto la frente, las cejas, los labios, etc. 2 Hacer en una tela una serie de pequeños pliegues paralelos.

fruslería 1 *f.* Cosa de poco valor o entidad. 2 Dicho o hecho de poca sustancia.

frustración *f.* Acción y efecto de frustrar o frustrarse.

frustrar 1 *tr.* Privar a alguien de lo que esperaba. 2 *tr.* y *prnl.* Dejar sin efecto, malograr un intento.

fruta *f.* Fruto comestible de ciertas plantas, como la pera, el melón, la fresa, etc.

frutal *adj.* y *m.* Dicho de un árbol, que lleva fruta.

frutería *f.* Tienda o puesto donde se vende fruta.

frutero, ra 1 *adj.* Que sirve para llevar o contener fruta. 2 *m.* y *f.* Persona que vende fruta. 3 *m.* Plato para servir fruta.

fruticultura *f.* Cultivo de las plantas que producen frutas, y ciencia de cultivarlas.

fruto 1 *m.* BOT Órgano de las plantas que es el resultado del proceso de maduración del ovario de la flor después de fecundada y cuya principal función es proteger las semillas durante su desarrollo y favorecer su dispersión. Los óvulos del interior de los ovarios fecundados se desarrollan y forman las semillas. Al madurar el ovario, sus paredes forman el pericarpio, constituido por tres capas. La más externa o epicarpio suele ser una simple película epidérmica; el grosor de la capa media o mesocarpio y de la interna o endocarpio es muy variable. 2 Producto o resultado de algo. 3 Producto del ingenio o del trabajo humano. 4 Producto de la tierra o del mar que se sirve como alimento. 5 Hijo o hija: *La niña es fruto de su primer matrimonio.* || ~ **carnoso** BOT El que durante el proceso de maduración aumenta de tamaño y va reteniendo agua. Todos son indehiscentes y las partes pulposas quedan unidas a las semillas durante la dispersión. ~ **dehiscente** BOT El seco que se abre o parte al madurar, como la vaina de la arveja. La vaina propiamente dicha es el pericarpio, y el contenido son las semillas. ~ **indehiscente** BOT El seco que no se abre al madurar. ~ **seco** BOT El que pierde casi toda su humedad durante la maduración.

fuco *m.* Alga parda de ramificación dicótoma; se utiliza industrialmente para la obtención de agar-agar y yodo.

fucsia 1 *f.* Planta tropical, de la que hay varias especies, algunas trepadoras y otras arbustivas, con flores con cáliz coloreado y una corola de cuatro pétalos. El fruto es una baya pequeña. 2 *adj.* y *m.* Dicho de un color, semejante al de la flor de esta planta.

fuego 1 *m.* Desprendimiento de luz y calor producido por la combustión. 2 Materia encendida en brasa o llama. 3 Incendio. 4 Efecto de disparar un arma. 5 MED Erupción en los labios formada por pequeñas vesículas agrupadas y rodeadas de una zona inflamada rojiza. || ~ **fatuo** Inflamación que se eleva de las sustancias orgánicas en putrefacción en forma de pequeñas llamas. **~s artificiales** Artificios que contienen sustancias o mecanismos que, al encenderlos o activarlos, producen sonido, humo, movimiento, o una combinación de todo esto.

fuel *m.* Combustible viscoso obtenido por refinación del petróleo. Se usa en calefacción y como combustible industrial.

fuelle 1 *m.* Instrumento para soplar que recoge aire y lo lanza en una dirección determinada. 2 Pieza de piel u otro material plegable, que se pone en los lados de bolsos, carteras, etc., para aumentar o disminuir su capacidad.

fuente 1 *f.* Manantial de agua que brota de la tierra. 2 Construcción, generalmente de carácter decorativo, que suministra o bota agua por uno o más caños o grifos. 3 Plato grande, más o menos hondo, que se usa para servir los alimentos. 4 Principio, fundamento u origen de algo. 5 Aquello de donde fluye con abundancia un líquido. 6 Lo que sirve de información a un investigador o de inspiración a un autor. 7 Conjunto de caracteres de impresión que tienen el mismo diseño. 8 ELECTR Par de terminales eléctricos activos

A B C D E F G H I J K L M N Ñ O P Q R S T U V W X Y Z

capaces de alimentar una carga. || ~ **de energía** Fenómeno o elemento natural que se aprovecha para la producción de energía, como los hidrocarburos, el viento, la radiación solar, etc. ~ **primaria** HIST Recurso oral, escrito o iconográfico que ofrece evidencias precisas sobre los hechos o acontecimientos que se estudian: *Los testimonios y los manuscritos son fuentes primarias porque corresponden al mismo momento en que ocurren los sucesos.* ~ **radiactiva** FÍS Cualquier cantidad de material radiactivo destinado a utilizarse como fuente de radiación ionizante. ~ **secundaria** HIST Documento o conjunto de datos de una investigación que se crea a partir de las fuentes primarias, en el que el historiador presenta el proceso que sigue para analizarlas y las conclusiones obtenidas: *Las fuentes secundarias recopilan datos en un momento posterior a los hechos.* ~ **termal** GEO Manantial en el que las aguas afloran a una temperatura muy elevada y poseen un alto contenido de sales minerales.

fuera 1 *adv. l.* A la parte o en la parte exterior de cualquier espacio: *La dejó fuera de su casa toda la noche.* 2 Indica que algo no está dentro de unos límites o una actividad: *Su comportamiento estuvo fuera de lugar; Te dejaron fuera del campeonato por tu bajo rendimiento.* 3 *interj.* Se usa para indicarle a alguien que debe retirarse: *¡Fuera, no soporto más sus impertinencias!*

fuero 1 *m.* Jurisdicción, poder. 2 Derecho moral que se reconoce a ciertas actividades o profesiones por su propia naturaleza. 3 HIST En la Edad Media, derechos o privilegios que se otorgaban a un territorio, una ciudad o una persona.

fuerte 1 *adj.* Que tiene fuerza y resistencia. 2 Robusto, corpulento. 3 Duro, resistente, difícil de romper. 4 Dicho de un experto en una ciencia o un arte. 5 Dicho de un color, sabor u olor, intenso. 6 FON Dicho de un sonido, muy perceptible. Se usa referido específicamente a las vocales *a, e, o.* 7 MÚS Esfuerzo de la voz en las notas señaladas con una *f.* 8 *m.* Recinto fortificado. 9 Actividad en la que se sobresale: *La cocina es mi fuerte.*

fuerza 1 *f.* Capacidad para mover o desplazar a alguien o algo que tenga peso y haga resistencia. 2 Capacidad física de soportar un peso o una presión, o de oponerse a un empuje. 3 Aptitud o disposición moral para hacer, enfrentar o tolerar algo: *Hay que tener fuerza para soportar una situación así.* 4 Poder y eficacia de algunas cosas: *La fuerza del color se pierde con el tiempo.* 5 Tenacidad, vitalidad. 6 Violencia empleada para conseguir un fin: *Los desalojaron a la fuerza.* 7 FÍS Causa capaz de modificar el estado de reposo o movimiento de un cuerpo. Es una magnitud vectorial que se define en función de su dirección, sentido e intensidad. Se representa por F y es igual al producto entre la masa (m) y la aceleración (a). $F = m \cdot a$. Corresponde a la segunda ley del **movimiento** de Newton o ecuación fundamental de la dinámica 8 FÍS **caballo** de ~. 9 FÍS **campo** de ~; **momento** de una ~. || ~ **aérea** Cuerpo militar basado en la aviación. ~ **centrífuga** FÍS Fuerza de inercia que se manifiesta en todo cuerpo, alejándose del centro, cuando se le obliga a describir una trayectoria circular. Es igual y contraria a la centrípeta. ~ **centrípeta** FÍS Aquella que es preciso aplicar a un cuerpo para que, venciendo la inercia, se mantenga moviéndose en una trayectoria circular. ~ **conservativa** FÍS La que realiza un cuerpo y depende solamente de los puntos inicial y final y no del trayecto que sigue para ir de un punto a otro. ~ **de atracción** FÍS La que experimentan los cuerpos al acercarse debido a que poseen una carga eléctrica distinta: *La fuerza de atracción es proporcional a la masa y contraria a la fuerza de repulsión.* ~ **de Coriolis** FÍS Inercia que experimentan los cuerpos en movimiento debida a la rotación de la Tierra. Es notable en el movimiento de los vientos y en los remolinos de los líquidos. ~ **de repulsión** FÍS La que experimentan los cuerpos al separarse violentamente porque poseen una misma carga eléctrica: *La fuerza de repulsión es contraria a la fuerza de atracción.* ~ **de trabajo** ECON En el marxismo, conjunto de capacidades físicas e intelectuales que emplea el ser humano en la producción de los bienes materiales. ~ **disipativa** FÍS La que transforma la energía mecánica o el movimiento de un cuerpo, en calor: *Los neumáticos de un vehículo se calientan por el rozamiento con el asfalto, debido a la fuerza disipativa.* ~ **electromagnética** FÍS La que hace que los cuerpos con carga eléctrica se atraigan o se rechacen entre sí: *En la fuerza electromagnética se presenta el intercambio de fotones.* ~ **electromotriz** ELECTR Magnitud física que se manifiesta por la diferencia de potencial que origina entre los extremos de un circuito abierto o por la corriente que produce en un circuito cerrado. ~ **magnetomotriz** FÍS Causa productora de los campos magnéticos creados por las corrientes eléctricas. ~ **motora** o **motriz** FÍS La que genera el movimiento de un cuerpo. ~ **neta** FÍS La que corresponde a la sumatoria de todas las fuerzas que actúan sobre un cuerpo. ~ **normal** FÍS La que ejerce una superficie sobre un cuerpo que se apoya en ella. ~ **restauradora** FÍS La que se opone a la deformación de un material según la elasticidad de este último. ~**s armadas** Conjunto de ejércitos de un país.

fuete 1 *m.* Rejo, tira de cuero. 2 **FUSTA.** 3 **LÁTIGO.**

fuga 1 *f.* Huida, escapada. 2 Salida accidental de un líquido o fluido por un orificio o una grieta. 3 GEOM **punto** de ~. 4 MÚS Composición musical que gira sobre un tema y su contrapunto, repetidos en diferentes tonos.

fugar 1 *tr.* Poner en fuga o huida. 2 *prnl.* Escaparse, huir.

fugaz 1 *adj.* Que desaparece rápidamente. 2 De corta duración, breve. 3 Que pasa muy aprisa.

fugitivo, va *adj.* y *s.* Que anda huyendo y escondiéndose.

fulano, na *m.* y *f.* Voz con que se suple el nombre de alguien o se alude a una persona imaginaria.

fulcro *m.* FÍS Punto de apoyo de la palanca.

fulgir *intr.* Brillar, resplandecer.

fulgor *m.* Acción y efecto de fulgurar.

fulgurar 1 *intr.* Brillar, resplandecer, despedir rayos de luz. 2 Destacar pasajeramente alguien en una actividad.

fullería 1 *f.* Engaño en el juego. 2 Astucia, trampa.

fulminante 1 *adj.* Que fulmina. 2 Rápido, de efecto inmediato. 3 *adj.* y *m.* Dicho de una sustancia, que estalla con explosión al golpearla.

fulminar 1 *tr.* Matar a una persona o un animal un rayo. 2 Ser derribado o dañado algo por un rayo. 3 Causar una enfermedad la muerte repentina.

fumante 1 *adj.* Que humea. 2 QUÍM Dicho de una sustancia, que, a temperatura ambiente, emite vapor visible.

fumar 1 *intr.* Echar o despedir humo. 2 *intr.* y *tr.* Aspirar y despedir el humo del tabaco u otra sustancia que se hace arder en pipa, cigarrillo, etc.

fumarola 1 *f.* GEO Emisión de gases y vapores procedentes de un conducto volcánico o de un flujo de lava. 2 GEO Grieta próxima al cráter de un volcán por donde salen gases.

fumigante *m.* Producto químico utilizado para la fumigación.

fumigar 1 *tr.* Desinfectar mediante humo, gas o vapores adecuados. 2 Combatir plagas de insectos u otros organismos nocivos por este medio.

funámbulo, la *m.* y *f.* Saltimbanqui que hace ejercicios en la cuerda o en el alambre.

función 1 *f.* Actividad propia de un ser vivo y de sus órganos, o de las máquinas e instrumentos. 2 Actividad o servicio propio de un cargo u oficio. 3 Acto público, representación o espectáculo al que concurre mucha gente. 4 Ling Papel que, en la estructura gramatical de la oración, desempeña un elemento fónico, morfológico, léxico o sintáctico. 5 Mat Relación entre dos magnitudes, de modo que a cada valor de una de ellas corresponde un determinado valor de la otra. Tiene la forma $y = f(x)$, donde x es la variable independiente y y la variable dependiente. 6 Mat **APLICACIÓN**. 7 Quím Carácter químico de un cuerpo, determinado por la clase de reacciones de que es capaz. || ~ **afín** Mat **APLICACIÓN** afín. ~ **antiderivada** Mat La que resulta del proceso contrario a la **derivación**, que consiste en encontrar una función que al ser derivada produce la función dada. ~ **biyectiva** Mat La que en una relación entre conjuntos indica que a cada elemento del conjunto de salida le corresponde una imagen distinta en el conjunto de llegada y viceversa. ~ **circular** Mat **FUNCIÓN** trigonométrica. ~ **compuesta** Mat La que se forma por la composición de dos funciones sucesivas, en la que el resultado de una de ellas es el inicio de la función siguiente. ~ **constante** Mat La que toma el mismo valor para cualquier **variable independiente**. ~ **continua** Mat La que en un **intervalo** se representa por medio de una curva en la que se observa un trazo sin interrupciones. ~ **creciente** Mat Aquella que cuando aumenta el valor x también aumenta el valor de y. ~ **cuadrática** Mat La que se determina por una ecuación del tipo $y = f(x)= ax^2 + bx + c$ donde a y b son números reales y a es diferente a cero. ~ **decreciente** Mat Aquella que cuando disminuye el valor de x también disminuye el valor de y. ~ **de onda** Fís En la **mecánica cuántica**, la que permite medir y representar las magnitudes de una partícula o del sistema al que pertenecen. ~ **explícita** Mat En la que el valor de la variable dependiente es directamente calculable a partir de valores que toman la variable o las variables independientes. ~ **exponencial** Mat La representada por $f(x) = a^x$, en la que la x, variable independiente, es un exponente. ~ **impar** Mat La que es simétrica con respecto al origen de sus coordenadas y se determina por la ecuación $f(-x) = -f(x)$. ~ **implícita** Mat En la que el valor de la variable dependiente no es directamente calculable a partir de los valores que toman la variable o las variables independientes. ~ **inversa** o **recíproca** Mat La que determina para otra función g que si $f(a) = b$, entonces $g(b) = a$. ~ **invertible** Mat Aquella cuya relación recíproca es también una función. ~ **inyectiva** o **uno a uno** Mat En la que cada elemento del **rango** es la imagen de un único elemento del **dominio**. ~ **lineal** Mat **APLICACIÓN** lineal. ~ **logarítmica** Mat La que se determina por la ecuación $f(x) = \log_a x$ donde a es positiva y distinta de 1. ~ **par** Mat La que es simétrica con respecto al eje y y se determina por la ecuación $f(x) = f(-x)$. ~ **periódica** Mat En la que las imágenes de los valores de x se repiten en cada cierto intervalo. ~ **polinómica** Mat La determinada por una ecuación de la forma $y = a_n x^n + a_{n-1} + ... + a_1 x + a_0$, donde cada a_k es un número real y a_n *0*. ~ **racional** Mat La construida como el cociente de dos funciones polinómicas. ~ **sobreyectiva** Mat La que se aplica sobre todo el **codominio**, es decir, en la que a cada imagen de y le corresponde como mínimo un elemento de x. ~ **trigonométrica** Mat Cada una de las funciones que dan distintas relaciones entre los lados y los ángulos de un triángulo rectángulo. ~ **valor absoluto** Mat La que siempre representa distancias y se determina por la ecuación $f(x) = |x|$: *La gráfica de la función valor absoluto tiene la forma de una V*. ~ **vital** Fisiol Proceso fisiológico indispensable para el organismo, como la nutrición, la excreción y la respiración.

funcional 1 *adj.* Perteneciente o relativo a las funciones. 2 Dicho de una construcción, un mueble o un objeto, de concepción práctica y utilitaria. 3 Dicho de una cosa, que está eficazmente adecuada a sus fines. 4 Perteneciente o relativo a las funciones biológicas o psíquicas. 5 Ling Dicho de una unidad gramatical, que es de relación, a diferencia de una de contenido léxico. 6 Med Dicho de un síntoma y trastorno, en el cual la alteración morbosa de los órganos no va acompañada de lesiones visibles. 7 Quím **grupo** ~.

funcionalismo *m.* Arq Tendencia de la arquitectura racionalista, que busca el equilibrio entre la estética y los elementos formales y prácticos.

funcionar 1 *intr.* Realizar algo o alguien las funciones que le son propias. 2 Ir, resultar bien.

funcionario, ria *m.* y *f.* Empleado fijo de la administración pública.

funda *f.* Cubierta o bolsa de forma adecuada con que se envuelve algo para protegerlo.

fundación 1 *f.* Acción y efecto de fundar. 2 Principio y origen de algo. 3 Institución altruista, con patrimonio y estatuto jurídico propios, cuyos fines han sido establecidos por su fundador.

fundamental *adj.* Que sirve de fundamento o es lo principal en algo.

fundamentalismo 1 *m.* Movimiento religioso, social y político, basado en la interpretación literal de los textos sagrados o primigenios y en la negación del conocimiento científico y la reflexión filosófica. 2 Exigencia intransigente de sometimiento a una doctrina o práctica establecida.

fundamentar 1 *tr.* Establecer, asegurar y hacer firme algo. 2 **CIMENTAR**, echar los cimientos de una construcción.

fundamento 1 *m.* Principio o base de algo. 2 Razón principal o motivo con que se pretende afianzar algo. 3 *m. pl.* Principios o conocimientos básicos de una ciencia o un arte. 4 **CIMIENTOS**.

fundar 1 *tr.* Establecer, crear una ciudad, un edificio, un negocio, una institución, etc. 2 *tr.* y *prnl.* Apoyar, poner una cosa material sobre otra. 3 Basar, apoyar con motivos y razones eficaces.

fundente 1 *adj.* Que facilita la fusión. 2 *m.* Quím Sustancia que se mezcla con otra para rebajar su punto de fusión.

fundición 1 *f.* Acción y efecto de fundir metales. 2 Lugar donde se funden metales. 3 Hierro fundido que sale de los hornos altos y se solidifica en un molde.

fundido, da 1 *adj.* Muy cansado, abatido. 2 Dicho de lo que se ha sometido a un proceso de fundición. 3 **hierro** ~. 4 *m.* Acción y efecto de fundir. 5 Cin Paso de una escena a otra cerrando a negro y abriendo de forma gradual. 6 Cin Mezcla de los últimos momentos de una secuencia con los primeros de otra.

fundir 1 *tr.* e *intr.* Derretir, transformar un sólido en un líquido por la acción del calor. • U. t. c. prnl. 2 *tr.* Dar forma en moldes al metal fundido. 3 En una composición pictórica, mezclar, aún frescos, los colores en las áreas de transición. 4 Cin Mezclar los últimos momentos de una imagen o de un sonido con los primeros de otra secuencia. 5 *tr.* y *prnl.* Reducir cosas diferentes a una sola. 6 Quedar inservible un motor. 7 *prnl.* Unirse intereses o partidos de ideologías contrarias.

fundo *m.* Heredad o finca rústica.

fúnebre 1 *adj.* Perteneciente o relativo a los difuntos. 2 Triste, sombrío.

funeral 1 *adj.* Perteneciente o relativo al entierro o a las exequias. 2 *m.* Oficio religioso en memoria del difunto. 3 Ceremonia del entierro.

funerario, ria 1 *adj.* Perteneciente o relativo al entierro o a las exequias. 2 *f.* Empresa encargada de organizar entierros y funerales.

funesto, ta 1 *adj.* Aciago. 2 Triste y desgraciado.

fungible *adj.* Que se consume con el uso.

fungicida *adj.* y *m.* Dicho de una sustancia, que es apta para combatir hongos.

fungir 1 *intr.* Desempeñar un empleo o un cargo. 2 Dárselas de algo: *Fungir de rico.*

funicular *adj.* y *m.* Dicho de un vehículo, que está destinado a recorrer una pendiente fuerte y cuya tracción se efectúa por medio de un cable o una cadena.

furcia *f.* PROSTITUTA.

furfurol *m.* QUÍM Aceite incoloro, aromático, que se forma por la acción del ácido sulfúrico sobre las pentosas.

furgón *m.* Carro o vagón largo y cubierto para el transporte de mercancías, equipajes, municiones, etc.

furgoneta *f.* Vehículo de cuatro ruedas, cubierto, de menor tamaño que el camión, con una puerta trasera para la carga y descarga de mercancías.

furia 1 *f.* Ira exaltada, cólera. 2 Actividad, agitación violenta: *Furia del mar.*

furibundo, da 1 *adj.* Airado, propenso a enfurecerse. 2 Que denota furia. 3 Apasionado: *Hincha furibundo.*

furierismo *m.* Sistema utópico de organización social propuesto por Charles Fourier, que excluye la propiedad privada y la familia, y agrupa a las personas en falansterios.

furioso, sa 1 *adj.* Lleno de furia. 2 Muy grande, excesivo.

furor 1 *m.* Cólera, furia. 2 Agitación violenta propia de la demencia o del delirio pasajero. 3 Entusiasmo creativo. 4 Momento de mayor intensidad de una moda o costumbre.

furtivo, va 1 *adj.* Que se hace a escondidas. 2 *adj.* y *s.* Dicho de una persona, que caza o pesca sin permiso.

fusa *f.* MÚS Nota musical cuyo valor es la mitad de la semicorchea.

fuselaje *m.* Cuerpo central del avión donde se alojan los pasajeros y la carga.

fusible 1 *adj.* Que puede fundirse. 2 *m.* ELECTR En un circuito eléctrico, dispositivo que interrumpe la corriente fundiéndose cuando esta es excesiva.

fusiforme *adj.* Que tiene forma de huso.

fusil *m.* Arma de fuego, portátil, de tiro individual y cañón largo.

fusilamiento *m.* Acción y efecto de fusilar.

fusilar 1 *tr.* Ejecutar mediante una descarga de fusilería. 2 coloq. Plagiar o copiar en lo sustancial obras ajenas.

fusión 1 *f.* Efecto de fundir o fundirse. 2 Unión de intereses, ideas o partidos. 3 ECON Integración de varias empresas en una sola entidad. 4 ECON **monopolio** por ~. 5 FÍS y QUÍM Paso del estado sólido al líquido. || ~ **nuclear** FÍS Reacción nuclear en la que se producen núcleos pesados a partir de la unión de otros más ligeros, con gran liberación de energía. Es el fundamento de la bomba de hidrógeno y el origen de la energía solar. **punto de** ~ FÍS y QUÍM Temperatura a la cual una determinada sustancia pura se transforma en líquida.

fusionar *tr.* y *prnl.* Producir una fusión.

fusta *f.* Vara fina y flexible, con una trencilla de cuero en un extremo, usada para estimular a las caballerías.

fuste 1 *m.* ARQ Parte de la columna que media entre el capitel y la base. 2 BOT Conjunto del tallo y las hojas de una planta.

fustigar 1 *tr.* Azotar. 2 Censurar con dureza.

fútbol (Tb. futbol) *m.* DEP Juego entre dos equipos con once jugadores cada uno, cuya finalidad es hacer entrar un balón en una portería o meta que defiende cada uno de los bandos, guardada por un portero o guardameta. Los jugadores pueden impulsar el balón con todo el cuerpo, excepto con las manos; solo el portero puede hacerlo. || ~ **americano** DEP Deporte de origen estadounidense, más parecido al rugby que al fútbol, cuyos jugadores llevan aparatosas protecciones para la cabeza y el cuerpo dada la violencia del juego. ~ **de sala** o **salón** Modalidad de fútbol que se practica entre dos equipos de cinco jugadores en la que el tamaño del campo de juego, generalmente cubierto, y la portería son más reducidos.

futbolín *m.* Cierto juego en que figurillas accionadas mecánicamente remedan un partido de fútbol.

futbolista *m.* y *f.* DEP Jugador de fútbol.

futilidad *f.* Poca o ninguna importancia de una cosa.

futurismo *m.* ART Movimiento ideológico y artístico cuyas orientaciones fueron formuladas por F. T. Marinetti en 1909. Pretendía renovar el arte rompiendo con el pasado y revolucionando los conceptos.

futuro, ra 1 *adj.* y *m.* Que está por venir o suceder. 2 GRAM Tiempo verbal que expresa una acción, un proceso o un estado de cosas que tienen que suceder o que pueden suceder: *Daré; Habré dado; Diere.* 3 *m.* Porvenir, tiempo que ha de llegar. 4 *m.* y *f.* Persona que tiene un compromiso formal de matrimonio con otra.

futurología *f.* Estudios que tratan del porvenir.

g *f.* Séptima letra del alfabeto español. • Su nombre es *ge.* Seguida inmediatamente de *e* o *i*, representa un sonido de articulación velar fricativa sorda: *Genio, giro, colegio.* Delante de las vocales *a, o, u* o de consonante, representa un sonido consonántico velar y sonoro: *Gato, gorra, regular / dogma, ignorante, grosero.* Cuando este sonido velar sonoro precede a una *e* o *i*, se transcribe interponiendo una *u* que no se pronuncia, formando el dígrafo *gu*: *Guerra, higuera / guitarra, Miguel*; si la *u* debe pronunciarse en alguna de estas combinaciones, se marca con diéresis: *Antigüedad, desagüe, argüir.* pl.: *ges.* V. tabla Consonantes, usos, p. 157.

gabán 1 *m.* Abrigo. 2 Capote con mangas.

gabardina *f.* Prenda de tela impermeable que se lleva como abrigo.

gabela 1 *f.* Beneficio, ventaja. 2 Impuesto o contribución que se paga al Estado.

gabinete 1 *m.* Habitación de carácter más o menos íntimo destinada a estudiar o recibir visitas. 2 Habitación provista de los aparatos necesarios, donde los médicos examinan y tratan a sus pacientes. 3 Conjunto de ministros de Estado. 4 Balcón cubierto.

gabro *m.* Geo Roca eruptiva granular, pesada y generalmente de color verdoso.

gacela *f.* Mamífero rumiante artiodáctilo de los bóvidos, de cuerpo esbelto, ojos vivos, patas largas y finas y astas curvadas en forma de lira. Vive en Asia y África. Hay varias especies.

gaceta *f.* Periódico de noticias políticas, literarias y artísticas.

gacetilla 1 *f.* Parte de un periódico destinada a la inserción de noticias cortas. 2 Cada una de estas noticias.

gacho, cha 1 *adj.* Inclinado hacia abajo: *La vaca de cuernos gachos.* 2 *f.* Cuenco de barro.

gádido, da *adj.* y *s.* Zool Dicho de un pez, de cuerpo alargado y escamas cicloideas, propio de los mares fríos y templados, como el bacalao y la merluza. Conforma una familia.

gadolinio *m.* Quím Elemento metálico de las tierras raras, de apariencia blanca-metálica. Se usa en los reactores nucleares, en mecanismos electrónicos, en aparatos magnéticos para refrigeración, etc. Símbolo: Gd. Número atómico: 64. Peso atómico: 157,25. Punto de fusión: 1313 °C. Punto de ebullición: 3273 °C.

gaélico *m.* Ling Grupo de lenguas célticas habladas en zonas de Irlanda y Escocia, como el escocés y el irlandés.

gafa *f.* Ópt Útil óptico compuesto de una estructura de material diverso, dos lentes y unas patillas para sostenerlos en las orejas. • U. m. en pl.

gagá *adj.* Caduco, achacoso.

gaguear *intr.* Tartamudear.

gaita 1 *f.* Mús Instrumento de viento formado por una especie de fuelle unido a tres tubos, uno para soplar e hinchar el fuelle, otro provisto de agujeros donde pulsan los dedos, y el tercero destinado a bajo del instrumento. 2 Mús Instrumento de viento de caña con embocadura labrada en cera, a la que se le inserta la boquilla.

gaje 1 *m.* Salario, emolumento. 2 *m. pl.* Molestias o perjuicios con motivo del empleo o la ocupación: *Gajes del oficio.*

gajo 1 *m.* Rama de árbol desprendida del tronco. 2 Racimo de frutas. 3 **esqueje.**

gala 1 *f.* Vestido lujoso. 2 Fiesta extraordinaria que requiere este tipo de vestido. 3 Representación o recital artístico. 4 *f. pl.* Trajes, joyas, adornos que se ostentan.

galáctico, ca *adj.* Astr Perteneciente o relativo a la Vía Láctea o a otra galaxia.

gálago *m.* Lemúrido con la cola más larga que el cuerpo y extremidades posteriores más largas y robustas que las anteriores.

galaicoportugués, sa (Tb. galaico-portugués) *adj.* **gallegoportugués.**

galán 1 *m.* Hombre guapo y apuesto. 2 Hombre que galantea a una mujer. 3 Actor, joven y atractivo, que hace el papel protagonista.

galante 1 *adj.* Atento, obsequioso. 2 Dicho de una mujer, que gusta de galanteos. 3 Dicho de una obra artística, que trata con picardía el tema amoroso: *Ópera galante.*

galantear *tr.* Cortejar a una mujer, obsequiándola o piropeándola.

galápago 1 *m.* Tortuga carnívora acuática cuyo caparazón es menos compacto que el de las tortugas terrestres y con membranas interdigitales que facilitan su desplazamiento en el agua. Hay varias especies. 2 Silla de montar. 3 Asiento de la bicicleta.

galardón *m.* Premio o recompensa de tipo honorífico.

gálata *adj.* y *s.* De un pueblo celta emigrado de La Galia y establecido en Asia Menor.

galaxia *f.* Astr Cada uno de los sistemas de estrellas situados fuera de la Vía Láctea.

□ Astr Las galaxias se clasifican por su morfología en **elípticas** (el 20 % del total); **espirales normales**, que forman el 75 % de las conocidas y tienen dos o tres brazos; **espirales barradas**, que muestran una barra que pasa por su centro, de la que parten los brazos; e **irregulares**, cuya forma no presenta simetría alguna.

gálbula *f.* Bot Fruto en forma de cono corto, y de base redondeada, que producen el ciprés y algunas plantas análogas.

galena *f.* Geo Mineral de sulfuro de plomo, opaco, de color gris a negro y brillo intenso, que detecta señales radioeléctricas. Es una mena importante de plomo y de plata.

galeno *m.* Médico, persona autorizada para ejercer la medicina.

galeón 1 *m.* Bajel grande de vela con tres o cuatro palos. 2 Hist Cada una de las naves de gran porte utilizadas en los ss. XV-XVII para el comercio entre el Nuevo Mundo y el puerto de Cádiz.

galeote *m.* Hombre que remaba forzado en las galeras.

galera 1 *f.* Embarcación de vela latina y remo, de escaso calado, que se utilizó desde la Antigüedad hasta el s. XVII, especialmente en el Mediterráneo. 2 **COBERTIZO.** 3 **GALERADA.** 4 *f. pl.* Hist Pena de servir remando en las galeras reales, que se imponía a ciertos delincuentes.

galerada *f.* En imprenta, prueba de la composición o de algún trozo, que se saca para corregirla.

galería 1 *f.* Pieza larga y espaciosa con muchas ventanas. 2 Corredor descubierto o con vidrieras. 3 Sala de exposición o venta de obras de arte. 4 Camino estrecho y largo que se hace en excavaciones subterráneas. 5 Parte alta y más económica de un teatro. 6 Bastidor que se coloca en la parte superior de una puerta o un balcón para colgar en él las cortinas. 7 Pasaje interior con varios establecimientos comerciales.

galerna *f.* Viento súbito y borrascoso.

galerón 1 *m.* Folcl Romance popular que se recita. 2 Folcl Danza zapateada de la región de Los Llanos, en Colombia y Venezuela, acompañada de coplas.

galés, sa 1 *adj.* y *s.* Natural de Gales o relacionado con este país del Reino Unido. 2 *m.* Ling Lengua céltica, hablada principalmente en Gales.

galgo, ga 1 *adj.* **GOLOSO**, aficionado a comer golosinas. 2 *s.* y *adj.* Perro de caza, de patas largas y musculatura potente. 3 *f.* Cada una de las cintas cosidas al calzado para sujetarlo a la pierna.

galicanismo *m.* Hist Sistema doctrinal francés que postulaba la independencia de la Iglesia católica y el gobierno de Francia en relación con el papa. Alcanzó su máximo desarrollo bajo las monarquías absolutas de los ss. XVII y XVIII.

galicismo *m.* Ling Palabra o giro de la lengua francesa usado en otro idioma.

gálico, ca *adj.* De las Galias o relacionado con esta antigua zona de Europa.

galileo, a 1 *adj.* y *s.* Natural de Galilea o relacionado con este país de Tierra Santa. 2 *m.* Jesucristo y los cristianos. 3 *f.* Rel En la Iglesia griega, tiempo que media entre la Pascua de Resurrección y la Ascensión.

galimatías 1 *m.* coloq. Lenguaje incomprensible, confuso. 2 Lío, desorden.

galio *m.* Quím Elemento metálico de color gris azulado en estado sólido y plateado en estado líquido. Suele encontrarse en los minerales de cinc. Se emplea en termómetros de alta temperatura y algunos de sus compuestos se utilizan en transistores, fotoconductores y diodos de láser y máser. Símbolo: Ga. Número atómico: 3. Peso atómico: 69,72. Punto de fusión: 30 °C. Punto de ebullición: 2403 °C.

gallardete 1 *m.* Bandera pequeña, larga y rematada en punta. 2 Ramito o flor que usa el novio en la solapa del traje.

gallardía 1 *f.* Bizarría y buen aire, especialmente en el movimiento del cuerpo. 2 Esfuerzo y arrojo en acometer las empresas.

gallego, ga 1 *adj.* y *s.* De Galicia o relacionado con esta comunidad autónoma de España. 2 *m.* Ling Lengua románica hablada en Galicia y en algunas zonas de Asturias, León y Zamora.

gallegoportugués, sa (Tb. gallego-portugués) 1 *m.* Ling Antigua lengua romance que originó el gallego y el portugués actuales. 2 *adj.* Propio de la poesía o de la escuela de lírica medieval que se expresó en esa lengua.

gallero, ra 1 *adj.* y *s.* Aficionado a las riñas de gallos. 2 *m.* y *f.* Persona que se dedica a la cría de gallos de pelea. 3 *f.* Espacio destinado a la cría o pelea de gallos.

galleta *f.* Pasta de harina, azúcar y otros ingredientes que se cuece al horno en trozos pequeños.

galliforme 1 *adj.* Que tiene forma de gallo. 2 *adj.* y *s.* Zool Dicho de un ave, que se caracteriza por su escasa capacidad para el vuelo, y por sus costumbres terrestres y aspecto compacto. Tiene patas robustas y uñas fuertes, que usa para escarbar en el suelo, como la gallina, el pavo, la perdiz y el faisán.

gallina[1] *adj.* y *s.* Persona o animal cobarde.

gallina[2] *f.* **GALLO.**

gallinaza *f.* Excremento o estiércol de gallina.

gallinazo *m.* Ave carroñera de olfato muy desarrollado cuya distribución abarca todo el continente americano excepto Alaska y Canadá. De cabeza desplumada, de color rojizo y plumaje muy oscuro.

gallinero 1 *m.* Lugar donde las aves de corral se crían o recogen a dormir. 2 Parte del teatro cuyas localidades son las más baratas.

gallito 1 *m.* Rehilete, flecha de tiro al blanco. 2 **VOLANTE**, del juego del bádminton. || ~ **de roca** Ave paseriforme de América del Sur, que se caracteriza por su cresta, de diversos colores, en forma de peine sobre la cabeza.

gallo, llina 1 *m.* y *f.* Ave galliforme doméstica, con cresta roja y carnosa, pico corto y curvo, y plumaje vistoso. El macho tiene tarsos fuertes con espolones, y la hembra es de menor tamaño y su cresta es más pequeña. 2 *m.* Nota falsa emitida involuntariamente al cantar o al hablar. 3 Dep Categoría según el peso en diversos deportes. En boxeo, hasta 54 kg; en halterofilia, hasta 56 kg, y en lucha libre hasta 57 kg. || ~ **de Guinea** Ave galliforme, poco mayor que la gallina común, de cabeza pelada y plumaje negro azulado con manchas blancas.

galo, la 1 *adj.* y *s.* Natural de la Galia o relacionado con esta región de la antigua Europa. 2 **FRANCÉS.** 3 *m.* Ling Lengua celta hablada en la Galia, parte de Europa central y N de Italia.

galón[1] 1 *m.* Tejido fuerte y estrecho, a manera de cinta, que sirve para guarnecer vestidos u otras cosas. 2 Distintivo que llevan en el brazo o en la bocamanga las diferentes clases del ejército.

galón[2] *m.* Medida de capacidad para líquidos que en unos países equivale a algo más de 4,5 litros, y en otros, a algo menos de 3,8 litros.

galopante 1 *adj.* Que galopa. 2 Dicho especialmente de una enfermedad, que avanza y se desarrolla muy rápidamente.

galopar 1 *intr.* Ir el caballo a galope. 2 Cabalgar en un caballo que va a galope.

galope *m.* Marcha más veloz del caballo.

galpón *m.* Cobertizo grande.

galvanismo 1 *m.* Biol Inducción de fenómenos fisiológicos mediante electricidad. 2 Electr Electricidad desarrollada por el contacto de dos metales diferentes, generalmente cobre y cinc, con un líquido interpuesto.

galvanizar *tr.* Dar un baño de cinc fundido a un alambre, una plancha de hierro, etc., para que no se oxide.

gama[1] *f.* Escala o serie de cosas comparables pertenecientes a una misma categoría, dentro de la cual están clasificadas de acuerdo con su talla, valor, duración, tono, color, etc.

gama[2] *f.* **GAMO.**

gamada *adj.* **cruz ~.**

gamba *f.* Crustáceo decápodo de cuerpo aplastado lateralmente, patas torácicas largas y delgadas. Se parece al langostino y también es comestible.

gambeta 1 *f.* Movimiento de la danza que se hace cruzando las piernas en el aire. 2 Ademán hecho con el cuerpo, torciéndolo para evitar un golpe o una caída. 3 En el fútbol, movimiento hábil y adornado de un jugador.

gambito *m.* Lance del ajedrez consistente en sacrificar, al principio de la partida, un peón o una pieza para lograr una posición favorable.

gameto *m.* BIOL Cada una de las células masculina y femenina que, unidas en la fecundación, forman el huevo o cigoto.

gametofito (Tb. gametófito) *m.* BOT Orgánulo propio de plantas con alternancia de generaciones. Se forma a partir de una espora, y produce gametos.

gamma 1 *f.* Tercera letra del alfabeto griego (Γ, γ); corresponde a la *g* del latino. 2 FÍS **rayos** ~.

gammaglobulina *f.* FISIOL Mezcla de proteínas del plasma sanguíneo que contiene anticuerpos producidos en el hígado, el bazo, la médula ósea y los ganglios linfáticos.

gamo, ma *m.* y *f.* Mamífero rumiante de los cérvidos, de pelaje rojizo oscuro con pequeñas manchas blancas. La hembra se distingue del macho por la falta de cuernos; este los tiene en forma de pala con ramificaciones terminales.

gamonal *m.* CACIQUE, persona que en una comarca ejerce excesiva influencia.

gamopétalo, la *adj.* BOT Dicho de una flor o de su corola, que tiene los pétalos soldados entre sí.

gamuza 1 *f.* Rumiante bóvido parecido al antílope, del tamaño de una cabra grande y de cuernos cortos curvados hacia atrás. Vive en las altas montañas de Europa, en los Alpes y los Pirineos. 2 Piel de este animal tratada. 3 Tela o papel con las características de esta piel.

gana *f.* Apetencia, deseo o inclinación a hacer algo.

ganadería 1 *f.* Conjunto del ganado de un país, región o explotación particular. 2 Tipo o raza especial de ganado. 3 Conjunto de actividades relacionadas con la cría de ganado. || ~ **extensiva** La que basa su sistema de explotación en la trashumancia de los animales por grandes extensiones de terreno. ~ **intensiva** La que lo basa en una explotación altamente tecnificada que permite concentrar los animales en terrenos de poca extensión.

ganado *m.* Conjunto de animales cuadrúpedos domésticos que se apacientan y andan juntos. || ~ **bravo** El de las ganaderías de toros para la lidia. ~ **mayor** El compuesto por vacas, mulas, caballos, llamas, etc. ~ **menor** El compuesto por ovejas, cabras, etc.

ganancia 1 *f.* Acción y efecto de ganar. 2 Beneficio que resulta de una venta o un negocio, especialmente dinero.

ganar 1 *tr.* Adquirir algo, en especial dinero, como resultado de un trabajo, comercio, negocio o esfuerzo. 2 Recibir un sueldo. 3 Lograr algo de lo que no se disponía: *Ganar tiempo; Ganaron terreno al mar.* 4 Llegar al lugar o meta que se pretende: *Ganar la orilla.* 5 Captar la voluntad de alguien. 6 Aventajar, exceder. 7 *tr.* e *intr.* Obtener el triunfo en un juego, una batalla o un pleito. 8 *tr.* y *prnl.* Adquirir algo: *Se ganó un resfrío.* 9 Obtener algo o hacerse merecedor a ello: *Se ganó una beca; Se ganó un golpe por distraído.* 10 *intr.* Mejorar, prosperar.

ganchillo *m.* Labor o acción de trabajar con aguja de gancho.

gancho 1 *m.* Instrumento de metal, madera, etc., con un extremo curvado y puntiagudo para enganchar, agarrar o colgar algo. 2 DEP En boxeo, golpe dado con el brazo doblado.

ganga 1 *f.* Cosa apreciable que se adquiere por poco precio o con poco esfuerzo. 2 Materia inútil que acompaña a los minerales.

ganglio *m.* ANAT Cada uno de los órganos con aspecto de nudo, intercalados en el trayecto de los vasos linfáticos y en cuyo interior se forman los linfocitos. Actúan como filtros para la linfa. || ~ **nervioso** ANAT Centro nervioso constituido por una masa de neuronas intercalada en el trayecto de los nervios.

gangoso, sa 1 *adj.* y *s.* Que habla gangueando. 2 *adj.* Dicho de este modo de hablar.

gangrena *f.* MED Muerte de un tejido o parte de un órgano originada por falta de riego sanguíneo, infección u otra causa.

ganguear *intr.* Hablar con resonancia nasal.

ganso, sa *m.* y *f.* Ave anseriforme robusta, con el cuello más largo que los patos, y patas relativamente altas. Existen variedades domésticas que se crían para aprovechar su carne y su hígado, así como sus plumas.

gánster *m.* y *f.* Bandido, malhechor que actúa asociado con otros.

ganzúa *f.* Alambre fuerte doblado por una punta a modo de garfio, que se usa para abrir cerraduras a falta de las llaves.

gañán *m.* Hombre fuerte y rudo.

gañir 1 *intr.* Aullar el perro cuando lo maltratan. 2 Quejarse algunos animales con voz semejante al gañido del perro. 3 Graznar las aves. • Vb. irreg. conjug. c. **mullir**. V. anexo El verbo.

garabato 1 *m.* Rasgo irregular hecho al escribir. 2 Vara que termina en forma de gancho y se usa para agarrar, colgar o extraer algo.

garaje 1 *m.* Local donde se guardan automóviles. 2 Taller en el que se reparan estos vehículos.

garantía 1 *f.* Acción y efecto de afianzar lo estipulado. 2 Fianza, prenda. 3 Cosa que se asegura y protege contra un riesgo o una necesidad. 4 Seguridad de que algo se realizará o sucederá. 5 Documento que responde de la calidad de un producto. 6 POLÍT **suspensión de** ~s. || ~**s constitucionales** DER Derechos que la Constitución de un Estado reconoce a todos los ciudadanos. ~**s judiciales** DER Derecho que tiene un procesado a ser escuchado en juicio y a contar con un defensor de oficio.

garantizar *tr.* Dar garantía.

garañón 1 *m.* Caballo semental. 2 Asno destinado a la reproducción. 3 Camello padre.

garapacho 1 *m.* Caparazón de tortugas y cangrejos. 2 Cazuela de forma semejante.

garapiña *f.* Bebida refrescante hecha de la corteza de la piña y agua con azúcar.

garapiñar 1 *tr.* Solidificar un líquido formando garapiña. 2 Bañar golosinas en almíbar.

garbanzo 1 *m.* Planta herbácea de las papilionáceas, de tallo duro y ramoso, hojas compuestas y aserradas, flores blancas y fruto en vaina inflada. 2 Semilla de esta planta, comestible.

garbo 1 *m.* Forma airosa de hacer algo. 2 Bizarría, desinterés y generosidad.

garceta *f.* Ave ciconiforme de plumaje blanco y cabeza con penacho corto del que cuelgan dos plumas finas.

gardenia *f.* Planta ornamental arbustiva de las rubiáceas, de hojas lisas grandes y brillantes y flores olorosas de pétalos gruesos.

garduño, ña 1 *m.* y *f.* Ratero que hurta con maña y disimulo. 2 *f.* Mamífero carnívoro mustélido, algo mayor que la comadreja.

garfio *m.* Gancho de hierro curvo y puntiagudo para aferrar algún objeto.

A B C D E F G H I J K L M N Ñ O P Q R S T U V W X Y Z

gargajo *m.* Flema que se expele de la garganta.
garganta 1 *f.* Parte anterior del cuello. 2 ANAT Espacio interno entre el velo del paladar y la entrada del esófago y de la laringe. 3 Parte más delgada y estrecha de algo. 4 Estrechamiento en un paso entre montes, ríos u otro lugar geográfico.
gargantilla *f.* Adorno que rodea el cuello.
gargarizar *intr.* Mantener un líquido en la garganta sin tragarlo, agitándolo y produciendo un ruido similar al del agua al hervir.
gárgola 1 *f.* ARQ Parte final, por lo común vistosamente adornada, del caño o canal por donde se vierte el agua de los tejados o de las fuentes. 2 **MASCARÓN.**
garguero *m.* coloq. **GÜERGÜERO.**
garimpeiro, ra *m.* y *f.* Persona que tiene por oficio buscar oro o piedras preciosas en el Amazonas.
garita *f.* Caseta de madera u otro material, para el abrigo y la comodidad de centinelas y vigilantes.
garito *m.* Casa clandestina de juego.
garlar *intr.* Hablar mucho, sin intermisión ni discreción.
garlopa *f.* Cepillo largo de carpintería, con puño, que sirve para igualar las superficies de la madera.
garniel 1 *m.* Bolsa de cuero pendiente de un cinto y con varias divisiones. 2 Estuche de cuero.
garoso, sa *adj.* Hambriento, glotón.
garra 1 *f.* Pata del animal con uñas curvas, fuertes y afiladas, aptas para destrozar la presa. 2 Fuerza, ímpetu.
garrafa 1 *f.* Vasija esférica de cuello largo y estrecho, por lo general de vidrio, con revestimiento de corcho, plástico o paja. 2 Bombona de gas.
garrafal *adj.* Dicho de una falta, de un descuido o de un error, muy grave: *Mentira garrafal.*
garrapata *f.* Ácaro hematófago parásito de los mamíferos, de forma ovalada con cuatro pares de patas terminadas en garra, piezas bucales con anclaje cubierto de garfios y un par de mandíbulas afiladas.
garrapatear 1 *intr.* y *tr.* Hacer garabatos, rasgos irregulares. 2 Escribir mal y rápido.
garrapatero *m.* Ave de pico corvo, pecho blanco o negro y alas negras, que se alimenta de garrapatas que quita al ganado.
garrapiñar[1] *tr.* Quitar una cosa agarrándola.
garrapiñar[2] *tr.* **GARAPIÑAR.**
garrido, da 1 *adj.* Gallardo, robusto. 2 Bien parecido. 3 Elegante.
garrir *intr.* Gritar el loro.
garrocha 1 *f.* Vara con un arponcillo o una punta de acero en un extremo, como la de picar la yunta de bueyes. 2 DEP Pértiga para saltar en el deporte de este nombre.
garrote 1 *m.* Palo grueso y fuerte. 2 Instrumento usado antiguamente para ejecutar la pena de muerte, consistente en un palo que retuerce una soga, o en un aro de hierro que comprime la garganta del reo.
garúa 1 *f.* **LLOVIZNA.** 2 Niebla espesa.
garza *f.* Ave ciconiforme caracterizada por poseer patas y cuello largos. De tamaño mediano a grande, habita en las zonas templadas y tropicales; construye sus nidos en los árboles de zonas pantanosas y lo hace en comunidades de gran número de individuos.
garzo, za *adj.* Dicho principalmente de los ojos, de color azulado.
garzón *m.* Garza de cabeza pequeña, con moño largo y gris y los lados del cuello, las alas y la cola, de color ceniciento.
gas 1 *m.* Todo fluido aeriforme a la presión y temperatura ordinarias. 2 FÍS Estado de la materia que se caracteriza por una densidad relativamente baja, elevada fluidez y falta de rigidez. 3 Cualquier combustible en este estado. 4 *m. pl.* Residuos gaseosos que se producen en el aparato digestivo. || ~ **compresible** FÍS y QUÍM El que al someter a un cambio de presión, sus moléculas se aproximan y hacen que reduzca su volumen. ~ **hilarante** Óxido nitroso que tiene propiedades anestésicas. ~ **ideal** FÍS Aquel cuyas moléculas son infinitamente pequeñas y no ejercen ninguna fuerza de atracción entre sí. ~ **invernadero** ECOL Cada uno de aquellos que, suspendidos en la atmósfera, absorben la radiación infrarroja y forman una capa que genera el **efecto** invernadero sobre la superficie de la Tierra. Son gases invernadero: el dióxido de carbono, el óxido nitroso y el dióxido de azufre, entre otros. ~ **lacrimógeno** El tóxico que provoca abundante efusión de lágrimas. ~ **natural** GEO Mezcla de hidrocarburos ligeros en la que predomina el metano, que se encuentra en yacimientos subterráneos porosos. Puede distribuirse por tuberías de forma directa desde el punto de origen hasta el lugar de consumo. ~ **real** FÍS Aquel cuyo comportamiento se aparta del de los gases ideales. ~**es nobles** QUÍM Grupo 18 de la tabla periódica de los elementos conformado por: helio, argón, neón, criptón, xenón y radón. No presentan tendencia a combinarse con otros elementos.
□ FÍS Las moléculas que constituyen los gases son tan energéticas que se mueven con entera libertad mutua, por ello carecen de forma y adoptan la del recipiente que las contiene. Por lo general, un pequeño cambio en la presión o en la temperatura produce un gran cambio en el volumen. La descripción del estado gaseoso y de las transformaciones que experimentan los gases se realiza mediante la teoría cinética de los gases, que se basa en las llamadas leyes de los gases: *Ley de Boyle-Mariotte*: el volumen de una masa de gas mantenida a temperatura ordinaria varía en razón inversa a la presión. Ha sido demostrada para los gases ideales. Y *ley de Guy-Lussac*: a presión constante, por cada grado de temperatura que varíe un gas ideal, el volumen experimenta una variación de 1/273.
gasa 1 *f.* Tela de seda o hilo muy fina y ligera. 2 Tejido de algodón, de malla muy clara, que se usa para curas y vendajes.
gasear 1 *tr.* Hacer que un líquido absorba gas. 2 Someter a la acción de gases asfixiantes, tóxicos, lacrimógenos, etc.
gaseoso, sa 1 *adj.* FÍS Que se halla en estado de gas. 2 Dicho de un líquido, que desprende gases. 3 *f.* Bebida refrescante, efervescente y sin alcohol.
gasificación *f.* QUÍM Acción de pasar un líquido al estado de gas.
gasificar 1 *tr.* QUÍM Disolver gas carbónico en agua. 2 QUÍM Producir la gasificación de los cuerpos químicamente tratados.
gasoducto *m.* Tubería de grueso calibre para trasladar gas combustible del lugar de producción al de consumo.
gasoil *m.* **GASÓLEO.**
gasóleo *m.* QUÍM Mezcla de hidrocarburos líquidos obtenida por la destilación fraccionada del petróleo crudo. Se usa como combustible.
gasolina 1 *f.* QUÍM Mezcla de hidrocarburos líquidos volátiles e inflamables obtenidos del petróleo crudo. Se usa en los motores de explosión y como disolvente industrial. 2 **motor de ~.**
gasolinería *f.* Establecimiento donde se vende gasolina y otros combustibles.
gasolinero, ra 1 *adj.* Perteneciente o relativo a la gasolina. 2 *m.* y *f.* Persona que tiene por oficio vender gasolina u otro combustible en una estación de servicio. 3 *f.* **GASOLINERA.**

gasometría *f.* QUÍM Método del análisis químico, basado en la medición de los gases desprendidos en las reacciones.
gastar 1 *tr.* Emplear el dinero en algo. 2 Usar, poseer. 3 Tener habitualmente: *Se gasta un genio de los demonios.* 4 *tr.* y *prnl.* Estropear, deteriorar con el uso. 5 Consumir, acabar.
gasterópodo *adj.* y *m.* ZOOL Dicho de un molusco, con la masa visceral arrollada en forma de hélice, y por lo general en el interior de una concha. Posee un pie-músculo con el que se traslada, y tiene una cabeza diferenciada, con ojos y uno o dos pares de tentáculos, como las lapas, las babosas, los caracoles de huerto, los caracoles acuáticos, etc.
gasto 1 *m.* Acción de gastar. 2 Lo que se ha gastado o se gasta. 3 FÍS Cantidad de líquido o gas que pasa por un orificio o por una tubería cada unidad de tiempo. || ~ **cardiaco** FISIOL Volumen de sangre bombeado por el ventrículo izquierdo durante un minuto. ~ **público** ECON Dinero que invierte el Estado en su propio funcionamiento y en las obligaciones que le son inherentes (defensa, obras públicas, bienestar social, educación, etc.).
gastralgia *f.* MED Dolor de estómago.
gastrectomía *f.* MED Ablación total o parcial del estómago.
gástrico, ca 1 *adj.* ANAT Perteneciente o relativo al estómago. 2 FISIOL **jugo** ~.
gastritis *f.* MED Inflamación de la mucosa del estómago. Puede ser aguda o crónica.
gastroenteritis *f.* MED Inflamación simultánea de la membrana mucosa del estómago y de la intestinal. Provoca vómitos y diarrea.
gastrointestinal *adj.* ANAT Perteneciente o relativo al estómago y a los intestinos.
gastronomía 1 *f.* Conjunto de actividades y conocimientos relacionados con el arte de preparar buenas comidas. 2 Afición a la buena comida.
gastrovascular *adj.* ZOOL Dicho de la cavidad única del cuerpo de los celentéreos, donde se efectúa la digestión.
gástrula 1 *f.* BIOL Tercer estadio del desarrollo embrionario, que sigue al de blástula. Durante él se esbozan el ectodermo, el mesodermo y el endodermo. 2 ZOOL Saco de doble pared formado por la invaginación de un hemisferio de la blástula en el otro.
gatas || **a** ~ Modo de ponerse o andar alguien con pies y manos en el suelo.
gatear 1 *intr.* Andar a gatas. 2 Elevar un peso con el gato.
gatillo 1 *m.* Dispositivo de un arma de fuego que se acciona para disparar. 2 Parte superior del pescuezo de algunos cuadrúpedos, de la cruz a la nuca. 3 MED Tenazas para extraer muelas o dientes.
gato, ta 1 *m.* y *f.* Mamífero carnívoro félido, doméstico, de unos 50 cm de largo desde la cabeza hasta el arranque de la cola, cola larga, patas cortas, garras fuertes y agudas y pelaje espeso y suave. Es muy útil como cazador de ratones. 2 *m.* Máquina que sirve para elevar grandes pesos a poca altura. 3 FOLCL Danza popular argentina de movimiento rápido, y música de este baile. 4 *m. pl.* ZOOL Félido.
gatuperio 1 *m.* Mezcla de diversas sustancias incoherentes. 2 Embrollo, intriga, tapujo.
gaucho, cha *adj.* y *s.* Dicho de un vaquero, que habita las pampas de Argentina, Uruguay y S de Brasil. Se caracteriza por su indumentaria, en la que se destacan el sombrero plano de ala, los pantalones holgados, un amplio cinturón de plata, un poncho y un pañuelo de colores.
gaullismo 1 *m.* Política practicada en Francia por Charles de Gaulle (1890-1970). 2 POLÍT Conjunto de partidos que se inspiran en dicha política.
gauss *m.* FÍS Nombre internacional de la unidad de inducción magnética en el sistema magnético cegesimal. Equivale a una diezmilésima de tesla. Símbolo: Gs.
gaveta 1 *f.* Cajón corredizo que hay en los escritorios y las papeleras. 2 Mueble que tiene uno o varios de estos cajones.
gavia 1 *f.* Vela de los masteleros de las naves, especialmente la del mayor. 2 Cofa de las galeras.
gavial *m.* Reptil cocodriliano, de unos 8 m de largo, con el hocico muy prolongado y puntiagudo y las membranas de los pies dentadas. Vive en ríos de India y Malasia.
gaviero *m.* Marinero a cuyo cuidado está la gavia y el registrar cuanto se pueda ver desde ella.
gavilán *m.* Ave falconiforme, de unos 30 cm de largo, de plumaje gris azulado por encima, con listas de color pardo rojizo en el resto, y cola parda con rayas negras. Es depredador de pequeños mamíferos. Existen varias especies.
gavilla 1 *f.* Conjunto de cañas, ramas, hierba, etc., mayor que el manojo y menor que el haz. 2 coloq. y desp. Grupo indeseable de muchas personas.
gavión *m.* Canasta metálica rellena de tierra o piedra usada en obras hidráulicas.
gaviota *f.* Ave palmípeda, costera, de alas fuertes y largas, patas altas, pico curvo y plumaje blanco.
gay 1 *adj.* Perteneciente o relativo a la homosexualidad. 2 *adj.* y *s.* **HOMOSEXUAL.** • pl.: *gais.*
gayo, ya 1 *adj.* Alegre, vistoso. 2 ~ **ciencia.**
gazapera 1 *f.* Madriguera de los conejos. 2 Riña, alboroto.
gazapo[1] *m.* Cría del conejo.
gazapo[2] 1 *m.* Mentira, embuste. 2 Error oral o escrito.
gazmoñería *f.* Afectación de modestia, devoción o escrúpulos.
gaznate *m.* Parte superior de la tráquea.
ge *f.* Letra *g.*
gea 1 *f.* GEO Conjunto del reino inorgánico de un país o una región. 2 Obra que lo describe.
geco *m.* Lagarto de los gecónidos.
gecónido *adj.* ZOOL Dicho de un reptil, del grupo de los saurios, de pequeño tamaño, escamoso, con el cuerpo deprimido y cuatro patas con cinco dedos terminados en ventosas, como la salamanquesa.
géiser *m.* GEO Fuente termal intermitente, proyectada en forma de surtidor por una abertura de la corteza terrestre.
geisha (Voz ingl.) *f.* Muchacha joven japonesa, educada en la música, la danza y el arte de servir el té, que acompaña o sirve a hombres importantes. • Procede originalmente del japonés.
gel 1 *m.* QUÍM Forma que adopta una disolución coloidal caracterizada por el predominio del soluto sobre el disolvente y por un aspecto viscoso. 2 Producto cosmético en estado de gel.
gelatina *f.* Sustancia proteica, incolora y transparente, derivada del colágeno obtenido por la cocción de huesos y cartílagos. Se disuelve en agua caliente y presenta una textura de gel al enfriarse.
gélido, da *adj.* Helado, muy frío.
gema 1 *f.* Piedra preciosa. 2 BOT **YEMA**, de las plantas.
gemación 1 *f.* BIOL Modo de reproducción asexual, propio de plantas y animales invertebrados, en que se separa del organismo una porción llamada yema, y se desarrolla hasta formar un nuevo individuo. 2 BOT Desarrollo de la yema o el botón para la producción de una rama, hoja o flor. || ~ **celular** BIOL Mitosis en

la que el citoplasma se divide en dos partes de tamaño muy desigual, la menor de las cuales se conoce con el nombre de yema, como en algunos protozoos.

gemelo, la 1 *adj.* y *s.* Dicho de un par de elementos, que son iguales. 2 Biol Dicho de una persona o de un animal, nacido del mismo parto que otro. 3 Anat Dicho de uno de los dos músculos de la parte posterior de la pierna, que tiene como función elevar el talón. 4 *m. pl.* Anteojos, instrumento óptico para mirar de lejos con los dos ojos. || ~ **bivitelino** Biol Cada uno de los que proceden de huevos diferentes, y pueden ser de sexos distintos y nada parecidos. ~ **univitelino** Biol Cada uno de los que proceden de un solo huevo, son del mismo sexo y muy parecidos física y psíquicamente.

gemido 1 *m.* Acción y efecto de gemir. 2 Sonido, exclamación, etc., de pena o dolor.

géminis *adj.* y *s.* Dicho de una persona, nacida bajo el signo de Géminis. Según los astrólogos son locuaces e ingeniosos.

gemir 1 *intr.* Expresar la pena o el dolor, con sonido y voz lastimera. 2 Aullar algunos animales, o producir cosas inanimadas sonidos semejantes al gemido de las personas. • Vb. irreg. conjug. c. **pedir**. V. anexo El verbo.

gen *m.* Biol Secuencia lineal de ADN localizada a lo largo de cada uno de los cromosomas en el núcleo celular. Es la unidad biológica que determina los caracteres hereditarios.

genciana *f.* Planta herbácea de tallo sencillo, hojas grandes elípticas, flores amarillas, aisladas o agrupadas, y raíz gruesa de sabor amargo, que se emplea en medicina como tónica y febrífuga.

gencianáceo, a *adj.* y *f.* Bot Dicho de una hierba, del grupo de las angiospermas dicotiledóneas, con hojas opuestas, envainadoras y sin estípulas; flores terminales o axilares y semillas con albumen carnoso, como la genciana.

gendarme *m.* y *f.* Agente de policía destinado a mantener el orden y la seguridad pública.

genealogía *f.* Serie de los ascendientes de cada persona y escrito que la contiene.

genealógico, ca 1 *adj.* Perteneciente o relativo a la genealogía. 2 **árbol** ~.

generación 1 *f.* Acción y efecto de engendrar. 2 Sucesión de descendientes en línea recta. 3 Conjunto de todos los vivientes coetáneos. 4 Conjunto de personas que han nacido aproximadamente por las mismas fechas, o de educación o cultura semejante: *Generación del 98.* || ~ **espontánea** Biol Antigua teoría que afirmaba que la aparición de nuevas especies provendría de materia no viva.

□ Lit **generación del 98** Grupo de escritores, ensayistas, poetas y artistas españoles que durante 1898 plasmaron en sus obras la crisis política, social y económica que atravesaba España, tras la pérdida de sus últimas colonias. La principal fuente de inspiración fue la región de Castilla, pues esta reflejaba la identidad del pueblo y sentir hispano. Miguel de Unamuno, Antonio Machado, Valle-Inclán, Azorín y Pío Baroja son algunos exponentes de este movimiento. **generación del 27** Grupo de poetas españoles que conformaron un movimiento literario en el año 1927, cuando se conmemoró el tricentenario de la muerte de Luis de Góngora. Las obras más importantes de este movimiento de vanguardia son el amor, la libertad y la muerte, así como la evolución tecnológica y el desarrollo urbano. Entre los poetas más destacados del grupo figuran Pedro Salinas, Jorge Guillén, Federico García Lorca, Rafael Alberti, Luis Cernuda y Dámaso Alonso.

generador, ra 1 *adj.* y *s.* Que engendra o genera algo. 2 *adj.* Geom Dicho de una línea o de una figura, que por su movimiento engendra una superficie o un sólido geométrico. 3 *m.* Máquina, o parte de ella, que produce la fuerza o energía necesarias para su funcionamiento o para el de otras máquinas, como el acumulador y la dínamo en las eléctricas o la caldera en las de vapor.

general 1 *adj.* Que es común y esencial a una totalidad o un conjunto. 2 Frecuente, usual. 3 Vago, indeterminado. 4 *m.* Autoridad superior de una orden religiosa. 5 *m.* y *f.* Jefe militar perteneciente a la jerarquía superior.

generalato 1 *m.* Empleo o grado de general. 2 Ministerio del general de las órdenes religiosas, y duración de este. 3 Conjunto de generales de un ejército.

generalidad 1 *f.* Mayoría, la casi totalidad de individuos o miembros de un grupo, una clase o todo sin determinación. 2 Vaguedad o falta de precisión en lo que se dice o escribe.

generalísimo *m.* Jefe que manda el estamento militar con autoridad sobre todos los generales.

generalización 1 *f.* Acción mediante la cual se propaga algo que inicialmente no era común. 2 Consideración de algo individual desde un punto de vista más general o amplio.

generalizar 1 *tr.* y *prnl.* Hacer general o común algo. 2 *tr.* Abstraer lo que es común a muchas cosas, para formar un concepto general que las incluya a todas.

generalmente *adv. m.* Con generalidad: *Generalmente cazan en la noche.*

generar 1 *tr.* Engendrar, procrear. 2 Producir, causar algo.

generativo, va *adj.* Dicho de una cosa, que tiene capacidad de engendrar.

generatriz 1 *adj.* y *f.* Geom Dicho de una línea o de una figura, que al moverse genera una superficie o un cuerpo geométrico. 2 Electr Generador que convierte la energía mecánica en energía eléctrica.

genérico, ca 1 *adj.* Común a varias especies. 2 Farm Dicho de un medicamento, que tiene la misma composición que un específico, y se comercializa bajo la denominación de su principio activo. 3 Gram Perteneciente o relativo al género.

género 1 *m.* Conjunto de seres con caracteres comunes. 2 Clase o tipo a que pertenecen personas o cosas, según determinadas condiciones o cualidades. 3 Cualquier mercancía. 4 Tela o tejido. 5 Identidad generada por el rol sexual de las personas por las conductas de identificación sexual. 6 Art y Lit Cada una de las distintas categorías o clases en que se pueden ordenar las obras según rasgos comunes de forma y de contenido. 7 Biol Categoría de clasificación que comprende un grupo de especies estrechamente emparentadas en estructura y origen evolutivo. Está situada entre la familia y la especie. 8 Gram Categoría gramatical a la que pertenece un sustantivo o un pronombre por el hecho de concordar con él una forma de la flexión del adjetivo y del pronombre. 9 Gram **nombre común en cuanto al** ~. || ~ **femenino** 1 Gram El de los sustantivos y pronombres que designan personas del sexo femenino, algunos animales hembra y, convencionalmente, seres inanimados. 2 Gram El de adjetivos, determinantes y otras clases de palabras en concordancia con los sustantivos de género femenino. ~ **masculino** 1 Gram En los sustantivos y pronombres que designan personas del sexo masculino, algunos animales macho y, convencionalmente, seres inanimados. 2 Gram El de adjetivos, determinantes y otras clases de palabras en concordancia con los sustantivos de género masculino. ~ **neutro** Gram El del artículo *lo*, el de los pronombres demostrativos (*esto, eso, aquello*) y del pronombre personal de tercera persona (*ello*). El artículo *lo* se antepone al adjetivo para sustantivarlo. • V. tabla Sintaxis, p. 577.

generosidad *f.* Cualidad de generoso.

generoso, sa *adj.* y *s.* Inclinado a dar cosas a los demás o esforzarse por ellos.

genesiaco (Tb. genesíaco) *adj.* Perteneciente o relativo a la génesis.

génesis 1 *f.* Origen o principio de una cosa. 2 Conjunto de hechos y causas que conducen a un resultado.

genético, ca 1 *adj.* Perteneciente o relativo a la génesis u origen de las cosas. 2 Perteneciente o relativo a la genética. 3 BIOL **código ~; información ~; mapa ~**. 4 *f.* BIOL Parte de la biología que estudia la herencia de los caracteres. Comprende distintos campos y se sirve de disciplinas y teorías diversas, siendo sus conceptos fundamentales los de gen, genoma, herencia y mutación.

genial 1 *adj.* Característico del genio creador. 2 Ocurrente, ingenioso. 3 Que causa deleite o alegría.

génico, ca *adj.* Perteneciente o relativo a los genes.

genio 1 *m.* Índole o inclinación natural de una persona. 2 Carácter enérgico o difícil. 3 Disposición extraordinaria, gran capacidad y fuerza intelectual creadora. 4 Persona con estas facultades. 5 Condición o manera peculiar de un país o una época. 6 Duende, ser mágico. 7 MIT Espíritu protector o guardián de cada persona, familia y ciudad en la mitología romana.

genital 1 *adj.* BIOL Que sirve para la generación. 2 *m. pl.* ANAT Órganos sexuales externos.

genitivo, va 1 *adj.* Que puede engendrar o producir una cosa. 2 *m.* GRAM Caso de la declinación que denota relación de propiedad, posesión, o pertenencia. En español se expresa mediante la preposición *de*.

genitourinario, ria *adj.* ANAT Perteneciente o relativo a las vías y los órganos genitales y urinarios.

genocidio *m.* Exterminio premeditado y sistemático de un grupo social por motivos étnicos, religiosos o políticos.

genoma *m.* BIOL Dotación completa de genes de un individuo o de una especie, contenida en un juego haploide de cromosomas. || **~ humano** BIOL Dotación genética del ser humano. Tiene unos 30 000 genes distribuidos en los veintitrés pares de cromosomas de cada célula. Un cromosoma humano puede contener más de 250 millones de pares de bases de ADN, y se estima que el genoma humano está compuesto por unos 3000 millones de pares de bases.

genotipo *m.* BIOL Conjunto de los genes y alelos existentes en cada núcleo celular de un individuo y que el organismo es capaz de transmitir a la siguiente generación, a diferencia de sus características observables o fenotipo.

gente 1 *f.* Conjunto de personas. 2 Clase social. 3 Familia o parientes.

gentil 1 *adj.* Amable, educado. 2 Apuesto, de aspecto hermoso. 3 *adj.* y *s.* Entre los judíos, dicho de una persona o comunidad, que profesa otra religión. 4 Idólatra o pagano.

gentileza *f.* Cualidad de gentil.

gentilhombre 1 *m.* Hombre de origen noble. 2 Noble que servía en casa de los reyes.

gentilicio, cia 1 *adj.* Perteneciente o relativo a las gentes o naciones. 2 Perteneciente o relativo al linaje o a la familia. 3 *adj.* y *m.* GRAM Dicho de un adjetivo o de un sustantivo, que denota el lugar de nacimiento de una persona: *Boliviano, cartagenero, hondureño, rioplatense*.

gentío *m.* Gran concurrencia o afluencia de personas en un lugar.

genuflexión *f.* Acción y efecto de doblar una rodilla hacia el suelo, como señal de reverencia.

genuino, na *adj.* Puro, propio, natural, legítimo.

geocéntrico, ca 1 *adj.* Perteneciente o relativo al geocentrismo. 2 Perteneciente o relativo al centro de la Tierra. 3 ASTR Dicho de una medida o una ubicación, que tiene como referencia el centro de la Tierra.

geocentrismo *m.* ASTR Sistema planetario según el cual la Tierra sería el centro del universo.

geoda *f.* Hueco de una roca tapizado de cristales.

geodesia *f.* GEO Ciencia cuyo objetivo es determinar la figura y magnitud del globo terrestre o de gran parte de él, y construir los mapas correspondientes.

geodinámica *f.* GEO Estudio de los procesos que alteran la estructura de la corteza terrestre.

geoestacionario, ria 1 *adj.* Dicho de un satélite artificial, que avanza a la misma velocidad de la rotación de la Tierra, y cuya posición respecto de esta se mantiene fija porque está siempre sobre el Ecuador. 2 Dicho de una órbita, que recorre este tipo de satélite.

geofísica *f.* FÍS y GEO Ciencia que estudia los fenómenos físicos relacionados con la Tierra y su atmósfera. Centra su atención en las variaciones del campo magnético, la generación de la energía de origen geotérmico, la procedencia de la radiactividad natural, el vulcanismo y los fenómenos asociados a la electricidad terrestre.

geografía *f.* GEO Ciencia que estudia los fenómenos que se producen en la superficie terrestre, plano de contacto donde confluyen y se relacionan la estructura geológica, el flujo de las aguas, los procesos atmosféricos y la acción de los seres vivos. || **~ biológica** GEO La que analiza las manifestaciones de la vida vegetal y animal, y su interacción con el ambiente físico y con los factores humanos.

□ GEO La geografía se divide en dos grandes ramas: geografía física y geografía humana. La primera estudia el origen, el funcionamiento, la combinación y la distribución de los factores físicos y se subdivide en geomorfología, hidrografía y climatología; la segunda estudia la demografía, la explotación de los recursos naturales (geografía económica) y la organización política del espacio (geografía política).

geográfico, ca 1 *adj.* Perteneciente o relativo a la geografía. 2 GEO **coordenadas ~s**.

geoide *m.* GEO Forma determinada por la geodesia para definir la Tierra, caracterizada por ser achatada en las zonas polares lo que hace que no sea redonda.

geología *f.* GEO Ciencia que estudia la composición de la Tierra, su evolución y transformación a través del tiempo. Comprende disciplinas como mineralogía, petrología, geofísica, vulcanología, geomorfología, estratigrafía, paleontología, etc.

geológico, ca 1 *adj.* Perteneciente o relativo a la geología. 2 GEO **escala ~; tiempo ~**.

geomagnetismo 1 *m.* GEO Conjunto de fenómenos relativos a las propiedades magnéticas de la Tierra. 2 GEO Rama de la geofísica que estudia dichas propiedades.

geomancia (Tb. geomancía) *f.* Especie de magia y adivinación que se pretende hacer valiéndose de los cuerpos terrestres o con líneas, círculos o puntos hechos en la Tierra.

geomática *f.* GEOM Campo que se encarga de la recolección, el almacenamiento, la explotación y el análisis de la información geográfica.

geometría *f.* GEOM Parte de las matemáticas que trata de las propiedades, medidas y relaciones entre elementos lineales, planos y espaciales. || **~ algebraica** GEOM La que estudia las soluciones de sistemas de ecuaciones polinómicas concebidas como las coordenadas de un punto en el espacio *n*-dimensional. **~ analítica** GEOM Estudio de figuras que utiliza un

A B C D E F G H I J K L M N Ñ O P Q R S T U V W X Y Z

sistema de coordenadas y los métodos de análisis matemático. ~ **del espacio** GEOM Rama que considera las figuras cuyos puntos no están todos en un mismo plano. ~ **descriptiva** GEOM Procedimiento gráfico matemático para la visualización de estructuras y su exacta representación en dibujos. ~ **plana** GEOM Rama que considera las figuras cuyos puntos están todos en un plano. ~ **proyectiva** GEOM Rama que trata de las proyecciones que conservan las figuras cuando se las proyecta sobre un plano.

☐ GEOM Los orígenes de la geometría se remontan al antiguo Egipto. Gracias a los trabajos de importantes figuras como Heródoto o Euclides, se sabe que desde tiempos remotos esta rama de las matemáticas era fundamental para el estudio de áreas, volúmenes y longitudes. Una de las figuras históricas que más contribuyó a su desarrollo fue el matemático, filósofo y físico francés René Descartes (1596-1650), quien la planteó desde una óptica según la cual las características de las figuras podían ser interpretadas a través de ecuaciones.

geométrico, ca 1 *adj.* Perteneciente o relativo a la geometría. 2 Exacto. 3 Dicho de un estilo o decoración, que consta de líneas, triángulos, círculos y rombos. 4 MAT **media** ~ o proporcional; **progresión** ~ o por cociente; **razón** ~ o por cociente.

geomorfología *f.* GEO Ciencia que estudia las formas del relieve terrestre y su evolución.

geopolítica *f.* POLÍT Estudio de los factores geográficos, económicos o humanos como determinantes de la política de un país o de la relación política entre dos o más países.

geoquímica *f.* QUÍM y GEO Disciplina cuyo objeto es determinar la presencia de elementos químicos en la corteza, el manto y el núcleo terrestres, así como su distribución, y la de sus rocas y minerales.

geosfera (Tb. geósfera) *f.* GEO Parte inorgánica de la Tierra que sirve de soporte al conjunto de los seres vivos; comprende la atmósfera, la hidrosfera y la parte externa de la litosfera.

geosinclinal *m.* GEO Zona de la corteza terrestre que se hunde paulatinamente y en la que se acumulan sedimentos. Los materiales acumulados resultan plegados durante los procesos orogénicos, dando lugar a las cordilleras.

geotectónico, ca *adj.* GEO Perteneciente o relativo a la forma, disposición y estructura de las rocas y los estratos que constituyen la corteza terrestre.

geotermia *f.* GEO Disciplina que estudia los fenómenos térmicos de la corteza terrestre, y las posibilidades de aprovechamiento del calor que esta desprende.

geotérmico, ca *adj.* Perteneciente o relativo a los fenómenos térmicos de la corteza terrestre.

geotropismo *m.* BIOL Tropismo cuyo factor predominante es la fuerza de gravedad.

geraniáceo, a *adj.* BOT Dicho de una hierba o de una planta, angiosperma dicotiledónea, con ramas articuladas, hojas alternas u opuestas, flores solitarias o en umbela y fruto indehiscente con una sola semilla, como el geranio.

geranio *m.* Planta herbácea ornamental de tallos carnosos y ramosos, hojas opuestas pecioladas de borde ondulado, flores en umbela y frutos capsulares.

gerencia 1 *f.* Cargo, gestión y oficina del gerente. 2 Tiempo que dura este cargo.

gerenciar *tr.* Organizar, administrar o gestionar un negocio o una actividad pública o privada.

gerente, ta *m.* y *f.* Persona que dirige los negocios y lleva la firma en una sociedad o empresa mercantil.

geriatría *f.* MED Especialidad médica que estudia la patología de la vejez.

gerifalte *m.* Ave rapaz parecida al halcón, pero de mayor tamaño.

germánico, ca 1 *adj.* De Germania (antigua zona europea), de los germanos o relacionado con ellos. 2 De Alemania o relacionado con este país europeo. 3 *m.* LING Lengua indoeuropea hablada por los germanos, de la que se derivaron el alemán y el inglés, entre otras lenguas. 4 HIST **invasiones** ~s.

germanio *m.* QUÍM Elemento metálico, blanco grisáceo, y que forma derivados orgánicos. Se usa como semiconductor y para fabricar transistores. Símbolo: Ge. Número atómico: 32. Peso atómico: 72,59. Punto de fusión: 937 °C. Punto de ebullición: 2830 °C.

germano, na 1 *adj.* y *s.* HIST De un pueblo indoeuropeo asentado en la Antigüedad en las fronteras occidentales del Imperio romano. Su presión sobre Roma fue continua a partir del s. II a. C. A partir del s. IV le fue concedida la calidad de federado, que regulaba su asentamiento en distintas provincias de Roma y los integraba en su ejército. En el s. V acabó finalmente con el Imperio y se repartió sus territorios. En las migraciones germanas se destacaron los francos, alamanes, vándalos, visigodos, ostrogodos, anglos, sajones y escandinavos. 2 **ALEMÁN**, de Alemania.

germen 1 *m.* BIOL Principio o estado primordial de un ser orgánico. 2 BIOL **MICROORGANISMO**. 3 BOT Primer tallo que brota de una semilla. 4 Principio u origen de algo material o moral. || ~ **patógeno** MED Microorganismo que puede causar o propagar enfermedades, como las bacterias, los protozoos, los hongos y los virus.

germinación *f.* BOT Conjunto de fenómenos que se originan en una semilla desde que el embrión se desarrolla hasta que se transforma en plántula.

germinal *adj.* Perteneciente o relativo al germen y a la germinación.

germinar 1 *intr.* BOT Brotar y empezar a desarrollarse las plantas. 2 Comenzar a desarrollarse cosas morales o abstractas.

gerontocracia *f.* Gobierno de los ancianos.

gerontología *f.* MED Estudio de la vejez y de los fenómenos que la caracterizan.

gerundio *m.* GRAM Forma no personal del verbo que puede tener valor adverbial. Expresa una acción con carácter durativo. Puede referirse a cualquier tiempo, género y número. Modifica la significación del verbo expresando modo, condición, motivo o circunstancia. Su terminación regular es *-ando* en los verbos de la primera conjugación, *-iendo* en los de la segunda y tercera; por ejemplo: *Amando, temiendo, partiendo*. Se emplea a veces en construcciones absolutas; por ejemplo: *Reinando Isabel la Católica, se descubrió el Nuevo Mundo*. || ~ **compuesto** GRAM El que se forma con el gerundio del verbo *haber* y el participio del verbo que se conjuga, por ejemplo: *Habiendo comido*.

gesta 1 *f.* Conjunto de hechos memorables. 2 LIT **cantar** de ~.

gestación 1 *f.* Acción y efecto de gestar o gestarse. 2 Embarazo, periodo de desarrollo del feto.

gestaltismo *m.* PSIC Teoría psicológica según la cual la forma designa un todo compuesto de partes interdependientes, inexplicables por separado.

gestante 1 *adj.* Que gesta. 2 Dicho de una mujer, que está embarazada.

gestar 1 *tr.* e *intr.* BIOL Llevar y sustentar la madre el embrión o feto en el útero hasta el momento del parto. 2 *tr.* y *prnl.* Preparar, desarrollar o crecer un sentimiento, una idea, etc.

gesticular *intr.* Hacer gestos.

gestión 1 *f.* Acción y efecto de gestionar. 2 Acción y efecto de administrar.

gestionar 1 *tr.* Hacer los trámites necesarios para el logro o buen fin de algo. 2 Ocuparse de la administración, organización y funcionamiento de una empresa o actividad económica. 3 Manejar una situación problemática.
gesto 1 *m.* Movimiento del rostro con que se expresa algo. 2 Expresión habitual de la cara, el semblante. 3 Rasgo notable del carácter o la conducta.
gestor, ra *adj.* y *s.* Que gestiona.
gestual 1 *adj.* Perteneciente o relativo a los gestos. 2 Que se hace con gestos. 3 **lenguaje** ~.
gestualismo *m.* ART Técnica pictórica caracterizada por la rapidez y el descontrol de la ejecución de los trazos y el uso de signos abstractos.
ghetto (Voz it.) *m.* GUETO.
giba *f.* MED Joroba que aparece en la parte anteroposterior de la columna vertebral.
gibelino, na *adj.* y *s.* HIST En la Edad Media, partidario de los emperadores de Alemania y enfrentado a los güelfos, defensores del papado.
gibón *m.* Primate catarrino arborícola, de brazos muy largos y sin cola, propio del sur de Asia. Está muy bien adaptado a la vida arbórea y realiza rápidos desplazamientos mediante el sistema de braquiación.
giga *m.* INF *GIGABYTE.*
gigabyte (Voz ingl.) *m.* INF Medida de capacidad de memoria de mil millones de bytes.
gigante, ta 1 *adj.* y *s.* Dicho de una persona o cosa, que es de mayor tamaño que el considerado normal. 2 *m.* Personaje, de las fábulas o los cuentos, de gran estatura y corpulencia.
gigantesco, ca 1 *adj.* Perteneciente o relativo a los gigantes. 2 Excesivo en su línea: *Tortuga gigantesca.*
gigantismo *m.* MED Crecimiento desmesurado de los brazos y las piernas, acompañado del correspondiente crecimiento en estatura de todo el cuerpo.
gigoló *m.* Amante joven de una mujer de más edad y que lo mantiene.
gillette (De *Gillette*®, marca reg.; voz ingl.) *f.* Hoja de afeitar desechable.
gimnasia *f.* DEP Conjunto de ejercicios físicos que desarrollan, fortalecen y dan flexibilidad al cuerpo. || ~ **rítmica** DEP Conjunto de ejercicios que, acompañados de música, pasos de danza y a veces algunos accesorios, realizan las gimnastas sobre una pista.
gimnasio 1 *m.* Local provisto de lo necesario para realizar ejercicios gimnásticos. 2 Lugar destinado a la enseñanza.
gimnasta *m.* y *f.* Persona que practica ejercicios gimnásticos.
gimnospermo, ma *adj.* BOT Dicho de una planta, del grupo de las fanerógamas, que forman semillas, pero carecen de flores. Sus semillas quedan al descubierto, dispuestas sobre escamas organizadas en conos. Se trata de una planta leñosa, de porte arbustivo y arbóreo, como el pino y el ciprés.
gimotear 1 *intr.* Gemir o quejarse ridículamente, sin causa justificada. 2 Hacer los gestos y suspiros del llanto sin llegar a él.
ginebra *f.* Bebida alcohólica de semillas, aromatizada con bayas de enebro.
gineceo 1 *m.* Departamento retirado que en sus casas destinaban los griegos para habitación de las mujeres. 2 BOT Verticilo floral femenino de las plantas fanerógamas constituido por uno o más carpelos, que pueden estar o no fusionados y que constituyen el pistilo; este contiene en su base el ovario y su parte superior se estrecha y acaba en el estigma, que recoge los granos de polen. En el interior del ovario se encuentran los óvulos, que, después de ser fecundados por los granos de polen, se convierten en semillas.
ginecocracia *f.* Gobierno de las mujeres.
ginecología *f.* MED Parte de la medicina que se ocupa de la fisiología y patología del aparato reproductor femenino en situación no gestante.
gingival *adj.* Perteneciente o relativo a las encías: *Infección gingival.*
gingivitis *f.* MED Inflamación de las encías.
ginseng (Voz ingl.) *m.* Planta herbácea de flores blancas y fruto en baya roja. De su raíz se extrae una sustancia estimulante que se emplea como rejuvenecedor y se considera afrodisíaca. • Procede originalmente del chino.
gira 1 *f.* Excursión o viaje por diversos lugares volviendo al punto de partida. 2 Serie de actuaciones que realiza una compañía teatral, o un artista, en distintas ciudades.
girador, ra 1 *adj.* y *s.* Que gira. 2 *m.* y *f.* Persona o entidad que expide una orden de pago.
giralda *f.* Veleta de torre, cuando tiene figura humana o de animal.
girándula 1 *f.* Rueda que lanza cohetes al girar. 2 Artificio que dispersa el agua.
girar 1 *intr.* Dar vueltas algo sobre un eje o en torno a un punto. 2 Tratar una conversación o un asunto sobre un tema dado. 3 Desviarse o cambiar la dirección inicial. 4 *tr.* Mandar por giro postal una cantidad de dinero. 5 Expedir un cheque, una orden de pago, una letra de cambio.
girasol 1 *m.* Planta herbácea de las compuestas, de tallo recto, grueso y alto, hojas alternas pecioladas, flores terminales amarillas, de gran tamaño, y fruto de semillas comestibles, de las que se extrae aceite. 2 Flor de esta planta.
giratorio, ria *adj.* Que gira o se mueve alrededor.
giro 1 *m.* Movimiento circular. 2 Acción y efecto de girar. 3 Dirección o aspecto que se da a un asunto, una conversación, etc. 4 Estructura de una frase o forma de ordenar las palabras para expresar un concepto. 5 Transferencia de dinero por medio de letras de cambio, cheques u otra forma de pago.
girola *f.* ARQ Nave que rodea el ábside.
girondino, na *adj.* y *s.* HIST Dicho de una persona, que durante la Revolución francesa militó en un grupo político que representaba a la burguesía liberal. Algunos de sus dirigentes fueron guillotinados tras enfrentarse a los jacobinos y ser acusados de traición.
giroscopio *m.* FÍS Aparato constituido por un volante pesado que gira rápidamente y tiende a conservar el plano de rotación reaccionando contra cualquier fuerza que lo aparte de dicho plano.
giróstato (Tb. girostato) *m.* FÍS Cuerpo en rotación que presenta dos propiedades fundamentales: la inercia giroscópica (por ejemplo: una bala de fusil que, al girar en torno a su eje, tiende a mantener una trayectoria más recta que si no girara) y la precesión, que es la inclinación del eje en ángulo recto ante cualquier fuerza que tienda a cambiar el plano de rotación.
gitano, na 1 *adj.* y *s.* De un pueblo nómada que, procedente del N de India, se extendió por Europa y el N de África durante la Edad Media. En la actualidad está extendido por todo el mundo, mantiene en parte un nomadismo y ha conservado rasgos físicos y culturales propios. 2 ROMANÍ.
glaciación *f.* GEO Periodo geológico caracterizado por el descenso general de la temperatura y el avance de los hielos en la Tierra. Tuvo lugar durante el primer periodo del cuaternario, pleistoceno, que se extendió desde hace unos 2 500 000 años hasta hace unos 8000. Entre las distintas épocas geológicas se producían periodos con un relativo calentamiento, acompañado

de un retroceso de los hielos, pero, en su conjunto, el pleistoceno presentó una temperatura inferior a la de anteriores épocas geológicas.

glacial 1 *adj.* Helado, muy frío. 2 Que hace helar o helarse. 3 Poco acogedor, inhóspito. 4 GEO Dicho de la tierra o del mar, que está en las zonas de glaciación.

glaciar 1 *m.* GEO Masa de hielo más o menos permanente sobre la tierra firme, cuyo peso determina que se deslice en el sentido de la gravedad y cuyo movimiento provoca una erosión muy intensa del terreno. En la actualidad los glaciares ocupan alrededor del 10 % de la superficie terrestre y retienen casi las tres cuartas partes del agua dulce del planeta. 2 GEO **circo** ~.

glacis *m.* GEO Llanura de erosión con una ligera pendiente que se extiende al pie de las zonas montañosas.

gladiador, ra *m.* y *f.* HIST Combatiente de los enfrentamientos armados realizados como espectáculo en los circos de la antigua Roma. Por lo general, las filas de gladiadores se nutrían de esclavos, delincuentes condenados, prisioneros de guerra y a veces cristianos.

gladiolo (Tb. gladíolo) *m.* Planta iridácea, bulbosa, de hojas lanceoladas, con flores de diversos colores, dispuestas en espigas unilaterales.

glamour (Voz fr.) *m.* **GLAMUR.**

glamur *m.* Encanto, atractivo de alguien.

glamuroso, sa *adj.* Persona que tiene glamur.

glande *m.* ANAT Extremo del pene donde se halla el orificio externo de la uretra. Es una zona con abundantes terminaciones nerviosas sensitivas, cubierta por una capa cutánea retráctil llamada prepucio.

glándula 1 *f.* ANAT y FISIOL Cualquier órgano de tejido epitelial que elabora sustancias necesarias para su funcionamiento, o segrega las inútiles o nocivas. 2 BOT Órgano de los vegetales cuya función es producir secreciones, como los aromas de las flores. || ~ **endocrina** ANAT y FISIOL La que segrega hormonas, vertiéndolas directamente en la sangre circulante por ella. ~ **exocrina** FISIOL La que, mediante un conducto especial, segrega sustancias que no tienen carácter hormonal y las vierte al tubo digestivo o al exterior del organismo. ~ **mamaria** ANAT y FISIOL Característica de los mamíferos, su función es secretar la leche para la alimentación de las crías. En número par, variable según la especie, están contenidas bajo la piel de las mamas. ~ **pineal** ANAT y FISIOL Pequeña proyección de forma cónica situada en la parte superior del cerebro medio. Sintetiza y segrega la **melatonina.** ~ **pituitaria** ANAT y FISIOL **HIPÓFISIS.** ~ **salivar** Cada una de las que desembocan en la cavidad bucal y segregan la saliva. ~ **sebácea** ANAT y FISIOL Cada una de las que se abren en los folículos pilosos y segregan una mezcla compuesta de grasa, restos celulares y queratina. ~ **sudorípara** ANAT y FISIOL La que segrega el sudor y consiste en una serie de túbulos, situados en el tejido subcutáneo, y un conducto que se extiende a través de la dermis. ~ **suprarrenal** ANAT y FISIOL Cada uno de los órganos situados en contacto con el riñón, compuestos de dos partes diferentes, la corteza, que genera hormonas corticales, y la médula, que produce adrenalina. ~**s de Bartholin** ANAT y FISIOL Las que desembocan en la entrada de la vagina y producen una secreción lubricante necesaria para el coito. ~**s de Cowper** FISIOL Las que, situadas antes de la próstata, producen un líquido que le permite a los espermatozoides adherirse a las paredes de la vagina.

glasear 1 *tr.* Recubrir un postre con una capa de azúcar pulverizada y derretida. 2 Hacer que un alimento quede brillante mediante diversos medios. 3 Dar brillo a la superficie de algo, como al papel.

glauco, ca *adj.* y *m.* Dicho de un color, que es verde claro.

glaucoma *m.* MED Enfermedad del ojo, caracterizada por un aumento de la presión intraocular y atrofia de la retina y del nervio óptico.

gleba *f.* HIST Campo de labranza al que estaban sujetos los siervos.

glicemia *f.* MED **GLUCEMIA.**

glicérido *m.* QUÍM Éster formado por la combinación de la glicerina con ácidos grasos.

glicerina *f.* QUÍM Alcohol trivalente, incoloro y espeso, que constituye el componente principal de los aceites y las grasas naturales. Se usa para preparar la nitroglicerina, en perfumería, cosmética y farmacia.

glicina *f.* BIOQ Aminoácido proteico, presente en el azúcar de caña y en los colágenos.

glicinia *f.* Planta trepadora de las leguminosas, de flores azules en grandes racimos.

glicol *m.* QUÍM Cada uno de los compuestos alifáticos que presenta dos grupos alcohólicos en átomos de carbono distintos. Se emplean como disolventes industriales.

glicólisis *f.* BIOQ Conjunto de reacciones químicas del interior de la célula que degradan algunos azúcares, obteniendo energía en el proceso.

glicoproteína *f.* BIOQ Proteína conjugada cuyos componentes no proteicos son hidratos de carbono, como la inmunoglobulina.

glifo 1 *m.* Cada uno de los signos utilizados por los mayas para representar los días y los años. 2 ARQ Ornamentación acanalada y vertical.

glifosato *m.* Herbicida químico que, según su grado de concentración, puede ser más o menos tóxico; normalmente es del 1 %, porcentaje en que es relativamente inocuo para el ser humano (en aspersiones aéreas puede subir al 26 %).

glíptica 1 *f.* Arte de grabar sobre piedras duras o preciosas. 2 Arte de grabar sobre acero los cuños de monedas y medallas.

gliptografía *f.* Estudio de las piedras antiguas grabadas.

global 1 *adj.* Tomado en conjunto. 2 Referente al planeta o globo terráqueo. 3 ECOL **calentamiento ~.** 4 INF **red ~.** 5 **sociedad ~.** 6 **sistema** de posicionamiento ~.

globalización 1 *f.* Acción y efecto de globalizar. 2 Método pedagógico que consiste en aprehender una totalidad para luego comprender los elementos que la integran. 3 ECON Tendencia de los mercados y las empresas a alcanzar una dimensión mundial.

☐ HIST Apunta a la integración de carácter mundial, producto de los avances tecnológicos, las comunicaciones y los transportes, bajo la lógica del capitalismo y el libre mercado. Adquiere relevancia desde finales del s. XX y se asocia con la homogeneización de la cultura y el consumo. Teóricos consideran que existe desde la Antigüedad con procesos como la expansión del cristianismo o del islam, o desde la imposición global de idiomas y prácticas culturales.

globalizar 1 *tr.* Integrar una serie de datos, hechos, referencias, etc., en un planteamiento global. 2 *tr.* e *intr.* Considerar o juzgar un problema en su conjunto.

globo 1 *m.* Esfera, cuerpo redondo. 2 Tierra, planeta. 3 Aeróstato lleno de un gas ligero que se eleva en la atmósfera y está provisto de una barquilla para tripulantes. 4 Esfera de cristal que cubre una luz. 5 Juguete que consiste en una bolsa de látex llena de aire o gas ligero. || ~ **ocular** ANAT El ojo separado de los músculos y demás tejidos que lo rodean. ~ **terráqueo** o **terrestre** Esfera cuya superficie representa la Tierra.

globular 1 *adj.* De figura de glóbulo. 2 Compuesto de glóbulos.

globulina *f.* BIOQ Grupo de proteínas, vegetales y animales, insolubles en agua y solubles en disoluciones salinas. Entre las más importantes se cuentan las del plasma sanguíneo.

glóbulo 1 *m.* Pequeño cuerpo esférico. 2 BIOL Cada una de las células de diverso tipo contenidas en la sangre; en el ser humano constituyen los glóbulos blancos o **leucocitos** y los glóbulos rojos o **eritrocitos**. 3 FARM Gragea con una dosis pequeña de medicamento.

glomérulo 1 *m.* ANAT Acumulación densa de vasos, glándulas o nervios: *Glomérulo vascular, glomérulo renal.* 2 BOT Inflorescencia consistente en un agrupamiento denso de flores sentadas.

gloria 1 *f.* Fama y honor. 2 Hecho que motiva alabanzas. 3 Persona que es orgullo de una familia, un país, etc. 4 Gusto, placer vehemente. 5 Majestad, esplendor. 6 Pastel de hojaldre relleno de dulce. 7 REL Cielo, lugar donde se goza de la presencia de Dios, según la doctrina cristiana. 8 *m.* Cántico o rezo de la misa en latín, que comienza con las palabras *Gloria in excelsis Deo.* 9 Oración que se inicia con las palabras *Gloria al Padre* y que suele rezarse después de otras oraciones.

gloriarse 1 *prnl.* Preciarse de algo. 2 Complacerse, alegrarse mucho.

glorieta 1 *f.* Plaza donde desembocan varias calles o alamedas. 2 Cenador de un jardín.

glorificación 1 *f.* Alabanza que se tributa a algo digno de honor. 2 Acción y efecto de glorificar o glorificarse.

glorificar 1 *tr.* Hacer glorioso algo o a alguien que no lo era. 2 Reconocer y ensalzar al que es glorioso, en especial a Dios. 3 *prnl.* GLORIARSE.

glorioso, sa 1 *adj.* Digno de honor y alabanza. 2 Perteneciente o relativo a la gloria o a lo celestial. 3 Que se alaba demasiado. 4 *f.* Por antonomasia la Virgen María: *La Gloriosa.* • Se escribe con may. inic. en la acepción 4.

glosa 1 *f.* Explicación o comentario de un texto de difícil comprensión. 2 LIT Composición poética en que se repiten versos al final de las estrofas. 3 MÚS Variación que diestramente ejecuta el músico sobre unas mismas notas, pero sin sujetarse rigurosamente a ellas.

glosar *tr.* Hacer, poner o escribir glosas.

glosario 1 *m.* Catálogo o vocabulario de palabras difíciles o desusadas con su explicación. 2 LIT Colección de glosas de un mismo escritor.

glositis *f.* MED Enfermedad que consiste en la inflamación de la lengua.

glosolalia *f.* PSIC Alteración del lenguaje mediante palabras inventadas y sonidos imprecisos, propia del habla infantil y común en estados de trance o éxtasis o en ciertos cuadros psicopatológicos.

glotis *f.* ANAT Abertura anterior de la laringe.

glotón, na 1 *adj.* y *s.* Que come con exceso y ansia. 2 *m.* Mamífero carnívoro, de los mustélidos, del tamaño de un zorro grande, con extremidades cortas y robustas que terminan en garras largas y curvadas. Habita en el hemisferio norte, en áreas de bosque y tundra.

glucagón *m.* BIOQ Hormona producida por el páncreas que ayuda a mantener un nivel normal de azúcar en la sangre.

glucemia 1 *f.* FISIOL Presencia de glucosa en la sangre. 2 FISIOL Medida de la cantidad de glucosa presente en la sangre.

glúcido *m.* QUÍM Compuesto que incluye los azúcares sencillos y sus derivados y polímeros. Llamado también hidrato de carbono y carbohidrato.

glucógeno *m.* QUÍM Polisacárido formado por numerosas unidades de glucosa. Es una sustancia de reserva que se transforma en glucosa cuando un organismo animal la necesita.

glucólisis (Tb. glucolisis) *f.* BIOQ Conjunto de reacciones químicas que ocurren en el interior de la célula para degradar los azúcares y obtener **ácido pirúvico** y ATP.

glucosa *f.* QUÍM Monosacárido de seis átomos de carbono con un grupo aldehídico en la molécula. Es un cuerpo de color blanco, cristalizable, de sabor muy dulce, soluble en agua y poco en alcohol. Se encuentra en frutos maduros, en la miel, en el plasma sanguíneo y en la orina de los diabéticos. Tiene un papel decisivo en el metabolismo del organismo humano.

glucósido *m.* QUÍM Cada una de las sustancias orgánicas que se encuentran en los vegetales y que, mediante hidrólisis provocada por la acción de ácidos diluidos, derivan en glucosa.

gluglú *m.* Voz onomatopéyica con que se representa el ruido de un líquido al sumirse o dejar escapar el aire.

glugluteo *m.* Voz del pavo.

gluma *f.* BOT Cubierta floral de las gramíneas compuesta de dos valvas, a manera de escamas, insertas debajo del ovario.

gluon *m.* FÍS Partícula subatómica hipotética que transmite la fuerza de atracción entre los *quarks.*

glutámico *m.* QUÍM Aminoácido de color blanco y soluble que está presente en la mayoría de las proteínas.

gluten *m.* Sustancia albuminoidea que, junto con el almidón, se encuentra en las semillas de las gramíneas; de gran poder nutritivo.

glúteo, a 1 *adj.* Perteneciente o relativo a las nalgas. 2 *m.* ANAT Dicho de un músculo, que hace parte de los tres que forman la nalga y que se insertan en el coxal y el fémur.

glutinoso, sa *adj.* Pegajoso, y que sirve para pegar y trabar una cosa con otra.

glyptodon *m.* PALEONT Especie de armadillo gigante que vivió en el continente americano desde el pleistoceno. Solo el caparazón medía más de 1,5 m.

gneis (Tb. neis) *m.* GEO Roca metamórfica en la que los minerales que la componen aparecen dispuestos en capas paralelas, creando una estructura laminar o de bandas. Su composición es igual a la del granito.

gnomo (Tb. nomo) *m.* Ser fantástico, duende de las montañas o bosques nórdicos, de figura minúscula, que trabaja en las minas.

gnomon (Tb. nomon) 1 *m.* Indicador, en forma de punzón, de las horas en los relojes de sol. 2 ASTR Antiguo instrumento de astronomía, compuesto de un estilo vertical y de un plano o círculo horizontal, con el cual se determina el acimut y la altura del Sol, observando la dirección y longitud de la sombra proyectada por el estilo sobre el expresado círculo.

gnoseología *f.* FIL Teoría del conocimiento.

gnosis *f.* Conocimiento absoluto e intuitivo de la divinidad que buscan los gnósticos.

gnosticismo *m.* FIL y REL Doctrina filosófica y religiosa que postula que en los seres humanos están presentes elementos de la divinidad, que son los que permiten el conocimiento y, con este, el retorno al mundo espiritual.

gobelino 1 *m.* Tapicero de la fábrica de tejidos fundada por J. Gobelin, con el auspicio de Luis XIV. 2 Tapiz hecho por los gobelinos o a imitación suya.

gobernación 1 *f.* Acción y efecto de gobernar o gobernarse. 2 Ejercicio del gobierno. 3 Territorio que depende del Gobierno nacional. 4 Oficina del gobernador y sus dependencias. 5 HIST Durante la dominación española en América, demarcación administrativa.

gobernador, ra 1 *adj.* y *s.* Que gobierna. 2 *m.* y *f.* Máximo responsable de una provincia, ciudad, terri-

A B C D E F G H I J K L M N Ñ O P Q R S T U V W X Y Z

torio o departamento con autoridad delegada de la del Estado.

gobernante, ta *adj.* y *s.* Que gobierna o está en el gobierno.

gobernanza *f.* Conjunto de prácticas cuyo propósito es lograr la eficacia o la calidad de un gobierno en ejercicio.

gobernar 1 *tr.* e *intr.* Mandar con autoridad o regir algo: *Gobernar un colegio.* 2 Dirigir políticamente un país o una región administrativa. 3 Dirigir una colectividad política. 4 *tr.* Dominar a alguien. 5 *tr.* y *prnl.* Guiar y dirigir: *Gobernar un barco.* 6 *prnl.* Regirse de acuerdo a una norma, regla o idea. • Vb. irreg. conjug. c. **acertar**. V. anexo El verbo.

góbido *adj.* y *m.* ZOOL Dicho de un pez, teleósteo, de pequeño tamaño, cabeza grande y aletas ventrales unidas en una especie de disco, como el gobio.

gobierno 1 *m.* Acción y efecto de gobernar. 2 Manera de regir y gobernar. 3 Poder ejecutivo de un Estado o de una comunidad política. • Se escribe con may. inic. en la acepción 3. 4 Cargo y sede de un gobernador. 5 Tiempo que dura en este mando. || ~ **monárquico** POLÍT MONARQUÍA. ~ **parlamentario** POLÍT En el que los ministros necesitan la confianza de las Cámaras. ~ **presidencialista** POLÍT En el que el poder legislativo no puede interferir el ejecutivo. ~ **republicano** POLÍT REPÚBLICA.

gobio *m.* Pez teleósteo con las aletas abdominales bajo las torácicas y unidas por los bordes en forma de embudo, y vientre plateado. Vive en ríos de Europa y Asia, y es comestible.

goce *m.* Acción y efecto de gozar o disfrutar.

godo, da *adj.* y *s.* HIST De un antiguo pueblo germano, procedente de Escandinavia, que se extendió por el resto de Europa y Asia Menor en la medida en que el Imperio romano se desintegraba. Las invasiones hunas del s. IV lo escindieron en dos ramas: los **ostrogodos** y los **visigodos**.

gol *m.* DEP En fútbol y otros juegos semejantes, suerte de entrar el balón en la portería.

gola 1 *f.* Adorno del cuello, almidonado, de lienzo plisado o de encajes. 2 Garganta y región situada junto al velo del paladar. 3 Moldura de perfil en forma de ese.

goleta *f.* Velero de dos o tres palos.

golf *m.* DEP Deporte que consiste en introducir una pelota pequeña, lanzándola con diferentes palos, en una serie de hoyos muy espaciados, abiertos en un terreno extenso.

golfo[1] 1 *m.* GEO Porción de mar que se adentra en la tierra. 2 GEO Gran extensión de mar que dista mucho de tierra por todas partes y en la que no hay islas.

golfo[2]**, fa** 1 *adj.* y *s.* Pillo, vagabundo. 2 Persona de pocos escrúpulos. 3 *f.* PROSTITUTA.

goliardo, da 1 *adj.* Dado a la gula, al vicio y a la vida desordenada. 2 *m.* Clérigo o estudiante de la Edad Media, de vida irregular; solía componer poesías sensuales y picarescas.

golilla *f.* Adorno que rodea el cuello, hecho de tela negra sobre la que se ponía otra blanca, que usaban los togados.

gollete 1 *m.* Parte superior de la garganta, por donde se une a la cabeza. 2 Cuello estrecho de garrafas y botellas.

golondrina *f.* Ave paseriforme de alas puntiagudas y largas, cola ahorquillada, patas cortas, pico corto y boca grande. Se alimenta de insectos que captura en vuelo. || ~ **de mar** Ave palmípeda de pico rojo y negro y cola ahorquillada. Vive en Asia Central, Europa y América del Norte.

golosa *f.* Juego de la rayuela en algunos países.

golosina 1 *f.* Manjar delicado, dulce, de poco alimento, que se come por placer. 2 Cosa más agradable que útil.

goloso, sa 1 *adj.* y *s.* Aficionado a comer golosinas. 2 Deseoso o dominado por el apetito de algo: *Goloso de su nuevo cargo.*

golpe 1 *m.* Encuentro repentino y violento de un cuerpo contra otro. 2 Efecto de este encuentro. 3 Desgracia repentina. 4 Asalto, atraco. 5 Irrupción de algo en gran cantidad: *Golpe de agua.* || ~ **bajo** 1 DEP El dado por el boxeador que golpea a su contrincante por debajo de la cintura. 2 Acción malintencionada. ~ **de Estado** POLÍT Violación deliberada de las normas constitucionales de un país y sustitución de su gobierno por fuerzas militares.

golpear *tr.* e *intr.* Dar un golpe o golpes repetidos.

golpetear *tr.* e *intr.* Dar golpes poco fuertes, pero seguidos.

golpismo *m.* POLÍT Actitud favorable al golpe de Estado, que se produce especialmente en los estamentos militares.

golpiza *f.* PALIZA.

goma 1 *f.* Sustancia viscosa que fluye de algunas plantas y que disuelta en agua se usa como adhesivo. 2 Cualquier adhesivo líquido. 3 CAUCHO, sustancia natural o sintética. 4 LLANTA, pieza anular de caucho. 5 Tira o banda de elástica. || ~ **arábiga** La que producen ciertas acacias; es amarillenta, de fractura vítrea casi transparente. ~ **de borrar** La elástica preparada especialmente para borrar en el papel el lápiz o la tinta. ~ **espuma** GOMAESPUMA. ~ **laca** LACA, sustancia resinosa.

gomaespuma (Tb. goma espuma) *f.* Producto industrial de látex o sintético, blando y esponjoso, que se emplea principalmente en la fabricación de colchones y en tapicería.

gomero *m.* Cualquier árbol que produce goma o caucho.

gomina *f.* Fijador del cabello.

gomorresina *f.* Jugo lechoso que fluye, naturalmente o por incisión, de varias plantas, y se solidifica al aire; se compone de una resina mezclada con una materia gomosa y un aceite volátil.

gónada *f.* BIOL Glándula sexual masculina (testículos), o femenina (ovarios).

góndola 1 *f.* Embarcación propia de Venecia, sin palos ni cubierta, con las puntas de popa y proa muy estilizadas, conducida por uno o dos remeros que van de pie. 2 Cierto carruaje en que pueden viajar juntas muchas personas. 3 Hueco donde va el reactor de un avión. 4 Mueble en el que se exponen mercancías que se venden en un mercado.

gong *m.* Instrumento de percusión consistente en un disco de bronce suspendido de un marco que, al golpearlo con una maza recubierta de fieltro, vibra.

goniómetro *m.* Instrumento que sirve para medir ángulos.

gonococia *f.* MED Enfermedad producida por la infección de un gonococo; suele localizarse en la uretra, dando lugar a la blenorragia.

gonococo *m.* MED Microorganismo bacteriano que se encuentra en el pus blenorrágico o en el de otras lesiones gonocócicas.

gonorrea *f.* MED Enfermedad infecciosa transmitida por contacto sexual, que afecta sobre todo a las membranas mucosas del tracto urogenital. Se caracteriza por un exudado purulento y está originada por una bacteria.

gordo, da 1 *adj.* Que tiene muchas carnes. 2 Muy abultado y corpulento. 3 Que excede del volumen o grosor normal. 4 De mucha importancia, fuera de lo normal. 5 *m.* Sebo o manteca de la carne comestible. 6 Premio más importante de la lotería.

gordura *f.* Grasa excesiva que se acumula en el cuerpo.

gorgojo *m.* Insecto coleóptero con piezas bucales mordedoras y dos antenas en forma de maza que salen de dos depresiones a cada lado. Vive en diversas semillas de cereales y legumbres, causando grandes destrozos.

gorgoteo *m.* Ruido que produce un líquido o gas al moverse en el interior de una cavidad.

gorguera *f.* GOLA, adorno del cuello.

gorila *m.* Mono antropomorfo de los póngidos, que puede alcanzar 2 m de alto, de cuerpo robusto, pelaje denso y negro y brazos musculosos, cara desprovista de pelo y nariz chata con amplias ventanas nasales y el arco superciliar prominente. Vive en África ecuatorial.

gorjear 1 *intr.* Emitir los pájaros su voz característica. 2 Hacer las personas quiebros con la voz en la garganta.

gorra *f.* Prenda para cubrir la cabeza, sin alas y con visera o sin ella.

gorrión *m.* Ave paseriforme de cuerpo redondeado, pico corto y fuerte y plumaje de tonos oscuros. Se alimenta de insectos y granos.

gorro 1 *m.* Pieza para abrigar y cubrir la cabeza, de forma redonda, de tela o de punto. 2 Objeto que tapa el extremo de algo. || ~ **frigio** El similar al del liberto de la Roma antigua, tomado como emblema por los revolucionarios franceses de 1793 y por muchos otros movimientos republicanos e independentistas.

gorrón, na *adj.* y *s.* Que suele comer, vivir o divertirse a expensas de otro.

góspel *m.* MÚS Canto religioso de carácter popular propio de la comunidad negra estadounidense.

gota 1 *f.* Partícula muy pequeña de líquido que adopta en su caída una forma esferoidal. 2 Mínima cantidad de algo. 3 Enfermedad de ciertas plantas, como la papa, causada por un hongo. 4 MED Enfermedad producida por exceso de ácido úrico, con inflamación grave y dolorosa de las articulaciones.

gotear 1 *intr.* Comenzar a llover gotas intermitentes. 2 Caer un líquido gota a gota. 3 Dar o recibir de modo lento y espaciado.

gotera 1 *f.* Caída de agua en el interior de un edificio, o a través de una pared. 2 Grieta o lugar por donde cae y señal que deja.

gotero *m.* CUENTAGOTAS.

goterón *m.* Gota muy grande, especialmente del agua lluvia.

gótico, ca *adj.* y *s.* ART Dicho de un tipo de arte, que se desarrolló en Europa del s. XII al Renacimiento, por evolución del románico.

□ ART El arte gótico tuvo su expresión más relevante en las catedrales. Son construcciones luminosas, de grandes ventanales con vidrieras, que se caracterizan por su verticalidad; suelen tener tres o más naves con crucero, ábside con girola y tres torres, dos en la fachada y otra en el crucero. La escultura, naturalista y realista, fue también de carácter religioso: se pueden apreciar representaciones de la Virgen, los santos y motivos bíblicos en las fachadas de las catedrales. En pintura sobresale la tendencia naturalista, con fondos dorados y abundancia de luz y color. Otras artes importantes del periodo son la orfebrería, la metalistería, la eboraria, el esmalte, el mobiliario y los tejidos.

goulash (Voz fr.) *m.* Carne guisada. • Procede originalmente del húngaro.

gourmet (Voz fr.) 1 *m.* y *f.* Especialista en gastronomía. 2 *adj.* Propio de un *gourmet*: *Comida, plato* gourmet.

gozar 1 *tr.* e *intr.* Tener o poseer algo. 2 Seguido de *de*, disfrutar de lo que se expresa: *Gozar de buena salud.* 3 *tr.* Tener relaciones sexuales con alguien. 4 *tr* y *prnl.* Recibir placer, gozo de algo. 5 *intr.* Sentir placer, experimentar gusto, complacencia.

gozne *m.* Bisagra para puertas o ventanas.

gozo 1 *m.* Complacencia y alegría del ánimo al ver, poseer o esperar algo. 2 Llamarada que hace la leña menuda y seca. 3 *m. pl.* Composición poética religiosa en coplas acabadas con un estribillo.

GPS (Del ingl.) *m.* TECNOL Sistema de tecnología satelital que permite ubicar la posición de una persona, objeto o lugar en cualquier parte de la Tierra. • Sigla de *global positioning system.*

grabado 1 *m.* Procedimiento para grabar. 2 ART Acción y arte de grabar, mediante incisiones u otras técnicas, un dibujo o una figura en una plancha de metal o en una piedra pulimentada. 3 ART Plancha grabada para ser reproducida. 4 ART Estampa producida de este modo. || ~ **al aguafuerte** ART El que emplea la acción del ácido nítrico sobre una lámina previamente cubierta con una capa de cera, sobre la que se hacen las incisiones que el ácido ha de morder. ~ **al aguatinta** ART El que se hace cubriendo la lámina con goma arábiga para obtener un determinado grano que queda grabado mediante la acción del ácido nítrico.

grabador, ra 1 *adj.* Que graba. 2 *m.* y *f.* Persona dedicada al arte del grabado. 3 *f.* Aparato para el registro y la reproducción de sonidos por medio de una cinta cubierta de óxido magnético.

grabar 1 *tr.* Señalar con incisión sobre una superficie de piedra, metal, madera etc., un dibujo, un letrero o una figura. 2 Registrar los sonidos o las imágenes por medio de un disco, una cinta magnética, etc., de modo que se puedan reproducir. 3 *tr.* y *prnl.* Fijar profundamente en el ánimo un concepto, sentimiento o recuerdo.

gracejo *m.* Gracia, chiste.

gracia 1 *f.* Don natural que tienen algunas personas y que las hace agradables. 2 Atractivo especial de la fisonomía de algunas personas, sin ser perfectos sus rasgos. 3 Beneficio, don, favor gratuito. 4 Perdón o indulto que el poder competente concede a un condenado. 5 Disposición afable y amistosa con alguien. 6 Garbo y donaire en la ejecución de algo. 7 Chiste, dicho agudo y gracioso. 8 Facultad de divertir, hacer reír, o sorprender. 9 Proeza, hazaña, mérito. 10 REL En el cristianismo, don gratuito de Dios, para ayudar al ser humano a alcanzar la salvación eterna. 11 *f. pl.* Expresión que indica agradecimiento. || ~ **sacramental** REL Aquella que es propia y especial de cada sacramento, y es concedida para cumplir el fin propio del mismo.

grácil *adj.* Sutil, fino o menudo.

gracioso, sa 1 *adj.* Dicho del aspecto de una persona o cosa, que deleita a los que la miran. 2 Ocurrente, chistoso. 3 Que se da de balde.

grada 1 *f.* PELDAÑO. 2 Cada uno de los asientos escalonados en los teatros, estadios o lugares públicos.

gradación 1 *f.* Serie de cosas ordenadas gradualmente. 2 Realización de algo por fases sucesivas. 3 MÚS Periodo armónico que sube de grado para acentuar un efecto.

gradería 1 *f.* Conjunto o serie de gradas. 2 Público que lo ocupa.

gradiente 1 *m.* FÍS Razón entre la variación de una magnitud física (temperatura, presión, potencial eléctrico, etc.) en dos puntos próximos y la distancia que los separa. 2 GEO Medida de la variación de un componente climático según la distancia y dirección. 3 *f.* Pendiente, declive.

gradilla 1 *f.* Marco para fabricar ladrillos. 2 Soporte para tubos de ensayo en los laboratorios.

grado¹ 1 *m.* Cada uno de los diversos estados, valores o calidades de algo, que pueden ordenarse de menor a mayor o viceversa: *El sismo tuvo una intensidad de cuatro grados en la escala de Richter.* 2 Valor o medida de algo que puede variar de intensidad: *En mayor o menor grado.* 3 Categoría o puesto jerárquico dentro de una institución. 4 Cada una de las generaciones que marcan el parentesco. 5 Título que se da al que se gradúa en una facultad o ciencia. 6 Acto académico en el que se otorga un título. 7 Cada una de las secciones en que se agrupan los alumnos, según su edad y conocimientos. 8 Fís Unidad de medida de ciertos valores físicos, como la temperatura, la presión o la densidad. 9 Geom Unidad de medida de los arcos de los ángulos y de cada una de las 360 partes iguales en que se divide una circunferencia. 10 Gram Cada uno de los modos de significar la intensidad relativa de los adjetivos calificativos y de algunos adverbios, son: positivo, comparativo y superlativo. 11 Mat En una ecuación o en un polinomio reducidos a forma racional y entera, el del término en que la variable tiene exponente mayor. || ~ **Celsius** Fís Unidad de temperatura que equivale a la centésima parte de la diferencia entre los puntos de fusión del hielo y de ebullición del agua, a la presión normal. Símbolo: °C. ~ **centesimal** o **gradián** Geom Unidad de medida de ángulos cuyo valor corresponde a la abertura de un ángulo central subtendido por un arco cuya longitud es igual a 1/400 de la circunferencia. ~ **centígrado** Fís GRADO Celsius. ~ **de temperatura** Fís Cualquiera de las unidades adoptadas convencionalmente para medir la temperatura. ~ **Fahrenheit** Fís Unidad de temperatura de la escala Fahrenheit, que asigna el valor 32 al punto de fusión del hielo y el valor 212 al de ebullición del agua. Símbolo: °F. ~ **Kelvin** Fís Unidad de temperatura absoluta en el Sistema Internacional. Es igual al grado Celsius, pero el 0 está fijado en −273 °C; para pasar de grados Celsius a Kelvin, basta sumar esa cantidad. Símbolo: K.

grado² *m.* Voluntad, gusto: *De buen grado; De mal grado.*

graduación 1 *f.* Acción y efecto de graduar. 2 Proporción de alcohol que contienen las bebidas alcohólicas. 3 Categoría de un militar en su carrera.

graduado, da *m.* y *f.* Persona que ha cursado con éxito los estudios correspondientes a una etapa de la educación escolar o universitaria.

gradual *adj.* Que está por grados, o va de grado en grado.

graduar 1 *tr.* Dar a algo el grado o calidad que le corresponde. 2 Reconocer y medir el grado o calidad de algo. 3 Señalar los grados en que se divide algo. 4 Conceder un grado militar. 5 *tr.* y *prnl.* Dar o recibir un grado o título de una facultad, según los estudios realizados.

grafema *m.* Ling Unidad mínima e indivisible de la escritura de una lengua.

grafeno *m.* Material en forma de lámina, compuesto por carbono, duro, flexible y obtenido del grafito, que es conductor de electricidad y tiene aplicaciones tecnológicas.

grafía *f.* Signo o conjunto de signos con que se representan los sonidos.

gráfico, ca 1 *adj.* Perteneciente o relativo a la escritura y a la imprenta. 2 Dicho de un modo de hablar, que es muy vivo y detallado. 3 Art **artes** ~s. 4 Ort **acento** ~. 5 Art **diseño** ~. 6 *adj.* y *s.* Dicho de una operación, de una descripción o de una demostración, que se representa por medio de figuras o signos. 7 *m.* y *f.* Representación de datos numéricos por medio de una o varias líneas que hacen visible la relación que esos datos guardan entre sí.

grafismo 1 *m.* Disposición gráfica de imágenes y letras que componen un diseño. 2 Actividad que tiene como objeto el diseño gráfico en libros, revistas, folletos, etc.

grafitero, ra *m.* y *f.* Persona que crea y pinta grafitis.

grafiti *m.* Inscripciones o dibujos anónimos realizados en lugares públicos, sobre paredes, puertas, etc.

grafito *m.* Geo Mineral de carbono de brillo metálico, buen conductor del calor y la electricidad. Se usa para hacer lápices, lubricantes, crisoles, pinturas industriales, electrodos para la industria electroquímica, etc. Es el único material no metálico que se comporta como buen conductor de la electricidad.

grafología *f.* Estudio de la letra de una persona para intentar averiguar su carácter.

gragea *f.* Farm Porción de materia medicamentosa redonda y recubierta de una sustancia agradable.

grajo, ja *m.* y *f.* Ave paseriforme parecida al cuervo, de cuerpo negruzco, pico y pies rojos, y uñas grandes y negras.

grama 1 *f.* Planta de las gramíneas, perenne y rastrera, de hojas lanceoladas y flores en espiga con abundantes rizomas. 2 CÉSPED.

gramaje 1 *m.* Peso en gramos. 2 El del papel por metro cuadrado.

gramática 1 *f.* Gram Ciencia que estudia la lengua y marca sus normas morfológicas y sintácticas. Señala cuál es el funcionamiento de las diversas partes de la oración, dictamina qué palabras son compatibles entre sí y qué oraciones están bien formadas, de manera que cualquier hablante, a través de dichas normas, perciba si emplea bien o mal su propia lengua. 2 Gram Texto en que se exponen dichas normas, y que es materia de estudio.

gramaticalidad *f.* Ling Cualidad de una secuencia oracional por la que se ajusta a las reglas de la gramática.

gramilla 1 *f.* Gramínea de hojas anchas que se utiliza para césped. 2 En algunos campos deportivos, espacio destinado al entrenamiento de los jugadores.

gramíneo, a *adj.* y *f.* Bot Dicho de una planta, del grupo de las monocotiledóneas, de tallo cilíndrico, hueco y nudoso, hojas alternas que nacen de los nudos y abrazan el tallo, flores en espigas o panojas y grano seco cubierto por las escamas de la flor. Constituye la principal fuente de alimentación tanto humana como de los animales herbívoros. Incluye a todos los cereales cultivados en el mundo; también la caña de azúcar y el bambú.

gramo 1 *m.* En el sistema métrico decimal, unidad de masa que equivale a la milésima parte del kg. Es igual a la masa de 1 cm^3 de agua a 4 °C. Símbolo: g. 2 Fís En el sistema métrico decimal, unidad de fuerza o peso equivalente a la ejercida en un gramo masa por la acción de la gravedad en condiciones normales. Símbolo: g. 3 Fís **átomo** ~. 4 Quím **equivalente** ~; **molécula** ~.

gramófono *m.* Aparato que reproduce las vibraciones sonoras registradas en un disco. Consta de un plato giratorio y de un brazo con un estilete que recorre el disco.

gran 1 *adj.* Apócope de GRANDE. • U. ante un s. sing.: *Gran sermón.* 2 Principal o primero en una jerarquía: *Gran maestre.*

grana 1 *adj.* y *m.* Dicho de un color, rojo, semejante al de la grana. 2 *f.* Tela de este color. 3 Zool COCHINILLA. 4 Zool QUERMES, insecto. 5 Excrecencia del quermes en la coscoja, que exprimida produce el color rojo.

granada 1 *f.* Fruto del granado, de forma esférica, de unos 10 cm, de corteza amarillenta rojiza y el interior con muchas semillas rojas y carnosas. 2 Proyectil hueco que contiene un explosivo, o un compuesto químico, con un detonador, que se arroja con la mano o se dispara.

granadilla 1 *f.* Planta pasiflorácea, originaria de América del Sur, de tallos trepadores, hojas partidas en varios lóbulos, flores grandes, con corola filamentosa y fruto amarillo de sabor exquisito. 2 Fruto de esta planta. 3 Flor de la pasionaria.

granadillo *m.* Árbol de las papilionáceas, que alcanza 8 m de altura, con flores blanquecinas y fruto en legumbre vellosa. Su madera es muy apreciada en ebanistería.
granado[1] *m.* Árbol de hojas opuestas, enteras y lustrosas, y flores rojas de pétalos algo doblados; su fruto es la granada.
granado[2]**, da** *adj.* Notable, ilustre.
granar *intr.* Formarse y crecer el grano de ciertos frutos.
granate 1 *adj.* y *m.* Dicho de un color, como el de la sangre, rojo oscuro. 2 *m.* Mineral compuesto de silicato doble de alúmina y de hierro u otros óxidos metálicos.
grancolombiano, na *adj.* HIST Perteneciente o relativo a la Gran Colombia, Estado constituido por Bolívar en el Congreso de Angostura, con los territorios que hoy pertenecen a Colombia, Venezuela y Ecuador.
grande 1 *adj.* Que excede en tamaño, importancia etc., a lo común y regular: *Grandes sueños.* • Se usa el apócope *gran* ante un s. sing: *Gran logro.* Su comparativo de superioridad es *mayor*. Superlativo irreg. *máximo.* 2 *m.* y *f.* Persona de elevada jerarquía o nobleza.
grandeza 1 *f.* Cualidad de grande. 2 Excelencia de espíritu.
grandilocuencia 1 *f.* Elocuencia abundante y elevada. 2 Estilo recargado.
grandioso, sa *adj.* Que causa admiración por su tamaño o importancia.
granear 1 *tr.* Esparcir la semilla en un terreno. 2 Sacar grano a una superficie lisa.
granel || **a ~** 1 Hablando de cosas muy menudas, sin orden, número ni medida. 2 Tratando de géneros, sin envase, sin empaquetar. 3 En abundancia.
granero 1 *m.* Lugar donde se almacena el grano. 2 Territorio abundante en grano que provee a otras regiones. 3 **DESVÁN.**
granito *m.* GEO Roca eruptiva, compacta y dura, compuesta de feldespato, cuarzo y mica. Es la más abundante de la corteza terrestre, se emplea en construcción, y su tonalidad es, por lo general, clara.
granívoro, ra *adj.* Dicho de un animal, que se alimenta de granos.
granizada *f.* Precipitación abundante de granizo.
granizado, da *adj.* y *m.* Dicho de una bebida, que es refrescante y se prepara con hielo machacado y café o zumo de fruta.
granizar *intr. impers.* Caer granizo.
granizo *m.* Agua congelada que desciende con violencia de las nubes, en granos más o menos duros y gruesos.
granja 1 *f.* Casa de campo con huerto grande y ganado estabulado. 2 Industria dedicada a la cría de animales domésticos.
granjear 1 *tr.* Captar, atraer, conseguir. 2 Obtener, conseguir.
granjería 1 *f.* Trabajo del que se obtiene ganancia. 2 Esta ganancia.
grano 1 *m.* Porción o parte menuda de alguna cosa: *Grano de arena.* 2 Cada una de las partículas que se perciben en la superficie de algunos cuerpos: *Una lija de grano fino.* 3 Semilla y fruto de los cereales y de otras plantas: *Grano de mostaza; Grano de anís.* 4 Pequeño bulto que se forma en la piel y que a veces supura. 5 BOT Cada una de las semillas o los frutos que, con otras iguales, forma un agregado, como en la uva. 6 FOT Cada una de las partículas que se aprecian en una fotografía y que, en conjunto, la conforman. De su tamaño depende el grado de definición de la fotografía.
granola *f.* Mezcla de cereales y frutos secos.
granuja *m.* Bribón, persona que engaña habitualmente.
granulación 1 *f.* Acción y efecto de granular. 2 BIOL Cada uno de los gránulos, ordinariamente susceptibles de tinción por diversas materias colorantes, que se encuentran en el seno del citoplasma celular. 3 MED Pequeñas masas de materias patológicas de diversa índole que se forman en las superficies cutáneas o mucosas.
granular[1] *adj.* Que se compone de pequeños granos.
granular[2] 1 *tr.* Reducir algo a granos muy pequeños. 2 *prnl.* Cubrirse algo de granos pequeños.
gránulo 1 *m.* BIOL Pequeño cuerpo que se halla en algunas células o tejidos. 2 FARM Gragea de azúcar y goma arábiga que contiene una dosis pequeña de medicamento.
granulocito *m.* BIOL Leucocito que presenta un núcleo multilobulado. || **~ basófilo** BIOL El que segrega sustancias como la heparina (anticoagulante), y la histamina que estimula el proceso de la inflamación. **~ eosinófilo** BIOL El que se activa en presencia de ciertas infecciones y alergias. **~ neutrófilo** BIOL El que fagocita y destruye antígenos que penetran en el cuerpo y que, una vez ingeridos, son destruidos por sus potentes enzimas.
granulometría 1 *f.* Tamaño de las piedras, los granos, la arena, etc., que constituyen un árido o polvo. 2 GEO Parte de la petrografía que trata de la medida del tamaño de las partículas, granos y rocas de los suelos.
grapa 1 *f.* Pieza de hierro u otro metal cuyos dos extremos doblados se clavan para unir o sujetar maderas, papeles u otras cosas. 2 Gajo de uva.
grapadora *f.* Utensilio que sirve para grapar.
grapar *tr.* Sujetar con una o varias grapas.
graso, sa 1 *adj.* Que tiene grasa o la naturaleza de la grasa. 2 **GRASOSO.** 3 QUÍM **ácido ~.** 4 *f.* Lubricante grasoso. 5 BIOQ Sustancia orgánica formada por la combinación de ciertos ácidos grasos con la glicerina. Actúa como reserva de energía y se encuentra en los tejidos de plantas y animales.
grasoso, sa *adj.* Que está impregnado de grasa.
gratificación *f.* Recompensa económica por un servicio eventual.
gratificar 1 *tr.* Recompensar con una gratificación. 2 Dar gusto, complacer.
gratinar *tr.* Dorar en la parte superior del horno un alimento cubierto con una capa de mantequilla y queso rallado, o salsa similar.
gratis *adj.* Sin pagar nada a cambio.
gratitud *f.* Agradecimiento en correspondencia ante un beneficio o favor recibido.
grato, ta *adj.* Gustoso, agradable.
gratuito, ta 1 *adj.* De balde. 2 Sin fundamento.
grava 1 *f.* Conjunto de guijarros. 2 Piedra machacada que se emplea para allanar y cubrir el piso de carreteras y como componente del hormigón. 3 Mezcla de guijas, arena y, a veces, arcilla que se encuentra en yacimientos.
gravamen *m.* Carga, obligación, tributo.
gravar *tr.* Imponer una carga tributaria.
grave 1 *adj.* Dicho de una cosa, que pesa. 2 De mucha entidad o importancia. 3 Que está enfermo de cuidado. 4 Serio, que causa respeto. 5 Peligroso, difícil. 6 Dicho de un sonido, que es bajo, por oposición al agudo. 7 FON y ORT Dicho de una palabra, que lleva el acento prosódico en la penúltima sílaba: *Azúcar, cromo, dulce.* • Si terminan en s precedida de otra consonante, también llevan tilde: *Bíceps.* 8 GRAM **acento ~.** V. tabla Acento prosódico y acento gráfico, p. 7.
gravedad 1 *f.* Cualidad y estado de grave. 2 FÍS Resultante de la fuerza de la gravitación y de la fuerza centrífuga causada por el movimiento de rotación de un cuerpo dado. 3 FÍS Fuerza con que se atraen los cuerpos mutuamente en razón de su masa. 4 FÍS Fuerza que

ejerce un astro atrayendo hacia sí los cuerpos que están sobre su superficie o próximos a ella. 5 Fís **centro** de ~.
□ Fís La gravedad en la Tierra constituye un fenómeno según el cual los cuerpos experimentan una fuerza que los atrae hacia el centro del planeta, y que determina su trayectoria y su aceleración en caída libre. El valor de la aceleración debida a la fuerza de la gravedad terrestre es de 9,8068 m/s^2. Símbolo: g.

gravidez *f.* Embarazo de la mujer.

gravimetría 1 *f.* Fís Estudio de la gravitación terrestre y medición de sus variaciones. 2 Quím Análisis cuantitativo de una sustancia química.

gravitación 1 *f.* Acción y efecto de gravitar. 2 Fís Propiedad de atracción mutua que poseen todos los objetos compuestos de materia. || **ley de la ~ universal** Fís La formulada en 1684 por Newton, que afirma que todo par de partículas de materia en el universo se atraen mutuamente con una fuerza que actúa en la recta que las une, y cuya intensidad varía proporcionalmente al producto de sus masas y en proporción inversa al cuadrado de la distancia entre ellas.

gravitacional 1 *adj.* GRAVITATORIO. 2 Geo Dicho de un tipo de desplazamiento, el que experimentan las rocas o formaciones superficiales a causa de la gravedad.

gravitar 1 *intr.* Fís Moverse un cuerpo por la acción de la gravitación. 2 Descansar o hacer fuerza un cuerpo sobre otro. 3 Influir sobre alguien o sobre algo.

gravitatorio, ria 1 *adj.* Perteneciente o relativo a la gravitación. 2 Fís **masa** ~.

gravoso, sa 1 *adj.* Molesto, pesado. 2 Que ocasiona gasto o menoscabo.

gray *m.* Fís Unidad de dosis absorbida de radiación ionizante del sistema internacional, equivalente a una absorción de un julio por kilogramo. Símbolo: Gy. • pl.: *grayes.*

graznar *intr.* Dar graznidos algunas aves.

graznido 1 *m.* Sonido que emiten algunas aves, como el cuervo y el ganso. 2 Canto desigual y chillón, desagradable al oído.

greca 1 *f.* Aparato para preparar la infusión del café, usado especialmente en sitios públicos. 2 Franja más o menos ancha en que se repite una combinación de elementos decorativos, compuestos por líneas en ángulos rectos.

grecolatino, na 1 *adj.* Perteneciente o relativo a griegos y latinos. 2 Perteneciente o relativo a lo escrito en griego y en latín.

grecorromano, na *adj.* Perteneciente o relativo a griegos y romanos, o compuesto de elementos propios de unos u otros.

greda *f.* Geo Arcilla arenosa, blanca azulada, usada en la fabricación de objetos de cerámica y como desgrasante.

gregario, ria 1 *adj.* Dicho de un animal, que vive en rebaños o manadas. 2 Dicho de una persona, que está en compañía de otros sin distinción, como el soldado raso. 3 Que sigue servilmente las ideas o iniciativas ajenas. 4 *m.* Dep Corredor encargado de ayudar al cabeza de equipo o a otro ciclista de categoría superior a la suya.

gregoriano 1 *adj.* **calendario** ~. 2 Mús **canto** ~.

greguería 1 *f.* Griterío confuso de gente. 2 Lit Imagen literaria sorprendente y a veces humorística, de algún aspecto de la realidad, por ejemplo: *A la muerte no se la oye porque ya en la intimidad de la casa anda en zapatillas.*

gremial *adj.* Perteneciente o relativo a un gremio, un oficio o una profesión.

gremio 1 *m.* Conjunto de personas que tienen una misma profesión o estado social. 2 SINDICATO.

greña *f.* Mechón de pelo enredado o revuelto.

gres *m.* Cerámica resistente, mezcla de arcilla fina y arena, que cocida a temperatura muy elevada se vitrifica.

gresca 1 *f.* Bulla, alboroto. 2 Riña, disputa.

grey 1 *f.* Rebaño de ganado menor. 2 Conjunto de personas que tienen vínculos o rasgos comunes, especialmente los fieles de una religión.

grial *m.* Vaso sagrado identificado por la literatura de la Edad Media con el cáliz de la última cena.

griego, ga 1 *adj.* y *s.* Natural de Grecia o relacionado con este país de Europa. 2 Hist De la Grecia antigua o clásica. 3 *m.* Ling Lengua indoeuropea con numerosos dialectos. En el s. IV, uno de estos, el ático, se convirtió en lengua común, y más tarde originó el griego moderno.
□ Hist El surgimiento de la cultura griega tiene su origen directo en las olas migratorias de los pueblos dorios, que hacia 1200 a. C., portando la metalurgia del hierro, se asentaron en la región del Egeo, confinando a sus predecesores aqueos, creadores de la civilización **micénica**, a la costa occidental de Asia Menor. En un lento proceso de cristalización política, los dorios abolieron su organización monárquica (excepto en Esparta y Arcadia), en favor de una nobleza terrateniente. Las reivindicaciones de las demás capas sociales fueron sostenidas temporalmente por los tiranos, hasta que desembocaron en el establecimiento de la democracia en las polis griegas o ciudades-estado (Atenas, Samos, Corinto, etc.) en los ss. VII y VI a. C. y en la expansión colonizadora por el Mediterráneo. La expansión del Imperio persa (que en el s. VI a. C. ya dominaba las colonias de Asia Menor) supuso la confederación de los estados griegos (que hasta entonces se mantenían en conflicto) para enfrentar al enemigo común. Rechazada la amenaza (479 a. C.), la hegemonía en el interior fue asumida por Esparta tras derrotar a Atenas en la guerra del Peleponeso (431-404 a. C.). Posteriormente Esparta declinó ante Tebas. Las luchas crónicas favorecieron el sometimiento y la unificación de Grecia por la monarquía macedónica (338 a. C.), bajo la dirección de Filipo II y, posteriormente, de su hijo Alejandro Magno (como se le llamaría más adelante). Este extendió los dominios griegos hasta India y Egipto, pero a su muerte (323 a. C.), el Imperio se disgregó entre sus generales. En el interior su continuidad se estableció en Macedonia y Atenas, que cayeron bajo el dominio de Roma a mediados del s. II a. C. Bajo la dominación romana, Grecia renació culturalmente y muchas de sus ciudades fueron reconstruidas. La cultura griega, cuna de lo que hoy se entiende por civilización occidental, se expresó, fundamentalmente, mediante un arte refinado (escultura y arquitectura principalmente) y un pensamiento humanístico (filosofía y literatura) que aun hoy en día se mantiene vigente. Las hipótesis intuitivas de los antiguos griegos presagiaron diversas teorías de la ciencia moderna e incluso muchas de sus ideas morales fueron incorporadas a las doctrinas del cristianismo.

grieta *f.* Abertura longitudinal que se hace espontáneamente en la tierra o en cualquier cuerpo sólido.

grifería *f.* Conjunto de grifos y llaves que sirven para regular el paso del agua.

grifo 1 *m.* Llave que regula el paso de un líquido. 2 Mit Animal fabuloso con cuerpo de león y cabeza y alas de águila.

grifón *s.* y *adj.* Perro de pelo áspero.

grillete *m.* Pieza de hierro semicircular con los extremos unidos por un perno, para fijar una cadena, especialmente a los pies de un preso.

grillo, lla *m.* y *f.* Insecto ortóptero de patas posteriores adecuadas al salto. El macho produce un sonido monótono y agudo, al frotar con fuerza los élitros. || **~ ce-**

bollero Insecto ortóptero mayor que el grillo, con las dos patas delanteras parecidas a las manos de un topo.

grima *f.* Desazón, malestar.

gringada *f.* Acción propia de un gringo.

gringo, ga 1 *adj.* y *s.* coloq. y desp. Extranjero. 2 Estadounidense. 3 *m.* y *f.* Persona rubia y de tez blanca.

gripa (Tb. gripe) *f.* MED Enfermedad infecciosa, producida por un virus. Se presenta con fiebre, síntomas catarrales y malestar general. Es contagiosa, epidémica y endémica.

gris 1 *adj.* y *m.* Dicho de un color, semejante al de la ceniza, y que resulta de la mezcla del blanco y del negro. 2 *adj.* Triste, lánguido. 3 Borroso, sin perfiles definidos. 4 ANAT y FISIOL **sustancia** ~.

grisalla *f.* ART Técnica pictórica que emplea el óleo tan solo en tonos grises o neutros.

grisón *m.* Mamífero mustélido de pelaje corto, con una banda blanca en la frente que se extiende hacia los lados del cuello.

grisú *m.* Metano desprendido de las minas de hulla que, al mezclarse con el aire, se hace inflamable y produce violentas explosiones.

gritar 1 *intr.* y *tr.* Levantar la voz más de lo acostumbrado. 2 *intr.* Dar un grito o varios. 3 Reprender o mandar con gritos.

gritería *f.* Confusión de voces altas y desentonadas.

grito 1 *m.* Sonido fuerte y alto emitido repentinamente. 2 Expresión proferida de este modo. 3 Manifestación vehemente de un sentimiento. 4 Chirrido de los hielos glaciales al quebrarse.

grogui 1 *adj.* Aturdido por el cansancio o por otras causas físicas o emocionales. 2 Casi dormido.

grosella *f.* Fruto del grosellero, baya pequeña jugosa y de sabor agridulce.

grosellero *m.* Arbusto de las saxifragáceas, de tronco ramoso, flores en racimos y cuyo fruto es la grosella.

grosería 1 *f.* Descortesía, falta de respeto. 2 Expresión soez con que se ofende.

grosor *m.* Grueso de un cuerpo.

grosso modo (Loc. lat.) Aproximadamente, más o menos.

grotesco, ca 1 *adj.* Ridículo y extravagante. 2 De mal gusto.

grúa 1 *f.* Máquina para levantar y llevar pesos de un sitio a otro, provista de un eje vertical giratorio, poleas y cables. 2 Vehículo provisto de esta máquina, para remolcar automóviles. 3 Aparato que sirve para desplazar por el aire la cámara cinematográfica.

grueso, sa 1 *adj.* Corpulento, abultado. 2 Que excede de lo regular: *Trazo grueso.* 3 *m.* Corpulencia, cuerpo o grosor de una cosa. 4 Parte principal o mayor de un todo: *El grueso de las inversiones se perdió.*

gruiforme *adj.* y *s.* ZOOL Dicho de un ave, que tiene aspecto grácil, cuello largo y flexible y pico recto. Habita en zonas pantanosas, como la grulla.

grulla *f.* Ave zancuda de gran tamaño, pico cónico y prolongado, patas largas, plumaje gris y cabeza negra cubierta en parte con algunos pelos pardos y rojos.

grumete *m.* Muchacho que aprende el oficio de marinero ayudando a la tripulación en sus faenas.

grumo *m.* Parte más espesa, casi sólida, de un líquido, como la que se forma cuando una sustancia en polvo no se deslíe bien en el líquido.

gruñido 1 *m.* Sonido propio del cerdo. 2 Voz ronca del perro u otros animales cuando amenazan. 3 Sonido semejante que emite una persona en señal de mal humor o desagrado.

gruñir 1 *intr.* Dar gruñidos. 2 Mostrar disgusto, murmurando entre dientes. • Vb. irreg. conjug. c. **mullir**. V. anexo El verbo.

grupa *f.* Ancas de una caballería.

grupal *adj.* Perteneciente o relativo al grupo.

grupo 1 *m.* Pluralidad de seres o cosas que forman un conjunto. 2 Entidad reconocida por sus propios miembros y por los demás, basada en el tipo específico de conducta colectiva que representa. 3 GRAM **SINTAGMA**. 4 MAT Conjunto de elementos entre los que existe una operación tal que el resultado de efectuar dicha operación con dos elementos cualesquiera del grupo es siempre otro elemento del grupo. Tiene las siguientes propiedades: asociativa, elemento neutro y elemento simétrico. 5 QUÍM Conjunto de elementos químicos de propiedades semejantes, que, en el sistema periódico, quedan dispuestos en la misma columna. || ~ **abeliano** MAT Aquel en que la operación definida cumple la propiedad conmutativa, de forma que para cualquier par de elementos a y b se verifica que $a + b = b + a$. ~ **de presión** Conjunto de personas que, en beneficio de sus propios intereses, influye en ámbitos sociales, económicos o políticos. ~ **funcional** QUÍM Átomo o conjunto de átomos que confieren a una molécula orgánica propiedades químicas características. ~ **sanguíneo** FISIOL y MED Cada uno de los conjuntos de factores que caracterizan a los diferentes grupos de hemoaglutinación, y que deben tenerse en cuenta antes de proceder a las transfusiones de sangre. Se nombran *A, B, AB* y *O*.

grupúsculo *m.* coloq. y desp. Grupo poco numeroso de personas que intervienen activamente en un asunto.

gruta 1 *f.* Cavidad natural abierta en una roca. 2 Estancia subterránea artificial semejante.

grutesco, ca 1 *adj.* Perteneciente o relativo a la gruta artificial. 2 *adj.* y *m.* ART Dicho de un adorno, lleno de bichos, quimeras, follajes, etc.

gruyer *m.* Queso maduro, de origen suizo, hecho con leche de vaca; tiene agujeros en su superficie.

gu *f.* Dígrafo que representa el fonema velar sonoro ante la *e* y la *i*, como en *guiso*.

guabina 1 *f.* Pez dulceacuícola de cuerpo mucilaginoso, algo cilíndrico, cabeza obtusa, y de carne suave y gustosa. 2 FOLCL Aire musical popular de la región andina colombiana.

guaca 1 *f.* Tesoro enterrado. 2 Sepultura indígena prehispánica de la zona andina septentrional. 3 Vasija de barro donde aparecen depositados las joyas y los objetos artísticos en dichas sepulturas.

guacal *m.* Cesta de varillas de madera para fruta, o loza.

guacamayo *m.* Ave de América, especie de papagayo, de gran tamaño, con plumaje de vistosos colores y cola muy larga.

guacamole (Tb. guacamol) *m.* Ensalada que se prepara con aguacate molido o picado, al que se agrega cebolla, tomate y chile verde.

guacharaca 1 *f.* Ave vocinglera de las galliformes. 2 MÚS Instrumento de fricción fabricado con una caña hueca de superficie rugosa.

guácharo *m.* Ave de América del Sur, de color castaño rojizo y pico fuerte, largo y ganchudo. Es nocturno.

guache 1 *adj.* y *s.* coloq. y desp. Dicho de una persona, que es vulgar, tosca. 2 **COATÍ**.

guachimán *m.* Vigilante, guardián.

guácimo *m.* Árbol de hasta 20 m de altura, copa redonda y frondosa, hojas alternas y flores amarillas fragantes y en racimo; tiene varios usos en medicina tradicional.

guaco *m.* Objeto de cerámica que se encuentra en las guacas.

guadamecí *m.* Cuero curtido y adornado con dibujos de pintura o relieve.

A B C D E F G H I J K L M N Ñ O P Q R S T U V W X Y Z

guadaña *f.* Instrumento para segar formado por una cuchilla puntiaguda enastada en un mango largo en ángulo con la hoja.

guadañador, ra 1 *adj.* Que guadaña. 2 *f.* Máquina de motor eléctrico o de combustión, sujeto a un mango metálico, dotada de aspas de o un hilo especial, que sirve para guadañar.

guadañar *tr.* Segar con la guadaña o con la guadañadora.

guadua *f.* Caña de las gramíneas, que alcanza 20 m de altura, muy gruesa, con un ligero follaje verde claro. Se utiliza en construcción, artesanías y producción de pulpa de papel.

guagua[1] *m.* y *f.* Niño de teta.

guagua[2] 1 *f.* Cosa sin importancia. 2 Autobús de servicio público.

guahibo, ba *adj.* y *s.* GUAJIBO.

guaimí 1 *adj.* y *s.* De un pueblo indígena asentado en las provincias de Chiriquí, Veraguas y Bocas del Toro, en Panamá. 2 *m.* LING Lengua hablada por los guaimíes.

guaira *f.* Vela triangular que se enverga al palo solamente.

guairo *m.* Embarcación pequeña con dos guairas, para navegar por las costas.

guajibo, ba (Tb. guahibo) *adj.* y *s.* De un pueblo indígena asentado en los departamentos de Meta y Vichada (Colombia) y en los estados de Apure y Amazonas (Venezuela). Se llama a sí mismo *híwi*.

guajiro, ra 1 *adj.* y *s.* De La Guajira o relacionado con este departamento de Colombia. 2 WAYÚU. 3 *f.* FOLCL Canto popular cubano, inspirado en las labores del campo.

guajolote *m.* PAVO, ave.

gualanday *m.* Árbol andino tropical, de aprox. 15 m de altura, con hojas compuestas y alternas y con flores agrupadas de color purpúreo.

gualdrapa *f.* Cobertura que adorna las ancas de caballos y mulas.

guama 1 *f.* Fruto del guamo, en forma de legumbre larga con una sustancia blanca, comestible y dulce. 2 Engaño, broma pesada. 3 Contratiempo, calamidad menor.

guambiano, na *adj.* y *s.* De un pueblo indígena asentado en territorio del departamento de Cauca, en Colombia.

guamo *m.* Árbol de las mimosáceas, de tronco delgado y liso, hojuelas elípticas y flores en espigas axilares. Su fruto es la guama.

guanábana *f.* Fruto del guanábano. De corteza verdosa, con púas débiles, pulpa blanca, de sabor dulce, y semillas negras.

guanábano *m.* Árbol de las anonáceas, pequeño, con tronco de corteza lisa, hojas lustrosas y flores grandes. Su fruto es la guanábana.

guanaco, ca *m.* y *f.* Mamífero artiodáctilo de los camélidos, muy parecido a la llama, pero más grande; su pelo es largo, abundante y sedoso; tiene el cuello y las patas largas y callosidades en pecho y rodillas. Vive en los Andes.

guano 1 *m.* Materia resultante de los excrementos de aves marinas, acumulada en gran cantidad. Se utiliza como abono. 2 Estiércol de cualquier animal.

guante *m.* Prenda que cubre, abriga o protege la mano, adaptándose a los dedos. De materiales diversos, según el uso a que se destina.

guantelete *m.* Pieza de la armadura que protege la mano.

guantero, ra 1 *m.* y *f.* Persona que hace o vende guantes. 2 *f.* Caja de los vehículos automóviles en la que se guardan guantes y otros objetos.

guapear *intr.* Ostentar valentía.

guapo, pa 1 *adj.* y *s.* Valeroso, templado. 2 *adj.* Bien parecido. 3 Lucido en el modo de vestir y presentarse.

guaquear (Tb. huaquear) *tr.* Registrar las guacas en busca de objetos de valor.

guaracha *f.* FOLCL Baile antillano similar al zapateado.

guarango *m.* DIVIDIVI.

guaraní 1 *adj.* y *s.* HIST De un pueblo amerindio que en el s. XVI se extendía del Amazonas al río de La Plata y que, en la actualidad, vive en núcleos aislados en Brasil, Paraguay, Uruguay y Argentina. 2 *m.* LING Lengua hablada por los guaraníes, formada por dos dialectos, el tupí y el guaraní. Junto con el castellano, es el idioma oficial de Paraguay.

guarapo 1 *m.* Jugo de la caña de azúcar. 2 Bebida fermentada hecha con este jugo. 3 Jugo de fruta, especialmente de piña, fermentado.

guarda 1 *m.* y *f.* Persona encargada de vigilar y conservar algo. 2 *f.* Acción de guardar, defender. 3 Hoja de papel blanco del principio y fin de los libros. 4 Rodete de la cerradura que solo deja pasar la llave correspondiente.

guardabarrera *m.* y *f.* Persona que en los ferrocarriles custodia un paso a nivel y se encarga de cerrar o abrir las barreras.

guardabarros *m.* Cada una de las chapas que van sobre las ruedas de los vehículos y sirven para evitar las salpicaduras.

guardabosque (Tb. guardabosques) *m.* y *f.* Persona encargada de vigilar los bosques para evitar incendios, impedir la caza furtiva, los daños a la naturaleza, etc.

guardacostas 1 *m.* Embarcación destinada a la persecución del contrabando o a la defensa del litoral. 2 *m.* y *f.* Persona encargada de vigilar una zona de un litoral para impedir la pesca ilegal, evitar la inmigración ilegal, coordinar tareas de rescate, etc.

guardaespaldas *m.* y *f.* Persona que acompaña asiduamente a otra con la misión de protegerla.

guardafangos *m.* GUARDABARROS.

guardagujas *m.* y *f.* En los ferrocarriles, encargado del manejo de las agujas, para que cada tren marche por la vía que le corresponde.

guardameta *m.* y *f.* DEP Portero, jugador que defiende la meta.

guardapolvo (Tb. guardapolvos) 1 *m.* Sobretodo de tela ligera para preservar el traje de polvo y manchas. 2 Pieza de caucho que guarece los ejes de los automóviles.

guardar 1 *tr.* Custodiar algo o a alguien. 2 Poner algo en lugar seguro o apropiado. 3 Cumplir las obligaciones o leyes. 4 Conservar o retener algo. 5 Mantener hacia alguien o algo cierto sentimiento o actitud: *Guardo un mal recuerdo de ella.* 6 Preservar algo de un daño o deterioro. 7 Reservar algo para después: *Estoy guardando dinero para el auto.* 8 INF Registrar, dentro de la memoria del sistema, el objeto que se está trabajando en ese momento. 9 INF Registrar un conjunto de informaciones contenidas en la memoria del computador en disco, cinta, etc. 10 *prnl.* Ponerse alguien en sitio seguro o cerrado. 11 Precaverse de un riesgo.

guardarropa 1 *m.* En lugares públicos, habitación donde las personas guardan sus abrigos y otros objetos personales. 2 Armario, ropero. 3 Conjunto de vestidos de una persona.

guardavalla *m.* DEP Portero, guardameta.

guardería *f.* Establecimiento donde se atiende y cuida a niños de corta edad, durante el horario de trabajo de sus padres.

guardia 1 *f.* Acción de guardar o vigilar. 2 Conjunto de gente armada que custodia a alguien o algo. 3 Defensa, protección. 4 En algunas profesiones, servicio que se presta fuera del horario obligatorio: *Médico de guardia.* 5 Ciertos cuerpos armados: *Guardia presi-*

dencial. 6 DEP Manera de estar en defensa en un deporte. 7 *m.* y *f.* Miembro de una guardia.

guardián, na *m.* y *f.* Persona que guarda algo y cuida de ello.

guarecer 1 *tr.* Acoger, preservar de algún mal. 2 *prnl.* Resguardarse en alguna parte para librarse de un daño, peligro o temporal. • Vb. irreg. conjug. c. **agradecer**. V. anexo El verbo.

guargüero *m.* coloq. GÜERGÜERO.

guarida 1 *f.* Cueva o paraje abrigado donde se refugian los animales. 2 Refugio de gente, especialmente de delincuentes o maleantes.

guarismo 1 *m.* Cada uno de los signos o las cifras arábigas que expresan una cantidad. 2 Cualquier expresión de cantidad compuesta de dos o más cifras.

guarnecer 1 *tr.* Poner guarnición a algo, adornarlo. 2 Proveer, equipar. • Vb. irreg. conjug. c. **agradecer**. V. anexo El verbo.

guarnición 1 *f.* Adorno que se pone en vestidos, ropas, etc. 2 Engaste de oro, plata o metal en que se colocan las piedras preciosas. 3 Pieza que se pone en el puño de las armas blancas para proteger la mano. 4 Añadido de harinas, verduras o legumbres, que acompaña un plato de carne o pescado. 5 Tropa militar que defiende una posición. 6 *f. pl.* Conjunto de correajes y demás efectos que se ponen a las caballerías.

guarnicionero, ra *m.* y *f.* TALABARTERO.

guarro, rra 1 *adj.* y *s.* Persona sucia y grosera. 2 *m.* y *f.* CERDO, animal.

guarumo *m.* YARUMO.

guasa 1 *f.* Chanza, burla. 2 Baile y música alegre.

guasca 1 *f.* Pedazo de cuero o cuerda. 2 Planta compuesta herbácea, comestible. Se usa para aromatizar el ajiaco.

guasipongo *m.* HUASIPUNGO.

guaso, sa *adj.* Grosero, maleducado, rudo.

guata *f.* Lámina gruesa de algodón, natural o sintético, engomada por ambas caras, que sirve para acolchados o como material de relleno.

guate *m.* Maíz tierno que se emplea como forraje.

guaya *f.* Lloro o lamentación.

guayaba *f.* Fruto del guayabo, de forma aovada, color amarillo o blanco y semillas dispersas dentro de la pulpa. Puede consumirse directamente o en forma de dulce, jugo o licor.

guayabera *f.* Chaqueta de tela ligera que cubre la parte superior del cuerpo, con mangas cortas o largas, adornada con alforzas verticales y bordados.

guayabo[1] *m.* Árbol mirtáceo de tronco liso, hojas opuestas, flores blancas y cuyo fruto es la guayaba.

guayabo[2] 1 *m.* Muchacha joven y agraciada. 2 Tristeza, pesadumbre. 3 Malestar que se padece después de una embriaguez u otro exceso.

guayacán 1 *m.* Árbol cigofiláceo de hasta 18 m de altura, con hojas persistentes, flores de color blanco azulado en hacecillos terminales y fruto capsular. 2 Madera de este árbol; se emplea en ebanistería y en construcción.

guayaco *m.* GUAYACÁN.

guayo *m.* DEP Calzado deportivo que se utiliza en el fútbol.

guayuco *m.* TAPARRABOS.

guazubirá *m.* Cérvido de color canela oscuro, extendido desde México hasta Argentina.

gubernamental 1 *adj.* Perteneciente o relativo al gobierno del Estado. 2 Favorecedor de la autoridad del gobierno. 3 POLÍT **organización** no ~.

gubernativo, va *adj.* Perteneciente o relativo al Gobierno.

gubia 1 *f.* Formón de media caña usado por los carpinteros para labrar superficies curvas. 2 MED Instrumento quirúrgico para extirpar fragmentos óseos.

guedeja *f.* Cabellera abundante o mechón de cabello.

güelfo, fa *adj.* y *s.* HIST Dicho de una persona, que es miembro de un partido político italiano durante la Edad Media; defensor del papado y de las libertades comunales, y enfrentado a los emperadores alemanes, defendidos por los gibelinos.

güemul *m.* HUEMUL.

guepardo *m.* Félido africano de pelaje pardo amarillento salpicado de manchas negras; cabeza pequeña con una característica línea negra desde el ojo hasta la boca; patas muy largas sin uñas rectráctiles. Atrapa a sus presas mediante una persecución corta y veloz en la que puede alcanzar los 110 km/h.

güergüero *m.* coloq. Parte superior de la tráquea.

güero, ra *adj.* y *s.* HUERO.

guerra 1 *f.* Lucha armada entre dos o más países o entre bandos de un mismo país. 2 Cualquier tipo de lucha, combate u oposición, incluso en sentido moral. 3 **prisionero** de ~. 4 **consejo** de ~. || ~ **asimétrica** La que enfrenta a dos bandos con considerable diferencia en su poderío militar, por lo que tienen que usar tácticas disímiles. ~ **civil** POLÍT La que hacen entre sí los habitantes de un mismo país. ~ **de guerrillas** Modalidad de enfrentamiento armado que se basa en acciones dispersas orientadas a debilitar y desarticular a un enemigo más poderoso. ~ **fría** POLÍT e HIST Situación de hostilidad entre dos naciones o grupos de naciones, en la que, sin llegar al empleo declarado de las armas, cada bando intenta minar el régimen político o la fuerza del adversario por medio de propaganda, presión económica, espionaje, organizaciones secretas, etc. Concretamente se aplica a la situación surgida tras la Segunda Guerra Mundial entre EE.UU. y la antigua Unión Soviética. ~ **justa** La defensiva, porque responde a una agresión, o la ofensiva si su causa se considera justa y está orientada a buscar la paz, promover el bien y evitar el mal. ~ **preventiva** POLÍT La que, contra las normas del derecho público, emprende una nación contra otra presuponiendo que esta se prepara a atacarla. ~ **santa** La que se hace por motivos religiosos. ~ **sucia** 1 La que viola las normas de combate que garantizan un enfrentamiento justo. 2 Conjunto de agresiones encubiertas que, al margen de la legalidad, buscan la eliminación de determinado grupo social o político.

guerrear 1 *intr.* y *tr.* Hacer guerra. 2 *intr.* Resistir, contradecir.

guerrero, ra 1 *adj.* Perteneciente o relativo a la guerra. 2 *adj.* y *s.* Que guerrea. 3 *m.* y *f.* SOLDADO, persona que sirve en la milicia. 4 *f.* Chaqueta ajustada y abrochada desde el cuello.

guerrilla 1 *f.* Partida de tropa ligera que hace las primeras escaramuzas o acosa al enemigo. 2 Facción política y militar subversiva. 3 **guerra** de ~s.

guerrillero, ra 1 *adj.* Perteneciente o relativo a la guerrilla. 2 *m.* y *f.* Miembro que sirve en una guerrilla.

gueto 1 *m.* Barrio en que vivían o eran obligados a vivir los judíos en algunas ciudades europeas. 2 Barrio en que viven personas de un mismo origen.

guía 1 *m.* y *f.* Persona que conduce y enseña a otra el camino. 2 Profesional que enseña a los turistas una ciudad o un museo, dándoles las explicaciones precisas. 3 *f.* Lo que dirige o sirve de orientación. 4 Poste que se coloca en los caminos para señalar una dirección. 5 Libro o folleto con datos, explicaciones o normas de una determinada materia.

guiar 1 *tr.* Ir delante mostrando el camino. 2 Hacer que un objeto siga en su movimiento determinado rumbo. 3 Conducir un vehículo. 4 Dirigir a alguien en algún asunto. 5 *prnl.* Dejarse dirigir o llevar por otro, o por indicios, señales, etc.

guijarro *m.* Piedra pequeña y redondeada.

guilda 1 *f.* HIST En la Edad Media, organización de productores, comerciantes o artesanos asociados con otros de la misma profesión, para protegerse mutuamente. 2 Asociación de personas con iguales intereses.

guillotina 1 *f.* Máquina inventada en la época de la Revolución francesa, para decapitar a los reos. Consiste en una cuchilla guiada por dos montantes verticales. 2 Máquina de imprenta para cortar papel.

guillotinar 1 *tr.* Decapitar a los reos con la guillotina. 2 Cortar algo de manera parecida a como lo hace la guillotina.

guimbarda *f.* Cepillo de carpintero, de cuchilla estrecha y saliente.

guinda *f.* Fruto del guindo, redondo y rojo. Se usa en confitería y en cocteles.

guindar 1 *tr.* y *prnl.* Subir algo que ha de colocarse en alto. 2 *prnl.* Descolgarse de una altura con una cuerda.

guindilla *f.* Pimiento pequeño y puntiagudo, muy picante.

guindillo *m.* Variedad de **chile** de unos 50 cm de altura.

guindo *m.* Árbol de las rosáceas, parecido al cerezo, de hojas más pequeñas y fruto, la guinda, más redondo y agridulce.

guiñapo 1 *m.* Andrajo, trapo roto, viejo o deslucido. 2 Persona que va con vestidos rotos o andrajosos. 3 Persona consumida física o moralmente.

guiñar 1 *tr.* Abrir y cerrar un ojo, un instante, dejando el otro abierto. Se hace como insinuación o advertencia. 2 *prnl.* Hacerse guiños o señas con los ojos.

guiño 1 *m.* Acción de guiñar. 2 Acción o actitud con la que se pretende ganar la voluntad de alguien para la consecución de algo.

guiñol *m.* Representación teatral de títeres movidos con los dedos de una persona oculta.

guion 1 *m.* Escrito esquemático que sirve de guía para una charla, conferencia, etc. 2 Texto en que se expone el argumento y los detalles necesarios para la realización de un filme, un programa de radio o uno de televisión. 3 ORT Signo ortográfico (-) que tiene diferentes usos. || ~ **largo** ORT **RAYA**, signo ortográfico. V. separata Uso de los signos de puntuación.

guionista *m.* y *f.* Persona que escribe el guion de un filme, o de un programa de radio o televisión.

güipil *m.* **HUIPIL**.

guirnalda 1 *f.* Corona tejida de flores, hierbas o ramas. 2 Tira tejida de flores y ramas que no forma círculo.

guisa *f.* Modo, manera.

guisado *m.* Guiso de pedazos de carne o pescado, rehogados primero y cocidos luego con cebolla, papas y salsa.

guisante 1 *m.* **ALVERJA**. 2 Semilla comestible de esta planta. || ~ **de olor** El que se cultiva en jardines, de flores tricolores, perfumadas.

guisar 1 *tr.* Cocinar, someter los alimentos a la acción del fuego, en especial haciéndolos cocer lentamente, en salsa y con condimentos. 2 Disponer, preparar algo.

guiso *m.* Comida guisada.

guitarra *f.* MÚS Instrumento de cuerda, compuesto de una caja de madera con un agujero redondo en el centro de la tapa y un mástil con trastes, seis clavijas para templar otras tantas cuerdas, que se pulsan con los dedos de una mano mientras los de la otra las pisan donde conviene al tono. || ~ **eléctrica** MÚS Instrumento musical, derivado de la guitarra, en que la vibración de las cuerdas se recoge y amplifica mediante un equipo electrónico.

guitarrón *m.* MÚS Guitarra grande de sonido grave, que usan los mariachis.

gula *f.* Exceso en la comida o en la bebida.

gulag 1 *m.* HIST Campos de concentración en la antigua Unión Soviética. 2 HIST Sistema basado en el conjunto de centros penitenciarios de la antigua Unión Soviética.

gulusmear 1 *tr.* e *intr.* Golosinear. 2 Curiosear, husmear.

gupi *m.* Pececillo dulceacuícola tropical muy apreciado como especie de acuario debido a la brillante coloración del macho, que mide unos 3 cm de largo.

gurbia *f.* **GUBIA**.

gurú 1 *m.* Dirigente espiritual de grupos religiosos de inspiración oriental. 2 *m.* y *f.* Persona reconocida en una materia, un arte o un saber.

gusano 1 *m.* ZOOL Larva vermiforme de muchos insectos y oruga de los lepidópteros. 2 **LOMBRIZ**. || ~ **de seda** Larva de un insecto lepidóptero que se alimenta de hojas de morera y hace un capullo de seda que se utiliza en la confección de telas. ~ **plano** ZOOL **PLATELMINTO**.

gustar 1 *tr.* Sentir y percibir en el paladar el sabor de las cosas. 2 Experimentar, probar. 3 *intr.* Agradar, parecer bien. 4 Resultar una persona atractiva a otra. 5 Desear, querer o sentir satisfacción al hacer algo.

gustativo, va 1 *adj.* Perteneciente o relativo al sentido del gusto. 2 ANAT **papilas** ~s.

gusto 1 *m.* Sabor que tienen las cosas. 2 Deleite, complacencia que se siente con algún motivo, o se recibe de cualquier cosa. 3 Voluntad, determinación o arbitrio. 4 Facultad de sentir o apreciar estéticamente algo. 5 Cualidad que hace bello o feo algo: *Traje de buen gusto; Adorno de mal gusto.* 6 Manera particular de apreciar alguien las cosas. 7 ANAT y FISIOL Sentido con el que se perciben los sabores que tienen las sustancias solubles que entran en contacto con la lengua. ☐ ANAT y FISIOL Los compuestos químicos de los alimentos se disuelven en la humedad de la boca y penetran en las **papilas** gustativas, a través de los poros de la superficie de la lengua, donde entran en contacto con células sensoriales. El ser humano percibe cuatro sabores básicos: dulce, salado, ácido y amargo. Por lo general, las papilas sensibles a los sabores dulce y salado se concentran en la punta de la lengua, las sensibles al ácido ocupan los lados y las sensibles al amargo están en la parte posterior. También intervienen en la percepción de los sabores los receptores táctiles de calor y frío situados en la boca y los receptores del olfato situados en la nariz.

gutapercha *f.* Especie de látex obtenido, por incisión en el tronco, de algunos árboles.

gutífero, ra *adj.* BOT Dicho de una hierba, de un arbusto o de un árbol, del grupo de las angiospermas dicotiledóneas, con hojas opuestas, enteras y pecioladas, flores terminales o axilares y fruto en cápsula o en baya.

gutural 1 *adj.* Perteneciente o relativo a la garganta. 2 FON Dicho de un sonido, que se articula y se produce al tocar el dorso de la lengua con la parte posterior del velo del paladar, formando una estrechez por la que pasa el aire espirado.

h *f.* Octava letra del alfabeto español. • Su nombre es *hache,* y actualmente no representa ningún sonido. En algunas palabras derivadas del alemán y del inglés, así como en algunos nombres propios extranjeros, la *h* se pronuncia con un sonido cercano al del fonema /j/. Ejemplos: *Hámster, hachís, Hawái* y *hawaiano, Hegel* y *hegeliano,* etc. pl.: *haches.* V. tabla Consonantes. Usos ortográficos, p. 157.

haba *f.* Planta herbácea, de las papilionáceas, que posee tallo erguido de 1 m aprox., hojas compuestas, flores blancas o rosáceas y fruto en vaina con semillas comestibles oblongas y aplastadas.

habanera *f.* FOLCL Danza, música y canción originaria de La Habana, de ritmo pausado, que fue introducida en Europa en el s. XIX.

habano 1 *m.* Cigarro puro elaborado en la isla de Cuba con hojas de tabaco de aquel país. 2 **BANANO**, fruto.

habeas corpus (Loc. lat.) *m.* DER Derecho del ciudadano detenido a comparecer inmediatamente ante un juez o tribunal, para que este decida si debe ser puesto en libertad o ingresar en prisión.

haber[1] 1 *m.* Conjunto de bienes y derechos de alguien. 2 En una cuenta, parte en que se anotan las partidas abonadas. 3 Cualidades o méritos de alguien o algo.

haber[2] 1 *aux.* Se usa para conjugar otros verbos en los tiempos compuestos: *Yo he recorrido; Ellos habrán llegado.* 2 Seguido de la preposición *de* o de la conjunción *que,* y de un infinitivo, indica obligación o necesidad: *He de salir; Hay que ver.* 3 *impers.* Ocurrir, sobrevenir, verificarse, efectuarse (siempre se usa en singular): *Hubo una hecatombe; Mañana habrá función.* 4 Ser necesario o conveniente aquello que expresa el verbo o la cláusula que sigue: *Hay que tener paciencia; Habrá que estudiar.* 5 Estar en algún lugar o acontecimiento: *Hubo veinte personas en la reunión.* 6 Hallarse o existir algo realmente o en sentido figurado: *Hay hombres muy crueles; Hay gran diferencia entre esto y aquello.* 7 Denota transcurso de tiempo: *Tres años ha que se marchó.* • Vb. irreg. conjugación modelo. V. anexo El verbo.

habichuela 1 *f.* Planta herbácea, de las papilionáceas, que posee hojas grandes acorazonadas, flores blancas axilares, fruto en vainas aplastadas y semillas con forma de riñón. 2 Fruto y semillas comestibles de esta planta.

habiente *adj.* y *s.* Que tiene. • Se usa en expresiones jurídicas, unas veces antepuesto y otras pospuesto al nombre que es su complemento: *Tarjetahabiente.*

hábil 1 *adj.* Capaz, inteligente, competente para hacer algo. 2 Que es legalmente apto para una cosa. 3 **día ~**.

habilidad 1 *f.* Cualidad de hábil. 2 Gracia y destreza. 3 Lo que se ha hecho de esta manera. 4 Enredo ingenioso.

habilitación 1 *f.* Acción y efecto de habilitar o habilitarse. 2 Examen de recuperación de una materia que el alumno no ha aprobado de manera regular.

habilitar 1 *tr.* Hacer hábil, apto o capaz para algo a alguien o algo. 2 Autorizar a alguien para ejecutar ciertos actos jurídicos. 3 Presentar el estudiante una habilitación. 4 *tr.* y *prnl.* Proveer a alguien de lo que necesita.

habitación 1 *f.* Acción y efecto de habitar. 2 Cualquiera de los aposentos de una casa, excepto el comedor, la cocina y el cuarto de baño. 3 **DORMITORIO**.

habitáculo 1 *m.* Habitación donde se vive, especialmente si es rudimentaria. 2 Parte interior de un vehículo, donde se acomodan los pasajeros.

habitante 1 *adj.* y *s.* Que habita. 2 *m.* y *f.* Cada una de las personas que constituyen la población de un barrio, una ciudad, una provincia, etc.

habitar *tr.* e *intr.* Vivir, morar en un lugar o en una casa.

hábitat 1 *m.* ECOL Conjunto de condiciones geofísicas y biológicas en que se desarrolla la vida de una especie animal o vegetal. 2 ECOL Lugar donde se desarrolla esta especie. 3 Características físicas y ambientales que reúne el lugar de residencia del ser humano y su entorno. • pl.: *hábitats.*

hábito 1 *m.* Vestido o traje que indica una profesión, un estado, etc., y especialmente el que usan algunos religiosos y religiosas. 2 Modo de proceder adquirido por la repetición de actos iguales o semejantes. 3 Facilidad que se adquiere por la constante práctica de algo. 4 PSIC Dependencia creada por el consumo frecuente de una droga.

habitual 1 *adj.* Que se hace por hábito. 2 Ordinario, usual, frecuente.

habituar *tr.* y *prnl.* Acostumbrar o hacer que uno se acostumbre a una cosa.

habla 1 *f.* Facultad de hablar: *Quedar sin habla.* 2 Acción de hablar. 3 Manera especial de hablar: *El habla de los niños.* 4 LING Modo particular de utilizar una lengua en una zona o por una colectividad, respecto a un sistema lingüístico más extenso. 5 LING Realización individual del lenguaje, oral o escrita, mediante la elección de determinados signos lingüísticos.

hablado, da 1 *adj.* Con los adverbios *bien* o *mal,* comedido o descomedido en el hablar. 2 *m.* **HABLA**, modo de utilizar una lengua.

hablador, ra 1 *adj.* y *s.* Que habla mucho. 2 Charlatán, parlanchín. 3 Fanfarrón, mentiroso.

habladuría 1 *f.* Rumor muy difundido y sin fundamento. 2 Dicho desagradable o impertinente que desagrada o injuria.

hablar 1 *intr.* Articular palabras. 2 Proferir palabras ciertas aves. 3 Comunicarse las personas por medio de palabras. 4 Pronunciar un discurso o una oración. 5 Comunicarse por un medio distinto al de la palabra. 6 Con los adverbios *bien* o *mal,* expresarse de uno u otro modo, emitir opiniones favorables o adversas. 7 Con la preposición *de,* razonar, tratar de una cosa por escrito. 8 Dirigir la palabra a una persona o a un grupo de personas. 9 Murmurar o criticar. 10 Rogar, interceder por alguien. 11 Convenir, concertar. 12 Tratar a alguien de la manera expresada. 13 *tr.* Emplear un idioma. 14 Decir cosas buenas o malas. 15 *prnl.* Comunicarse una persona con otra.

hacendado, da 1 *adj.* y *s.* Dicho de una persona, que posee bienes raíces. 2 *m.* y *f.* Persona que posee una finca rural de considerable extensión.

hacendoso, sa *adj.* Solícito y diligente en las faenas domésticas.

hacer 1 *tr.* Producir algo, concebirlo. 2 Fabricar, dar forma a algo material. 3 Causar, ocasionar: *El árbol le hace sombra.* 4 Ejecutar una acción, una tarea, un trabajo: *Hace cabriolas; Ya hizo la tesis.* 5 Caber, contener: *Esta garrafa hace dos litros.* 6 Preparar, disponer: *Hacer la comida, la cama, la maleta.* 7 Reducir algo a lo que significan los nombres a los que va unido: *Lo hice pedazos.* 8 Representar un papel: *Hacer de Otelo.* 9 Totalizar un número o cantidad: *Nueve y cuatro hacen trece.* 10 Con un infinitivo u oración subordinada, obliga a que se ejecute la acción: *Lo hizo bailar; Hizo que nos calláramos.* 11 Ejecutar la acción de un verbo previamente enunciado: *¿Irás mañana al concierto? Lo haré sin falta.* 12 Crear intelectualmente: *Hacer un poema.* 13 Junto con algunos nombres, significa la acción de los verbos que se forman de la misma raíz que dichos nombres; así, *hacer mofa* es *mofarse.* 14 Usar o emplear lo que los nombres significan: *Hacer señas o pucheros.* 15 Suponer, imaginar: *Hacíamos a Martha en Londres; Te hacía estudiando.* 16 **FINGIR**: *Hace que trabaja.* 17 Cursar un estudio académico: *Hace décimo grado.* 18 Conseguir, llegar a tener: *Hizo una fortuna.* 19 Tratar a alguien de cierto modo. 20 Alterar la colocación de las cosas para dejar sitio. 21 *tr.* e *intr.* Expulsar los excrementos. 22 *tr.* y *prnl.* Habituar, acostumbrar: *Hacerse al frío.* 23 *intr.* Obrar, actuar, proceder: *Creo que hice bien.* 24 Importar, convenir: *Eso no le hace; No hace al caso.* 25 Referirse a, concernir: *Por lo que hace al dinero, no te preocupes.* 26 Desempeñar una función: *Hacer de portero; La piedra hacía de mesa.* 27 Aparentar, demostrar un sentimiento contrario al que realmente se siente: *Hizo como si no quisiera estar con nosotros.* 28 *prnl.* Proveerse: *Hacerse con dinero, con libros.* 29 Volverse, transformarse: *Hacerse vinagre el vino.* 30 Abrazar un credo, una ideología, etc.: *Hacerse musulmán o socialista.* 31 Fingirse alguien lo que no es: *Hacerse el loco.* 32 Moverse a un determinado punto: *Hacerse a un lado.* 33 Obtener, apoderarse de algo: *Se hizo con un buen botín.* 34 Parecerle algo a alguien una cosa distinta: *Las manadas que a don Quijote se le hicieron ejércitos.* 35 Llegar un determinado momento: *Hacerse de noche; Hacerse tarde.* 36 *impers.* Expresa la cualidad o estado del tiempo atmosférico: *Hace calor, frío o buen día.* 37 Haber transcurrido cierto tiempo: *Hace tres días; Mañana hará dos años.* • Participio irreg. *hecho.* Vb. irreg. conjugación modelo. V. anexo El verbo.

hach (Voz ár.) *f.* REL Peregrinación principal que están obligados a hacer los musulmanes a La Meca. Es considerada como uno de los cinco pilares del islam.

hacha[1] *f.* Vela de cera grande provista de cuatro mechas.

hacha[2] *f.* Herramienta cortante, compuesta de una pala acerada, con filo algo curvo y ojo para enastarla.

hache *f.* Nombre de la letra *h.*

hachemita *adj.* HIST Perteneciente o relativo a una dinastía, que fue fundada por Hasim ibn Abd Manaf y a la que pertenecieron Mahoma, los jerifes de La Meca hasta 1924, la familia reinante en Iraq entre 1921 y 1958 y es, en la actualidad, la de la familia reinante en Jordania.

hachís *m.* Droga extraída del cáñamo índico.

hachón *m.* **ANTORCHA.**

hacia 1 *prep.* Determina dirección, tendencia o inclinación: *Caminó hacia el parque; El perro mira hacia la puerta cuando siente que llega su amo.* 2 Indica tiempo o lugar de forma aproximada: *El concierto será hacia las ocho de la noche.*

hacienda 1 *f.* Finca rural, predio. 2 Conjunto de bienes y riquezas que alguien tiene. 3 Ministerio de Hacienda. || ~ **pública** ECON Conjunto de bienes, rentas, impuestos, etc., de un Estado.

hacinamiento 1 *m.* Acción y efecto de hacinar. 2 Acción de vivir las personas en espacios reducidos y de calidad muy deficiente, que deben compartir con otras personas.

hacinar 1 *tr.* Poner los haces ordenadamente unos sobre otros, apretándolos. 2 *tr.* y *prnl.* Amontonar o acumular sin orden.

hacker (Voz ingl.) *m.* y *f.* Persona que manipula los sistemas informáticos ajenos, invade computadoras y consulta o altera los programas o datos almacenados.

hada *f.* MIT Ser fantástico femenino con poderes mágicos, cuya principal tarea es aparecer en la casa donde va a tener lugar un nacimiento para proteger a la parturienta y regalar un don al recién nacido.

hado 1 *m.* MIT Fuerza desconocida que, en la antigua Roma, obraba sobre las divinidades, las personas y los acontecimientos. 2 Serie de causas encadenadas que inevitablemente producen determinado efecto.

hadrón *m.* FÍS Partícula elemental con interacción fuerte, como los protones, neutrones, bariones y algunos mesones.

hafnio *m.* QUÍM Elemento metálico escaso en la corteza terrestre, que se obtiene de los minerales del circonio y se emplea en aleaciones como material estructural en las plantas de energía nuclear y para fabricar herramientas cortantes y filamentos eléctricos. Símbolo: Hf. Número atómico: 72. Peso atómico: 178,49. Punto de fusión: 2227 °C. Punto de ebullición: 4602 °C.

hagiografía *f.* HIST Disciplina que estudia el culto, las leyendas y las obras de los santos en busca de la veracidad histórica.

hahnio *m.* QUÍM Elemento químico artificial cuyo peso atómico es igual al del vanadio, niobio y tántalo. Símbolo: Hn. Número atómico: 108.

haiku (Tb. haikú) *m.* LIT Forma poética tradicional de Japón que consta de tres versos: pentasílabos el primero y tercero y heptasílabo el segundo.

halagar 1 *tr.* Mostrar a alguien afecto o admiración. 2 Dar motivo de satisfacción o envanecimiento. 3 Adular, decir a alguien interesadamente cosas que le agraden. 4 Agradar, deleitar.

halagüeño, ña 1 *adj.* Que halaga. 2 Prometedor de satisfacciones: *Noticia halagüeña.*

halar 1 *tr.* Tirar hacia sí de una cosa. 2 Tirar de un cabo, una lona, un remo, etc.

halcón *m.* Ave falconiforme, de pico fuerte, curvo y dentado, y cola y alas puntiagudas, que vive en todos los continentes.

hálito 1 *m.* Aliento, aire expulsado o respiración. 2 Vapor que una cosa arroja. 3 Soplo suave y apacible del aire.

halitosis *f.* MED Fetidez del aliento.

hall (Voz ingl.) *m.* VESTÍBULO, recibidor.

hallar 1 *tr.* Encontrar a alguien o algo al buscarlos o casualmente. 2 Llegar a una conclusión sobre algo: *El jurado los halló culpables.* 3 *prnl.* Encontrarse de una determinada manera: *Hallarse perdido, alegre o enfermo.* 4 Estar presente en un lugar: *Uno de nuestros vendedores se halla en la zona.*

halo *m.* AUREOLA, círculo luminoso.

halófilo, la *adj.* ECOL Dicho de un organismo, que vive en medios salinos.

halógeno, na 1 *adj.* y *s.* QUÍM Dicho de un elemento químico, que pertenece al grupo 17 de la tabla periódica de los elementos conformado por: flúor, cloro, bromo, yodo y astato. Sus sales son muy comunes en la naturaleza, como el cloruro sódico o la sal común. 2 Dicho de una bombilla o lámpara, que contiene alguno de estos elementos y produce una luz blanca y brillante.

haloideo, a *adj.* QUÍM Dicho de una sal, que se forma por la combinación de un metal con un metaloide sin ningún otro elemento.

halterofilia *f.* DEP Deporte olímpico consistente en el levantamiento de peso.

haluro *m.* QUÍM Sal formada por la combinación de un halógeno con otro elemento.

hamaca 1 *f.* Red o lona asegurada por los extremos en dos árboles, estacas, etc., que queda pendiente en el aire y sirve de cama, columpio, etc. 2 Asiento plegable de lona con respaldo. 3 MECEDORA.

hamacar 1 *tr.* y *prnl.* Mecer, columpiar, especialmente en hamaca. 2 *prnl.* Dar al cuerpo un movimiento de vaivén.

hambre 1 *f.* Deseo y necesidad de comer. 2 Escasez extrema de alimentos en una zona o en una colectividad. 3 Deseo ardiente de algo.

hambruna *f.* Efecto de la escasez extrema de alimentos en una zona geográfica, como consecuencia de la guerra, la sequía, etc.

hamburguesa *f.* Carne picada con huevo, ajo, cebolla, especias, etc., que se fríe o asa a la plancha.

hampa 1 *f.* Conjunto de personas que se dedican a actividades o negocios delictivos. 2 Forma de vida de maleantes, bandidos, etc.

hampón, na *adj.* y *s.* Valentón, maleante, haragán.

hámster *m.* Pequeño roedor de cuerpo redondeado y orejas, patas y cola cortas, que es utilizado en la investigación médica y como mascota.

hándicap 1 *m.* Desventaja o circunstancia desfavorable. 2 DEP Calificación dada a los participantes en algunos deportes, como los bolos o el golf, según la cual se compensa con puntos o golpes de ventaja a los participantes peor clasificados.

hangar *m.* Cobertizo para guarecer aviones.

hansa *f.* HIST Asociación establecida, a partir del s. XII, entre diversas ligas mercantiles del N de Europa (Inglaterra, Flandes y Alemania). La más importante fue la *Hansa teutónica* o *Liga hanseática,* que llegó a agrupar a más de noventa ciudades y comenzó a declinar a finales del s. XV hasta finalmente desaparecer durante el s. XVII.

hapálido *adj.* y *m.* ZOOL Dicho de un primate, platirrino, de 10-20 cm de altura, que posee cabeza redonda, cola larga y dedos con garras y vive en las zonas tropicales de América, como el tití.

haploide *adj.* BIOL Dicho de una célula y una fase del ciclo de un organismo, que presentan una sola dotación cromosómica.

happening (Voz ingl.) *m.* ART Manifestación artística, generalmente teatral, que busca concientizar al espectador sobre algún tema social o político y que requiere de su participación espontánea.

haraganear *intr.* Rehuir el trabajo.

harakiri (Tb. haraquiri) *m.* En Japón, suicidio ritual que consiste en abrirse el vientre de un tajo. Es una voz raramente usada por los japoneses y su nombre usual es *seppuku.*

harapo *m.* Andrajo, jirón.

haraquiri *m.* HARAKIRI.

hardware (Voz ingl.) *m.* INF Conjunto de componentes físicos de un computador.

harén (Tb. harem) 1 *m.* En los países islámicos, zona de las casas en la que viven las mujeres. 2 Conjunto de todas las mujeres que viven bajo la dependencia de un jefe de familia entre los musulmanes. 3 ZOOL Grupo de hembras que conviven con un único macho en la época de la procreación.

harina 1 *f.* Polvo que resulta de la molienda del trigo o de otras semillas. 2 Este mismo polvo, despojado del salvado. 3 Polvo procedente de algunos tubérculos y legumbres. 4 Polvo menudo al que se reducen algunas materias sólidas.

harmatán *m.* Viento cálido propio del oeste del continente africano.

hartar 1 *tr.* y *prnl.* Saciar, incluso con exceso, el apetito de comer y beber. 2 Satisfacer el deseo de algo. 3 Fastidiar, cansar. 4 *tr.* Junto a la preposición *de,* dar, causar, etc., mucha cantidad de algo. • Participio irreg. *harto* y reg. *hartado.*

hartazgo *m.* Acción y efecto de hartar o hartarse de comer o beber.

harto, ta 1 *adj.* Saciado. 2 Cansado, aburrido. 3 Bastante.

hartón, na 1 *adj.* y *s.* Comilón. 2 *m.* HARTAZGO. 3 Especie de plátano, cuyo fruto es de mayor tamaño que el banano y suele consumirse cocido, frito en tajadas u horneado.

hasaní *m.* HIST Dinastía árabe descendiente de Hasan, hijo de Alí. Una de sus ramas comenzó a gobernar en el N de África en el s. XVI y los actuales monarcas de Marruecos pertenecen a ella.

hasidismo *m.* REL Doctrina mística judía que se opone al rígido formalismo en las prácticas religiosas y al hecho de que la comunidad judía esté dirigida por los judíos más adinerados y los rabinos.

hassio *m.* QUÍM Elemento metálico radiactivo artificial. Se conocen los isótopos 264 y 265, con una vida media de 76 microsegundos y 1,8 milisegundos respectivamente. Símbolo: Hs. Número atómico: 108.

hasta 1 *prep.* Expresa el término de lugares, acciones y cantidades continuas o discretas. 2 Se usa como conjunción copulativa, para exagerar o ponderar algo, y equivale a *también* o *aun.* 3 No antes de: *Cierran hasta las nueve.*

hasta 1 *prep.* Expresa el término de lugares, acciones y cantidades continuas o discretas: *Cuenta hasta diez mientras me escondo; Llegó hasta las últimas consecuencias.* 2 *adv. m.* Incluso o aun: *Hasta un niño podría hacerlo; Hasta estando sola pelea.* 3 No antes de: *Cierran hasta las nueve.*

hastiar *tr.* y *prnl.* Causar hastío, repugnancia o disgusto.

hastío *m.* Aburrimiento o fastidio.

hatajo 1 *m.* desp. Grupo de personas o cosas. 2 Hato pequeño de ganado.

hatillo *m.* Pequeño envoltorio con ropa y utensilios personales.

hato 1 *m.* Paquete donde alguien lleva lo que tiene para el uso preciso y ordinario. 2 Grupo de ganado. 3 Hacienda de campo destinada principalmente a la cría de ganado mayor.

haustorio *m.* BOT Órgano succionador de las plantas parásitas que penetra en el huésped para tomar el alimento.

haya 1 *f.* Árbol de las fagáceas, que mide hasta 30 m de alto y posee tronco grueso, hojas pecioladas y caducas, y flores masculinas y femeninas separadas. 2 Madera de este árbol.

hayaca *f.* Pastel de harina de maíz relleno de carne, tocino, pasas, aceitunas, etc., que, envuelto en hojas de plátano, se hace especialmente para Navidad.

haz[1] 1 *m.* Porción atada de mieses, lino, hierbas, etc. 2 Conjunto de cosas largas y estrechas, dispuestas longitudinalmente y atadas por el centro. 3 ANAT Conjunto de fibras de un nervio o músculo. 4 BOT Conjunto de elementos conductores de la planta. 5 FÍS Conjunto de rayos luminosos o partículas de un mismo origen. 6 FÍS Corriente en una sola dirección de radiación electromagnética o partículas. 7 GEOM Conjunto de rectas que pasan por un punto, o de planos que concurren en una misma recta. || ~ **de electrones** FÍS En un tubo de rayos catódicos, chorro de electrones creado por el cátodo.

haz[2] 1 *m.* Cara de una tela o de otras cosas, que se caracteriza por su mejor acabado, regularidad u otras cualidades que la hacen más estimable a la vista y al tacto. 2 BOT Cara superior de una hoja, normalmente más brillante y lisa que la cara inferior o envés.

hazaña *f.* Hecho ilustre, señalado y heroico.

hazmerreír *m.* Persona ridícula y extravagante que sirve de diversión a los demás.

he 1 *adv. dem.* Unido a *aquí, ahí* y *allí,* o con los pronombres *me, te, la, le, lo, las, los,* señala o indica una persona o cosa: *He ahí el camino hacia un futuro mejor: la educación; Heme aquí después de superar todas las adversidades.* 2 *interj.* Voz con que se llama a alguien.

heavy metal (Loc. ingl.) *m.* Variedad de **rock** caracterizada por la fuerza, las distorsiones y los énfasis de los instrumentos con que se ejecuta.

hebilla *f.* Pieza de metal u otra materia y de diversas formas, que sujeta una correa, cinta, etc.

hebra 1 *f.* Porción de hilo que se introduce por el ojo de una aguja de coser. 2 Fibra de la carne. 3 Filamento de cualquier tejido parecido al hilo. 4 Partícula de tabaco picado en filamentos.

hebraísmo 1 *m.* REL Profesión de la antigua ley o de Moisés. 2 LING Giro propio de la lengua hebrea.

hebreo, a 1 *adj.* y *s.* HIST De un pueblo semítico, también llamado israelita y judío, que conquistó y habitó Palestina hacia mediados del II milenio a. C. 2 *m.* LING Lengua semítica que es el idioma oficial del Estado de Israel y de otras comunidades judías del mundo. Se escribe de derecha a izquierda, su alfabeto consta de veintidós caracteres y su léxico se basa en el hebreo bíblico.

☐ HIST El proceso de consolidación étnica, nacional y religiosa de los hebreos estuvo enmarcado en las luchas con los otros habitantes de Palestina, los cananeos y los filisteos. La monarquía, instaurada hacia 1010 a. C., llegó a su apogeo bajo David (1006-99 a. C.) y Salomón (966-926 a. C.). Posteriormente el pueblo hebreo se dividió en los reinos de Judá (capital en Jerusalén) e Israel (capital en Samaria). Una de las consecuencias de esta división fue su deportación a Mesopotamia (VI a. C.) y, tras la repatriación (539 a. C.), formó parte del Imperio persa y del reino de Siria. Una reacción nacional, acaudillada por la familia de los macabeos, le proporcionó una independencia casi total, pero solo pudo reafirmarla aceptando el protectorado romano (63 a. C.). Las grandes sublevaciones contra el Imperio romano culminaron con la destrucción de Jerusalén en el año 70 y con la que fue aplastada por el emperador Adriano en el año 133. El pueblo hebreo consumó desde entonces su dispersión y hoy día, a pesar de las innumerables persecuciones que ha sufrido como pueblo, está presente, como comunidad cultural y étnica, en muchas naciones.

hecatombe 1 *f.* Mortandad de personas. 2 Catástrofe, desastre.

hechicería 1 *f.* Arte supersticioso de hechizar. 2 Conjunto de ritos y prácticas relacionadas con la magia, cuyo objetivo es el dominio y control de las fuerzas de la naturaleza.

hechicero, ra 1 *adj.* y *s.* Que realiza hechicerías, brujo. 2 *adj.* Que atrae y cautiva la voluntad y el cariño de las gentes.

hechizar 1 *tr.* Ejercer un maleficio sobre alguien por medio de prácticas supersticiosas. 2 Despertar una persona o cosa admiración, afecto o deseo.

hechizo, za 1 *adj.* Artificioso o fingido. 2 Postizo, sobrepuesto y agregado. 3 *m.* Cualquier práctica que usan los hechiceros. 4 Cosa que se emplea en tales prácticas. 5 Atractivo, fascinación.

hecho, cha 1 *adj.* Perfecto, maduro. 2 Con los adverbios *bien* o *mal,* significa que algo es o no proporcionado. 3 Que ya está confeccionado, que ya se usa: *Frase hecha; Ropa hecha.* 4 Se usa en masculino para reforzar una afirmación. 5 Con un sustantivo más *un,* indica que algo es semejante a lo que significa dicho sustantivo: *Hecho un león.* 6 *m.* Acción u obra. 7 Cosa que sucede. 8 Asunto o materia de que se trata.

hechura 1 *f.* Acción y efecto de hacer. 2 Cualquier cosa respecto del que la ha hecho. 3 Forma que se da a las cosas.

hectárea *f.* Unidad de medida de superficie equivalente a 100 áreas o decámetros cuadrados, es decir, 10 000 m^2. Símbolo: ha.

hectogramo *m.* Unidad de masa equivalente a 100 gramos. Símbolo: hg.

hectolitro *m.* Unidad de volumen equivalente a 100 litros. Símbolo: hl.

hectómetro *m.* Unidad de longitud equivalente a 100 metros. Símbolo: hm.

heder *intr.* Despedir un olor muy malo y penetrante. • Vb. irreg. conjug. c. **entender**. V. anexo El verbo.

hediondo, da 1 *adj.* Que despide hedor. 2 Sucio, repugnante.

hedonismo *m.* FIL Doctrina que proclama el placer como fin supremo de la vida.

hedor *m.* Olor desagradable, penetrante y profundo.

hegemonía 1 *f.* Supremacía que un Estado o una colectividad ejerce sobre otros. 2 Supremacía cultural, comercial, etc., de una institución, una ciudad, etc., sobre otras.

hégira (Tb. héjira) *f.* Era de los musulmanes, que se cuenta desde el año 622, en que Mahoma huyó de La Meca a Yatrib (actual Medina). En general, el término hace referencia a cualquier huida o emigración análoga.

helada 1 *f.* Descenso rápido de la temperatura ambiente hasta el punto de congelación o menos. 2 Congelación del agua de los ríos, de la contenida en la superficie del suelo, etc., producida por el descenso de la temperatura por debajo de los 0 °C. 3 Enfermedad de las plantas que consiste en el decaimiento de las hojas y partes tiernas con desprendimiento de la corteza, ocasionada por cambios grandes y repentinos de temperatura.

heladería *f.* Establecimiento donde se hacen y venden helados.

heladero, ra 1 *m.* y *f.* Persona que fabrica o vende helados. 2 *f.* Utensilio para hacer helados. 3 Nevera, mueble frigorífico. 4. *m.* Lugar donde hace mucho frío.

helado, da 1 *adj.* Muy frío. 2 **ATÓNITO**, pasmado. 3 Esquivo, desdeñoso. 4 *m.* Refresco de zumos de frutas, huevos, etc., en cierto grado de congelación.

helar 1 *tr.* y *prnl.* Congelar, cuajar, solidificar la acción del frío un líquido. 2 *tr.* Dejar a alguien sorprendido y pasmado, sobrecogerle. 3 Desalentar, acobardar. 4 *prnl.* Ponerse una persona o cosa sumamente fría. 5 Secarse las plantas o algunas de sus partes a causa de la helada. 6 *intr. impers.* Hacer una temperatura inferior a 0 °C. • Vb. irreg. conjug. c. **acertar**. V. anexo El verbo.

helecho *m.* Planta criptógama que es productora de esporas cuyos frondes están divididos en segmentos oblongos, alternos y unidos entre sí por la base, con cápsulas seminales situadas en el envés. Existen más de 15 000 especies y su tamaño oscila entre unos pocos centímetros y el porte arbóreo.

helénico, ca 1 *adj.* Perteneciente o relativo a Grecia. 2 Perteneciente o relativo a la Hélade o a los antiguos helenos.

helenismo 1 *m.* Influencia ejercida por la cultura de la antigua Grecia en la civilización y cultura modernas. 2 HIST Periodo de la cultura griega, que se inició tras el reinado de Alejandro Magno.

helenista 1 *m.* y *f.* Nombre dado antiguamente a los judíos que hablaban la lengua y observaban los usos de los griegos, y a los griegos que abrazaban el judaísmo. 2 Persona versada en la lengua, cultura y literatura griegas.

helenístico, ca 1 *adj.* Perteneciente o relativo al helenismo o a los helenistas. 2 HIST Dicho de un periodo histórico, que se extiende desde la conquista del Imperio persa por Alejandro Magno hasta el establecimiento de la supremacía romana (ss. IV a I a. C.). 3 LING Dicho de una lengua griega, basada en el dialecto ático, que se extendió por todo el mundo helénico después del reinado de Alejandro Magno.

helenizar *tr.* y *prnl.* Adoptar las costumbres o la cultura griegas.

heleno, na 1 *adj.* y *s.* De Greciao relacionado con este país de Europa. 2 *m.* y *f.* HIST Persona perteneciente a cada uno de los pueblos (aqueos, dorios, jonios y eolios) cuya instalación en Grecia, islas del Egeo, Sicilia y diversas zonas del litoral mediterráneo, dio principio a la gran civilización de la Hélade o Grecia antigua.

helero 1 *m.* GEO **GLACIAR**. 2 Toda superficie cubierta de nieve de modo permanente.

hélice 1 *f.* Mecanismo formado por varias paletas que giran alrededor de un eje y, al girar, empujan el fluido ambiente para producir una fuerza de reacción que se usa principalmente para la propulsión de barcos y aviones. 2 GEOM Curva de longitud indefinida que da vueltas sobre un cilindro formando ángulos iguales con todas las generatrices.

helicoidal *adj.* Que tiene forma de hélice.

helicoide *m.* GEOM Superficie cuya generatriz se mueve apoyándose en una hélice fija.

helicón *m.* MÚS Instrumento musical de forma circular, que permite colocarlo rodeando el cuerpo del músico apoyada sobre su hombro. Es utilizado en bandas sinfónicas y militares.

helicóptero *m.* Aeronave que se sostiene en el aire mediante uno o dos rotores y puede despegar y aterrizar verticalmente, así como avanzar, retroceder y mantenerse en una posición fija en el aire.

helio *m.* QUÍM Elemento gaseoso, inerte, incoloro e inodoro. Es un gas noble y el segundo elemento más abundante en el Universo después del hidrógeno. No es inflamable y posee un alto poder ascensional, por lo que es muy adecuado para llenar los globos aerostáticos. También es usado como medio transmisor de calor en los reactores nucleares, en medicina para aliviar los problemas de respiración, etc. Símbolo: He. Número atómico: 2. Peso atómico: 4,003. Punto de solidificación (a una presión superior a 25 atmósferas): −272,2 °C. Punto de ebullición: −268,9 °C.

heliocéntrico, ca 1 *adj.* ASTR Dicho de una medida y unos lugares astronómicos, que han sido referidos al centro del Sol. 2 ASTR Dicho de un sistema, que supone que el Sol es el centro del Universo.

heliógrafo 1 *m.* Aparato para medir la duración diaria de la insolación. 2 Aparato para medir los distintos tipos de radiación solar.

helióstato *m.* Aparato que, mediante un servomecanismo, hace que un espejo siga el movimiento diurno del Sol, recogiendo así la máxima energía para su utilización calorífica.

heliotropo *m.* Planta herbácea, borraginácea, cuyas flores, con forma de pequeña copa, tienen la corola azulada y despiden un aroma a vainilla.

helipuerto *m.* Pista destinada al aterrizaje y el despegue de helicópteros.

helminto *m.* Gusano, que es, especialmente, parásito del ser humano y de los animales.

helvecio, cia *adj.* y *s.* HIST De un pueblo galo que se estableció en Helvecia a mediados del s. I a. C.

hematíe *m.* BIOL **ERITROCITO**, cada una de las células rojas de la sangre de los vertebrados. • U. m. en pl.

hematina *f.* BIOL Pigmento rojo de la sangre.

hematites *f.* GEO Óxido férrico, rojo o pardo, brillo metálico y gran dureza, que es el mineral más importante usado como mineral de hierro.

hematófago, ga *adj.* y *s.* ZOOL Dicho de un animal, que se alimenta de sangre.

hematología *f.* MED Parte de la medicina que se dedica al estudio de la sangre.

hematoma *m.* MED Concentración de sangre en el interior de un tejido cuyo origen suele ser traumático, aunque puede tener otras causas.

hematopoyesis *f.* FISIOL Formación de los elementos normales de la sangre, llevada a cabo principalmente por la médula ósea roja y el sistema linfático.

hematosis *f.* MED Conversión de la sangre venosa en arterial.

hematozoario *adj.* y *m.* ZOOL Dicho de un animal, que vive parásito en la sangre de otros animales.

hembra 1 *f.* Animal de sexo femenino. 2 **MUJER**, persona de sexo femenino. 3 Pieza que tiene un hueco por donde otra se introduce o encaja. 4 Este hueco. 5 BOT En la planta que tiene los órganos reproductores masculinos y femeninos en pies distintos, el que tiene los órganos femeninos y da fruto.

hemeroteca *f.* Lugar donde se guardan y coleccionan periódicos y revistas.

hemiciclo 1 *m.* **SEMICÍRCULO**. 2 Conjunto de cosas dispuestas en semicírculo. 3 Salón semicircular con gradas.

hemiplejia (Tb. hemiplejía) *f.* MED Trastorno consistente en la parálisis de una mitad del cuerpo.

hemíptero *adj.* y *m.* ZOOL Dicho de un insecto, de metamorfosis incompleta, que posee piezas bucales adaptadas para picar y chupar, antenas segmentadas, ojos compuestos y, casi siempre, dos pares de alas. A veces resulta perjudicial para la agricultura o puede transmitir enfermedades con su picadura, como los chinches.

hemisferio 1 *m.* GEO Cada una de las mitades del globo terrestre, hemisferio Austral o Sur y Boreal o Norte, separadas por el Ecuador. En ellos la latitud es de 0° para el Ecuador y de 90° en los polos Norte y Sur. Cuando un meridiano es el que divide las dos mitades, estas se denominan hemisferio Occidental y Oriental. 2 GEOM Cada una de las dos mitades de una esfera dividida por un plano que pase por su centro. || ~ **occidental** GEO El opuesto al oriental, por donde el Sol y los demás astros se ocultan. ~ **oriental** GEO El opuesto al occidental, por donde salen el Sol y los demás astros.

hemistiquio *m.* LIT Mitad o parte de un verso separada o determinada por una cesura.

hemodinámico, ca *adj.* y *s.* MED Perteneciente o relativo al estudio del flujo y la presión sanguíneos.

hemofilia *f.* MED Enfermedad hereditaria caracterizada por la dificultad de coagulación de la sangre, lo que motiva que las hemorragias sean copiosas y difíciles de contener.

hemoglobina *f.* BIOL y FISIOL Proteína que contiene hierro y se encuentra en los eritrocitos, a los que da su color rojo. Su función es el transporte de oxígeno desde los pulmones a las células del organismo, donde capta el dióxido de carbono que conduce a los pulmones para ser eliminado hacia el exterior. Es obtenida de los alimentos al absorberlos el tracto gastrointestinal y su carencia provoca anemia.

hemorragia *f.* MED Salida abundante de sangre de los vasos sanguíneos. Puede ser *interna* (cuando la sangre se vierte en el interior de una cavidad del cuerpo), o *externa* (cuando la sangre sale al exterior).

hemorroide *f.* MED Dilatación de una vena del ano o del recto que produce picor, escozor o dolor e, incluso, puede sangrar.

henchir 1 *tr.* y *prnl.* Ocupar totalmente con algo un espacio, llenar. 2 Hartarse de comida o bebida. • Vb. irreg. conjug. c. **pedir**. V. anexo El verbo.

hender 1 *tr.* y *prnl.* Abrir una hendidura. 2 *tr.* Atravesar o cortar un líquido o fluido. • Vb. irreg. conjug. c. **entender**. V. anexo El verbo.

hendido, da 1 *adj.* Rajado, abierto, sin dividirse del todo. 2 BOT Dicho de una hoja, que posee un limbo dividido en lóbulos irregulares.

hendidura *f.* Abertura o rotura en un cuerpo o su superficie.

hendir *tr.* HENDER. • Vb. irreg. conjug. c. **discernir**. V. anexo El verbo.

henequén 1 *m.* PITA. 2 Fibra de esta planta.

henna 1 *f.* Arbusto de hojas lisas, brillantes y ovaladas, que tiene pequeñas flores blancas y fruto negro y redondeado. 2 Polvo obtenido triturando las hojas de este arbusto y usado como tinte para el pelo.

henificar *tr.* Segar plantas forrajeras y secarlas al Sol, para conservarlas como heno.

henil *m.* Lugar donde se guarda el heno.

heno 1 *m.* Hierba segada y seca que se usa para alimento del ganado. 2 Planta herbácea, de las gramíneas, de hojas estrechas y flores en panoja abierta.

henrio *m.* FÍS Unidad de inductancia del sistema internacional, equivalente a la inductancia de un circuito cerrado en el que se produce una fuerza electromotriz de un voltio cuando la corriente eléctrica varía uniformemente a razón de un amperio por segundo. Símbolo: H.

heparina *f.* BIOQ Sustancia anticoagulante que existe normalmente en todos los tejidos, especialmente en el hígado, los pulmones y los músculos.

hepático, ca 1 *adj.* Perteneciente o relativo al hígado. 2 *adj.* y *f.* BOT Dicho de una planta, briofita, que posee un tallo formado por un parénquima homogéneo provisto de filamentos rizoides y hojas muy poco desarrolladas, y vive en los sitios húmedos y sombríos, adherida al suelo y las paredes, o parásita en los troncos de los árboles. || **sistema** ~ FISIOL Sistema fisiológico conformado por el hígado y la vesícula biliar. Sus funciones principales, centradas en el hígado, son aportar a la sangre albúmina y enzimas, y eliminar y degradar las toxinas del sistema circulatorio. A través de la vesícula biliar aporta al duodeno diversas sustancias para facilitar la digestión de las grasas.

hepatitis *f.* MED Inflamación del hígado acompañada de ictericia, anorexia y trastornos digestivos y de la función hepática. || ~ **A** MED La causada por el virus A y trasmitida por vía digestiva (manos, alimentos, agua o excreciones contaminadas). ~ **B** MED La causada por el virus B, que se transmite por contacto sexual y por vía placentaria, por transfusión de sangre contaminada, etc.

heptacordo 1 *m.* MÚS Escala usual de las siete notas *do, re, mi, fa, sol, la, si.* 2 MÚS Intervalo de séptima en la escala musical.

heptaedro *m.* GEOM Poliedro de siete caras.

heptágono, na *adj.* y *m.* GEOM Dicho de un polígono, que tiene siete lados y siete ángulos.

heptano *m.* QUÍM Hidrocarburo saturado que se obtiene del petróleo. Tiene aplicaciones industriales como disolvente y en la síntesis orgánica. Fórmula: C_7H_{16}.

heptasílabo, ba *adj.* y *s.* Que consta de siete sílabas.

heráldico, ca 1 *adj.* Perteneciente o relativo a los escudos de armas o a la heráldica. 2 *f.* Ciencia que estudia los escudos de armas.

heraldo 1 *m.* HIST Rey de armas, el que organizaba torneos, llevaba el registro de los nobles y actuaba como mensajero en asuntos importantes o graves. 2 HIST En el palacio, el que anunciaba los sucesos o las ceremonias. 3 El que anuncia algo por medio de un clarín, una trompeta, etc.

herbáceo, a 1 *adj.* BOT Que tiene la naturaleza o las cualidades de la hierba. 2 BOT **tallo** ~.

herbario, ria 1 *adj.* BOT Perteneciente o relativo a las hierbas. 2 *m.* BOT Colección de plantas desecadas y clasificadas para su estudio. 3 BOT HERBOLARIO.

herbicida *adj.* y *m.* Dicho de un producto químico, que es usado para eliminar las malas hierbas de los campos de cultivo.

herbívoro, ra *adj.* y *s.* ZOOL Dicho de un animal, que se alimenta de vegetales y es un consumidor primario, con un aparato digestivo preparado para digerir la celulosa que está contenida en la materia vegetal.

herbodietética *f.* Parte de la medicina dietética que se fundamenta en el uso de plantas medicinales y terapias naturales.

herbolario, ria 1 *m.* y *f.* Persona que se dedica a recoger y vender plantas medicinales. 2 *m.* Tienda donde se venden plantas medicinales.

hercio *m.* FÍS Unidad de frecuencia del sistema internacional que equivale a una vibración por segundo. Símbolo: Hz.

heredad 1 *f.* Porción de terreno cultivado perteneciente a un mismo dueño. 2 Hacienda de campo, bienes raíces o posesiones.

heredado *adj.* BIOL **carácter** ~.

heredar 1 *tr.* Suceder por testamento o por ley en los bienes y las acciones de una persona en el momento de su muerte. 2 BIOL Recibir un ser vivo los caracteres genéticos de sus progenitores.

heredero, ra 1 *adj.* y *s.* Que por testamento o por ley sucede en una herencia. 2 Que saca o tiene las inclinaciones o propiedades de sus padres.

hereje 1 *m.* y *f.* REL Persona que niega alguno de los dogmas establecidos por una religión. 2 Persona que disiente de la línea oficial de opinión de una institución, organización, etc.

herejía 1 *f.* REL Error en materia de fe, sostenido con pertinacia. 2 REL Interpretación religiosa que defiende principios contrarios al dogma católico, como el arrianismo, el maniqueísmo, etc. 3 Opinión contraria a los principios considerados ciertos de una ciencia o un arte. 4 Disparate, acción desacertada.

herencia 1 *f.* Derecho de heredar. 2 Conjunto de bienes, derechos y obligaciones que posee alguien, y que, al morir, son transmisibles a sus herederos. 3 Lo que alguien ha heredado. 4 Circunstancia cultural, social, económica, etc., que influye en un momento histórico, procedente de otro anterior. 5 BIOL Transmisión genética de los caracteres de los seres vivos a sus descendientes que condiciona el parecido de las personas pertenecientes a una misma familia. En la reproducción sexual la transmisión de la información se realiza mediante los gametos y se rige, en gran parte, por las leyes descubiertas y formuladas por G. J. Mendel (1822-1884) quien, además, ideó el concepto de **gen**, o unidad hereditaria.

heresiarca *m.* y *f.* Creador o dirigente de una herejía.

herido, da 1 *adj.* y *s.* Maltratado por una herida. 2 *f.* MED Lesión de los tejidos corporales producida con un instrumento, o por efecto de un fuerte choque con un cuerpo duro. 3 Golpe de un arma blanca al herir con ella. 4 Ofensa, agravio.

herir 1 *tr.* Romper o abrir los tejidos corporales con un arma u otro instrumento. 2 Dar contra una cosa, chocar con ella. 3 Alcanzar o impresionar a uno de los sentidos: *El estruendo hirió sus oídos.* 4 Ofender, agraviar. • Vb. irreg. conjug. c. **sentir**. V. anexo El verbo.

hermafrodita 1 *adj.* Que tiene los dos sexos. 2 BOT **flor** ~. 3 ZOOL Dicho de un animal, que tiene órganos sexuales masculinos y femeninos. 4 *adj.* y *s.* MED Dicho de una persona, que posee tejido testicular y ovárico en sus gónadas.

hermafroditismo *m.* Cualidad de hermafrodita.

hermanar 1 *tr.* y *prnl.* Unir, juntar, uniformar. 2 Hacer a alguien hermano de otra persona en sentido místico o espiritual.

hermanastro, tra *m.* y *f.* Hijo de uno de los dos cónyuges con respecto al hijo del otro.

hermandad 1 *f.* Relación de parentesco entre hermanos. 2 Amistad íntima, unión de voluntades. 3 Cofradía o congregación religiosa. 4 Asociación de personas para un determinado fin.

hermano, na 1 *m.* y *f.* Persona que con respecto a otra tiene los mismos padres, o solamente el mismo padre o la misma madre. 2 Lego de una comunidad regular. 3 Persona que con respecto a otra tiene el mismo padre que ella en sentido moral, como un religioso respecto de otros de su misma orden o un cristiano respecto de los demás fieles. 4 Una cosa respecto de otra igual o semejante. 5 Religioso o religiosa que no ha sido consagrado sacerdote o monja o que no ha hecho sus votos.

hermenéutico, ca 1 *adj.* Perteneciente o relativo a la hermenéutica. 2 *f.* FIL Método cuya función es la interpretación del sentido de los textos. Inicialmente trataba del estudio específico de las *Sagradas Escrituras*, pero, desde el s. XIX, su uso abarca las teorías del significado y la comprensión y las teorías literarias de la interpretación textual.

hermético, ca 1 *adj.* Dicho de un escrito, documento, teoría, etc., impenetrable, cerrado. 2 Que se cierra y no deja pasar el aire u otros fluidos.

hermetismo 1 *m.* Cualidad de hermético, impenetrable, cerrado. 2 LIT Movimiento poético iniciado en la década de 1930, según el cual la poesía no debía comprometerse con la experiencia de lo cotidiano. Entre sus autores se destacaron S. Mallarmé y P. Valéry.

hermosear *tr.* y *prnl.* Hacer o poner hermoso a alguien o algo.

hermoso, sa 1 *adj.* Dotado de hermosura. 2 Excelente y perfecto en su línea.

hermosura 1 *f.* Belleza de las cosas. 2 Lo agradable de una cosa. 3 Conjunto de cualidades que hacen a una cosa excelente en su línea. 4 Persona hermosa.

hernia *f.* MED Salida total o parcial de una víscera fuera de su cavidad natural. || ~ **discal** MED La provocada por el desplazamiento de un disco intervertebral en el que el tejido fibroso externo se rompe.

héroe, ína 1 *m.* y *f.* Persona que lleva a cabo una hazaña. 2 LIT Personaje principal o protagonista de un poema, una narración, etc. 3 LIT Cualquiera de los personajes de carácter elevado en una epopeya clásica. 4 MIT En las mitologías griega y romana, el nacido de un dios o una diosa y de una persona, como Hércules, Aquiles, Eneas, etc.

heroico, ca 1 *adj.* Perteneciente o relativo al héroe, a la heroína o a sus acciones. 2 Dicho de una medida o de una decisión, que uno adopta en una circunstancia extrema. 3 LIT Dicho de un poema, que canta hazañas o hechos memorables.

heroína[1] **HÉROE.**

heroína[2] *f.* QUÍM Derivado de la morfina, de grandes propiedades analgésicas y narcóticas. Su consumo crea dependencia.

heroísmo 1 *m.* Esfuerzo muy grande de la voluntad hecho con abnegación, que lleva a realizar actos extraordinarios en servicio de los demás. 2 Acción heroica.

herpes *m.* o *f.* MED Erupción de la piel causada por un virus, consistente en la formación de vesículas, a veces muy dolorosas que forman costras al secarse.

herradura *f.* Hierro semicircular que se clava en los cascos de los caballos o en algunos vacunos en las pezuñas para que no se maltraten al caminar.

herraje 1 *m.* Conjunto de piezas de metal con que se guarnece una puerta, un coche, etc. 2 Conjunto de clavos y piezas con que estas se aseguran.

herramienta 1 *f.* Instrumento usado para realizar operaciones mecánicas que suele ser manual. 2 Conjunto de dichos instrumentos. 3 **máquina** ~.

herrar 1 *tr.* Poner herraduras a las caballerías. 2 Marcar con un hierro candente. 3 Guarnecer de hierro. • Vb. irreg. conjug. c. **acertar**. V. anexo El verbo.

herrería 1 *f.* Taller de herrero. 2 Oficio de herrero. 3 Fundición, fábrica donde se funde o forja hierro.

herrero, ra *m.* y *f.* Persona que labra el hierro.

herrete *m.* Cabo rígido que se pone a las agujetas, cordones, cintas, etc., para que puedan entrar fácilmente por los ojetes.

herrumbre 1 *f.* Orín, óxido del hierro. 2 Sabor de hierro que toman algunas cosas.

hertzio *m.* FÍS **HERCIO.**

hervidero 1 *m.* Movimiento y ruido que hace un líquido al hervir. 2 Muchedumbre, multitud.

hervir 1 *intr.* Producir burbujas un líquido por un aumento de temperatura o por fermentación. 2 Excitarse a causa de una emoción. 3 *tr.* Hacer que un líquido llegue al punto de ebullición, o tener algo en agua hirviendo. • Vb. irreg. conjug. c. **sentir**. V. anexo El verbo.

hervor 1 *m.* Acción y efecto de hervir. 2 Inquietud, viveza.

A B C D E F G H I J K L M N Ñ O P Q R S T U V W X Y Z

hesperidio *m.* BOT Baya de epicarpio grueso y esponjoso, que está dividida en secciones envueltas en telillas membranosas, como en los cítricos.
hetero *adj.* y *s.* HETEROSEXUAL.
heterocerca *adj.* ZOOL Dicho de una aleta caudal de los peces, que está formada por dos lóbulos desiguales.
heterociclo *m.* QUÍM Estructura en anillo en la que uno o más átomos constituyentes no son de carbono y pueden ser de nitrógeno, oxígeno o azufre.
heterocigoto, ta *adj.* y *m.* BIOL Dicho de un organismo o una célula, que contiene dos alelos distintos en cromosomas homólogos.
heteróclito, ta *adj.* Conformado por elementos dispares, sin relación entre sí.
heterodoxia *f.* Cualidad de heterodoxo.
heterodoxo, xa 1 *adj.* y *s.* Disconforme con el dogma de una religión. 2 Disconforme con doctrinas o prácticas generalmente admitidas.
heterogamia *f.* BIOL Tipo de reproducción sexual en la que los gametos están claramente diferenciados.
heterogéneo, a 1 *adj.* Compuesto de partes diferentes. 2 Diferente, distinto, extraño.
heteromorfo, fa *adj.* Que presenta formas muy diferentes dentro de una misma especie.
heteronimia *f.* LING Fenómeno por el cual dos palabras de diferente raíz designan a los miembros de distinto sexo de una pareja: *Hombre-mujer; Toro-vaca.*
heterónimo 1 *m.* LING Cada uno de los vocablos que constituyen una heteronimia. 2 Nombre, distinto del verdadero, con que un autor firma una parte de su obra.
heteróptero *adj.* y *m.* ZOOL Dicho de un insecto, hemíptero, que posee cuatro alas, las dos posteriores membranosas y las anteriores coriáceas en su base, y suele segregar líquidos de olor desagradable.
heterosexual 1 *adj.* Dicho de una relación sexual, que se realiza entre personas de diferente sexo. 2 *adj.* y *s.* Dicho de una persona, que mantiene este tipo de relación.
heterótrofo, fa *adj.* BIOL Dicho de un organismo, que es incapaz de elaborar su propia materia orgánica a partir de sustancias inorgánicas, motivo por el cual debe nutrirse de otros seres vivos.
hético, ca *adj.* y *s.* Muy flaco y casi en los huesos.
heurístico, ca 1 *adj.* Perteneciente o relativo a la heurística. 2 *f.* Búsqueda y recopilación de documentos o fuentes históricas.
hevea *f.* Árbol euforbiáceo, de hasta 30 m de altura, originario de la región amazónica, del cual se obtiene el látex para producir caucho.
hexaclorofeno *m.* QUÍM Compuesto derivado del metano que se emplea como antiséptico en farmacia, dermatología, etc.
hexacordo 1 *m.* MÚS Escala para canto gregoriano compuesta de las seis primeras notas usuales. 2 MÚS Intervalo de **sexta** en la escala musical.
hexaedro *m.* GEOM Poliedro de seis caras. || ~ **regular** GEOM CUBO[2], sólido regular.
hexágono, na *adj.* y *m.* Dicho de un polígono, que tiene seis lados y seis ángulos.
hexagrama *m.* Figura de seis puntas conformada por dos triángulos equiláteros superpuestos.
hexámetro *m.* Verso griego y latino que consta de seis pies.
hexano *m.* QUÍM Hidrocarburo saturado, constituyente del éter de petróleo y de la gasolina.
hexeno *m.* QUÍM Hidrocarburo formado por una cadena de seis átomos de carbono con un doble enlace.
hexosa *f.* QUÍM Monosacárido formado por seis átomos de carbono, como la glucosa.
hez 1 *f.* Poso o sedimento que, en algunos líquidos, se deposita en el fondo de las vasijas. 2 Lo más vil y despreciable de cualquier clase. 3 *f. pl.* EXCREMENTOS.
hialografía *f.* Arte de dibujar sobre el vidrio.
hialoplasma *m.* BIOL Sustancia fundamental del protoplasma celular que posee estructura de gel y es transparente.
hiato *m.* GRAM Encuentro de dos vocales, dentro de una palabra, que se pronuncian en sílabas distintas. • V. tabla Diptongo, triptongo, hiato, p. 207.
hibernación *f.* ZOOL Fenómeno, que se produce en ciertas especies animales, consistente en la disminución de la temperatura corporal y del ritmo del metabolismo durante el invierno.
hibernar 1 *intr.* Ser tiempo de invierno. 2 Pasar el invierno. 3 Estar en hibernación.
hibisco *m.* CAYENA.
hibridación 1 *f.* Producción de seres híbridos. 2 BIOL Fusión de dos células de distinta estirpe para dar lugar a otra de características mixtas. 3 BIOQ Asociación de dos moléculas con cierto grado de complementariedad.
híbrido, da 1 *adj.* y *s.* BIOL Dicho de un animal o un vegetal, que proviene de dos individuos genéticamente distintos. 2 Que es producto de elementos de distinta naturaleza.
hicaco *m.* Arbusto de las rosáceas, que posee hojas ovaladas y coriáceas, flores de cinco pétalos y fruto en drupa comestible.
hicotea (Tb. jicotea) *f.* Tortuga de agua dulce, de aprox. 30 cm de longitud, que posee caparazón ovalado con franjas pardas y amarillas y una lista rojiza detrás de cada ojo.
hicso, sa *adj.* y *s.* HIST De un pueblo semita que invadió y conquistó Egipto en el s. XVIII a. C. y fundó la XV y la XVI dinastías. Sus reyes se adaptaron a las costumbres egipcias e introdujeron el caballo en Egipto.
hidalgo, ga 1 *m.* y *f.* Persona de linaje noble. 2 *adj.* Perteneciente o relativo a un hidalgo. 3 Dicho de una persona, generosa y noble.
hidalguía 1 *f.* Cualidad o condición de hidalgo. 2 Generosidad, nobleza de ánimo.
hidra *f.* Celentéreo hidrozoo, de 20-30 mm y forma alargada, que posee un disco basal en un extremo y una abertura bucal con una corona de tentáculos en el otro.
hidrácido *m.* QUÍM Ácido compuesto de hidrógeno y un no metal que es un gas incoloro soluble en agua.
hidracina *f.* QUÍM Compuesto nitrogenado, aceitoso e incoloro, cuyos derivados son utilizados como combustible para cohetes e inhibidores de la corrosión y en la síntesis de medicamentos y productos químicos para la agricultura e industria de los plásticos.
hidrante 1 *m.* Tubo de descarga de agua derivado de un conducto principal, al que puede enchufarse una manga o manguera y que se sitúa en puntos estratégicos con el fin de sofocar los incendios. 2 Cualquier abertura en un conducto de agua en la cual se enchufa una manga o manguera.
hidratación *f.* Acción y efecto de hidratar.
hidratante 1 *adj.* Que hidrata. 2 Dicho de un producto cosmético, que sirve para restablecer el grado de humedad normal de la piel.
hidratar 1 *tr.* y *prnl.* Combinar una sustancia con agua. 2 Restablecer el grado de humedad normal de un tejido.
hidrato *m.* QUÍM Sustancia que contiene moléculas de agua asociadas con ella. || ~ **de carbono** QUÍM Sustancia orgánica formada por carbono, oxígeno e hidrógeno, de fórmula general $C_x(H_2O)_y$, también llamada glúcido o azúcar. En los organismos vivos

tiene funciones estructurales esenciales, tales como almacenar energía (en las plantas a través del almidón y en los animales a través del glucógeno).

hidráulico, ca 1 *adj.* Perteneciente o relativo a la hidráulica. 2 Que se mueve por medio del agua. 3 Dicho de un material, que, como el cemento, se endurece en contacto con el agua. 4 Dicho de una obra, que emplea dichos materiales. 5 **ariete** ~. 6 ELECTR **energía** ~. 7 **máquina** ~. 8 *f.* Técnica que estudia las aguas naturales en función de su aprovechamiento. 9 FÍS Parte de la mecánica que estudia el comportamiento y los efectos de los líquidos cuando están en reposo, en contra de superficies límite, o en movimiento respecto a ellas.

hídrico, ca *adj.* Perteneciente o relativo al agua.

hidroavión *m.* Avión que puede despegar y posarse en el agua, generalmente está provisto de flotadores en lugar de ruedas.

hidrobiología *f.* Ciencia que estudia a los seres vivos que habitan en el agua.

hidrocarburo *m.* QUÍM Compuesto químico formado exclusivamente por carbono e hidrógeno. Los átomos de carbono (que tienen cuatro valencias) se unen formando cadenas, mediante enlaces simples, dobles o triples en tanto las valencias que quedan libres son saturadas por átomos de hidrógeno. Los *hidrocarburos naturales,* como el petróleo, el gas natural, el asfalto y las ceras minerales, son mezclas de hidrocarburos que se originan por la descomposición de restos orgánicos contenidos en las rocas sedimentarias.

hidrocefalia *f.* MED Acumulación anormal de líquido cefalorraquídeo en el interior de la cavidad craneal.

hidrocortisona *f.* BIOQ Hormona secretada por la glándula suprarrenal que interviene en el metabolismo de los hidratos de carbono, las proteínas y las grasas, en la maduración de los leucocitos de la sangre, en la retención de sales y agua, en la actividad del sistema nervioso y en la regulación de la presión arterial.

hidrodinámica *f.* FÍS Parte de la mecánica que estudia el movimiento de los fluidos incompresibles y las interacciones de los fluidos con sus límites.

hidroeléctrico, ca 1 *adj.* ELECTR Dicho de un tipo de energía, que es producida por una hidroeléctrica. 2 ELECTR Dicho de un fenómeno electroquímico, que se produce con el concurso del agua. 3 *f.* ELECTR Central eléctrica que aprovecha la energía cinética de una caída de agua para generar energía eléctrica en un alternador mediante el movimiento, inducido por dicha energía, de ruedas eléctricas o turbinas.

hidroeólico, ca *adj.* Perteneciente o relativo a la acción conjunta del viento y el agua en las formaciones geológicas o la producción de energía.

hidrófilo, la 1 *adj.* Dicho de una materia, que absorbe el agua con gran facilidad. 2 BIOL Dicho de un organismo, que necesita agua para completar su ciclo vital.

hidrofobia 1 *f.* Propiedad de las sustancias que repelen el agua. 2 Temor obsesivo o aversión exagerada al agua. 3 MED Enfermedad infecciosa, muy grave, que ataca a algunos animales, como el perro, lobo, gato, etc., y que se transmite cuando muerden a otros animales o a las personas, pues se inocula en ellos el virus contenido en la baba del animal enfermo.

hidrogenación *f.* QUÍM Reacción entre el hidrógeno molecular y un compuesto orgánico que es empleada en la industria para producir grasas comestibles y jabones, a partir de aceites vegetales y gasolina sintética.

hidrógeno 1 *m.* QUÍM Elemento gaseoso reactivo, insípido, incoloro e inodoro, que es catorce veces más liviano que el aire y arde con facilidad. Tiene un solo protón en el núcleo y un solo electrón. Es el elemento más abundante del Universo y en la naturaleza solo se encuentra en estado libre en muy pequeñas cantidades. En combinación, compone un 11,19 % del agua y se encuentra presente en todos los ácidos, tejidos de los seres vivos y combustibles naturales. Forma parte de una gran cantidad de alimentos y de numerosos compuestos, y se utiliza en la producción de grasas comestibles, el refinado del petróleo, reductor en metalurgia, etc. Símbolo: H. Número atómico: 1. Peso atómico: 1,0079. Punto de fusión: −259,2 °C. Punto de ebullición: −252,77 °C. 2 QUÍM Gas de este elemento en su forma molecular. Símbolo: H_2. 3 QUÍM **cianuro** de ~; **peróxido** de ~.

hidrogeología *f.* GEO Parte de la geología que estudia las aguas dulces y, en particular, las subterráneas.

hidrografía 1 *f.* GEO Rama de la geografía física que estudia las aguas continentales o marinas, realiza el trazado de mapas, examina los fondos marinos, observa las mareas, etc. 2 GEO Conjunto de mares y aguas corrientes de un país o una región.

hidrográfico, ca 1 *adj.* GEO Perteneciente o relativo a la hidrografía. 2 GEO **red** ~.

hidrólisis (Tb. hidrolisis) 1 *f.* QUÍM Descomposición de una molécula por la acción del agua. 2 QUÍM Reacción de un compuesto con el agua.

hidrología *f.* GEO Disciplina que estudia las propiedades, el origen, etc., de las aguas.

hidrológico, ca 1 *adj.* Perteneciente o relativo a la hidrología. 2 ECOL **ciclo** ~.

hidropesía *f.* MED Acumulación anormal de líquido en cualquier cavidad o tejido del cuerpo.

hidroplano 1 *m.* Embarcación de motor provista de patines o sustentadores que alcanza una velocidad muy superior a la de los otros buques. 2 HIDROAVIÓN.

hidropónico, ca *adj.* Dicho de un cultivo, que se realiza en soluciones acuosas, con algún soporte de arena, grava, etc.

hidrosfera (Tb. hidrósfera) *f.* GEO Conjunto de las aguas líquidas, sólidas y gaseosas de las capas superficiales de la corteza terrestre y la atmósfera. Ocupa un 70 % de la superficie de la Tierra.

hidrosol *m.* QUÍM Solución coloidal en la que el agua actúa como medio dispersivo.

hidrosoluble *adj.* Que puede disolverse en agua.

hidrostático, ca 1 *adj.* Perteneciente o relativo a la hidrostática. 2 *f.* FÍS Parte de la mecánica que estudia el equilibrio de los líquidos y de muchos gases, y de los cuerpos que están sumergidos en ellos.

hidroterapia *f.* MED Uso del agua, con fines terapéuticos, en forma de duchas de agua o vapor, baños, etc.

hidrotermal *m.* GEO Depósito de minerales cristalizados a partir de una solución acuosa y caliente de origen magmático.

hidróxido *m.* QUÍM Compuesto químico formado por la unión de un elemento o radical con el anión OH−.

hidroxilo *m.* QUÍM Radical monovalente formado por un átomo de hidrógeno y otro de oxígeno (OH−).

hidrozoo *m.* ZOOL Invertebrado celentéreo que se caracteriza por la alternancia de generaciones: una es colonial y está constituida por los pólipos, y la otra, llamada medusa, está formada por individuos sexuados de natación libre que producen esperma o huevos.

hidruro *m.* QUÍM Compuesto binario de hidrógeno y otro elemento.

hiedra *f.* Planta enredadera, leñosa, que tiene raíces adventicias que se agarran a la superficie de los árboles o muros.

hiel 1 *f.* BILIS. 2 Amargura, desabrimiento.

A B C D E F G H I J K L M N Ñ O P Q R S T U V W X Y Z

hielera 1 *f.* Nevera portátil. 2 Recipiente para servir cubitos de hielo. 3 Aparato para conservar la comida en hielo.
hielo 1 *m.* Agua convertida en un cuerpo sólido y cristalino por un descenso de la temperatura. 2 Acción de helar o helarse. 3 Frialdad en los afectos. 4 Geo **banco** de ~. || ~ **seco** Quím Anhídrido carbónico congelado que se utiliza en refrigeración e ingeniería.
hiena *f.* Mamífero carnívoro de aspecto parecido al de un perro, que tiene la cabeza y el cuello robustos, las mandíbulas y los dientes muy desarrollados y preparados para triturar huesos, y las patas traseras más cortas que las delanteras.
hierático, ca *adj.* Que tiene o aparenta solemnidad extrema.
hierba 1 *f.* Planta de pequeño tamaño, desprovista de tejidos leñosos, que solo subsiste hasta dar flores y frutos. 2 Conjunto de este tipo de plantas que crece en un terreno. 3 MALEZA.
hierbabuena (Tb. yerbabuena) *f.* Planta aromática, de las labiadas, cuyas hojas se usan para hacer infusiones.
hierofanía 1 *f.* Rel Expresión de lo sagrado en una realidad profana. 2 Rel Persona o cosa en la que se expresa lo sagrado.
hierro 1 *m.* Quím Elemento metálico de color negro lustroso o gris azulado, dúctil y maleable, con propiedades magnéticas. En estado libre es muy escaso, pero en forma de compuestos constituye aprox. el 4,7 % de la corteza terrestre, siendo el metal más abundante después del aluminio. En contacto con aire húmedo se forman sobre su superficie óxidos de hierro y aleado con el carbono forma aceros. Símbolo: Fe. Número atómico: 26. Peso atómico: 5,84. Punto de ebullición: 2750 °C. 2 Marca que, con hierro candente, se pone al ganado. 3 Punta de una lanza, saeta, etc. 4 Hist **edad** del ~. || ~ **fundido** o **colado** Aleación de hierro que contiene entre 1,8 y 4,5 % de carbono. Las piezas obtenidas de ella pueden forjarse o laminarse moderadamente.
hifa *f.* Biol Elemento filiforme del micelio de los hongos.
hígado *m.* Anat y Fisiol Órgano interno de los vertebrados de tejido glandular. Es una glándula exocrina impar en la que tienen lugar procesos de asimilación y disimilación. Actúa también como reserva de hidratos de carbono y como depósito de sangre y vitaminas. Está irrigado por la arteria hepática y, a través de la vena porta, recibe la sangre rica en nutrientes procedente del intestino, que devuelve a la circulación venosa a través de la vena hepática. En los seres humanos está situado en la parte superior derecha del abdomen y aparece dividido en cuatro lóbulos por la presencia de tres surcos y rodeado por el peritoneo.
higiene 1 *f.* Med Parte de la medicina que estudia la conservación de la salud física y mental de una persona o colectividad. Se ocupa de la nutrición, la práctica deportiva, la salud del niño en edad escolar, evitar la difusión de enfermedades, etc. 2 Limpieza, aseo.
higienizar *tr.* Disponer o preparar una cosa conforme a la higiene.
higo 1 *m.* Infrutescencia de la higuera, de piel verdosa, negra o morada, y pulpa carnosa y dulce. 2 Cosa insignificante, de poco valor. || ~ **chumbo** Fruto de la chumbera o nopal que es elipsoidal, de corteza verde amarillenta y pulpa comestible llena de semillas blancas y menudas.
higrófilo, la *adj.* Biol Dicho de un animal o planta, que vive y se desarrolla en ambientes húmedos.
higrófugo, ga *adj.* Biol Dicho de un animal o planta, que vive y se desarrolla en ambientes secos.
higrometría *f.* Geo Estudio de la humedad atmosférica.
higrómetro *m.* Geo Instrumento para medir la humedad atmosférica.
higroscopicidad *f.* Fís Propiedad de algunos cuerpos inorgánicos y de todos los orgánicos de absorber y exhalar la humedad ambiental.
higuera *f.* Árbol de las moráceas, que posee hojas lobuladas ásperas por el haz y suaves por el envés y pequeñas flores encerradas en un receptáculo carnoso que, al madurar, da una infrutescencia llamada **higo** o breva. || ~ **chumba** CHUMBERA.
higuerilla *f.* RICINO, planta euforbiácea.
higuerón *m.* Árbol moráceo y epífito, al inicio de su desarrollo, que vive en zonas tropicales.
hijastro, tra *m.* y *f.* Hijo o hija de uno de los cónyuges respecto del otro conyuge.
hijo, ja 1 *m.* y *f.* Persona o animal respecto de su padre o de su madre. 2 Cualquier persona respecto de su lugar de origen. 3 *m.* Lo que procede o sale de otra cosa, por ejemplo, los renuevos de un árbol. 4 *m. pl.* DESCENDIENTES. || ~ **adoptivo** El que resulta de una adopción. ~ **de Dios** 1 Rel Todo ser humano en cuanto a criatura de Dios. 2 Rel En el cristianismo, Jesucristo. • Se escribe con may. inic en la acepción 2. ~ **del Hombre** Expresión con la que Jesús se designa a sí mismo en algunos pasajes de los *Evangelios*. ~ **ilegítimo** Hijo de padres no unidos entre sí por matrimonio. ~ **natural** HIJO ilegítimo. ~ **político** El yerno o la nuera, respecto de los suegros. ~ **reconocido** Hijo natural al que padre o madre, o ambos a la vez, reconocen en forma legal. ~ **único** El que no tiene hermanos.
hijuela *f.* Cosa anexa o subordinada a otra principal.
hilacha 1 *f.* Pedazo de hilo desprendido de la tela. 2 Porción insignificante de algo.
hilandería *f.* Fábrica de hilados.
hilar 1 *tr.* Reducir a hilo. 2 Sacar de sí el gusano de seda la hebra para formar el capullo. 3 Discurrir, deducir.
hilarante *adj.* Que mueve a risa.
hilaridad 1 *f.* Expresión tranquila de alegría. 2 Risa ruidosa y continuada.
hilatura 1 *f.* Arte de hilar. 2 Industria y comercio del hilado. 3 Transformación de una fibra natural o artificial en hilo.
hilaza *f.* Materia textil transformada en hilos.
hilemorfismo *m.* Fil Teoría ideada por Aristóteles, según la cual todo cuerpo está formado por dos principios, materia y forma, relacionadas como potencia y acto.
hilera 1 *f.* Formación en línea de una serie de personas o cosas. 2 *f. pl.* Zool Apéndices del abdomen de los arácnidos, que sostienen las glándulas productoras de los hilos.
hilo 1 *m.* Hebra larga, delgada y flexible formada por fibras de lino, lana, cáñamo, etc. 2 Hebra de cualquier material flexible. 3 Zool Hebra que forman algunas arañas, gusanos, etc. || ~ **de tierra** Electr TOMA de tierra, conductor que une un aparato eléctrico con la masa de tierra.
hilozoísmo *m.* Fil Teoría filosófica jónica que atribuye vida a la materia.
hilván 1 *m.* Costura de puntadas largas con que se prepara lo que se va a coser. 2 Hilo usado para hilvanar.
hilvanar 1 *tr.* Unir con hilvanes lo que se va a coser. 2 Enlazar o coordinar ideas, palabras, etc.
himen *m.* Anat Membrana que, en las mujeres vírgenes, cierra el orificio externo de la vagina.
himeneo 1 *m.* Boda, casamiento. 2 Lit Composición poética en que se celebra un casamiento.

himenóptero *adj.* y *m.* Zool Dicho de un insecto, de metamorfosis completa, que posee dos pares de alas membranosas (atrofiadas en algunos individuos) y piezas bucales adecuadas para morder o para chupar el néctar de las flores, como las hormigas, las abejas y las avispas.

himno *m.* Composición poética de origen griego que es cantada en honor de una divinidad, persona, colectividad, etc., y fue asimilada por el cristianismo. || ~ **nacional** El que representa a un Estado o una nación.

hinayana (Voz sansc.) *m.* Rel Escuela o tendencia del budismo, que basa la santidad y la salvación individual en la fidelidad estricta a las prédicas de Buda.

hincapié *m.* Acción de hincar el pie para hacer fuerza. || **hacer** ~ Insistir en algo que se afirma, se pospone o se encarga.

hincar 1 *tr.* Introducir o clavar una cosa en otra. 2 Apoyar una cosa en otra con fuerza. 3 *prnl.* Arrodillarse.

hincha 1 *m.* y *f.* Partidario entusiasta de un equipo deportivo. 2 Partidario de una persona.

hinchado, da 1 *adj.* Dicho de un lenguaje, estilo, etc., afectado y redundante. 2 Vano, presumido. 3 *f.* Multitud de hinchas.

hinchar 1 *tr.* y *prnl.* Hacer que aumente de volumen un cuerpo, llenándolo de un fluido. 2 *prnl.* Aumentar de volumen una parte del cuerpo, por un traumatismo o por otra causa patológica. 3 Envanecerse, engreírse.

hindi *m.* Ling Lengua indoeuropea, de la India septentrional, que es la lengua oficial del país desde 1949.

hindú *adj.* y *s.* De Indostán o relacionado con esta región asiática.

hinduismo *m.* Rel Doctrina derivada del **brahmanismo** cuyas creencias se basan en la trinidad sagrada (Trimurti) formada por Brahma (dios invisible del que todo emana), Visnú (dios redentor) y Siva (dios destructor), así como en un complejo entramado de ritos y cultos, algunos muy antiguos, que no constituyen un sistema unitario. Es la religión nacional de India, donde es practicada por más del 80 % de la población.

hinojo[1] *m.* Planta umbelífera, aromática, de hojas en lacinias, flores amarillas en umbelas y fruto oblongo que encierra las semillas. Es usada como condimento y expectorante.

hinojo[2] *m.* **rodilla.**

hioides *m.* Anat Hueso flotante, con forma de herradura, situado en el cuello, sobre la laringe.

hipar 1 *intr.* Sufrir el hipo. 2 Llorar con sollozos semejantes al hipo.

hiperactividad 1 *f.* Exceso de actividad. 2 Psic Conducta caracterizada por exceso de actividad, dificultad para la concentración y el control de impulsos e intolerancia a la frustración.

hiperbárico, ca *adj.* Fís Que tiene una presión superior a la atmosférica, como las cámaras de descompresión utilizadas en las inmersiones submarinas.

hipérbaton *m.* Figura retórica que consiste en cambiar el orden que, según la sintaxis regular, deben tener las palabras en un discurso. • pl.: *hipérbatos.*

hipérbola *f.* Geom Curva abierta, lugar geométrico de los puntos del plano cuya diferencia de distancias a dos puntos fijos *(focos)* es constante que tiene dos ejes de simetría: el *eje focal,* que pasa por los focos, y la *mediatriz* del segmento, que tiene a dichos focos por extremos. || **~s conjugadas** Geom Las que tienen las mismas asíntotas y están colocadas dentro de los cuatro ángulos que estas forman.

hipérbole *f.* Figura retórica que consiste en aumentar o disminuir exageradamente las cualidades de aquello de lo que se habla.

hiperbólico, ca 1 *adj.* Perteneciente o relativo a la hipérbola. 2 De figura de hipérbola o parecido a ella. 3 Perteneciente o relativo a la hipérbole o que la encierra o incluye. 4 Geom **paraboloide** ~.

hiperboloide 1 *m.* Geom Superficie cuyas secciones planas son elipses, círculos o hipérbolas, y se extiende indefinidamente en dos sentidos opuestos. 2 Geom Sólido comprendido en un trozo de esta superficie.

hipercalórico, ca *adj.* Med Abundante en calorías.

hipercinesia *f.* Med Aumento anormal de la actividad muscular que se manifiesta en forma de temblores o tics nerviosos.

hiperenlace *m.* Inf **hipervínculo.**

hiperespacio *m.* Mat Espacio de más de tres dimensiones.

hiperestesia *f.* Med Sensibilidad excesiva y dolorosa.

hiperinflación *f.* Econ Alza de precios muy rápida y continuada, que provoca que la gente no retenga el dinero por su pérdida de valor constante.

hipermercado *m.* Supermercado que reúne gran cantidad de artículos a precios relativamente bajos.

hipermetropía *f.* Med Trastorno de la visión en que la imagen se forma más allá de la retina.

hiperón *m.* Fís Barión de masa superior a la del protón y el neutrón.

hiperonimia *m.* Ling Relación de significado de un hiperónimo con respecto a sus hipónimos.

hiperónimo *m.* Ling Palabra cuyo significado engloba al de otra u otras, como *animal* a *caballo.*

hiperplano *m.* Mat En un espacio vectorial de dimensión *n* en relación a un origen fijo, conjunto de puntos cuyas *n* coordenadas escalares verifican una relación de primer grado.

hiperplasia *f.* Med Multiplicación anormal de células en un órgano o tejido.

hiperrealismo *m.* Art Corriente artística surgida en EE.UU. a finales de los años sesenta cuyo propósito es reproducir minuciosamente objetos reales con fría objetividad.

hipersensibilidad 1 *f.* Med **hiperestesia.** 2 Sensibilidad aguda a los estímulos afectivos o emocionales.

hipersónico, ca *adj.* Fís Dicho de una velocidad, que es igual o superior a Mach 5, y de las aeronaves capaces de alcanzarla.

hipertensión *f.* Fís Aumento de la tensión del líquido de un recipiente. || ~ **arterial** Med Aumento de la presión de la sangre en las arterias. Las personas que la sufren tienen más riesgo de tener ataques al corazón.

hipertexto *m.* Inf Conjunto de fragmentos textuales (escritos, imágenes, sonidos) y acciones, unidos mediante una red no indexada ni secuencial de asociaciones, que el consultor o autor recorre a su antojo estableciendo enlaces en función de lo que quiere conseguir.

hipertiroidismo *m.* Med Síndrome (taquicardia, temblor, adelgazamiento, excitabilidad, etc.) originado por una secreción excesiva de la glándula tiroides.

hipertónica *adj.* Quím Dicho de una solución, que, comparada con otra, tiene mayor presión osmótica que aquella siendo igual la temperatura de ambas.

hipertrofia *f.* Med Aumento anormal del volumen de un órgano o tejido.

hipervínculo *m.* Inf En un sistema de hipertexto, palabra subrayada o destacada que, cuando se pulsa, conecta con otra parte del documento u otro documento que, por regla general, complementa temáticamente lo primero o se vincula a él en algún aspecto.

hípico, ca 1 *adj.* Perteneciente o relativo al caballo o a la hípica. 2 *f.* Dep Serie de deportes que se realizan sobre caballos, como polo, carreras y saltos.

A B C D E F G H I J K L M N Ñ O P Q R S T U V W X Y Z

hipnosis *f.* Estado de sueño producido por hipnotismo.

hipnotismo *m.* Método para producir un sueño artificial, mediante sugestión o aparatos adecuados.

hipnotizar 1 *tr.* Producir hipnosis. 2 Provocar fascinación, impresionar.

hipo *m.* MED Contracción convulsiva del diafragma, que produce una respiración interrumpida y violenta que causa un ruido característico.

hipoacusia *f.* MED Reducción considerable de la capacidad y la agudeza auditivas.

hipocampo 1 *m.* ANAT Eminencia que ocupa la parte externa de los ventrículos laterales del cerebro. 2 Pequeño pez teleósteo, de cuerpo comprimido lateralmente, que carece de aleta caudal, se mantiene en posición vertical y cuya cabeza recuerda a la del caballo.

hipocentro *m.* GEO Zona interior de la corteza terrestre, cuya profundidad oscila entre 20 y 600 km, donde tiene origen un movimiento sísmico.

hipocicloide *m.* GEOM Curva descrita por un punto de una circunferencia que rueda dentro de otra fija, conservándose tangentes.

hipoclorito *m.* QUÍM Sal derivada del ácido **hipocloroso** que, por lo general, es muy inestable.

hipocloroso, sa *adj.* QUÍM Dicho de un ácido, que está compuesto de cloro, oxígeno e hidrógeno.

hipocondría *f.* PSIC Tendencia a preocuparse por la salud propia y a exagerar los sufrimientos.

hipocondrio *m.* ANAT Cada una de las dos partes laterales de la región epigástrica situada bajo las costillas falsas.

hipocorístico, ca *adj.* GRAM Dicho de un nombre, que, deformado o abreviado, se usa con intención afectiva, como *Tuto* por *Arturo* o *Mechas* por *Mercedes.*

hipocresía *f.* Fingimiento y apariencia de cualidades, sentimientos o ideas distintos de los que se sienten en realidad.

hipócrita *adj.* y *s.* Que finge o aparenta lo que no es o lo que no siente.

hipodérmico, ca *adj.* Que está o se pone debajo de la piel.

hipódromo *m.* Lugar donde se corren carreras de caballos y carros.

hipófisis *f.* ANAT y FISIOL Glándula de secreción interna, que está situada junto al hipotálamo en la cavidad craneal y unida a la base del cerebro por un tallo. Regula la mayor parte de las funciones orgánicas y produce numerosas hormonas.

hipofunción *f.* FISIOL Disminución de la actividad normal de un órgano.

hipogastrio *m.* ANAT Zona inferior del vientre.

hipogeo *m.* Construcción subterránea destinada a servir de sepulcro, lugar de culto o habitación.

hipoglucemia *f.* MED Disminución de la cantidad normal de glucosa contenida en la sangre.

hiponimia *f.* LING Relación de significado de un hipónimo con respecto a sus hiperónimos.

hipónimo *f.* LING Palabra cuyo significado está incluido en el de otra, como el de *cedro* respecto a *árbol.*

hipopótamo, ma *m.* y *f.* Mamífero artiodáctilo de piel gruesa y oscura y cabeza grande con orejas y ojos pequeños, que puede alcanzar 4 m de longitud y 4 t de peso. Vive en África en hábitats semiacuáticos.

hipostasiar *tr.* FIL Considerar algo abstracto como real o existente. • Vb. irreg. conjug. c. **parar**. V. anexo El verbo.

hiposulfuroso *adj.* QUÍM Dicho de un ácido, que se obtiene por la combinación del azufre con el oxígeno y que es el menos oxigenado de todos.

hipotálamo *m.* ANAT y FISIOL Región del encéfalo, entre la hipófisis y el tálamo, que interviene en la regulación de otros órganos y glándulas y contiene centros vegetativos que controlan el metabolismo, la presión arterial y otras funciones.

hipotaxis *f.* LING Procedimiento sintáctico que consiste en unir oraciones mediante conjunciones que expresan subordinación.

hipoteca *f.* Gravamen que recae sobre los bienes inmuebles o muebles para responder por el pago de un préstamo.

hipotecar 1 *tr.* Gravar con una hipoteca ciertos bienes. 2 Arriesgar, comprometer.

hipotecario, ria 1 *adj.* Perteneciente o relativo a la hipoteca. 2 Que se asegura con hipoteca.

hipotensión *f.* MED Disminución de la tensión sanguínea de las arterias. Se considera que existe si la tensión mínima es inferior a 70 mm de Hg, y la máxima a 110 mm de Hg.

hipotenusa *f.* GEOM Lado opuesto al ángulo recto de un triángulo rectángulo.

hipotermia *f.* Descenso anormal de la temperatura corporal.

hipótesis *f.* Suposición de una cosa para sacar de ella una consecuencia. || ~ **de trabajo** Suposición referente a un estado de cosas desconocido, la certeza de la cual debe verificarse mediante investigación experimental o descubrimientos sugeridos por la misma hipótesis.

hipotético, ca 1 *adj.* Perteneciente o relativo a la hipótesis o que se funda en ella. 2 LÓG **proposición** ~.

hipotiroidismo *m.* MED Síndrome (estados de letargo y ritmos metabólicos más bajos) originado por una secreción insuficiente de la glándula tiroides.

hipotonía *f.* Cualidad de hipotónico.

hipotónico, ca 1 *adj.* QUÍM Dicho de una solución, que, comparada con otra, tiene menor presión osmótica que aquella siendo igual la temperatura de ambas. 2 MED Dicho de una persona, que tiene un tono muscular inferior al normal.

hippie (Voz ingl.) *adj.* y *s.* **JIPI**.

hipsómetro *m.* FÍS Aparato para medir la altitud, basado en el punto de ebullición del agua.

hiriente 1 *adj.* Que hiere o hace daño. 2 Que ofende: *Palabras hirientes.* 3 Que aflige: *Amor hiriente.*

hirsuto, ta *adj.* Dicho de un tipo de pelo, que es rígido y duro, y de lo que está cubierto de pelo de esta clase o de púas o espinas.

hisopo 1 *m.* Palo con un manojo de cerdas en la punta o con una bola con agujeros, que es usado para esparcir agua bendita. 2 Brocha para pintar paredes.

hispánico, ca 1 *adj.* Perteneciente o relativo a España. 2 Perteneciente o relativo a la antigua Hispania o a los pueblos que formaron parte de ella y a los que se derivaron de ellos.

hispanidad 1 *f.* Calidad de genuinamente español. 2 Conjunto de pueblos de lengua y cultura hispánica.

hispanismo 1 *m.* Vocablo o giro propio de la lengua española, usado en otra. 2 Estudio de la lengua, literatura y cultura hispánicas.

hispano, na 1 *adj.* Perteneciente o relativo a Hispania. 2 Perteneciente o relativo a España o a Hispanoamérica. 3 *adj.* y *s.* Dicho de un hispanoamericano, que reside en los EE.UU.

hispanoamericanismo *m.* Doctrina que tiende a la unión espiritual de todos los pueblos hispanoamericanos.

hispanoamericano, na 1 *adj.* Perteneciente o relativo a los españoles y americanos, o a lo español y americano. 2 Perteneciente o relativo a los países de Hispanoamérica. 3 *adj.* y *s.* Dicho de un país donde el español es la lengua oficial, o de una persona americana de habla española.

hispanoárabe *adj.* Perteneciente o relativo a la España árabe.

hispanófilo, la *adj.* y *s.* Dicho de un extranjero, que es aficionado a la cultura española.

hispanohablante *adj.* y *s.* Que tiene como lengua materna el español.

histamina *f.* BIOQ Amina que provoca la secreción gástrica y la contracción de los músculos lisos y posee acción vasodilatadora.

histerectomía *f.* MED Extirpación del útero.

histéresis *f.* FÍS Fenómeno por el que el estado de un material depende de su historia previa. Se manifiesta por el retraso del efecto sobre la causa que lo produce.

histeria *f.* PSIC Neurosis que causa trastornos sensoriales, motores, vasomotores, etc. y puede ser provocada por sugestión o autosugestión.

histerismo 1 *m.* PSIC **HISTERIA.** 2 Estado pasajero de excitación nerviosa.

histograma *m.* MAT Representación de datos estadísticos en forma de barras, en la que la altura de cada una de estas es proporcional a la frecuencia de los valores representados.

histología *f.* ANAT Rama de la anatomía que estudia la estructura microscópica de los tejidos.

historia 1 *f.* HIST Ciencia que estudia el conjunto de sucesos, hechos o manifestaciones de las comunidades, culturas, pueblos, naciones, etc., en el pasado. 2 HIST Conjunto y desarrollo de estos sucesos, hechos o manifestaciones. 3 HIST Narración que se hace de ellos ordenada cronológicamente y verificada. 4 HIST y LIT Obra histórica compuesta por un autor. 5 LIT Obra literaria donde se relatan acontecimientos históricos. 6 Conjunto de hechos ocurridos a una persona. 7 Fábula o narración ficticia. 8 Narración de un hecho, una experiencia, etc. 9 *f. pl.* Cuento, chisme, enredo. || ~ **clínica** MED Relación de los datos con significación médica referentes a un enfermo, al tratamiento a que se le somete y a la evolución de su enfermedad. ~ **natural** Descripción científica de la naturaleza. ~ **sagrada** REL Conjunto de narraciones históricas contenidas en el Viejo y el Nuevo Testamento.

historial 1 *adj.* Perteneciente o relativo a la historia. 2 *m.* Reseña circunstanciada de los antecedentes de algo o de alguien.

historiar 1 *tr.* Narrar historias. 2 Narrar un hecho o suceso de forma ordenada y detallada. 3 Narrar las vicisitudes de una persona o cosa. 4 ART Pintar o representar un suceso histórico o fabuloso en cuadros, estampas o tapices.

historicismo *m.* HIST Teoría que tiende a reducir la actividad humana a su condición histórica.

histórico, ca 1 *adj.* Perteneciente o relativo a la historia. 2 Cierto, por contraposición a lo fabuloso o legendario. 3 Digno, por su trascendencia, de figurar en la historia. 4 FIL y ECON **materialismo** ~. 5 LIT Dicho de una obra literaria, que posee un argumento alusivo a sucesos y personajes recordados por la historia y sometidos a fabulación o recreación artísticas. 6 Que ha tenido existencia real o que verdaderamente ha sucedido.

historieta 1 *f.* Cuento o narración breve, o suceso de poca importancia. 2 ART Serie de dibujos que constituye una narración coherente, con texto o sin él.

historiografía 1 *f.* HIST Estudio bibliográfico y crítico de los escritos sobre historia y sus fuentes. 2 HIST Arte de escribir la historia. 3 HIST Conjunto de obras históricas.

historiología *f.* HIST Disciplina de la historia que estudia la estructura, leyes o condiciones de la realidad histórica.

histrión, nisa 1 *m.* y *f.* Actor teatral. 2 Persona que se expresa con afectación o exageración.

histrionismo *m.* Afectación o exageración expresiva.

hit (Voz ingl.) *m.* En el mundo del espectáculo, obra o producción musical con éxito.

hitita *adj.* y *s.* HIST De un pueblo indoeuropeo que se estableció en Anatolia central a comienzos del II milenio a. C. tras someter a la población autóctona, con la cual se mezcló posteriormente. Fundó una confederación, que dominó Asia Menor hasta 1200 a. C., y se destacó en el arte de la escultura (bajorrelieves y estatuaria) y la cerámica. Su lengua se trascribía en escritura cuneiforme.

hito 1 *m.* Poste que indica una dirección o los límites de un terreno. 2 Situación importante o punto de referencia en la vida de alguien o en el desarrollo de algo. 3 Blanco hacia donde se dirige la puntería.

hit-parade (Voz ingl.) *m.* Lista de canciones según su popularidad.

hiyab *m.* Pañoleta empleada por las mujeres musulmanas para cubrir su cabeza y cabello.

hobby (Voz ingl.) *m.* Actividad que alguien realiza como entretenimiento y por afición.

hocicar 1 *tr.* Levantar la tierra con el hocico. 2 *intr.* Dar de hocicos contra algo.

hocico *m.* Parte prolongada de la cabeza de algunos animales, en la que se ubican la boca y la nariz.

hockey (Voz ingl.) *m.* DEP Juego entre dos equipos, consistente en introducir en la portería contraria una pelota o un disco impulsado con un bastón, que se puede practicar en un campo de hierba o con patines en una cancha de cemento o hielo.

hogar 1 *m.* Casa o domicilio. 2 Vida de familia. 3 Sitio donde se quema combustible para producir calor destinado a la calefacción o a ser transformado en otra forma de energía.

hogareño, ña 1 *adj.* Amante del hogar y de la vida en familia. 2 Perteneciente o relativo al hogar.

hogaza *f.* Pan grande, que pesa más de un kilo.

hoguera *f.* Fuego al aire libre que levanta mucha llama.

hoja 1 *f.* BOT Estructura, delgada y laminar, que nace en los tallos y las ramas de las plantas. 2 Lámina delgada de metal, madera, papel, etc. 3 En los libros y cuadernos, cada una de las partes iguales que resultan al doblar el papel para formar un pliego. 4 Cuchilla de las armas blancas y herramientas. 5 Capa delgada de una masa, como sucede en el hojaldre. 6 Parte movible de una puerta o ventana. || ~ **compuesta** BOT Cuando las escotaduras alcanzan los nervios y el limbo queda dividido en varios foliolos, que aunque parecen grupos de varias hojas, brotan de una sola yema, como en el trébol. ~ **de cálculo** INF Programa que se utiliza para la elaboración de presupuestos y otras operaciones financieras. ~ **paralela** BOT Como en la mayoría de las monocotiledóneas, en la que las hojas tienen nervios paralelos, que parten de la base del limbo y terminan en el ápice. ~ **peciolada** BOT La que tiene pecíolo. ~ **sentada** BOT La que carece de pecíolo. ~ **simple** BOT Cuando el limbo no está dividido, junto con las compuestas constituye una de las dos formas básicas de hoja. ~**s alternas** BOT Cuando están dispuestas alrededor del tallo en espiral. ~**s opuestas** BOT Cuando se unen al tallo por parejas a la misma altura.

□ BOT La hoja está formada por tejido en empalizada (células alargadas) en el haz y tejido lagunar (que forma cavidades) en el envés. Sus células contienen los cloroplastos en que se produce la **fotosíntesis**. La forma de las hojas es muy variada pues pueden llevar nervios ramificados o rectilíneos, insertarse directamente en el tallo o unirse a él mediante un pecíolo. En algunos casos están transformadas en espinas, escamas, zarcillos, trampas para insectos, etc.

hojalata *f.* Lámina de metal cubierta de estaño por las dos caras.

hojaldre *m.* o *f.* Masa mantecosa que forma hojas al cocerse en el horno.

hojarasca *f.* Conjunto de hojas que han caído de los árboles.

hojear *tr.* Leer o consultar superficialmente un libro.

hojuela 1 *f.* Dulce frito muy delgado. 2 Lámina de oro, plata, etc., que es usada en galones, bordados, etc. 3 Grano de cereal precocido industrialmente y presentado en forma aplanada y delgada.

hola 1 *interj.* Saludo coloquial. 2 Se usa para expresar extrañeza.

holding (Voz ingl.) *m.* ECON Sociedad mercantil con una cartera de acciones que le permite controlar diversas empresas, vinculadas o no entre sí.

holgado, da 1 *adj.* Ancho, sobrado. 2 Que no tiene problemas económicos.

holgar 1 *intr.* Estar ocioso, no trabajar. 2 Estar de más, sobrar. 3 *intr.* y *prnl.* Alegrarse. 4 *prnl.* Divertirse, distraerse. • Vb. irreg. conjug. c. **contar**. V. anexo El verbo.

holgazanear *intr.* Estar voluntariamente ocioso.

holgorio *m.* Regocijo, fiesta bulliciosa.

holgura 1 *f.* Espacio suficiente para que quepa, se mueva o pase algo. 2 Hueco que queda entre dos piezas que han de encajar. 3 Bienestar económico, vida sin estrecheces.

holístico, ca *m.* FIL Que entiende o trata cada realidad como una totalidad distinta de la suma de sus partes.

hollar *tr.* Pisar alguna cosa.

hollejo *m.* Piel delgada que cubre algunas frutas y legumbres.

hollín *m.* Sustancia grasa y negra que el humo deposita en una superficie.

holmio *m.* QUÍM Elemento químico metálico de las tierras raras que se encuentra muy disperso en algunos minerales y generalmente acompañando al itrio. Es utilizado en algunos mecanismos electrónicos y como catalizador en reacciones químicas industriales. Símbolo: Ho. Número atómico: 87. Peso atómico: 164,94. Punto de fusión: 1474 °C. Punto de ebullición: 2700 °C.

holocausto 1 *m.* HIST Entre los israelitas, sacrificio en el que se quemaba un animal. 2 **GENOCIDIO**. 3 HIST Política de exterminio de los judíos llevada a cabo por la Alemania nazi.

holoceno, na *adj.* y *m.* GEO Dicho de una última época del Cuaternario, posterior al Pleistoceno, que abarca desde hace 10 000 años, tras la última glaciación, hasta nuestros días. Fue una época de clima cálido durante la cual se asentaron las actuales distribuciones geográficas de la fauna y la flora. • Se escribe con may. inic. c. s.

holografía *f.* FOT Técnica fotográfica, usada para reproducir una imagen en tres dimensiones, que se basa en la luz emitida por un láser.

holograma 1 *m.* FOT Placa fotográfica obtenida mediante holografía. 2 Imagen óptica obtenida.

holónimo *m.* LING Palabra relacionada directamente con otras del mismo campo semántico en proporción del todo a las partes: *La palabra* casa *es holónimo de alcoba, comedor, baño o cocina.*

holotúrido *adj.* y *m.* ZOOL Dicho de un equinodermo, sin caparazón ni espinas externas, que tiene forma cilíndrica, simetría bilateral y una corona de tentáculos alrededor de la boca, y es conocido, vulgarmente, como cohombro o pepino de mar.

hombre 1 *m.* Individuo de la especie humana, **ser humano**, persona. 2 Persona del sexo masculino. 3 Varón que ha llegado a la edad adulta. 4 Varón que posee valor, fuerza, virilidad, etc. 5 Junto con algunos sustantivos y la preposición *de,* indica que posee las cualidades o cosas que se señalan: *Hombre de honor o de Estado.* 6 Grupo determinado de personas: *El hombre del Renacimiento; El hombre americano.* || **~ de Cro-Magnon** **CRO-MAGNÓN**. **~ de Neandertal** **NEANDERTAL**.

hombrera 1 *f.* Adorno de los vestidos en la parte correspondiente a los hombros. 2 Almohadilla que se pone en algunas prendas en la zona de los hombros, para que estos parezcan más anchos.

hombría 1 *f.* Cualidad de hombre o persona del sexo masculino. 2 Entereza o valor que supuestamente le son inherentes.

hombro 1 *m.* Parte superior y lateral del tronco, donde nace el brazo. 2 Parte de un vestido, una chaqueta, etc., que cubre el hombro.

hombruno, na 1 *adj.* Dicho de una mujer, que se parece al hombre por alguna cualidad o circunstancia. 2 Dicho de una cosa o característica, que es propia del hombre: *Andar hombruno; Cara hombruna.*

homenaje *m.* Acto o actos en honor de una persona.

homenajear *tr.* Rendir homenaje.

homeopatía *f.* MED Método terapéutico que aplica, en dosis mínimas, sustancias que en mayor cantidad producirían síntomas parecidos a los de la enfermedad que se combate.

homeostasis *f.* BIOL Conjunto de fenómenos de autorregulación que conducen al mantenimiento de la constancia en la composición y propiedades del medio interno de un organismo.

homeotermia *f.* ZOOL Estado de ciertos animales, como las aves y los mamíferos, que mantienen constante su temperatura interna pese a los cambios ambientales.

homeotermo, ma 1 *adj.* Perteneciente o relativo a la homeotermia. 2 *adj.* y *s.* Dicho de un animal, que tiene homeotermia.

homicida *adj.* y *s.* Causante de la muerte de alguien.

homicidio *m.* Muerte causada a una persona por otra, generalmente con violencia.

homilía *f.* REL Discurso pronunciado por el sacerdote durante la misa para comentar las lecturas bíblicas.

homínido, da *adj.* y *m.* ZOOL Dicho de un primate, **antropoideo**, que surgió hace unos 14 millones de años y del que procede la especie humana.

☐ ZOOL Los homínidos se distinguen de los restantes primates por tener pies y manos bien diferenciados, estas con el pulgar oponible a los otros dedos, posición vertical, cráneo voluminoso y gran desarrollo mental. Los dos géneros claramente humanos son *Australopithecus* (**australopiteco**) y *Homo.* Dentro del segundo se distinguen tres especies: *Homo habilis* (que vivió hace 1,9-1,4 millones de años), *Homo erectus* (surgido hace unos tres millones de años y que vivió hasta hace 35 000 años) y *Homo sapiens* (aparecido hace 250 000 años), que incluye a los hombres de *Cro-Magnon* y *Neanderthal,* así como a la especie humana actual. Gran parte de los rasgos más avanzados, que incluyen expresiones simbólicas complejas, como el arte y la diversidad cultural, aparecieron en los últimos 100 000 años y, por tanto, son exclusivos del *Homo sapiens.*

homocerca *adj.* ZOOL Dicho de una aleta caudal de los peces, que está formada por dos lóbulos iguales y simétricos, como la de la sardina.

homocigótico, ca *adj.* y *m.* Biol Dicho de una célula u organismo, que posee alelos idénticos de un gen en relación con un determinado carácter.

homo erectus (Loc. lat.) *m.* Homínido extinto que habitó la Tierra entre hace 19 millones y 70 000 años. Su presencia fue mayor en Asia Oriental y, según la teoría de la evolución biológica, fue uno de los primates que precedió al ser humano.

homofobia *f.* Rechazo obsesivo hacia las personas homosexuales.

homofóbico, ca *adj.* Perteneciente o relativo a la homofobia.

homófobo, ba 1 *adj.* y *s.* Dicho de una persona, que siente homofobia. 2 *adj.* Perteneciente o relativo a ella.

homofonía 1 *f.* Condición de homófono. 2 Mús Conjunto de sonidos simultáneos o de voces que cantan al unísono.

homófono, na 1 *adj.* y *m.* Ling Dicho de una palabra, que suena igual, pero se escribe diferente y tiene distinto significado que otra: *ojear* (mirar) y *hojear* (pasar las hojas de un libro); *abrasar* (quemar) y *abrazar* (dar un abrazo); *basta* (tosca, grosera) y *vasta* (extensa). También puede darse esta situación entre expresiones: *Deberá declarar sus bienes inmuebles a su cargo* y *¿Vienes o te vas a quedar ahí todo el día?* 2 Mús Dicho de un tipo de música o canto, en el que todas las voces tienen el mismo sonido. • V. tabla Homonimia, antonimia y sinonimia, en esta página.

homogeneización 1 *m.* Acción y efecto de homogeneizar. 2 Tratamiento al que son sometidos algunos líquidos, especialmente la leche, para evitar la separación de sus componentes.

homogeneidad *f.* Cualidad de homogéneo.

homogeneizar 1 *tr.* Transformar en homogéneo, por medios físicos o químicos, un compuesto o una mezcla de elementos diversos. 2 Conferir homogeneidad o unidad a los elementos de un conjunto o ámbito.

homogéneo, a 1 *adj.* Que es de un mismo género o de la misma naturaleza. 2 Dicho de una sustancia o una mezcla de varias, que posee una composición y estructura uniformes. 3 Dicho de un conjunto, que está formado por elementos iguales.

homografía *f.* Condición de homógrafo.

homógrafo, fa *adj.* Ling Dicho de una palabra, que se escribe y pronuncia igual a otra, aunque tienen distinto significado: *Haya* (árbol) y *haya* (forma del verbo haber); *Solar* (sustantivo), *solar* (adjetivo) y *solar* (verbo). • V. tabla Homonimia, antonimia y sinonimia, en esta página.

homologar 1 *tr.* Reconocer un organismo autorizado el cumplimiento de determinadas normas de calidad de un producto. 2 **convalidar**, dar validez académica a estudios aprobados en otro país, institución, etc. 3 Dep Confirmar un organismo oficial el resultado de una prueba deportiva.

homología *f.* Cualidad de los que es homólogo.

homólogo, ga 1 *adj.* Que tiene las mismas características que otra cosa. 2 Biol Dicho de una relación de correspondencia, que tienen entre sí unas partes que en diversos organismos poseen el mismo origen aunque su función pueda ser diferente. 3 Biol **cromosomas** ~s. 4 Bioq Dicho de una relación de correspondencia entre distintas moléculas o alguna de sus partes, que tiene origen y función semejantes. 5 Geom Dicho de una relación de los lados, que, en cada una de dos o más figuras geométricas semejantes, están colocados en el mismo orden. 6 Lóg Dicho de un término sinónimo, que significa una misma cosa.

homonimia *f.* Ling Significado distinto que pueden tener palabras con igual forma gráfica o fonética. Dentro del concepto general de homonimia se distinguen la **homofonía** y la **homografía**. V. tabla Homonimia, antonimia y sinonimia, en esta página.

homónimo, ma 1 *adj.* Ling Dicho de una palabra, que presenta homonimia. 2 *m.* y *f.* **tocayo**.

homoparental *adj.* Dicho de una familia, que está constituida por dos personas del mismo sexo y sus hijos.

homóptero *adj.* y *m.* Zool Dicho de un insecto, que posee alas anteriores de textura uniforme y casi siempre membranosa y aparato bucal con forma de pico perforador y chupador. Se alimenta de savia y la mayoría experimenta una metamorfosis simple o incompleta, como el pulgón, la cigarra y las filoxeras.

homo sapiens (Loc. lat.) *m.* Homínido moderno posterior al *homo erectus*. Es considerado el eslabón final de la evolución biológica.

homosexual *adj.* y *s.* Dicho de una persona, que se siente atraída sexualmente hacia personas de su mismo sexo.

homosexualidad *f.* Atracción sexual hacia personas del mismo sexo.

Homonimia, antonimia y sinonimia

Antonimia	Es la relación semántica (significativa) de oposición que existe entre dos palabras o expresiones. Estas palabras o expresiones que expresan significado opuesto se denominan **antónimos**. Ejemplos: *triunfo* y *fracaso* / *libertad de expresión* y *censura*.	
Homonimia	Es el significado distinto que tienen palabras con igual forma gráfica o fonética. Dentro del concepto general de homonimia se distinguen las siguientes variables:	
	Homofonía	**Homografía**
	Se refiere a las palabras que se escriben de distinto modo, pero se pronuncian igual. Ejemplos: *hojear* y *ojear*; *vasta* y *basta*.	Se refiere a las palabras que, aunque tienen igual escritura y pronunciación, poseen significado distinto. Ejemplos: *sal* y *sal*; *solar* y *solar*.
Sinonimia	• Es la relación semántica (significativa) que existe entre dos palabras o expresiones que tienen diferente escritura y se denominan **sinónimos**. Ejemplos: *elevado* / *alto*; *hacer un alto* / *detenerse*. • Figura retórica que consiste en el uso reiterado de sinónimos para dar énfasis a una descripción. Ejemplo: *Callada, muda vive la oscura noche en su penumbra*.	

homosfera (Tb. homósfera) *f.* GEO Capa de la atmósfera que comprende la troposfera, la estratosfera y la mesosfera y está situada entre la superficie de la Tierra y los 100 km de altitud. En ella el nitrógeno y el oxígeno guardan una proporción casi constante.
homotecia *f.* MAT Transformación en el plano o el espacio que produce ampliaciones o reducciones de una figura conservando la forma.
homúnculo *m.* En la Edad Media, especie de duendecillo que los brujos simulaban fabricar.
honda *f.* Tira de piel o cuerda usada para lanzar piedras con violencia.
hondo, da 1 *adj.* Que tiene profundidad. 2 Dicho de un terreno, que está más bajo que todo lo circundante. 3 Profundo, recóndito. 4 Tratándose de un sentimiento, intenso, apasionado. 5 *m.* Parte inferior de una cosa hueca o cóncava.
hondonada *f.* Espacio de terreno hondo.
hondura *f.* Profundidad de una cosa.
honesto, ta 1 *adj.* Probo, recto, honrado. 2 Decente, decoroso. 3 Recatado, pudoroso. 4 Razonable, justo.
hongo 1 *m.* BIOL Organismo unicelular o pluricelular heterótrofo que ha evolucionado independientemente a partir de organismos próximos a los protistas. 2 Sombrero de copa baja, rígida y semiesférica, con poca ala.
☐ BIOL En la reproducción de los hongos intervienen unas estructuras llamadas gametangios, si producen espermatozoides u óvulos, y esporangios, si forman esporas. Se fijan al sustrato o al huésped mediante las hifas, cuyo conjunto constituye el **micelio**, que primero se desarrolla por debajo del sustrato y después por encima. Muchos hongos son parásitos, otros viven sobre materia en descomposición, y unos pocos son simbióticos con algas unicelulares para formar líquenes. Suelen dividirse en hongos inferiores, con el micelio continuo, y hongos superiores, con el micelio tabicado y el cuerpo fructífero visible (**seta**), estos últimos comprenden, a su vez, a los **ascomicetos** y **basidiomicetos**.
honor 1 *m.* Cualidad moral que lleva al cumplimiento de los deberes hacia los otros o hacia uno mismo. 2 Buena reputación. 3 Obsequio, aplauso o celebridad de algo. 4 Cosa que enorgullece a alguien. 5 *m. pl.* Manifestaciones de cortesía, agasajos.
honorable 1 *adj.* Digno de ser honrado y respetado. 2 Tratamiento honorífico.
honorario 1 *adj.* Que tiene los honores y no la propiedad de una dignidad o un empleo. 2 *m. pl.* Retribución dada a alguien por su trabajo en algún oficio liberal.
honoris causa (Loc. lat.) Dicho de un título profesional, que es concedido con carácter honorífico por una universidad.
honra 1 *f.* Estima y respeto de la propia dignidad. 2 Buena reputación y fama. 3 Demostración de aprecio a alguien por su virtud y mérito. 4 Pudor, honestidad y recato en las mujeres. 5 *f. pl.* Oficios hechos por un difunto.
honrado, da 1 *adj.* Que procede con lealtad, incapaz de robar o engañar. 2 Que cumple con sus deberes.
honrar 1 *tr.* Respetar a una persona. 2 Enaltecer o premiar su mérito. 3 Dar honor o celebridad. 4 Tener alguien como honor la asistencia, adhesión, etc., de otras personas. 5 *prnl.* Sentirse orgulloso por algo.
hontanar *m.* Sitio en que nace una fuente o un manantial.
hooligan (Voz ingl.) *m.* Hincha violento de los equipos de fútbol británicos.
hora 1 *f.* Cada una de las veinticuatro partes en que se divide el día solar, equivalentes a una unidad de tiempo de 60 minutos o 3600 segundos. 2 Tiempo oportuno y determinado para algo. 3 Momento del día en que ha ocurrido o va a ocurrir algo. 4 *adv. t.* AHORA. || ~ **canónica** REL Parte del oficio divino que la Iglesia católica suele rezar a distintas horas del día, como maitines, vísperas, prima, etc. ~ **oficial** La establecida en un territorio por decisión de la autoridad competente con adelanto o retraso con respecto a la solar. ~ **pico** o **punta** Aquella en que se produce mayor aglomeración en los transportes urbanos. Parte del día en que el consumo de algo, como electricidad, agua, etc., es mayor. ~ **solar** La que corresponde al día solar.
horadar *tr.* Agujerear una cosa, atravesándola.
horario, ria 1 *adj.* Perteneciente o relativo a las horas. 2 **huso** ~. 3 *m.* Aguja pequeña del reloj, que señala las horas. 4 Gráfico donde se indican las horas en que se realizan ciertas actividades. 5 Distribución de las horas de trabajo.
horca 1 *f.* Armazón formado por una barra horizontal sostenida por otras verticales, de la que cuelga una cuerda para ahorcar a los condenados. 2 Palo que remata en dos o más puntas para hacinar las mieses, levantar la paja, etc.
horcadura *f.* Parte del tronco de un árbol donde nacen las ramas.
horcajadas || **a** ~ Dicho de una postura, que asume el que se monta en un caballo, persona o cosa echando una pierna a cada lado.
horcajadura *f.* Ángulo que forman los dos muslos en su nacimiento.
horchata *f.* Bebida hecha con chufas o frutas machacadas, agua y azúcar.
horcón 1 *m.* Horca grande de los labradores. 2 Madero vertical que sirve para sostener vigas o aleros de tejado.
horda 1 *f.* Comunidad nómada con vínculos sociales rudimentarios entre los grupos que la integran. 2 Grupo de gente indisciplinada y violenta.
horizontal 1 *adj.* Perteneciente o relativo al horizonte. 2 Que está en el horizonte o paralelo a él. 3 **propiedad** ~. 4 GEOM **plano** ~.
horizonte 1 *m.* Línea que limita la superficie terrestre a la que alcanza la vista, y en la cual parece que se junta el cielo con la tierra. 2 Espacio circular de la superficie del globo encerrado en dicha línea. 3 Conjunto de posibilidades de un asunto o una materia. 4 Campo que abarca el pensamiento. 5 GEO Cada uno de los niveles estratificados en que puede dividirse el perfil de un suelo.
horma *f.* Molde para fabricar o dar forma a algo y, especialmente, los que se usan en la fabricación de zapatos y sombreros.
hormar *tr.* y *prnl.* Ajustar algo a su horma o molde.
hormiga *f.* Insecto himenóptero con antenas acodadas, patas largas y abdomen articulado al tórax. Existen unas 6000 especies, todas ellas polimorfas y de tamaño variable (entre 1 mm y 5 cm). Forman colonias constituidas por hembras estériles u obreras (que recogen alimentos, cuidan de los jóvenes y defienden la colonia), la reina (que es la encargada de poner los huevos), y los machos (que viven solo el tiempo necesario para la reproducción).
hormigón *m.* Mezcla de piedras menudas y mortero de cemento y arena que es usada en construcción. || ~ **armado** El reforzado interiormente por una armadura de barras de hierro o acero para, una vez fraguado, absorba los esfuerzos de tracción a los que pueda ser sometido. ~ **tensado** El que, mediante la introducción de tensiones artificiales de compresión,

con barras, cables o alambres introducidos durante la construcción, no sufre esfuerzos de tracción.

hormiguear 1 *intr.* Experimentar hormigueo. 2 Ponerse en movimiento una multitud de personas o animales.

hormigueo *m.* Sensación molesta, como si corrieran hormigas por el cuerpo.

hormiguero 1 *m.* Lugar que habitan las hormigas y está formado por galerías excavadas generalmente en el suelo. 2 **oso** ~. 3 Lugar en el que hay mucho movimiento de gente.

hormona *f.* FISIOL y BIOQ Sustancia orgánica producida por las glándulas endocrinas, y que, a través de la sangre, llega a los tejidos. Las hormonas están presentes en los procesos fundamentales del desarrollo del organismo y las más importantes son las del crecimiento y la lactancia (producidas en la **hipófisis**); la tiroxina, imprescindible para el crecimiento (producida en la **tiroides**); las que controlan el metabolismo del calcio (en la **paratiroides**); la adrenalina, que estimula la actividad del organismo (en las **glándulas** suprarrenales); la insulina, reguladora de los azúcares (en el **páncreas**), y las hormonas sexuales, producidas en las gónadas (en los testículos, testosterona, y en los ovarios, estradiol y progesterona). || ~ **vegetal** BOT Compuesto orgánico sintetizado en cantidades muy pequeñas en una parte de la planta y trasladado a otra, donde influye en un proceso fisiológico específico.

hornablenda *f.* GEO Silicato complejo de los anfíboles, de color verdinegro o negruzco y brillo vítreo, que se encuentra en numerosas rocas eruptivas.

hornacina *f.* Hueco con forma de arco ubicado en una pared para colocar en él una estatua, un jarrón, etc.

hornada *f.* Cantidad de pan, pasteles, etc., cocidos de una vez.

hornalla *f.* HORNILLA, de la estufa.

hornear *intr.* Cocer algo en el horno.

hornilla 1 *f.* Dispositivo ubicado en la parte superior de la estufa o cocina que difunde el calor para cocinar. 2 Hueco hecho en el macizo de los hogares, con una rejilla horizontal en medio de la altura, para sostener la lumbre y dejar caer la ceniza, y un respiradero inferior para dar entrada al aire.

hornillo *m.* Utensilio donde se hace fuego.

horno 1 *m.* Espacio cerrado de piedra, ladrillo o metal, donde se produce calor al quemar un combustible o por medio de la electricidad. 2 Montón de leña, piedra, ladrillos, etc., para su carbonización, calcinación o cocción. 3 Aparato electrodoméstico usado para asar alimentos. 4 Lugar donde hace mucho calor.

horópter *m.* ÓPT Línea recta tirada por el punto donde concurren los dos ejes ópticos, paralelamente a la que une los centros de los dos ojos del observador.

horóscopo 1 *m.* Gráfica que representa las doce casas celestes y la posición relativa de los astros del sistema solar y de los signos del Zodíaco, en un momento dado, que es usada para predecir el futuro. 2 Predicción del futuro según la posición de los astros.

horqueta 1 *f.* Horca para sostener las ramas de los árboles. 2 Parte del árbol donde se juntan, en ángulo agudo, el tronco y una rama. 3 Lugar donde se bifurca un camino. 4 Parte de un río en la que forma ángulo agudo y el terreno que este comprende.

horquilla 1 *f.* Palo largo, con dos puntas en un extremo, para colgar y descolgar cosas. 2 Enfermedad que abre las puntas del pelo. 3 Pieza de alambre o de otro material doblada, que es usada para sujetar el pelo.

horra *adj.* Dicho de una yegua, vaca, oveja, etc., que no queda preñada.

horrible 1 *adj.* Que causa horror. 2 Muy feo.

horripilar 1 *tr.* y *prnl.* Causar horror y espanto. 2 Hacer que se ericen los pelos.

horror 1 *m.* Sensación de espanto muy intenso, acompañada de estremecimiento y paralización. 2 Atrocidad, monstruosidad, enormidad. 3 Temor a algo indeseado. 4 Aversión, repulsión.

horroroso, sa 1 *adj.* Que causa horror. 2 Muy feo, desagradable. 3 Muy malo. 4 Muy grande.

horst (Voz al.) *m.* GEO Macizo tectónico, cadena montañosa o región elevada limitada por una serie de fallas escalonadas.

hortaliza *f.* Planta herbácea, comestible, que se cultiva en una huerta.

hortelano, na 1 *adj.* Perteneciente o relativo a la huerta. 2 *m.* y *f.* Persona que cultiva huertas.

hortensia *f.* Planta arbustiva, de las saxifragáceas, de 80-150 cm de alto, hojas opuestas dentadas y flores rosadas o azuladas en corimbo.

horticultura 1 *f.* Cultivo de las huertas. 2 Parte de la agricultura que trata de este cultivo.

hosanna (Voz hebr.) 1 *f.* Exclamación de júbilo usada en la liturgia católica. 2 Himno que se canta el Domingo de Ramos.

hosco, ca *adj.* Ceñudo, áspero, intratable.

hospedaje 1 *m.* Acción de hospedar. 2 Alojamiento y asistencia que se dan a alguien. 3 Precio que se paga por estar de huésped.

hospedar 1 *tr.* Recibir alguien huéspedes en su casa; darles alojamiento. 2 *prnl.* Alojarse como huésped.

hospedería 1 *f.* Casa dedicada al alojamiento de viajeros o visitantes. 2 En una comunidad religiosa, habitación para huéspedes.

hospicio 1 *m.* Casa en que se albergaban peregrinos y pobres. 2 Asilo para niños pobres o huérfanos.

hospital 1 *m.* Establecimiento donde se proporciona a la población asistencia médica y sanitaria completa y que suele ser también un centro de formación e investigación. 2 Casa donde se recogía a los pobres y peregrinos.

hospitalario, ria 1 *adj.* Perteneciente o relativo al hospital. 2 Dicho de una orden religiosa, que está dedicada a hospedar peregrinos o enfermos. 3 Que socorre y alberga a extranjeros y necesitados. 4 Que agasaja a quienes recibe en su casa.

hospitalidad 1 *f.* Asistencia y albergue que alguien le da a una persona. 2 Estancia de un enfermo en un hospital.

hospitalizar *tr.* Ingresar a un enfermo en un hospital.

hostelería *f.* Industria que se ocupa de proporcionar alojamiento, comida y otros servicios, mediante pago.

hostería *f.* Casa donde se da comida y alojamiento a cambio de dinero.

hostia *f.* REL En el culto católico, pan ázimo, cortado en figura circular, que sirve para la celebración de la eucaristía y la comunión de los fieles.

hostigar *tr.* Perseguir, molestar a alguien burlándose, contradiciéndole, etc.

hostil *adj.* Contrario, enemigo.

hostilidad 1 *f.* Cualidad de hostil. 2 Acción hostil. 3 Agresión armada de un ejército, una tropa, un Estado, etc., que constituye de hecho el estado de guerra.

hotel *m.* Establecimiento de hostelería para alojar con comodidad o lujo a un gran número de personas.

hotelería *f.* HOSTELERÍA.

hoy 1 *m.* Tiempo presente: *Aprende a vivir el hoy.* 2 *adv. t.* En este día, en el día presente: *No dejes para mañana, lo que puedas hacer hoy.* 3 Actualmente, en esta época: *Hoy el costo de vida es más alto que antes.*

hoya 1 *f.* HOYO, concavidad. 2 GEO Llano extenso rodeado de montañas. 3 GEO Tierra por donde pasa un río y el mismo río.

hoyador *m.* Instrumento que se usa para hoyar.

hoyar *tr.* Abrir hoyos en un terreno para plantar árboles, clavar postes, etc.

hoyo 1 *m.* Concavidad o hueco en la tierra o en alguna otra superficie. 2 SEPULTURA hecha en la tierra.

hoyuelo 1 *m.* Hoyo en la parte inferior de la garganta. 2 Hoyo ubicado en el centro de la barbilla y también el que se forma en las mejillas al reír.

hoz[1] *f.* Instrumento para segar formado por una hoja curva y afilada insertada en un mango de madera.

hoz[2] *f.* GEO Angostura de un valle profundo o la que forma un río que corre entre dos montañas.

hozar *tr.* e *intr.* HOCICAR.

huaca 1 *f.* GUACA. 2 GUACO.

huanaco, ca *m.* y *f.* Mamífero rumiante que es originario de la región andina americana.

huaquear *tr.* GUAQUEAR.

huasipungo *m.* Terreno que, además del salario, reciben los jornaleros.

huayno *m.* FOLCL Danza y música originarias de Bolivia, Perú y Ecuador, que se toca con guitarras, tambor, maracas y arpa y se puede bailar en pareja o formando un círculo.

huchear 1 *tr.* e *intr.* Llamar, gritar. 2 *intr.* Lanzar los perros a la caza, voceando.

hueco, ca 1 *adj.* y *s.* Cóncavo, vacío. 2 *adj.* Presumido, hinchado, vano. 3 Dicho de un sonido, retumbante y cavernoso. 4 Dicho de un lenguaje, ostentoso y afectado. 5 Mullido, esponjoso. 6 *m.* Intervalo de tiempo o lugar. 7 Abertura en un muro. 8 Sitio no ocupado. 9 HOYO, concavidad u hondura formada en la tierra. || ~ **supraclavicular** ANAT Depresión que existe, encima de cada clavícula, a ambos lados del cuello.

huecograbado 1 *m.* ART Procedimiento para imprimir mediante planchas grabadas en hueco. 2 ART Estampa obtenida por este procedimiento.

huelga 1 *f.* Cese del trabajo, hecho voluntariamente y de común acuerdo por los trabajadores, a fin de manifestar una protesta o defender una reivindicación. 2 Tiempo en el que no se trabaja. || ~ **de hambre** Abstinencia voluntaria y total de alimentos para mostrar alguien la decisión de morir si no consigue lo que pretende.

huelguear *intr.* Estar en huelga.

huella 1 *f.* Señal que deja en el suelo el pie de una persona, la pezuña de un animal, la rueda de un automóvil, etc. 2 Acción de hollar. 3 Plano de un escalón. 4 Rastro, vestigio. 5 Señal que deja algo en una superficie. 6 Impresión profunda y duradera. 7 Camino hecho por el paso frecuente de personas, animales o vehículos. || ~ **dactilar** o **digital** IMPRESIÓN dactilar.

huemul (Tb. güemul) *m.* Mamífero, artiodáctilo y rumiante, que es semejante al ciervo y vive en Los Andes.

huérfano, na 1 *adj.* y *s.* Dicho de una persona, que carece de padre, madre o ambos. 2 Falto de algo, especialmente de amparo.

huero, ra 1 *adj.* Vano, vacío, sin sustancia. 2 Dicho de un huevo, que, por no estar fecundado, no produce cría.

huerta *f.* Terreno de mayor extensión que el huerto, donde se cultivan hortalizas y árboles frutales.

huerto *m.* Terreno de corta extensión, generalmente cercado, en el que se plantan verduras y árboles frutales.

hueso 1 *m.* ANAT y FISIOL Cada una de las piezas duras que forman el esqueleto de los vertebrados. 2 BOT Parte dura del interior de ciertos frutos que contiene la semilla. 3 *adj.* y *m.* Dicho de un color, que es blanco amarillento. || ~ **peniano** ZOOL Hueso pequeño, alargado y de forma variable, que tienen algunos mamíferos en el pene.

□ ANAT y FISIOL Los huesos están formados por células generadoras, fibras de colágeno y una sustancia fundamental calcificada. En el interior de los huesos largos está la médula, que es el lugar de formación de la sangre. La principal función de los huesos, además de la producción de sangre, es la de ofrecer sostén y protección a los órganos internos.

huésped 1 *m.* y *f.* Persona alojada en una casa ajena, un hotel, etc. 2 *m.* BIOL Organismo en el que vive un parásito.

hueste 1 *f.* Partidarios o seguidores de una persona, causa, etc. 2 *f. pl.* Ejército en campaña.

hueva *f.* Masa de huevecillos de peces.

huevera 1 *f.* Utensilio para servir huevos pasados por agua. 2 Utensilio para transportar huevos.

huevo 1 *m.* BIOL CIGOTO. 2 Estructura orgánica más o menos redondeada, de dureza y tamaño diferente, que resulta de la fecundación del óvulo de las hembras de los animales **ovíparos** y que contiene el embrión y las sustancias destinadas a su nutrición. 3 El de las aves domésticas, no siempre fecundado, destinado al consumo o a la producción avícola.

hugonote, ta *adj.* HIST Dicho de un seguidor francés, de la doctrina de Calvino, que tuvo un papel destacado en la nobleza y las clases intelectuales antes de sufrir una fuerte persecución, bajo el mandato de Francisco I, cuyo punto culminante fue la matanza de la noche de san Bartolomé (24 de agosto de 1572).

huichole *adj.* y *s.* De un pueblo amerindio mexicano de creencias y ritos ancestrales y poco influido por Occidente, entre cuyos ritos ancestrales se destaca la ceremonia de búsqueda de peyote.

huida *f.* Acción de huir.

huidizo, za *adj.* Que huye o es inclinado a huir.

huipil (Tb. güipil) *m.* Camisa o túnica indígena adornada con vistosos bordados de colores.

huir 1 *intr.* y *prnl.* Apartarse deprisa de algo o alguien, para evitar un daño, un disgusto o una molestia. 2 *intr.* Con palabras que expresen idea de tiempo, transcurrir o pasar velozmente este. 3 Alejarse velozmente una cosa. 4 *intr.* y *tr.* Evitar: *Le huyo al desorden.* • Vb. irreg. conjugación modelo. V. anexo El verbo.

huitoto, ta *adj.* y *s.* De un pueblo indígena asentado en las regiones comprendidas entre los ríos Yapurá, Putumayo y Ambiyacú, en Colombia, Ecuador y Perú.

hula-hula (Tb. hulahula) *m.* Juego que consiste en hacer girar un aro con el movimiento de la cintura.

hule 1 *m.* CAUCHO, sustancia natural o sintética. 2 Tela recubierta de una capa impermeable. 3 HEVEA.

hulla *f.* GEO Clase de **carbón** mineral de color negro y brillo mate, que contiene entre el 75 y 90 % de carbono y es usada en la industria metalúrgica y para la producción de gas, alquitrán y coque.

humanidad 1 *f.* Conjunto de todas las personas. 2 Género humano. 3 Sensibilidad, compasión ante las desgracias de los demás. 4 Cualidad de humano. 5 *f. pl.* Conjunto de materias (las artes, letras, etc.) que exaltan los valores humanos.

humanismo 1 *m.* Cultivo y conocimiento de las humanidades. 2 FIL Doctrina filosófica que considera al ser humano como una instancia superior al margen de las visiones espiritualistas.

□ FIL e HIST El concepto de humanismo está asociado al Renacimiento, que se caracterizó por el interés en el estudio de la cultura clásica y la rebelión contra los condicionamientos impuestos por la teología y la religión. Introdujo diversos métodos pedagógicos nuevos: elocuencia, erudición, estudio crítico, etc., que se extendieron a todos los campos del saber: arte, geografía, historia, etc.

humanista 1 *m.* y *f.* Partidario del humanismo. 2 Persona instruida en humanidades.

humanitario, ria 1 *adj.* Que mira por el bien de la humanidad. 2 Bondadoso, compasivo.

humanitarismo *m.* HUMANIDAD, compasión ante las desgracias ajenas.

humanizar 1 *tr.* Hacer a alguien o a algo humano, familiar y afable. 2 *prnl.* Compadecerse.

humano, na 1 *adj.* Perteneciente o relativo al ser humano. 2 Compasivo, caritativo. 3 **ciencias** ~s. 4 **derechos** ~s. 5 BIOL **genoma** ~. 6 ECON **recursos** ~s. 7 *m.* En sentido genérico, hombre.

humanoide *adj.* y *s.* Que tiene forma o características del ser humano.

humareda *f.* Abundancia de humo.

humear 1 *intr.* y *prnl.* Echar de sí humo. 2 *intr.* Arrojar una cosa vaho o vapor.

humectante 1 *adj.* Que humedece: *Crema humectante.* 2 Sustancia que estabiliza el contenido de agua de un material.

humectar 1 *tr.* HUMEDECER. 2 Aplicar o introducir un humectante.

humedad 1 *f.* Cualidad de húmedo. 2 Agua de la que está impregnado un cuerpo. 3 GEO Vapor de agua contenido en la atmósfera. Su cantidad depende de la temperatura y crece a medida que esta aumenta. || ~ **absoluta** GEO Cantidad de humedad en peso, contenida en un volumen de aire. ~ **relativa** GEO Relación porcentual entre la cantidad de vapor de agua presente en el aire y la máxima que sería posible.

humedal *m.* ECOL Ecosistema siempre o habitualmente inundado, de relativa poca extensión y profundidad, y caracterizado por la gran diversidad de especies vegetales y animales que en él habitan.

humedecer *tr.* y *prnl.* Producir humedad una cosa. • Vb. irreg. conjug. c. **agradecer**. V. anexo El verbo.

húmedo, da 1 *adj.* Que tiene humedad. 2 Ligeramente mojado. 3 GEO Dicho de un clima, región, país, etc., que es predominantemente húmedo o lluvioso.

humeral 1 *adj.* Perteneciente o relativo al húmero. 2 *m.* Paño blanco con que el sacerdote se envuelve las manos para coger la hostia o el copón.

humero 1 *m.* Cañón de la chimenea por donde sale el humo. 2 HUMAREDA.

húmero *m.* ANAT Hueso del brazo, que se articula con la escápula, el cúbito y el radio.

humildad *f.* Virtud de reconocer los fallos y los defectos propios.

humilde 1 *adj.* Que tiene humildad. 2 De pocos medios económicos.

humillar 1 *tr.* Herir el amor propio o la dignidad de alguien. 2 Abatir el orgullo. 3 Postrar, bajar, inclinar una parte del cuerpo, como la cabeza o la rodilla, en señal de sumisión o respeto. 4 *prnl.* Arrodillarse o hacer adoración. 5 Hacer actos de humildad.

humo 1 *m.* Producto que, en forma gaseosa, se desprende de una combustión incompleta y se compone de vapor de agua, ácido carbónico y carbón en polvo. 2 Vapor que exhala cualquier cosa que fermenta. 3 *m. pl.* Vanidad, presunción, altivez.

humor 1 *m.* Disposición del ánimo. 2 Genio, índole, condición, especialmente cuando se demuestra exteriormente. 3 Jovialidad, agudeza. 4 Disposición para hacer algo. 5 Facultad del humorista. 6 Cualquier líquido del cuerpo de un organismo vivo.

humorismo 1 *m.* Facultad del humorista. 2 Estilo literario, gráfico o artístico de carácter cómico.

humorista 1 *adj.* y *s.* Que se expresa con humor. 2 Dicho de una persona, que utiliza el humorismo en sus obras (literarias, plásticas, etc.).

humus *m.* ECOL Materia orgánica del suelo que es descompuesta por acciones químicas y bacterianas.

hundir 1 *tr.* y *prnl.* Sumir, meter en lo hondo. 2 Destruir, consumir, arruinar. 3 *tr.* Abrumar, oprimir, abatir.

huno, na *adj.* y *s.* HIST De un pueblo asiático que, tras derrotar a los pueblos germanos, llegó hasta la frontera romana del Danubio (ca. 405) y se dividió en varias hordas que luego fueron reunificadas por Atila (434), quien acaudilló el saqueo del Imperio romano de Oriente, la Galia y la península itálica.

huracán *m.* GEO Ciclón tropical que consiste en una masa de aire que gira alrededor de un centro de muy baja presión con una velocidad mínima de 110 km/h. Se origina entre 8° y los 15° de latitud N y su dirección es generalmente E-O.

huraño, ña *adj.* Que rehúye el trato con la gente.

hurgar 1 *tr.* Remover una cosa. 2 Meterse alguien donde no le llaman.

hurí *f.* Cada una de las bellísimas mujeres creadas, según los musulmanes, para ser compañeras de los bienaventurados en el paraíso.

hurón, na *m.* y *f.* Mamífero carnívoro, de los mustélidos, que posee unos 30 cm de longitud, cuerpo flexible y alargado, cabeza pequeña, patas cortas y pelaje gris más o menos rojizo.

hurra *interj.* Voz que expresa alegría, satisfacción, entusiasmo.

hurtadillas || **a** ~ Furtivamente, sin que nadie lo note.

hurtar 1 *tr.* Tomar o retener bienes ajenos contra la voluntad de su dueño, sin intimidación ni violencia. 2 No dar el peso justo o la medida completa. 3 Desviar, apartar.

hurto *m.* Acción de hurtar.

húsar *m.* Militar perteneciente a un cuerpo de caballería ligera creado en Francia en el s. XVII.

husita 1 *adj.* HIST Dicho de un movimiento, que estuvo inspirado, fundamentalmente, en las doctrinas de J. Hus (1371-1415) sobre la hegemonía del poder civil y la pobreza eclesiástica. 2 *adj.* y *s.* Dicho de un seguidor de ese movimiento.

husky *s.* y *adj.* Perro de trabajo originario de la región de Siberia y especializado en halar trineos, que se caracteriza por tener cuerpo y patas fuertes, orejas en punta, ojos pardos o azules y pelaje suave y espeso, generalmente de color blanco y gris.

husmear 1 *tr.* Rastrear algo con el olfato. 2 Andar indagando alguna cosa con arte y disimulo.

huso 1 *m.* Instrumento manual de forma redondeada y alargada, más estrecho en los extremos, que sirve para devanar hilo, seda, etc. 2 Cualquier objeto de forma similar. 3 Instrumento que sirve para retorcer dos o más hilos. 4 Cilindro de un torno. || ~ **horario** GEO Cada una de las partes en que queda dividida la superficie terrestre por 24 meridianos igualmente espaciados y en que suele regir convencionalmente el mismo horario. Numerados de 0 a 23, de E a O.

huy *interj.* Voz que denota dolor, asombro o melindre.

i 1 *f.* Novena letra del alfabeto español. • Representa un sonido vocálico cerrado y palatal. El mismo sonido puede ser representado por la letra *y* en los siguientes tres casos: en la conjunción copulativa *y*: *comer y beber*; cuando dicho sonido forma diptongo o triptongo al final de palabra, como en *muy* y *Uruguay* (se exceptúan *cui* y algunas palabras de origen extranjero, como *samurai* y *bonsái*) y cuando a las inflexiones verbales terminadas en *y* se les agrega un pronombre enclítico: *doy / doila; voy / voime*. Para distinguirla de la *i griega* o *ye*, recibe también el nombre de *i latina*. pl.: *íes*. 2 En la numeración romana, y en may. (I), equivale a uno. 3 MAT Unidad llamada imaginaria, cuyo cuadrado es igual a *−1*. || ~ **griega** Nombre de la letra *y*.

ibérico, ca *adj.* Perteneciente o relativo a la península ibérica.

ibero, ra (Tb. íbero) *adj.* y *s.* HIST De los pueblos que en la época prerromana habitaron en el S y el E de la península Ibérica y en Languedoc. Su economía era agrícola (cereales, olivo, vid, frutales y hortalizas) y ganadera, complementada con el comercio de metales. Con la ocupación romana (s. II a. C.) perdieron su especificidad cultural.

iberoamericano, na *adj.* y *s.* De los pueblos de América que antes formaron parte de los reinos de España y Portugal.

íbice *m.* Mamífero artiodáctilo caracterizado por sus grandes cuernos arqueados hacia atrás. Vive en terrenos escarpados de los Alpes.

ibidem (Voz lat.) *adv.* En el mismo lugar, allí mismo; se emplea en las citas de textos. • Su forma españolizada es *ibídem*.

íbis *f.* Ave ciconiforme que alcanza 1 m de longitud, de pico curvo y plumaje blanco y negro, que en algunas especies es rojo. Se agrupa en bandadas permanentes y se alimenta de peces, ranas, sapos y pequeños reptiles.

iceberg *m.* Gran masa de hielo flotante (separada de los glaciares o de las plataformas de hielo de los mares polares), sumergida en su mayor parte.

icnita *f.* GEO Resto fosilizado de la huella de un animal.

ícono (Tb. icono) 1 *m.* ART Pintura religiosa sobre tabla, propia de las iglesias cristianas orientales. Realizada sobre un fondo dorado, adornado con piedras preciosas y dibujos geométricos, suele presentar rostros reales animados por grandes ojos y expresiones intensas. 2 Tabla pintada imitando dicho modo. 3 Signo en que hay una relación de semejanza con lo representado, como las señales de cruce o curva en las carreteras. 4 INF Símbolo gráfico que aparece en las pantallas de las computadoras, agendas electrónicas, etc., y que representa un documento, un archivo, un programa, etc.

iconoclasia *f.* REL Doctrina y movimiento de los iconoclastas.

iconoclasta 1 *adj.* y *s.* REL e HIST Dicho de un movimiento religioso, que destruía las imágenes sagradas, como indignas del verdadero culto cristiano, y perseguía a quienes las veneraban. Alcanzó su máxima virulencia en Constantinopla en el s. VIII, y fue condenado por el Concilio II de Nicea (787). 2 Dicho de una persona, que no acepta la autoridad de los maestros, ni las tradiciones y normas admitidas por todos.

iconografía 1 *f.* Colección de imágenes o retratos. 2 ART Ciencia que estudia los temas, signos y atributos de las artes plásticas.

iconoscopio *m.* ÓPT Lente divergente que da una imagen reducida antes de su encuadre definitivo.

iconostasio *m.* ART Bastidor con imágenes sagradas pintadas, que lleva tres puertas, una mayor en el centro y otra más pequeña a cada lado, y aísla el presbiterio y su altar del resto de la iglesia.

icosaedro *m.* GEOM Sólido limitado por veinte caras. || ~ **regular** GEOM Aquel cuyas caras son todas triángulos equiláteros iguales.

ictericia *f.* MED Enfermedad producida por falta de drenaje de la bilis, y que se manifiesta en la pigmentación amarillenta de la piel.

ictiología *f.* ZOOL Parte de la zoología que trata de los peces.

ictiosaurio *m.* PALEONT Reptil fósil marino, de gran tamaño y forma de pez, con hocico largo y dientes separados. Abundaron en el Jurásico.

idea 1 *f.* Representación mental de algo realizada a partir de la reflexión sobre ciertas nociones ya adquiridas o por abstracción de las sensaciones que proporcionan los sentidos. 2 Conocimiento aproximado que se tiene de alguien o algo: *Sobre cría de aves tengo alguna idea*. 3 Juicio que se hace de personas o cosas: *Su idea de mi situación no corresponde a la realidad*. 4 Opinión que se tiene de alguien: *Tengo idea que Juan es muy emprendedor*. 5 Concepto que se tiene de algo: *Su idea sobre el amor es muy anticuada*. 6 Intención de hacer algo: *Mi idea es regresar al país*. 7 Cosa ingeniosa que sin premeditación se le ocurre a alguien. 8 Creencia, opinión: *Persona de ideas avanzadas*. 9 FIL En la filosofía platónica, realidad independiente y anterior a las cosas sensibles, de las cuales constituye los ejemplares eternos, inmutables y universales. 10 LÓG Esquema mental que representa, reducidas a una unidad común, realidades que existen en diversos seres, por ejemplo: ave, respecto de garza, golondrina, avestruz, etc., y así todas las especies y los géneros.

|| ~ **principal** LING En un texto, el tema o concepto más importante alrededor del cual se organiza su contenido. ~ **secundaria** LING En un texto, información que se deriva del tema principal: *Las ideas secundarias desarrollan o amplían el contenido principal de un texto.*

ideal 1 *adj.* Perteneciente o relativo a las ideas; imaginario, no realmente existente. 2 Perfecto, muy bueno, magnífico. 3 **belleza** ~. 4 FÍS **gas** ~. 5 *m.* Arquetipo, modelo de perfección. 6 Objetivo al que se tiende.

idealismo 1 *m.* Aptitud de la inteligencia para idealizar. 2 ART Doctrina estética opuesta al realismo, que afirma la preeminencia de la imaginación sobre la copia fiel de la realidad. 3 FIL Tendencia común a todos los sistemas filosóficos que, de una u otra manera, otorgan a la idea la primacía sobre la realidad concreta.

idealista 1 *adj.* y *s.* Que profesa la doctrina del idealismo. 2 Dicho de una persona, que propende a representarse las cosas de una manera ideal. 3 *adj.* Que idealiza.

idealizar *tr.* Ver las cosas o presentarlas de conformidad con las ideas o las fantasías personales, más que de acuerdo con la realidad.

idear 1 *tr.* Concebir la idea de algo. 2 Crear, inventar.

ideario *m.* Conjunto de ideas que constituyen la mentalidad de una persona o la ideología de una colectividad, de un partido político, etc.

idem (Voz lat.) *pron.* El mismo, lo mismo. Se emplea para no repetir lo ya dicho o escrito. • Su forma españolizada es *ídem*.

idéntico, ca *adj.* Dicho de algo, que es totalmente igual a otra cosa, o de personas o cosas muy parecidas.

identidad 1 *f.* Cualidad de idéntico. 2 Conjunto de rasgos propios de una persona o una colectividad. 3 Hecho de ser alguien o algo lo mismo que se supone o se busca. 4 LÓG Proposición en la cual los contenidos representativos del sujeto y del predicado son idénticos. 5 MAT Igualdad de dos expresiones algebraicas, cualquiera que sea el valor de las variables. 6 PSIC Conciencia que una persona tiene de ser ella misma y distinta a las demás. || ~ **trigonométrica** MAT Igualdad entre dos expresiones que contienen formas trigonométricas y que se satisface para todo valor del ángulo.

identificar 1 *tr.* y *prnl.* Presentar como idénticas cosas que son distintas. 2 *tr.* Reconocer o probar la identidad de alguien o algo. 3 *prnl.* Llegar a tener las mismas creencias, propósitos, etc., que otra persona. 4 Dar los datos personales necesarios para ser reconocido.

ideograma *m.* LING Signo de la escritura ideográfica que representa una idea o una palabra, no un fonema.

ideología *f.* Conjunto de ideas o conceptos fundamentales de una persona, una colectividad o un movimiento político o religioso: *La ideología tomista; La ideología marxista.*

ideólogo, ga *m.* y *f.* Partidario o forjador de una ideología.

idilio 1 *m.* Coloquio amoroso, relaciones entre enamorados. 2 Composición poética sobre la vida del campo, tierna y delicada.

idiocia *f.* MED Trastorno caracterizado por una deficiencia muy profunda de las facultades mentales.

idiófono, na *adj.* y *m.* MÚS Dicho de un instrumento musical, en el que el sonido se produce por la vibración del cuerpo del instrumento en sí mismo y no a través de cuerdas, membranas o aire, como el xilófono, los platillos, las maracas y la guacharaca.

idioma 1 *m.* Lengua de un país o de un pueblo, o común a varios. 2 Lenguaje particular de algún grupo: *El idioma del deporte.*

□ LING Algunos estudios lingüísticos establecen diferencias entre los conceptos idioma y lengua. Un idioma es la lengua oficial de un territorio, por ejemplo el castellano, mientras que la lengua es el sistema lingüístico o código que emplea una comunidad para comunicarse y no necesariamente es reconocida por el Estado.

idiomático, ca *adj.* Propio y peculiar de una lengua determinada.

idiosincrasia *f.* Talante, condición, carácter, etc., propios y distintivos de una persona o de una colectividad.

idiota 1 *adj.* y *s.* Que padece idiocia. 2 De escaso o nulo entendimiento.

idiotizar *tr.* y *prnl.* Volver idiota.

ido, da 1 *adj.* Dicho de una persona, falta de juicio o distraída. 2 *f.* Acción de ir de un lugar a otro.

idólatra *adj.* y *s.* Que adora ídolos.

idolatrar 1 *tr.* Adorar ídolos o divinidades falsas, según las religiones monoteístas. 2 *tr.* e *intr.* Amar con exceso a alguien o algo.

ídolo 1 *m.* Imagen de una deidad, adorada como si fuera la divinidad misma. 2 Persona admirada o amada en exceso.

idóneo, a *adj.* Adecuado o conveniente.

idus *m. pl.* En el antiguo cómputo romano y en el eclesiástico, el día 15 de marzo, mayo, julio y octubre, y el 13 de los demás meses.

iglesia 1 *f.* REL Congregación de cuantos han recibido el bautismo cristiano. 2 REL Conjunto de clero y pueblo creyente en Jesucristo. 3 Gobierno eclesiástico del papa y de los demás obispos y conjunto de personas dependientes de ese gobierno, como las de las congregaciones, órdenes o fraternidades: *Las relaciones entre la Iglesia y el Estado.* 4 REL Seguida de su denominación particular, cada una de las comunidades cristianas que se definen como iglesia: *Iglesia luterana, anglicana, presbiteriana, etc.* • Se escribe con may. inic. en las acepciones 1 a 4. 5 ARQ Templo proyectado como lugar de culto para los cristianos. Su tamaño y forma varían, de ermitas hasta catedrales inmensas. Suelen tener espacios separados para las distintas formas litúrgicas, como baptisterios, sacristías, despachos, etc. La planta puede ser basilical o central o aparecer combinadas y representar la figura de una cruz. || ~ **anglicana** HIST y REL ANGLICANISMO. ~ **armenia** HIST y REL Rama más antigua de la fe cristiana que data de los escritos apostólicos de san Gregorio el Iluminador (ss. III y IV). Tiene su sede en un monasterio cerca de Ereván (Armenia) desde el s. IV. ~ **catedral** CATEDRAL. ~ **católica** HIST y REL CATOLICISMO. ~ **copta** HIST y REL Iglesia cristiana de Egipto. Está encabezada por el papa y el patriarca de Alejandría, que es nombrado por un colegio electoral, formado por miembros del clero y por laicos, con una elección final elegida mediante sorteo. ~ **maronita** HIST y REL Comunidad cristiana árabe que tiene su sede central en Líbano y está extendida por Chipre, Palestina, Siria y EE.UU. Está gobernada de forma autónoma por un patriarca. ~ **oriental** REL La católica de los países de Europa oriental (Grecia, por ejemplo) y Oriente Medio, especialmente. ~ **ortodoxa** HIST y REL Comunidad de iglesias independientes que comparte una continuidad histórica, los principios de organización eclesiástica y la tradición litúrgica con la Iglesia oriental. El obispo en jefe de cada iglesia se llama patriarca, metropolitano o arzobispo y son los presidentes de los sínodos episcopales que, en cada iglesia, constituyen la autoridad canónica, doctrinal y administrativa. Desde el s. XI, prestaron obediencia al patriarca de Constantinopla, rompiendo con el papa de Roma. ~**s pentecostales**

REL Congregación de comunidades evangélicas caracterizada por la creencia en la experiencia de lo sagrado o de la perfección cristiana y que culmina con la llegada del Espíritu Santo. **~s reformadas** REL Grupo de iglesias protestantes que se guía por las doctrinas y políticas de los reformadores protestantes U. Zwinglio y J. Calvino.

iglú *m.* Vivienda construida con bloques de hielo y en forma semiesférica.

ígneo, a 1 *adj.* Perteneciente o relativo al fuego o sus propiedades. 2 GEO Dicho de un terreno, que es de origen magmático. 3 GEO **rocas** ~s.

ignición *f.* Proceso de encendido de una sustancia combustible. Se produce cuando la temperatura de una sustancia se eleva hasta el punto en que sus moléculas reaccionan espontáneamente con el oxígeno, y la sustancia empieza a arder.

ignífugo, ga *adj.* y *m.* QUÍM Dicho de una sustancia, que impide la combustión de materiales inflamables.

ignominia *f.* Afrenta pública.

ignorancia *f.* Falta de conocimiento de algo.

ignorante 1 *adj.* y *s.* Que ignora. 2 Que no tiene noticia de algo o no está enterado de ello.

ignorar *tr.* No tener noticia o conocimiento de algo.

igual 1 *adj.* De la misma entidad, cualidad, figura o valor que otro; dicho de personas, animales y cosas idénticas o muy similares: *No he visto cosa igual.* 2 Liso, sin desniveles. 3 Constante, no variable. 4 GEOM Dicho de una figura, que se puede superponer con otra de modo que coincidan en su totalidad. 5 *m.* MAT Signo de la igualdad (=). 6 *adv. m.* De la misma manera.

igualación 1 *f.* Acción y efecto de igualar o igualarse. 2 MAT Procedimiento para solucionar sistemas de dos o más ecuaciones. Consiste en despejar la misma incógnita en todas las ecuaciones e igualar los valores obtenidos hasta conseguir una sola ecuación con una incógnita de la que se puede obtener el valor. A partir de este se calculan los valores del resto de las incógnitas.

igualar 1 *tr.* y *prnl.* Eliminar diferencias entre personas o cosas. 2 *tr.* Nivelar un terreno o una superficie. 3 *intr.* y *prnl.* Ser una cosa igual a otra.

igualdad 1 *f.* Cualidad de igual. 2 Correspondencia y proporción de las partes de un todo. 3 MAT Expresión de la equivalencia matemática de dos cantidades.

igualitarismo *m.* FIL y POLÍT Doctrina que propugna la igualdad de todos los componentes de la sociedad, aspirando a la desaparición de las clases sociales.

iguana *f.* Reptil arborícola, con papada grande y cresta escamosa, de color verde. Hay especies que alcanzan hasta 1 m de longitud.

iguanodonte *m.* PALEONT Reptil fósil de los saurios, herbívoro y de tamaño gigantesco, perteneciente al Cretácico inferior.

ijada 1 *f.* Cada una de las dos cavidades colocadas entre las costillas falsas y los huesos de las caderas. 2 Dolor que se padece en aquella parte.

ijar *m.* Ijada de algunos mamíferos, incluido el ser humano.

ijca *adj.* y *s.* De un pueblo indígena colombiano, conocido también como arhuaco, asentado en la parte meridional de la sierra nevada de Santa Marta. Organizado en veinte parcialidades con una ciudad sagrada central llamada Nabusímake, un templo ceremonial o Kankurua y la autoridad tradicional del mamo y del cabildo.

ikebana *m.* Arte de disponer las flores para transmitir una idea místico religiosa de perfección, según una antigua tradición japonesa.

ilación *f.* Conexión razonada entre varias ideas de un discurso.

ilapso *m.* Éxtasis místico.

ilativo, va 1 *adj.* Que puede inferirse de un axioma o una afirmación. 2 Perteneciente o relativo a la ilación. 3 GRAM **conjunción** ~.

ilegal *adj.* Que no es conforme a la ley o que está en contra de ella.

ilegalidad 1 *f.* Falta de legalidad. 2 Acción ilegal. 3 Ámbito de lo ilegal.

ilegible *adj.* Que no puede o no debe leerse.

ilegítimo, ma 1 *adj.* No legítimo. 2 **hijo** ~.

ileocecal *adj.* ANAT **válvula** ~.

íleon *m.* ANAT Sección del intestino delgado de los mamíferos, entre el yeyuno y el ciego.

ileso, sa *adj.* Sin lesión, íntegro.

iletrado, da 1 *adj.* y *s.* Sin cultura, que posee escasos conocimientos. 2 ANALFABETO.

ilíaco, ca (Tb. iliaco) 1 *adj.* ANAT Perteneciente o relativo a las paredes laterales de la pelvis y el íleon. 2 ANAT Dicho de cada uno de los dos huesos que forman la cintura pélvica, resultado de la soldadura del ilion, el isquion y el pubis. 3 ANAT **fosa** ~.

ilícito, ta 1 *adj.* No lícito, no permitido por la moral o por la ley vigente. 2 DER **enriquecimiento** ~.

ilimitado, da *adj.* Que no tiene límites.

ilion *m.* ANAT Hueso de la cadera, que en los mamíferos adultos es parte, con el isquion y el pubis, del hueso innominado.

ilíquido, da *adj.* Dicho de una cuenta, deuda, etc., que está por liquidar.

ilocutivo, va *adj.* LING Dicho de un acto de habla, que contiene expresamente la intención del hablante. Felicitar o agradecer son actos ilocutivos.

ilógico, ca *adj.* Que carece de lógica, absurdo.

ilota *m.* y *f.* Esclavo propiedad del Estado espartano durante la Grecia antigua. Los ilotas conformaban la clase más baja de las cuatro existentes dentro de los espartanos, y no tenían derechos civiles o políticos.

iluminación 1 *f.* Acción y efecto de iluminar. 2 Conjunto de luces artificiales. 3 Luz natural de un local. 4 Conocimiento intuitivo de algo. 5 ASTR **círculo** de ~. 6 ART Conjunto de luces y sombras en un cuadro. 7 REL Esclarecimiento religioso interior místico.

iluminado, da *adj.* y *s.* REL e HIST Dicho de un miembro de una secta religiosa del s. XVIII, fundada por el bávaro A. Weishaupt, que pretendía establecer un sistema moral contrario al orden existente en religión, propiedad y familia.

iluminancia *f.* FÍS Magnitud que expresa el flujo luminoso que incide sobre la unidad de superficie. Su unidad en el sistema internacional es el *lux*.

iluminar 1 *tr.* Alumbrar, dar luz. 2 Adornar algún lugar con luces. 3 Dar color a las figuras o letras de un libro.

iluminismo *m.* REL Doctrina basada en la iluminación mística interior inspirada por Dios, que rechaza el uso de los sacramentos y de las jerarquías eclesiásticas.

ilusión 1 *f.* Representación imaginaria que no corresponde a la realidad. 2 Esperanza muy acariciada.

ilusionar 1 *tr.* Hacer que alguien se forje ilusiones. 2 Despertar esperanzas especialmente atractivas. 3 *prnl.* Forjarse ilusiones.

ilusionismo *m.* Magia o prestidigitación con que se realizan acciones sorprendentes o trucos.

iluso, sa 1 *adj.* y *s.* Esperanzado sin base. 2 Candoroso, soñador.

ilustración 1 *f.* Acción y efecto de ilustrar o ilustrarse. 2 Pintura o dibujo que acompaña un texto. 3 Movimiento intelectual europeo y americano, caracterizado por una gran confianza en la razón. 4 HIST Época en que prevaleció ese movimiento intelectual. • Se escribe con may. inic. en las acepciones 3 y 4.

☐ HIST Tendencia intelectual que se dio en Europa y América durante el s. XVIII, basada en una fe constante en el poder de la razón humana. Defendía que, mediante el uso juicioso de la razón, el progreso ilimitado sería posible y otorgó un gran valor al descubrimiento de la verdad a través de la observación de la naturaleza. En Francia tuvo un desarrollo sobresaliente representado por ilustrados como Diderot, Voltaire y Rousseau, también contó con valiosos representantes en otros países, como Kant en Alemania, Hume en Escocia y B. Franklin y T. Jefferson en las colonias británicas. Penetró en España y en sus dominios americanos, en los cuales preparó el camino de la independencia. El periodo concluyó con la Revolución francesa (1789) y sirvió como modelo para el liberalismo político y económico y para la reforma humanista del mundo occidental del s. XIX.

ilustrado, da 1 *adj.* Culto, instruido. 2 Perteneciente o relativo a la Ilustración. 3 HIST **despotismo** ~.

ilustrar 1 *tr.* y *prnl.* Instruir, enseñar. 2 *tr.* Adornar un escrito con láminas o dibujos.

ilustre 1 *adj.* Noble, de linaje distinguido. 2 Célebre, insigne. 3 Título de dignidad.

imagen 1 *f.* Representación plástica de personas, ideas o cosas. 2 Representación mental de alguien o algo. 3 Representación eficaz de algo por medio del lenguaje. 4 ÓPT Reproducción de la figura de un objeto por la combinación de los rayos de luz. 5 MAT Valor que se le asigna a una **función**. || ~ **real** ÓPT La que se produce por la reunión de los rayos de luz en el foco real de un espejo cóncavo o de una lente convergente. ~ **virtual** ÓPT La que no se puede recoger en una pantalla y solo es visible al mirar la prolongación hacia atrás de los rayos; como la que se forma aparentemente detrás de un espejo.

imagenología *f.* MED Análisis e investigación clínica de las imágenes obtenidas por los rayos X, la resonancia magnética, el ultrasonido, etc.

imaginación 1 *f.* Facultad psíquica que forja las imágenes con que trabaja la inteligencia. 2 Imagen creada por la fantasía. 3 Facilidad para formar ideas, proyectos, etc., nuevos.

imaginar 1 *tr.* y *prnl.* Forjar imágenes mentales, representarse algo en la fantasía. 2 *tr.* Inventar.

imaginario, ria 1 *adj.* No real, que solo existe en la imaginación. 2 MAT **cantidad** ~; **número** ~. 3 *m.* Concepción colectiva que se tiene de la realidad cultural de una comunidad, que puede tener fundamento real o no.

imaginativo, va 1 *adj.* Perteneciente o relativo a la imaginación. 2 Que continuamente imagina o piensa.

imaginería 1 *f.* Conjunto de imágenes plásticas o literarias. 2 ART Arte de pintar o tallar imágenes, especialmente de carácter religioso.

imaginismo *m.* LIT Movimiento poético anglosajón que se desarrolló en las primeras décadas del s. XX. Propugnaba la simplificación de la poesía mediante el empleo de imágenes directas. Se destacaron E. Pound y A. Huxley.

imago *m.* ZOOL Estado adulto de los insectos, tras el ciclo de metamorfosis.

imán[1] 1 *m.* Mineral férrico negruzco que tiene la propiedad de atraer el hierro y otros metales. Es combinación de dos óxidos de hierro, a veces cristalizada. 2 Hierro acerado imantado.

imán[2] *m.* REL Jefe de una comunidad o de un grupo islámico y, con carácter honorario, título dado a destacados investigadores religiosos, como los fundadores de las cuatro escuelas jurídicas sunitas.

imantar *tr.* y *prnl.* Darle a un cuerpo la propiedad magnética.

imbatible *adj.* Que no puede ser batido o derrotado.

imbécil *adj.* y *s.* Alelado, tonto.

imbecilidad 1 *f.* Alelamiento, escasez de razón. 2 Acción o dicho que se considera improcedente, sin sentido, y que molesta.

imberbe 1 *adj.* Que todavía no tiene barba o que tiene muy poca. 2 Dicho de un muchacho, muy joven.

imbornal *m.* Abertura practicada en la calzada, normalmente debajo del bordillo de la acera, para dar salida al agua de lluvia.

imborrable 1 *adj.* Que no se puede borrar. 2 Que no se puede olvidar.

imbricado, da *adj.* Dicho de una hoja, una semilla y una concha, que están superpuestas a la manera de las tejas.

imbricar *tr.* y *prnl.* Disponer una serie de cosas iguales de manera que queden superpuestas parcialmente, como las escamas de los peces.

imbuir *tr.* Infundir, inculcar una idea. • Vb. irreg. conjug. c. **huir**. V. anexo El verbo.

imitación 1 *f.* Acción y efecto de imitar. 2 Objeto que imita otro más valioso.

imitar 1 *tr.* Copiar, hacer una cosa a semejanza de otra. 2 Parecerse, asemejarse una cosa a otra.

imoscapo *m.* ARQ Parte inferior del fuste de una columna.

impaciencia *f.* Intranquilidad causada por algo que molesta o que no acaba de llegar.

impacientar 1 *tr.* Causar impaciencia. 2 *prnl.* Perder la paciencia, desesperarse.

impactar 1 *tr.* Producir un impacto. 2 Impresionar o desconcertar con un hecho o una noticia.

impacto 1 *m.* Choque de un proyectil en el blanco. 2 Huella que deja. 3 Cualquier choque entre dos cuerpos. 4 Golpe emocional producido por una noticia desconcertante. 5 FÍS Fuerza que actúa solo durante un breve intervalo, pero suficientemente grande como para causar un cambio apreciable en la cantidad de movimiento del sistema sobre el cual actúa. || ~ **ambiental** ECOL Efecto positivo o negativo de la actividad humana en la naturaleza. Con la evaluación del impacto ambiental se predicen las consecuencias sobre el medioambiente de una decisión legislativa, de la puesta en marcha de proyectos de desarrollo, etc.

impagable 1 *adj.* Que no se puede pagar. 2 De valor incalculable, valiosísimo.

impala *m.* Antílope africano de manto castaño rojizo, y vientre blanco; los machos poseen cuernos anillados y en forma de lira.

impalpable 1 *adj.* Que no se puede palpar. 2 Etéreo, difuso.

impar 1 *adj.* Que no tiene par o igual. 2 MAT **número** ~.

imparcial 1 *adj.* y *s.* Que no se adhiere a ningún partido. 2 Que no se deja llevar por pasión alguna, ecuánime. 3 Que juzga con imparcialidad.

imparcialidad *f.* Falta de juicio anticipado o de prevención en favor o en contra de personas o cosas.

impartir *tr.* Comunicar, dar, repartir.

impasibilidad 1 *f.* Cualidad de impasible. 2 REL Una de las dotes de los cuerpos gloriosos, que los exime de padecimiento.

impasible 1 *adj.* Incapaz de padecer. 2 Indiferente, imperturbable.

impasse (Voz fr.) 1 *m.* CALLEJÓN sin salida. 2 COMPÁS de espera.

impávido, da *adj.* Libre de pavor; sereno ante el peligro.

A B C D E F G H I J K L M N Ñ O P Q R S T U V W X Y Z

impecable 1 *adj.* Perfecto, sin tacha ni defecto. 2 Incapaz de pecar.

impedancia 1 *f.* ELECTR Relación entre la tensión alterna aplicada a un circuito y la intensidad de la corriente producida. Se mide en ohmios. 2 FÍS En un sistema físico, relación entre la magnitud de una acción periódica y la de la respuesta producida.

impedido, da *adj.* y *s.* Que no puede servirse de sus miembros para moverse.

impediencia *f.* ELECTR Resistencia aparente de un circuito al flujo de la corriente alterna equivalente a la resistencia efectiva cuando la corriente es continua.

impedimenta *f.* Equipo que suele llevar la tropa, e impide la celeridad de las marchas y operaciones.

impedimento 1 *m.* Obstáculo, estorbo. 2 Circunstancia que hace ilícito o nulo un matrimonio.

impedir *tr.* Estorbar o imposibilitar la realización de alguna cosa. • Vb. irreg. conjug. c. **pedir**. V. anexo El verbo.

impelente *adj.* Que impele o impulsa.

impeler 1 *tr.* Empujar, producir movimiento. 2 Incitar, estimular.

impenetrable 1 *adj.* Que no se puede penetrar en sentido físico o intelectual. 2 Que no permite vislumbrar lo que piensa o quiere.

impenitente *adj.* y *s.* Que se obstina en el error o el pecado.

impensable *adj.* Inimaginable, absurdo.

imperar *intr.* Mandar, dominar.

imperativo, va 1 *adj.* y *s.* Que impera o manda. 2 GRAM Modo verbal que manifiesta desinencias exclusivas para denotar mandato, exhortación, ruego o disuasión. Solo se utiliza en segunda persona y su único tiempo es el presente: *¡Salga cuanto antes!* 3 *m.* Deber o exigencia inexcusables.

imperceptible *adj.* Que no se puede percibir; lo apenas observable.

imperdible *m.* Alfiler de seguridad, que se abrocha encajando su punta en un gancho.

imperdonable 1 *adj.* Que no se puede perdonar o que no habría que perdonar. 2 Incalificable, gravísimo.

imperecedero, ra *adj.* Que no muere, eterno.

imperfección *f.* Defecto, deficiencia, falta.

imperfecto, ta *adj.* y *m.* No concluido o perfeccionado.

imperial *adj.* Perteneciente o relativo al imperio o al emperador.

imperialismo *m.* POLÍT Teoría y práctica que defiende el dominio militar o económico de un Estado o país sobre otros. Es la idea básica de todas las formas de colonialismo político, económico o cultural.

imperialista 1 *adj.* Perteneciente o relativo al imperialismo. 2 Dicho de una persona o de un Estado, que propugna o practica el imperialismo.

imperio 1 *m.* Acción de mandar con autoridad. 2 Dignidad de emperador, su gobierno y los territorios sujetos a él. 3 Espacio de tiempo que dura el gobierno de un emperador. 4 POLÍT Potencia de alguna importancia, aunque su jefe no se titule emperador. 5 ART Estilo artístico de tendencia neoclásica que surgió durante la época de Napoleón Bonaparte.

imperioso, sa 1 *adj.* Autoritario, que manda con severidad. 2 Que conlleva fuerza o exigencia.

impermeable 1 *adj.* Que no deja pasar el agua, ni ningún líquido. 2 Insensible a cualquier emoción o sentimiento.

impersonal 1 *adj.* Dicho de lo que no va dirigido a una persona determinada, o no tiene en cuenta los aspectos personales: *Un tratamiento impersonal.* 2 Que carece de originalidad. 3 GRAM **oración** ~; **verbo** ~.

impersonalizar *tr.* GRAM Usar como impersonales algunos verbos que, en otros casos, no tienen esta condición: *Hace calor; Se cuenta de un marino.*

impertérrito, ta *adj.* Que nada lo intimida, que no se inmuta.

impertinente *adj.* y *s.* Irrespetuoso, pesado, molesto.

imperturbable *adj.* Que no se altera ni perturba.

impetrar 1 *tr.* Pedir insistentemente alguna cosa. 2 Conseguir algo que se ha solicitado.

ímpetu 1 *m.* Brío con que se acomete una acción. 2 FÍS Vector que resulta de multiplicar la masa de un móvil por su velocidad.

impío, a 1 *adj.* Falto de piedad. 2 Descreído, irreverente con lo sagrado.

implacable *adj.* Dicho de una cosa o de un fenómeno, que no se calma, y de una persona que no se ablanda o suaviza.

implantar 1 *tr.* Plantar, encajar, injertar. 2 MED Hacer un injerto médico. 3 MED Fijar un embrión o huevo fecundado en el endometrio. 4 MED Colocar en el cuerpo algún aparato que ayude a su funcionamiento. 5 *tr.* y *prnl.* Establecer normas, usos, tributos, etc.

implante *m.* MED Acción y efecto de implantar.

implemento *m.* UTENSILIO.

implicación 1 *f.* Acción y efecto de implicar. 2 Cosa implicada. 3 Resultado, repercusión.

implicancia *f.* Consecuencia, secuela.

implicar 1 *tr.* Mezclar, comprometer a alguien en un asunto. 2 Entrañar, llevar consigo, significar.

implícito, ta 1 *adj.* Dicho de una información, que va incluida en alguna afirmación o negación sin que se diga de forma expresa y directa. 2 MAT **función** ~.

implorar *tr.* Rogar con ahínco o lágrimas.

implosión 1 *f.* Acción de romperse hacia dentro las paredes de una cavidad cuya presión interior es inferior a la externa. 2 ASTR Disminución brusca del tamaño de un astro. 3 FON Modo de articulación propio de las consonantes implosivas. 4 FON Parte de las articulaciones oclusivas correspondiente al momento en que se forma la oclusión.

implosivo, va 1 *adj.* y *f.* FON Dicho de una articulación o un sonido oclusivo, que, por ser final de sílaba, no termina con la abertura propia de tales consonantes, como la *p* de *apto* o la *c* de *néctar*. 2 FON Dicho de una consonante, situada en final de sílaba.

imponderable 1 *adj.* Que no se puede pesar ni medir. 2 *m.* Factor o situación imprevisible.

imponente 1 *adj.* Que impone o se impone. 2 Formidable, que posee alguna cualidad fuera de lo común.

imponer 1 *tr.* Poner una carga, una obligación u otra cosa. 2 En ciertas ceremonias, poner a alguien algo encima: *Le impusieron la ceniza; Le impusieron la espada.* 3 *tr.* e *intr.* Infundir miedo, respeto o admiración. 4 *prnl.* Hacer alguien valer su autoridad. 5 Hacerse necesario algo: *Se impone salir pronto.* 6 Predominar, aventajar. • Participio irreg. *impuesto.* Vb. irreg. conjug. c. **poner**. V. anexo El verbo.

impopular *adj.* Que no goza de la aceptación de la mayoría.

importación 1 *f.* Acción de importar mercancías, costumbres, etc., de otro país. 2 ECON Conjunto de productos importados del extranjero.

importancia 1 *f.* Cualidad de lo que es muy conveniente o interesante o de consecuencias notables. 2 Categoría social o influencia de una persona.

importante *adj.* Que tiene importancia.

importar 1 *intr.* Convenir, interesar. 2 *tr.* Dicho de una cosa, valer o costar a cierta cantidad. 3 Introducir en un país mercancías, costumbres, etc. extranjeras.

importe *m.* Costo o valor en dinero de algo.

importunar *tr.* Incomodar con una exigencia o solicitud.
imposibilidad *f.* Cualidad de lo que no puede ser o existir para algo o para determinado fin.
imposibilitar *tr.* Quitar la posibilidad de hacer o conseguir algo.
imposible 1 *adj.* y *m.* Lo difícil de hacer o lograr. 2 *adj.* Inaguantable, intratable.
imposición 1 *f.* Acción y efecto de imponer o imponerse. 2 La obligación que se impone. 3 Exigencia desmedida.
imposta 1 *f.* ARQ Hilada de sillares algo voladiza sobre la cual va sentado un arco. 2 ARQ Faja que corre horizontalmente en la fachada de los edificios a la altura de los diversos pisos.
impostado, da *adj.* Que no es natural.
impostar *tr.* MÚS Fijar la voz en las cuerdas vocales para emitir el sonido en su plenitud sin vacilación ni temblor.
impostor, ra *adj.* y *s.* Dicho de una persona, que se hace pasar por quien no es.
impostura *f.* Fingimiento, engaño, verdad aparente.
impotable *adj.* Que no se puede beber.
impotencia 1 *f.* Falta de poder o capacidad para hacer algo. 2 MED Incapacidad específica del varón para realizar el coito.
impracticable 1 *adj.* Que no se puede practicar. 2 Dicho de un camino por el que es imposible o muy difícil pasar.
imprecar *tr.* Proferir improperios contra alguien deseándole algún mal.
imprecisión *f.* Falta de precisión.
impregnar 1 *tr.* y *prnl.* Mojar, empapar. 2 Influir profundamente. 3 Fijarse las partículas de un cuerpo, por afinidades mecánicas o fisicoquímicas, en las de otro.
imprenta 1 *f.* Arte o técnica de imprimir. 2 Taller o lugar donde se imprime. 3 **letra** de ~.
□ HIST Los orígenes de la imprenta se sitúan en China varios siglos antes de la era cristiana. Sin embargo, la imprenta propiamente dicha, de caracteres movibles, nació en Europa hacia 1440, en Maguncia, por obra de Gutemberg. Desde 1462 se difundió aceleradamente por todo el continente, y desde 1539 por América. Las limitaciones técnicas empezaron a ser superadas en el s. XIX (máquina rotativa, linotipia, 1884); en la primera mitad del s. XX aparecieron los procedimientos electromecánicos y fotográficos (fotocomposición, huecograbado, etc.) y, a partir de 1960, comenzó la aplicación de la informática. En la actualidad la informática y la computación han permitido la penetración de las modernas técnicas de impresión en todos los ámbitos de la sociedad, pero hay que anotar que su desarrollo, así como en sus albores, continúa dependiendo de la industria editorial y de la prensa escrita.
imprescindible *adj.* Dicho de una persona o una cosa, de la que no se puede prescindir, de lo muy necesario.
impresión 1 *f.* Acción y efecto de imprimir. 2 Procedimiento de la técnica de imprimir. 3 Marca o señal que deja una cosa al apretarla contra otra. 4 Obra impresa. 5 Efecto o sensación que algo o alguien causa en el ánimo. 6 Opinión producida por dicha sensación. || ~ **dactilar** o **digital** La que deja la yema del dedo en un objeto al tocarlo, o la que se obtiene impregnándola previamente en una materia colorante.
impresionar 1 *tr.* y *prnl.* Fijar una cosa en el ánimo, concebirla con fuerza y viveza. 2 Conmover profundamente el ánimo. 3 *tr.* Fijar en una superficie especialmente sensible imágenes o sonidos.
impresionismo 1 *m.* ART Movimiento pictórico de finales del s. XIX que tuvo su origen en Francia y cuyo objetivo era fijar la impresión fugaz producida por el modelo (paisaje o figura), a través del estudio de la luz. Supuso una reacción contra el academicismo y fue también la consecuencia de la misma evolución de la pintura. Sus más destacados exponentes fueron C. Pissarro, C. Monet, E. Degas, A. Renoir y P. Cézanne, entre otros. 2 MÚS Estilo musical que se originó en Francia a finales del s. XIX. Buscaba realzar la experiencia subjetiva mediante efectos de vaguedad armónica, rechazando, a la vez, los desarrollos temáticos tradicionales. Sus principales representantes fueron C. Debussy, M. Ravel, O. Respighi y E. Satie.
impreso *m.* Cualquier obra impresa, un libro, un folleto, etc.
impresor, ra 1 *m.* y *f.* Persona que imprime textos. 2 *f.* INF Máquina que reproduce sobre papel los resultados de las distintas operaciones.
imprevisto, ta 1 *adj.* Dicho de lo que no ha sido previsto o con lo que no se ha contado. 2 *m. pl.* Gastos con los que no se contaba y para los que no hay un presupuesto fijo.
imprimar *tr.* Preparar con los ingredientes necesarios las cosas que se han de pintar o teñir.
imprimir 1 *tr.* Fijar alguna marca o figura en una superficie mediante presión. 2 Fijar sobre papel o materiales similares textos, dibujos, etc., mediante los procedimientos adecuados. 3 Dar una determinada característica, estilo, etc., a algo. • Participio irreg. *impreso* y reg. *imprimido*.
improbable *adj.* Que carece de probabilidad.
improbar *tr.* Desaprobar una cosa, reprobar.
ímprobo, ba 1 *adj.* Falto de probidad, que no es honrado. 2 Dicho de un trabajo, que exige un esfuerzo muy grande.
improcedente *adj.* Que no es conveniente; inadecuado.
improductivo, va *adj.* Que no produce beneficio.
impromptu *m.* MÚS Composición musical que improvisa el ejecutante, se compone sin plan preconcebido.
impronta 1 *f.* Huella que deja un cuerpo en un material blando. 2 Huella que, en el orden moral, deja una cosa en otra.
impronunciable 1 *adj.* Imposible o muy difícil de pronunciar. 2 Que no debería decirse, para no ofender la moral, el buen gusto, etc.
improperio *m.* Ofensa de palabra, insulto.
impropio, pia *adj.* Que no corresponde a una persona, circunstancia o tiempo; inadecuado por cualquier motivo.
improrrogable 1 *adj.* Que no se puede prorrogar más allá de un límite determinado. 2 Urgente.
improvisación 1 *f.* Acción y efecto de improvisar. 2 Cualquier actividad o solución que se hace o toma sobre la marcha.
improvisar *tr.* Hacer o crear algo de repente, sin estudio ni preparación.
imprudencia 1 *f.* Falta de prudencia. 2 Acción o dicho imprudente.
impúber *adj.* y *s.* Que no ha alcanzado la pubertad o la madurez sexual.
impúdico, ca *adj.* Deshonesto, sin pudor.
impuesto *m.* ECON Tributo exigido por la administración pública a quienes tienen capacidad económica para soportarlo, dicha capacidad depende de la posesión de un patrimonio o la obtención de una renta. || ~ **al valor añadido** ECON El que grava el valor añadido de un producto en las distintas fases de su pro-

ducción. ~ **sobre la renta** ECON El que grava la renta de las personas físicas y jurídicas.

impugnación *f.* Acción y efecto de impugnar.

impugnar *tr.* Refutar o rebatir con razones una opinión o teoría.

impulsador, ra *m.* y *f.* Persona que promociona un artículo en un establecimiento comercial.

impulsar 1 *tr.* Empujar dando movimiento a un cuerpo. 2 Estimular, promover una acción o intensificar una actividad.

impulso 1 *m.* Acción y efecto de impulsar o de impeler. 2 Fuerza de lo que se mueve, crece, etc. 3 Estímulo, instigación. 4 Inclinación a realizar determinados actos de forma automática e irreflexiva. 5 FÍS Producto de una fuerza por el tiempo durante el que actúa. 6 TELEC Grupo de oscilaciones, de elevada frecuencia y corta duración, transmitidas periódicamente por un transmisor. || ~ **nervioso** FISIOL Fenómeno de naturaleza eléctrica por el cual la excitación de una fibra nerviosa se propaga por el nervio.

impune *adj.* Que queda sin castigo contra toda razón.

impunidad *f.* Hecho de quedar impune.

impureza 1 *f.* Condición de lo que no es puro. 2 Cualquier materia que se mezcla con otra haciéndole perder parte de sus cualidades.

imputar *tr.* Atribuir un hecho reprobable a alguien.

inabarcable *adj.* Que no se puede abarcar.

inabordable *adj.* Que no se puede abordar.

inacabable *adj.* Que no se puede acabar, que no se le ve el fin.

inaccesible 1 *adj.* Imposible de alcanzar o conseguir. 2 Muy difícil de comprender.

inacción *f.* Falta de acción, ociosidad.

inacentuado, da *adj.* Que no tiene acento.

inaceptable 1 *adj.* Que no se puede aceptar. 2 Que no es digno de crédito.

inactivo, va *adj.* Sin actividad, quieto; ocioso, inerte.

inadaptado, da *adj.* y *s.* Que no se acomoda a ciertas condiciones o formas de vida.

inadecuado, da *adj.* Que no encaja o no se condice con una circunstancia o situación.

inadmisible *adj.* Que no se puede admitir o tolerar; que no es creíble, si se trata de una afirmación o doctrina.

inadvertencia *f.* Falta de advertencia o atención.

inagotable *adj.* Que no se agota o que da mucho de sí, como si no tuviera fondo.

inaguantable *adj.* Que no se puede aguantar o soportar por abusivo o molesto.

inalámbrico, ca *adj.* Dicho de una comunicación eléctrica, que se realiza sin cables transmisores.

inalcanzable *adj.* Inaccesible, inasequible.

inalienable *adj.* Dicho de una cosa, cuyo dominio no puede transferirse a otro ni puede ser anulado.

inalterable 1 *adj.* Que no puede ser alterado o que no cambia. 2 Dicho de una persona, que no pierde fácilmente la serenidad.

inamistoso, sa *adj.* Dicho de alguien o de algo, que es poco o nada amistoso.

inamovible 1 *adj.* Que no se puede mover o que es muy difícil hacerlo. 2 Dicho de un cargo o empleo, que es perpetuo.

inane *adj.* Vano, fútil, inútil.

inanición *f.* Debilitamiento grave por falta de alimentación o de asimilación de los alimentos.

inanimado, da 1 *adj.* Que carece de vida o sensibilidad. 2 Que no da señales de vida.

inapelable 1 *adj.* Que no se puede apelar. 2 Irremediable, inevitable.

inapetencia *f.* Falta de apetito.

inaplazable *adj.* Que no se puede aplazar.

inaprensible 1 *adj.* Que no se puede prender o asir. 2 De comprensión muy difícil.

inarticulado, da 1 *adj.* No articulado. 2 Dicho de los sonidos de la voz, que no forman palabras.

inasequible *adj.* Que no se puede alcanzar o comprender.

inasible *adj.* Que no se puede asir o coger.

inasistencia *f.* Falta de asistencia.

inaudible *adj.* Que no se puede oír.

inaudito, ta 1 *adj.* Jamás oído. 2 Horrible, monstruoso, increíble.

inaugurar 1 *tr.* Principiar algo con cierta solemnidad. 2 Abrir un local al público. 3 Celebrar el estreno de una obra, un edificio o un monumento. 4 Iniciar algo nuevo.

inca 1 *adj.* y *s.* HIST De un pueblo amerindio que en la época precolombina desarrolló una importante cultura en el ámbito andino y creó un poderoso imperio. 2 *m.* Soberano que gobernaba el Imperio incaico.

☐ HIST La sociedad incaica estaba fuertemente jerarquizada, desde varios estratos nobiliarios hasta los yanaconas (adscritos a una especie de servidumbre). El sacerdocio tenía gran importancia. La economía se centraba en la producción agrícola, que, en parte, era comunal, encargándose el Estado de centralizarla y redistribuirla. El origen de los incas se sitúa en el altiplano boliviano, ligados a tribus aimaras que en el s. XIII emigraron al valle de Cuzco. Aquellas tribus dominaron pueblos de lengua quechua, o se fundieron con ellos; el quechua acabó por ser la lengua oficial. Posteriormente, grandes conquistadores, como Pachacuti (h. 1438-71) y Túpac Yupanqui (1471-93), extendieron el dominio hasta el N de Ecuador, zonas andinas de Colombia, Bolivia, una parte de Chile y el NO argentino. A la muerte del undécimo inca, Huayna Cápac (1525), surgió una rivalidad entre sus hijos Huáscar y Atahualpa, que finalizó (1532) con la captura de Huáscar. Momento que coincidió con el desembarco del conquistador español Francisco Pizarro y sus marinos, quienes, apoyados por indígenas inconformes con la dominación inca, apresaron a Atahualpa y un año después lo ejecutaron. Con su muerte se inició el proceso de desintegración del Imperio, que culminó definitivamente cuatro décadas después con la derrota, en 1572, del último inca, Túpac Amaru, quien fue decapitado en 1572 por orden del virrey Francisco de Toledo.

incaico, ca *adj.* Perteneciente o relativo a los incas.

incalculable *adj.* Que no se puede calcular, por ser el número muy alto.

incalificable *adj.* Muy vituperable o reprochable.

incandescente *adj.* Dicho de un metal, que, por la acción del calor, se pone rojo o blanco.

incansable 1 *adj.* Que no se cansa de trabajar, que es muy trabajador. 2 Tenaz, persistente.

incapacidad 1 *f.* Falta de capacidad para hacer, recibir o aprender algo. 2 Falta de preparación, o de medios para realizar un acto.

incapacitar *tr.* Privar de la capacidad o aptitud necesaria para algo.

incapaz *adj.* Falto de aptitud, de talento o de capacidad legal para cualquier cosa.

incautarse *prnl.* Privar una autoridad de determinados bienes a alguien, confiscándolos o embargándolos, por estar relacionados con un delito o una infracción.

incauto, ta 1 *adj.* Que obra sin la debida cautela. 2 Ingenuo, falto de malicia.

incendiar *tr.* y *prnl.* Prender fuego a cosas que no están destinadas a arder.

incendiario, ria 1 *adj.* y *s.* Que incendia con premeditación, por afán de lucro o por maldad. 2 Destinado a incendiar o que puede causar incendio: *Bomba incendiaria.* 3 Escandaloso, alborotador: *Artículo; Discurso; Libro incendiario.*
incendio *m.* Fuego grande que destruye lo que no debería arder.
incensario *m.* Braserillo con tapa que pende de unas cadenas y que se emplea para arrojar el humo del incienso.
incentivo *adj.* y *m.* Que estimula o incita a realizar algún trabajo o una empresa difícil.
incertidumbre *f.* Duda, falta de seguridad. || **principio de** ~ FÍS En mecánica cuántica, principio que afirma que es imposible medir simultáneamente de forma precisa la posición y el momento lineal de una partícula, por ejemplo, un electrón.
incesante *adj.* Constante, continuo, que se repite con mucha frecuencia.
incesto *m.* Relación sexual entre parientes cuyo matrimonio no se permite.
incidencia 1 *f.* Acción de incidir. 2 Suceso que ocurre en el curso de una acción. 3 Número de casos, a veces porcentualmente, o, más en general, repercusión de ellos en algo. 4 GEOM Intersección de dos cuerpos, líneas o planos geométricos.
incidental 1 *adj.* Dicho de lo que sobreviene en algún asunto y tiene relación con él. 2 Accesorio, de menor importancia.
incidente 1 *adj.* Que incide. 2 *m.* Cosa que se interpone en el desarrollo de otro asunto con el que está relacionada. 3 Disputa, riña, pelea entre dos o más personas.
incidir 1 *intr.* Incurrir, caer en un error, etc. 2 Causar efecto una cosa en otra. 3 Sobrevenir, ocurrir.
incienso *m.* Gomorresina que, al arder, despide un olor agradable.
incierto, ta 1 *adj.* No cierto, falso. 2 Ignorado. 3 Inconstante, no seguro.
incinerar *tr.* Reducir una cosa a cenizas.
incipiente *adj.* Que empieza.
incisión *f.* Corte o hendidura no profunda que se hace con un instrumento cortante o puntiagudo.
incisivo, va 1 *adj.* Apto para cortar o punzar. 2 Mordaz, satírico. 3 ANAT Dicho de un diente, especializado en cortar, situado entre los caninos en ambas mandíbulas.
inciso *m.* Oración que se intercala en otra para explicar algo relacionado con esta.
incitar *tr.* Alentar, estimular a la acción.
incivilizado, da 1 *adj.* Falto de civilidad o cultura. 2 Grosero, mal educado.
inclasificable *adj.* Que no se puede clasificar.
inclemencia 1 *f.* Falta de clemencia o benignidad. 2 Rigor climatológico.
inclinación 1 *f.* Acción y efecto de inclinar o inclinarse. 2 Reverencia que se hace con la cabeza o el cuerpo. 3 Propensión o afecto a algo. 4 ASTR Ángulo formado entre el plano de la órbita y la eclíptica. 5 GEOM Dirección que una línea o una superficie tiene con relación a otra línea u otra superficie.
inclinado, da *adj.* **plano** ~.
inclinar 1 *tr.* y *prnl.* Desviar una cosa de su posición perpendicular a otra cosa o al horizonte. 2 *tr.* Persuadir a una persona a que se resuelva a hacer o decir algo cuando lo está dudando.
ínclito, ta *adj.* Ilustre, esclarecido, afamado.
incluir 1 *tr.* Poner una cosa dentro de otra. 2 Abarcar, comprender el todo a la parte o un número a otro menor. 3 MAT Comprender un número menor en otro mayor o una parte en su todo. • Participio irreg. *incluso* y reg. *incluido*. Vb. irreg. conjug. c. **huir**. V. anexo El verbo.
inclusión 1 *f.* Acción y efecto de incluir. 2 Partícula que altera las propiedades físicas, mecánicas o químicas de un metal, de una aleación o de un medio cristalino. 3 GEO Cuerpo extraño encerrado en un mineral. 4 MAT Propiedad de un conjunto *A* por la que todos sus elementos forman parte de otro conjunto *B*.
inclusive *adv. m.* Con inclusión, especialmente en una cuenta, serie o enumeración: *La vida es buena, inclusive con penas.*
incluso 1 *adv. m.* Con inclusión de: *La película les gustó a todos, incluso a Juan.* 2 *prep.* Hasta, aun: *Resérvate tu derecho a pensar, incluso erróneamente, pues esto es mejor que no pensar.*
incluyente *adj.* Que acepta y acoge la diferencia.
incoativo, va 1 *adj.* Que se refiere al comienzo de una cosa o que lo introduce. 2 GRAM **verbo** ~.
incógnito, ta 1 *adj.* y *m.* Desconocido, ignorado. 2 *f.* Cosa que se ignora y que suscita alguna curiosidad. 3 MAT Cantidad desconocida que es preciso determinar en una ecuación o en un problema para resolverlos.
incoherente 1 *adj.* Que carece de coherencia o lógica. 2 Dicho de lo que no tiene la relación esperada con las circunstancias y de lo que no mantiene proporción entre sus partes.
incoloro, ra *adj.* Dicho de un cuerpo, sin color, como el agua.
incólume *adj.* Sano, sin lesión ni menoscabo.
incombustible *adj.* Que no se puede quemar.
incomible *adj.* Que no se puede comer, por la mala calidad o preparación.
incomodar 1 *tr.* y *prnl.* Causar incomodidad, molestar. 2 Enfadar, irritar.
incomparable *adj.* Que no admite comparación con nadie ni con nada; se usa en sentido elogioso.
incompatibilidad 1 *f.* Calidad de lo que no es compatible con otra cosa. 2 Impedimento legal para ejercer un cargo o para desarrollar a la vez dos o más actividades. 3 FARM Oposición entre algunos medicamentos cuando se administran juntos. 4 BIOL Cualquier diferencia fisiológica entre dos organismos que impide alguna función, como la reproducción.
incompatible *adj.* No compatible con otra persona o cosa.
incompetencia 1 *f.* Falta de competencia o habilidad. 2 Falta de competencia o jurisdicción para hacer o decidir algo.
incompleto, ta *adj.* Inacabado, que le falta algo para ser lo que debería.
incomprensible *adj.* Que no se puede comprender.
incomunicar 1 *tr.* Dejar sin comunicación a personas o cosas. 2 *prnl.* Aislarse del trato con otras personas.
inconcebible *adj.* Absurdo, que no se puede entender o justificar.
inconcluso, sa *adj.* No terminado, a medio hacer.
inconcuso, sa *adj.* Firme, sin duda ni contradicción.
incondicional 1 *adj.* Absoluto, sin restricción ni requisito. 2 *m.* y *f.* Adepto a una persona o idea, sin limitación o condición ninguna.
inconexo, xa *adj.* Falto de conexión.
inconfesable *adj.* Que subraya lo vergonzoso de una conducta o lo repulsivo de una idea.
inconforme *adj.* y *s.* Que está en desacuerdo o no está conforme con los valores establecidos.
inconformidad *f.* Cualidad o condición de inconforme.
inconformismo *m.* Actitud del inconforme.
inconformista *adj.* y *s.* Partidario del inconformismo.

A B C D E F G H I J K L M N Ñ O P Q R S T U V W X Y Z

inconfundible *adj.* Que no puede confundirse, que se distingue claramente de lo demás.
incongruencia *f.* Falta de relación o de acuerdo entre las partes de un todo o entre dos cosas que deberían relacionarse.
inconmensurable *adj.* Que no se puede medir.
inconmovible *adj.* Dicho de una persona, que no se conmueve por nada.
inconsciencia 1 *f.* Falta de reflexión y atención. 2 Med Estado anímico en que se pierde el conocimiento.
inconsciente 1 *adj.* y *s.* No consciente. 2 *adj.* Psic Dicho de un estado o proceso mental, del que el sujeto no tiene conciencia. 3 *m.* Psic Conjunto de procesos psicológicos carentes de conciencia. 4 Psic Supuesta zona de la mente en la que quedan los deseos, recuerdos, temores, sentimientos, etc., y cuya expresión no se da en el plano de la conciencia, manifestándose mediante fenómenos como sueños o síntomas neuróticos. || ~ **colectivo** Psic Conjunto de representaciones de carácter atávico, universales y heredadas, comunes al género humano.
inconsecuente 1 *adj.* Que no se sigue o deduce de otra cosa. 2 *adj.* y *s.* Que procede con inconsecuencia, de modo irreflexivo.
inconsistente *adj.* Falto de consistencia lógica, fútil; falto de consistencia física, frágil, endeble.
inconsolable *adj.* Que no puede ser consolado o consolarse, o que es muy difícil hacerlo, por lo hondo de la tristeza.
inconstante 1 *adj.* Que carece de constancia. 2 Que no es firme en sus convicciones o sentimientos.
inconstitucional *adj.* Que no es conforme a la Constitución de un Estado o que es opuesto a ella.
incontable *adj.* Que no puede contarse o que es difícil hacerlo, por lo grande de la cantidad.
incontestable *adj.* Que no se puede impugnar ni dudar con fundamento.
incontinencia *f.* Med Falta de retención de las heces o de la orina.
incontrastable *adj.* Dicho de lo que no admite discusión, de lo que no se puede negar.
incontrolable *adj.* Que escapa a todo control.
incontrovertible *adj.* Tan seguro o evidente que no se puede discutir ni negar.
inconveniencia 1 *f.* Incomodidad, desconveniencia. 2 Dicho o hecho fuera de razón o sentido.
inconveniente 1 *adj.* No conveniente. 2 *m.* Impedimento u obstáculo.
incordiar *tr.* coloq. Molestar, importunar.
incorporar 1 *tr.* Agregar una cosa a otra de modo que formen un todo. 2 *tr.* y *prnl.* Reclinar o sentar el cuerpo que está echado y tendido. 3 *prnl.* Agregarse una o más personas a otras para formar un cuerpo.
incorpóreo, a *adj.* Sin cuerpo material; sutil, que no se puede tocar.
incorrección *f.* Cualidad de lo que no es correcto.
incorregible *adj.* y *s.* Dicho de una persona terca, que no quiere enmendarse en algo que está mal.
incorrupción *f.* Estado de lo que no se corrompe.
incrédulo, la 1 *adj.* y *s.* Descreído, sin fe. 2 Que no cree con facilidad, desconfiado.
increíble 1 *adj.* Imposible o muy difícil de creer. 2 Inaudito.
incrementar *tr.* y *prnl.* Aumentar, acrecentar.
incremento 1 *m.* AUMENTO. 2 Mat Pequeño aumento en el valor de una variable. Símbolo: Δ.
increpar 1 *tr.* Reprender con dureza. 2 Lanzar insultos graves.
incriminar 1 *tr.* Acusar de algún crimen o delito. 2 Imputar a alguien un delito o una falta grave. 3 Exagerar o abultar una culpa, un delito o un defecto.
incrustar 1 *tr.* Introducir piedras, metales, etc. en una superficie lisa y dura de modo que se ajusten perfectamente y formen dibujos. 2 *tr.* y *prnl.* Hacer que un cuerpo penetre violentamente en otro o quede adherido a él.
incubación 1 *f.* Acción y efecto de incubar. 2 Acción y efecto de incubarse una tendencia o un movimiento histórico, cultural, etc. 3 Med Tiempo que media entre la infección y la aparición de los síntomas. || ~ **artificial** Empollado de huevos por métodos artificiales.
incubadora 1 *f.* Aparato para la incubación artificial de los huevos de las aves de corral. 2 Cámara aséptica y debidamente preparada para los niños prematuros.
incubar 1 *tr.* e *intr.* Zool Cubrir el ave los huevos para empollarlos. 2 *prnl.* Desarrollarse algo de manera latente y progresiva.
íncubo *adj.* y *s.* Dicho de un demonio, que tiene apariencia de varón y que se une sexualmente a una mujer.
inculcar *tr.* Fijar alguna cosa en la memoria o en la voluntad.
inculpar *tr.* Acusar de alguna cosa, culpar.
inculto, ta 1 *adj.* y *s.* Sin cultura ni educación, aplicado a una persona. 2 *adj.* Dicho de un terreno, sin cultivo ni labor.
incultura *f.* Falta de cultivo o de cultura.
inculturación *f.* Proceso de integración de un individuo o de un grupo a una nueva cultura o sociedad.
incumbencia *f.* Obligación y cargo de hacer algo.
incumbir *intr.* Concernir, estar una cosa a cargo y bajo la responsabilidad de alguien.
incumplido, da *adj.* Que no cumple con sus obligaciones o con lo que promete.
incumplir *tr.* Dejar de cumplir lo pactado, no llevarlo a efecto.
incunable *adj.* y *m.* Dicho de una edición, hecha desde la invención de la imprenta hasta principios del s. XVI.
incurable 1 *adj.* y *s.* Que no tiene curación. 2 *adj.* Muy difícil de curar.
incurrir *intr.* Caer en una falta o en un error.
incursión *f.* Acción y efecto de incursionar.
incursionar 1 *intr.* Realizar una actividad distinta de la habitual. 2 Penetrar por corto tiempo y con intención hostil una fuerza armada en territorio enemigo.
indagar *tr.* Averiguar, inquirir alguna cosa, discurriendo con razón o fundamento, o por conjeturas o señales.
indagatoria *f.* Der Declaración sin juramento que se le toma al presunto reo.
indebido, da *adj.* Que no debe hacerse por ser ilícito o injusto.
indecencia 1 *f.* Falta de pudor o de honestidad moral. 2 Acto deshonesto o vergonzoso.
indecible *adj.* Que no se puede decir o explicar.
indecisión 1 *f.* Falta de resolución cuando hay que decidirse. 2 Duda, titubeo.
indeclinable 1 *adj.* Dicho de una cosa, que necesariamente ha de cumplirse. 2 Gram Dicho de una parte de la oración, que no tiene declinación gramatical.
indecoroso, sa *adj.* Impropio del decoro o la dignidad de alguien.
indefectible *adj.* Que no puede faltar o dejar de ser.
indefensión *f.* Situación de las personas o cosas que están indefensas.
indefinible 1 *adj.* Imposible de definir. 2 Vago, impreciso.

indefinido, da 1 *adj.* No definido o precisado. 2 Que no tiene término, ilimitado. 3 GRAM **adjetivo** ~; **artículo** ~ o indeterminado; **pronombre** ~ o indeterminado.

indehiscente 1 *adj.* BOT Dicho de un órgano vegetal, que no se abre espontáneamente cuando alcanza la madurez. 2 BOT **fruto** ~.

indeleble *adj.* Que no se puede borrar, en sentido recto o figurado, físico o moral.

indelicadeza *f.* Falta de delicadeza, de atención o de cortesía.

indemne *adj.* Que no ha sufrido daño.

indemnizar *tr.* y *prnl.* Pagar o compensar de algún modo el daño o perjuicio ocasionado.

independencia 1 *f.* Entereza de carácter. 2 POLÍT Autonomía de un Estado que no depende ni está sometido a otro.

independentismo *m.* POLÍT En un país que no tiene independencia política, movimiento que la propugna o reclama.

independiente 1 *adj.* Autónomo en el aspecto político o económico. 2 *adj.* y *s.* Dicho de una persona, que tiene criterio propio y no se deja doblegar por nada ni por nadie.

independizar *tr.* y *prnl.* Lograr la independencia a un país o a una persona.

indescifrable *adj.* Que no se puede descifrar, que no se deja penetrar, muy difícil.

indescriptible *adj.* Que no se deja describir, por excesivamente grande o impresionante.

indeseable *adj.* y *s.* Dicho de una persona, que, por sus malas cualidades morales o por sus fechorías, no merece confianza ni amistad.

indestructible *adj.* Que no se puede destruir, que dura mucho tiempo.

indeterminación 1 *f.* Falta de determinación en las cosas, o de resolución en las personas. 2 MAT Expresión algebraica en el cálculo de **límites** en la que, al sustituir x por el valor al que tiende, se obtiene alguna de las relaciones: $0/0$, ∞/∞, $0.\infty$, $1^\wedge\infty$, $0^\wedge0$, $\infty^\wedge0$, $+\infty-\infty$.

indeterminado, da 1 *adj.* Que no implica determinación alguna. 2 Impreciso, vago. 3 GRAM **artículo** indefinido o ~. 4 GRAM **pronombre** indefinido o ~.

indeterminismo *m.* FIL Doctrina que otorga a la voluntad una independencia absoluta respecto de cualesquiera causas anteriores.

indexar 1 *tr.* Hacer índices. 2 Registrar ordenadamente datos e informaciones, para elaborar un índice.

indianista 1 *adj.* LIT Dicho de un autor o de la literatura del romanticismo, que idealiza el tema del indio americano. 2 *m.* y *f.* Persona que cultiva las lenguas y literaturas de India.

indiano, na *adj.* y *s.* Perteneciente o relativo a las Indias Occidentales.

indicación 1 *f.* Acción y efecto de indicar. 2 Lo que sirve para señalar algo.

indicador, ra 1 *adj.* y *m.* Que indica o sirve para indicar. 2 *m.* QUÍM Sustancia que cambia de color en respuesta a la naturaleza de su medio químico. Se utiliza para obtener información sobre el grado de acidez o ph de una sustancia, o sobre el estado de una reacción química en una disolución que se está valorando o analizando. || ~ **de desarrollo humano** ECON El que mide el desarrollo de los miembros de una sociedad teniendo en cuenta la esperanza de vida, la alfabetización, la escolarización y el producto interno bruto por habitante; maneja una escala de 0 a 1 donde la cifra más cercana a la unidad indica un mayor nivel de desarrollo. ~ **económico** ECON Valor de una variable económica usada para determinar los cambios en una situación determinada.

indicar 1 *tr.* Avisar o significar algo mediante indicios y señales. 2 Señalar a alguien el camino que ha de seguir, las pautas de conducta, etc.

indicativo, va 1 *adj.* Que sirve para indicar algo. 2 *m.* GRAM Modo verbal en el que el hablante expresa, a través del verbo, la realidad de forma objetiva: *Hace frío; Mañana iré al colegio; Carmen viajó en avión.*

índice 1 *adj.* y *m.* **dedo** ~. 2 *m.* Indicio o señal de algo. 3 Lista ordenada de capítulos, partes o títulos de un libro u otra publicación. 4 Catálogo, por orden alfabético o cronológico, de autores, materias, temas, etc., de las obras contenidas en una biblioteca. 5 Expresión numérica de la relación entre dos cantidades: *Índice de precios; Índice de población activa.* 6 MAT Número o letra que se coloca en la abertura del signo radical; indica el grado de la raíz. Cuando no aparece ningún índice, se entiende que es 2. 7 QUÍM Número que indica la proporción de una sustancia. || ~ **Dow Jones** ECON Medida bursátil de la Bolsa de Nueva York que indica los principales valores industriales que cotizan en este mercado. ~ **de precios al consumidor** ECON El que indica una media ponderada de los precios de una muestra de bienes y servicios, donde las ponderaciones reflejan la importancia relativa de cada bien para un consumidor medio. ~ **de refracción** ÓPT Número que indica la relación entre la velocidad de la luz en el vacío y la velocidad de la luz en la sustancia o el medio transparente.

indicio 1 *m.* Señal que induce al conocimiento de algo. 2 Mínima o muy poca cantidad de algo: *Se hallaron indicios de arsénico.*

índico, ca *adj.* Perteneciente o relativo al océano Índico o a los territorios que baña.

indiferente 1 *adj.* No determinado ni inclinado a una persona o a una cosa más que a otra. 2 *adj.* y *s.* Que no experimenta afecto o interés por algo o alguien.

indígena 1 *adj.* y *s.* Natural u originario del país en cuestión. 2 *adj.* **reserva** ~. || ~**s americanos** HIST Conjunto de los pueblos asentados en el continente americano con anterioridad a la conquista y colonización europea iniciadas a finales del s. XV, también conocidos como amerindios o indios americanos. También agrupa a sus descendientes directos que en la actualidad ocupan dicho territorio.

indigencia *f.* Falta de medios; pobreza grave.

indigenismo 1 *m.* Exaltación del tema indígena americano en la literatura y el arte. 2 POLÍT Ideología que se propone la integración de los indígenas de América en las estructuras de sus respectivos países, conservando sus características étnicas y sus costumbres.

indigenista 1 *adj.* Perteneciente o relativo al indigenismo. 2 LIT **literatura** ~. 3 *m.* y *f.* Persona partidaria del indigenismo.

indigestarse *prnl.* No sentar bien una comida.

indigestión *f.* Trastorno digestivo por exceso de alimentos o por mal estado de estos.

indignación *f.* Enfado violento contra una persona o contra sus actos reprobables.

indigno, na 1 *adj.* Sin méritos ni aptitudes para alguna cosa, cargo, etc. 2 Que no está a la altura de las circunstancias.

índigo *adj.* y *m.* **AÑIL.**

indio¹, dia 1 *adj.* De color azul. 2 *m.* QUÍM Elemento metálico, blando y maleable, que se encuentra en algunas blendas de cinc, y en menas de volframio, estaño y hierro. Se utiliza en las varillas de control de los reactores nucleares. Símbolo: In. Número atómico: 49. Peso atómico: 114,82. Punto de fusión: 157 °C. Punto de ebullición: 2080 °C.

indio², dia 1 *adj.* y *s.* De India o relacionado con este país de Asia. 2 Dicho de un antiguo indígena americano y de quien hoy se considera su descendiente. 3 Hist **repartimiento** de ~ s.

indirecto, ta 1 *adj.* Que no va directamente a un fin, sino dando rodeos. 2 Gram **complemento** ~. 3 *f.* Dicho, generalmente mordaz, con que se da a entender algo sin expresarlo explícitamente.

indisciplina *f.* Falta de disciplina.

indiscreción 1 *f.* Falta de discreción o prudencia. 2 Dicho o hecho indiscreto.

indiscreto, ta 1 *adj.* Que se hace sin discreción. 2 *adj.* y *s.* Que obra sin discreción.

indiscriminado, da *adj.* Que no hace discriminación, que no diferencia o distingue: *Insultos indiscriminados.*

indiscutible *adj.* Que no está sujeto a discusión.

indisoluble *adj.* Que no se puede disolver o desatar.

indispensable 1 *adj.* Que no se puede dispensar ni excusar. 2 Que es necesario.

indisponer 1 *tr.* y *prnl.* Poner a mal, enemistar. 2 *tr.* Causar indisposición. 3 *prnl.* Med Experimentar indisposición. • Vb. irreg. conjug. c. **poner**. V. anexo El verbo.

indisposición 1 *f.* Falta de disposición y de preparación para algo. 2 Med Quebranto leve y pasajero de la salud.

indistinto, ta 1 *adj.* Que no se diferencia y distingue de otra cosa. 2 Que no se percibe claramente. 3 Que vale para cualquier alternativa.

individualismo 1 *m.* Egoísmo de cada cual en los afectos, intereses, estudios, etc. 2 Tendencia a obrar de acuerdo con los propios criterios e intereses, sin tener en cuenta a la colectividad. 3 Fil Doctrina que considera al ser humano como el destinatario primero de las leyes y realidades sociales.

individualizar 1 *tr.* Especificar algo; tratar de ello con particularidad y por menor. 2 Determinar individuos comprendidos en una especie.

individuo, dua 1 *m.* y *f.* Persona cuyo nombre y condición se ignoran o no se quieren decir. 2 *m.* Cada ser completo y separado de una especie o un género. 3 Persona de una corporación o clase.

indivisible *adj.* Que no puede dividirse.

indiviso, sa *adj.* y *s.* No separado o dividido en partes.

indo, da *adj.* y *s.* INDIO[2], de India.

indochino, na *adj.* y *s.* De Indochina o relacionado con esta península de Asia.

indocumentado, da *adj.* y *s.* Sin documento que lo identifique.

indoeuropeo, a 1 *adj.* y *s.* Dicho de una persona, que tiene un tronco común ario que se sitúa en las estepas de Asia central, y que en varias oleadas llegó hasta el O de Europa. 2 *adj.* Ling **lenguas** ~s.

índole 1 *f.* Condición natural, manera de ser propia de cada persona. 2 Naturaleza, calidad y condición de las cosas.

indolente 1 *adj.* Que no se afecta o conmueve. 2 Flojo, perezoso. 3 Descuidado en sus tareas.

indoloro, ra *adj.* Que no causa dolor.

indomable *adj.* Que no se deja domar o someter.

indómito, ta 1 *adj.* No domado. 2 Que no se puede o no se deja domar. 3 Difícil de sujetar o reprimir.

inducción 1 *f.* Acción y efecto de inducir. 2 Lóg Razonamiento inductivo que va de los efectos a la causa y de los casos particulares llega a la afirmación general. 3 Quím Cambio en la configuración electrónica de una molécula y, por tanto, en su reactividad. || ~ **eléctrica** Fís Acción que un campo eléctrico o magnético ejerce sobre un conductor u otro campo situado dentro de su esfera de influencia. ~ **electrodinámica** Electr Cuando el inductor es un imán o un electroimán. ~ **electromagnética** Electr Producción de una fuerza electromotriz en un conductor por influencia de un campo magnético. ~ **electrostática** Electr Redistribución de las cargas eléctricas en un conductor por la acción de un campo eléctrico exterior. ~ **magnética** Fís Vector que mide la densidad del flujo magnético en una sustancia. Su unidad en el sistema internacional es el tesla. Símbolo: B. ~ **mutua** Electr Producción de una fuerza electromotriz en un circuito por la variación de la corriente que circula por otro.

inducido *m.* Electr Circuito que gira en el campo magnético de una dinamo, y en el cual se forma una corriente a causa de su rotación.

inducir 1 *tr.* Instigar a alguien a que realice una acción mediante consejos o amenazas. 2 Hacer caer en un error. 3 Lóg Ascender en el razonamiento de lo particular a la ley general. 4 Electr Producir un cuerpo electrizado fenómenos eléctricos en otro situado a cierta distancia. • Vb. irreg. conjug. c. **conducir**. V. anexo El verbo.

inductancia *f.* Electr Cociente entre el flujo magnético total de un circuito cerrado y la corriente que circula por un circuito; se mide por henrios. || ~ **mutua** Electr En dos circuitos, fuerza electromotriz inducida en uno de ellos cuando la corriente que circula por el otro varía a razón de un amperio cada segundo. ~ **propia** Electr Fuerza contraelectromotriz inducida cuando la corriente que circula por un circuito varía a razón de un amperio cada segundo.

inductivo, va 1 *adj.* Que se hace por inducción. 2 Perteneciente o relativo a ella.

inductor, ra 1 Que induce a hacer algo. 2 *m.* Electr Parte de un aparato eléctrico que origina un campo magnético.

indudable *adj.* Que no puede ponerse en duda, cierto y seguro.

indulgencia 1 *f.* Disposición a perdonar, benevolencia. 2 Rel Remisión de las penas merecidas por el pecado, concedida por la Iglesia católica.

indultar 1 *tr.* Der Perdonar a una persona una pena total o parcialmente, o conmutarla por otra menos grave. 2 Der Exceptuar o eximir de una ley u obligación.

indulto 1 *m.* Der Gracia por la que se remite o conmuta una pena. 2 Der Privilegio concedido a alguien para que pueda hacer lo que sin él no podría.

indumentario, ria 1 *adj.* Perteneciente o relativo al vestido. 2 *f.* Estudio histórico del traje. 3 Prenda o conjunto de prendas para adorno, abrigo o protección del cuerpo o de una parte de él.

industria 1 *f.* Destreza o habilidad para hacer algo. 2 Econ Conjunto de operaciones mecánicas necesarias para la transformación de materias primas en productos más o menos acabados. 3 Econ Instalación en que se realizan esas operaciones. 4 Econ Conjunto de las industrias de un mismo o de varios ramos, de una región. || ~ **básica** Econ Aquella que centra su actividad en la primera fase de transformación de una materia prima, como la siderúrgica. ~ **de bienes de consumo** Econ La que procesa y fabrica bienes que son adquiridos por la población en general (calzado, muebles, papel, electrodomésticos, etc.). ~ **de bienes de equipo** Econ INDUSTRIA pesada. ~ **de bienes intermedios** Econ La que produce artículos semielaborados que luego son utilizados para ensamblar otros productos, como en el caso de las fábricas de partes de automóviles. ~ **pesada** Econ La que se dedica a la construcción de maquinaria y equipos que se utilizan para la fabricación o el procesamiento de otros productos.

industrial 1 *adj.* Perteneciente o relativo a la industria. 2 Art **diseño** ~. 3 Der **propiedad** ~. 4 Econ **sociedad**

~; **socio** ~. 5 **zona** ~. 6 *m.* y *f.* Persona que vive del ejercicio de una industria o es propietaria de ella.

industrialización 1 *f.* Acción y efecto de industrializar. 2 Econ e Hist Proceso de instalación de industrias y aumento de la producción industrial que se inició a mediados del s. XVIII, y que caracteriza a las sociedades modernas.

☐ Econ Proceso económico en el cual la industria se expande y moderniza en una sociedad o un Estado. Se consolidó en el s. XX con el avance científico que permitió la producción en masa, la tecnificación y el crecimiento económico. Tomada como factor para medir el desarrollo de los Estados: a los países ricos o con mayores avances económicos se les conoce como países industrializados.

industrializar 1 *tr.* Hacer que algo sea objeto de industria o elaboración. 2 Econ Dar predominio a las industrias en la economía de un país.

inecuación *f.* Mat Expresión algebraica que identifica una desigualdad con una o más incógnitas.

inédito, ta 1 *adj.* Dicho de un escrito, que no está impreso o editado. 2 Desconocido por el gran público.

inefable *adj.* Que no se puede explicar con palabras.

ineficacia *f.* Falta de eficacia y actividad.

ineficaz *adj.* No eficaz.

ineluctable *adj.* Dicho de una cosa, contra la cual no puede lucharse; inevitable.

ineludible *adj.* Que no se puede eludir o evitar.

inepto, ta 1 *adj.* Dicho de una persona, que carece de aptitud o habilidad para algo. 2 *adj.* y *s.* Necio o incapaz.

inequidad *f.* Desigualdad en la distribución de las cosas, en el trato o en el reconocimiento de los derechos de las personas.

inequívoco, ca *adj.* Tan claro y preciso que no admite equivocación o duda alguna.

inercia 1 *f.* Flojedad, desidia, inacción. 2 Fís Propiedad de los cuerpos por la que tienden a no cambiar de estado sin intervención de una fuerza extraña. Se la describe con precisión en la primera ley del **movimiento** de Newton. 3 Fís **momento** de ~.

inercial 1 *adj.* Fís Perteneciente o relativo a la inercia. 2 Fís **masa** ~.

inerme 1 *adj.* Que no tiene armas, desarmado. 2 Que no tiene modo de defenderse.

inerte 1 *adj.* Falto de vida porque no le corresponde: *La materia inerte.* 2 Falto de vida porque la ha perdido: *El cuerpo inerte del guerrero.*

inescrupuloso, sa 1 *adj.* Que carece de escrúpulos. 2 Lo dicho o hecho sin escrúpulos.

inescrutable *adj.* Que no se puede averiguar ni penetrar para su comprensión.

inesperado, da *adj.* No esperado, imprevisto.

inestabilidad *f.* Falta de estabilidad. || ~ **atmosférica** Geo Situación que se da cuando cualquier movimiento vertical que se produce en la atmósfera tiende a amplificarse. ~ **eléctrica** Electr Condición de persistentes oscilaciones anómalas que se presenta en circuitos amplificadores.

inestable 1 *adj.* Que carece de estabilidad. 2 Dicho de una persona, que cambia fácilmente de humor, de ideas, de propósitos, etc. 3 Fís **equilibrio** ~. 4 Dicho de un núcleo atómico, que se descompone fácilmente. 5 Quím Dicho de un compuesto, que se disgrega fácilmente.

inestimable *adj.* Inapreciable, en el sentido positivo de enorme valor moral o económico.

inevitable *adj.* Fatal, que no se puede evitar.

inexacto, ta 1 *adj.* No exacto. 2 No verdadero, falso.

inexcusable 1 *adj.* Que no puede eludirse con pretextos o que no puede dejar de hacerse. 2 Que no tiene disculpa.

inexequible *adj.* No exequible; que no se puede hacer, conseguir o desarrollar.

inexistente *adj.* Que carece de existencia y realidad.

inexorable *adj.* Que no se puede evitar: *El paso inexorable del tiempo.*

inexperto, ta *adj.* y *s.* Que carece de experiencia.

inexplicable *adj.* Que no admite explicación en toda la gama de sentidos, para bien y para mal.

inexplorado, da *adj.* No explorado.

inexpresivo, va 1 *adj.* Falto de expresión. 2 Dicho de una persona, fría, poco afectuosa.

inexpugnable 1 *adj.* Que no se puede tomar por las armas. 2 Que no se deja someter ni convencer.

infalibilidad 1 *f.* Cualidad de infalible. 2 Teol En teología cristiana, doctrina según la cual, en materias de fe y moral, la Iglesia, tanto en doctrina como en creencia y por dispensa divina, queda protegida de errores esenciales.

infalible 1 *adj.* Que no puede errar. 2 Seguro, cierto, indefectible.

infame 1 *adj.* y *s.* Desprestigiado, sin crédito ni estimación. 2 Muy malo y vil.

infamia 1 *f.* Mala fama, deshonra. 2 Maldad, vileza.

infancia 1 *f.* Periodo de la vida humana hasta llegar a la pubertad. 2 Conjunto de los niños como grupo de la especie humana.

infante, ta 1 *m.* y *f.* Niño de corta edad. 2 En España y Portugal, cualquiera de los hijos del rey, a excepción del primogénito. 3 Pariente del rey que por gracia real obtiene este título. 4 Soldado de infantería.

infantería *f.* Tropa militar de a pie y con armas ligeras; en los ejércitos modernos dispone de vehículos ligeros y blindados.

infanticidio *m.* Muerte dada violentamente a un niño.

infantil 1 *adj.* Perteneciente o relativo a la infancia. 2 Inocente, cándido, inofensivo. 3 Dicho de un adulto, que se comporta como un niño. 4 Psic **psicología** ~.

infantilismo 1 *m.* Falta de madurez, ingenuidad o puerilidad excesivas. 2 Med y Psic Persistencia en el adolescente o en el adulto de los caracteres físicos y psíquicos propios de la infancia.

infarto *m.* Med Inflamación patológica de un órgano por falta de riego sanguíneo, provocada, generalmente, por una embolia. Puede afectar al cerebro, pulmón, riñón y, sobre todo, al corazón.

infatigable 1 *adj.* Incapaz de cansarse o muy difícil de cansarse. 2 Persistente, que no se rinde en sus pretensiones.

infausto, ta *adj.* Desgraciado, infeliz.

infección *f.* Med Conjunto de manifestaciones producidas por el contagio de microorganismos patógenos.

infectar *tr.* Invadir un ser vivo microorganismos patógenos y multiplicarse en él.

infectocontagioso, sa *adj.* Med Dicho de una enfermedad, que causa infección y se contagia.

infelicidad *f.* Desgracia, suerte adversa.

infeliz *adj.* y *s.* Desgraciado, desventurado.

inferior 1 *adj.* Lo que está debajo o más bajo que otra cosa. 2 Geo Dicho de un lugar o una tierra, que respecto de otro está a nivel más bajo: *curso inferior del Amazonas.* 3 Que es de menor calidad o cantidad. • Comparativo de superioridad de *bajo* en las acepciones 1, 2 y 3. 4 Dicho, algunas veces, de un ser vivo de organización más sencilla y que se supone más primitivo; por ejemplo, las algas serían vegetales inferiores y los peces serían vertebrados inferiores. 5 *adj.* y *s.* Subalterno, subordinado, o de menor categoría social.

A B C D E F G H I J K L M N Ñ O P Q R S T U V W X Y Z

inferioridad *f.* Cualidad de inferior.
inferir 1 *tr.* Sacar una consecuencia o deducir una cosa de otra. 2 Llevar consigo, conducir a un resultado. 3 Dicho de agravios, heridas, etc., producirlos o causarlos. • Vb. irreg. conjug. c. **sentir**. V. anexo El verbo.
infernal 1 *adj.* Del infierno o relacionado con él. 2 Perverso, diabólico.
ínfero, ra *adj.* Bot **ovario** ~.
infertilidad *f.* **ESTERILIDAD.**
infestar 1 *tr.* Causar estragos las plantas silvestres o los animales salvajes en los cultivos. 2 *prnl.* Resultar invadido un ser vivo por organismos patógenos.
infidelidad *f.* Falta de fidelidad, especialmente en el matrimonio.
infidencia *f.* Violación de la confianza debida a otra persona.
infiel 1 *adj.* Dicho de una persona, que es desleal. 2 No conforme con la realidad, dicho de una descripción o reproducción artística. 3 *adj.* y *s.* Rel Que no profesa la fe considerada como verdadera.
infierno 1 *m.* Rel En la concepción cristiana, lugar destinado al castigo eterno de los que mueren en pecado mortal. 2 Rel Castigo de los condenados. 3 Mit y Rel En diversas mitologías y religiones no cristianas, lugar que habitan los espíritus de los muertos.
infijo *m.* Gram Elemento lingüístico, con o sin significado, que se intercala entre la raíz de una palabra y un sufijo: *Humareda; Picotear; Florecilla.*
infiltración *f.* Acción y efecto de infiltrar o infiltrarse.
infiltrado, da *m.* y *f.* Persona introducida subrepticiamente en un grupo adversario, en territorio enemigo, etc.
infiltrar 1 *tr.* y *prnl.* Pasar suavemente un líquido por los intersticios o poros de un cuerpo. 2 *prnl.* Entrar subrepticiamente en territorio enemigo con fines de espionaje. 3 Introducirse en un partido, una corporación, un medio social, etc., con propósito de espionaje, propaganda o sabotaje.
ínfimo, ma 1 *adj.* Que en su situación está muy bajo. • Superlativo irregular de bajo. 2 Lo último y menos que lo demás. 3 Dicho de una cosa, vil y despreciable en cualquier línea. • Superlativo irregular de malo en las acepciones 2 y 3. 4 *m.* Mat En un conjunto acotado, la mayor de sus **cotas**[2] inferiores.
infinidad 1 *f.* Cualidad de infinito. 2 Gran número y muchedumbre de cosas o personas.
infinitesimal 1 *adj.* Mat Dicho de una cantidad, que es infinitamente pequeña. 2 Mat **cálculo** ~.
infinitivo 1 *m.* Gram Forma no personal del verbo, al que le da nombre, y que puede terminar en *-ar, -er, -ir,* con desinencias que corresponden a las conjugaciones primera, segunda y tercera, respectivamente. 2 Gram Modo verbal que engloba las formas no personales del verbo: *Es hora de descansar; Eso es digno de ver; Pienso salir.* || ~ **compuesto** Gram Modo verbal que se forma con el infinitivo del verbo *haber* y el participio del verbo que se conjuga; por ejemplo: *Haber comido.*
infinito, ta 1 *adj.* Que no tiene fin en cantidad o en espacio. 2 *m.* Mat Signo matemático (∞) de un valor mayor que cualquier cantidad asignable.
inflación 1 *f.* Acción y efecto de inflar. 2 Econ Situación económica de un país en el que la demanda de bienes y servicios es superior a la oferta, lo que origina una elevación generalizada de los precios y una depreciación de la moneda, deteriorándose, en consecuencia, la capacidad adquisitiva del dinero y de los activos financieros con valores fijos. La inflación se mide por su **índice** de precios al consumidor.
inflamable *adj.* Dicho de un material, que arde fácilmente.
inflamación 1 *f.* Acción y efecto de inflamar o inflamarse. 2 Med Alteración patológica del tejido conjuntivo, que se caracteriza por trastornos circulatorios, calor, enrojecimiento y dolor.
inflamar 1 *tr.* y *prnl.* Hacer arder con llama. 2 *prnl.* Med Producirse inflamación.
inflar 1 *tr.* y *prnl.* Llenar o hinchar con aire o gas un recipiente flexible abultándolo. 2 *tr.* Exagerar hechos, noticias, etc.
inflexión 1 *f.* Dobladura o torcimiento de algo recto o plano. 2 Elevación o atenuación de la voz. 3 Geom Punto en que cambia el sentido de una curvatura. 4 Gram **FLEXIÓN.**
infligir *tr.* Imponer, aplicar un castigo, una pena, etc.
inflorescencia *f.* Bot Disposición y orden en que aparecen y se desarrollan las flores de una planta.
influencia 1 *f.* Prestigio y poder de una persona sobre otras. 2 Rasgo, estilo, etc., que, en un escrito o en una obra de arte, revela la acción de algún modelo o maestro. 3 *f. pl.* Relaciones y contactos que suponen poder para una persona.
influenciar *tr.* **INFLUIR.**
influenza *f.* Med **GRIPA.**
influir 1 *tr.* e *intr.* Ejercer personas o cosas cierto predominio o acción sobre otras. 2 Actuar sobre alguien con el propósito de lograr un objetivo. • Vb. irreg. conjug. c. **huir**. V. anexo El verbo.
infografía (Del ingl. *Infographie*®, marca reg.) 1 *f.* Art Técnica de elaboración de imágenes o diagramas que se realiza por medio de algunos programas informáticos para resumir o explicar un contenido. 2 Art Imagen o diagrama que se obtiene por medio de esta técnica.
información 1 *f.* Acción y efecto de informar o informarse. 2 Oficina que proporciona datos sobre algo. 3 Conjunto de noticias y datos sobre cualquier asunto. 4 Noticias que de continuo produce la actividad humana y que son objeto de tratamiento en los medios de comunicación. || ~ **genética** Biol Conjunto de mensajes codificados en los ácidos nucleicos que origina la expresión de los caracteres hereditarios de los seres vivos mediante reacciones bioquímicas.
informal 1 *adj.* Que no guarda las formas y convenciones sociales. 2 Que no se ajusta a las normas. 3 Econ **economía** ~; **sector** ~.
informalidad 1 *f.* Cualidad de informal. 2 Acción o cosa censurable por informal.
informalismo *m.* Art Corriente del arte moderno que rechaza lo figurativo y se centra en el valor expresivo de la materia.
informante *adj.* y *s.* Que informa.
informar 1 *tr.* y *prnl.* Enterar, dar noticia de algo. 2 *intr.* Dictaminar un cuerpo consultivo, un funcionario o cualquier persona perita, en asunto de su respectiva competencia.
informático, ca 1 *adj.* Perteneciente o relativo a la informática. 2 Inf **red** ~ o de datos. 3 *f.* Inf Conjunto de los conocimientos y las técnicas en que se basan los procesos de tratamiento automático de la información mediante computadoras. Engloba también los métodos generales referidos a la aplicación práctica de dichos procesos.
informativo, va 1 *adj.* Que informa o sirve para dar noticia de algo. 2 *m.* **NOTICIERO.**
informatizar *tr.* Inf Aplicar los métodos y las técnicas de la informática en un negocio, proyecto, etc.
informe[1] 1 *m.* Datos sobre una persona, un suceso o un asunto. 2 Exposición de un tema por una persona experta.
informe[2] 1 *adj.* Que no tiene la forma y figura que le corresponde. 2 De forma vaga e indeterminada.

infortunio 1 *m.* Suerte o fortuna adversa. 2 Desgracia.

infracción 1 *f.* Trasgresión, quebrantamiento de una ley o una norma. 2 Acción u omisión sancionadas con una pena.

infraestructura *f.* Conjunto de bienes y servicios que hacen posible el funcionamiento de una industria o sociedad.

in fraganti (Tb. infraganti) En el mismo momento en que se está cometiendo el delito o realizando una acción censurable.

infrahumano, na *adj.* Inferior o por debajo de lo humano o específico de las personas.

inframundo 1 *m.* Conjunto de personas que viven en condiciones de extrema pobreza en comparación con la sociedad a la que pertenecen. 2 Mundo de los espíritus.

infranqueable *adj.* Imposible o difícil de franquear o desembarazar de los impedimentos que estorban el paso.

infrarrojo, ja *adj.* FÍS **radiación** ~; **rayos** ~s.

infrasonido *m.* FÍS Sonido cuya frecuencia es inferior al límite perceptible por el oído humano (20 Hz).

infringir *tr.* Quebrantar una ley o un orden.

infructuoso, sa *adj.* Ineficaz, inútil.

infrutescencia *f.* BOT Fruto formado por la agrupación de varios frutillos procedentes de una inflorescencia, con apariencia de unidad, como la mora, la fresa o la ananá. En la mora son pequeñas drupas; en la fresa, pequeños aquenios y en la ananá los frutillos brotan de un eje central y derivan de una masa de ovarios soldados.

ínfula 1 *f.* Cada una de las cintas que penden a los lados de la mitra de los obispos católicos. 2 *f. pl.* Pretensiones, vanidad.

infundado, da *adj.* Dicho de lo que carece de fundamentos o motivo.

infundir 1 *tr.* Causar cierto sentimiento en el ánimo: *La oscuridad infundía temor.* 2 REL Comunicar Dios al alma un don o una gracia.

infusión *f.* Bebida que se obtiene cociendo ciertos vegetales, como tila, manzanilla, etc.

ingeniar *tr.* Inventar algo curioso.

ingeniería *f.* Conjunto de conocimientos y técnicas para el mejor aprovechamiento de los recursos naturales mediante la aplicación de los descubrimientos y las teorías científicas de las diversas ramas de la tecnología. En su campo de acción se distinguen ámbitos como la aeronáutica, la construcción, la actividad agrícola y forestal, las telecomunicaciones, la electrónica, los procesos industriales, la mecánica, la minería, la física nuclear, la genética, etc. || ~ **genética** Tecnología de la manipulación y transferencia de ADN de un organismo o una célula a otra, que permite la clonación de personas, la corrección de defectos genéticos, la fabricación de compuestos, etc.

ingeniero, ra *m.* y *f.* Persona que ejerce la ingeniería, para la que está titulado, en una gama que abarca todas las especialidades técnicas.

ingenio 1 *m.* Facultad del ser humano para crear e inventar. 2 Intuición, entendimiento, facultades creadoras. 3 Habilidad para conseguir algo. 4 Talento para ver y mostrar rápidamente el aspecto gracioso de las cosas. 5 Artefacto mecánico. 6 Fábrica de azúcar de caña.

ingenioso, sa *adj.* Que tiene ingenio.

ingente *adj.* Muy grande.

ingenuidad *f.* Cualidad de ingenuo.

ingenuo, nua *adj.* y *s.* Sincero, candoroso, sin doblez.

ingerir *tr.* Introducir por la boca la comida, la bebida o los medicamentos. • Vb. irreg. conjug. c. **sentir**. V. anexo El verbo.

ingle *f.* ANAT Parte del cuerpo en que se juntan el vientre y los muslos.

inglés, sa 1 *adj.* y *s.* De Inglaterra o relacionado con este país de Europa. 2 *m.* LING Lengua indoeuropea del grupo germánico occidental. En la actualidad es la primera lengua utilizada en los intercambios comerciales y en la difusión de información técnica y científica en el mundo. Es el idioma oficial del Reino Unido, EE.UU., Canadá, Australia, Nueva Zelanda, África del Sur y otros países de influencia británica.

ingobernable *adj.* Imposible o difícil de gobernar o dirigir.

ingratitud *f.* Desagradecimiento, olvido o desprecio de los beneficios recibidos.

ingrato, ta 1 *adj.* **DESAGRADECIDO.** 2 Desapacible, áspero, desagradable.

ingravidez 1 *f.* Cualidad de ingrávido. 2 Estado de los cuerpos no sometidos a la fuerza de gravedad.

ingrávido, da 1 *adj.* Dicho de un cuerpo, que no está sometido a la gravedad. 2 Ligero, suelto y tenue, como la gasa o la niebla.

ingrediente *m.* Elemento que entra en la composición de algo, como platos o medicamentos.

ingresar 1 *intr.* Ir adentro. 2 Entrar a formar parte de alguna sociedad. 3 Entrar en un establecimiento sanitario para recibir tratamiento. 4 *tr.* Meter dinero en un banco, etc. 5 Recluir a un enfermo en un establecimiento sanitario para su tratamiento. 6 Ganar dinero regularmente por algún concepto.

ingresivo, va *adj.* GRAM Dicho de un aspecto verbal, que designa el comienzo de la acción, o de un verbo que tiene ese aspecto. Está representado por perífrasis como *Se echó a llorar; Se puso a escribir.*

ingreso 1 *m.* Acción de ingresar. 2 Espacio por donde se entra. 3 Acto de ser admitido en un colegio, una facultad, etc. 4 Capital o dinero que entra en poder de alguien.

íngrimo, ma *adj.* Solitario, sin compañía.

inguinal *adj.* Perteneciente o relativo a la ingle.

inhábil 1 *adj.* Falto de habilidad o talento. 2 Inepto; inadecuado para algún trabajo o puesto. 3 Dicho de un día, una hora, etc., en que no se despacha en ciertas oficinas.

inhabilidad 1 *f.* Falta de habilidad o talento. 2 Defecto o impedimento para obtener o ejercer un empleo u oficio.

inhabilitar 1 *tr.* Declarar a una persona inhábil e incapaz para algún cargo, derecho, etc. 2 *tr.* y *prnl.* Imposibilitar para algo.

inhalación *m.* Acción y efecto de inhalar.

inhalador *m.* Aparato para efectuar inhalaciones.

inhalar 1 *tr.* Aspirar ciertas sustancias, como gases, vapores, partículas, etc. 2 MED Aspirar en forma de gas o de líquido pulverizado alguna medicina.

inherencia 1 *f.* Unión de cosas inseparables por su naturaleza, o que solo se pueden separar por abstracción. 2 FIL El modo de existir los accidentes, o sea, no en sí, sino en la sustancia que modifican.

inherente *adj.* Que por su naturaleza está tan unido a algo, que no se puede separar de ello: *La risa es inherente al ser humano, como lo es la blancura a la nieve.*

inhibición *f.* Acción y efecto de inhibir o inhibirse.

inhibidor, ra 1 *adj.* Que inhibe o produce inhibición. 2 *m.* QUÍM Sustancia que detiene o evita una reacción química.

inhibir 1 *tr.* Impedir el ejercicio de un poder o de un hábito. 2 Reprimir una acción, un impulso, etc. 3 MED Frenar la acción de un órgano mediante la acción del estímulo adecuado. 4 *prnl.* Abstenerse, dejar de actuar.

A B C D E F G H I J K L M N Ñ O P Q R S T U V W X Y Z

inhóspito, ta 1 *adj.* Que no ofrece seguridad ni abrigo. 2 Dicho de un lugar, incómodo, poco grato.
inhumano, na 1 *adj.* Falto de humanidad, cruel. 2 Dicho de un dolor, una pena, etc., muy intenso.
inhumar *tr.* Dar sepultura, enterrar un cadáver.
iniciación *f.* Acción y efecto de iniciar o iniciarse.
iniciado, da 1 *adj.* y *s.* Que comparte el conocimiento de algo secreto. 2 *m.* Miembro de una sociedad secreta.
inicial 1 *adj.* Perteneciente o relativo al origen o al principio de las cosas. 2 *adj.* y *f.* **letra ~**.
iniciar 1 *tr.* Promover o comenzar algo. 2 *tr.* y *prnl.* Admitir a alguien en los secretos de una sociedad o en los misterios de un culto que no es público. 3 En algunas culturas, introducir, mediante una acción ritual, al joven en la sociedad. 4 INF Establecer los valores iniciales para la ejecución de un programa. 5 Instruir en cosas abstractas o muy profundas: *Iniciar en la metafísica.*
iniciativo, va 1 *adj.* Que da principio a algo. 2 *f.* Derecho de hacer una propuesta. 3 Acto de ejercerlo. 4 Acción de adelantarse a los demás en hablar u obrar.
inicio *m.* COMIENZO.
inicuo, cua 1 *adj.* Contrario a la equidad y justicia. 2 Malvado, injusto.
inigualable 1 *adj.* Que no se puede igualar. 2 Sin igual, extraordinario.
inimitable *adj.* Que no se puede imitar, por lo excelso de sus cualidades o por lo peculiares y singulares que son.
ininteligible *adj.* No inteligible.
ininterrumpido, da *adj.* Continuado, sin interrupción o solución de continuidad.
iniquidad *f.* Maldad, injusticia grande.
injerencia *f.* Acción de injerir o injerirse.
injerir 1 *tr.* Insertar o meter una cosa en otra. 2 Introducir algo en un escrito. 3 *prnl.* Entrometerse. • Vb. irreg. conjug. c. **sentir**. V. anexo El verbo.
injertar 1 *tr.* Injerir una rama con yemas en la rama o el tronco de otro árbol, para que brote. 2 MED Implantar parte de un tejido vivo en una parte del cuerpo para reparar una lesión o con fines estéticos.
injerto 1 *m.* Acción de injertar. 2 Planta injertada. 3 MED Parte de tejido vivo implantada en el cuerpo.
injuria 1 *f.* Agravio de palabra o de obra. 2 DER Delito consistente en la imputación a alguien de algo en menoscabo de su buen nombre o estimación.
injuriar *tr.* Ofender, insultar.
injusticia 1 *f.* Acción contraria a la justicia. 2 Falta de justicia.
injustificable *adj.* Que no se puede justificar.
injusto, ta 1 *adj.* Dicho de una cosa, que no es justa ni equitativa. 2 Dicho de una persona, que no obra con equidad, es imparcial y arbitraria.
inmaculado, da *adj.* Que no tiene mancha física o moral.
inmaduro, ra 1 *adj.* Dicho de una persona, que no tiene experiencia y le falta madurez. 2 Verde, sin madurar, aplicado a los frutos.
inmanente *adj.* FIL Dicho de lo que es propio y va unido a la esencia o modo de ser de las cosas.
inmarcesible *adj.* Que no se marchita, que no pierde su lozanía y vigor.
inmarchitable *adj.* INMARCESIBLE.
inmediación 1 *f.* Cualidad de inmediato. 2 *f. pl.* Proximidad en torno a un lugar.
in media res (Loc. lat.) LIT Técnica narrativa que consiste en empezar un relato por el nudo y no por el inicio, para captar el interés del lector desde un primer momento.
inmediatismo *m.* Manera irreflexiva y precipitada de actuar o de pensar.
inmediato, ta 1 *adj.* Continuo o muy cercano a otra cosa. 2 Sin tardanza en el tiempo.
inmejorable *adj.* Que no se puede mejorar.
inmemorial 1 *adj.* Que no hay memoria de cuándo empezó; antiquísimo. 2 Dicho de un tiempo muy antiguo e impreciso, del que no se tienen datos ni testigos.
in memoriam (Loc. lat.) En memoria, en recuerdo. Se emplea como homenaje a una persona muerta, especialmente en algún tipo de escrito.
inmensidad 1 *f.* Extensión muy grande. 2 REL Infinitud en la extensión; atributo solo de Dios, infinito e inmensurable.
inmenso, sa 1 *adj.* Muy grande, difícil de medir o contar. 2 Que no tiene medida, ilimitado.
inmensurable *adj.* Que no puede medirse o de muy difícil medida.
inmersión 1 *f.* Acción de introducir o introducirse algo en un fluido. 2 ASTR Entrada de un astro en el cono de la sombra que proyecta otro.
inmigración *f.* Acción y efecto de inmigrar. || **~ externa** Cuando las personas provienen de otro país. **~ interna** Cuando las personas llegan a un territorio de su propio país.
inmigrante *adj.* y *s.* Que inmigra.
inmigrar 1 *intr.* Llegar una persona o un grupo de personas a una región o a un país para establecerse de manera definitiva. 2 ECOL Instalarse en un territorio los animales procedentes de otro.
inminente *adj.* Que está para ocurrir de inmediato, sin tardanza.
inmiscuir 1 *tr.* Poner una sustancia en otra para que resulte una mezcla. 2 *prnl.* Entremeterse en un asunto, negocio, etc., cuando no hay razón para ello. • Vb. irreg. conjug. c. **huir**. V. anexo El verbo.
inmobiliario, ria 1 *adj.* Perteneciente o relativo a los bienes inmuebles. 2 *f.* Empresa constructora de edificios.
inmolar 1 *tr.* Sacrificar una víctima, ofrendar un sacrificio a la divinidad. 2 *prnl.* Ofrecer la vida, la hacienda, etc. en provecho de alguien o en aras de un ideal.
inmoral *adj.* Contrario a la moral o las buenas costumbres.
inmoralidad 1 *f.* Falta de moralidad. 2 Acción inmoral.
inmortal *adj.* Que no puede morir; eterno, imperecedero.
inmortalizar *tr.* y *prnl.* Perpetuar el recuerdo de alguien o de algo en la memoria de las personas.
inmóvil 1 *adj.* Que no se mueve. 2 Fijo, firme.
inmovilizar 1 *tr.* Dejar inmóvil, privar de movimiento o de libertad. 2 *prnl.* Quedarse inmóvil.
inmueble 1 *adj.* y *m.* **bienes ~s**. 2 *m.* Edificio, casa.
inmundicia *f.* Suciedad, basura.
inmune 1 *adj.* Libre, exento de ciertos cargos, gravámenes o penas. 2 MED Invulnerable a ciertas enfermedades.
inmunidad 1 *f.* Cualidad de inmune. 2 BIOL Estado congénito o provocado de un organismo que lo hace inatacable por alguna enfermedad. 3 DER Privilegio que se concede a determinadas personas en circunstancias particulares de no ser perseguidas por la justicia. 4 HIST Privilegio local concedido a los templos e iglesias, en virtud del cual los delincuentes que a ellas se acogían no eran castigados con pena corporal en ciertos casos. || **~ diplomática** DER La que gozan los representantes diplomáticos por no ser súbditos del país en que residen. **~ parlamentaria** DER Privilegio de los representantes en el parlamento de no poder

ser detenidos más que en circunstancias especiales, ni procesados sin autorización de dicha institución.

inmunizar *tr.* Hacer inmune contra determinadas enfermedades o daños.

inmunodeficiencia *f.* MED Capacidad inadecuada o insuficiente de los mecanismos inmunitarios del organismo para desempeñar sus funciones normales, es decir, la eliminación de agentes infecciosos como bacterias, virus y hongos.

inmunoglobulina *f.* BIOQ Componente inmunológico presente en la gammaglobulina, cuya síntesis se inicia cuando un antígeno entra en el organismo.

inmunología *f.* MED Parte de la medicina que estudia la inmunidad biológica y los modos de obtenerla.

inmunológico *adj.* Perteneciente o relativo a la inmunología. || **sistema** ~ FISIOL Conjunto de funciones celulares y proteicas que garantizan la destrucción de los antígenos que penetran en el organismo y permiten que este se mantenga inmune a sus ataques. Dichas funciones son llevadas a cabo por tres tipos de leucocitos y tres tipos de proteínas que se encuentran disueltos en el plasma sanguíneo; los primeros son los **granulocitos**, los **monocitos** y los **linfocitos**, y los tres tipos de proteínas son las **inmunoglobulinas**, las **citoquinas** y las **proteínas** del complemento. Estos seis componentes actúan como un todo para desarrollar una respuesta inmunitaria eficaz.

inmutable 1 *adj.* Dicho de lo que no cambia o no puede cambiarse. 2 Que no siente o no manifiesta alteración del ánimo.

inmutar 1 *tr.* Alterar, perturbar. 2 *prnl.* Sentir una impresión fuerte y repentina.

innato, ta *adj.* Connatural y como nacido con el mismo sujeto.

innegable *adj.* Que no se puede negar.

innominado, da 1 *adj.* Que no tiene un nombre específico. 2 ANAT Cada uno de los dos huesos situados uno en cada cadera que, junto con el sacro y el cóccix, forman la pelvis.

innovar *tr.* Alterar un estado de cosas introduciendo alguna novedad.

innumerable 1 *adj.* Que no se puede contar. 2 Copioso, muy abundante.

inocencia 1 *f.* Candor, ingenuidad. 2 Exención de culpa o de responsabilidad de una mala acción o un delito. 3 REL Estado de gracia, en la concepción teológica cristiana.

inocentada 1 *f.* Cualquiera de las bromas que se hacen el día de los Santos Inocentes. 2 Palabra o acción ingenua. 3 Engaño ridículo en que alguien cae por descuido o por falta de malicia.

inocente 1 *adj.* y *s.* Candoroso, sin malicia. 2 Libre de culpa o responsabilidad.

inocular *tr.* MED Introducir en el organismo gérmenes de alguna enfermedad contagiosa.

inocuo, cua *adj.* Inofensivo, que no hace daño.

inodoro, ra 1 *adj.* Que no tiene olor. 2 *m.* Retrete provisto de sifón.

inofensivo, va *adj.* Incapaz de ofender o de causar algún daño.

inoficioso, sa *adj.* Inútil, innecesario.

inolvidable *adj.* Que no se puede olvidar.

inoperante *adj.* Ineficaz, que no produce el efecto deseado o la actividad designada.

inopia *f.* **INDIGENCIA.**

inoportuno, na *adj.* Fuera de tiempo o de lugar; fuera de propósito.

inorgánico, ca 1 *adj.* Dicho de lo que carece de órganos o de vida. 2 QUÍM Dicho de un compuesto, que no contiene carbono. 3 QUÍM **química** ~.

inoxidable *adj.* Que no se puede oxidar.

input (Voz ingl.) *m.* INF Conjunto de dispositivos y señales que permiten el acceso de información en un sistema.

inquebrantable *adj.* Que persiste sin quebranto o no puede quebrantarse.

inquietar *tr.* y *prnl.* Quitar a alguien la tranquilidad de ánimo.

inquieto, ta *adj.* Dicho de una persona, que no se puede estar tranquila o de la que siempre está abierta a nuevas iniciativas.

inquietud 1 *f.* Desazón, falta de sosiego. 2 Conmoción, alboroto. 3 *f. pl.* Inclinación del ánimo hacia algo, en especial en el campo de la estética.

inquilinato 1 *m.* Arriendo de una casa o parte de ella. 2 Casa que contiene muchas viviendas reducidas.

inquilino, na *m.* y *f.* Persona que ha tomado una casa o parte de ella en alquiler para habitarla.

inquina *f.* Aversión o antipatía hacia una persona.

inquirir *tr.* Indagar, examinar con detalle. • Vb. irreg. conjug. c. **adquirir**. V. anexo El verbo.

inquisición 1 *f.* Acción y efecto de inquirir. 2 HIST Tribunal eclesiástico encargado de combatir y castigar las herejías y demás delitos contra le fe católica. • Se escribe con may. inic. en la acepción 2. 3 Cárcel destinada a los reos pertenecientes al antiguo tribunal eclesiástico de la Inquisición.

□ HIST La Inquisición se estableció durante la Edad Media después del Concilio de Letrán (1215), en el que la Iglesia estableció la obligación de los fieles a denunciar a los sospechosos de herejía. En 1231 fue constituida formalmente por el papa Gregorio IX, quien sometió a los inquisidores a su jurisdicción y estableció severos castigos. En 1252 el papa Inocencio IV autorizó la práctica de la tortura. En el s. XIV los tribunales inquisitoriales se habían instalado en la mayor parte de los reinos europeos, excepto en Castilla, Inglaterra y Escandinavia. El establecimiento de la Inquisición en España, y luego en América, fue iniciativa de los reyes católicos y se organizó con independencia de la Santa Sede. Su actuación se centró en la represión del judaísmo, la persecución de falsos conversos, la bigamia, la blasfemia, la brujería, los libros prohibidos, etc. La Inquisición fue suprimida por las Cortes de Cádiz en 1813. Fernando VII la reimplantó en 1814 y quedó definitivamente abolida en 1834.

inquisidor, ra *m.* Juez eclesiástico de la Inquisición.

inquisitorial 1 *adj.* Perteneciente o relativo al inquisidor o a la Inquisición. 2 Dicho de un procedimiento, que es parecido a los del tribunal de la Inquisición.

inri (Del lat.) Inscripción que figuraba en la cruz de Jesucristo. • Acrónimo de *Iesus Nazarenus Rex Iudaeorum.*

insaciable *adj.* Que no se puede saciar.

insalivar *tr.* Mezclar los alimentos con saliva al masticarlos.

insalubre *adj.* Dañoso a la salud, malsano.

insalvable *adj.* Que no se puede salvar.

insania *f.* **LOCURA**, privación del juicio.

insano, na 1 *adj.* Perjudicial para la salud. 2 Loco, demente.

insatisfacción *f.* Falta de satisfacción.

insatisfecho, cha *adj.* No satisfecho.

insaturado, da *adj.* QUÍM Dicho de una estructura química, que posee uno o varios enlaces covalentes múltiples.

inscribir 1 *tr.* Grabar letras o dibujos en algún material duro. 2 GEOM Trazar una figura dentro de otra, de modo que tengan puntos comunes sin cortarse. 3 *tr.* y *prnl.* Apuntar el nombre de una persona o escribir algo en un registro, una lista, etc.

A B C D E F G H I J K L M N Ñ O P Q R S T U V W X Y Z

inscripción 1 *f.* Acción y efecto de inscribir o inscribirse. 2 Escrito grabado en material duro.
insectario 1 *m.* Criadero de insectos con fines investigativos o comerciales. 2 Biol Colección de insectos debidamente preservados contra la descomposición, para su observación y estudio.
insecticida *adj.* y *m.* Quím Dicho de un material, que se emplea para matar insectos y animales afines mediante la interrupción de los procesos vitales por medio de una acción química.
insectívoro, ra 1 *adj.* y *s.* Zool Dicho de un animal, que principalmente se alimenta de insectos. 2 Bot *adj.* Dicho de una planta, que aprisiona insectos entre sus hojas o flores y los digiere. 3 *adj.* y *m.* Zool Dicho de un mamífero, de pequeño tamaño, unguiculado y plantígrado, con molares con tubérculos agudos con los que mastica el cuerpo de los insectos de que se alimenta, como el topo y el erizo.
insecto *m.* Zool Artrópodo de respiración traqueal, con el cuerpo dividido en tres regiones diferenciadas: cabeza, tórax y abdomen.
□ Zool Los insectos tienen tres pares de extremidades articuladas, dispuestas en el tórax, cabeza con un par de antenas, piezas bucales con un par de mandíbulas y dos pares de maxilas o un tubo chupador. Poseen ojos compuestos, conformados por **ocelos**. Están dotados de un corazón que impulsa la sangre y la linfa. La mayoría tienen sexos separados. El desarrollo puede ser mediante transformación incompleta (larvas muy parecidas al adulto) o completa (larvas muy diferentes al adulto).
inseguro, ra 1 *adj.* Falto de seguridad o de certeza. 2 Dicho de una persona, que es de carácter inestable y mudadizo.
inseminación *f.* Fisiol Penetración del semen del macho en el útero de la hembra, para fecundarla. || ~ **artificial** Procedimiento para hacer llegar el semen al óvulo mediante técnicas adecuadas. Se usa en medicina para la fecundación del óvulo en ciertos casos de esterilidad femenina, y, sobre todo, en ganadería y piscicultura.
inseminar *tr.* Producir la inseminación.
insensatez *f.* Necedad, falta de sentido.
insensibilizar 1 *tr.* Hacer insensible a alguien o algo. 2 Med Anestesiar alguna parte del cuerpo.
insensible 1 *adj.* Que carece de sensibilidad. 2 Que no puede sentir o percibir por dolencia, accidente u otra causa. 3 Que no siente las cosas que causan dolor o mueven a lástima.
inseparable 1 *adj.* Que no se puede separar o que es difícil hacerlo. 2 *adj.* y *s.* Dicho de una persona, que tiene una amistad estrecha con otra.
inserción 1 *f.* Acción y efecto de insertar. 2 Punto en que una cosa se inserta en otra. Dicho especialmente de la unión entre el hueso y el músculo.
insertar *tr.* y *prnl.* Incluir algo en otra cosa en otra.
insidia *f.* Palabras o acción que envuelven mala intención.
insidioso, sa *adj.* y *s.* Dicho de lo que envuelve alguna insidia o de quien la maquina.
insigne *adj.* Célebre, famoso.
insignia 1 *f.* Distintivo, emblema. 2 Bandera o estandarte de una cofradía, o la que ondea en un barco señalando la graduación de quien lo manda. 3 Se usa en aposición, pospuesto a *buque*, para expresar que este lleva la insignia del jefe de la flota.
insignificante *adj.* Baladí, pequeño, despreciable.
insinuar 1 *tr.* Dar a entender algo sugiriéndolo simplemente. 2 *prnl.* Introducirse con habilidad en el ánimo de una persona, para ganar su voluntad.
insípido, da 1 *adj.* Falto de sabor o que no tiene el grado de sabor que debiera tener. 2 Falto de viveza o gracia.
insistencia *f.* Permanencia, reiteración.
insistir *intr.* Persistir en un intento; repetir alguna cosa para grabarla o llamar la atención sobre ella.
in situ (Loc. lat.) En el lugar, en el sito en el que ocurre algo.
insobornable 1 *adj.* Que no puede ser sobornado. 2 Que no se deja llevar por ninguna influencia ajena; auténtico.
insociable *adj.* Huraño, intratable e incómodo en la sociedad.
insolación 1 *f.* Acción y efecto de insolar. 2 Med Serie de trastornos producidos en el organismo por la prolongada exposición a los rayos solares. 3 Geo Cantidad de radiación solar que recibe un área unitaria horizontal de superficie.
insolar 1 *tr.* Poner al sol hierbas, plantas, etc. para secarlas, o facilitar su fermentación. 2 *prnl.* Med Enfermar por excesiva exposición al sol.
insolencia 1 *f.* Atrevimiento, descaro. 2 Dicho o hecho ofensivo e injurioso.
insolente 1 *adj.* y *s.* Que conlleva insolencia o que la comete. 2 Desafiante, desvergonzado.
insolidario, ria *adj.* y *s.* Que no es solidario o no actúa solidariamente.
insólito, ta *adj.* Inaudito, raro, desacostumbrado.
insoluble 1 *adj.* Que no puede disolverse ni diluirse. 2 Que no se puede resolver o aclarar.
insolvencia *f.* Falta de solvencia, incapacidad de pagar una deuda.
insolvente *adj.* y *s.* Que no tiene con qué pagar.
insomnio *m.* Dificultad para conciliar el sueño.
insondable *adj.* Dicho de lo que escapa al conocimiento por demasiado profundo o misterioso.
insonorizar 1 *tr.* Aislar de ruidos un local. 2 Disminuir el ruido de un motor o de una máquina.
insonoro, ra *adj.* Que no produce o no transmite sonido.
insoportable 1 *adj.* Que no se puede soportar; insufrible, intolerable. 2 Muy incómodo, molesto.
insoslayable *adj.* Que no se puede soslayar o evitar, ineludible.
insospechable *adj.* Que escapa a cualquier sospecha o suposición; sorprendente.
insospechado, da *adj.* No sospechado, inesperado.
insostenible *adj.* Dicho de una afirmación o de un estado de cosas, que no puede sostenerse o defenderse, por carecer de base y fundamento.
inspección 1 *f.* Acción y efecto de inspeccionar. 2 Oficina o despacho del inspector.
inspeccionar *tr.* Examinar atentamente algo.
inspector, ra *m.* y *f.* Funcionario o empleado que tiene a su cargo la vigilancia de algo.
inspiración 1 *f.* Acción y efecto de inspirar o inspirarse. 2 Estado de exaltación creadora del escritor o artista. 3 Rel Iluminación que Dios comunica a los seres. 4 Cosa inspirada.
inspirar 1 *tr.* e *intr.* Fisiol Aspirar, atraer el aire exterior hacia los pulmones. 2 *tr.* Infundir en el ánimo ideas, afectos, etc. 3 Hacer surgir en alguien ideas creadoras.
instalación 1 *f.* Cosa instalada, y en especial el acondicionamiento de un local para su habitabilidad. 2 Art Trabajo artístico que consiste en la conjunción de distintos elementos subordinados a un criterio unificador y en el que desaparece el concepto de obra de arte como un único objeto.
instalar 1 *tr.* y *prnl.* Poner a alguien en un lugar para que pueda vivir o trabajar en él. 2 Colocar alguna cosa

A B C D E F G H I J K L M N Ñ O P Q R S T U V W X Y Z

debidamente para que cumpla su función. 3 *prnl.* Establecerse, fijar alguien su residencia.

instancia 1 *f.* Acción y efecto de instar. 2 Solicitud oficial y por escrito de algo. 3 DER Cada uno de los grados jurisdiccionales en que se pronuncia un tribunal para la administración de justicia, y cada una de las fases de un proceso. 4 DER **juez** de primera ~.

instantáneo, a 1 *adj.* Que solo dura un instante. 2 Que se produce inmediatamente.

instante *m.* Porción brevísima de tiempo.

instar *tr.* Rogar insistentemente.

instaurar *tr.* Fundar, establecer.

instigar *tr.* Mover o inducir a alguien a que realice algo.

instilar *tr.* Verter un líquido gota a gota.

instintivo, va *adj.* Que es obra, efecto o resultado del instinto, sin dar lugar al juicio o la reflexión.

instinto 1 *m.* Tendencia innata, y no aprendida ni reflexiva, a actuar de un modo determinado. 2 ZOOL Conjunto de tendencias y pulsiones genéticas que inducen y mueven al animal a satisfacer sus necesidades de conservación y reproducción.

institución 1 *f.* Cosa establecida o fundada. 2 Cada una de las organizaciones básicas que constituyen la estructura de un Estado o nación.

institucional *adj.* Perteneciente o relativo a una institución o a las instituciones, especialmente las políticas.

institucionalizar *tr.* y *prnl.* Dar carácter institucional.

instituir 1 *tr.* Fundar, establecer algún organismo benéfico, cultural o religioso. 2 DER Nombrar a alguien heredero en el testamento. • Vb. irreg. conjug. c. **huir**. V. anexo El verbo.

instituto 1 *m.* Organismo benéfico, cultural, religioso, etc. 2 Edificio en que funciona alguna de estas corporaciones. 3 Centro docente de enseñanza media.

institutriz *f.* Maestra que se encarga de la instrucción y educación de los niños en el hogar.

instrucción 1 *f.* Acción de instruir o instruirse. 2 Conjunto de conocimientos que alguien posee. 3 *f. pl.* Órdenes o advertencias que se dan a alguien para la consecución de algún fin: *El embajador recibió instrucciones al respecto.*

instructivo, va *adj.* Que instruye o sirve para instruir.

instructor, ra *m.* y *f.* Persona que dirige la instrucción.

instruido, da *adj.* Que tiene buen caudal de conocimientos adquiridos.

instruir 1 *tr.* Enseñar, aleccionar con conocimientos teóricos o prácticos. 2 Formalizar un proceso administrativo o judicial. 3 *tr.* y *prnl.* Dar a conocer a alguien el estado de algo, informarle de ello.

instrumentación 1 *m.* Acción y efecto de instrumentar. 2 Conjunto de instrumentos utilizados en la ejecución de una tarea.

instrumental 1 *adj.* Perteneciente o relativo al instrumento. 2 Que sirve de instrumento o tiene función de tal. 3 Perteneciente o relativo a los instrumentos musicales. 4 MÚS **música** ~. 5 *m.* Conjunto de instrumentos u objetos de una profesión destinados a determinado fin: *Instrumental quirúrgico; Instrumental científico.*

instrumentar 1 *tr.* Constituir, organizar. 2 MED Disponer o preparar el instrumental médico. 3 MÚS Arreglar una composición musical para varios instrumentos.

instrumentista 1 *m.* y *f.* Fabricante de instrumentos musicales, quirúrgicos, etc. 2 MED Persona que cuida del instrumental y lo proporciona al cirujano durante la intervención. 3 MÚS Persona que toca un instrumento musical.

instrumento 1 *m.* Cualquier utensilio que sirve para hacer alguna cosa; es sinónimo de herramienta, aunque el uso lo restringe a fines más delicados. 2 DER Documento para probar algún hecho. 3 MÚS **INSTRUMENTO** musical. || ~ **musical** MÚS Objeto con que se producen sonidos musicales; el conjunto de ellos constituye una banda o una orquesta, y se dividen en tres grandes grupos: cuerda, viento y percusión. **~s de cuerda** MÚS En los que el sonido se produce por la vibración de una cuerda. Pueden ser de cuerda frotada (violín, viola, violonchelo y contrabajo), cuerda golpeada, como el piano, y cuerda pulsada, como la guitarra y el arpa. **~s de percusión** MÚS En los que el sonido se obtiene por choque de distintas partes entre sí, o golpeando con varillas, baquetas, mazos, escobillas, etc., o con las manos **~s de viento** MÚS Los que se hacen sonar impeliendo aire dentro de ellos. Pueden ser de madera (oboe, flauta de pico, clarinete), de fuelle (órgano), de lengüeta vibrante (armónica, acordeón) o de metal (corneta, flauta travesera, trombón, trompeta).

insubordinar *tr.* y *prnl.* No acatar la autoridad constituida y rebelarse contra ella.

insuficiencia 1 *f.* Falta de suficiencia. 2 Escasez de algo. 3 MED Incapacidad total o parcial de un órgano para realizar adecuadamente sus funciones: *Insuficiencia renal.*

insuficiente *adj.* No suficiente.

insuflar *tr.* Introducir en alguien o algo un gas, un líquido o una sustancia pulverizada.

insufrible *adj.* Que no se puede sufrir o que es muy difícil de soportar.

ínsula 1 *f.* **ISLA**. 2 Territorio pequeño o poco importante, como el que Don Quijote le prometió a Sancho Panza: *La ínsula Barataria.*

insular 1 *adj.* y *s.* Natural de una isla. 2 *adj.* Perteneciente o relativo a una isla.

insularidad 1 *f.* Cualidad de insular. 2 Aislamiento, retraimiento.

insulina 1 *f.* BIOQ Hormona del páncreas que mantiene constante el nivel de glucosa y regula el metabolismo de los hidratos de carbono; su deficiencia causa diabetes. 2 FARM Medicamento hecho con esta sustancia y usado contra la diabetes.

insulso, sa 1 *adj.* Falto de gracia y viveza. 2 **INSÍPIDO**.

insultar *tr.* Dirigir palabras ofensivas contra personas o instituciones.

insulto *m.* Acción y efecto de insultar.

insumergible *adj.* No sumergible.

insumisión *f.* Falta de sumisión, desobediencia.

insumiso, sa 1 *adj.* y *s.* Que no obedece o no se somete. 2 Que rechaza la obligación de cumplir con el servicio militar.

insumo *m.* ECON Cada uno de los factores que intervienen en la producción de bienes y servicios.

insuperable *adj.* Imposible o muy difícil de superar.

insurgente *adj.* y *s.* Levantado o sublevado.

insurrección *f.* Sublevación o levantamiento de un pueblo, de una unidad militar, etc.

insurreccionar *tr.* Instigar a las gentes para que se amotinen contra las autoridades.

insurrecto, ta *adj.* y *s.* Rebelde y sublevado contra el gobierno constituido.

insustituible *adj.* Que no puede sustituirse.

intacto, ta 1 *adj.* No tocado o palpado. 2 Que no ha padecido alteración o deterioro. 3 Puro, sin mezcla.

intangible 1 *adj.* Que no debe o no puede tocarse. 2 ECON Dicho de una actividad, una inversión o un valor, etc., que carece de existencia física, pero puede poseerse legalmente.

A B C D E F G H I J K L M N Ñ O P Q R S T U V W X Y Z

integración 1 *f.* Acción y efecto de integrar. 2 MAT Cálculo de una integral. 3 Incorporación de elementos étnicos o religiosos dispares de un grupo social a una sociedad uniforme y abierta.
integracionismo *m.* POLÍT Forma de organización política y racial, basada en la inclusión.
integrado, da *adj.* ELECTR **circuito ~.**
integral 1 *adj.* Que abarca todos los aspectos o partes de algo. 2 Dicho de una parte de un todo, que, sin ser esencial, contribuye a su formación. 3 MAT **cálculo ~.** 4 *f.* MAT Aplicación lineal definida sobre un conjunto de funciones, y que es tal que su conjunto imagen está constituido por números, funciones o clases de funciones. 5 MAT Signo ($\int$) con que se indica la integración. || ~ **definida** MAT Cuando la aplicación se asocia a un número o una función definidos; en general se considera que la integral definida es la de Riemann (que se denota mediante la expresión $\int a\ bf(x)dx$, y cuya interpretación geométrica es el área comprendida entre la función $f(x)$ y el intervalo del eje de abscisas comprendido entre los puntos a y b de este). ~ **indefinida** MAT Conjunto de todas las primitivas (funciones cuya derivada es igual a la función buscada) de una función dada (que difieren entre sí en una constante).
integrar 1 *tr.* Formar personas o cosas un todo. 2 Comprender, contener, incluir en sí algo. 3 MAT Calcular una integral. 4 *tr.* y *prnl.* Hacer que alguien o algo pase a formar parte de un todo.
integridad *f.* Calidad de íntegro, tanto en el aspecto físico como en el moral.
integrismo *m.* Actitud rígidamente conservadora de las posiciones tradicionales, y, de manera especial, de las religiosas.
íntegro, gra 1 *adj.* Que no carece de ninguna de sus partes. 2 Dicho de una persona, que es recta, proba, intachable.
intelecto *m.* Entendimiento, razón, como facultad con que el ser humano piensa y comprende.
intelectual 1 *adj.* Perteneciente o relativo al entendimiento. 2 *adj.* y *s.* Dedicado al cultivo de las ciencias y letras.
intelectualidad *f.* Conjunto de los intelectuales de un país.
inteligencia 1 *f.* Capacidad mental que permite entender, comprender y emitir respuestas útiles. 2 POLÍT **servicio** de ~. || ~ **artificial** INF Capacidad tecnológica de una máquina de realizar funciones similares a las del pensamiento humano. Aplicada a sistemas y programas informáticos, es utilizada en el procesamiento de la información, el reconocimiento de modelos, en robótica, juegos, áreas de diagnóstico médico, etc.
inteligente 1 *adj.* Que tiene inteligencia. 2 *adj.* y *s.* Persona de inteligencia destacada.
inteligible 1 *adj.* Que se puede entender. 2 Que es específico del conocimiento racional, sin intervención de los sentidos corporales.
intemperancia 1 *f.* Falta de templanza. 2 Salida de tono en una conversación.
intemperie *f.* Destemplanza del tiempo. || **a la** ~ Al aire libre.
intempestivo, va *adj.* Que es o está fuera de tiempo y oportunidad.
intemporal *adj.* No sujeto al tiempo.
intención *f.* Determinación de la voluntad hacia un fin concreto.
intencionado, da 1 *adj.* Que tiene alguna intención. 2 A propósito.
intencional 1 *adj.* Perteneciente o relativo a la intención. 2 Deliberado, hecho a propósito. 3 FIL Dicho de un acto referido a un objeto y del objeto en cuanto es término de esa referencia.
intendencia 1 *f.* Cargo, dignidad, distrito y oficina del intendente. 2 Antigua división político-administrativa de Colombia que no gozaba de autonomía administrativa. 3 Cuerpo del ejército encargado del abastecimiento de víveres, vestuario y material a las tropas.
intendente 1 *m.* y *f.* Cargo superior, en ciertos servicios económicos. 2 Jefe de una empresa perteneciente al tesoro público.
intensidad 1 *f.* Grado de energía de un agente natural o mecánico, de una cualidad, de una expresión, etc. 2 Vehemencia de los afectos o sentimientos, así como de las formas artísticas y literarias que los expresan. || ~ **de la corriente** ELECTR Magnitud fundamental del sistema internacional que representa la carga que circula por unidad de tiempo a través de una sección determinada de un conductor. Su símbolo es I, y se mide en amperios. ~ **luminosa** FÍS Magnitud que expresa el flujo luminoso emitido por una fuente puntual en una dirección determinada por unidad de ángulo sólido. Su unidad en el sistema internacional es la *candela.*
intensificar *tr.* y *prnl.* Aumentar la intensidad de alguna energía o de cualquier actividad.
intensivo, va *adj.* Que aumenta y potencia una intensidad ya existente: *Cuidados intensivos.*
intenso, sa 1 *adj.* Que tiene intensidad. 2 Muy vehemente y vivo.
intentar 1 *tr.* Tener ánimo de hacer algo poniendo los medios adecuados. 2 Iniciarlo de hecho. 3 Esforzarse por conseguir algo.
intento *m.* Intención, propósito.
interacción 1 *f.* Acción o influencia recíproca entre dos o más personas o cosas. 2 FÍS Acción recíproca que se ejerce entre dos partículas o sistemas físicos, y que se caracteriza por el intercambio de una magnitud física. Se conocen cuatro interacciones fundamentales: la gravitatoria, la electromagnética, la débil y la fuerte. A ellas se deben todos los fenómenos que ocurren en la naturaleza. || ~ **débil** FÍS La que se da entre partículas elementales del grupo de los leptones y explica algunos fenómenos nucleares. ~ **electromagnética** FÍS La que está asociada a las cargas eléctricas y explica los fenómenos atómicos. Es unas cien veces menos intensa que la fuerte y es la responsable de que los electrones estén unidos a los núcleos, para formar los átomos, y de que estos formen las moléculas. ~ **fuerte** FÍS La que se da entre partículas elementales del grupo de los hadrones; explica la estructura del núcleo atómico, las fuerzas nucleares y la creación de partículas en procesos nucleares de alta energía. ~ **gravitatoria** FÍS La asociada a la masa de los cuerpos; explica el movimiento de los astros y el peso de los cuerpos.
interaccionar *intr.* Ejercer o realizar una interacción.
interactividad *f.* Cualidad de interactivo.
interactivo, va 1 *adj.* Que procede por interacción. 2 INF Dicho de un programa, que permite una interacción, a modo de diálogo, entre el computador y el usuario.
interactuar *intr.* INTERACCIONAR.
interamericano, na *adj.* Perteneciente o relativo a cualquier clase de relaciones multilaterales entre países americanos.
interandino, na 1 *adj.* Dicho de una relación (comercial, cultural, etc.) entre los países del área geográfica de los Andes. 2 GEO Dicho de un valle, que está situado entre dos sistemas montañosos andinos.
intercalar *tr.* Poner una cosa entre otras dos: un nombre en una lista, una ficha entre otras dos, una exclamación entre dos palabras, etc.

intercambiable *adj.* Dicho de cada una de las piezas de similar figura y función, que pertenecen a objetos fabricados con igualdad, y que pueden ser utilizadas en ellos sin necesidad de modificación.

intercambiar *tr.* Cambiar recíprocamente, realizar un intercambio de cosas, ideas, etc.

intercambio 1 *m.* Acción y efecto de intercambiar. 2 ECON Venta y compra de trabajo, recursos, productos y servicios dentro de una sociedad. || ~ **iónico** QUÍM Método que consiste en pasar una disolución a través de ciertos materiales sólidos porosos, que contienen moléculas grandes y complejas, para sustituir los iones de la disolución por otros con la misma carga. Permite extraer productos químicos de una disolución que contiene grandes cantidades de otros productos.

interceder *intr.* Mediar en favor de alguien con el propósito de lograr para él alguna cosa.

intercelular *adj.* BIOL Situado entre las células: *Sustancia intercelular.*

interceptar 1 *tr.* Apoderarse de alguna cosa antes de que llegue a su destino. 2 Detener una cosa en su camino. 3 Interrumpir y cortar una vía de comunicación.

intercomunicación 1 *f.* Comunicación recíproca. 2 Comunicación telefónica entre las distintas dependencias de un edificio.

interconexión 1 *f.* Acción y efecto de conectar entre sí dos o más asuntos, ideas, elementos, mecanismos, sistemas, etc. 2 ELECTR Conexión entre dos o más sistemas de producción y distribución de corriente eléctrica.

interconsulta *f.* Acto mediante el cual un médico remite a un paciente a otro profesional de la salud para darle una atención complementaria en cuanto a su diagnóstico, tratamiento o rehabilitación.

intercontinental *adj.* Que llega de uno a otro continente.

intercultural *adj.* Perteneciente o relativo a lo que vincula a dos o varias culturas.

interdental *adj.* FON Dicho de un sonido consonántico, que se pronuncia colocando la punta de la lengua entre los incisivos, como el de la *z* en los hablantes de la mayor parte de España.

interdependencia *f.* Dependencia recíproca.

interdicción *f.* Privación legal de ciertos derechos civiles.

interdigital *adj.* ANAT Dicho de una membrana o de un músculo, que está entre los dedos.

interdisciplinario, ria *adj.* Dicho de una investigación o enseñanza, que se realiza mediante la cooperación de varias disciplinas.

interés 1 *m.* Inclinación del ánimo hacia algo o alguien. 2 Conveniencia o necesidad de carácter colectivo en el orden moral o material. 3 ECON Ganancia que produce el capital en régimen de préstamo. Se expresa como el porcentaje sobre la totalidad del dinero prestado, que se paga por la utilización de este a lo largo de determinado tiempo. || ~ **compuesto** ECON En el que no solo se paga sobre la totalidad del dinero prestado, sino también sobre el total acumulado y de los intereses pendientes de pago. ~ **simple** ECON Interés que se paga solo sobre la totalidad del dinero prestado.

interesado, da 1 *adj.* y *s.* Que tiene interés en algo. 2 Que se mueve solo por el provecho personal.

interesante *adj.* Que suscita interés o curiosidad.

interesar 1 *tr.* Hacer tomar parte a alguien en los negocios o intereses ajenos, como si fuesen propios. 2 Inspirar interés o afecto a una persona. 3 Cautivar la atención con lo que se dice o escribe. 4 *prnl.* Adquirir o mostrar interés por alguien o algo.

interestelar *adj.* ASTR **espacio** ~; **materia** ~.

interfase *f.* BIOL Periodo preliminar a la división celular, durante el cual tiene lugar la síntesis de proteínas y la replicación del material genético.

interfaz 1 *f.* Zona de comunicación entre dos aparatos o sistemas independientes. 2 INF Conexión física y lógica entre una computadora y el usuario, un periférico o un enlace de comunicaciones.

interferencia 1 *f.* Acción y efecto de interferir. 2 FÍS Acción recíproca de las ondas acústicas o electromagnéticas, que provoca alteraciones de mayor o menor intensidad en el movimiento ondulatorio. || ~ **constructiva** FÍS La que se produce cuando las ondas se superponen en fases y se obtiene una onda de mayor amplitud que las iniciales. ~ **destructiva** FÍS La que se produce cuando dos ondas de amplitudes opuestas se superponen en un mismo punto y hace que estas se destruyan.

interferir 1 *tr.* e *intr.* Provocar interferencias. 2 *tr.* y *prnl.* Cruzar, interponer algo en el camino de una cosa, o en una acción. 3 TELEC *intr.* Intervenir una señal en la recepción de otra y perturbarla. ♦ Vb. irreg. conjug. c. **sentir**. V. anexo El verbo.

interferón *m.* FARM Proteína sintetizada que impide la multiplicación de las partículas virales y que se aplica a los tumores cancerosos.

intergaláctico, ca *adj.* ASTR Perteneciente o relativo a los espacios entre las galaxias.

intergeneracional *adj.* Dicho de un fenómeno, que tiene lugar o se desarrolla entre dos generaciones o más.

interglaciar *adj.* GEO Dicho de un periodo, situado entre dos glaciaciones consecutivas. Los periodos interglaciares se caracterizan por la elevación del nivel de las aguas y la aparición de una fauna y una flora propias de climas templados.

ínterin (Tb. interín) 1 *m.* Intervalo de tiempo que transcurre entre dos sucesos: *En el ínterin; En este ínterin.* 2 *adv. t.* ENTRETANTO, durante un tiempo intermedio. ♦ pl. *ínterin.*

interindividual *adj.* Que se refiere a las relaciones entre personas.

interinidad 1 *f.* Cualidad de interino. 2 Tiempo que dura el desempeño interino de un cargo.

interino, na 1 *adj.* Que sirve por algún tiempo supliendo la falta de otra persona o cosa. 2 *adj.* y *s.* Dicho de una persona, que ejerce un cargo o empleo por ausencia o falta de otro.

interinstitucional *adj.* Perteneciente o relativo a dos o más instituciones que tienen algún tipo de vínculo.

interior 1 *adj.* Que está adentro. 2 Dicho de un piso o de una habitación, que no tiene vista al exterior. 3 Perteneciente o relativo a la nación de que se habla, en contraposición a lo extranjero: *Política interior, Comercio interior.* 4 Dicho de una prenda de vestir, que se lleva directamente sobre el cuerpo. 5 *m.* La parte que está dentro de algo. 6 INTIMIDAD, zona espiritual íntima. 7 Parte central de un país. 8 *m. pl.* CIN Secuencias rodadas con decorados que representan espacios cerrados. 9 CIN Decorados entre los que se desarrollan dichas secuencias.

interioridad 1 *f.* Cualidad de interior. 2 *f. pl.* Cosas privativas y secretas de una persona, una familia, etc.

interiorismo *m.* ARQ Arte de acondicionar y decorar los espacios interiores de la arquitectura.

interiorizar 1 *tr.* Retener para sí mismo. 2 *prnl.* Entrar en uno mismo.

interjección *f.* GRAM Palabra invariable, con autonomía sintáctica, con la que el hablante expresa estados de ánimo o sensaciones, o induce a otro a la acción. Suele escribirse entre signos de **exclamación**: *¡Ay; ¡Oh!; ¡Bravo!* || ~ **propia** GRAM La que se usa exclusivamente como interjección, como: *¡Ah!; ¡Bah!; ¡Ea!; ¡Hurra!*, etc. ~ **impropia** GRAM La que en su origen era un adjetivo (*¡Bravo!*), un adverbio (*¡Aquí!*), un pronombre (*¡Otra!*), un sustantivo (*¡Caracoles!*), un verbo (*¡Vaya!*), un grupo nominal (*¡Mi madre!*) o una oración (*¡Habrase visto!*). • V. separata Las categorías gramaticales.

interlineado *m.* Espacio que queda entre las líneas de un escrito.

interlocutor, ra *m. y f.* Cada una de las personas que intervienen en un diálogo o una conversación.

interludio 1 *m.* MÚS Breve pieza tocada al órgano entre las estrofas de un himno o de un coral. 2 MÚS Fragmento sinfónico ejecutado entre dos actos de una ópera, un ballet, etc.

interlunio *m.* ASTR Tiempo en que no se ve la Luna durante su conjunción con la Tierra y el Sol.

intermediario, ria 1 *adj.* y *s.* Que media entre dos o más personas para cualquier acuerdo. 2 Dicho de un agente comercial, que media entre el productor y el vendedor.

intermedio, dia 1 *adj.* Que está entre los extremos de lugar, tamaño, tiempo o calidad. 2 *m.* Espacio que hay de un tiempo a otro o de una acción a otra.

interminable *adj.* Que no tiene término o fin.

interministerial *adj.* Perteneciente o relativo a varios ministerios.

intermitente 1 *adj.* Discontinuo; dicho de lo que cesa y luego prosigue o se repite a intervalos. 2 *m.* En un vehículo, luz de intermitencia que indica los cambios de dirección o de carril. 3 Dispositivo que enciende y apaga alternativamente una lámpara eléctrica.

internacional 1 *adj.* Perteneciente o relativo a dos o más naciones. 2 DER **derecho** ~. 3 *adj.* y *s.* DEP Dicho de un jugador, que representa a su país frente a los de otras naciones.

internacionalismo *m.* POLÍT Doctrina que antepone la fraternidad y coexistencia pacífica entre las naciones a los intereses exclusivamente nacionales.

internacionalizar 1 *tr.* POLÍT Someter un asunto al arbitrio y la autoridad de varias naciones. 2 POLÍT Intervenir en un conflicto armado bilateral países ajenos a él, extendiéndolo y agravándolo.

internado *m.* Establecimiento en que viven internos, especialmente estudiantes.

internar 1 *tr.* Trasladar tierra adentro a personas o cosas. 2 Ingresar en un internado, hospital, etc., a una persona.

internauta *m.* y *f.* Persona que navega por internet y utiliza con frecuencia esta red mundial de información y comunicación.

internet *f.* INF Interconexión de redes informáticas que permite a las computadoras conectarse entre sí en tiempo real en un ámbito mundial, para enviar y recibir información (noticias, correo electrónico, música, transferencia de ficheros, etc.) o imágenes mediante el acceso interactivo a diversas aplicaciones.

internista *adj.* y *s.* MED Dicho de un médico, que se especializa en enfermedades internas, de carácter no quirúrgico.

interno, na 1 *adj.* INTERIOR. 2 *adj.* y *s.* Dicho de un alumno, que vive dentro de un establecimiento de enseñanza. 3 Dicho de un alumno de una facultad de medicina, que presta servicios auxiliares en alguna cátedra o clínica.

interoceánico, ca *adj.* Que pone en comunicación dos océanos.

interparlamentario, ria *adj.* Dicho de una relación entre las representaciones legislativas de varios países.

interpelar *tr.* Preguntar a alguien para que dé explicaciones sobre un asunto que conoce o en el que ha intervenido.

interplanetario, ria *adj.* ASTR Dicho de un espacio, que está entre dos o más planetas.

interpolar 1 *tr.* Poner palabras o frases en un texto ajeno. 2 MAT Averiguar el valor de una magnitud en un intervalo cuando se conocen algunos de los valores que toma a uno y otro lado de dicho intervalo.

interponer 1 *tr.* y *prnl.* Colocar algo entre cosas o entre personas. 2 *tr.* Utilizar la influencia de una persona en un asunto. • Participio irreg. *interpuesto*. Vb. irreg. conjug. c. **poner**. V. anexo El verbo.

interpretación 1 *f.* Acción y efecto de interpretar. 2 Estudio minucioso de un hecho, texto, etc., para su esclarecimiento.

interpretar 1 *tr.* Explicar el sentido de una cosa, un texto o un gesto. 2 Traducir de una lengua a otra. 3 Sacar deducciones de un hecho o una acción. 4 Concebir, ordenar o expresar de un modo personal la realidad. 5 Ejecutar una pieza musical, teatral, etc.

intérprete 1 *m.* y *f.* Persona que interpreta. 2 Persona que traduce de una lengua a otra, especialmente la que lo hace de una manera simultánea.

interracial *adj.* Perteneciente o relativo a las relaciones entre personas de diferentes etnias.

interregno *m.* Espacio de tiempo en que un Estado no tiene soberano.

interrelacionar *tr.* Relacionar a varias personas o cosas entre sí.

interrogación 1 *f.* PREGUNTA. 2 ORT Signo ortográfico doble (¿?) que enmarca enunciados interrogativos directos. 3 Incógnita, falta de respuesta adecuada. 4 Figura retórica que consiste en interrogar, no para manifestar duda o pedir respuesta, sino para expresar indirectamente la afirmación, o dar más vigor y eficacia a lo que se dice. || ~ **directa** GRAM La que se caracteriza por una entonación especial y que en la escritura se representa con los signos de interrogación (¿?). • V. separata Uso de los signos de puntuación. ~ **indirecta** GRAM La que no implica entonación especial. En la escritura no aparecen signos de interrogación: *Quería saber cuánto debía*.

interrogante 1 *adj.* Que interroga. 2 *m.* o *f.* PREGUNTA. 3 Cuestión dudosa, problema no resuelto.

interrogar 1 *tr.* PREGUNTAR. 2 Someter a interrogatorio.

interrogativo, va 1 *adj.* GRAM Que implica o denota interrogación. 2 GRAM Dicho de una oración, que expresa pregunta y de los adjetivos, pronombres y adverbios usados en este tipo de oraciones.

interrogatorio 1 *m.* Serie de preguntas para esclarecer algo. 2 Acto de dirigirlas a quien las ha de contestar.

interrumpir 1 *tr.* y *prnl.* Cortar la continuidad o continuación de algo en un lugar o en el tiempo. 2 *tr.* Atravesarse una persona, especialmente en un discurso intercalando alguna pregunta.

interruptor, ra 1 *adj.* y *s.* Que interrumpe. 2 *m.* ELECTR Mecanismo que corta la corriente de un circuito.

intersecarse *prnl.* GEOM Cortarse o cruzarse dos líneas o superficies entre sí.

intersección 1 *f.* GEOM Encuentro de dos líneas, dos superficies o dos sólidos que recíprocamente se cortan. La intersección de dos líneas es un punto; la de dos superficies, una línea, y la de dos sólidos, una superficie. 2 MAT Elementos comunes a dos o más conjuntos. Su símbolo es $\cap$; por ejemplo: dados dos conjuntos A y B su intersección se representa por

A ∩ *B*, que es igual al conjunto que contiene los elementos comunes a ambos.

intersexualidad *f.* BIOL Estado de diferenciación imperfecta de sexo con mezcla de caracteres masculinos y femeninos.

intersticial *adj.* Que ocupa los intersticios.

intersticio *m.* Hendidura o espacio pequeño que media entre dos cuerpos o entre dos partes de un mismo cuerpo.

intertexto *m.* LIT Texto que se relaciona con otro porque pertenecen a un mismo autor, tiempo, género literario o desarrollan contenidos similares: El Quijote de la Mancha *es un intertexto de las novelas de caballería.*

intertextualidad *f.* LIT Conjunto de relaciones que presentan los textos entre sí, bien sea porque pertenecen a un mismo autor, tiempo, género literario o porque desarrollan contenidos similares.

intertropical 1 *adj.* GEO Perteneciente o relativo a las regiones situadas entre los dos trópicos. 2 GEO **frente** ~; **zona** tórrida o ~.

interurbano, na *adj.* Dicho de una relación y de un servicio de comunicación, que se establece entre distintas poblaciones.

intervalo 1 *m.* Distancia entre dos puntos del espacio o del tiempo. 2 FÍS Conjunto de los valores que toma una magnitud entre dos límites dados: *Intervalo de temperaturas, de energías, de frecuencias,* etc. 3 MAT Conjunto de números reales con la propiedad de que si dos números están en el conjunto, entonces cualquier otro número entre ellos también lo está. 4 MÚS Diferencia de tono entre los sonidos de dos notas musicales. || ~ **de clase** MAT Rango utilizado para dividir el conjunto de posibles valores numéricos al trabajar con grandes cantidades de datos.

intervención 1 *f.* Acción y efecto de intervenir. 2 MED Operación quirúrgica.

intervencionismo *m.* POLÍT Concepción política que defiende una acción amplia y profunda del Estado en los asuntos sociales, o de algunos Estados en los asuntos de otros países.

intervencionista 1 *adj.* Que se refiere al intervencionismo. 2 *adj.* y *s.* Partidario del intervencionismo.

intervenir 1 *intr.* Tomar parte en algo. 2 Interceder o mediar por alguien. 3 *tr.* Inspeccionar legalmente las cuentas de una persona o empresa. 4 Vigilar una autoridad la comunicación privada: *La policía intervino los teléfonos.* 5 ECON Dirigir, limitar o suspender una autoridad el libre ejercicio de actividades o funciones de una empresa financiera o industrial. 6 MED Hacer una operación quirúrgica. 7 POLÍT En países de régimen federal, ejercer el gobierno central funciones propias de los Estados o las provincias. 8 POLÍT En las relaciones internacionales, dirigir temporalmente una o varias potencias algunos asuntos interiores de otra. • Vb. irreg. conjug. c. **venir**. V. anexo El verbo.

interventor, ra 1 *m.* y *f.* Empleado que fiscaliza ciertas operaciones. 2 Persona debidamente delegada que controla los resultados de una votación o elección.

intervertebral 1 *adj.* ANAT Que está entre dos vértebras. 2 ANAT **disco** ~.

intervocálico, ca *adj.* y *f.* Dicho de una consonante, que se halla entre dos vocales.

intestinal 1 *adj.* Perteneciente o relativo a los intestinos. 2 ANAT **vellosidad** ~.

intestino, na 1 *adj.* Dicho de una guerra, un enfrentamiento, etc., interior, interno: *Lucha intestina.* 2 *m.* ANAT y FISIOL Parte del aparato digestivo entre el píloro y el ano, donde se completa la digestión de los alimentos. Es un conducto membranoso, plegado en muchas vueltas en la mayoría de los vertebrados, provisto de numerosas glándulas secretoras del jugo intestinal. || ~ **ciego** ANAT y FISIOL Parte del intestino grueso situada entre el intestino delgado y el colon. A su vez está constituido por el **apéndice** vermicular y la **válvula** ileocecal. ~ **delgado** ANAT y FISIOL Parte en que finaliza el proceso digestivo y se inicia la absorción de sustancias nutritivas. Está formado por el **duodeno,** el **yeyuno** y el **íleon.** ~ **grueso** ANAT y FISIOL Parte donde se absorbe el agua y determinados iones; desde él se excretan los materiales sólidos de desecho.

intimar *intr.* y *prnl.* Iniciar dos o más personas una relación de afecto o amistad.

intimidad 1 *f.* Amistad íntima. 2 Zona espiritual íntima y reservada de una persona o de un grupo, especialmente de una familia. 3 *f. pl.* Partes sexuales externas.

intimidar *tr.* e *intr.* Infundir o causar miedo.

intimismo *m.* ART Tendencia artística que prefiere los temas de la vida familiar o íntima.

intimista 1 *adj.* Perteneciente o relativo al intimismo. 2 *adj.* y *s.* LIT Dicho de un escritor, que expresa aspectos, emociones, etc., de la vida íntima o familiar. 3 ART Dicho de un pintor, que se inspira en temas de la vida familiar, domésticos, etc.

íntimo, ma 1 *adj.* Perteneciente o relativo a la intimidad. 2 Lo más interior o interno. 3 Dicho de lo esencial de algo. 4 *adj.* y *s.* Dicho de una amistad, muy estrecha.

intitular 1 *tr.* Poner título a un libro o escrito. 2 *tr.* y *prnl.* Dar un título o tratamiento particular a alguien o algo.

intocable 1 *adj.* y *s.* Que no se puede tocar. 2 *m.* y *f.* En India, persona perteneciente a la más baja categoría social y cuyo contacto procuran evitar las demás castas por considerarla impura.

intolerable *adj.* Que no puede tolerarse, por abusivo o doloroso.

intolerancia 1 *f.* Falta de tolerancia. 2 MED Inadaptación o dificultad del organismo para asimilar ciertas sustancias.

intoxicación *f.* Acción y efecto de intoxicar o intoxicarse.

intoxicar 1 *tr.* y *prnl.* Envenenar o infectar con tóxico. 2 Envenenar en sentido físico y en sentido figurado.

intradós 1 *m.* ARQ Superficie inferior visible de un arco o de una bóveda. 2 ARQ Cara de una dovela que corresponde a esta superficie.

intraducible *adj.* Que no puede traducirse.

intramuros *adv. l.* Dentro de una ciudad o plaza.

intramuscular *adj.* ANAT y MED Que está o se pone dentro de un músculo.

intranet *f.* INF Red tecnológica para la información y la comunicación interna en empresas o instituciones.

intranquilo, la *adj.* Falto de tranquilidad.

intransigente 1 *adj.* Que no transige. 2 Que no se presta a transigir.

intransitable *adj.* Dicho de un lugar o sitio, por donde no se puede transitar.

intransitivo *adj.* GRAM **verbo** ~.

intrascendente *adj.* Que no trasciende; frívolo, sin importancia.

intratable 1 *adj.* No tratable ni manejable. 2 Insociable o de genio áspero.

intrauterino, na *adj.* ANAT y FISIOL Que está situado u ocurre dentro del útero.

intravascular *adj.* MED Que se origina o ubica en el interior de un vaso sanguíneo.

intravenoso, sa *adj.* ANAT y MED Que está o se pone dentro de una vena.

intrepidez *f.* Valor, osadía.

intrépido, da *adj.* Que no teme en los peligros.
intriga 1 *f.* Maquinación cautelosa para conseguir un fin. 2 Enredo.
intrigar 1 *tr.* Inspirar viva curiosidad una cosa. 2 *intr.* Emplear intrigas, usarlas.
intrincado, da *adj.* Enredado, complicado, vago e impreciso.
intrincar 1 *tr.* y *prnl.* Enredar o enmarañar algo. 2 *tr.* Confundir u oscurecer los pensamientos o conceptos.
intríngulis 1 *m.* Dificultad o complicación de algo. 2 Intención solapada que se le supone a una persona.
intrínseco, ca *adj.* Íntimo, esencial.
introducción 1 *f.* Acción y efecto de introducir o introducirse. 2 Preliminares de algo. 3 Preámbulo de una obra literaria o científica. 4 Mús Parte inicial, generalmente breve, de una obra musical o de cualquiera de sus tiempos.
introducir 1 *tr.* Meter una cosa en otra. 2 Conducir a alguien al interior de un lugar. 3 Hacer que alguien sea recibido o admitido en un lugar o en un ambiente social. 4 Entrar en un lugar. 5 Lit Hacer figurar o hablar a un personaje en una obra literaria. 6 Establecer, poner en uso: *Introducir una moda, una industria, palabras en un idioma.* 7 *tr.* y *prnl.* Atraer, ocasionar: *Introducir el desorden, la discordia.* • Vb. irreg. conjug. c. **conducir**. V. anexo El verbo.
introito 1 *m.* Principio de un escrito o de una oración. 2 Rel Lo primero que decía el sacerdote en el altar al dar principio a la misa. 3 Teat Prólogo que antiguamente se hacía para explicar al público el argumento de la obra.
intromisión *f.* Entremetimiento importuno en un asunto.
introspección *f.* Observación de los propios actos o estados de ánimo o de conciencia.
introversión *f.* Acción de penetrar dentro de uno mismo, abstrayéndose del exterior.
introvertido, da 1 *adj.* Dado a la introversión. 2 *adj.* y *s.* Que exterioriza poco sus sentimientos.
intrusión 1 *f.* Acción de introducirse sin derecho. 2 Geo Penetración del magma en las rocas de la corteza terrestre superior, sin salir a la superficie.
intrusivo, va *adj.* Geo Dicho de una roca magmática, que se ha formado en zonas profundas de la corteza terrestre.
intubar *tr.* Med Colocar una sonda o un tubo en una cavidad del organismo, con fines terapéuticos.
intuición 1 *f.* Percepción clara e inmediata de una idea u objeto. 2 Fil Percepción íntima e instantánea de una idea o una verdad, tal como si se tuviera a la vista.
intuir *tr.* Percibir de forma clara e instantánea, no por razonamiento, una idea o verdad.
intuitivo, va 1 *adj.* Perteneciente o relativo a la intuición. 2 Dicho de una persona, que tiene facilidad para intuir.
inuit *adj.* y *s.* De los pueblos árticos que habitan en pequeños enclaves costeros de Groenlandia, Canadá, Alaska y el extremo NE de Siberia. Son también llamados esquimales, pero se llaman a sí mismos inuit, que significa 'gente'.
inundación *f.* Acción y efecto de inundar o inundarse.
inundar 1 *tr.* y *prnl.* Cubrir el agua o algún otro líquido un lugar. 2 Llenar con algo cosas, situaciones, etc.
inusitado, da *adj.* Muy raro, desacostumbrado.
inusual *adj.* Poco usual.
inútil 1 *adj.* No útil. 2 *adj.* y *s.* Que no puede trabajar o moverse por impedimento físico.
inutilizar *tr.* y *prnl.* Hacer inútil algo, estropearlo.
invadir 1 *tr.* Entrar por la fuerza en un lugar. 2 Entrar en funciones ajenas. 3 Ocupar anormal o irregularmente un lugar: *Las aguas invadieron la carretera.* 4 Apoderarse de alguien un sentimiento, un estado de ánimo, etc. 5 Biol y Med Penetrar y multiplicarse los agentes patógenos en un órgano u organismo.
invaginación *f.* Acción y efecto de invaginar.
invaginar *tr.* Doblar hacia el interior los bordes de la boca de un tubo, de una vejiga, de una vaina o de algo semejante.
invalidar *tr.* Anular algo, declararlo sin valor.
inválido, da 1 *adj.* Nulo y de ningún valor, por no tener las condiciones que exigen las leyes. 2 Med Que adolece de un defecto físico o mental que le impide o dificulta alguna de sus actividades.
invaluable *adj.* Inestimable, que no se puede valuar como corresponde.
invariable 1 *adj.* Que no cambia o varía. 2 Ling Dicho de una palabra, que no presenta diferentes formas para indicar las categorías gramaticales: *La palabra azul es invariable en género.*
invariancia *f.* Mat Cualidad de invariante.
invariante *f.* Mat Magnitud o expresión matemática que no cambia de valor al experimentar ciertas transformaciones; por ejemplo, la distancia entre dos puntos de un sólido que se mueve, pero no se deforma.
invasión 1 *f.* Acción y efecto de invadir. 2 Estado de un país tras haber sido ocupado por el enemigo. 3 Biol y Med Penetración de microorganismos patógenos en un organismo. || **~es germánicas** Hist Así se designan las masivas oleadas de **germanos**, que, presionados por la invasión de Europa oriental por pueblos asiáticos, penetraron en el territorio del Imperio romano a partir del s. II a. C.
invasor, ra *adj.* y *s.* Que invade.
invectiva *f.* Discurso o escrito acre y violento contra personas o cosas.
invencible *adj.* Que no puede ser vencido.
invención 1 *f.* Acción y efecto de inventar. 2 Cosa inventada. 3 **patente** de ~. 4 Engaño, ficción.
invendible *adj.* Que no puede venderse.
inventar 1 *tr.* Descubrir algo desconocido o una nueva manera de hacerlo. 2 Idear una obra literaria o artística. 3 Fingir hechos falsos; levantar embustes.
inventariar *tr.* Hacer inventario.
inventario 1 *m.* Lista ordenada de cosas. 2 Papel o documento en que figura. 3 Cantidad de mercancías de que dispone una empresa en depósito en un momento determinado.
inventiva *f.* Disposición para inventar, facultad creativa.
invento 1 *m.* Acción y efecto de inventar. 2 Cosa inventada.
inventor, ra *adj.* y *s.* Que inventa.
invernadero 1 *m.* Espacio interior especialmente acondicionado para el cultivo y la conservación de ciertas plantas de valor económico u ornamental. Generalmente consiste en una construcción cubierta de vidrio o plástico translúcido, que permite aprovechar la temperatura, la humedad y la luz exterior para conseguir las condiciones ambientales adecuadas a determinado cultivo. 2 Ecol **efecto** ~; **gas** ~.
invernal *adj.* Perteneciente o relativo al invierno.
invernar 1 *intr.* Pasar el invierno en un lugar. 2 Ser tiempo de invierno. • Vb. irreg. conjug. c. **acertar**. V. anexo El verbo.
inverosímil *adj.* Sin apariencia de verdad, improbable.
inversión 1 *f.* Acción y efecto de invertir. 2 Biol Mutación en la que una porción de cromosoma se rompe, gira, y se une de nuevo al cromosoma. 3 Cambio de sentido de la corriente. || **~ térmica** Geo Incremento de la temperatura con la altura, inverso al decreci-

miento normal de la temperatura con la altura. Se forma por enfriamiento radiactivo de la capa inferior, por calentamiento causado por el descenso de una capa superior, o por advección de aire caliente encima de aire más frío. **zona de ~** GEO Parte de la atmósfera en que el gradiente térmico cambia de signo.

inversionista *adj.* y *s.* Dicho de una persona, que hace una inversión de capital.

inverso, sa 1 *adj.* Alterado, trastornado. 2 MAT Dicho de una cantidad o una expresión, que es simétrica de otra respecto a la operación multiplicación y cuyo producto es la unidad. 3 MAT **elemento ~; función ~; número ~.**

inversor, ra 1 *adj.* Que invierte. 2 **INVERSIONISTA.** 3 ASTR **capa ~.**

invertebrado, da *adj.* y *m.* ZOOL Dicho de un animal, que carece de columna vertebral y que en consecuencia no tiene esqueleto cartilaginoso u óseo. Constituyen más del 95 % del total de la fauna y comprenden insectos, crustáceos, cefalópodos, moluscos, arácnidos, gusanos, esponjas, erizos, etc.

invertido, da 1 *adj.* Que ha experimentado inversión. 2 *m.* **HOMOSEXUAL.**

invertir 1 *tr.* Cambiar la posición o el orden de las cosas. 2 Hablando del tiempo, emplearlo u ocuparlo. 3 ECON Poner capital para la promoción de algún negocio o para que produzca intereses. 4 MAT Cambiar los lugares que en una proporción ocupan, respectivamente, los dos términos de cada razón. • Participio irreg. *inverso* y reg. *invertido*. Vb. irreg. conjug. c. **sentir**. V. anexo El verbo.

investidura 1 *f.* Acción y efecto de investir. 2 Carácter que se adquiere con la toma de posesión de ciertos cargos o dignidades.

investigación *f.* Acción y efecto de investigar.

investigar 1 *tr.* Hacer diligencias para descubrir algo. 2 Realizar actividades intelectuales y experimentales de modo sistemático con el propósito de aumentar los conocimientos sobre una determinada materia.

investir *tr.* Conferir alguna dignidad o algún cargo importante. • Vb. irreg. conjug. c. **pedir**. V. anexo El verbo.

inveterado, da *adj.* Antiguo, arraigado.

inviable 1 *adj.* Que no tiene posibilidades de llevarse a cabo. 2 Que no tiene aptitud para desarrollarse.

invicto, ta *adj.* y *s.* Nunca vencido; siempre victorioso.

invidente *adj.* y *s.* Que no ve, ciego.

invierno 1 *m.* GEO Estación más fría del año, que en el hemisferio boreal se extiende desde el 22 de diciembre hasta el 21 de marzo, y en el austral desde el 22 de junio hasta el 23 de septiembre. Sucede al otoño y precede a la primavera y se caracteriza también por la brevedad de los días y la larga duración de las noches. 2 GEO En la zona ecuatorial, donde las estaciones no son sensibles, temporada de lluvias que dura aprox. seis meses, con algunas intermitencias y alteraciones. || **~ nuclear** ECOL Alteración del clima como consecuencia de una eventual confrontación bélica en la que se emplearan armas atómicas. Acarrearía el oscurecimiento y enfriamiento de la atmósfera por el efecto de las nubes de polvo que ascenderían hasta la estratosfera luego de la pulverización del suelo tras las explosiones atómicas.

inviolabilidad 1 *f.* Calidad de inviolable. 2 Prerrogativa personal del soberano de un Estado por la que no puede ser procesado.

inviolable 1 *adj.* Que no se debe o no se puede violar o profanar. 2 Que goza de inviolabilidad jurídica.

invisible *adj.* Que no puede ser visto.

invitación 1 *f.* Acción y efecto de invitar. 2 Tarjeta con que se invita.

invitar 1 *tr.* Llamar a alguien para que asista a un acto público o solemne. 2 Estimular a la realización de alguna cosa.

in vitro (Loc. lat.) Que ocurre en el laboratorio y no de manera natural.

invocar *tr.* Llamar a alguien pidiendo ayuda; se emplea sobre todo en el lenguaje religioso.

involución *f.* Acción y efecto de involucionar.

involucionar *intr.* Retroceder, volver atrás un proceso biológico, político, cultural, económico, etc.

involucrar 1 *tr.* y *prnl.* Comprometer a alguien en un asunto. 2 *tr.* Abarcar, incluir, comprender.

involucro *m.* BOT Verticilo o conjunto de brácteas en la base de una flor o inflorescencia.

involuntario, ria *adj.* No voluntario.

invulnerable *adj.* Que no puede ser herido.

inyección 1 *f.* Acción y efecto de inyectar. 2 Líquido inyectado. 3 Introducción de cemento a presión en un terreno a fin de consolidarlo. 4 Introducción de combustible fluido en un motor de combustión interna. 5 **bomba** de ~. 6 Procedimiento de moldeo de las materias plásticas que consiste en la fusión previa del material, y su inyección posterior en un molde. 7 MAT Aplicación inyectiva. || **~ de capital** ECON Aportación de dinero para relanzar una actividad.

inyectable *adj.* y *m.* MED Dicho de un medicamento, que se aplica por inyección.

inyectar 1 *tr.* Introducir un gas o un líquido a presión. 2 MED Administrar algún fármaco o droga mediante inyección.

inyectivo, va *adj.* MAT Dicho de una aplicación de un conjunto en otro, de modo que a dos elementos distintos del primero correspondan dos elementos distintos del segundo.

inyector, ra 1 *adj.* Que inyecta. 2 *m.* Dispositivo para introducir fluidos en motores, calderas, etc. 3 Aparato que divide el combustible en finísimas gotas y lo distribuye en la carga de aire contenida en el conducto de admisión o en la cámara de combustión de un motor.

ion *m.* FÍS y QUÍM Átomo o agrupación de átomos que han perdido o ganado uno o más electrones. En el primer caso, se trata de un *catión* o ion positivo; en el segundo caso, de un *anión* o ion negativo.

iónico, ca 1 *adj.* Perteneciente o relativo al ion o a los iones. 2 QUÍM **enlace ~; intercambio ~.**

ionización 1 *m.* Acción y efecto de ionizar. 2 FÍS **energía** de ~.

ionizante *adj.* Que ioniza.

ionizar *tr.* y *prnl.* FÍS y QUÍM Disociar una molécula en iones, o convertir un átomo o una molécula en ion.

ionosfera (Tb. ionósfera) *f.* GEO Capa superior de la atmósfera, por encima de la estratosfera, a partir de los 70 km aprox. de la corteza terrestre. Presenta fuerte ionización causada por la radiación solar, y afecta de modo importante a la propagación de las ondas radioeléctricas.

iota *f.* Novena letra del alfabeto griego (Ι, ι), correspondiente a la *i* del latino.

ipecacuana 1 *f.* Planta rubiácea, de tallos sarmentosos, con hojas elípticas, flores pequeñas, blancas, fruto en baya y raíz cilíndrica. 2 Raíz de esta planta, que se usa como tónica, purgante y sudorífica.

ípsilon *f.* Vigésima letra del alfabeto griego (Υ, υ), que corresponde a la *y* del latino.

ipso facto (Loc. lat.) De inmediato, en el acto.

ir 1 *intr.* y *prnl.* Moverse de un lugar a otro. 2 *intr.* Andar de acá para allá. 3 Armonizar dos cosas. 4 Llevar o conducir a un lugar apartado del que habla: *Esta calle va al centro.* 5 Extenderse una cosa, en el tiempo o en el espacio, desde un punto a otro. 6 Jugar, apostar en

A B C D E F G H I J K L M N Ñ O P Q R S T U V W X Y Z

A B C D E F G H I J K L M N Ñ O P Q R S T U V W X Y Z

la partida de cartas o echar el naipe sobre la mesa. 7 Con el gerundio de algunos verbos, indica que la acción de lo que estos significan se realiza en el mismo momento: *Vamos caminando; Va anocheciendo.* 8 Con el participio de los verbos transitivos, equivale a padecer la acción de tales verbos, y con el de los reflexivos, hallarse en el estado producido por ella: *Ir vendido; Ir arrepentido.* 9 Tiene valor exhortativo en expresiones tales como: *Vamos a estudiar.* 10 Con la preposición *a* y un infinitivo, significa disponerse para la acción del verbo: *Voy a salir.* 11 Con la preposición *con*, tener o llevar lo que el nombre significa: *Ir con cuidado.* 12 Con la preposición *contra*, perseguir, y también sentir y pensar lo contrario de lo que significa el nombre a que se aplica: *Ir contra Pedro; Ir contra la corriente.* 13 Con la preposición *por*, estar trayendo lo que se indica: *Fue por leña.* 14 Con la misma preposición avanzar en la realización de una acción: *Voy por la página cuarenta.* 15 *prnl.* Deslizarse, perder el equilibrio. 16 Desgarrarse o romperse una tela. 17 Consumirse, gastarse, etc., una cosa. 18 Salirse un fluido del recipiente que lo contiene. 19 No poder reprimir alguien una acción determinada. 20 Borrarse algo del pensamiento o de la memoria. • Vb. irreg. conjugación modelo. V. anexo El verbo.

ira *f.* Movimiento anímico de enojo o venganza.

iraca *f.* Planta pandanácea, de hojas alternas que, cortadas en tiras, sirven para fabricar objetos de jipijapa.

iracundo, da *adj.* y *s.* Propenso a la ira.

irascible *adj.* Propenso a la ira, fácilmente irritable.

iridáceo, a *adj.* y *f.* BOT Dicho de una planta, angiosperma monocotiledónea, con rizomas, tubérculos o bulbos, hojas estrechas y enteras, flores con el periantio formado por dos verticilos de aspecto de corola, fruto en cápsula y semillas con albumen, como el lirio y el azafrán.

iridio *m.* QUÍM Metal blanco amarillento, quebradizo, muy difícilmente fusible y más pesado que el oro. Con el platino y el osmio forma aleaciones duras, resistentes a la corrosión. Símbolo: Ir. Número atómico: 77. Peso atómico: 192,2. Punto de fusión: 2410 °C. Punto de ebullición: 4130 °C.

iridiscente 1 *adj.* Que muestra o refleja los colores del iris. 2 Que brilla o produce destellos.

iris 1 *m.* ANAT Capa vascular y membranosa del ojo en cuyo centro está la pupila. 2 GEO **arco ~**.

irisar *intr.* Presentar un cuerpo fajas variadas o reflejos de luz, con colores semejantes a los del arco iris.

ironía *f.* Burla fina y disimulada.

ironizar 1 *tr.* e *intr.* Usar ironías. 2 Dar a entender lo contrario de lo que se dice.

iroqués *adj.* y *s.* De un pueblo amerindio originariamente establecido en la región de los Grandes Lagos. Eran cazadores y agricultores, estaban organizados matrilinealmente y en una confederación de tribus. Actualmente habitan en reservas del norte de EE.UU.

irracional 1 *adj.* Carente de razón o contrario a ella. 2 *adj.* y *m.* Dicho de un animal, para distinguirlo del ser humano. 3 MAT **número ~; raíz ~**.

irracionalismo 1 *m.* Actitud en la que priman la intuición, los instintos y los sentimientos sobre la razón. 2 FIL Doctrina filosófica que limita la capacidad de la razón como vehículo del conocimiento alegando que este solo es accesible mediante la intuición o las experiencias místicas.

irradiación 1 *f.* Acción y efecto de irradiar. 2 GEO Energía de la radiación solar que incide sobre una superficie. 3 MED Propagación de una sensación dolorosa desde el punto en que se origina a regiones más o menos distantes del cuerpo. 4 ÓPT Fenómeno por el cual el ojo aprecia un diámetro aparente de los objetos iluminados, mayor que el real.

irradiar 1 *tr.* Emitir un cuerpo rayos de luz, calor, etc. 2 Someter un cuerpo a la acción de radiaciones. 3 Transmitir, propagar, difundir.

irreal 1 *adj.* Carente de realidad. 2 **FALSO**.

irredentismo 1 *m.* POLÍT Doctrina que defiende la incorporación a un país de territorios extranjeros que son considerados propios, por razones históricas, de lengua, etc. 2 POLÍT Actitud de aquellos habitantes de un territorio que propugnan la incorporación de este a otra nación a la cual se sienten pertenecer. 3 POLÍT Situación o condición de irredento.

irredento, ta 1 *adj.* Que permanece sin redimir. 2 Dicho de un territorio, que una nación pretende anexarse.

irreducible 1 *adj.* Que no se puede reducir, cambiar o descomponer 2 Que no transige. 3 MAT Dicho de una fracción, cuyo numerador y denominador son números primos entre sí.

irreductible *adj.* **IRREDUCIBLE**.

irreflexivo, va 1 *adj.* Que se dice o hace sin reflexionar. 2 *adj.* y *s.* Que no reflexiona.

irregular 1 *adj.* Fuera de regla; contrario a ella. 2 Que no sucede ordinariamente. 3 Que no observa siempre el mismo comportamiento, o no rinde del mismo modo. 4 BIOL Dicho de cualquier estructura, que no sea simétrica. 5 GEOM Dicho de un polígono y de un poliedro, que no son regulares. 6 GRAM **verbo ~**. 7 LING Dicho de las estructuras sintácticas, que se desvían de la normativa lingüística.

irregularidad 1 *f.* Cualidad de irregular. 2 Acción o conducta que constituye un delito o una falta.

irremplazable *adj.* No reemplazable.

irresistible 1 *adj.* Que no se puede resistir. 2 Dicho de una persona, que es muy atractiva y simpática.

irresoluto, ta *adj.* y *s.* Que carece de resolución.

irrespirable 1 *adj.* Que no puede respirarse o que difícilmente puede respirarse: *Atmósfera irrespirable.* 2 Dicho de un ambiente social, que es muy difícil tolerar o que inspira repugnancia.

irresponsable *adj.* Dicho de una persona, que obra sin responsabilidad y reflexión.

irreversible 1 *adj.* Que no es reversible. 2 FÍS y QUÍM Dicho de una reacción química o termodinámica de un sistema, en que los diversos estados que aparecen en él no son de equilibrio.

irrevocable *adj.* Que no se puede revocar.

irrigar 1 *tr.* Aplicar el riego a un terreno. 2 FISIOL Aportar sangre a los tejidos mediante los vasos sanguíneos.

irrisorio, ria 1 *adj.* Que provoca a risa y burla. 2 Insignificante por pequeño.

irritable *adj.* Que se irrita con facilidad.

irritar 1 *tr.* y *prnl.* Mover a enojo. 2 Avivar una pasión. 3 Causar picor o quemazón en un órgano o en una parte del cuerpo.

irrumpir *intr.* Entrar violentamente en un lugar.

irrupción 1 *f.* Acometimiento impetuoso y repentino. 2 Acción y efecto de irrumpir.

isabelino, na 1 *adj.* Perteneciente o relativo a las reinas que llevaron el nombre de Isabel en España o en Inglaterra. 2 ART Dicho de ciertas manifestaciones en las artes decorativas en los reinados de Isabel I (1451-1504), Isabel II de España (1833-1868) e Isabel I de Inglaterra (1558-1603). 3 *adj.* y *s.* HIST Miembro de las tropas que defendieron la corona de Isabel II de España contra el pretendiente don Carlos.

isba *f.* Vivienda rural de madera, propia de algunos países septentrionales europeos, especialmente de Rusia.

ISBN (Del ingl.) 1 *m.* Sistema internacional que registra libros publicados asignándoles un número para su identificación y clasificación. 2 Número de identificación de cada libro publicado según este sistema. • Sigla de *International Standard Book Number.*

isla 1 *f.* GEO Porción de tierra rodeada de agua. 2 Zona que, por sus características, aparece aislada respecto a su entorno inmediato: *La monótona llanura era a veces alegrada por islas de matorrales.* 3 Zona claramente delimitada del espacio circundante en un local comercial o una vía pública. || ~ **continental** GEO La situada en la plataforma continental somera, muy cerca del continente. ~ **fluvial** GEO Terreno medianamente estabilizado y con vegetación entre los canales de un río. ~ **oceánica** GEO La que se alza desde el piso oceánico profundo.

islam 1 *m.* REL **ISLAMISMO.** 2 Conjunto de personas y de pueblos que profesan esta religión. 3 HIST Civilización surgida de la expansión del islamismo tras la conquista de La Meca (630). La predicación del islamismo llevó a los árabes a conquistar Bizancio, Siria y Egipto, dominar el Imperio persa sasánida, llegando hasta India, ocupar el N de África y establecerse en la península Ibérica. Durante este periodo los musulmanes mantuvieron una organización teocrática del Estado y demostraron una gran capacidad de asimilación de las poblaciones de los países conquistados. Por su magnitud y trascendencia, el islam constituye una de las grandes entidades históricas de la humanidad.

islámico, ca 1 *adj.* Perteneciente o relativo al islam. 2 Dicho de las manifestaciones artísticas, culturales, etc. del islam. 3 **calendario** ~.

islamismo *m.* REL Religión predicada por Mahoma, su profeta, en Arabia (s. VII). Su libro sagrado es el Corán, que recoge las revelaciones transmitidas a Mahoma por el ángel Gabriel. Monoteísmo, resurrección, juicio final y paraíso o infierno, son sus dogmas fundamentales. Sus pilares son cinco: profesión de fe, oración, limosna, ayuno durante un mes lunar (Ramadán), del alba al ocaso, y una peregrinación a La Meca en la vida. Carece de culto y de ministros, admite la poligamia y prohíbe la carne de cerdo y las bebidas alcohólicas.

islamizar *tr.* Propagar la religión y cultura islámicas.

isleño, ña 1 *adj.* y *s.* Natural de una isla. 2 *adj.* Perteneciente o relativo a una isla.

islote 1 *m.* Isla pequeña y despoblada. 2 Peñasco muy grande, rodeado de mar.

ismaelita 1 *adj.* Descendiente de Ismael, personaje bíblico. Se usa para referirse a los árabes. 2 REL Dicho de una doctrina sectaria musulmana chiita, surgida en el s. VII y que tuvo su origen en Ismail, muerto en 762, como el último imán, quien reaparecerá al final de los tiempos.

ismo *m.* Tendencia de orientación innovadora, principalmente en las artes, que se opone a lo ya existente.

isobara *f.* GEO Curva para la representación cartográfica de los puntos de la Tierra que tienen la misma presión atmosférica en un momento determinado.

isobárico *m.* FÍS y QUÍM Proceso termodinámico en el que la presión de un elemento se mantiene constante aunque haya una variación del volumen o de la temperatura.

isóbata *f.* GEO Curva para la representación cartográfica de los puntos de igual profundidad en océanos, mares y grandes lagos.

isoclina *f.* GEO Línea imaginaria que, en un mapa, une los puntos de la superficie terrestre con la misma inclinación magnética.

isócrono, na *adj.* FÍS Dicho de un movimiento, que se hace en tiempos de igual duración.

isoeléctrico, ca 1 *adj.* ELECTR Dicho de un cuerpo neutro eléctricamente, que posee el mismo número de cargas positivas que negativas. 2 ELECTR De igual potencial eléctrico.

isofena *f.* BIOL Curva para la representación cartográfica de los puntos de una región de la Tierra en donde, simultáneamente, tienen lugar determinados fenómenos **fenológicos.**

isogamia *f.* BIOL Tipo de fecundación en la cual las células sexuales presentan caracteres morfológicos idénticos. Se da principalmente en hongos, algas y protozoos.

isoglosa *f.* LING Línea imaginaria que representa en un mapa los límites donde se registra un fenómeno lingüístico fonético, gramatical o léxico.

isógono, na *adj.* GEOM De ángulos iguales.

isomería *f.* QUÍM Fenómeno por el cual dos o más compuestos químicos, cuya fórmula molecular es igual presentan diferentes disposiciones de los átomos en las moléculas, lo que implica que sus propiedades físicas y químicas son distintas.

isómero *m.* QUÍM Sustancia que tiene igual composición de elementos, pero distinta estructura molecular.

isometría *f.* GEOM Aplicación geométrica que conserva las distancias existentes entre rectas, longitudes y ángulos.

isomorfismo[1] 1 *m.* Cualidad de isomorfo. 2 MAT Correspondencia biunívoca que conserva las operaciones entre dos estructuras algebraicas.

isomorfismo[2] *m.* GEO Propiedad que tienen ciertos minerales de estructura similar para producir mezclas homogéneas.

isomorfo, fa *adj.* GEO Dicho de un cuerpo, que tiene la misma estructura molecular e igual forma cristalina que otro, pero diferente composición química.

isopreno *m.* QUÍM Hidrocarburo no saturado derivado del butadieno. Se usa en la fabricación del caucho sintético. Fórmula: C_5H_8.

isósceles *adj.* GEOM **triángulo** ~.

isosilábico, ca *adj.* Dicho de un sistema de versificación, que asigna un número fijo de sílabas a cada verso.

isospín *m.* FÍS Número cuántico que indica el estado de carga de una partícula elemental.

isostasia *f.* GEO Teoría orogénica que explica el equilibrio dinámico de la corteza terrestre como resultado de la existencia de dos capas de distinta densidad (sial y sima), en la que la menos densa flota sobre la más densa.

isotermo, ma 1 *adj.* De igual temperatura. 2 *f.* GEO Curva para la representación cartográfica de los puntos de la Tierra con la misma temperatura media anual.

isotónico, ca *adj.* QUÍM Dicho de una solución, que, a la misma temperatura, tiene igual presión osmótica.

isótopo *m.* FÍS y QUÍM Cada uno de los núcleos atómicos de un mismo elemento químico que tienen igual número de protones, pero difieren en el número de neutrones. Las propiedades químicas de los isótopos de un elemento son, por tanto, idénticas; en cambio, difieren sus propiedades físicas. || ~ **radiactivo** FÍS y QUÍM Átomo de un elemento químico que emite radiaciones radiactivas. Los isótopos radiactivos se emplean en medicina como indicadores. Para esto se utilizan cantidades muy pequeñas de ellos, que permiten estudiar la evolución de una sustancia en el interior del cuerpo humano con la ayuda de detectores de radiactividad.

isótropo, pa *adj.* FÍS Dicho de un cuerpo, que tiene la propiedad de transmitir igualmente en todos sentidos cualquier acción recibida en un punto de su masa.

isoyeta *f.* GEO Curva para la representación cartográfica de los puntos de la Tierra con el mismo índice de pluviosidad media anual.

isquemia *f.* MED Disminución del riego sanguíneo de una parte del cuerpo, producida por una alteración de la arteria o arterias aferentes a ella.

isquiático, ca *adj.* ANAT Perteneciente o relativo al isquion.

isquion *m.* ANAT Hueso que, con el ilion y el pubis, forma el hueso innominado en los mamíferos adultos.

israelí *adj.* De Israel o relacionado con este país de Asia occidental.

israelita 1 *adj.* y *s.* HEBREO. 2 *adj.* REL Perteneciente o relativo al que profesa la ley de Moisés.

ISSN (Del ingl.) 1 *m.* Sistema internacional que registra publicaciones periódicas asignándoles un número para su identificación y clasificación. 2 Número de identificación de cada publicación periódica según este sistema. • Sigla de *International Standard Serial Number*.

istmo 1 *m.* ANAT Paso estrecho que comunica dos partes de un órgano. 2 GEO Lengua de tierra que une dos continentes o una península con un continente: *istmo de Panamá.* || ~ **de las fauces** ANAT Abertura entre la parte posterior de la boca y la faringe, limitada por el velo del paladar y la base de la lengua.

itálico, ca 1 *adj.* Perteneciente o relativo a la Italia antigua. 2 *adj.* y *f.* Dicho de una letra, que es cursiva, inclinada y puntiaguda.

ítem 1 *adv.* Usado para hacer distinción de artículos o capítulos en una escritura, o por señal de adición. 2 *m.* Cada uno de tales artículos o capítulos. 3 Cada una de las partes o unidades de que se compone una prueba o un cuestionario. 4 INF Cada uno de los elementos que forma parte de un dato. • pl.: *ítems.*

iterativo, va 1 *adj.* Que se repite. 2 Dicho de una palabra, que indica repetición o reiteración, como *gotear, goteo.* 3 GRAM **verbo ~**.

iterbio *m.* QUÍM Metal blando, maleable y dúctil, del grupo de los lantánidos. Tiene aplicaciones potenciales en aleaciones, electrónica y materiales magnéticos. Símbolo: Yb. Número atómico: 70. Peso atómico: 173,04. Punto de fusión: 819 °C. Punto de ebullición: 1196 °C.

itinerante *adj.* Ambulante, que va de un lugar a otro.

itinerario, ria 1 *adj.* Perteneciente o relativo a un camino. 2 *m.* Dirección de un camino y descripción que se hace de él (lugares de interés, accidentes, paradas, etc.). 3 Ruta que se sigue para llegar a un lugar.

itrio *m.* QUÍM Elemento metálico que se encuentra como un óxido en la mayoría de los minerales de los lantánidos. Símbolo: Y. Número atómico: 39. Peso atómico: 88,906. Punto de fusión: 1522 °C. Punto de ebullición: 3338 °C.

itzá *adj.* y *s.* HIST De un pueblo maya que en el s. V se estableció en Guatemala y Belice. Fueron los fundadores de la ciudad de Chichén-Itzá, que abandonaron en el s. VII y volvieron a ocupar en el s. X. Hasta finales del s. XVII se resistieron a la dominación española.

izar *tr.* Hacer subir una cosa tirando de la cuerda a la que está atada, la cual pasa por un punto más elevado.

izquierda *f.* POLÍT Conjunto de personas que profesan ideas reformistas o, en general, no conservadoras.

izquierdista *adj.* y *s.* POLÍT Dicho de una persona, un partido, una institución, etc., que comparte las ideas de la izquierda.

izquierdo, da 1 *adj.* Dicho de una parte del cuerpo humano, que está situada al lado del corazón, y de cada uno de los miembros de ese lado. 2 Que está situado en el mismo lado que el corazón del observador. 3 En las cosas que se mueven, dicho de lo que está en su parte izquierda o de cuanto cae hacia ella, considerado en el sentido de su marcha o avance. 4 ZURDO. 5 *f.* Mano del lado del corazón.

j *f.* Décima letra del alfabeto español. • Su nombre es *jota*, y representa un sonido velar, sordo y fricativo. En posición final de palabra, su sonido se relaja: *Reloj*. pl.: *jotas*.

jabalí, lina *m.* y *f.* Mamífero artiodáctilo de cabeza aguda, hocico alargado, pelaje gris de cerdas muy fuertes, y colmillos largos y afilados.

jabalina 1 *f.* Arma arrojadiza, menor que la lanza. 2 Dep Especie de lanza, en fibra de vidrio o metal, con que se efectúa la prueba atlética de lanzamiento de jabalina.

jabardo *m.* Enjambre pequeño que se separa de una colmena.

jabón 1 *m.* Quím Compuesto químico que resulta de la saponificación de los ésteres de los ácidos grasos esteárico, oleico y palmítico con glicerina, o de ésteres glicéridos con hidróxido de sodio o potasio. Es soluble en el agua y, por sus propiedades detersorias, sirve comúnmente para lavar. 2 Cualquiera de dichos compuestos presentado comercialmente en pasta, líquido o polvo, con ciertos aditivos aromáticos o colorantes. 3 Cualquier otra materia que tenga uso semejante.

jabonar 1 *tr.* Limpiar con agua y jabón. 2 *tr.* y *prnl.* Frotar el cuerpo, o parte de él, con agua y jabón. 3 Aplicar jabón o espuma a la barba para afeitarla.

jaboncillo *m.* Árbol sapindáceo, de flores amarillas en racimos y fruto carnoso como una cereza, que se utiliza como jabón.

jabonero, ra 1 *m.* y *f.* Persona que fabrica o vende jabones. 2 *f.* Útil para colocar el jabón. 3 Planta cariofilácea, con hojas lanceoladas y flores grandes y olorosas en panoja. El zumo de esta planta y su raíz hacen espuma con el agua y se utilizan como jabón.

jabonoso, sa 1 *adj.* Que es de jabón o de la naturaleza del jabón, o que está mezclado con jabón. 2 **RESBALADIZO.**

jaca *f.* Caballo de poca alzada.

jácara 1 *f.* Lit Romance escrito en la jerga de los rufianes y malhechores. Muy cultivado en el s. XVII. 2 Cuento, historia. 3 Teat Mezcla de danza y diálogo burlesco que se ejecutaba en los entreactos de las representaciones teatrales. 4 Mentira, patraña.

jacinto 1 *m.* Planta anual liliácea de hojas radicales, largas y angostas, flores variopintas en racimo cilíndrico, y fruto capsular con varias semillas. 2 Flor de esta planta. 3 Piedra semipreciosa transparente de color rojo amarillento, variedad de circón. || **~ de agua** Hierba acuática tropical de flores azules en espiga abierta, situadas 30 cm por encima de las hojas.

jacobinismo 1 *m.* Doctrina de los jacobinos. 2 Polít Tendencia de carácter radical y populista que defiende la democracia y las libertades individuales.

jacobino, na *adj.* y *s.* Hist Dicho de un miembro del partido, y de este mismo partido, que en la primera Asamblea Nacional Francesa (1789-94) acabó constituyendo el ala más radical en la defensa de los ideales republicanos y de las libertades democráticas; Robespierre y Saint-Just fueron sus jefes. Desapareció en agosto de 1799.

jacobita *adj.* y *s.* Hist Partidario de la restauración en el trono de Inglaterra de Jacobo II Estuardo o de sus descendientes.

jactancia *f.* Alabanza propia, desordenada y presuntuosa.

jactar *prnl.* y *tr.* Pavonearse alardeando cualidades o posibilidades reales o falsas.

jaculatoria *f.* Rel Oración breve y fervorosa.

jacuzzi *m.* Bañera dotada de hidromasaje.

jade *m.* Piedra semipreciosa compacta, translúcida, blanquecina o verdosa con manchas rojizas o moradas, de composición similar a la del feldespato.

jadear *intr.* Respirar anhelosamente por efecto de algún trabajo o ejercicio muy fuerte.

jaez 1 *m.* Adorno que se pone a las caballerías. 2 Cualidad o propiedad de algo.

jaguar *m.* Félido tropical americano de casi 2 m de largo y 80 cm de alzada, con pelaje amarillento rojizo con manchas negras, cabeza y cuerpo robustos y extremidades sólidas y más bien cortas. Es un trepador y nadador excelente.

jagüey *m.* Balsa, pozo o zanja llena de agua, artificialmente o por filtraciones naturales del terreno.

jaiba *f.* Crustáceo decápodo marino propio de las costas templadas y tropicales de América. Tiene cuatro dientes manifiestos y otro supraorbital y abdomen de color amarillo moteado con manchas rojas.

jaibaná *m.* Figura líder entre los miembros del grupo indígena de los emberas. Es ante todo un chamán.

jaima *f.* Tienda de los nómadas árabes.

jainismo *m.* Rel y Fil Sistema religioso y filosófico hindú fundado hacia el s. VI a. C., que tiene su origen en la reacción contra el sistema de castas hindú y la práctica de sacrificar animales. Propugna la no violencia respecto a todas las criaturas, el ascetismo riguroso como vía de perfección, y la reencarnación como medio de salvación.

jaique *m.* Vestidura árabe femenina que cubre todo el cuerpo.

jalar 1 *tr.* **HALAR.** 2 *prnl.* **EMBORRACHARSE.**

jalbegue 1 *m.* Blanqueo de las paredes hecho con cal o arcilla blanca. 2 Lechada de cal dispuesta para blanquear o enjalbegar.

jalea 1 *f.* Conserva gelatinosa hecha con ciertas frutas. 2 FARM Cualquier medicamento de esa consistencia y muy azucarado. || ~ **real** Sustancia secretada por las abejas que sirve de alimento para las larvas durante los tres primeros días de su vida y para la reina permanentemente. Se utiliza en medicina como reconstituyente.

jaleo *m.* Diversión bulliciosa.

jalifa *m.* HIST Delegado supremo del sultán en el antiguo protectorado español de Marruecos.

jalón[1] 1 *m.* HITO, situación importante, punto de referencia. 2 Vara que señala los puntos fijos en el levantamiento de un plano topográfico.

jalón[2] *m.* TIRÓN, acción y efecto de tirar con fuerza y bruscamente de algo.

jalonar 1 *tr.* HALAR. 2 Establecer jalones.

jalonear *tr.* HALAR.

jamás *adv. t.* NUNCA, en ningún tiempo.

jamba *f.* ARQ Cada una de las dos piezas labradas que, puestas verticalmente en los dos lados de las puertas o ventanas, sostienen el dintel o el arco de ellas.

jamelgo *m.* Caballo flaco y desgarbado, por hambriento.

jamón 1 *m.* Pierna curada del cerdo. 2 Carne de esta pierna. || ~ **dulce** El obtenido por cocción, generalmente deshuesado y moldeado. ~ **serrano** El de calidad superior, secado en climas secos y fríos de montaña.

jansenismo 1 *m.* REL e HIST Doctrina de C. Jansen, obispo flamenco del s. XVII, que exageraba las ideas de san Agustín respecto de la influencia de la gracia para obrar el bien, con mengua de la libertad humana. 2 HIST En el s. XVIII, tendencia que propugnaba la autoridad de los obispos, las regalías de la Corona y la limitación del poder papal.

jansenista 1 *adj.* Perteneciente o relativo al jansenismo. 2 *adj.* y *s.* Seguidor del jansenismo.

jaque 1 *m.* En el ajedrez, lance con que una pieza amenaza directamente al rey y que supone la obligación de avisar al contrincante. Se usa también cuando se amenaza directamente a la reina, sin tal obligación. 2 Palabra con que se avisa. 3 Ataque, amenaza, acción que perturba o inquieta a alguien. || ~ **mate** En el ajedrez, MATE[1], lance que pone término al juego.

jaqueca *f.* MED Dolor intenso de cabeza, que se da de forma periódica y afecta solo a una zona.

jaquetón *m.* TIBURÓN blanco.

jáquima *f.* Cabezada de cordel, que suple por el cabestro, para atar las bestias y llevarlas.

jarabe 1 *m.* Bebida que se hace cociendo azúcar en agua hasta que se espesa, añadiéndole zumos refrescantes o sustancias medicinales. 2 FARM Medicamento en forma de solución muy azucarada. 3 FOLCL Música y baile popular mexicanos con el estilo del zapateado andaluz.

jarana 1 *f.* Diversión bulliciosa. 2 Pendencia, tumulto. 3 Chanza, burla. 4 Baile de confianza, que no es de etiqueta.

jarcha *f.* LIT Canción lírica de dos o cuatro versos escrita en dialecto mozárabe, como estribillo de algunas composiciones hebreas o árabes; constituye la primera manifestación lírica en lengua románica.

jarcia 1 *f.* Conjunto de instrumentos y redes para pescar. 2 *f. pl.* Aparejos y cabos de un buque.

jardín 1 *m.* Terreno en que se cultivan flores y plantas decorativas. 2 Letrina en los buques. 3 Defecto de las esmeraldas. 4 DEP En el béisbol, zona periférica del terreno de juego. || ~ **botánico** Terreno destinado para cultivar las plantas que tienen por objeto el estudio de la botánica. ~ **de infantes** o **infantil** Establecimiento de educación al que asisten niños de edad preescolar.

jardinear *intr.* Trabajar en el jardín por afición.

jardinería *f.* Arte y oficio del jardinero.

jardinero, ra 1 *m.* y *f.* Persona que cuida un jardín. 2 DEP En el juego de béisbol, jugador que atiende los jardines. 3 *f.* Mueble para colocar macetas con plantas o las mismas plantas. 4 Vestidura femenina holgada que no se ajusta al cuerpo.

jareta *f.* Dobladillo en el borde de una pieza de ropa, por el que puede introducirse una cinta, un cordón o una goma, y sirve para fruncir la tela.

jariyí *adj.* JARIYITA.

jariyismo *m.* HIST y REL Primera doctrina sectaria islámica que surgió cuando Alí (656), primo y yerno de Mahoma, y sus seguidores repudiaron a Muhawilla en la sucesión por el califato, ya que sostenían que había sido Alá el que había decretado la creación del califato para Alí.

jariyita *adj.* Perteneciente o relativo al jariyismo.

jarra 1 *f.* Vasija con cuello, asa y boca en pico. 2 Líquido que contiene esta vasija.

jarrete 1 *m.* Corva de la pierna humana. 2 Corvejón de los cuadrúpedos. 3 Parte alta y carnosa de la pantorrilla hacia la corva.

jarretera 1 *f.* Liga con su hebilla, con que se ata la media o el calzón por el jarrete. 2 Orden militar instituida en Inglaterra, llamada así por la insignia que se añadió a la Orden de San Jorge, que fue una liga.

jarro *m.* Vasija a manera de jarra y con solo un asa.

jarrón *m.* Vaso grande que sirve como adorno o para contener flores.

jaspe 1 *m.* Piedra silícea, dura y opaca, de grano fino y homogéneo y de colores variados, según las impurezas; es una especie de calcedonia. 2 Mármol veteado.

jaspeado, da 1 *adj.* Veteado o salpicado de pintas como el jaspe. 2 *m.* Acción y efecto de jaspear.

jaspear *tr.* Pintar imitando las vetas y salpicaduras del jaspe.

jauja *f.* Tipo de prosperidad y abundancia.

jaula 1 *f.* Caja de alambres, barrotes o listones de madera para encerrar animales. 2 Cualquier embalaje que adopta esa forma.

jauría *f.* Conjunto de perros que cazan mandados por el mismo perrero.

jayán, na *m.* y *f.* Persona de gran estatura, robusta y de muchas fuerzas.

jazmín 1 *m.* Planta oleácea de tallos trepadores, hojas alternas y compuestas, flores blancas y olorosas en forma de embudo, y fruto en baya negra. Sus flores se utilizan en perfumería. 2 Flor de este arbusto.

jazz (Voz ingl.) *m.* MÚS Forma de expresión musical surgida a finales del s. XIX derivada de los cantos y de las melodías afronorteamericanos. Tiene algunos elementos de la música popular europea, así como de la música religiosa. Su antecedente inmediato fue la música festiva de Nueva Orleans, en la que se acentúa progresivamente la importancia del intérprete y de la improvisación, y se conserva una marcada base rítmica.

jean (Voz ingl.) *m.* BLUYÍN.

jeep (Voz ingl.) *m.* TODOTERRENO, automóvil.

jefatura 1 *f.* Cargo y dignidad de jefe. 2 Sede de ciertas instituciones.

jefe, fa *m.* y *f.* Persona que dirige un trabajo, una institución, un partido, una cuadrilla de trabajo, una facción, un cuerpo militar, etc. || ~ **de Estado** Autoridad superior de un país. ~ **de Gobierno** Presidente del Consejo de Ministros.

jején *m.* Insecto díptero menor que el mosquito y de picadura más irritante.

jeme *m.* Distancia que hay desde la extremidad del dedo pulgar a la del índice, separado el uno del otro todo lo posible.

jemer *adj.* y *s.* De un pueblo mongol que en la actualidad constituye la mayor parte de la población de Camboya. Entre los ss. VII y XV crearon un potente Estado en la península de Indochina. || **~es rojos** Seguidores del partido comunista jemer, dirigido por Pol Pot y Khieu Samphan. Detentaron el poder en Camboya entre 1975 y 1979, y aplicaron políticas de comunismo extremo. Más de dos millones de personas murieron en sus campos de exterminio.

jengibre 1 *m.* Planta cingiberácea con hojas radicales, lanceoladas, flores purpúreas con escapo central y fruto en cápsula. 2 Rizoma de esta planta, aplastado y nudoso, blanco amarillento por dentro, de olor aromático y de sabor acre y picante; se usa como especia.

jenízaro, ra *m.* HIST Soldado de infantería de la Guardia Imperial turca, que generalmente era reclutado entre hijos de cristianos.

jeque *m.* Jefe o gobernador musulmán que gobierna y manda un territorio o una provincia, como soberano o como feudatario.

jerarca *m.* y *f.* Persona de categoría elevada en una corporación o iglesia.

jerarquía 1 *f.* Orden o graduación entre personas y cosas. 2 Conjunto de los jefes de un estamento, organización, etc. 3 REL Por su contenido semántico religioso, dicho de los distintos órdenes de ángeles en la teología cristiana. 4 ZOOL Dicho de un comportamiento animal, relación de dominio y subordinación que se establece entre los individuos de una misma especie al formar grupo.

jerarquizar *tr.* Organizar por jerarquías algo.

jerbo *m.* Mamífero roedor del norte de África, de 10 cm de largo más la cola que mide 20 cm. Las patas posteriores son extraordinariamente largas.

jerez *m.* Vino español, blanco y fino, que se cultiva en Jerez de la Frontera y algunos pueblos limítrofes.

jerga *f.* Lenguaje específico de ciertos oficios y profesiones.

jergón *m.* Colchón de paja, esparto o hierba, sin bastas.

jerife 1 *m.* Descendiente de Mahoma por línea de su hija Fátima. 2 En Marruecos, miembro de la casa reinante. 3 Antiguo jefe superior de la ciudad de La Meca.

jerigonza 1 *f.* Lenguaje de argot o jerga. 2 Lenguaje complicado y difícil de entender.

jeringa *f.* Tubito con émbolo en su interior en el que se enchufa una aguja hueca de punta aguda cortada a bisel, y que se emplea para inyectar sustancias medicamentosas en tejidos u órganos o para extraer líquidos.

jeringar *tr.* y *prnl.* coloq. Molestar, fastidiar.

jeringonza *f.* JERIGONZA.

jeringuear *tr.* y *prnl.* coloq. JERINGAR.

jeroglífico, ca 1 *adj.* **escritura ~.** 2 *m.* Cada signo de dicha escritura. 3 Conjunto de signos y figuras con que se expresa una frase, ordinariamente por pasatiempo. 4 Cosa difícil de explicar.

jerónimo, ma 1 *adj.* y s. Integrante de la Orden de San Jerónimo, fundada en 1373 en España. Los grandes monasterios españoles, como Yuste, El Parral, Guadalupe y San Lorenzo de El Escorial, entre otros, pertenecen a esta orden. 2 *adj.* Perteneciente o relativo a la Orden de San Jerónimo.

jersey *m.* YÉRSEY.

jesuita 1 *adj.* y *m.* Dicho de un una persona, que es de la orden religiosa de la Compañía de Jesús. 2 *adj.* Perteneciente o relativo a la Compañía de Jesús, orden religiosa fundada por san Ignacio de Loyola en 1533. Abanderada de la Reforma católica, unía a los tres votos tradicionales un cuarto de obediencia directa al papa.

jet (Voz ingl.) *m.* Avión que usa motor de reacción.

jeta 1 *f.* Boca abultada. 2 Hocico de ciertos animales, especialmente de los domésticos. 3 vulg. Boca: *Le dieron en la jeta.*

jet lag (Loc. ingl.) *m.* Malestar producido por un desfase temporal de algunas funciones físicas y psíquicas que alguien sufre luego de realizar un viaje en avión con cambios de horarios considerables.

jet set (Loc ingl.) *f.* Clase social internacional, rica y ostentosa.

ji *f.* Vigesimosegunda letra del alfabeto griego (χ, X), que corresponde a *ch*, *c* o *qu*.

jíbaro 1 *adj.* y *s.* De un pueblo amerindio asentado en la región amazónica del E de Ecuador y en las zonas limítrofes del N de Perú, en las laderas bajas orientales de los Andes. Actualmente viven de la agricultura y de la caza. No tienen una organización política formal. 2 CAMPESINO, persona que vive y trabaja en el campo.

jibia *f.* Cefalópodo decápodo, de cuerpo oval, con una aleta a cada lado. El dorso está cubierto por una concha calcárea, blanda y ligera. Alcanza 30 cm de largo y es comestible.

jícara 1 *f.* Taza pequeña sin asas para tomar chocolate. 2 TOTUMA, vasija.

jicotea *f.* HICOTEA.

jilguero, ra *m.* y *f.* Ave paseriforme europea de 12 cm de longitud y 23 cm de envergadura. Tiene el pico cónico y delgado, plumaje pardo por el lomo, blanco con una mancha roja en la cara, otra negra en lo alto de la cabeza, un collar blanco, y negras con puntas blancas las plumas de las alas y cola. Se domestica fácilmente.

jineta[1] *f.* Mamífero carnívoro de los vivérridos, de unos 45 cm de largo desde la cabeza hasta el arranque de la cola, parecido al gato pero con el hocico pronunciado, de pelaje gris con manchas.

jineta[2] *f.* Arte de montar a caballo con estribos cortos y las piernas dobladas, pero en posición vertical desde la rodilla.

jinete *m.* y *f.* Persona que monta a caballo.

jinetear 1 *intr.* y *tr.* Alardear montando a caballo. 2 *tr.* Domar caballos.

jipi *adj.* y *s.* Perteneciente o relativo a un movimiento de protesta contra la sociedad de consumo surgido en la década de 1960 y que se caracterizó por el uso de vestimenta informal y una tendencia a la vida en comunidad.

jipijapa 1 *f.* Tira flexible de las hojas de iraca, que se emplea para hacer sombreros y otros objetos. 2 *m.* Sombrero flexible que baja sobre los ojos y que se hace con varias de estas tiras.

jipismo *m.* Corriente cultural de la década de 1960 cuyas características eran la vida comunitaria, el amor libre, las tendencias pacifistas y el inconformismo.

jirafa *f.* Mamífero rumiante artiodáctilo africano, de 5 m de altura, cuello muy largo, extremidades abdominales bastante más cortas que las torácicas, cabeza pequeña con dos cuernos poco desarrollados y pelaje de color gris claro con manchas leonadas. Es el animal más alto de cuantos existen.

jirón 1 *m.* Pedazo desgarrado de una tela. 2 Guion o pendón que remata en punta. 3 Parte o porción pequeña de un todo.

jitanjáfora *f.* LIT Poema en el que priman el efecto fónico, el juego de palabras y el sinsentido: "Filiflama alabe cundre ala olalúnea alífera alveolea jitanjáfora liris salumba salífera".

jitomate *m.* TOMATE, fruto de la tomatera.

jiu-jitsu (Voz ingl.) *m.* Deporte originario de Japón que consiste en confrontarse con el contendor, cuerpo a cuerpo, sin usar armas. • Procede originalmente del japonés.

A B C D E F G H I J K L M N Ñ O P Q R S T U V W X Y Z

jobo *m.* Árbol americano anacardiáceo, con hojas alternas compuestas, puntiagudas y lustrosas, flores hermafroditas en panojas, y fruto amarillo parecido a la ciruela.

jockey (Voz ingl.) *m.* y *f.* Jinete profesional de caballos de carreras.

jocoso, sa *adj.* Chistoso, festivo.

jocundo, da *adj.* Plácido, alegre, agradable.

joda *f.* vulg. Molestia, contrariedad.

joder 1 *tr.* e *intr.* vulg. Fastidiar, molestar. 2 *tr.* vulg. Echar a perder, destrozar. 3 *intr.* vulg. Practicar el coito, fornicar. • En todas las acepciones es vulg.

jodido, da 1 *adj.* coloq. Fastidioso, desagradable. 2 coloq. Difícil, complicado. 3 coloq. Lastimado. 4 coloq. Ladino, sagaz, taimado.

jofaina *f.* Vasija de diámetro ancho y escasa profundidad, que se usa para el aseo personal.

jolgorio *m.* Diversión bulliciosa.

jónico, ca 1 *adj.* y *s.* De Jonia o relacionado con esta antigua región de Grecia y de Asia Menor. 2 *adj.* ARQ **columna ~**; **orden ~**. 3 *m.* LING Uno de los cuatro dialectos principales del griego antiguo.

jonio, nia *adj.* JÓNICO, perteneciente o relativo a Jonia, antigua región de Grecia y de Asia Menor.

jonrón *m.* En el béisbol, jugada en la que un bateador golpea la pelota, corre cuatro bases y anota una carrera.

jornada 1 *f.* Duración del trabajo diario. 2 Camino que se recorre en un día de viaje. 3 Viaje o camino en general. 4 Vida del ser humano. 5 Actividad en la que varias personas realizan una acción determinada: *Jornada de aseo.* 6 *f. pl.* Reunión, congreso en que se trata un tema específico: *Jornadas sobre el medioambiente.* || **~ laboral**, duración del trabajo diario.

jornal 1 *m.* Sueldo de un obrero por cada día de trabajo. 2 Este mismo trabajo.

jornalero, ra *m.* y *f.* Persona que trabaja por determinado salario diario.

joroba 1 *f.* MED GIBA, corcova. 2 Convexidad notable de algo. 3 Bulto de cualquier cosa.

jorobar 1 *tr.* y *prnl.* coloq. MOLESTAR. 2 *prnl.* MED Dicho de una persona, doblarse por la edad, por enfermedad o por malos hábitos en la forma de sentarse, agacharse, etc.

joropo *m.* FOLCL Baile popular de Colombia y Venezuela, de origen hispánico. De movimiento rápido, incluye zapateado y una leve referencia al vals.

jota[1] 1 *f.* Nombre de la letra *j*. 2 Cosa mínima. • Se usa siempre con negación en la acepción 2. 3 Naipe de cada palo de la baraja marcado con una jota y la figura de un paje.

jota[2] 1 *f.* FOLCL Baile popular de Aragón y algunas otras regiones de España, de movimiento vivo. 2 Música con que se acompaña este baile.

joven 1 *adj.* y *s.* De poca edad o que está en la juventud. 2 *adj.* ZOOL Dicho de un animal, que aún no ha llegado a la madurez sexual, o, si se desarrolla con metamorfosis, que ha alcanzado la última fase de esta y el aspecto de los adultos.

jovial *adj.* Dicho de una persona, alegre y dada a bromas.

joviano, na *adj.* Perteneciente o relativo al planeta Júpiter.

joya 1 *f.* Adorno de metal precioso, en el que a veces se montan perlas o piedras preciosas. 2 Persona de mucha valía. 3 Cosa de mucho valor, por ser única o difícil de encontrar.

joyel *m.* Joya pequeña.

joyería 1 *f.* Taller o tienda de joyas. 2 ART Arte de fabricar joyas usando básicamente oro, plata y platino para engarzar en ellos piedras preciosas, como el diamante, la esmeralda o el zafiro, y también piedras semipreciosas.

joyero, ra 1 *m.* y *f.* Persona que hace, monta o vende joyas. 2 *m.* Estuche para guardar joyas.

joystick (Voz ingl.) *m.* INF Dispositivo indicador en forma de palanca vertical, con los botones de control situados en la base, y algunas veces en la parte superior, que puede moverse en todas direcciones para controlar el movimiento de un objeto en la pantalla de una computadora.

juanete *m.* Hueso prominente, especialmente el del nacimiento del dedo grueso del pie.

jubilado, da *m.* y *f.* Persona que por la edad se ha retirado del ejercicio de su profesión y recibe una pensión.

jubilar[1] *adj.* Perteneciente o relativo al jubileo.

jubilar[2] *tr.* Retirar de su trabajo a un trabajador o funcionario dándole la pensión correspondiente.

jubileo 1 *m.* Fiesta religiosa y social que celebraban los israelitas cada cincuenta años. 2 REL Indulgencia plenaria y solemne que el papa concede a los católicos en determinadas fechas, suele ser cada veinticinco años, coincidiendo con el "año santo".

júbilo *m.* Gozo que se expresa con signos externos.

jubón *m.* Vestidura que cubría desde los hombros hasta la cintura, ceñida y ajustada al cuerpo.

judaico, ca *adj.* Perteneciente o relativo a los judíos.

judaísmo *m.* REL Religión de los judíos, que se basa en la ley de Moisés.

☐ REL e HIST El judaísmo corresponde históricamente al nombre que tomó la religión de los hebreos tras la destrucción del templo de Jerusalén (587 a. C.) y la cautividad de Babilonia (587-538 a. C.). La tradición religiosa judía se declara heredera de Abraham, considerado su fundador, y de Moisés, a quien se le atribuye haber recibido directamente de Yahvé la Ley y organizado el sistema ritual. La Tora (que incluye los cinco primeros libros del Antiguo Testamento) contiene la ley escrita, cuya parte fundamental le fue revelada a Moisés en el monte Sinaí; esta revelación, considerada la voluntad de Dios para la humanidad, expresa por medio de mandamientos la forma como las personas deben regir sus vidas en mutua interacción entre ellas y Dios. El Talmud, obra de sabios doctores cuya redacción definitiva terminó en el s. V, contiene la ley oral, complemento de la ley escrita. Los judíos esperan la venida del Mesías, el cual traerá la salvación y el triunfo del pueblo hebreo. Su culto se manifiesta principalmente en las oraciones, la lectura de la Tora, el descanso sabatino, los votos y la circuncisión.

judaizante *adj.* y *s.* Dicho de un judío español o portugués, que, convertido al cristianismo, sigue practicando pública o secretamente el judaísmo.

judaizar 1 *intr.* Abrazar la religión de los judíos. 2 REL Practicar los ritos y las ceremonias de la ley judaica.

judas 1 *m.* Hombre alevoso, traidor. 2 Muñeco de paja que en algunas partes se cuelga y quema durante la Semana Santa.

judeocristianismo *m.* REL e HIST Doctrina de los primeros tiempos del cristianismo, que prescribía la iniciación al judaísmo para pertenecer a la Iglesia de Cristo.

judería 1 *f.* HIST Barrio antiguamente destinado a los judíos en muchas ciudades europeas. 2 HIST Contribución que pagaban los judíos.

judía 1 *f.* HABICHUELA. 2 Fruto de esta planta.

judicatura 1 *f.* Ejercicio de juzgar. 2 Oficio de juez. 3 DER Conjunto de jueces de un país.

judicial 1 *adj.* DER Perteneciente o relativo al juicio, la justicia administrativa o la judicatura. 2 POLÍT **poder ~**.

judío, a 1 *adj.* y *s.* HEBREO, del pueblo semítico que hacia mediados del II milenio a. C. conquistó y habitó Palestina. 2 Dicho de una persona, que profesa el judaísmo. 3 Según la legislación israelí, dicho del nacido de madre judía o convertida al judaísmo. 4 *adj.* Perteneciente o relativo a Judea, país de Asia antigua. 5 **calendario** ~. 6 *m.* Comunidad cultural y étnica (aunque no exclusivamente), presente en muchas naciones y cuya identidad está ligada al judaísmo y a las tribus nómadas semitas que se establecieron en Palestina a partir del II milenio a. C.

judo *m.* DEP **YUDO.**

judoka *m.* y *f.* **YUDOCA.**

juego 1 *m.* Acción y efecto de jugar. 2 Cualquier ejercicio recreativo en el que se gana o pierde de acuerdo con ciertas reglas. 3 Conjunto de objetos necesarios para jugar. 4 Disposición con que están unidas dos cosas, de suerte que sin separarse puedan tener movimiento; como las coyunturas, los goznes, etc. 5 Ese mismo movimiento. 6 Conjunto de cosas similares que forman un todo: *Un juego de café.* 7 Visos derivados del movimiento de alguna cosa: *Juegos de luces.* || ~ **de azar** Cada uno de aquellos cuyo resultado no depende de la habilidad o destreza de los jugadores, sino de la suerte; como el de los dados. ~ **de palabras** Modo de usar las palabras en sentido equívoco o en varias de sus acepciones, o en emplear dos o más que solo se diferencian en alguna o algunas de sus letras. ~ **de rol** Aquel en que el participante desempeña el papel de uno de los personajes de una historia o aventura. **teoría del** ~ MAT Conjunto de métodos matemáticos que permiten la resolución de problemas en los que intervienen reglas de decisión y nociones abstractas de táctica y estrategia. ~**s electrónicos** Juegos que aplican la electrónica y la informática de forma más o menos compleja, y cuyo soporte suele ser una pantalla. ~**s florales** Concurso poético.

juerga *f.* Diversión bulliciosa de varias personas, acompañada de canto, baile y bebidas.

jueves *m.* Cuarto día de la semana, comprendido entre el miércoles y el viernes.

juez 1 *m.* y *f.* Persona nombrada para resolver una duda o dirimir un asunto controvertido. 2 DER Persona con autoridad para juzgar y emitir sentencia. 3 DEP **ÁRBITRO.** || ~ **de línea** DEP En el fútbol y otros deportes, cada uno de los árbitros auxiliares que vigilan el juego por las bandas derecha e izquierda, sin entrar en el campo. ~ **de paz** DER Persona que atiende a las partes antes de que litiguen, procurando reconciliarlas, y resuelve de plano las cuestiones de ínfima cuantía. ~ **de primera instancia** DER El ordinario de un partido, que conoce en primera instancia los asuntos civiles no sometidos a los jueces municipales, y en materia criminal dirige la instrucción de los sumarios. ~ **ordinario** DER Persona que conoce las causas y los pleitos en primera instancia.

jugabilidad *f.* Conjunto de propiedades que describen la calidad de un juego, especialmente de un videojuego, en cuanto a su diseño, reglas de funcionamiento e interacción con el usuario.

jugada 1 *f.* Acción con que un jugador interviene en el juego o partida. 2 Lance del juego.

jugador, ra 1 *adj.* y *s.* Que juega. 2 Que hace del juego una profesión. 3 Hábil y diestro en el juego.

jugar 1 *intr.* Realizar alguna actividad con la diversión o el entretenimiento como fin único. 2 Travesear, retozar. 3 Tomar parte en juegos o competiciones sujetos a reglas. 4 Tomar parte en sorteos o juegos de azar. 5 Participar en algo de lo que se piensa obtener beneficios, pero también con riesgo de pérdida. 6 Llevar a cabo el jugador un acto propio del juego cada vez que le toca intervenir en él. 7 Tratar a algo o a alguien sin la seriedad que se debe: *Estás jugando con tu salud.* 8 Hacer juego o convenir una cosa con otra. 9 *tr.* Llevar a cabo un juego o una competición. 10 Hacer uso de las cartas, fichas o piezas que se emplean en ciertos juegos. 11 *prnl.* Exponerse a perder algo. • Vb. irreg. conjugación modelo. V. anexo El verbo.

jugarreta 1 *f.* Jugada mal hecha. 2 Mala pasada.

juglar, resa 1 *m.* y *f.* HIST Persona que divertía al pueblo con juegos y habilidades. 2 HIST Persona que por estipendio o dádivas recitaba o cantaba poesías de los trovadores, para recreo de los reyes y de los magnates. 3 HIST En la Edad Media, trovador, poeta.

juglaría 1 *f.* Arte de los juglares. 2 LIT **mester** de ~.

jugo 1 *m.* Zumo que se extrae de ciertas frutas. 2 Salsa de ciertos guisos. 3 Lo provechoso y sustancial de cualquier cosa material o inmaterial. || ~ **gástrico** FISIOL Líquido ácido secretado por ciertas glándulas de la membrana mucosa del estómago. Contiene pepsina, un fermento que actúa sobre las materias albuminoideas de los alimentos. ~ **pancreático** FISIOL Líquido alcalino que segrega la porción exocrina del páncreas y llega al intestino. Contiene fermentos que actúan sobre algunos hidratos de carbono, grasas y proteínas de los alimentos.

jugoso, sa 1 *adj.* Que tiene jugo. 2 Sustancioso. 3 Valioso, estimable.

juguete 1 *m.* Objeto con que se juega. 2 Persona o cosa manejada arbitrariamente por algo o alguien.

juguetear *intr.* Entretenerse con algo, moviéndolo sin propósito determinado.

juguetería 1 *f.* Comercio e industria del juguete. 2 Tienda donde se venden juguetes.

juguetón, na *adj.* Aficionado a jugar o retozar.

juicio 1 *m.* Facultad intelectiva del ser humano por la que discierne la verdad del error y el bien del mal. 2 Cordura, sensatez: *Es persona de juicio.* 3 Parecer, opinión: *A mi juicio.* 4 DER Conocimiento de una causa, con el proceso consiguiente, en que un juez ha de pronunciar sentencia. 5 FIL Comparación de dos ideas para conocer y determinar sus relaciones. 6 FIL Capacidad de pensar lo concreto como contenido en lo universal. 7 REL Según la doctrina cristiana, el que Dios hace del alma en el instante en que se separa del cuerpo. || ~ **de Dios** HIST En la Edad Media, forma de investigar la inocencia de un acusado que consistía en exponerlo a pruebas peligrosas (duelo, fuego, etc.); si salía ileso, se le consideraba inocente, y, culpable, si sucumbía. ~ **final** REL El que, según la doctrina cristiana, va a hacer Jesucristo de todas las personas al fin del mundo.

juicioso, sa 1 *adj.* Hecho con juicio. 2 *adj.* y *s.* Que obra con reflexión y prudencia.

juliana || **en** ~ Dicho de la forma de cortar las verduras u otros alimentos en tiras finas y alargadas. • U. t. en pl.

juliano, na *adj.* Perteneciente o relativo a Julio César, o instituido por él.

julio[1] *m.* Séptimo mes del año, que consta de 31 días.

julio[2] *m.* FÍS Unidad de trabajo del sistema internacional equivalente al trabajo producido por una fuerza de 1 newton cuyo punto de aplicación se desplaza 1 m en la dirección de la fuerza. Símbolo: J.

jumbo (Voz ingl.) *m.* Avión de enormes dimensiones y gran capacidad de pasajeros.

jumento, ta *m.* y *f.* Asno, burro.

jumper (Voz ingl.) *m.* Vestido de mujer sin mangas y escotado.

juncáceo, a *adj* y *f.* BOT Dicho de una hierba, angiosperma monocotiledónea, propia de terrenos húmedos, con rizoma, tallos largos, hojas envainadoras, flores poco aparentes y fruto en cápsula, como el junco para confeccionar esteras.

juncal 1 *adj.* Perteneciente o relativo al junco. 2 *m.* Sitio poblado de juncos.

junco[1] 1 *m.* Bot Planta que pertenece a las juncáceas. 2 Cada uno de los tallos de estas plantas.

junco[2] *m.* Embarcación de vela con la proa ancha y plana, el fondo plano o con una pequeña quilla, y el timón alargado.

jungla *f.* Ecol Formación vegetal que corresponde a los **bosques** tipo monzónico y tropical lluvioso.

junio *m.* Sexto mes del año, que consta de 30 días.

júnior 1 *adj.* Dicho de una persona, que es más joven que otra emparentada con ella, generalmente su padre, y con el mismo nombre. 2 En deportes, liga menor. 3 *adj.* y *s.* De menor categoría o menos experiencia.

junta 1 *f.* Reunión de personas para tratar algún asunto. 2 Asunto tratado. 3 Conjunto de personas que dirige una empresa o sociedad. 4 Unión de dos o más cosas. 5 Espacio que queda entre las superficies de las piedras o los ladrillos contiguos de una pared, y que suele rellenarse con mezcla o yeso. || ~ **administrativa** La que rige los intereses de un municipio, una localidad, etc. ~ **militar** Polít Grupo de militares que, comúnmente, acceden de manera violenta al gobierno de un país, con la intención de regirlo transitoriamente.

juntar 1 *tr.* y *prnl.* Unir, acoplar unas cosas con otras. 2 Reunir, congregar, poner en el mismo lugar. 3 *tr.* Acumular, reunir en cantidad. 4 *prnl.* Arrimarse, acercarse mucho a alguien. 5 Acompañarse, andar con alguien. 6 **amancebarse.** • Participio irreg. *junto* y reg. *juntado.*

junto, ta 1 *adj.* Unido, cercano. 2 En compañía. 3 *adv. l.* Con *a,* cerca de. 4 *adv. m.* A la vez, juntamente.

juntura *f.* Parte o lugar en que se juntan y unen dos o más cosas.

jura 1 *f.* Acción de jurar la sumisión a ciertos preceptos u obligaciones. 2 Hist Acto solemne en que los Estados y las ciudades de un reino, en nombre de todo él, reconocían y juraban obediencia a su príncipe. || ~ **de bandera** 1 Promesa civil de lealtad y servicio a la nación. 2 Acto en que cada integrante de las unidades militares jura obediencia y fidelidad a la patria.

jurado 1 *m.* Der Tribunal no profesional que, según la legislación de algunas naciones, tiene el deber de determinar y declarar el hecho justiciable o la culpabilidad del acusado. 2 Der Cada una de las personas que componen dicho tribunal. 3 Conjunto de expertos que otorgan los premios en certámenes literarios, en competiciones deportivas, etc.

juramentado, da *adj.* Que ha prestado juramento.

juramentar 1 *tr.* Tomar juramento a una persona. 2 *prnl.* Obligarse con juramento a alguna cosa.

juramento *m.* Declaración solemne, poniendo a Dios por testigo, de la veracidad de algo. || ~ **hipocrático** Med Compromiso procedente de un escrito de Hipócrates (s. V a. C.) en el que estableció las normas morales por las que han de regirse los médicos. ~ **judicial** Der El que el juez toma a la parte.

jurar 1 *tr.* Hacer un juramento. 2 Aceptar solemnemente, con juramento de fidelidad y obediencia, una constitución, una bandera, los estatutos de una orden religiosa, las obligaciones de determinados cargos, etc.

jurásico 1 *adj.* y *m.* Geo Dicho de un periodo geológico, segundo del Mesozoico, que abarca desde hace aprox. 208 millones de años hasta hace aprox. 144 millones de años. 2 Geo Dicho de un terreno, que pertenece a este periodo. • Se escribe con may. inic. c. s. □ Geo Situado entre el Triásico y el Cretácico, el Jurásico se caracterizó por un clima cálido y húmedo, la aparición de diversos grupos de mamíferos y aves, el predominio de los dinosaurios y, en cuanto a la flora, por la abundancia de gimnospermas y helechos y la aparición de las plantas con flor, a mediados del periodo. En este periodo se inició la delimitación de las masas continentales.

jurel *m.* Pez teleósteo marino, de 50 cm de largo, de cuerpo rollizo, azul por el lomo y blanco rojizo por el vientre, con dos aletas de grandes espinas en el lomo, y cola extensa.

jurídico, ca 1 *adj.* Perteneciente o relativo al derecho. 2 Der **persona** ~.

jurisconsulto, ta *m.* y *f.* Der Persona titulada que se dedica a la ciencia y práctica del derecho.

jurisdicción 1 *f.* Poder y autoridad para gobernar y para aplicar las leyes. 2 Término o límite de un lugar. 3 Autoridad o dominio sobre otro. 4 Der Territorio en que un juez ejerce sus facultades.

jurisprudencia *f.* Der Ciencia del derecho.

jurista *m.* y *f.* Persona que se dedica al estudio del derecho y de sus aplicaciones.

justa 1 *f.* Hist Torneo o juego a caballo en que se acreditaba la destreza en el manejo de las armas. 2 Competición o certamen en un ramo del saber o en una especialidad deportiva.

justicia 1 *f.* Lo que debe hacerse según el derecho o en cumplimiento de la ley. 2 Razón, derecho, equidad. 3 Conjunto de todas las virtudes, por el que es bueno quien las tiene. 4 Der Conjunto de instituciones legales para dirimir diferencias y castigar delitos. 5 Rel Una de las cuatro virtudes cardinales, que inclina a dar a cada uno lo que le corresponde o pertenece. 6 Rel Estado del ser humano cuando, según la doctrina cristiana, está en paz con Dios y no es esclavo del pecado. 7 Rel Atributo de Dios por el cual ordena todas las cosas en número, peso o medida. Ordinariamente se entiende por la divina disposición con que castiga o premia, según lo que cada uno merece.

justicialismo *m.* Polít Doctrina social del **peronismo.**

justiciero, ra *adj.* Que se atiene estrictamente a los dictados de la justicia.

justificación 1 *f.* Acción y efecto de justificar o justificarse. 2 Palabras o documento con que se realiza. 3 Causa, motivo o razón que justifica. 4 Explicación o finalidad de un hecho o de una conducta.

justificar 1 *tr.* Probar una cosa con razones convincentes, testigos y documentos. 2 En imprenta, establecer la longitud máxima de una línea. 3 Rel En el cristianismo, hacer Dios justo a alguien dándole la gracia. 4 *tr.* y *prnl.* Probar la inocencia de alguien en lo que se le imputa o se presume de él.

justo, ta 1 *adj.* y *s.* Que obra con justicia, equitativo. 2 Rel Dicho de una persona, que, según la teología cristiana, vive en gracia de Dios. 3 *adj.* De conformidad con la justicia o la ley. 4 Dicho de una cosa, que es exacta en su peso o medida, y de la que encaja bien. || ~ **causa** Principio que se refiere al derecho de adelantar determinadas acciones, aunque impliquen violencia, cuando se considera que la causa es justa.

juvenil 1 *adj.* Perteneciente o relativo a la juventud. 2 Biol Perteneciente o relativo a la fase o al estado del desarrollo de los seres vivos inmediatamente anterior al estado adulto. 3 Dep Dicho de una categoría deportiva en que se engloban jugadores entre 15 y 18 años.

juventud 1 *f.* Edad de la vida entre la pubertad y la madurez. 2 Estado de la persona joven.

juzgado 1 *m.* Der Conjunto de jueces y funciones que administran justicia. 2 Der Tribunal de un solo juez. 3 Local en que está instalado el tribunal.

juzgar 1 *tr.* e *intr.* Formar juicio sobre algo, previa la reflexión y comparación de ideas o datos. 2 *tr.* Estimar, creer. 3 Decidir como juez con autoridad en una causa. 4 Deliberar, quien tiene autoridad para ello, acerca de la culpabilidad de alguien y sentenciar lo procedente. 5 Fil Afirmar, previa la comparación de dos o más ideas, las relaciones que existen entre ellas.

k *f.* Undécima letra del alfabeto español. • Su nombre es *ka*. Representa un sonido de articulación velar, oclusiva y sorda. pl.: *kas*.

ka *f.* Nombre de la letra *k*.

kabuki *m.* TEAT Género teatral japonés surgido en el s. XVI. Solo los actores masculinos llevan máscara, y los diálogos se alternan con el canto y la danza.

kafkiano, na *adj.* Que tiene el carácter trágicamente absurdo de las situaciones descritas por el escritor checo Franz Kafka.

káiser *m.* HIST Título de algunos emperadores de Alemania y Austria.

kakemono *m.* ART Pintura japonesa sobre una tira vertical de papel o seda.

kamikaze 1 *m.* HIST Avión japonés cargado de explosivos y pilotado por voluntarios suicidas que, durante la Segunda Guerra Mundial, se abatían en picado contra los navíos estadounidenses. 2 Extremista fanático que arriesga su vida en una misión suicida.

kan 1 *m.* HIST Título utilizado por los mongoles desde que en 1206 Gengis Kan asumió el título de "gran kan de los mongoles". 2 HIST Título utilizado por los dirigentes de los pueblos turcos en Asia central. • pl.: *kanes*.

kanato 1 *m.* Territorio bajo el dominio de un kan. 2 Periodo en que hubo kanes.

kantiano, na *adj.* Perteneciente o relativo al filósofo alemán I. Kant o al kantismo.

kantismo *m.* Sistema filosófico de I. Kant fundado en la crítica del entendimiento, la razón y la sensibilidad. Representa un intento de superar, mediante el idealismo trascendental, las dos corrientes filosóficas fundamentales de la modernidad: el racionalismo y el empirismo.

kappa *f.* Décima letra del alfabeto griego (*K*, *k*), equivalente a la *ka* del latino.

karaoke 1 *m.* Grabación de la pista musical de canciones populares para que sean interpretadas por aficionados. 2 Local público con instalaciones para el karaoke.

karate (Tb. kárate) *m.* DEP Modalidad de lucha japonesa basada en posiciones de equilibrio y en golpes (acompañados de respiraciones y gritos especiales) con las manos, los pies y codos sobre puntos vulnerables. Hace hincapié en la autodisciplina, la actitud positiva y los propósitos de elevada moral.

karateca *m.* y *f.* DEP Persona que practica el karate.

karma 1 *m.* REL En la época védica, el acto ritual. En las doctrinas brahmánicas, fundamento de la teoría de la reencarnación. 2 FIL y REL En el hinduismo designa los actos del individuo en su vida presente y sus efectos sobre las sucesivas y futuras existencias.

karst *m.* GEO Tipo de relieve formado en los macizos de materiales calcáreos, a causa de la solubilidad de las rocas y de la acción de las aguas superficiales y subterráneas. Da lugar a cuevas, simas, dolinas y poljés.

kart *m.* Pequeño automóvil deportivo con motor de dos tiempos, sin carrocería, ni caja de cambios ni suspensión.

katábasis *m.* LIT Según la tradición clásica representada por Homero en la *Odisea*, y por Virgilio en la *Eneida*, recorrido que debe cumplir el héroe por los espacios inferiores (identificados con el hades en la cultura griega), para entrar en contacto con los antepasados como medio para avanzar en el conocimiento de sí mismo.

kayak 1 *m.* Especie de canoa individual usada por los esquimales, formada por un armazón de madera recubierto de pieles de foca. 2 Canoa semejante, hecha de materiales sintéticos, usada para paseo o competición deportiva, impulsada con pala doble sin apoyo. 3 DEP CANOTAJE.

kazako, ka *adj.* y *s.* De un pueblo mongol de lengua turca y religión sunnita, asentado en Kazajistán, Uzbekistán, Turkmenistán, Rusia, China y Mongolia, e integrado por más de siete millones de personas.

kéfir *m.* Leche fermentada artificialmente y que contiene ácido láctico, alcohol y ácido carbónico.

kelvin *m.* FÍS GRADO Kelvin.

kendo *m.* DEP Arte marcial japonés que se practica con sables de bambú.

kenotrón *m.* ELECTR Aparato para rectificar corrientes alternas de alta tensión.

kermés (Tb. quermés) 1 *f.* Fiesta popular, al aire libre, con bailes, rifas, concursos, etc. 2 ART Pintura o tapiz flamenco, generalmente del s. XVII, que representaba las fiestas populares.

keynesianismo *m.* ECON Doctrina económica de J. M. Keynes, según la cual el capitalismo puede evitar la crisis y alcanzar el pleno empleo gracias a la intervención del Estado.

kibutz *m.* Explotación agrícola comunitaria de Israel. Recibe ayuda económica estatal y desempeña un papel de contención en la frontera con los Estados árabes.

kikuyu *adj.* y *s.* De un pueblo negroafricano de lengua bantú, dedicado tradicionalmente a la agricultura y al pastoreo nómada. Constituye el grupo étnico más importante de Kenia.

kílim (Tb. kilim) *m.* Alfombra de origen kurdo con motivos geométricos.

kilo *m.* Forma abreviada de KILOGRAMO.

kilobyte (Voz ingl.) *m.* Unidad de almacenamiento de información equivalente a 1000 bytes. Símbolo: kB.

kilocaloría *f.* FISIOL Unidad de medida del poder nutritivo de los alimentos, equivalente a 1000 calorías gramo. Se emplea para indicar el valor energético de los alimentos. Símbolo: kcal.

kilociclo *m.* FÍS Unidad de frecuencia equivalente a 1000 oscilaciones por segundo.

kilográmetro *m.* FÍS Unidad de trabajo mecánico o esfuerzo equivalente al capaz de levantar un kilogramo a un metro de altura.

kilogramo 1 *m.* Unidad fundamental de masa y peso del sistema internacional equivalente a la masa o peso de 1000 centímetros cúbicos de agua a cuatro grados centígrados, que representa su densidad máxima. Símbolo: kg. 2 Cantidad de alguna materia que pesa un kilogramo.

kilohercio *m.* ELECTR Unidad de frecuencia equivalente a 1000 hercios. Símbolo: kHz.

kilolitro *m.* Medida de capacidad equivalente a 1000 litros o un metro cúbico. Símbolo: kl.

kilometraje *m.* Distancia medida en kilómetros.

kilométrico, ca 1 *adj.* Perteneciente o relativo al kilómetro. 2 De muy larga extensión o duración.

kilómetro *m.* Medida de longitud equivalente a 1000 metros. Símbolo: km.

kilopondio *m.* FÍS Unidad de fuerza del sistema métrico decimal equivalente a la que actúa sobre la masa de un kilogramo sometida a la gravedad normal. Símbolo: kp.

kilotón *m.* FÍS Unidad de potencia destructiva de un explosivo, equivalente a la de 1000 toneladas de trinitrotolueno. Símbolo: kt.

kilovatio *m.* ELECTR Unidad de potencia eléctrica equivalente a 1000 vatios. Símbolo: kW. || ~ **hora** ELECTR Unidad de energía eléctrica equivalente a la producida por la potencia de 1 kW durante una hora. Símbolo: kWh.

kilovoltio *m.* ELECTR Medida de tensión eléctrica equivalente a 1000 voltios. Símbolo: kV.

kilt (Voz ingl.) *m.* Falda de los escoceses confeccionada con tartán.

kimberlita *f.* GEO Roca magmática intrusiva formada por varios minerales; es la roca madre del diamante, tiene estructura granular y abunda en las fracturas volcánicas.

kimono (Tb. quimono) *m.* Túnica larga de mangas anchas, cruzada por delante y ceñida con una faja.

kínder *m.* Establecimiento educativo para niños de 4 a 6 años.

kinescopio *m.* ELECTRÓN Tubo de rayos catódicos usado en televisión como tubo de imagen.

kinesiología (Tb. quinesiología) *f.* MED Terapia que trata de restablecer los movimientos del cuerpo.

kinetoscopio *m.* CIN Proyector continuo de imágenes y sonido, formado por un proyector fotográfico y un fonógrafo acoplados. Ideado por T. A. Edison y W. Dickson (1891). Precursor del cinematógrafo.

kiosco *m.* QUIOSCO.

kipá *f.* Casquete redondo, parecido al solideo, usado por los judíos practicantes, especialmente en los actos religiosos.

kirguís *adj.* y *s.* De un pueblo mongol de Asia Central, tradicionalmente nómada y ganadero, que habita en Kirguistán y China (Xinjiang), de religión musulmana y lengua del grupo turco.

kirie (Tb. quirie) *m.* REL Invocación que se hace al Dios, llamándole con esta palabra griega que significa 'Señor', al principio de la misa, tras el introito.

kitsch (Voz al.) *adj.* y *m.* Dicho de cierta estética, y de los objetos en ella inspirados, que es de tipo burgués y de mal gusto.

kiwi 1 *m.* Ave apterigiforme con plumaje pardo y negruzco, lacio, alas atrofiadas y pico largo y curvado hacia el suelo. Es de costumbres nocturnas y se alimenta de gusanos, insectos y yemas vegetales. Habita en Nueva Zelanda. 2 QUIWI.

koala *m.* Mamífero marsupial australiano semejante a un oso pequeño. Carece de cola, y su pelaje es muy tupido, suave y de color ceniciento. Se alimenta de las partes verdes de los eucaliptos.

kogui *adj.* y *s.* De un grupo indígena colombiano asentado en la Sierra Nevada de Santa Marta, en poblados ubicados en terrazas aluviales. Los koguis consideran la tierra como "madre" y su autoridad suprema es el mamo.

koiné (Tb. coiné) 1 *m.* LING Lengua griega común, hablada y escrita en Grecia y en los pueblos de cultura helenística en el periodo grecorromano. 2 LING Toda lengua común superpuesta al conjunto de lenguas o dialectos de una zona concreta.

koljós *m.* ECON Cooperativa agrícola de producción en el antiguo sistema soviético.

kopek (Tb. copec) *m.* Moneda rusa equivalente a la centésima parte de un rublo.

koré *f.* ART Figura de mujer de la escultura griega arcaica.

krausismo *m.* FIL Sistema filosófico de K. Krause, que se funda en una conciliación entre el teísmo y el panteísmo, según la cual Dios, sin ser del mundo ni estar fuera de él, lo contiene en sí y de él trasciende.

kremlin 1 *m.* HIST Recinto amurallado de las ciudades medievales rusas. El Kremlin, antigua residencia de los zares de Moscú (s. XV), fue la sede del gobierno de la antigua Unión Soviética. 2 HIST El gobierno soviético.

kril *m.* ZOOL Conjunto de varias especies de crustáceos marinos, de alto poder nutritivo, que integran el zooplancton.

krill *m.* ZOOL EUFAUSIÁCEO.

kriptón *m.* QUÍM CRIPTÓN.

kudú *m.* Antílope africano cuyos machos ostentan grandes cuernos helicoidales.

kumis 1 *m.* Leche fermentada. 2 Bebida fermentada que fabrican los pueblos nómadas de Asia con leche de yegua, a la que agregan un fermento especial.

kung-fu (Tb. kungfú) *m.* DEP Arte marcial de origen chino, semejante al karate.

kurdo, da 1 *adj.* y *s.* De un pueblo indoeuropeo del grupo iranio, de religión islámica (sunnita), asentado en el Kurdistán, región repartida entre Siria, Turquía, Irak e Irán. 2 *m.* LING Lengua irania dividida en numerosos dialectos que se han extendido al N, O y E del Kurdistán. Escritura en caracteres árabes y latinos.

kurós *m.* ART Estatua de joven desnudo, en mármol o bronce, característica de la época arcaica griega (ss. VII-V a. C.).

l 1 *f.* Duodécima letra del alfabeto español. • Su nombre es *ele,* y representa un sonido consonántico alveolar y lateral: *Luna.* pl.: *eles.* 2 En la numeración romana, L equivale a 50. Se escribe con may. en acepción 2. 3 Abreviatura de litro (l).

la[1] 1 *art. det.* EL. 2 *pron. pers.* LO.

la[2] *m.* MÚS Sexta nota de la escala musical.

lábaro 1 *m.* Estandarte que usaban los romanos y en el cual, desde el tiempo de Constantino I, se puso la cruz y el monograma de Cristo. 2 Signo formado por la cruz y el monograma.

labelo *m.* BOT Pétalo superior de las orquídeas.

laberíntico, ca 1 *adj.* Perteneciente o relativo al laberinto. 2 Enmarañado, confuso, semejante a un laberinto.

laberinto 1 *m.* Lugar con profusión de calles y encrucijadas en el que es difícil hallar la salida. 2 Cosa confusa y enredada. 3 ANAT Parte del oído interno formada por cavidades óseas comunicadas entre sí y otras membranosas, ubicadas dentro de las óseas, en cuyo interior circula un líquido.

labia *f.* Verbosidad persuasiva y gracia en el hablar.

labiado, da *adj.* y *f.* BOT Dicho de una planta, dicotiledónea angiosperma, que posee hojas opuestas, cáliz persistente, corola dividida en dos partes (la superior formada por dos pétalos y la inferior por tres) y frutos secos agrupados en cuatro aquenios, como la salvia y el tomillo.

labial 1 *adj.* Perteneciente o relativo a los labios. 2 *adj.* y *f.* FON Dicho de una consonante, en cuya articulación intervienen los labios.

lábil 1 *adj.* Que se desliza fácilmente. 2 Frágil, caduco, débil. 3 Poco estable o firme en sus resoluciones. 4 QUÍM Dicho de un compuesto inestable, que se transforma fácilmente en otro.

labio 1 *m.* ANAT Cada una de las dos partes, carnosas y movibles, que componen la abertura bucal. 2 ZOOL Cada una de las pinzas que rodean la boca de los insectos. 3 Borde de ciertas cosas: *Los labios de una herida.* || ~ **leporino** MED El superior de las personas cuando está hendido de forma semejante al de la liebre. **~s mayores** ANAT Cada uno de los dos pliegues cutáneos longitudinales de la vulva, con forma de paréntesis, unidos por delante al monte de Venus y por detrás fusionados entre sí. **~s menores** ANAT Cada uno de los dos pliegues cutáneos de la vulva, de menor longitud que la de los labios mayores, paralelos e internos a estos.

labiodental *adj.* FON Dicho de un sonido consonántico, que se pronuncia aproximando el labio inferior a los dientes superiores, como el de la *f.*

labor 1 *f.* Acción y efecto de trabajar. 2 Adorno tejido o hecho a mano en una tela u otra materia. 3 Operación mecánica para mejorar la condición física del suelo, destinado a las plantas de cultivo, que comprende al arado, la inversión, el aflojamiento y el ondulado del suelo. 4 *f. pl.* Trabajos domésticos.

laborable *adj.* Dicho de un día, no festivo.

laboral *adj.* Perteneciente o relativo al trabajo en su aspecto económico, jurídico y social.

laborar *intr.* TRABAJAR, desempeñar un empleo o realizar una actividad.

laboratorio 1 *m.* Local dotado de los instrumentos e instalaciones precisos para realizar experimentos científicos, análisis químicos, etc. 2 Realidad en la cual se experimenta o se elabora algo.

laborear 1 *tr.* LABORAR. 2 Hacer labores agrícolas.

laboreo 1 *m.* Cultivo de la tierra o del campo. 2 Arte de explotar las minas realizando las labores de construcción para extraer las menas aprovechables. 3 Conjunto de estas labores.

laboriosidad *f.* Aplicación o inclinación al trabajo.

laborismo *m.* POLÍT Ideología política inglesa de carácter reformista y moderado, cuya base social es la clase trabajadora.

labrador, ra 1 *adj.* y *s.* Que labra la tierra o que posee hacienda de campo y la cultiva por su cuenta. 2 Dicho de una raza de perros de caza, que posee pelaje blanco, amarillo, negro o chocolate, cabeza ancha, orejas que caen pegadas a los lados y cola ancha en la base y delgada al final.

labrantío, a *adj.* y *s.* Dicho de un campo o tierra, destinado a la labranza.

labranza 1 *f.* Cultivo de los campos. 2 Finca agrícola.

labrar 1 *tr.* Trabajar un material para darle una forma precisa: *Labrar la madera, la plata.* 2 Hacer, causar gradualmente: *Labrar la ruina de alguien.* 3 Hacer operaciones de labor al suelo.

labriego, ga *m.* y *f.* LABRADOR, que labra la tierra.

labro *m.* ZOOL Labio superior de la boca de los insectos que es notorio en los masticadores y confuso o modificado en los demás.

laburo 1 *m.* Trabajo, ocupación retribuida. 2 Lugar donde se realiza.

laca 1 *f.* BOT Sustancia resinosa que se forma en algunos árboles tropicales con la exudación que producen las picaduras de diversos insectos cóccidos. 2 Barniz duro y brillante hecho con esta sustancia. 3 Color rojo que se saca de la cochinilla. 4 Sustancia utilizada para fijar el cabello. 5 Sustancia aluminosa colorida que es usada en pintura.

lacandón, na *adj.* y *s.* De un pueblo indígena, del tronco maya, que habita en la selva Lacandona en la frontera entre México y Guatemala, más específicamente en el estado mexicano de Chiapas.

lacar *tr.* Barnizar o cubrir con laca.

lacayo *m.* Criado de librea cuya principal ocupación era acompañar a su amo.

lacear 1 *tr.* Adornar o atar con lazos. 2 Cazar con lazo.

lacerar 1 *tr.* y *prnl.* Herir, maltratar. 2 *intr.* Pasar trabajos, penar.

lacinia *f.* Bot Tirilla larga y angosta que forma parte de los órganos laminares de las plantas.

lacio, cia 1 *adj.* Marchito, deslucido. 2 Dicho de un cabello, liso.

lacónico, ca 1 *adj.* Parco, breve, conciso. 2 Que habla o escribe de este modo.

lacra *f.* Defecto o vicio físico o moral.

lacre 1 *adj.* y *m.* Dicho de un color rojo, similar al del lacre. 2 *m.* Pasta sólida de goma, laca y trementina que es usada para sellar cartas y documentos.

lacrimal *adj.* Perteneciente o relativo a las lágrimas.

lacrimógeno, na 1 *adj.* Que mueve al llanto. 2 **gas** ~.

lactancia 1 *f.* Acción de amamantar o de mamar. 2 Periodo vital en el que el niño se alimenta fundamentalmente de leche. 3 Fisiol Función de la glándula mamaria por la que se genera leche para nutrir al recién nacido. Comprende la transformación de un sistema inactivo de conductos en una estructura lóbulo-alveolar glandular durante el embarazo; la producción de los componentes de la leche; la secreción de los conductos y la expulsión por estímulo de la succión.

lactar *tr.* Dar de mamar, amamantar.

lactasa *f.* Bioq Fermento contenido en el jugo intestinal, que transforma la lactosa en glucosa y galactosa.

lácteo, a *adj.* Perteneciente o relativo a la leche.

láctico, ca 1 *adj.* Quím Perteneciente o relativo a la leche. 2 Quím Dicho de un ácido líquido e incoloro, que presenta en su molécula un grupo alcohol en el carbono central y es usado en la industria alimentaria. Fórmula: $C_3H_6O_3$.

lactífero, ra *adj.* Anat y Fisiol Dicho de un conducto, que permite el paso de la leche para que llegue a los pezones de las mamas.

lactosa *f.* Quím Azúcar de la leche, blanca, dura e inodora, que contiene galactosa y glucosa y se obtiene mediante la evaporación del suero residual, una vez extraída la grasa, y por la precipitación de la caseína.

lacustre 1 *adj.* Perteneciente o relativo a los lagos. 2 Que habita, está o se realiza en un lago o en sus orillas.

ladear 1 *tr.* e *intr.* Torcer hacia un lado. • U. t. c. prnl. 2 *intr.* Caminar por una ladera. 3 Alejarse del camino recto.

ladera *f.* Pendiente, vertiente de un monte.

ladilla *f.* Insecto anopluro, parecido al piojo, que es un parásito humano infeccioso.

ladino, na 1 *adj.* Astuto, sagaz. 2 *m.* Ling Lengua religiosa de los sefardíes que es un calco de la sintaxis y del vocabulario de los textos bíblicos hebreos. 3 Ling Dialecto judeoespañol hablado en Oriente.

lado 1 *m.* Costado de una persona o de un animal. 2 Cada mitad del cuerpo humano, desde los pies hasta la cabeza. 3 Cada una de las dos caras de una superficie plana. 4 Parte de algo situado cerca de sus extremos. 5 Cada una de las partes que limitan un todo. 6 Cada aspecto que puede considerarse de un asunto. 7 Modo, medio o camino que se toma para conseguir algo. 8 Geom Cada una de las líneas que forman o limitan un ángulo o polígono. 9 Geom Arista de los poliedros regulares. 10 Geom Generatriz de la superficie lateral del cono y del cilindro.

ladrar *intr.* Dar ladridos el perro.

ladrido *m.* Voz del perro, más o menos parecida a la onomatopeya *guau*.

ladrillero, ra 1 *m.* y *f.* Persona que tiene por oficio hacer o vender ladrillos. 2 *f.* Sitio o lugar donde se fabrican ladrillos.

ladrillo 1 *m.* Paralelepípedo rectangular de arcilla cocida, usado en construcción. 2 Cosa pesada y aburrida.

ladrón, na *adj.* y *s.* Que roba.

lagaña *f.* **legaña.**

lagar 1 *m.* Recipiente o lugar donde se pisa la uva, se prensa la aceituna o se estruja la manzana para obtener mosto, aceite o sidra. 2 Depósito para conservar el pescado en salmuera.

lagartear 1 *intr.* Conducirse taimadamente para beneficio propio. 2 Andar con rodeos.

lagartija 1 *f.* Reptil **saurio**, de cuerpo esbelto y larga cola, que es de menor tamaño que los lagartos. 2 Dep Ejercicio gimnástico que se practica boca abajo con el cuerpo estirado y consiste en subir y bajar varias veces estirando los brazos y sosteniéndose únicamente con las manos y las puntas de los pies.

lagarto, ta 1 *m.* y *f.* Reptil **saurio**, de 40 a 80 cm de longitud, que posee cabeza ovalada, cuerpo casi cilíndrico, patas cortas, con cinco dedos armados de uñas, como las iguanas y los camaleones. Algunas especies, como el lución, carecen de patas. 2 *adj.* y *m.* Persona pícara, taimada.

lago *m.* Geo Cuerpo extenso de agua embalsada de manera natural en tierra firme, que es alimentado generalmente por uno o varios ríos, y cuya cuenca se ha formado mediante procesos geológicos.

lagomorfo *adj.* y *m.* Zool Dicho de un mamífero, placentario, que posee un aspecto similar al de los roedores, de los que se diferencia por presentar dos pares de incisivos dispuestos uno delante del otro, como el conejo y la liebre.

lágrima 1 *f.* Fisiol Cada una de las gotas segregadas por la glándula lagrimal, que lubrica y protege la córnea y la conjuntiva. 2 Objeto con forma de gota.

lagrimal 1 *adj.* Fisiol Dicho de un órgano, que secreta y excreta lágrimas. 2 Anat **saco** ~. 3 *m.* Extremidad del ojo próxima a la nariz.

lagrimear 1 *intr.* Secretar lágrimas. 2 Llorar con facilidad o emocionarse frecuentemente.

lagrimoso, sa 1 *adj.* Dicho de un ojo, que tiene lágrimas. 2 Que mueve al llanto.

laguna 1 *f.* Geo Depósito natural de agua, que es generalmente dulce y de menores dimensiones que el lago. 2 Defecto o vacío en la continuidad en un conjunto o una serie.

laicado *m.* En la Iglesia católica, condición y conjunto de los fieles no clérigos.

laicismo *m.* Doctrina que sostiene la independencia de la sociedad civil, y en especial del Estado, respecto de toda influencia eclesiástica.

laico, ca 1 *adj.* Dicho de una escuela, una enseñanza o un Estado no confesional, que prescinde de la instrucción religiosa. 2 *adj.* y *s.* Que no tiene órdenes clericales, lego.

laísmo *m.* Gram Empleo de la forma de acusativo del pronombre *la* con funciones de dativo (*le*): *¿Qué la dijo el médico?*

laissez faire (Loc. fr.) *m.* Econ Doctrina que se fundamenta en la no intervención del Estado y los poderes públicos en el funcionamiento de la economía de una sociedad.

laja *f.* Piedra lisa, plana y delgada.

lama[1] 1 *f.* Lodo oscuro que se halla en el fondo de algunos mares, ríos y lugares, anteriormente encharcados, o depositado en los canales de desagüe de trituración de las menas. 2 Bot **musgo.** 3 Biol **moho.**

lama[2] *m.* Monje budista del Tíbet.

lamaísmo *m.* Rel Forma del budismo del Tíbet, que se remonta al s. VIII y es de carácter sacerdotal. Su máxima autoridad es el dalái lama y su ritual consiste, principalmente, en recitar oraciones, textos sagrados e himnos al compás de trompetas y tambores.

lamasería *f.* Convento de lamas.

lamarquismo *m.* Biol Teoría evolutiva propuesta por J. B. de Lamarck, en 1809, que se basa en la adaptación de los órganos al medio y la fijación hereditaria de los nuevos caracteres.

lambda *f.* Undécima letra del alfabeto griego (Λ, λ); corresponde a la *ele* del latino.

lamber *tr.* LAMER.

lambisquear 1 *tr.* Buscar golosinas para comérselas. 2 Adular, hacer o decir lo que se cree puede agradar.

lambón, na *adj.* Dicho de una persona, delatora o halagadora en exceso.

lamelibranquio *adj.* y *m.* Zool BIVALVO.

lamentable *adj.* Que merece o es digno de llorarse o sentirse.

lamentar *tr.* e *intr.* Sentir una cosa con llanto o dolor. • U. t. c. prnl.

lamento *m.* Queja, plañido; expresión de dolor.

lamer *tr.* y *prnl.* Pasar repetidas veces la lengua por la superficie de una cosa.

lámina 1 *f.* Plancha o porción delgada y plana de un metal. 2 Plancha con un grabado para estampación. 3 Porción de cualquier materia extendida y poco grosor. 4 Bot Parte ensanchada de las hojas, los pétalos y los sépalos.

laminación 1 *f.* Acción de laminar metales. 2 Proceso de transformación de los metales en barras o láminas que puede hacerse en frío o en caliente.

laminar[1] 1 *adj.* Con forma de lámina. 2 Dicho de una estructura, que está elaborada en láminas sobrepuestas y paralelas.

laminar[2] 1 *tr.* Recubrir o guarnecer con láminas. 2 PLASTIFICAR, recubrir con plástico.

laminaria *f.* Alga feofícea de gran tamaño y frondes muy largos.

lampadario *m.* Candelabro con pie, del que parten varios brazos que sustentan sendas lámparas.

lámpara 1 *f.* Dispositivo para producir luz artificial. 2 Bombilla eléctrica. 3 Aparato sustentador de una o varias luces o bombillas eléctricas.

lampiño, ña 1 *adj.* Dicho de un hombre, que no tiene barba. 2 Que tiene poco pelo o vello. 3 Falto de pelos: *Hoja lampiña.*

lampo *m.* Resplandor pronto y fugaz, como el del relámpago.

lamprea *f.* Pez ciclóstomo que se caracteriza por tener la boca con forma de ventosa y aletas impares.

lana *f.* Pelo de las ovejas, los carneros y otros animales que naturalmente les sirve de aislamiento térmico y se hila para hacer paños y otros tejidos. Es una fibra ondulada y elástica, cuyas puntiagudas escamas microscópicas, que recubren su superficie, permiten que cada una de las fibras se engarcen fácilmente entre sí, lo que hace posible su hilado y tejido.

lanar *adj.* Dicho de un tipo de ganado, que tiene lana.

lance 1 *m.* Acción y efecto de lanzar. 2 Captura que se obtiene de una vez en la pesca al echar la red. 3 Conflicto o momento crítico. 4 Cada una de las jugadas de los juegos de mesa. 5 En tauromaquia, cualquier suerte de la lidia del toro.

lanceolado, da 1 *adj.* De forma similar a la punta de la lanza. 2 Bot Dicho de una hoja o un lóbulo de ella, que tiene esta figura.

lancero 1 *m.* Soldado armado con lanza. 2 Persona que hace o usa lanzas.

lanceta *f.* Med Instrumento cortante para practicar incisiones.

lancha 1 *f.* Bote grande de remo o motor, que sirve para servicios auxiliares o transporte de carga o viajeros entre lugares próximos. 2 Bote pequeño.

lancinante *adj.* Dicho de un tipo de dolor, muy agudo.

land (Voz al.) *m.* Denominación que se da a los estados de Alemania.

land art (Loc. ingl.) *m.* Art Expresión artística minimalista que utiliza elementos de la naturaleza, como piedras, troncos, hojas o flores, y que, debido a que es efímera y específica, solo queda registrada en documentos visuales.

landa *f.* Dilatada extensión de tierra en la que proliferan los matorrales y las plantas silvestres.

landó *m.* Coche tirado por caballos y con capota.

langosta 1 *f.* Insecto ortóptero, de coloración amarillenta y 4-5 cm de longitud, que posee cabeza gruesa, ojos prominentes, alas membranosas y un tercer par de patas especialmente adaptado para saltar. Es capaz de formar ingentes enjambres que, al migrar, arrasan la vegetación y los cultivos. 2 Crustáceo decápodo, marino, de hasta 50 cm de longitud, cuya carne es muy apreciada. Tiene las patas terminadas en pinzas, los ojos prominentes, el cuerpo casi cilíndrico y la cola larga y gruesa con forma de abanico.

langostino *m.* Crustáceo decápodo, acuático comestible, de 12 a 14 cm de longitud, que tiene el cuerpo comprimido, la cola muy prolongada, las primeras antenas cortas y las segundas anchas y aplanadas.

languidecer 1 *intr.* Adolecer de languidez. 2 Perder el ánimo o el vigor. • Vb. irreg. conjug. c. **agradecer**. V. anexo El verbo.

languidez 1 *f.* Flaqueza, debilidad. 2 Falta de ánimo, valor o energía.

lánguido, da 1 *adj.* Flaco, debilitado. 2 Abatido, desanimado; sin valor o energía.

langur *m.* Primate arborícola vegetariano, que posee cola larga, pelaje amarillo y cara y manos negras. Vive en agrupaciones que se conocen como "tropas" y es considerado sagrado en India.

lanilla 1 *f.* Pelusa que le queda al paño por la haz. 2 Tejido de lana fina poco consistente.

lanolina *f.* Quím Grasa extraída de la lana del cordero, que es empleada en perfumería y farmacia.

lansquenete *m.* Hist Soldado mercenario alemán que, en el siglo XVI, servía en la infantería de los ejércitos de diversos países de Europa.

lantánido *adj.* y *m.* Quím Dicho de un elemento químico, que tiene un número atómico comprendido entre el 57 y 71 de la tabla periódica de los elementos. Conforma, junto con los actínidos, el grupo denominado tierras raras y se halla en la naturaleza en forma de óxidos y sales.

lantano *m.* Quím Elemento metálico que arde fácilmente, descompone el agua a la temperatura ordinaria y es el elemento más básico de las tierras raras. Se usa en la manufactura del vidrio y es uno de los productos radiactivos de la fisión del uranio, el torio y el plutonio. Símbolo: La. Número atómico: 57. Peso atómico: 138,906. Punto de fusión: 918 °C. Punto de ebullición: 3464 °C.

lanza 1 *f.* Arma ofensiva compuesta de un asta en cuyo extremo se fija una pieza metálica puntiaguda y cortante. 2 Soldado que usaba esta arma. 3 Vara que, unida por uno de sus extremos al juego delantero de un carruaje, sirve para darle dirección y a cuyos lados se colocan, enganchándolas, las caballerías que hacen el tiro. 4 Tubo con que rematan las mangas o mangueras para dirigir bien el chorro de agua. 5 Hist Hombre de armas provisto de dos cabalgaduras que servía en la guerra como vasallo del rey, de un señor o de una comunidad, y disfrutaba de algunas tierras y ciertas franquicias como remuneración de ello.

lanzacohetes *m.* Instalación o artefacto destinado a disparar cohetes.

lanzadera *f.* Instrumento hueco con una canilla en su interior, que es usado por los tejedores para tramar.

lanzado, da *adj.* Impetuoso, fogoso, decidido.

lanzador, ra 1 *adj.* Que lanza o arroja algo. 2 *m.* y *f.* Dep El que lanza la pelota al bateador en el béisbol.

lanzallamas *m.* Aparato para lanzar a corta distancia un chorro de líquido inflamado.

lanzamiento 1 *m.* Acción y efecto de lanzar una cosa. 2 Der Despojo de una posesión o tenencia por fuerza judicial. 3 Dep Prueba atlética que consiste en lanzar el peso, el disco, el martillo o la jabalina a la mayor distancia posible.

lanzar 1 *tr.* y *prnl.* Arrojar, expulsar algo con fuerza. 2 *tr.* Difundir una moda.

lapa *f.* Molusco gasterópodo de concha cónica, que vive adherido a las rocas costeras.

lapacho *m.* Árbol de las bignoniáceas, caracterizado por su madera resistente, que abunda en América meridional.

laparoscopia *f.* Med Exploración visual de la cavidad abdominal con el laparoscopio.

laparoscopio *m.* Med Endoscopio que permite explorar la cavidad abdominal.

laparotomía *f.* Med Operación quirúrgica que consiste en abrir las paredes abdominales y el peritoneo.

lapicera *f.* Mango de una pluma de escribir.

lapicero 1 *m.* Instrumento en que se pone el lápiz para servirse de él. 2 **BOLÍGRAFO**. 3 **LÁPIZ**, barra de grafito.

lápida *f.* Piedra plana con alguna inscripción.

lapidar 1 *tr.* Apedrear, matar a pedradas. 2 Labrar piedras preciosas.

lapidario, ria 1 *adj.* Perteneciente o relativo a las piedras preciosas. 2 Dicho de un enunciado, que se caracteriza por su concisión y solemnidad, como para ser grabado en una lápida. 3 *m.* y *f.* Persona que graba o comercia con gemas. 4 Persona que tiene por oficio hacer o grabar lápidas.

lapislázuli *m.* Piedra preciosa, de color azul intenso, que está compuesta de silicato de aluminio, sodio y calcio con azufre.

lápiz 1 *m.* Sustancia mineral grasa que es usada para dibujar. 2 Barrita de grafito encerrada en un cilindro o prisma de madera o papel que sirve para escribir o dibujar. 3 Conjunto de dicha barrita y cilindro o prisma que la encierra. 4 Barra de maquillaje compuesta de diversas sustancias: *Lápiz de labios, de ojos.* || **~ óptico** Inf Dispositivo indicador, que permite sostener sobre la pantalla del computador u otro aparato similar una barrita conectada a la misma o al mismo, y con el que se pueden seleccionar elementos u opciones.

lapo *m.* Golpe dado con una vara o bastón.

lapón, na *adj.* y *s.* De un pueblo que habita en el extremo septentrional de Europa (Laponia) y que, en la actualidad, cuenta con aprox. 40 000 personas dedicadas a la pesca y la cría de renos.

lapso *m.* Transcurso de tiempo.

lapsus *m.* Falta o equivocación en la escritura o el habla cometida por descuido.

lar 1 *m.* Mit Cada uno de los dioses romanos del hogar. 2 Hogar, fogón. 3 Hogar, casa propia.

largar 1 *tr.* Soltar, dejar libre. 2 Aflojar o ir soltando poco a poco. 3 **DAR**: *Largar una bofetada.* 4 **ENTREGAR**, poner en manos de otro. 5 Tirar, deshacerse de algo. 6 *prnl.* Irse o ausentarse alguien con presteza o disimulo.

larghetto (Voz it.) *m.* Mús Composición o movimiento musical algo menos lento que el largo.

largo, ga 1 *adj.* Que tiene mayor extensión. 2 Que tiene longitud excesiva. 3 Aplicado a medidas de tiempo, prolongado. 4 Copioso, abundante. 5 Dilatado, continuado: *Un médico de larga experiencia.* 6 Fís **onda ~**. 7 *m.* **LONGITUD**, mayor dimensión lineal de una superficie plana. 8 Mús **LENTO**. 9 *f. pl.* Dilación, retardación.

largometraje *m.* Cin Película de más de 1600 m de longitud o una hora de proyección.

larguero *m.* Travesaño longitudinal de una cama, pared, etc., o que une los dos postes de una portería en ciertos deportes.

largueza *f.* Liberalidad, generosidad.

laringe *f.* Anat Órgano cartilaginoso, situado entre la faringe y la tráquea, que hace parte de los aparatos de fonación y respiratorio.

laríngeo, a 1 *adj.* Perteneciente o relativo a la laringe. 2 Fon Dicho de un sonido, que se produce por la vibración de las cuerdas vocales.

laringitis *f.* Med Inflamación de la laringe.

laringología *f.* Med Especialidad médica que se ocupa de la laringe y de sus enfermedades.

larva *f.* Zool Forma juvenil de todo animal que sale del huevo una vez finalizada la fase embrionaria y tiene que experimentar algún tipo de metamorfosis antes de llegar al estado adulto.

larvado, da *adj.* Dicho de un fenómeno, emoción o enfermedad, que tiene síntomas poco evidentes.

larval *adj.* **LARVARIO**.

larvario, ria *adj.* Zool Perteneciente o relativo a las larvas de los animales y a las fases de su desarrollo.

las 1 *art. det.* **EL**. 2 *pron. pers.* **LO**.

lasaña *f.* Pasta alimenticia rectangular similar a los canelones y plato que se hace con ella.

lasca *f.* Fragmento pequeño y delgado de una piedra.

lascivia *f.* Propensión a los deleites carnales.

láser (Del ingl.) *m.* Fís Amplificador y oscilador que utiliza la energía interna de los átomos para originar haces luminosos coherentes de una determinada frecuencia y con una mínima dispersión. Los haces o rayos de luz del láser se emplean en holografía, corte de metales con gran precisión, cirugía, telemetría y telecomunicaciones. • Acrónimo de *light amplification by stimulated emission of radiation.*

lasitud *f.* Cansancio, falta de fuerzas.

lástima 1 *f.* Enternecimiento y compasión que excitan los males ajenos. 2 Quejido, lamento.

lastimar 1 *tr.* y *prnl.* Herir, dañar. 2 *tr.* Agraviar, ofender.

lastre 1 *m.* Peso (piedra, arena, agua, etc.) que se pone en el fondo de la embarcación para que esta entre en el agua hasta donde convenga. 2 Peso (arena o materia similar) que se pone en la barquilla de los globos aerostáticos para que asciendan o desciendan más rápidamente. 3 Cosa que impide o retrasa algo.

lata 1 *f.* **HOJALATA**. 2 Envase de este material con su contenido o sin él.

latencia 1 *f.* Cualidad de latente. 2 Med Incubación de una enfermedad.

latente 1 *adj.* Oculto, escondido. 2 Biol Estado de reposo o de desarrollo suspendido, pero capaz de volverse activo en condiciones favorables.

lateral 1 *adj.* Perteneciente o relativo al lado u orilla de alguna cosa. 2 Dicho de una genealogía o sucesión, que no es por línea recta. 3 Fon Dicho de un sonido en el que la lengua deja paso al aire por los lados, como en la pronunciación de la *l*. 4 *m.* Cada uno de los lados de una avenida. 5 Dep Futbolista o jugador de otros deportes que actúa junto a las bandas del terreno de juego con funciones generalmente defensivas.

lateralidad *f.* PSIC Preferencia espontánea en el uso de los órganos al lado derecho o izquierdo del cuerpo, como los brazos, las piernas, etc.

laterita *f.* GEO Suelo rojizo producido por la alteración de rocas ricas en óxidos e hidróxidos de hierro y aluminio.

látex *m.* BOT Jugo de consistencia lechosa y color blanco por lo general, que fluye de algunas plantas, tiene propiedades químicas muy variadas y da origen a las gomas, las resinas, los azúcares, etc.

latido 1 *m.* Ladrido entrecortado que da el perro. 2 FISIOL Cada uno de los movimientos cardiacos de sístole y diástole.

latifundio *m.* Finca rústica de notable extensión, que se caracteriza por el ineficaz uso de los recursos disponibles, el bajo rendimiento, la escasa capitalización, el bajo nivel tecnológico y el bajo nivel de vida de los trabajadores.

látigo *m.* Azote largo, delgado y flexible, de cuero o cuerda, con el que se arrea a las caballerías.

latín *m.* LING Lengua hablada en la antigua Roma que la Iglesia católica ha conservado en algunos de sus ritos y documentos y de la que derivan las lenguas romances o neolatinas, como el castellano, el catalán y el gallego. || ~ **científico** LING El de los términos acuñados a la manera latina en la nomenclatura científica y técnica modernas. ~ **clásico** LING El de los escritores del Siglo de Oro de la literatura latina. ~ **vulgar** LING El hablado por el vulgo de los pueblos romanizados, el cual, entre otras particularidades, se distinguía del clásico por tener una sintaxis menos complicada y usar voces o expresiones no empleadas en este.

latinismo *m.* LING Palabra latina usada en otra lengua, como cuórum y superávit.

latinizar 1 *tr.* LING Dar forma latina a vocablos de otras lenguas. 2 Imponer la lengua y cultura latinas a otros pueblos.

latino, na 1 *adj.* y *s.* HIST Del Lacio y de las regiones que se fueron incorporando al Imperio romano. 2 HIST Perteneciente o relativo al Imperio romano. 3 Dicho de alguien, que es natural de los pueblos de Europa y América en los que se hablan lenguas derivadas del latín y de esos mismos pueblos. 4 *adj.* LING Perteneciente o relativo al latín y a las lenguas derivadas de él. 5 Perteneciente o relativo a la Iglesia católica, por contraposición a la ortodoxa griega o bizantina.

latinoamericano, na 1 *adj.* Dicho de un conjunto de países de América, que fueron colonizados por naciones latinas como España, Portugal o Francia. 2 De Latinoamérica o América Latina, o relacionado con esta región.

latir 1 *intr.* FISIOL Producir el corazón y las arterias sus movimientos característicos de contracción y dilatación o de sístole y diástole. 2 Dar latidos o ladrar el perro.

latitud 1 *f.* La menor de las dos dimensiones principales que tienen las cosas o figuras planas, en contraposición a la mayor o longitud. 2 Lugar considerado desde el punto de vista del clima, la temperatura, etc.: *El ser humano puede vivir en las más diversas latitudes.* 3 GEO Distancia angular en grados, minutos y segundos que hay desde un punto al N o S del Ecuador, medida sobre el meridiano que pasa sobre el punto y por los dos polos de la tierra. En cualquier punto del Ecuador la latitud es 0°, en el Polo Norte es +90° y en el Polo Sur es −90°.

latitudinal *adj.* Que se extiende a lo ancho.

lato, ta 1 *adj.* Dilatado, extendido. 2 Dicho de un sentido de las palabras, que no es rigurosamente exacto.

lato sensu (Loc. lat.) En sentido amplio.

latón *m.* Aleación de cobre y cinc, de color amarillo pálido, que es susceptible de gran brillo y maleabilidad.

latría *f.* Adoración y culto reservado a Dios.

latrocinio *m.* Hurto o costumbre de hurtar o defraudar.

laúd *m.* MÚS Instrumento de cuerpo convexo con seis órdenes de cuerdas que se puntean.

laudable *adj.* Digno de alabanza.

láudano 1 *m.* FARM Extracto de opio. 2 Preparado de opio, azafrán y vino blanco.

laude 1 *m.* Canto religioso de alabanza. 2 *m. pl.* REL Parte del oficio divino que se dice después de maitines. 3 REL Aclamaciones litúrgicas que tienen lugar después de la coronación del Papa.

laudo *m.* DER Fallo que dictan los árbitros.

launa *f.* Arcilla que forma una pasta homogénea e impermeable con el agua y se emplea para cubrir techos.

lauráceo, a *adj.* y *f.* BOT Dicho de una planta, arbórea dicotiledónea, que posee hojas coriáceas, flores en umbela o panoja y frutos en bayas o drupas con semilla sin albumen, como el aguacate.

laureado, da *adj.* y *s.* Que ha sido recompensado con honor y gloria.

laurear 1 *tr.* Coronar con laurel. 2 Premiar, honrar.

laurel 1 *m.* Árbol, de las lauráceas, que posee tronco liso, hojas coriáceas aromáticas, flores axilares de color blanco verdoso y baya negruzca y ovoide, y cuyas hojas se emplean como condimento. 2 Corona, triunfo, premio. || ~ **de cera** Árbol andino que posee copa redondeada, denso follaje verde y hojas de borde aserrado, y de cuyos frutos se extrae una cera que es utilizada en la producción de betún y barniz.

laurencio *m.* QUÍM Elemento metálico radiactivo, del grupo de los actínidos, que es creado artificialmente. Símbolo: Lw. Número atómico: 103. Peso atómico: 257.

lava *f.* GEO Material fundido o incandescente que arrojan, en forma de arroyos encendidos, los volcanes en erupción y cuyo enfriamiento y solidificación da origen a las rocas ígneas, como el basalto y la obsidiana.

lavabo 1 *m.* LAVAMANOS. 2 Mesa con jofaina y demás utensilios para lavarse las manos y la cara. 3 Cuarto dispuesto para el aseo personal, que posee instalaciones para orinar y evacuar el intestino.

lavadero *m.* Pila o sitio para lavar la ropa.

lavado, da 1 *m.* Acción y efecto de lavar o lavarse. 2 LAVATIVA. 3 Proceso de separación de la mena de un mineral por métodos físicos. 4 *f.* Acción o efecto de lavar. || ~ **de cerebro** PSIC Acción psicológica que se ejerce sobre alguien para modificar sus convicciones. ~ **de dinero** Acción y efecto de lavar el dinero obtenido en actividades ilícitas.

lavadora *f.* Máquina para lavar la ropa.

lavamanos *m.* Pila con grifo o llave para lavarse las manos.

lavanda *f.* ESPLIEGO y perfume que se obtiene de esta planta.

lavandería *f.* Establecimiento industrial para el lavado de ropa.

lavandero, ra 1 *m.* y *f.* Persona que tiene por oficio lavar ropa. 2 *f.* Ave paseriforme que posee una cola larga que sacude continuamente y un plumaje gris y negro combinado con blanco o amarillo.

lavaplatos 1 *m.* Pila dispuesta en la cocina para lavar la vajilla, las ollas, etc. 2 Máquina para lavar la vajilla, cubertería, batería de cocina, etc. 3 *m.* y *f.* Persona que por oficio lava platos.

lavar 1 *tr.* y *prnl.* Limpiar con agua u otro líquido. 2 *tr.* Invertir en negocios o valores legales el dinero obtenido en actividades ilícitas. 3 ART Dar color con aguadas a un dibujo.

lavativa *f.* MED Enema o líquido que se inyecta en el recto para ayudar a su evacuación.

lavatorio 1 *m.* Acción de lavar o lavarse. 2 REL Ceremonia de lavar los pies a doce niños o pobres el Jueves Santo. 3 REL Ceremonia que hace el sacerdote en la misa lavándose los dedos después de haber preparado el cáliz. 4 LAVABO, cuarto de la casa dispuesto para el aseo.

laxante 1 *adj.* Que laxa. 2 *adj.* y *s.* FARM Dicho de un medicamento, que facilita la evacuación intestinal.

laxar *tr.* y *prnl.* Aflojar, ablandar y disminuir la tensión de alguna cosa.

laxo, xa 1 *adj.* Flojo y sin tensión física. 2 Dicho de una moral, que es relajada, libre o poco sana.

lay *m.* LIT Composición poética de la Edad Media destinada a relatar, en provenzal o en francés, una leyenda o historia amorosa.

laya *f. desp.* Clase o condición: *Se junta con gentes de su laya.*

lazada *f.* Lazo o nudo que puede desatarse con facilidad.

lazar *tr.* Coger o sujetar con lazo.

lazareto 1 *m.* Hospital situado en las afueras de las poblaciones que se destinaba a la observación y cuarentena de los que podían tener alguna enfermedad infecciosa. 2 Hospital de leprosos.

lazarillo *m.* Persona o animal que guía a un ciego.

lazo 1 *m.* Nudo de adorno que se hace con una cinta o cordón. 2 LAZADA. 3 CUERDA, conjunto de hilos. 4 La que con un nudo corredizo en uno de sus extremos se usa para sujetar toros, caballos, etc. 5 Cada uno de los enlaces artificiosos y figurados que se hacen en la danza. 6 Unión, vínculo, obligación.

le *pron. pers.* Forma de la tercera persona, masculino o femenino, que corresponde a la función gramatical de complemento indirecto: *A Gabriel le dieron la mejor nota del curso; Les presté la bicicleta a mis amigas.* • No admite preposición y se puede usar como sufijo: *Síguele la pista a la cantante que tanto te gusta.*

leal 1 *adj.* y *s.* Dicho de una persona, que se mantiene fiel a otra o a una causa: *Un amigo leal; Leal a sus principios.* 2 Dicho de un animal dócil y aficionado a su amo. 3 Noble, sincero, honrado.

lealtad *f.* Cualidad de leal, fidelidad.

leasing (Voz ingl.) *m.* Arrendamiento con opción de compra.

lebrel *s.* y *adj.* Perro de raza cazadora, que posee el labio superior y las orejas caídas, el hocico fuerte, el lomo recto, el cuerpo alargado y las piernas inclinadas hacia atrás.

lebrillo *m.* Vasija de barro vidriado, de plata u otro metal, más ancha por el borde que por el fondo.

lección 1 *f.* Exposición de un tema para su enseñanza. 2 Cada una de las explicaciones que da el profesor. 3 Cada uno de los capítulos en que se dividen los libros de texto. 4 Experiencia o consejo que enseña.

lecha *f.* ZOOL Líquido seminal de los peces.

lechada 1 *f.* Masa ligera de yeso, cemento, cal o arena que se emplea para enlucir una pared o para hacer más compacta una superficie. 2 Líquido que tiene en disolución cuerpos insolubles muy divididos.

leche 1 *f.* BIOL Líquido blanco o amarillento que segregan las glándulas mamarias de las hembras de los mamíferos después del parto para alimento de sus crías. 2 BIOL Jugo blanquecino de algunos vegetales. 3 Bebida que se obtiene macerando y machacando ciertas semillas: *Leche de coco.*

□ BIOL Contiene alrededor de un 85 % de agua y un porcentaje variable de proteínas (caseína, albúmina y globulina), grasas, azúcares, minerales y vitaminas. Para el consumo humano se utiliza sobre todo la leche de vaca y, en menor proporción, la de oveja, cabra, camella, reno, etc. Es un alimento importante en la dieta humana, ya sea fresca, conservada o en forma de diversos productos derivados (yogur, kéfir, queso, etc.).

lechería 1 *f.* Centro de acopio de leche. 2 Sitio o puesto donde se vende leche. 3 Agroindustria dedicada a la explotación de ganado vacuno lechero.

lechero, ra 1 *adj.* Perteneciente o relativo a la leche. 2 Dicho de un tipo de ganado vacuno, que está destinado a la producción de leche. 3 *m.* y *f.* Persona que vende leche. 4 *f.* Vasija en que se transporta la leche. 5 Vasija en que se sirve.

lecho 1 *m.* Cama completa y arreglada. 2 Fondo de un río, mar, lago, etc. 3 GEO Capa de los terrenos sedimentarios.

lechón, na 1 *m.* y *f.* Cochinillo que todavía mama. 2 *m.* Marrano macho. 3 *f.* Plato elaborado a base de lechón castrado o lechona virgen, al que, una vez se le han sacado las vísceras, la carne y los huesos, se rellena con un guiso y con los propios huesos y carnes troceados.

lechoso, sa 1 *adj.* Con propiedades o aspecto de leche. 2 Dicho de un vegetal, que emite un jugo blanquecino. 3 *m.* PAPAYO, árbol. 4 *f.* PAPAYA, fruto del papayo.

lechuga *f.* Planta herbácea, de las compuestas, originaria de India, cuyas hojas anchas y tiernas se consumen en ensalada.

lechuguino, na *adj.* y *s.* Joven presumido, que va siempre a la moda.

lechuza *f.* Ave nocturna y rapaz que, como el búho, tiene la cabeza redonda, el pico curvo y los ojos grandes, amarillos y brillantes, y se alimenta de insectos y pequeños roedores.

lectivo, va *adj.* Dicho de un día, que está destinado a las clases en las instituciones docentes.

lector, ra 1 *adj.* y *s.* Dicho de una persona, que lee. 2 Que lee en voz alta para otras personas. 3 *m.* y *f.* En algunas órdenes religiosas, profesor de filosofía o teología. 4 Profesor que enseña su idioma materno en una universidad extranjera. 5 Persona que examina los originales recibidos en las editoriales y asesora sobre ellos. 6 *m.* Dispositivo para leer microfichas o microfilmes. 7 INF Dispositivo que convierte información de un soporte determinado en otro tipo de señal para procesarla o reproducirla por otros medios. 8 REL El católico seglar que ha recibido el primero de los dos ministerios establecidos por la Iglesia y cuyo oficio es proclamar la palabra de Dios en los actos litúrgicos.

lectura 1 *f.* Acción de leer. 2 Cosa leída. 3 Interpretación de un texto. 4 Materia que explica un profesor. 5 Cargo del lector en algunas órdenes religiosas. || ~ **inferencial** LING La que reconoce la información implícita del texto, como la intención del autor u otro tipo de datos no expresados.

leer 1 *tr.* Pasar la vista por un escrito para enterarse de su contenido; puede hacerse solo mentalmente o pronunciando en alto. 2 Comprender el sentido de otro tipo de representación gráfica: *Leer la partitura, el reloj, etc.* 3 Entender o interpretar un texto de determinado modo. 4 Percibir un sentimiento o intención de alguien: *Leo en tu rostro que me engañas.* 5 Adivinar algo mediante prácticas esotéricas: *Leer la mano, las cartas, etc.* • Vb. irreg. conjugación modelo. V. anexo El verbo.

legación 1 *f.* Cargo del legado o embajador de un gobierno para que lo represente ante un país extranjero. 2 Conjunto de empleados y funcionarios que trabajan con el legado o representante diplomático. 3 Edificio en que se encuentran las oficinas de la representación de un país.

legado[1] 1 *m.* Persona enviada por el jefe del Estado o por su gobierno para representar al país en alguna reunión internacional o en algún asunto extraordinario. 2 Hist Jefe de cada legión de la antigua milicia romana. 3 Hist Cada uno de los ciudadanos romanos, por lo común senador, enviado a las provincias recién conquistadas para administrar y gobernar.

legado[2] 1 *m.* Disposición que en su testamento hace un testador a favor de otras personas. 2 Lo que se deja a los sucesores, sea cosa material o inmaterial.

legajo *m.* Atado de papeles o conjunto de los que están reunidos por tratar de una misma materia.

legal 1 *adj.* Dicho de algo, que prescribe la ley o es conforme a ella. 2 Que está relacionado con la justicia: *Medicina legal.* 3 Fiel cumplidor de las funciones de su cargo. 4 Dicho de una persona, que es honrada y de fiar.

legalidad *f.* Cualidad de legal.

legalista *adj.* Dicho de una persona, que antepone la aplicación literal de las leyes a toda otra consideración.

legalización 1 *f.* Acción y efecto de legalizar. 2 Certificado o nota, con firma y sello, que acredita la autenticidad de un documento o una firma.

legalizar *tr.* Dar estado legal a algo.

légamo *m.* Barro pegajoso, cieno.

legaña *f.* Fisiol Secreción pastosa de las glándulas sebáceas de los párpados que se fija en los ángulos de la apertura ocular.

legar 1 *tr.* Dejar algo en testamento. 2 Enviar a alguien como legado. 3 Transmitir ideas, artes, etc.

legatario, ria *m.* y *f.* Persona natural o jurídica favorecida por el testador.

legendario, ria 1 *adj.* Que forma parte de una leyenda. 2 Fantástico, fabuloso.

legible *adj.* Que se puede leer.

legión 1 *f.* Ciertas asociaciones de combatientes o misioneros. 2 Cantidad indeterminada y abundante de personas, de espíritus, y aun de ciertos animales: *Una legión de niños, de ángeles, de hormigas.* 3 Hist Cuerpo de tropa romana, formado por 30 manípulos o compañías de infantes y jinetes, con unos efectivos entre 4000 y 6000 hombres.

legionario, ria 1 *adj.* Perteneciente o relativo a la legión. 2 *m.* Hist Soldado que servía en una legión romana. 3 Soldado de algún ejército que tenga el nombre de legión.

legislación *f.* Conjunto de leyes por las que se rige un país o se regula un asunto o una institución.

legislar *intr.* Dar, hacer o establecer leyes.

legislativo, va 1 *adj.* Dicho especialmente de un organismo, que tiene el derecho o potestad de hacer leyes. 2 Perteneciente o relativo a la legislación. 3 Autorizado por una ley. 4 Polít **poder ~**.

legislatura 1 *f.* Periodo de sesiones de un cuerpo legislativo. 2 Tiempo que dura un parlamento entre dos elecciones generales.

legista *m.* y *f.* Persona versada en leyes o profesor de leyes o jurisprudencia.

legitimar 1 *tr.* Darle a algo carácter de legítimo. 2 Probar legalmente la calidad de una persona o cosa, o la verdad y autenticidad de una cosa. 3 Poner a una persona o cosa en situación legal.

legitimismo *m.* Hist Antigua doctrina que afirmaba la inmutabilidad de la dinastía hereditaria por derecho divino o por ser la única conforme a la ley.

legitimidad *f.* Cualidad de legítimo.

legítimo, ma 1 *adj.* Dicho de algo, que está establecido según las leyes. 2 **lícito**, justo. 3 Cierto y verdadero en cualquier ámbito.

lego, ga 1 *adj.* Que no tiene órdenes clericales. 2 Falto de noticias o de instrucción. 3 *m.* Religioso de una orden que no es sacerdote. 4 *f.* Religiosa que no es de coro y que se dedica a tareas manuales.

legrado *m.* Med Intervención quirúrgica para limpiar, mediante raspado, una cavidad, especialmente la uterina, o una superficie ósea.

legua *f.* Unidad de medida itineraria equivalente en España a 5555 m; en Argentina a 5199 m; en Colombia y Paraguay a 5000 m; en Guatemala a 5572 m, y en México a 4190 m. || ~ **marina** La que equivale a 5555 m y 55 cm.

leguleyo, ya *m.* y *f.* desp. Designación del abogado o abogada, o de la persona que maneja las leyes sin conocerlas a fondo.

legumbre 1 *f.* Bot Todo género de fruto o semilla que se cría en vainas, como los garbanzos, las alubias, las lentejas, etc. 2 Bot Planta que se cultiva en las huertas. 3 Bot Fruto de las plantas leguminosas.

leguminoso, sa *adj.* y *f.* Bot Dicho de una planta, dicotiledónea, herbácea y arbórea, que posee hojas alternas con estípulas, flores en corola amariposada y fruto en legumbre con varias semillas sin albumen, como el fríjol, el maní, la soya, el trébol y la alfalfa.

leído, da *adj.* Dicho de una persona, que ha leído mucho y tiene una gran erudición.

leishmaniasis *f.* Enfermedad tropical infectocontagiosa, transmitida por un parásito que afecta principalmente el hígado, el bazo y la piel.

leísmo *m.* Gram Uso del pronombre *le* en lugar del acusativo masculino *lo*.

leitmotiv (Voz al.) 1 *m.* Mús Tema musical conductor. 2 Frase, motivo central que se repite en una obra, un escrito, un discurso, etc.

lejanía *f.* Parte remota o distante de un lugar, paisaje o panorama.

lejano, na *adj.* Distante, apartado.

lejía *f.* Solución en agua de álcalis o de sales alcalinas que se emplea para blanquear la ropa o desinfectar cosas.

lejos *adv. l.* y *t.* A gran distancia de cualquier punto en el espacio o en el tiempo, remoto: *Por muy lejos que vaya el culpable, nunca irá más lejos que la justicia.* || **a lo ~** A larga distancia: *Divisó a lo lejos la tierra prometida.* **~ de** Indica que sucede algo contrario a lo que se expresa: *Lejos de aprender, continuó en su ignorancia por no apreciar la lectura.*

lelo, la *adj.* y *s.* Atontado, pasmado.

lema 1 *m.* Frase, generalmente de otro autor, que figura al comienzo de un libro, y que explica su argumento o idea. 2 Empresa o título que explica un emblema o blasón. 3 Contraseña con la que en los concursos se protege el anonimato del autor. 4 Consigna o ideal. 5 Entrada de un diccionario o una enciclopedia. 6 Mat Enunciado cuya demostración precede al teorema.

lemario *m.* Ling En un diccionario, listado de palabras que se definen.

lemino *m.* Pequeño mamífero, roedor, nativo de la península escandinava, que tiene hocico y cola cortos. Se caracteriza por su gran voracidad y fecundidad y las migraciones masivas que realiza.

lemnáceo, a *adj.* y *f.* Bot Dicho de una planta, monocotiledónea, acuática y flotante, que posee flores unisexuales y fruto en pequeña bolsa, como la lenteja de agua.

lemniscata *f.* Curva plana con forma de ocho.

lémur *m.* Mamífero frugívoro que tiene los dientes incisivos de la mandíbula inferior inclinados hacia adelante y las uñas planas, menos la del índice de las extremidades superiores y a veces la del medio de las inferiores, que son ganchudas, y la cola muy larga. Es propio de Madagascar.

lemúrido *adj.* y *m.* ZOOL Dicho de un primate, endémico de las áreas boscosas de Madagascar y Comores, que tiene grandes ojos, hocico y orejas puntiagudos, cola muy larga (no prensil), pelo suave y denso y dedos provistos de uñas planas, excepto los segundos posteriores que tienen garras.

lenca *adj.* y *m.* De un pueblo amerindio establecido en el O de Honduras y el N de El Salvador, que, en la actualidad, conserva su propia lengua y sus tradiciones.

lencería 1 *f.* Conjunto de prendas interiores de mujer. 2 Ropa blanca de cama y mesa. 3 Confección de dicha ropa.

lengua 1 *f.* ANAT Órgano muscular alargado situado en la cavidad bucal de los vertebrados que sirve para degustar, masticar y deglutir los alimentos y para articular los sonidos de la voz. Está cubierta por una membrana mucosa y contiene receptores gustativos. En el ser humano, junto con los labios, los dientes y el paladar duro, contribuye a la articulación de las palabras. 2 LING Manifestación concreta del lenguaje en una determinada comunidad de personas, mediante la utilización de un sistema específico de signos lingüísticos orales o escritos. 3 LING Vocabulario y gramática peculiares de una época, un escritor o un grupo social. || ~ **analítica** LING Aquella cuyos elementos léxicos y gramaticales son palabras aisladas unas de otras, como el chino. ~ **de agua** GEO Parte del agua del mar, un río, etc., que bordea la costa o la ribera. ~ **de oc** LING Conjunto de dialectos romances hablados principalmente en el sur de Francia, que cultivaron como lengua poética los trovadores del medioevo. ~ **de oíl** LING Conjunto de dialectos romances hablados en Francia al N del Loira y de cuya unificación, en torno al dialecto de la Isla de Francia, surgió el francés. ~ **de señas** La que emplean las personas sordas para comunicarse y está compuesta por signos no verbales que se interpretan visualmente. ~ **de tierra** GEO Segmento largo y estrecho de tierra que entra en el mar, un río, etc. ~ **franca** LING La que resulta de la mezcla de dos o más lenguas, y con la cual se entienden los miembros de comunidades distintas. ~ **muerta** LING La que antiguamente se habló y no se habla ya como propia y natural de un país o nación. ~ **viva** LING La que actualmente se habla en un país o nación. ~ **vulgar** La que se habla cotidianamente en un tiempo y lugar determinados. **~s indoeuropeas** LING Las habladas por los pueblos indoeuropeos, a cuyo grupo pertenecen el griego, el latín, el germánico, el indoiranio, etc.

lenguado *m.* Pez teleósteo, de cuerpo alargado y casi plano, cuya carne es muy apreciada.

lenguaje 1 *m.* Capacidad del ser humano para expresarse mediante sonidos producidos por los órganos fonadores (laringe, boca, nariz, paladar, lengua, dientes y labios). 2 Conjunto de señales para expresar algo: *El lenguaje de las flores.* 3 Manera específica de expresarse de determinados grupos de personas: *El lenguaje de los niños, de los campesinos.* 4 Sistema de señales que los animales utilizan para comunicarse entre ellos. 5 Estilo y manera de expresarse de cada persona en particular. 6 INF Conjunto de caracteres y signos, que deben introducirse en forma binaria para expresar la información aportada por los computadores. || ~ **de programación** INF Cualquier lenguaje artificial que puede utilizarse para definir una secuencia de instrucciones para su procesamiento por una computadora. ~ **gestual** Cualquier sistema organizado a base de gestos o signos empleados por personas que no tienen una lengua común o están discapacitados para usar el lenguaje oral. ~ **técnico científico** Modalidad del lenguaje que utiliza solo la comunidad hablante que ha recibido una preparación previa, y que es propio de actividades científicas y profesionales por su rigurosidad y precisión.

□ LING El lenguaje es una facultad innata en el ser humano. Algunas teorías lingüísticas afirman que, desde el momento del nacimiento, el ser humano ya posee una sensibilidad para diferenciar los sonidos de la voz humana de otro tipo de sonidos. De hecho, se han identificado algunas zonas cerebrales específicas en las que se lleva a cabo la producción y comprensión del lenguaje.

lengüeta 1 *f.* Tira de piel que llevan los zapatos debajo de los cordones. 2 Hierro con forma de anzuelo con el que terminan las garrochas, flechas, banderillas, etc. 3 Espiga que se labra a lo largo del canto de una tabla para encajarla en la ranura de otra pieza. 4 Tabique pequeño de ladrillo con el que se fortifican las embocaduras de las bóvedas o se separan los cañones de algunas chimeneas. 5 Laminilla que tienen algunas máquinas hidráulicas o de aire para regular el paso del fluido. 6 MÚS Laminilla movible que regula el paso del aire en algunos instrumentos de viento. 7 MÚS Laminilla de madera cortada en bisel por un lado que se encaja en la embocadura de algunos instrumentos de la familia de las flautas para que estos suenen.

lengüetazo *m.* Acción de pasar una vez la lengua por algo para lamerlo o tragarlo.

lenidad *f.* Blandura en exigir el cumplimiento de los deberes o castigar las faltas.

leninismo *m.* POLÍT Doctrina de Lenin, quien, basado en el marxismo, promovió y condujo la Revolución bolchevique a principios del s. XX.

lenitivo, va 1 *adj.* Que tiene virtud de ablandar y suavizar. 2 *m.* Medio para mitigar los sufrimientos del ánimo. 3 MED Medicamento que sirve para ablandar o suavizar.

lenocinio 1 *m.* Acción de alcahuetear. 2 Oficio de alcahuete.

lente 1 *m.* o *f.* ÓPT Sistema óptico hecho de material transparente (vidrio, cuarzo, material sintético, etc.), formado por dos superficies con curvaturas diferentes (o por una superficie plana y otra curva, ya sea cóncava o convexa). 2 *m. pl.* ÓPT y MED Conjunto de dos lentes que, debidamente montadas sobre una armadura, facilitan una visión adecuada. || ~ **convergente** ÓPT La que da lugar a que los rayos de luz se acerquen entre sí. ~ **de contacto** ÓPT y MED Disco pequeño de material plástico o vidrio cóncavo de un lado y convexo por el otro, que se aplica directamente sobre la córnea para corregir los defectos de refracción del ojo. ~ **divergente** ÓPT La que produce la dispersión de los rayos.

□ ÓPT Cuando la luz atraviesa la lente, su trayectoria se modifica a causa de la refracción de los rayos en las superficies de la misma. Se denominan *centros de curvatura* los correspondientes centros de cada una de las superficies curvas. El *eje óptico* es la línea que pasa por los centros de curvatura y los *focos* son los puntos sobre los que convergen, o de los que parecen divergir, los rayos de luz que llegan a la lente paralelamente al eje óptico. La distancia que separa las dos superficies, medida sobre el eje óptico, se denomina *espesor* de la lente. Las lentes que dan lugar a que los rayos se acerquen entre sí reciben el nombre de *convergentes* y las que producen la dispersión de los rayos se denominan *divergentes.*

lenteja 1 *f.* Planta herbácea, de las leguminosas, que tiene tallo endeble, flores blancas y fruto en vaina con dos o tres semillas pardas, como disquillos biconvexos, de gran poder nutritivo. 2 BOT Fruto de esta planta. || ~ **de agua** BOT Planta lemnácea que flota en las aguas estancadas y cuyas frondas, ordinariamente agrupadas de tres en tres, tienen la forma y el tamaño del fruto de la lenteja.

lentejuela *f.* Disco brillante de metal o plástico que se emplea como adorno de los vestidos.

lenticular 1 *adj.* De forma biconvexa, como la semilla de la lenteja. 2 *m.* y *adj.* ANAT Apófisis del yunque del oído medio que se articula en el estribo: *Hueso lenticular.*

lentificar *tr.* Imprimir lentitud a alguna operación o proceso, disminuir su velocidad.

lentitud *f.* Cualidad de lento.

lento, ta 1 *adj.* Calmoso, pausado en el movimiento. 2 Poco vigoroso y eficaz. 3 CIN **cámara** ~. 4 *m.* MÚS Uno de los movimientos fundamentales de la música que, en general, se ejecuta lenta y pausadamente.

leña *f.* Rama o tronco que se destina para hacer fuego.

leñador, ra 1 *m.* y *f.* Persona que se emplea en cortar leña. 2 Persona que vende leña.

leño 1 *m.* Núcleo del tronco o rama debajo de la corteza. 2 Tronco de un árbol separado de las ramas.

leñoso, sa 1 *adj.* Dicho de una parte de los vegetales, que es más consistente. 2 Dicho de un arbusto, planta, fruto, etc., que tiene la dureza y consistencia de la madera. 3 BOT **tallo** ~; **vaso** ~.

leo *adj.* y *s.* Dicho de una persona nacida bajo el signo Leo, entre el 23 de julio y el 22 de agosto, que, según los astrólogos, es generosa, creativa y con gran capacidad de organización.

león, na 1 *m.* y *f.* Mamífero carnívoro de los félidos, de 1 m de alzada y 2 m de longitud, que tiene cabeza grande, zarpas y uñas poderosas y pelaje pardo amarillento. El macho se distingue por su larga melena. Vive en África y en el NO de India. 2 **PUMA**.

leonado, da *adj.* Dicho de un color rubio oscuro, similar al del pelo del león.

leonera *f.* Jaula o sitio en el que se encierra a los leones.

leonino, na 1 *adj.* Perteneciente o relativo al león. 2 Dicho de un pacto o condición de carácter despótico.

leontina *f.* Cadena colgante del reloj de bolsillo.

leopardo, da *m.* y *f.* Mamífero carnívoro de los félidos, de menor tamaño que el león, que posee un pelaje blanco y rojizo con manchas negras y redondas y vive en las selvas y sabanas de Asia y África.

leotardo *m.* Prenda ceñida, generalmente de lana, que cubre el cuerpo desde la cintura hasta los pies.

lepidóptero *adj.* y *m.* ZOOL Dicho de un insecto, que tiene metamorfosis completa, como las mariposas y las polillas.

□ ZOOL Los lepidópteros tienen cuatro alas membranosas, que, a menudo, son de colores vivos, dos ojos compuestos, antenas segmentadas (a veces ramificadas), un aparato bucal chupador con forma de trompa (espiritrompa), que se retrae cuando no está en uso, y tres pares de patas en el tórax. Casi todas las especies se alimentan de plantas. Las hembras ponen un número variable de huevos, de los que surgen las **orugas.** Luego de un periodo de actividad la oruga se encierra en un capullo, convirtiéndose en **crisálida,** que tras experimentar una metamorfosis completa da lugar al adulto o imago.

lepisma *f.* Insecto áptero, de cuerpo fusiforme, escamoso y brillante, que roe especialmente el cuero y el papel.

lepórido *adj.* y *m.* ZOOL Dicho de un mamífero, lagomorfo, que posee cuello largo y estrecho, orejas muy grandes y patas posteriores adaptadas al salto, como la liebre y el conejo.

leporino, na 1 *adj.* Perteneciente o relativo a la liebre. 2 MED Dicho de un labio, hendido.

lepra *f.* MED Enfermedad infecciosa y crónica, producida por el bacilo de Hansen, que se caracteriza por la presencia de tubérculos, ulceraciones y anestesias que afectan a la piel y los nervios.

leptón *m.* FÍS Partícula elemental que no interacciona a través de la fuerza nuclear fuerte y es eléctricamente neutra. Parece no tener ninguna estructura interna, como el **electrón, muón** y **tau** y las tres clases de neutrino asociadas respectivamente con cada uno de los otros tres leptones.

lerdo, da 1 *adj.* y *s.* Dicho de un animal, que es torpe en el andar. 2 Dicho de una persona, que es torpe de inteligencia o de manos.

lesbianismo *m.* Homosexualidad femenina.

lesión 1 *f.* MED Alteración patógena o traumática de un órgano o tejido. 2 Cualquier daño o perjuicio que sufre una persona.

lesivo, va *adj.* Que causa o puede causar lesión, daño o perjuicio.

leso, sa *adj.* Agraviado, ofendido: *Crimen de lesa humanidad.*

letal *adj.* Capaz de causar la muerte.

letanía 1 *f.* Serie de invocaciones religiosas. 2 Retahíla, enumeración seguida de muchos nombres, locuciones o frases.

letargo 1 *m.* Sopor, modorra. 2 MED Estado de somnolencia profunda y prolongada, que es síntoma de varias enfermedades nerviosas, infecciosas o tóxicas. 3 ZOOL Periodo de tiempo en el que algunos animales permanecen en inactividad y reposo.

letra 1 *f.* Signo que representa cualquier sonido articulado de un idioma. 2 Modo especial de escribir ese signo a mano o de imprimirlo: *Letra inglesa; Letra redonda.* 3 Texto que se canta con música: *La letra de una canción.* 4 Documento mercantil que comprende el giro de una cantidad en efectivo, que hace el librador a la orden del tomador en determinado plazo y a cargo del pagador. 5 *f. pl.* Conjunto de las ciencias humanísticas por oposición a las ciencias exactas, físicas y naturales. || ~ **de imprenta** 1 La impresa. 2 La escrita a mano imitando la letra impresa. ~ **inicial** Aquella con que empieza una palabra, un verso, un capítulo, etc. ~ **redonda** La que es vertical y circular. ~ **versalita** La mayúscula igual en tamaño a la minúscula.

letrado, da *adj.* Culto, instruido.

letrero *m.* Palabra escrita que indica alguna cosa, como el nombre de una calle.

letrilla 1 *f.* LIT Composición poética de versos cortos que suele musicalizarse. 2 LIT Composición poética, amorosa, festiva o satírica con un estribillo repetido al final de cada estrofa.

letrina 1 *f.* Lugar o depósito para recoger las inmundicias y los excrementos. 2 Retrete colectivo con varios compartimentos que vierten en un único tubo colector o una zanja.

leucemia *f.* MED Enfermedad grave de la sangre que se caracteriza por la proliferación de leucocitos producida por los órganos productores de células sanguíneas y por la hipertrofia de los tejidos linfoides.

leucocito *m.* BIOL y FISIOL Célula de forma esferoidal e incolora que se encuentra en la sangre y la linfa. Es de carácter defensivo, puede atravesar las paredes de los vasos y trasladarse a diversos lugares del cuerpo. Fagocita y destruye bacterias, se activa en presencia de ciertas infecciones y alergias, segrega sustancias anticoagulantes y estimula el proceso inflamatorio.

leucocitosis *f.* MED Proliferación anormal de leucocitos.

leucorrea *f.* MED Flujo seroso y blanquecino que se origina por el aumento de secreción de las mucosas del útero y de la vagina.

leva 1 *f.* Acción y efecto de levar. 2 Pieza de una máquina empleada para imprimir un movimiento repetitivo lineal o alternativo a una segunda pieza. Permite, por ejemplo, abrir y cerrar las válvulas de admisión y escape de un motor. 3 **árbol** de ~s. 4 GEO **mar** de fondo o de ~.

levadizo, za *adj.* Que se levanta o puede levantarse mediante algún artificio, como cierto tipo de puentes.

levadura 1 *f.* BIOL Hongo unicelular y ovoideo que se reproduce por gemación y produce las enzimas de fermentación, especialmente de los azúcares. 2 Cualquier masa constituida principalmente por estos microorganismos y capaz de hacer fermentar el cuerpo con el que se mezcla.

levantamiento 1 *m.* Acción y efecto de levantar o levantarse. 2 Rebelión militar o sedición popular. 3 GEO Elevación de la corteza terrestre en una determinada zona.

levantar 1 *tr.* y *prnl.* Mover de abajo hacia arriba una cosa. 2 Poner una cosa en lugar más alto que el que tenía antes. 3 Enderezar lo inclinado o tendido. 4 Separar una cosa de otra sobre la cual descansa o a la que está adherida. 5 Rebelar, sublevar. 6 Ocasionar, formar, mover. 7 *tr.* Dirigir la mirada hacia arriba o apuntar algo en dicha dirección. 8 Recoger algo y llevárselo de donde estaba: *Levantar las tiendas de campaña.* 9 Construir, edificar. 10 Proceder a dibujar el plano de un lugar. 11 Producir algo que forma bulto sobre otra cosa: *Levantar una ampolla.* 12 Hacer que cesen ciertas penas o prohibiciones: *Levantar el embargo.* 13 Esforzar, vigorizar: *Levantar el ánimo.* 14 *prnl.* Dejar la cama o el asiento. 15 Abandonar el lecho la persona que estaba enferma. 16 Sobresalir, elevarse sobre una superficie o plano.

levante *m.* ESTE, oriente, punto por donde sale el Sol.

levar 1 *tr.* Recoger, arrancar y suspender el ancla que está fondeada. 2 *intr.* Hacer a la mar para navegar.

leve *adj.* Ligero, de poco peso o de escasa importancia.

levedad 1 *f.* Cualidad de leve. 2 Inconstancia de ánimo y ligereza en las cosas.

leviatán *m.* Monstruo mitológico primordial, descrito en el libro bíblico de Job, que simboliza las fuerzas hostiles a Dios y al ser humano.

levita[1] *m.* Miembro de la tribu israelita de Leví dedicado al servicio del culto.

levita[2] *f.* Prenda masculina de etiqueta, parecida al frac pero con los faldones delanteros cruzados.

levitación *f.* Acción y efecto de levitar.

levitar *intr.* Elevarse en el espacio sin intervención de agentes físicos conocidos.

levítico, ca *adj.* Perteneciente o relativo a los levitas.

levógiro, ra 1 *adj.* Que gira en sentido contrario al de las agujas del reloj. 2 QUÍM Dicho de una sustancia o disolución, que desvía hacia la izquierda la luz polarizada cuando se mira hacia la fuente.

lexema *m.* LING Parte de una palabra que constituye la unidad mínima con significado léxico (sin presentar morfemas gramaticales) y que le aporta su significado básico, como, por ejemplo, *pan* en *panadería, panecillo* y *empanada.*

lexiarca *m.* HIST Cada uno de los seis magistrados atenienses que llevaban el registro de los ciudadanos que debían asistir a la asamblea.

lexicalizar *tr.* y *prnl.* LING Convertir un sintagma en una unidad léxica indivisible con significado propio, por ejemplo: el sintagma *con cajas destempladas*, está lexicalizado con el sentido de *ásperamente* o *airadamente.*

léxico, ca 1 *adj.* Perteneciente o relativo a los lexemas o al vocabulario. 2 *m.* Diccionario de cualquier lengua. 3 LING Vocabulario y conjunto de giros de un idioma, una región, una disciplina determinada, un campo semántico dado, etc.

lexicografía 1 *f.* LING Técnica que se ocupa de la confección de diccionarios. 2 LING Disciplina que estudia los principios teóricos con que se confeccionan los diccionarios.

lexicográfico, ca *adj.* Perteneciente o relativo a la lexicografía.

lexicógrafo, fa 1 *m.* y *f.* Colector de los vocablos que han de entrar en un léxico. 2 Persona experta o versada en lexicografía.

lexicología *f.* LING Disciplina que estudia las unidades léxicas de una lengua y las relaciones sistemáticas que se establecen entre ellas.

lexicón *m.* DICCIONARIO, libro que explica voces de forma ordenada.

ley 1 *f.* Norma constante que se deriva de la naturaleza o las cualidades de las cosas: *Ley de la gravitación universal.* 2 Precepto obligatorio dictado por la autoridad competente y, en especial, la norma emanada por la autoridad suprema de una nación. 3 Derecho, legislación: *Los funcionarios deben actuar conforme a la ley.* 4 Religión o creencia: *Ley de Moisés.* 5 Calidad, peso o medida que tienen los géneros según las leyes. 6 Cantidad de oro o plata finos en las ligas de barras, joyas o monedas. 7 Estatuto o condición establecida para un acto particular: *Leyes del juego.* 8 ELECTR ~ de la **potencia** eléctrica. 9 FÍS ~ de la conservación de la **energía**; ~ de la **energía** electromagnética; ~ de la **gravitación** universal; ~ de la conservación de la **masa**; ~ de la conservación de la **masa**-energía; ~ de la conservación de la cantidad de **movimiento**; ~es del **movimiento** de Newton; ~es o principios de la **termodinámica.** || ~ **de Charles** QUÍM La que determina que el volumen de un gas a presión constante es directamente proporcional a su temperatura absoluta. ~ **de Coulomb** FÍS Ley que determina la magnitud de las fuerzas entre cargas y afirma que la fuerza depende del tamaño de las cargas, de la distancia que las separa y del medio en que se encuentran situadas. Esta fuerza es proporcional al producto de las cargas e inversamente proporcional al cuadrado de la distancia que media entre ellas. ~ **de Dalton** QUÍM La que determina que la presión total de una mezcla es igual a la suma de las presiones parciales que ejercen los gases de forma independiente: *La ley de Dalton fue formulada por John Dalton en 1803.* ~ **de Dios** REL Todo aquello que es arreglado a la voluntad divina y recta razón. ~ **de la ventaja** DEP La consistente en que si el árbitro estima que a un jugador se le ha hecho una falta, pero continúa en posesión de la pelota, no sanciona la falta para que aquel pueda proseguir su iniciativa. ~ **de Ohm** FÍS La que determina que la intensidad de la corriente eléctrica, que circula por un conductor, es directamente proporcional a la diferencia del voltaje aplicado e inversamente proporcional a la resistencia de este último: *La ley de Ohm fue formulada por el físico alemán Georg Ohm en 1827.* ~ **fundamental** DER La que establece principios por los que deberá regirse la legislación de un país. ~ **marcial** 1 DER La de orden público, una vez declarado el estado de guerra. 2 Ley de carácter penal y militar aplicada en tal situación. ~ **natural** Conjunto de principios basados en lo que se supone son las características permanentes de la naturaleza humana que sirve como modelo para valorar la conducta y la ley civil. ~ **sálica** HIST La que excluía del trono de Francia a las mujeres y sus descendientes y fue introducida en España tras el establecimiento de la dinastía Borbón. ~ **seca** La que prohíbe el tráfico y consumo de bebidas alcohólicas. ~**es de Kepler** ASTR Las tres enunciadas por J. Kepler (1571-1630) sobre el movimiento de los planetas: los planetas describen órbitas elípticas, en uno de cuyos focos está el Sol; las áreas descritas por el radio vector de un planeta en tiempos iguales son iguales, es decir, que el movimiento de traslación de los planetas es más rápido o más lento según se encuentran más lejos o más cerca al Sol, y los cuadrados de los tiempos de la revolución de los planetas son proporcionales a los cubos de su distancia media del Sol. **~es de Mendel** BIOL Las establecidas por G. J. Mendel (1822-84) sobre la **herencia** y la **genética**.

leyenda 1 *f.* Relación de la vida de uno o más santos. 2 Relato de sucesos más maravillosos o tradicionales que históricos. 3 Inscripción que figura en monedas o medallas. 4 Texto breve que explica un cuadro, mapa, etc.

lezna *f.* Instrumento con una punta metálica muy fina y un mango de madera que es usado por los zapateros y otros artesanos para agujerear y coser.

liana 1 *f.* Planta tropical, trepadora, generalmente sarmentosa, que usa como soporte a los árboles a los que a veces llega a ahogar. 2 BOT Cualquier tipo de enredadera.

liar 1 *tr.* Atar fardos o cargas. 2 Envolver una cosa, sujetándola con papeles, cuerda, cinta, etc. 3 Armar cigarrillos envolviendo la picadura en papel de fumar. 4 Enrollar un hilo, alambre, etc. 5 *tr.* y *prnl.* Envolver a alguien en un compromiso. 6 Engañar, ilusionar.

libación 1 *f.* Acción de libar. 2 Ofrenda religiosa consistente en probar algún líquido para después derramarlo en tierra como sacrificio a la divinidad.

libar 1 *tr.* e *intr.* Chupar los insectos el néctar de las flores. 2 *intr.* Hacer la libación para el sacrificio. 3 Probar o gustar un licor.

libelo *m.* Escrito en que se denigra o infama a alguien o algo.

libélula *f.* Insecto **odonato** que mantiene las alas horizontales cuando está en reposo y que pasa la primera parte de su vida en forma de ninfa acuática muy diferente al adulto.

líber *m.* BOT Parte del cilindro central de las plantas, angiospermas dicotiledóneas, que está formada, principalmente, por haces pequeños.

liberación 1 *f.* Acción de poner en libertad. 2 REL **teología** de la ~.

liberado, da 1 *adj.* Que ha quedado libre de un compromiso, trabajo o castigo. 2 Que no atiende a las trabas impuestas por la sociedad o la moral.

liberal 1 *adj.* Generoso, que obra con liberalidad. 2 Tolerante, abierto. 3 Dicho de una profesión, que se ejerce en libre competencia. 4 ART **artes ~es**. 5 Partidario del liberalismo. 6 Perteneciente o relativo al partido político de este nombre.

liberalidad 1 *f.* Virtud que consiste en distribuir generosamente los bienes sin esperar recompensa. 2 Generosidad, desprendimiento.

liberalismo 1 *m.* Corriente intelectual que propugna la libertad del ser humano en cualquier situación histórica. 2 ECON Doctrina que defiende el máximo de libertad y de iniciativa individual, la propiedad privada y la intervención mínima imprescindible del Estado en la producción y el mercado. 3 POLÍT Doctrina política que defiende las libertades individuales, de expresión y de opinión; que aboga por una actividad constructiva del Estado en el campo social, y que se opone a la intervención del Estado en la vida social y cultural, al predominio de los intereses militares, y a la interferencia de las confesiones religiosas en los asuntos públicos. 4 POLÍT Partido o comunión política que forman entre sí los partidarios del sistema liberal.

liberalización *f.* Acción y efecto de liberalizar.

liberalizar 1 *tr.* y *prnl.* Hacer más abierto y flexible un sistema político, social o económico. 2 *tr.* Hacer más abierto y flexible a alguien o algo.

liberar 1 *tr.* Dejar en libertad. 2 Eximir de una obligación o carga.

liberiano 1 *adj.* BOT Perteneciente o relativo al líber. 2 BOT **vaso** ~.

libérrimo, ma *adj.* Superlativo irreg. de **LIBRE**.

libertad 1 *f.* Facultad del ser humano para elegir entre varias opciones sin violencia externa ni presión interna, siendo, en consecuencia, responsable de su conducta. 2 Derecho a actuar sin restricciones siempre que los propios actos no interfieran con los derechos de los otros. 3 Condición de la persona que ni es esclava ni está presa. 4 Desembarazo, franqueza. 5 DER y POLÍT Situación jurídica de un país en la que los ciudadanos disfrutan de los derechos fundamentales del ser humano. 6 FIL Posibilidad que tiene la persona de realizar una selección condicionada de un conjunto determinado de motivaciones y orientada a un campo determinado de objetos. 7 FIL Según Aristóteles es la autodeterminación incondicionada. 8 *f.* Conjunto de derechos cívicos, como los de reunión, expresión, asociación política (partidos) y sindical (sindicatos independientes), libertad religiosa, etc. • U. m. en pl. en la acepción 8. || ~ **civil** DER y POLÍT Estado de los ciudadanos cuyos derechos y privilegios protege una comunidad civil organizada. ~ **condicional** DER Beneficio de abandonar la prisión que puede concederse a los penados en el último periodo de su condena, y que está condicionado a la observancia de buena conducta. ~ **de cultos** Derecho de practicar públicamente los actos de la religión que cada uno profesa. ~ **de expresión** Derecho a exponer cada quien sus pensamientos y opiniones por medio de la palabra sin autorización ni censura previas por parte de la autoridad. ~ **de pensamiento** La que permite manifestar las propias ideas, especialmente las políticas y religiosas, defenderlas y propagarlas, y criticar las contrarias. ~ **de prensa** Inmunidad de los medios de comunicación respecto al control o la censura del gobierno. ~ **provisional** DER Situación o beneficio de que pueden gozar, con fianza o sin ella, los procesados, no sometiéndolos durante la causa a prisión preventiva.

libertador, ra *adj.* y *s.* Que liberta.

libertar 1 *tr.* Poner en libertad. 2 Eximir de un compromiso.

libertario, ria *adj.* Que defiende la libertad absoluta y, por tanto, la supresión de todo gobierno y de toda ley.

libertinaje *m.* Desenfreno en la conducta.

libertino, na *adj.* y *s.* Que vive en libertinaje.

liberto, ta *m.* y *f.* Esclavo a quien se ha dado la libertad respecto de su amo.

libidinoso, sa *adj.* Que muestra o produce un deseo sexual exagerado.

libido *f.* PSIC Conjunto de los impulsos sexuales.

libra 1 *adj.* y *s.* Dicho de una persona, nacida bajo el signo zodiacal Libra, entre el 23 de septiembre y el 22 de octubre, que, según los astrólogos, es de naturaleza diplomática. 2 *f.* Medida de peso que varía según las regiones y países y oscila en torno al medio kilogramo. 3 Unidad de medida de peso del sistema británico equivalente a 453,592 g. Símbolo: lb.

libración 1 *f.* ASTR Movimiento aparente de la Luna, como de oscilación o balanceo, en virtud del cual la faz de aquel astro que mira hacia la Tierra varía un poco y abarca en el curso del tiempo más de un hemisferio. 2 FÍS Movimiento oscilatorio que un cuerpo, ligeramente perturbado en su equilibrio, efectúa hasta recuperar este poco a poco.

librador *m.* Persona que libra una letra de cambio.

libranza *f.* Orden de pago que no necesita aceptación para ser eficaz.

librar 1 *tr.* y *prnl.* Sacar o preservar a alguien de un trabajo, mal o peligro. 2 *tr.* Poner o fundar la confianza en alguien o algo. 3 Dar o expedir algo: *Librar sentencias, cartas de pago, decretos,* etc.

libratorio *m.* Locutorio con reja de un convento o una cárcel.

libre 1 *adj.* Que disfruta de libertad. 2 No sujeto. • Superlativo irreg. *libérrimo.* 3 Exento, privilegiado. 4 Soltero. 5 Independiente. 6 Exento de un daño o peligro. 7 Inocente, sin culpa. 8 Vacante, no ocupado. 9 Dicho de un camino, una vía, etc., no interceptado. 10 Dicho de un tiempo de descanso.

librea 1 *f.* Traje de uniforme que usan algunos funcionarios, conserjes, etc. 2 ZOOL Pelaje, plumaje, piel, conjunto de escamas, etc., de los animales con su colorido específico.

librecambismo *m.* ECON Doctrina según la cual la actividad económica debe desarrollarse sin la intervención estatal y basarse en el interés individual, si es coincidente con el colectivo, y en el principio de la oferta y la demanda.

librepensador, ra *adj.* y *s.* Dicho de una persona, que en sus opiniones, incluidas las religiosas, se rige por la luz de su razón y no por criterios, normas o dogmas preestablecidos.

librepensamiento *m.* Doctrina que reclama para la razón individual independencia absoluta de todo criterio sobrenatural en materia religiosa.

librería 1 *f.* Conjunto de libros. 2 Mueble en que se colocan. 3 Tienda donde se venden libros.

librero, ra 1 *m.* y *f.* Persona que tiene por oficio vender libros. 2 *m.* Mueble en que se colocan los libros.

libresco, ca 1 *adj.* Perteneciente o relativo al libro. 2 Dicho de un escritor o autor, que se inspira, sobre todo, en la lectura de libros.

libreta *f.* Cuaderno para apuntes o anotaciones. || ~ **militar** La que se da al soldado cuando se licencia y en la que constan su servicio, datos personales, etc.

libreto 1 *m.* MÚS y LIT Obra dramática para ser musicalizada parcial (zarzuela) o totalmente (ópera). 2 GUIÓN, texto en que se expone el contenido de un filme o de un programa de radio o televisión.

libro 1 *m.* Conjunto de hojas impresas, unidas por uno de los lados y generalmente cubiertas con tapas, que versan sobre algún tema unitario. 2 Impreso no periódico de al menos 49 páginas. 3 Cada uno de los textos con título propio de la *Biblia*: *El libro del Génesis; El libro de los Hechos de los Apóstoles.* 4 Cada una de las partes principales en que suele dividirse una obra literaria o científica extensa. 5 Tercera de las cuatro cavidades del estómago de los rumiantes. || ~ **digital** o **electrónico** INF Texto digitalizado de una obra impresa que puede leerse en un computador u otro tipo de dispositivo electrónico.

licantropía *f.* PSIC Manía en la que una persona se imagina transformada en lobo.

licaón *m.* Mamífero carnívoro de los cánidos, de 1 m de longitud y 75 cm de altura, que se caracteriza por tener largas patas, grandes orejas y pelaje manchado. Vive en la sabana subsahariana.

licencia 1 *f.* Permiso para hacer algo y documento en que consta. 2 Autorización para ausentarse de un empleo o cuerpo. 3 Contrato por el que una empresa cede a otra alguna patente. 4 Abusiva libertad en decir u obrar. 5 *f. pl.* Las que dan a los eclesiásticos los superiores para celebrar, predicar, etc., por tiempo indefinido. || ~ **poética** LIT Infracción de las leyes del lenguaje o estilo que puede cometerse lícitamente en la poesía.

licenciado, da 1 *m.* y *f.* Persona que ha obtenido una licenciatura en alguna universidad o escuela superior. 2 *m.* Soldado que ha recibido la licencia absoluta.

licenciar 1 *tr.* Dar permiso o licencia. 2 Conferir el grado de licenciado. 3 *prnl.* Recibir el grado de licenciado.

licenciatura 1 *f.* Grado superior universitario. 2 Estudios necesarios para obtener este grado. 3 Acto de recibirlo.

licencioso, sa *adj.* Libertino, disoluto, especialmente en la conducta sexual.

liceo 1 *m.* Instituto de enseñanza media. 2 Institución recreativa o cultural.

lichi 1 *m.* Árbol frutal procedente del sur de China. 2 BOT Fruto del mismo árbol de corteza roja y rugosa y pulpa blanca.

licitación *f.* Acción y efecto de licitar. || ~ **pública** Convocatoria pública que hace el Estado para que el mejor postor adquiera los derechos y deberes para llevar a término una determinada obra pública.

licitar *tr.* Ofrecer precio en una subasta.

lícito, ta *adj.* Permitido por la ley o conforme a la razón y la justicia.

licopodíneo, a *adj.* y *f.* BOT Dicho de una planta, criptógama pteridofita, que posee hojas pequeñas y muy sencillas, que se distinguen de las de otros vegetales del mismo grupo por la ramificación dicótoma de sus tallos y raíces.

licopodio *m.* Planta licopodínea, por lo común rastrera, de hojas simples, gruesas e imbricadas, que crece en lugares húmedos y sombríos y cuyas esporas se usan en farmacia.

licor 1 *m.* Sustancia líquida. 2 Dicho de una bebida, que contiene gran cantidad de alcohol mezclada con sustancias aromáticas.

licorera 1 *f.* Botella o frasco para licores. 2 Utensilio de mesa o mueble que contiene la botella de licor y, a veces, los vasitos o copas en que se sirve este. 3 Tienda donde se venden licores.

licorería 1 *f.* Fábrica de licores. 2 Establecimiento donde se venden.

licra *f.* Tejido sintético elástico, que es usado en la confección de prendas de vestir.

licuadora *f.* Aparato eléctrico para licuar frutas u otros alimentos.

licuar 1 *tr.* y *prnl.* Hacer líquida una sustancia sólida o gaseosa. 2 Fundir un metal sin que se derritan las demás materias con las que se encuentra combinado para separarlo de ellas.

licuefacción *f.* Acción y efecto de licuar.

lid *f.* Combate, lucha.

líder, resa *m.* y *f.* Jefe de una colectividad o competición deportiva.

liderar *tr.* Dirigir o estar a la cabeza de un grupo, partido político, competición, etc.

liderazgo 1 *m.* Condición de líder o ejercicio de sus actividades. 2 Supremacía en que está una empresa, un producto o un sector económico dentro de su ámbito.

lidia *f.* Acción de lidiar.

lidiar 1 *tr.* Luchar, combatir. 2 Oponerse a alguien, hacerle frente. 3 Torear y dar muerte a un toro. 4 *tr.* e *intr.* Tratar con una o más personas que causan molestia y ejercitan la paciencia.

liebre *f.* Mamífero lagomorfo, lepórido, de unos 70 cm de longitud y 20-25 de altura, que tiene la cabeza pequeña y alargada, orejas largas y patas posteriores más largas que las anteriores, las cuales le permiten ser muy veloz al correr.

lied (Voz al.) *m.* Melodía breve típica del Romanticismo alemán que es compuesta generalmente para solistas de voz y piano.
liendre *f.* Huevo de piojo que se fija en el pelo.
lienzo 1 *m.* Tela de algodón, cáñamo o lino. 2 Pañuelo de esta tela. 3 Tela para pintar. 4 Pintura sobre esta tela.
liga 1 *f.* Cinta elástica con la que se aseguran las medias o los calcetines. 2 Venda o faja. 3 Unión o mezcla. 4 Aleación de dos metales. 5 Concierto entre personas, comunidades o Estados con miras a un objetivo común, como la mutua defensa. 6 DEP Competición deportiva en la que todos los equipos participantes deben enfrentarse entre sí.
ligado 1 *m.* Unión de las letras en la escritura. 2 MÚS Unión de dos notas musicales que prolonga el sonido de la primera sin un nuevo impulso o emisión.
ligadura 1 *f.* Todo lo que en sentido físico sirve para atar algo: una cinta, una correa, un alambre. 2 MED Operación quirúrgica por la que se cierra un conducto. 3 MÚS Artificios con que se enlaza la disonancia con la consonancia, quedando como ligada o impedida para que no cause el mal efecto que por sí sola causaría.
ligamento 1 *m.* Acción y efecto de ligar. 2 ANAT Cordón fibroso y resistente que fija los huesos a las articulaciones o sujeta algún órgano. 3 ANAT Pliegue membranoso que enlaza o sostiene en la debida posición cualquier órgano.
ligar 1 *tr.* Atar. 2 Mezclar metales. 3 Unir o enlazar. 4 Relacionar mentalmente una cosa con otra. 5 *tr.* y *prnl.* Conseguir que ciertas sustancias formen una masa homogénea. 6 *prnl.* Aliarse, unirse para algún fin.
ligero, ra 1 *adj.* Que pesa poco. 2 Que tiene poca sustancia, fuerza o importancia. 3 Ágil, veloz. 4 Dicho de un sueño, que se interrumpe fácilmente. 5 Dicho de un alimento, que es fácil de digerir. 6 QUÍM Dicho de una fracción, que se produce primero en una destilación.
light (Voz ingl.) 1 *adj.* Que proporcionalmente tiene bajo contenido de azúcar, grasa, alcohol o alguna otra sustancia perjudicial para la salud. 2 En sentido irónico, que carece de alguna de sus propiedades más características.
lignificación 1 *m.* BOT Proceso por el cual el tallo de una planta toma la consistencia de la madera. 2 BOT Paso de la consistencia herbácea a la leñosa en el proceso de desarrollo de muchas plantas.
lignito *m.* GEO Carbón fósil, negro o parduzco, que se forma por la acción microbiana sobre la turba de mediana calidad con un 70 % de carbono.
liguero *m.* Cinturón o faja para sujetar las medias.
lígula 1 *f.* BOT Estípula situada entre el limbo y el pecíolo de las hojas de las gramíneas. 2 BOT Pétalo desarrollado en el borde del capítulo de ciertas plantas compuestas, como en las margaritas, matricarias y otras.
ligur *adj.* y *s.* HIST De un antiguo pueblo de Europa occidental (SE de la Galia y N de Italia), cuyo territorio se fue reduciendo a consecuencia de las invasiones de los celtas y que opuso una fuerte resistencia a los romanos (ss. III-II a. C.).
lija *f.* Hoja de papel con polvos o arenillas de vidrio o esmeril adheridos, que sirve para pulir maderas o metales.
lijar *tr.* Alisar, pulir o limpiar algo con la lija.
lila 1 *f.* Arbusto ornamental, de las oleáceas, que posee flores pequeñas y olorosas de varios colores en grandes racimos. 2 Flor de esta planta. 3 *adj.* y *m.* Dicho de un color, morado claro.
liliáceo, a *adj.* y *f.* BOT Dicho de una planta, monocotiledónea herbácea, que posee raíz tuberculosa o bulbosa, con hojas opuestas y dentadas, flores hermafroditas rara vez solitarias, y fruto en caja con semillas de albumen carnoso en baya, como el ajo, el lirio y el aloe.
liliputiense *adj.* y *s.* Dicho de una persona, que es muy pequeña, por alusión a los fantásticos personajes de Liliput, imaginados por J. Swift en su libro *Los viajes de Gulliver*.
lima[1] 1 *f.* Fruto del limero, que posee una pulpa verdosa en gajos, jugosa y dulce. 2 **LIMERO**.
lima[2] *f.* Instrumento de acero templado con superficie estriada, que sirve para alisar metales.
limadura 1 *f.* Acción y efecto de limar. 2 *f. pl.* Partes muy menudas que con la lima u otra herramienta se arrancan de la pieza que se lima.
limar 1 *tr.* Alisar los metales con la lima. 2 Pulir una obra. 3 Reducir, disminuir.
límbico *adj.* ANAT **sistema ~**.
limbo 1 *m.* Borde de algo. 2 Placa que lleva grabada una escala y que se emplea en diversos aparatos de medida. 3 ASTR Contorno aparente de un astro. 4 BOT Lámina o parte ensanchada de las hojas, los sépalos, los pétalos y los tépalos. 5 REL Lugar en el que, según la doctrina tradicional cristiana, se encuentran las almas de los niños muertos sin bautismo. 6 REL Lugar donde, según la Biblia, estaban detenidas las almas de los santos y patriarcas antiguos esperando la redención del género humano.
limero *m.* Árbol de las rutáceas que posee tronco liso, ramoso y copudo, hojas alternas y lustrosas, florecillas blancas y olorosas, y cuyo fruto es la lima.
limícola 1 *adj.* y *f.* BIOL Dicho de un organismo, que vive en el limo, barro o lodo. 2 ZOOL Dicho de un ave, costera o ribereña, que busca su alimento en el limo, barro o lodo, como el chorlito.
limitado, da 1 *adj.* Que tiene límite. 2 Poco, escaso. 3 Corto de entendimiento.
limitar 1 *tr.* Poner límites. 2 Precisar competencias. 3 *tr.* y *prnl.* Reducir gastos, la afluencia de personas a un lugar, etc. 4 *intr.* Lindar, estar contiguos dos países, territorios, terrenos, etc.
límite 1 *m.* Término, confín de comarcas, regiones, posesiones, etc. 2 Línea real o imaginaria que separa dos terrenos, dos países, etc. 3 Fin, término. Se usa en aposición en casos como *dimensiones límite, situación límite*. 4 MAT En una secuencia infinita de magnitudes, la magnitud fija a la que se aproximan los términos de la secuencia. Así, la secuencia de los números $2n / (n + 1)$ (siendo n la serie de los números naturales) tiene como límite el número 2.
limítrofe *adj.* Vecino, colindante.
limnología 1 *f.* BIOL Estudio científico de los lagos y lagunas. 2 BIOL Conjunto de los factores no bióticos de las aguas dulces.
limo 1 *m.* Lodo, légamo, especialmente cuando contiene materias orgánicas para abono. 2 GEO Sedimento constituido por el polvo y la arena, aportados por los ríos y el mar, y la materia orgánica.
limón *m.* Fruto ovoide del limonero, que posee corteza amarilla o verde y pulpa amarillenta y ácida.
limonada *f.* Bebida refrescante hecha con zumo de limón, agua y azúcar.
limonero *m.* Árbol de las rutáceas que posee tronco ramoso y liso, copa abierta, hojas dentadas, lustrosas y siempre verdes, y flores rosas y blancas de cáliz acampanado.
limosna *f.* Lo que se da para socorrer una necesidad.
limpiabotas *m.* Persona que tiene por oficio limpiar y lustrar botas y zapatos.
limpiaparabrisas *m.* Mecanismo que se fija en la parte exterior del parabrisas para eliminar la lluvia, nieve, etc.

limpiar 1 *tr.* y *prnl.* Quitar la suciedad. 2 *tr.* Eliminar defectos o imperfecciones. 3 Desechar lo perjudicial o menos provechoso.

limpieza 1 *f.* Cualidad de limpio. 2 Acción y efecto de limpiar o limpiarse. 3 Precisión, destreza con que se ejecuta algo.

limpio, pia 1 *adj.* Que no está sucio ni manchado. 2 Sin impurezas ni mezclas extrañas. 3 Que tiene el hábito del aseo y la pulcritud. 4 Libre, exento de cualquier cosa que dañe o infecte. 5 Neto, no confuso: *Imagen limpia.* 6 ECOL **energía** ~. 7 *f.* Acción y efecto de limpiar.

limpión 1 *m.* Limpiadura ligera. 2 Paño para limpiar.

limusina *f.* Automóvil lujoso de gran tamaño.

linaje 1 *m.* Ascendencia o descendencia de una familia. 2 Naturaleza, índole: *Gentes de todo linaje.*

linajudo, da *adj.* y *s.* Dicho de una persona, que es o se precia de poseer un gran linaje.

linaza *f.* Semilla del lino, de granillos elipsoidales, duros y grises, que una vez molida produce una harina que se emplea para elaborar cataplasmas y en la industria de pinturas y barnices.

lince *m.* Mamífero carnívoro, de los félidos, parecido a un gato grande, que tiene patas largas y orejas puntiagudas rematadas en dos mechones de pelos negros.

linchar *tr.* Ajusticiar de forma tumultuaria y sin juicio a un presunto delincuente.

lindar 1 *intr.* Tener límites comunes dos o más superficies o cosas. 2 Estar algo muy próximo a lo que se expresa: *Su actitud linda con la arrogancia.*

linde 1 *m.* o *f.* Línea que divide unas heredades o fincas de otras. 2 Término o fin de algo.

lindero, ra 1 *adj.* Que linda con algo. 2 *m.* Linde o lindes de dos terrenos.

lindeza 1 *f.* Calidad de lindo. 2 Dicho o hecho gracioso.

lindo, da 1 *adj.* Bonito, grato a la vista. 2 Primoroso, exquisito.

línea 1 *f.* GEOM Extensión considerada en una de sus tres dimensiones: la longitud. 2 Raya imaginaria o visible que separa dos cosas continuas: *Línea del horizonte.* 3 TRAZO, raya. 4 RENGLÓN, serie de palabras o caracteres. 5 Figura esbelta de una persona: *Guardar la línea.* 6 Dirección, tendencia, orientación o estilo en el arte y el pensamiento. 7 Serie de personas o cosas situadas una detrás de otra o una al lado de otra. 8 Vía terrestre, marítima o aérea. 9 Servicio regular de vehículos que recorren un itinerario determinado. 10 Clase, género, especie. 11 Serie de personas enlazadas por parentesco. 12 Comunicación telefónica. 13 ART El dibujo, por oposición al color. || ~ **abierta** GEOM La que posee extremos, por lo que es preciso retroceder para volver al punto de partida. ~ **abscisa** GEOM ABSCISA. ~ **cerrada** GEOM La que carece de extremos, por lo que, sin retroceder, se puede llegar al punto de partida. ~ **curva** GEOM CURVA. ~ **de doble curvatura** GEOM La que no se puede trazar en un solo plano, como la hélice. ~ **de los nodos** ASTR Intersección del plano de la órbita de un planeta con la eclíptica. ~ **de pobreza** ECON Nivel mínimo de ingresos que se consideran necesarios para cubrir las necesidades básicas de los habitantes de un país: *Los hogares cuyos ingresos están por debajo de la línea de pobreza se consideran en pobreza extrema.* ~ **de proyección** En perspectiva, cada una de las que convergen en el punto de fuga. ~ **del horizonte** En perspectiva, la imaginaria que se sitúa a la altura de los ojos del observador. ~ **eléctrica** ELECTR Sistema de cables, hilos, etc., que conduce un flujo de corriente. ~ **recta** GEOM RECTA. ~ **telefónica** TELEC Conjunto de los aparatos e hilos conductores del teléfono. ~ **transversal** GEOM La que atraviesa o cruza a otras. ~ **trigonométrica** GEOM Cada una de las rectas que se consideran en el círculo y sirven para resolver triángulos por el cálculo. ~ **vertical** GEOM La perpendicular a un plano horizontal.

lineal 1 *adj.* Perteneciente o relativo a la línea. 2 Dicho de un dibujo, que solo se representa mediante líneas. 3 Dicho de una cosa y un fenómeno, cuyos resultados se consideran en una única dimensión o dirección.

lineamiento *m.* Líneas generales de una política; orientación, directriz.

linfa *f.* FISIOL Líquido orgánico, transparente y de sabor salado, que circula por los vasos linfáticos y cuyos principales componentes son agua, albúmina, linfocitos, macrófagos (células móviles que engloban en su interior los cuerpos extraños, digiriéndolos), sales y fibrina y, en ocasiones, leucocitos propiamente dichos.

linfático, ca 1 *adj.* y *s.* Perteneciente o relativo a la linfa. 2 ANAT y FISIOL **tejido** ~. || **sistema** ~ FISIOL Conjunto de los ganglios, vasos y capilares que intervienen en la circulación de la linfa y los órganos que la producen, como los mismos **ganglios** y el **bazo**. Desde el punto de vista fisiológico su función es contribuir a la renovación constante de las proteínas y los líquidos de las células de los tejidos, y eliminar los productos de desecho de su metabolismo.

linfocito *m.* BIOL y FISIOL Leucocito linfático producido por el tejido linfático o la médula ósea y cuyas funciones son, sobre todo, inmunológicas. || ~ **b** BIOL y FISIOL Tipo de linfocito responsable de la inmunidad serológica, es decir, de la producción de unos componentes del suero de la sangre, denominados **inmunoglobulinas** o anticuerpos. ~ **t** BIOL y FISIOL Tipo de linfocito responsable de la inmunidad celular, es decir, ataca y destruye directamente a los antígenos.

linfocitosis *f.* MED Aumento patológico del número de linfocitos en la sangre.

linfoide *adj.* Perteneciente o relativo al sistema linfático.

linfoma *m.* MED Tumor de los ganglios linfáticos.

lingote 1 *m.* Trozo o barra de metal en bruto. 2 Masa sólida que se obtiene vaciando el metal líquido en un molde.

lingual 1 *adj.* Perteneciente o relativo a la lengua. 2 FON Dicho de un sonido que, como la *l,* se pronuncia con el ápice o la punta de la lengua.

lingüístico, ca 1 *adj.* Perteneciente o relativo a la lingüística o al lenguaje. 2 LING **enclave** ~; **familia** ~; **signo** ~. 3 *f.* LING Estudio detallado y sistemático de la lengua que tiene en cuenta cada uno de los componentes, formas y funciones de un sistema amplio de signos lingüísticos y sus correspondientes significados, connotaciones y denotaciones. También se ocupa del aspecto evolutivo de la lengua y de su descripción.

linimento *m.* FARM Preparado farmacológico con aceites o bálsamos que se aplica externamente.

lino 1 *m.* Planta herbácea que alcanza 1 m de altura y posee tallo hueco y fibroso, hojas lanceoladas, flores azules y fruto en cápsula. 2 Fibra textil que se saca del tallo. 3 Tela que se hace con ella.

linografía *f.* ART Técnica de grabado que se hace sobre un material sólido hecho a base de aceite de lino y corcho y en la que se utilizan instrumentos cortantes como el cincel o la gubia.

linóleo *m.* Tejido de yute con una capa de polvo de corcho y aceite de linaza que se emplea en pavimentación.

linotipia 1 *f.* Máquina de imprenta para componer, provista de matrices, de la cual sale la línea formando una sola pieza. 2 Arte de componer con esta máquina.

linterna 1 *f.* Farol portátil con una cara de vidrio. 2 Utensilio para proyectar luz formado por una bombilla y unas pilas eléctricas.

lío 1 *m.* Fardo de ropas u otras cosas envueltas juntas. 2 Embrollo o situación difícil. 3 Intriga, chisme. 4 Relación amorosa no legal.

liofilización *f.* Proceso por el que se separa el agua de una sustancia o disolución congelándola y sometiéndola después al vacío, que se emplea en la deshidratación de alimentos y materiales biológicos.

lipasa *f.* Quím Enzima del organismo que disgrega las grasas de los alimentos para que se puedan absorber.

lípido *m.* Quím Sustancia de carácter graso, no soluble en agua y soluble en los disolventes orgánicos, que es parte esencial de las células vivas. Está constituida por largas cadenas de hidrocarburos alifáticos y sus derivados, como los **fosfolípidos**, **triglicéridos** y **esteroides**.

lipólisis *f.* Quím Proceso de descomposición, en el curso de la digestión, de los lípidos alimentarios en ácidos grasos y jabones.

lipoma *m.* Med Tumor del tejido adiposo.

lipoproteína *f.* Bioq Molécula orgánica compleja, formada por la unión de un lípido y una proteína.

liposoluble *adj.* Quím Dicho de una sustancia, que es soluble en las grasas.

liposucción *f.* Med Técnica quirúrgica para succionar la grasa subcutánea.

lipotimia *f.* Med Pérdida pasajera del conocimiento con debilitamiento de la respiración y circulación.

liquen *m.* Biol Organismo resultante de la asociación simbiótica de los hongos con las algas unicelulares. El hongo protege al alga de la deshidratación, mientras que el alga sintetiza y excreta un hidrato de carbono específico que el hongo toma y utiliza como alimento. Crece en sitios húmedos y se extiende sobre las rocas o las cortezas de los árboles en forma de hojuelas o costras.

liquidación 1 *adj.* Acción y efecto de liquidar. 2 *f.* Venta de productos a precio rebajado por causas ajenas a su coste real.

liquidámbar 1 *m.* Árbol que posee hojas lobuladas de vistosa coloración y flores reunidas en cabezuelas globosas. 2 Farm Bálsamo de color amarillo rojizo, aromático y de sabor acre, que procede de algunos árboles del género liquidámbar.

liquidar 1 *tr.* y *prnl.* Licuar o pasar a líquido una cosa gaseosa o sólida. 2 *tr.* Dilapidar un patrimonio. 3 Hacer el ajuste final de una cuenta. 4 Pagar por entero una deuda, recibo, etc. 5 Poner término a una cosa o a un estado de cosas. 6 Eliminar a una persona. 7 Realizar la liquidación de sus mercancías algún establecimiento comercial.

liquidez 1 *f.* Calidad de líquido. 2 Econ Cualidad del capital financiero por la que fácilmente puede convertirse en dinero efectivo. 3 Econ Relación entre el dinero en caja y los bienes de una empresa fácilmente convertibles en dinero y el total de su activo.

líquido, da 1 *adj.* y *s.* Fís Dicho de un cuerpo no sólido ni gaseoso, cuyas moléculas, por su escasa cohesión, permiten que adopte la forma del recipiente que lo contiene. 2 Fís **aire** ~. 3 Fon Dicho de un fonema, que, como la *l* o la *r*, es a la vez vocálico y consonántico. 4 Bebida. || ~ **amniótico** Anat El encerrado en el amnios. ~ **cefalorraquídeo** Anat Líquido incoloro y alcalino en el que están incluidos los centros nerviosos de los vertebrados y que llena también los ventrículos del encéfalo para protegerlos. ~ **sinovial** Anat Fluido espeso que lubrica los cartílagos de los extremos óseos de las articulaciones tipo diartrosis.

liquilique *m.* Chaqueta de algodón con bolsillos que se abrocha desde el cuello.

lira 1 *f.* Combinación métrica de cinco versos con siete y once sílabas. 2 Mús Instrumento de cuerda antiguo que poseía caja de resonancia en forma de dos cuernos y un número variable de cuerdas que se pulsaban con ambas manos.

lírico, ca 1 *adj.* Lit Dicho de una obra literaria, que pertenece a la lírica. 2 Mús y Lit Dicho de una obra de teatro, que es total o parcialmente cantada. 3 *f.* Lit Uno de los tres géneros principales en que se divide la literatura, y en el cual el autor expresa sus propios afectos e ideas con el fin de suscitar en el oyente o lector sentimientos análogos.

lirio *m.* Planta, de las iridáceas, que posee rizoma, tallos gruesos, hojas ensiformes, flores terminales grandes, blancas o moradas, y fruto en cápsula. || ~ **de mar** Equinodermo de los mares tropicales que tiene el cuerpo con forma de disco cubierto de placas óseas y brazos plumosos que se extienden hacia arriba.

lirismo *m.* Inspiración poética, especialmente la de matiz sentimental.

lirón *m.* Mamífero roedor, parecido al ratón, de pelo gris y blanco, largo y espeso, que vive en los bosques europeos e hiberna durante el invierno.

lis *f.* Bot **lirio**, planta de las iridáceas.

lisérgico, ca 1 *adj.* Quím Dicho de un ácido, derivado de los alcaloides presentes en un hongo del centeno, que posee propiedades alucinógenas (LSD) y cuya fórmula es: $C_{16}H_{16}N_2O_2$. 2 Perteneciente o relativo al consumo de alucinógenos.

lisiado, da *adj.* Mutilado, que carece de algún órgano o de su uso adecuado.

lisiar *tr.* y *prnl.* Producir una lesión en alguna parte del cuerpo.

liso, sa 1 *adj.* Sin asperezas ni desniveles. 2 Sin realces ni adornos. 3 Dicho de un pelo, lacio. 4 Anat **músculo** ~.

lisonja *f.* Alabanza afectada e interesada.

lisonjear 1 *tr.* **adular**. 2 *tr.* y *prnl.* Halagar el amor propio.

lisosoma *m.* Biol Orgánulo celular de membrana sencilla que está cargado de enzimas digestivas, que degradan moléculas complejas, y abunda en las células encargadas de combatir las enfermedades.

lista 1 *f.* Tira de tela, papel, etc. 2 Franja o línea de color que se forma de modo natural o artificial en una superficie. 3 Enumeración correlativa de palabras, personas o cosas.

listado, da *adj.* Que forma o tiene listas.

listo, ta 1 *adj.* Expedito, pronto. 2 Inteligente, preparado. 3 Sagaz, avisado.

listón 1 *m.* Tabla estrecha y larga. 2 Cinta de seda angosta.

lisura 1 *f.* Tersura y homogeneidad de una superficie. 2 Ingenuidad, franqueza. 3 Desvergüenza, insolencia.

litargirio *m.* Óxido de plomo, de color amarillo rojizo y lustre vítreo, que se emplea para fabricar barnices.

litera 1 *f.* Cama estrecha y sencilla utilizada en los barcos, trenes, cuarteles, dormitorios, etc., y que suele ponerse encima de otra para economizar espacio. 2 Vehículo antiguo para una o dos personas, con dos varas laterales para ser transportado a hombros o por caballerías.

literal 1 *adj.* Conforme con la letra o sentido directo y explícito de un texto sin comentarios o ampliaciones. 2 Dicho de una traducción, que se ciñe por completo al original. 3 Mat Letra o símbolo que se emplea en expresiones matemáticas para representar un número: *en la expresión $A = b \times h$, el literal A representa el área de un rectángulo, el literal b la medida de su base y el literal h, la longitud de su altura.*

literario, ria *adj.* Perteneciente o relativo a la literatura.

literato, ta *adj.* y *s.* Dicho de una persona, que cultiva la literatura.

literatura 1 *f.* LIT Texto verbal que cumple una función estética. 2 LIT Conjunto de obras literarias de un autor, una época o un país: *La literatura española del s. XVI.* 3 Conjunto de obras que versan sobre un arte, ciencia o tema específicos: *Literatura médica.* || ~ **erótica** LIT Literatura que tiene como argumento las relaciones amorosas desde una perspectiva sensual. ~ **fantástica** LIT Género que exalta la imaginación y la innovación, generalmente vinculado con temas de lo inexplicable y de realidades paralelas que se contraponen a las reglas de la realidad dominante. También engloba obras que tienen otros rasgos característicos, como las de terror o ciencia ficción. ~ **indigenista** Corriente literaria que aborda los problemas de los indígenas americanos. *Raza de bronce* (1919), del boliviano Alcides Arguedas (1879-1946), es su primer hito. Otras obras destacadas son: *Huasipungo* (1934), del ecuatoriano Jorge Icaza (1906-1978), *El mundo es ancho y ajeno* (1941), del peruano Ciro Alegría (1909-1967) y *Los ríos profundos* (1956), del también peruano José María Arguedas (1911-1969). ~ **precolombina** LIT La que se desarrolla en América antes de la Conquista española y en la que se narran temas indígenas sobre la historia y la religión.

literaturizar *tr.* Dar un carácter literario a algo o alguien.

litigar *tr.* DER Disputar en juicio sobre algo.

litigio *m.* DER Acción de litigar.

litio *m.* QUÍM Elemento metálico alcalino, que es tan poco denso que flota sobre el agua y cuyos compuestos se utilizan para eliminar el dióxido de carbono, inflar salvavidas, fabricar vidrios y esmaltes, etc. Símbolo: Li. Número atómico: 3. Peso atómico: 6,93. Punto de fusión: 181 °C. Punto de ebullición: 1342 °C.

litofanía *f.* ART Técnica decorativa que consiste en dibujar imágenes sobre un material traslúcido, como el vidrio y el alabastro, y modificar su grosor para que estas tengan un mayor o menor volumen cuando reciben la proyección de la luz.

litografía 1 *f.* ART Técnica de grabar escritos o dibujos en una piedra especial para su reproducción posterior mediante impresión. 2 ART Cada uno de los ejemplares así obtenidos.

litográfico, ca 1 *adj.* Perteneciente o relativo a la litografía. 2 **piedra** ~.

litología *f.* GEO Parte de la geología que trata de las rocas.

litoral 1 *adj.* Perteneciente o relativo a la orilla o costa del mar. 2 GEO **plataforma** de abrasión o ~. 3 *m.* GEO Costa o franja de terreno que toca el mar.

litosfera (Tb. litósfera) *f.* GEO Parte sólida de la corteza terrestre constituida por la corteza y la parte más externa del manto superior. Su límite superior es la superficie terrestre, y el inferior el contacto con la astenosfera. Su espesor oscila entre 70 y 150 km.

litro *m.* Unidad de medida de capacidad del sistema métrico decimal equivalente a un decímetro cúbico. Es el volumen de un kg de agua destilada a 4 °C y a una presión de 760 mm. Símbolo: l.

liturgia *f.* REL Conjunto de ritos que forman un determinado culto religioso; más o menos compleja, se da en todas las religiones.

litúrgico, ca 1 *adj.* Perteneciente o relativo a la liturgia. 2 LIT y REL **drama** ~.

liviano, na 1 *adj.* De poco peso. 2 De escasa importancia. 3 Inconstante, que muda con demasiada facilidad de ideas o conducta.

lívido, da 1 *adj.* Muy pálido. 2 Que tira a morado.

lixiviado *m.* ECOL Líquido residual que se filtra en un proceso de percolación de un fluido a través de un sólido.

lixiviar *tr.* QUÍM Tratar una sustancia compleja, como un mineral, con un disolvente para separar sus partes solubles e insolubles.

liza 1 *f.* Campo dispuesto para que lidien dos o más personas. 2 **LID**.

lizo *m.* Hilo fuerte que sirve de urdimbre para ciertos tejidos.

ll *f.* Dígrafo que convencionalmente representa un solo sonido consonántico de articulación lateral y palatal. En América, mayoritariamente, y en algunas regiones de España, como Andalucía, se pronuncia como *y*, con salida central del aire. La coincidencia de ambos sonidos crea confusiones entre algunas palabras homófonas que se distinguen en su escritura por llevar *ll* o *y*, por ejemplo: *Pollo* (cría de ave) y *poyo* (banco arrimado a una pared); *Arrollo* (forma del verbo arrollar) y *arroyo* (corriente de agua); *Calló* (forma del verbo callar) y *cayó* (forma del verbo caer). • Su escritura es indivisible, de manera que no se puede separar con guion de final de línea, y en su forma mayúscula solo debe escribirse en mayúscula la primera letra: *Ll.* V. tabla Consonantes. Usos ortográficos, p. 157.

llaga 1 *f.* Úlcera o herida abierta. 2 **ESTIGMA**, huella impresa sobrenaturalmente. 3 Padecimiento moral.

llagar *tr.* Hacer o causar llagas.

llama[1] *f.* Masa gaseosa que desprende un cuerpo en combustión y produce luz y calor.

llama[2] *f.* Mamífero artiodáctilo, de los camélidos, más pequeño que el guanaco salvaje, de aprox. 1 m de altura que vive en los Andes por encima de los 3000 m de altitud. Es utilizado como animal de carga doméstico y se aprovechan de él su carne, cuero, leche y pelo.

llamada 1 *f.* Gesto o voz para llamar la atención de alguien. 2 Acción y efecto de llamar por teléfono. 3 Signo que remite a otro lugar o pasaje en un impreso o manuscrito.

llamado *m.* Vocación despertada por un sentimiento religioso.

llamador *m.* Aldaba o campanilla en las puertas que sirve para llamar.

llamamiento 1 *m.* Acción de llamar. 2 Pedir algo con solemnidad.

llamar 1 *tr.* Requerir la atención de alguien con voces o gestos. 2 Nombrar a personas o cosas. 3 Convocar a un sitio. 4 Atraer, seducir. 5 Hacer llamamiento para una sucesión, cargo, etc. 6 *tr.* e *intr.* Telefonear. 7 *intr.* Hacer sonar la aldaba, el timbre, etc. 8 *prnl.* Llevar tal o cual nombre, apellido, apodo, etc.

llamarada *f.* Llama súbita y pasajera.

llamativo, va *adj.* Que llama la atención o choca.

llana *f.* Herramienta compuesta de una plancha de metal y una manija que es usada para extender y allanar el yeso o la argamasa.

llanero, ra *adj.* y *s.* Dicho de un habitante de las llanuras, en especial, de los Llanos Orientales de Colombia y los Llanos de Venezuela , o relacionado con esta región.

llaneza *f.* Sencillez y familiaridad en el trato.

llano, na 1 *adj.* Plano, sin desniveles ni pendientes. 2 Sencillo, sin presunción. 3 Libre, franco, que se expresa con naturalidad. 4 GRAM **GRAVE**. 5 *f.* GEO **LLANURA**.

llanta 1 *f.* Pieza anular de caucho, con o sin neumático, que llevan las ruedas de los automóviles, las motocicletas, las bicicletas, etc. 2 **RIN**. 3 **NEUMÁTICO**, anillo tubular de caucho. 4 Aro metálico exterior que rodea y refuerza las ruedas de los coches de tracción animal.

5 Pliegue de gordura que se forma en algunas partes del cuerpo.

llantén *m.* Planta vivaz que posee hojas radicales y gruesas, flores en espiga larga y fruto en cápsula.

llanto *m.* Efusión de lágrimas acompañada de sollozos y lamentos.

llanura *f.* Terreno de cierta extensión que no presenta marcadas diferencias de altura. || ~ **abisal** GEO Llanura del fondo oceánico que se extiende entre los 4000 y 5500 m de profundidad, a partir del talud continental. ~ **aluvial** GEO Parte del valle fluvial situada fuera del cauce y que queda inundada al desbordarse el río. ~ **costera** GEO Región llana y baja que bordea un mar u océano y que, normalmente, continúa mar adentro constituyendo la plataforma continental. ~ **fluvial** GEO Terreno de escasa pendiente que se extiende a lo largo del curso del río por el fondo de un valle fluvial.

llave 1 *f.* Instrumento que, aplicado a la cerradura, sirve para abrirla o cerrarla. 2 Herramienta para ajustar tuercas, tornillos, etc. 3 Instrumento que sirve para facilitar o impedir el paso de un fluido por un conducto. 4 ORT Signo gráfico ({}) que se utiliza principalmente en cuadros sinópticos o esquemas para agrupar varios elementos integrantes de una serie, establecer clasificaciones, relacionar y jerarquizar conceptos, y sintetizar información. Aunque es un signo doble, en su aplicación principal se usa únicamente uno de ellos. 5 DEP En ciertas clases de lucha, lance que consiste en hacer presión en el cuerpo del adversario, o en alguna parte de él, para inmovilizarlo o derribarlo. 6 MÚS Aparato de metal, de formas diferentes, que en los instrumentos de viento regula la salida del aire y la altura de los sonidos. || ~ **de paso** La que se intercala en una tubería para cerrar, abrir o regular el curso de un fluido. ~ **inglesa** Herramienta de hierro en cuyo mango hay un dispositivo que, al girar, abre o cierra más o menos las dos partes que forman la cabeza hasta que se aplican a la tuerca o tornillo que se quiere mover. ~ **maestra** La que sirve para abrir y cerrar todas las cerraduras de una casa.

llavero *m.* Anilla, cadenita o cartera para tener las llaves de uso.

llegada 1 *f.* Acción y efecto de llegar a un sitio. 2 Término o meta de un recorrido.

llegar 1 *intr.* Venir, arribar de un sitio a otro. 2 Durar hasta una época o un tiempo determinados. 3 Venir por su orden una cosa o acción. 4 Conseguir un objetivo: *Llegó a ministro.* 5 Alcanzar, tocar algo: *Le llega a la rodilla.* 6 Ascender a cierta cantidad, alcanzar un precio. 7 Alcanzar o producir determinada acción: *Llegó a reunir una gran biblioteca.* 8 Venir, verificarse, empezar a correr un cierto y determinado tiempo. 9 Unido a otros verbos, indica que se cumple el significado de estos: *Llegó a entender.* 10 *prnl.* Acercarse una persona o una cosa a otra. 11 Ir a un sitio determinado que esté cercano.

llenar 1 *tr.* y *prnl.* Ocupar con alguna cosa un espacio vacío. 2 *tr.* Ocupar enteramente las personas un recinto. 3 Cargar, colmar abundantemente: *Lo llenó de favores, de improperios, de enojo.* 4 *intr.* Llegar la Luna al plenilunio. 5 *prnl.* Hartarse de comer o beber.

lleno, na 1 *adj.* Ocupado o henchido de otra cosa. 2 Saciado de comida. 3 Dicho de la Luna, cuando muestra iluminada toda la cara que mira a la Tierra. 4 *m.* Concurrencia que ocupa todo un local.

llevadero, ra *adj.* Tolerable, sufrible.

llevar 1 *tr.* Trasladar una cosa de un lugar a otro. 2 Ser causa de algo: *Le llevó a la ruina.* 3 Guiar, conducir a un sitio: *El camino lleva a la ciudad.* 4 Inducir, persuadir a alguien para que acepte algo. 5 Traer puesto el vestido, la ropa, etc., o en los bolsillos dinero, papeles u otra cosa. 6 Dirigir, administrar un negocio, trabajo, etc. 7 Haber permanecido cierto tiempo en una actividad, empleo o lugar. 8 Haber realizado o haber experimentado una determinada acción, generalmente con la idea implícita de que tal acción continúa o puede continuar: *Llevo leídas veinte páginas; Llevo sufridos muchos desengaños.* 9 Exceder una persona o cosa a otra en una determinada cantidad. 10 MAT Reservar las decenas de una suma o multiplicación parcial para agregarlas a la suma o producto del orden superior inmediato. 11 MÚS Seguir o marcar el paso, ritmo, compás, etc. 12 *prnl.* Quitar algo a alguien, en general con violencia o furtivamente. 13 Estar de moda.

llorar 1 *tr.* e *intr.* Derramar lágrimas. 2 *tr.* Sentir vivamente algo: *Llorar la muerte de un amigo.*

lloriquear *intr.* Gimotear, llorar sin ganas ni convicción.

llorón, na 1 *adj.* Que llora mucho y fácilmente. 2 Que se lamenta con frecuencia.

lloroso, sa 1 *adj.* Con señales de haber llorado. 2 Que está a punto de llorar.

llovedizo, za *adj.* Dicho de una bóveda, techo, azotea o cubierta, que, por defecto, deja pasar el agua de lluvia.

llover 1 *intr. impers.* Caer agua de las nubes. 2 *intr.* Caer con abundancia algo sobre alguien, como trabajos, desgracias, etc. 3 *prnl.* Calarse con las lluvias las bóvedas, los techos o las cubiertas. • Vb. irreg. conjug. c. **mover**. V. anexo El verbo.

llovizna *f.* Lluvia menuda y suave.

lloviznar *intr. impers.* Chispear, caer gotas menudas.

lluvia 1 *f.* Acción de llover. 2 GEO Tipo de precipitación en que las gotas tienen un diámetro de entre 0, 5 y 3 mm, y llegan al suelo con una velocidad de entre 3 y 7 metros por segundo. 3 Abundancia de algo: *Una lluvia de premios.* 4 Ducha, chorro de agua para lavarse. || ~ **ácida** ECOL Precipitación con un elevado índice de ácido sulfúrico a causa de las emisiones de los combustibles fósiles. ~ **de estrellas** ASTR Aparición de muchas estrellas fugaces en determinada región del cielo. ~ **radiactiva** ECOL Retorno a las capas bajas de la atmósfera y a la superficie de la Tierra de las partículas radiactivas liberadas en la atmósfera por las explosiones nucleares o los escapes de instalaciones y centrales nucleares.

lluvioso, sa 1 *adj.* Dicho de un tiempo o país, en el que llueve mucho. 2 ECOL **bosque** tropical ~.

lo, la 1 *pron. pers.* Forma de la tercera persona que corresponde a la función gramatical de complemento directo: *Me ofreció un trabajo, pero ahora no lo necesito. Ana tiene buena memoria porque la ha cultivado con celo; Estas frases ya las he leído.* • No debe emplearse como complemento indirecto y se usa a veces como sufijo: *¿Trajiste las vendas? Tráelas para hacerte la curación.* 2 *art. det.* Forma neutra que se antepone a los adjetivos sustantivándolos: *Lo mejor de la película fue la actuación del protagonista.* 3 Seguido de un adverbio tiene valor ponderativo: *Lo bien que la pasaron.*

loa 1 *f.* Acción y efecto de loar. 2 TEAT y LIT Composición dramática breve en la que se celebra a un personaje o acontecimiento importante.

loar *tr.* Alabar, decir cosas que indican aprobación y aplauso.

lobanillo *m.* MED Tumor superficial.

lobato, ta *m.* y *f.* Cachorro de lobo.

lobby (Voz ingl.) *m.* **CABILDEO**.

lobo, ba *m.* y *f.* Mamífero carnívoro, de los cánidos, de mayor tamaño que un perro mastín, que posee cabeza aguzada, orejas erguidas, cola larga y peluda y coloración grisácea o parda, y es uno de los antepasados del perro doméstico. || ~ **de Tasmania** Mamífero marsupial, originario de la isla de Tasmania, que tiene el tamaño de un lobo pequeño al que se parece bastante, excepto en la cola que es rígida y terminada en punta.

lóbrego, ga 1 *adj.* Oscuro, tenebroso. 2 Triste, melancólico.

lobulado, da 1 *adj.* En figura de lóbulo. 2 Que tiene lóbulos.

lóbulo 1 *m.* Saliente de un borde con forma de onda. 2 ANAT Cada una de las zonas de un órgano delimitada por surcos. 3 ANAT Perilla de la oreja. 4 BIOL Porción redondeada y saliente de un órgano.

locación *f.* Sitio donde se monta y desarrolla una escena televisiva o cinematográfica con su correspondiente escenografía.

local 1 *adj.* Perteneciente o relativo a un lugar, territorio o país. 2 Que solo afecta a una parte del cuerpo: *Anestesia local.* 3 DEP Dicho de un campo o una cancha, que es propiedad del equipo visitado, o este mismo. 4 *m.* Espacio cerrado y cubierto en que se puede trabajar o vivir.

localidad 1 *f.* Pueblo o población. 2 Cada una de las plazas o asientos en los locales públicos.

localismo 1 *m.* Cualidad de local, perteneciente a un lugar o territorio. 2 Preferencia por determinado lugar. 3 LING Vocablo o locución que solo tiene uso en un área restringida.

localizador 1 *m.* Dispositivo que se utiliza para ubicar personas o cosas. 2 Número cifrado para acceder a una página de **internet** o a una información específica en la red.

localizar 1 *tr.* Averiguar el punto en que se encuentra una persona o cosa. 2 Determinar o señalar el emplazamiento que debe tener alguien o algo. 3 *tr.* y *prnl.* Fijar, encerrar en límites determinados.

loción *f.* Producto líquido cosmético para usar sobre el cabello o cuerpo.

locker (Voz ingl.) *m.* CASILLERO.

loco, ca 1 *adj.* y *s.* Que tiene perturbadas las facultades mentales. 2 De poco juicio, disparatado e imprudente. 3 Dicho de una brújula, que, por causas accidentales, no señala el norte magnético.

locomoción 1 *f.* Acción de desplazar o desplazarse de un lugar a otro. 2 Facultad de los seres vivos de ejercer dicha acción.

locomotor, ra 1 *adj.* Perteneciente o relativo a la locomoción. 2 Apropiado para la locomoción. 3 *f.* Máquina que arrastra los vagones del tren sobre los raíles. || **sistema** ~ ANAT y FISIOL Conjunto funcional orgánico formado por el sistema **muscular** esquelético, el sistema **óseo**, las **articulaciones** y los receptores sensoriales, que permite a los vertebrados mantenerse firmes y moverse, y al ser humano, en particular, mantenerse erguido. Los movimientos se efectúan gracias a la contracción y relajación de diversos grupos de músculos y para ello entran en funcionamiento los receptores sensoriales situados en la piel y los receptores propios de los músculos y tendones. Estos receptores informan a los centros nerviosos de la buena marcha del movimiento o de la necesidad de modificarlo.

locomotriz *adj.* LOCOMOTOR, apropiado para la locomoción.

locuaz *adj.* Que habla mucho o a destiempo y sin reflexión.

locución 1 *f.* Acción de hablar o expresarse oralmente. 2 Modo de hablar o expresarse. 3 GRAM Combinación fija de varios vocablos que funciona como una unidad léxica cuyo significado no es el resultado de la suma de los significados de sus miembros, por ejemplo, en *La competencia estuvo de infarto,* la locución *de infarto* significa, 'muy emocionante', || ~ **adjetiva** GRAM La que sirve de complemento a un nombre a manera de adjetivo: *Una cena de rechupete.* ~ **adverbial** GRAM La que hace la función de adverbio: *Llegó de repente.* ~ **conjuntiva** GRAM La que hace la función de conjunción: *Así que; Con tal que; Por consiguiente; Por más que.* ~ **interjectiva** GRAM La equivalente a una interjección: *¡Ay de mí!; ¡Válgame Dios!* ~ **preposicional** GRAM La que actúa como preposición: *A pesar de; Acerca de; En pos de; En torno a; Junto a.* ~ **pronominal** GRAM La que funciona como pronombre: *Alguno que otro; Cada uno.* ~ **sustantiva** 1 GRAM La que funciona como un sustantivo: *El más allá; El qué dirán.* 2 La que equivale a un sustantivo: *Ojo de buey* ("ventana circular"). ~ **verbal** GRAM La que hace el oficio de verbo: *Caer en la cuenta; Hacer caso.*

locura 1 *f.* Acción insensata o imprudente. 2 PSIC Perturbación de las facultades mentales.

locus (Voz lat.) *m.* BIOL Lugar específico que ocupan en el cromosoma un gen y los correspondientes alelos responsables de una característica determinada. • pl.: *loci.*

locutivo, va *adj.* LING Dicho de un acto de habla, que produce físicamente un enunciado con una forma y un contenido conocidos por los interlocutores.

locutor, ra *m.* y *f.* Persona que habla ante un micrófono, y especialmente la que lo hace en emisoras de radio o televisión para dar noticias o presentar programas.

locutorio 1 *m.* Cabina telefónica. 2 En las emisoras de radio y televisión, local insonorizado para la grabación de programas. 3 En los conventos y cárceles, local destinado a las visitas externas, que por lo común separa, con una reja o vidrio, a los visitantes y los internos.

lodazal *m.* Sitio lleno de lodo.

lodo 1 *m.* Mezcla de tierra y agua, especialmente la que se forma al llover. 2 Vergüenza, deshonra.

loess (Voz al.) *m.* GEO Limo muy fino, sin estratificaciones ni fósiles, que se origina en las regiones áridas y es transportado por el viento.

lofoforado *adj.* y *m.* ZOOL Dicho de un animal, marino, que se caracteriza por tener una corona de tentáculos ciliados alrededor de la boca y un tubo digestivo con forma de U. Los individuos adultos viven fijos al substrato, pero las larvas son de vida libre, como los **briozoos** y **braquiópodos.**

lofóforo *m.* ZOOL Órgano formado por un conjunto de tentáculos ciliados con funciones alimenticias.

loganiáceo, a *adj.* y *f.* BOT Dicho de una pequeña planta, angiosperma dicotiledónea, que posee hojas opuestas con estípulas, flores en racimo o corimbo, algunas veces solitarias, y fruto capsular con semillas de albumen carnoso o córneo, como el maracure.

logaritmo *m.* Exponente (y) al que es necesario elevar una cantidad positiva (a) para que resulte un número determinado (x). El símbolo de logaritmo es log. Es decir, si $\log_a x = y$ entonces $ay = x$. || ~ **decimal** MAT El que tiene como base el número 10. ~ **neperiano** MAT El que tiene como base el número e.

☐ MAT La función logarítmica cumple las siguientes propiedades que simplifican las operaciones complejas y facilitan su cálculo: 1) El logaritmo de un producto es igual a la suma de los logaritmos de los factores: $\log_a(m \cdot n) = \log_a m + \log_a n$. 2) El logaritmo del cociente es igual a la diferencia del logaritmo del dividendo menos el logaritmo del divisor: $\log_a(m/n) = \log_a m - \log_a n$. 3) El logaritmo de una potencia es igual al producto del exponente por el logaritmo de la base; $\log_a mb = b \cdot \log_a m$. 4) El logaritmo de una raíz es igual al cociente entre el logaritmo del radicando y el índice de la raíz: $\log_a\left(\sqrt[r]{b}\right) = (\log_a b)/r$.

logia 1 *f.* Asamblea de masones. 2 Lugar en el que se celebra. 3 Conjunto de personas que la constituyen.

lógico, ca 1 *adj.* Perteneciente o relativo a la lógica. 2 Conforme a las reglas de la lógica. 3 Dicho de una consecuencia, natural y legítima. 4 Dicho de un suceso, cuyos antecedentes justifican lo sucedido, etc. 5 *f.* Lóg Ciencia que estudia las leyes, los modos y las formas del pensamiento racional y cuyos problemas principales son las doctrinas del concepto, juicio, silogismo y método. || ~ **binaria** Lóg Forma de lógica utilizada en algunos sistemas expertos y en otras aplicaciones de inteligencia artificial, en la que las variables pueden tener varios niveles de verdad o falsedad representados por rangos de valores entre el *1* (verdadero) y el *0* (falso). ~ **formal** o **matemática** Lóg La que opera utilizando un lenguaje simbólico artificial y haciendo abstracción de los contenidos. ~ **trascendental** Lóg Nombre dado por Kant (1724-1804) a la parte de su teoría del conocimiento que investiga las categorías del entendimiento y su valor para el conocimiento.

logístico, ca 1 *adj.* Perteneciente o relativo a la logística. 2 *f.* Conjunto de medios y métodos necesarios para llevar a cabo la organización de una empresa o un servicio. 3 Lóg Rama de la lógica que emplea el método y el simbolismo de las matemáticas.

logo *m.* LOGOTIPO.

logopedia *f.* Parte de la didáctica que corrige los trastornos del lenguaje.

logorrea 1 *f.* Habla excesiva. 2 Ling Habla excesiva y desordenada característica de ciertas enfermedades.

logos 1 *m.* Fil Razón o conocimiento, en cualquiera de sus manifestaciones, lógicas o filosóficas, individuales o cósmicas. 2 Lóg Razón concreta, que elabora y formula juicios. 3 Teol En el cristianismo, el Verbo divino.

logotipo *m.* Conjunto de letras o abreviaturas que forman el distintivo o símbolo de una empresa.

lograr 1 *tr.* Conseguir lo que se desea. 2 *prnl.* Llegar a su término o perfección algo.

logro *m.* Acción y efecto de lograr.

loísmo *m.* Gram Empleo de las formas pronominales *lo/los* como dativos (por *le/les*).

loma *f.* Altura pequeña o colina alargada.

lombardo, da *adj.* y *s.* De un pueblo de origen germánico, que se estableció en Lombardía a finales del s. VI.

lombricultura *f.* Ecol Técnica basada en la cría y producción de lombrices de tierra cuyo fin es tratar, por medio de ellas, los residuos orgánicos para su reciclaje en forma de abono denominado humus de lombriz.

lombriz 1 *f.* Anélido de cuerpo cilíndrico y anillado, de color blanco o rojizo, aguzado en el extremo donde está la boca y redondeado en el opuesto. No tiene ojos ni oídos ni pulmones y el aire presente entre las partículas de tierra se difunde a través de su piel. Su acción excavadora contribuye a airear y mezclar la tierra, de la que se alimenta. 2 Zool Gusano nematodo que es parásito intestinal del ser humano y de otros vertebrados.

lomento *m.* Bot Fruto seco, de vaina indehiscente, que en la madurez se parte transversalmente.

lomo 1 *m.* Parte inferior de la espalda del ser humano. 2 Zool En los cuadrúpedos, el espinazo desde la cruz a las ancas. 3 Carne de esa zona destinada al consumo humano. 4 En un libro, la parte opuesta al corte de las hojas. 5 Tierra que levanta el arado entre surco y surco. 6 En los instrumentos cortantes, parte opuesta al filo. 7 Parte saliente y más o menos roma de cualquier cosa.

lona 1 *f.* Tela resistente de algodón o cáñamo, que se usa para fabricar toldos, tiendas de campaña, velas de navío, etc. 2 Dep Suelo del cuadrilátero en el que se disputan los combates de boxeo y lucha.

loncha *f.* Cosa plana y delgada.

lonchera 1 *f.* Fiambrera. 2 Refrigerio llevado en ella.

longaniza *f.* Embutido cuya característica es ser un pedazo largo y estrecho de tripa relleno de carne de cerdo picada y adobada.

longevidad *f.* Cualidad de alcanzar una larga vida.

longitud 1 *f.* Magnitud física que expresa la distancia entre dos puntos y cuya unidad de medida en el sistema internacional es el **metro**. 2 Geom Mayor dimensión lineal de una superficie plana. 3 Geo Distancia angular en grados, minutos y segundos desde un punto de la superficie terrestre al meridiano 0 o de Greenwich. Se mide desde este meridiano hacia el E (longitud negativa) y hacia el O (longitud positiva). Su valor oscila entre 0° y 180°. || ~ **de onda** Fís Distancia entre dos puntos consecutivos de una onda que tienen el mismo estado de vibración.

longitudinal 1 *adj.* Perteneciente o relativo a la longitud. 2 Hecho o colocado en el sentido o dirección de la longitud.

longobardo, da *adj.* y *s.* LOMBARDO.

lonja[1] *f.* Trozo delgado y uniforme de alguna cosa de comer.

lonja[2] *f.* Edificio público destinado para transacciones comerciales.

lontananza || **en** ~ A lo lejos. • Solamente se usa hablando de cosas que, por estar muy lejanas, apenas se pueden distinguir.

lora 1 *f.* LORO. 2 Mujer charlatana.

lorantáceo, a *adj.* y *f.* Bot Dicho de una planta, semiparásita, que posee hojas opuestas y flores masculinas y femeninas separadas, que forman racimo y fruto en drupa, como el muérdago.

loriga *f.* Armadura hecha de láminas de acero pequeñas e imbricadas.

loro, ra 1 *m.* y *f.* Zool Ave que se caracteriza por su colorido plumaje y pico fuerte y ganchudo, y cuya zona de distribución se extiende por todas las regiones tropicales del mundo. Más de 300 especies de aves **psitaciformes** reciben este nombre común. 2 Zool Pez perciforme que alcanza el medio m de longitud y posee librea de vivos colores.

los 1 *art. det.* EL. 2 *pron. pers.* LO.

losa 1 *f.* Piedra lisa, grande y de escaso grosor, que sirve para pavimentar. 2 Baldosa. 3 Lámina sepulcral y sepulcro.

lote 1 *m.* Cada una de las partes que se hacen en la distribución de alguna cosa entre varias personas. 2 Conjunto de objetos similares que se presentan en una subasta, un sorteo, una venta, etc. 3 Lo que toca a cada agraciado en un premio o sorteo. 4 Cada una de las parcelas en que se divide un terreno destinado a la edificación.

lotear *tr.* Dividir en lotes, generalmente un terreno.

lotería 1 *f.* Sorteo o rifa pública en el que se premian los números sacados al azar. 2 Oficina en la que se venden los billetes o números de lotería.

loto 1 *m.* Planta acuática, de las ninfeáceas, que posee hojas grandes, flores solitarias blancas y olorosas, y fruto globoso. 2 Bot Flor de esta planta.

loza 1 *f.* Objeto de barro fino cocido y esmaltado. 2 Conjunto de estos objetos.

lozanía 1 *f.* Frondosidad de las plantas. 2 Vigor en las personas y los animales.

LSD (Del al.) *m.* Droga alucinógena derivada del ácido **lisérgico** que se obtiene de los alcaloides presentes en el cornezuelo del centeno. • Sigla de *Lysergsäure-diethylamid.*

lubricante *adj.* y *m.* Dicho de una grasa o sustancia, que disminuye el rozamiento de las piezas de un mecanismo y puede ser sólida o líquida.

A B C D E F G H I J K L M N Ñ O P Q R S T U V W X Y Z

lubricar *tr.* Poner lubricante a un mecanismo para mejorar las condiciones de deslizamiento de las piezas.

lúbrico, ca 1 *adj.* Propenso a la lujuria. 2 Libidinoso, lascivo.

lucerna *f.* Abertura alta de una habitación que da ventilación y luz.

lucero 1 *m.* Cualquier astro brillante y, en especial, el planeta Venus. 2 Postigo de las ventanas por donde entra la luz.

lucha 1 *f.* Pelea entre dos en que se busca agarrar al contrario para dar con él en tierra. 2 Lid, combate.

luchar 1 *intr.* Contender dos personas a brazo partido. 2 Pelear, combatir. 3 Disputar, reñir.

lucidez *f.* Cualidad de lúcido.

lucido, da *adj.* Que hace o desempeña las cosas con gracia, liberalidad y esplendor.

lúcido, da *adj.* Dicho de una persona, con mente hábil, ideas claras y lenguaje preciso.

luciérnaga *f.* Insecto coleóptero que se caracteriza por tener glándulas que le permiten emitir señales luminosas intermitentes para atraer a la pareja. Tiene élitros oscuros que cubren las alas voladoras en posición de reposo, pero en algunas especies las hembras carecen de estas y de élitros.

lucio *m.* Pez, de aprox. 1,5 m de longitud, que posee cuerpo comprimido, aletas fuertes y cola triangular. Vive en los ríos y lagos, se alimenta de peces y batracios, y su carne es grasa, blanca y muy apreciada.

lución *m.* Reptil ápodo que posee una piel brillante y una cola tan larga como el cuerpo, que pierde y regenera con facilidad.

lucir 1 *intr.* Brillar, resplandecer. 2 Tener algo o alguien un aspecto muy agradable. 3 Verse los resultados positivos de un esfuerzo: *El trabajo le luce.* 4 *intr.* y *prnl.* Sobresalir, aventajar. 5 *tr.* Iluminar, dar luz y claridad. 6 Manifestar el adelantamiento, la riqueza, la autoridad, etc. 7 *prnl.* Vestirse y adornarse con esmero. 8 Quedar alguien muy bien en un empeño. • Vb. irreg. conjugación modelo. V. anexo El verbo.

lucrar 1 *tr.* Conseguir alguien lo que deseaba. 2 *prnl.* Beneficiarse de alguna cosa, sacar provecho de ella.

lucrativo, va *adj.* Que produce utilidad y ganancia.

lucro *m.* Ganancia o provecho que se obtiene de alguna cosa o negocio. || ~ **cesante** Ganancia o utilidad que se regula por la que podría producir el dinero en el tiempo que ha estado dado en empréstito o mutuo.

luctuoso, sa *adj.* Penoso, que causa tristeza.

lucubración *f.* ELUCUBRACIÓN.

lúdico, ca *adj.* Perteneciente o relativo al juego.

ludir *tr.* Frotar, rozar una cosa con otra.

luego 1 *adv. t.* Después, más tarde: *Caminó durante varias horas, luego descansó; Primero vas tú y luego yo.* 2 *conj. ilat.* Denota la deducción o consecuencia inferida de un antecedente: *Pienso, luego existo.*

lugar 1 *m.* Espacio que está o puede estar ocupado por un cuerpo. 2 Sitio o paraje. 3 Causa, motivo u ocasión de algo: *Dio lugar a que lo prendieran.* 4 Tiempo, ocasión, oportunidad. 5 Sitio que en una serie ordenada de nombres ocupa cada uno de ellos. || ~ **común** Expresión trivial, o ya muy empleada en caso análogo. ~ **geométrico** GEOM Línea o superficie cuyos puntos tienen alguna propiedad común, como la circunferencia cuyos puntos equidistan de otro llamado centro.

lugareño, ña 1 *adj.* y *s.* Natural de un lugar o una población pequeña, aldeano. 2 Característico de los lugareños.

lugarteniente *m.* y *f.* Persona que sustituye a otra en un cargo o en sus atribuciones.

lúgubre *adj.* Triste, funesto, melancólico.

lujo 1 *m.* Ostentación, opulencia. 2 Derroche de riquezas, medios, tiempo, etc.

lujoso, sa 1 *adj.* Dicho de una persona, que derrocha lujo. 2 Dicho de una cosa, que muestra y denota lujo.

lujuria 1 *f.* Apetito sexual exacerbado. 2 Exceso o demasía en algunas cosas.

lulo 1 *m.* Arbusto solanáceo que posee tallo y ramas vellosos, grandes hojas con espinas y fruto en bayas, redondas y carnosas, con múltiples semillas verdes y amarillas recubiertas de vellosidad. 2 Fruto de esta planta que se consume en forma de jugo.

lumbago *m.* Dolor en la parte baja de la espalda que suele estar acompañado de rigidez, dificultad en los movimientos y contractura muscular.

lumbar *adj.* Perteneciente o relativo a los lomos y las caderas.

lumbre 1 *f.* Cualquier materia combustible encendida. 2 Luz que irradia un cuerpo en combustión. 3 Fuego encendido a propósito para guisar, calentar, iluminar, etc. 4 Lo que sirve para encender algo.

lumbrera 1 *f.* Cuerpo que despide luz. 2 Claraboya. 3 Persona insigne y esclarecida.

lumen *m.* FÍS Unidad de medida del flujo luminoso del sistema internacional equivalente al flujo emitido por una fuente puntual uniforme situada en el vértice de un ángulo sólido de un estereorradián y cuya intensidad es una candela. Símbolo: lm.

luminancia *f.* FÍS Relación entre la intensidad luminosa de una superficie en una dirección determinada y el área de la proyección de esta superficie sobre un plano perpendicular a la dirección considerada (área aparente). Su unidad de medida, en el sistema internacional, es la *candela por metro cuadrado.*

luminaria 1 *f.* Fuego que se hace en las plazas o calles en víspera de algunas festividades, como la noche de san Juan. 2 Luz que arde continuamente en las iglesias delante del Santísimo.

luminiscencia *f.* Propiedad de despedir luz sin elevación de temperatura y visible casi solo en la oscuridad, como la que se observa en las luciérnagas, las maderas, los pescados putrefactos, los minerales de uranio y varios sulfuros metálicos.

luminosidad *f.* Cualidad de luminoso.

luminoso, sa 1 *adj.* Que despide luz. 2 FÍS **espectro** ~; **intensidad** ~; **onda** ~.

luminotecnia *f.* Técnica que aprovecha la luz artificial en la industria o los espectáculos.

lumpen 1 *m.* Grupo social urbano integrado por personas marginadas. 2 Persona que forma parte de él.

luna 1 *f.* Único satélite natural de la Tierra y el astro más cercano a esta. • Con este significado suele escribirse con may. inic. y anteponiendo, generalmente, el artículo *la.* 2 Luz nocturna que refleja la Luna. 3 Espejo de un armario 4 ASTR Satélite, cuerpo celeste que se mueve en un órbita elíptica alrededor de un planeta. 5 ASTR LUNACIÓN. || ~ **creciente** ASTR La Luna desde su conjunción hasta el plenilunio o luna llena; fase en que su disco resulta visible solo en parte. **cuarto de** ~ ASTR Cuarta parte del tiempo que tarda la Luna desde una conjunción a otra con el Sol. Con más precisión se llaman así la segunda y cuarta de dichas cuatro partes, añadiendo *creciente* y *menguante* para distinguirlas. ~ **de miel** Temporada de intimidad conyugal inmediatamente posterior al matrimonio. **fases de la** ~ ASTR Las distintas apariencias que presenta la Luna observada desde la Tierra a lo largo del mes lunar (29 días y medio), son: *Luna nueva, cuarto creciente, luna llena* y *cuarto menguante,* y dependen de las posiciones relativas del Sol, la Tierra y la Luna. ~ **llena** ASTR La Luna en el tiempo de su oposición con el Sol, en que presenta su disco totalmente iluminado. **media** ~ 1 ASTR Figura que presenta la Luna al comenzar a crecer y hacia el fin del cuarto menguante. 2 Cualquier objeto que tenga esta figura. ~ **menguante** ASTR La Luna desde el plenilunio o luna llena hasta su conjunción; fase en que su disco resulta visible solo en parte. ~ **nueva** ASTR La Luna en el tiempo de su conjunción con el Sol, en que su disco resulta invisible.

□ ASTR La Luna describe una órbita alrededor de la Tierra cada 27,3 días; su distancia media a esta es de 384 400 km, y tarda el mismo tiempo en girar sobre su eje que en rotar alrededor de la Tierra, por esta razón, presenta siempre la misma cara ante esta. Su diámetro es de 3476 km; su gravedad es un 16,5 % de la terrestre, lo cual ha impedido que se forme una atmósfera apreciable, y la temperatura sobre su superficie es de 120 °C durante el día y de −150 °C durante la noche. En su superficie existen numerosos accidentes (planicies, montañas, fisuras, cordilleras, etc.) y está cubierta por gran cantidad de cráteres. Entre las numerosas misiones astronáuticas lunares cabe señalar la que fotografió por primera vez la cara oculta del satélite (vehículo *Luna 3*, URSS, 1959), el primer alunizaje del ser humano (misión *Apollo 11*, EE. UU., 20 de julio de 1969) y la primera misión europea (septiembre de 2003), que lanzó la sonda *SMART-1* a bordo del cohete *Arianne* 5.

lunación *f.* ASTR Tiempo que media entre dos conjunciones consecutivas de la Luna con el Sol, corresponde a un mes sinódico, y equivale a 29 días, 12 h, 44 min y 2,8 s.

lunar[1] 1 *m.* Mancha pequeña y redondeada de la piel. 2 Dibujo similar en las telas. 3 Nota o mancha que resulta a alguien por haber hecho algo vituperable. 4 Defecto de poca entidad en comparación con la bondad de la cosa en que se nota.

lunar[2] 1 *adj.* Perteneciente o relativo a la Luna. 2 ASTR **año** ~; **ciclo** ~; **eclipse** ~; **mes** ~; **mes** sinódico ~.

lunático, ca *adj.* y *s.* Dicho de una persona, que está un poco perturbada o que cambia fácilmente de humor.

lunes *m.* Primer día de la semana, comprendido entre el domingo y el martes.

luneta 1 *f.* Parte principal de los anteojos, que suele ser de vidrio. 2 Cada uno de los asientos que se colocan en filas frente al escenario en la planta inferior de los teatros. 3 Sitio del teatro en el que están colocados estos asientos.

lunfardo, da *adj.* y *m.* LING Dicho de una jerga, hablada en Buenos Aires, que cuenta con aportaciones lexicográficas de otras lenguas como el italiano, y es el lenguaje de los tangos.

lupa *f.* ÓPT Lente convergente usado para aumentar el ángulo de visión de los objetos situados dentro de la distancia focal, que suele insertarse en un mango.

lupanar *m.* Casa de prostitución.

lúpulo *m.* Planta trepadora, de las cannabáceas, que posee tallos sarmentosos, flores dioicas en panícula y en cabezuela, y fruto en aquenio con el que se da sabor a la cerveza.

lupus *m.* MED Enfermedad de la piel o de las mucosas que es producida por tubérculos, que ulceran y destruyen las partes atacadas, y puede lesionar también otros órganos internos.

lusista *m.* y *f.* Persona que conoce en profundidad a Portugal y todas sus características y manifestaciones culturales.

lusitano, na *adj.* y *s.* HIST De un pueblo prerromano, que habitaba la Lusitania, un territorio situado al O de la península ibérica que comprendía todo el actual Portugal situado al sur del Duero y parte de la Extremadura española.

lustrabotas *m.* LIMPIABOTAS.

lustrar *tr.* Dar lustre o brillo a metales, calzado, etc.

lustro *m.* Periodo de cinco años.

lutecio *m.* QUÍM Elemento metálico de los lantánidos, que está asociado en la naturaleza a ciertos minerales, normalmente el itrio. Uno de sus isótopos naturales, que tiene una vida media de unos 30 000 millones de años, se usa para determinar la edad de los meteoritos. Símbolo: Lu. Número atómico: 71. Peso atómico: 174,97. Punto de fusión: 1663 °C. Punto de ebullición: 3402 °C.

luteranismo *m.* HIST y REL Doctrina teológica de Martín Lutero (1483-1546) y sus seguidores que reconoce la *Biblia* como única fuente de la verdad divina y exalta la responsabilidad moral del ser humano, que se justifica por la sola fe en Cristo, único medio de salvación. Solo admite los sacramentos del bautismo y la eucaristía y la penitencia (confesión) es aceptada como instrumento de purificación sin valor sacramental. Está extendida por el centro y el N de Europa y los EE. UU., y posee unos 80 millones de fieles.

lutier *m.* y *f.* Persona especializada en la fabricación, reparación y mantenimiento de instrumentos de cuerda.

luto 1 *m.* Situación y estado anímico que sigue a la muerte de un ser querido. 2 Conjunto de signos externos, y especialmente el color de los vestidos, que reflejan esa situación.

lux *m.* FÍS Unidad de medida de la iluminancia en el sistema internacional equivalente a la iluminancia de una superficie que recibe un lumen en cada m^2. Símbolo: lx.

luxación *f.* MED Dislocación de un hueso.

luz 1 *f.* Agente físico que hace visible los objetos: *A la luz de las estrellas pude distinguir su temible rostro.* 2 Claridad irradiada por el Sol: *A las seis casi no hay luz.* 3 Tiempo que dura la claridad solar: *Doce horas de luz.* 4 Claridad que irradian otros cuerpos en combustión, ignición o incandescencia. 5 Corriente eléctrica: *Cortaron la luz.* 6 Objeto que sirve para iluminar, como la lámpara, la linterna, etc.: *Por favor encienda la luz.* 7 Claridad irradiada por estos objetos: *Dirija la luz a ese rincón.* 8 Intersticio. 9 Área interior de la sección transversal de un tubo. 10 Dimensión horizontal interior de un vano, una habitación, etc. 11 Distancia horizontal entre los apoyos de un arco, viga, etc. 12 ASTR **año** ~. 13 FÍS Radiación electromagnética que hace posible la visión de los objetos. 14 ÓPT **rayo** de ~. 15 *f. pl.* Ilustración, cultura: *El Siglo de las Luces.* 16 Esclarecimiento o claridad de la inteligencia. 17 Faros de los automóviles. || ~ **artificial** La que produce el ser humano para alumbrarse en sustitución de la del Sol. ~ **blanca** FÍS Aquella cuya composición espectral genera la misma impresión que la luz solar y puede descomponerse mediante espectrógrafos produciendo un espectro que abarca todas las longitudes del espectro visible. ~ **eléctrica** ELECTR La que se produce por medio de la electricidad. ~ **natural** La que no es artificial, como la del Sol o la de un relámpago. ~ **negra** FÍS Luz ultravioleta invisible, que se hace perceptible cuando incide sobre sustancias fosforescentes o fluorescentes.

□ FÍS La luz está constituida por radiaciones electromagnéticas de longitudes de onda entre 400 y 780 nanómetros aprox. y corresponde a oscilaciones extremadamente rápidas de un campo electromagnético en un rango determinado de frecuencias que pueden ser detectadas por el ojo humano. Las diferentes sensaciones de color corresponden a la luz que vibra con distintas frecuencias. La velocidad de propagación de la luz en el vacío es una constante (*c*) igual a 299 792,6 /s. El espectro de la luz visible suele definirse por su longitud de onda, que es más pequeña en el violeta y máxima en el rojo.

m 1 *f.* Decimotercera letra del alfabeto español. • Su nombre es *eme,* y su articulación bilabial, nasal, oclusiva y sonora. pl: *emes.* 2 En la numeración romana y en may. (M), equivale a 1000.

macabro, bra *adj.* Que participa de la fealdad de la muerte y de la repulsión que esta suele causar.

macaco, ca *m.* y *f.* Primate, de 40-80 cm de longitud, que tiene la cabeza grande con el hocico saliente y un abazón en cada mejilla, la cola corta y el cuerpo robusto. Se distribuye en el N de África y en Asia y vive en grupos de compleja estructura social. || ~ **rhesus** ZOOL Macaco, de hasta 63 cm de longitud, cuerpo robusto y pelaje suave y denso, que vive en grupos que constan de un gran número de individuos (hasta 180). En él se descubrió el **factor** Rh, presente en el ser humano.

macadamia *f.* Árbol dicotiledóneo nativo de Australia y el E de Malasia. Una de sus especies se cultiva por las semillas comestibles que produce y que son llamadas nueces de macadamia.

macana *f.* Arma ofensiva, a manera de porra, hecha con madera dura.

macarrón *m.* Pasta alimenticia de harina que tiene forma de tubo más o menos alargado. • U. m. en pl.

macarronea *f.* LIT Composición burlesca, generalmente en verso y aparentemente sujeta a las leyes de la prosodia clásica, que mezcla palabras latinas con otras de una lengua vulgar a las cuales da terminación latina.

macarrónico, ca *adj.* Perteneciente o relativo a la macarronea y al latín muy defectuoso.

macartismo 1 *m.* POLÍT e HIST Conjunto de medidas anticomunistas impulsadas por el senador estadounidense J. McCarthy durante la llamada Guerra Fría (1950-1954). 2 Persecución realizada por razones ideológicas, especialmente contra ciertos sectores progresistas.

macedonio, nia *adj.* y *s.* De Macedonia o relacionado con este reino de la Grecia antigua.

macegual *m.* HIST Miembro de clase inferior en la sociedad azteca, cuya condición se heredaba con escasas posibilidades de ascenso. Muchos acababan convirtiéndose en siervos a causa de los pesados tributos con los que eran gravados.

macerar 1 *tr.* Ablandar algo estrujándolo, golpeándolo o remojándolo. 2 Sumergir una sustancia en un líquido para ablandarla o extraer de ella las partes solubles.

maceta[1] *f.* Martillo usado por los canteros, albañiles y mineros para golpear el cincel o puntero.

maceta[2] 1 *f.* Tiesto para sembrar plantas. 2 BOT Inflorescencia en que los pedúnculos nacen en distintos puntos, corimbo.

mach *m.* FÍS En mecánica de fluidos, relación entre la velocidad de una corriente libre y la velocidad del sonido en la misma condición de temperatura y presión (1 mach es la velocidad del sonido).

machacar 1 *tr.* Golpear una cosa para romperla o deformarla. 2 *intr.* Insistir inoportuna y pesadamente sobre una cosa.

machete 1 *m.* Especie de puñal de un solo filo. 2 Cuchillo grande para cortar cañas, desmontar maleza y otros usos.

machetero, ra *m.* y *f.* Persona que corta caña o desbroza bosques.

machihembrado *m.* Acción y efecto de machihembrar.

machihembrar *tr.* Ensamblar dos piezas de madera a caja y espiga o a ranura y lengüeta.

machismo *m.* Discriminación sexual, de carácter dominante, consistente en considerarse el hombre superior a la mujer.

macho 1 *adj.* Fuerte, varonil. 2 Valiente, animoso. 3 *m.* **MULO.** 4 ARQ **MACHÓN.** 5 BOT Planta que fecunda a otra de su especie con el polen de sus estambres. 6 ZOOL Animal de sexo masculino.

machón *m.* ARQ Pilar de fábrica que sostiene un techo o el arranque de un arco, o se inserta del todo o en parte en una pared para fortalecerla.

machote 1 *m.* Borrador, modelo. 2 Formulario con espacios en blanco para rellenar. 3 Modelo hecho con el papel en blanco para apreciar de antemano el volumen, formato y encuadernación de un libro.

machucar 1 *tr.* Herir, golpear, magullar. 2 Moler, partir.

macilento, ta *adj.* Flaco, descolorido, triste.

macillo *m.* MÚS Pieza del piano, a modo de mazo, que golpea la cuerda correspondiente y la hace vibrar.

macizo, za 1 *adj.* y *m.* Sólido, firme. 2 *adj.* Que tiene carne firme, musculosa. 3 *m.* Agrupación de plantas de adorno en los jardines. 4 GEO Prominencia del terreno, por lo común rocosa. 5 GEO Bloque compacto de montañas que está formado por rocas cristalinas, duras e impermeables, como el granito, y posee vertientes suaves y cumbres redondeadas producto del desgaste causado por la erosión.

macla *f.* GEO Agregado de dos o más cristales asociados simétricamente, uno de los cuales puede ser puesto en posición paralela al otro mediante un plano de reflexión o un giro de 180°.

maclado, da *adj.* GEO Que presenta maclas, como la ortosa y el yeso.

macondo 1 *m.* Árbol corpulento, de las bombáceas, que es semejante a la ceiba. 2 Juego de suerte y azar, especie de lotería de figuras.

macramé *m.* Tejido hecho a mano con cuerdas o hilos anudados o entrelazados.

macro *m.* INF Conjunto de pulsaciones de teclas, acciones o instrucciones grabadas y ejecutadas mediante una pulsación de tecla o una instrucción.

macrobiota *f.* ECOL Grupo de organismos animales que se encuentra en el suelo e incluye los insectos mayores, las lombrices y otros organismos. Desempeña un papel fundamental en la fragmentación, transformación y translocación de los materiales orgánicos en el suelo.

macrobiótico, ca 1 *adj.* Apto para alargar la vida. 2 *f.* Procedimiento para alargar la vida siguiendo determinadas normas dietéticas e higiénicas.

macrocéfalo, la *adj.* y *s.* Que tiene la cabeza desproporcionadamente grande.

macrocosmos *m.* El Universo, considerado como un gran organismo, respecto al ser humano o microcosmos.

macroeconomía *f.* ECON Estudio de las relaciones entre las grandes magnitudes económicas agregadas (renta nacional, ahorro, inversión, etc.).

macroestructura *f.* LING Tema o contenido general de un texto, el cual se comprende al relacionar cada una de las ideas que lo componen.

macrófago *m.* BIOL Célula móvil inmunológica que transporta antígenos a los tejidos linfáticos y es capaz de fagocitar cuerpos extraños.

macrofotografía *f.* FOT Técnica fotográfica por la cual se obtienen imágenes de mayor tamaño que el natural.

macromolécula *f.* QUÍM Molécula de gran tamaño, propia de la materia orgánica, que posee un peso molecular elevado y está formada por un monómero que se repite dando lugar a polímeros encadenados entre sí en un número que no es fijo. Existen muchas macromoléculas naturales, como la celulosa y las proteínas, generalmente formadas por oxígeno, carbono y nitrógeno.

macronutriente *m.* QUÍM Nutriente presente en mayor proporción en la materia, como el nitrógeno, potasio, calcio, azufre, fósforo y magnesio.

macsura *f.* Recinto reservado en una mezquita para el califa o imán, o para contener el sepulcro de un personaje considerado santo.

mácula 1 *f.* MANCHA. 2 ASTR Cada una de las manchas que se observan en el disco del Sol. || ~ **lútea** ANAT Región de la retina situada en el polo posterior del ojo, donde la visión es más clara.

macuto 1 *m.* Especie de mochila usada por los soldados. 2 Cesto tejido de caña, de forma cilíndrica y con asa en la boca.

madeja *f.* Hilo enrollado sobre sí mismo para poder ser devanado fácilmente.

madera 1 *f.* BOT Parte fibrosa y dura de una planta, que está cubierta por la corteza y por donde circula la savia. Tiene una alta resistencia a la compresión, baja a la tracción y moderada a la cizalladura. Si no la atacan ciertos organismos vivos puede conservarse cientos e incluso miles de años. 2 Pieza de madera labrada. 3 MÚS Conjunto de instrumentos de viento, hechos generalmente de ese material, que se soplan directamente o por medio de una o dos lengüetas. • U. t. en pl. || ~ **blanda** BOT La de las coníferas, que tiene conductos para resina paralelos a las vetas y carece de vasos continuos. ~ **dura** BOT La de los árboles de hoja caduca, que se caracteriza por tener vasos largos y continuos.

maderable *adj.* Dicho de un árbol, bosque, etc., que da madera útil para cualquier obra de carpintería.

maderamen *m.* Conjunto de maderas que entran en una obra.

maderería *f.* Establecimiento donde se vende madera.

maderero, ra 1 *adj.* Perteneciente o relativo a la industria de la madera. 2 *m.* y *f.* Persona que trata la madera.

madero 1 *m.* Tronco cortado y sin ramas. 2 Pieza larga de madera escuadrada.

madona *f.* Cuadro o imagen que representa a la Virgen María, sola o con el Niño.

madrasa *f.* REL En el mundo islámico, escuela de enseñanza religiosa, que está generalmente adscrita a una mezquita.

madrastra *f.* Mujer del padre respecto a los hijos que este tiene de un matrimonio anterior.

madraza *f.* REL MADRASA.

madre 1 *f.* Hembra que ha parido. 2 Mujer que ha tenido uno o varios hijos. 3 Título que se da a ciertas religiosas. 4 Causa u origen de algo. 5 Aquello en que figuradamente concurren circunstancias propias de la maternidad: *La madre patria.* 6 Cauce por donde corren las aguas de un río o arroyo. 7 GEO **roca** ~. || ~ **política** Madre del marido para la esposa y madre de la esposa para el marido. ~ **sustituta** Mujer que gesta y pare un hijo por cuenta de otra mujer. El hijo puede ser concebido por inseminación artificial o por trasplante de embrión.

madreperla *f.* Molusco lamelibranquio, de concha de nácar, que suele contener una perla.

madrépora *f.* Celentéreo antozoo, generalmente colonial, que tiene aspecto de flor, con la cavidad gástrica dividida por tabiques calizos, y forma un polipero calcáreo y arborescente. Vive en los mares intertropicales.

madreporario *m.* ECOL Esqueleto de las madréporas coloniales que puede dar lugar a formaciones de relieve en aguas someras.

madreselva *f.* Planta arbustiva caprifoliácea que posee tallos trepadores, hojas opuestas, flores en cabezuelas y fruto en baya.

madrigal 1 *m.* LIT Composición poética breve de contenido amoroso y originaria de la Italia renacentista, que suele estar compuesta en endecasílabos y heptasílabos libres. 2 MÚS Composición musical para varias voces, sin acompañamiento, sobre un texto profano que es originaria de Italia (ss. XV-XVII).

madriguera *f.* Guarida de ciertos animales, especialmente conejos.

madrina 1 *f.* Mujer que presenta a alguien que recibe un sacramento. 2 La que acompaña a alguien que recibe un premio, grado, etc.

madroño *m.* Arbusto de las ericáceas, de 3-5 m de alto, hojas persistentes y elípticas, flores blanquecinas en racimos y bayas rojas comestibles.

madrugada 1 *f.* El alba, amanecer. 2 Acción de madrugar.

madrugar 1 *intr.* Levantarse al amanecer o muy temprano. 2 DEP Anticiparse a la acción de un rival o de un competidor.

madurar 1 *tr.* Alcanzar un fruto el desarrollo ideal para ser consumido. 2 Meditar atentamente una idea, un proyecto, etc. 3 *intr.* Adquirir pleno desarrollo físico e intelectual. 4 Crecer en juicio y prudencia.

madurez 1 *f.* Sazón de los frutos. 2 Buen juicio, prudencia. 3 Estado de la persona adulta que ha alcanzado su plenitud vital.

maduro, ra 1 *adj.* Que está en sazón. 2 Prudente, juicioso. 3 Dicho de una persona, entrada en años.

maese *m.* MAESTRO.

maestranza *f.* Sociedad de caballeros cuyo objetivo es ejercitarse en la equitación.

maestre 1 *m.* HIST Oficial a quien después del capitán, correspondía antiguamente el gobierno económico de las naves mercantes. 2 Superior de cada una de las órdenes militares. || ~ **de plata** HIST El que tenía a su cargo la recepción, conducción y entrega de la plata que se enviaba a España desde América.

maestría 1 *f.* Arte y destreza en enseñar o hacer una cosa. 2 Título y oficio de maestro. 3 Curso de posgrado en una determinada especialidad. 4 Titulación así obtenida.

maestro, tra 1 *adj.* Dicho de una persona u obra, que tiene mérito relevante entre las de su clase. 2 *m.* y *f.* Persona que enseña una ciencia, arte u oficio. 3 Persona que tiene título para enseñar. 4 Persona que conoce a fondo una materia. 5 Persona que ejerce con habilidad un arte u oficio. 6 Persona que compone música. 7 *m.* Titulación correspondiente a la maestría. || ~ **de capilla** MÚS Persona que compone y dirige la música que se canta en los templos. ~ **de obra** 1 Persona que cuida de la construcción material de un edificio, según los planos de un arquitecto. 2 Persona que, sin titulación, está en capacidad de diseñar edificios en ciertas condiciones.

mafia 1 *f.* Organización secreta o sociedad criminal de origen siciliano, basada en la ley del silencio y en el castigo a la traición, cuyas actividades ilícitas se extienden a la industria, los negocios y el tráfico de personas, drogas y armas. 2 Cualquier organización clandestina de criminales.

magacín (Tb. magazín) 1 *m.* Publicación periódica con artículos de diversos autores. 2 Espacio de radio o televisión en que se tratan diversos temas.

magdalena *f.* Mujer penitente o muy arrepentida.

magdaleniense *adj.* HIST Dicho de un estadio cultural, correspondiente al último periodo del Paleolítico superior (15 000-9000 a. C. aprox.). Se caracterizó por su industria del hueso y del asta, así como por su evolucionado arte rupestre. • U. m. c. s. m. Se escribe con may. inic. c. s.

magenta *adj.* y *m.* Dicho de un color sustractivo primario, que absorbe el verde y resulta de una mezcla de rojo y azul. Junto con el amarillo y el cian, se emplea en imprenta y fotografía.

magia 1 *f.* Ciencia o arte que pretende producir determinados efectos con la ayuda de fuerzas sobrenaturales. 2 Arte de entretener mediante trucos que aparentan una transgresión de las leyes de la naturaleza. || ~ **blanca** La que se emplea para eliminar o paliar los efectos de la magia negra. ~ **negra** La que se invoca para matar, hacer daño o satisfacer el propio egoísmo.

magiar 1 *adj.* y *s.* De un pueblo de lengua afín al finlandés, que habita en Hungría y Transilvania. 2 *m.* LING Lengua hablada por los magiares.

mágico, ca 1 *adj.* Perteneciente o relativo a la magia. 2 Maravilloso, estupendo. 3 LIT **realismo** ~.

magíster *m.* Titulación correspondiente a la maestría.

magisterio 1 *m.* Conjunto de maestros. 2 Enseñanza que el maestro ejerce con sus discípulos. 3 REL En la religión católica, autoridad que en materia de dogma y moral ejercen el papa y las dignidades eclesiásticas.

magistrado *m.* DER Funcionario de la administración de justicia revestido de autoridad judicial.

magistral 1 *adj.* Perteneciente o relativo al ejercicio del magisterio. 2 Dicho de algo, que se hace con maestría.

magistratura 1 *f.* Dignidad y cargo de magistrado. 2 Tiempo que dura. 3 Conjunto de los magistrados.

magma *m.* GEO Masa en fusión ígnea que subyace en las regiones de volcanismo activo y que se consolida por enfriamiento. Está compuesta por una mezcla compleja de silicatos fundidos con agua y otras sustancias, principalmente gases en solución, y da origen a las rocas magmáticas o ígneas.

magnanimidad *f.* Cualidad de magnánimo.

magnánimo, ma *adj.* Generoso y benévolo.

magnate *m.* y *f.* Persona de gran poder empresarial o financiero.

magnesia *f.* FARM Óxido de magnesio usado como laxante y antiácido.

magnesio *m.* QUÍM Elemento metálico muy maleable y abundante en la naturaleza (magnesita, dolomita, talco, etc.), que se encuentra también en el esqueleto de los animales, el agua de mar y la leche. Se emplea en las aleaciones ligeras y, como reductor, en la metalurgia y las síntesis orgánicas y, sin alear, en las señales luminosas. Símbolo: Mg. Número atómico: 12. Peso atómico: 24,312. Punto de fusión: 649 °C aprox. Punto de ebullición: 1107 °C aprox.

magnesita *f.* GEO Silicato de magnesia hidratado.

magnético, ca 1 *adj.* Perteneciente o relativo al magnetismo. 2 Perteneciente o relativo al imán o que tiene sus propiedades. 3 ELECTRÓN **cabeza** ~; **cinta** ~. 4 FÍS **inducción** ~; **permeabilidad** ~; **resonancia** ~; **campo** ~. 5 GEO **declinación** ~; **Ecuador** ~; **norte** ~; **polo** ~. 6 FÍS y MED **resonancia** ~.

magnetismo 1 *m.* FÍS Conjunto de fenómenos atractivos y repulsivos producidos por los imanes y las corrientes eléctricas. 2 FÍS Parte de la física que estudia esos fenómenos. 3 Atractivo, influjo que una persona ejerce sobre otra. || ~ **terrestre** GEO Campo magnético creado por la Tierra y conjunto de fenómenos relacionados con él. La Tierra se comporta como un imán, cuyos polos están situados cerca de los polos geográficos.

☐ FÍS Los fenómenos magnéticos son causados por el movimiento de partículas cargadas, como los electrones, lo que indica la estrecha relación entre la electricidad y el magnetismo. Existen numerosas aplicaciones del magnetismo y de los materiales magnéticos. El electroimán, por ejemplo, es la base del motor eléctrico y el transformador.

magnetita *f.* GEO Óxido de hierro cúbico, de color negro brillante, duro y magnético. Es uno de los minerales de hierro más importantes y se halla en las rocas eruptivas y sedimentarias de tipo detrítico.

magnetizar *tr.* Comunicar a un cuerpo propiedades magnéticas.

magneto *m.* ELECTR Generador de electricidad de alto potencial, usado en los motores de explosión.

magnetófono *m.* Aparato que registra los sonidos en un medio magnético, y los reproduce por medio de altavoces.

magnetohidrodinámica *f.* FÍS Parte de la mecánica de fluidos que estudia el comportamiento de los fluidos electrizados en presencia de campos magnéticos. Es muy importante en física cósmica.

magnetomotriz *adj.* FÍS **fuerza** ~.

magnetón *m.* FÍS Unidad de medida, empleada en física nuclear, del momento magnético de las partículas cargadas de electricidad equivalente a $9{,}274 \cdot 10^{-24}$ amperios por m^2.

magnetopausa *f.* GEO Zona comprendida entre la magnetosfera y la región donde se extiende el viento solar.

magnetoscopio *m.* Aparato que se utiliza para registrar y reproducir imágenes en una cinta magnética.

magnetosfera (Tb. magnetósfera) *f.* GEO Zona exterior a la Tierra en que actúa el campo magnético terrestre.
magnetrón *m.* Tubo oscilador que produce oscilaciones de frecuencia superiores a 1000 MHz y es utilizado en equipos de radar.
magnicidio *m.* Homicidio de una persona relevante por su cargo o poder.
magnificar *tr.* y *prnl.* Engrandecer, alabar, ensalzar.
magníficat *m.* REL Cántico que dirigió al Señor la Virgen Santísima cuando visitó a su prima Santa Isabel, y que se reza o canta al final de las vísperas.
magnificencia 1 *f.* Generosidad, esplendidez. 2 Audacia.
magnífico, ca 1 *adj.* Espléndido, suntuoso. 2 Excelente, admirable. 3 Título de gran honor.
magnitud 1 *f.* Tamaño de un cuerpo. 2 Grandeza, importancia de algo. 3 ASTR Medida logarítmica de la intensidad relativa del brillo de los objetos celestes, que es mayor cuanto menor es su luminosidad. 4 FÍS y QUÍM Propiedad de un objeto o fenómeno físico o químico susceptible de ser medido. 5 MAT Resultado de una medición. 6 MAT Conjunto en el que se ha definido una relación de igualdad, formando así el conjunto cociente, sobre el que están definidas una operación + y una relación de orden compatible con la operación anterior. || ~ **dependiente** FÍS, QUÍM y MAT La que varía según varía otra con la que está relacionada. ~ **escalar** MAT La que se expresa por medio de un número y una unidad de medida: *23 °C es una magnitud escalar.* ~ **vectorial** MAT La que se expresa por medio de un número, unidad de medida, dirección y sentido.
magnolia *f.* Flor del magnolio.
magnoliáceo, a *adj.* y *f.* BOT Dicho de un árbol y arbusto, angiospermo dicotiledóneo, que posee hojas sencillas, flores grandes, regulares y solitarias, y fruto en folículo múltiple.
magnolio *f.* Árbol de las magnoliáceas, de 15-25 m de alto, que posee hojas coriáceas y persistentes, flores blancas, grandes y olorosas, y fruto en infrutescencia.
mago, ga 1 *adj.* y *s.* Que ejerce la magia. 2 *m.* REL Sacerdote de la religión zoroástrica. 3 REL Cada uno de los tres reyes procedentes de Oriente que, según el Evangelio de san Mateo, adoraron a Jesús.
magrear *tr.* Sobar, palpar, manosear a una persona.
magrebí 1 *adj.* y *s.* Del Magreb, región del NO de África, que comprende el territorio de Marruecos, Argelia y Túnez, con exclusión del área sahariana. 2 *m.* LING Conjunto de dialectos del árabe moderno hablados principalmente en esta región, como el marroquí, argelino y tunecino.
magro, gra *adj.* Flaco, enjuto, sin grosura.
maguey *m.* PITA, planta textil amarilidácea. || ~ **de pulque** Variedad de esta misma planta de cuyo jugo se obtiene el pulque, una bebida embriagante.
magullar 1 *tr.* Dañar la fruta golpeándola contra algo. 2 *tr.* y *prnl.* Causar contusiones en el cuerpo.
maharajá *m.* Título dado a los emperadores, reyes y príncipes de la India cuyos estados se integraron en la Unión India entre 1947 y 1950.
maharaní *f.* Esposa del **maharajá**, un emperador, príncipe o rey de la India.
mahatma (Voz sánscr.) *m.* Título que reciben en la India los dirigentes espirituales o religiosos más importantes.
mahdi (Voz ar.) *m.* REL En el islamismo, profeta o Mesías de la familia de Mahoma que vendrá al final de los tiempos a restablecer la justicia y la fe.
mahometano, na *adj.* Perteneciente o relativo a Mahoma o a la religión por él fundada.
maicena *f.* Harina fina de maíz.
maitines *m. pl.* REL Primera de las horas canónicas que se reza antes del amanecer.
maître (Voz fr.) 1 *m.* Jefe de sala, o de una parte de ella, en un restaurante. 2 Jefe de cocina de un restaurante.
maíz 1 *m.* BOT Planta herbácea anual, de las gramíneas, de tallo erecto de entre 1 y 3 m, hojas alternas lanceoladas y paralelas, y flores unisexuales, las masculinas en panículas terminales y las femeninas o mazorcas en espigas axilares, con el eje central muy desarrollado y esponjoso, y granos gruesos amarillos. Cada grano de maíz es un ovario fertilizado. 2 Grano de esta planta. ☐ BOT Por ser una excelente fuente de hidratos de carbono, el maíz es un alimento básico para el ser humano y una importante planta forrajera para los animales. La mazorca contiene furfurol, un líquido utilizado en la fabricación de fibras de nailon y plásticos, la obtención de lubricantes, la producción de caucho sintético, etc. El aceite de maíz se consume como grasa alimenticia, se emplea en la fabricación de pinturas, jabones y linóleo, y a partir de él se obtiene un alcohol que se mezcla con petróleo para formar un combustible alternativo a la gasolina.
maizal *m.* Tierra sembrada de maíz.
majada 1 *f.* Lugar donde se recoge de noche el ganado y se albergan los pastores. 2 Hato de ganado lanar. 3 Estiércol de los animales.
majadería *f.* Dicho o hecho necio, porfiado, imprudente.
majadero, ra 1 *adj.* Necio, porfiado. 2 *m.* Maza para majar.
majar *tr.* Quebrantar algo a golpes.
majestad 1 *f.* Grandeza, superioridad y autoridad de algo o de alguien. 2 Tratamiento dado a los emperadores y reyes.
majestuoso, sa *adj.* Que tiene majestad.
majo, a 1 *adj.* Compuesto, lujoso. 2 Lindo, hermoso, vistoso.
mal[1] 1 *adj.* Apócope de MALO. • U. ante un s. m. sing.: *Mal presagio.* 2 *m.* Lo contrario al bien y a la virtud. 3 Daño u ofensa moral o física. 4 Enfermedad, dolencia. || ~ **de altura** MED Estado morboso que se manifiesta en las grandes alturas por disminución de la presión atmosférica y se caracteriza por trastornos circulatorios, disnea, cefalalgia, vértigo y vómitos. ~ **de Chagas** MED TRIPANOSOMIASIS. ~ **de ojo** Influjo maléfico que, según se cree, puede alguien ejercer sobre otro mirándolo de cierta manera y en particular a los niños.
mal[2] 1 *adv. m.* Contrariamente a lo justo o correcto: *Hizo mal la tarea.* 2 Contrariamente a lo previsto o que se requiere: *El partido terminó mal.* 3 Poco o escasamente: *Te has informado mal.* 4 Con dificultad: *Mal puedo saber de quién me hablas si no me das pistas.*
malabarismo *m.* Arte de juegos de destreza y habilidad consistente en lanzar y recoger objetos diversos, con rapidez y sin que caigan al suelo, o sostenerlos en equilibrio.
malabsorción *f.* MED Trastorno causado por la absorción incompleta o defectuosa de los nutrientes de los alimentos en el tracto digestivo.
malacate *m.* Torno consistente en un cilindro que se hace girar sobre su eje con una rueda o manubrio, y que actúa sobre la resistencia mediante una cuerda que se va arrollando al mismo.
malacopterigio *adj.* y *m.* ZOOL Dicho de un pez teleósteo, que tiene todas sus aletas provistas de radios blandos, flexibles y articulados, como el salmón, barbo y rodaballo.
malacostumbrar *tr.* Hacer que alguien adquiera malos hábitos.

malambo *m.* FOLCL Baile de zapateo de raigambre popular y ejecutado solo por hombres que se practica en Argentina, Chile y Uruguay.

malandrín, na *m.* y *f.* Maligno, perverso, bellaco.

malaquita *f.* GEO Carbonato básico de cobre, monoclínico y de color verde que es un mineral secundario del cobre y frecuentemente asociado a la azurita.

malaria *f.* MED **PALUDISMO**.

malasangre (Tb. mala sangre) *adj.* y *s.* Que tiene malas intenciones o que tiene mal carácter.

malayo 1 *adj.* y *s.* De la península de Malaca, en las islas de la Sonda y en otras áreas cercanas, o relacionado con esta región asiática. 2 *m.* LING Lengua hablada en Indonesia y Malasia.

malayopolinesio, sia (Tb. malayo-polinesio) *adj.* y *m.* Dicho de un grupo, de lenguas originarias de la península indostánica, que se difundió hasta Madagascar y, en el área del Pacífico, hasta la isla de Pascua, y en el que se destacan el indonesio, el javanés, el malayo, el tagalo, el malgache y el maorí.

malbaratar 1 *tr.* Vender a bajo precio. 2 Desperdiciar, malgastar.

malcomer *tr.* e *intr.* Comer poco y mal.

malcriar *tr.* Educar a los hijos con demasiada condescendencia y mimo.

maldad 1 *f.* Calidad de malo. 2 Acción mala.

maldecir 1 *tr.* Echar maldiciones. 2 *intr.* Hablar mal de alguien. 3 Criticar, murmurar. • Participio irreg. *maldito* y reg. *maldecido*. Vb. irreg. conjug. c. **decir**. V. anexo El verbo.

maldición *f.* Expresión de enojo, aversión o condena contra alguien.

maldito, ta 1 *adj.* Perverso, de mala intención. 2 De mala calidad, ruin, miserable.

maleabilidad *f.* Cualidad de maleable.

maleable 1 *adj.* Dicho de un metal, que puede batirse y extenderse en láminas. 2 Dicho de un material, que se le puede dar otra forma sin romperse. 3 Fácil de convencer o persuadir.

maleante 1 *adj.* y *s.* Delincuente, malhechor. 2 Burlador, maligno.

malear 1 *tr.* y *prnl.* Dañar, echar a perder. 2 Pervertir, corromper.

malecón *m.* Muro o terraplén para la defensa contra las aguas.

maledicencia *f.* Acción de maldecir, hablar mal de alguien.

maleducado, da 1 *adj.* y *s.* Malcriado. 2 Sin educación, falto de respeto.

maleficio *m.* Daño causado por arte de hechicería.

malentender *tr.* Entender o interpretar algo de manera equívoca. • Vb. irreg. conjug. c. **entender**. V. anexo El verbo.

malestar *m.* Desazón, incomodidad indefinible.

maleta *f.* Caja de cuero, lona, plástico, etc., con asas y cerradura, que es usada llevar el equipaje.

maletero 1 *m.* Persona que hace o vende maletas. 2 Persona que transporta el equipaje. 3 Lugar destinado a guardar maletas o equipajes.

maletín *m.* Maleta pequeña de diversas formas y usos.

malevolencia *f.* Malquerencia, mala voluntad.

malévolo, la 1 *adj.* y *s.* Dicho de un hecho o un dicho, con mala voluntad. 2 *adj.* Malintencionado, inclinado a hacer mal.

maleza *f.* Hierba que perjudica los sembrados.

malgastar *tr.* Gastar el dinero, el esfuerzo, la paciencia, etc., en cosas malas o inútiles.

malgeniado, da *adj.* Iracundo, de mal genio.

malhablado, da *adj.* y *s.* Desvergonzado o atrevido en el hablar.

malhadado, da *adj.* Infeliz, desgraciado, desventurado.

malherir *tr.* Herir gravemente. • Vb. irreg. conjug. c. **sentir**. V. anexo El verbo.

malhumorado, da *adj.* Que está de mal humor; desabrido o displicente.

malicia 1 *f.* Maldad, cualidad de malo. 2 Inclinación a lo malo. 3 Intención solapada con que se dice o se hace algo. 4 Propensión a pensar mal. 5 Penetración, sagacidad. 6 Sospecha o recelo.

maliciar *tr.* y *prnl.* Recelar, sospechar, desconfiar.

málico *adj.* QUÍM Dicho de un ácido, que posee tres isómeros ópticamente activos, se encuentra en numerosas frutas, y se usa como acidificante en la industria alimentaria.

maligno, na 1 *adj.* Propenso a obrar o pensar mal. 2 Dicho de una enfermedad, que evoluciona de modo desfavorable. 3 *m.* Satán, el diablo.

malinformar *tr.* Dar una información negativa sobre alguien o algo.

malinterpretar *tr.* Interpretar erróneamente algo o a alguien.

malla 1 *f.* Cada una de las aberturas cuadradas o redondas que se enlazan y constituyen el tejido de la red o cota. 2 Tejido semejante al de la malla de la red. 3 Vestido de tejido de punto muy fino que, ajustado al cuerpo, usan en sus actuaciones los artistas de circo, las bailarinas, etc.

malnutrición *f.* MED Nutrición desequilibrada en sus componentes.

malo, la 1 *adj.* Que carece de las cualidades o características propias de su naturaleza o función. 2 Nocivo para la salud. 3 Que se opone a la razón o ley. 4 Difícil, desagradable, molesto. 5 Que padece enfermedad, enfermo. 6 *adj.* y *s.* De mala vida y costumbres. • Se usa el apócope *mal* ante un s. m. sing.: *Mal día.* Su comparativo de superioridad es *peor*. Superlativo irreg. *pésimo* y reg. *malísimo*.

maloca[1] *f.* Invasión en tierra de indígenas, con pillaje y exterminio.

maloca[2] *f.* ARQ Construcción habitacional propia de diversas etnias de la Amazonia y la Orinoquia que es elaborada con troncos de árboles y hojas de palma sobre un área de aprox. 400 m^2 y está conformada por un único espacio en el que se alojan varias familias y en el que, eventualmente, se realizan actos sociales.

malograr 1 *tr.* Perder, desperdiciar algo. 2 *prnl.* Frustrarse lo que se esperaba conseguir. 3 No llegar un ser a su total desarrollo.

maloliente *adj.* Que exhala mal olor.

malón *m.* Irrupción o ataque inesperado de indígenas.

malparir *intr.* Abortar la hembra.

malsonante 1 *adj.* Que suena mal. 2 Dicho de una palabra o comentario, que ofende.

malta *f.* Cebada germinada artificialmente y tostada que posee un elevado contenido de proteínas e hidratos de carbono y es usada para fabricar cerveza y aumentar el valor nutritivo de otras bebidas.

maltasa *f.* BIOQ Enzima que cataliza la hidrólisis de la maltosa en dos moléculas de glucosa y está presente en muchas levaduras, el hígado, riñón, páncreas y otros órganos, así como en los jugos digestivos de muchos animales y en las plantas.

malteada *f.* Leche dulce batida con diferentes ingredientes como frutas, chocolate, etc.

maltosa *f.* QUÍM Azúcar dextrógiro que se obtiene sacarificando de forma incompleta el almidón con malta. Es un azúcar reductor cuya importancia biológica radica en que es un producto intermedio del proceso de degradación del glucógeno y el almidón.

maltratar *tr.* y *prnl.* Tratar mal a alguien de palabra u obra.

maltusianismo *m.* Teoría formulada por T. R. Malthus que propugna la reducción de la natalidad para compensar el desequilibrio entre el crecimiento de la población y el de los recursos.

malva 1 *f.* Planta herbácea, de las malváceas, que posee hojas lobuladas, flores en racimo de color morado y fruto en cápsula, y es usada como diurético y laxante. 2 *adj.* y *m.* Dicho de un color, que es morado pálido tirando a rosáceo, como el de la flor de la malva.

malváceo, a *adj.* y *f.* Bot Dicho de una planta, angiosperma dicotiledónea, hierba y, a veces, árbol que posee hojas alternas con estípulas, flores axilares y fruto seco, como la malva, el malvavisco y el algodonero.

malvado, da *adj.* y *s.* Muy malo, perverso.

malvavisco 1 *m.* Planta malvácea, de 1 m de altura aprox., que posee hojas ovaladas y dentadas, flores de color blanco rojizo, fruto como el de la malva, y raíz gruesa, que se usa como emoliente. 2 Dulce esponjoso hecho de la raíz de esta planta.

malversar *tr.* Invertir ilícitamente caudales públicos en usos distintos de aquellos para los que están destinados.

mama 1 *f.* Voz infantil y cariñosa para designar a la madre. 2 Anat Cada uno de los órganos que contienen las glándulas mamarias en las hembras de los mamíferos. Su número varía en cada especie y están constituidas por piel, en la que sobresale el pezón, y tejido adiposo subcutáneo que rodea a la glándula mamaria.

mamá *f.* Mama, madre.

mamacona *f.* Hist Entre los antiguos incas, mujer virgen y anciana dedicada al servicio de los templos y al cuidado de las vírgenes del Sol.

mamadera 1 *f.* Instrumento para aliviar las mamas en el periodo de lactancia. 2 **biberón**, botella para la lactancia artificial.

mamar 1 *tr.* e *intr.* Chupar leche de las mamas. 2 *prnl.* Engañar a alguien. 3 Abandonar un propósito a última hora. 4 Fatigarse.

mamario, ria 1 *adj.* Perteneciente o relativo a las mamas. 2 Anat **glándula** ~.

mamarracho *m.* Figura defectuosa o ridícula, o dibujo mal hecho.

mamba *f.* Serpiente originaria de África que es venenosa y de considerable tamaño.

mambo *m.* Folcl Baile cubano de ritmo sincopado, mezcla de música latinoamericana y jazz, que se caracteriza por presentar un tiempo de silencio en cada compás.

mameluco 1 *m.* Hist Cuerpo formado inicialmente por esclavos turcos que constituía la guardia personal de los sultanes de Egipto. Sus miembros llegaron a ocupar altos cargos militares y lograron apoderarse del gobierno del país con las dinastías de los Bahríes (1250-1382), formada por turcos y mongoles, y de los Buryíes (1382-1517), formada por circasianos (procedentes del Cáucaso). 2 Traje para bebé de una sola pieza que consta de saco y pantalón.

mamella *f.* Zool En algunos animales, como las cabras, cada uno de los apéndices largos y ovalados que tienen, a los lados de la parte anterior e inferior del cuello.

mamey 1 *m.* Árbol de las gutíferas, de unos 15 m de altura, que tiene hojas elípticas, flores blancas y olorosas, y fruto casi redondo, de unos 15 cm de diámetro, con pulpa amarilla comestible, y crece en América tropical. 2 Árbol sapotáceo de América tropical, de hasta 30 m de altura, que posee hojas caedizas y lanceoladas, flores de color blanco rojizo y fruto ovoide, de 15 a 20 cm de longitud, con una pulpa roja y dulce y una semilla elipsoidal.

mami *f.* coloq. Mamá.

mamífero, ra *adj.* y *m.* Zool Dicho de un vertebrado, dotado de amnios y homeotermo, que tiene ciertas características diferenciadoras como la existencia de glándulas mamarias en las hembras, la presencia de pelo en el cuerpo, y la posesión de un cerebro desarrollado, que ha permitido la aparición de conductas complejas.

□ Zool Los mamíferos poseen las siguientes características: son vivíparos en su mayoría, salvo los monotremas que ponen huevos; tienen la mandíbula inferior formada por un único hueso, que se articula directamente con el cráneo y las cavidades torácica y abdominal separadas por el diafragma; respiran mediante pulmones; son terrestres, generalmente, aunque algunos se han readaptado a la vida marina (como las focas, los delfines y los cachalotes) y otros han transformado sus extremidades en alas aptas para el vuelo (murciélagos), y pueden ser carnívoros, herbívoros u omnívoros. El más grande es la ballena azul, que suele medir más de 30 m de longitud, y los más pequeños algunas especies de musarañas, ratones y murciélagos, que no llegan a los 5 cm de longitud. Se dividen en **monotremas, marsupiales** y **placentarios**.

mamo *m.* Autoridad suprema, religiosa y civil, de los koguis y los arhuacos.

mamografía *f.* Med Exploración radiológica de las glándulas mamarias.

mamola *interj.* Se usa con sentido de burla o de negación.

mamón, na 1 *adj.* y *s.* Que todavía está mamando. 2 *m.* Árbol sapindáceo de América intertropical, corpulento y de copa tupida, que posee hojas alternas, flores en racimo y fruto en drupa, cuya pulpa es comestible. 3 Fruto de este árbol.

mamoncillo *m.* **mamón**, árbol y fruto.

mamotreto *m.* Libro muy grande.

mampara *f.* Tabique o cancel movible que sirve para aislar un espacio interior.

mampostería *f.* Construcción hecha con mampuestos desiguales y colocados sin formar hileras regulares.

mampuesto *m.* Piedra sin labrar que se puede colocar en una obra a mano.

mamut *m.* Paleont Elefante fósil del **Cuaternario** que podía alcanzar 3,5 m de altura y tenía la piel cubierta de pelo áspero y largo y los colmillos curvos y muy desarrollados.

maná *m.* Alimento que, según la *Biblia*, dio sustento a los hebreos en el desierto.

manada 1 *f.* Rebaño de ganado al cuidado de un pastor. 2 Grupo de animales de una misma especie.

mánager *m.* y *f.* Persona que se ocupa de los intereses de un deportista o artista profesional, apoderado.

manantial *m.* Afloramiento natural de agua que surge del interior de la tierra y tiene lugar donde un nivel freático se corta con la superficie. Puede aparecer en tierra firme o ir a dar a los cursos de agua, las lagunas o los lagos.

manar 1 *intr.* y *tr.* Brotar o salir un líquido de alguna parte. 2 *intr.* Abundar.

manatí *m.* Mamífero sirenio, de unos 4 m de longitud, que posee cuerpo redondeado, aleta caudal horizontal y ojos pequeños. Es herbívoro y vive en las costas orientales de América y África y en las cuencas de los grandes ríos de América tropical.

mancebo, ba *m.* y *f.* Persona joven.

mancha 1 *f.* Señal que una cosa hace en un cuerpo, ensuciándolo. 2 Parte de alguna cosa de distinto color del dominante. 3 Pedazo de terreno distinto de los inmediatos por su calidad, cultivo, etc. 4 Deshonra, desdoro. 5 ASTR Cada una de las partes oscuras del Sol o de la Luna.

manchar 1 *tr.* y *prnl.* Ensuciar. 2 Deshonrar, difamar.

manchú 1 *adj.* y *s.* De Manchuria o relacionado con esta región de Asia. 2 *m.* LING Lengua hablada en Manchuria y en algunas regiones de Afganistán, Irán y en la región china de Xinjiang.

mancillar 1 *tr.* Manchar la fama o buen nombre. 2 Afear, deslucir.

manco, ca *adj.* Que ha perdido un brazo o una mano, o el uso de cualquiera de estos miembros.

mancomunar 1 *tr.* y *prnl.* Unir personas, fuerzas o intereses para un fin. 2 *tr.* Obligar a dos o más personas mancomunadas a pagar o ejecutar una cosa.

mancornar 1 *tr.* Atar dos reses por los cuernos para que anden juntas. 2 Unir dos cosas de una misma especie.

mancorna *f.* MANCUERNA.

mancuerna 1 *f.* Pareja de animales o cosas mancornados. 2 *f. pl.* Pasadores usados en los puños de las camisas.

mandadero, ra *m.* y *f.* Persona que lleva encargos o recados de un sitio a otro.

mandado, da 1 *m.* y *f.* Persona que ejecuta una comisión o un encargo. 2 *m.* RECADO, mensaje, provisión.

mandala (Tb. mándala) *m.* En el hinduismo, en el tantra budista y en el budismo esotérico, diagrama cosmológico que constituye una representación del universo y es utilizado como foco y guía de la meditación.

mandamás *m.* y *f.* Persona que desempeña una función de mando.

mandamiento 1 *m.* Precepto, orden que hay que cumplir. 2 REL Cada uno de los preceptos del Decálogo, que, según el *Antiguo Testamento*, fueron entregados por Dios a Moisés en el monte Sinaí.
☐ REL Los mandamientos suelen enumerarse de la siguiente manera: 1) Prohibición de adorar a cualquier divinidad que no sea Dios y de usar su nombre en vano. 2) Prohibición de la idolatría. 3) Observancia del sábado. 4) Honra a los padres. 5) Prohibición de matar. 6) Prohibición del adulterio. 7) Prohibición de robar. 8) Prohibición de dar falso testimonio. 9) Prohibición de codiciar los bienes ajenos. 10) Prohibición de desear la mujer del prójimo.

mandar 1 *tr.* Ordenar, imponer una cosa. 2 Enviar a una persona para hacer un encargo. 3 Remitir algo.

mandarín, na 1 *adj.* Perteneciente o relativo a los mandarines de China o de otros países asiáticos. 2 *m.* LING Lengua hablada en China que actualmente es la oficial en todo el país. 3 Alto funcionario de la China imperial. 4 *f.* Fruto del mandarino.

mandarino *m.* Árbol de las rutáceas originario de Asia, que posee hojas alternas y coriáceas, flores blancas y perfumadas y fruto globoso, parecido a la naranja, pero de piel fácil de separar y sabor más suave. Se cultiva en las zonas templadas.

mandato 1 *m.* Orden o precepto. 2 Representación que por la elección se confiere a los diputados, concejales, etc. 3 Ejercicio de un cargo y su duración.

mandeísmo *m.* REL Doctrina gnóstica y dualista del imperio sasánida, con elementos iraníes y judaizantes, que subsiste en la Mesopotamia inferior.

mandíbula 1 *f.* ANAT Cada una de las dos piezas óseas que limitan la boca de los vertebrados y en las cuales están implantados los dientes. 2 ZOOL Cada una de las dos piezas córneas que forman el pico de las aves. 3 ZOOL Cada una de las dos piezas duras, quitinosas, que tienen en la boca los insectos masticadores y que, moviéndose lateralmente, se juntan para triturar los alimentos.

mandil 1 *m.* DELANTAL. 2 El de cuero o tela fuerte usado por los artesanos.

mandinga 1 *adj.* y *s.* Dicho de una persona, perteneciente al grupo sudanés, que vive en Malí, Guinea, Senegal y Costa de Marfil. 2 *m.* LING Lengua hablada por los mandingas. 3 Nombre dado al diablo.

mandioca *f.* YUCA, arbusto euforbiáceo.

mando 1 *m.* Autoridad, poder del superior sobre sus súbditos. 2 Ejercicio de dicha autoridad y su duración. 3 Persona que posee autoridad. 4 Botón, llave o palanca que actúa sobre un mecanismo o parte de él para iniciar, suspender o regular su funcionamiento. || ~ **a distancia** CONTROL remoto.

mandoble 1 *m.* Cuchillada o golpe grande que se da usando el arma con ambas manos. 2 Espada grande.

mandolina *f.* MÚS Instrumento de cuerdas metálicas pinzadas con un plectro y caja abombada, que tiene 4 ó 6 cuerdas pareadas dispuestas como las del violín.

mandril[1] *m.* Primate, de hasta 1 m de longitud, muy robusto, que tiene el hocico rojo con unos surcos azules a ambos lados (los machos) y vive en grupos en las selvas de Camerún y Gabón.

mandril[2] 1 *m.* Elemento cilíndrico o cónico que se introduce en el agujero de una pieza para sujetarla. 2 Espiga de centrar del cabezal fijo de un torno. 3 Plato de sujeción de los tornos al aire. 4 Pieza de sujeción de los taladros o taladradoras donde se fija la broca. 5 Herramienta para agrandar los agujeros en las piezas de metal.

maneador *m.* Tira larga de cuero para atar animales.

manecilla 1 *f.* Saetilla que en el reloj y otros instrumentos sirve para señalar las horas, los minutos, los segundos, los grados, etc. 2 Signo, con figura de mano con el índice extendido, que se pone en los impresos para llamar y dirigir la atención.

manejar 1 *tr.* Usar o traer entre las manos una cosa. 2 Gobernar los caballos. 3 Administrar un negocio. 4 Tener dominio sobre alguien. 5 Conducir un vehículo.

manera 1 *f.* Modo y forma en que se hace u ocurre algo. 2 Porte y modales de alguien. • U. m. en pl. 3 Costumbres o cualidades morales.

manga 1 *f.* Parte del vestido en que se mete el brazo. 2 En los vestidos eclesiásticos, pedazo de tela que cuelga desde los hombros hasta casi los pies. 3 Tubo largo, de diversos materiales, usado para conducir un líquido. 4 Tubo que pone en comunicación un recinto cerrado con el aire libre. 5 Red de forma cónica que se mantiene abierta con un aro que le sirve de boca. 6 Tela dispuesta en forma cónica que sirve para colar líquidos. 7 Utensilio de tela, de forma cónica, con un pico de metal u otro material duro, que es usado para añadir crema a los pasteles, decorar tortas, etc. 8 Grupo de personas: *Una manga de haraganes.* 9 Terreno libre de árboles, generalmente destinado a pastos. 10 Especie de tubo de paredes de lona y forma cónica que situado en lo alto, señala la dirección del viento. 11 Anchura mayor de un buque. 12 GEO Columna de agua que se eleva desde el mar con movimiento giratorio por efecto de un torbellino atmosférico.

manganeso *m.* QUÍM Elemento metálico duro, quebradizo, refractario y oxidable que tiene gran importancia en la fabricación del acero y no se da en la naturaleza en estado puro, excepto en los meteoros. Símbolo: Mn. Número atómico: 25. Peso atómico: 54,938. Punto de fusión: 1245 °C. Punto de ebullición: 962 °C.

A B C D E F G H I J K L M N Ñ O P Q R S T U V W X Y Z

manganita *f.* GEO Hidróxido de manganeso de origen hidrotermal que se emplea para la obtención del manganeso.

manglar *m.* ECOL Formación vegetal compuesta por árboles adaptados al medio que es característica de las costas de las zonas tropicales, cenagosas o inundadas periódicamente por el agua del mar.

mangle *m.* Tipo de árbol o arbusto tropical que crece en aguas someras a lo largo de las costas y los estuarios de aguas tranquilas y suele producir masas enmarañadas de raíces arqueadas, que quedan expuestas durante la bajamar.

mango[1] *m.* Parte por donde se agarra un instrumento o útil.

mango[2] 1 *m.* Árbol de las anacardiáceas, de 15-30 m de altura, que posee hojas lanceoladas, copa grande y espesa, flores amarillentas y fruto en drupa oval, amarillo, de corteza delgada, aromático y de sabor agradable. 2 Fruto de este árbol.

mangonear 1 *tr.* Manipular a alguien o algo en provecho propio. 2 *intr.* Mandar, disponer con arbitrariedad.

mangosta *f.* Mamífero carnívoro vivérrido, de las zonas cálidas de Asia y África, que mide aprox. 40 cm de longitud y otro tanto de cola y se alimenta de roedores y serpientes, por lo que ha sido introducido en muchas partes del mundo.

mangostán *m.* Arbusto gutífero que posee hojas opuestas agudas, flores con cuatro pétalos rojos, y fruto carnoso, comestible y muy estimado.

mangostino *m.* Fruto del mangostán.

mangual *m.* Arma medieval consistente en un palo del cual colgaban unas cadenillas con bolas de acero en las puntas.

manguala *f.* Confabulación con fines ilícitos.

manguera *f.* Tubo de goma o de otro material flexible que recibe el líquido por un extremo y por el otro lo expulsa.

manguito 1 *m.* Manga postiza para preservar la ropa. 2 Bolsa de piel algodonada por dentro y con aberturas a ambos lados que es usada para abrigar las manos.

maní 1 *m.* Planta anual de las papilionáceas, originaria de América, que posee tallo rastrero, hojas alternas lobuladas y flores amarillas sostenidas por un pedúnculo que, después de fecundado, se introduce con el fruto en la tierra hasta su maduración. 2 Fruto de esta planta, con cáscara coriácea y semillas oleaginosas, que son comestibles después de tostadas.

manía 1 *f.* PSIC Psicosis caracterizada por delirio general, euforia, agitación, etc. 2 Obsesión por un tema o cosa determinada. 3 Mala voluntad contra otro.

manicomio *m.* Hospital para enfermos mentales.

manicure (Voz fr.) *f.* **MANICURO.**

manicurista *m.* y *f.* Persona que tiene por oficio cuidar las manos, especialmente las uñas.

manicuro, ra 1 *m.* y *f.* **MANICURISTA.** 2 *f.* Cuidado de las manos y de las uñas. 3 Oficio de manicuro.

manido, da 1 *adj.* Sobado, ajado. 2 Dicho de un asunto o tema, muy trillado.

manierismo *m.* ART Estilo artístico de transición entre el Renacimiento y el Barroco, que supuso una búsqueda de lo expresivo, artificioso y desconcertante como reacción frente al perfecto equilibrio del Renacimiento. Surgió en la segunda década del s. XVI, con las obras de los pintores italianos seguidores del estilo de Miguel Ángel, Rafael y Leonardo.

manierista 1 *adj.* Perteneciente o relativo al manierismo. 2 *adj.* y *s.* Que cultiva el estilo propio del manierismo.

manifestación 1 *f.* Acción y efecto de manifestar o manifestarse. 2 Acto público colectivo, generalmente de carácter urbano y al aire libre, que sirve para expresar una protesta o reivindicación.

manifestar 1 *tr.* y *prnl.* Declarar, dar a conocer. 2 Descubrir, poner a la vista. 3 *prnl.* Tomar parte en una manifestación pública. • Participio irreg. *manifiesto* y reg. *manifestado*. Vb. irreg. conjug. c. **acertar**. V. anexo El verbo.

manifiesto, ta 1 *adj.* Descubierto, patente, claro. 2 *m.* Escrito en que una persona, un grupo, un partido, etc., declara públicamente su opinión sobre algún tema. 3 Documento que presenta en la aduana del punto de llegada el capitán de todo buque procedente del extranjero.

manigua 1 *f.* Selva, bosque tropical pantanoso e impenetrable. 2 Terreno húmedo y cubierto de maleza.

manija 1 *f.* Mango de ciertos utensilios o herramientas. 2 Manivela de ciertos instrumentos. 3 Palanca para accionar el pestillo de puertas y ventanas.

manilla 1 *f.* Pulsera, brazalete. 2 Argolla para sujetar las muñecas de un preso.

manillar *m.* Pieza encorvada de doble mango para llevar la dirección de una bicicleta, motocicleta, etc.

maniobra 1 *f.* Cualquier operación ejecutada con las manos. 2 Conjunto de operaciones que se efectúan para mover un mecanismo. 3 Conjunto de acciones, medidas, etc., llevadas a cabo para conseguir algo. 4 *f. pl.* Ejercicios realizados por una tropa.

manipulación *f.* Acción y efecto de manipular. || **~ genética** Cambio artificial hecho al contenido genético de un individuo o una célula.

manipular 1 *tr.* Hacer algo con las manos. 2 Utilizar un instrumento o aparato. 3 Manejar una persona los negocios a su modo o mezclarse en los ajenos. 4 Influir en los demás, con medios hábiles y engañosos, para servir intereses propios.

manípulo 1 *m.* Especie de estola que lleva el sacerdote en el antebrazo izquierdo durante la misa. 2 HIST Insignia de los soldados romanos. 3 HIST Cada una de las treinta unidades tácticas en que se dividía la antigua legión romana.

maniqueísmo 1 *m.* REL y FIL Doctrina gnóstica cristiana creada por el pensador persa Maní en el s. III, que está basada en la concepción dualista del principio del bien y del mal, y según la cual el ámbito de la luz, regido por Dios, y el de la oscuridad, por Satán, inicialmente separados, se mezclaron, tras una catástrofe, y comenzaron un enfrentamiento perpetuo. 2 Tendencia a interpretar la realidad sobre la base de una valoración dicotómica.

maniquí 1 *m.* Armazón con figura de cuerpo humano, que se usa para probar, arreglar o exhibir prendas de ropa. 2 Figura tridimensional, esquemática y movible que puede ser colocada en diversas actitudes.

manisero, ra *m.* y *f.* Vendedor de maní.

manivela *f.* Codo que tienen los tornos y otras máquinas en la prolongación del eje, por cuyo medio se les da con la mano movimiento rotatorio.

manjar 1 *m.* Cualquier comestible. 2 Comida exquisita.

mano 1 *f.* ANAT Cada una de las partes del cuerpo de los seres humanos (y otros primates) unidas a la extremidad de cada antebrazo por la articulación de la muñeca y que comprende el carpo, el metacarpo y los dedos. En los seres humanos el pulgar está articulado, de manera que puede ser colocado frente a los otros dedos, y de este modo ser utilizado para aprehender objetos pequeños. Los otros cuatro dedos pueden ser plegados sobre la palma y hacia adelante para sujetar objetos. 2 ZOOL En otros animales, nombre que reciben los apéndices análogos para distinguirlos de los correspondientes a los miembros inferiores. 3 Cada uno de los dos lados a que cae o en que sucede una

A B C D E F G H I J K L M N Ñ O P Q R S T U V W X Y Z

A B C D E F G H I J K L M N Ñ O P Q R S T U V W X Y Z

cosa respecto de otra cuya derecha e izquierda están convenidas: *La catedral queda a mano derecha del río.* 4 Instrumento de madera, hierro u otra materia que sirve para machacar, moler o desmenuzar algo. 5 Capa de cal, barniz, etc., que se da a una pared, un mueble, un lienzo, etc. 6 Lance entero de varios juegos. 7 Ayuda que se da. 8 Reprensión, castigo. 9 DEP Falta que se comete en el juego del fútbol al tocar intencionadamente el balón con el brazo o la mano. || ~ **de obra** 1 ECON Trabajo manual de los obreros. 2 ECON Precio que se paga por este trabajo. 3 ECON Conjunto de asalariados de un país o de un sector concreto. ~ **derecha** 1 ANAT La que corresponde al lado del cuerpo opuesto a aquel en que el ser humano siente latir el corazón. 2 Dirección o situación correspondiente a esta mano. 3 En pinturas, impresos, etc., el lado correspondiente a la mano derecha del espectador o lector. 4 Persona muy colaboradora de otra. ~ **dura** Severidad en el mando o el trato personal. ~ **izquierda** 1 La que corresponde al lado opuesto al de la derecha. 2 Dirección o situación correspondiente a la mano izquierda. 3 En pinturas, fotografías, impresos, etc., el lado correspondiente a la mano izquierda del espectador o lector.

manojo *m.* Haz de cosas que se puede coger con la mano.

manómetro *m.* FÍS Instrumento usado para medir la presión de los fluidos que está basado en la igualdad de presiones en diversos puntos de un plano horizontal, en un líquido en equilibrio o en la deformación de un metal por efecto de la presión.

manopla 1 *f.* Guante sin separaciones para los dedos, salvo para el pulgar. 2 Látigo para atizar a las mulas.

manosear *tr.* Tocar con la mano repetidamente algo, a veces ajándolo o desluciéndolo.

manotear 1 *intr.* Mover las manos para dar mayor fuerza a lo que se habla, o para mostrar un afecto del ánimo. 2 *tr.* Dar golpes con las manos.

mansalva || **a** ~ Sin ningún peligro, sobre seguro.

mansarda 1 *f.* Ventana que sobresale del tejado de una buhardilla. 2 **BUHARDILLA.**

mansedumbre 1 *f.* Calidad de manso. 2 Suavidad; apacibilidad.

mansión *f.* Casa grande y lujosa.

manso, sa 1 *adj.* Benigno, apacible. 2 Dicho de un animal, que no es bravo.

manta[1] 1 *f.* Prenda de lana, algodón, etc., usada para abrigarse como ropa de cama, cubrir las caballerías, etc. 2 Especie de mantón.

manta[2] *f.* Pez selacio de grandes dimensiones que tiene aletas pectorales triangulares y puntiagudas, enormemente desarrolladas, que pueden llegar a tener una envergadura de hasta 7 m.

mantear *tr.* Lanzar al aire entre varias personas, con una manta cogida por las orillas, a otra, que al caer sobre la manta vuelve a ser lanzada.

manteca 1 *f.* Grasa de los animales, especialmente la del cerdo. 2 Producto obtenido por el batido, amasado y posterior maduración de la crema extraída de la leche de vaca u otros animales. 3 Grasa obtenida de ciertos vegetales, como la del cacao. 4 QUÍM Triglicérido que está compuesto por ésteres del alcohol, glicerina y tres moléculas de ácidos grasos y es sólido a temperatura ambiente.

mantecada 1 *f.* Bollo de harina, huevos, azúcar y manteca de cerdo. 2 Helado de leche, huevos y azúcar.

mantel *m.* Tela que se pone en la mesa para preservarla o de adorno.

mantelete *m.* Capa con dos aberturas para sacar los brazos.

mantener 1 *tr.* Sostener algo para que no se caiga o tuerza. 2 Conservar algo en su ser; darle vigor y permanencia. 3 Proseguir en lo que se está ejecutando. 4 Costear las necesidades económicas de alguien. 5 Defender o sustentar una opinión. 6 *tr.* y *prnl.* Proveer a alguien del alimento necesario. 7 *prnl.* Estar un cuerpo en un medio o lugar sin caer o haciéndolo muy lentamente. 8 Perseverar, no variar de estado o resolución. 9 Fomentarse, alimentarse. • Vb. irreg. conjug. c. **tener**. V. anexo El verbo.

mantenimiento 1 *m.* Efecto de mantener o mantenerse. 2 Sustento, alimento. 3 Serie de operaciones para mantener una maquinaria, un vehículo, etc., en buen estado.

mantequilla *f.* Manteca de vaca que es obtenida batiendo la grasa de la leche.

mantequillera *f.* Vasija en que se tiene o se sirve la mantequilla.

mantilla 1 *f.* Pañolón femenino para cubrir la cabeza y los hombros. 2 Pieza fina femenina, de tul o encaje, usada para cubrir la cabeza y los hombros en los oficios religiosos.

mantillo 1 *m.* Materia (estiércol, aserrín, hierba, paja, etc.) que se extiende en el suelo para proteger las raíces de las plantas de las temperaturas extremas y los cambios de humedad. 2 Capa superior del suelo, formada en gran parte por la descomposición de materias orgánicas.

mantis *f.* Insecto que se caracteriza por tener forma delgada y alargada y patas delanteras robustas y equipadas con púas afiladas, que le posibilitan atrapar y sujetar sus presas, y por poder girar su cabeza de lado a lado (es el único insecto capaz de hacerlo).

mantisa *f.* MAT Parte decimal de un logaritmo.

manto 1 *m.* Prenda que cubre desde la cabeza o los hombros hasta los pies. 2 Mantilla grande sin adornos. 3 Capa de material que se extiende sobre una superficie. 4 ANAT Conjunto formado por las circunvoluciones y el cuerpo calloso del cerebro. 5 ZOOL Repliegue cutáneo que envuelve el cuerpo de los gusanos, braquiópodos y moluscos. || ~ **terrestre** GEO Capa de la Tierra situada entre la corteza y el núcleo y formada por rocas de elevada densidad que constituye más del 80 % del volumen total terrestre. ~ **vegetal** ECOL Conjunto de formaciones vegetales extensas que cubren un territorio, como el bosque o la pradera.

mantra *m.* REL Oración que acompaña cada ritual hindú, pidiendo o apremiando a Dios a dar la bendición deseada.

mantuano, na 1 *adj.* y *s.* De Mantua o relacionado con esta ciudad italiana. 2 *m.* HIST Gran propietario criollo del periodo colonial de Venezuela, que se caracterizó por su intransigencia ante cualquier intento de atenuar el régimen de discriminación racial y social.

manual 1 *adj.* Que se ejecuta con las manos. 2 *m.* Libro que contiene las instrucciones para manejar, usar o ensamblar algo. 3 Libro en que se compendia lo más esencial de una materia. 4 Cuaderno para hacer anotaciones.

manubrio 1 *m.* Empuñadura o manivela de un instrumento, mecanismo, etc. 2 **MANILLAR.** 3 MÚS **ORGANILLO.**

manuelino, na *adj.* y *m.* ART Dicho de un estilo preciosista y sobrecargado, que se desarrolló en Portugal bajo el reinado de Manuel I (1495-1521) y combinó elementos góticos tardíos, renacentistas y exóticos.

manufactura 1 *f.* Proceso de fabricación, generalmente artesanal, de productos en serie. 2 Lugar donde se fabrica. 3 ECON Producción o montaje de materias primas o intermedias en productos terminados a gran escala y listos para la venta.

manufacturar *tr.* Fabricar con medios mecánicos.

manumitir *tr.* Conceder la libertad a un esclavo.

manuscrito, ta 1 *adj.* Escrito a mano. 2 *m.* Texto o libro escrito a mano. 3 Texto escrito a máquina.

manutención 1 *f.* Acción y efecto de mantener o mantenerse. 2 Alimento necesario para la subsistencia. 3 Conjunto de operaciones de almacenaje, manipulación y aprovisionamiento de piezas, mercancías, etc., en un recinto industrial.

manzana 1 *f.* Fruto del manzano que tiene forma globosa y algo hundida por los extremos del eje, y es de color verde, amarillo o encarnado. 2 Espacio urbano, edificado o destinado a la edificación, generalmente cuadrangular, que está delimitado por calles por todos sus lados. || ~ **de Adán** ANAT Prominencia que forma el cartílago tiroides en la parte anterior del cuello del varón adulto.

manzanilla 1 *f.* Vino blanco aromático. 2 Planta herbácea, de las compuestas, que posee hojas divididas en segmentos lineales y flores en capítulo con el botón amarillo y la corona blanca. 3 Flor de esta planta. 4 Infusión de esta flor, que se usa como bálsamo estomacal, antiespasmódico y febrífugo.

manzano *m.* Árbol de las rosáceas que posee hojas ovales y dentadas, flores blancas en corimbo y cáliz persistente. Su fruto es la manzana y se cultiva como frutal.

maña 1 *f.* Destreza, habilidad. 2 Artificio o astucia. 3 Mala costumbre; resabio. • U. m. en pl. en las acepciones 2 y 3.

mañana 1 *f.* Tiempo que transcurre desde que amanece hasta el mediodía. 2 Espacio de tiempo desde la medianoche hasta el mediodía. 3 *m.* Tiempo futuro próximo. 4 *adv. t.* En el día que seguirá inmediatamente al de hoy. 5 En tiempo venidero.

mañoso, sa 1 *adj.* Que tiene maña. 2 Que se hace con maña. 3 Que tiene mañas o resabios.

maoísmo *m.* POLÍT Teoría política establecida por Mao Tse-Tung que parte del marxismo-leninismo y se basa en el reconocimiento del pueblo como la fuerza de la revolución, la continuación de la lucha de clases bajo el socialismo y la necesidad de una revolución cultural permanente.

maorí 1 *adj.* y *s.* De un pueblo aborigen de Nueva Zelanda o relacionado con él. 2 *m.* LING Lengua hablada en ciertas zonas de Nueva Zelanda.

mapa *m.* GEO Representación convencional gráfica de la superficie terrestre o una parte de ella sobre una superficie plana, basada en el uso de escalas proporcionales y símbolos reconocibles a nivel general. || ~ **astronómico** o **celeste** ASTR Representación gráfica de la distribución de las estrellas o de la superficie de un cuerpo celeste. ~ **físico-político** GEO El que representa el paisaje y las obras humanas (ciudades, carreteras, ferrocarriles, embalses, fronteras, etc.). ~ **genético** BIOL Representación gráfica del material genético de un organismo en una secuencia lineal de sus elementos que, en orden de tamaño descendente, son el cromosoma, los genes, los codones y los nucleótidos del ADN y, en ciertos virus, del ARN. ~ **temático** GEO El que representa un aspecto determinado que puede ser físico (geológico, fluvial, etc.), demográfico, económico (industrial, cultivos, etc.), histórico, lingüístico, meteorológico, etc. ~ **topográfico** GEO El que tiene situados todos los datos de la superficie mediante los cálculos obtenidos directamente en el terreno o mediante fotografía aérea o satelital. Para localizar un elemento en él existen las coordenadas geográficas basadas en la longitud y la latitud y en la leyenda se indican la escala y los símbolos específicos (ciudades, vías, fronteras, cursos de agua, relieve, etc.) empleados en él. Es el más general y prácticamente todos los demás tipos de mapas geográficos derivan de él.

mapache *m.* Mamífero, de unos 60 cm de longitud, que posee pelaje gris, cola larga y anillada, y una especie de máscara negra en las mejillas.

mapamundi *m.* GEO Mapa que representa la superficie de la Tierra dividida en dos hemisferios.

mapaná *f.* Serpiente venenosa de cuerpo grueso y color pardo rojizo, que tiene bandas transversales oscuras e irregulares y una cola ahusada, que termina en una punta dura, y puede alcanzar más de 2 m de longitud.

mapear 1 *tr.* BIOL En genética, localizar un gen en el interior del cromosoma. 2 GEO Recoger datos relativos a los accidentes geográficos y plasmarlos en la representación cartográfica de una zona.

mapeo *m.* Acción y efecto de mapear.

mapoteca *f.* Archivo de mapas organizados para consulta pública.

mapuche 1 *adj.* y *s.* De un pueblo **araucano** de costumbres nómadas, que habita la zona comprendida entre los ríos Bío-Bío y Toltén al O de los Andes, en el centro de Chile, y que, desde la segunda mitad del s. XIX, vive en reservas. 2 *m.* LING Lengua hablada por los mapuches.

maqueta 1 *f.* Modelo a escala reducida de un monumento, edificio, máquina, etc. 2 Modelo de un libro o revista que va a ser editado.

maquiavélico, ca 1 *adj.* Perteneciente o relativo al maquiavelismo. 2 Que actúa con astucia y doblez.

maquiavelismo 1 *m.* POLÍT Teoría de Maquiavelo, que aconseja el uso de cualquier medio para defender los intereses del Estado. 2 Modo de proceder con astucia, doblez y perfidia.

maquila *f.* ECON Producción de manufacturas para su exportación.

maquiladora *f.* ECON Industria filial de una empresa extranjera que opera con materias primas importadas y exporta toda su producción al país de origen.

maquillaje 1 *m.* Acción y efecto de maquillar o maquillarse. 2 Sustancia cosmética para maquillar.

maquillar 1 *tr.* y *prnl.* Componer la cara con maquillaje para embellecerla o caracterizarla. 2 Alterar algo para darle una apariencia mejor.

máquina 1 *f.* Aparato mecánico para transformar la magnitud y dirección de aplicación de una fuerza. 2 Conjunto de aparatos combinados para recibir cierta forma de energía y transformarla en otra más adecuada o para producir un efecto determinado. 3 LOCOMOTORA. || ~ **de coser** La diseñada para unir piezas de tela o piel mediante puntadas cerradas o en cadena (la puntada cerrada, utilizada en la mayoría de las máquinas modernas, consta de dos hilos, y la puntada en cadena solo de uno). ~ **de escribir** La que servía para imprimir tipos de letra sobre el papel y cuyas partes esenciales eran el teclado, los tipos realzados, una cinta entintada, un rodillo que sujetaba el papel mientras se escribía, y un mecanismo para avanzar la posición conforme se realizaba la impresión. ~ **de vapor** Dispositivo mecánico que convierte la energía del vapor de agua en energía mecánica, haciendo que el vapor se expanda y se enfríe en un cilindro equipado con un pistón móvil. ~ **especial** Máquina herramienta que utiliza la energía luminosa, eléctrica, química o sonora, los gases a altas temperaturas y los haces de partículas de alta energía para dar forma a los materiales especiales y las aleaciones utilizados en la tecnología moderna. ~ **herramienta** La que por procedimientos mecánicos hace funcionar una herramienta, sustituyendo la mano del operario. ~ **hidráulica** 1 La que transmite la energía a través de un fluido utilizado para canalizar las fuerzas a distancias donde los acoplamientos mecánicos no serían apropiados ni efectivos. 2 La que se mueve por la acción del agua. 3 La que sirve para elevar agua u otro líquido. ~ **inteligente** La capaz de monitorear el medio que la rodea para realizar tareas específicas en presencia de incertidumbre y variabilidad, como los robots industriales equipados con sensores y las computadoras equipadas con programas de reconocimiento de palabras. ~ **simple** Cualquiera de las cuatro máquinas básicas (**palanca, polea, torno** y **plano** inclinado), de las que se emplea una o más en casi la totalidad de las máquinas. Combinando máquinas simples se construyen máquinas complejas utilizadas en metalistería, carpintería y distintas áreas de la ingeniería.

maquinación 1 *f.* Proyecto de pura imaginación. 2 Proyecto o asechanza artificiosa y oculta dirigida regularmente a mal fin.

maquinal 1 *adj.* Perteneciente o relativo a los movimientos y efectos de la máquina. 2 Dicho de un acto o movimiento ejecutado sin deliberación.

maquinar *tr.* Tramar algo oculta y artificiosamente.

maquinaria 1 *f.* Conjunto de máquinas para un fin determinado. 2 Mecanismo que da movimiento a un artefacto.

maquinista *m.* y *f.* Persona que dirige o gobierna una máquina, especialmente el conductor de una locomotora.

maquinizar *tr.* Emplear en la producción industrial, agrícola, etc., máquinas que sustituyen o mejoran el trabajo de las personas.

mar 1 *m.* o *f.* GEO Masa natural de agua salada más o menos aislada, limitada por tierra firme o islas que, generalmente, se comunica con los océanos por vías estrechas. 2 Conjunto formado por la totalidad de estas masas de agua y los océanos. 3 Abundancia extraordinaria de ciertas cosas. || **alta** ~ ALTAMAR. ~ **continental** GEO El que penetra profundamente en los continentes y comunica con los océanos mediante pasos estrechos y generalmente poco profundos, como el Mediterráneo en Europa que comunica con el Atlántico. ~ **de fondo** o **de leva** GEO Agitación de las aguas del mar propagada desde el interior y que en forma atenuada alcanza los lugares próximos a la costa. ~ **interior** GEO El completamente rodeado de tierra y aislado en el interior de un continente, como el Mar Muerto y el Caspio. ~ **litoral** GEO El que está situado en el borde de un océano y penetra muy poco en el continente, como el Mar Caribe en América. **nivel del** ~ GEO Situación de la superficie del mar intermedia entre las mareas alta y baja que se usa como valor patrón para medir diferencias relativas de altura, sobre el mar, o de profundidad, bajo el mar, de los accidentes geográficos.

marabú *m.* Ave ciconiforme africana, que puede alcanzar 1,5 m de longitud y tiene la cabeza y el cuello desnudos y el plumaje gris y blanco en el vientre.

maraca *f.* MÚS Instrumento originario de las Antillas y América del Sur que consiste en una calabaza vacía llena de semillas.

maracure *m.* Planta loganiácea, con forma de bejuco, de la cual se extrae el curare.

maracuyá 1 *m.* Planta pasiflorácea, tropical americana, que posee tallos trepadores, hojas lobuladas, flores olorosas, grandes y solitarias, y fruto amarillo con figura de huevo. 2 Fruto de esta planta que se consume en jugos y como base de gran variedad de postres.

marajá *m.* MAHARAJÁ.

marantáceo, a *adj.* y *f.* Dicho de una planta, angiosperma monocotiledónea, herbácea, que posee hojas pecioladas, flores hermafroditas irregulares y compuestas, fruto en cápsula, baya o nuez, y semillas con arilo.

maraña 1 *f.* Lugar cubierto de maleza que lo hace impracticable. 2 Enredo de los hilos o del cabello. 3 Situación o asunto intrincado o de difícil salida.

marañón 1 *m.* Árbol anacardiáceo que posee un fruto comestible, con forma de riñón y pedicelo carnoso, de cuya almendra, también comestible, se extrae aceite para usos industriales. 2 HIST Nombre dado por Lope de Aguirre a los soldados que le siguieron después del asesinato de Pedro de Urzúa.

marasmo 1 *m.* Paralización o inmovilidad física o moral. 2 Gran confusión.

maratón 1 *f.* DEP Carrera pedestre de 42 km y 195 m. 2 DEP Cualquier competición deportiva de resistencia. 3 Actividad o conjunto de actividades que se desarrollan apresuradamente.

maratonista *m.* y *f.* Persona que compite en el maratón.

maravedí *m.* Moneda española que ha tenido diferentes valores y calificativos.

maravilla 1 *f.* Suceso o cosa extraordinarios, asombrosos. 2 Extrañeza, asombro, admiración. 3 CALÉNDULA, planta.

maravilloso, sa *adj.* Extraordinario, excelente, admirable.

marbete 1 *m.* Etiqueta adherida a un objeto, donde constan la marca, el uso, el precio, etc. 2 Orilla, perfil, filete.

marca 1 *f.* Señal hecha en una persona, animal o cosa, para distinguirla de otra, o para señalar calidad, pertenencia u origen. 2 Acción de marcar. 3 HIST Circunscripción territorial fronteriza político-militar del Imperio carolingio. 4 En lexicografía, indicador, a menudo en forma abreviada, que informa sobre particularidades del vocablo definido. 5 LING Rasgo distintivo que posee una unidad lingüística y por el que se opone a otra u otras del mismo tipo. 6 DEP El mejor resultado técnico homologado en el ejercicio de un deporte que puede ser individual, regional, nacional, mundial, olímpico, etc. || ~ **de clase** MAT Valor intermedio de un intervalo que se usa para el cálculo de algunos parámetros estadísticos, como la media aritmética o la desviación típica: *La marca de clase del intervalo [10, 20] es 15.* ~ **registrada** Marca de fábrica o de comercio que, inscrita en el registro competente, goza de protección legal.

marcación *f.* Acción y efecto de marcar o marcarse.

marcado, da *adj.* Muy perceptible: *Acento marcado; Marcada agresividad.*

marcador, ra 1 *adj.* y *s.* Que marca. 2 *m.* DEP Tablero en el cual se anotan los tantos o puntos que van obteniendo los equipos o participantes que compiten. 3 ROTULADOR, instrumento semejante a un bolígrafo. || ~ **textual** LING CONECTOR, enlace entre palabras u oraciones.

marcapáginas *m.* Utensilio plano que sirve para señalar la página en la que se interrumpió la lectura de un libro.

marcapasos *m.* MED Aparato generador de estímulos eléctricos que se conecta al corazón para mantener la contracción y el ritmo.

marcar 1 *tr.* Señalar con una marca. 2 Herir dejando una señal. 3 Poner en un objeto el nombre o las iniciales de su dueño. 4 Indicar un aparato cantidades o magnitudes. 5 Señalar en un escrito ciertos párrafos. 6 Dejar una huella moral: *Aquella desgracia marcó su vida.* 7 Mostrar algo destacado o acentuadamente, hacerlo resaltar: *Marcar el vestido una parte del cuerpo; Marcar una sílaba.* 8 Pulsar un número en un aparato telefónico. 9 Dar pauta o señalar un orden o algunos movimientos: *Marcar el paso, el compás.* 10 DEP Conseguir tantos en un deporte metiendo la pelota en la meta contraria. 11 DEP En el fútbol y algunos otros deportes, situarse un jugador cerca de un contrario para dificultar su actuación. 12 QUÍM Sustituir en una molécula un átomo por uno de sus isótopos para hacerla detectable.

marcha 1 *f.* Acción de marchar. 2 Grado de celeridad en el andar de un vehículo. 3 Actividad o funcionamiento de un mecanismo, órgano o entidad. 4 DEP Modalidad atlética consistente en marchar a paso rápido teniendo siempre apoyado un pie en el suelo. 5 En el cambio de velocidades, cada una de las posiciones motrices. 6 Movimiento de una tropa al trasladarse de un punto a otro. 7 MÚS Pieza musical destinada a indicar el paso reglamentario de la tropa o de un numeroso cortejo en ciertas solemnidades. || ~ **atrás** 1 Acción de retroceder un vehículo automóvil. 2 Mecanismo para el retroceso de esta clase de automóviles.

marchante[1] *m.* y *f.* Persona que comercia especialmente con cuadros u obras de arte.

marchante[2]**, ta** *m.* y *f.* Vendedor al que se acude habitualmente en las plazas de mercado.

marchar 1 *intr.* y *prnl.* Partir o irse de un lugar a otro. 2 *intr.* Funcionar un mecanismo. 3 Caminar, funcionar o desenvolverse una cosa. 4 Caminar con cierto orden y compás.

marchitar *tr.* y *prnl* Quitar la frescura a las hierbas, flores y otras cosas, haciéndoles perder su vigor y lozanía.

marchito, ta *adj.* Ajado, falto de vigor y lozanía.

marcial 1 *adj.* Bizarro, varonil, franco. 2 DEP **artes** ~es. 3 DER **ley** ~. 4 Perteneciente o relativo a la guerra, la milicia o los militares.

marciano, na 1 *adj.* y *s.* De Marte o relacionado con este planeta. 2 *m.* y *f.* Supuesto habitante del planeta Marte.

marco 1 *m.* Pieza de madera, metal o plástico que rodea, ciñe o guarnece algunas cosas, y aquella en donde se encaja una puerta, ventana, pintura, etc. 2 Ambiente o paisaje que rodea algo. 3 Límites en que se encuadra un problema, cuestión, etapa histórica, etc. 4 DEP **PORTERÍA.**

marea 1 *f.* ASTR Fenómeno de atracción gravitatoria que se produce entre las diversas partículas de dos cuerpos celestes a causa de que las distancias entre sí no son iguales para todas ellas. 2 GEO Movimiento periódico y alternativo de ascenso y descenso de las aguas del mar, producido por la atracción del Sol y de la Luna. 3 GEO Parte de la costa que invaden las aguas en el flujo o pleamar. || ~ **negra** ECOL Polución de las costas marítimas causada por la presencia de grandes cantidades de productos petrolíferos que han llegado al mar como consecuencia de un accidente o de la limpieza de las bodegas de un petrolero.

☐ ASTR y GEO Las mareas son especialmente apreciables en el caso de los mares de la Tierra pues tratan de un fenómeno periódico, que se repite cada 12 horas y 25 minutos, determinado por la rotación de la Tierra. La fase de ascenso de las mareas terrestres se llama *flujo* o *marea entrante*; el momento en que se alcanza el nivel máximo, *pleamar* o *marea alta*; el movimiento de descenso, *reflujo* o *marea saliente*, y su valor mínimo, *bajamar* o *marea baja*. La *marea viva* se produce cuando la fuerza de atracción del Sol se suma a la de la Luna (en el plenilunio y la luna nueva).

marear 1 *tr.* Dirigir una embarcación en el mar. 2 Enfadar, molestar. 3 *prnl.* Sentir malestar o perder la estabilidad y, a veces, la consciencia una persona con el movimiento de los vehículos y también en el principio o el curso de algunas enfermedades. 4 Embriagarse ligeramente. 5 Perder una tela su colorido.

marejada *f.* Movimiento turbulento de grandes olas.

maremoto *m.* GEO Invasión súbita de la franja costera por las aguas oceánicas debido a una gran ola marítima originada por un sismo o una erupción volcánica que ha tenido lugar en el fondo submarino.

mareo *m.* Sensación de estar a punto de vomitar.

marfil 1 *m.* ANAT **DENTINA.** 2 ZOOL Dentina modificada, opaca, dura y de grano fino y color blanco cremoso, de la que están compuestos los colmillos (incisivos superiores) en algunos animales, como el elefante, la morsa y el narval. 3 *adj.* y *m.* Dicho de un color, que oscila entre el blanco y el amarillo. || ~ **vegetal** Materia que conforma el endospermo de la semilla de la tagua y tiene consistencia parecida a la del marfil.

marfilina *f.* Pasta que imita al marfil y es usada para modelar imágenes y fabricar bolas de billar.

marga *f.* GEO Roca sedimentaria de color grisáceo y textura fina que contiene arcilla y carbonato de calcio y es usada para fabricar cemento y abonar las tierras.

margarina *f.* Sustancia grasa vegetal o animal que tiene los mismos usos que la mantequilla.

margarita 1 *f.* Planta herbácea, compuesta, que posee flores terminales de centro amarillo y corola de diferentes colores. 2 Flor de esta planta. 3 Perla de los moluscos.

margen 1 *m.* o *f.* Extremidad y orilla de una cosa. 2 Espacio que queda en blanco a los lados de un papel escrito, impreso, grabado, etc. 3 Anotación al margen de un texto. 4 Ocasión, oportunidad para un acto o suceso. 5 Cuantía del beneficio que se puede obtener en un negocio teniendo en cuenta el precio de coste y de venta.

marginación *f.* Acción y efecto de marginar a una persona o un grupo social.

marginado, da 1 *adj.* y *s.* Que no está integrado en la sociedad. 2 BOT Que tiene reborde.

marginal 1 *adj.* Perteneciente o relativo al margen. 2 Que está al margen. 3 De importancia secundaria o escasa. 4 Que está fuera de las normas sociales comúnmente admitidas. 5 Que no se ajusta a las normas establecidas.

marginalidad *f.* Situación de marginación o aislamiento de una persona o un grupo social.

marginalismo *m.* ECON Teoría que explica los procesos económicos considerando el valor de un bien en función de la utilidad subjetiva que proporciona. Significó la sustitución del valor-trabajo por el concepto de utilidad.

marginar 1 *tr.* Poner anotaciones al margen de un texto. 2 Dejar márgenes al escribir. 3 Dejar a alguien al margen de una actividad. 4 Dejar al margen un asunto. 5 Aislar y excluir a una persona o a un grupo de un sistema social sin permitirles gozar, total o parcialmente, de los privilegios que tienen las demás personas o grupos de dicho sistema.

margrave *m.* Antiguo título de dignidad de algunos príncipes de Alemania.

mariachi 1 *m.* FOLCL Música y baile populares mexicanos originarios de Jalisco. 2 FOLCL Orquesta popular mexicana que interpreta esta música. 3 Cada uno de los músicos de esta orquesta.

mariano, na *adj.* REL Perteneciente o relativo a la Virgen María y a su culto.

marica 1 *m.* vulg. Hombre afeminado y de poco ánimo y esfuerzo. 2 Hombre homosexual. 3 Insulto empleado con o sin los significados anteriores.

maridaje 1 *m.* Enlace, unión y conformidad de los casados. 2 Unión, analogía o conformidad con que unas cosas se enlazan o corresponden entre sí.

marido *m.* Hombre casado con respecto a su mujer.

marihuana 1 *f.* BOT **CÁÑAMO** índico. 2 Mezcla de hojas, tallos y flores del cáñamo índico que se fuma o se mastica y que, a causa de sus ingrediente narcóticos, tiene efectos estimulantes o sedantes. Sus efectos negativos incluyen confusión, ataques de ansiedad, miedo, sensación de desamparo y pérdida de autocontrol.

marimba *f.* MÚS Instrumento formado por láminas de madera que se golpean con baquetas.

marina 1 *f.* Profesión que enseña a navegar o gobernar las embarcaciones, y conjunto de actividades y elementos que intervienen en esta actividad. 2 Conjunto inmobiliario y turístico hecho al borde del mar o de un lago junto a un puerto deportivo. 3 ART Pintura que representa un paisaje marino. || ~ **mercante** Flota naviera comercial de un país que incluye barcos de pasajeros y buques de transporte de mercancías.

marinería 1 *f.* Profesión o ejercicio de los marineros. 2 Conjunto de marineros.

marinero, ra 1 *adj.* Perteneciente o relativo a la marina o a los marineros. 2 *m.* y *f.* Persona que presta servicio en una embarcación bajo las órdenes de un capitán.

marine *m.* Miembro del cuerpo de infantería de la armada estadounidense o británica.

marino, na 1 *adj.* Perteneciente o relativo al mar. 2 BIOL Dicho de un organismo, que vive y se desarrolla en el mar. 3 GEO Dicho de una roca, que está formada a partir de sedimentos depositados en el fondo del mar. 4 *m.* y *f.* MARINERO. 5 Persona con grado militar o profesional de la marina.

mariología *f.* REL Tratado de lo referente a la Virgen María.

marioneta 1 *f.* TEAT Títere que se mueve por medio de hilos y cuyas partes estructurales están articuladas de modo que cada una pueda moverse de forma independiente. 2 *f. pl.* TEAT Teatro representado con marionetas.

mariposa 1 *f.* Insecto **lepidóptero** en su fase adulta que vive en gran variedad de hábitats, desde la tundra hasta la selva y desde el nivel del mar hasta casi los 6000 m de altitud y desempeña un papel esencial en la polinización de numerosas plantas. 2 Válvula para regular el paso de un fluido. 3 Tuerca con dos alas en que se apoyan los dedos para darle vuelta. 4 DEP Estilo de natación en la que los brazos ejecutan simultáneamente una especie de rotación hacia delante, mientras que las piernas se mueven juntas arriba y abajo. || ~ **nocturna** Lepidóptero de hábitos crepusculares o nocturnos que tiene el cuerpo grueso y las antenas plumosas y deja las alas extendidas cuando está en reposo, al contrario de las mariposas diurnas, que las recogen encima del dorso.

mariposear 1 *intr.* Andar continuamente de un lado para otro. 2 Vagar insistentemente en torno a alguien.

mariquita *f.* Insecto coleóptero, de unos 7 mm de longitud, que tiene cuerpo semiesférico, cabeza pequeña, antenas engrosadas hacia la punta, alas membranosas muy desarrolladas y patas cortas. Existen varias especies y suelen ser rojas o anaranjadas por arriba, con puntos negros, blancos o amarillos.

mariscal *m.* En algunos países, grado máximo del ejército. || ~ **de campo** Oficial general, llamado hoy general de división, inmediatamente inferior en el grado y en las funciones al teniente general.

marisco *m.* Animal marino, invertebrado, como los crustáceos y moluscos comestibles.

marisma *f.* GEO Terreno bajo, pantanoso y anegable, situado junto al mar, a un lago salado o a un manantial salino, y cuya principal característica es su excesivo contenido de cloruro de sodio.

marista 1 *adj.* y *m.* Dicho de una persona, que es miembro del Instituto de Hermanos Maristas, que fue fundado, en 1817, por Marcelino Champagnat para la educación cristiana de la juventud. 2 Dicho de un religioso, que pertenece a la congregación denominada Sociedad de María que fue fundada en Francia en 1823. 3 *adj.* Perteneciente o relativo a dicha congregación.

marital *adj.* Perteneciente o relativo a la vida o unión conyugal.

marítimo, ma *adj.* Perteneciente o relativo al mar.

marjal *m.* ECOL Terreno bajo y pantanoso cubierto de vegetación de pradera, cuyo origen puede ser subterráneo, de marea, aporte fluvial, etc.

marketing (Voz ingl.) *m.* MERCADOTECNIA.

marlín *m.* Pez marino teleósteo de gran tamaño y cuerpo alargado, con el dorso azul negruzco y el vientre plateado.

marmaja *f.* GEO Mineral de la clase de los sulfuros, de color bronceado, brillo metálico y raya gris verdosa o gris negruzca, que cristaliza en el sistema rómbico.

marmita *f.* Olla de metal con tapadera ajustada y una o dos asas.

marmitón, na *m.* y *f.* Persona que hace los oficios más humildes en la cocina.

mármol 1 *m.* GEO Roca caliza metamórfica de estructura cristalina que está formada por granos de calcita. Tiene color blanco cuando es pura y a veces contiene restos de cuarzo, silicato, hierro o grafito, que le dan diversas tonalidades, manchas o vetas. Es utilizada en escultura y construcción. 2 ART Obra esculpida en mármol.

marmolina *f.* Mármol artificial.

marmota 1 *f.* Mamífero roedor, de 50-70 cm, que posee cuerpo redondo y aplastado, cola corta, orejas pequeñas y pelaje espeso. Vive en el hemisferio norte y pasa el invierno dormido en su madriguera. 2 Persona que duerme mucho.

marojo *m.* Planta de las lorantáceas, de ramas verticiladas y frutos rojos en baya, que vive sobre los olivos, chopos, etc.

maroma 1 *f.* Cuerda gruesa de cáñamo o esparto. 2 Volantín, voltereta o pirueta de un acróbata. 3 Número de circo en el que se hacen ejercicios de acrobacia, volatines, etc.

maromero, ra *m.* y *f.* Acróbata, volatinero.

maronita *adj.* REL Dicho de un fiel, que pertenece a la **Iglesia** maronita.

marqués, sa 1 *m.* Señor o señora de una tierra que estaba en la marca del reino. 2 *m.* y *f.* Título de honor o de dignidad, de categoría inferior al de duque y superior al de conde. 3 Consorte del marqués o de la marquesa.

marquesado 1 *m.* Título de marqués. 2 HIST Territorio sobre el que recaía este título o en que ejercía su jurisdicción un marqués.

marquesina 1 *f.* Alero o protección de cristal, metal, etc., situado en la entrada de un local público, un andén de estación, etc. 2 Techumbre de cristales sobre un patio, galería, etc.

marquetería 1 *f.* Oficio de enmarcar cuadros, mapas, pinturas, etc. 2 Taller o local donde se realiza esta labor.

marrano, na 1 *m.* y *f.* CERDO. 2 *adj.* y *s.* Dicho de un judío o musulmán converso, que continuaba practicando su religión. 3 Sucio, cochino. 4 *f.* Trompo o peonza de mayor tamaño que el común.

marras *adv. t.* Antaño, en tiempo antiguo. || **de** ~ Se refiere a algo que es conocido: *Como de costumbre, durante la cena contó la historia de marras.*

marrón *adj.* y *m.* Dicho de un color, semejante al de la cáscara de la castaña o el grano de café tostado.

marroquinería 1 *f.* Técnica de curtir y repujar la piel. 2 Conjunto de artículos de piel trabajados con esta técnica.

marrullería *f.* Astucia con la que halagando a alguien se pretende conseguir su favor.

marsopa *f.* ZOOL Cetáceo de cerca de 1,5 m de longitud y color negro azulado por encima y blanco por debajo, que posee cabeza redondeada, hocico obtuso y cuerpo grueso. Es el cetáceo más pequeño de todos los de su especie y, a diferencia de los delfines, nada lentamente y no salta por encima del agua.

marsupial *adj.* y *m.* ZOOL Dicho de un mamífero, que se caracteriza por el **marsupio** que tienen las hembras y en el que transportan a sus crías.

□ ZOOL A diferencia del resto de mamíferos, los marsupiales presentan una placenta rudimentaria, formada solo por el **saco** vitelino. En algunas especies el marsupio es vestigial o ha desaparecido. A excepción de las zarigüeyas y las falsas musarañas oriundas de América, los marsupiales, como los canguros, el koala, el wombat, el diablo de Tasmania y el numbat, son nativos de Oceanía.

marsupio *m.* ZOOL Bolsa característica de las hembras de los marsupiales que funciona a modo de cámara incubadora y donde las crías completan el periodo de gestación. En ella se encuentran las glándulas mamarias.

marta *f.* Mamífero carnívoro de los mustélidos que tiene unos 50 cm de longitud, una cabeza pequeña y un pelaje suave muy valorado en peletería.

martes *m.* Segundo día de la semana, comprendido entre el lunes y el miércoles.

martillar 1 *tr.* Dar golpes con el martillo. 2 *tr.* y *prnl.* Oprimir, atormentar.

martillo 1 *m.* Herramienta de percusión, compuesta de una cabeza metálica y un mango. 2 ANAT Uno de los tres huesos que hay en la parte media del oído de los mamíferos, situado entre el tímpano y el yunque. 3 Establecimiento donde se venden objetos en pública subasta. 4 DEP Bola metálica sujeta a un cable en cuyo extremo hay una empuñadura y que se lanza en una prueba atlética. 5 MÚS Herramienta con la que se afinan algunos instrumentos de cuerda.

martín || ~ **pescador** *m.* Ave paseriforme, de 15-20 cm de longitud, que posee cabeza gruesa, pico largo y recto, patas cortas y plumaje de diverso color. Vive a orillas de los ríos y lagunas y se alimenta de peces que atrapa con gran destreza.

martinete 1 *m.* Mazo muy pesado, a veces unido a un mecanismo, para batir metales o paños, clavar estacas, etc. 2 MÚS Mazo pequeño que hiere la cuerda del piano.

mártir *m.* y *f.* Persona que sufre tormento o que muere en defensa de sus creencias, convicciones o causas.

martirio 1 *m.* Muerte o tormentos padecidos por causa de la religión, los ideales, etc. 2 Dolor o sufrimiento, físico o moral, de gran intensidad. 3 Trabajo largo y muy penoso.

martirizar 1 *tr.* Atormentar a alguien o quitarle la vida por motivos religiosos. 2 Afligir, atormentar o maltratar a alguien repetidamente.

martirologio 1 *m.* REL Libro o catálogo de los mártires cristianos. 2 REL Libro o catálogo de todos los santos conocidos.

marxismo *m.* ECON y POLÍT Sistema de ideas económicas, sociales, filosóficas y políticas elaboradas por K. Marx (1818-1883) y F. Engels (1820-1895), y las corrientes de pensamiento por ellos inspiradas. Sus puntos de partida fundamentales son el **materialismo** histórico y el **materialismo** dialéctico.

marxismo-leninismo *m.* POLÍT Doctrina comunista inspirada en los principios de Marx (1818-1883), Engels (1820-1895) y Lenin (1870-1924).

marzo *m.* Tercer mes del año, que consta de treinta y un días.

mas *conj. advers.* Expresa oposición o contradicción de un concepto con respecto a otro enunciado anteriormente; también lo limita o amplía: *Luché para ganar, mas fue imposible; No podía dejar de reír, mas no era de alegría.* • Nunca lleva tilde porque es una palabra átona, a diferencia del adverbio y el sustantivo *más.*

más 1 *adv. comp.* Denota exceso, aumento, ampliación o superioridad en una comparación expresa o sobrentendida: *No grites más; Debes ser más generoso.* • Cuando la comparación es expresa, va acompañado de la conjunción *que*: *Es más lento que una tortuga.* Cuando denota grado o cantidad en relación con la magnitud que se compara, va introducido por la preposición *de*: *Son más de las diez; Talaron más de cien árboles.* También se construye con el artículo determinado en todos sus géneros y números, formando el superlativo relativo de superioridad: *Estas flores son las más hermosas.* 2 Equivale a *muy* o a *tan* en exclamaciones de ponderación: *¡Qué casa más bonita tienes!* 3 Indica idea de preferencia: *Más quiero vivir que perder.* 4 *m.* MAT Signo de la suma o adición, que se representa por una crucecita (+). 5 FÍS Signo (+) que indica el carácter positivo de una cantidad, como la carga eléctrica. • Lleva siempre tilde en todas sus acepciones porque es una palabra tónica, a diferencia de la conjunción adversativa *mas.*

masa 1 *f.* Pasta consistente y homogénea resultante de incorporar un líquido a una materia pulverizada, o de ablandar una materia sólida con un líquido. 2 Mezcla de harina, agua y levadura para hacer el pan. 3 Conjunto de cosas que forman un todo. 4 Agregación de partículas o cosas que forman un cuerpo, especialmente de gran tamaño: *Masa de agua.* 5 Muchedumbre o conjunto numeroso de personas. 6 ELECTR Conjunto de las piezas metálicas que se hallan en comunicación con el suelo. 7 FÍS Magnitud física que expresa la cantidad de materia que contiene un cuerpo. Su unidad en el sistema internacional es el kilogramo. Se expresa con la ecuación: $m = V \cdot d$, donde m es la masa del cuerpo que se va a medir, V su volumen y d su densidad. 8 FÍS **unidad** de ~ atómica. || ~ **atómica** FÍS Valor absoluto de la masa media de un átomo expresado en unidades de masa atómica. ~ **atómica relativa** FÍS Proporción entre la masa de un átomo y la doceava parte de la masa del isótopo del carbono C^{12}. ~ **crítica** FÍS Mínima cantidad de masa de combustible nuclear necesaria para producir una reacción en cadena. ~ **electrónica** FÍS La de un electrón, que es aprox. igual a $9{,}11 \times 10^{-28}$ gramos. ~ **gravitatoria** FÍS La que da lugar a la atracción entre dos cuerpos de acuerdo con la ley de **gravitación** universal. ~ **inercial** FÍS La originada por la inercia o resistencia de los cuerpos a modificar su estado de reposo o movimiento. **Ley de la conservación de la** ~ FÍS En un sistema cerrado la cantidad total de masa se conserva en todo tipo de reacciones, excepto en las reacciones nucleares y otras condiciones extremas. **Ley de la conservación de la ~-energía** FÍS Según la teoría especial de la relatividad de Einstein, la masa y la energía en sí no se conservan, puesto que la una puede convertirse en la otra. La masa y la energía parecen conservarse en situaciones corrientes debido a que el efecto de la teoría de Einstein es muy pequeño. Por tanto, *la cantidad de masa y energía debe conservarse.*

masacrar *tr.* Cometer una matanza humana o asesinato colectivos.

masacre *f.* Matanza de personas, por lo general indefensas.

masái *adj.* y *s.* De un pueblo africano de elevada estatura que está asentado en Kenia y Tanzania y organizado en clanes patriarcales. Es seminómada y se dedica al pastoreo y a la agricultura, aunque antiguamente su principal actividad fue la guerra.

masaje *m.* Técnica terapéutica que consiste en friccionar, golpear, etc., una parte del cuerpo, manual o instrumentalmente.

masato 1 *m.* Especie de mazamorra de maíz, plátano y yuca. 2 Bebida fermentada que puede prepararse con distintos ingredientes: maíz, arroz, plátano o yuca. 3 Golosina hecha con coco rallado, harina de maíz y azúcar.

mascar 1 *tr.* Partir y triturar algo con la dentadura. 2 Hacer que alguien comprenda algo sin esfuerzo.

máscara 1 *f.* Figura de cartón, tela, etc., que representa un rostro humano, animal o imaginario, con la que una persona se cubre la cara para no ser reconocida o practicar ciertas actividades escénicas o rituales. 2 Careta protectora. 3 **DISFRAZ.** 4 ZOOL Órgano de las larvas de las libélulas y caballitos del diablo que, en reposo, queda plegado bajo la cabeza y se extiende hacia delante para capturar las presas de las que el animal se alimenta.

mascarada *f.* Baile, fiesta, etc., de personas enmascaradas.

mascarilla 1 *f.* Máscara que cubre la parte superior del rostro. 2 Tela con que el personal sanitario se protege la cara. 3 Preparado cosmético para el cuidado del rostro.

mascarón *m.* ARQ Cara fantástica que se usa como adorno en ciertas obras de arquitectura. || ~ **de proa** Figura colocada como adorno en lo alto del tajamar de los barcos.

mascota 1 *f.* Persona, animal o cosa que se considera que trae buena suerte. 2 Animal de compañía. 3 Figura u objeto que constituye el emblema de una manifestación, como una olimpiada, un campeonato mundial de fútbol, etc.

masculinidad *f.* Cualidad de masculino.

masculinización *f.* BIOL Fenómeno que provoca en un animal hembra de cualquier especie la aparición de caracteres sexuales secundarios masculinos, como el crecimiento de la cresta y desarrollo del plumaje de gallo en una gallina.

masculino, na 1 *adj.* Dicho de un ser, que está dotado de órganos para fecundar. 2 Perteneciente o relativo a este ser. 3 BOT **flor** unisexual ~. 4 ANAT y FISIOL Aparato **reproductor** ~. 5 GRAM **género** ~.

mascullar *tr.* Hablar entre dientes o pronunciar tan mal las palabras que con dificultad puedan entenderse.

máser *m.* Dispositivo amplificador y oscilador de microondas que está basado en la emisión estimulada de radiaciones y es semejante en sus fundamentos al láser. Se utiliza como regulador de tiempo en relojes atómicos y amplificador de frecuencias de radio de bajo nivel de ruido en comunicaciones por satélite y en radioastronomía.

masera 1 *f.* Artesa usada para amasar. 2 Lienzo con que se envuelve la masa para que fermente.

masetero *adj.* y *m.* ANAT Músculo que sirve para elevar la mandíbula inferior de los vertebrados.

másico, ca 1 *adj.* FÍS Perteneciente o relativo a la masa. 2 FÍS **defecto** ~; **número** ~.

masificación *f.* Acción y efecto de masificar o masificarse.

masificar 1 *tr.* y *prnl.* Hacer multitudinario algo que no lo era. 2 Extender entre un gran número de personas el uso cotidiano de un objeto tecnológico: *La tableta se ha masificado.*

masilla *f.* Pasta hecha de tiza y aceite de linaza que es usada para sujetar cristales, tapar agujeros, etc.

masivo, va 1 *adj.* Que se aplica en gran cantidad. 2 Que se usa o se hace en gran cantidad. 3 Perteneciente o relativo a las masas humanas: *Emigración masiva; Ataque masivo; Manifestación masiva.* 4 MED Dicho de una dosis de medicamento, que se acerca al límite máximo de tolerancia del organismo.

masmelo *m.* Dulce esponjoso y suave, de varias formas y colores, que es fabricado a base de clara de huevo batida, azúcar y leche.

masonería *f.* HIST **FRANCMASONERÍA.**

masoquismo 1 *m.* PSIC Forma de comportamiento sexual en la cual el placer es provocado por el sufrimiento físico. 2 PSIC Tendencia de algunas personas a disfrutar con las humillaciones que otros les hacen.

mass media (Loc. ingl.) *m. pl.* **MEDIOS** de comunicación.

mastectomía *f.* MED Extirpación quirúrgica de la glándula mamaria.

mastelero *m.* Palo menor que se pone en algunas embarcaciones de vela sobre cada uno de los mayores, asegurado en la cabeza de este.

máster *m.* **MAESTRÍA**, curso de posgrado.

másters *m.* DEP En algunos deportes como el tenis o el golf, torneo en el que participan los jugadores de la más alta categoría.

masticación *f.* Proceso por el cual los alimentos sólidos introducidos en la boca son triturados por los dientes e insalivados.

masticador, ra 1 *adj.* y *s.* Que mastica. 2 ZOOL Dicho de un aparato bucal, que es apto para la masticación. 3 ZOOL Dicho de un animal, que tiene este aparato.

mástil[1] 1 *m.* Palo hincado en el suelo, para sostener algo. 2 Palo mayor de una nave. 3 MÚS Pieza de los instrumentos de cuerda donde están los trastes.

mástil[2] *m.* Faja ancha que usaban los aztecas en lugar de calzones.

mastín, na *s.* y *adj.* Perro grande, de cabeza redonda, orejas pequeñas y caídas, ojos encendidos, boca rasgada, dientes fuertes, cuello corto y grueso, pecho ancho, extremidades fuertes, y pelo largo y lanoso. Es muy valiente y leal e idóneo para cuidar el ganado.

mastitis *f.* MED Inflamación de la mama.

mastodonte *m.* PALEONT Mamífero fósil, parecido al elefante, con dos dientes incisivos en cada mandíbula, que llegó a tener más de 1 m de longitud y unos 3,5 m de altura y vivió hasta el Plioceno.

mastoides *adj.* y *m.* ANAT Dicho de una apófisis, del hueso temporal de los mamíferos, que tiene forma cónica.

masturbación *f.* Manipulación de los órganos genitales para provocar el orgasmo.

masturbar *tr.* y *prnl.* Practicar la masturbación.

mata 1 *f.* Cualquier planta de poca altura o tamaño. 2 Porción de terreno poblado de árboles de una misma especie.

matachín *m.* Persona disfrazada ridículamente con máscara y vestido de varios colores ajustado al cuerpo desde la cabeza a los pies.

mataco, ca *adj.* y *s.* De un grupo amerindio de la región del Gran Chaco, en el N de Argentina, que tiene costumbres nómadas y es cazador y recolector.

matadero *m.* Sitio donde se mata y desuellan los animales destinados al consumo.

matador, ra 1 *adj.* y *s.* Que mata. 2 *adj.* Muy pesado, molesto o trabajoso. 3 *m.* Persona que mata en una corrida de toros.

matadura *f.* Llaga que se hace la bestia debido al frote del aparejo o el roce de un apero.

matalotaje *m.* Comida que se lleva en una embarcación.

matamoscas 1 *m.* Instrumento para matar moscas compuesto de un enrejado con mango. 2 Tira de papel o lienzo pegajoso para el mismo uso.

matanza 1 *f.* Acción y efecto de matar. 2 Mortandad de personas ejecutada en una batalla, asalto, etc. 3 Operación de matar los cerdos, adobar la carne y elaborar los embutidos.

matar 1 *tr.* Quitar la vida a un ser vivo. 2 En los juegos de cartas, echar una superior a la que ha jugado el contrario. 3 En ciertos juegos, comer una ficha al contrario, ganarle. 4 *prnl.* Trabajar con afán y sin descanso. 5 Perder la vida involuntariamente.

matarife *m.* y *f.* Persona que mata las reses en un matadero.

matasellos 1 *m.* Estampilla con que se inutilizan en las oficinas de correos los sellos de las cartas. 2 Sello que se estampa con el matasellos.

mate[1] *m.* Lance que pone término al juego de ajedrez, al dejar al rey contrario sin poder defenderse.

mate[2] 1 *m.* Árbol de las aquifoliáceas que posee hojas elípticas y dentadas, flores pequeñas y blancas, y fruto en drupa. Contiene un alcaloide parecido a la cafeína y con sus hojas se prepara una infusión. 2 Dicha infusión. 3 Recipiente que se emplea para tomarla. 4 Calabaza que, seca, vaciada y convenientemente cortada, sirve para muchísimos usos.

matear *intr.* Tomar mate.

matemático, ca 1 *adj.* Perteneciente o relativo a las matemáticas. 2 Exacto, preciso. 3 FIL **lógica** ~. 4 MAT **modelo** ~. 5 *m.* y *f.* Persona que profesa las matemáticas o tiene en ellas especiales conocimientos. 6 *f.* MAT Ciencia que estudia las relaciones entre cantidades, magnitudes y propiedades, y las operaciones lógicas utilizadas para deducir cantidades, magnitudes y propiedades desconocidas. • U. m. en pl. || **~s aplicadas** o **mixtas** MAT Estudio de la cantidad considerada en relación con ciertos fenómenos físicos. ~ **modernas** MAT La basada en la teoría de conjuntos y la lógica formal. ~ **puras** MAT Estudio de la cantidad considerada en abstracto.

□ MAT Según el objeto concreto de su estudio, las matemáticas comprenden, entre otras, las siguientes ramas: el *álgebra* (centrada en el estudio de la combinación de elementos de estructuras abstractas de acuerdo con ciertas reglas); el *análisis* (basado en las concepciones de continuo y límite); la *geometría* (que estudia las propiedades de las figuras en el plano o en el espacio); la *topología* (que intenta fundamentar sólidamente el continuo haciendo abstracción de las ideas de distancia o límite); la *teoría de conjuntos* (que establece una estructura lógica básica); la *aritmética* o *teoría de los números* (que trata de los números y las operaciones básicas entre ellos), y el *cálculo numérico* y el *cálculo de probabilidades* (que se centran, respectivamente, en la resolución de problemas prácticos y en el estudio del azar y los procesos aleatorios).

matematismo *m.* FIL Tendencia de algunos filósofos modernos a tratar los problemas filosóficos según el espíritu y método de la matemática, o sea, en términos cuantitativos de masa y movimiento.

materia 1 *f.* Sustancia de la que están hechas las cosas. 2 Realidad espacial y perceptible por los sentidos. 3 Lo opuesto al espíritu. 4 Asunto del que se compone una obra literaria o científica. 5 Asignatura, disciplina científica. 6 Cualquier asunto que se trata. 7 PUS. 8 FÍS Según la física clásica, materia es aquello que ocupa espacio y posee los atributos de gravedad e inercia. 9 FÍS **estado** de la ~. 10 FIL Desde el punto de vista de la filosofía clásica, principio puramente potencial y pasivo que en unión con la forma sustancial constituye la esencia de todo cuerpo, y en las transmutaciones sustanciales permanece bajo cada una de las formas que se suceden. || ~ **interestelar** ASTR Materia de densidad muy baja que se halla en el espacio interestelar en forma de gases y polvo muy fino. ~ **orgánica** BIOL 1 La compuesta por moléculas orgánicas y constituyente o procedente de los seres vivos. 2 GEO Componente edáfico constituido por los restos de plantas y animales. ~ **oscura** ASTR Material no luminoso que no se puede detectar directamente observando la radiación electromagnética, sino que su existencia es sugerida por consideraciones teóricas. ~ **prima** ECON La que una industria o fabricación necesita para sus labores, aunque provenga, como sucede frecuentemente, de otras operaciones industriales.

□ FÍS A pesar de que la física clásica considera que la materia llena de forma continua el espacio, las investigaciones de la física moderna sobre el átomo y las partículas elementales, las leyes de la mecánica cuántica y la teoría de la relatividad han demostrado que aquella no es compacta y que existe una estrecha relación de equivalencia entre ella y la energía. También se ha demostrado experimentalmente la existencia de la antimateria (materia formada por átomos compuestos exclusivamente por antipartículas elementales). El contacto entre materia y antimateria da lugar a un proceso de aniquilación.

material 1 *adj.* Perteneciente o relativo a la materia. 2 Perteneciente o relativo a los aspectos físicos o corporales en contraposición a lo espiritual o intelectual. 3 *m.* Ingrediente. 4 Cualquiera de los componentes necesarios para construir algo. 5 Conjunto de máquinas, herramientas u objetos de cualquier clase necesarios para el desempeño de un servicio o el ejercicio de una profesión. 6 Cuero curtido.

materialidad *f.* Cualidad de lo que es material.

materialismo 1 *m.* Tendencia a dar importancia primordial a los intereses materiales. 2 FIL Doctrina que considera la materia como único constitutivo básico de la realidad, y el pensamiento humano como un reflejo de ella. || ~ **dialéctico** FIL Teoría marxista que considera la materia sujeta a una evolución constante, la cual induce a cambios cuantitativos y cualitativos. ~ **histórico** Aplicación del materialismo dialéctico a los fenómenos históricos y sociales. Supone que la evolución de la humanidad y su ordenación social están determinadas, básicamente, por el juego de fuerzas económicas que actúan en interacción continua con el conjunto de factores políticos, culturales, ideológicos, etc.

materializar 1 *tr.* Considerar como materia una cosa que no lo es. 2 *tr.* y *prnl.* Dar efectividad y concreción a un proyecto o una obra. 3 En parapsicología, formar con el ectoplasma la apariencia de personas, animales o cosas. 4 *prnl.* Ir dejando que en uno mismo prepondere la materia sobre el espíritu.

maternal *adj.* MATERNO.

maternidad *f.* Estado o cualidad de madre.

materno, na 1 *adj.* Perteneciente o relativo a la madre. 2 MED Establecimiento sanitario donde se asiste a las parturientas y los recién nacidos.

materno-infantil *adj.* Perteneciente o relativo al cuidado médico de los recién nacidos y sus madres.

matinal 1 *adj.* De la mañana o relativo a ella. 2 *m.* y *f.* Sesión de teatro, cine, etc., dada por la mañana.

matiné *f.* Fiesta, reunión, espectáculo que tiene lugar en las primeras horas de la tarde.

matiz 1 *m.* Unión de diversos colores mezclados con proporción. 2 Cada una de las gradaciones de un mismo color. 3 Grado o variedad que no altera la sustancia o esencia de algo. 4 Rasgo poco perceptible que da a algo un carácter determinado.

matizar 1 *tr.* Unir en proporción armónica los colores. 2 Dar a un color determinado cierto matiz. 3 Graduar con sutileza expresiones conceptuales.

matojo *m.* Vegetación espesa.

matoneo *m.* Maltrato físico o psicológico que recibe de sus compañeros un integrante de la comunidad escolar o laboral.

matorral *m.* Formación vegetal formada por malezas y arbustos.

matraca *f.* Instrumento de madera, compuesto de un tablero y una o más aldabas o mazos, que al sacudirlo produce un ruido estridente.

matraz *m.* Vasija redonda de cristal, terminada en un cuello estrecho y largo, que es usada en los laboratorios químicos.

matrero, ra 1 *adj.* Astuto, resabido. 2 Suspicaz, receloso. 3 Engañoso, pérfido.

matriarca *f.* Mujer que ejerce el matriarcado.

matriarcado *m.* Organización social en la que el poder, el derecho y la riqueza residen en las mujeres, quienes transmiten a sus hijas su posición social, en tanto los hombres permanecen en una posición subordinada.

matricaria *f.* Planta herbácea, de las compuestas, de 40-70 cm de alto, que posee hojas partidas y flores de centro amarillo y pétalos blancos y es usada como bálsamo estomacal y calmante.

matricidio *m.* Muerte de una madre causada por su hijo.

matrícula 1 *f.* Lista de los nombres de las personas que se inscriben para un fin determinado. 2 Documento en que se acredita esta inscripción. 3 Placa que llevan los vehículos con su número de registro. 4 Formalidad que debe cumplir un estudiante para seguir estudios en un centro de enseñanza. || ~ **de honor** Mejora de la nota de sobresaliente, que se concede en los exámenes y da derecho a una matrícula gratuita en el curso siguiente.

matricular *tr.* y *prnl.* Inscribir o hacer inscribir en una matrícula.

matrilineal *adj.* Dicho de un sistema de organización social, que se caracteriza porque la descendencia se organiza siguiendo la línea femenina y todos los hijos pertenecen al clan de la madre.

matrimonio 1 *m.* Unión de dos personas legitimada mediante ciertos ritos o formalidades sociales y legales. 2 REL En el catolicismo, sacramento por el cual el hombre y la mujer se ligan perpetuamente con arreglo a las prescripciones de la Iglesia. 3 Marido y mujer. || ~ **civil** El que se contrae exclusivamente según la ley civil.

matriz 1 *f.* ANAT ÚTERO. 2 Molde en que se funde un objeto. 3 Escrito o documento en el que figura la realización de un hecho jurídico. 4 Parte del talonario que queda encuadernada al cortar los talones. 5 GEO Parte principal de una roca en la que están incluidos determinados minerales o fósiles. 6 Cosa de la que procede otra: *Lengua matriz; Casa matriz.* 7 MAT Ordenación en filas y columnas de elementos de un anillo dispuestas en forma de rectángulo. Una de sus principales aplicaciones es la representación de sistemas de ecuaciones de primer grado con varias incógnitas. || ~ **aumentada** MAT La que contiene los coeficientes y las constantes de un sistema de ecuaciones. ~ **cuadrada** MAT La que tiene el mismo número de filas y columnas, es decir $n = m$. **determinante de una ~ cuadrada** MAT Número que se le asigna a una matriz de n por m elementos en la que el número de filas es igual al número de columnas: *La determinante de una matriz cuadrada permite calcular áreas y volúmenes de figuras geométricas.* **dimensión de una ~** MAT Número de filas y columnas de una matriz. ~ **inversa** MAT La que al multiplicarse con otra da un resultado igual a la matriz idéntica.

matrona 1 *f.* Madre de familia, noble y virtuosa. 2 COMADRONA.

matute 1 *m.* Introducción de géneros de contrabando. 2 Género así introducido.

maula 1 *f.* Engaño, artificio. 2 Cosa inútil y caduca. 3 *m.* y *f.* Persona tramposa o estafadora.

maullar *intr.* Dar maullidos el gato.

maullido *m.* Voz del gato, parecida a la onomatopeya *miau*.

mausoleo *m.* Sepulcro monumental y suntuoso.

maxila *m.* ZOOL Pieza par del aparato bucal de los artrópodos situada inmediatamente después de la boca.

maxilar 1 *adj.* Perteneciente o relativo a la quijada o mandíbula. 2 *m.* ANAT Cada uno de los tres huesos que forman las mandíbulas (dos de ellos la superior y el otro la inferior). || ~ **inferior** ANAT Hueso grueso y compacto que constituye la armazón del mentón y es el único movible de la cara. En su borde superior se implantan los dientes inferiores. ~ **superior** ANAT El compuesto por dos huesos que se articulan entre sí y contribuyen a formar la bóveda del paladar, el suelo de la órbita y las fosas nasales. En su borde inferior se implantan los dientes superiores.

maximizar 1 *tr.* Intentar obtener el máximo provecho de algo. 2 MAT Buscar el máximo de una función.

máximo, ma 1 *adj.* Más grande que cualquier otro en su especie. • Superlativo irreg. de *grande*. 2 *m.* Límite o extremo a que puede llegar algo. 3 MAT Dado un conjunto *A* parcialmente ordenado, un elemento $a \in A$ es el elemento máximo de *A* si cualquier otro elemento de *A* es menor o igual que él. 4 MAT ~ común **divisor**. 5 *f.* Sentencia que se toma como norma de conducta. 6 Temperatura más alta en un sitio y tiempo determinados.

maxwell *m.* FÍS Unidad de medida del flujo magnético en el sistema cegesimal equivalente a 10^{-8} weber. Símbolo: Mx.

maya 1 *adj.* y *s.* HIST De un pueblo indígena amerindio, históricamente asentado en la parte occidental del istmo centroamericano. 2 *m.* LING Grupo de lenguas habladas por los mayas aún vivas en el sur de México y América Central.

☐ HIST Los mayas habitaron la zona costera del golfo de México y el actual estado mexicano de Chiapas, a partir del III milenio a. C. Su organización social incluía dos estratos claramente diferenciados: los sacerdotes, que ostentaban funciones políticas (teocracia), y los guerreros y comerciantes, que formaban el estamento aristocrático; en tanto que el pueblo llano estaba compuesto de agricultores y artesanos. En la etapa *preclásica* (h. 1500-300 a. C.) descendieron hasta las tierras bajas de Guatemala y, bajo la influencia olmeca, desarrollaron la alfarería y la escultura e iniciaron la construcción de ciudades (Kaminaljuyú, Uaxactún, Tikal). En la etapa *clásica* (h. 300 a. C.-900 d. C.), que se desarrolló en torno al lago Petén, surgieron rasgos culturales propios como la federación de ciudades-Estado; el apogeo de la arquitectura (templos, palacios), la escultura (estelas, relieves) y la pintura mural, y el desarrollo de la agricultura, la escritura, la astronomía (calendario, ciclo lunar, eclipses) y las matemáticas. En la etapa *posclásica* (h. 900-1725) se produjo la penetración de la influencia tolteca y la emigración hacia el N de la península de Yucatán, donde las tres ciudades principales, Chichón Itzá, Uxmal y Mazapán, formaron una alianza hegemónica que dio paso al dominio exclusivo de Mazapán (a partir de 1200 aprox.), y su posterior destrucción (h. 1450). Algunos reductos independientes subsistieron después de la conquista española de Guatemala (1525) y Yucatán (1536) y durante todo el s. XVII.

maya-quiché *adj.* y *m.* LING Dicho de un grupo de lenguas de América Central, que comprende el huasteco, el maya, el chol, el tzeltal, el man y el quiché (con el cakchiquel).

mayal 1 *m.* Palo del cual tira la caballería que mueve los molinos de aceite, tahonas o malacates. 2 Instrumento formado por dos palos con que se golpea el centeno para desgranarlo. 3 *f.* Masa o cilindro central de los trapiches.

mayestático, ca *adj.* Perteneciente o relativo a la majestad. || **plural** ~ GRAM Uso del plural en el pronombre personal en lugar del singular por personas de alta jerarquía: *Nos, el rey.*

mayéutica *f.* FIL Método ideado por Sócrates que consiste en ayudar a una persona a descubrir por sí misma la verdad a través de preguntas.

mayo 1 *m.* Quinto mes del año, que consta de treinta y un días. 2 Árbol o palo adornado, que está hincado en un lugar público y junto al cual se baila y canta.

mayólica *f.* Loza común con esmalte metálico.

mayonesa *f.* Salsa que se hace batiendo yema de huevo con aceite, sal y limón o vinagre.

mayor 1 *adj.* Que excede a algo en cantidad o calidad. 2 Dicho de una persona, que excede en edad a otra. • Comparativo de superioridad de *grande* en las acepciones 1 y 2. 3 De mucha importancia: *Palabras mayores.* 4 Que ha llegado a la mayoría de edad. 5 De edad avanzada. 6 *m.* Superior o jefe de una comunidad o cuerpo. 7 Grado militar cuyo rango varía según los ejércitos de los diversos países. 8 *m. pl.* Antepasados, sean o no progenitores de la persona que habla o de otra determinada persona. || **al por** ~ En cantidad grande: *Vender al por mayor.* ~ **de edad** DER Persona que, según la ley, tiene la edad para disponer de sí, gobernar su hacienda, etc. ~ **que** MAT Signo matemático (>) que, colocado entre dos cantidades, indica ser mayor la primera que la segunda.

mayoral 1 *m.* Pastor principal que cuida de un rebaño. 2 Capataz de una ganadería. 3 Superior, jefe o administrador en ciertas comunidades.

mayorazgo *m.* HIST Institución de origen medieval que tenía por objeto perpetuar en la familia la propiedad de ciertos bienes a través del primogénito.

mayordomo, ma 1 *m.* y *f.* Criado principal a cuyo cargo está la administración de una mansión. 2 *m.* En ciertas órdenes religiosas, administrador.

mayoreo *m.* Venta al por mayor.

mayoría 1 *f.* Cualidad de mayor. 2 La mayor parte de un número o de una serie de cosas que se expresa. 3 Parte mayor de las personas que componen una comunidad. 4 Mayor número de votos conformes en una votación. || ~ **absoluta** Cuando está formada por más de la mitad de los votos. ~ **de edad** DER Edad que la ley fija para tener alguien pleno derecho de sí y de sus bienes. ~ **relativa** La formada por el mayor número de votos, con relación al número que obtiene cada una de las personas o cuestiones que se votan a la vez.

mayorista 1 *adj.* Dicho de un comercio, que vende o compra al por mayor. 2 *m.* y *f.* Comerciante o empresa que vende, compra o contrata al por mayor.

mayoritario, ria 1 *adj.* Perteneciente o relativo a la mayoría. 2 Que constituye mayoría.

mayúsculo, la 1 *adj.* Algo mayor que lo ordinario en su especie. 2 Grandísimo, enorme: *Fue un error mayúsculo.* 3 *adj.* y *f.* ORT Letra de mayor tamaño que la minúscula que se emplea como inicial de todo nombre propio, en principio de periodo, después de punto, etc. • Debe ponerse la tilde sobre mayúscula según las normas de acentuación (*África, Ángela*). V. tabla Usos de las letras mayúsculas, en esta página y la siguiente.

Usos de las letras mayúsculas

Se utilizan para diferenciar y dar relevancia a las palabras en un escrito; por lo general son de mayor tamaño y su forma varía con respecto a su equivalente minúscula (*A-a* / *M-m*).

Se escribe con mayúscula inicial

- La primera palabra de cualquier texto: *"En un lugar de la Mancha, de cuyo nombre no quiero acordarme…"*.
- La primera palabra después de punto: *Leer y escribir son procesos relacionados. Se avanza en ellos de modo simultáneo.*
- La primera palabra después de un signo de interrogación o admiración, cuando estos cierran un enunciado: *¿Leyó el texto? Era el requisito para participar en la clase de hoy.*
- La primera palabra después de puntos suspensivos, cuando estos cierran un enunciado: *Era necesario leer previamente el texto… Si no lo hizo, no comprenderá plenamente el desarrollo de la clase.*
- La primera palabra después de los dos puntos en el encabezamiento de una carta o un documento legal: *Apreciado colega: Debo manifestarle lo siguiente...*
- La primera palabra después de los dos puntos que introducen una cita textual: *Descartes dijo: "Pienso, luego existo".*
- La primera palabra de algunos sustantivos, cuando estos indican entidad o colectividad: *el Estado, la Nación.*
- La primera palabra del título de cualquier obra: *Cien años de soledad.*
- La primera palabra de los sobrenombres y los apelativos: *el Pibe, el Libertador.*
- Los sustantivos y adjetivos que forman el nombre de instituciones u organismos: *la Biblioteca Nacional de Colombia, la Organización de los Estados Americanos.*
- Las palabras que conforman los nombres propios de eventos y distinciones: *Salón de Artistas Nacionales, Premio Nobel de Literatura.*
- Los nombres de épocas o períodos, hechos históricos, movimientos políticos, religiosos o culturales: *la Edad Media, la Reforma, la Ilustración.* El adjetivo que acompaña, en estos casos, a los sustantivos *Revolución* o *Imperio* se escribe con minúscula inicial: *Revolución mexicana, Imperio inca.*
- Los títulos, cargos y nombres como *papa, príncipe, presidente, ministro,* etc., cuando se refieren a una persona concreta y no se menciona su nombre propio: *El Papa visitará Colombia.*
- Todas las palabras que forman los nombres de colecciones, series y publicaciones periódicas: *Boletín Cultural y Bibliográfico.*
- Los nombres propios: *Simón, María.*

- Los nombres de personas, animales y cosas singularizadas: *Babieca, el caballo de El Cid.*
- Los apellidos. Cuando un apellido comienza por preposición, esta se escribe con mayúscula inicial solo cuando encabezan la denominación: *Señor De Rebolledo* frente a *Antonio de Rebolledo.*
- Los nombres de las marcas comerciales: *Carvajal S.A.*
- Los nombres geográficos. Cuando el artículo hace parte del nombre, también se escribe con mayúscula inicial: *El Salvador.* Asimismo se escriben con mayúscula inicial los sustantivos que los acompañan, cuando hacen parte del nombre: *Selva Negra, Ciudad de México.* En los demás casos se utilizan minúsculas: *la selva del Amazonas; la ciudad de Bogotá.*
- Los nombres de constelaciones, astros y planetas: cuando, en el caso del Sol, la Luna y la Tierra, el nombre no los alude específicamente como astros únicos, se escriben con minúscula: *Tomábamos el sol; noches de luna; la tierra fértil.*
- Los nombres de los puntos cardinales, cuando se alude a ellos explícitamente: *El huracán se dirige hacia el Norte.* En los demás casos se emplean minúsculas: *El huracán se dirige hacia el norte del país.*

maza 1 *f.* Arma consistente en un palo recubierto de hierro, con la cabeza gruesa. 2 Instrumento de madera, con mango y de forma cilíndrica, usado para machacar o golpear. 3 Mús Pelota gruesa forrada de cuero y con mango de madera, que sirve para tocar algunos instrumentos de percusión.

mazacote *m.* Cosa que está apretujada, apelotonada.

mazamorra *f.* Comida preparada a base de harina de maíz, aderezada con azúcar, miel o sal y otros ingredientes, y preparada de diversas maneras según la región.

mazapán *m.* Pasta de almendras molidas y azúcar con la cual suelen hacerse figurillas.

mazdeísmo *m.* Rel **ZOROASTRISMO.**

mazmorra *f.* Prisión subterránea.

mazo *m.* Martillo grande de madera.

mazorca 1 *f.* Espiga densa o apretada de ciertos vegetales, como la del maíz. 2 Baya del cacao.

mazurca 1 *f.* Folcl Danza popular polaca, de movimiento moderado y compás ternario, originaria del s. XVI. 2 Mús Música de esta danza.

me *pron. pers.* Forma de la primera persona del singular que, en dativo o acusativo, designa a la persona que habla o escribe: *Me preguntó con mucho interés; Victoria me prestó su teléfono; Cuéntame sobre tu padre.* • No admite preposición.

meandro *m.* Geo Tramo de una corriente fluvial en el que esta serpentea y forma curvas más o menos regulares.

mear *tr.* e *intr.* coloq. **ORINAR.** • U. t. c. prnl.

meato 1 *m.* Anat Orificio o conducto de un cuerpo. 2 Bot Pequeño intersticio hueco en el tejido celular de las plantas.

mecanicismo *m.* Fil Doctrina metafísica y biológica que explica todos los fenómenos naturales, incluso los vitales, con las leyes mecánicas del movimiento.

mecánico, ca 1 *adj.* Perteneciente o relativo a la mecánica, estudio del movimiento de los cuerpos. 2 Perteneciente o relativo a la máquina. 3 Ejecutado por una máquina o un mecanismo. 4 Que exige más habilidad manual que intelectual. 5 Dicho de un agente físico material, que puede producir efectos como choques, rozaduras, erosiones, etc. 6 **MAQUINAL,** perteneciente o relativo a los actos y movimientos ejecutados sin deliberación 7 *m.* y *f.* Persona que por profesión se dedica a la mecánica. 8 Persona dedicada al manejo y arreglo de las máquinas. 9 *f.* Manera de producirse una actividad, función o fenómeno. 10 Fís Parte de la física que estudia el movimiento de los cuerpos y las causas o fuerzas que lo producen, así como de su transformación en las máquinas. Se suele dividir en tres disciplinas: **cinética, dinámica** y **estática.** 11 Estudio de las máquinas, su construcción y su funcionamiento. || ~ **cuántica** Fís Teoría de los cuantos que describe un sistema mediante operaciones dependientes del tiempo. ~ **ondulatoria** Fís Aquella que estudia las partículas en movimiento, suponiéndolas asociadas a ondas capaces de producir fenómenos de interferencia y difracción. ~ **relativista** Fís La que se basa en los principios de la teoría de la **relatividad** de Einstein.

mecanismo 1 *m.* Conjunto de piezas engarzadas entre sí que tienen una función determinada. 2 Forma de desarrollarse una función o actividad. || ~ **de defensa** Psic En psicoanálisis, lo que utiliza el yo para protegerse de los impulsos o las ideas que podrían producirle desequilibrios psíquicos. ~ **de reacción** Quím Postulado teórico que explica la secuencia de pasos y resultados previos a una reacción química.

mecanización 1 *f.* Acción y efecto de mecanizar 2 Sustitución del trabajo humano por máquinas.

mecanizar 1 *tr.* y *prnl.* Implantar el uso de las máquinas en una actividad. 2 *tr.* Dar la regularidad de una máquina a las acciones humanas. 3 Someter a elaboración mecánica.

mecano *m.* Juguete compuesto de piezas con las que pueden hacerse diversas construcciones.

mecanografía *f.* Técnica de escribir con máquina.

mecedor, ra 1 *adj.* Que mece. 2 *m.* **COLUMPIO.** 3 *f.* Silla de brazos y de base curva usada para mecerse.

mecenas *m.* y *f.* Persona rica que patrocina a un artista, una empresa cultural, etc.

mecer *tr.* y *prnl.* Mover algo compasadamente de un lado a otro.

mecha 1 *f.* Cuerda retorcida, generalmente de algodón, colocada dentro de una vela, bujía, etc., donde arde. 2 **PETARDO.** 3 Med Porción de gasa larga y delgada utilizada para efectuar drenajes.

mechero 1 *m.* Instrumento para dar lumbre provisto de una mecha y piedra de pedernal. 2 Encendedor de bolsillo.

mechón *m.* Porción de pelos, hebras o hilos, separada del conjunto.

meconio *m.* Excremento de los niños recién nacidos.

medalla 1 *f.* Pieza metálica con grabados simbólicos o conmemorativos. 2 Recompensa honorífica que suele concederse en exposiciones o certámenes.

medallón 1 *m.* Joya con forma de caja pequeña y plana usada para llevar un retrato u otro objeto. 2 Art Bajorrelieve de figura redonda o elíptica.

médano 1 *m.* Geo Duna costera movible y de forma semicircular. 2 Geo Montón de arena, ubicada casi a flor de agua, en lugares en los que el mar es poco profundo.

media[1] *f.* Prenda de punto que cubre el pie y la pierna hasta la rodilla o más arriba.

media[2] *f.* **MEDIO.**

mediacaña *f.* Moldura cóncava, cuyo perfil es, por lo regular, un semicírculo.

mediación *f.* Acción y efecto de mediar.

mediador, ra 1 *adj.* y *s.* Que media. 2 *m.* y *f.* Persona encargada de hacer respetar los derechos de dos partes.

mediagua *f.* ARQ Tejado con declive en una sola dirección para la caída de las aguas.
medialuna 1 *f.* Cualquier cosa con forma de media luna. 2 Panecillo denominado también con la palabra francesa *croissant.* 3 Símbolo de los musulmanes.
mediana *f.* **MEDIANO.**
medianería 1 *f.* Pared o muro común a dos construcciones o propiedades contiguas. 2 Cerca, vallado o seto vivo común a dos predios rústicos que deslinda.
medianero, ra 1 *adj.* y *s.* Que media para que alguien consiga algo. 2 *m.* Dueño de la casa o propiedad vecina. 3 *f.* **MEDIANERÍA.**
medianía 1 *f.* Término medio entre dos cualidades o condiciones opuestas. 2 *f.* **MEDIANERÍA.**
mediano, na 1 *adj.* De calidad o tamaño intermedio. 2 Moderado; ni muy grande ni muy pequeño. 3 *f.* GEOM En un triángulo, recta trazada desde un vértice al punto medio del lado opuesto. 4 Término que ocupa el lugar central de una serie de sentido creciente o decreciente.
medianoche 1 *f.* Hora en la que el Sol está en el punto opuesto al mediodía. 2 Momento que marca el inicio de un día.
mediante *prep.* Por medio de, con la ayuda de: *Consiguió los tiquetes a Lima mediante una agencia de turismo.*
mediar 1 *intr.* Llegar a la mitad de algo. 2 Interceder por alguien. 3 Intentar reconciliar a dos o más personas enemistadas. 4 Existir o estar algo en medio de otras cosas. 5 Acaecer algo entre dos momentos.
mediateca *f.* Archivo de medios y grabaciones visuales, audiovisuales y sonoros organizados para consulta pública.
mediático, ca *adj.* Perteneciente o relativo a los medios de comunicación.
mediatinta *f.* ART En una pintura, tono medio entre la luz y la sombra.
mediatizar 1 *tr.* Influir de modo decisivo en el poder, autoridad o negocio que otro ejerce: *El ejército mediatizaba la autoridad del gobierno.* 2 Dificultar la libertad de alguien de obrar libremente.
mediato, ta *adj.* Que en tiempo, lugar o grado está próximo a otra cosa, mediando otra entre las dos.
mediatriz *f.* GEOM Perpendicular levantada en el punto medio de un segmento de recta.
medicación *f.* MED Conjunto de medicamentos y medios curativos para el tratamiento de una enfermedad.
medicalizar *tr.* Dotar un espacio o medio de transporte aéreo, marítimo o terrestre con los elementos necesarios para prestar atención médica.
medicamento *m.* FARM **DROGA,** sustancia que previene o cura enfermedades.
medicina 1 *f.* MED Disciplina profesional que estudia y aplica conocimientos científicos y técnicos para la prevención, el diagnóstico y la curación de las enfermedades del cuerpo humano, y para el mantenimiento de la salud. Comprende especialidades como pediatría, ortopedia, psiquiatría, cardiología, oncología, patología, salud pública, etc. En relación con estas están las ciencias médicas básicas, que incluyen, entre otras, a la psicología, farmacología, bioquímica y microbiología. 2 FARM **MEDICAMENTO.**
medicinal 1 *adj.* Perteneciente o relativo a la medicina. 2 Que tiene cualidades o usos terapéuticos.
medición *f.* Acción y efecto de medir.
médico, ca 1 *adj.* Perteneciente o relativo a la medicina. 2 *m.* y *f.* Persona legalmente autorizada para ejercer la medicina.
medida 1 *f.* Acción y efecto de medir. 2 FÍS y MAT Cualquiera de las unidades usadas para medir longitudes, áreas, volúmenes, etc. 3 Instrumento que tiene indicadas las medidas. 4 Expresión del resultado de una medición. 5 Proporción, equivalencia. 6 Disposición, prevención, decisión, medio para algún fin. 7 Número o clase de sílabas de un verso. 8 FÍS **unidad** de ~.
☐ FÍS y MAT El término medida proviene del latín (del verbo *metiri,* "medir"). Se puede medir, por ejemplo, el largo de un objeto o la distancia entre dos ciudades y eso supone un uso de unidades de medida estandarizadas. Entre las unidades de longitud propias del Sistema Internacional de Unidades (SI) están el kilómetro (km), el metro (m), el centímetro (cm) y el milímetro (mm). De manera análoga, existen otras unidades para medir magnitudes como el área, el volumen, la masa, la temperatura y el tiempo.
medieval *adj.* HIST Perteneciente o relativo al Medioevo o Edad Media.
medievo *m.* HIST **MEDIOEVO** • Se escribe con may. inic.
medio, dia 1 *adj.* Igual a la mitad de algo. 2 Dicho de algo, que está entre dos extremos o en el centro. 3 Que está intermedio en lugar o tiempo. 4 Que corresponde a los caracteres o las condiciones más generales de un grupo social, una época, etc. 5 FON Dicho de un sonido, que se articula en la zona central de la actividad bucal. 6 FON Dicho de una vocal, que tiene un grado de abertura intermedio entre el de las vocales cerradas y el de las vocales abiertas. 7 *m.* Mitad, centro o punto que en algo equidista de sus extremos. 8 Cosa que puede servir para determinado fin: *Medios de comunicación.* 9 Conjunto de circunstancias culturales, económicas, sociales, etc., que rodean a las personas. 10 Espacio o elemento en que se desarrolla un fenómeno: *La velocidad de la luz depende del índice de refracción del medio.* 11 Acción conveniente para conseguir algo. 12 Moderación entre los extremos. 13 BIOL Conjunto de circunstancias o condiciones exteriores a un ser vivo que influyen en su desarrollo y sus actividades. 14 DEP En el fútbol y otros deportes, jugador de la línea media de un equipo. 15 LÓG En el silogismo, razón con que se prueba algo. 16 MAT Quebrado que tiene por denominador el número 2 y que por consiguiente supone la unidad dividida también en dos partes iguales. 17 *m. pl.* Bienes o rentas que alguien posee. 18 *f.* Mitad de algunas cosas, en especial de las unidades de medida. 19 Cantidad que representa el promedio de varias otras. 20 DEP En los equipos de fútbol, conjunto de jugadores cuya función es organizar el juego y enlazar las líneas defensiva y delantera. 21 MAT **MEDIA** aritmética. 22 MAT Número que resulta al efectuar una serie de operaciones con un conjunto de números y que, en determinadas condiciones, puede representar por sí solo a todo el conjunto. 23 *adv. m.* No del todo, no enteramente, de manera incompleta. || ~ **abiótico** ECOL **ABIÓTICO.** ~ **ambiente** ECOL Conjunto de elementos abióticos (energía solar, suelo, agua y aire) y bióticos (organismos vivos) que integran la biosfera. ~ **aritmética** MAT Resultado de dividir la suma de varias cantidades por el número de ellas. ~ **biótico** ECOL Conjunto de los seres vivos de un territorio o que constituyen el entorno viviente que afecta a un individuo, una población o un aspecto del medio físico. ~ **de propagación** FÍS Espacio a través del cual se mueve una **onda mecánica.** ~ **diferencial** MAT Cantidad que forma proporción aritmética con otras dos y equivale a la mitad de su suma. ~ **dispersante** QUÍM Sustancia en que otra ha formado una dispersión coloidal. ~ **geométrica** o **proporcional** MAT Cantidad que forma proporción geométrica entre otras dos y equivale a la raíz cuadrada de su producto. ~ **interno** FISIOL Ambiente acuoso interno del organismo. ~ **ponderada** MAT Resultado de multiplicar cada uno de los números de un conjunto por un valor particular llamado su peso, sumar las cantidades así obtenidas y dividir esa suma por la suma de todos los pesos. ~ **proporcional** MAT Cantidad que puede formar proporción geométrica entre otras dos.

A B C D E F G H I J K L M N Ñ O P Q R S T U V W X Y Z

~s de comunicación 1 Sistemas de transmisión de información a un público numeroso y heterogéneo, mediante la prensa, televisión, radio, el cine, etc. 2 Instituciones que los organizan.

medioambiental *adj.* Perteneciente o relativo al medioambiente.

medioambiente *m.* **MEDIO** ambiente.

mediocampista *m.* y *f.* DEP En algunos deportes como el fútbol, jugador que detiene los avances del equipo contrario en el centro del campo y sirve tanto a la defensa como a la delantera del equipo propio.

mediocre *adj.* De calidad media o mala.

mediodía 1 *f.* Momento en que el Sol está en el punto más alto sobre el horizonte, que corresponde a las 12 horas de la mañana. 2 Periodo de imprecisa extensión alrededor de las doce de la mañana.

medioeval *adj.* HIST **MEDIEVAL**.

medioevo *m.* HIST Periodo de la historia europea que va desde la desintegración del Imperio romano de Occidente, en el s. V, hasta el s. XV. • Se escribe con may. inic.

☐ HIST El Medioevo o Edad Media comúnmente se divide en una etapa inicial de transición y dos épocas posteriores: la alta Edad Media y la baja Edad Media. La culminación a finales del s. V de una serie de procesos de larga duración, entre ellos la dislocación económica y las invasiones y los asentamientos de los pueblos germanos en el Imperio romano, dieron inicio a este periodo que se caracterizó por la fragmentación del poder político y de la unidad territorial, por un desarrollo económico fundamentalmente local, y por la presencia de la Iglesia católica como única institución con carácter universal. Tradicionalmente se señala la toma de Constantinopla por los turcos (1453) como el punto final de este periodo histórico.

mediometraje *m.* CIN Filme que no sobrepasa los 1500 m de longitud y 55 minutos de duración.

medir 1 *tr.* Averiguar las veces que una cantidad contiene otra segunda. 2 *tr.* y *prnl.* Comparar algo no material con otra cosa. 3 Moderar las palabras o las acciones. 4 *intr.* Tener determinada dimensión. • Vb. irreg. conjug. c. **pedir**. V. anexo El verbo.

meditación 1 *f.* Acción y efecto de meditar. 2 Escrito sobre un tema religioso o filosófico. 3 Oración mental, reflexión sobre un punto religioso.

meditar 1 *tr.* Aplicar atentamente la mente en la consideración de algo. 2 *intr.* Entregarse a la meditación: *Meditaremos durante una hora.*

mediterráneo, a 1 *adj.* y *s.* Dicho de un mar, que está rodeado de tierras. 2 *adj.* y *s.* Del mar Mediterráneo o los territorios que baña o relacionado con ambos. 3 ECOL **bosque ~**.

médium *m.* y *f.* Persona a la que se considera dotada de facultades paranormales, que le permiten comunicarse con los espíritus.

medo, da 1 *adj.* y *s.* HIST De un antiguo pueblo indoeuropeo que, en el s. IX a. C. se estableció en Media, antigua región de Asia, y formó parte del grupo de pueblos (escitas, cimerios, etc.) que, en el milenio I a. C., se estableció en Persia. 2 *m.* LING Dialecto del iranio antiguo.

medrar 1 *intr.* Crecer los animales y plantas. 2 Mejorar alguien en su posición social.

medroso, sa 1 *adj.* y *s.* Temeroso, miedoso. 2 Que causa miedo.

médula (Tb. medula) 1 *f.* ANAT Sustancia blanquecina, blanda y grasa, que se halla dentro de ciertos huesos. 2 BOT Parte interior de las raíces y tallos de las plantas formada por un tejido parenquimatoso. 3 Sustancia esencial o más importante de algo no material. || **~ espinal** ANAT Parte del sistema nervioso consistente en un largo cordón comprimido que se halla dentro del canal vertebral. Está dividida por un surco en dos partes simétricas y la región central la recorre un conducto lleno de **líquido** cefalorraquídeo.

medular 1 *adj.* Perteneciente o relativo a la médula. 2 Lo más importante de algo.

medusa *f.* Organismo gelatinoso de simetría radial que nada contrayendo los músculos del velo, carece de cabeza, y tiene aparato digestivo pero no ano y un sistema nervioso sin cerebro. Es el nombre común dado a los **hidrozoos** y **escifozoos** en su fase sexual, que alterna con la fase de pólipo.

mefistofélico, ca *adj.* Perteneciente o relativo a Mefistófeles; diabólico.

mefítico, ca *adj.* Que contiene gases tóxicos y muy fétidos.

megabyte (Voz ingl.) *m.* INF Unidad de medida equivalente a 220 bits. Símbolo: MB.

megaciclo *m.* ELECTR Unidad de medida de la corriente eléctrica formada por un millón de ciclos o periodos.

megafonía 1 *f.* Técnica que se ocupa de los aparatos y las instalaciones necesarios para aumentar el volumen del sonido. 2 Conjunto de estos aparatos.

megáfono *m.* Aparato para amplificar la voz y enviarla a distancia.

megahercio *m.* FÍS Unidad de medida de frecuencia equivalente a un millón de hercios. Símbolo: MHz.

megalito *m.* Monumento funerario o conmemorativo construido con grandes piedras.

megalomanía *f.* PSIC Manía o delirio de grandeza.

megalópolis *f.* Ciudad de grandes proporciones.

megaterio *m.* PALEONT Mamífero fósil de los desdentados, de 6-7 m de longitud, que vivió en América del Sur en el Cuaternario.

megatón *m.* FÍS Unidad de medida de potencia de un explosivo equivalente a la de un millón de toneladas de trinitrotolueno. Símbolo: Mt.

megavatio *m.* ELECTR Unidad de medida de potencia eléctrica equivalente a un millón de vatios. Símbolo: Mw.

meiosis *f.* BIOL Tipo de división celular que tiene lugar en las células germinales y que produce el doble de células con un número de cromosomas en cada una de ellas reducido a la mitad de los que poseían las células originales. Compensa la duplicación del número de cromosomas obtenido en la fertilización al reducirlo nuevamente antes de la nueva fertilización. Es un mecanismo adecuado para la distribución de genes entre los gametos, de tal forma que permite su recombinación y segregación al azar.

meitnerio *m.* QUÍM Elemento metálico radiactivo artificial que se obtuvo bombardeando una lámina de bismuto 209 con núcleos de hierro 58. Símbolo: Mt. Número atómico: 109.

mejilla *f.* Cada una de las dos prominencias que hay en el rostro humano debajo de los ojos.

mejillón *m.* Molusco bivalvo comestible, que posee valvas oscuras, casi triangulares.

mejor 1 *adj.* Superior a algo en calidad y virtud. • Comparativo de superioridad de *bueno*. 2 *adv. m.* Más conforme a lo conveniente. • Comparativo de superioridad de *bien*.

mejora *f.* Acción y efecto de mejorar.

mejorana *f.* Planta labiada, de 40-50 cm de alto, que posee hojas aovadas aromáticas, flores pequeñas y blancas, y fruto en aquenio.

mejorar 1 *tr.* Hacer pasar algo de un estado bueno a otro mejor. 2 Poner mejor, hacer recobrar la salud perdida. 3 *intr.* y *prnl.* Ir recobrando la salud perdida. 4 Ponerse el tiempo más favorable o benigno. 5 Progresar, adelantar.

mejoría *f.* Alivio en una dolencia.
mejunje *m.* desp. Cosmético o medicamento formado de varios ingredientes.
melado 1 *m.* Jarabe obtenido por evaporación del jugo de la caña de azúcar. 2 Almíbar espeso que se obtiene por cocción del azúcar o de la panela de caña en agua.
melancolía 1 *f.* Estado anímico caracterizado por una tristeza vaga, profunda y permanente. 2 Abatimiento.
melanesio, sia *adj.* y *s.* De un grupo étnico distribuido por Melanesia y Micronesia.
melanina *f.* BIOL Pigmento negro o pardo de las células de los vertebrados que produce la coloración de la piel, el pelo, etc.
melar 1 *intr.* Dar la segunda cocción al zumo de la caña de azúcar hasta que adquiera la consistencia de la miel. 2 *tr.* e *intr.* Hacer las abejas la miel y ponerla en los panales.
melastomatáceo, a *adj.* y *f.* BOT Dicho de una planta, dicotiledónea, que posee ovario ínfero, placentación axilar, hasta el doble de estambres que de pétalos o sépalos y hojas con nervios prominentes.
melatonina *f.* BIOQ Hormona que se produce en la glándula pineal y sirve, aparentemente, para adaptar al organismo a las demandas cambiantes del medio.
melaza *f.* Jarabe viscoso, de color pardo y sabor muy dulce, que queda como residuo de la fabricación del azúcar.
melcocha 1 *f.* Miel muy concentrada y caliente que se echa en agua fría para reblandecerla. 2 Pasta hecha con esta clase de miel.
melena 1 *f.* Cabellera que cuelga sobre los hombros. 2 Cabello despeinado. 3 Crin del león.
meliáceo, a *adj.* y *f.* BOT Dicho de una planta leñosa, dicotiledónea, que es tropical, como el **caobo**.
melífero, ra 1 *adj.* Que lleva o tiene miel. 2 Dicho de un animal, que se alimenta del néctar de las flores, como las mariposas, los colibríes y algunas especies de murciélagos.
melifluo, flua 1 *adj.* Que tiene miel o es parecido a ella. 2 Delicado en el trato o en la manera de hablar.
melindre *m.* Afectación de finura y delicadeza en palabras, acciones y ademanes.
melindrear *intr.* Hacer melindres, afectar delicadeza.
mella 1 *f.* Rotura o hendidura en el filo de un cuchillo o herramienta, o en el contorno de un objeto. 2 Daño o disminución que sufre algo.
mellizo, za *adj.* y *s.* Dicho de alguien, que ha nacido en el mismo parto que otro.
melocotón *m.* Fruto comestible del melocotonero que posee una drupa esférica, de 6 a 8 cm de diámetro, con epicarpio delgado, velloso y amarillo con manchas encarnadas, y un mesocarpio amarillento, comestible y adherido a un hueso pardo, duro y rugoso, que encierra una almendra.
melocotonero *m.* Árbol de las rosáceas, de 4-5 m de alto, que tiene hojas lanceoladas, flores rosadas y fruto en drupa, y crece en climas templados.
melodía 1 *f.* Dulzura y suavidad de la voz al cantar, o del sonido de un instrumento musical al tocarlo. 2 MÚS Composición en la que se desarrolla una idea musical con independencia de su acompañamiento. 3 MÚS Conjunto de varias frases que forman un concepto musical completo.
melódico, ca *adj.* Perteneciente o relativo a la melodía.
melodioso, sa *adj.* Dulce y agradable al oído.
melodrama 1 *m.* TEAT Obra que se representa acompañada de música. 2 MÚS Ópera italiana del s. XVII. 3 CIN y TEAT Obra en que la acción es desencadenada por emociones patéticas y sentimentales.
melomanía *f.* Afición apasionada por la música.
melón *m.* Planta herbácea, de las cucurbitáceas, que posee tallos tendidos, hojas lobuladas, flores amarillas y fruto en pepónide comestible.
melopea 1 *f.* MÚS Arte de producir melodías. 2 Entonación rítmica con que puede recitarse algo. 3 Canto monótono.
membrana 1 *f.* Placa o lámina flexible de pequeño tamaño y de diverso material. 2 BIOL Tejido blando, delgado y de forma laminar, que rodea una parte de un organismo y separa o comunica cavidades adyacentes. || ~ **basal** BIOL La de tejido conjuntivo que se sitúa bajo el epitelio de muchos órganos y a partir de la cual se diferencian los nuevos órganos. ~ **celular** o **plasmática** BIOL La que separa el interior de la célula del medio externo y a través de la cual se regula la entrada y la salida de los materiales que se transforman durante el metabolismo. Está compuesta principalmente por lípidos y proteínas. ~ **interdigital** ZOOL Expansión situada entre los dedos de muchas aves y mamíferos. ~ **nuclear** BIOL La capa que separa el núcleo del citoplasma y posee algunos poros que permiten el intercambio de materiales. ~ **osmótica** QUÍM La que es semipermeable y permite el paso del **solvente** pero no del **soluto**. ~ **pituitaria** ANAT Mucosa que reviste la cavidad de las fosas nasales y contiene los receptores del sentido del olfato.
membresía (Tb. membrecía) 1 *f.* Condición de miembro de una colectividad 2 Conjunto de los miembros de una colectividad.
membrete *m.* Nombre, dirección, etc., de una persona, empresa o entidad, impreso en el papel de correspondencia.
membrillero *m.* Árbol de las rosáceas que posee hojas pecioladas, flores solitarias y fruto en pomo.
membrillo *m.* Fruto del membrillero que tiene de 10-12 cm de diámetro y pulpa ácida y áspera.
membrudo, da *adj.* Fornido, robusto.
memento *m.* REL Cada una de las dos partes del canon de la misa, que se reza por vivos o difuntos.
memez *m.* Simpleza, tontería, estupidez.
memorable *adj.* Digno de memoria.
memorando 1 *m.* Comunicación escrita no firmada en que se recapitulan hechos y razones para que se tengan presentes en un asunto grave. 2 Agenda, cuaderno en que se apunta lo que conviene recordar.
memoria 1 *f.* Facultad de recordar lo pasado o lo que se ha aprendido. 2 Recuerdo que se tiene de una persona o una cosa del pasado. 3 Disertación escrita sobre alguna materia. 4 ELECTRÓN Dispositivo de una máquina o aparato en el que se almacenan datos para su posterior análisis o aplicación: *La memoria del teléfono.* 5 INF Periférico portátil de tamaño pequeño en el que se graban datos (instrucciones, programas, documentos, etc.) almacenados originalmente en un computador para permitir su traslado directo a otro. 6 INF Circuito que permite almacenar y recuperar la información de un computador y es el que determina el tamaño y número de programas, así como la cantidad de datos que pueden ejecutarse y procesarse simultáneamente. 7 *f. pl.* LIT Obra autobiográfica en la que se evocan las vivencias del autor.
memorial *m.* Escrito en el que se hace una petición alegando los motivos o méritos para ello.
memorización 1 *f.* Acción y efecto de memorizar. 2 INF Almacenamiento de datos en la memoria de un computador.
memorizar *tr.* Retener en la memoria un discurso, una poesía, una lista, etc., de manera fiel o casi fiel.
mena *f.* GEO Mineral usado como materia prima para la extracción de algún metal.

menaje 1 *m.* Muebles y accesorios de una casa. 2 Material pedagógico de una escuela.

menarquia *f.* FISIOL Época de la vida de la mujer caracterizada por la aparición del primer periodo menstrual.

menchevique *adj.* y *s.* HIST Dicho de una fracción minoritaria del Partido Socialdemócrata ruso, que defendía la evolución del país hacia un régimen parlamentario y participó en la revolución de 1905 y en la conformación de los *soviets* en 1917 durante la Revolución de Octubre, pero que fue relegada y prohibida definitivamente en 1922.

mención *f.* Recuerdo, referencia, cita. || ~ **honorífica** Distinción, en un certamen, al que sigue en méritos a los premiados.

mencionar 1 *tr.* Hacer mención de alguien, nombrarlo. 2 Referir algo para que se tenga noticia de ello.

mendacidad *f.* Hábito de mentir.

mendelevio *m.* QUÍM Elemento químico radiactivo del grupo del actinio. Símbolo: Mv o Md. Número atómico: 101. Peso atómico: 256.

mendicante 1 *adj.* y *s.* Que mendiga. 2 REL **orden** ~.

mendigar 1 *tr.* Pedir limosna. 2 Pedir algo con excesiva humildad.

mendigo, ga *m.* y *f.* Persona que pide limosna.

mendrugo *m.* Pedazo de pan duro.

menear 1 *tr.* y *prnl.* Mover algo de una parte a otra. 2 *prnl.* Moverse o hacer algo deprisa.

menester 1 *m.* Necesidad de algo. 2 Ejercicio, empleo, tarea. 3 Instrumento o cosa necesaria para hacer algo. • U. m. en pl. en las acepciones 2 y 3.

menesteroso, sa *adj.* y *s.* Que carece de una cosa o de muchas; necesitado.

menestra *f.* Guisado de hortalizas y trozos pequeños de carne.

mengano, na *m.* y *f.* Persona existente o imaginaria de nombre desconocido. • Se usa junto con *fulano* y *zutano*.

mengua *f.* Lo que le falta a una cosa para ser completa.

menguante 1 *adj.* Que mengua. 2 ASTR **luna** ~.

menguar 1 *intr.* Disminuir algo: *Ha menguado su salud; Han menguado las aguas.* 2 En una labor de punto o ganchillo, ir reduciendo los puntos en cada hilera. 3 Disminuir la parte iluminada de la Luna.

menhir *m.* Monumento megalítico consistente en una gran piedra larga hincada verticalmente en el suelo.

menina *f.* Señora que desde niña entraba al servicio de la reina o de las infantas de España.

meninge *f.* ANAT Cada una de las membranas (duramadre, aracnoides y piamadre) que envuelven el encéfalo y la médula espinal.

meningitis *f.* MED Inflamación de las meninges que puede tener origen vírico, bacteriano o protozoario.

menisco 1 *m.* ANAT Cartílago de forma semilunar de algunas articulaciones, especialmente el de la rodilla. 2 FÍS Superficie libre, cóncava o convexa, del líquido contenido en un tubo estrecho. Es cóncavo si el líquido moja las paredes del tubo y convexo si no lo moja. 3 ÓPT Lente cóncava por una cara y convexa por la otra.

menonita *adj.* y *s.* REL Dicho de un anabaptista, que es seguidor de la reforma del religioso holandés Menno Simonsz (h. 1496-y 1561), el cual organizó comunidades caracterizadas por su pacifismo.

menopausia *f.* FISIOL Cesación natural de la menstruación en la mujer, que suele tener lugar entre los 45 y los 50 años.

menor 1 *adj.* Que tiene menos cantidad o volumen. 2 Que es inferior a otra cosa en intensidad o calidad. 3 De menos importancia en relación con algo del mismo género. • Comparativo de superioridad de *pequeño* en todas las acepciones. || **al por** ~ En poca cantidad: *Vender al por menor.* ~ **de edad** Dicho de una persona, que no ha llegado a la mayoría de edad. ~ **que** MAT Signo matemático (<) que colocado entre dos cantidades indica ser menor la primera que la segunda.

menorragia *f.* MED Menstruación anormalmente abundante o duradera.

menorrea *f.* FISIOL **MENSTRUACIÓN**.

menos 1 *adv. comp.* Indica disminución, restricción o inferioridad de algo en comparación expresa o sobreentendida: *Grita menos; Debes ser menos interesado.* • Cuando la comparación es expresa, va acompañado de la conjunción *que*: *Hoy ha llovido menos que ayer.* Cuando denota grado o cantidad en relación con la magnitud que se compara, va introducido por la preposición *de*: *Son menos de las diez; Talaron menos de cien árboles.* También se construye con el artículo determinado, en todos sus géneros y números, formando el superlativo relativo de inferioridad: *Estas flores son las menos hermosas.* 2 Indica una idea opuesta a la de preferencia: *Menos quiero vivir que perder.* 3 *conj.* **EXCEPTO**: *Todo menos eso.* 4 *m.* MAT Signo de la resta o sustracción, que se representa por una rayita horizontal (-). 5 FÍS Signo (-) que indica el carácter negativo de una cantidad, como la carga eléctrica.

menoscabar 1 *tr.* y *prnl.* Disminuir las cosas, acortarlas. 2 *tr.* Deteriorar y deslustrar algo. 3 Causar daño o descrédito a la honra de alguien.

menospreciar *tr.* Tener alguien o algo en menos de lo que merece.

mensaje 1 *m.* Recado oral o escrito que se envía a un destinatario. 2 Aportación intelectual, moral, religiosa o estética de una persona, doctrina u obra: *El mensaje del Corán.* 3 BIOL Señal que, mediante mecanismos bioquímicos, induce en las células o los organismos una respuesta determinada. 4 LING Conjunto de señales, signos o símbolos que son objeto de una comunicación. 5 LING Contenido de esta comunicación.

mensajería *f.* Agencia transportista.

mensajero, ra 1 *adj.* Que contiene un mensaje o que lo lleva. 2 BIOQ **ARN** ~. 3 *m.* y *f.* Persona que lleva un mensaje, una carta, un paquete, etc., de una parte a otra dentro del perímetro urbano.

menstruación *f.* FISIOL Fenómeno fisiológico femenino consistente en un flujo sanguíneo genital que aparece cada 27-30 días. Se inicia en la pubertad y cesa en la menopausia.

menstrual 1 *adj.* Perteneciente o relativo a la menstruación. 2 FISIOL **ciclo** ~.

menstruar *intr.* Evacuar la menstruación.

mensual 1 *adj.* Que sucede o se repite cada mes. 2 Que dura un mes.

mensualidad 1 *f.* Salario que corresponde a un mes de trabajo. 2 Cantidad que se paga cada mes por los servicios de una escuela, un club deportivo, etc.

ménsula *f.* ARQ Parte arquitectónica saliente para sostener algo.

mensurable *adj.* Que puede ser medido.

menta 1 *f.* Planta de las labiadas que posee hojas sésiles y muy aromáticas, flores en espiga y fruto en aquenio. De ella se obtiene una esencia empleada en farmacia y en la preparación de caramelos, licores, dentífricos, etc. 2 Licor elaborado con esta planta. 3 Infusión hecha con sus hojas.

mentado, da 1 *adj.* Famoso, célebre, notable. 2 Que se ha mencionado.

mentalidad 1 *f.* Forma de pensar que caracteriza a una persona o a una colectividad. 2 Conjunto de creencias y prácticas que definen la forma de pensar de una persona.

mentalismo *m.* FIL Corriente filosófica que se fundamenta en la **introspección** y resuelve los conceptos empíricos como simples estados mentales.

mentalizar *tr.* y *prnl.* Hacer que una persona, grupo, etc., tome conciencia de un problema o una situación y actúe en consecuencia.

mentar *tr.* Nombrar o mencionar algo. • Vb. irreg. conjug. c. **acertar**. V. anexo El verbo.

mente 1 *f.* Potencia intelectual. 2 Propósito, voluntad. 3 PSIC Conjunto de actividades y procesos psíquicos conscientes, especialmente de carácter cognitivo.

mentidero *m.* Sitio o lugar donde se junta gente ociosa para conversar o murmurar.

mentir 1 *intr.* Decir mentiras. 2 Inducir a error. 3 Fingir, aparentar. • Vb. irreg. conjug. c. **sentir**. V. anexo El verbo.

mentira *f.* Manifestación contraria a lo que se sabe, cree o piensa.

mentol *m.* QUÍM Alcohol obtenido de la hidrogenación del timol contenido en la menta.

mentón *m.* Barbilla o prominencia de la mandíbula inferior.

mentor, ra *m.* y *f.* Persona que amonesta o guía a otra.

menú 1 *m.* Conjunto de platos que constituyen una comida. 2 Carta donde se relacionan comidas, postres y bebidas. 3 INF Elemento gráfico que presenta una lista de opciones para iniciar una acción.

menudear 1 *tr.* Vender al por menor. 2 *intr.* Suceder algo con frecuencia.

menudencia 1 *f.* Cosa muy pequeña. 2 Esmero, escrupulosidad. 3 *f. pl.* Despojos y partes pequeñas que quedan del despiece de los cerdos y otros animales. 4 Morcillas, longanizas, etc., del cerdo. 5 Hígado, molleja, corazón, etc., del ave después de abierta.

menudo, da 1 *adj.* Pequeño o delgado. 2 De poca importancia. || **a ~** Muchas veces, frecuentemente.

meñique 1 *adj.* Muy pequeño. 2 *adj.* y *m.* ANAT **dedo ~**.

meollo *m.* Lo esencial de algo.

mequetrefe 1 *m.* y *f.* Persona poco formal e insensata. 2 Persona despreciable.

mercadeo 1 *m.* ECON Conjunto de operaciones por las que debe pasar una mercancía desde el productor hasta el consumidor. 2 ECON Investigación de mercados.

mercader, ra *m.* y *f.* Persona que trata con mercancías.

mercado 1 *m.* Conjunto de actividades de compraventa en un lugar señalado al efecto y en días establecidos. 2 Sitio público destinado a estas actividades. 3 Conjunto de operaciones comerciales que afectan a un determinado sector de bienes: *Mercado de la construcción.* 4 Conjunto de consumidores que compran o son capaces de comprar un producto o servicio. 5 Cualquier conjunto de transacciones o acuerdos de negocios entre compradores y vendedores. 6 ECON **economía** de libre ~. || **~ común** ECON Forma de integración económica de dos o más países que proceden a la adopción de un arancel aduanero común frente a terceros países. **~ de capital** El de títulos financieros a medio y largo plazo. **~ negro** Tráfico clandestino de divisas monetarias o mercancías no autorizadas o escasas.

□ ECON Institución social y económica que establece las condiciones de producción y consumo, así como el intercambio de bienes y servicios. El mercado se materializa cuando se definen las relaciones de compra y venta, de intercambio y el aumento o disminución de los precios en relación con la oferta y la demanda. Es característico de las economías capitalistas y está relacionado, en los últimos años, con la globalización y el sistema financiero.

mercadotecnia *f.* Conjunto de técnicas dirigidas a obtener más eficacia en la distribución y venta de un producto.

mercancía *f.* Cualquier cosa que se hace objeto de trato o venta.

mercantil *adj.* Perteneciente o relativo al mercader, a la mercancía o al comercio.

mercantilismo *m.* ECON Teoría económica dominante en Europa en los ss. XV-XVIII que promovía la agricultura, la manufactura y el comercio con el propósito de que las exportaciones superaran las importaciones. Implicaba el desarrollo de rigurosos marcos legales y métodos para la optimización de la producción y el comercio y dependió, en gran parte, de la explotación colonialista.

mercaptano *m.* QUÍM Compuesto químico semejante a los alcoholes, de fórmula R-SH, que es resultado de sustituir un átomo de oxígeno por uno de azufre.

mercar *tr.* y *prnl.* Comprar, adquirir algo por dinero.

merced 1 *f.* Dádiva, gracia, favor. 2 Tratamiento de cortesía usado antiguamente, equivalente a *usted.* 3 Orden religiosa fundada en Barcelona en 1218 por san Pedro Nolasco, cuyo fin era el rescate de cautivos. || **a ~ de otro** Estar enteramente a sus expensas.

mercenario, ria *adj.* y *s.* Dicho de una persona, que sirve en un ejército por dinero en territorio extranjero y al servicio de un país distinto al propio.

mercería 1 *f.* Comercio de cosas menudas y de poco valor, como botones, cintas, etc. 2 Tienda donde se venden telas.

mercurio *m.* QUÍM Elemento metálico de aspecto argénteo y líquido a temperatura ambiente que se combina con todos los metales comunes, excepto hierro y platino, formando amalgamas. Se utiliza para el llenado de aparatos de medida (termómetros, barómetros, etc.), la obtención de oro, en forma de vapor, en las llamadas lámparas de mercurio, y en odontología (amalgamas de oro, plata, estaño, etc.). Sus vapores y sales producen envenenamiento progresivo. Símbolo: Hg. Número atómico: 80. Peso atómico: 200,59. Punto de fusión: −38,87 °C. Punto de ebullición: 357 °C.

merecer 1 *tr.* Ser digno de premio o castigo. 2 *intr.* Hacer méritos. • Vb. irreg. conjug. c. **agradecer**. V. anexo El verbo.

merecido *m.* Castigo del que se juzga digno a alguien.

merecumbé *m.* Aire musical colombiano que fusiona merengue y cumbia.

merendar 1 *intr.* Tomar la merienda. 2 En algunas partes, almorzar. 3 Acechar con curiosidad lo que otro hace. • Vb. irreg. conjug. c. **acertar**. V. anexo El verbo.

merengue 1 *m.* Dulce de clara de huevo y azúcar, cocido al horno. 2 FOLCL Ritmo musical y danza de República Dominicana cuya influencia se ha extendido a toda América Latina. Su melodía se acompaña con la tambora, el güiro y el acordeón.

meridiano, na 1 *adj.* Perteneciente o relativo a la hora del mediodía. 2 Muy claro y luminoso. 3 GEOM **plano ~**. 4 *m.* ASTR Círculo máximo de la esfera celeste, que pasa por los polos de la Tierra, así como por el cenit y nadir. Corta el horizonte en los puntos N y S, cuya unión forma la "línea de mediodía". 5 GEO Cualquiera de los círculos máximos de la Tierra que pasan por los polos. 6 GEOM Línea de intersección de una superficie de revolución con un plano que pasa por su eje. || **~ cero** GEO Meridiano que pasa por el antiguo Real Observatorio de Greenwich, al E de Londres, adoptado internacionalmente como origen para medir la longitud y como línea base de los husos horarios. Las longitudes E y O convergen en el lado opuesto de la Tierra sobre el meridiano de longitud 180°, que se define como el antimeridiano principal, con algunas desviaciones marcadas por la línea internacional de cambio de fecha.

meridional 1 *adj.* Perteneciente o relativo al sur. 2 GEO **zona** templada ~.

merienda 1 *f.* Comida ligera que se toma por la tarde antes de la cena. 2 En algunas partes, almuerzo.

merino, na 1 *adj.* y *s.* Dicho de un carnero u oveja, que tiene cuerpo robusto, piel con muchos pliegues y lana muy apreciada. 2 *m.* Tejido hecho con lana de ovejas merinas.

meristemo *f.* BOT Tejido vegetal formado por células embrionarias que se dividen rápidamente y originan los tejidos de los órganos de las plantas.

mérito 1 *m.* Acción que hace a la persona digna de premio o castigo. 2 Resultado de una buena acción.

meritocracia *f.* Sistema de selección de los cargos de gobierno, responsabilidad y dirección estatal o privada con base en las capacidades, cualidades y formación profesional de los aspirantes.

meritorio, ria 1 *adj.* Dicho de alguien o algo, que merece un premio o elogio. 2 *m.* y *f.* Persona que trabaja sin sueldo, solo para aprender y obtener más adelante un puesto remunerado.

merluza *f.* Pez marino, teleósteo, de color grisáceo, boca amplia y dos aletas dorsales, que puede alcanzar 80 cm de longitud y cuya carne es muy apreciada.

merma 1 *f.* Acción y efecto de mermar. 2 Porción que se gasta naturalmente o se sustrae de algo.

mermar 1 *intr.* y *prnl.* Bajar o disminuirse una cosa o consumirse una parte de ella. 2 *tr.* Hacer que algo disminuya o quitar a alguien cierta parte de lo que le pertenece.

mermelada *f.* Conserva hecha de fruta cocida con miel o azúcar.

mero[1] *m.* Pez marino teleósteo, de carne muy fina y delicada y colores abigarrados, que puede llegar a medir 1,5 m de longitud.

mero[2]**, ra** *adj.* **PURO**, simple, sin mezcla.

merodear 1 *intr.* Dar rodeos en torno a un lugar para espiar o hurtar. 2 Vagar viviendo de lo robado.

merónimo *m.* LING Palabra que guarda una relación semántica con otra equivalente a la relación de la parte con el todo: *Dedos es un merónimo de manos.*

merovingio, gia *adj.* y *s.* HIST Dicho de una dinastía de reyes, que gobernó a los francos entre 481 y 751. Su primer monarca fue el nieto de Meroveo, Clodoveo I, quien, apoyado por la Iglesia católica, extendió su reino hasta abarcar casi toda la actual Francia y parte de Alemania. Hacia el final de su reinado el poder pasó paulatinamente a manos de varias familias nobles que ejercieron un control feudal sobre el territorio. La más importante de esas familias fue la carolingia y, en 751, Pipino el Breve depuso al rey Childerico III para poner fin a la dinastía merovingia.

mes 1 *m.* Cada una de las doce partes en que se divide el número total de días del año. 2 Número de días consecutivos desde uno señalado hasta otro de misma fecha en el mes siguiente. || ~ **lunar periódico** ASTR Tiempo que invierte la Luna en dar una vuelta completa alrededor de la Tierra. Es de 27 días, 7 horas y 43 minutos, pero como la Tierra simultáneamente está avanzando, este periodo se alarga a un mes sinódico. ~ **sinódico** ASTR Tiempo que invierte la Luna desde una conjunción con el Sol hasta la conjunción siguiente y que coincide con un ciclo de las fases lunares. Es de 29 días, 12 horas y 44 minutos.

mesa 1 *f.* Mueble compuesto de un tablero horizontal asentado sobre uno o varios pies, que sirve para comer, escribir, etc. 2 Este mueble con todo lo necesario para comer. 3 En las asambleas y otras corporaciones, conjunto de las personas que las dirigen. 4 GEO Superficie elevada y llana de gran extensión compuesta por rocas tabulares o débilmente dislocadas. Generalmente alcanza altitudes superiores a los 1000 m y, por esto, tiene riscos empinados y laderas. 5 GEO Relieve volcánico homogéneo de altitud variable que está compuesto de rocas en posición horizontal o levemente inclinadas. || ~ **de noche** Mueble pequeño, con cajones, que se coloca al lado de la cama. ~ **redonda** Técnica de discusión y exposición grupal en la que participan personas especialistas en un tema determinado.

mesada *f.* Sueldo, pensión u otra cosa que se paga todos los meses.

mesana 1 *f.* Mástil que está más a popa en el buque de tres palos. 2 Vela que va colocada en este mástil.

mesar *tr.* y *prnl.* Arrancar los cabellos o barbas con las manos.

mesenterio *m.* ANAT Repliegue del peritoneo que une el estómago y el intestino con las paredes abdominales.

mesero, ra *m.* y *f.* Camarero de un bar o restaurante.

meseta 1 *f.* Porción de piso horizontal en que termina un tramo de escalera. 2 GEO Forma de relieve extendida asociada a la parte más alta y plana de un sistema montañoso.

mesianismo 1 *m.* Esperanza infundada en la solución de problemas sociales por la intervención de una sola persona. 2 REL Creencia en la futura y providencial llegada de un ser que fundará un orden de justicia y felicidad.

mesías 1 *m.* REL Redentor y liberador futuro de Israel. 2 REL Según el cristianismo, el enviado de Dios a la Tierra; Jesús. • Se escribe con may. inic. en las acepciones 1 y 2. 3 Sujeto real o imaginario en cuyo advenimiento hay puesta confianza inmotivada o desmedida.

mesobiota *f.* ECOL Grupo de organismos que viven en el suelo agrupados de acuerdo al tamaño. Incluye a los nemátodos, pequeños gusanos, pequeñas larvas de insectos y los microartropodos como ácaros y colémbolos.

mesocarpio *m.* BOT Parte intermedia del pericarpio, entre el epicarpio y el endocarpio, que en los frutos carnosos corresponde a la pulpa, como en el durazno.

mesodermo *m.* BIOL Hoja embrionaria intermedia, entre el ectodermo y el endodermo, de la cual derivan la piel, la musculatura, el tejido conjuntivo, los huesos, el aparato urogenital y el circulatorio, y las paredes del celoma.

mesofilo *m.* BOT Conjunto de los parénquimas y nervios de las hojas que está encerrado por la epidermis.

mesolítico, ca *adj.* y *m.* HIST Dicho de un periodo prehistórico, comprendido entre el Paleolítico y el Neolítico, que se inició, dependiendo de la zona geográfica, entre el 10 000 a. C. y el 7000 a. C., y concluyó hacia el 4000 a. C. Sus grupos sociales siguieron siendo cazadores-recolectores aunque su utillaje lítico incluyó instrumentos complejos, como las hoces y hachas, y dieron los primeros pasos hacia la producción de alimentos, domesticación de animales y adopción de la vida sedentaria. • Se escribe con may. inic. c. s.

mesomería *f.* QUÍM Tipo de isomería presente en determinadas moléculas e iones, que debe ser representada por dos o más estructuras electrónicas cuya superposición se aproxima a su estructura real.

mesón[1] 1 *m.* Lugar donde se alberga a viajeros. 2 Restaurante típico. 3 Mesa alta cuya parte horizontal está revestida de un material resistente a la abrasión, como granito, mármol, argamasa u otro de origen sintético.

mesón[2] *m.* FÍS Partícula electrizada en los rayos cósmicos que en estado de reposo tiene una masa comprendida entre la del electrón y la del protón. || ~ **pi** FÍS **PIÓN**.

mesopausa *f.* GEO Línea imaginaria que separa la mesosfera de la ionosfera.

mesopotámico, ca *adj.* y *s.* HIST De Mesopotamia, antigua región histórica del SO de Asia, comprendida entre los ríos Tigris y Éufrates, donde florecieron las civilizaciones de Babilonia y Asiria, entre los años 3000 y 625 a. C., o relacionado con esta región histórica asiática.

mesosfera (Tb. mesósfera) *f.* GEO Capa atmosférica que se extiende por encima de la estratosfera y por debajo de la ionosfera, a una altitud de entre 50 y 80 km por encima de la superficie. Contiene la llamada región D, donde la ionización de oxígeno molecular (O_2) y atómico (O) libera electrones.

mesotrofia *f.* ECOL Propiedad de las aguas de los lagos con poca transparencia y escasa profundidad, que no son ni oligotróficos ni eutróficos.

mesozoico, ca *adj.* y *m.* GEO Dicho de una era geológica, que abarca desde el Paleozoico hasta el Cenozoico, con una duración de 165 millones de años y que se divide en tres periodos: **Triásico, Jurásico** y **Cretácico.** • Se escribe con may. inic. c. s.

□ GEO Durante el Mesozoico la vida orgánica del planeta alcanzó el estado que conocemos en la actualidad: tuvo lugar el auge y la extinción de los dinosaurios; aparecieron los mamíferos y las aves; se generalizaron los reptiles menores; se destacaron diversos grupos de cefalópodos entre los invertebrados, y aparecieron las plantas gimnospermas y, en los inicios del Cretácico, las angiospermas. El principal cambio en el movimiento continental fue la disgregación del supercontinente Pangea en las distintas masas continentales.

mesozoo *m.* ZOOL Organismo de transición entre las formas de vida unicelular y pluricelular que se caracteriza porque su cuerpo, que no contiene ningún órgano real, posee una capa de células externas ciliadas que rodea las células reproductoras internas. Vive como endoparásito de los invertebrados marinos.

mester *m.* Voz histórica con el significado de arte u oficio. || ~ **de clerecía** LIT Género poético, cultivado por las personas doctas del Medioevo, que está centrado en temas devotos, históricos o clásicos. ~ **de juglaría** LIT Género de poesía propio de los juglares que se distingue del anterior por lo irregular de su versificación y por desarrollar temas de carácter popular, ligados a la tradición oral, como el *Cantar del Mio Cid.*

mestizaje 1 *m.* Cruzamiento de razas. 2 Conjunto de mestizos. 3 Mezcla de culturas distintas que da origen a una nueva.

mestizo, za 1 *adj.* y *s.* Dicho de alguien, que ha nacido de padre y madre de grupos raciales diferentes. 2 Dicho de un animal, que resulta de haberse cruzado dos razas distintas. 3 *adj.* Dicho de una cultura, un hecho espiritual, etc., que proviene de la mezcla de distintas culturas.

mesura 1 *f.* Seriedad y compostura en la actitud. 2 Moderación, comedimiento.

meta 1 *f.* Finalidad a la que se dirigen las acciones o los deseos de alguien. 2 DEP Final de una carrera. 3 DEP En ciertos deportes, portería. || ~ **volante** DEP Meta parcial de una etapa ciclística en la que se conceden puntos.

metabolismo *m.* BIOQ Conjunto de reacciones bioquímicas que constantemente se producen en el interior de los seres vivos, y que, mediante el consumo de energía, producen sustancias propias del cuerpo a partir de la materia obtenida del exterior (**anabolismo**) o bien, cediendo energía, degradan la sustancia del organismo y la transforman en compuestos más sencillos (**catabolismo**). Simultáneamente se producen sustancias lastre, o incluso tóxicas, que el organismo expulsa al exterior (excreción). || ~ **basal** BIOQ y FISIOL Mínima cantidad de energía necesaria para mantener las actividades corporales y que se utiliza para respirar, mantener los latidos del corazón y la circulación de la sangre, y para las actividades que realizan el sistema nervioso y los órganos internos.

metacarpo *m.* ANAT Parte de la mano comprendida entre el carpo y las falanges de los dedos y formada por cinco huesos.

metacrilato *m.* QUÍM Éster del ácido metacrílico que es usado para obtener resinas y plásticos transparentes y rígidos.

metacrílico *adj.* QUÍM Dicho de un ácido, que se encuentra como éster en la esencia de la manzanilla.

metadiscurso 1 *m.* LING Discurso que describe y explica las reglas de funcionamiento del discurso mismo. 2 LING Discurso que se refiere a otro discurso.

metafase *f.* BIOL Segunda fase de la **mitosis**, en que la membrana nuclear desaparece y los cromosomas se sitúan en el plano ecuatorial del centrosoma.

metafísico, ca 1 *adj.* Perteneciente o relativo a la metafísica. 2 *m.* y *f.* Persona que estudia la metafísica. 3 *f.* FIL Parte de la filosofía que trata del ser en cuanto tal, en su aspecto más general, y cuyo fin es la indagación de las primeras causas y principios de las cosas, la naturaleza íntima y el destino de los seres. || ~ **especial** FIL La que, desde una perspectiva racionalista, se ocupa del estudio de objetos que, por definición, trascienden la experiencia: Dios, alma y el mundo en su totalidad.

metafito, ta (Tb. metáfito) *adj.* BIOL Dicho de un organismo, que es multicelular y fotosintético, como las plantas y algunas algas.

metáfora *f.* Figura retórica consistente en trasladar el sentido propio de las palabras a otro figurado en virtud de una comparación tácita: *Las perlas del rocío*; *El rubí de tu sonrisa.*

metagoge *f.* En retórica, variedad de metáfora que consiste en aplicar voces significativas de cualidades o propiedades de los sentidos a cosas inanimadas: *Reírse el campo.*

metal 1 *m.* QUÍM Elemento químico sólido, con estructura cristalina a temperatura ambiente (a excepción del mercurio) y altos puntos de fusión y ebullición, que se encuentra en estado líquido y reúne propiedades como el brillo, la maleabilidad y la conductividad eléctrica y térmica. Bajo la acción de los ácidos da lugar a sales, mientras que sus óxidos e hidróxidos suelen tener un carácter básico más o menos intenso. Una mezcla de dos o más metales o de un metal y ciertos no metales, como el carbono, se denomina aleación. 2 HIST **edad** de los ~es. 3 MÚS Conjunto de instrumentos de la orquesta que incluye a los que se fabricaban con bronce, como la trompa, la trompeta, el trombón y la tuba, aunque hoy se empleen otras aleaciones. • U. t. en pl. || **~es alcalinos** QUÍM Dicho de un elemento químico, que pertenece al grupo 1 de la **tabla periódica de los elementos** conformado por: litio, sodio, potasio, rubidio, cesio y francio. Comparados con otros metales, estos son blandos, tienen puntos de fusión bajos y solo se encuentran en la naturaleza combinados con otros elementos. **~es alcalinotérreos** QUÍM Dicho de un elemento químico, que pertenece al grupo 2 de la **tabla periódica de los elementos** conformado por: berilio, magnesio, calcio, estroncio, bario y radio. Estos son bastante frágiles, pero alcanzan a ser maleables, dúctiles y buenos conductores de la electricidad y, cuando se calientan, arden fácilmente en el aire. **~es de transición** QUÍM Conjunto de elementos que se ubican en la parte central de la **tabla periódica de los elementos**, entre los grupos 3 y 12 y que incluyen en su configuración electrónica el orbital d. **~es de transición interna** QUÍM **TIERRAS** raras.

metaldehído *m.* QUÍM Polímero del aldehído acético que es usado como combustible sólido y en agricultura. Fórmula: $C_8H_{16}O_4$.

A B C D E F G H I J K L M N Ñ O P Q R S T U V W X Y Z

metalenguaje 1 *m.* INF Lenguaje utilizado para describir un sistema de lenguaje de programación. 2 LING Lenguaje técnico formal que se emplea para hablar de la lengua como si se tratara de otro objeto, por ejemplo, la gramática y la lexicografía.

metálico, ca 1 *adj.* Hecho de metal: *Mesa metálica.* 2 Perteneciente o relativo al metal: *Color metálico.* 3 **enlace** ~. 4 *m.* Dinero en monedas de metal, a diferencia del papel moneda.

metalingüístico, ca *adj.* Perteneciente o relativo al metalenguaje.

metalistería *f.* Arte de trabajar en metales.

metaliteratura *f.* LIT Tipo de literatura en la que se reflexiona sobre la naturaleza y la forma de una obra literaria.

metalizar 1 *tr.* Recubrir de metal un objeto. 2 QUÍM Hacer que un cuerpo adquiera propiedades metálicas. 3 *prnl.* QUÍM Convertirse una cosa en metal o adquirir sus propiedades.

metalófono *adj.* MÚS Dicho de un instrumento de percusión, que está formado por placas de metal afinadas y colocadas en fila sobre una caja de resonancia. Los sonidos se obtienen al golpear las láminas con unas baquetas.

metalogenia *f.* GEO Parte de la geología que estudia la formación de los yacimientos de metal.

metaloide 1 *m.* QUÍM **SEMIMETAL.** 2 QUÍM Cuerpo simple no metal que es mal conductor del calor y la electricidad, carece de brillo metálico y da ácidos derivados de sus óxidos. Puede ser un sólido difícil de fundir (diamante) o un gas (hidrógeno, nitrógeno, etc.).

metalurgia 1 *f.* Ciencia y técnica de los metales que incluye su extracción a partir de los minerales metálicos, su preparación, el estudio de las relaciones entre sus estructuras y propiedades, y su utilidad industrial. 2 Conjunto de industrias, en especial las pesadas, dedicadas a la elaboración de los metales.

metámero 1 *adj.* QUÍM Dicho de un cuerpo, que es isómero de otro. 2 *m.* ZOOL Cada uno de los segmentos constitutivos del cuerpo de los anélidos y los artrópodos.

metamórfico, ca 1 *adj.* GEO Dicho de una roca o un mineral, que ha sufrido metamorfismo. 2 GEO **rocas** ~s.

metamorfismo *m.* GEO Transformación de las rocas por la acción de agentes externos, como la presión y la temperatura. || ~ **de contacto** o **térmico** GEO El que se produce cuando las rocas entran en contacto con el magma ascendente. ~ **por presión** GEO El que se produce por la presión que se genera en un plano de falla e incluye elevadas tensiones que tienden a romper las rocas. ~ **regional** GEO El inscrito en áreas extensas de la corteza, como las zonas de subducción, con presión y temperatura muy altas.

metamorfosis 1 *f.* Transformación de una cosa en otra. 2 ZOOL Cambio que experimentan ciertos animales durante su desarrollo luego del proceso embrionario hasta adquirir las características de un ejemplar adulto. || ~ **completa** ZOOL Aquella en la que se diferencian claramente las fases de desarrollo. En la primera el embrión se forma dentro de un huevo y, cuando este eclosiona, el estado resultante es la larva, que en la siguiente fase se convierte en pupa. Al final del estado de pupa nace el ejemplar adulto. Los insectos y, con algunas variaciones muchos peces, moluscos y anfibios, son ejemplo de este tipo de metamorfosis. ~ **incompleta** ZOOL En la que los ejemplares jóvenes se parecen a los adultos y van transformándose gradualmente mediante mudas, por ejemplo, los saltamontes que pasan por tres estados sin tener un periodo de pupa.

metano *m.* QUÍM Hidrocarburo saturado y gaseoso a temperatura ambiente que constituye una mezcla explosiva (grisú) con el oxígeno y es uno de los componentes del gas natural.

metanol *m.* QUÍM **ALCOHOL** metílico.

metaplasma *f.* BIOL Contenido de la célula que no es materia viva.

metástasis *f.* MED Propagación de un foco canceroso en un órgano distinto de aquel en que se inició.

metatarso *m.* ANAT Planta del pie formada por cinco huesos.

metate *m.* Piedra cuadrada usada para moler el maíz, cacao, etc., mediante un cilindro que rueda sobre ella.

metátesis *f.* GRAM Cambio de lugar de algún fonema en una palabra, por ejemplo, *perlado* por *prelado.*

metatexto *m.* LING Conjunto de condiciones que determinan la ulterior producción e interpretación de un texto, como lo son las modalidades literarias vigentes, las estructuras discursivas que se articulan en el texto y los postulados teóricos.

metazoo *adj.* y *m.* ZOOL Dicho de un animal, que está constituido por un gran número de células especializadas y agrupadas en forma de tejidos, órganos y aparatos, como los vertebrados, moluscos o gusanos.

meteco *m.* En la antigua Atenas, nombre dado a los extranjeros.

metempsicosis *f.* REL Creencia de origen oriental, según la cual el alma del ser humano, después de la muerte, transmigra a otros cuerpos, más o menos perfectos, conforme a los méritos alcanzados en la existencia anterior.

meteorito 1 *m.* ASTR Partícula sólida que se encuentra en el espacio desplazándose en una órbita elíptica alrededor del Sol. 2 ASTR Esta misma partícula que, al entrar en contacto con la atmósfera terrestre, la penetra dando lugar a un meteoro. Si sus dimensiones son grandes, se fragmenta y sus restos caen sobre la superficie terrestre.

meteorización *f.* GEO Alteración de las rocas de la superficie de la Tierra por la acción mecánica o química de los agentes erosivos externos, como el agua, el viento, los cambios de temperatura, etc.

meteoro (Tb. metéoro) 1 *m.* ASTR Fenómeno luminoso que se produce por la entrada en la atmósfera planetaria de un cuerpo sólido procedente del espacio exterior y por su vaporización por el rozamiento debida a su gran velocidad. 2 GEO Fenómeno atmosférico, como el viento, la lluvia, la nieve, el arco iris, el rayo, etc.

meteorología *f.* GEO Parte de la geofísica dedicada a la observación sistemática y la explicación general de los fenómenos físicos que se producen en la baja atmósfera y al estudio estadístico de los elementos del clima (presión, humedad, temperatura, vientos, nubes y precipitaciones).

meter 1 *tr.* y *prnl.* Encerrar, introducir o incluir a alguien o algo en alguna parte. 2 *tr.* Promover un chisme. 3 Causar, producir. 4 Inducir o mover a alguien a que participe en algo. 5 Recoger en las costuras de una prenda la tela que sobra. 6 Estrechar o apretar las cosas en poco espacio. 7 *prnl.* Introducirse en una parte o en un asunto sin ser llamado. 8 Introducirse en el trato y amistad de alguien. 9 Entrar en un oficio, abrazar una profesión.

meticuloso, sa 1 *adj.* Concienzudo, que hace las cosas con cuidado. 2 Dicho de una cosa, hecha con cuidado.

metido, da 1 *adj.* Concentrado, comprometido. 2 Dicho de una persona, entrometida.

metileno 1 *m.* QUÍM Radical divalente ($=CH_2$) derivado del metano por pérdida de dos átomos de hidrógeno. 2 Denominación comercial del **alcohol** metílico.

metílico, ca *adj.* QUÍM Dicho de un compuesto, que contiene metilo.

metilo *m.* QUÍM Radical monovalente (CH_3—) derivado del metano por pérdida de un átomo de hidrógeno.

metionina *f.* BIOQ Aminoácido que contiene azufre y produce los grupos metilos necesarios para la célula. Se encuentra en las proteínas animales y vegetales y es indispensable para el organismo.

metódico, ca 1 *adj.* Hecho con método. 2 Que usa un método.

metodismo *m.* REL Doctrina de una secta protestante, iniciada en Inglaterra por J. C. Wesley en 1729, que busca un nuevo método de salvación en la oración, la lectura en común de la Biblia y la vigilancia recíproca.

metodizar *tr.* Poner orden y método en algo.

método 1 *m.* Modo de realizar algo con orden. 2 LÓG Procedimiento para hallar el conocimiento y enseñarlo. 3 Conjunto de normas, ejercicios, etc., para enseñar o aprender algo. || ~ **analítico** LÓG El que procede mediante el análisis, descomponiendo lo estudiado en sus diversos elementos o propiedades. ~ **científico** LÓG Estudio sistemático de la naturaleza que incluye técnicas de observación, reglas para el razonamiento y la predicción, ideas sobre la experimentación planificada y modos de comunicar los resultados. ~ **deductivo** FIL Forma de razonamiento en la que se parte de premisas o leyes generales para comprender y demostrar la veracidad de un fenómeno particular: *La geometría y las matemáticas emplean el método deductivo para confirmar sus teorías.* ~ **de ión-electrón** QUÍM Procedimiento para balancear una ecuación química a partir del **número de oxidación**. ~ **de tanteo** QUÍM Procedimiento en el cual se contabilizan los átomos de cada elemento en los **reactivos** y los productos y se ponen varias veces los coeficientes adecuados a cada lado de la ecuación química. ~ **inductivo** FIL Forma de razonamiento en la que se construyen premisas o leyes generales a partir de la observación de los datos sobre un fenómeno de estudio. ~ **sintético** LÓG El que procede por síntesis, es decir, componiendo los distintos elementos o propiedades estudiados en un todo.

metodología 1 *f.* LÓG Estudio de los métodos que se siguen en una investigación, un conocimiento o una interpretación. 2 En pedagogía, estudio de los métodos de enseñanza.

metonimia *f.* Figura retórica que consiste en designar una cosa con el nombre de otra, tomando el efecto por la causa (las *canas* por la *vejez*) o viceversa, el autor por sus obras (*leer a Cortázar* por *leer las obras de Cortázar*), lo concreto por lo abstracto (*nació con estrella* por *tiene buena suerte*) y otras construcciones similares.

metopa (Tb. métopa) *f.* ARQ Espacio que media entre triglifo y triglifo en el friso dórico.

metraje *m.* CIN Longitud en metros de una película cinematográfica.

metralla 1 *f.* Munición menuda con la que se cargan las piezas de artillería y otros explosivos. 2 Fragmento en que se divide un proyectil al estallar.

metralleta *f.* Arma ligera individual de cañón corto y tiro ametrallador.

métrico, ca 1 *adj.* Perteneciente o relativo al metro o la medida. 2 Perteneciente o relativo a la medida del verso. 3 *f.* Arte que trata de la medida o estructura de los versos, sus clases y distintas combinaciones que con ellos pueden formarse. || **sistema ~ decimal** Sistema de pesas y medidas que tiene como base el metro y en el cual las unidades de una misma naturaleza son 10, 100, 1000, 10 000 veces mayores o menores que la unidad principal de cada clase. Se dice comúnmente sistema métrico.

metro[1] 1 *m.* Unidad de medida básica dimensional del sistema internacional equivalente a la longitud recorrida por un rayo de luz en el vacío durante una fracción de segundo expresada por el coeficiente 1/299 792 458. Símbolo: m. 2 Medida de un verso. 3 CINTA métrica. || ~ **cuadrado** Unidad de medida de superficie equivalente a un cuadrado que tiene 1 metro de lado. ~ **cúbico** Unidad de medida de volumen equivalente a un cubo que tiene 1 metro de arista.

metro[2] *m.* Tren subterráneo o de superficie que pone en comunicación distintas zonas de las grandes ciudades.

metrología *f.* Ciencia que estudia la obtención y expresión del valor de las magnitudes por medio de métodos e instrumentos de medición apropiados.

metrónomo *m.* MÚS Aparato de relojería que hace oscilar un péndulo a la velocidad deseada y sirve para marcar el compás con que se ha de ejecutar una composición musical.

metrópoli 1 *f.* En las antiguas colonias griegas, la ciudad de origen. 2 Ciudad más importante de un territorio o Estado.

metropolitano, na 1 *adj.* Perteneciente o relativo a la metrópoli. 2 Perteneciente o relativo al conjunto urbano formado por una ciudad y sus suburbios.

metrorragia *f.* MED Hemorragia de la matriz fuera del periodo menstrual.

metrosexual *adj.* y *s.* Dicho de un hombre, que se preocupa en extremo por su apariencia física.

mexica 1 *adj.* y *s.* De un pueblo amerindio considerado azteca que habitó el sur de México y migró al valle de Atzan. 2 De México o relacionado con los antiguos aztecas.

mezanine *m.* Entrepiso situado entre la primera y la segunda planta de un edificio.

mezcal 1 *m.* Variedad de agave. 2 Aguardiente elaborado con dicha planta.

mezcalina *f.* QUÍM Alcaloide que se obtiene del mezcal o del peyote y es un alucinógeno cuyo consumo crea hábito.

mezcla 1 *f.* Acción y efecto de mezclar. 2 Sustancia obtenida de la mezcla de otras. 3 ARGAMASA. 4 CIN Técnica de acoplar diálogos, efectos sonoros y música en la banda sonora de un filme. 5 FÍS Agregación o incorporación de varias sustancias que no tienen entre sí acción química.

mezclador, ra 1 *m.* y *f.* Persona que mezcla. 2 Máquina o herramienta que sirve para mezclar. || ~ **de sonidos** Dispositivo en el que se reciben las corrientes moduladas procedentes de varios micrófonos para ser dosificadas.

mezclar 1 *tr.* y *prnl.* Juntar o unir varias cosas con otras. 2 Meter a alguien en algo que no le interesa. 3 *tr.* Desordenar, desarreglar. 4 *prnl.* Introducirse en un ambiente social ajeno.

mezquita *f.* ARQ y REL Edificio islámico que está destinado a la oración de los fieles y puede variar en tamaño y estilo. Siempre se distinguen en él los siguientes elementos: el patio de abluciones o *sahn*, un muro y patio que miran en dirección a La Meca o *quibla* y el espacio cubierto para la oración. En el centro de la *quibla* suele estar situado el *mihrab*, un nicho cuya finalidad es orientar al fiel hacia La Meca.

mezzosoprano (Voz it.) 1 *m.* MÚS Voz media entre la de soprano y la de contralto. 2 Persona que tiene esta voz.

mi[1] *m.* MÚS Tercera nota de la escala musical.

mi[2] *adj. poses.* Apócope de MÍO. • U. ante un s. m. o f.: *Era mi hermano; Son mis amigas.*

mi³ *f.* Duodécima letra del alfabeto griego (M, μ), que corresponde a la *m* del latino.
mí *pron. pers.* Forma de la primera persona del singular que, precedida de preposición y en acusativo y dativo, designa a la persona que habla o escribe: *Compró esa casa para mí; A mí no me invitaron.*
miami *adj.* y *s.* De un pueblo amerindio que habitó en los actuales estados de Indiana, Illinois, Ohio y Míchigan, en EE. UU. y en la actualidad está asentado en Oklahoma e Indiana.
miasma *m.* o *f.* Efluvio que se desprende de las materias corruptas o aguas estancadas. • U. m. en pl.
miastenia 1 *f.* MED Trastorno funcional de los músculos caracterizado por un estado de fatigabilidad excesiva. 2 Debilidad muscular.
miau onomat. Se usa para representar el maullido del gato.
mica *f.* GEO Silicato que forma láminas finas y flexibles de diversa coloración y tiene muchas aplicaciones en la industria por su elasticidad, propiedades aislantes, baja conductividad térmica, etc.
micado *m.* **MIKADO**.
micción *f.* Acción de orinar.
micelio *m.* BIOL Talo de los hongos que está formado por hifas entrelazadas, cuyo entramado puede ser laxo o constituir un agregado denso con aspecto de verdadero tejido.
micénico, ca *adj.* y *s.* HIST De Micenas o relacionado con esta antigua ciudad griega y su cultura.
□ **civilización micénica** HIST y ART Civilización que se desarrolló en la Grecia continental en torno a la ciudad de Micenas, a partir del s. XV a. C. y cuya influencia se extendió por el Peloponeso, Grecia central y algunas islas del Egeo; concluyó con la invasión doria en el s. XII a. C. Su forma característica de poblamiento fue la ciudad, cuyos ejemplos más importantes fueron Micenas y Tirinto. La arquitectura se caracterizó por su colosalismo, la distribución cuadrilonga de los palacios en torno a una sala principal, sus ciudades fortificadas y sus enterramientos circulares. Se desarrolló la pintura al fresco, que de manera esquemática representaba escenas de batallas y cacerías. La cerámica era estilizada y su decoración se basaba en motivos de la naturaleza.
mico, ca *m.* y *f.* Mono de cola larga.
micología *f.* BIOL Parte de la biología que estudia los hongos.
micoplasma *m.* BIOL Microorganismo que carece de pared celular, vive como parásito de las mucosas, produce enfermedades respiratorias, y es resistente a los antibióticos.
micorriza *f.* BIOL Asociación simbiótica entre un conjunto de hifas de un hongo y las raíces de ciertas plantas. Las hifas penetran en las raíces y ayudan a las plantas a conseguir algunos nutrientes del suelo, como fósforo o nitrógeno; a cambio el hongo recibe hidratos de carbono.
micosis *f.* MED Infección causada por hongos. Puede afectar a la piel o a los órganos internos.
micra *f.* Medida de longitud equivalente a la milésima parte de un milímetro. Símbolo: μ.
microanálisis *m.* QUÍM Técnica de análisis químico realizado sobre pequeñas cantidades de materia. Utiliza aparatos ultrasensibles y microscopios. Se emplea en química nuclear y en bioquímica.
microbio *m.* BIOL **MICROORGANISMO**.
microbiología *f.* BIOL Parte de la biología que estudia los microorganismos.
microbiota *f.* ECOL Conjunto de organismos microscópicos (algas, protozoos, bacterias, etc.) que viven en el suelo, contribuyendo a la transformación química de la materia orgánica muerta.
microbús *m.* Automóvil para el transporte de pasajeros, más pequeño que el autobús.
microcefalia *f.* MED Tamaño reducido del cráneo, coincidente con una atrofia del cerebro, que suele causar oligofrenia.
microcircuito *m.* ELECTRÓN Circuito electrónico pequeño, compuesto de circuitos integrados, transistores, diodos y resistencias.
microcirugía *f.* MED Cirugía practicada con microscopio e instrumentos especiales.
microclima *m.* GEO Conjunto de condiciones climáticas particulares de un espacio homogéneo de extensión reducida. La acción combinada del relieve, la altitud, el suelo o la vegetación influyen en su determinación.
microcomponente *m.* ELECTRÓN Conjunto de elementos que forman un circuito electrónico.
microcosmos (Tb. microcosmo) *m.* FIL Según ciertos filósofos, el ser humano considerado como reflejo y resumen del universo.
microeconomía *f.* ECON Parte de la teoría económica que estudia la interrelación de las acciones individuales de un comprador o una empresa.
microelectrónica *f.* ELECTRÓN Técnica de realizar circuitos electrónicos en miniatura.
microempresa *f.* Empresa pequeña cuya clasificación depende de cada país, que suele ser de máximo diez empleados, baja facturación y su propietario suele trabajar como empleado.
microespacio *m.* En televisión y radio, programa de corta duración que es emitido en medio de los programas de más audiencia para promocionar un producto.
microestructura *f.* LING Conjunto de relaciones coherentes que se da entre las oraciones y los términos que conforman un texto.
microfaradio *m.* ELECTR Unidad de medida práctica de capacidad de un condensador equivalente a la millonésima parte de un faradio. Símbolo: μF.
microfilamento *m.* BIOL Estructura filamentosa del tejido muscular constituida por actina.
microfilme *m.* Película donde se reproducen documentos fotográficamente, a tamaño muy reducido, para facilitar su archivo.
micrófito (Tb. microfito) *m.* BIOL **Fitoplanctón** que constituye la base de la cadena alimentaria acuática, como las algas.
micrófono *m.* Transductor electroacústico para hacer ondulatorias las corrientes eléctricas en relación con las vibraciones sonoras.
microfotografía *f.* FOT Técnica para obtener fotografías mediante el uso del microscopio.
microgravedad *f.* FÍS Manifestación mínima del peso de los cuerpos ante la ausencia de gravedad.
microhistoria *f.* HIST Rama de la historia que estudia cualquier tipo de acontecimiento, personaje o hecho pasado, especialmente cotidiano, sin tener en cuenta si este es o no relevante para la historia en general.
micrómetro *m.* Instrumento para medir cantidades lineales o angulares muy pequeñas.
micromódulo *m.* ELECTRÓN Circuito electrónico miniaturizado, dispuesto sobre un sustrato aislante.
micronutriente *m.* QUÍM Nutriente requerido en menor proporción para el crecimiento de los vegetales, como el hierro, cobre, manganeso, molibdeno, níquel y boro, entre otros.
microonda *f.* FÍS Onda electromagnética situada entre los rayos infrarrojos (cuya frecuencia es mayor) y las ondas de radio convencionales, cuya longitud va desde aprox. 1 mm hasta 30 cm. Tiene aplicaciones en radio,

A B C D E F G H I J K L M N Ñ O P Q R S T U V W X Y Z

televisión, radares, comunicación satelital, cocción de alimentos, etc.

microorganismo *m.* BIOL Organismo que solo puede ser observado con el microscopio, como las bacterias, los protozoos y las algas unicelulares, algunos hongos y levaduras, los virus, etc.

micrópilo *m.* BIOL Pequeña abertura del óvulo por donde penetra el semen o el polen.

microprocesador *m.* ELECTRÓN Unidad central de tratamiento de la información constituida por uno o varios microcircuitos electrónicos integrados.

microrrelato *m.* Género narrativo caracterizado por su extrema brevedad.

microscópico, ca 1 *adj.* Perteneciente o relativo al microscopio. 2 Hecho con ayuda del microscopio. 3 Tan pequeño, que solo puede verse con el microscopio.

microscopio *m.* ÓPT Instrumento óptico formado por un sistema de lentes que permite obtener una imagen ampliada (hasta dos mil veces) de objetos extremadamente diminutos. El término designa diversos sistemas ópticos que permiten observar en aumento el tamaño de los objetos. Consta de tres elementos fundamentales: el sistema de iluminación, el objetivo y el ocular. Tanto el objetivo como el ocular son convergentes. || ~ **electrónico** ÓPT Dispositivo análogo al microscopio, en el cual las lentes están sustituidas por campos electromagnéticos y la luz por un haz de protones. Puede alcanzar más de 200 000 aumentos. Consta básicamente de un cañón de electrones, lentes magnéticas, un sistema de vacío y un sistema que registra o muestra la imagen que producen los electrones. ~ **estereoscópico** ÓPT El conformado por un par de microscopios compuestos de baja potencia, ensamblados de manera que convergen en el objeto en ángulo ligeramente diferente, con el propósito de lograr una sensación de relieve.

microsegundo *m.* Unidad de medida de tiempo equivalente a la millonésima parte de un segundo. Símbolo: Ms.

microsonda *f.* Aparato que determina los elementos que contiene una muestra muy fina mediante el impacto de un haz de electrones en esta.

microvoltio *m.* ELECTR Unidad de diferencia de potencial y de fuerza electromotriz equivalente a una millonésima (10–6) de voltio. Símbolo: μV.

miedo 1 *m.* Perturbación angustiosa del ánimo por un riesgo o mal real o imaginario. 2 Recelo que alguien tiene de que le suceda algo no deseado. 3 Aprensión, ansiedad, recelo.

miel 1 *f.* Sustancia viscosa, amarillenta y dulce que producen las abejas a partir del néctar de las flores y acumulan en los panales para que sirva de alimento a las crías. Tiene gran valor energético y es importante en la dieta de muchos animales, en tanto que en la dieta humana se emplea para multitud de fines. 2 Néctar de las flores. 3 **MELAZA**.

mielina *f.* ANAT Sustancia lipoidea blanca que envuelve el cilindro eje de algunas fibras nerviosas.

mielitis *f.* MED Inflamación de la médula espinal.

mielografía *f.* MED Radiografía del canal medular que es tomada después de inyectar en este una sustancia para opacar los rayos X.

miembro 1 *m.* y *f.* Persona que forma parte de una comunidad. 2 *m.* Parte de un todo unida o separada de él. 3 ANAT Cualquiera de las extremidades articuladas con el tronco. 4 MAT Cualquiera de las dos cantidades de una ecuación separadas por el signo de igualdad (=), o de una desigualdad separadas por los signos (<) o (>). 5 Órgano sexual del hombre y algunos animales.

mientras 1 *adv. t.* Durante el tiempo en que sucede algo o en el intervalo: *Ella escuchaba mientras tú hablabas con el director.* 2 *conj. temp.* Enlaza dos segmentos entre los cuales se establece una relación temporal: *Quiero que guardes este dinero mientras pasa la recesión.* || ~ **que** En cambio: *Todos hicieron un gran esfuerzo, mientras que tú solo criticabas.*

miércoles *m.* Tercer día de la semana, comprendido entre el martes y el jueves. || ~ **de ceniza** REL Primer día de la Cuaresma católica.

mierda 1 *f.* Excremento humano o animal. 2 Suciedad, basura.

mies 1 *f.* Planta madura del trigo con la cual se hace el pan. 2 Tiempo de la cosecha de granos.

miga 1 *f.* **MIGAJA**. 2 Parte interior y blanda del pan, cubierta por la corteza.

migaja 1 *f.* Porción muy pequeña de algo. 2 *f. pl.* Pedacitos de pan que caen de la mesa o quedan sobre ella.

migala *f.* Arácnido que se caracteriza por su gran tamaño, abundante vello y color negro. Vive en las zonas tropicales y su picadura puede ser mortal para el ser humano.

migración 1 *f.* Desplazamiento de un grupo humano de una zona a otra por causas económicas o políticas. Se compone de una **emigración** o salida del lugar de origen y una **inmigración** en el lugar de llegada. 2 ECOL Desplazamiento periódico colectivo de ciertas especies animales, coincidente con el proceso reproductivo. 3 GEO Traslado de sustancias de una parte a otra del suelo.

migrante *adj.* y *s.* Que se desplaza de su lugar de origen a otro diferente.

migraña *f.* MED Intensa cefalea que con frecuencia afecta solo a un lado de la cabeza. Es de carácter pulsátil y se asocia con uno o más de los siguientes síntomas: hipersensibilidad a la luz, náuseas, vómitos y vértigo.

migratorio, ria 1 *adj.* Perteneciente o relativo a la migración de personas. 2 Perteneciente o relativo a las migraciones de ciertos animales. 3 Perteneciente o relativo a estos animales: *Ave migratoria.*

mihrab *m.* Nicho adonde miran los musulmanes cuando oran en las mezquitas.

mijo 1 *m.* BOT Planta herbácea, de las gramíneas, que posee hojas largas, flores en panoja terminal y un gran valor nutritivo por el que es usado para la alimentación humana y como forraje. 2 Grano de esta planta.

mikado (Tb. micado) 1 *m.* Título dado al emperador del Japón en circunstancias solemnes. 2 Palacio imperial japonés.

mil 1 *adj.* Diez veces ciento. 2 *adj.* y *s.* **MILÉSIMO**: *Año mil; Número mil.* 3 *m.* Signo con que se representa este número.

milagro 1 *m.* Suceso extraordinario y maravilloso. 2 Éxito espectacular e inesperado. 3 REL Suceso que trasciende las leyes de la naturaleza y se presenta como el reflejo de una intervención divina o de fuerzas sobrenaturales. 4 TEAT Pieza teatral breve basada en la vida de un santo.

milanesa *f.* Filete de carne apanado.

milano *m.* Ave diurna rapaz, de pico corto y alas muy largas, que se alimenta con preferencia de roedores pequeños, insectos y carroñas.

milenario, ria 1 *adj.* y *s.* Dicho de una persona, que creía que el fin del mundo acaecería en el año 1000 de la era cristiana. 2 REL Dicho de una persona, que cree que Jesucristo reinará sobre la tierra durante mil años antes del día del Juicio Final. 3 *m.* Espacio de mil años. 4 Milésimo aniversario.

milenio *m.* Periodo de mil años.

milenrama *f.* Planta herbácea, de las compuestas, que posee hojas laciniadas y flores en corimbos blancos y es usada como hemostático y tónico.

milésimo, ma 1 *adj.* y *s.* Dicho de cada una de las mil partes en que se divide un todo. 2 *adj.* Que sigue inmediatamente en orden al 999.

milhoja 1 *f.* Bizcocho compuesto de varias capas de hojaldre que lleva merengue u otro dulce entre una y otra capa. 2 **MILENRAMA.**

miliamperio *m.* ELECTR Unidad de medida de la intensidad de la corriente eléctrica equivalente a una milésima de amperio. Símbolo: mA.

milibar *m.* FÍS Unidad de medida de la presión atmosférica equivalente a una milésima de bar. Símbolo: mb.

milicia 1 *f.* Arte de la guerra y de disciplinar a los soldados para ella. 2 Servicio o profesión militar. 3 Tropa o gente de guerra. 4 REL Coros de los ángeles.

miliciano, na 1 *adj.* Perteneciente o relativo a la milicia. 2 *m.* y *f.* Persona vinculada a una milicia.

miligramo *m.* Unidad de medida de la masa equivalente a la milésima parte de 1 gramo. Símbolo: mg.

mililitro *m.* Unidad de medida de volumen equivalente a la milésima parte de 1 litro, es decir, 1 cm^3. Símbolo: ml.

milímetro *m.* Unidad de medida de longitud equivalente a la milésima parte de 1 metro. Símbolo: mm. || ~ **de mercurio** FÍS Unidad de medida de presión equivalente a la ejercida por una columna de mercurio de un milímetro de altura. Símbolo: mmHg.

militancia 1 *f.* Acción y efecto de militar 2 Ideología política determinada. 3 Conjunto de militantes.

militante *adj.* y *s.* Que milita en un sindicato o partido político.

militar[1] 1 *adj.* Perteneciente o relativo a la milicia o a la guerra. 2 POLÍT **junta** ~. 3 *m.* y *f.* Miembro del ejército.

militar[2] 1 *intr.* Servir en la milicia. 2 Ser miembro activo de un sindicato o partido.

militarismo 1 *m.* POLÍT Predominio de los militares en el gobierno del Estado. 2 POLÍT Doctrina que lo defiende.

militarizar 1 *tr.* Dar carácter u organización militar a una colectividad. 2 Infundir la disciplina y el espíritu militar. 3 Ocupar las fuerzas militares un territorio.

milla 1 *f.* Medida itineraria romana que equivalía a 1000 pasos. 2 Medida itineraria anglosajona equivalente a 1609,3 metros. 3 Medida de longitud marina equivalente a 1852 metros.

millar 1 *m.* Conjunto de mil unidades. 2 Signo (ID) que lo representa. 3 Número grande indeterminado.

millo *m.* **MAÍZ**, planta gramínea.

millón 1 *m.* Mil millares. 2 Número muy grande, indeterminado.

millonada *f.* Cantidad como de un millón.

millonario, ria *adj.* y *s.* Muy rico o acaudalado.

millonésimo, ma *adj.* y *s.* Dicho de cada una del millón de partes iguales en que se divide un todo.

milonga *f.* FOLCL Canción popular bailable suramericana de ritmo binario, que es lenta y se interpreta acompañada de guitarra.

milpiés *m.* Artrópodo miriápodo que tiene el cuerpo alargado y anillado de color oscuro y numerosas patas muy cortas. Se enrosca formando una espiral y despide un olor fétido para protegerse.

mimar 1 *tr.* Hacer caricias y halagos. 2 Tratar con excesivo regalo y condescendencia.

mimbrera *f.* Arbusto de las salicáceas que posee hojas lanceoladas, flores en amentos, fruto en cápsula y ramas flexibles, que se usan en cestería.

mimeógrafo *m.* Aparato que reproduce material impreso o escrito por medio de un estarcido de papel con una capa de parafina.

mimesis 1 *f.* Imitación de los gestos y las palabras de una persona, generalmente con afán de burla. 2 FIL En la estética clásica, imitación de la naturaleza que como finalidad esencial tiene el arte.

mimetismo 1 *m.* Acción y efecto de mimetizar o mimetizarse. 2 BIOL Propiedad de ciertos animales y plantas de adoptar el color y la forma de los objetos y seres que los rodean.

mimetizar 1 *tr.* **IMITAR**, copiar. 2 *prnl.* Adoptar la apariencia de los seres u objetos del entorno.

mímico, ca 1 *adj.* Perteneciente o relativo al mimo y a la representación de sus fábulas. 2 Perteneciente o relativo a la mímica. 3 *f.* TEAT Arte de expresarse por medio de gestos y ademanes.

mimo[1] 1 *m.* TEAT En el teatro griego y romano, representación teatral satírica. 2 TEAT Actor que usa movimientos y gestos para expresarse.

mimo[2] 1 *m.* Cariño, demostración de ternura. 2 Actitud de una persona que quiere que la mimen. 3 Cuidado, delicadeza con que se hace algo.

mimosa *f.* Arbol legumino mimosáceo que posee hojas compuestas, flores pequeñas y actinomorfas y fruto en legumbre.

mimosáceo, a *adj.* y *f.* BOT Dicho de una planta, angiosperma dicotiledónea, que tiene fruto en legumbre, hojas compuestas y flores muy pequeñas reunidas en cabezuelas dispuestas en racimos, como la acacia.

mina 1 *f.* Yacimiento de minerales de útil explotación. 2 Excavación subterránea o a cielo abierto para extraer un mineral. 3 Aquello que abunda en cosas valiosas o de que puede sacarse provecho. 4 Barra de grafito del interior del lápiz. 5 Tubo plástico que contiene la tinta en los esferográficos. || ~ **antipersonal** Tipo de bomba explosiva que, enterrada o camuflada, produce su explosión al ser rozada por una persona, vehículo, etc. ~ **submarina** Torpedo fijo usado por los buques de una armada para la defensa y el ataque.

minar 1 *tr.* Abrir galerías bajo tierra. 2 Destruir poco a poco. 3 Colocar minas explosivas.

mineral 1 *adj.* Perteneciente o relativo al grupo de sustancias inorgánicas o a alguna de sus partes. 2 FISIOL **nutrientes** ~es. 3 *m.* GEO Sustancia natural sólida que forma parte de la corteza terrestre y posee una composición química específica con características de color, brillo, dureza, fusibilidad, índice de refracción, peso específico, etc. Puede tener origen ígneo, sedimentario o metamórfico.

mineralización *f.* GEO Proceso edáfico, fundamentalmente biológico, de transformación de restos animales y vegetales en sustancias minerales sencillas y solubles.

mineralizar 1 *tr.* y *prnl.* Transformar una sustancia en mineral. 2 *prnl.* Cargarse las aguas de sustancias minerales.

mineralogía *f.* GEO Parte de la geología que estudia los minerales.

minería *f.* Técnica de prospección, extracción y beneficio de las minas.

minestrone *f.* Sopa de origen italiano que contiene legumbres, verduras, pasta y arroz.

minga *f.* Reunión de amigos y vecinos para hacer algún trabajo en común, sin más remuneración que la comida y el licor que les ofrece el dueño cuando terminan.

mingitorio *m.* Orinal con forma de columna.

miniar *tr.* ART Pintar miniaturas. El término deriva del italiano *miniare,* 'pintar con minio', óxido de plomo que se empleaba en el Medioevo para la decoración de manuscritos.

miniatura 1 *adj.* Dicho de algo, que es de dimensiones muy reducidas con respecto a otros de su especie. 2 *f.* ART Pintura de tamaño pequeño. 3 Cualquier objeto de pequeñas dimensiones. 4 Modelo de un objeto a escala muy reducida.

miniaturista *m.* y *f.* Artista que realiza miniaturas.
minicuento *m.* Cuento breve.
minifalda *f.* Falda muy corta.
minifundio *m.* ECON Finca rústica por lo general de carácter familiar, pequeña extensión, precario nivel técnico y baja productividad, que está orientada al autoconsumo y complementa su economía con otros trabajos.
mínima *f.* **MÍNIMO.**
minimalismo 1 *m.* ART Estilo artístico que simplifica al máximo sus medios de expresión y en el que la obra se reduce a estructuras geométricas sencillas y modalidades elementales de materia y color. 2 MÚS Estilo de composición de finales del s. XX, en el que un motivo simple, con un pulso fuerte y regular, se repite, durante extensos periodos de tiempo, con mínimas variaciones.
minimercado *m.* Establecimiento más pequeño que un supermercado en donde se venden alimentos y artículos de consumo básico.
minimizar 1 *tr.* Reducir el volumen de algo. 2 Quitar importancia a algo. 3 INF Reducir, con un clic en el ratón del computador, una ventana para convertirla en un ícono.
mínimo, ma 1 *adj.* Dicho de algo tan pequeño en su especie, que no lo hay menor ni igual. • Superlativo irreg. de *pequeño*. 2 *m.* MAT En un conjunto parcialmente ordenado, elemento en el que cualquier otro elemento es mayor o igual a él. 3 ECON **salario ~.** 4 *m.* y *f.* Límite o extremo al que se puede reducir algo. 5 *f.* MÚS **BLANCA.**
minimosca *adj.* y *m.* DEP Dicho de una categoría de boxeo, que comprende a los deportistas que pesan hasta 49,243 kg, los profesionales, o 48 kg, los aficionados.
minino, na *m.* y *f.* Gato, animal.
minio *m.* QUÍM Óxido de plomo, de color rojo anaranjado, que es usado como pigmento y para proteger de la corrosión.
miniserie *f.* TV Serie de televisión de pocos capítulos.
ministerio 1 *m.* Conjunto de ministros de un Estado. 2 Cada uno de los departamentos del poder ejecutivo de un Estado. 3 Cargo de un ministro. 4 Edificio en el que se hallan las oficinas de cada departamento ministerial. 5 REL Servicio eclesial derivado del sacramento del orden. || ~ **público** Órgano público específico que es el encargado de cooperar en la administración de justicia y de velar por el interés del Estado, la sociedad y los particulares.
ministro, tra 1 *m.* y *f.* Responsable de cada uno de los departamentos del poder ejecutivo de un Estado. 2 Responsable de ciertas funciones de algunas comunidades religiosas. 3 **consejo** de ~s. 4 En las misas cantadas, el diácono y el subdiácono.
minoico, ca 1 *adj.* y *s.* De la antigua Creta o relacionado con este pueblo prehelénico. 2 HIST Perteneciente o relativo a la civilización prehelénica de esta isla cuyo nombre procede del mítico rey Minos.
□ **civilización minoica** HIST y ART Civilización que se desarrolló en la isla de Creta entre el III milenio a. C. y el s. XI a. C. Paralelamente al auge comercial y económico de la isla se produjo un desarrollo sobresaliente en las artes, cuya expresión más refinada se dio en la arquitectura y la pintura mural. Sobresale el palacio de Cnosos, que tenía una altura de tres o cuatro pisos y poseía muchas habitaciones extensas y pasillos. Entre sus pinturas llaman la atención las de las escenas del salto del toro, una actividad que quizá dio paso al mito griego del Minotauro. Los santuarios del palacio eran el lugar destinado a adorar a la diosa madre. La caída de la civilización minoica coincidió con el comienzo del periodo más próspero de la civilización micénica en Grecia.
minoría 1 *f.* Parte menor de una colectividad. 2 Parte de una colectividad que difiere de la mayoría por etnia, lengua, religión, etc. 3 Grupo de personas de ideas divergentes en una colectividad.
minorista *m.* Comerciante que vende al por menor.
minoritario, ria *adj.* y *s.* Que pertenece a la minoría.
minucia *f.* Cosa pequeña o sin importancia.
minucioso, sa *adj.* Que pone gran cuidado y esfuerzo en las cosas más pequeñas.
minué 1 *m.* Baile francés para dos personas que se ejecuta en compás ternario y estuvo de moda en el s. XVIII. 2 MÚS Música de este baile.
minuendo *m.* MAT Cantidad de la que ha de restarse otra.
minueto *m.* MÚS Composición instrumental, en compás ternario, que se intercala entre los tiempos de una sonata, cuarteto o sinfonía.
minúsculo, la 1 *adj.* De muy pequeñas dimensiones o de muy poca entidad. 2 *adj.* y *f.* Dicho de una letra, que es de menor tamaño que la mayúscula y que se emplea en la escritura constantemente, sin más excepción que la de los casos en que se debe emplear la **mayúscula.**
minusválido, da *adj.* y *s.* Dicho de una persona, que tiene una incapacidad física.
minusvalorar *tr.* Subestimar, valorar alguna cosa menos de lo debido.
minuta 1 *f.* Anotación para recordar algo. 2 Borrador o copia de un documento. 3 Relación de empleados. 4 Menú de una comida.
minutero *f.* Manecilla que señala los minutos en el reloj.
minuto 1 *m.* Unidad de medida de tiempo, sexagésima parte de una hora, equivalente a 60 segundos. Símbolo: min. 2 GEOM Medida de ángulo, también denominada minuto de arco, igual a la sexagésima parte de un grado cuando el círculo se divide en 360°. Un minuto es igual a 60 segundos de arco. Los símbolos que representan las diferentes unidades son *1°* (un grado), *1'* (un minuto) y *1"* (un segundo).
mío, a *adj. poses.* Que pertenece a la persona que habla o escribe: *El problema era mío; Esas guitarras son mías.* • Se usa el apócope *mi* ante un s. *m.* o *f.*: *Era mi problema; Esas son mis guitarras.* || **lo** ~ coloq. Señala lo característico o indicado de una persona: *Lo mío es la gimnasia.*
miocardio *m.* ANAT Parte muscular del corazón que está ubicada entre el pericardio y el endocardio.
mioceno, na *adj.* y *s.* GEO Dicho de una época del periodo terciario, que se sitúa entre el Oligoceno y el Pleistoceno. Se inició hace 26 millones de años y finalizó hace 12 millones de años. Durante la misma terminaron de formarse los grandes sistemas montañosos (Alpes, Himalaya, Andes y Rocosas), apareció el casquete antártico en el hemisferio sur y en el hemisferio norte se convirtieron grandes áreas de bosques en enormes praderas. La fauna predominante durante esta época incluyó mamíferos como el mastodonte, rinoceronte, camello, gato, caballo y algunas especies de grandes simios relacionados con el orangután. • Se escribe con may. inic. c. s.
miología *f.* ANAT Parte de la anatomía que estudia el sistema muscular.
mioma *m.* MED Tumor formado de tejido muscular.
miopía *f.* MED Defecto de la visión consistente en que los rayos luminosos paralelos convergen en un punto anterior a la retina.
miosina *f.* BIOL Proteína fibrosa y abundante que interviene en la contracción muscular al mezclarse con la actina.

miosotis *f.* Planta borraginácea que posee tallos casi tendidos, espinitas revueltas hacia abajo, hojas ásperas y flores azules.
mira 1 *f.* Pieza de un instrumento donde se fija la mirada para asegurar la puntería, medir u observar. 2 Intención, finalidad. 3 Regla para medir desniveles.
mirada 1 *f.* Acción de mirar. 2 Modo de mirar.
mirador, ra 1 *adj.* Que mira. 2 *m.* Lugar desde donde se mira.
miraguano *m.* Palma cuyos frutos tienen una materia semejante al algodón.
miramiento 1 *m.* Acción de mirar, atender o considerar algo. 2 Atención en la ejecución de una cosa o respeto en el trato.
mirar 1 *tr.* e *intr.* Fijar la vista en alguien o algo. • U. t. c. prnl. 2 *tr.* Observar. 3 Inquirir, buscar. 4 *intr.* Tener una finalidad. 5 Apreciar, estimar algo. 6 Estar situada una cosa o parte de ella enfrente de otra. 7 Cuidar, atender a alguien o algo. 8 *prnl.* Meditar un asunto antes de decidir sobre él.
miríada *f.* Cantidad grande e indefinida.
miriámetro *m.* Medida de longitud equivalente a 10 000 metros.
miriápodo *adj.* y *m.* ZOOL Dicho de un artrópodo, mandibulado terrestre, que posee respiración traqueal, dos antenas y cuerpo largo y compuesto de numerosos segmentos, la mayoría de los cuales lleva uno o dos pares de apéndices locomotrices, como el milpiés y el cienpiés.
mirilla 1 *f.* Abertura en una pared o puerta para observar quién llama. 2 Abertura de algunos instrumentos para dirigir visuales.
miriñaque *m.* Tela rígida o almidonada, a veces con un armazón metálico, que se llevaba bajo las faldas para darles vuelo.
miristicáceo, a *adj.* y *f.* BOT Dicho de una planta, angiosperma dicotiledónea, que es propia de las zonas tropicales y posee hojas esparcidas, sencillas y enteras, flores irregulares y apétalas y fruto carnoso.
mirlo *m.* Ave paseriforme, de unos 25 cm de longitud, plumaje oscuro y pico amarillo que es muy apreciado por su canto.
mirón, na 1 *adj.* y *s.* Que mira demasiado y con curiosidad. 2 Dicho de una persona, que observa el trabajo o el juego de los otros.
mirra *f.* Gomorresina roja, aromática, amarga y frágil que se obtiene de varios árboles de las burseráceas y se usa en medicina y perfumería.
mirtáceo, a *adj.* y *f.* BOT Dicho de una planta, dicotiledónea, que posee hojas opuestas, flores hermafroditas y fruto en drupa o cápsula y crece en las zonas cálidas y templadas.
mirto *m.* Arbusto de las mirtáceas, que posee hojas opuestas, flores blancas axilares y fruto en baya.
misa 1 *f.* REL Ceremonia ritual católica y anglicana, en memoria de la muerte y resurrección de Jesucristo. 2 MÚS Composición que hasta el s. X aprox. era monódica (canto llano o gregoriano) y con posterioridad evolucionó hacia un estilo polifónico. Sus textos son los propios de la ceremonia religiosa y su música se compone para ser interpretada durante la celebración de esta. || ~ **negra** Parodia de la misa católica que rinde culto a Satán o al demonio.
misal *m.* Libro que contiene los textos de la misa.
misántropo, pa *m.* y *f.* Persona que aborrece el trato con los demás.
miscelánea 1 *f.* Mezcla de cosas diversas. 2 Escrito o sección de un periódico de temas muy diversos.
miserable 1 *adj.* y *s.* Desdichado, infeliz. 2 Pobre, indigente.
miserere *m.* REL Función litúrgica en que se canta el salmo 50, que empieza con esta palabra.
miseria 1 *f.* Falta de lo imprescindible, pobreza extremada. 2 Desgracia, infortunio. 3 Avaricia, mezquindad.
misericordia 1 *f.* Virtud que inclina el ánimo a compadecerse de las penas ajenas. 2 Compasión.
misiá (Tb. misia) *f.* Tratamiento dado a las mujeres, equivalente al de señora.
misil *m.* Proyectil provisto de una cabeza explosiva que es propulsado por un cohete o reactor o guiado por un sistema de orientación. Puede ser nuclear y tener un alcance de 10 000 km.
misión 1 *f.* Acción de enviar. 2 Facultad que se da a una persona de ir a desempeñar un cometido. 3 Comisión temporal dada por un gobierno a un diplomático. 4 Cosa realizada por una persona por creer que es su deber. 5 Expedición científica por tierras poco exploradas. 6 REL Propagación de la doctrina evangélica que hacen las iglesias cristianas en un territorio de mayoría no cristiana o de adoctrinamiento de los fieles en países cristianos. 7 Conjunto de sacerdotes y religiosos enviados con este objeto a países infieles. 8 Lugar o edificio en donde residen.
misionero, ra 1 *adj.* Perteneciente o relativo a las misiones. 2 *m.* y *f.* Persona de una orden religiosa que hace misiones.
misiva *f.* Escrito que contiene un mensaje.
mismo, ma 1 *adj.* Indica igualdad: *Es el mismo libro que leímos el año pasado.* 2 Exactamente: *Me da lo mismo seguir o parar.* 3 Se añade a los pronombres personales y adverbios para darles énfasis: *Yo mismo lo revisaré; Siempre suena la misma canción.* • No debe usarse como pronombre.
misoginia *f.* PSIC Aversión a las mujeres.
misquito, ta *adj.* y *s.* De un pueblo amerindio que antiguamente ocupó solo una zona del interior de Nicaragua, pero que, en el s. XVI, se desplazó a la costa de los Mosquitos, donde se mezcló con esclavos de origen africano. En la actualidad, está asentado en Nicaragua y Honduras y sus integrantes viven del cultivo de caña de azúcar, maíz y batata, así como de la caza y pesca.
misterio 1 *m.* Cosa incomprensible o inexplicable. 2 Trama oculta. 3 REL Rito y doctrina religiosos reservados a los iniciados. 4 REL En la religión católica, verdad que debe ser objeto de fe. 5 REL Cada uno de los pasos de la vida, pasión y muerte de Jesucristo.
misterioso, sa 1 *adj.* Que implica o incluye misterio. 2 Que ve cosas ocultas inexistentes.
mística *f.* REL Parte de la teología que trata de la unión del ser humano con la divinidad, de los grados de esta unión y de la contemplación de Dios.
misticismo 1 *m.* REL Conocimiento inmediato, directo, intuitivo de Dios o de una realidad esencial, adquirido por medio de experiencias religiosas personales. 2 REL Estado de la persona que se dedica mucho a Dios o a las cosas espirituales. 3 REL **MÍSTICA**.
místico, ca 1 *adj.* Perteneciente o relativo a la mística. 2 *adj.* y *s.* Que se dedica a la vida espiritual. 3 Que escribe o trata de mística.
mistificar *tr.* Engañar, embaucar.
mistol *m.* Planta ramnácea, de fruto castaño y ovoide, que es utilizado en la fabricación de dulces y aguardiente.
mistral *m.* Viento del NO, entre poniente y tramontana.
mita *f.* HIST Sistema de trabajo que movilizaba grandes cantidades de mano de obra y ejecutaba grandes obras públicas en beneficio del Imperio incaico, y que posteriormente continuó durante el virreinato de Perú.
mitad *f.* Cada una de las dos partes iguales en que se divide un todo.

mitayo *m.* Indígena que realizaba trabajos para una mita.
mítico, ca *adj.* Perteneciente o relativo al mito.
mitificar *tr.* Convertir en mito.
mitigar *tr.* y *prnl.* Moderar, aplacar, calmar.
mitin (Tb. mitín) *m.* Reunión donde se discuten públicamente asuntos políticos o sociales.
mito 1 *m.* MIT Narración de origen oral y contenido simbólico que transmite valores y creencias de una determinada cultura. Por lo general, se refiere a sucesos anteriores al nacimiento del mundo convencional y proyecta inquietudes religiosas y el deseo de justificar el orden social. 2 Idealización de un hecho o personaje histórico de caracter extraordinario. 3 Creencia reputada como irrealizable. 4 Quimera, producto de la imaginación.
mitocondria *f.* BIOL Cada uno de los gránulos o filamentos, con enzimas respiratorias, que en la célula realizan la síntesis de las proteínas. Convierte los nutrientes en **ATP**, que actúa como combustible celular y es esencial en ciertas actividades vitales de la célula, como la movilidad y la contracción muscular.
mitología 1 *f.* MIT Conjunto de mitos de un pueblo o una cultura. 2 MIT Ciencia que estudia los mitos.
mitomanía *f.* PSIC Tendencia a inventar hechos fantásticos o falsos.
mitón *m.* Especie de guante sin dedos que cubre la mano y el antebrazo.
mitosis *f.* BIOL Proceso de división de los cromosomas y el citoplasma de la célula, que da lugar a la formación de dos células hijas con la misma dotación cromosómica que la célula madre. Se distinguen cuatro fases: profase, metafase, anafase y telofase.
mitra 1 *f.* Especie de turbante de origen persa. 2 Especie de gorro puntiagudo usado por los arzobispos, obispos, etc. 3 Dignidad de arzobispo u obispo.
mitral 1 *adj.* Con forma de mitra. 2 ANAT **válvula** tricúspide o ~.
mixe *adj.* y *m.* De un grupo indígena mexicano que habita al norte del estado de Oaxaca y ha conseguido mantener una relativa independencia gracias al aislamiento de la región que ha habitado por siglos.
mixedema *m.* MED Síndrome producido por el funcionamiento deficiente de la glándula tiroidea.
mixoma *m.* MED Tumor de tejido conjuntivo mucoso.
mixomiceto *adj.* y *m.* BIOL Dicho de un organismo de difícil clasificación, que posee un talo consistente en una masa protoplasmática provista de numerosos núcleos. Reúne características básicas tanto de animales como de plantas y tiene aspecto de moho, nutrición heterótrofa y reproducción por esporas.
mixteco, ca *adj.* y *s.* HIST y ART De un pueblo amerindio que actualmente habita en los estados mexicanos de Oaxaca, Guerrero y Puebla. Su cultura floreció en el sur de México desde el s. IX hasta principios del XVI y se manifestó en notables piezas de orfebrería y cerámica, códices y mosaicos de piedra.
mixto, ta 1 *adj.* y *m.* Compuesto o formado de elementos de varias clases. 2 *adj.* Que comprende personas de distinto sexo o distinta procedencia y formación. 3 MAT **número** ~.
mixtura 1 *f.* MEZCLA. 2 FARM Fórmula formada por varios ingredientes.
mnemotécnico, ca 1 *adj.* Que sirve para auxiliar a la memoria. 2 *f.* Arte de desarrollar la memoria. 3 Método por medio del cual se forma una memoria artificial para estructurar de forma inteligible elementos complejos no estructurados.
moabita *adj.* y *s.* HIST De un pueblo semita que se estableció al E del Mar Muerto (h. 1300 a. C.) y que, según la *Biblia*, descendía de Moab, hijo de Lot, y rendía culto al dios Kemós.
mobiliario *m.* Conjunto de muebles de una casa.
moca 1 *m.* Café de muy buena calidad que procede de la ciudad de Moka, en Yemen. 2 Infusión de esta clase de café. 3 Crema de café, mantequilla, vainilla y azúcar.
mocárabe *m.* ARQ Adorno propio de la arquitectura islámica, que está formado por la combinación de prismas acoplados de base cóncava.
mocasín[1] 1 *m.* Calzado usado por los indios norteamericanos que está hecho de piel sin curtir. 2 Calzado parecido al anterior.
mocasín[2] *m.* Ofidio escamoso de América y Asia que puede alcanzar 1,5 m de longitud.
mocedad *f.* Época de la vida humana que comprende desde la pubertad hasta la madurez.
mochar 1 *tr.* Quitar, cortar, arrancar o desgajar la parte superior de algo. 2 Eliminar parte de una obra artística o literaria. 3 Amputar.
moche *adj.* y *s.* De un pueblo amerindio precolombino cuya cultura se desarrolló en la costa N del Perú, en los valles del Moche, el Virú y el Chicama, entre los ss. I y VII aprox. Se caracterizó por un alto nivel de desarrollo agrícola, sustentado en grandes obras de ingeniería hidráulica, el dominio de técnicas artesanales como la metalurgia, la cerámica y el tejido, y su arquitectura monumental.
mochica 1 *adj.* Perteneciente o relativo a los moches. 2 *m.* Lengua yunga hablada por los moches.
mochila 1 *f.* Bolso con correas que se lleva a la espalda colgado de los hombros y es usado para llevar provisiones y enseres por excursionistas, soldados, etc. 2 Bolso tejido o de tela que se lleva terciado o suspendido desde el hombro para llevar víveres, útiles, etc.
mocho, cha *adj.* Que carece de punta o de la debida terminación.
mochuelo *m.* Ave estrigiforme de hábitos nocturnos y 20-21 cm de longitud, que posee cabeza y ojos grandes, pico ganchudo y plumaje pardo, y se alimenta de invertebrados y pequeños mamíferos.
moción 1 *f.* Acción y efecto de moverse o ser movido. 2 Propuesta hecha en una reunión, asamblea, etc. 3 GRAM Expresión del género mediante un cambio en la terminación: *Perro, perra.*
moco *m.* FISIOL Líquido espeso y pegajoso que segregan las membranas mucosas y está formado por agua, sales inorgánicas, células epiteliales y leucocitos.
moda 1 *f.* Uso social, durante un breve periodo, de una forma de vestir, una tendencia ideológica o artística, etc. 2 En estadística, valor de la característica de mayor frecuencia en un espacio muestral.
modal 1 *adj.* GRAM Perteneciente o relativo a los modos gramaticales. 2 *m. pl.* Acciones externas de una persona.
modalidad *f.* Modo de ser o de manifestar algo.
modelado 1 *m.* Acción y efecto de modelar. 2 ART En pintura, relieve, grabado, etc., recurso usado para dar sensación de volumen. 3 ART Procedimiento para realizar el modelo en barro o cera de una escultura. 4 GEO Morfología de un terreno en función de la acción de los agentes erosivos. || ~ **costero** GEO El que es resultado de la erosión y deposición de las fuerzas marinas sobre las líneas costeras. ~ **desértico** GEO El creado mediante procesos de meteorización, erosión y sedimentación, como consecuencia de la acción del aire y de las corrientes de agua en las regiones áridas. ~ **fluvial** GEO El originado por la acción de las aguas de los cauces de la red de drenaje de una cuenca fluvial, que erosionan, transportan y depositan sedimentos.
modelaje 1 *m.* Acción de modelar. 2 Actividad profesional de los modelos que exhiben prendas de vestir.

modelar 1 *tr.* Formar una figura con una materia blanda. 2 ART Representar un relieve en una pintura. 3 *tr.* y *prnl.* Ajustarse a un modelo.

modelismo *m.* Construcción a escala reducida de aviones, barcos, trenes, etc.

modelo 1 *m.* Persona o cosa que se sigue o imita. 2 Cosa diseñada para ser imitada, copiada o reproducida. 3 Representación en pequeño de alguna cosa. 4 **PROTOTIPO**. 5 Cosa cuya imagen se representa. 6 Esquema teórico de un sistema o realidad compleja que se elabora para facilitar su comprensión y estudio. 7 *m.* y *f.* Persona que exhibe prendas de vestir. 8 Persona que dibuja, pinta, fotografía, etc., un artista. 9 MAT Forma que puede tomar un conjunto de datos obtenidos de muestreos de datos con comportamiento que se supone aleatorio. || ~ **atómico** QUÍM Representación gráfica de la estructura del **átomo**. ~ **estándar** FÍS Teoría que resume los conocimientos actuales sobre las partículas elementales y las fuerzas fundamentales de la naturaleza. ~ **matemático** MAT Representación de un proceso, dispositivo o concepto por medio de un número de variables que se definen para representar las entradas, las salidas o los estados internos de aquel, y un conjunto de ecuaciones y desigualdades que describen la interacción de estas variables.

módem *m.* INF Equipo utilizado para la comunicación de los computadores, a través de líneas analógicas de transmisión de datos, que convierte las señales digitales del emisor en otras analógicas susceptibles de ser enviadas por teléfono.

moderación *f.* Cordura, sensatez, sobriedad.

moderado, da 1 *adj.* Que tiene moderación. 2 Dicho de cierto partido político, que guarda el medio entre los extremos. 3 POLÍT Perteneciente o relativo a este partido.

moderador, ra 1 *adj.* y *s.* Que modera. 2 *m.* y *f.* Persona que dirige una discusión, asamblea, etc. 3 *m.* FÍS Sustancia, generalmente grafito o agua pesada, que es usada en los reactores nucleares para frenar los neutrones.

moderar *tr.* y *prnl.* Templar, equilibrar, atemperar.

moderato 1 *adv. m.* MÚS Con movimiento de velocidad intermedia entre el del andante y el del *allegro*. 2 *m.* Composición o parte de ella que se ejecuta con dicho movimiento.

modernidad *f.* Cualidad de moderno.

modernismo 1 *m.* Afición a lo moderno. 2 ART Estilo que surgió a finales del s. XIX e inicios del XX en Europa y recibió, según los casos, diversos nombres, aunque con el tiempo ha tendido a imponerse el de ***ART NOUVEAU***. 3 LIT Movimiento hispanoamericano de renovación literaria cuyo origen está marcado por la publicación de *Azul* del nicaragüense Rubén Darío en 1888.

□ LIT Estuvo abierto a las referencias culturales foráneas, especialmente a la poesía francesa (Baudelaire, Rimbaud, etc.), y se concretó en la renovación del léxico y las innovaciones lingüísticas, especialmente rítmicas. El preciosismo, el exotismo, la alusión a mundos desaparecidos (la Edad Media caballeresca, las cortes francesas, los emperadores incas y aztecas, las monarquías china y japonesa), y la mención de objetos preciosos, crearon el paisaje modernista. En narrativa, el modernismo optó por la novela histórica o la crónica de experiencias de alucinación y locura, y la descripción de ambientes de refinada bohemia. Además de Darío, se destacaron L. Lugones, R. Jaimes Freyre, J. Herrera y Reissig J. E. Rodó, E. Larreta y E. Gómez Carrillo, entre otros.

modernizar *tr.* y *prnl.* Dar a alguien o algo un aspecto moderno.

moderno, na 1 *adj.* Reciente, que existe desde hace poco tiempo. 2 HIST **edad** ~. 3 *m. pl.* Personas que viven en la actualidad.

modestia 1 *f.* Virtud que modera, templa y regla el juicio de una persona sobre sus cualidades o capacidades. 2 Recato.

modesto, ta 1 *adj.* y *s.* Que tiene modestia. 2 *adj.* Sencillo, común. 3 De escasa posición económica.

módico, ca *adj.* Moderado, escaso, limitado.

modificación 1 *f.* Acción y efecto de modificar o modificarse. 2 BIOL Cambio que, por influencia del medio, se produce en la morfología y fisiología de un ser vivo y no se transmite por herencia.

modificador, ra 1 *adj.* y *s.* Dicho de un elemento, que cambia algo sin alterar sus características esenciales. 2 *m.* LING En un sintagma, elemento lingüístico que afecta a otro en su forma, significado o sintaxis: *El adverbio es un modificador gramatical del verbo.*

modificar 1 *tr.* y *prnl.* Alterar o transformar alguna característica de alguien o algo. 2 Singularizar algo para distinguirlo.

modismo *m.* LING Expresión de estructura fija, privativa de una lengua, cuyo significado no se deduce directamente de las palabras que la forman, por ejemplo: *De armas tomar*, que muestra resolución; *Sin ton ni son*, fuera de orden, sin medida.

modista *m.* y *f.* Persona que cose o diseña vestidos de mujer.

modo 1 *m.* Aspecto que presenta una acción o un ser. 2 Manera de hacerse algo. 3 Cortesía, amabilidad (suele usarse en plural). 4 FIL Forma variable y determinada que puede recibir un ser, sin que cambie su esencia. 5 GRAM Categoría gramatical de la conjugación de un verbo, que presenta la actitud o punto de vista del hablante ante la acción verbal. Son cinco los modos verbales: **condicional**, **imperativo**, **indicativo**, **infinitivo** y **subjuntivo**. 6 INF Cada uno de los métodos mediante los cuales se pueden emplear un computador y sus periféricos. 7 MÚS **TONO**, disposición de los sonidos de la escala. || ~ **mayor** MÚS **TONO** mayor. ~ **menor** MÚS **TONO** menor. ~ **video** INF En los computadores, modo en que el adaptador gráfico del equipo y el monitor presentan imágenes en la pantalla.

modulación 1 *f.* Acción y efecto de modular. 2 Entonación en el habla. 3 FÍS Modificación de las características de una onda para transmitir una señal que puede ser de amplitud, frecuencia o fase. 4 MÚS Paso de un tono musical a otro.

modulado, da *adj.* FÍS **frecuencia** ~.

modulador, ra 1 *adj.* y *s.* Que modula. 2 *m.* ELECTRÓN Circuito capaz de modular una onda portadora a partir de una señal moduladora.

modular[1] 1 *tr.* Dar con buena entonación inflexiones variadas a la voz. 2 *intr.* Cambiar de tono al hablar o cantar. 3 MÚS Pasar de una tonalidad musical a otra. 4 FÍS Efectuar la modulación.

modular[2] *adj.* Perteneciente o relativo al módulo.

módulo 1 *m.* Medida tomada como unidad para las proporciones de algo. 2 Elemento prefabricado que se puede agrupar de distintas maneras con otros semejantes: *Un mueble por módulos.* 3 Unidad integral de un vehículo espacial capaz de funcionar independientemente: *Módulo lunar.* 4 ARQ Pieza que se repite en una construcción para hacerla más fácil, regular y económica. 5 GEOM Longitud del segmento que define un vector. 6 MAT Valor absoluto de una cantidad. 7 MAT Divisor común en una congruencia. 8 MAT Razón constante entre los logaritmos de un mismo número tomados en bases diferentes. 9 MAT Número que al contraer una operación con otro siempre da el mismo número.

modus operandi (Loc. lat.) Manera especial de actuar o trabajar para alcanzar un objetivo propuesto.
modus vivendi (Loc. lat.) 1 *m.* Modo de vivir de acuerdo con un conjunto de principios. 2 Manera de ganarse la vida.
mofa *f.* Burla, escarnio.
mofar *tr.* e *intr.* Hacer mofa. • U. t. c. prnl.
mofeta *f.* Mamífero mustélido, de cuerpo robusto y pelaje blanco y negro, que despide un olor fétido como defensa.
mohair (Voz ingl.) 1 *adj.* Dicho de un tipo de pelo, que es propio de la cabra de Angora. 2 *m.* Tejido o lana elaborado con él.
moharra *f.* Punta de la lanza.
mohicano, na *adj.* y *s.* HIST De una tribu amerindia guerrera, actualmente extinguida, que habitaba en el valle central del Hudson y en el actual estado de Vermont (EE. UU.), y practicaba la caza y la pesca para subsistir.
mohín *m.* Mueca o gesto.
mohíno, na *adj.* Triste, melancólico, disgustado.
moho 1 *m.* BIOL Hongo formado por micelios filamentosos y constituido por una red delicada de hifas, de los cuales salen vástagos terminados por esporangios. Los micelios producen una especie de rizoides que penetran en la materia orgánica secretando enzimas y absorbiendo agua, azúcares digeridos y almidones. Algunos tipos de moho tienen usos industriales, como la fermentación de ácidos orgánicos y de algunos quesos. La penicilina, un producto del moho *Penicillium notatum*, revolucionó los antibióticos tras su descubrimiento en 1929. 2 BIOL Crecimiento velloso producido por estos hongos sobre la superficie de los cuerpos orgánicos a los que descompone.
moisés *m.* Cuna portátil de mimbre y lona.
mojar 1 *tr.* y *prnl.* Humedecer, empapar. 2 *prnl.* Comprometerse en un asunto conflictivo.
mojarra *f.* Pez dulciacuícola omnívoro, de 30 cm de longitud aprox., nativo de África, pero comercialmente importante en otras zonas tropicales de Asia y América, donde se cultiva por su importancia alimenticia.
mojicón 1 *m.* Pan bañado en azúcar. 2 Bizcocho o pedazo de pan que se toma embebido en leche o chocolate.
mojiganga 1 *f.* Espectáculo de danza, canto y pantomima. 2 Bullicio, diversión. 3 Burla.
mojigato, ta 1 *adj.* y *s.* Que aparenta humildad o cobardía. 2 Santurrón, beato.
mojón 1 *m.* Señal que marca un camino o los límites de un territorio. 2 Señal ubicada en un despoblado para servir de guía.
mol *m.* QUÍM Unidad fundamental del sistema internacional de unidades, definida como la cantidad de una sustancia que contiene tantas entidades elementales (átomos, moléculas, iones, electrones u otras partículas) como átomos hay en 0,012 kg de carbono12. Por tanto, un mol es la cantidad de cualquier sustancia cuya masa expresada en gramos es numéricamente igual al peso atómico de dicha sustancia. Símbolo: mol.
mola *f.* Adorno confeccionado con telas de distintos colores superpuestas que forman dibujos artísticos.
molalidad *f.* QUÍM Número de **moles** de **soluto** que contiene un kilogramo de **solvente**.
molar 1 *adj.* y *m.* ANAT Dicho de un diente, que está adaptado para triturar. 2 ANAT En el ser humano, cada uno de los tres pares de dientes situados detrás de los premolares a cada lado de las mandíbulas. 3 *adj.* QUÍM Perteneciente o relativo a la molécula, gramo o mol. 4 QUÍM **volumen** ~. 5 Apto para moler.
molaridad *f.* QUÍM Concentración de una solución expresada en el número de moles disueltos por litro de disolución.
molde 1 *m.* Pieza de la que sale en hueco una figura que se reproduce en una materia derretida o blanda que en él se vacía. 2 Cualquier instrumento que sirve para estampar o para dar forma o cuerpo a algo.
moldear 1 *tr.* Vaciar una materia para conseguir un molde. 2 Echar material derretido o blando en un molde para formar una figura.
moldura 1 *f.* Parte saliente de perfil uniforme que decora un edificio, mueble, etc. 2 Marco de un cuadro.
mole *m.* Guisado de carne cuya salsa se hace con chile, ajonjolí y otros ingredientes.
molécula *f.* QUÍM Estructura formada por un número determinado de átomos, dispuestos de una forma siempre igual, y que constituye la menor unidad que puede existir de un cuerpo en estado libre. El número de átomos que componen la molécula de un cuerpo, y que se mantienen unidos entre sí gracias a los electrones de sus capas exteriores (electrones de valencia), se expresa en la fórmula correspondiente a dicho cuerpo. Durante las reacciones químicas, las moléculas se unen y dividen para dar lugar a nuevas moléculas. Cabe distinguir entre las moléculas propiamente dichas y las **macromoléculas**. || ~ **gramo** QUÍM **MOL**.
molecular 1 *adj.* QUÍM Perteneciente o relativo a las moléculas. 2 FÍS **atracción** ~. 3 QUÍM **peso** ~-gramo.
moler 1 *tr.* Reducir a polvo. 2 Exprimir la caña de azúcar en el trapiche. 3 Cansar, fatigar. 4 Destruir, maltratar. • Vb. irreg. conjug. c. **mover**. V. anexo El verbo.
molestar 1 *tr.* Causar molestia a alguien. 2 *prnl.* Ofenderse, enojar.
molestia 1 *f.* Circunstancia o acción que perturba el estado físico o anímico. 2 Enfado, fastidio, desagrado.
molibdeno *m.* QUÍM Elemento químico metálico difícilmente fusible que se emplea en la fabricación de filamentos resistentes a altas temperaturas. En la naturaleza existe solo en forma de minerales, como la molibdenita. Símbolo: Mo. Número atómico: 42. Peso atómico: 95,94. Punto de fusión: 2610 °C. Punto de ebullición: 5560 °C.
molicie *f.* Afición al regalo y la comodidad.
molienda 1 *f.* Acción de moler. 2 Porción de cereales, aceitunas, etc., que se muele de una vez. 3 Temporada que dura la operación de moler la aceituna, la caña de azúcar o el trigo.
molinero, ra 1 *adj.* Perteneciente o relativo al molino o a la molinería. 2 *m.* y *f.* Persona que tiene a su cargo un molino. 3 Persona que trabaja en él.
molinete 1 *m.* Juguete consistente en un palo en cuya punta hay una cruz o estrella de papel que gira movida por el viento. 2 Danza en la que los bailarines, asidos de las manos, giran en varias direcciones. 3 Dispositivo regulador del paso a la entrada de una estación de metro, un edificio público, etc. 4 DEP En esgrima, movimiento circular hecho con el arma alrededor de la cabeza.
molinillo 1 *m.* Aparato para moler. 2 Aparato cilíndrico con una rueda gruesa y dentada para batir el chocolate.
molinismo *m.* REL Doctrina del teólogo español L. Molina (1535-1601), quien intentó conciliar el libre albedrío humano con la gracia, y según la cual Dios conoce lo que el ser humano va a realizar porque sabe de antemano lo que va a hacer en todos los mundos posibles en los que este puede estar situado.

molino 1 *m.* Máquina para moler, quebrantar, machacar, elevar agua, laminar o estrujar. 2 Lugar donde hay un molino.

molisol *m.* Geo Parte superficial de un suelo circumpolar que de forma alternativa se hiela y se deshiela.

mollar 1 *adj.* Blando, fácil de partir. 2 Dicho de una fruta, carnosa.

molleja *f.* Zool Segundo estómago de las aves, de paredes gruesas y musculosas, donde los alimentos son triturados.

mollera 1 *f.* Parte más elevada del cráneo. 2 Parte del cráneo todavía sin osificar.

molturar *tr.* Moler granos o frutos secos.

molusco *adj.* y *m.* Zool Dicho de un animal, metazoo, de simetría bilateral, que posee un cuerpo sin segmentar dividido en cabeza, pie musculoso, masa visceral y manto (pliegue de la pared del cuerpo que forma una cavidad en cuyo interior se encuentran las branquias), como la limaza, el caracol o la jibia. Incluye, entre otros, a los **gasterópodos, bivalvos** y **cefalópodos.**

□ Zool Muchos moluscos poseen una concha que puede ser simple (como en los caracoles) o constar de dos valvas (como en el mejillón). Los órganos sensoriales se agrupan en la cabeza (tentáculos táctiles, ojos); el sistema circulatorio es abierto con un corazón de dos cámaras, y los órganos digestivos suelen concentrarse en la masa visceral y consisten en cavidad bucal, faringe con rádula, esófago, estómago e intestino. La mayoría de las especies posee sexos separados y su reproducción es siempre sexual. Viven en las aguas marinas y dulces, pero algunas especies lo hacen en tierra firme, aunque siempre necesitan un cierto grado de humedad.

momentáneo, a 1 *adj.* Que dura muy poco. 2 Que se ejecuta rápidamente. 3 Provisional.

momento 1 *m.* Porción muy breve de tiempo. 2 Fracción de tiempo que se singulariza por una circunstancia concreta. 3 Ocasión propicia. 4 Tiempo actual o presente. 5 Fís Producto de la intensidad de una fuerza por su distancia a un punto o una línea, o por la distancia de su punto de aplicación a un plano. || ~ **angular** o **cinético** Fís Producto del momento lineal por la distancia al eje de giro en un cuerpo en rotación. El de un sistema de partículas o de un sólido rígido se obtiene sumando los valores de todas las partículas de las que está formado. ~ **de inercia** Fís Resistencia que un cuerpo en rotación opone al cambio de su velocidad de giro, y que depende de su masa y de la distancia de la masa al eje de rotación. ~ **de una fuerza** Fís Medida del efecto de rotación causado por una fuerza que es igual a la magnitud de la fuerza multiplicada por la distancia al eje de rotación, medida perpendicularmente a la dirección de la fuerza. ~ **lineal** Fís Producto de la masa de un cuerpo en movimiento y de su velocidad lineal. El momento lineal total de un sistema constituido por una serie de objetos es la suma vectorial de los momentos de cada objeto individual.

momia *f.* Cadáver disecado que puede ser conservado indefinidamente.

momificar *tr.* y *prnl.* Convertir en momia un cadáver.

mona *f.* **mono.**

monacal *adj.* Perteneciente o relativo a los monjes.

monacato *m.* Rel Modo de vida practicado por personas (monjes) que han abandonado el mundo por razones religiosas y dedican sus vidas, tanto en solitario como integrados en una comunidad, a la perfección espiritual. Es característico de las religiones históricas (judaísmo, cristianismo, islamismo, hinduismo y budismo).

monacita *f.* Geo Mineral de las tierras raras que se encuentra asociado a las rocas cristalinas y es la fuente principal del elemento metálico radiactivo llamado torio.

monacordio *m.* Mús Instrumento musical de teclado, parecido a la espineta, que es usado para estudiar el órgano.

mónada *f.* Fil Cada uno de los seres indivisibles, pero de naturaleza distinta, que componen el universo según el sistema de Leibniz.

monadelfo, fa 1 *adj.* Bot Dicho de una flor, que posee estambres soldados por los filamentos en un solo cuerpo. 2 Bot Dicho de un estambre, que tiene esa característica.

monadismo *m.* Fil Sistema filosófico de Leibniz.

monaguillo *m.* Niño que se dedica a ayudar en la misa y otros ministerios del altar.

monarca[1] *m.* Soberano de un Estado monárquico que gobierna generalmente de manera vitalicia y hereditaria. El nombre del título varía según las zonas y la estructura jurídica de gobierno (rey y reina, emperador y emperatriz, zar y zarina, káiser, etc.).

monarca[2] *f.* Mariposa que posee alas color castaño rojizo apagado, bordes y venas negras y dos hileras de puntos blancos. Tiene una envergadura de unos 10 cm. Emigra en grupos compuestos de miles de individuos desde el N de Norteamérica en dirección S hacia California, Florida y México y, en ocasiones, hasta el N de América del Sur. Cada individuo realiza este viaje dos veces en su vida que, en la mayoría de los casos, dura dos años.

monarquía 1 *f.* Polít Forma de gobierno de carácter vitalicio, en la que el poder es ejercido por un monarca designado generalmente según orden hereditario. 2 Polít Etapa que dura dicho régimen y Estado que lo tiene. || ~ **absoluta** Hist Consecuencia de la monarquía autoritaria que derivó en la asunción por parte del rey de la titularidad del poder soberano, legitimada por un sistema jurídico que justificaba el poder en su origen divino. ~ **autoritaria** Hist La que surgió en Europa tras la declinación del feudalismo, cuando en algunos países se inició la recuperación del poder por parte del monarca. Se configuró de manera definitiva, en el s. XVI, con la creación de los ejércitos permanentes y una administración fiscal centralizada. ~ **constitucional** o **parlamentaria** Hist La que estipula el sometimiento del poder del monarca a la Constitución y el Parlamento, a través del cual el pueblo ejerce la soberanía. Las monarquías constitucionales fueron consecuencia de las revoluciones europeas de los ss. XVII y XVIII, que encaminaron sus pretensiones a limitar o suprimir la monarquía absoluta. En la actualidad las monarquías occidentales existentes (Gran Bretaña, España, los Países Bajos, Noruega, Suecia, Dinamarca, Bélgica, Luxemburgo, Mónaco) están sometidas a regulación constitucional. ~ **feudal** Hist Aquella en la que el poder estaba repartido en manos de varios señores feudales y teóricamente estaba detentado por el monarca, que en la práctica no ejercía una verdadera soberanía y no era más que el primero entre los señores feudales. Predominó en Europa durante el Medioevo hasta el s. XIV, y formas de gobierno similares se dieron en China y la India. ~ **teocrática** Hist La propia de algunas civilizaciones antiguas, como la egipcia, en la que el faraón era la encarnación de la divinidad.

monárquico, ca 1 *adj.* Perteneciente o relativo al monarca o a la monarquía. 2 *adj.* y *s.* Partidario de la monarquía.

monasterio *m.* Lugar donde vive una comunidad de monjes o monjas.

monástico, ca *adj.* Perteneciente o relativo al estado de los monjes o al monasterio.

mondadientes *m.* Palillo para limpiar los dientes.

mondar 1 *tr.* Quitar lo superfluo. 2 Quitar la cáscara, corteza, piel o vaina de los frutos.

mondongo 1 *m.* Intestinos y panza de las reses. 2 Sopa compuesta principalmente de trozos de mondongo, diversos tipos de tubérculos y verduras, variedad de otras carnes y, eventualmente, arroz.

moneda 1 *f.* Dinero, caudal. 2 ECON Pieza metálica acuñada de curso legal usada para realizar transacciones. Desempeña cuatro funciones principales: unidad de cuenta, medio de cambio, medida de valor e instrumento para el ahorro. || ~ **débil** ECON Unidad monetaria cuya cotización baja en el mercado de divisas. ~ **fuerte** ECON Unidad monetaria intercambiada en el mercado de divisas que se enfrenta a una demanda fuerte, por lo que es improbable que su cotización baje.

monedero *m.* Bolsa pequeña o cartera para llevar dinero en metálico.

mónera 1 *f.* Organismo unicelular caracterizado por poseer organización procariota, como las **bacterias** y las **cianobacterias.** 2 BIOL Reino que incluye a estos organismos. • Se escribe con may. inic. en la acepción 2.

☐ BIOL Los organismos del reino Mónera se distinguen de otros por: a) Los genes tienen una disposición de hebra circular, que no está encerrada dentro de una membrana. b) Sus células carecen de cloroplastos, mitocondrias y flagelos complejos. c) No presentan reproducción sexual. Las móneras aparecieron pronto en la historia de la Tierra, antes de que la atmósfera tuviera oxígeno disponible. Ciertas bacterias actuales son capaces de vivir sin oxígeno y, en determinados casos, no pueden sobrevivir en su presencia.

monería 1 *f.* Acción graciosa de un niño. 2 Acción molesta y estúpida.

monetario, ria 1 *adj.* Perteneciente o relativo a la moneda. 2 Perteneciente o relativo al dinero. 3 ECON **sistema ~; unidad ~.**

monetarismo *m.* ECON Doctrina que propone la desregulación de la actividad económica, la libre circulación de capitales, la disminución de la presión fiscal y la supresión del salario mínimo.

monetizar *tr.* ECON Dar curso legal como moneda a billetes de banco u otros signos pecuniarios.

mongol, la 1 *adj.* y *s.* De Mongolia o relacionado con este país asiático. 2 HIST Perteneciente o relativo a un pueblo cuyos integrantes actuales habitan en la República de Mongolia, Rusia y China. 3 *m.* LING Lengua hablada por los mongoles.

☐ HIST El pueblo mongol, nómada y guerrero, fue unificado a comienzos del s. XIII por Gengis Kan, quien acaudilló la conquista de China septentrional y Manchuria, toda el Asia central y el S de Rusia, y la mayor parte de los actuales Irán y Afganistán. Sus sucesores invadieron Polonia, Hungría, Alemania, Bulgaria y Croacia y, en Asia, destruyeron el califato de Bagdad y completaron la conquista de China, adonde Kublai Kan trasladó su capital (Pekín) desde 1264. Allí fundó la dinastía Yuan y organizó sus dominios en una serie de kanatos vinculados por lazos étnicos y económicos. Al extinguirse la dinastía (1368), los kanatos se transformaron en estados independientes.

mongolismo *m.* MED **SÍNDROME** de Down.

mongoloide *adj.* y *s.* Dicho de una persona, que por sus rasgos recuerda la fisonomía característica de los mongoles, especialmente en la oblicuidad de los ojos.

monigote 1 *m.* Persona ignorante e influenciable. 2 Muñeco, títere. 3 Pintura o dibujo mal hecho.

monismo *m.* FIL Doctrina que admite una sustancia única a la que reduce todo lo que aparentemente es diverso.

monitor[1], ra 1 *m.* y *f.* Persona que guía el aprendizaje deportivo, cultural, etc. 2 *m.* INF Pantalla de un computador en el que se muestran las imágenes generadas por el adaptador de vídeo. 3 TV Aparato para verificar la calidad de una señal en cualquier punto de la cadena de transmisión.

monitor[2] *m.* **VARANO.**

monitorear *tr.* Observar atentamente el curso de un proceso para detectar posibles fallos o garantizar su buena marcha.

monje, ja 1 *m.* y *f.* Persona perteneciente a una orden religiosa que vive en un monasterio. 2 Miembro de una orden monacal.

mono, na 1 *adj.* Pulido, fino, primoroso. 2 *adj.* y *s.* Dicho de un tipo de pelo, que tiene tono rubio y también de la persona que lo tiene. 3 *m.* y *f.* Primate antropoideo. 4 Figura humana o animal hecha de cualquier material, pintada o dibujada, especialmente humorística. 5 Traje de faena de una sola pieza que consta de cuerpo y pantalones.

monoácido, da *adj.* QUÍM Que contiene un átomo de hidrógeno reemplazable por una base, como las sales y los alcoholes.

monoatómico, ca *adj.* QUÍM Dicho de un elemento químico, que molecularmente contiene un solo átomo o una sola valencia.

monobásico, ca *adj.* QUÍM Dicho de un ácido, que solo contiene un átomo de hidrógeno reemplazable.

monocito *m.* FISIOL Leucocito no granuloso que aparece en un pequeño porcentaje de las células sanguíneas e ingiere sustancias extrañas no bacterianas, por lo general durante el transcurso de las infecciones crónicas.

monoclamídeo, a *adj.* y *f.* BOT Dicho de una flor, que posee una sola clase de envoltura floral, cáliz o corola.

monoclinal *adj.* GEO Dicho de un pliegue del terreno, que se ha originado a causa de una tensión de la corteza terrestre y tiene los estratos en la misma dirección.

monocolor *adj.* De un solo color.

monocorde 1 *adj.* MÚS Dicho de un instrumento musical, que tiene una sola cuerda. 2 MÚS Dicho de una sucesión de sonidos, que repite una misma nota.

monocordio *m.* MÚS Instrumento musical de caja armónica y una sola cuerda tendida sobre varios puentecillos.

monocotiledóneo, a *adj.* y *f.* BOT Dicho de una planta, angiosperma, que se caracteriza porque crece exclusivamente por el centro y su embrión tiene un solo cotiledón. Es casi siempre herbácea y tiene raíz fibrosa, tallo poco ramificado, hojas largas y de nervios paralelos, piezas florales dispuestas en grupos de tres, y fruto en cápsula o aquenio, como los lirios, las azucenas, las orquídeas, las gramíneas y las palmeras.

monocromático, ca 1 *adj.* FÍS Dicho de una radiación, que tiene una sola longitud de onda. 2 Monocromo.

monocromo, ma *adj.* De un solo color.

monóculo 1 *m.* Lente para un solo ojo. 2 Vendaje o parche para un solo ojo.

monocultivo *m.* Cultivo único de una especie vegetal en una región determinada.

monodia *f.* MÚS Canto en que interviene una sola voz con acompañamiento musical.

monofásico, ca *adj.* ELECTR Dicho de una corriente eléctrica, que varía según una ley periódica y cambia de sentido dos veces en cada periodo.

monofisismo *m.* REL Doctrina que sostiene que después de la encarnación solo existe en Cristo la naturaleza divina, en oposición a la doctrina ortodoxa que proclamaba las dos, divina y humana. Perdura en las iglesias abisinia, armenia, copta y jacobita.

monofonía 1 *f.* MÚS Música con una sola línea melódica que fue utilizada en la Grecia clásica y en el canto gregoriano. 2 Antiguo sistema de grabación, reproducción, emisión o recepción de sonido que emplea un solo canal.

monogamia 1 *f.* Cualidad de monógamo. 2 Régimen familiar que veda la pluralidad de esposas y constituye una regla social que hace del matrimonio la unión de un solo hombre con una sola mujer.

monógamo, ma 1 *adj.* y *s.* Que tiene solo un cónyuge. 2 Que se ha casado una sola vez. 3 ZOOL Dicho de un animal macho, que solo se aparea con una única hembra.

monogenismo *m.* Teoría antropológica según la cual todas las razas humanas tienen el mismo origen.

monografía *f.* Descripción y tratado especial de una ciencia o algún asunto.

monograma *m.* Dibujo formado con el nombre o las iniciales de una persona, entidad, etc.

monoico, ca *adj.* y *s.* BOT Dicho de una planta, que tiene situados los órganos reproductores masculinos y femeninos en diferentes partes de su mismo organismo.

monolingüe 1 *adj.* Que habla una lengua. 2 Que está escrito en una sola lengua.

monolítico, ca 1 *adj.* Perteneciente o relativo al monolito. 2 Formado por una sola piedra.

monolito *m.* Monumento de piedra de una sola pieza.

monólogo 1 *m.* SOLILOQUIO. 2 LIT Obra dramática en que habla un solo personaje. || ~ **interior** LIT Técnica literaria empleada para expresar tanto la realidad subjetiva como la objetiva, revelando los pensamientos, sentimientos y actos del personaje, muchas veces sin una secuencia lógica ni comentarios por parte del autor.

monómero, ra *adj.* y *m.* QUÍM Dicho de una molécula simple, que es capaz de combinarse con ella misma o con otras afines para formar polímeros que constituyen la base fundamental de la industria de los plásticos.

monomio *m.* MAT Expresión algebraica que consta de un solo término.

monomotor *adj.* y *s.* Dicho especialmente de un avión, que tiene un solo motor.

mononuclear *adj.* BIOL Dicho de una célula, que solo tiene un núcleo, como el leucocito cuyo núcleo no está dividido en lóbulos.

mononucleosis *f.* MED Enfermedad infecciosa cuyo modo de transmisión es desconocido. Es producida por un virus y se caracteriza por un aumento de monocitos en la sangre y síntomas como fiebre, dolor de garganta, fatiga y pérdida de apetito.

monoparental *adj.* Dicho de una familia, que está constituida solo por el padre o la madre y sus hijos.

monopatín *m.* Juguete deportivo que consta de una tabla de entre 50 y 84 cm de longitud, dos ejes y cuatro ruedas, y tiene sus extremos arqueados, bien en la parte frontal o trasera o en ambas.

monoplano *adj.* y *m.* Dicho del aeroplano, que posee alas que forman un mismo plano.

monoplaza *adj.* y *m.* Dicho del vehículo, que tiene un solo asiento.

monopolio 1 *m.* Posesión exclusiva de un bien o derecho. 2 ECON Forma de mercado en que la oferta de un producto o servicio se concentra en un solo vendedor, que controla su precio. || ~ **de cártel** o **cartel** ECON CÁRTEL. ~ ***holding*** ECON HOLDING. ~ **natural** ECON El que se da cuando existe una única empresa en una industria y solo surge en actividades desempeñadas por concesión pública, que suelen producir bienes y servicios vitales (suministro de agua, electricidad, etc.). ~ **por fusión** ECON Cuando se asocian distintas empresas que controlan distintas etapas del proceso productivo de un mismo producto para reducir la competencia, como en las empresas petrolíferas que poseen campos de petróleo, refinerías, compañías de transportes y gasolineras. ~ **trust** ECON TRUST.

monopolismo *m.* ECON Sistema económico en el que predomina la acción e influencia de los monopolios.

monopolizar 1 *tr.* Acaparar algo de manera exclusiva. 2 ECON Tener la explotación exclusiva de un negocio.

monopolo *m.* FÍS Partícula atómica elemental que solo ha sido definida teóricamente y constituiría la única partícula con carga magnética norte o sur, que no poseería la opuesta.

monopsonio *m.* ECON Situación comercial en la que hay un solo comprador para determinado producto o servicio.

monoptongar *tr.* e *intr.* Fundir en una sola vocal los elementos de un diptongo. • U. t. c. prnl.

monorquidia *f.* MED Existencia de un solo testículo en el escroto.

monorriel *m.* Tren o sistema de transporte que se desliza sobre un solo carril.

monosacárido *m.* QUÍM Azúcar sencillo cristalizable, de color blanco y sabor dulce, que es soluble en agua e insoluble en disolventes orgánicos y tiene de tres a siete átomos de carbono, como la glucosa.

monosílabo, ba *adj.* y *m.* GRAM Dicho de una palabra, que tiene una sola sílaba.

monospermo, ma *adj.* BOT Dicho de un fruto, que solo contiene una semilla.

monoteísmo *m.* REL Creencia en la unidad de la divinidad o en un solo dios que se opone al panteísmo y al politeísmo. Es un firme principio del cristianismo, el islam y el judaísmo.

monoteísta 1 *adj.* Perteneciente o relativo al monoteísmo. 2 *adj.* y *s.* REL Que profesa el monoteísmo.

monotelismo *m.* REL Herejía del s. VII que admitía en Cristo las dos naturalezas, divina y humana, pero solo una voluntad divina. Fue condenada en el tercer concilio de Constantinopla (680-681), en el que se formuló la doctrina de las dos voluntades.

monotipia *f.* ART Técnica de grabado en la que se hace un dibujo al óleo sobre una lámina de vidrio o de metal, sobre la que se pone el papel, que al ser separado resulta en una estampa única e irrepetible.

monotipo *m.* ART Estampa obtenida por el proceso de monotipia.

monotonía 1 *f.* Igualdad de tono en la voz o la música. 2 Falta de variedad, rutina.

monotrema *adj.* y *m.* ZOOL Dicho de un mamífero, exclusivo de Oceanía, que se caracteriza por poner huevos en vez de parir crías, carecer de pezones (la leche sale de unos poros que la cría chupa) y presentar un espolón conectado con una glándula venenosa en la parte interna del tobillo. El ornitorrinco y el equidna son sus únicas especies.

monovalente *adj.* QUÍM Que posee una sola valencia química.

monóxido *m.* QUÍM Cada uno de los óxidos cuya molécula contiene un átomo de oxígeno. || ~ **de carbono**

QUÍM y ECOL Compuesto químico de carbono y oxígeno, de fórmula CO. Es un gas venenoso, incoloro e inodoro, un 3 % más ligero que el aire, que al ser inhalado se combina con la hemoglobina impidiendo la absorción de oxígeno y produciendo asfixia. Es el principal componente del aire contaminado en las áreas urbanas.

monroísmo *m.* POLÍT Doctrina de J. Monroe, que pretendía la preservación del continente americano frente a las intervenciones de las potencias europeas. El continente debía ser protegido de estas por EE. UU. que, además, debía seguir una política internacional de marcado signo aislacionista.

monseñor *m.* Tratamiento dado a ciertos cargos o dignidades eclesiásticas o nobiliarias.

monserga 1 *f.* Lenguaje confuso. 2 Discurso enfadoso e importuno.

monstruo 1 *m.* Ser vivo de conformación anormal en su especie. 2 Cosa grande y extraordinaria. 3 Ser fabuloso de los cuentos y las leyendas. 4 Persona, animal o cosa muy fea. || ~ **de Gila** Lagarto venenoso, nativo de las áreas desérticas de Norteamérica, que posee una lengua bífida, ancha y plana. Su cuerpo, que llega a medir 61 cm de longitud, exhibe una coloración negra con numerosos tubérculos de color rosa, anaranjado, amarillo o negro.

monstruoso, sa 1 *adj.* Excesivamente grande o extraordinario. 2 Muy feo. 3 Enormemente vituperable o perverso.

monta 1 *f.* Acción y efecto de montar. 2 En los cuadrúpedos domésticos, lugar o tiempo en que el macho cubre a la hembra.

montacargas *m.* Ascensor para elevar pesos.

montado, da 1 *adj.* Dicho de un caballo, que está dispuesto y con todos los arreos y aparejos para poderlo montar. 2 Dicho de un militar, que sirve en los cuerpos a caballo.

montaje 1 *m.* Acción y efecto de montar o combinar las piezas de una máquina. 2 Combinación de las diversas partes de un todo. 3 Ajuste y acoplamiento de las diversas partes de una joya. 4 Lo que no responde a la realidad. 5 Grabación sonora hecha combinando dos o más grabaciones. 6 CIN y TV Selección y unión de las secuencias de una película. 7 FOT Fotografía conseguida con trozos de otras fotografías y diversos elementos con fines decorativos, publicitarios, etc. 8 TEAT Ajuste o coordinación de todos los elementos de la representación teatral para someterlos al plan artístico del director del espectáculo.

montanismo *m.* REL Doctrina cristiana del s. II, que anunciaba el próximo fin del mundo, proclamaba un riguroso ascetismo y negaba el reingreso en la Iglesia católica a los que pecaban mortalmente.

montante 1 *m.* Pieza vertical donde se asienta algo. 2 Listón o columnita que divide el vano de una ventana. 3 Ventana sobre la puerta de una habitación.

montaña *f.* GEO Zona de la superficie terrestre elevada respecto al terreno que la rodea y delimitada por pendientes más o menos empinadas. A excepción de algunas que se hallan aisladas, las montañas aparecen normalmente agrupadas en sierras.

montañismo *m.* DEP Deporte que consiste en escalar altas montañas.

montañoso, sa 1 *adj.* Perteneciente o relativo a las montañas. 2 Abundante en ellas. || **cadena** ~ GEO Sucesión alineada de sistemas montañosos. **sistema** ~ GEO Conjunto de varias sierras, tanto si están estrechamente relacionadas en alineaciones paralelas como si se agrupan en forma de cadena.

montar 1 *tr.* Cubrir el macho a la hembra. 2 Armar, combinar debidamente las piezas de cualquier aparato o máquina. 3 Poner en una casa todo lo necesario para habitarla o en un negocio para que empiece a funcionar. 4 Disponer o preparar la representación de una obra teatral, espectáculo, etc. 5 Dicho de una piedra preciosa, engastar. 6 Poner las armas de fuego en condiciones de disparar. 7 CIN y TV Realizar el montaje. 8 *intr.* En las cuentas, sumar una cantidad total, las partidas diversas. 9 Ponerse o estar parte de una cosa cubriendo parte de otra. 10 Subir en un caballo o vehículo. 11 *tr.* e *intr.* Subirse encima de una cosa. • U. t. c. prnl. 12 **CABALGAR.**

montaraz 1 *adj.* Que anda por los montes o se ha criado en ellos. 2 Dicho del genio de una persona, que es agreste y feroz.

monte 1 *m.* Tierra inculta cubierta de arbustos y matorrales. 2 GEO **MONTAÑA.** || ~ **bajo** ECOL Ecosistema en el que domina una vegetación leñosa, relativamente baja (hasta 6 m) y enmarañada, de matorrales y arbustos. Los ecosistemas de monte bajo ocupan amplias zonas de las regiones áridas y semiáridas de la Tierra. ~ **de Venus** 1 ANAT Parte constitutiva de la vulva de la mujer que es una eminencia más o menos triangular, de base en el reborde superior del pubis, bordes laterales en los pliegues inguinales y vértice en los labios mayores. 2 ANAT Pequeña eminencia de la palma de la mano ubicada en la raíz de los dedos.

montera 1 *f.* Manta pequeña para abrigo de la cabeza. 2 Gorra usada por el torero. 3 **MARQUESINA.**

montería 1 *f.* Caza mayor. 2 Arte de cazar.

montículo *m.* Monte pequeño, por lo común aislado.

monto *m.* En contabilidad comercial, suma de varias partidas.

montón *m.* Conjunto desordenado de cosas puestas unas encima de otras.

montonera *f.* Montón, gran cantidad.

montura 1 *f.* Bestia en que se puede cabalgar. 2 Conjunto de arreos de una caballería. 3 Soporte de los instrumentos astronómicos de observación. 4 Armadura en la que se colocan los cristales de las gafas.

monumental 1 *adj.* Perteneciente o relativo al monumento. 2 Muy excelente, grande o excesivo.

monumentalismo 1 *m.* Tendencia a lo monumental. 2 ARQ Movimiento arquitectónico que se desarrolló, entre 1939 y 1948, impulsado por los gobiernos personalistas de Stalin, en la Unión Soviética, Hitler, en Alemania, y Mussolini, en Italia.

monumento 1 *m.* Obra escultórica o arquitectónica conmemorativa de una persona o un hecho. 2 Cualquier obra arquitectónica notable. 3 Obra científica o literaria de gran valor. 4 Documento de carácter histórico. 5 REL Lugar donde se expone la eucaristía el Jueves Santo.

monzón *m.* GEO Viento que cambia de dirección según la estación y es originado por la oscilación de la temperatura. Rige principalmente en el SE de Asia y E de África, donde constituye el suceso climático dominante en el área pues aporta las lluvias que dan fertilidad al suelo.

monzónico 1 *adj.* Perteneciente o relativo al monzón. 2 ECOL **bosque** ~.

moño 1 *m.* Ovillo que se hace con el cabello para tenerlo recogido o como adorno. 2 Lazo de cintas.

moqueo *m.* Secreción nasal abundante.

moqueta *f.* Tejido fuerte usado para cubrir el suelo o las paredes de una habitación.

moquillo *m.* Enfermedad catarral de origen bacteriano propia de los perros y gatos.

mora[1] *f.* Tardanza en cumplir una obligación.

mora[2] 1 *f.* Fruto del moral, de unos 2 cm de longitud, que está formado por un conjunto de globulillos carnosos, blandos, agridulces y de color morado casi

A B C D E F G H I J K L M N Ñ O P Q R S T U V W X Y Z

negro. 2 Fruto de la morera, muy parecido al anterior, pero blancuzco.

morabito, ta 1 *adj.* y *m.* REL e HIST Dicho de un miembro de una orden ascética musulmana, surgida del sufismo, que reside en casas comunitarias y es venerado por los bereberes que lo consideran como una persona especialmente pía a la que atribuyen cierta santidad. 2 *m.* Sepulcro en el que está enterrado un santo ermitaño. 3 Especie de ermita, ubicada en un despoblado, en la que vive un morabita.

moráceo, a *adj.* y *f.* BOT Dicho de una planta, dicotiledónea arbustiva, que posee hojas alternas con estípulas, flores masculinas en amentos y femeninas en glomérulos, y fruto en drupa o aquenio, como la higuera y el árbol del pan.

morada 1 *f.* Casa o habitación. 2 Residencia continuada en un lugar.

morado, da 1 *adj.* y *m.* Dicho de un color, que está entre el rojo y el azul. 2 *m.* Mancha morada y oscura de la piel debida a un golpe o presión.

moral[1] 1 *adj.* Perteneciente o relativo a la forma y modos de la vida de las personas en relación con el bien y el mal. 2 Conforme a los principios de lo que es bueno y justo. 3 Perteneciente o relativo al mundo de la conciencia. 4 **virtud** ~. 5 *f.* Ciencia que trata de la bondad o malicia de las acciones humanas. 6 Conjunto de normas de comportamiento de una sociedad. 7 Conjunto de facultades del espíritu por contraposición a lo físico. 8 Estado de ánimo individual o colectivo. 9 Enseñanza que se puede sacar de un discurso, un cuento, una fábula, etc.

moral[2] *m.* Arbusto rosáceo que posee tallos sarmentosos provistos de aguijones, hojas de cinco folíolos, flores blancas o róseas y fruto en drupa. || ~ **de Castilla** Especie similar a la anterior, pero de frutos dulces y de mayor tamaño que se cultiva comercialmente.

moraleja *f.* Enseñanza que se deduce de un cuento, fábula o narración.

moralidad 1 *f.* Conformidad con los preceptos de la moral. 2 Cualidad de las acciones humanas que las hace buenas.

moralismo *m.* Predominio de la moral en una doctrina.

moralista 1 *m.* y *f.* Profesor de moral. 2 Autor o estudioso de temas de moral. 3 Persona que acostumbra dar consejos morales.

moralizar 1 *tr.* y *prnl.* Reformar las costumbres, haciéndolas morales. 2 *intr.* Dar consejos morales.

morar *intr.* Habitar habitualmente en un lugar.

moratoria *f.* DER Suspensión legal del pago de una deuda a lo largo de un periodo determinado.

morbidez 1 *f.* Forma corporal humana que atrae sensualmente. 2 Cualidad de mórbido, blando, suave.

mórbido, da 1 *adj.* Que padece enfermedad o la ocasiona. 2 Blando, suave: *Labios mórbidos.*

morbilidad *f.* Número proporcional de personas enfermas en población y tiempo determinados.

morbo 1 *m.* Sentimiento de atracción hacia lo cruel, desagradable o prohibido. 2 Alteración de la salud, enfermedad.

morboso, sa 1 *adj.* Que tiene inclinación al morbo. 2 Que suscita reacciones moralmente insanas. 3 Que causa enfermedad o concierne a ella.

morcilla *f.* Embutido de sangre cocida que se condimenta con especias y, frecuentemente, cebolla, y a la que suelen añadírsele otros ingredientes como arroz.

mordaz *adj.* Que critica con acritud e ingenio.

mordaza *f.* Instrumento que se pone en la boca para impedir el habla.

morder 1 *tr.* Clavar los dientes en algo. 2 **MORDISCAR.** 3 Asir y apretar algo con los dientes. 4 Gastar poco a poco o quitar partes pequeñas de algo, limar. 5 QUÍM Corroer los ácidos un material. • Vb. irreg. conjug. c. **mover**. V. anexo El verbo.

mordido, da 1 *adj.* Menoscabado, escaso, incompleto. 2 *f.* Provecho o dinero obtenido de un particular por un funcionario o empleado con abuso de las atribuciones inherentes a su cargo.

mordiente 1 *m.* Sustancia que se utiliza para fijar el color con que se tiñe algo. 2 Sustancia que emplean los doradores para fijar los panes de oro. 3 QUÍM Agua fuerte (ácido nítrico diluido en agua) con que se muerde una plancha para grabarla.

mordiscar *tr.* Clavar repetidamente los dientes en algo con poca fuerza.

mordisco 1 *m.* Mordedura de carácter leve. 2 Pedazo que se saca de una cosa mordiéndola. 3 Beneficio que se saca de algo.

mordisquear *tr.* Morder con frecuencia algo sin hacer presa o sacando porciones muy pequeñas.

morena *f.* Pez de 1 m de longitud y coloración amarillenta, que posee un cuerpo cilíndrico alargado sin aletas pectorales, con la dorsal y la anal unidas con la cola, y una boca provista de fuertes dientes.

moreno, na 1 *adj.* De color oscuro. 2 *adj.* y *s.* Perteneciente o relativo a la piel y el cabello menos claros en la raza blanca.

morera *f.* Árbol de las moráceas, de 10-15 m de alto, que posee hojas dentadas, flores unisexuales en espigas e infrutescencias comestibles, y cuyas hojas sirven de alimento a los gusanos de seda.

morfema *m.* LING Parte de una palabra que constituye la unidad mínima con significado gramatical, como *-a*, que indica el género, y *-s*, que indica el plural, en la palabra *niñas; -ba*, que indica modo y tiempo, y *-n*, que indica número y persona, en la palabra *jugaban* o *-er*, que da a la palabra *panadero* la significación de "persona que hace o vende pan". Son morfemas los prefijos y sufijos, las desinencias y las raíces.

morfina *f.* QUÍM Alcaloide del opio amargo, blanco y cristalino que se usa como analgésico y crea fácilmente dependencia.

morfogénesis 1 *f.* BIOL Conjunto de procesos embriológicos que intervienen en el desarrollo de un individuo. 2 GEO Conjunto de fenómenos que conducen a la formación del relieve del terreno.

morfología 1 *f.* BIOL Parte de la biología que estudia la estructura y forma de los seres vivos y las modificaciones que experimentan. 2 GEO Parte de la geología que estudia las formas externas del relieve terrestre, su origen y formación. 3 GRAM Rama de la gramática que estudia la estructura interna, la forma y los procesos de formación y variación de las palabras a partir de los morfemas y lexemas.

morfológico, ca *adj.* Perteneciente o relativo a la morfología.

morfometría *f.* GEOM Análisis cuantitativo de las dimensiones de algo.

morfosintáctico, ca *adj.* Perteneciente o relativo a la morfosintaxis.

morfosintaxis *f.* LING Parte de la gramática que integra la morfología y la sintaxis.

morfotipo *m.* **BIOTIPO.**

morganático, ca *adj.* Dicho de un matrimonio, de un príncipe o soberano, que es celebrado con una persona de inferior rango.

morgue *f.* Depósito de cadáveres.

moribundo, da *adj.* y *s.* Que está muriendo o a punto de morir.

moriche *m.* Palma intertropical americana que crece al borde de los cauces fluviales y cuyas hojas tienen pecíolos muy largos y hojuelas grandes, con espádices de 2 a 3 m, que se emplean para cubrir techos. Del tronco se saca un licor azucarado y una fécula alimenticia y con la corteza se hacen cuerdas fuertes con las que se tejen hamacas.

morigerar *tr.* y *prnl.* Moderar los excesos de los afectos y las acciones.

morir 1 *intr.* y *prnl.* Acabar la vida. 2 Acabar del todo algo. 3 Apagar, extinguir, consumir. 4 Sentir intensamente algo: *Morir de hambre, de risa.* 5 *prnl.* Quedarse insensible un miembro del cuerpo. • Participio irreg. *muerto*. Vb. irreg. conjug. c. **dormir**. V. anexo El verbo.

morisco, ca *adj.* y *s.* HIST Dicho de un musulmán o de sus descendientes, que tras la Reconquista de España (1492), y habiéndose convertido al cristianismo, se quedó en ella.

□ HIST El carácter a menudo ficticio de dicha conversión y la amenaza turca en el Mediterráneo, que se temía hallase aliados naturales en los moriscos, hicieron extremar la vigilancia a cargo de la Inquisición. Finalmente en 1609, Felipe III se decidió por su expulsión de España y ordenó la salida de cerca de 300 000 personas. Las consecuencias demográficas y económicas fueron muy graves para buena parte del reino que, de un momento a otro, perdió una gran proporción de su campesinado productivo. La mayor parte de los moriscos se dirigió a Marruecos, donde su llegada supuso un importante aporte cultural.

mormón, na *adj.* y *s.* REL Dicho de una persona, que es miembro de la Iglesia de Jesucristo de los Santos de los Últimos Días, que fue fundada en Nueva York en 1830 por J. Smith. Su doctrina milenarista, nacionalista y puritana considera que solo su religión cuenta con autoridad verdadera y total consentimiento divino. La iglesia tiene su sede en Utah (EE. UU.) y está dirigida por un profeta y doce apóstoles.

mormonismo *m.* REL Doctrina de los mormones.

moro, ra 1 *adj.* y *s.* De la parte del África septentrional, frontera de España o relacionado con ella. 2 Que profesa la religión islámica. 3 Dicho de un musulmán, que estuvo asentado en España desde el s. VIII hasta el XV. 4 Dicho de un musulmán, que es oriundo de Mindanao (Filipinas). 5 *adj.* Perteneciente o relativo a la España musulmana.

morocho, cha *m.* y *f.* Persona morena o de pelo negro.

morosidad 1 *f.* Lentitud, dilación, pereza. 2 Falta de actividad o puntualidad.

moroso, sa 1 *adj.* Que incurre en morosidad. 2 Que la denota o implica.

morral 1 *m.* Bolsa grande que llevan a la espalda los caminantes con ropa o menesteres. 2 Talego que se cuelga de la cabeza de las bestias para darles de comer.

morralla *f.* Conjunto de cosas menudas y de poco valor.

morrena *f.* GEO Acumulación de fragmentos de roca (bloques, cantos y gravillas) y arcilla transportados y depositados por un glaciar.

morrión 1 *m.* Casco antiguo de la armadura de bordes levantados. 2 Gorro militar alto y con visera.

morro 1 *m.* Hocico de un animal. 2 Monte o peñasco redondeado.

morrocota *f.* Moneda antigua de oro o plata y tamaño grande.

morrocoy *m.* Tortuga que posee caparazón oscuro con cuadros amarillos, cabeza de tamaño mediano y hocico no sobresaliente con un pequeño garfio en la mandíbula superior.

morsa *f.* Mamífero pinnípedo de grandes colmillos que mide entre 2,7 y 3,5 m de longitud y cuyo peso oscila entre los 800 y 1700 kg. Vive en manadas en la zona limítrofe con los hielos polares del N y E del Atlántico, y en el N del Pacífico.

morse *m.* Sistema de telegrafía que utiliza un código compuesto de rayas y puntos.

mortadela *f.* Embutido grueso que se hace con carne de cerdo y vaca.

mortaja *f.* Vestidura en la que se envuelve un cadáver.

mortal 1 *adj.* Que ha de morir o está sujeto a la muerte. 2 Que puede causar la muerte. 3 Fatigoso, abrumador, excesivo, muy grande o que lo parece. 4 Decisivo, concluyente, cierto. 5 REL Dicho de un pecado, que causa la muerte del alma. 6 *adj.* y *s.* Que tiene naturaleza de ser humano.

mortalidad 1 *f.* Cualidad de mortal. 2 En demografía, número proporcional de defunciones en población o tiempo determinados. || ~ **infantil** En demografía, número proporcional de defunciones de niños, desde su nacimiento hasta los nueve años de edad, dentro de un periodo determinado que es uno de los indicadores del grado de desarrollo social.

mortandad *f.* Multitud de muertes causadas por una epidemia, un cataclismo o una guerra.

mortecino, na 1 *adj.* Dicho de un animal, que ha muerto naturalmente y de su carne. 2 Bajo, apagado, sin vigor.

mortero 1 *m.* Utensilio de madera, piedra, metal, etc., a manera de vaso, para machacar sustancias. 2 Mezcla de cal o cemento con arena y agua que se utiliza para unir ladrillos o piedras y para enlucir paredes. 3 Pieza de artillería de gran calibre y corto alcance.

mortífero, ra *adj.* Que puede causar la muerte.

mortificar 1 *tr.* y *prnl.* Privar de vitalidad una parte del cuerpo. 2 Domar las pasiones castigando el cuerpo. 3 Afligir, zaherir o causar pesadumbre o molestia.

mortuorio, ria *adj.* Perteneciente o relativo al muerto o a las honras fúnebres.

morueco *m.* Carnero padre.

mórula *f.* BIOL Masa esférica de células que resulta de la primera segmentación del huevo fecundado al iniciarse el desarrollo embrionario.

mosaico[1], ca *adj.* Perteneciente o relativo a Moisés.

mosaico[2], ca 1 *adj.* y *m.* Dicho de un tipo de suelo de baldosas, que es usado en el piso de las edificaciones. 2 *m.* Lámina en la que se agrupan los retratos. 3 Enfermedad vírica de las plantas que produce manchas en las hojas. 4 *adj.* ART Dicho de un tipo de decoración, que se realiza en una superficie mediante la incrustación de trozos de piedra, mármol, vidrio, etc. 5 *m.* BIOL Organismo formado por dos o más clases de tejidos genéticamente distintos. 6 GEOM Sucesión continua en el plano de los diferentes movimientos o desplazamientos de una figura. 7 INF Aparición simultánea, generalmente minimizada, de distintos documentos en la pantalla de un computador.

mosaísmo *m.* REL Ley de Moisés.

mosca 1 *f.* Insecto **díptero** que tiene el par posterior de alas transformado en balancines, patas finalizadas en uñas o ventosas y aparato bucal con forma de trompa chupadora. Sus larvas suelen tener forma de gusano y muchas especies ponen sus huevos en la carne u otros residuos, o bien parasitan en el ganado doméstico. La mosca de la fruta tiene gran importancia como animal de laboratorio, en particular para realizar experimentos de genética, dada la rapidez con la que se multiplica, mientras que otras especies revisten interés para la medicina, como es el caso de la mosca tsé-tsé, que transmite la enfermedad del sueño a los seres humanos. 2 Cebo para pescar. 3 *adj.* y *s.* DEP Dicho de una categoría de boxeo, que incluye a los deportistas que pesan hasta 51 kg. || ~ **común** Especie cosmopolita, de 6 a 8 mm de longitud, con un ciclo vital de 2 a 4 semanas.

moscardón *m.* Insecto díptero, múscido, de cuerpo oscuro y velloso, que zumba al volar.

moscatel 1 *adj.* Dicho de una variedad de uva, que tiene granos aovados y muy dulces. 2 *adj.* y *m.* Dicho de un viñedo, que la produce, y de un vino, que se hace con ella.

mosco 1 *m.* MOSQUITO. 2 MOSCA.

mosquero *m.* Multitud de moscas.

mosquete *m.* Arma de fuego antigua, de mayor calibre que el fusil, que se disparaba apoyándola sobre una horquilla.

mosquetón 1 *m.* Carabina corta. 2 Anilla que se abre y cierra mediante un muelle y es usada por los alpinistas.

mosquitero 1 *m.* Colgadura de cama hecha de gasa, que sirve para evitar las picaduras de los mosquitos. 2 Tela de metal o plástico colocada en puertas y ventanas para evitar la entrada de insectos.

mosquito *m.* Insecto díptero que está distribuido por todo el mundo en zonas con aguas quietas o estancadas en las que pone los huevos. Su cuerpo es estrecho, con abdomen delgado, alas transparentes y antenas y patas largas. Las hembras poseen un aparato bucal adaptado para perforar y succionar la sangre, pero el de los machos, que se alimentan de néctar y agua, es rudimentario. Muchas especies inyectan microorganismos infecciosos y así transmiten enfermedades como la malaria, la fiebre amarilla y el dengue al ser humano.

mostacho *m.* Bigote grande y espeso.

mostaza 1 *f.* Planta crucífera, de 1 m de altura aprox., de hojas alternas, flores amarillas en espiga y fruto en silicua con varias semillas negras y muy pequeñas. 2 Salsa que se hace con la semilla de dichas plantas.

mosto *m.* Zumo de uva sin fermentar.

mostrador *m.* Mesa o tablero que hay en las tiendas para presentar o despachar los productos.

mostrar 1 *tr.* Exponer a la vista. 2 Explicar, dar a conocer algo. 3 Manifestar una pasión o sentimiento. 4 *prnl.* Darse a conocer una persona. • Vb. irreg. conjug. c. **contar**. V. anexo El verbo.

mostrenco, ca *adj.* Dicho de un bien, sin dueño conocido, que se atribuye al Estado.

mota 1 *f.* Nudillo que se forma en el paño. 2 Defecto de un tejido. 3 Partícula de hilo que se pega a los vestidos.

mote[1] *m.* SOBRENOMBRE.

mote[2] *m.* Maíz cocido con sal.

motear *tr.* Salpicar de motas o pintas un tejido.

motejar *tr.* Censurar las acciones de alguien con motes o apodos.

motel *m.* Establecimiento de hostelería que facilita alojamiento en apartamentos con garaje y entrada independiente para estancias de corta duración.

motete *m.* Mús Composición vocal religiosa para coro y orquesta que surgió como una pequeña variación del canto gregoriano y en la que, partir de 1600, se empezaron a emplear de forma habitual instrumentos y voces solistas.

motilar *tr.* Cortar el pelo o raparlo.

motilidad *f.* Biol Capacidad de los seres vivos para realizar movimientos complejos y coordinados.

motilón, na *adj.* y *s.* De un pueblo amerindio recolector que habita en la zona comprendida entre la cordillera de Perijá (NE de Colombia) y la orilla oriental del lago Maracaibo (Venezuela). Durante la Conquista se enfrentó a los españoles y estos le dieron el nombre que lo distingue por su costumbre de cortarse el cabello en forma de casquete alrededor de la cabeza.

motín *m.* Levantamiento popular contra una autoridad.

motivación *f.* Acción y efecto de motivar.

motivar 1 *tr.* Dar causa o motivo. 2 Explicar las razones por las que se ha hecho algo.

motivo 1 *m.* Causa o razón que impulsa a realizar algo. 2 Dibujo que se repite en una decoración. 3 Mús Breve fragmento que puede ser transformado y desarrollado a lo largo de una obra. Un conjunto de motivos crea un tema y uno o varios temas constituyen la frase musical.

moto *f.* MOTOCICLETA.

motobomba *f.* Bomba impulsada por un motor que sirve para elevar, trasegar o comprimir fluidos.

motocicleta *f.* Vehículo automóvil de dos ruedas con uno o dos sillines.

motociclismo *m.* Dep Deporte de los aficionados a la motocicleta, en el que, dependiendo de la cilindrada del motor, se establecen las distintas categorías.

motocross *m.* Dep Especialidad del motociclismo que consiste en una carrera que se disputa en un circuito trazado en un terreno muy accidentado.

motocultivador *m.* Arado con motor de arrastre.

motonáutica 1 *f.* Navegación en pequeñas embarcaciones provistas de motor. 2 Dep Deporte de carreras con lanchas motoras.

motonieve *f.* Vehículo motorizado y con tracción de oruga, que está diseñado para viajar velozmente sobre terrenos cubiertos de nieve.

motor, ra 1 *adj.* Que produce movimiento. 2 Anat y Fisiol Dicho de una estructura anatómica, que está relacionada con el sistema **locomotor** o directamente con el movimiento. 3 Anat y Fisiol **nervio** ~. 4 *m.* Lo que comunica movimiento o es causa de acción. 5 *m.* Máquina que transforma energía en trabajo mecánico (generalmente en movimiento rotatorio de un árbol o eje). || ~ **de arranque** El eléctrico de automóvil que engrana con el principal para el arranque. ~ **de búsqueda** Inf Página web especializada en hacer índices de contenido a medida que el usuario demanda información sobre un tema específico. ~ **de combustión externa** El térmico basado en la cesión del calor a un fluido activo (la generación de calor se efectúa en un horno o reactor en el exterior del cilindro del motor). ~ **de combustión interna** o **de explosión** El térmico en el que se logra calor mediante la explosión del combustible en el interior del cilindro. ~ **de gasolina** El de combustión interna en el que la carga de aire es carburada mediante gasolina pulverizada por un carburador o por inyección directa. ~ **de reacción** Aquel en que la acción mecánica es producida por reacción al proyectarse al exterior uno o varios chorros gaseosos a la mayor velocidad posible. ~ **diesel** El de combustión interna, en el cual la mezcla de aire y combustible entra en ignición por el calor producido con la presión en el cilindro. ~ **eléctrico** El que transforma la energía eléctrica en trabajo mecánico y puede ser de corriente continua (formado por inductor e inducido) o de corriente alterna (formado por estator y rotor). ~ **fuera de borda** Pequeño motor provisto de una hélice que se coloca en la parte exterior de la popa de pequeñas embarcaciones. ~ **neumático** El que transforman la energía cinética de un gas (turbina de gas) o su presión (motor volumétrico).

motorismo *m.* Dep Serie de deportes en que se utiliza un vehículo de motor.

motorista 1 *m.* y *f.* Persona aficionada al motorismo. 2 Persona que guía un vehículo automóvil y cuida del motor.

motorizar *tr.* y *prnl.* Dotar de medios mecánicos de tracción.

motricidad *f.* Fisiol Conjunto de funciones de los órganos de los sistemas **locomotor** y **nervioso** que permiten la movilidad y coordinación de los miembros, el movimiento y la locomoción.

motriz *adj.* Que mueve.

motu proprio (Loc. lat.) Voluntariamente o por iniciativa propia.

mouse (Voz ingl.) *m.* Inf **ratón**, dispositivo periférico.

movedizo, za 1 *adj.* Fácil de moverse o ser movido. 2 Inseguro, inestable.

mover 1 *tr.* y *prnl.* Hacer que un cuerpo cambie de posición o situación. 2 *tr.* Menear, agitar. 3 Hacer que algo marche o funcione. 4 Alterar, conmover. 5 Provocar, desencadenar. 6 *tr.* e *intr.* Dar motivo para algo; persuadir, inducir e incitar a ello 7 *prnl.* Desenvolverse en un determinado ambiente, actividad, ocupación, etc. • Vb. irreg. conjugación modelo. V. anexo El verbo.

movible 1 *adj.* Que puede moverse o ser movido. 2 Variable, voluble. 3 Dicho de una fiesta religiosa, que la Iglesia católica celebra en un día diferente cada año.

movido, da 1 *adj.* Intranquilo, agitado, ajetreado. 2 Fot Borroso, que no se distingue con claridad. 3 *f.* Movimiento, actividad.

móvil 1 *adj.* **movible**, que puede moverse o ser movido. 2 **teléfono** celular. 3 Que no tiene estabilidad. 4 *m.* Motivo, causa. 5 Art Escultura caracterizada por la aparente inestabilidad de sus elementos, por lo común formados con metales ligeros, que entran en movimiento por la acción del aire, del tacto o de un motor pequeño. 6 Fís Cuerpo en movimiento.

movilidad 1 *f.* Cualidad de movible. 2 Fís Cociente de proporcionalidad entre la velocidad de desplazamiento de los conductores y la unidad del campo eléctrico.

movilizar 1 *tr.* y *prnl.* Poner en actividad o movimiento algo. 2 *tr.* Incorporar a filas, poner en pie de guerra a las tropas.

movimiento 1 *m.* Acción de moverse o ser movido. 2 Tráfico, circulación, animación: *Movimiento de una calle, de un puerto.* 3 Corriente de opinión o tendencia artística de un época determinada. 4 Variación numérica en las estadísticas, las cuentas, los precios, etc. 5 Astr Marcha real o aparente de los cuerpos celestes. 6 Fís Variación de la posición de un cuerpo con el tiempo relativa a otras posiciones. 7 Mús Cada una de las secciones de una composición musical extensa, generalmente de carácter instrumental. 8 Mús Velocidad del compás. || ~ **acelerado** Fís En el que la velocidad aumenta con el tiempo. ~ **aparente** Astr El que se observa en los astros a simple vista y sin considerar otros aspectos, como el del Sol o el de las estrellas alrededor de la Tierra, y el de retroceso de ciertos planetas causados por la propia rotación de la Tierra. ~ **armónico simple** Fís El rectilíneo con aceleración variable producido por las fuerzas que se originan cuando un cuerpo se separa de su posición de equilibrio. ~ **browniano** Quím Movimiento errático constante de partículas diminutas suspendidas en un líquido o gas. **cantidad de** ~ Fís Producto de la masa de un punto material por su velocidad. ~ **compuesto** Fís El que resulta de la concurrencia de dos o más fuerzas en diverso sentido. ~ **continuo** Fís El que se pretende hacer durar por tiempo indefinido sin gasto de energía. ~ **de rotación** **rotación**. ~ **de traslación** **traslación**. **ley de la conservación de la cantidad de** ~ Fís *En un sistema cerrado, la cantidad de movimiento es constante*: como la cantidad de movimiento es el producto de la masa por la velocidad, si la masa de un sistema cambia, la velocidad debe cambiar. Considerando dos masas m_1 y m_2, y dos velocidades, v_1 y v_2, tenemos que: $m_1 \cdot v_1 = m_2 \cdot v_2$. ~ **ondulatorio** Fís En el que hay transporte de energía pero no de materia, como el que efectúa la superficie del agua o las partículas de un medio elástico al paso de las ondas. Está determinado por la ley del movimiento ondulatorio, según la cual: *Para todas las ondas la velocidad es igual al producto de la frecuencia y la longitud de onda.* La *velocidad* (V) de una onda es la rapidez con la que esta viaja; su *longitud* (l) es la distancia entre una cresta de la onda y la siguiente; la *frecuencia* (f) es la cantidad de crestas que pasan por un punto determinado en una unidad de tiempo, de donde: $V = f \cdot l$. ~ **oscilatorio** Fís El que se presenta en torno a un punto de equilibrio estable: *El péndulo posee un movimiento oscilatorio.* ~ **retardado** Fís En el que la velocidad aumenta con el tiempo. ~ **retrógrado** Astr El real o aparente de un astro en sentido contrario al que le es normal. ~ **simple** Fís El que resulta del impulso de una sola fuerza. ~ **sísmico** Geo **terremoto**. ~ **turbulento** Fís El de un fluido en el que la presión y velocidad en cada punto fluctúan muy irregularmente. ~ **uniforme** Fís En el que la velocidad de traslación o de rotación permanece constante. ~ **uniformemente acelerado** Fís En el que la velocidad aumenta proporcionalmente al tiempo transcurrido. ~ **uniformemente retardado** Fís En el que la velocidad disminuye proporcionalmente al tiempo transcurrido. ~ **variado** Fís En el que la velocidad no es constante.

☐ **leyes del movimiento de Newton** Fís **1ª ley** o **principio de inercia**: *Todo cuerpo continúa en su estado de reposo o de movimiento uniforme y rectilíneo si sobre él no actúa ninguna fuerza.* **2ª ley** o **ecuación fundamental de la dinámica**: *La aceleración de un objeto es directamente proporcional a la fuerza externa que actúa sobre él e inversamente proporcional a la masa del objeto.* Su expresión es $F = m \cdot a$, donde a corresponde a la aceleración, F a la fuerza y m a la masa. **3ª ley** o **principio de acción y reacción**: *Cuando un cuerpo ejerce una fuerza sobre otro, este último reacciona con igual fuerza sobre aquel.*

moviola *f.* Cin y TV Máquina para examinar y montar películas.

moxo, xa *adj.* y *s.* De un pueblo amerindio, de la familia lingüística arawak, que habita en el curso medio del río Mamoré, en el oriente de Bolivia. En la actualidad se compone de un reducido número de integrantes mezclados con otras etnias.

moya *f.* Vasija de barro.

moyo *m.* Medida de capacidad equivalente a 258 litros.

mozárabe 1 *adj.* y *s.* Hist Dicho de un cristiano, que vivió bajo la dominación musulmana en Al-Andalus. Los musulmanes le concedieron una gran libertad y pudo conservar su organización política, jurídica y eclesiástica a cambio de impuestos de carácter personal y territorial. Hasta el s. XI pudo vivir un periodo de relativa tranquilidad, pero, con la llegada de los almohades, su situación se deterioró y acabó siendo expulsado de Al-Andalus. 2 *adj.* Perteneciente o relativo a los mozárabes. 3 Rel Dicho de una liturgia visigótica, que conservaron los mozárabes. 4 *m.* Ling Lengua romance hablada por los mozárabes.

mozo, za 1 *adj.* y *s.* **joven**, de poca edad. 2 Que está o se mantiene soltero. 3 *m.* y *f.* **joven**, que está en la juventud. 4 Persona que sirve en oficios modestos. 5 Camarero.

mozzarella (Voz it.) *adj.* y *s.* Dicho de un queso, de procedencia italiana, que es elaborado originalmente con leche de búfala.

MP3 (Del ingl.) *m.* Inf Formato de archivo de sonido de reducido tamaño que está basado en la compresión de datos y en la eliminación de sonidos no perceptibles por el oído humano. • Sigla de *motion picture experts group*.

MS-DOS (Del ingl.) *m.* INF Sistema que supervisa las operaciones de entrada y salida del disco y controla el adaptador de vídeo, el teclado y muchas funciones internas relacionadas con la ejecución de programas y el mantenimiento de archivos. • Sigla de *Microsoft disk operating system.*

mucamo, ma 1 *m.* y *f.* Sirviente o criado de una casa. 2 En hospitales y hoteles, persona encargada de la limpieza.

muchachada 1 *f.* Acción propia de muchachos. 2 Conjunto de muchachos.

muchacho, cha 1 *m.* y *f.* Persona que se halla en la mocedad. 2 Empleada o empleado del servicio doméstico.

muchedumbre *f.* Abundancia de personas o cosas.

mucho, cha 1 *adj. indef.* Numeroso, abundante, intenso: *Fueron muchas y diversas sus razones; Compró muchas historietas.* 2 *adv. cant.* Indica cantidad o grado elevado: *Le dolió mucho su muerte; Llovió mucho hoy.* 3 Señala frecuencia: *Viaja mucho.* • Se usa el apócope *muy* antepuesto a adjetivos y adverbios: *Lo golpeó muy duro.* 4 *pron. indef.* Señala palabras o sintagmas nominales mencionados o sobreentendidos: *A muchos no les gusta bailar.*

mucílago *m.* Sustancia viscosa y transparente que segregan algunas plantas.

mucosa *f.* ANAT y FISIOL Membrana que tapiza las cavidades interiores del cuerpo y está provista de numerosas glándulas que segregan moco.

mucosidad 1 *f.* **MOCO.** 2 Sustancia viscosa parecida al moco.

muda 1 *f.* Acción de mudar. 2 Ropa que se muda de una vez. 3 Cambio de voz que experimentan los muchachos en la adolescencia. 4 Tiempo o acto de cambiar la pluma o piel ciertos animales.

mudanza 1 *f.* Acción y efecto de mudar o mudarse. 2 Traslado de los muebles de una casa o habitación a otra. 3 Inconstancia de los afectos u opiniones. 4 Serie de movimientos que se hacen a compás en un baile.

mudar 1 *tr.* Dar o tomar otra naturaleza, estado o figura una persona o cosa. 2 Dejar una cosa y tomar en su lugar otra. 3 Caer las hojas de los árboles. 4 Efectuar un ave la muda de la pluma. 5 Cambiar periódicamente la piel las culebras y otros animales. 6 *prnl.* Variar de conducta o modo de vida. 7 Cambiar de ropa o vestido. 8 Dejar la casa que se habita y pasar a vivir en otra.

mudéjar 1 *adj.* y *s.* HIST Dicho de un musulmán, que siguió viviendo en los territorios que pasaron a poder cristiano durante la Reconquista de España. Inicialmente pudo conservar sus propiedades y libertades, aunque se le exigió salir de las ciudades. Finalmente, los Reyes Católicos obligaron (1502) a los mudéjares de Castilla a convertirse al cristianismo so pena de tener que abandonar la península. 2 *adj.* ARQ Dicho de un estilo arquitectónico, que floreció en España desde el s. XIII al XVI y estuvo caracterizado por la fusión de elementos románicos y góticos con el arte árabe.

mudez 1 *f.* Imposibilidad de hablar. 2 Silencio deliberado y persistente.

mudo, da 1 *adj.* y *s.* Privado de la facultad de hablar. 2 *adj.* Muy silencioso o callado.

mueble 1 *m.* Cada uno de los enseres que sirven para la comodidad o adorno en las casas. 2 DER **bienes** ~s.

mueca *f.* Contracción del rostro, generalmente burlesca.

muela 1 *f.* Disco de piedra que gira sobre una base para moler lo que se echa en medio. 2 ANAT Diente posterior a los caninos que sirve para moler y triturar los alimentos. || ~ **cordal** ANAT La que ocupa el último lugar de cada mandíbula y suele nacer en la edad adulta.

muelle[1] 1 *adj.* Blando, elástico, suave. 2 *m.* Pieza metálica en espiral que recobra su posición inicial tras ser comprimida.

muelle[2] 1 *m.* Construcción en la orilla del mar, río o lago, para el amarre y refugio de las embarcaciones. 2 Andén de las estaciones de ferrocarril para carga y descarga. || ~ **aéreo** El que en los aeropuertos se destina para la carga y descarga de mercancía de los aviones o el embarque y desembarque de pasajeros.

muérdago *m.* Planta lorantácea que vive parásita sobre los troncos y las ramas de los árboles, y cuyo fruto es una baya pequeña llena de un jugo pegajoso.

muerte 1 *f.* Cesación o término de la vida. 2 Separación del cuerpo y el alma. 3 Homicidio. 4 Figura del esqueleto humano que, como símbolo de la muerte, suele llevar una guadaña. || ~ **celular** BIOL Proceso de autoeliminación de las células como respuesta a lesiones físicas o genéticas o a una infección viral. Se produce continuamente en muchos tejidos y constituye un aspecto esencial para su desarrollo, mantenimiento y reparación, pues la célula se disgrega en fragmentos que son devorados por las células vecinas mediante fagocitosis.

muerto, ta 1 *adj.* y *s.* Que está sin vida. 2 *adj.* Apagado, sin actividad; marchito, deslucido: *Color muerto.* 3 Especificativo de cierto número de locuciones que se definen en los sustantivos correspondientes: *Letra muerta; Punto muerto; Lengua muerta.* 4 En ciertas expresiones con la significación que en ellas se especifica: *Muerto de risa, de celos.* 5 LING **lengua** ~. 6 ART **naturaleza** ~.

muesca 1 *f.* Concavidad o hueco en una cosa para encajar otra. 2 Corte que se hace al ganado en la oreja para que sirva de señal.

muestra 1 *f.* Porción de un producto o mercancía que sirve para conocer su calidad. 2 Porción de una sustancia que sirve para examinarla. 3 Modelo que se ha de copiar o imitar. 4 Señal, demostración, prueba. 5 En algunos juegos de naipes, carta que se vuelve para indicar el palo de triunfo. 6 En estadística, conjunto de individuos extraídos de una población con el fin de inferir características de toda la población; por ejemplo, con una muestra de unos pocos miles de personas se pueden estimar con muchísima precisión los resultados de unas votaciones en las que participarán millones de votantes. || ~ **aleatoria** En estadística, conjunto finito de variables aleatorias del que se conoce su función de distribución y a partir del cual se hacen inferencias con respecto a la población en la que se ha tomado el muestreo.

muestral *adj.* Perteneciente o relativo a una muestra estadística.

muestrario *m.* Colección de muestras de mercancías.

muestreo 1 *m.* Selección de muestras representativas de la calidad o características medias de un todo. 2 Técnica empleada para esta selección. 3 En estadística, selección de una muestra pequeña y representativa de un conjunto para inferir el valor de una o varias cualidades de él.

mufla 1 *f.* Hornillo que se coloca en un horno para conseguir la fusión de diversos cuerpos. 2 Horno pequeño que se usa para realizar pruebas preliminares a la cocción o fundición definitiva de los materiales.

muflón 1 *m.* Mamífero artiodáctilo, de pelaje pardo rojizo, que es originario del área mediterránea y cuyo macho posee grandes cuernos arqueados hacia atrás. 2 El que vive en América del Norte puede llegar a tener de adulto 1 m de altura a la cruz y pesar 150 kg. Ambos sexos poseen cuernos grandes y curvados.

muftí *m.* Intérprete de los textos jurídicos islámicos.

mugido *m.* Voz del toro y de la vaca.

mugir *intr.* Dar mugidos.

mugre 1 *f.* Grasa o suciedad. 2 Basura. 3 Cosa sin valor.

mugrón 1 *m.* Sarmiento de la vid que se entierra para producir una nueva planta. 2 **VÁSTAGO**, renuevo.

muisca *adj.* y *s.* HIST De un pueblo amerindio que en la época precolombina desarrolló una notable cultura en el altiplano andino de los departamentos de Cundinamarca y Boyacá (actual Colombia).

☐ HIST Los muiscas se organizaron en reinos fuertemente jerarquizados, al frente de los cuales estaba un *zaque* o un *zipa* del que dependían, a su vez, una serie de cacicazgos. Practicaban la minería de sal y la agricultura, con ayuda de un extenso sistema de regadío, tejían telas de algodón y eran grandes expertos en orfebrería y cerámica con motivos zoomorfos y antropomorfos. Su rudimentaria arquitectura no incluyó construcciones de piedra. La llegada de los conquistadores españoles en 1536 derrumbó sus estructuras políticas y sociales y fueron sometidos en 1541. En el s. XVIII su cultura ya estaba prácticamente extinguida.

mujer 1 *f.* Persona del sexo femenino. 2 La que ha llegado a la pubertad o edad adulta. 3 La casada, con relación al marido.

mujerzuela 1 *f.* Mujer de poca estimación. 2 Mujer de mala vida.

mujik (Voz rus.) *m.* Campesino ruso.

mula 1 *adj.* Torpe, corto de inteligencia. 2 *f.* **MULO**. 3 Contrabandista de droga en pequeñas cantidades.

muladar *m.* Lugar donde se echa estiércol o basura.

muladí *adj.* y *s.* Dicho de un musulmán de origen cristiano, que vivió en la península ibérica tras la conquista musulmana (s. VIII). Por entonces, la conversión al islam fue la opción adoptada por la mayor parte de la población hispano-visigoda ante las ventajas económicas y sociales que conllevaba ser musulmán.

mulah (Voz ar.) *m.* Término aplicado en el mundo islámico para señalar a alguien de cierto rango, especialmente a un erudito religioso.

mulato, ta *adj.* y *s.* Dicho de un mestizo, que nació de la unión de negra y blanco o de blanca y negro.

muleta 1 *f.* Palo con un travesaño en el extremo, en el que apoya la axila o el codo la persona que tiene dificultad para andar. 2 Palo que sostiene una tela roja que es usada por el torero para engañar al toro.

muletilla 1 *f.* Palabra o expresión que, por hábito, se repite innecesariamente en la conversación. 2 Travesaño en el extremo de un palo.

mullido *m.* Cosa blanda que se puede mullir y es hecha a propósito para rellenar colchones, muebles de tapicería, etc.

mullir *tr.* Ahuecar y esponjar una cosa para que esté blanda y suave. • Vb. irreg. conjugación modelo. V. anexo El verbo.

mulo, la *m.* y *f.* Animal macho o hembra resultante del cruzamiento entre asno y caballo. La hembra casi siempre es infecunda. Suele utilizarse en todo el mundo como bestia de carga y en los trabajos agrícolas.

multa *f.* Pena pecuniaria por una infracción.

multar *tr.* Imponer una multa.

multicultural *adj.* Que se caracteriza por la convivencia de varias culturas.

multidisciplinario, ria *adj.* Que implica o abarca varios saberes o disciplinas.

multiétnico, ca *adj.* Dicho de una manifestación social, artística o cultural, que es resultado de la confluencia de varias etnias.

multifamiliar *adj.* y *m.* ARQ Dicho de un edificio de varias plantas, que posee numerosos apartamentos, cada uno destinado a vivienda de una familia.

multifocal *adj.* y *s.* ÓPT Dicho de un objetivo, que sirve para obtener diferentes tamaños de aumento en función de las variaciones de las distancias focales de sus lentes.

multilingüe 1 *adj.* Dicho de una expresión oral o escrita, que se hace en varias lenguas. 2 Presencia simultánea de varias lenguas en un contexto social, cultural o académico.

multimedia 1 *adj.* Dicho de un grupo empresarial, que integra a varios medios de comunicación (prensa, radio, televisión e internet). 2 INF Dicho de un equipo informático, que es capaz de presentar información que emplea texto, sonido, imágenes, animación y vídeo.

multinacional 1 *adj.* Perteneciente o relativo a varias naciones. 2 *adj.* y *f.* ECON Dicho de una empresa, que cuenta con actividades y capitales repartidos en varios países.

multipartidismo *m.* POLÍT Sistema basado en la existencia y actividad de varios partidos que compiten por el gobierno de un país. Es un mecanismo democrático porque permite que diferentes sectores de electores voten por el partido con el que se sienten más afines.

multiplataforma *adj.* INF Dicho de un elemento informático o una aplicación, que puede funcionar en distintos entornos o sistemas virtuales.

múltiple *adj.* Que comprende dos o más cosas o maneras.

multiplicación 1 *f.* Acción y efecto de multiplicar. 2 MAT Operación aritmética que consiste en hallar el producto de dos o más factores, tomando uno de ellos (multiplicando) tantas veces por sumando como unidades contiene el otro (multiplicador). Se indica con el signo x (X) o mediante un punto (·).

multiplicador, ra 1 *adj.* y *s.* Que multiplica. 2 ECON Coeficiente de crecimiento de la renta nacional en relación con otras variables, como el gasto, la inversión, las exportaciones, etc. 3 *m.* MAT Factor de la multiplicación que indica las veces que el multiplicando se ha de tomar como sumando.

multiplicando *m.* MAT Factor que ha de ser multiplicado.

multiplicar 1 *tr.* e *intr.* Aumentar considerablemente el número o la cantidad de algo por generación. • U. t. c. prnl. 2 *tr.* MAT Realizar una multiplicación. 3 *prnl.* Afanarse en hacer algo.

multiplicidad *f.* Cualidad de múltiple.

múltiplo *m.* MAT Número que contiene a otro varias veces exactamente. || **mínimo común** ~ MAT El menor de los múltiplos comunes a varios números. Para calcularlo se descomponen factorialmente los números dados y se escribe el producto de los factores comunes y no comunes afectados del mayor exponente.

multipolar 1 *adj.* ANAT Dicho de una neurona, que posee un cuerpo celular rodeado de varias dendritas. 2 ELECTR Que tiene más de dos polos.

multiprocesador *m.* INF Sistema informático compuesto por varias unidades de tratamiento que funcionan con un mismo conjunto de memorias y de periféricos.

multirracial *adj.* Dicho de una población, que en cuya composición confluyen muchas razas.

multitarea *f.* INF Modo de funcionamiento, disponible en algunos sistemas operativos, mediante el cual un computador procesa varias tareas simultáneamente.

multitud *f.* Número grande de personas o cosas.

multívoco *adj.* Dicho de algo, que tiene varias interpretaciones.

A B C D E F G H I J K L M N Ñ O P Q R S T U V W X Y Z

mundano, na 1 *adj.* Perteneciente o relativo al mundo. 2 Que atiende excesivamente a las cosas terrenales o a los derroches y placeres.

mundial *adj.* Perteneciente o relativo a todo el mundo, universal.

mundialista *adj.* DEP Dicho de un deportista, que ha participado en algún campeonato del mundo.

mundialización 1 *f.* Efecto por el cual un hecho, práctica o comportamiento tiene un alcance global. 2 *f.* ECON Expansión de empresas, mercados o tendencias de diversa índole con el fin de lograr cobertura e influencia mundial.

mundillo *m.* Conjunto limitado de personas que tiene una misma posición social, profesión o quehacer.

mundo 1 *m.* Conjunto de todas las cosas. 2 La Tierra y la esfera que la representa. 3 Parte de la sociedad humana caracterizada por alguna circunstancia común a sus miembros. 4 Género humano. 5 Sociedad humana. 6 Experiencia de la vida y del trato social: *Tener mucho mundo.* 7 Vida seglar en contraposición a la monástica. 8 REL Según la doctrina cristiana, uno de los enemigos del alma, como son las delicias, pompas y vanidades terrenas. || ~ **antiguo** 1 Parte de la Tierra que comprende la mayor parte de Europa, Asia y África. 2 HIST Sociedad humana durante el periodo histórico de la **Antigüedad**. el **otro** ~ REL La vida ultraterrena.

munición *f.* Carga que se pone en las armas de fuego.

municipal *adj.* Perteneciente o relativo al municipio.

municipio *m.* División administrativa de un Estado que comprende un territorio y un núcleo urbano regidos por un ayuntamiento compuesto por el alcalde y los concejales.

munificencia *f.* Liberalidad espléndida.

muñeca 1 *f.* Figurilla de niña o mujer que sirve de juguete. 2 Muchacha o niña hermosa y delicada. 3 Bolsa de trapo llena de polvos para estarcir. 4 ANAT Parte del cuerpo humano en donde se articula la mano con el antebrazo, y cuyo esqueleto está formado por los extremos inferiores del cúbito y el radio, y el carpo.

muñeco *m.* Juguete con forma de figura de hombre o niño.

muñequería *f.* Actividad industrial o artesanal dedicada a la confección de muñecos.

muñequito *m.* Dibujo animado. • U. m. en pl.

muñir *tr.* Concertar, disponer, manejar las voluntades de otros. • Vb. irreg. conjug. c. **mullir**. V. anexo El verbo.

muñón *m.* Parte de un miembro que queda después de su amputación.

muon *m.* FÍS Partícula elemental inestable del grupo de los leptones, de masa equivalente a unas 207 veces la del electrón e igual carga eléctrica.

mural 1 *adj.* Perteneciente o relativo al muro o a la pared. 2 Dicho de una cosa, que ocupa una buena parte de una pared. 3 *m.* ART Pintura o decoración aplicada a un muro.

muralismo *m.* ART Arte y técnica de la pintura mural.

muralla *f.* Obra defensiva que rodea una población, fuerte o territorio.

murciélago, ga *m.* y *f.* Mamífero quiróptero que es el único mamífero dotado de capacidad de vuelo activo. Tiene los dedos de las extremidades anteriores muy largos y cubiertos por una membrana que se extiende por los costados y se une con las patas posteriores. Puede orientarse mediante ecolocación y es capaz de localizar con precisión los obstáculos o las presas en la oscuridad. La mayoría de las especies son de vida crepuscular o nocturna y existen especies melíferas, omnívoras que, además de consumir insectos y frutas, atacan a pequeños anfibios, lagartos, pájaros, ratones e incluso a otros murciélagos, y hematófagas, que son conocidas con el nombre común de **vampiros**.

murga *f.* Compañía de músicos que toca en las calles.

múrice *m.* Molusco gasterópodo marino, de concha erizada de espinas o tubérculos que, como la púrpura, segrega un líquido usado antiguamente en tintorería.

múrido *adj.* y *m.* ZOOL Dicho de un mamífero, roedor, que tiene clavículas, hocico largo puntiagudo y cola larga y escamosa, como la rata y el ratón.

murmullo 1 *m.* Ruido que se hace hablando en voz baja. 2 Ruido continuado y confuso.

murmurar 1 *intr.* y *tr.* Hablar entre dientes manifestando disgusto. 2 *intr.* Hacer un ruido blando y apacible el agua o el viento. 3 Censurar las acciones de un ausente.

muro 1 *m.* Pared o tapia. 2 Muralla.

murria 1 *f.* Tristeza, melancolía. 2 Mal humor.

musa 1 *f.* MIT Según la mitología griega, cada una de las hijas de Zeus y Mnemosine que cantaban en el monte Helicón: Calíope, Clío, Polimnia, Terpsícore, Euterpe, Erato, Melpómene, Talía y Urania. 2 Ingenio poético propio de cada poeta.

musáceo, a *adj.* y *f.* BOT Dicho de una planta tropical, dicotiledónea herbácea, que posee un rizoma a partir del cual se perpetúa por medio de brotes; un tallo, que alcanza más de 3 m de altura y está rematado por una copa de grandes hojas ovales de hasta 3 m de largo, con pecíolos abrazadores, que forman un falso tallo; un nervio central fuerte y pulposo; flores dispuestas en espiral a lo largo de grandes espigas, y frutos carnosos e indehiscentes, como el banano.

musaraña *f.* Mamífero insectívoro de pequeño tamaño, pelo espeso, hocico largo, ojos pequeños, patas cortas y cola larga. Algunas especies constituyen los mamíferos más pequeños que existen.

múscido, da *adj.* y *m.* ZOOL Dicho de un insecto, díptero, que posee ojos compuestos, aparato bucal succionador y antenas cortas, como las **moscas**. Se conocen de él más de 4000 especies distribuidas por todo el mundo.

muscular 1 *adj.* Perteneciente o relativo a los músculos. 2 ANAT y FISIOL **fibra** ~; **tejido** ~. || **sistema** ~ ANAT Conjunto de todos los músculos del cuerpo definido como unidad morfológica y anatómica.

musculatura *f.* Conjunto y disposición de los músculos.

músculo *m.* ANAT Cada uno de los órganos formados por fibras contráctiles que producen o contrarrestan los movimientos en el ser humano y los animales. Pueden ser de contracción voluntaria o involuntaria. Su **tejido** está formado por células con una gran capacidad de contracción a causa de la presencia de filamentos alargados o miofibrillas. || ~ **cardiaco** ANAT y FISIOL El que está compuesto por fibras de ramificación irregular, que forman una red, y constituye el corazón. ~ **estriado** ANAT y FISIOL El que tiene sus fibras reunidas en fascículos para dar el músculo, que va rodeado de tejido conjuntivo. Este tipo de músculo es de accionamiento voluntario y el responsable del movimiento coordinado. ~ **liso** ANAT y FISIOL El que está formado por células ahusadas y miofibrillas homogéneas y muy delgadas. Se encuentra en los vasos, las vías respiratorias, el tubo digestivo, los ojos, los conductos excretores y la piel. ~**s oculares** ANAT y FISIOL Cada uno de los seis músculos extrínsecos (cuatro rectos y dos oblicuos) unidos directamente al globo ocular y que permiten el movimiento del ojo. **sistema** ~ **-esquelético** ANAT y FISIOL Conjunto de los músculos estriados unidos al esqueleto mediante inserciones de tejido conjuntivo llamadas tendones que está asociado a los sistemas **locomotor** y **óseo**. Los distintos músculos que lo componen son los encargados de impulsar el movimiento del cuerpo mediante su contracción y relajación.

muselina *f.* Tela fina y poco tupida.

museo *m.* Lugar donde, con finalidades culturales, se guardan y exhiben objetos artísticos, científicos o técnicos.

museografía *f.* Conjunto de técnicas y prácticas relativas al funcionamiento de los museos.

museología *f.* Estudio de la historia, conservación, catalogación y organización de los museos.

musgo *m.* BOT Pequeña planta, criptógama briofita, que posee protonema desarrollado y filiforme y casi siempre está formada por tallos y hojas pequeños y delgados sin tejidos vasculares. Se sustenta sobre unas estructuras filamentosas llamadas rizoides y crece en las zonas húmedas de todo el mundo.

música 1 *f.* MÚS Combinación de los sonidos de la voz humana o de los instrumentos, o de unos y otros, siguiendo las normas de la armonía, la melodía y el ritmo. 2 MÚS Arte de combinar dichos sonidos. 3 MÚS Teoría de este arte. 4 MÚS Obra musical. 5 Conjunto de composiciones de un músico, una época, un país. 6 Sonido grato: *La música del agua*; *La música de los pájaros al alba*. || ~ **clásica** MÚS La correspondiente al periodo situado entre el barroco y el romanticismo, cuyos máximos exponentes son Haydn y Mozart. ~ **de cámara** MÚS La compuesta para ser interpretada por un pequeño grupo de instrumentos (trío, cuarteto, quinteto, etc.). ~ **electrónica** MÚS La que se obtiene de las oscilaciones de un generador electrónico. ~ **instrumental** MÚS La compuesta solo para instrumentos. ~ **ligera** MÚS Aquella en la que el compositor se abstiene de emplear las formas serias, complicadas o rebuscadas. ~ **pop** MÚS POP. ~ **profana** MÚS La compuesta sobre un texto o tema no religioso. ~ **sacra** MÚS La que se sirve de textos o temas de carácter religioso para su composición. ~ **vocal** MÚS La compuesta para voces solas o acompañadas de instrumentos.

□ MÚS La música desempeña un papel importante en todas las sociedades y existe en una gran cantidad de estilos. Su objetivo es combinar notas (un sonido con un tono y una duración específicos) de forma sucesiva (melodía) o simultánea (armonía) o en ambas formas. La creación de una melodía implica la selección de unas notas a partir de un juego preexistente llamado **escala**. Los otros elementos básicos de una composición musical son: **ritmo**, **compás**, **contrapunto**, **acorde**, **armonía** y **timbre**. Dichos elementos se usan para organizar piezas musicales que van desde melodías simples hasta obras muy complejas, como las óperas o sinfonías.

musical 1 *adj.* Perteneciente o relativo a la música. 2 MÚS **comedia** ~; **instrumento** ~. 3 *adj.* y *m.* CIN y TEAT Género teatral y cinematográfico que incluye la música, la canción y el baile dentro de la acción en una obra dramática.

musicalidad *f.* Cualidad o carácter musical.

music-hall (Voz ingl.) *m.* Espectáculo de variedades que integra la música con números acrobáticos, de prestidigitación, cómicos, etc.

músico, ca 1 *adj.* Perteneciente o relativo a la música. 2 *m.* y *f.* Persona que ejerce el arte de la música. 3 Persona que toca algún instrumento musical.

musicología *f.* MÚS Estudio científico de la teoría y la historia de la música.

musitar *intr.* Susurrar, hablar entre dientes.

muslo *m.* Parte de la pierna desde la cadera hasta la rodilla.

mustélido, da *adj.* y *m.* ZOOL Dicho de un mamífero, carnívoro de tamaño pequeño o medio, que posee unas glándulas que expelen sustancias fétidas, las patas cortas y el cuerpo y la cola alargados. Suele ser nocturno y se alimenta de ratones, ratas, pájaros y conejos, como la comadreja, el tejón, la marta, el armiño, etc.

musteriense *adj.* HIST Dicho de un estadio cultural, correspondiente al Paleolítico medio, que se caracterizó por el uso del hueso y el sílex y al que corresponden los vestigios del hombre de Neandertal. • U. m. c. s. m. Se escribe con may. inic. c. s.

mustio, tia 1 *adj.* Lánguido, marchito. 2 Melancólico, triste.

musulmán, na 1 *adj.* y *s.* Que profesa la religión del islam revelada por Mahoma. 2 Perteneciente o relativo al islam o a la cultura y al Estado islámicos.

mutación 1 *f.* Acción y efecto de mudar. 2 BIOL Alteración del genotipo de una especie, debido a cualquier cambio en el ADN de los cromosomas o por roturas cromosómicas, que se transmite por herencia. Estas modificaciones hereditarias constituyen la variación sobre la que actúa la selección natural originando el proceso de evolución. 3 TEAT Cada una de las variaciones escenográficas de una obra teatral. || ~ **puntual** BIOL La que tiene lugar en un punto específico de la secuencia en el ADN.

mutante 1 *m.* BIOL Nuevo gen, cromosoma o genoma surgido por mutación de otro preexistente. 2 BIOL Organismo biológico producido por mutación.

mutar *tr.* y *prnl.* Mudar, transformar.

mutatis mutandis (Loc. lat.) Cambiando lo que es necesario cambiar.

mute 1 *m.* Sopa cuyo ingrediente principal es el maíz pelado acompañado de hortalizas y tubérculos. 2 Carnero cocido con maíz.

mutilar 1 *tr.* y *prnl.* Cercenar un miembro. 2 Quitar una parte de cualquier cosa.

mutis *m.* TEAT Voz usada para indicar que un actor debe retirarse de la escena.

mutual *adj.* MUTUO.

mutualidad 1 *f.* Cualidad de mutuo. 2 Régimen de prestaciones mutuas que sirve de base a determinadas asociaciones. 3 Denominación de estas asociaciones.

mutualismo 1 *m.* Sistema de asociaciones basadas en la mutualidad. 2 Doctrina que considera a la humanidad como una asociación en la que los servicios prestados y recibidos deben equilibrarse. 3 BIOL Simbiosis en la que los organismos se benefician mutuamente, como la que existe entre alga y hongo en los **líquenes** o la que se da en las **micorrizas**, conjunto de hifas de un hongo, y las raíces de ciertas plantas.

mutualista 1 *adj.* Perteneciente o relativo al mutualismo. 2 *m.* y *f.* Miembro de una mutualidad.

mutuo, tua 1 *adj.* y *s.* Dicho de algo, que recíprocamente se hace entre dos o más seres. 2 *m.* DER Contrato civil por el cual una persona entrega alguna cosa fungible a otra, que se obliga a restituir otra tanta cantidad de género en fecha determinada.

muy *adv.* Apócope de MUCHO. • U. ante adj. y adv.: *La película es muy interesante.*

muyahidín *s.* Guerrillero islámico fundamentalista.

my *f.* MI, letra del alfabeto griego.

myxini *m.* Pez ciclóstomo, parásito o carroñero, exclusivamente marino que posee, en lugar de mandíbulas, dos estructuras que se desplazan horizontalmente y con las que se adhiere a su presa para roerla; percibe el gusto mediante papilas ubicadas en su piel; tiene una sola abertura nasal, y sus ojos son muy rudimentarios.

n 1 *f.* Decimocuarta letra del alfabeto español. • Su nombre es *ene,* y representa el sonido consonántico nasal alveolar. pl.: *enes.* 2 MAT Número indeterminado.

nabateo, a *adj.* y *s.* HIST De un antiguo pueblo árabe del NO de la península de Arabia (Petra), que se dedicó a la agricultura y al comercio, y fundó un reino que dominó las rutas comerciales hasta el mar Rojo. Fue anexionado por Roma en 106.

nabo *m.* Planta de las crucíferas, de raíz carnosa blanca o amarillenta, hojas oblongas y lanceoladas, flores en espiga terminal y fruto seco; se emplea como alimento y como forraje.

naboría *f.* HIST **REPARTIMIENTO** de indios.

nácar *m.* Parte interna de la concha de los moluscos, iridiscente y dispuesta en láminas paralelas entre sí, con la que se fabrican objetos de adorno.

nacarado, da 1 *adj.* Con la apariencia del nácar. 2 Adornado con nácar.

nacedero *m.* Lugar de donde nace algo: *El nacedero de un río.*

nacer 1 *intr.* Venir al mundo saliendo del seno materno o de un huevo en las especies ovíparas. 2 Brotar el vegetal de su semilla. 3 Salir el vello, pelo o pluma en el cuerpo del animal, o aparecer las hojas, flores, frutos o brotes en la planta. 4 Empezar a dejarse ver un astro en el horizonte. 5 Prorrumpir, aflorar, brotar. 6 Tomar principio una cosa de otra. 7 Comenzar a existir, surgir: *El Romanticismo nació a mediados del s. XVIII.* 8 Junto con la preposición *para,* y a veces con *a,* tener algo o alguien propensión natural o estar destinada para un fin. • Participio irreg. *nato* y reg. *nacido.* Vb. irreg. conjug. c. **agradecer**. V. anexo El verbo.

nacimiento 1 *m.* Acción y efecto de nacer. 2 Sitio en que algo tiene su origen. 3 Manantial, fuente. 4 Ascendencia, linaje. 5 Representación del nacimiento de Jesucristo en el portal de Belén.

nación 1 *f.* Comunidad de personas con historia, cultura y territorio propios, y con una mayor o menor autonomía; la condición de Estado agrega la autonomía absoluta. 2 Conjunto de habitantes de un país regido por el mismo gobierno. 3 Territorio de ese mismo país. || ~ **multiétnica** Estado-Nación donde conviven diversas etnias con características propias de lengua, credo o prácticas sociales. Esto sucede en países como Colombia, Turquía, India o Indonesia.

nacional 1 *adj.* Perteneciente o relativo a una nación. 2 *adj.* y *s.* Natural de una nación.

nacionalidad 1 *f.* Condición y carácter peculiar de los pueblos y personas que pertenecen a una nación. 2 Estado propio del nacido o nacionalizado en una nación.

nacionalismo 1 *m.* Apego de los naturales de una nación a ella y a cuanto le pertenece. 2 POLÍT Sistema que cultiva y acentúa las características nacionales (lengua, historia, cultura específica) de un Estado independiente o de una nación sin la independencia política total.

nacionalizar 1 *tr.* y *prnl.* Dar un Estado la nacionalidad a un extranjero, o recibirla. 2 *tr.* ECON Hacer que pasen al dominio nacional las empresas particulares que se hallaban en poder de extranjeros. 3 ECON Hacer que pasen a depender del Estado propiedades industriales o servicios explotados por los particulares.

nacionalsindicalismo *m.* HIST Organización sindical española impulsada por la dictadura franquista que pretendía incluir a todos los españoles en sindicatos verticales encabezados por el partido único del Movimiento Nacional.

nacionalsocialismo *m.* HIST Sistema sociopolítico ideado y establecido por A. Hitler sobre los principios básicos de la superioridad de la raza aria, el antisemitismo, el anticomunismo y el totalitarismo estatal, que se concretó como hecho político con la fundación en 1920 del Partido Nacionalsocialista Alemán del Trabajo. Desapareció con la derrota alemana en la Segunda Guerra Mundial.

nada 1 *f.* Ausencia de ser o negación de la existencia. 2 Cosa mínima. 3 *pron. indef.* Ninguna cosa. 4 Poco o muy poco. 5 *adv. neg.* De ninguna manera, de ningún modo.

nadador, ra 1 *adj.* y *s.* Que nada. 2 *m.* y *f.* Persona diestra en nadar o que practica el deporte de la natación.

nadaísmo *m.* LIT Movimiento contestatario colombiano fundado a finales de la década de 1950 que basó su estrategia en provocar a la burguesía profanando las instituciones y las creencias culturales y religiosas.

nadar 1 *intr.* Sostenerse y avanzar, usando los brazos y las piernas, sobre o bajo el agua. 2 Flotar en un líquido. 3 Abundar en algo. 4 Estar una cosa muy holgada dentro de otra.

nadie 1 *pron. indef.* Ninguna persona. 2 *m.* Persona de escasa entidad o calidad.

nadir *m.* ASTR Punto diametralmente opuesto al cenit.

nafta 1 *f.* QUÍM Fracción ligera del petróleo obtenida en la destilación de la gasolina como una parte de esta. 2 **GASOLINA**.

naftaleno *m.* QUÍM Hidrocarburo sólido, blanco, cristalino, de olor característico, que se obtiene del alquitrán de hulla y se usa en la fabricación de resinas sintéticas, celuloide e insecticidas.

naftalina *f.* QUÍM Naftaleno impuro que se usa contra la polilla.

nahua 1 *adj.* y *s.* De un grupo étnico mexicano que desde el s. X hasta la conquista española estuvo asentado en la altiplanicie mexicana y en parte de El

Salvador y Nicaragua; en la actualidad lo componen aprox. 1,4 millones de personas, por lo que se le considera el mayor grupo indígena de México. 2 *m.* LING **NÁHUATL.**

náhuatl *m.* LING Principal lengua del nahua, dominante en el Imperio azteca. Se conserva en el valle de México y los estados limítrofes.

naíf (Tb. naif) 1 *adj.* y *m.* Dicho de una obra artística, que se caracteriza por su sencillez, ingenuidad, espontaneidad y fluidez. 2 *adj.* Perteneciente o relativo a este movimiento artístico o que participa de sus peculiaridades. 3 Persona ingenua.

nailon (Del ingl. *Nylon*®, marca reg.) *m.* QUÍM Resina sintética de gran resistencia, dureza y elasticidad, que se procesa en hilos y productos moldeados, y se utiliza en la confección de ropa, paracaídas, redes, suturas para cirugía, cordelería, cerdas, etc.

naipe 1 *m.* Cada una de las cartulinas rectangulares que forman la baraja española o francesa. 2 Conjunto de naipes, baraja.

naja *f.* **COBRA.**

nalga *f.* Cada una de las dos zonas carnosas y redondeadas posteriores a la articulación de la cadera.

nana 1 *f.* Canto con que se arrulla a los niños. 2 Especie de saco para bebés, con abertura anterior y cierre de cremallera. 3 **NIÑERA.** 4 **ABUELA.**

nanoestructura *f.* TECNOL Estructura que se mide en **nanómetros.**

nanómetro *m.* Medida de longitud equivalente a la milmillonésima parte del metro y aprox. a diez diámetros atómicos. Símbolo: nm.

nanosegundo *m.* Medida de tiempo equivalente a la milmillonésima parte de un segundo. Símbolo: ns.

nanotecnología *f.* Moderna tecnología que se ocupa de desarrollar productos en cuyo funcionamiento es decisiva una dimensión menor a 100 nanómetros. Se emplea en el pulido de los bordes de obleas de silicio para circuitos integrados, en el corte de secciones de cerámica vítrea para discos duros, etc.

napalm *m.* Materia inflamable a base de gasolina gelatinizada destinada a cargar bombas incendiarias.

naranja 1 *adj.* y *m.* **ANARANJADO.** 2 *f.* Fruto del naranjo, esférico, de 8 a 10 cm de diámetro, de corteza rugosa más o menos gruesa, color entre rojo y amarillo, y pulpa dividida en gajos con las semillas, jugosa y de sabor agridulce.

naranjo *m.* Árbol de las rutáceas, de 4 a 6 m de altura, tronco ramoso, copa abierta y hojas lustrosas y pecioladas. Su flor es el azahar y su fruto la naranja. Existen muchas variedades.

narcisista *adj.* y *s.* Persona que cuida demasiado de su adorno y compostura, o se cree hermosa.

narcisismo 1 *m.* Vanidad ingenua. 2 PSIC Complacencia excesiva en uno mismo o en las propias obras.

narciso *m.* Planta herbácea de las amarilidáceas, bulbosa, con hojas radicales estrechas y puntiagudas, flores blancas o amarillas en bohordo acampanado y fruto en cápsula.

narcoguerrilla *f.* Guerrilla financiada con recursos provenientes del tráfico de drogas ilícitas.

narcolepsia *f.* MED Cuadro patológico caracterizado por la aparición de accesos de sueño.

narcopolítica *f.* Actividad política relacionada con recursos y personas vinculados al tráfico de estupefacientes.

narcosis *f.* MED Estado de somnolencia producido por un narcótico.

narcoterrorismo *m.* Terrorismo practicado por grupos armados que son patrocinados por mafias del tráfico de narcóticos.

narcótico, ca 1 *adj.* y *m.* FARM Dicho de un fármaco, que mediante la depresión del sistema nervioso central produce letargo, disminución del dolor, sensación de bienestar, etc. 2 *adj.* Perteneciente o relativo a la narcosis.

narcotráfico *m.* Comercio ilegal de drogas.

nardo *m.* Planta ornamental de las amarilidáceas, de tallo recto y flores blancas y olorosas en espiga.

narguile *m.* Pipa de fumar larga y flexible que se usa haciendo que el humo pase por un recipiente de agua perfumada antes de aspirarlo.

nariguera 1 *f.* Pendiente que se lleva en la ternilla de la nariz. 2 Argolla que se pone en el hocico de los bueyes y otros animales para sujetarlos mejor.

nariz 1 *f.* ANAT Parte saliente del rostro, entre la frente y la boca, que corresponde a la parte externa del órgano del sentido del olfato. Internamente está constituida por dos fosas separadas entre sí por un tabique, tapizadas por la membrana pituitaria, y pequeñas glándulas que secretan el moco que recubre la mucosa. 2 ZOOL Parte de la cabeza de muchos animales vertebrados que tiene la misma situación y oficio que la nariz del ser humano.

narración 1 *f.* Acción y efecto de narrar. 2 Relato de un suceso. 3 LIT Relato literario en el que un narrador comunica a un destinatario una sucesión de hechos realizados en el tiempo por uno o más personajes y entre los que existe un ordenamiento lógico. || ~ **en primera persona** LIT Discurso en el que el narrador es protagonista, participante u observador de los hechos. ~ **en segunda persona** LIT En el que el sujeto narrativo aparece como una primera persona implícita que se dirige a una segunda persona gramatical (a un personaje, a un lector o a sí mismo). ~ **en tercera persona** LIT Cuando el acto enunciativo es realizado por una primera persona implícita que se dirige a una segunda persona igualmente implícita.

narrador, ra 1 *adj.* y *s.* Que narra. 2 *m.* y *f.* LIT Papel desempeñado por el agente que, mediante un discurso, hace una relación de sucesos reales o imaginarios.

narrar *tr.* Contar, referir lo sucedido, o un hecho o una historia ficticios.

narratario *m.* LIT Personaje que en una narración ficticia es el destinatario del relato que construye el narrador.

narrativo, va 1 *adj.* Perteneciente o relativo a la narración. 2 *f.* LIT Género constituido por la novela, la novela corta y el cuento.

narratología *f.* LIT Estudio teórico e historiográfico de las manifestaciones narrativas literarias.

narria *f.* **CARRETILLA**, utensilio de transporte.

nártex *m.* ARQ Parte reservada de la basílica abierta hacia la nave y con la que se comunica a través de columnatas, rejas o puertas.

narval *m.* Cetáceo de unos 6 m de largo y cuerpo robusto y liso, blanco con vetas pardas, dos aletas pectorales y cola poderosa y ahorquillada, cabeza grande, hocico obtuso, boca pequeña, sin más dientes que dos incisivos superiores, uno corto y otro que se prolonga horizontalmente hasta cerca de 3 m. Los incisivos de la hembra son poco visibles. Vive en manadas en aguas del Ártico.

nasa 1 *f.* Arte o aparejo de pesca que consiste en una cesta con base en forma de embudo hacia dentro. 2 Utensilio parecido al anterior, formado por una manga de red y ahuecado por aros de madera.

nasal 1 *adj.* Perteneciente o relativo a la nariz. 2 ANAT **fosa ~; tabique ~.** 3 FON Dicho de un sonido, que es consonántico, y que en todo o en parte se emite por la nariz, como el de las letras *n*, *m* y *ñ*.

násico *m.* Primate de Borneo que se caracteriza por el marcado desarrollo de su nariz. Los machos (aprox. 76 cm de largo) son el doble de grandes que las hembras y la nariz de estas es menos larga.

nasofaríngeo, a *adj.* ANAT Que está situado en la faringe, por encima del velo del paladar y detrás de las fosas nasales.

nata 1 *f.* Película cremosa que se forma sobre la superficie de la leche en reposo, a partir de la cual se obtiene la mantequilla. 2 Sustancia espesa que sobrenada en algunos líquidos. 3 Lo principal y más estimado en cualquier línea.

natación 1 *f.* Acción y efecto de nadar. 2 DEP Competición deportiva con diferentes modalidades, según los estilos y las distancias. Existen cinco estilos reconocidos: crol (o estilo libre), espalda, braza, mariposa, pecho y brazada de costado. || ~ **sincronizada** DEP Combinación de natación y ballet, en la que los nadadores realizan movimientos al son de una pieza musical.

natal 1 *adj.* Perteneciente o relativo al nacimiento. 2 Perteneciente o relativo al lugar donde alguien ha nacido.

natalicio, cia 1 *adj.* y *m.* Perteneciente o relativo al día del nacimiento. 2 *m.* Fiestas y regocijos con que se celebra.

natalidad 1 *f.* Estadística de nacimientos de un determinado país y en cierto periodo de tiempo. 2 **control** de la ~.

natatorio, ria 1 *adj.* Perteneciente o relativo a la natación. 2 Que sirve para nadar.

natilla *f.* Dulce que se hace con yemas de huevo, leche y azúcar.

natividad 1 *f.* NACIMIENTO. 2 Nacimiento de Jesús, la Virgen María y Juan Bautista.

nativo, va 1 *adj.* Perteneciente o relativo al país o lugar en que se ha nacido. 2 Innato, propio y conforme a la naturaleza de algo. 3 GEO Dicho de un metal y alguna otra sustancia mineral, que se encuentra en sus menas libre de toda combinación. 4 *adj.* y *s.* Natural, nacido en el lugar de que se trata.

nato, ta *adj.* Dicho de una cualidad, que es inherente a la naturaleza de algo o de las atribuciones que competen a un cargo o empleo.

natural 1 *adj.* Perteneciente o relativo a la naturaleza. 2 Conforme a la cualidad o propiedad de las cosas. 3 Puro, sin mezcla ni manipulación. 4 Espontáneo, sencillo en su modo de proceder. 5 Dicho de algo, que imita la naturaleza con propiedad. 6 Que comúnmente sucede. 7 Que es causado por las fuerzas de la naturaleza: *Desastre natural.* 8 Que es producido por la naturaleza, como contrapuesto a artificial o sintético: *Lana natural.* 9 **derecho** ~; **ley** ~. 10 MAT **número** ~. 11 BIOL **selección** ~. 12 **ciencias** ~es. 13 ECOL **reserva** ~; **recursos** ~es. 14 *adj.* y *s.* Nativo de un pueblo o país. 15 *m.* Genio, índole de una persona.

naturaleza 1 *f.* Esencia y propiedad característica de cada ser. 2 Mundo físico. 3 Ámbito en el que se desarrolla la vida, y en cuya creación no ha intervenido el ser humano. 4 El campo, por oposición a la ciudad. 5 Constitución física de una persona o animal. 6 Cualidad o propiedad de las cosas. 7 Temperamento de una persona: *Es de naturaleza seca, fría.* 8 Especie, género, clase: *No he visto árboles de tal naturaleza.* 9 Lugar de origen, o ciudadanía concedida. 10 TEOL Estado natural del ser humano, por oposición al estado de gracia. || ~ **muerta** ART Representación pictórica de un conjunto de objetos inanimados, como frutas, caza, libros o instrumentos musicales.

naturalidad 1 *f.* Cualidad de natural. 2 Espontaneidad y sencillez en la conducta o el lenguaje. 3 Derecho inherente a los naturales de un país.

naturalismo 1 *m.* ART Tendencia a representar lo más fielmente posible la naturaleza. 2 FIL Sistema que afirma que la naturaleza constituye el conjunto de la realidad y que solo puede ser comprendida mediante la investigación científica. 3 LIT Teoría del s. XIX según la cual la composición literaria debe basarse en una representación objetiva y empírica del ser humano, siguiendo los métodos de la ciencia experimental en cuanto a su concepción determinista de las actitudes humanas. El francés E. Zola fue su exponente más renombrado y la impulsó con la publicación de *La taberna* (1877).

naturalista 1 *adj.* Perteneciente o relativo al naturalismo. 2 *m.* y *f.* Persona que profesa las ciencias naturales o tiene en ellas especiales conocimientos.

naturalización *f.* Acción y efecto de naturalizar o naturalizarse.

naturalizar 1 *tr.* Nacionalizar o conceder la ciudadanía a un extranjero. 2 *tr.* y *prnl.* Introducir y emplear en un país cosas de otros países: *Naturalizar costumbres, vocablos.* 3 ECOL Adaptar fauna o flora a un medio que les es extraño. 4 *prnl.* Adquirir las personas foráneas los mismos derechos que las nativas de una nación.

naturismo *m.* MED Método para la conservación de la salud y el tratamiento de las enfermedades basado en el empleo de los agentes naturales.

naturista *adj.* Perteneciente o relativo al naturismo.

naturopatía *f.* Método natural para el tratamiento de las enfermedades.

naufragar *intr.* Irse a pique o perderse una embarcación, o las personas que van en ella.

naufragio 1 *m.* Acción y efecto de naufragar embarcaciones o las personas que van en ellas. 2 Buque naufragado.

náufrago, ga *adj.* y *s.* Que ha padecido naufragio.

nauseabundo, da *adj.* Que causa o produce náuseas.

náusea 1 *f.* Malestar físico con ganas de vomitar. 2 Repugnancia fuerte que produce algo. • U. m. en pl. en todas las acepciones.

náutico, ca 1 *adj.* Perteneciente o relativo a la navegación. 2 *f.* Ciencia y arte de navegar.

nautilo *m.* Molusco cefalópodo del océano Pacífico, de concha grande dividida en cámaras, de las que el animal solo ocupa la última.

navaja 1 *f.* Cuchillo de bolsillo con hoja que se inserta en las cachas del mango. 2 Molusco bivalvo marino y comestible.

navajo, ja *adj.* y *s.* HIST De un pueblo amerindio que entre 1849 y 1863 enfrentó a las tropas estadounidenses, hasta que las fuerzas del gobierno capturaron a unos 8000 indígenas y los trasladaron a una reserva. En 1868 se firmó un tratado de paz que les permitió volver a su antiguo territorio, que hoy ocupan, en el SO de EE.UU. (Nuevo México, Arizona), en reservas.

naval *adj.* Perteneciente o relativo a las naves y a la navegación.

nave 1 *f.* Barco o buque. 2 ARQ Cada uno de los espacios de un edificio, y especialmente de una iglesia, divididos por pilastras o columnas en sentido longitudinal. 3 ARQ Crujía seguida de un edificio, como almacén, fábrica, etc. || ~ **espacial** Máquina provista de medios de propulsión y dirección que le permiten surcar el espacio exterior con o sin tripulantes. ~ **principal** ARQ La que ocupa el centro del templo desde la puerta de ingreso hasta el crucero o el presbiterio.

navegable *adj.* Dicho de un río, canal o lago, que se puede navegar.

navegación 1 *f.* Acción de navegar. 2 Viaje que se hace en barco, y tiempo que dura. 3 NÁUTICA, ciencia y arte de navegar. 4 Técnica que determina la posición de una nave (barco, avión o misil teledirigido), y que traza una dirección para llevar de forma segura y sin obstáculos el aparato desde un punto a otro.

navegar 1 *intr.* y *tr.* Viajar o ir por el agua en embarcación o nave. 2 *intr.* Hacer viaje o ir por el aire en globo, avión u otro vehículo. 3 Avanzar una embarcación: *El bergantín navega cinco nudos.* 4 Pilotar una nave. 5 INF Desplazarse por la red global o informática mediante un programa que permite interactuar con ella.

navidad 1 *f.* Fiesta religiosa cristiana que en conmemoración del nacimiento de Jesús se celebra el 25 de diciembre. 2 Periodo inmediato, anterior y posterior, a esa fecha. • Se escribe con may. inic. en todas las acepciones.

navideño, ña *adj.* Perteneciente o relativo al tiempo de Navidad.

naviero, ra 1 *adj.* Perteneciente o relativo a las naves o a la navegación. 2 *m.* y *f.* Persona o entidad propietaria de un navío u otra embarcación capaz de navegar en alta mar. 3 Persona que avitualla un buque mercante. 4 *f.* Sociedad propietaria y responsable de un barco y de la mercancía transportada.

navío *m.* Barco grande que dispone de más de una cubierta.

náyade 1 *f.* MIT Ninfa de los ríos o de las fuentes, según la mitología griega. 2 Ninfa acuática de ciertos insectos.

nazareno, na 1 *adj.* y *s.* De Nazaret o relacionado con esta ciudad de Galilea. 2 *m.* Imagen de Jesucristo vestido con un ropón morado. 3 Los primeros cristianos. || **el** ~ Jesucristo. • Se escribe con may. inic.

nazarí *adj.* y *s.* HIST Dicho de una persona, que es miembro de la dinastía musulmana fundada por Muhammad I (1231-72), hijo de Yúsuf ben Názar. Reinó en Granada desde el s. XIII hasta 1492, cuando su último soberano, Boabdil, rindió la ciudad granadina a los reyes católicos.

nazi 1 *adj.* Perteneciente o relativo al nacionalsocialismo. 2 *adj.* y *s.* Perteneciente o relativo a este sistema sociopolítico.

nazismo *m.* **NACIONALSOCIALISMO.**

neandertal *adj.* y *m.* Dicho de una especie, la *Homo sapiens neanderthalensis*, que vivió hace 120 000 y 30 000 años aprox. Se encontró en yacimientos del Paleolítico medio, en Europa y en el SO asiático. Sus miembros poseían un cráneo achatado y alargado, con marcados arcos superciliares, un tronco largo y piernas cortas. Con ellos se manifiestan las primeras muestras de prácticas religiosas al enterrar a los muertos. Probablemente desaparecieron como resultado del surgimiento del ser humano moderno que competiría con ellos por los mismos recursos.

neblina *f.* Niebla baja y densa.

nebulizar *tr.* Convertir un líquido en partículas finísimas.

nebuloso, sa 1 *adj.* Con nubes o niebla. 2 Difícil de comprender. 3 *f.* ASTR Masa de materia cósmica celeste, difusa y luminosa, en forma de nube.

necedad 1 *f.* Cualidad de necio. 2 Dicho o hecho necio.

necesario, ria 1 *adj.* Dicho de algo, que es condición indispensable para algún fin, en contraposición a superfluo. 2 Forzoso y no voluntario. 3 Muy conveniente.

neceser 1 *m.* Estuche con objetos de tocador o de costura. 2 Maletín de aseo para viajes.

necesidad 1 *f.* Cualidad de necesario. 2 Impulso irresistible que hace que las causas obren infaliblemente en cierto sentido. 3 Situación difícil. 4 Falta de lo que el mantenimiento de la vida exige. 5 *f. pl.* Privaciones. 6 Evacuación corporal de orina o excrementos.

necesitado, da *adj.* y *s.* Pobre, que carece de lo necesario.

necesitar 1 *tr.* e *intr.* Tener precisión o necesidad de alguien o algo. 2 *tr.* Obligar a ejecutar algo.

necio, cia *adj.* y *s.* Imprudente, terco o porfiado.

necrófago, ga *adj.* y *s.* Dicho de un animal, que se alimenta de cadáveres o de carroña.

necrofilia 1 *f.* Afición por la muerte o por alguno de sus aspectos. 2 PSIC Perversión sexual de quien trata de obtener el placer erótico con cadáveres.

necrología *f.* Elogio a una persona recientemente fallecida.

necromancia *f.* **NIGROMANCIA.**

necrópolis *f.* Cementerio de gran extensión, en que abundan los monumentos fúnebres.

necrosis *f.* BIOL y MED Muerte de varias células de un tejido orgánico.

néctar 1 *m.* Licor suave y exquisito. 2 BOT Jugo azucarado que segregan los nectarios de las plantas. Sirve de alimento a insectos y aves que, al recogerlo, transportan polen de unas flores a otras y actúan así como agentes fecundantes. Las abejas lo usan para fabricar miel. 3 MIT Licor suavísimo que, según la mitología clásica, estaba destinado al uso de los dioses.

nectario *m.* BOT Glándula vegetal situada en la base de los pétalos florales y también en los pecíolos, que segrega el néctar.

necton *m.* BIOL Conjunto de las especies animales pelágicas que poseen movilidad propia y son capaces de desplazarse activamente, como los peces.

neerlandés, sa 1 *adj.* y *s.* Natural de los Países Bajos o relacionado con este país europeo. 2 *m.* LING Lengua germánica hablada en el N de Bélgica y en los Países Bajos, y de la que son dialectos el flamenco y el holandés.

nefando, da *adj.* Indigno, infame.

nefasto, ta *adj.* Funesto, aciago.

nefridio *m.* ZOOL Órgano excretor rudimentario característico de muchos invertebrados.

nefrítico, ca *adj.* Renal, relativo a los riñones.

nefritis *f.* MED Inflamación del riñón.

nefrología *f.* MED Rama de la medicina interna que se ocupa de los riñones y sus enfermedades.

nefrona *f.* ANAT Unidad anatómica funcional del riñón, constituida por el glomérulo renal con su cápsula y un túbulo urinífero.

negación 1 *f.* Acción y efecto de negar. 2 Carencia de algo. 3 GRAM Categoría semántica a la que pertenecen ciertas voces que sirven para negar. 4 GRAM Estas mismas voces.

negacionismo *m.* Actitud que niega la realidad de hechos históricos, recientes y graves, que han sido corroborados con evidencias y pruebas contundentes.

negado, da *adj.* y *s.* Incapacitado, inepto.

negar 1 *tr.* Decir que algo no es verdad o no existe, o no es como otro cree o afirma. 2 No admitir la existencia de algo. 3 Decir que no a una petición o solicitud. 4 Prohibir algo. 5 Desdeñar algo, no reconocerlo como propio. 6 *prnl.* Excusarse de hacer alguna cosa. • Vb. irreg. conjug. c. **acertar**. V. anexo El verbo.

negativo, va 1 *adj.* Que implica o contiene algún tipo de negación. 2 Perteneciente o relativo a la negación. 3 Pesimista. 4 ELECTR **electricidad** ~. **polo** ~; 5 FÍS Opuesto a positivo, en una determinada convención: *Carga negativa.* 6 FÍS Que tiene el mismo tipo de carga que el electrón. 7 MAT **cantidad** ~; **número** ~; **término** ~. 8 MED Dicho de un examen clínico, que no presenta ninguna anomalía. 9 *adj.* y *m.* FOT Dicho de una imagen fotográfica, que sus tonos aparecen invertidos respecto de la realidad.

negatrón *m.* FÍS **ELECTRÓN.**

A B C D E F G H I J K L M N Ñ O P Q R S T U V W X Y Z

negligé *m.* Prenda femenina para estar en casa.

negligencia 1 *f.* Descuido, omisión. 2 Falta de aplicación.

negociación 1 *f.* Acción y efecto de negociar. 2 Discusión de las cláusulas de un eventual contrato.

negociado *m.* Negocio ilícito y escandaloso.

negociador, ra *adj.* y *s.* Que negocia.

negociante 1 *adj.* y *s.* Que negocia. 2 *m.* y *f.* COMERCIANTE.

negociar 1 *intr.* Dedicarse a cierto tipo de negocios lucrativos. 2 Ajustar el traspaso, cesión o endoso de un vale, efecto o letra. 3 *tr.* e *intr.* Realizar cualquier operación bancaria o bursátil. 4 Tratar algún asunto, procurando su mejor logro. 5 Tratar por la vía diplomática, de potencia a potencia, un asunto, como un tratado de alianza, de comercio, etc.

negocio 1 *m.* Cualquier ocupación o trabajo. 2 Acción y efecto de negociar. 3 Cualquier actividad que persigue una ganancia. 4 Cosa o acción de la que se obtiene un provecho. 5 Local en que se negocia o comercia.

negrear *intr.* Estar, ponerse o tirar a negro.

negrero, ra 1 *adj.* y *s.* Dedicado a la trata de esclavos negros. 2 *m.* y *f.* coloq. y desp. Persona dura y despiadada en su trato con los demás.

negritud *f.* Término adoptado para designar la corriente de reivindicación de los valores culturales e históricos de las etnias negroafricanas, surgida en la década de 1930 como reacción contra el colonialismo. Posteriormente fue acogido por movimientos similares en el continente americano.

negro, gra 1 *adj.* y *m.* Dicho de un color, que es totalmente oscuro, como el carbón o la oscuridad total. 2 *adj.* y *s.* Persona que pertenece a las razas caracterizadas por la fuerte pigmentación de la piel. 3 *adj.* ASTR **agujero** ~. 4 FÍS **cuerpo** ~. 5 LIT **novela** ~. 6 *f.* MÚS Nota musical que vale la mitad de una blanca y la cuarta parte de una redonda. || ~ **de humo** Polvo que se recoge de los humos de las materias resinosas y se emplea en la confección de algunos pigmentos.

negroide *adj.* y *s.* Característico de la raza negra.

negrura *f.* Cualidad de negro.

negus *m.* Título que se daba al emperador de Abisinia (Etiopía).

neis *m.* GNEIS.

nematelminto *adj.* y *m.* ZOOL Dicho de un gusano, que carece de apéndices locomotores, de cuerpo no segmentado y cilíndrico, y que suele ser parásito de otros animales.

nematodo *adj.* y *m.* ZOOL Dicho de un gusano, de cuerpo muy largo, segmentado, circular y de extremo afilado. Posee un tubo digestivo completo con boca y ano, y a veces está provisto de mandíbulas, dientes o tubos succionadores. Normalmente es parásito de otros animales.

nemotécnica *f.* MNEMOTÉCNICA.

nene, na 1 *m.* y *f.* Niño pequeñito. 2 Apelativo cariñoso que se da a las personas mayores.

nenúfar *m.* Planta acuática de las ninfeáceas, de rizoma largo y feculento, hojas pecioladas y flotantes, flores blancas terminales y solitarias, y fruto globoso en cápsula.

neobarroco, ca 1 *adj.* Dicho de una obra literaria o artística, que dominan en ella rasgos binarios como ritmo y repetición, límite y exceso, detalle y fragmento, etc. 2 *m.* ART Movimiento artístico de recuperación de los modelos barrocos, desarrollado en Europa a mediados del s. XIX. Se expresó con mayor evidencia en las artes menores como la orfebrería, la porcelana y los tapices. • Se escribe con may. inic. en la acepción 2.

neoclasicismo *m.* ART Corriente artística que se desarrolló en Europa y América del Norte durante el s. XVIII, y que buscó su inspiración y modelos en la Antigüedad clásica. Surgió en Italia como reacción a las exageraciones del Barroco tardío, y propugnó un retorno a los cánones de la Antigüedad clásica. • Se escribe con may. inic.

neoclásico, ca 1 *adj.* Perteneciente o relativo al neoclasicismo. 2 MÚS Dicho de un movimiento musical, que tuvo lugar en el periodo de entreguerras y que se caracterizó por la contención de los modelos de la época clásica. Empleaba la disonancia como herramienta expresiva dentro de un marco de referencia básicamente tonal.

neocolonialismo *m.* POLÍT Sistema de colonialismo encubierto que permite a los países industrializados someter a sus intereses económicos a los países en vía de desarrollo.

neodarwinismo *m.* BIOL Teoría evolutiva moderna que rechaza del darwinismo la herencia de los caracteres adquiridos y subraya el papel primordial de la selección natural, la mutación y otros factores genéticos concurrentes.

neodimio *m.* QUÍM Elemento químico que recibe la denominación de las tierras raras. Forma sales trivalentes de color rojo-rosado o violeta-rojizo. Se encuentra muy disperso en la corteza terrestre, y por ello es escaso. Se utiliza en la industria del vidrio y en metalurgia. Símbolo: Nd. Número atómico: 60. Peso atómico: 144,24. Punto de fusión: 1021 °C. Punto de ebullición: 3074 °C.

neoexpresionismo *m.* ART Movimiento pictórico surgido en la década de 1980 como reacción a la pureza formalista del arte abstracto. Promovió la pintura figurativa, en cuya expresión empleaba pinceladas toscas y colores fuertes para plasmar visiones subjetivas.

neofascismo *m.* HIST Movimiento político y social de la segunda mitad del siglo XX que se fundamenta en las ideas fascistas.

neófito, ta 1 *m.* y *f.* Persona recién convertida a una religión. 2 Persona recién adscrita a un partido o a una causa cualquiera. 3 Principiante en cualquier actividad.

neogongorismo *m.* LIT Tendencia literaria de la llamada generación del 27, que buscó la revalorización del estilo del poeta Luis de Góngora (1561-1627).

neogótico, ca *adj.* y *m.* ARQ Dicho de un movimiento arquitectónico europeo, que llevó a cabo la recuperación formal del estilo gótico. Iniciado a mediados del s. XVIII, alcanzó su apogeo en el s. XIX, dando origen al modernismo.

neogranadino, na *adj.* y *s.* HIST Natural de la Nueva Granada o relacionado con este antiguo virreinato de la época colonial, hoy República de Colombia.

neoimpresionismo *m.* ART PUNTILLISMO.

neoliberalismo *m.* ECON y POLÍT Corriente del pensamiento económico que limita la intervención estatal al mantenimiento de los mecanismos del libre mercado. Constituye una adaptación del liberalismo clásico a la evolución del sistema capitalista.

neolítico, ca *adj.* y *m.* HIST Dicho de un periodo prehistórico, comprendido entre el **Mesolítico** y la **Edad de los Metales** (7000-2500 a. C.). • Se escribe con may. inic. c. s.

☐ HIST El Neolítico se caracterizó por un mayor pulimento de la piedra que en el Paleolítico y por la sustitución de la economía basada en la caza y la recolección por la agricultura y la ganadería. Se descubrió la rueda, aparecieron la alfarería, la cerámica decorada, el tejido, la fusión del cobre, el navío de vela, el calendario, los primeros poblados construidos con cabañas y los cultos religiosos. Otras importantes expresiones fueron las esculturas adoradas como diosas madres, los monumentos megalíticos y la pintura esquemática de carácter simbólico.

neologismo *m.* LING Palabra, giro o acepción de introducción reciente en una lengua.

neón *m.* QUÍM Elemento químico del grupo de los gases nobles o inertes, incoloro, inodoro e insípido, y presente en la atmósfera terrestre (18 partes por millón). Se extrae del aire por destilación fraccionada y se emplea principalmente en tubos luminosos. En forma líquida se usa como refrigerante en criogenia. Símbolo: Ne. Número atómico: 10. Peso atómico: 20,183. Punto de fusión: −248,6 °C. Punto de ebullición: −246,08 °C.

neoplasia *f.* MED Tejido que se forma por proliferación de las células y que da origen a los tumores generalmente malignos.

neoplatonismo *m.* FIL Sistema filosófico que nació en Alejandría, en el s. III a. C., y a través de distintas escuelas subsistió hasta el s. VI d. C. Significó la síntesis entre el idealismo de Platón, influido por las religiones místicas orientales, y el racionalismo.

neopositivismo *m.* FIL Corriente del pensamiento filosófico surgida a principios del s. XX (Círculo de Viena), cuyo objeto es el análisis del conocimiento a través del análisis lógico del lenguaje.

neorrealismo *m.* CIN Movimiento cinematográfico que se desarrolló en Italia al término de la Segunda Guerra Mundial, y que trató de reflejar la realidad social del momento con escenarios naturales y actores no profesionales.

neotenia *f.* BIOL Conservación de los caracteres larvarios o juveniles en determinados seres vivos después de haber alcanzado el estado adulto. Se da principalmente en el grupo de los anfibios y, entre estos, en los urodelos.

nepentáceo, a *adj.* y *f.* BOT Dicho de una planta, de las arbustivas dicotiledóneas, con hojas de pecíolos muy ensanchados, que se encorvan para formar una especie de pequeño odre al que el limbo foliar sirve de tapa. En este receptáculo hay glándulas secretoras de un líquido que digiere el cuerpo de los insectos y otros animalillos que han penetrado en aquel.

neper *m.* FÍS Medida de atenuación equivalente a 8686 decibelios.

neperiano, na *adj.* MAT **logaritmo** ~.

nepotismo *m.* Abuso de quien, ostentando un cargo público, lo utiliza para conceder puestos, prebendas o beneficios a parientes y amigos.

neptunio *m.* QUÍM Elemento químico metálico radiactivo artificial, primero de los transuránicos. Se forma en los reactores nucleares por bombardeo del uranio con neutrones, y se asemeja al uranio por sus propiedades químicas. Símbolo: Np. Número atómico: 93. Peso atómico: 237,0482. Punto de fusión: 630 °C. Punto de ebullición: 3902 °C.

nereida *f.* MIT Cada una de las ninfas marinas, hijas de Nereo y Doris. Personificaban la placidez de la mar en calma, y se las representaba cabalgando caballos marinos o como sirenas.

nerítico, ca *adj.* BIOL Dicho de un organismo, que vive en la zona superficial del mar y de los lagos, en la proximidad del litoral. || **zona** ~ GEO Zona que se encuentra sobre la plataforma continental, es decir, hasta los 200 m de profundidad.

nervadura 1 *f.* ARQ Conjunto de nervios de los arcos que forman la estructura de una bóveda gótica. 2 BOT Nervios secundarios de una hoja. Con el nervio, son los órganos encargados del transporte de agua y nutrientes al parénquima. 3 ZOOL Estructura similar a un nervio que se aprecia en las alas membranosas de los insectos.

nerviación 1 *f.* BIOL Conjunto de nervaduras de una hoja o de las alas de un insecto. 2 BOT Modo en que se organiza el conjunto de nervios y nervaduras de una hoja.

nervio 1 *m.* ANAT y FISIOL Cada uno de los cordones fibrosos y blanquecinos que comunican los centros nerviosos, como el cerebro o la médula espinal, con los órganos periféricos. Es un conductor de la excitación, formado por un conjunto de fibras nerviosas y de tejido conjuntivo. 2 ARQ Arco que, cruzándose con otro u otros, sirve para formar la bóveda de crucería. Es elemento característico del estilo gótico. 3 BOT Haz fibroso y saliente por el que circula la savia de las hojas. || ~ **acústico** ANAT y FISIOL El que inerva el laberinto del oído; al entrar en aquel se divide en dos ramas: el nervio coclear, que es el nervio de la audición, y el nervio vestibular, que es el nervio del sentido del **equilibrio**. ~ **motor** ANAT y FISIOL El que transmite un impulso efector desde el sistema nervioso central hacia los músculos, las glándulas y los vasos. ~ **óptico** ANAT y FISIOL Haz de las fibras nerviosas que se extiende en la retina y que lleva los impulsos nerviosos hasta el cerebro. ~ **vago** ANAT El que nace del bulbo de la médula espinal, desciende por las partes laterales del cuello y penetra en las cavidades del pecho y vientre, y termina en el estómago y plexo solar.

nerviosismo *m.* Estado pasajero de excitación nerviosa.

nervioso, sa 1 *adj.* Perteneciente o relativo a los nervios. 2 ANAT **fibra** ~; **ganglio** ~. 3 FISIOL **impulso** ~. 4 ANAT y FISIOL **tejido** ~. 5 Que se excita fácilmente. 6 Inquieto. || **sistema** ~ ANAT y FISIOL Unidad formada por las estructuras nerviosas que ponen en contacto el organismo con el mundo exterior, y actúa como coordinador y regulador de las distintas actividades que permiten la vida de los organismos animales. La recepción de los estímulos externos es la función de unas células sensitivas especiales, los receptores; los elementos conductores son unas células llamadas neuronas. **sistema** ~ **autónomo** ANAT y FISIOL Parte encargada de la regulación motora involuntaria de los órganos internos (vasos, glándulas y musculatura lisa), integrada por los sistemas simpático y parasimpático. De la acción coordinada de estos resulta el funcionamiento normal del organismo. **sistema** ~ **central** ANAT y FISIOL Parte formada por la médula espinal, que desempeña funciones de integración y de centro de reflejos sencillos y el **cerebro**, que desempeña funciones generales de coordinación. **sistema** ~ **parasimpático** ANAT y FISIOL Parte del sistema nervioso autónomo que inerva el músculo ciliar, el de la pupila, las glándulas salivares y lacrimales, parótidas, órganos del cuello, tórax y abdomen, y de la pelvis. Tiende a favorecer el restablecimiento y la economía de las energías. **sistema** ~ **simpático** ANAT y FISIOL Parte del sistema nervioso autónomo cuyas fibras se originan en la región media de la médula espinal y se distribuyen por todo el cuerpo. Dispone al organismo para el gasto de energía.

neto, ta 1 *adj.* Limpio, claro, preciso. 2 Dicho del peso de una mercancía, cuando se ha descontado la tasa, y, de un precio, cuando no tiene los incrementos debidos a otros conceptos, como transporte, etc. 3 ECON **renta** ~.

neuma 1 *m.* FIL Principio cósmico vital o espiritual. Para los estoicos, se trata de una sustancia continua que explica la cohesión de la materia. 2 MÚS Signo usado para escribir música, antes del sistema actual. 3 MÚS Grupo de notas de adorno con que solían concluir las composiciones musicales de canto gregoriano.

A B C D E F G H I J K L M N Ñ O P Q R S T U V W X Y Z

neumático, ca 1 *adj.* Dicho de un aparato, destinado a operar con el aire. 2 *m.* Anillo tubular de caucho provisto de una válvula para inyectar aire a presión y que se pone en la parte interna de las llantas para suavizar el movimiento y soportar el peso. 3 **LLANTA**, pieza anular de caucho. 4 *f.* FÍS Parte de la física que trata de las propiedades mecánicas de los gases.

neumatóforo 1 *m.* BOT Vesícula aérea de las plantas acuáticas. 2 BOT Raíz erecta, sumergida o emergida, que interviene en la respiración de algunas plantas que crecen en terrenos pantanosos.

neumococo *m.* BIOL Microrganismo de forma lanceolada, que es el agente patógeno de ciertas pulmonías.

neumología *f.* MED Rama de la medicina que estudia las enfermedades de las vías respiratorias.

neumonía *f.* MED Proceso inflamatorio agudo del pulmón que produce dolor de costado, fiebre y disnea y suele ser de origen bacteriano.

neumotórax *m.* MED Entrada del aire exterior o del aire pulmonar en la cavidad de la pleura. || ~ **artificial** MED El producido con fines terapéuticos mediante la inyección de un gas, para inmovilizar el pulmón.

neura 1 *adj.* y *s.* Dicho de una persona, que se altera con facilidad. 2 *f.* Estado de alteración nerviosa.

neuralgia *f.* MED Sensación dolorosa a lo largo de un nervio y de sus ramificaciones.

neurastenia *f.* MED Estado nervioso que se caracteriza por la falta de rendimiento, la astenia, el cansancio habitual y la depresión.

neurita *f.* ANAT **AXÓN**.

neurocirugía *f.* MED Cirugía del sistema nervioso.

neuroesqueleto *m.* ANAT Esqueleto interno de los vertebrados, formado por piezas óseas o cartilaginosas, que protege el sistema nervioso central.

neurofisiología *f.* MED Rama de la fisiología que estudia el sistema nervioso.

neuroglia *f.* ANAT y FISIOL Conjunto de células provistas de largas prolongaciones ramificadas, que están situadas entre las células y fibras nerviosas, tanto en la sustancia gris como en la blanca, y que, al parecer, desempeñan una función trófica.

neurología *f.* MED Rama de la medicina interna que estudia el sistema nervioso y sus enfermedades.

neurona *f.* ANAT Célula nerviosa con numerosas arborescencias, una prolongación muy larga (axón) y pequeñas y numerosas ramificaciones o dendritas. Transfiere información de una parte a otra del organismo mediante procesos eléctricos y químicos.

neurosis *f.* PSIC Designación genérica de los trastornos mentales sin lesión orgánica aparente. Sus manifestaciones características son la ansiedad, crisis de angustia, fobias, trastornos obsesivos-compulsivos, continua intrusión de pensamientos desagradables en la conciencia, y compulsiones para reducir la ansiedad consiguiente.

neurótico, ca 1 *adj.* y *s.* Que padece neurosis. 2 *adj.* Perteneciente o relativo a la neurosis.

neurotoxina *f.* BIOL Sustancia venenosa que altera el funcionamiento del sistema nervioso.

neurotransmisor *adj.* y *m.* FISIOL Sustancia, producto o compuesto que transmite los impulsos nerviosos en la sinapsis.

neurovegetativo, va *adj.* FISIOL Dicho de una parte del sistema nervioso, que es autónoma.

neuston *m.* BIOL Conjunto de organismos de dimensiones reducidas que viven en contacto con la película superficial de las aguas.

neutral 1 *adj.* y *s.* Que no se inclina por ninguna de las partes que contienden. 2 POLÍT Dicho de una nación, que en una guerra entre dos o más potencias mantiene las mismas relaciones que tenía con ellas al iniciarse el conflicto, absteniéndose de cualquier acto que las pueda favorecer directa o indirectamente.

neutralización 1 *f.* Acción y efecto de neutralizar o neutralizarse. 2 DEP Interrupción temporal de la disputa de una prueba. 3 FON Pérdida de una oposición fonológica distintiva en un contexto fónico determinado. 4 POLÍT Acción de dar un estatuto de no beligerancia. 5 QUÍM Reacción de un ácido y una base para formar sal y agua.

neutralizador, ra *adj.* Que neutraliza.

neutralizar 1 *tr.* Anular, controlar o disminuir la efectividad de algo considerado peligroso. 2 *tr.* y *prnl.* Hacer neutral o neutro debilitando el efecto de una causa o influencia con otra de signo diferente, o contrarrestando los efectos de un agente físico o moral. 3 QUÍM Hacer neutra una sustancia o una disolución de ella.

neutrino *m.* FÍS Partícula nuclear elemental eléctricamente neutra, y de masa inapreciable. Extremadamente difícil de detectar, las investigaciones confirmaron sus propiedades a partir de la medida del retroceso que provoca en otras partículas.

neutro, tra 1 *adj.* Dicho de alguien o algo, que no participa de ninguno de dos caracteres opuestos. 2 No determinado, indefinido. 3 Indiferente en la intención o el afecto. 4 ELECTR Dicho de un conductor, conectado a tierra. 5 ELECTR Dicho de un cuerpo físico, que posee por igual electricidad positiva y negativa. 6 QUÍM Dicho de un compuesto, y del líquido en que está disuelto, que no tiene carácter ácido ni básico. 7 QUÍM Dicho de una molécula, que no se mueve en un campo eléctrico por no poseer carga o por tenerla compensada. 8 *m.* En la caja de cambios de un automóvil, punto en el que no hay engranaje. 9 *adj.* y *m.* GRAM **género** ~. 10 MAT **elemento** ~. || **reacción** ~ QUÍM Carácter de saturación que se revela por no alterar el color del papel de tornasol. **zona** ~ FÍS Espacio que separa los polos de un imán.

neutrón 1 *m.* FÍS Partícula elemental sin carga eléctrica que, junto con el protón, constituye el núcleo de los átomos (excepto el de hidrógeno); una vez libre, es de vida efímera, descomponiéndose en un protón, un electrón y un neutrino. 2 ASTR **estrella** de ~es.

nevado, da 1 *adj.* Cubierto de nieve. 2 Blanco como la nieve. 3 *m.* GEO Cima de una cordillera, montaña o macizo, cubierta de nieves perpetuas. 4 *f.* Acción y efecto de nevar. 5 Porción o cantidad de nieve que ha caído de una vez y sin interrupción.

nevar 1 *intr. impers.* Caer nieve. 2 *tr.* Poner blanco como la nieve. • Vb. irreg. conjug. c. **acertar**. V. anexo El verbo.

nevera *f.* Electrodoméstico para conservar fríos los alimentos.

nevero 1 *m.* GEO Lugar de las montañas elevadas donde se conserva la nieve todo el año. 2 Esta misma nieve.

nevisca *f.* Borrasca breve de nieve con copos menudos.

newton (Voz ingl.) *m.* FÍS Unidad de fuerza en el sistema internacional equivalente a la fuerza necesaria para comunicar a un cuerpo cuya masa es de 1 kg una aceleración constante de 1 m/s. Símbolo: N.

nexo *m.* Vínculo, lazo o conexión de cualquier orden y tipo.

ni[1] 1 *conj. cop.* Enlaza palabras y oraciones con valor negativo: *Ni hizo ni dejó hacer; No hagas preguntas impertinentes ni respondas más de lo que te han preguntado.* • Se usa precedida o seguida de otra negación. 2 Ni siquiera: *Ni los más juiciosos pasaron el examen.* 3 *adv. neg.* No: *El entrenador lo sacó del equipo; ni podía esperarse otra consecuencia de su comportamiento.*

ni² *f.* Decimotercera letra del alfabeto griego (*N, v*), que corresponde a la *ene* del latino.

nibelungo, ga *adj.* y *s.* MIT De un pueblo de enanos de la mitología germana, poseedor de un inmenso tesoro que fue arrebatado por Sigfrido y a este por los burgundios. Adoptaron este nombre los guerreros de Sigfrido y posteriormente los burgundios.

nicho *m.* ARQ Hornacina en un muro de forma semicilíndrica y rematada en media esfera, para colocar alguna estatua o jarrón. || ~ **ecológico** ECOL Papel funcional que desarrolla un organismo en su comunidad o en su ecosistema, y que resulta de su adaptación estructural, respuesta fisiológica y comportamiento específico.

nicotina *f.* QUÍM Alcaloide venenoso del tabaco que se oscurece al contacto con el aire y se emplea como insecticida.

nidación *f.* FISIOL Implantación del huevo fecundado en la mucosa uterina de los mamíferos.

nidada 1 *f.* Conjunto de los huevos puestos en el nido. 2 Conjunto de los polluelos de una misma puesta mientras están en el nido.

nidícola *adj.* ZOOL Dicho de un ave, que permanece en el nido algún tiempo después de su nacimiento, hasta alcanzar el desarrollo suficiente.

nidificar *intr.* Hacer nidos las aves.

nidífugo, ga *adj.* ZOOL Dicho de un ave, que abandona el nido al poco tiempo de nacer.

nido 1 *m.* Sitio abrigado en que las aves ponen sus huevos y crían los polluelos. 2 Cavidad, agujero o conjunto de celdillas donde procrean diversos animales.

niebla *f.* GEO Nube blanquecina o gris formada por gotitas de agua y en contacto con la superficie terrestre.

nieto, ta 1 *m.* y *f.* Respecto de una persona, que es el abuelo, un hijo o hija de su hijo o hija. 2 Descendiente directo en cualquier generación a partir de la tercera y sucesivas.

nieve *f.* GEO Precipitación atmosférica en cristalitos de hielo que se forman alrededor de partículas diminutas de la atmósfera cuando el vapor de agua se condensa a temperaturas inferiores a la de la solidificación del agua.

nife *m.* GEO Núcleo o parte central de la Tierra, compuesto probablemente de níquel (Ni) y hierro (Fe).

nigromancia (Tb. nigromancía) *f.* Adivinación supersticiosa mediante la evocación de los muertos. En un sentido más amplio se suele aplicar como sinónimo de magia, encanto o conjuro.

nigua *f.* Insecto díptero y minúsculo cuyas hembras fecundadas parasitan debajo de la piel del ser humano y de los animales causando picazón y ulceraciones.

nihilismo *m.* FIL Sistema filosófico que niega la realidad o la posibilidad de conocerla. En los aspectos sociales y políticos niega cualquier valor y jerarquía tradicionales, identificándose de hecho con el anarquismo, que reniega de cualquier autoridad constituida.

nimbo 1 *m.* Halo o aureola luminosa. 2 GEO Capa de nubes formadas por cúmulos tan confundidos, que presenta un aspecto uniforme.

nimboestrato *m.* GEO Capa densa de nubes bajas y grises que descarga granizo, lluvia o nieve.

nimiedad *f.* Cualidad de nimio.

nimio, mia *adj.* Insignificante, sin importancia.

ninfa 1 *f.* MIT En la mitología griega y romana, cualquiera de las deidades benéficas vinculadas a las aguas, bosques, selvas, etc. 2 ZOOL Fase joven de los insectos con metamorfosis incompleta entre el huevo y el adulto, diferenciándose de este último solo en el estado rudimentario de sus alas y órganos genitales.

ninfeáceo, a *adj.* y *f.* BOT Dicho de una planta, de las angiospermas dicotiledóneas acuáticas que, como el loto y el nenúfar, tiene rizoma rastrero y carnoso, grandes hojas flotantes, flores vistosas y olorosas, y fruto globoso.

ninfomanía *f.* PSIC Deseo sexual exacerbado en la mujer.

ningún *adj. indef.* Apócope de NINGUNO. • U. ante un s. m. sing.: *Ningún compañero tenía la respuesta.*

ninguno, na 1 *adj. indef.* Ni una sola cosa o persona: *No respondió ninguno de los ejercicios; No llegó ninguna invitada.* • Se usa el apócope *ningún* ante un s. m. sing.: *Ningún animal.* 2 *pron. indef.* Señala palabras o sintagmas nominales mencionados o sobreentendidos: *De tantas amigas que tuvo, ya no le queda ninguna.*

ninja (Voz jap.) *m.* Combatiente especializado en artes marciales.

niña *f.* NIÑO.

niñera *f.* Mujer de servicio que cuida de los niños de una casa.

niñería 1 *f.* Acción de niños o propia de ellos. 2 Hecho o dicho impropio de la edad adulta, que no tiene advertencia ni reflexión.

niñez 1 *f.* Periodo de la vida humana entre la infancia y la pubertad. 2 INFANCIA, conjunto de los niños.

niño, ña 1 *adj.* y *s.* Que está en la niñez. 2 Que tiene pocos años. 3 Persona inexperta o irreflexiva. 4 *f.* ANAT Pupila del ojo.

niobio *m.* QUÍM Elemento químico de color gris brillante, se asemeja al tantalio y lo acompaña en ciertos minerales. Tiene aplicaciones como elemento de aleación en el acero inoxidable, al que le proporciona mayor resistencia a la corrosión. Símbolo: Nb. Número atómico: 41. Peso atómico: 92,906. Punto de fusión: 2468 °C. Punto de ebullición: 4742 °C.

nipón, na *adj.* y *s.* Natural del Japón o relacionado con este país asiático.

níquel *m.* QUÍM Elemento químico de color blanco brillante, parecido a la plata, muy duro, magnético, inoxidable, dúctil, maleable y difícil de fundir. Tiene aplicaciones en aleaciones y en electrólisis y como catalizador en un gran número de procesos, incluida la hidrogenación del petróleo. Símbolo: Ni. Número atómico: 28. Peso atómico 58,69. Punto de fusión: 1455 °C. Punto de ebullición: 2730 °C.

nirvana *m.* REL En el budismo, estado de paz suprema cuando cesan las transmigraciones, por haberse incorporado la persona al todo cósmico.

nisán *m.* Séptimo mes del calendario judío, que va de mediados de marzo a mediados de abril.

níspero 1 *m.* Árbol de las rosáceas, de ramas algo espinosas, hojas grandes y pecioladas, flores blancas axilares y fruto en pomo. 2 Fruto de este árbol, de unos 3 cm de diámetro y sabor dulce.

nitidez *f.* Cualidad de nítido.

nítido, da 1 *adj.* Limpio, terso. 2 Claro, bien definido y preciso.

nitrar *tr.* QUÍM Introducir en un compuesto orgánico el grupo funcional positivo, formado por un átomo de nitrógeno y dos de oxígeno, empleando una mezcla de ácidos nítrico y sulfúrico concentrados, este último como deshidratante.

nitrato 1 *m.* QUÍM Sal o éter que se obtiene por reacción del ácido nítrico con una base, con óxidos metálicos o con carbonatos. 2 QUÍM Cualquier compuesto que contenga el radical —NO3—. || ~ **de amonio** QUÍM Compuesto de fórmula NH_4NO_3, incoloro, cristalino, higroscópico, soluble en agua y en alcohol, que se descompone por el calor produciendo gas hilarante. Se emplea para la producción de mezclas frigoríficas, de fertilizantes y explosivos. ~ **de Chile**

Sustancia arenosa con alto contenido de nitrato de sodio y, en menor proporción, nitrato potásico y sales de boro y yodo. Constituye un magnífico abono natural. ~ **de potasio** QUÍM Polvo cristalino e incoloro, soluble en agua, alcohol y glicerina, de gran poder oxidante. Se usa en la fabricación del vidrio, pólvora y combustibles sólidos para cohetes balísticos, en la elaboración del tabaco, para adobar carnes y como fertilizante. ~ **de sodio** QUÍM Compuesto de fórmula $NaNO_3$, es un sólido blanco que cristaliza en romboedros, muy higroscópico, es el principal componente aprovechable del nitrato de Chile. En caliente, es un oxidante muy enérgico, y tiene uso en la industria del vidrio, en pirotecnia y como fertilizante.

nítrico, ca 1 *adj.* Perteneciente o relativo al nitro o al nitrógeno. 2 QUÍM Dicho de un ácido, que es líquido, muy corrosivo, y se compone de nitrógeno, oxígeno e hidrógeno. Se obtiene al tratar los nitros con ácido sulfúrico concentrado, y se emplea en la fabricación de abonos, colorantes, plásticos, etc. Fórmula: HNO_3. 3 QUÍM **anhídrido** ~.

nitrificación *f.* QUÍM Transformación en nitratos del amoniaco y sus sales.

nitrilos *m. pl.* QUÍM Grupo de compuestos orgánicos de fórmula general R—C≡N. Son líquidos, incoloros y tóxicos. Cuando se reducen se convierten en aminas.

nitrito *m.* QUÍM Sal formada por la combinación de ácido nitroso y una base.

nitro *m.* QUÍM Grupo funcional formado por un átomo de nitrógeno y dos de oxígeno, con una valencia positiva. Fórmula: NO_2.

nitrobenceno *m.* QUÍM Derivado del benceno de fórmula $C_6H_5NO_2$. Es un líquido oleoso, tóxico, muy soluble en alcohol y éter, y se emplea en la fabricación de perfumes, colorantes y explosivos.

nitrocelulosa *f.* QUÍM Compuesto orgánico que se obtiene sometiendo la celulosa a la acción de los ácidos sulfúrico y nítrico, que produce, en cada caso, diversos productos, como explosivos, lacas, plásticos, etc.

nitrocompuesto *m.* QUÍM Compuesto orgánico en el que está presente el grupo funcional formado por un átomo de nitrógeno y dos de oxígeno, que resulta de eliminar el radical hidroxilo del ácido nítrico.

nitrógeno *m.* QUÍM Elemento químico gaseoso inodoro, incoloro e insípido, constituye el 75,58 % de la atmósfera. Actúa como agente diluyente del oxígeno en los procesos de respiración y combustión. Tiene muchas aplicaciones en la industria química: síntesis del amoniaco, preparación de fertilizantes, ácido nítrico, urea, anestésicos, etc. En estado líquido tiene aplicación en la criogenia. Biológicamente tiene una función muy importante en el ciclo del nitrógeno. Símbolo: N. Número atómico: 7. Peso atómico: 14. Punto de fusión: 210,5 °C. Punto de ebullición: −195,8 °C. || **ciclo del** ~ ECOL El nitrógeno atmosférico cae a la superficie terrestre en forma de nitratos por las precipitaciones; tras ser fijado es absorbido por las plantas e incorporado a sus tejidos en forma de proteínas; después recorre la cadena alimentaria (plantas-herbívoros-carnívoros) y cuando las plantas y los animales mueren, parte de los compuestos nitrogenados se descompone en amoniaco, parte es recuperado por las plantas, el resto se disuelve en el agua o permanece en el suelo, o se convierte en nitrógeno mediante la desnitrificación y vuelve a la atmósfera. **fijación del** ~ BIOL Proceso mediante el cual el nitrógeno atmosférico se transforma en nitrógeno orgánico, esencial para el crecimiento de las plantas. Es llevado a cabo por bacterias simbióticas que colonizan y forman nódulos en las raíces de las leguminosas. Las bacterias obtienen alimento de la planta y esta, a cambio, recibe compuestos nitrogenados.

nitrogenoide *adj.* y *m.* QUÍM Dicho de un elemento químico, que pertenece al grupo 15 de la tabla periódica de los elementos conformado por: nitrógeno, fósforo, arsénico, antimonio, bismuto y moscovio.

nitroglicerina *f.* QUÍM Trinitrato de glicerina inodoro y oleoso. Es un explosivo potente que, mezclado con un cuerpo absorbente, se emplea en la fabricación de la dinamita. Tiene uso en medicina como vasodilatador de acción poco duradera. Fórmula: $C_3H_5O_9N_3$.

nitroso, sa 1 *adj.* QUÍM Que tiene nitro o se le parece en alguna de sus propiedades. 2 QUÍM Dicho de un compuesto, oxidado del nitrógeno en grado inferior al ácido nítrico. 3 QUÍM Dicho de un ácido, que tiene una valencia más baja que el nítrico. A temperatura ordinaria se descompone en óxido y ácido nítricos. 4 QUÍM **óxido** ~.

nitrotolueno *m.* QUÍM Compuesto nitrado del tolueno, que se utiliza en la fabricación de explosivos.

nivel 1 *m.* Instrumento para medir la horizontalidad de una superficie, o su diferencia de altura con respecto a otras. 2 Altura que alcanza la superficie de un líquido. 3 Categoría intelectual, social, económica, etc., de una persona. 4 Piso o planta de una construcción. 5 Altura que algo alcanza, o a que está colocado. 6 Regla que lleva encima un tubo transparente casi lleno de un líquido. Cuando la burbuja de aire que queda dentro se detiene entre dos rayas señaladas, la regla está horizontal, sirve para nivelar superficies. 7 **paso** a ~. 8 GEO **curva** de ~; ~ **del mar.** || ~ **basal** BIOL Nivel mínimo requerido para mantener las actividades vitales de un organismo. ~ **de energía** QUÍM Parte del átomo donde giran los electrones: *Existen siete niveles de energía en el átomo.* ~ **de vida** ECON Cálculo de los bienes de que disfruta una persona o grupo según su renta. ~ **freático** GEO Nivel superior de la zona de saturación en las rocas permeables. Varía estacionalmente en función de la precipitación, aunque también influyen otros factores como la cantidad de agua infiltrada a través del suelo.

nivelar 1 *tr.* Comprobar con un instrumento la horizontalidad de una superficie. 2 Allanar un terreno. 3 Poner a la misma altura dos o más cosas.

níveo, a *adj.* De nieve, o semejante a ella.

nivoso, sa *adj.* Que frecuentemente tiene nieve.

NN (Del lat.) *m.* y *f.* Persona desconocida de la que no se tiene ninguna información. • Sigla de *nomen nescio.*

no 1 *adv. neg.* Sirve para negar hechos o afirmaciones y para rehusar peticiones o demandas: *No me interesa ese tema; No quiero más, gracias.* 2 Se usa para establecer un contraste entre lo que se dice y otra afirmación manifiesta o sobreentendida: *No vino el lunes, sino el martes; No fue él.* 3 Indica la inexistencia o lo opuesto a lo que se afirma: *Firmaron un acuerdo por la no proliferación de armas químicas.* 4 Cuando se usa en oraciones interrogativas, indica que se espera una respuesta afirmativa o confirmar algo que se considera cierto: *¿No quieres ir a cine?; Mañana es sábado, ¿no?*

nobelio *m.* QUÍM Elemento químico radiactivo artificial que se obtiene bombardeando el curio con iones de carbono. Sus propiedades son semejantes a las del calcio y el estroncio. Símbolo: No. Número atómico: 102.

nobiliario, ria *adj.* Perteneciente o relativo a la nobleza.

noble 1 *adj.* y *s.* Dicho de una persona, que pertenece a la clase alta o a la aristocracia. 2 *adj.* Ilustre, preclaro. 3 Honroso, estimable, por contraposición a vil. 4 QUÍM Dicho de un cuerpo, que es químicamente inactivo. Tales son los metales como el platino y el oro, o gases como el helio y el argón. 5 QUÍM **metal** ~; **gases** ~s.

nobleza 1 *f.* Cualidad de noble. 2 HIST Grupo social que ha gozado a lo largo de la historia de diversos privilegios, derechos y honores especiales, y que es considerado superior a otros sectores sociales. Perdió importancia militar con la creación de los Estados modernos (ss. XV-XVI) e importancia económica con el afianzamiento de la burguesía (s. XIX).

nocaut *m.* DEP Golpe con que un boxeador pone fuera de combate al adversario.

noche 1 *f.* Tiempo comprendido entre la puesta y la salida del sol. 2 Tiempo en que falta la luz solar. 3 Oscuridad, tristeza, confusión.

nochebuena *f.* Noche de la vigilia de Navidad. • Se escribe con may. inic.

nochevieja *f.* Última noche del año. • Se escribe con may. inic.

noción 1 *f.* Idea o conocimiento abstracto que se tiene de algo. 2 *f. pl.* Primeros elementos de una ciencia.

nocivo, va *adj.* Dañoso, perjudicial, pernicioso.

noctámbulo, la *adj.* y *s.* Dicho de una persona, que hace vida nocturna.

nocturnidad *f.* Calidad de nocturno.

nocturno, na 1 *adj.* Perteneciente o relativo a la noche, o que se hace en ella. 2 Dicho de un animal, que caza por la noche. 3 *m.* MÚS Pieza de música o serenata de carácter sentimental y delicado.

nodal *adj.* Perteneciente o relativo al nodo.

nodo 1 *m.* ASTR Cada uno de los dos puntos opuestos en que la órbita de un astro corta la eclíptica. 2 ASTR **línea** de los ~s. 3 FÍS En un movimiento vibratorio, cada uno de los puntos de intersección de dos ondas. 4 MED Tumor producido por un depósito de ácido úrico en los huesos, tendones o ligamentos. || ~ **ascendente** ASTR Aquel en que el planeta pasa de la parte austral a la boreal de la esfera celeste. ~ **descendente** ASTR Aquel en que el planeta pasa de la parte boreal a la austral de la esfera celeste.

nodriza *f.* Mujer que amamanta a una criatura ajena.

nódulo 1 *m.* Concreción de cualquier materia, redondeada y de poco volumen. 2 GEO Concreción mineral que se forma en las rocas y que puede separarse fácilmente. || ~ **linfático** MED Pequeña concreción producida por la acumulación de linfocitos, principalmente en el tejido conjuntivo de las mucosas.

noema *m.* FIL Pensamiento como contenido objetivo del pensar, a diferencia del acto intencional o noesis.

noesis 1 *f.* FIL Visión intelectual, pensamiento. 2 FIL En fenomenología, acto intencional de intelección o intuición.

nogal *m.* Árbol de las juglandáceas que puede alcanzar 30 m de altura, de madera muy valiosa, hojas verdes y caducas, y flores en amentos colgantes o en grupos axiales. Su fruto es la nuez.

nogalina *f.* Colorante obtenido de la cáscara de la nuez del nogal, usado para pintar imitando el color nogal.

nómada *adj.* y *s.* Dicho de una persona, familia o pueblo, sin domicilio fijo.

nomadismo *m.* ECON Estado social y económico de los pueblos que, viviendo principalmente de la caza y la recolección, fijan su residencia según las necesidades del momento, o de los que, dedicados al ejercicio de la agricultura y el pastoreo, se instalan según los ciclos estacionales de cultivo.

nombramiento 1 *m.* Acción y efecto de nombrar. 2 Documento con que se designa a alguien para un cargo.

nombrar 1 *tr.* Dar nombre a personas o cosas. 2 Mencionar, citar. 3 Designar para algún cargo.

nombre 1 *m.* Palabra que designa personas, ideas, acciones, sentimientos, animales y cosas. 2 Designación personalizada de alguien con su nombre de pila y sus apellidos. 3 Título de una obra. 4 Fama, reputación. 5 GRAM **SUSTANTIVO.** || ~ **ambiguo** GRAM El que se emplea como masculino o como femenino, por ejemplo: *El margen* o *la margen*; *El mar* o *la mar*. ~ **común** GRAM El que designa a cualquier persona, animal o cosa de una misma categoría y cuyo significado señala las cualidades o propiedades que comparte con los demás elementos de su categoría, por ejemplo: *Zapato* se aplica a todos los objetos que tienen las propiedades de forma, uso, etc., que distinguen a un zapato de cualquier otra cosa. ~ **común en cuanto al género** GRAM El que no posee género gramatical fijo y se construye con artículos, adjetivos y pronombres masculinos y femeninos para aludir a persona de sexo masculino o femenino respectivamente; por ejemplo: *El bachiller* y *la bachiller*; *El pediatra* y *la pediatra*. ~ **de pila** El que se da a las personas en el momento de su bautizo. ~ **propio** GRAM El que carece de significado y se aplica a seres animados o inanimados para designarlos individualmente: *Federico*; *Guayaquil*.

nomenclatura 1 *f.* Lista de nombres de personas o cosas. 2 Relación de términos de una ciencia o arte. 3 Conjunto de reglas que se aplican para la denominación inequívoca, única y distintiva de dichos términos.

nomeolvides *m.* o *f.* Planta de las borragináceas, de hojas alternas y florecillas azuladas.

nómina 1 *f.* Lista de nombres, y en especial la de empleados de una empresa. 2 Sueldo de cada uno, y documento en que consta.

nominado, da *m.* y *f.* Persona que ha sido postulada para un premio u otro reconocimiento.

nominal 1 *adj.* Que es o existe solo de nombre, pero no en realidad. 2 Perteneciente o relativo al nominalismo. 3 ECON **valor** ~. 4 GRAM Perteneciente o relativo al nombre o sustantivo. 5 GRAM **sintagma** ~. 6 LING **predicado** ~.

nominalismo *m.* FIL Sistema filosófico medieval que negaba la realidad objetiva de los conceptos universales, tomándolos por meros nombres.

nominalizar *tr.* y *prnl.* LING Convertir en nombre o sustantivo una palabra o una porción de discurso, mediante algún procedimiento morfológico o sintáctico: *Goteo* (de *gotear*); *El qué dirán*.

nominalmente 1 *adv. m.* Por su nombre o por sus nombres. 2 Solo de nombre, y no real o efectivamente.

nominar 1 *tr.* Dar nombre a alguien o algo. 2 Nombrar para un cargo o un premio. 3 Presentar formalmente a un candidato.

nominativo, va 1 *adj.* ECON Dicho de un título del Estado o de una sociedad mercantil, que ha de llevar el nombre de su propietario, en oposición a los que son al portador. 2 *m.* GRAM Caso de la declinación que designa el sujeto del verbo y no lleva preposición.

nomo *m.* **GNOMO.**

nomon *m.* **GNOMON.**

nomotético, ca *adj.* Dicho de una ciencia, que formula principios generales o leyes de carácter universal.

noni 1 *m.* Árbol pequeño originario de Polinesia, de tronco angosto, corteza lisa y flores blancas. 2 Fruto verde de pulpa blanca al que se le atribuyen muchas propiedades medicinales.

noningentésimo, ma *adj.* Ordinal y partitivo de novecientos.

nonio *m.* MAT Dispositivo utilizado para efectuar medidas de precisión, basado en dos escalas (rectilíneas o circulares) con movimiento relativo entre ambas.

nono, na 1 *adj.* Que sigue al octavo, noveno. 2 *f.* Entre los romanos, cuarta parte del día, entre la hora novena y la duodécima. 3 REL En el rezo eclesiástico, última de las horas menores, que se dice antes de vísperas.

non plus ultra (Loc. lat.) *m.* Lo que ha llegado a la máxima perfección.

noosfera (Tb. noósfera) *f.* BIOL Agrupación de los seres inteligentes con el medioambiente en que viven.

nopal *m.* CHUMBERA.

noquear *tr.* e *intr.* DEP En boxeo, dejar fuera de combate al adversario.

noray 1 *m.* Poste para afirmar las amarras de los barcos. 2 Amarra que se da en tierra para asegurar la embarcación.

nordeste *m.* NORESTE.

nórdico, ca *adj.* y *s.* Del N de Europa o relacionado con esta región.

noreste 1 *m.* Punto del horizonte entre el norte y el este, a igual distancia de ambos. Símbolo: NE. 2 Lugar situado en dirección a este punto cardinal.

noria 1 *f.* Mecanismo para sacar agua de un pozo, movido por una caballería. 2 Cisterna en que se instala dicho mecanismo. 3 En los parques de atracciones, gran rueda vertical con cabinas en las que viajan dos o cuatro personas.

norma 1 *f.* Pauta o regla a la que ha de ajustarse la conducta en cualquier orden de cosas. 2 Precepto jurídico. 3 Especificación técnica a la que deben ajustarse los procesos industriales, científicos, etc. 4 LING Conjunto de rasgos o reglas que coinciden con el buen uso o empleo correcto de la lengua, que una comunidad estima como propias y que se aceptan sin dificultad.

normal 1 *adj.* Que se halla en su estado natural. 2 Ordinario, corriente. 3 Que se ajusta a la norma o regla. 4 *adj.* y *f.* **escuela** ~.

normalidad *f.* Situación que corresponde al estado natural o a las características habituales de algo.

normalista 1 *adj.* Perteneciente o relativo a la escuela normal. 2 *m.* y *f.* Persona que asiste a una escuela normal.

normalizar 1 *tr.* Regularizar o poner en orden lo que no lo estaba. 2 Hacer que algo sea normal. 3 Ajustar a un tipo, modelo o norma.

normando, da 1 *adj.* y *s.* HIST De un pueblo escandinavo, también llamado **vikingo**, que desde el s. VIII se extendió por Europa. 2 Natural de Normandía o relacionado con esta región de Francia.

normar *tr.* Determinar para alguien o algo un modelo o un conjunto de normas que deben seguirse.

normatividad *f.* Compendio de normas que sirven como punto de referencia para actuar y tomar decisiones en un contexto determinado.

normativo, va *adj.* Que sirve de norma o regla.

nornoreste 1 *m.* Punto del horizonte entre el norte y el nordeste. Símbolo: NNE. 2 Lugar situado en dirección a este punto cardinal.

noroccidente *m.* NOROESTE.

noroeste 1 *m.* Punto del horizonte entre el norte y el oeste, a igual distancia de ambos. Símbolo: NO. 2 Lugar situado en dirección a este punto cardinal.

nororiente *m.* NORESTE.

norte 1 *m.* Punto cardinal del horizonte que tiene ante sí el observador a cuya derecha está el este u oriente. Es la dirección de referencia principal sobre la Tierra, según la que están orientados casi todos los mapas. Símbolo: N. 2 Lugar situado en dirección a este punto cardinal. 3 Dirección, guía. 4 Meta, máximo ideal. || ~ **magnético** GEO Dirección que marca el polo magnético terrestre del mismo nombre.

norteamericano, na *adj.* Natural de América del Norte o relacionado con esta y con sus habitantes.

nortear *tr.* Buscar el norte para fijar el rumbo.

norteño, ña 1 *adj.* Perteneciente o relativo al N o relacionado con este. 2 Que está situado en la parte norte de un país.

nos *pron. pers.* Forma de la primera persona plural que, en dativo y acusativo, designa a las personas que hablan y escriben: *Nos miró; Nos dieron la razón.* • Se puede usar como sufijo: *Míranos; Danos el pan.*

nosotros, tras *pron. pers.* Forma de la primera persona del plural que, en nominativo o precedida de preposición, designa las personas que hablan o escriben: *Nosotros llegamos temprano; A nosotras nunca nos dijeron; Cuenta con nosotros.*

nostalgia *f.* Añoranza y tristeza que provoca el alejamiento de lugares entrañables o la ausencia de seres queridos.

nota 1 *f.* Marca o señal que se pone en algo. 2 Comentario que en impresos o manuscritos va fuera del texto. 3 Apunte que se toma para recordar algo. 4 Mensaje o noticia breve escrita. 5 Calificación que se concede a un examen. 6 Aspecto, carácter que se expresa: *El ritmo es su nota característica.* 7 MÚS Cada uno de los símbolos o palabras que representan sonidos de la escala y que indican su altura y duración. Dentro del **pentagrama** solo se escribe el símbolo y, conforme al lugar donde se sitúe, señala la altura y, a su vez, el nombre de la nota. A cada símbolo de duración también le corresponde una nomenclatura: redonda, blanca, negra, corchea, semicorchea, fusa y semifusa. Si se prescinde de la duración y se parte de la escala de *do*, el nombre de las notas sería *do, re, mi, fa, sol, la, si* y de nuevo el *do.* 8 MÚS Cada uno de estos sonidos en cuanto está producido por una vibración de frecuencia constante.

notable 1 *adj.* Digno de nota, atención o cuidado. 2 Sobresaliente, que se hace notar. 3 *m.* Calificación inferior al sobresaliente y superior al aprobado. 4 *m. pl.* Personas principales en una colectividad.

notación 1 *f.* Acción y efecto de notar o señalar. 2 Conjunto de signos que se emplean en alguna ciencia o arte.

notar 1 *tr.* Señalar, indicar. 2 Reparar, advertir. 3 ANOTAR, apuntar brevemente algo para ampliarlo o recordarlo después. 4 *prnl.* Hacerse manifiesto o perceptible.

notaría 1 *f.* Profesión de notario. 2 Oficina donde despacha.

notariado 1 *m.* Carrera o profesión de notario. 2 Cuerpo o conjunto de notarios.

notario, ria *m.* y *f.* Funcionario público autorizado para dar fe de los contratos, testamentos y otros actos extrajudiciales conforme a la ley.

noticia 1 *f.* Conocimiento elemental de algo. 2 Suceso reciente y su publicación en los medios de difusión.

noticiero, ra 1 *adj.* Que da noticias. 2 *m.* y *f.* Persona que recoge y redacta noticias, especialmente para los periódicos. 3 *m.* Programa de radio o de televisión en que se transmiten noticias.

noticioso, sa 1 *adj.* Que tiene noticia de algo. 2 *m.* NOTICIERO.

notificación 1 *f.* Acción y efecto de notificar. 2 Documento legal en que se comunica alguna decisión del juez o de la autoridad.

notificar 1 *tr.* Hacer saber una resolución del juez o de la autoridad. 2 Comunicar alguna noticia.

noto *m.* ZOOL Superficie dorsal de cualquier segmento torácico de los insectos.

notocordio *m.* ANAT Cordón celular dispuesto a lo largo del cuerpo de los cordados, debajo de la médula espinal, a la que sirve de sostén; constituye el eje primordial del neuroesqueleto y a su alrededor se forma la columna vertebral en los vertebrados.

notorio, ria 1 *adj.* Conocido de todos, público. 2 Fácil de observar o de comprender.
noúmeno *m.* FIL Según Kant, lo inteligible, la cosa en sí, el objeto tal como podemos suponer que existe en sí mismo, en oposición a lo perceptible por los sentidos, o sea el fenómeno.
nova *f.* ASTR **estrella ~**.
novatada 1 *f.* Broma pesada que los veteranos gastan a los novatos. 2 Torpeza o contratiempo a causa de inexperiencia en algún asunto.
novecientos, tas 1 *adj.* Nueve veces ciento. 2 *m.* Signos con que se representa este número.
novedad 1 *f.* Calidad de nuevo. 2 Suceso o cosa muy recientes. 3 Cambio introducido o surgido en algo.
novel *adj.* y *s.* Nuevo, inexperto.
novela 1 *f.* LIT Obra literaria en prosa que refiere un hecho de ficción, o un hecho histórico reelaborado por el autor, dándole aires de verosimilitud. Tiene sus antecedentes en los autores clásicos griegos, y sus orígenes en las epopeyas de la Edad Media, culminando como género en el s. XIX. 2 LIT Género constituido por esta clase de narraciones: *Novela de anticipación; Fantástica; Negra; Picaresca; De aventuras.* || **~ experimental** LIT La que surgió en España en los años sesenta como reacción a las técnicas de escritura de la época, que se caracterizó por romper con la cronología del relato, mezclar estilos y géneros literarios y utilizar la parodia y la ironía. **~ negra** LIT La de tema criminal y terrorífico, que se desarrolla en ambientes sórdidos y violentos. **~ pastoril** LIT Género renacentista de origen italiano que se caracterizó por intercalar poemas en la prosa, el uso de la lengua vulgar, a imitación de la de los pastores, el sentimiento de la naturaleza y el amor no correspondido o platónico. **~ picaresca** LIT La que surgió en España en el siglo XVI y se caracterizó por narrar hechos ficticios y humorísticos, con finalidad satírica, en torno a un pícaro quien representaba la clase social baja de la época: *El lazarillo de Tormes es una novela picaresca.*
novelar 1 *tr.* Referir un suceso con forma de novela. 2 *intr.* Componer o escribir novelas.
novelesco, ca *adj.* Asombroso o disparatado, por salirse del curso normal de las cosas: *Amores novelescos.*
novelístico, ca 1 *adj.* Perteneciente o relativo a la novela. 2 *f.* Tratado histórico o preceptivo de la novela. 3 Literatura novelesca.
novelón 1 *m.* Novela extensa, generalmente dramática y mal escrita. 2 Novela de gran calidad.
novenario *m.* Periodo de nueve días, dedicado a lutos, pésames, el culto de un santo, etc.
noveno, na 1 *adj.* Ordinal y partitivo de nueve. 2 *f.* REL Ejercicio piadoso que se practica durante nueve días y que suele preceder a una festividad religiosa.
noviazgo 1 *m.* Estado de novio o novia. 2 Tiempo que dura dicho estado.
noviciado 1 *m.* REL Tiempo de prueba, de mayor o menor duración, que precede a la profesión religiosa. 2 Casa destinada a los novicios, conjunto de ellos y régimen a que se someten.
novicio, cia 1 *m.* y *f.* Aspirante a la profesión e ingreso en una orden o congregación religiosa. 2 *adj.* y *s.* Principiante inexperto en cualquier actividad u oficio.
noviembre *m.* Undécimo mes del año, que consta de treinta días.
novillo, lla 1 *m.* y *f.* Res vacuna de dos a tres años. || **hacer ~s** Especialmente en el ámbito escolar, dejar de asistir a alguna parte a la que se tiene obligación de ir.
novilunio *m.* ASTR Conjunción de la Luna con el Sol.
novio, via *m.* y *f.* Persona que está en relaciones con otra, generalmente con miras al matrimonio.
novísimo, ma 1 *adj.* Último en una serie, recién llegado. 2 *m.* REL Cada una de las cuatro últimas situaciones del ser humano, que son muerte, juicio, infierno y gloria.
nubarrón *m.* Nube grande, negruzca y aislada.
nube 1 *f.* Agrupación o cantidad muy grande de algo que va por el aire, como polvo, humos, aves o insectos. 2 MED Pequeña mancha blanquecina que se forma en la parte exterior de la córnea. 3 GEO Condensación visible formada por pequeñas gotas de agua o por partículas microscópicas de hielo condensadas alrededor de diminutas partículas de polvo atmosférico, y que se mantienen en suspensión en la atmósfera gracias a las corrientes ascendentes que se producen en el seno de esta. La coalescencia de varias gotitas de agua origina la formación de gotas de mayor tamaño, que acaban por caer, dando lugar a las precipitaciones.
núbil *adj.* Dicho de una mujer, que está en edad de contraer matrimonio.
nublado, da *adj.* Cubierto de nubes.
nublar 1 *tr.* y *prnl.* Ocultar las nubes el cielo o la luz del sol o de la luna. 2 Oscurecer, empañar una cosa. 3 Enturbiar la vista. 4 Oscurecerse la razón. 5 *prnl.* Desvanecerse algo que se deseaba.
nubosidad *f.* Estado del cielo más o menos cubierto de nubes.
nuca *f.* Parte en que se une la columna vertebral con la cabeza.
nuche *m.* Forma larvaria de la mosca *Dermatobia hominis*, que penetra la piel de los animales domésticos y del ser humano. Constituye un grave problema de salubridad en las zonas tropicales de América Latina.
nuclear[1] 1 *adj.* Perteneciente o relativo al núcleo. 2 BIOL **membrana ~**. 3 ECOL **invierno ~**. 4 FÍS Perteneciente o relativo al núcleo atómico. 5 FÍS Que usa energía nuclear. 6 FÍS **acelerador ~** o de partículas; **combustión ~**; **desintegración ~**; **energía ~**; **física ~**; **fisión ~**; **fusión ~**; **reacción ~**; **reactor ~**. 7 **familia ~**. 8 **central ~**.
nuclear[2] *tr.* y *prnl.* Agrupar, reunir.
nucleasa *f.* BIOQ Enzima que descompone los ácidos nucleicos en nucleótidos.
nucleico *adj.* QUÍM **ácido ~**.
nucleido *m.* FÍS Núcleo atómico que tiene el mismo número de protones y de neutrones.
núcleo 1 *m.* Elemento central y básico de algo. 2 Elemento al que se agregan otros para formar un todo. 3 ANAT Conjunto de neuronas en el sistema nervioso central. 4 ASTR Parte más densa y luminosa de un astro. 5 LING Unidad que desempeña una relación de predominio sobre otras, con las que forma un sintagma y que determina las propiedades gramaticales de este. || **~ atómico** FÍS Parte central del átomo que contiene la mayor porción de su masa, constituida por protones y neutrones, y posee una carga eléctrica positiva que se corresponde con su número atómico. **~ celular** BIOL Orgánulo fundamental de la célula. Tiene forma esférica y un tamaño de aprox. 5 μm de diámetro; está rodeado por una membrana doble, dentro de la cual las moléculas de ADN y proteínas están organizadas en cromosomas que suelen aparecer dispuestos en pares idénticos. Su interacción con el resto de la célula (el citoplasma) se establece mediante unos orificios llamados poros nucleares. **~ terrestre** GEO Parte más interna de la Tierra y que constituye la mayor parte de su masa. Está rodeado por el **manto** y se compone en gran parte de hierro con un pequeño porcentaje de níquel y de otros elementos. Su temperatura puede llegar a 6650 °C, e irradia continuamente un calor intenso a través de las capas sólidas concéntricas. Se cree que la fuente de este calor es la energía liberada por la desintegración del uranio y otros elementos radiactivos.

nucléolo (Tb. nucleolo) *m.* BIOL Corpúsculo único o múltiple dentro del núcleo celular, en el que se sintetizan partículas que contienen ARN y proteína que migran al citoplasma a través de los poros nucleares para transformarse en ribosomas.

nucleón *m.* FÍS Cada una de las partículas elementales, neutrones o protones, del núcleo atómico.

nucleoproteína *f.* QUÍM Compuesto orgánico formado por la unión de una proteína y un ácido nucleico. Las nucleoproteínas son constituyentes importantes de los núcleos celulares.

nucleosíntesis *f.* ASTR y FÍS Conjunto de reacciones nucleares que, a partir de protones y neutrones, forman núcleos de hidrógeno, helio o, partiendo de estos, los elementos que entran en la composición química de los objetos astronómicos.

nucleótido *m.* QUÍM Compuesto orgánico formado por una base nitrogenada, un azúcar y ácido fosfórico. Según que el azúcar sea la ribosa o la desoxirribosa, el nucleótido resultante se denomina ribonucleótido o desoxirribonucleótido. Constituye la unidad elemental de los ácidos nucleicos.

nudillo *m.* ANAT Articulación de las falanges de los dedos de la mano.

nudismo *m.* Actitud de quienes sostienen que la desnudez completa es conveniente para el equilibrio físico y emocional.

nudista *adj.* y *s.* Que practica el nudismo.

nudo 1 *m.* Lazo muy apretado que se hace en un hilo, cinta, etc., o entrelazamiento de dos de esas cosas. 2 Parte más dura o sobresaliente de cualquier superficie. 3 Dificultad principal de un asunto. 4 Punto de intersección de varios caminos o carreteras. 5 BOT En árboles y plantas, punto del tronco o tallo del que salen las ramas y ramificaciones. 6 BOT Parte sobresaliente de las cañas donde parece que están unidas las secciones que las componen. 7 GEO Lugar en donde se unen o cruzan dos o más sistemas de montañas. 8 LIT Enlace de los sucesos que preceden al desenlace de una narración. 9 Unidad marítima de velocidad equivalente a una milla marina (1853, 25 m) por hora. 10 GEO Unidad para medir la velocidad del viento en metros por segundo o kilómetros por hora. || ~ **gordiano** 1 MIT El que ataba al yugo la lanza del carro de Gordio, antiguo rey de Frigia, el cual dicen que estaba hecho con tal artificio que no se podía descubrir ninguno de los dos cabos. 2 Dificultad insoluble.

nuera *f.* La mujer del hijo respecto de los padres de este.

nuestro, tra *adj. poses.* Que pertenece a las personas que hablan o escriben: *Nuestro deber es alcanzar las metas; La victoria es nuestra; Los nuestros han dado mejores resultados.*

nueve 1 *adj.* Ocho más uno. 2 *adj.* y *s.* NOVENO: *Número nueve; Año nueve; El nueve de octubre.* 3 *m.* Signo con que se representa este número.

nuevo, va 1 *adj.* Que acaba de aparecer, recién hecho. 2 Que se ve o se oye por primera vez. 3 Distinto de lo que se tenía aprendido. 4 Que se añade a lo que ya había antes, o que lo sustituye. 5 Principiante en una profesión o en alguna actividad. 6 Poco o nada deteriorado por el uso. 7 ASTR **luna** ~. 8 *adj.* y *s.* Recién llegado a un lugar. 9 *f.* Noticia novedosa.

nuez 1 *f.* ANAT Prominencia cartilaginosa que en la parte anterior del cuello forma la laringe del varón adulto. 2 BOT Tipo de fruto con el monospermo indehiscente, parecido al aquenio, pero con un pericarpio muy duro. 3 Fruto comestible del nogal. Es una drupa ovoide, de unos 3-4 cm, de cáscara dura dividida en dos mitades y con una sola semilla con dos cotiledones gruesos y oleaginosos, que constituyen la parte comestible. 4 Fruto de otras plantas que tiene alguna semejanza con la del nogal. 5 MÚS Pieza movible que en el extremo inferior del arco del violín e instrumentos análogos sirve para dar, por medio de un tornillo, más o menos tensión a las cerdas. || ~ **moscada** Fruto de algunas plantas miristicáceas, de forma ovoide, cubierto por la macis, y con una almendra pardusca. Se emplea como condimento y para sacar el aceite que contiene en abundancia.

nukak-makú *adj.* y *s.* De un pueblo indígena seminómada que habita en la Amazonia colombiana. Son recolectores, cazadores y pescadores, aunque carecen de cultura fluvial.

nulidad 1 *f.* Cualidad de nulo. 2 Vicio o defecto de un acto o documento que disminuye o anula su validez. 3 Incapacidad o ineptitud. 4 Persona inepta, incapaz.

nulo, la 1 *adj.* Falto de valor y fuerza para obligar o tener efecto, por ser contrario a las leyes, o por carecer de las solemnidades que se requieren. 2 Incapaz, física o moralmente, para algo. 3 Ni uno solo, ninguno.

numbat *m.* Marsupial de unos 40 cm con pelaje castaño con bandas blancas y el vientre blanco amarillento.

numen *m.* Inspiración creativa de un artista.

numeración 1 *f.* Acción y efecto de numerar. 2 Sistema para expresar oral o gráficamente todos los números. || ~ **binaria** MAT Sistema que utiliza como cifras exclusivamente el *0* y el *1*. Es la base de los sistemas informáticos. ~ **decimal** MAT Sistema, hoy universal, que con el valor absoluto y la posición relativa de los signos *0, 1, 2, 3, 4, 5, 6, 7, 8* y *9* puede expresar cualquier cantidad. ~ **romana** La que usaban los romanos, que expresa los números por medio de siete letras del alfabeto latino: *I* (uno), *V* (cinco), *X* (diez), *L* (cincuenta), *C* (cien), *D* (quinientos) y *M* (mil).

numerador *m.* MAT Guarismo que señala el número de partes iguales de la unidad contenidas en un quebrado. Se escribe encima del denominador, separado de este por una raya horizontal.

numeral 1 *adj.* Perteneciente o relativo al número. 2 *adj.* y *s.* GRAM Dicho de las palabras que señalan una cantidad numérica, que pueden tener función sustantiva, adjetiva o pronominal y que tradicionalmente se dividen en: cardinales, ordinales, distributivos, colectivos, partitivos y proporcionales o múltiplos. 3 GRAM **sustantivo** ~; **adjetivos** ~es.

numerar 1 *tr.* Marcar con números. 2 Contar por el orden de los números. 3 Expresar numéricamente una cantidad.

numerario, ria 1 *adj.* Perteneciente o relativo al número. 2 *adj.* y *s.* Dicho de un empleado, que es fijo en una plantilla.

numérico, ca 1 *adj.* Perteneciente o relativo a los números. 2 Compuesto o ejecutado con ellos.

número 1 *m.* MAT Abstracción que representa una cantidad o una magnitud. 2 Signo o conjunto de signos con que se representa el número. 3 Categoría o clase. 4 Cada una de las partes de un espectáculo. 5 En las publicaciones periódicas, cada una de las aparecidas en distinta fecha de edición. 6 Cifra con que se designa el tamaño de ciertas cosas que forman una serie correlativa: *Calzar el número cuarenta.* 7 GRAM Variación que experimentan los sustantivos y las palabras que concuerdan con ellos para indicar, mediante ciertas terminaciones, unidad o pluralidad: *Niño, niños.* || ~ **atómico** FÍS y QUÍM El de un elemento en la clasificación periódica que indica la cantidad total de cargas positivas que hay en el núcleo. ~ **áureo** MAT El perfectamente armónico entre dos dimensiones, que resulta de la operación $(1 + \sqrt{5})/2$. Se representa con la letra griega *phi* (ϕ) y su valor aproximado es 1,6180339887. ~ **cardinal** MAT El natural que indica el número de elementos de un conjunto; por ejemplo, el cardinal del conjunto de las vocales del alfabeto español es *5*. ~ **complejo** MAT El que se compone de la suma de un número real y otro imaginario, como *2 + 3i*, donde *i* es la unidad imaginaria ($\sqrt{-1}$). ~ **compuesto** MAT El natural no primo, es decir, el que tiene otros divisores además de la unidad y él mismo. Por ejemplo *27* es compuesto porque, además de *1* y *27*, tiene otros divisores: *3* y *9*. ~ **de Avogadro** QUÍM El que corresponde al número de moléculas contenido en el volumen que en condiciones normales (presión de 1 atmósfera y 1 °C) ocupa un mol de cualquier gas; el volumen es igual a 22,424 litros y el número de moléculas a 6,0221367 × 10^{23}, que es el número de Avogadro; se expresa abreviadamente con la letra N. Por tanto, la masa real de una molécula de cualquier gas, expresada en gramos, será igual al valor de su mol dividido por N. ~ **decimal** MAT DECIMAL. ~ **de oxidación** QUÍM Carga que adquiere un elemento cuando sus átomos ganan, pierden o comparten electrones al formar un compuesto. ~ **electrónico** FÍS El de electrones en un ion o átomo. ~ **entero** MAT ENTERO. ~ **fraccionario** MAT El que expresa una **fracción**. ~ **imaginario** MAT El que se produce al extraer la raíz cuadrada de un número negativo. La unidad imaginaria ($\sqrt{-1}$) se representa por la letra *i*. ~ **impar** MAT El que no es exactamente divisible por dos. ~ **inverso** MAT El que al relacionarlo con otro mediante las operaciones de adición y multiplicación, da el elemento neutro de esa operación. ~ **irracional** MAT El real que no puede expresarse exactamente con números enteros, decimales o fracciones. Su conjunto se representa por *Q'*, que unido con el conjunto de los racionales forma el de los reales. ~ **másico** FÍS y QUÍM Suma de los números de protones y neutrones del núcleo de un átomo, la cual es diferente en los diversos isótopos de un mismo elemento. ~ **mixto** MAT El compuesto de entero y de fraccionario. ~ **natural** MAT Cada uno de los pertenecientes a la sucesión *0, 1, 2, 3, 4....* Su conjunto se representa por *N* y contiene infinitos elementos. Es cerrado en las operaciones de adición y multiplicación, ya que la suma y producto de estos números es otro número natural. No es cerrado en las operaciones de sustracción y división, pues la diferencia de dos números naturales puede no ser un número natural (cuando el sustraendo es mayor que el minuendo, como en *5 - 9*) e igualmente su cociente puede no ser un número natural (cuando el dividendo no es múltiplo del divisor, como en *8 : 5*). ~ **negativo** MAT El menor que cero. ~ **par** MAT El entero que es exactamente divisible por dos. ~ **perfecto** MAT El entero y positivo igual a la suma de sus divisores posibles, excluido él mismo. ~ **plural** GRAM PLURAL. ~ **positivo** MAT El mayor que cero. ~ **primo** MAT El natural mayor que *1* que solo es exactamente divisible por sí mismo y por *1*, como *5* y *7*. ~ **quebrado** MAT NÚMERO fraccionario. ~ **racional** MAT El que se puede expresar como cociente de dos números enteros, es decir, en forma de fracción. Su conjunto se designa con la letra *Q*. Es cerrado respecto de las operaciones de adición, sustracción, multiplicación y división (excepto por *0*), ya que la suma, diferencia, producto y cociente de dos números racionales es otro número racional. ~ **real** MAT Cualquier número racional o irracional. Puede expresarse en forma decimal, mediante un número entero, un decimal exacto, un decimal periódico o un decimal con infinitas cifras no periódicas. ~ **redondo** El que con unidades completas expresa una cantidad con aproximación y no exactamente. ~ **relativo** El que indica cantidad respecto a un punto de referencia; suele ir acompañado de un símbolo: *18 °C, 125 m²*. ~ **romano** Cada uno de los utilizados en la **numeración** romana. ~ **signado** Aquel que en las operaciones contables indica aumento o disminución según vaya acompañado de los signos + o − respectivamente. ~ **singular** GRAM SINGULAR. ~ **trascendente** MAT Número irracional no algebraico, como π. Existen infinitos números de este tipo. • V. tabla Sintaxis, p. 577.

numerología *f.* Disciplina que estudia la significación oculta de los números y practica la adivinación por medio de ellos.

numeroso, sa *adj.* Que contiene muchas cosas, abundante.

numismática *f.* Ciencia que trata del conocimiento de las monedas y medallas, principalmente de las antiguas.

nunca *adv. t.* En ningún tiempo; ninguna vez: *Nunca llegarán a tiempo; No habla nunca conmigo.*

nunciatura 1 *f.* Dignidad y cargo de nuncio. 2 Edificio en que el nuncio reside.

nuncio *m.* Representante diplomático de la Santa Sede.

nuncupatorio, ria *adj.* Dicho de una carta o escrito, que tiene como fin dedicar una obra, conferir a alguien un empleo o nombrar herederos.

nupcias *f. pl.* Boda, casamiento.

nutación 1 *f.* ASTR Oscilación periódica del eje de la Tierra provocada por la atracción gravitacional del Sol y de la Luna. 2 FÍS Oscilación de escasa amplitud a que se halla sometido el extremo libre de un eje de rotación.

nutria *f.* Mamífero mustélido que puede alcanzar un metro de longitud, de cabeza aplastada, orejas y patas cortas y piel muy apreciada. Vive a orillas de los ríos, arroyos y mares, y se alimenta de peces.

nutrición *f.* FISIOL Conjunto de procesos fisiológicos que aseguran el intercambio material y energético entre el organismo y el medio exterior. Se manifiesta en el **metabolismo**.

□ FISIOL La nutrición requiere estructuras y procesos que les permiten a los seres vivos incorporar el alimento, descomponerlo, absorberlo y transportar sus nutrientes. En los organismos unicelulares, estos procesos se realizan en las células. Los organismos multicelulares poseen tejidos, órganos y sistemas, como el digestivo, el circulatorio, el respiratorio y el excretor, que se encargan de realizarlos.

nutriente 1 *adj.* Que nutre. 2 *m.* FISIOL Sustancia nutritiva, alimento o componente de los alimentos. || **~s esenciales** FISIOL Los imprescindibles para el crecimiento y funcionamiento del organismo: proteínas, hidratos de carbono y grasas o lípidos. **~s minerales** FISIOL Conjunto de nutrientes inorgánicos (calcio, cinc, cobre, cobalto, flúor, fósforo, hierro, magnesio, manganeso, potasio, sodio, yodo) que estimulan la reconstrucción estructural de los tejidos y las reacciones nerviosas, participan en procesos enzimáticos y ayudan a la contracción muscular y la coagulación de la sangre.

nutrir 1 *tr.* y *prnl.* FISIOL Llevar a efecto un organismo el proceso de nutrición. 2 Fortalecer moralmente.

nutritivo, va *adj.* Que nutre.

ny *f.* NI², decimotercera letra del alfabeto griego (*Ν, ν*).

nylon *m.* NAILON.

ñ *f.* Decimoquinta letra del alfabeto español. • Su nombre es *eñe.* Representa un sonido consonántico de articulación nasal y palatal. pl.: *eñes.*

ña *f.* Tratamiento coloquial por doña o señora.

ñacurutú *m.* Especie de lechuza de plumaje amarillento y gris.

ñagaza *f.* AÑAGAZA, señuelo para coger aves.

ñame 1 *m.* Planta herbácea de las dioscoreáceas, de rizoma tuberoso, tallos largos y florecillas verdosas en espiga. Se cultiva por sus tubérculos comestibles, que pueden alcanzar hasta 2,5 m de long. y 45 kg de peso. 2 Raíz de esta planta.

ñandú *m.* Ave suramericana similar al avestruz, pero más pequeña y con tres dedos en cada pata, en lugar de dos. Tiene la cabeza y el cuello totalmente cubiertos de plumas, y largas plumas que cuelgan y les cubren la parte posterior del cuerpo. Existen dos especies.

ñandutí *m.* Encaje hecho a mano y que imita la tela de araña.

ñangado, da *adj.* Dicho de una pierna, delgada o deforme.

ñaña 1 *f.* Hermana mayor. 2 Niñera.

ñañería *f.* Intimidad, confianza.

ñapa *f.* YAPA, añadidura, propina.

ñapango, ga *adj.* Mestizo, mulato.

ñaque *m.* Montón de trastos inservibles.

ñato, ta 1 *adj.* Chato. 2 *f. pl.* Narices.

ñeque 1 *adj.* Fuerte, vigoroso. 2 *m.* Bofetada, golpe. 3 *m. pl.* Puños.

ñequear *tr.* Demostrar energía.

ñero, ra *adj.* y *s.* Compinche.

ñiquiñaque *m.* coloq. Persona o cosa despreciable.

ñisca *f.* Excremento.

ño *m.* Tratamiento que se antepone al nombre de un hombre.

ñocha *f.* Hierba bromeliácea, cuyas hojas sirven para hacer sombreros, esteras, sillas, etc.

ñoclo *m.* Pastel hecho de harina, huevos, azúcar, manteca de vaca, vino y anís, que se cuece en el horno.

ñoco, ca *adj.* y *s.* Dicho de una persona, que le falta un dedo o una mano.

ñola *f.* Excremento.

ñongarse 1 *prnl.* Agacharse. 2 Torcerse.

ñongo, ga *adj.* Lisiado, contrahecho.

ñoña *f.* Estiércol.

ñoñería *f.* Acción o dicho propio de persona ñoña.

ñoñez 1 *f.* Cualidad de ñoño. 2 Ñoñería.

ñoño, ña 1 *adj.* y *s.* Melindroso, de corto ingenio, quejumbroso. 2 *adj.* Dicho de una cosa, sin gracia, insulsa.

ñoqui *m.* Pasta de harina, puré de patatas, leche, huevos y queso rallado, que se acompaña con salsa de carne y tomate. • U. m. en pl.

ñora *f.* Pimiento muy picante que se utiliza seco para condimentar.

ñu *m.* Mamífero artiodáctilo de unos 2 m de largo, cuernos enhiestos y con un característico mechón de pelos negros en el centro de la frente y una crin a lo largo del dorso del cuello y en los hombros. De costumbres gregarias, vive en las sabanas del O y S de África.

ñufla *f.* Cosa sin valor.

ñulñul *m.* Mamífero carnívoro de los mustélidos, de unos 50 cm de largo y prolongada cola. Vive en la costa occidental de América del Sur.

ñusta *f.* HIST Título que se le daba, entre los incas, a las princesas.

ñuto, ta 1 *adj.* Dicho de una carne, que es blanda o ha sido ablandada a golpes. 2 Molido o convertido en polvo.

o[1] *f.* Decimosexta letra del alfabeto español. • Representa un sonido vocálico, medio y posterior. Hace parte, con la *a* y la *e*, de las llamadas vocales abiertas pl.: *oes*.

o[2] *conj. disy.* Relaciona alternativas o posibilidades y puede expresar igualdad o equivalencia: *Blanco o negro; Esto o lo otro; El delfín rosado o tonina tiene su hábitat en los ríos de la Amazonia.* • Toma la forma de *u* cuando precede palabras que empiezan por *o* o por *ho*: *Serían las siete u ocho de la noche; Tendrá 10 u 11 años; No sé si era belga u holandés.*

oasis 1 *m.* ECOL Ecosistema aislado en un desierto con suficiente humedad para mantener un núcleo de vegetación más o menos extenso: desde pequeñas lagunas rodeadas por unas pocas palmeras hasta áreas de kilómetros cuadrados que permiten una destacada producción agraria y el desarrollo de ciudades. 2 Alivio o descanso en las penalidades o contratiempos de la vida.

obcecación *f.* Ofuscación tenaz y persistente.

obcecar *tr.* y *prnl.* Cegar, deslumbrar, ofuscar.

obducción *f.* GEO Proceso por el que al chocar una placa oceánica con una placa continental, un fragmento de la primera monta sobre la segunda.

obedecer 1 *tr.* Cumplir la voluntad de quien manda o hacer lo que las leyes ordenan. 2 *intr.* Someterse un animal a alguien. 3 Tener origen algo, proceder: *Tu cansancio obedece a la falta de sueño.* • Vb. irreg. conjug. c. **agradecer**. V. anexo El verbo.

obediencia 1 *f.* Acción de obedecer. 2 Actitud o cualidad de obediente. 3 REL En las órdenes religiosas, voto de cumplir las disposiciones de los superiores legítimos. || ~ **debida** DER La que se rinde al superior jerárquico y es circunstancia eximente de responsabilidad en los delitos.

obelisco *m.* Monumento conmemorativo de base cuadrada y remate piramidal.

obenque *m.* Cabo grueso que sujeta la cabeza de un palo o de un mastelero a los costados del buque o a la cofa correspondiente.

obertura *f.* MÚS Pieza orquestal que sirve de introducción a una ópera, un oratorio, una *suite*, etc.

obesidad *f.* MED Almacenamiento de grasa en el tejido adiposo y en el interior de ciertos órganos que excede el índice normal, que en la mujer corresponde al 25 % del peso corporal y en el hombre al 15 %.

óbice *m.* Obstáculo, impedimento.

obispado 1 *m.* Dignidad de obispo. 2 Territorio de su jurisdicción.

obispo *m.* Prelado cristiano que tiene poderes ministeriales al igual que prerrogativas administrativas especiales y ejerce el gobierno de una diócesis.

óbito *m.* Defunción, muerte.

obituario 1 *m.* Registro parroquial de defunciones y entierros. 2 Sección necrológica de un periódico.

objeción *f.* Argumento o razón con que alguien se opone a algo. || ~ **de conciencia** DER Prevención constitucional por la que una persona puede negarse a cumplir un mandato legal apelando al imperativo de conciencia (motivos religiosos, razones éticas, intelectuales, humanitarias, etc.).

objetar 1 *tr.* Poner objeciones. 2 *intr.* Acogerse a la objeción de conciencia.

objetivar *tr.* Dar carácter objetivo y concreto a una idea o sentimiento.

objetividad *f.* Carácter de lo que es objetivo; cualidad propia del método científico, que se opone a subjetividad.

objetivo, va 1 *adj.* Perteneciente o relativo al objeto en sí y no al modo de pensar o de sentir del sujeto. 2 Desinteresado, desapasionado. 3 FIL Que existe en la realidad, fuera del sujeto que lo conoce. 4 *m.* Fin, meta. 5 Cualquier otro objeto sobre el que se dispara un arma de fuego. 6 Posición o cuerpo militar enemigos, contra los que se dirige una acción bélica. 7 FOT Parte de un aparato fotográfico que contiene las lentes que deben atravesar los rayos luminosos antes de penetrar en la cámara oscura. 8 ÓPT Lente o conjunto de lentes colocadas en el extremo de un instrumento óptico, en la parte dirigida hacia los objetos.

objeto 1 *m.* Cosa material. 2 Fin o intento a que se dirige o encamina una acción u operación. 3 Lo que sirve de materia o asunto al ejercicio de las facultades mentales. 4 Materia o asunto de que se ocupa una ciencia. 5 FIL Todo lo que puede ser pensado o percibido por el sujeto en cualquier orden de cosas. 6 GRAM El complemento indirecto o directo, por oposición al sujeto. || ~ **directo** GRAM COMPLEMENTO directo. ~ **indirecto** GRAM COMPLEMENTO indirecto. ~ **interno** GRAM Complemento directo obtenido de la raíz del verbo que lo rige o relacionado semánticamente con ella: *Vivir la vida; Bailar una cumbia.*

objetor, ra *adj.* y *s.* Que objeta. || ~ **de conciencia**. Persona que hace objeción de conciencia.

oblación *f.* Ofrenda religiosa.

oblast *m.* División territorial administrativa de la Federación Rusa.

oblato, ta 1 *adj.* y *s.* HIST Dicho de un niño, que era confiado a un monasterio para que se educase y entrase en religión. 2 Dicho de un religioso, vinculado a la congregación fundada en el s. XVI, en Italia, por san Carlos Borromeo, o la fundada en Marsella, en el s. XIX, por Eugenio Mazenod, o la fundada en España, en el s. XIX, para librar a las jóvenes del peligro de la prostitución. 3 *f.* REL Parte de la misa desde el credo hasta la consagración.

oblea 1 *f.* Hoja muy delgada y circular de masa de harina y agua, cocida en molde. 2 Lámina circular y delgada de material semiconductor sobre el que se montan los circuitos integrados microelectrónicos.

oblicuángulo *adj.* GEOM Dicho de una figura o de un poliedro, que no tiene recto ninguno de sus ángulos.

oblicuidad *f.* Cualidad de oblicuo.

oblicuo, cua 1 *adj.* Sesgado, desviado de la horizontal, con inclinación. 2 ANAT Dicho de un músculo, que hace parte de las tres parejas de ellos, situados en el abdomen, la nuca y el ojo. 3 GEOM Dicho de un plano o de una línea, que forma con otro u otra un ángulo que no es recto. 4 GEOM **ángulo** ~; **plano** ~.

obligación 1 *f.* Acción y efecto de obligar. 2 Vínculo o necesidad de obrar de una manera determinada, por la naturaleza misma de las cosas, por ley o por compromiso personal. 3 Correspondencia a un beneficio recibido. 4 Prestación derivada de una deuda, y documento en que se reconoce. 5 *f. pl.* Deberes familiares.

obligar 1 *tr.* Compeler a otro por fuerza o autoridad a obrar de un modo determinado o a realizar algo. 2 *prnl.* Comprometerse a algo.

obligatorio, ria 1 *adj.* Que crea una obligación que ha de cumplirse. 2 Exigido por las convenciones sociales.

obliterar 1 *tr.* Anular, tachar, borrar. 2 *tr.* y *prnl.* MED Obstruir o cerrar un conducto o cavidad anatómica.

oblongo, ga *adj.* Más largo que ancho, alargado.

obnubilación 1 *f.* Oscurecimiento mental, ofuscación. 2 Visión confusa, como a través de una nube.

oboe *m.* MÚS Instrumento de viento, de 50 a 60 cm de largo, con seis agujeros y desde dos hasta trece llaves. Es de tesitura aguda y está formado por una sección cónica y por una embocadura de doble lengüeta.

óbolo *m.* Donativo modesto, limosna.

obra 1 *f.* Cosa hecha o producida por alguien. 2 Cualquier producción del entendimiento en letras, ciencias o artes, en especial la importante. 3 Libro, conjunto de libros y escritos de un autor. 4 Labor de un artesano. 5 Medio, virtud o poder: *Por obra del Espíritu Santo.* 6 Edificio en construcción. 7 Trabajo de remodelación o innovación que se hace en un edificio. 8 *f. pl.* Acción moral que se encamina al provecho del alma, o la que le hace daño. || ~ **pública** La que es de interés general y se destina a uso público, como un camino, un puerto, una presa, etc.

obraje 1 *m.* HIST Prestación de trabajo que se exigía a los judíos de América. 2 *m. pl.* HIST Talleres establecidos en América para satisfacer las necesidades de ropa y telas de los habitantes de las colonias y de la metrópoli.

obrar 1 *tr.* Hacer algo, llevar a cabo una acción de cualquier tipo. 2 Ejecutar o practicar algo no material. 3 *intr.* Hacer efecto algo.

obrerismo 1 *m.* ECON Régimen basado en el predominio del trabajo obrero como elemento de producción y creador de riqueza. 2 ECON y POLÍT Movimiento económico en pro del mejoramiento y la dignificación de la condición social de los obreros y la elevación de su nivel de vida.

obrero, ra 1 *adj.* y *s.* Que trabaja. 2 *adj.* Perteneciente o relativo al trabajador. 3 *m.* y *f.* ECON Trabajador manual retribuido que se emplea por cuenta ajena. 4 Persona que ejecuta obras bajo la dirección de un arquitecto. 5 *f.* ZOOL En los insectos sociales, individuo de una casta de estériles que hace todo el trabajo de la colonia.

obsceno, na *adj.* Impúdico, ofensivo al pudor.

obscurecer *tr.* OSCURECER.

obscuro, ra *adj.* y *m.* OSCURO.

obsecración *f.* Ruego, instancia.

obsecuente *adj.* Dócil, sumiso.

obsequiar *tr.* Agasajar a alguien.

obsequio 1 *m.* Acción de obsequiar. 2 Regalo que se hace.

obsequioso, sa 1 *adj.* Que hace regalos. 2 Que es amable y cortés en su trato con los demás.

observación 1 *f.* Acción y efecto de observar. 2 Advertencia. 3 Nota que aclara o precisa determinadas afirmaciones hechas en un texto escrito.

observador, ra 1 *adj.* y *s.* Que observa. 2 *m.* y *f.* Persona que asiste, sin ser miembro de pleno derecho, a conferencias, congresos, etc. 3 Periodista experto que informa sobre una zona en conflicto.

observancia 1 *f.* Cumplimiento exacto y puntual de las órdenes u obligaciones. 2 Respeto y sumisión a un superior.

observar 1 *tr.* Examinar con atención, analizar. 2 Advertir, reparar. 3 Mirar con atención y recato. 4 Guardar y cumplir exactamente lo que se manda y ordena.

observatorio 1 *m.* Lugar o posición que sirve para hacer observaciones. 2 Edificio, con instrumentos apropiados, destinado a hacer observaciones, especialmente astronómicas y meteorológicas.

obsesión *f.* Idea fija o deseo que embarga el ánimo.

obsesionar *tr.* y *prnl.* Producir obsesión.

obsidiana *f.* GEO Mineral que se forma con el enfriamiento rápido de la lava; es negro y vítreo.

obsoleto, ta *adj.* Anticuado, fuera de uso.

obstaculizar *tr.* Poner obstáculos o impedimentos al logro de alguna cosa o al curso de algún proceso.

obstáculo 1 *m.* Estorbo, impedimento. 2 DEP Cada una de las dificultades que presenta una pista.

obstar 1 *intr.* Impedir, estorbar. 2 Oponerse o ser contraria una cosa a otra. • U. solo en infinit., en ger., en part., en 3.ª pers. y en expr. negativas en ambas acepciones.

obstetricia *f.* MED Rama de la ginecología que trata de la gestación, el parto y el puerperio.

obstinación *f.* Pertinacia, porfía, terquedad.

obstinarse *prnl.* Mantenerse terco en una idea o actitud, pese a razones, amonestaciones y ruegos.

obstrucción 1 *f.* Acción y efecto de obstruir u obstruirse. 2 MED Obliteración de un vaso o conducto del organismo.

obstruir 1 *tr.* Estorbar el paso, cerrar un conducto o camino. 2 Impedir la realización de algo, o frenar la acción de algún agente físico o moral. 3 DEP Estorbar el paso o la jugada del contrincante. 4 *prnl.* Taparse un conducto, una grieta, un canal, etc. • Vb. irreg. conjug. c. **construir**. V. anexo El verbo.

obtener 1 *tr.* Conseguir algo que se solicita o pretende. 2 Producir una sustancia o producto de cierta manera o actuando sobre otras sustancias. • Vb. irreg. conjug. c. **tener**. V. anexo El verbo.

obturador, ra 1 *adj.* Que sirve para obturar. 2 *m.* FOT Aparato que cierra el objetivo y que se abre a voluntad para dar paso a la luz.

obturar *tr.* Tapar o cerrar algún agujero o conducto taponándolo.

obtuso, sa 1 *adj.* Romo, sin punta. 2 Sin agudeza mental, de cortos alcances, torpe. 3 GEOM **ángulo** ~.

obús 1 *m.* Pieza de artillería mayor que el mortero y menor que el cañón. 2 Cada uno de los proyectiles que dispara.

obviar 1 *tr.* Evitar, quitar de en medio obstáculos o inconvenientes. 2 *intr.* Obstar, oponerse.

obvio, via *adj.* Claro, evidente.

oca *f.* Ave palmípeda parecida al ganso, pero más corpulenta y generalmente con el plumaje blanco.

ocapi *m.* OKAPI.

ocarina *f.* MÚS Instrumento musical de la familia de las flautas, de forma ovoide, más o menos alargada y con ocho agujeros.

ocasión 1 *f.* Oportunidad de tiempo o lugar favorable para la realización de alguna cosa. 2 Causa o motivo de algo.

ocasional 1 *adj.* Que ocasiona. 2 Que sobreviene por una ocasión o accidentalmente.

ocasionar *tr.* Ser causa o motivo de algo, producirlo, provocarlo.

ocaso 1 *m.* Puesta del sol o de cualquier astro. 2 OCCIDENTE, punto cardinal. 3 Decadencia, declinación.

occidental 1 *adj.* Perteneciente o relativo al Occidente. 2 GEO **hemisferio** ~.

occidentalizar *tr.* y *prnl.* Dotar de características inherentes a la forma de vida o cultura occidentales.

occidente 1 *m.* OESTE, punto cardinal. 2 Conjunto de países de varios continentes que se caracterizan por tener lenguas y culturas originarias de Europa. • Se escribe con may. inic. en la acepción 2.

occipital *adj.* y *s.* ANAT Dicho de un hueso impar y medio, que forma la parte inferior y posterior del cráneo, y que tiene un par de cóndilos para la articulación de la cabeza con el atlas.

occipucio *m.* ANAT Parte de la cabeza por donde esta se une con las vértebras del cuello.

occisión *f.* Muerte violenta.

occitano, na 1 *adj.* y *s.* Natural de Occitania o relacionado con esta región histórica de la zona meridional de Francia. 2 *m.* LING **LENGUA** de oc.

occiso, sa *adj.* y *s.* Muerto violentamente.

oceánico, ca 1 *adj.* Perteneciente o relativo al océano. 2 GEO **corteza** ~; **dorsal** ~; **fosa** abisal u ~.

oceánidas *f. pl.* MIT En la mitología griega, ninfas del mar, hijas del dios Océano y de Tetis.

océano 1 *m.* GEO Extensión de agua salada que cubre aprox. el 71 % de la superficie de la Tierra y circunda todos los continentes; contiene aprox. el 97 % del agua del planeta. 2 GEO Cada una de sus grandes subdivisiones: Atlántico, Pacífico, Índico y océano Glacial Antártico, que conecta los extremos australes de los anteriores.

oceanografía *f.* GEO Ciencia que estudia los océanos y mares, su fauna y su flora.

ocelo *m.* ZOOL Cada uno de los ojos simples que forman el ojo compuesto de los artrópodos; está formado por un grupo de células fotosensibles, mediante el cual el animal percibe la luz, pero no la imagen de los objetos.

ocelote *m.* Félido de aproximadamente 1 m de longitud, cuerpo esbelto, cola larga y pelaje amarillento con manchas oscuras. Vive en América Central y del Sur, y es domesticable.

ochavo, va 1 *m.* Antigua moneda española de cobre del s. XVII. 2 Cosa insignificante, de poco o ningún valor.

ochenta 1 *adj.* y *pron.* Ocho veces diez. 2 *m.* Signos con que se representa dicho número.

ocho 1 *adj.* y *pron.* Siete más uno. 2 *m.* Signos con que se representa dicho número.

ochocientos, tas 1 *adj.* y *pron.* Ocho veces cien. 2 *m.* Signos con que se representa dicho número.

ocio 1 *m.* Falta de trabajo o actividad, inacción. 2 Tiempo en que una persona no realiza su trabajo habitual; se llama también tiempo libre.

ocioso, sa 1 *adj.* y *s.* Que está sin trabajo o sin hacer algo. 2 Que no tiene uso ni ejercicio de aquello a que está destinado.

ocluir *tr.* y *prnl.* MED Cerrar o taponar un conducto o una abertura del organismo, como el intestino o el párpado. • Vb. irreg. conjug. c. **huir**. V. anexo El verbo.

oclusión 1 *f.* MED Acción y efecto de ocluir u ocluirse. 2 FON Cierre completo del canal vocal de una articulación.

oclusivo, va 1 *adj.* Perteneciente o relativo a la oclusión. 2 *adj.* y *s.* FON Dicho de un sonido consonántico, que se articula interrumpiendo momentáneamente la salida del aire, como el de las letras *p*, *t* y *k*.

ocre 1 *adj.* y *m.* Dicho de un color, semejante al amarillo oscuro del ocre. 2 *m.* GEO Mineral terroso de coloración amarillenta, que es un óxido de hierro hidratado, a menudo mezclado con arcilla.

octaedro *m.* GEOM Poliedro formado por ocho caras que son triángulos, y equiláteros, si el poliedro es regular.

octágono, na *adj.* y *s.* GEOM Dicho de un polígono, que tiene ocho ángulos y ocho lados.

octal *adj.* MAT Dicho de un sistema numérico, que tiene como base el número ocho.

octano *m.* QUÍM Hidrocarburo saturado líquido existente en el petróleo.

octavilla *f.* Estrofa de ocho versos.

octavo, va 1 *adj.* Que sigue en orden al séptimo. 2 *adj.* y *s.* Dicho de cada una de las ocho partes en que se divide un todo. 3 *f.* Combinación métrica de ocho versos endecasílabos. 4 MÚS Intervalo entre una nota musical y la octava superior o inferior de la escala. 5 MÚS Nota musical respecto de otra, de la que está separada por este intervalo; el número de vibraciones de ambas está en la relación de dos a uno. 6 Conjunto de todas las notas comprendidas en la octava. || **~s de final** DEP Conjunto de ocho competiciones cuyos ganadores pasan a los cuartos de final de un campeonato o concurso que se gana por eliminación del contrario y no por puntos.

octete *m.* FÍS y QUÍM Capa exterior de electrones de un átomo cuando está compuesta y contiene ocho electrones.

octeto 1 *m.* MÚS Composición musical para ocho instrumentos u ocho voces. 2 MÚS Conjunto de estos ocho instrumentos o voces.

octingentésimo, ma *adj.* y *s.* Ordinal de ochocientos.

octogenario, ria *adj.* y *s.* Que ha cumplido ochenta años y no ha alcanzado aún los noventa.

octogésimo, ma *adj.* y *s.* Ordinal de ochenta.

octópodo, da *adj.* y *s.* ZOOL Dicho de un molusco, de los cefalópodos dibranquiales, con ocho tentáculos provistos de ventosas, como el pulpo.

octubre *m.* Décimo mes del año, que consta de 31 días.

ocular 1 *adj.* Perteneciente o relativo a los ojos o que se hace por medio de ellos. 2 ANAT **globo** ~; **órbita** ~; **músculos** ~es. 3 *m.* ÓPT Lente o sistema de lentes a que se aplica el ojo del observador en los aparatos ópticos. || ~ **celeste** ÓPT El que invierte la imagen de los objetos. ~ **negativo** ÓPT El que aumenta la imagen objetiva formada dentro de su sistema óptico. ~ **positivo** ÓPT El que aumenta la imagen objetiva formada delante de su sistema óptico.

oculista *m.* y *f.* MED Médico especialista en las enfermedades de los ojos.

ocultación 1 *f.* Acción y efecto de ocultar u ocultarse. 2 Acción de ocultar bienes para eludir impuestos.

ocultar 1 *tr.* y *prnl.* Esconder, encubrir. 2 *tr.* Callar adrede alguna cosa. 3 *prnl.* Ponerse el Sol o la Luna.

ocultismo 1 *m.* Conjunto de creencias sobre las fuerzas y los fenómenos que escapan a la razón humana y que solo perciben ciertas personas. Abarca el mundo del espiritismo, la astrología, la alquimia, la adivinación y la magia. 2 Dedicación a este tipo de prácticas.

oculto, ta 1 *adj.* Escondido, tapado. 2 Ignorado, secreto o misterioso. 3 **ciencias** ~s.

ocupación 1 *f.* Acción y efecto de ocupar. 2 Trabajo o quehacer en que se emplea el tiempo. 3 Oficio, cargo, profesión.

ocupar 1 *tr.* Tomar posesión, apoderarse de una cosa. 2 Llenar un lugar del espacio de modo que no pueda haber otra cosa en él. 3 Habitar una casa o la habitación de un hotel. 4 Dar trabajo a alguien. 5 Llenar un tiempo con la realización de alguna cosa. 6 *prnl.* Preocuparse por alguien prestándole atención. 7 Asumir la responsabilidad de un asunto, encargarse de él.

ocurrencia *f.* Salida ingeniosa, dicho agudo.

ocurrir 1 *intr.* Acontecer, suceder algo. 2 *prnl.* Venirse una idea a la mente.

oda *f.* LIT Poema lírico de tema variado y tono elevado, que suele dividirse en estrofas.

odalisca 1 *f.* Esclava al servicio de las mujeres del harén. 2 Cualquiera de dichas mujeres.

odiar *tr.* Sentir odio, aborrecer.

odio *m.* Antipatía y aversión hacia alguna cosa o persona cuyo mal se desea.

odonato *adj.* y *m.* ZOOL Dicho de un insecto, que se caracteriza por tener una gran cabeza con grandes ojos compuestos, boca adaptada para morder, abdomen largo y dos pares de alas membranosas alargadas, con las que realiza un vuelo veloz y ágil. Se alimenta de otros insectos a los que da caza en vuelo. Comprende los caballitos del diablo y las libélulas.

odontoceto *adj.* y *m.* ZOOL Dicho de un cetáceo, que se caracteriza por tener las mandíbulas provistas de dientes y orificios nasales fundidos en uno solo, como el delfín y el cachalote.

odontología *f.* MED Rama de la medicina que estudia los dientes y sus enfermedades.

odorífero, ra *adj.* Aromático, que tiene buen olor o fragancia.

odre *m.* Cuero preparado con piel de cabra cosida y empegada, para guardar líquidos.

oeste 1 *m.* Punto cardinal del horizonte, por donde se pone el Sol en los días equinocciales. Símbolo: O. 2 Lugar situado en dirección a este punto cardinal. • Es sinónimo de *occidente*.

ofender 1 *tr.* Hacer daño, injuriar de palabra o de obra. 2 Causar una impresión desagradable, fastidiar. 3 *prnl.* Sentirse agraviado.

ofensa 1 *f.* Acción y efecto de ofender. 2 Insulto, agravio. 3 Cosa que ofende o agravia.

ofensivo, va 1 *adj.* Que ofende o puede ofender. 2 *f.* Situación o estado del que trata de ofender o atacar. 3 Acción de atacar, especialmente en la guerra.

oferente *adj.* y *s.* Que ofrece.

oferta 1 *f.* Promesa de dar, cumplir o ejecutar algo. 2 Don que se presenta a alguien para que lo acepte. 3 Propuesta para contratar. 4 Producto que se vende a precio rebajado. 5 ECON Conjunto de bienes o mercancías que se presentan en el mercado con un precio dado y en un momento determinado. || ~ **y demanda** ECON Teoría según la cual los precios de mercado de los bienes y servicios se determinan por la intersección de los dos. Cuando la oferta supera la demanda, los productores deben reducir los precios para estimular las ventas; de forma análoga, cuando la demanda es superior a la oferta, los compradores presionan al alza el precio de los bienes.

ofertar 1 *tr.* Poner a la venta un producto en condiciones ventajosas para el comprador. 2 Pujar en una subasta.

ofertorio 1 *m.* En la misa católica, ofrecimiento del pan y del vino. 2 Antífona que pronuncia el sacerdote antes de dicho ofrecimiento.

off (Voz ingl.) || **en** ~ Dicho de una voz, que en el cine, teatro o televisión, se escucha de fondo, pero no es de ninguna de las personas presentes.

offset (Voz ingl.) *m.* Procedimiento de impresión en el que las planchas metálicas imprimen sobre un cilindro de caucho que traslada la impresión al papel; el procedimiento permite imprimir en varios colores.

oficial, la 1 *adj.* Que tiene autenticidad y emana de la autoridad del Estado: *Documento oficial.* 2 Dicho de una instalación o institución, que se sufraga con fondos públicos y está bajo dependencia gubernamental o estatal. 3 Dicho de un medio de difusión, que se atribuye cierta representación de órganos de gobierno, partidos políticos, sindicatos u otras entidades. 4 *m.* Título y función de un militar que ha recibido misión y responsabilidad de mando. 5 *m.* y *f.* En determinados oficios, persona que tiene el grado intermedio entre aprendiz y maestro.

oficialidad 1 *f.* Cualidad o condición de oficial. 2 Conjunto de oficiales del ejército.

oficialismo *m.* POLÍT Conjunto de fuerzas políticas que apoyan al Gobierno.

oficializar *tr.* Dar carácter o validez oficial a lo que antes no lo tenía.

oficiar 1 *tr.* Celebrar un oficio religioso, como la misa. 2 Comunicar una cosa oficialmente y por escrito.

oficina *f.* Lugar donde se trabaja, en el que se llevan a cabo labores de tipo administrativo.

oficinista *m.* y *f.* Persona que está empleada en una oficina.

oficio 1 *m.* Ocupación habitual. 2 Empleo, cargo. 3 Profesión de un arte mecánico o manual. 4 Habilidad o destreza en la práctica de cualquier profesión. 5 Comunicación oficial y escrita. 6 Comunicación escrita que media entre personas de varias corporaciones particulares sobre asuntos concernientes a ellas. 7 *m. pl.* REL Ritos o funciones religiosas, particularmente los de Semana Santa.

oficioso, sa 1 *adj.* Solícito en ejecutar lo que está a su cuidado. 2 Solícito por ser útil a alguien.

ofidio *adj.* y *m.* ZOOL Dicho de un reptil, que es escamoso y corresponde a las llamadas serpientes; tiene el cuerpo alargado, de perfil cilíndrico, sin extremidades, mandíbulas móviles que le permiten tragar presas grandes, lengua bífida, con la que recoge partículas olorosas, y dientes afilados y curvados hacia atrás; algunas especies tienen en su mandíbula superior otros provistos de un canal que da paso a un líquido venenoso.

ofimática *f.* Conjunto de material informático para oficinas.

ofiuroideo, a *adj.* y *m.* ZOOL Dicho de un animal marino, que es de la clase de los equinodermos, con brazos largos y flexibles, que pueden regenerarse; el tubo digestivo carece de ano y de intestino, y la boca posee dientes calcáreos y mandíbulas triangulares.

ofrecer 1 *tr.* Regalar, donar. 2 Celebrar una fiesta o banquete en honor de alguien. 3 Decir lo que se está dispuesto a pagar por algo. 4 Dar oportunidades o facilidades para algo. 5 REL Dedicar a Dios o a un santo una buena obra o un sufrimiento. 6 REL Consagrar el sacerdote la hostia y el cáliz. 7 *tr.* y *prnl.* Prometer, obligarse uno a dar, hacer o decir algo. • Vb. irreg. conjug. c. **agradecer**. V. anexo El verbo.

ofrenda 1 *f.* Dádiva o servicio en muestra de gratitud o amor. 2 REL Don o presente que se hace a Dios o a sus santos.

oftalmía (Tb. oftalmia) *f.* MED Afección inflamatoria de los ojos.

oftalmología *f.* MED Rama de la medicina que trata de las enfermedades de los ojos.

oftalmoscopio *m.* MED Instrumento que sirve para examinar el interior del ojo.

ofuscar 1 *tr.* y *prnl.* Engañar a alguien la apariencia de algo. 2 Trastornar o confundir las ideas.

oh *interj.* Denota asombro, sorpresa y alegría.

ohmímetro *m.* ELECTR Aparato que se usa para medir en **ohmios** la resistencia eléctrica de un circuito.

ohmio *m.* ELECTR Unidad de resistencia eléctrica del sistema internacional, equivalente al paso de un amperio cuando existe una diferencia de potencia de un voltio. Símbolo: Ω.

oída *f.* Acción y efecto de oír.

oídio *m.* BIOL Espora asexual resultante de la desintegración celular de una hifa.

oído 1 *m.* FISIOL Sentido que permite percibir los sonidos. 2 ANAT y FISIOL Órgano perceptor de la audición, y que también regula el equilibrio. En el ser humano, y en muchos animales, es par y se halla situado a uno y otro lado de la cabeza. 3 MÚS Aptitud para percibir y reproducir la altura de los sonidos musicales.

□ ANAT y FISIOL El órgano auditivo consta de oído interno, medio y externo. El **interno** se encuentra en el interior del hueso temporal y consta del vestíbulo, cavidad que comunica con el oído medio, los canales semicirculares y el caracol, que transmiten las vibraciones sonoras al nervio acústico. El oído **medio** es una cavidad con una membrana que comunica con el oído interno y otra, el tímpano, que comunica con el oído externo; entre ellas hay una serie de huesecillos (martillo, yunque y estribo) sensibles a las vibraciones. El oído **externo** tiene como función concentrar los sonidos, se encuentra en posición lateral al tímpano y consta de un conducto que finaliza en la oreja.

oidor, ra 1 *adj.* Que oye. 2 *m.* HIST Juez de las antiguas audiencias de España e Hispanoamérica, que en las colonias americanas podía fallar los pleitos con carácter inapelable y se encargaba de la inspección de cárceles, de proveer a las urgencias de la defensa del territorio, inspeccionar la marcha de la justicia inferior y cuidar del adecuado mantenimiento de las comunidades de indios.

oír 1 *tr.* Percibir los sonidos con el oído. 2 Enterarse de lo que se dice. 3 Atender ruegos o advertencias. • Vb. irreg. conjugación modelo. V. anexo El verbo.

ojal 1 *m.* Hendidura reforzada en la tela para abrochar un botón. 2 Agujero que atraviesa algunas cosas.

ojalá *interj.* Expresa deseo intenso.

ojeada *f.* Vistazo, mirada rápida.

ojear 1 *tr.* Dirigir los ojos y mirar con atención a determinada parte. 2 Echar un vistazo, inspeccionar.

ojera *f.* Mancha más o menos lívida alrededor de los ojos, especialmente en la base del párpado inferior.

ojeriza *f.* Antipatía o inquina contra alguien.

ojete 1 *m.* Abertura pequeña y redonda, reforzada en sus bordes para meter algún cordón. 2 Agujero redondo u oval con que se adornan algunos bordados.

ojiva 1 *f.* GEOM Figura resultante del cruce, en uno de sus extremos, de dos arcos enfrentados de una misma circunferencia. 2 ARQ Arco con esa figura. 3 Parte delantera de un proyectil, y especialmente de los misiles, que suele ser de material escindible y fusionable.

ojival 1 *adj.* Perteneciente o relativo a la ojiva. 2 ARQ Dicho de un estilo arquitectónico, el gótico, en el que la ojiva es elemento básico. 3 ARQ **columna** ~.

ojo 1 *m.* ANAT Órgano y aparato sensorial de la visión. 2 Parte visible de él en la cara. 3 Vista, mirada. 4 Agujero que atraviesa de una parte a otra ciertas cosas, como el de la aguja o el de la cerradura. 5 Atención que se pone en algo. 6 Perspicacia, acierto.

□ ANAT y FISIOL En el ser humano y los demás vertebrados, el ojo es un órgano más o menos esférico cuyas paredes constan de tres capas: **esclerótica** (con la **córnea** transparente en la parte anterior), **túnica** úvea (con el **coroides**, el **cuerpo** ciliar y el **iris**) y **retina** (con células sensibles a la luz, situadas sobre todo en la parte posterior). Detrás de la córnea se encuentran el **cristalino** y el cuerpo vítreo (que ocupa la mayor parte del ojo). La retina se comunica en su zona posterior con el nervio óptico, que transmite los estímulos visuales al cerebro. En el ser humano y los mamíferos el ojo tiene una serie de órganos vinculados que le sirven de protección (cejas, pestañas, párpados, aparato lagrimal).

okapi (Tb. ocapi) *m.* Mamífero artiodáctilo africano de hasta 1,5 m de altura, pelaje castaño con bandas blanquinegras en las extremidades.

okupa 1 *adj.* Dicho de un grupo beligerante, que defiende la ocupación de facto de los espacios baldíos para usarlos como vivienda. 2 Perteneciente o relativo al movimiento okupa. 3 *m.* y *f.* Persona integrante del movimiento okupa.

ola 1 *f.* Onda de gran amplitud en la superficie de las aguas. 2 GEO Fenómeno atmosférico que produce variación repentina en la temperatura.

ole (Tb. olé) *interj.* Expresa aplauso, ánimo, admiración.

oleáceo, a *adj.* y *f.* BOT Dicho de un árbol o de un arbusto, de las angiospermas dicotiledóneas, de hojas alternas, flores hermafroditas, algunas veces unisexuales, y fruto en drupa o baya, como el olivo y el jazmín.

oleada 1 *f.* Afluencia tumultuosa de personas o cosas. 2 Aparición repentina y frecuente de hechos: *Oleada de robos.*

oleaginoso, sa *adj.* Oleoso, aceitoso.

oleaje *m.* Sucesión continuada de olas.

óleo 1 *m.* Aceite de oliva. 2 REL Por antonomasia, el de la Iglesia católica en los sacramentos y otras ceremonias. 3 ART **pintura** al ~.

oleoducto *m.* Sistema de tuberías para el transporte del petróleo a grandes distancias.

oler 1 *tr.* Percibir los olores por el olfato. 2 Inquirir con curiosidad lo que hacen otros. 3 *tr.* y *prnl.* Sospechar, adivinar algo oculto. 4 *intr.* Producir o despedir algún olor. • Vb. irreg. conjugación modelo. V. anexo El verbo.

olfatear 1 *tr.* Oler algo de forma insistente. 2 Indagar, averiguar con curiosidad y empeño.

olfativo, va *adj.* Perteneciente o relativo al sentido del olfato.

olfato 1 *m.* ANAT Sentido con que se perciben los olores. En los invertebrados el órgano olfativo suele estar formado por elementos tegumentarios de las antenas, palpos, etc. En los vertebrados, el órgano sensorial periférico es la mucosa nasal o pituitaria. 2 Astucia y sagacidad para averiguar o entender lo encubierto y simulado.

□ ANAT y FISIOL En el ser humano y en muchos otros vertebrados, el sentido del olfato está constituido por células especiales situadas en la membrana pituitaria de la nariz, que tiene tres clases de células: *Receptoras, de sostén* y *basales.* Las primeras son las responsables de la percepción de los estímulos; las de sostén rodean a las anteriores casi por completo y contribuyen a su nutrición, y las basales están destinadas a proporcionar protección y envoltura a las neuritas de las receptoras, encargadas de la transmisión al cerebro del impulso a través del nervio olfatorio.

olfatorio, ria *adj.* Perteneciente o relativo al olfato.

oligarca *m.* Cada uno de los miembros que pertenecen a una oligarquía o a la oligarquía.

oligarquía 1 *f.* POLÍT Gobierno tiránico en que el poder lo ejercen unos pocos, pertenecientes a familias poderosas. 2 Grupo de personas que ejerce de hecho el poder en política o en economía, mediante camarillas o monopolios.

oligoceno, na *adj.* y *m.* GEO Dicho de una época, la tercera del Terciario, entre el Eoceno y el Mioceno, en la que tuvo lugar el plegamiento andino-himalayo. Se formaron extensos bosques y alcanzaron un gran desarrollo los grupos actuales de mamíferos. El clima fue predominantemente subtropical, pero se inició una tendencia al enfriamiento global, que a largo plazo culminaría en los periodos glaciales del pleistoceno. • Se escribe con may. inic.

oligoelemento *m.* BIOQ Elemento químico que, en cantidades mínimas, resulta indispensable para el desarrollo de plantas y animales.

oligofrenia *f.* MED Deficiencia mental.

oligopolio *m.* ECON Aprovechamiento de alguna industria o comercio por un reducido número de empresas.

oligopsonio *m.* ECON Situación comercial en que es muy reducido el número de compradores de determinado producto o servicio.

oligoqueto *adj.* y *m.* ZOOL Dicho de un animal, de los anélidos, de cuerpo cilíndrico y alargado, con cabeza sin ojos o palpos, provistos de unas cuantas quetas poco visibles y adaptados a la excavación, como la lombriz de tierra.

olimpiada (Tb. olimpíada) *f.* DEP e HIST Periodo de cuatro años comprendido entre dos celebraciones consecutivas de los Juegos Olímpicos. Fue costumbre entre los griegos contar el tiempo por olimpiadas a partir del solsticio de verano del año 776 a. C., en que se fijó la primera.

olímpico, ca 1 *adj.* Perteneciente o relativo a los juegos de las olimpiadas. 2 Perteneciente o relativo al Olimpo.

olimpo 1 *m.* Lugar donde moraban los dioses mitológicos griegos. • Se escribe con may. inic. 2 Sitio privilegiado destinado a un grupo reducido de personas selectas.

oliscar *tr.* Olfatear con cuidado y persistencia.

oliva *f.* ACEITUNA.

olivo *m.* Árbol de las oleáceas, de tronco nudoso, copa ramosa, hojas persistentes, lustrosas por el haz y blanquecinas por el envés, florecillas blancas en ramitos axilares, y fruto en pequeña drupa, que es la aceituna, y de cuyo hueso se extrae el aceite común o aceite de oliva.

olla 1 *f.* Vasija redonda y panzuda con una o dos asas, que sirve para guisar, calentar agua, etc. 2 Guiso de carne, legumbres y hortalizas. 3 GEO Concavidad u hondura profunda en la tierra, producida por un remolino de aguas marinas o de un río. || ~ **de presión** Olla con cierre hermético para que el vapor producido en el interior, regulado por una válvula, cueza los alimentos con gran rapidez.

ollar *m.* Cada uno de los dos orificios de la nariz de las caballerías.

olleta 1 *f.* CHOCOLATERA. 2 Guiso de maíz con ave.

olmeca *adj.* y *s.* HIST De un pueblo amerindio prehispánico establecido junto al golfo de México, en los actuales estados de Veracruz y Tabasco. Los vestigios de su cultura se remontan a 1500 a. C. Ejerció una gran influencia sobre los aztecas y otros pueblos, y en su momento de mayor expansión se extendió desde el valle de México hasta Guatemala. Su decadencia, bastante rápida, se inició hacia el año 200.

olmo *m.* Árbol muy alto de las ulmáceas, de tronco robusto y copa ancha, hojas lampiñas por la haz y vellosas por el envés, flores blancas y fruto con semilla oval y aplastada.

olor 1 *m.* Emanación que despiden los cuerpos y que es percibida por el sentido del olfato. 2 Sensación agradable o desagradable; buen o mal olor que tal emanación produce.

olvidadizo, za *adj.* Que con facilidad se olvida de las cosas.

olvidar 1 *tr.* y *prnl.* No conservar en la memoria algo o a alguien. 2 Dejar algo o a alguien, por descuido, en un lugar. 3 Dejar de tener afecto a una persona. 4 No tener en cuenta algo. 5 *intr.* y *prnl.* Desaparecer algo que se debía tener presente de la memoria de alguien: *Se me olvidó la cita.*

olvido *m.* Acción y efecto de olvidar.

omaso *m.* ZOOL Tercera cavidad de las cuatro de que consta el estómago de los rumiantes.

ombligo 1 *m.* ANAT Cicatriz circular que queda en el centro del abdomen luego de cortado y seco el cordón umbilical. 2 Centro de influencia en cualquier orden de cosas.

omega *f.* Última letra del alfabeto griego (Ω, ω), con valor de la *o* larga del latín.

omento *m.* ANAT MESENTERIO.

omeya *adj.* y *s.* HIST Dicho de una persona, que fue miembro de una dinastía que dirigió la expansión árabe desde el califato de Damasco, fundado por ella en el año 660. Muawiya I y sus sucesores completaron la conquista del N de África, del Asia central hasta las fronteras de China, del valle del Indo y de parte de lo que hoy es el Turquestán occidental; en 711 también se adueñaron de España. El último califa, Marwan II, fue eliminado en 750 por los abasíes, que erigieron el califato de Bagdad. Un príncipe omeya, Abd al-Rahman, se refugió en España, donde en el 773 declaró independiente el emirato de Córdoba (luego califato con Abd al-Rahman III, a comienzos del s. X).

ómicron *f.* Decimoquinta letra del alfabeto griego (Ο, ο), equivalente a la *o* del español.

ominoso, sa 1 *adj.* De mal agüero. 2 Abominable, execrable.

omisión 1 *f.* Acción y efecto de omitir. 2 Falta o delito que deriva de no haber hecho algo. 3 Olvido, descuido.

omitir 1 *tr.* No hacer algo. 2 *tr.* y *prnl.* No decir algo, silenciarlo.

ómnibus *m.* Vehículo de gran capacidad, que sirve para transportar personas.

omnímodo, da *adj.* Que lo abarca todo; absoluto y total: *Poder omnímodo.*

omnipotente *adj.* Que todo lo puede; es atributo específico de Dios en las religiones monoteístas.

omnipresente *adj.* Que está presente en todas partes.

omnisciente 1 *adj.* Que todo lo sabe. 2 Dicho de una persona, que tiene amplios conocimientos de muchas materias.

omnívoro, ra *adj.* y *s.* ZOOL Dicho de un animal, que se alimenta de todo tipo de sustancias orgánicas.

omóplato (Tb. omoplato) *m.* ANAT Cada uno de los dos huesos anchos, casi planos, y de figura triangular, situados en la parte posteroanterior del tórax, y que se articulan con los húmeros y las clavículas.

onagro *m.* Asno salvaje de Asia central, de 1 m de alzada y pelaje fino, brillante, de color plateado.

onanismo 1 *m.* Masturbación solitaria. 2 Coito interrumpido antes de la eyaculación.

ona *adj.* y *s.* HIST De un pueblo amerindio de América del Sur asentado en el extremo SE de Tierra del Fuego desde el 5000 a. C. Hoy prácticamente extinguido, fue un pueblo de cazadores-recolectores que desarrolló el nomadismo con la caza del guanaco como principal actividad.

once 1 *adj.* Diez más uno. 2 *adj.* y *s.* **UNDÉCIMO**. 3 *m.* Conjunto de signos o guarismos con que se representa. 4 *f. pl.* Refrigerio que se toma entre once y doce de la mañana, o a diferentes horas de la tarde, según los países.

onceavo, va *adj.* y *s.* Dicho de cada una de las once partes iguales en que se divide un todo.

onceno *m.* Parte que, junto a otras diez iguales, constituye un todo.

oncología *f.* MED Parte de la medicina que estudia los tumores.

onda 1 *f.* Elevación y depresión que, alternativamente, se forma en la superficie de un líquido, por efecto del viento u otra causa. 2 Cada curva que se forma en algunas cosas flexibles, como el pelo, una tela, etc. 3 FÍS Movimiento periódico que se propaga en el espacio, con transferencia de energía, pero no de materia. 4 FÍS **longitud** de ~. || ~ **corta** FÍS La que tiene una longitud de onda de entre 10 y 50 metros. ~ **de radio** FÍS y TELEC Radiación electromagnética que tiene las cualidades de atravesar objetos sólidos y ser reflejada por las capas superiores de la atmósfera, por lo que es aprovechada en la transmisión de señales de radio y televisión. ~ **electromagnética** FÍS Forma de propagarse, a través del espacio, los campos eléctricos y magnéticos producidos por cargas eléctricas en movimiento. ~ **estacionaria** FÍS La que tiene algunos de sus **nodos** o puntos de intersección inmóviles. ~ **herciana** FÍS **ONDA** electromagnética. ~ **larga** FÍS La que tiene una longitud de onda de entre los 600 y 2000 metros. ~ **luminosa** FÍS Aquella que propaga la luz emitida por un cuerpo luminoso. ~ **mecánica** FÍS La que transporta energía y necesita de un medio sólido, líquido o gaseoso para propagarse: *El sonido es un tipo de onda mecánica.* ~ **media** 1 FÍS La de longitud entre 200 y 600 m. 2 La de radio transmitida con una modulación de amplitud, en una banda de 530 a 1600 kHz. ~ **portadora** FÍS La electromagnética de alta frecuencia, que se puede radiar y propagar a distancia. Mediante su modulación puede transmitir señales de baja frecuencia, como las del sonido, video, etc. ~ **sonora** FÍS La que se origina en un cuerpo elástico y transmite el sonido.

□ FÍS Las ondas son modificaciones del medio físico que, a consecuencia de la acción de una perturbación inicial, se propagan en el seno de este en forma de oscilaciones periódicas. Dichas modificaciones pueden estar causadas por la vibración de la materia (sólida, líquida o gaseosa), en el caso de las *ondas materiales,* o por la modificación de las características de los campos (sin necesidad de ningún soporte material), como en las *ondas electromagnéticas.* Son del primer tipo las *ondas sonoras,* mientras que los rayos luminosos son un ejemplo de las del segundo tipo.

ondear 1 *intr.* Hacer ondas el agua por la acción del viento. 2 Mecerse alguna cosa en el aire formando ondas. 3 Formar ondas los dobleces de alguna cosa, como el pelo o una tela.

ondina *f.* MIT Ninfa de las aguas.

ondulación 1 *f.* Acción y efecto de ondular. 2 FÍS Movimiento que se propaga en el líquido o en un medio elástico sin traslación permanente de sus moléculas.

ondular 1 *tr.* Hacer ondas en alguna superficie o cosa, como el pelo. 2 *intr.* Moverse algo formando pequeñas curvas o eses.

ondulatorio, ria 1 *adj.* Que ondula. 2 FÍS **movimiento** ~.

oneroso, sa 1 *adj.* Pesado, molesto, caro. 2 Que conlleva prestaciones recíprocas, a diferencia de lo que se adquiere a título lucrativo.

ONG *f.* Organismo sin ánimo de lucro constituido para apoyar causas sociales o personas en situación de vulnerabilidad. • Sigla de *organización no gubernamental.*

ónice *m.* Variedad de ágata listada en bandas claras y oscuras, que se emplea para camafeos y otros adornos.

onírico, ca 1 *adj.* Perteneciente o relativo a los sueños. 2 Dicho de una cosa, que se parece a los sueños o da la sensación de ser un sueño.

oniromancia *f.* Adivinación del destino de alguien por sus sueños.

ónix *f.* **ÓNICE**.

onomástico, ca 1 *adj.* Perteneciente o relativo a los nombres, y especialmente a los propios. 2 *f.* Ciencia que trata de la catalogación y estudio de los nombres propios. 3 *m.* Día en que alguien celebra su santo.

onomatopeya *f.* Imitación de un sonido natural con la palabra que lo designa, como *crac, guau* y *tictac.*

ontología *f.* FIL Parte de la filosofía que estudia el ser en cuanto tal, sus modos o flexiones, sus principios, sus propiedades, sus divisiones (ser en potencia y ser en acto; sustancia y accidente) y sus causas.

onza[1] *f.* Peso equivalente a la decimosexta parte de una libra, o sea, unos 30 g.

onza[2] *f.* ZOOL **GUEPARDO**.

oocito *m.* BIOL Célula sexual femenina que aún no ha experimentado la meiosis.

oogénesis *f.* BIOL y FISIOL Proceso de formación del óvulo que se produce en las gónadas femeninas. En la especie humana comienza cuando las células germinales se multiplican y producen las **oogonias**, que luego de una fase de crecimiento entran en proceso de **meiosis**, y tras una serie de divisiones, concluye en la formación de células haploides, que al madurar se transformarán en el óvulo.

oogonia *f.* BIOL Célula germinal de la gónada femenina que origina los primeros **oocitos**.

oogonio *m.* BOT Órgano sexual femenino de algunas algas y de los hongos oógamos.

oosfera (Tb. oósfera) *f.* BOT Célula sexual femenina de las fanerógamas, que en el momento de la fecundación se une con el elemento masculino.

opa *f.* ECON Oferta pública en la que se ofrecen acciones de una empresa para su compra. • Acrónimo de *oferta pública de adquisición.*

opacar 1 *tr.* Superar a otra persona en alguna cualidad. 2 *tr.* y *prnl.* Hacer opaco algo. 3 Oscurecer, nublar.

opacidad 1 *f.* Cualidad de opaco. 2 FÍS Capacidad de absorción de un medio óptico, según la relación entre el rayo incidente y el saliente.

opaco, ca 1 *adj.* Que no permite el paso a la luz. 2 Oscuro, sombrío.

opalescente *adj.* Que parece de ópalo o irisado como él.

opalino, na 1 *adj.* Perteneciente o relativo al ópalo. 2 De color entre blanco y azulado con reflejos irisados.

ópalo *m.* GEO Óxido de silicio hidratado, de lustre resinoso, duro y quebradizo, con irisaciones que van del rojo al amarillo y al azul. Es uno de los pocos minerales que se presentan en estado amorfo en la naturaleza.

op-art (Voz ingl.) *m.* ART Movimiento artístico basado en los efectos ópticos y cromáticos, que buscaba producir la ilusión de vibración o relieve sobre la superficie plana del cuadro. Surgió en EE.UU. a finales de la década de 1950. Entre sus representantes se destacó V. Vasarely.

opción 1 *f.* Libertad o facultad de elegir. 2 La elección misma. 3 Derecho a un cargo o puesto.

OPEP *f.* ECON Organismo creado en 1960 en Irak y conformado por once países, que tiene como objetivo coordinar las políticas de producción del petróleo y estabilizar su mercado internacional. • Sigla de *Organización de Países Exportadores de Petróleo.*

ópera *f.* MÚS y TEAT Pieza dramática cantada y con acompañamiento de orquesta, en la que a veces hay también escenas de ballet.

operación 1 *f.* Acción y efecto de operar. 2 Proceso mercantil de compra o venta. 3 MAT Conjunto de reglas que permiten, partiendo de una o varias cantidades o expresiones, llamadas datos, obtener otras cantidades o expresiones llamadas resultados.

operador, ra 1 *adj.* y *s.* Que opera o que actúa. 2 *m.* y *f.* Persona que establece las comunicaciones no automáticas de una central telefónica. 3 Mecanismo que realiza determinadas acciones. 4 Especialista en el manejo de determinados aparatos o técnicas: *Operador de fotografía, de sonido.* 5 *m.* Empresa mayorista que tiene a su cargo la prestación de un servicio: *Operador turístico.* 6 MAT Símbolo matemático que denota un conjunto de operaciones que han de realizarse. || ~ **discursivo** LING Tipo de **conector** que precede una porción del discurso para aportar un comentario sobre lo que se dice e informar acerca de la actitud del emisor frente a un contenido: En *Desgraciadamente, el clima arruinó los sembrados,* el primer término de la oración es un operador discursivo.

operar 1 *tr.* y *prnl.* Realizar, llevar a cabo algo. 2 *tr.* MED Realizar una intervención quirúrgica. 3 *intr.* Producir las causas el efecto que les es propio. 4 Obrar, trabajar; realizar diversos menesteres u ocupaciones. 5 Llevar a cabo acciones bélicas. 6 *prnl.* MED Someterse a una intervención quirúrgica.

operario, ria *m.* y *f.* Obrero de una fábrica o de un taller.

operativo, va 1 *adj.* Que obra y hace su efecto. 2 Que funciona o es válido para algo. 3 INF **sistema** ~. 4 *m.* Acción militar o policial.

opérculo 1 *m.* BOT Pieza más o menos redonda que cierra las cápsulas de algunos frutos. 2 ZOOL Repliegue epidérmico que proporciona protección externa a las branquias de la mayoría de los peces; puede estar endurecido por placas óseas o cubierto de escamas.

opereta *f.* MÚS y TEAT Género teatral ligero de gusto popular en el que se intercalan canciones y bailes con fragmentos hablados.

opiáceo, a 1 *adj.* Perteneciente o relativo al opio. 2 FARM Dicho de un compuesto, que se obtiene del opio.

opilación *f.* MED Obstrucción de cualquier conducto orgánico.

opiliones *m. pl.* ZOOL Arácnidos de cuerpo globoso, con las patas muy largas y finas, y con el cefalotórax unido al abdomen en una sola masa.

opinar 1 *intr.* Formar o tener formada opinión de algún asunto. 2 Expresarla de palabra o por escrito.

opinión 1 *f.* Idea o juicio que se forma de personas o cosas. 2 Concepto en que se tiene a alguien o algo. || ~ **pública** Manera de pensar de la mayoría de los ciudadanos acerca de asuntos determinados.

opio *m.* FARM Sustancia narcótica que se obtiene al secarse el jugo de las cabezuelas de adormideras verdes en las que se han practicado incisiones; es de color pardo, sabor amargo y olor fuerte.

opíparo, ra *adj.* Dicho de una comida o banquete, que es copioso, espléndido.

oponente 1 *adj.* Que opone o se opone. 2 *adj.* y *s.* Dicho de una persona o de un grupo de personas, que se opone a otra u otras en cualquier materia.

oponer 1 *tr.* Proponer una razón o discurso contra lo que otro dice o siente. 2 *tr.* y *prnl.* Colocar una cosa frente a otra para impedir o estorbar su acción. 3 *prnl.* Ser una cosa contraria a otra, contradecirla. 4 Estar una cosa situada enfrente de otra. • Participio irreg. *opuesto.* Vb. irreg. conjug. c. **poner**. V. anexo El verbo.

oporto *m.* Vino de color oscuro y paladar suave, que se elabora en la región portuguesa de Oporto.

oportunidad 1 *f.* Cualidad de oportuno. 2 Sazón, coyuntura favorable.

oportunismo *m.* Forma de proceder aprovechando al máximo las circunstancias para obtener el mayor beneficio posible.

oportunista *adj.* y *s.* Persona que practica el oportunismo.

oportuno, na 1 *adj.* Que se hace o sucede en tiempo a propósito y cuando conviene. 2 Acertado y ocurrente en la conversación.

oposición 1 *f.* Acción y efecto de oponer u oponerse. 2 Disposición de una cosa frente a otra. 3 Enfrentamiento físico o moral entre personas. 4 POLÍT Sector político que en los regímenes democráticos critica las actuaciones del poder gobernante y propone otras alternativas. 5 ASTR Situación relativa de dos o más planetas u otros cuerpos celestes cuando tienen longitudes que difieren en dos ángulos rectos. 6 *f. pl.* Procedimiento selectivo en el que los aspirantes a un puesto de trabajo muestran su competencia mediante una serie de ejercicios, que juzgará un tribunal.

opresión 1 *f.* Acción y efecto de oprimir. 2 Molestia ocasionada por algo que oprime. 3 Dificultad para respirar.

oprimir 1 *tr.* Ejercer presión sobre alguna cosa, apretar, estrujar. 2 Molestar, agobiar. 3 Gobernar de forma arbitraria o tiránica.

oprobiar *tr.* Vilipendiar, infamar.

oprobio *m.* Afrenta, deshonra.

optar 1 *tr.* e *intr.* Escoger una cosa entre varias, elegir entre diversas alternativas. 2 *intr.* Aspirar a conseguir algo.

optativo, va *adj.* Que está pendiente de una opción o la admite.

óptico, ca 1 *adj.* Perteneciente o relativo a la visión o a la óptica. 2 **fibra** ~. 3 ANAT **nervio** ~. 4 INF **lápiz** ~; **reconocimiento** ~ de caracteres. 5 ÓPT **ángulo** ~. 6 QUÍM **actividad** ~. 7 *f.* Establecimiento donde se venden gafas y aparatos ópticos. 8 Modo de considerar un asunto u otra cosa. 9 FÍS y ÓPT Rama de la física que estudia los fenómenos luminosos y las leyes por que se rigen. 10 ÓPT Arte de construir espejos, lentes e instrumentos de óptica. || ~ **cuántica** FÍS y ÓPT La que se basa en la hipótesis de que la luz está constituida por cuantos discretos de energía (fotones), y permite dar cuenta de fenómenos como el efecto fotoeléctrico. ~ **geométrica** ÓPT La que estudia aquellos fenómenos (como la reflexión y la refracción) en los que es posible despreciar el carácter ondulatorio de la luz, y opera con los rayos luminosos considerados como líneas geométricas. ~ **ondulatoria** ÓPT La que considera la luz como un fenómeno ondulatorio y permite explicar los fenómenos de interferencia, difracción y polarización, entre otros.

optimismo 1 *m.* Actitud que tiende a ver el lado positivo de las cosas. 2 Fil Sistema filosófico que consiste en atribuir al universo la mayor perfección posible, como obra de un ser infinitamente perfecto.

optimizar *tr.* Buscar la mejor manera de realizar una actividad.

óptimo, ma *adj.* Que no puede ser mejor • Superlativo irreg. de *bueno*.

optometría *f.* Ópt Parte de la óptica que se ocupa de la graduación científica de la vista, con la finalidad de prescribir lentes cuando se ha detectado un defecto visual.

optómetro *m.* Ópt Instrumento para medir el límite de la visión, calcular la dirección de los rayos luminosos en el ojo y elegir cristales.

opuesto, ta 1 *adj.* Enemigo, contrario. 2 Fís Dicho de una magnitud vectorial, que con igual dirección a otra tiene sentido contrario. 3 Mat Dicho de un número con respecto de otro, que sumado con este da como resultado cero.

opugnar 1 *tr.* Oponerse con fuerza y violencia. 2 Contradecir, refutar.

opulencia *f.* Abundancia o riqueza desmedida.

opus *m.* Mús Indicación con que se designan numeradamente las obras de la producción musical de un compositor.

opúsculo *m.* Obra científica o literaria de poca extensión.

oquedad *f.* Espacio vacío en un cuerpo sólido.

oquedal *m.* Monte cubierto de árboles, sin matorrales ni maleza.

ora *conj. distr.* Aféresis de **AHORA**: *Ora esto, ora lo otro.*

oración 1 *f.* Discurso, alocución. 2 Rel Acto de poner la mente en Dios o las cosas sagradas, que puede ser meramente mental o ir acompañado de palabras. 3 Gram Conjunto de palabras con sentido completo, que no depende sintácticamente de otras unidades al interior de un texto, y que está formado por dos partes principales: el **sujeto** y el **predicado**, que deben mantener una relación de concordancia en persona y número. • V. tabla Sintaxis, p. 577.

oráculo 1 *m.* Respuesta de la divinidad a determinadas consultas o súplicas; en la antigüedad se daba a través de sacerdotes o pitonisas. 2 Lugar en que se daban tales respuestas. 3 Persona a quien todos escuchan con respeto por su sabiduría.

orador, ra *m.* y *f.* Persona que habla en público.

oral 1 *adj.* Perteneciente o relativo a la boca. 2 De palabra, por contraposición a lo escrito: *Tradición oral; Literatura oral.*

oralidad *f.* Conjunto de características propias de la expresión oral.

orangután, na *m.* y *f.* Primate de los póngidos, que puede alcanzar 2 m de altura, de cabeza alargada, frente estrecha, nariz chata y extremidades anteriores muy desarrolladas y fuertes. Vive en las selvas de Sumatra y Borneo.

orar 1 *tr.* Rezar. 2 *intr.* Elevar la mente a Dios. 3 Practicar la oratoria en público.

orate *m.* y *f.* Persona que ha perdido el juicio.

oratorio[1] 1 *m.* Lugar retirado para hacer oración a Dios. 2 Capilla privada. 3 Mús Composición dramática y musical para coro, solo y orquesta, con un texto escrito especialmente para dicha composición.

oratorio[2]**, ria** 1 *adj.* Perteneciente o relativo a la oratoria. 2 *f.* Arte de hablar en público con elocuencia.

orbe 1 *m.* Mundo, conjunto de las cosas existentes. 2 Esfera celeste o terrestre.

orbicular *adj.* Circular o redondo.

órbita 1 *f.* Ámbito, área de influencia. 2 Astr Trayectoria que, en el espacio, recorre un cuerpo sometido a la acción gravitatoria ejercida por los astros. 3 Fís Trayectoria que recorren las partículas sometidas a campos electromagnéticos en los aceleradores de partículas. 4 Fís Trayectoria que recorre un electrón alrededor del núcleo del átomo. || ~ **geoestacionaria** La de un satélite artificial cuyo periodo de rotación coincide con el de la Tierra. ~ **ocular** Anat Cada una las cuencas hundidas en el cráneo en las que se asientan los ojos.

orbital 1 *adj.* Perteneciente o relativo a la órbita. 2 *adj.* y *m.* Anat Dicho de un hueso, que forma la órbita del ojo. 3 *m.* Quím Región del espacio donde es muy alta la probabilidad de encontrar un electrón: *Los orbitales atómicos tienen distintas formas geométricas.*

orca *f.* Cetáceo que puede alcanzar 10 m de largo; gran nadador y depredador, se caracteriza por tener cabeza redondeada, boca poderosa y aleta dorsal muy desarrollada.

orco *m.* Mit Lugar, contrapuesto a la tierra, adonde iban a parar los muertos, según la creencia extendida en la Roma clásica.

ordalía *f.* Hist Especie de juicio de Dios empleado en los pueblos primitivos y en la Europa medieval, para probar la inocencia o culpabilidad de los acusados mediante pruebas difíciles.

orden 1 *m.* Colocación o distribución de personas y cosas en el lugar que les corresponde. 2 Serie o sucesión de elementos. 3 Organización y buen funcionamiento de una cosa. 4 Regularidad de la forma de vida. 5 Arq Disposición y proporción de los cuerpos arquitectónicos. 6 Biol Unidad de clasificación biológica inferior a la clase y superior a la familia. Los miembros del mismo orden comparten características que indican un origen evolutivo común, por ejemplo el orden de los primates agrupa a lemures, monos, simios y humanos, que tienen como características comunes la presencia del pulgar oponible, ojos situados en la parte frontal de la cara, cerebro grande y un comportamiento social complejo. 7 Rel Sexto de los sacramentos de la Iglesia y cada uno de sus grados. 8 *f.* Mandato o disposición. 9 Relación de lo que se va a consumir en una cafetería o restaurante. 10 Cada uno de los institutos civiles o militares para premiar ciertos méritos: *Le fue otorgada la Orden de la Legión de Honor.* 11 Sociedad religiosa de la Iglesia cristiana, cuyos miembros viven bajo las reglas establecidas por su fundador o por sus reformadores, aceptando la disciplina que ello entraña. 12 Hist ~ de **caballería**. || ~ **compuesto** Arq El que en el capitel de sus columnas reúne las volutas del jónico con las dos filas de hojas de acanto del corintio, y guarda las proporciones de este para lo demás. ~ **corintio** Arq El que tiene el capitel adornado con hojas de acanto y caulículos, y la cornisa con modillones. ~ **dórico** Arq El que tiene el capitel sencillo y el friso adornado con metopas y triglifos. ~ **jónico** Arq El que tiene el capitel adornado con grandes volutas y dentículos en la cornisa. ~ **mayor** Rel Cada uno de los dos ministerios clericales, diaconado y presbiterado. ~ **mendicante** Rel Cada una de las que reúne a miembros que hacen voto de pobreza, por el que renuncian a todo tipo de propiedades o bienes, ya sean personales o comunes. Viven en pobreza, mantenidos solo por la caridad. Entre estas cabe señalar a los frailes menores o franciscanos (recibieron la aprobación papal en 1209), los frailes predicadores o dominicos (1216), los carmelitas (1245), y los agustinos (1256). ~ **menor** Rel Nombre que se daba a cada uno de los grados de ostiario, lector, exorcista y acólito que han sido suprimidos. ~ **público** Polít Situación y estado de legalidad normal en que las autoridades ejercen sus atribuciones propias y los ciudadanos las respetan y obedecen sin protesta. ~**es sagradas** REL Los diferentes grados de ministerios ordenados y reconocidos por las iglesias ortodoxa, católica y anglicana. El signo externo y visible del sacramento es la imposición de manos por parte de un obispo. La gracia sacramental interior, conferida por la ordenación, es el poder espiritual y la autoridad propia para las comunidades religiosas.

ordenación 1 *f.* Acción y efecto de ordenar u ordenarse. 2 Disposición adecuada de un determinado espacio, o de los elementos que en él se incluyen. 3 ART Parte de la composición de un cuadro, según la cual se arreglan y distribuyen las figuras del modo conveniente. 4 REL Ceremonia religiosa en que se confiere el sacramento del orden a un presbítero o a un obispo. || ~ **del suelo** Conjunto de normas legales que regulan la edificabilidad, la instalación de los servicios públicos y la calificación final del suelo urbanizable.

ordenado, da 1 *adj.* Que guarda orden y método en sus acciones. 2 *f.* GEOM Coordenada vertical en el sistema cartesiano. 3 GEOM **eje** de ~s.

ordenador, ra 1 *adj.* y *s.* Que ordena. 2 *m.* INF **COMPUTADOR.**

ordenamiento *m.* Acción y efecto de ordenar. || ~ **territorial** Política estatal que busca establecer una apropiada organización administrativa de una nación y la proyección espacial de las políticas sociales, económicas, ambientales y culturales de la sociedad.

ordenanza 1 *m.* Soldado a las órdenes de un oficial. 2 Empleado subalterno en algunas oficinas.

ordenar 1 *tr.* Poner en orden una cosa. 2 Mandar o imponer algo. 3 Disponer las cosas o medios para conseguir un fin. 4 Conferir el sacramento del orden. 5 *prnl.* Recibir alguno de los grados del sacramento católico del orden sacerdotal.

ordeñar *tr.* Extraer la leche de las vacas exprimiendo las ubres o mamas, manual o mecánicamente.

ordinal 1 *adj.* Perteneciente o relativo al orden. 2 *adj.* y *m.* GRAM Dicho de un **adjetivo** numeral, que expresa la idea de orden o sucesión: *Primero, quinto.*

ordinario, ria 1 *adj.* Común, regular, que suele acontecer. 2 Vulgar, basto, de poca estimación. 3 *m.* y *f.* DER **juez** ~.

ordovícico, ca *adj.* y *m.* GEO Dicho de un periodo, el segundo de la era paleozoica; comenzó hace unos 500 millones de años y finalizó hace unos 430 millones. El clima era cálido y húmedo en el N, pero más frío en los continentes meridionales. Los invertebrados marinos seguían siendo la forma de vida predominante y en tierra aparecieron plantas primitivas e invertebrados similares a miriápodos. • Se escribe con may. inic. c. s.

orear 1 *tr.* Dar el viento en una cosa, refrescándola. 2 *tr.* y *prnl.* Dar en una cosa el viento para que se seque o se le quite la humedad o el olor que ha contraído. 3 *prnl.* Salir uno a tomar el aire.

orégano *m.* Planta herbácea de las labiadas, de tallos erguidos y vellosos, hojitas ovaladas, florecillas purpúreas en espigas terminales y fruto globoso; su aroma es muy intenso, y se emplea como especia.

oreja 1 *f.* ANAT Parte externa del órgano del oído, constituida por el pabellón auricular. 2 Cualquier apéndice de un objeto, si hay uno en cada lado: *Silla de orejas.* 3 Cada una de las asas de una vasija o bandeja.

orejera *f.* Cada una de las dos piezas de la gorra o montera para proteger las orejas.

orejón *m.* HIST Entre los antiguos peruanos, persona noble que llevaba horadadas las orejas y que aspiraba a los primeros cargos del imperio.

orfanato *m.* Asilo para huérfanos.

orfandad 1 *f.* Condición de huérfano. 2 Situación de desamparo, de falta de ayuda.

orfebrería 1 *f.* Conjunto de técnicas para el trabajo artístico del oro, la plata y otros metales preciosos. 2 Conjunto de objetos resultantes de dicho trabajo.

orfeón *m.* MÚS Agrupación de personas que cantan en un coro, y que suelen hacerlo sin acompañamiento orquestal.

orfismo *m.* REL y FIL Doctrina atribuida a Orfeo y difundida en Grecia a partir del s. VI a. C. Consiste en la creencia de que la vida terrenal es la preparación para un más allá. Su tendencia al monoteísmo contribuyó al paso del paganismo al cristianismo.

organelo *m.* BIOL **ORGÁNULO.**

organicismo 1 *m.* ARQ Movimiento de la arquitectura contemporánea basado en el predominio de las estructuras. 2 BIOL Doctrina que defiende la incapacidad de un órgano para funcionar aisladamente y, por tanto, la necesidad de considerar cada organismo como una totalidad. 3 FIL Doctrina filosófica basada en la analogía entre el mundo físico y humano y los seres vivientes. 4 MED Doctrina médica que atribuye todas las enfermedades a lesión material de un órgano.

orgánico, ca 1 *adj.* Perteneciente o relativo a los órganos y al organismo. 2 Dicho especialmente de los seres vivientes. 3 Que tiene armonía y consonancia. 4 Que atañe a la constitución de corporaciones o entidades colectivas o a sus funciones o ejercicios. 5 **agricultura** biológica u ~. 6 BIOL **materia** ~. 7 GEO Dicho de un material o de una roca, que es formado por materia orgánica transformada químicamente gracias a la acción de bacterias anaerobias. Incluye los carbones minerales y los hidrocarburos naturales. 8 MED Dicho de un síntoma o de un trastorno, que indica una alteración patológica de los órganos que va acompañada de lesiones visibles y relativamente duraderas. Se opone a funcional. 9 QUÍM Dicho de una sustancia, que tiene como componente constante el carbono, en combinación con otros elementos, principalmente el hidrógeno, el oxígeno y el nitrógeno. 10 QUÍM **química** ~.

organigrama *m.* Representación gráfica de los elementos que constituyen una organización o de los puntos esenciales de un programa.

organillo *m.* MÚS Órgano portátil que funciona accionando, por medio de un manubrio, un cilindro con púas que inciden sobre las cuerdas.

organismo 1 *m.* BIOL Ser vivo formado por órganos con sus respectivas funciones y capacitado para formar réplicas de sí mismo. 2 Asociación de personas que ejercen unas funciones de interés general en cualquier escala. 3 Conjunto de oficinas, dependencias o empleos que forman un cuerpo o institución. || ~ **transgénico** Animal o vegetal cuya dotación genética ha sido modificada mediante la inyección de un gen adicional, que se integra a todas las células del organismo adulto resultante y en las de todos sus descendientes.

organista *m.* y *f.* MÚS Persona que ejerce o profesa el arte de tocar el órgano.

organización 1 *f.* Acción y efecto de organizar u organizarse. 2 Conjunto de los componentes de una asociación. 3 Asociación o partido político. 4 Orden, método. 5 BIOL Disposición interna de los seres vivos para su adecuado funcionamiento. || ~ **no gubernamental** Entidad no constituida como partido político, pero cuyo objetivo es influir en las decisiones políticas de los gobiernos. Las ONG impulsan programas de cooperación al desarrollo, de protección de los derechos humanos, de educación y bienestar, de protección del medioambiente, etc.

organizar 1 *tr.* Acabar con el desorden. 2 *tr.* y *prnl.* Preparar o disponer la realización de algo.

órgano 1 *m.* Cualquier instrumento, o parte de una asociación, con una función determinada dentro de un conjunto. 2 BIOL Parte de un organismo multicelular que constituye una unidad funcional y estructural y que está formada por uno o más tejidos que la diferencian del entorno orgánico inmediato. Con otras partes de su tipo conforma los aparatos y sistemas orgánicos. 3 MÚS Instrumento de viento formado por uno o varios teclados y registros para modificar el timbre de las voces, pedales y tubos metálicos, donde se produce el sonido mediante el aire impelido mecánicamente por un fuelle. || ~ **de control** POLÍT Unidad especializada del Estado o institución que tiene como función vigilar el correcto cumplimiento de las normas legales que regulan su funcionamiento: *En algunos países existen órganos de control interno para evitar actos de corrupción.*

organogénesis *f.* BIOL Proceso de formación y desarrollo de los órganos de un ser vivo.

organografía *f.* BIOL Ciencia que estudia la descripción de los órganos de los animales o de los vegetales.

orgánulo *m.* BIOL Unidad estructural y funcional de una célula que cumple una función determinada, como las mitocondrias o el núcleo.

orgasmo *m.* FISIOL Punto culminante de la excitación sexual.

orgía 1 *f.* Banquete en que se cometen toda clase de excesos. 2 Desenfreno de cualquier pasión: *Una orgía de crueldad.*

orgullo 1 *m.* Excesiva estima de uno mismo. 2 Soberbia, arrogancia.

orientación 1 *f.* Acción y efecto de orientar u orientarse. 2 Posición o dirección de algo respecto a un punto cardinal. 3 **sentido** de ~. 4 QUÍM Disposición de los radicales de un compuesto orgánico en relación unos con otros y con el compuesto del que proceden.

orientador, ra 1 *adj.* Que orienta. 2 *m.* y *f.* Consejero de orientación pedagógica o profesional.

oriental 1 *adj.* y *s.* De Oriente (Asia y regiones inmediatas). 2 *adj.* GEO **hemisferio** ~. 3 HIST y REL **iglesia** ~.

orientalizar *tr.* y *prnl.* Dotar de características inherentes a la forma de vida o cultura orientales.

orientar 1 *tr.* Colocar algo en determinada posición respecto a los puntos cardinales. 2 Determinar esta posición. 3 Señalar en un mapa o un plano, por medio de signo convencional, el punto septentrional, para dar a conocer la situación de los objetos que comprende. 4 Poner algo en determinada posición respecto a cualquier punto de referencia: *Oriente la silla contra la ventana.* 5 *tr.* y *prnl.* Informar o aconsejar a alguien sobre un asunto o negocio, para que pueda desenvolverse en él convenientemente. 6 Encauzar algo hacia un fin preciso.

oriente 1 *m.* Punto cardinal del horizonte por donde sale el sol en los equinoccios. 2 Lugar situado en dirección a este punto cardinal. • Es sinónimo de *este.* 3 Brillo especial de las perlas. 4 Conjunto de países asiáticos y las regiones cercanas a estos de Europa y África. • Se escribe con may. inic. en la acepción 4.

orificio 1 *m.* Boca, agujero. 2 Cada una de las aberturas que comunican los órganos internos con el exterior.

oriflama *f.* Pendón, bandera, etc., que se despliega al viento.

origami *m.* ART Técnica artística que crea figuras u objetos doblando trozos de papel en varias partes.

origen 1 *m.* Principio, nacimiento, raíz y causa de algo. 2 País de donde proviene algo, o tuvo principio una familia. 3 Ascendencia o familia. 4 Principio, motivo o causa moral de una cosa. 5 GEOM Punto de intersección de los ejes coordenados.

original 1 *adj.* Perteneciente o relativo al origen. 2 Singular, contrario a lo acostumbrado, general o común. 3 Dicho de una lengua, que en ella se ha escrito una obra o se ha filmado una película. 4 *adj.* y *s.* Que no procede de ninguna otra cosa, que no es copia, imitación o traducción. 5 *m.* Manuscrito que se da a la imprenta para su impresión. 6 Cualquier escrito que sirve de modelo para sacar de él una copia.

originar 1 *tr.* Ser origen o causa de algo. 2 *prnl.* Traer una cosa su principio u origen de otra.

originario, ria 1 *adj.* Que da origen a alguien o algo. 2 Que trae su origen de algún lugar, persona o cosa.

orilla 1 *f.* Término o extremo de una superficie. 2 Límite o fin de algo no material. 3 Faja de tierra inmediata al agua de un río, lago, mar, etc. 4 *f. pl.* Arrabales de una población.

orillar 1 *intr.* y *prnl.* Llegarse o arrimarse a las orillas. 2 *intr.* Guarnecer la orilla de una tela. 3 Dejar orillas a una tela.

orillo 1 *m.* Orilla del paño. 2 *f.* ORILLA, término o extremo.

orín[1] *m.* Herrumbre, óxido rojizo que se forma en la superficie del hierro a causa de la humedad.

orín[2] *m.* ORINA.

orina *f.* FISIOL Líquido amarillento oscuro secretado por los riñones, que pasa por la vejiga y es expulsado por la uretra.

orinal *m.* Recipiente para recoger la orina o los excrementos.

orinar 1 *intr.* y *prnl.* FISIOL Expulsar la orina mediante la micción. 2 *tr.* MED Expulsar por la uretra algún otro líquido: *Orinó sangre.*

oriundo, da *adj.* Que tiene su origen en algún lugar.

órix *m.* Mamífero artiodáctilo de unos 2 m de longitud y largos cuernos arqueados. Habita en África y Arabia.

orla 1 *f.* Orilla o remate de una tela o de un vestido, que es visible y ornamental. 2 Viñeta que se dibuja o imprime alrededor de una figura o de un texto.

orlar *tr.* Adornar con orlas.

orlón *m.* Fibra sintética resistente que se emplea en la fabricación de medias, velámenes y tiendas de campaña.

ornamentar *tr.* Engalanar, adornar.

ornamento 1 *m.* Adorno, atavío. 2 Elemento decorativo. 3 *m. pl.* Vestiduras sagradas de los sacerdotes y utensilios del culto.

ornar *tr.* y *prnl.* Adornar, engalanar.

ornato *m.* Adorno.

ornitología *f.* ZOOL Rama de la zoología que estudia las aves.

ornitorrinco *m.* Mamífero monotrema del tamaño de un conejo, con cabeza casi redonda, mandíbulas anchas y cubiertas de una lámina córnea, boca semejante a un pico de pato, pies palmeados y pelaje gris; la hembra pone huevos. Se alimenta de larvas, de insectos y de pececillos, y vive en aguas dulces de Australia y Tasmania.

oro 1 *m.* QUÍM Elemento metálico (noble), amarillo, el más dúctil y maleable de todos y uno de los más pesados. Puede laminarse hasta un espesor de 0,000013 cm, y de una cantidad de 29 g puede obtenerse un cable de 100 km. Buen conductor eléctrico y térmico. La mayor parte de su producción, en aleación con otros metales, se emplea en joyería. Símbolo: Au. Número atómico: 79. Peso atómico: 196,96. Punto de fusión: 1064 °C. Punto de ebullición: 2970 °C. 2 Joyas y otros adornos de este metal. 3 Color amarillo propio de dicho metal. 4 ECON **patrón** ~. 5 *m. pl.* Uno de los palos de la baraja española, representado por monedas de oro.

orogénesis *f.* GEO Conjunto de fenómenos tectónicos que se producen en los bordes de las placas tectónicas y que dan lugar a la formación de un orógeno, generalmente situado entre una placa continental y otra oceánica, o entre dos placas continentales.

orogenia *f.* GEO Parte de la geología que estudia la formación de las montañas.

orógeno *m.* GEO Estructura de relieve dinámica (cadena montañosa o cordillera en formación) situada entre una placa continental y otra oceánica, o entre dos placas continentales.

orografía 1 *f.* GEO Parte de la geografía física que trata de la descripción de las montañas. 2 GEO Conjunto de montes de una comarca, región, país, etc.

orondo, da *adj.* Ufano, vanidoso.

oropel 1 *m.* Lámina de latón que imita el oro. 2 Lo de mucha apariencia y escaso valor.

oropéndola *f.* Ave paseriforme de unos 25 cm desde la punta del pico hasta la extremidad de la cola, con plumaje amarillo y alas y cola negras; cuelga su nido de las ramas horizontales de los árboles.

orquesta 1 *f.* MÚS Agrupación musical en cuyo núcleo aparecen los instrumentos de cuerda con arco de la familia del violín, a los que se añaden las maderas, los metales y los instrumentos de percusión. 2 MÚS Agrupación musical especializada según sus instrumentos (orquesta de balalaicas) o su estilo (orquesta de jazz, orquesta barroca).

☐ MÚS La orquesta tradicional se compone de agrupaciones de familias de instrumentos. La sección de cuerdas se divide en cinco partes: primeros violines (20), segundos violines (18 a 20), violas (14), violonchelos (12) y contrabajos (8). La sección de maderas consta de flautas (3), oboes (3), clarinetes (3) y fagotes (3), con el tercer músico que a veces toca en un instrumento relacionado (pícolo, corno inglés, clarinete bajo, etc.). La sección de metales incluye trompas (4), trompetas (3), trombones (3) y tubas (1); pueden añadirse otros instrumentos, como el trombón bajo. La sección de percusión suele contar con un tambor lateral (o redoblante), un bombo, platillos y un triángulo. Además de estos cuatro grupos (cuerdas con arco, maderas, metales y percusión), las orquestas pueden contar también con un arpa y un piano. Este ordenamiento puede crecer o decrecer, pero en general se procura mantener las relaciones de proporción entre los distintos grupos.

orquestar 1 *tr.* MÚS Instrumentar para orquesta. 2 Organizar, dirigir una manifestación, un estado de opinión, etc.

orquidáceo, a *adj.* y *f.* BOT Dicho de una hierba, de las monocotiledóneas vivaces, de hojas radicales y en vaina, flores cigomorfas, cuyo eje floral sufre una torsión de 180 °, de modo que la parte superior ocupa la posición inferior o viceversa, fruto en cápsula sin albumen y raíz con dos tubérculos elipsoidales y simétricos.

orquídea *f.* Planta de las orquidáceas.

ortiga *f.* Planta herbácea de las urticáceas, de tallo erguido, hojas elípticas y serradas, y florecillas verdosas en espiga; las hojas segregan un líquido urente muy molesto al tacto.

orto *m.* Salida del Sol o de cualquier otro astro por el horizonte.

ortoclasa *f.* GEO Silicato de aluminio y potasio, componente esencial de las rocas graníticas.

ortocentro *m.* GEOM Punto de intersección de las tres alturas de un triángulo.

ortodoncia *f.* MED Rama de la odontología que corrige los defectos dentarios.

ortodoxia 1 *f.* Concordancia con el dogma de una religión. 2 Conformidad con la doctrina fundamental de un sistema. 3 REL Designa el conjunto de las iglesias cristianas orientales.

ortodoxo, xa 1 *adj.* y *s.* Conforme con el dogma o los principios básicos de una religión o cualquier sistema. 2 REL **iglesia** ~.

ortoedro *m.* GEOM Paralelepípedo de caras rectangulares.

ortogonal *adj.* GEOM En ángulo recto.

ortografía *f.* ORT Conjunto de reglas que regulan la escritura de una lengua, indicando cómo representar correctamente los sonidos y las palabras, y cómo emplear adecuadamente los signos de puntuación.

☐ LING La ortografía de una lengua está compuesta por una serie de reglas establecidas por su comunidad de hablantes para mantener la unidad de la lengua escrita. En algunos países, las academias de la lengua establecen y regulan el cumplimiento de las normas ortográficas.

ortográfico, ca 1 *adj.* Perteneciente o relativo a la ortografía. 2 ORT **acento** ~.

ortología *f.* Arte de pronunciar correctamente y, en sentido más general, de hablar con propiedad.

ortopedia *f.* MED Rama de la medicina que mediante prótesis corrige las anomalías anatómicas o funcionales del cuerpo humano.

ortóptero *adj.* y *m.* ZOOL Dicho de un insecto, que pertenece a los artrópodos, de los que se cuentan unas 20 000 especies, unas ápteras y otras con cuatro alas, y todas de metamorfosis incompleta, boca masticadora y patas aptas para saltar, como el saltamontes y el grillo.

oruga 1 *f.* ZOOL Larva de los lepidópteros, que en la metamorfosis sigue al huevo. De cuerpo cilíndrico y elástico con ojos simples, piezas masticadoras y ocho pares de patas. Mudan la piel con periodicidad, hasta llegar a la fase en la que tejen sus capullos y se convierten en pupas. 2 Rueda o llanta articulada con una banda sin fin de caucho armado o placas metálicas, que permite a ciertos vehículos avanzar fácilmente por terrenos blandos o accidentados.

orujo *m.* Hollejo de la uva o de la aceituna después de exprimidas.

orzar *intr.* Inclinar la proa hacia la parte de donde viene el viento.

orzuelo *m.* MED Forúnculo en el borde del párpado.

os *pron. pers.* Forma de la segunda persona del singular que, en dativo o acusativo, en España, designa a las personas a las que se dirige quien habla o escribe: *Os dio un regalo; La literatura os enseña a conocer el mundo.* • No lleva preposición y puede ser enclítico: *Amaos los unos a los otros.*

osadía 1 *f.* Audacia, atrevimiento. 2 Desfachatez, insolencia.

osamenta 1 *f.* Esqueleto de un ser humano o un animal. 2 Huesos sueltos de un esqueleto.

osar *tr.* e *intr.* Atreverse, emprender alguna cosa con audacia.

osario 1 *m.* Depósito de huesos desenterrados. 2 Lugar donde se hallan huesos.

óscar 1 *m.* Premio que la Academia de Artes y Ciencias Cinematográficas de Hollywood concede anualmente a los profesionales del cine. 2 Estatuilla que representa este premio. • Se escribe con may. inic. en la acepción 1.

oscilación 1 *f.* Acción y efecto de oscilar. 2 Cada uno de los vaivenes de un movimiento oscilatorio. || ~ **completa** FÍS Movimiento desde una posición extrema a otra, hasta volver a la primera. ~ **simple** Fís Movimiento de un lado a otro, pasando por un punto central de equilibrio.

oscilador *m.* Electr Aparato que convierte una corriente continua en alterna, con características definidas y constantes.

oscilar 1 *intr.* Efectuar movimientos de vaivén a la manera de un péndulo. 2 Variar levemente determinadas magnitudes o manifestaciones físicas. 3 Vacilar, titubear.

osculatriz *f.* Geom Circunferencia que tiene con otra curva un contacto de segundo orden en el punto considerado, o sea cuando son iguales sus dos primeras derivadas.

ósculo 1 *m.* Beso. 2 Zool Orificio principal de los poríferos o esponjas, a través del cual expulsan el agua que circula por el cuerpo.

oscurantismo *m.* Actitud cerrada y retrógrada, opuesta a la difusión de la cultura.

oscurecer (Tb. obscurecer) 1 *tr.* Privar de luz o claridad. 2 Hacer disminuir el esplendor, la estimación o el valor de algo. 3 Ofuscar la mente. 4 *intr. impers.* Ir anocheciendo. 5 *prnl.* Nublarse el cielo. • Vb. irreg. conjug. c. **agradecer**. V. anexo El verbo.

oscuridad 1 *f.* Cualidad de oscuro. 2 Sitio o situación oscuros.

oscuro, ra (Tb. obscuro) 1 *adj.* y *m.* Dicho de un color, que se acerca al negro, y del que se contrapone a otro más claro de su misma clase. 2 *adj.* Que carece de luz o claridad. 3 Confuso, falto de claridad, poco inteligible. 4 Astr **materia** ~. 5 Incierto, peligroso, que infunde temor.

óseo, a 1 *adj.* De hueso 2 De la naturaleza del hueso. 3 Anat y Fisiol **tejido** ~. || **sistema** ~ Anat y Fisiol Conjunto funcional del cuerpo de los vertebrados conformado por el esqueleto que, en el ser humano, agrupa más de 200 huesos que actúan de soporte de los tejidos blandos, como protección de los órganos vitales y permiten la locomoción al servirse de las articulaciones (que unen los huesos entre sí directamente o mediante cartílagos) e interactuar con el sistema muscular esquelético.

osezno, na *m.* y *f.* Cachorro del oso.

osificarse *prnl.* Convertirse en hueso o adquirir su consistencia una materia orgánica.

osmio *m.* Quím Elemento metálico, frágil, muy sensible a la acción de los ácidos y el más pesado de todos los cuerpos conocidos. Existe en la naturaleza en las minas de platino. Aleado con este, se usa para patrones de pesos y medidas. Símbolo: Os. Número atómico: 76. Peso atómico: 190,9. Punto de fusión: 3030 °C.

ósmosis *f.* Fís Paso recíproco de dos líquidos con concentraciones diferentes a través de una membrana semipermeable. Es un fenómeno que interviene en numerosos procesos biológicos.

osmótico, ca 1 *adj.* Perteneciente o relativo a la ósmosis. 2 Fís **presión** ~.

oso, sa 1 *m.* y *f.* Zool Mamífero de la familia de los **úrsidos**. 2 Zool Animales de distintas familias que poseen alguna cualidad que recuerda a los osos propiamente dichos. || ~ **de anteojos** Zool Úrsido suramericano de entre 50 y 80 kg, de cabeza no muy grande y hocico poco prominente, pelaje oscuro, manchado de blanco alrededor del cuello y los ojos. Se alimenta, fundamentalmente, de brotes de cañas y hojas. ~ **hormiguero** Zool Mamífero desdentado americano, que se alimenta de hormigas, recogiéndolas con su lengua larga, delgada y casi cilíndrica. Tiene más de 1 m de largo y su pelo, áspero, es de color agrisado y con listas negras. ~ **panda** PANDA. ~ **polar** Zool Úrsido de gran tamaño, con la cabeza aplastada, hocico puntiagudo y pelaje liso y blanco, que vive en las regiones más septentrionales. Se alimenta principalmente de focas.

osobuco *m.* Plato típico italiano hecho con la tibia de ternera o vaca y su carne cortada en rodajas.

ostensible 1 *adj.* Que puede mostrarse o manifestarse. 2 Claro, patente.

ostentar 1 *tr.* Mostrar o hacer patente alguna cosa. 2 Hacer gala de grandeza, boato, etc. 3 Tener un cargo, beneficio, etc., que confiere autoridad, poder o ventajas.

osteoblasto *m.* Biol Célula que forma el tejido óseo.

osteología 1 *f.* Anat Rama de la anatomía que estudia los huesos. 2 Med Patología de los huesos.

osteomielitis *f.* Med Proceso inflamatorio e infeccioso de la médula ósea.

osteoporosis *f.* Med Enfermedad ósea propia de la senilidad, caracterizada por la disminución de la densidad del tejido óseo.

ostíolo *m.* Bot Orificio delimitado por las células oclusivas del estoma.

ostra 1 *f.* Molusco lamelibranquio de concha de valvas desiguales y variables. 2 Concha de la madreperla.

ostracismo 1 *m.* Exclusión voluntaria o forzosa de la actividad política. 2 Hist Entre los antiguos atenienses, destierro político que duraba diez años.

ostrero, ra 1 *adj.* Perteneciente o relativo a las ostras. 2 *m.* Lugar donde se cultivan las perlas. 3 Ave de unos 40 cm de longitud, pico largo y rojo, y plumaje blanquinegro.

ostricultura *f.* Técnica e industria que tienen por finalidad el mejoramiento de la cría de ostras.

ostrogodo, da *adj.* y *s.* Hist Dicho de una persona, de un antiguo pueblo germánico establecido entre el Dniéster y el Don. Sometido por los hunos hacia 370, recobró su independencia a la muerte de Atila (453). Al mando de Teodorico penetró en Italia (489), que conquistó tras derrotar a Odoacro (493). Estableció un reino con capital en Ravena, ciudad que en 540 tuvo que rendirse ante las tropas de Justiniano.

otalgia *f.* Med Dolor de oídos.

otavaleño, ña *adj.* y *s.* De una comunidad indígena de la región de Otavalo, en Ecuador o relacionado con esta. Sus miembros se dedican a la industria textil y la artesanía, y al comercio de estos productos.

otear 1 *tr.* Mirar desde lo alto. 2 Escudriñar, registrar o mirar con cuidado.

otero *m.* Cerro aislado que domina una superficie llana.

ótico, ca *adj.* Med Perteneciente o relativo al oído.

otitis *f.* Med Proceso inflamatorio del oído en cualquiera de sus tres sectores.

otocisto *m.* Zool Órgano del oído en los invertebrados, consistente en una vesícula revestida de células sensoriales ciliadas, en conexión con las fibrillas del nervio acústico.

otolitos *m. pl.* Anat y Fisiol Concreciones de carbonato situadas sobre las células pilosas del vestíbulo del oído, que cumplen una función fundamental en el equilibrio; cuando la cabeza se inclina, los otolitos cambian de posición y las células pilosas responden al cambio de presión.

otología *f.* Med Rama de la otorrinolaringología que estudia las enfermedades del oído.

otomano, na 1 *adj.* y *s.* Natural de Turquía o relacionado con este país de Europa y Asia. 2 *f.* Diván o sofá para estar tendido o sentado.

otomí *adj.* y *s.* De un pueblo amerindio del centro de México que formó comunidades dedicadas a la agricultura en los estados de Hidalgo, México, Guanajuato y Querétaro.

otoño 1 *m.* GEO Una de las cuatro estaciones del año, que empieza en el equinoccio homónimo y termina en el solsticio de invierno. En el hemisferio boreal va del 23 de septiembre al 23 de diciembre, y en el austral del 21 de marzo al 21 de julio. 2 Periodo de la vida humana en que esta declina de la plenitud hacia la vejez.

otorgar 1 *tr.* Conceder algo que se pide o pregunta. 2 Establecer un contrato o escritura ante notario.

otorrinolaringología *f.* MED Rama de la medicina que estudia las afecciones de oído, nariz y garganta.

otoscopio *m.* MED Instrumento para reconocer el órgano del oído.

otro, tra 1 *adj.* y *s.* Dicho de una persona o cosa, que es distinta de la que se habla. 2 *adj.* Se usa a veces para explicar la gran semejanza entre dos personas o cosas distintas: *Es otro Cid.* 3 Con artículo y un nombre de tiempo indica un pasado cercano: *El otro día.*

otrora *adv. t.* En otro tiempo: *Hoy se han perdido los valores que otrora guiaron a la humanidad.*

output (Voz ingl.) 1 *m.* ECON Resultado de un proceso productivo, producto. 2 INF Salida de la información en un computador.

ovación *f.* Aplauso ruidoso.

oval *adj.* De figura de óvalo.

ovalar *tr.* Dar forma de óvalo.

óvalo *m.* GEOM Curva cerrada parecida a la elipse, convexa y simétrica respecto de uno o dos ejes.

ovárico, ca *adj.* Perteneciente o relativo al ovario.

ovario 1 *m.* ANAT Glándula sexual femenina par situada a cada lado del útero, encargada de la producción de los óvulos. Segrega hormonas (estrógenos y progesterona) que contribuyen al desarrollo de los caracteres secundarios del sexo femenino, a regular la menstruación y al crecimiento del útero durante el embarazo. 2 BOT Parte inferior del pistilo, que contiene los oocitos que tras la fecundación se convierten en el fruto. Se clasifica según su situación en la flor. || ~ **ínfero** BOT Cuando se halla debajo porque el receptáculo floral ha crecido formando copa cerrada alrededor. ~ **semiínfero** BOT Cuando ocurre lo mismo, pero el receptáculo forma copa abierta. ~ **súpero** BOT Cuando se halla encima de los demás verticilos.

oveja *f.* Mamífero artiodáctilo, hembra del carnero, que alcanza 1 m de longitud, de cuernos dirigidos hacia arriba, cuerpo robusto, recubierto de vellón, y cola corta. Se aprovechan su carne, leche y lana.

oviducto *m.* ZOOL Conducto por el que los óvulos descienden desde el ovario para ser fecundados o expelidos al exterior. En los mamíferos se llama trompas de Falopio.

ovillar 1 *intr.* Hacer ovillos. 2 *prnl.* Encogerse, hacerse un ovillo.

ovillo *m.* Pelota que se forma devanando hilo, lana, alambre, etc.

ovino, na 1 *adj.* Dicho de un ganado, que es formado por ovejas, moruecos y sus crías. 2 *m. pl.* ZOOL Grupo de mamíferos artiodáctilos, sin categoría sistemática, integrado por ovejas y cabras, tanto domésticas como salvajes.

ovíparo, ra *adj.* y *s.* ZOOL Dicho de un animal, que pone huevos en los que la segmentación no ha comenzado o no está todavía muy adelantada, como aves, peces, insectos y mamíferos monotremas.

oviscapto *m.* ZOOL Órgano perforador que llevan en el extremo del abdomen las hembras de muchos insectos, con el que abren lugar en la tierra o en tejidos vegetales y animales para depositar los huevos.

ovni *m.* Nave espacial de origen desconocido. • Acrónimo de *objeto volador no identificado.*

ovocito *m.* BIOL OOCITO.

ovogénesis *f.* BIOL OOGÉNESIS.

ovogonia *f.* BIOL OOGONIA.

ovoide *adj.* De figura de huevo.

ovovivíparo, ra *adj.* y *s.* ZOOL Dicho de un animal, que es de generación ovípara y cuyos huevos se mantienen en las vías genitales, no saliendo de la madre hasta que está muy adelantado su desarrollo embrionario, como en algunos anélidos, insectos y moluscos, y entre ciertos peces y reptiles.

ovulación *f.* FISIOL Proceso biológico consistente en el desprendimiento de un óvulo de la pared del ovario, por estar plenamente maduro.

ovular *intr.* FISIOL Efectuar la ovulación.

óvulo 1 *m.* ZOOL Cada una de las células sexuales femeninas que se forman en el ovario de los animales y que casi siempre necesitan unirse a gametos masculinos para dar origen a nuevos individuos. 2 BIOL Gameto femenino. 3 BOT Cada uno de los cuerpos esferoidales en el ovario de la flor, en que se produce la oosfera, rodeados por una doble membrana.

oxalato *m.* QUÍM Sal o éster del ácido oxálico.

oxálico *adj.* QUÍM Dicho de un ácido, que es soluble en el agua, bibásico, blanco y cristalino. Es venenoso y tiene aplicación en la obtención de colorantes. Fórmula: $C_2O_4H_2$.

oxicloruro *m.* QUÍM Cloruro de un radical oxigenado.

oxidación 1 *f.* Acción y efecto de oxidar u oxidarse. 2 Combinación del oxígeno con cualquier otra sustancia. 3 QUÍM Reacción química que implica la pérdida de electrones de los átomos y que se produce cuando hay liberación de grandes cantidades de energía. Los productos estables finales son los óxidos de los elementos presentes en la reacción. || ~ **biológica** BIOQ Serie de reacciones productoras de energía en las células vivas, que implican transferencia de átomos de hidrógeno o electrones de una molécula a otra.

oxidante *adj.* y *s.* QUÍM Dicho de una sustancia, que contiene oxígeno capaz de reaccionar químicamente oxidando otras.

oxidar *tr.* y *prnl.* QUÍM Experimentar transformaciones un cuerpo por la acción del oxígeno o de un oxidante.

oxidasa *f.* QUÍM Grupo de enzimas que provocan la oxidación.

óxido *m.* QUÍM Compuesto formado por el oxígeno con otro elemento, un metal o a veces un metaloide. || ~ **nítrico** QUÍM Gas incoloro de fórmula NO que, en contacto con el aire, produce vapores rojizos y oscuros de peróxido de nitrógeno. ~ **nitroso** QUÍM Gas hilarante (N_2O) empleado para producir una anestesia de corta duración.

oxidorreducción (Tb. oxidación-reducción) *f.* QUÍM Reacción química en la que la oxidación representa el proceso en el que hay una pérdida de electrones por una molécula, y la reducción en el que hay ganancia de electrones por otra molécula. La oxidación y la reducción ocurren simultáneamente y en cantidades equivalentes durante cualquier reacción que incluya estos procesos.

oxigenado, da 1 *adj.* Que contiene oxígeno. 2 **agua** ~.

oxigenar 1 *tr.* y *prnl.* QUÍM Combinar el oxígeno con un cuerpo, formando óxidos. 2 *prnl.* Respirar aire puro.

oxígeno 1 *m.* QUÍM Elemento químico gaseoso que en sus combinaciones actúa como bivalente. En estado gaseoso es inodoro, incoloro e insípido; en estado líquido tiene color azul pálido. Se presenta en estado libre en la naturaleza y forma el 20 % del aire. Está presente, en forma combinada, tanto en el agua como en numerosos minerales; constituye el 49,5 % en peso de la corteza terrestre. Se combina con la mayoría de los elementos químicos, dando óxidos (oxidación) y anhídridos. La oxidación que se realiza con generación de calor y luz se conoce con el nombre de combustión. Se emplea en la soldadura de metales, en medicina (para trastornos respiratorios) y en procesos de síntesis química. A la presión atmosférica tiene un punto de ebullición de −182,96 °C, un punto de fusión de −218,4 °C y una densidad de 1,429 g/l a 0 °C. Símbolo: O. Número atómico: 8. Peso atómico: 15,9994. 2 QUÍM Gas de este elemento en su forma molecular. Fórmula: O_2.

oxímoron *m.* Recurso retórico que consiste en combinar en una misma estructura sintáctica dos palabras de significado opuesto, como en el adjetivo *agridulce* o en la expresión *silencio atronador*. • pl.: *oxímoron*.

oxitocina *f.* BIOQ Hormona producida por el hipotálamo y almacenada y secretada por el lóbulo posterior de la hipófisis. Estimula las contracciones de la musculatura lisa.

oxítono, na *adj.* FON **AGUDO**.

oxiuro *m.* Gusano nematodo de pequeño tamaño, parásito intestinal de diversos animales, especialmente del ser humano.

oyente 1 *adj.* y *s.* Que oye. 2 *m.* y *f.* Alumno que asiste a clase sin estar matriculado.

ozonizar *tr.* QUÍM Tratar algo con ozono para esterilizarlo o transformarlo.

ozono 1 *m.* QUÍM Forma alotrópica del oxígeno que tiene tres átomos en cada molécula. Es un gas inestable que se encuentra en la región de la atmósfera conocida como capa de ozono u **ozonosfera**. Es químicamente más activo que el oxígeno ordinario y actúa mejor como oxidante; es tóxico (irrita las mucosas). Punto de ebullición: −111,9 °C. Punto de fusión: −192,5 °C. Densidad: 2,144 g/l. Fórmula: O_3. 2 ECOL **agujero** de la capa de ~.

ozonosfera (Tb. ozonósfera) *f.* GEO Capa atmosférica situada entre los 15 y los 35 km de altitud, que comprende parte de la estratosfera y la mesosfera, y que es donde se forma el ozono por la acción de los rayos ultravioleta, que al disociar algunas moléculas de oxígeno biatómico permiten que se formen las moléculas triatómicas del ozono. Esta reacción impide que una parte significativa de la radiación ultravioleta llegue a la superficie terrestre, y con ello hace posible la vida en el planeta.

p *f.* Decimosexta letra del alfabeto español. • Su nombre es *pe* y representa un sonido consonántico de articulación bilabial, oclusivo y sordo. Es muda cuando va en posición inicial en el grupo *-ps,* como en *psicología* y *psoriasis.* En la actualidad se considera correcta la omisión de la *p* en la escritura de este tipo de palabras, aunque el uso culto sigue prefiriendo la grafía *-ps.* pl: *pes.*

pabellón 1 *m.* Tienda de campaña en forma de cono, con un palo grueso en el centro. 2 Bandera nacional. 3 Colgadura que resguarda una cama, trono, altar, etc. 4 Pirámide truncada que en las piedras preciosas forman las facetas del tallado. 5 ARQ Edificio anexo a otro mayor, del que constituye una dependencia. 6 ARQ Cada uno de los edificios independientes de la ciudad universitaria, hospital, cuartel, etc. 7 MÚS Ensanche cónico del extremo de algunos instrumentos de viento. || **~ de la oreja** ANAT **OREJA**, parte externa del órgano del oído.

pabilo (Tb. pábilo) 1 *m.* Mecha de una vela. 2 Parte carbonizada de esta mecha.

pábulo *m.* Lo que fomenta o sustenta una acción.

paca[1] *f.* Mamífero roedor herbívoro, de pelo espeso y pardo, con manchas blancas. Propio de América del Sur.

paca[2] *f.* Fardo o lío, especialmente de lana o de algodón en rama.

pacato, ta 1 *adj.* y *s.* De condición pacífica. 2 Que se escandaliza por poco.

pacer 1 *intr.* y *tr.* Comer el ganado la hierba en el campo. 2 *tr.* Dar pasto a los ganados. • Vb. irreg. conjug. c. **agradecer**. V. anexo El verbo.

pachá 1 *m.* **BAJÁ**. 2 Persona que se da buena vida.

pachamama *f.* La Tierra, entendida como deidad progenitora.

pachanga *f.* Juerga, fiesta bulliciosa.

pachón, na *s.* y *adj.* Perro de caza, de pelaje corto amarillento, con manchas marrones.

pachorra *f.* Flema, indolencia, lentitud.

pachulí 1 *m.* Arbusto de las labiadas, procedente del SE asiático, del que se obtiene un perfume semejante al almizcle. 2 Perfume de esta planta.

paciencia 1 *f.* Capacidad de resistir sufrimientos o desgracias sin desesperarse. 2 Buena aptitud para trabajos difíciles o minuciosos. 3 Calma, tranquilidad en la espera de algo. 4 Lentitud o tardanza para hacer algo. 5 REL Virtud cristiana, opuesta a la ira.

paciente 1 *adj.* Que tiene paciencia. 2 GRAM **sujeto ~**. 3 *m.* y *f.* MED Persona enferma, en tratamiento médico.

pacificación *f.* Acción y efecto de pacificar.

pacificar 1 *tr.* Establecer la paz donde había guerra o discordia. 2 *intr.* Buscar la paz, negociarla. 3 *prnl.* Sosegarse, aquietarse lo alterado.

pacífico, ca 1 *adj.* Quieto, amigo de paz y tranquilidad. 2 Sin oposición o alteración. 3 Perteneciente o relativo al océano Pacífico o a los territorios que baña.

pacifismo *m.* POLÍT Movimiento encaminado a mantener la paz, en contra de la guerra. Se apoya, sobre todo, en la opinión pública favorable, en la exploración de soluciones jurídicas, en campañas contra el armamentismo y en pro de los derechos humanos, en el establecimiento de tribunales internacionales, etc.

pactar *tr.* Acordar o convenir algo, obligándose las dos partes a cumplirlo.

pactismo *m.* Tendencia al pacto, especialmente para resolver problemas de orden político y social.

pacto 1 *m.* Acuerdo aceptado entre personas o entidades, con el compromiso de cumplirlo. 2 Lo establecido en dicho acuerdo. 3 Trato supuestamente hecho con el diablo.

padecer 1 *tr.* Sentir física o moralmente un daño, dolor, pena, etc. 2 Sentir los agravios, las injurias, los pesares, etc., que se experimentan. 3 Tener un engaño, error, desencanto, etc. 4 Soportar, tolerar. • Vb. irreg. conjug. c. **agradecer**. V. anexo El verbo.

padrastro 1 *m.* Marido de una mujer, respecto de los hijos habidos por ella en otra unión anterior. 2 Pellejo que se levanta en la carne cercana a las uñas de las manos.

padre 1 *m.* Hombre o animal macho que ha engendrado, respecto de sus hijos. 2 Cabeza de una descendencia, familia o pueblo. 3 Tratamiento respetuoso dado a religiosos y sacerdotes. 4 REL Primera persona de la Santísima Trinidad. • Se escribe con may. inic. en la acepción 4. 5 *m. pl.* El padre y la madre. 6 Antepasados.

padrenuestro (Tb. padre nuestro) *m.* REL Oración cristiana que enseñó Jesús a sus discípulos.

padrinazgo *m.* Cualidad de padrino.

padrino 1 *m.* Persona que presenta o acompaña a otra que recibe un sacramento, grado, honor, etc., asumiendo respecto a ella una cierta responsabilidad. 2 Persona que protege o asiste a otra en una competición o desafío. 3 Jefe mafioso. 4 *m. pl.* El padrino y la madrina.

padrón 1 *m.* Lista nominal de los habitantes de un pueblo. 2 Semental equino o vacuno.

paella *f.* Plato de arroz seco, con carne, pescado, verduras, etc., típico de la región valenciana.

paez *adj.* y *s.* De un pueblo indígena colombiano, de la familia lingüística chibcha, cuyos miembros habitan en la vertiente E de la Cordillera Central. Están organizados en resguardos a cuya cabeza está un gobernador.

paflón *m.* ARQ Plano inferior de un cuerpo voladizo.

paga 1 *f.* Acción de pagar. 2 Cantidad de dinero que se recibe, de manera fija, por un trabajo realizado.

pagadero, ra 1 *adj.* Que se ha de pagar y satisfacer a cierto tiempo señalado. 2 Que puede pagarse fácilmente.

pagado, da *adj.* Ufano, satisfecho de algo.

paganismo *m.* Nombre dado por los cristianos al conjunto de creencias que están fuera del cristianismo, exceptuando las de judíos e islámicos, por su carácter monoteísta.

pagano, na 1 *adj.* y *s.* Perteneciente o relativo al paganismo. 2 *adj.* Que no pertenece a ninguna de las grandes religiones monoteístas.

pagar 1 *tr.* Dar a alguien lo que se le debe. 2 Sufragar, costear. 3 Corresponder al afecto, cariño o ayuda de otro. 4 Satisfacer un delito o falta, cumpliendo la pena correspondiente. 5 Dicho de los géneros que se introducen en un país, dar derechos.

pagaré *m.* Papel de obligación por una cantidad que ha de pagarse a tiempo determinado.

pagel (Tb. pajel) *m.* Pez teleósteo, de aprox. 20 cm de largo, cabeza y ojos grandes, rojizo por el lomo, plateado por el vientre, y con aletas y cola encarnadas. Su carne es blanca y comestible.

página 1 *f.* Cada una de las dos planas de la hoja de un libro o cuaderno. 2 Lo escrito o impreso en ella. 3 Episodio o suceso en el curso de una vida, o de la historia. || ~ **web** o **electrónica** INF Documento que contiene elementos de multimedia y vínculos con otros documentos, situado en una red informática y al que se accede mediante enlaces de hipertexto.

paginar *tr.* Numerar las páginas.

pago[1] 1 *adj.* Dicho de una cosa, que está pagada. 2 *m.* Entrega de un dinero o cosa que se debe. 3 Dinero o cosa que se ha de pagar. 4 Satisfacción, premio o recompensa. 5 DER **dación** en ~. 6 ECON **balanza** de ~s.

pago[2] 1 *m.* Lugar en el que ha nacido o está arraigada una persona. 2 Lugar, pueblo, región.

pagoda *f.* ARQ y REL Torre poligonal de la arquitectura budista, que hace parte del conjunto de un templo y que cumple la función de santuario, monumento conmemorativo o tumba. Suele tener varios pisos (hasta 13), cada uno marcado por una cubierta en voladizo.

pagúrido, da *adj.* y *m.* ZOOL Dicho de un crustáceo, decápodo con el abdomen casi siempre asimétrico, blando y curvado o replegado por debajo del tórax, como el cangrejo ermitaño.

paidología *f.* Ciencia que estudia la infancia y su desarrollo físico e intelectual.

paila 1 *f.* Vasija grande de metal, redonda y poco profunda. 2 Sartén, vasija.

pairar *intr.* Estar quieta una embarcación con las velas tendidas.

país 1 *m.* Territorio que constituye una unidad geográfica o política, con fronteras naturales o artificiales; puede ser región administrativa de rango inmediatamente inferior al Estado. 2 Conjunto de habitantes de dicho territorio. 3 Territorio independiente, con fronteras claramente delimitadas, unificado en torno a una sola autoridad política y legal, que lo diferencia de otros países; en este sentido corresponde a **Estado**. || ~ **desarrollado** El que ha logrado un alto nivel de desarrollo económico y tecnológico, y la mayoría de sus habitantes gozan de un aceptable nivel de calidad de vida. ~ **en desarrollo** El que no ha logrado dicho nivel y, aunque encamina sus políticas en ese sentido, presenta escaso desarrollo técnico y científico, mantiene formas productivas y de desarrollo social atrasadas, un alto grado de dependencia económica respecto a los países desarrollados y la mayoría de sus habitantes son pobres. ~ **transcontinental** Estado que ocupa tierras en dos o más continentes, como Chile, Estados Unidos, Rusia o Turquía.

paisaje 1 *m.* Terreno que se ve desde un lugar determinado, considerado en su aspecto artístico. 2 ART Pintura o dibujo que representa un exterior natural.

paisajismo 1 *m.* ARQ Arte y técnica de modelar el paisaje de los espacios habitados de acuerdo con un planteamiento racional y estético. Se emplean elementos topográficos, constructivos (edificios, terrazas, caminos, puentes, fuentes y estatuas) y de jardinería. 2 ART Pintura de paisajes.

paisano, na 1 *adj.* y *s.* Que ha nacido en el mismo pueblo que otro. 2 *m.* y *f.* Habitante del campo. 3 Civil, que no es militar.

paja 1 *f.* Caña de las gramíneas, seca y separada del grano. 2 Conjunto de estas cañas. 3 Brizna de hierba seca. 4 **PAJILLA**. 5 Cosa de poca consistencia o importancia, especialmente lo que se excluye por superfluo, en una conversación, libro, etc.

pajar *m.* Lugar donde se guarda la paja.

pájara 1 *f.* **PÁJARO**. 2 Cometa, juguete.

pajarear *intr.* Cazar pájaros.

pajarería *f.* Tienda donde se venden pájaros y otros animales domésticos, como gatos, perros, etc.

pajarita 1 *f.* Figura como de pájaro, obtenida doblando varias veces un papel cuadrado. 2 Tipo de corbata que se anuda por delante en forma de lazo sin caídas.

pájaro, ra *m.* y *f.* ZOOL Nombre dado a las aves de pequeño tamaño, especialmente a las del orden **paseriforme**. || ~ **bobo** Ave alciforme del Atlántico norte, de cuerpo rechoncho, patas palmeadas y plumaje contrastado, blanco y negro. Se alimenta de crustáceos, moluscos y peces. ~ **carpintero** ZOOL Ave de pico largo y potente, y patas con uñas fuertes que le permiten trepar; anida en agujeros que hace en los árboles. Se alimenta de insectos que caza entre las cortezas de los árboles, picándolas con fuerza y celeridad. ~ **mosca** ZOOL **COLIBRÍ**.

pajarraco *m.* Pájaro grande y de aspecto desagradable.

paje *m.* Joven que acompañaba y servía a un caballero.

pajel *m.* **PAGEL**.

pajilla *f.* Caña fina natural, o tubo artificial, que sirve para sorber líquidos.

pajón *m.* Cualquier gramínea silvestre de caña alta.

pajonal *m.* Terreno cubierto de pajón.

pala 1 *f.* Utensilio compuesto de una plancha de metal, de forma más o menos rectangular, y un mango más o menos largo; se usa sobre todo para remover tierra o para trasladar algo de un montón a otro. 2 Utensilio similar, pero de menor tamaño, que tiene diversos usos. 3 Parte ancha de diversos objetos, como la azada, remo, hélice, diente, etc. 4 **PALADA**. 5 Parte superior del calzado, que cubre el empeine. || ~ **mecánica** Máquina excavadora autopropulsada, de gran potencia, acondicionada para realizar trabajos de movimiento de tierras.

palabra 1 *f.* LING Unidad autónoma del discurso conformada por uno o varios fonemas, que contiene significado pleno y está provista de función gramatical; queda reflejada gráficamente en la escritura al representarse aislada entre dos espacios en blanco, o entre un espacio en blanco y un signo de puntuación. 2 Facultad de hablar. 3 Promesa que una persona hace para cumplir algo. 4 Turno para hablar en una reunión o asamblea. || ~ **clave** INF Expresión abreviada de una **sentencia**.

palabrear 1 *intr.* Charlar, conversar. 2 Tratar de palabra o acordar un asunto sin formalización. 3 Hablar con el fin de convencer o de lograr un favor. 4 *prnl.* Comprometerse, adquirir un compromiso.

palabrería *f.* Abundancia de palabras inútiles.

palacete *m.* Palacio pequeño.

palaciego, ga 1 *adj.* Perteneciente o relativo a palacio. 2 *adj.* y *s.* Adaptado a las costumbres cortesanas.

palacio 1 *m.* Casa grande y suntuosa, destinada a residencia de grandes personajes o reyes. 2 Edificio de grandes dimensiones con funciones públicas. 3 Casa solariega de familia noble.

palada 1 *f.* Cantidad de material que se puede trasladar o recoger de una vez con la pala. 2 Golpe en el agua con la pala del remo, o revolución de la hélice.

paladar 1 *m.* Anat Parte superior e interior de la cavidad bucal que consta de dos segmentos: el paladar duro, en posición más anterior, cuya superficie es una mucosa cubierta con epitelio escamoso estratificado y es la base de la cavidad nasal; y el blando, que cuelga como una cortina entre la boca y la nasofaringe. 2 Anat **velo** del ~. 3 Gusto para percibir y apreciar el sabor de los alimentos.

paladear 1 *tr.* y *prnl.* Gustar lentamente una cosa, saborearla. 2 *tr.* Deleitarse, recrearse en algo que gusta o agrada. 3 *intr.* Hacer movimientos con la boca el recién nacido como queriendo mamar.

paladín 1 *m.* Caballero que se distinguía en la guerra por su valor. 2 Defensor denodado de alguien o algo.

paladio *m.* Quím Elemento metálico dúctil y maleable, e inalterable al aire. Absorbe gran cantidad de hidrógeno y es volátil a altas temperaturas. Se usa aleado con plata, platino y oro en la construcción de instrumentos astronómicos, en joyería y en odontología. Símbolo: Pd. Número atómico: 46. Peso atómico: 106,4. Punto de fusión: 1554 °C. Punto de ebullición: 2970 °C.

palafito *m.* Vivienda lacustre construida sobre estacas hincadas en el suelo.

palafrenero 1 *m.* Persona que tiene por oficio cuidar los caballos. 2 Criado que llevaba del freno el caballo de su amo.

palanca 1 *f.* Fís Barra rígida que se apoya y puede girar sobre un punto, que sirve para transmitir fuerza y, consecuentemente, remover o levantar pesos. Puede ser de tres grados, según la posición del apoyo o fulcro respecto al punto de aplicación, variando la fuerza que ejerce, *potencia*, y la que debe vencer, *resistencia*. 2 Manecilla para el accionamiento manual de ciertos aparatos. 3 Influencia empleada para lograr algún fin. || ~ **de primer grado** Fís Aquella en que el punto de apoyo se halla entre la potencia y la resistencia. ~ **de segundo grado** Fís Aquella en que la resistencia se halla entre el punto de apoyo y la potencia. ~ **de tercer grado** Fís Aquella en que la potencia se halla entre el punto de apoyo y la resistencia.

palangana *f.* JOFAINA.

palangre *m.* Cordel largo y grueso del cual penden unos ramales con anzuelos.

palanquear 1 *tr.* Mover algo con palanca. 2 Emplear alguien su influencia para que otro consiga un fin determinado.

palanquín *m.* Especie de andas usadas para llevar en ellas a las personas importantes.

palatal 1 *adj.* Perteneciente o relativo al paladar. 2 Fon Dicho de un sonido, consonántico, que se pronuncia acercando el dorso de la lengua al paladar duro, como el de la *ch* y la *ñ*.

palatinado 1 *m.* Hist Dignidad o título de los príncipes palatinos de Alemania. 2 Territorio de los príncipes palatinos.

palatino[1], na 1 *adj.* y *s.* De palacio o propio de los palacios. 2 Hist Se aplicaba especialmente a nombres de dignidades o cargos importantes en Alemania, Francia y Polonia. 3 Hist Dicho también de un noble, revestido con poderes judiciales y que tenía a su cargo varios castillos imperiales del Sacro Imperio Romano Germánico.

palatino[2], na 1 *adj.* Anat Perteneciente o relativo al paladar. 2 Anat Dicho de un hueso par, que contribuye a formar la bóveda del paladar.

palco 1 *m.* En los teatros, departamento independiente, en forma de balcón, con asientos para varias personas. 2 Tarima donde se coloca la gente para ver una función.

paleal *adj.* Zool **cavidad** ~.

palear *tr.* Trabajar con la pala.

palenque 1 *m.* Valla de madera o estacada para cerrar un terreno, para celebrar una fiesta o con otros fines. 2 Terreno así vallado. 3 Poste clavado en tierra para atar animales. 4 Vivienda indígena centroamericana para varias familias. 5 Lugar alejado y de difícil acceso en el que se refugiaban los esclavos negros fugitivos.

paleoantropología *f.* Hist Rama de la **antropología** que se ocupa del estudio de la evolución del ser humano a partir de sus restos fósiles.

paleobiología *f.* Biol Disciplina que se ocupa del estudio de las especies a través de fósiles y de las relaciones que tuvieron con su entorno.

paleoceno, na *adj.* y *m.* Geo Dicho de una época, la primera de las cinco del periodo terciario del Cenozoico que abarca de 65 a 54 millones de años atrás. Se separaron la Antártida de Australia y Norteamérica de Groenlandia. Tras la desaparición de los dinosaurios aparecieron los marsupiales, los insectívoros, los lémures, los ancestros carnívoros de todos los gatos y perros, y los ungulados primitivos. • Se escribe con may. inic. c. s.

paleocristiano, na 1 *adj.* y *m.* Hist Perteneciente o relativo a las primeras comunidades cristianas. 2 Art Dicho de un arte, correspondiente al cristianismo, realizado entre aprox. los años 300 y 750. Los monumentos más representativos fueron las basílicas, y los baptisterios y mausoleos. La basílica constaba de una gran nave central flanqueada por dos laterales y un ábside. Los baptisterios y mausoleos eran circulares o poligonales y estaban decorados con frescos, mosaicos y altares en oro y plata. Se desarrollaron conceptos cristianos por medio de expresiones visuales, como la simbolización de Cristo por el pez, la cruz o el cordero.

paleogeografía *f.* Geo Parte de la geografía cuyo objetivo es la reconstrucción hipotética de la estructura continental de la Tierra durante los primeros periodos geológicos.

paleografía *f.* Hist Ciencia que estudia la escritura y los signos de los textos antiguos.

paleolítico, ca *adj.* y *m.* Hist Dicho de un periodo prehistórico, más antiguo y de mayor duración. Abarca desde el inicio de la era cuaternaria (Pleistoceno) hasta hace unos 10 000 años; con el **Neolítico** y el **Mesolítico** conforman la llamada Edad de Piedra. • Se escribe con may. inic. c. s.

☐ Hist Aunque comenzó en distintas fechas según las zonas geográficas, el registro más antiguo data de hace unos 2,5 millones de años (Etiopía). Se divide en Paleolítico **inferior**, correspondiente a los prehomínidos, las primeras glaciaciones y al uso de útiles de piedra sin pulimentar empleados para cortar, perforar o raer; Paleolítico **medio**, entre hace unos 1,8 millones y unos pocos centenares de miles de años, correspondiente a homínidos como el *Homo erectus* y al tallado de instrumentos con un largo filo y un extremo a modo de cabeza de martillo; y Paleolítico **superior**, asociado a una amplia variedad de útiles de piedra, hueso, cornamenta y marfil, incluidos propulsores, arpones y agujas, y que correspondió a la aparición del *Homo sapiens* y al fin de la última glaciación. Al Paleolítico también corresponde el inicio del empleo del fuego, hace aprox. 1,5 millones de años; el inicio de la navegación; de las prácticas funerarias (Paleolítico medio); y de la aparición del arte figurativo (Paleolítico superior).

paleontología *f.* PALEONT Ciencia que estudia los seres orgánicos cuyos restos o vestigios se encuentran fosilizados.

paleozoico, ca *adj.* y *m.* GEO Dicho de una era geológica, precedida por el Precámbrico y anterior al Mesozoico. Se extendió a lo largo de unos 350 millones de años. Se divide en seis periodos: **Cámbrico**, **ordovícico** y **silúrico** (Paleozoico inferior), y **devónico**, **carbonífero** y **pérmico** (Paleozoico superior). En esta era los reinos animal y vegetal alcanzaron un notable desarrollo y tuvo lugar el gradual ensamblaje de las masas continentales en el supercontinente Pangea. • Se escribe con may. inic. c. s.

palestra *f.* Lugar en que se celebraban antiguamente luchas o torneos.

paleta 1 *f.* Pala pequeña usada en distintas tareas, como escurrir fritos en la sartén, remover el brasero, recoger el carbón o la basura, etc. 2 PALUSTRE. 3 Dulce o helado en forma de pala, que se chupa cogiéndolo por un palito que sirve de mango. 4 OMÓPLATO. 5 ART Tabla sin mango y con un agujero en un extremo por donde se mete el dedo pulgar, para sostenerla, y en la que se combinan y mezclan los colores. 6 Conjunto de colores usados por un pintor: La paleta de Chagall. 7 Cada una de las tablas de madera o planchas metálicas, planas o curvas, que se fijan sobre una rueda o eje para que ellas mismas muevan algo o para ser movidas por el agua, el viento u otra fuerza.

paletilla *f.* ANAT Ternilla en que se termina el esternón y que corresponde a la región llamada boca del estómago.

pali *m.* LING Lengua hermana de la sánscrita, usada en el culto budista. Se conserva en Sri Lanka e Indochina.

paliar 1 *tr.* Encubrir, disimular. 2 Mitigar, suavizar, atenuar una pena, disgusto, etc. 3 MED Mitigar la violencia de ciertas enfermedades.

paliativo, va 1 *adj.* Que mitiga, suaviza o atenúa. 2 *adj.* y *s.* MED Dicho de un tratamiento, que se aplica a las enfermedades incurables o muy graves para mitigar su violencia y refrenar su rapidez.

palidecer 1 *intr.* Ponerse pálido. 2 Disminuir o atenuar la importancia o esplendor de algo. • Vb. irreg. conjug. c. **agradecer**. V. anexo El verbo.

palidez *f.* Cualidad de pálido.

pálido, da 1 *adj.* Que ha perdido el color natural. 2 Apagado, de color poco intenso. 3 Desanimado, poco brillante.

palillo 1 *m.* Mondadientes de madera. 2 Cada una de las dos varitas redondas y de grueso proporcionado, que rematan en forma de perilla y sirven para tocar el tambor. 3 *m. pl.* Par de palitos usados para tomar los alimentos en algunos países orientales.

palíndromo *m.* Palabra o frase que se lee igual de izquierda a derecha, que de derecha a izquierda: *Anilina; Dábale arroz a la zorra el abad.*

palinodia *f.* Retractación pública de lo dicho.

palio 1 *m.* Cualquier cosa que forma una manera de dosel o cubre como él. 2 ZOOL Manto de los moluscos, de los braquiópodos y de otros grupos de animales.

palisandro *m.* Madera obtenida de varios árboles tropicales, compacta y de color rojo oscuro con vetas negras.

paliza 1 *f.* Zurra de golpes, azotes o palos dados a alguien. 2 Derrota en una competición o disputa.

palizada 1 *f.* EMPALIZADA. 2 Defensa hecha de estacas para dirigir la corriente de un río.

pallador *m.* PAYADOR.

palma 1 *f.* ANAT Parte interna de la mano, desde la muñeca hasta los dedos. 2 PALMERA. 3 Hoja de palmera. 4 Parte inferior del casco de las caballerías. 5 *f. pl.* Palmadas de aplausos. || ~ **datilera** Palmácea de hasta 30 m de altura, hojas de 3 a 4 m de longitud, partidas en muchas lacinias, flores amarillentas, dioicas, y por fruto los dátiles, en grandes racimos que penden debajo de las hojas. Es originaria de las regiones áridas que se extienden desde Arabia a India. ~ **de cera** Palmácea de 50 m de altura aprox., tronco de corteza blancuzca, con nudos pronunciados, cubiertos por una sustancia cerosa, hojas de 4 m, flores agrupadas, frutos pequeños redondos y rojizos, dispuestos en racimos. Es nativa de las zonas altas de los Andes septentrionales. ~ **real** Palmácea muy abundante en la América tropical, de aprox. 15 m de altura, con tronco de cerca de 50 cm de diámetro, hojas de 4 a 5 m de largo, flores menudas en grandes racimos, y fruto redondo y colorado, con hueso que envuelve una almendra.

palmáceo, a *adj.* y *f.* BOT Dicho de una planta, angiosperma monocotiledónea, siempre verde, con tallo duro en la parte exterior, filamentoso y blando en lo interior, sin ramas, recto y coronado por un penacho de grandes hojas que se parten en lacinias, flores axilares en espádice ramoso, muy numerosas, y fruto en drupa o baya con una semilla, como el cocotero.

palmada 1 *f.* Golpe dado con la palma de la mano. 2 Ruido producido al golpear una contra otra las palmas de las manos.

palmar 1 *adj.* Perteneciente o relativo a la palma de la mano y a la del casco de los animales. 2 *m.* Lugar poblado de palmas.

palmarés 1 *m.* Lista de vencedores en una competición. 2 Historial, relación de méritos, especialmente de los deportistas.

palmario, ria *adj.* Claro, patente, manifiesto.

palmatoria *f.* Candelero bajo, con mango y pie, de forma de platillo.

palmeado, da 1 *adj.* De figura de palma. 2 ZOOL Dicho de los dedos de algunos animales, ligados entre sí por una membrana.

palmera *f.* Cualquier árbol de las palmáceas. || ~ **datilera** PALMA datilera.

palmípedo, da *adj.* y *f.* ZOOL Dicho de una ave, con dedos palmeados, aptos para nadar; como el ganso, el pelícano, la gaviota y el pingüino.

palmito 1 *m.* Palmácea de tronco subterráneo o apenas saliente, que sin embargo se alza a 2 y 3 m de altura en las especies de cultivo. Con hojas de aprox. 30 cm, flores en panoja ramosa y fruto rojizo, elipsoidal, de 2 cm de largo, comestible y con hueso muy duro. 2 Cogollo foliar de esta planta, blanco, cilíndrico y comestible.

palmo *m.* Medida de longitud equivalente a unos 21 cm, distancia aproximada de la mano abierta y extendida desde el extremo del pulgar hasta el meñique.

palmotear 1 *intr.* Golpear una con otra las palmas de las manos. 2 *tr.* Dar a una persona o animal palmadas en una parte del cuerpo, en señal de afecto.

palo 1 *m.* Trozo de madera más o menos cilíndrico y más largo que grueso. 2 Golpe dado con él. 3 MADERA: *Cuchara de palo.* 4 Suplicio último ejecutado en un instrumento de madera, como la horca, el garrote, etc. 5 Cada una de las cuatro series de naipes en que se divide la baraja. 6 Trazo de algunas letras que sobresale de las demás por arriba o por abajo, como el de la *d* y la *p*. 7 DEP En algunos juegos, como el golf, instrumento con el que se golpea la pelota. 8 Cada uno de los maderos fijos en una embarcación, que junto con los masteleros sostienen las velas. || ~ **brasil** Madera dura, compacta, de tonos rojizos, muy apta para el pulimento, que sirve para teñir de encarnado, y procede del árbol del mismo nombre. ~ **de rosa** Madera de un árbol americano borragináceo, muy compacta, olorosa, roja con vetas negras, y muy estimada en ebanistería. ~ **mayor** El más alto del buque y que sostiene la vela principal.

paloma *f.* PALOMO.

palomar *m.* Construcción donde se recogen y crían las palomas.

palomilla 1 *f.* Cualquier mariposa muy pequeña. 2 MARIPOSA, tuerca.

palomita *f.* Grano de maíz que, al tostarse, estalla en forma de flor.

palomo, ma 1 *m.* y *f.* Ave columbiforme, de cabeza pequeña, cuello corto, cuerpo robusto con patas cortas, plumaje espeso, color generalmente apagado, alas redondeadas y pico abultado en la base. Habita en todo el mundo, excepto en las zonas polares. Vive en los árboles o sobre el suelo, y se alimenta de semillas, frutos e insectos. 2 Caballo muy blanco. || ~ **mensajera** Paloma doméstica que se distingue por su instinto de volver al palomar desde largas distancias y se utiliza para llevar mensajes.

palosanto *m.* GUAYACÁN.

palote *m.* Trazo recto que se hace como primer ejercicio en el aprendizaje de la escritura.

palpable 1 *adj.* Que puede tocarse con las manos. 2 Patente, claro, evidente.

palpación 1 *f.* Acción y efecto de palpar. 2 MED Exploración médica hecha con las manos, sobre el cuerpo, para detectar posibles anomalías.

palpar 1 *tr.* Tocar con las manos algo para reconocerlo por el tacto. 2 Andar a tientas o a oscuras, valiéndose de los brazos extendidos hacia delante.

palpitación *f.* Acción y efecto de palpitar.

palpitar 1 *intr.* Contraerse y dilatarse alternativamente el corazón. 2 Moverse una parte del cuerpo con movimiento trémulo e involuntario. 3 Manifestarse vehementemente algún afecto o pasión: *En sus palabras palpita el rencor.*

pálpito *m.* Presentimiento, corazonada.

palpo *m.* ZOOL Cada uno de los apéndices articulados y movibles que tienen los artrópodos alrededor de la boca para palpar y sujetar lo que comen.

palta 1 *adj.* y *s.* De un pueblo amerindio, de la familia lingüística jíbaro. Actualmente extinguido, habitaba en Ecuador, en la zona de Quito. 2 AGUACATE, fruto.

palúdico, ca 1 *adj.* Perteneciente o relativo al paludismo. 2 *adj.* y *s.* Dicho de una persona, que padece paludismo.

paludismo *m.* MED Enfermedad infecciosa que padecen los seres humanos, los monos y algunas aves, producida por protozoos del género *Plasmodium* y transmitida por la picadura de la hembra del mosquito anofeles, del que existen unas 60 especies. Produce fiebre intermitente y anemia.

palurdo, da *adj.* y *s.* Dicho de una persona, tosca, sin trato social ni cultura.

palustre *m.* Utensilio de forma triangular y mango de madera que usan los albañiles para remover o extender la mezcla o mortero.

pamela *f.* Sombrero de paja femenino, bajo de copa y ancho de alas.

pampa 1 *f.* ECOL Llanura extensa de América del Sur, con vegetación predominantemente herbácea. 2 Pradera más o menos llana entre los cerros.

pámpano 1 *m.* Hoja de la vid. 2 Sarmiento verde y tierno de la vid.

pampeano, na *adj.* y *s.* De las pampas o de la Pampa.

pampear *intr.* Recorrer la pampa.

pamplina *f.* Dicho o hecho insignificante, adulador o interesado. ♦ U. m. en pl.

pan 1 *m.* Porción de masa de harina, generalmente de trigo y agua, cocida en horno después de fermentada. Constituye el principal alimento humano, y sus formas y tamaños son muy diversos. 2 Pieza de esta masa ya cocida. 3 Alimento, sustento. 4 Hoja muy fina de oro o plata que sirve para dorar o platear. 5 GEO Formación geológica cónica originada por la erosión sobre rocas cristalinas. || ~ **ácimo** o **ázimo** El que se ha hecho sin poner levadura en la masa. ~ **de azúcar** Masa compacta y cónica de azúcar refinado. ~ **de molde** El que tiene forma rectangular en su totalidad, carece de corteza dura y dispuesto para partir en rebanadas. ~ **integral** El que conserva todos los componentes del grano de trigo.

pana *f.* Tela gruesa, semejante en el tejido al terciopelo pero menos suave.

panacea *f.* Remedio al que se atribuye eficacia para curar todos los males físicos o morales.

panadería 1 *f.* Oficio de panadero. 2 Casa o lugar donde se hace o vende el pan.

panadero, ra *m.* y *f.* Persona que tiene por oficio hacer o vender pan.

panafricanismo *m.* POLÍT Movimiento social que fomenta la unidad de todos los pueblos africanos para mejorar su desarrollo.

panal 1 *m.* ZOOL Conjunto de celdillas prismáticas hexagonales de cera que las abejas forman dentro de la colmena para depositar la miel. 2 ZOOL Construcción similar que fabrican las avispas.

panamá *m.* JIPIJAPA, sombrero.

panamericanismo *m.* POLÍT Movimiento que tiende a fomentar y estrechar las relaciones entre los Estados y pueblos americanos.

panarabismo *m.* POLÍT Tendencia política a fomentar las relaciones de todo orden entre los pueblos de origen árabe.

panasiático, ca *adj.* POLÍT Perteneciente o relativo al conjunto de los países de Asia.

pancarta *f.* Cartel de tela, cartón, etc., con frases o consignas reivindicativas, que se exhibe en manifestaciones o actos públicos.

panche *adj.* y *s.* HIST De un pueblo amerindio, de la familia lingüística chibcha, que a la llegada de los conquistadores españoles estaba asentado en inmediaciones del curso medio del río Magdalena, en la actual Colombia. En la actualidad está extinguido.

panchen lama *m.* REL Título del jefe religioso y espiritual del lamaísmo tibetano.

páncreas *m.* ANAT y FISIOL Glándula situada junto al intestino delgado, con conductos excretores que desembocan en el duodeno. La secreción exocrina elabora un jugo gástrico que contribuye a la digestión, y la endocrina produce la **insulina** y el **glucagón**.

panda *m.* Mamífero plantígrado, de hasta 160 kg de peso, de aspecto parecido a un oso, de pelaje blanco con las extremidades, orejas, cola y zona alrededor de los ojos de color negro. Se alimenta de bambú y vive en las montañas del S de China y del E del Tíbet. || ~ **menor** Mamífero trepador, de aspecto felino, con pelaje espeso y suave de color castaño ferruginoso, blanco en la cara y negro en las patas y vientre, y cola anillada. Se alimenta de bambú y otros vegetales. Vive en los bosques del Himalaya.

pandanáceo, a *adj.* y *f.* BOT Dicho de una planta, angiosperma monocotiledónea, de tallo sarmentoso, con hojas largas y estrechas, semillas espinosas, flores en espádice y frutos en baya o drupa con semillas de albumen carnoso.

pandear *intr.* y *prnl.* Torcerse o deformarse una pared, viga, etc., al ceder en el medio.

pandemia *f.* MED Epidemia que afecta a muchos países.

pandemónium 1 *m.* Capital imaginaria del infierno. 2 Lugar de ruido y confusión.

pandeo *m.* Acción y efecto de pandear o pandearse.

pandereta *f.* MÚS Pandero pequeño.

pandero 1 *m.* MÚS Instrumento de percusión formado por un aro provisto de sonajas y cascabeles, cubierto por uno de sus cantos con una piel lisa y estirada. 2 **COMETA**, juguete.

pandilla 1 *f.* Grupo de amigos que suelen reunirse para distintos fines. 2 Grupo que forman algunos con fines no lícitos.

pandillero, ra *adj.* y *s.* Que forma pandillas.

pando, da *adj.* Poco profundo.

panegírico, ca 1 *adj.* Laudatorio, encomiástico. 2 *m.* Discurso oratorio o escrito en alabanza de alguien.

panel[1] 1 *m.* Compartimiento en que se divide un lienzo de pared, una hoja de puerta, etc. 2 Elemento prefabricado para dividir el interior o exterior de edificios. 3 Tablero donde se colocan los mandos de algún aparato.

panel[2] *m.* Grupo de personas que discuten un asunto en público.

panela 1 *f.* Azúcar sin refinar que se presenta en panes prismáticos, semiesféricos o en forma de cono truncado. 2 Bizcochuelo de figura prismática.

paneo *m.* CIN Mirada rápida y panorámica que se hace con una cámara sobre algo, antes de focalizar el objetivo.

panero, ra 1 *adj.* Dicho de una persona, que le gusta mucho el pan. 2 *f.* Canasta redonda donde se echa el pan que sale del horno. 3 Recipiente para colocar el pan en la mesa.

paneslavismo *m.* POLÍT Movimiento cultural que se inició hacia 1830 con el objetivo de proteger, organizar y apoyar la cultura eslava, y del que se derivó una doctrina política que promovía la solidaridad internacional entre las naciones eslavas, con la consecución de su unidad política como máximo objetivo.

paneuropeísta *adj.* POLÍT Perteneciente o relativo al conjunto de los países de Europa.

pánfilo, la 1 *adj.* y *s.* Muy pausado, lento en actuar. 2 Demasiado ingenuo.

panfleto *m.* Escrito difamatorio u hoja propagandística de carácter subversivo, que se distribuye a mano y clandestinamente.

panglosiano, na *adj.* Dicho de una persona o una cosa, que se caracteriza por un optimismo exagerado e ingenuo.

pangolín *m.* Mamífero con el cuerpo cubierto de placas, cola larga, lengua larga y pegajosa, extremidades cortas, las anteriores con garras muy desarrolladas. Se alimenta de termes y hormigas. Se enrolla hasta formar una pelota cuando duerme o se siente amenazado. Su tamaño varía entre 65 cm y 1,76 m, dependiendo de la especie.

pánico, ca 1 *adj.* Referente al dios Pan. 2 *m.* Dicho del miedo o del terror, intenso, generalmente colectivo. || ~ **financiero** ECON Crisis, más o menos infundada, derivada de un estado de alarma, que conduce a la caída de los precios de las acciones, los bienes y las propiedades.

panícula *f.* BOT Inflorescencia en forma de racimo.

panículo *m.* ANAT Capa de tejido adiposo situada bajo la piel.

panificadora *f.* Fábrica industrial de pan.

panificar *tr.* Hacer pan.

panislamismo *m.* POLÍT Doctrina de carácter político y religioso cuyo objetivo es lograr, mediante la unión de las naciones islámicas, su independencia política, religiosa y cultural respecto de las naciones no islámicas.

panizo 1 *m.* Planta anual de las gramíneas, cuyo grano amarillo rojizo sirve de alimento a los animales. 2 Grano de esta planta. 3 **MAÍZ**. 4 Yacimiento de minerales.

panocha *f.* Torta grande, de maíz, hecha con granos de mazorca tierna.

panoja 1 *f.* Mazorca del maíz, panizo o mijo. 2 Racimo de frutas. 3 BOT Inflorescencia formada por un conjunto de espigas que nacen de un eje o pedúnculo común, como en la avena.

panoplia 1 *f.* Armadura con todas sus piezas. 2 Colección de armas. 3 Parte de la arqueología que estudia las armas de mano y armaduras antiguas.

panorama 1 *m.* Vista muy dilatada que se contempla desde un punto de observación. 2 Aspecto global de un tema o asunto.

panorámico, ca 1 *adj.* Perteneciente o relativo al panorama. 2 Que permite contemplar, estudiar o exponer el conjunto de lo que se quiere abarcar. 3 *f.* **PANORAMA**, vista. 4 CIN y FOT Imagen hecha con la cámara girando alrededor de su eje, en sentido vertical u horizontal.

panqueque *m.* Torta blanda de harina, leche, huevos y mantequilla.

pantagruélico, ca *adj.* Dicho de una comida, en cantidad excesiva.

pantaleta *f.* Pantalón interior, usado por las mujeres y las niñas. • U. m. en pl.

pantalla 1 *f.* Lámina de diversas formas y tamaños que se pone delante o alrededor de un foco de luz o de otras radiaciones u ondas, para dirigirlas en la dirección conveniente. 2 Mampara colocada delante de las chimeneas, para resguardarse de la llama o del exceso de calor. 3 Superficie sobre la que se proyectan las imágenes fotográficas o cinematográficas. 4 Persona o cosa que oculta o hace sombra a otra. 5 Superficie en la que se forma la imagen de televisión, de una computadora, etc. 6 FÍS Placa para detener los neutrones lentos en los reactores nucleares. || ~ **de plasma** ELECTRÓN La que utiliza una matriz de células que está rellena de gas neón; una carga eléctrica aplicada en las células las ilumina para formar los caracteres. ~ **plana** ELECTRÓN La que utiliza cristal líquido. ~ **táctil** ELECTRÓN La de un computador, diseñada o modificada para reconocer la situación de una presión en su superficie.

pantallazo *m.* INF Imagen que captura el contenido visible en la pantalla de un computador.

pantalón 1 *m.* Prenda de vestir que se ciñe a la cintura y baja cubriendo cada pierna por separado. 2 Prenda interior femenina con perneras.

pantaloneta *f.* Pantalón corto empleado para practicar deportes.

pantano 1 *m.* Área en la que la capa freática está al mismo nivel que el suelo, o justo por encima o por debajo de él; la vegetación dominante es de gramíneas, cañas, juncos y carrizo. 2 Hondonada donde se recogen y naturalmente se detienen las aguas, con fondo más o menos cenagoso.

A B C D E F G H I J K L M N Ñ O P Q R S T U V W X Y Z

panteísmo *m.* FIL y REL Sistema filosófico basado en la doctrina que identifica a Dios con la totalidad del universo.

panteón 1 *m.* Monumento funerario dedicado al enterramiento de varias personas. 2 En la antigua Roma, templo dedicado al culto de todos los dioses.

pantera 1 *f.* LEOPARDO. 2 Ágata amarilla con manchas, como la piel de este animal.

panti *m.* Prenda interior femenina que se ajusta desde la parte inferior del tronco hasta las ingles. • U. m. en pl.

pantocrátor *m.* ART Representación de Cristo sentado en el trono en actitud de bendecir, rodeado de los símbolos de los evangelistas. Propia del arte bizantino y románico.

pantógrafo *m.* Instrumento que consiste en un paralelogramo articulado, y que sirve para copiar, ampliar o reducir un plano o dibujo.

pantómetra 1 *f.* Compás de proporción cuyos brazos están divididos en partes proporcionales; se emplea en la resolución de algunos problemas matemáticos. 2 Instrumento de topografía para medir ángulos horizontales.

pantomima 1 *f.* TEAT Representación teatral sin palabras, mediante figuras y gestos. 2 Lo que se hace para simular o fingir algo, farsa.

pantorrilla *f.* Parte carnosa y abultada de la pierna, por debajo de la corva.

pantufla *m.* Zapatilla sin talón.

panty (Voz ingl.) *m.* PANTI.

panza 1 *f.* Barriga o vientre muy abultado. 2 Parte convexa y más saliente de ciertas vasijas o de otras cosas. 3 Primera de las cuatro cavidades del estómago de los rumiantes.

pañal 1 *m.* Tela cuadrada en que se envuelve a los niños muy pequeños. 2 Tira de tela o celulosa absorbente que se pone a los niños pequeños o a las personas que sufren incontinencia de orina.

pañetar *tr.* EMPAÑETAR.

pañete 1 *m.* Paño de inferior calidad y poco cuerpo. 2 Capa o enlucido de yeso, estuco, etc., de una pared.

paño 1 *m.* Tela de lana muy tupida y de pelo corto. 2 Cualquier tela o pedazo de tela para limpiar, secar o cualquier otro uso práctico.

pañol *m.* Cada uno de los compartimientos que se hacen en diversos lugares del buque, para guardar víveres, municiones, pertrechos, herramientas, etc.

pañoleta *f.* Prenda doblada en triángulo que se usa sobre los hombros o sobre la cabeza.

pañuelo *m.* Pedazo de tela pequeño y cuadrado, para sonarse la nariz, limpiarse el sudor, las lágrimas, etc.

papa[1] *m.* REL Autoridad suprema de la Iglesia católica, y cabeza visible de ella, a la cual dirige y gobierna, como sucesor de san Pedro, desde Roma, de donde es obispo. Elegido por cardenales, su mandato es vitalicio.

papa[2] 1 *f.* Planta herbácea de las solanáceas, originaria de América, de raíces fibrosas con gruesos tubérculos redondeados y carnosos, que sirven de alimento, flores blancas o moradas, y fruto en baya. 2 Tubérculo de esta planta, que constituye uno de los alimentos de mayor consumo a nivel mundial. || ~ **criolla** Variedad que se caracteriza por sus tubérculos de color amarillo y más pequeños que los comunes, es alimento muy apetecido e ingrediente básico del ajiaco.

papá 1 *m.* PADRE, de familia. 2 *m. pl.* El padre y la madre.

papada *f.* Abultamiento carnoso entre la barba y el cuello.

papado 1 *m.* Dignidad de Papa. 2 Tiempo que dura dicha dignidad.

papagayo, ya 1 *m.* y *f.* Nombre que también reciben los **loros**, aves **psitaciformes**. 2 Pez **loro**.

papaína *f.* QUÍM Fermento obtenido del látex del papayo, sucedáneo de la pepsina, que coagula la leche y digiere los albuminoides.

papalote *m.* Cometa de papel.

papamóvil *m.* Vehículo blindado, de cristal y color blanco que emplea el papa para desplazarse entre la multitud y saludar a sus fieles.

papanatas *m.* y *f.* Persona simple y crédula.

paparazzi (Voz it.) *m.* Fotógrafo periodista especializado en tomar fotos indiscretas de personas célebres.

papaveráceo, a *adj.* y *f.* BOT Dicho de una planta, angiosperma dicotiledónea, con jugo acre y olor fétido; hojas alternas, más o menos divididas y sin estípulas; flores regulares y fruto capsular con semillas menudas de albumen carnoso, como la amapola.

papaverina *f.* QUÍM Alcaloide cristalino contenido en el opio.

papaya *f.* Fruto del papayo. Es de forma oblonga, con la piel color verde amarillento y la parte carnosa, muy jugosa, de tonos rojos o anaranjados. Su sabor es muy agradable. En su interior se encuentran numerosas semillas.

papayo *m.* Árbol de las caricáceas, de tronco fibroso coronado por grandes hojas palmeadas. Tiene un látex abundante y corrosivo, que mezclado con agua sirve para ablandar las carnes.

papayuela *f.* Fruto del papayuelo. Es una baya ovoide comestible, de aprox. 10 cm de diámetro, de color amarillo al madurar.

papayuelo *m.* Árbol caricáceo, de aprox. 4 m de altura, con varios troncos carnosos; hojas palmeadas agrupadas en manojos al final de las ramas.

papel 1 *m.* Hoja delgada hecha con fibras de celulosa, obtenidas de trapos, madera, etc., molidas, blanqueadas y desleídas en agua, que se hace secar y endurecer por procedimientos especiales. 2 Conjunto de resmas, cuadernos o pliegos de este material. 3 Hoja de papel escrita o impresa. 4 Carta, título o documento de cualquier clase. 5 Carácter, representación o función con que se interviene en un asunto, o que se ejerce en un lugar o en la vida. 6 TEAT Parte de una obra de teatro que representa cada actor. 7 TEAT Personaje representado. 8 *m. pl.* Documentos con que se acredita el estado civil, profesión y características de alguien. || ~ **aluminio** Lámina muy fina de aluminio o estaño aleado, utilizada para envolver alimentos y en la fabricación de condensadores eléctricos. ~ **calcante** El translúcido o apergaminado a través del cual pueden verse los dibujos originales para ser calcados. ~ **higiénico** El de celulosa, destinado al uso en el retrete. ~ **maché** Pasta de papel, engrudo o yeso, y aceite secante, con la que puede hacerse toda clase de figuras. ~ **moneda** ECON El que por autoridad pública sustituye al dinero en metálico y tiene curso como tal. ~ **pautado** El que tiene pauta para aprender a escribir o pentagrama para la música. ~ **tornasol** QUÍM El impregnado en la tintura de tornasol, que sirve como reactivo para reconocer los ácidos.

papelear *intr.* Revolver papeles en busca de una noticia, documento, etc.

papeleo 1 *m.* Acción y efecto de papelear. 2 Exceso de trámites administrativos.

papelero, ra 1 *adj.* y *s.* Que fabrica o vende papel. 2 *f.* Fábrica de papel. 3 Cesto o cubo donde se tiran los papeles inservibles.

papeleta *f.* Tarjeta en que se acredita un derecho, o en la que figuran datos de interés, como los de exámenes, votaciones, rifas, etc.

papelón 1 *m.* Actuación desairada o ridícula. 2 Pan de azúcar sin refinar.

papera 1 *f.* MED **BOCIO.** 2 *f. pl.* MED **PAROTIDITIS.**

papiamento *adj.* y *m.* LING Lengua criolla hablada en Aruba, Bonaire y Curazao.

papila 1 *f.* ANAT Prominencia cónica formada en la piel y en las membranas mucosas, por las ramificaciones de los nervios y de los vasos. 2 ANAT Prominencia que forma el nervio óptico en el fondo del ojo y desde donde se extiende la retina. 3 BOT Pequeña prominencia cónica de ciertos órganos vegetales. || ~ **gustativa** ANAT Cada uno de los órganos terminales, en forma de pequeñas prominencias cónicas, localizados en la mucosa de la lengua, responsables del sentido del gusto y formados por agrupaciones globosas de células nerviosas alargadas con microvellosidades en su extremo distal.

papilionáceo, a *adj.* y *f.* BOT Dicho de una planta, hierba, mata, arbusto o árbol, angiosperma dicotiledónea, con fruto casi siempre en legumbre; flores con corola amariposada en inflorescencias de tipo de racimo o espiga, y con diez estambres, como la retama y el algarrobo.

papilla *f.* Comida consistente en cereales o féculas disueltas en agua o leche, más o menos espesa, destinada a niños o enfermos.

papión *m.* Primate de hocico prominente y alimentación omnívora, adaptado a la vida en el suelo, de hasta 1 m de largo y 40 kg de peso. De costumbres gregarias, vive en África meridional.

papiro 1 *m.* Planta herbácea de hojas radicales, largas y estrechas, flores pequeñas en umbela y cañas de 2 a 3 m de altura y 10 cm de grueso, cilíndricas, lisas y terminadas por un penacho. 2 Lámina obtenida del tallo de esta planta, en la que escribían los antiguos. 3 Manuscrito en esta lámina.

papiroflexia *f.* Arte y habilidad de dar a un trozo de papel, doblándolo convenientemente, la figura de determinados seres u objetos.

papisa *f.* Mujer papa (se usa solo para designar al personaje imaginario de la papisa Juana).

papismo *m.* Nombre que los protestantes dan a la Iglesia católica y su doctrina.

papista *adj.* y *s.* Partidario de la rigurosa observación de las disposiciones del sumo pontífice.

páprika *f.* Variedad de pimentón, muy fuerte y aromática.

papú (Tb. papúa) *m.* LING Familia de aprox. 600 lenguas habladas en Nueva Guinea e islas próximas. • U. m. en pl.

pápula *f.* Tumorcillo eruptivo de la piel, sin pus, ni grasa.

paquete 1 *m.* Bulto o envoltorio de uno o varios objetos, bien dispuestos y atados. 2 Conjunto de servicios que se ofrecen o de requisitos que se exigen.

paquidermo, ma 1 *adj.* y *s.* ZOOL Dicho de un animal, de piel gruesa y dura. 2 *m. pl.* ZOOL En clasificaciones en desuso, grupo de mamíferos no rumiantes que incluía a rinocerontes, elefantes, etc.

par 1 *adj.* Igual o semejante. 2 ANAT Dicho de un órgano, que corresponde simétricamente a otro igual. 3 MAT **número** ~. 4 *m.* Conjunto de dos unidades de la misma especie. || ~ **de fuerzas** FÍS Sistema de dos fuerzas iguales paralelas, de sentidos contrarios y aplicadas en dos puntos distintos, que crean un movimiento de rotación. ~ **lineal** GEOM Conjunto de dos ángulos adyacentes cuyos lados no comunes son colineales. ~ **ordenado** MAT Conjunto formado por dos elementos y un criterio de ordenación que establece cuál es primero y el segundo elemento: *El par ordenado de un punto en un plano cartesiano se escribe como* (x, y).

para 1 *prep.* Denota el fin o término a que se encamina una acción: *Utiliza el laboratorio para investigar.* 2 **HACIA,** indica dirección o movimiento: *Salieron tarde para el entrenamiento.* 3 Lugar o tiempo que se determina para hacer o finalizar algo: *Para Navidad tendré preparado mi viaje.* 4 Denota la relación de una cosa con otra, o la desproporción, respecto a otra; se usa como partícula adversativa: *Durante la ceremonia los mencionaron poco para todo lo que hicieron.* 5 Aptitud, capacidad, utilidad de algo o alguien: *Las mentiras no sirven para nada; Ella es muy buena para el violín.* 6 Motivo o causa de algo: *Trabajó toda la noche para que quedara bien.* 7 Con verbo, significa la resolución de hacer lo que el verbo indica, y la inminencia de la acción con el verbo *estar* más infinitivo: *Está para irse de un momento a otro.* 8 Junto con los pronombres personales *mí, ti, sí,* etc., y con algunos verbos, indica que la acción del verbo es interior, secreta: *Leer para sí.*

parabeno *m.* QUÍM Compuesto que se usa como conservante en algunos cosméticos, medicamentos y alimentos.

parábola 1 *f.* Narración de un hecho irreal, que por comparación o semejanza sirve de enseñanza moral. 2 GEOM Curva abierta, lugar geométrico de los puntos de un plano cuyas distancias a un punto fijo, llamado foco, y a una recta fija, llamada directriz, son iguales. || **directriz de una** ~ GEOM En un plano, recta a partir de la cual, si se mide su distancia hasta un determinado punto de una parábola, debe ser igual a la distancia que hay entre este punto y el foco.

parabólico, ca 1 *adj.* Perteneciente o relativo a la parábola, o que encierra o incluye ficción doctrinal. 2 GEOM Perteneciente o relativo a la parábola. 3 *f.* TELEC Antena que permite captar emisoras de televisión situadas a gran distancia.

paraboloide 1 *m.* GEOM Superficie cuya sección es una parábola en varios de sus puntos. 2 GEOM Sólido limitado por un paraboloide elíptico y un plano perpendicular a su eje. || ~ **de revolución** GEOM El que resulta del giro de una parábola alrededor de su eje. ~ **elíptico** GEOM Superficie convexa y cerrada por una parte, abierta e indefinida por la opuesta, cuyas secciones planas son todas parábolas o elipses. ~ **hiperbólico** GEOM El que puede situarse de forma que las secciones paralelas a un plano coordenado sean parábolas e hipérbolas.

parabrisas (Tb. parabrisa) *m.* Bastidor con cristal que lleva un automóvil en su parte anterior y sirve para resguardar del aire.

paracaídas *m.* Dispositivo hecho de tela resistente que, al abrirse en el aire en forma de sombrilla, modera la caída de un cuerpo.

paracentesis *f.* MED Punción de una cavidad orgánica para evacuar el líquido acumulado por causa patológica.

parachoques *m.* Pieza de los automóviles y otros vehículos en su parte delantera y trasera, que amortigua los choques.

paráclito *m.* REL Nombre que se da al Espíritu Santo, enviado para consolador de los fieles.

parada 1 *f.* Acción de parar o detenerse. 2 Lugar o sitio donde se paran o estacionan los vehículos públicos. 3 Fin del movimiento de algo, especialmente de una carrera. 4 Formación de tropas para pasarles revista o hacer alarde de ellas en una solemnidad.

paradero 1 *m.* Lugar donde se para o se va a parar. 2 Fin o término de algo. 3 Parada de autobuses. 4 Estación de ferrocarril.

paradiástole *f.* Figura retórica que reúne palabras sinónimas marcando su diferencia: *Conocer no es lo mismo que saber.*

paradigma 1 *m.* Ejemplo o modelo. 2 Conjunto de principios aceptados como fundamentales en una determinada área del conocimiento, como las leyes del movimiento de Newton para la física clásica. 3 Ling Cada uno de los esquemas formales a que se ajustan las palabras nominales y verbales para sus respectivas flexiones. 4 Ling Conjunto de elementos de una misma clase gramatical, que pueden aparecer en un mismo contexto; por ejemplo: *niño, hombre, perro,* etc., pueden figurar en *El — se queja.*

paradisíaco, ca (Tb. paradisiaco) 1 *adj.* Perteneciente o relativo al paraíso. 2 Placentero.

parado, da 1 *adj.* Que no se mueve. 2 Derecho o en pie. 3 *adj.* y *s.* Desocupado, sin empleo.

paradoja 1 *f.* Idea opuesta a la general o común. 2 Coincidencia ilógica de hechos. 3 Figura retórica que emplea expresiones o frases contradictorias: *Mira al avaro, en sus riquezas, pobre; Yo, Sancho, nací para vivir muriendo.* 4 Lóg Conclusión contradictoria en apariencia que se deriva de lo que se plantea como premisas válidas.

paradójico, ca *adj.* Que incluye paradoja o que la usa.

paraestatal *adj.* Dicho de un organismo o institución, que coopera con el Estado, sin ser parte de la administración.

parafernalia *f.* Conjunto de cosas aparatosas de que se rodea una persona.

parafina *f.* Quím Sustancia sólida, inodora, menos densa que el agua, compuesta de una mezcla de hidrocarburos de cadena abierta y saturados obtenidos del petróleo. Tiene múltiples aplicaciones industriales y farmacéuticas.

parafinado *m.* Acción y efecto de parafinar.

parafinar *tr.* Impregnar de parafina.

parafiscal *adj.* Polít Dicho de un dinero o tasa, que se paga al Estado, que no pertenece a los impuestos fiscales.

parafrasear *tr.* Hacer la paráfrasis de un texto o escrito.

paráfrasis 1 *f.* Explicación o interpretación amplificativa de un texto. 2 Lit Reproducción libre en verso de un texto en prosa.

paragoge *f.* Gram Adición de un sonido al final de una palabra, como en *fraque* por *frac.*

paragolpes *m.* **PARACHOQUES.**

parágrafo *m.* **PÁRRAFO.**

paraguas 1 *m.* Utensilio portátil, para resguardarse de la lluvia, compuesto de un mango y un varillaje cubierto de tela. 2 Ave paseriforme, nativa de los bosques tropicales húmedos americanos, con crestas de plumas eréctiles, que curva de manera notable y que, en un gesto de exhibición, abre hacia delante cubriendo su coronilla y su pico como un paraguas.

parahúso *m.* Instrumento para taladrar, consistente en una barrena cilíndrica que recibe el movimiento de dos cuerdas o correas que se arrollan o desenrollan alternativamente al subir y bajar un travesaño al cual están atadas.

paraíso 1 *m.* Rel Lugar en donde, según la Biblia, Dios puso a Adán y Eva, después de crearlos. 2 Rel El cielo, lugar de los justos y los ángeles. 3 Teat Conjunto de asientos del piso más alto de algunos teatros. 4 Lugar placentero o tranquilo.

paraje *m.* Lugar, sitio.

paral *m.* Madero que se aplica oblicuo a una pared y sirve para asegurar el puente de un andamio.

paralaje *m.* o *f.* Astr Ángulo formado por las visuales dirigidas hacia un objeto celeste desde dos puntos distintos. || ~ **anua** Astr Diferencia de los ángulos que con el radio de la órbita de la Tierra hacen dos líneas dirigidas a otro astro desde sus dos extremos. ~ **de altura** Astr Diferencia de los ángulos que forman con la vertical las líneas dirigidas a un astro desde el punto de observación y desde el centro de la Tierra.

paralelepípedo *m.* Geom Prisma cuyas bases son paralelogramos.

paralelo, la 1 *adj.* Correspondiente o semejante. 2 Geom Dicho de dos o más líneas o planos, equidistantes entre sí y que por más que se prolonguen no pueden encontrarse. 3 Inf **puerto** ~. 4 Inf Dicho de un proceso o transferencia de datos, que se hace de forma simultánea, en oposición al proceso o transferencia en serie. En el proceso *en paralelo* se realiza más de un procedimiento a la vez. 5 *m.* Cotejo, comparación. 6 Geo Cada uno de los círculos del globo terráqueo cuyo plano equidista en todos sus puntos del que forma el Ecuador. 7 Geom Cada uno de los círculos que en una superficie de revolución resultan de cortarla por planos perpendiculares a su eje. 8 *f. pl.* Dep **BARRAS** paralelas.

paralelogramo *m.* Geom Cuadrilátero cuyos lados opuestos son paralelos entre sí, como el cuadrado, el rombo y el rectángulo.

parálisis 1 *f.* Med Pérdida o disminución del movimiento de una o varias partes del cuerpo, por afección del propio músculo o por causas neurológicas. 2 Detención de cualquier actividad o proceso. || ~ **infantil** Med Enfermedad infecciosa, contagiosa, que ataca de modo preferente, no exclusivo, a los niños, y cuya manifestación principal es la parálisis flácida e indolora de los músculos, especialmente de las extremidades.

paralizar 1 *tr.* y *prnl.* Causar parálisis. 2 Impedir o detener una acción o un movimiento.

paralogismo *m.* Lóg Razonamiento falso.

paramagnetismo *m.* Fís Propiedad que poseen ciertas sustancias de imantarse en el mismo sentido que el campo aplicado cuando son sometidas a la acción de un campo magnético.

paramecio *m.* Protozoario de cuerpo alargado y ovoide, de menos de 0,25 mm, cubierto de cilios, que le sirven para la locomoción y para la captura de alimento. Abundan en las charcas y los estanques de agua dulce de todo el mundo.

paramédico, ca *adj.* Med Que trabaja en el campo de la salud pero no es médico.

paramento 1 *m.* Adorno o atavío con que se cubre algo. 2 Arq Cada una de las dos caras de una pared. 3 Arq Cada una de las seis caras de un sillar labrado. 4 *m. pl.* Vestiduras y adornos que usan los sacerdotes en el oficio.

parametrizar *tr.* Describir o estudiar algo por medio de parámetros de análisis.

parámetro 1 *m.* Dato o elemento importante cuyo conocimiento es necesario para comprender un problema o un asunto. 2 Mat Valor que se expresa como una constante en una ecuación, pero que puede ser fijado a voluntad. 3 Mat Variable auxiliar que aparece en algunas ecuaciones.

paramilitar 1 *adj.* Dicho de una organización civil, que tiene estructura o disciplina militar. 2 Dicho especialmente de un grupo, de extrema derecha, que aboga por la violencia como elemento represivo extrajudicial.

páramo 1 *m.* Terreno yermo, raso y desabrigado. 2 Lugar frío y poco acogedor. 3 **LLOVIZNA.** 4 Ecol Piso térmico por encima del límite superior del bosque, a más de 3500 m de altitud, de la zona de la cordillera de Los Andes localizada entre Costa Rica y el N de Perú. Son característicos de su ambiente los extensos pajonales de gramíneas, las agrupaciones de plantas compuestas especializadas (como el frailejón), las plantas de porte almohadillado, y los musgos y líquenes.

parangón *m.* Comparación o semejanza.

paraninfo *m.* Salón de actos en algunas universidades.

paranoia *f.* PSIC Perturbación mental que se manifiesta mediante delirios, de los cuales los más comunes y más conocidos son los de persecución y de grandeza.

paranormal *adj.* Dicho de un fenómeno o un problema, que escapa a lo normal y es estudiado por la parapsicología.

parapente *m.* DEP Deporte que consiste en descender por la vertiente de una montaña con ayuda de un paracaídas ligero de forma rectangular dotado de tirantes para controlar su dirección.

parapetar 1 *tr.* y *prnl.* Resguardar con parapetos. 2 *prnl.* Protegerse para evitar un riesgo.

parapeto *m.* Terraplén de poca altura que protege en una lucha o combate.

paraplejia (Tb. paraplejía) *f.* MED Parálisis de la mitad inferior del cuerpo.

parapolítica *f.* Manera de ejercer la política a partir de alianzas con organizaciones paramilitares.

parapsicología (Tb. parasicología) *f.* Estudio de fenómenos, como la telepatía, levitación, etc., cuya naturaleza y efectos no explica la ciencia.

parar 1 *intr.* y *prnl.* Cesar en el movimiento o en la acción. 2 *intr.* Llegar a un término o a un fin. 3 Recaer, estar en propiedad de algo que ha sido de otros. 4 Convertirse una cosa en otra distinta de la que se esperaba. 5 Alojarse, hospedarse. 6 *tr.* Detener e impedir un movimiento o acción. 7 *tr.* y *prnl.* Estar o ponerse de pie. 8 *prnl.* Con *a* y un infinitivo, como *pensar, mirar,* etc., realizar dicha acción con calma y atención.

pararrayos *m.* Dispositivo que protege edificios e instalaciones eléctricas de los rayos. Se compone de una o más varillas de hierro terminadas en punta y unidas entre sí, y con la tierra húmeda y profunda, o con el agua, por medio de conductores metálicos.

parasicología *f.* **PARAPSICOLOGÍA.**

parasimpático *adj.* y *m.* ANAT y FISIOL sistema **nervioso** ~.

parasíntesis *f.* GRAM Formación de vocablos en que intervienen la composición y la derivación, como en la voz *desalmado,* formada por *alma,* el prefijo *des-* y el sufijo *-ado.*

parasintético, ca *adj.* Perteneciente o relativo a la parasíntesis.

parasitar 1 *tr.* Vivir un parásito a expensas de un organismo. 2 Vivir a costa ajena.

parasitismo 1 *m.* Costumbre o hábito de los que viven a costa de otros a manera de parásitos. 2 BIOL Asociación biológica entre dos especies en que una (parásito) se aprovecha de la otra (huésped) alimentándose a sus expensas y, muchas veces, causándole daño.

□ BIOL Los parásitos pueden ser externos (ectoparásitos) o internos (endoparásitos), los primeros presentan adaptaciones morfológicas, como, por ejemplo, las uñas de fijación de las pulgas; los endoparásitos sufren a menudo una total transformación en comparación con especies similares, y llegan a su huésped a través del agua o de otros animales, como ocurre con la picadura de algunos mosquitos. Entre los parásitos perjudiciales para el ser humano cabe citar: plasmodios, filarias, tenias, duelas y equinococos.

parásito, ta 1 *adj.* y *s.* BIOL Dicho de un organismo, que se alimenta a costa de las sustancias de otro, en contacto con el cual vive temporal o permanentemente. 2 Dicho de una persona, que vive a costa ajena, o que no reporta ningún beneficio a la sociedad.

parasitología *f.* BIOL Estudio de los parásitos.

parasol 1 *m.* Sombrilla, quitasol. 2 Accesorio móvil dispuesto sobre el parabrisas, en el interior del automóvil, para evitar el deslumbramiento del conductor por los rayos solares.

parataxis *f.* GRAM Coordinación gramatical.

paratifoidea *f.* MED Infección intestinal semejante a la fiebre tifoidea, pero menos grave, causada por un microbio distinto del específico de la tifoidea.

paratiroides *f.* ANAT y FISIOL Cada una de las cuatro glándulas endocrinas de pequeño tamaño situadas a ambos lados del tiroides, que segregan la hormona que regula el metabolismo del calcio y del fósforo.

paraxial 1 *adj.* Próximo a un eje. 2 *adj.* y *s.* ÓPT Dicho de un rayo luminoso, poco inclinado respecto al eje óptico de un sistema centrado.

parazoo *adj.* y *m.* ZOOL Dicho de un subreino animal, que agrupa a las formas pluricelulares primitivas que carecen de tejidos, órganos y simetría. Incluye dos filos, el de los **placozoos** y el de los **poríferos.**

parca 1 *f.* MIT En la mitología griega, cada una de las tres deidades que hilaban, devanaban y cortaban el hilo de la vida de los seres humanos. 2 La muerte.

parcela 1 *f.* Porción de terreno, generalmente segregada de otra mayor. 2 En el catastro, cada tierra de distinto dueño que constituye un pago o término. 3 Parte pequeña de algunas cosas.

parcelación *f.* Acción y efecto de parcelar o dividir en parcelas.

parcelar *tr.* Dividir un terreno grande para venderlo o arrendarlo en porciones más pequeñas.

parche 1 *m.* Pedazo de tela, papel, etc., que se pega sobre algo, generalmente para tapar un agujero. 2 Trozo de tela o de otro material con ungüento o bálsamo, que se pone en una herida o parte del cuerpo. 3 Cualquier cosa sobrepuesta a otra y como pegada, que desdice de la principal. 4 Piel del tambor.

parcial 1 *adj.* Perteneciente o relativo a una parte del todo. 2 No completo. 3 Que procede con parcialidad. 4 *adj.* y *s.* Partidario de otro, a su favor. 5 *m.* Examen que el alumno hace de una parte de la asignatura.

parcialidad 1 *f.* Unión de algunos que se separan del grupo común para formar una facción aparte. 2 Modo de juzgar o proceder falto de neutralidad o ecuanimidad. 3 ASTR **zona** de ~.

parco, ca *adj.* Moderado, sobrio.

pardillo, lla *m.* Ave paseriforme de plumaje pardo rojizo, encarnado en la cabeza y el pecho, y blanco en el vientre; canta bien y se domestica con facilidad.

pardo, da 1 *adj.* y *m.* Dicho de un color, negro con mezcla de rojo amarillento, más oscuro que el gris. 2 De color pardo.

pare 1 *m.* Señal de tráfico que indica la obligación de detener el vehículo en la intersección de ciertos cruces. 2 Obligación de detenerse un vehículo en dicha intersección.

pareado *m.* Estrofa de dos versos que riman entre sí en consonante.

parear 1 *tr.* Juntar dos cosas comparándolas. 2 Formar pares.

parecer[1] 1 *m.* Opinión, juicio. 2 Orden de las facciones del rostro y disposición del cuerpo.

parecer[2] 1 *intr.* Opinar, creer. 2 Aparecer, manifestarse. 3 Tener determinada apariencia o aspecto. 4 *prnl.* Tener semejanza, asemejarse. • Vb. irreg. conjug. c. **agradecer**. V. anexo El verbo.

parecido, da 1 *adj.* Dicho de una persona o cosa, que se parece a otra. 2 Con *bien* o *mal,* que tiene facciones

A B C D E F G H I J K L M N Ñ O P Q R S T U V W X Y Z

o aspecto agradable o desagradable. 3 Con *ser* y *bien* o *mal*, bien o mal visto. 4 *m.* Semejanza.

pared 1 *f.* Obra vertical de albañilería para cerrar un espacio o sostener la techumbre. 2 Cara o superficie lateral de un cuerpo. 3 Cara vertical de una montaña rocosa. 4 Conjunto de cosas o personas que se aprietan o unen estrechamente. || ~ **celular** BIOL Estructura más o menos rígida de las células vegetales compuesta de celulosa u otro polisacárido, que se sitúa en su parte más externa.

paredón 1 *m.* Pared que queda en pie de un edificio. 2 Muro contra el que se fusila a los condenados a muerte.

parejo, ja 1 *adj.* Igual o semejante. 2 Liso. 3 *f.* Conjunto de dos personas, animales o cosas que tienen alguna correlación o semejanza, en especial la formada por macho y hembra de la misma especie. 4 Cada una de ellas en relación con la otra.

parénquima 1 *m.* ANAT Tejido fundamental de los órganos glandulares. 2 BOT Tejido vegetal constituido por células de membranas no lignificadas, que aparece en las hojas, la médula del tallo o la raíz, en las partes carnosas de los frutos, tubérculos y rizomas. || ~ **en empalizada** BOT Tejido fotosintético localizado en las hojas de las plantas, rico en cloroplastos, donde ocurren casi todas las reacciones bioquímicas. ~ **esponjosa** BOT Tejido fotosintético localizado en las hojas de las plantas con un número reducido de cloroplastos.

parental 1 *adj.* Perteneciente o relativo a los padres o parientes. 2 *adj.* y *s.* BIOL Perteneciente o relativo a uno o ambos progenitores.

parentela *f.* Conjunto de toda clase de parientes.

parentesco *m.* Vínculo, conexión entre personas por consanguinidad o afinidad.

paréntesis 1 *m.* Suspensión o interrupción. 2 GRAM Oración incidental que interrumpe un enunciado sin alterar su sentido. 3 ORT Signo ortográfico doble ( ) que sirve para encerrar una oración y para otros usos. 4 MAT Signo igual al ortográfico que, aislando una expresión algebraica, indica que una operación se efectúa sobre esa expresión entera.

pareo *m.* Pañuelo grande que, anudado a la cintura o bajo los brazos, usan las mujeres, generalmente sobre el bañador.

parestesia *f.* MED Sensación anormal de hormigueo, ardor, etc., que se experimenta en la piel.

pargo *m.* Pez teleósteo, comestible, con el dorso y los flancos rosados, y el vientre plateado.

parhelio *m.* Fenómeno luminoso poco frecuente, en el que aparecen simultáneamente varias imágenes del sol reflejadas en las nubes y generalmente dispuestas simétricamente sobre un halo.

paria 1 *m.* y *f.* Persona perteneciente a la casta más baja de los hindúes, que se halla privada de todo derecho religioso y social. 2 Persona a quien se excluye de las ventajas de que gozan los demás, o del trato con ellos.

paridad 1 *f.* Igualdad de las cosas entre sí. 2 ECON Valor comparativo de una moneda con otra. 3 MAT Carácter de par o impar.

pariente, ta *adj.* y *s.* Dicho de una persona con respecto de otra, de su misma familia, por consanguinidad o afinidad.

parietal 1 *adj.* De la pared. 2 *adj.* y *m.* ANAT Cada uno de los dos huesos situados en las partes medias y laterales de la cabeza, los mayores entre los que constituyen el cráneo. Forman la bóveda craneana, entre el frontal y el occipital, y por encima de los temporales.

parihuela 1 *f.* Artefacto compuesto de dos varas gruesas con unas tablas atravesadas en medio donde se coloca la carga para llevarla entre dos. 2 **CAMILLA**, cama portátil.

paripinnado, da *adj.* BOT Dicho de una hoja pinnada, constituida por un número par de folíolos.

parir 1 *intr.* y *tr.* Expulsar en el tiempo oportuno una hembra el feto concebido. 2 *intr.* Poner huevos las aves.

parisílabo, ba *adj.* GRAM De igual número de sílabas.

paritario, ria *adj.* Dicho de un organismo social, en el que cada parte interesada cuenta con igual número de representantes.

parkinsoniano, na *adj.* MED Perteneciente o relativo a la **enfermedad de Parkinson**.

parlamentar 1 *intr.* Hablar unos con otros. 2 Entrar en conversaciones o negociaciones.

parlamentario, ria 1 *adj.* Del parlamento. 2 **gobierno** ~; **inmunidad** ~; **república** ~. 3 *m.* y *f.* Miembro de un parlamento.

parlamentarismo *m.* POLÍT Sistema basado en la supremacía del poder legislativo sobre el ejecutivo. El parlamento tiene derecho a disolver el gobierno, el cual tiene que responder ante él.

parlamento 1 *m.* Acción de parlamentar. 2 Institución política formada por una o varias asambleas compuestas por un elevado número de miembros elegidos por sufragio universal, que controla los actos del poder ejecutivo. 3 TEAT Relación larga en verso o prosa de un actor. 4 Parte del libreto que le corresponde a cada actor.

parlanchín, na *adj.* y *s.* Que habla mucho y sin discreción.

parlante *m.* Caja que contiene un altavoz o juego de altavoces.

parmesano *m.* Queso de pasta dura y de sabor fuerte.

parnasianismo *m.* LIT Movimiento poético francés de la segunda mitad del s. XIX que, como reacción al sentimentalismo romántico, instauró una poesía equilibrada, de formas puras y perfectas.

parnaso 1 *m.* Conjunto de todos los poetas, o de los de un pueblo o época determinada. 2 Antología poética.

paro 1 *m.* Suspensión o término de la jornada laboral. 2 Huelga, cesación voluntaria en el trabajo por parte de los trabajadores. 3 ECON Situación del que está sin trabajo por causa ajena a su voluntad, y conjunto de todas aquellas personas que no están empleadas.

parodia *f.* Imitación burlesca de algo serio.

parodiar 1 *tr.* Hacer una parodia. 2 Remedar, imitar.

parónimo, ma *adj.* y *m.* GRAM Dicho de cada uno de dos o más vocablos, que tienen entre sí semejanza por su forma o sonido: *Borda/borde; Abeja/oveja; Actitud/aptitud.*

parótida *f.* ANAT y FISIOL Cada una de las dos glándulas salivales mayores situadas debajo del oído y detrás de la mandíbula inferior, con un conducto excretorio que vierte en la boca la saliva que segrega.

parotiditis *f.* MED Enfermedad infecciosa aguda causada por un virus que afecta sobre todo al tejido glandular y nervioso, y que se caracteriza por tumefacción de las glándulas salivares. Su distribución es mundial y a veces se presenta en brotes epidémicos.

paroxismo *m.* Exaltación extrema de los afectos y las pasiones.

parpadear 1 *intr.* Abrir y cerrar repetidamente los párpados. 2 Oscilar la luz.

párpado *m.* ANAT Cada uno de los dos repliegues cutáneos móviles que cubren el globo ocular; en su borde libre están implantadas las pestañas.

parque 1 *m.* Terreno cercado con plantas y árboles, público o privado, destinado a recreo. 2 Conjunto de instrumentos, aparatos o materiales destinados a un servicio público. 3 **PARQUEADERO**. 4 Sitio donde se colocan las municiones de guerra en los campamentos, y también aquel en que se sitúan los víveres y vivanderos. || ~ **nacional** Área acotada por el Estado, reservada con fines de conservación de la fauna y la flora y para evitar el deterioro de las bellezas naturales. ~ **zoológico** Lugar en que se conservan, cuidan y a veces se crían fieras y otros animales no comunes.

parqué *m.* Entarimado hecho con maderas finas de varios tonos que, convenientemente ensambladas, forman dibujos geométricos.

parqueadero *m.* Paraje destinado en las ciudades para estacionar transitoriamente los vehículos.

parquear *tr.* APARCAR, un vehículo.

parquedad *f.* Moderación prudente en el uso de las cosas.

parqués *m.* Juego que se practica en un tablero con cuatro o seis salidas en el que cada jugador, provisto de cuatro fichas del mismo color, trata de hacerlas llegar a la casilla central. El número de casillas que se ha de recorrer se determina lanzando los dados.

parquímetro *m.* Dispositivo que señala el tiempo de estacionamiento de un vehículo en un lugar de aparcamiento y que cobra al usuario la cantidad debida.

parra *f.* Vid, en especial la que, levantada artificialmente, extiende mucho sus vástagos.

parrafada *f.* Trozo largo y pesado de charla o conversación.

párrafo 1 *m.* GRAM Conjunto de oraciones que dentro de un texto mayor desarrolla un aspecto específico de un tema. Se reconoce porque aparece separado del resto del texto por un punto y aparte. Su estructura por lo general consta de una frase introductoria, que plantea el tema, varias frases que lo desarrollan y una frase concluyente. 2 ORT Signo (§) con que se señala. Se emplea también para señalar, en lo impreso, alguna observación especial.

parral *m.* Conjunto de parras sostenidas con algún armazón.

parranda 1 *f.* Juerga, fiesta, jarana. 2 Cuadrilla de músicos o aficionados que salen de noche tocando instrumentos de música o cantando para divertirse.

parrandear *intr.* Ir de parranda.

parricidio *m.* DER Delito que comete el que mata a su padre, madre, cónyuge o hijo.

parrilla 1 *f.* Utensilio de hierro en forma de rejilla, que se pone sobre el fuego para asar o tostar alimentos. 2 Restaurante en que se preparan asados a la vista de la clientela. 3 Baca de un automóvil. 4 DEP Espacio señalado al principio de un circuito de carrera, en que se sitúan los vehículos para comenzar la competición.

párroco *adj.* y *m.* Dicho de un sacerdote, encargado de una parroquia.

parroquia 1 *f.* IGLESIA, templo. 2 Territorio de un párroco. 3 Demarcación administrativa local, dentro del municipio. 4 REL Conjunto de feligreses.

parroquial *adj.* Perteneciente o relativo a la parroquia.

pársec (Tb. parsec) *m.* ASTR Unidad astronómica de longitud igual a la distancia de un cuerpo celeste, cuya paralaje anual es de un segundo. Equivale a 3,26 años luz. Símbolo: pc.

parsi 1 *adj.* y *s.* De una comunidad persa descendiente de los antiguos seguidores de la religión de Zoroastro, que habita actualmente en India, o relacionado con esta comunidad india. 2 LING Lengua hablada por los parsis.

parsimonia 1 *f.* Moderación. 2 Lentitud, calma.

parte 1 *f.* Porción determinada o indeterminada de un todo. 2 Cantidad que se da en un reparto o corresponde en una distribución. 3 Sitio o lugar. 4 Cada división principal en una obra científica o literaria. 5 Cada uno de los ejércitos, facciones, etc., que se oponen o luchan. 6 Cada uno de los que contratan o negocian algo. 7 Cada uno de los que contienden, discuten o dialogan. 8 Lado a que alguien se inclina o se opone en cuestión, riña o pendencia. 9 Cada aspecto por el que se puede considerar algo. 10 Precedido de la preposición *a* y el pronombre *esta,* significa el tiempo presente o la época de que se trata, con relación al tiempo pasado: *De poco tiempo a esta parte, muchos se quejan del clima.* 11 DER Persona que litiga en un pleito, ya sea como demandado o demandante. 12 *m.* Escrito breve que se envía para dar un aviso o noticia urgente u oficial. 13 Comunicación de cualquier clase transmitida por teléfono, radio, televisión, etc. 14 Multa, sanción impuesta como consecuencia de una infracción de tránsito. 15 Con las preposiciones *de* o *por* indica procedencia u origen. || ~ **alicuanta** La parte que no mide exactamente a su todo: *3 es parte alicuanta de 11.* ~ **alícuota** La que divide exactamente a un todo; como *2 es parte alícuota de 4.* ~ **por millón** QUÍM Unidad de medida que determina la concentración de una sustancia y relaciona los miligramos de soluto con los litros de solvente. • U. m. en pl.

partenocarpia *f.* BOT Desarrollo del fruto de las plantas sin que se haya dado la fecundación.

partenogénesis *f.* BIOL Tipo de reproducción asexual en que el óvulo se desarrolla sin previa fecundación, como ocurre en ciertos crustáceos, lagartos e insectos, y en algunas algas.

partero, ra *m.* y *f.* Persona, especialmente médico o comadrona, que asiste en los partos.

partición 1 *f.* División o reparto de una herencia, hacienda o cosa semejante. 2 MAT División matemática.

participación 1 *f.* Acción y efecto de participar. 2 Parte, comunicado o noticia que se da a alguien. 3 Parte que corresponde a cada uno de los que participan en algo. 4 ECON Cada una de las partes en que se divide el capital social de una empresa que adopta el modelo jurídico de la sociedad de responsabilidad limitada.

participar 1 *intr.* Tener o tomar parte en algo. 2 Recibir una parte de algo. 3 Con *de,* compartir, tener en común. 4 *tr.* Dar parte, comunicar.

partícipe *adj.* y *s.* Que tiene o toma parte en algo.

participio *m.* GRAM Forma no personal del verbo que participa de la índole del adjetivo en su funcionamiento gramatical. Puede recibir marcas de género y número. || ~ **activo** GRAM El que con terminación en *-ante,* en los verbos de primera conjugación, y en *-iente,* en los de segunda y tercera, se ha integrado en la clase de los adjetivos (*amante, obediente, oyente*) o en la de los sustantivos (*estudiante, presidente*). ~ **pasivo** GRAM El que se emplea para la formación de los tiempos compuestos, de la voz pasiva y de otras perífrasis verbales: *He cantado; Habré salido; Fue construido.* Cuando se une al verbo *haber,* el participio es invariable, no cambia en género y número (*he cantado, habré cantado, haya cantado*); si se emplea un verbo auxiliar distinto, el participio es variable (*fue comprada; fueron comprados*). Es regular si termina en *-ado* o en *-ido,* según pertenezcan a la primera conjugación o a la segunda y la tercera; como *amado,* de *amar,* y *temido* y *partido,* de *temer* y *partir.* Son irregulares los que tienen cualquier otra terminación; como *escrito, impreso.* Existen verbos con dos participios, uno regular y otro irregular: *Bendecido/bendito; Confundido/confuso; Corrompido/corrupto; Incluido/incluso; Invertido/inverso.*

partícula 1 *f.* Parte pequeña de materia. 2 FÍS **acelerador** de ~s; **física** de ~s. 3 GRAM Parte invariable de la oración que hace de elemento de relación o componente de otros vocablos, como los prefijos, sufijos, preposiciones, conjunciones, etc. || ~ **alfa** FÍS Núcleo

A B C D E F G H I J K L M N Ñ O P Q R S T U V W X Y Z

de helio procedente de alguna desintegración o reacción nuclear. ~ **beta** Fís Electrón o su antipartícula correspondiente, el positrón, emitidos de un núcleo por desintegración. ~ **elemental** Fís Ente físico, que se supone más sencillo que el núcleo atómico y que está considerado como el último constituyente de la materia (si se exceptúan los quarks y antiquarks). Cada partícula tiene su correspondiente antipartícula, salvo en los casos del mesón pi y el fotón. ~ **subatómica** Quím La que es más pequeña que el átomo y tiene carga positiva, negativa o neutra: *El protón es una partícula subatómica con una carga elemental positiva.*

particular 1 *adj.* Propio y exclusivo. 2 Especial, extraordinario en su línea. 3 Singular, individual, contrapuesto a universal o general. 4 Privado, no público. 5 Lóg **proposición** ~. 6 *adj.* y *s.* Dicho de una persona, sin título, cargo o representación oficial.

particularidad 1 *f.* Singularidad, lo que distingue a alguien o algo de otros del mismo género. 2 Distinción de trato o cariño con alguien.

particularizar 1 *tr.* Expresar algo con todas sus circunstancias y detalles. 2 Llevar a lo particular algo general, singularizar. 3 Diferenciar del resto con algún matiz concreto.

partida 1 *f.* Acción de partir o salir de un punto. 2 Este mismo punto. 3 Registro o asiento de bautismo, confirmación, casamiento o defunción. 4 Copia certificada de uno de estos registros. 5 Pequeño grupo de gente armada. 6 Conjunto de personas reunidas con un mismo fin. 7 Cada una de las manos de un juego, o conjunto de ellas ya convenido. 8 Cantidad de dinero que se apuesta en ellas. 9 Cada artículo o cantidad parcial de una cuenta. 10 Cantidad o porción de un género de comercio. || ~ **doble** Método de cuenta y razón, en que se llevan a la par el cargo y la data.

partidario, ria 1 *adj.* y *s.* Simpatizante de una persona o idea. 2 Que sigue un partido o entra a formar parte de él.

partidismo *m.* Polít Proceder en el que prevalece el interés del partido sobre el general.

partidista 1 *adj.* y *s.* Perteneciente o relativo al partidismo. 2 Adepto a un partido, tendencia u opinión.

partido, da 1 *adj.* Dividido, cortado. 2 *m.* Provecho, ventaja o conveniencia: *Sacar partido.* 3 Distrito o territorio de una jurisdicción o administración que tiene por cabeza un pueblo principal. 4 Conjunto de personas que siguen un mismo ideario. 5 Dep Competición. 6 Polít Organización política estable que, apoyada en una ideología afín entre sus afiliados, aspira a ejercer el poder para desarrollar su programa.

partir 1 *tr.* Dividir algo en dos o más partes. 2 Hender, rajar. 3 Romper o cascar el hueso o cáscara de una fruta. 4 Repartir, distribuir. 5 *intr.* y *prnl.* Ponerse en camino, empezar a andar. 6 *intr.* Tomar un hecho, fecha o antecedente como base de un razonamiento o determinación.

partisano, na *m.* y *f.* Miembro de un grupo armado de gente civil.

partita *f.* Mús Término que indistintamente se refiere a la suite de danzas, a la parte instrumental o vocal de una obra o a sus variaciones, y a las sonatas para clave, órgano y violín.

partitivo, va 1 *adj.* Que puede partirse o dividirse. 2 Gram Dicho de una unidad o construcción de la lengua, que indica una parte de un todo. Se aplica especialmente a los **numerales** que expresan el número de partes iguales que se toman de aquellas en las que se ha dividido un todo: *La cuarta parte del lote; Dos tercios de los habitantes.* 3 Gram **complemento** ~.

partitura *f.* Mús Texto para voces o instrumentos.

parto *m.* Acción de parir; corresponde al momento en que el recién nacido es expulsado del útero por la vagina al término del embarazo.

parto, ta *adj.* y *s.* Hist De un pueblo nómada de origen escita que hacia el 250 a. C. arrebató a los seléucidas los territorios situados al SE del Caspio (Partia). En tiempos de Mitrídates I y Mitrídates II (ss. II-I a. C.), de la dinastía de los arsácidas, dominó Irán y Mesopotamia. A partir del s. I entró en conflicto con Roma. Fue sometido por el persa Ardacher (224), fundador de la dinastía sasánida.

parturienta *adj.* y *f.* Dicho de una mujer, que está de parto o acaba de parir.

parusía *f.* Rel Segunda venida de Cristo, al final de los tiempos.

parvedad *f.* Pequeñez, escasez.

parvo, va 1 *adj.* Pequeño. 2 Escaso en cantidad o número.

parvovirus *m.* Biol Grupo de virus extremadamente pequeños que contienen una cadena simple de ADN y que producen varias enfermedades en mamíferos, incluidos los seres humanos.

parvulario *m.* Centro de enseñanza preescolar.

párvulo, la *adj.* y *s.* Niño pequeño en edad preescolar.

pasa *f.* Uva secada natural o artificialmente en la vid.

pasable *adj.* Aceptable, medianamente bien.

pasaboca *m.* Pequeña cantidad de comida que se consume como aperitivo. • U. m. en pl.

pasacalle 1 *m.* Marcha popular muy alegre tocada por una charanga callejera. 2 Banda de tela que cruza una calle por lo alto y se usa para publicidad.

pasada 1 *f.* Acción de pasar. 2 Cada aplicación, repaso o retoque de un trabajo cualquiera. 3 Puntada larga en la ropa, o fila de puntos en labores tejidas. 4 Sitio por donde se pasa. 5 Acción malintencionada de una persona con otra: *Mala pasada.*

pasadero, ra 1 *adj.* Dicho de una cosa, medianamente buena, tolerable. 2 Que se puede pasar con facilidad. 3 Que goza de mediana salud, aspecto, belleza, etc. 4 *m.* y *f.* Cualquier cosa que se pone para atravesar un río, charco, arroyo, etc. 5 *f.* Acción y efecto de pasar repetidamente por un sitio.

pasadizo *m.* Paso estrecho que sirve para pasar de una parte a otra, atajando camino.

pasado, da 1 *adj.* Transcurrido inmediatamente antes del tiempo presente. 2 Estropeado, ajado. 3 *m.* Tiempo transcurrido y lo que sucedió en él.

pasador 1 *m.* Barreta de hierro que sirve para cerrar puertas y ventanas, asegurándolas. 2 Imperdible para sujetar medallas o condecoraciones.

pasaje 1 *m.* Lugar por donde se pasa. 2 Paso público entre dos calles, a veces cubierto. 3 Boleto o billete para un viaje. 4 Fragmento de un texto literario o musical.

pasajero, ra 1 *adj.* Que pasa rápido o dura poco. 2 *adj.* y *s.* Dicho de una persona, que viaja en un vehículo sin tripularlo.

pasamano[1] 1 *m.* Correa que cuelga del techo de los vehículos de transporte público para que se sujeten los viajeros. 2 Listón que se pone sobre las barandillas. • U. m. en pl.

pasamano[2] *m.* Cordones, trencillas, borlas y flecos, de oro, plata, etc., que sirven de adorno o complemento en trajes o telas.

pasamontañas *m.* Prenda de abrigo que cubre toda la cabeza, dejando solo al descubierto los ojos y la nariz.

pasante 1 *adj.* Que pasa. 2 *m.* y *f.* Ayudante de un profesional, con el que aprende el oficio.

pasantía 1 *f.* Ejercicio del pasante en las facultades y profesiones. 2 Tiempo que dura este ejercicio.

pasaporte *m.* Documento concedido por la autoridad competente para pasar de un país a otro, en el que se acredita la identificación y nacionalidad.

pasar 1 *tr.* Llevar, conducir, ir de un lugar a otro. 2 Enviar, transmitir. 3 Penetrar o traspasar. 4 Introducir o extraer género de contrabando. 5 Sufrir, tolerar. 6 Llevar una cosa por encima de otra: *Pasar el peine.* 7 Introducir una cosa por el hueco de otra. 8 Colar, cribar, tamizar. 9 Tragar, deglutir. 10 No poner reparo, trabas o censura a algo. 11 Callar u omitir algo de lo que se debía decir o tratar. 12 Disimular o no darse por entendido de algo. 13 Desecar una cosa al sol o al aire. 14 Moverse, trasladarse de un lugar a otro. 15 *tr.* e *intr.* Trasladar algo de un lugar a otro. • U. t. c. prnl. 16 *tr.* e *intr.* Atravesar, cruzar de una parte a otra. 17 Ir más allá del punto que se indica o que se determina. 18 Transferir algo de un sujeto a otro. 19 *tr.* y *prnl.* Exceder, aventajar. 20 *intr.* Extenderse o comunicarse algo de unos a otros, como los contagios. 21 Convertirse una cosa en otra, mejorándose o empeorándose. 22 Tener lo necesario para vivir. 23 En algunos juegos de naipes, no participar en la jugada. 24 Dicho de una cosa inmaterial, tener movimiento o ir de una parte a otra. 25 Con la preposición *a* y los infinitivos de algunos verbos y con algunos sustantivos, proceder a la acción o lugar de lo que significan tales verbos o nombres: *Pasar a almorzar.* 26 Con referencia al tiempo, ocuparlo. 27 Ofrecerse ligeramente algo a la imaginación. 28 Seguido de la preposición *por* más adjetivo, ser tenido en concepto de: *Pasar por tonto.* 29 *intr.* y *prnl.* Cesar, acabarse algo: *Pasar el enojo.* 30 Con la preposición *sin* y algunos nombres, no necesitar la cosa significada por ellos. 31 *intr.* Ocurrir, acontecer, suceder. • U. s. en infinit., en ger., en part. y en 3.ª pers. 32 *prnl.* Tomar un partido contrario al que antes se tenía, o ponerse de la parte opuesta. 33 Olvidarse de algo. 34 Acabarse o dejar de ser. 35 Empezarse a pudrir las frutas, carnes o cosas semejantes. 36 Perderse en algunas cosas el tiempo de que logren su actividad en el efecto. 37 Excederse en algo, o usar de ello con demasía: *Pasarse de bueno; Pasarse de cortés.* 38 En ciertos juegos, hacer más puntos de los necesarios para ganar, y en consecuencia perder la partida. 39 Dicho de una cosa que encaja en otra, la asegura o cierra, que está floja o no alcanza el efecto que se busca.

pasarela 1 *f.* Puente pequeño o provisional. 2 Tarima por donde pasan los modelos en los desfiles de modas. 3 Prolongación del escenario, más o menos circular, en la que se muestran los artistas, en especial las bailarinas.

pasatiempo *m.* Entretenimiento del ocio.

pascal *m.* Fís Unidad de presión en el sistema internacional, equivalente a la presión uniforme que ejerce la fuerza de un newton sobre la superficie plana de un metro cuadrado. Símbolo: Pa.

pascua 1 *f.* Rel Tiempo desde la Navidad hasta el día de Reyes inclusive. • U. m. en pl. 2 *f.* Rel Conmemoración hebrea de la salida de Egipto. 3 Rel Fiesta solemne de la Iglesia católica en memoria de la resurrección de Cristo. Se celebra el primer domingo después del plenilunio del equinoccio de primavera. • En todas las acepciones suele escribirse con may. inic.

pascual 1 *adj.* Perteneciente o relativo a la Pascua. 2 Rel **tiempo** ~.

pase[1] *m.* Acción y efecto de pasar.

pase[2] 1 *m.* Permiso o licencia para usar un privilegio o favor. 2 Cada movimiento que hace con las manos un hipnotizador o un mago. 3 Permiso de conducir automóviles. 4 Dep En un juego o deporte, acción y efecto de pasar un balón, carta, etc., a un compañero de equipo.

pasear 1 *intr.* y *tr.* Andar por ejercicio o distracción. • U. t. c. prnl. 2 *intr.* y *prnl.* Ir con los mismos fines a caballo, en coche, barco, etc. 3 *tr.* Llevar a alguien o algo de una parte a otra.

paseo 1 *m.* Acción y efecto de pasear o pasearse. 2 Lugar público apropiado para pasear. 3 Distancia corta.

paseriforme *adj.* y *f.* Zool Dicho de un ave, de pequeño tamaño, llamada generalmente pájaro. Tiene las alas bien desarrolladas y las patas provistas de cuatro dedos dispuestos para asirse, tres dirigidos hacia delante y uno hacia atrás, el pulgar; su alimentación es amplia, hay especies granívoras, insectívoras y omnívoras.

pasifloráceo, a *adj.* y *f.* Bot Dicho de una planta, angiosperma dicotiledónea, trepadora, originaria de países cálidos, principalmente de América del Sur, con hojas alternas, sencillas o compuestas, flores regulares, casi siempre pentámeras, solitarias o en racimos, y fruto en baya, o capsular con muchas semillas, como la granadilla.

pasillo 1 *m.* Pieza de paso larga y estrecha de un edificio o vivienda. 2 Folcl Aire musical de la región andina septentrional basado en una fórmula de acompañamiento compuesta de tres notas de distinta acentuación en este orden: larga, corta, acentuada.

pasión 1 *f.* Acción de padecer. 2 Lo contrario a la acción. 3 Sentimiento intenso que perturba el ánimo. 4 Inclinación o preferencia muy vivas por alguien o algo. 5 Rel Sufrimientos pasados por Cristo en los días anteriores a su muerte, narrados en los Evangelios. 6 Rel Sermón sobre estos padecimientos y muerte de Cristo que se predica el Jueves y Viernes Santo. • Se escribe con may. inic. en las acepciones 5 y 6.

pasionaria *f.* Planta de las pasifloráceas, como la granadilla, el maracuyá, la curuba, etc.

pasito 1 *adv. m.* Con gran cuidado: *Entra pasito para que no se despierten.* 2 En voz baja: *Habla pasito que te escucho perfectamente.*

pasitrote *m.* Aire más rápido que el paso y más cómodo que el trote, que adoptan, con frecuencia, los asnos, y, raras veces, las demás caballerías.

pasivo, va 1 *adj.* Dicho de un sujeto, que recibe la acción, por oposición al agente que la realiza. 2 Dicho de una persona, que deja obrar a otros y permanece inactiva. 3 Se aplica a la remuneración y al derecho de una persona a su obtención originados por los trabajos o servicios prestados anteriormente. 4 Gram Dicho de una construcción gramatical, que tiene un **sujeto** paciente. 5 Gram **oración** ~; **participio** ~; **voz** ~. 6 *m.* Econ Importe total de deudas y obligaciones que tiene una persona o entidad. || ~ **refleja** Gram Construcción verbal de significado pasivo que se forma con *se* y un verbo en voz activa: *Aquí se venden autos; Desde aquella ventana se ven las montañas.*

pasmado, da *adj.* Dicho de una persona, alelada, absorta o distraída.

pasmar 1 *tr.* y *prnl.* Ocasionar o causar suspensión de los sentidos y del movimiento. 2 *tr.* e *intr.* Asombrar con extremo. • U. t. c. prnl. 3 *prnl.* No desarrollarse una persona, un fruto o una acción, como debería.

pasmo 1 *m.* Admiración y asombro tan grandes que dejan como parada la razón y el habla. 2 **espasmo**.

paso 1 *m.* Movimiento de cada uno de los pies al andar. 2 Distancia recorrida en cada movimiento al andar. 3 Manera de andar. 4 Movimiento seguido con que se camina. 5 Forma de desplazarse un cuadrúpedo, levantando sus extremidades una tras otra. 6 Huella impresa al andar. 7 Escalón o peldaño. 8 Acción de pasar. 9 Sitio por donde se pasa de una parte a otra. 10 Licencia para pasar sin estorbo. 11 Adelantamiento o progreso en algo. 12 Diligencia, trámite. 13 Mudanza o postura de un baile. 14 Estrecho de mar. 15 Lugar de menor altitud en una cadena montañosa, generalmente una garganta o una depresión, por la cual se puede atravesar de un lugar a otro. 16 Distancia entre dos resaltes sucesivos en la hélice de un tornillo. 17 REL Hecho notable de la Pasión de Cristo. 18 Tránsito de las aves migratorias. || ~ **a nivel** Sitio en que un ferrocarril se cruza con otro camino del mismo nivel. ~ **de cebra** Lugar por el que se puede cruzar una calle y en el que el peatón o viandante tiene preferencia. Está señalizado mediante unas franjas blancas.

pasodoble *m.* FOLCL Baile español con ritmo de marcha y compás binario. A veces se canta.

paspartú *m.* Orla de cartón u otro material que se pone entre un dibujo, pintura o fotografía, etc., y su marco.

pasquín *m.* Escrito anónimo que se fija en un sitio público, con expresiones satíricas contra el gobierno, una persona o una entidad.

pasta 1 *f.* Masa hecha de una o diversas sustancias machacadas. 2 Masa trabajada con manteca, aceite, azúcar, huevo, etc., para hacer pasteles, empanadas, etc. 3 Masa de harina de trigo, de la que se hacen fideos, macarrones, canelones, etc. 4 Cubierta de los libros. 5 Pastilla medicinal.

pastaje *m.* **PASTURA.**

pastar 1 *tr.* Llevar el ganado al pasto. 2 *intr.* Pacer el ganado el pasto.

pastel 1 *m.* Masa de harina y manteca rellena de crema o dulce, y a veces de carne, fruta o pescado, que se cuece al horno. 2 Lápiz de materia colorante y agua de goma. 3 ART **pintura** al ~.

pastelería 1 *f.* Tienda donde se hacen o venden pasteles, pastas y otros dulces. 2 Arte de elaborarlos. 3 Conjunto de pasteles o pastas.

pastelero, ra *m.* y *f.* Persona que hace o vende pasteles.

pasteurización *f.* QUÍM Procedimiento al que se someten algunas bebidas, como la leche, el vino, etc., esterilizando las bacterias patógenas por medio de altas temperaturas, sin alterar su estructura o composición.

pastiche *m.* Imitación o plagio que consiste en tomar determinados elementos característicos de la obra de un artista y combinarlos, de forma que den la impresión de ser una creación independiente.

pastilla 1 *f.* Porción de diversas sustancias, de forma y tamaño variables: *Pastilla de jabón; Pastilla de chocolate.* 2 Artefacto de pequeño tamaño y forma generalmente cuadrangular, se emplea en la electrónica. 3 Porción pequeña y compacta de una sustancia medicinal. 4 Zapata, pieza renovable del freno de un vehículo automotor.

pastillaje *m.* Arte de decorar productos de repostería como pasteles y masas horneadas.

pastinaca *f.* Pez selacio marino, de color amarillento, vientre blanquecino y cola larga con aguijón venenoso. Vive en el Mediterráneo y las costas atlánticas.

pastizal *m.* Terreno de pastos abundantes.

pasto[1] 1 *m.* Acción de pastar. 2 Hierba que come el ganado en los terrenos donde crece. 3 Cualquier alimento que sirve de sustento al ganado. 4 Sitio en que pasta el ganado. 5 **CÉSPED.**

pasto[2] *adj.* y *s.* HIST De un pueblo amerindio que habitaba en la cordillera andina, repartido entre Colombia y Ecuador, en pequeñas comunidades agrícolas. De los pastos precolombinos se conservan cerámicas decoradas con incisiones y relieves, objetos de piedra (hachas) y joyas.

pastor, ra 1 *m.* y *f.* Persona que apacienta el ganado. 2 *m.* Sacerdote o prelado que tiene fieles encomendados, en especial el de la Iglesia protestante.

pastoral 1 *adj.* **PASTORIL.** 2 De los prelados. 3 LIT y MÚS Perteneciente o relativo a la poesía o música que describe la vida del campo. 4 *f.* LIT Drama bucólico, cuyos interlocutores son pastores y pastoras. 5 *m.* o *f.* Comunicación escrita que un obispo dirige a sus diocesanos. 6 REL Actividad que desarrolla toda la Iglesia, jerarquía y fieles, para trasmitir el mensaje de salvación.

pastorear *tr.* Llevar el ganado al campo y cuidarlo mientras pace.

pastorela 1 *f.* Tañido y canto sencillo y alegre a modo del que usan los pastores. 2 LIT Composición poética de los provenzales, especie de égloga o de idilio, que refiere el encuentro de un caballero y una pastora.

pastoril 1 *adj.* Propio de los pastores. 2 LIT **novela** ~.

pastoso, sa 1 *adj.* Que es suave y moldeable, como la masa. 2 Dicho de una voz, agradable al oído, sin resonancias metálicas. 3 Dicho de una cosa, espesa y pegajosa.

pastura 1 *f.* Pasto o hierba de que se alimentan los animales. 2 Sitio con pasto o hierba. 3 Derechos que se pagan por pastar el ganado.

pata 1 *f.* Pie y pierna de los animales. 2 Pieza de un mueble u objeto que le sirve de apoyo. 3 Hembra del pato. || ~ **de cabra** Palanca de uña hendida y encorvada que se usa para arrancar clavos.

patacón 1 *m.* Antigua moneda de plata de una onza. 2 Rebanada de plátano verde cortada de través, despachurrada y frita. 3 **PATADA.**

patada *f.* Golpe dado con el pie o con la pata.

patagio *m.* ZOOL Repliegue de la piel que forma las alas de los murciélagos.

patagón, na *adj.* y *s.* De la Patagonia o relacionado con los pueblos amerindios asentados en la Patagonia (**tehuelches**) y Tierra del Fuego (**onas**).

patalear 1 *intr.* Agitar las piernas. 2 Dar patadas en el suelo con rabia o enfado.

pataleta *f.* Manifestación desproporcionada de rabia o de nervios ante una contrariedad.

patán *adj.* y *m.* Grosero, ignorante.

patata *f.* **PAPA,** planta solanácea.

patatús 1 *m.* Desmayo, ataque de nervios. 2 Susto.

paté *m.* Pasta de carne o hígado picado, de ave o cerdo. Se come frío.

patear 1 *tr.* Dar golpes con los pies. 2 Echar violentamente hacia atrás una o ambas patas traseras un animal.

patena *f.* Platillo de oro o metal en el que se pone la hostia durante la misa.

patentar *tr.* Conceder u obtener una patente.

patente 1 *adj.* Manifiesto, visible, evidente. 2 *f.* Identificación de un vehículo automotor. || ~ **de corso** 1 Autorización que da un Estado a alguien para hacer el corso contra los enemigos de la nación. 2 Supuesta autorización para realizar actos prohibidos a los demás. ~ **de invención** DER Conjunto de derechos que se concede al inventor de un objeto o producto y por el cual tiene el poder exclusivo de fabricar, ejecutar, producir, utilizar o vender el objeto de la patente como explotación industrial y lucrativa.

patera *f.* Embarcación pequeña en la que se transportan inmigrantes ilegales.

paternal *adj.* Propio del afecto o actitud de padre.

paternalismo *m.* Tendencia a aplicar las formas de autoridad y protección propias del padre en la familia tradicional a relaciones sociales de otro tipo: políticas, laborales, etc.

paternidad *f.* Estado o circunstancia de ser padre.

pateta *m.* El diablo.

patético, ca *adj.* Que puede causar dolor, angustia o tristeza.

patibulario, ria 1 *adj.* Perteneciente o relativo al patíbulo. 2 Que por su aspecto o condición produce horror y espanto.
patíbulo *m.* Tablado o lugar donde se ejecuta la pena de muerte.
patilla 1 *f.* Porción de barba que se deja crecer por delante de cada oreja. 2 **SANDÍA**.
patín 1 *m.* Objeto consistente en una plancha adaptable a la suela del zapato, con una especie de cuchilla para patinar sobre hielo, o con ruedas para hacerlo sobre una superficie lisa y llana. 2 Calzado de punto, generalmente en forma de bota, que se pone a los bebés a modo de zapato o que usan las personas mayores para abrigarse los pies.
pátina 1 *f.* Especie de barniz verdoso que se forma en el bronce por acción de la humedad. 2 Tono apagado que con el tiempo adquieren los óleos y objetos antiguos. 3 Este mismo tono obtenido artificialmente.
patinador, ra 1 *adj.* y *s.* Que patina. 2 *m.* Mensajero, persona que lleva cartas y pequeños paquetes a su destinatario en breve tiempo.
patinaje 1 *m.* Acción y efecto de patinar. 2 DEP Práctica de este ejercicio como deporte. El realizado sobre hielo tiene dos modalidades: *artística* y de *velocidad*, que son olímpicas.
patinar 1 *intr.* Deslizarse con patines. 2 Deslizarse o resbalar las ruedas de un vehículo sin rodar y sin poder frenarlas. 3 Resbalar un elemento de un aparato mecánico, obstaculizando su funcionamiento.
patineta *m.* Juguete compuesto de una plancha con dos o tres ruedas, en cuyo extremo más estrecho se inserta una barra con manillar. Adquiere impulso apoyando a intervalos un pie en el suelo.
patio 1 *m.* Espacio cerrado con paredes o galerías, que queda al descubierto en el interior de las casas o los edificios. 2 En los teatros, planta baja que ocupan las butacas, platea.
pato, ta 1 *m.* y *f.* Ave anseriforme, de forma y tamaño variables, pico ancho y plano, cuello y patas cortas, y cuerpo rechoncho. Son nadadores, pero también hay especies buceadoras. 2 Recipiente para recoger la orina de la persona encamada.
patogenia *f.* MED Disciplina que estudia las causas y el desarrollo de las enfermedades.
patógeno, na 1 *adj.* MED Que origina o desarrolla enfermedades. 2 MED **germen** ~.
patojo, ja 1 *adj.* Que tiene las piernas o los pies torcidos. 2 *m.* y *f.* Niño, muchacho.
patología *f.* MED Parte de la medicina que estudia las enfermedades y los trastornos que se ocasionan en el organismo.
patraña *f.* Mentira, invención complicada.
patria *f.* Estado o nación en cuanto unidad histórica, a la que se sienten vinculados los nacidos en ella. || ~ **potestad** DER Concepto jurídico que remite a la relación paternofilial que tiene por núcleo el deber de los padres de criar y educar a sus hijos.
patriarca 1 *m.* Nombre dado en el Antiguo Testamento a los jefes de las tribus de Israel. 2 Título de los obispos de algunas iglesias ortodoxas, y también de prelados sin ejercicio ni jurisdicción.
patriarcado 1 *m.* Dignidad de patriarca, tiempo que dura, territorio en que gobierna y ejercicio de esta autoridad. 2 Organización social en que ejerce la autoridad un varón, jefe de cada familia y de todo el linaje.
patriciado 1 *m.* Conjunto o clase de los patricios. 2 HIST Dignidad o condición de patricio. Desde Constantino, esta dignidad se consideró propia de cónsules, generales o reyes.
patricio, cia 1 *adj.* y *s.* HIST Dicho de un descendiente de los primeros senadores romanos, que hacía parte de la clase social privilegiada, en oposición a los plebeyos. 2 *m.* Persona que por su nacimiento, riqueza o virtudes descuella entre sus conciudadanos.
patrilineal *adj.* Dicho de un tipo de organización social, basada en el predominio de la línea paterna, cuyos hijos llevan el apellido del padre o pertenecen a su clan; suele ir asociada a la transmisión por igual línea de los bienes materiales y privilegios sociales.
patrimonial 1 *adj.* Perteneciente o relativo al patrimonio. 2 Perteneciente o relativo a alguien por su patria, padre o antepasados. 3 LING Dicho de una palabra, que en su evolución ha seguido las leyes fonéticas correspondientes a su idioma.
patrimonio 1 *m.* Conjunto de bienes heredados. 2 Cualesquiera bienes propios. 3 Lo que constituye herencia común de una colectividad. || ~ **cultural inmaterial** POLÍT Conjunto de prácticas culturales reconocidas jurídicamente, que están relacionadas con los saberes heredados de los antepasados, tales como la tradición oral, los rituales y la artesanía tradicional. ~ **cultural material** POLÍT El que está conformado por lugares, piezas arqueológicas y obras artísticas que representan el pasado histórico de una comunidad.
patrio, tria 1 *adj.* Perteneciente o relativo a la patria. 2 Perteneciente o relativo al padre.
patriota *m.* y *f.* Persona que ama a su patria y procura su bien.
patriotero, ra *adj.* y *s.* Que alardea excesiva e inoportunamente de patriotismo.
patriotismo 1 *m.* Amor a la patria. 2 Sentimiento y conducta propios del patriota.
patrística *f.* REL Ciencia que tiene por objeto el conocimiento de la doctrina, obras y vidas de los santos padres.
patrocinar 1 *tr.* Amparar, favorecer. 2 Sufragar una empresa con fines publicitarios, un programa o espectáculo.
patrón, na 1 *m.* y *f.* Defensor, protector. 2 Miembro de un patronato. 3 Dueño o dueña de la casa donde uno se aloja u hospeda. 4 Persona que emplea y tiene a su cargo obreros en trabajos y oficios. 5 REL Santo o santa bajo cuya protección está una iglesia, ciudad, etc., o del que se lleva el nombre. 6 *m.* Modelo que se toma como referencia para medir o comparar otros de la misma especie. 7 Modelo físico exacto de una unidad de medida. 8 Persona que manda y dirige un pequeño buque mercante. 9 ECON Metal que se toma como tipo para la evaluación de la moneda en un sistema monetario. 10 Planta en que se hace un injerto. || ~ **oro** ECON Sistema monetario basado en la equivalencia establecida por ley, a tipo fijo, entre una moneda y una cantidad de oro de determinada calidad.
patronal 1 *adj.* Del patrono o del patronato. 2 *adj.* y *f.* Dicho de un grupo de empresarios, que se unen para defender sus intereses.
patronato 1 *m.* Derecho, poder o facultad del patrono. 2 Fundación de una obra pía.
patronímico, ca *adj.* y *m.* Dicho de un apellido, formado del nombre del padre: *Fernández, de Fernando.*
patrono, na 1 *m.* y *f.* Persona que tiene derecho o cargo de patronato. 2 **PATRÓN**.
patrulla 1 *f.* Grupo reducido de gente armada, o de aviones o barcos en misión de vigilancia o con algún servicio especial. 2 Grupo pequeño de personas, cuadrilla.
patrullar 1 *intr.* y *tr.* Rondar una patrulla. 2 Prestar servicio de patrulla.
patrullero, ra 1 *m.* y *f.* Persona que patrulla. 2 *adj.* y *f.* Dicho de una clase de lancha, que vigila costas con armamento ligero.

paují 1 *m.* Ave galliforme de plumaje negro con manchas blancas y pico grueso con un tubérculo grande encima. Vive en América del Sur. 2 Árbol leguminoso americano que se cultiva por las propiedades medicinales de sus frutos y del bálsamo extraído de su tronco.

paulatino, na *adj.* Que se produce lentamente.

pauperismo *m.* Existencia permanente de gran número de pobres en un país.

pauperizar *tr.* Empobrecer una población o país.

paupérrimo, ma *adj.* Superlativo irreg. de POBRE.

pausa 1 *f.* Breve interrupción de una actividad. 2 Lentitud, tardanza. 3 LING Silencio de duración variable que delimita un grupo fónico o una oración. 4 MÚS Breve intervalo en que se deja de cantar o tocar. 5 MÚS Signo de la pausa en la música escrita.

pausado, da 1 *adj.* Tranquilo, lento. 2 Que se hace o produce con calma, sin apresuramiento.

pauta[1] 1 *f.* Lo que sirve de guía, modelo o norma. 2 Raya o conjunto de ellas hechas en el papel, que sirven como guía para escribir.

pauta[2] *f.* En los medios de comunicación, disponibilidad comercial de espacio o de tiempo para la publicidad y la propaganda.

pautado *adj.* **papel ~.**

pautar[1] 1 *tr.* Rayar el papel con pautas. 2 Dar reglas o determinar el modo de ejecutar una acción.

pautar[2] 1 *tr.* Comprar una pauta publicitaria. 2 Anunciar, mediante publicidad, en un medio de comunicación.

pava 1 *f.* Recipiente de metal para calentar agua y cebar el mate. 2 Sombrero de mujer, de ala ancha. 3 Hembra del pavo.

pavada 1 *f.* Manada de pavos. 2 Sosería, insulsez.

pavana 1 *f.* Danza española, grave y seria, y de movimientos pausados. 2 MÚS Tañido de esta danza.

pavesa *f.* Partícula que se desprende de una materia incandescente, y acaba por convertirse en ceniza.

pávido, da *adj.* Lleno de pavor.

pavimentador, ra 1 *adj.* Que pavimenta. 2 *f.* Máquina remolcable para uniformar el espesor de los pavimentos.

pavimento *m.* Suelo, piso artificial.

pavo, va *m.* y *f.* Ave galliforme americana de más de 20 kg de peso y aprox. 1 m de alto; plumaje de color pardo con manchas blanquecinas en los extremos de las alas y de la cola; cabeza y cuello cubiertos de carúnculas rojas, así como la membrana eréctil que lleva encima del pico; lleva en el pecho un mechón de cerdas. En domesticidad hay variedades negras, rubias y blancas. || ~ **real** Ave galliforme asiática, de aprox. 70 cm de largo sin contar la cola, que alcanza el 1,5 m en el macho. Este tiene el plumaje azul y verde con irisaciones doradas, y un penacho sobre la cabeza. Las hembras son más pequeñas, de color ceniciento, y cola reducida.

pavonear *intr.* y *prnl.* Presumir de algo.

pavor *m.* Temor intenso, terror.

pavoroso, sa *adj.* Que causa pavor.

paya *f.* FOLCL Composición dialogada que improvisan y acompañan en la guitarra los payadores.

payada 1 *f.* Canto del payador. 2 Juicio espontáneo, sin fundamento.

payador, ra *adj.* y *m.* FOLCL Cantor popular errante que improvisa sus melodías con la guitarra.

payaso, sa 1 *m.* y *f.* Artista de circo o ambulante que hace reír con su traje, ademanes y dichos extravagantes. 2 Persona propensa a hacer reír a los demás o de poca seriedad.

paz 1 *f.* Tranquilidad y sosiego de espíritu. 2 Buena convivencia de unos con otros. 3 Temperamento tranquilo y sosegado. 4 DER **juez** de ~. 5 Pública tranquilidad de los Estados, en contraposición a la guerra o lucha. 6 Tratado o convenio que pone fin a una guerra. 7 REL Ceremonia que precede a la comunión en la celebración de la Eucaristía, y en la que los sacerdotes y los fieles se ofrecen mutuamente la paz como signo de reconciliación. 8 *f. pl.* Reconciliación, vuelta a la amistad o a la concordia.

pe *f.* Nombre de la letra *p*.

peaje 1 *m.* Pago efectuado por derecho de tránsito. 2 Lugar donde se recauda dicho derecho.

peal 1 *m.* Parte de la media que cubre el pie. 2 Media o calcetín sin pie, sujeto a este con una trabilla. 3 Cuerda o soga con que se amarran o traban las patas de un animal.

peatón, na *m.* y *f.* Persona que circula a pie.

pebete 1 *m.* Pasta hecha con polvos aromáticos, regularmente en figura de varilla, que encendida exhala un humo muy fragante. 2 Canutillo de pólvora para encender los fuegos artificiales.

pebetero *m.* Vaso con la cubierta agujereada, para quemar perfumes.

pebre 1 *m.* o *f.* Salsa de pimienta, ajo, perejil y vinagre. 2 Pimienta, especia. 3 *m.* Puré de patatas.

peca *f.* Mancha cutánea de color oscuro, que se intensifica con el sol y el aire.

pecado 1 *m.* REL Lo que quebranta la ley divina. 2 Lo que se aparta de lo recto y justo, o falta a lo debido. 3 Exceso, defecto o despilfarro. || ~ **capital** o **mortal** REL Según la doctrina católica, culpa que priva al ser humano de la vida espiritual de la gracia, y le hace enemigo de Dios y digno de la pena eterna. ~ **de comisión** REL Según la doctrina cristiana, obra, palabra o deseo que prohíbe la ley de Dios. ~ **de omisión** REL En el que se incurre dejando de hacer aquello a que alguien está obligado por ley moral. ~ **original** REL Según la doctrina cristiana, aquel en que es concebido el ser humano por descender de Adán y Eva. ~ **venial** REL Según la doctrina católica, el que levemente se opone a la ley de Dios.

pecador, ra *adj.* y *s.* Que peca o puede cometer pecado.

pecaminoso, sa 1 *adj.* Perteneciente o relativo al pecado o al pecador. 2 Dicho de las cosas, que están o parecen contaminadas de pecado.

pecar 1 *intr.* REL Quebrantar la ley de Dios. 2 Faltar a una obligación o regla. 3 Dejarse llevar por una afición, ceder a una tentación.

pecarí *m.* Mamífero artiodáctilo que puede alcanzar un metro de longitud, con las puntas de los caninos hacia abajo. Vive en América del Sur.

pecblenda *f.* GEO Mineral de uranio de composición compleja, en la que entran ordinariamente varios metales raros, como el radio.

pecera *f.* Recipiente de cristal que, lleno de agua, sirve para tener peces vivos.

pechera 1 *f.* Parte delantera y central de la camisa, que cubre el pecho. 2 Pedazo de piel forrado que se coloca en el pecho a las caballerías, para engancharlas al tiro.

pechero 1 *m.* BABERO. 2 PECHERA.

pechiche *m.* Mala crianza, mimo.

pechina 1 *f.* Concha semicircular con dos orejuelas laterales y catorce estrías radiales. Es la concha que como insignia distintiva llevaban los peregrinos. 2 ARQ Cada uno de los cuatro triángulos curvilíneos que forman el anillo de la cúpula con los arcos sobre los que estriba.

pechirrojo *m.* Ave paseriforme cuyo plumaje del pecho es rojizo.

pecho 1 *m.* ANAT TÓRAX, parte del cuerpo, desde el cuello hasta el vientre. 2 Lo exterior y anterior de esta parte. 3 Cada una de las mamas de la mujer, o ambas. 4 En los cuadrúpedos, parte del tronco entre el cuello y las patas anteriores. 5 MÚS Cualidad de la voz, o su duración, y sostenimiento para cantar.

pechuga *f.* Pecho del ave, que está como dividido en dos.

peciolado, da 1 *adj.* BOT Perteneciente o relativo al pecíolo. 2 BOT **hoja** ~.

pecíolo (Tb. peciolo) *m.* BOT Apéndice delgado que en casi todas las dicotiledóneas une la hoja al tallo o a las ramas. A través de él penetran los haces vasculares del tallo en la hoja. En la mayoría de las monocotiledóneas desaparece y la hoja alarga su parte basal, con la que envuelve el tallo.

pécora 1 *f.* Res o cabeza de ganado lanar. 2 Persona mala y astuta.

pecoso, sa *adj.* Con pecas, o lleno de pecas.

pectina *f.* QUÍM Polisacárido complejo presente en las paredes celulares de los vegetales, especialmente en las frutas, que se utiliza como espesante en las industrias alimentaria, farmacéutica y cosmética.

pectoral 1 *adj.* Perteneciente o relativo al pecho. 2 *adj.* y *m.* ANAT Dicho de dos músculos, situados en la parte anterior del tórax. 3 MED Que es útil o beneficioso para el pecho: *Jarabe pectoral.*

pectosa *f.* QUÍM Sustancia parecida a la pectina que aparece unida a la celulosa en la membrana de las células vegetales; es insoluble en el agua y se disuelve fácilmente en los álcalis diluidos.

pecuario, ria *adj.* Perteneciente o relativo al ganado.

peculado *m.* DER Delito que consiste en el hurto de caudales del erario, hecho por aquel a quien está confiada su administración.

peculiar *adj.* Propio o característico.

pecuniario, ria *adj.* Del dinero efectivo.

pedagogía *f.* Ciencia de la educación y la enseñanza. Estudia las condiciones de recepción de los conocimientos, los contenidos y su evaluación, el papel del educador y del alumno en el proceso educativo, y los objetivos de este.

pedagógico, ca 1 *adj.* Perteneciente o relativo a la pedagogía. 2 Expuesto con claridad; que sirve para educar o enseñar.

pedagogo, ga 1 *m.* y *f.* Persona que se dedica a la educación y enseñanza, o experto en pedagogía. 2 Maestro, educador.

pedal 1 *m.* Palanca que pone en movimiento un mecanismo, accionándola con el pie. 2 MÚS Mecanismo que se gobierna con los pies y que en algunos instrumentos, como el piano, el arpa o el órgano sirve para modificar el sonido. 3 MÚS En la armonía, sonido prolongado sobre el cual se suceden diferentes acordes.

pedalear *intr.* Mover los pedales.

pedante *adj.* y *s.* Dicho de una persona, engreída y que se complace en alardear de conocimientos.

pedantería 1 *f.* Actitud del pedante. 2 Dicho o hecho pedante.

pedazo 1 *m.* Parte o porción de algo separada del todo. 2 Parte de un todo físico o moral.

pederasta *m.* Persona que comete pederastia.

pederastia *f.* Abuso sexual cometido con niños.

pedernal *m.* GEO Variedad de sílex con muy pequeñas cantidades de agua y alúmina, compacto, lustroso y por lo general de color gris amarillento. Da chispas por frotamiento, y afila y pule.

pedestal *m.* Cuerpo macizo que sostiene una columna, estatua, etc.

pedestre 1 *adj.* Que se hace a pie: *carrera pedestre.* 2 Vulgar, inculto.

pediatría MED Especialidad médica que trata del desarrollo del niño y de sus enfermedades.

pedicelo *m.* BIOL Columna carnosa que sostiene el sombrerillo de las setas.

pedículo 1 *m.* BIOL Soporte o pie de un órgano. 2 MED Elemento estrecho que une una formación anormal, por ejemplo una verruga o un tumor, al órgano o tejido correspondiente.

pedicuro, ra *m.* y *f.* Especialista en las afecciones cutáneas córneas de los pies.

pedido, da 1 *m.* y *f.* Petición. 2 *m.* Encargo hecho a un fabricante o vendedor.

pedigrí 1 *m.* Genealogía de un animal de raza. 2 Documento en que consta.

pedigüeño, ña *adj.* y *s.* Que pide con frecuencia e importunidad.

pedipalpo *m.* ZOOL Cada uno de los apéndices que, en número de dos y simétricamente dispuestos, poseen los arácnidos en el cefalotórax.

pedir 1 *tr.* Decir a alguien que dé o haga algo. 2 Requerir, exigir algo como conveniente. 3 Poner precio a lo que se vende. 4 Querer, desear, apetecer. 5 Hablar con los padres o parientes de una mujer para que la concedan en matrimonio. • Vb. irreg. conjugación modelo. V. anexo El verbo.

pedo *m.* Ventosidad expulsada por el ano.

pedofilia *f.* Atracción erótica o sexual que una persona adulta siente hacia los niños o adolescentes.

pedogénesis *f.* GEO **EDAFOGÉNESIS.**

pedología *f.* GEO Disciplina que estudia la estructura de los suelos, su formación y sus propiedades físicas y químicas.

pedón *m.* GEO Cuerpo más pequeño del suelo que se emplea como criterio básico para la descripción de un horizonte.

pedrada 1 *f.* Acción de arrojar con impulso una piedra. 2 Golpe dado con la piedra tirada y señal que deja.

pedrea 1 *f.* Acción de apedrear o apedrearse. 2 Lucha a pedradas.

pedregal *m.* Terreno cubierto de piedras.

pedregoso, sa *adj.* Dicho de un terreno, con piedras.

pedrería *f.* Conjunto de piedras preciosas.

pedrisco 1 *m.* Piedra o granizo grueso y abundante. 2 Multitud de piedras sueltas.

pedrusco *m.* Pedazo de piedra sin labrar.

pedúnculo 1 *m.* BOT Tallito que sostiene la flor o el fruto de las plantas. 2 ZOOL Prolongación del cuerpo mediante la cual están fijos al suelo algunos animales de vida sedentaria, como los percebes.

pega 1 *f.* Acción de pegar una cosa contra otra. 2 Sustancia que sirve para ello. 3 Pregunta capciosa o difícil de contestar.

pegado, da 1 *adj.* Vinculado por afecto o interés a alguien o algo. 2 Dicho de una prenda de vestir, que luce muy ajustada al cuerpo.

pegajoso, sa 1 *adj.* Que se pega espontáneamente con lo que se pone en contacto. 2 Que se contagia o transmite con facilidad. 3 Que se pega con facilidad en la memoria.

pegamento *m.* **PEGANTE**, sustancia para pegar.

pegamoscas *f.* Planta herbácea de las cariofiláceas, de cáliz cubierto de pelos pegajosos en los que se pegan los insectos.

pegante 1 *m.* Sustancia que se utiliza para pegar o adherir dos o más superficies. 2 **cinta** ~.

pegar 1 *tr.* y *prnl.* Adherir una cosa con otra con goma, pega, etc. 2 Pasar algo a otro por contacto, trato, etc., contagiar. 3 Dar golpes. 4 *tr.* Unir una cosa con otra, atándola o cosiéndola. 5 Arrimar una cosa a otra sin dejar espacio entre ambas. 6 Con algunos nombres, hacer lo que significan: *Pegar saltos.* 7 Maltratar con golpes. 8 *intr.* Asir o prender. 9 Armonizar una cosa con otra. 10 Estar una cosa próxima o contigua a otra.

11 Dar o tropezar en algo con fuerte impulso. 12 Incidir intensamente la luz o el sol en una superficie. 13 *tr.* e *intr.* Arraigar una planta. 14 *prnl.* Quemarse un guiso por haberse adherido a la cazuela.

pegote 1 *m.* Emplasto pegajoso. 2 Cualquier cosa que está espesa y se pega. 3 Persona pesada por su asiduidad.

peinado 1 *m.* Forma de peinarse, arreglo del cabello. 2 Operación de selección de fibras, previa al hilado.

peinador, ra 1 *adj.* y *s.* Que peina. 2 TOCADOR, mueble con espejo. 3 *f.* En la industria textil, máquina que realiza la operación de peinado de las fibras.

peinar 1 *tr.* y *prnl.* Desenredar o arreglar el cabello. 2 *tr.* Desenredar o limpiar el pelo o la lana de los animales o de las fibras vegetales. 3 Rastrear minuciosamente un territorio diversas personas en busca de alguien o de algo.

peine 1 *m.* Utensilio de madera, concha u otra materia, con muchas púas o dientes espesos, con el que se desenreda, alisa y arregla el pelo. 2 Cualquier pieza de forma o función similar.

peineta *f.* Peine alto y convexo que se usa como adorno o para sujetar el peinado o la mantilla.

peinilla 1 *f.* Peine corto de dos hileras opuestas de dientes. 2 Peine alargado y angosto de una sola hilera de dientes. 3 Especie de machete.

peladero *m.* Terreno desprovisto de vegetación.

pelado, da 1 *adj.* Sin pelo. 2 Que no tiene piel. 3 Que carece de lo que naturalmente lo adornaba, cubría o rodeaba. 4 Escueto, sin añadidos. 5 *adj.* y *s.* Sin dinero, pobre. 6 *m.* y *f.* Acción y efecto de pelar o cortar el cabello. 7 *m.* Zona desprovista de lo que le es propio.

peladura 1 *f.* Acción y efecto de pelar o descortezar algo. 2 Monda, cáscara.

pelágico, ca 1 *adj.* ECOL Dicho de un conjunto de ambientes, propios de los mares y lagos. 2 ECOL Dicho de un conjunto de organismos vivos, que viven en estos ambientes. 3 ECOL Dicho de un organismo marino, que vive en zonas alejadas de la costa, a diferencia de los neríticos.

pelaje *m.* Naturaleza y calidad del pelo o de la lana de un animal.

pelambre *m.* Conjunto de pelo en todo el cuerpo, o en parte de él.

pelar 1 *tr.* y *prnl.* Cortar, arrancar, quitar o raer el pelo. 2 *tr.* Despellejar un animal; quitar las plumas a un ave, o la piel, corteza, vaina, etc., a una fruta o vegetal. 3 Desvalijar, quitar los bienes a alguien. 4 *prnl.* Perder el pelo. 5 Desprenderse la piel por exceso del sol, o por rozadura.

peldaño *m.* Cada una de las partes de un tramo de escalera, que sirve para apoyar el pie al subir o bajar por ella.

pelea 1 *f.* Combate, batalla. 2 Riña particular, sin armas. 3 Riña de animales.

pelear 1 *intr.* y *prnl.* Batallar, combatir con armas. 2 Reñir sin armas o solo de palabra. 3 Luchar los animales entre sí. 4 Estar en oposición las cosas unas a otras. 5 *prnl.* Enfadarse, enemistarse una persona con otra.

pelecaniforme *adj.* y *f.* ZOOL Dicho de un ave, acuática buceadora, de gran tamaño, con los cuatro dedos unidos por una membrana, pico grande y fuerte, alas anchas y con un pliegue cutáneo en las mandíbulas que les sirve de buche, como los pelícanos y los cormoranes.

pelele 1 *m.* Muñeco de figura humana hecho de paja o trapos. 2 Persona simple y fácil de dominar por los demás.

peleón, na *adj.* Pendenciero, camorrista.

peletería 1 *f.* Oficio de curtir las pieles o de hacer con ellas prendas, forros, adornos, etc. 2 Comercio de pieles finas y conjunto de ellas.

peliagudo, da *adj.* Difícil de resolver.

pelícano *m.* Ave pelecaniforme con plumaje blanco y pico muy largo y ancho, que en la mandíbula inferior lleva una membrana grande, la cual forma una especie de bolsa donde deposita los alimentos.

película 1 *f.* Piel delgada y delicada. 2 Telilla o capa delgada que se forma sobre cualquier cosa. 3 CIN Obra cinematográfica. 4 CIN y FOT Cinta de celuloide sobre la que se extiende una emulsión fotosensible, en la que se impresionan imágenes fotográficas o cinematográficas.

peligrar *intr.* Estar en peligro.

peligro 1 *m.* Riesgo o contingencia inminente de que suceda algún mal. 2 Obstáculo u ocasión en que aumenta la inminencia del daño.

peligroso, sa 1 *adj.* Que implica peligro. 2 Dicho de una persona, que puede dañar o cometer actos violentos.

pella *f.* Masa de cualquier materia de forma redondeada y muy apretada.

pellejo 1 *m.* Piel de un animal, generalmente separada del cuerpo. 2 Cuero curtido con la lana o el pelo. 3 Piel de algunas frutas.

pelliza *f.* Prenda de abrigo forrada de pieles finas.

pellizcar 1 *tr.* y *prnl.* Coger entre el pulgar y otro dedo un poco de piel y carne, y apretar de forma que cause dolor. 2 *tr.* Asir y herir levemente una cosa. 3 Tomar o quitar una pequeña cantidad de una cosa.

pellizco 1 *m.* Acción y efecto de pellizcar. 2 Señal que deja.

pelmazo, za *m.* y *f.* Persona pesada, lenta y fastidiosa.

pelo 1 *m.* CABELLO. 2 ZOOL Filamento cilíndrico, sutil, de naturaleza córnea, que nace y crece entre los poros de la piel de casi todos los mamíferos y de algunos otros animales de distinta clase. 3 ZOOL Conjunto de estos filamentos. 4 BOT Vello que tienen algunas frutas como los melocotones, en la cáscara o el pellejo, y algunas plantas en hojas y tallos. 5 Cualquier hebra delgada de lana, seda u otra cosa semejante. 6 Cualquier cosa mínima o de poca importancia o entidad.

pelón, na 1 *adj.* y *s.* Que no tiene pelo o tiene muy poco. 2 *f.* ALOPECIA.

pelota 1 *f.* Bola u objeto de forma esférica, generalmente de materia blanda, con la que se practican diversos juegos y deportes. 2 Bola de materia blanda que se amasa fácilmente. 3 DEP BÉISBOL. 4 *m. pl.* Testículos.

pelotear 1 *intr.* Jugar a la pelota por entretenimiento. 2 Arrojar algo de una parte a otra.

pelotero, ra 1 *m.* y *f.* DEP Jugador de béisbol. 2 *f.* Riña, pelea.

pelotón *m.* Pequeña unidad de infantería a las órdenes de un cabo o de un sargento.

pelta *f.* Escudo ligero usado por los griegos.

peltado, da *adj.* Que está armado con escudo.

peltre *m.* Aleación de cinc, plomo y estaño.

peluca *f.* Cabellera postiza.

peluche 1 *m.* Felpa, tela aterciopelada. 2 Juguete hecho de este tejido.

peludo, da *adj.* Que tiene mucho pelo.

peluquear *tr.* y *prnl.* Cortar el pelo.

peluquería 1 *f.* Establecimiento donde trabaja el peluquero. 2 Oficio de peluquero.

peluquero, ra *m.* y *f.* Persona que tiene por oficio el cuidado y arreglo del cabello, o hacer o vender pelucas y postizos.

peluquín *m.* Peluca pequeña, bisoñé.

pelusa 1 *f.* Vello muy tenue de la cara o de algunas frutas. 2 Pelo menudo que se desprende de las telas. 3 Aglomeración de polvo y otras materias que se forma debajo de los muebles.

pelviano, na 1 *adj.* ANAT Perteneciente o relativo a la pelvis. 2 ANAT **cintura** ~.

pelvis *f.* ANAT Cavidad del cuerpo de los mamíferos, situada en la parte posterior del tronco, inferior en el ser humano, y en cuya formación entran los huesos sacro, coxis e innominados.

pena[1] 1 *f.* Castigo por un delito o falta impuesto por autoridad legítima. 2 Gran sentimiento de tristeza o aflicción. 3 Dolor, padecimiento físico. 4 **LÁSTIMA.** 5 **VERGÜENZA.** || ~ **capital** DER Homicidio legal que se impone en algunos países a los autores de determinados delitos. **so** ~ Bajo la pena o el castigo adecuado. **valer la** ~ Ser importante algo o estar bien empleado el trabajo que cuesta.

pena[2] *f.* Cada una de las plumas mayores del ave, situadas en las extremidades de las alas o en el arranque de la cola.

penacho 1 *m.* Grupo de plumas en la parte superior de la cabeza de algunas aves. 2 Adorno de plumas en los cascos, morriones, tocados, etc. 3 Lo que tiene esta forma o figura.

penal 1 *adj.* Perteneciente o relativo a la pena o que la incluye. 2 DER Perteneciente o relativo a las leyes, instituciones o acciones destinadas a perseguir crímenes. 3 *m.* Lugar en donde los penados cumplen condenas superiores a las de arresto.

penalidad *f.* Trabajo molesto, aflicción, incomodidad.

penalista *adj.* y *s.* Especialista en derecho penal.

penalizar *tr.* Imponer alguna sanción o castigo.

penalti *m.* DEP En fútbol, balonmano, hockey, etc., falta grave cometida por un equipo dentro del área de gol. Se castiga con un tiro libre desde corta distancia, con la única defensa del portero.

penar 1 *tr.* Imponer pena. 2 Señalar la ley el castigo para un acto u omisión. 3 *intr.* Sufrir, padecer un dolor o pena. 4 *prnl.* Afligirse, acongojarse.

penca 1 *f.* BOT Hoja, o tallo en forma de hoja, craso o carnoso, de algunas plantas, como la de la pita. 2 BOT Nervio principal y pecíolo de las hojas de ciertas plantas, como la acelga, el cardo, la lechuga, etc.

pendejo, ja *adj.* y *s.* coloq. Cobarde, pusilánime, estúpido.

pendencia *f.* Contienda, riña.

pender *intr.* Estar colgada o suspendida una cosa.

pendiente 1 *adj.* Que pende. 2 Inclinado, en declive: *Terreno pendiente.* 3 Que está por resolverse o terminarse. 4 Atento, preocupado por algo que se espera o sucede. 5 *m.* Joya o adorno que se cuelga en el lóbulo de la oreja o en la nariz. 6 *f.* Cuesta o declive de un terreno. 7 Inclinación de las armaduras de los techos para el desagüe. 8 Cociente que relaciona la variación vertical con la variación horizontal entre dos puntos de una recta. || ~ **de una recta** GEOM Tangente del ángulo que forma esta recta con el plano horizontal.

péndola 1 *f.* Cada una de las varillas verticales que sostienen el piso de un puente colgante. 2 Cada uno de los maderos de un faldón de armadura que van desde la solera a la lima.

pendón *m.* Bandera o estandarte.

pendular *adj.* Perteneciente o relativo al péndulo o propio de él: *Movimiento pendular.*

péndulo 1 *m.* Varilla o varillas metálicas con un contrapeso en su parte inferior y que con sus oscilaciones regula el movimiento de algunos relojes de pared y de sobremesa. 2 FÍS Cuerpo suspendido de un eje situado por encima de su centro de gravedad y que puede girar libremente en torno a él.

pene *m.* ANAT Órgano masculino de la copulación y de las funciones urinarias.

penetración 1 *f.* Acción y efecto de penetrar. 2 Perspicacia, agudeza.

penetrante 1 *adj.* Que penetra. 2 Dicho de una voz, sonido, etc., elevado y agudo.

penetrar 1 *tr.* Introducir un cuerpo en otro por sus huecos o poros. 2 Introducirse en lo interior de un espacio, aunque haya dificultad. 3 Hacerse sentir con violencia el frío, los gritos, etc. 4 *tr.* e *intr.* Comprender el interior de alguien o algo dificultoso. • U. t. c. prnl.

peniano, na 1 *adj.* Perteneciente o relativo al pene. 2 ZOOL **hueso** ~.

penicilina *f.* FARM Antibiótico extraído de los cultivos del hongo *Penicillium notatum* que se emplea para combatir ciertas enfermedades de origen bacteriano.

penillanura *f.* GEO Meseta originada por la erosión de una región montañosa.

península *f.* GEO Tierra cercada de agua, y que solo por una parte relativamente estrecha está unida y tiene comunicación con otra tierra de extensión mayor.

peninsular 1 *adj.* y *s.* De una península. 2 *adj.* Perteneciente o relativo a una península.

penitencia 1 *f.* Acto de mortificación interior o exterior. 2 Ejercicio con que alguien procura la mortificación de sus pasiones y sentidos. 3 REL Sacramento por el cual el sacerdote perdona los pecados en nombre de Cristo. 4 REL Pena que impone el confesor al penitente como expiación del pecado pecado. 5 REL Virtud que consiste en el dolor de haber pecado y el propósito de no pecar más. 6 Castigo simbólico que en ciertos juegos debe cumplir quien ha perdido.

penitenciaría 1 *f.* Cargo y dignidad de penitenciario. 2 Cárcel, prisión.

penitenciario, ria *adj.* Perteneciente o relativo a la cárcel y a su régimen o sus servicios.

penitente 1 *adj.* Perteneciente o relativo a la penitencia. 2 *m.* y *f.* Persona que hace penitencia. 3 En las procesiones, persona que viste túnica en señal de penitencia.

penoso, sa 1 *adj.* Que causa pena, trabajoso. 2 Que padece una aflicción o pena. 3 *m.* y *f.* **TÍMIDO.**

pensador, ra 1 *adj.* y *s.* Que piensa. 2 *m.* y *f.* Persona dedicada a estudios muy elevados y profundos.

pensamiento 1 *m.* Facultad de pensar. 2 Acción y efecto de pensar. 3 Cosa pensada. 4 Conjunto de ideas propias de alguien o de una colectividad. 5 Cada una de las ideas o sentencias notables de un escrito. 6 Proyecto, intención. 7 **libertad** de ~. 8 Planta violácea de jardín, con flores de corola irregular formada por cinco pétalos, cuatro superiores, imbricados y dirigidos hacia arriba, y el interior dirigido hacia abajo. || ~ **crítico** FIL Habilidad en la que se desarrolla una actitud reflexiva sobre la realidad a fin de elaborar teorías y argumentos que la expliquen de manera lógica y racional.

pensar 1 *tr.* Formar y relacionar ideas y conceptos. 2 Meditar, reflexionar. 3 Discurrir, tramar, inventar. 4 *tr.* e *intr.* Tener intención de hacer algo. • Vb. irreg. conjug. c. **acertar.** V. anexo El verbo.

pensativo, va *adj.* Que está absorto en sus pensamientos.

pensil (Tb. pénsil) *adj.* Pendiente o colgado en el aire.

pensión 1 *f.* Suma de dinero que periódicamente y de forma vitalicia se paga por razón de jubilación. 2 Suma de dinero que periódicamente, de forma vitalicia o temporal, se paga por razón de incapacidad, orfandad o viudez. 3 Beca, ayuda pecuniaria para estudios. 4 Renta anual que se impone sobre una finca.

5 Casa donde se reciben huéspedes, u hotel de categoría inferior.

pensionado, da 1 *adj.* y *s.* Que tiene o cobra una pensión. 2 *m.* INTERNADO.

pensionar 1 *tr.* Conceder una pensión. 2 Imponer una pensión.

pénsum *m.* PLAN de estudios.

pentáculo *m.* Estrella de cinco puntas que se forma de un solo trazo y que en algunas culturas se interpreta como un talismán.

pentaedro *m.* GEOM Poliedro de cinco caras.

pentágono, na *adj.* y *m.* GEOM Dicho de un polígono, que tiene cinco lados.

pentagrama *m.* MÚS Conjunto de cinco líneas paralelas y equidistantes sobre las que se escriben las **notas** musicales. Cada línea y espacio entre ellas representa un tono diferente. Al principio se coloca la clave, que indica el tono asignado a una de las líneas, a partir del cual se leen las otras notas. Como la octava tiene doce tonos y el pentagrama solo tiene líneas y espacios para las siete notas, se utilizan los símbolos adicionales del **bemol** (*b*) y el **sostenido** (#). El compás se indica en el pentagrama inicial junto a la clave. Las líneas verticales (líneas de compás) separan las distintas unidades métricas o compases.

pentámero, ra 1 *adj.* BOT Dicho de un órgano vegetal, que consta de cinco piezas. 2 *adj.* y *m.* ZOOL Dicho de un insecto, coleóptero que tiene cinco artejos en cada tarso.

pentano *m.* QUÍM Hidrocarburo de fórmula CH_3—$(CH_2)_3$—CH_3, líquido, incoloro e inflamable.

pentatlón *m.* DEP Especialidad olímpica compuesta de cinco pruebas. El pentatlón masculino consta de carreras de 200 y 1500 m, lanzamiento de jabalina y disco y salto de longitud. El femenino, de 200 m lisos, carrera de vallas, salto de altura y de longitud, y lanzamiento de peso.

pentatónico, ca *adj.* MÚS Dicho de una escala musical, que está conformada por la sucesión de cinco notas o sonidos.

pentecostal 1 *adj.* Perteneciente o relativo al Pentecostés. 2 REL **iglesias** ~es.

pentecostés 1 *m.* REL Fiesta cristiana que conmemora la venida del Espíritu Santo sobre los apóstoles cincuenta días después de la Pascua. 2 REL Fiesta judía que conmemora la promulgación de la Ley en el Sinaí. • En las dos acepciones suele escribirse con may. inic.

pentosa *f.* QUÍM Azúcar que posee en su molécula cinco átomos de carbono. Es muy abundante en la naturaleza y las principales son la ribosa y la desoxirribosa.

pentotal *m.* FARM Droga cuyo origen es el ácido barbitúrico, empleada como anestésico en las operaciones quirúrgicas.

penúltimo, ma *adj.* y *s.* Inmediatamente anterior al último.

penumbra 1 *f.* Sombra débil entre la luz y la oscuridad. 2 ASTR En los eclipses, sombra parcial que hay entre los espacios enteramente oscuros y los enteramente iluminados.

penuria *f.* Escasez, falta de las cosas más precisas o de alguna de ellas.

peña 1 *f.* Piedra grande, según la produce la naturaleza. 2 Monte o cerro peñascoso. 3 Grupo de amigos o camaradas.

peñascal *m.* Sitio cubierto de peñascos.

peñasco 1 *m.* Peña grande y elevada. 2 ANAT Porción del hueso temporal que encierra el oído interno.

peñol *m.* PEÑÓN.

peñón 1 *m.* Peña grande y escarpada. 2 Monte peñascoso.

peón, na 1 *m.* y *f.* Obrero no especializado que realiza trabajos materiales. 2 Cada una de las ocho piezas, blancas o negras, de importancia menor del ajedrez. 3 TROMPO, juguete de madera.

peor 1 *adj.* Que es más malo que aquello con lo que se le compara. • Comparativo de superioridad de *malo*. 2 *adv.* Más mal, o de manera más mala o inadecuada: *Baila peor que tú.*

pepa 1 *f.* Semilla de algunas frutas, como el melón, la pera, etc. 2 Canica para jugar.

pepinillo *m.* Variedad de pepino de pequeño tamaño, en adobo.

pepino 1 *m.* Planta herbácea de las cucurbitáceas, de tallos rastreros, hojas pecioladas, flores amarillas y fruto pulposo en pepónide. 2 Fruto de esta planta.

peplo *m.* En la Grecia antigua, túnica amplia y sin mangas que llevaban las mujeres, sujeta al hombro mediante un broche.

pepónide *m.* BOT Tipo de fruto carnoso de epicarpio coriáceo, a veces endurecido, formado a partir del receptáculo que envuelve el mesocarpio, con una cavidad central tapizada de numerosas semillas, como en la sandía.

péptido *m.* BIOQ Sustancia orgánica procedente de la descomposición incompleta de los albuminoides. Es un polímero de aminoácidos que se encuentra en la mayoría de los tejidos vivos.

pequeñez 1 *f.* Cualidad de pequeño. 2 Nimiedad, cosa sin importancia.

pequeño, ña 1 *adj.* De poco tamaño, edad, extensión o altura. 2 Nimio, de poca importancia. 3 *m.* y *f.* Niño. • Su comparativo de superioridad es *menor*.

pequeñoburgués, sa *adj.* y *s.* De la pequeña **burguesía**.

pequinés *s.* y *adj.* Perro procedente de China, de cabeza ancha, hocico corto, escasa altura y pelo largo.

per cápita (Tb. percápita) 1 Por cabeza, individualmente. 2 ECON **renta** ~.

pera *f.* Fruto del peral; variedad de pomo de forma cónica, abultado en el extremo opuesto al pedúnculo.

peral *m.* Árbol de las rosáceas, de hojas pecioladas, flores blancas en corimbos terminales y por fruto la pera.

peraltado, da *adj.* Que forma peralte.

peralte 1 *m.* En las carreteras, vías férreas, etc., mayor elevación de la parte exterior de una curva, en relación con la interior. 2 Lo que en la altura de un arco, bóveda o armadura excede al semicírculo.

percal *m.* Tela de algodón y ligamento de tafetán.

percance *m.* Contratiempo, perjuicio imprevisto.

percatar *intr.* y *prnl.* Advertir, darse cuenta.

percebe *m.* Crustáceo con caparazón compuesto de cinco piezas y un pedúnculo carnoso con el cual se adhiere a los peñascos de las costas.

percentil *m.* Valor ponderado que resulta de dividir un conjunto de datos estadísticos en cien partes de igual frecuencia.

percepción 1 *f.* Acción y efecto de percibir. 2 Sensación interior que resulta de una impresión material hecha en los sentidos. 3 FIL Conocimiento a la vez acto y resultado de las facultades de conocer que se asimilan al objeto y dan cuenta de él. || ~ **extrasensorial** Adquisición de información por medios no sensoriales, pero sí de apariencia sensorial, como la telepatía, la clarividencia, la adivinación, etc.

perceptible 1 *adj.* Que se puede comprender o percibir. 2 Que se puede recibir o cobrar.

perceptor, ra *adj.* y *s.* Que percibe.

percha 1 *f.* Madera o estaca larga y delgada que sirve para sostener algo. 2 Pieza o mueble con ganchos que se coloca pegado a una pared o en lo alto de un trípode, para colgar vestidos, sombreros, etc.

perchero 1 *m.* Conjunto de perchas o lugar en que las hay. 2 Mueble con perchas.

percherón, na *adj.* y *s.* Dicho de un caballo o una yegua, que pertenece a una raza francesa muy fuerte y corpulenta.

percibir 1 *tr.* Recibir algo y encargarse de ello. 2 Recibir impresiones por los sentidos. 3 Comprender o conocer algo.

perciforme *adj.* y *m.* ZOOL Dicho de un pez, teleósteo, con una o dos aletas dorsales, la primera con fuertes radios espinosos, como el pez loro y el mero.

perclorato *m.* QUÍM Sal derivada del ácido perclórico que constituye el grado superior de oxidación de la serie clórica.

perclórico *adj.* QUÍM Dicho de un ácido, en el que el cloro actúa con su mayor valencia. Es un líquido soluble en agua y alcohol, muy tóxico. Se utiliza en la fabricación de explosivos, como reactivo de laboratorio, etc. Es el más fuerte de los ácidos. Fórmula: $HClO_4$.

percolación *m.* Acción y efecto de percolar.

percolar *intr.* Moverse los líquidos a través de un medio poroso.

percudir *tr.* Penetrar la suciedad en alguna cosa, deslustrar.

percusión 1 *f.* Acción y efecto de percutir. 2 FÍS Producto de la intensidad de una fuerza por el tiempo que dura su acción, el cual caracteriza, por ejemplo, la violencia del choque de dos cuerpos. 3 MÚS **instrumentos** de ~.

percutir *tr.* Golpear, dar repetidos golpes.

percutor 1 *m.* Pieza que golpea en una máquina y que mediante esta acción inicia un trabajo mecánico. 2 Pieza que hace detonar el cebo del cartucho en las armas de fuego.

perdedor, ra *adj.* y *s.* Que pierde.

perder 1 *tr.* Dejar de tener, o no hallar, algo que se poseía. 2 Desperdiciar o malgastar algo. 3 Verse privado de alguien querido a causa de su muerte. 4 No conseguir lo que se espera, desea o ama. 5 Ocasionar un daño a las cosas, desmejorándolas o desluciéndolas. 6 Ocasionar a alguien ruina o daño en la honra o en la hacienda. 7 Salirse poco a poco el contenido de un recipiente. 8 Padecer un daño o una disminución en lo material, inmaterial o espiritual. 9 Junto con algunos nombres, como *respeto* o *cortesía,* faltar a la obligación de lo que significan o hacer algo en contrario. 10 *tr.* e *intr.* Quedar vencido en una batalla, juego, oposición, pleito, etc. 11 Decaer del concepto, crédito o estimación en que se estaba. 12 *intr.* Dicho de una tela, desteñirse, bajar de color cuando se lava. 13 *tr.* y *prnl.* No aprovecharse algo que podía y debía ser útil, o aplicarse mal para otro fin. 14 *prnl.* Errar alguien el camino o rumbo que llevaba. 15 No hallar modo de salir de una dificultad. 16 Entregarse ciegamente a los vicios. 17 Borrarse la ilación en un discurso. 18 Amar mucho o con ciega pasión a alguien o algo. • Vb. irreg. conjug. c. **entender**. V. anexo El verbo.

perdición 1 *f.* Acción de perder o perderse. 2 Grave daño material o espiritual. 3 Pasión desenfrenada. 4 Condenación eterna. 5 Inmoralidad, vicio.

pérdida 1 *f.* Privación de lo que se poseía. 2 Daño o menoscabo que se recibe en una cosa. 3 Cantidad o cosa perdida. 4 Escape de algún fluido. 5 *f. pl.* MED Flujo, especialmente sanguíneo, procedente de la matriz.

perdido, da 1 *adj.* Que no tiene o no lleva un destino determinado. 2 *m.* y *f.* Persona viciosa y de costumbres libertinas.

perdigón *m.* Cada uno de los granos de plomo que forman la munición de caza.

perdiguero, ra 1 *adj.* De las perdices o de su caza. 2 *s.* y *adj.* Perro de color blanco con manchas negras, y orejas grandes y caídas, muy apreciado para la caza.

perdiz *f.* Ave galliforme de unos 38 cm de longitud, cuerpo grueso, cabeza pequeña, plumaje ceniciento y cuello con manchas negras. Su carne es muy apreciada.

perdón 1 *m.* Acción y efecto de perdonar. 2 Indulgencia, remisión de los pecados.

perdonar 1 *tr.* Renunciar a obtener satisfacción o venganza de una ofensa recibida, o dejar de exigir una deuda. 2 Excusar de una obligación.

perdulario, ria 1 *adj.* y *s.* Muy descuidado en su persona o en sus bienes. 2 Vicioso, disipado.

perdurable 1 *adj.* Perpetuo, que dura siempre. 2 Que dura mucho tiempo.

perdurar *intr.* Durar mucho, continuar, persistir.

perecear *tr.* Retardar, diferir algo por flojedad, negligencia o pereza.

perecedero, ra 1 *adj.* Que ha de perecer o acabarse. 2 Poco durable.

perecer *intr.* Dejar de existir, morir. • Vb. irreg. conjug. c. **agradecer**. V. anexo El verbo.

peregrinación *m.* Acción y efecto de peregrinar.

peregrinar 1 *intr.* Recorrer tierras extrañas. 2 Ir de romería a un santuario por devoción o por voto.

peregrino, na 1 *adj.* y *s.* Dicho de una persona, que por devoción o por voto viaja a algún santuario. 2 *adj.* Que anda por tierras extrañas. 3 Extraño, raro o pocas veces visto.

perejil *m.* Planta herbácea de hasta 70 cm de altura, con tallos ramificados y hojas pecioladas y aromáticas, que se usan como condimento.

perendengue *m.* Cualquier adorno de poco valor.

perengano, na *m.* y *f.* Voz para aludir a una persona cuyo nombre se ignora.

perenne 1 *adj.* Perpetuo, incesante. 2 BOT Dicho de una planta, que vive más de dos años.

perennidad *f.* Cualidad de perenne.

perentorio, ria 1 *adj.* Urgente, apremiante. 2 Concluyente, decisivo. 3 Dicho de un plazo, que es el último que se concede, o de la resolución final que se toma en cualquier asunto.

pereque *m.* Molestia, impertinencia.

perestroika *f.* POLÍT Proceso de reforma del sistema político, económico y social de la antigua URSS, impulsado por M. Gorbachov desde 1985 hasta su dimisión en 1991. Implicaba una apertura hacia la democratización de la sociedad y la descentralización de la gestión de la economía.

pereza 1 *f.* Falta de ganas de hacer algo que supone algún esfuerzo. 2 Lentitud o descuido en las acciones o los movimientos.

perezoso, sa 1 *adj.* y *s.* Que tiene o siente pereza. 2 Que se levanta tarde de la cama, o lo hace sin ganas. 3 *m.* Mamífero desdentado arborícola de cabeza pequeña, pelaje pardo y patas con garras robustas. Es de andar muy lento; vive en la América tropical. 4 *f.* **TUMBONA**. || ~ **gigante** PALEONT **MEGATERIO**.

perfección 1 *f.* Acción y efecto de perfeccionar o perfeccionarse. 2 Cualidad de perfecto.

perfeccionar 1 *tr.* y *prnl.* Acabar enteramente algo, dándole el mayor grado de bondad o excelencia. 2 Mejorar una cosa en calidad.

perfeccionismo *m.* Tendencia a mejorar indefinidamente un trabajo sin decidirse a considerarlo acabado.

A B C D E F G H I J K L M N Ñ O P Q R S T U V W X Y Z

perfecto, ta 1 *adj.* Que tiene todas las cualidades propias de su naturaleza y condición. 2 Completo, acabado. 3 GRAM Dicho de un tiempo verbal, que indica acción acabada.

perfidia *f.* Deslealtad, traición.

pérfido, da *adj.* y *s.* Desleal, infiel, traidor.

perfil 1 *m.* Contorno, línea que limita cualquier cuerpo. 2 Postura en que solo se ve una de las dos mitades laterales del cuerpo. 3 Aspecto peculiar o característico de algo que se presenta ante la vista o la mente. 4 GEO Corte vertical de los distintos horizontes que componen un suelo. 5 GEO Representación gráfica de dicho corte en la que se señalan las características físicas de los horizontes. 6 GEOM Figura que representa un cuerpo cortado real o imaginariamente por un plano vertical. 7 Barra metálica obtenida por laminación, forja, etc., cuya sección transversal puede tener forma de te, de doble te, cuadrada, redonda, rectangular, etc.

perfilar 1 *tr.* Dar, presentar el perfil o sacar los perfiles a una cosa. 2 Afinar, completar con esmero algo. 3 *prnl.* Colocarse de perfil. 4 Empezar a verse algo con aspecto definido.

perforación 1 *f.* Acción y efecto de perforar. 2 Agujero hecho con máquinas o instrumentos perforadores. 3 MED Rotura de las paredes del intestino, estómago, etc.

perforador, ra *adj.* y *s.* Que perfora.

perforar *tr.* Agujerear, horadar.

performance (Voz ingl.) *m.* TEAT Espectáculo en el que se combinan artes como la danza, la música y el teatro, y en el que se improvisa y busca el contacto directo con el espectador.

perfumar 1 *tr.* y *prnl.* Aromatizar una cosa quemando materias olorosas. 2 Esparcir perfume. 3 *intr.* Exhalar perfume, fragancia.

perfume 1 *m.* Sustancia volátil, líquida o sólida, que desprende olor agradable. 2 Olor que exhalan las sustancias aromáticas. 3 Sustancia aromática.

perfumería 1 *f.* Arte de fabricar perfumes. 2 Tienda donde se venden perfumes.

pergamino 1 *m.* Piel de la res, debidamente tratada, que sirve para escribir en ella y para otros usos. 2 Documento escrito en pergamino.

pérgola *f.* Armazón para sostener plantas emparradas, formando una galería o jardín.

perianto *m.* BOT Envoltura típica de la flor, formada por dos verticilos de hojas florales, el cáliz y la corola.

periastro *m.* ASTR Punto de la órbita de un astro más próximo de otro alrededor del cual gira.

pericardio *m.* ANAT Envoltura membranosa que rodea el corazón.

pericarditis *m.* MED Inflamación aguda o crónica del pericardio.

pericarpio *m.* BOT Parte exterior del fruto de las plantas, que cubre las semillas. Está constituido por tres capas: epicarpio, mesocarpio y endocarpio.

pericia *f.* Habilidad, experiencia, destreza en una ciencia o arte.

periciclo *m.* BOT Parte externa del tallo y de la raíz. Puede estar constituido o no por una capa de células diferenciadas.

periclitar 1 *intr.* Estar en peligro. 2 Decaer, declinar.

perico 1 *m.* Nombre que se da a diferentes aves psitaciformes arbóreas, similares a los loros, pero de menor tamaño. 2 Café con un poco de leche en taza pequeña.

peridotita *f.* GEO Roca ígnea de textura granulosa que forma el manto terrestre y aparece acompañada de minerales metálicos, como el cromo y el platino.

periferia 1 *f.* Contorno de una figura curvilínea. 2 Espacio que rodea un núcleo cualquiera. 3 Conjunto de los barrios exteriores de las ciudades, por oposición al centro.

periférico, ca 1 *adj.* Perteneciente o relativo a la periferia. 2 *m.* INF Tipo de dispositivo, como unidad de disco, impresora, módem, etc., que está conectado a una computadora y es controlado por su microprocesador.

perífrasis *f.* **CIRCUNLOCUCIÓN.** || ~ **verbal** LING Unidad verbal que funciona como núcleo del predicado. Está formada por un verbo en forma personal, al que le sigue otro verbo en infinitivo, gerundio o participio; entre estas formas verbales puede aparecer una preposición o una conjunción: *Tenemos que viajar a Portugal; Nunca volví a temer a las alturas; En Hamburgo sigue nevando.*

perigeo *m.* ASTR Punto de la órbita de un astro que se halla a la distancia más corta de la Tierra.

periglaciar *adj.* GEO Dicho de un tipo de erosión y de un relieve, que resultan de la acción del hielo.

perigonio *m.* BOT Envoltura externa de las flores homoclamídeas, formada por un verticilo simple o doble de hojas florales coloreadas o tépalos, como en los lirios.

perihelio *m.* ASTR Punto en que un planeta se halla más cerca del Sol.

perilla 1 *f.* Adorno en figura de pera. 2 Porción de pelo que se deja crecer en la punta de la barba. 3 **PICAPORTE** para cerrar las puertas y las ventanas.

perímetro 1 *m.* Contorno de una superficie. 2 GEOM Contorno de una figura.

perineo *m.* ANAT Zona anatómica, de forma romboidal, entre el ano y las partes sexuales.

perinola *f.* Peonza pequeña que baila cuando se hace girar rápidamente con dos dedos un manguillo que tiene en la parte superior.

periodicidad *f.* Cualidad de periódico.

periódico, ca 1 *adj.* Que sucede o se hace con regularidad y frecuencia. 2 FÍS Dicho de un fenómeno, que todas sus fases se repiten permanentemente según determinados intervalos de tiempo. 3 MAT Dicho de una fracción decimal, que tiene periodo. 4 QUÍM tabla ~ de los **elementos**; **sistema** ~. 5 *adj.* y *m.* Dicho de una publicación impresa, de periodicidad regular, especialmente diaria, con noticias o informaciones.

periodismo 1 *m.* Profesión y estudios del periodista. 2 Cualquier actividad relacionada con la selección, clasificación y elaboración de la información que se transmite a través de los medios de comunicación de masas.

periodista *m.* y *f.* Profesional que ejerce el periodismo.

periodístico, ca *adj.* Perteneciente o relativo a los periódicos y los periodistas: *Lenguaje, estilo periodístico.*

periodo (Tb. período) 1 *m.* Tiempo que algo tarda en volver al estado o la posición que tenía al principio. 2 Espacio de tiempo que incluye toda la duración de algo. 3 Serie de años durante la cual tiene lugar una determinada manifestación de la actividad humana. 4 ASTR Tiempo que tarda un fenómeno periódico planetario o estelar en recorrer todas sus fases, como el que emplea la Tierra en su movimiento alrededor del Sol. 5 FÍS Magnitud característica de todo fenómeno físico que se repite regularmente, como las oscilaciones de un péndulo o las ondas electromagnéticas, luminosas o sonoras. Se define como el tiempo que transcurre entre dos estados iguales del mismo fenómeno. 6 FISIOL **MENSTRUACIÓN.** 7 GRAM Conjunto de oraciones que, enlazadas unas con otras gramaticalmente, adquieren sentido completo. 8 MAT Cifra o grupo de cifras que se repiten indefinidamente, después del cociente entero, en las divisiones inexactas. 9 MED Tiempo que duran ciertos fenómenos que se observan en el curso de las enfermedades. 10 QUÍM Cada una de las siete divisiones horizontales de la tabla periódica de los **elementos**. || ~ **de oscilación** FÍS Tiempo en el que se hace una **oscilación completa**. ~ **de una función** MAT Número real T, tal que el valor de una función f en el punto x coincida con el valor de la función en el punto $x + T$, es decir, $f(x) = f(x + T)$.

periodoncia *f.* MED Parte de la odontología que se ocupa de las enfermedades del tejido que rodea la raíz de los dientes.

peripatético, ca 1 *adj.* y *s.* FIL Seguidor de la filosofía o doctrina de Aristóteles. 2 Ridículo, extravagante.

peripatetismo *m.* FIL Doctrina filosófica de Aristóteles.

peripecia *f.* Suceso imprevisto o mudanza repentina de situación que cambia el rumbo de los acontecimientos.

periplo 1 *m.* Viaje o recorrido con regreso al punto de partida. 2 **CIRCUNNAVEGACIÓN**. 3 Obra antigua en que se cuenta un viaje de circunnavegación.

periscopio *m.* ÓPT Instrumento óptico compuesto de un sistema de espejos, lentes y prismas, instalado en un tubo que permite ver objetos situados por encima del campo visual del observador; como el de los submarinos.

perisodáctilo *adj.* y *m.* ZOOL Dicho de un mamífero, placentario caracterizado por tener dedos en número impar, por lo menos en las extremidades abdominales, y terminados en pesuños, estando el dedo central más desarrollado que los demás, como el tapir, el rinoceronte y el caballo.

peristáltico, ca *adj.* FISIOL Dicho de un movimiento, que causa la contracción normal y fisiológica del estómago y de los intestinos, produciendo unas oscilaciones por las cuales se impulsan de arriba abajo las materias contenidas en el tubo digestivo.

peristilo 1 *m.* ARQ Lugar rodeado de columnas. 2 ARQ Galería de columnas que rodea un edificio o parte de él.

peritaje 1 *m.* Informe que resulta del estudio o trabajo de un perito. 2 Estudios o carrera de perito.

perito, ta 1 *adj.* y *s.* Experto o hábil en una ciencia o arte. 2 *m.* y *f.* Ingeniero técnico. 3 Persona que informa, bajo juramento, al juzgador sobre puntos litigiosos en cuanto se relacionan con su especial saber o experiencia.

peritoneo *m.* ANAT Membrana serosa que reviste la cavidad abdominal y los órganos en ella contenidos.

peritonitis *f.* MED Inflamación del peritoneo.

perjudicar *tr.* y *prnl.* Ocasionar daño material o moral.

perjudicial *adj.* Que perjudica o puede perjudicar.

perjuicio *m.* Efecto de perjudicar o perjudicarse.

perjurar 1 *intr.* y *prnl.* Jurar en falso. 2 *intr.* Jurar mucho o por vicio.

perjurio 1 *m.* Juramento en falso. 2 Quebrantamiento del juramento hecho.

perla 1 *f.* Concreción brillante, dura, generalmente esférica y de color claro, que se forma en ciertos moluscos, en especial en las ostras, y que es muy apreciada en joyería. Se forma como un mecanismo de defensa del animal ante la penetración de un cuerpo extraño entre el manto y la concha; al recubrirlo de capas concéntricas de calcita, aísla al intruso. 2 FARM Especie de píldora, hueca o llena de alguna sustancia medicinal o alimenticia. 3 Cosa muy especial en su clase.

perlesía *f.* MED Debilidad muscular acompañada de temblor.

perlífero, ra *adj.* Que produce o contiene perlas.

perlocutivo, va *adj.* LING Dicho de un acto de habla, que se define en función del efecto que produce en el receptor: *Callarse cuando alguien pide silencio es un acto de habla perlocutivo.*

permafrost *m.* GEO Capa de suelo circumpolar situada a cierta profundidad, que permanece helada a lo largo de todo el año.

permanecer *intr.* Mantenerse sin cambio en un mismo lugar, estado o cualidad. • Vb. irreg. conjug. c. **agradecer**. V. anexo El verbo.

permanencia 1 *f.* Duración firme, perseverancia, estabilidad. 2 Estancia en un lugar o sitio.

permanganato *m.* QUÍM Sal formada por la combinación del ácido derivado del manganeso con una base. El de potasio se usa como desinfectante. Otros se utilizan como oxidantes, conservadores para madera y agentes blanqueadores.

permeabilidad 1 *f.* Cualidad de permeable. 2 GEO ~ **edáfica**. || ~ **magnética** FÍS Cociente de dividir la inducción por el poder imanador de un campo magnético.

permeable 1 *adj.* Que puede ser penetrado por el agua u otro fluido. 2 Que se deja influir por la opinión de los demás. 3 FÍS Dicho de un cuerpo, que puede ser atravesado por una radiación o por las líneas de fuerza de un campo magnético.

permeancia *f.* FÍS Relación entre el flujo de un circuito magnético y la fuerza magnetomotriz que lo ha producido. Es inversa a la reluctancia.

pérmico, ca *adj.* y *m.* GEO Dicho de un periodo, último del Paleozoico, posterior al Carbonífero, entre hace 280 y 225 millones de años. Surgieron los Apalaches y los Urales, y todas las masas continentales se unieron en una sola, llamada Pangea. La vida marina invertebrada floreció en los cálidos mares interiores. En tierra firme aparecieron los antecesores de los dinosaurios. • Se escribe con may. inic. c. s.

permisivo, va *adj.* Que manifiesta excesiva tolerancia.

permiso 1 *m.* Licencia o consentimiento para hacer o decir algo. 2 Autorización para cesar temporalmente en un trabajo, servicio u obligación.

permitir 1 *tr.* y *prnl.* Autorizar a alguien para que pueda hacer o decir algo, o no impedir algo, teniendo la posibilidad de hacerlo. 2 *tr.* Hacer posible alguna cosa. 3 *prnl.* Tener los medios o tomarse uno la libertad de hacer algo.

permuta *f.* Acción y efecto de permutar.

permutación 1 *f.* Acción y efecto de permutar. 2 MAT Cada una de las ordenaciones posibles de los elementos de un conjunto finito.

permutar 1 *tr.* Cambiar una cosa por otra, sin que en el cambio entre dinero, a no ser el necesario para igualar el valor de las cosas cambiadas. 2 Variar la disposición o el orden de las cosas.

pernera *f.* Parte del pantalón que cubre cada pierna.

pernicioso, sa *adj.* Gravemente dañoso y perjudicial.

pernil *m.* Anca y muslo del animal, especialmente del cerdo.

perno *m.* Pieza metálica, cilíndrica, alargada, que por un extremo termina en una cabeza y en el otro tiene una rosca en que se atornilla una tuerca.

pernoctar *intr.* Pasar la noche fuera del propio domicilio.

pero[1] *m.* BOT **PERAL**.

pero[2] 1 *conj. advers.* Expresa oposición o contradicción de un concepto a otro enunciado anteriormente; también lo limita o lo amplía: *No es muy ágil, pero se esfuerza mucho; El dinero no nos hace felices, pero ayuda.* 2 Se emplea a principio de cláusula para dar énfasis o fuerza de expresión a lo que se dice: *Pero ¿vas a comerte todo eso?* 3 *m.* Defecto o dificultad: *Siempre pone algún pero a todo lo que se le pide.*

perogrullada *f.* Verdad que por sabida es tontería y simpleza decirla.

perol *m.* Vasija semiesférica de metal, que sirve para guisar.

A B C D E F G H I J K L M N Ñ O P Q R S T U V W X Y Z

peroné *m.* ANAT Hueso largo y delgado de la pierna, detrás de la tibia, con la cual se articula.
peronismo *m.* POLÍT Movimiento político argentino surgido en 1945 tras la subida al poder de Juan Domingo Perón.
peroración *f.* Acción y efecto de perorar.
perorar *intr.* Hablar coloquialmente como si se estuviera pronunciando un discurso.
perorata *f.* Discurso o razonamiento molesto e inoportuno.
peróxido *m.* QUÍM Compuesto químico cuya molécula contiene el grupo —O—O. En la serie de los óxidos es el que tiene la mayor cantidad posible de oxígeno. || ~ **de hidrógeno** QUÍM Líquido incoloro e inestable, soluble en el agua y en el alcohol, de múltiples aplicaciones, y cuya fórmula es H_2O_2. Se conoce comúnmente con el nombre de agua oxigenada.
perpendicular *adj.* GEOM Dicho de una línea o un plano, que forma ángulo recto con otra línea o con otro plano.
perpetrar *tr.* Cometer o consumar un delito o culpa grave.
perpetuar 1 *tr.* y *prnl.* Hacer perpetuo o perdurable algo. 2 Dar a las cosas una larga duración.
perpetuidad *f.* Duración sin fin.
perpetuo, tua *adj.* Que dura siempre o un tiempo ilimitado.
perplejidad *f.* Irresolución, confusión, duda.
perra *f.* **PERRO**.
perrero, ra 1 *adj.* y *s.* Dicho de una persona, que es aficionada a tener o criar perros. 2 *m.* Empleado encargado de recoger los perros abandonados o sin licencia. 3 Persona que cuida perros. 4 *f.* Lugar o sitio donde se guardan o encierran los perros.
perro, rra *m.* y *f.* ZOOL Mamífero carnívoro de los cánidos, de tamaño, forma y pelaje muy diversos, según las razas. Es el animal doméstico más antiguo que se conoce, muy inteligente y muy leal al ser humano, y con un marcado carácter social. Los restos más antiguos de perros domesticados se remontan a unos 10 000 años atrás, aunque se cree que el proceso de domesticación comenzó mucho antes.
perruno, na *adj.* Perteneciente o relativo al perro.
persa 1 *adj.* y *s.* De Persia, hoy Irán, o relacionado con este país asiático. 2 *m.* LING Grupo de lenguas y dialectos del tronco iranio. El persa moderno o farsi es la lengua nacional de Irán y cooficial de Afganistán.
per se (Loc. lat.) Por sí mismo.
persecución 1 *f.* Acción de perseguir. 2 Por antonomasia, cada una de las crueles y sangrientas que ordenaron algunos emperadores romanos contra los cristianos. 3 Instancia enfadosa y continua con que se acosa a uno. 4 DEP Carrera ciclista en la que los corredores, enfrentados individualmente o por equipos, intentan eliminar la distancia que los separa partiendo de puntos opuestos del velódromo.
perseguir 1 *tr.* Seguir al que huye con ánimo de alcanzarle. 2 Seguir a alguien por todas partes, importunándole. 3 Hacer sufrir a alguien, infligirle daño. 4 Tratar de alcanzar algo con insistencia o molestia. • Vb. irreg. conjug. c. **decir**. V. anexo El verbo.
perseverar *intr.* Mantenerse constante en una actitud, opinión, etc.
persiana *f.* Especie de celosía, contraventana, etc., formada de tablillas fijas o movibles de forma que dejen paso al aire y no al sol.
pérsico, ca *adj.* **PERSA**, relativo a Persia.
persignar 1 *tr.* y *prnl.* Hacer la señal de la cruz. 2 *prnl.* Manifestar, haciéndose cruces, admiración o extrañeza.
persistir 1 *intr.* Mantenerse firme o constante en algo. 2 Durar por largo tiempo.
persona 1 *f.* Individuo de la especie humana. 2 GRAM Accidente gramatical por el cual el verbo y el pronombre pueden variar para referirse a la persona que habla, a aquella a quien se habla o a la persona o cosa de que se habla. || ~ **jurídica** DER Entidad que sin tener existencia individual física es, no obstante, capaz de derechos y obligaciones, como las corporaciones, sociedades, asociaciones y fundaciones. **primera** ~ GRAM La que habla de sí misma en el discurso: *Yo entiendo; Nosotros entendemos.* **segunda** ~ GRAM Aquella a quien se dirige el discurso: *Tú entiendes/Vos entendés; Vosotros entendéis/Ustedes entienden.* **tercera** ~ GRAM La que designa, en el discurso, lo que no es ni primera ni segunda persona: *Él entiende; Ellos entienden/Ustedes entienden.*
personaje 1 *m.* Persona importante o afamada. 2 Cada uno de los entes humanos, sobrenaturales o simbólicos, que toman parte en la acción de una obra literaria, película, etc.
personal 1 *adj.* Perteneciente o relativo a la persona o propio y particular de ella. 2 De una o para una sola persona. 3 GRAM **forma no** ~; **forma** ~; **pronombre** ~. 4 INF **computador** ~. 5 *m.* Conjunto de personas que pertenecen a un mismo organismo o trabajan en una misma empresa.
personalidad 1 *f.* Conjunto de cualidades que constituyen a la persona. 2 Persona destacada en una actividad o en el ambiente social. 3 PSIC Conjunto de las características cognoscitivas, afectivas, volitivas y físicas particulares de una persona. || ~ **jurídica** DER Conjunto de atributos jurídicos tales como el nombre, la nacionalidad y el estado civil.
personalismo 1 *m.* Adhesión a alguien o a las tendencias que él representa, especialmente en política. 2 Tendencia a subordinar el interés común con miras personales. 3 FIL Doctrina filosófica según la cual lo más importante es la persona humana en su totalidad.
personalizar 1 *tr.* Referirse a alguien determinado. 2 Incurrir en personalismo, favoritismo o egoísmo. 3 GRAM Usar como personales algunos verbos que generalmente son impersonales; por ejemplo: *Hasta que Dios amanezca; Anochecimos en Caracas.*
personería 1 *f.* Cargo o ministerio de personero. 2 Aptitud legal para intervenir en un negocio o para comparecer en juicio.
personero *m.* Procurador para entender o solicitar negocios ajenos.
personificar 1 *tr.* Atribuir acciones o cualidades propias de una persona a los animales o cosas inanimadas o abstractas. 2 Atribuir a una persona determinada un suceso, sistema, opinión, etc.
perspectiva 1 *f.* GEOM Arte de representar en una superficie los objetos, en la forma y disposición con que aparecen a la vista desde un punto determinado. 2 GEOM Obra o representación ejecutada con este arte. 3 GEOM Principios geométricos utilizados para realizar dicha representación. 4 Conjunto de objetos, especialmente lejanos, que desde un punto determinado se presentan a la vista del espectador. 5 Forma favorable o desfavorable con que se enfocan las cosas que se prevén para el futuro.
perspicacia *f.* Cualidad de perspicaz.
perspicaz *adj.* Dicho del ingenio o de una persona, agudo y sagaz.
persuadir *tr.* y *prnl.* Convencer a alguien con razones para que haga o crea algo.
persuasión 1 *f.* Acción y efecto de persuadir o persuadirse. 2 Juicio que se forma en virtud de un fundamento. 3 Capacidad de persuadir.

pertenecer 1 *intr.* Ser algo propiedad de alguien. 2 Ser una cosa parte integrante de otra o formar parte una persona de alguna sociedad o corporación. • Vb. irreg. conjug. c. **agradecer**. V. anexo El verbo.

pertenencia 1 *f.* Acción o derecho que alguien tiene a la propiedad de algo. 2 Espacio o término que toca a alguien por jurisdicción o propiedad. 3 MAT Propiedad del elemento que está contenido en un conjunto. Su símbolo es $\in$; si el elemento *a* pertenece al conjunto *A*, se escribe $a \in A$; y si el elemento *a* no pertenece al conjunto *A*, se escribe $a \notin A$. 4 *f. pl.* Efectos personales que son propiedad de alguien.

pértiga *f.* Vara larga.

pertinaz 1 *adj.* Obstinado, terco, tenaz. 2 Muy duradero o persistente.

pertinente 1 *adj.* Perteneciente o relativo a algo. 2 Oportuno, adecuado.

pertrechar 1 *tr.* Abastecer de pertrechos. 2 *tr.* y *prnl.* Preparar lo necesario para la ejecución de algo.

pertrechos 1 *m. pl.* Municiones, armas, máquinas, etc., necesarios para un ejército. • U. t. en sing. 2 Instrumentos necesarios para cualquier operación.

perturbación 1 *f.* Acción y efecto de perturbar o perturbarse. 2 ASTR Desviación de un astro de su órbita. 3 Interferencia que afecta a una señal de radiofrecuencias. || ~ **atmosférica** GEO Alteración del estado de la atmósfera al paso de una depresión.

perturbado, da *adj.* y *s.* Que tiene trastornadas las facultades mentales.

perturbar 1 *tr.* y *prnl.* Inmutar, trastornar el orden y concierto de las cosas. 2 Producir inquietud o intranquilidad a alguien. 3 *prnl.* Perder el juicio.

perversidad *f.* Suma maldad.

perversión 1 *f.* Acción y efecto de pervertir o pervertirse. 2 Estado de error o corrupción de costumbres.

perverso, sa *adj.* y *s.* Que causa daño intencionadamente.

pervertir 1 *tr.* y *prnl.* Viciar con malas doctrinas o ejemplos las costumbres, el gusto, etc. 2 *tr.* Perturbar el orden o estado de las cosas. • Vb. irreg. conjug. c. **sentir**. V. anexo El verbo.

pervivir *intr.* Seguir viviendo a pesar del tiempo y de las dificultades.

pesa 1 *f.* Pieza de determinado peso, que sirve para comprobar y medir el que tienen otras cosas. 2 *f. pl.* DEP Pieza muy pesada que se emplea en halterofilia o para hacer gimnasia.

pesada 1 *f.* Acción de pesar. 2 Cantidad que se pesa de una vez.

pesadez 1 *f.* Cualidad de pesado. 2 Terquedad, impertinencia. 3 Molestia, fatiga.

pesadilla *f.* Ensueño angustioso y tenaz.

pesado, da 1 *adj.* Que pesa mucho. 2 Dicho de un sueño, profundo. 3 Molesto, impertinente. 4 Difícil de hacer mover o girar. 5 Aburrido, que no tiene interés. 6 Insufrible, que es difícil de soportar.

pesadumbre *f.* Disgusto, padecimiento físico o moral.

pésame *m.* Manifestación de condolencia hacia alguien, especialmente por el fallecimiento de algún familiar o allegado.

pesar[1] 1 *m.* Sentimiento o dolor que aflige el ánimo. 2 Dicho o hecho que causa sentimiento o disgusto. 3 Arrepentimiento por algo dicho o por alguna cosa mal hecha.

pesar[2] 1 *intr.* Tener peso o un peso determinado. 2 Tener mucho peso. 3 Valer, tener importancia o estimación. 4 Causar arrepentimiento o dolor. 5 *tr.* Determinar el peso o la masa de alguien o algo mediante un instrumento apropiado. 6 Considerar con atención algo.

pesca 1 *f.* Acción y efecto de pescar. 2 Oficio y arte de pescar. 3 Lo que se pesca o se ha pescado.

pescadería *f.* Sitio, puesto o tienda donde se vende pescado.

pescado *m.* Pez comestible sacado del agua por cualquiera de los procedimientos de pesca.

pescador, ra 1 *adj.* Que pesca. 2 *m.* y *f.* Persona que pesca por oficio o por afición.

pescante 1 *m.* Pieza saliente, sujeta a alguna parte, que sirve para sostener o colgar algo de ella. 2 En los carruajes, asiento exterior desde donde el cochero gobierna el vehículo.

pescar 1 *tr.* Sacar del agua peces u otros animales acuáticos mediante cualquier procedimiento. 2 **caña** de ~. 3 Sacar algo del fondo del mar, de un río o de un líquido. 4 Coger a alguien en una falta o error por sorpresa. 5 coloq. Coger, agarrar o tomar algo.

pescuezo 1 *m.* Parte del cuerpo de los animales desde la nuca hasta el tronco. 2 coloq. Cuello de las personas.

pesebre 1 *m.* Especie de cajón donde comen los animales. 2 Sitio destinado para este fin. 3 **BELÉN**, nacimiento.

pesebrera 1 *f.* Disposición u orden de los pesebres en las caballerizas. 2 Conjunto de ellos.

pesimismo 1 *m.* Propensión a ver y juzgar las cosas en su aspecto más desfavorable. 2 FIL Doctrina metafísica según la cual el mundo es irremisiblemente malo y, por consiguiente, todo en la naturaleza y en la vida del ser humano tiende a la producción y conservación del mal. Su principal representante es Schopenhauer (1788-1860).

pésimo, ma *adj.* Superlativo irreg. de **MALO**.

pesista *m.* y *f.* Deportista que practica el levantamiento de pesas.

peso 1 *m.* Fuerza con que un cuerpo es atraído por la Tierra. 2 El que por ley o convenio debe tener algo. 3 El de la pesa o conjunto de pesas que se necesitan para equilibrar en la balanza un cuerpo determinado. 4 Objeto que sirve para hacer presión o para equilibrar una carga. 5 Balanza u otro utensilio para pesar. 6 Entidad e importancia de algo. 7 Pesadumbre, disgusto. 8 DEP El que marcan en la báscula ciertos deportistas antes de una competición y con arreglo al cual se clasifican. 9 DEP Bola de hierro de un peso establecido que se lanza en determinados ejercicios atléticos. 10 FÍS Resultante de todas las acciones de la gravedad sobre las moléculas de un cuerpo, en virtud de la cual esta ejerce mayor o menor presión sobre la superficie en que se apoya. || ~ **atómico** QUÍM Relación entre la masa media por átomo de la composición nuclear natural de un elemento y 1/12 de la masa de un átomo del C12. ~ **bruto** El de un recipiente y su contenido. ~ **específico** FÍS Razón entre la masa de un volumen dado de un cuerpo o una sustancia y la masa de un volumen igual de agua a su máxima densidad, es decir a 4 °C. ~ **molecular** QUÍM Suma de los pesos atómicos que entran en la fórmula molecular de un compuesto. ~ **molecular-gramo** QUÍM **MOL**. ~ **neto** El de un cuerpo o una sustancia sin el del envase que lo contiene.

pespunte *m.* Costura con puntadas unidas que se hacen volviendo la aguja hacia atrás después de cada punto, para meter la hebra en el mismo sitio por donde pasó antes.

pesquería 1 *f.* Acción de pescar. 2 Sitio donde se pesca frecuentemente. 3 Trato o ejercicio de los pescadores.

pesquero, ra 1 *adj.* Perteneciente o relativo a la pesca. 2 Que pesca. 3 *m.* Barco de pesca.

pesquisa *f.* Indagación que se hace de algo para averiguarlo.

A B C D E F G H I J K L M N Ñ O P Q R S T U V W X Y Z

pestaña 1 *f.* Cada uno de los pelos del borde de los párpados. 2 Parte saliente y angosta en el borde de una cosa. 3 SOLAPA, de los libros.

pestañear *intr.* PARPADEAR.

peste 1 *f.* MED Enfermedad contagiosa y grave que causa gran mortandad en los seres humanos o en los animales. 2 MED Cualquier enfermedad que causa gran mortandad. 3 Mal olor. 4 coloq. Cualquier persona o cosa nociva o que puede ocasionar daño grave. || ~ **bubónica** o **negra** HIST y MED Epidemia que devastó Europa a mediados del s. XIV. Llegó a Europa desde China en 1348 y se expandió a gran velocidad por la mayoría de los países, transmitida por la rata negra y su pulga parásita. Desapareció de forma gradual después 1670, fecha del último brote en Inglaterra. En conjunto (Asia y Europa), sus víctimas se han estimado en 50-60 millones de personas. La población de algunos países quedó prácticamente aniquilada: en Inglaterra sucumbió casi la mitad de los habitantes, casi un tercio de la Corona de Aragón, etc.

pesticida *m.* Producto utilizado para controlar o destruir las plagas de parásitos de los animales o vegetales.

pestilencia *f.* Mal olor.

pestillo 1 *m.* Pasador con que se asegura una puerta, corriéndolo a modo de cerrojo. 2 Pieza prismática que sale de la cerradura por la acción de la llave o a impulso de un muelle y entra en el cerradero.

pesto *m.* Salsa preparada con albahaca, ajo, aceite y queso que, por lo general, se usa para condimentar la pasta.

petaca 1 *f.* Arca de cuero, o de madera o mimbres con cubierta de piel. 2 Estuche de cuero, metal u otra materia, para llevar cigarros o tabaco picado.

pétalo *m.* BOT Cada una de las piezas que forman la corola de la flor. Atraen a los polinizadores, tanto por el color como por el olor segregado.

petardo 1 *m.* Tubo que se llena de pólvora u otro explosivo y que provoca detonaciones. 2 En el juego del tejo o turmequé, bolsa pequeña de papel que contiene pólvora y se coloca en el borde del bocín para que explosione al caer el tejo encima.

petate 1 *m.* Esterilla de palma que se usa en los países cálidos para dormir sobre ella. 2 Lío de ropa de cama y de uso personal de un soldado, marino, etc.

petición 1 *f.* Acción de pedir. 2 Cláusula o palabras con que se pide. 3 DER **derecho** de ~.

petimetre, tra *m.* y *f.* Presumido, afectado, lechugino.

petirrojo *m.* PECHIRROJO.

petitorio, ria *adj.* Perteneciente o relativo a la petición.

peto 1 *m.* Armadura del pecho. 2 Parte de una prenda que cubre el pecho. 3 MANDIL. 4 Protección acolchada que se pone sobre el pecho para protegerlo durante ciertas actividades, como los ejercicios de esgrima. 5 Mazamorra endulzada. 6 ZOOL Parte inferior de la coraza de los quelonios.

petrel *m.* Ave del tamaño de la alondra, común en todos los mares, que vive en bandadas entre las rocas y llega a enormes distancias de la costa.

pétreo, a *adj.* De piedra o semejante a ella en la dureza.

petrificar 1 *tr.* y *prnl.* Convertir en piedra una cosa: *El tiempo y las grandes presiones petrificaron algunos organismos hasta convertirlos en fósiles.* 2 Endurecer una cosa de tal manera que parezca de piedra: *La sopa quedó petrificada por el frío.* 3 *tr.* Dejar a alguien inmóvil de asombro.

petrodólar *m.* ECON Unidad monetaria empleada para cuantificar las reservas de divisas acumuladas por países productores de petróleo.

petroglifo *m.* Grabado rupestre, propio de pueblos prehistóricos.

petrografía *f.* GEO Parte de la geología que trata de la descripción y clasificación de las rocas.

petróleo *m.* GEO Aceite mineral natural de color generalmente pardo o negro, inflamable, constituido por una mezcla de hidrocarburos.

☐ GEO El petróleo se origina por la descomposición de sustancias orgánicas, en una degradación provocada por bacterias aerobias, primero, y anaerobias, posteriormente. Se encuentra en el subsuelo, en zonas de origen sedimentario, donde la materia orgánica, depositada en la superficie, se fue cubriendo de sedimentos. Generalmente el yacimiento, o bolsa, se sitúa entre una capa superior de hidrocarburos gaseosos y una inferior de agua salada. El proceso de obtención del petróleo consta de la prospección, la perforación, el proceso industrial o refino, y el transporte y la comercialización.

petrolero, ra 1 *adj.* Perteneciente o relativo al petróleo. 2 *m.* Buque destinado al transporte de petróleo.

petrolífero, ra *adj.* GEO Que produce o contiene petróleo.

petrología *f.* GEO Ciencia que estudia la naturaleza y el origen de las rocas.

petroquímico, ca 1 *adj.* Perteneciente o relativo a los productos sintéticos obtenidos del petróleo. 2 Rama de la química que estudia la obtención de productos sintéticos a partir del petróleo.

petulancia *f.* Insolencia, presunción, descaro.

petunia *f.* Planta herbácea de las solanáceas, de hojas aovadas y flores grandes, olorosas y de diversos colores. Es originaria de América del Sur.

peyorativo, va *adj.* Que expresa una idea desfavorable o censurable.

peyote *m.* Planta cactácea de la que se extrae la mezcalina, una droga que actúa como alucinógeno.

pez[1] *m.* ZOOL Animal vertebrado acuático de respiración branquial, cuyas extremidades, cuando existen, toman la forma de aleta.

☐ ZOOL Los peces engloban a los vertebrados carentes de mandíbulas, como la lamprea; a los vertebrados acuáticos cartilaginosos, como el tiburón y la raya; a los pulmonados y a los peces óseos. La piel está comúnmente protegida por escamas y, la mayoría de las veces, el cuerpo tiene forma ahusada, moderadamente aplanado en los lados y más afilado en la zona de la cola que en la de la cabeza. Poseen músculos segmentados, que les permiten desplazarse moviendo el cuerpo de forma lateral. Tienen una serie de aletas que actúan como medio de propulsión o de orientación del movimiento. Su forma de reproducción es ovípara en la mayoría de las especies.

pez[2] *f.* Sustancia resinosa, sólida, lustrosa y de color pardo, que se obtiene del residuo de la trementina.

pezón 1 *m.* Parte central y más prominente de las mamas. 2 BOT PEDÚNCULO.

pezonera *f.* Aparato para succionar la leche de los pechos de las madres lactantes.

pezuña *f.* Dedo, cubierto con su uña, de los perisodáctilos y artiodáctilos.

pH *m.* QUÍM Corresponde al logaritmo decimal negativo de la concentración de iones de hidrógeno de una disolución. Indica el carácter ácido ($pH < 7$), neutro ($pH = 7$) o base ($pH > 7$) de la disolución. • Sigla de *potencial hidrógeno.*

photo finish (Loc. ingl.) *f.* DEP Toma fotográfica sincronizada que se realiza en la línea de meta de una carrera para determinar el vencedor.

pi 1 *f.* Decimosexta letra del alfabeto griego (Π, π) que corresponde al sonido de la *p.* 2 MAT Número trascendente, de símbolo π, cuyo valor se aproxima a 3,1416 y equivale a la relación entre la circunferencia y su diámetro correspondiente.

piadoso, sa 1 *adj.* Religioso, devoto. 2 Misericordioso, inclinado a la piedad y a la conmiseración. 3 Que mueve a compasión o piedad.

piafar *intr.* Dar patadas el caballo, rascando el suelo, cuando está inquieto.

piamadre *f.* ANAT Membrana fina y semitransparente, muy irrigada, que envuelve el cerebro y la médula.

piano 1 *m.* MÚS Instrumento de cuerdas percutidas mediante pequeños martillos, accionados por unas teclas, que permiten al intérprete modificar el volumen mediante la pulsación fuerte o débil de los dedos. 2 *adv. m.* MÚS Con sonido suave y poco intenso.

pianoforte *m.* MÚS Nombre antiguo del piano.

pianola 1 *f.* MÚS Piano que puede tocarse mecánicamente por pedales o por medio de una corriente eléctrica. 2 MÚS Aparato que se une al piano y sirve para ejecutar mecánicamente las piezas preparadas al objeto.

piar *intr.* Emitir las aves su sonido característico, representado por la onomatopeya de *pío, pío.*

piara *f.* Manada de cerdos, y también de otros animales.

piaroa *adj.* y *s.* De un pueblo indígena americano que habita en la selva del estado de Amazonas en Venezuela. Sus miembros se dedican principalmente a la agricultura, en la que la yuca ocupa hasta el 90% de su huerto.

pibe, ba *m.* y *f.* coloq. Niño, chiquillo.

pica 1 *f.* Lanza larga, formada por un asta que termina en un hierro pequeño y agudo. 2 Soldado que usaba esta lanza. 3 Garrocha del picador de toros. 4 **PICO**, herramienta. 5 **PIQUETA**. 6 *f. pl.* Uno de los palos de la baraja francesa

picacho *m.* Punta aguda que tienen algunos montes y riscos.

picada 1 *f.* Acción y efecto de picar un ave, un pez, un reptil, un insecto, etc. 2 Punzada, dolor pasajero. 3 **PICADILLO**. 4 **PICADO**, descenso rápido de un avión.

picadero *m.* Lugar donde se adiestran los caballos y se aprende a montar.

picadillo *m.* Plato compuesto por diversos ingredientes muy troceados.

picado, da 1 *adj.* Dicho de una cosa, que tiene en su superficie, por defecto o adorno, picaduras o pequeños agujeros. 2 Dicho de un vino, que comienza a avinagrarse. 3 Resentido, ofendido. 4 *m.* Acción y efecto de picar. 5 Descenso rápido y casi vertical de un avión. 6 **PICADILLO**. 7 CIN Toma efectuada por la cámara de arriba hacia abajo. 8 MÚS Modo de ejecutar una serie de notas interrumpiendo momentáneamente el sonido entre unas y otras, por contraposición al ligado.

picador, ra 1 *m.* y *f.* Que tiene por oficio domar y adiestrar caballos. 2 Torero de a caballo que pica con garrocha a los toros. 3 *f.* Máquina provista de cuchillas y un motor, utilizada para trocear.

picadura 1 *f.* **PICADA**, acción y efecto de picar. 2 Señal que deja. 3 Tabaco picado para fumar. 4 Agujeros, grietas, etc., en una superficie. 5 Principio de caries en la dentadura.

picaflor *m.* **COLIBRÍ**.

picante 1 *adj.* Que pica. 2 De carácter obsceno, pero que resulta gracioso. 3 *m.* Salsa o guiso con chile. 4 Sabor fuerte o que pica al paladar. 5 Mordacidad en el hablar.

picaporte 1 *m.* Mecanismo para cerrar de golpe las puertas y ventanas. 2 Manija con que se acciona.

picar 1 *tr.* Dividir algo en trozos muy pequeños. 2 Tomar las aves la comida con el pico. 3 Morder el pez el cebo puesto en el anzuelo. 4 Agujerear papel o tela haciendo dibujos. 5 Punzar o morder las aves, los insectos y ciertos reptiles. 6 Experimentar cierto ardor, escozor o desazón alguna parte del cuerpo. 7 *tr.* e *intr.* Enardecer el paladar ciertas cosas excitantes; como la pimienta, el chile, etc. 8 Excitar, estimular. 9 *tr.* y *prnl.* Herir leve y superficialmente con un instrumento punzante. 10 Pinchar una superficie con instrumento punzante. 11 Corroer, horadar un metal por efecto de la oxidación. 12 *intr.* Tomar una ligera porción de un comestible. 13 Calentar mucho el sol. 14 Comer de diversas cosas y en ligeras porciones. 15 *prnl.* Dañarse una cosa por diversas causas. 16 Agitarse la superficie del mar formando olas pequeñas a impulso del viento. 17 Preciarse de alguna cualidad o habilidad que se tiene. 18 Cariarse un diente, una muela, etc.

picardía 1 *f.* Cualidad de pícaro. 2 Travesura, burla inocente.

picaresco, ca 1 *adj.* Perteneciente o relativo a los pícaros. 2 *adj.* y *f.* LIT Dicho de un género narrativo del Siglo de Oro español, que relata en orden cronológico la vida de un pícaro como personaje central de la obra, como el *Lazarillo de Tormes* (anónimo, 1553) y el *Guzmán de Alfarache* (1599-1604, Mateo Alemán).

pícaro, ra 1 *adj.* y *s.* Astuto, taimado, pillo. 2 *adj.* Que contiene cierto cariz obsceno. 3 *m.* y *f.* Tipo de persona descarada, traviesa y de mal vivir.

picazón *f.* Desazón y molestia que causa una cosa que pica en alguna parte del cuerpo.

picea *f.* Árbol parecido al abeto, pero de hojas puntiagudas y piñas más delgadas.

pícher *m.* DEP **LANZADOR**.

pichón, na *m* y *f.* Pollo de cualquier ave, excepto de la gallina.

piciforme *adj.* y *f.* ZOOL Dicho de un ave, que presenta en las patas dos dedos dirigidos hacia adelante y otros dos hacia atrás, con garras encorvadas para trepar a los árboles, como el pájaro carpintero.

pícnic *m.* **PIQUETE**, merienda campestre.

pico 1 *m.* Barra de hierro terminada en punta por ambos extremos, con un ojo en el centro para enastarla en un mango. Se usa para cavar, remover tierras duras y desbastar la piedra. 2 Parte puntiaguda que sobresale en la superficie o en el borde de alguna cosa. 3 Punta acanalada que tienen en el borde algunas vasijas, para verter mejor el líquido que contienen. 4 Parte pequeña en que una cantidad excede a un número redondo. 5 Intensidad máxima en desarrollo de una actividad o de un fenómeno. 6 Cúspide aguda de una montaña. 7 ZOOL Parte de la cabeza de las aves que comprende las mandíbulas y su recubrimiento córneo, que les sirve para tomar el alimento y como arma de ataque y defensa. 8 Cualquier prolongación semejante en la cabeza de otros animales.

picor 1 *m.* Escozor en el paladar por haber comido algo picante. 2 Desazón, picazón.

picota *f.* Columna donde se exponían las cabezas de los ajusticiados y a los reos a la vergüenza pública.

picotear *tr.* Golpear o herir las aves con el pico.

picozapato *m.* Ave africana parecida a la cigüeña, de color gris y un peculiar pico abultado que utiliza para pescar todo tipo de vertebrados acuáticos y del lodo.

picto *adj.* y *s.* HIST De un pueblo que habitó el centro-norte de Escocia, a partir del año 1000 a. C., y el norte de la isla de Irlanda, a partir del año 200 d. C.

pictografía *f.* Escritura ideográfica que consiste en dibujar los objetos que han de explicarse con palabras.

pictograma *m.* Signo de la escritura de figuras o símbolos, ideograma.

pictórico, ca 1 *adj.* Perteneciente o relativo a la pintura. 2 Adecuado para ser representado en pintura.

pidgin (Voz ingl.) *m.* LING Dicho de una lengua, que se forma a partir de elementos provenientes de diferentes lenguas y que surge especialmente para posibilitar la comunicación en enclaves comerciales donde hay multilingüismo.

pie 1 *m.* Extremidad del miembro inferior que sirve para sostener el cuerpo y andar. 2 Parte de los zapatos, medias, etc., que cubre dicha extremidad. 3 ANAT Tarso, metatarso y dedos con sus ligamentos. 4 Base en que se apoya una cosa. 5 Fundamento o causa de algo. 6 Explicación o comentario breve que se pone debajo de un grabado, fotografía, etc. 7 Medida de longitud equivalente a unos 30 cm. 8 Tallo de las plantas y tronco del árbol. 9 Conjunto de dos, tres o más sílabas de que se compone y con que se mide un verso en aquellas poesías que atienden a la cantidad prosódica. 10 GEOM En una línea trazada desde un punto hacia una recta o un plano, punto en que la línea corta a la recta o al plano. 11 ZOOL Parte análoga al pie de las personas en muchos animales. 12 ZOOL En los moluscos, porción del tronco con función locomotora, de forma variable según la clase. || ~ **ambulacral** ZOOL **AMBULACRO.** ~ **de fuerza** Tropas de un país.

piedad 1 *f.* Compasión ante una persona desgraciada o que sufre. 2 Devoción y respeto dedicado a las cosas sagradas o a los padres. 3 ART Representación de la Virgen con el cuerpo muerto de Cristo recostado en su regazo.

piedemonte *m.* GEO Llanura formada al pie de un sistema montañoso por acumulación de materiales de erosión.

piedra 1 *f.* GEO Sustancia mineral, más o menos dura y compacta, que constituye las rocas. 2 Porción de esta materia, de regular tamaño, desprendida o extraída de una roca. 3 Aleación de hierro y cerio que, moldeada en trozos pequeños, se emplea en los encendedores para producir la chispa. 4 HIST **edad** de ~. || ~ **angular** 1 ARQ La que en los edificios hace esquina juntando y sosteniendo dos paredes. 2 Fundamento de algo no material. ~ **de toque** Jaspe granoso, generalmente negro, que emplean los plateros para toque. ~ **filosofal** La materia con que los alquimistas pretendían hacer oro artificialmente. ~ **litográfica** Mármol algo arcilloso de grano fino, en cuya superficie se dibuja o graba lo que se quiere estampar. ~ **pómez** GEO La volcánica, esponjosa, frágil, de color agrisado y textura fibrosa; se usa para limpiar, desgastar y bruñir. ~ **preciosa** La que es fina, dura, rara, por lo común transparente o translúcida, y que tallada se emplea en adornos de lujo.

piel 1 *f.* ANAT Tegumento externo que protege y cubre la superficie del cuerpo y se une con las membranas mucosas de los canales corporales. Forma una barrera protectora contra la acción de agentes físicos, químicos o bacterianos, y contiene los órganos del sentido del **tacto**. Está formada por la epidermis, capa externa de varias células de grosor, que constantemente son eliminadas y sustituidas; y la dermis, capa interna formada por una red de colágeno y de fibras elásticas, capilares sanguíneos, nervios, lóbulos grasos y la base de los folículos pilosos y de las glándulas sudoríparas. 2 Cuero curtido. 3 BOT Epicarpio de ciertos frutos.

piélago 1 *m.* GEO Parte del mar que dista mucho de la tierra. 2 **MAR.**

pie negro *adj.* y *s.* De un pueblo amerindio de América del Norte formado por varias tribus nómadas dedicadas antiguamente a la caza de búfalos. En la actualidad viven en reservas en Montana (EE.UU.) y Alberta (Canadá).

pienso *m.* Porción de alimento seco que se da al ganado.

pierna 1 *f.* ANAT En las personas, parte de las extremidades inferiores conformada por el muslo (entre el tronco y la rodilla) y la pierna propiamente dicha (entre la rodilla y el pie). 2 ZOOL En los cuadrúpedos y aves, muslo.

pietismo *m.* REL Movimiento religioso protestante que opone a la frialdad derivada de la idea de la justificación por la fe, una religión del corazón, un sentimiento más sincero y emocional.

pieza 1 *f.* Cada parte o cada elemento de un todo o de una maquinaria. 2 Alhaja, herramienta, utensilio o mueble trabajados con arte. 3 Cada unidad de una colección o de una serie de elementos del mismo género. 4 Cada una de las fichas o figuras de determinados juegos. 5 Habitación o aposento de una vivienda. 6 Animal capturado o pescado. 7 LIT Obra dramática con un solo acto. 8 MÚS Composición suelta de música vocal o instrumental.

pífano 1 *m.* MÚS Flautín de tono muy agudo, usado en las bandas militares. 2 *m.* y *f.* Persona que toca este instrumento.

pifia *f.* Desacierto, dicho o hecho inoportuno.

pifiar *intr.* y *prnl.* Cometer una pifia.

pigargo *m.* Ave falconiforme corpulenta de color pardo.

pigmentar 1 *tr.* Dar color a algo. 2 *tr.* y *prnl.* MED Producir coloración anormal y prolongada en la piel y otros tejidos, por diversas causas.

pigmento 1 *m.* Sustancia natural extraída de algunas plantas o piedras que se usa como colorante. 2 BIOL Materia colorante que se encuentra en el protoplasma de muchas células vegetales y animales. 3 QUÍM Compuesto sintético pulverizable, insoluble en agua y en aceite, generalmente coloreado, que se usa en la fabricación de pinturas.

pigmeo, a *adj.* y *s.* De un pueblo de África central y del SE de Asia, o relacionado con estas regiones, caracterizado por su baja estatura (entre 1,30 y 1,50 m) y por su economía cazadora y recolectora.

pignorar *tr.* Dejar en prenda, empeñar.

pijama *m.* Conjunto de chaqueta y pantalón de tela fina, que se usa para dormir.

pijao *adj.* y *s.* HIST De un pueblo amerindio, de la familia lingüística chibcha, que habitaba en el centro de la actual Colombia a la llegada de los españoles. A principios del s. XVI atacaron varios asentamientos de los conquistadores. Se dispersaron y extinguieron a la muerte del cacique Calarcá (h. 1605).

pila[1] 1 *f.* Conjunto de cosas superpuestas. 2 Montón, gran cantidad.

pila[2] 1 *f.* Recipiente hondo donde cae o se acumula agua. 2 ELECTR **ACUMULADOR.** || ~ **bautismal** Recipiente de piedra provisto de pedestal, que hay en las iglesias parroquiales para administrar el bautismo.

pilar[1] 1 *m.* Poste que señala un camino. 2 ARQ Elemento vertical de soporte.

pilar[2] *tr.* Descascarar los granos en el pilón.

pilastra *f.* ARQ Pilar adosado a un muro.

pilates *m.* Tipo de gimnasia que se basa en el estiramiento de los músculos, para fortalecerlos, y en técnicas de respiración y relajación.

píldora *f.* FARM Bolita que se hace mezclando uno o varios medicamentos con un excipiente y que se administra por vía oral. || ~ **anticonceptiva** FARM Medicamento que evita el embarazo.

pileta 1 *f.* Pila pequeña. 2 Pila de cocina o de lavar. 3 Pila de piedra.

pilífero, ra 1 *dj.* BIOL Que tiene pelos. 2 BOT **zona** ~.

pillaje 1 *m.* Hurto, latrocinio. 2 Saqueo hecho por los soldados en país enemigo.
pillar 1 *tr.* Hurtar, robar. 2 Coger, agarrar, contraer. 3 Alcanzar, atropellar a alguien. 4 Encontrar, sorprender a alguien en determinada situación, o cogerlo desprevenido.
pillería 1 *f.* Conjunto de pillos. 2 Acción propia de un pillo.
pillo, lla 1 *adj.* y *s.* Pícaro, travieso, que engaña sin intención de dañar. 2 Sagaz, astuto. 3 **RATERO.**
pilón[1] 1 *m.* Pan de azúcar de figura cónica. 2 Mortero de piedra, madera o de metal, que sirve para majar granos u otras cosas.
pilón[2] *m.* Pila de piedra que sirve de abrevadero, lavadero, etc.
píloro *m.* ANAT Orificio de comunicación entre el estómago y el duodeno.
piloso, sa 1 *adj.* Perteneciente o relativo al pelo. 2 De mucho pelo. 3 ANAT **folículos** ~s.
pilotaje 1 *m.* Acción de pilotar. 2 Técnica y oficio del piloto. 3 Derecho que pagan los barcos en algunos puertos donde necesitan los servicios de pilotos prácticos.
pilotar *tr.* Dirigir o maniobrar cualquier vehículo, como un automóvil, avión, buque, etc.
pilote *m.* Pieza larga de madera, metal u hormigón que se hinca en tierra para consolidar los cimientos.
piloto *m.* y *f.* Persona que pilota un vehículo. || ~ **automático** Equipo electrónico que, en una aeronave, suministra señales para mantenerla automáticamente en una determinada ruta.
piltrafa 1 *f.* Residuos o desechos de algunas cosas. 2 Persona de poca consistencia física o moral.
pimentero 1 *m.* Planta arbustiva de las piperáceas, de hojas pecioladas, flores en espiga y fruto en baya (pimienta). 2 Vasija en que se pone la pimienta molida.
pimentón 1 *m.* Planta anual de las solanáceas, de hojas lanceoladas, flores blancas y fruto en baya hueca. 2 Fruto de esta planta, muy usado como alimento. 3 Condimento que se obtiene moliendo pimentones encarnados secos.
pimienta *f.* Fruto del pimentero. Es una baya redonda, rojiza, picante y aromática; cuando está seca toma color pardo o negruzco. Se usa como condimento.
pimiento *m.* **PIMENTÓN**, planta solanácea y también su fruto.
pimpinela *f.* Planta herbácea de las rosáceas, de casi 1 m de alto, hojas pinnadas y flores terminales en espigas apretadas.
pimpollo 1 *m.* Niño o niña que se distingue por su belleza. 2 Vástago o tallo nuevo de las plantas. 3 Capullo de rosa.
pimpón *m.* DEP **TENIS** de mesa.
pin 1 *m.* **VÁSTAGO**, pieza en forma de varilla, de reducidas dimensiones. 2 Terminal de un cable eléctrico que se introduce en el enchufe para establecer una conexión.
pináceo, a *adj.* y *f.* BOT Dicho de una planta, gimnosperma de las coníferas, de hojas aciculares y generalmente caducas. Las flores masculinas y femeninas, separadas, se disponen en estróbilos. Las femeninas, al madurar, forman las piñas.
pinacoteca *f.* Galería o museo de pinturas.
pináculo 1 *m.* ARQ Remate apuntado, propio de la arquitectura gótica, y de otros estilos. 2 Apogeo, auge, momento más destacado de una ciencia, arte u otra cosa inmaterial.
pinado, da *adj.* y *m.* **PINNADO.**
pinar *m.* Bosque de pinos.
pincel *m.* Instrumento para pintar, consistente en un mango con pelos sujetos en un extremo.
pincelada 1 *f.* Trazo o golpe dado con el pincel. 2 Expresión breve de una idea o rasgo.
pinchar 1 *tr.* y *prnl.* Punzar, herir con algo agudo. 2 Picar, estimular. 3 *intr.* Dicho de un ocupante de un vehículo, sufrir un pinchazo una rueda.
pinchazo 1 *m.* Acción y efecto de pinchar o pincharse. 2 Avería en un neumático, que le produce pérdida de aire.
pincho 1 *m.* Punta aguda. 2 Palito o varilla terminado en punta aguda. 3 Conjunto de pedazos de carne, aceitunas, etc., que se sirven ensartados en un pincho.
pineal 1 *adj.* Que tiene forma de piña. 2 ANAT **glándula** ~.
ping-pong (De *Ping-pong*®, marca reg.) *m.* DEP **PIMPÓN.**
pingüe *adj.* Abundante, copioso.
pingüino *m.* Ave de más de 40 cm de largo, de lomo negro y pecho y vientre blancos, que vive en las costas circumpolares del hemisferio S. Es incapaz de volar, pero sus alas están muy bien adaptadas para el nado y el buceo. Existen numerosas especies.
pinito 1 *m.* Primer paso del niño o el convaleciente. • U. m. en pl. 2 *m. pl.* Primeros pasos en un arte o en una ciencia.
pinnado, da (Tb. pinado) 1 *adj.* De forma de pluma. 2 BOT **hoja** ~.
pinnípedo, da *adj.* y *m.* ZOOL Dicho de un mamífero marino, de cuerpo grueso y algo pisciforme, patas anteriores con membranas interdigitales, y posteriores ensanchadas en forma de aletas, como las morsas y las focas.
pino 1 *m.* BOT Nombre de varios árboles gimnospermos de las **pináceas**, de hojas aciculares, con inflorescencias masculinas productoras de polen e inflorescencias femeninas que lignifican al madurar y que producen las semillas. Pueden alcanzar los 40 m de altura. 2 Madera de este árbol. 3 Cada uno de los palos que hay que derribar en el juego de los bolos.
pinocitosis *f.* BIOL Proceso de absorción en el que la célula ingresa líquidos a través de vesículas que se forman en la membrana.
pinta 1 *f.* Mancha o señal pequeña en el plumaje, pelo o piel de los animales y en la masa de los minerales. 2 Adorno en forma de lunar o mota. 3 Aspecto o facha por donde se conoce la calidad de alguien o algo.
pintado, da 1 *adj.* Con pintas. 2 Con una capa de pintura. 3 Naturalmente matizado de muchos colores.
pintalabios *m.* Barrita cosmética para colorear los labios.
pintar 1 *tr.* Cubrir con una capa de pintura una superficie. 2 ART Representar un objeto, una persona, un paisaje, etc., con las líneas y los colores convenientes. 3 Describir viva y animadamente algo. 4 *intr.* Empezar a mostrarse la cantidad o la calidad de algo. 5 *intr.* y *prnl.* Empezar a tomar color y madurar ciertos frutos. 6 *prnl.* Darse colores y afeites en el rostro.
pintarrajear (Tb. pintarrajar) *tr.* y *prnl.* coloq. Pintar o dibujar sin arte una cosa. 2 Hacer garabatos. 3 Maquillarse en exceso.
pintón, na *adj.* Dicho de un fruto, que va tomando color al madurar.
pintor, ra 1 *m.* y *f.* Persona que tiene por oficio pintar puertas, ventanas, paredes, etc. 2 Persona que se dedica al arte de la pintura.
pintoresco, ca 1 *adj.* Dicho de un paisaje, una persona, etc., peculiar y con cualidades pictóricas. 2 Dicho de un lenguaje, estilo, etc., que pinta viva y animadamente las cosas.
pintura 1 *f.* ART Arte y técnica de pintar. 2 ART Tabla, lámina o lienzo en que está pintado algo. 3 ART La misma obra pintada. 4 Mezcla de un pigmento y aglutinante que se usa para pintar. Se suele solidificar al exponerla al aire. 5 Descripción viva y animada de

personas o cosas. || ~ **a la aguada** ART AGUADA. ~ **al encausto** ART ENCAUSTO. ~ **al fresco** ART La que se hace en paredes y techos con colores disueltos en agua de cal y extendidos sobre una capa de estuco fresco. ~ **al óleo** ART La hecha con colores desleídos en aceite secante. ~ **al pastel** ART La hecha sobre papel áspero con lápices pastosos, en la que el color se difumina en distintas tonalidades. ~ **al temple** ART La hecha con colores preparados con líquidos glutinosos y calientes, como agua de cola, etc. ~ **rupestre** ART La prehistórica, que se encuentra en rocas o cavernas.

pínula 1 *f.* Tablilla metálica de los instrumentos topográficos y astronómicos, provista de una pequeña abertura, que sirve para dirigir visuales. 2 BOT Lóbulo de una hoja pinnada que a su vez está dividida en partes también pinnadas.

pinyin *m.* LING Sistema de transcripción fonética de los caracteres chinos a los caracteres latinos adoptado por el gobierno chino en 1958, con el fin de unificar la fonética china y poner fin a la diversidad de transcripciones en los idiomas extranjeros.

pinza 1 *f.* Pliegue de una tela terminado en punta. 2 *f. pl.* Cualquier instrumento, a modo de tenacillas, que sirve para agarrar cosas menudas. 3 ZOOL Último artejo de algunas patas de ciertos artrópodos, como el cangrejo, el alacrán, etc., formado con dos piezas que pueden aproximarse entre sí y sirven como órganos prensores.

pinzón *m.* Ave de 15-20 cm de largo, originario de Europa, cuyo canto es muy armonioso.

piña 1 *f.* Falso fruto del pino. De figura aovada, compuesto de varias piezas leñosas, triangulares, delgadas en la parte inferior y recias en la superior, colocadas en forma de escama a lo largo de un eje común, y cada una con dos piñones. 2 ANANÁ.

piñata 1 *f.* Recipiente lleno de dulces que se cuelga en alto para jugar a romperlo con los ojos vendados y la ayuda de un palo. 2 Fiesta infantil.

piñón[1] 1 *m.* Semilla del pino contenida en la piña. 2 Parte comestible de dicha semilla.

piñón[2] *m.* Rueda pequeña del engranaje de una máquina.

pío[1] *m.* Voz que imita la del pollo de ciertas aves.

pío[2], **a** 1 *adj.* Devoto, inclinado a la piedad, dado al culto de la religión. 2 Misericordioso, compasivo.

piojo *m.* Nombre dado a diversos insectos anopluros. El piojo común es de cuerpo aplanado, antenas cortas y boca chupadora con un potente aparato perforador.

piojoso, sa 1 *adj.* y *s.* Que tiene piojos. 2 Andrajoso, sucio. 3 Miserable.

piola 1 *f.* Cordel o hilo corto y delgado. 2 SOGA.

piolet *m.* DEP Pico usado por los alpinistas para andar sobre el hielo o la nieve.

pion *m.* FÍS Partícula elemental cuya masa es unas 280 veces la del electrón. Se incluye en la familia de los mesones y puede ser positivo, negativo o neutro.

pionero, ra *m.* y *f.* Persona que abre camino en la exploración de nuevas tierras, en la investigación de una ciencia, etc.

piorrea *f.* MED Inflamación purulenta de las encías.

pipa[1] 1 *f.* Pepita de frutas. 2 Pepita del girasol.

pipa[2] 1 *f.* Utensilio para fumar tabaco, consistente en un cañón terminado en un recipiente. 2 Tonel para guardar o transportar líquidos. 3 MÚS Lengüeta de las gaitas, por donde se echa el aire.

piperáceo, a *adj.* y *f.* BOT Dicho de una planta, angiosperma dicotiledónea, herbácea o leñosa, de hojas gruesas, enteras o aserradas, flores hermafroditas en espigas o en racimos, y fruto en baya, cápsula o drupa con semillas de albumen córneo o carnoso, como el pimentero.

pipeta *f.* Utensilio de laboratorio consistente en un tubo de cristal abierto por ambos extremos y ensanchado en su parte media, que se utiliza para trasladar pequeñas porciones de líquido de un vaso a otro. || ~ **aforada** QUÍM La que en la parte superior tiene una marca para indicar dónde debe llenarse para obtener el volumen deseado: *Las pipetas aforadas más comunes oscilan entre 0,5 ml a 200 ml.* ~ **graduada** QUÍM La que está subdividida en milímetros y estos a su vez en particiones más pequeñas: *La capacidad de una pipeta graduada varía entre 0,5 ml y 25 ml.*

pipí *m.* ORINA.

pipil *adj.* y *s.* De un pueblo amerindio centroamericano del grupo nahua, establecido en Guatemala, El Salvador y Honduras, cerca de la costa del Pacífico.

pique 1 *m.* Resentimiento por una disputa o cosa semejante. 2 Empeño en el logro de algo por amor propio o por rivalidad.

piqueta *f.* Herramienta de albañilería con mango de madera y dos bocas opuestas, una plana y otra aguzada.

piquete 1 *m.* Merienda campestre. 2 Señal que deja una picadura. 3 Agujero pequeño. 4 Grupo pequeño de soldados destinado a un servicio extraordinario.

piquiña 1 *f.* Comezón, picazón. 2 Envidia, inquina.

pira *f.* Hoguera en que antiguamente se quemaban los cuerpos de los difuntos y las víctimas de los sacrificios.

piragua *f.* Embarcación larga y estrecha, hecha con un tronco vaciado de árbol, de corteza o bien con piezas ensambladas. Puede navegar a remo o a vela.

piragüismo *m.* DEP Deporte consistente en navegar con canoas, kayaks o piraguas.

piramidal 1 *adj.* De figura de pirámide. 2 ANAT Dicho de un hueso, el tercero de la primera fila del carpo. 3 ANAT Dicho de un músculo, del dorso de la nariz. 4 ANAT Dicho de un músculo, de la región glútea.

pirámide 1 *f.* GEOM Poliedro cuya base es un polígono, y cuyas caras son triángulos que se juntan en un punto llamado vértice, formando un ángulo poliedro. 2 ARQ Monumento en forma de pirámide del antiguo Egipto y de la América precolombina. 3 Diagrama en forma de triángulo dividido en secciones paralelas horizontales o convergentes en el centro. || ~ **de población** Representación gráfica para explicar la distribución por sexo y edad de la población de un lugar, ciudad o Estado. Debe su nombre a que la distribución de la población más joven está en la base y a medida que aumenta la edad, disminuye la población, lo cual sugiere la forma de una pirámide. ~ **regular** GEOM La que tiene por base un polígono regular, siendo las demás caras triángulos isósceles iguales. ~ **trófica** ECOL Diagrama de la estructura trófica de un ecosistema. La base o primer nivel contiene los datos correspondientes a los productores (bacterias, algas, plantas), el segundo nivel lo forman los consumidores primarios (herbívoros principalmente), el tercer nivel los consumidores secundarios o depredadores (carnívoros), y el cuarto los consumidores terciarios (depredadores de depredadores). ~ **truncada** GEOM Porción de la pirámide entre la base y un plano paralelo a ella, que corta la superficie piramidal.

piraña *f.* Pez dulciacuícola tropical de América del Sur, de cabeza roma y mandíbulas poderosas armadas de dientes triangulares afilados que le permiten cortar la carne de sus presas, casi siempre otros peces, pero también anfibios, aves y mamíferos. Dependiendo de la especie, su longitud es de entre 20 y 60 cm.

pirata 1 *adj.* Perteneciente o relativo a la piratería. 2 *m.* y *f.* Ladrón que recorre los mares para robar. 3 Persona que usurpa las ideas o el derecho ajeno. 4 *adj.* y *s.* Dicho de una edición de un libro, que es ilegal, o de la copia no autorizada de una película, de una grabación musical, etc. || ~ **aéreo** Persona que, utilizando cualquier tipo de amenazas, obliga a la tripulación de un avión a modificar su ruta.

piratear 1 *intr.* Ejercer la piratería. 2 Cometer acciones delictivas o contra la propiedad, como hacer ediciones sin permiso del autor o propietario, contrabando, etc.

piratería 1 *f.* Oficio de pirata. 2 Robo o presa que hace el pirata.

pirenaico, ca *adj.* y *s.* De los Pirineos o relacionado con esta región europea.

pirexia *f.* Estado febril.

piridina *f.* QUÍM Compuesto líquido presente en el alquitrán de hulla que se utiliza como disolvente y para desnaturalizar el alcohol etílico.

pirita *f.* GEO Mineral de brillo metálico en cuya composición entran el azufre y el hierro. Se usa principalmente para la producción de ácido sulfúrico. || ~ **magnética** GEO La compuesta de protosulfuro y bisulfuro de hierro, que tiene propiedades magnéticas.

piroclasto *m.* GEO Material sólido fragmentado que arroja un volcán durante su erupción.

pirógeno, na 1 *adj.* y *m.* Que produce fiebre. 2 *adj.* GEO Dicho de una roca, formada por fusión ígnea.

pirograbado *m.* Grabado en madera por medio de una punta de metal incandescente.

piromanía *f.* PSIC Tendencia patológica a la provocación de incendios.

pirómetro *m.* Instrumento para medir temperaturas muy elevadas.

piropo 1 *m.* Variedad de granate, de color rojo, muy apreciada como piedra fina. 2 Lisonja, requiebro.

piroscopio *m.* FÍS Termómetro diferencial, con una de sus dos bolas plateada, para estudiar la reflexión y la radiación del calor.

pirosis *f.* MED Sensación de ardor que sube desde el estómago hasta la faringe.

pirotecnia *f.* Arte de preparar explosivos y fuegos artificiales a base de pólvora.

piróxilo *m.* QUÍM Producto de la acción del ácido nítrico sobre una materia celulósica, como madera o algodón.

pírrico, ca *adj.* Dicho de un triunfo, que se obtiene causando grandes daños.

pirrol *m.* QUÍM Compuesto cíclico pentagonal, de carácter aromático, con un átomo de nitrógeno en el anillo. Se extrae del alquitrán de hulla y se utiliza en la fabricación de productos farmacéuticos.

pirueta 1 *f.* Cabriola, brinco. 2 Vuelta rápida del caballo estando alzado de manos.

pirulí *m.* Caramelo de forma cónica con un mango.

pisada 1 *f.* Acción de pisar. 2 Huella que deja el pie en el suelo.

pisapapeles *m.* Utensilio que se pone sobre los papeles para que no se muevan.

pisar 1 *tr.* Poner el pie sobre alguna cosa. 2 Apretar, estrujar una cosa con los pies o con el pisón o la maza. 3 En las aves, cubrir el macho a la hembra. 4 Cubrir en parte una cosa a otra. 5 Apretar con los dedos las cuerdas o las teclas de un instrumento musical.

piscicultura *f.* Cría de peces para su comercialización o destinados a la repoblación.

pisciforme *adj.* De forma de pez.

piscina 1 *f.* Estanque destinado al baño, a la natación o a otros deportes acuáticos. 2 Estanque en un jardín donde se tienen peces.

piscis *adj.* y *s.* Dicho de una persona, nacida bajo el signo zodiacal Piscis, entre el 19 de febrero y el 20 de marzo. Según los astrólogos son sensibles, creativas y espirituales.

pisco[1] *m.* Aguardiente de uva peruano.

pisco[2]**, ca** 1 *m.* Persona de poca importancia. 2 *m.* y *f.* PAVO.

piscolabis *m.* Refrigerio entre comidas, o antes de una comida principal.

pisiforme 1 *adj.* Que tiene figura de guisante. 2 ANAT Dicho de un hueso, el cuarto de la primera fila del carpo.

piso 1 *m.* Acción y efecto de pisar. 2 Pavimento, suelo. 3 Superficie inferior de una cosa; como la de las vasijas. 4 Cada uno de los niveles de un edificio. 5 Conjunto de habitaciones que forman una vivienda independiente de varias alturas. 6 Estrato, capa. || ~ **de vegetación** ECOL Estrato vegetal uniforme que recubre una sección altitudinal de un relieve. Cuando se representan en sección vertical, los pisos de vegetación forman una serie de tramos que van desde el piedemonte hasta la cima. ~ **térmico** ECOL Estrato más o menos homogéneo, correspondiente a la estratificación altitudinal de la temperatura en determinada zona geográfica. Las temperaturas disminuyen con la altitud a razón de 1 °C por cada 200 m.

pisón *m.* Instrumento pesado y grueso, de figura de cono truncado y con un mango, con el que se aprieta y aprisiona la tierra, piedras, etc.

pisotear 1 *tr.* Pisar repetidamente, maltratando o ajando una cosa. 2 Humillar, maltratar.

pista 1 *f.* Huella o rastro que deja a su paso una persona o un animal. 2 Indicio que conduce a la averiguación de algo. 3 Sitio destinado al baile o a la práctica de ciertos deportes. 4 Espacio central de un circo, donde se realiza el espectáculo. 5 Circuito automovilístico. 6 Lugar destinado al despegue y aterrizaje de aviones.

pistacho 1 *m.* Árbol de las anacardiáceas, de hojas pinnadas, flores en espiga y fruto en drupa comestible. 2 Fruto de dicho árbol.

pistilo *m.* BOT Conjunto de órganos femeninos de una flor, que ordinariamente ocupa el centro de la flor y que consta de ovario, estilo y estigma.

pistola 1 *f.* Arma de fuego corta, que permite apuntar y disparar con una sola mano. 2 Utensilio que proyecta pintura pulverizada.

pistolero, ra *m.* y *f.* Persona que realiza actos delictivos armada de pistola.

pistón 1 *m.* ÉMBOLO. 2 Pieza central de la cápsula, donde está el fulminante. 3 MÚS Llave en forma de émbolo de ciertos instrumentos musicales de viento.

pita 1 *f.* Planta textil amarilidácea, con pencas radicales con espinas en el margen, de 1 m de largo, flores amarillentas, en ramilletes, sobre un bohordo central que no se desarrolla hasta que la planta tiene entre 20 y 30 años. 2 Fibra extraída de esta planta, de que se hacen cuerdas, sacos o costales y otros objetos.

pitagórico, ca 1 *adj.* y *s.* Que sigue la escuela o filosofía de Pitágoras. 2 *adj.* Perteneciente o relativo a ellas. || **propiedad** ~ GEOM TEOREMA de Pitágoras.

pitagorismo *m.* FIL Doctrina filosófica y religiosa de Pitágoras y sus seguidores. Propugnaba el ascetismo, la metempsicosis, la contemplación de la esencia de las cosas (los números) y el rechazo de sus apariencias perceptibles.

pitahaya *f.* Planta de las cactáceas, trepadora y de flores rojas o blancas. Su fruto es comestible.

pitanza *f.* Ración de comida que se distribuía a los pobres.

pitar 1 *intr.* Tocar o sonar un pito o silbato. 2 *tr.* Manifestar desagrado o desaprobación mediante silbidos. 3 *tr.* e *intr.* En los deportes, indicar el árbitro una falta.

pitecántropo *m.* Homínido del Pleistoceno inferior, de posición erguida y poca capacidad craneal. Se han hallado restos en Java, China, Europa, Kenia e Indonesia. Se engloba en el género *Homo*. Vivió hace 1,8 millones de años y perduró hasta hace unos 130 000 años. Algunos científicos no lo consideran antecesor directo del *Homo sapiens*, sino una rama lateral no continuada.

pitido *m.* Silbido de un pito o de las aves.

pitillo 1 *m.* CIGARRILLO. 2 PAJILLA.

pito 1 *m.* Instrumento pequeño que, soplándolo, produce un sonido agudo. 2 Cualquier cosa que produzca el mismo efecto por acción del aire. 3 BOCINA, aparato que produce un sonido más o menos potente. 4 Cosa insignificante. 5 Garrapata muy pequeña con una mancha encarnada en el dorso, común en las sabanas tropicales de América. Ataca al ser humano y su picadura le produce una comezón insoportable.

pitón[1] *m.* Nombre de diversos ofidios constrictores, no venenosos, de gran tamaño, que se caracterizan por tener rudimentos de miembros posteriores cerca del ano. Viven en las zonas tropicales de Asia y África.

pitón[2] 1 *m.* Brote nuevo de un árbol. 2 Cuerno que empieza a salir a ciertos animales. 3 Punta del cuerno del toro.

pitonisa *f.* Mujer que adivina el porvenir.

pituita *f.* ANAT Mucosa nasal con terminaciones nerviosas.

pituitario, ria 1 *adj.* ANAT Perteneciente o relativo a la hipófisis. 2 FISIOL Que segrega o contiene pituita. 3 ANAT y FISIOL **membrana** ~.

pivotante 1 *adj.* Que tiene caracteres de pivote o que funciona como tal. 2 BOT **raíz** ~.

pivotar *intr.* Girar sobre un pivote.

pivote *m.* Extremo cilíndrico o puntiagudo de una pieza donde se apoya o inserta otra, que puede quedar fija o de manera que una de ellas pueda girar u oscilar con facilidad respecto de la otra.

píxel (Tb. pixel) *m.* INF Cada uno de los puntos más pequeños que forman la imagen en la pantalla o en la impresora de una computadora.

piyama *f.* PIJAMA.

pizarra 1 *f.* GEO Roca metamórfica de grano fino, que se divide en láminas delgadas y está formada principalmente de mica. 2 Trozo pulimentado de esta roca, en que se escribe con tiza o con el que se cubren tejados. 3 Cualquier tablero sobre el cual se puede escribir.

pizarrón *m.* Pizarra, tablero.

pizca *f.* Porción minúscula de una cosa.

pizcar *tr.* Tomar una pizca de algo.

pizza (Voz it.) *f.* Especie de torta de harina de trigo, cocida al horno, aderezada con queso, anchoas, tomate, etc., y que se sirve caliente.

pizzicato (Voz it.) 1 *adj.* MÚS Dicho de un sonido, que se obtiene en los instrumentos de arco pellizcando las cuerdas con los dedos. 2 *m.* MÚS Trozo de música que se ejecuta en esta forma.

placa 1 *f.* Plancha de metal u otra materia, rígida y poco gruesa. 2 La que, colocada en algún lugar público, sirve de guía o como recuerdo de una efeméride. 3 Insignia de policía. 4 MATRÍCULA, de los vehículos. 5 RADIOGRAFÍA, imagen. 6 GEO Cada una de las grandes partes parcialmente rígidas de la litosfera que flotan sobre el manto y cuyas zonas de choque forman los cinturones de actividad volcánica, sísmica o tectónica. 7 GEO **tectónica** de ~s. 8 INF TARJETA. 9 MED Manchas en la garganta, boca, etc., producidas por una dolencia. || ~ **bacteriana** MED Película, compuesta fundamentalmente de bacterias, que a causa de mala higiene bucal se forma en la superficie de los dientes; puede ocasionar caries e infecciones gingivales.

placebo *m.* MED Sustancia que, careciendo por sí misma de acción terapéutica, produce algún efecto curativo en el enfermo.

pláceme *m.* Felicitación. • U. m. en pl.

placenta 1 *f.* ANAT y FISIOL Órgano redondeado y aplastado, intermediario durante la gestación entre la madre y el feto, a través del cual se realiza el intercambio de oxígeno y de sustancias nutritivas. 2 BOT Borde del carpelo en el que se insertan los óvulos. 3 BOT Parte vascular del fruto a la que están unidas las semillas.

placentario, ria 1 *adj.* De la placenta. 2 *m. pl.* ZOOL Grupo de mamíferos que se desarrollan en el útero de la madre con formación de una placenta. A este grupo pertenecen todos los mamíferos, excepto los monotremas y los marsupiales.

placentero, ra *adj.* Agradable, apacible.

placer[1] 1 *m.* Banco de arena o piedra en el fondo del mar, llano y extenso. 2 Arenal donde se hallan partículas de oro.

placer[2] 1 *m.* Satisfacción del ánimo por la idea o la posesión de algo. 2 Sensación agradable. 3 Diversión, entretenimiento. 4 Voluntad, consentimiento.

placer[3] *intr.* Agradar, contentar. • Vb. irreg. conjugación modelo. V. anexo El verbo.

plácido, da 1 *adj.* Quieto, sosegado. 2 Grato.

placozoo *adj.* y *m.* ZOOL Dicho de un animal marino, muy pequeño, que carece de tejidos y está formado por dos capas epiteliales entre las cuales hay una cavidad que contiene fluidos y células fibrosas.

plafón 1 *m.* Adorno en la parte central del techo de una habitación. 2 Lámpara plana traslúcida, que se coloca pegada al techo para disimular las bombillas. 3 ARQ Plano inferior del saliente de una cornisa.

plaga 1 *f.* Calamidad grande que aflige a una persona o a un pueblo. 2 Abundancia de algo nocivo o molesto. 3 Nombre que se da a varias enfermedades de las plantas, causadas por gérmenes infecciosos. 4 Daño que ciertos animales causan en los cultivos.

plagar *tr.* y *prnl.* Llenar a una persona o cosa de algo nocivo o no conveniente.

plagiar 1 *tr.* Copiar en lo sustancial obras ajenas, dándolas como propias. 2 Secuestrar a una persona para obtener un rescate.

plagio *m.* Acción y efecto de plagiar.

plagioclasa *f.* GEO Grupo de feldespatos con diversa proporción de óxidos de aluminio, con sodio y calcio. Constituye un componente de ciertas rocas ígneas básicas.

plaguicida *adj.* y *m.* Que combate las plagas del campo.

plan 1 *m.* Intento, proyecto, estructura. 2 Serie de materias, trabajos, etc., en que se divide una actividad. 3 Serie de cosas que alguien quiere hacer y modo de realizarlas. || ~ **de estudios** Conjunto de enseñanzas y prácticas que han de cursarse para cumplir un ciclo de estudios u obtener un título.

plana 1 *f.* Cada una de las dos caras de una hoja de papel. 2 Dicha cara escrita o impresa. 3 Escrito que hacen los niños en un papel para aprender a escribir. 4 PLANADA. 5 LLANA, herramienta.

planada *f.* LLANURA, terreno que no presenta marcadas diferencias de altura.

planaria *f.* Gusano platelminto acuático y terrestre que se alimenta de nematodos, pequeños crustáceos e insectos, entre otros. Hay varias especies y su tamaño oscila entre 1 mm y varios centímetros.

plancha 1 *f.* Lámina de metal. 2 Electrodoméstico con una lámina metálica en su parte inferior, ordinariamente triangular, y un mango en la superior que, calentado, se usa para alisar la ropa.

planchar *tr.* Pasar la plancha caliente sobre la ropa para desarrugarla.

plancton *m.* ECOL Conjunto de diminutos organismos que flotan o se hallan en suspensión y son desplazados pasivamente en aguas saladas o dulces.

planeación *f.* Acción y efecto de planear o planificar.

planeador *m.* Aeroplano sin motor. Vuela aprovechando las corrientes atmosféricas.

planear 1 *tr.* Trazar el plan o proyecto para realizar algo. 2 Hacer planes. 3 *intr.* Descender un avión en planeo. 4 Volar las aves con las alas extendidas sin moverlas.

planeta 1 *m.* ASTR Cuerpo celeste que gira alrededor de una estrella y que se hace visible por la luz que refleja. 2 ASTR Cada uno de los ocho cuerpos celestes más importantes que orbitan alrededor del Sol; son: Mercurio, Venus, Tierra, Marte, Júpiter, Saturno, Neptuno y Urano. || ~ **enano** ASTR Aquel cuya masa no alcanza a ser lo suficientemente grande para mantenerse en una órbita estable, como Plutón y Ceres. ~ **inferior** o **interior** ASTR El que tiene una órbita menor que la de la Tierra y, por tanto, está más cerca del Sol. ~ **superior** o **exterior** ASTR El que tiene una órbita mayor que la de la Tierra y, por tanto, está más alejado del Sol.

planetario, ria 1 *adj.* ASTR Perteneciente o relativo a los planetas. 2 ASTR **espacio** ~. 3 *m.* ASTR Edificio que alberga instrumentos de proyección y pantallas en las que se exhiben imágenes celestes. || **sistema** ~ ASTR Conjunto formado por una estrella central y sus planetas, satélites, asteroides, cometas, etc.

planetoide *m.* **ASTEROIDE.**

planicie *f.* GEO Terreno llano y extenso.

planificación 1 *f.* Acción y efecto de planificar. 2 Elaboración de un plan económico de una empresa, un sector, etc.

planificar 1 *f.* Trazar los planos para la ejecución de una obra. 2 Hacer el plan o proyecto de una acción.

planilla 1 *f.* Formulario con espacios en blanco para rellenar, en los que se dan informes, se hacen declaraciones, etc. 2 **NÓMINA**, lista de nombres.

planimetría *f.* Parte de la topografía que se ocupa de representar la superficie terrestre sobre un plano.

planisferio *m.* GEO Plano en que está representada la esfera celeste o la terrestre.

plano, na 1 *adj.* Llano, liso. 2 Sin estorbos ni tropiezos. 3 GEOM **geometría** ~. 4 MAT **trigonometría** ~. 5 *m.* Representación gráfica en una superficie plana y mediante procedimientos técnicos, de un terreno, un edificio, etc. 6 GEOM Superficie que puede contener una recta imaginaria en cualquier dirección. 7 CIN y TV Fragmento de una película tomado de una sola vez. || ~ **coordenado** GEOM Cada uno de los tres planos que se cortan en un punto y sirven para determinar la posición de los demás puntos del espacio por medio de las líneas coordenadas paralelas a sus intersecciones mutuas. ~ **de nivel** GEO El paralelo al nivel del mar, desde el que se cuentan las alturas de los diversos puntos del terreno. ~ **de simetría** GEOM El que divide en dos mitades una figura o un cuerpo, de tal manera que cada mitad es la imagen especular de la otra. ~ **entero** CIN y TV El que encuadra la figura de un personaje de forma que coincida con sus límites superior e inferior. ~ **focal** FÍS y GEOM El que es perpendicular al eje óptico y pasa por el foco. ~ **general** CIN y TV El que abarca un gran decorado o un paisaje natural en su totalidad, haya o no personajes. ~ **horizontal** GEOM Superficie plana que, pasando por la vista, es paralela al horizonte. ~ **inclinado** 1 GEOM El que corta a otro plano horizontal. 2 Máquina simple constituida por una superficie plana, resistente, que forma ángulo agudo con el horizonte, y por medio de la cual se facilita la elevación o el descenso de pesos y otras cosas. ~ **medio** CIN y TV El que encuadra la figura de un personaje de la cintura para arriba. ~ **meridiano** GEOM El que pasa por el eje de revolución de un sólido o de una superficie. ~ **oblicuo** GEOM El que se encuentra con otro y hace con él un ángulo que no es recto. **primer** ~ CIN y TV El que centra la atención en el rostro y los hombros del actor o en un objeto aislado. ~ **vertical** GEOM Superficie plana que, pasando por la vista, es perpendicular a la vez al plano horizontal y al óptico.

planta 1 *f.* ANAT Parte del pie con que se pisa. 2 BOT Organismo pluricelular, inmóvil, exclusivamente fotosintético, cuyas células contienen un protoplasma eucariótico encerrado en el interior de una pared celular compuesta en su mayoría por celulosa. Una planta típica está organizada en cinco tipos básicos de órganos: raíces, tallos, hojas, flores y frutos con semillas. El conjunto de todos los tipos de plantas conforma el reino **vegetal**. 3 Cada uno de los pisos o niveles de un edificio. 4 Instalación industrial o central energética. 5 ARQ Figura que forman sobre el terreno los cimientos de un edificio o la sección horizontal de sus paredes. 6 ARQ Diseño de esta figura. 7 GEOM Pie de la perpendicular bajada desde un punto al plano horizontal.

plantación 1 *f.* Acción de plantar. 2 Conjunto de lo plantado. 3 Cultivo extensivo de una planta con fines industriales.

plantar[1] *adj.* Perteneciente o relativo a la planta del pie.

plantar[2] 1 *tr.* Meter en tierra una planta, un esqueje, una semilla, etc., para que arraigue. 2 Poblar de plantas un terreno. 3 Dejar a alguien burlado o abandonarle. 4 *prnl.* Ponerse de pie firmemente en un lugar. 5 Mantenerse en una idea o actitud. 6 *intr.* y *prnl.* En algunos juegos de cartas, no querer más de las que se tienen.

plantear 1 *tr.* Tantear o estudiar la realización de algo. 2 Exponer un tema, un problema, etc.

plantel *m.* Lugar en que se forman personas hábiles o capaces en una ciencia, oficio, etc.

plantificar *tr.* Establecer sistemas, instituciones, reformas, etc.

plantígrado, da *adj.* y *s.* ZOOL Dicho de un cuadrúpedo, que al andar apoya en el suelo toda la planta de los pies y las manos, como el oso.

plantilla 1 *f.* Suela sobre la cual se arma el calzado. 2 Pieza con que interiormente se cubre la planta del calzado. 3 Patrón sobre el que se cortan o labran ciertas cosas. 4 **NÓMINA.**

plantío *m.* Lugar plantado recientemente de vegetales.

plántula *f.* BOT Planta al poco tiempo de brotar de la semilla.

plañidera *f.* Mujer pagada que iba a llorar en los entierros.

plañir *intr.* y *prnl.* Gemir y llorar, sollozando o clamando. • Vb. irreg. conjug. c. **mullir**. V. anexo El verbo.

plaqueta *f.* BIOL Elemento de la sangre, que interviene en su coagulación. Existen entre 200 000 y 300 000 por mm^3.

plasma 1 *m.* BIOL Parte líquida de la sangre constituida por agua (90 %), nutrientes como glucosa, lípidos, proteínas, vitaminas, minerales y los aminoácidos necesarios para la síntesis de proteínas. 2 BIOL Parte líquida de la linfa. 3 **pantalla** de ~. 4 FÍS Materia gaseosa fuertemente ionizada, con igual número de cargas libres positivas y negativas, similar a la que existe en el interior del Sol. Se le llama también cuarto estado de la materia.

plasmar 1 *tr.* Dar forma a una cosa, especialmente de barro. 2 Dar forma concreta a algo inmaterial. 3 *tr.* y *prnl.* Manifestarse algo en la forma indicada.

plasmático, ca 1 *adj.* Perteneciente o relativo al plasma. 2 Biol **membrana** celular o ~.

plasmodio *m.* Biol Masa de citoplasma que contiene varios núcleos no separados por membranas.

plasmólisis *f.* Biol Disminución de volumen o pérdida de agua de una célula viva sumergida en una solución de presión osmótica superior.

plasta 1 *f.* Cualquier cosa blanda. 2 Cosa aplastada.

plástica *f.* Art Cada una de las disciplinas artísticas que se expresan mediante la forma, como la pintura, la escultura y la arquitectura.

plasticidad 1 *f.* Cualidad de algunos sólidos de cambiar de forma por presión, modelado, por la acción del calor, de una sustancia química, etc., y de conservar la nueva forma una vez suprimida la acción exterior. 2 Fisiol Propiedad de ciertos líquidos orgánicos, como la sangre o la linfa, de alimentar los tejidos, originando su crecimiento.

plástico, ca 1 *adj.* Moldeable. 2 Perteneciente o relativo a la plástica. 3 Dicho de un estilo, una frase, etc., concisos y expresivos. 4 *adj.* y *m.* Dicho de una sustancia orgánica sintética, constituida fundamentalmente por polímeros, que se caracteriza por su elevado peso molecular, bajo peso específico, por ser fácilmente moldeable y por su plasticidad.

plastificar 1 *tr.* Añadir un producto plástico a una materia. 2 Recubrir con plástico.

plastilina *f.* Sustancia maleable compuesta básicamente de arcilla, glicerina y colorante, que se utiliza para modelar.

plasto *m.* Biol Orgánulo con vitalidad propia, que se encuentra en la célula vegetal y en el que se forma el almidón y se almacenan moléculas de grasa.

plata 1 *f.* Quím Elemento metálico, blanco, brillante, dúctil y maleable. Es uno de los metales preciosos y es el metal con mejor conducción eléctrica y térmica. Se utiliza en joyería, para la acuñación de monedas, el plateado de objetos, para obtener emulsiones sensibles a la luz, etc. Símbolo: Ag. Número atómico: 47. Peso atómico: 107,868. Punto de fusión: 962 °C. Punto de ebullición: 2212 °C. 2 Dinero, riqueza.

plataforma 1 *f.* Tablero horizontal, descubierto y elevado sobre el suelo, donde se colocan personas o cosas. 2 Parte de un autobús, tranvía, etc., junto a la puerta, donde van los pasajeros de pie. 3 Especie de azotea de las torres. 4 Programa de un sindicato, un partido político, etc. 5 Geo Estructura terrestre en la que las capas sedimentarias tienen una pendiente muy ligera y las ondulaciones del terreno un radio considerablemente grande. || ~ **continental** Geo Zona marina de hasta 200 m que bordea los continentes y se extiende desde el límite de la bajamar hasta la plataforma submarina. ~ **de abrasión, litoral** o **costera** Geo Superficie rocosa y apenas sin pendiente, modelada por las olas y otros agentes abrasivos marinos, que pueden cubrirla ocasionalmente y quedar por encima del nivel del mar como resultado de la regresión marina, originando una terraza marina. ~ **digital** o **virtual** Inf Sistema informático que sirve como herramienta para gestionar por internet contenidos entre usuarios que comparten una actividad generalmente de tipo empresarial o educativo. ~ **submarina** Geo Conjunto de los fondos oceánicos de superficie casi horizontal, cubiertos de depósitos de lodos finos.

platanáceo, a *adj.* y *f.* Bot Dicho de un árbol, del grupo de las angiospermas dicotiledóneas, con hojas alternas palmeadas y lobuladas, flores sobre receptáculos globosos, y fruto en baya o drupa, con una semilla que tiene abundante albumen córneo o carnoso, como el plátano.

plátano 1 *m.* Nombre de varios árboles de las platanáceas, con una altura de 15 a 20 m, de tronco recto, hojas partidas en lóbulos, flores en cabezuela y frutos agrupados pendientes de un largo pedúnculo. 2 Nombre de varias plantas **musáceas.** 3 Fruto de estas plantas; es una baya alargada, algo encorvada y de corteza lisa y amarillenta al madurar. 4 **BANANO.**

platea *f.* Patio de butacas de un teatro o cine.

plateado, da 1 *adj.* Bañado en plata. 2 *adj.* y *m.* Dicho de un color, parecido al de la plata. 3 *m.* Acción de platear.

platear *tr.* Cubrir de plata una cosa.

platelminto *adj.* y *m.* Zool Dicho de un gusano, de tamaño variable, cuerpo aplanado, aparato digestivo ciego y sin aparato circulatorio; son hermafroditas, y muchos de ellos parásitos, como la tenia y la duela.

plateresco, ca 1 *adj.* y *m.* Arq Dicho de un estilo arquitectónico, del Renacimiento español (s. XVI), caracterizado por la exuberancia ornamental, influenciado por el primer Renacimiento italiano. 2 Art Dicho de un estilo español de ornamentación, empleado por los plateros del s. XVI, aprovechando elementos de las arquitecturas clásica y ojival.

platería *f.* Arte de labrar la plata.

plática 1 *f.* Conversación entre varias personas. 2 Sermón breve y poco solemne.

platicar *tr.* e *intr.* Conversar unos con otros.

platillo 1 *m.* Pieza pequeña parecida a un plato. 2 Cada una de las dos piezas, generalmente en forma de plato, de una balanza. 3 Guiso de carne y verduras picadas. 4 *m. pl.* Mús Instrumento de percusión formado por dos discos metálicos que se golpean uno contra otro. || ~ **volador** Supuesto objeto volante, cuyo origen y naturaleza se desconocen, pero al que se atribuye con frecuencia procedencia extraterrestre.

platina 1 *f.* Parte del microscopio en que se coloca el objeto que se observa. 2 Arandela plana o plato anular de unión para tubos metálicos.

platino 1 *m.* Quím Elemento metálico, de color parecido al de la plata, muy pesado, maleable, difícilmente fusible. Se emplea para fabricar termómetros especiales, crisoles y prótesis, y sus aleaciones tienen empleo en joyería, en electrónica y en la fabricación de instrumentos científicos. Símbolo: Pt. Número atómico: 78. Peso atómico: 195,09. Punto de fusión: 1772 °C. Punto de ebullición: 3827 °C. 2 *m. pl.* Conjunto de piezas que establecen contacto en el ruptor del sistema de encendido de un motor de explosión.

platirrino *adj.* y *m.* Zool Dicho de un primate, antropoide de nariz ancha y cola larga, que agrupa exclusivamente a los monos.

plato 1 *m.* Vasija baja y redonda, con una cavidad en medio y borde generalmente plano, para servir los alimentos y comer en ella. 2 Comida que se sirve en dicha vasija. 3 En una bicicleta, rueda dentada que, unida a los pedales, se comunica mediante la cadena con los piñones de la rueda trasera. 4 Dispositivo de un engranaje o de una maquinaria.

plató *m.* Cin y TV Recinto de un estudio acondicionado para el rodaje.

platón *m.* Recipiente de gran tamaño y de diversos usos.

platónico, ca 1 *adj.* Perteneciente o relativo a Platón, filósofo griego. 2 Desinteresado, honesto. 3 Ideal. 4 *adj.* y *s.* Que sigue la filosofía de Platón.

platonismo *m.* Fil Concepto derivado de la doctrina de Platón y sus seguidores, basado en la preponderancia de las ideas sobre los sentidos, de gran influencia en el pensamiento occidental y oriental, principalmente en el estoicismo aristotélico y el neoplatonismo.

plausible 1 *adj.* Digno de aplauso. 2 Admisible, recomendable.

playa *f.* Ribera del mar, de un río o de un lago, formada de arenales de superficie casi plana.

playback (Tb. *play back*; voz ingl.) *m.* En un espectáculo musical, reproducción del sonido grabado previamente, el cual es la base de la interpretación.

playboy (Tb. *play boy*; voz ingl.) *m.* Hombre generalmente atractivo que seduce a las mujeres con audacia. • pl.: *playboys.*

plaza 1 *f.* Lugar espacioso en una población, donde suelen confluir varias calles. 2 Lugar donde se celebran ferias y mercados. 3 Espacio, sitio, lugar. 4 **CUPO**, sitio determinado para persona o cosa. 5 **PUESTO**, sitio o espacio. 6 Población en que se hacen operaciones considerables de comercio al por mayor, y principalmente de giro. 7 Cualquier lugar fortificado. || ~ **de armas** Sitio o lugar en que se acampa y forma el ejército cuando está en campaña, o en el que se forman y hacen el ejercicio las tropas que están de guardia en una plaza. ~ **de toros** Circo donde lidian toros. ~ **mayor** La que constituye o constituyó el núcleo principal de la vida urbana en numerosos pueblos y ciudades.

plazo 1 *m.* Término o tiempo señalado para algo. 2 Cada parte de una cantidad pagadera en varias veces.

plazoleta *f.* Plaza pequeña situada en un jardín o una alameda.

pleamar 1 *f.* Estado más alto de la marea. 2 Tiempo que dura.

plebe 1 *f.* Clase social más baja. 2 HIST En la antigua Roma, parte de la población que no gozaba de todos los derechos de la ciudadanía.

plebeyo, ya 1 *adj.* Perteneciente o relativo a la plebe. 2 *adj.* y *s.* Innoble, vulgar.

plebiscito 1 *m.* HIST Ley que la plebe de la antigua Roma establecía a propuesta de sus tribunos. 2 POLÍT Resolución tomada por todo un pueblo mediante una votación.

pleca *f.* En imprenta, filete pequeño y de una sola raya.

plectro *m.* MÚS Palillo o púa con que se puntean las cuerdas de ciertos instrumentos de cuerda.

plegamiento *m.* GEO Deformación de la corteza terrestre por el movimiento conjunto de los estratos sedimentarios sometidos a una presión lateral, que se levantan y pliegan dando lugar a formas de relieve.

plegar 1 *tr.* y *prnl.* Hacer pliegues en una cosa. 2 *prnl.* Ceder, someterse. • Vb. irreg. conjug. c. **acertar**. V. anexo El verbo.

plegaria *f.* Súplica humilde y ferviente.

pleistoceno, na *adj.* y *m.* GEO Dicho de una época geológica, la primera y más larga del periodo cuaternario del Cenozoico; comenzó hace 1,64 millones de años, y abarcó hasta hace unos 10 000 años. Comprende varias fases glaciares, durante las cuales la extensión del hielo cubrió más de una cuarta parte de la superficie terrestre. De esta época datan los primeros restos fósiles humanos. En las regiones libres de hielo, la flora y la fauna dominantes eran esencialmente las mismas que las del Plioceno. • Se escribe con may. inic. c. s.

pleita *f.* Tira de pita, palma, etc., para hacer esteras, cestos, etc.

pleitear *tr.* DER **LITIGAR**.

pleitesía *f.* Rendimiento de cortesía.

pleito 1 *m.* Contienda, disputa, litigio. 2 Riña o disputa privada o doméstica. 3 DER Asunto criminal o civil que se tramita ante un juez.

plenaria *f.* Reunión o junta general de una corporación.

plenilunio *m.* Luna llena.

plenipotenciario, ria *adj.* y *s.* Que tiene plenos poderes para tratar asuntos de Estado.

plenitud 1 *f.* Totalidad, estado o calidad de pleno. 2 Apogeo.

pleno, na 1 *adj.* Completo, lleno. 2 *m.* **PLENARIA**.

pleón *m.* ZOOL Abdomen de los crustáceos.

pleonasmo 1 *m.* GRAM Figura de construcción consistente en usar palabras innecesarias para la comprensión de la frase, pero con las cuales se le confiere mayor expresividad: *Lo escuche con estos oídos.* 2 Exceso y redundancia de palabras.

plesiosaurio *m.* PALEONT Reptil acuático que vivió desde el inicio del Triásico hasta finales del Cretácico, dotado de aletas y con el cuello muy largo.

plétora *f.* Abundancia excesiva de algo.

pleura *f.* ANAT Cada una de las membranas serosas que cubren las paredes de la cavidad torácica y los pulmones.

plexiglás *m.* QUÍM Sustancia plástica, transparente e incolora, formada por metacrilato de metilo.

plexo *m.* ANAT Red formada por filamentos nerviosos y vasculares entrelazados. || ~ **sacro** ANAT El constituido por la anastomosis que forman entre sí la mayoría de las ramas nerviosas sacras. ~ **solar** ANAT Red nerviosa que rodea la arteria aorta ventral y procede especialmente del gran simpático y del nervio vago.

pléyade *f.* Grupo de personas destacadas en alguna actividad en una misma época.

pliego 1 *m.* Hoja de papel que se usa o vende sin doblar. 2 Documento que se envía cerrado. 3 Documento que contiene las condiciones o cláusulas que se proponen o se aceptan en un contrato, una concesión gubernativa, una subasta, etc.

pliegue 1 *m.* Doblez, arruga en una cosa flexible que deja de estar lisa. 2 GEO Deformación de estratos de rocas sedimentarias de la corteza terrestre.

plinto *m.* ARQ Base cuadrangular de una columna.

plioceno, na *adj.* y *m.* GEO Dicho de una época geológica, la última del Terciario, durante la cual alcanzaron su forma actual los continentes. El clima se hizo más frío y seco con la aproximación de los periodos glaciales del Pleistoceno. Los mamíferos se habían establecido desde hacía tiempo como la forma de vida terrestre dominante. • Se escribe con may. inic. c. s.

plisar *tr.* Hacer que una tela forme pliegues.

plomada 1 *f.* Pesa metálica que, colgada de una cuerda, sirve para señalar la vertical. 2 Conjunto de plomos de la red de pescar.

plomería *f.* **FONTANERÍA**.

plomero, ra *m.* y *f.* **FONTANERO**.

plomo 1 *m.* QUÍM Elemento metálico dúctil, maleable, fusible, muy tóxico y mal conductor del calor y la electricidad. Se usa en la fabricación de acumuladores, en soldadura, como blindaje de materiales radiactivos, etc. Símbolo: Pb. Número atómico: 82. Peso atómico: 207,19. Punto de fusión: 328 °C. Punto de ebullición: 1740 °C. 2 Bala de un arma de fuego.

plóter *m.* INF Periférico de impresión capaz de trazar gráficos de acuerdo a la información que recibe de la computadora.

plum onomat. **PUM**.

pluma 1 *f.* ZOOL Cada una de las formaciones epidérmicas que recubren el cuerpo de las aves, compuestas por el eje o la estructura central, y las barbas o ramificaciones laterales. 2 Pluma de ave usada como adorno o para escribir. 3 Instrumento de metal que, colocado en un mango, sirve para escribir. 4 **ESCRITOR**. 5 Mástil de una grúa. 6 DEP Categoría de boxeo, entre 54 y 57 kg de peso. || ~ **fuente** **ESTILÓGRAFO**.

plumaje *m.* Conjunto de plumas de un ave.

A B C D E F G H I J K L M N Ñ O P Q R S T U V W X Y Z

plumazo *m.* Trazo fuerte de pluma y especialmente el que se hace para tachar lo escrito.
plúmbeo, a *adj.* De plomo o parecido a él.
plumero 1 *m.* Mazo de plumas atadas a un mango, usado para quitar el polvo. 2 Caja o estuche para plumas y lápices.
plumilla *f.* Pequeña pieza metálica usada para escribir.
plumón 1 *m.* Pluma muy delgada y suave que tienen las aves debajo del plumaje exterior. 2 Colchón relleno de esta pluma.
plural 1 *adj.* Múltiple, que se presenta en más de un aspecto. 2 *adj.* y *m.* GRAM Dicho de un accidente gramatical, llamado **número** cuando hace referencia a varias personas, animales o cosas, frente al singular, que se refiere solo a una. En general, el plural se forma añadiendo los morfemas *-s* y *-es* a la forma singular. • V. tabla Sintaxis, p. 577.
pluralidad 1 *f.* Multitud, número grande de algunas cosas. 2 Cualidad de ser más de uno.
pluralismo *m.* Sistema que reconoce la pluralidad de doctrinas en materia política, económica, etc.
pluralizar 1 *tr.* GRAM Dar número plural a palabras que normalmente no lo tienen. 2 Atribuir algo que es peculiar de uno a dos o más sujetos.
pluricelular *adj.* BIOL Dicho de un organismo, formado por muchas células.
pluricultural *adj.* MULTICULTURAL.
pluriétnico, ca *adj.* MULTIÉTNICO.
plurilingüe 1 *adj.* Que habla varias lenguas. 2 Escrito en diversos idiomas.
pluripartidismo *m.* POLÍT Sistema político parlamentario en que coexisten varios partidos políticos.
pluripersonal 1 *adj.* Perteneciente o relativo a varias personas. 2 Compuesto por varias personas.
pluriverbal *adj.* LING Expresión formada por un grupo de palabras que mantienen entre sí independencia gráfica y acentual.
pluscuamperfecto *adj.* y *m.* GRAM **pretérito** ~.
plusmarca *f.* DEP Mejor resultado o puntuación en una competencia deportiva, especialmente en el atletismo.
plusvalía *f.* ECON Diferencia entre el valor de la producción del trabajo y el salario del trabajador.
plutocracia 1 *f.* Sistema político en que el poder reside en el grupo social económicamente más poderoso. 2 Conjunto de miembros de este grupo social.
plutonio *m.* QUÍM Elemento radiactivo artificial, de la serie de los actínidos. Se forma en los reactores nucleares por desintegración del neptunio y, lo mismo que el uranio, es escindible con la consiguiente liberación de energía. Se usa como combustible nuclear y en la fabricación de armas nucleares. Es un veneno extremadamente peligroso debido a su alta radiactividad. Símbolo: Pu. Número atómico: 94. Punto de fusión: 641 °C. Punto de ebullición: 3232 °C.
pluvial 1 *adj.* Perteneciente o relativo a la lluvia. 2 GEO Dicho de un régimen de los ríos, que reciben su caudal del agua de lluvia.
pluviometría *f.* GEO Parte de la meteorología que estudia la distribución de las lluvias según la geografía y las estaciones.
pluviómetro *m.* Aparato para medir la lluvia que cae en un lugar y tiempo dados.
pluvisilva *f.* ECOL BOSQUE tropical lluvioso.
población 1 *f.* Acción y efecto de poblar. 2 Conjunto de personas que habitan la Tierra o un área geográfica. 3 Ciudad, pueblo, villa. 4 En estadística, conjunto de elementos u objetos, con características comunes, sometidos a un muestreo. 5 ECOL Conjunto de individuos de una misma especie que viven en un área o en un medio determinado. || ~ **activa** ECON Parte de la población de un país ocupada en el proceso productivo y por cuyo trabajo recibe retribución. ~ **de riesgo** MED Conjunto de personas que son más propensas que otras a contraer una enfermedad determinada. ~ **flotante** La que no vive de manera permanente en una ciudad, un pueblo, un país, etc.
poblado *m.* Población, ciudad, villa o lugar.
poblador, ra 1 *adj.* y *s.* Que puebla. 2 Fundador de una colonia.
poblamiento *m.* Acción y efecto de poblar.
poblar 1 *tr.* e *intr.* Fundar uno o más pueblos. 2 *tr.* Ocupar con gente un sitio para que viva en él. 3 Ocupar con animales o árboles un determinado lugar. 4 *intr.* Procrear mucho. • Vb. irreg. conjug. c. **contar**. V. anexo El verbo.
pobre 1 *adj.* y *s.* Falto de lo necesario para vivir. 2 *adj.* Escaso, incompleto. 3 Humilde, de poco valor. 4 Desdichado, triste. • Superlativo irreg. *paupérrimo*.
pobreza 1 *f.* Falta, escasez. 2 Estado del que carece de lo necesario para vivir. 3 ECON Situación de subdesarrollo de un país o territorio. || ~ **absoluta** ECON La de las personas que no disponen de los alimentos necesarios para mantenerse sanas. ~ **relativa** ECON La de las personas cuyos ingresos se encuentran muy por debajo del promedio en una sociedad determinada.
pocilga 1 *f.* Establo para cerdos. 2 Lugar sucio y hediondo.
pocillo *m.* Pequeña vasija con una sola asa.
pócima *f.* MED Cocimiento medicinal de materias vegetales.
poción *f.* Líquido que se bebe, especialmente el medicinal.
poco, ca 1 *adj. indef.* Escaso, limitado en cantidad o calidad: *Les dieron regalo a los pocos niños que fueron; Supo distribuir la poca comida que había.* 2 *adv. indef.* Con escasez, en reducido número o cantidad, menos de lo necesario: *Durmieron poco la noche del accidente; Estudiaron poco para el examen.* 3 Indica frecuencia escasa o insuficiente: *Durante su visita fue poco a saludarla.* 4 Indica un tiempo escaso o insuficiente: *Entrenó poco esta temporada.* 5 Indica comparación: *Gana un poco más que tú; Llegó poco después de que te fueras.* 6 *pron. indef.* Señala palabras o sintagmas nominales mencionados o sobrentendidos: *Pocos dudan de su honestidad; Votaron muchas ciudadanas, pero pocas estaban informadas de las propuestas.*
podadera *f.* Herramienta de corte curvo usada para podar.
podar *tr.* Cortar las ramas superfluas de las plantas para que se desarrollen con más vigor.
podenco, ca *s* y *adj.* Perro de tamaño mediano y pelo no muy largo, utilizado para cazar.
poder[1] 1 *tr.* Tener la facultad o capacidad de hacer algo. 2 Tener facilidad, tiempo o lugar de hacer algo. 3 *intr.* Ser más fuerte que otro, ser capaz de vencerle. 4 Ser lícito o estar permitido algo: *Se puede girar a la izquierda.* 5 Ser posible que suceda algo: *Puede que llueva mañana.* • U. s. en 3.ª pers. en acep. 5. Vb. irreg. conjugación modelo. V. anexo El verbo.
poder[2] 1 *m.* Facultad y jurisdicción que alguien tiene para mandar o ejecutar algo. 2 Capacidad, fuerza, vigor, poderío. 3 DER Acto o instrumento en que consta la facultad que alguien da a otro para ejecutar algo en su representación. 4 Fuerza, capacidad, posibilidad, poderío. 5 Posesión actual o tenencia de algo. 6 Suprema potestad rectora y coactiva del Estado. || ~ **absoluto** POLÍT DESPOTISMO. ~ **adquisitivo** ECON Capacidad de un ser humano o grupo social para adquirir bienes y servicios. ~ **constituyente** POLÍT Facultad legal que tiene la comunidad y los órganos que la representan para conformar un Estado y reformar

los principios que rigen su sistema político vigente. ~ **de resolución** Fís Medida cuantitativa de la capacidad de un instrumento óptico para producir imágenes separables de diferentes puntos de un objeto. ~ **ejecutivo** En los gobiernos representativos, el que tiene a su cargo gobernar el Estado y hacer observar las leyes. ~ **judicial** El que ejerce la administración de justicia. ~ **legislativo** Aquel en que reside la potestad de hacer y reformar las leyes. En los países democráticos reside en el parlamento, elegido por los ciudadanos.

poderío 1 *m.* Facultad de hacer o impedir algo. 2 Vigor, gran fuerza. 3 Conjunto de bienes y riquezas. 4 Poder, dominio. 5 Potestad, jurisdicción.

poderoso, sa 1 *adj.* y *s.* Que tiene poder. 2 Muy rico. 3 *adj.* Activo, eficaz.

podio 1 *m.* Tribuna de orador. 2 Arq Pedestal largo en que estriban varias columnas. 3 Dep Pedestal al que sube el triunfador o los triunfadores de una prueba deportiva.

podología *f.* Med Parte de la medicina que trata de las afecciones y enfermedades de los pies.

podómetro *m.* Aparato en forma de reloj de bolsillo para contar el número de pasos que da la persona que lo lleva.

podredumbre 1 *f.* Putrefacción o corrupción material de las cosas. 2 Cosa, o parte de ella, podrida. 3 Corrupción moral.

podrir *tr.* y *prnl.* PUDRIR.

podsol *m.* Ecol Suelo pobre en carbonato cálcico y de baja fertilidad, propio del bosque boreal de coníferas.

poema *m.* Lit Obra en verso. || ~ **en prosa** Lit Subgénero literario al que pertenecen obras en prosa que expresan un contenido análogo al de un poema. ~ **sinfónico** Mús Composición para orquesta, de forma libre y desarrollado según una idea poética u obra literaria.

poemario *m.* Lit Conjunto o colección de poemas.

poesía 1 *f.* Lit Expresión artística por medio de la palabra, sujeta a la medida y cadencia del verso. 2 Lit Arte de componer obras poéticas. 3 Lit Género literario cuyo fin es la expresión de la belleza. 4 Lit Cada una de las variedades de este género: *Poesía lírica, épica, dramática, bucólica, religiosa, heroica, profana.* 5 Lit Poema lírico. 6 Cualidad que tienen las personas, las obras de arte o las cosas de deleitar.

poeta, tisa *m.* y *f.* Persona que escribe versos o que está dotado de las facultades para hacerlo. • Para el f. se u. t. la forma *poeta.*

poético, ca 1 *adj.* De la poesía o propio de ella. 2 Que participa de las cualidades de la idealidad, espiritualidad y belleza propias de la poesía. 3 *f.* Lit Arte de componer poesías. 4 Lit Conjunto de principios y reglas de la poesía.

poetisa *f.* POETA.

poetizar 1 *intr.* Componer poemas u obras poéticas. 2 *tr.* Embellecer algo con el encanto de la poesía.

pogromo *m.* Matanza y robo de gente indefensa por una multitud enfurecida.

pointer (Voz ingl.) *s.* y *adj.* Perro de caza especializado en indicar la localización de la presa. Mide de 58 a 71 cm a la cruz.

poiquilotermia *f.* Zool Incapacidad de regulación de la temperatura del cuerpo, por lo que esta varía de acuerdo con la temperatura ambiental.

poiquilotermo, ma 1 *adj.* Perteneciente o relativo a la poiquilotermia. 2 *adj.* y *s.* Dicho de un animal, que tiene poiquilotermia.

polaina *f.* Prenda de cuero o paño que cubre la pierna desde el tobillo hasta la rodilla.

polar 1 *adj.* Perteneciente o relativo a los polos. 2 Astr **círculo** ~. 3 Geo **aurora** ~; **casquete** ~; **círculo** ~; **frente** ~; **zona** ~ antártica; **zona** ~ ártica.

polaridad 1 *f.* Fís Propiedad de los agentes físicos de acumularse en los polos de un cuerpo y de polarizarse. 2 Fís y Quím Tendencia de una molécula a ser atraída o repelida por cargas eléctricas.

polarizar 1 *tr.* y *prnl.* Orientar en dos direcciones opuestas. 2 Ópt Modificar los rayos luminosos por medio de refracción o reflexión, de tal manera que no puedan refractarse o reflejarse de nuevo en ciertas direcciones. 3 Electr Disminuir la corriente que produce una pila eléctrica, por aumentar la resistencia del circuito a consecuencia del depósito de hidrógeno sobre uno de los electrodos.

polca 1 *f.* Folcl Danza de origen bohemio, de movimiento rápido y en compás de dos por cuatro. 2 Folcl Música de esta danza.

pólder *m.* Terreno pantanoso ganado al mar, dedicado al cultivo.

polea *f.* Fís Rueda acanalada en su circunferencia y móvil alrededor de un eje, que tiene una cuerda o un cable para transmitir movimiento; sirve para levantar y mover pesos.

polémico, ca 1 *adj.* Perteneciente o relativo a la polémica. 2 *f.* Controversia sobre cualquier materia.

polemología *f.* Estudio de la guerra, sus formas de expresión, causas y efectos como fenómeno social.

polen *m.* Bot Conjunto de granos diminutos contenidos en las anteras de las flores. Cada uno de ellos está constituido por dos células protegidas por dos membranas; una de estas células, en el momento de la fecundación, da origen a dos células hijas, que son gametos masculinos.

poleo *m.* Planta herbácea de las labiadas, de hojas pequeñas y dentadas, y flores en verticilos. Es aromático y se usa como estomacal.

polialcohol *m.* Quím Cada uno de los componentes orgánicos que contienen varios grupos alcohólicos.

poliamida *f.* Quím Polímero termoplástico obtenido por condensación de un diácido y de una diamida, o de aminoácidos. Se usa en la fabricación de fibras sintéticas.

poliandria 1 *f.* Estado de la mujer casada a la vez con varios hombres. 2 Bot Condición de la flor que tiene muchos estambres.

policarbonato *m.* Quím Resina plástica de gran resistencia y dureza mecánica utilizada en electrónica, aeronáutica, etc. Es un polímero sintético.

polichinela *m.* Teat Personaje burlesco de las farsas, narigudo y con doble joroba.

policía 1 *f.* Organización y normas internas para mantener el orden en una colectividad. 2 Cuerpo o fuerza que vela por el cumplimiento de estas normas. 3 *m.* y *f.* Persona perteneciente a un cuerpo de policía.

policiaco, ca (Tb. policíaco) 1 *adj.* Perteneciente o relativo a la policía. 2 Cin y Lit Dicho de una obra literaria o cinematográfica, basada en la investigación de crímenes.

policial *adj.* Perteneciente o relativo a la policía.

policlínica *f.* Med Clínica con distintas especialidades médicas y quirúrgicas.

policromar *tr.* Aplicar o poner diversos colores a algo, como estatuas, paredes, etc.

polícromo, ma *adj.* De varios colores.

polideportivo, va *adj.* y *m.* Dep Dicho de un lugar, donde se practican varios deportes.

poliedro *m.* Geom Sólido limitado por polígonos planos llamados caras. Es **convexo** si está en un mismo lado del plano que contiene cualquiera de sus caras, y **cóncavo**, en caso contrario. Cuando es convexo y sus caras son polígonos regulares iguales, se llama **regular**.

poliéster *m.* QUÍM Polímero sintético obtenido por polimerización del estireno y otros productos químicos. Se usa en la fabricación de fibras textiles, plásticos, pinturas, etc.

polietileno *m.* QUÍM Plástico obtenido por polimerización del etileno. Se usa para fabricar envases, conducciones, etc.

polifacético, ca 1 *adj.* Que ofrece varias facetas. 2 Que tiene múltiples aptitudes.

polifásico, ca 1 *adj.* De varias fases. 2 ELECTR Dicho de una corriente eléctrica, alterna, constituida por la combinación de varias corrientes monofásicas del mismo periodo, pero cuyas fases no concuerdan.

polifonía *f.* MÚS Música en que se combinan armónicamente varias voces simultáneas e independientes.

poligamia 1 *f.* Forma de matrimonio en la que una persona tiene más de un compañero. Incluye la poliandria y la poliginia. 2 Estado o cualidad de polígamo.

polígamo, ma 1 *adj.* y *s.* Dicho de una persona, que está casada a la vez con varias personas del otro sexo. 2 BOT Dicho de una planta, que tiene en uno o más pies flores masculinas, femeninas y hermafroditas, como el fresno. 3 ZOOL Dicho de un animal, que se junta con varias hembras de la especie a que pertenece.

poliginia 1 *f.* Estado del hombre casado a la vez con dos o más mujeres. 2 BOT Condición de la flor que tiene muchos pistilos. 3 ZOOL Modo de organización social de los animales en que el macho reúne un harén.

políglota, ta 1 *adj.* Escrito en varias lenguas. 2 *adj.* y *s.* Dicho de una persona, versada en varias lenguas.

poligonal 1 *adj.* GEOM Perteneciente o relativo al polígono o con forma de polígono. 2 GEOM Dicho de una línea, formada por segmentos consecutivos no alineados.

polígono, na 1 *adj.* GEOM **POLIGONAL.** 2 *m.* GEOM Figura geométrica plana limitada por una línea poligonal cerrada. Los segmentos de dicha línea se llaman lados, y los puntos de enlace, vértices. || ~ **de frecuencias** MAT Gráfico lineal obtenido al unir los puntos medios de las bases superiores de un diagrama de barras o de un histograma.

polígrafo 1 *m.* Autor que ha escrito sobre materias diferentes. 2 Aparato que registra gráficamente y de manera simultánea constantes fisiológicas como el pulso, la presión sanguínea, el ritmo cardiaco, etc.

polilla *f.* Nombre de varios insectos **lepidópteros** cuyas larvas destruyen los tejidos de los vegetales.

polímata *m.* y *f.* Persona con grandes conocimientos en las áreas de las ciencias y las artes.

polimería *f.* QUÍM Propiedad de muchos cuerpos químicos de presentar la misma composición centesimal, pero diferente peso molecular.

polimerización *f.* QUÍM Proceso por el cual, mediante calor, luz o un catalizador, se unen varias moléculas de un compuesto, generalmente de carácter no saturado, llamado monómero, para formar una cadena de elevado peso molecular y de propiedades distintas.

polímero *m.* QUÍM Compuesto químico formado por polimerización que consiste, esencialmente, en unidades estructurales repetidas, llamadas monómeros. La mayoría de las sustancias orgánicas presentes en la materia viva, como las proteínas, la madera, la quitina, el caucho y las resinas, son polímeros; también lo son muchos materiales sintéticos como los plásticos, las fibras, los adhesivos, el vidrio y la porcelana.

polimorfismo 1 *m.* Cualidad de lo que puede presentarse bajo distintas formas. 2 BIOQ Propiedad de los ácidos nucleicos y las proteínas, que pueden presentarse bajo varias formas moleculares. 3 QUÍM Propiedad de ciertos cuerpos de cambiar de forma sin variar su naturaleza.

polinesio, sia 1 *adj.* y *s.* De Polinesia o relacionado con esta región de Oceanía. 2 De un grupo étnico que habita en Polinesia y parte de Micronesia. Se caracterizan por la talla elevada y la piel morena.

polinización *f.* BOT Transporte del polen desde la antera hasta el estigma, en las angiospermas, o directamente al óvulo, en las gimnospermas. Es **directa** si el polen proviene de la misma flor, y **cruzada** si procede de flores distintas.

polinizar *tr.* BOT Efectuar la polinización.

polinomio *m.* MAT Expresión de varios términos algebraicos unidos por los signos más (+) o menos (−). Los de dos o tres términos reciben los nombres especiales de binomio y trinomio, respectivamente. || ~ **de una variable** MAT Aquel en el que aparece una sola variable o cuya variable es indeterminada. Se representa por $P(x)$. ~ **de varias variables** MAT Suma algebraica de monomios de la forma *axp yq zr ...*, siendo *a* un coeficiente y *x*, *y*, *z* factores de variables repetidas cada una un determinado número de veces. ~ **irreducible** MAT El que no puede ser expresado como producto de polinomios de menor grado.

poliomielitis *f.* MED Enfermedad vírica infecciosa que afecta a la médula espinal, causando parálisis. Es contagiosa y propia de la infancia, y se previene mediante la vacunación.

polipéptido *m.* QUÍM Molécula que constituye las proteínas, formada por largas cadenas de aminoácidos que se unen por medio de enlaces peptídicos.

polipero *m.* ZOOL Formación calcárea, fija a las rocas, producida por colonias de pólipos que viven en ella.

poliploide *adj.* BIOL Dicho de un organismo o de un tejido, que tiene más de dos juegos de cromosomas en sus células.

pólipo 1 *m.* ZOOL Una de las dos formas de organización de los celentéreos, consistente en un individuo de cuerpo más o menos cilíndrico, cerrado por un extremo (por el cual está fijo al sustrato) y abierto por el otro en una boca rodeada de tentáculos; muchos viven formando colonias dentro de poliperos, y algunos producen por gemación individuos libres que toman la forma de medusa. 2 MED Tumor benigno en una mucosa.

poliqueto *adj.* y *m.* ZOOL Dicho de un gusano, anélido comúnmente marino. A partir del huevo, se desarrolla una larva que lleva cilios para la locomoción y un rudimento de aparato digestivo. Pueden ser libres o sedentarios; estos últimos viven en tubos calizos que ellos mismos segregan.

polis *f.* HIST Ciudad Estado de la antigua Grecia.

polisacárido *m.* QUÍM Azúcar complejo de peso molecular elevado, que al desdoblarse por hidrólisis da varios monosacáridos por cada molécula, como el glucógeno, el almidón y la celulosa.

polisemia *f.* LING Pluralidad de significados de una palabra o expresión.

polisílabo, ba *adj.* y *s.* GRAM Dicho de una palabra, que consta de varias sílabas.

polisíndeton *m.* Figura retórica consistente en usar repetidamente una conjunción.

polispasto *m.* Sistema de poleas, una fija y otra móvil.

politburó *m.* HIST Órgano de dirección del Partido Comunista de la URSS hasta 1990, y de otros países comunistas.

politécnico, ca *adj.* y *m.* Dicho de un centro de enseñanza, que abarca varias ciencias o artes.

politeísmo *m.* REL Doctrina religiosa que reconoce la existencia de varias divinidades.

político, ca 1 *adj.* y *s.* Perteneciente o relativo a la política. 2 Dicho de una persona, que se dedica profesionalmente a la política. 3 Denota parentesco por afinidad: *Madre política (suegra); Hermano político (cuñada); Hija política (nuera); Hijo político (yerno).* 4 *adj.* ECON **economía ~.** 5 POLÍT **asilo ~; prisionero ~ ; ciencias ~s.** 6 *f.* Ciencia, actividad, arte, doctrina, etc., referente al gobierno de los Estados. 7 Actividad del ciudadano cuando participa en los asuntos públicos con su oposición, su voto, etc. 8 Arte con que se conduce un asunto. || ~ **fiscal** POLÍT Conjunto de procedimientos y medidas que adopta el Estado para regular el gasto público, los impuestos y mantener su estabilidad económica.

politiquear 1 *intr.* POLÍT Intervenir o moverse en política. 2 POLÍT Tratar de política con ligereza. 3 POLÍT Hacer política de intrigas.

politiquería *f.* Acción y efecto de politiquear.

politizar 1 *tr.* y *prnl.* POLÍT Dar orientación o contenido político. 2 POLÍT Concienciar políticamente.

politología *f.* POLÍT Ciencia de la política.

politonal *adj.* MÚS Dicho de una composición, que emplea simultáneamente varias tonalidades.

poliuretano *m.* QUÍM Producto plástico muy utilizado en la industria (espumas, recubrimientos, etc.), resultante de la polimerización de un polialcohol y un carbono con dos o más grupos de cianato.

polivalente *adj.* QUÍM Que tiene varias valencias.

polivinilo *m.* QUÍM Resina termoplástica que se obtiene por polimerización de derivados de vinilo.

póliza 1 *f.* Documento que acredita un contrato de seguro. 2 Libranza en que se da orden para cobrar dinero.

polizón, na *m.* y *f.* Persona que se embarca clandestinamente.

polje *m.* GEO Vasta depresión de forma ovalada, debida a la presencia de una fosa tectónica.

polla 1 *f.* Gallina joven. 2 coloq. Jovencita.

pollada *f.* Conjunto de pollos que cría un ave de una vez, especialmente una gallina.

pollera 1 *f.* Cesto para criar o guardar pollos. 2 Falda de un vestido.

pollino, na 1 *m.* y *f.* Asno joven y cerril. 2 Cualquier borrico.

pollo 1 *m.* Cría que nace de un huevo de ave. 2 Ave que no ha mudado aún la pluma. 3 coloq. Joven.

polo[1] 1 *m.* GEOM Cualquiera de los dos extremos del eje de rotación de una esfera o cuerpo redondeado. 2 GEOM En las coordenadas polares, punto escogido para trazar desde él los radios vectores. 3 ELECTR Extremidad de un circuito. 4 FÍS Punto opuesto en un cuerpo, en el cual se acumula en mayor cantidad la energía de un agente físico; como el magnetismo en los extremos de un imán, o la electricidad en los de una pila. 5 GEO Cada uno de los dos extremos del eje de rotación de la Tierra. El extremo norte se denomina polo norte y está situado a 90° de latitud N; el extremo meridional se denomina polo sur y está situado a 90° de latitud S. Ambos son equidistantes al Ecuador de la Tierra. 6 GEO Región contigua a un polo terrestre. 7 Centro de actividad o interés. || ~ **magnético** GEO Punto situado en la región polar, adonde se dirige la aguja imantada. ~ **negativo** ELECTR Extremidad de menor potencial de un circuito; se indica con el signo (−). ~ **positivo** ELECTR Extremidad de mayor potencial de un circuito; se indica con el signo (+). ~ **terrestre** GEO polo: cada uno de los dos extremos del eje de rotación de la Tierra.

polo[2] *m.* DEP Juego de a caballo, consistente en introducir en una portería una pelota de madera golpeándola con un mazo.

polonesa *f.* FOLCL Danza de origen eslavo, de compás ternario, movimiento moderado y ritmo muy acentuado.

polonio *m.* QUÍM Elemento radiactivo que se halla en ciertos residuos de tierras raras, asociado a sales de bismuto. Se usa para obtener rayos X, para producir neutrones, etc. Símbolo: Po. Número atómico: 84. Peso atómico: 210. Punto de fusión: 254 °C. Punto de ebullición: 962 °C.

poltrona *f.* Butaca confortable.

polución 1 *f.* Efusión de semen que de manera involuntaria se produce durante el sueño. 2 **CONTAMINACIÓN.**

poluto, ta *adj.* Sucio, inmundo.

polvareda *f.* Cantidad de polvo que se levanta de la tierra.

polvera *f.* Estuche para guardar polvos cosméticos y la borla con que se aplican.

polvo 1 *m.* Parte más menuda y deshecha de tierra seca, que se levanta en el aire. 2 Lo que queda de las cosas sólidas al molerlas. 3 *m. pl.* Los cosméticos que se aplican sobre el cutis. || ~ **atmosférico** ECOL Partículas finas en suspensión en la atmósfera. Incluye fibras animales y vegetales, polen, sílice, bacterias, etc.

pólvora *f.* QUÍM Mezcla explosiva de varias sustancias, generalmente constituida por un 75 % de nitrato potásico, un 15 % de carbón y un 10 % de azufre. Se usa para impulsar proyectiles en las armas de fuego, para fabricar fuegos artificiales, etc.

polvoriento, ta *adj.* Que tiene mucho polvo.

polvorín *m.* Lugar dispuesto para guardar explosivos.

poma 1 *f.* Fruta de árbol. 2 Pomo para perfumes y cajita en que se lleva.

pomada *f.* FARM Mixtura de una sustancia grasa y otros ingredientes, usada como afeite o medicamento.

pomelo 1 *m.* Árbol rutáceo de hojas ovadas, flores blancas y fruto en hesperidio. 2 Fruto de este árbol, de piel amarillenta y pulpa rosada, amarga y comestible.

pómez *f.* GEO **piedra ~.**

pomo 1 *m.* Agarrador de una puerta, cajón, etc., de forma más o menos esférica. 2 Frasco o vasija pequeña que contiene y conserva un perfume. 3 BOT Fruto carnoso en el que el endocarpio forma un corazón de varias cámaras donde se alojan las semillas, como la manzana y la pera.

pompa 1 *f.* Acompañamiento suntuoso de ciertas ceremonias. 2 Fausto, vanidad, grandeza. 3 Burbuja que forma el agua por el aire que se le introduce.

pomposo, sa 1 *adj.* Ostentoso, magnífico, grave. 2 Exageradamente vistoso, grande, etc. 3 Dicho de un estilo, lenguaje, etc., altisonante.

pómulo 1 *m.* Hueso de la mejilla. 2 Parte del rostro que lo cubre.

ponche *m.* Bebida caliente de ron u otro licor con agua, limón y azúcar.

ponchera 1 *f.* Vasija en que se prepara el ponche. 2 Palangana, jofaina.

poncho *m.* Prenda de abrigo consistente en una manta con una abertura en el centro para pasar la cabeza.

ponderable 1 *adj.* Digno de ponderación. 2 Que se puede pesar.

ponderación 1 *f.* Atención y cuidado con que se dice o hace algo. 2 Acción de ponderar, alabar o exagerar de algo. 3 Acción de pesar algo.

ponderado, da 1 *adj.* Que actúa con prudencia. 2 MAT **media ~.**

ponderar 1 *tr.* Alabar, exagerar o destacar algo. 2 Examinar con atención y cuidado un asunto. 3 Determinar el peso de algo. 4 Contrapesar, equilibrar.

ponderativo, va *adj.* Que pondera, es decir, que alaba o encarece.

A B C D E F G H I J K L M N Ñ O P Q R S T U V W X Y Z

ponencia *f.* Propuesta sobre un tema que se somete a una asamblea.

ponente 1 *adj.* y *s.* Dicho de una persona designada para dictaminar sobre un asunto y proponer una resolución. 2 *m.* y *f.* Quien presenta un proyecto a una asamblea o congreso para someterlo a debate.

poner 1 *tr.* y *prnl.* Colocar a alguien o algo en determinado lugar. 2 Disponer algo de un modo específico. 3 Con la preposición *a* y un infinitivo, empezar la acción que indica el verbo. 4 Con ciertos calificativos o frases calificativas, adquirir la condición o el estado que indican: *Se pusieron nerviosos.* 5 *tr.* e *intr.* Soltar el huevo las aves. 6 *tr.* Disponer algo para algún fin. 7 Escribir algo o incluir algo en un escrito. 8 Hacer lo necesario para que algo funcione: *Poner la luz, la radio, el gas.* 9 SUPONER, conjeturar. 10 Inducir a alguien a ejecutar algo contra su voluntad. 11 Dar a alguien o algo un nombre, apodo, etc. 12 Apostar una cantidad. 13 Usar ciertos medios de comunicación: *Poner un fax, un correo electrónico.* 14 Pagar cierta cantidad entre varios. 15 Representar una obra de teatro o proyectar una película. 16 Aplicar una cualidad o una facultad. 17 Disponer, preparar. 18 Exponer a alguien a cierta acción o efecto. 19 Exponer algo a la acción de un agente natural. 20 Trabajar para un fin determinado. 21 APLICAR. 22 Dar apoyo: *Se puso de mi parte.* 23 Colaborar con algo en una actividad: *Yo pongo las bebidas para la fiesta.* 24 Con la preposición *en* y algunos sustantivos, ejercer la acción del verbo correspondiente: *Poner en duda, dudar.* 25 Causar lo significado por la palabra que sigue: *Poner alegría.* 26 Equipar a alguien con determinada vestimenta. 27 Montar, establecer. 28 Sancionar. 29 Con ciertos sustantivos precedidos de *por, de, cual, como,* tratar, causar, establecer, etc., lo que ellos indican. 30 *prnl.* Vestirse, ataviarse. 31 Ocultarse un astro bajo el horizonte. 32 Atender una llamada telefónica. • Participio irreg. *puesto.* Vb. irreg. conjugación modelo. V. anexo El verbo.

póngido *adj.* y *m.* ZOOL Dicho de un primate catarrino, de complexión robusta, extremidades anteriores muy desarrolladas y carente de cola. Comprende el chimpancé, el gorila y el orangután. También llamado antropomorfo.

poni *m.* Caballo de poca alzada.

poniente *m.* OCCIDENTE, punto cardinal.

ponqué *m.* Torta hecha con harina, mantequilla, huevos y azúcar.

pontificado 1 *m.* Dignidad de pontífice. 2 Tiempo que dura el cargo de pontífice.

pontificar *intr.* Presentar como innegables dogmas o principios discutibles.

pontífice 1 *m.* Prelado supremo de la Iglesia católica. 2 HIST Magistrado sacerdotal que presidía los ritos y las ceremonias religiosas en la antigua Roma.

pontón 1 *m.* Barco chato para construir puentes, dragar puertos, etc. 2 Puente formado de maderos o de una sola tabla.

ponzoña *f.* Sustancia nociva o destructiva.

pop 1 *adj.* Dicho de lo relacionado con una cultura de masas y consumismo, de fácil difusión por los medios de comunicación. 2 *m.* MÚS Movimiento musical surgido en los años cincuenta bajo la influencia del folk británico y de la música negra. || ~ ***art*** ART Corriente artística surgida en EE.UU. y Gran Bretaña, a finales de los años 50, basada en la manipulación de elementos e imágenes característicos de la sociedad tecnológica, cuyo carácter alienador se proponía denunciar.

popa *f.* Parte posterior de una embarcación.

pope *m.* Sacerdote de la Iglesia ortodoxa.

popelina *f.* Tela delgada de algodón o seda.

popular 1 *adj.* Perteneciente o relativo al pueblo. 2 Que es aceptado y valorado por la gente. 3 DER **acción ~.**

popularidad *f.* Aceptación y aplauso que uno tiene en el pueblo.

popularizar 1 *tr.* y *prnl.* Acreditar a una persona o cosa públicamente. 2 Dar carácter popular a algo.

populismo *m.* POLÍT Doctrina o tendencia política que se dice defensora de los intereses populares.

populista *adj.* Perteneciente o relativo al populismo.

populoso, sa *adj.* Poblado, lleno, especialmente de gente humilde.

popurrí 1 *m.* Mezcolanza de cosas diversas. 2 MÚS Composición musical formada de fragmentos de obras diversas.

poquedad 1 *f.* Escasez, cortedad, miseria. 2 Cosa de poco valor. 3 Timidez.

póquer *m.* Juego de naipes que se practica con cartas francesas. Gana el que reúne la combinación superior de las varias establecidas.

por 1 *prep.* Indica el agente en las oraciones pasivas: *El río ha sido degradado por la contaminación.* 2 Indica el tránsito por determinado lugar: *Voy por la avenida.* 3 Indica parte o lugar concretos: *Tomó al niño por el brazo; Agarró la guitarra por el diapasón.* 4 Denota tiempo aproximado: *Iré por Navidades.* 5 Señala lugar aproximado: *Mi casa queda por el puerto.* 6 En calidad de: *Lo tomó por un rufián.* 7 Indica la causa de algo: *Cancelaron el vuelo por mal tiempo.* 8 Indica el medio de ejecutar algo: *Por correo; Por escrito.* 9 Indica el modo de ejecutar algo: *Por las malas; Por la fuerza.* 10 Indica el precio: *Lo conseguí por cien pesos.* 11 En compensación o sustitución de algo: *Juega por mí.* 12 Denota proporcionalidad: *El salario tuvo un aumento del uno por ciento este año.* 13 Indica que se da o reparte de forma igualitaria: *Tres porciones por niño.* 14 Indica finalidad: *Por su bien.* 15 En juicio u opinión de: *Tenerlo por santo; Dar por bueno.* 16 A favor o en defensa de: *Daría su vida por ella.* 17 Indica una comparación: *Amigo por amigo, el mejor es Jaime.* 18 Equivale a *a traer*: *Ir por pan; Ir por leña.* 19 Tras *estar* y el infinitivo de ciertos verbos, denota una acción que ha de realizarse: *Está por venir.* 20 Indica que una acción no se ha realizado: *Todo el trabajo está por hacer.* 21 Equivale a *a través de*: *Por la ventana.* 22 Separa elementos que conforman una serie: *Debe contarlos uno por uno.* 23 Cuando está entre un verbo y su infinitivo indica la falta de utilidad de la acción descrita: *Respondió por responder, porque en realidad no estudió.* 24 Introduce expresiones concesivas cuando aparece antes de un adjetivo o un adverbio, y de la conjunción que: *Por inteligente que sea, deberá esforzarse para aprobar la materia.* 25 MAT Indica multiplicación de factores: *Tres por cuatro.* || **~ que** PORQUE. **~ qué** Por cuál razón, causa o motivo: *¿Por qué no llegó temprano? No entiendo por qué llora.*

porcelana 1 *f.* Pasta cerámica compuesta de caolín, cuarzo y feldespato que cocida en horno, a 1250-1300 °C, vitrifica formando un material blanco, resonante y translúcido. 2 Vasija o figura de este material.

porcentaje *m.* Cantidad que, tomando como referencia el número cien, indica la proporción de una parte en un todo.

porcentual *adj.* Dicho de una composición, distribución, etc., calculada o expresada en tantos por ciento.

porche *m.* Espacio alto y enlosado delante de ciertos edificios.

porcicultura *f.* Arte de criar cerdos.

porcino, na *adj.* Perteneciente o relativo al cerdo.

porción 1 *f.* Parte de una cosa. 2 Cantidad considerable e indeterminada.

pordiosero, ra *adj.* y *s.* MENDIGO.
porfiar 1 *intr.* Disputar obstinadamente y con terquedad. 2 Trabajar con tenacidad para el logro de algo.
porfiriato *m.* HIST Nombre que se da en la historia de México al periodo que corresponde a la dictadura de Porfirio Díaz (1877-1911).
porífero *adj.* y *m.* ZOOL Dicho de un animal, parazoo acuático con células no agrupadas en verdaderos tejidos. Forma colonias fijas al sustrato y tiene forma de saco o tubo con una sola abertura; es comúnmente llamado esponja. Se alimenta absorbiendo agua a través de poros interconectados y expulsándola por la abertura.
pormenor *m.* Reunión de circunstancias menudas y particulares de algo.
pormenorizar *tr.* Describir o enumerar minuciosamente.
pornografía *f.* Presentación explícita del sexo para provocar la excitación sexual.
poro 1 *m.* BIOL Orificio, invisible a simple vista, que hay en la superficie del cuerpo de animales y vegetales. 2 FÍS Espacio entre las moléculas de los cuerpos. 3 FÍS Intersticio entre las partículas de los sólidos de estructura discontinua.
porosidad *f.* Cualidad de poroso.
poroso, sa *adj.* Que tiene poros.
poroto 1 *m.* FRÍJOL. 2 Guiso que se hace con esta legumbre.
porque (Tb. por que en acep. 2) 1 *conj. caus.* Introduce la causa o razón de algo: *No vino porque estaba enfermo.* 2 *conj. final.* Para que: *Se esforzaron por que todo saliera bien.*
porqué *m.* Causa, razón, motivo: *No explicó el porqué de su disgusto.*
porquería 1 *f.* Suciedad, inmundicia, basura. 2 Cosa sucia; acción sucia o indecente.
porquerizo, za 1 *m.* y *f.* Persona que guarda los puercos. 2 *f.* POCILGA.
porra 1 *f.* Cilindro de caucho usado como arma por ciertos cuerpos de policía. 2 Martillo de bocas iguales y mango largo y flexible.
porrazo 1 *m.* Golpe dado con la porra. 2 Golpe que se recibe al caer o chocar con algo duro.
porro *m.* FOLCL Música y danza folclórica de la costa caribe colombiana. Originalmente era un baile que los negros esclavos realizaban en torno a los tambores llamados porros.
porrón *m.* Vasija de vidrio de cuello estrecho y barriga abultada, con un pitón por el que se bebe vino a chorro.
portaaviones (Tb. portaviones) *m.* Buque de guerra dotado de las instalaciones necesarias para el transporte, despegue y aterrizaje de aviones.
portada 1 *f.* Primera plana de los libros impresos, donde consta el título, el nombre del autor y la fecha y lugar de impresión. 2 Entrada o cierre de fincas. 3 Fachada principal de ciertos edificios.
portadilla *f.* Anteportada de un libro.
portador, ra 1 *adj.* y *s.* Que lleva o trae algo de una parte a otra. 2 *m.* y *f.* Tenedor de efectos o valores no nominativos. 3 Persona o animal que propaga el germen de una enfermedad. 4 *m.* ELECTRÓN En un semiconductor, electrón o hueco móvil capaz de transportar cargas. 5 *f.* FÍS Onda que sirve de soporte para transmitir una información.
portaequipaje *m.* Lugar en un vehículo para llevar el equipaje.
portafolio *m.* Cartera para llevar documentos. • U. t. en pl.
portal 1 *m.* Puerta principal de una casa. 2 Sitio de internet que ofrece acceso a servicios.
portalón 1 *m.* Puerta grande. 2 Puerta en el costado de un buque.
portaminas *m.* Utensilio que contiene minas de lápiz, usado para escribir o dibujar.
portaplumas *m.* Mango en que se coloca la plumilla metálica para escribir.
portar 1 *tr.* Llevar o traer. 2 *prnl.* Actuar o proceder de la manera que el adverbio o la expresión adverbial indique: *Portarse mal; Me porté con frialdad.*
portarretrato *m.* Marco para colocar una fotografía.
portátil *adj.* Que se puede y es fácil transportar.
portavoz *m.* y *f.* Persona que habla en representación de una colectividad.
portazgo *m.* Tributo que se pagaba por derecho de paso.
porte 1 *m.* Cantidad que se paga por el transporte de algo. 2 Apariencia, aspecto de una persona.
porteador, ra *adj.* y *s.* Que portea.
portear *tr.* Llevar algo de un lugar a otro.
portento *m.* Cosa o suceso singular que causa admiración.
porteño, ña *adj.* y *s.* De una ciudad iberoamericana con puerto o relacionado con este tipo de ciudad.
portería 1 *f.* Oficio de portero. 2 Lugar donde se halla el portero en el vestíbulo de un edificio. 3 DEP En ciertos juegos, marco rectangular por el cual ha de entrar el balón para marcar tantos.
portero, ra 1 *m.* y *f.* Persona que vigila un edificio y tiene a su cargo diversos servicios. 2 DEP Jugador que en algunos deportes defiende la portería de su bando.
portezuela *f.* Puerta de un vehículo.
pórtico *m.* ARQ Galería con columnas a lo largo de una fachada o un patio.
portillo *m.* Abertura de desagüe en una acequia.
portón *m.* Puerta grande que da a la calle.
portuario, ria *adj.* Perteneciente o relativo al puerto.
portugués, sa 1 *adj.* y *s.* De Portugal o relacionado con este país europeo. 2 *m.* LING Lengua romance hablada en Portugal, Brasil y las antiguas colonias portuguesas.
porvenir *m.* Situación futura en la vida de una persona, empresa, etc.
posada *f.* Casa donde se hospedan o albergan personas.
posadero, ra *m.* y *f.* Persona que tiene una posada y hospeda en ella a los que le pagan.
posar 1 *tr.* Poner suavemente. 2 Con *mirada, ojos, vista,* mirar, observar. 3 *intr.* Servir de modelo a un artista. 4 *intr.* y *prnl.* Asentarse un ave, avión, etc., en un lugar tras el vuelo. 5 *prnl.* Depositarse en el fondo las partículas sólidas que están en suspensión en un líquido, o caer el polvo sobre las cosas o en el suelo.
posavasos *m.* Soporte para que los vasos de bebida no dejen huella en la mesa.
posconflicto *m.* POLÍT Periodo de tiempo posterior a la culminación de un enfrentamiento armado, en el que se busca la reconciliación entre los participantes del conflicto, el reconocimiento de las víctimas y la creación de reformas económicas y sociales.
posdata (Tb. postdata) *f.* Lo que se añade a una carta ya concluida y firmada.
posdorsal (Tb. postdorsal) *adj.* y *f.* FON Dicho de una consonante, cuya articulación se forma principalmente con la parte posterior del dorso de la lengua.
pose 1 *f.* Postura poco natural. 2 Afectación en la manera de hablar y comportarse.
poseer 1 *tr.* Tener alguien algo en su poder. 2 Conocer profundamente. 3 Tener una persona relación sexual con otra. • Participio irreg. *poseso* y reg. *poseído.* Vb. irreg. conjug. c. **leer**. V. anexo El verbo.

poseído, da 1 *adj.* y *s.* POSESO. 2 Que está fuera de sí, furioso.

posesión 1 *f.* Acción de poseer. 2 Tenencia o disfrute de un bien. 3 Cosa poseída. 4 Forma de delirio en que la persona se cree poseída por una fuerza oculta. 5 *f. pl.* Bienes de que dispone una persona.

posesionar 1 *tr.* Poner a uno en posesión de una cosa. 2 *prnl.* Tomar posesión de algo.

posesivo, va 1 *adj.* Perteneciente o relativo a la posesión. 2 Dominante y absorbente en la relación con otra u otras personas. 3 Gram **adjetivo** ~. 4 Gram **pronombre** ~.

poseso, sa *adj.* y *s.* Que padece posesión, delirio.

posgrado (Tb. postgrado) *m.* Ciclo de estudios de especialización posterior a la graduación o a la licenciatura.

posguerra (Tb. postguerra) *f.* Tiempo inmediato a la terminación de una guerra y durante el cual subsisten las perturbaciones causadas por ella.

posibilidad 1 *f.* Aptitud o facultad para hacer o no hacer algo. 2 *f. pl.* Conjunto de medios adecuados para conseguir un fin.

posibilitar *tr.* Facilitar y hacer posible algo.

posible 1 *adj.* Que puede ser o suceder. 2 Que se puede ejecutar.

posición 1 *f.* Actitud, manera de pensar, obrar o conducirse. 2 Manera en que está puesto alguien o algo. 3 Lugar que ocupa algo o alguien. 4 Categoría o condición social. 5 Punto fortificado o estratégico para el ataque. || ~ **astronómica** Geo Localización de los astros y cuerpos celestes en relación con la Tierra.

posicionamiento 1 *m.* Acción y efecto de posicionar. 2 **sistema** de ~ global.

posicionar 1 *intr.* y *prnl.* Tomar posición. 2 *tr.* Poner o situar algo en la posición adecuada.

posimpresionismo (Tb. postimpresionismo) 1 *m.* Art Corriente artística que surgió a finales del s. XIX como rechazo al impresionismo. 2 Art Tendencia pictórica que en la Francia de finales del s. XIX e inicios del XX volvió a valorar la forma, la línea y el dibujo, como reacción frente al impresionismo y el neoimpresionismo.

posindustrial (Tb. postindustrial) *adj.* Econ **sociedad** ~.

pósit (Del ingl. *Post-it®*, marca reg.) *m.* Hoja pequeña de papel, con una franja adherente, que se usa para escribir notas que se pueden pegar y despegar fácilmente de una superficie.

positivismo 1 *m.* Cualidad de atenerse a lo positivo. 2 Realismo, actitud práctica. 3 Fil Sistema filosófico que propugna aplicar el método experimental a las ciencias humanas.

positivo, va 1 *adj.* Cierto, efectivo, verdadero. 2 Por oposición a negativo, se aplica a lo consistente en la existencia y no en su falta. 3 Práctico, útil. 4 Dicho de un derecho o una ley divina o humana, que se contrapone al natural. 5 Electr Dicho de un **polo**, electrodo, etc., de un generador eléctrico, que se encuentra a mayor potencial. 6 Gram **adjetivo** ~. 7 Mat **número** ~; **término** ~. 8 *m.* Fot Copia fotográfica en que los claros y oscuros aparecen como se ven en la realidad.

positrón *m.* Fís Partícula elemental con carga eléctrica igual a la del electrón, pero positiva. Es la antipartícula del electrón.

posmeridiano, na (Tb. postmeridiano) *adj.* Perteneciente o relativo a la tarde, o que es después de mediodía.

posmodernidad (Tb. postmodernidad) *f.* Conjunto de tendencias y movimientos culturales de fines del s. XX que coinciden en su actitud crítica hacia el racionalismo y en la adopción de nuevas formas de expresión a partir de una visión y una reflexión individualistas de la realidad.

posmodernismo (Tb. postmodernismo) 1 *m.* Tendencia de las artes y de ciertos movimientos culturales desarrollada a partir de una corriente arquitectónica surgida en la década de los 60, caracterizada por el rechazo al funcionalismo y al racionalismo. 2 Lit Movimiento literario que constituyó una reacción frente al modernismo, y que se caracterizó por una mayor sencillez expresiva.

posmoderno, na (Tb. postmoderno) *adj.* Perteneciente o relativo al posmodernismo.

posnatal (Tb. postnatal) *adj.* Que tiene lugar después del parto o nacimiento.

poso *m.* Sedimento del líquido contenido en una vasija.

posología *f.* Farm Cálculo de las dosis en que deben administrarse los medicamentos.

pospago *m.* Servicio de telefonía móvil que se paga a fin de mes.

posoperatorio, ria (Tb. postoperatorio) *adj.* y *m.* Med Dicho de un periodo, que sigue a una intervención quirúrgica.

posparto (Tb. postparto) *m.* PUERPERIO.

posponer 1 *tr.* Poner a una persona o cosa detrás de otra. 2 Retrasar. 3 Postergar. • Participio irreg. *pospuesto*. Vb. irreg. conjug. c. **poner**. V. anexo El verbo.

pospretérito (Tb. postpretérito) *m.* Gram CONDICIONAL simple.

posproducción (Tb. postproducción) *f.* Cin Etapa posterior a la grabación de una película o de un producto audiovisual o radial en la que se llevan a cabo varios procedimientos para su realización final.

posromanticismo (Tb. postromanticismo) *m.* Art Corriente artística y literaria que surgió después del romanticismo y que conservó algunas de sus características.

posta 1 *f.* Tajada o pedazo de carne, pescado u otra cosa. 2 Conjunto de caballerías apostadas en el recorrido de una diligencia, para servir de reemplazo.

postal 1 *adj.* Perteneciente o relativo a correos. 2 *f.* Tarjeta que se emplea como carta, con ilustración por una cara.

postdata *f.* POSDATA.

poste *m.* Madero, piedra o columna vertical para servir de apoyo o señal.

póster *m.* Cartel decorativo.

postergar 1 *tr.* Hacer sufrir atraso, dejar atrasada una cosa. 2 Tener en menos o apreciar a una persona o cosa menos que a otra.

posteridad 1 *f.* Descendencia o generación venidera. 2 Futuro.

posterior *adj.* Que fue o viene después, o está o queda detrás.

postgrado *m.* POSGRADO.

postguerra *f.* POSGUERRA.

postigo 1 *m.* Puerta pequeña abierta en otra mayor. 2 Puertecilla que cierra los cristales de una ventana o balcón.

postilla *f.* Costra que se forma sobre una herida al secarse.

postimpresionismo *m.* POSIMPRESIONISMO.

postindustrial *adj.* POSINDUSTRIAL.

postizo, za 1 *adj.* Que no es natural ni propio, sino superpuesto. 2 Imitado, fingido.

post mortem (Loc. lat.) Después de la muerte.

postmeridiano, na *adj.* POSMERIDIANO.

postmodernidad *f.* POSMODERNIDAD.

postmodernismo *m.* POSMODERNISMO.

postmoderno, na *adj.* POSMODERNO.

postnatal *adj.* POSNATAL.

postoperatorio, ria *adj.* y *m.* POSOPERATORIO.

postor, ra *m.* y *f.* Persona que ofrece precio en una subasta, licitador.

postparto *m.* PUERPERIO.

postpretérito *m.* POSPRETÉRITO.

postproducción *f.* POSPRODUCCIÓN.

postrar 1 *tr.* Rendir, humillar, derribar. 2 *tr.* y *prnl.* Enflaquecer, debilitar. 3 *prnl.* Hincarse de rodillas humillándose, o ponerse a los pies de otro en señal de veneración o ruego.

postre *m.* Fruta, dulce, etc., que se sirve al final de una comida.

postrer *adj.* Apócope de POSTRERO. • U. ante un s. m. sing.: *Postrer aliento; Postrer día.*

postrero, ra *adj.* y *s.* Último o siguiente en una serie. • Se usa el apócope *postrer* ante un s. m. sing.: *El postrer día del mes.*

postrimería *f.* Periodo último de la duración de algo.

postromanticismo *m.* POSROMANTICISMO.

postulado *m.* Proposición cuya verdad se admite sin pruebas, y que se toma como base de ulteriores razonamientos.

postulante, ta 1 *adj.* y *s.* Que postula. 2 Dicho de una persona, que pide la admisión en una orden religiosa.

postular *tr.* Proponer a alguien o algo como candidato para un cargo, una dignidad, un concurso, una premiación, etc.

póstumo, ma 1 *adj.* Que nace o sale a la luz después de la muerte del padre o del autor. 2 Dicho de un homenaje, que se tributa a un difunto.

postura 1 *f.* Modo de estar puesto. 2 Actitud ante un asunto, problema, ideología, etc.

postventa *f.* (Tb. posventa) *f.* Plazo durante el cual el vendedor o fabricante garantiza al comprador asistencia, mantenimiento o reparación de lo comprado.

potable *adj.* Que se puede beber sin daño para la salud.

potaje *m.* Guisado de legumbres con arroz, verduras, etc.

potasa *f.* QUÍM Carbonato potásico obtenido de las cenizas vegetales.

potasio 1 *m.* QUÍM Elemento metálico alcalino muy fusible. Se encuentra en la corteza terrestre principalmente en forma de silicato. Se emplea en síntesis orgánicas, en metalurgia, en abonos e insecticidas. Símbolo: K. Número atómico: 19. Peso atómico: 39,10. Punto de fusión: 63 °C. Punto de ebullición: 760 °C. 2 QUÍM **nitrato** de ~.

pote *m.* Vaso de diversos materiales y formas, para beber, guardar licores, etc.

potencia 1 *f.* Capacidad para hacer algo o producir un efecto. 2 Persona o entidad poderosa. 3 País o Estado soberano. 4 Capacidad de ser o hacer. 5 Fuerza motora de una máquina; especialmente fuerza que se aplica a una palanca, polea, torno, etc., para vencer la resistencia. 6 ELECTR Energía que suministra un generador en cada unidad de tiempo. 7 FIL Cada una de las tres facultades del alma: entendimiento, voluntad y memoria. 8 FIL Capacidad pasiva para recibir el acto; capacidad de llegar a ser. 9 FIL Lo que está en calidad de posible y no en acto. 10 MAT Producto que resulta de multiplicar una cantidad o una expresión (base) por sí misma una o más veces, según lo indique el exponente. 11 MAT Dado un conjunto, clase de todos los conjuntos cuyos elementos se corresponden de manera biunívoca. || **ley de la ~ eléctrica** ELECTR Ley de la electricidad corriente según la cual *la potencia eléctrica P medida en vatios es igual al producto de la corriente medida en amperios por la diferencia de potencial medida en voltios:* $P = I \cdot V$.

potenciación *f.* MAT Operación matemática que consiste en repetir como factor un número, llamado base, tantas veces como unidades tiene otro, llamado exponente. El resultado se llama potencia: $5^4 = 625$.

potencial 1 *adj.* Perteneciente o relativo a la potencia. 2 Que puede suceder o existir. 3 *m.* Fuerza o poder disponibles: *Potencial militar, económico, industrial.* 4 ELECTR Energía eléctrica acumulada en un cuerpo conductor. 5 ELECTR **diferencia de ~**. 6 FÍS **energía ~**. 7 GRAM CONDICIONAL.

potencializar *tr.* POTENCIAR.

potenciar *tr.* Dar potencia a algo o incrementar la que ya tiene.

potenciómetro *m.* Aparato para medir las diferencias de potencial.

potentado, da *m.* y *f.* Persona poderosa y opulenta.

potente 1 *adj.* Que tiene poder, eficacia o virtud. 2 Capaz de engendrar. 3 Fuerte, robusto.

potestad 1 *f.* Dominio, poder, jurisdicción. 2 DER **patria ~**. 3 *f. pl.* REL Espíritus bienaventurados que ejercen cierta ordenación en cuanto a las operaciones que los espíritus superiores ejecutan en los inferiores. Forman el sexto coro.

potestativo, va *adj.* Que está bajo la potestad de alguien.

potra *f.* POTRO.

potranco, ca *m.* y *f.* Caballo o yegua de menos de tres años.

potrero 1 *m.* Sitio destinado a la cría y pasto del ganado. 2 Terreno sin edificar.

potrillo, lla *m.* y *f.* Caballo que tiene menos de tres años.

potro, tra 1 *m.* y *f.* Caballo o yegua de unos cuatro años y medio. 2 *m.* Aparato de madera en el cual sentaban a los procesados para obligarles a declarar por medio del tormento. 3 DEP Aparato gimnástico formado por un cilindro forrado de cuero, sostenido por cuatro patas.

poyo *m.* Banco adosado a una pared.

poza 1 *f.* Concavidad en que hay agua detenida. 2 Pozo de un río.

pozo 1 *m.* Hoyo que se excava verticalmente en la tierra, hasta encontrar vena de agua. 2 Hoyo profundo, aunque esté seco. 3 Hoyo profundo para bajar a las minas. 4 Lugar de un río apropiado para bañarse. || **~ artesiano** El perforado en un acuífero, en el que el agua está sometida a una presión mayor que la atmosférica, por lo que aquella se eleva con cierta facilidad. **~ séptico** FOSA séptica.

pozole *m.* Guiso de maíz tierno, carne y chile.

práctica 1 *f.* Ejercicio de cualquier arte o facultad, conforme a unas reglas. 2 Destreza adquirida con este ejercicio. 3 Uso continuado, costumbres o estilo de una cosa. 4 Modo o método de obrar. 5 Ejercicio en que las personas aplican los conocimientos adquiridos, para ejercer públicamente su profesión.

practicable *adj.* Que se puede practicar o poner en práctica.

practicante 1 *adj.* y *s.* Que practica. 2 REL Dicho de una persona, que practica y profesa su religión. 3 *m.* y *f.* Persona capacitada legalmente para hacer cirugías menores y curaciones, poner inyecciones o administrar medicamentos.

practicar 1 *tr.* Ejercitar, poner en práctica lo que se ha aprendido. 2 Usar o ejercer continuadamente algo.

práctico, ca 1 *adj.* Perteneciente o relativo a la práctica. 2 Útil, que da buenos resultados. 3 Dicho de un conocimiento, que enseña cómo hacer algo. 4 *adj.* y *s.* Experimentado, versado, diestro en algo. 5 *m.* Técnico que por el conocimiento del lugar dirige el rumbo de las embarcaciones.

pradera *f.* ECOL Ecosistema en el que las plantas de pastizal y las herbáceas perennes constituyen la vegetación dominante.

prado 1 *m.* Terreno con césped. 2 Terreno en que crece hierba para pasto. 3 Sitio agradable que sirve de paseo.

pragmático, ca 1 *adj.* y *s.* Perteneciente o relativo al pragmatismo o seguidor de él. 2 Que se inclina por lo práctico o útil. 3 *f.* LING Disciplina que estudia el lenguaje en relación con los hablantes y los principios que fundamentan la comunicación, tales como el contexto y la intencionalidad.

pragmatismo 1 *m.* Propensión a adaptarse a las condiciones reales. 2 FIL Corriente filosófica que sostiene que los conceptos se definen por sus consecuencias prácticas. 3 POLÍT Tendencia a aceptar el recorte de las ideas o la estrategia para evitar tensiones o rupturas con fuerzas opuestas.

prana *m.* En el hinduismo, energía vital que conecta todo lo que existe en el universo.

prao *m.* Embarcación malaya de poco calado.

praseodimio *m.* QUÍM Elemento metálico de las tierras raras. Se usa en las aleaciones de magnesio y tubos de vacío. Símbolo: Pr. Número atómico: 59. Peso atómico: 140,98. Punto de fusión: 931 °C. Punto de ebullición: 3520 °C.

praxis *f.* Práctica, en oposición a teoría.

preacuerdo *m.* Acuerdo entre las partes aún no ultimado ni ratificado.

preámbulo *m.* Prólogo, aquello que se dice antes de dar inicio a una narración, una orden, etc.

preaviso *m.* DER Obligación de cada una de las partes de un contrato de avisar a la otra de la rescisión de este.

prebenda *f.* Oficio o empleo lucrativo y poco trabajoso.

precámbrico, ca *adj.* y *m.* GEO Dicho de una era geológica, que comprende desde la formación de la corteza terrestre hasta el inicio del Cámbrico, entre hace más de 4000 millones de años y 570 millones de años. La actividad volcánica fue intensa; la corteza se diferenció en rocas simáticas (de sílice y magnesio) y siálicas (de sílice y aluminio), que dieron forma a los continentes primitivos. Los primeros océanos se convirtieron en el hogar de las primitivas manifestaciones de vida, bacterias y algas aerobias. • Se escribe con may. inic. c. s.

precandidato, ta *m.* y *f.* Persona que puede llegar a ser candidata a algo.

precario, ria *adj.* De poca estabilidad o duración.

precaución *f.* Cautela para prevenir un daño, riesgo o peligro.

precaver *tr.* y *prnl.* Prevenir un riesgo, daño o peligro, para guardarse de él y evitarlo.

precavido, da *adj.* Cauto, prudente.

precedente 1 *adj.* Que precede. 2 *m.* Situación que sirve para valorar un hecho posterior.

preceder 1 *tr.* e *intr.* Ir delante en tiempo, orden o lugar. 2 Tener una persona o cosa preferencia, primacía o superioridad sobre otra.

preceptivo, va 1 *adj.* Que incluye o encierra en sí preceptos. 2 *f.* Conjunto de preceptos aplicables a una materia.

precepto *m.* Norma establecida para el conocimiento o manejo de algo.

preceptor, ra *m.* y *f.* Persona que educa o enseña.

preces 1 *f. pl.* Ruegos, súplicas. 2 Oraciones a Dios, a la Virgen o a los santos.

preciado, da 1 *adj.* De gran estima. 2 Jactancioso, vanidoso.

preciarse *prnl.* Jactarse, presumir.

precinta *f.* Tira estampada que en las aduanas se pone a las cajas que contienen ciertos productos de importación.

precintar *tr.* Poner precinto o precinta.

precio 1 *m.* Valor pecuniario en que se estima algo. 2 Estimación, importancia, crédito. 3 ECON **índice** de ~s al consumidor.

preciosismo 1 *m.* LIT Estilo literario artificioso y amanerado que busca la originalidad y el refinamiento de las imágenes y expresiones, sirviéndose de lo más selecto y precioso del lenguaje. 2 Exagerado atildamiento en el estilo.

precioso, sa 1 *adj.* Excelente, exquisito, primoroso, digno de estima. 2 **HERMOSO.** 3 **piedra** ~.

precipicio *m.* Despeñadero, pendiente vertical de un terreno.

precipitación 1 *f.* Acción y efecto de precipitar o precipitarse. 2 GEO Agua procedente de la atmósfera, y que en forma sólida o líquida cae sobre la superficie de la tierra. 3 QUÍM Formación de un precipitado.

precipitado, da 1 *adj.* Alocado, irreflexivo. 2 Hecho apresuradamente. 3 *m.* QUÍM Materia que por resultado de reacciones químicas se separa del líquido en que estaba disuelta y se posa más o menos rápidamente.

precipitar 1 *tr.* y *prnl.* Arrojar desde lo alto. 2 Apresurar, acelerar. 3 QUÍM Producir un precipitado. 4 *prnl.* Hacer o decir algo sin reflexionar.

precisar 1 *tr.* Determinar de modo preciso. 2 Necesitar. 3 Obligar, forzar.

precisión *f.* Cualidad de preciso.

preciso, sa 1 *adj.* Puntual, fijo, exacto, cierto, determinado. 2 Distinto, claro, formal. 3 Conciso. 4 Necesario, indispensable.

preclaro, ra *adj.* Ilustre, famoso, insigne.

preclásico, ca *adj.* Que antecede a lo clásico.

precluir *tr.* DER Dicho de una acción o un derecho, que no se puede ejercer durante el plazo legal establecido.

precolombino, na *adj.* HIST Dicho de lo relativo a América, anterior a los viajes de Cristóbal Colón: *Arte precolombino; Culturas precolombinas.* En términos historiográficos, periodo comprendido entre los primeros vestigios de la presencia humana en América, entre hace unos 20 000-30 000 años, y la llegada de los europeos a finales del s. XV.

preconcebir *tr.* Pensar o proyectar con anticipación. • Vb. irreg. conjug. c. **pedir**. V. anexo El verbo.

preconcepto *m.* Idea previa que se tiene acerca de algo.

preconizar *tr.* Elogiar públicamente.

precoz 1 *adj.* Que madura o se desarrolla prematuramente. 2 Perteneciente o relativo a las etapas tempranas de una enfermedad o proceso orgánico.

precuela *f.* Obra literaria, teatral o cinematográfica en la que se narran acontecimientos que preceden a los de otra obra ya existente.

precursor, ra 1 *adj.* y *s.* Que precede o va delante. 2 Que profesa doctrinas o acomete empresas muy avanzadas para su época.

predador, ra *adj.* y *s.* **DEPREDADOR.**

predecesor, ra 1 *m.* y *f.* Persona que precedió a otra en dignidad, situación o edad. 2 Antecesor, ascendiente de una persona.

predecir *tr.* Anunciar el futuro. • Participio irreg. *predicho*. Vb. irreg. conjug. c. **decir**. V. anexo El verbo.

predestinación 1 *f.* Acción de predestinar. 2 REL y FIL Doctrina que afirma la predeterminación del destino humano.

predestinado, da 1 *adj.* Que sucede inevitablemente. 2 *adj.* y *s.* Elegido por Dios para lograr la gloria.

predestinar *tr.* Destinar anticipadamente una cosa para un fin.
predeterminar *tr.* Determinar o resolver algo con anticipación.
prédica 1 *f.* Sermón o plática. 2 Discurso vehemente.
predicable 1 *adj.* Digno de ser predicado. 2 *m.* Lóg Cada una de las clases a que se reducen todas las cosas que se pueden decir o predicar del sujeto. Se dividen en cinco: género, especie, diferencia, individuo y propio.
predicación 1 *f.* Acción de predicar. 2 Doctrina que se predica o enseñanza que se da con ella.
predicado 1 *m.* Fil Lo que se afirma o niega del sujeto en una preposición. 2 Gram Parte de la oración que desempeña la función de enunciar algo relativo al sujeto, y cuyo núcleo es generalmente un verbo que debe estar en concordancia con el núcleo del sujeto. || ~ **no verbal** Gram El que no contiene verbo, como el de algunas oraciones exclamativas: *¡Muy cruel esa mujer!* ~ **nominal** Gram El que se construye con los verbos copulativos *ser* o *estar* y con un complemento, que puede ser un sustantivo o un adjetivo. El verbo copulativo sirve de nexo con el sujeto, de tal modo que se establece concordancia entre dichos componentes de la oración: *El tabaco es dañoso para la salud; Pedro está orgulloso.* ~ **verbal** Gram El que se construye con cualquier verbo distinto a *ser* o *estar* y que, por sí solo o acompañado de complementos, conforma el predicado de la oración: *Los caballos galopan; Simón Bolívar nació en Caracas.* • V. tabla Sintaxis, p. 577.
predicamento 1 *m.* Grado de estimación en que se halla alguien y que ha merecido por sus obras. 2 Lóg Cada una de las clases o categorías a que se reducen todas las cosas y entidades físicas. Regularmente se dividen en diez: sustancia, cantidad, cualidad, relación, acción, pasión, lugar, tiempo, situación y hábito.
predicar 1 *tr.* Publicar, hacer patente y clara una cosa. 2 Pronunciar un sermón. 3 Amonestar o hacer observaciones.
predicativo, va 1 *adj.* Gram Perteneciente o relativo al predicado. 2 Gram **complemento ~**.
predicción 1 *f.* Acción y efecto de predecir. 2 Palabras con las que se predice.
predictivo, va *adj.* Que predice o sirve para predecir.
predilección *f.* Preferencia hacia una persona o cosa.
predio *m.* Heredad, hacienda, bien inmueble.
predisponer 1 *tr.* y *prnl.* Preparar anticipadamente. 2 Disponer el ánimo de las personas para un fin. • Vb. irreg. conjug. c. **poner**. V. anexo El verbo.
predisposición 1 *f.* Acción y efecto de predisponer o predisponerse. 2 Inclinación hacia la realización de una tarea.
predominar *tr.* e *intr.* Prevalecer, preponderar.
predominio *m.* Imperio, poder, superioridad, influjo.
predorsal *adj.* Fon Dicho de un sonido consonántico, que se pronuncia con la parte anterior del dorso de la lengua, como el de la *ch*.
preeminencia *f.* Privilegio, ventaja, preferencia.
preeminente *adj.* Sublime, superior, que está más elevado.
preescolar *adj.* y *m.* Perteneciente o relativo a la educación de los niños que precede a la obligatoria.
preestablecido, da *adj.* Dicho de lo establecido por ley, reglamento o costumbre, con anterioridad a un momento determinado.
preestreno *m.* Exhibición de una película o de cualquier otro espectáculo, inmediatamente anterior a su estreno comercial.
preexistencia 1 *f.* Existencia real de algo antes del acto o momento en que haya de tratarse. 2 Existencia del alma antes de su unión con el cuerpo. Tesis sostenida por ciertas religiones y doctrinas filosóficas.
preexistir *intr.* Existir antes del momento que se trata.
prefabricado, da *adj.* Hecho con elementos fabricados de antemano.
prefacio *m.* Prólogo, introducción.
prefecto, ta *m.* y *f.* Persona encargada de velar por el normal desarrollo de ciertas actividades en una comunidad o institución.
prefectura 1 *f.* Dignidad, empleo o cargo de prefecto. 2 Oficina del prefecto.
preferencia 1 *f.* Primacía o ventaja que alguien tiene sobre otros. 2 **PREDILECCIÓN**. 3 Localidad preferente en un teatro, cine, etc.
preferente *adj.* Que prefiere o se prefiere.
preferir 1 *tr.* y *prnl.* Dar la preferencia. 2 Anteponer. • Vb. irreg. conjug. c. **sentir**. V. anexo El verbo.
prefigurar *tr.* Representar anticipadamente una cosa.
prefijación *f.* Gram Modo de formar nuevas palabras por medio de prefijos.
prefijar 1 *tr.* Señalar o fijar anticipadamente algo. 2 Gram Anteponer un afijo a una palabra.
prefijo 1 *m.* Gram Morfema que se antepone a una palabra o una raíz para modificar su significado: *anticuerpo, bisabuelo, desatar, intercalar, pronombre, submarino.* 2 Cifras o letras que indican zona, ciudad o país, y que en una comunicación telefónica se marcan antes del número a que se llama.
pregón 1 *m.* Anuncio público en voz alta de algo de interés colectivo. 2 Proclama que da inicio a un certamen.
pregonar 1 *tr.* Publicar en voz alta. 2 Publicar lo que debía callarse.
pregrado *m.* Nivel de estudios posterior a la enseñanza secundaria y anterior a la obtención de un título profesional.
pregunta 1 *f.* Demanda o interrogación para hallar una respuesta. 2 *f. pl.* Cuestionario.
preguntar 1 *tr.* y *prnl.* Interrogar, hacer preguntas. 2 Examinar.
prehispánico, ca *adj.* Hist **PRECOLOMBINO**.
prehistoria 1 *f.* Hist Periodo de la historia que abarca desde los orígenes del ser humano hasta la aparición de documentos escritos. Básicamente coincide con la llamada Edad de Piedra y se divide en tres periodos: **Paleolítico**, **Mesolítico** y **Neolítico**. El descubrimiento de la metalurgia marca el inicio de la transición hacia las llamadas civilizaciones o culturas históricas, cuyo rasgo más característico es la aparición de la escritura. 2 Hist Rama de la historia que estudia este periodo.
prehistórico, ca *adj.* Perteneciente o relativo a la prehistoria.
prehomínido *adj.* y *s.* Dicho de un primate fósil, próximo a la especie humana, junto a cuyos restos se han hallado vestigios de cultura, como el pitecántropo o el hombre de Neanderthal.
prejuicio 1 *m.* Juicio u opinión sobre algo sin tener verdadero conocimiento de ello. 2 Idea preconcebida o discriminatoria sobre las personas o sus acciones.
prejuzgar *tr.* Juzgar con anticipación o sin conocimiento de causa.
prekínder *m.* Etapa escolar anterior a la del kínder.
prelación *f.* Preferencia con que una cosa debe ser atendida respecto de otra.
prelado, da 1 *m.* y *f.* Superior de una comunidad religiosa. 2 *m.* Dignidad eclesiástica.
preliminar 1 *adj.* y *s.* Que sirve de preámbulo para tratar una materia. 2 Que antecede o se antepone a una acción.

A B C D E F G H I J K L M N Ñ O P Q R S T U V W X Y Z

preludiar *tr.* Iniciar algo.

preludio 1 *m.* Lo que precede y sirve de entrada, preparación o principio a algo. 2 MÚS Composición musical que sirve de introducción a una ópera, fuga, etc.

prematrimonial *adj.* Que se realiza inmediatamente antes del matrimonio o como preparación a él.

prematuro, ra 1 *adj.* Que aún no está maduro. 2 Que ocurre antes de tiempo. 3 MED Dicho de un niño, que nace antes de tiempo o que pesa menos de 2500 g.

premeditación *f.* Acción de premeditar.

premeditar *tr.* Pensar reflexivamente algo antes de ejecutarlo.

premiar *tr.* Conceder un premio.

premio 1 *m.* Recompensa, galardón por un mérito o servicio. 2 Cantidad de dinero o cosa sorteada en una rifa, lotería o tómbola.

premisa 1 *f.* Señal o indicio por donde se infiere algo. 2 LÓG Cada una de las proposiciones del silogismo de las que se saca la conclusión. || ~ **mayor** LÓG Primera proposición de un argumento. ~ **menor** LÓG Segunda proposición de un argumento.

premolar *adj.* y *m.* ANAT Dicho de una pieza dentaria, situada entre los molares y los caninos.

premonición *f.* Presentimiento, presagio.

premura *f.* Aprieto, apuro, prisa.

prenatal *adj.* Anterior al nacimiento.

prenda 1 *f.* Cada una de las piezas que sirven para vestirse o calzarse. 2 Cosa mueble que sirve de garantía del cumplimiento de una obligación.

prendarse *prnl.* Aficionarse, enamorarse de una persona o cosa.

prendedor *m.* Broche pequeño que se sujeta sobre una prenda y se usa como adorno.

prender 1 *tr.* Asir, agarrar, sujetar. 2 Coser, enganchar. 3 Privar de la libertad a alguien, apresar. 4 *tr.* e *intr.* Encender, incendiar. 5 *intr.* Arraigar la planta en la tierra. • Participio irreg. *preso* y reg. *prendido*.

prendería *f.* Tienda en que se compran y venden prendas, alhajas o muebles usados.

prendimiento *m.* Acción de prender.

prensa 1 *f.* Máquina que, mediante un mecanismo que permite aproximar una superficie móvil a otra fija, sirve para comprimir o apretar algo. 2 Herramienta de sujeción que permite agarrar la pieza que se está trabajando, por medio de dos topes, uno móvil, montado en un tornillo, y otro fijo. 3 Conjunto de publicaciones periódicas, especialmente las diarias. 4 Conjunto de periodistas y actividad que desarrollan. 5 **libertad** de ~.

prensar 1 *tr.* Comprimir en la prensa. 2 Apretujar.

prensil *adj.* Que sirve para asir o sujetar.

prenupcial *adj.* Que es anterior al matrimonio.

preñado, da 1 *adj.* Dicho de una hembra, que va a tener un hijo. 2 Que incluye en sí algo.

preñar *tr.* Fecundar a una hembra.

preñez 1 *f.* Embarazo de la hembra. 2 Tiempo que dura.

preocupación 1 *f.* Acción y efecto de preocupar o preocuparse. 2 Cuidado, desvelo, inquietud.

preocupar 1 *tr.* y *prnl.* Mantener el ánimo fijo en una ansiedad o un temor. 2 *prnl.* Desvelarse por alguien, cuidarle.

preparación 1 *f.* Acción y efecto de preparar o prepararse. 2 Conocimientos que se tienen de una materia.

preparado, da *adj.* y *m.* Experto, instruido.

preparador, ra 1 *adj.* y *s.* Que prepara. 2 DEP Entrenador o responsable del rendimiento de un deportista o de un equipo.

preparar 1 *tr.* Prevenir o disponer algo para un fin. 2 Estudiar. 3 Instruir, entrenar. 4 Prevenir, predisponer a alguien para algo.

preparativo *m.* Cosa dispuesta y preparada.

preparatorio, ria 1 *adj.* Que prepara o dispone. 2 *adj.* y *m.* Dicho de un curso, preliminar de ciertos estudios.

preponderar *intr.* Prevalecer una opinión sobre otra.

preposición *f.* GRAM Palabra invariable que en una oración relaciona un elemento sintáctico con su complemento: *Viajé a Madrid; Hoy es día de fiesta.* Las preposiciones que actualmente se usan en español son: *a, ante, bajo, cabe, con, contra, de, desde, en, entre, hacia, hasta, para, por, pro, según, sin, so, sobre, tras.* Palabras como *durante, salvo, excepto, incluso* o *mediante* tradicionalmente no se consideran preposiciones, pero cumplen la misma función. • V. separata Las categorías gramaticales.

preposicional 1 *adj.* GRAM Dicho de una voz, que tiene caracteres o cualidades propios de las preposiciones o puede usarse como tal. 2 GRAM **locución** ~.

prepotencia *f.* Poder superior al de otros.

prepucio *m.* ANAT Piel móvil que recubre el glande.

prerrafaelismo 1 *m.* ART Arte y estilo pictórico anteriores a Rafael de Urbino (1483-1520). 2 ART Movimiento plástico y literario surgido en Inglaterra en el s. XIX, como respuesta al academicismo predominante. Se inspiró en lo medieval e ingenuo, aspirando a instaurar una especie de idealismo estilístico.

prerrogativa 1 *f.* Privilegio, gracia o exención por razón de edad, cargo, etc. 2 Facultad de un poder supremo del Estado respecto de algo.

prerrománico, ca *adj.* y *m.* ART Dicho de un arte, que se desarrolla en Europa en los ss. V-XI, especialmente en arquitectura, que inicialmente tomó como modelo a la romana. Como aportación original están los motivos decorativos de tradición germana: esvásticas, semicírculos secantes que forman estrellas, trenzados y sogueados, etc.

presa 1 *f.* Acción y efecto de prender o agarrar. 2 Cosa apresada. 3 Porción pequeña de algo comestible. 4 Animal que es o puede ser cazado o pescado. 5 Animal que el depredador persigue y mata para obtener alimento. 6 Persona, animal o cosa que sufre o padece aquello que se expresa. 7 Obra, generalmente de cemento armado, para contener o regular el curso de las aguas. Sirve para generar electricidad, regular el agua y dirigirla hacia canales y sistemas de abastecimiento, aumentar la profundidad de los ríos para hacerlos navegables, controlar el caudal de agua durante los periodos de inundaciones y sequía, y crear lagos para actividades recreativas.

presagiar *tr.* Anunciar o prever algo, conjeturándolo o mediante presagios.

presagio *m.* Adivinación, augurio.

presbicia *f.* MED Dificultad para ver de cerca, debida a la rigidez del cristalino, que se adquiere por la edad.

presbiterianismo *m.* REL Doctrina protestante calvinista que se caracteriza por su confianza en la *Biblia* y en su interpretación con la ayuda del Espíritu Santo. La autoridad de la Iglesia recae en un presbiterio de pastores y laicos.

presbiterio 1 *m.* Parte de un templo donde se halla el altar mayor. 2 Consejo de pastores y laicos de la Iglesia presbiteriana.

presbítero *m.* Clérigo que administra sacramentos.

presciencia *f.* Conocimiento del futuro.

prescindir 1 *intr.* Dejar a un lado, omitir. 2 Abstenerse de algo.

prescribir 1 *tr.* Ordenar, determinar, fijar. 2 MED Recetar, ordenar remedios. 3 *intr.* Extinguirse un derecho, una acción o una responsabilidad.
presea 1 *f.* Alhaja, joya, tela, etc., preciosas. 2 Medalla, especialmente la que se obtiene como premio.
presencia 1 *f.* Asistencia personal en el lugar donde ocurre algo. 2 Aspecto externo.
presencial 1 *adj.* Que presencia algo. 2 Que implica la presencia de alguien.
presenciar *tr.* Hallarse presente en un acontecimiento, una actuación, etc.
presentación 1 *f.* Acción y efecto de presentar o presentarse. 2 Obra de teatro o baile representados ante el público.
presentador, ra *m.* y *f.* Persona que presenta y comenta un espectáculo, o un programa televisivo o radiofónico.
presentar 1 *tr.* y *prnl.* Manifestar, hacer presente, mostrar. 2 *tr.* Tener algo las características que se especifican. 3 Proponer para un oficio o cargo. 4 Introducir a alguien en una casa o en el trato de otro. 5 Conducir un espectáculo público o un programa de televisión. 6 Ofrecer respetos o excusas. 7 *prnl.* Llegar inopinadamente. 8 Comparecer en algún lugar o acto. 9 Producirse, mostrarse, aparecer. 10 Darse a conocer una persona a otra u otras.
presente 1 *adj.* Que está delante o en presencia de alguien, o concurre con él en el mismo sitio. 2 *adj.* y *m.* Dicho de un tiempo o un suceso, que tiene lugar en el momento en que se habla. 3 GRAM Dicho de un tiempo verbal, que indica la acción simultánea al acto del habla: *Canto, agradece, mueven.* 4 *m.* Don, regalo. || ~ **habitual** GRAM Tiempo verbal que coincide con el presente, pero indica que una acción se ha producido antes y se producirá después: *Me levanto a las cinco; Viajo en tranvía.* ~ **histórico** GRAM Tiempo verbal que coincide con el presente, pero se refiere a hechos pasados: *Bolívar viaja a Roma en 1805,* en vez de *viajó.* ~ **indicativo** GRAM Tiempo verbal que coincide con el presente, pero expresa un mandato que ha de cumplirse en el futuro: *Sales y compras el pan,* en lugar de los imperativos *sal* y *compra.*
presentimiento *m.* Acción y efecto de presentir.
presentir *tr.* Tener la impresión o la intuición de algo que va a ocurrir, por ciertos indicios o señales. • Vb. irreg. conjug. c. **sentir**. V. anexo El verbo.
preservante *m.* CONSERVANTE.
preservar *tr.* y *prnl.* Poner a cubierto a alguien o algo de un daño o peligro.
preservativo, va 1 *adj.* y *m.* Que tiene virtud de preservar. 2 *m.* Anticonceptivo masculino consistente en un capuchón de caucho que se coloca en el pene durante el coito.
presidencia 1 *f.* Dignidad o cargo de presidente. 2 Acción de presidir. 3 Lugar que ocupa el presidente, o su oficina o morada. 4 Tiempo que dura su cargo.
presidenciable *adj.* Que tiene posibilidades de ser presidente o candidato a la presidencia.
presidencialismo *m.* POLÍT Sistema político en que el presidente de la República, además de ocupar el cargo de jefe del Estado, asume el poder ejecutivo.
presidencialista 1 *adj.* Perteneciente o relativo al presidencialismo. 2 Partidario de este sistema. 3 POLÍT **gobierno** ~; **república** ~.
presidente, ta 1 *m.* y *f.* Persona que preside. 2 En los regímenes republicanos, jefe del Estado.
presidio 1 *m.* Establecimiento penitenciario donde cumplen condena los penados. 2 DER Pena consistente en la privación de libertad.
presidir 1 *tr.* Tener el primer lugar en una asamblea, una entidad, etc. 2 Dirigir.
presilla 1 *f.* Tira de tela o hilo en el borde de una prenda, para pasar por ella un botón, un broche, etc. 2 Costurilla para que una tela no se deshilache.
presión 1 *f.* Acción y efecto de presionar o comprimir. 2 Fuerza o coacción que se hace sobre una persona o colectividad. 3 FÍS Fuerza ejercida sobre una superficie por la unidad de área de esta. Su unidad en el sistema internacional es el pascal (*Pa*), que corresponde a un newton por metro cuadrado. 4 GEO **metamorfismo** por ~. 5 QUÍM ~ de **vapor**. || ~ **arterial** FISIOL TENSIÓN arterial. ~ **atmosférica** La que ejerce la atmósfera sobre todos los puntos inmersos en ella. ~ **crítica** FÍS La característica de cada líquido, tal que a su temperatura crítica coexisten los estados líquido y gaseoso. ~ **osmótica** FÍS La que ejercen las partículas de un cuerpo disuelto en un líquido sobre las paredes del recipiente que contiene la solución, y que es exactamente igual a la que ejercerían aquellas partículas si estuvieran en forma gaseosa en idénticas condiciones de volumen y temperatura. ~ **sanguínea** FISIOL La ejercida por la sangre circulante sobre las paredes de los vasos.
presionar 1 *tr.* Ejercer presión sobre alguien o algo. 2 OBLIGAR a otro a obrar de un modo determinado.
preso, sa 1 *adj.* y *s.* Que sufre prisión. 2 Dominado por un sentimiento, una emoción, etc.: *Vive preso de su amor.*
presocrático, ca *adj.* y *s.* FIL Dicho de un filósofo griego, anterior a Sócrates, en especial de los primeros que intentaron una especulación sobre el principio material de la naturaleza. Algunos de ellos fueron Tales de Mileto, Anaximandro, Pitágoras, Heráclito y Demócrito.
prestación 1 *f.* Acción y efecto de prestar. 2 Servicio convenido por contrato. 3 Servicio que proporciona una máquina o un instrumento. || ~ **social** Conjunto de servicios (salud, recreación, auxilios pecuniarios, etc.) que la seguridad social u otras entidades con obligaciones similares dan a sus beneficiarios para atender situaciones de necesidad.
prestamista *m.* y *f.* Persona que presta dinero a interés.
préstamo 1 *m.* Acción y efecto de prestar o tomar prestado. 2 Contrato por el que una persona o institución deja a otra algo que se compromete a devolver. 3 LING Elemento, generalmente léxico, que una lengua toma de otra.
prestancia *f.* Excelencia, distinción.
prestar 1 *tr.* Dejar algo a alguien con el compromiso de devolverlo. 2 Ayudar, asistir, colaborar. 3 *intr.* Dar de sí. 4 *prnl.* Ofrecerse, avenirse.
preste *m.* Sacerdote que precede un acto litúrgico.
presteza *f.* Prontitud, diligencia, brevedad.
prestidigitador, ra *m.* y *f.* Persona que hace juegos de manos.
prestigiar *tr.* Dar prestigio, autoridad o importancia.
prestigio 1 *m.* Influencia, autoridad. 2 Renombre, buena fama.
presto, ta 1 *adj.* Pronto, diligente. 2 Preparado, dispuesto. 3 *adv. t.* Al instante, con gran prontitud.
presumido, da *adj.* y *s.* Que tiene alto concepto de sí mismo.
presumir 1 *tr.* Tener indicios para conjeturar algo. 2 *intr.* Vanagloriarse, tener alto concepto de sí mismo. • Participio irreg. *presunto* y reg. *presumido.*
presunción *f.* Acción y efecto de presumir. || ~ **de inocencia** DER La que se aplica a toda persona, aun acusada en un proceso penal, mientras no se produzca sentencia firme condenatoria.
presuntivo, va *adj.* Que está apoyado en presunción.
presuntuoso, sa *adj.* y *s.* Orgulloso, vanidoso.

presuponer *tr.* Dar por sentado una cosa, para pasar a tratar de otra. • Participio irreg. *presupuesto*. Vb. irreg. conjug. c. **poner**. V. anexo El verbo.

presupuestar 1 *tr.* Hacer un presupuesto. 2 Incluir una partida en un presupuesto.

presupuesto 1 *m.* Supuesto o suposición. 2 Motivo, causa o pretexto por el que se hace algo. 3 Cálculo anticipado de los gastos e ingresos previstos para un tiempo determinado.

presurizar *tr.* Mantener a presión constante la cabina de un avión, de una nave espacial, etc.

presuroso, sa *adj.* Pronto, ligero, veloz.

pretencioso, sa *adj.* Que pretende ser más de lo que es.

pretender 1 *tr.* Querer conseguir algo. 2 Hacer lo necesario para conseguirlo. 3 Cortejar una persona a otra.

pretendiente, ta 1 *adj.* y *s.* Que pretende o solicita algo. 2 Que aspira al noviazgo o al matrimonio con alguien.

pretensión 1 *f.* Acción y efecto de pretender. 2 Aspiración, empeño. 3 Derecho que alguien juzga poseer sobre algo. 4 Aspiración ambiciosa o desmedida. • U. m. en pl.

preterir *tr.* Hacer caso omiso de alguien o algo. • Vb. irreg. conjug. c. **pedir**. V. anexo El verbo.

pretérito, ta 1 *adj.* Que ya ha pasado o sucedido. 2 *m.* GRAM Tiempo verbal que denota una acción anterior al momento en que se habla: *Salí, he salido, salió, había salido.* || ~ **anterior** GRAM Tiempo verbal que indica una acción acabada antes de otra también pasada, denotando, además, inmediatez entre una y otra: *Cuando hubo terminado se levantó.* ~ **imperfecto** GRAM El que indica una acción anterior al momento en que se habla, sin tener en cuenta su término: *Llovía sin parar.* Suele significar que la acción es repetida o habitual: *Hablaba sin reflexionar; Jugaba fútbol con agilidad.* ~ **perfecto** GRAM El que denota ser ya pasada la significación del verbo. Se divide en simple y compuesto, y ambos denotan una acción anterior al momento en que se habla, sin vinculación directa con el presente. ~ **perfecto compuesto** GRAM El que denota una acción pasada cuya conclusión guarda una relación más o menos próxima con el presente: *Este año ha habido una buena cosecha.* ~ **perfecto simple** GRAM El que expresa una acción pasada e independiente, sin conexión alguna con el presente: *Durmió, jugaron, saliste, vimos.* ~ **pluscuamperfecto** GRAM El que expresa anterioridad mediata en relación con una acción pasada, es decir, que entre una y otra acción ha pasado un tiempo considerable: *Incumplió lo que había acordado; Si hubiese vivido en otro tiempo sería un caballero.*

pretexto *m.* Causa simulada o aparente que se alega para hacer algo o para dejar de hacerlo.

pretil 1 *m.* Antepecho o baranda en puentes y otros lugares, para preservar de caídas. 2 Calzada a lo largo de él.

pretina 1 *f.* Correa o cinta para sujetar en la cintura ciertas prendas. 2 Parte de los pantalones y otras ropas que se ciñe y ajusta a la cintura.

pretor *m.* HIST En la antigua Roma, magistrado que administraba justicia y, en ocasiones, ejercía el gobierno de una provincia.

prevalecer 1 *intr.* Sobresalir, tener superioridad alguien o algo sobre otros. 2 Continuar existiendo. • Vb. irreg. conjug. c. **agradecer**. V. anexo El verbo.

prevalerse *prnl.* Valerse o servirse de algo. • Vb. irreg. conjug. c. **valer**. V. anexo El verbo.

prevaricar *intr.* DER Delinquir un funcionario público dictando o proponiendo una resolución de manifiesta injusticia.

prevención 1 *f.* Acción y efecto de prevenir o prevenirse. 2 Concepto desfavorable que se tiene de alguien o algo.

prevenir 1 *tr.* Prever, conocer de antemano un daño o perjuicio. 2 Disponer lo necesario para evitar un riesgo o lograr un fin. 3 Advertir, informar, avisar. 4 *prnl.* Prepararse de antemano. 5 Mostrarse reservado o a la defensiva. Vb. irreg. conjug. c. **venir**. V. anexo El verbo.

preventivo, va 1 *adj.* Que previene. 2 POLÍT **guerra** ~.

prever 1 *tr.* Ver con anticipación. 2 Conjeturar, pronosticar. • Participio irreg. *previsto*. Vb. irreg. conjug. c. **ver**. V. anexo El verbo.

previo, via 1 *adj.* Anticipado, que va delante o sucede primero. 2 *m.* y *f.* **PARCIAL**, examen que el alumno hace de una parte de la asignatura.

previsión 1 *f.* Acción y efecto de prever, prevenir o precaver. 2 Pronóstico, conjetura. 3 *f. pl.* Reserva económica de una empresa.

priapismo *m.* MED Erección continua y dolorosa del miembro viril, sin apetito venéreo.

prima 1 *f.* Cantidad suplementaria que se paga por algo. 2 Precio que el asegurado paga al asegurador. 3 Hora canónica que se canta a primera hora de la mañana, después de laudes. 4 MÚS En algunos instrumentos de cuerda, la primera y la más delgada de todas.

primacía *f.* Superioridad, ventaja de una persona o cosa sobre otras.

primado *m.* Primero de los obispos y arzobispos de un lugar.

prima donna (Loc. it.) *f.* Cantante femenina principal de una ópera.

primario, ria 1 *adj.* Principal o primero en orden o grado. 2 Fundamental, básico. 3 *adj.* y *s.* Inculto, tosco. 4 *adj.* y *f.* Dicho de una enseñanza, la primera. 5 GEO Dicho de una era geológica, que sigue al Precámbrico y precede a la Secundaria o Mesozoica, llamada también **Paleozoico**.

primate *adj.* y *m.* ZOOL Dicho de un mamífero, placentario, pentadáctilo y cuadrúpedo, con el dedo pulgar casi siempre oponible, cerebro muy desarrollado, vista frontal y mamas en situación pectoral. Incluye dos subórdenes: **prosimios** y **antropoideos**.

primavera 1 *f.* GEO Estación del año, característicamente templada, que astronómicamente principia en el equinoccio del mismo nombre y termina en el solsticio de verano. En el hemisferio boreal corresponde a los meses de marzo, abril y mayo, y en el austral a los de septiembre, octubre y noviembre. 2 Tiempo en que algo está en su mayor vigor o hermosura.

primaveral *adj.* Perteneciente o relativo a la primavera.

primer *adj.* Apócope de **PRIMERO**. • U. ante un s. m. sing.: *Primer puesto; Primer amor.*

primerizo, za 1 *adj.* y *s.* Principiante, que hace algo por vez primera. 2 *adj.* y *f.* Que pare por primera vez.

primero, ra 1 *adj.* y *s.* Dicho de una persona o cosa, que precede a las demás de su especie. 2 *adj.* Que sobresale y excede a otros. 3 Prioritario. 4 *f.* Marcha o velocidad más corta del motor de un vehículo. 5 *adv. t.* Antes, más bien, con más o mayor gusto. • Se usa el apócope *primer* ante un s. m. sing.: *Primer paso; Primer beso.*

primicia *f.* Noticia, hecho que se da a conocer por primera vez.

primigenio, nia *adj.* Primitivo, originario.

primitivismo 1 *m.* Cualidad de primitivo, poco evolucionado. 2 ART **NAÍF**.

primitivo, va 1 *adj.* Primero en su línea, originario. 2 Rudimentario, elemental. 3 GRAM Dicho de una palabra, que no se deriva de otra de la misma lengua. 4 *adj.* y *s.* Dicho de un pueblo aborigen, que ha mantenido un modo de vida seminómada basado en la caza, la pesca y la recolección, y una agricultura trashumante, así como de la cultura por ellos desarrollada y de las personas que la componen.

primo, ma 1 *adj.* PRIMERO, que precede. 2 ECON **materia** ~. 3 MAT **número** ~. 4 *m.* y *f.* Respecto de una persona, hija o hijo de su tía o tío.

primogénito, ta *adj.* y *s.* Dicho de un hijo, que nace primero.

primor 1 *m.* Esmero o excelencia en hacer o decir algo. 2 Perfección de la obra así realizada.

primordial *adj.* Primero, fundamental, esencial.

primordio *m.* BIOL Conjunto de células embrionarias que sirven de punto de partida para el desarrollo de un futuro órgano. || ~ **seminal** BOT Órgano que contiene el gametofito femenino en las plantas con semilla.

primoroso, sa 1 *adj.* Excelente, delicado, perfecto. 2 Diestro, experimentado, hábil.

prímula *f.* Planta primulácea de hojas anchas, largas y tendidas, de entre las cuales se elevan pequeños tallos desnudos que llevan flores amarillas en figura de parasol.

primuláceo, a *adj.* y *f.* BOT Dicho de una planta, herbácea dicotiledónea, con hojas radicales o sobre el tallo, flores regulares, de cáliz persistente y corola de cuatro a cinco pétalos, y fruto capsular, con muchas semillas de albumen carnoso, como la prímula.

princesa 1 *f.* PRÍNCIPE.

principado 1 *m.* Título o dignidad de príncipe. 2 Territorio sujeto a su potestad. 3 *m. pl.* REL Espíritus bienaventurados, príncipes de todas las virtudes celestiales, que cumplen los mandatos divinos. Forman el séptimo coro.

principal 1 *adj.* Que tiene el primer lugar en estimación o importancia. 2 Ilustre, noble. 3 Esencial, fundamental, primero. 4 GRAM **oración** ~.

príncipe, princesa 1 *m.* y *f.* Hijo primogénito del rey, heredero de la corona. 2 Miembro de la familia real. 3 En algunos Estados, soberano. 4 El primero y más excelente, superior o aventajado en algo. 5 *adj.* Dicho de una edición, la primera de una obra de cierta antigüedad. || ~ **azul** Hombre ideal soñado por una mujer.

principiante, ta 1 *adj.* Que principia o comienza. 2 *adj.* y *s.* Que empieza a estudiar, a ejercer un oficio, etc.

principiar *tr.* e *intr.* Comenzar, dar principio a algo.

principio 1 *m.* Primer momento en la existencia de algo. 2 Fundamento teórico de un discurso, una propuesta, etc. 3 Punto que se considera como primero en una extensión o cosa. 4 Causa primera de algo. 5 Plato que se sirve en una comida entre el primer plato y los postres. 6 FÍS ~ de **exclusión**; ~ de **incertidumbre**. 7 *m. pl.* Proposiciones o verdades fundamentales por donde se empiezan a estudiar las ciencias o las artes. 8 Normas o fundamentos que rigen el pensamiento o la conducta. || ~ **activo** FARM y QUÍM Componente responsable de las propiedades farmacológicas o tóxicas de una sustancia. ~ **de Arquímedes** FÍS *Cuando un objeto se sumerge total o parcialmente en un líquido, este experimenta un empuje hacia arriba igual al peso del líquido desalojado.* ~ **de conteo** MAT Método general para numerar los elementos de uno o varios conjuntos entre sí a través de operaciones básicas como la adición, inclusión, exclusión y el producto. ~ **de contradicción** LÓG Enunciado que consiste en reconocer la imposibilidad de que una cosa sea y no sea al mismo tiempo.

pringar 1 *tr.* Empapar con pringue el pan u otro alimento. 2 Manchar algo con una sustancia pringosa.

pringue 1 *m.* o *f.* Grasa que suelta el tocino u otra cosa semejante sometida a la acción del fuego. 2 Suciedad que se pega.

prion *m.* BIOL Pequeño corpúsculo carente de ácido nucleico y compuesto exclusivamente de una proteína hidrófoba, capaz de transmitir enfermedades degenerativas del sistema nervioso.

prior, ra 1 *m.* y *f.* Superior o superiora de un convento. 2 Segundo prelado después del abad o segunda prelada después de la superiora.

prioridad *f.* Preferencia que se da por su importancia a alguien o algo.

prioritario, ria *adj.* Que tiene prioridad.

prisa 1 *f.* Prontitud y rapidez con que se hace algo. 2 Ansia, premura para hacer algo.

prisión 1 *f.* Acción de prender, asir o retener. 2 Pena de privación de libertad. 3 Cárcel o sitio donde se encierra a los presos. 4 Cualquier cosa que ata o detiene.

prisionero, ra *m.* y *f.* Persona que está presa. || ~ **de guerra** 1 Miembro de las fuerzas armadas de una nación enemiga que es capturado en tiempo de guerra. 2 No combatiente de una nación enemiga que se rinde tras su captura en una contienda. ~ **político** Persona privada de libertad por un Estado por acciones que se consideran peligrosas para el régimen gobernante.

prisma 1 *m.* GEOM Poliedro formado por dos caras planas, paralelas e iguales, que se llaman bases, y por tantos paralelogramos cuantos lados tenga cada base. Si estas son triángulos, el prisma se llama triangular; si son pentágonos, pentagonal, etc. 2 ÓPT Cuerpo transparente de caras planas no paralelas, usado para producir la reflexión, refracción y descomposición de la luz. 3 ÓPT **telescopio** de ~s. || ~ **recto** GEOM Aquel cuyos planos de las bases son perpendiculares a las aristas.

prismático, ca 1 *adj.* De figura de prisma. 2 *m. pl.* ÓPT Instrumento óptico con dos tubos unidos y provistos de un juego de cristales, para ver objetos lejanos con los dos ojos.

prístino, na *adj.* Que permanece inalterable, como era en su estado primero u original.

privacidad *f.* Ámbito de la vida privada.

privación 1 *f.* Acción y efecto de privar. 2 Carencia de algo en un sujeto capaz de tenerlo. 3 Ausencia de algo deseado. 4 Renuncia voluntaria a algo. 5 *f. pl.* Penalidades, fatigas.

privado, da 1 *adj.* Que se realiza en la intimidad. 2 Particular y personal de cada uno.

privanza *f.* Confianza y favor de un gobernante o alto personaje.

privar 1 *tr.* Despojar a alguien de algo que poseía. 2 Prohibir, vedar. 3 Destituir de un empleo, cargo, etc. 4 Complacer o gustar extraordinariamente. 5 *prnl.* Dejar voluntariamente algo de gusto, interés o conveniencia. 6 Quedarse profundamente dormido.

privativo, va 1 *adj.* Que causa privación o la conlleva. 2 Propio y peculiar de alguien o algo.

privatizar *tr.* Confiar al sector privado una empresa o una actividad del sector público.

privilegio 1 *m.* Prerrogativa concedida a una persona o colectividad. 2 Ventaja especial de que disfruta alguien o algo.

pro *m.* Ventaja o aspecto favorable: *Vivir en este barrio tiene sus pros y sus contras.* || **en** ~ **de** En favor de: *Votaron en pro de un salario justo.*

proa *f.* Parte delantera de una embarcación.

proactividad *f.* Capacidad para tomar rápidamente el control de las situaciones, dar ideas nuevas y anticiparse a los hechos.

probabilidad 1 *f.* Cualidad de probable. 2 Verosímil. 3 MAT Medida de la frecuencia relativa con que ocurre un suceso. Es igual al cociente entre el número total de casos favorables y el número de casos posibles en un suceso aleatorio. Si vale 1, se entiende que el suceso es seguro; si vale 0, el suceso es imposible.

probabilismo *m.* FIL Doctrina que concede un grado relativo de probabilidad a toda opinión, y considera que ninguna es totalmente falsa, ni totalmente cierta.

probable 1 *adj.* Verosímil, creíble. 2 Que se funda en razón prudente 3 Que se puede probar. 4 Que puede suceder.

probado, da *adj.* Acreditado por la experiencia.

probador, ra 1 *adj.* y *s.* Que prueba. 2 *m.* Lugar para probarse ropa en un establecimiento comercial.

probar 1 *tr.* Examinar y experimentar las cualidades de alguien o algo. 2 Examinar si algo guarda las debidas proporciones. 3 Saborear una pequeña porción de una comida o bebida. 4 Demostrar la certeza de algo. 5 *intr.* Intentar algo, hacer una prueba: *Probó a levantarse y no pudo.* • Vb. irreg. conjug. c. **contar**. V. anexo El verbo.

probatorio, ria *adj.* Que sirve para probar la verdad de algo.

probeta *f.* Tubo de cristal graduado para medir volúmenes.

probidad *f.* Bondad, honradez.

probiótico *adj.* y *s.* BIOL Dicho de un alimento, que contiene bacterias vivas que ayudan a mantener en equilibrio la flora intestinal y el sistema inmunológico de los organismos.

problema 1 *m.* Duda o dificultad que se quiere resolver. 2 Cualquier causa que dificulta el logro de un fin. 3 Conflicto, pena. 4 Planteamiento de una situación cuya respuesta desconocida debe obtenerse a través de métodos científicos. 5 MAT Proposición en que ha de hallarse un resultado a partir de unos datos.

problemático, ca 1 *adj.* Que presenta dificultades o que causa problemas. 2 *f.* Conjunto de problemas planteados por una ciencia, una idea, etc.

probo, ba *adj.* Íntegro, honrado.

probóscide 1 *f.* ZOOL Aparato bucal en forma de trompa o pico, dispuesto para la succión, propio de los insectos dípteros. 2 ZOOL **TROMPA**, prolongación muscular de la nariz.

procacidad *f.* Desvergüenza, insolencia.

procaína *f.* FARM Anestésico local.

procariota 1 *adj.* y *m.* BIOL Dicho de un organismo, que tiene como unidad estructural una **célula** procariótica (bacterias y cianobacterias), y cuyo conjunto conforma el reino **Mónera**. 2 *f.* BIOL **CÉLULA** procariótica.

procaz *adj.* Desvergonzado, atrevido.

procedencia 1 *f.* Origen, principio de donde nace o se deriva alguien o algo. 2 Punto de partida de un vehículo, una persona, un animal, etc.

procedente 1 *adj.* Que procede de alguien o algo. 2 Conforme a la razón o el fin que se persigue. 3 Conforme a derecho, mandato, práctica o conveniencia.

proceder[1] *m.* Modo, forma y orden de comportarse una persona.

proceder[2] 1 *intr.* Tener alguien o algo su origen en otra persona o cosa. 2 Venir de un lugar o desprenderse de un punto de origen. 3 Portarse una persona de determinado modo. 4 Ejecutar algo después de ciertas diligencias. 5 Ser conforme a razón o derecho.

procedimiento 1 *m.* Acción de proceder. 2 Modo de ejecutar algo.

proceloso, sa *adj.* Borrascoso, tormentoso, tempestuoso.

prócer *m.* Persona famosa y de alto prestigio.

procesado, da *adj.* y *s.* Dicho de una persona, presunto reo en un proceso criminal.

procesador, ra *m.* INF Dispositivo de un computador que ejecuta instrucciones o programas. || ~ **de textos** INF Aplicación utilizada para la manipulación de documentos basados en texto.

procesamiento *m.* Acto de procesar. || ~ **de datos** INF Aplicación sistemática de una serie de operaciones sobre un conjunto de datos, para explotar la información que dichos datos representan.

procesar 1 *tr.* Someter algo a un proceso de transformación. 2 DER Declarar y tratar a una persona como presunto reo de delito.

procesión *f.* Desfile ordenado y solemne de carácter religioso.

proceso 1 *m.* Conjunto de fases sucesivas de un fenómeno o una operación. 2 Método o sistema que debe seguirse. 3 DER Causa criminal o civil. || ~ **adiabático** FÍS Fase en la cual un sistema termodinámico no permite el flujo de calor hacia o desde él. ~ **comunicativo** LING **ACTO** comunicativo. ~ **isocórico** FÍS Fase en la cual un sistema termodinámico presenta un volumen constante.

proclama 1 *f.* Notificación pública y oficial de algo. 2 Llamada pública de carácter militar o político.

proclamación 1 *f.* Publicación solemne de un decreto, bando o ley. 2 Actos públicos y ceremonias con que se declara e inaugura un nuevo reinado, o el inicio de un nuevo periodo legislativo. 3 Alabanza pública y común.

proclamar 1 *tr.* Notificar pública y solemnemente algo. 2 Declarar solemnemente el inicio de un periodo legislativo. 3 Dar señales inequívocas de un afecto, pasión, etc. 4 Publicar, sacar a la luz.

proclisis *f.* GRAM Unión de una palabra proclítica con la palabra siguiente.

proclítico, ca *adj.* GRAM Dicho de una voz, que sin acentuación prosódica se liga en la cláusula con el vocablo subsiguiente. Tales son los artículos, los pronombres posesivos *mi*, *tu*, *su*; las preposiciones de una sílaba y otras partículas.

proclive *adj.* Inclinado o propenso a algo.

procónsul *m.* HIST Entre los antiguos romanos, gobernador de una provincia con jurisdicción e insignias consulares.

procordado *adj.* y *m.* ZOOL Dicho de un animal, metazoo cordado que carece de cráneo y encéfalo.

procrear *tr.* Engendrar, multiplicar una especie.

proctología *f.* MED Parte de la medicina que trata de las enfermedades del recto y ano.

procurador, ra 1 *m.* y *f.* Persona habilitada legalmente para representar a otra en un juicio civil o criminal. 2 Persona que tiene a su cargo el ministerio público.

procuraduría 1 *f.* Oficio o cargo de procurador o procuradora. 2 Oficina donde despacha el procurador. 3 **MINISTERIO** público.

procurar 1 *tr.* y *prnl.* Trabajar y esforzarse para conseguir algo. 2 *tr.* Proporcionar o facilitar una cosa a alguien.

prodigar 1 *tr.* Dar con profusión y abundancia. 2 Dispensar profusa y repetidamente elogios, favores, etc.

prodigio 1 *m.* Suceso sobrenatural. 2 Cosa especial, rara o primorosa. 3 Persona con alguna cualidad extraordinaria.

pródigo, ga 1 *adj.* y *s.* Dadivoso, generoso. 2 Muy fértil.

producción 1 *f.* Acción y efecto de producir. 2 Cosa producida. 3 Modo de producirse. 4 ECON Proceso de transformación de un producto en un bien útil para el ser humano. 5 ECON **costo** de ~; **factores** de ~. || ~ **en cadena** ECON Sistema de organización del trabajo, en que cada obrero tiene asignada una tarea especializada, que realiza según un orden impuesto por el proceso técnico de fabricación o transformación de un bien de consumo.

producir 1 *tr.* Elaborar obras del entendimiento. 2 Ocasionar. 3 Fabricar cosas útiles. 4 ECON Rendir utilidad o beneficio algo. 5 ECON Crear cosas o servicios con valor económico. 6 *prnl.* Ocurrir, suceder. • Vb. irreg. conjug. c. **conducir**. V. anexo El verbo.

productividad 1 *f.* Cualidad de productivo. 2 ECON Capacidad de producción por unidad de trabajo, superficie de tierra cultivada, equipo industrial, etc. 3 ECON Aumento o disminución de los rendimientos físicos o financieros, según la variación de los factores de producción (trabajo, capital, técnica, etc.).

productivo, va 1 *adj.* Que tiene virtud de producir. 2 Que es útil y provechoso. 3 ECON Que arroja resultado favorable de valor entre precio y costo.

producto 1 *m.* Cosa producida. 2 Ganancia, beneficio. 3 MAT Resultado de la multiplicación. || ~ **de solubilidad** QUÍM Constante que indica en una disolución saturada de un electrolito poco soluble el producto de las concentraciones de los iones. ~ **interno bruto** ECON Valor al precio de mercado de los bienes y servicios producidos en un Estado durante un tiempo determinado.

productor, ra 1 *adj.* y *s.* Que produce. 2 BIOL Organismo capaz de producir su propio alimento, es decir, capaz de transformar la materia inorgánica en orgánica, por lo que, junto con otros de su tipo, constituye la base de la pirámide trófica. 3 *m.* y *f.* Persona que con responsabilidad financiera y comercial organiza la realización de una obra cinematográfica, discográfica, televisiva, etc., y aporta el capital necesario. 4 *f.* Empresa que se dedica a la producción cinematográfica o discográfica.

proemio *m.* Prólogo, introducción.

proeza *f.* Hazaña, acción valerosa.

profanar *tr.* Tratar una cosa sagrada como profana.

profano, na 1 *adj.* No sagrado, que no sirve a usos sagrados. 2 Irreverente con las cosas sagradas. 3 MÚS **música** ~. 4 *adj.* y *s.* Que carece de conocimientos y autoridad en una materia.

profase *f.* BIOL Primera fase de la mitosis durante la cual los cromosomas se condensan, haciéndose visibles, a partir del material nuclear, y se escinden longitudinalmente para formar parejas.

profecía 1 *f.* Don sobrenatural que permite conocer el futuro. 2 Predicción hecha en virtud de este don. 3 Conjetura, pronóstico.

proferir *tr.* Pronunciar palabras de queja o enojo. • Vb. irreg. conjug. c. **adquirir**. V. anexo El verbo.

profesar 1 *tr.* Ejercer un arte, un oficio, una ciencia, etc. 2 Enseñar. 3 Seguir una idea o doctrina. 4 Sentir afecto, inclinación o interés hacia alguien. 5 *intr.* En una orden religiosa, obligarse a cumplir los votos.

profesión 1 *f.* Acción y efecto de profesar. 2 Empleo, tarea o cargo que una persona ejerce. || ~ **liberal** Aquella en cuyo desempeño se requiere ante todo el ejercicio del intelecto.

profesional 1 *adj.* Perteneciente o relativo a la profesión o al oficio. 2 *adj.* y *s.* Dicho de una persona, que ejerce una actividad como profesión.

profesionalizar *tr.* y *prnl.* Convertir en profesión una actividad que se ejercía como mera afición.

profesor, ra *m.* y *f.* Persona que enseña una ciencia, arte u oficio.

profeta, tisa 1 *m.* y *f.* Persona que posee el don de profecía. 2 El que por señales o cálculos hechos previamente, conjetura y predice acontecimientos futuros.

profetizar 1 *tr.* Anunciar o predecir el futuro, en virtud del don de profecía. 2 Conjeturar algo que ha de suceder.

profiláctico, ca 1 *adj.* MED Dicho de una persona o de una cosa, que puede preservar de la enfermedad. 2 *m.* PRESERVATIVO. 3 *f.* Higiene.

profilaxis *f.* MED Tratamiento preventivo de enfermedades infecciosas.

proforma (Tb. pro forma) *adj.* Dicho de una factura o un recibo, que se emplea para justificar operaciones posteriores a la fecha de los estados de cuenta en que figura.

prófugo, ga *adj.* y *s.* Que anda huyendo, fugitivo.

profundidad 1 *f.* Cualidad de profundo. 2 Parte honda de una cosa. 3 Hondura, penetración y viveza del pensamiento y de las ideas. 4 GEOM Dimensión de los cuerpos perpendicular a una superficie dada. || ~ **óptica** FÍS Medida de la transparencia de una materia.

profundizar 1 *tr.* Hacer más hondo o profundo. 2 *tr.* e *intr.* Examinar con la mayor atención algo para llegar a su perfecto conocimiento.

profundo, da 1 *adj.* Que tiene el fondo muy distante del borde. 2 Que penetra mucho o va hasta muy adentro. 3 Que llega hasta el fondo de los sentimientos. 4 Difícil de penetrar o de comprender.

profusión *f.* Abundancia en lo que se da, difunde o derrama.

progenie *f.* Casta o familia de la cual desciende una persona.

progenitor, ra 1 *m.* y *f.* Pariente en línea recta ascendente de una persona. 2 *m. pl.* Padre y madre.

progesterona *f.* BIOQ Hormona sexual femenina producida por el ovario, cuya función es preparar el útero para la implantación del óvulo fecundado y colaborar en el desarrollo de las mamas para la lactancia.

prognato, ta 1 *adj.* y *s.* ANAT Que tiene salientes las mandíbulas. 2 ZOOL Que tiene las partes bucales prominentes.

prognosis *f.* Conocimiento anticipado de algún suceso.

programa 1 *m.* Declaración de lo que se piensa hacer. 2 Proyecto ordenado de actividades. 3 Serie ordenada de operaciones necesarias para llevar a cabo algo. 4 Relación de materias de un curso o asignatura. 5 INF Serie de instrucciones codificadas para la resolución de un problema. 6 Unidad temática de una emisión de radio o de televisión. || ~ **informático** Conjunto de programas, instrucciones y reglas informáticas de una computadora, que le permiten realizar las funciones asignadas por el usuario

programación 1 *f.* Acción de programar. 2 INF **lenguaje** de ~. || ~ **lineal** MAT Técnica matemática usada para hallar un conjunto de valores, elegidos a partir de un conjunto de números dado, que maximizarán o minimizarán una forma polinómica dada.

programador, ra 1 *adj.* y *s.* Que programa. 2 *m.* y *f.* Persona que elabora programas de computador.

programar 1 *tr.* Hacer un programa. 2 Preparar ciertas máquinas por anticipado para que empiecen a funcionar en el momento previsto. 3 MAT Determinar el valor máximo de una función de muchas variables cuyos valores extremos son conocidos. 4 *tr.* y *prnl.* Idear y ordenar las acciones necesarias para realizar un proyecto.

progresar *intr.* Hacer progresos, avanzar.

progresión 1 *f.* Acción de avanzar o de proseguir algo. 2 Serie no interrumpida. 3 MAT Serie de números o de términos algebraicos en la cual cada tres consecutivos forman una proporción continua. 4 MÚS Repetición de una marcha armónica hecha a la segunda o tercera superior o inferior de un modelo. || ~ **aritmética** o **por diferencia** MAT Secuencia de números tales que cada uno de ellos es igual al anterior más una cantidad fija, llamada *diferencia de progresión.* ~ **ascendente** o **creciente** MAT Aquella en que cada término tiene mayor valor que el antecedente. ~ **descendente** o **decreciente** MAT En la que cada término tiene menor valor que el antecedente. ~ **geométrica** o **por cociente** MAT Aquella en que cada término es igual al anterior multiplicado por una cantidad fija, llamada *cociente de la progresión.*

progresista 1 *adj.* Que procura el progreso político de la sociedad. 2 *adj.* y *f.* Dicho de una persona, de ideas políticas y sociales avanzadas.

progresivo, va 1 *adj.* Que progresa en cantidad o en perfección. 2 Que avanza o permite avanzar.

progreso *m.* Acción y efecto de avanzar, crecer o mejorar.

prohibición *f.* Acción y efecto de prohibir.

prohibicionismo 1 *m.* ECON Sistema según el cual debe impedirse que salgan de una nación los productos que puedan escasear. 2 ECON Sistema que prohíbe entrar en una nación determinadas mercancías extranjeras. 3 HIST Movimiento iniciado a mediados del s. XIX en EE.UU. para prohibir el uso de bebidas alcohólicas. 4 HIST Periodo (1919-33) durante el cual estuvo vigente en EE.UU. la llamada *ley seca,* que prohibía la venta y producción de bebidas alcohólicas.

prohibir *tr.* Vedar o impedir el uso o la ejecución de algo.

prohibitivo, va 1 *adj.* Dicho de una cosa, que prohíbe. 2 Muy caro.

pro indiviso (Loc. lat.) *adj.* Dicho de una cosa, singular, que está en comunidad, sin dividir.

prójimo, ma 1 *m.* y *f.* Cualquier persona respecto de otra. 2 Los demás.

prolactina *f.* BIOQ Hormona de la hipófisis que estimula la secreción láctea de la glándula mamaria.

prolapso *m.* MED Caída o descenso de un órgano por la flojedad de sus medios de suspensión.

prole *f.* Linaje, descendencia.

prolegómeno *m.* Texto que se pone al principio de una obra para presentar sus fundamentos generales. • U. m. en pl.

proletariado 1 *m.* Clase social formada por aquellos que, al no disponer de medios propios de producción, venden su fuerza de trabajo a cambio de un salario. 2 POLÍT **dictadura** del ~.

proletario, ria *adj.* y *s.* Perteneciente o relativo al proletariado.

proliferación *f.* Multiplicación de elementos similares.

proliferar *intr.* Multiplicarse abundantemente.

prolijo, ja 1 *adj.* Esmerado en exceso. 2 Largo, dilatado. 3 **PULCRO.**

prólogo 1 *m.* Texto antepuesto al cuerpo de una obra, para presentarla o comentarla. 2 Lo que sirve como presentación o inicio de algo.

prolongación 1 *f.* Acción y efecto de prolongar o prolongarse. 2 Parte prolongada de algo.

prolongar 1 *tr.* y *prnl.* Alargar, dilatar o extender. 2 Hacer que algo dure más.

promecio *m.* QUÍM Elemento metálico radiactivo de los lantánidos. Se utiliza en baterías atómicas y como fuente de partículas beta. Símbolo: Pm. Número atómico: 61. Punto de fusión: 1080 °C. Punto de ebullición: 2460 °C.

promediar 1 *tr.* Repartir una cosa en dos partes iguales o casi iguales. 2 Hallar el promedio. 3 *intr.* Llegar a su mitad un espacio de tiempo determinado.

promedio 1 *m.* Punto en que algo se divide por la mitad o casi por la mitad. 2 MAT **TÉRMINO** medio. || ~ **ponderado** MAT Medida aritmética en la cual se considera cada uno de los valores del grupo de acuerdo con su importancia en el grupo de datos.

promesa 1 *f.* Acción y efecto de prometer o prometerse. 2 Ofrecimiento solemne de desempeñar correctamente un cargo. 3 Contrato preparatorio de otro más solemne o detallado al cual precede, especialmente al de compraventa. 4 REL Ofrecimiento a Dios, a la Virgen o a un santo de ejecutar una obra piadosa.

promesante *m.* y *f.* **PROMESERO.**

promesero, ra *m.* y *f.* Persona que cumple una promesa piadosa.

prometedor, ra *adj.* Que da muestras de ser algo bueno en el futuro.

prometer 1 *tr.* Obligarse a cumplir algo. 2 Asegurar la certeza de algo. 3 *prnl.* Darse mutuamente palabra de casamiento.

prometido, da *m.* y *f.* Persona que ha dado palabra de casamiento.

prometio *m.* QUÍM Elemento metálico radiactivo usado en la fabricación de generadores de potencia para usos espaciales y fuentes de rayos X. Símbolo: Pm. Número atómico: 61. Punto de fusión: 1100 °C. Punto de ebullición: 3000 °C. Densidad: 7264 kg/cm^3.

prominencia *f.* Cualidad de prominente.

prominente 1 *adj.* Que se levanta sobre lo que está a su inmediación o alrededores. 2 Dicho de una persona, destacada, importante.

promiscuidad *f.* Cualidad de promiscuo.

promiscuo, cua 1 *adj.* Mezclado, desordenado, confuso. 2 Dicho de una persona, que mantiene relaciones sexuales con muchas otras.

promisión *f.* **tierra** de ~.

promisor, ra *adj.* **PROMETEDOR.**

promitente *m.* Que promete.

promoción 1 *f.* Acción de promover o promocionar. 2 Conjunto de personas que han obtenido al mismo tiempo un cargo, o de estudiantes titulados el mismo año.

promocionar 1 *tr.* y *prnl.* Mejorar las condiciones económicas, laborales, sociales, etc. 2 *tr.* Impulsar las ventas de un producto o la marcha de un negocio. 3 Vender un producto a menor precio, rebajarlo.

promontorio 1 *m.* Elevación de poca altura en un terreno. 2 Peñasco que se interna en el mar. 3 Cosa muy voluminosa y que estorba.

promotor, ra 1 *adj.* y *s.* Que promueve a una persona o cosa. 2 *m.* y *f.* Persona o sociedad que financia y organiza una actividad económica.

promover 1 *tr.* Gestionar una actividad. 2 Impulsar algo. 3 Ascender de categoría a alguien. • Vb. irreg. conjug. c. **mover.** V. anexo El verbo.

promulgar 1 *tr.* Publicar algo solemnemente. 2 Publicar formalmente una ley o disposición, a fin de que sea cumplida y se haga cumplir.

pronombre *m.* GRAM Palabra que en la oración funciona sintácticamente como un sustantivo o que lo determina, y cuyo significado depende del contexto y de su situación en el texto; *este,* por ejemplo, puede referirse a una persona, a otro ser vivo o a una cosa, según a lo que haga alusión. La mayoría de pronombres tienen flexión de género y número. Se utilizan para señalar personas, seres y objetos que ya han sido nombrados en el texto, o se sobreentienden, y, así, evitar la repetición innecesaria de palabras. • V. separata Las categorías gramaticales.

pronominal 1 *adj.* GRAM Perteneciente o relativo al pronombre. 2 GRAM Que participa de sus cualidades. 3 GRAM **locución** ~; **verbo** ~.

pronosticar *tr.* Realizar pronósticos.

pronóstico 1 *m.* Predicción del futuro, especialmente de los fenómenos meteorológicos, basándose en ciertas señales. 2 Juicio del médico respecto a la probable evolución de una enfermedad.

prontitud *f.* Celeridad, presteza o velocidad en ejecutar algo.

pronto, ta 1 *adj.* Veloz, ligero. 2 Dispuesto, preparado. 3 *adv. t.* Presto, prontamente.

prontuario *m.* DER Relación judicial de un detenido.

pronunciación 1 *f.* Acción y efecto de pronunciar. 2 Articulación de un fonema, palabra, frase, etc.

pronunciado, da *adj.* Visible, evidente.

pronunciamiento *m.* Alzamiento militar contra el gobierno constituido.

pronunciar 1 *tr.* Emitir y articular sonidos para hablar. 2 *prnl.* Expresar una opinión. 3 Sublevarse, rebelarse.

propagación *f.* Acción y efecto de propagar.

propaganda 1 *f.* Acción o efecto de dar a conocer algo. 2 Serie de medios para propagar un ideario político, un producto, un espectáculo, etc., entre los cuales el más importante es la publicidad.

propagar 1 *tr.* y *prnl.* Multiplicar por reproducción. 2 Difundir. 3 Esparcir.

propalar *tr.* Divulgar una cosa oculta.

propano *m.* QUÍM Hidrocarburo gaseoso parafínico (C_3H_8), de cadena lineal, presente en el gas natural. Muy soluble en alcohol y éter y poco soluble en agua, se usa como combustible.

propanol *m.* QUÍM Alcohol derivado del propano que se obtiene por destilación de los residuos que quedan de la obtención de ciertos aguardientes.

propasar 1 *tr.* y *prnl.* Llegar más lejos de lo previsto. 2 *prnl.* Extralimitarse. 3 Faltar al respeto a alguien.

propedéutica *f.* Enseñanza preparatoria para el estudio de una disciplina.

propender *intr.* Tener tendencia, predisposición, afición hacia alguien o algo.

propensión *f.* Acción y efecto de propender.

propergol *m.* QUÍM Mezcla de un combustible con un comburente, cuya descomposición o reacción da lugar a energía autopropulsora, utilizada para el impulso de las astronaves.

propiciar *tr.* Favorecer, patrocinar.

propicio, cia 1 *adj.* Que es favorable o apropiado para un fin. 2 Dicho de una persona, con buena disposición hacia algo o alguien.

propiedad 1 *f.* Derecho o facultad de disponer de un bien. 2 Cosa que se posee. 3 Cualidad esencial de alguien o algo. 4 *f.* MAT Regla que se obtiene a partir de un postulado matemático: *La propiedad conmutativa se cumple cuando el resultado de una operación no se altera al cambiar el orden de sus elementos.* || ~ **horizontal** La que recae sobre uno o varios pisos, viviendas o locales de un edificio, adquiridos separadamente por diversos propietarios, con ciertos derechos y obligaciones comunes. ~ **industrial** La que adquiere el inventor o descubridor de cualquier producto relacionado con la industria. ~ **intelectual** DER **DERECHO** de autor.

propietario, ria *adj.* y *s.* Que tiene derecho de propiedad sobre algo, especialmente sobre bienes inmuebles.

propileno *m.* QUÍM Gas inflamable que se obtiene de los aceites del petróleo. Se emplea en la elaboración de acetona.

propilo *m.* QUÍM Radical monovalente de hidrocarburo saturado derivado del propano.

propina *f.* Gratificación pequeña con que se recompensa un servicio.

propinar *tr.* Dar un golpe o un mordisco: *El burro le propinó una coz.*

propio, pia 1 *adj.* Perteneciente a alguien en exclusiva. 2 Característico, peculiar. 3 Conveniente, adecuado. 4 Referente a la misma persona que habla o de que se habla. 5 Natural, no postizo ni accidental. 6 Dicho de un significado de una palabra, original, por oposición a *figurado*. 7 GRAM **nombre** ~.

propiocepción *f.* PSIC Percepción inconsciente de la postura y los movimientos corporales.

proponer 1 *tr.* Manifestar algo a alguien para que lo conozca o lo adopte. 2 Presentar a alguien para un empleo u oficio. 3 Hacer una propuesta, o una proposición. 4 *prnl.* Hacer propósito de ejecutar o no algo. • Participio irreg. *propuesto*. Vb. irreg. conjug. c. **poner**. V. anexo El verbo.

proporción 1 *f.* Armonía, correspondencia entre las partes de una cosa. 2 Correspondencia entre varias cosas. 3 Dimensión, intensidad, importancia. 4 MAT Igualdad de dos razones. || ~ **armónica** MAT Conjunto de tres números en los que el mayor forma con el menor la misma razón que la existente entre la diferencia del mayor y el medio, y el medio y el menor; como 6, 4, 3. ~ **áurea** **SECCIÓN** áurea. ~ **continua** MAT La que forman tres términos consecutivos de una progresión. ~ **directa** MAT Aquella en la que al aumentar una magnitud, la otra también aumenta: *El volumen de un cuerpo y su peso son magnitudes directas.*

proporcionado, da 1 *adj.* Que guarda proporción. 2 Competente o apto para lo que se necesita.

proporcional 1 *adj.* Perteneciente o relativo a la proporción. 2 Dicho de una cantidad o magnitud, que mantiene una proporción o razón constante con otra. 3 MAT **media** geométrica o ~; **repartimiento** ~.

proporcionalidad 1 *f.* Conformidad o proporción de unas partes con el todo o de cosas relacionadas entre sí. 2 MAT **constante** de ~. || ~ **directa** MAT La que se establece entre dos magnitudes cuando el cociente entre pares de valores es constante. ~ **inversa** MAT La que se establece entre dos magnitudes cuando al aumentar una de ellas *n* veces, a la otra le corresponde la enésima parte. El producto entre pares de valores es constante.

proporcionar 1 *tr.* y *prnl.* Poner a disposición de alguien lo que necesita. 2 *tr.* Equilibrar, armonizar.

proposición 1 *f.* Acción y efecto de proponer. 2 GRAM Unidad lingüística conformada por sujeto y predicado, que hace parte, junto con otra u otras como ella, de una oración compuesta. 3 GRAM **ORACIÓN**, conjunto de palabras con sentido completo. 4 LÓG Expresión de un juicio entre dos términos, sujeto y predicado, que afirma o niega este de aquel, o incluye o excluye el primero respecto del segundo. 5 MAT Enunciado de una verdad demostrada o que se quiere demostrar. || ~ **afirmativa** LÓG Aquella cuyo sujeto está contenido en la extensión del predicado, pudiendo, a su vez, ser verdadera o falsa: *El lago es profundo.* ~ **disyuntiva** LÓG La que expresa la incompatibilidad de dos o más predicados en el sujeto: *El animal es racional o irracional.* ~ **hipotética** o **condicional** LÓG La que afirma o niega condicionalmente: *Si te esfuerzas lo lograrás.* ~ **negativa** LÓG Aquella cuyo sujeto no está contenido en la extensión del predicado, pudiendo, a su vez, ser verdadera o falsa: *El lago no es profundo.* ~ **particular** LÓG En la que el sujeto se toma en una parte de su extensión: *Algunos animales son cuadrúpedos.* ~ **universal** LÓG En la que el sujeto se toma en toda su extensión: *Todos los animales son mortales.* • V. tabla Sintaxis. p. 577.

proposicional *adj.* Perteneciente o relativo a las proposiciones de la lógica.

propósito 1 *m.* Ánimo o intención de hacer o de no hacer algo. 2 Objetivo, mira. 3 Asunto, materia de que se trata. 4 *m. pl.* Decisión de mantener determinada conducta.

propuesta 1 *f.* Proposición, acción y efecto de proponer. 2 Consulta de un asunto para buscar su resolución.
propugnar *tr.* Apoyar algo por creerlo conveniente.
propulsar *tr.* Impulsar, impeler hacia delante.
propulsión *f.* Acción de provocar un movimiento en un cuerpo sobre el que se ejerce fuerza. || ~ **a chorro** La producida por la expulsión de un chorro de fluido. La fuerza de propulsión es la reacción a la fuerza originada por la expulsión del fluido.
prorrata *f.* Parte proporcional que toca a cada uno en un reparto.
prorratear *tr.* Repartir una cantidad entre varios, según la parte que proporcionalmente toca a cada uno.
prórroga *f.* Acción y efecto de prorrogar.
prorrogar 1 *tr.* Continuar, dilatar, extender una cosa por un tiempo determinado. 2 Suspender, aplazar.
prorrumpir *intr.* Salir con ímpetu una cosa.
prosa 1 *f.* Estructura del lenguaje que no está sujeta, como el verso, a medida y cadencia determinadas. 2 LIT **poema** en ~.
prosaico, ca *adj.* Falto de ideales, insulso, vulgar.
prosapia *f.* Ascendencia, linaje o generación de alguien.
proscenio *m.* TEAT Parte del escenario más inmediata al público, delante del telón de boca.
proscribir 1 *tr.* Excluir, prohibir. 2 Expulsar a alguien del territorio de un Estado, por causas políticas.
proscrito, ta (Tb. proscripto) *adj.* y *s.* Desterrado.
proseguir *tr.* e *intr.* Seguir, continuar lo que se tenía empezado. • Vb. irreg. conjug. c. **decir**. V. anexo El verbo.
proselitismo *m.* Celo desmesurado en ganar prosélitos.
prosélito, ta 1 *m.* y *f.* Persona recién convertida a una religión. 2 Persona que se gana para una causa.
prosénquima *m.* BIOL Tejido orgánico, de células alargadas, sin espacios intercelulares.
prosimio *adj.* y *m.* ZOOL Dicho de un mamífero, primate nocturno de pequeño tamaño, con la cara cubierta de pelo y ojos muy grandes; se alimenta de insectos y otros pequeños animales. Propio de Madagascar y las islas Comores, como los **lemúridos** y los **társidos**.
prosodia 1 *f.* FON Recta pronunciación y acentuación de las palabras. 2 LING Estudio de los rasgos fónicos que afectan a la métrica.
prosódico, ca 1 *adj.* Perteneciente o relativo a la prosodia. 2 FON **acento** ~.
prosopopeya *f.* Afectación de gravedad y pompa.
prospección 1 *f.* Exploración del suelo encaminada a descubrir yacimientos arqueológicos. 2 GEO Exploración del subsuelo para la localización de yacimientos minerales, petrolíferos, etc. 3 Exploración de posibilidades futuras basada en indicios presentes.
prospectivo, va 1 *adj.* Perteneciente o relativo al futuro. 2 *f.* Ciencia que estudia el futuro.
prospecto *m.* Folleto informativo o de propaganda sobre un producto, un espectáculo, etc.
prosperar 1 *tr.* Ocasionar prosperidad. 2 *intr.* Gozar de prosperidad. 3 Imponerse una idea o teoría.
prosperidad 1 *f.* Buena suerte, éxito. 2 Bienestar, buen nivel económico.
próstata *f.* ANAT y FISIOL Pequeña glándula de secreción externa unida al cuello de la vejiga y a la uretra. Segrega el líquido prostático que se mezcla con los espermatozoides y con líquido procedente de las vesículas seminales, para formar el semen.
prosternarse *prnl.* Arrodillarse, postrarse por respeto.
prostíbulo *m.* **BURDEL.**
prostitución *f.* Acto por el cual una persona mantiene habitualmente relaciones sexuales con un número indeterminado de personas, a cambio de remuneración.
prostituir 1 *tr.* y *prnl.* Inducir o entregarse a la prostitución. 2 Obrar contra los propios principios o dignidad a cambio de un beneficio. • Vb. irreg. conjug. c. **huir**. V. anexo El verbo.
prostituto, ta *m.* y *f.* Persona que ejerce la prostitución.
protactinio *m.* QUÍM Elemento químico del grupo de los actínidos, metal radiactivo. Símbolo: Pa. Número atómico: 91. Peso atómico: 231. Punto de fusión: 1552 °C. Punto de ebullición: 4227 °C.
protagonista 1 *m.* y *f.* Personaje principal de una obra literaria, cinematográfica, etc. 2 Persona que tiene la parte principal en un asunto o suceso.
protagonizar 1 *tr.* Representar un papel de protagonista. 2 Ser personaje principal en un asunto.
prótalo *m.* BOT Gametofito donde se originan los órganos sexuales de los helechos.
protección 1 *f.* Acción y efecto de proteger. 2 Amparo, auxilio. 3 Cosa que protege.
proteccionismo *m.* ECON Doctrina económica encaminada a proteger la economía de un Estado frente a la competencia extranjera, mediante el control de las importaciones, el uso de aranceles, etc.
protectorado 1 *m.* Dignidad, cargo o función de protector. 2 Parte de soberanía que un Estado ejerce en territorio no incorporado plenamente al de su nación, y en el cual existen autoridades propias de los pueblos autóctonos.
proteger 1 *tr.* y *prnl.* Amparar, favorecer, defender. 2 *tr.* Cubrir algo para resguardarlo de un posible daño.
proteico, ca 1 *adj.* Que cambia de forma o de ideas. 2 BIOQ **PROTEÍNICO.**
proteína *f.* BIOQ y FISIOL Compuesto de elevado peso molecular constituido esencialmente por aminoácidos unidos entre sí por enlaces peptídicos, cuyos elementos fundamentales son carbono (50 %), oxígeno (20 %), nitrógeno (16 %), hidrógeno (7 %) y azufre (2 %), además de otros muchos elementos en cantidades menores. Se encuentran en todos los seres vivos y son esenciales para los procesos bioquímicos de los organismos. Las células del organismo las sintetizan siguiendo la información genética proporcionada por el ADN del interior de sus núcleos. || **~s del complemento** FISIOL Compuestos que, junto con las inmunoglobulinas, facilitan a las células inmunológicas llevar a cabo la fagocitosis.
proteínico, ca *adj.* Perteneciente o relativo a las proteínas y a los prótidos.
proterozoico, ca *adj.* y *m.* GEO Dicho de un eón, el segundo de la historia geológica terrestre que se extendió desde hace 2500 hasta hace 570 millones de años, cuando se inició el **Fanerozoico.** • Se escribe con may. inic. c. s.
prótesis 1 *f.* MED Pieza artificial que sustituye a un órgano. 2 MED Procedimiento quirúrgico por el cual se implanta.
protesta 1 *f.* Acción y efecto de protestar. 2 Documento con que se muestra disconformidad. 3 **MANIFESTACIÓN**, acto público.
protestante 1 *adj.* Que protesta. 2 *adj.* y *s.* Perteneciente o relativo a alguna de las iglesias cristianas formadas como consecuencia de la Reforma.
protestantismo *m.* REL Conjunto de doctrinas e iglesias nacidas de la Reforma, el movimiento reformador del s. XVI, cuyo objetivo declarado era el de restaurar la fe cristiana como había sido en sus orígenes. Los cuatro principales credos que surgieron

tras la Reforma fueron el **luteranismo**, el **calvinismo**, el **anabaptismo** y el **anglicanismo**. A pesar de las diferencias entre ellos en cuanto a prácticas y doctrina, coinciden en su rechazo a la autoridad del papa y en la importancia que se concede a la Biblia y a la fe individual.

protestar *intr.* Expresar, generalmente con vehemencia, queja o disconformidad.

protista *adj.* y *m.* BIOL Dicho de un ser vivo, organismo unicelular de organización eucariótica, como ciertas algas y protozoos. Algunos de sus miembros comparten ciertas características de las plantas (fotosíntesis), otros están más cerca de los animales (ingieren el alimento) y algunos son semejantes a los hongos (absorben nutrientes). Dentro de estos se agrupan las **diatomeas**, los **dinoflagelados**, las **criptomonas**, los **euglenofitos**, las **algas** pardodoradas, las **algas** rojas y las **algas** verdes, entre los organismos semejantes a las plantas; entre los semejantes a animales o protozoos están los **flagelados**, los **sarcodinos**, los **ciliados** y los **esporozoos**, y los que son parecidos a los hongos, como los hifoquitridios y plasmodióforos. • Se escribe con may. inic. c. s.

protocolizar *tr.* Incorporar al protocolo un documento.

protocolo 1 *m.* Serie ordenada de documentos que un notario autoriza, registra y custodia. 2 Acta sobre un acuerdo, conferencia o congreso diplomático. 3 Regla ceremonial diplomática o palatina establecida por decreto o costumbre. 4 INF Instrucciones de cualquier tipo que se dan al computador.

protohistoria *f.* HIST Periodo de la historia posterior a la prehistoria y anterior a la historia, basado en tradiciones o inducciones.

protón *m.* FÍS Partícula elemental de carga igual a la del electrón, pero con signo positivo, y masa parecida a la del neutrón y 1837 veces superior a la del electrón. Es, junto con los neutrones, el componente fundamental del núcleo atómico.

protonema *m.* BOT Órgano filamentoso que nace de las esporas de las briofitas, sobre el que se desarrollan los gametofitos.

protoplasma *m.* BIOL Sustancia, más o menos líquida, constitutiva de las células, en la que están disueltos o en suspensión numerosos cuerpos orgánicos y algunas sales inorgánicas.

protoplasto *m.* BIOL Parte metabólicamente activa de la célula.

prototipo 1 *m.* Ejemplar original o primer molde en que se fabrica algo. 2 Modelo de una virtud, vicio o cualidad. 3 Persona o cosa representativa de lo más característico en un género.

protozoario *adj.* y *m.* BIOL **PROTOZOO**.

protozoo *adj.* y *m.* BIOL Dicho de un organismo, **protista** unicelular que ingiere alimento. No posee estructuras internas especializadas a modo de órganos, o están muy poco diferenciadas; es, generalmente, acuático. Se mueve mediante flagelos, cilios o seudópodos.

protráctil *adj.* ZOOL Dicho de una lengua, que puede proyectarse mucho fuera de la boca, como la de algunos reptiles.

protuberancia *f.* Prominencia redondeada.

provecho 1 *m.* Beneficio o utilidad. 2 Utilidad o beneficio que se proporciona. 3 Efecto positivo de la comida o bebida.

proveedor, ra *m.* y *f.* Persona, empresa, etc., que provee o abastece a una colectividad, una persona, una empresa, etc.

proveer 1 *tr.* y *prnl.* Facilitar lo necesario para un fin. 2 *tr.* Dictar un juez o un tribunal una resolución. • Participio irreg. *provisto* y reg. *proveído*. Vb. irreg. conjug. c. **leer**. V. anexo El verbo.

provenir *intr.* Proceder, originarse una cosa de otra. • Vb. irreg. conjug. c. **venir**. V. anexo El verbo.

provenzal 1 *adj.* y *s.* De Provenza o relacionado con esta región de Francia. 2 *m.* LING Lengua romance, perteneciente al grupo de la lengua de oc, que se habla actualmente en los territorios del antiguo reino de Provenza.

proverbial 1 *adj.* Perteneciente o relativo al proverbio o que lo incluye. 2 Muy notorio, conocido, consabido.

proverbio *m.* Sentencia, adagio, refrán.

providencia 1 *f.* REL Cuidado que Dios tiene de la creación y de sus criaturas. • Se escribe con may. inic. 2 DER Resolución judicial a la que no se exigen por la ley fundamentos y que decide cuestiones de trámite o peticiones accidentales y sencillas.

providencial 1 *adj.* Perteneciente o relativo a la Providencia. 2 Dicho de un hecho casual, que libra de un peligro inminente.

próvido, da 1 *adj.* Prevenido, diligente para proveer y acudir con lo necesario. 2 Propicio, benévolo.

provincia 1 *f.* División administrativa de algunos estados, sujeta generalmente a un poder central. 2 Conjunto de casas o conventos de religiosos que ocupan un determinado territorio.

provincial 1 *adj.* Perteneciente o relativo a una provincia. 2 *m.* Religioso que gobierna las casas religiosas de una provincia eclesiástica.

provincialismo *m.* Predilección desmedida hacia los usos, costumbres, etc., de la provincia en que se ha nacido.

provincianismo *m.* Apego excesivo a la mentalidad o costumbres particulares de una provincia o sociedad, con exclusión de las demás.

provinciano, na *adj.* y *s.* Dicho de un habitante de una provincia, en contraposición al de la capital.

provisión 1 *f.* Acción y efecto de proveer. 2 *f. pl.* Víveres y cosas imprescindibles que se llevan en un viaje o se almacenan por precaución.

provisional 1 *adj.* Dispuesto interinamente. 2 DER **libertad** ~.

provocación *f.* Acción y efecto de provocar.

provocar 1 *tr.* Inducir a alguien a que haga algo. 2 Irritar, exasperar. 3 Incitar, mover a un estado anímico y a la manifestación de este.

provocativo, va *adj.* Que provoca, excita o estimula.

proxeneta *m.* y *f.* Persona que se beneficia económicamente de la prostitución de otros.

próximo, ma 1 *adj.* Cercano en el espacio o en el tiempo. 2 Inmediatamente después en el espacio o en el tiempo.

proyección 1 *f.* Acción y efecto de proyectar. 2 Cosa proyectada. 3 GEOM Figura que resulta en una superficie, de proyectar en ella todos los puntos de otra figura. || ~ **cónica** GEOM La que resulta de dirigir todas las líneas proyectantes a un punto concurrente. ~ **estereográfica** GEOM Representación de la superficie de una esfera, que se obtiene proyectando todos sus puntos desde uno de ellos sobre el plano tangente en el punto diametralmente opuesto, o sobre un plano paralelo a este, trazado en el centro de la esfera. ~ **ortogonal** GEOM La que resulta de trazar todas las líneas proyectantes perpendiculares a un plano.

proyectar 1 *tr.* Lanzar, arrojar con fuerza y hacia delante. 2 Trazar el plan y los medios para un fin. 3 Reflejar sobre una pantalla una diapositiva, una película, etc. 4 GEOM Trazar líneas rectas desde todos los puntos de un sólido u otra figura, según determinadas reglas, hasta que encuentren una superficie por lo común plana. 5 *tr.* y *prnl.* Hacer visible sobre una superficie la sombra o figura de algo. 6 Psic Atribuir a otro los defectos o las intenciones que alguien no quiere reconocer en sí mismo.

proyectil *m.* Cualquier objeto arrojadizo, como saeta, bala, bomba.

proyectivo, va 1 *adj.* Perteneciente o relativo al proyecto o a la proyección. 2 Geom **geometría ~.**

proyecto 1 *m.* Acción y efecto de proyectar un plan. 2 Redacción provisional de una ley, un reglamento, etc. 3 Conjunto de escritos, diseños, cálculos, dibujos, etc., que determinan lo necesario para la construcción de una obra de arquitectura o ingeniería.

proyector, ra 1 *adj.* Que sirve para proyectar. 2 *m.* Dispositivo para proyectar el sonido en una dirección. 3 Aparato para proyectar imágenes sobre una pantalla.

prudencia 1 *f.* Discernimiento, buen juicio. 2 Cautela, precaución. 3 Templanza, moderación.

prudente 1 *adj.* y *s.* Que obra con prudencia y sensatez. 2 Discreto, comedido.

prueba 1 *f.* Acción y efecto de probar. 2 Razón, argumento, hecho que muestra la verdad o falsedad de algo. 3 Ensayo o experimento que se hace de algo. 4 Cantidad pequeña de algo que sirve para demostrar su calidad. 5 Examen que se hace para demostrar o comprobar los conocimientos o las aptitudes de alguien. 6 Muestra de una composición tipográfica en que se hacen correcciones. 7 Dep Competición deportiva. 8 Der Acto, indicio, documento, etc., que se aportan en un juicio para demostrar algo. 9 Mat Operación para averiguar la exactitud de otra. **10 banco** de ~s.

prurito 1 *m.* Comezón, picor. 2 Afán de perfeccionismo.

pseudohermafrodita *adj.* SEUDOHERMAFRODITA.

pseudocientífico, ca *adj.* SEUDOCIENTÍFICO.

psi *f.* Letra del alfabeto griego (Ψ, ψ), que equivale a *ps* del latino.

psicoactivo, va (Tb. sicoactivo) *adj.* Dicho de una sustancia, que actúa sobre el sistema nervioso alterando las funciones psíquicas, como la cafeína.

psicoanálisis (Tb. sicoanálisis) *m.* Med y Psic Método de tratamiento de los trastornos mentales basado en el análisis del inconsciente.

psicoanalista (Tb. sicoanalista) *adj.* y *s.* Dicho de una persona, que profesionalmente se dedica al psicoanálisis.

psicodélico, ca (Tb. sicodélico) *adj.* Dicho de una sustancia, que causa la estimulación de elementos psíquicos que normalmente están ocultos, como los alucinógenos.

psicodrama (Tb. sicodrama) *m.* Psic Técnica psicoanalítica de grupo que se efectúa mediante la representación por los pacientes de situaciones dramáticas relacionadas con sus conflictos patológicos.

psicolingüístico, ca (Tb. sicolingüístico) 1 *adj.* Perteneciente o relativo a la psicolingüística. 2 *f.* Ling Disciplina que estudia el comportamiento verbal a partir de los procesos psicológicos en los que se fundamenta.

psicología (Tb. sicología) 1 *f.* Psic Ciencia que estudia el comportamiento y los estados de conciencia. 2 Fil Parte de la filosofía que trata del alma, sus facultades y operaciones. 3 Manera de ser de una persona o una colectividad. || ~ **cognitiva** Psic Disciplina que estudia los procesos mediante los cuales el ser humano obtiene conocimiento del mundo y toma conciencia de su entorno. ~ **infantil** Psic Estudio del comportamiento de los niños desde el nacimiento hasta la adolescencia. También trata sus problemas sociales, emocionales y de aprendizaje.

psicometría (Tb. sicometría) 1 *f.* Psic Medición de la duración y frecuencia de los fenómenos físicos. 2 Psic Disciplina que estudia este tipo de medición.

psicomotricidad (Tb. sicomotricidad) *f.* Psic Relación que se establece entre los movimientos del cuerpo humano y la actividad mental.

psicopatía (Tb. sicopatía) *f.* Psic Enfermedad caracterizada por un desequilibrio psíquico sin alteración intelectual.

psicopedagogía (Tb. sicopedagogía) *f.* Psic Rama de la psicología que busca una formulación adecuada de los métodos pedagógicos.

psicosis (Tb. sicosis) *f.* Med y Psic Grupo de enfermedades mentales caracterizadas por una alteración de la personalidad.

psicosomático, ca (Tb. sicosomático) *adj.* y *f.* Med y Psic Perteneciente o relativo a la parte de la medicina que trata de las enfermedades somáticas de origen psíquico.

psicoterapia (Tb. sicoterapia) *f.* Psic Tratamiento de las enfermedades mentales por medios psicológicos. Sus principales técnicas son el psicoanálisis, la sugestión y la terapia de grupo.

psique *f.* Fil Alma humana, inteligencia.

psiquiatría (Tb. siquiatría) *f.* Med Ciencia que trata del diagnóstico y el tratamiento de las enfermedades mentales.

psitaciforme (Tb. sitaciforme) *adj.* y *f.* Zool Dicho de un ave, de plumaje vistoso, cabeza grande, pico fuerte y ganchudo, con lengua gruesa y musculosa, que utiliza para extraer semillas y granos. Tiene dos dedos dirigidos hacia adelante y dos hacia atrás, lo que le permite ser un excelente trepador. Muchas especies imitan innumerables sonidos, entre ellos la voz humana, como el loro, el guacamayo, el perico y la cacatúa.

pteridofito, ta *adj.* y *f.* Bot Dicho de una planta, criptógama de generación alternante bien manifiesta, en la que la generación asexuada o esporofito domina sobre la generación sexuada o gametofito, como helechos, licopodios y equisetos.

pterosaurio *m.* Paleont Reptil volador del mesozoico cuyas alas eran unas membranas finas de piel, similares a las de los murciélagos. Se han descubierto algunos ejemplares fósiles con una envergadura de alas estimada entre 11 y 12 m.

púa 1 *f.* Cuerpo delgado, rígido y puntiagudo. 2 Espina o aguijón de ciertos animales. 3 Mús PLECTRO.

púber *adj.* y *s.* Que ha llegado a la pubertad.

pubertad *f.* Fisiol Época de la vida en que en las mujeres comienza la menstruación y en los hombres la producción de semen; en ambos aumentan de tamaño los genitales externos y aparecen los caracteres sexuales secundarios: crecimiento de pelo en la zona púbica, en las axilas y en la cara, cambio de voz y aumento en el tamaño de los senos.

pubis 1 *m.* Anat Hueso que en los adultos se une al ilion y al isquion para formar el innominado. 2 Anat Parte inferior del abdomen, que se cubre de vello en la pubertad.

publicación 1 *f.* Acción y efecto de publicar. 2 Obra publicada.

publicano *m.* Hist Entre los romanos, arrendador de los impuestos o las rentas públicas y de las minas del Estado.

publicar 1 *tr.* Hacer patente y manifiesto al público algo. 2 Editar un artículo, un anuncio, etc., en un medio de difusión escrita.

publicidad 1 *f.* Conjunto de medios usados para divulgar una noticia, un mensaje, etc. 2 Divulgación de las excelencias de un producto de consumo, de la imagen de un candidato político, etc., para lograr su aceptación por el público.

publicitar 1 *tr.* Dar a la publicidad. 2 *intr.* Hacer publicidad.

publicitario, ria *adj.* Perteneciente o relativo a la publicidad utilizada con fines comerciales.

público, ca 1 *adj.* Visto o sabido por todos. 2 **orden** ~. 3 **espacio** ~. 4 ECON **deuda** ~; **hacienda** ~. 5 *m.* Conjunto de personas que forman una colectividad. 6 Conjunto de asistentes a un espectáculo, a una prueba deportiva, etc.

puchero 1 *m.* Vasija de panza abultada, cuello ancho y una asa junto a la boca, usada para cocer en ella la comida. 2 Especie de cocido. 3 Gesto o movimiento que precede al llanto.

púdico, ca *adj.* y *s.* Casto, pudoroso.

pudiente *adj.* y *s.* Poderoso, rico, potentado.

pudín 1 *m.* Dulce que se prepara con bizcocho deshecho en leche y con azúcar y frutas secas. 2 Plato semejante por su consistencia, dulce o no. 3 TARTA.

pudor *m.* Recato, timidez, vergüenza hacia el sexo.

pudrir 1 *tr.* y *prnl.* Hacer que una materia orgánica muerta se descomponga. 2 coloq. Consumir, molestar, impacientar. • Vb. irreg. Su infinitivo también puede ser **podrir**. Aparte de su participio, que es *podrido,* todas las demás formas verbales tienen **conjugación** regular, con la raíz *pudr-*: *pudro, pudrí, pudría, pudriré,* etc.

pueblo[1] 1 *m.* Villa o población, especialmente la que no tiene consideración de ciudad. 2 Conjunto de habitantes de un territorio. 3 Gente común y humilde de un lugar. 4 DER **defensor** del ~.

pueblo[2] *adj.* y *s.* HIST De un pueblo amerindio asentado a la llegada de los españoles en el SO de EE.UU; cultivaban el maíz.

puelche *adj.* y *s.* De un pueblo amerindio de la Pampa meridional argentina. Diezmados por colonizadores españoles y, después, argentinos, se trasladaron al S del río Negro, donde habitan sus descendientes.

puente 1 *m.* Construcción sobre un río, una vía férrea, etc., para el paso de vehículos, del ferrocarril o de personas. 2 Día laborable entre dos festivos y al que se hace extensible la fiesta. 3 Pieza central de la montura de las gafas. 4 Conexión con la que se establece la continuidad de un circuito eléctrico interrumpido. 5 Plataforma estrecha que va de banda a banda de una embarcación. 6 Pieza metálica con que los dentistas sujetan las prótesis artificiales en los dientes naturales. 7 Tablilla que en la tapa de los instrumentos de cuerdas, las mantiene levantadas.

puenting (Voz ingl.) *m.* Deporte de alto riesgo que consiste en lanzarse al vacío desde un puente u otro lugar al que se está sujeto con cuerdas especiales.

puerco, ca 1 *m.* y *f.* CERDO. 2 JABALÍ. 3 *adj.* y *s.* coloq. Desaliñado, sucio, grosero. 4 ERIZO, mamífero. || ~ **espín** PUERCOESPÍN.

puercoespín (Tb. puerco espín) *m.* Mamífero roedor con el cuerpo cubierto de cerdas, hocico corto y fuertes uñas. Vive en Europa, Asia y África.

puericultura *f.* MED Rama de la medicina que trata de los cuidados necesarios para el correcto desarrollo del niño.

pueril 1 *adj.* Propio del niño. 2 Fútil, trivial, infundado.

puerperio *m.* MED Periodo que sucede al parto.

puerro *m.* Planta comestible de las liliáceas, de bulbo alargado, hojas largas y carnosas y flores en umbela.

puerta 1 *f.* Abertura regular en una pared, verja, valla, etc., de dimensiones suficientes para entrar y salir fácilmente. 2 Cualquier agujero que sirve para entrar y salir por él, como en las cuevas, los vehículos, etc. 3 Armazón de madera, metal, etc., que engoznada o puesta en el quicio y asegurada con llave, cerrojo, etc., sirve para impedir la entrada y salida por una abertura.

puerto 1 *m.* Lugar de la costa o de la ribera, natural o artificial, donde fondean las embarcaciones y se realiza el embarque y desembarque de pasajeros, y la carga y descarga de mercancías. 2 Ciudad edificada en torno a él. 3 Depresión o garganta que da paso entre montañas. 4 INF En una computadora, lugar donde se intercambian datos con otros dispositivos, como impresoras, módems, etc. || ~ **paralelo** INF Conector utilizado para realizar un enlace paralelo, mediante varias líneas entre dos dispositivos. ~ **serie** INF El que mediante un cable conecta al computador con otros dispositivos, de modo que la información fluye por una sola línea.

pues 1 *conj.* Indica causa, motivo o razón: *Explícame otra vez, pues no he comprendido nada.* 2 Se usa como condicional: *Pues insistió tanto en ir que le dieron permiso.* 3 Se usa como expresión continuativa: *Aclaro, pues, que no tuve que ver con el pleito por calumnia.* 4 Se usa como expresión ilativa: *¿No quieres ir?, pues tú te lo pierdes.* 5 Se usa al comienzo de la oración para reforzar o enfatizar lo que se afirma: *¡Pues solo eso faltaba!*

puesto, ta 1 *adj.* Con *bien* y *mal,* bien vestido, ataviado o arreglado, o al contrario. 2 *m.* Sitio o espacio que ocupa una persona o cosa, o que le corresponde. 3 Lugar señalado para la realización de algo. 4 Tiendecilla o armazón en una calle o mercado, para vender cosas. 5 Empleo, dignidad, oficio. 6 *f.* Acción de ponerse un astro. 7 Acción de poner sus huevos las aves. ||~ **en escena** TEAT Representación en escena de un guion de teatro o cinematográfico. La puesta en escena también se refiere, en el teatro, a la composición del escenario y, en el cine, al plano.

puf *m.* Taburete cilíndrico tapizado y sin patas.

púgil 1 *m.* Gladiador que combatía a puñetazos. 2 Boxeador.

pugna *f.* Oposición de ideas, intereses, humores, etc.

pugnar 1 *intr.* Contender, pelear. 2 Empeñarse en el logro de algo.

pujar[1] *tr.* Hacer fuerza para pasar adelante o proseguir una acción, procurando vencer el obstáculo que se encuentra.

pujar[2] *tr.* Aumentar los licitadores de una subasta el precio ofrecido.

pulcro, cra 1 *adj.* Aseado, limpio. 2 Esmerado en la conducta.

pulga *f.* Insecto hematófago muy pequeño, de cuerpo comprimido y sin alas, piezas bucales perforadoras y chupadoras, y antenas cortas. Es un parásito de la superficie de la piel de los mamíferos y, con menor frecuencia, de las aves.

pulgada 1 *f.* Medida de longitud que equivale a unos 23 mm. 2 Medida británica equivalente a 25,4 mm.

pulgar *adj.* y *m.* ANAT **dedo** ~.

pulgón *m.* Insecto hemíptero, de 1 a 2 mm de largo, color verdoso, sin alas las hembras y con cuatro los machos. Las hembras y sus larvas viven parásitas, apiñadas en gran número sobre las hojas y las partes tiernas de ciertas plantas.

pulido, da 1 *adj.* Hecho con mucho esmero, bien acabado. 2 *m.* Acción y efecto de pulir.

pulimentar *tr.* Alisar, pulir.

pulir 1 *tr.* Alisar, dar lustre a una superficie. 2 Dar el acabado final a algo. 3 *tr.* y *prnl.* Adornar, aderezar, componer.

pulla 1 *f.* Dicho con que indirectamente se humilla a alguien. 2 Expresión aguda e ingeniosa.

pulmón 1 *m.* ANAT Órgano par del aparato respiratorio de los seres humanos y de los vertebrados terrestres, situado en la cavidad torácica, en el que se realiza la oxigenación de la sangre. Los pulmones son esponjosos, blandos y dilatables, están divididos en lóbulos y cubiertos por una membrana (pleura). 2 Zool Órgano respiratorio de los moluscos terrestres. Es una cavidad cuyas paredes están provistas de vasos sanguíneos y que comunica con el exterior mediante un orificio por el cual penetra el aire.

pulmonado *adj.* y *m.* Zool Dicho de un molusco, gasterópodo, generalmente terrestre, que respira por un pulmón, como la babosa.

pulmonar 1 *adj.* Perteneciente o relativo a los pulmones. 2 Anat Dicho de una arteria, que sale del ventrículo derecho y conduce la sangre a los pulmones. 3 Zool **respiración** ~.

pulmonía *f.* Med Inflamación del pulmón producida por el neumococo.

pulpa 1 *f.* Carne sin grasa ni huesos. 2 Carne de la fruta. 3 Médula de las plantas leñosas. 4 Fruta fresca deshuesada y triturada.

pulpería *f.* Tienda donde se venden diversos géneros.

púlpito *m.* Plataforma elevada en una iglesia, desde donde predica el sacerdote.

pulpo *m.* Molusco cefalópodo de boca con fuertes mandíbulas, ojos aparentes y ocho largos tentáculos prensores y locomotores.

pulque *m.* Bebida alcohólica que se obtiene por fermentación del aguamiel de maguey.

pulsación 1 *f.* Acción de pulsar. 2 Cada uno de los golpes o toques que se dan en un teclado. 3 Fís Variación periódica de la amplitud de una oscilación al combinarse con otra de frecuencia distinta. 4 Fisiol Cada uno de los latidos que produce la sangre en las arterias.

pulsar 1 *tr.* Tocar o golpear las teclas o cuerdas de un instrumento. 2 Tantear el estado de un asunto o la opinión de alguien.

púlsar *m.* Astr Estrella de neutrones, caracterizada por la emisión, a intervalos regulares y cortos, de energía radiante muy intensa.

pulsear *intr.* Probar dos personas, asida mutuamente la mano y puestos los codos en lugar firme, quién de ellas tiene más fuerza.

pulsera *f.* Aro, cadena, etc., que se lleva en la muñeca como adorno o para otro fin.

pulsión 1 *f.* Fís Propagación del movimiento ondulatorio en los fluidos elásticos. 2 *f.* Psic Fuerza inconsciente que impulsa a alguien a llevar a cabo ciertas conductas.

pulso 1 *m.* Fisiol Latido rítmico arterial, producido por la contracción sistólica, que se siente en varias partes del cuerpo. 2 Parte del cuerpo, especialmente la muñeca, donde se siente dicho latido. 3 Seguridad o firmeza en la mano para ejecutar algo. 4 Acción de pulsear.

pulular *intr.* Abundar, proliferar personas, animales o cosas.

pulverizador, ra *m.* y *f.* Aparato para pulverizar un líquido.

pulverizar 1 *tr.* y *prnl.* Reducir a polvo una cosa. 2 Esparcir un líquido en partículas tenues, a manera de polvo. 3 *tr.* Destruir, asolar.

pum (Tb. pun). Onomat. Se usa para expresar ruido, explosión o golpe.

puma *m.* Felino americano, de 1,50 m de longitud y pelaje amarillento.

pun onomat. **PUM.**

puna 1 *f.* Ecol Extensión grande de terreno raso y yermo. 2 Ecol Altiplano característico de los Andes meridionales, situado entre 3000 y 5000 m de altitud, de vegetación escasa, xerófila y baja, adaptada a la amplia oscilación térmica.

punción *f.* Med Operación quirúrgica consistente en abrir los tejidos con un instrumento punzante y cortante a la vez.

pundonor *m.* Amor propio, autoestima.

punible *adj.* Que merece castigo.

púnico, ca *adj.* y *s.* De Cartago o relacionado con esta antigua ciudad y reino del norte de África.

punk *adj.* y *m.* Dicho de un movimiento juvenil, surgido en Gran Bretaña a finales de los años 70, que se expresó a través de un estilo propio de música rock, así como de la conducta y la indumentaria agresivas y antiestéticas.

punta 1 *f.* Extremo agudo de un arma u otro instrumento. 2 Extremo de una cosa. 3 Pequeña cantidad de algo. 4 Saliente de algo. 5 Pequeña lengua de tierra que penetra en el mar.

puntada 1 *f.* Cada uno de los agujeros hechos al coser. 2 Espacio que media entre dos de ellos. 3 Acción y efecto de pasar la aguja a través de un tejido, cuero, etc., por cada uno de estos agujeros. 4 Alusión, insinuación.

puntaje *m.* Conjunto de puntos obtenidos en algún tipo de prueba.

puntal *m.* Madero hincado en tierra, que sostiene alguna cosa.

puntapié *m.* Golpe que se da con la punta del pie.

punteado, da 1 *adj.* Con puntos. 2 *m.* y *f.* Acción y efecto de puntear.

puntear 1 *tr.* Marcar, dibujar, pintar o grabar con puntos. 2 Mús Tocar un instrumento musical hiriendo cada cuerda con un dedo. 3 *tr.* e *intr.* Marchar a la cabeza de un grupo de personas o animales.

puntería *f.* Destreza de un tirador para dar en el blanco.

puntero, ra 1 *adj.* Que tiene buena puntería. 2 *adj.* y *s.* Que descuella en alguna actividad. 3 *m.* Palo o vara que se usa para señalar. 4 Cincel usado para labrar piedras duras. 5 Inf Símbolo en la pantalla que se controla mediante un ratón u otro dispositivo de entrada y que sirve para indicar y seleccionar lugares u opciones. 6 *f.* Refuerzo o remiendo en la punta de un zapato, media, calcetín, etc.

puntiagudo, da *adj.* Que tiene aguda la punta.

puntilla 1 *f.* Clavo de metal largo y delgado, con cabeza y punta. 2 Puñal corto para rematar las reses.

puntillismo *m.* Art Procedimiento pictórico desarrollado a finales del s. XIX que consiste en la aplicación de pequeños puntos o pinceladas yuxtapuestas de color puro, que a cierta distancia se funden en un solo campo de color.

punto 1 *m.* Señal pequeña y redondeada, perceptible en una superficie. 2 Cada una de las puntadas de una labor de costura. 3 Cada uno de los agujeros que tienen ciertas piezas para sujetarlas y ajustarlas con hebillas, clavijas, etc. 4 Estado perfecto que llega a tomar un alimento al cocinarlo, condimentarlo o prepararlo. 5 Sitio, lugar. 6 Unidad de calificación o tanteo en ciertos juegos, exámenes, etc. 7 Ocasión favorable. 8 Cada uno de los asuntos o las materias de un programa, un libro, un artículo, etc. 9 Lo principal de algo. 10 Fís Grado de temperatura necesario para que se produzcan determinados fenómenos físicos. 11 Fís ~ de **apoyo**; ~ de **congelación**; ~ de **ebullición**; ~ de **fusión**. 12 Geom Límite mínimo de la extensión, que se considera sin longitud, latitud ni profundidad. 13 Med Puntada que da el cirujano pasando la aguja por los labios de la herida. 14 Ort Señal ortográfica que se pone sobre la *i* y la *j*. 15 Ort Signo de puntuación (.) con que se indica el fin del sentido gramatical y lógico de un periodo o de una sola oración. || ~ **cardinal** Geo Aquel que, con otros tres, divide el horizonte en cuatro partes iguales; su posición está determinada por la del polo septentrional (N), por la del sol al mediodía (S), y por su salida y puesta en los equinoccios (E y O). ~ **crítico** 1 Fís Temperatura y presión a las cuales dos fases de una sustancia que están en equilibrio se igualan, constituyendo una sola fase. 2 MAT Valor donde la derivada de una función es cero o no existe. ~ **de fuga** GEOM Lugar del horizonte en el que se encuentran todas las líneas paralelas. ~ **de inflexión** MAT Aquel en el que la gráfica de una función cambia de concavidad. ~ **de vista** 1 Aspecto con que puede ser considerado un asunto. 2 GEOM En perspectiva, aquel en que el rayo principal corta el plano óptico y al cual parecen concurrir todas las líneas perpendiculares al mismo plano. ~ **isoeléctrico** FÍS y QUÍM Valor del pH en el que la carga neta de una proteína o un aminoácido equivale a cero. ~ **y coma** ORT Signo de puntuación (;) con que se indica pausa mayor que con la coma y menor que el punto. **dos ~s** ORT Signo de puntuación (:) con que se indica haber terminado completamente el sentido gramatical, pero no el lógico. **~s suspensivos** ORT Signo de puntuación formado por tres puntos consecutivos (...) con que se denota quedar incompleto o en suspenso el sentido de una oración o cláusula. • V. separata Uso de los signos de puntuación.

puntuación 1 *f.* ORT Acción y efecto de puntuar. 2 ORT Conjunto de signos y reglas que sirven para puntuar. Los principales objetivos de la puntuación son: estructurar el texto, delimitar las oraciones, marcar giros sintácticos, eliminar ambigüedades, modular la respiración y la entonación al leer en voz alta, y señalar el carácter especial de determinados fragmentos del texto. Los signos que permiten cumplir dichos objetivos son: la **coma**, las **comillas**, el **corchete**, los dos **puntos**, los signos de **exclamación** e **interrogación**, el **paréntesis**, el **punto**, el **punto y coma**, los **puntos suspensivos** y la **raya**. Existen, además, los llamados signos auxiliares, que son: el **asterisco**, la **barra**, la **diéresis**, el **guion**, la **llave** y la **tilde**. • V. separata Uso de los signos de puntuación.

puntual 1 *adj.* Que llega o se cumple a la hora o día convenidos. 2 Indudable, cierto. 3 Concreto, específico.

puntualizar 1 *tr.* Describir algo con todas sus circunstancias. 2 Precisar algo con el fin de aclararlo o corregirlo.

puntuar 1 *tr.* ORT Poner en la escritura los signos de puntuación necesarios para la correcta lectura del texto. 2 Calificar con puntos. 3 *intr.* Entrar en el cómputo de los puntos una prueba o competición. 4 Obtener puntos en ciertos juegos o competiciones.

punzada 1 *f.* Herida o picada de punta. 2 MED Dolor agudo, repentino y pasajero, que suele repetirse de tiempo en tiempo.

punzar 1 *tr.* Herir con una punta. 2 *intr.* Avivarse un dolor.

punzocortante *adj.* Dicho generalmente de un arma blanca, que es puntiaguda y afilada.

punzón 1 *m.* Instrumento terminado en punta para abrir agujeros y otros usos. 2 Buril de grabador.

puñado 1 *m.* Lo que se puede contener en un puño. 2 Cantidad pequeña de algo de lo que debería o suele haber mucho.

puñal *m.* Arma corta y ofensiva, de acero, que solo hiere de punta.

puñalada 1 *f.* Golpe que se da de punta con el puñal u otra arma semejante. 2 Herida que resulta de este golpe.

puñetazo *m.* Golpe que se da con el puño.

puño 1 *m.* Mano cerrada. 2 **PUÑADO**, lo que cabe en ella. 3 Parte de la manga de una camisa, una bata, etc., que rodea la muñeca. 4 Parte por la que se agarra un arma blanca u otro utensilio.

pupa 1 *f.* MED Lesión cutánea que queda al secarse un grano, una herida, etc. 2 ZOOL **CRISÁLIDA**.

pupilaje 1 *m.* Estado o condición del pupilo o de la pupila. 2 Estado del que está sujeto a la voluntad de otro.

pupilo, la 1 *m.* y *f.* Menor que se halla bajo la responsabilidad de un tutor. 2 *f.* ANAT Abertura circular del centro del iris del ojo y que da paso a la luz.

pupitre *m.* Mueble con tapa sobre la cual se escribe.

puré *m.* Pasta que se hace de legumbres o tubérculos cocidos.

pureza 1 *f.* Calidad de puro. 2 **VIRGINIDAD**.

purga *f.* Acción y efecto de purgar.

purgante *m.* FARM Medicamento que purga.

purgar 1 *tr.* Limpiar, purificar una cosa, quitándole lo que no le conviene. 2 Compensar con una pena un delito. 3 POLÍT Expulsar a funcionarios o miembros de una organización, institución, etc., por causas políticas. 4 REL Padecer el alma las penas del purgatorio. 5 *tr.* y *prnl.* MED Administrar un medicamento para defecar.

purgatorio *m.* REL Lugar donde, según la teología católica, las almas de los justos purgan sus culpas antes de ser admitidos en el cielo.

puridad || **en** ~ En sentido estricto, a decir verdad.

purificación 1 *f.* Acción y efecto de purificar o purificarse. 2 Lavatorio con que en la misa se purifica el cáliz.

purificador, ra *adj.* y *s.* Que purifica.

purificar 1 *tr.* y *prnl.* Quitar de una cosa sus impurezas o lo que le es extraño. 2 Limpiar de imperfecciones una cosa no material.

purina *f.* QUÍM Compuesto orgánico aromático que abunda en los núcleos de las células. Algunos de sus derivados son constituyentes de los ácidos nucleicos.

purismo *m.* Cualidad de purista.

purista 1 *adj.* y *s.* Que evita el uso de palabras de origen extranjero. 2 Que sigue estrictamente las características de un estilo artístico.

puritanismo *m.* HIST y REL Movimiento calvinista de la Iglesia anglicana (ss. XVI-XVII) cuyo único código religioso, social, moral, litúrgico y político era la Biblia. Muchos de sus adeptos, perseguidos por Isabel I, emigraron a Holanda y América del Norte.

puritano, na 1 *adj.* y *s.* Seguidor del puritanismo. 2 Que alardea de profesar con rigor las virtudes.

puro, ra 1 *adj.* Exento de mezcla. 2 Casto o ajeno a la sensualidad. 3 Libre de imperfecciones morales. 4 Antepuesto a un sustantivo, enfatiza el significado de este: *Es la pura verdad.* 5 Dicho de un lenguaje o estilo, correcto, exento de voces extrañas. 6 *m.* Cigarro, rollo de hojas de tabaco.

púrpura 1 *f.* Colorante rojo oscuro, tirando a violeta, que antiguamente se extraía de algunos gasterópodos marinos. 2 Tela o vestimenta de dicho color.

purulento *adj.* Que tiene pus.

pus *m.* Líquido amarillento que se forma en los tejidos infectados.

pusilánime *adj.* y *s.* Falto de ánimo y valor.

pústula *f.* Lesión elemental de la piel, consistente en una ampolla que contiene pus.

putativo, va *adj.* Tenido por padre, hermano, etc., no siéndolo.

puto, ta 1 *adj.* Dicho para enfatizar algo desagradable o malo: *Me quedé en la puta calle.* 2 *m.* y *f.* **PROSTITUTO**.

putrefacción *f.* Acción y efecto de pudrir o pudrirse.

putrefacto, ta *adj.* Podrido, descompuesto.

puya *f.* Cualquier objeto de punta afilada.

puzol *f.* GEO Roca silícea de origen volcánico. Molida y mezclada con cal, forma un mortero hidráulico.

PVC (Del ingl.) *m.* Material plástico y resistente que se usa generalmente para la fabricación de tuberías. • Sigla de *polyvinyl chloride.*

pyme *f.* ECON Empresa que emplea a un reducido número de trabajadores, con un moderado volumen de facturación. Se consideran pequeñas si tienen menos de 20 trabajadores, y medianas si tienen entre 20 y 50. • Acrónimo de *pequeña y mediana empresa.*

q *f.* Decimoctava letra del alfabeto español. • Su nombre es *cu* y representa gráficamente el mismo sonido consonántico, oclusivo, velar y sordo de la *c* ante *a, o* y *u,* y de la *k* ante cualquier vocal. Se usa solo ante *e* o *i,* mediante interposición de una *u* muda: *Aquí; Quiero; Quinta; Paquete; Quechua; Quedar.* pl.: *cus* o *cúes.*

qu *f.* Dígrafo que representa un solo sonido consonántico de articulación oclusiva velar y sorda ante la *e* y la *i* como en *queso* o *quimera.* • Su escritura es indivisible, de manera que no se puede separar con guion de final de línea, y en su forma mayúscula solo debe escribirse en mayúscula la primera letra: Qu.

quark (Voz ingl.) *m.* FÍS **CUARK.**

quasar (Voz ingl.) *m.* ASTR **CUÁSAR.**

que 1 *pron. relat.* Señala palabras o sintagmas nominales mencionados o sobreentendidos: *Comprará la falda que le dijiste; Esto fue lo que me dio; El que ganó es mi compañero.* 2 *conj.* Introduce una oración subordinada sustantiva: *Quiero que estudies; Ojalá que todo acabe bien.* 3 Se emplea como conjunción comparativa: *Eres más listo que yo.* 4 Se usa como conjunción disyuntiva: *Que quiera, que no quiera.* 5 Se usa como conjunción final: *Le avisó al chofer, que les preparara el auto.* 6 Se usa como conjunción causal en el sentido de *porque* o *pues*: *Llora desconsolada, que lo ha perdido todo.* 7 Toma carácter de conjunción consecutiva: *Hablaba de tal modo que nadie le entendía.* 8 Antecedida de un juramento o una aseveración, precede al verbo que los manifiesta: *Juro por lo más sagrado que soy inocente.* 9 Se usa con sentido frecuentativo: *Hable que hable.* 10 Se usa para vincular dos expresiones alternativas: *Que por aquí, que por allá, de tanto dudarlo no llegamos a ningún lado.*

qué 1 *adj. interr.* Se usa para solicitar información que especifique la naturaleza, cantidad, intensidad, etc., de algo: *¿Qué casas son aquellas?; ¿Qué temperatura debe alcanzar en la pasteurización?; ¿Qué cuestan estos libros?; No sé qué decir.* 2 *adj. excl.* Agrupado con sustantivos o seguido de la preposición *de* y un sustantivo, encarece la naturaleza, cantidad, intensidad, etc., de algo: *¡Qué tiempo más desapacible!; ¡Qué de flores hay en el jardín!* 3 *adv.* Agrupado con adjetivos y adverbios, encarece la calidad o intensidad: *¡Qué bien lo hiciste!; ¡Qué triste se veía!*

quebrada 1 *f.* Arroyo que corre por una hendidura. 2 Abertura estrecha y abrupta entre montañas.

quebradizo, za 1 *adj.* Fácil de quebrarse, frágil. 2 Delicado de salud.

quebrado, da 1 *adj.* y *s.* Que ha hecho quiebra o suspensión de pagos. 2 *adj.* Dicho de un terreno, camino, etc., desigual y tortuoso. 3 GEOM Dicho de una línea segmentada en su extensión a intervalos regulares. 4 *m.* MAT **NÚMERO** quebrado. || ~ **de quebrado** MAT Número compuesto de una o más de las partes iguales en que se considera dividido un quebrado.

quebrantahuesos *m.* Ave falconiforme que puede alcanzar 1,50 m de largo, de plumaje pardo oscuro en el dorso y rosado en el pecho.

quebrantar 1 *tr.* Romper, separar violentamente las partes de un todo. 2 Reducir algo sólido a fragmentos, sin triturarlo. 3 Violar una ley, un compromiso, etc. 4 Forzar un cierre, una entrada, etc. 5 Disminuir la fuerza, la salud, etc., a causa de un malestar, un dolor, el trabajo, la edad, etc. 6 *tr.* y *prnl.* Hender algo.

quebranto *m.* Acción y efecto de quebrantar o quebrantarse.

quebrar 1 *tr.* Romper, separar con violencia las partes de un todo. 2 Violar una ley u obligación. 3 Interrumpir o estorbar la continuidad de una cosa no material. 4 *tr.* y *prnl.* Torcer, doblar. 5 *intr.* ECON Cerrar una empresa por no poder pagar las obligaciones contraídas o ser el activo inferior al pasivo. 6 *prnl.* Interrumpirse la continuidad de una cordillera, de una cuesta o de otra cosa parecida. • Vb. irreg. conjug. c. **acertar**. V. anexo El verbo.

quechua 1 *adj.* y *s.* De un grupo de pueblos amerindios de los Andes, que, tras ser dominados por los incas, desarrollaron y extendieron la cultura incaica. Sus descendientes viven en la región central de los Andes y conservan muchas tradiciones y prácticas artesanales. 2 *m.* LING Lengua originaria de la región de Cuzco, adoptada por los incas como lengua imperial y oficial. Se mantiene entre los actuales quechuas desde Ecuador hasta el N de Argentina (aprox. 13 millones de hablantes). Es oficial en Bolivia y Perú, junto con el español.

queda *f.* **toque** de ~.

quedar 1 *intr.* y *prnl.* Estar, detenerse en un lugar. 2 *intr.* Permanecer, subsistir. 3 Permanecer en su estado una persona o una cosa o pasar a otro más o menos estable. 4 Ponerse de acuerdo, convenir en algo: *Quedamos en comprar la casa.* 5 Estar situado: *La finca queda cerca al río.* 6 Restar parte de algo: *Me quedan dos cigarros.* 7 Cesar, terminar, acabar: *Así quedó lo pactado.* 8 *prnl.* Retener alguna cosa, sea propia o ajena. 9 No lograr el progreso alcanzado por otros.

quedo 1 *adv. m.* En voz baja, susurrando: *Hablaron quedo para no alertar sobre sus intenciones.* 2 Con tiento: *Hazlo quedo para que no te equivoques.*

quehacer *m.* Ocupación, faena, trabajo.

queísmo *m.* GRAM Empleo indebido de la conjunción *que* en lugar de la secuencia *de que;* por ejemplo: *Me da la sensación que no han venido.*

queja 1 *f.* Expresión de dolor, pena o sentimiento. 2 Acción de quejarse. 3 DER **QUERELLA**.

quejar 1 *tr.* Acongojar, afligir. 2 *prnl.* Expresar con la voz un dolor o una pena. 3 Manifestar resentimiento contra alguien o algo.

quejido *m.* Voz lastimosa que expresa dolor o pena.

quejumbrar *intr.* Quejarse con frecuencia y con poco motivo.

quelícero *m.* ZOOL Órgano que en los arácnidos y en algunos artrópodos sustituye a las antenas y tiene generalmente forma de uña, con dos artejos, uno fijo y otro movible.

queloide *m.* MED Lesión en la piel que aparece sobre una cicatriz y se caracteriza por un aumento excesivo de tejido conjuntivo.

quelonio *adj.* y *m.* ZOOL Dicho de un reptil, que tiene cuatro extremidades cortas, mandíbulas córneas sin dientes y un caparazón que le protege el cuerpo: *La tortuga es un quelonio.*

quema 1 *f.* Acción y efecto de quemar o quemarse. 2 Incendio, fuego, combustión.

quemador, ra 1 *adj.* y *s.* Que quema. 2 *m.* Aparato que facilita la combustión del carbón o de los carburantes líquidos.

quemadura 1 *f.* Lesión en un tejido orgánico, a causa de la acción del fuego, de una sustancia muy caliente o cáustica, por la acción directa de una llama, por electricidad, o por radiaciones electromagnéticas. 2 Señal, llaga o ampolla que deja. 3 **HELADA**, enfermedad de las plantas. || ~ **de primer grado** La que produce enrojecimiento y dolor; como las quemaduras del sol. ~ **de segundo grado** La que presenta ampollas; como las escaldaduras por líquido hirviendo. ~ **de tercer grado** En la que la piel se destruye por completo y resultan también dañados los tejidos subyacentes (subcutáneo, músculo, e incluso hueso).

quemar 1 *tr.* y *prnl.* Consumir con fuego. 2 Calentar con mucha virulencia. 3 Secar una planta el excesivo calor o frío. 4 Producir la radiación solar heridas en la piel. 5 Irritar la piel otro agente. 6 *tr.* Causar sensación de ardor algo caliente, picante o urticante. 7 *intr.* Estar algo demasiado caliente.

quemarropa || **a** ~ 1 Tratándose de un disparo de arma de fuego, desde muy cerca. 2 Sin previo aviso.

quena *f.* MÚS Flauta de caña de sonido dulce y nostálgico, de entre 25 y 50 cm y con de 5 o 6 agujeros frontales y uno en la parte posterior para el dedo pulgar.

quenopodiáceo, a *adj.* y *f.* BOT Dicho de una planta, angiosperma dicotiledónea, herbácea, rara vez leñosa, de hojas esparcidas, flores pentámeras y fruto en aquenio, como la espinaca y la remolacha.

quepis *m.* Gorra cilíndrica, con visera horizontal.

queratina *f.* BIOQ Proteína que se halla en la piel, los pelos, las pezuñas, etc., de los vertebrados.

querella 1 *f.* Riña, disputa. 2 DER Acusación ante los tribunales contra los presuntos responsables de un delito.

querencia 1 *f.* Inclinación o tendencia de las personas y de algunos animales a volver al sitio en que se han criado o tienen costumbre de acudir. 2 Ese mismo sitio. 3 Inclinación o tendencia de alguien hacia algo.

querer[1] *m.* Cariño, amor.

querer[2] 1 *tr.* Desear, apetecer. 2 Amar, tener cariño o inclinación a alguien o a algo. 3 Tener voluntad de hacer algo. 4 Resolver, determinar. 5 Pretender, intentar o procurar. 6 Pedir o preguntar algo. 7 Conformarse o avenirse alguien al intento o deseo de otra persona. 8 *intr.* Estar próximo a ser o verificarse algo: *Quiere llover.* • U. solo en 3ª persona en acepción 8. Vb. irreg. conjugación modelo. V. anexo El verbo.

quermes 1 *m.* Insecto hemíptero parecido a la cochinilla. 2 Materia de color rojizo que se extrae de las hembras desecadas de dicho insecto.

quermés *m.* **KERMÉS**.

queroseno *m.* QUÍM Mezcla de hidrocarburos que se obtiene del petróleo por destilación fraccionada y se emplea como carburante en motores de cohete y turborreactores de aviación.

querubín *m.* REL Cada uno de los ángeles que forman el segundo coro, caracterizados por la plenitud de ciencia con que ven y contemplan la belleza divina.

queso *m.* Alimento obtenido por fermentación de la cuajada de la leche, con nombres y características propias para cada uno de los tipos, según su origen o método de fabricación.

queta *f.* ZOOL Pelo rígido o cerda, de naturaleza quitinosa, segregado por una glándula ectodérmica de los invertebrados.

quetzal *m.* Ave tropical americana de la que hay varias especies. El quetzal común, de unos 42 cm, tiene la cabeza, el dorso y las alas de color verde esmeralda, mientras que el pecho y el abdomen son rojos. Las coberteras de la parte superior de la cola alcanzan los 61 cm de long.

quevedos *m. pl.* Lentes circulares que se sujetan en la nariz.

quiasmo *m.* En retórica, presentar en órdenes inversos los miembros de dos secuencias: *Cuando quiero llorar no lloro, y a veces lloro sin querer.*

quibla *f.* Punto del horizonte o muro de la mezquita orientados hacia La Meca, al que dirigen las oraciones los musulmanes.

quiche *m.* Bromeliácea epífita de hojas acanaladas y espigas de flores con brácteas rojas.

quiché *adj.* y *s.* HIST De un grupo indígena maya que habita en el centro de Guatemala. Su historia se recoge en el *Popol-Vuh*. Este grupo fue sometido por P. de Alvarado en 1524.

quichua *adj.* y *s.* **QUECHUA**.

quicial *m.* Madero que asegura puertas y ventanas con pernos y bisagras.

quicio 1 *m.* Parte de las puertas o ventanas en que se afirma el quicial. 2 Ángulo que forma la puerta al abrirse con el muro y dicha parte.

quid *m.* Esencia, razón o porqué de una cosa.

quiebra 1 *f.* **HENDIDURA**. 2 ECON Cierre de una empresa por ser inferior el activo al pasivo.

quiebro 1 *m.* Ademán que se hace con el cuerpo, doblándolo por la cintura lateralmente. 2 MÚS Nota o grupo de notas de adorno que acompañan a una principal.

quien *pron. relat.* Señala a una persona mencionada o sobreentendida: *Mi madre, a quien quiero, se llama Margarita; Quien mal anda, mal acaba; La amiga con quien estudiaba se fue a Londres.*

quién 1 *pron. interr.* Se usa para solicitar información que especifique la identidad de una persona: *¿Quién fue el responsable de este desastre?; No supieron quiénes hicieron la donación al hospital.* 2 *pron. excl.* Se usa para encarecer o ponderar la identidad de una persona: *¡Quién pudiera alcanzar tan alto honor!*

quienquiera *pron. indef.* Persona indeterminada, alguno, sea el que fuere: *Quienquiera que sea, debe respetar las reglas.* • pl.: *quienesquiera.* Se usa antepuesto al verbo acompañado del relativo *que: Quienesquiera que lo hayan dañado, deberán mandarlo a reparar.*

quietismo 1 *m.* Inacción, quietud, inercia. 2 REL Actitud mística que procura la suma perfección del alma en el anonadamiento de la voluntad para unirse con Dios.

A B C D E F G H I J K L M N Ñ O P Q R S T U V W X Y Z

quieto, ta 1 *adj.* Que no tiene o no hace movimiento. 2 Pacífico, sosegado, imperturbable.
quietud 1 *f.* Carencia de movimiento. 2 Sosiego, reposo, descanso.
quijada *f.* Mandíbula inferior de los vertebrados.
quijote[1] 1 *m.* Pieza del arnés destinada a cubrir el muslo. 2 *m. pl.* Parte superior del anca de las caballerías.
quijote[2] *m.* y *f.* Persona soñadora e idealista en exceso.
quijotería *f.* Modo de proceder de un quijote[2].
quijotesco, ca 1 *adj.* Que obra con quijotería. 2 Propio o característico de don Quijote de la Mancha.
quilate *m.* Unidad de peso para las perlas y piedras preciosas, que equivale a 205 mg.
quilla *f.* Pieza curva que va de popa a proa por la parte inferior de un barco, y en que se asienta toda su armazón.
quilo *m.* FISIOL Líquido con gran cantidad de grasa que el intestino elabora con el quimo formado en el estómago con los alimentos, y que es llevado a la sangre por los vasos linfáticos de los intestinos y el canal torácico.
quilombo 1 *m.* Desorden, confusión. 2 BURDEL.
quilópodo *m.* ZOOL Artrópodo **miriápodo** terrestre que tiene el cuerpo alargado y plano formado por anillos, como los ciempiés.
quimbaya *adj.* y *s.* HIST De un grupo de tribus amerindias precolombinas que habitaban (ss. III-IX) en el territorio comprendido entre los ríos Cauca y Magdalena (Colombia). Su economía se basaba en la agricultura, los tejidos y la minería. Desarrollaron una extraordinaria orfebrería (de oro puro o en combinación con cobre).
quimera 1 *f.* MIT Monstruo de la mitología griega, de cuerpo de cabra, cabeza de león y cola de dragón, que vomitaba llamas. 2 Lo que se propone a la imaginación como posible o verdadero, no siéndolo.
quimérico, ca *adj.* Fabuloso, fingido o imaginado sin fundamento.
químico, ca 1 *adj.* Perteneciente o relativo a la química. 2 Por contraposición a físico, concerniente a la composición de los cuerpos. 3 QUÍM **compuesto** ~; **equilibrio** ~; **equivalente** ~; **resonancia** ~. 4 *m.* y *f.* Persona que profesa la química o tiene en ella especiales conocimientos. 5 *f.* QUÍM Ciencia experimental que estudia la naturaleza, la composición y las propiedades de las sustancias materiales, así como las reacciones que se producen entre ellas. Se basa en la teoría atómica de la materia y las leyes que rigen el comportamiento de los átomos. || ~ **analítica** QUÍM La dedicada a la identificación de las sustancias y sus mezclas. ~ **aplicada** QUÍM La enfocada al desarrollo de los procesos de aplicación de la química, y que incluye la química industrial, la agrícola, la médica, etc. ~ **biológica** QUÍM BIOQUÍMICA. ~ **inorgánica** QUÍM La que estudia los compuestos en los que no interviene el carbono. ~ **orgánica** QUÍM La que estudia aquellos compuestos en cuya composición interviene el carbono. ~ **pura** QUÍM La que se dedica a estudiar y describir los cuerpos puros, así como las propiedades que los caracterizan. **rendimiento** ~.
quimiosíntesis *f.* ECOL Producción de materia orgánica en el ecosistema basada en procesos químicos llevados a cabo principalmente por bacterias. Como la oxidación del azufre llevada a cabo exclusivamente por las bacterias sulfurosas.
quimioterapia *f.* MED Tratamiento de las enfermedades mediante el uso de sustancias químicas.
quimo *m.* FISIOL Pasta homogénea y agria en que los alimentos se transforman en el estómago por la digestión.
quimono *m.* KIMONO.
quina *f.* Corteza del quino, que contiene quinina.
quincalla *f.* Conjunto de objetos de metal de escaso valor.
quince 1 *adj.* y *pron.* Diez más cinco. 2 *adj.* y *m.* DECIMOQUINTO. 3 *m.* Signos con que se representa este número.
quinceañero, ra *adj.* y *s.* Dicho de una persona, que tiene alrededor de quince años.
quinceavo, va *adj.* y *m.* Dicho de cada una de las quince partes iguales en que se divide un todo.
quincena 1 *f.* Espacio de quince días. 2 Paga que se recibe cada quince días.
quincenal *adj.* Que sucede o se repite cada quince días.
quincuagésimo, ma *adj.* y *m.* Dicho de cada una de las cincuenta partes iguales en que se divide un todo.
quinesiología *f.* KINESIOLOGÍA.
quiniela *f.* Apuesta en la que los apostadores pronostican los resultados de una competición deportiva.
quinientos, tas 1 *adj.* y *pron.* Cinco veces cien. 2 *m.* Signos con que se representa este número.
quinina *f.* FARM Alcaloide derivado de la corteza del quino que se usa como antipirético.
quino *m.* Árbol americano del que hay varias especies, pertenecientes a las rubiáceas, con hojas coriáceas, flores en espiga y fruto en cápsula. De su corteza se obtiene la quinina.
quinqué *m.* Lámpara alimentada con petróleo y provista de un tubo de cristal que resguarda la llama.
quinquenio *m.* Periodo de cinco años.
quinta 1 *f.* Casa de recreo en el campo. 2 MÚS Intervalo musical que consta, si es mayor, de tres tonos y un semitono.
quintaesencia *f.* Lo más puro, fino y acendrado de algo.
quintal *m.* Peso de aprox. cien libras.
quinteto 1 *m.* Conjunto de cinco personas, animales o cosas. 2 Estrofa de cinco versos. 3 MÚS Composición musical a cinco voces o instrumentos. 4 MÚS Conjunto de estas voces o instrumentos.
quintillizo, za *adj.* y *s.* Dicho de una persona o de un animal, nacido de un parto quíntuple.
quintillón *m.* MAT Cifra que indica un millón de cuatrillones. Se escribe la unidad y a continuación treinta ceros.
quinto, ta 1 *adj.* Que sigue inmediatamente en orden al o a lo cuarto. 2 *adj.* y *m.* Dicho de cada una de las cinco partes iguales en que se divide un todo.
quíntuple 1 *adj.* y *m.* Cinco veces mayor o que contiene una cantidad cinco veces exactamente. 2 *adj.* Dicho de cinco elementos iguales o semejantes o de algo, que se repite cinco veces.
quintuplicar 1 *tr.* y *prnl.* Multiplicar por cinco una cantidad. 2 Hacer una cosa cinco veces mayor.
quinua *f.* Planta herbácea quenopodiácea con un tallo que alcanza hasta 2 m y del que salen ramas que se hacen más cortas a medida que brotan a más altura, hojas lanceoladas y flores pequeñas en pedúnculos apretados. La semilla es un grano pequeño de forma discoidal de la que se obtiene una fécula muy nutritiva.
quiosco 1 *m.* Pabellón abierto por todos los lados, que se construye en azoteas, jardines, etc. 2 Caseta en una calle, plaza, etc., donde se venden periódicos, revistas, flores, etc.
quipu *m.* Objeto para realizar cálculos consistente en una serie de hilos de colores anudados y unidos a uno más grueso. El valor numérico de los distintos tipos de nudos varía según la distancia a la matriz.

quiquiriquí *m.* Voz onomatopéyica que imita el canto del gallo.

quirófano *m.* MED Local acondicionado para realizar operaciones quirúrgicas.

quiromancia *f.* Adivinación por las rayas de las manos.

quiróptero *adj.* y *m.* ZOOL Dicho de un mamífero, que vuela gracias a una membrana en forma de ala (patagio). De vida nocturna o crepuscular y tamaño muy diverso, tiene el cuerpo cubierto de pelo y emite ultrasonidos. Es comúnmente conocido como murciélago.

quirúrgico, ca *adj.* Perteneciente o relativo a la cirugía.

quisquilla *f.* CAMARÓN.

quisquilloso, sa 1 *adj.* y *s.* Demasiado delicado en el trato, susceptible. 2 Que tiende a fijarse en los detalles.

quiste 1 *m.* BIOL Membrana resistente e impermeable que envuelve a un animal o a un vegetal de pequeño tamaño, a veces microscópico, manteniéndolo completamente aislado del medio. 2 MED Tumoración formada por una vejiga membranosa que se desarrolla en varias zonas del cuerpo y que contiene sustancias líquidas o semilíquidas.

quitamanchas *m.* Producto que sirve para quitar manchas.

quitanieves *f.* Máquina para limpiar de nieve los caminos.

quitar 1 *tr.* Separar, apartar una cosa del lugar donde estaba. 2 Robar, hurtar. 3 Impedir, estorbar. 4 Prohibir: *Le quitó las salidas con los amigos.* 5 Despojar o privar de algo. 6 *prnl.* Dejar una cosa. 7 Apartarse de un lugar.

quitasol *m.* Especie de paraguas para resguardarse del sol.

quite 1 *m.* Acción de quitar o estorbar. 2 Movimiento defensivo con que se detiene o evita el ofensivo.

quitina *f.* BIOQ Hidrato de carbono nitrogenado que se encuentra en el dermatoesqueleto de los artrópodos, al cual da su dureza especial, en la piel de los nematelmintos y en las membranas celulares de muchos hongos y bacterias.

quitridial *adj.* y *m.* Dicho de un hongo unicelular, generalmente dulciacuícola, que se nutre de materia orgánica en descomposición o parasita otros microorganismos. Algunas clasificaciones lo catalogan como protista.

quitu *adj.* y *s.* HIST De un pueblo amerindio de Ecuador que vivía en la región del actual Quito. Fue absorbido por los caras.

quiwi *m.* KIWI.

quizá *adv. d.* Indica la posibilidad de aquello a lo que se refiere: *Quizá tenga razón en lo que dice; Quizás haya más libros en otra librería.*

quorum (Voz lat.) 1 *m.* Número de personas necesarias para que los votos de una asamblea sean válidos. 2 Proporción de votos favorables que requiere un acuerdo.

r *f.* Decimonovena letra del alfabeto español. • Representa dos sonidos consonánticos vibrantes, uno simple, o suave, de una sola vibración apicoalveolar sonora (*caro, pero*), y otro múltiple, o fuerte, con dos o más vibraciones (*carro, perro*). Su nombre es *erre* o, si se quiere especificar su valor como sonido vibrante suave, *ere*. pl.: *erres*. V. tabla Consonantes, usos ortográficos, p. 157.

rabadilla *f.* En las aves, extremidad movible en donde están las plumas de la cola.

rábano *m.* Planta herbácea de las crucíferas, con tallo ramoso, hojas ásperas y grandes y flores en racimos terminales. Su raíz, de forma redondeada, es comestible.

rabdomancia *f.* Adivinación por medio de una varita mágica.

rabel *m.* Mús Instrumento a modo de laúd, compuesto de tres cuerdas, que se tocan con arco.

rabí 1 *m.* Título con que los judíos honran a los sabios de su ley. 2 RABINO.

rabia 1 *f.* Med HIDROFOBIA, enfermedad infecciosa. 2 Ira, enojo, enfado grande.

rabiar *intr.* Enojarse con muestras de cólera y enfado.

rábida 1 *f.* Convento, ermita. 2 Fortaleza militar y religiosa musulmana edificada en la frontera con los reinos cristianos.

rabieta *f.* Enfado o enojo grande por motivo leve y que dura poco.

rabillo *m.* Pedúnculo que sostiene la hoja o el fruto. || ~ **del ojo** Ángulo que forma el ojo en el extremo donde se unen ambos párpados.

rabino 1 *m.* Rel Maestro hebreo que interpreta la Sagrada Escritura. 2 Rel Jefe espiritual de una comunidad judía.

rabo 1 *m.* COLA, extremidad de la columna vertebral de algunos animales. 2 NALGAS.

rabón, na *adj.* Con el rabo más corto que lo ordinario, o sin él.

racha 1 *f.* Ráfaga de aire. 2 Periodo breve de fortuna o desgracia. 3 Periodo breve en cualquier actividad.

racial *adj.* Perteneciente o relativo a la raza.

racimo 1 *m.* Conjunto de flores o de frutos que penden del mismo tallo. 2 Conjunto de cosas pequeñas dispuestas de este modo. 3 Bot Inflorescencia racimosa en la que las flores, pedunculadas, se insertan en un eje principal, como en las acacias.

racimoso, sa 1 *adj.* Que echa o tiene racimos. 2 Bot Dicho de una inflorescencia en la cual el extremo de la rama floral principal no lleva flores, pero sí las ramas secundarias que parten de ella.

raciocinar *intr.* Usar de la razón para conocer y juzgar.

raciocinio 1 *m.* Facultad de raciocinar. 2 Acción y efecto de raciocinar. 3 Argumento o discurso.

ración 1 *f.* Cantidad de alimento que se da o se asigna a una persona o animal. 2 Porción de algo, especialmente de comida, que se vende a un determinado precio.

racional 1 *adj.* Perteneciente o relativo a la razón. 2 Mat Dicho de una expresión algebraica, que se presenta como cociente de dos polinomios. 3 Mat Dicho de una expresión algebraica o función, que no contiene ningún exponente fraccionario. 4 Mat **número** ~. 5 *adj.* y *s.* Dotado de razón.

racionalidad *f.* Cualidad de racional.

racionalismo 1 *m.* Fil Teoría filosófica según la cual los principios fundamentales de la razón son a priori y, por consiguiente, irreductibles a la experiencia. 2 Arq Corriente arquitectónica que conjuga lo funcional con lo estético.

racionalización *m.* Acción y efecto de racionalizar.

racionalizar 1 *tr.* Reducir a conceptos racionales. 2 Organizar algo con racionamientos lógicos. 3 Mat Transformar las expresiones que contienen denominadores con radical, en otras equivalentes sin ellos en el denominador. 4 Mat Suprimir en las ecuaciones las raíces en las que figura alguna incógnita de la ecuación.

racionar 1 *tr.* y *prnl.* Distribuir raciones o proveer de ellas. 2 *tr.* Someter los artículos de primera necesidad en caso de escasez a una distribución fijada por las autoridades.

racismo *m.* Sentimiento de superioridad de un grupo étnico sobre otros. Por regla general va acompañado de la infundada convicción de que los otros grupos suponen un peligro, o son susceptibles de generar desórdenes sociales.

racista 1 *adj.* Perteneciente o relativo al racismo. 2 *adj.* y *s.* Partidario del racismo.

racord (Tb. rácord) *m.* Cin y TV Continuidad entre los planos de una filmación para mantener la secuencia de los hechos y su verosimilitud.

rada *f.* Ensenada donde los barcos pueden estar anclados al abrigo de algunos vientos.

radar 1 *m.* Sistema que, por medio de la emisión de ondas especiales de altísima frecuencia reflejadas en un obstáculo, percibe la presencia y determina la posición de objetos no visibles. 2 Aparato para aplicar este sistema.

radiación 1 *f.* Acción y efecto de radiar, despedir rayos. 2 Fís Emisión de ondas electromagnéticas o de partículas por un cuerpo. || ~ **electromagnética** Fís Aquella cuya energía se debe a la existencia de un campo eléctrico y otro magnético perpendiculares entre sí. Se puede ordenar en un espectro que se extiende desde ondas de frecuencias muy elevadas (longitudes de onda pequeñas) hasta frecuencias muy bajas (longitudes de onda altas). ~ **infrarroja** Fís Radiación del espectro luminoso más allá del rojo visible y de mayor longitud de onda, que va desde 0,76 a 200 micrómetros. Se caracteriza por sus efectos caloríficos. ~ **solar** Astr Energía radiante producida en el Sol como resultado de reacciones nucleares de fusión. Llega a la Tierra a través del espacio en cuantos de energía llamados fotones, que interactúan con la atmósfera y la superficie terrestres. ~ **ultravioleta** Fís La electromagnética cuyas longitudes de onda van aproximadamente desde los 400 nanómetros, el límite de la luz violeta, hasta los 15 nanómetros, donde empiezan los rayos X. ~ **visible** Fís La electromagnética cuya longitud de onda está comprendida entre 400 y 700 nanómetros.

radiactividad 1 *f.* Fís Propiedad que poseen determinados núcleos atómicos de desintegrarse espontáneamente con emisión de partículas o radiaciones electromagnéticas. 2 Fís Número de desintegraciones nucleares por unidad de tiempo que se producen para una cantidad de materia dada, y que sirve como medida de la actividad de dicha sustancia. Su unidad de medida es el becquerel (Bq).

radiactivo, va 1 *adj.* Fís Perteneciente o relativo a la radiactividad. 2 Fís Dicho de un cuerpo cuyos átomos se desintegran espontáneamente. 3 Fís y Quím **isótopo** ~. 4 Ecol **lluvia** ~.

radiado, da 1 *adj.* Dicho de lo que está dispuesto de manera similar a los radios de una circunferencia. 2 Bot Que tiene sus diversas partes situadas alrededor de un punto o de un eje, como la panoja de la avena. 3 Bot **flor** ~. 4 *adj.* y *s.* Zool Dicho de un animal invertebrado metazoo, que tiene simetría radial y un cuerpo con dos capas celulares: endodermo y ectodermo, como los **celentéreos**.

radiador 1 *m.* Aparato de calefacción que transmite o genera calor por radiación. 2 Serie de tubos por los cuales circula el agua destinada a refrigerar los cilindros de algunos motores de explosión.

radial[1] 1 *adj.* Anat Perteneciente o relativo al radio. 2 Geom Perteneciente o relativo al radio. 3 Ópt Dicho de una dirección del rayo visual. 4 Dicho de un neumático o de una llanta, que tiene surcos cruzados con respecto al sentido de la marcha.

radial[2] *adj.* Perteneciente o relativo a la radiodifusión.

radián *m.* Geom Ángulo en el que los arcos trazados desde el vértice tienen igual longitud que los respectivos radios. Es la unidad de ángulo plano en el sistema internacional. Símbolo: rad.

radiante 1 *adj.* Que radia. 2 Brillante, resplandeciente. 3 Que siente y manifiesta gozo y alegría grandes. 4 Fís **energía** ~.

radiar 1 *tr.* Emitir por radio. 2 Med Tratar una lesión con los rayos X. 3 Difundir por medio de las ondas electromagnéticas sonidos e imágenes. 4 *tr.* e *intr.* Despedir rayos de luz o calor.

radicación 1 *f.* Acción y efecto de radicar o radicarse. 2 Mat Operación inversa a la potenciación, que permite hallar la base, conocidos la potencia y el índice.

radical 1 *adj.* Perteneciente o relativo a la raíz. 2 Fundamental, básico. 3 Dicho de una persona, tajante, intransigente. 4 Bot Dicho de cualquier parte de una planta, que nace inmediatamente de la raíz. 5 Gram Perteneciente o relativo a las raíces de las palabras. 6 *adj.* y *s.* Dicho de una persona, partidaria del radicalismo. 7 *adj.* y *m.* Gram **raíz** de una palabra. 8 Mat Signo ($\sqrt{}$) que indica la operación matemática de extraer raíces. 9 *m.* Quím Grupo de átomos que no puede ser aislado porque no constituye un sistema saturado. 10 Quím Grupo de átomos que interviene como una unidad en un compuesto y pasa inalterado de unas combinaciones a otras.

radicalismo 1 *m.* Conjunto de ideas o doctrinas que pretenden reformar total o parcialmente el orden político, científico, moral y religioso. 2 Modo extremado de tratar los asuntos.

radicalizar *tr.* y *prnl.* Volver radical algo o a alguien.

radicando *m.* Mat Número del que se ha de extraer la raíz.

radicar 1 *intr.* y *prnl.* Echar raíces, arraigar. 2 *intr.* Estar o hallarse en determinado lugar. 3 Estribar, basarse una cosa en otra.

radícula *f.* Bot Parte del embrión de la planta que al desarrollarse constituye la raíz.

radiestesia *f.* Sensibilidad para captar ciertas radiaciones, usada por los zahoríes para descubrir manantiales subterráneos, venas metalíferas, etc.

radio[1] 1 *m.* Cada una de las piezas que a modo de radios de una circunferencia unen el eje con la rueda. 2 Anat Hueso largo y contiguo al cúbito que forma el antebrazo. 3 Geom En la circunferencia, línea recta que une cualquiera de sus puntos y el centro. 4 Espacio definido por su radio: *En un radio de 100 m.* 5 Espacio a que se extiende la eficacia o influencia de algo: *Radio de acción.* 6 Zool Cada una de las piezas largas, delgadas, puntiagudas y rígidas, que sostienen la parte membranosa de las aletas de los peces. || ~ **de un vector** Geom En ciertas curvas, segmento rectilíneo comprendido entre un foco y un punto de la curva.

radio[2] *m.* Quím Elemento metálico radiactivo de color blanco brillante que se oxida rápidamente en el aire. De sus isótopos se destaca en especial el Ra226, que pertenece a la serie del uranio y cuya presencia se detecta en los minerales de este último elemento. Se emplea en el tratamiento de tumores, en la minería, la industria metalúrgica, como fuente de neutrones y de radón, etc. Símbolo: Ra. Número atómico: 88. Peso atómico 226,05. Punto de fusión: 700 °C. || ~ **atómico** Quím Distancia media que existe entre los **núcleos atómicos** de dos átomos que se encuentran unidos mediante un enlace: *En la tabla periódica, el radio atómico aumenta a medida que se incrementa en el periodo y se baja en el grupo.*

radio[3] 1 *m.* o *f.* Aparato radiorreceptor. 2 *f.* Apócope de radiodifusión: *La radio está funcionando muy bien hoy.* 3 Apócope de radioemisora: *Estoy trabajando en la radio.* 4 **ondas** de ~.

radioastronomía *f.* Astr Rama de la astronomía que estudia los objetos celestes y los fenómenos astrofísicos midiendo su emisión de radiación electromagnética en la región de radio del espectro.

radiocompás *m.* En los barcos y aviones, aparato radioeléctrico que permite conservar el rumbo previsto, por medio de señales emitidas desde tierra.

radiocomunicación *f.* Telec Telecomunicación realizada por medio de las ondas electromagnéticas.

radiodifusión *f.* Telec Emisión radiofónica de noticias, música, etc., destinada a un elevado número de receptores.

radioelectricidad 1 *f.* Fís Producción, propagación y recepción de las ondas hertzianas. 2 Fís Ciencia que estudia esta materia.

radioeléctrico, ca *adj.* Fís Perteneciente o relativo a la radioelectricidad.

radioemisora 1 *adj.* Telec Perteneciente o relativo a la emisión radiofónica. 2 *f.* Telec Estación emisora de radiodifusión y radiocomunicaciones.

radioescucha *m.* y *f.* Persona que oye las emisiones radiofónicas.

radiofaro *m.* Aparato productor de ondas hertzianas que sirve para orientar a los aviones.
radiofonía *f.* TELEC Sistema de comunicación por medio de ondas de radio.
radiofónico, ca 1 *adj.* Perteneciente o relativo a la radiofonía 2 Que se difunde por radiofonía.
radiofrecuencia *f.* FÍS Cada una de las frecuencias de las ondas electromagnéticas empleadas en la radiocomunicación.
radiofuente *f.* ASTR Objeto celeste que emite radiación electromagnética en la región de las ondas de radio.
radiografía 1 *f.* FÍS Obtención de una imagen, especialmente de un órgano interior o de un objeto oculto a la vista, por la impresión de una superficie sensible mediante los rayos X. 2 Fotografía así obtenida.
radioisótopo *m.* FÍS Isótopo radiactivo de un elemento químico determinado.
radiolario *adj.* y *m.* BIOL Dicho de un organismo protista marino, parecido a las amebas, pero rodeado por un exoesqueleto de sílice con espinas y perforaciones por donde extiende seudópodos con los que atrapa el alimento.
radiología *f.* MED Parte de la medicina que estudia las radiaciones, especialmente los rayos X, en sus aplicaciones al diagnóstico y tratamiento de enfermedades.
radionavegación *f.* Sistema de navegación aérea o marítima guiada por ondas electromagnéticas emitidas por radiofaros.
radionovela *f.* Drama radiofónico que se emite en capítulos.
radiopatrulla *f.* Carro de policía dotado de un sistema de telecomunicación y destinado a la vigilancia de las calles y la prevención del delito.
radioperador, ra *m.* y *f.* Persona especializada en las tecnologías de la radio que se encarga del soporte de las emisiones de este medio de comunicación.
radiorreceptor *m.* TELEC Aparato que transforma en señales o sonidos las ondas emitidas por el radiotransmisor.
radiotelefonía *f.* Sistema de comunicación telefónica por medio de ondas radioeléctricas.
radiotelescopio *m.* ASTR Instrumento para detectar las señales radioeléctricas emitidas por los objetos celestes.
radioterapia *f.* MED Tratamiento de las enfermedades mediante cierto tipo de radiaciones, especialmente de los rayos X y del radio.
radiotransmisor *m.* Aparato empleado en radiotelegrafía y radiotelefonía para producir y enviar ondas portadoras de señales o de sonidos.
radioyente *m.* y *f.* RADIOESCUCHA.
radón *m.* QUÍM Elemento radiactivo de los gases nobles, presente en la atmósfera en pequeñísima cantidad y aunque forma la mayor parte de la radiactividad ambiente normal, sus concentraciones son tóxicas. Se forma por desintegración del radio. Símbolo: Rn. Número atómico: 86. Peso atómico: 222. Punto de fusión: −71 °C. Punto de ebullición −62 °C.
rádula *f.* ZOOL Placa dura y alargada en el aparato lingual de numerosos moluscos, con muchos dientecillos.
raedera *f.* Instrumento para raer.
raer *tr.* Raspar una superficie con un instrumento áspero o cortante. • Vb. irreg. conjug. c. **caer**. V. anexo El verbo.
ráfaga 1 *f.* Corriente violenta de viento. 2 Golpe de luz vivo o instantáneo. 3 Serie de disparos de un arma automática. 4 Afluencia súbita y momentánea de personas o cosas.
rafting (Voz ingl.) *m.* Deporte extremo que se practica en ríos de aguas turbulentas y que consiste en sortear las corrientes más fuertes y veloces en balsas o canoas.
raga *m.* o *f.* Música tradicional de la India que se basa en patrones rítmicos improvisados.
ragtime (Tb. *rag-time*; voz ingl.) *m.* MÚS Género o estilo musical de los negros de EE.UU., surgido a fines del s. XIX. De ritmo binario sincopado, precursor del jazz.
raicilla *f.* BOT Cada una de las fibras o filamentos que nacen del cuerpo principal de la raíz de una planta.
raído, da *adj.* Dicho de una tela o de un vestido, muy gastado por el uso.
raigambre *f.* Conjunto de antecedentes, intereses, hábitos o afectos que hacen firme y estable algo o que ligan a alguien a un sitio.
raíl (Tb. rail) *m.* RIEL, carril.
rais 1 *m.* Primer magistrado egipcio. 2 Dirigente palestino.
raíz 1 *f.* BOT Órgano de las plantas que crece en dirección inversa a la del tallo, carece de hojas, y sirve para fijar las plantas al suelo o a otros cuerpos y absorber las materias nutritivas para su crecimiento. Morfológicamente se distinguen el *cuello*, parte superior más ancha, por donde se une al tallo; la *cofia*, extremo inferior, generalmente de forma apuntada, la *zona pilífera*, situada por encima de la cofia y constituida por numerosos pelos absorbentes, y la *región desnuda*, situada entre los pelos absorbentes y la cofia. 2 Origen o principio de algo. 3 Parte inferior o pie de una cosa. 4 ANAT Parte de los dientes de los vertebrados que está engastada en los alvéolos. 5 GRAM Morfema mínimo e irreducible que en la palabra lleva lo fundamental de su significado léxico y que es común a las demás palabras de su misma familia; por ejemplo: *am-* en *amado, amable, amigo, amor*, etc. 6 MAT Cantidad que se ha de multiplicar por sí misma una o más veces para obtener un número determinado. 7 MAT Cada uno de los valores que puede tener la incógnita de una ecuación. || ~ **adventicia** BOT La que brota de los tallos, como las que se ven cerca de la base del tallo del maíz. ~ **aérea** BOT La adventicia cuando brota de puntos más altos; ayuda a sujetar la planta, como en el mangle. ~ **cuadrada** MAT Cantidad que se ha de multiplicar por sí misma una vez para obtener un número determinado. ~ **cúbica** MAT Cantidad que se ha de multiplicar por sí misma dos veces para obtener un número determinado. ~ **fasciculada** BOT La que reemplaza a la principal, cuando se atrofia, por un manojo de raíces secundarias, como en el trigo. ~ **irracional** MAT La que no puede expresarse exactamente con números enteros ni fraccionarios. ~ **pivotante** BOT Raíz principal mucho mayor que las secundarias y que alcanza mayor profundidad en el suelo que estas, como la zanahoria.
raizal *adj.* y *s.* Nativo, natural, nacido en el lugar de que se trata.
raja 1 *f.* Parte de un leño que resulta de abrirlo con hacha, cuña, etc. 2 Hendidura, abertura o quiebra de cualquier cosa.
rajá *m.* Soberano de la India.
rajar 1 *tr.* Dividir en rajas. 2 *tr.* y *prnl.* Partir, hender.
ralea 1 *f.* Especie, género, clase. 2 Raza, casta, linaje.
ralear *intr.* y *tr.* Hacerse rala una cosa.
ralentizar *tr.* LENTIFICAR.
rallador *m.* Utensilio de cocina, compuesto de una chapa de metal con agujeros.
rallar *tr.* Desmenuzar con el rallador.
rallo 1 *m.* RALLADOR. 2 Cualquier chapa con agujeros.
rally (Voz ingl.) *m.* DEP Prueba deportiva por etapas para autos de turismo, especialmente adaptados.

ralo, la *adj.* Dicho de una cosa, que tiene sus partes más separadas de lo normal.
rama 1 *f.* Bot Cada una de las partes que nacen del tronco o tallo principal de una planta. 2 Conjunto de personas que tienen su origen en un tronco familiar común. 3 Cada parte en que se subdivide una disciplina, actividad, etc.
ramadán *m.* Rel Noveno mes del año lunar musulmán, consagrado al ayuno. El ayuno comienza cada día al amanecer y termina tan pronto se pone el sol.
ramal 1 *m.* Parte que arranca de la línea principal de un camino, canal, río, cordillera, sierra, etc. 2 Cada uno de los tramos de una escalera que concurren en un mismo rellano.
rambla 1 *f.* Calle ancha y con árboles, generalmente con andén central. 2 Cauce natural que forman las aguas pluviales cuando caen copiosamente.
ramera *f.* desp. **prostituta.**
ramificación 1 *f.* Acción y efecto de ramificarse. 2 Anat División y extensión de las venas, arterias y nervios. 3 Bot División y formación de ramas a partir de un eje común.
ramificar 1 *intr.* Echar ramas un árbol, arbusto, etc. 2 *prnl.* Esparcirse y dividirse en ramas algo. 3 Extenderse las consecuencias de un hecho o suceso.
ramillete 1 *f.* Ramo pequeño de flores o hierbas formado artificialmente. 2 Conjunto de cosas selectas, útiles o bonitas.
ramo 1 *m.* Conjunto de flores, ramas o hierbas o de unas y otras cosas, natural o artificial. 2 Cada una de las partes en que se considera dividida una ciencia, arte, industria, etc.
ramonear *intr.* Pacer los animales las hojas y las puntas de las ramas de los árboles.
rampa *f.* Plano inclinado dispuesto para subir y bajar por él.
rana *f.* Anfibio **anuro** de piel lisa.
ranchería *f.* Lugar fuera de una población donde se asientan diversas familias o grupos de personas de forma transitoria.
ranchero, ra 1 *adj.* Perteneciente o relativo al rancho. 2 *m.* y *f.* Persona que guisa el rancho. 3 *f.* Folcl Canción popular mexicana con rasgos melódicos y rítmicos de la jota y del zapateado españoles. Se interpreta generalmente con una banda de mariachis.
rancho 1 *m.* Comida hecha para muchos en común, y que generalmente se reduce a un solo guisado. 2 Choza o casa pobre con techumbre de ramas o paja, fuera de poblado. 3 Granja donde se cría ganado caballar y bovino fundamentalmente.
rancio, cia 1 *adj.* Dicho de un vino y de algún comestible grasiento que con el tiempo adquiere sabor y olor más fuertes, mejorándose o echándose a perder. 2 Pasado de moda, anticuado.
randa *f.* Guarnición de encaje.
rango 1 *m.* Índole, clase, categoría. 2 En estadística, amplitud de la variación de un fenómeno entre un límite menor y uno mayor. 3 Inf En las hojas de cálculo, bloque de celdas contiguas seleccionadas para un proceso similar. || ~ **de una función** Mat Conjunto de valores de la variable dependiente que resultan de la sustitución en la variable independiente.
ranking (Voz ingl.) *m.* Clasificación de mayor a menor.
ranunculáceo, a *adj.* y *f.* Bot Dicho de una planta, angiosperma dicotiledónea, con hojas alternas, flores de colores brillantes y fruto con semillas de albumen córneo, como la anémona.
ranura *f.* Canal estrecho y largo que se abre en un madero, piedra u otro material.
rap *adj.* y *m.* Mús Dicho de un estilo musical, cosmopolita que expresa en sus letras, más recitadas que cantadas, la épica marginal urbana (violencia, droga, sexo explícito, etc.) y posturas radicales contra el orden establecido.
rapar 1 *tr.* Cortar mucho el pelo y a ras. 2 *tr.* y *prnl.* Afeitar las barbas.
rapaz 1 *adj.* Inclinado al robo o al hurto. 2 *adj.* y *f.* Zool Dicho de un ave, que es **falconiforme** y **estrigiforme.**
rapé *m.* Dicho de un tabaco en polvo, que se aspira por la nariz.
rapel (Tb. rápel) *m.* Dep En alpinismo, sistema de descenso que consiste en deslizarse rápidamente por una cuerda doble sujeta a la roca con anclajes.
rapero, ra *adj.* y *s.* Dicho de una persona, que interpreta o baila rap.
rapidez 1 *f.* Velocidad impetuosa o movimiento acelerado. 2 Cualidad de rápido.
rápido, da 1 *adj.* Que actúa, evoluciona en poco espacio de tiempo. 2 *m.* Sector de un río donde el agua toma gran fuerza y velocidad.
rapiña *f.* Robo o saqueo con violencia.
raposear *intr.* Usar ardides o trampas.
raposo, sa *m.* y *f.* Zorro, animal.
rapsoda *m.* y *f.* Hist Persona que en la antigua Grecia iba de pueblo en pueblo recitando y cantando poesías.
rapsodia *f.* Mús Pieza formada con fragmentos de aires populares o de otras obras.
raptar 1 *tr.* Llevarse a una persona utilizando la violencia o el engaño. 2 Secuestrar, retener a alguien en contra de su voluntad, generalmente con el fin de conseguir un rescate.
rapto 1 *m.* Impulso, acción de arrebatar. 2 Acción y efecto de raptar. 3 Rel Éxtasis, unión mística del alma con Dios.
raqueta 1 *f.* Dep Bastidor de madera o de metal ligero con mango, que sujeta una red o pergamino y que se emplea como pala en diversos juegos de pelota. 2 Calzado con esta forma para andar por la nieve.
raquídeo, a 1 *adj.* Perteneciente o relativo al raquis. 2 Anat **bulbo** ~.
raquis 1 *m.* Anat **columna** vertebral. 2 Bot y Zool Eje de una inflorescencia, de una hoja compuesta o de una pluma.
raquitismo *m.* Med Enfermedad de la nutrición ósea debida al defecto de la vitamina D en la alimentación y caracterizada por deformaciones óseas.
rareza 1 *f.* Calidad de raro. 2 Acción característica de la persona rara o extravagante.
raro, ra 1 *adj.* Poco común o frecuente. 2 Escaso en su especie. 3 Fís Que tiene poca densidad y consistencia. Dicho principalmente de un gas enrarecido.
ras *m.* Igualdad en la superficie o la altura de las cosas.
rasante 1 *adj.* Que pasa rasando. 2 *f.* Inclinación de la línea de un camino respecto del plano horizontal.
rasar *tr.* Pasar rozando un cuerpo con otro.
rascacielos *m.* Edificio de gran altura y de muchos pisos.
rascar 1 *tr.* y *prnl.* Refregar la piel con algo agudo, especialmente con las uñas. 2 *tr.* Arañar, rasgar. 3 Limpiar con rasqueta.
rasear 1 *tr.* Volar por encima de algo pasando muy cerca. 2 Alisar una superficie, generalmente con un instrumento. 3 Dep En el fútbol, impulsar el balón a ras de suelo.
rasgado, da 1 *adj.* Que se abre mucho y tiene mucha luz. 2 Dicho de unos ojos y de una boca muy prolongados horizontalmente.
rasgar[1] *tr.* Romper o hacer pedazos cosas de poca consistencia.

A B C D E F G H I J K L M N Ñ O P Q R S T U V W X Y Z

rasgar² *tr.* Tocar la guitarra, u otro instrumento similar, rozando a la vez varias cuerdas.

rasgo 1 *m.* Peculiaridad, nota distintiva. 2 Facción del rostro. • U. m. en pl. en la acepción 2. 3 Carácter de letra. || ~ **lingüístico** LING Propiedad básica de la que se parte para clasificar los fonemas u otros componentes de la lengua como las palabras: *El número es un tipo de rasgo lingüístico que clasifica las palabras en singular y plural.*

rasguido *m.* Sonido que se produce al rasgar algo.

rasguño *m.* Corte superficial en la piel.

raso, sa 1 *adj.* y *s.* Plano, liso, sin estorbos. 2 *adj.* Dicho de lo que no tiene un título o categoría que lo distinga. 3 Dicho de una atmósfera, despejada y sin nubes. 4 Que pasa o se mueve a poca altura del suelo. 5 Completamente lleno, sin exceder los bordes. 6 *m.* Tela de seda lustrosa, de más cuerpo que el tafetán y menos que el terciopelo.

raspa 1 *f.* Filamento del grano de trigo y otros cereales. 2 Espina del pez. 3 RASPADURA.

raspadura 1 *f.* Acción y efecto de raspar. 2 Lo que raspando se quita de la superficie. 3 Azúcar moreno que va quedando pegado a la paila en los trapiches de caña.

raspar 1 *tr.* Raer ligeramente una cosa, quitando la parte superficial. 2 Pasar rozando.

raspón *m.* Lesión o erosión superficial causada por un roce violento.

rasposo, sa *adj.* Áspero al tacto o al paladar.

rasqueta 1 *f.* Utensilio de hierro y con mango de madera, que se usa para raer. 2 ALMOHAZA. 3 Pieza rectangular de madera con un filo de caucho, que sirve para recoger o extender la tinta en la malla del bastidor de serigrafía.

rasta 1 *adj.* y *s.* Rastafari. 2 *f.* Trenza enredada con agujas de tejer, propia del peinado típico de los rastafaris.

rastafari 1 *m.* REL Movimiento político y religioso surgido en Jamaica en la década de 1910, que se fundamenta en la resistencia negra a la opresión blanca. Creen en la divinidad del ras Tafari Makonnen (Hailé Selassié I), último emperador de Etiopía. Los rastafaris rechazan algunos cuidados médicos, son favorables al consumo de marihuana y consideran el *reggae* su música espiritual. 2 *adj.* y *s.* Seguidor del movimiento rastafari.

rastra¹ 1 *f.* RASTRO, instrumento de recoger hierba, paja, etc. 2 Vestigio, señal, indicio. 3 Grada para allanar la tierra después de arada.

rastra² *f.* Sarta de cualquier fruta seca.

rastrear 1 *tr.* Seguir el rastro alguien o algo. 2 Arrastrar por el fondo del agua un arte de pesca u otra cosa. 3 Indagar, averiguar.

rastrero, ra 1 *adj.* Que va arrastrando. 2 Dicho de una cosa, que va por el aire, pero casi tocando el suelo. 3 Bajo, vil y despreciable.

rastrillar 1 *tr.* Limpiar con el rastrillo o el rastro. 2 Disparar un arma de fuego.

rastrillo *m.* RASTRO, instrumento de labranza.

rastro 1 *m.* Vestigio, señal. 2 Instrumento compuesto de un travesaño armado de dientes o púas y provisto de un mango largo, que sirve para recoger hierba, paja, allanar piedras, etc.

rastrojo 1 *m.* Residuo que queda después de segar o cosechar. 2 Conjunto de pastos y plantas herbáceas y arbustivas que se desarrolla espontáneamente en zonas relativamente secas.

rasurar *tr.* Afeitar, raer el pelo o la barba.

rata¹ *f.* Mamífero roedor de los múridos, de unos 35 cm de largo, con cabeza pequeña, hocico puntiagudo, patas cortas y cola delgada y desnuda. Albergan muchas enfermedades transmisibles al ser humano, como la rabia y la ictericia infecciosa, etc.

rata² 1 *f.* Parte proporcional, prorrata. 2 Tanto por ciento.

ratear 1 *tr.* Disminuir a proporción o prorrata. 2 Distribuir, repartir proporcionalmente una cosa.

ratero, ra *adj.* y *s.* Dicho de un ladrón, que hurta con maña y cautela cosas de poco valor.

raticida *m.* Veneno que se emplea contra ratas y ratones.

ratificar *tr.* y *prnl.* Confirmar, corroborar la verdad de algo.

rating (Voz ingl.) *m.* Calificación que se da a los programas televisivos según su nivel de sintonía.

rato *m.* Espacio de tiempo, generalmente de poca duración.

ratón 1 *m.* Mamífero roedor de los múridos, de unos 15 cm de longitud, que vive tanto en el campo como en las casas, donde causa daño por lo que come, roe y destruye. Actúan como vectores de algunas enfermedades. 2 INF Periférico del teclado de las computadoras que permite mover el cursor a lo largo y ancho de la pantalla, desplazándolo sobre una superficie.

ratonero, ra 1 *adj.* Perteneciente o relativo a los ratones. 2 *m.* Ave falconiforme. 3 *f.* Trampa para ratones. 4 Agujero que hacen los ratones para entrar y salir. 5 Madriguera de ratones.

raudal 1 *m.* Caudal de agua que corre violentamente. 2 RÁPIDO de un río.

raudo, da *adj.* Rápido, veloz.

ravioli *m.* Pequeño emparedado de pasta, relleno de carne picada o verdura, que se sirve cocido y condimentado. • U. m. en pl.

raya¹ 1 *f.* Señal larga y estrecha que se hace en una superficie. 2 Término o límite de una cosa, en lo físico o en lo moral. 3 Línea que queda en el peinado al separar los cabellos. 4 Pliegue del pantalón. 5 ORT Signo de puntuación que consiste en un trazo horizontal (—) mayor que el guion (-). Se usa, en general, para delimitar oraciones incidentales o indicar el diálogo en los escritos. • V. separata Uso de los signos de puntuación.

raya² *f.* Pez del suborden de los ráyidos.

rayano, na 1 *adj.* Que confina o linda con una cosa. 2 Que está en la raya que divide dos territorios.

rayar 1 *tr.* Hacer rayas. 2 Tachar lo escrito o impreso con rayas. 3 Estropear o deteriorar una superficie lisa o pulida con rayas o incisiones. 4 *intr.* Limitar o lindar con algo. 5 Ser algo semejante a otra cosa: *Su actitud raya en la grosería.* 6 Con las voces *alba, día, luz, sol,* amanecer, alborear.

ráyido *adj.* y *m.* ZOOL Dicho de un pez, selacio caracterizado por su forma discoidal y por tener las aberturas branquiales en la cara inferior del cuerpo y una cola larga y delgada, como la raya. Algunos tienen en su cola una o más espinas asociadas con glándulas venenosas.

rayo 1 *m.* Línea de luz que procede de un cuerpo luminoso, y especialmente las que vienen del sol. 2 GEO Descarga eléctrica que se produce entre nubes de lluvia o entre una de estas nubes y la tierra. Es visible con trayectorias sinuosas y de ramificaciones irregulares, fenómeno conocido con el nombre de relámpago. Se produce también una onda sonora llamada trueno. 3 RADIO, pieza que une el eje con la rueda. 4 FÍS Cada una de las líneas que parten del punto en que se produce una determinada forma de energía y señalan la dirección en que esta se propaga. 5 FÍS Radiación electromagnética que propaga esta energía. 6 ELECTRÓN **tubo** de ~s X. || ~ **de luz** ÓPT Cada una de las líneas que componen un haz luminoso. ~ **incidente**

ÓPT Parte del rayo que va desde el punto de origen a la superficie de un cuerpo que lo refleja o refracta. ~ **láser** FÍS Haz luminoso constituido por la radiación coherente emitida por un **láser**. ~ **reflejo** o **refracto** ÓPT Parte del rayo que, después de ser reflejado o refractado, sigue una dirección distinta de la del rayo incidente. ~ **visual** ÓPT Línea recta que va desde la vista al objeto, o que de este viene a la vista. ~**s alfa** FÍS Núcleos de helio emitidos por ciertos núcleos radiactivos. ~**s beta** FÍS Electrones o positrones emitidos por algunos núcleos radiactivos. ~**s catódicos** FÍS Haz de electrones emitido por el cátodo cuando se produce una descarga eléctrica en un tubo de vacío. ~**s cósmicos** ASTR Partículas subatómicas de alta energía y gran velocidad, procedentes del espacio exterior. ~**s gamma** FÍS Ondas electromagnéticas muy penetrantes, producidas en las transiciones nucleares o en la aniquilación de partículas. ~**s infrarrojos** FÍS Emisión de energía en forma de ondas electromagnéticas en la zona infrarroja del espectro. Se utilizan para obtener imágenes de objetos en la oscuridad u ocultos por la bruma atmosférica. ~**s ultravioletas** FÍS El producido por la **radiación** ultravioleta. ~**s X** o **roentgen** FÍS Ondas electromagnéticas de corta longitud que tienen la propiedad de atravesar los cuerpos opacos.

rayón *m.* Fibra o filamento textil parecido a la seda.

rayuela 1 *f.* Juego que consiste en tirar monedas o tejos a una raya hecha en el suelo. 2 Juego consistente en recorrer, empujando con un pie un tejo, unas divisiones hechas en el suelo.

raza 1 *f.* Casta o calidad del origen o linaje. 2 ZOOL Cada uno de los grupos en que se subdividen algunas especies animales y cuyos caracteres diferenciales, que son muy secundarios, se perpetúan por la herencia.

razón 1 *f.* Facultad de razonar. 2 Argumento con que se justifica o prueba algo. 3 Causa o motivo. 4 Acierto en lo que se dice, se piensa o se hace. 5 Mensaje, noticia, aviso. 6 **uso** de ~. 7 MAT Cociente de dos números o de dos cantidades comparables. || ~ **aritmética** MAT Diferencia constante entre dos términos consecutivos de una progresión aritmética. ~ **de cambio** MAT Magnitud en la cual una variable se modifica con relación a otra: *La velocidad es una razón de cambio porque relaciona las variables de distancia y tiempo.* ~ **de Estado** Consideración de interés superior que se invoca en un Estado para hacer algo contrario a la ley o al derecho. ~ **geométrica** o **por cociente** MAT Cociente constante entre dos términos consecutivos de una progresión geométrica. ~ **social** Nombre por el cual es conocida una compañía mercantil. ~ **trigonométrica** MAT Cociente entre dos lados de un **triángulo rectángulo** en relación con sus ángulos: *El seno es una razón trigonométrica.*

razonable 1 *adj.* Conforme a razón. 2 Suficiente en calidad o en cantidad.

razonamiento 1 *m.* Acción y efecto de razonar. 2 Serie de conceptos encaminados a demostrar algo.

razonar 1 *intr.* Ordenar y relacionar ideas para llegar a una conclusión. 2 *tr.* Exponer y aducir razones para sustentar o justificar una opinión, un dictamen, etc.

RDSI *f.* INF Tecnología para la intercomunicación con redes realizada con líneas telefónicas. • Sigla de *red digital de servicios integrados.*

re *m.* MÚS Segunda nota de la escala musical.

reabsorber *tr.* Volver a absorber.

reacción 1 *f.* Acción que resiste o se opone a otra acción, obrando en sentido contrario a ella. 2 Respuesta a un estímulo. 3 MED Efecto secundario inmediato y patente de un medicamento o terapia. 4 FISIOL Acción del organismo que trata de contrarrestar la acción de un agente patógeno. 5 FÍS Según el principio de acción y reacción (tercera ley del **movimiento** de Newton): *Cuando un cuerpo ejerce una fuerza sobre otro, este último reacciona con igual fuerza sobre aquél.* 6 **motor** de ~. 7 POLÍT Tendencia tradicionalista opuesta a las innovaciones. 8 QUÍM Acción recíproca entre dos o más sustancias que dan origen a otras nuevas. Por ejemplo: la formación de óxido de hierro producida al reaccionar el oxígeno del aire con el hierro. 9 QUÍM **velocidad** de ~. 10 QUÍM ~ **endotérmica**; ~ **exotérmica**; ~ **neutra**. || ~ **en cadena** 1 FÍS Serie de reacciones nucleares ligadas en que las partículas emitidas en la fisión de cada núcleo originan sucesivamente nuevas reacciones. 2 QUÍM La que da origen a productos que por sí mismos ocasionan una reacción igual a la primera y así sucesivamente. 3 Sucesión de acontecimientos, provocado, cada uno de ellos, por el anterior. ~ **nuclear** FÍS Proceso por el que un núcleo atómico se transforma en otro de características distintas mediante la incidencia de una partícula o cuanto de radiación. ~ **termonuclear** FÍS La nuclear en la que dos núcleos ligeros se transforman en otros más pesados, produciendo gran cantidad de energía.

reaccionar 1 *intr.* Actuar un ser por reacción a la actuación de otro. 2 Defenderse o rechazar una agresión. 3 FÍS Producir un cuerpo fuerza igual y contraria a la que sobre él actúa. 4 MED Mejorar alguien en su salud. 5 QUÍM Modificarse un cuerpo por la acción de un reactivo.

reaccionario, ria *adj.* y *s.* Opuesto a las innovaciones, especialmente en el terreno ideológico, político, etc.

reacio, cia *adj.* Contrario a algo, o que muestra resistencia a hacer algo.

reactancia *f.* ELECTR Resistencia que opone al paso de una corriente alterna un condensador o una bobina.

reactante *m.* QUÍM Átomo o molécula que se consume en una reacción química y produce sustancias diferentes a las que le dieron origen.

reactividad 1 *f.* Capacidad de reacción de un ser vivo. 2 FÍS Aumento del número de neutrones que se produce en una reacción en cadena.

reactivo, va 1 *adj.* y *m.* Que produce reacción. 2 *m.* QUÍM Sustancia empleada para descubrir la presencia de otra. || ~ **limitante** QUÍM En una reacción química, el que se consume primero y limita la formación de más productos.

reactor 1 *m.* Motor de reacción. 2 Avión que usa motor de reacción. 3 QUÍM Aparato en el que se produce una reacción química. || ~ **nuclear** Conjunto de instalaciones que permiten iniciar, mantener y controlar el desarrollo de una reacción de fisión nuclear en cadena para su utilización como fuente de energía o para obtener sustancias de fisión.

readaptar *tr.* y *prnl.* Adaptar de nuevo.

reafirmante *adj.* Dicho de un producto cosmético, que sirve para poner firme la piel.

reafirmar *tr.* y *prnl.* Volver a afirmar.

reagrupar *tr.* Agrupar de nuevo o de modo diferente lo que ya estuvo agrupado.

reajustar *tr.* ECON Aumentar o disminuir coyunturalmente: *Regular las tarifas, los gastos, la plantilla de empleados.*

real[1] 1 *adj.* Que tiene existencia verdadera y efectiva. 2 MAT **número** ~.

real[2] *adj.* Perteneciente o relativo al rey o a la realeza.

realce *m.* Lo que sobresale en la superficie de una cosa.

realengo, ga *adj.* Dicho de un terreno, que pertenece al Estado.

realeza 1 *f.* Dignidad o soberanía real. 2 El rey y su familia, o gente aristócrata emparentada con él.

realidad *f.* Cualidad de lo que posee una existencia real y efectiva. || ~ **virtual** Sistema que permite a uno o más usuarios ver, tocar, manipular, moverse y reaccionar en un mundo simulado por computadora.

realimentación 1 *f.* Electr Transmisión de corriente o tensión desde la salida de un circuito o dispositivo a su entrada, en la que con la señal de entrada modifica el funcionamiento del dispositivo. 2 Electrón Retorno de una fracción de la salida de un circuito o dispositivo a su propia entrada.

realismo[1] 1 *m.* Art Sistema estético que da prevalencia a los datos objetivos de la realidad sobre las elaboraciones subjetivas y, como fin, a las obras artísticas la imitación fiel de la naturaleza. 2 Fil Paradójicamente, forma de idealismo que alude a una realidad universal que trasciende la natural. 3 Lit Estética narrativa que surgió en Europa a mediados del s. XIX y que buscaba describir el comportamiento humano y su entorno, tal y como actúan o aparecen en la vida cotidiana. Sus principales autores son Stendhal, H. de Balzac, G. Flaubert y C. Dickens. || ~ **mágico** Lit Movimiento literario hispanoamericano surgido a mediados del s. XX, caracterizado por la introducción de elementos fantásticos inmersos en una narrativa realista. Entre sus principales autores están A. Carpentier, J. Donoso, C. Fuentes y G. García Márquez. ~ **socialista** Tendencia estética nacida en la Unión Soviética que pretendía el compromiso político de los artistas y que toda expresión estética reflejara la realidad desde el punto de vista de la lucha de clases.

realismo[2] 1 *m.* Doctrina u opinión favorable a la monarquía. 2 Partido que profesa esta doctrina.

realista[1] 1 *adj.* y *s.* Partidario del realismo filosófico, artístico o literario. 2 *adj.* Que obra con sentido práctico.

realista[2] *adj.* Perteneciente o relativo al realismo[2].

reality show (Loc. ingl.) Programa televisivo en el que se transmite la vida diaria de una persona o de un grupo sometido a situaciones específicas previamente definidas.

realizar 1 *tr.* y *prnl.* Hacer real y efectiva una cosa. 2 *tr.* Vender, convertir en dinero mercaderías u otros bienes, especialmente a bajo precio. 3 Dirigir la ejecución de una película o de un programa de televisión. 4 *prnl.* Hacer realidad o desarrollar plenamente las propias aspiraciones, posibilidades, etc.

realzar *tr.* y *prnl.* Elevar o levantar una cosa más de lo que estaba.

reanimar 1 *tr.* y *prnl.* Dar vigor, restablecer las fuerzas. 2 Med Hacer que vuelva la actividad respiratoria o cardiaca normal de una persona ahogada, desmayada, etc.

reanudar *tr.* y *prnl.* Continuar algo que se había interrumpido.

reaparecer *intr.* Volver a aparecer. • Vb. irreg. conjug. c. **agradecer**. V. anexo El verbo.

rearmar *tr.* y *prnl.* Renovar o reforzar el armamento de un ejército, una nación, etc.

reasumir 1 *tr.* Asumir de nuevo un cargo, autoridad, responsabilidad, etc. 2 Tomar, en casos extraordinarios, una autoridad superior los poderes de otras.

reata 1 *f.* Cuerda o correa con que se atan en hilera dos o más caballerías. 2 Cuerda o tira para sujetar cosas.

reavivar *tr.* y *prnl.* Volver a avivar, o avivar intensamente.

rebaba *f.* Porción de materia sobrante que sobresale irregularmente en los bordes o en la superficie de un objeto.

rebaja 1 *f.* Disminución o descuento de algo, especialmente de precios. 2 *f. pl.* Venta de existencias a bajo precio, durante cierto tiempo, en un establecimiento comercial.

rebajar 1 *tr.* Hacer más bajo el nivel o la altura de algo. 2 Disminuir o reducir el precio de una cosa. 3 Disminuir la intensidad o claridad de los colores.

rebalaje 1 *m.* Remolino que forman las aguas al chocar con un obstáculo. 2 Geo **reflujo**, movimiento de descenso de marea. 3 Zona donde ocurre el reflujo.

rebalsar *tr.* e *intr.* Detener y recoger el agua u otro líquido para que forme balsa. • U. t. c. prnl.

rebalse *m.* Acción y efecto de rebalsar o rebalsarse.

rebanada *f.* Porción delgada, especialmente de pan.

rebanar *tr.* Hacer rebanadas de una cosa.

rebaño *m.* Hato de ganado lanar.

rebasar 1 *tr.* Pasar o exceder de cierto límite. 2 Dejar algo atrás en una marcha, un camino, etc.

rebatir *tr.* Refutar ideas, conceptos, etc.

rebato *m.* Convocatoria de vecinos hecha por medio de campana, tambor, etc., en caso de peligro.

rebelar 1 *prnl.* y *tr.* Sublevar contra una autoridad faltando a la obediencia debida. 2 *prnl.* Oponer con energía a algo.

rebelde *adj.* y *s.* Que se rebela.

rebeldía *f.* Calidad de rebelde.

rebelión 1 *f.* Acción y efecto de rebelarse. 2 Alzamiento público contra los poderes del Estado, para derrocarlos y sustituirlos por otros.

rebenque 1 *m.* Látigo de cuero o fibras vegetales. 2 Cuerda o cabo cortos.

reblandecer *tr.* y *prnl.* Ablandar una cosa, ponerla tierna. • Vb. irreg. conjug. c. **agradecer**. V. anexo El verbo.

rebobinar 1 *tr.* Hacer que un hilo o cinta se desenrolle de un carrete para enrollarse en otro. 2 Electr En un circuito, sustituir el hilo de una bobina por otro.

reborde *m.* Faja estrecha y saliente a lo largo del borde de alguna cosa.

rebosar 1 *intr.* y *prnl.* Derramarse un líquido por encima de los bordes de un recipiente. 2 *intr.* y *tr.* Abundar algo en exceso.

rebotar 1 *intr.* Saltar repetidamente un cuerpo elástico. 2 *tr.* Rechazar un cuerpo a otro, forzándole a retroceder.

rebote *m.* Acción y efecto de rebotar un cuerpo elástico.

rebozar 1 *tr.* y *prnl.* Cubrir casi todo el rostro con una prenda. 2 *tr.* Bañar un alimento en huevo, harina, pan rallado, etc.

rebozo 1 *m.* Modo de llevar la capa o el manto, cubriendo casi todo el rostro. 2 Manto para cubrirse que usan las mujeres.

rebujo 1 *m.* Envoltorio hecho con desaliño. 2 Revoltijo de papeles, trapos, hilo, etc.

rebullir 1 *intr.* y *prnl.* Empezar a moverse lo que estaba quieto. 2 *tr.* **revolver**, mover. • Vb. irreg. conjug. c. **mullir**. V. anexo El verbo.

rebuscado, da *adj.* Dicho de un lenguaje o de una expresión, que muestra rebuscamiento, afectación.

rebuscamiento 1 *m.* Acción y efecto de rebuscar. 2 Afectación, atildamiento.

rebuscar *tr.* Buscar con mucho cuidado.

rebusque *m.* Solución ocasional e ingeniosa con que se sortean las dificultades cotidianas.

rebuzno *m.* Voz del asno.

recabar 1 *tr.* Recoger, recaudar, guardar. 2 Conseguir con instancias lo que se desea.

recado 1 *m.* Mensaje o respuesta que de palabra se envía a otro. 2 Conjunto de objetos necesarios para hacer ciertas cosas. 3 Diligencia, compra, encargo o trámite que alguien ha de hacer. 4 Aderezo líquido y espeso para condimentar. 5 Ingredientes sólidos de un cocido o una sopa.

recaer 1 *intr.* Volver a caer. 2 MED Caer nuevamente enfermo el que convalecía o había recobrado la salud. 3 Reincidir en los vicios, errores, etc. • Vb. irreg. conjug. c. **caer**. V. anexo El verbo.

recalar *intr.* Llegar el buque a la vista de un punto de la costa.

recalcar *tr.* Decir algo con mucho énfasis.

recalcitrante *adj.* Terco, obstinado, incorregible.

recalentar 1 *tr.* Volver a calentar. 2 Calentar demasiado. 3 *prnl.* Tomar algo más calor del que conviene para su uso. • Vb. irreg. conjug. c. **acertar**. V. anexo El verbo.

recamar *tr.* Bordar algo de realce.

recámara 1 *f.* Dormitorio, habitación. 2 En las armas de fuego, lugar en el que se coloca el cartucho.

recambio *m.* Pieza destinada a sustituir otra igual.

recapacitar *tr.* e *intr.* Pensar detenidamente acerca de algo.

recapitular *tr.* Resumir breve y ordenadamente algo dicho o escrito con anterioridad.

recarga *f.* Acción y efecto de recargar. || **zona de ~** GEO Zona en que tiene lugar la reposición de aguas en las formaciones subterráneas.

recargar 1 *tr.* Volver a cargar. 2 Aumentar la carga. 3 *tr.* y *prnl.* Adornar con exceso.

recargo *m.* Cantidad o tanto por ciento que se carga, especialmente por el retraso en el pago.

recatar 1 *tr.* y *prnl.* Encubrir lo que no se quiere que se vea o se sepa. 2 *prnl.* Comportarse o actuar con recato.

recato 1 *m.* Decencia, pudor. 2 Cautela, reserva.

recaudación 1 *f.* Acción de recaudar. 2 Cantidad recaudada.

recaudar 1 *tr.* Cobrar o percibir dinero o efectos. 2 Poner o tener en custodia.

recaudo *m.* Acción de recaudar.

recebo *m.* Arena o piedra menuda.

recelar *tr.* y *prnl.* Desconfiar, sospechar.

recepción 1 *f.* Acción y efecto de recibir. 2 Admisión en un empleo, oficio o sociedad. 3 Reunión con carácter de fiesta que se celebra en algunas casas particulares. 4 Lugar en un establecimiento o edificio para atender a los visitantes. 5 Escucha o visualización de cualquier forma de emisión.

recepcionista *m.* y *f.* Persona encargada de recibir y atender a los clientes.

receptáculo 1 *m.* Cavidad en que se contiene o puede contenerse una cosa. 2 BOT Extremo de la flor donde descansan los diversos verticilos. 3 BOT En una inflorescencia, parte engrosada del pedúnculo en el que se asientan las flores.

receptividad 1 *f.* Capacidad de recibir. 2 Capacidad de un organismo para recibir estímulos exteriores.

receptivo, va 1 *adj.* Que recibe o es capaz de recibir. 2 Abierto, que acepta sin dificultad nuevas situaciones, ideas, etc.

receptor, ra 1 *adj.* y *s.* Que recibe. 2 Dicho de un aparato, que capta las señales eléctricas, telefónicas, etc. 3 *m.* y *f.* Persona que recibe el mensaje en un acto de comunicación. 4 MED Persona a la que se le ha trasplantado un órgano. || **~ universal** Persona del grupo sanguíneo AB, que puede recibir transfusiones de todos los tipos sanguíneos (AB, O, A y B).

recesión *f.* ECON Periodo posterior a una fase de prosperidad económica, en el que hay una disminución de la producción y de la actividad.

recesivo, va 1 *adj.* BIOL Dicho de un carácter hereditario, que no se manifiesta en el fenotipo de la persona que lo posee, pero que puede aparecer en la descendencia de este. 2 ECON Que tiende a la recesión o la provoca.

receso 1 *m.* Vacación, suspensión temporal de actividades, y tiempo que dura. 2 Descanso momentáneo que alguien se toma. || **~ del Sol** ASTR Movimiento aparente con que el Sol se aparta del Ecuador.

receta 1 *f.* Escrito que contiene una prescripción médica y, en ocasiones, instrucciones sobre su preparación. 2 Fórmula que indica los distintos componentes que entran en un plato de cocina, y su forma de preparación.

recetar *tr.* MED Prescribir un medicamento, con expresión de sus dosis, preparación y uso.

recetario *m.* Conjunto de recetas o fórmulas de una misma clase.

rechazar 1 *tr.* Resistir un cuerpo a otro, forzándolo a retroceder. 2 Separar alguien de sí a otro que se le acerca. 3 No aceptar o no admitir algo. 4 Denegar algo que se pide. 5 Mostrar oposición o desprecio a una persona, grupo, comunidad, etc. 6 MED No admitir el organismo sustancias, tejidos u órganos extraños.

rechazo *m.* Acción y efecto de rechazar.

rechiflar *tr.* Silbar con insistencia.

rechinar 1 *tr.* Hacer o causar una cosa un sonido desapacible, por frotar con otra. 2 Estar furioso.

recibidor *m.* En una vivienda, un espacio o una habitación situado a la entrada, donde se recibe a las personas que llegan.

recibimiento *m.* Acogida que se hace al que viene de fuera.

recibir 1 *tr.* Tomar, aceptar alguien lo que le dan o envían. 2 Admitir dentro de sí una cosa a otra. 3 Admitir uno a otro en su compañía. 4 Admitir visitas una persona en un día determinado. 5 Salir al encuentro del que viene de fuera.

recibo 1 *m.* Acción y efecto de recibir. 2 Escrito o resguardo en que se declara haber recibido dinero u otra cosa.

reciclado *m.* Acción y efecto de reciclar.

reciclador, ra *m.* y *f.* Persona que selecciona, entre la basura, los elementos que son reciclables o reutilizables con el fin de venderlos.

reciclaje *m.* RECICLADO.

reciclamiento *m.* RECICLADO.

reciclar 1 *tr.* Transformar o aprovechar algo para nuevo uso o destino. 2 Recuperar los desechos industriales o domésticos con el propósito de darles un nuevo uso.

reciedumbre *f.* Fuerza, fortaleza.

recién *adv. t.* Apócope de RECIENTE. • U. ante participios: *Recién llegado*; *Recién comprada.* Se usa también acompañando a formas verbales personales: *Recién lo vi*, a adverbios de tiempo: *Recién ahora*, y a adverbios de lugar: *Recién aquí.*

reciente 1 *adj.* Nuevo, fresco o acabado de hacer: *Sopa reciente.* 2 Que ha sucedido hace poco: *Las manifestaciones recientes.* • Se usa el apócope *recién* antepuesto a participios: *Recién salido; Recién nombrada.* Se usa también acompañando a formas verbales personales: *Recién lo conocí*, a adverbios de tiempo: *Recién ahora*; y a adverbios de lugar: *Recién aquí.*

recientemente *adv. t.* Poco tiempo antes: *Recientemente se descubrió una nueva especie.*

recinto *m.* Espacio dentro de ciertos límites.

recio, cia 1 *adj.* Fuerte, robusto, vigoroso. 2 Dicho de un tiempo, riguroso, rígido.

recipiente *m.* Cavidad o vasija en que puede contenerse algo.

reciprocidad *f.* Cualidad de recíproco.

recíproco, ca 1 *adj.* Dicho de una relación de una persona o cosa con otra, en la que cada parte aporta y recibe en igual correspondencia. 2 GRAM Dicho de un elemento oracional, que permite expresar sentido de reciprocidad, que normalmente es aportado por los pronombres átonos *nos, os, se* o la construcción *el uno del (al, con el,* etc.*) otro*: *Pedro y María se besaron; Esos dos siempre hablan mal el uno del otro.* 3 GRAM **verbo ~**.

recital 1 *m.* Lectura de composiciones de un poeta. 2 Concierto a cargo de un solo artista o de un grupo musical.

recitar *tr.* Decir de memoria y en voz alta un fragmento literario, versos, etc.

reclamación *f.* Acción y efecto de reclamar.

reclamar 1 *tr.* Pedir o exigir con derecho o con instancia algo. 2 *intr.* Oponerse a algo que se considera injusto, mostrando no consentir en ello.

reclamo 1 *m.* RECLAMACIÓN. 2 Voz o grito con que se llama a alguien. 3 Voz con que un ave llama a otra de su especie. 4 Instrumento para llamar a las aves imitando su voz.

reclinar 1 *tr.* y *prnl.* Inclinar el cuerpo, o parte de él, apoyándose sobre algo. 2 Inclinar una cosa apoyándola sobre otra.

reclinatorio *m.* Mueble en forma de silla baja, dispuesto para arrodillarse.

recluir *tr.* y *prnl.* Encerrar o poner en reclusión. • Participio irreg. *recluso* y reg. *recluido*. Vb. irreg. conjug. c. **huir**. V. anexo El verbo.

reclusión 1 *f.* Prisión voluntaria o forzada. 2 Lugar en que alguien está recluido.

recluso, sa *adj.* y *s.* Dicho de una persona, encarcelada.

recluta 1 *m.* y *f.* Persona que se alista voluntariamente en el ejército. 2 *m.* Joven alistado por sorteo para el servicio militar.

reclutar 1 *tr.* Alistar reclutas. 2 Buscar adeptos para un fin o propósito determinado.

recobrar 1 *tr.* Volver a tener o adquirir lo que antes se tenía o poseía. 2 *prnl.* Desquitarse, reintegrarse de lo perdido. 3 Restablecerse después de un daño, una enajenación del ánimo o de los sentidos, o de un accidente o enfermedad.

recodo *m.* Ángulo o revuelta que forman los caminos, ríos, etc.

recogedor *m.* Instrumento con que se recoge la basura amontonada al barrer.

recoger 1 *tr.* Volver a coger, especialmente algo que se ha caído. 2 Coger una cosa y guardarla, ponerla en custodia. 3 Ir juntando y guardando poco a poco algo. 4 Dar asilo, acoger a alguien. 5 Suspender el uso o curso de una cosa, como monedas, letras, etc. 6 Tomar en cuenta lo que otro ha dicho, darse por enterado. 7 Volver a enrollar o replegar algo. 8 Guardar, almacenar. 9 Ir a buscar a alguien o algo donde se sabe que se encuentran para llevarlos consigo. 10 *prnl.* Retirarse a algún sitio, apartándose del trato con la gente. 11 Retirarse a casa, a descansar.

recogido, da 1 *adj.* Que vive retirado del trato y de la comunicación con las gentes. 2 *f.* Acción y efecto de recoger algo, como la correspondencia, cosecha, basura, etc.

recolección *f.* Acción y efecto de recolectar.

recolectar 1 *tr.* Recoger la cosecha. 2 Juntar personas o cosas dispersas. 3 Hacer una colecta.

recombinación 1 *f.* BIOL Aparición en la descendencia de combinaciones de genes que no estaban presentes en los progenitores. 2 FÍS Reunificación de iones positivos y negativos, o de iones positivos y electrones, que libera energía que puede irradiarse.

recomendable *adj.* Digno de recomendación y aprecio.

recomendación 1 *f.* Acción y efecto de recomendar o recomendarse. 2 Encargo o súplica que se hace a otro.

recomendar 1 *tr.* Aconsejar a alguien cierta cosa por su bien. 2 Encargar, pedir a alguien que tome a su cuidado una persona o cosa. 3 Hablar a alguien en favor de una persona, interceder por ella. • Vb. irreg. conjug. c. **acertar**. V. anexo El verbo.

recomenzar *tr.* Volver a comenzar. • Vb. irreg. conjug. c. **acertar**. V. anexo El verbo.

recompensar 1 *tr.* Compensar. 2 Premiar.

recomponer *tr.* REPARAR, componer de nuevo. • Vb. irreg. conjug. c. **poner**. V. anexo El verbo.

reconciliar *tr.* y *prnl.* Hacer que vuelvan a ser amigos los que estaban desunidos.

recóndito, ta *adj.* Escondido.

reconducir 1 *tr.* Cambiar en un sentido determinado una acción, un proceso o un pensamiento. 2 Dirigir de nuevo una cosa al lugar donde se hallaba. • Vb. irreg. conjug. c. **conducir**. V. anexo El verbo.

reconfortar *tr.* Confortar de nuevo o con energía y eficacia.

reconocer 1 *tr.* Identificar, caer en la cuenta de que una persona, lugar o cosa ya era conocida. 2 Examinar con cuidado a alguien o algo para establecer su identidad, naturaleza y circunstancias. 3 Registrar el contenido de un baúl, maleta, etc. 4 Aceptar, admitir, aprobar. 5 Agradecer. 6 Aceptar una relación de parentesco. 7 Acatar como legítima la autoridad o superioridad de alguien. 8 Aceptar la existencia de un nuevo estado de cosas en las relaciones internacionales. 9 *prnl.* Hablando de mérito, fuerzas, etc., tenerse una persona a sí misma por lo que es en realidad. • Vb. irreg. conjug. c. **agradecer**. V. anexo El verbo.

reconocimiento *m.* Acción y efecto de reconocer o reconocerse. || **~ aéreo** Estudio de la superficie terrestre mediante imágenes tomadas desde aeronaves o satélites. **~ de voz** INF Capacidad de un computador para comprender el lenguaje verbal con el fin de poder recibir comandos y datos de quien habla. **~ óptico de caracteres** INF Análisis, mediante un escáner, de los caracteres impresos utilizando patrones de oscuros y claros.

reconquista 1 *f.* Acción y efecto de reconquistar. 2 HIST Recuperación, por parte de los reinos cristianos, de los territorios españoles invadidos por los musulmanes, que culminó con la toma de Granada en 1492. 3 HIST Periodo histórico comprendido entre los años 1816 y 1819 en el cual la Corona española pretendió la recuperación y pacificación militar de la Nueva Granada y de Venezuela. A pesar del extremismo con el que los españoles adelantaron su empresa, esta misma estimuló el sentimiento patriota y la reacción que facilitaría el triunfo del ejército libertador, con unión de granadinos y venezolanos. • Se escribe con may. inic. en las acepciones 2 y 3.

reconquistar *tr.* Volver a conquistar una plaza, una provincia o un reino.

reconsiderar *tr.* Volver a considerar un asunto, tema, etc.

reconstituir 1 *tr.* y *prnl.* Volver a constituir, rehacer. 2 MED Dar o devolver al organismo sus condiciones normales.

reconstituyente *adj.* y *m.* FARM Dicho de un medicamento, que tiene la virtud de reconstituir.

reconstruir 1 *tr.* Volver a construir. 2 Volver a evocar el desarrollo de un hecho, suceso, etc. • Vb. irreg. conjug. c. **huir**. V. anexo El verbo.

recontar 1 *tr.* Contar o volver a contar. 2 Dar a conocer o referir un hecho. • Vb. irreg. conjug. c. **contar**. V. anexo El verbo.

reconvenir *tr.* Censurar, reprender a alguien por sus actos o palabras. • Vb. irreg. conjug. c. **venir**. V. anexo El verbo.

reconversión *f.* ECON Transformación de la actividad económica de un país, empresa, etc., por necesidades determinadas o por una pérdida de competitividad.

reconvertir *tr.* REESTRUCTURAR.

recopilación *f.* Compendio, resumen de una obra o discurso.

recopilar *tr.* Juntar, recoger o reunir, escritos literarios.

récord *m.* DEP Marca constatada oficialmente y que supera las anteriores en el mismo género y en idénticas condiciones.

recordar 1 *tr.* e *intr.* Traer algo a la memoria. 2 Mover a alguien a que tenga presente aquello de que se hizo cargo. • Vb. irreg. conjug. c. **contar**. V. anexo El verbo.

recordatorio, ria 1 *adj.* Que sirve para recordar. 2 *m.* Aviso o advertencia para hacer recordar algo. 3 Tarjeta que se imprime para conmemorar algún acontecimiento.

recorrer 1 *tr.* Atravesar un lugar por completo, en toda su extensión. 2 Registrar con la mirada un lugar. 3 Repasar o leer ligeramente un escrito. 4 Efectuar un trayecto

recorrido 1 *m.* Acción y efecto de recorrer. 2 Espacio que ha recorrido, recorre o ha de recorrer alguien o algo.

recortado, da 1 *adj.* Dicho de aquello cuyos bordes tienen muchas desigualdades o entrantes y salientes muy señalados. 2 *m.* Figura recortada de papel.

recortar 1 *tr.* Cortar lo que sobra de una cosa. 2 Cortar el papel u otra cosa, formando figuras diversas. 3 Señalar los perfiles de una figura.

recorte 1 *m.* Acción y efecto de recortar. 2 Noticia breve de un periódico o de una revista que se recorta por su interés. 3 Papel con dibujos de soldados, muñecas, vestidos, etc., que han de ser recortados.

recostar 1 *tr.* y *prnl.* Reclinar la parte superior del cuerpo o la cabeza. 2 Inclinar una cosa sobre otra. • Vb. irreg. conjug. c. **contar**. V. anexo El verbo.

recoveco *m.* Vuelta y revuelta de un callejón, pasillo, arroyo, etc.

recreación *f.* Acción y efecto de recrear.

recrear 1 *tr.* Crear o producir de nuevo algo: *El filme recrea la situación de los inmigrantes.* 2 *tr.* y *prnl.* Divertir, alegrar, deleitar.

recriminar *tr.* Censurar a alguien por sus acciones o sentimientos.

recrudecer *intr.* y *prnl.* Incrementarse un mal físico o moral que ya había empezado a remitir. • Vb. irreg. conjug. c. **agradecer**. V. anexo El verbo.

recta 1 *f.* Línea que describe de forma idealizada la imagen real de un hilo tenso o de un rayo de luz. 2 Tramo de una carretera, un camino, etc., que no presenta curvas. 3 GEOM Línea que tiene todos sus puntos en la misma dirección. Cumple tres propiedades: es ilimitada; por un punto pueden pasar infinitas rectas; y por dos puntos pasa una sola recta. 4 GEOM La línea más corta que une dos puntos. || **pendiente de una ~** GEOM Sistema de representación de un plano cartesiano que indica la diferencia en el eje *y* dividido por la diferencia en el eje *x* para dos puntos distintos de una recta. Símbolo: m. **~ numérica** MAT La que representa los números enteros. **~ real** MAT La que representa los números reales. **~s paralelas** GEOM Las que están en el mismo plano y no tienen puntos en común. **~s perpendiculares** GEOM Las que al cruzarse forman ángulos adyacentes iguales y rectos. **~s secantes** GEOM Las que tienen un punto en común.

rectangular *adj.* GEOM Perteneciente o relativo al ángulo recto o al rectángulo.

rectángulo, la 1 *adj.* GEOM Que tiene ángulos rectos. 2 GEOM **triángulo ~**. 3 *m.* GEOM Paralelogramo que tiene cuatro ángulos rectos y los lados contiguos desiguales.

rectificación 1 *f.* Acción y efecto de rectificar. 2 Corrección de algo ya dicho, hecho o publicado.

rectificador, ra 1 *adj.* Que rectifica. 2 *m.* ELECTR Aparato que transforma una corriente alterna en corriente continua. 3 *f.* Máquina que rectifica piezas metálicas.

rectificar 1 *tr.* Corregir lo inexacto o equívoco. 2 Aclarar alguien los dichos o hechos que se le atribuyen. 3 Contradecir a otro en lo que ha dicho, por considerarlo erróneo. 4 ELECTR Convertir una energía eléctrica alterna en continua pulsante. 5 Dar a una pieza sus medidas exactas. 6 *prnl.* Enmendar alguien sus actos o su proceder.

rectilíneo, a *adj.* Que tiene forma de línea recta.

rectitud 1 *f.* Cualidad de recto. 2 Recta razón o conocimiento práctico de lo que se debe hacer o decir.

recto, ta 1 *adj.* Que no se inclina ni a un lado ni a otro, ni se desvía. 2 Justo, severo, firme en sus resoluciones. 3 GEOM **ángulo ~**. 4 *adj.* y *m.* ANAT Segmento terminal del tubo digestivo que se extiende hasta el ano.

rector, ra 1 *m.* y *f.* Persona que gobierna un colegio, hospital, universidad, etc. 2 *m.* Cura párroco.

rectoría *f.* Cargo y oficina del rector o párroco.

recua *f.* Conjunto de animales de carga.

recuadro 1 *m.* Compartimiento o división en forma de cuadro. 2 En los impresos, espacio encerrado por líneas para hacer resaltar un texto.

recubrir *tr.* Cubrir la superficie de una cosa con otra.

recuento *m.* Acción y efecto de volver a contar algo.

recuerdo 1 *m.* Memoria que se hace en la mente de algo dicho u ocurrido con anterioridad. 2 Regalo que se hace para conmemorar algo. 3 *m. pl.* Saludo afectuoso a un ausente por escrito o por medio de otra persona.

recular *tr.* Cejar, retroceder, andar hacia atrás.

recuperación 1 *f.* Acción y efecto de recuperar o recuperarse. 2 Examen que se realiza para aprobar la materia no aprobada en otro precedente.

recuperar 1 *tr.* y *prnl.* Volver a tomar o a adquirir lo que antes se tenía. 2 Trabajar un determinado tiempo para compensar lo que no se había hecho por algún motivo. 3 *prnl.* Volver alguien o algo a un estado de normalidad después de haber pasado por una situación difícil.

recurrencia 1 *f.* Cualidad de recurrente. 2 MAT Propiedad de aquellas secuencias en las que cualquier término se puede calcular conociendo los precedentes.

recurrente *adj.* Dicho de lo que vuelve a ocurrir o aparecer, especialmente después de un intervalo, como la fiebre.

recurrir *tr.* Buscar la ayuda o el favor de alguien o de algo en una necesidad.

recursivo, va 1 *adj.* Dicho de algo, que está sujeto a pautas que se repiten indefinidamente. 2 Dicho de una persona, que sabe desenvolverse y salir con éxito de cualquier situación.

recurso 1 *m.* Acción y efecto de recurrir. 2 Medio de cualquier clase que, en caso de necesidad, sirve para conseguir lo que se pretende. 3 *m. pl.* Bienes, medio de subsistencia. 4 Conjunto de elementos disponibles para resolver una necesidad o llevar a cabo una empresa: *Recursos naturales; Recursos económicos.* || **~ de apelación** DER Solicitud de revisión de un fallo judicial, con el que se está en desacuerdo, ante una instancia superior. ~ **enérgico** o **energético** Econ y Geo Fuente del entorno natural de la cual se puede obtener energía para darle un uso industrial como el petróleo, el gas y el carbón. ~**s humanos** Econ Uno de los factores de la producción, generado por el trabajo de las personas. ~**s naturales** 1 Ecol Conjunto de elementos materiales y energéticos que se requieren para el desarrollo y funcionamiento de un ecosistema; se encuentran en equilibrio entre sí, formando parte de un sistema más amplio. 2 Econ Los que pueden utilizarse en los procesos económicos en general: minerales, energéticos y organismos animales y vegetales. Los hay **renovables** (peces, ganado bovino, bosques, etc.), que una vez aprovechados, pueden serlo de nuevo al cabo de un tiempo relativamente corto; y **no renovables** (minerales metálicos, carbón, petróleo, etc.), aquellos cuya explotación conduce inevitablemente a su disminución.

recusar 1 *tr.* No querer admitir o aceptar algo. 2 Der Apartar las partes de un juez, testigo, perito, etc., para que no actúe en un procedimiento o juicio por su relación con los hechos.

red 1 *f.* Aparejo hecho con hilos, cuerdas o alambres, en forma de mallas, y que se usa para pescar, cazar, etc. 2 Labor o tejido de mallas. 3 Conjunto de calles, carreteras o caminos afluentes a un mismo punto. 4 Conjunto de elementos organizados para determinado fin: *Red telefónica; Red de carreteras.* 5 Grupo de personas que buscan conjuntamente un fin determinado: *Red de espionaje.* 6 Inf **internet.** 7 Dep Malla que cierra por detrás la portería en ciertos juegos, como en el fútbol. 8 Dep Malla que separa el terreno en dos partes iguales en ciertos juegos, como en el tenis. || ~ **cristalina** Quím La que está conformada por **iones** de signo opuesto, en el que cada uno de ellos crea a su alrededor un campo eléctrico que les hace estar rodeados de iones contrarios. ~ **de comunicación** La constituida por personas conectadas entre sí mediante flujos de comunicación y cuyo interés es compartir información, como la internet. ~ **global** Inf **internet.** ~ **hidrográfica** Geo Sistema natural de drenaje jerarquizado que, en un área delimitada por una divisoria de aguas, transfiere las aguas hacia un colector principal. ~ **informática** o **de datos** Inf Conjunto de técnicas, conexiones y programas empleados para conectar dos o más computadores. ~ **social** Conjunto de relaciones que se establecen entre un amplio grupo de personas por afinidad de intereses. ~ **trófica** Ecol Serie de **cadenas** alimentarias por las que circulan energía y materiales en un ecosistema. Está dividida en dos grandes categorías: la de pastoreo, en la que los materiales pasan desde las plantas a los consumidores primarios (herbívoros) y de estos a los consumidores secundarios (carnívoros); y la de detritos, en que los materiales pasan desde las plantas y sustancias animales a las bacterias y a los hongos, y de estos a los que se alimentan de detritos y de ellos a sus depredadores (carnívoros).

redacción 1 *f.* Acción y efecto de redactar. 2 Oficina donde se redacta. 3 Conjunto de redactores de una publicación periódica, casa editorial, etc.

redactar *tr.* Poner por escrito cosas sucedidas, acordadas o pensadas.

redada *f.* Operación policial que consiste en apresar de una vez a un conjunto de delincuentes.

redargüir *tr.* Convertir el argumento contra el que lo hace.

redecilla *f.* Malla muy fina, utilizada para mantener el peinado.

rededor *m.* Contorno.

redención *f.* Acción y efecto de redimir o redimirse.

redil *m.* Lugar cercado en el que se recoge el ganado.

redimir 1 *tr.* y *prnl.* Librar de una obligación o extinguirla. 2 Poner término a un dolor, penuria o adversidad. 3 *tr.* Recuperar algo que se había poseído. 4 Dejar libre una cosa hipotecada, empeñada o sujeta a algún gravamen.

redistribución *f.* Acción y efecto de repartir de forma distinta algo que ya estaba distribuido.

redistribuir *tr.* Distribuir algo de nuevo. • Vb. irreg. conjug. c. **huir**. V. anexo El verbo.

rédito *m.* Renta, utilidad o beneficio que rinde un capital.

redituar *tr.* Rendir, producir utilidad periódica o constante.

redivivo, va *adj.* Aparecido.

redoblante *m.* Mús Tambor de caja prolongada usado en las bandas militares.

redoblar 1 *tr.* y *prnl.* Hacer doble, duplicar una cosa. 2 *tr.* Aumentar la atención, el interés, etc., de algo.

redoble 1 *m.* Acción y efecto de redoblar. 2 Mús Toque vivo y sostenido que se produce tocando rápidamente el tambor con los palillos.

redoma *f.* Vasija de vidrio ancha en su fondo que va estrechándose hacia la boca.

redomado, da *adj.* Que posee en alto grado la calidad negativa que se le atribuye.

redondear 1 *tr.* y *prnl.* Hacer o poner redonda una cosa. 2 *tr.* Completar algo de modo satisfactorio. 3 Hablando de cantidades, prescindir de fracciones para completar unidades enteras.

redondel *m.* Circunferencia y superficie contenida dentro de ella.

redondeo *m.* Acción y efecto de redondear.

redondilla *f.* Estrofa de cuatro versos octosílabos en la que riman el primero con el cuarto y el segundo con el tercero.

redondo, da 1 *adj.* De figura circular o esférica, o semejante a ella. 2 Completo, bien logrado: *Un negocio redondo.* 3 **número** ~. 4 *f.* **letra** redonda. 5 Mús Nota cuya duración llena un compasillo.

reducción 1 *f.* Acción y efecto de reducir o reducirse. 2 Quím Proceso que se produce en una reacción química y que se caracteriza por la aceptación de electrones por parte de una de las sustancias. 3 Hist Cada uno de los pueblos de indígenas que las autoridades españolas crearon en América (1531), puestos bajo el gobierno del clero. En general, fueron bien acogidos por la población autóctona, que de esta forma podía sustraerse a la relación esclavista impuesta por los encomenderos. || ~ **de una figura** Geom Operación que consiste en remplazar una figura por otra semejante más pequeña. ~ **eidética** Fil En fenomenología, operación mediante la cual se retienen solo las notas esenciales de una vivencia o de su objeto. ~ **fenomenológica** Fil Eliminación de una vivencia y de su objeto de toda toma de posición acerca de su realidad.

reducir 1 *tr.* Disminuir, menguar. 2 Resumir, sintetizar. 3 Dividir un cuerpo en partes menudas. 4 Comerciar con objetos robados. 5 Sujetar a la obediencia a los que se habían separado de ella. 6 Disminuir la fuerza o potencia de un vehículo o máquina poniendo una marcha menor. 7 Mat Simplificar una expresión. 8 Quím Descomponer un cuerpo en sus principios o elementos. 9 Quím Separar parcial o totalmente de un compuesto oxidado el oxígeno que contiene. 10 *prnl.* Moderarse, ceñirse a ciertas circunstancias. 11 No tener algo mayor importancia que la que se expresa. • Vb. irreg. conjug. c. **conducir**. V. anexo El verbo.

reducto *m.* Lugar de refugio.

reductor, ra 1 *adj.* y *s.* Que reduce o sirve para reducir. 2 *m.* Dispositivo situado entre un eje transmisor para disminuir el número de revoluciones.
redundancia *f.* Repetición innecesaria de la información contenida en un mensaje.
redundar *intr.* Resultar algo en beneficio o daño de alguien o algo.
reedificar *tr.* Volver a edificar de nuevo lo arruinado.
reeducar *tr.* MED Volver a enseñar el uso de los miembros u otros órganos del cuerpo, perdidos o dañados por ciertas enfermedades.
reelegir *tr.* Volver a elegir. • Vb. irreg. conjug. c. **pedir**. V. anexo El verbo.
reembolsar (Tb. rembolsar) *tr.* y *prnl.* Devolver una cantidad al que la había desembolsado.
reembolso (Tb. rembolso) *m.* Acción y efecto de reembolsar o reembolsarse.
reemplazar (Tb. remplazar) 1 *tr.* Sustituir una cosa por otra. 2 Suceder a alguien en un empleo.
reemplazo (Tb. remplazo) *m.* Acción y efecto de reemplazar.
reencauchar (Tb. rencauchar) *tr.* Volver a cubrir de caucho una llanta o cubierta desgastada.
reencontrar (Tb. rencontrar) *tr.* y *prnl.* Volver a encontrar.
reencuentro (Tb. rencuentro) *m.* Acción y efecto de reencontrar o reencontrarse.
reenganchar *tr.* y *prnl.* Incorporar de nuevo a alguien a un trabajo o a un empleo.
reenviar *tr.* Enviar alguna cosa que se ha recibido.
reestrenar *tr.* Volver a estrenar, especialmente películas u obras teatrales, pasado algún tiempo de su estreno.
reestructurar *tr.* Modificar la estructura de una obra, empresa, proyecto, organización, etc.
refacción *f.* Comida ligera que se toma para reparar las fuerzas.
refaccionar *tr.* Restaurar o reparar.
refectorio *m.* Comedor común de un colegio o convento.
referencia 1 *f.* Acción de referirse o aludir a algo. 2 Relación escrita u oral de algo. 3 Base de una comparación: *Ángulo de referencia.* 4 En un escrito nota o convención con que se remite a otro lugar del texto. 5 Informe sobre las aptitudes o cualidades de alguien o de algo. 6 Combinación de signos que identifican y permiten clasificar un objeto, especialmente un producto comercial. 7 En una biblioteca, editorial, etc., conjunto o sección correspondiente a los libros de consulta.
referencial *adj.* Que sirve como referencia de una comparación: *Marco referencial.*
referendo *m.* POLÍT **REFERÉNDUM.**
referéndum *m.* POLÍT Procedimiento jurídico por el que se somete al voto popular una medida constitucional o legislativa.
referente 1 *adj.* Que refiere o que expresa relación a algo. 2 *m.* Modelo o ejemplo de referencia en una comparación. 3 LING Aquello a lo que en concreto se refiere un signo lingüístico; por ejemplo, en la oración: *No encuentro las llaves de mi auto,* el sustantivo *llaves* se refiere específicamente a las de *mi auto*, que son distintas a cualesquiera otras llaves.
réferi (Tb. referí) *m.* y *f.* **ÁRBITRO.**
referir 1 *tr.* Narrar un suceso. 2 *tr.* y *prnl.* Poner en relación personas o cosas. 3 Encaminar a determinado fin u objeto. 4 Atribuir algo a un motivo, origen o época. 5 *prnl.* Remitirse a lo dicho o hecho. 6 Aludir, mencionar. • Vb. irreg. conjug. c. **sentir**. V. anexo El verbo.
refilar *tr.* Recortar los bordes que sobran de un libro o de otro documento impreso.
refinado, da 1 *adj.* Exquisito. 2 *m.* Acción y efecto de refinar.
refinamiento 1 *m.* Buen gusto. 2 Esmero, cuidado.
refinar 1 *tr.* Hacer más pura o fina una cosa. 2 Perfeccionar algo adecuándolo a un fin determinado. 3 *prnl.* Suprimir la vulgaridad en los modales, hacerse fino.
refinería *f.* Instalación industrial donde se refinan productos como el petróleo, el azúcar, etc.
reflectar *tr.* FÍS Reflejar la luz, el calor, el sonido, etc.
reflector, ra 1 *adj.* Dicho de un cuerpo, que refleja. 2 *m.* Aparato que envía la luz de un foco en una dirección determinada. 3 Aparato de superficie bruñida para reflejar los rayos luminosos.
reflejar 1 *intr.* y *prnl.* FÍS Cambiar la dirección de la luz, el calor, el sonido o algún cuerpo elástico, oponiéndoles una superficie lisa. 2 *tr.* Manifestar, hacer patente algo. 3 *prnl.* Dejarse ver una cosa en otra.
reflejo, ja 1 *adj.* Que se refleja o ha sido reflejado. 2 *m.* Luz reflejada. 3 Imagen de alguien o algo reflejada en una superficie. 4 Representación, imagen, muestra. 5 FÍS Retorno de una onda al propio medio de propagación tras incidir sobre una superficie. Es una propiedad del movimiento ondulatorio. 6 ÓPT **rayo** ~ o refracto. 7 FISIOL *m. pl.* Respuesta automática de un órgano motriz o secretor frente a un estímulo. || ~ **condicionado** PSIC El producido por un estímulo no específico actuando por sí solo, después de haber actuado durante cierto número de veces al mismo tiempo que un estímulo específico.
reflexión 1 *f.* Acción y efecto de reflexionar. 2 Advertencia, o consejo con que alguien intenta persuadir o convencer a otro. 3 FÍS Acción y efecto de reflejar o reflejarse. 4 FÍS **ángulo** de ~. 5 GEOM Transformación **isométrica** en la que a cada punto de una figura se le asocia una imagen, de modo que el punto y su imagen se encuentran a la misma distancia del **eje de simetría.** || ~ **de una figura** GEOM Movimiento que refleja una figura en el plano con respecto a una recta denominada **eje de reflexión** que actúa como un espejo.
reflexionar *tr.* y *prnl.* Considerar nueva o detenidamente algo.
reflexivo, va 1 *adj.* Que refleja o reflecta. 2 Que habla y actúa con reflexión. 3 GRAM **oración** ~, **pronombre** ~, **verbo** ~.
refluir *intr.* Retroceder un líquido.
reflujo 1 *m.* Movimiento de retorno de un líquido que fluye. 2 Movimiento de descenso de la marea.
refocilar 1 *tr.* y *prnl.* Dicho de algo, que calienta y da vigor. 2 *prnl.* Recrearse en algo grosero.
reforestar *tr.* Repoblar un terreno con plantas forestales.
reforma 1 *f.* Acción y efecto de reformar o reformarse. 2 Lo que se propone, proyecta o ejecuta como innovación o mejora en algo. 3 HIST Movimiento religioso surgido en el s. XVI que supuso el fin de la hegemonía de la Iglesia católica y la instauración de distintas iglesias ligadas al **protestantismo**. Motivó, por reacción, una **contrarreforma** católica. • Se escribe con may. inic. en la acepción 3.
☐ HIST El inicio concreto de la Reforma se dio cuando el monje agustino alemán Martín Lutero (1483-1546) desafió la autoridad papal atacando el sistema sacramental y recomendando que la religión se mantuviera en la fe individual basada en las normas contenidas en la Biblia. En Suiza siguieron una orientación Zwinglio (1484-1531) y el francés Calvino (1509-1654). El luteranismo se extendió por Alemania, Holanda, Dinamarca, Noruega y Suecia, mientras que el calvinismo lo hacía por Francia, Inglaterra y Escocia. La

Reforma rompió la unidad religiosa de Europa y desencadenó una serie de conflictos bélicos dentro del Imperio alemán, que concluyeron en 1555 con la Paz de Augsburgo, cuyo términos declaraban que cada uno de los príncipes podría elegir entre el catolicismo y el luteranismo como religión de su territorio, a la que deberían adscribirse todos sus súbditos.

reformado, da 1 *adj.* Partidario de la religión reformada. 2 HIST y REL **iglesias** ~s.

reformar 1 *tr.* Modificar algo con la intención de mejorarlo. 2 *tr.* y *prnl.* Enmendar, corregir la mala conducta de alguien.

reformatorio *m.* Centro penitenciario para la corrección de delincuentes menores de edad.

reformismo *m.* Tendencia o doctrina que procura el cambio y las mejoras graduables de una situación política, social, religiosa, etc.

reforzar 1 *tr.* Añadir nuevas fuerzas a algo, ponerle un refuerzo. 2 Fortalecer o reparar lo que padece ruina o detrimento. • Vb. irreg. conjug. c. **contar**. V. anexo El verbo.

refracción 1 *f.* FÍS Cambio de dirección que experimenta un rayo o una onda que pasa oblicuamente de un medio a otro de diferente densidad. 2 ÓPT **ángulo** de ~; **índice** de ~. || **doble** ~ ÓPT Propiedad de ciertos cristales de duplicar las imágenes de los objetos.

refractar *tr.* y *prnl.* Producir una refracción.

refractario, ria 1 *adj.* Rebelde a aceptar una idea nueva o un nuevo estado de cosas. 2 FÍS Dicho de un material, que resiste la acción del fuego sin cambiar de estado ni descomponerse.

refracto *adj.* ÓPT **rayo** reflejo o ~.

refrán *m.* Dicho de uso común.

refregar 1 *tr.* y *prnl.* Frotar una cosa con otra. 2 *tr.* Echar en cara a alguien algo que lo ofende o avergüenza.

refrenar *tr.* y *prnl.* Contener, reprimir.

refrendar 1 *tr.* Legalizar un documento por medio de la firma de la persona autorizada. 2 Revisar un documento y anotar su presentación.

refrescar 1 *tr.* y *prnl.* Disminuir o rebajar el calor de algo o alguien. 2 *intr.* Tomar fuerzas, vigor o aliento. 3 *intr.* y *prnl.* Templarse o moderarse el calor del aire. 4 Tomar el fresco. 5 Tomar una bebida para reducir el calor.

refresco *m.* Bebida fría y por lo general dulce.

refriega 1 *f.* Combate de menor importancia. 2 Riña o discusión violenta.

refrigerador, ra 1 *adj.* y *s.* Dicho de un aparato y de una instalación, que sirve para refrigerar. 2 *f.* **FRIGORÍFICO**, nevera.

refrigerante *m.* Sustancia fluida destinada para absorber el calor producido en un determinado fenómeno físico y evitar que se caliente en exceso el motor o máquina en funcionamiento.

refrigerar *tr.* Disminuir la temperatura de algo.

refrigerio *m.* Corto alimento que se toma para reparar las fuerzas.

refrito *m.* Comida o condimento que vuelve a freírse en la sartén.

refuerzo 1 *m.* Mayor grueso o volumen que se da a una cosa para hacerla más resistente. 2 Apuntalamiento o reparación que se hace para fortalecer una cosa que amenaza ruina. 3 Socorro o ayuda que se presta en ocasión o necesidad.

refugiado, da *m.* y *f.* Persona que busca refugio fuera de su país.

refugiar *tr.* y *prnl.* Acoger o amparar a alguien, sirviéndole de resguardo y asilo.

refugio 1 *m.* Asilo, acogida o amparo. 2 Lugar para refugiarse o protegerse. 3 Albergue situado en la alta montaña.

refulgir *intr.* Resplandecer, emitir fulgor.

refundir 1 *tr.* Volver a fundir los metales. 2 *tr.* y *prnl.* Comprender o incluir. 3 Perder, extraviar.

refunfuñar *intr.* Emitir voces confusas o palabras mal articuladas, en señal de enojo o desagrado.

refutación *f.* Acción y efecto de refutar.

refutar *tr.* Rebatir con argumentos o razones lo que otros dicen.

regadera 1 *f.* Recipiente portátil que sirve para regar las plantas. 2 **DUCHA**, aparato o instalación que sirve para ducharse.

regadío, a 1 *adj.* Dicho de un terreno, que se puede regar. 2 *m.* Terreno dedicado a cultivos que se fertilizan con riego.

regalar 1 *tr.* Dar a alguien algo, sin pedir nada a cambio. 2 Hacer expresiones de afecto. 3 *tr.* y *prnl.* Recrear, deleitar.

regalía 1 *f.* Participación en los ingresos o cantidad fija que se paga al propietario de un derecho a cambio del permiso para ejercerlo. 2 Participación de autor en los ingresos del editor por la venta de su obra.

regalismo *m.* HIST Derecho privativo de origen medieval que defendía ciertas prerrogativas de los soberanos en los asuntos eclesiásticos (retención de bulas, inmunidades, patronato sobre las iglesias, etc.).

regaliz *m.* Planta herbácea papilionácea, de rizoma grueso, flores azuladas y fruto en legumbre. Del rizoma se extrae un jugo dulce del que se hacen golosinas.

regalo 1 *m.* Cosa que se da gratuitamente. 2 Gusto o complacencia que se recibe. 3 Comodidad que alguien se procura.

regañar *intr.* Dar muestras de enfado con palabras y gestos.

regaño *m.* Acción de regañar a alguien.

regar 1 *tr.* Esparcir agua sobre una superficie, una planta, la tierra, etc., para limpiarla o refrescarla. 2 Atravesar un río o canal, un territorio. 3 Esparcir, desparramar algo. • Vb. irreg. conjug. c. **acertar**. V. anexo El verbo.

regata *f.* DEP Competición entre dos o más embarcaciones, para llegar antes a un punto dado.

regate *m.* DEP Movimiento rápido que se hace con el cuerpo, para evitar un choque o eludir la acción del contrario.

regatear 1 *tr.* Debatir el comprador con el vendedor el precio de una cosa para que lo rebaje. 2 *intr.* Hacer regates.

regazo 1 *m.* Cavidad que hace la falda desde la cintura hacia la rodilla, cuando la mujer está sentada. 2 Parte del cuerpo donde se forma esa cavidad.

regencia 1 *f.* Acción de regir o gobernar. 2 En las monarquías, gobierno del Estado durante la menor edad, ausencia o incapacidad de su legítimo príncipe. 3 Tiempo que dura.

regeneración 1 *f.* Acción y efecto de regenerar o regenerarse. 2 BIOL Capacidad de algunos organismos para reconstruir una parte de su cuerpo que haya sido arrancada o perdida.

regeneracionismo *m.* Tendencia a regenerar o reinstaurar en una sociedad los valores morales que se consideran perdidos o aminorados.

regenerar 1 *tr.* y *prnl.* Restablecer algo que estaba gastado o destruido. 2 Enmendar los vicios o malas costumbres.

regentar *tr.* Dirigir un negocio.

regente *adj.* Que rige o gobierna.

reggae (Voz ingl.) *m.* Mús Aire musical originario de Jamaica de influencia africana y del *jazz*, góspel y calipso que tuvo amplia acogida y difusión en la década del setenta del s. XX. Se caracteriza por su cadencia repetitiva y por sus letras de contenido contestatario.

regicida *adj.* y *s.* Dicho de una persona, que atenta contra la vida de un soberano.

regidor, ra 1 *adj.* Que rige o gobierna. 2 *m.* y *f.* **CONCEJAL.**

régimen 1 *m.* Conjunto de normas que regulan una actividad. 2 Modo como se rige algo: *Régimen castrense.* 3 Forma de funcionamiento de un Estado: *Régimen monárquico.* 4 Modo de referirse a un gobierno actuante; especialmente si es de carácter autoritario. 5 Modo habitual de producirse o suceder algo: *Régimen de lluvias.* 6 Estado de una máquina cuando funciona de un modo regular. 7 Conjunto de normas dietéticas (tipo, cantidad, etc., de los alimentos), que debe observar alguien por motivos de salud. 8 Gram Dependencia que entre sí tienen las partes de la oración. 9 Gram Hecho de regir un verbo, sustantivo, etc., un determinado complemento.

regimiento *m.* Unidad homogénea de cualquier arma o cuerpo militar, al mando de un coronel.

regio, gia 1 *adj.* Del rey o de la nobleza. 2 Grande, magnífico.

región 1 *f.* Porción de territorio determinada por características étnicas, climáticas, administrativas, históricas, productivas, etc. 2 Gran división territorial de un país, definida por características geográficas e histórico-sociales, y que puede dividirse, a su vez, en provincias, departamentos, etc. 3 Anat Cada una de las partes en que se considera dividido al exterior el cuerpo: *Región frontal, mamaria, epigástrica.* 4 Mat Parte de un **plano** que está conformado por tres o más rectas o curvas.

regional 1 *adj.* Perteneciente o relativo a una región. 2 Geo **metamorfismo ~.**

regionalismo 1 *m.* Apego a determinada región de un país y a las cosas pertenecientes a ella. 2 Vocablo o giro de una región determinada.

regir 1 *tr.* y *prnl.* Dirigir, gobernar, mandar. 2 *tr.* Gram Pedir o exigir una palabra otra u otras para su correcta construcción dentro de la oración. 3 *intr.* Estar vigente. • Vb. irreg. conjug. c. **pedir**. V. anexo El verbo.

registrado, da *adj.* Dicho de una marca o de un modelo, que ha sido inscrito en el registro público como propiedad del autor.

registrador, ra 1 *adj.* Que registra. 2 Dicho de un aparato, que deja anotadas automáticamente las indicaciones variables de su función propia. 3 *m.* y *f.* Funcionario que tiene a su cargo algún registro público, especialmente el de la propiedad. 4 *m.* **TORNIQUETE**, aparato provisto de barras giratorias.

registrar 1 *tr.* Examinar con cuidado y minuciosidad algo. 2 Anotar, señalar. 3 Fijar sonidos o imágenes en un disco, película, etc. 4 Contabilizar, enumerar o marcar los casos o datos reiterados de algo. 5 Inscribir en una oficina de registro determinados documentos. 6 Declarar mercaderías para que sean examinadas o anotadas. 7 *prnl.* Inscribirse, matricularse. 8 Producirse un suceso, fenómeno, etc., con alguna reiteración.

registro 1 *m.* Acción de registrar o registrarse. 2 Libro donde se registran noticias o datos. 3 Padrón y matrícula de los habitantes de un lugar. 4 Pieza de una máquina que sirve para regular su funcionamiento. 5 Mús Pieza movible del órgano, el piano, etc., por medio de la cual se modifica el timbre o la intensidad de los sonidos. 6 Mús Cada género de voces del órgano: flautado mayor, menor, clarines, etc. 7 Mús Parte de la escala musical que se corresponde con la voz humana. || **~ civil** Aquel en que la autoridad hace constar los hechos relativos al estado civil de una persona (nacimiento, matrimonio, defunción, etc.).

regla 1 *f.* Instrumento de figura rectangular que sirve para trazar líneas rectas, o para medir la distancia entre dos puntos. 2 Lo que ha de cumplirse por estar así convenido por una colectividad. 3 Conjunto de instrucciones que indican cómo hacer algo. 4 Precepto o principio en las ciencias o artes. 5 Razón a la que se han de ajustar las acciones para que resulten rectas. 6 Orden invariable que guardan las cosas naturales. 7 Fisiol **MENSTRUACIÓN.** 8 Lóg Conjunto de operaciones que deben llevarse a cabo para realizar una inferencia o deducción correcta. 9 Rel Ley universal o máxima que debe observar una orden religiosa. || **~ de tres** Mat La que permite determinar una cantidad desconocida a partir de otras tres conocidas, dos de las cuales varían en proporción directa o en proporción inversa. **~ de tres compuesta** Mat Aquella en que los dos términos conocidos y entre sí homogéneos, resultan de combinación de varios elementos.

reglamentario, ria *adj.* Perteneciente o relativo al reglamento o preceptuado y exigido por alguna disposición obligatoria.

reglamento *m.* Conjunto de reglas o preceptos que se dan para la ejecución de una ley.

reglar *tr.* Sujetar a reglas una cosa.

regleta 1 *f.* Electr Soporte aislante sobre el que se disponen los componentes de un circuito. 2 Mat Pieza en forma de paralelepípedo con una medida y un color determinados, según un valor asignado entre uno y diez, que se usa para instruir en las operaciones básicas.

regocijar 1 *tr.* Producir alegría o regocijo. 2 *prnl.* Recrearse, deleitarse.

regocijo *m.* Alegría, júbilo.

regodearse *prnl.* coloq. Complacerse en lo que gusta o se goza.

regoldar *intr.* Eructar los gases del estómago. • Vb. irreg. conjug. c. **contar**. V. anexo El verbo.

regresar *intr.* y *prnl.* Volver al lugar de donde se partió.

regresión 1 *f.* Retroceso, acción de volver hacia atrás. 2 Ecol Cualquier disminución de la superficie de un ambiente. 3 Gram Derivación inversa, con acortamiento de palabra, para formar un supuesto primitivo: *legislar* de *legislador*. 4 Psic Retorno a actitudes propias de etapas ya superadas. 5 Psic Terapia hipnótica en la que la persona sometida a ella regresa, según afirman algunos, a encarnaciones anteriores de su psique.

regué *m.* **REGGAE.**

regüeldo *m.* Acción y efecto de regoldar.

reguero 1 *m.* Conjunto de objetos esparcidos desordenadamente en un lugar. 2 Chorro delgado de un líquido que se desliza sobre una superficie. 3 Línea o señal que queda de una cosa que se va vertiendo.

reguetón 1 *m.* Aire musical popular del Caribe surgido en la década de los años ochenta del s. XX, caracterizado por sus letras repetitivas y los efectos electrónicos que marcan sus ritmos. 2 Baile que se realiza al ritmo de este aire musical.

regulador, ra 1 *adj.* Que regula. 2 *m.* Mecanismo que sirve para normalizar el movimiento de una máquina o de alguno de sus órganos o piezas. 3 Electr **ESTABILIZADOR.** 4 Mús Signo musical en figura de ángulo agudo que sirve para indicar, según la dirección de su abertura, que la intensidad del sonido se ha de aumentar o disminuir gradualmente.

regular[1] 1 *adj.* Ajustado y conforme a regla. 2 Sin cambios grandes o bruscos. 3 Mediano, de calidad o tamaño intermedio. 4 GEOM Dicho de un polígono y de un poliedro cuyos lados y ángulos son iguales entre sí. 5 GRAM **verbo** ~. 6 *adv. m.* Medianamente, no demasiado bien.

regular[2] 1 *tr.* Medir o ajustar algo por comparación o deducción. 2 Ajustar, poner en regla u orden algo.

regularizar *tr.* y *prnl.* Regular, poner en orden.

regurgitar *intr.* Expeler por la boca, sin esfuerzo, sustancias sólidas o líquidas contenidas en el esófago o en el estómago.

regusto *m.* Gusto o sabor que queda de la comida o bebida.

rehabilitar 1 *tr.* y *prnl.* Habilitar de nuevo. 2 Devolver el honor y el crédito del que alguien ha sido privado.

rehacer 1 *tr.* Volver a hacer lo que se había deshecho o hecho mal. 2 Reformar, refundir. 3 *tr.* y *prnl.* Reparar, restablecer lo disminuido o deteriorado. • Vb. irreg. conjug. c. **hacer**. V. anexo El verbo.

rehén *m.* y *f.* Persona retenida en poder de alguien, como garantía o fianza, mientras se cumplan determinadas exigencias.

rehilete 1 *m.* Flechilla con plumas o papel en el extremo que no se clava. 2 Volante que se lanza al aire con raqueta.

rehogar *tr.* Sazonar una vianda a fuego lento, sin agua y muy tapada, en manteca, aceite y otros condimentos.

rehuir 1 *tr.* e *intr.* Evitar, esquivar algo por algún temor, sospecha o recelo. • U. t. c. prnl. 2 *tr.* Rehusar o excusar el admitir algo. • Vb. irreg. conjug. c. **huir**. V. anexo El verbo.

rehusar *tr.* No querer o no aceptar algo.

reina 1 *f.* Esposa del rey. 2 Mujer que ejerce la potestad real, por derecho propio. 3 Pieza del juego de ajedrez, la más importante después del rey. Puede caminar como cualquiera de las demás piezas, exceptuado el caballo. 4 Mujer que por su excelencia sobresale entre las demás. 5 ZOOL En los insectos sociales, hembra fértil y madura cuya función es poner huevos.

reinado *m.* Espacio de tiempo en que gobierna un rey o una reina.

reinar *intr.* Regir, gobernar un rey o una reina un Estado.

reincidencia *f.* Reiteración de una misma cultura o defecto.

reincidir *intr.* Volver a incurrir en un error, falta o delito.

reincorporar 1 *tr.* y *prnl.* Volver a incorporar a una sustancia o a un cuerpo lo que se había separado de él. 2 Volver a incorporar a una persona a su puesto, cargo o empleo.

reingeniería *f.* Reorganización de los componentes de una institución, una empresa o un proyecto, mediante una gestión integral dirigida a optimizar los procesos y resultados.

reino 1 *m.* Territorio o Estado sujeto al gobierno de un rey. 2 Cada una de las provincias de un Estado que antiguamente tuvieron su rey propio y privativo: *Reino de Aragón, de Sevilla.* 3 BIOL Cada una de las divisiones primarias de los organismos vivientes según reflejen los procesos evolutivos que subyacen bajo las similitudes y diferencias que existen entre ellos. La taxonomía actual admite una clasificación en cinco reinos: **protistas**, **móneras**, **hongos**, **vegetal** y **animal**. || ~ **de Dios** REL Nuevo estado social de justicia, paz y felicidad espiritual, anunciado por los profetas de Israel, predicado por Cristo en el Evangelio.

reinsertar *tr.* y *prnl.* Dar a alguien los medios necesarios para adaptarse a la vida social.

reintegrar 1 *tr.* Restituir íntegramente una cosa. 2 Devolver a alguien lo que este había prestado anteriormente.

reintegro 1 *m.* Acción y efecto de reintegrar. 2 Pago de un dinero que se debe.

reinversión *f.* ECON Empleo de los beneficios de una actividad productiva en el aumento del capital de la misma.

reír 1 *intr.* y *prnl.* Manifestar regocijo mediante determinados movimientos del rostro, acompañados frecuentemente por sacudidas del cuerpo y emisión de peculiares sonidos inarticulados. 2 *tr.* e *intr.* Hacer burla o mofa. • U. t. c. prnl. 3 *tr.* Celebrar algo con risa. • Vb. irreg. conjugación modelo. V. anexo El verbo.

reiterar *tr.* y *prnl.* Volver a decir algo.

reivindicar 1 *tr.* Reclamar, exigir alguien aquello a que tiene derecho. 2 Rehabilitar el buen nombre o la buena reputación de alguien o de algo.

reja *f.* Conjunto de barrotes de varias formas que se ponen en las ventanas y otras aberturas para seguridad o adorno.

rejilla *f.* Celosía fija o movible, red de alambre, tela metálica, etc.

rejo 1 *m.* Punta o aguijón de hierro o de otra especie. 2 Azote, látigo. 3 Soga o pedazo de cuero que sirve para atar el becerro a la vaca, o para maniatar las reses.

rejón *m.* Púa del trompo.

rejonear *tr.* En el toreo de a caballo, herir con el rejón al toro.

rejuntar 1 *tr.* y *prnl.* Juntar algo. 2 Repasar y tapar las juntas de un paramento. 3 *prnl.* coloq. **AMANCEBARSE**.

rejuvenecer *tr.* e *intr.* Dar a alguien la fortaleza, el vigor, ideales, etc., de la juventud. • Vb. irreg. conjug. c. **agradecer**. V. anexo El verbo.

relación 1 *f.* Conexión, correspondencia entre dos o más cosas. 2 Trato habitual que una persona mantiene con otra u otras. 3 Comunicación regular entre instituciones, empresas, etc. 4 Vínculo que mantienen entre sí los animales. 5 Narración o relato de un hecho. 6 Lista, enumeración de personas o cosas. 7 GRAM **adjetivo** de ~. 8 MAT Correspondencia en que los conjuntos de partida y de llegada son iguales. 9 MAT Resultado de comparar dos cantidades expresadas en números. 10 *f. pl.* Las amorosas o sexuales que mantienen dos personas.

relacionar 1 *tr.* Hacer relación de un hecho. 2 *tr.* y *prnl.* Poner en relación personas o cosas. 3 *prnl.* Establecer relaciones de amistad, amorosas, sociales, de negocios, etc.

relajación 1 *f.* Acción y efecto de relajar o relajarse. 2 Disminución de la tensión muscular. 3 FÍS Pérdida de tensiones que sufre un material sometido a una deformación constante. 4 FÍS Tiempo perceptible necesario para que un sistema reaccione ante cambios bruscos de las condiciones físicas a que está sometido.

relajar 1 *tr.* Hacer menos severa o rigurosa la observancia de las leyes, reglas, estatutos, etc. 2 *tr.* y *prnl.* Distraer el ánimo con algún descanso. 3 *prnl.* Conseguir un estado de reposo físico dejando los músculos en completo abandono y la mente libre de toda preocupación. 4 Caer en malas costumbres.

relajo *m.* Desorden, barullo.

relamer 1 *tr.* Volver a lamer. 2 *prnl.* Lamerse los labios muchas veces. 3 Encontrar mucho gusto o satisfacción en algo.

relamido, da 1 *adj.* Afectado, demasiado pulcro. 2 Jactancioso.

relámpago 1 *m.* Resplandor vivísimo e instantáneo producido en las nubes por una descarga eléctrica. 2 Cosa que pasa fugaz o velozmente.

relampaguear 1 *intr. impers.* Haber relámpagos. 2 *intr.* Brillar mucho, con algunas intermisiones.
relanzar *tr.* Dar nuevos impulsos a una actividad.
relapso, sa *adj.* y *s.* Que reincide en un pecado o en una herejía.
relatar *tr.* Referir o narrar un hecho.
relatividad 1 *f.* Cualidad de relativo. 2 Fís Conjunto de las teorías formuladas por A. Einstein entre 1905 y 1917 sobre la estructura del tiempo y el espacio.
□ Fís La teoría de la relatividad **restringida** (1905) relaciona el espacio y el tiempo con el movimiento de los observadores, formando el espacio relativista de cuatro dimensiones. La teoría de la relatividad **general** (1912-17) es, en esencia, una teoría de la gravedad basada en la curvatura del espacio y el tiempo. Sus predicciones más importantes son: a) equivalencia entre materia y energía, según la ecuación $E = mc^2$ (donde E es la energía, m la masa y c la velocidad de la luz); b) el hecho de que la velocidad de la luz es la máxima posible (c = 300 000 km/s); c) la dilatación del tiempo (consistente en que el tiempo medido por un reloj en reposo transcurre más deprisa que en un reloj en movimiento).
relativismo *m.* Fil Doctrina que no admite la idea de una verdad única y absoluta, sino que esta es relativa y varía según las personas o los grupos.
relativista *adj.* Perteneciente o relativo a la relatividad o al relativismo.
relativizar *tr.* Conceder a algo un valor o importancia menor.
relativo, va 1 *adj.* Que hace relación a alguien o algo. 2 Que no es absoluto, que depende de su relación o comparación con otra cosa. 3 Discutible, susceptible de ser puesto en cuestión. 4 **mayoría** ~. 5 Gram Dicho de un adjetivo, un **adverbio** o un **pronombre**, que funciona como enlace entre la oración de la que hace parte y la principal a la que esta pertenece. 6 Gram **tiempo** ~. 7 Mat **valor** ~.
relato 1 *m.* Acción y efecto de relatar o referir un hecho. 2 Narración, cuento.
releer *tr.* Leer de nuevo o volver a leer algo. • Vb. irreg. conjug. c. **leer**. V. anexo El verbo.
relegar *tr.* Apartar, posponer.
relevante 1 *adj.* Sobresaliente, excelente. 2 Importante, significativo.
relevar 1 *tr.* Reemplazar, sustituir a alguien con otra persona en cualquier empleo o actividad. 2 *tr.* y *prnl.* Exonerar a alguien de una obligación.
relevo 1 *m.* Acción de relevar o reemplazar. 2 Persona que releva.
relicario 1 *m.* Lugar donde están guardadas las reliquias. 2 **medallón**, para llevar un objeto de recuerdo.
relieve 1 *m.* Labor o figura que resalta sobre el plano. 2 Realce que aparentan algunas cosas pintadas. 3 Mérito, renombre. 4 Geo Conjunto de formas y accidentes que constituyen la parte exterior de la corteza terrestre. || **alto** ~ Art **altorrelieve**. **bajo** ~ Art **bajorrelieve**. ~ **medio** Art Talla artística de una superficie en la que las figuras esculpidas sobresalen de ella la mitad de su grosor.
religión *f.* Rel Conjunto de creencias o dogmas acerca de la divinidad, de sentimientos de veneración hacia ella, de normas morales para la conducta y de prácticas rituales para darle culto.
religiosidad *f.* Práctica de las obligaciones religiosas.
religioso, sa 1 *adj.* Rel Perteneciente o relativo a la religión o a los que la profesan. 2 *adj.* y *s.* Rel Que tiene religión y que la profesa con celo. 3 Rel Que ha tomado los hábitos en una orden religiosa regular.
relinchar *intr.* Emitir su voz el caballo.
relincho *m.* Voz del caballo.
reliquia 1 *f.* Rel Parte del cuerpo de un santo o de cosas que han estado en contacto con él. 2 Vestigio de cosas pasadas.
rellano *m.* Porción horizontal en que termina cada tramo de escalera.
rellenar 1 *tr.* y *prnl.* Volver a llenar o llenar enteramente. 2 *tr.* Llenar con algunos ingredientes un ave u otro manjar. 3 Introducir rellenos. 4 Escribir en un impreso determinados datos, en espacios destinados a tal fin.
relleno, na 1 *adj.* Muy lleno. 2 *m.* Cualquier material con que se llena algo. 3 Acción y efecto de rellenar o rellenarse. 4 Picadillo con que se rellenan aves, hortalizas, etc. || ~ **sanitario** Terreno en el que se depositan técnicamente las basuras de una ciudad.
reloj *m.* Instrumento dotado de movimiento uniforme, que sirve para medir el tiempo o dividir el día en horas, minutos y segundos. || ~ **atómico** El de gran precisión regido por la frecuencia de resonancia atómica o molecular. ~ **de sol** El que señala las horas del día por medio de la sombra que un gnomon arroja sobre una superficie marcada.
relucir 1 *intr.* Despedir o reflejar luz algo. 2 Lucir mucho, resplandecer. 3 Destacar en algo o en alguien una cualidad. • Vb. irreg. conjug. c. **lucir**. V. anexo El verbo.
reluctancia *f.* Electr Resistencia que ofrece un circuito al flujo magnético.
relumbrar *intr.* Dar viva luz o alumbrar con exceso.
relumbrón 1 *m.* Rayo de luz vivo y pasajero. 2 Oropel, apariencia.
rema *m.* Ling En un enunciado, información nueva que se comunica sobre algo, lo opuesto al tema.
remachar 1 *tr.* Machacar la punta o cabeza de un clavo ya clavado, para mayor firmeza. 2 Percutir el extremo del remache hasta formarle cabeza que le sujete y afirme. 3 Sujetar con remaches.
remache 1 *m.* Acción y efecto de remachar. 2 Clavo cuya punta se remacha.
remake (Voz ingl.) Nueva versión de una obra, por lo general de una película, que ya se había realizado antes.
remanente *m.* Lo que queda de algo.
remangar *tr.* y *prnl.* Levantar, recoger hacia arriba las mangas o la ropa.
remansar 1 *tr.* Hacer que algo se apacigue o aquiete. 2 *prnl.* Detenerse el curso o la corriente de un líquido.
remanso 1 *m.* Detención o suspensión de la corriente del agua o de otro líquido. 2 Paraje tranquilo.
remar *intr.* Mover los remos para impulsar la embarcación en el agua.
remarcar 1 *tr.* Volver a marcar. 2 Insistir, hacer notar.
remasterizar *tr.* Grabar nuevamente un registro sonoro o audiovisual, con el fin de mejorar su calidad mediante el uso de tecnologías digitales.
rematar 1 *tr.* Dar fin o remate algo. 2 Poner fin a la vida de una persona o animal agonizante. 3 Asegurar una costura dando otras puntadas o haciendo un nudo especial. 4 Hacer remate en la venta o arrendamiento de una cosa. 5 Dep En el fútbol y otros deportes, dar término a una jugada lanzando el balón a la meta contraria.
remate 1 *m.* Acción y efecto de rematar. 2 Fin o extremidad de una cosa. 3 Adjudicación en una subasta. 4 Adorno que corona una construcción.
rembolsar *tr.* y *prnl.* **reembolsar**.
rembolso *m.* **reembolso**.
remedar *tr.* Hacer las mismas acciones, gestos y ademanes que otro por broma o burla.
remediar 1 *tr.* Apartar o separar de un riesgo. 2 *tr.* y *prnl.* Poner remedio a algo.

remedio 1 *m.* Lo que ayuda a reparar un daño o inconveniente. 2 Enmienda o corrección. 3 MED Lo que sirve para producir un cambio favorable en las enfermedades. 4 FARM **MEDICAMENTO.**

remedo 1 *m.* Acción de remedar. 2 Imitación ordinaria de algo.

remembranza *f.* Recuerdo, memoria de algo pasado.

rememorar *tr.* Recordar, traer algo a la memoria.

remendar 1 *tr.* Reforzar con remiendo lo que está viejo o roto, especialmente la ropa. 2 Acomodar una cosa a otra para suplir lo que le falta. • Vb. irreg. conjug. c. **acertar.** V. anexo El verbo.

remero, ra 1 *m.* y *f.* Persona que rema o que trabaja al remo. 2 *adj.* y *f.* Dicho de una pluma de ave grande y larga situada en el extremo del ala.

remesa *f.* Remisión de una cosa de una parte a otra.

remezón *m.* Terremoto ligero.

remiendo 1 *m.* Pedazo de paño u otra tela que se cose a lo que está viejo o roto. 2 Acción y efecto de remendar.

remilgo *m.* Delicadeza exagerada o afectada, mostrada con gestos expresivos.

reminiscencia 1 *f.* Recuerdo impreciso de algo. 2 Lo que por sus características evoca algo que está asociado a ello o que le es semejante: *Este olor es una reminiscencia de mi infancia.*

remisión 1 *f.* Acción y efecto de remitir o remitirse. 2 Indicación en un texto que remite al lector a otro punto del mismo texto o a uno distinto, en el que hay información relativa al asunto de que se trata. 3 Perdón, condonación de una deuda.

remiso, sa *adj.* Reacio a hacer algo.

remite *m.* Nota escrita en un envío con el nombre y señas del que lo hace.

remitente 1 *adj.* y *s.* Que remite. 2 *m.* y *f.* Persona que envía una carta, un cheque, un paquete, un documento, etc.

remitir 1 *tr.* Enviar una cosa a determinada persona de otro lugar. 2 Hacer una remisión en un texto. 3 Perdonar una pena o liberar de una obligación. 4 Diferir o suspender. 5 Apoyarse en algo para hacer mayor precisión en lo que se expresa: *Respecto a la publicidad de bebidas alcohólicas, me remito a la normatividad vigente.* 6 *tr.* e *intr.* Ceder o perder algo de su intensidad una cosa: *La fiebre ha remitido.* • U. t. c. prnl. en la acepción 6. 7 *tr.* y *prnl.* Dejar al juicio o dictamen de otro la resolución de algo.

remo 1 *m.* Pala larga y estrecha que sirve para mover las embarcaciones haciendo fuerza en el agua. 2 Brazo o pata de los cuadrúpedos. 3 DEP Deporte que consiste en competiciones de embarcaciones impulsadas con este instrumento.

remoción *f.* Acción y efecto de remover o removerse.

remodelar *tr.* Modificar o transformar algo para mejorarlo.

remojar *tr.* y *prnl.* Empapar en agua u otro líquido una cosa.

remolacha *f.* Planta herbácea anual, de las quenopodiáceas, con tallo derecho y ramoso, hojas grandes y ovales, flores verdosas en espiga y raíz carnosa, comestible, de la que se extrae azúcar.

remolcar 1 *tr.* Arrastrar una embarcación u otra cosa sobre el agua, tirando de ella. 2 Arrastrar por tierra un vehículo.

remoler *tr.* Moler mucho algo. • Vb. irreg. conjug. c. **mover.** V. anexo El verbo.

remolinar 1 *intr.* y *prnl.* Hacer o formar remolinos algo. 2 *prnl.* e *intr.* Juntarse en grupos desordenadamente muchas personas.

remolino 1 *m.* Movimiento giratorio y rápido del aire, el agua, el polvo, etc. 2 Retorcimiento del pelo en redondo.

remolonear *intr.* y *prnl.* Rehuir el trabajo por flojedad y pereza.

remolque 1 *m.* Acción y efecto de remolcar. 2 Cosa remolcada. 3 Vehículo remolcado por otro.

remonta *f.* Acción y efecto de remontar el calzado.

remontada *f.* Adelanto o ascenso de posición del participante en una competencia deportiva.

remontar 1 *tr.* Poner nuevos pies o suelas al calzado. 2 Subir una pendiente, sobrepasarla. 3 Subir o volar muy alto las aves o los aviones. 4 Elevar en el aire una cometa. 5 Navegar aguas arriba en una corriente. 6 Subir hasta el origen de una cosa. 7 Superar algún obstáculo o dificultad. 8 *tr.* y *prnl.* Ascender por el aire. 9 *prnl.* Subir, ir hacia arriba. 10 Retroceder hasta una época pasada. 11 Ascender una cantidad a la cifra que se indica.

remoquete *m.* Apodo o sobrenombre.

rémora *f.* Pez teleósteo marino de aprox. 40 cm, con las aletas dorsal y ventral prolongadas desde la mitad del cuerpo hasta la cola. Encima de la cabeza tiene un disco cartilaginoso, con el que hace el vacío para adherirse a los objetos flotantes.

remorder *tr.* Inquietar interiormente los escrúpulos por un proceder propio que se considera perjudicial para otro. • Vb. irreg. conjug. c. **mover.** V. anexo El verbo.

remordimiento *m.* Inquietud que queda después de ejecutada una mala acción.

remoto, ta 1 *adj.* Distante o apartado. 2 Que está muy distante de suceder.

removedor *m.* Sustancia química que se emplea para retirar una pintura o un esmalte, o para diluirlos cuando están espesos.

remover 1 *tr.* y *prnl.* Mudar una cosa de un lugar a otro. 2 Alterar o revolver una cosa o asunto. 3 *tr.* Quitar, apartar un inconveniente. • Vb. irreg. conjug. c. **mover.** V. anexo El verbo.

removible *adj.* Que puede ser extraído o intercambiado de su ubicación original.

remozar 1 *tr.* y *prnl.* Dar la lozanía propia de la juventud. 2 Dar aspecto más nuevo a algo.

remplazar *tr.* **REEMPLAZAR.**

remplazo *m.* **REEMPLAZO.**

remunerar *tr.* Pagar con dinero un trabajo, favor o servicio.

renacentista 1 *adj.* y *s.* Dicho de una persona, que cultiva los estudios o el arte propios del Renacimiento. 2 *adj.* Perteneciente o relativo al Renacimiento.

renacer 1 *intr.* Volver a nacer. 2 Tomar nuevas energías y fuerzas. • Vb. irreg. conjug. c. **agradecer.** V. anexo El verbo.

renacimiento 1 *m.* Acción de renacer. 2 Renovación, retorno. 3 Movimiento que en todas las esferas de la cultura se desarrolló en Europa en los ss. XV y XVI, cuyo objetivo fue la renovación científica y artística, inspirado, en gran parte, en la antigüedad clásica. Tuvo su foco inicial en Florencia, donde trabajaron Fray Angélico, Botticelli, etc., culminando con el genio de Leonardo da Vinci. • Se escribe con may. inic. en la acepción 3.

☐ HIST Conceptualmente el Renacimiento se fundó en la consideración del ser humano como personalidad creadora, en una revalorización del arte, ajena a los postulados religiosos y moralizadores, y de la ciencia (que dio paso a una época de grandes descubrimientos), así como en el rompimiento con la metafísica medieval; todo jalonado por el desarrollo de las clases burguesas. En arte el estudio de la perspectiva permitió a los artistas dar sensación de profundidad a sus obras, logrando así una mayor ilusión de realidad. Los flamencos aportaron la técnica del óleo; en escultura se aplicó un alto grado de realismo al tratamiento del cuerpo humano (Miguel Ángel). En literatura resurgieron géneros antiguos, como la épica (Petrarca), y se satisfizo el nuevo interés por el detalle concreto y la experiencia humana (G. Boccaccio). Los humanistas, empeñados en recuperar el latín como lengua literaria, aportaron una contribución decisiva al desarrollo de la lírica. La renovación de la música se extendió desde comienzos del s. XV hasta principios del XVII, que constituye la época dorada de la polifonía (Palestrina, O. di Lasso, T. L. de Victoria).

renacuajo *m.* Larva de los anfibios **anuros**.

renal *adj.* Perteneciente o relativo a los riñones.

rencauchar *tr.* REENCAUCHAR.

rencilla *f.* Cuestión o riña que queda de algún encono.

renco, ca *adj.* y *s.* COJO, persona o animal que cojea.

rencontrar *tr.* y *prnl.* REENCONTRAR.

rencor *m.* Resentimiento arraigado.

rencuentro *m.* REENCUENTRO.

rendición 1 *f.* Acción y efecto de rendir o rendirse. 2 Pacto militar que pone fin a la resistencia de un ejército o tropa.

rendija *f.* Abertura larga y angosta que queda entre dos cosas muy cercanas o que puede producirse en un cuerpo sólido.

rendimiento 1 *m.* Fatiga, cansancio. 2 Producto o utilidad que rinde o da alguien o algo. 3 ECON Proporción entre el producto obtenido y los medios utilizados. 4 ~ **químico**.

rendir 1 *tr.* Vencer, obligar a las tropas enemigas a que se entreguen. 2 Dar fruto o utilidad alguien o algo. 3 Junto con algunos nombres, toma su significación: *Rendir gracias, culto.* • Vb. irreg. conjug. c. **pedir**. V. anexo El verbo.

renegadera *f.* Reclamación o protesta que se repite contra algo o alguien.

renegar 1 *tr.* Negar con instancia algo. 2 *intr.* Pasarse de una creencia a otra. • Vb. irreg. conjug. c. **acertar**. V. anexo El verbo.

renglón 1 *m.* Serie de palabras o caracteres escritos en línea recta. 2 Cada una de las líneas horizontales que tienen algunos papeles y que sirven para escribir sin torcerse.

renio *m.* QUÍM Elemento metálico muy denso y difícilmente fusible. Se utiliza en filamentos eléctricos, varillas de soldadura e imanes criogénicos. Símbolo: Re. Número atómico: 75. Peso atómico: 186,207. Punto de fusión: 3180 °C.

reno, na *m.* y *f.* Ciervo de grandes astas de la región subártica de Europa y Asia. Se puede domesticar, sirve como animal de tiro y se aprovechan su carne, piel y huesos.

renombre *m.* Fama o celebridad.

renovable 1 *adj.* Que puede renovarse. 2 ECOL **energía** ~.

renovar 1 *tr.* Sustituir una cosa vieja, o que ya ha servido, por otra nueva de la misma clase. 2 Dar nueva energía a algo. 3 *tr.* y *prnl.* Volver algo a su primer estado. 4 Reanudar una relación o actividad interrumpida. • Vb. irreg. conjug. c. **contar**. V. anexo El verbo.

renquear *intr.* Cojear las personas.

renta 1 *f.* Lo que paga en dinero o en frutos un arrendatario. 2 Utilidad que rinde anualmente algo, o lo que de ella se cobra. 3 ECON Deuda del Estado o títulos que la representan. 4 ECON **impuesto** sobre la ~. || ~ **nacional** ECON Conjunto de los ingresos derivados de la participación en el proceso productivo durante un año, y referido a una entidad nacional. ~ **neta** ECON La que queda después de aplicar las deducciones fiscales. ~ **per cápita** ECON Renta nacional dividida por el número de habitantes de un país.

rentabilidad 1 *f.* Cualidad de rentable. 2 Capacidad de rentar. 3 ECON Relación entre el monto de una inversión y los beneficios obtenidos de ella.

rentable *adj.* Que produce renta buena o suficiente.

rentar 1 *tr.* e *intr.* Producir renta una cosa. 2 Alquilar.

rentista *m.* y *f.* Persona que percibe renta o vive de sus rentas.

renuente *adj.* Que se resiste a hacer o admitir algo.

renuevo *m.* Vástago que echa el árbol después de podado o cortado.

renuncia 1 *f.* Acción de renunciar. 2 Documento que la contiene.

renunciar 1 *tr.* e *intr.* Dejar voluntariamente una cosa que se tiene, o el derecho y acción que se puede tener. 2 *intr.* Dejar de hacer algo por voluntad, obligación, sacrificio, etc.

reñir 1 *intr.* Contender, disputar. 2 Desavenirse, enemistarse. 3 *tr.* Reprender, regañar. 4 Llevar a efecto un desafío, batalla, etc. • Vb. irreg. conjug. c. **ceñir**. V. anexo El verbo.

reo, a *m.* y *f.* DER Persona demandada en juicio civil o criminal.

reojo || **mirar de** ~ Mirar disimuladamente hacia un lado y sin volver la cabeza.

reorganizar *tr.* y *prnl.* Volver a organizar algo.

reorientar *tr.* y *prnl.* Cambiar la dirección o posición de algo o alguien.

reóstato (Tb. reostato) 1 *m.* ELECTR Instrumento que sirve para variar la resistencia en un circuito eléctrico. 2 ELECTR Instrumento para medir la resistencia eléctrica de los conductores.

repantigarse *prnl.* Arrellanarse en el asiento y extenderse para mayor comodidad.

reparación 1 *f.* Acción y efecto de reparar algo mal hecho o estropeado. 2 Desagravio, satisfacción de una ofensa, daño o injuria. || ~ **de guerra** Pagos que pretende obtener una potencia victoriosa del enemigo derrotado para compensar el coste y los daños ocasionados por la guerra. ~ **moral** POLÍT Compensación al daño psicológico y material que se hace a una víctima, generalmente, luego de finalizar un conflicto armado.

reparar 1 *tr.* Componer o enmendar algo roto o averiado. 2 Enmendar, corregir o remediar. 3 Desagraviar, satisfacer al ofendido. 4 Restablecer las fuerzas; dar aliento o vigor. 5 *intr.* Mirar con cuidado, advertir. 6 Atender, reflexionar.

reparo 1 *m.* Advertencia, observación sobre algo. 2 Dificultad que se encuentra para hacer algo.

repartición *f.* Acción y efecto de repartir.

repartidor, ra *adj.* y *s.* Que reparte o distribuye.

repartimiento *m.* REPARTICIÓN. || ~ **de indios** HIST Institución colonial española (s. XVI) encargada de dotar de mano de obra a las explotaciones agrícolas y mineras. Consistía en repartir, mediante **encomienda**, un número determinado de indios entre los colonizadores españoles. ~ **proporcional** MAT El de cantidades en partes que sean directa o inversamente proporcionales a determinados conceptos.

repartir 1 *tr.* Distribuir algo dividiéndolo en partes. 2 Entregar lo que alguien ha encargado o debe recibir. 3 Distribuir uniformemente una materia sobre una superficie. 4 Asumir una obligación por partes. 5 Adjudicar los papeles de una obra dramática a los actores que han de representarla.

reparto *m.* Acción y efecto de repartir. || ~ **proporcional** MAT Procedimiento de cálculo que permite distribuir una cierta cantidad en partes proporcionales a otras.

repasar 1 *tr.* Volver a mirar o examinar algo. 2 Volver a explicar la lección. 3 Volver a estudiar un texto para acabar de aprenderlo o para recordarlo.

repaso *m.* Acción y efecto de repasar.

repatriar *tr.* e *intr.* Hacer que alguien regrese a su patria. • U. t. c. prnl.

repecho 1 *m.* Cuesta bastante pendiente y no larga. 2 **ANTEPECHO**.

repelente 1 *adj.* Que repele. 2 Repulsivo, repugnante. 3 *m.* Sustancia empleada para alejar a ciertos animales.

repeler 1 *tr.* Rechazar algo de sí con impulso o violencia. 2 Rechazar una cosa a otra en su masa o composición. 3 Rechazar o contradecir una idea, proposición, etc.

repensar *tr.* Volver a pensar algo reflexionando. • Vb. irreg. conjug. c. **acertar**. V. anexo El verbo.

repente || **de** ~ De forma repentina.

repentino, na *adj.* Rápido e imprevisto.

repercusión *f.* Acción y efecto de repercutir.

repercutir 1 *intr.* Producir eco el sonido. 2 Producir trascendencia o resonancia un hecho.

repertorio *m.* Conjunto de obras de teatro o musicales que una compañía, actor, músico, etc., tiene preparadas para representarlas o ejecutarlas.

repetible 1 *adj.* Que se puede repetir. 2 En la metodología científica, fenómeno que se repite y del que se obtienen los mismos resultados.

repetición 1 *f.* Acción y efecto de repetir o repetirse. 2 Figura retórica que consiste en repetir deliberadamente palabras o conceptos.

repetidor, ra 1 *adj.* Que repite. 2 **REPITENTE**. 3 *m.* TELEC Aparato que recibe una señal electromagnética y la vuelve a transmitir amplificada.

repetir 1 *tr.* Volver a hacer o decir lo que ya se había hecho o dicho. 2 *tr.* e *intr.* Volver a servirse de una misma comida o bebida. 3 *prnl.* Suceder varias veces una misma cosa. • Vb. irreg. conjug. c. **pedir**. V. anexo El verbo.

repicar *tr.* e *intr.* Sonar repetidamente y con cierto compás las campanas, la lluvia, etc.

repiquetear *tr.* e *intr.* Hacer ruido golpeando repetidamente sobre algo.

repisa 1 *f.* Estante, placa de madera, cristal u otro material, de cualquier forma, colocada horizontalmente contra la pared para servir de soporte a cualquier cosa. 2 ARQ Elemento arquitectónico que sirve para sostener un objeto de adorno, un balcón, una estatua, etc.

repisar 1 *tr.* Volver a pisar. 2 Apisonar, comprimir, aplanar.

repitente *adj.* y *s.* Dicho de un alumno, que repite un curso o una asignatura.

replantar 1 *tr.* Volver a plantar en el sitio que ha estado plantado. 2 Trasplantar.

replantear *tr.* Volver a plantear un problema o asunto de diferente manera.

replegar 1 *tr.* Retirarse en orden las tropas avanzadas de un ejército. 2 *prnl.* Tomar alguien una actitud de aislamiento. • Vb. irreg. conjug. c. **acertar**. V. anexo El verbo.

repleto, ta 1 *adj.* Relleno, colmado. 2 Ahíto, harto.

réplica 1 *f.* Acción de replicar. 2 Argumento o discurso con que se replica. 3 Copia de una obra artística que reproduce con igualdad la original.

replicación *m.* BIOL Conjunto de reacciones por medio de las cuales el ADN se copia a sí mismo cada vez que una célula se reproduce, y transmite a la descendencia la información de síntesis de proteínas que contiene.

replicar 1 *intr.* Rebatir contra la respuesta o argumento. 2 *tr.* e *intr.* Responder como rechazando lo que se dice o manda. 3 *tr.* Copiar o duplicar un proceso, un experimento, etc. 4 *prnl.* BIOL Producir el ADN su replicación.

repliegue 1 *m.* Acción y efecto de replegarse las tropas. 2 Pliegue doble o irregular.

repoblación *f.* Acción y efecto de repoblar o repoblarse.

repoblar *tr.* y *prnl.* Volver a poblar un lugar con plantas, animales, habitantes, etc. • Vb. irreg. conjug. c. **contar**. V. anexo El verbo.

repollo *m.* **COL**.

reponer 1 *tr.* Reemplazar lo que falta o lo que se había sacado de alguna parte. 2 Responder, replicar: *Me repuso que no le interesaba la propuesta.* • U. m. en pret. perf. simple y en pret. imperf de subj. en la acepción 2. 3 **REESTRENAR**. Participio irreg. *repuesto*.

reportaje *m.* Trabajo periodístico informativo sobre un personaje, suceso, etc., que se difunde por los medios de comunicación.

reportar 1 *tr.* Conseguir, lograr, obtener algún beneficio. 2 Informar, notificar. 3 *prnl.* Presentarse alguien en un determinado lugar por mandato de un superior.

reportero, ra *adj.* y *s.* Dicho de un periodista, que recoge y redacta noticias o cubre determinada información.

reposado, da *adj.* Sosegado, quieto.

reposar 1 *intr.* y *prnl.* Descansar, interrumpiendo la actividad para recuperarse de la fatiga. 2 *intr.* Descansar, durmiendo un breve sueño.

reposición *f.* Acción y efecto de reponer, reemplazar o reestrenar.

reposo 1 *m.* Acción y efecto de reposar o reposarse. 2 FÍS Inmovilidad de un cuerpo respecto de un sistema de referencia. 3 BOT Estado transitorio de una planta o semilla, en el que quedan suspendidas las funciones vitales por efecto de las condiciones climáticas.

repostar *tr.* y *prnl.* Reponer provisiones, combustibles, etc.

repostería 1 *f.* Arte y oficio del repostero. 2 Productos de este arte. 3 Establecimiento donde se hacen y venden.

repostero, ra *m.* y *f.* Persona que por oficio hace pastas, dulces y algunas bebidas.

reprender *tr.* Censurar, amonestar a alguien por lo que ha dicho o hecho.

reprensión 1 *f.* Acción de reprender. 2 Expresión con que se reprende.

represa 1 *f.* Acción de represar. 2 **PRESA**, obra para contener o regular el curso de las aguas.

represalia 1 *f.* Mal que se causa a otro, en venganza o satisfacción de un agravio. 2 Medida que, sin llegar a ruptura violenta, adopta un Estado contra otro para responder a los actos o determinaciones adversos de este. • U. m. en pl. en la acepción 2.

represar 1 *tr.* y *prnl.* Detener o estancar el agua corriente. 2 Detener, contener.

representación 1 *f.* Acción y efecto de representar o representarse. 2 Obra dramática. 3 Imagen o idea que sustituye a la realidad.

representante 1 *adj.* Que representa. 2 *m.* y *f.* Persona que representa a un ausente, empresa, comunidad, etc. 3 Agente que representa a una casa comercial y vende sus productos.

representar 1 *tr.* y *prnl.* Hacer presente una cosa con palabras o figuras que la imaginación retiene. 2 *tr.* Ejecutar en público una obra dramática. 3 Sustituir a alguien o hacer sus veces. 4 Ser algo la imagen o símbolo de una cosa. 5 Aparentar determinada edad. 6 Significar, implicar.

representativo, va 1 *adj.* Que representa o sirve para representar. 2 Que sirve como ejemplar o modelo. 3 POLÍT Dicho de un sistema en el que los encargados de llevar a cabo las funciones ejecutivas, legislativas y judiciales son elegidos mediante voto popular.

represión *f.* Acción y efecto de reprimir o reprimirse.

reprimir 1 *tr.* y *prnl.* Contener, refrenar un deseo, impulso, acción. etc. 2 *tr.* Detener o contener, generalmente con el uso de la fuerza, a los participantes en una sublevación, un golpe, etc.

reprobar 1 *tr.* No aprobar algo, censurarlo. 2 Calificar un examen o una asignatura como no aprobados. 3 Obtener un alumno en un examen o una asignatura la calificación inferior a aprobado. • Vb. irreg. conjug. c. **contar**. V. anexo El verbo.

réprobo, ba *adj.* y *s.* Dicho de una persona, condenada por su heterodoxia religiosa.

reprochar *tr.* y *prnl.* Reconvenir, echar en cara a alguien su mala conducta o actitud.

reproducción 1 *f.* Acción y efecto de reproducir o reproducirse. 2 Cosa reproducida. 3 Copia de un texto, una obra u objeto de arte conseguida por medios mecánicos. 4 BIOL Fenómeno propio de los seres vivos, cuya finalidad es perpetuar la especie. || ~ **asexual** BIOL En la que el nuevo individuo se forma a partir de células progenitoras, sin que exista meiosis, formación de gametos o fecundación. Las características de los descendientes son las mismas que las del organismo original. Se distinguen dos tipos fundamentales: **partenogénesis**, **escisión**. Por lo general, las plantas se reproducen de forma asexual mediante esquejes, bulbos o tubérculos. ~ **sexual** BIOL En la que es necesario el intercambio de material genético entre los progenitores y se lleva a cabo mediante la fusión de dos células reproductoras especiales (gametos) para dar un cigoto, a partir del cual se desarrolla un nuevo individuo que tiene la mitad de los genes de cada uno de sus progenitores.

reproducir 1 *tr.* y *prnl.* Volver a producir o producir de nuevo. 2 *tr.* Repetir lo que antes se dijo y alegó. 3 Sacar copia. 4 *prnl.* BIOL Procrear los organismos un nuevo individuo. • Vb. irreg. conjug. c. **conducir**. V. anexo El verbo.

reproductor, ra 1 *adj.* y *s.* Que reproduce. 2 BIOL *m.* Dicho de un órgano o de un aparato, que interviene de forma más o menos directa en la concepción y creación de nuevos individuos de la especie. 3 *m.* y *f.* Animal destinado a la procreación, para mejorar su raza. || **aparato** ~ ANAT y FISIOL Conjunto de órganos que intervienen de forma más o menos directa en la concepción y creación de nuevos seres. En los vertebrados incluye los testículos y los ovarios, órganos donde, respectivamente, maduran y se almacenan los espermatozoides y los óvulos. **aparato ~ femenino** ANAT y FISIOL En la mujer, y la mayoría de los mamíferos hembras, está constituido por las **trompas** de Falopio, el **útero** y la **vagina**. Externamente, la vulva, que está formada por el monte de Venus, el vestíbulo de la vagina, los labios mayores y menores y el clítoris. **aparato ~ masculino** ANAT y FISIOL En el hombre, y la mayoría de los mamíferos machos, está formado por el **escroto**, que alberga testículos, y el **pene**, órgano de la copulación formado por tejido cavernoso y tejido esponjoso y por cuyo interior discurre la uretra. En el extremo del pene se encuentra el glande, donde la uretra se abre al exterior. Internamente se distinguen el conducto eferente, por donde los espermatozoides son liberados, el epidídimo, un tubo colector donde se almacena el esperma, el canal espermático que comunica los testículos con la uretra y una serie de glándulas accesorias (vesículas seminales, próstata y glándulas de Cowper), que segregan diversos líquidos que se mezclan con los espermatozoides para formar el semen.

reprografía *f.* Conjunto de técnicas para reproducir documentos.

reptar *intr.* Desplazarse arrastrando el cuerpo sobre la superficie, como las serpientes.

reptil 1 *adj.* y *m.* Perteneciente o relativo a los reptiles. 2 ZOOL Dicho de un animal vertebrado, ovíparo u ovovivíparo, de respiración pulmonar, con patas cortas o sin ellas, piel cubierta de escamas córneas y tamaño variable. Pueden tener extremidades bien desarrolladas, por lo general con cinco dedos, que finalizan en uñas, o bien carecer de ellas o tenerlas reducidas a pequeños rudimentos. Son animales poiquilotermos, que se alimentan de materia vegetal o de presas que capturan. Se agrupan en cinco órdenes: **quelonios**, **cocodrilianos**, **rincocéfalos**, **saurios** y **ofidios**.

república 1 *f.* POLÍT Forma de gobierno representativo en que el poder reside en el pueblo, personificado este por el jefe del Estado, elegido en votación por todos o parte de los ciudadanos. 2 Nación o Estado que posee esta forma de gobierno. 3 POLÍT Cuerpo político de una nación. || ~ **parlamentaria** POLÍT Aquella en la que el presidente, elegido por el parlamento, es jefe de Estado, pero no de gobierno. ~ **presidencialista** POLÍT Aquella en la que el presidente, elegido directamente por los votantes, aúna las jefaturas del Estado y del gobierno.

republicano, na 1 *adj.* Perteneciente o relativo a la república. 2 *adj.* y *s.* Partidario de esta forma de gobierno.

repudiar 1 *tr.* Rechazar algo por considerarlo repugnante o condenable. 2 Rechazar un hombre a su esposa por cauces legales.

repuesto, ta 1 *adj.* Apartado, retirado. 2 *m.* **RECAMBIO**.

repugnancia 1 *f.* Oposición o contradicción entre dos cosas. 2 Aversión a las personas o a las cosas.

repugnar 1 *tr.* y *prnl.* Ser opuesta una cosa a otra. 2 *tr.* Contradecir, negar una cosa. 3 *intr.* Causar asco o aversión.

repujar *tr.* Trabajar el cuero o el metal de modo que una de sus caras resulte en relieve.

repulsa *f.* Rechazo enérgico de algo.

repulsión 1 *f.* Acción y efecto de repeler. 2 **REPULSA**. 3 **REPUGNANCIA**, aversión.

repuntar 1 *intr.* Volver a subir algo a su anterior nivel. 2 Volver a estar algo en su mejor nivel o estado. 3 Empezar a manifestarse algo, como una enfermedad, un cambio en el tiempo, etc.

repunte *m.* Acción y efecto de repuntar.

reputación *f.* Opinión que los demás tienen de una persona.

requebrar *tr.* Lisonjear, piropear, principalmente a una mujer. • Vb. irreg. conjug. c. **acertar**. V. anexo El verbo.

requemar 1 *tr.* y *prnl.* Volver a quemar. 2 Tostar en exceso. 3 Privar de jugo a las plantas, resecarlas. 4 *tr.* Causar una sustancia una sensación de ardor en la boca.

requerimiento 1 *m.* Acción y efecto de requerir. 2 DER Acto judicial por el que se intima que se haga o se deje de hacer algo. || ~ **americano** HIST Durante el periodo inicial de la dominación española en América, exhortación que se hacía a los indígenas mediante la lectura de un documento por el que se los instaba al sometimiento pacífico. Tras la lectura se les requería que aceptasen a la Iglesia, al papa y al rey como señores. La oposición autorizaba la conquista violenta y la conversión de los vencidos en esclavos.

requerir 1 *tr.* Hacer saber algo con autoridad pública. 2 Solicitar o pretender a alguien o algo que se considera imprescindible. • Vb. irreg. conjug. c. **sentir**. V. anexo El verbo.

requesón *m.* Residuo caseoso y sólido de la leche después de hecho el queso.

requiebro 1 *m.* Acción y efecto de requebrar. 2 Dicho o expresión con que se requiebra.

réquiem *m.* Mús Composición musical que se canta con el texto litúrgico de la misa de difuntos.

requintar 1 *tr.* Tensar una cuerda. 2 Exceder, aventajar mucho.

requinto 1 *m.* Mús Clarinete pequeño de tono agudo que se usa en las bandas. 2 Mús Instrumento de cuatro cuerdas, similar a una guitarra pequeña.

requisa 1 *f.* Embargo de cosas con fines militares o de seguridad nacional. 2 Registro para buscar algo.

requisar *tr.* Hacer una requisa.

requisición *f.* Expropiación que se hace de ciertos bienes, considerados de interés público.

requisito *m.* Circunstancia o condición necesaria para algo.

res 1 *f.* Ejemplar de ganado vacuno. 2 Cuadrúpedo doméstico como la oveja, la vaca, etc., o salvaje como el venado, el pecarí, etc.

resabiar *tr.* y *prnl.* Volverse mañosa y desconfiada una persona o un animal.

resabio *m.* Maña o mala costumbre de una persona en particular: *Pedro tiene sus resabios.*

resaca 1 *f.* Movimiento en retroceso de las olas después de llegar a la orilla. 2 Malestar que el que ha bebido con exceso padece al día siguiente.

resaltador *m.* Rotulador de tinta semitransparente de color encendido, que sirve para destacar una parte de un escrito o impreso, rayándola.

resaltar 1 *intr.* Sobresalir algo en una superficie. 2 *intr.* y *tr.* Destacar algo, ponerlo de relieve.

resalto *m.* Parte que sobresale en una superficie.

resanar *tr.* Reparar los desperfectos de una superficie.

resarcir *tr.* y *prnl.* Indemnizar, compensar un daño, perjuicio o agravio.

resbaladizo, za 1 *adj.* Dicho de lo que resbala o se escurre fácilmente. 2 Dicho de un paraje en que se puede resbalar.

resbalar 1 *intr.* y *prnl.* Escurrirse, deslizarse sobre una superficie. 2 *intr.* No interesar o no importar algo a alguien.

resbaloso, sa *adj.* RESBALADIZO.

rescatar 1 *tr.* Recobrar alguien lo suyo que estaba en poder ajeno. 2 Liberar a alguien de la cautividad. 3 Recuperar para su uso algún objeto que se tenía olvidado, estropeado o perdido. 4 *tr.* y *prnl.* Salvar a alguien de un peligro.

rescate *m.* Acción y efecto de rescatar.

rescatista *m.* y *f.* Persona que se dedica a salvar las vidas de las víctimas en un siniestro.

rescindir *tr.* Dejar sin efecto un contrato, una obligación, etc.

rescoldo *m.* Brasa menuda resguardada por la ceniza.

resembrar *tr.* Volver a sembrar un terreno por malograrse la primera siembra. • Vb. irreg. conjug. c. **acertar**. V. anexo El verbo.

resentimiento *m.* Disgusto del que se cree perjudicado por algo o por alguien.

resentirse 1 *prnl.* Sentir molestia o dolor por una herida o enfermedad ya curadas. 2 Tener resentimiento. • Vb. irreg. conjug. c. **sentir**. V. anexo El verbo.

reseña 1 *f.* Nota que se toma de los rasgos distintivos de una persona, animal o cosa para su identificación. 2 Descripción sucinta de una cosa por escrito. 3 Noticia y artículo de crítica literaria, artística o científica en un periódico o revista.

reseñar *tr.* Hacer una reseña.

reserva 1 *f.* Cosa reservada en el futuro. 2 Prevención para no manifestar algo que se sabe o se piensa. 3 Acción de destinar algo de modo exclusivo para una o más personas. 4 Excepción o condición que se hace en un contrato, una promesa, etc. 5 Dep En equipos deportivos, suplente. 6 Conjunto de personas que terminaron su servicio militar activo, pero que pueden ser movilizadas. 7 Econ Fondos o valores guardados en previsión o por razones legales por un agente económico. || ~ **indígena** Territorio de un Estado destinado al asentamiento de determinadas comunidades indígenas y en el que estos pueden ejercer funciones jurisdiccionales, siempre que no sean anticonstitucionales. ~ **natural** Área silvestre protegida de manera especial contra el deterioro y la degradación medioambiental.

reservación 1 *f.* Acción y efecto de reservar. 2 Reserva de plaza en un hotel, espectáculo, medio de transporte, etc. 3 RESGUARDO indígena.

reservado, da 1 *adj.* Cauteloso, reacio en manifestar su interior. 2 *m.* Parte de un lugar público que se destina solo a personas o a usos determinados.

reservar 1 *tr.* Guardar algo para el futuro. 2 Apartar con antelación sitio o lugar en un hotel, avión, espectáculo, etc. 3 Destinar un lugar o una cosa, de un modo exclusivo, para uso o persona determinados.

reservista *adj.* y *s.* Dicho de un militar, que pasa a la reserva.

reservorio 1 *m.* Depósito, estanque. 2 Biol Depósito de sustancias nutritivas o de desecho destinadas a ser utilizadas o eliminadas por la célula o el organismo.

resfriado *m.* Med Inflamación aguda de las mucosas de las vías respiratorias superiores.

resfriar 1 *tr.* Enfriar. 2 *prnl.* Contraer resfriado.

resguardar 1 *tr.* Defender o proteger algo. 2 *prnl.* Precaverse contra un daño.

resguardo *m.* Acción de resguardar. || ~ **indígena** reserva INDÍGENA.

residencia 1 *f.* Acción y efecto de residir. 2 Lugar en que se vive habitualmente. 3 Casa donde, sujetándose a determinada reglamentación, residen personas de la misma ocupación, sexo, edad, etc. 4 Establecimiento público donde se alojan viajeros o huéspedes.

residencial *adj.* Dicho de una parte de una ciudad, destinada a viviendas.

residenciar 1 *tr.* Dicho de un juez, tomar cuenta a otro, o a otra persona que ha ejercido un cargo público, de algo, especialmente de la conducta que ha tenido durante su desempeño. 2 *prnl.* Establecerse en un lugar para residir en él.

residente 1 *adj.* y *s.* Que reside. 2 Dicho de un médico, funcionario, etc., que debe residir en el mismo lugar en que tiene su empleo o cargo.

residir 1 *intr.* Vivir habitualmente en determinado lugar. 2 Encontrarse en alguien cualquier cosa inmaterial, como derechos, facultades, etc.

residual 1 *adj.* Perteneciente o relativo al residuo. 2 Que sobra o queda como residuo.

residuo 1 *m.* Parte o porción que queda de un todo. 2 Lo que resulta de la descomposición o destrucción de algo. 3 Mat Resto de la sustracción y de la división. 4 *m. pl.* Basuras. || ~ **tóxico** Ecol Material de desecho que por su composición representa un riesgo para la salud humana, los recursos naturales y el medioambiente. ~**s sólidos** Ecol Materiales de desecho que se producen tras la utilización de bienes de consumo, que no se presentan en estado líquido o gaseoso.

resignar 1 *tr.* Entregar una autoridad el mando a otra en determinadas circunstancias. 2 *prnl.* Conformarse, condescender.

resiliencia 1 *f.* FÍS Resistencia de los materiales a las condiciones externas, lo que implica que conservan o recuperan su forma y características originales. 2 Capacidad que desarrolla el ser humano para encarar problemas y situaciones negativas y sacar de ellas provecho y fortalezas personales.

resina *f.* Sustancia orgánica sólida o pastosa, transparente e insoluble en el agua, con poca tendencia a cristalizarse.

resistencia 1 *f.* Acción y efecto de resistir o resistirse. 2 Actitud del que se resiste a hacer algo. 3 ELECTR Elemento que se intercala en un circuito para dificultar el paso de la corriente o para hacer que esta se transforme en calor. 4 FÍS Propiedad de un objeto o sustancia que hace que se resista u oponga al paso de una corriente eléctrica. Su unidad en el sistema internacional es el ohmio. Símbolo: Ω. 5 FÍS Fuerza que se opone al movimiento de una máquina y ha de ser vencida por la potencia. 6 FÍS Capacidad de los materiales para soportar las diversas solicitudes a que pueden estar sometidos: tracción, compresión, flexión, etc. 7 POLÍT Conjunto de las personas que, clandestinamente de ordinario, se oponen con violencia a los invasores de un territorio o a una dictadura. || ~ **de carga** ELECTR La conectada en paralelo con una carga de alta impedancia, de forma que el circuito de salida pueda proporcionar, en la carga, la mínima corriente requerida para la operación en cuestión. ~ **longitudinal** FÍS La de un cuerpo a las fuerzas longitudinales que intentan romperlo. ~ **pacífica** Uno de los fundamentos de la no violencia, que consiste en expresar la renuencia a hacer algo mediante actos que no impliquen agresión y que conlleven respeto y tolerancia hacia quien busca imponer su voluntad. ~ **pasiva** FÍS Cualquiera de las que en una máquina dificultan su movimiento y disminuyen su efecto útil, como el rozamiento, los choques, etc.

resistente 1 *adj.* Que resiste o se resiste: *Bacteria resistente a los antibióticos.* 2 Dicho de un material o de una cosa, que no se rompe con facilidad.

resistir 1 *tr.* e *intr.* Oponerse un cuerpo o una fuerza a la acción o violencia de otra. • U. t. c. prnl. 2 *intr.* Rechazar, repeler. 3 Contrariar, contradecir. 4 *tr.* Tolerar, aguantar. 5 *tr.* y *prnl.* Combatir las pasiones, los deseos, etc. 6 *prnl.* Oponerse con fuerza alguien a lo que se expresa. 7 Oponer algo dificultades para su comprensión, manejo, realización, etc.

resistividad *f.* ELECTR Resistencia que ofrece un material al paso de la corriente eléctrica por unidad de longitud y sección.

resma *f.* Conjunto de quinientas hojas de papel.

resolana *f.* Incidencia suave o atenuada de los rayos del sol.

resollar *intr.* Respirar haciendo ruido. • Vb. irreg. conjug. c. **contar**. V. anexo El verbo.

resolución 1 *f.* Acción y efecto de resolver o resolverse. 2 Plan o proyecto que se decide. 3 Ánimo, decisión, prontitud. 4 Nivel de detalle de un monitor, una impresora, etc., al producir una imagen. 5 FÍS **poder** de ~.

resolver 1 *tr.* e *intr.* Tomar una determinación. 2 Culminar un asunto. 3 *tr.* y *prnl.* Solucionar un problema o una duda. 4 *prnl.* Decidirse a hacer o decir algo. • Participio irreg. Vb. irreg. conjug. c. **mover**. V. anexo El verbo.

resonancia 1 *f.* Prolongación del sonido, que se va disminuyendo gradualmente. 2 Sonido producido por repercusión de otro. 3 Gran divulgación que adquiere un hecho. 4 FÍS Fenómeno que se produce al coincidir la frecuencia propia de un sistema mecánico, eléctrico, etc., con la frecuencia de una excitación externa. 5 MÚS Cada uno de los sonidos elementales que acompañan al principal en una nota y comunican timbre particular a cada voz o instrumento. 6 MÚS **caja** de ~. || ~ **magnética** FÍS y MED Método de análisis espectroscópico basado en las transiciones inducidas entre los niveles de energía magnética de un átomo, de un ion o de una molécula. ~ **química** QUÍM Sistema de enlace entre los átomos de una molécula que, debido a la compleja distribución de sus electrones, obtiene una mayor estabilidad que con un enlace simple. Esta distribución de electrones no fluctúa, en contra de lo que su nombre hace pensar.

resonar 1 *intr.* y *tr.* Hacer sonido por repercusión. 2 Sonar mucho. • Vb. irreg. conjug. c. **contar**. V. anexo El verbo.

resort *m.* Establecimiento hotelero que ofrece a sus usuarios servicios de atención integral de hospedaje, alimentación, entretenimiento y cuidado personal.

resorte *m.* Dispositivo elástico que experimenta una deformación significativa pero reversible cuando se le aplica una fuerza.

respaldar 1 *tr.* Proteger, amparar. 2 *prnl.* Inclinarse de espaldas o arrimarse al respaldo de un asiento. 3 *m.* RESPALDO, de un asiento.

respaldo 1 *m.* Parte de una silla, un banco, etc., en que descansan las espaldas. 2 Pared para resguardar las plantas. 3 Revés de un papel, en el que se anota algo.

respectar *intr.* Pertenecer, atañer una cosa a otra o a una persona. • Solo se usa en las frases *en lo que respecta a* y *por lo que respecta a.*

respectivamente 1 *adv. m.* Con relación, proporción o consideración a algo. 2 Según la relación o conveniencia necesaria a cada caso.

respectivo, va 1 *adj.* Que se refiere a alguien o algo determinados. 2 Dicho de los elementos de una serie, que tienen correspondencia con los de otra serie.

respecto *m.* Relación o proporción de una cosa a otra. || **al** ~ En relación con aquello de que se trata. **con** ~, o ~ **a,** o ~ **de,** RESPECTIVAMENTE.

respetable 1 *adj.* Digno de respeto. 2 Dicho, con carácter ponderativo, de ciertas cosas: *Hallarse a respetable distancia.* 3 *m.* Público que acude a un espectáculo.

respetar *tr.* Tener respeto.

respeto 1 *m.* Acatamiento que se hace a alguien, en razón de su autoridad, mérito, edad, etc. 2 Miramiento que se tiene en el trato. 3 *m. pl.* Manifestaciones de acatamiento que se hacen por cortesía.

respetuoso, sa *adj.* Que observa cortesía y respeto.

respingar *intr.* Elevarse o levantarse el borde de algo.

respingo 1 *m.* Acción y efecto de respingar. 2 Sacudida violenta del cuerpo. 3 Expresión o movimiento de disgusto que uno muestra por tener que hacer algo.

respiración 1 *f.* Acción y efecto de respirar. 2 BIOL Función biológica por la cual se producen reacciones de oxidación que liberan la energía que se utiliza en el metabolismo. || ~ **artificial** MED Terapias de reanimación que se practican para restablecer el ritmo respiratorio en las personas que por accidente o enfermedad lo tienen alterado. ~ **branquial** ZOOL La que llevan a cabo los animales acuáticos mediante sus branquias, que mantienen un flujo constante de agua y gracias a las cuales oxigenan la sangre. ~ **celular** BIOL Proceso de liberación de energía por parte de las células, procedente de la combustión de moléculas como los hidratos de carbono y las grasas. ~ **cutánea** ZOOL La que se realiza a través de los capilares de la piel, llevando directamente el oxígeno a los tejidos. Es propia de anfibios y de muchos invertebrados acuáticos. Las formas anfibias, como las ranas, respiran por la piel y por los pulmones. ~ **pulmonar** ZOOL La que se realiza a través de los pulmones. Es propia de vertebrados aéreos y anfibios adultos. ~ **traqueal** ZOOL La que se realiza mediante tráqueas que transportan el aire a los órganos internos. Es propia de los artrópodos terrestres (insectos, miriápodos, arácnidos).

respiradero *m.* Abertura o conducto por donde entra y sale el aire.

respirar *intr.* y *tr.* BIOL Absorber el aire los seres vivos, por pulmones, branquias, tráquea, etc., para mantener sus funciones vitales tomando parte de las sustancias que lo componen, y expelerlo modificado.

respiratorio, ria *adj.* Que sirve para la respiración o la facilita.

□ **aparato respiratorio** ANAT y FISIOL En el ser humano, y en general en los mamíferos, comprende las vías respiratorias (fosas nasales, laringe y tráquea), dos bronquios que penetran en los pulmones, los pulmones, los alvéolos pulmonares, la caja torácica (costillas, esternón y columna vertebral) y los músculos respiratorios (especialmente el diafragma). Cuando los alvéolos se llenan con el aire inhalado, el oxígeno se difunde hacia la sangre de los capilares, que es bombeada por el corazón hasta los tejidos del cuerpo. El dióxido de carbono se difunde desde la sangre a los pulmones, desde donde es exhalado.

respiro 1 *m.* Acción y efecto de respirar. 2 Descanso, alivio del trabajo o de una dificultad.

resplandecer 1 *intr.* Despedir rayos de luz una cosa. 2 Reflejarse la alegría o satisfacción en el rostro. • Vb. irreg. conjug. c. **agradecer**. V. anexo El verbo.

resplandor *m.* Luz muy clara que arroja un cuerpo luminoso.

responder 1 *tr.* e *intr.* Contestar a lo que se pregunta o propone. 2 Contestar un mensaje recibido. 3 *tr.* Expresar con su voz un animal al reclamo de otro o al que la imita. 4 *intr.* Responsabilizarse una persona de algo o de alguien. 5 Replicar, contradecir. 6 Reaccionar a lo que se pretende: *El enfermo ha respondido al tratamiento.* 7 Reaccionar de determinada manera a una acción realizada por otro: *Le respondieron con insultos.* 8 Estar una persona obligada a reparar el daño causado por ella.

responsabilizar 1 *tr.* Hacer a una persona responsable de algo. 2 *prnl.* Asumir la responsabilidad de algo.

responsable 1 *adj.* y *s.* Obligado a responder o a rendir cuenta de alguna cosa o por alguna persona. 2 *adj.* Que es consciente y formal en sus palabras, decisiones o actos. 3 Culpable de algo. 4 *m.* y *f.* Persona que tiene a su cargo dirigir un trabajo, una actividad, etc.

responso *m.* REL Oración que se reza por los difuntos.

respuesta *f.* Satisfacción a una pregunta, duda o dificultad.

resquebrajar *tr.* y *prnl.* Hender, hacer grietas en un cuerpo duro.

resquemor *m.* Sentimiento causado en el ánimo por algo penoso.

resquicio 1 *m.* Abertura que hay entre el quicio y la puerta. 2 Cualquier otra hendidura pequeña.

resta 1 *f.* MAT Operación consistente en, dados dos números, hallar otro número que sumado al menor (sustraendo), dé como resultado el mayor (minuendo). 2 MAT Resultado de la operación de restar.

restablecer 1 *tr.* Volver a establecer una cosa o ponerla en el estado que antes tenía. 2 *prnl.* Recuperarse de una dolencia, una enfermedad o un daño. • Vb. irreg. conjug. c. **agradecer**. V. anexo El verbo.

restallar *intr.* y *tr.* Producir un sonido seco y agudo en el aire, como el látigo.

restañar *tr.* e *intr.* Detener la efusión de sangre. • U. t. c. prnl.

restar 1 *tr.* Quitar una parte de un todo. 2 Disminuir, rebajar. 3 MAT Realizar una resta aritmética. 4 *intr.* Permanecer en el mismo estado.

restauración *f.* Acción y efecto de restaurar.

restaurante *m.* Establecimiento donde se sirven comidas en mesas atendidas por camareros.

restaurar 1 *tr.* Reparar una obra de arte, un edificio, etc., de un deterioro sufrido. 2 Reponer en un país el régimen político que existía y que había sido sustituido por otro.

restituir 1 *tr.* Devolver una cosa a quien antes la tenía. 2 Restablecer a alguien o algo en su estado anterior. 3 *prnl.* Volver alguien al lugar de origen. • Vb. irreg. conjug. c. **huir**. V. anexo El verbo.

resto 1 *m.* Parte que queda de un todo. 2 MAT En una división, diferencia que queda cuando no se obtiene un cociente exacto del dividendo.

restregar *tr.* Frotar con ahínco. • Vb. irreg. conjug. c. **acertar**. V. anexo El verbo.

restricción 1 *f.* Acción y efecto de restringir. 2 Limitación o reducción.

restringir 1 *tr.* Ceñir, reducir a menores límites. 2 Apretar, constreñir.

resucitación *f.* MED Acción de volver a la vida a los seres vivos en estado de muerte aparente.

resucitar 1 *tr.* Volver la vida a un muerto. 2 *intr.* Volver alguien a la vida.

resuello 1 *m.* Aliento o respiración violenta. 2 Pausa, receso.

resuelto, ta 1 *adj.* Audaz, arrojado. 2 Pronto, diligente.

resultado 1 *m.* Efecto y consecuencia de un hecho, una operación o una deliberación. 2 Puntuación final de un juego o de una competición. 3 Utilidad, rendimiento. 4 MAT Solución final de una o varias operaciones.

resultante 1 *adj.* y *s.* Que resulta. 2 *m.* o *f.* FÍS Dicho de una fuerza o de un vector, que equivale al conjunto de otras varias.

resultar 1 *intr.* Venir a parar algo en provecho o daño de una persona o de algún fin. 2 Originarse o venir una cosa de otra. 3 Aparecer, manifestarse o comprobarse una cosa. 4 Llegar a ser. 5 Tener buen o mal resultado. 6 Producir agrado o satisfacción.

resumen 1 *m.* Acción y efecto de resumir o resumirse. 2 Exposición resumida de un asunto o materia.

resumir 1 *tr.* y *prnl.* Reducir a lo esencial un asunto o una materia. 2 *prnl.* Convertirse, resolverse una cosa en otra.

resurgir *intr.* Surgir de nuevo.

resurrección 1 *f.* Acción de resucitar. 2 REL Por antonomasia, la de Jesucristo. • Se escribe con may. inic. en la acepción 2. 3 REL Pascua, fiesta en que se celebra.

retablo 1 *m.* ART Conjunto de figuras pintadas o de talla, que representan un suceso. 2 ART Obra de arquitectura, de piedra, de madera u otra materia, que compone la decoración de un altar. 3 TEAT Pequeño escenario de títeres.

retaguardia *f.* Tropa de soldados que se mantiene y avanza en último lugar.

retahíla *f.* Serie de muchas cosas que se suceden de forma monótona y arbitraria.

retal *m.* Pedazo sobrante de una tela, piel, chapa, etc.

retama *f.* Planta de las papilionáceas, que puede alcanzar 4 m de altura, de ramas flexibles, hojas escasas, flores amarillas y fruto en legumbre.

A B C D E F G H I J K L M N Ñ O P Q R S T U V W X Y Z

retar *tr.* Desafiar a alguien a duelo o pelea, o a competir en cualquier terreno.
retardado, da *adj.* y *s.* MED **RETRASADO.**
retardador, ra 1 *adj.* Que retarda. 2 *m.* QUÍM Catalizador negativo, usado para evitar una reacción violenta.
retardar *tr.* y *prnl.* Diferir o detener una acción.
retardatriz *adj.* FÍS Que retarda.
retazo 1 *m.* Retal o pedazo de una tela. 2 Fragmento de un discurso.
retén 1 *m.* Puesto fijo o móvil que sirve para controlar o vigilar. 2 Tropa de refuerzo.
retención 1 *f.* Acción y efecto de retener. 2 MED Detención o depósito que se hace en el organismo, de un líquido que debiera expelerse.
retener 1 *tr.* Guardar en sí. 2 Conservar algo en la memoria. 3 Suspender en todo o en parte el pago de un sueldo. 4 Imponer prisión preventiva, arrestar. • Vb. irreg. conjug. c. **tener**. V. anexo El verbo.
retentiva *f.* Facultad de acordarse.
reteñir *tr.* Volver a teñir del mismo o de otro color. • Vb. irreg. conjug. c. **ceñir**. V. anexo El verbo.
reticencia 1 *f.* Efecto de decir algo solo en parte, o de decirlo de manera indirecta y con malicia. 2 Reserva, desconfianza.
retícula 1 *f.* BIOL Tejido en forma de red, como la estructura filamentosa de las plantas. 2 Red de puntos que en el fotograbado reproduce las sombras y los claros de la imagen.
reticular 1 *adj.* De figura de redecilla o red. 2 ANAT **fibra ~**.
retículo *m.* **RETÍCULA.** || **~ endoplasmático** BIOL Red de túbulos y sacos aplanados que se extienden por todo el citoplasma, conectándose con la doble membrana que envuelve al núcleo. Fabrican y transportan proteínas y lípidos.
retina *f.* ANAT y FISIOL Membrana interior del ojo constituida por varias capas de células y de la cual parten las fibras componentes del nervio óptico. En ella se reciben las impresiones luminosas y se representan las imágenes de los objetos.
retinto, ta *adj.* Dicho de un animal, de color castaño muy oscuro.
retiñir *intr.* Dar sonido vibrante el metal o el cristal. • Vb. irreg. conjug. c. **mullir**. V. anexo El verbo.
retirado, da 1 *adj.* Distante, apartado. 2 *adj.* y *s.* Dicho de un militar, empleado, etc., que deja el servicio, conservando algunos derechos. 3 *f.* En un enfrentamiento bélico, acción de retroceder en orden, apartándose del enemigo.
retirar 1 *tr.* y *prnl.* Apartar o separar a una persona o cosa de otra o de un sitio. 2 *tr.* Apartar algo de la vista. 3 Obligar a alguien a que se aparte. 4 Sacar dinero de una cuenta corriente. 5 *prnl.* Apartarse o separarse del trato, comunicación, amistad, etc.
retiro 1 *m.* Acción y efecto de retirarse. 2 Sueldo o pensión que cobra. 3 Lugar apartado y solitario. 4 Recogimiento.
reto 1 *m.* Acción y efecto de retar. 2 Objetivo difícil de lograr, y que constituye por ello un estímulo y un desafío para quien lo afronta.
retocar 1 *tr.* Quitarle imperfecciones a un dibujo, un cuadro o una fotografía. 2 Dar la última mano a cualquier cosa para quitar sus desperfectos.
retoñar *intr.* Echar retoños una planta.
retoño *m.* Vástago o tallo que echa de nuevo la planta.
retoque *m.* Acción y efecto de retocar.
retorcer 1 *tr.* y *prnl.* Dar vueltas a una cosa sobre sí misma, de modo que tome forma helicoidal. 2 *prnl.* Hacer movimientos, contorsiones, etc., por un dolor muy agudo, una risa violenta, etc. • Vb. irreg. conjug. c. **mover**. V. anexo El verbo.
retorcido, da 1 *adj.* Dicho de una persona de intención sinuosa y maligna. 2 Dicho de un estilo o de un lenguaje, complicado y poco comprensible, y de la persona que lo usa.
retórico, ca 1 *f.* Teoría y práctica de la elocuencia, sea hablada o escrita. Define las reglas que rigen todo discurso que se propone influir en la opinión o en los sentimientos. 2 *adj.* desp. Artificio excesivo, rebuscamiento en el lenguaje. 3 Perteneciente o relativo a la retórica.
retornar 1 *tr.* Devolver, restituir. 2 Hacer que una cosa retroceda o vuelva atrás. 3 *intr.* y *prnl.* Volver al lugar o a la situación en que se estuvo.
retornelo *m.* MÚS Repetición de la primera parte del aria, que también se usa en algunos villancicos y otras canciones.
retorno *f.* Acción y efecto de retornar.
retorta *f.* Vasija con cuello largo encorvado, que se usa en operaciones químicas.
retortijón *m.* Dolor intestinal muy fuerte, característico de los cólicos.
retozar 1 *intr.* Saltar y brincar alegremente. 2 Travesear unos con otros. 3 Entregarse a juegos amorosos.
retractar *tr.* y *prnl.* Desdecirse expresamente de lo que se ha dicho.
retráctil *adj.* Que puede avanzar o adelantarse y, después, retraerse.
retraer 1 *tr.* y *prnl.* Apartar o disuadir de un intento. 2 *prnl.* Hacer vida retirada. • Vb. irreg. conjug. c. **traer**. V. anexo El verbo.
retraído, da 1 *adj.* Que gusta de la soledad. 2 Poco comunicativo.
retransmitir 1 *tr.* Volver a transmitir. 2 TELEC Transmitir desde una emisora de radiodifusión lo que se ha transmitido a ella desde otro lugar.
retrasado, da 1 *adj.* BIOL Dicho de un organismo, que no ha alcanzado el normal desarrollo que debiera. 2 *adj.* y *s.* MED Dicho de una persona, que no tiene el desarrollo normal corriente.
retrasar 1 *tr.* Diferir o suspender la ejecución de algo. 2 *intr.* Ir atrás o a menos en algo. 3 *intr.* y *prnl.* Ir hacia atrás o manifestarse contrario al progreso en cualquier cosa. 4 *prnl.* Llegar tarde a alguna parte.
retraso *m.* Acción y efecto de retrasar o retrasarse.
retratar *tr.* Hacer un retrato.
retrato 1 *m.* Fotografía, pintura o efigie que representa una persona o cosa. 2 Descripción detallada del físico o carácter de alguien.
retrechero, ra 1 *adj.* Hábil o ingenioso para evitar el hacer o decir algo. 2 Que tiene mucho atractivo.
retreta 1 *f.* Toque militar para marchar en retirada o para avisar a la tropa que se recoja por la noche en el cuartel. 2 Función de música de banda al aire libre.
retrete 1 *m.* Habitación dotada de las instalaciones necesarias para orinar y evacuar el vientre. 2 Estas instalaciones.
retribuir *tr.* Recompensar o corresponder un servicio, favor, etc. • Vb. irreg. conjug. c. **huir**. V. anexo El verbo.
retroactivo, va *adj.* Que obra o tiene fuerza sobre un tiempo pasado.
retroalimentación 1 *f.* Participación activa de una persona en la evaluación y corrección de sus acciones. 2 Controlar los elementos que intervienen en un determinado proceso, así como los resultados obtenidos, para introducir las modificaciones necesarias.
retroceder *intr.* Volver hacia atrás.

A B C D E F G H I J K L M N Ñ O P Q R S T U V W X Y Z

retroceso 1 *m.* Acción y efecto de retroceder. 2 MED Recrudecimiento de una enfermedad que había empezado a declinar.
retrogradar *intr.* ASTR Retroceder, aparentemente los planetas en su órbita.
retrógrado, da 1 *adj.* ASTR Que retrograda. 2 ASTR **movimiento ~**. 3 *adj.* y *s.* Partidario de instituciones políticas o sociales anticuadas.
retropropulsión *f.* FÍS Propulsión en dirección contraria a la del movimiento de un cohete o motor de reacción.
retrospectivo, va 1 *adj.* Que se refiere a un tiempo pasado. 2 *adj.* y *f.* Exposición que muestra las obras antiguas de un artista, una escuela o una época.
retrotraer 1 *tr.* y *prnl.* Retroceder a un tiempo o a una época pasada, por lo general como punto de arranque de un relato, un suceso, etc. 2 *tr.* Fingir, a efectos legales, que un hecho sucedió en un tiempo anterior al verdadero. • Vb. irreg. conjug. c. **traer**. V. anexo El verbo.
retroversión *f.* MED Desviación hacia atrás de algún órgano del cuerpo.
retrovirus *m.* BIOL y MED Virus que se multiplica en el interior de las células como genomas de ADN, a diferencia de los otros virus que lo hacen con ARN. El VIH que causa el sida es un virus de este tipo.
retrovisor *m.* Pequeño espejo colocado en la parte anterior de los vehículos.
retruécano 1 *m.* Inversión de los términos de una proposición o frase. 2 Juego de palabras.
retuitear *tr.* Reenviar un tuit a un grupo de personas.
retumbar *intr.* Resonar mucho o hacer gran ruido o estruendo una cosa.
reubicar 1 *tr.* Volver a ubicar. 2 Trasladar algo a otro lugar.
reumatismo *m.* MED Nombre genérico que reciben diversas enfermedades que afectan al tejido conectivo, como la gota, la fiebre reumática, la bursitis y la artritis reumatoide.
reunificar *tr.* y *prnl.* Volver a unir personas o cosas.
reunión 1 *f.* Acción y efecto de reunir o reunirse. 2 Conjunto de personas reunidas. 3 Grupo de animales o cosas.
reunir 1 *tr.* y *prnl.* Juntar, congregar, amontonar. 2 *tr.* Juntar determinadas cosas para coleccionarlas.
revalidar 1 *tr.* Ratificar, confirmar. 2 Presentar nuevamente un examen que anteriormente no había sido aprobado.
revalorizar 1 *tr.* Devolver a una cosa el valor que había perdido. 2 *tr.* y *prnl.* Aumentar el valor económico de algo.
revaluar 1 *tr.* Volver a evaluar. 2 ECON Elevar el valor de una moneda de un país, respecto a la de otros.
revancha *f.* Desquite, venganza.
revelar 1 *tr.* y *prnl.* Descubrir o manifestar lo ignorado o secreto. 2 *tr.* REL Manifestar Dios a los seres humanos lo futuro u oculto. 3 FOT y CIN Hacer visible la imagen impresa en la placa o película fotográfica.
revenir 1 *intr.* Dicho de una cosa, retornar o volver a su estado propio. 2 *prnl.* Acedarse o avinagrarse las conservas o los licores. • Vb. irreg. conjug. c. **venir**. V. anexo El verbo.
reventar 1 *tr.* Deshacer o desbaratar una cosa aplastándola con violencia. 2 *intr.* Deshacerse las olas del mar contra la playa. 3 *intr.* y *prnl.* Abrirse una cosa por presión interior. • Vb. irreg. conjug. c. **acertar**. V. anexo El verbo.
reverberación *f.* Acción y efecto de reverberar.
reverberar 1 *intr.* Reflejarse, con apariencia de ebullición, la luz en una superficie. 2 Persistir un sonido en un recinto o local cerrado.
reverbero 1 *m.* Farol que hace reverberar la luz. 2 Pequeña cocina o estufa con un solo fogón.
reverdecer *intr.* y *tr.* Cobrar nuevo verdor los campos o plantíos que estaban mustios o secos. • Vb. irreg. conjug. c. **agradecer**. V. anexo El verbo.
reverencia *f.* Inclinación del cuerpo en señal de respeto.
reverenciar *tr.* Respetar o venerar.
reverendo, da 1 *adj.* Digno de reverencia. 2 Enorme, muy grande. 3 *adj.* y *s.* Dicho de una dignidad eclesiástica y de un prelado y graduado de las religiones.
reversa *f.* MARCHA atrás.
reversible 1 *adj.* Que puede volver a su anterior estado o condición. 2 Dicho de una prenda de vestir, que puede usarse por el derecho o por el revés.
reverso 1 *m.* Revés, parte opuesta. 2 MARCHA atrás.
revertir 1 *intr.* Volver una cosa al estado o condición que tuvo antes. 2 Venir a parar una cosa en otra. • Vb. irreg. conjug. c. **sentir**. V. anexo El verbo.
revés 1 *m.* Parte opuesta de una cosa. 2 Golpe que se da a otro con la mano vuelta. 3 Desgracia o contratiempo. 4 DEP En tenis y otros juegos similares, golpe dado a la pelota, cuando esta viene por el lado contrario a la mano que empuña la raqueta.
revesado, da *adj.* Difícil, intrincado, oscuro.
revestimiento *m.* Capa o cubierta con que se resguarda o adorna una superficie.
revestir 1 *tr.* Cubrir con un revestimiento. 2 Presentar algo distinto de lo que en realidad es. 3 Presentar lo que se dice o hace con conceptos o hechos complementarios. 4 *tr.* y *prnl.* Vestir un sacerdote una ropa sobre otra, para decir misa o celebrar algún sacramento. • Vb. irreg. conjug. c. **pedir**. V. anexo El verbo.
revindicar *tr.* REIVINDICAR.
revisar *tr.* Examinar detenidamente algo para corregirlo o enmendarlo.
revisión *f.* Acción de revisar.
revisionismo *m.* Tendencia a someter a una revisión metódica doctrinas o interpretaciones aceptadas colectivamente con el fin de actualizarlas y algunas veces negarlas.
revisor, ra *adj.* Que revisa o examina algo.
revista 1 *f.* Inspección que alguien hace de las personas o cosas sometidas a su cuidado. 2 Publicación periódica, generalmente ilustrada, sobre una o varias materias. 3 Formación de una unidad militar para que un jefe la inspeccione. || **~ musical** TEAT Espectáculo teatral en el que alternan números dialogados y musicales.
revistero *m.* Mueble para guardar revistas y periódicos.
revitalizar *tr.* Dar más fuerza y vitalidad a algo.
revivir 1 *intr.* Resucitar, volver a la vida. 2 Volver en sí el que parecía muerto.
revocar 1 *tr.* Dejar sin efecto una concesión, un mandato o una resolución. 2 Enlucir o pintar de nuevo la fachada de un edificio o cualquier paramento.
revocatorio, ria *adj.* Que revoca o invalida.
revolcar 1 *tr.* Derribar a alguien y maltratarlo. 2 *prnl.* Echarse sobre una cosa, restregándose en ella. • Vb. irreg. conjug. c. **contar**. V. anexo El verbo.
revolcón *m.* Acción y efecto de revolcar, derribar.
revolotear *intr.* Ir una cosa por el aire dando vueltas.
revoltijo *m.* Conjunto de muchas cosas desordenadas.
revolución 1 *f.* Acción y efecto de revolver. 2 Cambio rápido y profundo en cualquier cosa. 3 ASTR Movimiento de un astro en todo el curso de su órbita. 4 FÍS Giro o vuelta que da una pieza sobre su eje. 5 GEOM **elipsoide** de ~; **paraboloide** de ~; **superficie** de ~.

6 POLÍT Cambio violento en las instituciones políticas de una nación.
□ HIST Transformación que tiene grandes repercusiones en el orden preestablecido en las dimensiones política, económica y social de una población. La Revolución francesa, por ejemplo, fue un movimiento político que se dio en Francia en el siglo XVIII, en el cual se sustituyó la monarquía por la democracia. Así mismo, la Revolución Industrial que tuvo lugar inicialmente en el Reino Unido durante la segunda mitad del siglo XVIII, aportó nuevas técnicas, medios de transporte y maquinarias que contribuyeron al crecimiento económico de la población.

revolucionar 1 *tr.* Perturbar el orden, la tranquilidad o normalidad de un país, entidad, persona, etc. 2 Acelerar, imprimir más o menos revoluciones a un motor.

revolucionario, ria 1 *adj.* Perteneciente o relativo a la revolución. 2 *adj.* y *s.* Partidario de una revolución política. 3 Innovador en un campo o una faceta.

revolver 1 *tr.* Menear una cosa de un lado a otro; moverla alrededor o de arriba abajo. 2 Registrar algo moviendo algunas cosas. 3 Alterar el buen orden y disposición de las cosas. • Vb. irreg. conjug. c. **mover**. V. anexo El verbo.

revólver *m.* Arma de fuego, de corto alcance, provista de un tambor en el que se colocan las balas.

revoque 1 *m.* Acción y efecto de revocar las casas y las paredes. 2 Capa o mezcla de cal y arena u otro material con que se revoca.

revuelo *m.* Turbación y movimiento confuso de algunas cosas, o agitación entre personas.

revuelto, ta 1 *adj.* Difícil, intrincado. 2 Dicho de un tiempo, inseguro, variable. 3 Dicho de un líquido, turbio. 4 *f.* Segunda vuelta o repetición de la vuelta. 5 Alboroto, disturbio.

rey 1 *m.* Monarca o príncipe soberano de un reino. 2 Pieza principal del ajedrez. 3 Carta de cada palo de la baraja, que tiene pintada la figura de un rey.

reyerta *f.* Contienda, disputa, riña.

rezagar 1 *tr.* Dejar atrás algo. 2 *prnl.* Quedarse atrás.

rezar 1 *tr.* Decir o decirse en un escrito algo. 2 REL Dirigir a Dios, o a los santos, de palabra o mentalmente, alabanzas o súplicas. 3 REL Leer o decir el oficio divino o las horas canónicas. 4 REL Recitar la misa, una oración, etc., en contraposición a cantarla.

rezo 1 *m.* Acción de rezar. 2 REL Oficio eclesiástico que se reza diariamente.

rezongar 1 *intr.* Gruñir, refunfuñar. 2 Regañar, reprender.

rezumar 1 *tr.* e *intr.* Dejar pasar un cuerpo, a través de sus poros, gotitas de algún líquido. • U. t. c. prnl. 2 *tr.* Tener un defecto o una cualidad en sumo grado. 3 *intr.* Salir al exterior un líquido a través de los poros de un cuerpo.

Rh MED y FISIOL **FACTOR RH.** • Abreviatura de *factor Rhesus*.

ría 1 *f.* Parte del río próxima a su entrada en el mar. 2 Entrante marítimo en la costa. 3 Ensenada amplia.

riachuelo *m.* Río pequeño y de poco caudal.

riada *f.* Inundación, avenida, crecida impetuosa de un río o arroyo.

ribazo 1 *m.* Porción de tierra con alguna elevación y declive. 2 Talud entre dos fincas que están a distinto nivel. 3 Caballón que divide dos fincas o cultivos.

ribera 1 *f.* Margen y orilla del mar o río. 2 Tierra cercana a los ríos, aunque no esté a su margen.

ribete *m.* Cinta o cosa análoga con que se guarnece y refuerza la orilla del vestido, calzado, etc.

riboflavina *f.* BIOQ Vitamina B_2. Su déficit produce irritaciones en la garganta, lesiones en las mucosas y dermatitis.

ribonucleico 1 *adj.* BIOQ Dicho de un ácido nucleico en que está presente la ribosa. 2 BIOQ **ácido ~**.

ribonucleótido *m.* BIOQ Nucleótido cuyo azúcar constituyente es la ribosa.

ribosa *f.* BIOQ Azúcar del grupo de las pentosas presente en algunos tipos de ácidos nucleicos.

ribosoma *m.* BIOL Estructura del citoplasma que interviene en la síntesis de las proteínas, interpretando el ARN mensajero y formando cadenas proteínicas con los aminoácidos.

ricino *m.* Planta euforbiácea de aprox. 5 m de altura, follaje rojizo, flores blancas, frutos con cápsula provista de filamentos rígidos, con semillas oleosas, usada para muchos fines: purgante, combustible, lubricante para turbinas de aviones, líquido de frenos de automóviles, etc.

rickettsia (Voz lat.) *f.* BIOL Género de bacterias con un tamaño intermedio entre los virus y el resto de las bacterias. Causan diversas enfermedades en la especie humana, generalmente a través de artrópodos como pulgas, piojos, ácaros y garrapatas que actúan como portadores.

rico, ca 1 *adj.* y *s.* Adinerado, acaudalado. 2 *adj.* Abundante, opulento. 3 Gustoso, sabroso. 4 Dicho del terreno, fértil.

ricota *f.* **REQUESÓN.**

rictus *m.* MED Contracción de los músculos faciales que estira los labios y da a la boca el aspecto de la risa.

ridiculez 1 *f.* Dicho o hecho extravagante. 2 Cosa muy pequeña en tamaño o valor.

ridiculizar *tr.* Burlarse de una persona o cosa por sus extravagancias o defectos.

ridículo, la 1 *adj.* Que por su rareza o extravagancia mueve a risa. 2 Insignificante, escaso. 3 De poco aprecio y consideración.

riego 1 *m.* Acción y efecto de regar. 2 Agua disponible para regar. || **~ sanguíneo** FISIOL Cantidad de sangre que nutre los órganos o la superficie del cuerpo.

riel 1 *m.* Lingote pequeño. 2 Carril de vía férrea.

rienda *f.* Cada una de las dos correas que, unidas por uno de sus extremos a uno y otro lado del freno, sirven para conducir la caballería. • U. m. en pl.

riesgo 1 *m.* Contingencia o proximidad de un daño. 2 Cada una de las contingencias que puede cubrir un seguro. 3 MED **población** de **~**.

rifa *f.* Juego que consiste en sortear algo entre varias personas.

rifar *tr.* Efectuar una rifa.

rifle *m.* Fusil rayado y de repetición.

rigidez 1 *f.* Cualidad de rígido. 2 Resistencia que opone un cuerpo a cambiar de forma al aparecer fuerzas exteriores.

rígido, da *adj.* Que no se puede doblar o torcer.

rigor 1 *m.* Severidad estricta e inflexible. 2 Precisión, exactitud. 3 Grado de mayor intensidad de las temperaturas.

riguroso, sa *adj.* Que contiene rigor.

rima¹ 1 *f.* Consonancia o asonancia de los sonidos finales de los versos de un poema. 2 Composición poética de tono lírico. || **~ asonante** LING En un verso, igualdad o semejanza entre los sonidos vocálicos de dos o más palabras, a partir de su última vocal acentuada: *En tu belleza no se compara ni con la brisa de la mañana* hay una rima asonante entre compara y mañana. **~ consonante** En un verso, igualdad o semejanza entre los sonidos vocálicos y consonánticos de dos o más palabras a partir de su última vocal acentuada: *En que si extraje las mieles o la hiel de las cosas, fue porque en ella puse hiel y mieles sabrosas*, hay una rima consonante entre cosas y sabrosas.

rima² *f.* Montón de cosas.

A B C D E F G H I J K L M N Ñ O P Q R S T U V W X Y Z

rimar 1 *intr.* Ser una palabra asonante o consonante de otra. 2 Componer en verso. 3 *tr.* Hacer el poeta una palabra asonante o consonante de otra.

rimbombante *adj.* Ostentoso, llamativo.

rimero *m.* Conjunto de cosas puestas unas sobre otras.

rin *m.* Pieza metálica central y circular de una rueda, sobre la que se monta la llanta.

rincocéfalo *m.* Zool Reptil con el premaxilar superior prolongado en pico. Solo existe una especie viva, la **tuátara**.

rincón *m.* Ángulo entrante que se forma en el encuentro de dos paredes o de dos superficies.

rinconera *f.* Mueble que se coloca en un rincón o ángulo de una habitación.

ring (Voz ingl.) *m.* Dep **cuadrilátero**.

ringlete 1 *m.* **molinete**, juguete. 2 Persona muy activa.

rinitis *f.* Med Inflamación de la mucosa de las fosas nasales.

rinoceronte *m.* Mamífero vegetariano perisodáctilo, de cuerpo muy grueso, que puede alcanzar 3 m de largo y casi 2 m de altura, piel recia y pardusca, y uno o dos cuernos cortos y encorvados en la línea media de la nariz. Vive en Asia y África.

rinofaringe *f.* Anat Porción de la faringe contigua a las fosas nasales.

riña *f.* Acción de reñir.

riñón *m.* Anat Cada uno de los dos órganos situados en la parte posterior de la cavidad abdominal, encargados de eliminar de la sangre las sustancias nocivas a través de la orina. Son voluminosos, con un borde externo convexo y un borde interno cóncavo, de color rojo oscuro, y están situadas a uno y otro lado de la columna vertebral, al nivel de las vértebras lumbares.

río 1 *m.* Geo Corriente natural de agua continua y de cierto caudal, que fluye por un lecho, desde un lugar elevado a otro más bajo y que va a desembocar en otra, en un lago o en el mar. 2 Gran abundancia de algo.

ripícola *adj.* Que habita en las riberas.

ripio 1 *m.* Residuo de una cosa. 2 Fragmentos de ladrillo u otro material desechados o quebrados.

ripostar *tr.* **refutar**.

riqueza 1 *f.* Abundancia de bienes y cosas preciosas. 2 Cualidad de rico. 3 Conjunto de cualidades o atributos excelentes. 4 Lujo, boato.

risa 1 *f.* Acción de reír. 2 Voz o sonido que acompaña dicha acción. 3 Lo que mueve a reír.

risco 1 *m.* Peñasco alto y escarpado. 2 Riesgo, peligro.

risorio *adj.* y *m.* Anat Dicho de un músculo facial cuya contracción contribuye a la expresión de la risa.

ríspido, da *adj.* Áspero, violento.

ristra 1 *f.* Trenza hecha de los tallos de ajos o cebollas. 2 Conjunto de cosas puestas en fila o hilera.

risueño, ña 1 *adj.* Que muestra risa en el semblante. 2 Que se ríe con facilidad.

ritmar *tr.* Sujetar a ritmo.

rítmico, ca 1 *adj.* Perteneciente o relativo o sujeto al ritmo. 2 Dep **gimnasia** ~.

ritmo 1 *m.* Orden acompasado en la sucesión o acaecimiento de las cosas. 2 Repetición periódica de una serie de elementos que poseen cierta armonía. 3 Metro, rasgo básico que determina la estructura de un poema. 4 Mús Longitud o duración de las notas, relación entre ellas y énfasis que hay que hacer en ellas y en el compás, para dar la estructura temporal de una composición.

rito *m.* Acto ceremonial de un culto religioso, con arreglo a normas prescritas.

ritornelo *m.* Mús Trozo musical antes o después de un trozo cantado.

ritual *m.* Conjunto de ritos de una religión o de una iglesia.

ritualismo *m.* Exagerado predominio de las formalidades y trámites reglamentarios.

rival *m.* y *f.* Persona que compite con otra por obtener una misma cosa o por superarla.

rivalizar *intr.* Competir.

rivera 1 *f.* Arroyo, riachuelo. 2 Cauce por donde corre.

rizar 1 *tr.* Formar artificialmente en el pelo rizos, bucles, etc. 2 Hacer en las telas, papel, etc., dobleces menudos. 3 *tr.* y *prnl.* Mover el viento la mar, formando olas pequeñas. 4 *prnl.* Ensortijarse naturalmente el pelo.

rizo, za 1 *adj.* Ensortijado naturalmente. 2 *m.* Mechón de pelo en forma de sortija, bucle o tirabuzón. 3 Giro acrobático vertical completo realizado por el avión.

rizoforáceo, a *adj.* y *f.* Bot Dicho de una planta o de un arbusto, dicotiledóneo, intertropical, con muchas raíces, en parte visibles, hojas sencillas y opuestas, flores actinomorfas de cáliz persistente y fruto indehiscente, como el mangle.

rizoide *m.* Bot Cada uno de los filamentos que hacen las veces de raíces en ciertas plantas que, como los musgos, carecen de estos órganos.

rizoma *m.* Bot Tallo horizontal y subterráneo que carece de clorofila. Actúa como órgano de acumulación de nutrientes. Emite raíces por la cara inferior y tallos por la superior. Si se replanta, da lugar a una planta nueva, como en el lirio común.

rizópodo *adj.* y *m.* Biol Dicho de un protozoo, sarcodino cuyo cuerpo es capaz de emitir seudópodos que le sirven para moverse y para apoderarse de las partículas orgánicas de que se alimenta. Como las amebas y los foraminíferos.

ro[1] *f.* Decimoséptima letra del alfabeto griego (*P*, ρ), que corresponde a la *r* del latino.

ro[2] *interj.* Voz que se usa repetida para arrullar a los niños.

róbalo *m.* Pez marino, de 70 a 80 cm de largo, cuerpo oblongo, boca grande, dorso azul negruzco, vientre blanco, dos aletas en el lomo y cola recta.

robar 1 *tr.* Tomar para sí lo ajeno con violencia o engaño. 2 Raptar a una persona. 3 Arrastrar los ríos la tierra por donde pasan. 4 Quitar cualquier cosa no material.

roble 1 *m.* Árbol de las fagáceas, de hojas perennes y lobuladas, flores en amentos axilares y fruto en bellota. 2 Madera de este árbol.

roblón 1 *m.* Clavo metálico con cabeza en un extremo y que se remacha en el extremo opuesto. 2 Lomo que en el tejado forman las tejas por su parte convexa.

robo 1 *m.* Acción y efecto de robar. 2 Cosa robada. 3 En algunos juegos de naipes y en el dominó, número de cartas o fichas que se toman del monte.

robot *m.* Máquina controlada electrónicamente y programada para moverse, manipular objetos y ejecutar automáticamente operaciones a la vez que interacciona con su entorno.

robótica *f.* Ciencia que estudia la fabricación de robots.

robustecer *tr.* y *prnl.* Dar robustez. • Vb. irreg. conjug. c. **agradecer**. V. anexo El verbo.

robustez *f.* Cualidad de robusto.

robusto, ta 1 *adj.* Fuerte, vigoroso, firme. 2 Dicho de una persona, que tiene buena salud y miembros fuertes.

roca 1 *f.* Geo Agregado natural de minerales que se encuentra en la corteza terrestre. Constituye un material sólido, resultado de diversos procesos, endógenos o exógenos, producidos en el interior de la Tierra o en su corteza. Según sus orígenes, se clasifican en ígneas, metamórficas y sedimentarias. 2 GEO **PIEDRA**. 3 Peñasco que se levanta en la tierra o en el mar. || ~ **madre** GEO Material originario a partir del cual ha evolucionado el suelo. ~**s ígneas** GEO Las formadas por el enfriamiento y la solidificación del magma, como el granito y el basalto. ~**s metamórficas** GEO Las que han experimentado procesos de cambio debidos al calor y la presión de las profundidades de la corteza. Como la pizarra y el mármol. ~**s sedimentarias** GEO Las compuestas por materiales transformados, incluyen las formadas por la acumulación y consolidación de materia mineral pulverizada.

rocalla 1 *f.* Conjunto de piedrecillas desprendidas de las rocas por la acción del tiempo o del agua. 2 Abalorio grueso.

rocanrol 1 *m.* Género musical popular surgido en los Estados Unidos en los años cincuenta del s. XX. Se caracteriza por la espectacularidad de su fuerza interpretativa y la generación de sonido a partir de instrumentos eléctricos. 2 Baile que se realiza al ritmo de este género musical.

rocanrolero, ra *m.* y *f.* **ROQUERO**.

roce 1 *m.* Acción y efecto de rozar o rozarse. 2 Trato frecuente con algunas personas.

rociada 1 *f.* Acción y efecto de rociar. 2 Rocío.

rociar 1 *intr.* Caer sobre la tierra el rocío o la lluvia menuda. 2 *tr.* Esparcir en gotas menudas el agua u otro líquido. 3 **REGAR**, las plantas.

rocín 1 *m.* Caballo de mala traza y de poca alzada. 2 Caballo de trabajo.

rocío 1 *m.* Vapor que con la frialdad de la noche se condensa en la atmósfera en muy menudas gotas, que aparecen sobre la superficie de la tierra. 2 Las mismas gotas perceptibles a la vista.

rock (Voz ingl.) *adj.* y *m.* MÚS Dicho de cada uno de los diversos estilos musicales derivados del rocanrol.

rococó *adj.* y *m.* ART Dicho de un estilo artístico, que surgió en Francia en el s. XVIII, coincidiendo con el barroco tardío y precediendo al neoclasicismo. Caracterizado por la exuberancia decorativa, tuvo su máxima proyección en las artes suntuarias.

rodaballo *m.* Pez teleósteo carnívoro, de cuerpo aplanado, asimétrico y sin escamas.

rodadero, ra 1 *adj.* Que rueda con facilidad. 2 *m.* **TOBOGÁN**, deslizadero artificial.

rodado, da 1 *adj.* Dicho del tránsito de vehículos de ruedas, y del transporte realizado por medio de ellos. 2 Dicho de una piedra lisa y redondeada por el desgaste del agua.

rodaja 1 *f.* Pieza circular y plana de cualquier material. 2 Tajada circular de algunos alimentos.

rodaje *m.* Acción de rodar.

rodamiento 1 *adj.* Dicho de algún impuesto o arbitrio sobre los vehículos automotores. 2 *m.* Pieza formada por dos cilindros concéntricos, entre los que se intercala una corona de bolas o rodillos que pueden girar libremente; permite o facilita que un determinado dispositivo gire.

rodar 1 *intr.* Dar vueltas un cuerpo alrededor de su eje. 2 Moverse una cosa por medio de ruedas. 3 Caer dando vueltas o resbalando por una pendiente. 4 Hacer que rueden ciertas cosas. 5 *tr.* Hacer que ruede algo. 6 CIN Filmar o impresionar una película cinematográfica. 7 CIN Pasar o proyectar la película a mano por medio de un proyector. • Vb. irreg. conjug. c. **contar**. V. anexo El verbo.

rodear 1 *intr.* Andar alrededor. 2 Dar un rodeo para ir a alguna parte. 3 Usar de circunloquios al hablar. 4 *tr.* y *prnl.* Poner una o varias cosas alrededor de otra. 5 *tr.* Cercar a alguien o algo cogiéndolo en medio.

rodela *f.* Escudo redondo y delgado que utilizaba el caballero.

rodeo 1 *m.* Acción de rodear. 2 Camino más largo o desvío del camino derecho. 3 Vuelta o regate para librarse de quien persigue. 4 Conjunto de ganado reunido. 5 Acción de reunir el ganado para reconocerlo, para contar las cabezas, o para cualquier otro fin. 6 Deporte que consiste en montar a pelo potros salvajes o reses bravas, y hacer otros ejercicios como arrojar el lazo, etc.

rodete 1 *m.* Rosca que se hace con las trenzas del pelo. 2 Rosca de lienzo o paño que se pone en la cabeza para cargar y llevar un peso. 3 Parte de la cerradura donde se ajustan las guardas para que pueda girar la llave.

rodilla 1 *f.* Zona situada en la extremidad inferior del cuerpo humano y que comprende la articulación del fémur y la tibia. 2 En los cuadrúpedos, unión del antebrazo con la caña.

rodillera 1 *f.* Cualquier cosa que se pone para comodidad, defensa o adorno de la rodilla. 2 Pieza o remiendo que cubre las rodillas de los pantalones.

rodillo 1 *m.* Pieza de metal cilíndrica y giratoria, que forma parte de determinados mecanismos. 2 Cilindro que se emplea para dar tinta en las imprentas, litografías, etc. 3 Cilindro de madera u otro material que se usa en cocina para alisar la masa.

rodio *m.* QUÍM Elemento metálico muy estable, insoluble en los ácidos ordinarios y muy difícil de fundir. Se usa principalmente en aleaciones con platino para pilas termoeléctricas. Símbolo: Rh. Número atómico: 45. Peso atómico: 102,906. Punto de fusión: 1966 °C. Punto de ebullición: 3727 °C.

rodofita *f.* BIOL **ALGA** roja.

roedor, ra 1 *adj.* Que roe. 2 *adj.* y *m.* ZOOL Dicho de un mamífero, generalmente pequeño, que tiene un par de incisivos largos y fuertes, de crecimiento continuo, y carece de caninos y premolares. Son muy prolíficos, gregarios y voraces. Las ardillas, las marmotas, los lirones, las chinchillas, las ratas y los ratones, etc. son roedores.

roentgen (Voz. al.) *m.* FÍS Unidad de cantidad de radiación eléctrica de rayos X o rayos gamma. Símbolo: R.

roer 1 *tr.* Cortar o desmenuzar con los dientes parte de una cosa dura. 2 Quitar con los dientes a un hueso la carne que se le quedó pegada. 3 Gastar algo superficialmente y por partes menudas. • Vb. irreg. conjugación modelo. V. anexo El verbo.

rogar 1 *tr.* Pedir por gracia una cosa. 2 *intr.* Instar con súplicas. • Vb. irreg. conjug. c. **contar**. V. anexo El verbo.

rogativa *f.* Oración pública para implorar de Dios el remedio de una grave necesidad.

rojo, ja 1 *adj.* y *m.* Dicho de un color, parecido al de la sangre arterial. Corresponde, en sentido estricto, al de las radiaciones de mayor longitud de onda del espectro visible. 2 *adj.* Dicho del pelo rubio casi colorado. 3 *adj.* y *s.* Partidario de ideas políticas izquierdistas.

rol *m.* Papel que representa un actor.

rollo 1 *m.* Cualquier materia que toma forma cilíndrica por rodar o dar vueltas. 2 **CILINDRO** de madera. 3 Madero redondo descortezado, pero sin labrar. 4 Porción de tela, papel, película fotográfica, etc., enrollada en forma cilíndrica. 5 Discurso, exposición o lectura larga y fastidiosa.

A B C D E F G H I J K L M N Ñ O P Q R S T U V W X Y Z

rom (Voz rom) *adj.* y *s.* De un pueblo originario del N de la India que emigró desde el año 1000 a Europa y después, en diferentes oleadas, al resto del mundo.

romaico *m.* LING Lengua griega moderna.

romana *f.* Balanza para pesar, compuesta de una palanca de brazos muy desiguales, con el fiel sobre el punto de apoyo.

romance 1 *adj.* LING Perteneciente o relativo a cada una de las lenguas modernas derivadas del latín. 2 *m.* LIT Composición estrófica y poética de origen español, formada por un número indeterminado de versos octosílabos, con rima asonante en pares. 3 Aventura amorosa.

romancero, ra 1 *m.* y *f.* Persona que canta romances. 2 *m.* LIT Colección de romances.

romaní 1 *adj.* y *s.* De un pueblo nómada que, procedente del N de India, se extendió por Europa y N de África durante la Edad Media. En la actualidad está extendido por todo el mundo. 2 *m.* Lengua indoeuropea hablada por el pueblo *rom.*

románico, ca *adj.* y *m.* ART Dicho de un estilo artístico, que dominó en Europa durante los ss. XI, XII y parte del s. XIII, y que se manifestó especialmente en la arquitectura religiosa.

□ ART Las iglesias románicas constaron de una o tres naves, generalmente atravesadas por otra transversal que daba a la planta una forma de cruz. Eran de escasa altura, con pequeñas aberturas e incorporaban torres que solían flanquear la fachada. La decoración escultórica fue predominantemente bíblica e instructiva. Tuvo gran importancia la iluminación de manuscritos, que dio origen a la pintura románica, hierática y de colores sobrios. Al final del periodo se introdujeron las vidrieras de colores, que posteriormente constituirían un rasgo esencial del arte gótico.

romanización *f.* HIST Proceso de aculturación que experimentaron los diversos pueblos conquistados por Roma, que incorporaron los modos de organización, las costumbres y las formas culturales de Roma o adoptadas por ella.

romanizar 1 *tr.* Difundir en un país la lengua, las costumbres y las leyes de Roma. 2 *prnl.* Adoptar la civilización romana.

romano, na 1 *adj.* y *s.* HIST De la antigua Roma o de cada uno de los países que constituyeron el Imperio romano y de sus habitantes. 2 De la Roma actual. 3 *adj.* Dicho de una cosa, que tiene su origen en la antigua Roma: *Derecho romano.* 4 Dicho de la religión católica y de lo perteneciente a ella.

□ HIST Heredera directa de la cultura griega, la civilización romana logró un alto desarrollo en diversos campos de la cultura como el derecho, la arquitectura, el urbanismo, la política, etc. Fueron los etruscos los que modelaron las primeras instituciones de Roma; su rica cultura asimiló numerosas influencias griegas, incluso en la religión y en la adopción del alfabeto. Fundaron Roma en 750 a. C., que pronto aglutinó en una única comunidad urbana a distintos pueblos de la península itálica. En el inicio de la hegemonía romana la confederación de ciudades gobernadas por reyes fue sustituida por una monarquía centralizada. En el 509 a. C., tras las guerras entre patricios y plebeyos, se estableció la igualdad jurídica entre las clases libres, la monarquía fue abolida y se instauró la República. Durante este periodo, Roma inició una política exterior expansionista y hacia el 260 a. C. lograron el dominio total de la península. A partir de 264 a. C. las guerras púnicas enfrentaron a romanos y cartagineses por el control del Mediterráneo, que finalmente fue logrado por los primeros en 146 a. C. El norte de África, gran parte de la península ibérica y el sur de Las Galias, pasaron a ser provincias romanas. Simultáneamente las legiones romanas lograron el dominio de diversos reinos helenísticos y de Asia Menor. En el 44 a. C. Julio César, destacado general triunfador, abolió la República y se convirtió en dictador. Realizó una amplia reforma administrativa y política; impulsó la romanización de los territorios conquistados e impulsó obras de infraestructura. Su sucesor, Octavio (más tarde con el título de Augusto) dio inicio al periodo conocido como Imperio romano. Augusto mantuvo el Senado y las demás instituciones republicanas. Los emperadores que le sucedieron gobernaron con diversa fortuna. Durante el reinado de Trajano (98-117), el Imperio alcanzó su máxima extensión. Limitaba al N con el Rin y el Danubio, extendiéndose además por Britania y Dacia. En Asia comprendía Asia Menor, Siria, Palestina y Mesopotamia y en África, toda la costa mediterránea y Egipto. En el s. III los generales del ejército usurparon la dignidad imperial; Diocleciano (284-305), que había sido elegido emperador por el ejército, prescindió del Senado y actuó como un monarca absoluto. Con Constantino (324-337) el poder volvió a quedar unificado en la persona del emperador. Constantino legalizó la situación de los cristianos en el Imperio (313) y trasladó la capital a Bizancio (Constantinopla). A la muerte del emperador Teodosio (379-395), el Imperio se dividió en dos partes. El Imperio romano de Occidente, con capital en Roma, quedó en manos de Honorio, mientras que Arcadio fue proclamado emperador de Oriente. Finalmente, en el año 476 tuvieron lugar las grandes invasiones y Rómulo Augústulo, último emperador de Occidente, fue depuesto por el germano Odoacro. Con ello llegaba a su fin el Imperio romano de Occidente. El Imperio romano de Oriente, también llamado Imperio **bizantino**, subsistió hasta 1453, año en que Constantinopla fue tomada por los turcos.

romanticismo *m.* Conjunto de movimientos que en todas las esferas de la cultura occidental se desarrolló durante el final del s. XVIII y buena parte del XIX, como reacción contra clasicismo. Comenzó en Inglaterra y Alemania, y desde allí se propagó a los demás países. En Hispanoamérica surgió con el argentino E. Echeverría y se prolongó casi hasta finales del s. XIX.

□ ART El arte del romanticismo se caracterizó por su concepción del paisaje como un estado del alma, y concedió particular importancia a todo aquello que permitiera expresar con una mayor libertad unos impulsos constreñidos por el racionalismo del s. XVIII. En literatura el romanticismo revaloró la Edad Media, rescató las tradiciones nacionales y exaltó la subjetividad de la personalidad individual, tanto en el ámbito de la poesía (W. Byron, P. B. Shelley, J. Keats, F. Hölderlin, entre otros), como en el de la prosa (W. Scott, J. W. Goethe, E. T. A. Hoffmann, Víctor Hugo, G. A. Bécquer, entre otros). En el área del pensamiento se destacaron, sobre todo, los alemanes J. G. Herder, A. W. von Schlegel, J. W. Goethe y J. C. F. von Schiller. La música romántica se caracterizó por la búsqueda personal de la novedad y por el predominio del elemento subjetivo sobre el formal, destacaron Beethoven, Mendelssohn, Schumann, Chopin, Lizt y Wagner, entre otros muchos.

romántico, ca 1 *adj.* Perteneciente o relativo al romanticismo o que participa en sus peculiaridades. 2 *adj.* y *s.* Sentimental, generoso y soñador. 3 Dicho de un escritor, que da a sus obras el carácter del romanticismo.

romanza 1 *f.* MÚS Aria de carácter generalmente sencillo y tierno. 2 MÚS Composición musical del mismo carácter y meramente instrumental.

rombo *m.* GEOM Paralelogramo que tiene los lados iguales y paralelos, y dos de sus ángulos mayores que los otros dos.
romboide *m.* GEOM Paralelogramo cuyos lados contiguos son desiguales y dos de sus ángulos mayores que los otros dos.
romería *f.* Viaje o peregrinación, generalmente por devoción, a algún santuario.
romero *m.* Planta de las labiadas, de hojas coriáceas, flores azuladas en racimo y fruto seco de semillas menudas. Se utiliza en medicina, perfumería y como condimento.
rompecabezas *m.* Juego consistente en componer determinada figura combinando cierto número de pedacitos, en cada uno de los cuales hay una parte de la figura.
rompehielos *m.* Buque para abrir camino en los mares helados.
rompeolas *f.* Dique avanzado en el mar, para proteger un puerto o rada.
romper 1 *tr.* y *prnl.* Separar con más o menos violencia las partes de un todo. 2 Quebrar o hacer pedazos algo. 3 Causar una abertura en un cuerpo. 4 *tr.* Roturar un terreno. 5 Deshacer una formación de gente armada. 6 Traspasar un límite o término, o salirse de él. 7 Dividir o separar por breve tiempo la unión o continuidad de un cuerpo fluido, al atravesarlo. 8 Interrumpir la continuidad o desarrollo de algo no material. 9 *intr.* Deshacerse en espuma las olas. 10 Tener principio, empezar, comenzar. • Participio irreg. *roto*.
rompiente *m.* Bajo, escollo o costa donde rompen las olas o una corriente marina.
rompimiento 1 *m.* Acción y efecto de romper. 2 Desavenencia o riña.
ron *m.* Aguardiente obtenido por destilación de la melaza o del jugo de la caña de azúcar. Varía entre una graduación de 80 y 150 (40 a 75 % de alcohol).
roncar *intr.* Producir algún sonido ronco al respirar, mientras se duerme.
roncha *f.* Lesión cutánea sobreelevada, característica de la alergia inmediata o provocada por picaduras de un insecto.
ronco, ca *adj.* Dicho de una voz o de un sonido, áspero y bronco.
ronda 1 *f.* Acción de rondar. 2 Grupo de personas que rondan. 3 Paseo nocturno de jóvenes para tocar y cantar por las calles. 4 Serie de conversaciones o negociaciones mantenidas entre altos dirigentes políticos o sociales. 5 **RIBERA**, margen y orilla de un curso de agua. 6 Vuelta de todos los jugadores en varios juegos de mesa. 7 Distribución ordenada de bebida o comida entre personas reunidas en corro. 8 DEP Serie de enfrentamientos deportivos de carácter eliminatorio.
rondador 1 *adj.* y *s.* Que ronda. 2 *m.* MÚS Instrumento a modo de flauta, formado de una serie de canutos de carrizo.
rondalla *f.* MÚS Conjunto musical de instrumentos de cuerda pulsados.
rondar 1 *intr.* y *tr.* Recorrer de noche una población, un campamento, etc., para vigilar. 2 *tr.* Dar vueltas alrededor de algo. 3 Andar tras de alguien para conseguir de él algo. 4 Tener una idea poco definida.
rondó *m.* MÚS Composición cuyo tema se repite varias veces. Fue muy utilizada en la época romántica, sobre todo como último tiempo de la sonata, el cuarteto, el concierto, la sinfonía, etc.
ronquera *f.* Afección de la garganta que vuelve ronca la voz.
ronronear *intr.* Emitir el gato cierto sonido ronco en señal de satisfacción.
ronzal *m.* Cuerda que se ata a la cabeza o cuello de las caballerías para sujetarlas o para conducirlas caminando.
ronzar *tr.* Comer una cosa quebradiza, partiéndola con los dientes.
roña 1 *f.* Porquería y suciedad que se pega fuertemente. 2 Ficción de una enfermedad o impedimento para no hacer algo.
ropa *f.* Cualquier prenda de vestir.
ropaje 1 *m.* Vestido suntuoso usado en ceremonias solemnes. 2 Conjunto de ropas.
ropero *m.* Armario o cuarto donde se guarda la ropa.
ropón 1 *m.* Prenda de vestir larga y amplia que se pone sobre los demás vestidos. 2 Especie de acolchado que se hace superponiendo telas gruesas.
roque *m.* Torre del ajedrez.
roquero, ra 1 *m.* y *f.* Persona que toca o canta en un grupo de rock. 2 Aficionado al rocanrol.
rosa 1 *f.* Flor del rosal. 2 Cosa que semeja una rosa. || ~ **de los vientos** Círculo de coordenadas que permite resumir la frecuencia, dirección y velocidad de los vientos en un sitio dado en un periodo de tiempo determinado. Tiene alrededor los 32 rumbos o direcciones cardinales en que se divide la vuelta del horizonte.
rosáceo, a 1 *adj.* y *m.* Dicho de un color, parecido al de la rosa. 2 *adj.* y *f.* BOT Dicho de una planta, dicotiledónea, de hojas alternas con estípulas, flores completas actinomorfas, solitarias o en corimbo, y fruto de diversa forma con semillas sin albumen, como el peral, la fresa y el rosal.
rosado, da *adj.* y *m.* Dicho de un color, que tira a rosa.
rosal *m.* Planta arbustiva de las rosáceas, con hojas pecioladas, flores con numerosos estambres y por fruto una baya carnosa con muchas semillas menudas, elipsoidales y vellosas.
rosario 1 *m.* REL Rezo de la Iglesia católica, en que se conmemoran los quince misterios principales de la vida de Jesús y de la Virgen. 2 REL Sarta de cuentas, separadas de diez en diez, que sirve para hacer el rezo del mismo nombre.
rosbif *m.* Trozo de buey o de vaca asado.
rosca 1 *f.* Cada una de las vueltas en espiral, o el conjunto de ellas, que tienen las tuercas y tornillos. 2 Cualquier cosa circular u ovalada con agujero en el centro.
roscar 1 *tr.* Labrar las espiras de un tornillo. 2 Atornillar, enroscar.
roscón *m.* Bollo en forma de rosca grande.
roséola *f.* MED Erupción cutánea.
roseta 1 *f.* Rosetón pequeño. 2 Grano de maíz que al tostarse se abre en forma de flor.
rosetón 1 *m.* Ventana circular, cerrada por vidrieras, con adornos. 2 Adorno circular que se coloca en paredes y techos.
rosquilla *f.* Dulce en forma de rosca pequeña.
rostro 1 *m.* Cara de una persona. 2 ZOOL Pico del ave.
rotación 1 *f.* Acción y efecto de rodar o rotar. 2 ASTR Movimiento de la Tierra alrededor de su eje, dando lugar a los días y las noches. 3 FÍS El de cualquier cuerpo alrededor de su propio eje. 4 GEOM Movimiento que obliga a todos los puntos de un sólido rígido a describir arcos de igual amplitud pertenecientes a circunferencias cuyos centros se hallan en una misma recta o eje de giro, que puede ocupar cualquier posición en el espacio. 5 GEOM Movimiento de cambio en la orientación de un cuerpo en el que un punto cualquiera de este último permanece a una distancia constante de un punto fijo o eje.
rotativo, va 1 *adj.* Que da vueltas. 2 *adj.* y *f.* Dicho de una máquina de imprimir, que, con movimiento

seguido y a gran velocidad, imprime los ejemplares de un periódico o de una revista.

rotífero *adj.* y *m.* Zool Dicho de un organismo pluricelular, generalmente microscópico, dulceacuícola, que tiene en torno a la cabeza dos coronas de cilios retráctiles que parecen ruedas girando cuando están en movimiento.

roto, ta 1 *adj.* y *s.* Andrajoso, harapiento. 2 *m.* Rasgadura.

rottweiler (Voz al.) *s.* y *adj.* Perro de pelaje corto y áspero, negro y castaño. Los machos alcanzan 69 cm a la cruz y las hembras 62,5 cm.

rótula *f.* Anat Hueso en la parte anterior de la articulación de la tibia con el fémur.

rotulador, ra 1 *adj.* Que rotula o sirve para rotular. 2 *m.* Instrumento semejante a un bolígrafo, que escribe o dibuja con un trazo grueso. 3 *f.* Máquina para rotular.

rotular *tr.* Poner un rótulo a algo o en alguna parte.

rótulo 1 *m.* Título de un escrito o de una parte suya. 2 Letrero o cartel anunciador o indicador.

rotundo, da 1 *adj.* Dicho de un lenguaje sonoro y expresivo. 2 Completo, preciso y terminante.

rotura 1 *f.* **rompimiento**, acción y efecto de romper. 2 **rompimiento**, quiebra en cuerpo sólido.

roturar *tr.* Arar o labrar por primera vez las tierras eriales o los montes descuajados, para ponerlos en cultivo.

round (Voz ingl.) *m.* Dep En el boxeo, asalto.

roya *f.* Denominación genérica de diversas enfermedades que ciertos hongos causan en las hojas y los tallos de algunos cereales y en otras plantas.

roza 1 *f.* Acción y efecto de rozar. 2 Canal abierto en una pared para empotrar tuberías, cables, etc. 3 Tierra rozada y limpia de las plantas que naturalmente cría, para sembrar en ella. 4 Plantas que se obtienen de rozar un campo.

rozadura 1 *f.* Acción y efecto de rozar una cosa con otra. 2 Herida superficial de la piel con desprendimiento de epidermis.

rozamiento 1 *m.* Roce, acción y efecto de rozar o rozarse. 2 Fís Resistencia que se opone a la rotación o al deslizamiento de un cuerpo sobre otro. || ~ **cinético** Fís El que se presenta cuando las superficies en contacto están en movimiento. ~ **estático** Fís El que se presenta cuando las superficies en contacto no están en movimiento.

rozar 1 *tr.* Cortar los animales con los dientes la hierba para comerla. 2 Raer la superficie de una cosa. 3 Limpiar las tierras de las hierbas y plantas inútiles antes de labrarlas. 4 *tr.* e *intr.* Tocar una cosa ligeramente con otra, al pasar, moverse o acercarse a ella.

rr *f.* Dígrafo que representa un solo sonido consonántico de articulación vibrante múltiple en posición intervocálica como en *carro* o *torre*. Su escritura es indivisible, de manera que no se puede separar con guion de final de línea.

ruana 1 *f.* Tejido de lana. 2 Manta raída. 3 Especie de capote o poncho.

rubefacción *f.* Med Enrojecimiento de la piel causada por un eritema difuso.

rubeola (Tb. rubéola) *f.* Med Enfermedad infectocontagiosa caracterizada por una erupción de la piel y por infartos ganglionares.

rubí *m.* Variedad de corindón, de color rojo y brillo intenso, muy duro y cristalizado.

rubiáceo, a *adj.* y *f.* Bot Dicho de una planta, angiosperma dicotiledónea que tiene hojas simples con estípulas, flor con el cáliz adherente al ovario, y por fruto una baya, caja o drupa con semillas de albumen córneo o carnoso, como el quino y el café.

rubicundo, da 1 *adj.* y *m.* Dicho de un color, rubio que tira a rojo. 2 *adj.* Dicho de una persona, de buen color y aspecto saludable. 3 Dicho de un pelo, que tira a rojo.

rubidio *m.* Quím Elemento metálico que se encuentra en pequeñísimas proporciones en las aguas, en las cenizas de las plantas y en minerales de potasio. Se utiliza en catalizadores y en células fotoeléctricas. Símbolo: Rb. Número atómico: 37. Peso atómico: 85,468. Punto de fusión: 39 °C. Punto de ebullición: 686 °C.

rubio, bia 1 *adj.* y *m.* Dicho de un color, amarillo, parecido al oro. 2 *adj.* Que tiene el pelo de este color. 3 *adj.* y *s.* Dicho de una persona o de un animal, que tiene el pelo rubio.

rubor 1 *m.* Color rojo muy encendido. 2 Color que, por una afluencia de la sangre, sube al rostro a causa de algún sentimiento de vergüenza. 3 Empacho y vergüenza.

ruborizar 1 *tr.* Causar rubor o vergüenza. 2 *prnl.* Teñirse de rubor el rostro.

rúbrica *f.* Rasgo distintivo que, como parte de la firma, se suele añadir al nombre.

rubricar 1 *tr.* Poner alguien su rúbrica. 2 Firmar y sellar un documento.

rubro *m.* Conjunto de artículos de consumo de un mismo tipo o relacionados con determinada actividad o partida.

rucio, cia *adj.* y *m.* Dicho de un color, pardo claro, blanquecino o canoso.

rúcula *f.* Hortaliza mediterránea que se utiliza en la preparación de ensaladas.

ruda *f.* Planta herbácea de las rutáceas, de hojas alternas, flores pequeñas, amarillas, y fruto capsular. Es de olor fuerte y desagradable, y se usa en medicina.

rudimentario, ria *adj.* Perteneciente o relativo al rudimento o a los rudimentos.

rudimento 1 *m.* Biol Embrión o estado primordial informe de un ser orgánico. 2 Biol Parte de un ser orgánico imperfectamente desarrollada. 3 *m. pl.* Primeros conocimientos de una ciencia o profesión.

rudo, da 1 *adj.* Tosco, sin pulimento. 2 Descortés, grosero, sin educación. 3 Que no se ajusta a las reglas del arte.

rueca *f.* Instrumento para hilar, compuesto de una vara delgada con un rocadero en la extremidad superior.

rueda 1 *f.* Pieza de forma circular y de poco grueso, que puede girar sobre su eje. Su invención (que data del Neolítico) fue un importante punto de inflexión en el avance de la civilización. Sus aplicaciones son prácticamente infinitas. 2 Corro, círculo de personas o cosas. 3 Despliegue en abanico que hace el pavo con las plumas de la cola.

ruedo 1 *m.* Círculo que rodea algo o a alguien. 2 Corro de personas. 3 Contorno o borde de algo redondo.

ruego *m.* Súplica, petición.

rufián *m.* y *f.* Persona que trafica con prostitutas.

rugby (Voz ingl.) *m.* Dep Juego entre dos equipos formados por quince o siete jugadores cada uno, que consiste en tratar de introducir un balón ovoide, valiéndose de pies y manos, en la portería contraria.

rugido *m.* Voz del león y de otros felinos salvajes.

rugir 1 *intr.* Bramar un felino. 2 Emitir grandes gritos una persona enojada. 3 Hacer un ruido fuerte el mar, el viento.

ruibarbo *m.* Planta herbácea de las poligonáceas, de hojas pecioladas, flores pequeñas, amarillas o verdes, y fruto seco. Los pecíolos contienen una agradable mezcla de ácidos cítrico y málico, y suelen usarse preparados en conserva y como relleno en pastelería.

ruido *m.* Sonido inarticulado y confuso más o menos fuerte.

ruin *adj.* Vil, despreciable.

ruina 1 *f.* Acción de caer o destruirse una cosa. 2 Causa de esta decadencia, en lo físico o moral.

ruinoso, sa *adj.* Que amenaza ruina o está derruido en parte.

ruiseñor *m.* Ave canora paseriforme de unos 16 cm de longitud, plumaje de color pardo rojizo y gris claro en el vientre, y cola larga. Se alimenta de insectos y habita en las arboledas y lugares frescos y sombríos de Europa y Asia.

ruleta *f.* Juego de azar, que consiste en hacer girar una bola por encima de un plato giratorio hasta que se detiene en uno de los compartimentos numerados de este, determinando así la suerte.

rulo 1 *m.* Rodillo para allanar o triturar. 2 Objeto de forma cilíndrica que sirve para ondular y dar forma al cabello. 3 **RIZO**, mechón de pelo.

rumano, na 1 *adj.* y *s.* De Rumania o relacionado con este país de Europa. 2 *m.* LING Lengua neolatina hablada en Rumania.

rumba 1 *f.* Francachela, parranda. 2 FOLCL Cierto baile popular cubano y la música que lo acompaña.

rumbear 1 *intr.* Andar de juerga o de parranda. 2 Bailar la rumba.

rumbo 1 *m.* Dirección considerada o trazada en el plano del horizonte. 2 Camino, derrotero, especialmente el que se sigue al navegar.

rumiante *adj.* y *m.* ZOOL Dicho de un mamífero artiodáctilo, que se alimenta de vegetales, carece de dientes incisivos en la mandíbula superior y tiene el estómago compuesto de cuatro cavidades, en las que se completa la digestión del alimento engullido sin masticar. Comprende los camélidos (que tienen el estómago formado por tres cámaras) y los verdaderos rumiantes, como ovejas, cabras, antílopes, ciervos, gacelas, jirafas, vacunos, etc.

rumiar *tr.* Volver a la boca y masticar otra vez los alimentos los rumiantes.

rumor 1 *m.* Ruido confuso de voces. 2 Información no veraz, o sin confirmar, que circula entre la gente.

rumorear *tr.* y *prnl.* Correr un rumor entre la gente.

runa *f.* Carácter de escritura que empleaban los antiguos escandinavos.

runrún 1 *m.* Zumbido, ruido o sonido continuado y bronco. 2 **RUMOR**.

rupestre 1 *adj.* Perteneciente o relativo a las rocas. 2 ART **pintura ~**.

ruptor *m.* ELECTR **INTERRUPTOR**.

ruptura 1 *f.* Acción y efecto de romper o romperse. 2 Rompimiento de relaciones entre personas, entidades, etc.

rural *adj.* Propio del campo o de las labores que se hacen en él.

ruso, sa 1 *adj.* y *s.* De Rusia o relacionado con este país de Europa. 2 *m.* LING Lengua eslava oriental que se habla en Rusia y en algunos territorios de la antigua Unión Soviética.

rústico, ca 1 *adj.* Perteneciente o relativo al campo. 2 *m.* y *f.* Persona del campo.

ruta 1 *f.* Rumbo o derrota de un viaje. 2 Itinerario para él. || **~ de acceso** 1 INF Enlace entre dos estaciones de una red. 2 INF Secuencia de instrucciones que una computadora lleva a cabo para ejecutar una rutina.

rutáceo, a *adj.* y *f.* BOT Dicho de una planta, angiosperma dicotiledónea, con hojas simples o compuestas, flores pentámeras o tetrámeras y fruto dehiscente con semillas menudas y provistas de albumen, o en hesperidio, como el naranjo.

rutenio *m.* QUÍM Elemento metálico que se encuentra en los minerales de platino. Se usa como catalizador y como endurecedor en joyería y odontología. Símbolo: Ru. Número atómico: 44. Peso atómico: 101,7. Punto de fusión: 2310 °C. Punto de ebullición: 3900 °C.

rutherford *m.* FÍS Unidad de medida de radiactividad, equivalente a 10^6 desintegraciones por segundo. Símbolo: Rd.

rutherfordio *m.* QUÍM Elemento metálico radiactivo creado artificialmente, del grupo IV del sistema periódico. Se conoce el isótopo 259 que es inestable y emisor de partículas alfa. Símbolo: Rf. Número atómico: 104.

rutilar *intr.* Brillar mucho.

rutina 1 *f.* Costumbre o manera de hacer algo de forma mecánica y usual. 2 INF Bloque de programa independiente que puede utilizarse en distintos momentos.

rútulo *adj.* y *s.* De un antiguo pueblo de Italia central (Lacio), probablemente de origen etrusco, que a partir del s. V a. C. fue asimilado por las primeras tribus itálicas. Aparece en *La Eneida*.

ruz *m.* GEO Relieve característico de los anticlinales formado por la acción de torrentes.

s *f.* Vigésima letra del alfabeto español. • Su nombre es *ese.* Representa el sonido fricativo sordo /s/, cuya pronunciación puede ser apicoalveolar o predorsal. pl.: *eses.*

sábado *m.* Sexto día de la semana, comprendido entre el viernes y el domingo.

sábalo *m.* Pez teleósteo marino de cabeza pequeña, boca grande, cuerpo comprimido por los lados, con escamas grandes, y lomo de color amarillento. Vive en el Mediterráneo y en el Atlántico, y es comestible.

sabana 1 *f.* ECOL Formación vegetal compuesta por plantas herbáceas (en general gramíneas y a menudo muy altas) y dispuestas en una amplia llanura, característica de las regiones tropicales con una estación seca prolongada. 2 En algunas partes, ALTIPLANICIE. 3 ECOL **bosque** de ~ tropical.

sábana *f.* Cada una de las dos piezas de tela que se usan como ropa de cama y que sirven para colocar el cuerpo entre ellas.

sabandija 1 *f.* Reptil pequeño o insecto, especialmente repugnante. 2 Persona despreciable.

sabanear *intr.* Recorrer la sabana.

sabanero, ra 1 *adj.* y *s.* Habitante de una sabana. 2 Perteneciente o relativo a la sabana.

sabañón 1 *m.* Hinchazón de la piel de las manos, pies y orejas, con ardor y picor, causada por el frío. 2 MED Micosis cutánea del pie, especialmente entre los dedos.

sabático, ca 1 *adj.* Perteneciente o relativo al sábado. 2 **año** ~.

sabatino, na *adj.* Perteneciente o relativo al sábado o realizado en ese día.

sabbat (Voz hebr.) *m.* Festividad judía durante la cual está prohibido cualquier trabajo. Comienza los viernes a la caída del sol y dura hasta la caída de la noche del sábado.

saber[1] 1 *m.* Sabiduría, conocimiento. 2 Ciencia o facultad.

saber[2] 1 *tr.* Tener conocimiento de algo, estar enterado de ello: *Ayer supe que había regresado; ¿Sabías que llegó el circo?* 2 Conocer a fondo, ser experto en algo: *Sabe historia.* 3 Tener habilidad o destreza para hacer algo: *Sabe jugar fútbol.* 4 Tener noticias de alguien o de algo. 5 *intr.* Ser astuto, sagaz. 6 Seguido de la preposición *a,* tener algo determinado sabor. 7 Ser capaz de adaptarse a algo o comportarse de determinada manera: *Saber ahorrar; Saber callar.* 8 Seguido de verbos como *andar, ir, venir,* etc., conocer por dónde se debe ir. 9 *prnl.* Con adverbios como *bien, mal,* etc., gustar o no algo: *Le saben mal las bromas.* • Vb. irreg. conjugación modelo. V. anexo El verbo.

sabiduría 1 *f.* Posesión de amplios y profundos conocimientos sobre determinadas materias. 2 Prudencia y sensatez para actuar en la vida o en los negocios.

sabiendas || **a** ~ Con intención.

sábila *f.* ÁLOE.

sabio, bia *adj.* y *s.* Que posee sabiduría.

sabiondo, da *adj.* y *s.* Que presume de saber mucho.

sable *m.* Arma blanca de hoja algo curva, generalmente con un solo corte, semejante a la espada.

sablear *tr.* e *intr.* Sacar dinero a alguien con petición hábil e insistente.

sabor 1 *m.* Sensación que se produce en el sentido del gusto. 2 Cualidad que tienen muchas cosas de producir dicha sensación.

saborear 1 *tr.* y *prnl.* Apreciar o sentir con detenimiento y placer el sabor de lo que se come o se bebe. 2 Apreciar detenidamente algo grato.

saborizante *m.* Producto sintético que añadido a algo, especialmente a una comida, le da un determinado sabor.

sabotaje 1 *m.* Daño que se hace en instalaciones, productos o servicios que pertenecen o representan instituciones contra las que se protesta o pretende luchar en el marco de un conflicto social o político. 2 Oposición u obstrucción disimulada contra algo.

sabotear *tr.* Realizar actos de sabotaje.

sabueso, sa 1 *s.* y *adj.* Perro que se caracteriza por su olfato y oído muy desarrollados. 2 *m.* Persona que sabe indagar, que descubre o averigua los hechos.

sacabocados (Tb. sacabocado) *m.* Instrumento en forma de tenaza, de boca hueca y contorno cortante, que sirve para taladrar.

sacacorchos *m.* Instrumento con una espiral metálica y un mango o un juego de palancas, para descorchar botellas.

sacapuntas *m.* Instrumento para hacer punta a los lápices.

sacar 1 *tr.* Poner algo o a alguien fuera del lugar donde estaba puesto o encerrado. 2 Apartar a alguien de la situación o condición en que está. 3 Quitar una cosa de otra, extraerla: *Sacar la mancha con jabón; Sacar la espina; El vino se saca de la uva.* 4 Separar de algo alguna de las partes que lo componen: *Sacar el motor del auto.* 5 Obtener, lograr: *Sacó un diez en geografía.* 6 Gestionar la obtención de un documento, obtenerlo. 7 Hacer manifiesto, exteriorizar: *Sacar el mal genio.* 8 Descubrir por datos o señales, deducir. 9 Difundir un producto, una moda, etc. 10 Fabricar, producir. 11 Ganar algo por suerte. 12 Elegir por sorteo o por votos. 13 Alargar o hacer sobresalir una parte del cuerpo. 14 Resolver una cuenta o un problema.

15 Nombrar, citar, traer a la conversación. 16 Apuntar por escrito, extraer notas o referencias de un texto o libro. 17 Producir una cierta cantidad de trabajo. 18 Tomar una fotografía. 19 Hacer que aparezca alguien o algo en un medio de comunicación. 20 Invitar una persona a otra a ser su pareja en un baile. 21 Aventajar a otro en lo que se expresa. 22 Exceptuar, excluir: *Lo sacaron del equipo*. 23 En muchos juegos, empezar la jugada al comenzar o reanudar el juego. 24 *tr.* y *prnl.* Quitar una prenda de vestir.

sacárido *m.* Quím **hidrato** de carbono.

sacarígeno, na *adj.* Quím Dicho de una sustancia, que puede convertirse en azúcar por hidratación, como los almidones, la celulosa y las féculas.

sacarina *f.* Quím Sustancia blanca pulverulenta edulcorante obtenida por transformación de ciertos productos derivados de la brea mineral. No es digerida por el cuerpo y no tiene valor alimenticio alguno.

sacarosa *f.* Quím **azúcar**.

sacerdocio 1 *m.* Dignidad, estado y función del sacerdote. 2 Conjunto de sacerdotes.

sacerdote, tisa 1 *m.* y *f.* Rel Persona consagrada y dedicada al servicio de la comunidad religiosa, para celebrar y ofrecer sacrificios. 2 *f.* Mujer que ejerce el sacerdocio.

saciar *tr.* y *prnl.* Satisfacer plenamente el hambre o la sed, hartar.

saciedad *f.* Estado de saciado o de satisfecho.

saco 1 *m.* Receptáculo de materia flexible, generalmente de forma rectangular o cilíndrica, abierto por arriba. 2 Lo que contiene dicho receptáculo. 3 Prenda de abrigo holgada. 4 **chaqueta**, prenda exterior de vestir. 5 **saqueo**. 6 Biol Órgano o parte del cuerpo, en forma de bolsa o receptáculo, que funciona como reservorio. || ~ **de dormir** El que forrado o almohadillado se usa para dormir dentro de él. ~ **lagrimal** Anat Porción superior dilatada del conducto lacrimonasal; sirve de depósito a las secreciones que son recogidas por los conductos lagrimales. ~ **polínico** Bot El que en las angiospermas contiene los granos de polen. ~ **vitelino** Biol Bolsa llena de vitelo, del que se alimentan ciertos embriones animales durante las primeras etapas de su desarrollo.

sacralizar *tr.* Atribuir carácter sagrado a algo que era profano.

sacramental *adj.* Perteneciente o relativo a los sacramentos.

sacramentar 1 *tr.* Rel En el sacramento de la eucaristía, convertir el pan en el cuerpo de Jesucristo. 2 Rel Administrar a un enfermo el viático y la extremaunción.

sacramento 1 *m.* Rel Cada uno de los signos sagrados instituidos por Jesucristo, que conceden o aumentan la gracia. Son siete: bautismo, confirmación, penitencia, eucaristía, extremaunción, orden y matrimonio. 2 Rel Cristo sacramentado en la hostia.

sacrificar 1 *tr.* Hacer sacrificios u ofrendas a la divinidad. 2 Matar reses para el consumo. 3 Poner a alguien o algo en algún riesgo, en provecho de un fin o interés que se estima de mayor importancia. 4 Renunciar a una cosa para conseguir otra. 5 *prnl.* Dedicarse, ofrecerse a Dios. 6 Sujetarse con resignación a algo violento o repugnante.

sacrificio *m.* Acción y efecto de sacrificar o sacrificarse.

sacrilegio *m.* Profanación de una cosa, de una persona o de un lugar sagrados.

sacristán, na *m.* y *f.* Persona que ayuda al sacerdote en el altar y se encarga del cuidado de los ornamentos y la iglesia.

sacristía *f.* Lugar de la iglesia donde se guardan los ornamentos y se revisten los sacerdotes.

sacro, cra 1 *adj.* **sagrado**. 2 Dicho de una región, en que está situado el hueso sacro. 3 *m.* Anat Hueso situado en la extremidad inferior de la columna vertebral, antes del cóccix, formado por cinco vértebras soldadas entre sí, y que articulándose con los dos innominados forma la pelvis. 4 Anat **plexo** ~. 5 Mús **música** ~.

sacudir 1 *tr.* Golpear algo o agitarlo en el aire con fuerza, para quitarle el polvo, airearlo o ahuecarlo. 2 *tr.* y *prnl.* Agitar violentamente algo de una parte a otra. 3 Arrojar o apartar bruscamente algo de sí, o quitárselo de encima.

sadismo *m.* Perversión sexual de la persona que provoca su propio placer cometiendo actos de crueldad en otra persona.

sadomasoquismo *m.* Asociación o alternancia de tendencias sádicas y masoquistas.

saduceo, a *adj.* y *s.* Hist Dicho de una persona, de una secta judía, activa en los ss. II a. C.-I d. C., que negaba la inmortalidad del alma y la resurrección del cuerpo. Dicha secta provenía de la aristocracia, fue favorecida por los procuradores romanos, y estaba enemistada con los fariseos.

saeta *f.* **flecha**.

safari 1 *m.* Expedición de caza mayor. 2 Excursión que se realiza por un paraje natural o por un lugar especialmente preparado, en los que habitan libremente animales salvajes. 3 Lugar en que se realiza dicha expedición o excursión.

sáfico, ca *adj.* y *m.* Verso endecasílabo acentuado en la cuarta y octava sílabas.

saga 1 *f.* Lit Cada una de las narraciones de carácter épico y legendario de la antigua literatura nórdica. 2 Relato novelesco que abarca las vicisitudes de dos o más generaciones de una familia.

sagaz *adj.* Astuto, perspicaz, sutil.

sagita *f.* Geom Porción de recta comprendida entre el punto medio de un arco de círculo y el de su cuerda.

sagitario *adj.* y *s.* Dicho de una persona, nacida bajo el signo zodiacal Sagitario, entre el 22 de noviembre y el 21 de diciembre. Según los astrólogos, son amantes de la diversión y de naturaleza filosófica.

sagrado, da 1 *adj.* Rel Que está dedicado a Dios y al culto divino. 2 Rel **órdenes** ~s. 3 Que es digno de respeto y veneración.

sagrario 1 *m.* Parte interior del templo en que se reservan o guardan las cosas sagradas. 2 Lugar donde se deposita y guarda el copón con las hostias consagradas.

sagú 1 *m.* Planta tropical de las cicadáceas, cuya fécula y palmito son comestibles. 2 Fécula obtenida de los tubérculos farináceos de diversas plantas.

sah *m.* Título que ostentaron los soberanos de Persia y de Irán.

sahariano, na *adj.* y *s.* Del Sáhara o relacionado con este territorio africano.

sahumerio 1 *m.* Humo que produce una materia fragante que se echa en el fuego para aromatizar. 2 Esta misma materia.

sainete *m.* Teat Pieza dramática en un acto, jocosa y de carácter popular. Cultivado en el s. XVIII por Ramón de la Cruz.

saíno *m.* Zool **pecarí**.

sajón, na *adj.* y *s.* Hist De un antiguo pueblo germánico que habitaba en la desembocadura del río Elba. Parte de este pueblo se estableció en Inglaterra en el s. V. Los que permanecieron en el continente se ex-

A B C D E F G H I J K L M N Ñ O P Q R S T U V W X Y Z

tendieron por Westfalia y Turingia; en 804 fueron dominados y cristianizados por Carlomagno.

sake *m.* Bebida alcohólica japonesa que se obtiene por fermentación del arroz.

sal 1 *f.* QUÍM y GEO Sustancia mineral que se extrae del agua del mar o de los lagos salados (sal marina), o de yacimientos (sal gema), y que se emplea para sazonar los alimentos. Químicamente es cloruro sódico (NaCl). 2 QUÍM Compuesto químico formado por un anión (radical ácido) y cationes metálicos, que resultan de la acción de un ácido sobre un metal, un óxido metálico o un hidróxido metálico; también se obtiene mediante los procesos de neutralización de una base con un ácido. 3 Gracia, agudeza, ingenio. 4 Garbo, desenvoltura en los ademanes. 5 Desgracia, infortunio. 6 *f. pl.* Sustancia cristaloide perfumada que se mezcla con el agua del baño. 7 Sustancia que se hace respirar a alguien para que vuelva en sí.

sala 1 *f.* Pieza principal de la casa, donde se reciben las visitas. 2 Mobiliario de dicha pieza. 3 Pieza donde se reúne un tribunal de justicia para celebrar audiencia.

saladar *m.* Charca en que se cuaja la sal en las marismas.

saladero 1 *m.* Lugar donde se sala carne o pescado. 2 Lugar donde se da sal al ganado.

salado, da 1 *adj.* Que contiene sal. 2 Dicho de un alimento, que tiene exceso de sal. 3 coloq. Desgraciado, infortunado.

salamandra 1 *f.* Reptil anfibio de los urodelos, de cola larga y piel negra con manchas amarillas. Se alimenta de insectos y de gusanos. 2 **SALAMANQUESA**.

salamanquesa *f.* Reptil saurio de cuerpo comprimido y coloración cenicienta, cabeza proporcionalmente grande, extremidades con dedos terminados en discos que funcionan como ventosas. Vive en las zonas cálidas y húmedas de todo el planeta.

salami *m.* Embutido hecho con carne vacuna, y carne y grasa de cerdo, picadas y curadas, que se come crudo.

salar[1] 1 *tr.* Poner en sal carnes, pescados u otras sustancias, para su conservación. 2 Sazonar con sal la comida. 3 Echar más sal de la necesaria. 4 *tr.* y *prnl.* Dar o causar mala suerte.

salar[2] *m.* GEO Cuenca endorreica, propia de zonas áridas, caracterizada por afloramientos salinos.

salario *m.* ECON Remuneración de un trabajo o servicio realizado, especialmente el dinero con que se retribuye a los trabajadores por cuenta ajena o asalariados. || ~ **base** ECON El salario sin tener en cuenta primas, la antigüedad, etc. ~ **mínimo** ECON Retribución mínima, generalmente estipulada por la ley, que debe pagarse a todo trabajador activo.

salaz *adj.* Inclinado a la lujuria.

salazón *f.* Acción y efecto de salar carnes, pescados u otras sustancias.

salchicha *f.* Embutido de carne de cerdo en tripa delgada.

salchichón *m.* Embutido en tripa gruesa, de jamón, tocino y pimienta en grano.

saldar 1 *tr.* Liquidar o pagar una cuenta o una deuda. 2 Vender a bajo precio una mercancía.

saldo 1 *m.* Cantidad que de una cuenta resulta a favor o en contra de alguien. 2 Resto de mercancías que se venden a bajo precio.

saledizo, za *adj.* Saliente, que sobresale.

salero 1 *m.* Recipiente donde se tiene la sal para su uso en la cocina o en la mesa. 2 Lugar donde se guarda la sal. 3 **SALADERO**. 4 Gracia, donaire.

salesiano, na *adj.* y *s.* Dicho de un religioso, que pertenece a las congregaciones fundadas por san Juan Bosco, bajo el patrocinio de san Francisco de Sales.

salicáceo, a *adj.* y *f.* BOT Dicho de un árbol y de un arbusto, dicotiledóneos de hojas sencillas, flores dioicas en espigas, y fruto en cápsula, como el sauce y el álamo.

salicílico *adj.* QUÍM Dicho de un ácido, que cristaliza en agujas incoloras, ligeramente solubles en agua, se usa para preparar conservas, y sirve como antiséptico, desinfectante y antirreumático. Se encuentra en numerosas plantas y se obtiene a partir del fenol. Fórmula: $C_6H_4(OH)COOH$.

salido, da 1 *adj.* Que sobresale de un cuerpo más de lo regular. 2 *f.* Acción y efecto de salir o salirse. 3 Excursión o paseo. 4 Sitio por donde se sale de un lugar. 5 Parte que sobresale de algo. 6 Mayor o menor posibilidad de venta de los productos. 7 Partida de data o de descargo en una cuenta. 8 DEP Lugar desde donde empieza una carrera.

saliente 1 *adj.* Que sale. 2 *m.* y *f.* Parte que sobresale en algo.

salinidad 1 *f.* Cualidad de salino. 2 Cantidad porcentual de sales disueltas en el agua del mar.

salinización *m.* ECOL Degradación del suelo por acumulación de nitritos y nitratos, a causa, generalmente, de prácticas agrícolas inadecuadas.

salino, na 1 *adj.* Que tiene cualidades propias de la sal. 2 Que contiene sal. 3 *f.* Mina de sal. 4 Explotación o instalación para obtener sal mediante la evaporación del agua del mar o de los lagos salinos.

salir 1 *intr.* y *prnl.* Pasar de la parte de adentro a la de afuera. 2 Con la preposición *con* y ciertos nombres, conseguir o lograr algún asunto o propósito. 3 Con la preposición *de* y determinados nombres, apartarse o ponerse fuera de lo que estos significan. 4 *intr.* Irse, desplazarse de un lugar a otro. 5 Librarse de algo que ocupa o molesta: *Salió de la duda.* 6 Aparecer, manifestarse, descubrirse: *Va a salir el sol.* 7 Brotar: *Empezar a salir el trigo.* 8 Quitarse, desaparecer las manchas. 9 Traer su origen una cosa de otra. 10 Deshacerse de algo: *Ya he salido de todos mis trastos.* 11 Con la preposición *con,* decir o hacer algo inesperado. 12 Ocurrir, ofrecerse de nuevo algo: *Salir un empleo.* 13 Importar, costar una cosa que se compra. 14 Dicho de una cuenta, resultar, estar bien hecha o ajustada. 15 Con la preposición *a,* trasladarse para realizar una actividad: *Salir a bailar, a escena, a pronunciar un discurso.* 16 Con la preposición *por,* responder de cierta cosa o por una determinada persona. 17 Venir a ser, quedar: *Salió vencedor.* 18 Parecerse, asemejarse un hijo a sus padres, un alumno a su maestro, etc. 19 Ser elegido por suerte o votación. 20 Ir a parar, tener salida a un punto determinado: *Esta calle sale a la plaza.* 21 Armonizar una cosa con otra. 22 *prnl.* Rebosar o derramarse un líquido de la vasija que lo contiene. 23 Escaparse el contenido de un recipiente por alguna rendija o rotura. • Vb. irreg. conjugación modelo. V. anexo El verbo.

salitral 1 *adj.* Que tiene salitre. 2 *m.* Sitio o paraje donde se cría y halla el salitre.

salitre 1 *m.* Nitrato potásico que, en forma de agujas o polvo, se encuentra en la superficie de los terrenos húmedos y salados. 2 QUÍM **NITRATO** de Chile.

saliva *f.* FISIOL Líquido alcalino, claro y algo viscoso, segregado por las glándulas cuyos conductos excretores se abren en la boca. Facilita la masticación y el paso del bolo alimenticio hacia el esófago tras la deglución.

salivar[1] *intr.* Segregar saliva.

salivar[2] 1 *adj.* Perteneciente o relativo a la saliva. 2 ANAT y FISIOL **glándula** ~.

salmo *m.* REL Composición poética o cántico que contiene alabanzas a Dios.

salmodia *f.* Canto de los salmos.

salmón *m.* Pez teleósteo de los salmónidos, de cuerpo alargado y comprimido, piel gruesa cubierta de escamas, hocico largo y boca provista de dientes, que alcanza 1,5 m de longitud. En época de reproducción remonta los ríos para desovar. Es comestible.

salmonela *f.* BIOL y MED Bacteria patógena, causante de infecciones en el aparato digestivo que se transmiten por la ingestión de alimentos contaminados.

salmónido *adj.* y *m.* ZOOL Dicho de un pez, teleósteo fisóstomo, de cuerpo alargado y cubierto de escamas, excepto en la cabeza. Hay especies dulciacuícolas y marinas, que migran en época de freza, como el salmón y la trucha.

salmuera 1 *f.* Agua cargada de sal. 2 Líquido preparado con sal y otros condimentos, para conservar pescados, carne, etc.

salobre 1 *adj.* Que por su naturaleza tiene sabor a sal. 2 Que contiene sal.

salón 1 *m.* SALA, pieza principal de la casa. 2 En edificios públicos, hoteles, etc., pieza de grandes dimensiones para fiestas, recepciones u otros actos. 3 Exposición periódica de distintas industrias o de obras de arte.

salpicar 1 *tr.* e *intr.* Lanzar o saltar un líquido o una sustancia pastosa en gotas pequeñas. 2 *tr.* Diseminar algo. 3 *tr.* y *prnl.* Mojar o ensuciar con las gotas que se desprenden de algún líquido o sustancia pastosa.

salpicón 1 *m.* Picadillo guisado de carne, pescado o marisco. 2 Bebida refrescante que consiste en una mezcla de trozos de diferentes frutas que nadan en su propio jugo. 3 Cualquier otra cosa hecha con pedazos menudos. 4 Acción y efecto de salpicar.

salpimentar *tr.* Adobar con sal y pimienta. • Vb. irreg. conjug. c. **acertar**. V. anexo El verbo.

salpullido *m.* MED Erupción cutánea.

salsa 1 *f.* Mezcla de varios ingredientes, de consistencia más o menos fluida, que se usa como base de algunos guisos o para acompañar determinados platos. 2 MÚS Género musical compuesto de varios ritmos caribeños de origen africano.

salsamentaria *f.* Tienda donde se venden embutidos, carnes curadas, etc.

salsera *f.* Recipiente para servir la salsa.

saltamontes *m.* Insecto ortóptero de color verde o amarillento, con antenas largas, alas amplias y patas posteriores muy largas, con las que puede dar grandes saltos.

saltar 1 *intr.* Levantarse alguien o algo del suelo o donde está con impulso, para dejarse caer en el mismo lugar o para pasar a otro. 2 Arrojarse desde una altura. 3 Funcionar repentinamente un mecanismo. 4 Pasar de una cosa a otra sin el orden con que debían presentarse. 5 Desprenderse o soltarse una cosa de otra. 6 *intr.* y *tr.* Ascender a un cargo o puesto superior sin haber pasado por los intermedios. 7 *tr.* Pasar por encima de algo dando un salto. 8 Cubrir el macho a la hembra, en ciertas especies de cuadrúpedos. 9 Alcanzar cierta altura o una distancia dando un salto. 10 *tr.* y *prnl.* Omitir parte de un escrito al leerlo o copiarlo.

saltarín, na *adj.* y *s.* Que salta o se mueve mucho.

salteador, ra *m.* y *f.* Ladrón que asalta o roba en lugares despoblados y solitarios.

saltear 1 *tr.* Asaltar o acometer a alguien en lugares despoblados para robarle. 2 Sofreír a fuego vivo algún alimento, con mantequilla, aceite o grasa.

salterio 1 *m.* REL Libro canónico del *Antiguo Testamento* que consta de 150 salmos atribuidos a David. 2 REL Libro de coro que contiene solo los salmos. 3 REL Parte del breviario que contiene las horas canónicas de toda la semana, menos las lecciones y oraciones. 4 MÚS VIRGINAL.

saltimbanqui *m.* y *f.* Acróbata o artista circense, especialmente el ambulante.

salto 1 *m.* Acción y efecto de saltar. 2 Distancia o espacio que se salta. 3 Despeñadero muy profundo. 4 Caída de un caudal importante de agua. 5 Palpitación violenta del corazón. 6 Tránsito de una cosa a otra, sin tocar los medios o alguno de ellos. 7 DEP Prueba deportiva que consiste en saltar una determinada altura o una longitud. 8 FÍS Transición de un electrón o de un núcleo a un nivel diferente de energía.

salubre *adj.* Saludable, sano.

salud 1 *f.* Estado en que el ser orgánico ejerce con normalidad todas sus funciones. 2 Condiciones físicas de un organismo en un determinado momento. 3 *interj.* Expresión para saludar o para brindar. || ~ **mental** Estado de equilibrio psíquico en que la percepción de las propias sensaciones y del mundo exterior se realizan de forma adecuada. ~ **pública** 1 Estado de salud de una comunidad o una población. 2 Rama de la medicina y de la administración pública que se ocupa de la salud de los ciudadanos.

saludable *adj.* Que conserva, aumenta o restablece la salud.

saludar *tr.* Dirigir una persona a otra palabras o gestos de cortesía, al encontrarla o al despedirse de ella.

saludo 1 *m.* Acción y efecto de saludar. 2 Palabras o gestos con que se saluda.

salutación *f.* SALUDO.

salva *f.* Saludo ceremonial que se hace disparando armas de fuego sin munición.

salvación 1 *f.* Acción y efecto de salvar o salvarse. 2 REL Obtención de la gloria y bienaventuranza eternas.

salvado *m.* Cáscara del grano de los cereales. Se usa como pienso y en dietética.

salvaguardar 1 *tr.* Defender. 2 INF GUARDAR.

salvaguardia 1 *f.* Custodia, amparo, protección. 2 Protección indispensable a establecimientos que se desea poner al abrigo de las leyes de guerra, como son hospitales, comunidades religiosas, bibliotecas, museos, etc.

salvajada *f.* Atrocidad, barbaridad.

salvaje 1 *adj.* Dicho de un animal, que no es doméstico. 2 *adj.* y *s.* Dicho de un pueblo, que no se ha incorporado a la civilización y mantiene formas primitivas de vida. 3 Dicho de una persona, que pertenece a estos pueblos.

salvajina 1 *f.* Conjunto de fieras monteses. 2 Carne o pieles de esos animales.

salvamento *m.* Acción y efecto de salvar o salvarse.

salvapantallas (Tb. salvapantalla) *m.* Imagen o gráfico que se activa automáticamente en la pantalla de una computadora encendida cuando esta ha dejado de usarse determinado tiempo.

salvar 1 *tr.* y *prnl.* Librar de algún peligro o riesgo. 2 *tr.* INF GUARDAR. 3 REL Librar Dios a alguien de la condena eterna. 4 *prnl.* Alcanzar la salvación eterna. • Participio irreg. *salvo* y reg. *salvado*.

salvavidas *m.* Objeto que sirve para mantener a alguien a flote, como medio de salvamento o para aprender a nadar.

salve 1 *f.* REL Oración a la Virgen. 2 *interj.* Voz que se emplea para saludar.

salvedad *f.* Razonamiento o advertencia que se emplea como condición o excusa de lo que se va a decir o hacer.

salvia *f.* Planta herbácea o arbustiva, de las labiadas, de hojas aromáticas y flores en espiga de color azulado. Se utiliza en farmacia.

salvo, va 1 *adj.* Ileso, que no ha sufrido daño. 2 *adv. m.* Con excepción de, excepto, fuera de.

salvoconducto *m.* Documento expedido por una autoridad para poder transitar libremente por una zona o un territorio determinados.

samán *m.* Árbol mimosáceo, muy corpulento y robusto, de copa amplia, aparasolada, follaje no muy denso y flores blanco rojizas, parecidas a escobillas. Puede alcanzar 30 m de altura.

sámara *f.* Bot Fruto seco, indehiscente, con pocas semillas y pericarpio extendido a manera de ala, que favorece la dispersión por el viento, como el del olmo.

samario *m.* Quím Elemento metálico del grupo de los lantánidos. El óxido se utiliza en las varillas de control de algunos reactores nucleares. Símbolo: Sa. Número atómico 62. Peso atómico: 150,4. Punto de fusión: 1074 °C. Punto de ebullición: 1794 °C.

samaritano, na 1 *adj.* y *s.* De Samaria o relacionado con esta región de Palestina. 2 Dicho de una persona, adepta a una secta religiosa judía que existió en Samaria, de la que aún perviven pequeñas comunidades.

samba *f.* Folcl Danza popular y forma musical brasileña de origen africano. Es de ritmo sincopado y está acompañada por instrumentos de percusión y cantos.

sambenito 1 *m.* Difamación, descrédito. 2 Hist Especie de capote que se ponía a los penitentes reconciliados por el tribunal de la Inquisición.

samnita *adj.* y *s.* Hist Confederación itálica que a mediados del s. IV a. C. mantuvo con Roma tres guerras sucesivas. Posteriormente apoyó a Aníbal durante la segunda guerra púnica (218-201 a. C.) y se sublevaron en la guerra social del 90 a. C. Fueron derrotados en 82 a. C., teniendo que optar por la romanización o la esclavitud.

samoyedo, da 1 *adj.* y *s.* De un pueblo del N de Rusia que habita las costas del mar Blanco y el N de Siberia, o relacionado con esta región. 2 *m.* Ling Conjunto de lenguas habladas por los samoyedos.

samsara *f.* Rel Concepto del hinduismo y el budismo que designa el ciclo de vidas, muertes y renacimientos que cada ser experimenta a causa de su karma.

samurái (Tb. samuray) *m.* Hist En el antiguo sistema feudal japonés, persona de una clase inferior de la nobleza, constituida por los militares, que servía como guerrero a un señor feudal.

san *adj.* Apócope de **santo**. • U. ante nombre propio masculino de santos, salvo los de Tomás, Tomé, Toribio y Domingo: *san Agustín*; *san Antonio*.

san bernardo *s.* y *adj.* Perro de gran tamaño y corpulencia, con las orejas caídas y el pelaje espeso, manchado de gris sobre fondo blanco.

sanar 1 *tr.* Hacer que alguien recobre la salud. 2 *intr.* Recuperar la salud.

sanatorio *m.* Establecimiento destinado a la cura o convalecencia de enfermos que, generalmente, padecen del mismo tipo de enfermedad.

sanchopancesco, ca 1 *adj.* Propio de Sancho Panza, personaje del *Quijote*. 2 Falto de idealismo, conformista.

sanción 1 *f.* Confirmación solemne de una ley por el jefe del Estado. 2 Multa o castigo.

sancionar 1 *tr.* Dar fuerza de ley a una disposición. 2 Aprobar cualquier acto, uso o costumbre. 3 Aplicar un castigo.

sancochar *tr.* Cocer los alimentos dejándolos medio crudos y sin sazonar.

sancocho 1 *m.* Cocido de carne, yuca, plátano y otros ingredientes. 2 Comida a medio cocer. 3 Embrollo, lío.

sanctasanctórum 1 *m.* Lugar muy reservado y respetado. 2 Aquello que para alguien tiene el mayor valor.

sandalia 1 *f.* Calzado compuesto de una suela que se sujeta al pie con tiras, cintas o cordones. 2 Zapato ligero y muy abierto.

sándalo 1 *m.* Árbol de gran tamaño, semejante al nogal, de hojas elípticas y muy verdes, flores pequeñas y fruto parecido a la cereza. 2 Madera de este árbol.

sandez *f.* Tontería, simpleza, necedad.

sandía 1 *f.* Planta herbácea de las cucurbitáceas, de tallo flexible y rastrero, que se cultiva por su fruto comestible, refrescante y de gran tamaño, de corteza verde y pulpa de color rojo. 2 Fruto de esta planta.

sandinismo *m.* Hist Movimiento político nicaragüense, de tendencia nacionalista y populista, inspirado en los ideales de A. C. Sandino. Combatió al régimen del dictador A. Somoza, venciéndole en 1978. Reinstauró el sistema electoral y desde entonces ha alternado en el poder con otros movimientos.

sándwich *m.* Emparedado hecho con dos rebanadas de pan entre las que se coloca jamón, queso, embutido, vegetales u otros alimentos.

saneado, da *adj.* Dicho de un bien, un ingreso o una renta, que está libre de cargas o descuentos, o que produce grandes beneficios.

saneamiento 1 *m.* Acción y efecto de sanear. 2 Conjunto de técnicas, servicios, dispositivos, etc., destinados a sanear un lugar, un ambiente, etc.

sanear 1 *tr.* Dar condiciones de higiene y sanidad a un terreno, un edificio, etc. 2 Cuidar de que la economía, los bienes y las rentas den beneficios.

sanedrín 1 *m.* Hist Consejo supremo de los judíos, en el que se trataban asuntos del Estado y la religión. 2 Junta o reunión para tratar de algo que se quiere dejar oculto.

sangrar 1 *intr.* Salir sangre. 2 *tr.* Dar salida a un líquido abriendo un conducto por donde corra. 3 En un escrito, empezar una línea más adentro que las otras de la plana. 4 Hacer cortes en el tronco de los árboles para extraer resina. 5 Extraerle sangre a alguien.

sangre 1 *f.* Anat y Fisiol Líquido de color rojo que se encuentra en el interior del aparato circulatorio de los vertebrados, y que se mueve por él impulsado por la actividad del corazón. Está constituido por **eritrocitos, leucocitos, plaquetas** y **plasma**. 2 Fisiol **circulación** de la ~. 3 Zool Líquido análogo que en muchos invertebrados es de color blanquecino y no contiene hematíes. || **de ~ caliente** Zool **homeotermo**, que tiene homeotermia. **de ~ fría** Zool **poiquilotermo**, que tiene poiquilotermia.

sangría 1 *f.* Bebida compuesta de agua y vino con azúcar y limón u otros aditamentos. 2 Espacio que queda en blanco al sangrar una línea. 3 Acción y efecto de sangrar. 4 Parte de la articulación del brazo opuesta al codo.

sangriento, ta 1 *adj.* Que echa sangre. 2 Sanguinario, cruel.

sanguijuela *f.* Anélido que tiene una ventosa en cada uno de los extremos del cuerpo, y en la anterior se encuentra la boca con la que chupa la sangre a los animales a que se agarra. Vive en aguas dulces.

sanguina 1 *f.* Lápiz rojo oscuro fabricado con hematites en forma de barritas. 2 Dibujo hecho con este lápiz.

sanguinario, ria *adj.* Cruel, feroz, que tiende a matar o a herir.

sanguíneo, a 1 *adj.* Perteneciente o relativo a la sangre. 2 De sangre. 3 Que contiene sangre. 4 **grupo ~.** 5 **presión ~; riego ~.**

sanidad 1 *f.* Cualidad de sano o de saludable. 2 Conjunto de servicios administrativos encargados de la salud pública.

sanitario, ria 1 *adj.* Perteneciente o relativo a la sanidad. 2 *m.* Retrete, wáter. 3 *m. pl.* Conjunto de aparatos de higiene y limpieza instalados en cuartos de baño y retretes.

sanjuanero *m.* Folcl Ritmo típico colombiano de la región andina, que se danza y canta en las fiestas de san Juan y san Pedro.

sanjuanito *m.* Folcl Baile popular de la Sierra, en Ecuador, y música con que se acompaña.

sano, na 1 *adj.* y *s.* Que goza de buena salud. 2 *adj.* Bueno para la salud, saludable. 3 Entero, que no está roto ni estropeado.

sánscrito *m.* Ling Antigua lengua en la que se compusieron los textos sagrados (Vedas) del brahmanismo indio. Actualmente es la lengua sagrada en India.

santería 1 *f.* Rel Expresión religiosa que surgió en el s. XIX entre los miembros de la comunidad yoruba de Cuba. Muy influenciada por la tradición católica, los espíritus yoruba asimilaron a los santos del credo católico. 2 Rel Conjunto de creencias populares en los poderes de los santos y en el de sus intermediarios.

santero, ra 1 *adj.* Dicho de una persona, que rinde culto exagerado o supersticioso a las imágenes. 2 Perteneciente o relativo a la santería. 3 *m.* y *f.* Persona que cuida de un santuario o una ermita. 4 Persona que pide limosna, llevando de casa en casa la imagen de un santo. 5 Persona con poderes especiales que ejerce a través de santos o de otros personajes. 6 Persona que pinta, esculpe o vende santos.

santidad 1 *f.* Cualidad de santo. 2 Tratamiento honorífico que se da al papa.

santificar 1 *tr.* Rel Hacer santo a alguien por medio de la gracia. 2 Observar las fiestas religiosas, según los preceptos de la Iglesia católica.

santiguar 1 *tr.* y *prnl.* Hacer, sobre sí mismo o sobre otra persona, la señal de la cruz. 2 *tr.* Hacer cruces sobre alguien o sobre algo.

santo, ta 1 *adj.* Perfecto y libre de toda culpa. 2 Dicho de algo o de alguien, que produce un efecto beneficioso. 3 Con ciertos sustantivos, da un énfasis especial a su significado. 4 Dicho de un día, que es uno de los de la Semana Santa. 5 Dicho de una persona, virtuosa o muy resignada. 6 *adj.* y *s.* Dicho de una persona, que ha sido reconocida por la Iglesia católica por llevar una vida de perfección religiosa y alcanzar el cielo, y que puede ser venerada. • Se usa el apócope *san* ante nombres propios masculinos de santos, salvo los de Tomás, Tomé, Toribio y Domingo: *san Agustín*; *san Antonio*. 7 *m.* y *f.* Imagen de un santo. 8 *m.* Persona, festividad o celebración del santo cuyo nombre lleva.

santón *m.* Anacoreta, especialmente el musulmán o el hinduista.

santoral 1 *m.* Libro que contiene vidas de santos. 2 Lista de los santos cuya festividad se conmemora en cada uno de los días del año.

santuario 1 *m.* Templo en que se venera la imagen o la reliquia de algún santo de especial devoción. 2 Lugar destacado por alguna circunstancia que hace que merezca especial consideración o respeto.

santurrón, na *adj.* y *s.* coloq. y desp. Beato, hipócrita o exagerado en los actos de devoción.

saña 1 *f.* Furor o rabia con que se ataca a alguien o algo. 2 Intención rencorosa.

sápido, da *adj.* Que tiene algún sabor.

sapiencia *f.* SABIDURÍA.

sapindáceo, a *adj.* y *f.* Bot Dicho de una planta, angiosperma dicotiledónea, arbórea o sarmentosa de hojas casi siempre alternas y fruto capsular, como el jaboncillo.

sapo, pa *m.* y *f.* Anfibio **anuro**, generalmente nocturno, que se diferencia de la rana por su piel de aspecto verrugoso. Normalmente es de color pardo grisáceo.

saponificar *tr.* Quím Transformar en jabón materias grasas mediante un proceso que consiste en el desdoblamiento de los ésteres en ácido y alcohol por la acción de un álcali.

saponina *f.* Sustancia vegetal que, al ser disuelta en el agua, la vuelve espumosa como los jabones, y capaz de emulsionar las grasas. La contienen plantas muy diversas, entre ellas las acacias y el jaboncillo.

saprobio, bia *adj.* y *s.* Biol Dicho de un organismo, que es capaz de subsistir en aguas contaminadas, razón por la cual es utilizado como indicador del grado de contaminación de las aguas.

saprofito, ta (Tb. saprófito) *adj.* y *m.* Biol Dicho de un organismo y microorganismo, que se nutre de restos de materia orgánica en putrefacción mediante la producción de enzimas que descomponen la materia orgánica en nutrientes que se pueden absorber, como algunos hongos, mohos y ciertos tipos de bacterias.

saque 1 *m.* Dep Acción de sacar. 2 Raya o lugar desde el cual se saca la pelota. || **~ de esquina** Dep En el fútbol, el que hace un jugador del bando atacante desde una esquina del campo del bando defensor.

saquear 1 *tr.* Apoderarse los soldados de lo que hallan al entrar en algún lugar enemigo, causando devastación. 2 Robar todo o la mayor parte de algún lugar.

saqueo *m.* Acción y efecto de saquear.

sarampión *m.* Med Enfermedad infecciosa y contagiosa, más frecuente en la infancia, que se manifiesta por catarro de las vías respiratorias altas, seguido de una erupción de gran cantidad de manchas rojizas en la piel, acompañado de fiebre.

sarape *m.* Especie de manta de colores muy vivos, con una abertura en el centro para la cabeza, muy usual en México y en América Central.

sarcasmo *m.* Ironía o burla mordaz y cruel con que se ofende, se humilla o se maltrata.

sarcástico, ca *adj.* Que denota o implica sarcasmo.

sarcodino *adj.* y *m.* Biol Dicho de un organismo unicelular protozoo, cuyo movimiento, llamado ameboide, se realiza gracias a una especie de flujo protoplasmático. Pueden formar un seudópodo en forma lobulada o a modo de radios. Incluye amebas, foraminíferos, radiolarios y rizópodos.

sarcófago *m.* Féretro de piedra, madera o terracota, concebido para permanecer a la vista sobre el nivel del suelo.

sarcolema *m.* Anat Membrana muy fina que envuelve por completo a cada una de las fibras musculares.

sarcoma *m.* Med Tumor maligno constituido por tejido conjuntivo embrionario, que crece rápidamente y se reproduce con facilidad.

sardana 1 *f.* Folcl Danza en corro, tradicional de Cataluña. 2 Folcl Música de esta danza.

sardina 1 *f.* Pez teleósteo marino fisóstomo, de 12 a 15 cm de largo, de cuerpo alargado y comprimido, con el dorso de color azulado y los flancos plateados.

Es comestible. 2 Pez marino o fluvial, de morfología similar al anterior.

sardinel 1 *m.* Obra de ladrillos dispuestos de canto y de modo que coincidan sus caras mayores. 2 Escalón que forma el borde exterior de la acera.

sardo *m.* LING Lengua románica de carácter arcaico hablada en Cerdeña y que pertenece al grupo de las neolatinas.

sardónico, ca *adj.* Dicho de cierto tipo de risa, afectada, cruel o irónica.

sarga 1 *f.* Tela cuyo tejido forma líneas diagonales. 2 Tela pintada al temple o al óleo, para adornar o decorar paredes.

sargazo *m.* Alga marina, en la que el talo está diferenciado en una parte que tiene aspecto de raíz y otra de tallo, de la que arrancan órganos laminares con vesículas aeríferas, a modo de flotadores.

sargento *m.* Persona que tiene el grado inferior en la categoría de suboficiales, encargada del orden, la disciplina y la administración de una compañía, o parte de ella, y que manda un pelotón.

sari *m.* Prenda femenina que consiste en una pieza entera de unos cinco metros, de seda o algodón, a veces adornada con hilos de oro, que se ajusta al cuerpo sin costuras ni alfileres.

sármata *adj.* y *s.* HIST De un pueblo nómada que en el s. V a. C. habitaba entre el Vístula y el Volga, y hacia el s. III a. C. había sometido a los escitas del N del mar Negro y su territorio aumentó desde el mar Báltico hasta el Negro. Este pueblo fue sometido por los godos en el s. III y por los hunos en el s. IV.

sarmiento *m.* Tallo o vástago de la vid, o de otras plantas similares.

sarna *f.* MED Enfermedad contagiosa de la piel que se manifiesta por la aparición de pústulas que causan picazón intensa, producida por el ácaro llamado **arador** de la sarna.

sarpullido *m.* SALPULLIDO, erupción cutánea.

sarraceno, na *adj.* y *s.* MUSULMÁN.

sarro *m.* MED Sustancia amarillenta y calcárea que se adhiere al esmalte de los dientes.

sarta *f.* Serie de cosas sujetas o unidas una tras otra con un hilo, cuerda, etc.

sartén *f.* Utensilio metálico de cocina de forma redonda, más ancho que hondo, de fondo plano y con mango largo, que sirve para freír.

sartorio *adj.* y *m.* ANAT Dicho de un músculo, que es uno de los que forman el muslo en su parte anterior e interna.

sasánida *adj.* y *s.* HIST Dinastía que reinó en Persia entre el 224 y el 651. Fundada por Ardache I, fue destronada tras la invasión musulmana. Desarrolló un arte majestuoso y refinado, que tuvo su máxima representación en los palacios Firuzabad, Ctesifonte y, en escultura, en los bajorrelieves rupestres. Sobresalió también en orfebrería y textiles.

sastre, tra *m.* y *f.* Persona que tiene por oficio confeccionar trajes, especialmente de hombre.

satánico, ca 1 *adj.* Perteneciente o relativo a Satanás. 2 Extremadamente perverso.

satanismo 1 *m.* Perversidad, maldad satánica. 2 Culto a Satán; considera al demonio un ser más poderoso que las fuerzas del bien. Su principal rito es la misa negra.

satélite 1 *m.* ASTR Cuerpo celeste que gira alrededor de un planeta, presentándole siempre la misma cara, como la Luna. 2 *adj.* Dicho de un Estado, que es dominado política y económicamente por otro Estado vecino más poderoso. 3 Dicho de una población, que está situada a las afueras de una ciudad importante, pero vinculada a esta de algún modo. || ~ **artificial** ASTR Vehículo tripulado o no, que se coloca en órbita alrededor de la Tierra o de otro astro, y que lleva aparatos apropiados para recoger información científica y retransmitirla.

satín *m.* Tejido de seda o algodón, parecido al raso.

satinar *tr.* Dar brillo al papel o a la tela por medio de la presión.

sátira 1 *f.* LIT Género que emplea la ironía, la alusión o la burla para mostrar la necedad y la maldad humanas y alertar sobre las conductas reprobables. 2 Cualquier escrito o dicho mordaz en que se censura o se ridiculiza a alguien o algo.

satírico[1], ca 1 *adj.* Perteneciente o relativo a la sátira. 2 LIT **drama** ~. 3 *adj.* y *s.* Que es propenso a decir sátiras.

satírico[2], ca *adj.* Perteneciente o relativo al sátiro.

satirizar 1 *tr.* e *intr.* Escribir o decir sátiras. 2 *tr.* Ridiculizar, zaherir.

sátiro 1 *m.* MIT En la mitología grecorromana, monstruo mitológico o semidiós que solía representarse con cuernos, patas y rabo de macho cabrío y se caracterizaba por su lujuria. 2 Hombre lascivo.

satisfacción 1 *f.* Acción y efecto de satisfacer o satisfacerse. 2 Aquello que satisface. 3 Desagravio o reparación de algún daño, de alguna injusticia u ofensa.

satisfacer 1 *tr.* Complacer o realizar completamente algún deseo, gusto, apetito o pasión. 2 Dar solución a una duda o a una dificultad. 3 Pagar lo que se debe. 4 Hacer algo que merezca el perdón de la pena debida. 5 MAT Ser alguna cantidad, magnitud, etc., la que hace que se cumplan las condiciones expresadas en un problema, y ser, por tanto, su solución. 6 *intr.* y *prnl.* Gustar, agradar o estar conforme con alguien o algo. • Participio irreg. *satisfecho*. Vb. irreg. conjug. c. **hacer**. V. anexo El verbo.

satisfactorio, ria 1 *adj.* Que satisface. 2 Agradable, bueno, provechoso.

satisfecho, cha 1 *adj.* Conforme, complacido. 2 Orgulloso de sí mismo.

sátrapa 1 *m.* HIST En la antigua Persia, gobernador de una provincia. 2 *adj.* y *s.* Dicho de una persona, que se conduce con astucia e inteligencia. 3 Dicho de una persona, que gobierna despóticamente.

saturación *f.* Acción y efecto de saturar o saturarse. || **zona de** ~ GEO Zona inferior al nivel freático, donde los poros están tan saturados de agua que esta tiende a estancarse o a moverse en horizontal.

saturado, da 1 *adj.* Colmado, lleno. 2 FÍS **vapor** ~. 3 FÍS y QUÍM Dicho de una solución, que no puede disolver una cantidad complementaria de sólido. 4 QUÍM Dicho de un compuesto químico orgánico, cuyos enlaces covalentes, por lo general entre átomos de carbono, son de tipo sencillo. || **zona no** ~ GEO Parte del suelo por encima de la franja capilar, con los poros no saturados de agua.

saturar 1 *tr.* Llenar completamente, colmar. 2 QUÍM Combinar dos o más cuerpos en las proporciones atómicas máximas en que pueden unirse. 3 *tr.* y *prnl.* FÍS y QUÍM Impregnar de otro cuerpo un fluido hasta el punto de no poder este admitir mayor cantidad de aquel cuerpo.

saturnal 1 *adj.* Perteneciente o relativo al dios Saturno. 2 *f.* HIST Fiesta que se celebraba en Roma en honor del dios Saturno. 3 Orgía desenfrenada.

saturnismo *m.* MED Enfermedad crónica producida por la intoxicación ocasionada por las sales de plomo.

sauce *m.* Árbol de las salicáceas, de hasta 20 m de altura, tronco grueso, hojas caducas, estrechas y alargadas, flores pequeñas y sin corola, y fruto en cápsula.

sauco (Tb. saúco) *m.* Planta arbórea de las caprifoliáceas, de hojas aserradas, numerosas flores olorosas, blanquecinas o amarillentas, y fruto en bayas negruzcas.

saudade *f.* Nostalgia, añoranza.

saudí *adj.* y *s.* De Arabia Saudí o Saudita o relacionado con este país de Asia.

saudita *adj.* y *s.* SAUDÍ.

sauna 1 *f.* Baño de vapor, a muy alta temperatura, que produce abundante sudoración. 2 Local donde se toman estos baños.

saurio *adj.* y *m.* ZOOL Dicho de un reptil, comúnmente conocido como lagarto (lagartija, iguana, varano, geco, monstruo de Gila, camaleón). De cuerpo largo, tiene cuatro extremidades cortas, mandíbulas dentadas, lengua bífida y cola desechable. La piel es escamosa o está cubierta de tubérculos. La mayoría son ovíparos.

savia *f.* BOT Líquido que circula por los vasos conductores de las plantas y del que toman las sustancias necesarias para su nutrición; contiene azúcares, aminoácidos y hormonas vegetales.

saxifragáceo, a *adj.* y *f.* BOT Dicho de una planta, herbácea o leñosa, de hojas simples, flores hermafroditas, en racimos, y fruto en cápsula o en baya, como la hortensia.

saxofón *m.* MÚS Instrumento de viento compuesto de un tubo cónico de metal encorvado en forma de U de palos desiguales, con boquilla y un sistema de llaves.

saya *f.* Falda, enagua o refajo.

sayal *m.* Tela de lana muy basta.

sayo *m.* Prenda de vestir holgada y sin botones que cubre el cuerpo hasta la rodilla.

sayón 1 *m.* HIST En la Edad Media, ministro de justicia que hacía las citaciones y efectuaba los embargos. 2 Cofrade que en las procesiones de Semana Santa va vestido con una túnica larga.

sazón 1 *f.* Punto de madurez o perfección de algo. 2 Tiempo oportuno para hacer algo. 3 Gusto y sabor que se percibe en los alimentos. 4 Buen gusto en el cocinar.

sazonar 1 *tr.* Dar sazón a los alimentos. 2 *tr.* y *prnl.* Poner algo en el punto de madurez que debe tener.

script (Voz ingl.) *m.* y *f.* CIN Persona que auxilia a un director cinematográfico, anotando todos los detalles relativos a cada escena filmada.

se[1] 1 *pron. pers.* Forma reflexiva o recíproca de la tercera persona del singular usada en dativo y acusativo: *Se peina en las noches; Se compró un escritorio; Se miraron al mismo tiempo.* • No admite preposición y puede usarse antes o después del verbo. 2 Se usa para formar oraciones impersonales: *Se espera que pase todos los exámenes.* 3 Se usa para formar oraciones de pasiva refleja: *Las ganancias se repartieron entre los socios.*

se[2] *pron. pers.* Forma de la tercera persona del singular que corresponde al dativo cuando se usa combinada con el acusativo *lo, la, los* y *las*: *Finalmente decidió que se lo traería; Pensó mucho en decírselo.*

seaborgio *m.* QUÍM Elemento metálico radiactivo creado artificialmente. Fue obtenido en 1974 a partir de californio y oxígeno. Símbolo: Sg. Número atómico: 106.

sebáceo, a 1 *adj.* Perteneciente o relativo al sebo. 2 FISIOL **glándula ~**.

sebo *m.* Grasa sólida y dura que se obtiene de los animales herbívoros y que, derretida, se usa en la fabricación de jabones, velas, etc.

seborrea *f.* MED Aumento patológico de la secreción de las glándulas sebáceas de la piel.

secadero *m.* Lugar dispuesto para secar ciertos productos.

secador, ra 1 *adj.* Que seca. 2 *m.* y *f.* Aparato o máquina para secar algo. 3 *m.* Lugar para secar la ropa. 4 Paño de cocina para secar la vajilla.

secano *m.* Tierra de labor que no tiene riego, y solo participa del agua llovediza.

secante[1] 1 *adj.* Que seca. 2 *adj.* y *m.* Dicho de un papel, que es poroso y sirve para secar lo escrito con tinta.

secante[2] 1 *adj.* y *f.* GEOM Dicho de una recta, que corta a una figura dada. 2 *f.* MAT Razón trigonométrica inversa del coseno: *Sec a = 1/ cos a.* || **~ de un ángulo** GEOM La del arco que sirve de medida al ángulo. **~ de un arco** GEOM Parte de la recta secante que pasa por el centro del círculo y por un extremo del arco, comprendido entre dicho centro y el punto donde encuentra a la tangente tirada por el otro extremo del mismo arco.

secar 1 *tr.* Quitar la humedad de algún cuerpo, dejarlo seco. 2 *tr.* y *prnl.* Cicatrizar una herida. 3 *prnl.* Evaporarse la humedad de algún cuerpo. 4 Quedarse sin agua un río, una fuente, etc. 5 Marchitarse una planta. 6 Enflaquecer una persona o un animal. 7 Tener mucha sed.

sección 1 *f.* Cada una de las partes en que se divide un todo continuo o un conjunto de cosas. 2 Cada uno de los grupos en que se divide un conjunto de personas. 3 Dibujo de perfil o figura que resultaría si se cortara un terreno, un edificio, una máquina, etc., por un plano. 4 GEOM Figura que resulta de la intersección de una superficie o de un sólido con otra superficie. || **~ áurea** GEOM Proporción que se obtiene al dividir un segmento en dos partes de manera que el cociente entre la longitud del segmento mayor y la longitud del segmento inicial es igual al cociente entre la longitud del segmento menor y la del segmento mayor. **~ cónica** GEOM La que se origina al cortar con un plano un cono circular recto; puede ser un círculo, una elipse, una hipérbola o una parábola.

seccional *f.* Dependencia policial que tiene poder para actuar legalmente sobre un determinado sector de una población.

seccionar *tr.* Dividir en secciones.

secesión *f.* POLÍT Acto de separarse de alguna nación parte de su población o territorio para formar un Estado independiente.

secesionismo *m.* POLÍT Tendencia u opinión favorable a la secesión.

seco, ca 1 *adj.* Que carece de humedad, que no está mojado. 2 Dicho de un guiso, sin caldo. 3 Dicho de algo, que ha perdido el líquido que normalmente debe tener: *Río seco; Carne seca.* 4 Flaco, muy delgado. 5 Riguroso, estricto, sin rodeos. 6 Dicho de la piel, que le falta hidratación o grasa. 7 Dicho de un vino, que tiene escasos azúcares reductores residuales. 8 Dicho de un sonido, ronco, áspero. 9 Dicho de un golpe, fuerte, rápido y que no resuena. 10 Dicho de una región, del tiempo o del clima, faltos de lluvia o de humedad.

secreción 1 *f.* FISIOL Proceso mediante el cual salen de las glándulas las sustancias elaboradas por ellas, que el organismo utiliza en el ejercicio de alguna función. 2 Estas mismas sustancias. || **~ externa** FISIOL La que se vierte por medio de un conducto en la superficie externa del cuerpo, o en una cavidad del mismo. **~ interna** FISIOL La que no es vertida por un conducto, sino que pasa directamente a la sangre o a la linfa.

secretar *tr.* FISIOL Producir su secreción las glándulas, las membranas o las células.

secretaría 1 *f.* Cargo o empleo de secretario. 2 Sección administrativa de un organismo, una empresa, etc. 3 MINISTERIO, departamento del poder ejecutivo de un Estado.

secretario, ria 1 *m.* y *f.* Persona encargada de escribir la correspondencia, extender las actas, custodiar los documentos, etc., en una oficina, asamblea o corporación. 2 MINISTRO, responsable de un departamento del poder ejecutivo de un Estado.

secretear *intr.* Hablar en secreto dos o más personas.

secretina *f.* BIOQ Hormona que estimula la secreción de los jugos pancreático e intestinal, producida por la mucosa del duodeno.

secreto, ta 1 *adj.* Oculto, escondido, ignorado por los demás. 2 *m.* Lo que se mantiene oculto y no se quiere revelar a los demás.

secta *f.* Conjunto de seguidores de una parcialidad religiosa o ideológica.

sectario, ria *adj.* y *s.* Fanático, intransigente, especialmente de algún partido político o de alguna idea.

sector 1 *m.* Parte delimitada de un todo. 2 Parte de una colectividad que presenta caracteres peculiares. 3 ECON Conjunto de empresas o negocios que se engloban en un área diferenciada dentro de la actividad económica y productiva. 4 GEOM Superficie plana, limitada por dos segmentos y por un arco de curva. || ~ **circular** GEOM SECTOR. ~ **cuaternario** ECON El derivado del terciario, compuesto por el conjunto de actividades empresariales y políticas relacionadas con la gestión y distribución de la información. ~ **esférico** GEOM Porción de la esfera comprendida entre un casquete y la superficie cónica formada por los radios que terminan en su borde. ~ **informal** ECON El que no se ajusta a las normas legales que regulan el mercado y la actividad productiva. Engloba una amplia variedad de actividades con inmensas diferencias de utilidades; como la reventa ambulante de mercancías y el narcotráfico. ~ **primario** ECON Conjunto de actividades que implican la extracción y obtención de materias primas (agricultura, ganadería, minería, silvicultura y pesca). ~ **secundario** ECON Conjunto de actividades que suponen la transformación industrial de las materias primas (siderurgia, construcción, sector agroalimentario, y producción de bienes de consumo en general). ~ **terciario** o **servicios** ECON Conjunto de actividades de suministro de bienes inmateriales. Como el comercio, las reparaciones, el alquiler de viviendas, el correo y las telecomunicaciones, los seguros, el turismo, la sanidad, etc.

secuaz *adj.* y *s.* Que sigue el partido, la doctrina o la opinión de alguien.

secuela *f.* Consecuencia o resultado de algo.

secuencia 1 *f.* Sucesión ordenada y continuada de cosas. 2 CIN Sucesión ininterrumpida de planos o escenas que en una película se refieren a una misma parte o aspecto del argumento. 3 LING Unidad conformada por un conjunto de oraciones vinculadas por una característica común, que las diferencia de las demás del texto. 4 MAT Conjunto de cantidades o de operaciones ordenadas de modo que cada una determina la siguiente.

secuenciar *tr.* Establecer una serie o sucesión de cosas que guardan entre sí cierta relación.

secuestrar 1 *tr.* Aprehender a alguien por la fuerza y contra su voluntad para exigir dinero o alguna condición determinada por su rescate. 2 Apoderarse con violencia de algún vehículo, como avión, barco, etc., para exigir algo por su rescate. 3 DER Embargar judicialmente algo.

secuestro *m.* Acción y efecto de secuestrar.

secular 1 *adj.* SEGLAR. 2 Que dura un siglo, o desde hace siglos. 3 *adj.* y *m.* **clero** ~.

secularizar 1 *tr.* y *prnl.* Convertir en secular lo que era eclesiástico. 2 *tr.* Autorizar a un religioso a vivir fuera del convento.

secundar *tr.* Apoyar o ayudar a alguien, o colaborar con alguien.

secundario, ria 1 *adj.* Segundo en orden, que no es principal, de menor importancia. 2 Dicho de la enseñanza, la intermedia entre la primaria y la superior. 3 **colores** ~s. 4 GEO MESOZOICO. 5 GEO Dicho de un terreno, que corresponde a los periodos Triásico, Jurásico y Cretáceo. 6 MED **efecto** ~. 7 QUÍM Perteneciente o relativo a cada uno de los átomos de carbono y nitrógeno que en una molécula orgánica están unidos a dos átomos de carbono.

secuoya *f.* Árbol de las coníferas que llega a sobrepasar los 100 m de altura.

sed 1 *f.* Gana y necesidad de beber. 2 Necesidad de agua o de humedad que tienen especialmente las plantas o la tierra.

seda 1 *f.* Sustancia viscosa que segregan algunos animales, como las arañas y las orugas de los lepidópteros, y que en contacto con el aire se solidifica formando hebras muy finas. 2 Hilo formado con varias de estas hebras convenientemente preparadas, que sirve para confeccionar telas suaves y lustrosas. 3 Tela hecha de seda.

sedal *m.* Hilo muy resistente de la caña de pescar.

sedán *m.* Automóvil de carrocería cerrada.

sedante *adj.* y *m.* FARM Dicho de un medicamento, que calma el dolor o que disminuye la excitación nerviosa.

sedar *tr.* Apaciguar, calmar, sosegar.

sede *f.* Lugar donde tiene su residencia una entidad política, económica, literaria, deportiva, etc.

sedentario, ria 1 *adj.* Dicho de una actividad, de un oficio o de un tipo de vida, de poco movimiento. 2 Dicho de un pueblo o tribu, que se dedica a la agricultura y que se encuentra asentado en algún lugar, por oposición al nómada. 3 Dicho de un animal, que como los pólipos coloniales carece de órganos de locomoción y permanece siempre en el mismo lugar.

sedentarismo *m.* Actitud de la persona que lleva una vida sedentaria.

sedentarización *f.* Acción y efecto de sedentarizar.

sedentarizar *tr.* y *prnl.* Hacer o volver sedentario.

sedición *f.* Alzamiento colectivo y violento contra la autoridad, el orden público o la disciplina militar.

sediento, ta 1 *adj.* y *s.* Que tiene sed. 2 Que desea algo con vehemencia.

sedimentación 1 *f.* Acción y efecto de sedimentar o sedimentarse. 2 GEO Proceso final de la deposición de materiales resultantes de la erosión y de su arrastre en medios fluidos, como el agua o el viento.

sedimentar 1 *tr.* Depositar sedimento algún líquido. 2 *prnl.* Formar sedimento las materias suspendidas en un líquido.

sedimentario, ria 1 *adj.* Perteneciente o relativo al sedimento. 2 GEO **rocas** ~s; **terreno** ~.

sedimento *m.* Materia o sustancia que, habiendo estado en suspensión en algún líquido, se posa en el fondo por su mayor gravedad.

sedoso, sa *adj.* Dicho de algo, parecido a la seda o con su misma textura suave.

seducir 1 *tr.* Persuadir o incitar a alguien a que haga algo. 2 Atraer a una persona con la intención de tener relaciones sexuales con ella. 3 Cautivar el ánimo. • Vb. irreg. conjug. c. **conducir**. V. anexo El verbo.

sefardí *adj.* y *s.* HIST Dicho de un judío, que es oriundo de España, o que acepta las prácticas religiosas de los judíos españoles. Se caracteriza por su tradicional lengua vernácula judeo-castellana (ladino) y por su fidelidad a la tradición babilónica de la práctica ritual.

segador, ra 1 *m.* y *f.* Persona que siega. 2 *adj.* y *f.* Dicho de una máquina, que sirve para segar.

segar *tr.* Cortar la mies o la hierba con hoz, con guadaña o con máquina segadora. • Vb. irreg. conjug. c. **acertar**. V. anexo El verbo.

seglar *adj.* y *s.* Que no es eclesiástico ni religioso, laico.

segmentación 1 *f.* División en segmentos. 2 Biol División reiterada del óvulo en la que se forman las células que darán lugar al embrión. 3 Inf Técnica de división de un programa a fin de no requerir la presencia simultánea de la totalidad del programa.

segmentado, da *adj.* Zool Dicho de un animal, cuyo cuerpo consta de segmentos.

segmentar *tr.* Cortar, partir o dividir en segmentos.

segmento 1 *m.* Parte o porción cortada o separada de algo. 2 Geom Parte de una recta comprendida entre dos puntos. 3 Geom Parte del círculo comprendida entre un arco y su cuerda. 4 Zool Cada una de las partes dispuestas en serie lineal de que está formado el cuerpo de los gusanos y de los artrópodos. || ~ **abierto** Geom Dicho de un segmento [*a*, *b*], que no incluye sus extremos *a* y *b*. ~ **esférico** Geom Parte de la esfera cortada por un plano que no pasa por el centro.

segregación 1 *f.* Acción y efecto de segregar un grupo social a otro. 2 Biol Separación de los alelos y cromosomas homólogos durante la meiosis en el proceso de formación de gametos. || ~ **racial** Discriminación que se le impone a algunos grupos sociales, a causa de su origen étnico, con respecto a otros que viven en el mismo territorio: *El apartheid en Sudáfrica y el racismo en EE. UU. son ejemplos de segregación racial.*

segregacionismo *m.* Doctrina que propugna algún tipo de segregación social.

segregador, ra *adj.* Dicho de una persona, que discrimina a otras debido a su origen social, raza, género, filiación religiosa o política.

segregar 1 *tr.* y *prnl.* Separar o apartar una cosa de otra de la que forma parte. 2 *tr.* Secretar, expeler. 3 Marginar discriminatoriamente un grupo social dominante a otro que considera inferior o diferente por motivos étnicos, culturales, religiosos, sexuales, etc.

segueta *f.* Sierra de marquetería.

seguetear *intr.* Trabajar con la segueta.

seguidilla *f.* Estrofa de cuatro versos, de los cuales el primero y el tercero son de siete sílabas y libres, y de cinco sílabas y asonantes los otros dos.

seguido, da *adj.* Continuo, sucesivo, sin interrupción ni intervalos.

seguimiento *m.* Acción y efecto de seguir.

seguir 1 *tr.* e *intr.* Ir después o detrás de alguien o de algo. 2 *tr.* Dirigir la vista hacia un objeto que se mueve y mantener la vista en él. 3 Ir en busca de alguien o algo. 4 Continuar en lo que se ha empezado. 5 Estar al tanto del desarrollo de algo: *Está siguiendo el campeonato.* 6 Proceder de acuerdo con lo establecido: *Mejor siga las reglas; Siga mi consejo.* 7 Avanzar según una orientación: *Siga hasta la plaza y luego a la derecha.* 8 Estar conforme, coincidir con las ideas o el parecer de alguien. 9 Imitar, hacer algo según el ejemplo o el modo de obrar de alguien. 10 *intr.* Continuar en determinado estado: *Sigo sin entenderlo.* 11 Producirse o continuar produciéndose un hecho: *Sigue viviendo en el mismo sitio.* 12 No dejar de suceder algo: *Seguirá lloviendo hasta abril.* 13 *prnl.* Ser alguna cosa consecuencia de otra o derivarse de ella. 14 Suceder una cosa a otra por orden, turno o número. • Vb. irreg. conjug. c. **pedir**. V. anexo El verbo.

según 1 *prep.* Conforme o con arreglo a: *Según el último censo, la pobreza ha aumentado en la ciudad.* 2 *adv. relat.* Denota relaciones de conformidad o correspondencia: *La decisión se tomará según cada caso.* 3 Indica relaciones de simultaneidad: *Según vayas mejorando en el juego, te saldrán más oportunidades.* 4 De la misma manera, de forma semejante: *Dejé tus libros según los tenías.* 5 En frases elípticas indica eventualidad o contingencia: *Votaré o me abstendré, según.*

segundero *m.* Manecilla que señala los segundos en el reloj.

segundo, da 1 *adj.* Que sigue inmediatamente en orden al o a lo primero. 2 *m.* y *f.* Persona que en una institución, empleo o cargo sigue en importancia a la principal. 3 *m.* Fís Unidad fundamental de tiempo que en el sistema internacional equivale a la duración de 9 192 631 770 periodos de la radiación correspondiente a la transición entre los dos niveles hiperfinos del estado fundamental del átomo de cesio 133. Corresponde o debe corresponder a cada una de las sesenta partes iguales en que se divide el minuto de tiempo. Símbolo: s. 4 Geom Cada una de las sesenta partes iguales en que se divide el minuto de una circunferencia. Símbolo ("). 5 *f.* Marcha del motor de un vehículo que tiene mayor velocidad que la primera y menor potencia que la tercera. 6 Mús En algunos instrumentos de cuerda, la que está después de la prima. 7 Mús Intervalo de una nota a su inmediata inferior o superior.

segundón, na 1 *m.* y *f.* Hijo segundo en la familia en que hay mayorazgo. 2 coloq. Persona que ocupa un puesto o cargo inferior al más importante o de mayor categoría.

seguridad 1 *f.* Cualidad de seguro. 2 Fianza o garantía que se da a alguien en la realización de algún acuerdo. || ~ **ciudadana** Der y Polít Concepto jurídico moderno que al tiempo que responsabiliza a los gobiernos de brindar las condiciones sociales básicas para el ejercicio efectivo de los derechos ciudadanos (libertad de pensamiento, sufragio universal, vivienda, salud, trabajo, educación), exige a los ciudadanos la responsabilidad de actuar como agentes activos respecto a los mismos derechos. ~ **social** Polít Organización estatal que se ocupa de atender (o coordinar su atención) determinadas necesidades económicas y sanitarias de los ciudadanos.

seguro, ra 1 *adj.* Libre y exento de todo daño, peligro o riesgo. 2 Cierto, sin ninguna duda, infalible. 3 Firme, que no está en peligro de faltar o caerse. 4 *m.* Cualquier mecanismo que impide el funcionamiento indeseado de un aparato, utensilio o máquina, o que aumenta la firmeza de un cierre. 5 Contrato por el que el asegurador contrae el compromiso, mediante el cobro de una prima, de resarcir el daño producido al asegurado.

seis 1 *adj.* Cinco y uno. 2 *adj.* y *m.* **sexto**. 3 *m.* Signos con que se representa este número. 4 Naipe que tiene seis señales.

seiscientos, tas 1 *adj.* Seis veces cien. 2 *m.* **sexcentésimo**. 3 Signos con que se representa este número.

seísmo *m.* Geo **terremoto**.

selacio, a *adj.* y *m.* Zool Dicho de un pez, marino **elasmobranquio**, de cuerpo fusiforme, con aletas pectorales estrechadas en la base, una aleta caudal heterocerca, piel correosa, grisácea, cubierta de pequeñas escamas afiladas y puntiagudas, como el tiburón. Comprende aprox. 340 especies.

selección 1 *f.* Acción y efecto de seleccionar. 2 Conjunto de personas o cosas seleccionadas. 3 Dep Equipo que se forma con deportistas de distintos clubes para participar en una competición. || ~ **artificial** Biol

Modificación genética de organismos mediante el cruce controlado entre los organismos parentales. ~ **natural** Biol Proceso por el cual los efectos ambientales y el paso del tiempo llevan a un grado variable de éxito reproductivo de ciertos organismos con características o rasgos, diferentes y heredables, dentro de una población determinada.

seleccionar *tr.* Elegir o escoger entre varias personas o cosas aquella o aquellas que se consideran más adecuadas o mejores para un fin determinado.

selectivo, va *adj.* Que implica selección.

selecto, ta *adj.* Que es o se considera mejor que otras cosas de su especie o personas de su condición.

selector, ra *adj.* y *s.* Que selecciona.

selenio *m.* Quím Elemento no metálico que se presenta en varias formas alotrópicas (polvo, masa amorfa vidriosa, cristales, etc.). Buen conductor de la electricidad, propiedad que aumenta con la luz y disminuye en la oscuridad. Símbolo: Se. Número atómico: 34. Peso atómico: 78,96. Punto de fusión: 217 °C. Punto de ebullición: 685 °C.

selenita *m.* y *f.* Supuesto habitante de la Luna.

seléucida *adj.* y *s.* Hist De una dinastía de reyes macedonios que reinó en Oriente Medio entre los ss. IV y I a. C. Se estableció cuando el Imperio de Alejandro Magno se repartió entre sus seguidores y se extinguió cuando Siria fue convertida en provincia romana (64-63 a. C.).

sellar 1 *tr.* Imprimir el sello a algo. 2 Dejar la señal de una cosa en otra. 3 Poner fin a algo, concluir. 4 Cerrar herméticamente algo.

sello 1 *m.* Utensilio, de metal o caucho, para estampar el dibujo, las letras o las cifras en él grabados. 2 Trozo pequeño de papel, con timbre oficial y emitido por una administración postal, que se pega en las cartas, los documentos o paquetes que se envían por correo, o en determinados documentos oficiales. 3 Cruz o reverso de las monedas.

selva 1 *f.* Bosque extenso, inculto y muy poblado de árboles. 2 Bosque tropical que se desarrolla en áreas de gran pluviosidad, donde la vegetación crece de forma ininterrumpida en vastas extensiones y se encuentra siempre verde.

selvático, ca *adj.* Perteneciente o relativo a la selva.

selyúcida *adj.* y *s.* Hist De una dinastía turca que reinó en el Oriente Medio y Asia Menor a partir de 1040, cuando su jefe, Tugril Beg inició la conquista de los actuales Irán e Irak. Sus sucesores extendieron el Imperio hacia Siria, Palestina y Anatolia. En el s. XIII el Imperio se dividió y el poder selyúcida declinó gradualmente.

semáforo *m.* Aparato eléctrico de señales luminosas para regular la circulación de automóviles y peatones.

semana 1 *f.* Serie de siete días consecutivos, empezando el lunes y acabando el domingo. 2 Periodo de siete días consecutivos. || **entre** ~ En cualquier día de lunes a viernes. ~ **Santa** Rel La última de la cuaresma, desde el Domingo de Ramos hasta el de Resurrección.

semanal 1 *adj.* Que sucede o se repite cada semana. 2 Que dura una semana o a ella corresponde.

semanario, ria 1 *adj.* **SEMANAL.** 2 *m.* Publicación periódica semanal.

semántico, ca 1 *adj.* Perteneciente o relativo al significado de las palabras. 2 Ling **calco** ~; **campo** ~. 3 *f.* Ling Estudio del significado de los signos lingüísticos, de sus combinaciones y evolución, a partir de sus relaciones con los fenómenos de la realidad representados por ellos, y desde un punto de vista sincrónico (atendiendo al contexto y a la situación en un momento determinado) o diacrónico (atendiendo al aspecto evolutivo a través del tiempo).

semblante 1 *m.* Representación de algún afecto del ánimo en el rostro. 2 Cara o rostro humano.

semblanza *f.* Descripción física o moral de alguien.

sembradío, a *adj.* Dicho de un terreno, destinado o a propósito para sembrar.

sembrado, da *m.* Terreno que se ha sembrado.

sembrador, ra 1 *adj.* y *s.* Que siembra. 2 *f.* Máquina sembradora.

sembrar 1 *tr.* Esparcir semillas en la tierra preparada para que germinen. 2 Introducir la semilla o la planta en un hoyo para que se desarrolle. 3 Esparcir algo en gran cantidad: *Las calles amanecieron sembradas de basura.* 4 Dar motivo, causa o principio a algo: *Aquella lectura sembró en él el interés por la filosofía.* 5 Hacer algo con el propósito de obtener beneficio o fruto. • Vb. irreg. conjug. c. **acertar**. V. anexo El verbo.

semejante 1 *adj.* y *s.* Que semeja o se parece a alguien o algo. 2 *adj.* Denota comparación o ponderación. 3 Geom Dicho de una figura, distinta a otra solo por el tamaño y cuyas partes guardan todas respectivamente la misma proporción.

semejanza *f.* Cualidad de semejante.

semejar *intr.* y *prnl.* Parecerse una persona o cosa a otra.

semen *m.* Fisiol Fluido producido por los órganos reproductores masculinos y eyaculado por el pene al final del coito, que contiene los espermatozoides y las secreciones acompañantes.

semental *adj.* y *m.* Dicho de un animal macho, destinado a la reproducción.

sementera 1 *f.* Tierra sembrada. 2 **SEMILLERO**, lugar donde se siembran y crían los vegetales. 3 **HUERTO**.

semestre *m.* Periodo de seis meses.

semibreve *f.* Mús **REDONDA**.

semicadencia *f.* Mús Paso sencillo de la nota tónica a la dominante.

semicilindro *m.* Geom Cada una de las dos mitades del cilindro separadas por un plano que pasa por el eje.

semicircular *adj.* De figura de semicírculo o semejante a ella.

semicírculo *m.* Geom Cada una de las dos mitades del círculo separadas por un diámetro.

semiconductor *adj.* y *m.* Electr Dicho de un elemento, aislante como el selenio y el silicio que, mezclados con determinadas impurezas, se transforman en conductores. Han hecho posible un alto grado de miniaturización en los dispositivos electrónicos.

semiconsonante *adj.* y *f.* Fon Dicho de las vocales *i, u,* cuando forman diptongo con otra vocal que les sigue (*piano, diente, diosa, cuatro, huerto*) y se pronuncian con sonido de duración momentánea e improlongable.

semicorchea *f.* Mús Nota musical cuyo valor es la mitad de una corchea.

semicromático, ca *adj.* Mús Dicho de un género de música, que participa del diatónico y del cromático.

semidiámetro *m.* Geom Cada una de las dos mitades de un diámetro separadas por el centro.

semidiós, sa *m.* y *f.* Mit En la mitología griega, ser nacido de un dios o una diosa y un ser humano.

semieje *m.* Geom Cada una de las dos mitades de un eje separadas por el centro.

semiesfera *f.* Geom **HEMISFERIO**.

semifinal *f.* Dep Cada una de las dos penúltimas competiciones de un campeonato, que se gana por eliminación del contrario y no por puntos.

A B C D E F G H I J K L M N Ñ O P Q R S T U V W X Y Z

semifusa *f.* Mús Nota musical cuyo valor es la mitad de una fusa.

semilla 1 *f.* Bot Parte del fruto de una planta que contiene el embrión de una futura planta. 2 De forma general: granos que en diversas formas producen las plantas y que al caer o ser sembrados producen nuevas plantas. 3 Cosa que es causa u origen de que proceden otras.

semillero 1 *m.* Lugar donde se siembran y se crían las plantas que después han de trasplantarse. 2 Lugar donde se conservan para el estudio las semillas.

semimeridiano, na 1 *adj.* Perteneciente o relativo al semimeridiano. 2 *m.* Astr y Geo Mitad de un **meridiano**, generalmente calculada de polo a polo.

semimetal *m.* Quím Elemento químico que posee características intermedias entre los metales y los no metales, como el antimonio y el estaño.

seminal 1 *adj.* Bot Perteneciente o relativo a la semilla. 2 Bot **primordio** ~. 3 Fisiol Perteneciente o relativo al semen. 4 Anat **vesícula** ~.

seminario 1 *m.* Casa destinada a la formación de los que aspiran al sacerdocio. 2 Clase en que se reúne el profesor con los alumnos para realizar trabajos de investigación. 3 Reunión de especialistas consagrada al estudio de un problema concreto.

seminífero, ra *adj.* Biol Que produce o contiene semillas o semen.

semínima *f.* Mús Nota musical que vale media mínima.

semiología *f.* Ling Estudio de la función de los signos en la vida social.

semiótico, ca 1 *adj.* Perteneciente o relativo a la semiótica. 2 *f.* Ling Teoría general de los signos basada en la distinción, dentro del signo, entre significante y significado, es decir, entre la forma escrita del signo y lo que representa. 3 Med Parte de la medicina que trata de los signos de las enfermedades desde el punto de vista del diagnóstico y del pronóstico.

semiperiodo *m.* Electr Mitad del periodo correspondiente a un sistema de corrientes bifásicas.

semipermeable *adj.* Fís Dicho de una superficie, que lo es de separación entre dos fases líquidas o gaseosas y que deja pasar a su través las moléculas de algunos de los componentes de estas fases, pero no de los otros.

semipesado *adj.* y *m.* Dep En boxeo, lucha, halterofilia y otros deportes, categoría de 75 kg.

semiplano *m.* Geom Cada una de las dos porciones de plano limitadas por alguna de sus rectas. A la recta se le llama arista del semiplano y este será **cerrado** o **abierto** según contenga o no la arista.

semirrecta *f.* Geom Cada una de las dos porciones en que queda dividida una recta por cualquiera de sus puntos.

semirrecto *adj.* Geom **ángulo** ~.

semita *adj.* y *s.* Dicho de una familia étnica y lingüística, que comprende los diversos pueblos que históricamente se asentaron en el SO de Asia y el N de África, y hablan o hablaron lenguas de flexión de caracteres especiales: arameo, siríaco, caldeo, asirio, hebreo, árabe y otras.

semítico, ca 1 *adj.* Perteneciente o relativo a los semitas. 2 *m.* Ling Grupo de lenguas habladas en el sudoeste asiático y el norte de África.

semitismo 1 *m.* Conjunto de las tendencias, instituciones y costumbres de los pueblos semitas. 2 Giro o modo de hablar propio de las lenguas semitas.

semitono *m.* Mús Cada una de las dos partes desiguales en que se divide el intervalo de un tono musical. || ~ **cromático** o **menor** Mús El que comprende dos comas. ~ **diatónico** o **mayor** Mús El que comprende tres comas.

semivocal 1 *adj.* y *f.* Fon Dicho de las vocales *i* o *u*, cuando forman diptongo con una vocal precedente: *Paisaje, aceite, auge, deuda.* 2 Fon Dicho de una consonante, que puede pronunciarse sin que se perciba directamente el sonido de una vocal, como la *f.*

sémola *f.* Pasta de harina de trigo, arroz u otro cereal, reducida a granos muy pequeños, con la que se preparan sopas.

semoviente *m.* Animal de granja.

sempiterno, na *adj.* Eterno, que dura siempre.

senado 1 *m.* Hist Asamblea de patricios que formaba el Consejo supremo de la antigua Roma. 2 Cuerpo legislativo de un Estado formado por personas elegidas por sufragio universal. 3 Lugar donde los senadores celebran sus sesiones.

senador, ra *m.* y *f.* Persona que es miembro del senado.

sencillo, lla 1 *adj.* Simple, sin composición. 2 Que carece de adornos y ostentación. 3 Que no ofrece dificultad. 4 Dicho de una persona, natural y espontánea. 5 *m.* Dinero suelto.

senda *f.* Camino estrecho, formado por el paso de personas y animales.

senderear *tr.* Guiar o encaminar por la senda.

senderismo *m.* Práctica deportiva y turística realizada siguiendo rutas o senderos pedestres.

sendero *m.* SENDA.

sendos, das *adj. pl.* Uno o una para cada cual de dos o más personas o cosas.

senectud *f.* Periodo de la vida del ser humano que sigue a la madurez.

senescal 1 *m.* En algunos países, mayordomo mayor de la casa real. 2 Hist Jefe o cabeza principal de la nobleza, a la que gobernaba, especialmente en la guerra.

senil *adj.* Perteneciente o relativo a la persona de avanzada edad en la que se advierte su decadencia física.

senilidad *f.* Condición de senil.

sénior *adj.* Dicho de una persona, que es de más edad de las dos que llevan el mismo nombre. Se escribe a continuación del apellido.

seno 1 *m.* Concavidad o hueco. 2 Concavidad que forma una cosa curva. 3 Mama de la mujer. 4 Espacio o hueco que queda entre el vestido y el pecho. 5 Parte interna de algo. 6 Matriz, útero. 7 Mat y Geom Dado un triángulo rectángulo, el seno de un ángulo agudo ∞ (*sen* ∞) es igual a la longitud del cateto opuesto al ángulo dividida por la longitud de la hipotenusa. Su valor numérico está comprendido entre -1 y 1. El seno de un ángulo de $0°$ es 0 y el de uno de $90°$ es 1. || ~ **de un ángulo** Geom El del arco que sirve de medida al ángulo. ~ **de un arco** Geom Parte de la perpendicular tirada al radio que pasa por un extremo del arco, desde el otro extremo del mismo arco, comprendida entre este punto y dicho radio. ~ **frontal** Anat Cada una de las dos cavidades del hueso frontal que comunican con la cavidad nasal. ~ **verso** Geom Parte del radio comprendida entre el pie del seno de un arco y el arco mismo.

sensación 1 *f.* Impresión que producen las cosas por medio de los sentidos. 2 Emoción producida por un suceso de importancia. 3 Corazonada, presentimiento.

sensacional 1 *adj.* Que llama poderosamente la atención. 2 Magnífico, estupendo.

sensacionalismo *m.* Tendencia a difundir las noticias de tal manera que produzcan fuerte impresión.

sensato, ta *adj.* Prudente, de buen juicio.

sensibilidad 1 *f.* Facultad de sentir, propia de los seres animados. 2 Propensión natural de la persona a dejarse llevar de los afectos de compasión, humanidad y ternura. 3 Cualidad de lo que es sensible. 4 Grado o medida de la eficacia de ciertos aparatos o utensilios. 5 FISIOL Función del sistema nervioso que permite detectar a través de los órganos sensoriales las variaciones físicas o químicas que provienen del interior del individuo o de su medio externo.

sensibilizador, ra *adj.* Que hace sensible, o aumenta la sensibilidad.

sensibilizar *tr.* Hacer sensible o aumentar la sensibilidad de alguien o de algo.

sensible 1 *adj.* Perceptible por medio de los sentidos. 2 Manifiesto, patente al entendimiento. 3 Que causa o mueve sentimientos de pena o de dolor. 4 Que se deja llevar fácilmente de los sentimientos. 5 Dicho de algo, que cede fácilmente a la acción de ciertos agentes naturales. 6 INF **zona ~**.

sensiblería *f.* Sentimentalismo exagerado o fingido.

sensitivo, va 1 *adj.* Perteneciente o relativo a los sentidos corporales. 2 Capaz de sensibilidad.

sensomotriz *adj.* FISIOL Dicho de las funciones del cuerpo humano, que comprometen los sentidos y el aparato motor.

sensor 1 *m.* FÍS Dispositivo para determinar el valor actual de una magnitud controlada de un sistema. 2 ELECTRÓN Dispositivo que por medio del tacto gobierna la acción de un circuito, como la selección de canales en un receptor de televisión.

sensorial *adj.* Perteneciente o relativo a las percepciones corporales.

sensual 1 *adj.* Perteneciente o relativo a las sensaciones de los sentidos. 2 Dicho de algo, que proporciona placer o satisfacción a los sentidos; de una persona, inclinada a estos placeres y dicho de estos mismos placeres.

sensualidad 1 *f.* Cualidad de sensual. 2 Tendencia excesiva a los placeres de los sentidos.

sensualismo *m.* FIL Doctrina según la cual todo conocimiento y toda facultad intelectiva derivan de sensaciones.

sentado, da 1 *adj.* Prudente, sensato. 2 BOT **SÉSIL**. 3 BOT **hoja ~**. 4 *f.* Tiempo en que se está sentado sin interrupción.

sentar 1 *tr.* y *prnl.* Colocar o colocarse en algún sitio o sobre algo de manera que uno quede apoyado y descansando sobre las nalgas. 2 *tr.* Colocar firmemente una cosa, asentarla. 3 *intr.* Digerir bien o mal algún alimento. 4 Caer o ir bien o mal algo a alguien. 5 *prnl.* Establecerse en un lugar. 6 Producir una herida algo que se lleva puesto. 7 Posarse un líquido. • Vb. irreg. conjug. c. **acertar**. V. anexo El verbo.

sentencia 1 *f.* Dicho o frase corta que contiene algún principio moral. 2 Oración gramatical. 3 DER Declaración del juicio y resolución del juez.

sentenciar 1 *tr.* Dar o pronunciar sentencia. 2 Intimidar a alguien anunciándole venganza. 3 DER Condenar por sentencia en materia penal.

sentencioso, sa *adj.* Dicho de una frase o escrito, o del tono del que habla, que encierra una afectada gravedad.

sentido, da 1 *adj.* Que incluye o expresa sentimiento. 2 Dicho de alguien, que se resiente u ofende con facilidad. 3 *m.* Razón de ser, finalidad. 4 Facultad que se tiene para determinadas cosas: *Tiene sentido del ritmo.* 5 Significación, manera como se ha de entender algo: *Tiene un particular sentido del deber.* 6 Cada uno de los significados de una palabra o de un grupo de palabras. 7 FISIOL Proceso de recepción y reconocimiento de sensaciones y estímulos que se produce mediante los órganos del **oído**, la **vista**, el **olfato**, el **gusto** y el **tacto**, o la situación del cuerpo en el espacio (sentido del **equilibrio**). || **~ común** Facultad atribuida a la generalidad de las personas, de juzgar y proceder razonablemente. **~ de orientación** Aptitud para situarse correctamente respecto de un determinado punto de referencia. **~ del humor** Capacidad para expresar o admitir lo humorístico. **sexto ~** Capacidad de comprender de manera intuitiva lo que a otros les pasa inadvertido.

sentimental 1 *adj.* Perteneciente o relativo al sentimiento. 2 Que expresa o provoca sentimientos de ternura y afecto.

sentimiento 1 *m.* Acción y efecto de sentir o sentirse. 2 Estado afectivo del ánimo provocado por alguna impresión externa.

sentina *f.* Cavidad inferior de una embarcación en la que se juntan las aguas que se filtran por los costados y la cubierta, de donde son expulsadas después por las bombas.

sentir[1] 1 *m.* Sentimiento del ánimo. 2 Parecer o juicio de alguien, opinión, dictamen.

sentir[2] 1 *tr.* Experimentar una sensación material o inmaterial: *Sentir sed; Sentir tristeza.* 2 Percibir las sensaciones con los sentidos. 3 Especialmente, percibir con el sentido del oído, oír: *Siento un ruido extraño.* 4 Lamentar algún suceso triste. 5 Juzgar, tener determinada opinión: *Digo lo que siento.* 6 Presentir algo que ha de suceder. 7 *prnl.* Quejarse de alguien o de algo. 8 Tener algún dolor o molestia en alguna parte del cuerpo. 9 Seguido de algunos adjetivos, hallarse o estar como estos expresan: *Sentirse fuerte.* 10 Seguido de ciertos adjetivos, considerarse: *Sentirse obligado.* • Vb. irreg. conjugación modelo. V. anexo El verbo.

seña 1 *f.* Detalle particular por el que se reconoce o diferencia alguien o algo. 2 Lo que se acuerda entre dos o más personas para entenderse. 3 Vestigio que queda de alguna cosa y la recuerda. 4 Gesto o ademán con sentido comunicativo: *Me hacía señas de que lo siguiera.* 5 *f. pl.* Indicación del paradero y domicilio de alguien.

señal 1 *f.* Marca que hay o se pone en algo y que lo distingue de otras cosas. 2 Rasgo físico especial de una persona o de un animal y que sirve para distinguirlo de los demás. 3 Signo, cosa que evoca la idea de otra: *La bandera blanca es señal de paz.* 4 **SEÑA**, vestigio o impresión que queda de algo. 5 Cosa de la que se infiere otra: *Este calor es señal de que lloverá.* 6 Emisión de luces o sonidos con los que un aparato o una máquina indican o advierten algo. 7 FÍS Variación de una corriente eléctrica u otra magnitud que se utiliza para transmitir información. || **~ analógica** FÍS La que reproduce el valor de la magnitud que se desea transmitir. **~ de la cruz** REL Cruz formada con dos dedos de la mano o con el movimiento de esta, y que representa aquella en que murió Jesucristo.

señalado, da *adj.* Famoso, insigne.

señalador *m.* **MARCAPÁGINAS**.

señalar 1 *tr.* Hacer o poner alguna señal en algo. 2 Llamar la atención hacia alguien o algo haciendo una señal, generalmente con la mano, hacia ellos. 3 Determinar el día, la hora, el lugar, el precio, etc., para algún fin. 4 Indicar un dispositivo una señal o marca: *Las agujas del reloj señalan las once.* 5 Ser algo indicio de otra cosa directamente relacionada: *Los fuertes vientos señalan la llegada de la temporada de lluvias.* 6 Indicar cómo se hace o debe hacerse algo. 7 *prnl.* Distinguirse o singularizarse, especialmente en materias de reputación, crédito y honra.

señalizar *tr.* Colocar señales de circulación en las carreteras, calles y otras vías de comunicación.

señero, ra 1 *adj.* Solo, separado de toda compañía. 2 Único, sin par.

señor, ra 1 *adj.* y *s.* Dueño de algo o que tiene dominio sobre alguien o algo. 2 *adj.* Tratamiento de cortesía que se aplica a las personas mayores. 3 HIST En el régimen feudal, título de nobleza. 4 *m.* Hombre, en contraposición a mujer. 5 REL Por antonomasia, en el cristianismo, Dios. • Se escribe con may. inic. 6 *f.* Mujer casada, en oposición a mujer soltera.

señorear *tr.* Dominar o mandar en algo como dueño de ello.

señoría *f.* Tratamiento dado a las personas a quienes compete por su dignidad.

señorial 1 *adj.* Perteneciente o relativo al señorío. 2 Majestuoso, noble.

señorío 1 *m.* Territorio del señor. 2 Dignidad de señor. 3 HIST Régimen político y territorial del **medioevo** que regulaba las relaciones entre los propietarios o señores y sus súbditos en el ámbito social y económico.

señorito, ta 1 *m.* y *f.* Hijo o hija de un señor o de persona distinguida. 2 *m.* Joven acomodado y ocioso. 3 *f.* Tratamiento que se da a la mujer soltera. 4 Tratamiento dado a las maestras y profesoras.

señuelo 1 *m.* Cualquier objeto usado para atraer a los animales. 2 Cualquier cosa que sirve para atraer, persuadir o inducir, con alguna falacia.

sépalo *m.* BOT Cada una de las hojas que forman el cáliz de la flor.

separación 1 *f.* Acción y efecto de separar o separarse. 2 Interrupción de la vida conyugal, sin ruptura del vínculo matrimonial. || ~ **de bienes** DER Sistema de bienes en el matrimonio por el cual cada cónyuge conserva sus bienes propios, usándolos y administrándolos sin intervención del otro.

separar 1 *tr.* y *prnl.* Establecer distancia, o aumentarla, entre algo o alguien, y una persona, lugar o cosa que se toman como punto de referencia. 2 *tr.* Formar grupos homogéneos de cosas que estaban mezcladas con otras. 3 Reservar algo. 4 Apartar a quienes se pelean o riñen. 5 *prnl.* Tomar caminos distintos personas, animales o vehículos que iban juntos. 6 Romper profesional o ideológicamente con alguna persona, grupo o entidad.

separata *f.* Impresión por separado de un texto independiente publicado en alguna revista, periódico o libro.

separatismo *m.* POLÍT Doctrina que tiende a la separación de algún territorio para alcanzar su independencia o anexarse a otro país.

sepelio *m.* Entierro con la ceremonia correspondiente.

sepia 1 *adj.* y *m.* Dicho de un color, que tiende al rojo naranja. 2 *f.* JIBIA, molusco.

septenario *m.* Tiempo de siete días.

septentrión 1 *m.* NORTE, punto cardinal. 2 Viento del norte.

septentrional 1 *adj.* Perteneciente o relativo al septentrión. 2 Que está al N. 3 GEO **zona** templada ~.

septeto 1 *m.* MÚS Composición musical para siete instrumentos o siete voces. 2 MÚS Conjunto que la interpreta.

septicemia *f.* MED Infección grave, generalizada por todo el organismo, producida por el paso a la sangre de gérmenes patógenos.

séptico, ca 1 *adj.* Que produce putrefacción o es causado por ella. 2 Que contiene gérmenes patógenos. || **pozo** ~ FOSA séptica.

septiembre *m.* Noveno mes del año, que consta de treinta días.

séptimo, ma 1 *adj.* y *s.* Que sigue inmediatamente en orden al sexto. 2 Dicho de una parte, que es una de las siete partes iguales en que se divide un todo. 3 *f.* MÚS Intervalo melódico o armónico que comprende siete sonidos de la escala musical.

septingentésimo, ma *adj.* y *s.* Dicho de una parte, que es una de las setecientas partes iguales en que se divide un todo.

septo *m.* BIOL Tabique que separa dos cavidades o dos masas de tejido.

septuagenario, ria *adj.* y *s.* Que ha cumplido setenta años o más y no llega a los ochenta.

septuagésimo, ma 1 *adj.* y *s.* Que sigue inmediatamente en orden al sesenta y nueve. 2 Dicho de una parte, que es una de las setenta partes iguales en que se divide un todo.

séptuple 1 *adj.* Dicho de algo, que es siete veces mayor o que contiene una cantidad siete veces. 2 Dicho de algo, que implica siete elementos iguales o su repetición siete veces.

sepulcro 1 *m.* Obra levantada del suelo para enterrar en ella los restos de una o varias personas. 2 Urna o andas cerradas con una imagen de Jesucristo difunto.

sepultar 1 *tr.* Enterrar a un difunto. 2 *tr.* y *prnl.* Ocultar algo como enterrándolo.

sepultura *f.* Hoyo hecho en la tierra o en otro lugar para enterrar un cadáver.

sequedad *f.* Cualidad de seco.

sequía *f.* GEO Situación climatológica anormalmente seca y de larga duración, en la que la escasez de lluvia produce un desequilibrio hidrológico grave.

séquito *m.* Grupo de gente que acompaña a alguna persona célebre o ilustre.

ser[1] 1 *m.* Esencia o naturaleza de las cosas, lo permanente e invariable de ellas. 2 Cualquier cosa creada, especialmente las dotadas de vida. 3 Modo de existir. 4 FIL Identidad, conciencia de sí mismo. 5 FIL Idea de carácter regulativo que permite realizar ciertos análisis ontológicos, pero que no designa una realidad determinada. || ~ **humano** Persona de la especie humana, ser racional. Desde el punto de vista estrictamente biológico es un **homínido** que conforma la única especie viviente (*Homo sapiens*) del género *Homo*. ~ **supremo** REL DIOS.

ser[2] 1 *copulat.* Se usa para afirmar del sujeto lo que significa el atributo: *Él es inteligente.* 2 *aux.* Se usa para formar la voz pasiva de los verbos: *El regalo fue comprado por mí.* 3 *intr.* Haber o existir. 4 Servir, valer, ser de utilidad: *Estas herramientas son para pulir.* 5 Estar en lugar o situación. 6 Suceder, acontecer: *La función será mañana.* 7 Indica relación de posesión: *¿De quién es esta cartera?* 8 Corresponder, concernir: *Tu actitud no es la apropiada.* 9 Indica relación de vinculación o pertenencia: *Juan es del Consejo.* 10 Tener origen, naturaleza o principio en algún lugar, como país, región, ciudad, etc. 11 Sirve para afirmar o negar en lo que se dice o pretende: *Así es.* 12 Indica tiempo: *Son las nueve.* 13 Tener un precio, costar: *Las naranjas son a cien.* 14 Indica el material con que está hecho algo: *El piso es de madera.* 15 Junto con sustantivos, adjetivos o participios, tener el empleo, cargo, profesión, condición etc., que tales palabras significan. • Vb. irreg. conjugación modelo. V. anexo El verbo.

seráfico, ca *adj.* Perteneciente o relativo al serafín, o parecido a él.

serafín *m.* REL Espíritu angélico con el rango más alto en la jerarquía celestial. Se les asocia con la luz, el ardor y la pureza.

serbal *m.* Árbol rosáceo de hojas dentadas, flores blancas en corimbo, tronco recto y liso, ramas gruesas y copa abierta. Crece en la península Ibérica.

serbio, bia (Tb. servio) 1 *adj.* y *s.* De Serbia o relacionado con este país de Europa. 2 *m.* LING **SERBOCROATA.**

serbocroata *m.* LING Lengua eslava meridional hablada en Serbia, Croacia, Eslovaquia, Bosnia-Herzegovina, Montenegro y Macedonia.

serenar 1 *tr.* e *intr.* Aclarar, calmar, sosegar algo. • U. t. como prnl. 2 *tr.* y *prnl.* Exponer algo al sereno.

serenata 1 *f.* Música al aire libre y durante la noche para festejar a alguien. 2 Composición destinada a este objeto.

serendipia *f.* Hallazgo valioso que ocurre casualmente.

serenidad 1 *f.* Cualidad de sereno[2]. 2 Título de honor de algunos príncipes.

serenísimo, ma *adj.* Tratamiento que se aplicaba en España a los príncipes hijos de reyes.

sereno[1] 1 *m.* Humedad de la atmósfera en la noche. 2 Vigilante nocturno que ronda las calles del vecindario.

sereno[2], na 1 *adj.* Claro, despejado de nubes o nieblas. 2 Apacible, sosegado, sin turbación física o moral.

serial 1 *adj.* Perteneciente o relativo a una serie. 2 MÚS Dicho de una música, que es atonal y se basa en la escala dodecafónica. 3 *m.* Obra radiofónica o televisiva que se emite en sucesivas emisiones.

seriar *tr.* Poner en serie.

sericicultura *f.* Industria que tiene por objeto la producción de la seda.

serie 1 *f.* Conjunto de cosas relacionadas entre sí y que se suceden unas a otras. 2 Gran número de ciertas cosas. 3 En la lotería, cada una de las emisiones de los números correspondientes a un mismo sorteo. 4 FON Conjunto de fonemas de una lengua caracterizados por un mismo modo de articulación. 5 GEO Sucesión de sedimentos que se observa en una zona concreta y un intervalo de tiempo dado. 6 MAT Sucesión de cantidades que se derivan unas de otras según una ley determinada. 7 MAT Expresión de la suma de los infinitos términos de una sucesión. 8 TELEC **SERIAL.** || ~ **aritmética** MAT Serie asociada a una sucesión o progresión aritmética. ~ **convergente** MAT Aquella en la que la suma de sus términos se aproxima cada vez más a una determinada cantidad; por ejemplo: $1/2 + 1/4 + 1/8 + 1/16...$, se acerca progresivamente a valer 1, sin llegar nunca a él. ~ **de Balmer** FÍS Conjunto de líneas del espectro del hidrógeno que corresponden a saltos de electrones de niveles de energía superiores hasta el nivel $n = 2$. ~ **divergente** 1 MAT Aquella en la que la suma de sus términos tiende al infinito. **en** ~ Dicho de un patrón, que es el mismo en la fabricación de muchos objetos iguales entre sí. 2 ELECTR Dicho de un circuito, que se conecta uno tras otro. ~ **geométrica** MAT La asociada a una progresión geométrica.

serigrafía *f.* Procedimiento de impresión sobre cualquier materia que, con tintas especiales, se realiza mediante estarcido a través de una malla de seda, nailon o tela metálica.

seringa *f.* Látex extraído del árbol de caucho o hevea.

serio, ria 1 *adj.* Sensato, formal, responsable en el obrar y proceder. 2 Severo en el semblante, en la mirada o en el hablar. 3 Digno de consideración.

sermón *m.* Discurso religioso que pronuncian en público los sacerdotes.

sermonear 1 *intr.* Pronunciar sermones. 2 *tr.* coloq. Reprender insistentemente.

serodiagnóstico *m.* MED Diagnóstico mediante reacciones provocadas en el suero sanguíneo o por el suero sanguíneo de los enfermos.

serología 1 *f.* BIOL Estudio de las propiedades de los sueros sanguíneos. 2 **SERODIAGNÓSTICO.**

seropositivo, va *adj.* y *s.* MED Dicho de una persona o animal, cuya sangre, infectada por algún virus, como el del sida, contiene anticuerpos específicos.

serosidad 1 *f.* FISIOL Líquido que segregan ciertas membranas en estado normal o patológico. 2 Líquido que se acumula en las ampollas de la piel.

serotonina *f.* BIOQ Amina secretada especialmente por el hipotálamo. Tiene una función vasoconstrictora.

serpentario *m.* Local donde, para su exhibición o estudio, se tienen en cautiverio las serpientes.

serpentear *intr.* Moverse o deslizarse formando vueltas como la serpiente.

serpentín *m.* Tubo en espiral, helicoidal o acodado cierto número de veces, de forma que quepa en un recipiente.

serpentino, na 1 *adj.* Perteneciente o relativo a la serpiente. 2 Que serpentea. 3 *f.* Tira de papel, larga y estrecha, enrollada en forma de una especie de disco y que se desenrolla cuando alguien la lanza reteniéndola por uno de sus extremos.

serpiente *f.* ZOOL Reptil **ofidio.**

serrado, da *adj.* Que tiene dientes como la sierra.

serranía 1 *f.* GEO Conjunto de montañas y sierras de un espacio geográfico determinado. 2 GEO Sierra de poca extensión.

serranilla *f.* LIT Composición lírica en versos cortos, de tema rústico y generalmente erótico.

serrar *tr.* Cortar madera con sierra. • Vb. irreg. conjug. c. **acertar.** V. anexo El verbo.

serrín *m.* Conjunto de partículas que se desprenden de la madera al serrarla.

serruchar *tr.* **ASERRUCHAR.**

serrucho *m.* Sierra de hoja ancha, generalmente con una sola manija.

serval *m.* Mamífero carnívoro, parecido al gato, de tamaño mediano y pelaje amarillento con manchas oscuras, que habita en la sabana africana.

servicial 1 *adj.* Que sirve con cuidado y diligencia. 2 Dispuesto a complacer y a prestar ayuda.

servicio 1 *m.* Acción y efecto de servir. 2 Estado de criado o sirviente. 3 Mérito que se hace sirviendo. 4 Favor que se hace a alguien. 5 Utilidad o provecho que resulta a alguien de lo que otro realiza en atención suya. 6 Culto religioso. 7 Conjunto de cubierto y vajilla que se pone en la mesa para cada comensal. 8 Organización y personal destinados a cuidar intereses o satisfacer necesidades del público o de alguna entidad: *Servicio de correos, de incendios, de reparaciones.* 9 Prestación desempeñada por estas organizaciones y su personal. 10 ECON **sector** terciario o ~s. || ~ **de inteligencia** Organización secreta en un Estado para dirigir y organizar el espionaje. ~ **doméstico** El que prestan las personas que ejercen su oficio en el hogar de otras personas, atendiendo su funcionamiento, cuidado y aseo, entre otras tareas. ~ **militar** El que se presta siendo soldado. ~ **público** o **social** El que presta el Estado por intermedio de alguna institución, pública o privada, con la finalidad de satisfacer determinadas necesidades en una comunidad (sanidad, educación, protección social del trabajo, vivienda, subsidios, etc.). Incluye, además, los denominados servicios básicos: acueducto y alcantarillado, energía, telefonía y transporte, entre otros.

servidor, ra 1 *m.* y *f.* Persona que sirve a otra. 2 *m.* INF Computadora conectada a una red que pone sus recursos a disposición de clientes integrantes de la red. || ~ **de archivos** INF Dispositivo de almacenamiento de archivos en una red local al que los clientes pueden acceder. Administra y mantiene los archivos en orden a medida que son solicitados.

servidumbre 1 *f.* Trabajo propio del siervo. 2 Estado o condición de siervo. 3 Conjunto de criados que sirven en una casa, o que sirven a un tiempo. 4 DER Obligación que grava una finca, propiedad, etc., en favor de alguien distinto de su titular. 5 HIST Tipo de organización social y económica del medioevo en la que los trabajadores agrícolas (siervos) constituían una propiedad inmueble vinculada legalmente a un lugar de residencia y trabajo perteneciente a un señor.

servil *adj.* Que obra con servilismo.

servilismo *m.* Sumisión excesiva y ruin a la autoridad o voluntad de alguien.

servilleta *f.* Pieza de tela o papel, que cada comensal utiliza en la mesa para limpiarse.

servilletero *m.* Aro, bolsa o utensilio en que se pone la servilleta.

servio *adj.* y *s.* SERBIO.

servir 1 *intr.* y *tr.* Estar al servicio de alguien. 2 *intr.* Prestar ayuda o hacer algún favor a alguien. 3 Valer, ser útil para algo. 4 En algunos deportes, sacar. 5 Poner en la mesa o repartir a cada uno de lo que se ha de comer o beber. 6 *tr.* Dar culto a Dios o a los santos. 7 Hacer algo en favor o beneficio de alguien. 8 Suministrar mercancía a algún cliente. 9 *tr.* y *prnl.* Poner comida o bebida en el plato o vaso de alguien. 10 *prnl.* Querer o tener a bien hacer algo. 11 Utilizar a alguien o algo para algún fin. • Vb. irreg. conjug. c. **pedir**. V. anexo El verbo.

servodirección *f.* En algunos automóviles, servomecanismo que contribuye a facilitar el funcionamiento de la dirección.

servofreno *m.* Freno cuya acción se amplifica mediante un dispositivo eléctrico o mecánico.

servomecanismo *m.* Sistema electromecánico que se regula por sí mismo al detectar el error o la diferencia entre su propia actuación real y la deseada.

sésamo 1 *m.* AJONJOLÍ. 2 Semilla de esta planta.

sesear *intr.* FON Pronunciar la *c* o la *z* como *s.*

sesenta 1 *adj.* Seis veces diez. 2 SEXAGÉSIMO. 3 *m.* Conjunto de signos con que se representa este número.

sesgado, da 1 *adj.* OBLICUO, desviado de la horizontal. 2 Parcial, tendencioso.

sesgar 1 *tr.* Cortar o partir en sesgo. 2 Torcer a un lado.

sesgo 1 *adj.* Cualidad de sesgado. 2 *m.* Curso, rumbo que toma algún asunto.

sésil 1 *adj.* BOT Dicho de una parte de una planta, que carece de pedúnculo. 2 ZOOL Dicho de un animal, que casi toda su vida permanece fijo en un lugar determinado.

sesión 1 *f.* Cada una de las reuniones de una junta, asamblea o tribunal. 2 Consulta entre varios para determinar algo. 3 Acto, representación o proyección en que se exhibe algún espectáculo íntegro, generalmente de cine.

seso 1 *m.* Prudencia, sensatez. 2 *m. pl.* ANAT Masa de tejido nervioso contenida en la cavidad del cráneo.

sesquicentenario 1 *m.* Periodo de ciento cincuenta años. 2 Día o año en que se celebra este periodo.

sestear *intr.* Hacer la siesta.

sestercio *m.* Moneda de plata de los romanos, que valía dos ases y medio.

sesudo, da *adj.* Sensato, inteligente, sabio.

set 1 *m.* Juego formado por distintos elementos con una función común. 2 PLATÓ. 3 DEP En tenis, pimpón y voleibol, cada una de las fases de que se compone un partido.

seta *f.* Cualquier hongo en forma de sombrero o casquete sostenido por un pedicelo.

setecientos, tas 1 *adj.* Siete veces ciento. 2 SEPTINGENTÉSIMO. 3 *m.* Signos con que se representa este número.

setenta 1 *adj.* Siete veces diez. 2 SEPTUAGÉSIMO. 3 *m.* Signos con que se representa este número.

seto *m.* Cercado de palos o varas entretejidas. || ~ **vivo** Cercado de plantas o arbustos vivos.

setter (Voz ingl.) *s.* y *adj.* Perro de muestra que alcanza unos 70 cm, ágil, resistente y excepcional cazador.

seudocientífico, ca (Tb. pseudocientífico) *adj.* Dicho de alguien o algo, que no es verdaderamente científico.

seudohermafrodita (Tb. pseudohermafrodita) *adj.* y *s.* BIOL Dicho de una persona, que tiene la apariencia del sexo contrario, aunque conserva la gónada de su sexo.

seudónimo, ma (Tb. pseudónimo) 1 *adj.* Dicho de un autor, que oculta su nombre con otro falso. 2 Dicho de la obra de este autor. 3 *m.* Nombre empleado por un autor en vez del suyo.

seudópodo (Tb. pseudópodo) *m.* BIOL Prolongación protoplasmática de ciertas células y muchos seres unicelulares que sirve para la locomoción o la captura de alimento.

severo, ra 1 *adj.* Riguroso, duro en el trato. 2 Exacto y rígido en la observancia de una ley, precepto o regla. 3 Serio, grave.

sevicia *f.* Crueldad excesiva.

sexagenario, ria *adj.* y *s.* Que ha cumplido sesenta años o más y no llega a los setenta.

sexagésimo, ma 1 *adj.* y *s.* Que sigue en orden a lo que ocupa el lugar cincuenta y nueve. 2 Dicho de una parte, que es una de las sesenta partes iguales en que se divide un todo.

sexar *tr.* Determinar el sexo de un animal.

sexcentésimo, ma 1 *adj.* y *s.* Que sigue en orden al quinientos noventa y nueve. 2 Dicho de una parte, que es una de las seiscientas partes iguales en que se divide un todo.

sexi 1 *adj.* Que tiene atractivo físico y sexual. 2 Dicho de algo, que hace resaltar dicho atractivo.

sexismo *m.* Prejuicio discriminatorio basado en el sexo.

sexo 1 *m.* BIOL Conjunto de caracteres orgánicos que distinguen al macho de la hembra, tanto en el reino animal como en el vegetal. 2 Conjunto de seres pertenecientes a un mismo sexo: *Sexo masculino; Sexo femenino.* 3 Órganos sexuales. 4 SEXUALIDAD.

☐ BIOL Permite aumentar la diversidad genética y, con ello, la capacidad de la especie para adaptarse a los cambios ambientales. En la mayoría de las especies bisexuales, un individuo (hembra) tiene un tipo de célula sexual inmóvil, capaz de ser fecundada, y el otro (macho), un tipo de célula sexual fecundante y, por lo general, dotada de gran movilidad. El mecanismo que controla la dirección del desarrollo de los nuevos individuos hacia un sexo u otro, lo determinan los cromosomas sexuales X y Y.

sexología *f.* Estudio del sexo y de lo relacionado con él.

sextante *m.* Instrumento para medir la elevación angular de los astros, y determinar la latitud y la longitud en un punto determinado.

sexteto 1 *m.* Mús Composición musical para seis instrumentos o seis voces. 2 Mús Conjunto de seis instrumentos o seis voces.

sexto, ta 1 *adj.* Que sigue en orden al quinto. 2 *adj.* y *s.* Dicho de una parte, que es una de las seis partes en que se divide un todo. 3 *f.* Mús Intervalo de una nota a la sexta ascendente o descendente en la escala.

séxtuple 1 *adj.* y *m.* Dicho de una cantidad, que es seis veces mayor o que contiene seis veces exactamente. 2 *adj.* Dicho de seis elementos iguales o semejantes, o de algo que se repite seis veces.

sextuplicar *tr.* y *prnl.* Multiplicar por seis una cantidad.

sexuado, da *adj.* Biol Dicho de una planta, o de un animal, que tiene órganos sexuales aptos para funcionar.

sexual 1 *adj.* Perteneciente o relativo al sexo. 2 **acoso** ~. 3 Biol **dimorfismo** ~; **reproducción** ~. 4 **educación** ~.

sexualidad 1 *f.* Conjunto de condiciones anatómicas y fisiológicas de cada sexo. 2 Psic Conjunto de fenómenos emocionales y de conducta relacionados con el sexo. Comprende tanto el impulso sexual como los aspectos de sentimiento corporal (sentirse hombre o mujer) y de rol social.

shakesperiano, na *adj.* Lit Que se relaciona con la obra literaria del dramaturgo inglés William Shakespeare.

sharia (Voz ár.) *f.* Rel Para los musulmanes, la ley de Dios tal y como fue revelada por Mahoma. Suele relacionarse con las normas que rigen la conducta de los miembros y la comunidad islámica.

sheriff (Voz ingl.) 1 *m.* Hist Funcionario de la corona inglesa que ejercía ciertas funciones administrativas y judiciales en los condados y distritos. 2 En EE.UU., representante de la justicia en un condado.

sherpa (Voz ingl.) 1 *adj.* y *s.* De un pueblo mongol, que habita en el Nepal, en las laderas del Himalaya. 2 *m.* Ling Lengua hablada en Nepal y otras zonas de la India. • Procede originalmente del tibetano.

shock (Voz ingl.) *m.* Med **CHOQUE**[2].

shogun (Voz jap.) *m.* **SOGÚN.**

shoshone *adj.* y *s.* De un grupo de pueblos amerindios distribuidos por un amplio territorio del O de EE.UU., entre las montañas Rocosas y la Sierra Nevada.

show (Voz ingl.) 1 *m.* Espectáculo basado en la intervención de un artista de variedades. 2 Situación en la que se llama mucho la atención.

show business (Voz ingl.) *m.* Industria del espectáculo.

si[1] 1 *conj.* Denota condición o suposición por la cual un concepto depende de otro u otros: *Si quieres crecer, aliméntate bien.* 2 Denota aseveración terminante: *Si ayer lo juraste, ¿cómo te retractas hoy?* 3 Introduce oraciones interrogativas indirectas, a veces con matiz de duda: *No sabe si viajará estas vacaciones; Pregúntale si quiere cenar con nosotros esta noche.* 4 A principio de frase refuerza las expresiones de duda, deseo o aseveración: *¿Si podrá lograrlo?* 5 Introduce oraciones desiderativas: *¡Si mi padre lo permitiera!* 6 Precedido del adverbio *como* o la conjunción *que*, se emplea en conceptos comparativos: *Comió como si fuera la última vez; Se sintió más feliz que si se hubiera ganado la lotería.* 7 Se emplea como conjunción adversativa, y en ese caso equivale a *aunque*: *Si respondió el examen, no entregó el trabajo.* 8 Se usa con valor distributivo y, repetido, para contraponer una afirmación a otra: *Si canto, si no canto, igual te enojas.* || ~ **no** De otra forma o en caso contrario: *Camina más rápido, si no llegarás tarde.*

si[2] *m.* Mús Séptima nota de la escala musical.

sí[1] *pron. pers.* Forma reflexiva de la tercera persona del singular, siempre precedida por preposición: *Conservaron para sí las ganancias; Pensó en sí misma.*

sí[2] 1 *adv.* Se usa para indicar afirmación o consentimiento, sobre todo para responder afirmativamente a preguntas: *Sí, quiero ir contigo.* 2 *m.* Consentimiento, permiso: *Ese día recibió el sí que esperaba.*

sial *m.* Geo **CORTEZA** continental.

siamés, sa 1 *adj.* y *s.* Dicho de cada hermano gemelo, que nace unido al otro por alguna parte del cuerpo. 2 De Siam (hoy Tailandia), o relacionado con esta antigua nación asiática. 3 *m.* Ling Lengua hablada en Tailandia, de la familia lingüística tai.

sibila *f.* Entre los antiguos griegos y romanos, mujer con poderes proféticos.

sibilante 1 *adj.* Fon Dicho de un sonido, que se pronuncia como una especie de silbido. 2 *adj.* y *f.* Fon Dicho de una letra, que representa este sonido, como la *s.*

sibilino, na *adj.* Perteneciente o relativo a la sibila.

siboney *adj.* y *s.* Hist De un antiguo pueblo amerindio que habitaba en las Antillas en la época precolombina.

sic *adv.* Indica que lo que está escrito es textual, por extraño o incorrecto que parezca. Se usa entre paréntesis siguiendo a la palabra o texto en cuestión.

sicariato *m.* Actividad criminal que llevan a cabo asesinos a sueldo.

sicario, ria *m.* y *f.* Asesino asalariado.

sicoactivo, va *adj.* **PSICOACTIVO.**

sicoanálisis *m.* Med y Psic **PSICOANÁLISIS.**

sicoanalista *adj.* y *s.* **PSICOANALISTA.**

sicodélico, ca *adj.* **PSICODÉLICO.**

sicodrama *m.* **PSICODRAMA.**

sicofanta *m.* Impostor, calumniador.

sicolingüístico, ca *adj.* **PSICOLINGÜÍSTICO.**

sicología *f.* Psic **PSICOLOGÍA.**

sicometría *f.* Psic **PSICOMETRÍA.**

sicomotricidad *f.* **PSICOMOTRICIDAD.**

sicono *m.* Bot Fruto compuesto resultante de una inflorescencia comprimida que se desarrolla dentro de un receptáculo carnoso y hueco, como el higo.

sicopatía *f.* **PSICOPATÍA.**

sicopedagogía *f.* **PSICOPEDAGOGÍA.**

sicosis *f.* **PSICOSIS.**

sicosomático, ca *adj.* y *f.* **PSICOSOMÁTICO.**

sicoterapia *f.* **PSICOTERAPIA.**

sida *m.* Med Enfermedad contagiosa producida por el retrovirus **VIH**, caracterizada por una alteración extrema del sistema inmunitario celular humano. Se transmite por la sangre, por contacto sexual y a través de la placenta al feto. La infección tiene un periodo de latencia indeterminado, sin síntomas, y una fase terminal de deterioro físico agudo. • Acrónimo de *síndrome de inmunodeficiencia adquirida.*

sideral *adj.* Astr Perteneciente o relativo a las estrellas o a los astros.

siderurgia *f.* Tecnología relacionada con la producción del hierro y sus aleaciones, en especial las que contienen un pequeño porcentaje de carbono, que constituyen los diferentes tipos de acero.

siderúrgico, ca *adj.* Perteneciente o relativo a la siderurgia: *Industria siderúrgica.*

sidra *f.* Bebida alcohólica obtenida por fermentación del zumo de manzanas.

siega 1 *f.* Acción y efecto de segar. 2 Tiempo en que se siega. 3 Mieses segadas.

siembra 1 *f.* Acción y efecto de sembrar. 2 Tiempo en que se siembra. 3 Tierra sembrada.

siemens *m.* Fís Unidad de medida de la conductancia eléctrica en el sistema internacional, equivalente a la conductancia de un conductor que tiene una resistencia eléctrica de un ohmio. Símbolo: S.

siempre 1 *adv. t.* En todo o en cualquier tiempo: *Siempre consigue lo que quiere.* 2 En todo caso, cuando menos: *Pase lo que pase, siempre contará con su familia.*

siempreviva 1 *f.* Planta perenne, de hojas planas, flores en cabezuelas globosas con escamas doradas, rojizas o blancas. 2 Planta compuesta herbácea, de hojas vellosas y cabezuelas pequeñas moradas, anacaradas o jaspeadas agrupadas en corimbo, que una vez cogidas persisten meses enteros sin sufrir alteración.

sien *f.* Parte lateral de la cabeza comprendida entre la frente, la oreja y la mejilla.

sierpe *f.* Culebra de gran tamaño.

sierra 1 *f.* Herramienta que consiste en una hoja de acero con el borde dentado, sujeta a un mango o a un armazón adecuado, y que sirve para cortar madera u otros cuerpos duros. 2 Geo Unidad básica de un sistema montañoso integrado por una o varias alineaciones de montañas de similar origen y forma.

siervo, va 1 *m.* y *f.* Esclavo de un señor. 2 Miembro de algunas órdenes o congregaciones religiosas. || **~ de la gleba** Hist En el medioevo, esclavo afecto a una heredad y que no se desligaba de ella al cambiar de dueño.

sieso *m.* Parte inferior del intestino recto en la que está comprendido el ano.

siesta *f.* Tiempo destinado para dormir o descansar después de comer.

siete 1 *adj.* Seis y uno. 2 *adj.* y *m.* SÉPTIMO. 3 *m.* Signos con que se representa este número. 4 Naipe que tiene siete señales.

sietemesino, na *adj.* y *s.* Dicho de una criatura, que nace a los siete meses de engendrada.

sievert *m.* Fís Unidad de dosis de radiación del sistema internacional, equivalente a un julio por kilogramo. Símbolo: Sv.

sífilis *f.* Med Enfermedad infecciosa crónica, endémica, causada por el microorganismo *Treponema pallidum.* Es transmisible por vía sexual, por simple contacto o por herencia.

sifón 1 *m.* Tubo encorvado que sirve para sacar líquidos del recipiente que los contiene, haciéndolos pasar por un punto superior a su nivel. 2 Tubo doblemente acodado en que el agua detenida dentro de él impide la salida de los gases de las cañerías al exterior. 3 SUMIDERO, rejilla para el desagüe. 4 Zool Cada uno de los dos tubos que tienen algunos bivalvos, que sirven para regular la entrada y salida del agua.

sigilo 1 *m.* Silencio o disimulo para pasar inadvertido. 2 Secreto que se guarda de algo.

sigla *f.* Abreviación formada por el conjunto de letras iniciales de una expresión compleja, y cada una de las letras que la conforman. Por ejemplo: *Producto interno bruto (PIB); Organización no gubernamental (ONG).* • V. tabla Sigla, en esta página.

siglo 1 *m.* Periodo de cien años. 2 Seguido de la preposición *de,* época caracterizada por algún fenómeno histórico o cultural. 3 La vida del mundo, por oposición a la vida religiosa.

sigma *f.* Decimoctava letra del alfabeto griego (Σ, σ, o ς), correspondiente a la *s* del latino.

signada *adj.* **lengua ~**, de señas o signos.

signar 1 *tr.* Imprimir el sello. 2 Firmar. 3 *tr.* y *prnl.* Hacer la señal de la cruz sobre algo o alguien, o sobre sí mismo.

signatario, ria *adj.* y *s.* Que firma.

Sigla

Una sigla es el resultado de la unión de las letras iniciales de las principales palabras que componen una expresión.

Se utiliza para resumir el nombre extenso de instituciones oficiales, organizaciones, entidades, movimientos sociales, partidos políticos, campos del conocimiento, patologías, entre otros: *Organización de las Naciones Unidas, ONU; Real Academia Española, RAE; Junta de Acción Comunal, JAC; Partido de Acción Nacional, PAN; Tecnologías de la Información y de la Comunicación, TIC; enfermedades de transmisión sexual, ETS.*

Se escriben sin puntos ni espacios de separación. Únicamente se usa punto entre las letras que componen las siglas cuando estas aparecen en textos escritos totalmente en mayúsculas: *DECLARACIÓN DE LA O.N.U.*

Se escriben con mayúscula todas las letras que las componen (*ONU, RAE, JAC, PAN, TIC, ETS*). En estos casos nunca llevan tilde.

En el caso de los acrónimos (siglas que se pronuncian como una palabra y, por su uso frecuente, se incorporan al vocabulario de una o varias lenguas), se escriben solo con mayúscula inicial si se trata de nombres propios y tienen más de cuatro letras: *Unicef (Fondo de las Naciones Unidas para la Infancia - United Nations International Children's Emergency Fund*); *Unesco* (*Organización de las Naciones Unidas para la Educación, la Ciencia y la Cultura- United Nations Educational, Scientific and Cultural Organization*); o con todas sus letras minúsculas cuando se trata de sustantivos comunes: *sida* (*síndrome de inmunodeficiencia adquirida*); *ovni* (*objeto volador no identificado*). Los acrónimos que se escriben con minúsculas sí deben someterse a las reglas de acentuación gráfica: *láser* (*amplificación de luz por emisión estimulada de radiación-light amplification by stimulated emission of radiation*).

Si los dígrafos (grupo de dos letras que representan un solo sonido) *ch* y *ll* forman parte de una sigla, va en mayúscula el primer caracter y en minúscula el segundo: *BAUCh* (*Boletín Académico de la Universidad de Chile*).

Se escriben en letra cursiva las siglas correspondientes a una denominación que debe aparecer en este tipo de letra cuando se escribe completa (títulos de obras; nombres de publicaciones periódicas): *DHLE* (*Diccionario histórico de la lengua española*).

Las siglas escritas en mayúsculas nunca deben dividirse con guion de final de línea.

signatura *f.* Marca o señal, especialmente la de números y letras que se pone a los libros o documentos para catalogarlos.

significación 1 *f.* Acción y efecto de significar. 2 En especial, significado de una palabra o frase. 3 Importancia, influencia, trascendencia.

A B C D E F G H I J K L M N Ñ O P Q R S T U V W X Y Z

significado, da 1 *adj.* Conocido, importante. 2 *m.* Lo que se significa de algún modo. 3 Sentido de las palabras y frases. 4 LING Concepto que, como tal, o asociado con determinadas connotaciones, se une al significante para formar un signo lingüístico.
significador, ra *adj.* y *s.* Que significa.
significante 1 *adj.* Que significa. 2 *m.* LING Fonema o serie de fonemas o letra que, unidos a un significado, forman un signo lingüístico.
significar 1 *tr.* Ser alguna cosa signo o representación de otra. 2 Ser una palabra o frase expresión o signo de una idea o de algo material. 3 Hacer saber, declarar o manifestar algo. 4 *intr.* Representar, tener importancia, valer. 5 *prnl.* Hacerse notar, distinguirse.
significativo, va 1 *adj.* Que da a entender o conocer con precisión algo. 2 Que tiene importancia por representar o significar algo.
signo 1 *m.* Cualquiera de los caracteres que se emplean en la escritura y en la imprenta. 2 Señal o representación convencional de algo: *El signo de la cruz.* 3 Indicio, señal de algo. 4 Lo que sustituye un objeto, un fenómeno o una acción: *Las letras son signos gráficos de los sonidos.* 5 Cada una de las doce partes en que se divide el Zodiaco. 6 MAT Señal o figura que se usa en los cálculos para indicar la naturaleza de las cantidades o las operaciones que se han de ejecutar con ellas. 7 MÚS Cada uno de los caracteres con que se escribe la música. || ~ **lingüístico** LING Unidad mínima de la oración en la que se une el concepto que se tiene de un objeto con una serie de sonidos. Está formada por dos planos: el de expresión, o **significante**, y el de contenido, o **significado**.
siguiente 1 *adj.* Que sigue. 2 Posterior.
sij 1 *adj.* Perteneciente o relativo al sijismo. 2 *adj.* y *s.* Seguidor de esta religión.
sijismo *m.* REL Secta religiosa de India, fundada por Nonak Dev (1469-1538), que reúne elementos del brahmanismo y del islamismo. Proclama la igualdad de los creyentes y tiene un acusado carácter militar. Es mayoritaria en el estado de Punjab, creado por los mismos sijs hacia 1800.
sílaba *f.* GRAM Sonido o conjunto de sonidos que se pronuncian de una vez entre dos depresiones sucesivas de la emisión de voz; así, por ejemplo, la palabra *violeta* tiene tres sílabas: *vio-le-ta.* || ~ **abierta** FON La que termina en vocal, como las de *paso.* ~ **átona** FON La que no lleva **acento** prosódico. ~ **cerrada** FON La que termina en consonante, como las de *pastor.* ~ **protónica** FON La átona o inacentuada que en el vocablo precede a la tónica. ~ **tónica** FON La que tiene el acento prosódico. • V. tabla Alfabeto y lengua, p. 23.
silabario *m.* Libro para aprender a leer, en que las palabras están divididas en sílabas.
silabear *intr.* y *tr.* Pronunciar separando las sílabas de las palabras.
silbar *intr.* Dar o producir silbidos.
silbato *m.* Instrumento pequeño y hueco que produce un silbido al soplar en él.
silbido 1 *m.* Sonido agudo que se produce al hacer pasar con fuerza el aire por la boca, con los labios o con los dedos colocados en ella de forma determinada. 2 Voz aguda y penetrante de algunos animales.
silenciador 1 *m.* Dispositivo que se aplica en algunas armas de fuego para disminuir el ruido del disparo. 2 En los motores de explosión, dispositivo que se aplica al tubo de escape para amortiguar el ruido que producen los gases expulsados.
silenciar 1 *tr.* Callar, mantener silencio. 2 Imponer silencio, hacer callar.
silencio 1 *m.* Hecho de abstenerse de hablar. 2 Falta de ruido. 3 MÚS Pausa musical.
silencioso, sa 1 *adj.* Que calla o tiene hábito de callar. 2 Dicho de un lugar o de un tiempo, en que hay o se guarda silencio. 3 Que no hace ruido.
sileno *m.* MIT Ser de la mitología grecorromana similar al sátiro, pero con orejas, patas y cola de caballo.
silepsis 1 *f.* GRAM Variación de la concordancia gramatical en el género y el número de las palabras. 2 Figura retórica en que se usa a la vez la misma palabra en sentido recto y figurado.
sílex *m.* GEO Roca sedimentaria compuesta de cuarzo y calcedonia.
sílfide *f.* Ninfa, espíritu elemental del aire, según los cabalistas.
silicato 1 *m.* QUÍM Sal o éster de un ácido silícico. 2 *m. pl.* GEO Clase de minerales constituidos básicamente por silicio y oxígeno, asociados al aluminio, hierro, magnesio, potasio, calcio, etc.
sílice *f.* QUÍM Macromolécula formada por dióxido de silicio. Si es anhidra, forma el cuarzo, y si es hidratada, el ópalo. Se utiliza para fabricar chips, en instrumental óptico y en joyería.
silicio *m.* QUÍM Elemento no metálico, que se extrae principalmente de la sílice. Es el elemento más abundante en la naturaleza después del oxígeno. Se usa en aleaciones, en la industria cerámica, en la fabricación de transistores, circuitos integrados, pilas solares, etc. Símbolo: Si. Número atómico: 14. Peso atómico: 28,08. Punto de fusión: 1410 °C. Punto de ebullición: 2355 °C.
silícico, ca 1 *adj.* QUÍM Perteneciente o relativo a la sílice. 2 QUÍM Dicho de un ácido, que es sólido, de aspecto harinoso, ligeramente soluble en agua y compuesto de silicio, oxígeno y agua.
silicona *f.* QUÍM Compuesto polimérico sintético formado por cadenas de átomos de silicio y oxígeno. Según el grado de polimerización puede adoptar la forma de aceite, grasa y plástico termoestable. Tiene alta resistencia térmica, baja adhesividad y carácter hidrófobo.
silicua *f.* BOT Fruto seco de dos compartimientos que se abre a lo largo y deja las semillas expuestas, unidas a una delgada división membranosa, como en la mostaza.
silla 1 *f.* Asiento individual con respaldo y patas. 2 Aparejo para montar a caballo. || ~ **de ruedas** La que, con ruedas laterales grandes permite que se desplace una persona imposibilitada. ~ **eléctrica** Silla dispuesta para electrocutar a los reos de muerte. ~ **turca** ANAT Escotadura en forma de silla que presenta el hueso esfenoides.
sillar *m.* Piedra labrada que se emplea en construcción.
sillería 1 *f.* Conjunto de sillas iguales o de sillas, sillones y canapés de una misma clase, con que se amuebla una habitación. 2 Conjunto de sillas unidas unas a otras, como las de las salas de cine. 3 Construcción hecha de sillares.
sillín *m.* Asiento que tienen las bicicletas y otros vehículos análogos.
sillón *m.* Asiento de brazos, mullido, más o menos amplio y cómodo.
silo *m.* Depósito en que se guardan semillas o forrajes.
silogismo *m.* LÓG Argumento que consta de tres proposiciones, la última de las cuales se deduce necesariamente de las otras dos.
silueta 1 *f.* Dibujo hecho solo con el contorno de algún objeto o de alguien. 2 Perfil, contorno de una figura.
siluetear *tr.* y *prnl.* Dibujar o recorrer algo siguiendo su silueta.
silúrico, ca *adj.* y *m.* GEO Dicho de un periodo, tercero del Paleozoico, situado entre el Ordovícico y el Devó-

nico, que cubre un intervalo de 35 millones de años, y en el que aparecieron las primeras plantas terrestres vasculares, los primeros insectos y los primeros peces. • Se escribe con may. inic. c. s.

silva *f.* Combinación métrica de versos endecasílabos y heptasílabos, dispuestos sin orden ni número fijo, y que riman a gusto del poeta.

silvestre 1 *adj.* Que nace y crece sin cultivar. 2 Inculto, rústico.

silvicultura *f.* Ciencia que tiene por objeto el cultivo de los bosques.

sima[1] *f.* GEO Cavidad natural, grande y profunda en la tierra.

sima[2] *m.* GEO Capa inferior de la corteza terrestre en la que predominan minerales de sílice y magnesio.

simbiosis *f.* BIOL Asociación de dos seres, animales o vegetales, de distinta especie, en la que ambos sacan provecho de la vida en común. Existen dos tipos principales de simbiosis, el **mutualismo** y el **comensalismo**.

simbólico, ca *adj.* Perteneciente o relativo al símbolo o expresado por medio de él.

simbolismo 1 *m.* Sistema de símbolos con que se representan conceptos, creencias o sucesos. 2 ART En sentido amplio, cualquier forma de arte que se expresa mediante símbolos. 3 ART Movimiento pictórico iniciado en Francia en la década de 1880 en el que fue característico el empleo de colores vivos y líneas vigorosas para representar visiones oníricas cargadas de emoción (P. de Chavannes, O. Redon). 4 LIT Movimiento literario que coincidió con el anterior y que propugnaba la autonomía de la palabra, despojada de todo rigor lógico y gramatical. Sus principales representantes fueron Ch. Baudelaire, S. Mallarmé, A. Rimbaud y P. Verlaine.

simbolizar 1 *tr.* Servir alguna cosa como símbolo de otra. 2 Representar algo mediante algún símbolo.

símbolo 1 *m.* Imagen o figura que se toma como signo figurativo de una cosa por alguna analogía que el entendimiento percibe entre ellas. 2 LING Tipo de abreviación de carácter científico o técnico, constituida por letras o por signos no alfabetizables; por ejemplo: *E, Mg, kg, %, +* por Este, magnesio, kilogramo, porcentaje y adición, respectivamente. • Se escriben siempre sin punto, no llevan tilde y no varían en plural.

simbología 1 *f.* Estudio de los símbolos. 2 Conjunto o sistema de símbolos.

simetría 1 *f.* Proporción equilibrada de las partes de un todo entre sí y con el todo mismo. 2 BIOL Disposición del cuerpo de un organismo respecto a un centro, un eje o un plano, de acuerdo con los cuales se disponen ordenadamente órganos o partes equivalentes. 3 GEOM Regularidad en la disposición de las partes o puntos de un cuerpo o figura, de modo que posea un centro, un eje o un plano de simetría. 4 GEOM Operación consistente en la transformación de un plano o un cuerpo sólido mediante una proyección que genera una figura idéntica a la original o una copia especular de esta. Se define con respecto a un centro, un eje o un plano de simetría. 5 GEOM **eje** de ~; **plano** de ~. 6 MAT Propiedad o relación que se establece entre dos conjuntos por la que un elemento del primero se corresponde con otro del segundo, y este con el del primero. || ~ **bilateral** BIOL Distribución de las distintas partes del cuerpo de un animal en dos lados opuestos de un plano de simetría. ~ **esférica** BIOL La de los organismo que tienen una forma redondeada alrededor de un núcleo, como los protozoos y los radiolarios. ~ **radial** BIOL Organización proporcional de partes semejantes de un cuerpo alrededor de un eje de simetría, como en el caso de las medusas y las estrellas de mar.

simiente 1 *f.* SEMILLA. 2 SEMEN.

símil 1 *m.* Semejanza entre dos cosas. 2 COMPARACIÓN, figura retórica.

similitud *f.* Semejanza, parecido.

simio, mia *m.* y *f.* Primate antropoide, muy ágil, como los gibones, orangutanes, chimpancés y gorilas.

simonía *f.* Compra o venta deliberada de cosas espirituales, como los sacramentos, o temporales unidas a las espirituales, como los beneficios eclesiásticos.

simpatía 1 *f.* Inclinación afectiva entre personas, generalmente espontánea y mutua. 2 Inclinación análoga hacia animales o cosas. 3 Carácter de alguien que lo hace atractivo o agradable a los demás. 4 FISIOL y MED Relación fisiológica y patológica de algunos órganos que no tienen entre sí conexión directa.

simpático, ca 1 *adj.* Que inspira simpatía. 2 ANAT Sistema **nervioso** ~.

simpatizante 1 *adj.* Que simpatiza. 2 POLÍT Que se siente atraído por un partido o un movimiento sin pertenecer a él.

simpatizar *intr.* Sentir simpatía.

simpétalo, la *adj.* BOT Dicho de una flor, cuya corola está formada por pétalos soldados en un tubo corolino único, como la de la petunia.

simple 1 *adj.* Sin composición. 2 Sencillo, poco complicado. 3 Hablando de las cosas que pueden ser dobles o estar duplicadas, se dice de las sencillas. 4 Insípido, falto de sazón y de sabor. 5 GRAM Dicho de una palabra, que no se compone de otras de la lengua a que pertenece.

simpleza 1 *f.* Tontería, necedad. 2 Cosa insignificante o de poco valor.

simplicidad 1 *f.* Sencillez, candor. 2 Cualidad de ser simple, sin composición.

simplificación *m.* Acción y efecto de simplificar. || ~ **de un fraccionario** MAT Acción de dividir el numerador y el denominador por un divisor común.

simplificar 1 *tr.* Hacer más sencillo o más fácil algo. 2 MAT Reducir una expresión, cantidad o ecuación a su forma más breve y sencilla.

simposio *m.* Conferencia o reunión en que se examina y discute un tema determinado.

simulación *f.* Acción de simular.

simulacro 1 *m.* Ficción, imitación, falsificación. 2 Acción de simular.

simulador, ra 1 *adj.* y *s.* Que simula. 2 *m.* Aparato que reproduce el comportamiento de un sistema en determinadas condiciones, usado, generalmente, para el entrenamiento de quienes deben manejar dicho sistema.

simular *tr.* Hacer aparecer como real o verdadero algo que no lo es.

simultáneo, a *adj.* Que se hace o sucede al mismo tiempo.

sin 1 *prep.* Denota privación o carencia: *Llegó a la meta sin fuerzas.* 2 Fuera de o además de: *Lo compró en tres millones, sin impuestos.* 3 Seguida de un infinitivo, equivale a *no*: *Lleva toda la tarde sin comer.*

sinagoga 1 *f.* Congregación o junta religiosa de los judíos. 2 REL Casa en que se juntan los judíos a orar y a oír la doctrina de Moisés.

sinalefa *f.* FON Fusión en una sola sílaba de la vocal final de una palabra y la inicial de la siguiente, precedida o no de *h* muda: *Salió hacia Andalucía.*

sinapismo 1 *m.* MED Medicamento de uso tópico hecho con polvo de mostaza. 2 Persona o cosa que molesta o exaspera.

sinapsis *f.* FISIOL Relación funcional de contacto, químico o eléctrico, entre las terminaciones de las neuronas.

sinarquía 1 *f.* POLÍT Gobierno formado por varios príncipes. 2 POLÍT Control político y económico de un grupo de empresas o personas en un país.

sinartrosis *f.* ANAT Articulación no movible, como la de los huesos del cráneo.

sincerar *tr.* y *prnl.* Justificar alguien algo de lo que se cree culpable o supone que otros lo creen así.

sincero, ra *adj.* Veraz, sin falsedad ni hipocresía.

sinclinal *adj.* y *m.* GEO Dicho de una parte cóncava de un plegamiento geológico.

síncopa 1 *f.* GRAM Supresión de uno o más fonemas en el interior de una palabra, como en *navidad* por *natividad.* 2 MÚS Enlace de dos sonidos musicales iguales, de los que uno está en la parte débil del compás y el otro en la fuerte.

sincopado, da *adj.* MÚS Dicho de una nota, que forma síncopa y del ritmo o canto que tienen estas notas.

sincopar *tr.* Hacer síncopa.

síncope 1 *m.* GRAM **SÍNCOPA.** 2 MED Pérdida repentina del conocimiento, desmayo.

sincretismo *m.* FIL Sistema que trata de conciliar doctrinas diferentes.

sincronía 1 *f.* **SINCRONISMO.** 2 Coincidencia en el tiempo de hechos o fenómenos. 3 LING Método de análisis que considera la lengua en su aspecto estático, atendiendo a su contexto y situación en un determinado momento histórico de su existencia.

sincrónico, ca 1 *adj.* Que ocurre al mismo tiempo que otra cosa. 2 LING Dicho de las leyes y relaciones internas de una lengua o dialecto, propias de un momento dado. 3 LING Dicho del estudio de la estructura o funcionamiento de una lengua o dialecto, que no atiende a su evolución.

sincronismo *m.* Correspondencia en el tiempo entre las diferentes partes de los procesos.

sincronización *f.* Acción y efecto de sincronizar.

sincronizar 1 *tr.* Hacer sincrónicas dos o más cosas, movimientos, hechos o fenómenos. 2 Regular o acoplar dos aparatos o máquinas para que funcionen en sincronismo.

sincrotrón *m.* FÍS Acelerador de partículas que restablece el sincronismo que anula el incremento de la masa relativa de las partículas, originado por la velocidad de las mismas.

sindéresis *f.* Capacidad natural para juzgar rectamente.

sindicalismo *m.* Sistema de organización obrera por medio de sindicatos.

□ HIST y POLÍT Las primeras organizaciones de obreros coincidieron con el origen de la Revolución Industrial, en Gran Bretaña. Entre periodos de represión y tolerancia, cristalizaron los poderosos sindicatos británicos, fusionados en 1868 en una sola organización. En el resto de Europa el sindicalismo experimentó las tensiones entre anarquistas y marxistas; para los primeros, el sindicalismo debía asumir los objetivos sociales y políticos de la clase obrera; el marxismo, por su parte, consideraba que sus objetivos eran más inmediatos (salarios, condiciones de trabajo, etc.). En EE.UU. el sindicalismo acabó orientándose hacia una posición meramente corporativa. En América Latina, el movimiento sindical cobró fuerza a partir de los años treinta del s. XX.

sindicalizar 1 *tr.* Formar un sindicato. 2 *tr.* y *prnl.* Organizar en sindicatos.

sindicar 1 *tr.* Acusar, delatar. 2 **SINDICALIZAR.**

sindicato *m.* Asociación formada para la defensa de intereses económicos, sociales o políticos comunes a todos los asociados. El término se emplea especialmente hablando de las asociaciones obreras, pero también se refiere a asociaciones profesionales, patronales y empresariales.

síndico *m.* y *f.* Persona que representa y defiende los intereses de una comunidad o corporación.

síndrome *m.* MED Conjunto de síntomas característicos de una enfermedad. || ~ **de abstinencia** MED El que presenta un sujeto habitualmente adicto a las drogas, cuando deja bruscamente de tomarlas. ~ **de Down** MED El que se caracteriza por el retraso mental y unos rasgos físicos comunes a todos las personas afectadas. ~ **de inmunodeficiencia adquirida** MED **SIDA.**

sinécdoque *f.* Figura retórica que consiste en designar una totalidad por alguna de sus partes, o viceversa. La parte por el todo: *Quince abriles* por *quince años.* El todo por una parte: *Todo el mundo lo dice* por *la mayoría lo dice.*

sinecura *f.* Empleo o cargo retribuido que ocasiona poco o ningún trabajo.

sinéresis *f.* GRAM Reducción a una sola sílaba de vocales que normalmente se pronuncian en sílabas distintas: *poe-ta* en vez de *po-e-ta.*

sinergia *f.* Acción de dos o más causas cuyo efecto es superior a la suma de los efectos individuales.

sinestesia *f.* FISIOL Sensación que se produce en una parte del cuerpo por un estímulo aplicado en otra parte de él.

sinfín *m.* Infinidad, sinnúmero.

sinfonía 1 *f.* MÚS Composición musical para orquesta, de tres o cuatro movimientos de gran extensión. El primer movimiento es de tipo rápido y suele denominarse *allegro*; el segundo (*andante, adagio,* etc.) es más lento y expresivo; el tercero, originalmente con ritmo de danza (*minué*), fue posteriormente sustituido por el animado *scherzo*; y el cuarto, vivo, tiene con frecuencia forma de rondó o de sonata. 2 MÚS Conjunto de voces, de instrumentos, o de ambas cosas, que suenan acordes a la vez.

sinfónico, ca 1 *adj.* Perteneciente o relativo a la sinfonía. 2 MÚS **poema** ~.

singlar *intr.* Navegar los barcos con rumbo determinado.

singular 1 *adj.* Solo, único. 2 Extraordinario, raro. 3 *adj.* y *m.* GRAM Dicho de un accidente gramatical, llamado **número** cuando hace referencia a un solo elemento, o bien a varios considerados como un conjunto.

singularizar 1 *tr.* Distinguir una cosa entre otras. 2 GRAM Dar número singular a palabras que normalmente no lo tienen. 3 *prnl.* Distinguirse o apartarse de lo común.

siniestro, tra 1 *adj.* Malévolo o malintencionado. 2 Aciago, funesto. 3 *m.* Desgracia o infortunio producido generalmente por una fuerza natural, como un incendio. 4 *f.* Mano izquierda.

sinnúmero *m.* Número incalculable de personas o cosas.

sino[1] *m.* Destino, hado.

sino[2] 1 *conj. advers.* Contrapone a un concepto negativo otro afirmativo: *No le gusta el rock, sino la música clásica.* 2 Denota a veces idea de excepción: *Nadie lo sabe, sino tú.* 3 Precedida de negación, equivale a *solamente* o *tan solo*: *No quiero sino recuperar el tiempo perdido.* 4 Precedida del adverbio *no solo,* denota adición de otro u otros miembros a la cláusula: *No solo es inteligente, sino bella y agradable.*

sínodo *m.* Junta eclesiástica.

Sintaxis. La oración: organización y componentes

La **oración** es la serie o cadena de palabras que expresa un sentido completo. Mediante las oraciones se pregunta, se afirma, se ordena y se manifiestan deseo o duda. Es la unidad fundamental de la gramática, ya que las unidades menores como **fonemas**, **sílabas** y **palabras**, únicamente adquieren significado pleno en el contexto oracional. La oración es la unidad clave de la gramática.

Clasificación de las oraciones

Las oraciones pueden clasificarse según la actitud *del hablante* y de acuerdo con su estructura.

Según la actitud del hablante	
Enunciativas	Afirman o niegan: *Aprobé el año escolar.*
Interrogativas	Formulan pregunta: *¿Crees que aprobé?*
Exclamativas	Indican emociones o sentimientos: *¡Aprobé!*
Exhortativas	Señalan mandato, ruego, prohibición u orden: *¡Aprueben el examen!*
Desiderativas	Manifiestan deseo: *Me gustaría aprobar el examen.*
Dubitativas	Expresan duda: *Tal vez apruebe el examen.*

Según su estructura	
Oraciones simples	Constan de **sujeto** y **predicado** (sintagma nominal y sintagma verbal). Tienen un solo verbo conjugado. *El año escolar termina el próximo mes.*
Oraciones compuestas	Corresponden a la unión de varias oraciones simples; tienen más de un verbo conjugado. Establecen relación de dependencia entre las oraciones simples a través de enlaces de coordinación y subordinación (conjunciones y relativos) o de signos de puntuación como el punto, la coma, el punto y coma o los dos puntos. **Yuxtapuestas.** Relacionan oraciones sin nexos explícitos de unión; lo hacen a través de **signos de puntuación**: *El año escolar termina el próximo mes. ¡Llegan las vacaciones!* **Coordinadas.** Enlazan las oraciones simples a través de **conjunciones**: *El año escolar termina el próximo mes y llegan las vacaciones.* **Subordinadas.** Enlazan oraciones que dependen unas de las otras para significar. Pueden ser sustantivas, adjetivas o adverbiales: *El año escolar termina el próximo mes; entonces llegan las vacaciones.*

Estructura de la oración

En una oración se encuentran, básicamente, dos funciones lógicas gramaticales: el **sujeto** (aquello de lo que se habla) y el **predicado** (lo que se dice acerca del sujeto): *El arte es para todos.*

¿De qué se habla? *El arte.*	¿Qué se dice al respecto? *Es para todos.*
Sujeto o sintagma nominal (S.N.)	**Predicado o sintagma verbal (S.V.)**
El sujeto puede estar **expreso** (*figurar, aparecer*) en la oración o puede ser **tácito** (estar omitido o sobreentendido), cuando no aparece y puede identificarse a través de la forma verbal que sirve como núcleo del sintagma verbal o predicado.	El predicado es la parte más importante de la oración porque contiene lo que quien habla o escribe quiere comunicar; por tanto, el sujeto es una consecuencia del predicado. Si en una oración se expresa lo que una persona hace, dice o le sucede, lo lógico es que el enunciado haga mención de alguien o de algo. En español existen dos clases de predicados: el **nominal** y el **verbal**.

Sujeto expreso	**Sujeto tácito u omitido**	**El predicado nominal**	**El predicado verbal**
Los estudiantes realizarán una salida al museo.	*Realizarán una salida al museo.*	Es el que expresa **qué es** o **cómo es** el sujeto; se denomina *nominal* porque lo que dice se hace a través de un *nombre* o *sustantivo* o mediante *un adjetivo* o *un adverbio*, más el verbo *ser* o el verbo *estar.*	Está compuesto por un verbo y sus posibles complementos: complemento directo **(C.D)**, complemento indirecto **(C.I)** y complemento circunstancial **(C.C)**. Estos últimos pueden ser de lugar, de tiempo y de modo.
Aparece explícito en la oración. **Sujeto expreso**: *Los estudiantes.*	Está implícito en la oración; se deduce a partir del verbo conjugado (*realizarán*). **Sujeto tácito u omitido**: (*Ellos, los estudiantes*)	*Ellos son estudiantes.*	*Los estudiantes realizarán una salida al museo.* C.D. *Una salida.* C.C. *Al museo.*

Algunos conceptos relacionados

Complemento. En gramática, un complemento es una serie de elementos sintácticos que son requeridos por un núcleo para aclarar, precisar, extender o completar el significado del sintagma que encabezan.

Género y número en la oración. Los sustantivos tienen un género y un número determinados. El **género** puede ser **masculino** o **femenino**. Si el sustantivo admite delante el artículo *el* o *los* alude al género masculino; si permite utilizar el artículo *la* o *las* se refiere al género femenino. El **número** en el sustantivo puede ser en **singular** o **plural**. En singular, el sustantivo nombra a un único ser u objeto; en plural, se refiere a varios.

Concordancia. Es una cualidad *intraoracional* del texto. Consiste en el acuerdo que debe existir entre el sujeto y el predicado, la persona y el verbo, el artículo y el sustantivo y, en general, entre todos los componentes de la oración.

Proposición. Unidad lingüística conformada por sujeto y predicado, que hace parte, junto con otra u otras como ella, de una oración compuesta.

Sintagma. Palabra o grupo de palabras que constituyen una unidad sintáctica y que cumplen una función determinada con respecto a otras palabras de la oración.

sinología *f.* Estudio de la lengua, la literatura y las instituciones de China.

sinonimia 1 *f.* LING Circunstancia de ser sinónimas dos o más palabras. 2 Figura retórica que consiste en el uso de voces sinónimas para reforzar la expresión de un concepto.

sinónimo, ma *adj.* y *m.* LING Dicho de una palabra y expresión, de igual o parecida significación, como: *Perfume* y *fragancia; Audaz* e *intrépido; Hacer un alto* y *detenerse.* • V. tabla Homonimia, antonimia y sinonimia, p. 321.

sinopsis *f.* Resumen o compendio de cualquier materia o asunto, expuesto en sus líneas esenciales.

sinóptico *adj.* **cuadro** ~.

sinovia *f.* ANAT Líquido viscoso que lubrica las articulaciones de los huesos.

sinovial *adj.* ANAT **cápsula** ~.

sinrazón *f.* Injusticia, acción abusiva.

sinsabor 1 *m.* Aspereza del paladar. 2 Pesar, desazón moral, pesadumbre.

sintáctico, ca 1 *adj.* GRAM Perteneciente o relativo a la sintaxis. 2 LING **campo** ~.

sintagma *m.* GRAM Entidad gramatical inferior a la oración, constituida por un conjunto de palabras relacionadas en torno a un núcleo. || ~ **adjetivo** GRAM El construido en torno a un adjetivo: *Difícil de realizar.* ~ **adverbial** GRAM El construido en torno a un adverbio: *Cerca del mar.* ~ **nominal** GRAM El construido en torno a un nombre o sustantivo: *Acantilados de mármol.* ~ **preposicional** GRAM El encabezado por una preposición: *Ante la muerte.* ~ **verbal** GRAM El construido en torno a un verbo: *Devolver el golpe.* • V. tabla Sintaxis, p. 577.

sintaxis *f.* GRAM Parte de la gramática que enseña a coordinar y enlazar las palabras, de acuerdo con su función, para formar correctamente las oraciones y expresar conceptos. • V. tabla Sintaxis p. 577.

sinterizar *tr.* Producir piezas de gran resistencia y dureza calentando, sin llegar a la temperatura de fusión, conglomerados de polvo, generalmente metálicos.

síntesis 1 *f.* Composición de un todo por la reunión de sus partes. 2 Resumen o compendio de alguna materia o asunto. 3 Operación mental que consiste en la acumulación de datos diversos que llevan a un resultado de tipo intelectual. 4 BIOL Proceso en el que, a partir de moléculas simples, se producen conjuntos y materias más complejas. 5 QUÍM Proceso que permite obtener sustancias partiendo de sus componentes.

sintético, ca 1 *adj.* Perteneciente o relativo a la síntesis. 2 LÓG **método** ~. 3 Dicho de un producto, obtenido por síntesis química, que reproduce la composición y propiedades de algunos cuerpos naturales. 4 QUÍM **fibra** ~.

sintetizador, ra 1 *adj.* y *s.* Que sintetiza. 2 *m.* INF Periférico o chip que genera sonido a partir de instrucciones digitales. 3 MÚS Instrumento musical electrónico que produce y combina armónicamente sonidos de cualquier frecuencia e intensidad.

sintetizar *tr.* Hacer síntesis.

sintoísmo *m.* REL Religión nacional de Japón, anterior al budismo. Es una religión politeísta que venera un gran panteón de *kami* (dioses o espíritus), desde los dioses locales de las montañas y de los ríos, hasta Amaterasu, la diosa del Sol.

síntoma 1 *m.* MED Fenómeno que revela una enfermedad. 2 Señal, indicio de algo que está sucediendo o va a suceder.

sintomatología *f.* MED Conjunto de síntomas.

sintonía 1 *f.* Armonía, adaptación o entendimiento. 2 FÍS Igualdad de frecuencia o tono entre dos sistemas de vibraciones.

sintonizar 1 *tr.* Regular el circuito oscilante de un radiorreceptor para que su frecuencia coincida con la de la emisora que se quiere captar. 2 *intr.* Coincidir en pensamiento o en sentimientos dos o más personas.

sinuoso, sa *adj.* Que tiene concavidades, ondulaciones o recodos.

sinusitis *f.* MED Inflamación de la mucosa de los senos nasales.

sinusoide *f.* MAT Curva que representa la función trigonométrica seno.

sinvergüenza 1 *adj.* y *s.* Que comete acciones reprochables. 2 Desvergonzado.

sionismo *m.* POLÍT Movimiento internacional judío que surgió a finales del s. XIX y cuyo objetivo era recobrar Palestina como patria y constituir allí un Estado israelí autónomo. Culminó en 1948 con el establecimiento del Estado de Israel, en detrimento de la población palestina.

siquiatría *f.* PSIQUIATRÍA.

siquiera 1 *conj. conc.* Equivale a *aunque* o a *tal vez.* 2 *adv. c.* y *m.* Equivale a *por lo menos* o *tan solo.*

sirena 1 *f.* Aparato generador de sonidos de gran intensidad, usado como señal. 2 MIT Según la mitología griega, cada una de las ninfas marinas, con busto de mujer y cuerpo de pez o de ave, que extraviaban a los navegantes atrayéndolos con la dulzura de su canto.

sirenio *adj.* y *m.* ZOOL Dicho de un mamífero, vegetariano acuático, tropical, de cuerpo pisciforme, muy grueso, terminado en una aleta caudal horizontal, con extremidades torácicas en forma de aletas y sin extremidades abdominales. Puede llegar a medir 4,5 m de largo, como el manatí.

siringa *f.* Mús **ZAMPOÑA.**

siringe *f.* Zool Órgano de fonación de las aves, situado en la parte inferior de la tráquea.

siroco *m.* Viento sudeste.

sirviente, ta *adj.* y *s.* Persona que se dedica al servicio doméstico, criado.

sisa *f.* Corte hecho en la tela de las prendas de vestir para que ajusten al cuerpo, especialmente corte curvo correspondiente a la parte del sobaco.

sisar *tr.* Hacer sisas en las prendas de vestir.

sismicidad 1 *f.* Geo Condición de un territorio de hallarse más o menos sometido a terremotos. 2 Geo Grado de frecuencia e intensidad en que se presenta ese fenómeno.

sismo *m.* Geo **TERREMOTO.**

sismógrafo *m.* Geo Aparato que registra la intensidad, duración y extensión de los seísmos.

sismología *f.* Geo Parte de la geología que trata de los terremotos.

sismorresistente *adj.* Perteneciente o relativo a las construcciones diseñadas con materiales y formas que les permiten resistir los movimientos sísmicos o terremotos.

sistema 1 *m.* Conjunto ordenado de normas y reglas acerca de determinada materia. 2 Conjunto de elementos relacionados entre sí, entre los que existe cierta cohesión y unidad de propósito. 3 Modo de gobierno, de administración o de organización social. 4 Mecanismo o dispositivo complejo que realiza una función: *Sistema de audio.* 5 Conjunto de teorías estructurado como un todo coherente: *Sistema filosófico.* 6 ~ **métrico** decimal. 7 Astr ~ **solar**; ~ **planetario.** 8 Biol Conjunto de órganos de un ser vivo que intervienen en una determinada función. 9 Anat y Fisiol ~ **endocrino**; ~ **hepático**; ~ **inmunológico**; ~ **linfático**; ~ **locomotor**; ~ **muscular**; ~ **nervioso**; ~ **óseo**; ~ **tisular.** 10 Der ~ **acusatorio.** 11 Econ ~ **financiero.** 12 Geo ~ **montañoso.** 13 Mat ~ **de ecuaciones.** || ~ **cegesimal** El de pesas y medidas que tiene por unidades fundamentales el centímetro, el gramo y el segundo. ~ **de coordenadas** Geom Conjunto de valores numéricos que permite identificar con precisión la posición de un punto en un espacio geométrico. ~ **de posicionamiento global** Telec Sistema de navegación satelital que proporciona posiciones en tres dimensiones, velocidad y tiempo. ~ **de unidades** Conjunto de unidades coordinadas, determinadas por convenios científicos internacionales, que permiten expresar la medida de cualquier magnitud física. ~ **internacional de unidades** El de pesas y medidas cuyas unidades fundamentales son: metro, para la longitud; kilogramo para la masa; segundo, para el tiempo; amperio, para la intensidad de corriente eléctrica; kelvin, para temperatura termodinámica; mol, para la cantidad de sustancia; y candela, para la intensidad luminosa. ~ **límbico** Anat Parte del cerebro implicada en las emociones, el hambre y la sexualidad. ~ **monetario** Econ Conjunto de normas legales y de instituciones que controlan el flujo de dinero de un país. ~ **operativo** Inf Programa o conjunto de programas que efectúan la gestión de los procesos básicos de un sistema informático, y permite la normal ejecución del resto de las operaciones. ~ **periódico** Quím El que ordena los elementos según sus características afines, por número atómico, grupos y periodos. Suele representarse gráficamente en la tabla periódica de los **elementos.** ~ **sexagesimal** Geom El que divide una unidad en 60 unidades inferiores y se aplica a la medida del tiempo y la amplitud de los ángulos.

sistematicidad 1 *f.* Habilidad para adecuarse a un sistema. 2 Organización detallada y armónica de los elementos que componen un todo.

sistemático, ca 1 *adj.* Que sigue o se ajusta a un sistema. 2 Que procede por principio y sin variar en su ritmo de vida, opiniones, etc. 3 *f.* Biol **TAXONOMÍA.**

sistematizar *tr.* Reducir a sistema u organizar o estructurar en sistema.

sistémico, ca 1 *adj.* Perteneciente o relativo a la totalidad de un sistema general, por oposición a local. 2 Perteneciente o relativo a un organismo en su conjunto.

sístole *f.* Fisiol Movimiento de contracción del corazón y de las arterias para empujar la sangre que contienen.

sitaciforme *adj.* y *f.* **PSITACIFORME.**

sitiar *tr.* Cercar un lugar enemigo para atacarlo o apoderarse de él.

sitio[1] *m.* Acción y efecto de sitiar.

sitio[2] 1 *m.* Espacio que es o puede ser ocupado. 2 Paraje o lugar a propósito para algo. || ~ **web** Inf Conjunto de páginas electrónicas pertenecientes a una entidad o referidas a un tema, al que se accede mediante enlaces de hipertexto de la web.

situación 1 *f.* Acción y efecto de situar. 2 Disposición de algo respecto del lugar que ocupa. 3 Estado o condición de alguien en relación con su categoría, bienes e intereses.

situar *tr.* y *prnl.* Poner a alguien o algo en determinado lugar o situación.

siux *adj.* y *s.* De un grupo de pueblos amerindios formado por varias tribus (dakota, omaha, iowas, kansas, etc.). Sus aprox. 100 000 descendientes viven actualmente en reservas de Minnesota, Dakota del Norte, Dakota del Sur, Montana y Nebraska. Conservan su lengua y sus tres principales dialectos.

sketch (Voz ingl.) *m.* Teat Escena breve y, generalmente, humorística, que se integra en una obra teatral, televisiva o cinematográfica.

slalom (Voz nor.) *m.* Dep **ESLALON.**

smog (Voz ingl.) *m.* Ecol **ESMOG.**

SMS (Del ingl.) 1 *m.* Telec Mensaje de texto. 2 Servicio de mensajería telefónica que permite escribir y recibir mensajes en la pantalla del teléfono celular. • Sigla de *Short Message Services.*

so[1] *adv.* Se usa para reforzar las cualidades del adjetivo o del nombre a que antecede, generalmente con sentido despectivo: *¡So bruto, dañaste la maqueta!*

so[2] *prep.* Bajo, debajo de: *So pena de.*

soasar *tr.* Asar ligeramente.

sobaco *m.* **AXILA.**

sobandero *m.* Curandero que concierta los huesos dislocados.

sobar 1 *tr.* Tocar y oprimir algo repetidamente para que se ablande o suavice. 2 Manosear mucho algo estropeándolo. 3 Molestar, fastidiar con trato impertinente.

soberanía 1 *f.* Cualidad de soberano. 2 Autoridad suprema del poder público. 3 Principio jurídico internacional por el cual cada nación tiene derecho a disponer de sí misma, tanto en su organización interna como en su política externa, sin injerencia de otra u otras naciones.

soberano, na *adj.* y *s.* Que ejerce o posee la autoridad suprema e independiente.

soberbio, bia 1 *adj.* Que tiene soberbia o se deja llevar de ella. 2 Grandioso, magnífico. 3 De grandes proporciones. 4 *f.* Estimación excesiva de sí mismo

A B C D E F G H I J K L M N Ñ O P Q R S T U V W X Y Z

con menosprecio de los demás. 5 Exceso en la magnificencia, suntuosidad o pompa de algo.

sobornar *tr.* Corromper a alguien con dinero, regalos u otro medio para conseguir algo de él.

soborno 1 *m.* Acción y efecto de sobornar. 2 Aquello con que se soborna.

sobras *f. pl.* Restos, parte que queda de algo tras haber utilizado lo necesario.

sobrado, da 1 *adj.* Que sobra, demasiado. 2 Atrevido, audaz.

sobrar 1 *intr.* Haber más de lo que se necesita para algo. 2 Estar de más. 3 Quedar, restar.

sobre[1] 1 *prep.* Encima de: *La carta siempre estuvo sobre la mesa.* 2 Además de. 3 Acerca de: *No está bien opinar sobre lo que no se conoce.* 4 Cerca de otra cosa, con más altura que ella y dominándola: *El campanario de la iglesia está sobre los tejados de las casas del pueblo.* 5 Con superioridad o dominio: *El señor feudal mandaba sobre sus siervos.* 6 En prenda de una cosa: *Dame algo de dinero sobre esta bicicleta.* 7 Designa un cómputo aproximado: *Debió llegar sobre las cinco de la tarde.* 8 Precedida y seguida de un mismo sustantivo, indica reiteración: *Alegría sobre alegría.* 9 Indica prominencia o superioridad: *La quiere sobre todas las cosas.*

sobre[2] *m.* Cubierta de papel que sirve para contener cartas u otros escritos, y en la que se suele escribir el nombre y la dirección del destinatario.

sobreactuar *intr.* Actuar con vehemencia fingida.

sobreagudo, da *adj.* y *s.* Mús Dicho de un sonido, el más agudo del sistema musical, y en particular de los de un instrumento.

sobrealimentar *tr.* y *prnl.* Dar a una persona o un animal más alimento del que requiere para su manutención y buena salud.

sobrecarga *f.* Exceso de carga.

sobrecargo 1 *m.* Oficial que cuida del cargamento en los buques mercantes. 2 Tripulante de avión que supervisa funciones auxiliares.

sobrecoger *tr.* y *prnl.* Asustar, causar mucho miedo.

sobrecubierta *f.* Cubierta que se pone sobre otra para protegerla.

sobrecupo 1 *m.* SOBREVENTA. 2 Lleno excesivo de un espacio o lugar.

sobredimensionar *tr.* Hacer que algo tenga o parezca tener un tamaño o una importancia superior a los que debería poseer.

sobredosis *f.* Med Dosis excesiva de algún medicamento o de alguna droga.

sobreentender *tr.* SOBRENTENDER.

sobreesdrújulo *adj.* y *s.* SOBRESDRÚJULO.

sobreestimar *tr.* SOBRESTIMAR.

sobreexplotación *f.* SOBREXPLOTACIÓN.

sobrefusión *m.* Fís Permanencia de un cuerpo en estado líquido a temperatura inferior a la de su fusión.

sobregiro *m.* Giro o libranza que excede de los créditos o fondos disponibles.

sobrehumano, na *adj.* Que excede las posibilidades humanas.

sobrellevar *tr.* Soportar un dolor, enfermedad, desgracia, etc., o resignarse a ellos.

sobremesa 1 *f.* Tiempo en que los comensales siguen reunidos después de haber comido. 2 Postre de una comida.

sobrenatural *adj.* Que excede lo natural.

sobrenombre *m.* Nombre que se añade o sustituye al apellido o nombre de alguien y que, en general, alude a algún rasgo característico de su persona o de su vida.

sobrentender (Tb. sobreentender) *tr.* y *prnl.* Entender algo que no está expreso, pero que se deduce de otras cosas. • Vb. irreg. conjug. c. **entender**. V. anexo El verbo.

sobrepasar 1 *tr.* y *prnl.* Rebasar un límite, exceder de él. 2 *tr.* Superar.

sobrepelliz *f.* Vestidura litúrgica blanca, con mangas largas, que llega hasta las rodillas y se lleva sobre la sotana.

sobrepeso 1 *m.* Lo que se añade a la carga. 2 Med Peso que en una persona excede a lo necesario o recomendable.

sobreponer 1 *tr.* Añadir alguna cosa o ponerla sobre otra. 2 *prnl.* Dominar los impulsos del ánimo o no dejarse abatir por las adversidades. • Participio irreg. *sobrepuesto*.

sobresaliente 1 *adj.* y *s.* Que sobresale. 2 *m.* Nota superior a la de notable en la calificación de exámenes.

sobresalir 1 *intr.* Exceder en figura, tamaño, etc. 2 Aventajar a otros. • Vb. irreg. conjug. c. **salir**. V. anexo El verbo.

sobresaltar *tr.* y *prnl.* Asustar, causar sobresalto.

sobresalto *m.* Alteración del ánimo por algún suceso repentino.

sobresaturar *tr.* Quím Disolver una sustancia en otra hasta exceder su límite de solubilidad.

sobresdrújulo, la (Tb. sobreesdrújulo) *adj.* y *s.* Fon Dicho de una palabra, que lleva el acento prosódico en la sílaba anterior a la antepenúltima: *Arráncamelo; Explíqueselo.* • Se les marca siempre acento ortográfico o **tilde**.

sobreseer 1 *intr.* Cesar en el cumplimiento de una obligación. 2 *intr.* y *tr.* Der Cesar en una instrucción sumarial o dejar sin curso ulterior un procedimiento. • Vb. irreg. conjug. c. **leer**. V. anexo El verbo.

sobrestimar (Tb. sobreestimar) *tr.* Estimar a alguien o algo por encima del valor que tiene.

sobretodo *m.* Prenda de vestir ancha, larga, y con mangas, que se lleva sobre el traje ordinario.

sobrevalorar *tr.* Atribuir a una persona o cosa mayor valor del que verdaderamente le corresponde.

sobrevenir 1 *intr.* Suceder una cosa después de otra. 2 Suceder algo de improviso o repentinamente. 3 Venir a la sazón, al tiempo de, etc. • Vb. irreg. conjug. c. **venir**. V. anexo El verbo.

sobreventa *f.* Venta que excede los cupos o plazas disponibles en un hotel, un avión, etc.

sobrevivir 1 *intr.* Seguir viviendo después de la muerte de otro o después de cierto suceso o plazo. 2 Vivir con escasos medios o en condiciones adversas.

sobrevolar *tr.* Volar sobre algún lugar, ciudad, territorio, etc. • Vb. irreg. conjug. c. **contar**. V. anexo El verbo.

sobrexplotación (Tb. sobreexplotación) *f.* Ecol Utilización de un recurso natural de manera desmedida, hasta causar su extinción.

sobrino, na *m.* y *f.* Respecto de una persona, hijo de un hermano.

sobrio, bria 1 *adj.* Moderado, especialmente en el comer y el beber. 2 Sin adornos superfluos.

socaire *m.* Resguardo o defensa que ofrece alguna cosa en su lado opuesto a aquel de donde sopla el viento.

socarronería 1 *f.* Astucia con que alguien procura su interés o disimula su intento. 2 Cualidad de burlón.

socavar *tr.* Excavar por debajo de algo dejándolo sin apoyo.

socavón 1 *m.* Oquedad subterránea producida por el hundimiento del suelo. 2 Cueva excavada en la ladera de un monte y que a veces forma galería subterránea.

sociable *adj.* Naturalmente inclinado al trato y relación con las personas o que gusta de ello.

social 1 *adj.* Perteneciente o relativo a la sociedad humana, o a las relaciones entre las clases de la sociedad. 2 Perteneciente o relativo a una compañía o sociedad, o a los socios o compañeros, aliados o confederados. 3 **clase** ~. 4 **control** ~. 5 **trabajo** ~. 6 Econ **capital** ~; **economía** ~. 7 Zool Dicho de un animal, que habita en colonias.

socialdemocracia *f.* Polít Tendencia ideológica y conjunto de los partidos políticos que propugnan una evolución reformista gradual del sistema capitalista, mediante la vía constitucional y parlamentaria, para llegar a la implantación del socialismo.

socialismo *m.* Polít Doctrina que propugna la propiedad y administración colectiva o estatal de los medios de producción, de cambio y de distribución, así como la regulación por el Estado de las actividades económicas y sociales y de la distribución de los bienes. || ~ **utópico** Polít Teoría que concibe la organización de una sociedad ideal sin conflictos. El inglés T. Moro fue el precursor, con su libro *Utopía* (1516), en el cual afirma que la propiedad privada es la fuente de toda injusticia social.

socialista 1 *adj.* Perteneciente o relativo al socialismo. 2 *adj.* y *s.* Que profesa la doctrina del socialismo. 3 Art **realismo** ~.

socialización *f.* Acción y efecto de socializar.

socializar 1 *tr.* Promover las condiciones sociales que favorezcan en los seres humanos el desarrollo integral de su persona. 2 Polít y Econ Transferir al Estado, u otro órgano colectivo, las propiedades particulares para que sus beneficios reviertan sobre toda la sociedad. 3 Psic Adoptar una persona los elementos socioculturales de su medio e integrarlos a su personalidad, para adaptarse a la sociedad.

sociedad 1 *f.* Reunión permanente de personas, pueblos o naciones que conviven y se relacionan bajo unas leyes comunes. 2 Agrupación de individuos con el fin de cumplir las finalidades de la vida mediante la cooperación mutua. 3 Reunión de personas con fines culturales, recreativos, deportivos o benéficos. 4 Entidad social formada con fines privados y lucrativos. || ~ **anónima** Econ La mercantil en la que el capital se halla distribuido en acciones. ~ **civil** Ámbito de los ciudadanos y sus relaciones y actividades privadas. ~ **conyugal** La constituida por el marido y la mujer durante el matrimonio. ~ **de consumo** Forma de sociedad en la que se estimula la adquisición y consumo desmedidos de bienes, cuando no existe todavía la necesidad de sustituir otros en uso. ~ **de la información** Econ Aquella en que el número de trabajadores ocupados en los sectores terciario y cuaternario conforman más del 50 % del total de trabajadores ocupados en todos los sectores y la información constituye el principal factor de producción y creación de riqueza. ~ **en comandita** Econ En la que hay dos clases de socios: unos con derechos y obligaciones, y otros, llamados comanditarios, que tienen limitados a cierta cuantía su interés y responsabilidad en los negocios. ~ **global** Concepto que define a los grupos sociales como individualidades y considera que el objeto culminante de la humanidad debe ser la implantación de la industrialización. ~ **industrial** Econ La definida por el predominio del modo de producción capitalista, que se caracteriza por la fuerte urbanización y la existencia de amplias capas de asalariados. ~ **limitada** Econ En la que la responsabilidad de cada socio está limitada al capital aportado. ~ **mercantil** Econ La formada por diversas personas que se asocian con objeto de explotar un negocio. ~ **posindustrial** Econ La industrial en pleno desarrollo, que se caracteriza por la ampliación del sector de servicios, la aplicación masiva de nuevas tecnologías, etc.

socio, cia 1 *m.* y *f.* Persona asociada con otra u otras para algún fin. 2 Persona que es miembro de alguna asociación. || ~ **capitalista** Econ Persona que aporta capital a una empresa o compañía, poniéndolo a ganancias o pérdidas. ~ **industrial** Econ Persona que no aporta capital, sino servicios o pericia personales, para tener alguna participación en las ganancias.

sociocultural *adj.* Perteneciente o relativo al estado cultural de una sociedad o grupo social.

socioeconómico, ca *adj.* Perteneciente o relativo a lo económico y social a la vez.

sociolecto *m.* Ling Forma de hablar propia de un grupo de personas según el nivel social al que pertenecen: *El habla popular y la culta son dos tipos de sociolectos.*

sociolingüística *f.* Disciplina que estudia las relaciones entre la lengua y la sociedad.

sociología *f.* Ciencia que trata de las condiciones de existencia, desenvolvimiento y relaciones de las sociedades humanas. Considera, de manera general, que los seres humanos supeditan sus decisiones individuales a las influencias culturales y las expectativas de la comunidad en que viven.

sociopolítico, ca *adj.* Dicho de algo, que se refiere al mismo tiempo a lo social y a lo político.

socorrer *tr.* Ayudar en una necesidad o peligro apremiante.

socorrido, da *adj.* Que sirve para resolver fácil y frecuentemente una dificultad.

socorrismo *m.* Organización y adiestramiento para prestar socorro en caso de accidente.

socorro 1 *m.* Acción y efecto de socorrer. 2 Lo que sirve para socorrer, como víveres, dinero u otras cosas. 3 Tropa que acude en auxilio de otra.

socrático, ca 1 *adj.* Perteneciente o relativo a la doctrina de Sócrates. 2 *adj.* y *s.* Partidario de ella.

soda *f.* Agua gaseosa con ácido carbónico que se usa como bebida.

sodio 1 *m.* Quím Elemento metálico blando muy ligero. Descompone el agua a la temperatura ordinaria y no se encuentra libre en la naturaleza, pero es abundante en estado de sales (bicarbonatos, cloruros, acetatos, etc.). Se utiliza como agente refrigerante en los reactores nucleares. Símbolo: Na. Número atómico: 11. Peso atómico: 22,98. Punto de fusión: 98 °C. Punto de ebullición: 0883 °C. 2 Quím **carbonato** de ~; **cloruro** de ~; **nitrato** de ~.

sodomía *f.* Coito anal.

sodomizar *tr.* Someter a sodomía.

soez *adj.* Grosero, indigno, vil.

sofá *m.* Asiento mullido, con respaldo y brazos, para dos o más personas.

sofisma *m.* Razón o argumento aparente con que se quiere defender o persuadir lo que es falso.

sofista *adj.* y *s.* Que utiliza sofismas.

sofística *f.* Fil e Hist Movimiento cultural que desarrollaron los sofistas en Grecia entre los ss. V y IV a. C.

sofisticado, da 1 *adj.* Falto de naturalidad, muy refinado o complicado. 2 Dicho de un aparato, técnica o mecanismo, complicado.

sofisticar 1 *tr.* Actuar alguien de manera excesivamente afectada o refinada. 2 Quitar naturalidad a algo. 3 Falsificar o modificar algo en general.

soflama *f.* Llama tenue o resplandor del fuego.

soflamar *tr.* y *prnl.* Tostar o requemar algo en la llama.

sofocar 1 *tr.* y *prnl.* Ahogar, impedir la respiración. 2 Impedir que algo continúe. 3 Extinguir, apagar el fuego. 4 Avergonzar, sonrojar. 5 *prnl.* Disgustarse por algo.

sofoco 1 *m.* Sensación de ahogo. 2 Sensación de calor acompañada de sudor y enrojecimiento de la piel.

sofreír *tr.* Freír ligeramente algo. • Vb. irreg. conjug. c. **reír**. V. anexo El verbo.

sofrología *f.* Psic Técnica psicoterapéutica para modificar los estados concretos de la vida psíquica mediante procedimientos de relajación, hipnosis, yoga, etc.

software (Voz ingl.) *m.* Inf **programa** informático.

soga *f.* Cuerda gruesa de esparto.

sogún *m.* Hist Título que ostentaban los dictadores militares que gobernaron Japón entre 1192 y 1867.

soja *f.* Leguminosa anual de 0,5 a 1,5 m de altura, de hojas trifoliadas, flores pequeñas y vainas cortas que encierran las semillas, que contienen un 20 % de aceite y un 40 % de proteínas.

sojuzgar *tr.* Dominar con violencia.

sol[1] 1 *m.* Estrella que se encuentra en el centro del sistema planetario al que pertenece la Tierra. • Se escribe con may. inic. y anteponiendo, generalmente, el artículo *el.* 2 Luz y calor que emana este astro y que es perceptible en la Tierra: *Sentarse al sol; Ya entró el sol a la cocina; Hace mucho sol.* 3 Persona, animal o cosa ponderados afectuosamente por sus buenas cualidades: *Tu hermano es un sol.* 4 Astr **acceso** del ~; **receso** del ~.

□ Astr El Sol se encuentra a una distancia media de 149,6 millones de km de la Tierra; a su alrededor gravitan los demás planetas del sistema solar. Tiene un diámetro de 1,4 millones de km, una masa aprox. 332 270 veces superior a la de la Tierra y está compuesto esencialmente por hidrógeno (90 %) y helio (8 %). Está formado por el *núcleo,* que alcanza una temperatura de unos 20 millones de °K, la *fotosfera,* capa gaseosa incandescente que alcanza una temperatura constante de unos 6000 °K, la *cromosfera,* en la que la temperatura varía entre 4500 y 1 000 000 °K, y la *corona,* que se va enrareciendo hasta el medio interplanetario. La edad del Sol se calcula en unos 5000 millones de años.

sol[2] *m.* Mús Quinta nota musical.

sol[3] *m.* Quím Dispersión coloidal de un sólido en un líquido. Si el agente dispersante es el aire, el agua, etc., toma el nombre de *aerosol, hidrosol,* etc.

solamente *adv. m.* De un solo modo, en una sola cosa, o sin otra cosa: *Lo diré solamente una vez: deben aprender a respetar a sus mayores.*

solanáceo, a *adj.* y *f.* Bot Dicho de una planta, dicotiledónea de hojas simples y alternas, flores de corola acampanada y semillas con albumen carnoso, como la tomatera, la papa, la berenjena, el pimiento y el tabaco.

solapa 1 *f.* Parte del borde de la abertura delantera de una prenda de vestir, que se dobla hacia afuera. 2 Prolongación lateral de la cubierta de los libros que se dobla hacia adentro. 3 Parte del sobre de las cartas que sirve para cerrarlo.

solapado, da *adj.* Que oculta con malicia y cautela sus pensamientos.

solapar 1 *tr.* y *prnl.* Cubrir del todo o en parte una cosa a otra. 2 *tr.* Disimular u ocultar algo por malicia o por cautela.

solar[1] 1 *adj.* Perteneciente o relativo al Sol. 2 Anat **plexo** ~. 3 Astr **corona** ~; **eclipse** ~; **radiación** ~; **tormenta** ~; **viento** ~. 4 Electr **energía** ~.

□ **sistema solar** Astr Sistema planetario conformado principalmente por el Sol como estrella central, los ocho planetas que giran a su alrededor, un planeta menor (Plutón) y los satélites o lunas, cometas y meteoros. Los planetas se dividen en interiores: Mercurio, Venus, Tierra y Marte; y exteriores: Júpiter, Saturno, Urano y Neptuno. Más allá de la región de los planetas se encuentra una inmensa región de espacio que se extiende hasta cerca de 100 000 unidades astronómicas a partir del Sol y que contiene los cometas. El espacio interior del sistema solar también contiene un sinnúmero de meteoritos, los cuales se convierten en bolas de fuego cuando entran en la atmósfera terrestre.

solar[2] 1 *m.* Descendencia, linaje noble, familia. 2 Terreno edificado o destinado a edificar en él.

solar[3] *tr.* Revestir el suelo con ladrillos, losas u otro material. • Vb. irreg. conjug. c. **contar**. V. anexo El verbo.

solariego, ga *adj.* y *s.* De solar o linaje noble: *Casa solariega.*

solaz *m.* Descanso, esparcimiento y alivio de los trabajos.

soldadura 1 *f.* Acción y efecto de soldar. 2 Material que sirve y está preparado para soldar. || ~ **autógena** La que se hace sin empleo de materia extraña, fundiendo los bordes de lo que se suelda.

soldar 1 *tr.* y *prnl.* Unir entre sí dos caras o dos partes de una cosa. 2 Unir dos o más piezas de metal mediante la aplicación de calor, presión, o una combinación de ambos, con el aporte de otro metal, cuya temperatura de fusión es inferior a la de las piezas que han de soldarse. • Vb. irreg. conjug. c. **contar**. V. anexo El verbo.

solear *tr.* y *prnl.* **asolear**.

solecismo *m.* Gram Error en el que se incurre en la construcción gramatical al emplear incorrectamente una expresión o al alterar las normas de la sintaxis de un idioma.

soledad 1 *f.* Carencia de compañía. 2 Lugar solitario o tierra no habitada. 3 Pesar que se siente por la ausencia o falta de alguien o algo.

solemne 1 *adj.* Que se celebra con mucho ceremonial, esplendor y pompa. 2 Formal, serio, acompañado de circunstancias importantes. 3 Aplicado a ciertos nombres intensifica su significado.

solemnidad 1 *f.* Cualidad de solemne. 2 Acto o ceremonia solemne. 3 Cada formalidad de un acto solemne.

soler *intr.* Tener costumbre. • Vb. irreg. conjug. c. **mover**. V. anexo El verbo.

solera *f.* Viga asentada de plano para que en ella se apoyen otras horizontales, inclinadas o verticales.

solfa 1 *f.* Mús Arte que enseña a leer y entonar los signos de la música. 2 Mús Conjunto de signos con que se escribe la música.

solfatara *f.* Geo Abertura en un terreno volcánico por donde salen vapores sulfurosos.

solfear *tr.* Mús Cantar marcando el compás y pronunciando los nombres de las notas.

solfeo *m.* Mús Acción y efecto de solfear.

solicitar 1 *tr.* Pretender algo haciendo las diligencias necesarias. 2 Gestionar los asuntos propios o ajenos. 3 Tratar de conseguir la atención de alguien.

solícito, ta *adj.* Diligente, cuidadoso.

solicitud 1 *f.* Cualidad de solícito. 2 Acción de pedir algo con diligencia y cuidado.

solidaridad 1 *f.* Característica que inclina al ser humano a sentirse unido a sus semejantes y a la cooperación con ellos. 2 Adhesión circunstancial a la causa o empresa de otros.

solidarizar *tr.* y *prnl.* Hacer solidario.

solidez *f.* Cualidad de sólido.

solidificar *tr.* y *prnl.* Hacer sólido un fluido.

sólido, da 1 *adj.* Firme, macizo, denso y fuerte. 2 Asentado, establecido con razones fundamentales y verdaderas. 3 ECOL **residuo** ~. 4 QUÍM **disolución** ~. 5 *adj.* y *m.* FÍS Dicho de un cuerpo, cuyas moléculas tienen una gran cohesión, adoptan formas bien definidas y estructuras estables que se oponen a todo cambio en su constitución espacial y volumétrica. 6 *m.* GEOM Objeto material en que pueden apreciarse las tres dimensiones principales: longitud, anchura y altura. || ~ **de revolución** GEOM El que genera una figura plana al girar sobre su eje; como el cilindro obtenido por la rotación de un rectángulo alrededor de su eje.

solifluxión *f.* GEO Corrimiento de los materiales de una ladera debido a que estos son blandos y poco coherentes y están impregnados de agua.

soliloquio *m.* Habla o monólogo de alguna persona consigo misma.

solio *m.* Trono, silla real con dosel.

solípedo, da *adj.* y *m.* Dicho de un cuadrúpedo, que es provisto de cascos, como el caballo, el asno o la cebra.

solipsismo *m.* FIL Doctrina ontológica según la cual el sujeto pensante no puede afirmar ninguna existencia salvo la suya propia, puesto que la existencia de las cosas se reduce a su ser percibido.

solista *m.* y *f.* MÚS Dicho de una persona, que ejecuta un solo de una pieza vocal o instrumental.

solitario, ria 1 *adj.* Desierto, desamparado. 2 BOT Dicho de una inflorescencia, en la que las flores se forman aisladas en el extremo de un tallo, como en el tulipán. 3 *adj.* y *s.* Que ama la soledad o vive solo. 4 *f.* **TENIA**, gusano intestinal.

soliviantar *tr.* y *prnl.* Inducir a adoptar alguna actitud rebelde u hostil.

sollozar *intr.* Llorar produciendo varias inspiraciones bruscas, entrecortadas, seguidas de una espiración.

solo[1] *adv. m.* Únicamente, solamente: *La fotocopiadora solo reproduce cien páginas por minuto; María solo obtuvo media beca.*

solo[2]**, la** 1 *adj.* Único en su especie: *Se ha encontrado solo un espécimen de oso de anteojos.* 2 Sin otra cosa, sin añadidura, separado de lo demás: *Me gusta la carne sola, sin aderezos.* 3 Dicho de una persona, que está sin compañía: *Llegó solo a la meta; Le gusta estar solo.* 4 *m.* MÚS Composición musical o parte de ella que ejecuta una sola persona.

solsticio *m.* ASTR Momento del año en que el Sol se halla en uno de los dos trópicos, lo cual sucede del 21 al 22 de junio para el de Cáncer, y del 21 al 22 de diciembre para el de Capricornio.

soltar 1 *tr.* y *prnl.* Desasir lo que estaba sujeto. 2 Dar salida a lo que estaba encerrado o detenido. 3 Liberar a un preso. 4 Dejar salir de sí alguna manifestación fisiológica o la demostración de un estado de ánimo. 5 Evacuar con frecuencia el vientre. 6 *tr.* Decir con franqueza y de repente algo que se tenía callado. 7 Dar una paliza, patada, golpe, etc. 8 Desprenderse de algo. 9 Romper en risa, llanto, etc. 10 *prnl.* Adquirir habilidad y desenvoltura. • Participio irreg. *suelto* y reg. *soltado*. Vb. irreg. conjug. c. **contar**. V. anexo El verbo.

soltero, ra *adj.* y *s.* Que no está casado.

soltura 1 *f.* Acción y efecto de soltar. 2 Agilidad, facilidad o desenvoltura con que se hace algo.

solubilidad 1 *f.* QUÍM Cantidad máxima de un soluto que puede ser disuelta en un disolvente. En general, la solubilidad de las sustancias sólidas en agua aumenta con la temperatura y, salvo excepciones, la solubilidad de los gases en agua disminuye al aumentar la temperatura. 2 QUÍM Introducir en un gas una cantidad de vapor superior a la que este requiere.

soluble 1 *adj.* Que se puede disolver. 2 Que se puede resolver.

solución 1 *f.* Acción y efecto de disolver. 2 Acción y efecto de resolver algún asunto. 3 Satisfacción que se da a una duda. 4 Desenlace de algún asunto o de la trama de una obra dramática. 5 Desenlace o término de un proceso, negocio, etc. 6 MAT Cantidad que satisface las condiciones de un problema o una ecuación. 7 MAT Valor numérico de una variable que, sustituido en una ecuación, hace que se cumpla la igualdad. 8 QUÍM Mezcla resultante de disolver un sólido, un líquido o un gas, en un líquido. 9 QUÍM **título** de una ~. 10 QUÍM **DISOLUCIÓN**. || ~ **electrolítica** QUÍM La compuesta por un disolvente y un soluto disociado iónicamente. ~ **iónica** QUÍM La que se caracteriza por la descomposición en **iones positivos** y **negativos** del **soluto** cuando cambia a **solvente**. ~ **molecular** QUÍM Mezcla en la que el **soluto** se halla disperso molecularmente en el **solvente**: *Las soluciones moleculares no conducen energía eléctrica.*

solucionar *tr.* Resolver algún asunto o proceso.

soluto *m.* QUÍM Sustancia disuelta en un determinado disolvente, cuya proporción en él forma la concentración.

solutrense *adj.* y *m.* HIST Dicho de un estadio cultural, correspondiente al **Paleolítico** superior, comprendido entre el Auriñaciense y el Magdaleniense (h. 20 000-15 000 a. C.), y cuya localización se circunscribe casi exclusivamente a España y Francia. • Se escribe con may. inic. c. s.

solvatación *f.* QUÍM Fenómeno por el cual las moléculas de un cuerpo disuelto pueden combinarse con las del solvente para formar hidratos u otros compuestos.

solventar 1 *tr.* Pagar las deudas. 2 Dar solución a algún asunto difícil.

solvente 1 *adj.* Capaz de cumplir debidamente algún cargo u obligación. 2 *adj.* y *m.* QUÍM Dicho de una sustancia, que puede disolver y producir una mezcla homogénea con otra.

somático, ca 1 *adj.* Perteneciente o relativo al cuerpo. 2 MED Dicho de un síntoma, cuya naturaleza es eminentemente corpórea o material, para diferenciarlo del síntoma psíquico. 3 BIOL Dicho de una célula, que se diferencia y forma los tejidos y órganos del cuerpo de un individuo, a diferencia de las que están destinadas a dar origen a un nuevo ser.

somatizar *intr.* MED y PSIC Convertir los estados mentales en síntomas orgánicos.

sombra 1 *f.* Oscuridad, falta de luz, más o menos completa. 2 ASTR Proyección oscura que un cuerpo lanza en el espacio en dirección opuesta a los rayos del Sol o de otro foco luminoso. 3 Imagen oscura que proyecta un cuerpo opaco sobre una superficie. 4 Espectro o aparición. 5 Apariencia o semejanza de algo. 6 Falla, defecto. 7 ART Color oscuro con que se representa la falta de luz en pintura y dibujo. 8 Cosmético que se aplica en los párpados.

sombreado *m.* Acción y efecto de sombrear.

sombrear 1 *tr.* Dar o producir sombra. 2 ART Poner sombra en una pintura o dibujo.

sombrero 1 *m.* Prenda de vestir para cubrir la cabeza, que consta de copa y ala. 2 Techo que cubre el púlpito de las iglesias. 3 BIOL Disco de formas variadas, sostenido por un pedicelo y que constituye el aparato esporífero de las setas.

sombrilla *f.* **QUITASOL**.

sombrío, a 1 *adj.* Dicho de un lugar, oscuro o en el que hay sombra. 2 Triste, melancólico.

somero, ra 1 *adj.* Muy inmediato a la superficie. 2 Superficial, poco detallado.

someter 1 *tr.* Encomendar a alguien la decisión de algún asunto o negocio. 2 Subordinar el juicio, decisión o afecto propios a los de otra u otras personas. 3 *tr.* y *prnl.* Poner a alguien bajo la autoridad o dominio de otro u otros, generalmente por la fuerza o la violencia. 4 Hacer que una cosa reciba la acción de otra.

somnífero, ra *adj.* y *m.* Dicho de un medicamento, que da o causa sueño.

somnolencia *f.* Pesadez física causada por el sueño.

son 1 *m.* Sonido agradable, especialmente el musical. 2 FOLCL Danza y canción de origen cubano, mezcla de ritmos africanos, españoles e indígenas.

sonado, da 1 *adj.* Famoso, célebre. 2 Divulgado con espectacularidad.

sonajas *f. pl.* MÚS Instrumento que consiste en un aro de madera delgada con varias sonajas colocadas en otras tantas aberturas.

sonajero *m.* Juguete a base de cascabeles, para entretener a los niños pequeños.

sonámbulo, la *adj.* y *s.* Que durante el sueño realiza actos de un modo automático, sin recordarlos cuando se despierta.

sonante *adj.* Que suena.

sonar[1] 1 *intr.* Hacer o causar ruido algo. 2 Mencionarse, citarse. 3 Tener alguna cosa apariencia o aspecto de algo. 4 Recordar algo vagamente como oído con anterioridad. 5 Tener una letra valor fónico. 6 Rumorearse. • U. solo en 3.ª pers. en acepción 6. 7 *tr.* Hacer que suene algo con armonía. 8 *tr.* y *prnl.* Limpiar la nariz de mocos. • Vb. irreg. conjug. c. **contar**. V. anexo El verbo.

sonar[2] *m.* Aparato de detección submarina mediante ondas ultrasonoras que son reflejadas por los objetos.

sonata *f.* MÚS Composición musical ejecutada por uno o dos instrumentos, en tres o cuatro movimientos.

sonda 1 *f.* Acción y efecto de sondear. 2 MED Instrumento quirúrgico para explorar cavidades o conductos del organismo, o para evacuar su contenido o introducir sustancias en su interior. 3 Cuerda con un peso de plomo, para medir la profundidad de las aguas y explorar el fondo. 4 Barrena para perforar y explorar terrenos muy profundos. || ~ **espacial** Vehículo espacial diseñado para viajes de exploración no tripulados.

sondar *tr.* MED Introducir una sonda en el cuerpo de una persona o un animal por una abertura natural, accidental o hecha a propósito.

sondear 1 *tr.* Intentar averiguar con cautela las intenciones de alguien o el estado de algo. 2 GEO Averiguar la profundidad y la calidad del fondo de las aguas. 3 GEO Extraer muestras de un terreno, mediante la sonda, para su posterior examen. 4 GEO Estudiar la atmósfera por medio de globos, aviones o cohetes. 5 Verificar el estado interno de una pieza por medio de ultrasonidos, campo eléctrico, radiaciones, etc.

sondeo 1 *m.* Acción y efecto de sondear. 2 Método estadístico de encuesta.

soneto *m.* LIT Composición poética de catorce versos endecasílabos distribuidos en dos cuartetos y dos tercetos.

sónico, ca 1 *adj.* FÍS Perteneciente o relativo a la velocidad del sonido. 2 FÍS Que tiene igual velocidad que este.

sonidista *m.* y *f.* Persona especializada en las tecnologías para la producción y emisión del sonido en diferentes medios.

sonido 1 *m.* FÍS Sensación producida en el oído por el movimiento vibratorio de los cuerpos, transmitido en el seno de un medio elástico o campo acústico, por ejemplo, el aire. 2 FÍS **barrera** del ~. 3 FON Valor y pronunciación de las letras. || ~ **consonántico** FON El que se produce cuando se pronuncia una consonante y se caracteriza por el cierre momentáneo del canal de la voz. ~ **vocálico** FON El que se produce cuando se pronuncia una **vocal** y se caracteriza por la vibración de las **cuerdas vocales** y la salida continua del aire.
□ FÍS y FISIOL El rango audible humano abarca los sonidos cuyas frecuencias están comprendidas entre 16-20 y 20 000 vibraciones por segundo. Por encima y por debajo de estas frecuencias se sitúan, respectivamente, los *ultrasonidos* y los *infrasonidos*. La *velocidad de propagación del sonido* depende de diversas características del campo acústico, una de las cuales es la temperatura. Así, a 8 °C la velocidad del sonido en el aire es de 336,2 m/s, mientras que en el agua alcanza los 1435 m/s, y en el acero, el cuarzo y el vidrio asciende a 4500 m/s.

sonoridad *f.* Calidad de la sensación auditiva que permite calificar los sonidos de fuertes y débiles.

sonorizar 1 *tr.* Incorporar sonido a una banda de imágenes. 2 Aumentar el sonido de un foco emisor mediante altavoces o amplificadores electrónicos.

sonoro, ra 1 *adj.* Que suena mucho o con ruido agradable. 2 Que emite o refleja bien el sonido. 3 FÍS **onda** ~. 4 Dicho del cine, de un filme, etc., con sonido incorporado.

sonreír *intr.* y *prnl.* Reírse levemente sin emitir sonido. • Vb. irreg. conjug. c. **reír**. V. anexo El verbo.

sonrisa *f.* Acción y efecto de sonreír.

sonrojar *tr.* y *prnl.* Hacer salir los colores al rostro por rubor o vergüenza.

sonsacar 1 *tr.* Lograr de alguien algo con habilidad. 2 Intentar conseguir que alguien deje el trabajo que tiene y pase a prestarlo en otra parte.

sonsonete 1 *m.* Sonido repetido y monótono. 2 Entonación monótona al hablar, leer o recitar.

soñador, ra 1 *adj.* y *s.* Que sueña mucho. 2 Idealista, romántico.

soñar 1 *tr.* e *intr.* Representar en la imaginación sucesos o escenas durante el sueño. 2 *intr.* Desear mucho algo. • Vb. irreg. conjug. c. **contar**. V. anexo El verbo.

soñoliento, ta 1 *adj.* Que tiene sueño. 2 Que está dormitando.

sopa 1 *f.* Plato hecho cociendo en caldo fécula, arroz, fideos, verduras, etc. 2 Plato compuesto de rebanadas de pan bañadas o cocidas en algún líquido alimenticio. 3 Pedazo de pan empapado en algún líquido.

sopero, ra 1 *adj.* Dicho de un plato hondo, o de una cuchara grande, usados para tomar la sopa. 2 *f.* Recipiente hondo en que se sirve la sopa.

sopesar *tr.* Levantar algo para tantear el peso que tiene.

soplado *m.* Acción y efecto de soplar la pasta de vidrio.

soplador, ra 1 *adj.* Que sopla. 2 Obrero que tiene como trabajo soplar en la pasta de vidrio para obtener las formas previstas. 3 Abertura de cavidades subterráneas por donde sale el aire con fuerza.

soplar 1 *intr.* y *tr.* Despedir aire con fuerza por la boca. 2 *intr.* Hacer que los fuelles u otros instrumentos arrojen el aire que han recibido. 3 Moverse el viento con intensidad. 4 *tr.* y *prnl.* Inflar con aire. 5 *tr.* Apartar con el soplo el polvo, un objeto, etc. 6 Insuflar aire en la pasta de vidrio a fin de obtener las formas previstas. 7 Decir a alguien con disimulo algo que no sabe para que lo repita. 8 Acusar o delatar.

soplete *m.* Aparato que produce y proyecta una llama, utilizado para obtener temperaturas elevadas o para fundir metales.

A B C D E F G H I J K L M N Ñ O P Q R S T U V W X Y Z

soplo 1 *m.* Acción y efecto de soplar. 2 Tiempo muy breve.
soplón, na *adj.* y *s.* Que denuncia en secreto y con cautela.
soponcio *m.* Desmayo, síncope.
sopor 1 *m.* Adormecimiento, somnolencia. 2 MED Estado de sueño profundo que precede al estado de coma.
soporífero, ra *adj.* Que produce sueño.
soportar 1 *tr.* Sostener o llevar alguna carga o peso. 2 Sufrir, aguantar.
soporte 1 *m.* Apoyo o sostén. 2 Pieza o utensilio que sirve para sostener o afirmar a otra u otro. 3 Material sobre el que se dibuja o pinta. 4 Material en cuya superficie se registra información, como el papel, la cinta de video o el disco compacto.
soprano 1 *m.* MÚS Voz más aguda de las voces humanas; su gama normal es de cerca de dos octavas. 2 *m.* y *f.* MÚS Persona que tiene voz de soprano. 3 MÚS Registro superior de algunas familias instrumentales.
sor *f.* Tratamiento dado a algunas religiosas.
sorber 1 *tr.* Beber aspirando. 2 Atraer hacia dentro la mucosidad nasal.
sorbete *m.* Refresco de consistencia pastosa a base de zumo de frutas, agua o leche, o yemas de huevo azucaradas y aromatizadas con esencias.
sorbo 1 *m.* Acción y efecto de sorber. 2 Cantidad de líquido que se sorbe de una vez.
sordera *f.* MED Privación o disminución de la facultad de oír.
sórdido, da 1 *adj.* Miserable, pobre, sucio. 2 Mezquino, avariento.
sordina *f.* MÚS Pieza especial que se coloca en los instrumentos musicales para disminuir y modificar su sonoridad.
sordo, da 1 *adj.* y *s.* Que no oye o no oye bien. 2 *adj.* Que no hace ruido, silencioso. 3 Que suena poco o con un ruido apagado. 4 FON Dicho de un sonido, que se pronuncia sin vibración de las cuerdas vocales, como el de las consonantes *c, ch, f, j, k, p, t, z*.
sordoceguera *f.* Discapacidad que consiste en la pérdida total o parcial de las facultades auditivas y visuales.
sordomudo, da *adj.* y *s.* MED Privado de la facultad de hablar por ser sordo de nacimiento.
sorgo *m.* Gramínea de hasta 2 o 3 m de altura, con hojas lampiñas, y flores y semillas dispuestas en panículas apicales. Forma parte de la dieta básica de millones de personas en China, India y África.
soriasis *f.* MED Enfermedad de la piel que se manifiesta por manchas y descamación.
sorna *f.* Tono burlón con que se dice algo.
sorprender 1 *tr.* Coger desprevenido. 2 Descubrir lo que otro ocultaba o disimulaba. 3 *tr.* y *prnl.* Causar impresión.
sorpresa 1 *f.* Acción y efecto de sorprender o sorprenderse. 2 Lo que da motivo para que alguien se sorprenda.
sortear 1 *tr.* Someter a la decisión de la suerte la adjudicación de algo. 2 Evitar con habilidad algún obstáculo, peligro, dificultad, conflicto o riesgo.
sortija 1 *f.* Anillo que se pone como adorno en los dedos de la mano. 2 Rizo de cabello en forma de anillo.
sortilegio 1 *m.* Adivinación que se hace por suertes supersticiosas. 2 Acción realizada por arte de magia.
SOS (Del ingl.) Señal de socorro internacional, y cualquier petición de ayuda. • Sigla de *Save Our Souls.*
sosa *f.* QUÍM Hidróxido sódico, muy cáustico. Su fórmula es NaOH. || ~ **comercial** QUÍM CARBONATO de sodio.
sosegado, da *adj.* Quieto, tranquilo.
sosegar 1 *tr.* y *prnl.* Aplacar, apaciguar, tranquilizar. 2 *intr.* y *prnl.* Descansar, reposar, cesar la turbación o el movimiento. • Vb. irreg. conjug. c. **acertar**. V. anexo El verbo.
sosiego *m.* Quietud, tranquilidad, serenidad.
soslayar 1 *tr.* Poner algo ladeado para que pase por un lugar estrecho. 2 Eludir alguna dificultad, compromiso u obstáculo.
soso, sa 1 *adj.* Que no tiene sal, o tiene poca. 2 *adj.* y *s.* Que carece de gracia y viveza.
sospecha *f.* Acción y efecto de sospechar.
sospechar 1 *tr.* Imaginar o creer que existe o ha sucedido algo por alguna apariencia o indicio. 2 *intr.* Desconfiar, recelar de alguien.
sospechoso, sa *adj.* Que da motivos para sospechar.
sostén 1 *m.* Acción de sostener. 2 Persona o cosa que sostiene. 3 Prenda interior femenina para sujetar el pecho.
sostener 1 *tr.* y *prnl.* Mantener firme alguna cosa, sujetar. 2 *tr.* Defender o mantener una idea, opinión, promesa, etc. 3 Prestar ayuda o apoyo físico o moral a alguien. 4 Dar a alguien lo necesario para su manutención. 5 Soportar, tolerar. • Vb. irreg. conjug. c. **tener**. V. anexo El verbo.
sostenible 1 *adj.* Dicho de un proceso, que puede mantenerse por sí mismo. 2 ECON **desarrollo** ~.
sostenibilidad *f.* ECOL y ECON Capacidad de una actividad para desarrollarse sin causar mayor impacto en el medioambiente y sin agotar los recursos naturales.
sostenido, da 1 *adj.* MÚS Dicho de una nota musical, cuya entonación excede en un semitono a la de su sonido natural. 2 *m.* MÚS Signo (#) que representa la alteración del sonido natural de la nota o notas a que se refiere. || **doble** ~ MÚS Signo (# #) que representa la doble alteración del sonido natural de la nota o notas a que se refiere.
sota *f.* Décima carta de cada palo de la baraja española, que tiene impresa la figura de un paje o infante.
sotana *f.* Vestidura talar, abrochada por delante de arriba abajo, que usan los eclesiásticos.
sótano *m.* En un edificio, pieza subterránea o piso situado bajo la rasante de la calle.
soterrar 1 *tr.* Enterrar, poner algo bajo tierra. 2 Esconder o guardar algo. • Vb. irreg. conjug. c. **acertar**. V. anexo El verbo.
sotobosque *m.* ECOL Conjunto de arbustos que crecen debajo de la bóveda formada por las copas de los árboles del bosque. Representa el estrato intermedio de un bosque, entre el nivel superior, que corresponde a los árboles, y el inferior, formado por hierbas y plantas pequeñas.
soul *m.* Expresión musical afroamericana, nostálgica e intimista, surgida en la década de los años sesenta del s. XX que mezcla elementos de góspel, *blues*, pop y *rock*.
sóviet (Tb. soviet) *m.* HIST Consejo obrero, político o revolucionario, que surgió como asamblea de coordinación durante las revoluciones rusas de 1905 y 1917, y que se convirtió en la institución política fundamental de la Unión Soviética.
soviético, ca *adj.* y *s.* De la antigua Unión Soviética.
soya *f.* SOJA.
spa (Voz ingl.) *m.* Lugar en el que se ofrecen tratamientos y terapias, basados en el uso del agua, para la relajación corporal. • Por alusión a Spa, ciudad belga famosa por sus aguas curativas.

spam (Voz ingl.) *m.* Correo electrónico de distribución masiva, con contenido publicitario o malintencionado, que se recibe sin haberlo solicitado.

spanglish (Voz ingl.) *m.* **ESPANGLISH.**

spray (Voz ingl.) *m.* **ESPRAY,** líquido almacenado a presión.

squash (Voz ingl.) *m.* DEP Deporte parecido al frontón, pero en el que los jugadores pueden impulsar la pelota contra las cuatro paredes de la cancha.

stand (Voz ingl.) *m.* **ESTAND.**

statu quo (Loc. lat.) Se usa para designar el estado de cosas en un determinado momento.

stock (Voz ingl.) *m.* **INVENTARIO,** cantidad de mercancías de que dispone una empresa.

stop (Voz ingl.) *m.* Cada una de las luces traseras de un automóvil que se encienden automáticamente al accionar el freno.

striptease (Voz ingl.) *m.* **ESTRIPTIS.**

su *adj. poses.* Apócope de **SUYO.** • Es invariable en género y se usa ante un s.: *Recuperó su dinero; Recordó su infancia.*

suajili *m.* Lengua bantú hablada en el África oriental.

suave 1 *adj.* Liso y blando al tacto. 2 Grato a los sentidos. 3 Tranquilo, manso. 4 Lento, moderado.

suavizar *tr.* y *prnl.* Hacer suave.

subacuático, ca *adj.* Que se hace o existe bajo el agua.

subalterno, na *adj.* y *s.* Que está subordinado a otra persona.

subarrendar *tr.* Dar o tomar en arriendo algo, no de su dueño ni de su administrador, sino de otro arrendatario de la misma. • Vb. irreg. conjug. c. **acertar**. V. anexo El verbo.

subarrendatario, ria *m.* y *f.* Persona que toma en subarriendo algo.

subarriendo 1 *m.* Acción y efecto de subarrendar. 2 Contrato por el cual se subarrienda algo. 3 Precio en que se subarrienda.

subasta 1 *f.* Venta pública consistente en ofrecer algo que se adjudica a quien ofrece más por ello. 2 Adjudicación hecha en la misma forma de los contratos de servicio público.

subastar *tr.* Vender efectos o contratar arriendos o servicios en pública subasta.

subatómico, ca *adj.* FÍS Que tiene dimensiones inferiores a las del átomo.

subcampeón, na *m.* y *f.* DEP Deportista o equipo que queda en el segundo lugar de una competición.

subclavio, via *adj.* ANAT Que está debajo de la clavícula.

subconjunto *m.* MAT Conjunto de elementos integrados en otro conjunto más amplio.

subconsciencia *f.* PSIC **SUBCONSCIENTE.**

subconsciente 1 *adj.* Que se refiere a la subconsciencia. 2 *m.* PSIC Estrato de la personalidad cuya actividad se mantiene por debajo de los niveles conscientes.

subcontinente *m.* GEO Parte amplia y delimitada de un continente con características propias.

subcontrato *m.* Contrato por el que una empresa se compromete a realizar un trabajo por cuenta de otra.

subcultura *f.* Manifestaciones culturales propias de un grupo social concreto, que presentan características (creencias, actitudes, costumbres, etc.) que lo diferencian del sistema cultural mayoritario.

subcutáneo, a *adj.* Que está situado o se introduce por debajo de la piel.

subdesarrollo 1 *m.* Desarrollo incompleto o deficiente respecto a las propias posibilidades o al desarrollo alcanzado por otros. 2 ECON Situación económica y social propia de los **países** en desarrollo.

subdirector, ra *m.* y *f.* Persona que ayuda o sustituye al director en sus funciones.

súbdito, ta *m.* y *f.* Ciudadano de un país en cuanto sujeto a las autoridades políticas de este.

subdividir *tr.* y *prnl.* Dividir algo que ya estaba dividido.

subducción *f.* GEO Deslizamiento del borde de una placa de la corteza terrestre por debajo del borde de otra.

subempleo *m.* ECON Situación de una economía en la que no se utiliza plenamente su capacidad de puestos de trabajo.

súber *m.* BOT Tejido protector que se encuentra en la corteza del tallo de las plantas adultas. Está formado por células que, poco a poco, se van impregnando de suberina.

suberina *f.* QUÍM Sustancia orgánica, procedente de la transformación de la celulosa, que forma la membrana de las células componentes del corcho.

suberización *f.* BOT Proceso de incorporación, en algunas plantas, de capas de suberina a la pared primaria de las células que forman parte de la corteza, dotándola de este modo de impermeabilidad al paso del agua.

subestimar *tr.* Dar a alguien o algo menos importancia o valor del que tiene.

subfamilia *f.* BIOL Cada uno de los grupos taxonómicos en que muchas familias se dividen y los cuales se subdividen en géneros.

subfusión *f.* FÍS Enfriamiento de un líquido por debajo de su temperatura de solidificación, sin que pase a la fase sólida.

subido, da 1 *adj.* Dicho de un color, o de un olor, muy intensos. 2 Muy elevado. 3 *f.* Acción y efecto de subir o subirse. 4 Camino o pendiente por donde se sube.

subienda 1 *f.* Época en que los peces remontan el río para desovar. 2 Gran afluencia de peces.

subíndice *m.* Letra o número que se añade a un símbolo para diferenciarlo de otros semejantes. Se coloca a la derecha de aquel y algo más abajo.

subir 1 *tr.* Recorrer hacia arriba algo que está en pendiente. 2 Hacer más alto algo o irlo aumentando hacia arriba: *Subir una pared.* 3 Enderezar o poner derecho algo que estaba inclinado hacia abajo. 4 INF **COLGAR.** 5 *tr.* e *intr.* Aumentar el precio o valor de algo. 6 MÚS Hacer la voz o el tono de un instrumento más alto. 7 *tr.* y *prnl.* Trasladar a alguien o algo a un lugar más alto que el que ocupaba. 8 *intr.* Aumentar el nivel o altura de algo. 9 Llegar una cuenta, deuda, etc., a determinada cantidad. 10 Ascender en dignidad o empleo, o crecer en caudal o hacienda. 11 Aumentar en cantidad o intensidad el grado o el efecto de algo. 12 *intr.* y *prnl.* Pasar de un sitio o lugar a otro superior o más alto. 13 Entrar en un vehículo. 14 Cabalgar, montar.

súbito, ta 1 *adj.* Inesperado, repentino. 2 Impetuoso, precipitado o violento en las obras o palabras.

subjetivismo 1 *m.* Predominio de lo subjetivo. 2 FIL Doctrina que limita la validez del conocimiento al sujeto que conoce y juzga.

subjetivo, va 1 *adj.* Perteneciente o relativo al sujeto, en oposición al mundo externo. 2 Perteneciente o relativo al modo de pensar o de sentir de alguien, y no al objeto en sí mismo.

subjuntivo, va 1 *adj.* Que se adjunta como elemento subordinado. 2 *adj.* y *m.* GRAM Modo verbal que manifiesta lo expresado por el verbo con significación de subjetividad (duda, deseo, temor, etc.): *Quizás vaya al cine; Ojalá caiga nieve; Es posible que viaje.*

sublevar *tr.* y *prnl.* Alzar en motín o rebeldía.

sublimación *f.* Acción y efecto de sublimar.

sublimado *m.* QUÍM Sustancia obtenida por sublimación.

sublimar 1 *tr.* y *prnl.* Exaltar, enaltecer, ensalzar. 2 FÍS y QUÍM Pasar directamente un cuerpo del estado sólido al vapor, y viceversa. 3 PSIC Canalizar los deseos no aceptados socialmente o difíciles de satisfacer hacia una actividad moral o intelectual más generosa o superior.

sublime *adj.* De gran valor moral o intelectual, admirable, excelente.

subliminal *adj.* PSIC Carácter de aquellas percepciones sensoriales, u otras actividades psíquicas, de las que el sujeto no llega a tener conciencia.

sublingual *adj.* ANAT Perteneciente o relativo a la región inferior de la lengua.

submarinismo *m.* Conjunto de las actividades que se realizan bajo la superficie del mar, con fines científicos, deportivos, militares, etc.

submarino, na 1 *adj.* Que está o se efectúa bajo la superficie del mar. 2 GEO **plataforma** ~. 3 *m.* Buque diseñado para soportar grandes presiones que puede cerrarse herméticamente, sumergirse a voluntad con su tripulación y navegar dentro del agua. Suele tener forma cilíndrica con los extremos convexos.

submúltiplo, pla *adj.* y *m.* MAT Dicho de un número o cantidad, contenidos un número de veces en otro u otra.

submundo *m.* Grupo social que se dedica a actividades ilícitas o marginales.

subnormal *adj.* Inferior a lo normal.

suboficial *m.* Categoría militar comprendida entre las de oficial y sargento.

suborden *m.* BIOL Grupo taxonómico inferior al orden y superior a la familia.

subordinación 1 *f.* Sujeción a la orden, mando o dominio de otro. 2 GRAM Relación de dependencia entre dos o más oraciones gramaticales en el seno de una oración compuesta. 3 GRAM Relación de dependencia entre dos elementos de categoría gramatical diferente.

subordinado, da 1 *adj.* y *s.* Que está sujeto a otra persona o bajo su dependencia. 2 GRAM Dicho de un elemento gramatical, que depende sintácticamente de otro, respecto del cual funciona como **complemento**. 3 GRAM **oración** ~.

subordinante 1 *adj.* Que subordina. 2 *adj.* y *s.* GRAM Dicho de un elemento gramatical, que rige a otro de categoría diferente.

subordinar 1 *tr.* Clasificar algo como inferior o accesorio respecto a otras cosas. 2 *tr.* y *prnl.* Poner a alguien o algo bajo la dependencia de otro u otros. 3 GRAM Regir un elemento gramatical a otro de categoría diferente, como la preposición al sustantivo, el sustantivo al adjetivo, etc. 4 GRAM Estar una oración en dependencia de otra.

subproducto *m.* ECON Producto secundario obtenido de los procesos de fabricación o extracción de un producto principal.

subradical *m.* MAT Expresión abarcada por el signo radical, como 9 en $\sqrt[3]{9}$.

subrayar *tr.* Señalar por debajo con una raya alguna letra, palabra o frase escrita, para llamar la atención sobre ella.

subregión *f.* GEO Área geográfica con características propias en el interior de una región más amplia.

subreino *m.* BIOL Cada uno de los grupos taxonómicos en que se dividen primeramente los reinos.

subrepticio, cia *adj.* Que se hace u obtiene de forma oculta y con disimulo.

subrogar *tr.* y *prnl.* DER Sustituir a alguien o algo en una relación jurídica.

subsahariano, na *adj.* Del sur del Sahara o relacionado con esta región de África.

subsanar 1 *tr.* Reparar o remediar un defecto, o resarcir un daño. 2 Disculpar un desacierto o delito.

subscribir *tr.* SUSCRIBIR.

subsecretario, ria *m.* y *f.* Persona que ayuda o sustituye al secretario.

subsector *m.* Sector económico o social integrado en otro más amplio.

subsecuente *adj.* SUBSIGUIENTE.

subsidencia *f.* GEO Proceso de hundimiento vertical de una cuenca sedimentaria por la colmatación y el consiguiente peso de los sedimentos.

subsidiar *tr.* Conceder subsidios.

subsidiario, ria 1 *adj.* Dicho de una acción o responsabilidad, que suple o robustece a otra principal. 2 Que se da o se manda en socorro o subsidio de alguien.

subsidio *m.* Ayuda económica, de carácter oficial o institucional, que se concede a una persona o una entidad.

subsiguiente *adj.* Que viene inmediatamente después del siguiente.

subsistencia 1 *f.* Permanencia, estabilidad y conservación de algo. 2 Conjunto de lo necesario para el sustento de la vida humana.

subsistir 1 *intr.* Permanecer, perdurar o conservarse algo. 2 Vivir.

substancia *f.* SUSTANCIA.

substancial *adj.* SUSTANCIAL.

substantivar *tr.* y *prnl.* SUSTANTIVAR.

substraer *tr.* SUSTRAER.

subsuelo *m.* GEO Terreno que está debajo de la capa laborable o, en general, debajo de una capa de tierra.

subtender *tr.* GEOM Unir una línea recta los extremos de un arco de curva o de una línea quebrada. • Vb. irreg. conjug. c. **entender**. V. anexo El verbo.

subteniente *m.* Empleo superior del cuerpo de suboficiales.

subterfugio *m.* Escapatoria, evasiva, pretexto.

subterráneo, a 1 *adj.* Que está debajo de tierra. 2 *m.* Cualquier lugar o espacio que está debajo de tierra.

subtítulo 1 *m.* Título secundario que se añade a otro principal. 2 En las películas proyectadas en versión original, rótulo que aparece en la parte inferior de la imagen con la traducción del diálogo de los actores.

subtotal *m.* Sumatoria parcial de una cantidad que se adiciona a otras para, posteriormente, determinar el total.

subtropical 1 *adj.* GEO Que está cerca a los trópicos, pero en una latitud más elevada. 2 ECOL **bosque** templado y ~.

suburbano, na 1 *adj.* y *s.* Próximo a la ciudad. 2 *adj.* Perteneciente o relativo al suburbio.

suburbio *m.* Barrio en la periferia de la ciudad.

subvalorar *tr.* y *prnl.* SUBESTIMAR.

subvencionar *tr.* Conceder una ayuda económica para fomentar una actividad industrial, científica, institucional, etc., o para contribuir a su mantenimiento.

subversión 1 *f.* Acción y efecto de subvertir. 2 POLÍT Pretensión deliberada de alterar, de forma radical y al margen de los cauces legales, el orden político, social o institucional vigente en un Estado.

subversivo, va *adj.* Que subvierte o pretende subvertir.

subvertir *tr.* Trastornar o alterar el orden establecido. • Vb. irreg. conjug. c. **sentir**. V. anexo El verbo.

subyacer *intr.* Yacer o estar echado debajo de otra cosa. • Vb. irreg. conjug. c. **yacer**. V. anexo El verbo.

subyugar 1 *tr.* y *prnl.* Dominar, avasallar, someter. 2 *tr.* Gustar en extremo.

succión *f.* Acción de succionar.

succionar 1 *tr.* Chupar, sorber. 2 Absorber un fluido un órgano, un mecanismo, etc.

sucedáneo, a *adj.* y *m.* Dicho de una cosa, que puede sustituir a otra por tener propiedades parecidas a ella.

suceder 1 *tr.* Ocupar el lugar de alguien o algo, o sustituir a alguien en algún cargo, empleo o dignidad. 2 Seguir una cosa a otra o ir a su continuación, en el tiempo o en el espacio. 3 Heredar a alguien. 4 *intr.* Producirse algún hecho o suceso.

sucesión 1 *f.* Acción y efecto de suceder. 2 Entrada o continuación de alguien o algo en lugar de otro. 3 Continuación ordenada de personas, cosas, sucesos, etc. 4 Descendencia o procedencia de un progenitor. 5 PROLE. 6 MAT Conjunto de números, términos u operaciones que siguen unos a otros de acuerdo con un determinado orden. || ~ **convergente** MAT Aquella cuyo término general tiene por límite un número finito; es decir, los términos se aproximan progresivamente a un determinado valor. ~ **creciente** MAT Aquella en la que cada término es mayor que el anterior. ~ **decreciente** MAT Aquella en la que cada término es menor que el anterior. ~ **divergente** MAT Aquella en la que el término general tiene por límite un número infinito; es decir, los términos son cada vez más grandes. ~ **ecológica** ECOL Secuencia de organismos o comunidades que se van sustituyendo unos a otros en un área determinada.

sucesivo, va *adj.* Que sigue a algo.

suceso 1 *m.* Lo que sucede. 2 Éxito, resultado bueno de algún asunto. 3 Transcurso del tiempo. 4 MAT Cualquier subconjunto de un **espacio muestral**. 5 MAT Cada uno de los resultados posibles de un experimento aleatorio. || ~ **elemental** MAT Subconjunto del **espacio muestral** que contiene un solo elemento. ~ **probable** MAT Subconjunto del **espacio muestral** en el que se obtiene al menos un posible resultado.

sucesor, ra *adj.* y *s.* Que sucede a alguien en un cargo, empleo, dignidad o herencia.

suciedad *f.* Porquería, inmundicia.

sucinto, ta *adj.* Breve, conciso, resumido.

sucio, cia 1 *adj.* Que tiene manchas o impurezas. 2 Que produce suciedad. 3 Dicho de un color, confuso y turbio. 4 Deshonesto u obsceno en acciones o palabras. 5 *adv. m.* Hablando de algunos juegos, sin la debida observancia de sus reglas y leyes propias.

súcubo *adj.* y *m.* Dicho de un demonio, que según la superstición tiene comercio carnal con un varón, bajo la apariencia de mujer.

suculento, ta 1 *adj.* Sabroso, nutritivo. 2 BOT **tallo** ~.

sucumbir 1 *intr.* Ceder, rendirse, someterse. 2 Morir.

sucursal *adj.* y *f.* Dicho de un establecimiento mercantil o industrial, que depende de otro principal.

sudadera 1 *f.* Sudoración intensa. 2 Conjunto de chaqueta y pantalón deportivos.

sudar 1 *intr.* y *tr.* Expeler sudor por los poros de la piel. 2 *tr.* Empapar en sudor.

sudario *m.* Lienzo que se pone sobre el rostro de los difuntos o en que se envuelve el cadáver.

sudeste *m.* SURESTE.

sudista 1 *m.* y *f.* HIST En la guerra de Secesión estadounidense, partidario de los Estados Confederados del Sur. 2 *adj.* Perteneciente o relativo a esta confederación.

sudoeste *m.* SUROESTE.

sudoku *m.* Juego de lógica consistente en completar con números del 1 al 9 una cuadrícula de 81 casillas y 9 subcuadrículas, sin que se repita ningún número en la misma fila, columna o subcuadrícula.

sudor 1 *m.* FISIOL Líquido de aspecto acuoso, sabor salado y olor particular, que segregan las glándulas sudoríparas de la piel. 2 SUDORACIÓN.

sudoración *f.* Secreción del sudor.

sudorípara *adj.* ANAT y FISIOL **glándula** ~.

sueco, ca 1 *adj.* y *s.* De Suecia o relacionado con este país europeo. 2 *m.* LING Lengua nórdica germánica hablada en Suecia.

suegro, gra *m.* y *f.* Con respecto a una persona, padre o madre del cónyuge.

suela *f.* Parte del calzado que toca el suelo.

sueldo *m.* ECON Remuneración periódica asignada a las personas por un trabajo realizado.

suelo 1 *m.* Superficie por la que se anda. 2 Piso, pavimento de las casas. 3 Territorio, país. 4 ECOL **degradación** del ~. 5 GEO Porción superficial de la superficie terrestre alterada por la acción de agentes atmosféricos, mecánicos y biológicos, en la cual están enraizadas las plantas. 6 **ordenación** del ~.

☐ GEO El suelo se origina de la *roca madre*, que por acción de los agentes atmosféricos se fragmenta y queda expuesta a reacciones bioquímicas. En su **perfil** se distinguen varios niveles sucesivos: *Horizonte A*, consistente en una capa superficial, oscura y rica en humus; *Horizonte B*, donde se acumulan los materiales lavados del horizonte A, y *horizonte C*, que es la zona más profunda, de disgregación de la roca madre.

suelto, ta 1 *adj.* Poco compacto, disgregado. 2 Hábil en la ejecución de algo. 3 Dicho del lenguaje, estilo, etc., fácil, corriente. 4 Separado y que no hace juego ni forma con otras cosas la unión debida. 5 Dicho de una moneda, fraccionaria. 6 Que queda holgado, ancho. 7 Que no está envasado o empaquetado.

sueño 1 *m.* Acto de dormir, estado de reposo de un organismo, que se caracteriza por los bajos niveles de actividad fisiológica y por una respuesta menor ante estímulos externos. 2 Acción de imaginar escenas o sucesos mientras se duerme. 3 Estos mismos sucesos o imágenes que se representan. 4 Ganas de dormir. 5 Lo que carece de fundamento, en especial deseo o proyecto sin posibilidad de realizarse. 6 MED **enfermedad** del ~.

suero 1 *m.* FISIOL Parte de la sangre o de la linfa que queda líquida después de su coagulación. 2 MED Solución de agua destilada y sal que se inyecta en el organismo de pacientes con fines curativos. || ~ **antiofídico** FARM El preparado para contrarrestar los efectos del veneno de serpiente.

suerte 1 *f.* Serie de sucesos encadenados, considerados como fortuitos o casuales. 2 Condición, estado o situación en que alguien se encuentra. 3 Lo que reserva el futuro. 4 Clase, especie o género de personas o cosas. 5 Manera determinada de hacer algo.

suéter *m.* Prenda de vestir de punto, cerrada y con mangas, que cubre desde el cuello hasta la cintura y que se ciñe más o menos al cuerpo

suevo, va *adj.* y *s.* HIST De un antiguo pueblo germánico, instalado entre el Rin y el Danubio, que empujado por los hunos atravesó la Galia y se asentó en el NO de la península Ibérica (409). En el 585 su reino fue conquistado por los visigodos.

suficiencia *f.* Capacidad, aptitud.

suficiente 1 *adj.* Bastante para lo que se necesita. 2 Apto o idóneo. 3 *m.* Calificación que indica la suficiencia del alumno.

A B C D E F G H I J K L M N Ñ O P Q R S T U V W X Y Z

sufijación *f.* GRAM Modo de formar nuevas palabras por medio de sufijos.

sufijo *m.* GRAM Morfema que se pospone a la raíz de una palabra para formar derivados o aportar alguna apreciación (aumentativa, diminutiva, despectiva, etc.): *Abogaducho, arboleda, bigotazo, casita, cucharada, gordote, letrado, presidente, tonelada.*

sufismo *m.* REL Doctrina mística musulmana que se basa en la creencia de que sus practicantes gozan de una amistad especial con Dios y de que pueden alcanzar la unión espiritual con Dios y el conocimiento directo de la verdad divina.

suflé *m.* Alimento de consistencia esponjosa, preparado al horno con claras de huevo batidas a punto de nieve.

sufragar 1 *tr.* Ayudar, favorecer. 2 *intr.* Votar a un candidato.

sufragio 1 *m.* Ayuda, favor. 2 POLÍT Voto, acción y efecto de votar. 3 REL Obra buena que se aplica por las almas del purgatorio. || ~ **restringido** POLÍT Aquel en que se reserva el derecho de voto para los ciudadanos que reúnen ciertas condiciones. ~ **universal** POLÍT Aquel en que, en principio, tienen derecho a participar todos los ciudadanos.

sufragismo *m.* POLÍT e HIST Movimiento político femenino surgido en Inglaterra a principios del s. XX, que promovió, mediante agitadas campañas populares, la concesión del sufragio femenino, siéndoles finalmente otorgado en 1920. Este derecho ya había sido conquistado por las mujeres estadounidenses en el s. XIX.

sufrir 1 *tr.* Padecer alguna enfermedad o trastorno físico. 2 Sentir algo desagradable, soportar condiciones no favorables. 3 *intr.* Padecer o tener algún daño o dolor físico o moral.

sufusión *f.* GEO Proceso erosivo que da lugar a conductos subterráneos.

sugerencia *f.* Insinuación, inspiración, idea o cosa que se sugiere.

sugerir 1 *tr.* Provocar en alguien alguna idea. 2 Evocar, traer algo a la memoria. • Vb. irreg. conjug. c. **sentir**. V. anexo El verbo.

sugestionar 1 *tr.* Influir sobre una persona en el modo de enjuiciar o de percibir las cosas. 2 *prnl.* Dejarse llevar por alguna idea, generalmente obsesiva, sin evaluación crítica adecuada.

suicida 1 *adj.* y *s.* Dicho de una persona, que se suicida. 2 Que arriesga la vida conscientemente.

suicidarse *prnl.* Quitarse voluntariamente la vida.

suite (Voz fr.) 1 *f.* Serie de habitaciones de un hotel unidas o comunicadas entre sí, que forman una unidad de alojamiento. 2 MÚS Forma instrumental en varios tiempos, compuesta de una serie de piezas, generalmente de danza, escritas en una única tonalidad.

sujeción 1 *f.* Acción de sujetar o sujetarse. 2 Unión o cosa con que algo está sujeto.

sujetador, ra 1 *adj.* y *s.* Que sujeta. 2 *m.* **SOSTÉN**, prenda interior femenina.

sujetar 1 *tr.* y *prnl.* Dominar o someter a alguien. 2 *tr.* Afirmar, aplicar a algo un objeto para que no se caiga o se mueva. • Participio irreg. *sujeto* y reg. *sujetado.*

sujeto, ta 1 *adj.* Expuesto o propenso a algo. 2 *m.* Persona de la que no se dice el nombre. 3 Asunto sobre el que se habla o escribe. 4 FIL El espíritu humano considerado en oposición al mundo externo. 5 GRAM Función sintáctica desempeñada por una palabra o un grupo de palabras de cuyo referente se predica o dice algo. Debe estar en concordancia de persona y de número con el verbo. Es, con el predicado, el otro componente básico de la oración. 6 GRAM Elemento o conjunto de elementos que, en una oración, desempeñan la función de sujeto: *Manuel estudia mucho; El perdonar es de valientes.* || ~ **agente** GRAM El que designa la entidad que realiza la acción denotada por el verbo: *La inundación arrasó los cultivos; Mi primo aprobó los exámenes.* ~ **paciente** GRAM El que designa la entidad que recibe o experimenta la acción denotada por el verbo: *El edificio fue demolido; Se construyó un nuevo puente sobre el río.* ~ **tácito** GRAM El que no aparece en la oración, pero se sobreentiende que hace parte de ella, como *ellos* en la oración *Llegaron temprano.* • V. tabla Sintaxis p. 577.

sulfamida *f.* FARM Sustancia derivada de la sulfonamida, que se emplea para combatir enfermedades infecciosas bacterianas.

sulfatar *tr.* y *prnl.* Impregnar o bañar de sulfato.

sulfato *m.* QUÍM Cuerpo resultante de la combinación del ácido sulfúrico con un radical mineral u orgánico. || ~ **de aluminio** QUÍM Sustancia sólida, cristalina y blanca, de fórmula $Al_2(SO_4)_3$. Se emplea para eliminar impurezas solubles del agua, en la fabricación de papel y en tintorería. ~ **de amonio** QUÍM Fertilizante sintético nitrogenado fabricado a partir de amoniaco y de ácido sulfúrico.

sulfhídrico, ca 1 *adj.* QUÍM Perteneciente o relativo a las combinaciones del azufre con el hidrógeno. 2 QUÍM Dicho de un ácido, inflamable y tóxico, que se origina en la putrefacción por descomposición de las albúminas, y entra en la composición de las aguas minerales sulfurosas. Fórmula: H_2S_1.

sulfonamida *f.* QUÍM Sustancia en cuya composición entran el azufre, el oxígeno y el nitrógeno, que forma el núcleo de la molécula de las sulfamidas.

sulfurar 1 *tr.* QUÍM Combinar un cuerpo con el azufre. 2 *tr.* y *prnl.* Irritar.

sulfúrico *adj.* QUÍM Dicho de un ácido, que es compuesto de azufre, hidrógeno y oxígeno; es líquido, incoloro e inodoro, y desprende gran cantidad de calor al contacto con el agua. Es un ácido inestable con gran poder oxidante. Fórmula: SO_4H_2.

sulfuro *m.* QUÍM Sal de ácido sulfúrico.

sulfuroso, sa 1 *adj.* QUÍM Que participa de las propiedades del azufre. 2 QUÍM Dicho de un ácido, en que el azufre tiene una valencia más baja que los compuestos sulfúricos. Es un gas incoloro e irritante, muy soluble en agua. Se obtiene por la combustión del azufre y por tostación de los sulfuros metálicos; es el principal constituyente de las emanaciones volcánicas.

sultán, na 1 *m.* Príncipe o gobernador en alguno países musulmanes. 2 *f.* Mujer del sultán.

suma 1 *f.* Acción y efecto de sumar. 2 Conjunto o reunión de varias cosas. 3 Recopilación de todas las partes de alguna ciencia o saber. 4 MAT Resultado de la operación de sumar.

sumando *m.* MAT Cada una de las cantidades que se añaden unas a otras para formar la suma.

sumar 1 *tr.* **AÑADIR**, agregar. 2 MAT Reunir en una sola varias cantidades homogéneas. 3 MAT Componer varias cantidades una total. 4 *prnl.* Agregarse a un grupo o adherirse a alguna doctrina u opinión.

sumario, ria 1 *adj.* Reducido a poca extensión, breve. 2 DER Dicho de un juicio civil, en que se prescinde de algunas formalidades o trámites del juicio ordinario. 3 *m.* Resumen, compendio.

sumergible 1 *adj.* Que se puede sumergir. 2 *m.* **SUBMARINO.**

sumergir *tr.* y *prnl.* Introducir algo dentro de algún líquido de forma que quede cubierto por él.

sumerio, ria 1 *adj.* y *s.* De Sumer o relacionado con esta antigua región de Mesopotamia que desarrolló

una importante civilización. 2 *m.* LING Lengua hablada por el pueblo sumerio.
sumersión *f.* Acción y efecto de sumergir o sumergirse.
sumidero *m.* Conducto o canal por donde se evacuan o sumen las aguas residuales o de lluvia.
suministrar *tr.* Proveer a alguien de algo que necesita.
suministro 1 *m.* Acción y efecto de suministrar. 2 Cosas o efectos suministrados.
sumir 1 *tr.* y *prnl.* Hundir o meter algo bajo el agua o la tierra. 2 *prnl.* Hundirse o formar una concavidad anormal en un cuerpo.
sumisión 1 *f.* Sometimiento de unas personas a otras. 2 Sometimiento del juicio de alguien al de otra persona.
sumiso, sa *adj.* Obediente, dócil.
sumo, ma *adj.* Superior a todos.
suna *f.* REL y DER Recopilación de los hechos y enseñanzas de Mahoma, basada en el testimonio de sus compañeros. Es la fuente del derecho islámico.
sunami *m.* TSUNAMI.
sunismo *m.* REL Rama mayoritaria del islamismo. Surgió durante el conflicto con los chiítas (que no reconocen a los cuatro primeros califas) en la disputa respecto a la sucesión de Mahoma.
sunita (Tb. sunnita) *adj.* y *s.* REL Seguidor del sunismo.
suntuario, ria *adj.* Perteneciente o relativo al lujo.
suntuoso, sa *adj.* Magnífico, grande y costoso.
supeditar 1 *tr.* Subordinar o condicionar una cosa a otra. 2 *prnl.* Someterse a alguien o a algo.
súper *adj.* Superior, magnífico, muy bueno o muy completo.
superar 1 *tr.* Ser superior a alguien o algo. 2 Vencer obstáculos o dificultades. 3 Rebasar, exceder un límite. 4 *prnl.* Hacer algo mejor que otras veces.
superávit 1 *m.* Abundancia de algo que se considera necesario. 2 ECON Exceso del haber o caudal sobre el debe u obligaciones de la caja. 3 ECON En la administración pública, exceso de los ingresos sobre los gastos.
supercheríа *f.* Engaño realizado con algún fin.
superciliar *adj.* ANAT Dicho de un reborde en forma de arco que tiene el hueso frontal en la parte correspondiente a la ceja.
superconductividad *f.* FÍS Propiedad de ciertos metales, aleaciones y combinaciones químicas por la cual anulan casi completamente su resistencia eléctrica al ser sometidos a muy bajas temperaturas.
superconductor, ra *adj.* y *m.* FÍS Dicho de un material, que tiene o puede tener superconductividad.
superdotado, da *adj.* y *s.* Que posee cualidades, especialmente intelectuales, que exceden de lo normal.
superestructura 1 *f.* Parte de una construcción que está por encima del nivel del suelo. 2 Estructura social, ideológica o cultural fundamentada en otras.
superficial 1 *adj.* Perteneciente o relativo a la superficie. 2 Poco profundo. 3 FÍS **tensión** ~.
superficie 1 *f.* Contorno o límite de los cuerpos que delimita el espacio que ocupan y los separa del espacio circundante. 2 Extensión de tierra. 3 Aspecto exterior o apariencia de algo. 4 GEOM Extensión en que solo se consideran la longitud y la latitud. || ~ **cilíndrica** GEOM La generada por una recta que se mueve paralelamente a sí misma y recorre una curva dada. ~ **cónica** GEOM La definida por las rectas o las semirrectas que pasan por un punto fijo y por los puntos de una curva. ~ **de revolución** GEOM La generada por el movimiento de una curva que gira alrededor de una recta fija o eje. ~ **focal** ÓPT Lugar geométrico de los focos de haces anchos de rayos paralelos en los espejos cóncavos y lentes. ~ **plana** GEOM **PLANO**.
superfluo, flua *adj.* Que no es necesario, que sobra.
superhéroe, ína *m.* y *f.* Personaje de ficción que tiene cualidades físicas o mentales extraordinarias.
superheroína *f.* SUPERHÉROE.
superhombre 1 *m.* Personaje de cualidades superiores a las de los demás. 2 FIL Ser superior (como categoría, no como individuo) a cuyo tipo debe tender la humanidad, según ciertos filósofos.
superíndice *m.* Letra o número que se coloca en la parte superior derecha de un símbolo o de una palabra para distinguirlo de otros semejantes.
superintendente, ta *m.* y *f.* Persona a cuyo cargo está la dirección y el cuidado de algo, con superioridad a las demás que sirven en ello.
superior 1 *adj.* Que está en lugar más alto con respecto a algo. • Comparativo de superioridad de *alto.* 2 Dicho de algo, que es lo más excelente respecto de otras cosas de menos aprecio y calidad. 3 *adj.* y *s.* Dicho de alguien, que tiene otras personas a su cargo o bajo su dirección.
superioridad *f.* Excelencia o ventaja de una persona o cosa respecto de otra.
superlativo, va 1 *adj.* Muy grande o excelente en su línea. 2 GRAM Grado de comparación de los **adjetivos** que expresa la máxima intensidad, modalidad o estado.
supermercado *m.* Establecimiento comercial de venta al por menor de artículos alimenticios y de uso doméstico y en el que el cliente se sirve a sí mismo y paga a la salida.
supernova *adj.* y *s.* ASTR **estrella** ~.
supernumerario, ria *adj.* y *s.* Dicho de un empleado, que trabaja en un centro oficial sin figurar en la plantilla.
súpero, ra *adj.* BOT **ovario** ~.
superorden *m.* BIOL Categoría taxonómica que reagrupa varios órdenes dentro de una clase o subclase.
superponer *tr.* y *prnl.* Sobreponer, añadir alguna cosa o ponerla sobre otra. • Vb. irreg. conjug. c. **poner**. V. anexo El verbo.
superpotencia *f.* POLÍT Denominación que recibe un Estado de primer rango, dentro del sistema de relaciones internacionales, dotado de un poder y unos intereses de dimensiones mundiales.
superproducción 1 *f.* ECON Exceso de producción. 2 CIN Película de elevado presupuesto y gran espectacularidad.
supersónico, ca 1 *adj.* FÍS Dicho de una velocidad, superior a la del sonido. 2 FÍS Dicho de un cuerpo, que se mueve a esta velocidad.
superstición *f.* Creencia ajena a la fe religiosa y contraria a la razón.
supersticioso, sa *adj.* y *s.* Que cree en supersticiones.
supervalorar *tr.* Dar a alguien o algo más valor o importancia de la que tiene.
supervisar *tr.* Ejercer la inspección general o superior de algo.
supervivencia 1 *f.* Acción y efecto de sobrevivir. 2 Lo que sobrevive al paso del tiempo. 3 Renta o pensión de gracia concedida después del fallecimiento de quien la obtuvo.
superyó *m.* PSIC En la doctrina psicoanalítica freudiana, parte del yo formada por lo que este considera su ideal.
supino, na 1 *adj.* Tendido sobre el dorso. 2 Dicho de una acción, estado o cualidad, necios o estúpidos.

suplantar 1 *tr.* Falsificar un escrito con palabras o frases que alteren su sentido. 2 Sustituir ilegalmente a otro, usurpar su personalidad o sus derechos.

suplementario, ria 1 *adj.* Que sirve para suplir algo. 2 GEOM **ángulo ~; arco ~.**

suplemento 1 *m.* Lo que se añade a algo para complementarlo o perfeccionarlo. 2 **SEPARATA.**

suplencia 1 *f.* Acción y efecto de suplir una persona a otra. 2 Duración de esta actividad.

súplica 1 *f.* Acción y efecto de suplicar. 2 Palabras con que se suplica.

suplicar *tr.* Rogar, pedir algo con humildad, sumisión o insistencia.

suplicio *m.* Daño corporal muy doloroso aplicado como castigo.

suplir 1 *tr.* Completar lo que falta en algo, o remediar la carencia de ello. 2 Sustituir provisionalmente a alguien o algo.

suponer 1 *tr.* Dar por sentado, cierto o existente algo. 2 Dar existencia ideal a lo que realmente no la tiene. 3 Traer consigo, implicar: *Este plan supone una dedicación total.* 4 Conjeturar, calcular algo a través de los indicios que se tienen. • Vb. irreg. conjug. c. **poner.** V. anexo El verbo.

suposición *f.* Lo que se supone o da por sentado.

supositorio *m.* FARM Preparación en pasta, de forma cónica u ovoide, que se administra por vía rectal o vaginal.

supraclavicular *adj.* ANAT **hueco ~.**

suprarrenal *adj.* ANAT y FISIOL **glándula ~.**

supremacía *f.* Grado supremo en cualquier línea.

supremo, ma 1 *adj.* Que está por encima y de todo. • Superlativo de *alto.* 2 Que no tiene superior en su línea. 3 *m.* MAT En un subconjunto S de un conjunto parcialmente ordenado (*P*, <) y en relación con *S*, el mínimo elemento de *P* que es mayor o igual a cada elemento de *S*.

suprimir 1 *tr.* Hacer desaparecer, anular. 2 Omitir, callar.

supuesto, ta 1 *adj.* Que se considera real y verdadero sin tener prueba de ello. 2 *m.* Suposición, hipótesis.

supurar *intr.* MED Formar o expulsar pus.

sur 1 *m.* Punto cardinal del horizonte, situado a la espalda de un observador a cuya derecha está el este. Símbolo: S. 2 Lugar situado en dirección a este punto cardinal.

sura *f.* REL Cada uno de los 114 capítulos del Corán.

surafricano 1 *adj.* y *s.* Del sur de África. 2 De Suráfrica.

suramericano, na *adj.* y *s.* De América del Sur o Suramérica, o relacionado con esta parte de América.

surcar 1 *tr.* Hacer surcos. 2 Trazar rayas parecidas a los surcos.

surco 1 *m.* Hendidura que se hace en la tierra al ararla. 2 Señal o hendidura que deja alguna cosa al pasar sobre otra. 3 Arruga en el rostro o en otra parte del cuerpo.

sureño, ña *adj.* Situado en la parte sur de un país.

sureste 1 *m.* Punto del horizonte entre el sur y el este, a igual distancia de ambos. Símbolo: SE. 2 Lugar situado en dirección a este punto cardinal.

surf *m.* DEP Deporte que consiste en dejarse llevar sobre la cresta de una ola, de pie sobre una plancha.

surgencia *f.* GEO Manantial resultante del desplazamiento de aguas marinas bajo la superficie terrestre.

surgir *intr.* Aparecer, brotar o manifestarse algo.

suroccidente *m.* **SUROESTE.**

suroriente *m.* **SURESTE.**

suroeste 1 *m.* Punto del horizonte entre el sur y el oeste, a igual distancia de ambos. Símbolo: SO. 2 Lugar situado en dirección a este punto cardinal.

surrealismo *m.* Movimiento artístico y literario surgido en Francia después de la Primera Guerra Mundial, y definido en el *Manifiesto surrealista* de A. Breton (1924). Planteó una inversión de la tradicional visión realista, intentando sobrepasarla impulsando con automatismo psíquico lo imaginario o irracional. En consecuencia, el arte surrealista es inmediato, irreflexivo, y está despojado de toda referencia a lo real.

surtido, da 1 *adj.* y *m.* Dicho de un artículo, que se ofrece variado dentro de su misma especie. 2 *m.* Acción y efecto de surtir o surtirse. 3 Lo que sirve para surtir.

surtidor, ra 1 *adj.* y *s.* Que surte o provee. 2 *m.* Chorro de agua que brota, especialmente hacia arriba. 3 Bomba que extrae de un depósito subterráneo de combustible el necesario para repostar a los vehículos automóviles.

surtir *tr.* y *prnl.* Proveer de algo.

susceptible 1 *adj.* Capaz de recibir modificación o impresión. 2 Propenso a ofenderse con facilidad o de forma exagerada.

suscitar *tr.* Provocar, causar.

suscribir (Tb. subscribir) 1 *tr.* Firmar al pie o final de un escrito. 2 Adherir al dictamen de alguien, acceder a él. 3 *tr.* y *prnl.* Abonar a alguna publicación periódica o a alguna asociación.

sushi (Voz jap.) *m.* Plato típico del Japón preparado con arroz hervido y pescado crudo que se sirve en porciones pequeñas, acompañado de salsa de soya.

susodicho, cha *adj.* Mencionado anteriormente.

suspender 1 *tr.* Levantar, colgar o sostener algo en alto. 2 **REPROBAR** un examen. 3 Privar transitoriamente a alguien del empleo o salario que tiene. 4 *tr.* y *prnl.* Detener o aplazar temporalmente alguna acción u obra. • Participio irreg. *suspenso* y reg. *suspendido.*

suspensión 1 *f.* Acción y efecto de suspender o suspenderse. 2 En los vehículos automóviles, conjunto de elementos destinados a hacer elástico el apoyo de la carrocería sobre los ejes de las ruedas. 3 QUÍM Estado de un cuerpo sólido dividido en partículas muy finas y mezclado en un fluido, sin disolverse en él y sin depositarse en el fondo. || **~ coloidal** QUÍM Compuesto que resulta de disolver cualquier coloide en un fluido. **~ de garantías** POLÍT y DER Situación anormal en que, por motivos de orden público, quedan temporalmente sin vigencia algunas de las garantías constitucionales.

suspenso 1 *adj.* Perplejo, asombrado. 2 Expectación por el desarrollo de una acción o un suceso, especialmente en un libro o una película.

suspensorios *m. pl.* Prenda a manera de vendaje para sostener y proteger el escroto y el pene.

suspicacia 1 *f.* Cualidad de suspicaz. 2 Idea sugerida por la sospecha o desconfianza.

suspicaz *adj.* Propenso a desconfiar.

suspirar *intr.* Dar suspiros.

suspiro *m.* Aspiración fuerte y prolongada seguida de una espiración, que suele denotar pena, fatiga, anhelo, alivio o deseo.

sustancia (Tb. substancia) 1 *f.* Lo esencial de cualquier cosa, su parte más importante. 2 Materia en general: *El agua es una sustancia líquida.* 3 Elemento nutritivo de los alimentos. || **~ blanca** ANAT Parte interna de la corteza cerebral y del cerebelo, recubierta por la sustancia gris y formada por fibras de mielina. En la médula espinal aparece en la parte externa.

~ **gris** ANAT Capa superficial de la corteza cerebral y del cerebelo formada por capas de células sin mielina. En la médula espinal aparece en la parte interior.

sustancial (Tb. substancial) *adj.* Dicho de algo, que es lo más esencial e importante.

sustancioso, sa 1 *adj.* Que tiene valor o estimación. 2 Que tiene virtud nutritiva.

sustanciar *tr.* Resumir, compendiar, extractar.

sustantivar (Tb. substantivar) *tr.* y *prnl.* GRAM Dar valor y significado de nombre sustantivo a otra parte de la oración y también a locuciones enteras.

sustantivo, va 1 *adj.* Que tiene existencia real, independiente, individual. 2 Importante, fundamental, esencial. 3 *m.* GRAM Palabra con género inherente que designa personas, animales o cosas, y que puede funcionar, sola o con algún determinante, como núcleo del sujeto. 4 GRAM **locución** ~; **oración** ~. • V. separata Las categorías gramaticales.

sustentáculo *m.* Apoyo o sostén de algo.

sustentar 1 *tr.* y *prnl.* Proveer del alimento necesario. 2 Sostener algo para que no se caiga o se tuerza. 3 Conservar algo en su ser o estado. 4 Defender o sostener determinada opinión.

sustento 1 *m.* Mantenimiento, alimento. 2 Lo que sirve para dar vigor y permanencia a algo. 3 Sostén, apoyo.

sustitución *f.* Acción y efecto de sustituir.

sustituir 1 *tr.* Poner a alguien o algo en lugar de otro, hacer las veces de otro. 2 MAT Dado un conjunto de *n* elementos de un cierto orden, cambiar el orden de colocación de los mismos. • Vb. irreg. conjug. c. **huir**. V. anexo El verbo.

sustituto, ta *m.* y *f.* Persona que sustituye a otra en algún empleo u oficio.

susto *m.* Impresión repentina causada en el ánimo por sorpresa, miedo, espanto o pavor.

sustracción 1 *f.* Acción y efecto de sustraer o sustraerse. 2 MAT Operación de restar.

sustraendo *m.* MAT Cantidad que ha de restarse de otra.

sustraer (Tb. substraer) 1 *tr.* Apartar, sacar, extraer. 2 Robar con fraude. 3 MAT **RESTAR**. 4 *prnl.* Eludir el cumplimiento de alguna obligación o proyecto, o evitar algo que molesta o perjudica. • Vb. irreg. conjug. c. **traer**. V. anexo El verbo.

sustrato 1 *m.* Estrato que subyace a otro y sobre el cual puede influir. 2 BIOL Lugar que sirve de asiento a las plantas o animales fijos. 3 BIOQ Sustancia sobre la que actúa una enzima. 4 GEO Terreno situado debajo del que se considera.

susurrar 1 *intr.* y *tr.* Hablar en voz baja, produciendo un rumor continuo y sordo. 2 Producir un ruido suave y remiso el aire, el arroyo, etc. 3 *intr.* y *prnl.* Rumorear.

susurro *m.* Ruido suave que resulta de hablar quedo.

sutil 1 *adj.* Delgado, delicado, tenue. 2 Agudo, perspicaz, ingenioso.

sutileza *f.* Cualidad de sutil.

sutilizar 1 *tr.* Adelgazar, atenuar. 2 Hablar o discurrir con ingenio o profundidad.

sutra *m.* Tratado budista que expone los puntos básicos de la doctrina, el ritual, la moral y las reglas de la vida cotidiana.

sutura 1 *f.* Juntura de las cáscaras de ciertos frutos. 2 ANAT Unión dentada de ciertos huesos del cráneo. 3 MED Costura quirúrgica con que se unen los extremos de un órgano con otro o los labios de una herida.

suyo, ya *adj. poses.* Que pertenece a la persona a la que se dirige quien habla o escribe: *¿Estas llaves son suyas?; La decisión de salir fue suya; Este sombrero era el suyo; Unos amigos suyos.* • Puede usarse en forma absoluta o precedido del artículo definido: *Esta casa es suya; Esta casa es la suya.* Se usa el apócope *su* ante un s. y es invariable en género: *Tengo sus discos.*

swing (Voz ingl.) 1 *m.* Variante musical del jazz, de influencia afroamericana, que tuvo gran auge en los años treinta del s. XX. 2 Movimiento de balanceo característico de quienes practican el boxeo, golf y béisbol, entre otros deportes.

t *f.* Vigesimoprimera letra del alfabeto español. • Su nombre es *te,* y representa un sonido de articulación dental, oclusiva y sorda. La secuencia de consonantes *tl* puede formar parte de una sílaba, es decir, ser inseparable, o bien formar parte de sílabas distintas, de acuerdo a la pronunciación de quien habla o escribe, por tanto, son válidas las formas *A-tlán-ti-co* y *At-lán-ti-co, a-tlas* y *at-las* o *a-tle-ta* y *at-le-ta.* pl.: *tes.*

tabacalero, ra 1 *adj.* Perteneciente o relativo al cultivo, fabricación o venta del tabaco. 2 *adj.* y *s.* Que cultiva el tabaco.

tabaco 1 *m.* Planta de las solanáceas que posee raíz fibrosa, tallo velloso de hasta 2 m, hojas alternas, grandes y lanceoladas, flores rojas o amarillas en racimo y fruto en cápsula cónica con muchas semillas. Tiene un olor fuerte, es narcótica y de sus hojas se obtiene el tabaco para fumar, mascar o tomar como rapé. 2 Producto obtenido de las hojas de esta planta. 3 **CIGARRO.** 4 *adj.* y *m.* Dicho de un color que es semejante al de las hojas secas de tabaco.

tabalear *intr.* Golpear algo con los dedos imitando el toque del tambor.

tábano *m.* Insecto díptero de cuerpo grueso cuyas hembras tienen piezas bucales perforadoras y chupadoras y se alimentan de la sangre de los animales. A veces transmite ciertas enfermedades a los mamíferos (incluido el ser humano).

tabaquismo *m.* MED Intoxicación crónica producida por el abuso del tabaco.

tabardillo *m.* MED Tifus exantemático transmitido por los piojos.

taberna *f.* Local en que se venden y consumen bebidas alcohólicas, y donde también se suelen servir comidas.

tabernáculo 1 *m.* Sagrario donde se guarda la eucaristía. 2 Tienda en la que habitaban los antiguos hebreos.

tabicado, da *adj.* Que está dividido mediante tabiques.

tabicar *tr.* y *prnl.* Tapar u obstruir algo que debía estar abierto.

tabique 1 *m.* Pared delgada que separa especialmente las habitaciones de las casas. 2 División plana y delgada que separa dos huecos. 3 BIOL Estructura o parte de tejido que separa de forma completa o incompleta dos cavidades. || ~ **nasal** ANAT Estructura que separa las fosas nasales.

tabla 1 *f.* Pieza de madera plana de caras paralelas entre sí y poco gruesa con relación a su anchura. 2 Pieza plana y de poco espesor de alguna otra materia rígida. 3 Índice de materias en los libros. 4 Lista o catálogo de cosas puestas por orden sucesivo o relacionadas entre sí. 5 Gráfica de columnas y filas para ordenar datos sistemáticamente. 6 Superficie ovalada y con un hueco central, que se coloca sobre la taza del retrete para sentarse sobre ella. 7 **MONOPATÍN.** 8 QUÍM ~ periódica de los **elementos.** 9 *f. pl.* Estado, en el juego de damas o en el de ajedrez, en el cual ninguno de los jugadores puede ganar la partida. 10 Escenario del teatro. 11 MAT Serie ordenada de valores numéricos, con los números comprendidos desde el cero hasta el diez, para las operaciones aritméticas.

tablado 1 *m.* Suelo plano de tablas unidas por los cantos. 2 **TARIMA.** 3 Pavimento del escenario de los teatros. 4 Conjunto de tablas de la cama.

tablero 1 *m.* Tabla o conjunto de tablas unidas por los cantos con una superficie plana y alisada. 2 Tabla utilizada en diversos juegos de mesa. 3 Tabla barnizada o recubierta con una chapa acrílica que es usada para escribir en ella con tiza o rotulador.

tableta 1 *f.* FARM Comprimido, pastilla medicinal. 2 Placa de chocolate dividida en porciones.

tabloide *m.* Periódico de dimensiones menores que las ordinarias que incluye fotograbados informativos.

tabú 1 *m.* Prohibición basada en ciertos prejuicios, fconveniencias o actitudes sociales. 2 Lo que es objeto de esta prohibición.

tabulador, ra 1 *adj.* Que tabula. 2 *m.* INF Sistema o tecla que en los computadores permite introducir en un texto espacios predeterminados.

tabular[1] *adj.* Que tiene forma de tabla.

tabular[2] 1 *tr.* Expresar valores, magnitudes u otros datos por medio de tablas. 2 Accionar el tabulador del teclado de un computador.

taburete 1 *m.* Asiento individual sin brazos ni respaldo. 2 Silla con el respaldo muy estrecho.

tacaño, ña *adj.* y *s.* Miserable, ruin, mezquino.

tacar 1 *tr.* Mover una bola de billar con el taco. 2 Apretar, ejercer gran presión sobre algo.

tacha *f.* Falta, defecto.

tachar 1 *tr.* Atribuir a alguien o algo alguna falta o tacha. 2 Borrar lo escrito haciendo trazos encima. 3 Culpar, censurar.

tache *m.* Cada una de las piezas cónicas que tienen en la suela algunos zapatos deportivos para dar firmeza al paso.

tacho *m.* Recipiente para depositar la basura.

tachón *m.* Raya con la que se tacha lo escrito.

tachonar *tr.* Cubrir una superficie casi por completo.

tachuela *f.* Clavo corto de cabeza grande.

A B C D E F G H I J K L M N Ñ O P Q R S T U V W X Y Z

tácito, ta 1 *adj.* Callado, silencioso. 2 Que no se expresa formalmente porque se sobreentiende o supone. 3 GRAM **sujeto** ~.
taciturno, na 1 *adj.* Callado, silencioso. 2 Triste, melancólico, apesadumbrado.
taco 1 *m.* Pedazo de madera u otra materia que se encaja en algún hueco para sostener o equilibrar algo, o para apretar el contenido de algo. 2 Palo del juego de billar. 3 Conjunto de hojas de papel superpuestas que forman un bloc.
tacómetro *m.* Dispositivo que mide el número de vueltas o revoluciones de un eje.
tacón *m.* Pieza semicircular, más o menos alta, unida exteriormente a la suela del calzado en la parte que corresponde al talón.
taconear 1 *intr.* Hacer ruido con los tacones al andar. 2 *intr.* y *tr.* En ciertos bailes, mover rítmicamente los pies haciendo ruido con los tacones en el suelo.
táctico, ca 1 *adj.* Perteneciente o relativo a la táctica. 2 *m.* y *f.* Persona experta en táctica. 3 *f.* Sistema pensado y empleado hábilmente para lograr algún fin. 4 Habilidad para poner en práctica dicho sistema.
táctil 1 *adj.* Perteneciente o relativo al tacto. 2 Que posee cualidades perceptibles por el tacto, o que sugieren tal percepción. 3 **pantalla** ~.
tacto 1 *m.* Acción de tocar o palpar. 2 Cualidad de las cosas que se percibe con el sentido del tacto: *Tela de tacto suave.* 3 Habilidad, destreza, acierto, tino. 4 FISIOL Sentido corporal con el que se perciben las sensaciones de contacto, presión, calor y frío. 5 MED Método de exploración digital de alguna superficie orgánica, cutánea o mucosa.
□ FISIOL Los órganos del sentido del tacto están situados en la capa más externa de la piel, donde aparecen receptores nerviosos que se estimulan ante una deformación mecánica de la misma y transportan las sensaciones hacia el cerebro a través de las fibras nerviosas. Se distinguen cinco tipos de receptores del tacto: *corpúsculos de Krause*, presentes en la conjuntiva, la mucosa de la lengua y los genitales externos, que perciben el frío; *corpúsculos de Meisner*, situados en los dedos de las manos y los pies, que son receptores de la sensibilidad táctil; *corpúsculos de Paccini* y *discos de Merkel*, que están situados en la zona más externa y son sensibles a la presión, y *corpúsculos de Ruffini*, que están relacionados con la percepción del calor.
taekwondo *m.* DEP Forma coreana de kárate defensivo cuyo principio es nunca atacar primero y no enseña combate cuerpo a cuerpo.
tafetán *m.* Tela delgada de seda, muy tupida.
tagalo, la 1 *adj.* y *s.* De un pueblo indígena de origen malayo que habita en las Filipinas. 2 *m.* Lengua malayopolinesia hablada en Filipinas.
tagua 1 *f.* Palma, de hasta 4 m de altura, que tiene numerosas hojas pinnadas, inflorescencia en espiga y frutos en cabezuela con superficie áspera y menos de 10 cm de diámetro. 2 Semilla de este árbol que proporciona una pasta dura de consistencia parecida a la del marfil.
tahona *f.* **PANADERÍA**, casa.
tahúr, ra *adj.* y *s.* Muy aficionado al juego o hábil en él.
tai 1 *adj.* y *s.* De un grupo étnico que se encuentra distribuido entre Laos y Tailandia, principalmente, y también está presente en Myanmar, Vietnam y China meridional. 2 *m.* LING Lengua hablada por los tai.
taichí (Tb. taichi) *m.* Gimnasia china de movimientos lentos y coordinados que procura equilibrio interior y liberación de energía.
taifa *f.* HIST Cada uno de los reinos en que se dividió la España árabe al disolverse el califato de Córdoba (1031) y que con mayor o menor estabilidad se sucedieron hasta la derrota nazarí (toma de Granada) en 1492, que marcó el fin de la Reconquista cristiana de los territorios invadidos por los musulmanes.
taiga *f.* ECOL Bosque de subsuelo helado conformado mayoritariamente por coníferas, propio de las tierras boreales de Europa, Asia (Rusia) y América (Canadá).
taimado, da *adj.* y *s.* Astuto, malicioso, maligno.
taíno, na *adj.* y *s.* De un pueblo amerindio, hoy extinguido, que habitaba en La Española (actuales Haití y República Dominicana), Cuba y Puerto Rico cuando se produjo la llegada a América de los españoles.
tairona *adj.* y *s.* HIST De un pueblo amerindio precolombino del NE de Colombia que desarrolló una cultura propia, que alcanzó su plenitud en el s. XI, y de la cual se han localizado más de 200 yacimientos arqueológicos distribuidos desde la llanura costera hasta los 2000 m de altitud.
taita 1 *m.* Voz con la que los niños suelen referirse al padre. 2 Tratamiento que se da al padre o jefe de la familia y a personas de respeto.
tajado, da 1 *adj.* Dicho de una costa o peña cortada verticalmente, que forma una especie de pared. 2 *f.* Porción cortada de algo, especialmente comestible.
tajalápiz (Tb. tajalápices) *m.* **SACAPUNTAS**, instrumento para afilar los lápices.
tajamar 1 *m.* Cara apuntada de los pilares de los puentes que rompe la fuerza de la corriente y reparte el agua a ambos lados de aquellos. 2 Tablón curvo enclavado en la parte delantera de una embarcación, que sirve para hender el agua cuando navega. 3 **MALECÓN**, dique.
tajante 1 *adj.* Contundente, terminante. 2 Sin término medio.
tajar *tr.* Dividir algo en dos o más partes con algún instrumento cortante.
tajo 1 *m.* Corte hecho con un instrumento cortante. 2 Lugar del terreno hasta donde ha llegado en su labor alguna cuadrilla de operarios o trabajadores. 3 Trozo de madera grueso usado para partir o picar la carne.
tal 1 *adj.* Se aplica a las cosas indefinidamente para determinar en ellas lo que por su correlativo se denota. 2 Expresa algún matiz ponderativo o despectivo: *El tal Juan Manuel no tiene educación.* 3 Igual, semejante o de la misma forma. 4 Especifica lo no especificado: *Hagan tales y tales cosas.* 5 Aplicado a un nombre propio equivale a poco conocido: *Un tal Cárdenas.* 6 *adv. m.* Así, de esta manera, de tal suerte: *Tal estaba con la lectura de estos libros.* 7 *conj.* En correlación con *cual, como, así como,* etc., sirve para enlazar oraciones comparativas de cantidad: *Tales riquezas dará, cual nunca un padre dio para sus hijos,* o comparativas de modo en concurrencia con *así* y significando de igual modo o asimismo: *Cual suele Marte marchar a la guerra, tales iban ellos al combate; Tal como me lo contaron te lo cuento.*
tala *f.* Acción y efecto de talar[2].
talabartero, ra *m.* y *f.* Persona que trabaja o hace objetos de cuero, como maletas, bolsos, guarniciones para caballerías, etc.
taladrar 1 *tr.* Agujerear algo con un taladro u otra herramienta. 2 Herir los oídos con un sonido fuerte y agudo.
taladro 1 *m.* Instrumento agudo o cortante con el que se agujerea la madera u otra cosa. 2 Máquina o aparato fijo o portátil usado para hacer agujeros en ma-

teriales duros mediante una broca. 3 Acción y efecto de taladrar.

tálamo 1 *m.* Cama conyugal. 2 ANAT y FISIOL Conjunto de núcleos voluminosos, de tejido gris, situado a ambos lados de la línea media, en los hemisferios cerebrales, por encima del hipotálamo. Se enlazan con casi todas las regiones del encéfalo e intervienen en la regulación de la sensibilidad y actividad de los sentidos. 3 BOT Extremo ensanchado del pedúnculo de las flores en el que se insertan los elementos florales.

talanquera *f.* Valla o pared que sirve de defensa o resguardo.

talante 1 *m.* Modo o manera de realizar algo. 2 Disposición de ánimo en la que se encuentra alguien. 3 Voluntad, deseo, gusto.

talar[1] *adj.* Dicho de un traje o una vestidura, que llega hasta los talones.

talar[2] *tr.* Cortar por la base un árbol o varios.

talco 1 *m.* QUÍM Silicato hidratado de magnesio que es suave al tacto y tiene textura hojosa y color verdoso. 2 Polvo extraído de este mineral que es usado en higiene personal y farmacia.

taled *m.* Pieza o tejido de lana con el que se cubren la cabeza los judíos en sus ceremonias religiosas.

talega *f.* Saco o bolsa ancha y corta.

talego *m.* Bolsa larga y estrecha.

talento 1 *m.* Aptitud o capacidad para desempeñar o ejercer alguna ocupación. 2 Antigua moneda de griegos y romanos.

talibán, na *adj.* y *s.* Dicho de un movimiento fundamentalista islámico, que surgió en Afganistán en el marco de la guerra afgano-soviética (1979-1988) y controló la mayoría del país entre 1996 y 2001. 2 *m.* y *f.* Persona seguidora de una de las interpretaciones ultraconservadoras del Islam en el sur de Afganistán.

talio *m.* QUÍM Elemento metálico, parecido al plomo, que es útil en la fabricación de vidrios ópticos. Existe combinado en las piritas, la blenda de zinc y la hematites. Símbolo: Tl. Número atómico: 81. Peso atómico: 204,38. Punto de fusión: 304 °C. Punto de ebullición: 1457 °C.

talión *m.* Pena que consiste en hacer sufrir al delincuente un daño igual al que causó.

talismán *m.* Objeto al que se supone dotado de algún poder sobrenatural.

talla 1 *f.* Estatura o altura de las personas. 2 Medida convencional usada en la fabricación y venta de prendas de vestir. 3 ART Obra de escultura realizada en madera o piedra.

tallar 1 *tr.* ART Labrar esculturas cortando el material que se trabaja. 2 Labrar piedras preciosas. 3 Grabar en hueco o dibujar con cortes en el metal. 4 Llevar la baraja en ciertos juegos de naipes.

tallarín *m.* Pasta alimenticia de harina de trigo amasada con forma de tira muy estrecha.

talle 1 *m.* Proporción o conformación general del cuerpo humano. 2 Cintura del cuerpo humano. 3 Forma que se da a las prendas de vestir cortándolas y proporcionándolas al cuerpo. 4 Parte del vestido que corresponde a la cintura. 5 Medida tomada desde los hombros hasta la cintura.

taller 1 *m.* Lugar donde se realiza algún trabajo manual. 2 Departamento o sección de una industria donde se realizan determinadas operaciones del proceso de fabricación. 3 Estudio del pintor o escultor. 4 Conjunto de colaboradores de un maestro pintor o escultor. 5 Escuela o seminario de ciencias o artes.

tallerista *m.* y *f.* Persona que tiene por oficio transmitir un conjunto de conocimientos por medio de actividades prácticas.

tallo 1 *m.* BOT Órgano de las plantas que sirve de sustentáculo a las hojas, las flores y los frutos, y a través del cual circula la savia. Suele ser aéreo, erguido y alargado, y presenta tres tejidos básicos: vascular, organizado en **xilema** y en **floema**, fundamental, que rodea al anterior, y dérmico. 2 RETOÑO. 3 Brote de una semilla, un bulbo o un tubérculo. || ~ **aerífero** BOT Tallo que tiene la parte leñosa reducida y abundantes tejidos que acumulan aire, y es propio de las plantas que viven sumergidas en el agua. ~ **herbáceo** BOT El que no presenta proceso de **lignificación**. ~ **leñoso** BOT El que presenta proceso de lignificación. ~ **rastrero** BOT El que crece tendido por el suelo y echa raicillas de trecho en trecho. ~ **subterráneo** BOT RIZOMA. ~ **suculento** BOT El que almacena agua, presenta forma engrosada, y es propio de los hábitats secos.

talo *m.* BIOL Estructura vegetativa de algunos hongos y algas, aparentemente indiferenciada, que es equivalente al conjunto de raíz, tallo y hojas en las plantas.

talófito, ta (Tb. talofito) *adj.* BIOL Dicho de un organismo, que, en las clasificaciones en desuso, se le caracterizaba por tener talo. Posteriormente se lo reclasificó como hongos y algas.

talón 1 *m.* Parte posterior del pie humano. 2 Parte correspondiente del calzado o de otra prenda que cubre al pie. 3 Documento expedido separándolo de la matriz del talonario. || ~ **de Aquiles** Punto vulnerable o débil de algo o alguien.

talonario *m.* Bloque de recibos, boletos u otros documentos de los cuales, cuando se cortan, queda una parte encuadernada como comprobante.

talonera *f.* Refuerzo que se pone en el talón de una media o del calzado.

talud *m.* Inclinación de un terreno o del paramento de un muro. || ~ **continental** GEO Vertiente rápida submarina que desciende desde el borde de la plataforma continental hasta profundidades de 2000 m o más.

talvez (Tb. tal vez) *adv. d.* QUIZÁ.

tamal *m.* Plato elaborado con harina de maíz, arroz, etc. y relleno de diversos tipos de carnes, arroz, verduras y otros ingredientes, que se envuelve en hojas de plátano y se cocina al vapor.

tamaño, ña 1 *adj.* Tan grande o tan pequeño. 2 Cualidad de más o menos grande. 3 *m.* Magnitud o volumen de algo. || ~ **crítico** FÍS y QUÍM Dimensiones mínimas que debe tener una masa para que pueda producirse una reacción de fisión en cadena. ~ **natural** El de una imagen cuando se representa con las mismas dimensiones del modelo.

tamarindo 1 *m.* Árbol tropical de las papilionáceas que posee tronco grueso, copa extensa, hojas pecioladas, flores en espiga y fruto en legumbre. Es cultivado por su fruto, con el que se elaboran bebidas y confituras. 2 Fruto de este árbol.

tambalear 1 *intr.* y *prnl.* Moverse algo o alguien de un lado a otro por falta de equilibrio. 2 Perder firmeza: *Tambalearse el poder, un negocio.*

también *adv. m.* Se usa para afirmar la igualdad, conformidad, semejanza o relación de una cosa con otra ya nombrada: *Estas películas también las filmaron en Nueva York.*

tambo 1 *m.* Posada, parador, venta. 2 VAQUERÍA, lugar donde se guardan las vacas.

tambor 1 *m.* Bastidor compuesto de dos aros concéntricos de madera que se encajan y entre los que se coloca la tela para bordarla. 2 Recipiente de forma cilíndrica que se emplea como envase de diversos productos. 3 Cilindro giratorio donde van las cápsulas de un revólver. 4 Disco de acero acoplado a la cara interior de las ruedas sobre el que actúan las zapatas del freno de los automóviles. 5 Componente fotosensible de las impresoras y fotocopiadoras láser, al que se adhieren las partículas del pigmento del tóner que luego se transfieren al papel. 6 ARQ Cada una de las piezas del fuste de una columna cuando no es monolítica. 7 MÚS Instrumento de percusión formado por un cilindro hueco y cerrado por sus dos bases con una membrana tensa. Se toca con palillos, mazos, baquetas o las manos. 8 MÚS El que toca el tambor.

tambora *f.* MÚS Bombo o tambor muy grande.

tamborilear 1 *intr.* Tocar el tambor. 2 Dar golpes acompasados sobre algo, con los dedos u otra cosa, imitando el ruido del tambor.

tamil *adj.* y *s.* Dicho de uno de los pueblos no arios, de la rama dravidiana, que habita en el SE de la India y parte de Sri Lanka.

tamiz *m.* Cedazo muy tupido.

tamizar 1 *tr.* Pasar algo por el tamiz. 2 Seleccionar o depurar algo: *Tamizar las palabras.*

tamo 1 *m.* Pelusa que se desprende del lino, algodón o lana. 2 Polvo o paja menuda de semillas trilladas.

tampoco *adv. neg.* Se usa para negar algo después de haber realizado antes otra negación: *Él no durmió y tampoco comió.*

tan 1 *adv. c.* Modifica, encareciéndola en proporción relativa, la significación del adjetivo, el adverbio y el participio: *Me sorprende que sea tan terco.* 2 Correspondiéndose con *como* o *cuan* en comparación expresa, denota idea de equivalencia o igualdad: *Tan duro como el hierro; El castigo fue tan grande como grande fue la culpa.* 3 Junto con *que* indica consecuencia: *Es tan amable que todos la quieren.*

tanatólogo, ga *adj.* y *s.* Persona especializada en el trabajo con enfermos terminales y sus familias, cuyo objetivo es proporcionar condiciones de vida dignas para todos.

tanda 1 *f.* Alternativa o turno. 2 Número indeterminado de ciertas cosas del mismo género que se dan o hacen sin interrupción. 3 Partida de juego.

tándem *m.* Bicicleta para dos personas, que se sientan una tras otra, provista de pedales para ambas.

tanga *m.* Prenda de vestir, íntima o de baño, de dimensiones muy reducidas.

tangencial 1 *adj.* GEOM Perteneciente o relativo a la tangente o lo tangente. 2 Dicho de una idea, problema, etc., que se refiere a algo solo parcialmente.

tangente 1 *adj.* Que toca. 2 GEOM Dicho de una línea y una superficie, que se tocan o tienen puntos comunes sin cortarse. 3 *f.* GEOM Recta que toca a una curva o superficie. 4 MAT Razón trigonométrica cuyo valor es igual al seno del ángulo dividido por el coseno del mismo. || ~ **de un ángulo** GEOM Razón entre la longitud del cateto opuesto al ángulo y la longitud del cateto adyacente del triángulo rectángulo. ~ **de un arco** GEOM Parte de la recta tangente al extremo de un arco, comprendida entre este punto y la prolongación del radio, considerado como unidad, que pasa por el otro extremo y equivale al cociente entre el seno y el coseno.

tangible 1 *adj.* Que se puede tocar. 2 Que se puede percibir de manera precisa: *Resultados tangibles.*

tango 1 *m.* Baile argentino, difundido internacionalmente, de ritmo lento, forma binaria y compás de dos por cuatro. 2 Música y letra de este baile.

tanino *m.* QUÍM Sustancia astringente, contenida en algunos vegetales, que es capaz de transformar las proteínas en productos resistentes a la descomposición y es utilizada para curtir pieles y en farmacología.

tanque 1 *m.* Carro de combate. 2 Vehículo cisterna en el que se transporta agua, gasolina, petróleo u otro líquido. 3 Depósito de agua, gasolina o petróleo.

tantalio *m.* QUÍM Elemento metálico dúctil, inflamable y muy resistente a los ácidos. Se utiliza para uniones de huesos, por su compatibilidad con el tejido corporal, y en condensadores de circuitos electrónicos e instrumentos quirúrgicos. Símbolo: Ta. Número atómico: 73. Masa atómica: 180,948. Punto de fusión: 2996 °C. Punto de ebullición: 5.425 °C.

tantear 1 *tr.* Calcular de forma aproximada el valor, tamaño, peso o cantidad de algo. 2 Ensayar algo con lo que debe efectuarse una operación antes de realizarla de modo definitivo.

tanto, ta 1 *adj.* Se aplica a la cantidad, número o porción de una cosa indeterminada o indefinida: *Nunca había visto tantas personas en un concierto.* 2 *m.* Cantidad cierta o número determinado de algo: *Su obra es un tanto extraña.* 3 Unidad de cuenta en muchos juegos: *Nuestro equipo ganó por tres tantos.* 4 *adv. m.* De tal modo o en tal grado: *De tanto intentarlo al final obtuvo un buen resultado.* 5 *adv. c.* Hasta tal punto: *No debes trabajar tanto.* 6 Tan largo tiempo: *En regresar no puede tardarse tanto, pues no hay tráfico.* 7 En sentido comparativo se corresponde con *cuanto* o *como*, y denota idea de equivalencia o igualdad: *La verdad no hace tanto bien como el daño que hacen las mentiras.*

tantra *m.* Colección de textos sagrados que recogen doctrinas y rituales esotéricos, budistas e hindúes.

tantrismo *m.* REL Doctrina sincrética relacionada con el hinduismo y el budismo que exalta el papel del principio femenino o *sakti.*

tañer 1 *tr.* MÚS Tocar algún instrumento de percusión o de cuerda. 2 Tocar las campanas. • Vb. irreg. conjugación modelo. V. anexo El verbo.

taoísmo *m.* FIL y REL Sistema filosófico y religioso chino que postula la existencia de un Uno absoluto, que constituye la realidad suprema, en la cual se reabsorben todas las contradicciones de la realidad aparente.

tapa 1 *f.* Pieza que cierra por la parte superior algún recipiente. 2 Cada una de las dos partes de la cubierta de los libros. 3 Cada una de las capas de suela de las que se compone el tacón del calzado. 4 Pequeña porción de algunos alimentos que se sirve como acompañamiento de una bebida.

tapabocas (Tb. tapaboca) *m.* Pieza de tela o papel que cubre la boca y la nariz y es utilizada como medida de higiene.

tapado, da 1 *adj.* Escondido, oculto. 2 *f.* Acción y efecto de tapar.

tapar 1 *tr.* Cubrir o cerrar lo que está descubierto o abierto. 2 Estar delante o encima de algo ocultándolo o protegiéndolo, o poner algo de modo que oculte o proteja a alguien o algo.

taparrabos (Tb. taparrabo) *m.* Prenda de tamaño muy reducido que se utiliza para cubrir los genitales.

tapete 1 *m.* Alfombra pequeña. 2 Cubierta de tela u otro material con que se cubre la superficie de las mesas u otros muebles.

tapia 1 *f.* Pieza de tierra amasada y apisonada en el tapial. 2 Pared hecha de estas piezas. 3 Muro o cerca de albañilería.

tapial 1 *m.* Molde de dos tableros paralelos en el que se forman las tapias. 2 Sucesión de dos o más tapias.

tapicería 1 *f.* Conjunto de tapices. 2 Arte y técnica de hacer tapices. 3 Establecimiento del tapicero. 4 Tejido que se emplea para decoración, como tela para cortinas, tapizado de muebles, etc.
tapir *m.* Mamífero ungulado, perisodáctilo, de aprox. 2 m de largo, que posee pelaje negro con la parte posterior blanco grisácea, cola rudimentaria y hocico prolongado con forma de pequeña trompa. || ~ **americano** DANTA.
tapiz *m.* Tejido grueso ornamental, con características figurativas y técnicas particulares, que se suele colgar en las paredes.
tapizar 1 *tr.* Forrar con telas las paredes, sillas, butacas, etc. 2 *tr.* y *prnl.* Cubrir o revestir una superficie con algo como cubriéndola con un tapiz.
tapón 1 *m.* Pieza que tapa la boca de una vasija u otros orificios: *Tapón del lavabo*. 2 Lo que obstruye un conducto o lugar de paso. 3 Acumulación de cerumen en el oído.
taponar 1 *tr.* Cerrar algún orificio con tapón u otra cosa. 2 Obstruir un conducto o lugar de paso.
tapujo *m.* Disimulo, engaño o enredo para disfrazar u ocultar la verdad.
taquicardia *f.* Aumento de la frecuencia del ritmo cardiaco.
taquigrafía *f.* Sistema de escritura basado en abreviaturas y signos convencionales.
taquilla 1 *f.* Despacho en que se expenden boletos, entradas, etc. 2 Dinero que en dicho despacho se recauda. 3 CASILLERO.
taquímetro *m.* Instrumento topográfico que sirve para medir a un tiempo distancias y ángulos horizontales y verticales.
tara *f.* Defecto físico o psíquico de carácter hereditario.
tarabita *f.* ANDARIVEL.
taracea 1 *f.* Incrustación hecha con pedazos menudos de chapa de madera, concha, nácar y otras materias. 2 Entarimado hecho de maderas finas de diversos colores que forman un dibujo.
tarado, da *adj.* Que padece tara física o psíquica.
tarahumara *adj.* y *s.* De un pueblo amerindio, del NO de México, que se encuentra actualmente establecido en la zona montañosa de los estados de Chihuahua y Durango y cuyos miembros conservan gran parte de las creencias y costumbres de su cultura original de origen azteca.
tarántula *f.* Araña que posee tórax velloso, patas fuertes y abdomen casi redondo. Vive entre las piedras, se alimenta de insectos que caza al atardecer y su picadura es venenosa.
tararear *tr.* Cantar en voz baja y sin articular palabras.
tarascar *tr.* Morder o herir con los dientes.
tarasco, ca *adj.* y *s.* HIST De un pueblo amerindio, asentado antiguamente en el centro de México, que desarrolló una cultura que alcanzó su máximo esplendor entre 1450-1530. Su último rey fue ejecutado por el español N. de Guzmán (1532).
tardar 1 *intr.* y *prnl.* Ocupar más tiempo del acostumbrado o previsto en realizar algo o llegar a algún lugar. 2 *intr.* Emplear un tiempo determinado en hacer algo.
tarde 1 *f.* Tiempo que hay desde el mediodía hasta el anochecer. 2 Últimas horas del día. 3 *adv. t.* A hora avanzada del día o de la noche. 4 Después del momento acostumbrado, conveniente, debido, necesario o previsto.
tardío, a *adj.* Que sucede después del tiempo en que se necesitaba o esperaba.
tarea 1 *f.* Obra, ocupación, trabajo. 2 Trabajo que debe hacerse en un tiempo limitado.
tarifa 1 *f.* Tabla de precios, derechos o impuestos. 2 Precio unitario fijado por las autoridades para los servicios públicos y ciertos productos.
tarima *f.* Suelo de tablas construido en alto sobre un armazón que se usa como estrado, tablado, etc.
tarjeta 1 *f.* Pieza pequeña de cartulina u otro material que es generalmente rectangular, plana y delgada. 2 La que lleva impresos el nombre, la dirección, el teléfono y la actividad de alguien o de alguna empresa. 3 La que lleva impresa o escrita alguna invitación, felicitación o participación. 4 FICHA, cartulina con que se controlan las entradas y salidas del trabajo. 5 La que, mediante una banda magnética, se usa para establecer comunicación telefónica, abrir o cerrar barreras, poner en marcha determinados aparatos, etc. 6 INF Soporte de circuitos empleado para contener chips y otros componentes electrónicos, así como interconexiones impresas entre los componentes. 7 DEP Pedazo de plástico que utiliza el árbitro de los partidos de fútbol y otros deportes, como señal de amonestación. || ~ **de crédito** La emitida por bancos, grandes almacenes y otras entidades, que permite el pago sin dinero en efectivo y a crédito. ~ **de identidad** La que acredita la personalidad del titular y va provista de su retrato y firma.
tarjetón 1 *m.* Tarjeta de tamaño mayor que el corriente. 2 Cartulina electoral que lleva impresa el nombre y la fotografía de los candidatos.
tarot *m.* Juego de naipes de 78 cartas que es usado para adivinar el porvenir.
tarraja 1 *f.* Barra de acero con un agujero en medio, donde se ajustan las piezas que labran las roscas de los tornillos. 2 MÚS Orificio circular de la caja armónica de la guitarra.
tarro *m.* Recipiente cilíndrico, más alto que ancho.
társido *m.* Primate endémico de las islas del SE de Asia, de tamaño parecido al de una ardilla, que posee cabeza redonda, grandes ojos salientes, orejas desarrolladas y extremidades posteriores muy alargadas debido a la elongación del tarso.
tarso 1 *m.* ANAT Hueso corto que forma parte del esqueleto de las extremidades posteriores de los batracios, reptiles y mamíferos y está situado entre los huesos de la pierna y el metatarso. En los humanos está formado por siete huesos dispuestos en dos filas que se articulan entre sí. 2 ZOOL Parte más delgada de las patas de las aves que une los dedos con la tibia. 3 ZOOL La última de las cinco piezas de las que se componen las patas de los insectos. Consta de uno a cinco artejos y termina en un par de uñas.
tarta *f.* TORTA.
tartaleta *f.* Torta de hojaldre rellena de diversos ingredientes y cocida al horno.
tartamudear *intr.* Hablar con pronunciación entrecortada y repitiendo sílabas.
tartán 1 *m.* Tela de lana con cuadros y listas cruzadas de diferentes colores. 2 Mezcla de goma y asfalto, muy resistente y deslizante, que se emplea como superficie de pistas de atletismo.
tartárico *adj.* QUÍM Dicho de un ácido, que se extrae del tártaro y tiene uso en tintorería.
tártaro¹ *m.* QUÍM Tartrato ácido de potasio que forma una costra cristalina en el fondo y las paredes de la vasija donde fermenta el mosto.
tártaro², ra *adj.* y *s.* HIST De un pueblo de origen turco o mongol que durante los ss. XII y XIII invadió el E de Europa y formó el kanato de la Horda de Oro (fundado en el s. XIII por el nieto de Gengis Kan, Batu Kan), que gobernó casi toda Rusia hasta el s. XV, cuando se dispersó en varios kanatos independientes,

y posteriormente (ss. XVI y XVIII) pasó a ser dominado por los zares rusos.

tartrato *m.* QUÍM Sal formada por la combinación del ácido tartárico con una base.

tarugo 1 *m.* Trozo de madera corto y grueso. 2 Pedazo de pan.

tas *m.* Yunque pequeño usado en metalistería.

tasa 1 *f.* Acción y efecto de tasar. 2 TARIFA. 3 Relación entre dos magnitudes. || ~ **de captación** ECON La que pagan las entidades crediticias a los ahorradores por captar sus recursos. ~ **de colocación** ECON La que se le paga a las entidades crediticias por los préstamos que otorgan. ~ **de interés** ECON Cálculo porcentual para determinar el precio que debe pagarse durante cierto tiempo por el dinero prestado. ~ **de mortalidad** Número de fallecimientos en una determinada población a lo largo de un periodo establecido. Calcula el número de fallecimientos por cada 1000 personas en un año. ~ **de natalidad** Medida del número de nacimientos en una determinada población durante un periodo de tiempo. Se expresa como el número de nacidos vivos por cada 1000 habitantes en un año.

tasajo *m.* Trozo de carne seco y salado o acecinado.

tasar 1 *tr.* Graduar el valor o precio de las cosas. 2 Poner límite a algo para evitar excesos.

tasca *f.* TABERNA.

tascar 1 *tr.* Quebrantar con ruido la hierba las bestias cuando pacen. 2 Morder el caballo el bocado o moverlo entre sus dientes.

tatami *m.* Tapiz acolchado usado en el judo y otros deportes.

tatarabuelo, la *m.* y *f.* Padre o madre del bisabuelo o de la bisabuela.

tataranieto, ta *m.* y *f.* Hijo o hija del biznieto o de la biznieta.

tatuaje *m.* Grabado de dibujos realizado en el cuerpo humano mediante punciones con el fin de introducir materias colorantes bajo la epidermis.

tatuar *tr.* y *prnl.* Grabar dibujos en la piel humana con materias colorantes.

tau 1 *m.* Última letra del alfabeto hebreo. 2 FÍS Partícula elemental de los leptones que es eléctricamente neutra y parece no tener ninguna estructura interna. 3 *f.* Decimonovena letra del alfabeto griego (Τ, τ), que corresponde a la *t* del latino.

taumaturgo, ga *m.* y *f.* Persona que realiza prodigios o milagros.

taurino, na *adj.* Perteneciente o relativo al toro o a las corridas de toros.

tauro *adj.* y *s.* Dicho de una persona, que ha nacido bajo el signo zodiacal Tauro, entre el 20 de abril y el 20 de mayo. Se caracteriza por ser leal, estable y práctica.

tauromaquia *f.* Arte y técnica de lidiar toros.

tautología 1 *f.* Repetición inútil de un mismo pensamiento expresado de distintas maneras. 2 LÓG Expresión formalmente verdadera, cualquiera que sea el valor de verdad de los enunciados.

taxáceo, a *adj.* y *f.* BOT Dicho de una planta, gimnosperma conífera, que posee hojas aciculares, flores dioicas y desnudas, y semillas rodeadas por arilos carnosos y coloreados.

taxativo, va *adj.* Limitado y reducido al sentido estricto de la palabra o a determinadas circunstancias.

taxi *m.* Automóvil de alquiler con chofer.

taxidermia *f.* Arte de disecar los animales para conservarlos con apariencia de estar vivos.

taxímetro *m.* Aparato del que están provistos especialmente los taxis y que indica el precio facturado en función de la distancia recorrida y del tiempo transcurrido.

taxón *m.* BIOL Término genérico de un grupo taxonómico de cualquier categoría.

taxonomía 1 *f.* Ciencia que trata de los principios de la clasificación. 2 BIOL Aplicación de estos principios a la botánica y a la zoología.

taza 1 *f.* Vasija pequeña con asa en la que se toman líquidos. 2 Lo que cabe en ella. 3 Receptáculo del retrete.

tazón *m.* Recipiente mayor que una taza, de contorno semiesférico, que no tiene asa.

te[1] 1 *f.* Nombre de la letra *t*. 2 Regla que se emplea para dibujar, y que tiene la forma de esta letra. 3 Elemento de tubería utilizado para instalar una derivación en una canalización principal.

te[2] *pron. pers.* Forma de la segunda persona del singular que, en dativo o acusativo, indica a quien se dirige el enunciado: *No te vayas; Te estoy hablando.* • No admite preposición.

té 1 *m.* Arbusto de las teáceas que posee hojas perennes, dentadas y coriáceas; flores blancas y axilares, y fruto en cápsula con tres semillas negruzcas. Es originario del Extremo Oriente y sus hojas se emplean como infusión. 2 Infusión, preparada en agua hirviendo, de las hojas de este arbusto. 3 Reunión que se celebra por la tarde y durante la cual se sirve un refrigerio del que forma parte el té. 4 Infusión de diversos frutos o hierbas aromáticas.

tea *f.* Astilla o raja de madera impregnada en resina que, encendida, alumbra como una antorcha.

teáceo, a *adj.* y *f.* BOT Dicho de un árbol o un arbusto, angiospermo dicotiledóneo, siempre verde, que posee hojas enteras, flores axilares, fruto capsular o indehiscente y semillas sin albumen, como la camelia y el té.

teatralizar 1 *tr.* Dar forma teatral o representable a algún tema o asunto. 2 Dar carácter espectacular o efectista a alguna actitud o expresión.

teatro 1 *m.* Edificio o local destinado a la representación de obras dramáticas o musicales y a otros espectáculos de variedades. 2 TEAT y LIT Género literario pensado para ser representado. 3 Conjunto de actividades relativas al mundo teatral. 4 LIT Literatura dramática como género literario o conjunto de producciones dramáticas de un autor, una época, un país, etc. 5 Profesión de actor. 6 Lugar en el que ocurren acontecimientos notables y dignos de atención. || ~ **del absurdo** TEAT Corriente que pretende demostrar lo absurdo y contradictorio de la experiencia humana mediante asociaciones inesperadas entre ideas o palabras, causalidades invertidas, etc. Sus máximos representantes son S. Beckett y E. Ionesco. ~ **isabelino** LIT Conjunto de obras dramáticas escritas e interpretadas en Inglaterra a mediados del s. XVI y principios del XVII, que mezclan lo cómico y lo trágico: *William Shakespeare es el máximo representante del teatro isabelino.* ~ **noh** TEAT Género dramático japonés que en su forma actual se remonta al s. XIV. Combina la mímica con los recitados, el canto, la música y la danza. Los actores, exclusivamente masculinos, actúan con máscaras y suntuosos vestidos.

□ TEAT La acción que se representa suele ser una obra literaria dialogada con indicaciones sobre el lugar donde transcurre la acción y sobre el movimiento de los personajes en la escena. Los actores visten ropas propias de los personajes y la escena se reviste de los elementos necesarios para identificar los lugares donde transcurre la acción. Otros elementos teatrales son: maquillaje, iluminación, efectos sonoros y música. La integración de todos estos elementos corre a cargo del director teatral.

tebeo *m.* HISTORIETA.

teca[1] *f.* BOT Célula en cuyo interior se forman las esporas de algunos hongos.

teca[2] *f.* Árbol verbenáceo originario del Asia tropical, de hasta 30 m de altura, que posee hojas opuestas, grandes, casi redondas, enteras y ásperas por encima; flores blanquecinas en panojas terminales, y drupas globosas y corchosas, que contienen una nuez durísima con cuatro semillas. Por la durabilidad y resistencia de su madera se usa en la construcción naval.

techar *tr.* Cubrir un edificio formando el techo.

techo 1 *m.* Parte interior y superior de un edificio, que lo cubre y cierra, o de cualquiera de las estancias o pisos que lo componen. 2 Cara inferior del mismo o superficie que cierra en lo alto una habitación o un espacio cubierto. 3 Casa, habitación, domicilio.

tecla *f.* Cada una de las piezas de un instrumento musical o de cualquier mecanismo que, pulsadas con los dedos, hacen sonar el instrumento o funcionar el mecanismo.

teclado *m.* Conjunto de teclas de un instrumento o una máquina.

teclear 1 *intr.* Pulsar las teclas. 2 Golpear ligeramente con los dedos sobre algo, a manera del que toca las teclas.

tecnecio *m.* QUÍM Elemento metálico superconductor. Los compuestos y las aleaciones con óxido de tecnecio pueden evitar la corrosión del hierro por el agua. Símbolo: Tc. Número atómico: 43. Punto de fusión: 2200 °C. Punto de ebullición: 4567 °C.

técnico, ca 1 *adj.* Perteneciente o relativo a la aplicación de las ciencias y las artes. 2 **lenguaje** ~ científico. 3 **dibujo** ~. 4 *m.* y *f.* Persona que posee los conocimientos especiales de una ciencia, un arte o un oficio. 5 *f.* Conjunto de procedimientos y recursos de los que se sirve una ciencia, un arte, un oficio o una actividad. 6 Habilidad o pericia para utilizar dichos procedimientos o recursos. 7 Cada uno de dichos procedimientos o recursos. || ~ **literaria** LIT Conjunto de procedimientos o recursos literarios que se emplean en la elaboración de un texto narrativo para enriquecer la expresión de lo que se relata: *El diálogo y el monólogo son elementos de la técnica literaria.*

tecnificar *tr.* Introducir procedimientos técnicos modernos en las ramas de producción que no los empleaban.

tecnocracia *f.* POLÍT Intervención o influencia que los tecnócratas ejercen en la dirección política de un país.

tecnócrata *m.* y *f.* Persona especializada en alguna materia de economía, administración, etc., que ejerce su cargo público con tendencia a hallar soluciones eficaces sin tener en cuenta consideraciones políticas.

tecnolecto *m.* LING Forma de hablar característica de un grupo de hablantes que está de acuerdo con la profesión u oficio que ejercen: *Las palabras que se usan en un diagnóstico médico hacen parte del tecnolecto de la medicina.*

tecnología 1 *f.* Conjunto de teoría y técnicas que permiten el aprovechamiento práctico del conocimiento científico. 2 Conjunto de los instrumentos y procedimientos industriales de un determinado sector o producto. || ~ **de punta** Conjunto de conocimientos sistematizados que permiten la modernización de los sistemas productivos de forma acelerada por medio de la aplicación del desarrollo científico.

tecnologizar *tr.* Emplear la tecnología o los elementos tecnológicos en un objeto o proceso.

tectónico, ca 1 *adj.* GEO Perteneciente o relativo a la estructura de la corteza terrestre. 2 GEO **fosa** ~. 3 *f.* GEO Parte de la geología que trata de dicha estructura en relación con las fuerzas internas que actúan sobre ella. || ~**a de placas** GEO Teoría geológica basada en la observación de que la corteza terrestre sólida está dividida en unas veinte placas semirrígidas en cuyas fronteras tienden a producirse seísmos y erupciones volcánicas.

tedeum *m.* Cántico de la Iglesia católica para dar gracias a Dios.

tedio *m.* Aburrimiento, fastidio, desinterés.

teflón (Del ingl. *Teflon*®, marca reg.) *m.* QUÍM Plástico con una resistencia extremadamente alta al calor (hasta los 300 °C) y total al agua y a los rayos ultravioleta. Es incombustible, antiadherente y no absorbe olores ni sabores. Tiene múltiples aplicaciones en articulaciones, revestimientos, artefactos de cocina, etc.

tegumento 1 *m.* ANAT Membrana que recubre el cuerpo de los animales o alguno de sus órganos internos. 2 BOT Tejido que recubre algunas partes de las plantas, especialmente los óvulos y las semillas.

tehuelche *adj.* y *s.* HIST De un pueblo amerindio patagón, prácticamente extinto, que habitó desde la Pampa hasta Tierra del Fuego. A mediados del s. XIX fue víctima de una campaña de exterminio.

teína *f.* QUÍM Principio activo del té, análogo a la cafeína contenida en el café.

teísmo *m.* FIL y REL Doctrina teológica que afirma la existencia de un dios personal, creador del universo y gobernador de su evolución gracias a su influencia constante y viviente.

teja *f.* Pieza de barro cocido, vidrio, amianto, plástico u otro material, acanalada o plana, que sirve para cubrir los tejados.

tejado *m.* Parte superior y exterior de un edificio cubierta de tejas o pizarras.

tejano *m.* BLUYÍN.

tejar *tr.* Cubrir los edificios con tejas.

tejedor, ra 1 *adj.* y *s.* Que teje. 2 *m.* Ave paseriforme cuyo nido semeja una bolsa colgante, cónica por arriba y esférica en la parte inferior. 3 *f.* Máquina de tejer o hacer punto.

tejemaneje *m.* Intriga, manejos poco claros u honestos.

tejer 1 *tr.* Formar en el telar la tela con la trama y la urdimbre. 2 Entrelazar hilos, cordones, esparto u otro material para formar trencillas, esteras u otros tejidos semejantes. 3 Hacer alguna labor de punto, ganchillo, etc. 4 Discurrir, tramar, urdir. 5 Cruzar o mezclar con orden, como los lazos y las cabriolas en la danza. 6 ZOOL Formar ciertos animales sus telas, capullos y formaciones filamentosas.

tejido 1 *m.* Manufacturado textil de estructura laminar flexible que es obtenido por un entrecruzamiento ordenado de hilos. 2 Disposición de los hilos de las telas. 3 Conjunto homogéneo de elementos interrelacionados: *Tejido social; Tejido industrial.* 4 BIOL Asociación organizada de células de la misma naturaleza con funciones semejantes o relacionadas. || ~ **adiposo** ANAT Tejido cuyas células poseen la propiedad de almacenar gotas de grasa en su interior. Se encuentra en el interior de los huesos largos y formando una capa continua debajo de la piel. ~ **aerífero** BOT El que permite la circulación de aire dentro de una planta. ~ **cartilaginoso** ANAT El conjuntivo que forma los cartílagos y está caracterizado por poseer una sustancia intercelular sólida, resistente y elástica. ~ **conjuntivo** ANAT El que sirve de unión a los demás tejidos y para rellenar cavidades orgánicas. ~ **dérmico** BOT El básico del tallo de las plantas que forma una capa protectora exterior. ~ **epitelial** ANAT El que que reviste la superficie, las cavidades y los conductos del organismo. ~ **fibroso** ANAT El conjuntivo que funciona como elemento principal de los ligamentos, los tendones y la aponeurosis. ~ **fundamental** BOT El básico del tallo de las plantas que, en el centro de este, forma la médula y rodea al tejido vascular. ~ **linfático** ANAT El formado por un estroma y numerosas células (linfocitos la mayoría) que constituye la porción principal de los ganglios linfáticos. ~ **muscular** ANAT El constituido por **fibras** musculares. ~ **nervioso** ANAT El que forma los órganos del sistema nervioso y está constituido por los cuerpos de las células nerviosas y sus prolongaciones y por las células de la **neuroglia.** ~ **óseo** ANAT El que constituye los huesos y está formado por células con prolongaciones separadas unas de otras por materia orgánica y sales de calcio. ~ **vascular** BOT El conductor interno que se encarga de transportar agua, minerales y nutrientes en las plantas vasculares. Existen dos tipos: **xilema** y **floema**.

tejo¹ 1 *m.* Trozo redondo de teja u otro material que se lanza en ciertos juegos. 2 Plancha metálica gruesa y de forma circular. 3 Juego consistente en lanzar un tejo de hierro a un recipiente en el que hay un petardo que se hace estallar.

tejo² *m.* Árbol taxáceo que posee ramas casi horizontales, copa ancha, hojas lineales, flores poco visibles y fruto consistente en una semilla envuelta en un arilo de color escarlata.

tejón *m.* Mustélido carnívoro, de aprox. 1 m de largo, que posee pelaje espeso de colores blanco, negro y pajizo tostado.

tela 1 *f.* Obra hecha de muchos hilos que, entrecruzados alternativa y regularmente en toda su longitud, forman como una hoja o lámina. 2 ZOOL Tejido que forman la araña común y otros animales de su clase.

telar 1 *m.* Máquina para tejer. 2 ARQ Parte del vano de las puertas o ventanas más próxima al paramento exterior. 3 TEAT Parte superior del escenario, oculta a la vista del público, desde donde se hacen bajar o subir los telones y las bambalinas.

telaraña *f.* Tela que forma la araña.

telecabina *f.* Especie de teleférico montado sobre un solo cable.

telecomunicación 1 *f.* TELEC Sistema de transmisión a distancia de sonidos, señales, palabras o imágenes en forma de impulsos o señales electrónicas o electromagnéticas a través de distintos medios tecnológicos (cables, satélites, radio, televisión, teletipo, fax, teletexto, etc.). Las tecnologías de fibra óptica, los circuitos integrados y la transmisión de tipo digital han permitido en los últimos años un desarrollo espectacular en las telecomunicaciones, proporcionado información y comunicación instantánea mediante el uso, por ejemplo, de Internet y telefonía celular. 2 *f. pl.* TELEC Conjunto de medios de comunicación a distancia.

teleconferencia *f.* TELEC Comunicación simultánea entre varias personas mediante la conjugación de diversos medios (teléfono, video y otros análogos).

teledirigir *tr.* Guiar por telemando.

telefax *m.* FAX.

teleférico *m.* Vehículo que se desplaza suspendido de uno o varios cables de tracción y es empleado, principalmente, para salvar diferencias de altitud.

telefonear 1 *tr.* Llamar a alguien por teléfono. 2 Comunicar algo por teléfono a alguien.

telefonía 1 *f.* TELEC Técnica de construir, instalar y manejar los teléfonos. 2 Servicio público de comunicaciones telefónicas. || ~ **celular** o **móvil** TELEC Tecnología de comunicación entre terminales telefónicos móviles donde las conexiones entre los usuarios se efectúan mediante ondas radioeléctricas transmitidas a través de estaciones repetidoras.

telefónico, ca *adj.* Perteneciente o relativo al teléfono o a la telefonía.

teléfono 1 *m.* TELEC Aparato con el que se establece la comunicación telefónica. Está formado básicamente por un micrófono, un altavoz y los componentes que permiten enviar y recibir sonidos. 2 Número que se asigna a cada uno de esos aparatos. || ~ **celular, móvil** o **portátil** TELEC El que puede efectuar y recibir llamadas desde cualquier lugar en que se halle, siempre dentro del área de cobertura del servicio que lo facilita. ~ **sin hilos** o **inalámbrico** TELEC Aquel en que la transmisión tiene lugar por medio de ondas hercianas.

telegrafía *f.* Técnica de construir, instalar y manejar los telégrafos.

telégrafo *m.* Dispositivo que permite transmitir con rapidez, mediante hilo eléctrico y utilizando un código de señales, noticias a larga distancia.

telegrama 1 *m.* Comunicación transmitida por telégrafo. 2 Papel en el que va escrito el comunicado telegráfico y que se entrega al destinatario.

telemando *m.* Aparato que se utiliza para dirigir a distancia una operación o maniobra.

telemática *f.* TELEC Conjunto de servicios y técnicas que asocian las telecomunicaciones y la informática.

telemetría *f.* Medición de distancias entre dos puntos, uno de ellos fuera del alcance visual, por medio de ondas radioeléctricas.

teleobjetivo *m.* FOT Objetivo especial para fotografiar objetos distantes.

teleología *f.* FIL Doctrina metafísica que considera el Universo como un orden de fines que las cosas tienden a realizar.

teleósteo *adj.* y *m.* ZOOL Dicho de un pez, que se caracteriza por tener el esqueleto, las escamas y el opérculo branquial osificados y la vejiga natatoria.

telepatía *f.* Coincidencia de pensamientos o sensaciones entre personas distantes entre sí, sin la intervención de los sentidos ni el empleo de los medios habituales de comunicación.

teleproceso *m.* INF Intercambio y tratamiento de datos entre un computador central y terminales alejados.

telequinesia *f.* Capacidad de mover objetos a distancia sin ejercer ningún contacto y sin causa física apreciable.

telerrealidad *f.* Género de televisión que busca mostrar la vida cotidiana de personas del común.

telescopio *m.* ÓPT Instrumento óptico que permite observar la imagen aumentada de un objeto lejano. Se compone del objetivo, que proporciona una imagen óptica real del objeto observado, y del ocular, que amplifica la imagen proporcionada por el objetivo. || ~ **de prismas** ÓPT El que emplea prismas de reflexión, con lo que se consigue acortar su longitud de construcción. ~ **electrónico** ÓPT El que lleva acoplado en el ocular un convertidor que transforma los fotones recibidos en flujo de electrones.

teleserie *f.* TV Serie televisiva.

telespectador, ra *m.* y *f.* Persona que ve la televisión.

teletexto *m.* TELEC Sistema de transmisión, por medio de la televisión, de textos informativos escritos.

teletipo *m.* TELEC Aparato telegráfico provisto de teclado que permite emitir, recibir e imprimir mensajes.

teletrabajo *m.* Labor que se realiza a distancia usando un soporte tecnológico.

televidente *m.* y *f.* **TELESPECTADOR.**

televisión 1 *f.* TV Sistema de transmisión y reproducción simultánea de imágenes en movimiento y sonidos a distancia mediante ondas electromagnéticas o a través de corrientes eléctricas transmitidas por cable. 2 **TELEVISOR.** 3 Actividad profesional relativa a la televisión.

televisor *m.* Aparato receptor de televisión.

télex 1 *m.* TELEC Sistema de transmisión de mensajes por teletipo a través de una red conmutada. 2 Mensaje transmitido por este sistema.

telofase *f.* BIOL Fase final de la **mitosis** en que reaparece el nucléolo, las cromátidas comienzan a desespiralizarse y la membrana celular, que vuelve a aparecer, origina un tabique en la región central que separa a las dos células hijas.

telón *m.* TEAT Lienzo grande que se pone en el escenario de los teatros, de modo que pueda bajarse y subirse, para que forme parte principal de la decoración o para ocultar al público la escena.

telonero, ra 1 *adj.* y *s.* Dicho de un artista, orador, deportista, etc., que, en los espectáculos o actos públicos, interviene en primer lugar para abrir el espectáculo. 2 *m.* y *f.* Persona que maneja los telones en un espectáculo.

telúrico, ca 1 *adj.* Perteneciente o relativo a la Tierra como planeta. 2 Perteneciente o relativo al telurismo.

telurio *m.* QUÍM Elemento metaloide de color blanco plateado que se emplea en la fabricación de dispositivos termoeléctricos, como vulcanizador del caucho, para dar color azul al vidrio y a la porcelana, etc. Símbolo: Te. Número atómico: 52. Peso atómico: 127,60. Punto de fusión: 452 °C. Punto de ebullición: 990 °C.

telurismo *m.* Influencia de la configuración del terreno sobre sus habitantes.

tema 1 *m.* Asunto o materia de que se trata en un discurso, escrito o exposición. 2 Motivo argumental de una obra artística o un conjunto de obras, especialmente literarias. 3 MÚS Pequeño trozo de una composición con arreglo al cual se desarrolla el resto de ella. 4 LING En un enunciado, la información conocida por los hablantes en un proceso comunicativo, lo opuesto a rema.

temario *m.* Conjunto de temas propuestos para su estudio o discusión en una conferencia, un congreso, un examen, etc.

temático, ca 1 *adj.* Perteneciente o relativo al tema. 2 Que se dispone según el tema o asunto de cualquier materia. 3 *f.* Conjunto de los temas contenidos en un asunto general.

temblar 1 *intr.* Agitarse con un movimiento frecuente e involuntario. 2 Moverse con rapidez algo a uno y otro lado de su lugar o posición. 3 Experimentar movimientos sísmicos la Tierra. 4 *tr.* e *intr.* Tener mucho miedo o estar asustado por algo. • Vb. irreg. conjug. c. **acertar**. V. anexo El verbo.

temblor 1 *m.* Acción y efecto de temblar. 2 GEO Terremoto de escasa intensidad.

temer 1 *tr.* Tener miedo de alguien o algo. 2 *tr.* y *prnl.* Recelar, sospechar. 3 *intr.* Sentir temor.

temerario, ria 1 *adj.* Imprudente, atrevido, que se expone a los peligros sin un examen premeditado de ellos. 2 Que se dice, hace o piensa sin fundamento, motivo o razón.

temeroso, sa 1 *adj.* Que causa temor. 2 Cobarde, irresoluto. 3 Que recela algún daño o siente temor de algo.

temible *adj.* Digno o capaz de ser temido.

temor 1 *m.* Miedo, sentimiento que hace rehusar o evitar lo que se considera peligroso, perjudicial o arriesgado. 2 Recelo, sospecha.

témpano *m.* Pedazo o plancha flotante de hielo.

témpera *f.* ART **PINTURA** al temple.

temperamental 1 *adj.* Perteneciente o relativo al temperamento. 2 Dicho de una persona, que tiene frecuentes cambios de ánimo o humor y reacciones intensas.

temperamento 1 *m.* Carácter, manera de ser o de reaccionar de las personas. 2 Manera de ser de las personas impulsivas en sus reacciones. 3 Vocación, aptitud particular para un oficio o arte.

temperancia *f.* Moderación, templanza.

temperatura 1 *f.* Grado de calor o frío de los cuerpos. 2 FÍS Magnitud física que expresa el grado o nivel térmico de los cuerpos o del ambiente. Su unidad en el sistema internacional es el **grado** Kelvin. Símbolo: K. || ~ **absoluta** FÍS La medida en grados kelvin, según la escala que parte del cero absoluto. ~ **crítica** FÍS La máxima en que pueden coexistir las fases líquida y gaseosa de un fluido.

tempestad 1 *f.* Perturbación fuerte de la atmósfera con viento, lluvia, nieve o granizo, y relámpagos y truenos. 2 Perturbación de las aguas del mar causada por el ímpetu y la violencia de los vientos.

templado, da 1 *adj.* Que no está frío ni caliente. 2 Moderado, prudente, mesurado. 3 Valiente, con serenidad y entereza. 4 ECOL **bosque** ~ y subtropical. 5 GEO **zona** ~ meridional; **zona** ~ septentrional.

templanza 1 *f.* Virtud cardinal que consiste en moderar los apetitos y el uso excesivo de los sentidos sujetándolos a la razón. 2 Moderación, sobriedad, cordura. 3 Benignidad del clima o de la temperatura.

templar 1 *tr.* Quitar el frío de algo, calentarlo ligeramente. 2 Enfriar bruscamente, en agua, aceite u otro elemento, algo calentado por encima de determinada temperatura para mejorar ciertas de sus propiedades. 3 Atirantar algo. 4 MÚS Preparar un instrumento musical para que pueda producir con exactitud los sonidos que le son propios. 5 *intr.* Perder el frío algo o empezar a calentarse su temperatura.

templario, ria *adj.* y *m.* HIST Dicho de una persona, que pertenecía a la orden militar y religiosa del Temple, fundada en Jerusalén (1119) para defender los Santos Lugares y proteger a los peregrinos. Con el tiempo esta orden se convirtió en una de las instituciones financieras más poderosas de la época. A instancias del rey de Francia Felipe IV fue disuelta en 1314 y muchos de sus miembros más prestantes fueron condenados a morir en la hoguera.

temple 1 *m.* Acción y efecto de templar los metales, el vidrio u otro material. 2 Disposición apacible o alterada del humor de alguien. 3 Valentía serena para afrontar las dificultades. 4 ART **pintura** al ~.

templete 1 *m.* Armazón pequeña, en figura de templo, que sirve para cobijar una imagen. 2 Pabellón con cúpula sostenida por columnas.

templo 1 *m.* Edificio o lugar destinado a un culto religioso. 2 Lugar en que se cultiva con gran devoción algo especial: *Templo del saber.*

temporada 1 *f.* Lapso de varios días o meses que se consideran aparte y forman un conjunto. 2 Tiempo durante el cual se realiza habitualmente alguna actividad.

temporal[1] 1 *adj.* Perteneciente o relativo al tiempo. 2 Que dura solo cierto tiempo, que no es duradero ni permanente. 3 Secular, profano, no religioso. 4 GRAM **conjunción** ~. 5 *m.* TEMPESTAD.

temporal[2] *adj.* y *m.* ANAT Dicho de un hueso par, que forma la parte lateral e inferior del cráneo correspondiente a la sien y está situado entre el occipital y el esfenoides.

temporario, ria *adj.* TEMPORAL[1], que dura algún tiempo.

temporizador *m.* Aparato que actúa sobre el funcionamiento de un dispositivo según un tiempo regulado.

temprano, na 1 *adj.* Que sucede, aparece o se produce pronto, o es el primero en aparecer entre los de su especie o clase. 2 *adv. t.* En tiempo anterior al acostumbrado, convenido u oportuno para algún fin.

tempura *f.* Plato de origen japonés preparado con verduras y pescado fritos, previamente rebozados en una masa de harina, levadura y agua.

tenacidad 1 *f.* Cualidad de tenaz. 2 Resistencia de los cuerpos al alargamiento, especialmente de los metales.

tenaz 1 *adj.* Firme, porfiado y pertinaz en un propósito. 2 Que opone mucha resistencia a desprenderse, romperse o deformarse.

tenaza 1 *f.* Instrumento de metal, compuesto de dos piezas cruzadas, móviles y articuladas, que rematan en sendas mordazas que se pueden cerrar para coger o sujetar con fuerza los objetos. 2 ZOOL Pinza de las patas de algunos artrópodos.

tendedero *m.* Lugar o conjunto de cuerdas donde se tiende algo.

tendencia 1 *f.* Propensión, inclinación, dirección o fin a que se tiende. 2 Ideas artísticas, filosóficas o políticas.

tendencioso, sa *adj.* Que presenta o manifiesta algo parcialmente, obedeciendo a ciertas tendencias, ideas, etc.

tender 1 *tr.* Extender, desdoblar o desplegar lo que estaba doblado, arrugado o amontonado. 2 Esparcir algo por el suelo. 3 Extender o colgar la ropa mojada para que se seque. 4 Suspender o construir algo apoyándolo en dos o más puntos: *Tender un puente.* 5 Alargar una persona una cosa o extremidad de su cuerpo aproximándola hacia alguien o algo. 6 *intr.* Tener alguien o algo una cualidad o característica no bien definida, pero sí aproximada a otra de la misma naturaleza. 7 Dirigirse algo o alguien hacia un punto o una cualidad: *Los precios tienden a subir; La variable tiende a cero; Siempre tiende a correr.* 8 *prnl.* Echarse, tumbarse. • Vb. irreg. conjug. c. **entender**. V. anexo El verbo.

tendero, ra *m.* y *f.* Dueño o dependiente de una tienda.

tendido 1 *m.* Acción y efecto de tender. 2 Conjunto de cables, etc., que constituyen una conducción eléctrica. 3 Gradería descubierta y próxima a la barrera en las plazas de toros. 4 Ropa de cama.

tendinitis *f.* MED Inflamación aguda o crónica de un tendón.

tendón *m.* ANAT Estructura fibrosa que realiza la inserción de una masa muscular en un hueso o une un músculo a otra estructura. || ~ **de Aquiles** ANAT El que une los músculos de la pantorrilla al hueso calcáneo.

tenebrismo *m.* ART Estilo pictórico que opone con fuerte contraste las luces y sombras y fue característico de la pintura barroca.

tenebroso, sa *adj.* Oscuro, tétrico, sombrío.

tenedor, ra 1 *m.* y *f.* Persona que tiene o posee algo. 2 *m.* Utensilio consistente en un mango terminado en dos o más púas que sirve para comer alimentos sólidos.

tener 1 *tr.* Asir o mantener asida una cosa. 2 Disfrutar, gozar. 3 Contener o comprender en sí. 4 Poseer, dominar, sujetar. 5 Guardar, cumplir: *Tener palabra* o *la palabra.* 6 Ser preciso, hacer algo u ocuparse de ello: *Tener clase.* 7 Hospedar o recibir en su casa. 8 Estar algo dotado de una cualidad. 9 Pasar un espacio de tiempo de determinada manera: *Tuve un día aburridísimo.* 10 Experimentar algo: *Tener calor, cuidado, hambre, vergüenza.* 11 Con nombres que significan tiempo, expresa la duración o edad de las personas o cosas de que se habla. 12 Con la conjunción *que* y el infinitivo, denota la necesidad, precisión o determinación de hacer lo que el verbo: *Tendré que salir.* 13 Sentir cierta actitud hacia alguien o algo: *Le tengo cariño; Le tiene fobia.* 14 *tr.* y *prnl.* Mantener, sostener. 15 Detener, parar. 16 Juzgar, considerar: *Tener a alguien por sabio.* 17 *prnl.* Asegurarse o sostenerse para no caer. 18 Asentarse un cuerpo sobre otro. 19 Construido con un participio se usa como verbo auxiliar y equivale a HABER, pero añade cierto énfasis: *Te tengo prohibido que salgas.* • Vb. irreg. conjugación modelo. V. anexo El verbo.

tenia *f.* Gusano platelminto con forma de cinta y de color blanco que puede alcanzar varios metros de longitud. En su fase adulta vive parásito en el intestino de los animales vertebrados y del ser humano.

teniente *m.* y *f.* Oficial de grado inmediatamente inferior al de capitán.

tenis *m.* DEP Juego de pelota que se practica con raquetas en un terreno rectangular dividido en dos mitades por una red. || ~ **de mesa** DEP Juego semejante que se practica sobre una mesa con una pelota ligera y unas pequeñas raquetas de madera a modo de palas.

tenor[1] *m.* Contenido literal de un escrito u oración.

tenor[2] 1 *m.* MÚS Voz media entre la de contralto y la de barítono que es la más aguda de las voces masculinas. 2 MÚS Persona que tiene esta voz.

tenorio *m.* Galanteador, audaz y pendenciero.

tensar *tr.* Poner tenso algo, como una cuerda, un cable, etc.

tensiómetro 1 *m.* Aparato usado para medir la tensión superficial de los líquidos. 2 Aparato utilizado para medir la tensión arterial.

tensión 1 *f.* Estado anímico de impaciencia, esfuerzo o exaltación. 2 Estado de oposición u hostilidad latente entre personas o grupos humanos. 3 Estado de un cuerpo estirado por la acción de determinadas fuerzas. 4 FÍS Fuerza que impide que las partes de un cuerpo se separen cuando este está en tensión. 5 ELECTR Voltaje con que se realiza una transmisión de energía eléctrica. 6 FÍS Intensidad de la fuerza con que los gases tienden a dilatarse. || **alta** ~ ELECTR Tensión superior a los 1000 voltios. ~ **arterial** FISIOL Presión que ejerce la sangre sobre la pared de las arterias. **baja** ~ ELECTR Tensión inferior a los 1000 voltios. **caída de** ~ ELECTR 1 Disminución de la tensión o voltaje de la corriente eléctrica a lo largo de su conducción. 2 MED Disminución brusca de la presión sanguínea. ~ **disruptiva** ELECTR Voltaje máximo capaz de producir una **descarga** disruptiva. ~ **superficial** FÍS Atracción no compensada hacia el interior de un líquido sobre las moléculas individuales de la superficie. ~ **vascular** FISIOL Tensión de la pared de los vasos sanguíneos que resulta de la presión de la sangre circulante y del tono muscular y elástico de las paredes del vaso. ~ **venosa** FISIOL Presión que ejerce la sangre sobre la pared de las venas.

tensionar *tr.* TENSAR.

tenso, sa *adj.* En estado de tensión.

tensor, ra 1 *adj.* y *s.* Que tensa u origina tensión. 2 Dicho de un músculo, que sirve para desdoblar o extender un miembro. 3 *m.* Mecanismo o aparato para tensar.

tentación 1 *f.* Impulso o estímulo que induce a realizar algo que no se debería hacer. 2 Impulso repentino que induce a actuar con precipitación. 3 Persona, cosa o situación que induce o persuade a algo.

tentaculado, da 1 *adj.* ZOOL Dicho de un animal, que está provisto de tentáculos. 2 *m. pl.* ZOOL LOFOFORADO.

tentáculo *m.* ZOOL Cada uno de los apéndices móviles y blandos que tienen algunos animales invertebrados y que actúan como órganos táctiles y prensiles.

tentar 1 *tr.* y *prnl.* Examinar algo con el sentido del tacto, palpándolo o tocándolo. 2 *tr.* Instigar a alguien a hacer algo censurable o perjudicial. 3 Despertar una persona o cosa deseo de ella en alguien. 4 Probar, examinar, experimentar. 5 Efectuar la tienta de becerros. • Vb. irreg. conjug. c. **acertar**. V. anexo El verbo.

tentativa *f.* Acción de intentar, experimentar, probar o tantear algo.

tenue 1 *adj.* Delgado, fino de grosor. 2 Delicado, sutil, de poca consistencia o sustancia, débil.

teñir 1 *tr.* y *prnl.* Cambiar el color de algo, dándole uno distinto al que tenía o avivándolo. 2 *tr.* Dar a algo un aspecto, carácter o apariencia determinados. • Participio irreg. *tinto* y reg. *teñido*. Vb. irreg. conjug. c. **ceñir**. V. anexo El verbo.

teocali *m.* Templo de los aztecas.

teocracia *f.* POLÍT Régimen de naturaleza confesional en el que el control se halla en manos del clero.

teodicea *f.* TEOL Parte de la teología que trata de las pruebas de la existencia de Dios y la demostración de sus atributos.

teodolito *m.* Instrumento topográfico que se utiliza para medir ángulos horizontales y verticales.

teogonía *f.* Tratado sobre el origen y la descendencia de los dioses paganos.

teología *f.* TEOL Ciencia que trata de Dios y de sus atributos y perfecciones, y que busca expresar los contenidos de la fe como un conjunto coherente de proposiciones. || ~ **de la liberación** TEOL La que propugna una lectura más vivencial que intelectual del Evangelio y la lucha contra la opresión.

teorema *m.* Proposición científica que puede ser demostrada. || ~ **de Bernoulli** FÍS La suma de la energía cinética, la energía potencial y el trabajo realizado tiene que permanecer constante en un fluido incompresible. ~ **de Euler** GEOM En todo poliedro simple, la suma del número de caras y del número de vértices es igual al número de aristas aumentado en dos unidades. ~ **de Fermat** MAT Ninguna potencia n-ésima puede ser suma de otras dos potencias n-ésimas cuando n es mayor que 2. ~ **de Pitágoras** GEOM La suma de los cuadrados de las longitudes de los catetos de un triángulo rectángulo es igual al cuadrado de la longitud de la hipotenusa. ~ **de Tales** GEOM Cualquier paralela a un lado de un triángulo determina sobre los otros dos lados segmentos proporcionales. ~ **fundamental del cálculo** MAT Enunciado que afirma que toda función acotada e integrable verifica que la **derivada** de su integral $f(x)$ es igual a esta última.

teoría 1 *f.* Conocimiento especulativo considerado con independencia de toda aplicación. 2 Conjunto de leyes y reglas que sirven para relacionar y explicar un determinado orden de fenómenos. 3 Hipótesis cuyas consecuencias se aplican a toda una ciencia o parte muy importante de ella. 4 MAT ~ del **juego**. || ~ **literaria** LIT Disciplina que se fundamenta en principios de la filosofía, el lenguaje y la literatura y tiene como objeto de estudio la obra literaria de acuerdo con su estructura, interpretación y contexto en el que se produce.

teórico, ca 1 *adj.* Perteneciente o relativo a la teoría. 2 Que conoce las cosas o las considera tan solo especulativamente. 3 *adj.* y *s.* Que cultiva la parte teórica de una ciencia o un arte.

teosofía 1 *f.* REL Doctrina de varias sectas que pretenden estar iluminadas por la divinidad e íntimamente unidas con ella. 2 REL Movimiento fundado en la doctrina oriental de la evolución panteísta y la transmigración, y en la práctica del ocultismo.

tépalo *m.* BOT Pieza que compone los perigonios sencillos.

tepuy *m.* GEO Meseta aplanada en su parte superior y cortada por paredes casi verticales que es característica del macizo Guayanés.

tequila *f.* Bebida alcohólica de fuerte graduación, que se extrae de una especie de maguey cultivado en el altiplano mexicano.

terabyte (Voz ingl.) *m.* INF Unidad equivalente, aproximadamente, a un billón (2^{40}) de *bytes*. Símbolo: TB.

terapeuta *m.* y *f.* Persona que profesa la terapéutica.

terapéutico, ca 1 *adj.* Perteneciente o relativo a la terapéutica. 2 *f.* MED Parte de la medicina que se ocupa del tratamiento de las enfermedades. 3 MED Ese mismo tratamiento.

terapia *f.* TERAPÉUTICA. || ~ **hormonal** MED Tratamiento con esteroides para aliviar los síntomas relacionados con la menopausia. ~ **ocupacional** MED Tratamiento que tiene como finalidad readaptar al paciente haciéndole realizar las acciones y los movimientos de la vida diaria.

terapista *m.* y *f.* TERAPÉUTICA.

terbio *m.* QUÍM Elemento químico de los lantánidos. Es un metal muy raro y reactivo, que forma sales incoloras, y se usa en la producción de rayos láser. Símbolo: Tb. Número atómico: 65. Peso atómico: 158,925. Punto de fusión: 1356 °C. Punto de ebullición: 3230 °C.

tercer *adj.* Apócope de TERCERO. • U. ante un s. m. sing.: *Tercer examen; Tercer invitado.*

tercermundista *adj.* Perteneciente o relativo al Tercer Mundo (conjunto de países en desarrollo).

tercero, ra 1 *adj.* y *s.* Que sigue inmediatamente en orden al o a lo segundo. 2 Que interviene en algo además de otras dos personas o cosas. 3 Dicho de cada una de las tres partes iguales en las que se divide un todo. • Se usa el apócope *tercer* ante un s. m. sing. en las acepciones 1, 2 y 3: *Tercer puesto; Tercer mundo.* 4 *f.* Marcha del motor de un vehículo que tiene mayor velocidad y menor potencia que la primera y segunda, y menor velocidad y mayor potencia que la cuarta y quinta. 5 MÚS En algunos instrumentos de cuerda, la que ocupa el tercer lugar a partir de la primera. 6 MÚS Intervalo que comprende dos tonos (mayor) o un tono y un semitono mayor (menor).

terceto 1 *m.* Conjunto de tres personas o cosas. 2 Estrofa métrica de tres versos endecasílabos que riman

A B C D E F G H I J K L M N Ñ O P Q R S T U V W X Y Z

el primero con el tercero. 3 Mús Composición musical para tres voces o instrumentos.

terciar 1 *tr.* Poner algo atravesado en diagonal o al sesgo, o ladearlo. 2 *intr.* Mediar para arreglar o evitar algún desacuerdo o disputa.

terciario, ria 1 *adj.* Tercero en orden o grado. 2 *adj.* y *s.* Geo Dicho de un periodo, primero de la era **cenozoica**, que se subdivide en **Paleoceno**, **Eoceno**, **Oligoceno**, **Mioceno** y **Plioceno**. • Se escribe con may. inic. c. s.

tercio *m.* Cada una de las tres partes iguales en que se divide un todo.

terciopelo *m.* Tela de superficie velluda y muy suave por una de sus caras.

terco, ca *adj.* Pertinaz, que mantiene con obcecación su opinión o actitud.

tergiversar *tr.* Alterar o desfigurar hechos, acontecimientos o palabras dando una interpretación errónea.

termal 1 *adj.* Dicho de un tipo de agua, que brota del manantial a temperatura superior a la del ambiente. 2 Geo **fuente** ~.

termas 1 *f. pl.* Baños públicos de los antiguos romanos. 2 Baños de aguas minerales calientes.

termes *m.* Insecto social terrestre, de cuerpo pequeño y color blanco, que tiene el tórax unido al abdomen; un aparato masticador, con el que obtiene la celulosa que es su alimento principal, y un par de alas. Vive en termiteros, dentro de los cuales el trabajo se distribuye entre los individuos de las distintas castas (obreras, soldados, rey y reina).

térmico, ca 1 *adj.* Perteneciente o relativo al calor o la temperatura. 2 Que conserva la temperatura. 3 Ecol **piso** ~. 4 Fís **agitación** ~. 5 Geo **metamorfismo** de contacto o ~. 6 Geo **balance** ~; **inversión** ~.

terminación 1 *f.* Acción y efecto de terminar o terminarse. 2 Parte final de algo. 3 Gram Letra o letras que se subsiguen al radical de los vocablos, especialmente la desinencia.

terminal 1 *adj.* Final, que pone término a algo. 2 Bot Que está en el extremo de cualquier parte de una planta. 3 Med Dicho de un enfermo, que está en situación grave e irreversible y cuya muerte se prevé muy próxima. 4 *adj.* y *f.* Dicho de un lugar, que es origen o final de una línea de transporte. 5 *m.* Electr Extremo de un conductor eléctrico preparado para facilitar su conexión con un aparato. 6 Inf Máquina con teclado y pantalla mediante la cual se proporcionan datos a una computadora o se obtiene información de ella.

terminar 1 *tr.* Poner o dar término a algo. 2 Acabar, rematar con esmero. 3 *intr.* y *prnl.* Acabarse algo, cesar. 4 *prnl.* Dirigirse una cosa a otra como a su fin y objeto.

término 1 *m.* Último punto hasta donde llega o se extiende algo. 2 Último momento de la duración o existencia de algo. 3 Límite o extremo de algo inmaterial. 4 Línea divisoria de Estados, provincias, distritos, etc. 5 Paraje señalado para algún fin. 6 Tiempo determinado. 7 Objeto, fin. 8 Estado o situación en que se halla alguien o algo. 9 Palabra, vocablo, segmento de un discurso. 10 Aquello dentro de lo cual se contiene enteramente algo. 11 En una enumeración con los adjetivos *primer, segundo, etc.* y *último*, lugar que se atribuye a lo que se expresa. 12 Gram Cada uno de los dos elementos necesarios en la relación gramatical. 13 Lóg Cada una de las palabras que sustancialmente integran una proposición o un silogismo. 14 Mat En una expresión analítica, cada una de las partes ligadas entre sí por el signo de sumar o restar. 15 *m. pl.* Condiciones con que se plantea un asunto o cuestión. 16 Forma o modo de portarse o hablar. || ~ **algebraico** Mat Producto indicado de factores numéricos y literales. ~ **medio** Mat Cantidad igual o más próxima a la media aritmética de un conjunto de varias cantidades. ~ **negativo** Mat El que lleva el signo menos (−). ~ **positivo** Mat El que lleva el signo más (+), explícito o implícito.

terminología *f.* Conjunto de términos o palabras propios de determinada profesión, ciencia o materia.

termistor *m.* Electr Resistencia electrónica no lineal que varía sensiblemente con la temperatura.

termita *f.* **termes.**

termo *m.* Vasija aislante de doble pared, con cierre hermético, que conserva los líquidos a una determinada temperatura, sin que influya en ella la del ambiente.

termodinámico, ca 1 *adj.* Perteneciente o relativo a la termodinámica. 2 Fís **variable** ~. 3 *f.* Fís Campo de la física que estudia los cambios producidos en los sistemas al variar su energía en forma de calor, así como las leyes que rigen dichos cambios.

□ Fís Leyes o principios de la termodinámica: **principio cero**: una vez alcanzado el equilibrio térmico, dos cuerpos en contacto se hallan a la misma temperatura. **1ª ley** o **primer principio**: la variación de energía interna de un cuerpo es consecuencia del balance entre la energía que llega y la que sale en forma de calor o trabajo. **2ª ley** o **segundo principio**: el calor en un sistema cerrado nunca puede pasar de una zona de baja temperatura a una zona de alta temperatura en un proceso autónomo. Puede decirse también: la **entropía** de un sistema cerrado no puede disminuir en ningún proceso. **3ª ley** o **tercer principio**: en el cero absoluto la entropía es nula.

termoelectricidad 1 *f.* Electr Conversión directa de calor en energía eléctrica, o viceversa, tomando en cuenta la influencia de un campo magnético. 2 Fís Parte de la física que estudia esta energía.

termoestable *adj.* Fís Que no se altera por la acción del calor.

termografía *f.* Fís Registro gráfico del calor emitido por la superficie de un cuerpo en forma de radiaciones infrarrojas.

termoiónico *adj.* Fís Perteneciente o relativo a la emisión de electrones provocada por el calor.

termología *f.* Fís Parte de la física que trata de los fenómenos en los que interviene el calor o la temperatura.

termómetro *m.* Instrumento que sirve para medir la temperatura. El más usual se compone de un tubo capilar de vidrio, cerrado y ensanchado en la parte inferior, que contiene mercurio o alcohol teñido, el cual, dilatándose o contrayéndose por el aumento o la disminución de temperatura, señala en una escala los grados de temperatura.

termonuclear *adj.* Fís Dicho de una **reacción** de fusión nuclear, que libera gran cantidad de calor y otras formas de energía.

termopar *m.* Fís Aparato usado para medir altas temperaturas que está basado en la corriente eléctrica que se forma cuando se calienta una soldadura de dos metales distintos.

termopausa *f.* Geo Zona de la atmósfera que separa la termosfera de la exosfera y se localiza entre los 200 y los 500 km de altura. Se reconoce por la estabilidad de la temperatura.

termoplástico *m.* Plástico que se ablanda por la acción del calor y puede moldearse mediante presión.

termorresistente *adj.* Dicho de un material, que es resistente al calor extremo.

termosfera (Tb. termósfera) *f.* GEO Zona de la atmósfera inmediatamente superior a la mesopausa y sin límite superior definido, en la que la temperatura vuelve a crecer con la altitud hasta valores de 1773 °C.

termostato (Tb. termóstato) *m.* Dispositivo regulador que se conecta con una fuente de calor e impide que la temperatura suba o baje del grado conveniente.

terna 1 *f.* Conjunto de tres personas propuestas para que se designe entre ellas la que ha de desempeñar un determinado cargo o empleo. 2 TRÍO, conjunto de tres personas, animales o cosas. || ~ **pitagórica** MAT La conformada por tres números naturales que corresponden a las longitudes de los lados de un triángulo rectángulo y, por tanto, cumplen el teorema de Pitágoras.

ternario, ria *adj.* Compuesto de tres elementos o unidades.

ternero, ra 1 *m.* y *f.* Ejemplar de ganado vacuno con dentición de leche. 2 *f.* Carne de este ejemplar.

terno *m.* Chaqueta, chaleco y pantalón hechos de la misma tela.

ternura 1 *f.* Cualidad de tierno. 2 Actitud cariñosa y afable.

terpeno *m.* QUÍM Compuesto natural polímero del **isopreno** que se encuentra en muchas plantas formando grupos de aceites esenciales. Es escaso en los animales y actúa básicamente en la síntesis de esteroides.

terracota 1 *f.* Arcilla modelada y endurecida al horno. 2 ART Escultura pequeña de arcilla endurecida.

terraja *f.* TARRAJA.

terramicina *f.* FARM Antibiótico muy activo que se obtiene a partir del cultivo de la bacteria *Streptomyces rimosus.*

terraplén 1 *m.* Macizo de tierra que se levanta sobre el nivel del terreno para construir un camino u otra obra semejante. 2 Desnivel con una cierta pendiente.

terráqueo, a *adj.* Dicho de un globo o una esfera, que representa en su superficie las tierras y los mares del planeta.

terrateniente *m.* y *f.* Propietario de tierras o fincas rurales de gran extensión.

terraza 1 *f.* En las casas y en los pisos de un edificio, espacio descubierto o parcialmente cubierto. 2 Terreno acotado delante de un bar, restaurante, etc., para sentarse al aire libre. 3 Era de cultivo situada sobre pendientes dispuestas a propósito en niveles superpuestos o bancales. 4 GEO Espacio de terreno llano, estrecho y continuo dispuesto en forma de escalones en la ladera de un terreno elevado. Se origina por sucesivos encajonamientos del cauce fluvial en los depósitos de aluvión.

terremoto *m.* GEO Perturbación, en forma de sacudida o movimiento brusco, de la corteza terrestre como consecuencia de choques o desplazamientos de masas causados por distintos fenómenos (hundimiento de cavidades subterráneas, vulcanismo, ajuste de la tectónica de las placas, etc.). Va seguido de pequeñas oscilaciones posteriores (*réplicas*) debidas al restablecimiento del equilibrio en el lugar donde se ha iniciado el movimiento interno (*hipocentro* o *foco*).

terrenal 1 *adj.* Perteneciente o relativo a la tierra, en contraposición a lo que pertenece al cielo. 2 PROSAICO, falto de ideales.

terreno, na 1 *adj.* TERRENAL. 2 *m.* Suelo terrestre. 3 Espacio de tierra destinado a un uso concreto. 4 Campo o esfera de acción. 5 Conjunto de actividades, conocimientos o ideas de una clase determinada. 6 GEO Conjunto de sustancias minerales que tienen origen común o cuya formación corresponde a una misma época. || ~ **de aluvión** GEO El formado por la acción mecánica de las corrientes de agua. ~ **de transición** GEO El sedimentario donde se han hallado fósiles primitivos. ~ **sedimentario** GEO El formado por sedimentación.

terrestre 1 *adj.* Perteneciente o relativo a la Tierra. 2 Que vive, se desarrolla o se da en la tierra, en oposición al cielo, mar o aire. 3 GEO **Ecuador** ~; **polo** ~. 4 GEO **corteza** ~; **manto** ~; **núcleo** ~. 5 *m.* y *f.* Habitante de la Tierra.

terrible 1 *adj.* Que causa, inspira o puede inspirar terror. 2 Desmesurado, extraordinario. 3 Áspero y duro de genio o condición.

terrícola 1 *m.* y *f.* Habitante de la Tierra. 2 *adj.* TERRESTRE, perteneciente o relativo a la Tierra.

territorial 1 *adj.* Perteneciente o relativo al territorio. 2 ZOOL Dicho de un animal, que, mediante un tipo específico de comportamiento (defensa y agresión, principalmente), ocupa un territorio y se apodera del acceso a sus recursos.

territorialidad 1 *f.* Característica especial que adquieren las cosas en cuanto están dentro del territorio de un Estado. 2 Condición de ciertas cosas, como buques, aviones y residencias de los diplomáticos, por la que, donde quiera que estén, se consideran como parte del territorio de su propia nación. 3 ZOOL Condición del animal territorial.

territorio 1 *m.* Parte de la superficie terrestre perteneciente a una nación, provincia, región, etc. 2 Término que comprende una jurisdicción, un cometido oficial, etc.

terrón 1 *m.* Masa pequeña y compacta de tierra. 2 Masa pequeña y apretada de cualquier sustancia.

terror 1 *m.* Miedo intenso, pánico, pavor. 2 Persona o cosa que provoca este sentimiento.

terrorismo 1 *m.* Dominación por el terror. 2 Sucesión de actos de violencia realizados para infundir terror. 3 POLÍT Forma violenta de lucha política que crea un clima de terror e inseguridad capaz de intimidar al adversario. || ~ **de Estado** POLÍT Uso sistemático, por parte del gobierno de un Estado, de amenazas y represalias con el fin de imponer la obediencia y colaboración activa a la población.

terruño 1 *m.* Región natal. 2 Terreno que se trabaja y del que se vive.

terso, sa 1 *adj.* Liso, sin arrugas. 2 Limpio, claro y resplandeciente. 3 Tratándose de lenguaje, puro, limado, fluido, fácil.

tertulia *f.* Reunión de personas que se juntan habitualmente para conversar.

tertuliar *intr.* Estar de tertulia, conversar.

tesela *f.* Cada una de las piezas con las que se forma un mosaico.

tesis 1 *f.* Conclusión o proposición que se enuncia y se mantiene con razonamientos. 2 Trabajo de investigación inédito y original que se presenta en las facultades para obtener algún título académico.

tesitura *f.* MÚS Extensión o registro de una voz o un instrumento.

tesla *m.* FÍS Unidad de medida de inducción magnética del sistema internacional equivalente a 1 weber por m^2. Símbolo: T.

tesón *m.* Firmeza, constancia, perseverancia.

tesorería 1 *f.* Cargo u oficio de tesorero. 2 Oficina o despacho del tesorero. 3 ECON Parte del activo de una empresa disponible en metálico, o que fácilmente puede serlo, para efectuar sus pagos.

A B C D E F G H I J K L M N Ñ O P Q R S T U V W X Y Z

tesorero, ra *m.* y *f.* Persona encargada de guardar y contabilizar los fondos de una dependencia pública o particular.

tesoro 1 *m.* Cantidad de dinero, joyas, valores u objetos preciosos, reunida y guardada. 2 Erario de la nación. 3 Abundancia de caudal guardado. 4 Persona o cosa de mucho valor o digna de estimación.

test 1 *m.* Prueba comparativa mediante la cual se evalúan grados de inteligencia, capacidad de atención, aptitudes, etc., de varias personas. 2 Examen tipo cuestionario en el que hay que elegir una respuesta entre varias opciones.

testa *f.* Cabeza de las personas y los animales.

testaferro *m.* Persona que presta su nombre en algún contrato, pretensión o negocio de otra persona.

testamento 1 *m.* DER Acto jurídico consistente en una declaración de voluntad por la que una persona ordena el destino de sus bienes e intereses después de su fallecimiento. 2 Documento en que consta esta declaración.

testículo *m.* ANAT Glándula genital masculina que produce los espermatozoides y, en los vertebrados, las hormonas sexuales. En la mayoría de los animales, a excepción de los mamíferos, está ubicada en el interior del cuerpo.

testificar 1 *tr.* Declarar o actuar como testigo. 2 Declarar o explicar algo con seguridad y verdad.

testigo 1 *adj.* y *s.* Que sirve para medir o comprobar la evolución de un fenómeno, un suceso, una actividad o para determinar, por comparación, el resultado de un experimento. 2 *m.* y *f.* Persona que da testimonio de algo o lo atestigua. 3 Persona que presencia o experimenta algo.

testimonial *adj.* Que constituye testimonio o que sirve como tal.

testimonio *m.* Prueba, comprobación y justificación de la certeza o verdad de algo.

testosterona *f.* BIOQ Hormona, secretada principalmente en el testículo, que estimula la formación de espermatozoides e induce y mantiene los caracteres sexuales masculinos.

testuz *m.* o *f.* En algunos animales, como el caballo, frente, y en otros, como la vaca, nuca.

teta *f.* MAMA.

tétanos (Tb. tétano) *m.* MED Enfermedad infecciosa producida por un bacilo que penetra por las heridas y ataca el sistema nervioso.

tetera *f.* Vasija con tapadera, asa y un pico vertedor que se utiliza para hacer y servir el té.

tetero *m.* BIBERÓN.

tetilla 1 *f.* ANAT Teta de un mamífero macho que es menos desarrollada que la de las hembras. 2 CHUPETE del biberón.

tetrabrik (De *Tetra Brik®*, marca reg.) *m.* Envase impermeable de cartón, hermético y rectangular que es utilizado para almacenar líquidos sin necesidad de refrigerarlos.

tetraciclina *f.* FARM Antibiótico muy activo que se obtiene a partir del cultivo de la bacteria *Streptomyces viridifaciens*.

tetracloruro *m.* QUÍM Combinación que contiene cuatro átomos de cloro. || ~ **de carbono** QUÍM Líquido incoloro y denso que posee un olor característico no irritante y se utiliza para elaborar refrigerantes, propulsores de aerosoles y extintores, y para la limpieza en seco.

tétrada *f.* Conjunto de cuatro cosas o seres vinculados entre sí.

tetraedro *m.* GEOM Sólido formado por cuatro caras. || ~ **regular** GEOM Aquel cuyas caras son triángulos equiláteros.

tetrágono, na *adj.* y *m.* GEOM Dicho de un polígono, que tiene cuatro lados y cuatro ángulos.

tetralogía *f.* Conjunto de cuatro obras literarias o líricas que tienen entre sí un enlace histórico o una unidad de pensamiento.

tetrámero, ra 1 *adj.* BOT Dicho de un verticilo de cuatro piezas y de la flor de corola y cáliz, que tiene este carácter. 2 *adj.* y *m.* ZOOL Dicho de un insecto, coleóptero, que posee cuatro artejos en cada tarso, como el gorgojo.

tétrico, ca *adj.* Triste, lúgubre, deprimente.

teutón, na *adj.* y *s.* HIST De un pueblo germánico que habitó antiguamente cerca de la desembocadura del Elba y hacia 120 a. C. inició una emigración hacia el S para instalarse en la Galia.

textil 1 *adj.* Dicho de un material, que es utilizado en la confección de tejidos. 2 Que se relaciona con los tejidos o su fabricación.

textilero, ra *adj.* Perteneciente o relativo a la industria textil.

texto 1 *m.* Conjunto de enunciados orales o escritos coherentemente relacionados entre sí y organizados en torno a una idea o un tema. 2 Obra escrita, libro. 3 Conjunto de palabras que forman la parte original de una obra, en oposición a las notas, comentarios o traducción adjuntos. 4 Libro usado como guía para estudiar una asignatura.

textual 1 *adj.* Perteneciente o relativo al texto. 2 Que es exacto: *Palabras textuales.*

textura 1 *f.* Disposición y orden de los hilos en una tela. 2 Disposición de las partes de un cuerpo que le da a este una determinada cualidad perceptible mediante el tacto o la vista: *Piedra de textura áspera.*

texturizar *tr.* Tratar los hilos de fibras sintéticas para darles buenas propiedades textiles.

tez *f.* Superficie del rostro, cutis.

theta *f.* Octava letra del alfabeto griego (Θ, θ), que corresponde a *th* del latino y a *t* en algunas voces griegas del español: *Tálamo, teatro.*

thriller (Voz ingl.) *m.* Película de suspenso.

ti *pron. pers.* Forma de la segunda persona del singular que, en genitivo, dativo, acusativo y ablativo, indica a quien se dirige el enunciado: *Se olvidó de ti; Compró un vestido para ti.* • Siempre está precedido por preposición.

tiamina *f.* VITAMINA B1.

tiara *f.* Tocado alto con tres coronas que es usado por el Santo Padre como símbolo de su triple autoridad como papa, obispo y rey.

tibia 1 *f.* ANAT Hueso largo que forma, junto con el peroné, el esqueleto de la pierna. 2 ZOOL Pieza alargada de las patas de los insectos que se articula con el fémur y el tarso.

tibio, bia 1 *adj.* Templado, entre caliente y frío. 2 Indiferente, poco afectuoso.

tiburón *m.* Pez selacio, de los escuálidos, que posee cuerpo fusiforme, hendiduras branquiales laterales, boca grande situada en la parte inferior de la cabeza, arqueada en forma de media luna y provista de varias filas de dientes cortantes. Vive en todos los mares y abunda en aguas tropicales y subtropicales. Existen varias especies que son capaces de cazar y devorar a casi cualquier otro animal marino, como el tiburón blanco, aunque algunos, como el tiburón ballena, se alimentan de plancton, y muestran gran variedad de tamaño: el tiburón ballena alcanza los 15 m de longitud, pero hay otros que miden menos de 50 cm.

tic *m.* Movimiento convulsivo, producido por las contracciones involuntarias de uno o varios músculos, que se repite con frecuencia.

ticuna *m.* De un pueblo que habita en los departamentos colombianos de Amazonas y Caquetá.

tiempo 1 *m.* Duración de las cosas sujetas a cambios. 2 Parte de esta duración. 3 Sucesión continuada de momentos que constituye el devenir de lo existente. 4 Edad de algo desde que empezó a existir. 5 Oportunidad, coyuntura de hacer algo: *Ahora no es tiempo.* 6 Etapa o fase en la que se divide la ejecución de algo, como las composiciones musicales o algunos eventos deportivos. 7 Fís Magnitud que representa la sucesión continuada de momentos y permite ordenar su secuencia, estableciendo un pasado, un presente y un futuro. Su unidad en el sistema internacional es el segundo. 8 Geo Condición climatológica, como la humedad, la temperatura, el brillo solar, etc., que se da en un momento determinado. 9 Gram Categoría gramatical que indica el momento en que se realiza o sucede lo significado por el **verbo**. Hay tres tiempos fundamentales: **futuro**, **presente** y **pretérito** o pasado, que se expresan mediante las desinencias verbales y los verbos auxiliares. 10 Fase de un motor de explosión o combustión interna. 11 Mús Parte de igual duración en la que se divide el compás. || ~ **absoluto** Gram El que expresa lo significado por el verbo con respecto al momento en que se habla. Los tiempos absolutos son: **futuro**, **imperativo**, **presente**, **pretérito** perfecto compuesto y **pretérito** perfecto simple. ~ **compuesto** Gram El que se forma con el verbo auxiliar *haber* y el participio pasivo del verbo que se conjuga: *He amado, había amado, hube amado, habré amado, habría amado.* ~ **cronológico** Lit En textos literarios como el cuento o la novela, el que se emplea para narrar los acontecimientos en una secuencia lineal sin alterar el orden en el que suceden. ~ **geológico** Geo El transcurrido en las sucesivas eras geológicas y cuya duración se mide en millones de años. ~ **pascual** Rel El que principia en la víspera del Sábado Santo y acaba con la nona antes del Domingo de la Santísima Trinidad. ~ **relativo** Gram El que expresa lo significado por el verbo desde el punto de vista de su relación con otra acción o situación expresadas en el mismo contexto, como el **pretérito** imperfecto o el **pluscuamperfecto**. ~ **simple** Gram El del verbo que se conjuga sin auxilio de otro verbo: *Canto, cantaba, cantó, cantaré, cantaría, cantar.*

tienda 1 *f.* Establecimiento comercial donde se venden artículos al por menor. 2 Cubierta de lona, tela o piel que se monta al aire libre sobre un armazón desarmable y que se utiliza como alojamiento.

tienta 1 *f.* Prueba que se hace con las reses para comprobar su bravura. 2 Sagacidad con que se pretende averiguar algo.

tiento *m.* Habilidad para hablar u obrar con acierto en un asunto o para tratar con alguien

tierno, na 1 *adj.* Blando, delicado, flexible, que cede fácilmente a la presión. 2 Reciente, de poco tiempo. 3 Afectuoso, amable, cariñoso.

tierra 1 *f.* Tercer planeta del sistema solar (según el orden creciente de distancias al Sol), en el que habita el ser humano. • Con este significado se escribe con may. inic. y anteponiendo el artículo *la.* 2 Parte superficial de la Tierra no ocupada por el mar. 3 Material desmenuzable del que se compone el suelo natural principalmente. 4 Geo **corrimiento** de ~; **lengua** de ~. 5 Terreno dedicado al cultivo o propio para ello. 6 Electr Suelo, considerado como polo y conductor eléctrico. 7 Electr **toma** de ~. 8 Nación, país, región. || ~ **caliente** Geo Zona climática ecuatorial situada por debajo de los 1000 m de altitud. ~ **de promisión** 1 Tierra que Dios prometió al pueblo de Israel. 2 Por extensión, país, territorio, lugar, etc., que promete un mejor porvenir. 3 La muy fértil y abundante. ~ **fría** Geo Zona climática ecuatorial situada sobre los 2500 m de altitud aprox. ~ **templada** Geo Zona climática ecuatorial situada entre los 1000 y 2500 m de altitud aprox. ~**s raras** Quím Conjunto de metales pertenecientes al grupo de los **lantánidos** y al de los **actínidos**.

□ Astr y Geo La Tierra dista 149,6 millones de km del Sol y su órbita alrededor es elíptica y tiene una duración de 365 días, 5 horas y 48 minutos. Tiene un movimiento de rotación, de O a E, que se completa en 23 horas, 56 minutos y 4,1 segundos. Su masa es de $5{,}975 \times 10^{24}$ g y a causa de la rotación presenta un achatamiento hacia los polos (el radio ecuatorial mide 6378,3 km y el polar 6356,9 km). La inclinación del **eje** de la Tierra da lugar a la sucesión de las estaciones. El planeta posee una superficie sólida de silicatos o **corteza** terrestre; una extensa **hidrosfera** que cubre el 71 % de la superficie; una **magnetosfera** que está ligada al campo magnético terrestre, y una envoltura gaseosa, la **atmósfera**, que está constituida principalmente por nitrógeno y oxígeno.

tieso, sa 1 *adj.* Firme, rígido, que se dobla o rompe con dificultad. 2 Tenso, tirante. 3 De comportamiento grave y circunspecto.

tiesto 1 *m.* **maceta**, vasija 2 Pedazo de una vasija de barro. 3 **vasija**.

tifáceo, a *adj.* y *f.* Bot Dicho de una planta acuática, angiosperma monocotiledónea, que posee hojas alternas reunidas en la base de cada tallo, flores en espiga y frutos en drupa.

tifón *m.* Geo **huracán**.

tifus *m.* Med Enfermedad infecciosa grave que se caracteriza por la presencia de fiebre alta, delirio o postración, aparición de costras negras en la boca y, a veces, manchas punteadas en la piel.

tigre, gresa 1 *m.* y *f.* Félido asiático que posee pelaje amarillento listado transversalmente de negro y gran fuerza muscular y agilidad. Es el más grande de los félidos, llegando a alcanzar, en el caso del tigre siberiano, 2,8 m de longitud, sin incluir la cola, que oscila entre 69 y 95 cm, y 360 kg de peso. 2 *m.* **jaguar**. 3 *f.* Mujer seductora.

tigrillo *m.* Félido de tamaño un poco mayor que un gato. Posee pelaje amarillo con manchas y cola larga, y vive en América del Sur.

tijera 1 *f.* Instrumento para cortar compuesto de dos hojas o cuchillas de acero de un solo filo, cruzadas y articuladas en un eje. • U. m. en pl. 2 Objeto compuesto de dos piezas cruzadas que giran alrededor de un eje.

tijereta 1 *f.* Insecto cuyo abdomen termina en unos apéndices a modo de tijera. 2 Ave palmípeda que tiene pico aplanado, cortante y desigual, cuello largo y cola ahorquillada.

tilapia *f.* Pez cíclido dulciacuícola tropical del que existen varias especies, algunas de las cuales se cultivan comercialmente por su carne comestible.

tilde *f.* Ort Rayita oblicua (que baja de derecha a izquierda) usada para indicar en la escritura, según ciertas normas, el realce de la sílaba cuya vocal la lleva *(cámara, símbolo, útil, allá, salió).* Recibe también los nombres de *acento agudo, gráfico* u *ortográfico.* || ~ **diacrítica** Ort La que se usa para distinguir palabras con idéntica forma, pero que ejercen funciones gramaticales distintas. • V. tabla Acento prosódico y acento gráfico, p. 7.

tiliáceo, a *adj.* y *f.* Bot Dicho de una planta arbórea, arbustiva o herbácea, que crece en los países cálidos y posee hojas con estípulas dentadas, flores axilares y fruto en cápsula, como el tilo.

tilo *m.* Árbol de las tiliáceas, de gran altura y tronco grueso, que posee copa amplia, hojas puntiagudas y serradas, fruto redondo y flores olorosas de cinco pétalos. Su madera es utilizada en escultura y carpintería.

timar 1 *tr.* Quitar o robar algo con engaño. 2 Engañar a alguien con promesas o esperanzas.

timbal *m.* Mús Especie de tambor de un solo parche con caja semiesférica de metal.

timbrado, da 1 *adj.* Dicho de un papel, que lleva una marca o sello oficial y está destinado para ser usado en ciertos documentos. 2 *f.* Acción de timbrar.

timbrar 1 *tr.* Estampar un timbre, sello o membrete en un papel o documento. 2 Llamar con el timbre (aparato).

timbre 1 *m.* Sello que se pega en ciertos documentos y mercancías y con el que se justifica haber pagado el impuesto correspondiente. 2 Aparato para llamar o avisar. 3 Mús Cualidad que permite distinguir las diferencias entre los sonidos característicos de los instrumentos musicales y de las voces de los cantantes, aunque sean de igual intensidad y tono.

tímido, da *adj.* Irresoluto, temeroso, apocado.

timina *f.* Biol Base nitrogenada que forma parte del **ADN**.

timo[1] *m.* Acción y efecto de timar.

timo[2] *m.* Anat y Fisiol Glándula endocrina de los vertebrados cuya función consiste en regular el crecimiento y que se atrofia al llegar a la pubertad.

timol *m.* Quím Fenol contenido en la esencia de ciertas plantas, como el tomillo o la menta.

timón 1 *m.* Volante de un automóvil. 2 Pieza laminar articulada que en una aeronave o embarcación sirve para determinar la dirección o el rumbo.

timonel *m.* Persona que gobierna el timón de una embarcación.

timonera *f.* Zool Pluma grande que tienen las aves en la cola y con la que orientan la dirección durante el vuelo.

tímpano 1 *m.* Anat Membrana que separa el oído medio del conducto auditivo externo. 2 Arq Espacio triangular entre las dos cornisas inclinadas de un frontón y la horizontal de su base. 3 Zool Membrana que cierra exteriormente la tráquea y constituye el aparato auditivo de los insectos.

tina 1 *f.* Pila que sirve para bañarse todo o parte del cuerpo. 2 Vasija grande para el tinte de telas y otros usos.

tinaja 1 *f.* Vasija grande de cerámica, forma abultada en el centro y boca ancha. 2 Líquido que cabe en una tinaja.

tinción *f.* Acción y efecto de teñir.

tindalizar *tr.* Quím Esterilizar algo por el calor fraccionando el proceso en fases sucesivas.

tinglado 1 *m.* **cobertizo.** 2 **tarima.**

tiniebla 1 *f.* Oscuridad, falta o insuficiencia de luz. • U. m. en pl. 2 *f. pl.* Ignorancia, confusión. 3 Rel Maitines de los tres últimos días de Semana Santa.

tino 1 *m.* Habilidad, destreza. 2 Acierto y destreza para dar en el blanco al disparar. 3 Cordura, prudencia.

tinta *f.* **tinto.**

tinte 1 *m.* Acción y efecto de teñir. 2 Color o sustancia con que se tiñe. 3 Color dado a una materia al teñirla.

tinterillo *m.* Persona que, sin haber cursado jurisprudencia, entiende de leyes o presume de ello.

tintero *m.* Recipiente en el que se pone la tinta de escribir.

tinto, ta 1 *adj.* Dicho de un color, similar al rojo oscuro. 2 *adj.* y *m.* Dicho de un tipo de vino, que es de color rojo oscuro. 3 Dicho de una infusión de café. 4 *f.* Líquido coloreado que se usa para escribir, dibujar o imprimir figuras y textos. 5 Zool Secreción producida por una glándula de los cefalópodos que la usan como elemento defensivo. || **media** ~ 1 Art Tinta general que se da primero para pintar al temple y al fresco. 2 Art Color que une los claros con los oscuros.

tintorero, ra 1 *m.* y *f.* Persona que tiene por oficio teñir o limpiar telas y prendas de vestir. 2 *f.* Tiburón de 3-4 m de longitud y dientes triangulares y cortantes.

tintorería *f.* Establecimiento donde se tiñe o limpia la ropa.

tintura 1 *f.* **tinte.** 2 Líquido en que se ha disuelto una sustancia que le comunica color: *Tintura de yodo.*

tinturar *tr.* **teñir.**

tiña *f.* Med Enfermedad contagiosa de la piel causada por un hongo.

tío, a *m.* y *f.* Respecto de una persona, hermano o primo de su padre o madre.

tiovivo *m.* **carrusel**, plataforma giratoria.

tipi *m.* Tienda de forma cónica formada por una armazón de postes de madera y recubierta de pieles.

típico, ca 1 *adj.* Característico o representativo de un tipo. 2 Peculiar de un grupo, un país, una región, una época, etc.

tipificar 1 *tr.* Adaptar algo a un tipo o una norma común, o incluirlo en ellos. 2 Representar alguien o algo el tipo de modelo del género, clase, especie, etc., a la que pertenece.

tiple 1 *m.* Mús La más aguda de las voces humanas. 2 Mús Instrumento de cuerda similar a la guitarra, pero de voz muy aguda.

tipo, pa 1 *m.* y *f.* Persona: *Aquel tipo nunca regresó.* 2 *m.* Modelo o ejemplar que representa a un grupo con características comunes: *El tilo es la planta tipo de las tiliáceas.* 3 Categoría que reúne personas o cosas con características comunes. 4 Pieza de metal de la imprenta que lleva en realce una letra u otro signo.

tipografía *f.* **imprenta**, técnica de imprimir y lugar donde se imprime.

tipología *f.* Estudio y clasificación de tipos que se practica en diversas ciencias.

tiquete 1 *m.* Vale, bono, cédula, recibo. 2 Billete, boleto.

tira 1 *f.* Trozo largo, delgado y estrecho de tela, papel u otra materia. 2 Serie de dibujos que aparece en los periódicos y en la que se cuenta alguna historia o parte de ella.

tirabuzón 1 *m.* Rizo de pelo largo en forma de espiral. 2 **sacacorchos.**

tirado, da 1 *adj.* Que abunda en el mercado y, por tanto, se vende muy barato. 2 Que es muy fácil de hacer. 3 *m.* Acción de reducir a hilo el oro u otro metal. 4 *f.* Acción de tirar. 5 Serie ininterrumpida de cosas que suceden, se hacen o dicen. 6 Acción y efecto de imprimir. 7 Número de ejemplares de que consta una edición.

tiraje *f.* **tirada**, número de ejemplares.

tiranía 1 *f.* POLÍT Gobierno ejercido por un tirano. 2 Abuso de autoridad, fuerza o superioridad. 3 Dominio excesivo de una pasión sobre la voluntad.

tirano, na 1 *adj.* y *s.* POLÍT Que obtiene contra derecho el gobierno de un Estado. 2 POLÍT Que gobierna con despotismo, injusticia y crueldad. 3 Que trata con tiranía. 4 *adj.* Dicho de una pasión o un afecto, que domina el ánimo o perturba el entendimiento.

tiranosaurio *m.* Reptil bípedo, carnívoro y feroz perteneciente al grupo de los dinosaurios, que habitó el planeta durante el periodo cretácico. Poseía una mandíbula poderosa y patas posteriores más largas y fuertes que las anteriores, medía unos 14 m de longitud y 5 m de altura y pesaba más de 4 toneladas.

tiranta *f.* Cada una de las dos tiras de tela, piel u otro material, a veces elásticas, que sostienen desde los hombros ciertas prendas de vestir, como el pantalón o la falda.

tirante 1 *adj.* Que tira. 2 Tenso, estirado. 3 Dicho de una situación o actitud, que es incómoda o dificultosa. 4 *m.* TIRANTA.

tirar 1 *tr.* Dejar caer intencionalmente algo de la mano. 2 Derribar, echar abajo, demoler, volcar. 3 Deshacerse de algo por ser ya inútil: *Este viejo computador está para tirar.* 4 Estirar o extender. 5 Intentar un golpe o un mordisco: *El burro le tiró una coz.* 6 Malgastar o derrochar dinero o bienes: *Está tirándose su dinero en tonterías.* 7 Imprimir un determinado número de ejemplares de una publicación. 8 Trazar: *Tire una línea entre estos dos puntos.* 9 *tr.* e *intr.* Arrojar algo en dirección determinada: *Tiraban piedras al río; Tiró a encestar, pero falló.* 10 Disparar un proyectil: *Nos están tirando dardos; Al fin aprendió a tirar.* 11 Lanzar los dados o un naipe en ciertos juegos. 12 *intr.* Atraer, cautivar: *Cómo tira el campo.* 13 Seguido de la preposición *de* y el nombre de un instrumento u objeto, sacarlo o tomarlo en la mano para emplearlo. 14 Sacar bruscamente una cosa de un sitio. 15 Tender a algo: *Tira a conservador.* 16 Producir la chimenea la corriente suficiente para la combustión. 17 *prnl.* Abalanzarse, arrojarse, dejarse caer. 18 Tenderse encima de algo. 19 coloq. Tener relaciones sexuales con alguien.

tiritar *intr.* Temblar o estremecerse de frío por efecto de la fiebre.

tiro 1 *m.* Señal, impresión o herida que hace lo que se tira. 2 Disparo de un proyectil. 3 Acción de tirar o lanzar una pelota, un balón, etc. 4 Conjunto de caballerías que tiran de un carruaje. 5 Corriente de aire que produce la chimenea y que permite que se haga la combustión y el arrastre del humo al exterior. 6 Holgura entre las perneras del pantalón. 7 Tramo de escalera. 8 DEP Conjunto de especialidades deportivas que consiste en acertar o derribar una serie de blancos fijos o móviles por medio de armas de fuego, arcos, flechas, etc.

tiroides *adj.* y *s.* ANAT Dicho de una glándula endocrina, que se halla adosada a la tráquea y la laringe y está formada por dos lóbulos unidos entre sí por un segmento llamado istmo, que constituye la llamada nuez de Adán. Produce tiroxina e interviene en la regulación del crecimiento.

tirón 1 *m.* Acción y efecto de tirar con fuerza y bruscamente de algo. 2 Acción y efecto de estirar o aumentar de tamaño en poco tiempo. 3 Agarrotamiento de un músculo.

tirotear *tr.* y *prnl.* Disparar repetidamente un arma de fuego.

tiroxina *f.* BIOQ Hormona secretada por la glándula tiroides que actúa sobre el metabolismo.

tirria *f.* Antipatía injustificada, ojeriza.

tisana *f.* Infusión de hierbas medicinales.

tisis *f.* MED Tuberculosis pulmonar.

tisú *m.* Tela de seda entretejida con hilos de oro o plata.

tisular *adj.* BIOL Perteneciente o relativo a los tejidos de los organismos. || **sistema** ~ ANAT y FISIOL Sistema que engloba los distintos tipos de **tejidos** que, de forma especializada o en asociación con otros tejidos y órganos, realizan funciones vitales para el organismo. También incluye a las glándulas estrechamente relacionadas con su fisiología.

titán 1 *m.* MIT En la mitología griega, cada uno de los hijos de Urano y de Gea. 2 Persona que descuella por ser excepcional en algún aspecto.

titanio *m.* QUÍM Elemento metálico, fácil de combinar con el nitrógeno, que se encuentra en el rutilo en forma de óxido. Se usa en la construcción de aviones y cohetes y la fabricación de aceros especiales, pinturas, plásticos, tejidos, etc. Símbolo: Ti. Número atómico: 22. Peso atómico: 47,9. Punto de fusión: 1660 °C. Punto de ebullición: 3287 °C.

títere 1 *m.* Muñeco que se mueve por medio de hilos o introduciendo las manos en su interior. 2 Persona que carece de voluntad. 3 *m. pl.* TEAT Espectáculo público hecho con dicho tipo de muñecos.

tití *m.* Primate pequeño, arborícola y omnívoro, que tiene pelaje largo y suave, es tímido y fácil de domesticar y vive en América meridional.

titilar *intr.* Centellear alguna luz o algún cuerpo luminoso.

titiritero, ra *m.* y *f.* Persona que maneja los títeres.

titubear 1 *intr.* Vacilar en la elección o pronunciación de las palabras al hablar. 2 Mostrarse indeciso, dudar.

titulación 1 *f.* Acción y efecto de titular. 2 Conjunto de títulos de propiedad de un inmueble o terreno.

titulado, da 1 *adj.* y *s.* Que posee un título académico. 2 Que tiene derecho a una dignidad nobiliaria.

titular[1] 1 *adj.* y *s.* Que posee algún título. 2 Que da su propio nombre por título a otra cosa. 3 Dicho de una persona, que ocupa un cargo teniendo el título o nombramiento correspondiente. 4 *m.* Encabezamiento de una información periodística. • U. m. en pl.

titular[2] 1 *tr.* Poner título, nombre o inscripción a algo. 2 *intr.* QUÍM Valorar una disolución. 3 Obtener alguien un título nobiliario. 4 *prnl.* Obtener alguien un título académico.

título 1 *m.* Nombre, palabra o frase con la que se enuncia un texto, una de sus partes o una obra de creación artística o intelectual. 2 Letrero con que se indica el contenido o destino de una cosa o la dirección de un envío. 3 Nombre de profesión, grado o categoría que alguien tiene derecho a usar por los estudios que ha realizado. 4 Documento en que se acredita el derecho a este apelativo. 5 Dignidad nobiliaria, como la de conde, marqués o duque. 6 Cada una de las partes principales en que suelen dividirse las leyes, los reglamentos, etc. 7 Contrato que es causa de la adquisición de una propiedad u otro derecho. || ~ **de una solución** QUÍM Relación entre el peso del cuerpo disuelto y el peso total de la solución. ~ **valor** ECON Documento financiero que representa una deuda pública o un valor comercial.

tiza 1 *f.* Arcilla aglomerada y coloreada que se usa para escribir o dibujar en un pizarrón o tablero. 2 Compuesto de yeso y greda que se usa en el billar para untar los tacos.

tiznar *tr.* y *prnl.* Manchar algo con tizne u otra materia semejante.

tizne *m.* o *f.* Humo que se pega a los recipientes que han estado a la lumbre.

tizón 1 *m.* Palo a medio quemar. 2 Hongo parásito de algunos cereales, como el trigo.

tlaxcalteca *adj.* y *s.* HIST De un antiguo pueblo amerindio del grupo nahua, establecido en el centro de México (Tlaxcala), que logró mantener su independencia frente a los aztecas. Tras ser derrotado por Hernán Cortés, se convirtió en su principal aliado y contribuyó a la Conquista española.

toalla *f.* Lienzo o tejido de felpa o rizo que se utiliza para secarse después de lavarse. || ~ **higiénica** Compresa higiénica, tira desechable de celulosa u otra materia similar que sirve para absorber el flujo menstrual.

tobera 1 *f.* Abertura tubular por donde entra el aire en los hornos o las forjas. 2 Tubo de salida por el que termina el conducto de descarga de un fluido. 3 En los motores de reacción, parte posterior por la que sale el gas de combustión.

tobillo *m.* Parte inferior de la pierna, junto a la garganta del pie, que se caracteriza por tener dos protuberancias óseas, una interna y otra externa.

tobogán *m.* Pista deslizante helicoidal, por la que las personas se dejan resbalar por diversión, sentadas o tendidas.

toca *f.* Prenda de tela para cubrirse la cabeza.

tocadiscos *m.* Aparato que reproduce los sonidos grabados en un disco de vinilo o acetato.

tocado[1] 1 *m.* Prenda para cubrir o adornar la cabeza. 2 Peinado o adorno del cabello.

tocado[2]**, da** *adj.* Ligeramente chiflado, medio loco.

tocador 1 *m.* Mueble provisto de espejo ante el cual se maquilla y peina una persona. 2 Habitación destinada a este fin.

tocar[1] 1 *tr.* Entrar en contacto alguna parte del cuerpo, especialmente la mano, con otra cosa. 2 Hacer sonar un instrumento musical. 3 Llamar con la aldaba, el timbre o golpeando con la mano. 4 Tropezar ligeramente una cosa con otra. 5 Ensayar una pieza de oro o plata en la piedra de toque. 6 Tratar superficialmente una materia. 7 Haber llegado el momento oportuno de ejecutar algo. 8 *intr.* Estar una cosa cerca de otra de modo que, en algún punto, queden en contacto. 9 Pertenecer a alguien parte de algo que se reparte. 10 Ser una cosa de la obligación o cargo de alguien. 11 Tener algo su turno para su cumplimiento. 12 Caer en suerte algo.

tocar[2] 1 *tr.* y *prnl.* Peinar y arreglar el cabello con lazos y adornos. 2 *prnl.* Cubrirse la cabeza con un sombrero, pañuelo o mantilla.

tocata *f.* MÚS Pieza musical destinada a los instrumentos de teclado.

tocayo, ya *m.* y *f.* Respecto de una persona, otra que tiene su mismo nombre.

tocino *m.* Capa de grasa que tiene el cerdo bajo la piel.

tocón *m.* Parte del tronco de un árbol que queda unida a la raíz cuando lo cortan por la base.

todavía 1 *adv. t.* Expresa la duración de una acción o de un estado hasta un determinado momento: *Cuando llegó a su casa, ella todavía estaba ahí.* 2 *adv. m.* No obstante, sin embargo: *Es muy inteligente, pero todavía le falta experiencia.* 3 Tiene sentido concesivo corrigiendo una frase anterior: *¿Por qué tardaste tanto?, todavía si no te hubieran avisado estaría justificado tu retraso.* 4 Denota encarecimiento o ponderación: *Esta guitarra es todavía más sonora que la tuya.*

todo, da 1 *adj.* Que es considerado en su integridad o en el conjunto de todas sus partes. 2 Se usa para indicar el exceso de alguna cualidad o circunstancia. 3 Seguido de un sustantivo en singular y sin artículo, toma y da a este sustantivo valor de plural: *Todo artista* equivale a *todos los artistas.* 4 En plural equivale a veces a *cada*: *Tiene mil pesos todos los meses;* es decir, *cada mes.*

todopoderoso, sa 1 *adj.* Que todo lo puede. 2 *m.* Por antonomasia, Dios. • Se escribe con may. inic. en la acepción 2.

todoterreno *adj.* y *s.* Dicho de un vehículo, que está diseñado para circular por terrenos accidentados.

toesa *f.* Antigua medida de longitud equivalente a 1,946 metros.

tofu *m.* Queso de leche de **soya**.

toga *f.* Prenda de vestir larga y holgada que usan los magistrados y algunos catedráticos.

toldillo *m.* MOSQUITERO, colgadura para protegerse de los mosquitos.

toldo *m.* Cubierta de tela, lona, encerado o plástico que se extiende para dar sombra o resguardar de la intemperie.

tolerancia 1 *f.* Acción y efecto de tolerar. 2 Respeto y consideración hacia las opiniones o prácticas de los demás. 3 Máxima diferencia que se admite entre el valor nominal y el valor real o efectivo en las características físicas y químicas de un material, pieza o producto.

tolerar 1 *tr.* Sufrir, soportar, llevar con paciencia. 2 Permitir algo sin aprobarlo expresamente. 3 Consentir ideas u opiniones distintas de las propias. 4 Resistir un organismo algo, como un alimento o medicamento, sin experimentar daño o trastorno.

tolteca *adj.* y *s.* HIST De un pueblo amerindio de la familia nahua que habitó antiguamente el valle de México, donde desarrolló una importante cultura entre los ss. VIII y XII. Su capital fue Tollan Xicocotitlán o Tula. Fue un pueblo compuesto de grandes guerreros y excepcionales artesanos, que ejerció gran influencia en los **aztecas**.

tolueno *m.* QUÍM Hidrocarburo líquido empleado, principalmente, en la fabricación de trinitrotolueno.

tolva *f.* Caja con una abertura inferior estrecha y de forma tal que permite la salida lenta y continua de los granos depositados en ella.

toma 1 *f.* Acción de tomar o recibir algo. 2 Abertura por donde se desvía parte de un caudal de agua o de un embalse. 3 ELECTR TOMACORRIENTE. 4 CIN y FOT Acción y efecto de fotografiar o filmar. || ~ **de tierra** ELECTR Conductor o dispositivo que une parte de la instalación o aparato eléctrico a tierra, como medida de seguridad.

tomacorriente 1 *m.* ELECTR Punto de un circuito por donde se hace salir el fluido de la corriente. 2 ELECTR Enchufe de conexión eléctrica.

tomado, da 1 *adj.* Ebrio, bebido. 2 *f.* Acción y efecto de tomar.

tomar 1 *tr.* Coger o asir algo con la mano o por un medio cualquiera. 2 Aceptar, admitir o recibir algo. 3 Recibir una cosa y encargarse de ella. 4 Contraer, adquirir: *Tomó afición a las apuestas.* 5 Conquistar, ocupar o adquirir por la fuerza un sitio. 6 Comer o beber. 7 Adoptar alguna decisión, emplear, poner por obra. 8 Servirse de un medio de transporte: *Tomar el tren.* 9 Interpretar algo en determinado sentido: *Tomar a broma algo.* 10 Calcular una medida o magnitud con instrumentos adecuados: *Tomar la temperatura.* 11 Adquirir mediante pago. 12 Recibir o adquirir lo que significan ciertos nombres que se le unen. 13 Elegir, entre varias cosas que se ofrecen al arbitrio, una de ellas. 14 Con ciertos nombres verbales, significa lo mismo que los verbos de donde tales nombres se derivan: *Tomar impulso,* impulsarse; *tomar posesión,* posesionarse. 15 Empezar a seguir una dirección, entrar en una calle, camino o tramo, encaminarse por ellos: *Tomar la derecha.*

tomate 1 *m.* Baya roja, fruto de la tomatera, que tiene la superficie lisa y brillante y en su pulpa numerosas semillas algo aplastadas y amarillas. 2 TOMATERA.

tomatera *f.* Planta solanácea, herbácea, nativa de los Andes, que tiene el tallo largo, las hojas lobuladas y dentadas, y las flores pentámeras en ramillete. Se cultiva en casi todo el mundo y su fruto es el tomate.

tómbola 1 *f.* Sorteo o rifa pública de objetos. 2 Local en que se realiza esta rifa.

tomento *m.* BOT Capa de vellos entrelazados que cubre la superficie de los tallos, las hojas y otros órganos de algunas plantas.

tomillo *m.* Planta de las labiadas que tiene tallo rastrero, hojas opuestas y lanceoladas y flores blancas o rosadas. Es muy olorosa y se usa como condimento de cocina.

tomín *m.* Moneda de plata que se usó en América durante la Conquista española.

tomismo *m.* FIL Sistema filosófico esbozado por santo Tomás de Aquino, en el que destacan la primacía de la existencia sobre la esencia, el conocimiento por abstracción de las formas, la concepción de la materia como principio de individuación, y la unión sustancial del alma y el cuerpo.

tomo *m.* Cada parte con paginación propia y encuadernada por separado en la que se divide una obra de cierta extensión.

tomografía *f.* MED Técnica de registro gráfico de imágenes corporales, correspondientes a un plano predeterminado, mediante rayos X, ultrasonido, resonancia magnética, etc.

tonada 1 *f.* Composición métrica destinada a ser cantada. 2 Música de esta canción.

tonadilla *f.* Tonada alegre y ligera.

tonal *adj.* MÚS Perteneciente o relativo al tono o a la tonalidad.

tonalidad 1 *f.* Conjunto o sistema de colores y tonos. 2 MÚS Organización de la música alrededor de una determinada nota, llamada tónica, que sirve como punto focal.

tonel *m.* Cuba grande en que se echa el vino u otro líquido.

tonelada *f.* Unidad de peso equivalente a 1000 kg. Símbolo: t.

tonelaje 1 *m.* Número de toneladas que pesa una cosa. 2 Capacidad en toneladas de un vehículo de transporte.

tóner 1 *m.* INF Pigmento negro pulverizado usado en el fotocopiado y la impresión láser. 2 TAMBOR, componente fotosensible.

tonicidad *f.* FISIOL Grado de tensión de los órganos del cuerpo, en especial de los músculos.

tónico, ca 1 *adj.* Perteneciente o relativo al tono o a la tonicidad. 2 *adj.* y *f.* FON Dicho de una vocal, sílaba o palabra, que se pronuncia con acento prosódico. 3 MÚS Que se aplica al primer grado de la escala diatónica o a una tonalidad. 4 *m.* Medicamento que mejora el estado general del organismo. 5 *f.* Tendencia general, estilo, tono. 6 Bebida a base de quinina, refrescante y gaseosa.

tonificar *tr.* Dar fuerza y vigor al organismo.

tono 1 *m.* Grado de elevación de un sonido. 2 Modo de hablar según la intención o el estado de ánimo. 3 Sentido en que se usa una expresión. 4 Carácter o estilo de un escrito, discurso, etc. 5 Señal acústica que suena en el auricular del teléfono. 6 Grado de intensidad de los colores. 7 FISIOL Capacidad del organismo o alguna de sus partes para ejercer las funciones que le corresponden. 8 MÚS Cada una de las escalas que se forman para las composiciones musicales partiendo de una nota fundamental, que le da nombre. 9 MÚS Disposición especial de los intervalos de una escala musical. 10 MÚS Intervalo o distancia que media entre una nota y su inmediata, excepto del *mi* al *fa* y del *si* al *do.* || ~ **mayor** MÚS Disposición de los sonidos de una escala musical, cuya tercera nota se diferencia dos tonos de la primera. ~ **menor** MÚS Disposición de los sonidos de una escala musical, cuya tercera nota solo se diferencia tono y medio de la primera.

tonsura *f.* Acción y efecto de conferir el grado preparatorio del estado clerical, con diferentes formas de corte de pelo.

tonsurar *tr.* Cortar el pelo de la coronilla a los que reciben las órdenes sacerdotales.

tontear *intr.* Hacer o decir tonterías.

tontería 1 *f.* Cualidad de tonto. 2 Dicho, hecho o cosa de poca importancia. 3 Remilgo, melindre.

tonto, ta *adj.* y *s.* Dicho de una persona, que es poco inteligente o escasa de entendimiento.

top *m.* Prenda de vestir femenina que es una especie de camiseta sin mangas que llega hasta debajo del pecho.

topacio *m.* Piedra fina, amarilla y muy dura.

topar 1 *tr.* Chocar una cosa con otra. 2 *tr.* e *intr.* Hallar o encontrar casualmente o sin querer. • U. t. c. prnl.

tope[1] 1 *m.* Parte por donde una cosa puede topar con otra. 2 Pieza que, en algunas herramientas e instrumentos, sirve para impedir que se pase de un punto determinado con su acción o movimiento.

tope[2] *m.* Extremo al que se puede llegar en una cosa.

topetar 1 *tr.* e *intr.* Chocar con la cabeza en algunas cosas; dar golpes con la cabeza los toros, carneros, etc. 2 Topar, chocar.

tópico, ca 1 *adj.* Perteneciente o relativo al lugar común. 2 *adj.* y *m.* FARM Dicho de un medicamento, que es de uso externo. 3 *m.* Lugar común, asunto o tema de conversación muy utilizado o al que se recurre habitualmente al hablar o escribir.

toples *m.* Desnudo femenino con los pechos al descubierto.

topo[1]**, pa** *m.* y *f.* Mamífero de pequeño tamaño que posee cuerpo rechoncho, cola corta, pelaje tupido, ojos casi atrofiados y hocico afilado. Vive en madrigueras subterráneas y se alimenta de gusanos y larvas de insectos.

topo[2] 1 *m.* Prendedor tradicional indígena destinado a adornar o sujetar exteriormente el vestido. 2 Pequeña esfera de oro u otro material que se lleva como adorno en la oreja.

topografía 1 *f.* Arte de describir y delinear con detalle la superficie de un terreno o territorio de poca extensión. 2 Conjunto de particularidades que presenta un terreno en su configuración superficial.

topográfico, ca *adj.* Perteneciente o relativo a la topografía.

topología *f.* MAT Parte de las matemáticas que trata de la continuidad y de otros conceptos más generales originados de ella.

toponimia *f.* Estudio del origen y significado de los nombres propios de lugar.

topónimo *m.* Nombre propio de lugar.

toque 1 *m.* Acción de tocar algo. 2 Sonido de las campanas u otro instrumento que sirve para avisar o anunciar algo. 3 Golpe leve. 4 Ensayo del oro o de la plata con una piedra de toque. 5 Detalle o matiz determinado que posee alguien o algo y que lo caracteriza. || ~ **de queda** Medida gubernativa que, en estados de excepción, prohíbe la permanencia en las calles durante determinadas horas.

toquetear *tr.* Tocar reiteradamente algo.

toquilla 1 *f.* Pañuelo plegado en forma triangular que se pone en la cabeza o el cuello. 2 Prenda de abrigo con forma de capa corta.

torá *f.* Libro de la ley de los judíos que incluye los cinco primeros libros del *Antiguo Testamento.*

torácico, ca 1 *adj.* ANAT Perteneciente o relativo al tórax. 2 ANAT **canal** ~.

tórax 1 *m.* ANAT Parte del cuerpo, comprendida entre el cuello y el abdomen, que está separada de este último por el diafragma. Forma una cavidad que contiene el corazón, los pulmones y otros órganos y estructuras anexos. 2 ZOOL Región media de las tres en las que se divide el cuerpo de los insectos, arácnidos y crustáceos.

torbellino 1 *m.* Remolino de viento o polvo. 2 Concurrencia o abundancia de cosas que causa confusión y aturdimiento. 3 FÍS En la mecánica de los fluidos, movimiento veloz definido por una rotación de las partículas fluidas alrededor de un eje. 4 FOLCL Danza y canto del N de Colombia de carácter mestizo y acentuadas características indígenas.

torcaza *f.* Paloma silvestre.

torcedura *f.* Acción y efecto de torcer.

torcer 1 *tr.* y *prnl.* Encorvar o doblar algo recto. 2 Inclinar o poner sesgado algo. 3 Mover un miembro del cuerpo de manera violenta o brusca hacia una posición distinta a la normal. 4 Cambiar la dirección, curso o posición de algo, o la voluntad de alguien. 5 Hacer que alguien falte a sus principios u obligaciones. 6 **RETORCER**, dar vueltas a una cosa sobre sí misma. • Vb. irreg. conjug. c. **mover**. V. anexo El verbo.

torcido, da 1 *adj.* Que no es recto. 2 Dicho de una persona, que no obra con rectitud y de su conducta.

tordo, da 1 *adj.* y *s.* Dicho de un caballo, que tiene el pelo mezclado de blanco y negro. 2 *m.* Ave, de aprox. 24 cm de largo, que posee pico delgado y negro, lomo gris y vientre amarillento y se alimenta de insectos y frutos.

torear 1 *intr.* y *tr.* Lidiar los toros en la plaza. 2 *tr.* Evitar algo o a alguien. 3 Provocar a alguien con palabras que pueden molestarle o irritarle. 4 Azuzar, provocar, incitar.

torero, ra 1 *m.* y *f.* Persona que se dedica a la lidia de los toros. 2 *f.* Chaquetilla corta y ceñida al cuerpo.

toril *m.* En las plazas de toros, lugar donde están encerrados los toros destinados a la lidia.

torio *m.* QUÍM Elemento radiactivo del grupo de los actínidos que es dúctil y maleable y arde muy fácilmente en el aire. Se usa en la industria nuclear y para proporcionar dureza a ciertos metales. Símbolo: Th. Número atómico: 90. Peso atómico: 232,038. Punto de fusión: 1750 °C. Punto de ebullición: 4850 °C.

tormenta 1 *f.* GEO Perturbación atmosférica violenta acompañada de descargas eléctricas, viento fuerte y lluvia o nieve o granizo. 2 Perturbación en algún aspecto de la organización política, financiera o económica. || ~ **solar** ASTR Viento solar muy fuerte que procede de los agujeros de la corona donde el gas es más frío y menos denso que en el resto. Provoca alteraciones que se pueden detectar desde el campo magnético de la Tierra.

tormento 1 *m.* Acción y efecto de atormentar o atormentarse. 2 Dolor físico muy intenso. 3 Preocupación, aflicción, congoja. 4 Persona o cosa que la ocasiona. 5 HIST Práctica judicial antigua que acompañaba al interrogatorio y que consistía en violentar físicamente al acusado para obtener de él la confesión del delito.

tornado *m.* GEO Tromba muy violenta y de gran diámetro en cuyo eje central existe una fuerte corriente vertical ascendente capaz de elevar en el aire objetos pesados. A su alrededor los vientos pueden alcanzar velocidades de 250-300 km/h. Puede recorrer muchos kilómetros y causar grandes daños donde desciende.

tornar 1 *tr.* Devolver algo a alguien, restituir. 2 *tr.* y *prnl.* Cambiar, transformar a alguien o algo. 3 *intr.* Regresar, volver a un sitio. 4 Seguido de la preposición *a* y de un infinitivo, volver a hacer lo que este expresa.

tornasol 1 *m.* Reflejo o viso que produce la luz en algunas telas o en otras materias muy tersas haciéndolas cambiar de color. 2 QUÍM Tintura azul violácea que sirve de reactivo para reconocer los ácidos, que la tornan roja. 3 QUÍM **papel** ~.

tornear 1 *tr.* Labrar o dar forma a algo con el torno. 2 *intr.* Combatir o pelear en el torneo.

torneo 1 *m.* HIST Espectáculo y entretenimiento caballeresco que consistía en una lucha entre dos bandos de caballeros armados que combatían en un espacio cercado, bajo la presidencia y el arbitraje de uno o varios caballeros experimentados. 2 DEP Competición deportiva.

tornillo 1 *m.* Pieza cilíndrica o cónica de metal, con fileteado o resalto helicoidal, que entra y juega en la tuerca. 2 Clavo con resalto helicoidal. 3 **PRENSA**, herramienta de sujeción.

torniquete 1 *m.* Aparato provisto de barras giratorias que se usa para que las personas accedan de una en una a un espacio público. Suele tener acondicionado un mecanismo para registrar el número de usuarios. 2 MED Instrumento quirúrgico para contener mecánicamente las hemorragias de las extremidades.

torno 1 *m.* Armario cilíndrico empotrado en un muro que gira sobre un eje y permite introducir y extraer objetos sin ver el interior. 2 Disco que gira horizontalmente y tiene en su eje una mesita horizontal sobre la que se coloca la pieza de arcilla que se trabajará. 3 **TORNIQUETE**, aparato provisto de barras giratorias. 4 **FRESA**[2]. 5 Máquina simple que consiste en un cilindro dispuesto para girar alrededor de su eje por la acción de palancas, cigüeñales o ruedas, y que actúa sobre la resistencia por medio de una cuerda, un cable o una cadena que se va arrollando al cilindro. || **en ~ a** 1 **ALREDEDOR DE.** 2 **ACERCA DE. en ~ de ALREDEDOR DE.**

toro[1] 1 *m.* Mamífero rumiante que posee cabeza gruesa, dotada de dos cuernos, piel dura, pelo corto y cola larga. 2 *m. pl.* Fiesta o corrida de toros.

toro[2] *m.* GEOM Superficie de revolución obtenida al hacer girar un círculo en torno a una recta que se encuentra en su plano, pero con la que no tiene puntos en común.

toroide *m.* GEOM Superficie de revolución obtenida al hacer girar una curva cerrada y plana alrededor de una recta que se encuentra en su plano, pero con la que no tiene puntos en común.

toronja *f.* Fruto del toronjo, de 10 a 25 cm de diámetro, que tiene la corteza lisa de color amarillo claro y pulpa verdosa, amarga y comestible.

toronjil *m.* Hierba de las labiadas que tiene hojas ovales y opuestas, flores en verticilos axilares y fruto seco, y es usada como remedio tónico.

toronjo *m.* Árbol rutáceo que tiene hojas ovadas, flores blancas y fruto en hesperidio llamado toronja.

torpe 1 *adj.* Lento en el movimiento, falto de habilidad y destreza física. 2 Rudo, tardo en comprender.

torpedear 1 *tr.* Lanzar torpedos contra un objetivo. 2 Hacer fracasar un asunto o proyecto.

torpedero *m.* Buque o avión de guerra adaptado para el lanzamiento de torpedos.

torpedo 1 *m.* Pez de los ráyidos que tiene órganos eléctricos, cola corta y dos pequeñas aletas dorsales, y vive en los fondos arenosos marinos. 2 Proyectil explosivo submarino autodirigido.

torpor *m.* Estado físico transitorio que se caracteriza por la disminución de la sensibilidad y los reflejos y el embotamiento mental.

torque *m.* FÍS Fuerza que se aplica a una **palanca** para mover o hacer girar un objeto.

torre 1 *f.* Edificio fuerte, más alto que ancho, que tiene planta cuadrada, circular o poligonal. 2 Pieza del juego de ajedrez que se sitúa en los cuatro ángulos del tablero. 3 En las líneas de transporte de energía eléctrica, estructura que soporta los cables conductores. 4 Columna de destilación de una refinería de petróleo. 5 Reducto con uno o más cañones en la cubierta de los buques de guerra. || ~ **de control** Construcción con altura suficiente para dominar visualmente un aeropuerto y en la que se encuentran los servicios de radionavegación y telecomunicaciones para regular el tránsito de los aviones.

torrefacción *f.* Operación que consiste en someter a la acción directa del fuego, y en contacto con el aire, determinadas sustancias que se quieren oxidar.

torrente 1 *m.* Corriente o avenida impetuosa de agua que sobreviene en época de muchas lluvias o rápidos deshielos. 2 Curso de la sangre en el aparato circulatorio.

torrentoso, sa *adj.* Dicho de un río o arroyo que tiene curso rápido e impetuoso.

torreón *m.* Torre grande de defensa en una fortaleza o un castillo.

tórrido, da 1 *adj.* Muy caliente, ardiente o quemado. 2 GEO **zona** ~ o intertropical.

torsión *m.* Acción y efecto de torcer o torcerse en forma helicoidal una cosa.

torso *m.* Tronco del cuerpo humano.

torta *f.* Pastel grande hecho de masa de harina y relleno de frutas, crema, etc.

tortícolis (Tb. torticolis) *m.* Espasmo doloroso de los músculos del cuello que obliga a tener a este torcido e inmóvil.

tortilla 1 *f.* Fritada de huevo batido a la que se le da una forma determinada y en la que se incluye a veces algún otro ingrediente. 2 Pan ázimo de harina de maíz al que se da forma de torta fina y circular y se cuece en el comal. 3 Pan de trigo cocido en el rescoldo.

tórtolo, la 1 *m.* y *f.* Paloma silvestre, de unos 30 cm de longitud, que posee dorso rojizo, pecho rosado y cola larga en abanico de color negro y bordes blancos. 2 *m. pl.* coloq. Pareja de enamorados.

tortuga *f.* Reptil cuyo cuerpo está protegido por un caparazón de placas óseas dentro del cual pueden retraer la cabeza, las extremidades y la cola. Tiene las patas cortas y la cabeza con maxilas cubiertas por una estructura córnea en forma de pico. Vive en ambientes marinos, terrestres y de agua dulce. En muchas especies las extremidades están adaptadas para el nado y tienen forma de pala. Ciertas especies solo alcanzan 15 cm de longitud, mientras que otras, como la tortuga laúd, pueden alcanzar 2,4 m.

tortuoso, sa 1 *adj.* Que tiene vueltas, curvas y rodeos. 2 Enrevesado, difícil, complicado. 3 Que obra con astucia para engañar.

tortura 1 *f.* Intenso dolor físico o psicológico causado a una persona, con métodos y utensilios diversos, con el fin de obtener de ella una confesión o propinar un castigo. 2 Dolor, angustia, pena o aflicción grandes.

torturar *tr.* y *prnl.* Dar tortura, atormentar.

torvo, va *adj.* Dicho de una mirada, que es fiera o de aspecto malvado.

tos *f.* Movimiento convulsivo y ruidoso del aparato respiratorio que abre violentamente la glotis ocluida y se origina por la acción refleja de algún trastorno nervioso, gástrico, etc.

tosco, ca 1 *adj.* Basto, sin pulimento, hecho sin cuidado y con materiales de escaso valor. 2 *adj.* y *s.* Inculto, sin educación.

toser *intr.* Tener o padecer tos.

tosferina *f.* MED Infección respiratoria altamente contagiosa que se caracteriza por episodios de tos muy intensos.

tósigo 1 *m.* Veneno, ponzoña. 2 *adj.* Imprudente, fastidioso.

tostado, da 1 *adj.* Dicho de un color, que es de tonalidad oscura. 2 *m.* Acción y efecto de tostar. 3 *f.* Rebanada de pan tostada.

tostar 1 *tr.* y *prnl.* Exponer algo a la acción del fuego hasta que tome color dorado, sin llegar a quemarse. 2 Calentar demasiado. 3 Curtir, poner morena o bronceada, al sol o al aire, la piel del cuerpo. • Vb. irreg. conjug. c. **contar**. V. anexo El verbo.

total 1 *adj.* Entero, completo, que comprende todo. 2 *m.* MAT Suma, resultado de una adición. 3 *adv. m.* En suma, en conclusión, en resumen.

totalidad 1 *f.* Cualidad de total. 2 Todo, cosa íntegra. 3 Conjunto de todas las personas o cosas que conforman una clase o especie. 4 ASTR **zona** de ~.

totalitarismo *m.* POLÍT Régimen político que atribuye al Estado un valor absoluto, con mengua de los derechos individuales, y que no permite la actuación de otros partidos distintos al que detenta el poder.

tótem 1 *m.* REL Entidad natural, como un animal, vegetal o fenómeno de la naturaleza, que es objeto de culto en ciertas sociedades. 2 Emblema que representa esta entidad.

totemismo *m.* Sistema de creencias y organización de tribu basados en el tótem.

totonaco, ca *adj.* y *s.* De un pueblo amerindio del centro de México que habita en la Sierra Norte de Puebla y en la parte septentrional del estado de Veracruz.

totora 1 *f.* Espadaña que crece en los lagos y lagunas andinos y se emplea para construir techos de ranchos, canoas, balsas, esteras, etc. 2 Embarcación o balsa elaborada de haces de totora.

totuma 1 *f.* Fruto del totumo. 2 Vasija hecha con este fruto.

totumo 1 *m.* Árbol tropical bignoniáceo que tiene un fruto globoso, de corteza dura y blanquecina, lleno de pulpa blanca. 2 TOTUMA.

tour (Voz fr.) *m.* Excursión, viaje, gira.

toxemia *f.* MED Situación clínica caracterizada por la presencia de materiales tóxicos en la sangre.

tóxico, ca 1 *adj.* y *m.* Dicho de una sustancia, que es venenosa. 2 ECOL **residuo** ~.

toxicomanía *f.* Hábito de consumir sustancias que procuran estados artificiales placenteros o que suprimen el dolor.

toxina *f.* BIOL Sustancia producida por organismos vivos que obra como veneno aun en pequeñas proporciones.

toxoplasmosis *f.* MED Enfermedad cuyo agente causal es el protozoo *Toxoplasma gondii.* Sus síntomas recuerdan a los de un catarro común y, si una mujer la contrae durante el embarazo, puede ocasionar anomalías graves en el feto.

tozudo, da *adj.* Obstinado, testarudo.

traba 1 *f.* Acción y efecto de trabar. 2 Instrumento con que se junta, une y sujeta una cosa con otra. 3 Lo que dificulta la realización de algo o impide la libertad de acción de alguien.

trabajado, da 1 *adj.* Cansado o agotado por exceso de trabajo en su vida. 2 Elaborado con mucho cuidado y minuciosidad.

trabajador, ra 1 *adj.* Que trabaja. 2 Que le gusta el trabajo. 3 *m.* y *f.* Persona que trabaja bajo dependencia y por cuenta ajena.

trabajar 1 *intr.* Ejercer un oficio o profesión, tener una ocupación estable. 2 Tener una ocupación remunerada. 3 Intentar algo con eficacia, actividad y cuidado. 4 Realizar un esfuerzo físico o intelectual en una actividad determinada. 5 Funcionar una máquina. 6 Desarrollar su actividad un establecimiento o una institución. 7 Sufrir algo, o parte de ello, la acción de los esfuerzos a los que se halla sometido. 8 *tr.* Formar, disponer o ejecutar algo, arreglándose a método y orden. 9 Elaborar o dar forma a una materia: *Trabajar la madera, la arcilla, el cuero.*

trabajo 1 *m.* Acción y efecto de trabajar. 2 Obra, producto que resulta de una actividad física o intelectual. 3 Ocupación retribuida. 4 Operación de la máquina, pieza, herramienta o utensilio que se emplea para algún fin. 5 Dificultad, impedimento o perjuicio. 6 ECON Esfuerzo humano aplicado a la producción de riqueza. Es uno de los tres factores de producción principales, siendo los otros dos los recursos naturales y el capital. 7 ECON **bolsa** de ~. 8 FÍS Resultado de una fuerza productora de un movimiento, que equivale al producto de dicha fuerza *f* por el camino recorrido por su punto de aplicación *s* y por el coseno del ángulo *a* comprendido entre la dirección de dicha fuerza y la de la trayectoria seguida por el cuerpo sobre el que se aplica. En el sistema internacional de unidades, para expresar el trabajo se emplea el **julio**. || ~ **de campo** En ciencias sociales, recogida y análisis de los datos relativos a la cultura de una sociedad o un grupo de personas. ~ **social** Actividad profesional cuyo objetivo es el desarrollo individual y de grupo o el alivio de las condiciones sociales y económicas adversas. **~s forzados** En los que se ocupa el presidiario como parte de la pena impuesta por su delito.

trabajoso, sa *adj.* Que da o causa mucho trabajo.

trabalenguas *m.* Palabra o frase difícil de pronunciar.

trabar 1 *tr.* Juntar o unir una cosa con otra para darles mayor fuerza o resistencia. 2 Poner trabas. 3 Espesar o dar mayor consistencia a algún líquido o masa. 4 *tr.* e *intr.* Prender, agarrar, coger. 5 *prnl.* Entorpecérsele a alguien la lengua al hablar.

trabazón 1 *f.* Enlace de dos o más cosas que se unen entre sí. 2 Conexión de una cosa con otra o dependencia que tienen entre sí.

trabilla 1 *f.* Tira que pasa por debajo del pie para sujetar los bordes inferiores del pantalón. 2 Tira de tela que ciñe a la cintura las prendas de vestir. 3 Tirita de tela que sujeta el cinturón del pantalón o de la falda.

trabuco *m.* Arma de fuego, de corto alcance, con el cañón ensanchado por la boca.

tracción 1 *f.* Acción y efecto de tirar de algo para arrastrarlo. 2 Acción de hacer andar un vehículo por algún procedimiento mecánico. 3 Fuerza o par de fuerzas que actúan axialmente en un cuerpo y tienden a alargarlo.

tracería *f.* ARQ Decoración arquitectónica de figuras geométricas.

tracio, cia *adj.* y *s.* HIST De un pueblo indoeuropeo que se instaló entre el Danubio, el mar Negro y el mar Egeo en el II milenio a. C.

tracto *m.* ANAT Formación o estructura anatómica en que predomina la longitud: *Tracto gastrointestinal.*

tractor *m.* Vehículo automotor cuyas ruedas o cadenas se adhieren con fuerza al terreno, y se emplea para arrastrar o tirar de arados, remolques u otras máquinas o vehículos.

tradición 1 *f.* Transmisión oral, efectuada de generación en generación, de hechos históricos, obras literarias, costumbres, leyes, doctrinas y leyendas. 2 Costumbre o norma transmitida de esta manera. 3 Costumbre, doctrina, hábito establecido. 4 DER Entrega de algo a alguien: *Tradición de una cosa vendida.*

tradicionalismo *m.* Apego a las costumbres, ideas, normas, sistemas, etc., del pasado.

traducción 1 *f.* Acción y efecto de traducir. 2 Texto traducido. 3 Sentido que se da a un texto o escrito. 4 BIOQ Parte del proceso de síntesis de proteínas que tiene lugar en el ribosoma y durante la cual es copiada una cadena de ARN mensajero.

traducir 1 *tr.* Expresar en una lengua lo que está escrito o se ha expresado antes en otra. 2 Explicar, interpretar, expresar, representar. • Vb. irreg. conjug. c. **conducir**. V. anexo El verbo.

traer 1 *tr.* Conducir o trasladar algo desde el lugar en que se halla a otro más próximo al hablante o lugar del que se habla. 2 Atraer o tirar hacia sí. 3 Causar, ocasionar: *La pereza trae sus males.* 4 Poner a alguien o ponerse alguien en la situación que se expresa: *Me trae preocupado.* 5 Tener puesta una prenda: *Traía un sombrero llamativo.* 6 Alegar razones para la comprobación de un asunto: *Traer a cuento.* 7 Referido a publicaciones, contener lo que se expresa o tratar sobre ello. 8 *tr.* y *prnl.* Estar empleado en la ejecución de algo: *Traigo un negocio entre manos; ¿Que se traerá Pedro con tantas visitas?* • Vb. irreg. conjugación modelo.

trafagar *intr.* Trajinar, llevar mucho ajetreo.

traficar 1 *intr.* Comerciar, negociar. 2 Hacer negocio de algo de forma indebida.

tráfico 1 *m.* Acción y efecto de traficar. 2 Circulación, concurrencia y movimiento de vehículos por calles, carreteras, puertos, aeropuertos o estaciones.

tragaluz *m.* Ventana abierta en el techo o en la parte alta de la pared.

tragamonedas *adj.* y *f.* Máquina o aparato que funciona automáticamente mediante la introducción de una moneda.

tragar 1 *tr.* coloq. Comer con voracidad. 2 *tr.* y *prnl.* Hacer que algo pase de la boca al aparato digestivo por la faringe. 3 Dar crédito a algo engañoso. 4 coloq. Tolerar o disimular algo desagradable u ofensivo. 5 Consumir, gastar mucho.

tragedia 1 *f.* LIT Género dramático, en verso o prosa, en el que intervienen personajes nobles o heroicos que enfrentan conflictos provocados por las pasiones humanas y tienen un desenlace fatal. 2 ART Obra de cualquier género literario o artístico en la que predominan rasgos propios de la tragedia. 3 Suceso desgraciado de la vida real, de consecuencias irregulares y terribles.

trágico, ca 1 *adj.* Perteneciente o relativo a la tragedia. 2 Muy desgraciado, funesto.

tragicomedia 1 *f.* LIT Género dramático en que se alternan elementos trágicos y cómicos. 2 LIT Obra de este género. 3 Suceso de la vida real en el que se mezclan lo trágico y lo cómico.

tragicómico, ca 1 *adj.* Perteneciente o relativo a la tragicomedia. 2 Que participa de las cualidades de lo trágico y lo cómico.

trago 1 *m.* Porción de líquido que se bebe o se puede beber de una vez. 2 Licor, bebida alcohólica.

tragón, na *adj.* y *s.* Que traga o come mucho.

traición 1 *f.* Falta que se comete quebrantando la lealtad y fidelidad debidas. 2 DER Delito que atenta contra la seguridad de la patria.

traicionar 1 *tr.* Cometer traición. 2 Delatar la verdadera intención. 3 *prnl.* Descubrir lo que se desea ocultar.

traído, da 1 *adj.* Muy usado. 2 *f.* Acción de traer.

traidor, ra 1 *adj.* y *s.* Que comete traición. 2 *adj.* Que implica o denota traición o falsedad. 3 De apariencia inofensiva, pero dañino. 4 Que delata lo que se quería ocultar.

tráiler 1 *m.* Camión sin caja de gran tonelaje, con remolque de grandes dimensiones. 2 CIN Avance de una película.

traílla *f.* Correa o cuerda con la que se lleva atado al perro.

traje *m.* Vestido exterior completo de hombre o mujer.

trajín 1 *m.* Acción de trajinar. 2 Ajetreo.

trajinar *intr.* Moverse de un lugar a otro con cualquier ocupación o gestión.

trama 1 *f.* Conjunto de hilos cruzados con los de la urdimbre y colocados a lo ancho de los tejidos. 2 Disposición interna, enlace entre las partes de un asunto. 3 Intriga o confabulación para perjudicar a alguien. 4 En artes gráficas, cuadriculado muy fino, que al fotografiar o reproducir una imagen, la descompone en puntos de tamaño y forma según la intensidad del tono representado. 5 BIOL Conjunto de elementos celulares que constituyen la armazón de un tejido. 6 LIT Organización de acontecimientos y acciones en una obra narrativa o dramática. 7 TV Conjunto de líneas que constituyen la imagen que se debe transmitir o se recibe en televisión.

tramar 1 *tr.* Atravesar los hilos de la trama por entre los de la urdimbre para tejer las telas. 2 Preparar con astucia y sigilo algún engaño, enredo o traición. 3 Disponer con habilidad la ejecución de cualquier cosa complicada o difícil.

trámite 1 *m.* Paso de una parte o cosa a otra. 2 Cada una de las diligencias necesarias para la conclusión de un asunto o negocio.

tramitología 1 *f.* Método para resolver o facilitar los trámites. 2 Exceso de trámites.

tramo 1 *m.* Cada una de las partes en que está dividida o se puede dividir una estructura lineal: *La vía está bloqueada en su tramo medio.* 2 Cada una de las partes o etapas en que se divide algo: *Andamio de dos tramos; En el tramo final de su existencia se dedicó a la filantropía.* 3 Parte de una escalera comprendida entre dos rellanos.

tramontano, na *adj.* Que está del otro lado de los montes o que viene desde ellos: *Viento tramontano.*

tramoya 1 *f.* TEAT Conjunto de máquinas con el cual en los escenarios de los teatros se realizan los cambios de decorado y los efectos especiales. 2 Trama, intriga, engaño.

tramoyista 1 *adj.* Dicho de una persona mentirosa, que usa engaños y enredos. 2 *m.* y *f.* Persona que idea, construye o maneja las tramoyas de los teatros.

trampa 1 *f.* Artificio para cazar o matar animales. 2 Puerta en el suelo que pone en comunicación cualquier parte de un edificio con otra inferior. 3 Dispositivo que sirve para retener una sustancia separándola de otras. 4 Contravención disimulada a una ley, convenio o regla, con miras al propio provecho. 5 Ardid para engañar o perjudicar a alguien.

trampear 1 *tr.* Usar de ardides para engañar a alguien o eludir una dificultad. 2 *intr.* Discurrir medios lícitos para hacer más llevadera la penuria o alguna adversidad.

trampolín *m.* Tabla inclinada y elástica que permite a los gimnastas y nadadores aumentar la altura o longitud de su salto.

tranca 1 *f.* Palo grueso y fuerte que se emplea como arma de ataque o defensa. 2 Palo grueso y fuerte que se pone atravesado detrás de las puertas o ventanas cerradas para asegurarlas.

trancar 1 *tr.* Atrancar, asegurar una puerta, ventana, etc. 2 Contener un ataque, refrenar un impulso.

trance 1 *m.* Momento crítico, decisivo y difícil de algún suceso o acción. 2 Con los adjetivos *último, postrer* y *mortal,* último estado o tiempo de la vida, próximo a la muerte. 3 Estado en el que los médium manifiestan fenómenos paranormales.

tranco *m.* Paso largo que se da abriendo mucho las piernas.

tranquera 1 *f.* Empalizada de trancas. 2 Puerta de un cercado.

tranquilidad *f.* Quietud, reposo, sosiego.

tranquilizante 1 *adj.* Que tranquiliza. 2 *adj.* y *m.* FARM Dicho de un medicamento, que tiene acción sedante.

tranquilizar *tr.* y *prnl.* Poner tranquilo, calmar.

tranquilo, la 1 *adj.* Quieto, sosegado, pacífico. 2 Despreocupado, que no le importa no cumplir o quedar mal.

transacción 1 *f.* Acción y efecto de transigir. 2 Trato o acuerdo comercial.

transamazónico, ca 1 *adj.* Que está al otro lado del Amazonas o que lo atraviesa. 2 Que atraviesa la Amazonia.

transaminasa *f.* MED Enzima que produce el hígado e interviene en el metabolismo.

transandino, na (Tb. trasandino) *adj.* Que está al otro lado de los Andes o que los atraviesa.

transar 1 *intr.* Transigir, ceder. 2 Transigir, llegar a un acuerdo.

transatlántico, ca (Tb. trasatlántico) 1 *adj.* Dicho de una región, que está situada al otro lado del Atlántico. 2 Dicho de un tipo de tráfico y medio de locomoción, que atraviesa el Atlántico. 3 *m.* Barco de grandes dimensiones destinado a hacer la travesía del Atlántico o de otro gran océano.

transbordador, ra (Tb. trasbordador) 1 *adj.* Que transborda. 2 *m.* FERRI. || ~ **espacial** Nave espacial tripulada y colocada en órbita que regresa a la Tierra volando, como un avión, en la última fase de aproximación y puede utilizarse de nuevo.

transbordar (Tb. trasbordar) 1 *tr.* y *prnl.* Trasladar efectos o personas de un vehículo a otro. 2 Cambiar alguien de vehículo durante un viaje.

transcendencia..., transcontinental V. TRASCENDENCIA..., TRASCONTINENTAL.

A B C D E F G H I J K L M N Ñ O P Q R S T U V W X Y Z

transcribir (Tb. trascribir) 1 *tr.* Copiar, escribir en una parte lo escrito en otra. 2 Escribir con un sistema de caracteres lo escrito en otro. 3 Poner por escrito algo que se oye. 4 Mús Arreglar para un instrumento la música escrita para otro.

transcripción (Tb. trascripción) 1 *f.* Acción y efecto de transcribir. 2 Biol Primera parte de la síntesis de proteínas, en la que se copia la cadena del **ADN** por el **ARN** mensajero.

transculturación (Tb. trasculturación) *f.* Recepción por un pueblo o grupo social de formas de cultura procedentes de otro, que sustituyen de un modo más o menos completo a las propias.

transcurrir (Tb. trascurrir) 1 *intr.* Pasar, correr el tiempo: *Transcurrió una hora.* 2 Desarrollarse algo de cierta manera en un periodo de tiempo: *La reunión transcurrió en calma.*

transducción 1 *m.* Transformación de un tipo de señal en otro distinto. 2 Biol Tipo de transferencia de información genética entre bacterias, sin que entren en contacto, a expensas del **ADN** de un virus.

transductor 1 *m.* Biol Entidad biológica, proteína o conjunto de proteínas que lleva a cabo la trasformación de una acción hormonal en una actividad enzimática. 2 Fís Emisor-receptor que convierte el efecto de una causa física (presión, temperatura, dilatación, humedad, etc.) en otro tipo de señal, normalmente eléctrica.

transepto *m.* Arq Nave transversal de un templo religioso que forma los brazos de la cruz latina.

transeúnte *adj.* y *s.* Que transita o pasa por algún lugar.

transexual *adj.* y *s.* Dicho de una persona, que adquiere los caracteres sexuales propios del sexo opuesto mediante un tratamiento hormonal y una intervención quirúrgica.

transexualidad *f.* Cualidad o condición de transexual.

transferencia (Tb. trasferencia) 1 *f.* Acción y efecto de transferir. 2 Econ Operación por la que se transfiere una cantidad de una cuenta bancaria a otra.

transferente (Tb. trasferente) *adj.* Bioq **ARN** ~.

transferir (Tb. trasferir) 1 *tr.* Pasar o llevar algo de un lugar a otro. 2 Traspasar a otro el derecho que se tiene sobre algo. 3 Realizar una transferencia bancaria. • Vb. irreg. conjug. c. **sentir**. V. anexo El verbo.

transfiguración (Tb. trasfiguración) 1 *f.* Acción y efecto de transfigurar o transfigurarse. 2 Rel Por antonomasia, cuando en presencia de san Pedro, san Juan y Santiago, Jesucristo se mostró glorioso entre Moisés y Elías. • Se escribe con may. inic. en la acepción 2.

transfigurar (Tb. trasfigurar) *tr.* y *prnl.* Hacer cambiar de figura o aspecto a alguien o algo.

transformación (Tb. trasformación) 1 *f.* Acción y efecto de transformar o transformarse. 2 Biol Fenómeno por el que ciertas células adquieren material genético de otras. 3 Mat En una operación algebraica, obtención de otra equivalente, aunque de forma distinta. 4 Mat Correspondencia unívoca entre dos subconjuntos de puntos del plano.

transformador, ra (Tb. trasformador) 1 *adj.* y *s.* Que transforma. 2 *m.* Electr Aparato eléctrico que transforma el voltaje de una corriente eléctrica.

transformar (Tb. trasformar) 1 *tr.* y *prnl.* Hacer cambiar de forma o cualidad a alguien o algo. 2 Convertir una cosa en otra. 3 Cambiar de manera de ser o de costumbres o hábitos.

transformismo (Tb. trasformismo) 1 *m.* Biol Teoría según la cual los caracteres de las especies no son fijos por naturaleza, sino que pueden variar por la acción de diversos factores. 2 Oficio del transformista.

transformista (Tb. trasformista) 1 *adj.* Perteneciente o relativo al transformismo. 2 *m.* y *f.* Actor que hace cambios rapidísimos en sus representaciones.

tránsfuga (Tb. trásfuga) *m.* y *f.* Persona que varía su pensamiento ideológico y cambia de militancia.

transfundir (Tb. trasfundir) 1 *tr.* Transvasar poco a poco. 2 Med Realizar una transfusión.

transfusión (Tb. trasfusión) 1 *f.* Acción y efecto de transfundir. 2 Med Administrar, por vía intravenosa, sangre de una persona sana a un enfermo o herido.

transgénico, ca *adj.* Biol Dicho de un **organismo**, que ha sufrido la modificación de su dotación genética.

transgredir (Tb. trasgredir) *tr.* Quebrantar, infringir un precepto, ley o estatuto.

transición 1 *f.* Acción y efecto de pasar de un modo de ser o estar a otro distinto. 2 Estado intermedio entre uno del que se parte y otro al que se llega en un cambio. || ~ **demográfica** Econ En el estudio del tamaño y distribución de una población, estado en el cual las tasas de **natalidad** y **mortalidad** o al menos una de ellas presenta porcentajes más bajos con respecto a un periodo anterior.

transido, da *adj.* Afectado por un dolor físico o moral muy intenso.

transigir 1 *intr.* y *tr.* Consentir en parte con lo que no se considera justo. 2 Ceder a los deseos u opiniones de alguien en contra de los propios. 3 *tr.* Llegar a un acuerdo en un litigio.

transistor 1 *m.* Electrón Dispositivo electrónico sólido colocado sobre un soporte de material semiconductor y cuyo funcionamiento se basa en las propiedades de los semiconductores. Puede llevar a cabo funciones de amplificación, detección, rectificación, etc., con bajo consumo de energía, ausencia de calentamiento, bajo costo, etc. 2 Nombre que se da impropiamente a los receptores de radio equipados con transistores.

transitar 1 *intr.* Ir por una vía pública. 2 Viajar, circular.

transitivo, va 1 *adj.* Que pasa o se transfiere de uno a otro. 2 Gram **verbo** ~.

tránsito 1 *m.* Acción de transitar. 2 Movimiento, paso, circulación por calles y carreteras. 3 Transición de un estado a otro distinto. 4 Astr Paso de un cuerpo celeste por delante del disco de otro, como el de Mercurio o Venus por el disco del Sol, o de un satélite por delante de su planeta.

transitorio, ria *adj.* Pasajero, temporal, que no es definitivo.

translación *f.* TRASLACIÓN.

translaticio, cia *adj.* TRASLATICIO.

translimitar 1 *tr.* Traspasar los límites morales o materiales. 2 Pasar la frontera de un Estado sin ánimo de violar el territorio.

transliterar *tr.* Representar las palabras escritas en un alfabeto con las letras de otro.

translocación *m.* Biol Tipo de mutación en la que un segmento del cromosoma se rompe y se une a otro cromosoma a se acomoda en otra región del mismo cromosoma.

translúcido, da (Tb. traslúcido) *adj.* Dicho de un cuerpo, a través del cual pasa la luz, que permite ver confusamente lo que hay detrás de él.

translucir *tr.* y *prnl.* TRASLUCIR.

A B C D E F G H I J K L M N Ñ O P Q R S T U V W X Y Z

transmediterráneo, a (Tb. trasmediterráneo) *adj.* Que cruza o atraviesa el Mediterráneo.

transmigrar (Tb. trasmigrar) 1 *intr.* Pasar a vivir a otro país todo un pueblo o la mayor parte de él. 2 Pasar un alma de un cuerpo a otro según la opinión de los que creen en la metempsicosis.

transmisible (Tb. trasmisible) *adj.* Que se puede transmitir, trasladar o transferir.

transmisión (Tb. trasmisión) 1 *f.* Acción y efecto de transmitir. 2 Conjunto formado por todas las piezas que contribuyen a transmitir el movimiento del motor a las ruedas motrices de un automóvil.

transmisor, ra (Tb. trasmisor) *adj.* y *s.* Que transmite o puede transmitir.

transmitir (Tb. trasmitir) 1 *tr.* Hacer que algo pase de una parte a otra: *Las células receptoras transmiten el impulso a través del nervio olfatorio.* 2 Hacer que algo pase de un ser vivo a otro: *El gen determina la transmisión de los caracteres hereditarios.* 3 Hacer que algo pase de una persona otra: *Transmitió su saber a sus discípulos.* 4 Comunicar un sentimiento o estado de ánimo: *Me transmitió todo su optimismo.* 5 FÍS Propagar, a través del medio por el que se mueve, la electricidad, la luz o el sonido. 6 MED Contagiar a alguien una enfermedad. 7 Imprimir un movimiento aplicando una fuerza. 8 Comunicar noticias o mensajes por encargo de otro. 9 *tr.* e *intr.* Difundir algo a través de los medios de comunicación.

transmundano, na (Tb. trasmundano) *adj.* Que está fuera del mundo real.

transmutación (Tb. trasmutación) 1 *f.* Acción y efecto de transmutar o transmutarse. 2 BIOL Mutación cromosómica o estructural.

transmutar (Tb. trasmutar) *tr.* y *prnl.* Convertir o lograr cambiar una cosa en otra.

transnacional (Tb. trasnacional) 1 *adj.* Que se extiende a través de varias naciones. 2 *f.* MULTINACIONAL.

transoceánico, ca (Tb. trasoceánico) 1 *adj.* Que atraviesa un océano. 2 Situado al otro lado del océano.

transparencia (Tb. trasparencia) 1 *f.* Cualidad de transparente. 2 FOT Diapositiva, fotografía positiva transparente.

transparentar (Tb. trasparentar) 1 *tr.* Permitir un cuerpo que se deje ver la luz u otra cosa a través de él. 2 *tr.* y *prnl.* Dejar descubrir pensamientos o sentimientos de forma más o menos clara. 3 *intr.* y *prnl.* Ser transparente un cuerpo.

transparente (Tb. trasparente) 1 *adj.* Dicho de un cuerpo, que deja atravesar la luz y a través del cual pueden verse los objetos con claridad. 2 TRANSLÚCIDO. 3 Que se deja adivinar o vislumbrar, comprensible.

transpiración (Tb. traspiración) 1 *f.* Acción y efecto de transpirar o transpirarse. 2 BOT Salida de vapor de agua que se efectúa a través de las membranas de las células superficiales de las plantas y, especialmente, por los estomas.

transpirar (Tb. traspirar) 1 *intr.* y *prnl.* Segregar un cuerpo, a través de sus poros, un líquido en forma de vapor o gotas minúsculas. 2 *intr.* SUDAR.

transponer *tr.* y *prnl.* TRASPONER.

transportable (Tb. trasportable) *adj.* Que puede ser transportado.

transportador, ra (Tb. trasportador) 1 *adj.* y *s.* Que transporta. 2 **cinta** ~. 3 *m.* GEOM Semicírculo graduado que sirve para medir y trazar ángulos. 4 MÚS Pieza suelta que, aplicada transversalmente sobre la encordadura de la guitarra, sirve para elevar por igual la entonación del instrumento.

transportar (Tb. trasportar) 1 *tr.* Llevar personas o cosas de un lugar a otro. 2 *prnl.* Dirigir la imaginación o mente hacia lugares o sentimientos determinados. 3 Embelesarse, olvidarse de todo por algo que causa placer.

transporte (Tb. trasporte) 1 *m.* Acción y efecto de transportar. 2 Medio o vehículo destinado al traslado de personas o cosas. 3 GEO Acarreo de materiales erosionados por las aguas, el viento, el hielo, etc. || ~ **activo** BIOL Mecanismo específico de permeabilidad celular que implica consumo de energía y mediante el cual se incorporan nutrientes y otras sustancias a través de la membrana.

transposición (Tb. trasposición) 1 *f.* Acción y efecto de transponer o transponerse. 2 Alteración del orden normal de las voces en la oración. 3 MAT Pasar un término de un miembro a otro en una ecuación o desigualdad. 4 MÚS Traslación de un fragmento musical en una tonalidad distinta.

transubstanciación *m.* TRANSUSTANCIACIÓN.

transubstanciar *tr.* y *prnl.* TRANSUSTANCIAR.

transuránico *adj.* QUÍM Dicho de un elemento, que en la tabla periódica ocupa un lugar superior al 92, que es el del uranio. Es inestable y se ha obtenido artificialmente con posterioridad a la escisión del núcleo del uranio.

transustanciación (Tb. transubstanciación) *m.* TEOL Dogma según el cual el pan y el vino de la eucaristía se convierten, por la consagración, en el cuerpo y la sangre reales de Jesucristo, aunque la forma, el color, el sabor y el olor del pan y del vino permanezcan inalteradas.

transustanciar (Tb. transubstanciar) *tr.* y *prnl.* Convertir totalmente una sustancia en otra.

transvasar *tr.* TRASVASAR.

transversal (Tb. trasversal) 1 *adj.* Que se halla o se extiende atravesado de un lado a otro. 2 Que se aparta o desvía de la dirección principal o recta. 3 Que se cruza en dirección perpendicular con la cosa de la que se trata.

transverso, sa (Tb. trasverso) *adj.* Que está situado o ubicado de modo atravesado.

tranvía *m.* Vehículo público que circula sobre rieles.

trapacería *f.* Engaño, fraude.

trapeador *m.* Utensilio para limpiar el piso.

trapear *tr.* Limpiar el piso con el trapeador o trapero.

trapecio 1 *m.* Palo horizontal suspendido de dos cuerdas por sus extremos que sirve para ejercicios gimnásticos y circenses. 2 ANAT Cada uno de los dos músculos situados en la parte dorsal del cuello y anterior de la espalda. 3 ANAT Hueso par, primero por la parte exterior de la segunda fila del carpo. 4 GEOM Cuadrilátero que tiene paralelos solamente dos de sus lados.

trapecista *m.* y *f.* Acróbata que hace ejercicios en el trapecio.

trapense *adj.* Perteneciente o relativo a la Trapa, instituto religioso perteneciente a la orden del Cister, que fue reformado en el s. XVII por el abate Rancé.

trapero, ra 1 *m.* y *f.* Persona que comercia con trapos, papeles viejos u otros objetos usados. 2 TRAPEADOR.

trapezoide 1 *m.* ANAT Uno de los huesos del carpo situado al lado del trapecio. 2 GEOM Cuadrilátero irregular que no tiene ningún lado paralelo a otro.

trapiche *m.* Molino para extraer el jugo de la caña de azúcar.

trapisonda 1 *f.* Riña agitada y ruidosa. 2 Embrollo, enredo.

trapo 1 *m.* Trozo de tela viejo, roto o inútil. 2 Paño, bayeta para limpiar o secar. 3 Vela de una embarcación. 4 Capa o muleta de torear.

tráquea 1 *f.* ANAT Parte de las vías respiratorias, con forma de conducto cilíndrico compuesto por anillos cartilaginosos, que va desde la laringe a los bronquios. 2 ZOOL Pequeño tubo ramificado que forma el aparato respiratorio de la mayor parte de los artrópodos.

traqueal 1 *adj.* Perteneciente o relativo a la tráquea. 2 ZOOL **respiración** ~.

traqueostomía *f.* MED Procedimiento quirúrgico en el que se realiza una abertura dentro de la tráquea para insertar un tubo que facilita el paso del aire a los pulmones y permite una adecuada función respiratoria.

traqueotomía *f.* MED Abertura que se hace artificialmente en la tráquea para impedir en ciertos casos la sofocación de los enfermos o heridos.

traqueteo 1 *m.* Ruido continuo de los fuegos artificiales. 2 Movimiento continuo de alguien o algo al transportarlo.

tras 1 *prep.* Referido al espacio o al tiempo, después de, a continuación de: *Tras esta prueba vienen los exámenes finales.* 2 Además, fuera de esto: *Tras de malgeniado, maleducado.* 3 En busca, en seguimiento de: *Regresó al país tras un mejor futuro.* 4 Detrás de, en situación posterior: *Está tras la puerta.*

trasandino, na *adj.* TRANSANDINO.

trasatlántico, ca *adj.* TRANSATLÁNTICO.

trasbocar *tr.* Vomitar.

trasbordador *adj.* TRANSBORDADOR.

trasbordar *tr.* y *prnl.* TRANSBORDAR.

trascendencia (Tb. transcendencia) 1 *f.* Cualidad de trascendente. 2 Existencia de realidades trascendentales.

trascendental (Tb. transcendental) 1 *adj.* Que es de mucha importancia o gravedad por sus probables consecuencias. 2 Que supone la intervención de un principio exterior y superior a los seres o acciones naturales. 3 FIL Que traspasa los límites de la ciencia experimental. 4 FIL **lógica** ~.

trascendentalismo (Tb. transcendentalismo) 1 *m.* Cualidad de trascendental. 2 FIL APRIORISMO, doctrina.

trascendente (Tb. transcendente) 1 *adj.* Que trasciende. 2 Que se eleva por encima de un nivel o de un límite dados. 3 TRASCENDENTAL, que supone la intervención de un principio exterior y superior. 4 MAT **número** ~.

trascender (Tb. transcender) 1 *intr.* Exhalar un olor tan intenso y penetrante que se percibe a distancia. 2 Empezar a conocerse o a saberse algo que estaba oculto. 3 Extenderse los efectos o las consecuencias de unas cosas a otras. 4 Superar un determinado límite. 5 FIL Aplicarse a todo una noción que no es género, como acontece con las de unidad o ser. 6 FIL Traspasar los límites de la experiencia posible. • Vb. irreg. conjug. c. **entender**. V. anexo El verbo.

trascontinental (Tb. transcontinental) *adj.* Que atraviesa un continente.

trascordarse *prnl.* Perder la noción puntual de una cosa, por olvido o confusión con otra. • Vb. irreg. conjug. c. **contar**. V. anexo El verbo.

trascribir *f.* TRANSCRIBIR.

trascripción *f.* TRANSCRIPCIÓN.

trasculturación *f.* TRANSCULTURACIÓN.

trascurrir *intr.* TRANSCURRIR.

trasdós 1 *m.* ARQ Superficie exterior convexa de un arco o bóveda, contrapuesta al intradós. 2 ARQ Pilastra que está inmediatamente detrás de una columna.

trasegar 1 *tr.* Mover o revolver cosas de un sitio para otro. 2 Pasar constantemente personas de un lugar a otro. • Vb. irreg. conjug. c. **acertar**. V. anexo El verbo.

trasero, ra 1 *adj.* Que está, se queda o viene detrás. 2 *m.* Parte posterior del animal. 3 Nalgas, culo. 4 *f.* Parte de atrás o posterior de un coche, una casa, una puerta, etc.

trasferencia..., trasfigurar V. TRANSFERENCIA..., TRANSFIGURAR.

trasfondo *m.* Lo que está detrás de la apariencia o intención de alguna cuestión, asunto o acción.

trasformación..., trasfusión V. TRANSFORMACIÓN..., TRANSFUSIÓN.

trasgo *m.* Duende, espíritu enredador.

trasgredir *tr.* TRANSGREDIR.

trashumancia *f.* Acción y efecto de trashumar.

trashumar 1 *intr.* Pasar el ganado con sus pastores de una región a otra en busca de pastos. 2 Dicho de una persona y de la actividad que realiza, que cambian periódicamente de lugar.

traslación (Tb. translación) 1 *f.* Acción y efecto de trasladar de lugar a alguien o algo. 2 Traducción a una lengua distinta. 3 METÁFORA. 4 ASTR Movimiento de la Tierra alrededor del Sol, dando lugar a las estaciones del año. 5 ASTR El de cualquier astro a lo largo de sus órbitas. 6 BIOL Proceso por el que la secuencia lineal de nucleótidos de la molécula de ARN mensajero dirige la secuencia lineal específica de los aminoácidos. 7 FÍS Movimiento de un cuerpo cuando todas sus partes siguen una dirección constante. 8 GEOM Movimiento directo en el que cada punto y su imagen determinan rectas paralelas.

trasladar 1 *tr.* y *prnl.* Cambiar de lugar. 2 *tr.* Hacer pasar a alguien de un empleo o cargo a otro de la misma categoría. 3 Variar la fecha en que debía verificarse un acto, junta, reunión, etc. 4 Traducir de una lengua a otra. 5 Copiar un escrito.

traslapar *tr.* y *prnl.* Cubrir total o parcialmente una cosa a otra.

traslaticio, cia (Tb. translaticio) *adj.* LING Dicho del sentido de una palabra, que es distinto del propio o común.

traslúcido, da *adj.* TRANSLÚCIDO.

traslucir (Tb. translucir) 1 *tr.* y *prnl.* Conjeturarse o inferirse una cosa en virtud de algún antecedente o indicio. 2 *prnl.* Ser translúcido un cuerpo. • Vb. irreg. conjug. c. **lucir**. V. anexo El verbo.

trasluz *m.* Luz que pasa a través de un cuerpo translúcido.

trasmano || **a** ~ Fuera del alcance o manejo habitual y cómodo de la mano.

trasmediterráneo, a..., trasnacional *adj.* TRANSMEDITERRÁNEO..., TRANSNACIONAL.

trasmisible *adj.* TRANSMISIBLE.

trasmundano, na *adj.* TRANSMUNDANO.

trasnochado, da 1 *adj.* Falto de novedad, actualidad u oportunidad. 2 *f.* Acción de trasnochar.

trasnochar 1 *intr.* Pasar la noche, o gran parte de ella, velando o sin dormir. 2 Pasarla en lugar distinto del propio domicilio.

trasoceánico, ca *adj.* TRANSOCEÁNICO.

traspapelar *tr.* y *prnl.* Perder o extraviar algún papel por colocarlo, entre otros, en lugar distinto del que le corresponde.

trasparencia *f.* TRANSPARENCIA.

trasparentar *tr.* TRANSPARENTAR.

trasparente *adj.* TRANSPARENTE.

traspasar 1 *tr.* Pasar o llevar algo de una parte a otra. 2 Pasar a la otra parte o al otro lado. 3 Ceder a favor de otro el derecho o dominio de algo. 4 Afectar mucho, afligir, producir gran impresión. 5 Exceder de lo debido, contravenir lo razonable. 6 *tr.* y *prnl.* Atravesar de parte a parte con algún arma o instrumento penetrante.

traspaso 1 *m.* Acción y efecto de traspasar. 2 Cosa o conjunto de cosas traspasadas. 3 Precio por el que se traspasa algo.

traspatio *m.* Segundo patio de las viviendas que suele estar detrás del principal.

traspié 1 *m.* Resbalón o tropezón. 2 Zancadilla hecha para derribar a alguien. 3 Error o indiscreción.

traspiración *f.* TRANSPIRACIÓN.

traspirar *intr.* y *prnl.* TRANSPIRAR.

trasplantar 1 *tr.* Trasladar plantas del lugar en el que están plantadas a otro. 2 MED Trasladar un órgano desde un organismo donante a otro receptor para sustituir en este al que está enfermo o inútil. 3 *tr.* y *prnl.* Hacer salir de un lugar o país a personas arraigadas en él para asentarlas en otros. 4 Introducir en un país o lugar ideas, costumbres, instituciones, etc., procedentes de otro.

trasplante 1 *m.* Acción y efecto de trasplantar. 2 MED Órgano trasplantado.

trasponer (Tb. transponer) 1 *tr.* y *prnl.* Poner a alguien o algo más allá, en lugar diferente del que ocupaba. 2 Ocultarse a la vista de alguien una persona o cosa, doblando una esquina, un cerro u otra cosa semejante. • Participio irreg. *traspuesto*. Vb. irreg. conjug. c. **poner**. V. anexo El verbo.

trasportable *adj.* TRANSPORTABLE.

trasportador, ra..., trasposición V. TRANSPORTADOR..., TRANSPOSICIÓN.

trasquilar 1 *tr.* y *prnl.* Cortar sin orden ni arte el pelo a alguien. 2 *tr.* ESQUILAR.

trastabillar 1 *intr.* Dar traspiés o tropezones. 2 Tambalear, vacilar.

trastada 1 *f.* Acción perjudicial e inesperada contra alguien. 2 Travesura.

traste *m.* MÚS Cada uno de los resaltos que se colocan a trechos en el mástil de la guitarra o de otros instrumentos semejantes, para que, oprimiendo entre ellos las cuerdas con los dedos, den a estas la longitud adecuada al sonido que se quiere producir.

trastear 1 *intr.* TRASEGAR, mover o revolver cosas. 2 *tr.* y *prnl.* Mudarse, dejar la casa que se habita y pasar a otra.

trastero *m.* Dicho de una pieza o un desván, que está destinado a guardar trastos que no se usan o son inútiles.

trastienda *f.* Habitación o cuarto que está detrás de las tiendas.

trasto 1 *m.* Mueble, objeto o utensilio que se tiene arrinconado por inútil o roto. 2 *m. pl.* Conjunto de utensilios o herramientas propio de cualquier actividad.

trastocar 1 *tr.* Alterar el orden establecido o la buena marcha de algo. 2 *prnl.* Sufrir un trastorno mental, trastornarse. • Vb. irreg. conjug. c. **contar**. V. anexo El verbo.

trastornar 1 *tr.* Desordenar o revolver las cosas. 2 Alterar el orden de algo, producir un cambio perjudicial. 3 Inquietar, intranquilizar, perturbar. 4 *tr.* y *prnl.* Alterar el estado mental, volver loco.

trastorno 1 *m.* Acción y efecto de trastornar o trastornarse. 2 MED Alteración de la salud de carácter leve.

trastrocar *tr.* y *prnl.* Cambiar el estado, orden o sentido de algo. • Vb. irreg. conjug. c. **contar**. V. anexo El verbo.

trasunto *m.* Imitación, imagen o representación de algo.

trasvasar (Tb. transvasar) *tr.* Pasar un líquido de un recipiente a otro.

trasversal *adj.* TRANSVERSAL.

trasverso, sa *adj.* TRANSVERSO.

trata *f.* Tráfico o comercio de seres humanos. || ~ **de blancas** Tráfico de mujeres que consiste en atraerlas a los centros de prostitución para explotarlas.

tratable 1 *adj.* Que se puede o deja tratar con facilidad. 2 Cortés, amable, de trato llano, razonable.

tratadista *m.* y *f.* Autor de tratados sobre una materia determinada.

tratado 1 *m.* Obra escrita que comprende o explica todo lo concerniente a una materia determinada. 2 TRATO, acuerdo. 3 Escrito firmado por las partes contendientes en que constan los acuerdos tomados. || ~ **comercial** ECON Acuerdo entre distintos países para concederse determinados beneficios de forma mutua. Existen tres tipos fundamentales: zona de libre comercio, unión aduanera y unión económica.

tratamiento 1 *m.* Trato, acción y efecto de tratar o tratarse. 2 Modo de tratar o ser tratado. 3 Título honorífico de cortesía que se da a las personas por su dignidad, autoridad o cargo, como *merced, señoría, excelencia*, etc. 4 Procedimiento que se emplea en una experiencia o en la elaboración de algún producto. 5 MED Método que se emplea para mejorar o curar enfermedades.

tratante 1 *adj.* Que trata: *Loción tratante para el acné.* 2 *m.* Persona que se dedica a la trata de personas.

tratar 1 *intr.* Procurar el logro de algún fin. 2 *tr.* e *intr.* Discurrir sobre un tema específico. 3 Relacionarse dos o más personas: *Alfredo y María se tratan* • U. t. c. prnl. 4 *tr.* Manejar algo, usarlo materialmente. 5 Manejar, dirigir o gestionar algún negocio. 6 Proceder o comportarse con alguien de una determinada manera. 7 Dar a alguien determinado título o tratamiento. 8 Aplicar los medios adecuados para curar o aliviar una enfermedad. 9 Someter algo a la acción de una sustancia. 10 Analizar o discutir un asunto. 11 *tr.* y *prnl.* Cuidar bien o mal a alguien.

trato 1 *m.* Acción y efecto de tratar o tratarse. 2 Tratamiento de cortesía. 3 Acuerdo, convenio o conclusión en algún asunto o negocio.

trauma *m.* TRAUMATISMO.

traumatismo 1 *m.* MED Lesión de los tejidos orgánicos producida por agentes mecánicos, físicos o químicos. 2 PSIC Perturbación psíquica ocasionada por un choque emocional.

traumatizar *tr.* y *prnl.* Causar un trauma.

traumatología *f.* MED Especialidad médica dedicada al diagnóstico y tratamiento de las lesiones traumáticas que afectan al aparato locomotor.

travelín 1 *m.* CIN y TV Desplazamiento de la cámara montada sobre ruedas para acercarla al objeto, alejarla de él o seguirlo en su movimiento. 2 CIN y TV Plataforma móvil sobre la cual va montada dicha cámara.

través *m.* Inclinación o torcimiento de una cosa hacia algún lado. || **a ~ de** Por medio de, por conducto de.

travesaño *m.* Pieza de madera, hierro u otro material que une dos partes opuestas de algo.

travesear *intr.* Andar inquieto o revoltoso de una parte a otra.

travesía 1 *f.* Viaje por mar o aire. 2 Parte de una carretera comprendida dentro del casco de una población. 3 Distancia entre dos puntos de la tierra o del mar.

travesti (Tb. travestí) *m.* y *f.* Persona que se viste con ropas del sexo opuesto.

A B C D E F G H I J K L M N Ñ O P Q R S T U V W X Y Z

travestir *tr.* y *prnl.* Vestir a alguien con la ropa del sexo opuesto. • Vb. irreg. conjug. c. **pedir**. V. anexo El verbo.

travestismo *m.* Práctica que implica la adopción de las formas de vestir del sexo opuesto.

travesura 1 *f.* Acción y efecto de travesear. 2 Burla ingeniosa y de poca importancia, especialmente la hecha por niños.

traviesa *f.* Cada uno de los maderos sobre los que se asientan perpendicularmente los rieles de la vía del tren.

travieso, sa 1 *adj.* Sutil, sagaz. 2 Que se mueve continuamente. 3 Inquieto y revoltoso.

trayecto 1 *m.* Espacio que dista de un punto a otro. 2 Espacio que se recorre o puede recorrerse de un punto a otro. 3 Acción de recorrerlo.

trayectoria 1 *f.* Línea descrita en el espacio por un punto que se mueve. 2 Curso que, a lo largo del tiempo, sigue el comportamiento o el conjunto de actividades de alguien o algo. 3 GEOM y FÍS Curva descrita en el plano o el espacio por un punto móvil. 4 GEO Curso giratorio de un huracán o una tormenta.

traza 1 *f.* Huella, vestigio, señal. 2 Apariencia o aspecto de alguien o algo. 3 ARQ **TRAZADO**. 4 ELECTRÓN Trayectoria de un punto luminoso en una pantalla. 5 GEOM Intersección de una línea o superficie con un plano de proyección.

trazabilidad *f.* Seguimiento del proceso de producción de un bien de consumo desde su origen hasta su distribución.

trazado 1 *m.* Acción y efecto de trazar. 2 Recorrido o dirección de un camino, un canal, una carretera, etc., sobre el terreno. 3 ARQ Planta, diseño o proyecto de una obra de construcción.

trazador *m.* QUÍM Isótopo de un elemento que tiene una peculiaridad por la cual se puede determinar su paso a través de una serie de procesos.

trazar 1 *tr.* Dibujar o hacer trazos o líneas. 2 Diseñar el plano de un edificio u otra obra. 3 Representar en líneas esenciales, describir sumariamente. 4 Discurrir y disponer los medios oportunos para realizar algo.

trazo 1 *m.* Raya trazada en una superficie. 2 Cada una de las partes de la escritura en que se considera dividida la letra.

trébede *f.* Aro o triángulo de hierro con tres pies que sirve para poner al fuego sartenes, peroles, etc.

trebejo *m.* Instrumento, utensilio o herramienta. • U. m. en pl.

trébol 1 *m.* Planta herbácea de las papilionáceas que posee hojas casi redondas y trifoliadas y flores agrupadas en cabezuelas redondeadas. 2 Uno de los cuatro palos de la baraja francesa.

trece 1 *adj.* Diez y tres. 2 Que ocupa el último lugar en una serie ordenada de trece.

treceavo, va *adj.* y *m.* Dicho de cada una de las trece partes iguales en que se divide un todo.

trecho *m.* Espacio o distancia de lugar o tiempo.

trefilar *tr.* Pasar un metal por la hilera para transformarlo en hilo o alambre.

tregua 1 *f.* Cesación de hostilidades, por determinado tiempo, entre enemigos que están en guerra. 2 Descanso temporal, intermisión en cualquier actividad.

treinta 1 *adj.* Tres veces diez. 2 **TRIGÉSIMO**, ordinal. 3 *m.* Conjunto de signos con que se representa el número treinta.

treintavo, va *adj.* Cada una de las treinta partes iguales en que se divide un todo.

treintena *f.* Conjunto de treinta unidades.

trematodo *adj.* y *m.* ZOOL Dicho de un platelminto, parásito de los vertebrados, que posee cuerpo no segmentado, tubo digestivo ramificado y sin ano, dos o más ventosas y, a veces, también ganchos, que le sirven para fijarse al cuerpo de su huésped, como las duelas.

tremebundo, da *adj.* Espantoso, horrendo, que causa terror.

tremedal *m.* Terreno pantanoso, cubierto de hierba, que retiembla cuando se anda sobre él.

tremendismo *m.* ART Corriente estética desarrollada en España durante el s. XX, entre escritores y artistas plásticos, que consiste en exagerar la expresión de los aspectos más crudos de la vida real.

tremendista 1 *adj.* Que practica el tremendismo. 2 *adj.* y *s.* Aficionado a contar noticias alarmantes de forma exagerada.

tremendo, da 1 *adj.* Terrible y formidable, digno de ser temido. 2 Muy grande o extraordinario. 3 Dicho de un niño, que es travieso.

trementina 1 *f.* Resina que fluye de los pinos, abetos, alerces y terebintos, y es pegajosa, odorífera y de sabor picante. 2 Aceite o esencia que resulta de haber sometido esta resina a un proceso de destilación y se emplea como disolvente y diluyente para pinturas y barnices.

tremolar *tr.* e *intr.* Agitar en el aire los pendones, las banderas, etc.

tremolina *f.* Movimiento ruidoso del aire.

trémolo *m.* MÚS Sucesión rápida de muchas notas musicales iguales de la misma duración.

trémulo, la 1 *adj.* Que tiembla. 2 Que tiene un movimiento semejante al temblor.

tren 1 *m.* Conjunto de una locomotora y de los vagones arrastrados por ella. 2 Marcha, velocidad en las carreras a pie. 3 Comodidades y lujo con que se vive. || ~ **de alta velocidad** El que alcanza velocidades punta superiores a 300 km/h. ~ **de aterrizaje** Conjunto de estructuras apoyadas en la armazón del fuselaje o de las alas que termina por abajo en ruedas, esquís o patines y tiene por objeto facilitar el aterrizaje y despegue del avión. ~ **de cercanías** El que conecta una ciudad muy poblada con las pequeñas localidades vecinas. ~ **de levitación magnética** El de alta velocidad que levita sobre un carril denominado carril guía e impulsado por campos magnéticos.

trenca *f.* Abrigo corto con capucha.

trenza 1 *f.* Conjunto de tres o más ramales que se entretejen, cruzándolos alternativamente, para formar un mismo cuerpo alargado. 2 Peinado que se hace con el cabello largo entretejido y cruzado.

trenzar *tr.* Hacer trenzas.

trepador, ra 1 *adj.* Que trepa, sube. 2 BOT Dicho de una planta, que trepa o sube adhiriéndose a los árboles, las paredes u otros objetos. 3 ZOOL Dicho de un ave, paseriforme, que tiene el dedo externo unido al de en medio o dirigido hacia atrás para trepar con facilidad.

trepanación *f.* MED Acción de trepanar.

trepanar *tr.* MED Horadar el cráneo u otro hueso con un fin curativo o de diagnóstico.

trepar 1 *intr.* y *tr.* Subir a un lugar alto o poco accesible, ayudándose de los pies y las manos. 2 *intr.* Crecer las plantas adhiriéndose a los árboles, las paredes u otros objetos por medio de zarcillos, raicillas u otros órganos.

trepidar *intr.* Temblar fuertemente.

treponema *m.* BIOL y MED Bacteria espiroqueta que es casi siempre parásita y a veces patógena.

tres 1 *adj.* Dos y uno. 2 *adj.* y *s.* Tercero, que sigue en orden al segundo. 3 MAT **regla** de ~; **regla** de ~ compuesta. 4 *m.* Signo con que se representa el número tres. 5 *f.* Tercera hora a partir del mediodía o de la medianoche.

trescientos, tas 1 *adj.* Tres veces ciento. 2 *m.* Conjunto de signos con que se representa este número.

treta *f.* Engaño sutil, sagaz y hábil que es empleado para conseguir algo.

tríada *f.* Conjunto o grupo de tres.

trial *m.* DEP Prueba motociclista de habilidad que se realiza sobre terreno montañoso y con obstáculos.

triangulación 1 *f.* GEO Operación que consiste en unir, en una red de triángulos, distintos puntos de la superficie terrestre para efectuar mediciones geodésicas y topográficas. 2 Los datos así obtenidos.

triangular[1] 1 *adj.* De figura de triángulo o semejante a él. 2 Dicho de un acuerdo o una relación, que se lleva a cabo entre tres partes.

triangular[2] 1 *tr.* Disponer en triángulo. 2 Efectuar una triangulación.

triángulo 1 *m.* GEOM Figura geométrica formada por tres rectas que se cortan mutuamente. 2 MÚS Instrumento de percusión, con forma de triángulo abierto, que es construido con tubo de acero y se hace sonar golpeándolo con una varilla metálica. 3 coloq. Convivencia de marido, mujer y amante de uno de los cónyuges. || ~ **de Pascal** MAT Distribución de números obtenida al expandir potencias sucesivas de $(x + y)$ –esto es $(x + y)^1$, $(x + y)^2$...–, que proporciona los coeficientes correspondientes de estos desarrollos. ~ **equilátero** GEOM Triángulo que tiene los tres lados iguales. ~ **escaleno** GEOM El que tiene los tres lados desiguales. ~ **esférico** GEOM El trazado en la superficie de la esfera y, especialmente, el que se compone de tres arcos de círculo máximo. ~ **esférico birrectángulo** GEOM El que tiene dos ángulos rectos. ~ **esférico trirrectángulo** GEOM El que tiene los tres ángulos rectos. ~ **isósceles** GEOM El que tiene iguales solamente dos ángulos y lados. ~ **obtusángulo** GEOM El que tiene uno de sus **ángulos** interiores **obtuso**. ~ **rectángulo** GEOM El que tiene recto uno de sus ángulos. ~**s semejantes** GEOM Los que tienen los ángulos iguales pero no son necesariamente del mismo tamaño.

triásico, ca *adj.* y *m.* GEO Dicho de un periodo, primero de la era mesozoica, que abarca desde hace 225 millones de años hasta hace 195 millones de años y en el cual aparecieron los dinosaurios y los bosques de coníferas constituyeron la vegetación dominante. • Se escribe con may. inic. c. s.

triatlón *m.* DEP Modalidad deportiva que combina ciclismo, natación y pedestrismo.

tribal *adj.* Perteneciente o relativo a la tribu.

tribu 1 *f.* Unidad social conformada por personas que tienen costumbres, lengua y territorio comunes, y en la que es muy importante la afiliación por nacimiento y el parentesco. 2 Familia numerosa o grupo numeroso de gente.

tribulación *f.* Pena, disgusto, aflicción, preocupación.

tribuna 1 *f.* Plataforma o lugar elevado con antepecho, desde donde se habla al público. 2 Plataforma elevada para presenciar algún acto o espectáculo. 3 En las pistas deportivas, espacio cubierto y con graderías que ocupan los espectadores.

tribunal 1 *m.* DER Lugar donde actúan los jueces para administrar justicia. 2 DER Órgano del Estado encargado de velar por la garantía del orden jurídico que juzga sus alteraciones con arreglo a unas normas preexistentes o produce su propio derecho.

tribuno *m.* Orador, especialmente político, con gran elocuencia.

tributar 1 *tr.* Pagar un tributo o cierta cantidad como tributo. 2 Demostrar admiración o gratitud hacia alguien.

tributario, ria 1 *adj.* y *s.* Que paga tributo o está obligado a pagarlo. 2 GEO Dicho de una corriente de agua que va a parar a un río o mar.

tributo 1 *m.* Contribución, impuesto u otra obligación fiscal. 2 Dedicación, expresión de cierto sentimiento favorable hacia alguien.

tricentenario 1 *m.* Fecha en que se cumplen trescientos años de algún acontecimiento o suceso famoso. 2 Actos o fiestas con los que se celebra.

tríceps *adj.* y *m.* ANAT Dicho de un músculo, que tiene tres cabezas o tendones de inserción en uno de sus extremos. || ~ **braquial** ANAT El que al contraerse extiende el antebrazo. ~ **espinal** ANAT El que está a lo largo de la columna vertebral e impide que esta caiga hacia adelante. ~ **femoral** ANAT El unido al fémur y la tibia y que al contraerse extiende con fuerza la pierna.

triceratops *m.* PALEONT Dinosaurio herbívoro del Cretácico que se caracterizaba por tener uno o más cuernos, que sobresalían de la parte frontal, y un gran pico formado por un solo hueso.

triciclo *m.* Vehículo de tres ruedas.

tricocéfalo *m.* MED y ZOOL Gusano nematodo que parasita en el intestino grueso y provoca diarrea crónica, anemia, etc.

tricolor *adj.* De tres colores: *Bandera tricolor.*

tricornio *m.* Sombrero de tres picos.

tricromía *f.* Impresión tipográfica en tres tintas diferentes: amarillo, rojo y azul.

tricúspide 1 *adj.* De tres cúspides o puntas. 2 ANAT **válvula** ~.

tridente *adj.* y *m.* De tres puntas o dientes.

tridimensional *adj.* De tres dimensiones.

triedro *m.* GEOM Poliedro de tres caras.

trifásico, ca *adj.* ELECTR Dicho de una corriente eléctrica, que está formada por tres corrientes alternas y desplazadas mutuamente en un tercio de periodo.

trifulca *f.* Pelea, disputa o riña con alboroto entre varias personas.

trifurcarse *prnl.* Dividirse algo en tres ramales, brazos o puntas.

trigal *m.* Campo sembrado de trigo.

trigésimo, ma 1 *adj.* y *s.* Que ocupa el último lugar en una serie ordenada de treinta. 2 Dicho de una parte, que es una de las treinta iguales en que se divide un todo.

triglicérido *m.* BIOQ Molécula de glicerina que presenta sus tres funciones alcohólicas esterificadas con ácidos grasos. Es un lípido constituyente de la mayoría de las grasas animales y vegetales que sirve como depósito de reserva de energía en las células.

triglifo (Tb. tríglifo) *m.* ARQ Motivo ornamental característico del friso del orden dórico que está formado por un rectángulo saliente y surcado por tres canales.

trigo *m.* Planta herbácea de las gramíneas que posee tallo hueco y flores en espiga de cuyas semillas se extrae la harina con la que se elabora el pan. Ha sido cultivada, en sus innumerables variedades, como alimento desde los tiempos prehistóricos por los pueblos de las regiones templadas.

trigonometría *f.* MAT Parte de las matemáticas que estudia las relaciones entre los elementos de un triángulo, especialmente entre sus ángulos y sus lados, y también, por extensión, las similares que pueden darse en las demás figuras geométricas. Se ocupa también de establecer fórmulas que permitan relacionar las longitudes de los lados y los ángulos definidos por estos, así como calcular unos a partir de los otros. || ~ **esférica** Mat La que estudia los triángulos inscritos sobre una esfera. ~ **plana** Mat La que estudia los triángulos cuyos lados están contenidos en un mismo plano.

trigonométrico, ca 1 *adj.* Mat Perteneciente o relativo a la trigonometría. 2 Mat **función** ~; **identidad** ~.

trigueño, ña *adj.* Dicho de un color, similar al del trigo, que está entre moreno y rubio.

trilátero, ra *adj.* De tres lados.

trilingüe 1 *adj.* Que tiene tres lenguas. 2 Que habla tres lenguas. 3 Escrito en tres lenguas.

trillado, da 1 *adj.* Triturado. 2 Dicho de un asunto, que es común y sabido por todos.

trillador, ra 1 *adj.* Que trilla. 2 *f.* Máquina agrícola para trillar.

trillar 1 *tr.* Triturar la mies y separar el grano de la paja. 2 Descascarar, clasificar y seleccionar los granos de café.

trillizo, za *adj.* y *s.* Dicho de cada uno de los tres hermanos, que nacieron en un parto triple.

trilobites *m.* Paleont Artrópodo marino, fósil del Paleozoico, de 1 a 7 cm de longitud, que poseía un cuerpo deprimido y un contorno oval dividido en tres regiones.

trilogía *f.* Conjunto de tres obras literarias de un mismo autor que constituyen una unidad.

trimembre *adj.* De tres miembros o partes.

trimestral 1 *adj.* Que sucede o se repite cada tres meses. 2 Que dura tres meses.

trimestre *m.* Periodo de tres meses.

trimotor *adj.* y *m.* Dicho de un avión, que es propulsado por tres motores.

trinar 1 *intr.* Hacer trinos musicales. 2 Gorjear los pájaros.

trincar 1 *tr.* Atar fuertemente. 2 Sujetar a alguien con los brazos o las manos como amarrándole. 3 Apretar, oprimir.

trinchar 1 *tr.* Partir en trozos la comida para servirla. 2 Asegurar con el trinche o tenedor un trozo de comida.

trinche *m.* Tenedor de mesa.

trinchera 1 *f.* Posición de defensa consistente en una zanja que permite moverse y disparar a cubierto del enemigo. 2 Prenda de abrigo impermeable.

trineo *m.* Vehículo con patines o esquís, en lugar de ruedas, que se desliza sobre el hielo o la nieve.

trinidad *f.* Rel En la religión católica, distinción de tres personas divinas (Padre, Hijo y Espíritu Santo) en una sola y única esencia. • Se escribe con may. inic.

trinitrotolueno *m.* Quím Compuesto obtenido por la sustitución de tres átomos de hidrógeno del tolueno ($C_6H_5CH_3$) por tres grupos nitro (NO_2). El 2,4,6-trinitrotolueno se conoce comúnmente como TNT, que, al tener un punto de fusión bajo, se puede fundir y verter en los artefactos explosivos.

trino[1], na *adj.* Que contiene en sí tres cosas distintas o participa de ellas.

trino[2] 1 *m.* Gorjeo de los pájaros. 2 Mús Sucesión rápida y alternada de dos notas musicales de igual duración.

trinomio *m.* Mat Expresión compuesta de tres términos algebraicos.

trinquete[1] *m.* Palo de proa de las embarcaciones que tienen más de uno.

trinquete[2] *m.* Mecanismo para asegurar el arrastre en un sentido, a la vez que lo impide en el otro, de un órgano en rotación.

trío 1 *m.* Conjunto de tres personas o cosas. 2 Mús Composición para tres voces o instrumentos. 3 Mús Conjunto de tres voces o instrumentos.

triodo *m.* Electrón Válvula o lámpara electrónica compuesta de tres electrodos.

tripa 1 *f.* Conjunto de intestinos o parte de un intestino. 2 Vientre, parte donde se encuentran los intestinos. 3 Vientre abultado. 4 Parte abultada de algunos objetos, particularmente de las vasijas.

tripanosoma *m.* Biol y Med Protozoo flagelado que es parásito de la sangre y otros líquidos orgánicos de los vertebrados, y se transmite a través de artrópodos hematófagos, como la mosca tse-tse y las chinches.

tripanosomiasis *f.* Med Enfermedad causada por los tripanosomas. Las más frecuentes son la tripanosomiasis africana o enfermedad del sueño, transmitida por la mosca tse-tse, y la tripanosomiasis americana o enfermedad de Chagas, transmitida por una chinche y endémica en América Central y del Sur.

tripartito, ta 1 *adj.* Dividido en tres partes, órdenes o clases. 2 Dicho de un pacto, que es celebrado por tres personas o entidades, especialmente entre tres naciones.

triple 1 *adj.* y *m.* Dicho de un número o una cantidad, que es tres veces mayor. 2 Que va acompañado de otras dos cosas semejantes para un mismo fin.

tripleta *f.* Conjunto de tres personas o cosas.

triplicado *m.* Tercera copia de un escrito.

triplicar 1 *tr.* y *prnl.* Multiplicar por tres. 2 *tr.* Hacer tres veces una misma cosa.

trípode 1 *m.* Mesa o banquillo de tres pies. 2 Armazón de tres pies usado para sostener ciertos instrumentos.

tríptico *m.* Art Pintura, grabado o relieve distribuido en tres cuerpos unidos de forma que los dos exteriores se cierran sobre el central.

triptongo *m.* Gram Unión de tres vocales en una sola sílaba. Se produce cuando una vocal abierta va entre dos cerradas átonas: *Averiguáis, ansiéis, aguáis, miau, guau.* • V. tabla Diptongo, triptongo, hiato, p. 207.

tripulación *f.* Conjunto de personas encargadas en una embarcación, aeronave o nave espacial de su maniobra y servicio.

tripular *tr.* Conducir una embarcación, aeronave o nave espacial, o prestar servicio en ellas.

triquina *f.* Gusano de los nematelmintos que es parásito del cerdo, a través de cuya carne pasa al intestino de las personas.

triquinosis *f.* Med Enfermedad parasitaria, a veces mortal, que es provocada por la invasión de las larvas de triquina que penetran en las fibras musculares y producen dolores agudos.

triquiñuela *f.* Medio astuto para conseguir o eludir algo con engaño.

triquitraque 1 *m.* Ruido y golpes repetidos y desordenados. 2 Rollo delgado de papel con pólvora, atado en varios dobleces, de cada uno de los cuales resulta una detonación cuando se enciende la mecha que tienen en el extremo.

trirrectángulo *adj.* Geom **triángulo** esférico ~.

trirreme *m.* Embarcación de tres órdenes de remos que usaron los antiguos.

tris 1 *m.* Porción muy pequeña de tiempo o lugar. 2 Poca cosa, casi nada.

trisecar *tr.* Geom Cortar o dividir una figura, especialmente un ángulo, en tres partes iguales.

trisomía *f.* Biol Mutación caracterizada por la presencia de un cromosoma extra en un par cromosómico.

triste 1 *adj.* Afligido, apesadumbrado. 2 De carácter o genio melancólico. 3 Que denota pesadumbre o melancolía. 4 Que las ocasiona: *Noticia triste.* 5 Doloroso, difícil de soportar.

tristeza 1 *f.* Cualidad de triste. 2 Motivo o suceso que provoca pena o melancolía.

tritio *m.* Quím Isótopo radiactivo del hidrógeno que es un componente importante de las bombas de hidrógeno debido a la enorme cantidad de energía que se libera cuando reacciona con el deuterio en el proceso de fusión nuclear. Se utiliza también como indicador radiactivo en la investigación química y bioquímica.

tritón 1 *m.* Mit Cada una de ciertas deidades marinas a las que se atribuía figura de hombre desde la cabeza hasta la cintura y de pez al resto del cuerpo. 2 Anfibio urodelo de tamaño reducido, extremidades medianas y cola comprimida lateralmente que, en estado larvario, es exclusivamente acuático.

triturar 1 *tr.* Moler, desmenuzar una materia sólida sin reducirla a polvo. 2 Mascar, desmenuzar la comida con los dientes.

triunfalismo 1 *m.* Actitud de la persona que demuestra o aparenta tener seguridad en sí misma o superioridad respecto de los demás. 2 Optimismo exagerado procedente de tal sobrestimación. 3 Manifestación pomposa de esta actitud.

triunfar 1 *intr.* Quedar victorioso. 2 Conseguir con esfuerzo algo que se pretende.

triunfo 1 *m.* Acción de triunfar. 2 Éxito en algún empeño. 3 En algunos juegos de naipes, carta del palo de más valor.

triunvirato 1 *m.* Hist Magistratura de la Roma antigua en la que intervenían tres personas. 2 Junta de tres personas que gobiernan o dirigen algo.

triunviro *m.* Hist Cada uno de los tres magistrados del triunvirato de la Roma antigua.

trivalente 1 *adj.* Que tiene tres valores o triple valor. 2 Quím Que funciona con tres valencias.

trivial *adj.* Sin importancia, interés, novedad o trascendencia.

trivialidad 1 *f.* Cualidad de trivial. 2 Dicho, hecho o cosa trivial.

trivializar *tr.* Quitar importancia, o no dársela, a algo.

trivio *m.* Hist En la Edad Media, conjunto de las disciplinas relativas a la elocuencia (gramática, retórica y dialéctica).

trivium (Voz lat.) *m.* **trivio**.

triza *f.* Trozo pequeño de algo: *El florero quedó hecho trizas.*

trocánter 1 *m.* Anat Prominencia de la extremidad de algunos huesos largos, como la de la parte superior del fémur. 2 Zool Segunda de las cinco piezas de las que constan las patas de los insectos.

trocar 1 *tr.* Cambiar una cosa por otra. 2 Tomar equivocadamente algo por cierto. 3 *prnl.* Cambiarse o mudarse por entero alguna cosa en algo distinto: *Trocarse la suerte.* • Vb. irreg. conjug. c. **contar**. V. anexo El verbo.

trocear *tr.* Dividir alguna cosa en trozos.

trocha 1 *f.* Camino abierto en la maleza. 2 Camino angosto y difícil. 3 Anchura de la vía ferroviaria. 4 **trote** de los caballos.

trofeo 1 *m.* Objeto, insignia o señal de una victoria. 2 Despojo obtenido en la guerra. 3 Triunfo o victoria conseguido.

trófico, ca 1 *adj.* Perteneciente o relativo a la nutrición. 2 Ecol **pirámide ~; red ~**.

troglodita *adj.* y *s.* Dicho de una persona de la Edad de Piedra, que habitó en las cavernas.

troika (Tb. troica) *f.* Trineo tirado por tres caballos.

trol *m.* Mit En la mitología escandinava, ser malévolo que robaba o comía a cualquier viandante.

trole 1 *m.* Pértiga metálica flexible que, en los vehículos de tracción eléctrica, sirve para transmitir la corriente del cable aéreo al motor del coche. 2 **trolebús**.

trolebús *m.* Ómnibus de tracción eléctrica, sin carriles, que toma la corriente mediante el trole.

tromba *f.* Geo Torbellino violento de aire, con forma de cono invertido, que desciende de la base de un cumulonimbo y va acompañado de una especie de surtidor formado por partículas de agua, polvo, arena, etc., levantadas del suelo.

trombo *m.* Med Coágulo de sangre formado en el interior de un vaso sanguíneo o en el corazón.

trombocito *m.* Biol Plaqueta de la sangre.

tromboflebitis *f.* Med Inflamación de las venas con formación de trombos.

trombón *m.* Mús Instrumento de viento, especie de trompeta grande, cuyos sonidos responden, según la clase, a las voces del tenor, contralto o bajo.

trombosis *f.* Med Proceso de formación de un trombo en el interior de un vaso sanguíneo.

trompa 1 *f.* Mús Instrumento de viento consistente en un tubo de metal enroscado circularmente que va ensanchándose desde la boquilla al pabellón. 2 Zool Prolongación muscular, hueca y prensil de la nariz de algunos mamíferos que es capaz de absorber fluidos. 3 Zool **proboscide** de algunos insectos dípteros. || **~ de Eustaquio** Anat Conducto que pone en comunicación el oído medio con la faringe. **~s de Falopio** Anat Conductos presentes en las hembras de los mamíferos que se extienden desde los ovarios hasta la zona superior del útero.

trompada *f.* Puñetazo, golpazo.

trompeta *f.* Mús Instrumento de viento, consistente en un tubo de metal que va ensanchándose desde la boquilla al pabellón.

trompetero, ra 1 *m.* y *f.* Persona que hace trompetas. 2 **trompetista**. 3 *m.* Pez teleósteo cuyo hocico tiene forma de tubo. 4 *f.* Ave gruiforme americana del tamaño de la gallina que se domestica fácilmente y sirve como guardián de otras aves.

trompetista *m.* y *f.* Persona que toca la trompeta.

trompo *m.* Juguete de madera, de figura cónica y terminado en una púa de hierro, al cual se enrolla una cuerda para lanzarlo y hacerlo bailar.

trompudo, da *adj.* De labios muy abultados y boca saliente.

tronar 1 *intr. impers.* Haber o sonar truenos. 2 *intr.* Producir algo un ruido parecido al del trueno: *Truenan los cañones.* 3 Resonar con fuerza la voz. • Vb. irreg. conjug. c. **contar**. V. anexo El verbo.

troncal 1 *adj.* Perteneciente o relativo al tronco o procedente de él. 2 *adj.* y *f.* Perteneciente o relativo a las vías principales.

tronchar 1 *tr.* y *prnl.* Partir o romper con la mano el tronco, el tallo o las ramas de las plantas. 2 Impedir que se realice algo.

tronco 1 *m.* Ascendiente común de dos o más ramas, líneas o familias. 2 Par de caballerías de tiro enganchadas a un carruaje. 3 Anat Conducto o canal principal del que salen o al que concurren otros menores. 4 Anat Parte del cuerpo humano o de los animales, prescindiendo de la cabeza y las extremidades. 5 Bot

Tallo principal, fuerte y macizo, de los árboles y arbustos. 6 GEOM Cuerpo truncado, especialmente la parte de una pirámide o un cono comprendida entre la base y una sección transversal. 7 *m.* y *f.* Persona insensible o inútil. || ~ **braquiocefálico** ANAT El que nace del cayado aórtico y se bifurca en dos ramas, la subclavia y la carótida derecha.

tronera 1 *f.* Ventana pequeña y angosta por donde entra escasamente la luz. 2 Abertura en un buque, una muralla, etc., desde la que se disparaba. 3 Cada uno de los agujeros o las aberturas que hay en las mesas de trucos y de billar para que por ellos entren las bolas.

trono 1 *m.* Asiento con gradas y dosel, en el que se sientan los monarcas y otras personas de alta dignidad, especialmente durante las ceremonias. 2 Dignidad de rey o soberano. 3 *m. pl.* REL En la doctrina católica, tercer coro de la suprema jerarquía de los ángeles.

tronzar 1 *tr.* Dividir, quebrar o hacer trozos. 2 Hacer pliegues iguales y muy menudos en las faldas.

tropa 1 *f.* Multitud o reunión de muchas personas. 2 Categoría formada por los soldados, marinos y aviadores y sus graduaciones. 3 Recua de ganado.

tropel 1 *m.* Muchedumbre de gente que se mueve en desorden y haciendo ruido. 2 Prisa, aceleramiento confuso o desordenado. 3 Conjunto revuelto y desordenado de cosas.

tropelía 1 *f.* Aceleración confusa y desordenada. 2 Acción violenta o ilegal cometida con abuso de autoridad o poder. 3 Atropello, vejación.

tropeoláceo, a *adj.* y *f.* BOT Dicho de una planta, herbácea, rastrera o trepadora, que posee hojas opuestas y pecioladas, flores cigomorfas, fruto con semilla sin albumen y raíz en tubérculo, como la capuchina.

tropezar 1 *intr.* Dar con los pies en algún obstáculo al caminar, perdiendo el equilibrio. 2 Encontrar algún obstáculo o dificultad que detiene o impide avanzar a alguien en un intento. 3 *intr.* y *prnl.* coloq. Encontrar por casualidad una persona a otra.

tropezón *m.* Acción y efecto de tropezar.

tropical 1 *adj.* GEO Perteneciente o relativo a los trópicos: *Clima tropical.* 2 GEO Perteneciente o relativo al **clima** tropical. 3 ECOL **bosque** bajo ~; **bosque** de sabana ~; **bosque** ~ lluvioso.

trópico 1 *m.* ASTR Cada uno de los dos círculos menores que se consideran en la esfera celeste, paralelos al Ecuador. El del hemisferio boreal se llama trópico de Cáncer, y el del austral, trópico de Capricornio. 2 GEO Cada uno de los dos círculos menores que se consideran en el globo terráqueo en correspondencia con los dos de la esfera celeste. || ~ **de Cáncer** GEO Paralelo de latitud de 23° 27' N que señala el límite septentrional de la zona intertropical. ~ **de Capricornio** GEO Paralelo de latitud de 23° 27' S que marca el límite meridional de la zona intertropical.

tropiezo 1 *m.* Aquello en que se tropieza. 2 Hecho de tropezar. 3 Lo que estorba o impide algo.

tropilla 1 *f.* Manada de caballos. 2 Manada de guanacos o vicuñas.

tropismo *m.* BIOL Movimiento de los organismos determinado por el estímulo de agentes físicos o químicos. Si el movimiento se dirige hacia la fuente del estímulo, se llama tropismo **positivo** y si se aleja de la fuente del estímulo, tropismo **negativo**.

tropo *m.* Figura retórica mediante la cual una palabra toma un significado no habitual o que, en sentido estricto, no le corresponde. Comprende la **sinécdoque**, la **metonimia** y la **metáfora**.

tropopausa *f.* GEO Zona de discontinuidad entre la troposfera y la estratosfera cuya altitud varía con la latitud y las estaciones del año entre 18 km en el Ecuador y 6 km en los polos.

troposfera (Tb. tropósfera) *f.* GEO Capa inferior de la atmósfera donde se producen los fenómenos meteorológicos. Se extiende hasta una altitud de aprox. 11 km sobre las zonas polares y hasta aprox. 16 km sobre las ecuatoriales.

troquel *m.* Molde metálico para el estampado de piezas metálicas.

troquelar 1 *tr.* Imprimir y sellar una pieza de metal por medio del troquel. 2 Hacer monedas de este modo.

trotamundos *adj.* y *s.* Dicho de una persona, que es aficionada a viajar y recorrer países.

trotar 1 *intr.* Ir las caballerías al trote. 2 Cabalgar alguien sobre un caballo que va al trote. 3 Correr, como ejercicio físico, durante cierto tiempo a poca velocidad y sin afán competitivo.

trote 1 *m.* Modo de caminar los caballos entre el paso y el galope. 2 Trabajo o actividad muy intensa, apresurada y fatigosa.

trotón, na *adj.* Dicho de un caballo, que tiene como paso ordinario el trote.

trotskismo *m.* POLÍT Movimiento político marxista-leninista basado en las doctrinas de Trotski (1879-1940), que son contrarias al estalinismo y favorables a la tesis de la revolución permanente.

trova 1 *f.* Verso, poesía. 2 Composición métrica formada a imitación de otra siguiendo su consonancia. 3 Canción amorosa cantada o compuesta por los trovadores.

trovador, ra 1 *adj.* y *s.* Que trova. 2 *m.* y *f.* Poeta. 3 *m.* HIST Poeta lírico de los ss. XI-XIV que componía versos en lengua romance.

trovar 1 *intr.* Hacer versos. 2 Componer trovas. 3 *tr.* Imitar una composición métrica aplicándola a otro asunto.

troza *f.* Tronco de un árbol preparado para hacer tablas.

trozar 1 *tr.* Destrozar, romper. 2 Dividir en trozas un tronco.

trozo *m.* Pedazo o parte de algo separado del todo.

trucaje *m.* Acción y efecto de trucar.

trucar *intr. tr.* Disponer o preparar algo con artificios o trampas que produzcan el efecto que se desea.

trucha *f.* Pez salmónido, dulciacuícola, de color pardo con pintas rojizas o negras, que posee cabeza pequeña, aleta caudal con una escotadura y carne blanca o rosada comestible.

truco 1 *m.* Habilidades que se adquieren en el ejercicio de un oficio, profesión, etc. 2 Ardid para el logro de un fin. 3 Artificio para producir efectos en el ilusionismo, la fotografía, la cinematografía, etc.

truculento, ta *adj.* Atroz, cruel, terrible.

trueno 1 *m.* Estampido o estruendo producido en las nubes por una descarga eléctrica. 2 Ruido semejante al anterior causado por una explosión.

trueque *m.* Acción y efecto de trocar o trocarse.

trufa *f.* Hongo ascomiceto subterráneo con cuerpos fructíferos de color pardo que constituyen su parte comestible.

trufar *tr.* Rellenar de trufas las viandas.

truhán, na *adj.* y *s.* Que vive de engaños y estafas, granuja.

truncado, da 1 *adj.* Cortado, incompleto. 2 GEOM Dicho de un poliedro, que está cortado por uno o más planos. 3 GEOM **cono** ~; **pirámide** ~.

truncar 1 *tr.* Cortar una parte de algo. 2 Dejar incompleto el sentido de lo que se escribe o lee. 3 Impedir que llegue a realizarse por completo o a desarrollarse algo. 4 MAT Eliminar, para abreviar, las fracciones decimales de un número para dejar solo la parte entera.

trusa *f.* Malla, vestido de tejido de punto muy fino que, ajustado al cuerpo, usan los artistas de circo, bailarines, deportistas, etc.

trust *m.* ECON Unión de empresas que se da cuando se crean acuerdos y alianzas entre los fabricantes u oferentes de un producto o servicio determinado para obtener poder monopolista sobre el mercado aunque se ofrezca la imagen de que impera la competencia.

tsunami (Tb. sunami) *m.* Ola de enormes proporciones que surge tras un terremoto o la erupción de un volcán en el fondo del mar.

tu *adj. poses.* Apócope de **TUYO**. • U. ante un s.: *Es tu oportunidad; Busca tus cosas; Lleva tu sombrero.*

tú *pron. pers.* Forma de la segunda persona del singular que, en nominativo o vocativo, designa a la persona a la que se dirige quien habla o escribe: *Tú juegas mañana en el campeonato; Sin importar lo que pase, tú debes seguir siempre adelante.*

tuareg *adj.* y *s.* De un pueblo norteafricano bereber que se encuentra establecido en el Sáhara Central. Aunque está fuertemente mestizado e islamizado, ha preservado su lengua y costumbres propias como el seminomadismo, el matriarcado y la cría de camellos y cabras.

tuátara *m.* Reptil endémico de Nueva Zelanda, de 20 cm de longitud, que posee cabeza grande, cola poderosa y una cresta espinosa a lo largo del dorso. Difiere de los lagartos en que tiene un arco óseo en el cráneo detrás del ojo. Es el único ejemplar viviente de los rincocéfalos.

tuba *f.* MÚS Instrumento de viento, de cobre, de perforación cónica y con pistones.

tuberculina *f.* FARM Preparación elaborada con gérmenes tuberculosos que es utilizada como medio de diagnóstico y terapéutico de la tuberculosis.

tubérculo 1 *m.* BOT Parte engrosada del tallo de las plantas que es subterránea y rica en sustancias de reserva, como en la papa. 2 MED Lesión morbosa de la tuberculosis. 3 ZOOL Protuberancia que presenta el dermatoesqueleto o la superficie de varios animales.

tuberculosis *f.* MED Enfermedad infecciosa y contagiosa que adopta formas muy diferentes según el órgano atacado, la intensidad de la afección, etc. Su lesión habitual es un pequeño nódulo, de estructura especial, llamado tubérculo.

tuberculoso, sa 1 *adj.* Perteneciente o relativo a la tuberculosis. 2 *adj.* y *s.* Que padece tuberculosis.

tubería *f.* Conjunto de tubos o cañerías que sirve para conducir el agua u otro fluido.

tuberosidad *f.* MED Tumor, hinchazón.

tubiflora *adj.* y *f.* BOT Dicho de una planta, dicotiledónea herbácea, que posee corola con forma de tubo, estambres reducidos a un solo verticilo y fruto en baya o cápsula.

tubista *m.* y *f.* Músico profesional que interpreta la tuba.

tubo 1 *m.* Pieza hueca cilíndrica y abierta por ambos extremos, que se utiliza como medio de conducción de fluidos o productos pulverulentos. 2 Recipiente cilíndrico y oblongo, de metal maleable o plástico, destinado a contener sustancias viscosas. 3 Elemento de los antiguos aparatos de radio y de televisión con forma parecida a la bombilla eléctrica. 4 BIOL Conducto natural: *Tubo digestivo; Tubo polínico.* || ~ **de ensayo** Tubo de cristal, cerrado por uno de sus extremos, que es usado para los análisis químicos. ~ **de rayos X** ELECTRÓN En el que hay una placa metálica frente al cátodo, generalmente de volframio que, al ser bombardeada por electrones, emite rayos X. ~ **de vacío** ELECTRÓN Dispositivo que consiste en una cápsula de vacío de acero o vidrio, con un ánodo y un cátodo, entre los cuales pueden moverse libremente los electrones, y un tercer electrodo, llamado rejilla, interpuesto entre los anteriores. ~ **digestivo** ANAT Conjunto de órganos que participan en el proceso de digestión de los alimentos y que conforma el **aparato** digestivo. ~ **fluorescente** ELECTR Tubo de iluminación por descarga eléctrica, a través de argón y vapor de mercurio, cuyas paredes de vidrio están recubiertas de una sustancia fluorescente.

tubular 1 *adj.* Perteneciente o relativo al tubo. 2 Con forma de tubo o formado de tubos. 3 *m.* **NEUMÁTICO**, pieza tubular de caucho. 4 **LLANTA**, pieza anular de caucho.

túbulo *m.* ANAT Conducto muy delgado de una estructura anatómica.

tucán *m.* Ave piciforme que posee pico arqueado, grueso y casi tan largo como el cuerpo, alas cortas, cola larga y plumaje vivamente coloreado. Vive en América tropical y se domestica fácilmente.

tucano, na *adj.* y *s.* De un grupo indígena que es nativo de las selvas del departamento colombiano del Vaupés y el estado brasileño del Amazonas, en la frontera colombo-brasileña.

tucumá *m.* **MORICHE**, palmera.

tuerca *f.* Pieza con un hueco labrado en espiral que ajusta en el filete del tornillo.

tuerto, ta *adj.* y *s.* Falto de un ojo o de la vista de uno.

tuétano *m.* Médula o sustancia blanca contenida dentro de los huesos.

tufarada *f.* Olor fuerte, vivo y desagradable que se percibe.

tufo 1 *m.* Emanación gaseosa que se desprende de las fermentaciones y combustiones imperfectas. 2 Olor desagradable que despide de sí algo o alguien.

tugurio *m.* Habitación, vivienda o establecimiento miserable.

tuit *m.* Mensaje transmitido a través de la red social Twitter® cuyo texto no puede sobrepasar un número limitado de caracteres.

tuitear *tr.* Enviar o intercambiar mensajes a través de la red social Twitter®.

tul *m.* Tejido de seda o algodón que forma malla en octágonos.

tulio *m.* QUÍM Elemento metálico del grupo de las tierras raras que es bastante denso y se utiliza como fuente de rayos X. Símbolo: Tm. Número atómico 69. Peso atómico: 168,934. Punto de fusión: 1545 °C. Punto de ebullición: 1950 °C.

tulipán 1 *m.* Planta herbácea de las liliáceas que posee hojas anchas, flor única de seis pétalos de diversos colores y fruto en cápsula. 2 Flor de esta planta.

tullido, da *adj.* y *s.* Que ha perdido el movimiento del cuerpo o de alguno de sus miembros.

tullir *tr.* y *prnl.* Hacer que alguien pierda el movimiento de su cuerpo o uno de sus miembros. • Vb. irreg. conjug. c. **mullir**. V. anexo El verbo.

tumba 1 *f.* Sepulcro, sepultura. 2 Armazón con forma de ataúd ante el que se celebran las honras fúnebres. 3 Persona muy reservada.

tumbaga *f.* Aleación de oro y cobre empleada en joyería.

tumbar 1 *tr.* Hacer caer o derribar a alguien o algo. 2 *intr.* Caer al suelo, rodar por tierra. 3 *prnl.* Echarse, tenderse, especialmente para dormir.

tumbo 1 *m.* Vaivén violento. 2 Vuelco o voltereta.

tumbona *f.* Silla con largo respaldo de lona y patas de tijera, que permiten inclinarla en ángulos muy abiertos.

tumefacción *f.* MED Hinchazón de alguna parte del cuerpo.

tumescencia 1 *f.* MED Aumento de tamaño de una parte del cuerpo que se produce generalmente por un golpe, una herida o una acumulación de líquidos. 2 MED Erección del órgano genital masculino.

tumor *m.* MED Alteración patológica de los tejidos orgánicos con aumento de volumen por crecimiento autónomo. || ~ **benigno** MED El formado por células muy semejantes a las normales que permanece en su localización primaria y no produce metástasis. ~ **maligno** MED El que produce metástasis y que, en caso de no ser tratado adecuadamente, por sí mismo produce la muerte de quien lo padece.

tumoración *f.* MED Aumento patológico de alguna región o zona orgánica.

túmulo 1 *m.* Sepulcro levantado sobre el suelo. 2 Montecillo artificial con el que se cubre una sepultura. 3 Armazón de madera, cubierto de paños fúnebres, en el que se coloca el ataúd para celebrar las exequias.

tumulto 1 *m.* Alboroto o disturbio producido por una multitud. 2 Confusión agitada, desorden ruidoso.

tuna *f.* MÚS Orquesta formada por estudiantes, estudiantina.

tunal 1 *m.* CHUMBERA. 2 Sitio donde abunda esta planta.

tunante, ta *adj.* y *s.* Pícaro, bribón, granuja.

tundir *tr.* Cortar o igualar con tijera o cuchilla el pelo de los paños y pieles.

tundra *f.* ECOL Terreno abierto y llano de subsuelo helado, cubierto por musgos, líquenes y pequeñas hierbas. Es propio de las regiones árticas y, con menor frecuencia, de las antárticas. || ~ **alpina** ECOL Terreno de características similares que es propio de las montañas de la zona templada ubicadas por encima del límite altitudinal de los árboles.

túnel *m.* Paso subterráneo abierto artificialmente para establecer vías de comunicación. || ~ **de viento** Construcción que consiste en una larga cavidad de forma cilíndrica por la que se hace circular el aire a la velocidad conveniente para ensayar modelos de aviación, náutica, automovilismo, etc.

tungsteno *m.* QUÍM Elemento metálico que se caracteriza por tener un punto de fusión más alto que cualquier otro metal. Se usa en la fabricación de filamentos eléctricos y para la producción de aleaciones de acero duras y resistentes. Símbolo: W. Número atómico: 74. Peso atómico: 183,85. Punto de fusión: 3410 °C. Punto de ebullición: 5660 °C.

túnica 1 *f.* Vestidura larga y holgada. 2 ANAT Membrana o capa de tejido que envuelve un órgano o parte del cuerpo. 3 BOT Telilla o película que en algunas frutas o bulbos está pegada a la parte interna de la cáscara. || ~ **úvea** ANAT Cara posterior del iris.

tunicado, da *adj.* y *m.* ZOOL Dicho de un animal, marino, con cuerpo blando y vida libre (estado larva) o sésil (estado adulto), que presenta en su estado larvario un notocordio que se pierde o reduce en el estado adulto. Vive en el interior de un saco o túnica de celulosa, segregada por él mismo, con dos aberturas que limitan la faringe y permiten el paso del agua de la que recolecta el alimento.

tunjo *m.* Objeto de oro hallado en las guacas.

tuno *m.* HIGO chumbo, fruto.

tupido, da *adj.* Espeso, que tiene sus elementos juntos o muy próximos unos a otros.

tupí-guaraní *m.* LING Grupo de lenguas amerindias de Brasil, Paraguay y zonas limítrofes que es el más importante de Suramérica por extensión territorial y número de hablantes.

tupir *tr.* y *prnl.* Apretar mucho una cosa.

tupí *adj.* y *s.* De un pueblo indígena amerindio que habita en la cuenca del Amazonas, Paraguay, Brasil y Guayana. Estuvo establecido antiguamente en la zona que abarca desde el NE de Argentina y Paraguay hasta la costa atlántica y el S de Guayana. Tras la llegada de los conquistadores europeos huyó a los Andes bolivianos y desde allí emigró posteriormente (ss. XVII-XIX) a la región que hoy ocupa.

turba[1] *f.* GEO Combustible fósil negruzco que está formado de residuos vegetales carbonizados. Posee aspecto terroso, es más ligero que el carbón propiamente dicho, se extrae de zonas con aguas estancadas y tiene un grado de humedad alto y poder calórico bajo.

turba[2] *f.* Muchedumbre de gente confusa, desordenada y tumultuosa.

turbación 1 *f.* Acción y efecto de turbar o turbarse. 2 Confusión, desorden, desconcierto.

turbante *m.* Tocado que consiste en una tira larga de tela que se enrolla en la cabeza.

turbar 1 *tr.* y *prnl.* Alterar el orden o el estado o curso natural de algo. 2 Alterar el ánimo de alguien o ponerle en un estado de fuerte emoción. 3 Interrumpir la quietud de forma violenta.

turbera *f.* Yacimiento de turba[1].

turbina *f.* Máquina motriz rotativa que es capaz de transformar en energía mecánica la energía de una corriente continua de un fluido.

turbio, bia 1 *adj.* Mezclado o alterado por algo que oscurece o quita la claridad natural o transparencia. 2 Confuso, poco claro, dudoso. 3 Dicho de una visión, que es poco clara, confusa. 4 Dicho de un lenguaje, una explicación, etc., que es confuso u oscuro.

turbión 1 *m.* Aguacero impetuoso con viento fuerte y poca duración. 2 Cantidad de cosas que caen de golpe.

turbohélice *m.* TURBOPROPULSOR.

turbopropulsor *m.* Motor de un avión que comprende una turbina de gas unida a una hélice mediante un reductor de velocidad.

turborreactor *m.* Motor de reacción que comprende una turbina de gas, cuya expansión por medio de toberas produce un efecto de propulsión por reacción.

turbulencia 1 *f.* Cualidad de turbio o turbulento. 2 FÍS Movimiento desordenado de un fluido en el cual las moléculas, en vez de seguir trayectorias paralelas, describen trayectorias sinuosas y forman torbellinos. 3 GEO Formación de remolinos producida por variaciones irregulares y rápidas de la dirección y velocidad del viento.

turbulento, ta 1 *adj.* Turbio, especialmente hablando de líquidos. 2 Alborotado y agitado, hablando de acciones y situaciones. 3 Que provoca disturbios, discusiones, etc. 4 FÍS **movimiento** ~.

turco, ca 1 *adj.* y *s.* HIST De un pueblo nómada asiático, probablemente originario de la cordillera del Altai que, después de someter el N de China y Mongolia (s. VI), se extendió por todo el continente asiático. 2 *f.* Cama baja y estrecha. 3 *m.* LING Lengua de la familia uralo-altaica, del grupo turanio, que es hablada en Turquía y parte de Bulgaria, Grecia, Rumania y Bosnia-Herzegovina.

turcomano, na *adj.* y *s.* Dicho de una rama racial, entroncada con los turcos, que es muy numerosa en Irán y otras regiones de Asia.

turgente *adj.* Abultado y firme.

turismo 1 *m.* Acción de viajar por placer o instrucción. 2 Conjunto de actividades puestas en práctica para realizar este tipo de viajes. 3 ECON Industria cuya finalidad es satisfacer las necesidades del turista. 4 Automóvil de uso particular.

turista *m.* y *f.* Persona que recorre un país por distracción y recreo.

turmalina *f.* GEO Mineral transparente o translúcido formado por un silicato de alúmina con ácido bórico, óxido de hierro y otras sustancias. Sus variedades claras se emplean como piedras finas.

turnar *intr.* y *prnl.* Alternar ordenadamente con otras personas en el disfrute de un beneficio o en el desempeño de un cargo o cualquier trabajo.

turno 1 *m.* Orden alternado que se observa entre varias personas para realizar una cosa o en la sucesión de estas cosas. 2 Momento en que corresponde a alguien hacer algo basándose en un orden establecido. 3 Conjunto de trabajadores que desempeñan su tarea en el mismo horario.

turpial *m.* Ave paseriforme que posee plumaje amarillo-naranja en el cuerpo y negro en la cabeza y las alas, y cuyo canto es muy apreciado.

turquesa 1 *f.* GEO Mineral amorfo de color azul verdoso formado por un fosfato de alúmina con algo de cobre y hierro que se utiliza en joyería. 2 *adj.* y *m.* Dicho de un color, que es azul verdoso.

turrón *m.* Dulce hecho a base de almendras, piñones, avellanas, nueces u otros ingredientes tostados y mezclados con miel o azúcar.

tusa 1 *f.* Corazón de la mazorca de maíz. 2 Espata u hoja que envuelve a la mazorca del maíz.

tusar 1 *tr.* Esquilar, trasquilar. 2 Cortar el pelo a alguien.

tuso, sa *adj.* Pelón, trasquilado a ras.

tutear *tr.* y *prnl.* Hablar a alguien de tú por confianza o familiaridad.

tutela 1 *f.* Dirección, amparo o defensa de una persona respecto de otra. 2 DER Institución ordenada por la ley cuyo fin es la protección y asistencia de alguien que no puede valerse por sí mismo. 3 DER Medida operativa legal que garantiza a todos los ciudadanos la posibilidad de reclamar ante los jueces la protección inmediata de sus derechos constitucionales fundamentales, cuando estos resultan vulnerados por la acción u omisión de cualquier autoridad pública y no se dispone de otro medio de defensa judicial. 4 DER **acción** de ~.

tutelar[1] *tr.* Ejercer la tutela.

tutelar[2] *adj.* y *s.* Que guía, ampara o defiende.

tutifruti *m.* Helado o dulce compuesto de varios frutos.

tutor, ra 1 *m.* y *f.* Persona que ejerce la tutela de alguien. 2 Defensor, protector. 3 Profesor privado que tiene a su cargo la educación general de un alumno. 4 Persona encargada de orientar y aconsejar a los alumnos de un curso o asignatura.

tutorial 1 *adj.* Perteneciente o relativo a la tutoría o relacionado con el acompañamiento de procesos. 2 *m.* INF Manual que orienta sobre el desarrollo de los procesos informáticos.

tutsi *adj.* y *s.* De un pueblo que conformaba la elite gobernante de los reinos africanos tradicionales de los actuales Ruanda y Burundi. En la década de 1990, los tutsis de Ruanda fueron víctimas de una oleada de genocidios propiciada por el gobierno de sus oponentes hutus, durante la cual se estima que murieron alrededor de un millón de tutsis.

tutú *m.* Vestido de bailarina de danza clásica, consistente en un corpiño ajustado y una falda corta, ligera y vaporosa.

tuyo, ya *adj. poses.* Que corresponde o pertenece a la persona a quien se habla o escribe: *Esta sombrilla debe ser la tuya; Estos cuadernos son tuyos.* • Se usa el apócope *tu* ante un s.: *Tengo tu libro.* U. t. como neutro con la terminación del m. s.: *Lo tuyo es un problema grave.*

twist (Voz ingl.) 1 *m.* Baile de carácter individual caracterizado por el movimiento integral del cuerpo o el balanceo de las caderas y los hombros. 2 Música que acompaña este baile.

u[1] *f.* Vigesimosegunda letra del alfabeto español y quinta de sus vocales. • Su nombre es *u* y representa el fonema vocálico /u/. Es letra muda en *gue, gui* (cuando no lleva diéresis) y *que, qui.* pl.: *úes.*

u[2] *conj. disy.* Se emplea en vez de la conjunción *o* cuando esta precede palabras que empiezan por *o* o por *ho*: *Serían las siete u ocho de la noche; Tendrá 10 u 11 años; No sé si era belga u holandés.*

ualabí *m.* Cualquier canguro menor, algunos de los cuales tienen el tamaño de una liebre. Son nativos de Australia, Nueva Guinea y las islas adyacentes.

uapití *m.* Cérvido de hasta 2 m de alzada, de color pardo. El macho tiene una cornamenta ramificada de gran tamaño. Habita en Norteamérica.

ubérrimo, ma *adj.* Muy abundante y fértil.

ubicación *m.* Acción y efecto de ubicar.

ubicar 1 *intr.* y *prnl.* Estar en un lugar determinado. 2 *tr.* Poner, localizar. 3 Hallar, dar con lo que se busca. 4 Hacer algo para hallar a una persona o a una cosa. 5 *prnl.* Colocarse en un empleo.

ubicuidad *f.* Cualidad de ubicuo.

ubicuo, cua 1 *adj.* Dicho de Dios, que está presente a un mismo tiempo en todas partes. 2 Dicho de una persona, que todo lo quiere presenciar y que se desplaza continuamente de un sitio a otro.

ubre 1 *f.* Cada uno de los órganos de las hembras de los mamíferos por los que segregan la leche para amamantar a sus crías. 2 Conjunto de dichos órganos.

ucase *m.* Decreto promulgado por un zar.

uchuva 1 *f.* Planta solanácea de aprox. 1,5 m de altura, hojas alternas, flores amarillas, fruto en baya, amarillo y cubierto de una delgada envoltura globular. 2 Fruto de esta planta. Es comestible.

uf *interj.* Denota cansancio, fastidio o sofocación.

ufanarse *prnl.* Engreírse, jactarse, gloriarse.

ufano, na 1 *adj.* Arrogante, presuntuoso. 2 Satisfecho, contento.

ufología *f.* Estudio de los ovnis.

ugrofinés, sa 1 *adj.* y *s.* De un grupo étnico constituido por el ugro (magiar, ostíaco, etc.) y el finés (finlandés, estonio, etc.). 2 *m.* LING Grupo de lenguas urálicas, que comprende principalmente el húngaro, el finés, el lapón y el estonio.

uitoto *adj.* y *s.* HUITOTO.

ujier 1 *m.* Portero de los estrados de un palacio o de un tribunal. 2 Empleado subalterno de algunos tribunales y cuerpos del Estado.

ukelele *m.* MÚS Instrumento hawaiano de cuatro cuerdas y mástil con trastes, que se afinan en *sol, do, mi* y *la* dentro de una octava.

úlcera 1 *f.* MED Lesión de la piel o de las mucosas que exuda y no tiende a cerrarse espontáneamente. 2 BOT Daño en la parte leñosa de las plantas, que se manifiesta por exudación de savia corrompida.

ulema *m.* Doctor de la ley islámica.

ulluco *m.* Planta baselácea propia de las regiones frías andinas que produce un tubérculo feculento y comestible.

ulmácea *adj.* y *f.* BOT Dicho de una planta, arbórea y arbustiva, que posee ramas leñosas, flores solitarias o en cimas y fruto en nuez o drupa.

ulterior *adj.* Que se dice o sucede después de otra cosa.

ultimar 1 *tr.* Dar fin a una cosa, concluirla. 2 Matar.

ultimátum 1 *m.* Nota diplomática con carácter definitivo. 2 Resolución tajante.

último, ma 1 *adj.* Que viene detrás o después de los demás. 2 Dicho de lo que en su línea no tiene otra cosa después de sí. 3 Dicho de lo más remoto, retirado o escondido: *Se fue a la última pieza de la casa.* 4 Dicho de un recurso definitivo, que se toma en algún asunto. 5 Dicho de algo, que es extremo en su línea.

ultraderecha *f.* Derecha política de ideología radical o extremista.

ultraísmo *m.* LIT Movimiento literario hispanoamericano de principios del s. XX. Reclamaba una renovación total del espíritu y de la técnica poética. Se destacaron Vicente Huidobro, Ramón Gómez de la Serna y Juan Ramón Jiménez.

ultraizquierda *f.* Tendencia política en la que militan personas que defienden conceptualmente y, de hecho, la ideología de extrema izquierda.

ultrajar 1 *tr.* Ofender gravemente de palabra o de obra a personas o cosas personificadas o con valor de símbolo: *Ultraje a la bandera.* 2 Violar, tener acceso carnal con alguien en contra de su voluntad.

ultraje 1 *m.* Acción de ultrajar. 2 Aquello que se ultraja.

ultraligero, ra 1 *adj.* Sumamente ligero. 2 *adj.* y *m.* Dicho de un avión, deportivo de poco peso y escaso consumo.

ultramar *m.* País o conjunto de países que están al otro lado del mar; se decía especialmente de los territorios coloniales.

ultramicroscópico, ca *adj.* Que por su pequeñez no puede ser visto sino por medio del ultramicroscopio.

ultramicroscopio *m.* ÓPT Sistema óptico que sirve para ver objetos de dimensiones aún más pequeñas que las que se perciben con el microscopio.

ultranza || **a ~** A todo trance, resueltamente.

ultrasonido *m.* FÍS Onda sonora no perceptible por el oído humano, con una frecuencia superior a 20 Khz. Se emplea en medicina, metalurgia, en la producción de emulsiones, en la detección de fallos en materiales industriales, etc.

ultratumba *f.* Lo que se cree o se supone que existe después de la muerte.

ultravioleta *adj.* FÍS **radiación ~; rayos ~.**

ulular 1 *intr.* Emitir o producir algo un sonido grave y continuo. 2 Hacer su voz los búhos y las lechuzas.

umbela 1 *f.* BOT Inflorescencia en que los pedúnculos arrancan de un mismo punto y se elevan a igual altura. 2 ZOOL Parte superior redondeada del cuerpo de las medusas.

umbelífero, ra *adj.* y *f.* BOT Dicho de una planta, dicotiledónea que, como el perejil y la zanahoria, tiene hojas alternas y muy partidas, flores en umbela y fruto en doble aquenio con una semilla.

umbilical 1 *adj.* ANAT Perteneciente o relativo al ombligo. 2 ANAT **cordón ~.**

umbral 1 *m.* Parte inferior de la puerta de una casa, contrapuesta al dintel. 2 Primer paso o entrada de cualquier cosa. 3 Valor a partir del cual empiezan a ser perceptibles los efectos de un agente físico. || **~ de audición** FÍS Cantidad mínima de vibraciones por segundo necesarias para que un sonido sea percibido por el oído: *El umbral de audición del oído humano se sitúa entre un mínimo de 20 Hz y un máximo de 20 000 Hz.*

un Apócope de UNO. • U. ante un s. m. s. y generalmente ante un s. f. s. que empieza por consonante, *a* tónica o *h* muda: *Un martillo; Un alma; Un hacha.*

unánime 1 *adj.* Dicho de una persona, que en conjunto con otras tiene la misma opinión o intención y comparte un mismo parecer, voluntad o sentimiento. 2 Dicho de este parecer.

unanimidad *f.* Cualidad de unánime. || **por ~** Sin discrepancia, de manera unánime.

unanimismo 1 *m.* Tendencia exagerada a actuar con unanimidad, especialmente en política. 2 LIT Movimiento literario europeo iniciado por J. Romains (*La vida unánime,* 1908), que se basaba en la conciencia del grupo humano como un todo, cuyo espíritu colectivo debía reflejar el escritor en sus obras.

unciforme 1 *adj.* Que tiene forma de gancho o garfio. 2 *m.* ANAT Uno de los huesos del carpo que forma parte de la segunda fila.

unción *f.* Acción de ungir.

uncir *tr.* Sujetar los animales de tiro al yugo.

undécimo, ma 1 *adj.* DECIMOPRIMERO. 2 *adj.* y *s.* ONCEAVO.

underground (Voz ingl.) 1 *adj.* Dicho de una manifestación artística o cultural, marginal y contestataria, o de las personas que la crean o la promueven. 2 *m.* Movimiento que patrocina y difunde manifestaciones artísticas y culturales marginales.

undívago, ga *adj.* Que ondea como las olas.

ungido *m.* Rey o sacerdote signado con el óleo santo.

ungir 1 *tr.* Aplicar aceite u otra materia grasa a una cosa. 2 Signar con óleo sagrado a una persona.

ungüento 1 *m.* Cualquier sustancia con que se unge o unta. 2 FARM Medicamento de una cierta densidad que se aplica externamente.

unguiculado, da *adj.* y *s.* ZOOL Que tiene los dedos provistos de uñas.

unguis *m.* ANAT Hueso muy pequeño y delgado de la parte anterior e interna de cada una de las órbitas. Contribuye a formar los conductos lagrimal y nasal.

ungulado, da *adj.* ZOOL Dicho de un mamífero, que tiene pezuñas y puede pertenecer a los artiodáctilos y los perisodáctilos.

uniata *adj.* y *s.* REL Dicho de una iglesia, de rito oriental que acata la autoridad del papa y de sus miembros.

unicameral *adj.* Dicho del poder legislativo, que está formado por una sola cámara de representantes.

unicaule *adj.* BOT Dicho de una planta, que tiene un solo tallo.

unicelular *adj.* BIOL Que consta de una sola célula.

único, ca 1 *adj.* Solo y sin otro de su especie. 2 Singular, extraordinario, excelente.

unicornio *m.* MIT Animal fabuloso de forma de caballo y con un cuerno en mitad de la frente.

unidad 1 *f.* Cada una de las cosas completas y diferenciadas de otras que se hallan en un conjunto. 2 Cualidad por la que personas, animales y cosas constituyen un todo independiente que no se puede dividir sin alterar su esencia. 3 Lo que posee esa cualidad: *El átomo es la unidad básica de la materia.* 4 Unión de las partes de un todo. 5 Cantidad elegida como término de comparación para medir las demás de su especie: *La unidad de la longitud en el sistema internacional es el metro.* 6 Fracción de una fuerza militar. 7 **sistema** de ~es; **sistema** internacional de ~es. 8 ART y LIT Cualidad de la obra literaria o artística en que solo hay un asunto o pensamiento principal, generador y lazo de unión de todo lo que en ella ocurre, se dice o se representa. || **~ astronómica** ASTR El radio medio de la órbita terrestre, o sea la distancia de la Tierra al Sol, equivalente a 149 millones y medio de kilómetros. Símbolo: UA. **~ central de proceso** (*CPU* por sus siglas en inglés) INF Circuito que se ocupa del control y del proceso de datos en las computadoras. **~ de disco** INF Dispositivo electromecánico de una computadora que lee y escribe en discos. **~ de masa atómica** FÍS Unidad de medida de masas de átomos y partículas equivalente a la doceava parte de la masa del isótopo radiactivo C^{12}, cuyo valor es $1{,}66 \cdot 10^{-27}$ kg. Símbolo: uma. **~ de medida** FÍS y MAT UNIDAD, cantidad elegida como término de comparación. **~ monetaria** ECON Moneda que sirve legalmente de patrón en cada país. **~es coherentes** FÍS Las elegidas de modo que todas las fórmulas quedan satisfechas al reemplazar los símbolos por sus medidas. **~ de cuidados intensivos** MED Sección de un hospital donde se concentran aparatos y personal especializado en el tratamiento de enfermos que requieren atención inmediata y constante.

unidimensional *adj.* Que tiene una sola dimensión.

unidireccional *adj.* Que se mueve o difunde en una sola dirección.

unido, da 1 *adj.* Que tiene unión. 2 Que tiene conformidad o compenetración con otro.

unifamiliar *adj.* Que corresponde a una sola familia.

unificación *f.* Acción y efecto de unificar.

unificar 1 *tr.* y *prnl.* Hacer de varias cosas una o un todo. 2 Hacer que cosas diferentes o separadas formen una organización, produzcan un determinado efecto, tengan una misma finalidad, etc.

uniformar 1 *tr.* y *prnl.* Hacer uniformes dos o más cosas. 2 *tr.* Hacer que las personas de un cuerpo vistan el mismo traje o uniforme.

uniforme 1 *adj.* Siempre igual. 2 Que procede de un modo constante. 3 FÍS **movimiento ~.** 4 *m.* Traje igual o semejante que llevan todos los miembros de un colegio, de una institución, etc.

unilateral 1 *adj.* Que solo contempla un aspecto de la cuestión. 2 Dicho de una manifestación o de un acto, que solo obliga al que lo hace.

unión 1 *f.* Acción y efecto de unir o unirse. 2 Acción y efecto de unirse en matrimonio. 3 Lugar o punto en que se unen dos o más cosas. 4 Lo que resulta de mezclar algunas cosas entre sí. 5 Entidad que resulta de unir países, compañías, profesionales, partidos políticos, etc. 6 MAT Conjunto formado por los elementos de dos o más conjuntos. Su símbolo es ∪; por ejemplo: dados dos conjuntos *A* y *B*, su unión se representa por $A \cup B$, que es igual al conjunto que contiene los elementos de ambos. || ~ **aduanera** ECON Asociación que se establece entre dos o más países con el fin de adoptar un arancel exterior común y una misma política comercial.

unionismo *m.* POLÍT Doctrina que defiende la unión de determinados países o partidos políticos.

unipartidismo *m.* POLÍT Sistema político en el que existe un solo partido que puede participar en procesos electorales y gobernar.

unipersonal 1 *adj.* Que consta de una sola persona. 2 Que corresponde o pertenece a una sola persona.

unipolar *adj.* ELECTR Que tiene un solo polo.

unir 1 *tr.* Hacer que dos o más cosas formen un todo. 2 Juntar dos o más cosas de modo que queden continuas. 3 Conectar entre sí una o más cosas: *La nueva vía unirá los municipios ribereños.* 4 Concordar las voluntades, los ánimos o pareceres. 5 *intr.* y *prnl.* Presentarse dos o más cosas a la vez: *La fuerza y la mansedumbre se unen en este perro.* 6 *prnl.* Confederarse varios para el logro de algún intento. 7 Juntarse una persona con otra.

unirrámeo, a *adj.* BIOL Dicho de una rama de las plantas o del apéndice de ciertos animales, que no está bifurcado.

unisex *adj.* Dicho de lo que es apropiado para ambos sexos; especialmente lo que está relacionado con la moda.

unisexual 1 *adj.* BIOL Dicho de una persona, que tiene un solo sexo. 2 BOT **flor** ~.

unisonancia *f.* MÚS Concurrencia de dos o más voces o instrumentos en un mismo tono de música.

unísono, na 1 *adj.* Que tiene el mismo tono o sonido que otra cosa. 2 *m.* MÚS Trozo de música en que las varias voces o instrumentos suenan en idénticos tonos.

unitario, ria 1 *adj.* Perteneciente o relativo a la unidad. 2 Que constituye una unidad. 3 Que toma por base una unidad de medida determinada. 4 *adj.* y *s.* Partidario del unitarismo.

unitarismo 1 *m.* POLÍT Doctrina, tendencia u opinión que en cualquier campo se opone al particularismo o a la diversidad. 2 REL Doctrina protestante que acepta la moral de Jesucristo, pero niega su divinidad, y no reconoce en Dios más que una sola persona.

univalvo, va 1 *adj.* ZOOL Dicho de una concha, que tiene una sola pieza. 2 *adj.* y *m.* Dicho de un molusco, que tiene concha de una sola pieza.

universal 1 *adj.* Perteneciente o relativo al universo. 2 Que comprende o es común a todos en su especie. 3 Que pertenece o se extiende a todo el mundo, a todos los países, a todos los tiempos. 4 Lo que por su naturaleza es apto para ser predicado de muchos. 5 FISIOL y MED **receptor** ~. 6 LÓG **proposición** ~. 7 POLÍT **sufragio** ~. 8 *m. pl.* FIL En la filosofía medieval, las ideas generales. Aristóteles las había clasificado en cinco grupos: género, especie, diferencia, lo propio y el accidente.

universalísimo, ma *adj.* FIL Dicho de un género supremo, que comprende a otros géneros inferiores que también son universales.

universalismo 1 *m.* FIL Doctrina ética que afirma la comunidad humana o la humanidad como objeto en el que ha de realizarse la acción moral. 2 REL Fe que incorpora, entre otros, muchos dogmas cristianos y que sigue el principio de promover la armonía entre los adeptos de todas las confesiones religiosas.

universalizar *tr.* Hacer universal alguna cosa, extendiéndola a todos o generalizándola.

universidad 1 *f.* Institución de enseñanza superior dividida en facultades y otros centros, que concede títulos de profesional, licenciado, doctor, etc. En la actualidad, se reconoce a las universidades un papel social relevante, ligado no solo a su función tradicional, sino también a su papel primordial en el desarrollo constante de la ciencia y la tecnología. 2 Edificio o conjunto de edificios destinado a las cátedras y oficinas de una universidad.

universitario, ria 1 *adj.* Perteneciente o relativo a la universidad. 2 *m.* y *f.* Profesor, graduado o estudiante de universidad.

universo 1 *m.* Mundo como conjunto de todos los seres existentes, con el espacio en que están y se mueven. 2 Conjunto de personas o elementos en los cuales se consideran una o más características que se someten a estudio estadístico. 3 ASTR Conjunto de toda la materia y energía existentes.

□ ASTR El universo tiene una edad estimada de 15 000 millones de años y, según la teoría inflacionaria, todo salió de un único punto en una bola de fuego conocida como gran explosión o *big bang*. El empuje inicial, que actuó durante una minúscula fracción de segundo, fue tan violento que desde entonces la expansión del universo continúa. Algo más de tres minutos después del principio, el universo era 70 veces más caliente que el centro del Sol en la actualidad y aprox. cuatro minutos después del principio tuvieron lugar una serie de reacciones nucleares en las que al menos el 25 % del material nuclear terminó en forma de helio, y el resto (salvo una fracción de un 1 %) en forma de hidrógeno. Algo más de 30 minutos después del principio la materia se encontraba en estado de **plasma**. Esta actividad prosiguió durante unos 300 000 años hasta que la temperatura se acercó a la que existe hoy en la superficie del Sol (aprox. 6000 °C), y durante los 500 000 años siguientes los electrones y núcleos se unieron para formar átomos de hidrógeno y helio. Las estrellas y galaxias empezaron a formarse aproximadamente 200 000 años después, una vez que la materia y la radiación dejaron de interactuar.

univitelino, na *adj.* Dicho de los mellizos, que proceden de un solo óvulo.

unívoco, ca 1 *adj.* y *s.* Que tiene igual naturaleza o valor que otra cosa. 2 *adj.* MAT **correspondencia** ~.

uno¹, na 1 *adj.* Expresa unidad: *Todos estaban en un mismo salón; Me regalaron una naranja.* • Se usa el apócope *un* ante un s. m. s. y generalmente ante un s. f. s. que empieza por consonante, *a* tónica o *h* muda: *Un salón; Un hada; Un ala.* 2 *pron.* Indica una persona o cosa indeterminada: *¿Cada uno debe escoger?* 3 *m.* Signo con que se representa el número uno.

uno², na 1 *adj.* Que no está dividido en sí mismo. 2 Dicho de una persona o una cosa identificada o unida, física o moralmente, con otra. 3 Idéntico, lo mismo: *Esa razón y la que yo digo es una.* 4 Con sentido distributivo se usa contrapuesto a *otro*. 5 En plural y antepuesto a un número cardinal, poco más o menos. 6 *pron. indet.* En singular, significa una y en plural dos o más personas cuyo nombre se ignora o no quiere decirse. Se usa también en número singular y aplicado a la persona que habla o a una indeterminada. 7 *m.* MAT Unidad, cantidad que se toma como término de comparación. 8 MAT Signo con que se expresa la unidad sola. 9 Individuo de cualquier especie.

untar 1 *tr.* Aplicar o extender una sustancia grasa o pegajosa en algo o en alguien. 2 *prnl.* Mancharse con una materia untuosa.

unto *m.* Materia a propósito para untar.

untuoso, sa *adj.* Graso, pegajoso.

uña 1 *f.* ANAT Cada una de las láminas córneas protectoras que nacen y crecen en la falange terminal de los dedos. 2 Pezuña o casco de un animal. 3 Punta corva en que remata la cola del alacrán. 4 Espina corva de algunas plantas. 5 MÚS **PLECTRO.** 6 Corte cóncavo o convexo que se hace en el canto de algunos libros para indicar la situación de una determinada sección y facilitar su manejo.

uñero 1 *m.* Inflamación en la raíz de la uña. 2 Herida que la uña produce al crecer hacia dentro.

uombat *m.* Mamífero marsupial herbívoro de 90 cm de longitud, corpulento y con miembros aptos para excavar. Es nocturno y vive en Australia.

uperizar 1 *tr.* Esterilizar la leche calentándola en tres etapas, hasta 150 °C, a la vez que se la somete a la acción de vapor sobrecargado y purificado. 2 Esterilizar un alimento mediante la inyección de vapor muy caliente.

uracilo *m.* QUÍM Compuesto orgánico que constituye una de las cuatro bases nitrogenadas que intervienen en la composición de los nucleótidos que forman el ARN; las otras tres bases (adenina, citosina y guanina) también están presentes en el ácido ADN.

uraninita *f.* GEO Óxido de uranio. De color negro y brillo metálico, es el mineral de uranio más importante que se conoce.

uranio *m.* QUÍM Elemento químico metálico radiactivo, de color blanco brillante, dúctil y maleable, muy duro y denso. Tiene un isótopo capaz de una fisión continua y se ha usado en la bomba nuclear. Es el combustible nuclear empleado en los reactores de fisión. Símbolo: U. Número atómico: 92. Peso atómico: 238,029. Punto de fusión: 1132 °C. Punto de ebullición: 3818 °C. || ~ **enriquecido** QUÍM Aquel en que la proporción de isótopo fisionable está aumentada con relación a su proporción natural.

urapán *m.* Árbol oleáceo de hasta 25 m de altura, con tronco grueso, hojas compuestas, alternas, flores muy pequeñas y frutos aplanados y alargados, con una semilla en su base.

urbanícola *adj.* y *s.* **URBANITA.**

urbanidad *f.* Cortesía, buenos modos.

urbanismo *m.* Conjunto de conocimientos y normas que regulan la creación, el desarrollo y el funcionamiento de las ciudades. Básicamente tiene en cuenta la distribución de la población, los usos del suelo permitidos, la circulación y el transporte público y las directrices para la protección del medioambiente.

urbanita *adj.* y *s.* Dicho de una persona, que vive y está adaptada a los hábitos y las costumbres de la ciudad.

urbanización *f.* Acción y efecto de urbanizar.

urbanizar 1 *tr.* y *prnl.* Hacer urbano y sociable a alguien. 2 *tr.* Dotar a un terreno en campo abierto de las infraestructuras necesarias para construir un conjunto residencial con todos los servicios.

urbano, na 1 *adj.* Perteneciente o relativo a la ciudad. 2 **aglomeración** ~; **casco** ~; **zona** ~.

urbe *f.* Ciudad grande y muy poblada.

urdidera *f.* Instrumento a modo de devanadera, donde se preparan los hilos para las urdimbres.

urdimbre *f.* Conjunto de hilos longitudinales que se colocan paralelamente en el telar para formar una tela con los de la trama.

urdir 1 *tr.* Preparar los hilos en la urdidera para pasarlos al telar. 2 Maquinar alguna cosa, como una intriga, una conjura.

urea *f.* QUÍM Compuesto orgánico presente en la sangre y que se elimina principalmente por la orina; se emplea como fertilizante.

uremia *f.* MED Porcentaje de urea en la sangre humana. El aumento de su cantidad normal (0,2/0,4 g/l) produce una serie de trastornos en todo el organismo.

urente *adj.* Que escuece, ardiente, abrasador.

uréter *m.* ANAT Cada uno de los conductos por los que desciende la orina desde los riñones a la vejiga.

uretra *f.* ANAT Conducto muscular liso con una capa mucosa, encargado de expeler la orina desde la vejiga al exterior. En el varón sirve también de canal deferente del semen.

urgencia 1 *f.* Cualidad de urgente. 2 Necesidad o falta apremiante de alguna cosa. 3 *f. pl.* Sección de los hospitales en que se atiende a los enfermos y heridos graves que necesitan cuidados médicos inmediatos.

urgente *adj.* Que urge o debe hacerse rápidamente.

urgir 1 *tr.* Pedir o exigir algo con urgencia o apremio. 2 Instar a alguien a que actúe rápidamente. 3 *intr.* Instar o precisar algo a su pronta ejecución o remedio.

úrico, ca 1 *adj.* De la orina. 2 QUÍM Dicho de cierto ácido compuesto de carbono, nitrógeno, hidrógeno y oxígeno, ligeramente soluble en agua, producido en el catabolismo nitrogenado de los ácidos nucleicos. Se encuentra en la orina.

urinario, ria 1 *adj.* Perteneciente o relativo a la orina. 2 *m.* Lugar destinado para orinar. || **aparato** ~ ANAT y FISIOL Conjunto de órganos que producen y excretan la orina. Está constituido por los riñones y por un sistema de conductos (uréteres, vejiga y uretra) que conducen la orina al exterior. Los riñones filtran las sustancias del torrente sanguíneo; estos residuos forman parte de la orina que continuamente pasa por los uréteres hasta la vejiga, de donde pasa, a través de la uretra, al exterior.

urna 1 *f.* Recipiente de formas y materiales diversos para conservar las cenizas de los muertos. 2 Recipiente en que se meten las papeletas para los sorteos, las votaciones, etc. 3 Caja de cristal que sirve para exponer algún objeto.

uro *m.* Mamífero artiodáctilo bóvido, mayor que el toro, domesticado desde el 4000 a. C. Muy abundante en Europa, se extinguió a comienzos del s. XVII.

urodelo *adj.* y *m.* ZOOL Dicho de un anfibio tetrápodos, de cuerpo alargado y cola larga que, como las salamandras y los tritones, conserva las branquias en estado adulto. Tiene cuerpo cilíndrico, con patas cortas, piel lisa y húmeda, por lo general con manchas de vistosos colores; algunas especies segregan toxinas.

urogallo *m.* Ave galliforme de unos 80 cm de largo, con plumaje pardo negruzco jaspeado de gris, patas y pico negros. La hembra presenta una mancha rojiza en el pecho. Habita en los bosques de montaña europeos.

urogenital *adj.* ANAT Perteneciente o relativo a las vías y a los órganos genitales y urinarios.

urología *f.* MED Rama de la medicina que estudia el aparato urinario.

urraca *f.* Ave paseriforme de 40 cm de longitud, con pico robusto, cola larga y plumaje blanco y negro.

úrsido *m.* ZOOL Mamífero de gran tamaño, pelaje espeso patas y garras fuertes, cabeza grande y ancha y ojos pequeños. Pertenece al grupo de los carnívoros plantígrados: *El oso polar y el oso pardo forman parte del grupo de los úrsidos.*

urticáceo, a *adj.* y *f.* BOT Dicho de una planta, dicotiledónea de hojas opuestas con pelos que segregan un ácido urente, flores en cimas y fruto en aquenio o drupa, como la ortiga.

urticante *adj.* Urente, que produce ardor o escozor.

urticaria *f.* MED Enfermedad eruptiva de la piel.

usado, da 1 *adj.* Gastado y deslucido por el uso. 2 De segunda mano, adquirido del segundo vendedor.
usanza *f.* Ejercicio o práctica de algo.
usar 1 *tr.* Disfrutar alguien algo. 2 Ejecutar algo habitualmente o por costumbre. 3 Llevar una prenda de vestir, un adorno personal o tener por costumbre ponerse algo. 4 *tr.* e *intr.* Hacer servir una cosa para algo, utilizarla. 5 *intr.* Tener costumbre. 6 *prnl.* Estar algo de moda, ser de uso corriente.
USB (Del ingl.) *m.* INF Dispositivo que posibilita la comunicación entre el computador y otros aparatos análogos o compatibles. • Sigla de *Universal Serial Bus.*
uso 1 *m.* Acción y efecto de usar. 2 Ejercicio o práctica general de algo. 3 Modo de obrar. 4 Empleo continuado y habitual de una persona o cosa. || ~ **de razón** 1 Posesión del natural discernimiento, que se adquiere pasada la primera niñez. 2 Tiempo en que se descubre o se empieza a reconocer este discernimiento en los actos de un niño o de una persona.
usted *pron. pers.* Forma de la segunda persona del singular que, en nominativo, vocativo o precedida de preposición, designa a la persona a la que se dirige quien habla o escribe: *Ustedes son los mejores; Este obsequio es para ustedes.*
usual *adj.* Que común o frecuentemente se usa o se practica.
usuario, ria *adj.* y *s.* Que usa ordinariamente algo.
usufructo 1 *m.* Derecho a disfrutar de bienes ajenos con la obligación de conservarlos. 2 Provecho que se obtiene de algo.
usura 1 *f.* Interés ilícito que se lleva por el dinero o el producto en el contrato de mutuo o préstamo. 2 Interés excesivo en un préstamo.
usurero, ra *m.* y *f.* Prestamista con interés excesivo o ilegal.
usurpación 1 *f.* Acción y efecto de usurpar. 2 Cosa usurpada; especialmente el terreno usurpado.
usurpar *tr.* Apoderarse de bienes o derechos ajenos.
utensilio 1 *m.* Objeto o útil de uso manual y frecuente: *Utensilios de afeitar; Utensilios de cocina.* 2 Herramienta de un oficio o arte.
uterino, na 1 *adj.* Perteneciente o relativo al útero. 2 ANAT **cuello** ~.
útero *m.* ANAT Órgano del aparato genital de las hembras de los mamíferos destinado a recibir el óvulo fecundado. Es un saco muscular revestido interiormente de una mucosa y está comunicado con la vagina por el cuello uterino.
útil[1] 1 *adj.* Que produce provecho, fruto, interés o comodidad. 2 Apto para alguna cosa o un servicio.
útil[2] *m.* Utensilio o herramienta.
utilería 1 *f.* Conjunto de útiles o instrumentos que se usan en un oficio o arte. 2 Conjunto de objetos y enseres que se emplean en un escenario teatral o cinematográfico.
utilidad 1 *f.* Cualidad de útil[1]. 2 Provecho, conveniencia, interés o fruto que se saca de algo. 3 ECON Beneficio que se puede obtener al realizar una transacción; es la base del valor que una persona confiere a los bienes y servicios que consume. || ~ **marginal** ECON Valor que se da a un **bien de consumo** de acuerdo con el aprovechamiento que representa para el consumidor, el cual supone que a medida que se incrementa el número de unidades de un producto, llega a ser menos útil para él y viceversa.
utilitario, ria *adj.* Que solo propende a conseguir lo útil; que antepone a todo la utilidad.
utilitarismo *m.* FIL Doctrina ética que identifica el bien con lo útil, entendiendo por útil lo que aumenta la dicha o preserva de un dolor.
utilizar 1 *tr.* Emplear algo de manera útil. 2 Servirse de algo o de alguien en general o para un fin preciso.
utillaje *m.* Conjunto de herramientas de un oficio o de máquinas para una industria.
uto-azteca *m.* LING Familia de lenguas amerindias de América del Norte y América Central. Comprende varias ramas: el shoshon (O de EE.UU.), el pimatepehuano (N de México), el cahita-opata-tarahumara (NO de México) y el nahua.
utopía 1 *f.* Idea o proyecto hermoso y halagüeño pero irrealizable. 2 Plan ideal de gobierno en el que todo está perfectamente determinado, como en la isla de *Utopía*, descrita por Tomás Moro.
utópico, ca 1 *adj.* Perteneciente o relativo a la utopía. 2 POLÍT **socialismo** ~.
uva *f.* Fruto de la vid, que es una baya o grano globoso y jugoso, el cual nace en racimos. Contiene unos granillos duros, que constituyen la semilla. Es comestible y, triturada, produce el mosto que, fermentado, da el vino.
uve *f.* Letra *v*. || ~ **doble** Letra *w*.
úvea *adj.* ANAT **túnica** ~.
úvula *f.* ANAT Lóbulo carnoso que pende de la parte media y posterior del velo del paladar.
uxoricida *adj.* y *s.* Dicho de una persona, que mata a su mujer.
uy (Tb. huy) *interj.* Palabra o expresión que indica asombro, preocupación, incomodidad, admiración o dolor.
uzbeko *adj.* y *s.* De un pueblo de origen turco y religión musulmana, que habita en Uzbekistán, Afganistán, y en las regiones adyacentes de Asia central.

v 1 *f.* Vigesimotercera letra del alfabeto español. • Recibe los nombres de *ve, ve baja, ve chica, ve corta* o *uve.* Representa un sonido bilabial y sonoro, como la *b.* pl.: *ves.* 2 En la numeración romana, y en may. (V), equivale a cinco. Se escribe con may. inic. en la acepción 2. || **doble** ~ La letra *w.*

vaca 1 *f.* Hembra del toro. 2 MED **enfermedad** de las ~s locas. 3 Dinero que se reúne entre varias personas para compartir un gasto. || ~ **loca** Armazón en forma de vaca que lleva en los cuernos unas bolas de materia inflamable encendida, y que se corre en algunos festejos. ~ **marina** MANATÍ.

vacación *f.* Interrupción temporal del trabajo o de la actividad escolar. • U. m. en pl.

vacada *f.* Manada de ganado vacuno.

vacante *adj.* y *f.* Dicho de un cargo o empleo, que está sin ocupar.

vacar *intr.* Quedar vacante o sin ocupar un empleo o dignidad.

vaciado, da 1 *m.* Acción de vaciar en un molde. 2 Figura que se ha formado en el molde.

vaciar 1 *tr.* y *prnl.* Dejar vacía alguna cosa. 2 Sacar, verter o arrojar el contenido de un recipiente. 3 *tr.* Formar un objeto echando en un molde un material fluido y blando. 4 Formar un hueco en algo.

vacilar 1 *intr.* Moverse alguien o algo de forma inestable e imprecisa, como la llama de la vela o las personas cuando pierden el equilibrio. 2 *tr.* e *intr.* Divertirse a costa de alguien, tomar el pelo.

vacío, a 1 *adj.* Falto de contenido o sustancia. 2 Hueco, o falto de la solidez correspondiente. 3 Ligero, insustancial. 4 *m.* Abismo, precipicio. 5 Carencia o ausencia de algo o alguien que se echa de menos. 6 **bomba** de ~. 7 ELECTRÓN **tubo** de ~. 8 FÍS En sentido estricto, espacio absolutamente libre de materia. 9 FÍS Espacio en que la presión se encuentra muy por debajo de la presión atmosférica normal, de manera que los gases que aún queden no afectan los procesos de movimiento en ese espacio.

vacuidad *f.* Cualidad de vacuo.

vacuna *f.* MED Preparado de antígenos procedentes de microorganismos patógenos, cuya finalidad es la creación de anticuerpos que reconozcan y ataquen la infección y, por tanto, produzcan la inmunidad del organismo inoculado.

vacunar *tr.* y *prnl.* MED Inocular una vacuna con fines preventivos.

vacuno, na 1 *adj.* Perteneciente o relativo al ganado bovino. 2 *m.* Animal bovino.

vacuo, cua *adj.* Vacío, hueco, sin contenido ni sustancia.

vacuola *f.* BIOL Cavidad que se forma en el citoplasma de una célula, principalmente de las vegetales, y que sirve para almacenar sustancias de desecho o de reserva.

vadear *tr.* Pasar un río u otra corriente de agua por un vado o por cualquier sitio donde se pueda hacer pie.

vademécum *m.* Manual portátil con los conocimientos básicos de cualquier arte o ciencia.

vado 1 *m.* Paraje poco profundo de un río por el que se puede pasar a pie, cabalgando o en vehículo. 2 Parte rebajada de una acera para facilitar la entrada y salida de vehículos.

vagabundo, da 1 *adj.* y *s* Que anda errante de una parte a otra. 2 Que anda de un lugar a otro sin tener un oficio o domicilio fijos.

vagancia 1 *f.* Acción de vagar[1]. 2 Cualidad de vago[1].

vagar[1] *intr.* Estar ocioso y sin hacer nada.

vagar[2] *intr.* Andar de una parte a otra sin especial detención en ninguna.

vagaroso, sa *adj.* Que fácilmente y de continuo se mueve de una a otra parte.

vagido *m.* Gemido o llanto del recién nacido.

vagina *f.* ANAT Conducto muscular y membranoso que en las hembras de los mamíferos une el cuello del útero con la vulva.

vaginismo *m.* MED Contractura de los músculos del perineo en la mujer, por causas físicas y sobre todo psíquicas, que dificulta o impide la unión sexual.

vaginitis *f.* MED Inflamación de la vagina.

vago[1], ga 1 *adj.* y *s.* Holgazán, perezoso. 2 Sin oficio ni ocupación.

vago[2], ga 1 *adj.* Que anda de un lado a otro, sin detenerse en ningún lugar. 2 Indeciso, indeterminado. 3 *adj.* y *m.* ANAT **nervio** ~.

vagón *m.* Cada uno de los coches de un tren.

vagoneta *f.* Vagón pequeño y descubierto, que sirve para transporte.

vaguada *f.* Parte más honda de un valle, por donde van las aguas de las corrientes naturales.

vaguear *intr.* HOLGAZANEAR.

vaharada 1 *f.* Acción y efecto de arrojar o echar el vaho, aliento o respiración. 2 Golpe de vaho, olor, calor, etc.

vahído *m.* Desvanecimiento, turbación breve del sentido.

vaho *m.* Vapor que despiden los cuerpos en determinadas condiciones de temperatura y humedad.

vaina 1 *f.* Funda en que se guardan y protegen algunas armas o instrumentos. 2 Contrariedad, molestia. 3 ANAT Estructura laminar que envuelve un órgano anatómico. 4 BOT Cáscara alargada en que están encerradas algunas simientes, como las de las leguminosas. 5 Bot Ensanchamiento del pecíolo o de la hoja que envuelve el tallo. 6 *f. pl.* Casualidad, azar.

vainilla 1 *f.* Planta de las orquidáceas, de tallos trepadores, hojas oblongas, flores verdosas y fruto aromático en cápsula, que se emplea como condimento. 2 Fruto de esta planta.

vaishnavismo *f.* Rel Conjunto de creencias y prácticas del **hinduismo**, de aquellos que consideran a Visnú como ser supremo, que se revela de formas diferentes, sin dejar de ser uno.

vaivén 1 *m.* Movimiento alternativo de un cuerpo en dos sentidos opuestos. 2 Inconstancia o inestabilidad de algo.

vajilla *f.* Conjunto de platos, fuentes, vasos y tazas para el servicio de la mesa.

valaco, ca 1 *adj.* y *s.* De Valaquia o relacionado con este antiguo principado de Rumanía. 2 *m.* Ling Lengua romance hablada en Valaquia, Moldavia y otros territorios rumanos.

vale[1] 1 *m.* Bono o tarjeta que sirve para adquirir comestibles u otros artículos. 2 Documento en que se reconoce una deuda u obligación. 3 Nota que se da al que ha de entregar una cosa para que acredite la entrega y cobre el importe. 4 Entrada gratuita para un espectáculo.

vale[2] *interj.* Indica asentimiento o conformidad.

valencia *f.* Quím Exponente de la capacidad de combinaciones de un átomo o radical. Expresa el número de electrones que un átomo puede dar a –o aceptar de– otro átomo (o radical) durante una reacción química.

valentía 1 *f.* Decisión, vigor o arrojo en situaciones peligrosas o difíciles. 2 Acción que demuestra estas cualidades.

valentón, na *adj.* Persona que alardea de guapo o de valiente.

valentonada *f.* Bravuconería, gesto de valentón.

valer[1] 1 *tr.* Amparar, proteger. 2 Redituar, fructificar o producir. 3 Sumar o importar. 4 Tener las cosas un precio determinado para la compra o la venta. 5 *tr.* e *intr.* Equivaler una cosa a otra en número, significación o valor: *Una nota negra vale dos corcheas.* 6 *intr.* Tener alguna cualidad que merezca estimación. 7 Ser vigente algo: *Este pasaje no vale, ya ha pasado su fecha.* 8 Servir algo de amparo o defensa: *No le vale que sea mi sobrino; ¡No hay excusa que valga!* 9 Ser una cosa de importancia o utilidad para el logro de otra. 10 Tener algo el valor que se requiere para su cabal efecto: *Este examen no es un ensayo, vale para el cómputo final.* 11 Con *hacer,* prevalecer una cosa en oposición a otra. 12 Con la preposición *por,* incluir en sí equivalentemente las calidades de otra cosa: *Esta razón vale por muchas.* 13 *prnl.* Servirse de personas, circunstancias o cosas para conseguir algo. 14 Tener una persona la capacidad para cuidarse por sí misma: *Aunque es muy joven, sabe valerse.* • Vb. irreg. conjugación modelo. V. anexo El verbo.

valer[2] *m.* Valor, valía.

valeriana *f.* Planta herbácea de tallo erguido y velloso, hojas opuestas, flores en corimbo, fruto en aquenio y rizoma fragante con propiedades medicinales.

valerianáceo, a *adj.* y *f.* Bot Dicho de una planta, angiosperma dicotiledónea con hojas opuestas, flores terminales en corimbo y fruto membranoso con una sola semilla, como la valeriana.

valeroso, sa *adj.* Valiente, con coraje físico y moral.

valía 1 *f.* Conjunto de cualidades o características dignas de aprecio en una persona. 2 Estimación o valor de algo.

validación *f.* Acción y efecto de validar.

validar 1 *tr.* Hacer válido y aceptable algo, certificarlo o darle sustento legal. 2 *tr.* e *intr.* Realizar las diligencias necesarias o llenar los requisitos para que algo sea válido, aceptable o legal.

validez 1 *f.* Cualidad de válido. 2 Tiempo en que algo es válido.

valido, da 1 *adj.* Apreciado o estimado generalmente. 2 *m.* Favorito de un soberano o de un alto personaje.

válido, da *adj.* Que satisface los requisitos para producir un efecto: *No fue una jugada válida; La firma del notario hace el documento válido.*

valiente 1 *adj.* Que está dispuesto a afrontar los peligros o las dificultades que conlleva una acción arriesgada. 2 Grande, excesivo: *¡Valiente frío!* 3 Se usa irónicamente con el sentido de ineficaz o insuficiente: *¡Valiente amigo tienes!*

valija 1 *f.* **maleta.** 2 Bolsa para llevar las cartas. 3 Maletero de un coche.

valijero, ra *m.* y *f.* Persona encargada de llevar las valijas de la correspondencia.

valioso, sa *adj.* Que tiene mucho valor o precio.

valkiria *f.* Mit **valquiria.**

valla 1 *f.* Cerco o estacada para cerrar o proteger un lugar. 2 Cartelera situada en calles, carreteras, etc., con fines publicitarios. 3 Dep Cada uno de los obstáculos que han de saltarse en algunas competiciones deportivas. 4 Dep Portería de los juegos de pelota.

vallado *m.* **valla,** cerco.

vallar *tr.* Cercar o cerrar un sitio con vallado.

valle 1 *m.* Terreno entre dos montañas o alturas. 2 Geo Depresión de la superficie terrestre, de forma alargada e inclinada hacia un lago, mar o cuenca endorreica, habitualmente ocupada por un río. 3 Conjunto de lugares, caseríos o aldeas situadas en un valle.

vallenato *m.* Folcl Música y canto popular de la costa N de Colombia, cuya letra narra historias, y que se acompaña con acordeón, caja y guacharaca.

valón, na 1 *adj.* y *s.* Dicho de un grupo étnico, uno de los dos principales de Bélgica, cuyos miembros están asentados, en su mayoría, en la parte meridional del país. El otro grupo lo componen los flamencos. 2 *m.* Ling Dialecto del francés antiguo hablado por los valones.

valor 1 *m.* Grado de calidad, mérito, utilidad o precio que tienen personas y cosas. 2 Significación y alcance de algo. 3 Resolución de ánimo para emprender acciones arriesgadas con firmeza y decisión. 4 Eficacia o virtud de las cosas para producir sus efectos. 5 Persona que posee cualidades positivas para aquello que se expresa. 6 Significación de una palabra o expresión. 7 Cualidad que poseen algunas realidades, por la que son estimables. 8 Art En una composición cromática o un dibujo, grado de claridad, media tinta o sombra que tiene cada tono o cada pormenor en relación con los demás. 9 Econ Suma de dinero que se paga por poseer las cosas. 10 Econ **impuesto** al ~ agregado. 11 Econ Título mercantil del dinero invertido en una empresa. 12 Mús Duración de un sonido según la notación musical. || ~ **absoluto** Mat Número que se obtiene al prescindir de los signos en los elementos pertenecientes a los conjuntos de números enteros y racionales. ~ **agregado** Econ Incremento del valor de un bien en el transcurso de las diferentes fases del proceso productivo. ~ **nominal** Econ Cantidad por la que se emite un documento mercantil. ~ **relativo** Mat El de los números acompañados de su signo.

valorar 1 *tr.* Señalar el precio de una cosa. 2 Atribuir determinado valor o estima a personas y cosas. 3 Quím Determinar la composición química de una disolución.

valorizar 1 *tr.* Valorar, evaluar. 2 Hacer que aumente el valor de una cosa.

valquiria (Tb. valkiria) *f.* MIT Cada una de ciertas divinidades de la mitología escandinava que en los combates designaban los héroes que habían de morir, y en el cielo les servían de escanciadoras.

vals 1 *m.* Baile por parejas que se mueven en sentido giratorio. 2 MÚS Música de ritmo ternario con que se acompaña este baile, cuyas frases constan generalmente de 16 compases.

valuar *tr.* Valorar, poner precio a una cosa.

valva 1 *f.* BOT Parte en que se divide por sus suturas el pericarpio de una legumbre. 2 MED Instrumento en forma de lámina curva doblada, que se utiliza para separar los bordes de una incisión quirúrgica. 3 ZOOL Cada una de las piezas duras y movibles que constituyen la concha de los moluscos lamelibranquios.

válvula 1 *f.* Mecanismo que, en una máquina o un sistema conductor, permite interrumpir la comunicación entre dos de sus partes, o entre estas y el exterior. 2 Mecanismo que impide el retroceso de un fluido que circula por un conducto. 3 ANAT Pliegue membranoso que impide el retroceso del flujo que circula por los vasos del organismo. || ~ **bicúspide** o **mitral** ANAT La que existe entre la aurícula y el ventrículo izquierdos del corazón de los mamíferos. ~ **ileocecal** ANAT Estructura membranosa situada en el intestino delgado que evita el retroceso de los productos de desecho. ~ **tricúspide** ANAT La situada entre la aurícula derecha y el ventrículo derecho del corazón.

valvulina *f.* En mecánica, aceite lubricante que se usa para engrasar piezas y mecanismos, como la caja de cambio de los automóviles.

valvulopatía *f.* MED Enfermedad que se caracteriza por la afección de las válvulas del corazón.

vampiresa *f.* Mujer provocativa y fatal para los hombres.

vampirismo *m.* Creencia en los vampiros (espectros).

vampiro, ra 1 *m.* Mamífero quiróptero, especie de **murciélago** hematófago, con incisivos agudos que le permiten perforar la carne de la presa y un anticoagulante en la saliva que mantiene la sangre fluida mientras se alimenta. Tiene excelente vista y oído sensible, y es muy ágil en el suelo. 2 *m.* y *f.* Espectro o cadáver que, según creen algunos, va por las noches a chupar poco a poco la sangre de los vivos hasta matarlos.

vanadio *m.* QUÍM Elemento metálico plateado, muy duro y de fácil pulimento. Se usa para aumentar la resistencia del acero. Símbolo: V. Número atómico 23. Peso atómico: 50,941. Punto de fusión: 1890 °C. Punto de ebullición: 3380 °C.

vanagloriarse *prnl.* Jactarse de la propia valía.

vandalismo *m.* Inclinación a destruir y devastar sin consideración y respeto a los demás.

vándalo, la 1 *adj.* y *s.* HIST De un pueblo bárbaro, de origen escandinavo, establecido en Europa septentrional y central (ss. I-III). Al mando de Genserico (429) crearon un reino en el N de África, que Belisario, general de Justiniano, incorporó al Imperio bizantino (534). 2 Dicho de una persona, que comete acciones vandálicas.

vanguardia 1 *f.* Tropa de soldados que precede al grueso de un ejército. 2 Avanzada de cualquier movimiento político, artístico o literario. 3 *f. pl.* Ciertas escuelas o tendencias estéticas, nacidas en el s. XX, tales como el cubismo, el surrealismo, el constructivismo, etc., con intención renovadora, de avance y exploración.

vanguardismo *m.* Tendencia hacia la creatividad y las nuevas formas de expresión literaria o artística.

vanidad 1 *f.* Cualidad de vano. 2 Estima excesiva de sí mismo; jactancia. 3 Palabra vana o insustancial.

vanidoso, sa *adj.* y *s.* Que tiene y muestra vanidad.

vano, na 1 *adj.* Que carece de entidad o sustancia. 2 Hueco, falto de solidez. 3 *m.* Parte de un muro en que no hay apoyo para el techo o bóveda, como los huecos de ventanas o puertas.

vapor 1 *m.* FÍS Fluido gaseoso cuya temperatura es inferior a su temperatura crítica; su presión no aumenta al ser comprimido, sino que se transforma parcialmente en líquido, como el producido por la ebullición del agua. 2 **máquina** de ~. || **presión de** ~ QUÍM La que ejerce la fase gaseosa de un sólido o líquido sobre la fase líquida a una temperatura determinada: *La presión de vapor crece con el aumento de la temperatura.* ~ **saturado** FÍS El de un líquido puro a su temperatura de ebullición a cada presión. ~ **sobresaturado** FÍS Aquel cuya temperatura es superior a su punto de ebullición.

vaporización 1 *f.* Acción y efecto de vaporizar o vaporizarse. 2 Uso medicinal de vapores.

vaporizador 1 *m.* **PULVERIZADOR**. 2 Recipiente destinado a efectuar en él la vaporización.

vaporizar 1 *tr.* y *prnl.* Convertir un líquido en vapor por la acción del calor. 2 Pulverizar un líquido.

vaporoso, sa 1 *adj.* Que arroja de sí vapores o los ocasiona. 2 Tenue, ligero, parecido en alguna manera al vapor.

vapulear 1 *tr.* y *prnl.* Golpear o dar repetidamente contra alguien o algo. 2 *tr.* Criticar a alguien.

vaquería 1 *f.* Lugar donde hay vacas o se vende su leche. 2 **RODEO**, acción de reunir el ganado. 3 Acción de pastorear el ganado.

vaquero, ra 1 *adj.* Propio de los pastores de ganado bovino. 2 *m. pl.* **BLUYÍN**. 3 *m.* y *f.* Pastor o pastora de reses vacunas. 4 Jinete que se desempeña como pastor o pastora de reses vacunas.

vara 1 *f.* Rama larga, delgada y sin hojas. 2 Palo largo y delgado. 3 Medida de longitud que en la mayoría de los países equivale a 0,8359 m; en Argentina, Paraguay y Uruguay a 0,86 m, y en Colombia a 0,80 m. En Brasil y Portugal equivale a 1,1 m.

varadero *m.* Fondeadero para la reparación de los barcos y la limpieza de sus bodegas.

varado, da 1 *adj.* y *s.* Dicho de una persona, sin recursos económicos. 2 Persona sin trabajo fijo. 3 Dicho de un vehículo, que está averiado.

varal 1 *m.* Vara muy larga y gruesa. 2 Cada uno de los dos largueros que llevan en los costados las andas de las imágenes. 3 En los carros o carretas, cada uno de los dos palos donde encajan las estacas que forman los costados de la caja.

varano *m.* Lagarto carnívoro muy voraz, de entre 2 y 4 m de longitud, con cabeza cubierta de placas dérmicas, cuello y cola largos, lengua bífida, párpados móviles y dientes, que vive en áreas tropicales y desérticas de África, en el SE de Asia, desde Arabia hasta el S de China y Malasia, y en Australia.

varar 1 *tr.* Poner en seco una embarcación para resguardarla o carenarla. 2 *intr.* Encallar un buque en algún banco de arena o en algún arrecife. 3 Estancarse un asunto. 4 Averiarse un vehículo.

varear 1 *tr.* Golpear con vara los frutos de algunos árboles para su recogida. 2 Golpear o herir con vara o palo. 3 Medir con la vara.

variable 1 *adj.* Que varía o puede variar. 2 Inconstante, mudable. 3 GRAM **palabra** ~. 4 *adj.* y *f.* MAT Dicho de una cantidad, que puede tomar cualquiera de los valores de un conjunto determinado, explícita o implícitamente expresado. 5 MAT **polinomio** de una ~. 6 MAT **polinomio** de varias ~s. || ~ **aleatoria** o **estocástica**

MAT Magnitud cuyos valores están determinados por las leyes de probabilidad, como los puntos resultantes del lanzamiento de un dado. ~ **de estado** FÍS Cantidad que define el estado termodinámico de un sistema en equilibrio. ~ **dependiente** MAT Aquella cuyos valores dependen de los asignados a la variable independiente. ~ **estadística** MAT Característica de una población finita o una muestra, que puede ser medida, y a las que asocia una distribución de frecuencias. ~ **independiente** MAT Aquella cuyos valores son libres de escoger en su dominio de definición. ~ **termodinámica** FÍS Magnitud que depende del estado de equilibrio del sistema termodinámico considerado.

variación 1 *f.* Acción y efecto de variar. 2 BIOL Diferencias entre los individuos de una misma población o entre los de una especie. 3 MAT Cambio de valor de una magnitud o de una cantidad. 4 MÚS Cada una de las exposiciones y desarrollos de un mismo tema musical. 5 MAT Cada uno de los subconjuntos del mismo número de elementos de un conjunto dado que se diferencian entre sí por algún elemento o por el orden en que estos aparecen. || ~ **lingüística** LING Uso de la lengua que se modifica según factores geográficos, sociales, históricos o contextuales: *La diferencia entre el español de América y el de España es un caso de variación lingüística.*

variado, da *adj.* Que tiene variedad.

variancia *f.* VARIANZA.

variante 1 *adj.* Que varía. 2 *f.* Variedad o diferencia entre diversas clases o formas de una misma cosa. 3 Desviación provisional o definitiva de un trecho de una carretera o camino. 4 LING Cada una de las hablas de una misma lengua.

varianza *f.* MAT En la distribución de frecuencias de una variable aleatoria, cuadrado de la desviación tipo o estándar.

variar 1 *tr.* Volver diferente algo. 2 Dar variedad. 3 *intr.* Cambiar personas o cosas de ideas, situación, estado, etc.

várice (Tb. varice) *f.* MED Dilatación permanente de una vena, con deformación o ruptura de sus paredes, que se da sobre todo en las piernas.

varicela *f.* MED Enfermedad infecciosa que se caracteriza por fiebre, astenia y erupciones vesiculosas.

variedad 1 *f.* Diferencia dentro de la unidad. 2 Inconstancia, mutabilidad de las cosas. 3 Cambio o alteración en la sustancia de las cosas o en su uso. 4 Acción y efecto de variar o variarse. 5 BIOL Categoría taxonómica inferior a las de especie o subespecie. 6 *f. pl.* Espectáculo ligero en que alternan números musicales, cómicos, etc.

varilla 1 *f.* Barra larga y delgada. 2 Cada una de las piezas que forman la armazón de objetos como los paraguas o abanicos.

vario, ria 1 *adj.* Diverso o diferente. 2 *m.* y *f. pl.* Algunos, unos cuantos.

varón 1 *m.* Persona de sexo masculino. 2 Hombre que ha alcanzado la madurez sexual. 3 Hombre de respeto o autoridad.

varonil 1 *adj.* Perteneciente o relativo al varón. 2 Esforzado, valeroso.

vasallaje 1 *m.* Vínculo de dependencia y fidelidad que una persona tenía respecto de otra. 2 HIST Tributo que el vasallo pagaba a cambio de tierras y protección. 3 Rendimiento, sumisión.

vasallo, lla 1 *adj.* y *s.* HIST En la Europa feudal, persona vinculada a otra por lazos de dependencia y fidelidad. 2 *m.* y *f.* Persona que se somete a otra o la reconoce como superior.

vasco, ca 1 *adj.* y *s.* Del País Vasco o relacionado con esta comunidad autónoma de España. 2 Del País Vasco francés o relacionado con él. 3 *m.* LING EUSKERA.

vascón, na *adj.* y *s.* HIST De un pueblo prerromano de la península Ibérica, cuyo centro se hallaba en la actual Navarra.

vascuence 1 *adj.* y *s.* VASCO. 2 *m.* LING EUSKERA.

vascular 1 *adj.* Perteneciente o relativo a los vasos que contienen o conducen los líquidos en plantas y animales. 2 BOT Dicho de una planta, que posee un sistema de vasos desarrollado para el transporte interno del agua y los nutrientes. 3 BOT **tejido** ~. 4 FISIOL **tensión** ~.

vasectomía *f.* MED Sección quirúrgica de los conductos deferentes. Se practica para interrumpir la fertilidad masculina.

vaselina *f.* FARM Sustancia semilíquida, blanca e insoluble en agua, que se obtiene de la parafina y del petróleo, y que se emplea en farmacia, perfumería y como lubricante.

vasija *f.* Recipiente de forma y material variables, que se emplea para contener líquidos o alimentos.

vaso 1 *m.* Recipiente de cualquier material, de tamaño tal que pueda asirse con una mano y de forma generalmente cilíndrica o troncocónica, que se usa para beber. 2 Cantidad de líquido que contiene. 3 BIOL Conducto, tubo o canal por donde circula un líquido orgánico. || ~ **criboso** BOT Cada uno de los que conduce la savia descendente de los vegetales. ~ **leñoso** BOT El formado por células muertas con membrana muy lignificada, que conduce la savia bruta desde la raíz a las hojas. ~ **liberiano** BOT El formado por células vivas con tabiques de separación perforados entre ellas, que conduce la savia elaborada desde las hojas al resto de la planta. ~**s comunicantes** FÍS Recipientes unidos por conductos que permiten el paso de un líquido de unos a otros. Si el líquido es homogéneo, la superficie libre de este queda en todos los recipientes a igual altura.

vasoconstricción *f.* MED Disminución del calibre de un vaso sanguíneo por contracción de sus fibras musculares.

vasodilatación *f.* MED Aumento del calibre de un vaso por relajación de sus fibras musculares.

vasomotor, ra 1 *adj.* FISIOL Perteneciente o relativo al movimiento regulador de los vasos sanguíneos. 2 FISIOL Dicho de un agente o nervio, que actúa sobre ese movimiento.

vasopresina *f.* BIOQ Hormona segregada por la hipófisis y sintetizada por el hipotálamo que estimula la reabsorción del agua.

vástago 1 *m.* Persona descendiente de otra. 2 Renuevo de una planta. 3 Pieza en forma de varilla que sirve para asegurar diversas partes de un mecanismo o un aparato, o para articular o sostener otras piezas.

vasto, ta *adj.* Espacioso, dilatado.

vate *m.* POETA.

váter *m.* INODORO, retrete.

vaticano, na 1 *adj.* Perteneciente o relativo al Vaticano, palacio en que ordinariamente habita el papa. 2 Perteneciente o relativo al papa o a la corte pontificia.

vaticinar *tr.* Predecir, pronosticar.

vatio *m.* ELECTR Unidad de potencia eléctrica equivalente a un julio por segundo. Símbolo: W.

váucher *m.* Comprobante de pago que se genera de una transacción comercial realizada a través de soporte o medios electrónicos.

ve *f.* UVE.

vecinal 1 *adj.* Perteneciente o relativo a los vecinos o al vecindario de una población. 2 **camino** ~.

vecindad 1 *f.* Cercanía, proximidad. 2 **VECINDARIO.** 3 Contorno o cercanías de un lugar.
vecindario *m.* Conjunto de vecinos de una casa, un barrio o población.
vecino, na 1 *adj.* y *s.* Persona que habita con otros en un mismo pueblo, barrio o casa, en lugar independiente. 2 *adj.* Cercano, inmediato o próximo.
vector 1 *m.* Agente que transporta alguna cosa de un lugar a otro, transmisor. 2 BIOQ Copia de ADN en el que puede insertarse una secuencia específica de ADN exógeno, de forma que el híbrido resultante se copia y multiplica en las células en que se produce. 3 FIL Acción proyectiva que tiene cualidad e intensidad variables. 4 FÍS Magnitud física (velocidad, aceleración, fuerza, etc.) en que además de la cuantía se tiene en cuenta su punto de aplicación, la dirección y el sentido. 5 MAT Representación gráfica de la magnitud vectorial, constituida por un segmento de recta orientado y definido por el punto de aplicación (punto de origen), la dirección (recta que lo contiene), sentido (indicado por la flecha) y módulo (su longitud). 6 MAT Orden en una sola dimensión de números. 7 GEOM **radio** de un ~. 8 MED Agente que transmite el germen de una enfermedad. || ~ **deslizante** GEOM El que conserva su módulo, dirección, sentido y recta de aplicación. Puede tener su origen en cualquier punto de esta recta. ~ **fijo** GEOM El que tiene determinado su módulo, sentido y punto de aplicación. ~ **libre** GEOM El que conserva su módulo, dirección y sentido. Puede estar aplicado en cualquier punto del espacio.
vectorial 1 *adj.* Perteneciente o relativo al vector. 2 FÍS Dicho de una magnitud, que actúa en un sentido y dirección determinados. 3 FÍS **campo** ~. 4 MAT **análisis** ~; **espacio** ~.
veda 1 *f.* Acción y efecto de vedar. 2 Periodo en que está prohibida la caza o la pesca.
vedar 1 *tr.* Prohibir alguna cosa por ley o mandato. 2 Impedir el logro de un fin.
vedete 1 *f.* Mujer que ocupa el papel principal en un espectáculo escénico. 2 Persona que sobresale.
vedette (Voz fr.) *f.* **VEDETE.**
védico, ca 1 *adj.* Perteneciente o relativo a los Vedas. 2 LING Variante arcaica del sánscrito en que fueron escritos los Vedas.
vedismo *m.* FIL y REL Concepción filosófica y religiosa hindú contenida en los Vedas, que busca la adecuación del yo individual al cosmos mediante el control de los sentimientos y las sensaciones.
veedor, ra 1 *adj.* y *s.* Que ve o mira con curiosidad las acciones de los otros. 2 *m.* Inspector o visitador.
veeduría 1 *f.* Cargo u oficio de veedor. 2 Oficina del veedor.
vega *f.* Tierra baja, llana y fértil.
veganismo *m.* Actitud de rechazo al consumo y uso de alimentos de origen animal.
vegetación 1 *f.* Acción y efecto de vegetar. 2 ECOL Conjunto de plantas que constituyen la flora de una región o zona geográfica. 3 ECOL **piso** de ~.
vegetal 1 *adj.* Que vegeta. 2 Perteneciente o relativo a las plantas. 3 ECOL **manto** ~. 4 *m.* BOT Cualquier miembro del reino vegetal o reino plantas que está conformado por miles de especies de musgos, hepáticas, helechos, plantas herbáceas y leñosas, arbustos, trepadoras, árboles y otras formas de vida que cubren la tierra y viven también en el agua.
☐ BOT Los vegetales son organismos autótrofos que presentan múltiples superficies de absorción, a través de las cuales toman el agua y los minerales disueltos en su entorno y que, mediante la **fotosíntesis**, transforman el anhídrido carbónico en materia orgánica. La célula vegetal tiene una pared celulósica gruesa y poco permeable, y contiene plastos, que no existen en los animales. Los vegetales suelen crecer en sentido horizontal y vertical. La reproducción es por vía sexual (polen, óvulos) o asexual (esporas, esquejes, gemación, estolones, etc.). La mayoría produce semillas que les permiten dispersarse en el medio. Son capaces de ofrecer una respuesta mecánica a diversos estímulos (luz, sustancias químicas, etc.), pero no de desplazamiento. Las especies del reino vegetal se organizan en varios filos que engloban más de 260 000 especies, agrupadas en plantas vasculares o cormofitas, la gran mayoría, y no vasculares (sin vasos ni raíces propias) o **briofitas** (aprox. 20 000 especies).
vegetar 1 *intr.* y *prnl.* Germinar y desarrollarse las plantas. 2 *intr.* Llevar una vida meramente orgánica, equiparable a la de las plantas.
vegetarianismo *m.* Sistema dietético en que entran exclusivamente los productos vegetales, con exclusión de carnes y pescados; admite los huevos y los productos lácteos.
vegetariano, na 1 *adj.* Perteneciente o relativo al vegetarianismo. 2 *adj.* y *s.* Dicho de una persona, partidaria del vegetarianismo.
vegetativo, va 1 *adj.* FISIOL Perteneciente o relativo a las funciones de nutrición o reproducción. 2 FISIOL Dicho del sistema **nervioso** autónomo.
vehemencia *f.* Cualidad de vehemente.
vehemente 1 *adj.* Dicho de una persona, que actúa o se expresa con ímpetu y pasión. 2 Dicho de lo que se siente o expresa de este modo.
vehículo 1 *m.* Máquina o utensilio que sirve para transportar personas o cosas. 2 Lo que sirve para transmitir fácilmente algo, como el agua respecto de los gérmenes, el aire respecto al sonido, etc.
veinte 1 *adj.* Dos veces diez. 2 **VIGÉSIMO**, ordinal. 3 *m.* Conjunto de signos o cifras con que se representa el número veinte.
veinteavo, va *adj.* y *s.* Cada una de las veinte partes iguales en que se divide un todo.
veintena *f.* Conjunto de veinte unidades.
veintiuna *f.* Juego de naipes o dados que consiste en alcanzar veintiún puntos o en aproximarse a ellos sin sobrepasarlos.
veintiúnico, ca *adj.* y *s.* Dicho de algo, que es exclusivo en su especie.
vejación *f.* Acción y efecto de vejar.
vejamen *m.* **VEJACIÓN.**
vejar *tr.* Maltratar, zaherir a una persona, humillándola de palabra o de hecho.
vejestorio 1 *m.* Persona muy vieja, en sentido despectivo. 2 Objeto viejo.
vejez 1 *f.* Cualidad de viejo. 2 Senectud o edad senil.
vejiga 1 *f.* ANAT Órgano membranoso, a manera de bolsa, que tienen muchos vertebrados y en el cual va depositándose la orina segregada por los riñones. 2 Cualquier levantamiento de la piel que se llena de serosidad. || ~ **natatoria** ZOOL Bolsa de aire que tienen algunos peces junto al tubo digestivo y que les permite ascender o descender en el agua o mantenerse en equilibrio sin esfuerzo, a un nivel determinado.
vela[1] 1 *f.* Acción y efecto de velar, no dormir. 2 Tiempo que se vela, y especialmente el que se dedica al trabajo por la noche. 3 Pieza cilíndrica de cera, sebo, etc., con pabilo en el eje para dar luz.
vela[2] *f.* Pieza de lona o de otro tejido resistente que, fija en los palos y asegurada con vergas, recibe la presión del viento e impulsa la embarcación.
velada 1 *f.* Reunión nocturna de personas que charlan y se divierten. 2 Sesión literaria o musical que se celebra por la noche.

velado, da 1 *adj.* Cubierto por un velo. 2 Dicho de una voz, sin timbre fino o sin sonoridad. 3 Dicho de una fotografía, quemada y borrosa.

velador, ra 1 *adj.* y *s.* Que cuida de alguna cosa. 2 *m.* Mesita de un solo pie, por lo general, redonda. 3 Candelero, especialmente el de madera. 4 Mesita de noche. 5 Lámpara o luz portátil que suele colocarse en la mesilla de noche. 6 Vigilante nocturno.

veladura 1 *f.* ART Tinta transparente con que se suavizan los tonos de una pintura. 2 Disimulación o excusa con que se intenta ocultar o atenuar la verdad.

velamen *m.* Conjunto de velas de una embarcación.

velar[1] 1 *intr.* Mantenerse despierto en tiempo destinado normalmente al sueño. 2 Continuar trabajando después de haber cesado la jornada ordinaria. 3 Cuidar solícitamente de algo. 4 *tr.* Hacer centinela o guardia por la noche. 5 Asistir de noche a un enfermo o pasarla ante un difunto. 6 Observar atentamente una cosa.

velar[2] 1 *tr.* y *prnl.* Cubrir con un velo alguna cosa u ocultarla a medias. 2 FOT Borrarse total o parcialmente una fotografía por la acción de la luz. 3 *tr.* ART Dar veladuras.

velar[3] 1 *adj.* Que vela u oscurece. 2 ANAT Perteneciente o relativo al velo del paladar. 3 FON Dicho de un sonido, consonántico, que se pronuncia aproximando el dorso de la lengua al velo del paladar, como el de la *k* y la *g*.

velatorio *m.* Acción de velar a un difunto.

velcro (Del fr. *Velcro*®, marca reg.) *m.* Sistema de cierre formado por dos tiras de diferente material que, al ponerse en contacto, se enganchan y desenganchan.

veleidad 1 *f.* Ligereza de ánimo, inconstancia. 2 Capricho.

velerismo *m.* DEP Deporte náutico que se practica con embarcaciones de vela.

velero *m.* Buque de vela.

veleta *f.* Pieza metálica que se pone sobre la parte alta de los edificios y que al girar sobre un eje señala la dirección del viento.

velintonia *f.* Especie de secuoya que se da en California y que pasa por ser el árbol más corpulento del mundo.

vello 1 *m.* Pelo más suave y corto que el de la cabeza, que sale en algunas partes del cuerpo. 2 Pelusilla que cubre algunos frutos y plantas.

vellón 1 *m.* Toda la lana junta de un carnero u oveja que se esquila. 2 Mechón de lana. 3 Cuero curtido del carnero o de la oveja con su lana.

vellosidad 1 *f.* Vello abundante. 2 ANAT Superficie mucosa o serosa del organismo, con prominencias digitiformes que recuerdan, por su aspecto, al vello. || ~ **intestinal** ANAT La de la mucosa intestinal, con un vaso quilífero central, que desempeña un importante papel en la absorción intestinal.

velludo, da *adj.* Que tiene mucho vello.

velo 1 *m.* Tela o cortina que cubre una cosa. 2 Prenda de tul o gasa con que se cubre el rostro. 3 Manto con que se cubre la cabeza. 4 Cualquier cosa delgada, ligera y flotante, que encubre más o menos otra. 5 VELADURA, disimulación. || ~ **del paladar** ANAT Membrana muscular que separa la cavidad de la boca de la de la faringe, y termina en la úvula o campanilla.

velocidad 1 *f.* Rapidez, ligereza en el movimiento. 2 Cualquiera de las posiciones motrices en la caja de cambios de un vehículo. 3 FÍS Relación entre el espacio recorrido y el tiempo empleado en recorrerlo. Es un vector cuya magnitud se expresa como distancia recorrida por unidad de tiempo (normalmente, una hora o un segundo). Cuando la velocidad es uniforme y constante se determina dividiendo la distancia recorrida entre el tiempo empleado. Cuando un objeto está acelerado, su vector velocidad cambia a lo largo del tiempo. La aceleración puede consistir en un cambio de dirección del vector velocidad, un cambio de su magnitud o ambas cosas. || ~ **angular** FÍS En un cuerpo que gira en torno de un eje, el ángulo descrito por cada radio en la unidad de tiempo. ~ **de escape** FÍS La mínima inicial que necesita un objeto para escapar de la gravitación de un cuerpo astronómico y continuar desplazándose sin tener que hacer otro esfuerzo propulsor. No tiene en cuenta el rozamiento aerodinámico. ~ **de reacción** QUÍM Cantidad de sustancia que se transforma en una reacción química en la unidad de tiempo. ~ **instantánea** FÍS La que experimenta un objeto en un lapso de tiempo y espacio muy cortos y representa solamente un punto dentro del trayecto recorrido. ~ **media** FÍS La que se obtiene al dividir el trayecto recorrido por un objeto entre el tiempo que tardó en hacerlo: *La velocidad media es el promedio de la velocidad en un intervalo de tiempo.*

velocímetro *m.* Aparato que en un vehículo indica la velocidad de traslación de este.

velocirréptor *m.* PALEONT Dinosaurio carnívoro que vivió durante el cretácico inferior. Alcanzaba 1,5 m de altura y 2,75 m de longitud. Con sus afiladas garras cazaba presas casi de su mismo tamaño.

velocista *m.* y *f.* DEP Deportista que participa en carreras de corto recorrido.

velódromo *m.* DEP Pista cerrada para ciertas pruebas ciclísticas.

velón *m.* Vela de sebo o de cera más grande que la ordinaria.

velorio *m.* VELATORIO.

veloz *adj.* Ágil, ligero, que se traslada con rapidez de un sitio a otro.

vena 1 *f.* ANAT Cada uno de los vasos o conductos por los que en el organismo vuelve la sangre al corazón. 2 Nervio de una hoja. 3 Fibra de la vaina de ciertas legumbres. 4 Filón metálico. 5 ZOOL Engrosamiento cuticular ramificado que proporciona soporte a las alas de los insectos. 6 Faja de tierra o piedra que se diferencia de la que tiene a su alrededor. 7 Cada lista ondulada o ramificada de ciertas piedras y maderas. 8 Disposición de ánimo o humor. 9 Inspiración poética. || ~ **cardiaca** o **coronaria** ANAT Cada una de las que coronan la aurícula derecha del corazón, donde penetran juntas por un mismo orificio. ~ **cava** ANAT Cada una de las dos grandes que desembocan en la aurícula derecha tras recoger la sangre de la cabeza y el tórax (la superior) y del vientre y los miembros inferiores (la inferior). ~ **de agua** GEO Conducto natural por donde circula el agua subterránea. ~ **yugular** ANAT Cada una de las dos que hay a uno y otro lado del cuello, distinguidas con los nombres de interna o cefálica y externa o subcutánea.

venablo *m.* Dardo o lanza corta y arrojadiza.

venado *m.* CIERVO.

venal 1 *adj.* Vendible o expuesto a la venta. 2 Que se deja sobornar.

venalidad *f.* Cualidad de venal, de ser vendible o sobornable.

vencedor, ra *adj.* y *s.* Que vence.

vencejo *m.* Ave de unos 20 cm de longitud, cola ahorquillada, alas puntiagudas y plumaje blanco y negro.

vencer 1 *tr.* Rendir o derrotar al enemigo. 2 Aventajar en una competición. 3 Sujetar las pasiones y afectos a la razón. 4 Superar las dificultades o los estorbos. 5 Prevalecer una cosa sobre otra, aun las inmateriales. 6 Atraer o reducir una persona a otra, de modo que siga su dictamen o deseo. 7 Llevar con paciencia y constancia un dolor, trabajo o calamidad. 8 Coronar una altura. 9 *tr.* y *prnl.* Hender o partir una cosa sin que queden sus pedazos separados del todo. 10 *intr.* Cumplirse un término o plazo. 11 Salir alguien con el intento deseado, en contienda física o moral, disputa o pleito.

vencido, da 1 *adj.* Superado por alguien o algo. 2 Gastado por el uso. 3 *f.* Acto de vencer o de ser vencido.

vencimiento 1 *m.* Acción de vencer, o de ser vencido. 2 Cumplimiento del plazo de una deuda, obligación, etc.

venda *f.* Tira de gasa o lienzo con que se cubre una herida o se fijan los apósitos.

vendaje 1 *m.* Técnica terapéutica basada en la correcta aplicación de vendas. 2 Venda o vendas que sostienen un apósito.

vendar 1 *tr.* Cubrir con venda alguna herida. 2 Poner un impedimento o estorbo al conocimiento o a la razón.

vendaval *m.* Viento muy fuerte que no llega a ser temporal.

vender 1 *tr.* Traspasar a otro por el precio convenido la propiedad de lo que uno posee. 2 Exponer u ofrecer mercancías, propias o ajenas, para el que las quiera comprar. 3 Sacrificar al interés lo que no tiene valor material. 4 Faltar alguien a la fe, confianza o amistad que debe a otro. 5 *prnl.* Dejarse sobornar.

vendetta (Voz it.) 1 *f.* Enemistad por una muerte u ofensa, que se transmite a la familia de la víctima. 2 Asesinato para vengar otro.

vendido, da *adj.* y *s.* Traidor, desleal.

vendimia 1 *f.* Recolección y cosecha de la uva. 2 Tiempo en que se hace.

venencia *f.* Utensilio formado por una varilla larga y un pequeño cilindro metálico en su punta que se emplea para extraer muestras de vino.

veneno 1 *m.* Sustancia tóxica, de naturaleza biológica o química. 2 Cosa nociva a la salud. 3 Rencor o resentimiento que va oculto en lo que se dice.

venerable 1 *adj.* Digno de veneración y respeto. 2 Título dado a los prelados. 3 *adj.* y *s.* REL Dicho de un título, el primero que concede la Iglesia católica a los que mueren con fama de santidad, y al cual sigue comúnmente el de beato, y por último el de santo.

venerar 1 *tr.* Tributar culto a personas o cosas santas. 2 Tener en gran estima a una persona por sus cualidades morales.

venéreo, a 1 *adj.* Perteneciente o relativo al placer o al acto sexual. 2 MED **enfermedad** ~.

venero *m.* Manantial de agua.

venganza *f.* Satisfacción que se toma del agravio o daño recibido.

vengar *tr.* y *prnl.* Tomar satisfacción de un agravio o daño.

venia 1 *f.* Inclinación de cabeza como signo de saludo cortés. 2 Licencia o permiso: *Con la venia, señoría.*

venial *adj.* Dicho de un acto, o pecado, que contraviene levemente una ley y que se perdona con facilidad.

venida 1 *f.* Acción de venir. 2 Regreso, vuelta.

venidero, ra *adj.* Que está por venir o suceder.

venir 1 *intr.* Caminar una persona o moverse una cosa de allá hacia acá. 2 Llegar una persona o cosa a donde está el que habla. 3 Comparecer una persona ante otra. 4 Ajustarse una cosa a otra: *Ese pantalón no le viene.* 5 Deducirse o ser consecuencia una cosa de otra. 6 Acercarse el tiempo en que ha de ocurrir algo: *El año que viene reformaré la casa.* 7 Proceder o tener dependencia una cosa de otra. 8 Pasar de unos a otros el dominio o uso de algo. 9 Excitarse o empezarse a mover un afecto, pasión o apetito: *Me vienen ganas de golpearte.* 10 Acudir algo a la mente: *Me viene el recuerdo.* 11 Manifestarse o iniciarse algo. 12 Con *a* y un infinitivo, suceder finalmente lo que se esperaba. 13 Con *a* y ciertos nombres, estar pronto a la ejecución, o ejecutar lo que estos significan. 14 Con *a* y los verbos *ser, tener, decir* y otros, denota equivalencia aproximada. 15 Con *en* y un sustantivo, toma la significación del verbo correspondiente a dicho sustantivo: *Venir en conocimiento.* 16 Aparecer algo en una publicación; estar incluido o mencionado en ella. 17 Persistir en una acción o estado: *Las guerras vienen ocurriendo desde el principio de los tiempos; Pedro viene molesto desde anteayer.* 18 *intr.* y *prnl.* Llegar alguien a conformarse, transigir o avenirse. • Vb. irreg. conjugación modelo. V. anexo El verbo.

venoso, sa 1 *adj.* Perteneciente o relativo a la vena. 2 FISIOL **tensión** ~.

venta 1 *f.* Acción y efecto de vender. 2 Conjunto de cosas vendidas. 3 Contrato por el que se transfiere el dominio de una cosa mediante un precio. 4 Hospedería en caminos o despoblados.

ventaja 1 *f.* Hecho de ir por delante de otro en alguna actividad o competición. 2 Circunstancia de ser una persona o cosa mejor que otra. 3 Superioridad en cualquier orden de cosas. 4 DEP **ley** de la ~.

ventajista *adj.* y *s.* Dicho de una persona, que saca ventaja y provecho sin parar en trabas.

ventajoso, sa 1 *adj.* Que tiene ventaja o que la reporta. 2 **VENTAJISTA.**

ventana 1 *f.* Abertura de forma y tamaño variables, que se deja en un muro para dar luz y ventilación. 2 Hoja u hojas de madera y de cristales con que se cierra esa abertura. 3 ANAT Cada uno de los orificios nasales. 4 INF En interfaces gráficas, una parte de la pantalla que puede contener su propio documento o mensaje.

ventanilla 1 *f.* Ventana pequeña, en especial la de automóviles, trenes, aviones, etc. 2 Taquilla en bancos y otras oficinas, para despachar con el público. 3 Abertura transparente en los sobres, que permite leer la dirección.

ventarrón *m.* Viento que sopla con mucha fuerza.

ventear 1 *intr. impers.* Soplar fuerte el viento. 2 *tr.* e *intr.* Olfatear algo en el aire los animales. 3 *tr.* Arrojar algo al viento.

ventilación 1 *f.* Acción y efecto de ventilar o ventilarse. 2 Sistema, mecanismo o abertura para ventilar un recinto. 3 Corriente de aire que se forma al ventilarlo.

ventilador 1 *m.* Aparato que remueve el aire de una habitación. 2 Abertura al exterior que permite la renovación en un recinto.

ventilar 1 *tr.* y *prnl.* Hacer penetrar o renovar el aire en un lugar cerrado. 2 *tr.* Exponer una cosa al aire. 3 Hacer que trascienda al público un asunto privado. 4 Tratar con alguien una cuestión.

ventisca 1 *f.* Borrasca de viento, o de viento y nieve. 2 Viento fuerte.

ventisquero 1 *m.* Altura de los montes más expuesta a las ventiscas. 2 Lugar de los montes en que perduran la nieve y el hielo.

ventolera 1 *f.* Golpe de viento recio y poco durable. 2 Determinación brusca o extravagante: *Le dio la ventolera de alistarse en la Legión.*

ventosa 1 *f.* Pieza cóncava de material elástico en la cual, al ser oprimida contra una superficie lisa, se produce el vacío, con lo cual queda adherida a dicha superficie. 2 ZOOL Órgano que poseen algunos animales en la boca, las patas u otras partes del cuerpo, para adherirse al andar o para apresar.

ventosear *intr.* y *prnl.* Expulsar los gases intestinales.

A B C D E F G H I J K L M N Ñ O P Q R S T U V W X Y Z

ventosidad *f.* Gases intestinales, especialmente cuando se expelen.

ventoso, sa 1 *adj.* Que contiene viento o aire. 2 Dicho de un tiempo, o de un lugar, en que sopla viento fuerte.

ventrículo 1 *m.* ANAT Cada una de las dos cavidades que hay entre las cuerdas vocales. 2 ANAT y FISIOL Cada una de las dos cavidades inferiores del corazón, a las que afluye la sangre desde las respectivas aurículas, impulsándola hacia la arteria pulmonar y la aorta. 3 ANAT Cada una de las cuatro cavidades del encéfalo que contienen el líquido cefalorraquídeo.

ventrílocuo, cua *adj.* y *s.* Dicho de una persona, que puede modificar su voz hasta dar la impresión de que hablan diferentes personas.

ventriloquia (Tb. ventriloquía) *f.* Arte del ventrílocuo.

ventura 1 *f.* Felicidad, buena suerte. 2 Contingencia, azar.

venturoso, sa 1 *adj.* Que tiene buena suerte. 2 Que implica o trae felicidad.

vénula *f.* ANAT Pequeña vena resultante de la confluencia de varios capilares.

venus 1 *f.* Mujer muy hermosa. 2 Representación escultórica de la diosa Venus. 3 Estatuilla prehistórica de mujer.

venusiano, na *adj.* Perteneciente o relativo al planeta Venus.

ver 1 *tr.* Percibir por los ojos los objetos mediante la acción de la luz. 2 Observar, considerar algo. 3 Reconocer con cuidado y atención una cosa, leyéndola y examinándola. 4 Visitar a una persona o estar con ella para tratar de algún asunto. 5 Percibir algo con cualquier sentido o con la inteligencia. 6 Asistir a un acontecimiento, espectáculo, etc., y seguir su desarrollo. 7 Hacer lo necesario por comprobar o enterarse de algo. 8 Experimentar o reconocer por el hecho. 9 Prevenir las cosas del futuro; inferirlas de lo que sucede en el presente. 10 Conocer, juzgar. 11 Usado en futuro o en pretérito, sirve para remitir a otra ocasión, algún tema que se toca de paso, o para aludir a algo de que ya se trató. 12 Examinar o reconocer si algo está en el lugar que se cita. 13 *prnl.* Estar en sitio o postura a propósito para ser visto. 14 Hallarse constituido en algún estado o situación. 15 Avistarse una persona con otra para algún asunto. 16 Representarse material o inmaterialmente la imagen o semejanza de algo. 17 Darse algo a conocer, o conocerse tan clara o patentemente como si se estuviera viendo. • Participio irreg. *visto*. Vb. irreg. conjugación modelo. V. anexo El verbo.

vera *f.* **ORILLA.**

veracidad *f.* Cualidad de veraz.

veranda *f.* Galería o balcón cubierto y cerrado con cristales.

veranear *intr.* Pasar el verano o las vacaciones de verano en algún sitio, fuera de la residencia habitual.

verano 1 *m.* GEO Estación más calurosa del año, que en el hemisferio boreal se extiende del 21 de junio al 21 de septiembre, y en el austral, del 21 de diciembre al 21 de marzo. 2 GEO En las zonas ecuatoriales, donde las estaciones no son sensibles, temporada de sequía, que dura algunos meses, con algunas intermitencias y alteraciones.

veras || **de ~** 1 Con verdad. 2 Con formalidad, eficacia o empeño.

veraz 1 *adj.* Que dice la verdad. 2 Verdadero, real.

verbal 1 *adj.* Que se refiere a la palabra, o se sirve de ella. 2 Que se hace o estipula solo de palabra, y no por escrito. 3 GRAM Perteneciente o relativo al verbo. 4 GRAM Dicho de una palabra, que se deriva de un verbo. 5 GRAM **locución ~; predicado ~; sintagma ~.** 6 LING **perífrasis ~.**

verbalismo *m.* Forma de razonamiento que atiende más a las palabras que a los conceptos.

verbalizar *tr.* Expresar algo mediante palabras.

verbena 1 *f.* Fiesta popular nocturna que se celebra al aire libre y en la víspera de algunas fiestas, como san Juan y san Pedro. 2 Planta de las verbenáceas, de tallo cuadrangular, hojas ásperas y flores variopintas en espigas largas. Posee propiedades medicinales.

verbenáceo, a *adj.* y *f.* BOT Dicho de una planta, angiosperma dicotiledónea, de tallos y ramas casi siempre cuadrangulares, hojas opuestas y verticiladas, flores en racimo, espiga, cabezuela o cima, y fruto capsular o drupáceo con semillas sin albumen, como la verbena.

verbigracia 1 *m.* Ejemplo. 2 *adv.* Por ejemplo.

verbo 1 *m.* Sonido o sonidos que expresan una idea. 2 Modo de expresarse mediante palabras. 3 GRAM Palabra que en la oración funciona como núcleo del predicado e indica acción, proceso o estado, y cuyas desinencias expresan aspecto, modo, número, persona y tiempo. El aspecto se refiere al desarrollo interno de la acción verbal; el modo indica la actitud o el punto de vista del hablante ante la acción verbal; el número expresa la variación entre unidad o pluralidad que experimentan los sustantivos ante la acción verbal; la persona indica quién o quiénes realizan la acción, y el tiempo, el momento en que suceden las acciones. En cuanto al modo, las formas verbales se dividen en personales y no personales; las primeras corresponden a los modos **indicativo**, **subjuntivo** e **imperativo**, puesto que todos sus tiempos varían de forma según la persona que realiza la acción; las segundas, que no expresan por sí mismas persona alguna, corresponden al **infinitivo**, al **gerundio** y al **participio**. • El verbo se compone de dos partes: una invariable, el radical, y otra variable, la terminación, que es donde se marcan las desinencias. Ejemplo: el verbo *cantar* se compone de *cant-*, radical invariable, y *-ar*, terminación variable: *Cantas; cantarán; cantaron; cantando*. Ciertos verbos, los llamados irregulares, experimentan cambios en el radical en algunas formas de la **conjugación**; por ejemplo *contar: Cuento; cuentas; cuentan*. • V. separata Las categorías gramaticales. V. anexo El verbo.

verbosidad *f.* Abundancia de palabras en la elocución.

verdad 1 *f.* Conformidad del pensamiento o la idea con la realidad de las cosas, o conformidad del pensamiento con sus propias leyes. 2 Adecuación de lo que se dice con lo que se piensa o siente. 3 Juicio o proposición que no se puede negar racionalmente. 4 Cualidad de veraz. 5 Realidad, existencia real de algo. || **~ revelada** FIL y REL La que no puede descubrir la inteligencia humana y que solo si Dios la revela puede llegar a ser conocida, como, por ejemplo, el designio de Dios sobre la creación.

verdadero, ra 1 *adj.* Que contiene verdad. 2 Real y efectivo.

verde 1 *adj.* y *m.* Dicho de un color, semejante al de la hierba fresca, la esmeralda, etc., y que ocupa el cuarto lugar en el espectro luminoso, entre el amarillo y el azul. 2 *adj.* Dicho de un árbol vivo, o una planta, con alguna savia, por contraposición a seco. 3 Dicho de un trozo de leña, recién cortado del árbol vivo. 4 Dicho de algo, que aún no está maduro. 5 Dicho de una legumbre, que se consume fresca. 6 Dicho de una cosa, que principia y le falta mucho para su perfección. 7 *adj.* y *s.* Dicho de una persona, que es miembro del partido ecologista homónimo nacido en los años ochenta. 8 coloq. Obsceno, indecente. 9 coloq. Dicho de una persona, con inclinaciones galantes que no corresponden a lo que se considera adecuado a su edad: *Viuda verde; Viejo verde.*

verdear 1 *intr.* Ir tomando algo color verde. 2 Empezar a brotar plantas en los campos, o cubrirse los árboles de hojas y brotes.

verdín *m.* Capa verde que forman algunos hongos, algas, musgos o líquenes en las aguas dulces estancadas y en los lugares húmedos.

verdolaga *f.* Hortaliza de tallos gruesos y jugosos, hojas carnosas, flores amarillas y fruto en cápsula, que se come en ensalada.

verdugo *m.* Funcionario judicial que aplicaba a los reos los castigos corporales, y que en la actualidad ejecuta la pena de muerte en los países que la tienen.

verdugón *m.* Roncha larga o señal que produce un golpe en ella.

verdulero, ra *m.* y *f.* Persona que vende verduras.

verdura *f.* Hortalizas de hoja verde.

vereda 1 *f.* División administrativa de un municipio. 2 Senda estrecha formada por el paso de peatones y ganados. 3 Acera de una calle o plaza.

veredicto 1 *m.* Sentencia de un jurado. 2 Dictamen emitido por un experto.

verga 1 *f.* **PENE.** 2 Palo horizontal que en un mástil sirve para asegurar la vela.

vergel *m.* Huerto con flores y árboles frutales.

vergencia 1 *f.* GEO Inclinación del plano axial de un pliegue geológico. 2 ÓPT Distancia desde el vértice de una lente hasta el correspondiente foco. Es el valor inverso de la distancia focal.

vergonzante 1 *adj.* Que siente vergüenza. 2 Dicho de alguien, que mendiga disimulando su condición real.

vergonzoso, sa 1 *adj.* Que causa vergüenza. 2 Que se avergüenza con facilidad.

vergüenza 1 *f.* Sentimiento penoso debido a timidez, pudor o humillación, que condiciona la actitud anímica y que a veces se refleja en el color del rostro, la postura del cuerpo, etc. 2 Estimación de la propia honra: *Es un hombre de vergüenza.* 3 Acción indecorosa, o que deja en mala opinión a quien la ejecuta. 4 Pudor sexual que impide mostrarse desnudo.

vericueto 1 *m.* Lugar tortuoso, difícilmente transitable. 2 *m. pl.* Asuntos complicados.

verídico, ca *adj.* Que se ajusta o corresponde a la verdad.

verificación *f.* Acción de verificar, probar si algo es verdadero.

verificar 1 *tr.* Probar algo que se dudaba era cierto. 2 Comprobar la exactitud de un resultado o el funcionamiento de un aparato. 3 *tr.* y *prnl.* Efectuar, realizar. 4 *prnl.* Salir cierto y verdadero lo que se dijo o se pronosticó.

verismo *m.* Tendencia estética surgida en Italia a finales del s. XIX, que señalaba lo real y verdadero como objetivo del arte. Buscaba una descripción realista del ser humano y de la sociedad, sin excluir lo feo y lo vulgar.

verja *f.* Estructura de barras de hierro que sirve de puerta, ventana o cerca.

vermicular 1 *adj.* BIOL Que se parece a los gusanos, o participa de sus cualidades. 2 ANAT **apéndice** ~.

vermiculita *f.* GEO Mineral obtenido de la mica y que bajo la acción del calor adquiere un mayor volumen y se usa como adsorbente y aislante.

vermífugo, ga *adj.* y *m.* FARM Que mata o expulsa las lombrices intestinales.

vermú *m.* Licor aperitivo hecho con vino blanco o rosado, ajenjo y otras sustancias tónicas.

vernáculo, la *adj.* Perteneciente o relativo al país; se aplica a las costumbres, la cultura y muy especialmente a la lengua.

verosímil 1 *adj.* Con apariencia de verdadero. 2 Creíble por no ofrecer carácter alguno de falsedad.

verraco, ca *m.* Cerdo semental.

verriondo, da *adj.* Dicho del cerdo y otros animales, en celo.

verruga 1 *f.* Excrecencia cutánea de origen vírico, tamaño variable, forma redonda y carácter benigno. 2 Abultamiento en una superficie vegetal.

versado, da *adj.* Instruido, práctico en alguna ciencia o arte.

versalita *f.* **letra** ~.

versar 1 *intr.* Con *sobre* o *acerca de,* tratar de tal o cual materia un libro, discurso o conversación. 2 *prnl.* Hacerse práctico en el ejercicio de una cosa.

versátil *adj.* Capaz de adaptarse con facilidad y rapidez a diversas funciones o exigencias.

versículo *m.* REL Cada una de las breves divisiones de los capítulos de algunos libros sagrados, como la *Biblia* o el *Corán.*

versificación *m.* Acción y efecto de versificar.

versificar 1 *intr.* Componer versos. 2 *tr.* Poner en verso.

versión 1 *f.* Traducción de una lengua a otra. 2 Modo que tiene cada uno de referir un mismo suceso. 3 Cada una de las formas que adopta la relación de un suceso, el texto de una obra, la interpretación de un tema, etc.

verso[1] 1 *m.* Palabra o serie de palabras sujetas a medida y cadencia, o solo a cadencia. 2 Se emplea también en sentido colectivo, por contraposición a prosa. 3 LIT Composición en verso. • U. m. en pl. 4 Versículo de la *Biblia.* || ~ **alejandrino** El de catorce sílabas. ~ **de arte mayor** El que tiene diez sílabas o más. ~ **de arte menor** El que no pasa de ocho sílabas. ~ **libre** El que no está sujeto a rima ni a metro fijo.

verso[2] 1 *adj.* Enfrentado, en contra. 2 GEOM **coseno** ~; **seno** ~.

versta *f.* Medida itineraria rusa, equivalente a 1067 m.

versus *prep.* Contra, frente a: *Es un asunto de calidad versus cantidad.*

vértebra *f.* ANAT Cada una de las piezas óseas, cortas y articuladas entre sí, que forman la columna vertebral; con su acoplamiento forman el conducto raquídeo, que alberga la médula espinal.

vertebrado, da 1 *adj.* Que tiene vértebras. 2 Estructurado, organizado. 3 *adj.* y *m.* ZOOL Dicho de un animal, de los cordados, que tiene esqueleto con columna vertebral y cráneo, dos pares de extremidades, casi siempre articuladas, y sistema nervioso central constituido por médula espinal y encéfalo. Tradicionalmente, los vertebrados se han dividido en cinco grandes clases: peces, anfibios, reptiles, aves y mamíferos.

vertebral 1 *adj.* Perteneciente o relativo a las vértebras. 2 ANAT **columna** ~.

vertebrar *tr.* Dar consistencia y estructura internas, dar organización y cohesión.

vertedero 1 *m.* Sitio adonde o por donde se vierte algo. 2 Lugar donde se vierten escombros y basuras. 3 Conducto para dar salida al exceso de agua en depósitos, presas, etc.

verter 1 *tr.* y *prnl.* Derramar o vaciar líquidos o cosas menudas, como la sal. 2 Inclinar un recipiente o volverlo boca abajo para vaciar su contenido. 3 *tr.* Traducir de una lengua a otra. 4 *intr.* Desaguar, desembocar una corriente de agua en otra, en el mar, etc. • Vb. irreg. conjug. c. **entender**. V. anexo El verbo.

vertical 1 *adj.* Que está o aparece perpendicular al horizonte. 2 En figuras, impresos, pinturas, etc., que están colocados con su dimensión mayor en disposición o dirección que va de arriba a abajo. 3 GEOM

plano ~. 4 Dicho de una organización, estructura, etc., que está fuertemente subordinada al estrato superior máximo. 5 *m.* ASTR Cualquiera de los círculos máximos de la esfera celeste perpendicular al horizonte.

verticalizar *tr.* Organizar algo de forma vertical o en rangos de distinta categoría.

vértice 1 *m.* GEOM Punto en que se cortan los dos lados de un ángulo o las caras de un poliedro. 2 GEOM Punto donde concurren tres o más planos. 3 GEOM Cúspide del cono o de la pirámide. 4 GEOM Punto de una curva en que esta se encuentra con su eje.

verticilo *m.* BOT Conjunto de tres o más ramas, hojas, flores, pétalos u otros órganos, que están en un mismo plano alrededor de un tallo.

vertido *m.* Acción y efecto de verter.

vertiente 1 *f.* Declive por donde corre o puede correr agua. 2 GEO Pendiente comprendida entre una cima montañosa y el fondo de un valle, por donde corren o descienden las aguas. 3 Idea religiosa, económica, política, artística, etc., que se deriva de un credo, una escuela, una corriente política o estética, etc.

vertiginoso, a 1 *adj.* Dicho de un movimiento, muy rápido o de la velocidad muy grande. 2 Que causa vértigo.

vértigo 1 *m.* Sensación semejante al mareo producida por una impresión muy fuerte, la altura, etc. 2 MED Perturbación del sentido del equilibrio por una sensación de movimiento rotatorio del cuerpo o de las cosas que lo rodean.

vertimiento *m.* Acción y efecto de verter.

vesania *f.* Locura o demencia.

vesical *adj.* Perteneciente o relativo a la vesícula biliar o a la vejiga urinaria.

vesicante *adj.* y *m.* Dicho de una sustancia, que produce ampollas en la piel.

vesícula 1 *f.* Ampolla que se forma en la epidermis, llena de aire o de líquido seroso. 2 BIOL Órgano en forma de cavidad o saco, lleno de líquido o aire. || ~ **biliar** ANAT La situada debajo del hígado, donde se almacena la bilis diluida que proviene del hígado, y a la que concentra y descarga en el duodeno. ~ **seminal** ANAT Cada una de las dos, situadas a uno y otro lado del conducto deferente de los mamíferos, en que se almacena el esperma.

vespa (Del ital. *Vespa*®, marca reg.) *f.* Motocicleta liviana de llantas pequeñas, plataforma de apoyo y plancha delantera para la protección del conductor.

vespertino, na 1 *adj.* Perteneciente o relativo a la tarde o al atardecer. 2 *adj.* y *m.* Dicho de un diario, que se distribuye en horas de la tarde.

vestíbulo 1 *m.* Habitación grande inmediata a la entrada de un edificio. 2 RECIBIDOR. 3 ANAT Cavidad del oído interno inserta en el peñasco del hueso temporal. 4 ANAT Parte de la vulva comprendida entre los labios menores.

vestido 1 *m.* Ropa que cubre el cuerpo humano. 2 Conjunto de piezas que sirven para este uso. 3 Prenda femenina de cuerpo entero.

vestidura 1 *f.* Vestido en general. 2 *f. pl.* Prendas litúrgicas con que se reviste el sacerdote para el culto divino.

vestier 1 *m.* En los talleres de costura y tiendas de ropa, espacio en que los clientes se prueban los vestidos. 2 Habitación de la casa para vestirse y guardar las prendas de vestir.

vestigio 1 *m.* Señal o resto que queda de algo material o inmaterial. 2 Memoria o noticia de algo antiguo o pasado. 3 Indicio por donde se infiere algo.

vestir 1 *tr.* y *prnl.* Cubrir o adornar el cuerpo con el vestido. 2 *tr.* Guarnecer o cubrir una cosa con otra para su protección o adorno. 3 Facilitar a alguien el vestido o el dinero para comprarlo. 4 Ser una prenda o la materia o el color de ella especialmente a propósito para el lucimiento: *El terciopelo viste mucho.* 5 Hacer los vestidos para otro: *Lo viste un sastre caro.* 6 *intr.* y *prnl.* Ponerse un vestido. 7 Adoptar cierta actitud: *Se vistió de serenidad.* • Vb. irreg. conjug. c. **pedir**. V. anexo El verbo.

vestuario 1 *m.* Conjunto de ropas de vestir. 2 Conjunto de trajes para una representación teatral o el rodaje de una película. 3 En los teatros, campos de deportes, talleres, etc., lugar para cambiarse de ropa.

veta 1 *f.* Vena, faja o lista de una materia que por su color, calidad, etc., se distingue de la masa en que se halla interpuesta. 2 GEO Faja de materia mineral, depositada en fisuras, grietas o hendiduras de un cuerpo rocoso, y de composición distinta que la de la sustancia en la que está incrustada.

vetar *tr.* Poner veto a una proposición o medida.

vetear *tr.* Señalar o pintar vetas en algo.

veterano, na *adj.* y *s.* Dicho de una persona, que por largo tiempo ha desempeñado un oficio y por tanto es experta en él.

veterinario, ria 1 *m.* y *f.* Persona preparada y autorizada para ejercer la veterinaria. 2 *f.* Ciencia de prevenir y curar las enfermedades de los animales.

veto 1 *m.* Derecho o facultad de una persona o corporación para impedir algo. 2 Cualquier tipo de prohibición. 3 POLÍT Prerrogativa de alguno de los poderes del Estado (normalmente el ejecutivo) para anular definitiva o provisionalmente una medida, disposición o ley que ya ha sido aprobada por el Parlamento.

vetusto, ta *adj.* Deteriorado por lo muy antiguo o la mucha edad.

vez 1 *f.* Alternación de las cosas por turno u orden sucesivo. 2 Tiempo u ocasión de hacer una cosa por turno u orden. 3 Tiempo u ocasión determinada. 4 Realización de un suceso o una acción en momentos y circunstancias distintos. || **tal** ~ QUIZÁ. **hacer las veces** Ejercer la función de otra persona o cosa.

vía 1 *f.* CAMINO por donde se transita. 2 CAMINO, procedimiento para hacer o conseguir algo. 3 TRAYECTO, espacio que se recorre o puede recorrerse de un punto a otro. 4 CAMINO, dirección que ha de seguirse para llegar a algún lugar. 5 Ruta que se sigue en un viaje: *Vía Bogotá Caracas.* 6 Medio de transmisión de mensajes e imágenes: *Vía aérea; Vía satélite.* 7 Dirección que un vehículo toma en su desplazamiento. 8 Cualquiera de los conductos del cuerpo por donde pasan los líquidos, el aire, los alimentos y los residuos de la digestión. 9 *prep.* A través de, pasando por, con escala en: *El partido se transmitió vía satélite; Llegaré a Kuala Lumpur, vía París, en dos días.* || ~ **de comunicación** Ruta terrestre, marítima, fluvial o aérea utilizada para el transporte y el comercio. ~ **ejecutiva** DER Procedimiento para hacer un pago judicialmente, procurando antes convertir en dinero los bienes de otra índole pertenecientes al obligado, con el embargo de los cuales suele comenzarse o prevenirse esta tramitación. ~ **Láctea** ASTR Agrupamiento de estrellas con forma de disco, que incluye al Sol y a su sistema solar. Desde la Tierra aparece como una banda débilmente luminosa que se puede observar de noche extendiéndose a través del cielo. Es una gran galaxia con varios brazos espirales que se enroscan alrededor de un núcleo central.

vía crucis (Tb. viacrucis) 1 *m.* REL Práctica piadosa de los cristianos consistente en recordar el camino de Jesús hacia el Calvario a lo largo de catorce estaciones, intercalando rezos y cantos. 2 REL Conjunto de 14 cruces o de 14 cuadros que representan los pasos del Calvario, y se colocan en las paredes de las iglesias. 3 Sufrimiento prolongado de una persona.

viable 1 *adj.* Que puede vivir. 2 Dicho de un asunto, con probabilidad de salir adelante.

viaducto *m.* Puente que salva una hondonada.

viajante 1 *adj.* y *s.* Que viaja. 2 *m.* y *f.* Empleado de una compañía comercial que hace viajes para negociar ventas o compras.

viajar 1 *intr.* Trasladarse de un sitio a otro mediante un medio de locomoción. 2 Desplazarse un vehículo siguiendo una ruta o trayectoria.

viaje 1 *m.* Acción y efecto de viajar. 2 Jornada de un punto a otro de un país, o de un país a otro. 3 Itinerario, trayecto. 4 Carga que se lleva de un lugar a otro.

viajero, ra 1 *adj.* y *s.* Que viaja. 2 *m.* y *f.* Persona que hace un viaje.

vial *adj.* Perteneciente o relativo a las vías.

vianda *f.* Comida que se sirve a la mesa.

viandante *m.* y *f.* Persona que camina o hace viaje a pie.

viático 1 *m.* Provisiones para un viaje en dinero o en especie. 2 Dieta de funcionarios o diplomáticos en los viajes. 3 Rel Comunión que en la religión católica se da a los moribundos.

víbora *f.* Serpiente **vipérida**.

vibra *f.* Sensación instintiva que alguien percibe de su contacto con otra persona, con un objeto o un lugar.

vibración 1 *f.* Acción y efecto de vibrar. 2 Fís Movimiento de una partícula de un cuerpo vibrante durante un periodo. 3 Fisiol Movimiento repetido de los órganos de las cavidades productoras del sonido que crea una onda sonora al salir el aire.

vibrafonista *m.* Mús Músico especializado en la interpretación del vibráfono.

vibráfono *m.* Mús Instrumento musical de percusión consistente en una serie de láminas metálicas con un tubo vibrador bajo cada una de ellas. Se utiliza con baquetas.

vibrante 1 *adj.* Que vibra. 2 Dicho de una voz, sonora, o de un discurso, entusiasta. 3 *adj.* y *f.* Fon Dicho de un sonido, consonántico, que se pronuncia apoyando la lengua en los alvéolos superiores y produciendo con ella una o varias vibraciones, como el de la *r* en *hora* (vibrante simple) y *honra* (vibrante múltiple).

vibrar 1 *intr.* Oscilar una cosa con movimientos pequeños y rápidos en torno a sus posiciones de equilibrio. 2 Conmoverse por algo. 3 *tr.* Tener un sonido trémolo la voz.

vibrisas 1 *f. pl.* Bot Pelos sensoriales de las plantas insectívoras. 2 Zool Pelos rígidos que actúan como receptores táctiles en los mamíferos, como los bigotes del gato. 3 Zool Cerdas sensibles que algunas aves tienen en la base del pico o de alrededor de los ojos. 4 Zool Cerda próxima a los ángulos superiores de la cavidad bucal de los dípteros.

vicaría 1 *f.* Cargo de vicario. 2 Despacho o residencia del vicario. 3 Territorio de su jurisdicción.

vicariante 1 *adj.* y *m.* Biol Dicho de un par de caracteres genéticos, mutuamente excluyentes. 2 *adj.* y *s.* Ecol Dicho de un taxón, que es ecológicamente equivalente a otro, en áreas que se solapan y son generalmente distantes geográficamente. 3 Fisiol Dicho de un órgano, capaz de suplir la insuficiencia de otro órgano.

vicariato *m.* **vicaría.**

vicario, ria *adj.* y *s.* Dicho de una persona, que tiene las veces, el poder y las facultades de otra o le sustituye.

vicealmirante *m.* Oficial general de la armada, inmediatamente inferior al almirante y equivalente a general de división en el ejército de tierra.

vicecampeón, na *m.* y *f.* **subcampeón.**

vicecanciller 1 *m.* y *f.* Persona que sustituye al canciller. 2 *m.* Título del cardenal presidente de la cancillería romana.

vicecónsul *m.* Funcionario de la carrera consular inmediatamente inferior al cónsul.

vicepresidente, ta *m.* y *f.* Persona que hace o está facultada para hacer las veces de presidente y desempeñar algunas de sus funciones.

vicerrector, ra *m.* y *f.* Persona que suple, o puede suplir, al rector.

viceversa *adv. m.* Al contrario, por lo contrario; invirtiendo el orden de los términos.

viciado, da 1 *adj.* Dicho del aire, que en un espacio habitado no ha sido renovado. 2 Estropeado, echado a perder. 3 Dicho de un acto, contrato, ley, proposición, etc., que ha perdido su valor y eficacia.

viciar 1 *tr.* **enviciar**, hacer que alguien contraiga algún vicio. 2 Anular o quitar valor a un acto, contrato, ley, proposición, etc. 3 *tr.* y *prnl.* Pervertir o corromper física o moralmente.

vicio 1 *m.* Afición excesiva a algo perjudicial. 2 Falta de rectitud o defecto moral en las acciones. 3 Mala calidad, defecto o daño físico en las cosas. 4 Frondosidad desbordada, perjudicial para el rendimiento de las plantas.

vicioso, sa *adj.* y *s.* Entregado a los vicios.

vicisitud 1 *f.* Accidente, contrariedad, suceso adverso que puede afectar la marcha o el desarrollo de algo. 2 Alternancia de sucesos prósperos y adversos.

víctima 1 *f.* Persona o animal sacrificado o destinado al sacrificio. 2 Persona que padece daño o muere por culpa de otras. 3 Persona que padece daño o muere a causa de un accidente: *La inundación cobró decenas de víctimas.*

victimario, ria *adj.* y *s.* **homicida**, persona que comete homicidio.

victoria[1] *f.* Superioridad o ventaja que se consigue del contrario, en disputa o competición. || ~ **regia** Planta ninfeácea que crece en las aguas tranquilas de la región amazónica. Se sujeta al fondo mediante largos rizomas que brotan de los pecíolos de sus hojas, que pueden medir hasta 4 m de diámetro. Sus flores pueden alcanzar 40 cm de diámetro, y su color varía durante la floración de blanco a rosa y de este a rojo.

victoria[2] *f.* Coche de caballos de dos asientos, abierto y con capota.

victoriano, na *adj.* De la época, el estilo, las costumbres, etc., correspondientes al reinado de Victoria I de Gran Bretaña.

vicuña 1 *f.* Mamífero artiodáctilo de los camélidos, de unos 1,80 m de longitud, de pelo largo y suave y costumbres gregarias, que vive en los Andes centrales. 2 Pelo de este animal y tejido hecho con él.

vid *f.* Planta trepadora de tronco retorcido, vástagos flexibles y nudosos, hojas alternas y partidas en cinco lóbulos, y flores verdosas en racimo, cuyo fruto es la uva.

vida 1 *f.* Estado de actividad de los seres orgánicos que se manifiesta en el crecimiento, la capacidad de renovarse, relacionarse y reproducirse. 2 Hecho de existir seres vivos: *¿Habrá vida en Marte?* 3 Tiempo que media entre el nacimiento de un ser vivo y su muerte. 4 Duración de las cosas. 5 Modo de vivir y de comportarse: *Vida campesina; Vida espiritual.* 6 Medios necesarios para vivir. 7 **biografía.** 8 Lo que produce gran complacencia o bienestar: *¡Esto es vida!* 9 Lo muy importante: *Sus hijos son su vida.* 10 Animación, viveza, vitalidad: *Un cuadro lleno de vida.* 11 Econ **esperanza** de ~; **nivel** de ~. || ~ **media** 1 Tiempo en que se reduce a la mitad la cantidad de una sustancia, propia o extraña, en un organismo o sistema. 2 Fís Tiempo en que tardan en quedar reducidos a la mitad los átomos de un nucleido radiactivo.

☐ Biol La vida surgió en la Tierra hace aprox. 1000 millones de años después de su formación; los primeros seres vivos fueron bacterias anaerobias, pues el oxígeno aún no estaba presente en la atmósfera primitiva. Posteriormente, tras un largo proceso evolutivo, surgieron las bacterias con capacidad fotosintética que iniciaron la liberación de oxígeno. Hace 2000 millones de años el oxígeno empezó a acumularse en la atmósfera. Su concentración fue aumentando y el ozono (forma alotrópica del oxígeno) de las capas altas de la atmósfera empezó a filtrar los rayos ultravioleta nocivos para los seres vivos. A partir de ese momento se dio una verdadera explosión de vida. Los primeros organismos **eucariotas** aparecieron hace unos 1500 millones de años, y los primeros pluricelulares hace unos 670 millones. Cuando la capa de ozono alcanzó un espesor suficiente, los animales y vegetales pudieron abandonar la protección que proporcionaba el medio acuático y colonizar la tierra firme.

vidente 1 *adj.* y *s.* Que ve. 2 *m.* y *f.* Persona que adivina lo oculto o pasado y predice el futuro. 3 Persona que tiene visiones sobrenaturales.

video (Tb. vídeo) 1 *m.* Sistema de grabación y reproducción de imágenes, acompañadas o no de sonidos, mediante cinta magnética, disco óptico, etc. 2 Sucesión de imágenes obtenida con esta técnica. 3 **cámara** de ~. 4 Inf **modo** ~. 5 **VIDEOCLIP**.

videoarte *m.* Art Forma de arte basada en el tratamiento de las imágenes de video.

videoclip *m.* Filmación en video para acompañar o promocionar una canción o tema musical.

videoconferencia *f.* Telec Conferencia a través de video realizada entre varios usuarios, mediante cámaras y monitores ubicados en sus instalaciones o en un centro de conferencia.

videodisco *m.* Disco en el que se registran imágenes y sonidos que, mediante un rayo láser, pueden ser reproducidos en un televisor o en un computador.

videógrafo, fa *m.* y *f.* Persona que trabaja en la grabación de videos.

videojuego *m.* Juego electrónico que se practica sobre una pantalla de computadora o televisión.

vidia *f.* Material de consistencia muy dura, conformado por un aglomerado de carburos de titanio, molibdeno con cobalto o níquel, que se emplea para fabricar utensilios de perforación y corte.

vidriado 1 *m.* Acción y efecto de vidriar. 2 **ESMALTE**, sustancia rica en sílice.

vidriar *tr.* Aplicar **esmalte** a las piezas de barro o loza para que tomen la transparencia y el lustre del vidrio.

vidriero, ra 1 *m.* y *f.* Persona que fabrica, coloca o vende vidrios. 2 *f.* Bastidor con vidrios más o menos artísticos con que se cubren y adornan puertas y ventanas. 3 Escaparate o vitrina de una tienda.

vidrio 1 *m.* Sustancia transparente o translúcida, dura y frágil a la temperatura ordinaria, que se obtiene fundiendo una mezcla de sílice con potasa o sosa y pequeñas cantidades de otras bases, y a la cual pueden darse distintas coloraciones mediante la adición de óxidos metálicos. Existen vidrios naturales, como la obsidiana, que presentan una composición similar a las del vidrio sintético. 2 Quím **fibra** de ~.

vidrioso, sa 1 *adj.* Que tiene las propiedades del vidrio y sobre todo su fragilidad. 2 Dicho de un ojo, cubierto por una película líquida, que parece no mirar.

viejo, ja 1 *adj.* Antiguo o del tiempo pasado. 2 Que no es reciente ni nuevo. 3 Deslucido, estropeado por el uso. 4 *adj.* y *s.* Dicho de una persona, o de un animal, de mucha edad.

viento 1 *m.* Geo Corriente de aire producida en la atmósfera por diferencias de presión atmosférica, atribuidas, sobre todo, a diferencias de temperatura. Dichas variaciones se deben a la distribución desigual del calentamiento solar, junto a las propiedades térmicas terrestres y oceánicas. 2 Mús **instrumentos** de ~. 3 Geo **rosa** de los ~s. ~ **monzón** Geo **MONZÓN**. || ~ **solar** Astr Flujo constante de gas ionizado arrojado desde la corona solar, con velocidades de entre 400 y 700 km/s. ~**s alisios** Geo **ALISIOS**.

vientre 1 *m.* Anat Cavidad de los vertebrados que contiene los órganos principales de los aparatos digestivo y urinario, y los órganos internos del aparato reproductor. 2 Parte exterior del cuerpo correspondiente al abdomen. 3 Panza de una vasija. 4 Fís Parte más ancha de una onda estacionaria.

viernes *m.* Quinto día de la semana, comprendido entre el jueves y el sábado. || ~ **Santo** El de la Semana Santa.

vierteaguas *m.* Reborde inclinado para escurrir el agua lluvia de alféizares, bajos de puertas y ventanas.

viga 1 *f.* Madero largo y grueso que se emplea como sostén en las construcciones. 2 Perfil de hierro de doble T que hace las funciones de la viga de madera. 3 Pieza larga y prismática de hormigón que hace las funciones de la viga de madera. || ~ **maestra** La que, tendida sobre pilares o columnas, sirve para sostener las cabezas de otras vigas también horizontales, así como para sustentar cuerpos superiores de la construcción.

vigente *adj.* Dicho de una ley, de una costumbre y de un estilo de vida, en uso y vigor.

vigésimo, ma 1 *adj.* Ordinal del número veinte, que sigue en orden al decimonoveno. 2 *adj.* y *m.* Dicho de una parte, que es una de las veinte partes iguales en que se divide un todo.

vigía *m.* y *f.* Persona que vigila, y especialmente desde un sitio alto.

vigilancia 1 *f.* Cuidado y atención en las cosas que están a cargo de cada uno. 2 Servicio ordenado y dispuesto para vigilar.

vigilar 1 *tr.* e *intr.* Velar cuidadosamente sobre personas o cosas. 2 Atender, cuidar de algo o de alguien.

vigilia 1 *f.* Acción de estar en vela o despierto. 2 Trabajo intelectual que se realiza durante la noche. 3 Víspera de una festividad religiosa. 4 Abstinencia de carne en la comida en cumplimiento de un mandato de la Iglesia.

vigor 1 *m.* Fuerza de las cosas animadas o inanimadas. 2 Vitalidad, pujanza en seres humanos, animales y plantas. 3 Vigencia de leyes y costumbres. 4 Viveza de lenguaje o estilo.

vigorizar 1 *tr.* y *prnl.* Dar vigor. 2 Animar, esforzar.

VIH *m.* Med **VIRUS** de inmunodeficiencia humana. • Sigla de *virus de inmunodeficiencia humana.*

vihuela *f.* Mús Instrumento de cuerda de aspecto exterior parecido al de la guitarra, pero de cuerpo ovalado.

vikingo, ga *adj.* y *s.* Hist De un pueblo de navegantes escandinavos (daneses, suecos y noruegos) que desde finales del s. VIII hasta inicios del s. XII realizaron incursiones por las islas del Atlántico y por casi toda Europa occidental.

☐ Hist Desde 896 los vikingos se hicieron fuertes en el Imperio carolingio, y con las tierras conquistadas formaron a principios del s. X el ducado de Normandía. También formaron otra entidad política mediante la conquista de Sicilia (1059) y del S de Italia posteriormente. En Rusia extendieron su radio de acción hasta el mar Negro y tuvieron un papel importante en la formación del primer Estado ruso, el de Kiev. Llevaron a cabo continuas campañas de conquista en las islas Británicas y en América abrieron las rutas de Groenlandia (h. 985) y Vinland (ya en el continente norteamericano, h. 1000).

vil 1 *adj.* Dicho de un acto, indigno y despreciable: *Fue una vil estafa.* 2 De muy mala calidad o condición: *Era una pócima de viles sustancias.* 3 *adj.* y *s.* Dicho de una persona, que falta o corresponde mal a la confianza en ella depositada.

vilano *m.* Bot Apéndice piloso o filamentoso que corona el fruto o la semilla de diversas plantas, y que les sirve como aparato de vuelo para su diseminación por medio del aire.

vileza 1 *f.* Cualidad de vil. 2 Acción vil.

vilipendiar *tr.* Tratar con vilipendio o despreciar de palabra o de obra.

vilipendio *m.* Desprecio, denigración de que es objeto alguien o algo.

villa 1 *f.* Población con algunos privilegios o cierta importancia histórica. 2 Casa con jardín, y especialmente la que está en el campo.

villancico 1 *m.* Canción popular de tema religioso, que se canta en Navidad. 2 Copla popular con estribillo.

villano, na 1 *adj.* y *s.* Hist Dicho antiguamente de alguien, miembro del estado llano, que vivía en una villa o aldea, por contraposición al hidalgo, al noble o al burgués. 2 *adj.* Ruin o indigno: *Se portó de la manera más villana.* 3 *adj.* y *s.* Dicho de una persona, que comete actos viles o crueles.

vilo || **en ~** 1 Sin el apoyo necesario, sin estabilidad. 2 Con indecisión, inquietud y zozobra.

vinagre *m.* Líquido agrio resultante de la fermentación ácida de líquidos alcohólicos, como el vino o la sidra, que se emplea como condimento de ensaladas.

vinagrera *f.* Vasija para el vinagre de uso diario.

vinagreta *f.* Salsa para carnes y pescados, que se prepara con aceite, vinagre y cebolla.

vinajera 1 *f.* Cada uno de los dos jarrillos que contienen el vino y el agua para la misa. 2 *f. pl.* Conjunto de los dos jarrillos y de la bandeja donde se colocan.

vinculante *adj.* Que es de obligatorio cumplimiento.

vincular 1 *tr.* Unir mediante vínculo a alguien o algo con otra persona u otra cosa. 2 Sujetar a alguien a una obligación. 3 Hacer depender una cosa de otra, fundarla en ella. 4 *prnl.* Entrar una persona a hacer parte de una institución, organización, etc.: *María se vinculó a la empresa hace tres años.*

vínculo *m.* Lazo o unión inmaterial entre personas, entre cosas o entre personas y cosas: *Vínculo matrimonial, lingüístico, institucional.*

vindicar *tr.* y *prnl.* Defender, especialmente por escrito, al calumniado, injuriado o injustamente notado.

vindicta *f.* VENGANZA.

vinícola *adj.* Perteneciente o relativo a la industria del vino.

vinicultura *f.* Elaboración de vinos.

vinificación *f.* Fermentación del mosto de la uva, o transformación del zumo de esta en vino.

vinilo *m.* Quím Radical orgánico monovalente derivado del etileno con tendencia a formar compuestos polimerizados. Industrialmente son importantes sus derivados, que se utilizan en tuberías plásticas, recubrimientos, juguetes, tejidos, muebles, etc.

vino 1 *m.* Bebida alcohólica que se hace del zumo de las uvas exprimido, y cocido naturalmente por la fermentación. 2 Zumo de otras plantas o frutos que se cuece y fermenta al modo del de las uvas. || **~ blanco** El de color dorado, más o menos intenso, por oposición al tinto. **~ de mesa** El más ligero y común, que se bebe durante la comida. **~ dulce** El que tiene este sabor porque se lo da la uva o porque está aderezado con arrope. **~ espumoso** Aquel cuya efervescencia resulta de una segunda fermentación alcohólica en recipiente cerrado. **~ rosado** El que tiene este color. **~ seco** El que no tiene sabor dulce. **~ tinto** El de color muy oscuro.

viñedo *m.* Terreno plantado de vides.

viñeta 1 *f.* Adorno gráfico que ilustra el comienzo y final de una página, un capítulo o un libro. 2 Dibujo o escena humorística impresa en un libro, periódico, etc., que se acompaña de un texto o comentario. 3 Dibujo que una empresa o entidad utiliza como distintivo o etiqueta.

viola *f.* Mús Instrumento de cuerda y arco, algo mayor que el violín y afinado una quinta más grave. Tiene una tesitura grave y penetrante en los registros medio y agudo.

violación 1 *f.* Acción y efecto de violar una ley, un lugar sagrado, etc. 2 Der Delito de abuso carnal contra una persona, ejerciendo violencia física sobre ella, o sin tal violencia si se trata de menor de 12 años.

violar 1 *tr.* Infringir o quebrantar una ley o precepto. 2 Cometer una violación, delito. 3 Profanar un lugar sagrado.

violencia 1 *f.* Cualidad de violento. 2 Acción violenta o contra el natural modo de proceder. || **~ de género** Polít Conjunto de acciones que causan daños físicos y psicológicos a una mujer: *La violencia de género es una forma de discriminación social.* **~ intrafamiliar** Actos violentos cometidos en el hogar entre miembros de una familia. **no ~** Polít Procedimiento para conseguir un fin por medio de actos no eficaces en sí mismos, pero de gran notoriedad pública, fundamentalmente la resistencia o desobediencia civil.

violentar 1 *tr.* Forzar la resistencia de personas o cosas con medios violentos. 2 Penetrar en vivienda o propiedad ajena contra la voluntad de su dueño. 3 *prnl.* Vencer alguien su repugnancia a hacer alguna cosa.

violento, ta 1 *adj.* Que está fuera de su natural estado, situación o modo. 2 Que actúa con ímpetu y fuerza: *Marejada violenta.* 3 Que se hace con ímpetu e intensidad extraordinarios. 4 Dicho de una persona, impetuosa y que se deja llevar fácilmente por la ira. 5 Que se hace contra el modo regular o fuera de razón y justicia.

violeta 1 *adj.* y *m.* Dicho de un color, semejante al morado claro, y que ocupa el séptimo lugar en el espectro luminoso. 2 *f.* Planta de tallos rastreros, hojas acorazonadas con pecíolo muy largo, y flores moradas o blancas de cabillo largo y olor suavísimo. 3 Flor de esta planta.

violín 1 *m.* Mús Instrumento de cuerda y arco, en forma de óvalo estrechado por el medio, con dos aberturas en forma de S en la tapa, y un mástil. Cuatro clavijas, colocadas en el extremo del mástil sirven para templar otras tantas cuerdas. 2 *m.* y *f.* Persona que toca este instrumento.

violinista *m.* y *f.* Músico profesional que interpreta el violín.

violón *m.* Mús CONTRABAJO, instrumento musical de cuerda.

violonchelo *m.* Mús Instrumento de cuerda y arco, intermedio entre la viola y el contrabajo; consta de cuatro cuerdas que se afinan por quintas; corresponde al barítono entre los de su clase.

vipérido, da *adj.* y *s.* Zool Dicho de un reptil, venenoso, caracterizado por poseer una cabeza triangular, bien diferenciada del resto del cuerpo, y cola que se estrecha bruscamente. La mayoría son ovovivíparos.

viperino, na 1 *adj.* Perteneciente o relativo a la víbora. 2 Malintencionado, que busca hacer daño.

A B C D E F G H I J K L M N Ñ O P Q R S T U V W X Y Z

viracocha *m.* Nombre que los incas dieron a los primeros conquistadores españoles.
viraje *m.* Acción y efecto de virar.
viral *adj.* BIOL Perteneciente o relativo a un virus.
virar 1 *intr.* Mudar de dirección en la marcha de un vehículo. 2 Evolucionar, cambiar de idea o de manera de actuar.
virgen 1 *adj.* Dicho de la tierra, no cultivada. 2 Dicho de una cosa, que mantiene su entereza originaria, o no ha sido manipulada. 3 Dicho de algo, que no ha tenido artificio en su formación. 4 *adj.* y *s.* Dicho de una persona, que no ha tenido relaciones sexuales. 5 *f.* REL Por antonomasia, María, madre de Dios. • Se escribe con may. inic. en la acepción 5.
virginal 1 *adj.* Perteneciente o relativo a la persona virgen. 2 Puro, incólume. 3 *m.* MÚS Especie de clavicémbalo rectangular, de cuerdas pinzadas.
virginidad *f.* Estado y condición de virgen.
virgo 1 *adj.* y *s.* **VIRGEN**, que no ha tenido relaciones sexuales. 2 *adj.* y *s.* Dicho de una persona, nacida bajo el signo de Virgo, entre el 23 de agosto y el 22 de septiembre. Según los astrólogos, son prácticas y sensatas. 3 *m.* **HIMEN**.
virgulilla *f.* ORT Cualquier signo de figura de coma, rasguillo o trazo, como el apóstrofo, la cedilla, la tilde de la *ñ*, etc.
vírico, ca *adj.* **VIRAL**.
viril *adj.* Perteneciente o relativo al varón, varonil.
virilidad 1 *f.* Cualidad de viril. 2 Vigor, entereza.
virilismo *m.* MED Presencia en la mujer de caracteres secundarios propios del varón, debida por lo general a trastornos endocrinos.
viroide *m.* BIOL Microorganismo patógeno, más simple que el virus, constituido por ARN sin cubierta proteica protectora.
virología *f.* BIOL Rama de la microbiología que estudia los virus.
virosis *f.* MED Proceso infeccioso debido a la acción de los virus.
virreina *f.* **VIRREY**.
virreinal *adj.* Perteneciente o relativo al virrey o virreinato.
virreinato 1 *m.* Demarcación administrativa y jurisdiccional cuyo gobierno el rey delegaba en un alto representante, el virrey. 2 Dignidad o cargo de virrey. 3 Tiempo que dura su cargo.
□ HIST Los antecedentes del virreinato se remontan a la organización territorial adoptada por la Corona de Aragón desde finales del s. XIV. Los reyes católicos lo aplicaron a sus dominios italianos, a Navarra, Galicia y a los territorios americanos recién descubiertos. El primer virreinato del Nuevo Mundo fue conferido a Colón. A raíz de la extensión de las conquistas, se creó en 1535 el virreinato de nueva España (México), y en 1543 el virreinato del Perú. Su jurisdicción estaba dividida en audiencias y gobernaciones. En el s. XVIII se crearon dos nuevos virreinatos, el de Nueva Granada (1717 y, definitivamente, 1739), y el del Río de la Plata (1776). El contrapeso a las facultades virreinales fue asegurado por la autoridad colegiada de las **audiencias**. Los virreinatos americanos desaparecieron a principios del s. XIX, al concluir la dominación española.
virrey, virreina *m.* y *f.* Persona que gobernaba en nombre y con la autoridad del rey.
virtual 1 *adj.* Con capacidad para hacer o producir algo, aunque no lo produzca de hecho. 2 Tácito, implícito. 3 FÍS Que tiene existencia aparente y no real. 4 **realidad ~**. 5 ÓPT **imagen ~**.
virtud 1 *f.* Actividad o fuerza de las cosas para producir o causar sus efectos. 2 Poder o potestad de obrar. 3 Hábito y disposición de la voluntad para las acciones conformes a la ley moral. 4 REL Según la teología católica, propensión a hacer el bien, residente en el alma. 5 *f. pl.* REL Espíritus bienaventurados, cuyo nombre indica fuerza viril e indomable para cumplir las operaciones divinas. Forman el quinto coro. || ~ **cardinal** REL Cada una de las cuatro (prudencia, justicia, fortaleza y templanza) que son principio de otras en ellas contenidas. ~ **moral** Hábito de obrar bien, independientemente de los preceptos de la ley. ~ **teologal** REL Cada una de las tres (fe, esperanza y caridad) cuyo objeto directo es Dios.
virtuosismo *m.* Dominio perfecto de una técnica o un arte.
virtuoso, sa 1 *adj.* y *s.* Que practica la virtud u obra según ella. 2 *adj.* Dicho igualmente de las mismas acciones. 3 *m.* y *f.* Persona que sobresale en la técnica de su arte.
viruela 1 *f.* MED Enfermedad aguda, contagiosa y febril, esporádica o epidémica, que se caracteriza por cefaleas, vómitos y erupción de gran número de pústulas. Casi con toda seguridad ha sido erradicada del planeta. 2 MED Cada una de las pústulas que produce.
virulencia 1 *f.* Cualidad de virulento. 2 MED Eficacia patológica de un virus.
virulento, ta 1 *adj.* Producido por un virus. 2 Dicho de una palabra, una diatriba o un estilo literario, violento, mordaz.
virus 1 *m.* BIOL Entidad orgánica compuesta tan solo de material genético (ARN o ADN, nunca ambos), rodeado por una envoltura protectora de proteína. Carece de vida independiente, pero se puede replicar en el interior de las células vivas, perjudicando en muchos casos a su huésped en este proceso. Los virus son causantes de diversas enfermedades (rubeola, herpes, sarampión, poliomielitis, etc.). 2 INF Programa diseñado para evitar su detección y para reproducirse a sí mismo e interferir con el hardware de una computadora o con su sistema operativo. || ~ **de inmunodeficiencia humana** o **VIH** MED Retrovirus que produce en el ser humano el **sida**, que puede tardar en desarrollarse más de diez años.
viruta *f.* Tira fina y en espiral que se saca al labrar la madera o los metales con el cepillo u otra herramienta.
visa *f.* **VISADO**, pasaporte.
visado 1 *m.* Acción y efecto de visar. 2 Signo formal consignado por las autoridades en un pasaporte para indicar que el documento ha sido examinado y considerado válido para la entrada legal en un país.
visaje *m.* Gesto exagerado del rostro.
visar 1 *tr.* Autorizar un pasaporte la autoridad competente. 2 Examinar y dar el visto bueno a un documento.
víscera *f.* Cada uno de los órganos contenidos en las grandes cavidades del cuerpo humano y de los animales.
visceral 1 *adj.* Perteneciente o relativo a las vísceras. 2 Dicho de una impresión, sentimiento, etc., intenso, profundo y arraigado.
viscosidad 1 *f.* Cualidad de viscoso. 2 Materia viscosa. 3 FÍS Propiedad de los fluidos que se caracteriza por su resistencia a fluir, debida al rozamiento entre sus moléculas.
viscoso, sa 1 *adj.* Pegajoso, glutinoso. 2 *f.* QUÍM Producto que se obtiene del tratamiento de la celulosa con una solución de álcali cáustico y bisulfuro de carbono. Se usa principalmente para la fabricación de fibras textiles.
visera 1 *f.* Parte delantera saliente de la gorra y otras prendas similares, que protege la vista contra el sol.

2 En los automóviles, ala movible colocada sobre el cristal delantero, para proteger de los rayos del sol.

visibilidad 1 *f.* Cualidad de visible. 2 Geo Grado de distancia a la que puede verse una cosa, según las condiciones atmosféricas.

visible 1 *adj.* Que se puede ver. 2 Patente, manifiesto. 3 Dicho de una persona, notable, que llama la atención por alguna singularidad. 4 Fís **espectro** ~; **radiación** ~.

visigodo, da 1 *adj.* y *s.* Hist Dicho de un individuo, de una rama de los **godos**, que ante el avance de los hunos (s. IV) se desplazaron hacia los Balcanes, penetraron en Italia, saquearon Roma (410) y llegaron hasta el S de la Galia e Hispania (410-415). El creador del Estado visigodo en España fue Leovigildo (573-586), que estableció la capital en Toledo. La derrota y muerte del último rey visigodo, Rodrigo, en la batalla de Guadalete (711), marcó el inicio de la conquista musulmana de España. 2 Dicho de un individuo, perteneciente a dicho pueblo. 3 *adj.* Perteneciente o relativo al arte, usos, costumbres, etc., de los visigodos.

visigótico, ca *adj.* Perteneciente o relativo a los visigodos, sus usos, arte, etc.

visillo *m.* Cortina pequeña que se coloca en la parte interior de los cristales.

visión 1 *f.* Acción y efecto de ver. 2 Lo que se ve, **campo** visual. 3 Sentido de la **vista**. 4 Punto de vista particular sobre un asunto. 5 Hecho de ver algo sin mediación de la percepción visible: *En mi visión eras coronada reina*. 6 Acción y efecto de visionar.

visionar 1 *tr.* Figurarse que son reales y verdaderas las cosas inventadas por la fantasía o la imaginación. 2 Ver imágenes cinematográficas o televisivas, desde un punto de vista técnico o crítico.

visionario, ria 1 *adj.* y *s.* Dicho de una persona, que a causa de su fantasía exaltada se figura y cree con facilidad cosas quiméricas. 2 Que se adelanta a su tiempo o tiene visión de futuro.

visir *m.* Cargo ministerial aplicado en las monarquías musulmanas a los funcionarios superiores del gobierno.

visita 1 *f.* Acción de visitar. 2 Persona o grupo de personas que acuden a ver a alguien o algo. 3 Inspección, reconocimiento.

visitación 1 *f.* visita, acción de visitar. 2 Rel Por antonomasia, la de la Virgen María a su prima santa Isabel. • Se escribe con may. inic. en la acepción 2.

visitador, ra 1 *adj.* y *s.* Que visita frecuentemente. 2 *m.* y *f.* Persona que tiene a su cargo hacer visitas o reconocimientos. 3 Persona que visita a los médicos para mostrar los productos farmacéuticos y las novedades terapéuticas.

visitar 1 *tr.* Ir a la casa o lugar de estancia de una persona para estar con ella. 2 Acudir a un lugar para conocerlo. 3 Ir a un templo o santuario por devoción. 4 Realizar actos de inspección o reconocimiento yendo a los lugares las autoridades.

vislumbrar 1 *tr.* Ver algo de forma imprecisa o confusa por la mucha distancia o la poca luz. 2 Conjeturar por indicios.

vislumbre 1 *f.* Reflejo de la luz, o tenue resplandor, por la distancia o falta de luz. 2 Indicio, conjetura.

viso 1 *m.* Reflejo de color o de luz de una superficie. 2 Apariencia que dan las cosas o las personas: *Sus palabras tenían un viso de revancha*.

visomotriz *f.* Psic **coordinación** ~.

visón *m.* Mamífero de los mustélidos, de cabeza pequeña, patas cortas, con membrana interdigital, y cola larga. Muy apreciado por su piel.

visor 1 *m.* Cin y Fot Sistema óptico o pantalla que llevan algunas cámaras para delimitar el campo de visión y enfocarlo rápidamente. 2 Dispositivo con lentes de aumento para visionar películas o imágenes fotográficas. 3 Dispositivo de ciertas armas de fuego que ayuda a precisar la puntería.

víspera 1 *f.* Día inmediatamente anterior a otro. 2 *f. pl.* Rel En la liturgia cristiana, parte del oficio divino que se reza o canta después de nona.

vista 1 *f.* Acción y efecto de ver. 2 Fisiol Sentido por el que se percibe la luz, y las formas y los colores de los objetos. 3 Conjunto de ambos ojos. 4 Apariencia, aspecto. 5 Extensión que se descubre desde un punto, paisaje. 6 Cuadro, estampa que representa un lugar o monumento, etc. 7 **punto** de ~.

☐ Fisiol En los seres humanos y en otros animales con **ojos** de análoga complejidad, la visión está relacionada especialmente con la percepción del color, la forma, la distancia y las imágenes en tres dimensiones. Las ondas luminosas inciden sobre la retina del ojo, pero si estas ondas no están dentro de un rango específico, no producen impresión visual. El color depende de la longitud de dichas ondas; el grado de luminosidad de un objeto depende de su amplitud. Dentro de los principios ópticos normales, un punto por encima de la línea directa de visión queda un punto por debajo del centro de la retina y viceversa, razón por la cual la imagen del objeto formada en la retina aparece invertida. Mediante un razonamiento inconsciente, la mente asigna a cualquier objeto una talla determinada o conocida.

vistazo 1 *m.* Mirada superficial y ligera. 2 Reconocimiento o examen superficial que se hace de algo.

visto *m.* Fórmula para anunciar un fallo o dictamen. || ~ **bueno** Fórmula que se pone generalmente abreviada (*V° B°*), al pie de ciertos documentos para autorizarlos o darlos por buenos.

vistoso, sa *adj.* Que atrae mucho la atención por su brillantez, viveza de colores o apariencia ostentosa.

visual 1 *adj.* Perteneciente o relativo a la vista. 2 **campo** ~. 3 Ópt **rayo** ~. 4 *f.* Línea recta que se considera tirada desde el ojo del espectador hasta el objeto.

visualizar 1 *tr.* Representar de forma gráfica fenómenos que no son específicos de la vista, como el sonido, la corriente eléctrica, los cambios de oscilación o intensidad, etc. 2 Hacer visible una cosa, que no lo es a simple vista, mediante procedimientos ópticos o electrónicos. 3 Ilustrar ideas o conceptos con dibujos o metáforas plásticas; dar forma concreta a lo que es abstracto.

vitáceo, a *adj.* y *f.* Bot Dicho de una planta, trepadora, con tallos nudosos, hojas pecioladas, flores en racimo y fruto en baya, como la vid.

vital 1 *adj.* Perteneciente o relativo a la vida. 2 De suma importancia. 3 Que está dotado de gran energía o impulso para actuar o vivir.

vitalicio, cia *adj.* aplicándose a Dicho de un cargo, un seguro o una renta, que dura de por vida.

vitalidad 1 *f.* Cualidad de tener vida. 2 Capacidad para vivir de un recién nacido. 3 Fuerza y eficacia de algo.

vitalismo *m.* Biol y Fil Doctrina que otorga valores propios a los fenómenos vitales, carácter que los distingue radicalmente de las fuerzas físicas, químicas y mecánicas.

vitamina *f.* Bioq Cada una de las sustancias orgánicas presentes en pequeñas cantidades en las materias nutritivas, y que sin tener valor nutritivo son indispensables para los procesos vitales del organismo. Su falta o deficiencia provoca numerosas enfermedades (avitaminosis), dado que no pueden completarse los procesos metabólicos.

☐ Bioq y Med La vitamina **A** se encuentra en la leche, el hígado, la yema de huevo, las espinacas, la zanahoria, etc., y su falta provoca lesiones epiteliales y de las mucosas, ceguera nocturna, diarrea, etc. La **B1** o **tiamina** se encuentra en huevos, vegetales de hoja verde, cereales enteros, bayas, frutos secos y legumbres; su insuficiencia produce debilidad muscular, insuficiencia cardiaca, etc. La **B2** o **riboflavina** participa en el metabolismo de los hidratos de carbono, grasas y proteínas. Sus fuentes son el hígado, la leche, la carne, verduras de color verde oscuro, los cereales y las setas. La **B3** o **nicotinamida** funciona como coenzima para liberar la energía de los nutrientes. Fuentes: hígado, aves, carne, salmón y atún enlatados, cereales enteros, guisantes, granos y frutos secos. La **B6** o **piridoxina** es necesaria para el metabolismo de aminoácidos. Fuentes: granos enteros, cereales, hígado, aguacate, espinacas y plátano. La **B9** o **ácido fólico** interviene en el metabolismo de los aminoácidos y se encuentra en los cereales, la levadura, yema de huevo, leche e hígado. Su déficit origina retrasos en el crecimiento. La **B12** o **cobalamina** es necesaria en cantidades ínfimas para la formación de proteínas y glóbulos rojos; su insuficiencia produce anemia perniciosa. Fuentes: hígado, riñones, carne, pescado, huevos y leche. La vitamina **C** o **ácido ascórbico** favorece la absorción de hierro procedente de los alimentos de origen vegetal; su deficiencia produce escorbuto. Fuentes: cítricos, fresas frescas, piña, guayaba, brócoli, tomate, espinaca, etc. La **D** interviene en la formación de los huesos y en la retención de calcio y fósforo; se obtiene de la yema de huevo, hígado, atún y leche enriquecida. También se fabrica en el cuerpo gracias a la radiación solar. La **E** participa en la formación de los glóbulos rojos, músculos y otros tejidos; se encuentra en los aceites vegetales, germen de trigo, hígado y verduras. La **K** es necesaria para la coagulación de la sangre; se encuentra en la alfalfa y el hígado de pescado.

vitamínico, ca 1 *adj.* Perteneciente o relativo a las vitaminas. 2 Que contiene vitaminas.

vitelino, na 1 *adj.* Perteneciente o relativo al vitelo. 2 BIOL **saco** ~.

vitelo *m.* BIOL Conjunto de sustancias nutritivas almacenadas en el citoplasma del huevo (óvulo fecundado) de los animales.

viticultura *f.* Cultivo de la vid y conjunto de técnicas para su mayor rendimiento.

vitiligo (Tb. vitíligo) *m.* MED Enfermedad de la piel que se manifiesta con manchas blancas que van cubriendo todo el cuerpo, debido a problemas de la pigmentación.

vitivinicultura *f.* Arte de cultivar la vid y de elaborar los vinos; abarca la viticultura y la enología.

vitorear *tr.* Aclamar, dar vivas y vítores.

vitral *m.* ART Bastidor formado por vidrios con dibujos coloreados, unidos entre sí mediante tiras de plomo, que cubre los ventanales de iglesias y de algunas viviendas.

vítreo, a *adj.* Perteneciente o relativo al vidrio, con sus propiedades o su aspecto.

vitrificar 1 *tr.* y *prnl.* Convertir una sustancia en vidrio. 2 Hacer que algo adquiera la apariencia del vidrio.

vitrina *f.* Escaparate, armario o caja con puertas o tapas de cristales, para exponer objetos artísticos o científicos o para exhibir mercancías.

vitualla *f.* Conjunto de víveres.

vituperar *tr.* Hablar mal de una persona, censurarla o reprenderla.

vituperio 1 *m.* Censura u oprobio que se dice a alguien. 2 Acción o circunstancia que causa afrenta o deshonra.

viudo, da *adj.* y *s.* Dicho de una persona, que se le ha muerto el cónyuge y no ha vuelto a casarse.

vivac *m.* Campamento ligero para pasar la noche.

vivacidad 1 *f.* Cualidad de vivaz. 2 Viveza, esplendor y lustre de algunas cosas.

viva voce (Loc. lat.) De viva voz.

vivaz 1 *adj.* De ingenio pronto o agudo. 2 BOT Dicho de una planta, que vive más de dos años.

vivencia 1 *f.* Hecho de vivir algo. 2 Recuerdo que se tiene de una experiencia propia.

víveres 1 *m. pl.* Alimentos necesarios para abastecer a un grupo de personas. 2 Comestibles, provisiones.

vivero 1 *m.* Terreno en que se cultivan las plantas hasta su trasplante definitivo. 2 Criadero de peces, crustáceos o moluscos.

vivérrido, da *adj.* y *m.* ZOOL Dicho de un mamífero, de los carnívoros, de cuerpo esbelto (30-80 cm), patas cortas y cola larga; algunas especies poseen glándulas anales olorosas, como la jineta, la mangosta, etc.

viveza 1 *f.* Prontitud o celeridad en las acciones, o agilidad en la ejecución. 2 Energía en las palabras. 3 Agudeza de ingenio. 4 Dicho agudo, pronto o ingenioso. 5 Propiedad y semejanza en la representación de algo. 6 Esplendor y lustre de algunas cosas, especialmente de los colores. 7 Gracia particular de los ojos en el modo de mirar o de moverse.

vívido, da 1 *adj.* Lleno de vida, intenso. 2 Capaz de suscitar la imagen de lo que narra o describe.

vividor, ra *adj.* y *s.* Dicho de una persona, sin escrúpulos, que vive a costa de los demás.

vivienda 1 *f.* Espacio cubierto, generalmente con más de una habitación y dotado con los servicios necesarios para habitar permanentemente en él. 2 Cualquier recinto en el que se habita: *Su vivienda era un cuartucho húmedo y estrecho.*

vivificar 1 *tr.* Dar vida. 2 Reanimar, confortar.

vivíparo, ra *adj.* y *s.* ZOOL Dicho de un animal, cuyas hembras paren fetos ya desarrollados, como los mamíferos, a diferencia de los ovíparos.

vivir[1] 1 *m.* Vida, existencia. 2 Medios de subsistencia.

vivir[2] 1 *intr.* Tener vida, estar vivo. 2 Durar las cosas. 3 Tener lo necesario para pasar y mantener la vida. 4 Habitar en un lugar o en un país. 5 Llevar cierto género de vida o existir en un estado o condición determinados. 6 Durar en la memoria de la gente después de muerto. 7 Acomodarse a las circunstancias o aprovecharlas para las propias conveniencias. 8 Estar presente en la memoria algo. 9 *tr.* Experimentar la impresión producida por algún hecho o acaecimiento.

vivisección *f.* ZOOL Disección que se practica en animales vivos con fines científicos y sanitarios.

vivo, va 1 *adj.* y *s.* Que tiene vida. 2 *adj.* Intenso, fuerte. 3 Sutil, ingenioso. 4 Que actúa en beneficio propio. 5 Que dura y subsiste en toda su fuerza y vigor. 6 Durable en la memoria. 7 Rápido y ágil. 8 Muy expresivo o persuasivo. 9 Dicho de un interés, deseo, sentimiento, etc., grande. 10 Dicho de un color, brillante y luminoso. 11 *m.* Borde, canto u orilla de algo.

vizcacha *f.* Mamífero roedor parecido a la liebre, aunque con cola muy larga, que vive en las llanuras meridionales de América del Sur, agrupado en grandes colonias que ocupan intricadas galerías subterráneas.

vizconde, desa 1 *m.* y *f.* En la época feudal, quien sustituía al conde en su ausencia. 2 Título nobiliario inferior al de conde.

vocablo 1 *m.* Palabra, sonido o sonidos articulados que expresan una idea. 2 Representación gráfica de estos sonidos.

vocabulario 1 *m.* Conjunto de palabras de un idioma. 2 Diccionario, libro en que se contiene dicho conjunto. 3 Léxico de una ciencia o arte. 4 Catálogo o lista de palabras, ordenadas con arreglo a un sistema, y con definiciones o explicaciones sucintas. 5 Conjunto de palabras que usa o conoce alguien.

vocación 1 *f.* Inclinación a cualquier estado, profesión o carrera. 2 REL Inspiración con que Dios llama a algún estado, especialmente al de religión.

vocacional *adj.* Perteneciente o relativo a la vocación.

vocal 1 *adj.* Perteneciente o relativo a la voz. 2 Que se expresa con la voz. 3 MÚS **música** ~. 4 *adj.* y *f.* FON Dicho de un sonido, en cuya pronunciación el aire espirado, generalmente con vibración laríngea, no encuentra ningún obstáculo en su salida. Su timbre es modificable según la posición de los órganos movibles de la boca. 5 *f.* Signo que representa gráficamente un sonido y articulación vocálicos. En español son cinco: *a, e, i, o, u.* 6 *m.* y *f.* Persona que tiene voz en un consejo, una congregación o junta, llamada por derecho, por elección o por nombramiento. || ~ **abierta** FON Dicho de una vocal, que tiene la mayor abertura, en cuya articulación se abre el paso del aire. Son vocales abiertas en español *a, e, o.* ~ **cerrada** FON La que se emite dejando poco paso al aire entre la lengua y el paladar, como ocurre con *i* y *u.* • V. tabla Alfabeto gráfico, p. 23.

vocálico, ca *adj.* Perteneciente o relativo a la vocal.

vocalista *m.* y *f.* Cantante de un conjunto musical.

vocalización 1 *f.* Acción y efecto de vocalizar. 2 FON Transformación de una consonante en vocal, como la *c* del latín *affectare* en la *i* de afeitar.

vocalizar 1 *intr.* Pronunciar de forma precisa las palabras para hacer plenamente inteligible lo que se habla o se canta. 2 MÚS Hacer ejercicios de canto con una vocal en vez de con las notas musicales.

vocativo *m.* GRAM Palabra o grupo de palabras que sirve para llamar, nombrar o dirigirse directamente a alguien o algo personificado: *¿Pasaste buena noche, mamá?; No, mi estimado amigo, las cosas no son así.*

vocear 1 *tr.* Pregonar alguna cosa. 2 Llamar a voces a una persona.

vocero *m.* Portavoz, el que habla en nombre de otro.

vociferar *intr.* Dar grandes voces, gritar.

vodevil *m.* TEAT Comedia frívola y picante, de argumento basado en el equívoco, que puede incluir números musicales y de variedades.

vodka *m.* o *f.* Aguardiente de centeno, cebada o maíz, de graduación muy alta, originario de los países de la Europa oriental.

voladizo, za *adj.* y *s.* Que sale de lo macizo en las paredes o edificios.

volador, ra 1 *adj.* Que vuela. 2 Que está pendiente, de manera que el aire lo puede mover. 3 *m.* COHETE, fuego de artificio.

voladura *f.* Acción y efecto de hacer saltar con explosivos algo.

volante 1 *adj.* Que vuela. 2 Que no tiene lugar fijo. 3 *m.* Adorno de una prenda de vestir en forma de rizo, pliegue o fruncido. 4 Hoja de papel en que se manda un aviso, orden, etc. 5 Pieza, generalmente en figura de aro, con la que el conductor dirige un automóvil. 6 DEP Pequeña semiesfera muy liviana, coronada de plumas o tiritas de escaso peso, que se usa para jugar bádminton. 7 DEP En el fútbol, jugador que se mueve en el medio campo.

volantín 1 *m.* COMETA, juguete. 2 VOLTERETA.

volar 1 *intr.* Moverse por el aire, sosteniéndose con las alas. 2 Elevarse en el aire y moverse de un punto a otro en un aparato. 3 Sobresalir fuera del paramento de un edificio. 4 Hacer algo con gran prontitud y ligereza. 5 *intr.* y *prnl.* Elevarse algo en el aire y moverse algún tiempo por él. 6 *tr.* Hacer saltar con violencia o elevar en el aire algo, mediante un explosivo. • Vb. irreg. conjug. c. **contar**. V. anexo El verbo.

volátil 1 *adj.* y *s.* Que vuela o puede volar. 2 *adj.* Dicho de una cosa, que fácilmente se eleva en el aire. 3 Inconstante, mudable. 4 QUÍM Dicho de una sustancia, que se volatiliza en condiciones de temperatura y presión normales.

volatilizar 1 *tr.* y *prnl.* QUÍM Convertir un cuerpo sólido o líquido en gaseoso. 2 *prnl.* coloq. Disiparse, desaparecer.

volcán *m.* GEO Formación geológica que consiste en una fisura en la corteza terrestre por donde ascienden materiales rocosos fundidos, acompañados de gases calientes y sometidos a fuertes presiones. La salida al exterior de dichos materiales se produce a través de cráteres o grietas en la superficie. Las erupciones dan lugar a elevaciones del terreno, llamadas también volcanes.

volcar *tr.* y *prnl.* Volver una cosa hacia un lado o totalmente, de modo que caiga lo contenido en ella. • Vb. irreg. conjug. c. **contar**. V. anexo El verbo.

volear *tr.* Golpear algo en el aire para impulsarlo.

voleibol (Tb. vóleibol) *m.* DEP Deporte que se practica entre dos equipos de seis jugadores cada uno, quienes, separados por una red, tratan de echar con la mano un balón por encima de dicha red en el campo enemigo.

voleo *m.* Golpe dado en el aire a una cosa antes de que caiga al suelo. || **al** ~ Dicho de una siembra, cuando se arroja la semilla a puñados esparciéndola al aire.

volframio *m.* QUÍM TUNGSTENO.

volición *f.* Acto de la voluntad.

volitivo, va *adj.* Perteneciente o relativo a la voluntad.

volqueta *f.* Vehículo en forma de caja, que se emplea como transporte y que se puede descargar fácilmente mediante un mecanismo.

voltaje *m.* ELECTR Tensión de una corriente eléctrica medida en voltios.

voltear 1 *tr.* Hacer que algo muestre el lado contrario al que tenía: *Volteó la hoja y siguió leyendo.* 2 *tr.* e *intr.* Volver el cuerpo, o parte de él, y especialmente la cabeza, hacia una dirección distinta a la que tenía. 3 Cambiar de dirección alguien o algo que va moviéndose: *Aceleró al voltear la esquina.* 4 Poner algo al revés de como estaba: *El viento volteó la mesa.* • U. t. c. prnl. 5 *tr.* y *prnl.* Dar o hacer dar vueltas sobre sí a alguien o algo. 6 *intr.* Dar vueltas alguien o algo, cayendo y rodando. 7 *prnl.* Cambiar de idea, propósito, tendencia política, etc.

voltereta *f.* Vuelta rápida que se da en el aire, apoyando a veces las manos y la cabeza en el suelo.

voltímetro *m.* ELECTR Aparato que se emplea para medir potenciales eléctricos.

voltio *m.* ELECTR Unidad de diferencia de potencial y de fuerza electromotriz en el sistema internacional, equivalente a la diferencia de potencial que hay entre dos puntos de un conductor cuando al transportar entre ellos un culombio se realiza el trabajo de un julio. Símbolo: V.

voluble 1 *adj.* De carácter inconstante y mudadizo. 2 Que se enrolla fácilmente.

volumen 1 *m.* Corpulencia o bulto de una cosa. 2 Libro, ejemplar encuadernado. 3 Intensidad de la voz o de un sonido. 4 Importancia de un negocio, asunto, etc. 5 FÍS Magnitud física que expresa la extensión de un cuerpo en tres dimensiones: largo, ancho y alto. Su unidad en el sistema internacional es el metro cúbico (m^3). 6 GEOM Conjunto de puntos del espacio limitados por superficies. || ~ **atómico** QUÍM El ocupado por un átomo gramo del elemento de que se trate. ~ **molar** FÍS El ocupado por un mol de cualquier gas en condiciones normales de presión (1 atmósfera) y temperatura (0 °C). ~ **sistólico** Fisiol Cantidad de sangre que es bombeada en un latido por un ventrículo.

volumetría 1 *f.* Quím Determinación y medida de los volúmenes. 2 Quím Análisis cuantitativo que mide el volumen de disoluciones que reaccionan entre sí.

voluminoso, sa *adj.* De mucho volumen o bulto.

voluntad 1 *f.* Facultad por la que el ser humano se decide a obrar de un modo o de otro. 2 Intención, ánimo o resolución de hacer algo. 3 Disposición o mandato de una persona. 4 Inclinación o afecto a las personas. 5 Consentimiento, asentimiento, aquiescencia.

voluntario, ria 1 *adj.* Dicho de un acto, que nace de la voluntad. 2 Que se hace por propia voluntad y no por coacción u obligación.

voluntarioso, sa *adj.* Que por capricho quiere hacer siempre su voluntad.

voluntarismo *m.* Fil Doctrina que considera a la voluntad como la actividad esencial del alma, de la cual dependen todas las demás.

voluptuosidad 1 *f.* Placer intenso de índole sensual o sexual. 2 Afición a los placeres sensuales.

voluta 1 *f.* Arq Adorno en forma de espiral o caracol, que aparece en los capiteles de los órdenes jónico y compuesto. 2 Cosa que tiene forma de espiral.

volver 1 *intr.* y *prnl.* Regresar al punto de partida o adonde antes había estado. 2 *intr.* Reanudar el hilo de una historia, tema, etc. 3 **voltear**, cambiar de dirección. 4 Con *a* y otro verbo en infinitivo, repetir lo que antes se ha hecho. 5 *tr.* Hacer que la parte interna de algo quede afuera o a la vista, o viceversa: *Volver los bolsillos.* 6 Hacer que algo quede en posición distinta a la que tenía: *Volvió su rostro hacia mí.* 7 **voltear**, hacer que algo muestre el lado contrario al que tenía. 8 **devolver**, restituir. 9 *tr.* y *prnl.* Pasar alguien o algo a tener características opuestas a las que tenía: *Se volvió alegre; La situación se volvió absurda; Todos se volvieron en su contra.* 10 Hacer que cambie una persona o cosa de un estado o aspecto a otro, transformar: *El ejército lo volverá disciplinado; El vino se volvió vinagre.* 11 *prnl.* Girar el cuerpo o el rostro en señal de atención a algo o a alguien. • Participio irreg. *vuelto*. Vb. irreg. conjug. c. **mover**. V. anexo El verbo.

vómer *m.* Anat Hueso impar que forma la parte posterior de la pared o tabique de las fosas nasales.

vomitar 1 *tr.* Arrojar por la boca lo contenido en el estómago con mayor o menor violencia. 2 Arrojar de sí violentamente una cosa que tiene dentro.

vomitivo, va *adj.* y *m.* Que produce náuseas o vómitos.

vómito 1 *m.* Acción de vomitar. 2 Lo vomitado.

voracidad *f.* Cualidad de voraz.

vorágine 1 *f.* Remolino impetuoso de las aguas. 2 Aglomeración confusa de sucesos, de gentes o de cosas en movimiento: *La vorágine de la vida moderna.* 3 Pasión desenfrenada o mezcla de sentimientos muy intensos.

voraz 1 *adj.* Dicho de una persona o de un animal, que come mucho o con mucha avidez. 2 Que destruye o consume rápidamente, por ejemplo, el fuego.

vórtice 1 *m.* Geo Remolino de aire que gira sobre su centro y que en el hemisferio boreal lo hace en dirección contraria a las agujas del reloj. 2 Geo Centro de un ciclón, ojo del huracán.

vos *pron. pers.* Forma de la segunda persona del singular que, en nominativo, vocativo o precedida de preposición, designa a la persona a la que se dirige quien habla o escribe: *Vos tenés; Si vos querés; Vos te equivocás* • U. en algunas zonas de América.

vosear *tr.* Dar a alguien el tratamiento de vos.

voseo *m.* Uso del pronombre *vos* en lugar de *tú*. • Su uso va acompañado, generalmente, de formas verbales peculiares (que varían según la distribución geográfica), como los presentes de indicativo en plural y sin diptongo: *Vos tenés; Vos cantás.*

vosotros, tras *pron. pers.* Forma de la segunda persona del plural que, en nominativo, vocativo o precedida de preposición, designa en España a las personas a las que se dirige quien habla o escribe: *Vosotros tenéis la solución; Vosotras, las que estáis allí.*

votación 1 *f.* Acción y efecto de votar. 2 Conjunto de votos emitidos. 3 Sistema de emisión de votos.

votar 1 *tr.* e *intr.* Elegir a una persona o decidir sobre un asunto emitiendo cada uno su voto u opción. 2 *tr.* Aprobar por votación.

voto 1 *m.* Parecer o dictamen de cada una de las personas que deciden en la elección de un candidato o en la aprobación o rechazo de una propuesta. 2 Gesto, papeleta u otro objeto con que se expresa tal parecer o dictamen. 3 Deseo: *Hago votos por su prosperidad.* 4 Rel Promesa religiosa que se hace a Dios o a sus santos. 5 Rel Cada una de las promesas que constituyen el estado religioso: pobreza, obediencia y castidad. || ~ **de censura** Polít El que emiten las cámaras o corporaciones negando su confianza al gobierno o junta directiva. ~ **de confianza** Polít Aprobación que las cámaras dan a la actuación de un gobierno en determinado asunto, o autorización para que actúe libremente en tal caso.

vox populi (Loc. lat.) Voz del pueblo u opinión generalizada y aceptada.

voyerista *m.* y *f.* Persona que busca la excitación sexual mirando a otras personas en situaciones eróticas.

voz 1 *f.* Sonido que produce el aire expelido por los pulmones al hacer vibrar las cuerdas vocales de la laringe. 2 Calidad, timbre o intensidad de este sonido. 3 Sonido que forman algunas cosas inanimadas: *La voz del viento.* 4 Palabra o vocablo. 5 Músico que canta. 6 Facultad de emitir un dictamen o parecer, aunque no de votar, en una asamblea. 7 Gram Accidente gramatical que indica si el sujeto realiza la acción, la recibe o la experimenta. 8 Mús Sonido o tono particular en la voz del que canta o en los instrumentos. De más grave a más agudo, se conocen por los nombres de *bajo, barítono, tenor, contralto, mesosoprano* y *soprano*. 9 Mús Cada una de las líneas melódicas que forman una composición polifónica. || ~ **activa** Gram Forma de conjugación que sirve para significar que el sujeto es agente; por ejemplo: *Manuel dibuja.* ~ **latina** **latinismo**. ~ **media** Gram Forma de conjugación que sirve para significar que el sujeto es afectado por la acción que denota el verbo, sin que exista un agente externo que cause dicha acción: *El auto se averió; Juan se accidentó.* Suele construirse con un verbo en forma pronominal. ~ **narrativa** Lit La que adopta el narrador en una obra literaria para contar los sucesos en un orden determinado. ~ **pasiva** Gram Forma de conjugación que sirve para significar que el sujeto es paciente; por ejemplo: *Sara es amada.* **segunda** ~ Mús La que acompaña a una melodía entonándola generalmente una tercera abajo.

vudú *m.* Rel Culto que combina elementos del catolicismo y de religiones tribales de África occidental, en el que se venera un dios principal, el Bon Dieu, a los muertos, algunos animales, y a los espíritus llamados *loa*, dioses tribales africanos que se identifican con santos del cristianismo. Es mayoritario en Haití, y se practica también en otras regiones del Caribe, en Brasil y EE.UU.

vuelco 1 *m.* Acción y efecto de volcar o volcarse. 2 Movimiento con que una cosa se vuelve o trastorna enteramente.

vuelo 1 *m.* Acción de volar. 2 Espacio que se recorre volando sin posarse. 3 Trayecto que recorre un avión, haciendo o no escalas, entre el punto de origen y el de destino. 4 Amplitud o extensión de una vestidura en la parte que no se ajusta al cuerpo.

vuelta 1 *f.* Acción de volver. 2 Movimiento de un cuerpo sobre sí mismo, o alrededor de un punto, con giro de 180 o de 360 grados. 3 Cada una de las circunvoluciones de una cosa alrededor de otra a la cual se aplica. 4 Curvatura en una línea o desviación del camino recto. 5 Regreso al punto de partida. 6 Paseo, caminata. 7 Diligencia, trámite o negocio. 8 Devolución de algo a quien lo tenía o poseía. 9 Repetición de algo. 10 Cambio de las cosas o personas de un estado a otro, o de un parecer a otro. 11 Parte de una cosa, opuesta a la que se tiene a la vista. 12 Tela sobrepuesta en la extremidad de las mangas u otras partes de ciertas prendas de vestir. 13 Ronda de un juego de mesa. 14 DEP En ciclismo y otros deportes, carrera en etapas en torno a un país, región, comarca, etc. 15 DEP En una competición en que los equipos han de jugar dos veces con todos los demás, cada una de las dos series de partidos que la constituyen, denominadas primera y segunda vuelta. 16 *f. pl.* Dinero que, al cobrar y para ajustar una cuenta, se reintegra a quien hace un pago.

vuelto *m.* Vuelta del dinero sobrante. • U. m. en pl.

vuestro, tra *adj. poses.* Que pertenece a las personas a las que se dirige quien habla o escribe: *¿Cuál es vuestra voluntad?; Un amigo vuestro ha venido a la ciudad.*

vulcanismo *m.* GEO Conjunto de fenómenos relativos a los volcanes, sus erupciones, etc.

vulcanizar *tr.* Someter el caucho a un proceso de presión y altas temperaturas, combinándolo con azufre y algunos aditivos para darle mayor elasticidad y resistencia.

vulcanología *f.* GEO Parte de la geología que estudia los fenómenos volcánicos.

vulgar 1 *adj.* Perteneciente o relativo al vulgo. 2 Común o general, por contraposición a especial o técnico. 3 **lengua ~**. 4 Que no tiene especialidad particular en su línea.

vulgaridad 1 *f.* Cualidad de vulgar. 2 Cosa sabida y banal. 3 Dicho o hecho ofensivo, indecente o grosero.

vulgarismo *m.* Palabra, expresión o frase vulgar.

vulgarizar 1 *tr.* y *prnl.* Hacer vulgar o común algo. 2 Tener trato con gente vulgar, o portarse como ella.

vulgo 1 *m.* El común de la gente popular. 2 Conjunto de personas no iniciadas en algún arte, ciencia o tema.

vulnerable *adj.* Que puede ser herido o recibir algún daño físico o moral.

vulnerar 1 *tr.* Transgredir una ley o un mandato. 2 Dañar, perjudicar: *Con sus indirectas vulneró mi honra.*

vulnerario, ria 1 *adj.* y *m.* FARM Dicho de una medicina o remedio, que cura las llagas y heridas. 2 *f.* Planta papilionácea, pubescente, con hojas pinnadas y cabezuelas florales amarillas.

vulva *f.* ANAT Partes que rodean y constituyen la abertura externa de la vagina.

w *f.* Vigesimocuarta letra del alfabeto español. • Su nombre es *doble u, doble ve* o *uve doble*. En las palabras incorporadas plenamente al español se ha sustituido por *v*: *Vagón, vals, vatio*. En las palabras de origen alemán representa el sonido bilabial sonoro /b/: *Wagner; Wolframita*; así como en los nombres propios de personajes godos: *Wamba, Witrico*. En las de origen inglés conserva generalmente la pronunciación de *u* con valor de semiconsonante: *Web; Waterpolo*, así como en las transcripciones de voces indígenas americanas: *Wichita; Wapiti*.

wahabismo *m.* REL Doctrina integrista islámica surgida en el s. XVIII, que predica una interpretación literal y rigurosa del Corán y prohíbe el culto a los santos, los adornos en las mezquitas y la visita a las tumbas. Es religión oficial del reino de Arabia Saudí.

walkiria *f.* MIT **VALQUIRIA**.

walkman (Del ingl. *Walkman*®, marca reg.) *m.* Reproductor portátil de casetes provisto de auriculares.

water (Voz ingl.) *m.* **VÁTER**.

waterpolo *m.* DEP Deporte que se practica en una piscina, entre dos equipos de siete jugadores cada uno, que deben introducir un balón en la portería contraria impulsándolo con las manos.

wayúu *adj.* y *s.* De un pueblo indígena americano, de la familia lingüística arawak, que está asentado en el departamento de La Guajira, Colombia, y en el estado de Zulia en Venezuela.

web 1 *f.* INF Red mundial de comunicación informática que permite un acceso sencillo a las autopistas de la información, y particularmente a internet. 2 *adj.* INF **página ~; sitio ~**.

weber *m.* FÍS Unidad de flujo magnético en el sistema internacional, equivalente al flujo que, al atravesar perpendicularmente una espira, induce en ella una fuerza electromotriz de un voltio, cuando dicho flujo disminuye hasta cero en un segundo. Símbolo: Wb.

wélter *adj.* y *m.* DEP **peso ~**.

wéstern *m.* CIN Género cinematográfico cuya acción se sitúa en la época de la conquista y colonización del Oeste norteamericano.

whisky (Voz ingl.) *m.* Bebida alcohólica que se fabrica con cereales (cebada, avena) malteados o ya germinados.

wifi (Tb. wi fi; del ingl. *Wi-Fi*®, marca reg.) *m.* INF Sistema de conexión inalámbrica, dentro de un área determinada, entre diferentes dispositivos electrónicos y para acceso a internet. • Sigla de *wireless fidelity*.

windsurf (Tb. *wind surf*; voz ingl.) *m.* DEP Deporte que se practica con una tabla con vela que dirige el deportista para deslizarse sobre el agua.

wolframio (Tb. volframio) *m.* QUÍM **TUNGSTENO**.

x 1 *f.* Vigesimoquinta letra del alfabeto español. Su nombre es *equis.* • Representa un sonido doble, compuesto de /k/, o de /g/ sonora, y de /s/, como en *axioma, exento,* que ante consonante tiende a reducirse a *s: extremo, exposición.* Muchas palabras de origen mexicano y algunos nombres propios conservan la grafía antigua *x* para el sonido /j/, siendo escritas de ambas formas. En todo caso, lo correcto es pronunciar /j/. Ejemplos: *México, Oaxaca, Xavier, Ximena.* pl.: *equis.* V. tabla Consonantes. Usos ortográficos de las letras, p. 157. 2 Signo con que se suple el nombre de una persona que no se quiere mencionar. 3 En la numeración romana y en may. (X), equivale a 10. 4 Letra que representa a las abscisas en un sistema de coordenadas cartesianas. 5 BIOL Cromosoma sexual que es doble en la hembra y sencillo en el macho. 6 MAT En álgebra, signo que representa la incógnita, o la primera de ellas, si son dos o más. 7 MAT Signo que indica la operación de multiplicar.

xantofila *f.* BOT Pigmento amarillo, presente en los cloroplastos de las células vegetales, que interviene en la fotosíntesis.

xantoma *m.* MED Tumoración cutánea amarilla que contiene en el interior de sus células un depósito de colesterina.

xenartro *m.* ZOOL Mamífero que se caracteriza por tener garras curvas especializadas en excavar, apófisis laterales en las vértebras lumbares, cuerpo cubierto de pelos toscos (oso hormiguero, perezoso) o caparazón córneo (armadillo) y, generalmente, carecer de dientes delanteros. Vive en América del Sur.

xenofobia *f.* Odio a los extranjeros o a lo extranjero.

xenón *m.* QUÍM Elemento químico que es uno de los gases nobles y se encuentra en la atmósfera en cantidades muy pequeñas. Se emplea en contadores de neutrones y contadores de rayos X. Símbolo: Xe. Número atómico 54. Peso atómico: 131,3. Punto de fusión: −111,8 °C. Punto de ebullición: −108,1 °C.

xerocopia *f.* Copia obtenida por el procedimiento de la xerografía.

xerófilo, la *adj.* BOT Dicho de un vegetal, que está provisto de dispositivos estructurales o funcionales destinados a prevenir la pérdida de agua por evaporación. Abunda en las zonas áridas y regiones en las que el agua se hiela en invierno.

xeroftalmia (Tb. xeroftalmía) *f.* MED Enfermedad de los ojos, causada por la falta de vitamina A, que consiste en la sequedad de la membrana conjuntiva que recubre internamente los párpados.

xerografía 1 *f.* Sistema de impresión en seco que utiliza la fotoconductibilidad y la atracción eléctrica para fijar la imagen por la acción del calor. 2 Fotocopia así obtenida.

xeromorfo, fa *adj.* BOT **XERÓFILO**.

xerorradiografía *f.* MED Procedimiento que sustituye las placas radiográficas por una chapa sobre la que se deposita, por medio de una capa de resina, una fina capa de selenio.

xi *f.* Decimocuarta letra del alfabeto griego (Ξ, ξ), equivalente a *x* del latino.

xifoides *adj.* y *m.* ANAT Dicho de un cartílago, con forma de punta de espada, que constituye el extremo del esternón humano.

xilema *f.* BOT Tejido leñoso de las plantas vasculares que proporciona soporte mecánico y conduce agua y sales inorgánicas por toda la misma.

xilófago, ga *adj.* ZOOL Dicho de un insecto, que se alimenta de madera.

xilófono *m.* MÚS Instrumento musical de percusión parecido al vibráfono pero con láminas de madera.

xilografía 1 *f.* ART Técnica de grabado e impresión que consiste en grabar sobre láminas de madera, dejando en relieve las líneas de la composición, mientras los blancos quedan en segundo plano. 2 ART Impresión realizada mediante esta técnica.

xosa 1 *adj.* y *s.* De un pueblo del SE de Suráfrica que comprende varias tribus organizadas en clanes patriarcales poligámicos. Intentó oponerse a la colonización de los bóers durante las guerras cafres (1779-1850). 2 *m.* LING Lengua bantú hablada por el pueblo xosa.

y[1] 1 *f.* Vigesimosexta letra del alfabeto español. • Su nombre es *i griega* o *ye.* Representa dos sonidos: uno palatal sonoro y otro que corresponde al sonido vocálico /i/. Al final de palabra se pronuncia como /i/, pero debe considerarse como consonante cuando la palabra lleva acento gráfico. pl.: *yes.* pl.: V. tabla Consonantes. Usos ortográficos de las letras, p. 157. 2 Letra que representa la ordenada en un sistema de coordenadas cartesianas. 3 BIOL Cromosoma sexual, solo presente en el macho en dotación sencilla.

y[2] 1 *conj. copulat.* Une palabras o cláusulas con valor afirmativo: *Una casa desvencijada y misteriosa.* • Cuando son más de dos solo se expresa, generalmente, antes de la última: *El perro ladraba, aullaba, hacía extrañas cabriolas y mostraba sus amenazadores dientes.* Para dar fuerza a la expresión de los conceptos se puede intercalar entre cada uno de ellos: *Es muy ladino, y sabe de todo, y tiene una labia..., y escribe que da gusto.* 2 Se usa al principio de frases interrogativas y exclamativas para dar énfasis o fuerza expresiva: *¿Y si fuera otra la causa?; ¡Y si no llega a tiempo!* 3 Precedida y seguida por una misma palabra, denota idea de repetición indefinida: *Días y días.* Toma la forma *e* ante palabras que empiezan por el fonema /i/: *Ciencia e historia; Catedrales e iglesias,* salvo si forma diptongo: *Cobre y hierro; Estratosfera y ionosfera.*

ya 1 *adv. t.* En el tiempo pasado: *Ya hicimos el ejercicio hace varios días.* 2 En el tiempo presente, haciendo relación al pasado: *Era muy rico, pero ya es pobre.* 3 En tiempo u ocasión futura: *Ya nos veremos.* 4 Finalmente o últimamente: *Ya es preciso tomar una decisión.* 5 Luego, inmediatamente: *Ya voy.* 6 *adv. m.* Concede o apoya lo que se dice: *Ya entiendo; Ya se ve.* 7 *conj. distr.* Vincula dos posibilidades alternativas: *Ya en la milicia, ya en las letras.*

yac *m.* YAK.

yacaré *m.* Reptil cocodriliano, de unos 2 m de longitud, que vive en los ríos y las ciénagas de las zonas tropicales y subtropicales de América. La hembra construye un gran nido con barro y restos vegetales, y entierra en él dos o tres docenas de huevos.

yacer 1 *intr.* Estar echada o tendida una persona. 2 Estar un cadáver en la fosa o el sepulcro. 3 Tener relaciones sexuales. • Vb. irreg. conjugación modelo. V. anexo El verbo.

yacimiento 1 *m.* Lugar donde se hallan restos arqueológicos. 2 GEO Sitio donde se halla naturalmente una roca, un mineral o un fósil.

yagual *m.* Rodete para llevar pesos sobre la cabeza.

yagua *adj.* y *s.* De una tribu amerindia de la familia lingüística caribe que habita en la Amazonia peruana y colombiana.

yak *m.* Bóvido de las altas montañas asiáticas que tiene un pelaje lanoso y ondulado. Se emplea como bestia de silla y carga y se aprovecha su carne, leche y lana.

yambo *m.* Pie de la poesía clásica formado por una sílaba breve y una larga.

yanacón, na *m.* y *f.* Indio arrendatario o aparcero.

yanacona 1 *adj.* y *s.* HIST Dicho de un servidor personal de las autoridades incas, que se encontraba socialmente ubicado en un punto intermedio entre la esclavitud y la pertenencia a una clase privilegiada. 2 Dicho de un indio, que estaba al servicio personal de los españoles en algunos países de la América meridional. 3 HIST De un grupo indígena que habita en Colombia, en su mayoría al SE del departamento del Cauca.

yanaconazgo *m.* HIST Sistema inca que institucionalizaba el trabajo de los yanaconas y fue adoptado por los conquistadores españoles.

yang *m.* FIL En la filosofía china, principio masculino y activo de la energía universal que, en síntesis con el **yin**, pasiva o femenina, constituye el gran principio del orden universal llamado Tao.

yanomami *adj.* y *s.* De un pueblo amerindio asentado en el N de Brasil y el S de Venezuela que se desplaza continuamente debido al corto periodo productivo de sus sembradíos (plátano, ñame, batata, malanga) y practica la caza y la pesca. Su población actual se calcula en cerca de 20 000 personas.

yanqui 1 *adj.* y *s.* Dicho de una persona, que es nativa de Nueva Inglaterra, región situada al NE de los EE. UU. 2 coloq. Dicho de una persona, que es nativa de los EE. UU.; estadounidense.

yantar *tr.* Comer, tomar alimento.

yapa *f.* Añadidura gratis que se agrega a lo comprado.

yaqui *adj.* y *s.* De un pueblo amerindio asentado en el estado de Sonora (México), junto al río Yaqui.

yarará *f.* Serpiente de gran tamaño y muy venenosa que vive en la cuenca del Amazonas.

yaraví *m.* FOLCL Cantar amoroso y melancólico, originario de las regiones andinas de Perú, Ecuador, Bolivia y Argentina, en el que se han fusionado elementos melódicos de origen indígena e hispano.

yarda *f.* Medida de longitud equivalente a 0,914 m. Símbolo: yd.

yarumo *m.* Árbol andino, de hasta 20 m de altura, que posee hojas, de aprox. 30 cm de longitud, de color verde claro por encima y blanco plateado por debajo.

yate *m.* Embarcación de recreo de motor o vela.

ye *f.* Nombre de la letra *y.*

yegua *f.* Hembra del caballo.

yeísmo *m.* Pronunciación de la *ll* con el sonido palatal sonoro de la *y*.

yekuana *adj.* y *s.* De un pueblo amerindio asentado en los estados de Amazonas y Bolívar en Venezuela, que es cultivador de yuca y excelente cazador, pescador, carpintero de ribera y marino fluvial.

yelmo *m.* Parte de la armadura que protegía cabeza y rostro, y estaba formada por morrión, visera y babera.

yema 1 *f.* BOT Brote inicial de una planta, de aspecto escamoso, que da origen a los tallos o las flores. 2 BIOL Protuberancia del cuerpo de ciertos organismos, como los espongiarios, celentéreos, gusanos y tunicados, que se desarrolla hasta constituir un nuevo individuo. 3 BIOL El menor de los dos corpúsculos que resultan de dividirse una célula por gemación. 4 ZOOL Parte central del huevo en los vertebrados ovíparos que contiene el embrión. En las aves es de color amarillo y está rodeada de la clara y la cáscara.

yerba *f.* HIERBA. || ~ **mate** MATE², árbol de las aquifoliáceas.

yerbabuena *f.* HIERBABUENA.

yerbatero, ra 1 *adj.* y *s.* Dicho de un curandero o médico, que cura con yerbas. 2 *m.* y *f.* Persona que cultiva o vende yerbas.

yerbera *f.* Vasija en la que se echa el mate.

yermo *m.* Terreno inhabitado.

yerno *m.* El marido de la hija respecto de los padres de esta.

yerra *f.* Época del año en que se marca el ganado.

yerro *m.* Error o falta aunque no sea consciente.

yérsey *m.* SUÉTER.

yesca 1 *f.* Material muy seco que es preparado para que resulte inflamable. 2 *f. pl.* Lumbre, conjunto de yesca, eslabón y pedernal.

yeso 1 *m.* GEO Sulfato de calcio hidratado, compacto o terroso, blanco por lo común, y muy blando que, tras ser deshidratado, adquiere la propiedad de endurecerse rápidamente cuando se amasa con agua. Se suele emplear en la construcción y en distintas labores de vaciado de moldes. 2 Vendaje enyesado. 3 ART Obra de escultura vaciada en yeso.

yeyuno *m.* ANAT Porción del intestino delgado de los mamíferos ubicado entre el duodeno y el íleon.

yiddish (Voz ingl.) *m.* LING Lengua hablada por los judíos de cultura asquenazí que mezcla elementos de numerosas lenguas. Su tradición literaria se remonta al s. XVI y en la actualidad es la lengua de unos 8 000 000 de personas.

yihad *f.* REL Principio ético musulmán según el cual las personas deben realizar el máximo esfuerzo para conseguir un objetivo determinado, siendo este normalmente la lucha contra cualquier cosa que no sea buena. || ~ **mayor** REL Lucha interna, individual y espiritual en contra del vicio, la pasión y la ignorancia. ~ **menor** REL Guerra santa en contra de las tierras y súbditos infieles (no musulmanes).

yihadismo *m.* Tendencia ideológica radical que defiende la **yihad**, principio ético musulmán.

yin *m.* FIL En la filosofía china, principio femenino y pasivo de la energía universal que se complementa con su opuesto, el **yang**, y juntos constituyen el principio universal de la vida y el universo.

yip *adj.* y *s.* TODOTERRENO.

yo 1 *pron. pers.* Forma de la primera persona del singular que, en nominativo, designa a la persona que habla o escribe: *Yo compré estos libros.* 2 *m.* PSIC Sujeto pensante y consciente de las propias modificaciones, en oposición al mundo o naturaleza exterior en general.

yodo *m.* QUÍM Elemento no metálico, halógeno y de color gris, con vapores de color violeta, que es poco soluble en agua y soluble en disolventes orgánicos. Se encuentra en la naturaleza en el agua de mar y en especies marinas como las algas, etc. y sus principales compuestos orgánicos son el yodoformo y la tiroxina. Se emplea como reactivo analítico y antiséptico y en el tratamiento de enfermedades tiroideas. Símbolo: I. Número atómico: 53. Punto de fusión: 113,6 °C. Punto de ebullición: 185 °C.

yodoformo *m.* QUÍM y FARM Compuesto de yodo, hidrógeno y carbono que se usa como antiséptico.

yoduro *m.* QUÍM Cuerpo resultante de la combinación del yodo con un radical simple o compuesto.

yoga 1 *f.* FIL Doctrina filosófica hindú, que se basa en las prácticas ascéticas, el éxtasis, la contemplación y la inmovilidad absoluta para llegar al estado perfecto. 2 Designa también las prácticas modernas derivadas del yoga hindú y dirigidas a obtener mayor eficacia en el dominio del cuerpo y la concentración anímica.

yogui *m.* y *f.* Persona adepta al yoga o que practica sus ejercicios.

yogur *m.* Producto lácteo fermentado y semilíquido que es elaborado con leche cocida y concentrada por evaporación y fermentado con cultivos de ciertas bacterias.

yola *f.* Embarcación muy ligera movida a remo y con vela.

yóquey *m.* y *f.* JOCKEY.

yoruba *adj.* y *s.* HIST De un pueblo africano guineano que desarrolló una civilización urbana y una religión politeísta evolucionada y cuyo Estado (Ifé y Oyo, s. XIII) fue sometido por los británicos en el s. XIX. En la actualidad vive en el SO de Nigeria, Togo y Benín.

yoyó (Tb. yoyo) *m.* Juguete de origen chino que se compone de dos discos pequeños unidos por un eje en torno al cual se ata y enrolla una cuerda por la que se lo hace subir y bajar de manera sucesiva impulsado por la mano.

yubarta *f.* Cetáceo, de hasta 15 m de longitud, que tiene enormes aletas pectorales y el cuerpo cubierto de nudosidades.

yuca 1 *f.* Arbusto euforbiáceo, tropical americano, de hasta 2,5 m de altura, que posee hojas divididas, flores de color verdoso dispuestas en racimo, y raíz muy grande y carnosa, de la cual se extrae una harina alimenticia. 2 Raíz de esta planta. 3 Planta liliácea, tropical, que posee un tallo arborescente rematado en un penacho de hojas largas y flores blancas y colgantes. || ~ **amarga** o **brava** Variedad cuya raíz contiene un componente venenoso que puede eliminarse mediante el calor.

yudo *m.* DEP Sistema japonés de lucha, que hoy se practica también como deporte y tiene por objeto principal defenderse sin armas mediante llaves y movimientos aplicados con destreza.

yudoca *m.* y *f.* Persona que practica el yudo.

yuglandáceo, a *adj.* y *f.* BOT Dicho de una planta, arbórea, angiosperma dicotiledónea, de hojas compuestas y ricas en sustancias aromáticas, flores monoicas y fruto en drupa con semillas sin albumen, como el nogal.

yugo 1 *m.* Útil de madera al cual se uncen por el cuello las mulas, o por la cabeza o el cuello, los bueyes, y en el que va sujeta la lanza o pértigo del carro, el timón del arado, etc. 2 Armazón de madera que se le sobrepone a la campana para voltearla. 3 Dominio despótico: *El yugo de la opresión dictatorial.* 4 Cualquier carga pesada, prisión o atadura.

yugular 1 *adj.* Relativo a la garganta 2 *adj.* y *f.* ANAT **vena ~**.

yumbo, ba *adj.* y *s.* De un pueblo amerindio de la familia chibcha que está asentado en la región andina del N de Ecuador.

yunque 1 *m.* Prisma cuadrangular de hierro acerado y terminado en punta por uno o ambos extremos sobre el que se trabajan los metales a golpe de martillo. 2 ANAT Huesecillo del oído medio que se articula con el martillo y el estribo.

yunta *f.* Par de bueyes, mulas u otras caballerías que se emplea en la labranza o el acarreo.

yuppie (Voz ingl.) *m.* y *f.* Persona joven que posee estudios universitarios, vive en la ciudad y tiene una posición económica privilegiada. • Acrónimo de *young urban and proffesional people.*

yurta *f.* Tienda circular con techo en forma de cúpula que es utilizada por los nómadas del N de Mongolia.

yute 1 *m.* Fibra textil que se saca de la corteza interior de varias plantas de las tiliáceas. 2 Hilado o tejido de esta materia.

yuxtaponer *tr.* y *prnl.* Poner una cosa junto a otra o inmediata a ella. • Vb. irreg. conjug. c. **poner**. V. anexo El verbo.

yuxtaposición *f.* Acción y efecto de yuxtaponer o yuxtaponerse.

yuxtapuesto, ta 1 *adj.* Que está junto o en posición inmediata a algo. 2 GRAM Dicho de una palabra u oración, que está relacionada sin ningún enlace gramatical concreto. 3 GRAM **oración** ~.

yuyero, ra *m.* y *f.* **YERBATERO.**

yuyo 1 *m.* Mala hierba, maleza. 2 *m. pl.* Hierbas que sirven de condimento. 3 Hierbas tiernas y comestibles.

z 1 *f.* Vigesimoséptima y última letra del alfabeto español. • Su nombre es *zeta.* Representa el sonido correspondiente a la *s,* que, a su vez, lo representa también la letra *c* ante las vocales *e, i.* El hecho de coincidir el mismo sonido en *c, s, z,* y de no existir normas suficientes que determinen su escritura, dificulta el uso adecuado de estas letras; por tanto, debe recurrirse, en la mayoría de los casos, al reconocimiento memorístico. En la mayor parte de España la articulación de la *z* es interdental, fricativa y sorda, lo que permite su diferenciación. pl.: *zetas.* V. tabla Consonantes. Usos ortográficos de las letras, p. 157. 2 MAT En may., representa el conjunto de los números enteros.

zabazala *m.* Encargado de dirigir la oración pública en la mezquita.

zábila (Tb. zabila) *f.* **ALOE.**

zacateca *adj.* y *s.* De un antiguo pueblo amerindio del grupo nahua que se hallaba asentado en los actuales estados de Zacatecas y Durango (México) y era nómada con una incipiente agricultura.

zafado, da 1 *adj.* y *s.* Desvergonzado, insolente. 2 *adj.* Que tiene algo perturbada la razón; chiflado.

zafar 1 *tr.* y *prnl.* Soltar algo, liberarlo de ataduras. 2 Quitar los estorbos de algo. 3 *intr.* Desentenderse, librarse de un compromiso o de una obligación. 4 *prnl.* Esconderse para evitar un encuentro o riesgo. 5 Librarse de una molestia. 6 Soltarse o salirse la correa de una máquina, como la cadena de la bicicleta del piñón. 7 Desprenderse un hueso de su posición.

zafarrancho *m.* Alteración del orden, confusión.

zafiro *m.* Corindón u óxido de aluminio cristalizado, de color azul, que es estimado como piedra preciosa.

zafra 1 *f.* Cosecha de la caña de azúcar. 2 Fabricación del azúcar de caña y de la remolacha.

zaga 1 *f.* Parte posterior de una cosa. 2 DEP Línea de defensa de un equipo. || **a la ~** Atrás o detrás.

zagal, la 1 *m.* y *f.* Muchacho o muchacha que ha alcanzado la adolescencia. 2 Pastor o pastora joven.

zaguán *m.* Portal o vestíbulo cubierto de una casa que se ubica inmediato a la calle.

zaguero, ra 1 *adj.* Que va en zaga. 2 *m.* DEP En el fútbol y otros juegos, defensa.

zaherir 1 *tr.* Reprender a alguien echándole en cara algo. 2 Humillar o maltratar a una persona de palabra.

zahón *m.* Prenda de cuero o paño consistente en unas perneras abiertas que se atan a los muslos y llegan hasta media pierna.

zahorí *m.* y *f.* Persona que, con la ayuda de una horquilla de madera o metal, localiza agua, minerales u otros materiales del subsuelo.

zalamería *f.* Demostración de cariño afectada y empalagosa.

zalema *f.* Reverencia sumisa.

zamarra *f.* Chaleco o chaqueta hecho con piel de oveja que conserva su lana.

zamarrear *tr.* Sacudir violentamente un perro u otra fiera la presa que tiene cogida con los dientes para rematarla.

zamarros *m. pl.* Zahones para montar a caballo.

zamba 1 *f.* FOLCL Danza cantada popular del NO de Argentina. 2 FOLCL Música y canto de esta danza.

zambo, ba *adj.* y *s.* Hijo de negra e indio o india y negro.

zambomba 1 *f.* MÚS Instrumento formado por un cilindro abierto por un extremo y cerrado por el otro con una piel tirante con un mástil en el centro, el cual, frotado, produce un sonido fuerte, ronco y monótono. 2 *interj.* Se usa para manifestar sorpresa.

zambra 1 *f.* Bulla, regocijo y ruido de muchos. 2 Bronca, pelea.

zambullir 1 *tr.* y *prnl.* Sumergir bruscamente en el agua o en cualquier otro líquido. 2 *prnl.* Concentrarse o meterse de lleno en una actividad o situación. • Vb. irreg. conjug. c. **agradecer**. V. anexo El verbo.

zampar 1 *tr.* Meter una cosa en un sitio de prisa para que no se vea. 2 Asestar, propinar. 3 Comer mucho y apresuradamente. 4 *prnl.* Meterse de golpe en un lugar.

zampoña *f.* MÚS Caramillo o flauta rústica con uno o varios tubos.

zanahoria 1 *f.* Planta de las umbelíferas que posee raíz fusiforme, amarilla y comestible, tallos estriados y peludos, y flores en umbela. 2 Raíz de esta planta.

zanca 1 *f.* Pata de las aves. 2 coloq. Pierna larga y delgada de una persona o animal.

zancada *f.* Paso largo que se da con movimiento acelerado o por tener las piernas largas.

zancadilla 1 *f.* Acción de cruzar alguien su pierna por entre las de otro para hacerle caer. 2 Ardid con que se derriba o pretende derribar a alguien de un puesto o cargo.

zanco *m.* Cada uno de los dos palos altos con horquillas en que se apoyan los pies, para andar con ellos.

zancudero *m.* Nube de mosquitos.

zancudo, da 1 *adj.* Que tiene las zancas largas. 2 ZOOL Dicho de un ave, que tiene los tarsos muy largos y desprovistos de plumas, como la cigüeña o la grulla. 3 *m.* **MOSQUITO.**

zángano, na 1 *m.* y *f.* Persona holgazana. 2 *m.* Macho de la abeja reina.

zangolotear *tr.* y *prnl.* Mover continua y violentamente una cosa.
zanja *f.* Excavación larga y estrecha que se hace en la tierra para echar los cimientos, conducir las aguas, etc.
zanjar *tr.* Poner fin a una dificultad o inconveniente.
zapa *f.* Acción y efecto de zapar.
zapallo *m.* AHUYAMA.
zapapico *m.* Herramienta a modo de pico con dos bocas, una puntiaguda y la otra de corte angosto.
zapar *intr.* Excavar galerías subterráneas o zanjas.
zapata 1 *f.* Pieza puesta horizontalmente sobre una columna u otro elemento para sostener la viga que va encima. 2 Pieza del freno de ciertos vehículos que actúa por fricción sobre el eje o las ruedas.
zapateado 1 *m.* FOLCL Baile español para un solo bailarín, que golpea el suelo de forma rítmica con los pies. 2 FOLCL Música de este baile.
zapatear *tr.* Golpear con el zapato o dar golpes en el suelo con los pies calzados.
zapatería 1 *f.* Lugar donde se hacen, remiendan o venden zapatos. 2 Oficio de hacer zapatos.
zapatero, ra 1 *adj.* Perteneciente o relativo a los zapatos. 2 *m.* y *f.* Persona que hace, compone o vende zapatos. 3 *m.* Armario para guardar el calzado.
zapatilla 1 *f.* Zapato ligero y de suela muy delgada. 2 Calzado para el ballet clásico.
zapatismo 1 *m.* HIST Movimiento revolucionario mexicano liderado por Emiliano Zapata a principios del s. XX que, bajo el lema "Tierra y libertad", buscaba la inmediata implementación de una reforma agraria. 2 POLÍT Movimiento surgido con el levantamiento campesino del estado mexicano de Chiapas en 1994, que reivindica los postulados del zapatismo.
zapato *m.* Calzado que no pasa del tobillo.
zape 1 *interj.* Se emplea para ahuyentar a los gatos. 2 Denota también extrañeza, miedo o precaución.
zapeo *m.* Práctica consistente en cambiar de forma continua, mediante el control remoto, el canal de televisión.
zapote 1 *m.* Árbol de las sapotáceas que posee hojas parecidas a las del laurel, flores rojizas en racimos y fruto drupáceo aovado con pulpa rojiza muy suave y azucarada. De su tronco se extrae la gomorresina llamada chicle. 2 Fruto de este árbol. 3 Árbol bombáceo, de unos 12 m de altura, que posee hojas alternas, flores blancas asentadas en el tronco, y fruto drupáceo aovado con pulpa color naranja, fibrosa y dulce. 4 Fruto de este árbol.
zapoteca *adj.* y *s.* HIST De un antiguo pueblo amerindio mexicano, asentado en la zona del istmo de Tehuantepec, que floreció como cultura entre los ss. III a. C. y XVI d. C. y sobresalió en la elaboración de cerámica, en especial de urnas funerarias antropomorfas. Era básicamente agrícola y llegó a disponer de un sistema de regadíos. Fue sometido por los españoles en 1551.
zapping (Voz ingl.) *m.* ZAPEO.
zaque *m.* HIST Título de los soberanos muiscas de Hunsa (actual Tunja, Colombia).
zar, rina 1 *m.* y *f.* HIST Título del emperador ruso y el rey búlgaro. 2 *f.* Esposa del zar.
zarabanda 1 *f.* Cualquier cosa que causa ruido estrepitoso o molestia repetida. 2 Lío, embrollo. 3 Danza popular española de los ss. XVI y XVII. 4 Copla que se cantaba con esta danza.
zaranda 1 *f.* Criba, cedazo. 2 TROMPO, juguete.
zarandar *tr.* Pasar por la zaranda.
zarandear 1 *tr.* y *prnl.* ZARANDAR. 2 *tr.* Mover algo de un lado a otro con energía. 3 Sacudir violentamente a alguien.
zarcillo 1 *m.* Pendiente, arete. 2 Marca que se le hace en la oreja al ganado. 3 BOT Cada uno de los órganos largos, delgados y volubles que tienen ciertas plantas y que sirven a estas para asirse a los tallos u otros objetos próximos.
zarco, ca *adj.* De color azul claro.
zarévich *m.* Príncipe primogénito del zar reinante.
zarigüeya *f.* Mamífero marsupial americano, que es buen trepador y tiene extremidades con cinco dedos (las de atrás con el pulgar oponible) y la cola prensil, lisa y desnuda.
zarismo *m.* HIST Forma de gobierno absoluto, propio de los zares.
zarpa *f.* Garra con uñas fuertes y afiladas de algunos mamíferos, como el león y el tigre.
zarpar 1 *tr.* Levar anclas un barco. 2 *intr.* Partir o salir embarcado de un puerto o atracadero.
zarrapastroso, sa *adj.* y *s.* Andrajoso y desaliñado.
zarza 1 *f.* Planta arbustiva, de las rosáceas, que posee tallos espinosos, hojas elípticas, flores en racimos, y fruto en infrutescencias llamado zarzamora. 2 Cualquier arbusto espinoso.
zarzamora *f.* Fruto de la zarza que es una baya parecida a la mora, aunque de menor tamaño y redonda.
zarzaparrilla 1 *f.* Arbusto de las liliáceas que posee tallos volubles y espinosos, hojas pecioladas y nervudas, flores en racimos axilares, y fruto en bayas globosas. 2 Bebida refrescante que se prepara con esta planta.
zarzo *m.* DESVÁN.
zarzuela 1 *f.* MÚS y LIT Obra dramática y musical en la que alternan el canto y la declamación y es un género típicamente español desde el s. XVII. 2 MÚS y LIT Letra o música de la misma obra.
zascandil, la *m.* y *f.* Persona despreciable, ligera y enredadora.
zéjel *m.* LIT Versificación de origen árabe que consta de un estribillo inicial y de un número variable de estrofas de tres versos monorrimos seguidos de otro verso de rima igual a la del estribillo.
zegrí *m.* y *f.* Miembro de una familia del reino musulmán de Granada, rival de la de los abencerrajes.
zelote *m.* y *f.* HIST Miembro de un secta judía, conocida por su resistencia al dominio romano en Judea durante el s. I, que promovió la sublevación general judía, iniciada en el año 66, contra los romanos.
zen *adj.* y *m.* FIL y REL Doctrina y escuela budista que se desarrolló en China y más tarde en Japón como resultado de una fusión entre la forma budista **mahayana** india y la filosofía china del **taoísmo**. Según esta doctrina la realidad es la mismidad de la naturaleza, que no puede ser comprendida por ningún sistema de definición. La palabra *zen* designa un estado mental similar a la contemplación meditativa.
zenú *adj.* y *s.* HIST De un pueblo precolombino asentado en la parte central de la región caribe colombiana que antaño destacó en orfebrería y en la construcción de vastos sistemas de drenaje y riego.
zepelín *m.* Dirigible aerostático que se desplaza movido por motores y hélices, y que lleva una o varias barquillas para pasajeros. Está formado por una estructura metálica rígida cubierta de tela de algodón.
zeta[1] *f.* Nombre de la letra *z*.
zeta[2] *f.* Nombre de la octava letra del alfabeto griego (Θ, θ).
zeugma *m.* GRAM Figura de construcción que consiste en hacer intervenir, en dos o más periodos consecutivos, un verbo o un adjetivo que se expresa solo en uno de ellos y se sobrentiende en los demás: *Era de complexión recia, seco de carnes, enjuto de rostro, gran madrugador y amigo de la caza.*
zigomorfo, fa *adj.* BOT **flor** ~ o irregular.

zigurat *m.* Torre piramidal escalonada de la arquitectura religiosa asiria y caldea a la que se ascendía por rampas.

zigzag *m.* Línea quebrada que forma alternativamente ángulos entrantes y salientes.

zinc *m.* QUÍM **CINC.**

zipa *m.* HIST Título de los soberanos muiscas de Bacatá (actual Bogotá, Colombia).

zíper *m.* **CREMALLERA,** cierre.

zirconita *f.* **CIRCONITA.**

zoca 1 *f.* Retoño de la caña de azúcar. 2 Renuevo del tronco del árbol del café.

zócalo 1 *m.* ARQ Cuerpo inferior del exterior de un edificio que sirve para elevar los basamentos a un mismo nivel. 2 Friso o franja que se pinta o coloca en la parte inferior de una pared. 3 Parte inferior del pedestal. 4 GEO Parte inferior de una unidad geológica.

zoco 1 *m.* Plaza de una población. 2 Lugar donde se realiza el mercado.

zodiacal *adj.* Perteneciente o relativo al Zodiaco.

zodiaco *m.* ASTR Zona celeste que se extiende aproximadamente 8 grados a uno y otro lado de la eclíptica, dentro de la cual se mueven el Sol, la Luna y los planetas. • Se escribe con may. inic.

zombi 1 *m.* y *f.* REL Dios serpiente del culto vudú que es capaz de resucitar a los muertos. 2 Muerto dotado de vida aparente. 3 *adj.* **ATONTADO.**

zona 1 *f.* Terreno cuyos límites están determinados por razones administrativas, políticas, etc. 2 ECOL ~ **húmeda.** 3 GEO Cada una de las cinco partes en que se considera dividida la superficie de la Tierra por los trópicos y los círculos polares. 4 GEO ~ de **aireación**; ~ de **descarga**; ~ de **dislocación**; ~ de **inversión**; ~ de **recarga**; ~ de **saturación**; ~ **nerítica**; ~ no **saturada.** 5 FÍS ~ **neutra.** 6 GEOM Parte de la superficie de la esfera comprendida entre dos planos paralelos. || ~ **batial** GEO Parte de la profundidad oceánica comprendida entre 200 m y 2000 m, correspondiente al talud continental. ~ **de parcialidad** ASTR En un eclipse de Sol, cada una de las bandas situadas a ambos lados de la zona de totalidad en la superficie terrestre, en la que el eclipse es parcial. ~ **de totalidad** ASTR En un eclipse de Sol, banda en la superficie terrestre, en la que el eclipse es total. ~ **desnuda** BOT Parte de la raíz de la planta situada entre los pelos absorbentes y la cofia, donde se sitúan los **meristemos.** ~ **franca** ECON Espacio en el cual no rigen los derechos de aduana vigentes para el resto del territorio nacional. ~ **fiscal** ECON Región específica de un país en que rigen excepciones tributarias. ~ **industrial** Área metropolitana reservada para las instalaciones industriales. ~ **pilífera** BOT Parte de la raíz de la planta situada por encima de la cofia y constituida por numerosos pelos absorbentes a través de los cuales se realiza la captación de agua y sales minerales del suelo. ~ **polar antártica** GEO La que se halla al S del círculo polar antártico. ~ **polar ártica** GEO La que se halla al N del círculo polar ártico. ~ **sensible** INF Lugar de un puntero de ratón que marca la posición exacta de la pantalla que se verá afectada por su acción. ~ **templada meridional** GEO La que se extiende entre el círculo polar antártico y el trópico de Capricornio. ~ **templada septentrional** GEO La localizada entre el círculo polar ártico y el trópico de Cáncer. ~ **tórrida** o **intertropical** GEO La que forma un cinturón a ambos lados del Ecuador, entre el trópico de Cáncer y el trópico de Capricornio. ~ **urbana** Casco de una población. ~ **verde** Terreno que en una ciudad se destina a arbolado o parques.

zonificar *tr.* Dividir un terreno en zonas.

zoofilia *f.* PSIC **BESTIALISMO.**

zoófito (Tb. zoofito) *adj.* y *m.* ZOOL Dicho de un animal, que se asemeja, por sus características físicas, a un vegetal.

zoofobia *f.* PSIC Aversión o miedo a los animales.

zoogeografía *f.* Ciencia que estudia la dispersión y distribución de las especies animales en la Tierra.

zooide *m.* ZOOL Individuo que forma parte de un cuerpo con organización colonial y cuya estructura es variable, según el papel fisiológico que deba desempeñar en el conjunto.

zoología *f.* ZOOL Parte de la biología que estudia los animales. Algunas de sus ramas son: entomología, estudio de los insectos; malacología, estudio de los moluscos; ictiología, estudio de los peces; herpetología, estudio de los anfibios y reptiles; ornitología, estudio de las aves, y paleontología animal, estudio de los fósiles.

zoológico, ca 1 *adj.* Perteneciente o relativo a la zoología. 2 *m.* **PARQUE** zoológico.

zoom (Voz ingl.) *m.* **ZUM.**

zoomorfo, fa *adj.* Que tiene forma o apariencia de animal.

zoónimo 1 *m.* Denominación específica de un animal: *Pez espada.* 2 Nombre propio de un animal: *Incitatus fue el caballo de Calígula.*

zoonosis *f.* MED Enfermedad o infección que se da en los animales y que es transmisible al ser humano.

zooplancton *m.* BIOL Plancton animal o fracción de plancton constituida por el predominio de organismos animales.

zoospora *f.* BIOL Espora provista de cilios o flagelos que le permiten moverse en el agua.

zootecnia *f.* Rama de la zoología que estudia la cría y mejora de los animales domésticos.

zopenco, ca *adj.* y *s.* Dicho de una persona, que es torpe y bruta.

zopilote *m.* Ave carroñera, de la familia del cóndor, que es de color negro y pardo rojizo oscuro en las regiones desnudas de la cabeza y el cuello.

zoquete 1 *m.* Trozo de madera que sobra al labrar un madero. 2 *m.* y *f.* Persona ruda y de escasas luces.

zoroastrismo *m.* REL Religión reformada de la antigua Persia, fundada por Zaratustra o Zoroastro, cuyos dogmas básicos consisten en el culto monoteísta de Ahura Mazda (Señor de la sabiduría) y el dualismo ético que contrapone la Verdad (*Asha*) y la Mentira (*Druj*). Floreció entre los ss. VI y IV a. C. y hoy en día se conserva en algunas regiones de India e Irán.

zorro, rra 1 *f.* Cánido, de menos de 1 m de longitud, que posee cabeza ancha, hocico agudo, orejas empinadas, extremidades cortas y pelaje pardo rojizo y muy espeso, especialmente en la cola. 2 Macho o hembra de esta especie. 3 Persona taimada y astuta. 4 *f.* Carro bajo y fuerte para transportar grandes pesos. 5 Carro de tracción animal. 6 Vehículo manual, a modo de un cajón abierto, con dos ruedas.

zorzal *m.* Ave, de unos 30 cm de largo, que posee plumaje pardo por encima y rojizo con manchas grises en el pecho y blanco en el vientre.

zozobra 1 *f.* Acción y efecto de zozobrar. 2 Inquietud, aflicción, que no deja sosegar.

zozobrar 1 *intr.* Peligrar la embarcación por la fuerza y contraste de los vientos. 2 Estar en gran riesgo y muy cerca de perderse algo.

zueco 1 *m.* Zapato de madera de una pieza. 2 Zapato de cuero con suela de corcho o madera.

zulú *adj.* y *s.* HIST De un pueblo africano de lengua bantú, originariamente agricultor y ganadero, que habita en Suráfrica y está organizado en clanes patriarcales. Se estableció en la región desde el s. XV, luchó contra los bóers y fue sometido por los británicos (1879), que, en 1897, incorporaron Zululandia a Natal.

zum 1 *m.* ÓPT Sistema de lentes que permite el cambio de planos sin desplazamiento físico en relación con lo que se desee captar. 2 ÓPT Objetivo con dicho sistema.

zumaque *m.* Arbusto anacardiáceo, cuya corteza, que es rica en tanino, se emplea como curtiente.

zumbar 1 *intr.* Hacer una cosa ruido continuado y bronco. 2 Producirse un zumbido dentro de los oídos.

zumbido *m.* Acción y efecto de zumbar.

zumbón, na *adj.* y *s.* Dicho de una persona, que es aficionada a las burlas y bromas.

zumo *m.* Jugo que se extrae de las flores, frutas y vegetales en general.

zuna *f.* REL **SUNA.**

zuncho *m.* Abrazadera resistente que se emplea para reforzar o sujetar fuertemente distintas piezas.

zuñir *intr.* Zumbar, producir ruido en los oídos.

zurcir 1 *tr.* Coser la rotura de una tela juntando los pedazos con puntadas ordenadas. 2 Suplir con puntadas muy juntas y entrecruzadas los hilos que faltan en el agujero de un tejido.

zurdo, da 1 *adj.* y *s.* Que tiene tendencia natural a usar preferentemente la mano izquierda o también el pie del mismo lado. 2 *f.* Mano izquierda. 3 *adj.* Perteneciente o relativo a la mano zurda.

zuro[1] *m.* Corazón o raspa de la mazorca del maíz después de desgranada.

zuro[2]**, ra** *adj.* Dicho de un palomo o paloma, silvestre.

zurra *f.* Paliza, serie de golpes que recibe una persona.

zurrar *tr.* Castigar a alguien, especialmente con azotes o golpes.

zurriago *m.* Látigo de cuero o cordel.

zurrón *m.* Morral o bolso de cuero.

zutano, na *m.* y *f.* Vocablo usado para aludir a alguien cuyo nombre se ignora o no se quiere expresar después de haber aludido a otra u otras personas con palabras de igual indeterminación, como *fulano* y *mengano*.

A B C D E F G H I J K L M N Ñ O P Q R S T U V W X Y Z

EL VERBO EN ESPAÑOL

El verbo en español es una clase de palabra que designa o nombra procesos, acciones y estados. Ejemplos: *vivir, viajamos, pensó, crecieron, duermen, sueño, recordaste, nace, goza, amanecerá, estaba, llegando, enamorado.*

Las formas del verbo, o maneras en las que se puede presentar, son dos: personales o no personales. Las formas personales corresponden a todas sus posibles conjugaciones según los diferentes accidentes gramaticales y las no personales son aquellas en las que no hay accidentes gramaticales.

FORMAS PERSONALES DEL VERBO

El verbo es el núcleo o elemento central de la oración y los elementos que lo componen presentan variación de *persona, número, tiempo, modo* y *aspecto*. Estas variaciones o accidentes gramaticales se expresan en las terminaciones o desinencias (*morfemas flexivos*).

	RAÍZ	DESINENCIA	ACCIDENTE GRAMATICAL	
Hoy	**camin-**	**-o**	Persona Número Tiempo Modo Aspecto	**primera persona (yo)** singular presente indicativo imperfectivo
Ayer	**camin-**	**-aron**	Persona Número Tiempo Modo Aspecto	**tercera persona (ellos)** plural pasado indicativo perfectivo
Qué bien que	**camin-**	**-es**	Persona Número Tiempo Modo Aspecto	**segunda persona (tú)** singular presente subjuntivo imperfectivo

Accidentes gramaticales

La persona y el número

La persona y el número son accidentes gramaticales que indican quién o qué realiza la acción. Según esto, los verbos pueden expresarse en primera persona, segunda persona o tercera persona, y en singular o plural.

Primera persona La acción la realiza la persona que habla.	singular	yo	***Viajé***
	plural	nosotros	***Viajamos***
Segunda persona La acción la realiza una persona distinta de quien habla. También puede referirse a un animal u objeto.	singular	tú o vos	***Viajas*** ***Viajás***
	plural	ustedes o vosotros	***Viajan*** ***Viajáis***
Tercera persona La acción no la realiza ni quien habla ni quien oye.	singular	él o ella	***Viaja***
	plural	ellos o ellas	***Viajaron***

EL VERBO EN ESPAÑOL

El tiempo y el aspecto

El tiempo y el aspecto son accidentes gramaticales que indican, con respecto al momento en que se habla, el tiempo en el que se realizan las acciones y si se considera que estas se terminaron de realizar o no. El tiempo verbal puede ser: *pasado* o *pretérito*, *presente* y *futuro*, y el aspecto puede ser: *perfectivo* o *imperfectivo*.

TIEMPO	ASPECTO	
	Perfectivo	Imperfectivo
Presente	He estudiado	Estudio
Pasado o pretérito	Había estudiado / Estudié	Estudiaba
Futuro	Habré estudiado	Estudiaré

El modo

El modo es un accidente gramatical mediante el cual se manifiesta la actitud del hablante frente a lo que dice.

EL MODO INDICATIVO	EL MODO SUBJUNTIVO	EL MODO IMPERATIVO
Designa acciones, estados o procesos que, para quien se expresa, son reales.	Designa acciones, estados o procesos que, para quien se expresa, son reales. Expresa una acción, estado o proceso que se piensa como posible o deseable; no hay seguridad acerca de su realización.	Expresa un mandato, una orden o llamado, para que el destinatario actúe, piense o sienta. Este modo verbal siempre se dirige a otro en forma directa, por tanto la conjugación solo se hace en la segunda persona del singular (*tú – usted*) y en la segunda persona del plural (*ustedes*).
Consulto internet para resolver mis tareas. **Acabé** todo lo que tenía pendiente. Mañana **iré** de paseo con mis padres.	Si trabajáramos más, los resultados **serían** más satisfactorios. Es deseable que **aumente** el ritmo de lectura y escritura entre los estudiantes.	**Haz** ya la tarea. **Tenga** cuidado en la calle. **Vayan** a clase a tiempo.

FORMAS NO PERSONALES DEL VERBO

También se denominan *verboides* y son el *infinitivo*, el *participio* y el *gerundio*. Estas formas carecen de desinencias referidas a persona, tiempo, número y modo, y cumplen las funciones del sustantivo, el adjetivo y el adverbio en la oración.

FORMAS NO PERSONALES DEL VERBO			
Nombre	Terminación	Usos	Ejemplo
INFINITIVO Funciona como un sustantivo	**–ar** **–er** **–ir**	Es el nombre de la acción, proceso o estado y puede cumplir la función del sujeto en la oración.	Estudiar es una actividad que requiere disciplina.
		Aparece como parte de formas verbales compuestas.	La semana próxima voy a ir a la casa de mis abuelos.
PARTICIPIO Funciona como un adjetivo	**–ado** **–ido**	Sirve para la construcción de los tiempos verbales compuestos y concuerda en género y número con el nombre o sustantivo al que modifica.	Él siempre es bien recibido en casa de sus primos.
GERUNDIO Funciona como un adverbio	**–endo** **–iendo** **–ando**	Puede modificar a un verbo conjugado y, en algunas ocasiones, al sujeto en la oración.	El niño salió *corriendo* al ver al perro. (Modifica al verbo). El niño, *previendo* el peligro, se subió al árbol. (Modifica al sujeto).

CLASIFICACIÓN DE LOS VERBOS

Los verbos se pueden clasificar a partir de dos criterios: su *flexión* y su *significado*.
Según su flexión o las formas que adquiere al conjugarse, los verbos pueden ser regulares, irregulares, defectivos, impersonales o unipersonales.

CLASES DE VERBOS SEGÚN SU FLEXIÓN

	Definición	Ejemplos	Modelos de conjugación regular 1ra conjugación Terminados en –ar	 2da conjugación Terminados en –er	 3era conjugación Terminados en –ir
REGULARES	No presentan cambios en la raíz y sus desinencias son las mismas al ser conjugados. Por ello se han establecido como paradigmas o modelos de conjugación regular.	Amar, cantar, comer, partir, temer, trabajar, vivir, etc.	**Am– ar** Am– o Am– as Am– a Am– amos Am– an Am– an	**Tem– er** Tem– o Tem– es Tem– e Tem– emos Tem– en Tem– en	**Part– ir** Part– o Part– es Part– e Part– imos Part– en Part– en

	Definición	Ejemplos	
IRREGULARES	Presentan cambios en la raíz al ser conjugados.	Decir, pensar, entender, discernir, acertar, etc.	**Dec– ir** Dig– o Dic– es Dic– e Dec– imos Dic– en Dic– en
IRREGULARES	Al ser conjugados, presentan cambios en las desinencias con respecto a los modelos de conjugación.	Andar, estar, dar, etc.	**And– ar** And– uve And– uviste And– uvo And– uvimos And– uvistéis And– uvieron
IRREGULARES	Al ser conjugados, presentan cambios en la raíz y en las desinencias con respecto a los modelos de conjugación.	Tener, ser, haber, etc.	**Ten– er** Tuv– e Tuv– o Tuv– iste Tuv– imos Tuv– istétis Tuv– ieron
IMPERSONALES O UNIPERSONALES	Se usa generalmente con la tercera persona del singular y en las formas no personales. No tiene sujeto o no hace referencia a él.	Anochecer, atardecer, diluviar, escampar, granizar, llover, haber, obstar, poder, etc.	**Amaneció** nublado. **Hubo** pánico en la carretera. **Llueve** intensamente.
DEFECTIVOS	No suele usarse en todos los tiempos, modos y personas.	Soler, abolir, aguerrir, acaecer, etc.	Con abolir se usan más las formas cuya desinencia comienza por i: *Se abolió la esclavitud; Yo aboliría la pena de muerte; Yo abolo los castigos hacia los niños.*

EL VERBO EN ESPAÑOL

Según su significado, los verbos pueden ser transitivos, intransitivos, copulativos, reflexivos, recíprocos y auxiliares.

CLASES DE VERBOS SEGÚN SU SIGNIFICADO

	Definición	Ejemplos	
TRANSITIVOS	La acción verbal exige la presencia de un paciente sobre el que recae la acción.	Abrir, enseñar, leer, limpiar, necesitar, vender, etc.	El profesor enseña **gramática**. El niño bebe **agua**. Las mujeres escribían **cartas**.
	VOZ ACTIVA Cuando el agente coincide con el sujeto y el paciente con el objeto o complemento directo.	**El profesor** explicó **el tema**. **Yo** armé **el rompecabezas**. **Nosotros** tomamos **sopa**.	
	VOZ PASIVA Cuando el agente coincide con el objeto o complemento directo y el paciente con el sujeto.	**El tema** fue explicado **por el profesor**. **El rompecabezas** fue armado. **La sopa** fue tomada por **nosotros**.	
INTRANSITIVOS	La acción verbal no recae sobre nadie ni nada.	Caminar, morir, nadar, saltar, respirar, bailar, etc.	**Caminamos** hasta el colegio todos los días.
COPULATIVOS	Sirven para construir predicaciones nominales, es decir que unen un sujeto con un atributo.	Principalmente ser y estar. También parecer.	Mi mamá **es** profesora de español. Susana **está** en clase de español.
REFLEXIVOS	Expresa una acción que recae sobre el mismo sujeto que la realiza.	Levantarse, acostarse, peinarse, afeitarse, etc.	Carlos **se afeitó** temprano.
RECÍPROCOS	Expresa una acción realizada por dos o más sujetos y cada uno de ellos recibe el efecto de esa acción.	Besarse, abrazarse, decirse, etc.	Ellos **se desearon suerte** al iniciar la competencia.
AUXILIARES	Son los verbos que pierden su significado primitivo y acompañan a otros verbos para formar las perífrasis verbales o formas compuestas por al menos dos verbos.	Ser, estar, haber, deber, poder, etc.	**Estamos** preparándonos para las evaluaciones. **Hemos** realizado un buen trabajo. **Debemos** llegar más temprano. La canción **fue** tocada por mí.

LA CONJUGACIÓN VERBAL

La conjugación es la reunión organizada de todas las formas personales del verbo teniendo en cuenta todos sus accidentes gramaticales: el MODO (*indicativo, subjuntivo* e *imperativo*), el TIEMPO (*pasado* o *pretérito, presente* y *futuro*) y el ASPECTO, el cual está determinado por el tiempo (indefinido, imperfecto o perfecto). Por cada tiempo se distribuyen las PERSONAS (*primera, segunda* y *tercera*) y sus NÚMEROS (*singular* y *plural*).

GUÍA DE CONJUGACIÓN: VERBOS AUXILIARES

Verbo auxiliar: ser

	yo	tú / vos	él, ella	nosotros	ustedes / vosotros	ellos
1. Indicativo						
pres.:	soy	eres / sos	es	somos	son / sois	son
pret.:	fui	fuiste	fue	fuimos	fueron / fuisteis	fueron
pret. imperf.:	era	eras	era	éramos	eran / erais	eran
fut.:	seré	serás	será	seremos	serán / seréis	serán
cond.:	sería	serías	sería	seríamos	serían / seríais	serían
2. Subjuntivo						
pres.:	sea	seas	sea	seamos	sean / seáis	sean
pret. imperf.:	fuera o fuese	fueras o fueses	fuera o fuese	fuéramos o fuésemos	fueran o fuesen / fuerais o fueseis	fueran o fuesen
fut.:	fuere	fueres	fuere	fuéremos	fueren / fuereis	fueren
3. Imperativo:		sé			sean / sed	
4. Participio:				sido		
5. Gerundio:				siendo		

Verbo auxiliar: haber

	yo	tú / vos	él, ella	nosotros	ustedes / vosotros	ellos
1. Indicativo						
pres.:	he	has	ha o hay	hemos	han / habéis	han
pret.:	hube	hubiste	hubo	hubimos	hubieron / hubisteis	hubieron
pret. imperf.:	había	habías	había	habíamos	habían / habíais	habían
fut.:	habré	habrás	habrá	habremos	habrán / habréis	habrán
cond.:	habría	habrías	habría	habríamos	habrían / habríais	habrían
2. Subjuntivo						
pres.:	haya	hayas	haya	hayamos	hayan / hayáis	hayan
pret. imperf.:	hubiera o hubiese	hubieras o hubieses	hubiera o hubiese	hubiéramos o hubiésemos	hubieran o hubiesen / hubiereis o hubieseis	hubieran o hubiesen
fut.:	hubiere	hubieres	hubiere	hubiéremos	hubieren / hubiereis	hubieren
3. Imperativo:		he / habe			hayan / habed	
4. Participio:				habido		
5. Gerundio:				habiendo		

GUÍA DE CONJUGACIÓN: VERBOS MODELOS

Conjugación: amar

	yo	tú / vos	él, ella	nosotros	ustedes / vosotros	ellos
1. Indicativo						
pres.:	amo	amas o amás	ama	amamos	aman / amáis	aman
pret.:	amé	amaste	amó	amamos	amaron / amasteis	amaron
pret. imperf.:	amaba	amabas	amaba	amábamos	amaban / amabais	amaban
fut.:	amaré	amarás	amará	amaremos	amarán / amaréis	amarán
cond.:	amaría	amarías	amaría	amaríamos	amarían / amaríais	amarían
2. Subjuntivo						
pres.:	ame	ames	ame	amemos	amen / améis	amen
pret. imperf.:	amara o amase	amaras o amases	amara o amase	amáramos o amásemos	amaran o amasen / amarais o amaseis	amaran o amasen
fut.:	amare	amares	amare	amáremos	amaren / amareis	amaren
3. Imperativo:		ama / amá			amen / amad	
4. Participio:				amado		
5. Gerundio:				amando		

Conjugación: temer

	yo	tú / vos	él, ella	nosotros	ustedes / vosotros	ellos
1. Indicativo						
pres.:	temo	temes / temés	teme	tememos	temen / teméis	temen
pret.:	temí	temiste	temió	temimos	temieron / temisteis	temieron
pret. imperf.:	temía	temías	temía	temíamos	temían / temíais	temían
fut.:	temeré	temerás	temerá	temeremos	temerán / temeréis	temerán
cond.:	temería	temerías	temería	temeríamos	temerían / temeríais	temerían
2. Subjuntivo						
pres.:	tema	temas	tema	temamos	teman / temáis	teman
pret. imperf.:	temiera o temiese	temieras o temieses	temiera o temiese	temiéramos o temiésemos	temieran o temiesen / temierais o temieseis	temieran o temiesen
fut.:	temiere	temieres	temiere	temiéremos	temieren / temiereis	temieren
3. Imperativo:		teme / temé			teman / temed	
4. Participio:				temido		
5. Gerundio:				temiendo		

Conjugación: partir

	yo	tú / vos	él, ella	nosotros	ustedes / vosotros	ellos
1. Indicativo						
pres.:	parto	partes / partís	parte	partimos	parten / partís	parten
pret.:	partí	partiste	partió	partimos	partieron / partisteis	partieron
pret. imperf.:	partía	partías	partía	partíamos	partían / partíais	partían
fut.:	partiré	partirás	partirá	partiremos	partirán / partiréis	partirán
cond.:	partiría	partirías	partiría	partiríamos	partirían / partiríais	partirían
2. Subjuntivo						
pres.:	parta	partas	parta	partamos	partan / partáis	partan
pret. imperf.:	partiera o partiese	partieras o partieses	partiera o partiese	partiéramos o partiésemos	partieran o partiesen / partierais o partieseis	partieran o partiesen
fut.:	partiere	partieres	partiere	partiéremos	partieren / partiereis	partieren
3. Imperativo:		parte / partí			partan / partid	
4. Participio:				partido		
5. Gerundio:				partiendo		

GUÍA DE CONJUGACIÓN: VERBOS MODELOS

Conjugación: acertar

	yo	tú / vos	él, ella	nosotros	ustedes / vosotros	ellos
1. Indicativo						
pres.:	acierto	aciertas / acertás	acierta	acertamos	aciertan / acertáis	aciertan
pret.:	acerté	acertaste	acertó	acertamos	acertaron / acertasteis	acertaron
pret. imperf.:	acertaba	acertabas	acertaba	acertábamos	acertaban / acertabais	acertaban
fut.:	acertaré	acertarás	acertará	acertaremos	acertarán / acertaréis	acertarán
cond.:	acertaría	acertarías	acertaría	acertaríamos	acertarían / acertaríais	acertarían
2. Subjuntivo						
pres.:	acierte	aciertes	acierte	acertemos	acierten / acertéis	acierten
pret. imperf.:	acertara o acertase	acertaras o acertases	acertara o acertase	acertáramos o acertásemos	acertaran o acertasen / acertarais o acertaseis	acertaran o acertasen
fut.:	acertare	acertares	acertare	acertáremos	acertaren / acertareis	acertaren
3. Imperativo:		acierta / acertá			acertad	
4. Participio:		acertado		**5. Gerundio:**	acertando	

Conjugación: adquirir

	yo	tú / vos	él, ella	nosotros	ustedes / vosotros	ellos
1. Indicativo						
pres.:	adquiero	adquieres / adquirís	adquiere	adquirimos	adquieren / adquirís	adquieren
pret.:	adquirí	adquiriste	adquirió	adquirimos	adquirieron / adquiristeis	adquirieron
pret. imperf.:	adquiría	adquirías	adquiría	adquiríamos	adquirían / adquiríais	adquirían
fut.:	adquiriré	adquirirás	adquirirá	adquiriremos	adquirirán / adquiriréis	adquirirán
cond.:	adquiriría	adquirirías	adquiriría	adquiriríamos	adquirirían / adquiriríais	adquirirían
2. Subjuntivo						
pres.:	adquiera	adquieras	adquiera	adquiramos	adquieran / adquiráis	adquieran
pret. imperf.:	adquiriera o adquiriese	adquirieras o adquirieses	adquiriera o adquiriese	adquiriéramos o adquiriésemos	adquirieran o adquiriesen / adquirierais o adquirieseis	adquirieran o adquiriesen
fut.:	adquiriere	adquirieres	adquiriere	adquiriéremos	adquirieren / adquiriereis	adquirieren
3. Imperativo:		adquiere / adquirí			adquieran / adquirid	
4. Participio:		adquirido		**5. Gerundio:**	adquiriendo	

Conjugación: agradecer

	yo	tú / vos	él, ella	nosotros	ustedes / vosotros	ellos
1. Indicativo						
pres.:	agradezco	agradeces / agradecés	agradece	agradecemos	agradecen / agradecéis	agradecen
pret.:	agradecí	agradeciste	agradeció	agradecimos	agradecieron / agradecisteis	agradecieron
pret. imperf.:	agradecía	agradecías	agradecía	agradecíamos	agradecían / agradecíais	agradecían
fut.:	agradeceré	agradecerás	agradecerá	agradeceremos	agradecerán / agradeceréis	agradecerán
cond.:	agradecería	agradecerías	agradecería	agradeceríamos	agradecerían / agradeceríais	agradecerían
2. Subjuntivo						
pres.:	agradezca	agradezcas	agradezca	agradezcamos	agradezcan / agradezcáis	agradezcan
pret. imperf.:	agradeciera o agradeciese	agradecieras o agradecieses	agradeciera o agradeciese	agradeciéramos o agradeciésemos	agradecieran o agradeciesen / agradecierais o agradecieseis	agradecieran o agradeciesen
fut.:	agradeciere	agradecieres	agradeciere	agradeciéremos	agradecieren / agradeciereis	agradecieren
3. Imperativo:		agradece / agradecé			agradezcan / agradeced	
4. Participio:		agradecido		**5. Gerundio:**	agradeciendo	

GUÍA DE CONJUGACIÓN: VERBOS MODELOS

Conjugación: andar

	yo	tú / vos	él, ella	nosotros	ustedes / vosotros	ellos
1. Indicativo						
pres.:	ando	andas / andás	anda	andamos	andan / andáis	andan
pret.:	anduve	anduviste	anduvo	anduvimos	anduvieron / anduvisteis	anduvieron
pret. imperf.:	andaba	andabas	andaba	andábamos	andaban / andabais	andaban
fut.:	andaré	andarás	andará	andaremos	andarán / andaréis	andarán
cond.:	andaría	andarías	andaría	andaríamos	andarían / andaríais	andarían
2. Subjuntivo						
pres.:	ande	andes	ande	andemos	anden / andéis	anden
pret. imperf.:	anduviera o anduviese	anduvieras o anduvieses	anduviera o anduviese	anduviéramos o anduviésemos	anduvieran o anduviesen / anduvierais o anduvieseis	anduvieran o anduviesen
fut.:	anduviere	anduvieres	anduviere	anduviéremos	anduvieren / anduviereis	anduvieren
3. Imperativo:		anda / andá			anden / andad	
4. Participio:				andado		
5. Gerundio:				andando		

Conjugación: asir

	yo	tú / vos	él, ella	nosotros	ustedes / vosotros	ellos
1. Indicativo						
pres.:	asgo	ases/asís	ase	asimos	asen / asís	asen
pret.:	así	asiste	asió	asimos	asieron / asisteis	asieron
pret. imperf.:	asía	asías	asía	asíamos	asían / asíais	asían
fut.:	asiré	asirás	asirá	asiremos	asirán / asiréis	asirán
cond.:	asiría	asirías	asiría	asiríamos	asirían / asiríais	asirían
2. Subjuntivo						
pres.:	asga	asgas	asga	asgamos	asgan / asgáis	asgan
pret. imperf.:	asiera o asiese	asieras o asieses	asiera o asiese	asiéramos o asiésemos	asieran o asiesen / asierais o asieseis	asieran o asiesen
fut.:	asiere	asieres	asiere	asiéremos	asieren / asiereis	asieren
3. Imperativo:		ase / así			asgan / asid	
4. Participio:				asido		
5. Gerundio:				asiendo		

Conjugación: caber

	yo	tú / vos	él, ella	nosotros	ustedes / vosotros	ellos
1. Indicativo						
pres.:	quepo	cabes / cabés	cabe	cabemos	caben / cabéis	caben
pret.:	cupe	cupiste	cupo	cupimos	cupieron / cupisteis	cupieron
pret. imperf.:	cabía	cabías	cabía	cabíamos	cabían / cabíais	cabían
fut.:	cabré	cabrás	cabrá	cabremos	cabrán / cabréis	cabrán
cond.:	cabría	cabrías	cabría	cabríamos	cabrían / cabríais	cabrían
2. Subjuntivo						
pres.:	quepa	quepas	quepa	quepamos	quepan / quepáis	quepan
pret. imperf.:	cupiera o cupiese	cupieras o cupieses	cupiera o cupiese	cupiéramos o cupiésemos	cupieran o cupiesen / cupierais o cupieseis	cupieran o cupiesen
fut.:	cupiere	cupieres	cupiere	cupiéremos	cupieren / cupiereis	cupieren
3. Imperativo:		cabe / cabé			quepan / cabed	
4. Participio:				cabido		
5. Gerundio:				cabiendo		

GUÍA DE CONJUGACIÓN: VERBOS MODELOS

Conjugación: caer

	yo	tú / vos	él, ella	nosotros	ustedes / vosotros	ellos
1. Indicativo						
pres.:	caigo	caes/caés	cae	caemos	caen / caéis	caen
pret.:	caí	caíste	cayó	caímos	cayeron / caísteis	cayeron
pret. imperf.:	caía	caías	caía	caíamos	caían / caíais	caían
fut.:	caeré	caerás	caerá	caeremos	caerán / caeréis	caerán
cond.:	caería	caerías	caería	caeríamos	caerían / caeríais	caerían
2. Subjuntivo						
pres.:	caiga	caigas	caiga	caigamos	caigan / caigáis	caigan
pret. imperf.:	cayera o cayese	cayeras o cayeses	cayera o cayese	cayéramos o cayésemos	cayeran o cayesen / cayerais o cayeseis	cayeran o cayesen
fut.:	cayere	cayeres	cayere	cayéremos	cayeren / cayereis	cayeren
3. Imperativo:		cae / caé			caigan / caed	
4. Participio:	caído					
5. Gerundio:	cayendo					

Conjugación: ceñir

	yo	tú / vos	él, ella	nosotros	ustedes / vosotros	ellos
1. Indicativo						
pres.:	ciño	ciñes / ceñís	ciñe	ceñimos	ciñen / ceñís	ciñen
pret.:	ceñí	ceñiste	ciñó	ceñimos	ciñeron / ceñisteis	ciñeron
pret. imperf.:	ceñía	ceñías	ceñía	ceñíamos	ceñían / ceñíais	ceñían
fut.:	ceñiré	ceñirás	ceñirá	ceñiremos	ceñirán / ceñiréis	ceñirán
cond.:	ceñiría	ceñirías	ceñiría	ceñiríamos	ceñirían / ceñiríais	ceñirían
2. Subjuntivo						
pres.:	ciña	ciñas	ciña	ciñamos	ciñan / ciñáis	ciñan
pret. imperf.:	ciñera o ciñese	ciñeras o ciñeses	ciñera o ciñese	ciñéramos o ciñésemos	ciñeran o ciñesen / ciñerais o ciñeseis	ciñeran o ciñesen
fut.:	ciñere	ciñeres	ciñere	ciñéremos	ciñeren / ciñereis	ciñeren
3. Imperativo:		ciñe / ceñí			ciñan / ceñid	
4. Participio:	ceñido					
5. Gerundio:	ciñendo					

Conjugación: conducir

	yo	tú / vos	él, ella	nosotros	ustedes / vosotros	ellos
1. Indicativo						
pres.:	conduzco	conduces / conducís	conduce	conducimos	conducen / conducís	conducen
pret.:	conduje	condujiste	condujo	condujimos	condujeron / condujisteis	condujeron
pret. imperf.:	conducía	conducías	conducía	conducíamos	conducían / conducíais	conducían
fut.:	conduciré	conducirás	conducirá	conduciremos	conducirán / conduciréis	conducirán
cond.:	conduciría	conducirías	conduciría	conduciríamos	conducirían / conduciríais	conducirían
2. Subjuntivo						
pres.:	conduzca	conduzcas	conduzca	conduzcamos	conduzcan / conduzcáis	conduzcan
pret. imperf.:	condujera o condujese	condujeras o condujeses	condujera o condujese	condujéramos o condujésemos	condujeran o condujesen / condujerais o condujeseis	condujeran o condujesen
fut.:	condujere	condujeres	condujere	condujéremos	condujeren / condujereis	condujeren
3. Imperativo:		conduce / conducí			conduzcan / conducid	
4. Participio:	conducido					
5. Gerundio:	conduciendo					

GUÍA DE CONJUGACIÓN: VERBOS MODELOS

Conjugación: contar

	yo	tú / vos	él, ella	nosotros	ustedes / vosotros	ellos
1. Indicativo						
pres.:	cuento	cuentas / contás	cuenta	contamos	cuentan / contáis	cuentan
pret.:	conté	contaste	contó	contamos	contaron / contasteis	contaron
pret. imperf.:	contaba	contabas	contaba	contábamos	contaban / contabais	contaban
fut.:	contaré	contarás	contará	contaremos	contarán / contaréis	contarán
cond.:	contaría	contarías	contaría	contaríamos	contarían / contaríais	contarían
2. Subjuntivo						
pres.:	cuente	cuentes	cuente	contemos	cuenten / contéis	cuenten
pret. imperf.:	contara o contase	contaras o contases	contara o contase	contáramos o contásemos	contaran o contasen / contarais o contaseis	contaran o contasen
fut.:	contare	contares	contare	contáremos	contaren / contareis	contaren
3. Imperativo:		cuenta / contá			cuenten / contad	
4. Participio:				contado		
5. Gerundio:				contando		

Conjugación: dar

	yo	tú / vos	él, ella	nosotros	ustedes / vosotros	ellos
1. Indicativo						
pres.:	doy	das	da	damos	dan / dais	dan
pret.:	di	diste	dio	dimos	dieron / disteis	dieron
pret. imperf.:	daba	dabas	daba	dábamos	daban / dabais	daban
fut.:	daré	darás	dará	daremos	darán / daréis	darán
cond.:	daría	darías	daría	daríamos	darían / daríais	darían
2. Subjuntivo						
pres.:	dé	des	dé	demos	den / deis	den
pret. imperf.:	diera o diese	dieras o dieses	diera o diese	diéramos o diésemos	dieran o diesen / dierais o dieseis	dieran o diesen
fut.:	diere	dieres	diere	diéremos	dieren / diereis	dieren
3. Imperativo:		da			den / dad	
4. Participio:				dado		
5. Gerundio:				dando		

Conjugación: decir

	yo	tú / vos	él, ella	nosotros	ustedes / vosotros	ellos
1. Indicativo						
pres.:	digo	dices / decís	dice	decimos	dicen / decís	dicen
pret.:	dije	dijiste	dijo	dijimos	dijeron / dijisteis	dijeron
pret. imperf.:	decía	decías	decía	deciámos	decían / decíais	decían
fut.:	diré	dirás	dirá	diremos	dirán / diréis	dirán
cond.:	diría	dirías	diría	diríamos	dirían / diríais	dirían
2. Subjuntivo						
pres.:	diga	digas	diga	digamos	digan / digáis	digan
pret. imperf.:	dijera o dijese	dijeras o dijeses	dijera o dijese	dijéramos o dijésemos	dijeran o dijesen / dijerais o dijeseis	dijeran o dijesen
fut.:	dijere	dijeres	dijere	dijéremos	dijeren / dijereis	dijeren
3. Imperativo:		di / decí			digan / decid	
4. Participio:				dicho		
5. Gerundio:				diciendo		

Conjugación: discernir

	yo	tú / vos	él, ella	nosotros	ustedes / vosotros	ellos
1. Indicativo						
pres.:	discierno	disciernes / discernís	discierne	discernimos	disciernen / discernís	disciernen
pret.:	discerní	discerniste	discernió	discernimos	discernieron / discernisteis	discernieron
pret. imperf.:	discernía	discernías	discernía	discerníamos	discernían / discerníais	discernían
fut.:	discerniré	discernirás	discernirá	discerniremos	discernirán / discerniréis	discernirán
cond.:	discerniría	discernirías	discerniría	discerniríamos	discernirían / discerniríais	discernirían
2. Subjuntivo						
pres.:	discierna	disciernas	discierna	discernamos	disciernan / discernáis	disciernan
pret. imperf.:	discerniera o discerniese	discernieras o discernieses	discerniera o discerniese	discerniéramos o discerniésemos	discernieran o discerniesen / discernierais o discernieseis	discernieran o discerniesen
fut.:	discerniere	discernieres	discerniere	discerniéremos	discernieren / discerniereis	discernieren
3. Imperativo:		discierne / discerní			disciernan / discernid	
4. Participio:				discernido		
5. Gerundio:				discerniendo		

GUÍA DE CONJUGACIÓN: VERBOS MODELOS

	yo	tú / vos	él, ella	nosotros	ustedes / vosotros	ellos
Conjugación: dormir						
1. Indicativo						
pres.:	duermo	duermes / dormís	duerme	dormimos	duermen / dormís	duermen
pret.:	dormí	dormiste	durmió	dormimos	durmieron / dormisteis	durmieron
pret. imperf.:	dormía	dormías	dormía	dormíamos	dormían / dormíais	dormían
fut.:	dormiré	dormirás	dormirá	dormiremos	dormirán / dormiréis	dormirán
cond.:	dormiría	dormirías	dormiría	dormiríamos	dormirían / dormiríais	dormirían
2. Subjuntivo						
pres.:	duerma	duermas	duerma	durmamos	duerman / durmáis	duerman
pret. imperf.:	durmiera o durmiese	durmieras o durmieses	durmiera o durmiese	durmiéramos o durmiésemos	durmieran o durmiesen / durmierais o durmieseis	durmieran o durmiesen
fut.:	durmiere	durmieres	durmiere	durmiéremos	durmieren / durmiereis	durmieren
3. Imperativo:		duerme / dormí			duerman / dormid	
4. Participio:				dormido		
5. Gerundio:				durmiendo		
Conjugación: entender						
1. Indicativo						
pres.:	entiendo	entiendes / entendés	entiende	entendemos	entienden / entendéis	entienden
pret.:	entendí	entendiste	entendió	entendimos	entendieron / entendisteis	entendieron
pret. imperf.:	entendía	entendías	entendía	entendíamos	entendían / entendíais	entendían
fut.:	entenderé	entenderás	entenderá	entenderemos	entenderán / entenderéis	entenderán
cond.:	entendería	entenderías	entendería	entenderíamos	entenderían / entenderíais	entenderían
2. Subjuntivo						
pres.:	entienda	entiendas	entienda	entendamos	entiendan / entendáis	entiendan
pret. imperf.:	entendiera o entendiese	entendieras o entendieses	entendiera o entendiese	entendiéramos o entendiésemos	entendieran o entendiesen / entendierais o entendieseis	entendieran o entendiesen
fut.:	entendiere	entendieres	entendiere	entendiéremos	entendieren / entendiereis	entendieren
3. Imperativo:		entiende / entendé			entiendan / entended	
4. Participio:				entendido		
5. Gerundio:				entendiendo		
Conjugación: erguir						
1. Indicativo						
pres.:	yergo o irgo	yergues o irgues / erguís	yergue o irgue	erguimos	yerguen o irguen / erguís	yerguen o irguen
pret.:	erguí	erguiste	irguió	erguimos	irguieron / erguisteis	irguieron
pret. imperf.:	erguía	erguías	erguía	erguíamos	erguían / erguíais	erguían
fut.:	erguiré	erguirás	erguirá	erguiremos	erguirán / erguiréis	erguirán
cond.:	erguiría	erguirías	erguiría	erguiríamos	erguirían / erguiríais	erguirían
2. Subjuntivo						
pres.:	yerga o irga	yergas o irgas	yerga o irga	irgamos o yergamos	yergan o irgan / irgáis o yergáis	yergan o irgan
pret. imperf.:	irguiera o irguiese	irguieras o irguieses	irguiera o irguiese	irguiéramos o irguiésemos	irguieran o irguiesen / irguierais o irguieseis	irguieran o irguiesen
fut.:	irguiere	irguieres	irguiere	irguiéremos	irguieren / irguiereis	irguieren
3. Imperativo:		yergue o irgue / erguí			yergan o irgan / erguid	
4. Participio:				erguido		
5. Gerundio:				irguiendo		

GUÍA DE CONJUGACIÓN: VERBOS MODELOS

		yo	tú / vos	él, ella	nosotros	ustedes / vosotros	ellos
Conjugación: errar	1. Indicativo						
	pres.:	yerro o erro	yerras o erras / errás	yerra o erra	erramos	yerran o erran / erráis	erran o yerran
	pret.:	erré	erraste	erró	erramos	erraron / errasteis	erraron
	pret. imperf.:	erraba	errabas	erraba	errábamos	erraban / errabais	erraban
	fut.:	erraré	errarás	errará	erraremos	errarán / erraréis	errarán
	cond.:	erraría	errarías	erraría	erraríamos	errarían / erraríais	errarían
	2. Subjuntivo						
	pres.:	yerre o erre	yerres o erres	yerre o erre	erremos	yerren o erren / erréis	yerren o erren
	pret. imperf.:	errara o errase	erraras o errases	errara o errase	erráramos o errásemos	erraran o errasen / errarais o erraseis	erraran o errasen
	fut.:	errare	errares	errare	erráremos	erraren / errareis	erraren
	3. Imperativo:		yerra o erra / errá			yerren o erren / errad	
	4. Participio:				errado		
	5. Gerundio:				errando		
Conjugación: estar	1. Indicativo						
	pres.:	estoy	estás	está	estamos	están / estáis	están
	pret.:	estuve	estuviste	estuvo	estuvimos	estuvieron / estuvisteis	estuvieron
	pret. imperf.:	estaba	estabas	estaba	estábamos	estaban / estabais	estaban
	fut.:	estaré	estarás	estará	estaremos	estarán / estaréis	estarán
	cond.:	estaría	estarías	estaría	estaríamos	estarían / estaríais	estarían
	2. Subjuntivo						
	pres.:	esté	estés	esté	estemos	estén / estéis	estén
	pret. imperf.:	estuviera o estuviese	estuvieras o estuvieses	estuviera o estuviese	estuviéramos o estuviésemos	estuvieran o estuviesen / estuvierais o estuvieseis	estuvieran o estuviesen
	fut.:	estuviere	estuvieres	estuviere	estuviéremos	estuvieren / estuviereis	estuvieren
	3. Imperativo:		está			estén / estad	
	4. Participio:				estado		
	5. Gerundio:				estando		
Conjugación: hacer	1. Indicativo						
	pres.:	hago	haces / hacés	hace	hacemos	hacen / hacéis	hacen
	pret.:	hice	hiciste	hizo	hicimos	hicieron / hicisteis	hicieron
	pret. imperf.:	hacía	hacías	hacía	hacíamos	hacían / hacíais	hacían
	fut.:	haré	harás	hará	haremos	harán / haréis	harán
	cond.:	haría	harías	haría	haríamos	harían / haríais	harían
	2. Subjuntivo						
	pres.:	haga	hagas	haga	hagamos	hagan / hagáis	hagan
	pret. imperf.:	hiciera o hiciese	hicieras o hicieses	hiciera o hiciese	hiciéramos o hiciésemos	hicieran o hiciesen / hicierais o hicieseis	hicieran o hiciesen
	fut.:	hiciere	hicieres	hiciere	hiciéremos	hicieren / hiciereis	hicieren
	3. Imperativo:		haz / hacé			hagan / haced	
	4. Participio:				hecho		
	5. Gerundio:				haciendo		
Conjugación: huir	1. Indicativo						
	pres.:	huyo	huyes / huís	huye	huimos	huyen / huis	huyen
	pret.:	hui	huiste	huyó	huimos	huyeron / huisteis	huyeron
	pret. imperf.:	huía	huías	huía	huíamos	huían / huíais	huían
	fut.:	huiré	huirás	huirá	huiremos	huirán / huiréis	huirán
	cond.:	huiría	huirías	huiría	huiríamos	huirían / huiríais	huirían
	2. Subjuntivo						
	pres.:	huya	huyas	huya	huyamos	huyan / huyáis	huyan
	pret. imperf.:	huyera o huyese	huyeras o huyeses	huyera o huyese	huyéramos o huyésemos	huyeran o huyesen / huyerais o huyeseis	huyeran o huyesen
	fut.:	huyere	huyeres	huyere	huyéremos	huyeren / huyereis	huyeren
	3. Imperativo:		huye / huí			huyan / huid	
	4. Participio:				huido		
	5. Gerundio:				huyendo		

GUÍA DE CONJUGACIÓN: VERBOS MODELOS

Conjugación: ir

	yo	tú / vos	él, ella	nosotros	ustedes / vosotros	ellos
1. Indicativo						
pres.:	voy	vas	va	vamos	van / vais	van
pret.:	fui	fuiste	fue	fuimos	fueron / fuisteis	fueron
pret. imperf.:	iba	ibas	iba	íbamos	iban / ibais	iban
fut.:	iré	irás	irá	iremos	irán / iréis	irán
cond.:	iría	irías	iría	iríamos	irían / iríais	irían
2. Subjuntivo						
pres.:	vaya	vayas	vaya	vayamos	vayan / vayáis	vayan
pret. imperf.:	fuera o fuese	fueras o fueses	fuera o fuese	fuéramos o fuésemos	fueran o fuesen / fuerais o fueseis	fueran o fuesen
fut.:	fuere	fueres	fuere	fuéremos	fueren / fuereis	fueren
3. Imperativo:		ve / anda			vayan / id	
4. Participio:				ido		
5. Gerundio:				yendo		

Conjugación: jugar

	yo	tú / vos	él, ella	nosotros	ustedes / vosotros	ellos
1. Indicativo						
pres.:	juego	juegas / jugás	juega	jugamos	juegan / jugáis	juegan
pret.:	jugué	jusgaste	jugó	jugamos	jugaron / jugasteis	jugaron
pret. imperf.:	jugaba	jugabas	jugaba	jugábamos	jugaban / jugabais	jugaban
fut.:	jugaré	jugarás	jugará	jugaremos	jugarán / jugaréis	jugarán
cond.:	jugaría	jugarías	jugaría	jugaríamos	jugarían / jugaríais	jugarían
2. Subjuntivo						
pres.:	juegue	juegues	juegue	juguemos	jueguen / juguéis	jueguen
pret. imperf.:	jugara o jugase	jugaras o jugases	jugara o jugase	jugáramos o jugásemos	jugaran o jugasen / jugarais o jugaseis	jugaran o jugasen
fut.:	jugare	jugares	jugare	jugáremos	jugaren / jugareis	jugaren
3. Imperativo:		juega / jugá			jueguen / jugad	
4. Participio:				jugado		
5. Gerundio:				jugando		

Conjugación: leer

	yo	tú / vos	él, ella	nosotros	ustedes / vosotros	ellos
1. Indicativo						
pres.:	leo	lees / leés	lee	leemos	leen / leéis	leen
pret.:	leí	leíste	leyó	leímos	leyeron / leísteis	leyeron
pret. imperf.:	leía	leías	leía	leíamos	leían / leíais	leían
fut.:	leeré	leerás	leerá	leeremos	leerán / leeréis	leerán
cond.:	leería	leerías	leería	leeríamos	leerían / leeríais	leerían
2. Subjuntivo						
pres.:	lea	leas	lea	leamos	lean / leáis	lean
pret. imperf.:	leyera o leyese	leyeras o leyeses	leyera o leyese	leyéramos o leyésemos	leyeran o leyesen / leyerais o leyeseis	leyeran o leyesen
fut.:	leyere	leyeres	leyere	leyéremos	leyeren / leyereis	leyeren
3. Imperativo:		lee / leé			lean / leed	
4. Participio:				leído		
5. Gerundio:				leyendo		

Conjugación: lucir

	yo	tú / vos	él, ella	nosotros	ustedes / vosotros	ellos
1. Indicativo						
pres.:	luzco	luces / lucís	luce	lucimos	lucen / lucís	lucen
pret.:	lucí	luciste	lució	lucimos	lucieron / lucisteis	lucieron
pret. imperf.:	lucía	lucías	lucía	lucíamos	lucían / lucíais	lucían
fut.:	luciré	lucirás	lucirá	luciremos	lucirán / luciréis	lucirán
cond.:	luciría	lucirías	luciría	luciríamos	lucirían / luciríais	lucirían
2. Subjuntivo						
pres.:	luzca	luzcas	luzca	luzcamos	luzcan / luzcáis	luzcan
pret. imperf.:	luciera o luciese	lucieras o lucieses	luciera o luciese	luciéramos o luciésemos	lucieran o luciesen / lucierais o lucieseis	lucieran o luciesen
fut.:	luciere	lucieres	luciere	luciéremos	lucieren / luciereis	lucieren
3. Imperativo:		luce / lucí			luzcan / lucid	
4. Participio:				lucido		
5. Gerundio:				luciendo		

GUÍA DE CONJUGACIÓN: VERBOS MODELOS

Conjugación: mover

	yo	tú / vos	él, ella	nosotros	ustedes / vosotros	ellos
1. Indicativo						
pres.:	muevo	mueves / movés	mueve	movemos	mueven / movéis	mueven
pret.:	moví	moviste	movió	movimos	movieron / movisteis	movieron
pret. imperf.:	movía	movías	movía	movíamos	movían / movíais	movían
fut.:	moveré	moverás	moverá	moveremos	moverán / moveréis	moverán
cond.:	movería	moverías	movería	moveríamos	moverían / moveríais	moverían
2. Subjuntivo						
pres.:	mueva	muevas	mueva	movamos	muevan / mováis	muevan
pret. imperf.:	moviera o moviese	movieras o movieses	moviera o moviese	moviéramos o moviésemos	movieran o moviesen / movierais o movieseis	movieran o moviesen
fut.:	moviere	movieres	moviere	moviéremos	movieren / moviereis	movieren
3. Imperativo:		mueve / mové			muevan / moved	
4. Participio:				movido		
5. Gerundio:				moviendo		

Conjugación: mullir

	yo	tú / vos	él, ella	nosotros	ustedes / vosotros	ellos
1. Indicativo						
pres.:	mullo	mulles / mullís	mulle	mullimos	mullen / mullís	mullen
pret.:	mullí	mulliste	mulló	mullimos	mulleron / mullisteis	mulleron
pret. imperf.:	mullía	mullías	mullía	mullíamos	mullían / mullíais	mullían
fut.:	mulliré	mullirás	mullirá	mulliremos	mullirán / mulliréis	mullirán
cond.:	mulliría	mullirías	mulliría	mulliríamos	mullirían / mulliríais	mullirían
2. Subjuntivo						
pres.:	mulla	mullas	mulla	mullamos	mullan / mulláis	mullan
pret. imperf.:	mullera o mullese	mulleras o mulleses	mullera o mullese	mulléramos o mullésemos	mulleran o mullesen / mullerais o mulleseis	mulleran o mullesen
fut.:	mullere	mulleres	mullere	mulléremos	mulleren / mullereis	mulleren
3. Imperativo:		mulle / mullí			mullan / mullid	
4. Participio:				mullido		
5. Gerundio:				mullendo		

Conjugación: oír

	yo	tú / vos	él, ella	nosotros	ustedes / vosotros	ellos
1. Indicativo						
pres.:	oigo	oyes/oís	oye	oímos	oyen / oís	oyen
pret.:	oí	oíste	oyó	oímos	oyeron / oísteis	oyeron
pret. imperf.:	oía	oías	oía	oíamos	oían / oíais	oían
fut.:	oiré	oirás	oirá	oiremos	oirán / oiréis	oirán
cond.:	oiría	oirías	oiría	oiríamos	oirían / oiríais	oirían
2. Subjuntivo						
pres.:	oiga	oigas	oiga	oigamos	oigan / oigáis	oigan
pret. imperf.:	oyera u oyese	oyeras u oyeses	oyera u oyese	oyéramos u oyésemos	oyeran u oyesen / oyerais u oyeseis	oyeran u oyesen
fut.:	oyere	oyeres	oyere	oyéremos	oyeren / oyereis	oyeren
3. Imperativo:		oye / oí			oigan / oid	
4. Participio:				oído		
5. Gerundio:				oyendo		

Conjugación: oler

	yo	tú / vos	él, ella	nosotros	ustedes / vosotros	ellos
1. Indicativo						
pres.:	huelo	hueles / olés	huele	olemos	huelen / oléis	huelen
pret.:	olí	oliste	olió	olimos	olieron / olisteis	olieron
pret. imperf.:	olía	olías	olía	olíamos	olían / olíais	olían
fut.:	oleré	olerás	olerá	oleremos	olerán / oleréis	olerán
cond.:	olería	olerías	olería	oleríamos	olerían / oleríais	olerían
2. Subjuntivo						
pres.:	huela	huelas	huela	olamos	huelan / oláis	huelan
pret. imperf.:	oliera u oliese	olieras u olieses	oliera u oliese	oliéramos u oliésemos	olieran u oliesen / olierais u olieseis	olieran u oliesen
fut.:	oliere	olieres	oliere	oliéremos	olieren / oliereis	olieren
3. Imperativo:		huele / olé			huelan / oled	
4. Participio:				olido		
5. Gerundio:				oliendo		

GUÍA DE CONJUGACIÓN: VERBOS MODELOS

Conjugación: pedir

	yo	tú / vos	él, ella	nosotros	ustedes / vosotros	ellos
1. Indicativo						
pres.:	pido	pides / pedís	pide	pedimos	piden / pedís	piden
pret.:	pedí	pediste	pidió	pedimos	pidieron / pedisteis	pidieron
pret. imperf.:	pedía	pedías	pedía	pedíamos	pedían / pedíais	pedían
fut.:	pediré	pedirás	pedirá	pediremos	pedirán / pediréis	pedirán
cond.:	pediría	pedirías	pediría	pediríamos	pedirían / pediríais	pedirían
2. Subjuntivo						
pres.:	pida	pidas	pida	pidamos	pidan / pidáis	pidan
pret. imperf.:	pidiera o pidiese	pidieras o pidieses	pidiera o pidiese	pidiéramos o pidiésemos	pidieran o pidiesen / pidierais o pidieses	pidieran o pidiesen
fut.:	pidiere	pidieres	pidiere	pidiéremos	pidieren / pidiereis	pidieren
3. Imperativo:		pide / pedí			pidan / pedid	
4. Participio:				pedido		
5. Gerundio:				pidiendo		

Conjugación: poder

	yo	tú / vos	él, ella	nosotros	ustedes / vosotros	ellos
1. Indicativo						
pres.:	puedo	puedes / podés	puede	podemos	pueden / podéis	puedes
pret.:	pude	pudiste	pudo	pudimos	pudieron / pudisteis	pudieron
pret. imperf.:	podía	podías	podía	podíamos	podían / podíais	podían
fut.:	podré	podrás	podrá	podremos	podrán / podréis	podrán
cond.:	podría	podrías	podría	podríamos	podrían / podríais	podrían
2. Subjuntivo						
pres.:	pueda	puedas	pueda	podamos	puedan / podáis	puedan
pret. imperf.:	pudiera o pudiese	pudieras o pudieses	pudiera o pudiese	pudiéramos o pudiésemos	pudieran o pudiesen / pudierais o pudieseis	pudieran o pudiesen
fut.:	pudiere	pudieres	pudiere	pudiéremos	pudieren / pudiereis	pudieren
3. Imperativo:		puede / podé			puedan / poned	
4. Participio:				podido		
5. Gerundio:				pudiendo		

Conjugación: poner

	yo	tú / vos	él, ella	nosotros	ustedes / vosotros	ellos
1. Indicativo						
pres.:	pongo	pones / ponés	pone	ponemos	ponen / ponéis	ponen
pret.:	puse	pusiste	puso	pusimos	pusieron / pusisteis	pusieron
pret. imperf.:	ponía	ponías	ponía	poníamos	ponían / poníais	ponían
fut.:	pondré	pondrás	pondrá	pondremos	pondrán / pondréis	pondrán
cond.:	pondría	pondrías	pondría	pondríamos	pondrían / pondríais	pondrían
2. Subjuntivo						
pres.:	ponga	pongas	ponga	pongamos	pongan / pongáis	pongan
pret. imperf.:	pusiera o pusiese	pusieras o pusieses	pusiera o pusiese	pusiéramos o pusiésemos	pusieran o pusiesen / pusierais o pusieseis	pusieran o pusiesen
fut.:	pusiere	pusieres	pusiere	pusiéremos	pusieren / pusiereis	pusieren
3. Imperativo:		pon / poné			pongan / poned	
4. Participio:				puesto		
5. Gerundio:				poniendo		

Conjugación: querer

	yo	tú / vos	él, ella	nosotros	ustedes / vosotros	ellos
1. Indicativo						
pres.:	quiero	quieres / querés	quiere	queremos	quieren / queréis	quieren
pret.:	quise	quisiste	quiso	quisimos	quisieron / quisisteis	quisieron
pret. imperf.:	quería	querías	quería	queríamos	querían / queríais	querían
fut.:	querré	querrás	querrá	querremos	querrán / querréis	querrán
cond.:	querría	querrías	querría	querríamos	querrían / querríais	querrían
2. Subjuntivo						
pres.:	quiera	quieras	quiera	queramos	quieran / queráis	quieran
pret. imperf.:	quisiera o quisiese	quisieras o quisieses	quisiera o quisiese	quisiéramos o quisiésemos	quisieran o quisiesen / quisierais o quisieseis	quisieran o quisiesen
fut.:	quisiere	quisiese	quisiere	quisiéremos	quisieren / quisiereis	quisieren
3. Imperativo:		quiere / queré			quieran / quered	
4. Participio:				querido		
5. Gerundio:				queriendo		

GUÍA DE CONJUGACIÓN: VERBOS MODELOS

Conjugación: reir

	yo	tú / vos	él, ella	nosotros	ustedes / vosotros	ellos
1. Indicativo						
pres.:	río	ríes/reís	ríe	reímos	ríen / reís	ríen
pret.:	reí	reíste	rio	reímos	rieron / reísteis	rieron
pret. imperf.:	reía	reías	reía	reíamos	reían / reíais	reían
fut.:	reiré	reirás	reirá	reiremos	reirán / reiréis	reirán
cond.:	reiría	reirías	reiría	reiríamos	reirían / reiríais	reirían
2. Subjuntivo						
pres.:	ría	rías	ría	riamos	rían / riais	rían
pret. imperf.:	riera o riese	rieras o rieses	riera o riese	riéramos o riésemos	rieran o riesen / rierais o rieseis	rieran o riesen
fut.:	riere	rieres	riere	riéremos	rieren / riereis	rieren
3. Imperativo:		ríe / reí			rían / reíd	
4. Participio:				reído		
5. Gerundio:				riendo		

Conjugación: roer

	yo	tú / vos	él, ella	nosotros	ustedes / vosotros	ellos
1. Indicativo						
pres.:	roo o roigo o royo	roes / roés	roe	roemos	roen / roéis	roen
pret.:	roí	roíste	royó	roímos	royeron / roísteis	royeron
pret. imperf.:	roía	roías	roía	roíamos	roían / roíais	roían
fut.:	roeré	roerás	roerá	roeremos	roerán / roeréis	roerán
cond.:	roería	roerías	roería	roeríamos	roerían / roeríais	roerían
2. Subjuntivo						
pres.:	roa o roiga o roya	roas o roigas o royas	roa o roiga o roya	roamos o roigamos o royamos	roan o roigan o royan / roáis o roigáis o royáis	roan o roigan o royan
pret. imperf.:	royera o royese	royeras o royeses	royera o royese	royéramos o royésemos	royeran o royesen / royerais o royeseis	royeran o royesen
fut.:	royere	royeres	royere	royéremos	royeren / royereis	royeren
3. Imperativo:		roe / roé			roan o roigan o royan / roed	
4. Participio:				roído		
5. Gerundio:				royendo		

Conjugación: saber

	yo	tú / vos	él, ella	nosotros	ustedes / vosotros	ellos
1. Indicativo						
pres.:	sé	sabes/sabés	sabe	sabemos	saben / sabéis	saben
pret.:	supe	supiste	supo	supimos	supieron / supisteis	supieron
pret. imperf.:	sabía	sabías	sabía	sabíamos	sabían / sabíais	sabían
fut.:	sabré	sabrás	sabrá	sabremos	sabrán / sabréis	sabrán
cond.:	sabría	sabrías	sabría	sabríamos	sabrían / sabríais	sabrían
2. Subjuntivo						
pres.:	sepa	sepas	sepa	sepamos	sepan / sepáis	sepan
pret. imperf.:	supiera o supiese	supieras o supieses	supiera o supiese	supiéramos o supiésemos	supieran o supiesen / supierais o supieseis	supieran o supiesen
fut.:	supiere	supieres	supiere	supiéremos	supieren / supiereis	supieren
3. Imperativo:		sabe / sabé			sepan / sabed	
4. Participio:				sabido		
5. Gerundio:				sabiendo		

Conjugación: salir

	yo	tú / vos	él, ella	nosotros	ustedes / vosotros	ellos
1. Indicativo						
pres.:	salgo	sales / salís	sale	salimos	salen / salís	salen
pret.:	salí	saliste	salió	salimos	salieron / salisteis	salieron
pret. imperf.:	salía	salías	salía	salíamos	salían / salíais	salían
fut.:	saldré	saldrás	saldrá	saldremos	saldrán / saldréis	saldrán
cond.:	saldría	saldrías	saldría	saldríamos	saldrían / saldríais	saldrían
2. Subjuntivo						
pres.:	salga	salgas	salga	salgamos	salgan / salgáis	salgan
pret. imperf.:	saliera o saliese	salieras o salieses	saliera o salieses	saliéramos o saliésemos	salieran o saliesen / salierais o salieseis	salieran o saliesen
fut.:	saliere	salieres	saliere	saliéremos	salieren / saliereis	salieren
3. Imperativo:		sal / salí			salgan / salid	
4. Participio:				salido		
5. Gerundio:				saliendo		

GUÍA DE CONJUGACIÓN: VERBOS MODELOS

Conjugación: sentir

	yo	tú / vos	él, ella	nosotros	ustedes / vosotros	ellos
1. Indicativo						
pres.:	siento	sientes / sentís	siente	sentimos	sienten / sentís	sienten
pret.:	sentí	sentiste	sintió	sentimos	sintieron / sentisteis	sintieron
pret. imperf.:	sentía	sentías	sentía	sentíamos	sentían / sentíais	sentían
fut.:	sentiré	sentirás	sentirá	sentiremos	sentirán / sentiréis	sentirán
cond.:	sentiría	sentirías	sentiría	sentiríamos	sentirían / sentiríais	sentirían
2. Subjuntivo						
pres.:	sienta	sientas	sienta	sintamos	sientan / sintáis	sientan
pret. imperf.:	sintiera o sintiese	sintieras o sintieses	sintiera o sintiese	sintiéramos o sintiésemos	sintieran o sintiesen / sintierais o sintieseis	sintieran o sintiesen
fut.:	sintiere	sintieres	sintiere	sintiéremos	sintieren / sintiereis	sintieren
3. Imperativo:		siente / sentí			sientan / sentid	
4. Participio:				sentido		
5. Gerundio:				sintiendo		

Conjugación: tañer

	yo	tú / vos	él, ella	nosotros	ustedes / vosotros	ellos
1. Indicativo						
pres.:	taño	tañes / tañés	tañe	tañemos	tañen / tañéis	tañen
pret.:	tañí	tañiste	tañó	tañimos	tañeron / tañisteis	tañeron
pret. imperf.:	tañía	tañías	tañía	tañíamos	tañían / tañíais	tañían
fut.:	tañeré	tañerás	tañerá	tañeremos	tañerán / tañeréis	tañerán
cond.:	tañería	tañerías	tañería	tañeríamos	tañerían / tañeríais	tañerían
2. Subjuntivo						
pres.:	taña	tañas	taña	tañamos	tañan / tañáis	tañan
pret. imperf.:	tañera o tañese	tañeras o tañeses	tañera o tañese	tañéramos o tañésemos	tañeran o tañesen / tañerais o tañeseis	tañeran o tañesen
fut.:	tañere	tañeres	tañere	tañeremos	tañeren / tañereis	tañeren
3. Imperativo:		tañe / tañé			tañan / tañed	
4. Participio:				tañido		
5. Gerundio:				tañendo		

Conjugación: tener

	yo	tú / vos	él, ella	nosotros	ustedes / vosotros	ellos
1. Indicativo						
pres.:	tengo	tienes / tenés	tiene	tenemos	tienen / tenéis	tienen
pret.:	tuve	tuviste	tuvo	tuvimos	tuvieron / tuvisteis	tuvieron
pret. imperf.:	tenía	tenías	tenía	teníamos	tenían / teníais	tenían
fut.:	tendré	tendrás	tendrá	tendremos	tendrán / tendréis	tendrán
cond.:	tendría	tendrías	tendría	tendríamos	tendrían / tendríais	tendrían
2. Subjuntivo						
pres.:	tenga	tengas	tenga	tengamos	tengan / tengáis	tengan
pret. imperf.:	tuviera o tuviese	tuvieras o tuvieses	tuviera o tuviese	tuviéramos o tuviésemos	tuvieran o tuviesen / tuvierais o tuvieses	tuvieran o tuviesen
fut.:	tuviere	tuvieres	tuviere	tuviéremos	tuvieren / tuviereis	tuvieren
3. Imperativo:		ten / tené			tengan / tened	
4. Participio:				tenido		
5. Gerundio:				teniendo		

Conjugación: traer

	yo	tú / vos	él, ella	nosotros	ustedes / vosotros	ellos
1. Indicativo						
pres.:	traigo	traes / traés	trae	traemos	traen / traéis	traen
pret.:	traje	trajiste	trajo	trajimos	trajeron / trajisteis	trajeron
pret. imperf.:	traía	traías	traía	traíamos	traían / traíais	traían
fut.:	traeré	traerás	traerá	traeremos	traerán / traeréis	traerán
cond.:	traería	trarerías	traería	traeríamos	traerían / traeríais	traerían
2. Subjuntivo						
pres.:	traiga	traigas	traiga	traigamos	traigan / traigáis	traigan
pret. imperf.:	trajera o trajese	trajeras o trajeses	trajera o trajese	trajéramos o trajésemos	trajeran o trajesen / trajerais o trajeseis	trajeran o trajesen
fut.:	trajere	trajeses	trajere	trajéremos	trajeren / trajereis	trajeren
3. Imperativo:		trae / traé			traigan / traed	
4. Participio:				traído		
5. Gerundio:				trayendo		

GUÍA DE CONJUGACIÓN: VERBOS MODELOS

Conjugación: valer		yo	tú / vos	él, ella	nosotros	ustedes / vosotros	ellos
	1. Indicativo						
	pres.:	valgo	vales / valés	vale	valemos	valen / valéis	valen
	pret.:	valí	valiste	valió	valimos	valieron / valisteis	valieron
	pret. imperf.:	valía	valías	valía	valíamos	valían / valíais	valían
	fut.:	valdré	valdrás	valdrá	valdremos	valdrán / valdréis	valdrán
	cond.:	valdría	valdrías	valdría	valdríamos	valdrían / valdríais	valdrían
	2. Subjuntivo						
	pres.:	valga	valgas	valga	valgamos	valgan / valgáis	valgan
	pret. imperf.:	valiera o valiese	valieras o valieses	valiera o valiese	valiéramos o valiésemos	valieran o valiesen / valierais o valieseis	valieran o valiesen
	fut.:	valiere	valieres	valiere	valiéremos	valieren / valiereis	valieren
	3. Imperativo:		vale / valé			valgan / valed	
	4. Participio:				valido		
	5. Gerundio:				valiendo		

Conjugación: venir		yo	tú / vos	él, ella	nosotros	ustedes / vosotros	ellos
	1. Indicativo						
	pres.:	vengo	vienes/venís	viene	venimos	vienen / venís	vienen
	pret.:	vine	viniste	vino	vinimos	vinieron / vinisteis	vinieron
	pret. imperf.:	venía	venías	venía	veníamos	venían / veníais	venían
	fut.:	vendré	vendrás	vendrá	vendremos	vendrán / vendréis	vendrán
	cond.:	vendría	vendrías	vendría	vendríamos	vendrían / vendríais	vendrían
	2. Subjuntivo						
	pres.:	venga	vengas	venga	vengamos	vengan / vengáis	vengan
	pret. imperf.:	viniera o viniese	vinieras o vinieses	viniera o viniese	viniéramos o viniésemos	vinieran o viniesen / vinierais o vinieseis	vinieran o viniesen
	fut.:	viniere	vinieres	viniere	vinierémos	vinieren / viniereis	vinieren
	3. Imperativo:		ven / vení			vengan / venid	
	4. Participio:				venido		
	5. Gerundio:				viniendo		

Conjugación: ver		yo	tú / vos	él, ella	nosotros	ustedes / vosotros	ellos
	1. Indicativo						
	pres.:	veo	ves	ve	vemos	ven / veis	ven
	pret.:	vi	viste	vio	vimos	vieron / visteis	vieron
	pret. imperf.:	veía	veías	veía	veíamos	veían / veíais	veían
	fut.:	veré	verás	verá	veremos	verán / veréis	verán
	cond.:	vería	verías	vería	veríamos	verían / veríais	verían
	2. Subjuntivo						
	pres.:	vea	veas	vea	veamos	vean / veáis	vean
	pret. imperf.:	viera o viese	vieras o vieses	viera o viese	viéramos o viésemos	vieran o viesen / vierais o vieseis	vieran o viesen
	fut.:	viere	vieres	viere	viéremos	vieren / viereis	vieren
	3. Imperativo:		ve			vean / ved	
	4. Participio:				visto		
	5. Gerundio:				viendo		

Conjugación: yacer		yo	tú / vos	él, ella	nosotros	ustedes / vosotros	ellos
	1. Indicativo						
	pres.:	yazgo o yazco o yago	yaces/yacés	yace	yacemos	yacen / yacéis	yacen
	pret.:	yací	yaciste	yació	yacimos	yacieron / yacisteis	yacieron
	pret. imperf.:	yacía	yacías	yacía	yacíamos	yacían / yacíais	yacían
	fut.:	yaceré	yacerás	yacerá	yaceremos	yacerán / yaceréis	yacerán
	cond.:	yacería	yacerías	yacería	yaceríamos	yacerían / yaceríais	yacerían
	2. Subjuntivo						
	pres.:	yazga o yazca o yaga,	yazgas o yazcas o yagas	yazga o yazca o yaga	yazgan o yazcan o yagamos	yazgan o yazcan o yagan / yazgáis o yazcáis o yagáis	yazgan o yazcan o yagan
	pret. imperf.:	yaciera o yaciese	yacieras o yacieses	yaciera o yaciese	yaciéramos o yaciésemos	yacieran o yaciesen / yacierais o yacieseis	yacieran o yaciesen
	fut.:	yaciere	yacieres	yaciere	yaciéremos	yacieren / yaciereis	yacieren
	3. Imperativo:		yace o yaz / yacé			yazgan o yazcan o yagan / yaced	
	4. Participio:				yacido		
	5. Gerundio:				yaciendo		

PRODUCCIÓN DEL TEXTO ESCRITO

Texto y contextos

En las sociedades contemporáneas, la escritura se ha convertido en el medio de comunicación de mayor importancia después de la expresión oral. Hoy, por ejemplo, interactúa con otros códigos comunicativos en espacios multimodales y de uso masivo e influyente como internet.

La escritura tiene funciones específicas, muy distintas a las de la oralidad, que se manifiestan en acciones que van desde lo más simple, como escribir el nombre propio, hasta lo más complejo, como las creaciones científicas o literarias. A través de la escritura las personas acceden al mundo académico y laboral, además de que les permite participar activamente en la vida civil y en la cultura escrita que se ha generado en un mundo cada vez más globalizado.

DISCURSO ORAL

- Es natural, fluido y flexible.
- Generalmente se planifica en el acto de habla.
- Permite resolver de modo inmediato problemas comunicativos (ampliar la información que necesita el hablante, hacer explícito u aclarar el mensaje, dar explicaciones, entre otros).
- Es cotidiano y se usa con mucha más frecuencia que la escritura.
- A pesar de las características mencionadas, el discurso oral exige que las personas usen con mucho rigor las palabras según el contexto discursivo en que se comuniquen.

DISCURSO ESCRITO

- Exige mayores grados de abstracción.
- Físicamente está delimitado en su extensión, dependiendo del soporte que se utilice.
- Las reglas de uso se hacen más evidentes y necesarias debido al grado de abstracción y de extensión.
- Exige mayor precisión debido a que la interacción entre emisor y receptor no es directa. Esta característica aplica incluso para las comunicaciones en tiempo real, como las que se realizan por internet (foros, chats, servicios de mensajería, etc.).

ESCRITURA Y CONTEXTO COMUNICATIVO

La escritura, como herramienta de comunicación, tiene las siguientes características:

Quienes se comunican mediante un texto (escritores y lectores / lectores y escritores), **actúan de modo independiente y autónomo**.

En el proceso comunicativo **no concurren el emisor/escritor y el receptor/lector**; ello se debe a que el momento y lugar del proceso de escritura es diferente al momento y lugar de la lectura.

Como se trata de una interacción que no coincide en el tiempo ni en el espacio, el texto escrito debe contener los elementos indispensables para que sea interpretado: **coherencia**, **cohesión** y **concordancia**.

CANALES ACTUALES DE DIFUSIÓN DE LA ESCRITURA

Antiguamente el papel había sido el soporte más empleado para escribir, pero ahora comparte su función con canales de naturaleza variada que les atribuyen significados adicionales a los mensajes escritos y que afectan su recepción.

CANALES MANUALES	CANALES MECÁNICOS	MEDIOS TELEMÁTICOS Y ELECTRÓNICOS
CONTEXTOS DE USO		
Se emplea este tipo de canal cuando la comunicación escrita se destaca por su inmediatez y carácter personal.	Se usa en la producción de muchos ejemplares de un mismo texto, es decir, en gran tiraje, como sucede en la industria gráfica.	El uso de la escritura a través de estos canales se hace hoy en diversos sectores, el educativo, el comercial y el científico.
RECURSOS EMPLEADOS PARA LA PRODUCCIÓN DE LOS TEXTOS		
Se escribe manualmente con marcadores, tiza, lápiz, bolígrafo, carboncillo, entre otros elementos. Los canales manuales le proporcionan identidad al escrito.	Se utilizan imprentas y rotativas en las que se imprimen textos que fueron procesados por computador. Los canales mecánicos ofrecen la posibilidad de la producción masiva, periódica y rápida de diferentes tipos de textos.	Se utiliza el soporte informático a través de plataformas que hacen posible la difusión rápida de la información por medios virtuales. Los canales telemáticos y electrónicos tienen la ventaja de la inmediatez y versatilidad, los cuales le ofrecen al usuario la posibilidad de manejar la información de modo selectivo.
CLASES DE TEXTOS QUE SE PRODUCEN CON ESTOS RECURSOS		
Avisos, carteleras, apuntes personales (académicos o no), grafitis, diarios personales, pancartas, pendones.	Libros, periódicos, revistas, anuarios, catálogos, folletos publicitarios.	Los medios telemáticos y electrónicos hacen posible el *hipertexto*, una modalidad de texto en la que, a través de vínculos, es posible revisar simultáneamente elementos asociados que facilitan la mejor comprensión del escrito. En internet, los sitios Web ofrecen a los navegantes de la red múltiples posibilidades de recreación e información.

Los nuevos contextos de comunicación oral y escrita, cada vez más interactivos, exigen día a día mayores habilidades comunicativas por parte de los receptores.

PROPIEDADES DEL TEXTO ESCRITO:

COHERENCIA, COHESIÓN Y CONCORDANCIA

La **coherencia** de un texto consiste en que la relación entre sus partes tenga un sentido lógico, es decir, que el mensaje sea claro y comprensible para el lector. Las partes básicas de un texto son: el *título*, la *introducción*, el *núcleo*, la *conclusión*.

La **cohesión** se refiere a que las oraciones que conforman el texto estén unidas de manera adecuada según el sentido y propósito comunicativo del autor. La cohesión se logra empleando adecuadamente los siguientes recursos: la *repetición por sustitución,* las *relaciones conjuntivas* y los *signos de puntuación.*

La **concordancia** consiste en el acuerdo que debe existir entre el sujeto y el predicado, entre la persona y el verbo, entre el artículo y el sustantivo y, en general, entre todos los componentes de la oración. Observe el sistema de relaciones del texto en el siguiente cuadro sinóptico:

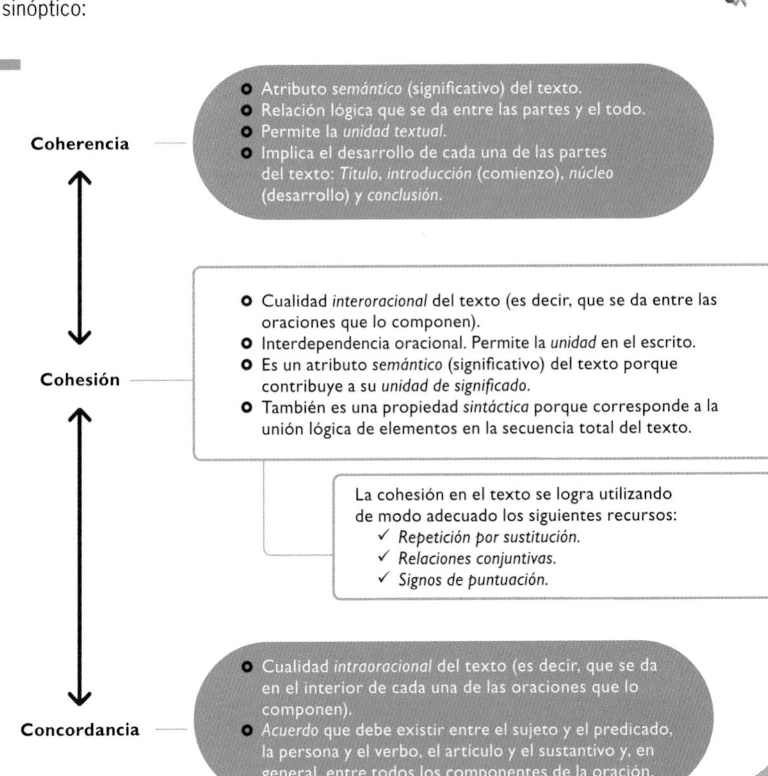

PROPIEDADES DEL TEXTO ESCRITO
Coherencia
Atributo semántico (significativo) del texto.
Relación lógica que se da entre las partes y el todo.
Permite la unidad textual.
Implica el desarrollo de cada una de las partes del texto: Título, introducción (comienzo), núcleo (desarrollo) y conclusión.
Cohesión
Cualidad interoracional del texto (es decir, que se da entre las oraciones que lo componen).
Interdependencia oracional. Permite la unidad en el escrito.
Es un atributo semántico (significativo) del texto porque contribuye a su unidad de significado.
También es una propiedad sintáctica porque corresponde a la unión lógica de elementos en la secuencia total del texto.
La cohesión en el texto se logra utilizando de modo adecuado los siguientes recursos:
✓ Repetición por sustitución.
✓ Relaciones conjuntivas.
✓ Signos de puntuación.
Concordancia
Cualidad intraoracional del texto (es decir, que se da en el interior de cada una de las oraciones que lo componen).
Acuerdo que debe existir entre el sujeto y el predicado, la persona y el verbo, el artículo y el sustantivo y, en general, entre todos los componentes de la oración.

LA ESTRUCTURA TEXTUAL
(Construcción de un texto)

La palabra *texto* proviene del latín *textus*, que significa 'tejido'. Cuando producimos un texto, empleamos los recursos gramaticales y léxicos que nuestro idioma (español, inglés, etc.) ha producido a lo largo de la historia. Con estos recursos, cada persona puede comunicar con originalidad una idea, una experiencia o un sentimiento. En el caso del texto escrito, el autor no tendrá contacto directo con el receptor, así que debe garantizar que sus textos sean claros por sí solos para que logre su intención comunicativa.

LAS PARTES BÁSICAS DE UN TEXTO: COHERENCIA

EL TÍTULO

- Encabeza el texto y sirve para identificarlo. Con el mínimo de palabras debe orientar al lector. Cuanto más breve, más eficaz. Aunque sean muy pocas palabras, asignar un título forma también parte esencial del trabajo de escritura del documento.
- Es aconsejable escoger el título una vez se haya finalizado el texto, es decir, derivarlo de él. En otras ocasiones, en el proceso de escritura se define primero el título y a partir de este se construye todo el texto.
- No se sigue una regla fija, cada texto dará su propia pauta. Un título podrá entonces ser provisional o definitivo. Una vez finalizado el proceso, se tomará la decisión final.

LA INTRODUCCIÓN

- Aquí se presenta el tema, el interés que guiará las líneas siguientes del texto, en forma tal que pueda despertar la atención de un lector potencial, quien tendrá la tarea de interactuar con el texto, de interpretar, y en quien hay que pensar desde la concepción de la idea que anima la escritura.
- Quien escribe, anuncia aquí que tiene algo que expresar; quien lee, se dispondrá a su turno a recibir e interpretar, a interactuar con el texto.
- No hace falta extenderse demasiado, se trata de una invitación atractiva, que convoque al lector. Sin embargo, la introducción debe garantizar que este se familiarice con el tema.

EL NÚCLEO

- Es el corazón y la parte más extensa del texto. En él se desarrolla el tema.
- La manera de desarrollarlo depende de la intención comunicativa. Por ejemplo, si se trata de exponer una idea, es el momento de buscar ejemplos, comparaciones y/o razones que le den la importancia y la fuerza que merece, o si se trata de persuadir al lector, es importante buscar los argumentos suficientes que permitan cumplir con ese objetivo.

  En caso de que se trate del recuento de una experiencia, es necesario elegir los elementos adecuados para reconstruirla con palabras y poder transmitirla sensorialmente al lector, de la misma forma que se haría con los sentimientos. Eso se logra describiendo el motivo, la circunstancia, las actitudes y los hechos.

LA CONCLUSIÓN

- Escribir es un modo de usar el lenguaje y para hacerlo bien debemos encontrar la forma adecuada de terminar, de cerrar lo dicho, una forma de abandonar el tema, de terminar lo escrito.
- No se trata de sacar conclusiones generales, ni de hacer grandes afirmaciones o exclamaciones. Se trata de escoger la expresión que recoja un sentido, una pregunta, una inquietud que deja el texto y con la que se bajará la voz hacia el punto final.

El sentido de cada parte no se garantiza colocando las palabras: *introducción*, *desarrollo*, *conclusión*. Se debe tener en cuenta que cada parte cumpla bien su función, de manera que al final será suficiente usar el punto aparte. Así, un texto adquiere vida propia para poder ser leído en cualquier momento por cualquier lector.

ESCRIBIR: ¿CÓMO DESARROLLAR ESTE EJERCICIO COMUNICATIVO?[1]

Se debe tener claro el propósito de la escritura. ¿Para que quiero escribir el texto? ¿Qué ideas pretendo expresar? Responder estas preguntas te permitirá tener claro las ideas y las intenciones, que son la base para definir la forma que asumirá el texto.

SUPERESTRUCTURA DEL TEXTO ESCRITO: IDEAS E INTENCIÓN COMUNICATIVA

La superestructura del texto está determinada por la intencionalidad del escritor/emisor, quien da forma al escrito que produce de acuerdo con las ideas que desea expresar.

ESTRUCTURAS TEXTUALES

NARRATIVA	ENUNCIATIVA	ARGUMENTATIVA	DESCRIPTIVA
Categorías de la estructura narrativa	**Clases de estructuras enunciativas**	**Categorías del texto argumentativo**	**Tipos de descripción**
• Introducción o exposición. • Complicación, nudo o secuencia. • Resolución, desenlace o conclusión.	• Enunciativo polémico: "Yo". ¿Quién escribe y para qué? • Enunciativo situacional: "Tú". ¿A quién va dirigida la comunicación escrita? • Enunciativo textual: "Él". Información. Contexto: lugar y tiempo. ¿Qué dice? ¿Dónde? ¿Cuándo? ¿Cómo?	• Planteamiento del problema. • Formulación de la hipótesis. • Demostración de la hipótesis. • Hipótesis refutada o comprobada.	• Objetiva o científico-técnica. • Literaria. La descripción implica la siguiente secuencia de acciones: *observación detallada* del objeto o proceso; *selección de los elementos relevantes*; *interpretación* y *síntesis objetiva*.
La narración permite al escritor/emisor recrear sucesos de una manera precisa y organizada en el tiempo y el espacio.	La enunciación se centra en los protagonistas del acto comunicativo.	La palabra *argumentar* procede del latín *argumentāri*, que traduce 'sacar en claro'; comparte su significado con el término *argüir*, del latín *arguěre*, que significa 'establecer' o 'deducir como consecuencia natural'.	*Describir* significa 'delinear', 'dibujar', 'figurar una cosa, representándola de modo que dé cabal idea de ella'; mediante el texto descriptivo se caracteriza en detalle aquello de lo que se habla, utilizando la palabra como recurso.

"Estas estructuras textuales pueden combinarse en un mismo texto, aunque una de ellas sea la predominante. La mayor presencia de una de las estructuras empleadas define la clase de texto que se ha escrito."

1 Algunos de los desarrollos que se incluyen en este título se basan en los planteamientos de Cassany, Daniel (1995). *La cocina de la escritura*. Barcelona: Anagrama (2001). "Decálogo didáctico de la enseñanza de la composición". En: *Glosas didácticas* N.° 4, enero. Disponible en internet: http://sedll.org/doc-es/publicaciones/glosas/n4/danielcass.html (Recuperado en abril de 2017).

Una vez se ha definido la intención comunicativa del texto que se quiere escribir, debe emprenderse la tarea; para ello es necesario tener una ruta. Daniel Cassany propone la siguiente:

"PLANIFICAR, TEXTUALIZAR, REVISAR Y EDITAR..."

PLANIFICAR

- Escribir implica, inicialmente, establecer el tema y las características de sus destinatarios potenciales; por ello en la **fase de planificación** deben seleccionarse las ideas que se expondrán y debe organizarse la información que se ha reunido en función de estructurar el escrito.
- En esta fase es fundamental revisar toda la información disponible y seleccionar aquella que será útil para el desarrollo del escrito.
- Acopiada la información, es indispensable pensar en la forma como se presentará el texto. ¿Cómo se introducirá el tema? ¿Cuáles son los elementos que se destacarán en su desarrollo? ¿De qué modo se llegará al cierre o conclusión del escrito?
- La producción del texto constituye un acto comunicativo; por ello, pensar en el destinatario es fundamental. Considere también que la planificación del texto puede materializarse tomando como punto de referencia los **elementos de la estructura profunda** (la idea general, las ideas secundarias, el orden general del texto, el conocimiento acerca del referente), con lo cual se asegura su coherencia global (macroestructura, superestructura y mundo de saberes).
- Con base en un plan de texto claramente establecido, es factible pasar a la segunda etapa del proceso.

TEXTUALIZAR

- En esta segunda fase del proceso de producción escrita, el plan se convierte en la primera versión o en el borrador de su texto.
- Este borrador permite al autor del texto detectar los problemas que pueda tener.
- El plan que elaboró en la primera fase debe ser un punto de referencia constante (es la base de su escrito).
- En la fase de textualización importa, sobre todo, que la estructura general del escrito, así como sus finalidades, estén representadas en esa versión que acaba de concluir.
- La revisión de los aspectos formales puede dejarse para el final, cuando el texto haya "reposado" un poco y el autor vuelva a él con el fin de concluirlo.

REVISAR Y EDITAR (REESCRIBIR)

- Concebido el plan y materializada la primera versión del texto, se procede al paso final: la revisión del borrador y su reescritura. Aquí es necesario dejar que el texto "repose", es decir, antes de la revisión y de la reescritura, es necesario tomar distancia con el fin de darse tiempo para percibir las fallas que puedan presentarse.
- Del proceso de revisión y reescritura debe surgir un texto en versión definitiva, editada. Para ello, una acción fundamental es el cotejo (la comparación) entre el plan de texto y la versión en borrador que se consiguió; esta debe ampliarse o simplificarse, según sea necesario.
- Aquí también es indispensable que el autor se detenga en la forma: ¿El texto cumple los requisitos de coherencia y cohesión necesarios para su comprensión? ¿Los aspectos formales como la ortografía y la distribución visual del texto se han manejado adecuadamente? ¿Títulos y subtítulos ofrecen al lector información necesaria, pertinente y completa?

Editar un texto implica prepararlo para **hacerlo público**, por esto es importante planificar, hacer varios borradores y reescribir una versión en limpio para entregarlo al lector/destinatario en que se pensó desde el comienzo.

INTERFERENCIAS EN LA COMUNICACIÓN ESCRITA

Teniendo en cuenta que la escritura es un acto de comunicación, conviene analizar el tema de las **interferencias** que pueden presentarse en este proceso. **¿En qué casos fracasa la comunicación escrita debido a este fenómeno?** Veámoslo:

- Si se recibe una comunicación escrita, sin que sea posible reconocer quién es su remitente, o descifrar la caligrafía del emisor, no habrá posibilidad alguna de respuesta y existirán algunas dificultades para decodificar el contenido. Al no poderse determinar quién es el emisor falla la comunicación.
- Cuando alguien escribe sin tener en cuenta a quién se dirige sus palabras podrían no ser comprendidas. Cuando el receptor no puede comprender el significado del mensaje que recibe, tampoco puede haber comunicación.
- Si el lector desconoce aquello de lo que se habla (el referente), no logrará entender lo que se pretende comunicarle. Un fragmento aislado de texto que sea difícil de asociar con un contexto específico poco o nada comunica.
- Muchas veces falla la comunicación escrita porque no se usan las palabras adecuadas para expresar lo que se quiere compartir; en este caso el elemento que falla es el mensaje.
- Para que haya verdadera comunicación, el emisor y el receptor deben compartir el mismo lenguaje. Si alguien escribe en su idioma a un extranjero que lo desconoce, falla la comunicación porque no está usando un código común entre los dos. Así tampoco se logra, por ejemplo, aproximarse al significado de una pintura moderna, cuando no se conoce el sistema de signos del artista.
- También el canal, elemento físico del mensaje, puede fallar: si la impresión del texto es defectuosa y se hace ilegible, el lector no podrá comprender el mensaje. El canal permite establecer y mantener un contacto comunicativo entre el escritor/emisor y el lector/receptor.

Interferir **significa que un elemento se interpone a otro para impedir que se cumpla una acción, por ejemplo, cuando la mala ortografía afecta la comprensión de un texto.**

LA COHESIÓN TEXTUAL: RECURSOS QUE LA HACEN POSIBLE

Es una propiedad interoracional (se da *entre* las oraciones de un texto). En un escrito cada oración tiene una interdependencia con las oraciones anteriores y posteriores para formar una unidad.

La cohesión, además de ser una propiedad sintáctica que corresponde a la unión de elementos en la secuencia total, es una propiedad semántica (significativa) porque le proporciona unidad de significado; en esto se asemeja a la coherencia, con la diferencia de que la coherencia es global e implícita (estructura profunda); mientras la cohesión es particular y explícita (estructura superficial), pues existen unas marcas formales que se utilizan para establecer relaciones entre la información a través de todo el texto. Entre los diversos recursos que permiten la cohesión textual se encuentran **la repetición por sustitución**, **las relaciones conjuntivas** y **los signos de puntuación**.

REPETICIÓN POR SUSTITUCIÓN

Cuando un texto reúne una serie de proposiciones sobre una misma idea, se corre el riesgo de repetir demasiado las palabras que las expresan. Para evitar este problema de estilo, se pueden aplicar los siguientes *mecanismos de repetición por sustitución*:

SUSTITUCIÓN LÉXICA SINONÍMICA

- Para no repetir demasiado una misma palabra durante la escritura, se puede recurrir al uso de sinónimos que dentro del texto puedan adquirir el mismo significado de la palabra requerida. Así, en un texto que se refiera a Caterine Ibargüen, serían sustitutos léxicos expresiones como *'la atleta colombiana', 'la campeona mundial de salto triple'* o *'la medallista olímpica'*.

SUSTITUCIÓN PRONOMINAL

- Como sabemos, los pronombres cumplen la función de reemplazar a un nombre o sustantivo, por esto es frecuente usarlos como mecanismo de cohesión. Por ejemplo, el pronombre personal *ellos* sustituye a personas u objetos que se nombraron con anterioridad (*Ellos habían advertido el problema*); o el demostrativo *esa* resume y sustituye una expresión que ya fue dicha (*Esa fue la causa de su rechazo*). Igual sucede con los pronombres reflexivos, indefinidos y relativos.

RELACIONES CONJUNTIVAS (CONEXIÓN LÓGICA)

La estructuración de las ideas y su organización en el discurso se basan en la elección adecuada de las palabras y la forma como se relacionan en el texto de acuerdo con su significado, así como el orden (organización lógica) en que se dispongan los elementos formales que componen los enunciados (disposición sintáctica).

En la lengua, los **conectores lógicos** son palabras que especifican la relación de las ideas. Estos se emplean dentro del párrafo para unir los diferentes elementos que conforman un texto completo.

Los conectores lógicos también se conocen con el nombre de elementos de transición inmediata y son particularmente útiles al momento de iniciar un párrafo para aclarar la relación que tiene con el anterior y con el sentido global del texto.

CLASIFICACIÓN BÁSICA DE LOS CONECTORES LÓGICOS

1. **Explicativos:** relacionan una idea con su causa o efecto.	• **Causa-efecto:** por tanto / por consiguiente / en consecuencia / entonces / por tal (cual, este, ese) motivo / es por esto (eso, aquello) que / por causa de (esto, eso, aquello) se produce / trae como consecuencia (resultado, efecto) / en efecto. • **Efecto-causa:** la causa de esto (eso, aquello, ello) es / se debe a / es resultado de / sucede (ocurre, se da) por / porque / ya que / pues / demuestra que / revela que / de tal suerte que.
2. **Comparativos:** establecen relaciones de similitud o equivalencia.	Asimismo (así mismo) *–puede escribirse de ambas maneras y significa lo mismo–* / tanto como / igualmente / al igual que / del mismo modo / de la misma manera / se parece(n) a.
3. **Contrastivos:** establecen relaciones de oposición, contradiccaión o antítesis.	O / u / pero / empero / en cambio / lo contrario / por otro lado / sin embargo / no obstante / aunque / de otra manera / a diferencia de / son diferentes en / a pesar de.
4. **Deductivos:** particularizan, detallan o ejemplifican una idea general ya expuesta.	Por ejemplo / entre otros están (son, tenemos) / como / así tenemos.
5. **Inductivos:** anteceden una idea general, luego de haberla particularizado, detallado o ejemplificado.	En general / en conclusión / en últimas / en definitiva / generalizando / así pues.
6. **Conjuntivos:** señalan unión o cópula y adición.	Y / e / además / también / otro(a) / incluso / inclusive / igualmente / al igual que / de la misma manera (forma) / del mismo modo.

Una relación conjuntiva enlaza dos elementos, aclarando si con respecto al primero, el segundo elemento es de:

- **Adición:** 'Y'. 'También'... *El desempleo es una causa de la violencia, también la desigualdad social.*
- **Contraste:** 'Pero'. 'aAunque'... *Es una buena película, aunque pésima la proyección.*
- **Causa-efecto:** 'En consecuencia'. 'Por lo anterior'... *Sus resultados no fueron satisfactorios, en consecuencia reprobó.*
- **Tiempo:** 'Antes'. 'Entre tanto'... *La administración pública derrocha dinero en burocracia, entre tanto los problemas básicos de la población no se atienden.*
- **Ampliación:** 'Es decir'. 'Esto es'... *La paz es una tarea de todos, esto es, cada colombiano debe aportar para que se mantenga.*
- **Comparación:** 'Del mismo modo'. 'Así como'... *Para lograr el proceso de paz la guerrilla cedió, así como lo hizo el gobierno.*
- **Énfasis:** 'Sobre todo', 'Ciertamente'... *La situación es compleja, sobre todo si tenemos en cuenta el problema.*
- **Orden:** 'En primer lugar'. 'Un segundo punto'... *Es necesario resaltar, en primer lugar, la destacada labor que ha cumplido el funcionario en el ejercicio de este cargo...*
- **Cambio de perspectiva:** 'Desde otro punto de vista'. 'De otro lado'... *Es innegable que la situación del país es grave, de otro lado es indispensable conservar una actitud optimista que nos impida caer en la depresión.*
- **Resumen:** 'Finalmente', 'En conclusión'. 'Para terminar'... *Para concluir, es necesario agregar que todos estos recursos serán útiles en la medida en que se incorporen a nuestro uso diario.*

"El uso de conectores es necesario no solo para lograr una escritura fluida, sino también para mejorar la comprensión de lectura. Por esto es muy importante practicar su uso."

SENTIDO Y SIGNOS DE PUNTUACIÓN

Todas las lenguas del mundo (francés, alemán, chino, checo, etc.) tienen "su propia musicalidad". En español, esta sonoridad la dan los acentos de las palabras (que pueden ser agudas, graves, esdrújulas o sobreesdújulas) y las entonaciones de la voz, que anuncian comienzos, explicaciones, secuencias o expectativas, tensiones, pausas, cambios, retornos, semifinales, nuevos comienzos o finales.

En el habla, el receptor percibe auditivamente estas variaciones y sentidos reconociendo todos los matices que se expresan en la voz y captando las entonaciones altas y bajas. Por lo tanto, no hay duda de que la entonación imprime significados al discurso: "¿Por qué me hablas en ese tono?", "¡Me lo dijo en un tono tan sugestivo...!".

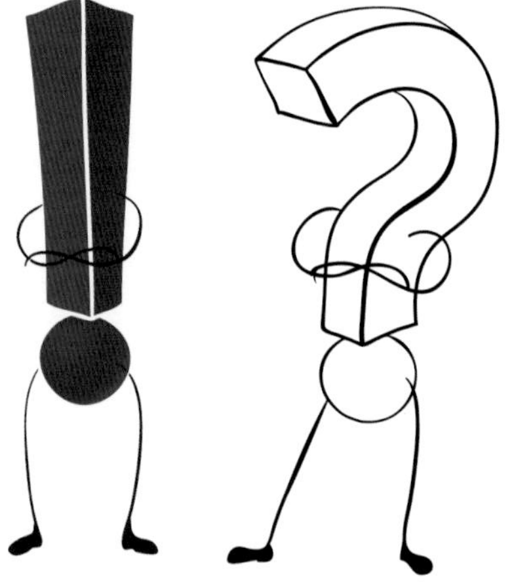

En la escritura, la puntuación es la herramienta con la que se transcriben los sentidos que se modulan de viva voz. Suprimir la puntuación o no observarla, sería ignorar la música significativa, propia de la lengua.

Cada signo de puntuación adquiere toda su significación según la forma como se emplee en el texto. Su finalidad no es exclusivamente sintáctica, es decir, no se usa solo para organizar la oración según sus funciones lógicas. Como se expresó, emplear adecuadamente la puntuación aporta sentido al enunciado, por esto afecta la coherencia y la cohesión del texto.

Los signos de puntuación, por su carácter rítmico y musical, son el espíritu que alimenta el cuerpo de la lengua escrita. Así, por ejemplo, el punto y coma y el punto marcan semifinales o finales; los signos de exclamación o admiración, como golpes de platillos, marcan un acento afectivo; los signos de interrogación dejan en suspenso la voz para dar el sentido de un asunto no resuelto y los dos puntos constituyen el acorde que anuncia una promesa que es necesario saber cumplir.

Los signos de puntuación también indican el ritmo que debe llevar la lectura: las exclamaciones, como un semáforo en rojo, indican: –*¡Detente!*; los dos puntos corresponden al –*¡Sigue!* del verde; los guiones son un –*¡Pare!* en el camino.

USO DE LOS SIGNOS DE PUNTUACIÓN: GENERALIDADES Y EJEMPLOS

En el siguiente cuadro se definen los usos de los signos de puntuación y se aportan algunos ejemplos que serán útiles al momento de escribir o interpretar un texto.

SIGNO	DEFINICIÓN DEL USO	EJEMPLOS
El punto **.**	• Su uso adecuado parece ser el más fácil de reconocer. Con el punto se marcan semifinales y finales. El **punto final** se usa después de la oración que concluye la idea del texto y debe justificarse por el sentido de lo dicho. No es final por ser el último, sino porque lo expresado cierra efectivamente el texto. • El **punto seguido** marca semifinales. Se usa para unir ideas afines que, por ello, forman parte de un mismo párrafo. • El **punto aparte** es un semifinal, que a su vez anuncia el comienzo de un aspecto nuevo de la idea que se está exponiendo; más exactamente, un cambio en la perspectiva, un movimiento en el pensamiento que se lleva a cabo o la inclusión de otro punto de vista sobre el tema tratado. • Después del punto aparte es necesario aportar algo más sobre lo dicho, debe enriquecerse el sentido del texto.	"Todos los usos de la palabra para todos" me parece un buen lema, con un bello sonido democrático. No para que todos sean artistas, sino para que nadie sea esclavo. Gianni Rodari[2] En: *Gramática de la fantasía.*
La coma **,**	• A este signo pueden dárseles varios usos. En ocasiones posee el mismo valor vinculante de la conjunción o el sentido aclarativo de los paréntesis. • La coma reúne o separa palabras que no están necesaria o gramaticalmente unidas. En este caso tiene el valor de "**y**". • Cuando adquiere el valor explicativo de los paréntesis, dicha explicación va incluida entre dos comas.	- Pedro, Pablo y Juan, sus hijos preferidos, tienen carácter definido y mucho humor. - Su casa es lejana**,** solitaria**,** extraña.
El punto y coma **;**	• Mientras la **coma** marca el ritmo de la oración breve, el **punto y coma** marca enunciados que exigen más largo aliento, apropiados para dar más profundidad de sentido. • El punto y coma es como un punto, pero en el que la voz no se deja hundir, deja algo en el aire, sostiene una expectativa creada. • La dificultad de usar el punto y coma va a la par con la dificultad de construir sentidos más amplios en los escritos que se producen.	Su casa es lejana, queda a dos horas de la ciudad**;** aislada, un camino de media hora conduce exclusivamente a ella**;** extraña, está construida a la usanza de los castillos renacentistas, pero la edificaron hace poco.
Los dos puntos **:**	• Introducen una idea, un anuncio. • También se usan después de las expresiones de saludo y de las fórmulas de cortesía, así como antes de una enumeración y de las citas textuales o contextuales.	Se atribuye al escritor y prócer cubano José Martí, la siguiente expresión**:** "La palabra no está hecha para cubrir la verdad sino para decirla".
Los puntos suspensivos **...**	• Representan, ante todo, un silencio. Silencio en el que se tiene en cuenta al lector, ya sea porque resulta superfluo decirle lo que él bien sabe, o porque se confía en su capaLos **puntos suspensivos** son solo tres; no por usarlos en mayor número serán más significativos. Su sentido debe estar justificado por la idea que les antecede.	- Antes de abrir la puerta titubeó**...** Después de entrar, ya no tuvo dudas. - Dante escribió en los dinteles del averno la terrible inscripción: "Perded toda esperanza...".
Los signos de exclamación 	• Igualmente aquí basta con abrir y cerrar la exclamación. Por muchas que sean las exclamaciones, son poco útiles cuando con ellas se pretende suplir la importancia expresiva de las palabras. • El uso de los **signos de exclamación** se justifica cuando expresan la subjetividad, la singularidad de una emoción. Si esto no se logra, sería preferible omitirlos. • No hace falta entonces decirle al lector: "¡Emociónate!" a la manera en que se intenta inducir la risa del espectador o el oyente con risas pregrabadas en ciertos programas cómicos. • Siempre que se trate de una emoción, el trabajo debe concentrarse en traducirla en palabras. Si lo dicho no comunica el afecto buscado, el signo de exclamación no le añade valor.	Pero cae la hora de la venganza y te amo. / Cuerpo de miel, de musgo, de leche ávida y firme. / **¡**Ah los vasos del pecho**!** **¡**Ah los ojos de ausencia**!**/ **¡**Ah las rosas del pubis**!** **¡**Ah tu voz lenta y triste**!** Pablo Neruda. En: *Veinte poemas de amor y una canción desesperada.* "Poema I".

2 Gianni Rodari (1920-1979), además del texto en referencia, escribió *Cuentos para jugar* y *Cuentos por teléfono.* Este autor es una de las más destacadas figuras de la literatura infantil y juvenil contemporánea.

SIGNO	DEFINICIÓN DEL USO	EJEMPLOS
Los signos de interrogación 	• Pueden ser usados como recurso para dar más fuerza a una afirmación. Este es el caso de las llamadas preguntas retóricas, cuya respuesta es conocida de antemano. • Cuando se pregunta, hay que recordar que la responsabilidad no es solo asunto de quien responde; quien formula el interrogante debe hacerlo con honestidad, estar realmente interesado en saber algo que ignora. • El derecho a preguntar se gana trabajando en la formulación de buenas preguntas que, dicho sea de paso, constituyen una excelente e interesante posibilidad para la interacción comunicativa.	¿Qué podríamos hacer sin lenguaje? Seguiríamos siendo inteligentes, pero terriblemente frustrados. El lenguaje nos permite compartir nuestras experiencias, aprender de cada uno, proyectar juntos y acrecentar enormemente nuestro intelecto al vincular nuestro pensamiento con los de nuestros semejantes. Kenneth Goodman. En: *El lenguaje integral.* Buenos Aires: Aique, 1998.
Los paréntesis ( )	Sirven para incluir una explicación o aclaración que no rompe con la continuidad del texto.	Vino a visitarme (quizá para reparar el desplante de la víspera, quizá porque sabía que su presencia me era indispensable, quizá tan solo por pasar el tiempo) y se tomó un café, de afán; apenas nos saludamos, dijo que tenía algo importante que hacer.
El guion largo o raya —	Sirven para incluir con brevedad, otra voz sobre lo tratado, una voz que se distancia, que llama la atención, que rompe momentáneamente con la continuidad del texto. Introduce algo que merece ser pensado, pero que no se puede expresar directamente en el texto y por esto es necesario ponerlo entre rayas.	- Oración básica: "Los derechos humanos son sagrados e inalienables". - Oración ampliada: "Los derechos humanos –a pesar de lo que revelan las estadísticas en Colombia y en el mundo– son sagrados e inalienables.
Las comillas   	• Las comillas simples (' ') y las inglesas (" ") se escriben en la parte superior del renglón, y las angulares (« »), centradas. • El uso de las comillas es indistinto, pero, por lo general, se acepta el siguiente orden jerárquico: angulares, dobles, simples. • Cuando deban entrecomillarse otras partes de un texto ya entrecomillado, se recomienda usar en primera instancia las comillas angulares, en segunda, las comillas inglesas, y en tercera, las simples. • Se usan para reproducir citas textuales de cualquier extensión. Cuando se intercala un comentario en la cita, se recomienda entrecerrarlo con rayas. • Para indicar que una palabra se toma en un sentido distinto al propio, o para destacarla especialmente. • Para encerrar títulos de obras (artículos, poemas, cuadros, etc.) • Debe tenerse en cuenta que los signos de puntuación u ortográficos, correspondientes al texto en el que va inserto el entrecomillado, se ponen después de las comillas de cierre. Si corresponden al enunciado entrecomillado, deben hacer parte de él.	«El verbo *leer* no tolera el imperativo. Es una aversión que comparte con algunos otros verbos: "*amar*"... "*soñar*". (...) se puede intentar. Podría decirse por ejemplo: "*¡Ámame!*" "*¡Sueña!*" "*¡Lee!*" (...) ¿Resultado? Ninguno». Daniel Pennac. En: *Como una novela.* - "Con este tiempo lluvioso –dijo Antonio– prefiero no salir". - «Desde su automóvil Julián me dijo: "Esta 'joya' no funciona ni a palo"». - Cada noche nos leía un capítulo de "El Quijote". - «Dijo: "No iré"; pero pronto lo vimos llegar». - "¡Inútil, bueno para nada!", le dijo con franco enojo.

LA CONCORDANCIA

La concordancia es un mecanismo gramatical en el que la terminación de las palabras dentro de la oración coincide para señalar que están relacionadas: **el** niñ**o**, **los** niñ**os**; **la** niñ**a**, **las** niñ**as**; **el** niñ**o**/**la** niñ**a** corr**e**; **los** niñ**os**/**las** niñ**as** corr**en**. Para usarla correctamente, es necesario tener un conocimiento básico de las categorías gramaticales, las funciones sintácticas y las clases de oración para evitar los errores entre, por ejemplo, sujeto y predicado, la persona y el verbo, el artículo y el sustantivo, y en general, entre todos los componentes de la oración.

LAS CATEGORÍAS GRAMATICALES

No todas las palabras tienen un mismo valor dentro de la oración. Cada tipo de palabra cumple una función desde el punto de vista gramatical. Según su categoría gramatical, la clasificación de las palabras es la siguiente:

CATEGORÍA	EJEMPLOS
El sustantivo: designa seres animados, cosas y nociones abstractas.	Pedro, Isabel, hombre, mujer, Bogotá, América, perro, casa, pino, bondad, paz, valor.
El adjetivo: designa cualidades atribuidas al ser o determina su situación (estado).	Hombre joven, mujer alegre, perro noble, casa lejana, bondad cristiana, esperada paz, pino navideño.
El artículo: considerado generalmente como una especie particular, es de hecho un adjetivo, vale decir, un *determinante* del sustantivo; es además la marca gramatical que establece el género y el número del nombre.	Un hombre, unas mujeres, el perro, las casas, la bondad, una criatura.
El verbo: designa procesos (acciones o estados considerados en el tiempo). V. Anexo El Verbo.	Correr, viajar, nadar, pensar, creer, imaginar, dormir, soñar, recordar, padecer, esperar, escuchar, nacer, crecer, morir, amar, sufrir, gozar, llover, amanecer, oscurecer.
El adverbio: es un calificativo del proceso (verbo) o de la cualidad (adjetivo).	Llueve copiosamente; viaja lejos; duerme afuera; muy noble; sospechosamente alegre; oscurece tarde; nació aquí; imagina continuamente; exageradamente blanca.
El pronombre: reemplaza al sustantivo o al sintagma nominal cuando este no figura directamente en el enunciado. Los pronombres pueden ser personales, posesivos, demostrativos, entre otros. Lo pronombres personales tónicos del español son: PARA EL SINGULAR: YO; TÚ – USTED – *vos*[3]; ÉL / ELLA PARA EL PLURAL: NOSOTROS; USTEDES – *vosotros*[4]; ELLOS / ELLAS	La selva es un mundo enigmático; solo quien la conoce disipa los temores que inevitablemente ella despierta. Nos prometió que llamaría apenas llegara. A los viejos amigos siempre los llevamos en el corazón.

3 En algunas regiones colombianas (Antioquia y Valle del Cauca) y en países como Argentina, es usual el empleo del *vos* en sustitución de la segunda persona del singular *tú - usted*. Por ello en estos lugares es común escuchar expresiones como «***Vos*** sos un gran amigo» en lugar de «***Tú*** *eres un gran amigo*» o «***Usted*** *es un gran amigo*».

4 El uso del *vosotros* es común en el español peninsular (España). En el español americano se utilizan solo el *tú*, el *usted* o el *vos*.

CATEGORÍA	EJEMPLOS
La conjunción: es una marca de relación. Sirve para ligar dos o más palabras o frases análogas que ocupan un mismo lugar en el razonamiento. Las conjunciones más usuales son: *y – e – ni – que – pero – mas – pues – como – sino – aunque – si – si bien – porque – o – ora – ya.*	Como son hermanos gemelos, Pedro y Juan parecen tener el mismo carácter. Pero no hay que engañarse; aunque físicamente son difíciles de diferenciar, cada uno tiene su propio mundo, sus propios gustos, e intereses distintos.
La preposición: es otra marca de relación entre un elemento gramatical con su complemento. Expresa, entre otras, las relaciones de espacio, tiempo y causalidad que pueden darse entre sustantivos, verbos, adverbios y adjetivos calificativos. Las preposiciones más usuales son: *a – ante – cabe – con – contra – de – desde – en – entre – hacia – hasta – para – por – según – sin – sobre – tras.*	Hay momentos en los que la vida nos pone a escoger entre varias posibilidades. Sin un análisis previo sobre las ventajas y las desventajas que ofrece cada opción, no se disipa fácilmente la duda entre una y otra opción.
La interjección: constituye una parte autónoma de la oración, de valor puramente semántico (de expresión de sentido) y sin función gramatical. La interjección traduce la emoción con la que se expresa algo (miedo, sorpresa, irritación, alegría...).	¡Ay! ¿Estás aquí? ¡Nunca te creí capaz de semejante decisión! ¡Apúrate que llegamos tarde! ¡Hum!, este postre es una delicia.

LAS FUNCIONES SINTÁCTICAS

LA ORACIÓN

La **sintaxis** es la parte de la gramática que se dedica al estudio de la oración; constituye el punto de partida de todo análisis gramatical, pues se basa en las diferentes funciones que desempeñan los componentes de la oración. La oración es la unidad clave de la gramática, ya que las unidades menores (fonemas, sílabas, palabras...) únicamente adquieren un sentido pleno en su contexto.

Oración es la serie o cadena de palabras que transmite un sentido completo. En una oración encontramos generalmente dos funciones gramaticales: **el sujeto** (aquello de lo que se habla) y **el predicado** (lo que se dice acerca del sujeto) y en su contexto operan los elementos de la concordancia aquí descritos.

V. tabla Sintaxis, p. 577-578.

EL PÁRRAFO

Es la forma escrita de expresar pensamientos o ideas en una forma completa, con sentido, a través del desarrollo de una *idea central*. La *idea central* es una unidad de pensamiento que resume la intención temática del autor, quien debe plantearla en una *oración principal*, complementada con *oraciones secundarias*.

Cualidades del párrafo

El párrafo conserva las mismas propiedades estudiadas para los textos en general: además de *unidad* debe poseer *coherencia y cohesión*. **Unidad** quiere decir que el párrafo debe desarrollar solo una idea central. Si la oración temática está explícita, se recomienda que sea una sola. La **coherencia** se obtiene a partir de la conexión de las ideas en forma de secuencia. La **cohesión** depende de los elementos formales (gramaticales) utilizados en la construcción de cada una de las oraciones que conforman el párrafo.

CLASIFICACIÓN DE LOS PÁRRAFOS

SEGÚN EL PROPÓSITO EN LA COHERENCIA TEXTUAL	• **Introductorios:** presentan la temática general del texto, sirven para que el lector obtenga una idea global sobre lo que leerá. • **De desarrollo:** son todos los que explicitan la temática central del escrito. • **De enlace o transición:** sirven de puente entre las ideas de un párrafo y el siguiente; son breves; proporcionan cohesión al texto. • **Conclusivos o de finalización:** indican el cierre del tema tratado en el texto.
SEGÚN LA UBICACIÓN DE LA IDEA PRINCIPAL	• **Deductivos:** la idea principal se halla al comienzo del párrafo. • **Inductivos:** la idea principal aparece al final del párrafo. • **Deductivo–Inductivos:** la idea principal se encuentra en el centro del párrafo. • **De entrelíneas:** la idea principal se halla dispersa en el párrafo, es decir, se trata de una idea implícita en el conjunto general.
SEGÚN LA FORMA U OBJETIVO TEMÁTICO	• **Párrafos descriptivos:** presentan la visión pictórica verbal de una persona, un objeto, un paisaje, etc. Aporta sus características o propiedades a partir de términos precisos que, generalmente, son adjetivos. • **Párrafos narrativos:** reconstruyen un suceso. Por constituir una forma natural que se fundamenta en la experiencia y en la creatividad de quien escribe, algunos de ellos no cuentan con la oración temática y siguen en su organización y desarrollo una secuencia temporal flexible, según los intereses del emisor. Puede construirse a partir de la primera y de la tercera persona, pero es viable, en algunos casos, el uso de la segunda. • **Párrafos expositivos o explicativos:** explican un proceso o plantean ideas; aclaran conceptos o procedimientos que se prestan a duda o confusión. • **Párrafos argumentativos:** son persuasivos; su finalidad es convencer acerca de la verdad o validez de la idea expuesta.
SEGÚN EL PROCEDIMIENTO DE ELABORACIÓN	• **Lista de hechos o ejemplos:** de acuerdo con este patrón, todos los hechos o ejemplos que ilustran la idea central poseen la misma importancia; el orden en que figuran en la lista no establece diferencias. • **Orden cronológico:** en algunas ocasiones las ideas que se mencionan en un párrafo son escritas en el orden en que han sucedido, para tal efecto se hace uso de fechas en orden cronológico o se enuncian los hechos en secuencia. • **Comparación y contraste:** algunos escritores utilizan ejemplos para expresar similitudes o diferencias que estos tienen con respecto al punto que expusieron en la idea principal del párrafo. • **Causa y efecto:** las ideas secundarias se utilizan para mostrar el efecto o efectos de alguna causa que ha sido expresada en la idea principal; incluso puede haber más de una causa y los efectos de cada una de ellas pueden expresarse en el párrafo. En ocasiones, la idea principal es un efecto y sus causas son las ideas secundarias. • **Análisis:** en este caso, el tema está dividido en partes más pequeñas dentro de la oración que lo contiene. Cada parte se desarrolla luego para mostrar su relación con las demás y así crear un todo.
SEGÚN EL CONTENIDO	El párrafo se ubica dentro de un contenido específico: histórico, social, deportivo, filosófico, económico, entre otros. Hay tantos tipos de párrafo como materias de estudio.

CLASIFICACIÓN DE LOS TEXTOS SEGÚN SU INTENCIONALIDAD

TIPOLOGÍA TEXTUAL

INFORMATIVOS	PUEDEN SER	- Noticia - Nota de enciclopedia - Artículo periodístico - Afiche - Circular - Carta
NARRATIVOS		- Cuento - Novela - Mito - Leyenda - Fábula - Obra de teatro - Historieta - Relato cotidiano
ARGUMENTATIVOS		- Ensayo - Comentario - Artículo de opinión - Reseña - Editorial - Alegato jurídico
EXPLICATIVOS		- Receta - Reglas de un juego - Instrucciones de uso o ejecución